19.90

Wenzel
Der Arzthaftungsprozess

Wenzel

Der Arzthaftungsprozess

Medizinschaden
Fehler-Folgen-Verfahren

Herausgegeben von
Dr. Frank Wenzel
Rechtsanwalt in Köln

 Luchterhand 2012

Bibliografische Information der Deutschen Nationalbibliothek
Die Deutsche Nationalbibliothek verzeichnet diese Publikation in der
Deutschen Nationalbibliografie; detaillierte bibliografische Daten sind
im Internet über http://dnb.d-nb.de abrufbar.

ISBN 978-3-472-07820-3

www.wolterskluwer.de
www.luchterhand-fachverlag.de

Umschlagkonzeption: futurweiss kommunikationen, Wiesbaden
Satz: MainTypo, Frankfurt am Main
Druck und Weiterverarbeitung: L.E.G.O. S.p.A. – Lavis, Italy

⊛ Gedruckt auf säurefreiem, alterungsbeständigem und chlorfreiem Papier.

Geleitwort

von Dr. Heinz-Peter Roß
Vorstandsvorsitzender Talanx Deutschland AG

In Deutschland gibt es rund 133.000 niedergelassene Ärztinnen und Ärzte, 118.000 Krankenhausärztinnen und -ärzte und etwa 65.000 Zahnärzte und Zahnärztinnen. In ihren Händen liegt unser aller Gesundheit. Eine große Verantwortung. Patientenschutz wird im deutschen Gesundheitswesen nicht erst seit Einführung des Gesundheits-Modernisierungsgesetzes (2004) groß geschrieben. Die Strukturen, in denen Gesundheitsdienstleistung erbracht wird, müssen so beschaffen sein, dass Behandlungsfehler möglichst vermieden werden. An diesem Ziel haben nicht nur die Patienten, sondern alle im Gesundheitswesen Tätige und nicht zuletzt auch die Berufshaftpflichtversicherer größtes Interesse. Ganz vermeidbar sind Fehler nie und wie überall im Leben muss man auch hier das Beste daraus machen: daraus lernen!

Berufshaftpflichtversicherer der Heilberufe, wie HDI-Gerling, begrüßen daher alle Initiativen, insbesondere aus der Ärzteschaft selbst, den Umgang mit Behandlungs- und Organisationsfehlern zu verbessern, denn so bleibt der Versicherungsschutz auf lange Sicht verfügbar, kalkulierbar und bezahlbar. Die Jurisprudenz und die Rechtsprechung leisten einen nicht zu unterschätzenden Beitrag zu diesem Ziel, entwickeln sie doch im Rahmen des geltenden Rechts konkrete Vorgaben für eine beanstandungsfreie ärztliche Leistung, die dem Arzt das von ihm rechtlich Erwartbare anschaulich machen. Gerade die Arzthaftung, ihre rechtlichen Grundlagen und ihre prozessuale Wirklichkeit, stellt daher einen wichtigen Baustein für effektiven Patientenschutz dar.

Das vorliegende Fachbuch hat sich der Vermittlung dieser wichtigen Materie verschrieben und unterstützt den Leser bei der Durchdringung des Stoffs mit zahlreichen gestalterischen Mitteln. Dabei wendet sich das Buch an alle, die in der Praxis professionell mit Arzthaftungsfällen befasst sind. Es führt kompetent und praxisnah durch alle Stadien eines Haftungsfalls bis hin zur endgültigen Schadensaufteilung im Rahmen der Regresshaftung. Praxisorientierte Wissensvermittlung zu allen Fragen rechtlicher Konsequenzen eines Arzthaftungsgeschehens steht dabei im Fokus, was durch die ganzheitliche Betrachtungsweise sowie die Einbindung erfahrener Praktiker aus unterschiedlichen Branchen unterstrichen wird.

Ich halte das vorliegende Werk für eine wichtige Ergänzung der medizinrechtlichen Fachbuchlandschaft und wünsche ihm eine interessierte Leserschaft.

Geleitwort

von Prof. Dr. Günter Hirsch
Präsident des Bundesgerichtshofs a.D.

Kaum ein Bereich des täglichen Lebens wurde in so kurzer Zeit so umfassend »verrechtlicht« wie ärztliches Handeln. Seit der Antike sind Ärzte zwar einem strikten Berufsethos verpflichtet – es sei nur an den hippokratischen Eid erinnert –, dem Zugriff des Rechts war die Arzt-Patienten-Beziehung jedoch über Jahrhunderte bis auf extreme Verstöße gegen die Moral und die lex artis entzogen. Wie die Krankheit und Versehrtheit selbst wurde der Erfolg oder Nichterfolg der ärztlichen Intervention weitgehend als schicksalhaft angesehen. Die Arzt-Patienten-Beziehung wurde nicht als Vertragsverhältnis gesehen, ärztliches Handeln war nicht justiziabel, es war per se legitimiert. Noch bis in unsere Zeit schlägt sich in dem Bild der »Halbgötter in weiß« die Vorstellung einer Profession nieder, die nicht mit Paragrafen zu erfassen ist.

Das Arzt-Patienten-Verhältnis ist durch eine »strukturelle Asymmetrie« zwischen den Beteiligten gekennzeichnet. Der Arzt beherrscht aufgrund seiner Sachkunde und seiner Therapiehoheit das Geschehen, der Patient ist ihm in einer mitunter für ihn existentiellen Situation Hinsicht »ausgeliefert«. Kommt es zu Auseinandersetzungen zwischen beiden, herrscht deshalb auch keine Waffengleichheit. Diese von der üblichen Ausgangslage zwischen Vertragspartnern abweichende Konstellation prägte von Anfang an die Bewältigung von Konflikten mit den Mitteln des Rechts.

Die rasant wachsende Einbeziehung der Ärzte in die rechtliche Haftungsordnung, erfolgte nicht durch den Gesetzgeber, sondern ab dem beginnenden 20. Jahrhundert durch die Rechtsprechung. Arzthaftung ist weitgehend Richterrecht. Die Rechtsfortbildung durch Richter wirft spezifische Probleme auf, die von der Problematik, zulässige schöpferischer Rechtsfindung von unzulässiger Rechtsschöpfung abzugrenzen, bis zur Frage der Vorhersehbarkeit des Richterrechts reichen. So beruht eine der wesentlichen Grundlagen der zivil- und strafrechtlichen Haftung des Arztes seit einer Entscheidung des Reichsgerichts aus dem Jahre 1894 auf der Doktrin, dass der ärztlichen Eingriff tatbestandlich als Körperverletzung zu werten ist, die zur Rechtfertigung der Einwilligung des Patienten bedarf. Trotz vehementer Einwendungen gegen diese rechtliche Grundannahme (»Gleichstellung des Skalpells des Arztes mit dem Dolche des Mörders«) scheiterten bisher alle Versuche, die Arzthaftung spezialgesetzlich zu regeln (siehe etwa den 58. Deutschen Juristentag 1978, auf dem u.a. eine Gefährdungshaftung für ärztliches Handeln diskutiert wurde). Da die ärztliche Behandlung häufig hinter verschlossenen Türen oder außerhalb des Erkenntnishorizontes des Patienten stattfindet, sind auf kaum einem Gebiet Fragen der Beweislastverteilung so entscheidend wie bei der Arzthaftung. Deshalb verwundert es nicht, dass auch diese weitgehend im Wege richterlicher Rechtsfortbildung festgelegt worden ist. Dass die »judizielle Präponderanz« in der Arzthaftung (A.Laufs) zu Lasten der rechtlichen Klarheit und Bestimmtheit und daher der Vorhersehbarkeit der Rechtsprechung geht, zeigt sich insbesondere bei der ärztlichen Aufklärungspflicht, die etwa im Hinblick auf die Risikoaufklärung laufend verschärft worden ist bis hin zu der jüngsten Entscheidung des Bundesgerichtshofs, dass eine Aufklärungspflicht nicht schon dann verneint werden kann, wenn es sich um ein lediglich theoretisches Risiko handelt, über das noch nicht berichtet worden ist. Die gesteigerten Anforderungen an die ärztliche Sorgfalt, die Aufklärung, die Organisation und die Protokollierung ließ die Zahl der gerichtlichen Verfahren (und die Prämien der ärztlichen Haftpflichtversicherungen) laufend steigen.

Vor diesem Hintergrund besteht für eine aktuelle Gesamtdarstellung der Rechtsfragen, die sich im Zusammenhang mit der Haftung des Arztes stellen, ein nachdrückliches Bedürfnis. Anwälte, Richter, Staatsanwälte, Schadenssachbearbeiter der Haftpflichtversicherer und Sachverständige benötigen eine praxisorientierte, didaktisch ausgerichtete Wissensvermittlung über alle Aspekte und Stationen eines ärztlichen Haftungsfalles. Genau dies ist die Zielrichtung dieses Werkes. Die Autoren bieten Gewähr für eine wissenschaftliche Durchdringung der vielfältigen rechtlichen Fragestellung. Insbesondere aber garantieren sie aufgrund ihrer unterschiedlichen beruflichen Erfahrungen und ausgewiesenen Qualifikationen eine erschöpfende Darstellung der praktischen Probleme der zivil- und strafrechtlichen Arzthaftung und ihrer berufs-, standes- und arbeitsrechtlichen Folgen sowie der Regresshaftung. Dem Zivil- und Strafverfahrensrecht sowie dem Versicherungsrecht, die in den Darstellungen der Arzthaftung oft zu kurz kommen, wird gebührend breiter Raum eingeräumt. Von hohem didaktischen Wert sind die hervorgehobenen Übersichten, Beispiele, Muster und Musterfälle, Merksätze, Tipps und Graphiken. Sie gewährleisten das schnelle Auffinden, Zuordnen und Verstehen von Detailfragen.

Gerichtsentscheidungen, Lehrbücher, Kommentare und Aufsätze zur Arzthaftung als Teil des Medizinrechts füllen Bibliotheken. Wird ein Arzt von einem Patienten oder dessen Angehörigen mit Haftungsansprüchen überzogen oder strafrechtlich zur Verantwortung gezogen, signalisiert dies in der Regel eine dramatische Entwicklung von einem vertrauensvollen Arzt-Patienten-Verhältnis hin zu einer Gegnerschaft, bei der es u.U. für beide Seiten um existentielle Fragen geht. Deshalb ist es besonders wichtig, dass alle Beteiligten, angefangen von den unmittelbar Betroffenen bis hin zum anwaltlichen Berater und zum Schadenssachbearbeiter der Haftpflichtversicherung schnell sichere juristische Grundlagen gewinnen können, um schon im Vorfeld gerichtlicher Auseinandersetzungen die Rechtslage einschätzen, etwaige Prozessrisiken erkennen und gütliche Lösungen anstreben zu können. Immerhin werden mehr als ein Drittel der versicherten Ansprüche aus Behandlungsfehlern einvernehmlich reguliert. Kommt es zum Verfahren, geht es nicht mehr ausschließlich um materielle Rechtsfragen, sondern insbesondere auch um Fragen der Beweislast – denen im Arzthaftungsprozess oft entscheidende Bedeutung zukommt –, der Dokumentation und des Verfahrensrechts. Mit dem kompakten, auf die praktischen Fragen konzentrierten Werk liegt eine umfassende Darstellung vor, die alle Aspekte der Voraussetzungen, des Inhalts und Umfanges sowie des gerichtlichen Ablaufes der Arzthaftung ausleuchtet und verständlich präsentiert.

Vorwort

Der Medizinschaden – ärztliche Fehler, die Folgen, einschlägige Verfahren: Das vorliegende Werk focussiert den Blick auf das Kernstück des Medizinrechts, den Arzthaftungsprozess. Dabei geht es darstellerisch neue Wege: Visuelle Gestaltungsmerkmale in großer Zahl lassen ein völlig neues Lesegefühl aufkommen.

Das Werk stellt das komplizierte, vornehmlich durch Richterrecht geschaffene, haftungsrechtliche System bei Medizinschäden mit seinen materiellen und prozessualen Komponenten in seiner Gesamtheit dar. Wer mit Medizinschadensrecht befasst ist, findet hier alles Wissenswerte. Das Werk richtet sich entsprechend an Rechtsanwälte, Richter und Schadenssachbearbeiter der Versicherer desgleichen wie auch an Verantwortliche in Krankenhausleitung und -verwaltung, Riskmanagementabteilungen und Pflegedienstleitung sowie an Sachverständige, die in der Praxis mit Arzthaftungsfällen befasst sind und schließlich an die Ärzte in Klinik und Praxis selbst.

Der rechtliche Rahmen, in dem ärztliche Behandlung stattfindet, befindet sich in stetiger Dynamik – entsprechend das Arzthaftungsrecht. Das Haftungsgefüge muss veränderten Regelungen zur ärztlichen Berufsausübung angepasst werden. Wie funktioniert das deutsche Gesundheits- und Vertragsarztrechtssystem, welche Haftungsauswirkungen haben neuartige Formen gemeinschaftlicher Berufsausübung von Ärzten und wohin entwickelt sich die Liberalisierung der Kooperationsformen und der Möglichkeiten zu sektorenübergreifenden Medizinleistungen? Wird sich die Organisationshaftung von Krankenhäusern weiter ausweiten? Was ist mit den vielen Varianten ärztlicher Berufsausübung, die sich die medizinischen Dienstleister in rechtlichen Grauzonen geschaffen haben? Hier ist bislang vieles ungeklärt und die Praxis, nicht zuletzt die Versicherungswirtschaft, erwartet zu Recht sachkundige und rechtssichere Lösungsmodelle.

Zivilrechtliche Ansprüche gegen den Arzt und strafrechtliche Sanktionen werden in allen Ausprägungen vorgestellt, ferner versicherungs-, berufs-, vertragsarzt- und arbeitsrechtliche Folgen ärztlichen Fehlverhaltens behandelt. Die in der Praxis sehr wichtige außergerichtliche Streitbeilegung nimmt einen zentralen Platz ein, desgleichen die Erläuterungen zum ersatzfähigen Medizinschaden. Das Schlusskapitel zu Rückgriff und Regress rundet die Gesamtdarstellung zum Haftungsrecht ab. Anders als bei Werken zum gesamten Medizinrecht möglich, erreicht die Schwerpunktsetzung auf die Arzthaftung im engeren Sinne, dass sich der Leser hier kontinuierlich am medizinischen Haftungsfall entlang arbeiten kann. Themenüberschneidungen sind nur zurückhaltend auf den Gesamtblick hin bearbeitet worden, um den jeweiligen Blickwinkel zum Tragen kommen zu lassen und Querverweise möglichst zu vermeiden.

Hauptziel ist es, Hilfestellung zu geben für die erfolgreiche Anwendung des einschlägigen Wissens, sowohl für den medizinrechtlichen Neueinsteiger wie für den erfahrenen Spezialisten. Die Darstellung durchdringt dabei die Spezialmaterie »Arzthaftung« detailliert und praxisnah; sie verwendet außerdem zahlreiche – durch namhafte Arzthaftungsrechtsspezialisten aufbereitete – Hinweise, Praxistipps und ausgewählte Beispielsfälle. Dabei wird inhaltlich und visuell akzentuiert dem unterschiedlichen Blickwinkel der Beteiligten Rechnung getragen.

Dies umzusetzen kann nur dank eines hervorragenden, alle Hauptakteure repräsentierenden, Autorenteams gelingen, in welchem sich namhafte Spezialisten aus allen einschlägigen Gebieten zusammenfinden.

Sie haben die besondere didaktische Herausforderung der vorliegenden Darstellung, nämlich die Aufnahme visueller Gestaltungselemente im Sinne der Optimierung der Lesefreundlichkeit angenommen und bewältigt und damit eine in diesem Segment außergewöhnliche Konzeption geschaffen. Wichtig war, kein starres Schema vorzugeben und die einheitliche Gestaltung nicht allzu streng zu sehen, um Umsetzungsideen der Spezialisten und nicht der Layouter zu erhalten.

Mein besonderer Dank geht deshalb an die Bereitschaft der Autoren, hier völliges Neuland zu betreten. Die Genese des Buches war durchaus komplizierter, ja nervenaufreibender, als üblich. Ohne die immer wieder auf eine harte Probe gestellte Motivation der Beteiligten, an diesem »Sonderweg« mit einer nahezu unzumutbar zeitintensiven und ungewöhnlichen Kreativleistung mitzuwirken, wäre die Konzeptionsidee nicht zu realisieren gewesen. Es ist an mir, meinen Mitautoren dafür an dieser Stelle Respekt und Anerkennung auszusprechen.

Als Ergebnis steht nun allen Nutzergruppen eine neuartige Darstellungsform zur Verfügung: Neben den üblichen Fallbeispielen, Arbeitshilfen, Mustern, Checklisten etc. bringen Schaubilder, Übersichten, Grafiken, Tabellen u.v.m. die Essentialia immer wieder auf den Punkt, focussieren den Leser-Blick auf das Wesentliche und straffen Informationen. Dies erhöht die Verständlichkeit, bietet beim Nachschlagen schnelle Orientierungshilfe und erleichtert das Wiederauffrischen von Wissen enorm. Wir dürfen hoffen, damit ein außergewöhnlich praxistaugliches Arbeitsmittel für alle aktuellen und für die Zukunft erwartbar an Bedeutung gewinnenden Fragen der Arzthaftung geschaffen zu haben.

Im Dezember 2011

Rechtsanwalt
Dr. Frank Wenzel
(Herausgeber und Autor)

Inhaltsübersicht

Inhalt

Bearbeiterverzeichnis

Herausgeber:

Dr. Frank Wenzel
Rechtsanwalt, Seniorpartner in der Kanzlei Halm & Collegen in Köln. Lehrbeauftragter an der HS Fresenius, Köln. Spezialist für Arzthaftungs- und Versicherungsrecht.

Autoren:

Dr. Horst Bonvie
Rechtsanwalt und Fachanwalt für Medizinrecht, Seniorpartner in der Kanzlei Bonvie Hennings Partner in Hamburg.

Dr. Ilse Dautert
Fachanwältin für Medizinrecht und Fachanwältin für Sozialrecht, Partnerin der Rechtsanwaltssozietät Dr. Dautert & Dr. Dieblich in Köln/Oldenburg.

Dr. Till Flachsbarth
Rechtsanwalt, seit 2008 in der Anwaltskanzlei Quaas & Partner in Stuttgart.

Wolfgang Frahm
Vorsitzender Richter am Oberlandesgericht Schleswig; ehemaliger wissenschaftlicher Mitarbeiter bei dem für Arzthaftungssachen zuständigen VI. Zivilsenat des BGH.

Prof. Dr. med. Peter W. Gaidzik
Arzt, Rechtsanwalt und Fachanwalt für Medizinrecht in der Kanzlei Dr. med. Gaidzik, Rechtsanwälte, in Hamm. Leiter des Instituts für Medizinrecht an der Universität Witten/Herdecke, Fakultät für Gesundheit.

Prof. Dr. Volker Großkopf
Rechtsanwalt und Professor an der Katholischen Hochschule NRW in Köln, Fachbereich Gesundheitswesen, für das Lehrgebiet Rechtswissenschaften.

Sven Hennings
Rechtsanwalt, seit 2005 Fachanwalt für Medizinrecht, Seniorpartner in der Kanzlei Bonvie Hennings Partner in Hamburg.

Dr. med. Christoph Hirgstetter
Arzt, Chirurg und Unfallchirurg. Gesellschaftsarzt der Allianz Deutschland AG (Sachversicherung) in Unterföhring bei München.

Eckart Hensen
Richter, bis 2007 Vorsitzender des Senates für Arzthaftungsrecht am Schleswig-Holsteinischen Oberlandesgericht, seitdem Mitarbeit in der Kanzlei Brock, Müller, Ziegenbein mit Schwerpunkt Medizinrecht.

Prof. Dr. med. Jörg-Dietrich Hoppe
Präsident der Bundesärztekammer a. D.

Dr. Christoph Hugemann, LL.M.
Rechtsanwalt und Fachanwalt für Versicherungsrecht und Master of Insurance Law, in Karlsruhe.

Prof. Gertrud Hundenborn
Professorin für Pflegepädagogik und Pflegefachdidaktik an der Katholischen Hochschule Nordrhein-Westfalen, Fachbereich Gesundheitswesen, in Köln. Stellvertretende Vorsitzende des geschäftsführenden Vorstandes des Deutschen Instituts für angewandte Pflegeforschung e.V.

Jürgen Jahnke
Rechtsanwalt, seit 1983 u.a. im Bereich der Personenschadenregulierung bei dem LVM in Münster tätig.

Anita Köllner
Rechtsanwältin, seit 2005 im Ressort Krankenhaus Haftpflicht Schaden bei der Versicherungskammer Bayern tätig.

Dr. Kyrill Makoski, LL.M.
Rechtsanwalt und Fachanwalt für Medizinrecht in der Kanzlei Möller und Partner, Kanzlei für Medizinrecht in Düsseldorf, Mitherausgeber der Zeitschrift »Gesundheit und Pflege« (GuP).

Dr. Andrea Maß
Rechtsanwältin und Fachanwältin für Medizinrecht. Seit 2005 in der Kanzlei Maß & Maß in Bonn.

Dr. Siegfried Mennemeyer
Rechtsanwalt beim Bundesgerichtshof und Fachanwalt für Medizinrecht in Karlsruhe.

Dr. Karl-Heinz Möller
Rechtsanwalt und Fachanwalt für Medizinrecht in der Kanzlei Möller und Partner, Kanzlei für Medizinrecht in Düsseldorf

Dr. Gerda Müller
Vizepräsidentin des BGH a.D., 2000 bis 2009 als Vorsitzende Richterin des für die Arzthaftung zuständigen VI. Zivilsenats des BGH.

Dr. Ali Norouzi
Rechtsanwalt beim Bundesgerichtshof seit 2008 mit ausschließlicher Ausrichtung auf das strafrechtliche Revisionsverfahren. Partner der Sozietät WidmaierNorouzi Rechtsanwälte in Karlsruhe.

Prof. Dr. Hermann Plagemann
Rechtsanwalt und Fachanwalt für Medizinrecht und für Sozialrecht in Frankfurt/M. Seit 1996 auch Honorarprofessor an der Universität Mainz.

Prof. Dr. Michael Quaas, M.C.L.
Rechtsanwalt und Fachanwalt für Medizinrecht und Verwaltungsrecht. Richter am BGH im Senat für Anwaltssachen. Mitgründer der Anwaltskanzlei Quaas & Partner in Stuttgart; Leiter des Fachinstituts für Medizinrecht beim Deutschen Anwaltsinstitut (DAI).

Dr. Rudolf Ratzel
Rechtsanwalt und Fachanwalt für Medizinrecht. Partner Sozietät Dr. Rehborn und Leiter des Münchner Büros.

Dr. Wolfgang Rehmann
Rechtsanwalt, Partner der Sozietät Taylor Wessing in München.

Dr. Christiane Simmler
Beisitzerin im Arzthaftungssenat (20. ZS) des Kammergerichts.

Ulrich Smentkowski
Referent in der Geschäftsführung der Ärztekammer Nordrhein und Leiter der Geschäftsstelle der Gutachterkommission für ärztliche Behandlungsfehler bei der Ärztekammer Nordrhein.

Kerstin Stahl
Rechtsanwältin, Leitende Justitiarin, Allianz Versicherungs- AG in München.

Prof. Dr.med Dr.h.c. Alexander Tobias Teichmann
Chefarzt der Frauenklinik des Klinikum Aschaffenburg.

Ute Ulsperger
Leiterin Heilwesen-Haftpflicht Schaden bei HDI-Gerling Firmen und Privat Versicherung AG in Köln.

Patrick Weidinger
Rechtsanwalt, Abteilungsdirektor der Deutschen Ärzteversicherung.

Karl-Hermann Zoll
Stellvertretender Vorsitzender des VI. Zivilsenats des Bundesgerichtshofs (Haftungssenat).

Im Einzelnen haben bearbeitet:

Abkürzungsverzeichnis

A

a.A.	andere Ansicht
a.a.O.	am angegebenen Ort
Abs.	Absatz
ÄappO	Approbationsordnung für Ärzte
a.F.	alte Fassung
AG	Amtsgericht
AGB	Allgemeine Geschäftsbedingungen
AGG	Allgemeines Gleichbehandlungsgesetz
AHB	Allgemeine Versicherungsbedingungen für die Haftpflichtversicherung
AMG	Gesetz über den Verkehr mit Arzneimitteln (Arzneimittelgesetz)
AMPreisV	Arzneimittelpreisverordnung
AMVV	Arzneimittelverschreibungsverordnung
ApoG	Apothekengesetz
APR	Zeitschrift Apotheke und Recht
ArbGG	Arbeitsgerichtsgesetz
ArbuR	Zeitschrift Arbeit und Recht
Arge	Arbeitsgemeinschaft
Art.	Artikel
Az.	Aktenzeichen

B

BAG	Bundesarbeitsgericht, Berufsausübungsgemeinschaft
BÄO	Bundesärzteordnung
BauR	Zeitschrift Baurecht
Bd.	Band
BDSG	Bundesdatenschutzgesetz
Beck-OK	Beck-Onlinekommentar
BetrVG	Betriebsverfassungsgesetz
BfArM	Bundesinstitut für Arzneimittel und Medizinprodukte
BG	Berufsgenossenschaft
BGB	Bürgerliches Gesetzbuch
BGBl.	Bundesgesetzblatt
BGG	Behindertengleichstellungsgesetz
BGH	Bundesgerichtshof
BGHSt	BGH-Entscheidungen in Strafsachen, amtl. Sammlung
BGHZ	BGH-Entscheidungen in Zivilsachen, amtl. Sammlung
BMJ	Bundesministerium der Justiz

BMV-Ä	Bundesmanteltarifvertrag-Ärzte
BOÄ	Berufsordnung Ärzte
BOH	Berufsordnung Heilpraktiker
BR-Drs.	Bundesratsdrucksache
BSG	Bundessozialgericht
BT-Drs.	Bundestagsdrucksache
BVerfG	Bundesverfassungsgericht
BWVG	Wohn-und Betreuungsvertragsgesetz

D

D-Arzt	Durchgangsarzt
DÄBl.	Zeitschrift Deutsches Ärzteblatt
DAR	Zeitschrift Deutsches Autorecht
DAVorm	Zeitschrift Der Amtsvormund
DB	Zeitschrift Der Betrieb
DIMDI	Deutsches Institut für Medizinische Dokumentation und Information
DIMDIV	Verordnung über das datenbankgestützte Informationssystem über Medizinprodukte des Deutschen Instituts für Medizinische Dokumentation und Information
DIN EN ISO	Als nationale Norm umgesetzte internationale (ISO) und europäische (EN) Norm
DKG	Deutsche Krankenhausgesellschaft
DMP	Disease Management Programm
DRG	Diagnoses Related Groups

E

ebd.	ebenda
EBM	Einheitlicher Bewertungsmaßstab
EFZG	Entgeltfortzahlungsgesetz
EK-Med	Erfahrungsaustauschkreises der nach dem Medizinproduktegesetz benannten Stellen der ZLG
EuGH	Europäischer Gerichtshof
EuZW	Europäische Zeitschrift für Wirtschaftsrecht

F

Fn	Fußnote
FS	Festschrift

G

GBA	Gemeinsamer Bundesausschuss
GbR	Gesellschaft bürgerlichen Rechts
GenDG	Gesetz über genetische Untersuchungen bei Menschen (Gendiagnostikgesetz)

GesR	Gesundheitsrecht Zeitschrift
GewO	Gewerbeordnung
GG	Grundgesetz
GKV	Gesetzliche Krankenversicherung
GID	Gen-Ethischer Informationsdienst
GoA	Geschäftsführung ohne Auftrag
GOÄ	Gebührenordnung für Ärzte
GOZ	Gebührenordnung für Zahnärzte
GKV-WSG	Gesetzliche Krankenversicherung-Wettbewerbsstärkungsgesetz

H

HebG	Hebammengesetz
HeilPrG	Heilpraktikergesetz
HGB	Handelsgesetzbuch
h.M.	herrschende Meinung
HRi	Härtefall-Richtlinien
HS	Halbsatz

I

i.e.S.	im engeren Sinne
IfSG	Gesetz zur Verhütung und Bekämpfung von Infektionskrankheiten beim Menschen
IgeL	Individuelle Gesundheitsleistung
IQWiG	Institut für Qualität und Wirtschaftlichkeit im Gesundheitswesen
IVD	In-vitro-Diagnostikum

K

KBV	Kassenärztliche Bundesvereinigung
Kennz.	Kennziffer
KHEntgG	Krankenhausentgeltgesetz
KHRG	Krankenhausfinanzierungsreformgesetz
KG	Kammergericht, Kommanditgesellschaft
KHG	Krankenhausfinanzierungsgesetz
KSchG	Kündigungschutzgesetz
KV	Kassenärztliche Vereinigung
KZV	Kassenzahnärztliche Vereinigung
KZBV	Kassenzahnärztliche Bundesvereinigung

L

LÄK	Landesärztekammer
LG	Landgericht
LSG	Landessozialgericht

M

MB/KK	Musterbedingungen 2009 für die Krankheitskosten- und Krankenhaustagegeldversicherung
MBO	Musterberufsordnung
MDEG	Medical Devices Experts Group der Europäischen Kommission
MDK	Medizinischer Dienst der Krankenkassen
MDR	Zeitschrift Monatsschrift des deutschen Rechts
MEDDEV	Leitlinien der Europäischen Kommission im Medizinproduktebereich
MedR	Zeitschrift Medizinrecht
MIR	Zeitschrift Medien,Internet und Recht
MPBetreibV	Verordnung über das Errichten, Betreiben und Anwenden von Medizinprodukten (Medizinprodukte-Betreiberverordnung)
MPG	Gesetz über Medizinprodukte (Medizinproduktegesetz)
MPJ	Zeitschrift Medizinprodukte Journal
MPR	Zeitschrift Medizin Produkte Recht
MPSV	Verordnung über die Erfassung, Bewertung und Abwehr von Risiken bei Medizinprodukten (Medizinprodukte-Sicherheitsplanverordnung)
MPV	Verordnung über Medizinprodukte (Medizinprodukte-Verordnung)
MPVerschrV	Verordnung über die Verschreibungspflicht von Medizinprodukten
MPVertrV	Verordnung über Vertriebswege für Medizinprodukte
Müko	Münchner Kommentar
MWBO	Musterweiterbildungsordnung
m.w.N.	mit weiteren Nachweisen
MVZ	Medizinisches Versorgungszentrum

N

NAB	Nichtannahmebeschluss
n.F.	neue Fassung
NJW	Zeitschrift Neue Juristische Wochenschrift
NZ	Neuseeland
NZS	Zeitschrift Neue Zeitschrift für Sozialrecht
NZV	Zeitschrift Neue Zeitschrift für Verkehrsrecht

O

OLG	Oberlandesgericht
OEG	Opferentschädigungsgesetz
OVG	Oberverwaltungsgericht

P

PartGG	Partnerschaftsgesellschaftsgesetz
PEI	Paul-Ehrlich-Institut
PflRiLi	Pflegerichtlinien
PKV	Private Krankenversicherung
PPV	Private Pflegeversicherung
PV	Pflegeversicherung
PWW	Prütting/Wegen/Weinrich, BGB-Kommentar

Q

QM	Qualitätsmanagement
QS	Qualitätssicherung

R

RDG	Zeitschrift Rechtsdepesche für das Gesundheitswesen
Rdn	Randnummer
RGSt	Reichsgerichtsentscheidung in Strafsachen, amtl. Sammlung
Rn	Randnummer
RKI	Robert-Koch-Institut
r+s	Zeitschrift recht und schaden
RV	Rentenversicherung
RVO	Rentenversicherungsordnung

S

SG	Sozialgericht
SGB	Sozialgesetzbuch
SGB IV	Viertes Sozialgesetzbuch
SGB V	Fünftes Sozialgesetzbuch
SP	Zeitschrift Schadenpraxis
SPV	Soziale Pflegeversicherung
StGB	Strafgesetzbuch
StPO	Strafprozessordnung
SVR	Zeitschrift Straßenverkehrsrecht

T

TPG	Transplantationsgesetz
TQM	Total Quality Management

U

Urt.	Urteil
UStG	Umsatzsteuergesetz

V

VG	Verwaltungsgericht
VGH	Verfassungsgerichtshof
VerschG	Verschollenheitsgesetz
VersR	Zeitschrift Versicherungsrecht
VVG	Versicherungsvertragsgesetz
VwGO	Verwaltungsgerichtsordnung

Z

ZÄPRO	Approbationsordnung für Zahnärzte
ZfS	Zeitschrift für Schadenrecht
ZHG	Gesetz über die Ausübung der Zahnheilkunde
ZLG	Zentralstelle der Länder für Gesundheitsschutz bei Arzneimitteln und Medizinprodukten
ZPO	Zivilprozessordnung
ZR	Zivilrecht

Literaturverzeichnis

Andreas/Debong/ Bruns	Handbuch Arztrecht in der Praxis, 2. Aufl. 2001
Anhalt/Dieners	Handbuch des Medizinprodukterechts – Grundlagen und Praxis, 2003
Bäune/Meschke/ Rothfuß	Kommentar zur Zulassungsverordnung für Vertragsärzte und Vertragszahnärzte (Ärzte-ZV, Zahnärzte-ZV), 2008
Bergmann/ Kienzle	Krankenhaushaftung – Organisation, Schadensverhütung und Versicherung, 2. Aufl. 2003
Bergmann/Pauge/ Steinmeyer	Gesamtes Medizinrecht, Kommentar, 2011
Bergmann/Wever	Die Arzthaftung, 3. Aufl. 2009
Brück	Kommentar zur Gebührenordnung für Ärzte, 3. Aufl. 2011
Bülow/Ring	Heilmittelwerbegesetz: Gesetz über die Werbung auf dem Gebiete des Heilwesens (HWG); Kommentar, 4. Aufl. 2010
Dahm/Möller/ Ratzel	Rechtshandbuch Medizinische Versorgungszentren, 2005
Deutsch/Spickhoff	Medizinrecht, 6. Aufl. 2008
Doepner	Heilmittelwerbegesetz: Kommentar, 2. Aufl. 2000
Dörfler/Eisenmenger/Lippert/Wandl	Medizinische Gutachten, 2008
Ehlers	Medizinischen Gutachten im Prozess, 3. Aufl. 2005
Ehlers/Broglie	Arzthaftungsrecht, 4. Aufl. 2008
Eigner	Die Beschränkung der persönlichen Gesellschafterhaftung bei Gesellschaft bürgerlichen Rechts und Partnerschaft, 2004
Eisenberg	Ärztliche Kooperations- und Organisationsformen, 2002
Frahm/Nixdorf/ Walter	Arzthaftungsrecht, 4. Aufl. 2009
Francke/Gagel	Der Sachverständigenbeweis im Sozialrecht, 2009
Francke/Hart	Ärztliche Verantwortung und Patienteninformation, 1987

Franzen	Privatrechtsangleichung durch die Europäische Gemeinschaft, 1999
Frister/Lindemann/ Peters	Arztstrafrecht, 2011
Gaidzik	Patientenverfügungen, 2011
Geigel	Der Haftpflichtprozess, 26. Aufl. 2011
Geiß/Greiner	Arzthaftpflichtrecht, 6. Aufl. 2009
Gellißen	Arzneimittelwerbung im Internet, 2008
Gola/Schomerus	Bundesdatenschutzgesetz (BDSG), 10. Aufl. 2010
Gollasch	Die fachübergreifende Gemeinschaftspraxis, 2003
Gröning	Heilmittelwerberecht: Kommentar zum deutschen und europäischen Recht, Loseblatt
Großkopf	Praxiswissen Krankenpflegerecht, 2010
Gummert/Weipert	Münchener Handbuch des Gesellschaftsrechts, Bd. 1, 3. Aufl. 2010
Hahne	Medizinische Versorgungszentren und Integrierte Versorgung, 2006
Halbe/Orlowski/ Karch	Vertragsarztrechtsänderungsgesetz, 2007
Halbe/Schirmer	Handbuch Kooperationen im Gesundheitswesen, Stand April 2010
Halm/Engelbrecht/ Krahe	Handbuch des Fachanwalts Versicherungsrecht, 4. Aufl. 2011
Hauck/Wilde	SGB XI Soziale Pflegeversicherung, Loseblattsammlung, Stand 2009
Henssler	Partnerschaftsgesellschaftsgesetz, 2. Aufl. 2008
Herberer	Das ärztliche Berufs- und Standesrecht, 2. Aufl. 2001
Hill/Schmitt	WiKo – Medizinprodukterecht, 2010
Hofmann	Rechtsfragen der Genomanalyse, 1999
Hohmann/Klawonn	Das Medizinische Versorgungszentrum – Die Verträge, 2. Aufl.2007
Hoxhaj	Quo vadis Medizintechnikhaftung, Recht & Medizin, 2007
Jaeger/Luckey	Schmerzensgeld, 5. Aufl. 2010
Jahnke	Abfindung von Personenschadenansprüchen, 2. Aufl. 2008

Jahnke	Unfalltod und Schadenersatz, 2007
Jahnke	Der Verdienstausfall im Schadensersatzrecht, 3. Aufl. 2009
Katzenmeier	Arzthaftung, 2002
Katzenmeier/ Schrag-Slavu	Rechtsfragen des Einsatzes der Telemedizin im Rettungsdienst, 2010
Klie/Krahmer	Soziale Pflegeversicherung, Lehr- und Praxiskommentar LPK-SGB XI, 3. Aufl. 2009
Kloesel/Cyran	Arzneimittelgesetz, Kommentar, Loseblatt, 2010
Knoche	Arzthaftung, Produkthaftung, Umwelthaftung, 2005
Koller	Ärztliche Kooperationsformen unter haftungs- und berufsrechtlichen Gesichtspunkten, 2007
Kosanke/Brenner	Die ärztliche Gruppenpraxis, 6. Aufl. 1987
Krauskopf	Soziale Krankenversicherung – Pflegeversicherung, Loseblattsammlung,
Kraus/Kunz	Sozietätsrecht, 2. Aufl. 2006
Konerding	Der Vertragsarzt im Medizinischen Versorgungszentrum, 2009
Kunz/Zellner/ Gelhausen/Weiner	Opferentschädigungsgesetz, 5. Aufl. 2010
Küppersbusch	Ersatzansprüche bei Personenschaden, 10. Aufl. 2010
Laas	Die überörtliche Gemeinschaftspraxis, 2006
Lach	Formen freiberuflicher Zusammenarbeit, 1970
Lanzerath	Krankheit und ärztliches Handeln – Zur Funktion des Krankheitsbegriffs in der medizinischen Ethik, 2000
Laufs/Katzenmeier/ Lipp	Arztrecht, 6. Aufl. 2009
Laufs/Kern	Handbuch des Arztrechts, 4. Aufl. 2010
Lenz/Braun	Partnerschaftsgesellschaftsvertrag, 4. Aufl. 2009
Looschelders/ Pohlmann	VVG-Kommentar, 2. Aufl. 2011
Lorz	Arzthaftung bei Schönheitsoperationen, 2007
Lücke-Rosendahl	Der Beruf des Arztes unter besonderer Berücksichtigung der ärztlichen Kooperation, 1999

Lücker/Wachen-hausen	Medizinprodukterecht, Recht – Materialien – Kommentar, 2010
Ludolph/Schür-mann/Gaidzik	Kursbuch der ärztlichen Begutachtung, 2011
Martis/Winkhart	Arzthaftungsrecht, 3. Aufl. 2010
Meurer	Außergerichtliche Streitbeilegung in Arzthaftungssachen, 2008
Michalski/Römer-mann	Vertrag der Partnerschaftsgesellschaft, 3. Aufl. 2002
Michels/Möller	Ärztliche Kooperationen, 2. Aufl. 2010
Möwisch/Ruser/von Schwanenflügel	Pflegereform 2008, 2008
Narr	Ärztliches Berufsrecht, 2. Aufl. Band II, 2007
Nöthlichs	Sicherheitsvorschriften für Medizinprodukte – Kommentar zum MPG und zur MPBetreibV, 2008
Norouzi	Die audiovisuelle Vernehmung von Auslandszeugen, 2008
Oetker	in: Münchner Kommentar zum BGB, 5. Auflage 2006, BGB § 249, Rn 379 ff. (Personenschäden)
Palandt/Heinrichs	Bürgerliches Gesetzbuch, 70. Aufl. 2010
Pardey	Berechnung von Personenschäden, 4. Aufl. 2010
Pardey	in: Geigel, Der Haftpflichtprozess, 25. Aufl. 2008, 4. Kap. Personenschaden
Pflüger	Krankenhaushaftung und Organisationsverschulden, 2001
Preißler/Sozietät Dr. Rehborn	Ärztliche Gemeinschaftspraxis versus Scheingesellschaft, 2002
Plagemann	Gesetzliche Unfallversicherung, 2. Aufl. 2007
Prütting	Fachanwaltskommentar Medizinrecht, 2. Aufl. 2011
Prütting/Wegen/Weinreich	BGB-Kommentar, 6. Aufl. 2011
Quaas/Zuck	Medizinrecht, 2. Aufl. 2008
Ratajczak/Stegers	Arzthaftungsrecht, 2005
Ratzel/Lippert	Kommentar zur Musterberufsordnung der Deutschen Ärzte, 5. Aufl. 2010
Ratzel/Luxenburger	Handbuch Medizinrecht, 2. Aufl. 2011

Regenbogen	Ärztliche Aufklärung und Beratung in der prädiktiven genetischen Diagnostik, 2003
Rehmann	Arzneimittelrecht, Kommentar, 3. Aufl. 2008
Rehmann/Wagner	Medizinproduktegesetz, Kommentar, 2. Aufl. 2010
Rieger/Dahm/ Steinhilper	Heidelberger Kommentar Arztrecht, Krankenhausrecht, Medizinrecht, 2010
Riemer-Kafka	Versicherungsmedizinische Gutachten, 2007
Rüffer/Halbach/ Schimikowski	Versicherungsvertragsgesetz, Handkommentar, 2009
Schallen	Zulassungsverordnung für Vertragsärzte, Vertragszahnärzte, Medizinische Versorgungszentren, Psychotherapeuten, 7. Aufl. 2009
Schirmer	Vertragsarztrecht kompakt, 2005
Schmatz/Goetz/ Matzke	Gebührenordnung für Ärzte, Kommentar, 2. Aufl. 1983
Schnapp/Wigge/	Handbuch des Vertragsarztrechts, 2. Aufl. 2006
Schneider	Neue Behandlungsmethoden im Arzthaftungsrecht, 2010
Schnitzler	Das Recht der Heilberufe, 2004
Schöffski	Gendiagnostik: Versicherung und Gesundheitswesen, 2000
Schulz-Borck/ Pardey	Der Haushaltsführungsschaden, 7. Aufl. 2009
Schünemann/ Pfeiffer	Rechtsprobleme von AIDS, 1988
Sodan/Zimmermann	Das Spannungsfeld zwischen Patienteninformierung und dem Werbeverbot für verschreibungspflichtige Arzneimittel, 2008
Spickhoff	Medizinrecht, Kommentar, 2011
Staudinger/Thöni	Das medizinische Gutachten im Verfahren, 2010
Steffen/Pauge	Arzthaftungsrecht, 11. Aufl. 2010
Stuber	Die Partnerschaftsgesellschaft- Musterverträge, 2. Aufl. 2001
Terbille	Münchner Anwaltshandbuch Medizinrecht, 2009
Trautmann	Der Vertrag über die ärztliche Gemeinschaftspraxis, 2005
Udsching	SGB XI – Soziale Pflegeversicherung, 2. Aufl. 2000

Uleer/Miebach/Patt	Abrechnung von Arzt- und Krankenhausleistungen, 3. Aufl. 2006
Ulmer/Schäfer	Gesellschaft bürgerlichen Rechts und Partnerschaftsgesellschaft, 5. Aufl. 2009
Weidinger	Die Praxis der Arzthaftung, 2010
Wenner	Vertragsarztrecht nach der Gesundheitsreform, 2008
Wenzel	Handbuch des Fachanwalts Medizinrecht, 2. Aufl. 2009
Zeiß	Die ärztliche Praxis aus berufs- und vertragsarztrechtlicher Sicht: Möglichkeiten und Einschränkungen für Ärzte und Nichtärzte, 2010
Zwingel/Preißler	Ärzte-Kooperationen und Medizinische Versorgungszentren, 2. Aufl. 2008

Kapitel 1
Die Arzthaftung im deutschen Haftungssystem und als Teil des Medizinrechts

A. Die Arzt-Patienten-Beziehung im Spiegel der Zeit

I. Historischer Abriss

Die zivilrechtliche Arzthaftung ist, das zeigt beispielhaft der sprunghafte Anstieg von verfügbaren Lehr-, Handbüchern und Kommentaren in diesem Bereich über die letzten Jahre, ein Wachstumsmarkt. Sie ist eine wesentliche, wenn nicht (noch) die wesentlichste Komponente des sog. Medizinrechts, das die (öffentlich-rechtlichen, strafrechtlichen und zivilrechtlichen) Rechtsnormen umfasst, die den Umgang mit Gesundheitsleistungen (medizinischen Gütern und Dienstleistungen) regeln. Der wachsenden Bedeutung dieses Rechtsgebiets in der Praxis trug die Anwaltschaft bereits vor einigen Jahren durch die Schaffung des Fachanwaltes für Medizinrecht Rechnung.

Auch wenn der Anwalt den arztrechtlichen Haftungsfall im Hier und Jetzt bearbeitet, erscheint es angebracht, einige Worte darüber zu verlieren, wie es dazu kam, dass sich Ärzte und Patienten heute häufiger denn je vor Gericht wiedersehen. Gerade die Dynamik, die die Arzt-Patienten-Beziehung in manchem Haftungsprozess entwickelt, ist kaum verständlich, wenn man sich nicht klar macht, von welchen Erwartungshaltungen der (klagende) Patient, aber auch der (beklagte) Arzt in ihrem Verhältnis zueinander ausgingen.

Das Urbild des Arztes als Heiler, der seine Dienste im Einklang mit ethischen Grundsätzen verrichtet, findet seine früheste schriftliche Entsprechung im hippokratischen Eid, von dem heutzutage meist nur noch die zentrale Aussage des »Ich will sie [die Kranken] vor Schaden und Unrecht bewahren«[1] der Allgemeinheit bekannt ist. Weniger bewusst ist, dass der hippokratische Eid dem Arzt noch das Schneiden mit dem Messer verbietet – die Chirurgen, heute aus der Medizin (und angesichts der potentiellen Gefährlichkeit ihrer Tätigkeit aus dem Haftungsrecht[2]) kaum mehr wegzu-

1 Der Originaltext des hippokratischen Eids (Griechisch, Latein, Englisch, Deutsch) findet sich zB. in Giesen, Arzthaftungsrecht/Medical Malpractice Law, 1981, Appendix IV oder (in Griechisch und Deutsch) auf Wikipedia.
2 Rund die Hälfte der geschätzen 157.000 Behandlungsfehler, die in Deutschland jährlich passieren sollen, werden der Chirurgie angelastet, v. Lutterotti, »Verpatzt und verloren«, faz.net.de, 2010.

denken, galten bis weit in Neuzeit als Handwerker,[3] nicht wie die Ärzte, die sich nicht die Hände »schmutzig machten«, als Männer des Geistes.

3   In der Antike nahm der Arzt eine oft sakral überhöhte Position ein – man denke nur an die Asklepios-Heiligtümer, in denen die vorgenommene Behandlung auch Teil des Götterkultes war – und erwies dem Patienten einen auch den Göttern geschuldeten Liebesdienst, der zB. in der Zeit der römischen Republik nicht schlicht bezahlt werden konnte, sondern mit Gegengeschenken vergolten wurde. Einen schwachen Nachklang hieran mag man im römisch geprägten kontinentalen Recht Europas in der Figur der »freien Berufe«, zu denen der des Arztes gehört, vernehmen, einem Bild, bei dem zumindest unterschwellig noch immer mitklingt, die Tätigkeit werde nicht (wie schnödes Gewerbe) allein um des Gewinns ausgeübt, sondern auch als »Berufung«. Durch diese **»Überhöhung« des Arztberufes** wurde sein Betreiber, der Arzt, im zwischenmenschlichen Verhältnis nahezu unangreifbar, sei es als Priesterarzt in der Antike, nach der Zeitenwende z.B. als die christliche Nächstenliebe ausübender Mönch oder in späterer Zeit als Angehöriger einer gebildeten Oberschicht, als (naturwissenschaftlich) Gelehrter oder Akademiker. Lange Zeit brauchte der Arzt eine direkte Inanspruchnahme durch seinen Patienten nicht zu befürchten; die Arzt-Patienten-Beziehung war keine haftungsrechtliche, zumindest nicht im zivilrechtlichen Bereich. Der Arzt fühlte sich seinem geleisteten Eid und dem Ethos seines Standes verpflichtet, ohne im Sinne einer gerichtlich überprüfbaren Schuld seinem Patienten gegenüber verpflichtet zu sein.[4]

Dieser tatsächlichen **»Haftungsfreiheit«** dürfte auch das System der gesetzlichen Krankenversicherung unwillkürlich Vorschub geleistet haben, da es beim gesetzlich Versicherten, der vom Vertragsarzt Behandlungsleistungen entgegennimmt, ohne diese selbst zu bezahlen, lange Zeit ein (nun wohl aus weiteren Gründen – dazu im Folgenden Rdn. 23 ff. – im Schwinden begriffenes) entsprechend verklärtes Bild der ärztlichen Tätigkeit hervorgerufen hat, das sich z.B. darin äußerte, Ärzten zu Weihnachten und/oder Ostern kleine Geschenke zu machen – ein Gedanke, auf den man bei seinem Friseur, Fliesenleger oder auch Rechtsanwalt (um einen anderen »freien Beruf« zu nennen) wohl nicht kommen würde.

4   Dagegen bildete sich im Common Law-Rechtskreis schon früh die Vorstellung heraus, der Beruf des Arztes sei ein öffentlicher Beruf wie z.B. der des Apothekers, aber auch des Gastwirts oder des Beförderungsunternehmers, Erwerbszweige, mit denen (den Apotheker vielleicht ausgenommen) ein deutscher Arzt sich wohl ungern in einen Topf geworfen sähe. Mit dieser Einstufung verbunden war die rechtliche Folge, dass derjenige, der diesen Beruf ausübte, verpflichtet war, bei der Berufsausübung auch ein gewisses

---

3   Das griechische Wort bedeutet wörtlich »derjenige, der mit der Hand arbeitet«.
4   Vgl. hierzu ausführlich Katzenmeier, Arzthaftung, 6f., 30.

Simmler

Maß an Sorgfalt an den Tag zu legen, und bei Verletzung dieser Pflicht sich auf deliktsrechtlicher Grundlage schadensersatzpflichtig machen konnte. Diese uns heute völlig selbstverständlich erscheinende Erkenntnis führte in England bereits im Jahre 1374 zu einer (im Ergebnis allerdings erfolglosen) Klage eines Patienten gegen seinen Behandler.[5] Der erste dokumentierte Arzthaftungsprozess in den USA wurde bereits 1790 geführt.[6] Nun mag es auch der Präzedenzfall-orientierten Rechtsordnung des Common Law geschuldet sein, dass solche Fälle der Nachwelt in diversen Sammlungen überliefert wurden, während das von Kodifizierungen geprägte kontinentale Recht derartig frühe Fälle nicht festhielt. Auch fördert eine intensive Suche im (früh-)neuzeitlichen historischen Arzthaftungsrecht der Common Law-Staaten keineswegs eine große Anzahl solcher ziviler Haftungsklagen vor dem 20. Jahrhundert zutage.[7]

Doch erscheint es bezeichnend, dass die erste amtlich dokumentierte deutsche höchstrichterliche Entscheidung zu ärztlichen Behandlungsfehlern eine strafrechtliche aus dem Jahre 1880 ist,[8] während die erste in die amtliche Sammlung des Reichsgerichts aufgenommene zivilrechtliche Entscheidung erst aus dem Jahre 1912 stammt[9] und noch dazu die Frage behandelt, ob die (behauptet fehlerhafte) ärztliche Behandlung eines Strafgefangenen durch den Anstaltsarzt einen Amtshaftungsanspruch auslöst. 1920 entscheidet das Reichsgericht, dass ein Arzt nicht dafür haftet, dass einem Patienten aus dem Vorraum der Praxis ein Mantel gestohlen wird,[10] und erst 1921 wird eine die Haftung des Arztes für Kunstfehler betreffende Entscheidung in die amtliche Sammlung aufgenommen.[11] Es ist aber darauf hinzuweisen, dass die Grundsatzentscheidung zur Haftung wegen ärztlichen Eingriffs ohne Einwilligung im Zivilrecht bereits früheren Datums, nämlich 1908, erging.[12] Dass ein Arzt einen Patienten (meist ging es um Kinder) gegen dessen Willen (oder den des Erziehungsberechtigten) behandelte (und dann dabei zudem kein zufriedenstellendes Ergebnis erzielte), scheint den deutschen

5

5   Morton's Case (1374) (zitiert nach Giesen, Arzthaftungsrecht/Medical Malpractice Law, 1981, Fn. 5).
6   Dieter Giesen, Arzthaftungsrecht/Medical Malpractice Law, 1981, Fn. 5.
7   Vgl hierzu Giesen, International Medical Malpractice Law, A Comparative Study of Civil Liability arising from Medical Care, 1988.
8   RGSt 1, 446-450; es ging darum, dass der angeklagte Arzt unter Verstoß gegen die ärztliche Kunst ein bei der Geburt querliegendes Kind für tot hielt und es zerstückelte, um die Mutter zu retten. Als »**Leitentscheidung**« des RG gilt jedoch weithin RGSt 25, 375 mit dem Leitsatz »Von welchen rechtlichen Voraussetzungen hängt die Strafbarkeit oder Straflosigkeit von Körperverletzungen ab, welche zum Zwecke des Heilverfahrens von Ärzten bei operativen Eingriffen begangen werden?«
9   RGZ 78, 325-331.
10 RGZ 99, 35-37.
11 RGZ 102, 230-231.
12 RGZ 68, 431, 433f.

Simmler

Patienten also eher zu rechtlichen Schritten veranlasst zu haben als das Gefühl, nicht richtig behandelt worden zu sein.[13] Die Erfassung des Arzt-Patient-Verhältnisses durch das zivile Haftungsrecht ist demnach eine im deutschen Rechtsraum vergleichsweise junge Entwicklung; die »**Verrechtlichung**« des Arzt-Patienten-Verhältnis auf der zivilen Haftungsebene setzt erst im späten 19. Jahrhundert ein, nimmt aber seitdem bis heute eine rasante Entwicklung.

6 Die zivile Haftung des Arztes gegenüber seinem Patienten ist im deutschen Recht spätestens seit dem 19. Jahrhundert **verschuldensabhängig** gestaltet und im Haftungsschwerpunkt im **Deliktsrecht** verortet. Das BGB, in dem im Jahre 1900 die Kodifikationsbemühungen kulminierten, war die Verkörperung einer Bewegung weg vom Verursacherprinzip des älteren deutschen Rechts[14] hin zum Verschuldensprinzip (siehe dazu gleich Rdn. 15). Das 20. Jahrhundert sah dann eine Bewegung langsam weg vom reinen Verschuldensprinzip durch eine zunehmende Objektivierung des zivilrechtlichen Fahrlässigkeitsbegriffs; im 21. Jahrhundert sehen wir uns einer zunehmenden Bedeutung des Vertragsrechts im Haftungsprozess gegenüber, besonders gefördert durch die Aufhebung des § 847 BGB a.F. und die Erweiterung des Schmerzensgeldanspruchs (u.a.) für Körper- und Gesundheitsverletzungen auch bei der Verletzung vertraglicher Pflichten durch das Zweite Gesetz zur Änderung schadensrechtlicher Vorschriften vom 19.7.2002.[15] Ebenso bestehen seit der zweiten Hälfte des 20. Jahrhunderts zunehmend Überlegungen dahingehend, die Arzthaftung wegen des als ungerecht und den Patienten benachteiligend empfundenen »Ganz oder gar nicht« der Verschuldenshaftung den Gefährdungshafttatbeständen zu unterstellen oder eine Proportionalhaftung einzuführen (siehe dazu gleich Rdn. 107 ff.).

II. Der Weg zum »mündigen Patienten«: Vom paternalistischen Rollenverständnis des Arztes zum Selbstbestimmungsrecht des Patienten

1. Blickwinkel: Rechtsprechung – Patientenbild

7 Leitbild des deutschen zivilen Arzthaftungsrechts ist der mündige, selbstbestimmte Patient, der in Kenntnis aller mit der an ihm vorzunehmenden Heilbehandlung im Großen und Ganzen verbundenen Risiken sowie Behandlungsalternativen eine Abwägung trifft und sich informiert für eine Behandlungsmethode entscheidet. Der Patient begegnet dem Arzt demnach

---

13 Vgl. Katzenmeier, Arzthaftung, 113, Fn 226: »Behandlungen eines Patienten gegen oder ohne dessen Willen standen zu Beginn des 20. Jahrhunderts im Vordergrund der Arzthaftungsprozesse, dürfte heute aber Seltenheitswert haben«.
14 Katzenmeier, Arzthaftung, 150.
15 BGBl. I, 2674.

Simmler

»auf Augenhöhe«, beide Vertragsparteien werden als Partner im Ringen um die Heilung des Patients angesehen (**Partnerschaftsmodell**). Bei diesem Patientenbild handelt es sich – wie bei dem vielbeschworenen »Idealfahrer« im Verkehrsrecht – um ein Idealbild, das in der Praxis wohl nur selten in seiner reinen Form angetroffen wird.

2. Blickwinkel: Arzt – Patientenbild

Dieser »Idealpatient« steht in diametralem Gegensatz zum vom Arzt wohl zumeist wahrgenommenen »Standardpatienten«, der sich voller Vertrauen in die Hände seines Arztes begibt und weder die Methodenwahl noch die Risikogeneigtheit einer ihm als notwendig dargestellten Behandlung hinterfragt. Häufig will ein solcher Patient gerade vor größeren Eingriffen die damit verbundenen Risiken gar nicht wissen und empfinden Arzt, aber auch Patient, die von der Rechtsprechung aufgestellten Aufklärungspflichten als dem gegenseitigen Vertrauensverhältnis abträglich. Der Arzt sieht sich (gerade diesem) Patienten gegenüber in der Rolle des guten, autoritätsvollen Entscheidungsträgers, der die volle Verantwortung für dessen Befinden übernimmt und zu seinem Wohl entscheidet.

8

▶ **Beispielsfall:** So wurde die Autorin in einer Fortbildung von einem Kardiologen empört gefragt, warum er denn seine Patienten über die Risiken einer Herzkatheteruntersuchung aufklären solle, sie hätten doch gar keine andere Wahl und würden sich dann nur fürchten und verkrampfen. Seine Patienten könnten schon darauf vertrauen, dass er das Richtige für sie tun werde.

9

3. Grundprinzipien der Arzt-Patienten-Beziehung

Diese beiden Perspektiven zeigen die Pole, zwischen denen das Arzt-Patienten-Verhältnis oszilliert: der Arzt als die wohlmeinende Vater- (oder Mutter-)figur, die dem Patienten nur helfen will und weiß, was gut für ihn ist (»**Primat der Heilung**«), gegenüber dem Patienten, der Selbstbestimmung will und auch einfordert, Verantwortung für seine Entscheidungen übernimmt und sich u.U. auch gegen ärztlichen Rat entscheidet (»**Primat der Selbstbestimmung**«). Die übliche Arzt-Patienten-Beziehung dürfte von Mischformen beider Protagonisten gekennzeichnet sein, wie auch die übliche Verkehrssituation gerade nicht ein Aufeinandertreffen von Idealfahrern darstellt. Dies ist so lange unschädlich, wie das Vertrauensverhältnis zwischen den Parteien des Behandlungsvertrages intakt ist. Doch wird das Vertrauensverhältnis gestört und macht der Patient Haftungsansprüche gegen seinen Behandler geltend, muss sich die Arzt-Patienten-Beziehung an den deutlich in Richtung des **partnerschaftlichen Modells** tendierenden

10

Simmler

Maßstäben messen lassen, die die Rechtsprechung über die Jahre im Haftungsprozess entwickelt hat.

11   Dabei hat die haftungsrechtliche Rechtsprechung ihrerseits Erhebliches dazu beigetragen, dass sich – grob gesprochen – das Arzt-Patienten-Verhältnis von einer paternalistischen Beziehung weg hin zu einem Verhältnis Gleichgestellter entwickelt hat. Denn die fortdauernde, von Ärzteseite oft als überzogen gegeißelte **Betonung des Selbstbestimmungsrechts** des Patienten durch die Rechtsprechung hat wohl insgesamt zu einem Wandel auch des ärztlichen Selbstverständnisses weg vom paternalistischen hin zu einem partnerschaftlichen Rollenbild geführt, auch wenn nicht zu verhehlen ist, dass viele Pfeiler im Arzt-Patienten-Verhältnis sich über die Jahrzehnte kaum verändert haben.

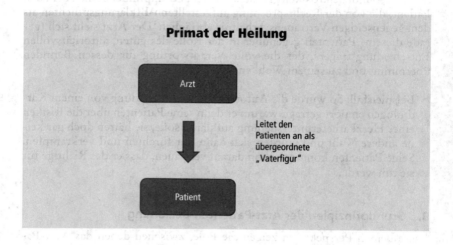

a) Konstanten

aa) Vertrauensverhältnis

Eine der wohl unwandelbaren Konstanten der Arzt-Patientenbeziehung ist das viel beschworenen **Vertrauensverhältnis:**[16] Der Arzt wird vom Patienten immer noch vorrangig als Heiler, dem man sich – oft in schwieriger gesundheitlicher Situation – anvertraut und auf dessen Fachkunde man sich verlässt, angesehen. Der Arzt erbringt also in den Augen des Patienten eher den oben so genannten »Liebesdienst«, um den Patienten zu heilen, als eine Dienstleistung gegen Entgelt. Auch wenn es einem als Rechtsanwalt vielleicht schwer fällt, dies zu akzeptieren: dem »freien Beruf« Arzt hängt noch stark der Nimbus der Berufung an, den der Beruf des Rechtsanwalts, der oft als »Mietmaul« verunglimpft wird, in der öffentlichen (und privaten) Meinung längst verloren hat.

12

Dass dieses Grundvertrauen in der Arzt-Patienten-Beziehung (noch) existiert, ist für die Medizin ein hohes Gut: das Beispiel der **Placebo**-Forschung zeigt, wieviel Heilkraft in der simplen Überzeugung des Menschen steckt, ihm werde geholfen.[17] Ohne die vertrauensvolle Basis des Arzt-Patienten-Verhältnisses würde in der Medizin viel nicht funktionieren.[18]

13

bb) deliktische Grundlage der Haftungsbeziehung

Eine weitere Konstante ist die **deliktische Grundlage,** auf die das Recht die Arzt-Patienten-Beziehung gestellt hat. Seit die Arzt-Patienten-Beziehung einer zunehmenden haftungsrechtlichen »Verrechtlichung« unterworfen wurde, also seit dem späten 19. Jahrhundert, wird ein (auch fehlerfreier und erfolgreicher[!]) ärztlicher Heileingriff von der Rechtsprechung (und ihr nachfolgend der herrschenden Lehre) tatbestandlich als Körperverletzung qualifiziert (**Körperverletzungsdoktrin**),[19] zu deren Rechtfertigung der Arzt die wirksame Einwilligung des Patienten benötigt. Trotz nicht endender Angriffe meist arztgeneigter Literatur, diese rechtliche Grundeinordnung stelle den Chirurgen einem Messerstecher gleich[20] und verkenne grundlegend, was ein Arzt tue (nämlich nach bestem Wissen und Gewissen dem Patienten zu helfen[21]), hält die herrschende Meinung und die Recht-

14

---

16 Vgl. BGHZ 29,46 (52f.): »dass das Verhältnis zwischen Arzt und Patient ein starkes Vertrauen voraussetzt, dass es in starkem Maße in der menschlichen Beziehung wurzelt, in die der Arzt zu dem Kranken tritt und dass es daher weit mehr als eine juristische Vertragsbeziehung ist«.

17 Vgl. anschaulich M. Heier »Ich werde schaden«, Frankfurter Allgemeine Sonntagszeitung, 20.09.2009, S. 55.

18 Katzenmeier, Arzthaftung, 10.

19 Grundsatzentscheidung in Strafsachen: RGSt 25, 375, 378f.

20 Laufs/Uhlenbruck-Ulsenheimer, Handbuch des Arztrechts, § 138 Rn. 5.

21 Den Diskussionsstand zusammenfassend Katzenmeier, 114-127, der die »Körperverletzungsdoktrin« selbst für »wirklichkeitsfremd« hält und einen »persönlichkeitsrechtlichen Ansatz« vertritt, nach dem der »eigenmächtige« Heileingriff

sprechung an dieser Einordnung fest. Zu Recht – denn beste Absichten des Handelnden haben bei einer Rechtsgutsverletzung im Rahmen des § 823 BGB noch nirgends die Tatbestandsmäßigkeit entfallen lassen, warum sollte hier für den Arzt eine Ausnahme gemacht werden[22]? Auch ist die deliktsrechtliche Einordnung des Arzthaftungsrechts keine deutsche Spezialität: Sowohl die kontinentalen als auch die vom Common Law geprägten Rechtsordnungen benutzen diese Kategorie.

15   Spiegelbild der deliktsrechtlichen Natur der zivilrechtlichen Arzthaftung ist die strafrechtliche Behandlung der Arzt-Patientenbeziehung, die ihrer Materie wegen zwangsläufig als erste dazu kam, Begriffe wie Körperverletzung auf den Heileingriff anzuwenden. Doch auch wenn sich zentrale Elemente des zivilen Haftungsrechts wegen seiner deliktsrechtlichen Ausgestaltung zunächst an strafrechtlichen Grundsatzentscheidungen anlehnten (siehe die tatbestandliche Körperverletzung), hat sich das zivile Haftungsrecht schnell von seiner strafrechtlichen Grundlage emanzipiert und vom verschuldensgeprägten Charakter des Strafrechts durch eine stärker **objektivierte Ausgestaltung des Fahrlässigkeitsbegriffs** weg bewegt.

16   Das Strafrecht spielt daher im modernen zivilen Arzthaftungsprozess – mit Ausnahme des Sonderfalls des Rechts der Familienplanung (siehe dazu 2. Kapitel Rdn. 1587 ff.) – weder dogmatisch noch praktisch eine besondere Rolle. Vor der bei wenig erfahrenen Patientenanwälten oder – verständlicherweise – bei Angehörigen, die mit einem plötzlichen Tod eines Familienangehörigen in ärztlicher Obhut konfrontiert sind, gelegentlich anzutreffende Neigung, dem beabsichtigten Haftungsprozess durch Strafanzeige ein **staatsanwaltschaftliches Ermittlungsverfahren** vorzuschalten, kann aus haftungsrechtlicher Sicht nur abgeraten werden: Da sich das Strafrecht an einem subjektiven Verschuldensmaßstab orientiert, sind im Ermittlungsverfahren eingeholte Gutachten haftungsrechtlich oft kaum verwertbar, die staatsanwaltschaftliche Beschlagnahme der Krankenunterlagen erschwert die Führung des Haftungsprozesses, wenn sie ihn nicht sogar für die Dauer der Beschlagnahme ausbremst, und die Bereitschaft eines mit einem Strafverfahren überzogenen Arzt, sich hinterher bei nicht völlig eindeutiger Sachlage zu vergleichen, darf nach der langjährigen Erfahrung der Autorin als gegen Null tendierend angesehen werden. Offensichtlich ist der Vorwurf strafbarer Handlungen mit einem so starken Makel verbunden, dass der Arzt ein Nachgeben im zivilen Rechtsstreit als Schuldeingeständnis wertet.[23]

(d.h. der ohne Einwilligung, also nach fehlender oder unzureichender Aufklärung, erfolgt) als Verletzung des Selbstbestimmungsrechts angesehen wird.

22   Wagner in MüKo-BGB, § 823, Rn. 727: »Der nicht von der Zustimmung des Betroffenen gedeckte Eingriff in absolute Rechte und Rechtsgüter verletzt diese Interessen, nicht aber ein davon separiertes Selbstbestimmungsrecht des Rechtsgutsträgers.«

23   Vgl. Frahm/Nixdorf/Walter, Arzthaftungsrecht, Rn. 232.

● Der Rückgriff auf staatsanwaltschaftliche Hilfe im Vorfeld eines ge-   **17**
● planten Haftungsprozesses ist wenig zielführend, im Zweifel kontraproduktiv.

cc) Öffentliche Kontrolle

Seit der **Verrechtlichung der Arzt-Patienten-Beziehung** ist diese einer   **18**
konstanten öffentlichen Kontrolle unterworfen, die die frühere berufsin-
terne Kontrolle durch Standesregeln und Standesethik wenn nicht abgelöst,
so doch überformt hat. Wurde diese Kontrolle zunächst durch das Strafrecht ausgeübt – der Patient wandte sich an den Staatsanwalt, um von ihm
als unrechtmäßig verstandenes Verhalten des Arztes überprüfen zu lassen –, so wächst seit der Einführung der gesetzlichen Krankenversicherung
durch Bismarck im Jahre 1883 dem **Sozialrecht** als dem die Gesundheitsversorgung des überwiegenden Teils der deutschen Bevölkerung regelnden
Rechtsgebiet[24] zunehmend dieser Kontrollcharakter zu.

Patientenschutz und Mißbrauchsabwehr, Friedenssicherung, Richtlinien-   **19**
vorgabe und Vertrauensstabilisierung[25] sind die Aufgaben, vor denen eine
öffentliche Kontrolle steht. Der starke Einfluss des Sozialrechts auf die
Arzt-Patienten-Beziehung ist dabei eine Konstante, die jedoch gleichzeitig
zu einem »konstanten Wandel« führt, da die Zwänge des staatlichen Gesundheitssystems die Handlungsfreiheiten von Arzt und Patient durchaus
einschränken können (siehe dazu Rdn. 35,73 ff.).

dd) zivilrechtliche Vertragsbeziehung

Eine eherne Konstante des zivilen deutschen Haftungsrechts ist es auch,   **20**
dass der Haftungsrichter die sozialrechtlichen Verflechtungen der gesetzlichen Krankenversicherung bei der Beurteilung des **vertraglichen Charakters der Arzt-Patienten-Beziehung** weitgehend ausblendet: Trotz der
Tatsache, dass zu einem »normalen« Dienstvertrag nach § 611 BGB, den der
Behandlungsvertrag darstellt, das Synallagma gehört, der Arzt also Dienstleistungen, der Patient Bezahlung schuldet, stuft die Zivilrechtsprechung[26]

---

24 Etwa 90 % der Bevölkerung sind gesetzlich krankenversichert.
25 So Katzenmeier, Arzthaftung, 61.
26 BGHZ 47, 75 (78f.).; BGHZ 97, 273 (276): »Nach ständiger Rechtsprechung des
    erkennenden Senats besteht, wie sich insbesondere auch aus § 368d Abs. 4 RVO
    ergibt, ebenso wie zwischen Arzt und Privatpatienten auch zwischen Kassenarzt
    und Kassenpatienten eine vertragliche Bindung dienstvertraglicher Natur, wobei
    es im Streitfall dahingestellt bleiben kann, ob es sich dabei um einen mit dem
    Kassenpatienten geschlossenen Vertrag oder Ansprüche des Patienten handelt,
    die aus der Schutzwirkung eines zwischen Arzt und Krankenkasse geschlossenen
    Vertrages (§ 328 BGB) folgen (...). Das ist im Ergebnis auch einhellige Meinung
    im Schrifttum, und daran ist festzuhalten.«. Vgl. auch BGHZ 100, 363 (367).

Simmler

– anders als die Rechtsprechung der Sozialgerichte[27] – auch die Behandlungsbeziehung von Vertragsarzt und gesetzlich versichertem Patient als Dienstvertrag ein – und das, obwohl der Vertragsarzt gegen den gesetzlich Versicherten grundsätzlich keinen Zahlungsanspruch erwirbt, sondern seine Leistungen über die Kassenärztliche Vereinigung mit der Krankenkasse abrechnen muss.[28] Diese rechtliche Gleichbetrachtung des »**Drei-Personen-Verhältnisses**« (wenn nicht sogar »**Vier-Personen Verhältnisses**«[29]) beim gesetzlich Versicherten mit dem »klassischen« dienstvertraglichen **Zwei-Personen-Verhältnis** beim privat versicherten Patienten ist zu begrüßen: Die Einbettung des Behandlungsgeschehens in das System der gesetzlichen Krankenversicherung vermag das Verhältnis zweier Privatpersonen nicht grundsätzlich in ein öffentlich-rechtliches umzuwandeln.[30] Davon geschieden muss die Frage betrachtet werden, ob der sozialrechtliche »Überbau« irgendwann dazu führen wird, dass sich der Haftungsmaßstab verschiebt, (siehe dazu unten Rdn. 75).

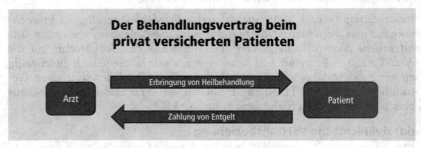

Der Behandlungsvertrag beim privat versicherten Patienten

Arzt → Erbringung von Heilbehandlung → Patient

Arzt ← Zahlung von Entgelt ← Patient

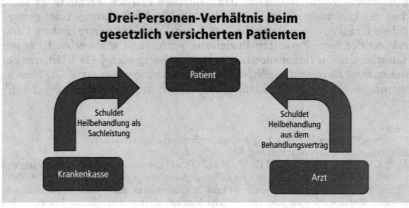

Drei-Personen-Verhältnis beim gesetzlich versicherten Patienten

Patient

Schuldet Heilbehandlung als Sachleistung

Schuldet Heilbehandlung aus dem Behandlungsvertrag

Krankenkasse

Arzt

---

27 BSGE 33, 158 (160f.).
28 Vgl. zum sozialrechtlichen Beziehungsgeflecht BGHZ 100, 363 (367).
29 BGHZ 100, 363 (367).
30 Katzenmeier, Arzthaftung, 98.

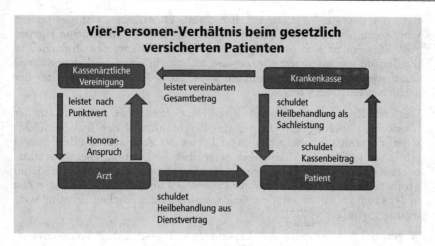

Vier-Personen-Verhältnis beim gesetzlich versicherten Patienten

Kassenärztliche Vereinigung
leistet nach Punktwert
leistet vereinbarten Gesamtbetrag
Honorar-Anspruch
Arzt
schuldet Heilbehandlung aus Dienstvertrag
Krankenkasse
schuldet Heilbehandlung als Sachleistung
schuldet Kassenbeitrag
Patient

❗ Der Behandlungsvertrag ist ein Dienstvertrag, unabhängig von der ver-   **21**
sicherungsrechtlichen Stellung des Patienten.

b) Wandel

Dass der Arzt in der Sicht des heutigen Patienten nicht mehr der sprich-   **22**
wörtliche »Halbgott in Weiß« ist, sondern vermehrt als **Dienstleister** wahrgenommen wird, hat unterschiedliche Ursachen, die in der rechtlichen Ausgestaltung des Arzt-Patienten-Verhältnisses ebenso begründet liegen wie in
der rasanten Entwicklung der Medizin, dem Einfluss der Sozialversiche-
rungssysteme und einer anspruchsvolleren Patientenschaft.

aa) Betonung der vertraglichen Grundlage

Zwar führte der **Behandlungsvertrag** als Anspruchsgrundlage im zivilen   **23**
Haftungsprozess bis zur Erweiterung von Schmerzensgeldansprüchen auf
Vertragsverletzungen ein Mauerblümchendasein;[31] doch in der Realität der
Arzt-Patienten-Beziehung wird das Verhältnis Arzt-Patient schon seit eini-
ger Zeit vom Patienten vermehrt als ein vertragliches wahrgenommen und
sein Dienstleistungscharakter betont.

So trug die Tatsache, dass der gesetzlich versicherte Patient die Leistungen   **24**
seines Arztes nicht direkt bezahlt, sondern der Arzt (das recht komplizierte sozialrechtliche Geflecht hier einmal vereinfachend) sein Geld von der
gesetzlichen Krankenkasse erhält, neben den oben genannten soziologi-
schen Gründen der überhöhten Stellung des Arztberufs bestimmt das ihre

---

31 Die weit überwiegende Zahl der Arzthaftungsprozesse betrifft Schmerzensgeldforderungen, da die Heilungskosten für den Patienten zumeist von seiner gesetzlichen Krankenkasse oder privaten Krankenversicherung getragen werden.

Simmler

dazu bei, dass der Arzt lange Zeit nicht als Dienstleister wahrgenommen wurde, sondern als eine – quasi vom Staat zugeteilte – **Institution eigener Art.** Dies ändert sich grundlegend, sobald der Patient selbst finanziell in die Behandlung involviert wird, er also nicht mehr eine (staatlich gewährte) Daseinsvorsorge empfängt, sondern selbst zum »Kunden«/»Besteller« der ärztlichen Leistung wird.

25 Der erste Zweig des Arztberufs, der in der öffentlichen Meinung aus der überhöhten Stellung des »Halbgotts« herabsank und den Ruf des Geld-schefflers erhielt, ist nicht von ungefähr der des **Zahnarztes:** Hier bestand schon seit langem die Möglichkeit einer über die Leistungsebene des staatlichen Gesundheitssystems hinausgehenden »Luxusversorgung« gerade im prothetischen Bereich, so dass der Patient viel unmittelbarer als lange Zeit in der Humanmedizin mit dem Geldwert der zahnärztlichen Leistung konfrontiert wurde.

26 Wegen der Verknappung der Leistungen der gesetzlichen Krankenversicherung in der zahnärztlichen Versorgung durch das nun herrschende Zuschusssystem, das dazu führt, dass zumindest in der Prothetik der Patient in fast hundert Prozent der Behandlungsfälle Zahlungen an den Zahnarzt leisten muss (sog. **Eigenbeteiligung**), wird der Zahnarzt nun auch in der Wahrnehmung des gesetzlich versicherten Patienten stärker zum Vertragspartner als zur (staatlich gewährten) Institution. Und es scheint in der Natur des Menschen zu liegen, dass man an eine Leistung, die man direkt bezahlt, höhere Ansprüche stellt als an eine, die man »umsonst« bekommt. Einer forensischen Erfahrung der Autorin zufolge, die seit 2000 als Richterin Arzthaftungsprozesse beurteilt, sind gerade **Zahnarztprozesse,** die sich um prothetische Versorgung und eventuellen Zahnverlust drehen, hoch emotional und von oft übersteigerten Schmerzensgelderwartungen und Schadensersatzvorstellungen geprägt.

27 ▶ **Beispielsfall:** So kommt es nicht selten vor, dass der Patient nicht nur seine an den Behandler gezahlten Kosten zurückverlangt, sondern die gesamten Kosten der Neuversorgung dazu in Rechnung stellt; dass er dadurch – unverdient und schadensrechtlich unbegründbar – die Versorgung letztlich umsonst erhalten würde, ist sowohl Patient als auch Anwalt erstaunlicherweise selten klar zu machen.

28 Ähnlich emotional und auf den materiellen Schaden fixiert werden in der Humanmedizin eigentlich nur noch Prozesse um **Schönheitsoperationen** geführt – selbst Geburtsschadensprozesse erscheinen dagegen eher von Zurückhaltung geprägt. Auch sog. »Schönheitsoperationen« wurden und werden selten (nur bei Krankheitswert der »Entstellung«) von der gesetzlichen Krankenkasse gezahlt, der Patient ist hier meist Selbstzahler, der sich »etwas leisten will«. Entsprechend ist der Schönheitschirurgie (wie der prothetischen Zahnversorgung) immanent, dass der Patient nicht nur eine bestimmte (fachgerechte) Behandlung erwartet, sondern vorrangig ein bestimmtes Ergebnis. Zumindest in der Erwartung des Patienten bekommt die Behandlung einen **werkvertraglichen Charakter** – es wird Erfolg erwartet, nicht einfach nur »Handeln«. Der Arzt nimmt in der Vorstellung des Patienten hier eine dem Handwerker vergleichbare Position ein: Man bezahlt ihn für eine Leistung und möchte auch das gewünschte Ergebnis sehen. Von einem sich vertrauensvoll in die Hände des Heilers Geben ist dies schon vom Ansatz her weit entfernt.

bb) Verwissenschaftlichung

Der größte Wandel innerhalb der Medizin ist die seit Mitte des 19. Jahrhunderts einsetzende Orientierung der Medizin an der **Naturwissenschaft**.[32] Auch wenn die heutige Medizin immer noch viele Behandlungsmethoden pflegt, weil sie überkommen sind und der Glaube an ihre Wirksamkeit anhält, so hat sich die Medizin von der schlichten Beobachtung (»es wirkt«) weg entwickelt zur Ursachenforschung (»warum wirkt es?«). Unterstützt wird sie dabei durch die immense technische Entwicklung, die früher undenkbare histologische und pathologische Untersuchungen, chirurgische Interventionen zur Abklärung, mikrobiologische Diagnostik etc. zulässt.

29

Ein besonderer Zweig dieser »Verwissenschaftlichung« ist die »**evidence-based medicine**« (evidenzbasierte Medizin), die seit den neunziger Jahren des 20. Jahrhundert verstärkt Eingang in das medizinische Denken erhält. Evidenzbasiert ist dabei eine Behandlungsmethode, deren Wirksamkeit in randomisierten Doppelblindstudien nachgewiesen ist. Angesichts der schieren Menge der medizinischen Behandlungsmöglichkeiten und des Aufwandes, solche Studien zu betreiben, stehen derartig überprüfte Methoden allerdings nicht unbegrenzt zur Verfügung; auch erscheinen randomisierte Doppelblindstudien gerade bei lebensbedrohlichen Erkrankungen ethisch kaum vertretbar. Dennoch ist es ein Ziel der modernen Medizin, auch hergebrachte Behandlungsmethoden einer wissenschaftlichen Überprüfung zu unterziehen.

30

▶ **Beispielsfall:** So erklärte ein orthopädischer Sachverständiger in einem vor dem LG Berlin geführten Haftungsprozess um einen Spritzenabszess, dass es nach einer jüngeren WHO-Studie die Zahl von Spritzenabszessen nach intramuskulären Infektionen nicht senke, wenn noch weitere hygienische Kautelen als Händewaschen eingehalten werden – eine Erkenntnis, die gegenüber dem in der Medizin weit verbreiteten Tanz um Hygieneanforderungen doch erstaunt.[33]

31

---

32 Katzenmeier, Arzthaftung, 11.
33 Quelle der WHO-Studie: www.who.int/bulletin/volumes/81/7/en/Hutin0703.pdf.

32 Mit zunehmender Verwissenschaftlichung verliert der Arzt naturgegeben den »halbgöttlichen« Nimbus und wird auf den Status eines »normalen« Wissenschaftlers reduziert.

cc) Spezialisierung

33 Mit der Verwissenschaftlichung und den durch die technische Entwicklung zunehmenden medizinischen Erkenntnis- und Behandlungsmöglichkeiten vervielfacht sich das dem Arzt zur Verfügung gestellte Wissen in einem Maße und verändert es sich in einer Geschwindigkeit, dass es für den einzelnen Mediziner unmöglich ist, den Gesamtüberblick über alle zur Verfügung stehenden Informationen zu behalten. Dies erzwingt und fördert eine **Spezialisierung der medizinischen Teilgebiete,** die sich mit zunehmender Erkenntnistiefe immer feiner ausdifferenzieren.

34 Daneben wächst die Bedeutung der sog. **Gerätemedizin.** Der Arzt wird zum Spezialisten im Umgang mit den in seinem Fachgebiet entwickelten technischen Errungenschaften und bekommt den Patienten oft nur als »Ausschnitt« zu sehen. Der Spezialist mit seinen teuren Gerätschaften wird vom behandelnden Arzt wegen einer bestimmten Frage, Diagnose- oder Behandlungsmethode hinzugezogen und sieht den »ganzen« Patienten bzw. das ganze Behandlungsgeschehen nicht mehr. Dies verändert das Vertrauensverhältnis zwangsläufig – der »vertraute Arzt« ist der überweisende Arzt, der Spezialist mit seinem **beschränkten Behandlungsauftrag** wird in die vielbeschworene Vertrauensbeziehung zwischen Arzt und Patient nicht oder nur marginal einbezogen, mit den entsprechenden Folgen für das Selbstverständnis von Arzt und Patient.

dd) Einfluss der Sozialversicherungssysteme

35 Der Einfluss des Sozialrechts auf die Arzt-Patientenbeziehung wird heute meist unter dem Schlagwort der angeblichen »**Zwei-Klassen-Medizin**« geführt; dies verengt den Blickwinkel unzulässig auf das Problem finanzieller Zwänge in der gesetzlichen Krankenversicherung mit ihrer gesetzlich verankerten Beschränkung der Erstattungsfähigkeit auf das »Notwendige« (§ 12 Abs. 1 SGB V, **Wirtschaftlichkeitsgebot**[34]). Was »notwendig« und »wirtschaftlich« im Sinne dieser Vorschrift ist, beschäftigt die Sozialgerichte zuhauf und kann hier nicht vertieft werden. Diese Anordnung beschränkt den Arzt, will er seine Leistungen im Rahmen des Sozialversicherungssystems entgolten haben, in seiner Therapiefreiheit und den Patienten in der Wahl der Behandlungsmethoden und hat damit erheblichen Einfluss auf die

---

34 »Die Leistungen müssen ausreichend, zweckmäßig und wirtschaftlich sein; sie dürfen das Maß des Notwendigen nicht überschreiten. Leistungen, die nicht notwendig oder unwirtschaftlich sind, können Versicherte nicht beanspruchen, dürfen die Leistungserbringer nicht bewirken und die Krankenkassen nicht bewilligen.«

Simmler

Ausgestaltung des Arzt-Patienten-Verhältnisses in der Praxis. Insbesondere der Arzt wird vor den schwierigen Spagat gestellt, sich dem individuellen Leiden des Patienten gegenüber genau so loyal zu verhalten wie gegenüber der Solidargemeinschaft mit ihren beschränkten Mitteln.[35]

Jedoch stellt die Existenz des **Systems der gesetzlichen Krankenversicherung** bereits unabhängig von der Frage der Beschränktheit der Mittel einen Wandel im klassischen Arzt-Patienten-Verhältnis dar. Oben (Rdn. 20) wurde darauf hingewiesen, dass der Arzt dem gesetzlich versicherten Patienten gegenüber keinen Entgeltanspruch geltend machen kann, sondern sich das 2-Personen-Verhältnis des zivilen Behandlungsvertrages zum 3- bzw. 4-Personen-Verhältnis weitete. Dieser Einbruch der Sozialversicherung in die ursprüngliche Zweierbeziehung Arzt-Patient beinhaltet die grundsätzliche Gefahr, dass das dortige Vertrauensverhältnis zerstört wird.[36] Die Entwicklung seit der Bismarckschen Sozialgesetzgebung hat jedoch gezeigt, dass diese Gefahr so lange theoretisch war, wie sich die Sozialpartner nicht in den Behandlungsablauf einmischten. Man wird konstatieren können, dass das vertrauensvolle Arzt-Patienten-Verhältnis auch im System der gesetzlichen Krankenversicherung so lange ungestört war, wie Arzt und Patient Letzteres als **Schutz- und Ausgleichssystem** wahrnahmen: der Arzt als Sicherung einer beständigen, sicheren und guten materiellen Grundlage, in der die Starken solidarisch die Schwachen mitfinanzierten und darüber das ärztliche Auskommen absicherten, der Patient als Schutz gegen das Risiko von unerwarteten krankheits- oder unfallbedingter Heilbehandlungskosten, die er andernfalls u.U. nicht hätte absichern können.[37]

36

Erst die zunehmende Reglementierung durch die Sozialversicherungsträger, bedingt durch die klamme Kassenlage, die Denkweisen und Methoden in das Gesundheitswesen hat einziehen lassen, die nicht mehr primär an individuellen Personen orientiert sind, sondern die **Finanzierbarkeit** in den Vordergrund stellen, führt zu Verwerfungen: Dem Arzt wird der Eindruck vermittelt, er solle »umsonst« arbeiten, wenn der ihm zugeteilte »Topf« erschöpft ist, während der Patient sich als »Mensch 2. Klasse« fühlt, dem bestehende medizinische Möglichkeiten, die sein Arzt ihm empfiehlt, vorenthalten werden, weil eine dritte Institution sie für nicht wirksam oder nicht bezahlbar erachtet.

37

Über den Grund der Kostenexplosion im Gesundheitswesen wird verbissen gestritten; welche verheerenden Folgen das gerne auch über die Medien ausgetragene Gezerre der verschiedenen Gruppenvertreter über Verantwort-

38

---

35 Katzenmeier, Arzthaftung, 19.
36 Katzenmeier, Arzthaftung, 18 f. benennt eine Abschwächung des persönlichen Bandes zwischen Arzt und Patient als »Kehrseite« der sozialen Sicherungssysteme.
37 Katzenmeier, Arzthaftung, 24.

Simmler

lichkeiten auf das jedem Behandlungsvertrag grundlegend innewohnende Vertrauensverhältnis zwischen Arzt und Patient hat, wird im Eifer des Gefechtes oft ausgeblendet.

ee) Erwartungshaltung der Patienten

39 Einer der einschneidendsten Veränderungen im Arzt-Patienten-Verhältnis ist wahrscheinlich die **veränderte Erwartungshaltung des Patienten.** Die oben beschriebene Verwissenschaftlichung der Medizin und die mit ihr und der technischen Entwicklung verbundenen rasanten Fortschritte der Medizin haben den Horizont des Menschen verändert: Der heutige Mensch ist im wesentlichen fortschritts- und wissenschaftsgläubig und wächst angesichts der rasanten Veränderungen gerade auf dem Gebiet der Medizintechnik, Genetik und der Molekularbiologie bereits in der Erwartung auf, dass alles möglich ist oder demnächst möglich werden wird. Medizin gilt als (Natur-) Wissenschaft und bekommt zunehmend den Ruf, alles heilen zu können und irgendwann vielleicht sogar den Tod zu überwinden. Die Bereitschaft des einzelnen Patienten, Krankheiten und ihre Folgen als Schicksalsschläge hinzunehmen, sinkt in dem gleichen Maße, wie die Medizin die Hoffnung verbreitet, es lasse sich für alles ein Heilmittel finden. Wenn vieles, mit dem wir uns heute wie selbstverständlich umgeben, vor einigen Jahrzehnten noch Science Fiction war, mag es zudem schwer sein, Zukunftsmusik auch heute noch als solche zu erkennen: So steht der Patient im Haftungsprozess der Rechtsprechung zur Krankheitsdiagnose und der entsprechenden Vorsicht bei der Annahme von (fundamentalen) Diagnosefehlern (dazu 2. Kapitel Rdn. 1522) nahezu fassungslos gegenüber, glaubt er doch, mit den modernen Mitteln der Diagnostik (Labor, bildgebende Technik) sei alles problemlos erkennbar[38] und mit den Waffen der modernen Therapeutik alles behandel- und vor allem heilbar:

40 ▶ **Beispielsfall:** So stellte eine Patientenanwältin an die Sachverständige in einem Fall vor dem LG Berlin, in dem der Patient (im Ergebnis) an Aspirationspneumonie (Einatmen von Erbrochenem mit daraus folgender Verätzung der Lunge und nachfolgender Lungenentzündung) verstorben war, folgende Frage: »Hätte man da nicht Antibiotika geben müssen?«, worauf die Sachverständige geduldig erläuterte, dass Antibiotika gegen bakteriell hervorgerufene Entzündungen helfen, nicht aber gegen Entzündungen, die auf anderer Ursache beruhen, sowie dass eine beidseitige Aspirationspneumonie einen Letalitätsfaktor von über 70 % hat – im Gerichtssaal herrschte ob dieser niederschmetternden Erkenntnis zunächst betretenes Schweigen.

---

38 Das Bild von »Pille«, dem Arzt aus »Star Trek«, einer amerikanischen Science Fiction-Serie, der mit einem kleinen Handscanner über den Patienten fuhr und über alles Bescheid wusste, was diesen plagte, springt ins Gedächtnis.

Simmler

Hand in Hand mit der durch eine übersteigerte Fortschrittsgläubigkeit **41** hervorgerufenen fehlenden Akzeptanz von Schicksalsschlägen geht eine vielleicht mit dem Sozialstaatsgedanken zusammenhängende[39] »**Vollkaskomentalität**« des Einzelnen einher, die nicht nur den Bereich des Medizinischen erfasst. Ist man nicht bereit, das Ergebnis einer Behandlung als der Krankheit immanent und damit »schicksalhaft«[40] hinzunehmen, sucht man nach dem »Schuldigen«, nach demjenigen, der für die eingetretenen Schäden ersatzpflichtig ist.

Ein weiteres Element in dieser Erwartungshaltung, dass man im Leben **42** für alles kompensiert wird, mag in dem unsere Lebenswirklichkeit netzartig durchziehenden **Versicherungswesen** liegen: Geht irgendwo etwas »schief«, gibt es sehr häufig eine Versicherung (Sozialversicherungen wie zB. die gesetzliche Unfallversicherung, daneben die private Haftpflichtversicherung), die dafür einsteht. Gerade die zwingenden Haftpflichtversicherungen im Kraftfahrzeugverkehr, die auch die Gefährdungshaftung des StVG abdecken, haben in der breiten Bevölkerung das Gefühl dafür erodiert, dass eine private Haftpflichtversicherung – außer bei gesondert geregelten Gefährdungshafttatbeständen – nur dann eintritt, wenn jemand »schuld« ist, nicht nur, wenn etwas passiert ist:

▶ **Beispielsfall**: So erklärte in einem Haftungsprozess vor dem LG Berlin in **43** der mündlichen Verhandlung einmal eine ältere Dame, es sei ihr eigentlich gleich, ob der Arzt schuld an ihren Schäden sei, sie wolle nur, dass jemand – wie früher in der DDR – für ihre Beeinträchtigungen aufkomme.[41]

❗ Bei bleibenden Konstanten in der haftungsrechtlichen Einordnung und der Betonung der vertrauensvollen Beziehung von Arzt und Patient ist letztere einem erheblichen Wandel durch den Einfluss der gesellschaftlichen, technischen und wissenschaftlichen Entwicklung unterworfen, die nicht ohne Auswirkungen im Schadensfall bleiben kann.

---

39 Katzenmeier, Arzthaftung, 27.
40 Eine Formulierung, die in medizinischen Sachverständigengutachten regelmäßig aufzufinden ist und mit eben solcher Regelmäßigkeit vom Patientenvertreter angegriffen wird – womit nicht verhehlt werden soll, dass Sachverständige mit dieser Qualifizierung manchmal etwas schnell bei der Hand sind.
41 Vgl. zur Regelung in der DDR, die für die wirtschaftlichen Folgen einer medizinischen Behandlung eine Auffangregelung schuf, wenn ein echter Schadensersatzanspruch nicht feststellbar war, jedoch eine schwere Gesundheitsschädigung in ursächlichem Zusammenhang mit der medizinischen Betreuungsmaßnahme eingetreten war, die in krassem Mißverhältnis zu dem erwarteten Risiko des Eingriffs stand, Katzenmeier, Arzthaftung, 229-233.

Simmler

III. Inhaftungnahme von Ärzten: Ausdruck des Wandels der Arzt-Patientenbeziehung?

1. Statistisches Material

45 Nachdem es lange Jahre schwierig war, an Prozessstatistiken zu zivilen Arzthaftungsprozessen zu kommen, da hierzu von den Justizverwaltungen keine offiziellen Statistiken erstellt wurden,[42] ist dieses Defizit seit 2004 behoben: In der jährlichen **Justizstatistik der Zivilgerichte**[43] wird seit 2004 der Arzthaftungsprozess als eigenes Rechtsgebiet geführt. Und die Datenlage des statistischen Bundesamtes spricht eine deutliche Sprache: die Zahl der zivilen Arzthaftungsprozesse nahm jahrelang kontinuierlich zu und scheint derzeit auf hohem Niveau zu stagnieren:[44]

Tabelle 1: Erledigungen in Arzthaftungssachen 1. Instanz bundesweit:

	2004	2005	2006	2007	2008
Amtsgericht	2.394	2.003	6.993	2.495	1.839
Landgericht	5.265	5.857	6.675	6.787	7.375
Summe	7.659	7.860	13.668	9.282	9.214

46 Errechnete also Katzenmeier für 2002 (als die Arzthaftungsprozesse in der offiziellen Justizstatistik noch nicht separat ausgewiesen wurden) etwa 3.000 zivile Arzthaftungsprozesse, wurden 2004 insgesamt über 7.600 Arzthaftungsverfahren erstinstanzlich erledigt, 2008 (wie etwa gleichbleibend 2007) waren es gut 9.200![45]

47 Doch warum ist das so? Betrachtet man die oben dargestellten Grundlagen der Arzt-Patienten-Beziehung, fällt eines ins Auge: Die Veränderungen in der Arzt-Patienten-Beziehung sind vielfältig und nicht nur Ausdruck eines sich wandelnden Patientenbildes, sondern ebenso Ausdruck einer sich verändernden Gesellschaft. Dass Ärzte häufiger mit Haftungsprozessen über-

---

42 So noch Katzenmeier, Arzthaftung, 39 ff., der auf Zahlen aus der Versicherungswirtschaft zurückgreifen musste, um den Anstieg von Haftungsfällen zu belegen. Katzenmeier ermittelte auf diese Weise etwa 3000 zivile Arzthaftungsklagen (S. 41).

43 »Fachserie 10, Reihe 2.1«; als pdf oder xls kostenlos abrufbar auf der Webseite des Statistischen Bundesamtes unter www.destatis.de.

44 Bundesweite Zahlen für 2009 fehlen noch. Die Bruttoeingangsstatistik des Landgerichts Berlin für 2009 zeigte in Arzthaftungssachen einen etwas höheren Eingang als 2008.

45 Bei den ärztlichen Schlichtungsstellen stieg die Fallzahl 2008 um 5,1 % (sueddeutsche.de, 15.2.2010, »Registrieren heißt lernen«), was wegen der verzögernden Wirkung auf die gerichtlichen Zahlen bei Zwischenschaltung des Schlichtungsprozesses für 2009 ebenfalls für steigende Eingangsziffern spricht.

Simmler

zogen werden, ist demzufolge Ergebnis einer Gemengelage, an der nicht nur Arzt und Patient als Hauptakteure beteiligt sind, sondern auch der Einfluss von Organisationen und gesellschaftlichen Gruppierungen nicht unterschätzt werden darf, die versuchen, die Arzt-Patienten-Beziehung für ihre Zwecke zu instrumentalisieren.

2. Blickwinkel: der »emanzipierte« Patient als Haftungstreiber

Einer der Gründe für die Zunahme der Haftungsprozesse scheint auf der Hand zu liegen: der »emanzipierte« Patient, der dem »Halbgott in Weiß« nicht mehr klaglos folgt, sondern geradezu kritisch gegenübersteht. **48**

Hier finden mehrere Faktoren der gesellschaftlichen und technischen Entwicklung zueinander.

Zum einen hat sich die **Anspruchshaltung des Patienten** im Allgemeinen wegen des medizinischen Fortschritts erhöht. Gilt – wie oben dargestellt – fast alles in der Medizin als »machbar« und erweckt die Forschung zudem den Eindruck, es sei nur eine Frage der zur Verfügung stehenden Geldmittel, bis auch der Tod besiegt ist, ist ein Patient naturgemäß wenig geneigt, sich mit dem Zustand des »Krank-Seins« abzufinden, sondern fordert er die Heilung als ein ihm zustehendes »Recht« ein. Gleichzeitig verliert der Patient das Gefühl für seine **Selbstverantwortung** im Angesicht einer Medizin, die mit dem Anspruch auftritt, fast alles heilen zu können. Warum soll man sich damit abmühen, das Körpergewicht zu vermindern, wenn man gegen die unangenehmen Folgen von Adipositas wie Blutdruck- und Kreislaufprobleme ja ein Mittelchen einnehmen kann? Auch schwindet ein Vertrauen in die Selbstheilungskräfte des Körpers, der Körper wird wie ein technisches Instrument angesehen, dass der Arzt schlicht reparieren soll.[46] **49**

Zu dieser Einstellung hat die durch die Hinwendung der Medizin zur Naturwissenschaft einsetzende »**Entmystifizierung**« des ärztlichen Handelns[47] das Ihre beigetragen. Die Verwissenschaftlichung der Medizin mit ihrem Anspruch, Überprüfbarkeit zu generieren, führt naturgegeben in der Patientenöffentlichkeit zu dem Schluss, jedes ärztliche Handeln sei entsprechend wissenschaftlich überprüfbar und in seiner Kausalität für ein eingetretenes Ergebnis darstellbar. Schlägt eine Behandlung nicht an, muss nach dieser Vorstellung der Ansatz oder die Durchführung falsch gewesen sein, nach dem Motto: Wäre alles richtig gemacht worden, wäre ich gesundet. War der Arzt früher »Halbgott in Weiß«, gilt er heute eher wieder (wie der Chirurg der früheren Jahrhunderte) als Handwerker, dessen Handeln entsprechend irdischer Überprüfung unterzogen werden kann. **50**

---

46 Vgl. Katzenmeier, Arzthaftung, 26.
47 Katzenmeier, Arzthaftung, 28f.

51 Zum anderen ist zu beobachten, dass der moderne Mensch sich schwer tut, Krankheit als Schicksal hinzunehmen und mit Unglück umzugehen. Die oben angesprochenen »Vollkaskomentalität« führt dazu, dass das **Unglück zu »Unrecht«** mutiert, für das jemand gerade zu stehen hat.[48] Dies bietet zudem einen verständlichen **Verarbeitungsmechanismus** für einen von schwerer Krankheit oder Leid betroffenen Patienten. Wenn es an anderen Möglichkeiten der Schicksalsbewältigung wie zB. durch den Glauben in einer säkularisierten Welt fehlt, stellt der Haftungsprozess auch eine Art der **Daseinsbewältigung** dar. Es gibt Patienten, für die der Haftungsprozess zum Lebensinhalt wird, was vom psychologischen Standpunkt eine gefährliche Entwicklung darstellt, weil ein langer Prozess den Patienten die Möglichkeit nehmen kann, mit der Episode abzuschließen, da sie durch den Prozess immer wieder thematisiert wird und kein Ende nimmt:

52 ▶ **Beispielsfall:** In einem Haftungsprozess vor dem LG Berlin ging es um den intrauterinen Tod eines Kindes, das mit seinem (nur fragmentarisch angelegten, von vornherein nicht lebensfähigen) Zwilling durch einen Blutkreislauf verbunden war. Nach der Auskunft der Sachverständigen überleben wegen des hohen Stresses des Bluttransports nur etwa 50 % dieser »pumpenden Zwillinge« bis zur Geburt und sei die Vorstellung der Eltern, das lebensfähige Kind habe sich mit der Nabelschnur erdrosselt (was sie den Ärzten als zu spät erkannt vorwarfen), unwahrscheinlich. Die mündliche Verhandlung fand über 5 Jahre nach dem Kindstod statt und zeigte deutlich, dass die Eltern noch nicht ansatzweise hatten beginnen können, dieses Trauma zu überwinden.

53 Andererseits erlebt man es als Haftungsrichter auch oft, dass der Prozess katharsische Effekte dahin hat, den Kläger selbst von einem Schuldvorwurf zu befreien: So kann z.B. das Urteil eines gerichtlichen medizinischen Sachverständigen, der Tod des Angehörigen sei nicht zu verhindern gewesen, auch dazu führen, dass die Zurückbleibenden in der Lage sind, sich von Selbstvorwürfen zu befreien.

3. Blickwinkel: Der moderne Arzt als Haftungsauslöser

54 Dem »emanzipierten« Patienten als demjenigen, der aufgrund höherer Ansprüche an den Arzt einen Haftungsprozess in Betracht zieht, steht der Arzt in seiner heutigen Ausprägung als jemand gegenüber, der eher als früher Haftungsprozesse auslöst.

Denn durch den Fortschritt der Medizin ist die Arbeit des Arztes auch deutlich **gefahrgeneigter** als früher.[49] So stehen durch die moderne Medizin

---

48 Katzenmeier, Arzthaftung, 27.
49 Katzenmeier, Arzthaftung, 12.

deutlich **agressivere Heilmethoden** zur Verfügung, die genauer gesteuert werden müssen, um Schäden vom Patienten abzuwenden. Chemotherapie und Strahlentherapie in der Onkologie sind hier nur die Spitze des Eisbergs, dazu kommen chirurgische Eingriffe, die früher nicht möglich gewesen wären; mit der Zunahme von hochtechnischen Apparaten steigt das **Risiko von Bedienungsfehlern**. Auch wird das »Patientengut« älter und damit fast zwangsläufig krankheitsanfälliger, multimorbide Patienten, deren Leben die moderne Medizin signifikant verlängern kann, verlangen gesteigerte Aufmerksamkeit. Zudem erschließt sich die Medizin **neue Aufgabengebiete**, womit neue Haftungsschauplätze geschaffen werden, wie z.B. in der Reproduktionsmedizin.

Die **Spezialisierung und Ausdifferenzierung** der Medizin in viele Unterbereiche tut ein Übriges, die Haftungsneigung des Arztes zu erhöhen. Der Spezialist sieht nur einen Ausschnitt des Behandlungsgeschehens und des Krankheitsbildes; gerade bei vielschichtigen Erkrankungen mag es dem Spezialisten hier am notwendigen Überblick über die angrenzenden Behandlungsgebiete fehlen, was Diagnose und Therapie fehleranfälliger machen kann. Versucht der Arzt dem durch Einbeziehung von anderen Spezialisten zu begegnen, erhöht sich der **Organisations- und Koordinationsaufwand**. Je mehr Personen in den Behandlungsfall einbezogen werden, desto größer ist die Gefahr von Kommunikations-, Koordinations- und Überwachungsmängeln, können Delegationsfehler geschehen oder Kompetenzkonflikte entstehen.[50] Arbeiten die verschiedenen Spezialgebiete der Medizin Hand in Hand, ist der Erkenntnisgewinn und der Zuwachs an Heilungschancen für den Patienten unbestreitbar enorm – die Gelegenheit für Fehler vervielfältigt sich mit der Zahl der Beteiligten jedoch ebenfalls. Zudem wächst u.U. die Verunsicherung des Patienten, der »von Pontius zu Pilatus« geschickt wird und dem sich der Eindruck aufdrängen könnte, hier fischten alle im Trüben oder wisse die eine Hand nicht, was die andere tut. So lässt die Spezialisierung das Ideal des einen Arztes als des Vertrauens- und Ansprechpartners des Patienten hinter sich und erodiert damit unwillentlich eine der tragenden Säulen der Arzt-Patienten-Beziehung, das Vertrauensverhältnis zwischen Behandler und Behandeltem.

55

Dem Haftungsrichter erster Instanz drängt sich im Übrigen nach vielen mündlichen Verhandlungen der Eindruck auf, der Prozess wäre vermieden worden, wenn Arzt und Patient mehr **miteinander geredet** hätten. Auch hier findet sich eine das Haftungsrisiko des Arztes erhöhende Entwicklung: Durch die starke Technisierung, die Gerätemedizin, und die naturwissenschaftliche Ausrichtung ihrer Ausbildung läuft der Arzt Gefahr, den Patienten nur noch als Fall, nicht mehr als Person, wahrzunehmen und diesem damit den Eindruck zu vermitteln, er sei für ihn nur noch eine Nummer, der

56

---

50 Katzenmeier, Arzthaftung, 14 f.

Simmler

»Träger objektiver Zeichen«,[51] »der Fuß« oder »der Blinddarm«. Nichts ist für das vertrauensvolle Arzt-Patienten-Verhältnis schädlicher als ein Arzt, der sich mit dem Röntgenbild des Patienten statt mit diesem selbst unterhält – wenn die Behandlung später nicht den gewünschten Erfolg zeigt, bleibt im Patienten das unbestimmte Gefühl zurück, vom Arzt sowieso nicht richtig wahrgenommen worden zu sein, was schnell in die Überzeugung umschlägt, deswegen auch nicht richtig behandelt worden zu sein. Bezieht man dazu die Bedeutung des Faktors »Überzeugung« bei den Heilungschancen ein, wird deutlich, dass ein Patient, der sich als Person nicht angenommen fühlt, Schwierigkeiten haben kann, das notwendige Vertrauen darauf zu entwickeln, die Behandlung werde anschlagen – eine zu technisierte Medizin schneidet sich so den Zugang zum Placebo-Effekt ab.

4. Blickwinkel: Haftungserhöhung durch äußere Einflüsse

57 Ein weiterer nicht unbedeutender Faktor für die Zunahme von Haftungsprozessen ist außerhalb der Arzt-Patienten-Beziehung zu finden. Denn das Umfeld, in das die Behandlungsbeziehung eingebettet ist, trägt seinen Teil dazu bei, Patienten für die Möglichkeit eines Haftungsprozesses zu sensibilisieren und diesen gegebenenfalls zu unterstützen.

a) Einfluss der gesetzlichen Krankenkassen

58 So betreiben die gesetzlichen Krankenkassen den **Medizinischen Dienst der Krankenkassen (MDK)**, den die einzelnen Kassen und die in ihnen Versicherten nutzen können, um einen Behandlungsvorgang auf Behandlungs- und Aufklärungsfehler überprüfen zu lassen. So verdienstvoll es ist, durch diese Einrichtung das strukturelle Ungleichgewicht im Hinblick auf den medizinischen Sachverstand zwischen Arzt und Patient auszugleichen, begegnet die praktische Ausgestaltung einiger MDK-Dienste aus der forensischen Erfahrung der Autorin doch Bedenken und tragen sie nicht selten zu einer Einreichung unsinniger Haftungsprozesse bei. So neigen MDK-Gutachter dazu, aus wenig zureichenden Patientenunterlagen ganze Fehlerberge zu konstruieren und legen dabei einen oftmals missionarischen Verfolgungseifer an den Tag

59 ▶ **Beispielsfall:** Krönendes Beispiel aus der Praxis der Autorin war ein Gutachter des MDK Berlin-Brandenburg, der lediglich einen Operationsbericht vorliegen hatte, daraus jedoch gutachterlich grobe Fehler der prä- und postoperativen Versorgung herleitete!

60 Ebenso sind MDK-Gutachten insoweit oft problematisch, als sie nicht von einem fachnahen Gutachter erstellt werden, damit nicht den Facharztstan-

---

51 So Katzenmeier, Arzthaftung, 16 f.

dard überprüfbar machen,[52] oder vermischen sie medizinische und rechtliche Ausführungen miteinander.[53] Da die Krankenkassen oft auf der Basis der MDK-Gutachten nach § 116 SGB X übergegangene Ansprüche ihrer Versicherten geltend machen wollen, kommen zudem viele MDK-Gutachten nicht über den Status von wenig neutralen Parteigutachten hinaus. Auch erscheint die inhaltliche Qualität der MDK-Gutachten oft zweifelhaft: Es ist erschreckend, wenn in der Praxis der Autorin eine nicht unerhebliche Anzahl von MDK-Gutachten beim gerichtlichen Sachverständigen das »Kopfschütteln hervorrufen«, mit dem die Rechtsprechung eigentlich versuchte, den groben Behandlungsfehler für Mediziner greifbar zu machen (vgl. hierzu 2. Kapitel, Rdn. 1530) – dass der auf der Grundlage des MDK-Gutachten klagende Patient im Haftungsprozess die Welt nicht mehr versteht, ist ihm kaum zu verdenken.

▶ **Beispielsfall:** So führte vor dem LG Berlin ein gerichtlich bestellter Gutachter aus, die von der MDK-Gutachterin als vorrangig bezeichnete Methode der Empfängnisberechnung sei seit der Einführung des Ultraschalls in der Frauenheilkunde von untergeordneter Bedeutung und das auf sie gestützte Ergebnis der MDK-Gutachterin angesichts der vorliegenden Ultraschallaufnahmen schlicht unverständlich und grob falsch.   **61**

Nicht besonders hilfreich für den Haftungsfall ist das daneben bestehende System der sog. **Kassengutachten** und Obergutachten in der **Zahnmedizin**, das von den gesetzlichen Kassen eingerichtet wurde, um Probleme bei der prothetischen Versorgung zu erfassen. Solche Gutachten sind oft ungeheuer knapp in ihren Aussagen, da ihre Aufgabe nicht darin liegt, deliktische Haftung zu verteilen, sondern eine Aussage dazu zu treffen, in wessen Verantwortungsbereich im Vertragszahnarztverhältnis Mängel der Prothetik fallen – es geht also eher um **Gewährleistungsrechte** im weiteren Sinn. Dennoch verbinden Patienten mit dem Wort »Mangel« oft eine Zuweisung von Schuld und stützen nach ihrer prothetischen Nach- oder Neuversorgung haftungsrechtliche Ansprüche auf das Kassengutachten. Können sie den Zustand der bemängelten Prothetik nicht noch anders nachweisen, z.B. durch ein **Beweissicherungsverfahren**, genügt das Kassengutachten aufgrund seiner skelettartigen Knappheit hierfür meist nicht und der Prozess geht schon aus tatsächlichen Gründen verloren.   **62**

---

52 Angesichts der Ausdifferenzierung der Medizin erscheint es fragwürdig, wenn ein MDK z.B. einen Facharzt für Chirurgie und Unfallchirurgie zu viszeral- und thoraxchirurgischen Fragen Stellung nehmen lässt.
53 So ist die Rechtsprechung zu den Dokumenationsmängeln den MDK-Gutachtern oft nicht präsent und wird aus einer nicht optimalen Dokumentation bereits der Schluss gezogen, hier läge eine Behandlungsfehler (!) vor.

63

> ❗ Gerade in Haftungsfällen der Zahnprothetik, wenn ein unzureichend versorgter Patient dringend der Neuversorgung bedarf, sollte der Zustand der bemängelten Versorgung gerichtsfest durch Einleitung eines Beweissicherungsverfahrens festgehalten werden.

b) Einfluss der privaten Krankenversicherungen

64 War ein Einfluss der privaten Krankenversicherungen auf die Prozessneigung von Patienten zunächst nicht auszumachen, da sie kein kostenfreies Gutachtersystem wie die gesetzlichen Kassen zur Verfügung stellten, hat hier seit kurzer Zeit eine Wendung eingesetzt. So offeriert – und bewirbt im Verhältnis zu Bestandskunden durchaus nachdrücklich – z.B. der Marktführer, die DKV, ihren Versicherten einen »**Patientenrechtsschutz**« genannten Zusatztarif, der dem Patienten, der mit einer medizinischen Versorgung unzufrieden ist, eine telefonische Beratung und die Zusammenarbeit mit einem in Arzthaftungssachen erfahrenen Rechtsanwalt bei Kostenübernahme für einen Streitwert bis 300.000 € garantiert. Damit wird dem Patienten zwar keine medizinische Argumentationshilfe für den Haftungsprozess geliefert, wie dies die gesetzlichen Kassen tun, doch senkt dieses Angebot durch den erleichterten Zugang zu »qualifiziertem Rechtsrat« die Hemmschwelle, einen Haftungsprozess anzustrengen. Außerdem sensibilisiert ein solch spezielles Rechtsschutzangebot die Betroffenen naturgemäß dahingehend, in ihrer Behandlungsgeschichte nach solchen Fehlern zu suchen.

c) Weitere Einflüsse von außen

65 Der »Patientenrechtsschutztarif« leitet über zu einem ebenfalls nicht zu unterschätzenden äußeren Einfluss auf die Arzt-Patienten-Beziehung durch die rechtsberatenden Berufe. Natürlich ist die Einführung des **Fachanwaltes für Medizinrecht** auch eine Antwort auf bestehende Nachfrage von Seiten der Mandanten; gleichzeitig generiert der mit diesem Titel werbende Anwalt weitere Nachfrage. Zwar ist das sog. »Ambulance-Chasing«[54] in Deutschland noch nicht angekommen, doch findet man durchaus aggressive Werbung von Arzthaftungsanwälten in Printmedien oder im Internet. Anwälte bezeichnen sich hier nicht nur als »Fachanwälte für Medizinrecht«, sondern als »Patientenanwälte« oder »Spezialisten für Geburtsschadensrecht« etc., um vom Rechtssuchenden besonders wahrgenommen zu werden.

66 Auf vielen Anwaltswebseiten finden sich Links zu Presseberichterstattung, die oft aus dem Bereich der »yellow press« stammen und deutlich machen,

---

54 Bei der US-amerikanische Rechtsanwälte Rettungswagen »verfolgten« und die Patienten noch in der Rettungsstelle mit ihren Visitenkarten versorgten. Zur Entwicklung des US-amerikanischen Arzthaftungsrechts vgl. Katzenmeier, Arzthaftung, 43-52.

dass die Folgen ärztlicher Fehler anscheinend auch in der **Presse** ein Quotenbringer sind. Jedoch schüren nicht nur bestimmte Medien erheblich das Misstrauen gegenüber der Ärzteschaft, dem das frühere kritiklose Vertrauen auf den Arzt häufig gewichen ist.[55] Auch in der »seriösen« Presse ist die Patientensicherheit ein Dauerbrenner[56] und **sehr kritische Berichterstattung** eher die Regel als die Ausnahme, was ein allgemeines **Klima des Misstrauens** gegenüber Ärzten und den Folgen ihrer Tätigkeit fördert.

Ebenfalls nicht ohne Einfluss auf die Haftungsneigung sind **Selbsthilfegruppen** und **Patientenschutzverbände**, die dem ratsuchenden Patienten Anlaufstellen geben, medizinischen Sachverstand und auch rechtsanwaltliche Hilfe vermitteln können. Die Existenz solcher Gruppen hilft dem Patienten, seine Unterlegenheit bzgl. des medizinischen Wissens gegenüber dem Arzt zumindest in Ansätzen auszugleichen und u.U. ein unbestimmtes »ungutes Gefühl« in einen fassbaren Fehlervorwurf zu verwandeln. **67**

Die weit verbreitete Ansicht, die die Bildung dieser Selbsthilfegruppen und Patientenschutzverbände förderte, dass Patienten den Ärzten strukturell unterlegen sind und in ihren Rechten gestärkt werden müssen, hat mit der Gesundheitsreform 2005 auch die Exekutive erreicht: Sie führte zur Einführung eines/einer **Patientenbeauftragten der Bundesregierung**, deren Aufgabe es ist, einen »neutralen« Ansprechpartner und Vermittler für die Patienten darzustellen. **68**

Ist der Einfluss des/der Patientenbeauftragten angesichts des weit gesteckten Aufgabengebiets auf die Neigung und die Möglichkeit des Patienten, einen Haftungsprozess zu beginnen, eher gering,[57] gibt das inzwischen flächendeckend zur Verfügung gestellte System von **Schlichtungsstellen und Gutachterkommissionen**, die bei den Ärztekammern der Bundesländer angesiedelt sind, den Parteien des Behandlungsvertrages – ihr Einverständnis vorausgesetzt – ein Instrumentarium an die Hand, sich kostenfrei eine objektive medizinische Begutachtung des Behandlungsgeschehens einzuholen. Die seit über dreißig Jahren bestehenden Stellen haben eine kontinuierlich steigende Anzahl von Anträgen zu bearbeiten und erzielen nach Studien eine Befriedungsquote von nahezu 90 %.[58] Für den verbleibenden Teil steht dem Patienten durch das **Schlichtungsgutachten** eine medizinische Argumentationshilfe zur Verfügung, will er einen Haftungsprozess führen. Allerdings kann ein negatives Gutachten die Chancen, **Prozesskos-** **69**

---

55 Katzenmeier, Arzthaftung, 29.
56 Vgl. z.B. unter www.sueddeutsche.de oder www.faz.net im Bereich »Wissen« die Ergebnisse beim Suchbegriff »Patientensicherheit« oder »Arztfehler«.
57 Obwohl dieser durch gesetzgeberische Maßnahmen wie das seit Jahren geplante und für 2011 wieder auf die Agenda gehobene »Patientenrechtegesetz« durchaus steigen kann.
58 Meurer, Außergerichtliche Streitbeilegung in Arzthaftungsachen, 169.

Simmler

tenhilfe für einen Haftungsprozess zu erhalten, schmälern, da es dem Patienten nicht leicht fallen dürfte, gegen das – spätestens von Beklagtenseite eingereichte – Gutachten medizinisch zu argumentieren. Dies mag einer der Gründe sein, warum Patientenanwälte in ihrer überwiegenden Zahl von der Nutzung des Schlichtungswesens abraten.[59] Auch ist das Schlichtungswesen wegen seiner Zentrierung auf die aktenkundigen Vorgänge ungeeignet für Streitigkeiten, in denen der Patient die Richtigkeit der Dokumentation angreifen will, da das Schlichtungsverfahren keine Möglichkeit bietet, von den Patientenunterlagen abweichenden Sachverhalt der Begutachtung zugrunde zu legen. Somit hat das Schlichtungswesen insoweit einen Einfluss auf den Haftungsprozess, dass es die im tatsächlichen Geschehen unstreitigen Fälle auszufiltern und einer außergerichtlichen Regelung zuzuführen vermag, was dazu führt, dass bei kluger Nutzung des Schlichtungsverfahrens durch beide Parteien des Behandlungsvertrages für den Haftungsprozess im Wesentlichen die (tatsächlich und/oder medizinisch) hochstreitigen Fälle verbleiben, sowie die Fälle, in denen das Vertrauensverhältnis beiderseits schon so zerrüttet ist, dass eine Zustimmung zum Schlichtungsverfahren versagt wird. Dass man vor Gericht nur diese »Negativauswahl« zu sehen bekommt, wird der Haftungsrichter (ebenso wie der forensisch tätige Anwalt) im Auge behalten müssen, will man das im jeweiligen Fall streitige Behandlungsgeschehen in den Kontext der allgemeinen Lebenswirklichkeit des Arzt-Patienten-Verhältnisses einordnen.

70 ❗ Die statistisch nachweisbare Zunahme von Haftungsprozessen hat ihre Ursache in einer Gemengelage aus einer wachsenden Anspruchshaltung des Patienten bei steigendem Gefährdungspotential der modernen Medizin und der Ausbildung eines Netzwerks von Möglichkeiten durch interessierte Kreise außerhalb des Behandlungsgeschehens, das es dem Patienten einfacher macht, seine strukturelle Wissenunterlegenheit gegenüber dem Arzt in einer Weise auszugleichen, dass ein Haftungsprozess nicht von vornherein aussichtslos erscheint.

B. Arzt und Patient im deutschen Gesundheitssystem

71 Nach der Darstellung der historischen Entwicklung der Arzt-Patienten-Beziehung bis zum heutigen Tag ist es erforderlich, das Umfeld zu beleuchten, in dem diese Beziehung sich heute wiederfindet.

---

59 Vgl. hierzu Giesen, Arzthaftungsrecht, Rn. 35-43.

Simmler

I. Dualität von gesetzlicher und private Krankenversicherung

Eine der auffälligsten Konstanten der Arzt-Patienten-Beziehung ist, dass sie sich seit der Bismarckschen Sozialreform in zwei völlig unterschiedlichen versicherungstechnischen Rahmenbedingungen abspielt. Dabei wurde bereits ausgeführt (Rdn. 20), dass die Dualität des Versicherungsstatus (Privatversicherter, Kassenpatient) ohne Auswirkung auf die Einordnung des Behandlungsvertrages als zivilrechtlicher Dienstvertrag durch die Zivilgerichte geblieben ist. Auch für die Frage der deliktischen Haftung verändert der Versicherungsstatus den Ausgangspunkt (Körperverletzungsdoktrin) nicht.

72

II. Einheitlichkeit des Haftungsmaßstabs

Unter dem Schlagwort »2-Klassen-Medizin« stellt sich jedoch die Frage, ob sich der Haftungsmaßstab, der an die ärztliche Tätigkeit angelegt wird, je nach Versicherungsstatus des Patienten verändert.

73

Das ist zum gegenwärtigen Stand zu verneinen: Haftungsmaßstab ist, unabhängig vom Versicherungsmaßstab, der **objektivierte Fahrlässigkeitsbegriff** des § 276 BGB. Danach schuldet der Arzt eine Behandlung nach dem zum Behandlungszeitpunkt in der konkreten Behandlungssituation bestehenden anerkannten und gesicherten Stand der medizinischen Wissenschaft (**Facharztstandard**).[60]

Dieser Facharztstandard bestimmt sich **medizinisch:** Er wird von Medizinern für Mediziner festgesetzt und im Haftungsprozess durch Einschaltung eines medizinischen Sachverständigen ermittelt. Dabei kann den im Bereich der ambulanten (§§ 91 ff SGB V) und stationären (§ 137c SGB V) Versorgung von Kassenpatienten verbindlichen **Richtlinien der Bundesausschüsse,** die Leistungseinschränkungen dahin enthalten, dass nur bestimmte Therapien unter Versicherungsschutz stehen, eine standardbildende Rolle zukommen. Denn es ist schwer vorstellbar, dass eine (neue) Therapie, die nach den Richtlinien nicht oder nur eingeschränkt abgerechnet werden darf, sich durchsetzt und damit zum Standard wird.[61] Damit ist jedoch nicht der Automatismus verbunden, dass ärztliche Sorgfaltspflichten mit Leistungspflichten der gesetzlichen Krankenkassen gleichzusetzen sind.[62] Schließlich ist es denkbar, dass sich medizinische Therapien im Bereich der privat Versicherten (oder in einem anderen Staat, z.B. den auch in der Medizin oft eine Vorreiterstellung einnehmenden USA) in der Praxis und der medizinischen

74

---

60 St. Rspr.; vgl. BGHZ 144, 296, 305f. m.w.N.
61 G. Müller, FS Hirsch, 413, 420f.; Vgl. Steffen, FS Geiß, 487, 490.
62 G. Müller, FS Hirsch, 413, 421.

Fachdiskussion durchsetzen.[63] Auch sind bereits etablierte Therapien nicht »durch einen Federstrich« zu beseitigen, wenn sie den medizinischen Standard darstellen. Anders ist dies, wenn sich durch evidenzbasierte Studien im Rahmen der Richtliniensetzung herausstellt, dass überkommene Therapien nicht wirksam sind – in diesem Fall tragen die Richtlinien zweifelsohne dazu bei, solche Therapien vom Standard auszuschließen.

75 Diese den medizinischen Standard auch im haftungsrechtlichen Sinne **faktisch mitgestaltende Wirkung** der Richtlinien in der Versorgung des Kassenpatienten erscheint derzeit (noch) unbedenklich, da das SGB V das Leistungserbringungsrecht an der Sicherstellung einer nicht nur zweckmäßigen und wirtschaftlichen, sondern auch ausreichenden und dem allgemeinen Stand der medizinischen Erkenntnisse entsprechenden Versorgung des Patienten orientiert.[64] Das Haftungsrecht akzeptiert grundsätzlich **wirtschaftliche Überlegungen** und z.B. unterschiedliche Behandlungsbedingungen in Spezialzentren (wie Universitätskrankenhäusern) gegenüber Krankenhäusern der Grundversorgung.[65] Dem Grundsatz der Garantie der bestmöglichen Versorgung des Patienten im Sinne einer dem Facharztstandard genügenden Behandlung wird hier haftungsrechtlich dadurch Rechnung getragen, dass bei mäßigen Behandlungsbedingungen die Pflichten an die **Organisation und Kooperation** erhöht werden, die behandelnden Ärzte bei Übernahme des Patienten prüfen müssen, ob sie eine standardgemäße Behandlung in diesem konkreten Fall sicherstellen können, mit der Pflicht, ggfls. eine Behandlung nicht zu übernehmen und den Patienten an einen Spezialisten/eine Spezialklinik abzugeben.[66] Erst, wenn sich die wirtschaftlichen Kosten-Nutzen-Überlegungen bei der Richtliniensetzung von dem Ziel, die Heilung jedes einzelnen Patienten zu erreichen, abwenden und durch Rationierungsüberlegungen der Heilauftrag des Arztes gegenüber jedem Patienten nach Nützlichkeitserwägungen in Frage gestellt wird, muss ein solcher Einfluss bei der Bestimmung des medizinischen Standards im haftungsrechtlichen Sinne ausgeschlossen werden.[67]

III. Partnerschaftsmodell

Haftungsrecht und Gesellschaft sehen Arzt und Patient heute als Partner im Ringen um die Gesundheit (**Partnerschaftsmodell**).

---

63 Vgl. die Aciclovir-Entscheidung des OLG Köln, VersR 1991, 186: Die Gabe eines für die Erkrankung nicht zugelassenen Medikamentes war nach sachverständiger Einschätzung »klinisch gängige Praxis«; s.a. Steffen, FS Geiß, 487, 489.
64 Steffen, FS Geiß, 487, 489.
65 Vgl. BGH NJW 1991, 1543, 1544.
66 Steffen, FS Geiß, 487, 496.
67 Steffen, FS Geiß, 487, 498.

1. Blickpunkt – Anforderungen an den Arzt

Die partnerschaftliche Deutung des Arzt-Patienten-Verhältnisses verlangt **76** vom Arzt neben der Behandlung auf der Höhe der medizinischen Erkenntnisse, also gemäß dem Facharztstandard, auch besondere **kommunikative Kompetenz:** Nimmt er den Patienten als Partner in der Behandlungsbeziehung wahr, wird er von ihm nicht schlichten Gehorsam gegenüber den ärztlichen Anordnungen verlangen, sondern ihm die (gelegentlich durchaus schwierigen) medizinischen Entscheidungsprozesse verdeutlichen und ihn an diesen Entscheidungen beteiligen. Nur dies stellt sicher, dass der Patient wirklich individuell behandelt und nicht nur einem abstrakten Behandlungsregime unterworfen wird.[68] Im Übrigen hätte sich nach den Beobachtungen der Autorin während langjähriger Tätigkeit als Haftungsrichter in der Instanz eine große Anzahl von Haftungsprozessen verhindern lassen, wenn dem Patienten vom Behandler das Gefühl vermittelt worden wäre, ernst genommen zu werden. Viele Patienten haben erst nach der Sachverständigenanhörung in der mündlichen Verhandlung Klarheit über die medizinischen Abläufe gewonnen und recht häufig hört man den abschließenden Satz: »Ja, wenn mir das mal früher einer erklärt hätte ...«.

Aufgabe des Arztes in einer partnerschaftlich verstandenen Arzt-Patienten- **77** Beziehung ist somit die **Anleitung des Patienten,** um das Therapieziel zu erreichen. Dies erfordert eine am Verständnishorizont des Patienten orientierte **Therapieaufklärung** (warum ist es wichtig, dass z.B. bestimmte Vorsichtsmaßnahmen wie Schonung nach einer Weißheitszahnoperation oder bestimmte Einnahmeintervalle bei Medikamenten eingehalten werden), um die von Ärzten oft als fehlend beklagte **Compliance** des Patienten mit dem Behandlungsregime zu erreichen. Wenn ein Patient nicht weiß, warum er bestimmten Auflagen folgen soll und welche Folgen eine Nichtbeachtung (»**Non-Compliance**«) hat, warum sollte er sich strikt an sie halten? Dem Arzt muss bewusst sein, dass er die Stellung des »Halbgottes in Weiß« verloren hat und einem in seiner Erwartungshaltung grundlegend kritischen, gleichzeitig in den medizinischen Abläufen jedoch ahnungslosen Patienten gegenübersteht, dem die Notwendigkeit der Einhaltung bestimmter Verhaltensregeln auf Vernunftbasis erklärt werden muss und nicht einfach oktroyiert werden kann. Ein ausdrückliches oder implizites »weil ich das so sage« wird keinen Patienten davon überzeugen, dass er bestenfalls lästige, schlimmstenfalls schwer einschneidende Beeinträchtigungen seines Lebenswandels zur Sicherung des Therapieerfolges erdulden muss. Ärzte sollten ihre Patienten nicht unterschätzen und ihnen durch die Erläuterung der Therapie und der Konsequenzen ihrer Nichtbeachtung auch eine **Verantwortung für sich selbst** und die eigene Gesundung auferlegen.[69] Nur wenn

---

68 Katzenmeier, Arzthaftung, 58f.
69 Katzenmeier, Arzthaftung, 60 f.

dem Patienten klar ist, dass er in eigener Veranwortung an seiner Gesundung mitwirken muss, entgeht der Arzt einer großen Haftungsfalle: der sonst unerschütterlichen Überzeugung des fortschrittsgläubigen Patienten, dass er sich nur zurücklehnen und die Segnungen der modernen Medizin über sich ergehen lassen muss, um sicherer Heilung zuteil zu werden.

78   Neben der **Sicherstellung der Compliance** werden besondere Anforderungen an die kommunikative Kompetenz des Arztes in den Fällen gestellt, in denen der Patient lernen muss, mit seiner Krankheit zu leben und diese u.U. auch als nicht (oder nicht vollständig) heilbare Einschränkung zu akzeptieren. In der Medizinsoziologie findet sich hierfür das englische Schlagwort des »**Coping**[70]«. Dies beschreibt die Entwicklung eigener kognitiver, emotionaler und praktischer Bewältigungsformen für das Krankheitsgeschehen.[71] Es ist Aufgabe des Arztes, dem Patienten Hilfestellung bei der Krankheitsbewältigung zu geben, ihn dazu zu bringen, die Krankheit nicht nur negativ zu sehen, sondern als eine Herausforderung, die es zu bezwingen gilt.[72] Auch hier ist es erforderlich, den Patienten als Partner in das Behandlungsgeschehen einzubeziehen und ihm eine entsprechende Auseinandersetzung mit der Krankheit in Eigenverantwortung abzuverlangen, wobei es dem Einfühlungsvermögen des Arztes überlassen werden muss, welche Formen er dafür findet. Dabei gilt, dass die **Hilfe zur Krankheitsbewältigung** für den Arzt durchaus aus haftungsrechtlicher Sicht von Eigeninteresse ist – denn ein Patient, der erkennt, dass er selbst aufgerufen ist, mit seiner Krankheit umzugehen, ist weniger geneigt, alle mit seiner Krankheit und deren Behandlung einhergehenden Unannehmlichkeiten einer vermuteten Inkompetenz des Arztes anzulasten.

79   Wird der Patient vom Arzt als Partner in der Behandlung ernst genommen, folgt daraus zwangsläufig – und nicht, weil die Haftungsrechtler dies verlangen – eine Respektierung des **Selbstbestimmungsrechts** des Patienten und damit einhergehend die Pflicht des Arztes zur Risikoaufklärung. Der als Partner verstandene Patient hat ein Anrecht darauf, selbständig zu entscheiden, ob er bereit ist, die mit einer ihm vom Arzt als zur Heilung notwendig vorgeschlagenen Therapie verbundenen Risiken einzugehen. Auch wenn bei Ärzten tief im Inneren noch die Ansicht weit verbreitet ist, warum solle man den Patienten mit Schauergeschichten über entfernte Risiken verunsichern, tut der Arzt gut daran, seine Patienten von vornherein als die selbstbestimmten Wesen anzunehmen, als die sie sich hinterher im Haftungsprozess sowieso darstellen. Denn ein Patient, dem die Risiken eines Eingriffs (**Risikoaufklärung,** dazu eingehend 2. Kapitel Rdn. 1731 ff.) und/

---

70 »to cope« lässt sich in diesem Zusammenhang am besten übersetzen als »mit etwas klar kommen, mit etwas fertig werden, etwas bewältigen«.
71 Katzenmeier, Arzthaftung, 60.
72 Katzenmeier, Arzthaftung, 60.

oder dessen Alternativen (**Alternativaufklärung**, dazu eingehend 2. Kapitel Rdn. 1773 ff.) vor Augen geführt werden, wird weniger geneigt sein, nach Eintritt der Komplikation den Arzt mit einem Haftungsprozess zu überziehen, als der Patient, den die Verwirklichung der Komplikation aus heiterem Himmel trifft. Der Arzt muss sich bewusst sein, dass Dinge, die er für selbstverständlich und allgemein bekannt hält, dem medizinischen Laien nicht geläufig sind, und dass bei aller kritischen Berichterstattung über »Ärztepfusch« der Öffentlichkeit das Bewusstsein dafür verloren gegangen ist, dass ein ärztlicher Heileingriff per se etwas Gefährliches ist und sich Komplikationen verwirklichen können, auch wenn der Arzt alles richtig macht. Der geradezu blinde Glaube an die Leistungsfähigkeit der modernen Medizin hat beim medizinisch ungebildeten Durchschnittsbürger zu der Vorstellung geführt, eine Heilung trete nur dann nicht ein, wenn der Arzt etwas falsch gemacht hat.

▶ **Beispielsfall**: Geradezu bezeichnend tritt dies bei Prozessen um Schön-   **80**
heitsoperationen zu Tage, wenn Patienten bei Brustimplantationen oder Gesichtshautstraffungen hinterher die (bei Operationen unvermeidliche!) Narbenbildung beklagen.

Diesem Vorverständnis gilt es durch die **Risikoaufklärung** entgegenzuwir-   **81**
ken und dem Patienten einen Einblick in seine konkrete Behandlungssituation mit ihren Chancen und Risiken zu vermitteln. Zu diesem Einblick gehört auch eine zureichende Darstellung von **Behandlungsalternativen** – denn der Patient ist es, der mit den Folgen einer Behandlung leben muss; und er wird dies leichter können, wenn er die Entscheidung für oder gegen ein bestimmtes Behandlungsregime selbst getroffen hat. Dabei darf es auch den Patienten geben, der auf eine Aufklärung verzichtet, sich vertrauensvoll in die Hand des Arztes gibt und sagt »machen Sie mal« – auch dies ist vom Selbstbestimmungsrecht des Patienten gedeckt. Jedoch muss der Arzt auch so einem Patienten die Einbeziehung in die Behandlungsentscheidung durch Risiko- und Alternativaufklärung zumindest angeboten haben, damit der Patient weiß, worauf er verzichtet.

2.   Blickpunkt – Anforderungen an den Patienten

Das Partnerschaftsmodell enthält nicht nur Anforderungen an den Arzt.   **82**
Will der Patient als selbständiger Spieler im Behandlungsverhältnis wahrgenommen werden, als der »**mündige Patient**«, obliegen ihm ebenso Pflichten gegenüber sich selbst und dem auf den Heilungserfolg gerichteten Behandlungsziel.

Dabei tritt die vom Patienten zu verlangende Mündigkeit in zwei Spielarten auf: Bei der Behandlungsplanung hat er sein Selbstbestimmungsrecht auch einzufordern und auszuüben, bei der Behandlungsdurchführung hat er sich seiner Eigenverantwortung zu besinnen und durch Einhergehen (**Compliance**) mit den Behandlungsanforderungen und Bewältigungsstrategien (**Coping**) bezüglich des Umgangs mit der Krankheit den Nährboden für eine möglichst erfolgreiche Behandlungsdurchführung zu legen.

Aus medizinsoziologischer, nicht zwingend haftungsrechtlicher Sicht ist es erforderlich, dass sich der Patient seiner Rolle als **aktiver Partner** im Behandlungsgeschehen bewusst ist und mit entsprechendem Selbstbewusstsein vom Arzt die für eine Behandlungsentscheidung notwendigen Angaben abfordert. Wenn sich der Patient als mündig und selbstbestimmt im Haftungsprozess darstellen will und dem Einwand, er hätte (auch bei korrekter Risiko- und Alternativaufklärung) sowieso das gemacht, was der Arzt vorgeschlagen hatte (**Einwand der hypothetischen Einwilligung**, dazu eingehend 2. Kapitel Rdn. 1699 ff.), entgegentreten möchte, wirkt es nicht überzeugend, wenn er passiv ohne Rückfragen begründungslos erteilte Anweisungen des Arztes kritiklos umsetzt. Wer derart auf sein Selbstbestimmungsrecht verzichtet und es hinnimmt, dem Arzt widerspruchslos gehorchen zu sollen, wird es im Haftungsprozess trotz der geringen Anforderungen der Rechtsprechung an die Darstellung eines **Entscheidungskonflikts** (dazu eingehend 2. Kapitel Rdn. 1700 ff.) schwer haben, im Ergebnis eine Verletzung seines Selbstbestimmungsrechts durch den Arzt in den Augen der Richter glaubhaft darzustellen.

83 Wenn der Patient eine Einbeziehung in das »ob und wie« der Behandlungsentscheidung erreicht hat, obliegt ihm eine eigenverantwortliche Mitwirkung an den gemeinsam gesetzten Behandlungszielen durch striktes Einhalten der ihm in ihrer Bedeutung klar dargestellten Behandlungsschritte (**Compliance**). Gleichzeitig muss er sich mit dem Krankheitsgeschehen und seinen Auswirkungen auf sein Leben auseinandersetzen und eine Möglichkeit finden, mit der Krankheit fertig zu werden (**Coping**). Versteht sich der Patient insoweit als selbstverantwortlich, kann dies seine Heilungschancen durch die Aktivierung der Selbstheilungskräfte des Körpers durchaus erhöhen,[73] da er erfährt, dass er der Krankheit und ihrer Behandlung nicht passiv ausgeliefert ist, sondern sie durch seine Mitwirkung aktiv bekämpfen kann.

---

73 Katzenmeier, Arzthaftung, 60.

Simmler

Partnerschaftsmodell

Arzt	Patient
• Behandlung gemäß Facharztstandard	• Einfordern und Ausüben des Selbstbestimmungsrechts bei der Entscheidung über das ob und wie der Behandlung
• Einbeziehung des Patienten in die Behandlungsentscheidung	
– Risikoaufklärung	• Eigenverantwortliche Mitwirkung in der Behandlung
– Alternativaufklärung	– Compliance
• Anleitung des Patienten	– Coping
– Sicherstellung von Compliance durch Therapieaufklärung	
– Hilfe zum Coping	

🔴 Wenn sich im Partnerschaftsmodell die Kräfte von Arzt und Patienten in der Behandlung bündeln, besteht die beste Chance für einen Behandlungserfolg. Gleichzeitig stärkt ein partnerschaftliches Rollenverständnis die gegenseitige Kooperationsbereitschaft und das für die Behandlungsbeziehung so wichtige Vertrauensverhältnis. Dies beugt im Ergebnis Haftungsprozessen vor.

IV. Rechtliche Rahmenbedingungen

Das Partnerschaftsmodell, das partnerschaftliche Umgehen von Arzt und **85** Patient miteinander »auf Augenhöhe«, wird von **rechtliche Rahmenbedingungen** umgeben, die den Versuch unternehmen, die gegenseitigen Interessen der Parteien des Behandlungsvertrages zu unterstützen. Dabei ist es Aufgabe des Rechts, zum Funktionieren der Partnerschaft von Arzt und Patient beizutragen, statt diese negativ zu stören.[74]

---

74 Katzenmeier, Arzthaftung, 61.

Simmler

> **Arzt-Patienten-Verhältnis:**
> **Aufgabe des Rechts**
>
> • Patientenschutz
>   – repressive Wirkung
>   – präventive Wirkung
> • Arztschutz
>   – Richtlinienvorgabe
>   – Orientierungshilfe
> • Mißbrauchsabwehr
> • Friedenssicherung
> • Vertrauensstabilisierung

86 Angesichts der Tatsache, dass in der ärztlichen Behandlung höchstrangige Rechtsgüter des Patienten betroffen sind, steht der **Patientenschutz** im Mittelpunkt der rechtlichen Regelungen (Körperverletzungsdoktrin, vgl. Rdn. 14). Die heteronome Setzung von Rechtsregeln und ihre Sanktionierbarkeit bei Verstoß durch Anrufung der staatlichen Entscheidungsorgane entwickeln zugunsten des Patienten eine **Schutz- und Missbrauchsabwehrfunktion**: Der Arzt kann für fehlerhaftes Handeln verantwortlich gemacht werden (repressive Wirkung) und zu regelgerechtem Handeln angehalten werden (präventive Wirkung).[75] Insoweit wirkt das Recht auch vertrauensbildend, weil es das Verhalten des Arztes einem abstrakten, für alle gleichen Kontrollmaßstab unterwirft.[76] Dabei dürfte unbestritten sein, dass es nicht Aufgabe des Arztes oder der Ärzteschaft als Standesorganisation sein kann, die Voraussetzungen festzulegen, unter denen ein Eingriff in die Rechtsgüter des Patienten zulässig ist..[77] Die Festlegung von Rechtsregeln von außen und ihre Kontrolle von außen dienen daher im Arzt-Patienten-Verhältnis ebenso der **Friedenssicherung** wie im sonstigen Rechtsverkehr.

87 Gleichzeitig ist zu bedenken, dass dem Arzt ein Höchstmaß an unterschiedlichen Rollen angetragen wird, die vom Heiler im Einzelfall zum Gesundheitswächter im Allgemeinen, vom psychologischen Berater im Einzelfall zum ökonomisch gebunden Entscheider chargieren. Der rechtliche Rahmen der Behandlungsbeziehung darf nicht zu eng sein, um dem Arzt in diesem Pflichtenpool Luft zum Atmen zu lassen; Aufgabe des

---

75 Katzenmeier, Arzthaftung, 33.
76 Katzenmeier, Arzthaftung, 34f.
77 Katzenmeier, Arzthaftung, 33.

Simmler

Rechts sollte eine Grenzkontrolle und eine **Orientierungshilfe** auch für den Arzt sein.[78]

Angesichts dessen ist die zu beobachtende Entwicklung einer fast hypertrophen Gesetzgebung im Sozialrecht[79] gegenüber der seit über hundert Jahren im Wesentlichen unveränderten zivilrechtlichen Grundlage der Arzt-Patienten-Beziehung (dazu gleich Rdn. 93 ff.) mit Sorge zu betrachten. Hier sind besonders die Eingriffe des Kassenarztrechts in die **Therapiefreiheit** des Arztes durch bindende Vorgaben hinsichtlich der abrechnungsfähigen Leistungen zu nennen, deren Berechtigung nur so lange unbeanstandet bleiben darf, solange der Richtliniengeber den Heilauftrag des Arztes im Einzelfall nicht aus den Augen verliert und Leben und Gesundheit des Einzelnen nicht abstrakten wirtschaftlichen Erwägungen unterordnet (dazu oben Rdn. 75). Der grundsätzlich zu gewährenden Therapiefreiheit des Arztes darf das Kassenarztrecht nur im Rahmen einer **Missbrauchsabwehr** Grenzen setzen. Ein unwirtschaftlicher Umgang mit Gesundheitsressourcen durch Verwendung in ihrer Wirkung fragwürdiger Therapien ist zu vermeiden, jedoch darf diese Missbrauchsabwehr nicht so weit gehen, medizinische Entwicklung aufzuhalten, indem Behandlungsmethoden für Krankheitsbilder, für die es (noch) keine Richtlinien gibt, von der Vergütung ausgeschlossen werden. Diesen Grundsatz hat das Bundesverfassungsgericht, dem insoweit die abschließende »Missbrauchskontrolle« am verfassungsrechtlichen Maßstab obliegt, immer wieder betont.[80]

88

Von nicht unerheblicher Bedeutung für den rechtlichen Rahmen der Arzt-Patienten-Beziehung sind **standesrechtliche Regelungen.** Die Verpflichtung des Arztes aus § 21 BOÄ[81] zum Abschluss einer Berufshaftpflicht (hierzu ausführlich Kapitel 2 B) trägt insoweit zum **Vertrauensschutz** zwischen den Parteien des Behandlungsvertrages bei, als ein Haftungsfall den Patienten wegen der Einstandspflicht des solventen Versicherers nicht zum Sozialfall werden lässt, ebenso wie ein Haftungsfall für den ausreichend versicherten Arzt nicht sofort zu einer Existenzbedrohung wird. Solange die Arzthaftung – wie bislang – nicht am Schaden, sondern an der Verantwortlichkeit festgemacht wird (dazu gleich Rdn. 93 ff.), erscheint diese private Versicherungslösung zum Risikoausgleich und als Patientenschutzinstrument angemessen, wobei über eine gesetzlich normierte Versicherungspflicht nachzudenken wäre.

89

Zum Abschluss soll auf eine Gefahr zu großer rechtlicher Reglemetierung der Arzt-Patienten-Beziehung hingewiesen werden: Wenn das die Heilbehandlung tragende Vertrauen von Patient und Arzt hinter zu detailreichen

90

---

78 Katzenmeier, Arzthaftung, 65.
79 Katzenmeier, Arzthaftung, 32.
80 BVerfG NJW 2006, 891.
81 Katzenmeier, Arzthaftung, 197f.

gesetzlichen Normen (Stichwort: **Überreglementierung**) verloren geht und sich die Parteien des Behandlungsvertrages von vornherein als (in ihren Rechten und Pflichten genauestens beschriebene) Antagonisten statt als Partner verstehen, ist eine problematische Entwicklung hin zu einem zu starken Festhalten an schematisierten Abläufen (»Abhaklisten«) und zu einem zu defensiven Behandlungsverständnis (**Defensivmedizin**) zu befürchten. Schaut der Arzt nur auf den möglichen Haftungsfall, können zwei Reaktionen auftreten: er wagt zu wenig aus Furcht, ein Fehlschlagen könne ihm angelastet werden, oder er unternimmt zu viel (Überdiagnostik), um auch für jeden noch so absurden Vorwurf möglichst mit bildgebender Diagnostik antworten zu können. Beides sind Entwicklungen, die für den Patienten schädlich und für das staatlich getragene Gesundheitssystem aus finanziellen Gründen nicht wünschenswert sein können. Dem wird man nur entgegenwirken können, wenn konsequent der Patient als eigenständiger Partner in den Behandlungsvertrag eingebunden wird, Entscheidungsverantwortung bekommt und diese auch ebenso ethisch, wie er es vom Arzt verlangt, ausübt und zu seinen Entscheidungen auch steht.[82]

91   ❗ Recht kann und soll nur einen Rahmen für das Arzt-Patienten-Verhältnis bieten, um das grundlegende Vertrauen zwischen den Behandlungsparteien nicht mit negativen Folgen für alle Beteiligten zu erodieren.

C.   Kodifikation der Arzthaftung

92   Die zivilrechtliche Arzthaftung ist in Deutschland, wie auch in den meisten anderen kontinentalen und Common-Law-Rechtsordnungen, nicht spezialgesetzlich geregelt, es gibt kein dem Arztvertrag gewidmetes Buch im Besonderen Schuldrecht des BGB oder in Spezialgesetzen außerhalb des BGB. Auch wenn dieser Zustand oft beklagt und Gegenstand manch einer Änderungsinitiative war,[83] erscheint es derzeitig unwahrscheinlich, dass das Arzthaftungsrecht in absehbarer Zeit einer Kodifizierung zugeführt wird.

---

82 Katzenmeier, Arzthaftung, 74f.
83 Vgl. z.B. das durch die Änderung der Regierungsmehrheiten der Bundestagswahl 2009 torpedierte Gesetzgebungsprojekt der Patientenbeauftragten der schwarzroten Bundesregierung, das eine Kodifikation unter Fortbildung des bestehenden Richterrechts vorsah. Der Patientenbeauftragte der 2009 ins Amt gekommenen Regierung betreibt das Projekt eines Patientenrechtegesetzes anscheinend mit leicht anderer Stoßrichtung.

I. Gegenwärtiger Stand der Rechtsgrundlagen der Arzthaftung

Da die Arzthaftung keine Spezialkodifikation gefunden hat, ist das Haftungsrecht des Arztes, ebenso wie das Haftungsrecht der anderen freien Berufe, von der Rechtsprechung über die Jahre entwickelt und zu einem fein geschliffenen Instrumentarium ausgearbeitet worden.   **93**

Dabei ist das Arzthaftungsrecht, anders als das eher vertragsrechtlich geprägte Haftungsrecht der anderen freien Berufe wie der Anwaltschaft, vorrangig **deliktsrechtlich** geprägt. Dies hat seine Grundlage darin, dass die Arzt-Patienten-Beziehung in ein vielfältiges sozialrechtliches Gewebe eingebunden ist, was dazu geführt hat, dass der Durchschnittspatient bei ärztlichen Pflichtverletzungen kaum materielle Schäden in Form von Vermögenseinbußen zu gewärtigen hat: Seine Kosten für die (fehlerhafte) ärztliche Behandlung wie auch eventuell aus der Fehlbehandlung resultierenden Heilbehandlungskosten werden von der gesetzlichen Krankenkasse bzw. der privaten Krankenversicherung getragen und die gesetzlichen Lohnfortzahlungsregelungen entlasten von den meisten Verdienstausfallgefahren. Damit konzentriert sich der Fokus auf **immaterielle Schäden**, die im deutschen Haftungsrecht bis zum 2. Schadensrechtsänderungsgesetz von 2002 nur über § 847 BGB a.F., also das Deliktsrecht, beansprucht werden konnten. Nahezu folgerichtig hat sich der gesamte arzthaftungsrechtliche Kanon auf deliktischer Grundlage entwickelt und wurde die vertragliche Haftung lediglich »mitgedacht«.[84]   **94**

Wie oben ausgeführt (Rdn. 5) beginnt im deutschen Rechtsraum die **Verrechtlichung** des Arzt-Patienten-Verhältnis im ausgehenden 19. Jahrhundert mit der Einstufung des Heileingriffs als tatbestandlicher Körperverletzung durch erst die strafrechtliche[85] und dem folgend die zivilrechtliche Rechtsprechung.[86] Auf dieser Haftungsgrundlage entwickelt die Rechtsprechung die wesentlichen haftungsrechtlichen Maßgaben der ärztlichen Berufsausübung wie die Anforderungen an die **Sorgfalt der Behandlung**, die Pflicht zur Achtung des Selbstbestimmungsrechts des Patienten mit den entsprechenden Anforderungen an eine ordnungsgemäße **Aufklärung** des Patienten, die **Dokumentationspflichten** und das Recht des Patienten auf Einsicht in die Behandlungsunterlagen.[87] Dabei darf jedoch nicht unerwähnt bleiben, dass die Rechtsprechung diese abstrakten Regelungen im Einzelfall in engem Kontakt mit der medizinischen Wissenschaft mit Leben füllt, da nur der medizinische Sachverständige, dessen sich der Richter mangels eigener Sachkunde zu bedienen hat, im Einzelfall klären kann, was   **95**

---

84 Katzenmeier, Arzthaftung, 84.
85 RGSt 1, 446; RGSt 25, 375
86 RGZ 68, 431; RGZ 102, 236
87 Katzenmeier, Arzthaftung, 79.

»eingriffstypisches Risiko« (und damit aufklärungspflichtig) ist, was vom medizinischen Standpunkt erforderlich ist, um die Behandlung nachzuvollziehen (und damit dokumentationspflichtig) oder was Facharztstandard zum Zeitpunkt der Behandlung (und damit nach Sorgfaltsgesichtspunkten geschuldet) ist.

96   Erst durch das Schuldrechtsmodernisierungsgesetz und das 2. Schadensrechtsänderungsgesetz ist es rechtlich zu einer echten **Dualität der Haftungsgrundlagen** gekommen, da der Haftungsumfang sowohl für Ansprüche aus Vertragsverletzung (§ 280 Abs. 1 BGB – früher positive Forderungsverletzung – des Dienstvertrages) als auch für Ansprüche aus Delikt (§ 823 Abs. 1 BGB) nicht mehr wesentlich differiert und die Verjährungsnormen im Wesentlichen angeglichen wurden.

Wesentlichste Abweichung im Haftungsumfang ist § 844 BGB, der den Ersatz von Unterhaltsverlusten Dritter bei Tod des Unterhaltsverpflichteten gewährt, während der Unterhaltsberechtigte außer in hier schwer vorstellbaren Konstellationen eines Arztvertrages mit Schutzwirkung mangels Beteiligung am Behandlungsvertrag keine vertraglichen Schadensersatzansprüche gegen den Arzt besitzt.

Ebenso kann nur der Deliktsschutz durch Fernwirkung eines Behandlungsfehlers betroffene Außenstehende mit einbeziehen[88] und ist das Verweisungsprivileg beamteter Ärzte[89] auf das Deliktsrecht beschränkt. Dagegen kann das Vertragsrecht auch Vermögensinteressen des Patienten schützen, wenn z.B. die Aufklärung über die Fraglichkeit einer Kostenübernahme der Behandlung durch die Krankenversicherung (wirtschaftliche Aufklärung) erfolgen muss[90] oder der Bereich des Heilvertrages verlassen wird (z.B. Empfängnisverhütung).[91]

---

88 Z.B. bei HIV-Ansteckung, BGH NJW 2005, 2614.
89 BGH NJW 1984, 1400.
90 BGH NJW 1983, 2630.
91 Steffen/Pauge, Arzthaftungsrecht, Rn. 5 mit weiteren Beispielen.

Simmler

Unterschiede im Haftungsumfang

Vertragshaftung	Deliktshaftung

• Schutz von Vermögensinteressen
  – bei Pflicht zur wirtschaftlichen Aufklärung
  – bei über den Heilauftrag hinausgehenden Aufgaben (Empfängnisverhütung etc.)
	• Unterhaltsanspruch bei Tötung, §844 BGB
	• Verweisungsprivileg beamteter Ärzte, §839 Abs. 1 S. 2 BGB
	• Fernwirkung: Einbeziehung eines durch die Folgen eines Behandlungsfehler betroffenen Außenstehenden (z.B. HIV-Infektion)

Dabei beruhen vertragliche und deliktische Haftung, die in gesetzlicher Anspruchskonkurrenz nebeneinander geltend gemacht werden können, grundsätzlich auf zwei **unterschiedlichen Prinzipien:** Während die Vertragshaftung in ihrer Reinform auf selbstbestimmten, zwischen den Parteien vereinbarten Leistungs- und Konfliktregeln fußt und sich Sorgfaltspflichten aus der privatrechtlichen Verbindung ergeben, schützt die Deliktshaftung die Integrität und folgen Sorgfaltspflichten aus der Teilnahme am allgemeinen Verkehr.[92] Jedoch hat sich die Rechtsprechung über die Jahre bemüht, die Zweispurigkeit der Haftung in der Praxis ohne erhebliche Auswirkung erscheinen zu lassen, indem sie in den entscheidenden Fragen zu weitgehend **gleichen Lösungen** kam.[93]   **97**

So haftet zwar der Vertragspartner ohne Entlastungsmöglichkeit für seine Erfüllungsgehilfen nach § 278 BGB, während dem Deliktsgegner gegenüber der Verschuldensvermutung der Entlastungsbeweis des § 831 Abs. 1 S. 2 BGB offensteht. Jedoch hat die Rechtsprechung die Anforderungen an die Voraussetzungen des Entlastungsbeweises so verschärft, dass eine Entlastung in der Praxis kaum mehr möglich erscheint.[94]   **98**

Die von ihrer Struktur her eher prinzipiell angelegten Unterschiede im Pflichtenprogramm in einer vertraglichen oder deliktischen Haftungsbeziehung nähern sich bei der ärztlichen Behandlung schon deswegen an, weil der Schutz der Patientensicherheit in Form von Leben und Gesundheit, welche   **99**

---

92 Katzenmeier, Arzthaftung, 80 m.w.N. zur Dogmatik.
93 Geiß/Greiner, Arzthaftpflichtrecht, Einleitung Rn. 1; Steffen/Pauge Arthaftungsrecht, Rn. 4.
94 OLG Bamberg VersR 1994, 814.

ein typisches deliktisches Schutzgut darstellen, gleichzeitig Gegenstand der vertraglichen Hauptleistungspflicht ist. Zudem hat die Rechtsprechung die prinzipiellen Unterschiede durch Betonung der Gemeinsamkeiten im Wesentlichen nivelliert, indem sie die vertraglichen und deliktischen Rechtspflichten am gleichen Maßstab, dem **Inanspruchnehmen von Expertenautorität**, misst und den objektivierten und typisierten Verhaltensstandards des ärztlichen Berufsstandes unterwirft – eine Ansicht, die im Übrigen auch in ausländischen Rechtsordnungen zur Arzthaftung vorherrscht.[95] Angesichts des strukturellen Ungleichgewichts der Partner in der vertraglichen Arzt-Patienten-Beziehung, welche eine individuelle Ausgestaltung der Leistungspflichten zu einem seltenen Ereignis macht, das sich inhaltlich zudem am fachlichen Standard messen lassen muss,[96] ist dieses Ergebnis auch zu begrüßen.

100   Da die Rechtsprechung zudem im **Beweisrecht** dieselben Grundsätze anwendet und gleiche Kausalitätsanforderungen sowie den einheitlichen Sorgfaltsmaßstab der **einfachen Fahrlässigkeit** in beiden Haftungsordnungen betont, ist der wiederholten Aussage des BGH, für die Krankenbehandlung einschließlich Vor- und Nachsorge seien vertraglicher und deliktischer Schutz prinzipiell identisch,[97] beizupflichten.

---

95 Giesen, Arzthaftungsrecht, Rn. 4.

96 So gilt der alte Satz des »volenti non fit iniuria« im Behandlungsvertrag nur begrenzt: Des Menschen Wille ist insoweit nicht sein Himmelreich, als der Patient vom Arzt etwas Standardwidriges verlangt. So begeht ein Zahnarzt, der einem Patienten ohne Indikation, aber auf dessen ausdrücklichen Wunsch, alle verbliebenen Zähne zieht, einen Behandlungsfehler, BGH NJW 1978, 1206.

97 Für die behandlerische Sorgfalt BGH NJW 1991, 2960: »Diese im Streitfall nicht erfüllte Aufgabe ist Bestandteil des Behandlungsvertrages .... Sie obliegt dem Krankenhausträger und dem Pflegepersonal aufgrund ihrer Garantstellung für die übernommene Behandlungsaufgabe in gleicher Weise auch deliktisch.« Für die Aufklärungspflichten BGH NJW 1990, 2929: »Der vertraglichen Aufklärungsverpflichtung der Beklagten entspricht ... ihre deliktische Einstandspflicht aus ihrer Garantstellung heraus.«

Simmler

Gleichklang der Haftungsordnungen

- Prüfungsmaßstab :
  - Inanspruchnehmen von Expertenautorität,
  - objektivierte und typisierte Verhaltensstandards des ärztlichen Berufsstandes
- einheitliche Grundsätze im Beweisrecht
- gleiche Kausalitätsanforderungen
- einheitlicher Sorgfaltsmaßstab der einfachen Fahrlässigkeit

 FAZIT:

Für die Krankenbehandlung einschließlich Vor- und Nachsorge sind vertraglicher und deliktischer Schutz prinzipiell identisch

II. Änderungsansätze

Trotz einer gefestigten Rechtsprechung zum Arzthaftungsrecht, die über die Jahre eine tragfähige Grundlage für die haftungsrechtliche Beurteilung des Arzt-Patienten-Verhältnisses unter Berücksichtigung seiner Besonderheiten auch in prozessualer und verfahrenstechnischer Hinsicht entwickelt hat, wird der Ruf nach einer Reform des Systems an Haupt und Gliedern nicht leiser. Dabei reichen die Vorschläge von der Schaffung einer Spezialkodifikation, u.U. mit der Einführung eines eigenen Haftungstatbestandes der »Berufshaftung«, über die Propagierung einer Proportionalhaftung bis hin zur Abschaffung der Verschuldenshaftung und der Einführung einer Gefährdungshaftung oder eines sozialversicherungsrechtlich getragenen Versicherungsmodells. Daneben existieren auf EU-Ebene Bestrebungen der Vereinheitlichung der Dienstleisterhaftung (Richtlinienentwurf von 1990) sowie Überlegungen des Europarates dahingehend, gemeinsame Standards für »medical liability« zu schaffen. **101**

1. Reform des Haftungsrechts

Reformüberlegungen

- Stärkung des Vertragsrechts, insbesondere durch stärkere Kodifizierung der Rechte und Pflichten im Behandlungsvertrag
- Einführung eines speziellen Haftungstatbestandes „Berufshaftung"
- Einführung der Proportionalhaftung
- Ersetzung der Verschuldens- durch eine Gefährdungshaftung
- Einführung von Versicherungslösungen

102   Überlegungen, gegenüber dem historisch gewachsenen Vorrang der Deliktshaftung das **Vertragsrecht als Haftungsgrundlage** zu stärken, gab es immer wieder. So diskutierte bereits der Deutsche Juristentag 1978 die Frage, ob es ergänzender Regelungen zum geltenden Haftungssystem bedürfe; angesprochen wurden Bereiche wie Aufklärungspflichten und Beweislastverteilung.[98] Im Ergebnis wurde jedoch eine Ergänzung des bestehenden Haftungssystems für unnötig erachtet. Ein 1981 vom Bundesministerium der Justiz in Auftrag gegebenes Gutachten von Erwin Deutsch und Michael Geiger plädierte für eine genauere vertragsrechtliche Ausgestaltung des Arzt-Patienten-Verhältnisses, da die Regelungen des Dienstvertrages hier zu abstrakt seien, und formulierten einen Gesetzesvorschlag für den »**Medizinischen Behandlungsvertrag**«, der jedoch keine Reform der richterrechtlich herausgebildeten Rechtslage anstrebte, sondern nur Randkorrekturen vornehmen wollte.[99] Das BMJ sah anschließend jedoch keine Notwendigkeit, das Arzt-Patienten-Verhältnis im BGB separat zu verankern,[100] auch die Kommission zur Schuldrechtsreform 1992 sah keinen weiteren Regelungsbedarf. Das Schuldrechtsmodernisierungsgesetz hat hier ebenfalls keine neuen Regelungen geschaffen. Parallel zur Schuldrechtsreform erarbeitete eine von BMJ und Bundesministerium für Arbeit und Soziales eingesetzte Arbeitsgruppe das unter dem 26.11.2002 veröffentlichte Dokument »**Patientenrechte in Deutschland**«,[101] das »auf der Basis des geltendes Rechts über die wesentlichen Rechte und Pflichten von Patienten im Rahmen der

---

98   Näher Katzenmeier, Arzthaftung, 88 Fn. 74.
99   Katzenmeier, Arzthaftung, 85f.
100 Vgl. Bericht des BMJ vom 5. Mai 1988 I B 1.3430/12 II-10397/87.
101 Bundesanzeiger v. 24.12.2002, Nr. 240b.

medizinischen Behandlung« informieren und »Hinweise für den Fall einer fehlerhaften Behandlung« geben soll.[102]

Dennoch verstummt der Ruf nach genauerer gesetzlicher Kodifizierung keineswegs: Die Patientenbeauftragte der schwarz-roten Bundesregierung rief im Rahmen einer »**Arbeitsgruppe Patientenrechtegesetz**« der SPD-Bundestagsfraktion zu einer längeren Anhörung zur Schaffung eines Patientenrechtegesetzes auf. Ausgangspunkt der Kritik an der geltenden Gesetzeslage war insoweit, dass Patientenrechte im geltenden Recht an unterschiedlichen Stellen verankert seien und es an Klarheit fehle. Die Patient(inn)en könnten ihr Recht nicht im Gesetz finden und empfänden das bestehende Recht als ungerecht und wenig patientenorientiert. Das erarbeitete Eckpunktepapier befürwortete u.a. eine ausdrückliche Normierung der Rechte und Pflichten aus dem Behandlungsvertrag.

103

Ob eine solche Normierung, die als Gesetz auch nur eine abstrakte Regelung treffen kann und im Wesentlichen doch (»nur«) eine Niederlegung der gefestigten Grundsätze der Rechtsprechung darstellen würde,[103] tatsächlich notwendig und hilfreich ist, erscheint allerdings zweifelhaft. Es ist eine populistische und über hundert Jahre alte Forderung, der Bürger müsse seine Rechte ohne weiteres aus dem BGB (oder einem anderen Gesetz) herleiten können. Angesichts der Komplexität der heutigen gesellschaftlichen und globalisierten wirtschaftlichen Verhältnisse erstaunt es schon, dass angenommen wird, ausgerechnet das Recht könne »für den einfachen Mann« formuliert werden, ohne dabei an gerade dieser Komplexität zu scheitern. Aufgabe des Rechtes ist es, abstrakte und damit bewegliche Regelungen zu treffen, die auf den auch zukünftigen Einzelfall Anwendung finden können, nicht jedoch, jeden Einzelfall vorab zu regeln. Da die Arzt-Patienten-Beziehung angesichts der rasanten medizinischen Entwicklung durchaus ständig im Fluss ist, könnte eine zu detailreiche gesetzliche Normierung der Rechte und Pflichten der Beteiligten des Behandlungsvertrages einer Fortentwicklung des Arzthaftungsrechts durch die Rechtsprechung eher hindernd entgegenstehen, da sich solche gesetzliche Regelungen häufig als abschließend verstehen und so die Anerkennung weiterer nicht normierter Rechte oder Beweiserleichterungen unnötig erschweren würden.[104]

104

Mit dem Entwurf einer **Dienstleistungshaftungsrichtlinie** durch den Rat der Europäischen Union 1990 – die jedoch letztendlich keine Mehrheit fand – ist die in Deutschland überwiegend in der Literatur geführte Diskussion über die Ersetzung der Zweispurigkeit von Vertrags- und Deliktshaftung

105

---

102 Die Patientenbeauftragte der schwarz-roten Bundesregierung bezeichnete dieses Dokument der Autorin gegenüber einmal als »unlesbar und unbrauchbar«.
103 So die ehemalige Bundesjustizministerin Zypries in einem Interview, NJW Aktuell, Heft 38/2009, XIV.
104 So auch Katzenmeier, Arzthaftung, 88f.

durch ein einheitliches Konzept der »**Berufshaftung**« verbunden. Ein derartiges Haftungskonzept würde die Einstandspflicht des Arztes am Standard seines Berufskreises definieren und eine Verletzung der beruflichen Pflichten zum Haftungsgrund für den Arzt machen. Wenn auch einiges für ein solches Konzept spricht,[105] stellt es im geltenden Haftungsrecht jedoch einen Systembruch dar: Berufspflichten sind Verkehrspflichten und als solche unselbständige Elemente innerhalb weiterreichender Haftungsnormen; sie zu Haftungsnormen aufzuwerten, würde die bisherige Gesetzeskonzeption über den Haufen werfen, ohne dass dafür eine Notwendigkeit bestünde. Denn es ist unproblematisch – und wird von der Rechtsprechung bereits so vorgenommen –, die bestehenden Haftungsnormen mit berufsspezifischen Anforderungen auszufüllen;[106] ein Zugewinn irgendeiner Art für die eine oder andere Seite des Behandlungsvertrages wäre mit einem Systemwechsel demzufolge nicht verbunden.

106   Der Deutsche Juristentag 2006 hat sich mit der Frage beschäftigt, ob (insbesondere auch im Arzthaftungsrecht) dem »Ganz oder gar nicht« des deutschen Haftungsrechts durch die Einführung einer **Proportionalhaftung** begegnet werden soll, dies aber im Ergebnis abgelehnt. Das in neuester Zeit insbesondere von Prof. Wagner propagierte System der Proportionalhaftung soll der gerade in der Arzthaftung verbreiteten **Schwierigkeit im Kausalitätsnachweis** abhelfen: Oft hört man im konkreten Haftungsprozess vom medizinischen Sachverständigen, der Arzt habe einen Fehler begangen, ob der Fehler aber ursächlich für den Gesundheitsschaden sei, könne man nicht mit Sicherheit sagen, weil (z.B.) in 10 % aller Fälle dieser Schaden auch bei ordnungsgemäß behandelten Patienten eintrete. Damit bestehen Zweifel an der Ursächlichkeit des Fehlers für den Schadenseintritt und – wenn keine anderweitigen Beweislastregeln eingreifen – der Patient verliert den Prozess. Nach den Regeln der Proportionalhaftung soll der Arzt nur für den Bruchteil des vom Patienten erlittenen Schaden haften, dessen Höhe der Wahrscheinlichkeit entspricht, mit der der Behandlungsfehler tatsächlich die Ursache des erlittenen Schadens war[107] – im Beispielsfall also 90 %. Dieser Rechtsgedanke ist unter dem Schlagwort »**Verlust einer Heilungschance**« im französischen Recht und im partikulären Haftungsrecht einiger US-amerikanischer Staaten bekannt,[108] widerspricht aber dem derzeitigen System des deutschen Haftungsrechts. Angesichts des eindeutigen Votums des Deutschen Juristentags 2006 gegen die Proportionalhaftung erscheint es wenig wahrscheinlich, dass sich auf diesem Gebiet in naher Zukunft etwas

---

105 Zur Darstellung der Diskussion vgl. ausführlich Katzenmeier, Arzthaftung, 89-94.
106 Katzenmeier, Arzthaftung, 93.
107 Wagner, Proportionalhaftung für ärztliche Behandlungsfehler de lege lata, FS Hirsch, 453, 455.
108 Dazu ausführlich Kasche, Verlust von Heilungschancen.

bewegt, auch wenn das bereits oben (Rdn. 103) angesprochenen Eckpunktepapier für ein Patientenrechtegesetz an versteckter Stelle die Einführung einer Proportionalhaftung als »zu prüfen« anführt. Aus der eigenen richterlichen Praxis soll auch Zweifel angemeldet werden, ob es möglich ist, einen medizinischen Sachverständigen hier auf konkrete Prozentzahlen festzunageln – solches versucht die Rechtsprechung z.B. im Bereich von **Teilkausalitäten** bislang weitgehend erfolglos.[109] Dem wird man auch kaum mit dem Argument begegnen können, wenn der Sachverständige sich da nicht festlege, werde eben **50:50** geteilt,[110] denn eine so verstandene Proportionalhaftung wäre keine Verschuldenshaftung mehr, sondern würde quasi zum **Gefährdungshaftungstatbestand**, in dem die »Betriebsgefahr« des Patienten (körperliche Eigentümlichkeiten) mit der »Betriebsgefahr« des Arztes (gefahrgeneigte Tätigkeit) einander gegenüber gestellt würden. Dogmatisch begründbar erscheint dies jedenfalls kaum, und ob es zu gerechteren Ergebnissen führt, den Arzt bei nachgewiesenem Fehler immer zu 50 % des Schadens haften zu lassen, mag mit Fug und Recht bezweifelt werden.

2. Ersetzung der Verschuldenshaftung

Das leitet über zu den Reformüberlegungen, die nicht eine Veränderung innerhalb des Systems verschuldensgebundener Haftung anstreben, sondern darauf hin zielen, die Arzthaftung aus dem System des BGB herauszulösen und medizinische Schadensfälle einem **anderen Entschädigungsregime** zu unterstellen. **107**

Dabei ist die Einführung einer **Gefährdungshaftung** eine in der Öffentlichkeit häufiger als in Arzt- und Juristenkreisen erhobene Forderung,[111] die aber sowohl dogmatischen Bedenken begegnet,[112] als auch die wirklichen Probleme der Arzthaftung nicht löst: Die Gefährdungshaftung macht lediglich den Verschuldensnachweis entbehrlich, sie entbindet nicht von der Darlegungs- und Beweislast für die Kausalität des Fehlers für den eingetretenen Schaden: **Schicksalhafte Kausalverläufe** werden von einer Gefährdungshaftung nicht erfasst,[113] da sie nicht auf der geschaffenen Gefahr beruhen! Angesichts der (der Objektivierung des Fahrlässigkeitsmaßstabs geschuldeten) Tatsache, dass nur in einer verschwindend geringen Anzahl von Arzthaftungsfällen fraglich ist, ob der Behandlungsfehler dem Arzt auch vorwerfbar ist,[114] dürfte eine Gefährdungshaftung nicht geeignet sein, die praktischen Probleme des Arzthaftungsprozesses zu vermindern. **108**

109 G. Müller, VersR 2006, 1289, 1297.
110 So Steiner, VersR 2009, 473, 474.
111 Katzenmeier, Arzthaftung, 177.
112 Dazu Katzenmeier, Arzthaftung, 181f.
113 Katzenmeier, Arzthaftung, 182.
114 Weniger als 1 % der Fälle, vgl. Stolz, VersR 1978, 797, 798.

109 Dies zeigt das schwedische Beispiel: In den 70er Jahren wurde in **Schwe-den** neben der weiter bestehenden Verschuldenshaftung auf privatrechtlich organisierter Versicherungsebene[115] ein System der Gefährdungshaftung[116] für medizinische Verletzungen eingeführt,[117] das (mit Haftungsobergrenzen) eingreift, wenn ein Patient aufgrund der »medizinischen Verletzung« stationär behandelt oder länger als 14 Tage krank geschrieben wurde oder eine bleibende wesentliche Behinderung davongetragen hat. Dass kein Zusammenhang zwischen Behandlung und Schaden nachgewiesen ist bzw. der Schaden vorhersehbare Folge der Behandlung war, sind hier die Hauptzurückweisungsgründe für geltend gemachte Ansprüche.[118] Allerdings ist die Hürde für den Kausalitätsnachweis dadurch gesenkt, dass Schäden nur mit **überwiegender Wahrscheinlichkeit** direkte Folge einer Untersuchung, Behandlung oder ähnlichen Maßnahme sein müssen.[119] Grundlegendes Prinzip dieser Versicherungslösung ist, dass Schäden, die sich unabhängig von einer heilenden oder pflegerischen Maßnahme entwickelt haben, nicht entschädigt werden. Auch Ansprüche wegen Aufklärungspflichtverletzung werden nicht erfasst.[120] Dementsprechend hatte sich die Anerkennungsquote von 55 % in der ersten Dekade auf etwa 18 % bis 1991 abgesenkt. Allerdings soll nach einer jüngeren Studie von der Karolinska-Universität seit 1997

---

115 Die Prämien werden von den Trägern der Gesundheitssystems aufgebracht, Fischer/Lilie, Ärztliche Verantwortung im europäischen Rechtsvergleich, § 5, 72.
116 Vergleichbare Systeme führten 1986 Finnland, 1988 Norwegen und 1992 Dänemark ein, Katzenmeier, VersR 2007, 137.
117 Giesen, Arzthaftungsrecht/Medical Malpractice Law, 44.
118 Giesen, Arzthaftungsrecht/Medical Malpractice Law, 44.
119 Fischer/Lilie, Ärztliche Verantwortung im europäischen Rechtsvergleich, § 5, 69.
120 Katzenmeier, Arzthaftung, 222f.

die Zahl der jährlichen Entschädigungsanfragen gleich bleiben (bei etwa 0,2 Prozent der stationär behandelten Patienten) und die Anerkennungsquote nunmehr seit Jahren bei knapp 50 % liegen.[121] Dass das System insgesamt wohl weitgehend als Erfolg angesehen wird, mag damit zusammenhängen, dass der Klageweg noch schlechtere Erfolgsaussichten zu bieten scheint[122] und die erreichbaren Schmerzensgeldbeträge im internationalen Vergleich extrem niedrig sind.[123] Auch scheint trotz der grundsätzlich bestehenden Möglichkeit, die entschädigungsbegründende und die entschädigungs-ausfüllende Kausalität zu bestreiten, bei den Versicherungsgesellschaften Schwedens eine **großzügige Regelungspraxis** vorzuherrschen.[124] Jedoch ist auch zu bedenken, dass die ausgereichten Beträge, verglichen mit den in Deutschland im Arzthaftungsprozess begehrten Beträgen, ausgesprochen niedrig sind und bei einer Spanne von 110 € bis 805.700 € im Schnitt bei 9050 € (!) liegen[125] – eine Summe, für die nach der Erfahrung der Autorin am Landgericht die meisten Arzthaftungsanwälte einen Fall gar nicht beginnen würden.

Mit der Problematik der Gefährdungshaftung demzufolge eng vergesell-schaftet ist die Überlegung einer **Versicherungslösung.** **110**
    Die Diskussion hierzu erfolgt in Deutschland unter dem Titel »Heilbe-handlungsrisikoversicherung«. Mit einer solchen Versicherung soll das **Be-handlungsrisiko** des Patienten (anders bei der Haftpflichtversicherung des Arztes, die sein Haftungsrisiko abdeckt) erfasst werden, und zwar unabhän-gig davon, ob die Schadenszufügung durch schuldhaftes Behandlungsfehler oder unverschuldetes Mißlingen erfolgte.[126]

Als Beispiel hierfür mag die **neuseeländische** Regelung einer öffentlich-rechtlichen **Volksunfallversicherung,** die ausschließlich durch Sozialab-gaben und Steuern finanziert wird, dienen.[127] Hier werden »medizinische Behandlungsunfälle« (medical misadventures) abgedeckt; ein solcher Unfall wird bei medizinischem Irrtum (medical error = Unterschreiten des medizi- **111**

---

121 V. Lutterotti, »Verpatzt und verloren«, faz.net.de, 2010.
122 10 erfolgreiche Haftungsprozesse in Jahr werden von Fischer/Lilie, Ärztliche Verantwortung im europäischen Rechtsvergleich, § 5, 68, berichtet, wobei unklar bleibt, ob diese Zahl vor oder nach Einführung der Versicherungslösung ermit-telt wurde.
123 Katzenmeier, Arzthaftung, 223, insbes. Fn. 211.
124 Katzenmeier, Arzthaftung, 226.
125 Katzenmeier, VersR 2007, 137, Fn 62.
126 Katzenmeier, VersR 2007, 137.
127 Zu der sehr speziellen Regelung in der **ehemaligen DDR**, die für die wirtschaftli-chen Folgen einer medizinischen Behandlung eine Auffangregelung schuf, wenn ein echter Schadensersatzanspruch nicht feststellbar war, jedoch eine schwere Gesundheitsschädigung in ursächlichem Zusammenhang mit der medizinischen Betreuungsmaßnahme eingetreten war, die in krassem Mißverhältnis zu dem er-warteten Risiko des Eingriffs stand, vgl. Katzenmeier, Arzthaftung, 229-233.

Simmler

nischen Standards) und medizinischem Unglück (medical mishap = schwere Folge einer medizinischen Behandlung, deren Wahrscheinlichkeit selten [weniger als 1 %] ist) angenommen.[128] Aufklärungs- und Diagnosefehler sind **nicht erfasst.** Die Versicherung trägt (subsidiär zur Krankenversicherung) die Heilungskosten, 80 % des Verdienstausfalls innerhalb bestimmter Höchstgrenzen und Unterhaltsleistungen an Hinterbliebene sowie ein geringes Schmerzensgeld. Greift die Versicherung, ist die Schadensersatzklage unzulässig.[129] Auch hier dürfte interessant sein, in welcher Höhe Leistungen gezahlt werden: zwei Drittel der erfolgreichen Antragsteller erhielten weniger als 500 NZ$.[130]

112   **Vorteile** einer Versicherungslösung werden darin gesehen, dass sich nicht mehr Arzt und Patient als Gegenspieler gegenüber stehen, sondern sich der Patienten direkt an die Versicherung wenden kann. Damit könnte das Vertrauensverhältnis zwischen Arzt und Patient von Haftungsfragen jedoch nur entlastet werden und der Arzt bei Schadensfällen dem Patienten sozusagen als Berater gegenüber der Versicherung helfend zur Seite stehen, wenn ein **Regress** der Versicherung gegenüber dem Arzt ausgeschlossen ist. Ist dies nicht der Fall, ist nicht zu erwarten, dass sich die beweisrechtliche Situation des Patienten messbar verbessert, da verständlicherweise kein Arzt Interesse daran hat, bei der Klärung einer im Endeffekt ihn treffenden Haftung mitzuwirken.[131]

113   Auch erscheint nach wie vor das größte Problem der Versicherungslösung die **Beschreibung des versicherten Risikos:** Wenn nicht eine umfassende Invaliditätsversicherung im Raume steht, deren Berechtigung nur im medizinischen Behandlungsvertrag kaum begründbar wäre und die sich erheblichen Finanzierungsbedenken gegenüber sähe, muss das allgemeine Krankheits- und Lebensrisiko ausgegrenzt werden; dies führt im Wesentlichen dazu, dass sich die heutigen Fragen des Haftungsprozesses (Standardunterschreitung, Kausalität) nur verlagern und in anderem Gewand (ist der eingetretene Schaden Ausdruck der Grunderkrankung oder unausweichliche Folge der notwendigen Behandlung der Grunderkrankung?) wieder fröhliche Urstände feiern.[132] Die bestehenden Versicherungslösungen im internationalen Vergleich haben gezeigt, dass eine zufriedenstellende Eingrenzung des versicherten Risikos abstrakt kaum gelingt und der Anspruchsteller darauf verwiesen ist, sein Heil in einer **großzügigen Regelungspraxis** des Versicherers zu suchen – eine bedenkliche Situation angesichts des steigenden Kostendrucks im (auch deutschen) Gesundheitssystem.[133]

---

128 Katzenmeier, Arzthaftung, 226ff.
129 Katzenmeier, Arzthaftung, 228.
130 Katzenmeier, VersR 2007, 137, Fn. 62.
131 Katzenmeier, VersR 2007, 137.
132 Vgl. Katzenmeier, VersR 2007, 137.
133 Katzenmeier, VersR 2007, 137.

Problematisch erscheint auch der **versicherte Haftungsumfang:** Bei einer   **114**
nicht auf Verschulden gestützten Haftung erscheint es (wegen Ausscheidens
der Genugtuungsfunktion) zweifelhaft, ob Schmerzensgeldbeträge, zumindest in der bisherigen Form, erfasst sein können – die gesetzliche Unfallversicherung, die ein geeignetes Modell für die Heilbehandlungsrisikoversicherung abgeben könnte, schließt den Ersatz von Schmerzensgeld z.B. aus.
Eine solche Versicherungslösung brächte aber dem Patienten gegenüber dem
jetzigen System sozialer Sicherung kaum nennenswerte Verbesserungen

Versicherungslösungen

Vorteile	Nachteile
• Entschädigung für die Verwirklichung behandlungsimmanenter Risiken	• Einbeziehung immaterieller Schäden fraglich
• Entindividualisierung des Schadensausgleichs	• „Sonderschadensrecht" für Medizinschäden
• Beseitigung eines gefühlten Gerechtigkeitsdefizits der Verschuldenshaftung	• Finanzierungsprobleme (Patientenbeiträge? Solidargemeinschaft?)
	• Deckelung der individuell erreichbaren Entschädigung
	• Erfordernis bestimmter Schadensschwere

Das oben (Rdn. 103) genannte Eckpunktepapier für ein Patientenrechte-   **115**
gesetz plädiert für »alternative Entschädigungssysteme wie einen Entschädigungsfonds oder eine verschuldensunabhängige Entschädigung«.
Entschädigungsfonds kennt das deutsche Haftungssystem für die Conter-
gan-Geschädigten und die Geschädigten des HIV-(Blutprodukte)-Skandals.
Es dürfte fraglich sein, ob sich eine solche Entschädigungslösung für alle
medizinnahen Schädigungen anbietet.

Beispiel für Fondslösungen bieten Österreich und Frankreich. In **Öster-**   **116**
reich gewährt der Fonds, der durch Patientenabgaben gespeist wird, Entschädigung in den Fällen, in denen der Schaden durch die Behandlung in
einem »Fondkrankenhaus« entstanden ist und eine Haftung des Rechtsträgers nicht eindeutig ist, entweder weil die Kausalität zwischen Behandlungsfehler und Schaden nicht beweisbar ist, oder wenn die Kausalität zwischen
Behandlung und Schaden zwar feststeht, der Nachweis eines Fehlers je-

doch nicht gelingt.[134] In **Frankreich** tritt der über Sozialabgaben finanzierte Fonds bei Behandlungsfehlern mit Regressmöglichkeit und bei Verwirklichung von behandlungsimmanenten Risiken als Solidarfonds ein, wenn der Schaden eine Behinderung von mindestens 24 % oder eine Arbeitsunfähigkeit von mindestens 6 Monaten verursacht hat.[135]

117 Ob entsprechende **patientenfinanzierte Fonds** in der augenblicklichen finanziellen Situation des deutschen Gesundheitssystems tatsächlich eine Chance haben, darf bezweifelt werden. Auch ist zu bedenken, dass es aus der Sicht des durch eine medizinische Behandlung schicksalhaft schwerst Geschädigten sicher positiv ist, kollektive Unterstützung in seiner schweren Lebenssituation zu erhalten, und dies auch einem allgemeinen Trend zur Einführung bedürfnisorientierter Kompensationssysteme mit **Kollektivierung schwerer Schäden** entspricht.[136] Es muss jedoch gefragt werden dürfen, warum solche Entschädigungen für die Opfer eines »Medizinunfalles« bereitgestellt werden sollen, für die übergroße Vielzahl anderer Unfallopfer nicht.[137] Will man die Medizinschäden insoweit den Arbeitsunfällen gleich stellen, wäre zu überprüfen, ob Medizinunfälle tatsächlich eine derartige **Massenerscheinung** darstellen, dass eine Entindividualisierung des Schadensausgleichs erforderlich erscheint.[138] Trotz der gehandelten Zahlen medizinischer Behandlungsfehler in der täglichen Presse (157.000 im Jahr[139]) mag dies bezweifelt werden.[140] Allerdings kommt das Aktionsbündnis Patientensicherheit 2007 in einer Studie zu dem Ergebnis, in Deutschland kämen jährlich rund 17.000 Menschen (0,1 % aller Krankenhauspatienten) durch medizinische Fehler ums Leben,[141] dreimal mehr als die Zahl jährlicher Verkehrstoter.[142] Spiegelt man dies am Zahlenmaterial der gesetzlichen Unfallversicherung,[143] die für 2007 1.395 tödliche Unfälle berichtet (0,05 % je 1000 Vollarbeiter) erscheint dies durchaus erheblich im Sinne einer Massenerscheinung, auch wenn dies die erhebliche Zahl an berufserkrankungsbedingten Todesfällen ausblendet. Hier wird es in Zukunft der Ermittlung belastbarer Zahlen bedürfen, bevor ein Systemwechsel für die »Medizinschäden« angestrebt werden sollte. Den Nachweis dafür, dass ein solcher Systemwechsel, wenn er denn das zivile Haftungsrecht ersetzen soll, diesem in Bezug auf Gerechtigkeitsanforderungen und Effizienz tatsächlich überlegen wäre, steht auch international noch aus.

---

134 Dopheide, VersR 2007, 1050.
135 Dopheide, VersR 2007, 1050.
136 Vgl. Katzenmeier, VersR 2007, 137.
137 Katzenmeier, VersR 2007, 137.
138 Katzenmeier, VersR 2007, 137.
139 V. Lutterotti, »Verpatzt und verloren«, faznet.de, 2010.
140 So Katzenmeier, VersR 2007, 137.
141 Agenda Patientensicherheit 2007, 16.
142 Bohsem, Erschreckende Selbstdiagnose, sueddeutsche.de, 28.02.2008.
143 S. www.gbe-bund.de.

Einen international vergleichenden Ansatz verfolgt der **Europarat**, der 2008 begonnen hat, sich mit der Schaffung neuer europäischer Standards für »medical liability« zu beschäftigen – einer Phrase, die mit »Arzthaftung« zu eng übersetzt erscheint. Der Europarat als internationale Organisation ist nicht befugt, die nationale zivile Arzthaftung zu reformieren. Vielmehr geht das Interesse des Europarats, der u.a. Träger der Europäischen Menschenrechtskonvention ist, dahin, seinen Mitgliedsstaaten unverbindliche Richtlinien (guidelines) im Medizinhaftungsbereich an die Hand zu geben und dafür die Praxis der Mitgliedsstaaten aufzuarbeiten und in Reformvorschläge zu gießen. Insoweit liegen die Verdienste des Europarats darin, die verschiedenen nationalen Systeme der Arzthaftung darzustellen, Gemeinsamkeiten des Verhältnisses von Arzt und Patient, der Erwartungen der Öffentlichkeit etc. herauszuarbeiten und **Handlungsvorschläge** zu erstellen. Der Europarat will gemeinsame Standards für z.B. Risikomanagement, Kompensation für Schäden und effektive Schadensverfolgungsmaßnahmen anbieten, die derzeit jedoch noch erarbeitet werden.[144] Die Tatsache, dass die Arzthaftung bereits bedeutende politische internationale Organisationen beschäftigt, zeigt, dass auf diesem Gebiet weiterhin allgemein Handlungs- und Veränderungsbedarf gesehen wird.

118

III. Ausblick

Selbst wenn die zivile Arzthaftung in den kommenden Jahren nicht reformiert und völlig umgekrempelt wird, hat sich das Haftungsrecht die Frage zu stellen, ob sich – und wenn ja, wie – die zunehmend prekäre Kassenlage in den gesetzlichen Sozialversicherungssystemen auf die zivilrechtliche Haftung des Arztes auswirkt. Wird der Kassenpatient wegen der Einschränkung der im System der gesetzlichen Krankenversicherung zu vergütenden Behandlungsmethoden haftungsrechtlich zum »Patienten 2. Klasse«? Oder, um es zugespitzt zu formulieren: wird es in Zukunft **zwei Haftungsstandards** geben, einen für den Kassenpatienten und einen für den privat Versicherten?

Diese Gefahr besteht – wie oben (s. Rdn. 75) herausgearbeitet – nur solange nicht, wie das Sozialrecht dem Arzt, der gesetzlich zur Sorgfalt gegenüber dem Kassenpatienten »nach den Vorschriften des bürgerlichen Vertragsrechts« verpflichtet ist,[145] nur derart verbindliche Vorgaben durch die Richtlinien der Bundesausschüsse etc. macht, dass durch die als »ausreichend« iSd SGB V angesehenen Methoden ein **Mindeststandard** gesetzt wird, der nach Umfang und Qualität eine nach dem allgemein anerkannten Stand der medizinischen Erkenntnis gute Chance zur Erreichung des Be-

119

---

144 Vgl. Press Release »Medical liability: the Council of Europe intends to establish standards«, vom 4.6.2008; www.coe.int/medical-liability.
145 § 76 Abs. 4 SGB V.

Simmler

handlungsziels gewährleistet.[146] Hier ist **Vorsicht** geboten hinsichtlich des Zustandekommens der bindenden Vorgaben des Sozialrechts: Der Maximalstandard des »Notwendigen« darf auch für das SGB V den Minimalstandard des medizinisch »Ausreichenden« nie unterschreiten.[147] Wenn sich nachweisen ließe, dass bei der Bestimmung der Vorgaben der Kosten-Nutzen-Vergleich des Wirtschaftlichkeitsgebots die Erfüllung des Heilauftrages in Frage gestellt und Leben und Gesundheit des Patienten einer Qualitätsbewertung zugeführt wird, wäre dies eine Entwicklung, die das Haftungsrecht auf der derzeitigen gesetzlichen Grundlage nicht akzeptieren könnte.[148] Nur solange sich die Vorgaben an einer ausreichenden, in Qualität und Wirksamkeit am allgemeinen Stand der medizinischen Versorgung und am medizinischen Fortschritt orientierten Krankenversorgung ausrichten, sind sie haftungsrechtlich unschädlich.[149]

Aufhorchen lassen hier Äußerungen des Präsidenten der Bundesärztekammer, die Schere zwischen dem medizinisch Möglichen und dem Bezahlbaren gingen immer weiter auseinander, man müsse über **Rationierung** im Gesundheitssystem nachdenken[150] und auf der politischen Ebene entscheiden, welche Patienten und welche Krankheiten zukünftig mit welcher Priorität behandelt werden sollten.[151] Wenn sich das System der gesetzlichen Krankenversicherung in diese Richtung entwickelt und etwa wie im englischen System bestimmte Altersgruppen auf bestimmte Leistungen keinen Anspruch mehr haben, obwohl sie medizinisch erforderlich wären (Beispiel Hüftendoprothesen für Ältere), wird man die bisher wohl vorherrschende Ansicht in der arzthaftungsrechtlichen Literatur, dass das Haftungsrecht prinzipiell für die Behandlung und Versorgung von Kassenpatienten keinen höheren Standard verlangen könne als den, zu dem das Sozialrecht die Leistungserbringer verpflichtet und an dem es Leistungsansprüche der Patienten misst,[152] überdenken müssen. Mit den Worten der ehemaligen Vorsitzenden des VI. Zivilsenats des BGH: das Haftungsrecht sollte nicht vorschnell Positionen räumen, die in jahrzehntelanger Arbeit zum Wohl des Patienten entwickelt worden sind.[153] Welche Auswirkungen eine solche Entwicklung auf das Arzt-Patienten-Verhältnis hätte und ob es ausreichen würde, dem Arzt insoweit eine **erhöhte Aufklärungspflicht** dahin aufzuerlegen, dass er dem gesetzlich Versicherten mitteilt, er könne ihn nur standardgerecht

---

146 Steffen, FS Geiß, 487, 494.
147 Steffen, FS Geiß, 487, 495.
148 Steffen, FS Geiß, 487, 497.
149 Steffen, FS Geiß, 487, 500; s.a. Kreße, MedR 2007, 393, 400.
150 Vgl. Frankfurter Allgemeine Sonntagszeitung, 17.Januar 2010, »Was darf ein Monat Leben kosten?«
151 Vgl. Frankfurter Allgemeine Sonntagszeitung, 2. Mai 2010 »Jeder kriegt die Medizin, die erbraucht. Von wegen.«.
152 So Steffen, FS Geiß, 487, 493 m.w.N.
153 Müller, FS Hirsch, 413, 421.

behandeln, wenn er privat Zuzahlungen leistet,[154] sind Fragen, die derzeit glücklicherweise noch nicht zu beantworten sind, ihre drohenden Schatten jedoch vorauswerfen. Bislang stemmt sich jedenfalls das Bundesverfassungsgericht einer solchen Entwicklung entgegen, das statuiert, es bedürfe einer **besonderen Rechtfertigung** vor Artikel 2 Absatz 1 GG in Verbindung mit dem Sozialstaatsprinzip, wenn dem Versicherten Leistungen für die Behandlung einer Krankheit und insbesondere einer lebensbedrohlichen oder regelmäßig tödlichen Erkrankung durch gesetzliche Bestimmungen oder durch deren fachgerichtliche Auslegung und Anwendung vorenthalten werden.[155] Es ist zu hoffen, dass der Sozialgesetzgeber diese **verfassungsrechtliche Hürde** auch in Zukunft beachtet.

> ❗ Eine Reform des Arzthaftungsrechts ist derzeit nicht spruchreif. Je nach Entwicklung der Leistungsbeschränkungen im System der gesetzlichen Krankenversicherung steht in Zukunft ein Auseinanderfallen von sozialrechtlich Gewährtem und haftungsrechtlich Gefordertem zu erwarten.

---

154 Vgl. BGH NJW 1989, 2321. Steffen, FS Geiß, 487, 502.
155 BVerfG NJW 2006, 891.

Simmler

2. Kapitel
Arzthaftung – Zivilverfahren

Für den im Arzthaftpflichtrecht tätigen anwaltlichen Berater ist das öffentliche Gesundheitsrecht, insbesondere das Berufsrecht und das Vertragsarztrecht, eher eine Randmaterie. Im Vordergrund steht das Zivilrecht, das Vertragsrecht und das Recht der unerlaubten Handlung. Für den Arzthaftpflichtrechtler, ob er nun Patienten oder den Arzt vertritt, geht es um die Zurechnung von Verhalten, um die Auswirkungen der Arbeitsteilung im Gesundheitswesen, um Kausalitätsfragen und Schadensberechnung.

Allerdings ist das System des Arzthaftpflichtrechts ohne das **Berufsrecht der Heilberufe** nicht zu verstehen. Das Berufsrecht der Heilberufe, die Qualifizierung des Heilberufsangehörigen über Ausbildung und Fortbildung ist ein in die Hand des jeweiligen Heilberufes gegebenes **Instrument der Qualitätssicherung** und bildet damit die Ergänzung zu den zivilrechtlichen Normen des Arzthaftungsrechts, die zunehmend als **Instrument des Verbraucherschutzes** interpretiert werden. Dieser Zusammenhang bleibt bei der Diskussion um die Reform des Arzthaftpflichtrechts, insbesondere in der Diskussion über die Änderung der Beweislastregeln des Arzthaftpflichtrechts, häufig außer Betracht. Je effizienter ein Berufsstand Qualitätssicherung und damit Verbraucherschutz organisiert, um so weniger muss er sich vorhalten lassen, das durch das Verhalten der Angehörigen des Berufsstandes bewirkte Gefährdungspotential erzwinge eine Umkehr der Beweislast zu Gunsten des Patienten.

Neben diesem rechtssystematischen Verständnis benötigt der Arzthaftpflichtrechtler auch deshalb Kenntnisse des öffentlichen Gesundheitsrechts, weil ihm sonst wichtige Anknüpfungspunkte für seine arzthaftungsrechtlich ausgerichteten Prüfungen fehlen. So muss der Arzthaftpflichtrechtler verstehen, welche berufsrechtlichen Regelungen für die Organisation ärztlichen Handelns gelten. Denn die Bearbeitung eines **medizinischen Haftungsfalls** setzt nicht selten die Auseinandersetzung mit **ethischen Grundsätzen** im Bereich der heilkundlichen Berufsausübung, den **berufsrechtlichen** sowie **vertragsärztlichen Regelungen** voraus.

Mit Blick auf die Interessen der Patienten werden die relevanten Bestimmungen der Berufsordnung hervorgehoben und – soweit möglich – in **Kontext zu haftungsrechtlichen Fragestellungen** gebracht. Bewusst wird hier auf eine vertiefende Auseinandersetzung der einzelnen Problemkreise verzichtet; hier sei auf die einschlägigen Werke zum Berufsrecht[1] und des Vertragsarztrecht[2] verwiesen.

---

1 Narr, Ärztliches Berufsrecht; Ratzel/Lippert, Kommentar zur Musterberufsordnung der Deutschen Ärzte (MBO).
2 Schnapp/Wigge, Handbuch des Vertragsarztrecht; Schallen, Zulassungsverordnung für Vertragsärzte.

A.　Das Haftungsverhältnis – Protagonisten und Rechtsverhältnisse

I.　Der (niedergelassene) Arzt/Zahnarzt

1.　Berufsbild

a)　Grundsätze des ärztlichen Berufes

2　Die Grundsätze, die die Ausübung der heilkundlichen Tätigkeit prägen, werden einerseits aus den Bestimmungen des **ärztlichen Standesrechts** sowie andererseits aus **ethischen Richtlinien,** die sich über die Zeit als Tradition für den ärztlichen Beruf und somit als dessen Ethos gebildet haben, hergeleitet. Gemeint sind damit althergebrachte medizinische Grundsätze, aber auch – insbesondere in Fragen des Schwangerschaftsabbruches sowie der Sterbehilfe – die Einflüsse des Glaubens und der Religion; nicht zu vernachlässigen ist schließlich der Einfluss philosophischer Ansätze.

Als Quellen der ärztlichen **Berufsethik** gelten der **Hippokratische Eid,**[3] ebenso der **Nürnberger Codex** von 1947,[4] das **Genfer Arztgelöbnis** von 1948,[5] die **Deklaration von Helsinki des Weltärztebundes** von 1964[6] als Ausgangspunkt der heute geltenden revidierten Fassung von Seoul aus dem Jahre 2008[7] sowie die Biomedizin-Konvention des Europarates aus dem Jahre 1996.[8]

aa)　Das ärztliche Berufs- und Standesrecht

3　Im Rahmen der Gesetzgebungskompetenz zur Regelung der Heilberufe ist zwischen dem Bereich des **Berufszulassungs-** sowie dem **Berufsausübungsrecht** zu differenzieren.

4　Die **Zulassung** zu den ärztlichen und anderen Heilberufen unterliegt nach Art. 74 Nr. 19 GG der konkurrierenden **Gesetzgebungskompetenz des Bundes.** Darauf begründet hat der Bundesgesetzgeber den Beruf des Arztes bzw. die Voraussetzungen für den Zugang des Arztberufes in der **Bundes-**

3　Abrufbar unter http://www.aerztekammer-bw.de/20/arztrecht/ressourcen/hippoeid.pdf (Stand: 3.6.2011).

4　Abrufbar unter http://www.ippnw-nuernberg.de/aktivitaet2_1.html (8.6.2011).

5　Abrufbar unter http://www.mh-hannover.de/fileadmin/kliniken/geburtshilfe_praenatalmedizin/download/Hippokratischer_Eid-Genfer_Gel_bnis.pdf (Stand: 8.6.2011).

6　Verfügbar unter http://www.cirp.org/library/ethics/helsinki.pdf (Stand: 23.3.2010).

7　Verfügbar unter http://infomed.mds-ev.de/sindbad.nsf/ddf5e481ed777582002567cb004313b9/75521880dcc4739dc12574ee00376317/$FILE/DoH_6Rev_SEOUL_2008-10.pdf (Stand: 8.6.2011).

8　Abrufbar unter http://conventions.coe.int/Treaty/ger/Treaties/Html/164.htm (8.6.2011).

ärzteordnung (BÄO)[9] geregelt. Für die Zahn-[10] und Tierärzte,[11] die Berufsgruppe der Psychologischen Psychotherapeuten,[12] für die Apotheker[13] sowie die Heilpraktiker[14] gelten jeweils spezielle gesetzliche Grundlagen der
Zulassung zur Berufsausübung.

Die Materie der **Berufsausübung** der Heilberufe steht gemäß Art. 70 GG   **5**
hingegen insgesamt in der **Gesetzeskompetenz der Länder** und ist in den
Kammer- sowie Heilberufsgesetzen geregelt.

Eine anschauliche Übersicht über die gesamten Heilberufsgesetze der einzelnen Bundesländer ist unter www.kammerrecht.de zu finden, wobei die
jeweils einschlägige Landesreglung unter der jeweiligen Seite der Kammer
geführt wird.[15]

Die Kammer- und Heilberufsgesetze enthalten insbesondere Bestimmungen über die Berufspflichten, solche zur Fort- und Weiterbildung sowie Regelungen zur Qualitätssicherung der Heilberufe.

Aufgrund des Prinzips der ärztlichen **Selbstverwaltung der freien Beru-**   **6**
fe, obliegt die Organisation der ärztlichen Interessen und somit die Ausgestaltung des Standesrechts als desjenigen Rechts, welches sich der Stand
selbst schafft,[16] den 17 deutschen **Landesärztekammern**. Die Kammern
selbst sind Körperschaften des öffentlichen Rechts und in der Arbeitsgemeinschaft der deutschen Ärztekammern – der Bundesärztekammer – als
Spitzenorganisation der Selbstverwaltung organisiert.

Spezifische berufsrechtliche Regelungskomplexe werden grundsätzlich   **7**
durch die Bundesärztekammer im Rahmen von nicht rechtsverbindlichen Empfehlungen entwickelt, so beispielhaft die **Musterberufsordnung**
(MBO) oder die **Musterweiterbildungsordnung (WBO)**. Die jeweiligen
Landeskammern schaffen auf dieser Grundlage sodann ihre **Berufsord-**

---

9 Abrufbar unter http://bundesrecht.juris.de/bundesrecht/b_o/gesamt.pdf (Stand:
8.6.2011).
10 Gesetz über die Ausübung der Zahnheilkunde (ZHG), verfügbar unter http://
www.gesetze-im-internet.de/bundesrecht/zhg/gesamt.pdf (Stand: 8.6.2011).
11 Bundes-Tierärzteordnung, abrufbar unter http://www.gesetze-im-internet.de/
bt_o/BJNR004160965.html (Stand: 8.6.2011).
12 Gesetz über die Berufe der psychologischen Psychotherapeuten und des Kinder-
und Jugendlichenpsychotherapeuten (Psychotherapeutengesetz), erhältlich unter
http://www.http://www.gesetze-im-internet.de/psychthg (Stand: 3.6.2011).
13 Bundes-Apothekerordnung (BAO), verfügbar unter http://www.gesetze-im-
internet.de/bapo/index.html (Stand: 8.6.2011).
14 Gesetz über die berufsmäßige Ausübung der Heilkunde ohne Bestallung (Heilpraktikergesetz), abrufbar unter http://www.heilpraktikerverband.de/aktuelles/
recht/55-heilpraktikergesetz.html (Stand: 8.6.2011).
15 Vgl. http://www.kammerrecht.de/kammergesetze/berufskammern.html (Stand:
8.6.2011).
16 Siehe den Verweis bei Ratzel/Knüpper in Ratzel/Luxenburger § 5 Rn. 119 Fn.
198.

nung, **Weiterbildungsordnung** sowie weitere Satzungsregelungen, die sich an den Adressatenkreis der Kammermitglieder richtet. Die zuständigen Landesaufsichtsbehörden üben die Rechtsaufsicht über die Landeskammern aus, so dass die Satzungsregelungen der Körperschaften genehmigungspflichtig sind. Die (Muster-) Berufsordnung sowie die (Muster-) Weiterbildungsordnung für Ärzte sind jeweils auf der Internetseite der Bundesärztekammer einzusehen,[17] ein Überblick über die jeweils relevanten ärztlichen Berufsordnungen der einzelnen Bundesländer findet sich auf den Seiten der Landesärztekammern.[18]

8   Die **Zahnärzte**,[19] **Psychotherapeuten**[20] und **Apotheker**[21] sind kammerrechtlich der Ärzteschaft vergleichbar organisiert. Einen Überblick über die Berufs- und Weiterbildungsordnungen bieten die Auftritte der jeweiligen Landeskammern.

9   Mit Blick auf die europäische Ebene ist für den Bereich des ärztlichen Berufsrechts auf die Richtlinie 2005/36/EG, sog. **Berufsanerkennungs-Richtlinie**, hinzuweisen,[22] die die Anerkennung von Berufsqualifikationen regelt und auf eine **Harmonisierung** des Berufszugangs und der Berufsausübung in den Mitgliedsstaaten abzielt; dennoch bleiben die Mitgliedsstaaten grundsätzlich befugt, die Ausübung von Tätigkeiten zu regeln, so lange europarechtliche Grundfreiheiten beachtet werden; bedeutsam ist insoweit

---

17 Vgl. http://www.bundesaerztekammer.de/page.asp?his=1.100.1143 sowie http://www.bundesaerztekammer.de/page.asp?his=1.128.129 (Stand: 8.6.2011).

18 Einen gesammelten Überblick hierzu bietet die Seite http://www.bundesaerztekammer.de/page.asp?his=0.8.5585 (Stand: 8.6.2011), auf welcher von der Landesärztekammer Baden-Württemberg, der Bayerischen Landesärztekammer, der der Ärztekammer Berlin, der Landesärztekammer Brandenburg, der Ärztekammer Bremen, der Ärztekammer Hamburg, der Landesärztekammer Hessen, der Ärztekammer Mecklenburg-Vorpommern, der Ärztekammer Niedersachsen, der Ärztekammer Nordrhein, der Landesärztekammer Rheinland-Pfalz, der Ärztekammer des Saarlandes, der Sächsischen Landesärztekammer, der Ärztekammer Sachsen-Anhalt, der Ärztekammer Schleswig-Holstein, der Landesärztekammer Thüringen sowie der Ärztekammer Westfalen-Lippe jeweils die Anschrift sowie die einschlägigen Kontaktdaten aufgeführt werden.

19 Die Seiten der jeweiligen Landeszahnärztekammern sind verfügbar über http://www.bzaek.de/wir-ueber-uns/organisationsstruktur/landeszahnaerztekammern.html (Stand: 8.6.2011).

20 Http://www.bptk.de/bptk/landeskammern.html (Stand: 3.6.2011).

21 Der Auftritt der jeweiligen Landesapothekerkammern ist über http://www.pka-info.de/LAKs.htm (Stand: 8.6.2011) erhältlich. Ergänzend ist darauf zu verweisen, dass die Landesapothekerkammern auf Bundesebene mit den Landesapothekerverbänden zur Bundesvereinigung Deutscher Apothekerverbände (ABDA) zusammengeschlossen ist, welche die Spitzenorganisation der deutschen Apotheker darstellt, siehe http://www.abda.de/ (Stand: 8.6.2011).

22 Verfügbar unter http://eur-lex.europa.eu (Stand: 8.6.2011).

Hennings

die Anerkennung von Diplomen, Prüfungszeugnissen und sonstigen Befähigungsnachweisen.[23]

Die wesentlichen Rechtsgrundlagen der heilkundlichen Berufsausübung am Beispiel der Ärzte　　　　**10**

Bundesärzteordnung (BÄO), Approbationsordnung für Ärzte (ÄApprO), Gebührenordnung für Ärzte (GOÄ)	Bundesrecht
Heilberufs-/Kammergesetz, Gesetz über die Berufsgerichtsbarkeit der Heilberufe	Landesrecht
Berufsordnung (BO), Weiterbildungsordnung (WBO), Fortbildungsordnung (FBO), Schlichtungsordnung	Kammer(satzungs)-recht

bb) Arzt und Ethik

Unter dem Begriff der sog. **Arztethik** werden »die durch den Stand anerkannten, den einzelnen Standesgenossen sittlich bindenden Grundregeln des Berufs«, verstanden.[24]　　　**11**

Als oberstes Leitprinzip ist in diesem Zusammenhang zunächst die **Würde des Menschen** bzw. des Patienten zu betonen, die als Manifest des verfassungsrechtlichen Grundrechtskatalogs stets den Ausgangspunkt des ärztlichen Agierens zu bestimmen hat: »Die Würde des Menschen ist unantastbar«, Art. 1 Absatz 1 GG. Das oberste Gebot jeder ärztlichen Tätigkeit ist dabei entsprechend des Fürsorgeprinzips »**Salus aegroti suprema lex est**«[25] sowie nach den ärztlichen Leitprinzipien »**primum nihil nocere – bonum facere**«,[26] der **Heilauftrag gegenüber dem Patienten**, und somit das Handeln zu dessen Wohle. Dieses Verständnis der ärztlichen Berufsausübung ist geprägt durch die aus dem 3. Abschnitt des hippokratischen Eides[27] folgenden Grundsätze »Meine Verordnungen werde ich zum Nutzen der Kranken treffen nach meinem besten Vermögen und Urteil, vor Schädigung und Un-

---

23　Eine Übersicht der Entscheidungen des EuGH gibt Lissel in Ratzel/Luxemburger § 3 Rn. 49, 50.
24　Laufs in Laufs/Uhlenbruck § 4 Rn. 1.
25　»Das höchste Gesetz ist die Gesundheit des Kranken«.
26　»Zuerst einmal nicht schaden, sondern eine gute Durchführung anstreben«, das sog. Schädigungsverbot und das sog. Hilfsgebot, zitiert nach Sternberg-Lieben in FS-Lenckner, 349, 369.
27　Abrufbar unter http://www.aerztekammer-bw.de/20/arztrecht/ressourcen/hippoeid.pdf (Stand: 3.6.2011).

Hennings

recht aber werde ich sie bewahren«. Die moderne Fassung des Berufsrechts formuliert in § 1 Absatz 2 MBO als Aufgabe der Ärzte u.a. die Erhaltung des Lebens, den Schutz der Gesundheit sowie die Linderung von Leiden. Eine Ergänzung dieser Grundsätze bildet der aufgeklärte Grundsatz »Voluntas aegroti suprema lex est«,[28] der die Bedeutung des **Selbstbestimmungsrechts des Patienten** im Rahmen des ärztlichen Handelns betont. Ein weiterer besonderer Stellenwert im Rahmen der sog. Arztethik kommt in diesem Zusammenhang zudem dem **ärztlichen Gewissensanspruch** zu: Das BVerwG[29] entschied bereits im Jahre 1968, dass die Gewissensentscheidung des ärztlichen Berufsangehörigen »im Zentrum der Arbeit stehe« und »als Kernstück der ärztlichen Ethik eine immanente und wesenseigene Beschränkung jeder berufsständischen Rechtssetzungsgewalt bilde«.

12   **Blickwinkel Arzt:** Mitunter mag sich in manchen Verfahren die Frage stellen, ob und inwieweit durch überzogene Anforderungen der Gerichte in die ärztliche Gewissensentscheidung eingegriffen wird. Die ethischen Grundsätze treten mit zunehmender Verrechtlichung der Medizin zweifelsfrei zurück.

13   Die **Problembereiche der ärztlichen Ethik** werden insbesondere im Rahmen der Tätigkeit des Arztes auf dem Gebiet der **Biomedizin** offenkundig. Wie wenig andere Gebiete hat die Biomedizin in den letzten 30 Jahren einen stetigen wissenschaftlichen Fortschritt zu verzeichnen und ist zum Regelungsgegenstand zahlreicher Gesetze geworden. Das Ausmaß der rasanten Entwicklung wird auf dem Gebiet der **Reproduktionsmedizin** deutlich, wo die künstliche Befruchtung und spätere Reimplantation der befruchteten Eizelle, welche vor fast 30 Jahren mit der Geburt des ersten so genannten »Retortenbabys« noch als eine ambivalente Revolution der Fortpflanzung galt, heutzutage bereits als gängige Methodik erscheint und vor allem im Zusammenwirken mit prädiktiven Genuntersuchungen dort die Entstehung neuen Lebens garantiert, wo es auf natürlichem Wege nicht »sein sollte«.[30] Des Weiteren wurden durch die **Forschung an Embryonen** – insbesondere im Zusammenhang mit embryonalen Stammzellen – oder die fortschreitenden Erkenntnisse auf dem Gebiet der **Organ-** sowie **Gewebetransplantation** völlig neue Wege der Medizin eröffnet, die vielen Patienten eine gesteigerte Lebensqualität ermöglicht.

14   Trotz dieser großen Fortschritte im **(bio-)medizinischen Bereich** wird durch die sich rasch entwickelnde Forschung jedoch auch in Bereiche vorgedrungen, die in der breiten Öffentlichkeit auf Individual-, Organisations- sowie Gesellschaftsebene nach wie vor Tabuthemen darstellen und nicht nur

---

28 »Das höchste Gesetz ist der Wille des Kranken«.
29 BVerwGE 27, 303.
30 Albers EuR 2002, 801.

beim Durchschnittsbürger an die Grenzen der Vorstellungskraft stoßen:[31] So sind heutzutage durch den wissenschaftlichen Fortschritt im Bereich der Gentechnologie ermöglichte, auf invasiven Eingriffen basierende Manipulationen des Genoms und somit steuerbare Veränderungen des menschlichen Designs realisierbare Wirklichkeit geworden; in diesem Kontext stehen die Fortschritte der Reproduktionstechnologie, durch die neben der Erschaffung des **geklonten**[32] **Tieres**[33] auch das **Klonieren des menschlichen Individuums** nicht mehr im Bereich des Unmöglichen liegt. Mit Blick auf die Gesetzgebung in Großbritannien aus dem Jahre 2008 ist mit der Regierungsnovelle zur Stammzell- und Embryonenforschung, dem »Human Fertilisation and Embryology Bill 2007-08«,[34] ein neuer Weg beschritten: Danach ist zu therapeutischen Zwecken sowohl die Erzeugung so genannter **Rettungsgeschwister** als auch die von Mensch-Tier-Hybrid-Embryonen, so genannter **Chimären**, gesetzlich erlaubt.[35] Diese Entwicklungen rufen in der Öffentlichkeit kontroverse Diskussionen über die wissenschaftliche Forschung an Nichteinwilligungsfähigen sowie die Forschung an **Embryonen**, die allein zu diesem Zweck hergestellt, gelagert und später vernichtet werden, hervor.[36]

---

31 Fischer/Lilie, 117, sprechen im Zusammenhang der Erforschung der genetischen Zusammensetzung menschlicher Körpersubstanzen etwa vom Sinnbild des »gläsernen Menschen«.

32 »Klonieren« bezeichnet die Vervielfältigung eines Gens, einer Zelle oder eines individuellen Lebewesens zu jeweils identischen Einheiten«, zitiert nach Albers EuR 2002, 801, 821.

33 Das im Roslin-Institut nahe Edinburgh in Schottland »erschaffene« Schaf »Dolly« war im Jahre 1996 das erste aus einer ausdifferenzierten somatischen Zelle geklonte Säugetier; die erste Klonierung eines Lebewesens selbst fand hingegen bereits im Jahre 1902 durch den Freiburger Zoologen und späteren Nobelpreisträger Hans Spemann statt, welcher einen zweizelligen Salamanderembryo mittels eines Babyhaares teilte und aus beiden Zellen sodann identische Tiere heranwachsen ließ, zitiert nach Andreas Sentker, »Die Chronik des Klonens« in: Die Zeit, 12/2001, abrufbar unter http://www.zeit.de/2001/12/200112_klon-chronik. xml (8.6.2011).

34 Abrufbar unter http://www.publications.parliament.uk/pa/cm200708/cm-bills/070/2008070.pdf (3.6.2011).

35 Vgl. die Dokumentation in »Der Standard, 21./22.5.2008, 1, 6 sowie 44 sowie in der »Frankfurter Allgemeinen«, 21.5. 2008, Nr. 117, 1 ff.

36 In diesem Kontext erregte 1996 in Großbritannien die Vernichtung von über 3000 tief gefrorenen Embryonen für Aufsehen, deren gesetzlich bestimmte »Lagerungsfrist« nach dem »Human Fertilisation and Embryology Act« von 1991 nach fünf Jahren ablief.

❗ Durch den Fortschritt der wissenschaftlichen Forschung sind nicht nur zahlreiche neue und effektive Behandlungsmöglichkeiten im Bereich der Medizin geschaffen worden; mitunter eröffnen sich **tief greifende ethische Problemfelder.** Der Gesetzgeber begegnet diesen Herausforderungen beispielsweise durch die Einrichtung von Ethikkommissionen, und Schaffung spezieller gesetzlicher Regelungen wie das 1997 in Kraft getretene **Transplantationsgesetz (TPG),**[37] das **Stammzellgesetz (StZG)** von 2002,[38] das **Gewebegesetz (GewebeG)** von 2007[39] sowie aktuell das **Gendiagnostikgesetz (GenDG).**[40]

15   **Blickwinkel Arzt/Patient:** Im Spannungsfeld zwischen dem medizinischen Fortschritt, den sich daraus ergebenden Behandlungsmöglichkeiten einerseits sowie der ökonomischen Veränderungen im Gesundheitswesen, verursacht durch steigende Kosten, andererseits, werden ethische Gesichtspunkte in den kommenden Jahren an Bedeutung gewinnen. Und so wird auch zu erwarten sein, dass die gesellschaftliche Auseinandersetzung mit **Fragen medizinischer Ethik im Rahmen von Haftungsprozessen** eine Rolle spielen wird. Im angloamerikanischen Raum hat bereits seit vielen Jahren ein Professionalisierungsprozess des Fachgebietes »Medical Ethics« stattgefunden; »**Law and Ethics**« sind fester Bestandteil der dortigen Rechtsfindung.[41] Die Bundesärztekammer hat eine Zentrale Ethik Kommission (ZEKO) eingerichtet, zu deren satzungsgemäßen Aufgaben die Abgabe von Stellungnahmen zu ethischen Fragen, die durch den Fortschritt und die technologische Entwicklung in der Medizin und ihren Grenzgebieten aufgeworfen werden, abzugeben.

b) Qualitätssicherung durch Ausbildung

16   Der Bereich der Aus- und Weiterbildung der Heilberufe umfasst einerseits den universitären Teil des **Studiums,** andererseits die strukturierte Laufbahn der Qualifikation als Facharzt **(Weiterbildung),** die gleichfalls sowohl praktische als auch theoretische Anteile enthält und mit einer Prüfung vor der Ärztekammer abschließt.

---

37 Verfügbar unter http://www.gesetze-im-internet.de/bundesrecht/tpg/gesamt. pdf. (Stand: 8.6.2011).

38 Abrufbar unter http://www.bmbf.de/pub/stammzellgesetz.pdf (8.6.2011).

39 Abrufbar unter http://bundesrecht.juris.de/gewebeg/BJNR157400007.html (8.6.2011).

40 Verfügbar unter http://beck-online.beck.de/default.aspx?bcid=Y-100-G-GenDG (Stand: 8.6.2011).

41 Eine Analyse hierzu stellen Groß e.a. in: zm 6/2010, 28 ff. an.

aa) Humanmedizin

Im Bereich der Humanmedizin sind die Voraussetzungen der ärztlichen **17** Ausbildung in der **Approbationsordnung für Ärzte (ÄAppO)**[42] bundeseinheitlich geregelt.

Ziel der ärztlichen Ausbildung ist nach § 1 Absatz 1 ÄAppO »der wissenschaftlich und praktisch in der Medizin ausgebildete Arzt, der zur eigenverantwortlichen und selbstständigen ärztlichen Berufsausübung, zur Weiterbildung und zu ständiger Fortbildung befähigt ist. Die Ausbildung soll grundlegende Kenntnisse und Fertigkeiten in allen Fächern vermitteln, die für eine umfassende Gesundheitsvorsorge der Bevölkerung erforderlich sind. Die Ausbildung zum Arzt wird auf wissenschaftlicher Grundlage und praxis- und patientenbezogen durchgeführt. (…)«

(1) Studium

Der Inhalt der ärztlichen Ausbildung ist in § 1 Absatz 2 ÄAppO geregelt. **18** Danach hat ein **Studium der Medizin** an einer Universität oder einer gleichgestellten Hochschule zu erfolgen und beträgt unter Einschluss einer Dekade der praktischen Ausbildung, dem **Praktischen Jahr** (PJ) von 48 Wochen, eine Dauer von insgesamt sechs Jahren. Darüber hinaus umfasst die ärztliche Ausbildung u. a. eine **Ausbildung in Erster Hilfe**, einen **Krankenpflegedienst** von drei Monaten sowie eine **Famulatur** von vier Monaten. Den Abschluss bildet eine **Prüfung**, die im Rahmen von zwei Abschnitten abzulegen ist: Gemäß § 1 Absatz 3 ÄAppO erfolgt der Erste Abschnitt der Ärztlichen Prüfung nach einem Studium der Medizin von zwei Jahren und ist in einen schriftlichen sowie einen mündlich-praktischen Teil aufgeteilt. Der schriftliche Teil umfasst nach § 22 ÄAppO die Stoffgebiete Physik, Physiologie, Chemie, Biochemie/Molekularbiologie, Biologie für Mediziner und Anatomie sowie Grundlagen der Medizinischen Psychologie und der Medizinischen Soziologie. Im mündlich-praktischen Teil wird nach § 24 ÄAppO in den Fächern Anatomie, Biochemie/Molekularbiologie und Physiologie geprüft. Der Zweite Abschnitt wird nach Ablauf von weiteren vier Jahren einschließlich des Praktischen Jahres abgelegt, wiederum aufgeteilt in einen schriftlichen sowie einen mündlich-praktischen Teil. Nach § 29 ÄAppO beinhaltet der schriftliche Teil der Prüfung die Überprüfung der Kenntnisse und Fähigkeiten der Studierenden, derer ein Arzt zur eigenverantwortlichen und selbstständigen Tätigkeit bedarf. Prüfungsgegenstand sind insbesondere die berufspraktischen Anforderungen an den Arzt, die wichtigsten Krankheitsbilder sowie fächerübergreifende und problemorientierte Fragestellungen. Der mündlich-praktische Teil der Prüfung bezieht sich nach § 30 ÄAppO auf patientenbezogene Fragestellungen aus der inneren Medizin, der Chirurgie und dem Gebiet, auf dem der Prüfling seine

---

42 Abrufbar unter http://www.gesetze-im-internet.de/_appro_2002/BJNR240500002. html (Stand: 8.6.2011).

praktische Ausbildung im Rahmen des Praktischen Jahres erfahren hat. Die Regelstudienzeit der ärztlichen Ausbildung nach § 10 Absatz 2 Hochschulrahmengesetz (HRG) beträgt insgesamt somit sechs Jahre und drei Monate.

19 An den Zweiten Teil der Ärztlichen Prüfung schließt sich sodann die **Weiterbildung** als sog. **Assistenzarzt** an, früher unter dem Begriff »Arzt im Praktikum (AiP)« gebräuchlich.

Entwicklung der Studierenden im Fach Humanmedizin

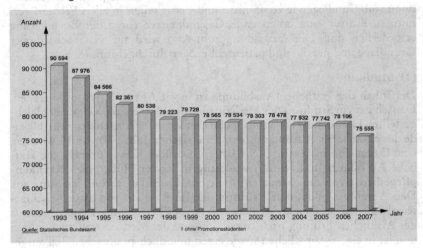

Quelle: Statistisches Bundesamt · 1 ohne Promotionsstudenten

Anhand dieser Übersicht wird deutlich, dass die Zahl der Studienanwärter in den Jahren 1993 bis einschließlich 2007 um knapp 20.000 gesunken ist – zurückzuführen sein wird dies zum einen auf die steigenden Zugangsbeschränkungen für das Fach der Humanmedizin im Verhältnis zu den verringerten Mitteln der Universitäten. Darüber hinaus wird die Abwanderung deutscher Studenten aus ebensolchen Gründen in das nahe europäische Ausland eine Rolle spielen, wo zumeist ohne Zugangsvoraussetzungen oder zumindest ohne einen Numerus Clausus (NC) das Studium absolviert werden kann.

Anteil der unter 35-jährigen Ärzte an allen berufstätigen Ärzten **20**

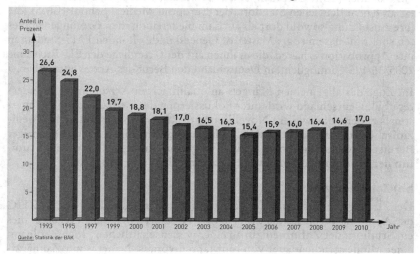

Quelle: Statistik der BÄK

Anhand der Skala des Anteils der unter 35-jährigen berufstätigen Ärzte in Deutschland wird offensichtlich, dass dieser in der zugrunde gelegten Zeit von 1993 bis einschließlich 2010 um fast 10 % gefallen ist, wobei der Tiefpunkt mit 15,4 % im Jahre 2006 zu verzeichnen war; in den letzten gewerteten Jahren ist wieder ein leichter Anstieg zu verzeichnen.

Insgesamt wird deutlich, dass die Struktur der Ärzteschaft sich verändert und der Markt nicht nur offen ist für junge Fachkräfte, sondern diese vielmehr auch erforderlich sind, um die aufgrund Alters ausscheidenden Ärzte zu ersetzen.

Fazit: Der Rückgang der Zahl der Studierenden im Fachbereich Humanmedizin korrespondiert mit dem verhältnismäßig geringem Anteil jüngerer Ärzte. Der sich abzeichnende Ärztemangel wird daher nicht ohne Einfluss auf die Qualität der medizinischen Versorgung bleiben können. **21**

(2) Approbation

Die **Approbation**, früher unter der Bezeichnung »Bestallung« geführt, ist die staatliche Erlaubnis, auf dem Gebiet der Heilkunde unter der Berufsbezeichnung des Arztes bzw. der Ärztin tätig zu werden, § 2 Absatz 5 BÄO. Die Erteilung der Approbation erfolgt durch die zuständige Stelle des Landes, regelmäßig der Gesundheitsbehörde, § 1 Absatz 1 ÄAppO. **22**

Blickwinkel: Im Zuge der Umsetzung des sog. **Bologna-Prozesses**, namentlich der Harmonisierung der Hochschulausbildung auf europäischer Ebene, wird in Deutschland gegenwärtig als bundesweiter Modellversuch die Einführung eines europäischen **Bachelor- und Masterstudienganges in Medi-** **23**

Hennings

zin diskutiert.[43] Im Gespräch ist die Gründung einer Medizinischen Fakultät an einem deutschen Standort, der European Medical School (EMS), die ihre Ausbildung sowohl dort als auch im niederländischen Groningen anbieten soll. Mit diesem sog. »Master of Geneeskunde« können EMS-Studenten ihre Approbation erhalten, die es ihnen auf der Grundlage der EU-Richtlinie 2005/36/EG[44] ermöglicht, in Deutschland den Beruf des Arztes auszuüben.

24 Im Zuge des allgemeinen Mangels an qualifizierten Ärzten in der Bundesrepublik Deutschland wird unter Fokussierung des medizinischen Fachpersonals zudem eine weitere Novellierung diskutiert: Insbesondere für **Medizinische Fachangestellte** (MFA) wird angedacht, ihnen nach dreijähriger Berufstätigkeit sowie einem berufsbezogenem Studienfach etwa ein **Studium der Humanmedizin bzw. der Zahnmedizin** zu ermöglichen.[45]

bb) Zahnmedizin

25 Der Zugang zur Ausübung des zahnärztlichen Berufes bedarf gem. § 1 ZHG der Approbation als Zahnarzt. Nach § 2 Absatz 1 Nr. 1 – 5 ZHG setzt dies ein **Studium der Zahnmedizin** an einer wissenschaftlichen Hochschule mit einer Mindeststudiendauer von fünf Jahren voraus. Näheres zur Zahnärztlichen Ausbildung, zu Prüfungsbestimmungen sowie zur Erteilung einer **Approbation als Zahnarzt** regelt die Approbationsordnung für Zahnärzte (ZÄPRO).[46] Erwähnenswert ist, dass die ärztliche Approbation entgegen dem Wortlaut des § 1 Absatz 1 Satz 1 ZHG nicht zur Ausübung der Zahnheilkunde berechtigt.[47]

26 **Blickwinkel:** Die seit 1955 geltende ZÄPRO ist im Rahmen der Ausbildungsanforderungen reformbedürftig, so dass in naher Zukunft eine Überarbeitung anstehen dürfte: Ein Novellierungsentwurf wurde seitens der Standesvertretungen, der Deutschen Gesellschaft für Zahn-, Mund- und Kieferheilkunde (DGZMK), der Vereinigung der Hochschullehrer Für Zahn,- Mund- und Kieferheilkunde (VHZMK) sowie der Studentenschaft des Faches Zahnmedizin bereits 2005 eingereicht und ist im Rahmen der Ministerpräsidentenkonferenz 2009 erörtert worden.[48]

---

43 Verfügbar unter http://www.aerztezeitung.de/politik_gesellschaft/article/ 583050/bachelor-master-medizin-schon-modellversuch-mobilisiert-widerstand.html (Stand: 26.1.2010).
44 Abrufbar unter http://eur-lex.europa.eu/LexUriServ/LexUriServ.do?uri=OJ:L:2 005:255:0022:0142:DE:PDF (Stand: 26.1.2010).
45 Siehe zur Literatur http://www.aerztezeitung.de/praxis_wirtschaft/praxisfuehrung/article/585729/medizinstudium-abitur-arzthelferinnen-nicht-gegoennt. html (Stand: 27.1.2010).
46 Verfügbar unter http://www.gesetze-im-internet.de/z_pro/BJNR000370955.html (Stand: 27.1.2010).
47 BVerwG GesR 2004, 239 f.
48 Vgl. zur Thematik sowie zu Kernpunkten des ZÄPRO-Novellierungsentwurfes Prchala zm 3/2010, 28 ff.

Hennings

Zahnärzte insgesamt nach Kammern in den Jahren 2000 sowie 2008 (Anteil der Zahnärztinnen in Klammern)

27

Bundesland	2000	(2000)	2008	(2008)
Baden-Württemberg	10.268	(3.133)	10.862	(3.736)
Bayern	12.831	(3.893)	14.048	(4.940)
Berlin	4.969	(2.307)	4.994	(2.571)
Brandenburg	2.155	(1.262)	2.411	(1.441)
Bremen	620	(185)	645	(230)
Hamburg	2.287	(778)	2.454	(953)
Hessen	5.758	(1.973)	6.206	(2.418)
Mecklenburg-Vorpommern	1.769	(1.033)	1.925	(1.145)
Niedersachsen	k. A.	(k.A.)	7.237	(2.583)
Nordrhein	9.154	(2.968)	9.849	(3.632)
Westfalen-Lippe	6.947	(2.073)	7.347	(2.503)
Rheinland-Pfalz	2.937	(817)	2.967	(1.018)
Saarland	825	(241)	827	(268)
Sachsen	4.328	(2.527)	4.729	(2.828)
Sachsen-Sachsen-Anhalt	2.200	(1.262)	2.338	(1.380)
Schleswig-Holstein	2.289	(823)	3.060	(1.035)
Thüringen	2.372	(1.306)	2.501	(1.406)

Quelle: Statistisches Jahrbuch der Bundeszahnärztekammer 2008/2009

Fazit: Im Zeitraum zwischen 2000 und 2008 ist in allen Bundesländern ein leichter Anstieg der Zahnärzte zu verzeichnen, die in den jeweiligen Kammern der Länder erfasst sind; hinsichtlich des Anteils von Frauen an der Gesamtzahl der Zahnärzte je Bundesland ist bemerkenswert, dass dieser 2008 im zweitstärksten Bundesland Baden-Württemberg bei 34 %, in bevölkerungsschwächeren Bundesländern wie etwa Mecklenburg-Vorpommern sowie Sachsen sogar bei jeweils 60 % liegt.

Anhand eines Vergleiches der Jahre 2000 sowie 2008 wird deutlich, dass der Anteil an Frauen in der Berufsgruppe der Zahnärzte in allen Bundesländern zugenommen hat, während die Zahl der männlichen Zahnärzte überwiegend rückläufig ist. Dieser deutliche Trend zeichnet sich auch für die Zukunft ab.

Hennings

c) Qualitätssicherung durch Weiterbildung

28 Eine qualitativ hochwertige medizinische Grundversorgung kann nur durch eine auf Dauer angelegte Aus-, Weiter- und Fortbildung der Ärzteschaft gesichert werden. Der Abschnitt der **Weiterbildung** im Rahmen der Ausbildung eines akademischen Heilberufes bzw. die Spezialisierung in einzelnen Fachrichtungen schließt sich an die Phase des medizinischen Studiums und der Erteilung der Approbation an.

aa) Möglichkeiten der Weiterbildung

29 Sowohl im ärztlichen als auch im zahnärztlichen Bereich gibt es für den Komplex der **Weiterbildung** unterschiedliche Ausgestaltungsmöglichkeiten, die sich in der Regel auf ein Fachgebiet beziehen und unter einer Facharzt bzw. Fachzahnarztbezeichnung geführt werden.

(1) Arzt

30 Die Weiterbildung des approbierten Arztes dient innerhalb eines vorgegebenen Fachbereiches insgesamt der Spezialisierung und der Vertiefung seines ärztlichen Fachwissens, welches als Basis im Rahmen der Ausbildung des Arztes begründet wurde. Das der Weiterbildung zugrunde liegende Recht, das sog. **Facharztrecht,** ist Gegenstand verschiedener Regelungsmaterien: Das Facharztrecht ist in den Ländern in eigenständigen Abschnitten der Kammer- und Heilberufsgesetze als Ermächtigungsgrundlage normiert und satzungsrechtlich in den **Weiterbildungsordnungen** einschließlich der »Richtlinien über den Inhalt der Weiterbildung«[49] auf Kammerebene geregelt.

Nach § 1 MWBO ist

»Ziel der Weiterbildung (…) der geregelte Erwerb festgelegter Kenntnisse, Erfahrungen und Fertigkeiten, um nach Abschluss der Berufsausbildung besondere ärztliche Kompetenzen zu erlangen. Die **Weiterbildung dient der Sicherung der Qualität ärztlicher Berufsausübung«.**

Insgesamt folgt die ärztliche Weiterbildung einer geregelten Struktur: In § 2 Absatz 1 MWBO sind verschiedene Formen der Weiterbildung des Arztes vorgesehen, wobei zwischen den Abschlüssen der **Facharztbezeichnung** in einem Gebiet,[50] der **Schwerpunktbezeichnung** auf einem Gebiet,[51] sowie der **Zusatzbezeichnung**[52] zu differenzieren ist; der Erwerb eines Schwer-

---

49 Erhältlich unter http://www.bundesaerztekammer.de/page.asp?his=1.128.129 (Stand: 8.6.2011); zum europäischen Gemeinschaftsrecht siehe die Ausführungen von Hoppe/Schirmer in Wenzel, Kap. 9 Rn. 161.

50 Hierzu § 2 Absatz 2 MWBO.

51 Hierzu § 2 Absatz 3 MWBO.

52 Hierzu § 2 Absatz 4 MWBO; Zusatz-Weiterbildungen sind möglich in den Bereichen Ärztliches Qualitätsmanagement, Akupunktur, Allergologie, Andrologie, Betriebsmedizin, Dermahistologie, Diabetologie, Flugmedizin, Geriatrie, Gynäkologische Exfoliativ-Zytologie, Hämostaseologie, Handchirurgie, Homöopa-

punktes stellt eine Spezialisierung im Rahmen der Facharztweiterbildung dar, mit der Folge, dass eine Schwerpunktbezeichnung nur im Zusammenhang mit dem betreffenden Fachgebiet erworben und geführt werden kann. Durch den Erwerb einer Zusatzbezeichnung wird auf zusätzlich vorhandene Kenntnisse hingewiesen.

Die Weiterbildung erfolgt insgesamt unter Anleitung zur Weiterbildung befugter Ärzte oder in anerkannten Weiterbildungsstätten, § 4 Absatz 1 Satz 2 MWBO. Die Weiterbildungszeit beträgt – je nach Fachgebiet – im Regelfall 5 – 6 Jahre.

– Der Facharzt

In Bezug auf das Facharztrecht ist auf die grundlegende Entscheidung des BVerfG, dem sog. **Facharztbeschluss** aus dem Jahre 1972,[53] welcher im Jahre 2002 durch den **Facharztbeschluss II**[54] bestätigt wurde, hinzuweisen: Die ärztliche Verpflichtung zur **Beschränkung auf ein Fachgebiet** innerhalb der jeweiligen Gebietsbezeichnung ist danach vom Grundsatz her aus Gemeinwohlgründen sachgerecht. Zu berücksichtigen ist jedoch das Gebot der Verhältnismäßigkeit, nach welchem ein Verbot der Berufsausübung außerhalb der Fachgebietsgrenzen nur dann legitim ist, wenn es als allgemeine Richtlinie verstanden wird. Als Folge dieser Entscheidungen haben die Länder in Anlehnung an die MWBO die Weiterbildungsordnungen im Wesentlichen übereinstimmend geregelt und bestimmt, dass sich der Arzt im Rahmen seiner Tätigkeit grundsätzlich auf sein Fachgebiet zu beschränken hat.[55] Eine Konkretisierung des Facharztbeschlusses hat das BVerfG am 01.02.2011 vorgenommen; danach wird das Verbot der Betätigung außerhalb des Fachgebietes nur dann den verfassungsrechtlichen Anforderungen gerecht, wenn dem Arzt zugestanden wird, in geringfügigem Bereich (unter 5 %) fachfremde Tätigkeiten auszuüben, sofern er aufgrund seiner Fähigkeiten und der sonstigen Umstände in der Lage ist, diese außerhalb seines Fachgebietes durchzuführen.[56]

31

thie, Infektiologie, Intensivmedizin, Kinder-Endokrinologie und –Diabetologie, Kinder-Gastroenterologie, Kinder-Nephrologie, Kinder-Orthopädie, Kinder-Pneumologie, Kinder-Rheumatologie, Labordiagnostik – fachgebunden-, Magnetresonanztomographie – fachgebunden-, Manuelle Medizin/Chiropraktik, Medikamentöse Tumortherapie, Medizinische Informatik, Naturheilverfahren, Notfallmedizin, Orthopädische Rheumatologie, Palliativmedizin, Phlebologie, Physikalische Therapie und Balneologie, Plastische Operationen, Proktologie, Psychoanalyse, Psychotherapie – fachgebunden –, Rehabilitationswesen, Röntgendiagnostik – fachgebunden, Schlafmedizin, Schlafmedizin, Sozialmedizin, Spezielle Orthopädische Chirurgie, Spezielle Schmerztherapie, Spezielle Unfallchirurgie, Sportmedizin, Suchtmedizinische Grundversorgung sowie Tropenmedizin.

53   Siehe BVerfG NJW 1972, 1504 ff.
54   BVerfG NJW 2003, 879 ff.
55   In: Laufs/Uhlenbruck, § 11 Rn. 15.
56   BVerfG, ZMGR 2011, 113 ff.

Hennings

Den Abschluss der Weiterbildung als Facharzt bildet grundsätzlich eine Prüfung vor der Ärztekammer, die die Anerkennung der erworbenen Facharztbezeichnung ausspricht.[57] Entsprechendes gilt für den Erwerb von Schwerpunkt- sowie Zusatzbezeichnungen.

– Katalog der bestehenden Facharztausrichtungen

32 Weiterbildungen mit **Facharztkompetenzen** können auf den nachfolgenden Gebieten erworben werden: Anästhesiologie, Arbeitsmedizin, Augenheilkunde, Chirurgie, Frauen- und Geburtsheilkunde, Hals-Nasen-Ohrenheilkunde, Haut- und Geschlechtskrankheiten, Humangenetik, Hygiene- und Umweltmedizin, Innere Medizin und Allgemeinmedizin, Kinder- und Jugendmedizin, Kinder- und Jugendpsychiatrie und -psychotherapie, Laborationsmedizin, Mikrobiologie/Virologie und Infektionepidemiologie, Mund-Kiefer-Gesichtschirurgie, Neurochirurgie, Neurologie, Nuklearmedizin, Öffentliches Gesundheitswesen, Pathologie, Pharmakologie, Physikalische und Rehabilitative Medizin, Psychiatrie und Psychotherapie, Psychosomatische Medizin und Psychotherapie, Radiologie, Rechtsmedizin, Strahlentherapie, Transfusionsmedizin sowie Urologie.[58]

33 Entwicklung der Zahlen der Facharztanerkennungen

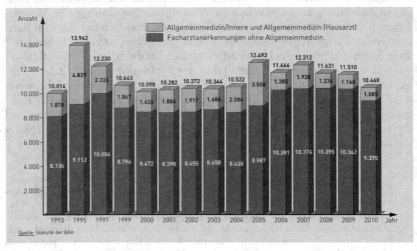

Die Entwicklung der Zahl der Facharztanerkennungen lässt in den Jahren 1998 bis 2010 einen etwa gleichbleibenden Anteil insgesamt erkennen; ein deutlicher Sprung ist lediglich auf dem Gebiet der Allgemeinmedizin in den Jahren 1995 und 2005 zu erkennen.

---

57 Vgl. Hoppe/Schirmer in Wenzel, Kap. 9 Rn. 153.
58 Zu den Inhalten der jeweiligen Weiterbildungsgebiete: Narr Bd. I, W 84.

Hennings

Anerkennung von Facharztbezeichnungen (mit Schwerpunkten)   **34**

Facharztbezeichnung	2008		2009		2010	
	insge-samt	darunter: Ärztinnen	insge-samt	darunter: Ärztinnen	insge-samt	darunter: Ärztinnen
0	1	2	3	4	5	6
Allgemeinmedizin	898	559	805	490	753	500
Innere und Allgemeinmedizin (Hausarzt)	338	164	363	183	332	189
Anästhesiologie	919	392	954	405	873	382
Anästhesiologie und Intensivtherapie	0	0	1	0	3	1
Anatomie	4	1	2	1	3	1
Arbeitsmedizin	142	80	137	80	139	76
Augenheilkunde	234	121	231	126	182	99
Biochemie	3	0	0	0	0	0
Allgemeine Chirurgie	124	29	103	24	114	35
Chirurgie	621	177	632	198	494	160
Gefäßchirurgie	85	22	89	25	106	25
Herzchirurgie	69	9	71	13	74	15
Kinderchirurgie	28	13	29	8	34	19
Orthopädie	164	44	157	44	108	24
Orthopädie und Unfallchirurgie	1.476	147	1.339	142	810	133
Plastische Chirurgie	56	16	63	19	59	16
Plastische und Ästhetische Chirurgie	18	6	19	7	39	8
Thoraxchirurgie	37	7	20	1	39	3
Viszeralchirurgie	176	30	155	25	142	21
Frauenheilkunde	59	52	52	47	48	40
Frauenheilkunde und Geburtshilfe	607	490	575	453	555	467
Hals-Nasen-Ohrenheilkunde	188	70	171	74	161	65
Phoniatrie und Pädaudiologie	8	5	3	2	4	0
Sprach-, Stimm- u. kindliche Hörstörung.	9	5	9	8	7	5
Dermatologie und Venerologie	11	6	8	5	0	0
Haut- und Geschlechtskrankheiten	209	139	156	104	167	106
Humangenetik	18	12	17	10	18	14
Hygiene	0	0	0	0	1	0
Hygiene und Umweltmedizin	3	2	4	2	6	5
Innere Medizin	1.777	746	1.759	785	1.872	837
Innere Medizin und Angiologie	0	0	3	0	6	3
Innere Medizin u. Endokrinol. u. Diabetol.	4	0	5	1	6	3
Innere Medizin und Gastroenterologie	12	5	22	4	31	3
Innere Medizin und Geriatrie	0	0	4	3	18	7
Innere Medizin u. Hämatologie u. Onkolog.	2	0	7	4	18	8
Innere Medizin und Kardiologie	8	3	34	5	70	17
Innere Medizin und Nephrologie	4	2	12	6	23	8
Innere Medizin und Pneumologie	3	2	10	2	29	12
Innere Medizin und Rheumatologie	1	1	5	2	4	1
Innere Medizin und SP Angiologie	5	1	20	6	12	4
Innere Med. u. SP Endokrinol. u. Diabetol.	8	4	8	5	6	4
Innere Medizin und SP Gastroenterologie	49	13	61	18	54	14

Hennings

Facharztbezeichnung	2008 insge-samt	2008 darunter: Ärztinnen	2009 insge-samt	2009 darunter: Ärztinnen	2010 insge-samt	2010 darunter: Ärztinnen
0	1	2	3	4	5	6
Innere Medizin und SP Geriatrie	3	0	0	0	0	0
Innere Medizin u. SP ges. Innere Medizin	0	0	202	94	19	11
Innere Medizin u. SP Hämatolog. u. Onkol.	42	19	32	18	31	17
Innere Medizin und SP Kardiologie	72	23	102	22	104	27
Innere Medizin und SP Nephrologie	37	15	42	15	24	11
Innere Medizin und SP Pneumologie	37	13	48	15	27	9
Innere Medizin und SP Rheumatologie	11	6	6	4	13	5
Kinderheilkunde	5	3	1	1	1	1
Kinder- und Jugendmedizin	589	392	621	434	563	384
Kinder- und Jugendpsychiatrie	6	5	10	10	12	9
Kinder- u. Jugendpsychiatr. u. -psychoth.	120	80	103	74	118	84
Laboratoriumsmedizin	57	23	42	18	36	22
Mikrobiologie und Infektionsepidemiologie	9	1	11	7	9	3
Mikrobiolog., Virol. u. Infektionsepidemiol.	28	15	24	11	20	10
Kieferchirurgie	1	0	0	0	0	0
Mund-Kiefer-Gesichtschirurgie	81	16	60	14	37	8
Nervenheilkunde	46	18	43	16	49	16
Nervenheilkunde (Neurolog. u. Psychiatrie)	3	2	0	0	0	0
Neurochirurgie	88	24	98	26	90	19
Neurologie	383	176	454	222	391	206
Nuklearmedizin	57	23	40	13	44	15
Öffentliches Gesundheitswesen	27	14	21	11	30	22
Neuropathologie	7	3	4	1	11	7
Pathologie	63	24	66	35	57	31
Klinische Pharmakologie	13	5	6	2	16	3
Pharmakologie und Toxikologie	9	1	4	1	5	2
Physikalische und Rehabilitative Medizin	81	39	68	36	82	43
Physiologie	5	0	4	0	4	0
Psychiatrie	20	12	15	6	4	3
Psychiatrie und Psychotherapie	563	291	547	285	516	283
Psychosomat. Medizin u. Psychotherapie	108	67	65	50	78	51
Psychotherapeutische Medizin	23	18	35	21	32	18
Psychotherapie	1	0	0	0	0	0
Diagnostische Radiologie	159	62	138	58	99	43
Radiologie	178	61	179	67	222	84
Radiologische Diagnostik	0	0	3	1	1	0
Rechtsmedizin	11	6	12	7	9	8
Strahlentherapie	59	28	59	33	58	27
Transfusionsmedizin	19	9	23	17	34	17
Urologie	233	51	207	45	194	44
Insgesamt	11.631	4.922	11.510	5.027	10.460	4.873

Quelle: Statistik der BÄK, Statistisches Bundesamt

Die häufigste Anerkennung von Facharztbezeichnungen war im Jahr 2010 auf dem Gebiet der Inneren Medizin zu verzeichnen, es folgen Anästhesiologie, Orthopädie und Unfallchirurgie; Allgemeinmedizin, Frauenheilkunde und Geburtshilfe, Kinder- und Jugendmedizin, Psychiatrie und Psychotherapie sowie Neurologie. Bei den Ärztinnen ist gleichfalls das Fachgebiet der Inneren Medizin am häufigsten vertreten, gefolgt von der Allgemeinmedizin, der Frauen- und Geburtshilfe, Anästhesiologie und Kinder- und Jugendmedizin.

(2) Zahnarzt

Die Weiterbildung der Zahnärzte ist ebenfalls in einer Muster-Weiterbildungsordnung[59] geregelt. **35**

Ein Zahnarzt kann sich durch eine 3-jährige Weiterbildung auf den Gebieten der »**Kieferorthopäde**«, »**Oralchirurgie**« und – von praktisch geringer Relevanz – auf dem Gebiet »**Öffentliches Gesundheitswesen**« weiterbilden, § 1 Abs. 1 MWBO-Zahnärzte. Darüber hinaus besteht im Bereich der Landeszahnärztekammer Westfalen-Lippe die Möglichkeit, den Fachzahnarzt auf dem Gebiet der »**Parodontologie**« zu erwerben.[60]

Anzahl der Fachzahnärzte (Kieferorthopädie und Oralchirurgie) nach Kammern im Jahr 2009 **36**

Bundesland	Kieferorthopädie	Oralchirurgie
Baden-Württemberg	519	427
Bayern	571	374
Berlin	197	147
Brandenburg	84	34
Bremen	20	36
Hamburg	89	60
Hessen	301	229
Mecklenburg-Vorpommern	58	47
Niedersachsen	261	106
Nordrhein	380	317
Westfalen-Lippe	334	200

---

59 Abrufbar unter http://www.bzaek.de/fileadmin/PDFs/za/ZaeBA/Musterweiterbildungsordnung_BZAEK.pdf (Stand: 8.6.2011).

60 Zur Information siehe http://www.fachzahnaerzte-parodontologie.de sowie http://www.dgparo.de (Stand: 8.6.2011).

Hennings

Bundesland	Kieferorthopädie	Oralchirurgie
Rheinland-Pfalz	139	90
Saarland	31	26
Sachsen	168	80
Sachsen-Sachsen-Anhalt	85	11
Schleswig-Holstein	119	110
Thüringen	91	22
Quelle: Statistisches Jahrbuch der Bundeszahnärztekammer 2009/2010		

Die weit überwiegende Anzahl der Fachzahnärzte hat sich auf dem Gebiet der Kieferorthopädie weitergebildet; der Anteil der Oralchirurgen stellt dagegen eine vergleichsweise kleine Gruppe von Fachzahnärzten dar, deren Tätigkeitsfeld sich mit dem des Facharztes für Mund-, Kiefer- und Gesichtschirurgie ähnelt und deshalb wohl weniger »attraktiv« erscheint.

bb) Das ärztliche Tätigkeitsfeld

37 Das **Tätigkeitsfeld** des Arztes ist breit gefächert: So kann er als **niedergelassener Arzt** praktizieren oder als **angestellter Arzt,** etwa in einem Krankenhaus oder Medizinischen Versorgungszentrum (MVZ); darüber hinaus existieren **Sonderformen** der ärztlichen Berufsausübung wie beispielhaft die Tätigkeit als Belegarzt, Honorararzt sowie Konsiliararzt. Konturiert wird das ärztliche Tätigkeitsfeld dabei stets durch den **Grundsatz des »freien Berufes«.**

Entwicklung der Arztzahlen nach ärztlichen Tätigkeitsbereichen seit 1960 **38**

Stichtag (jeweils 31. 12.)	Berufstätige Ärzte		Ärztliche Tätigkeitsbereiche			Ohne ärztliche Tätigkeit	Registrierte Ärzte insges. (Spalte 1+6)
	insgesamt (Sp. 3+4+5) Anzahl	Einwohner je Arzt Anzahl	ambulant Anzahl	stationär Anzahl	in anderen Bereichen Anzahl	Anzahl	Anzahl
0	1	2	3	4	5	6	7
1960	92 806	786					
1970	133 011	857					
1980	173 346	452					
1990	237 750	335	92 289	118 087	27 374	51 420	289 170
1991	244 238	329	99 825	121 247	23 166	53 565	297 803
± % zum Vorj.	+2,7	−2,0	•	+2,7	•	+4,2	+3,0
1992	251 877	321	104 462	124 111	23 304	56 117	307 994
± % zum Vorj.	+3,1	−2,2	+4,6	+2,4	+0,6	+4,8	+3,4
1993	259 981	313	112 773	124 591	22 617	57 756	317 737
± % zum Vorj.	+3,2	−2,7	+8,0	+0,4	−2,9	+2,9	+3,2
1994	267 186	305	115 087	129 143	22 956	59 574	326 760
± % zum Vorj.	+2,8	−2,5	+2,1	+3,7	+1,5	+3,1	+2,8
1995	273 880	299	117 578	132 736	23 566	61 468	335 348
± % zum Vorj.	+2,5	−2,1	+2,2	+2,8	+2,7	+3,2	+2,6
1996	279 335	294	119 560	135 341	24 434	64 221	343 556
± % zum Vorj.	+2,0	−1,7	+1,7	+2,0	+3,7	+4,5	+2,4
1997	282 737	290	121 990	134 637	26 110	68 117	350 854
± % zum Vorj.	+1,2	−1,1	+2,0	−0,5	+6,9	+6,1	+2,1
1998	287 032	286	124 621	135 840	26 571	70 695	357 727
± % zum Vorj.	+1,5	−1,5	+2,2	+0,9	+1,8	+3,8	+2,0
1999	291 171	282	125 981	137 466	27 724	72 225	363 396
± % zum Vorj.	+1,4	−1,3	+1,1	+1,2	+4,3	+2,2	+1,6
2000	294 676	279	128 488	139 477	26 711	74 643	369 319
± % zum Vorj.	+1,2	−1,1	+2,0	+1,5	−3,7	+3,3	+1,6
2001	297 893	277	129 986	142 310	25 597	77 332	375 225
± % zum Vorj.	+1,1	−0,9	+1,2	+2,0	−4,2	+3,6	+1,6
2002	301 060	274	131 329	143 838	25 893	80 282	381 342
± % zum Vorj.	+1,1	−0,9	+1,0	+1,1	+1,2	+3,8	+1,6
2003	304 117	271	132 349	145 536	26 232	84 084	388 201
± % zum Vorj.	+1,0	−1,0	+0,8	+1,2	+1,3	+4,7	+1,8
2004	306 435	269	133 365	146 357	26 713	87 997	394 432
± % zum Vorj.	+0,8	−0,8	+0,8	+0,6	+1,8	+4,7	+1,6
2005	307 577	268	134 798	146 511	26 268	92 985	400 562
± % zum Vorj.	+0,4	−0,4	+1,1	+0,1	−1,7	+5,7	+1,6
2006	311 230	264	136 105	148 322	26 803	95 744	406 974
± % zum Vorj.	+1,2	−1,3	+1,0	+1,2	+2,0	+3,0	+1,6
2007	314 912	261	137 538	150 644	26 730	98 784	413 696
± % zum Vorj.	+1,2	−1,3	+1,1	+1,6	−0,3	+3,2	+1,7
2008	319 697	257	138 330	153 799	27 568	101 989	421 686
± % zum Vorj.	+1,5	−1,8	+0,6	+2,1	+3,1	+3,2	+1,9
2009	325 945	252	139 612	158 223	28 110	103 981	429 926
± % zum Vorj.	+2,0	−1,9	+0,9	+2,9	+2,0	+2,0	+2,0

Quelle: Statistik der BÄK, Statistisches Bundesamt (1960 bis 1980)
Anmerkung: In Spalte 5 sind wehrdienstleistende Ärzte, Ärzte bei Behörden und Körperschaften sowie in Industrie und Forschung ärztlich tätige Ärzte erfasst. 1990 sind hier auch Praxisassistenten ausgewiesen.

Hennings

39 Struktur der Ärzteschaft 2010 (Zahlen in Tausend)

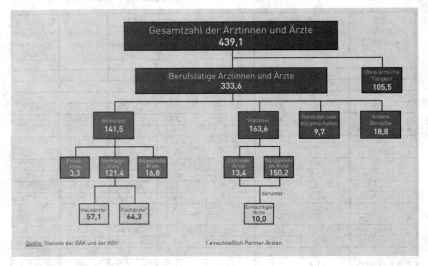

Anhand der Struktur der Ärzteschaft 2010 ergibt sich, dass die Mehrheit der Ärztinnen und Ärzte in Deutschland – 163.600 – im Bereich der stationären Versorgung tätig sind. Nachfolgend schließt sich mit 141.500 die Gruppe der ambulant tätigen Ärzte an, innerhalb derer die Vertragsärzte mit einem Anteil von 121.400 am stärksten vertreten sind. Die im Rahmen der vertragsärztlichen Versorgung zugelassenen Ärzte gliedern sich wiederum in einen Anteil von 57.100 für den hausärztlichen und 64.300 für den fachärztlichen Bereich.

(1) Der Grundsatz des »freien Berufes«

40 Zu der **Berufsgruppe der freien Heilberufe** zählen neben den Ärzten, Zahnärzten, Tierärzten die Apotheker, die **nichtakademischen Heilberufe** wie die Masseure, die medizinischen Bademeister und die Krankengymnasten sowie die Hebammen.[61]
Taupitz[62] unternahm den Versuch, den Begriff des freien Berufes näher zu umschreiben:
»Freie Berufe sind geprägt durch wirtschaftliche Selbstbestätigung, qualifizierte Ausbildung oder schöpferische Kreativität, persönliche Erbringung ideeller Leistungen, Wissensgefälle zum Auftraggeber, sowie altruistische und nicht gewinnorientiert-egoistische Motivation«.
Als Charakteristikum der freien Berufe ist die sich schon aus dem Begriff selbst ergebende **Freiheit der Berufsangehörigen** zu betonen. Prägend da-

---

61 Zitiert nach Laufs in Laufs/Uhlenbruck § 3 Rn. 7.
62 Taupitz, 148 f.

bei ist, dass sich Freiberufler in der Regel aus freier Verantwortung unter Ableistung eines Eides besonderen, mit ihrer jeweiligen beruflichen Tätigkeit einhergehenden Pflichten unterwerfen **(Berufsethos)**, wobei insbesondere die **Pflicht zur Verschwiegenheit** anzuführen ist.[63] Kennzeichnend ist weiter die **Pflicht der persönlichen Leistungserbringung** des Berufsangehörigen, dem im Bereich des Beamten- oder Angestelltenverhältnisses das **Weisungsrecht des Dienstherren** gegenüber steht.[64]

Gleichwohl sind jedoch auch die freien Berufe »nicht gänzlich frei«, da sie – wie das Beispiel des Krankenhausarztes zeigt – in einem Angestelltenverhältnis tätig sein können. Die Freiheit der Berufsausübung wird nicht zuletzt und insbesondere infolge der **gesetzlichen und standesrechtlichen Regularien** in vielfältiger Weise eingeschränkt.[65] Ein besonderes Kennzeichen der freien Berufe, insbesondere der Heilberufe, ist die **Therapiefreiheit**, geprägt durch das besondere Merkmal der ärztlichen Gewissensfreiheit;[66] diese »Freiheit« ist indes systemimmanent wiederum durch die Bestimmungen der gesetzlichen Krankenversicherung (GKV) sowie die besonderen Regelungen des ärztlichen Berufsrechts geprägt und im Ergebnis stark eingeschränkt.

41

Das Thema der **»Freiberuflichkeit«** ist trotz der hohen Anzahl an Veröffentlichungen nur selten Gegenstand der Spruchpraxis. Das Bundesverfassungsgericht[67] hat insoweit festgestellt, dass es sich um einen **soziologisch geprägten Typusbegriff** handelt, dem verschiedene Indizien freiberuflicher Tätigkeit anhaften. Die Freiheit des ärztlichen Berufes gewinnt eine normative Bedeutung letztlich daraus, dass der Arzt sich auf den Berufsbegriff des Art. 12 Abs. 1 GG als Abwehrrecht gegenüber dem Staat berufen kann. Unter Hinweis auf die mit der Freiberuflichkeit verbundenen Berufspflichten hat der EuGH[68] jüngst das **Fremdbesitzverbot bei Apotheken** bestätigt: »Nichtapotheker unterscheiden sich von Apothekern dadurch, dass sie definitionsgemäß keine derjenigen der Apotheker entsprechenden Ausbildung, Erfahrung und Verantwortung haben. Demnach ist festzustellen, dass sie nicht die gleichen Garantien wie Apotheker bieten.«

42

Der Begriff der **»Freiheit«** der Berufsausübung der Heilberufe ist vorrangig unter dem Gesichtspunkt des Schutzes vor staatlichen Eingriffen in die

43

---

63 Vgl. hierzu »Ein Leitbild für die freien Berufe«, des Bundesverbandes der freien Berufe (BfB), abrufbar unter http://www.freie-berufe.de/Leitbild.642.0.html (Stand: 8.6.2011).
64 Siehe hierzu Laufs/Uhlenbruck/Laufs, München 2002, § 3 Rdn. 11.
65 Siehe hierzu insbesondere auch § 1 Bundesärzteordnung (BÄO); vgl. ebenfalls Narr, Ärztliches Berufsrecht, Bnd. 1: Ausbildung Weiterbildung Berufsausübung, 2. Auflage, Köln (Stand: 19. Ergänzungslieferung, September 2009), A 25.
66 Siehe hierzu BVerwG NJW 1967.
67 BVerfG NJW 1960, 1099 ff.
68 EuGH NJW 2009 S. 2112, 2114.

Hennings

eigentliche Freiheit des Heilberuflers, insbesondere im Bereich der Therapiefreiheit, also der Entscheidung, ob überhaupt eine Behandlung stattfindet und welche Methoden zur Behandlung angewendet werden, in der therapeutischen Eigenverantwortlichkeit sowie der Unabhängigkeit gegenüber fachlichen Weisungen, zu verstehen.

(2) Der niedergelassene Arzt

44 »Niedergelassener Arzt oder Zahnarzt ist, wer die (zahn)ärztliche Tätigkeit in nicht abhängiger, freiberuflicher Form ausübt und allgemeine regelmäßige Sprechstunden abhält[69]«.

In Anlehnung an den Begriff der Freiberuflichkeit gehen die Musterberufsordnungen[70] von der Niederlassung in »freier« Praxis aus. Die Begrifflichkeit der »freien« Praxis ist indes nicht etwa dahingehend zu verstehen, dass der Arzt zwingend Eigentümer der Praxis sein muss, in der er beruflich tätig ist. Prägend soll vielmehr die »eigenverantwortliche, medizinisch unabhängige sowie nicht gewerbliche Berufsausübung«[71] sein. Die Bereitschaft, sich niederzulassen, scheint jedoch sukzessive abzunehmen, dies zeigt nachfolgende Tabelle:

45 Niedergelassene Ärztinnen/Ärzte nach Gebietsbezeichnungen und Altersgruppen (Stand: 31.12.2010)

Gebietsbezeichnung	Anzahl absolut	Veränderung zum Vorjahr in Prozent	Altersgruppe					
			bis 34 absolut	35 - 39 absolut	40 - 49 absolut	50 - 59 absolut	60 - 65 absolut	über 65 absolut
0	1	2	3	4	5	6	7	8
Ohne Gebietsbezeichnung	8.841	-3,3	67	103	2.147	4.285	1.509	730
Allgemeinmedizin	34.893	-0,9	166	1.398	9.800	14.159	6.857	2.513
Anästhesiologie	2.998	0,9	2	48	1.019	1.473	354	102
Anatomie	2	100,0	0	0	1	1	0	0
Arbeitsmedizin	281	2,2	0	3	108	109	36	25
Augenheilkunde	5.103	-1,0	33	275	1.741	1.940	770	344
Biochemie	1	0,0	0	0	0	1	0	0
Chirurgie	9.811	0,3	5	304	3.524	4.054	1.412	512
Frauenheilkunde und Geburtshilfe	9.932	-0,8	32	390	3.350	3.914	1.591	655
Hals-Nasen-Ohrenheilkunde	3.936	-0,4	21	217	1.418	1.529	520	231
Haut- und Geschlechtskrankheiten	3.576	-0,3	20	210	1.373	1.341	445	187
Humangenetik	96	0,0	0	6	49	28	6	7
Hygiene und Umweltmedizin	7	16,7	0	0	3	0	2	2
Innere Medizin	19.902	0,3	24	759	6.957	7.487	2.949	1.726
Kinder- und Jugendmedizin	5.966	-0,4	25	249	1.895	2.531	887	379
Kinder- und Jugendpsychiatrie und -psychotherapie	771	4,6	1	18	337	284	84	47
Laboratoriumsmedizin	328	-9,4	3	9	96	140	43	37
Mikrobiologie, Virologie u. Infektionsepidemiologie	109	-5,2	1	3	38	46	5	16
Mund-Kiefer-Gesichtschirurgie	1.033	2,6	3	65	426	365	129	45
Nervenheilkunde	2.178	-2,8	1	9	188	979	597	404

---

69 Vgl. die Ausführungen von Krauskopf in Laufs/Uhlenbruck § 24 Rn. 1.
70 § 17 MBO-Ärzte, §§ 2, 9 MBO-Zahnärzte iVm. § 4 Abs. 1 S. 1 BMV(-Z).
71 Vgl. § 18 Abs. 2 S. 1 MBO-Ä, § 16 Abs. 1 S. 1 MBO-Z.

Gebietsbezeichnung	Anzahl absolut	Veränderung zum Vorjahr in Prozent	Altersgruppe bis 34 absolut	35 - 39 absolut	40 - 49 absolut	50 - 59 absolut	60 - 65 absolut	über 65 absolut
0	1	2	3	4	5	6	7	8
Neurochirurgie	421	3,7	0	19	216	132	39	15
Neurologie	1.058	2,9	2	50	586	332	61	27
Nuklearmedizin	556	-0,2	5	26	241	204	40	40
Öffentliches Gesundheitswesen	26	-7,1	0	0	1	16	1	8
Pathologie	575	-0,5	1	9	195	264	65	41
Pharmakologie	11	0,0	0	0	2	7	0	2
Physikalische und Rehabilitative Medizin	574	2,5	0	9	182	279	63	41
Physiologie	3	0,0	0	0	0	1	1	1
Psychiatrie und Psychotherapie	3.102	3,6	3	88	1.433	1.177	268	133
Psychosomatische Medizin und Psychotherapie	3.047	0,0	0	23	400	1.357	729	538
Radiologie	2.458	-1,6	6	81	886	1.084	315	86
Rechtsmedizin	13	8,3	0	2	4	2	4	1
Strahlentherapie	258	7,1	4	15	134	82	21	2
Transfusionsmedizin	37	8,8	0	0	17	13	4	3
Urologie	2.752	0,2	2	131	1.065	1.095	328	131
Sonstige Gebietsbezeichnungen[1]	30	-9,1	0	0	4	18	6	2
Insgesamt	124.685	-0,5	427	4.519	39.836	50.729	20.141	9.033

1 Enthält Immunologie, Kieferchirurgie, Medizinische Genetik, Sportmedizin und nicht zuordenbare Bezeichnungen.

Quelle: Statistik der BÄK

Bis zum Jahre 2012 werden rund 15.000 Hausärzte und 19.000 Fachärzte in den Ruhestand gehen. Die Krankenhausärzte hinzugerechnet ergibt eine Zahl von rund 42.000. Diese »Überalterung« der Ärzteschaft im ambulanten Bereich wird nicht annähernd durch entsprechenden Nachwuchs ausgeglichen. So wird es in den kommenden Jahren zu einem deutlichen Mangel an ausgebildeten Ärzten kommen; die Folgen von Einbußen einer qualitativ hochwertigen medizinischen Versorgung der Bevölkerung sind absehbar.[72]

(3) Der Arzt im Krankenhaus

Der in einem Krankenhaus **angestellte Arzt** kann in verschiedenen Funktionen seiner Berufsausübung nachgehen: So kann er sich als Ärztlicher Direktor[73] betätigen, eine Anstellung als Chefarzt[74] oder Oberarzt[75] haben, oder als Assistenzarzt im Rahmen der Weiterbildung tätig werden.

46

72 Statement von Dr. A. Köhler, http://www.bundesaerztekammer.de/page.asp?his =0.3.1665.1669 (Stand: 3.6.2011).

73 Dem Ärztlichen Direktor obliegt die ärztliche Organisation und Aufsicht des Krankenhausbetriebes, zumeist leitet er zudem als Chefarzt eine Fachabteilung. Gegenüber den übrigen Chefärzten sowie dem nichtärztlichen Mitarbeitern steht dem Ärztlichen Direktor insgesamt im Rahmen seiner Aufgaben ein Weisungsrecht zu, vgl. Laufs in Laufs/Uhlenbruck § 12 Rn. 6.

74 Als Chefarzt wird der ärztliche Leiter einer Krankenhausabteilung bezeichnet; eine Besonderheit des Chefarztes bzw. des Leitenden Arztes ist, dass er auf der Grundlage seines speziell ausgestalteten Chefarztvertrages zur eigenständigen Liquidation seiner ärztlichen Leistungen im Rahmen der privaten Krankenversicherung berechtigt ist, vgl. Genzel in Laufs/Uhlenbruck § 91 Rn. 1 ff.

75 Der Oberarzt ist in der Regel der Vertreter des Chefarztes; er ist auf seinem Fachgebiet für die Beratung und Überwachung der auf der Abteilung tätigen Ärzte in der Weiterbildung zuständig.

Hennings

Blickwinkel Patient: Der den Patienten vertretende **Haftungsrechtler** muss die in den Krankenhausbetrieb eingegliederten **Angestellten** von der Gruppe der **Belegärzte,** der **Honorarärzte** sowie der **Konsiliarärzte,** die als niedergelassene (Vertrags)ärzte selbstständig im Krankenhaus tätig sind,[76] zu **unterscheiden** wissen.

47 Stationär tätige Ärztinnen/Ärzte nach Gebietsbezeichnungen und Altersgruppen (Stand: 31.12.2009)

Gebietsbezeichnung	Anzahl absolut	Veränderung zum Vorjahr in Prozent	bis 34 absolut	35 - 39 absolut	40 - 49 absolut	50 - 59 absolut	60 - 65 absolut	über 65 absolut
	0	1	2	3	4	5	6	7	8
Ohne Gebietsbezeichnung	71 591	2,8	45 863	11 309	9 717	3 899	727	76
Anästhesiologie	14 354	2,4	586	2 156	6 276	4 328	959	49
Anatomie	63	–6,0	0	2	27	26	4	4
Arbeitsmedizin	271	5,0	10	31	115	88	24	3
Augenheilkunde	894	5,3	152	258	314	125	41	4
Biochemie	30	–3,2	1	0	6	13	9	1
Chirurgie	17 907	3,3	715	3 274	7 888	4 633	1 268	129
Frauenheilkunde und Geburtshilfe	4 897	2,7	380	1 093	1 996	1 044	347	37
Hals-Nasen-Ohrenheilkunde	1 230	2,2	174	355	459	181	54	7
Haut- und Geschlechtskrankheiten	902	0,3	148	207	337	157	45	8
Humangenetik	110	0,0	9	11	43	30	12	5
Hygiene und Umweltmedizin	73	–2,7	0	3	27	34	7	2
Innere Medizin und Allgemeinmedizin	20 735	3,4	918	4 054	9 192	4 968	1 422	181
Kinder- und Jugendmedizin	4 639	3,9	471	1 076	1 729	1 043	280	40
Kinder- und Jugendpsychiatrie u. -psychotherapie	706	4,9	20	115	347	167	53	4
Laboratoriumsmedizin	303	–1,0	7	29	124	98	39	6
Mikrobiologie, Virologie u. Infektionsepidemiologie	322	–1,8	14	45	131	100	30	2
Mund-Kiefer-Gesichtschirurgie	381	–0,8	17	115	161	60	22	6
Nervenheilkunde	935	–3,7	2	31	166	508	204	24

Gebietsbezeichnung	Anzahl absolut	Veränderung zum Vorjahr in Prozent	bis 34 absolut	35 - 39 absolut	40 - 49 absolut	50 - 59 absolut	60 - 65 absolut	über 65 absolut
	0	1	2	3	4	5	6	7	8
Neurochirurgie	1 002	3,2	39	206	442	246	62	7
Neurologie	3 112	7,8	186	851	1 542	440	79	14
Nuklearmedizin	327	–0,9	15	62	137	79	27	7
Öffentliches Gesundheitswesen	34	9,7	1	3	6	17	6	1
Pathologie	658	–0,2	16	88	284	190	62	18
Pharmakologie	158	–3,7	1	17	70	48	18	4
Physikalische und Rehabilitative Medizin	931	–1,6	7	36	278	433	157	20
Physiologie	52	0,0	3	2	16	21	7	3
Psychiatrie und Psychotherapie	4 432	4,5	73	537	2 306	1 278	223	15
Psychosomatische Medizin und Psychotherapie	767	2,4	6	32	254	330	131	14
Radiologie	3 319	1,3	142	515	1 390	979	264	29
Rechtsmedizin	118	1,7	7	17	47	29	14	4
Strahlentherapie	595	3,5	21	88	297	148	36	5
Transfusionsmedizin	312	–0,3	1	27	154	105	24	1
Urologie	2 029	1,8	128	460	866	440	122	13
Sonstige Gebietsbezeichnungen[1]	34	–17,1	0	1	4	23	6	0
Insgesamt	158 223	2,9	50 133	27 106	47 148	26 308	6 785	743

1 Enthält Biophysik, Geschichte der Medizin, Immunologie, Kieferchirurgie, Medizinische Genetik, Medizinische Informatik, Medizinische Physik und Biophysik, Pathologische Biochemie, Sozialhygiene, Sportmedizin und nicht zuordenbare Bezeichnungen

Quelle: Statistik der BÄK

---

76 Siehe hierzu »Sonderformen« Rdn. 50 ff.

Hennings

Ca. 4.000 Arztstellen sind gegenwärtig in den Kliniken unbesetzt. Demzufolge wirkt sich der Mangel an ärztlichem Nachwuchs auch auf die stationäre Versorgung aus. Die deutsche Krankenhausgesellschaft[77] fordert neben einer neuen Bedarfsrechnung eine Anhebung der Studienkapazitäten im Bereich Humanmedizin. Darüber hinaus soll für eine qualitativ hochwertige Weiterbildung von Ärzten in Krankenhäusern eine Erstattung dieser spezifischen Kosten neben den Vergütungen für die Krankenhausleistungen erfolgen.

(4) Verbeamtete Ärzte im öffentlichen Dienst

Zu der Gruppe der **verbeamteten Ärzte** gehören all diejenigen Mediziner, die ein Amt aufgrund ihrer ärztlichen Ausbildung ausüben. **48**
Hierzu zählen die Amtsärzte, Anstaltsärzte, Hilfsärzte, d. h. bei einem Gesundheitsamt angestellte Ärzte, Schul- und Gewerbeärzte, Vertrauensärzte, Versorgungsärzte, Ärzte des Arbeitsamtes sowie Truppen- und Polizeiärzte.[78]

Für den beamteten Arzt gelten sowohl die beamtenrechtlichen Vorschriften als auch die des ärztlichen Berufsrechts. Infolge seines Status' haftet das **49**
Land für Fehler des beamteten Arztes nach **Amtshaftungsgrundsätzen** gem. Art. 34 GG iVm § 839 BGB.[79]

(5) Sonderformen

Neben den »klassischen« Tätigkeitsfeldern als niedergelassener Arzt bzw. **50**
als angestellter Krankenhausarzt bestehen darüber hinaus mit dem Beleg-

---

77 Position der deutschen Krankenhausgesellschaft (DKG) für die 17. Legislaturperiode des dt. Bundestages, http://www.dkgev.de/media/file/6214.2009-07-15_DKG-Positionspapier2009.pdf (Stand: 3.6.2011).
78 Siehe zu den einzelnen Ausformungen des verbeamteten Arztes die ausführliche Darstellung bei Laufs in Laufs/Uhlenbruck § 12 Rn. 15 ff.
79 Von Relevanz im Zusammenhang mit verbeamteten Ärzten ist neben weiterer insbesondere folgende Rechtsprechung: BGH NJW 1983, 1374: Der selbstliquidierende beamtete Arzt haftet für Schäden aus Versäumnissen einer stationären Behandlung deliktisch nach § 839 BGB und kann sich auf das Verweisungsprivileg des § 839 Absatz 1 Satz 2 BGB berufen; BGH NVwZ-RR 2000, 746: Zu den Voraussetzungen, unter denen sich aus den Ermittlungspflichten des Arztes des Gesundheitsamts, gegenüber dem der Verdacht auf eine Impfschädigung geäußert wird, eine Pflicht zur Belehrung ergeben kann, dass es zur Anerkennung eines Impfschadens einer hierauf gerichteten Antragstellung bedarf; zudem LG Kassel NVwZ 2002, 126: Überweist der Musterungsarzt einen Wehrpflichtigen zum Zwecke der Feststellung der Wehrdienstfähigkeit zu einem Facharzt, so handelt der Facharzt bei der Untersuchung des Wehrpflichtigen in Ausübung eines ihm anvertrauten öffentlichen Amtes im Sinne von Art. GG Artikel 34 GG und als Beamter im haftungsrechtlichen Sinne gemäß § 839 Absatz 1 BGB; OLG Koblenz MedR 2006, 481; siehe zudem auch OLG Celle NJW 1960, 2240: Die Versorgungsämter haften auch für Verschulden privater Ärzte, die mit versorgungsärztlichen Untersuchungen beauftragt werden.

Hennings

arzt, dem Honorararzt sowie dem Konsiliararzt weitere Formen der ärztlichen Berufsausübung.[80]

– Belegarzt

51 Bei einem **Belegarzt** handelt es sich der Legaldefinition des § 18 Abs. 1 KHEntgG, § 121 Abs. 2 SGB V nach um einen nicht am Krankenhaus angestellten (Vertrags)arzt, der berechtigt ist, seine Patienten im Krankenhaus unter Inanspruchnahme der hierfür bereitgestellten Dienste, Einrichtungen und Mittel stationär oder teilstationär zu behandeln, ohne hierfür vom Krankenhaus eine Vergütung zu erhalten.

Im Rahmen der vertragsärztlichen Versorgung bedarf ein Belegarzt gem. § 39 Abs. 3 iVm § 40 Bundesmantelvertrag-Ärzte (BMV-Ä) einer entsprechenden Anerkennung durch die KV.

52 Belegärzte nach Anteilen ausgewählter Arztgruppen.

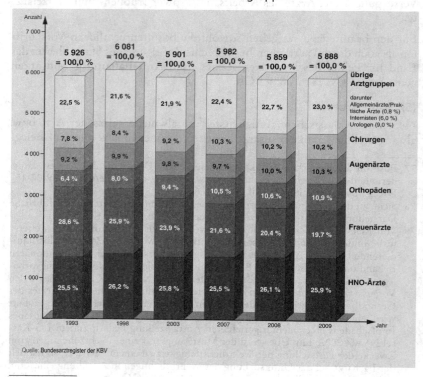

Quelle: Bundesarztregister der KBV

---

80 Einen Überblick der sich im Rahmen dieser besonderen Tätigkeitsformen ergebenden vielschichtigen Problemkreise bieten Clausen/Schröder-Prinzen, »Kooperationsverträge zwischen Krankenhäusern und niedergelassenen Ärzten – Ein Erfolgsmodell für die Zukunft?« ZMRG 2010, 3 ff.

Hennings

Haftungsrechtlich ist der Belegarzt für seine ärztlichen Leistungen verantwortlich. Er ist selbstständig im Krankenhaus tätig und kein Organ des Krankenhausträgers, so dass eine Organhaftung ausscheidet.[81] Der Krankenhausträger hingegen haftet im Falle der Verletzung seiner Verpflichtungen im Rahmen der stationären Leistungen wie Unterkunft, pflegerische und allgemeintechnische und medizinische Versorgung. Nicht selten kommt es in der Praxis zu Überschneidungen der Pflichtenkreise der Beteiligten, so dass **haftungsrechtliche Zurechnungsfragen** bedeutsam werden.[82] Durchaus häufig anzutreffen ist das in § 121 Abs. 1 S. 2 SGB V geregelte sog. **kooperative Belegarztwesen.** Danach sollen Krankenhäuser den Belegärzten gleicher Fachrichtung die Möglichkeit einräumen, ihre Patienten gemeinsam zu behandeln und zu betreuen. Haftungsrechtlich ist von Bedeutung, dass eine **gesamtschuldnerische Haftung** – vergleichbar der einer ambulanten Berufsausübungsgemeinschaft – durch die kooperativen Belegärzte entstehen kann.[83] **Blickwinkel Patient: »Wen verklage ich?«** – Die Analyse des tatsächlichen Geschehens sowie die Prüfung der rechtlichen Verantwortlichkeiten der Beteiligten bedürfen in Fällen des Belegarztwesens der besonderen anwaltlichen Sorgfalt.

53

– Honorararzt

Gem. § 121 Abs. 5 SGB V können Krankenhäuser mit Belegbetten direkte Verträge mit niedergelassenen Ärzten schließen, die die operativen Leistungen im Auftrage des Krankenhauses erbringen. Bei diesem sog. **Honorararzt,** der auch als Vertragsarzt im Krankenhaus tätig werden kann, handelt es sich um einen Unterfall eines Belegarztes. Der Unterschied zum echten Belegarzt besteht darin, dass das Krankenhaus Vertragspartner des Patienten ist und seinerseits sämtliche Leistungen nach Maßgabe von 80 % des Hauptabteilungs-DRG´s gegenüber dem Kostenträger abrechnet. So wird der Patient in der Regel auch nicht unterscheiden können, ob die Behandlung durch einen angestellten Krankenhausarzt oder durch den Honorararzt erfolgt.

Der Honorararzt seinerseits rechnet seine Leistungen nicht über die Kassenärztliche Vereinigung ab; diese werden ihm gegenüber intern vom Krankenhausträger aufgrund einer getroffenen Vergütungsvereinbarung ausgeglichen.

54

Blickwinkel Patient: Bei dem Modell des **honorarvertraglichen Belegarztes** wird die **Haftungsverteilung** weiter durchbrochen. Soweit es für den Patienten nicht ersichtlich ist, ob er von einem angestellten Krankenhausarzt oder einem honorarvertraglichen Belegarzt behandelt wird, ist von ei-

55

---

81 OLG Koblenz MedR 1990, 15.
82 Dazu BGH NJW 2004, 1452; OLG Karlsruhe NJW-RR 2005, 107.
83 BGH MedR 2006, 290.

ner **gesamtschuldnerischen Haftung** des **Krankenhausträgers** einerseits sowie des **honorarvertraglichen Belegarztes** andererseits auszugehen.

56 **Blickwinkel Arzt:** Der als Honorararzt tätige Mediziner sollte der haftungsrechtlichen Situation Rechnung tragen und für eine entsprechende Deckung im Rahmen seines Berufshaftpflichtversicherungsvertrages für diese besonderen Tätigkeiten Sorge tragen. Die interessante Frage, ob der Honorararzt gegenüber dem Krankenhaus entsprechend den Grundsätzen der Arbeitnehmerhaftung einen Freistellungsanspruch besitzt, ist abschließend (noch) nicht geklärt.

– Konsiliararzt

57 Der Begriff des **Konsiliararztes** ist legal nicht definiert. Unter einem **Konsil** wird allgemein die Besprechung zweier oder mehrere Ärzte nach vorausgegangener Untersuchung des Patienten zur Abklärung der Diagnose oder Feststellung des Heilplans verstanden.[84]

Grundsätzlich wird zwischen einem sogenannten **echten Konsiliararzt** und dem **unechten Konsiliararzt** zu unterscheiden sein.

Bei einem **echten Konsiliararzt** handelt es sich um einen hinzugezogenen niedergelassenen Arzt, der lediglich beratende oder unterstützende ärztliche Leistungen im Zusammenhang mit einer (zumeist stationären) Behandlung durchführt.

Bei einem **unechten** (»schwarzen«) **Konsiliararzt** handelt es sich um einen niedergelassenen Arzt, der mithin nicht im Krankenhaus angestellt ist, dennoch für das Krankenhaus dessen Hauptleistungen erbringt; in der Praxis geht es vorrangig um operative Tätigkeiten, die der Konsiliararzt durchführt.[85] Dieses »Modell« der Kooperation zwischen Krankenhausträger und niedergelassenem Vertragsarzt ist weit verbreitet und in der Praxis recht häufig anzutreffen.

58 Die **haftungsrechtliche Situation** ist an der konkreten Tätigkeit des Konsiliararztes zu messen: Grundsätzlich verbleibt die haftungsrechtliche Verantwortung gegenüber den Patienten im Fall der Hinzuziehung eines Konsiliararztes beim behandelnden Arzt.[86] Die deliktische Haftung des Konsiliararztes für die seinerseits zu vertretenen Fehler bleibt unberührt.

---

84 BSGE 31, 33, 37; vgl. Ziff. 60 GOÄ.
85 Ob ein derartiges Kooperationsmodell vor dem Hintergrund des Urteils des LSG Sachsen vom 30.04.2008 überhaupt zulässig ist, ist höchst umstritten, LSG Sachsen MedR 2009, 114 ff: Danach ist die Hinzuziehung eines Konsiliararztes zumindest im Rahmen ambulanter Operationen iSd. § 115b Abs. 2 SGB V unzulässig, da eine Operation als Hauptleistung nur durch eigenes Personal des Krankenhauses erbracht werden kann, § 107 SGB V. Zur Vermeidung von Umgehungen muss der Konsiliararzt seine Leistungen iRd. ambulanter Operationen gegenüber der KV abrechnen.
86 OLG Köln NJW-RR 2003, 1030.

Hennings

Sofern ein **unechter Konsiliararzt** regelmäßig und fortdauernd bestimmte Aufgaben des Krankenhauses im Rahmen des Klinikbetriebes wahrnimmt und in dessen Dienstbetrieb integriert ist, wird ausnahmsweise neben der vertraglichen Haftung des Krankenhauses, dem über § 278 BGB das Handeln des Konsiliararztes zugerechnet wird, eine Haftung über § 831 BGB angenommen.[87]

cc) Parallelberufe im medizinischen Bereich

Neben den klassischen Berufen der Ärzte, Zahn- und Tierärzte sowie der Apotheker gibt es im medizinischen Bereich weitere Parallelberufe, wozu u. a. die Tätigkeit des Heilpraktikers, des Psychotherapeuten und Psychologen, der Hebamme sowie weitere Heilhilfsberufe bzw. Tätigkeiten im Bereich des Gesundheitshandwerks zählen.

59

(1) Heilpraktiker

Der Beruf des **Heilpraktikers**[88] findet seine rechtliche Grundlage in den Bestimmungen des Gesetzes über die berufsmäßige Ausübung der Heilkunde ohne Bestallung, dem sog. **Heilpraktikergesetzes (HeilPrG).**[89] Dieses besteht in seinen Grundzügen bereits seit dem Jahre 1939.[90] Organisiert ist die Berufsgruppe der Heilpraktiker in verschiedenen Bundesverbänden,[91] eigene Berufskammern existieren nicht.

60

Darüber hinaus verfügt der Berufsstand der Heilpraktiker über eine **Berufsordnung,** der BOH,[92] die als Auffassung der Heilpraktiker zwar eine allgemeine Anerkennung genießt, jedoch **keinen rechtsverbindlichen Charakter** aufweist, demzufolge auch keine berufsrechtlichen Sanktionsmechanismen bestehen.

Nach § 1 Absatz 2 Heilpraktikergesetz ist

»**Ausübung der Heilkunde** im Sinne dieses Gesetzes (...) jede berufs- oder gewerbsmäßig vorgenommene Tätigkeit zur Feststellung, Heilung oder

---

87 OLG Stuttgart VersR 1992, 55, OLG Brandenburg VersR 2004, 1050.
88 Hinzuweisen ist hier etwa das Heilmagnetisieren, das Wunderheilen, die Faltenunterspritzung sowie die Chiropraktik, Nachweise bei Zurstraßen/Koch in Wenzel, Kap. 9 Rn. 333.
89 Abrufbar unter www.bundesrecht.juris.de (Stand: 8.6.2011); letztmalig geändert am 23.1.2001, BGBl. I, 2702.
90 Heilpraktikergesetz vom 17.2.1939, RGBl. 1939 I, 251.
91 Verband Deutscher Heilpraktiker e.V., verfügbar unter www.heilpraktiker-vdh.de (Stand: 8.6.2011), dem Freien Verband Deutscher Heilpraktiker eV, verfügbar unter www.fvdh.de (Stand: 8.6.2011) sowie dem Freie Heilpraktiker e.V. Berufs- und Fachverband, erreichbar unter www.freieheilpraktiker.com (Stand: 8.6.2011).
92 Die BOH wurde durch die Verbände der Heilpraktiker am 31.10.1992 durch Mitgliederversammlungsbeschluss als Satzung beschlossen; abrufbar unter http://www.heilpraktiker.org/boh/bohtop.htm (Stand: 8.6.2011).

Linderung von Krankheiten, Leiden oder Körperschäden bei Menschen, auch wenn sie im Dienste von anderen ausgeübt wird«.[93]
Wer als Heilpraktiker tätig sein will, d. h. die Heilkunde ausüben will, ohne Arzt zu sein, bedarf dazu nach § 1 Absatz 1 Heilpraktikergesetz einer Erlaubnis, deren Erteilung sich nach § 2 der Ersten Durchführungsverordnung zum Heilpraktikergesetz richtet.

61   **Haftungsrechtlich** unterliegen Heilpraktiker den allgemeinen Grundsätzen. So ist insbesondere auf das Urteil des BGH vom 29.01.1991 zu verweisen, wonach ein Heilpraktiker, der invasive Behandlungsmethoden bei seinen Patienten anwendet, insoweit dieselben Sorgfaltspflichten zu erfüllen hat, auch bezüglich seiner Fortbildung im Hinblick auf Nutzen und Risiken dieser Therapien, wie ein Arzt für Allgemeinmedizin, der sich solcher Methoden bedient.[94]

(2) Psychologen und Psychotherapeuten

62   Als weiterer Parallelberuf im Bereich der Heilkunde ist der **Psychologe** zu nennen.[95] Dieser erhält wie ein Humanmediziner bzw. ein Zahnarzt nach einem abgeschlossenen Studium der Psychologie eine Approbation. Der Psychologe kann sich zum **Psychotherapeuten** weiterbilden, dem sog. Psychologischen **Psychotherapeuten** oder dem **Kinder- und Jugendlichenpsychotherapeuten.** Für diese Berufsgruppe besteht seit dem 01.01.1999 das Gesetz über die Berufe des Psychologischen Psychotherapeuten und des Kinder- und Jugendlichentherapeuten, sog. **Psychotherapeutengesetz (PsychThG).**[96] Während für die Ausbildung zum Psychologischen Psychotherapeuten ein abgeschlossenes Studium der Psychologie nebst einer erteilten Approbation erforderlich ist, bedürfen Kinder- und Jugendlichenpsychotherapeuten einem Diplom in den Studiengängen (Sozial-)pädagogik.

---

93   Grundsätzlich ist es zwar möglich, dass einem Heilpraktiker die ärztliche Approbation erteilt wird, hingegen soll ein Arzt nicht die Erlaubnis als Heilpraktiker erhalten können, vgl. VGH München NVwZ-RR 1998, 113. Zudem ist Ärzten die Zusammenarbeit mit Heilpraktikern durch die BOÄ grundsätzlich untersagt, vgl. hierzu bereits BayVerfGH NJW 1966, 393.
Demgegenüber ist es dem Zahnarzt durchaus erlaubt, parallel den Beruf des Heilpraktikers auszuüben, OVG Münster MedR 1999, 187, 188.

94   BGH NJW 1991, 1535; kritisch äußerte sich hierzu etwa Taupitz NJW 1991, 1505 ff. Zu den Pflichten eines Heilpraktikers jüngst VGH Mannheim NJW 2009, 458, zur Haftung eines Heilpraktikers nach den Grundsätzen der Anfängeroperation bei fehlender Zusatzausbildung, KG NJOZ 2009, 1937.

95   *Siehe hierzu etwa die Ethischen Richtlinien der Deutschen Gesellschaft für Psychologie e.V. und des Berufsverbandes Deutscher Psychologinnen und Psychologen e.V., abrufbar unter* www.dgps.de (Stand: 8.6.2011).

96   Verfügbar unter www.bundesrecht.juris.de (Stand: 8.6.2011).

Die im Jahre 2003 gegründete **Bundespsychotherapeutenkammer** beschloss 2006 eine **Musterberufsordnung – der MBO-PP/KJP**[97] -, deren Regelungen in wesentlichen Teilen durch die Landespsychotherapeutenkammern im Rahmen deren Berufsordnungen abgebildet sind. Als besondere Berufspflichten der Psychotherapeuten ist das in § 6 MBO-PP/KJP geregelte **Abstinenzgebot** zu erwähnen, welches den Psychotherapeuten zum professionellen Umgang und Distanz zu seinen Patienten verpflichtet. Die Mitglieder der Psychotherapeutenkammern unterliegen wie die anderen verkammerten Heilberufler der berufsrechtlichen Aufsicht; an der vertragsärztlichen Versorgung teilnehmende psychologische Psychotherapeuten sowie Kinder- und Jugendlichenpsychotherapeuten unterliegen als Mitglieder der KVen ebenso wie die Vertragsärzte den geltenden Disziplinarbestimmungen.

(3) Hebammen, Physiotherapeuten und weitere Heilhilfsberufe

Eine weitere Bedeutung im Rahmen der heilberuflichen Tätigkeiten kommt darüber hinaus dem traditionellen Beruf der **Hebammen** bzw. **Entbindungspflegern**[98] zu, die sowohl freiberuflich[99] als auch im Rahmen eines Angestelltenverhältnisses tätig sein können. Des Weiteren sind die **sog. Heilhilfsberufe** bzw. **Gesundheitshandwerker,**[100] die **Technischen Assistenten in der Medizin (MTA)**[101] sowie auf die Berufe im Bereich der **Krankenpflege** zu erwähnen, vorrangig die der Gesundheits- und Krankenpfleger(in), die sog. Krankenschwester.[102]

63

---

97 Http://www.ptk-nrw.de/fileadmin/user_upload/pdf/Rechtliches/download_der_musterberufsordnung.pdf (Stand: 3.6.2011).

98 Siehe hierzu das Gesetz über den Beruf der Hebamme und des Entbindungspflegers (HebG), verfügbar unter http://www.gesetze-im-internet.de/hebg_1985/index.html (Stand: 3.6.2011).

99 Die freiberufliche Hebamme wird durch die Krankenkassen vergütet, wobei auf die Regelungen in dem zwischen den Berufsverbänden der Hebammen sowie den Spitzenverbänden der Krankenkassen geschlossenen Vertrag über die Versorgung mit Hebammenhilfe nach § 134a SGB V zu verweisen ist, abrufbar unter www.bfhd.de (Stand: 8.6.2011).

100 Daneben sind etwa die Tätigkeiten der Ergotherapeuten, siehe hierzu Ratzel/Knüpper in Ratzel/Luxenburger § 5 Rn. 356; der Orthoptisten, vgl. Ratzel/Knüpper in Ratzel/Luxenburger § 5 Rn. 375; der Logopäden, vgl. Ratzel/Knüpper in Ratzel/Luxenburger § 5 Rn. 369; sowie der Diätassistenten zu erwähnen, vgl. Ratzel/Knüpper in Ratzel/Luxenburger § 5 Rdn. 359, siehe hierzu insgesamt die Ausführungen von Zurstraßen/Koch in Wenzel, Kap. 9 Rn. 246.

101 Siehe hierzu das Gesetz über technische Assistenten in der Medizin (MTAG), abrufbar unter www.gesetze-im-internet.de (Stand: 8.6.2011).

102 Als gesetzliche Regelung für diese Berufsgruppe ist auf das Gesetz über die Berufe in der Krankenpflege (KrPflG) zu verweisen, abrufbar unter www.bundesrecht.juris.de (Stand: 8.6.2011).

Hennings

64 Für den Bereich der Physiotherapie ist auf die Tätigkeit des **Masseurs**, des **medizinischen Bademeisters** sowie des **Physiotherapeuten**, dem ehemaligen Krankengymnasten, hinzuweisen, deren Ausbildung sich nach dem Gesetz über die Berufe in der Physiotherapie, Masseur- und Physiotherapeutengesetz (MPhG)[103] orientiert. Die Ausbildung zur **Hebamme** bzw. zum Entbindungspfleger ist im Hebammengesetz (HebG)[104] geregelt. Neben den Ärzten sind Hebammen und Entbindungspfleger nach § 4 HebG zu Leistungen der Geburtshilfe im Regelfall berechtigt. So können sie gem. § 134a Abs. 2 Nr. 2 SGB V als Leistungserbringer zugelassen werden.

65 In der Regel werden die **Heilhilfsberufe** nicht den »freien Berufen« zugeordnet, vielmehr werden die Ausübenden auf der Grundlage eines Arbeitsvertrages tätig; daraus folgt, dass der Arbeitgeber nach § 278 BGB für Fehler seines Mitarbeiters **haftet**.[105] Masseure sowie Physiotherapeuten sind – sofern sie selbstständig tätig werden -, im Falle eines Fehlverhaltens hingegen unmittelbar den Ansprüchen des Behandelten ausgesetzt.[106]

66 Als von besonderer Relevanz aus **arzthaftungsrechtlicher Sicht** ist auf die Tätigkeiten einer **Hebamme bzw. eines Entbindungspflegers** hinzuweisen, sofern der Geburtsvorgang unter Beteiligung bzw. Leitung eines Gynäkologen begleitet wird. Die hier häufig auftretenden Rechtsprobleme im Zusammenhang der **vertikalen Arbeitsteilung** sind von erheblicher praktischer Relevanz:
  – Die Hebamme ist nach der Übernahme der Geburtsleitung durch den Arzt Erfüllungs- und Verrichtungsgehilfin des Arztes,[107]
  – für Fehler einer Hebamme muss der in Rufbereitschaft wartende Belegarzt erst ab dem Zeitpunkt einstehen, in welchem die Leitung der Geburt zu seiner Vertragsaufgabe geworden ist; durch einen zutreffenden telefonischen Rat wird der Arzt nicht zum verantwortlichen Geburtsleiter,[108]
  – auch einer Hebamme muss klar sein, dass die frühzeitige Blasensprengung und die Wehenmittelgabe ohne die Möglichkeit der Kontrolle durch ein CTG-Gerät gegen Regeln der ärztlichen Kunst verstößt. Macht sie dem Arzt keinen entsprechenden Vorhalt, so ist sie für den eingetretenen Schaden mitverantwortlich,[109]

---

103 Verfügbar unter www.physio.de (Stand: 8.6.2011).
104 BGBl. I S. 902; abrufbar unter www.bundesrecht.juris.de.
105 Siehe etwa BGH NJW 2000, 2737: Der Träger eines Belegkrankenhauses hat für die Fehler einer bei ihm angestellten Hebamme einzustehen, solange diese nicht wegen einer besonderen ärztlichen Weisungskompetenz oder der Übernahme der Geburtsleitung durch den Belegarzt diesem zugerechnet werden können.
106 Für Masseure ist zu verweisen auf AG Lingen NJW – RR 2001, 961: Kein Verschulden des Masseurs bei Sturz des Patienten von der Massagebank.
107 OLG Stuttgart NJOZ 2001, 523.
108 OLG Koblenz BeckRS 2009, 052861.
109 OLG Frankfurt NJW – RR 1991, 1373.

– begibt sich eine Patientin auf Veranlassung ihres Frauenarztes zur Entbindung in ein Krankenhaus, in welchem dieser Belegarzt ist, und nimmt er die Eingangsuntersuchung vor, so ist er auch für Fehler verantwortlich, die einer freiberuflich tätigen Hebamme unterlaufen, während sie die Geburt bei zeitweiliger Abwesenheit des Arztes überwacht.[110]

d) Qualitätssicherung durch Selbstverwaltung – Überwachung der ärztlichen Berufsausübung

Die **Aufsicht** über die Beraufsausübung der Ärzte, Zahnärzte, Psychotherapeuten und Apotheker wird durch die jeweilige **Heilberufskammer** der Länder wahrgenommen. Die im Geltungsbereich der jeweiligen Landeskammer tätigen Heilberufler sind **Pflichtmitglieder** dieser Körperschaft des öffentlichen Rechts. Jede Kammer wird von einem ehrenamtlichen Vorstand, bestehend aus den Berufsträgern, geführt; dieser Vorstand wird nach demokratischen Prinzipien durch das von allen Kammermitgliedern gewählte Parlament bestimmt.   **67**

Die **Kammern der Heilberufe** üben die Berufsaufsicht über ihre Mitglieder auf der Ermächtigungsgrundlage der durch den jeweiligen Landesgesetzgeber erlassenen **Kammer- sowie Heilberufsgesetze** aus. Der Aufbau der Heilberufsgesetze ist im Wesentlichen vereinheitlicht und ermächtigt die Kammern, Befugnisse und Regelungen über die Berufsausübung, die Weiterbildung bis hin zu berufsgerichtlichen Verfahren zu treffen. Indes reduzieren sich die Aufgaben der Kammern nicht auf die Beregelung der eigenen berufsständischen Angelegenheiten, sondern sie erstrecken sich darüber hinaus auf die Unterstützung des öffentlichen Gesundheitswesens, des öffentlichen Veterinärdienstes und der Aufsichtsbehörden. Mit Blick auf die Interessen der Patienten haben die Kammern neben der Einrichtung von **Gutachter- und Schlichtungsstellen** zur Prüfung von Behandlungsfehlern die Aufgabe, Patienten in Bezug auf Behandlungsmöglichkeiten zu informieren und entsprechende **Beratungsstellen** einzurichten.   **68**

❗ Die Errichtung der Gutachterstellen durch die Kammern ist als eine Maßnahme der **Qualitätssicherung** zu verstehen.[111]

Die in den Kammergesetzen geregelten Generalpflichten finden ihre normative Konkretisierung in den jeweiligen **Berufsordnungen** der Landeskammern, die in wesentlichen Grundzügen auf den Bestimmungen der Musterberufsordnungen basieren, die die Bundeskammern als Empfehlung beschlossen haben.   **69**
Im Folgenden sollen die das **Arzt-Patientenverhältnis** betreffenden Regelungen **unter Berücksichtigung haftungsrechtlicher Hintergründe** her-

---

110 BGH NJW 1995, 1611.
111 Zum Verfahren vor den ärztlichen Gütestellen Kapitel 2 D IV.

Hennings

vorgehoben werden. Aus Gründen der Übersichtlichkeit soll die Darstellung anhand der Muster-Berufsordnung der Ärzte (MBO) in der Fassung der Beschlüsse des 107. Ärztetages 2004 erfolgen; die Muster-Berufsordnungen der weiteren Heilberufe orientieren sich in wesentlichen Grundzügen an der MBO der Ärzte.[112]

70 Die **Ziele der Berufsordnung** sind in der Präambel formuliert und betonen die Intentionen der Kammer- und Heilberufsgesetze. Die Berufspflichten der Ärzte sollen u. a.
- das Vertrauen zwischen Ärzten und Patienten erhalten und fördern;
- die Qualität der ärztlichen Tätigkeit im Interesse der Gesundheit der Bevölkerung sicherstellen;
- die Freiheit und das Ansehen des Arztberufes wahren;
- berufswürdiges Verhalten fördern und berufsunwürdiges Verhalten verhindern.[113]

Die nachfolgenden Regelungen der MBO stellen eine **Konkretisierung** dieser **Zielsetzung** dar.

aa) Aufgaben und allgemeine ärztliche Berufspflichten

71 Der **Kernbereich ärztlicher Tätigkeit** besteht sowohl **präventiv** im Schutz der Gesundheit als auch **kurativ** in der Krankenbehandlung einschließlich der Linderung von Leiden, § 1 Abs. 2 MBO. Eine weitere Konkretisierung schafft § 2 Abs. 1, 2 MBO, wonach Ärzte ihren Beruf gewissenhaft, nach den Geboten der ärztlichen **Ethik und Menschlichkeit** ausüben und keine zuwiderlaufenden Anweisungen beachten dürfen. Das Erfordernis der »persönlichen Leistungserbringung« einerseits sowie gleichermaßen die Beachtung der **ethischen Anforderungen** andererseits prägen den **Kernbereich** der ärztlichen Tätigkeit. Demzufolge ist die **Freiheit der Gewissensentscheidung** des Arztes unabdingbar; sie ermöglicht ihm die Abwägung individueller Interessen zum Wohle des Patienten.

(1) Aufklärung

72 Die Verletzung der **Aufklärungspflichten** führt nicht nur zu zivil- und strafrechtlichen Sanktionen. Vielmehr ist das Vorliegen der Einwilligung des Patienten in die ärztliche Behandlung auch von berufsrechtlicher Bedeutung: Nach § 8 MBO bedürfen Ärzte der Einwilligung des Patienten als

---

112 Literaturhinweis: Die MBO-Ärzte wird ausführlich kommentiert von Ratzel/Lippert.
113 § 29 Abs. 2 der Berufsordnung der Hamburger Ärzte konkretisiert: »Die Meldung des begründeten, durch Tatsachenangaben gestützten Verdachts auf ein ärztliches Fehlverhalten, insbesondere eine Fehlbehandlung, an die Ärztekammer Hamburg stellt keinen Verstoß gegen das Gebot der Kollegialität dar«; diese Bestimmung wurde als Folge eines eingetretenen Serienschadens, verursacht von einem Chefarzt, dessen nachgeordnete Ärzte Fehlbehandlungen aufgrund falsch verstandener Kollegialität verschwiegen, in die BO aufgenommen.

Hennings

Folge des vorangegangenen persönlichen Aufklärungsgespräches. Insoweit gelten die **allgemeinen Grundsätze** dieses Rechtskreises uneingeschränkt auch hier. Durch die Aufnahme dieser Regelung ist in der Berufsordnung ein **weiterer Sanktionsrahmen** im Falle der Verletzung dieser Norm geschaffen. Die Verletzung der Aufklärungspflicht ist Gegenstand zahlreicher berufsgerichtlicher Verfahren:

– Ein Arzt, dessen Behandlungsmöglichkeiten nicht ausreichen, muss diese aufgeben, wenn er den Patienten nicht anders der gebotenen Therapie zuführen kann. Seltene Ausnahmen sind nur nach rückhaltloser Aufklärung des Patienten denkbar.[114]

– Die Extraktion von Milchzähnen bei einer Minderjährigen bedarf der angemessenen und verständlichen Aufklärung des Erziehungsberechtigten.[115]

– Die Risikoaufklärung hat bei nichtlebensnotwendigen Operationen besondere Bedeutung; namentlich muss auf naheliegende wie auch fernliegende Risiken hingewiesen werden. Ohne zureichende Aufklärung liegt keine wirksame Einwilligung des Patienten vor.[116]

Auf dem Ärztetag 2011 wurde eine Novellierung der Berufsordnung beschlossen. U. a. werden die Aufklärungspflichten des Arztes präzisiert. Vor allem vor diagnostischen oder operativen Eingriffen soll dem Patienten, soweit möglich, »eine ausreichende Bedenkzeit vor der Behandlung eingeräumt werden«. Je weniger geboten eine medizinische Maßnahme oder je größer ihre Tragweite ist, desto ausführlicher ist der Patient über erreichbare Ergebnisse und Risiken aufzuklären.

(2) Fortbildung

Eine weitere, die Berufsausübung tangierende berufsrechtliche Pflicht ist in § 4 MBO geregelt. Danach sind Ärzte verpflichtet, sich in dem Umfange beruflich **fortzubilden,** wie dies zur **Erhaltung** und **Entwicklung** der zu ihrer Berufsausübung erforderlichen **Fachkenntnisse** notwendig ist.[117] Die **Fortbildungsordnungen der Kammern** regeln die Verpflichtungen des Arztes, sich innerhalb bestimmter Zeiträume in einem vorgeschriebenen Umfang fortzubilden; die absolvierten Fortbildungen sind durch entsprechende **Zertifikate** nachzuweisen. Darüber hinaus hat die Bundesärztekammer verschiedene Leitsätze, Empfehlungen sowie Richtlinien für den Bereich der ärztlichen Fortbildung erarbeitet.[118]

73

---

114 Gerichtshof für die Heilberufe beim OVG Bremen, Urt. v. 21.2.1990, A 1.3. Nr. 6.

115 Landesberufsgericht für Zahnärzte in Stuttgart, Urt. v. 14.4.1976, A 1. 3. Nr. 3.

116 Bezirksberufsgericht für Ärzte in Stuttgart, Urt. v. 17.4.1991, A 1. 3. Nr. 7.

117 Vgl. hierzu Schroeder-Printzen in Ratzel/Luxemburger § 7 Rn. 530.

118 Vgl. etwa die Empfehlungen der Bundesärztekammer zur ärztlichen Fortbildung sowie die Musterfortbildungssatzung, verfügbar unter http://www.bundesaerztekammer.de/page.asp?his=1.102.104 sowie http://www.bundesaerztekammer.

Hennings

Eine – zusätzliche – Fortbildungs- bzw. Nachweispflicht ist zudem sowohl für Vertragsärzte in § 95d SGB V als auch für Fachärzte im Krankenhaus in § 137 Absatz 3 Nr. 1 SGB V gesetzlich geregelt.[119]

74   Unter Berücksichtigung haftungsrechtlicher Gesichtspunkte soll beispielhaft auf nachfolgende berufsrechtliche Entscheidungen hingewiesen werden:
- ein niedergelassener Facharzt muss Artikel bzw. Spezialveröffentlichungen über Kongresse oder ausländische Fachliteratur nicht laufend studieren,[120] geboten ist jedoch das regelmäßige Lesen einschlägiger Fachzeitschriften auf dem entsprechenden Gebiet,[121]
- die Kenntnis ausländischer Publikationen ist nicht ohne weiteres zu verlangen,[122]
- bei seinem Bemühen um Fortbildung darf sich der Arzt grundsätzlich auf die Richtigkeit von Fachpublikationen verlassen; er haftet jedoch, wenn er augenfällige Fehler übersieht.[123]

Zur **Fortbildungspflicht** bei der Anwendung neuer ärztlicher Methoden äußert sich der BGH:
- Der Arzt sollte zur Verfolgung der wissenschaftlichen Diskussion einer Methode im Ausland jedenfalls dann verpflichtet sein, wenn er diese Methode anwenden will; eine längere Karenzzeit, die Entwicklung der Diskussion abzuwarten, wird ihm nicht zugebilligt.[124]

Indes wird man die Verpflichtung zur Fortbildung nicht dahingehend missverstehen können, der Arzt müsse sich permanent über Kongressergebnisse oder internationale Fachliteratur im Rahmen seines Fachgebietes informieren.[125] Gleichwohl ist die **Tendenz der Rechtsprechung** erkennbar, wonach die Vorgaben an die Fortbildungsverpflichtung der Ärzte an **strengen Maßstäben** gemessen werden.[126]

75   **Blickwinkel Patient:** Der Arzt hat den Patienten im Rahmen der Aufklärung auch über neue Behandlungsmöglichkeiten zu informieren, selbst dann, wenn er diese Verfahren persönlich nicht anwendet.[127]

---

de/page.asp?his=1.102.103.160 (Stand: 8.6.2011); zur Thematik des Industriesponsering und der ärztlichen Fortbildung siehe insgesamt Balzer NJW 2003, 3325.

119 Siehe hierzu unten Rn. 145.
120 OLG München MedR 1999, 466.
121 BGH NJW 1991, 11535, 1537.
122 BGH VersR 1962, 155.
123 BGH NJW 1970, 1963: Haftung des Verlegers bei durch Druckfehler in medizinischem Werk veranlasster ärztlicher Fehlbehandlung.
124 BGH VersR 1987, 414.
125 OLG München MedR 1999, 466.
126 Beispielhaft BGH NJW 1977, 1102.
127 BGH NJW 1984, 1810.

Blickwinkel Arzt: Im Haftungsprozess kann es in bestimmten Fallkonstellationen durchaus von Vorteil sein, Nachweise/Zertifikate über absolvierte Fortbildungen einschlägiger Behandlungen bzw. Therapieverfahren zu präsentieren. Jedenfalls ließe sich damit der Vorwurf des Patienten entkräften, der Arzt habe sich hinsichtlich der bestimmten Behandlung nicht fortgebildet bzw. in Betracht kommende Behandlungsalternativen/Therapieverfahren nicht gekannt. **76**

Ausblick: Das Thema **Fortbildung** dürfte infolge der in unterschiedlichen Normen geregelten **Nachweispflichten** zunehmend **Einfluss auf den Haftpflichtprozess** haben und Fragestellungen aufwerfen: Bestehen Ansprüche des geschädigten Patienten gegen den Behandler auf Auskunft über die Einhaltung seiner Fortbildungsverpflichtung? Folgt umgekehrt aus dem Umstand, dass eine einschlägige Fortbildung durch den Arzt nicht nachgewiesen werden kann, etwa im Sinne einer Gefahrerhöhung, ein Haftungsumstand? Die Gerichte werden sich mit diesen Fragestellungen in geeigneten Fällen gewiss auseinandersetzen müssen. Die Entwicklung dieser Rechtsprechung lässt sich nicht prognostizieren, sie wird abzuwarten sein. **77**

(3) Qualitätssicherung

Unter dem Begriff der **Qualitätssicherung** wird allgemein die Ausgestaltung der Aufbauorganisation, die Bestimmung der Verantwortlichkeiten, der Abläufe, der Verfahren und Mittel zur Verwirklichung der Qualitätsziele verstanden.[128] **78**

Diese berufsrechtliche Pflicht, auch als Prozessoptimierung umschrieben,[129] die sich in § 5 MBO sowie im Vertragsarztsystem in §§ 135 ff. SGB V findet, stellt eine weitere ärztliche Verpflichtung dar, die von **grundlegender** und zunehmender **Bedeutung** gekennzeichnet ist; sie erstreckt sich gleichermaßen auf den Bereich der stationären Versorgung, indem die Krankenhäuser gemäß § 108 SGB V sowie die stationären Einrichtungen nach § 111 SGB V gehalten sind, an den **Maßnahmen zur Qualitätssicherung** teilzunehmen, dem sog. **Qualitätsmanagement.** Insgesamt zielt die Pflicht zur Qualitätssicherung auf eine stetige Gewährleistung von **Standards** im Bereich der Behandlungsleistungen, der **Versorgungsabläufe** sowie der **Behandlungsergebnisse** ab. In den §§ 137 ff. SGB V ist zudem festgehalten, dass die Verfahren und Maßnahmen der Qualitätssicherung durch entsprechende Vereinbarungen konkretisiert werden; beispielhaft sei hier auf die Vereinbarung der Maßnahmen zur Qualitätssicherung,[130] welche den Spitzenverbänden der Krankenkassen auf Bundesebene und der Deutschen Krankenhausgesellschaft unter Beteiligung der Bundesärztekammer und der Berufsorganisation der Krankenpflegeberufe übertragen ist, verwiesen.

---

128 Vgl. Genzel in Laufs/Uhlenbruck § 87 Rn. 72.
129 Vgl. Krauskopf in Laufs/Uhlenbruck § 26 Rn. 21.
130 Vgl. Genzel in Laufs/Uhlenbruck § 87 Rn. 14, 73 f.

Hennings

79 Die Beachtung der Qualitätssicherung spielt in **haftungsrechtlicher** Hinsicht eine bedeutsame Rolle, so dass den Bereichen der **Qualitätskontrolle** und dem **Qualitätsstandard** unter dem Gesichtspunkt der **Behandlungssicherheit** erhebliche Relevanz zukommt. Diese soll beispielhaft durch normative Regelungen wie etwa der Röntgenverordnung, der Medizingeräteverordnung, der Strahlenschutzverordnung oder der Eichordnung gewährleistet werden.[131]

80 **Blickwinkel Arzt:** Die gezielte Vermeidung der haftungsrechtlichen Inanspruchnahme bzw. die erfolgreiche Abwehr eines geltend gemachten Schadensersatzanspruches ist eine der Kernaufgaben des Riskmanagements. Die verschiedenen Maßnahmen der Qualitätssicherung dienen daher nicht nur der Gewährleistung der Versorgungsqualität, sondern sind gleichermaßen erforderlich, um den Haftpflichtschutz der Behandlungsseite in vollem Umfang und zu tragbaren Prämien sicherzustellen.[132]

81 In der Praxis wird in der Regel nach einem **Qualitätssicherungsprogramm** verfahren, welches fünf Schritte enthält:
- Die gezielte Beobachtung der medizinischen Versorgung,
- die Erkennung von Mängeln und Missständen,
- die Analyse der Mängel und Erarbeitung von Lösungsmöglichkeiten,
- die Auswahl der geeignetsten Lösungsvorschläge und ihre Umsetzung in die Praxis,
- die Überprüfung, ob durch die neuen Maßnahmen die Mängel tatsächlich behoben worden sind.

Neben der eigentlichen ärztlichen Behandlung sind Versorgung, Pflege, Technik und Verwaltung Gegenstand der Qualitätssicherung, so dass der Weg von der Qualitätskontrolle über die Qualitätssicherung zum sog. **Total Quality Management (TQM)** geht.[133]

(4) Schweigepflicht

82 Die berufsrechtliche Pflicht zur **ärztlichen Verschwiegenheit** ist in § 9 MBO geregelt und erweitert die strafrechtliche Sanktion der Verletzung von Privatgeheimnissen nach § 203 StGB. Sie stellt eine der **zentralen Vorschriften** des ärztlichen Berufsrechts dar und verpflichtet den Arzt, über alles zu schweigen, was ihm durch den Patienten anvertraut worden oder in sonstiger Weise bekannt geworden ist. Der Umfang der ärztlichen Schweigepflicht ist somit umfassend und orientiert sich an dem in § 203 StGB verwendeten Geheimnisbegriff. Geheimnisse sind danach Tatsachen, die nur einem begrenzten Personenkreis bekannt sind und an deren Geheimhaltung

---

131 Vgl. Genzel in Laufs/Uhlenbruck § 87 Rn. 14; zur Prüfung der Wahrung von Qualitätsstandards BSG NZS 2004, 140.
132 Vgl. die Ausführungen bei Großkopf RDG 2008, 182, 185.
133 Deutsch/Spickhoff, Rn. 594 ff.; Katzenmeier in Laufs/Katzenmeier/Lipp, X. C. Rn. 51 ff.

derjenige, den sie betreffen, ein von seinem Standpunkt aus sachliches Interesse hat oder bei eigener Kenntnis der Tatsachen haben würde. § 9 Abs. 1 MBO erstreckt die Schweigepflicht darüber hinaus auch auf **schriftliche Mitteilungen** des Patienten, **Aufzeichnungen** über den Patienten, **Röntgenaufnahmen** und sonstige **Untersuchungsbefunde.**

Die ärztliche Schweigepflicht stellt eine **höchstpersönliche Pflicht des Arztes** dar, die untrennbar mit der ärztlichen Berufsausübung verbunden ist. Das das Arzt-Patientenverhältnis wesentlich prägende Vertrauensverhältnis kann sich nur dann bilden, wenn der Patient gewiss sein kann, dass sein Arzt entsprechend der **ärztlichen Berufstradition,** wie sie Eingang in das Genfer Gelöbnis des Weltärztebundes gefunden hat und in der Präambel zur Berufsordnung niedergelegt ist, das ärztliche Geheimnis strikt behütet.[134]

So ist die **ärztliche Schweigepflicht** auch gegenüber den Angehörigen des Patienten zu wahren und erfährt lediglich dann eine einschränkende Ausnahme, wenn ein schwerwiegender Grund dafür vorliegt, von diesem Grundsatz abzuweichen.[135] Das OLG Frankfurt[136] hat einen solchen **Ausnahmefall** angenommen und den Arzt eines an AIDS erkrankten Patienten sogar als verpflichtet angesehen, im Rahmen der vorzunehmenden Güterabwägung seine **ärztliche Schweigepflicht zu durchbrechen** und den Lebenspartner seines Patienten über dessen Erkrankung zu informieren. Insoweit liege ein Fall des rechtfertigenden Notstandes vor; das aufgrund der ärztlichen Schweigepflicht zu schützende Rechtsgut habe in derart gelagerten Fällen weniger Gewicht als die Rechtsgüter der akut bedrohten Sexualpartner auf Leben und Gesundheit. Im Rahmen der Güterabwägung hätten diese Rechtsgüter mithin **Vorrang vor dem Schweigegebot.** Diese Auffassung des OLG Frankfurt begegnet durchaus Bedenken: Dem Arzt nicht nur eine Berechtigung, sondern gar eine Verpflichtung zur Durchbrechung seiner ärztlichen Schweigepflicht zuzumuten, erscheint in dieser Allgemeinheit unangemessen. Eine Offenbarung gegenüber den Sexualpartnern des Patienten sollte lediglich dann erfolgen, wenn der behandelnde Arzt ernsthafte und begründete Zweifel an der Zuverlässigkeit seines HIV-infizierten Patienten im Hinblick auf die Beachtung erforderlicher Schutzmaßnahmen hat. Nach richtiger Auffassung kann in derart gelagerten Fällen den behandelnden Arzt keine Offenbarungspflicht treffen, sondern allenfalls ein **Mitteilungsrecht** zustehen.[137]

Gesetzliche Durchbrechungen der ärztlichen Schweigepflicht finden sich beispielhaft in § 100 SGB X (Auskunft gegenüber Leistungsträgern der Sozialversicherung), § 276 Abs. 2 SGB V (Auskünfte gegenüber dem medizi-

83

84

---

134 Landesberufsgericht für Heilberufe beim OVG für das Land Nordrhein-Westfalen, Urt. v. 16.3.1982, A 2. 1. Nr. 4.
135 Berufsgericht für Heilberufe beim VG Köln, Urt. v. 6.7.1979, A 2. 1. Nr. 3.
136 OLG Frankfurt MedR 2000, 196.
137 In diesem Sinne auch Engländer MedR 2001, 143.

nischen Dienst – MDK), sowie aufgrund der **gesetzlichen Meldepflichten,** z.B. dem Bundesseuchen- und Geschlechtskrankheitengesetz, dem Transplantationsgesetz und dem Gesetz zum Schutz vor Infektionskrankheiten; eine anonyme Meldepflicht einer HIV-Infektion ergibt sich aus der Laborberichtsverordnung vom 18.12.1987. Das Berufsrecht gebietet dem Arzt indes, seinen **Patienten** auf diese Meldepflichten **hinzuweisen,** § 9 Abs. 2 S. 3 MBO.

85 **Blickwinkel Arzt:** Der Arzt ist zur Offenbarung der Patientendaten und damit der Durchbrechung seiner Schweigepflicht aus Gründen des **berechtigten Eigeninteresses** befugt. Verweigert der Patient den Ausgleich des Honoraranspruches, so ist der Arzt gezwungen, seine Forderung gerichtlich einzuklagen. Um seine Klage begründen zu können, ist er darauf angewiesen, die Patientendaten und den Ablauf des Behandlungsgeschehens zu offenbaren.[138]

Ist der Arzt hingegen im Passivprozess dem Vorwurf eines Behandlungsfehlers ausgesetzt, werden dem klagenden Patienten regelmäßig umfassende Schweigepflichtentbindungserklärungen abverlangt, damit der Sachverhalt aufgeklärt werden kann. Somit liegt in dieser Konstellation kein Fall des Bruchs der Schweigepflicht vor.[139]

86 **Blickwinkel Patient:** Nicht selten beauftragen Ärzte **privatärztliche Verrechnungsstellen** mit der Rechnungserstellung und deren Bearbeitung. Auch die **Abtretung/Factoring** der ärztlichen Honorarforderung an sog. Abrechnungsgesellschaften berührt die ärztliche Schweigepflicht. Eine solche Forderungseinziehung durch Dritte ist ausschließlich dann zulässig, wenn der Patient vor Behandlungsbeginn darin – sinnvollerweise schriftlich – eingewilligt hat, dass die Patientenunterlagen einschließlich sämtlicher Spezifizierungen/Diagnosen dem Dritten überlassen werden. Liegt ein solches Einverständnis nicht vor, ist die Abtretung der Honorarforderung unwirksam.[140]

87 Die Bundesärztekammer hat ihre **»Empfehlungen zur ärztlichen Schweigepflicht, Datenschutz und Datenverarbeitung in der Arztpraxis«**[141] am 09.05.2008 überarbeitet. Datenschutzrechtliche Aspekte der Gesundheitsversorgung werden ausdrücklich als Teil der **Stärkung der Patientenrechte** verstanden. Der zunehmende Einsatz von Informationstechnik und deren Fortschritt werfen zwangsläufig neue Problemstellungen des **Datenschutzes** und der **Datensicherheit** in der Arztpraxis auf.

---

138 Lippert in: Ratzel/Lippert § 9 Rn. 54.
139 Lippert in: Ratzel/Lippert § 9 Rn. 55.
140 BGH MedR 1992, 330.
141 Http://www.bundesaerztekammer.de/page.asp?his=0.7.47.6188 (Stand: 8.6.2011).

(5) Dokumentationspflicht

Ärzte haben über die in Ausübung ihres Berufes gemachten Feststellungen **88**
und getroffenen Maßnahmen die erforderlichen Aufzeichnungen vorzunehmen, § 10 Abs. 1 MBO. Die **Dokumentation des Behandlungsgeschehens** stellt eine unverzichtbare Grundlage für die Sicherheit des Patienten
in der Behandlung dar und begründet – neben der berufsrechtlichen – die
vertragliche sowie **deliktische Pflicht** des Arztes zur Dokumentation.[142]
Daneben finden sich Regelungen zur Aufzeichnungspflicht in den **Bun-
desmantelverträgen** für Ärzte und Zahnärzte, beispielhaft in § 57 Abs. 1
BMV-Ä, §§ 275, 295 SGB V. So stellt die Dokumentationspflicht weiter im
Bereich der vertragsärztlichen Versorgung eine Obliegenheit des Vertragsarztes gegenüber der KV und den Krankenkassen dar. Ferner existiert im
Rahmen der Gebührenordnungen – GOÄ bzw. GOZ – eine Vielzahl von
Leistungslegenden, die die **Dokumentation der entsprechenden Leistung**
als zwingenden Bestandteil für die damit verbundene Abrechnungsbefugnis
verlangen.

Die wenigen berufsrechtlichen Verfahren wegen Verstoßes gegen die Doku- **89**
mentationspflicht beschränken sich überwiegend auf Fälle fehlender Nachweise für abgerechnete Leistungen.[143]
Daneben hat das Landesberufsgericht für Ärzte in Stuttgart[144] entschieden,
dass der Arzt dem Patienten die ordnungsgemäße **Dokumentation** dem Patienten als **Rechenschaftsbericht** schulde und die Originalaufzeichnungen
weder willkürlich abgeändert noch ersetzt werden dürfen.
Unter Berücksichtigung der herrschenden Rechtsprechung zur Dokumentationspflicht[145] liegt eine weitere Entscheidung des Hamburgischen Berufsgerichts für die Heilberufe[146] vor, wonach »die ärztlichen Aufzeichnungen
nicht nur als Gedächtnisstütze des Arztes, sondern auch dem **Interesse des
Patienten an einer ordnungsgemäßen Dokumentation** dienen. Sinn und
Zweck der Dokumentationspflicht sei nicht zuletzt auch, dass mit- und
nachbehandelnde Ärzte jederzeit in der Lage sind, die durchgeführten Maßnahmen und angewandten Therapien nachvollziehen zu können (therapeutische Dokumentation).«

§ 10 Abs. 2 MBO regelt spiegelbildlich den Anspruch des Patienten auf **Ein-** **90**
sicht und **Herausgabe** der **Behandlungsdokumentation** gegen Kostenerstattung. Dieses Einsichtsrecht stellt unstreitig eine Nebenpflicht aus dem

---

142 BGH NJW 1978, 233.
143 Beispielhaft Landesberufsgericht beim OVG Münster, Urt. v. 16.10.1972, A 2. 6.
     Nr. 1.
144 Landesberufsgericht für Ärzte in Stuttgart, Urt. v. 30.6.1984, A 2. 6. Nr. 5.
145 Vgl. BGH NJW 1983, 328 ff.
146 Hamburgisches Berufsgericht für die Heilberufe, Beschl. v. 23.4.1997, A 2. 6.
     Nr. 9.

Behandlungsvertrag[147] dar. Die unberechtigte Weigerung des Arztes zur Herausgabe der Dokumentation ist berufsrechtswidrig und führt zu entsprechenden Sanktionen.

91   Soweit § 10 MBO von »**Aufzeichnungen**« spricht, wird deutlich, dass die **Dokumentation** zweifelsfrei auch mit Hilfe **elektronischer Medien** erfolgen kann, sofern die Daten während der Dauer der Aufbewahrungsfristen verfügbar und in angemessener Frist lesbar gemacht werden können.[148] Gegen eine elektronische Dokumentation wird zuweilen deren mögliche nachträgliche Abänderbarkeit eingewandt. Diese wenig überzeugende Kritik übersieht indes, dass der Patient für eine entsprechende Behauptung einerseits beweispflichtig ist und andererseits zugestanden werden muss, dass auch eine herkömmlich erstellte handschriftliche Dokumentation nachträglich verändert werden kann. Zutreffend ist zwar, dass ein einfacher EDV-Ausdruck der Datei keine Urkunde im Rechtssinne darstellt; dennoch muss die ärztliche Dokumentation keineswegs Urkundsqualität aufweisen, so dass diese Diskussion im Ergebnis keine Rolle spielen dürfte.[149]

92   Die **Aufbewahrungsfrist** ärztlicher Aufzeichnungen beläuft sich nach § 10 Abs. 3 MBO auf zehn Jahre nach Abschluss der Behandlung, soweit nicht längere Aufbewahrungsfristen bestehen. Solche verlängerten Fristen gelten u. a. für Aufzeichnungen über die Behandlung mit radioaktiven Stoffen bzw. Strahlen (30 Jahre), für Unterlagen und Röntgenbilder beim Durchgangsarzt (15 Jahre), sowie für Aufzeichnungen von BG-Verfahren im stationären Bereich (20 Jahre).

93   **Blickwinkel Arzt: Dokumentationsversäumnisse** führen im Haftpflichtprozess zu Beweiserleichterungen zu Gunsten des Patienten. Sofern sich ein Sachverhalt nachträglich aufgrund mangelhafter Dokumentation nicht mehr rekonstruieren lässt, führt dies zu einer Umkehr der Beweislast.[150] Anders gewendet: Eine **ordnungsgemäße Dokumentation** ist **Selbstschutz und Beweismittel für die Rechtsverteidigung**. Dies gilt auch und erst recht hinsichtlich einer sorgfältigen Dokumentation der erfolgten Aufklärung, insbesondere bei operativen Eingriffen.[151]

(6) Ärztliche Untersuchungs- und Behandlungsmethoden

94   § 11 MBO befasst sich mit den ärztlichen Untersuchungs- und Behandlungsmethoden. Regelungsgegenstand dieser Norm ist die Verpflichtung

---

147 BGH NJW 1983, 328; Hamburgisches Berufsgericht für die Heilberufe, Beschl. v. 30.12.2010.
148 Vgl. Empfehlungen der Bundesärztekammer zur Organisation des EDV-Einsatzes in der ärztlichen Praxis, DÄ 1996, 1981 ff.
149 Rehborn MDR 2000, 1101, 1110.
150 BGH NJW 1999, 860, 862.
151 Ratzel in Ratzel/Lippert § 10 Rn 5.

des Arztes, die Patienten gewissenhaft zu versorgen und sich dabei geeigneter Untersuchungs- und Behandlungsmethoden zu bedienen. Auf den ersten Blick regelt diese Norm somit Selbstverständlichkeiten. Im Kern wird der zivilrechtliche Fahrlässigkeitsbegriff nach § 276 BGB unter Berücksichtigung seiner besonderen berufsrechtlichen Bedeutung, namentlich der Beachtung der **berufsspezifischen Sorgfaltspflichten**,[152] betont. Sie zeigt jedoch gleichermaßen die **Grenze der Therapiefreiheit** des Arztes auf; weicht der Arzt von den anerkannten Regeln medizinischer Behandlung diametral ab oder wendet eine Behandlungsmethode an, die zwischenzeitlich von einer risikoärmeren oder weniger belastenden Methode abgelöst worden ist, ist dies eben nicht allein von **haftungsrechtlicher**, sondern auch **berufsrechtlicher Relevanz.**[153]

§ 11 MBO greift im Ergebnis den Gedanken der **Qualitätssicherung** auf. **95**
Zuzustimmen ist, dass der Regelungsinhalt dieser Norm äußerst allgemein gehalten ist. Dem Bedürfnis nach **konkreten Vorgaben** bezüglich der Wahl und Durchführung bestimmter Behandlungsmethoden, sowie Entscheidungshilfen zu Gunsten bestimmter Therapieformen wird diese berufsrechtliche Vorgabe nicht gerecht. Als »Lösung« entwickelte die Ärzteschaft **Richtlinien, Leitlinien** und **Empfehlungen** mit dem Ziel, im Zuge der medizinischen Behandlung ein höheres Maß an Rechtssicherheit für Arzt und Patient zu schaffen.[154]

(7) Ärztliches Honorar

Nicht selten entwickelt sich eine **haftungsrechtliche Streitigkeit** aus einer **96**
gebührenrechtlichen Auseinandersetzung. Der Patient ist mit der Leistung des Arztes unzufrieden, verweigert den Ausgleich seines Honorars und behauptet, die Behandlung sei fehlerhaft. Insbesondere im Bereich der zahnärztlichen Behandlung, im Rahmen derer die Patienten regelmäßig Eigenbeteiligungen zu leisten haben, ist dieses Phänomen zu beobachten. Daher sind **Kenntnisse** über die Grundzüge des **(zahn)ärztlichen Vergütungsrechts** in derartigen Fällen unerlässlich.

Die berufsrechtlichen **Regelungen zur Honorarbemessung und den Ver-** **97**
gütungsabsprachen finden sich in § 12 MBO. Im Rahmen der Privatliquidation trifft den Arzt die Verpflichtung, sein Honorar nach der **amtlichen**

---

152 BGHZ 8, 138; So stellt die Fehldiagnose in Folge einer oberflächlichen Untersuchung und das nachfolgende Alleinlassen einer Patientin in lebensbedrohtem Zustand eine Pflichtverletzung im Kernbereich der Berufsausübung dar, Berufsgericht für die Heilberufe beim OLG Nürnberg, Beschluss v. 23.2.1996, A 1. 2. Nr. 34.
153 Ratzel in: Ratzel/Lippert § 11 Rn. 2.
154 Zu dieser Thematik ausführlich (Kapitel 2 C).

Hennings

Gebührenordnung (GOÄ) abzurechnen.[155] Die GOÄ ist insoweit die spezielle, taxmäßige Vergütung im Sinne des § 612 Abs. 2 BGB, soweit nicht für den Bereich der stationären sowie vertragsärztlichen Versorgung gesonderte Vergütungsregelungen Anwendung finden. Die GOÄ ist systematisch in einen allgemeinen Paragraphenteil und einem besonderen, nach Gebieten geordneten Gebührenverzeichnis gegliedert.

98   § 613 BGB verlangt, dass die Dienste im Zweifel in Person zu erbringen sind. Somit setzt die Abrechnungsbefugnis des Arztes grundsätzlich sein **persönliches Handeln** voraus. § 4 Abs. 2 GOÄ regelt insoweit eine Ausnahme, wonach er die Gebühren für Leistungen, die unter seiner Aufsicht nach fachlicher Weisung erbracht, d. h. delegiert wurden, ebenfalls abrechnen kann. Die Nichtbeachtung dieses **Delegationsrahmens** und fehlende persönliche Leistungserbringung führt hingegen zu einer berufsrechtlichen Sanktion:

– Trägt die Sprechstundenhilfe in die vom Arzt blanko unterschriebenen Rezepte die Medikamente ein, die in der Patientenkartei für eine wiederholte Verordnung vermerkt sind, und händigt sie diese Rezepte den Patienten ohne Kenntnis des Arztes im Einzelfall aus, so darf der Arzt nicht die Gebühr für eine Beratung berechnen. Das Überlassen von Blanko-Rezepten an die Praxishelferin ist berufsrechtlich zu missbilligen.[156]

99   Die einschlägigen berufsrechtlichen Entscheidungen befassen sich im Wesentlichen mit der Frage der »**Angemessenheit**« **des Honorars** im Sinne des § 12 Abs. 1 S. 1 MBO. Nach § 5 GOÄ sind die für die **Gebührenhöhe** zu berücksichtigenden Steigerungssätze in der Regel zwischen dem einfachen und dem 2,3-fachen Gebührensatz zu bemessen. Die Steigerung bis zu einem 3,5-fachen Gebührensatz bedarf einer Begründung für das Vorliegen von Besonderheiten im Rahmen der Behandlung. Der Arzt hat in jedem Einzelfall die Höhe seines Honorars nach den **Grundsätzen des billigen Ermessens** unter Berücksichtigung der Schwierigkeit im Einzelfall, des Zeitaufwandes, der einzelnen Leistung und den Umständen bei der Ausführung zu bestimmen. § 2 Abs. 1 GOÄ gestattet dem Arzt alternativ, eine von der Gebührenordnung abweichende Höhe seines Honorars zu vereinbaren, wobei gemäß § 12 Abs. 1 S. 3 MBO auf die Einkommens- und Vermögensverhältnisse des zahlungspflichtigen Patienten Rücksicht zu nehmen ist. Die Grenze der **Vergütungsvereinbarung** ist darüber hinaus nach § 138 BGB gezogen.[157]

---

155 Für die Zahnärzte gilt die Gebührenordnung – GOZ -, abrufbar unter http://www.bzaek.de/berufsstand/zahnaerztliche-berufsausuebung/gebuehrenordnung-goz.html (Stand. 8.6.2011).

156 Bezirksberufsgericht für die Ärzte in Karlsruhe, Urt. v. 23.2.1977, A 2. 2. 8. Nr. 1.5.

157 Ratzel in Ratzel/Lippert § 12 Rn. 11.

Hennings

– Das Landesberufsgericht für Zahnärzte in Stuttgart[158] hat darauf hingewiesen, dass die **Abrechnung einer Höchstgebühr** nicht bereits dann in Betracht kommt, wenn der Patient einen entsprechenden Erstattungsanspruch durch einen Versicherer erwarten kann;

– eine Honorarforderung über das **24- oder 25-fache des einfachen Gebührensatzes** ist unangemessen und führt zu deren Nichtigkeit;[159]

– das Verlangen nach einer **Vorauszahlung** des Honorars verstößt grundsätzlich gegen die ärztliche Standespflicht;[160]

– der Arzt darf die **Notfallbehandlung** an einem Sonntag nicht von der Unterzeichnung einer Honorarvereinbarung abhängig machen,[161]

– die Abrechnung sog. **IGeL-Leistungen** gegenüber gesetzlich krankenversicherten Patienten setzt eine schriftliche Vereinbarung voraus[162] und erfolgt auf der Basis der GOÄ. Berufsrechtlich relevant ist ein Verhalten, wenn der Arzt den Patienten zur Inanspruchnahme dieser IGeL-Leistungen drängt, indem ihm eine indizierte und im Rahmen des Leistungskatalogs der GKV mögliche Behandlung »ausgeredet« wird.[163]

Blickwinkel Arzt – »Zulässigkeit eines Vorschusses«: Da die Durchführung der privat(zahn)ärztlichen Behandlung nach überwiegender Auffassung nicht von der Einforderung eines **Vorschusses** auf die Behandlungskosten abhängig gemacht werden kann, bleibt dem betroffenen Arzt letztlich nur das Mittel der Ablehnung der Behandlung,[164] wenn er bei deren Beginn schon ahnt, der Privatpatient sei **zahlungsunfähig**. In Notfällen bleibt der Arzt stets und uneingeschränkt zur Behandlung verpflichtet. | **100**

Blickwinkel Patient: Streitigkeiten über die Höhe einer (zahn)ärztlichen Honorarabrechnung auf der Basis der GOÄ/GOZ treten regelmäßig dann auf, wenn die entsprechenden Erstattungsstellen (Beihilfe/Krankenversicherer) **die Angemessenheit der Höhe der abgerechneten Leistungen** bzw. die zugrunde gelegten **Abrechnungspositionen** bestreiten. Die Erstattungsstellen berufen sich insoweit nicht selten auf vereinzelte Entscheidungen von Untergerichten und behaupten zuweilen, ihr Standpunkt beruhe auf einer »ständigen Rechtsprechung«. Nicht selten ist diese Auffassung unzutreffend. Zur Klärung dieses Konfliktes mag die **Einschaltung der zuständigen (Zahn)Ärztekammer** sinnvoll sein, zumal von dort regelmäßig eine professionelle Aufarbeitung des Streitgegenstandes zu erwarten | **101**

158 Landesberufsgericht für Zahnärzte in Stuttgart, Urt. v. 28.10.1972, A 2. 8. Nr. 1.3.
159 Hamburgischer Berufsgerichtshof für die Heilberufe, Urt. v. 13.12.1994, A 2. 1. Nr. 8.
160 Berufsgericht für die Heilberufe beim Verwaltungsgericht Bremen, Urt. v. 20.10.1982, A 2. 8. Nr. 16.
161 Bezirksberufsgericht für Ärzte in Stuttgart, Urt. v. 22.10.1986, A 2. 8. Nr. 19.
162 § 18 BMV-Ä.
163 Ratzel in Ratzel/Lippert § 12 Rn 6.
164 Zur Behandlungspflicht gesetzlich versicherter Patienten siehe Rn. 142 ff.).

ist. Während die Erstattungsstellen zunehmend ihr ureigenes Interesse, die Ausgaben möglichst gering zu halten, verfolgen, ist von den Kammern erfahrungsgemäß eine – so ist zu hoffen – **objektive Einschätzung** der betreffenden gebührenrechtlichen Problematik zu erwarten.

102 **Blickwinkel Arzt:** Auch für den Arzt kann es äußerst sinnvoll sein, seinerseits **eine gebührenrechtliche Anfrage** bei seiner Kammer vorzunehmen; bestreitet der Patient – unter Hinweis auf die hinter ihm stehende Erstattungsstelle – die Angemessenheit bzw. Abrechnungsfähigkeit einer konkreten Gebührenforderung, kann die entsprechende **Stellungnahme der Kammer** für die Entscheidung der (gerichtlichen) Durchsetzung des Honoraranspruches von großem Wert sein.

103 Während sich die Berufsgerichte in der Vergangenheit bezüglich der Regelung in § 12 MBO vorrangig mit der berufsrechtlichen Relevanz überhöhter Honorarforderungen zu befassen hatten, zeichnet sich neuerdings ein gegenteiliger Trend ab. Im Zuge des **steigenden Wettbewerbes** bieten Ärzte wie auch Zahnärzte ihre Leistungen unter Hinweis auf besonders günstige Gebühren/Kosten sogar **unterhalb des Einfachsatzes der GOÄ bzw. GOZ** an, um Patienten anzuwerben:
 – Das Gebot, wonach Honorarforderungen des (Zahn)Arztes angemessen sein müssen, begründet kein weitergehendes Verbot als die Regelungen der GOÄ/GOZ. § 2 Abs. 1 GOÄ/GOZ ist deshalb auch dahingehend zu verstehen, dass die abweichende Höhe der Vergütung im Sinne dieser Vorschrift auch eine **Unterschreitung der Gebührensätze** vorsehen kann.[165]
 – Bewirbt ein Zahnarzt im Rahmen einer Treuebonusaktion die Durchführung einer professionellen Zahnreinigung zum Preis von lediglich € 0,99 ist dies wettbewerbswidrig, da der tatsächliche Wert der Leistung in Höhe von ca. € 35,00 weit über dem beworbenen **Dumpingpreis** liegt und damit als **unangemessen** iSd. § 12 Abs. 1 MBO anzusehen ist.[166]
Die Qualität der medizinischen Versorgung bedingt nicht zuletzt die Berücksichtigung eines angemessenen Honorars. Liegt dieses Honorar weit unter den gebührenrechtlichen Mindestbeträgen, müssen **Qualitätseinbußen** zu befürchten sein; entwickelt sich aus der zugrundeliegenden Behandlung ein Haftungsfall, wird sich der Behandler indes nicht etwa darauf berufen können, dass er infolge des niedrigen Preises **standardunterschreitend** behandeln durfte. Die **Haftung** besteht unabhängig von der Höhe des geleisteten Honorars.

> ❗ Die Kammern sind verpflichtet, bei Streitigkeiten zwischen Ärzten und Patienten kostenfreie **gutachterliche Stellungnahmen** abzugeben. So regelt § 12 Abs. 3 MBO ausdrücklich die Überprüfung der **Angemes-**

---

165 KG Berlin, Beschluss vom 31.08.2007, 5 W 253/07, recherchiert über Juris.
166 LG Flensburg, Beschluss v. 04.03.2009, 6 O 30/09 – nicht veröffentlicht.

senheit einer Honorarforderung durch die Ärztekammer. Ärzten und Patienten wie auch deren anwaltlichen Beratern ist zu empfehlen, von dieser Möglichkeit in strittigen Honorarfragen Gebrauch zu machen.

(8) Haftpflichtversicherung

§ 21 MBO regelt die Verpflichtung, wonach sich Ärzte hinreichend gegen Haftpflichtansprüche von Patienten im Rahmen ihrer beruflichen Tätigkeit zu versichern haben. Diese Norm hat jedoch weder **drittschützenden Charakter**,[167] noch handelt es sich um eine **gesetzliche Pflichtversicherung** iSd. § 113 VVG. Anders als beispielsweise für den Bereich der Rechtsanwaltschaft stellt der Abschluss einer **Haftpflichtversicherung keine Zulassungsvoraussetzung** dar.

Bislang überprüfen die Kammern die Einhaltung dieser berufsrechtlichen Pflicht nicht regelmäßig, sondern anlassbezogen.[168] De lege lata sind die Patienten somit nicht vor der Überraschung geschützt, in einem **Schadensfall** feststellen zu müssen, dass der behandelnde Arzt **nicht versichert** ist. Gründe hierfür mögen einerseits in dem Bestreben, Prämien für den Haftpflichtversicherer zu sparen, andererseits darin liegen, aufgrund entsprechender Vorschäden keinen Versicherer zu finden, der bereit ist, das Haftpflichtrisiko eines bestimmten Arztes zu decken. In beiden Fällen droht dem Patienten das **Risiko**, Haftpflichtansprüche aus einem Schadensfall wirtschaftlich nicht durchsetzen zu können. Insoweit nachvollziehbar wird gefordert, eine **allgemeine Versicherungspflicht** für die Heilberufler einzuführen, zumindest jedoch den Kammern eine Verpflichtung zur Überprüfung des Bestehens eines Haftpflichtversicherungsschutzes aufzuerlegen.[169]

Blickwinkel Patient: Bei Geltendmachung von Haftpflichtansprüchen gegenüber einem Angehörigen der Heilberufe sollte möglichst frühzeitig der Versuch unternommen werden, direkten **Kontakt mit dem entsprechenden Berufshaftpflichtversicherer** aufzunehmen. Wenngleich eine entsprechende Verpflichtung des Arztes auf Nennung seines Berufshaftpflichtversicherers nicht besteht,[170] wird der Arzt im Schadensfalle schon aus Gründen der Beachtung seiner Obliegenheiten im Rahmen der Anzeigepflichten (§ 5 Ziff. 2 Abs. 1 AHB) seinen Haftpflichtversicherer einschalten. Da der Versicherer für die außergerichtliche Bearbeitung eines möglichen Schadensfalles **Regulierungshoheit** besitzt, findet die Korrespondenz regelmäßig dann auch direkt über den Versicherer statt; der Patient weiß somit, dass Versiche-

104

105

167 LG Düsseldorf MedR 2003, 418, 419.
168 Das jahrelange Führen einer Praxis ohne Versicherungsschutz ist berufswidrig, BezirksG für Ärzte in Stuttgart, MedR 2009, 693; Teichner/Schröder MedR 2005, 127, 128.
169 Teichner/Schröder MedR 2005, 127, 129.
170 AG Dorsten MedR 2005, 12.

rungsschutz besteht. Lässt sich ein Kontakt mit dem Berufshaftpflichtversicherer nicht herstellen und sind begründete Zweifel vorhanden, ob tatsächlich Versicherungsschutz besteht, sollte die zuständige **Kammer informiert und unter Hinweis auf die berufsrechtliche Pflicht zum Abschluss einer Haftpflichtversicherung** um Vermittlung gebeten werden. Zumindest wird den Kammern eine Stellungnahme dahingehend abzuverlangen sein, ob der betreffende Arzt das Bestehen eines entsprechenden Versicherungsschutzes – nach Aufforderung – gegenüber der Kammer nachgewiesen hat.

106   **Blickwinkel Arzt:** Der Abschluss einer **Berufshaftpflichtversicherung** stellt ausnahmslos eine **Berufspflicht des Arztes** dar. Im Falle des Verstoßes gegen diese Verpflichtung sind sowohl berufsrechtliche Sanktionen als auch Zwangsmaßnahmen der Approbationsbehörde geboten.[171] Jeder Arzt ist mithin gut beraten, für einen **hinreichenden Versicherungsschutz,** das heißt auch im Hinblick auf die Höhe der Deckungssummen, Sorge zu tragen. Für besonders schadensträchtige Fachgruppen, so die der operativen Fächer, sind gegenwärtig Mindestdeckungssummen für Personenschäden in Höhe von € 3–5 Mio. zu empfehlen. Von besonderer Bedeutung ist für den Arzt weiter seine **Obliegenheitspflicht** nach § 104 VVG; danach ist er verpflichtet, jedes Schadensereignis, das Haftpflichtansprüche begründen könnte, dem Versicherer unverzüglich, spätestens innerhalb einer Woche schriftlich anzuzeigen. Die Verletzung dieser Obliegenheitspflicht kann dann zur **Leistungsfreiheit des Versicherers** führen, wenn diesem infolge der verspäteten Schadensmeldung die Möglichkeit zur Feststellung des Versicherungsfalles oder zur Minderung des Schadens durch eigene Verhandlung mit dem Geschädigten entgangen ist.[172] Eine weitere Obliegenheit des Arztes besteht darin, dem Versicherer zwecks **Mitwirkung** an der **Abwehr von Haftpflichtansprüchen** Fragen zu beantworten.[173]

(9) Praktische Konsequenzen der Überwachung der Berufsausübung

107   Die **Heilberufskammern** sind aufgrund ihres gesetzlichen Auftrages u. a. verpflichtet, die **Erfüllung der Berufspflichten ihrer Mitglieder zu überwachen.** Die Generalklausel des § 2 Abs. 2 MBO verpflichtet die Ärzte, ihren Beruf gewissenhaft auszuüben und den ihnen im Zusammenhang mit dem Beruf entgegengebrachten Vertrauen zu entsprechen. Zur gewissenhaften Berufsausübung gehört es, die für die Berufsausübung geltenden Vorschriften zu beachten.

108   **Blickwinkel Patient:** Im Falle der Annahme eines Verstoßes des Arztes gegen die bezeichneten berufsrechtlichen Verpflichtungen kann es sich in

---

171 Ratzel in Ratzel/Lippert § 21 Rn 3.
172 OLG München VersR 1982, 1089.
173 OLG Saarbrücken GesR 2006, 565.

Hennings

geeigneten Fällen durchaus anbieten, die **zuständige Kammer** zu **unterrichten** und ggf. **unterstützend tätig** werden zu lassen. Beispielhaft wird der behandelnde Arzt seiner Verpflichtung zur Herausgabe der betreffenden Behandlungsdokumentation eher nachkommen, wenn er seitens der Kammer hierzu aufgefordert wird. Auf diese Weise lässt sich ein zumeist zeitraubendes Zivilverfahren auf **Herausgabe der Behandlungsdokumentation** vermeiden. Reduzieren lässt sich weiter ein **Prozessrisiko**, wenn es um Streitigkeiten über die Höhe einer (zahn)ärztlichen Honorarforderung geht. Infolge einer entsprechenden gutachterlichen Stellungnahme der Kammer lassen sich die **Erfolgsaussichten eines Honorarprozesses** mit einer größeren Wahrscheinlichkeit einschätzen.

bb) Der Arzt in »freier Praxis«

Der Arzt übt seine Tätigkeit grundsätzlich in »freier Praxis« aus. **Prägende Merkmale der ärztlichen Tätigkeit** sind die **hohe Professionalisierung** (Qualifizierungshürde), **Eigenverantwortlichkeit, Unabhängigkeit** sowie ein **hohes Maß an Selbstbindung.**[174]

109

(1) Niederlassung

Die Ausübung **ambulanter ärztlicher/zahnärztlicher Tätigkeit** ist nach § 17 Abs. 1 MBO grundsätzlich an einen **Praxissitz** gebunden.

110

Von diesem Regelfall ambulanter ärztlicher Tätigkeit existiert eine Vielzahl zulässiger Besonderheiten. So wurden die Musterberufsordnungen der Ärzte wie auch die der Zahnärzte infolge des am 01.01.2004 in Kraft getretenen GKV-Modernisierungsgesetzes (GMG) umfassend geändert und im Hinblick auf die **berufsrechtlichen Rahmenbedingungen** der (zahn)ärztlichen Tätigkeit **liberalisiert.** Mit der Einführung des **Vertragsarztrechtsänderungsgesetzes** zum 01.01.2007 sind nunmehr Kooperationen von **überörtlichen Berufsausübungsgemeinschaften, Teilberufsausübungsgemeinschaften** sowie die **Anstellung von (Zahn)Ärzten** ebenso ermöglicht worden wie die Gründung von **Zweigpraxen.** Korrespondierende, berufsrechtliche Regelungen finden sich in den §§ 17, 18, 18a, 23a – 23d MBO-Ärzte, §§ 16 – 18 MBO Zahnärzte.

Beraterhinweis: Die landesrechtlichen Regelungen der jeweiligen Berufsordnungen weichen nicht unerheblich von den Vorgaben der Musterberufsordnung ab, so dass im Einzelfall eine **konkrete Prüfung** anhand der jeweiligen **Landesberufsordnung** zu empfehlen ist.

Die Liberalisierung der Berufsordnungen folgte indes nicht allein unter dem Eindruck der Modernisierung der vertrags(zahn)ärztlichen Vorschriften des GMG. Die seit Jahren zu beobachtende Tendenz, wonach sich die Heilberufler zunehmend in Berufsausübungsgemeinschaften zusammenschließen, hält an:

111

---

174 Ratzel in Ratzel/Lippert § 17 Rn 1.

Anzahl der vertragsärztlichen Einrichtungen Mitte 2009

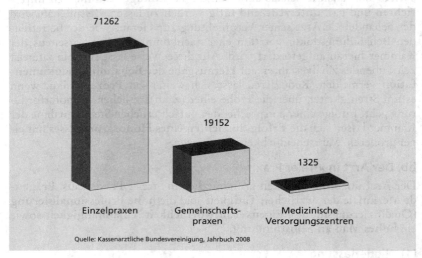

Quelle: Kassenärztliche Bundesvereinigung, Jahrbuch 2008

112 Ärzte in Gemeinschaftspraxen

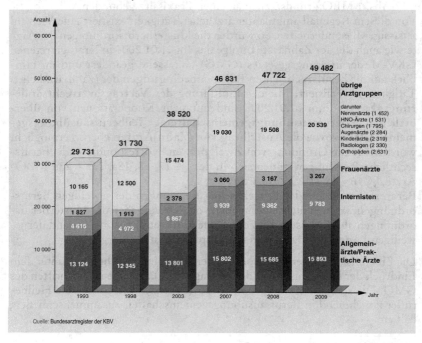

Quelle: Bundesarztregister der KBV

Hennings

Die Anzahl der Ärzte, die sich zu Berufsausübungsgemeinschaften zusammenschließen hat sich – insbesondere im Bereich der Fachärzte – in den vergangenen 15 Jahren nahezu verdoppelt. Dennoch sind gegenwärtig lediglich rund 1/3 der ambulant tätigen Ärzte in Berufsausübungsgemeinschaften organisiert. **113**

Zahl der Praxisinhaber nach Praxiskooperation 2007 – Deutschland **114**

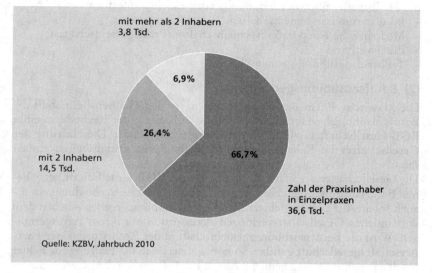

mit mehr als 2 Inhabern
3,8 Tsd.

6,9%

26,4%

mit 2 Inhabern
14,5 Tsd.

66,7%

Zahl der Praxisinhaber
in Einzelpraxen
36,6 Tsd.

Quelle: KZBV, Jahrbuch 2010

Nahezu 40 % der niedergelassenen Zahnärzte sind – mit steigender Tendenz – in Berufsausübungsgemeinschaften tätig.

Die Novellierungen der Berufsordnungen ermöglichen die »Niederlassung und Eingehung beruflicher Kooperationen« in unterschiedlichen Varianten: **115**
- Die strenge Bindung an einen Praxissitz wird aufgegeben, Tätigkeiten an bis zu zwei weiteren Orten sind zulässig, §§ 17 Abs. 2, 18 Abs. 1 und 3 MBO; § 9 Abs. 2 MBO-Z;
- die bisherige Unterscheidung zwischen ausgelagerter Praxisstätte und Zweigpraxis wurde im Berufsrecht aufgegeben, § 17 Abs. 2 MBO;
- Ärzte können nunmehr nicht nur einer, sondern mehreren Berufsausübungsgemeinschaften angehören, § 18 Abs. 3 MBO; § 16 Abs. 2 MBO-Z;
- die Bildung überörtlicher Berufsausübungsgemeinschaften – § 18 Abs. 3 MBO, § 16 Abs. 2 MBO-Z – ist ebenso zulässig wie das Eingehen von Kooperationen, die sich nur auf einzelne Leistungen beschränken (Teilberufsausübungsgemeinschaften), § 18 Abs. 1 MBO;
- die Anstellung von Ärzten ist nunmehr grundsätzlich auch auf fachfremden Gebieten zulässig, § 19 Abs. 2 MBO;

Hennings

– die Möglichkeit der Kooperation unter den Heilberuflern und Angehörigen anderer Leistungserbringer ist in allen Kooperationsformen zulässig, § 28b Abs. 1 MBO, § 17 Abs. 1 MBO-Z; dies schließt die Gründung von Ärztegesellschaften als juristische Personen des Privatrechts ein, § 23a MBO.

116 Als Folge dieser Liberalisierung treten heute die **kooperativen Tätigkeiten** der Heilberufler überwiegend in folgenden Erscheinungsformen auf:[175]
– Berufsausübungsgemeinschaften
– Medizinische Kooperationsgemeinschaften/Praxisgemeinschaften
– Praxisverbund
– Teilberufsausübungsgemeinschaften

(2) Berufsausübungsgemeinschaft

117 Die **klassische Form der Kooperation** unter den Heilberuflern stellt die Berufsausübungsgemeinschaft dar. Sie ist zulässig in der Rechtsform einer **BGB-Gesellschaft** sowie der **Partnerschaftsgesellschaft**. Die **Haftung der Gesellschafter** im Rahmen der Berufsausübung ist grundsätzlich umfassend:
Die Gesellschafter der in der Rechtsform einer **BGB-Gesellschaft** betriebenen Berufsausübungsgemeinschaft haften für sämtliche Verbindlichkeiten – auch solche, die sich aus fehlerhafter Berufsausübung ergeben – neben dem vorhandenen Gesellschaftsvermögen akzessorisch mit ihrem Privatvermögen. Wird die Berufsausübungsgemeinschaft in der Rechtsform einer **Partnerschaftsgesellschaft** geführt, so konzentriert sich die Haftung für Fehler bei der Berufsausübung gem. § 8 Abs. 2 PartGG (neben dem Gesellschaftsvermögen) auf den verursachenden Behandler.

118 **Blickwinkel Patient:** Sofern der einen **Haftungsfall** verursachende Arzt einer Berufsausübungsgemeinschaft angehört, ist die **Beachtung der Rechtsform,** in der diese Gesellschaft betrieben wird, von Bedeutung. Das **Passivrubrum** sollte bei Beteiligung des verursachenden Arztes an einer **BGB-Gesellschaft** auf die rechtsfähige Gesellschaft einerseits sowie jeden einzelnen beteiligten Gesellschafter andererseits ausgerichtet werden.
Wird die Berufsausübungsgemeinschaft in der Rechtsform einer **Partnerschaftsgesellschaft** geführt, hat sich das **Passivrubrum** einerseits auf die Gesellschaft, andererseits auf den bzw. die an der Behandlung beteiligten Ärzte zu beschränken.

119 Haftungsrechtlich relevante **Sonderfälle** ergeben sich, wenn Gesellschafter nach Eintritt eines Behandlungsfehlers aus dieser Berufsausübungsgemeinschaft austreten bzw. in diese eintreten: Die **Haftung des ausscheidenden**

---

175 Nicht erwähnt sind hier die sog. Integrationsversorgung und die Leistungserbringergemeinschaft, die vorrangig im vertragsärztlichen Bereich vorzufinden und diesem zuzuordnen sind.

Hennings

Gesellschafters richtet sich für die Gesellschaft Bürgerlichen Rechts nach § 736 Abs. 2 i.V.m. § 160 HGB, für die Partnerschaftsgesellschaft nach § 10 Abs. 2 PartGG i.V.m. § 160 HGB; der ausgeschiedene Gesellschafter wird in beiden Fällen erst nach **Ablauf von fünf Jahren** nach seinem Ausscheiden bzw. nach dessen Eintragung/Bekanntgabe **enthaftet.**
Deutlich verschärft hat sich mittlerweile die Haftung des in eine BGB-Gesellschaft **eintretenden Gesellschafters:** Im Falle seines Eintritts nach dem 07.04.2003 haftet er gleichermaßen für die vor seinem Eintritt begründete Verbindlichkeiten aus beruflicher Tätigkeit – Behandlungsfehler – der Mitgesellschafter.[176] Für die Partnerschaftsgesellschaft galt dies schon immer, § 8 PartGG iVm. § 130 HGB.

Während die weiteren Gesellschaftsformen der KG und OHG im Bereich der ärztlichen Kooperationsformen ausscheiden, eröffnet § 23 MBO die Möglichkeit, sich in Form einer juristischen Person des Privatrechts mithin der **GmbH** oder der **AG** zu organisieren. Auch hier variieren die jeweiligen (Landes-)Berufsordnungen in Folge der zugrunde liegenden Heilberufsgesetze der Länder, wonach die Ausübung ambulanter Heilkunde in der Rechtsform einer GmbH **in einzelnen Kammerbereichen unzulässig ist.**[177]   **120**

(3) Medizinische Kooperationsgemeinschaften/Praxisgemeinschaft

Medizinische Kooperationsgemeinschaften bzw. Praxisgemeinschaften   **121**
werden im Gegensatz zu Berufsausübungsgemeinschaften als Zusammenschlüsse verstanden, im Rahmen derer sich die **Zweckbestimmung** auf die **Nutzung bestimmter Ressourcen** bezieht. Eine gemeinschaftliche Berufsausübung der so zusammengeschlossenen Ärzte erfolgt nicht. Die **Praxisgemeinschaft** hat als Gesellschaftszweck regelmäßig die gemeinsame Nutzung der Praxisräumlichkeiten, im Einzelfall darüber hinaus die Beschäftigung gemeinschaftlichen Personals und Nutzung von Sachgütern zum Gegenstand. Unterformen der Praxisgemeinschaft sind die Apparategemeinschaft, deren häufiges Beispiel die sog. Laborgemeinschaft ist.[178] **Haftungsrechtlich** ist jeder Gesellschafter einer Praxisgemeinschaft allein für die seinerseits verursachten Behandlungsfehler aus ärztlicher Tätigkeit verantwortlich.

(4) Praxisverbund/Praxisnetze

Der **Praxisverbund** ist in § 23d MBO geregelt; der Begriff des **Praxisnetzes**   **122**
stammt aus dem Bereich der vertragsärztlichen Regelung in § 73a Abs. 1 SGB V. Die unterschiedlichen Begriffe sind annähernd synonym zu verstehen und bezeichnen eine Kooperation, deren Zweck in der Durchführung

---

176 OLG Koblenz GesR 2005, 260; fortgeführt durch BGH v. 16.04.2008 – VIII ZR 230/07.
177 Ratzel/Lippert § 18/18a Rn. 37 m.w.N.
178 Schäfer-Gölz in Halbe/Schirmer A1200 Rn. 5 ff.

Hennings

gemeinsamer oder gleich gerichteter Maßnahmen bestimmter Versorgungsformen, z. B. dem Gebiet der Qualitätssicherung, liegt. Kennzeichnend für
diese Kooperation ist die **rechtliche** – und damit auch **haftungsrechtliche** –
Eigenverantwortlichkeit der beteiligten Ärzte bzw. Leistungserbringer.[179]
An derartigen Kooperationen können sich nach Maßgabe der berufsrechtlichen Regelung gleichermaßen Krankenhäuser, Vorsorge- und Rehabili-
tationskliniken sowie Angehörige anderer Gesundheitsberufe beteiligen.
Im Rahmen der vertragsärztlichen Versorgung bilden die »vernetzten Praxen« einen Verbund aus haus- und fachärztlich tätigen Vertragsärzten, die
sich nach Maßgabe der Bedingungen eines Strukturvertrages nach § 73 a-c
SGB V zusammenschließen können.

(5) Teilberufsausübungsgemeinschaften

123 Aufgrund der Neufassung des § 18 MBO können Ärzte eine Berufsausübungsgemeinschaft auch auf **Teile ihrer Berufsausübung**, so auch auf eine
einzige Leistung bezogen, beschränken. Um dem Verbot der berufswidrigen Zuweisung von Patienten gegen Entgelt nach § 31 MBO Rechnung
zu tragen, regeln die meisten Berufsordnungen, dass die Bildung von Teilberufsausübungsgemeinschaften zwischen überweisenden Ärzten einerseits und Labormedizinern, Pathologen, Radiologen andererseits unzulässig sind.[180] Im Bereich der vertragsärztlichen Versorgung ist in § 33 Abs. 2
Ärzte-ZV die Gründung einer Teilberufsausübungsgemeinschaft zwischen
Ärzten, die nur auf Überweisung in Anspruch genommen werden können,
ohnehin untersagt.

cc) Fazit: Qualitätssicherung bedeutet Patientenschutz

124 **Merke:** Der **Qualitätsförderung** wird im Bereich der medizinischen Versorgung ein zunehmend größeres Gewicht beigemessen. Diesem Umstand
tragen die Kammern der Heilberuflern Rechnung, in dem die Berufsordnungen dem Kammermitglied eine Vielzahl von Pflichten auferlegt, deren
Nichtbeachtung zu berufsrechtlichen Sanktionen durch Einleitung berufsgerichtlicher Verfahren führt.[181] Die besonderen **Berufspflichten** (Einhaltung der Pflicht zur Verschwiegenheit, Fortbildungspflicht und deren
Zertifizierung, Abschluss einer ausreichenden Haftpflichtversicherung, Angemessenheit und Nachprüfbarkeit des Honorars etc.) dienen nicht allein
dem **Selbstverständnis des Berufsstandes**, sondern betonen gleichermaßen
die **gesellschaftliche Verantwortung** des Berufsstandes gegenüber den Patienten. Vor diesem Hintergrund sind diese Berufspflichten als **Instrument
des Verbraucherschutzes** zu verstehen. Mit der Einführung und Fortent-

---

179 Zur Begriffsbestimmung im Einzelnen Haack in Wentzel Kapitel 10 Rn 158 ff.
180 Beispielhaft wird auf § 18 Abs. 1a der Berufsordnung der Hamburger Ärzte und
    Ärztinnen verwiesen, abrufbar unter http://www.aerztekammer-hamburg.de/
    berufsrecht/Berufsordnung.pdf (Stand: 3.6.2011).
181 Hierzu Kapitel 4. A.

wicklung von Qualitätssicherungsmaßnahmen, Richtlinien, Leitlinien und Empfehlungen wird zunehmend das Berufsbild der Heilberufler geprägt. Die wissenschaftliche Forschung, das »medizinisch Machbare«, die Entwicklung neuer medizinischer Verfahren und technischer Innovationen stehen im Spannungsfeld wirtschaftlich knapper werdender Ressourcen. Die **Ökonomisierung der Medizin** hat eine Vielzahl von Regelungen zur Folge, die die originäre Tätigkeit der Heilberufler – die Behandlung der Patienten – beeinflusst. Dieser Konflikt prägt die Berufsausübung der Heilberufler in ihrer täglichen Praxis. Im **Interesse des Patientenschutzes** muss den berufsrechtlichen Regelungen unter Berücksichtigung der ethischen Grundsätze des ärztlichen Handels deshalb ein **hoher Stellenwert** – auch und insbesondere in Haftungsfällen – beigemessen werden.

e) Das System der »Gesetzlichen Krankenversicherung« (GKV)

Für den anwaltlichen Berater, der die **Behandlerseite** vertritt, gewinnt zunehmend das **Vertragsarztrecht** an Bedeutung. In Zeiten beschränkter Ressourcen, ausgedrückt durch Budgets und Regelleistungsvolumina, sowie durch Heilmittel- und Arzneimittelbudgets muss der anwaltliche Berater des Heilberufsangehörigen dem **Zivilgericht vermitteln**, welchen Restriktionen der Heilberufsangehörige bei seinem heilkundlichen Handeln unterliegt, um so der nicht selten bei den Zivilgerichten zu beobachtenden Tendenz entgegenzuwirken, im Interesse des Verbraucherschutzes die Anforderungen an die Versorgung des Patienten mit Gesundheitsleistungen so zu definieren, dass sie mit den **vertragsarztrechtlichen Restriktionen** des Arztes nicht mehr in Übereinstimmung zu bringen sind. Hier stellt sich zunehmend die Frage der **Kollision von zivil- und sozialrechtlichen Anforderungen.**

125

aa) Grundzüge des GKV-Systems

Verfassungsrechtlich weist Art. 74 Abs. 1 Nr. 12 GG dem Bund die konkurrierende Gesetzgebung für die Sozialversicherung zu.[182] Infolge des »Gesetzes zur Strukturreform im Gesundheitswesen Gesundheits-Reformgesetz (GRG)« aus dem Jahre 1988 wurde das gesamte Krankenversicherungsrecht im Sozialgesetzbuch 5 (SGB V) kodifiziert. In den letzten zwanzig Jahren sind in der Folge zahlreiche Gesetzesreformen ergangen, namentlich
– Gesundheitsstrukturgesetz 1993 (GSG),
– erstes und zweites GKV-Neuordnungsgesetz 1997,
– Gesetz zur Stärkung der Solidarität in der gesetzlichen Krankenversicherung 1999 (GKV) SolG,
– GKV Gesundheitsreformgesetz 2000,
– Gesundheitsmodernisierungsgesetz 2004 (GMG),
– Gesetz zur Stärkung des Wettbewerbs in der GKV 2007 (GKV-WSG).

126

---

182 Instruktiv zur historischen Entwicklung des GKV-Systems vgl. Hess in Wenzel, Kap. 2 Rn. 2 ff.

Hennings

Ziel dieser vielfältigen Reformen war stets, die Wirtschaftlichkeit der Gesundheitsversorgung unter Beibehaltung der Leistungen sicherzustellen. Keine dieser Reformen hat es vermocht, diese Zielsetzung auch nur mittelfristig zu erreichen: So gilt insbesondere im Bereich der Gesundheitspolitik der Satz »**Nach der Reform ist vor der Reform**«.
Zum 01.01.2012 soll das Gesetz zur Verbesserung der Versorgungsstrukturen in der gesetzlichen Krankenversicherung in Kraft treten. Der bei Redaktionsschluss vorliegende Rentenentwurf sieht eine Verbesserung der Versorgungsstrukturen und Flexibilisierung des vertragsärztlichen Vergütungssystems vor. Bereits vor Verabschiedung dieses Gesetzes steht fest, dass sich Mehrausgaben im Bereich der GKV nicht werden vermeiden lassen.

127 Die **gesetzliche Krankenversicherung (GKV)** ist durch den **Grundsatz der Solidarität** geprägt; die gesetzlich versicherten Mitglieder stehen solidarisch für die Risiken der Erkrankungen des Einzelnen und seiner mitversicherten Familienangehörigen ein. Hier findet sich mithin der wesentliche **Unterschied** zu der **privaten Krankenversicherung (PKV)**, im Rahmen derer durch den Versicherungsnehmer ein individuell bestimmbares Versicherungsrisiko durch Zahlung eines risikoäquivalenten Beitrages gedeckt wird. Als zentralen Grundsatz regelt § 71 SGB V die **Beitragsstabilität.** Danach sollen alle am Gesundheitswesen Beteiligten verpflichtet werden, sämtliche Vorgaben, wie beispielsweise die Ausschöpfung der Wirtschaftlichkeitsreserven unter Erschließung von Einsparpotentialen auf allen Ebenen, zu erreichen, um Beitragserhöhungen zu vermeiden. Grundsätzlich dürfen Leistungsausgaben der gesetzlichen Krankenversicherung nur in demselben Umfang wie die Beitragseinnahmen steigen.[183]

128 Zur Bewältigung dieser Aufgaben wird dem **gemeinsamen Bundesausschuss (G-BA)**[184] gem. § 91 SGB V eine umfassende Richtlinienkompetenz eingeräumt; er ist insbesondere für die Einführung neuer Untersuchungs- und Behandlungsmethoden in der vertragsärztlichen Versorgung gemäß § 135 SGB V und die Qualitätssicherungsrichtlinien gemäß § 136a SGB V zuständig. Die **Richtlinien des G-BA** stellen für die an der vertragsärztlichen Versorgung teilnehmenden (Zahn)Ärzte **bindendes Recht**[185] dar, so dass diese nur diejenigen Leistungen erbringen dürfen, die in den vertrags(zahn)ärztlichen Regelwerken einschließlich der Richtlinien des G-BA vorgesehen sind.

---

183 Der mit dem GKV-WSG zum 01.1.2009 eingeführte »Gesundheitsfond« regelt einen einheitlichen Beitragssatz für alle Krankenkassen unter Berücksichtigung der nach Morbiditätsgruppen zu erfolgenden Verteilung der Beiträge an die einzelnen Krankenkassen.
184 Der GBA wird durch die KBV, KZBV, DGK, die Berufsverbände der Krankenkassen, die Bundesknappschaft und die Verbände der Ersatzkassen gebildet, § 91 Abs. 1 SGB V.
185 BSGE 78, 70, 74.

Hennings

(1) Rechtsbeziehungen der Beteiligten

Die Rechts- und Leistungsbeziehungen zwischen den Beteiligten im Bereich der gesetzlichen Krankenversicherung lassen sich in dem sog. »GKV-Viereck« darstellen:

129

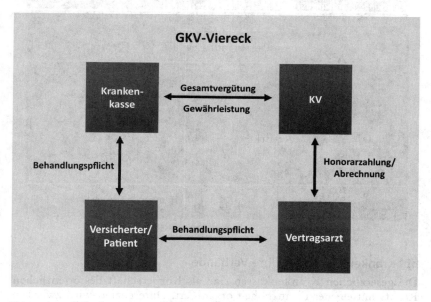

GKV-Viereck

Krankenkasse
Gesamtvergütung
Gewährleistung
KV
Behandlungspflicht
Honorarzahlung/ Abrechnung
Versicherter/ Patient
Behandlungspflicht
Vertragsarzt

Diese (vereinfachte) Darstellung stellt die grundsätzliche Struktur der gesetzlichen Krankenversicherung dar. Vereinzelte Durchbrechungen dieser schematischen Betrachtung[186] sollen aus Gründen der Übersichtlichkeit nicht vertieft werden.

(2) Normensetzung der vertragsärztlichen Versorgung

Die wesentlichen Normen und Rechtsgrundlagen der vertragsärztlichen Versorgung auf Bundes- und Landesebene zeigt diese Tabelle (entsprechendes gilt für den Bereich der vertragszahnärztlichen Versorgung):

130

---

186 Z.B. direkte Beziehungen zwischen Vertragsarzt und Krankenkasse durch Abschluss von Einzelverträgen nach §§ 73b, 73c, 116b, 140a ff. SGB V.

Hennings

Versorgung	
Sozialgesetzbuch V (SGB V)	**Bundesrecht**
Zulassungsverordnung für Vertragsärzte (ZV-Ärzte)	
Bundesmantelverträge	Kollektivverträge
EBM/Bema	(öffentlich-rechtlich)
Richtlinien des G-BA	
Zulassungsrecht	Gemeinsame Selbstverwaltung:
Gesamtvertrag, Gesamtvergütung	Kassenärztliche Vereinigungen
Honorarverteilung	(KVen) der Länder, Krankenkassen
Strukturverträge gem. § 73a – c SGB V	
Kollektivverträge nach §§ 82 – 87 SGB V	
Bedarfsplanung	
Prüfungsausschüsse	
Notdienstordnung	Kassenärztliche Vereinigung (KV)
Disziplinarordnung	

bb) Krankenkassen und ihre Verbände

131   Die **gesetzlichen Krankenkassen** sind als **Körperschaft des öffentlichen Rechts** mit eigener Finanzhoheit organisiert. Differenziert wird zwischen den sog. **Primärkassen** (Ortskrankenkassen, Betriebskrankenkassen, Innungskrankenkassen, landwirtschaftliche Krankenkassen, Seekrankenkasse, Bundesknappschaft) und den **Ersatzkassen.** Im Jahre 2009 waren bei den Primärkassen insgesamt rund 18 Mio. Personen, den Ersatzkassen rund 18,4 Mio. Personen, den Betriebskrankenkassen rund 10 Mio., den Innungskrankenkassen rund 4,4 Mio. und bei den Übrigen Krankenkassen rund 1,4 Mio. Pflichtmitglieder versichert.

132   Die **Organisation** der verschiedenen (Dach-)Verbände der Krankenkassen ist in §§ 207 ff. SGB V geregelt. Die jeweiligen Landesverbände sind wiederum zu Bundesverbänden zusammengeschlossen, die Bundesverbände der Primär- und Ersatzkassen sind nach § 213 SGB V in den Spitzenverbänden der Krankenkassen organisiert. Aufgabe der Spitzenverbände ist, Entscheidungen über bundeseinheitlich zu regelnde Angelegenheiten, wie beispielsweise dem **einheitlichen Bewertungsmaßstab (EBM)** gem. § 87 Abs. 1 SGB V gemeinsam mit der Kassen(zahn)ärztlichen Bundesvereinigung (KBV/KZBV), zu treffen.

Hennings

cc) Kassenärztliche Vereinigungen

133 Vertrags(zahn)ärzte sind in jedem Bundesland jeweils in einer **Kassenärztlichen Vereinigung (KV)** bzw. einer **Kassenzahnärztlichen Vereinigung (KZV)** gem. § 77 Abs. 1 SGB V organisiert. Als Körperschaft des Öffentlichen Rechts besteht die wesentliche Aufgabe der KV/KZV in der **Erfüllung des Sicherstellungsauftrages:** § 72 SGB V verpflichtet zugelassene Ärzte, Zahnärzte, Psychotherapeuten, Medizinische Versorgungszentren und Krankenkassen an der Sicherstellung der vertragsärztlichen Versorgung der gesetzlich versicherten Patienten mitzuwirken; § 72 Abs. 2 SGB V konkretisiert diesen Sicherstellungsauftrag, wonach im Rahmen der gesetzlichen Vorschriften und **Richtlinien des gemeinsamen Bundesausschusses**[187] durch schriftliche Verträge der KV/KZV mit den Verbänden der Krankenkassen im Rahmen **der gemeinsamen Selbstverwaltung** die vertrags(zahn)ärztliche Versorgung so zu regeln ist, dass eine **ausreichende** und **wirtschaftliche Versorgung** der Versicherten unter Berücksichtigung des allgemeinen anerkannten Standards der medizinischen Erkenntnisse gewährleistet ist und die (zahn)ärztlichen **Leistungen angemessen vergütet** werden. Gem. § 75 i.V.m. § 73 Abs. 2 SGB V soll der Sicherstellungsauftrag garantieren, dass alle gesetzlich Krankenversicherten in ihrem Einzugsbereich alle erforderlichen vertrags(zahn) ärztlichen Leistungen erhalten. Zur Durchsetzung dieser Verpflichtung ist die KV/KZV ermächtigt, die **Einhaltung der gesetzlichen Bestimmungen gegenüber dem Vertrags(zahn)arzt** durchzusetzen.[188] Spiegelbildlich stellt der Sicherstellungsauftrag gleichermaßen die Berechtigung der KV zur Durchführung der ambulanten vertrags(zahn)ärztlichen Versorgung dar.[189] Den Strukturen der gesetzlichen Krankenversicherungen vergleichbar sind auch die Landes-KVen wiederum in der Kassen(zahn)ärztlichen Bundesvereinigung (KBV, KZBV) nach § 77 Abs. 4 SGB V zusammengeschlossen.

134 Die **wesentlichen Aufgaben der KBV bzw. KZBV** bestehen in der
- Vertretung der Belange der Vertrags(zahn)ärzte im Gesetzgebungsverfahren,
- Wahrnehmung deren Interessen auf Bundesebene,
- Abschluss von Verträgen auf Bundesebene,
- Erlass von bundeseinheitlichen Richtlinienverfahren der Qualitätssicherung,

---

187 Die Richtlinien des gemeinsamen Bundesausschusses haben den Charakter untergesetzlicher Normen und entfalten Rechtswirkung als Bestandteil der Bundesmantelverträge gem. § 92 Abs. 8 SGB V; Richtlinien des gemeinsamen Bundesausschusses sind, abrufbar unter www.g-ba.de/institution/themenschwerpunkte/qualitaetssicherung/richtlinien/ (Stand: 3.6.2011).
188 Siehe Kapitel 4. C: Verfahren gegen den Vertragsarzt.
189 Durchbrechungen dieser Monopolstellung finden sich zunehmend, so im Bereich der Vereinbarungen über das ambulante operieren im Krankenhaus (§ 115b SGB V), Verträgen über die ambulante Behandlung im Krankenhaus (§ 116b SGB V) und Integrationsversorgungsverträgen (§ 140a ff. SGB V).

– Abschluss von Kollektivverträgen nach §§ 82 – 87 SGBV sowie
– Strukturverträgen nach § 73a-c SGB V auf Landesebene etc.

dd) Versicherter (Patient)

135 Der gesetzlich versicherte Patient hat gegenüber seiner Krankenkasse im Wege des **Sachleistungsprinzips** Anspruch auf Leistungen zur Verhütung und Behandlung von Krankheiten nach Maßgabe der §§ 20 – 60 SGB V. Diese **Leistungen betreffen im Wesentlichen** solche
– zur Verhütung von Krankheiten,
– zur Früherkennung von Krankheiten,
– bei Schwangerschaft und Mutterschaft,
– bei Krankheit für ärztliche und zahnärztliche Behandlung,
– Versorgung mit Arzneimitteln,
– der Krankenhausbehandlung,
– Krankengeld etc.

136 **Zuzahlungspflichten der Versicherten** sind in zahlreichen Leistungsbereichen (z. B. Zahnersatz, Arzneimittel, stationäre Versorgung etc.) ebenso geregelt, wie die höchst umstrittene **Praxisgebühr** gem. § 28 Abs. 4 i.V.m. § 61 SGB V.

ee) Der Vertragsarzt

137 In der **vertrags(zahn)ärztlichen Versorgung** sind gegenwärtig rund 150.000 niedergelassene Fachärzte, Hausärzte sowie Psychologische Psychotherapeuten tätig; die Zahl der Vertragszahnärzte beläuft sich auf rund 57.000.

138 Mitglieder der Kassenärztlichen Vereinigungen 2009

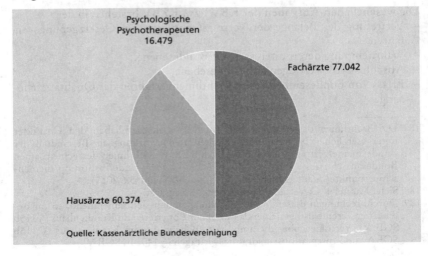

Psychologische Psychotherapeuten 16.479

Fachärzte 77.042

Hausärzte 60.374

Quelle: Kassenärztliche Bundesvereinigung

Hennings

Mitglieder der Kassenzahnärztlichen Vereinigungen **139**

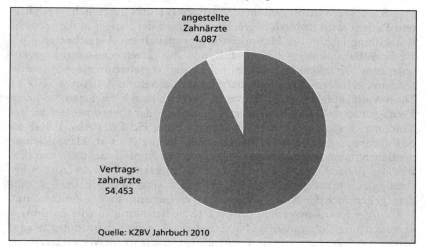

angestellte
Zahnärzte
4.087

Vertrags-
zahnärzte
54.453

Quelle: KZBV Jahrbuch 2010

Der **Vertragsarzt** ist gegenüber seiner Kassenärztlichen Vereinigung nicht **140** nur **berechtigt,** sondern auch **verpflichtet,** an der **vertragsärztlichen Versorgung** teilzunehmen. Danach hat er den gesetzlich Versicherten in ausreichendem Umfang Sprechstunden anzubieten.[190] **Honoraransprüche** aus der Behandlung gesetzlich versicherter Patienten hat der Vertragsarzt **gegenüber seiner KV** nach Maßgabe der Bestimmungen zur **Honorarverteilung** und des **einheitlichen Bewertungsmaßstabes (EBM)** abzurechnen. Ein direkter Zahlungsanspruch des Vertragsarztes besteht ebenso wenig gegenüber dem Versicherten wie auch gegenüber dessen Krankenkasse.[191]

Die Vertragsärzte nehmen gem. § 95 Abs. 1 S. 1 SGB V neben den zuge- **141** lassenen **Medizinischen Versorgungszentren,** den **ermächtigten Ärzten** und den **ermächtigten ärztlichen Einrichtungen** an der vertragsärztlichen Versorgung teil.[192] Um an der vertragsärztlichen Versorgung teilnehmen zu können, bedarf es einer **Zulassung** als **statusbegründenden Akt** der Berufsausübung im System der vertragsärztlichen Versorgung.

---

190 So beispielhaft geregelt in § 17 Bundesmanteltarifvertrag-Ärzte.
191 Die Gebührenordnung für vertragszahnärztliche Leistungen findet sich in BEMA-Z, abrufbar über http://www.kzbv.de/m112.htm?www.kzbv.de/rechtsgrund/m112-m.htm (Stand. 8.6.2011).
192 § 95 SGB V gilt gleichermaßen für die Teilnahme von Zahnärzten sowie Psychotherapeuten an der vertragsärztlichen Versorgung.

Hennings

(1) Rechtsverhältnis Patient/Vertragsarzt

142 Das **Rechtsverhältnis** zwischen **Vertragsarzt** und **gesetzlich versichertem Patient** wird dadurch begründet, dass sich der Patient in die ärztliche Behandlung begibt; der **Hauptleistungsanspruch des Versicherten** – die ärztliche Behandlung – besteht aufgrund der Gesetzessystematik gegenüber seiner Krankenkasse, namentlich in der **Verschaffung** der im weiteren Sinne erforderlichen **Heilbehandlungsmaßnahme** (§ 2 Abs. 1 SGB V). Nach Auffassung des BGH[193] kommt zwischen dem Versicherten und dem Vertragsarzt ein **Behandlungsvertrag** zustande, der ebenso wie bei der Behandlung von Privatpatienten als **Dienstvertrag iSd § 611 Abs. 1 BGB** zu qualifizieren ist. Dem BGH folgend schuldet der Arzt als Hauptleistung die Behandlung nach den Regeln der ärztlichen Kunst, indes nicht den Eintritt des Behandlungserfolges. Der **Vergütungsanspruch** des Arztes besteht jedoch nicht gegenüber dem gesetzlich versicherten Patienten, sondern **gegenüber** der **Kassenärztlichen Vereinigung,** da der Patient durch Vorlage der **Krankenversicherungskarte** die **Befreiung** von der **Zahlungsverpflichtung** dokumentiert. Nach anderer Ansicht[194] wird unter Bezugnahme auf § 76 Abs. 4 SGB V vertreten, zwischen dem Vertragsarzt und dem gesetzlich versicherten Patienten bestünden keine vertraglichen Beziehungen, sondern lediglich ein gesetzliches Rechtsverhältnis mit »öffentlich-rechtlicher Natur«.

Blickwinkel Patient: Der dogmatische Streit über die Rechtsnatur des Behandlungsvertrages ist zuletzt durch das **Bundesverfassungsgericht**[195] dahingehend entschieden worden, dass die öffentlich-rechtliche Prägung der Rechtsverhältnisse keinen Einfluss auf die **Rechtsnatur des Behandlungsvertrages** hat; im Falle der **Verletzung von Sekundärpflichten,** etwa bei Schlechtleistung, sind die Ansprüche des Patienten gegenüber dem Vertragsarzt als **zivilrechtlicher Teil eines öffentlich-rechtlich organisierten Leistungssystems** zu beurteilen.

(2) Teilnahme an der vertragsärztlichen Versorgung

143 An der vertragsärztlichen Versorgung nehmen gem. §§ 95 Abs. 1, 72 Abs. 1 SGB V die
– zugelassenen Ärzte, Zahnärzte, Psychotherapeuten,
– zugelassenen Medizinischen Versorgungszentren,
– ermächtigten Ärzte,
– ermächtigten ärztlich geleitete Einrichtungen

---

193 BGHZ 97, 273.
194 BSGE 59, 172, 177; Schnapp NZS 2001, 337.
195 BVerfG 2005, 1103; zur besonderen Problematik der zahnprothetischen Behandlung wird auf BGH NJW 1975, 305 verwiesen: Nach überwiegender Ansicht findet bei der Versorgung mit Zahnersatz und Zahnkronen trotz werkvertraglicher Elemente grds. das Dienstvertragsrecht Anwendung.

Hennings

teil. Die für die Zulassung erforderlichen Voraussetzungen sind in §§ 95, 95a, c SGB V sowie der **Zulassungsverordnung für Vertrags(zahn)ärzte (Ärzte-ZV/Zahnärzte-ZV)** geregelt. Um als Vertragsarzt tätig zu werden, bedarf es neben der Approbation dem erfolgreichen Abschluss einer allgemeinmedizinischen Weiterbildung, einer Weiterbildung in einem anderen Fachgebiet mit der Befugnis zum Führen einer entsprechenden Gebietsbezeichnung oder dem Nachweis einer gemäß § 95a Abs. 4, 5 SGB V anerkannten Qualifikation.[196] Weitere Voraussetzungen für die Erteilung der vertragsärztlichen Zulassung sind im Einzelnen in §§ 20 ff. Ärzte-ZV geregelt.

(3) Rechte und Pflichten der Vertragsärzte

Die wesentlichen **Rechte des Vertragsarztes** bestehen in der Teilnahme an der vertragsärztlichen Versorgung sozialversicherter Patienten und der Teilnahme an der Honorarverteilung auf der Grundlage des geltenden Honorarverteilungsmaßstabes (§ 95 Abs. 4 SGB V).

144

Diesen Rechten steht eine Vielzahl von **Pflichten des Vertragsarztes** gegenüber, deren Zielsetzung einerseits der Beachtung des **Wirtschaftlichkeitsgebots,** andererseits der **Sicherung einer qualitativ hochwertigen Versorgung** gesetzlich versicherter Patienten dient. Die maßgeblichen Pflichten sind im **Bundesmantelvertrag** geregelt,[197] wobei insbesondere folgende Bestimmungen hervorzuheben sind:

145

- Der Vertragsarzt ist verpflichtet, die **Regeln der ärztlichen Kunst** unter Berücksichtigung des sich aus dem BGB ergebenden **Sorgfaltsmaßstabes** zu beachten, §§ 13 Abs. 8, 16 BMV;
- Verpflichtung zur beruflichen Fortbildung gemäß § 95d SGB V; im Unterschied zu der berufsrechtlichen Fortbildungspflicht (§ 4 MBO) handelt es sich hier um eine **vertragsarztspezifische Fortbildung,** deren Nichterfüllung (zunächst) Honorarkürzungen, bei nachhaltiger Weigerung des Vertragsarztes, die vorgeschriebenen Fortbildungen zu absolvieren, das Ruhen der Zulassung bzw. Ermächtigung zur Folge hat,
- Verpflichtung zur **persönlichen Leistungserbringung,** § 15 BMV,
- Teilnahme am organisierten **Notfalldienst,**
- Behandlung auf Krankenversicherungskarte und **Verbot der Privatliquidation,** § 18 BMV,
- Beachtung des **Wirtschaftlichkeitsgebotes,** §§ 12, 70 SGB V,

---

196 EU-Diplome bedürfen der Umschreibung nach Maßgabe der BÄO, um als der deutschen Approbation gleichwertig anerkannt zu werden; Ärzte aus Nicht-EU-Mitgliedstaaten haben nur nach erfolgter Gleichwertigkeitsprüfung Anspruch auf Erteilung der deutschen Approbation.
197 Abrufbar unter www.kbv.de/rechtsquellen (Stand: 8.6.2011).

Hennings

– Ausstellung erforderlicher **Bescheinigungen,** §§ 35, 36 BMV,[198]
– Aufbewahrungspflicht der **Patientendokumentation,** § 57 BMV.

146 **Blickwinkel Arzt:** Eine **gröbliche Verletzung vertragsärztlicher Pflichten** führt nach § 27 Ärzte-ZV zur **Nichterteilung** bzw. **Entziehung/Ruhensanordnung** der **Zulassung:**[199]
– Abrechnungsmanipulationen **(Falschabrechnung)** durch nicht erbrachte oder nicht vollständig erbrachte Leistungen stellen eine schwerwiegende Verletzung vertragsärztlicher Pflichten dar,[200]
– fortgesetzte **unwirtschaftliche Behandlungs- oder Verordnungsweise** trotz vorheriger Disziplinarmaßnahmen,[201]
– Verstöße gegen das Gebot der **persönlichen Leistungserbringung,**
– die **pflichtwidrige Verweigerung** einer ärztlichen Behandlung im Rahmen des Sachleistungssystems gegenüber einem gesetzlich Versicherten,
– **Privatabrechnung** gegenüber dem Patienten von Leistungen, die zur vertragsärztlichen Versorgung gehören.

147 Zu den grundlegenden statusbezogenen Pflichten gehört die **vertragsärztliche Behandlungspflicht.**[202] Als Ausdruck der **ärztlichen Therapiefreiheit** ist der Vertragsarzt bei entsprechender Indikation grundsätzlich frei, unter mehreren Behandlungsleistungen, die gleichermaßen **geeignet, erforderlich** und **wirtschaftlich** sind, eine Auswahl vorzunehmen und dabei diejenige Behandlung zu wählen, die unter Beachtung des Grundsatzes der **Selbstbestimmung des Patienten** aus ärztlicher Sicht zu bevorzugen ist.[203] Nach den Grundsätzen der Effektivität und der Kostengünstigkeit im Rahmen des Wirtschaftlichkeitsgebots bestimmt § 12 Abs. 1 S. 2 SGB V spiegelbildlich, dass dem Versicherten für Leistungen, welche nicht notwendig oder unwirtschaftlich sind, kein gesetzlicher Anspruch zusteht.

148 Der Behandlungspflicht des Vertrags(zahn)arztes steht nur in engen Grenzen und Ausnahmefällen das Recht über die **Ablehnung der Behandlung** gegenüber:[204]
– So kann die Verweigerung einer vertragsärztlichen Behandlung wegen Auslastung der Praxis bzw. Fehlen geeigneter Behandlungstermine zu-

---

198 Die Ausstellung erforderlicher Bescheinigungen sowie die Erteilung von Auskünften (§§ 35, 36 BMV) hat der Vertragsarzt nicht nur auf Verlangen der Krankenkasse, sondern auch auf Verlangen der Patienten/Versicherten vorzunehmen, sofern diese zur Durchsetzung von Leistungsansprüchen etc. benötigt werden.
199 Siehe hierzu Kapitel 4. C.
200 BSGE 43, 250.
201 BSGE 60, 76.
202 Vgl. die Ausführungen bei Hartmannsgruber in Ratzel/Luxenburg § 7 Rn. 1023.
203 Neumann in: Schnapp/Wigge § 13 Rn. 11.
204 Ergänzend hinzuweisen ist auf § 13 Abs. 7 BMV-Ä, § 13 Abs. 6, 8 EKV-Ä.

Hennings

lässig sein, wenn die Aufnahmefähigkeit einer Praxis tatsächlich überschritten ist;[205]
– ausnahmsweise kann eine dem Vertragsarzt ansonsten drohende Ho-
norarkürzung wegen übermäßiger Ausdehnung der vertragsärztlichen
Tätigkeit ein Grund für eine zulässige Leistungseinschränkung sein;[206]
grundsätzlich stellen nach Auffassung des BSG[207] jedoch eine unzureichende Honorierung und ausgeschöpfte Budgets keine zulässigen Gründe dar, eine ansonsten mögliche Behandlungsleistung abzulehnen oder
diese gar von Zuzahlungen des Versicherten abhängig zu machen;
– fehlt dem Vertragsarzt das erforderliche Spezialwissen[208] für die notwendige Behandlung oder verfügt er nicht über die erforderlichen Geräte,[209]
ist er nicht nur berechtigt, sondern sogar verpflichtet, die Behandlung zu
unterlassen.

Eine Ablehnung der Behandlung ist in Fällen der **ärztlichen Notfallversorgung** sowie der **akuten Schmerzbehandlung** generell ausgeschlossen.[210]

Blickwinkel Arzt: In Zeiten von Budgetüberschreitungen, Honorarabstaffe-
lungen oder Regelungen zur Fallzahlzuwachsbegrenzung kommt es im Bereich der vertragsärztlichen Versorgung zunehmend zu einem **Spannungsfeld zwischen Fürsorgeprinzip und Wirtschaftlichkeitsgebot:** Der Arzt
darf in der Praxis vorhandene Leistungsangebote der gesetzlichen Krankenversicherung wie beispielsweise kostspielige Medikationen oder Therapien
für eine bestimmte Erkrankung nicht reduzieren,[211] denn er schuldet dem
Patienten stets die beste und erfolgversprechendste Behandlung. Unter Beachtung dieses Prinzips läuft er jedoch nicht selten Gefahr, für die entstandenen Kosten einer bestimmten Therapie in **Regress** genommen zu werden,
sofern ein Verstoß gegen das Wirtschaftlichkeitsgebot festgestellt wird.

In einer solchen »**Zwickmühle**« befindet sich der Vertragsarzt auch dann,
wenn er eine dem medizinischen Standard entsprechende **Behandlungsmethode** anwenden will – weil es keine andere gleichwertige Therapie gibt –
und diese Methode **noch nicht von dem G-BA anerkannt** ist: Aus **zivilrechtlichen Haftungsgründen** muss er diese Methode anwenden. Ob ihm
in einem derartigen Fall das Recht zur Kündigung des Behandlungsvertrages aus wichtigem Grund zusteht, wenn der Patient sich weigert, die Kosten
der Behandlung privat aufzubringen, ist umstritten.[212] In jedem Fall hat er
bei Übernahme der Behandlung den Patienten über die ernsthaft in Betracht
kommenden Alternativen uneingeschränkt aufzuklären.

149

---

205 Kreße MedR 2007, 393, 396.
206 LSG Nordrhein-Westfalen Arztrecht 1999, 98 f.; Kreße MedR 2007, 393, 396.
207 BSG MedR 2002, 47.
208 BGH NJW 1994, 3008.
209 BGH NJW 1989, 2321, 2322.
210 Kreße MedR 2007, 393, 397.
211 BSG MedR 2002, 47.
212 Kreße MedR 2007, 393, 400 mwN.

(4) Qualitätssicherung in der vertrags(zahn)ärztlichen Versorgung

150   Gemäß § 135 a SGB V sind die Vertrags(zahn)ärzte, Medizinische Versorgungszentren, zugelassene Krankenhäuser etc. verpflichtet, sich an einrichtungsübergreifenden Maßnahmen zur **Qualitätssicherung (QS)** zu beteiligen, um die Ergebnisqualität der ärztlichen Versorgung zu verbessern, sowie praxis- bzw. einrichtungsintern ein **Qualitätsmanagement (QM)** einzuführen und weiterzuentwickeln.
Die **Richtlinien des gemeinsamen Bundesausschusses (G-BA)**[213] regeln die Verfahren nach § 136 SGBV zur **Qualitätsbeurteilung** bestimmter Leistungen. Danach sind die KVen verpflichtet, durch **Stichproben** die **Qualität** der erbrachten Leistungen, deren **Indikationsstellung** und **Wirtschaftlichkeit** zu überprüfen. Solche Richtlinien existieren gegenwärtig beispielsweise zur Kernspintomographie, radiologischen Diagnostik, Ultraschalldiagnostik und Koloskopie.

151   Nach § 135 Abs. 2 SGB V können die Partner der Bundesmantelverträge darüber hinaus **Vereinbarungen für bestimmte ärztliche Leistungen** treffen, die **Fachkundenachweise** sowie **besondere apparative Ausstattungen** erfordern oder weitere **Anforderungen an die Strukturqualität** stellen.[214] Solche im Rahmen dieser Vereinbarungen erbrachten Leistungen können nur durch den entsprechend **zertifizierten Vertragsarzt** erbracht und abgerechnet werden, § 11 Abs. 1 BMV.

152   **Fazit:** Das System der gesetzlichen Krankenversicherung stellt alle Beteiligten vor große Herausforderungen. Neben der Beachtung der **Beitragsstabilität** ist eine **qualitativ hochwertige medizinische Versorgung** der gesetzlich versicherten Patienten das Ziel einer jeden Gesundheitsreform. Eine Vielzahl von **Sicherungsinstrumenten** soll gewährleisten, dass der Patient im Bereich der ambulanten vertragsärztlichen Versorgung auf einem **hohen medizinischen Niveau** behandelt wird. Die formellen und materiellen **Zulassungsvoraussetzungen**, die die jeweiligen Leistungserbringer erfüllen müssen, sollen deren **Qualifikation auf dem jeweiligen Fachgebiet** gewährleisten und auch künftig aufgrund der gesetzlichen Fortbildungsverpflichtung sicherstellen. Flankierend werden über den gemeinsamen Bundesausschuss fortlaufend die **Richtlinien der Qualitätssicherung** für die ambulante vertragsärztliche Versorgung aktualisiert und den qualitativen Anforderungen angepasst.[215]

---

213 Verfügbar unter www.g-ba.de/institution/themenschwerpunkte/qualitätssicherung/richtlinien (Stand: 30.6.2011).
214 Die bestehenden Vereinbarungen sind abrufbar unter www.kbv.de/rechtsquellen/131.html (Stand: 8.6.2011).
215 Eine differenzierte Darstellung der Richtlinien über die Qualitätssicherung siehe Schnapp/Wigge § 21 Rn 28 ff.

ff) Unterstützung der Versicherten bei Behandlungsfehlern

Die **Pflicht der Krankenkasse** gegenüber ihren versicherten Mitgliedern **153** beschränkt sich nicht allein auf die Verschaffung der im weiteren Sinne erforderlichen Heilbehandlungsmaßnahmen; nach § 66 SGB V können Krankenkassen ihre Versicherten bei der **Verfolgung von Schadensersatzansprüchen,** die aus **Behandlungsfehlern** resultieren, unterstützen. Soweit Schadensersatzansprüche nicht gemäß § 116 SGB X auf die Krankenkassen übergangen sind, liegt es in deren Ermessen, insoweit für ihr Mitglied tätig zu werden. Vorrangig beziehen sich diese Tätigkeiten auf die **Unterstützung der Beweisführung** des Versicherten durch **Einholung von Auskünften** (etwa über Diagnose und Therapie), sowie der **beratenden und begutachtenden Begleitung** durch Einholung von Gutachten über den **Medizinischen Dienst (MDK)** der Krankenversicherung.

Blickwinkel Patient: In den vergangenen Jahren haben sich die **Aktivitäten** **154** der Krankenkassen bezüglich der Unterstützung ihrer Mitglieder bei der Durchsetzung von **Schadensersatzansprüchen** erheblich **ausgeweitet.** Die **Krankenversicherer** verfügen mittlerweile über eigene **Regressabteilungen,** in denen Mediziner aller Fachrichtungen Behandlungsunterlagen auf mögliche Behandlungsfehler überprüfen. Als für den Patienten **vorteilhaft** erweist sich, dass die Unterstützung der Krankenkasse **kostenfrei** ist; indes übernehmen die Krankenkassen nicht die Kosten der Rechtsverfolgung. Dennoch mag dem auf Seiten des Patienten tätigen Haftpflichtrechtler anzuraten sein, seinem Mandanten zu empfehlen, die **Krankenkasse zur Unterstützung für die Durchsetzung** eines (vermeintlichen) **Behandlungsfehlers** aufzufordern.

gg) Besonderheiten der vertragszahnärztlichen Versorgung

Die **zahnärztliche Behandlung** weist gegenüber der humanmedizinischen **155** Behandlung **spezifische Besonderheiten auf.** Demzufolge wird die vertragszahnärztliche Versorgung einem eigenständigen Regelungskreis zugewiesen, für deren Organisation die **Kassenzahnärztlichen Vereinigungen (KZV)** zuständig sind.

(1) Teilnahme an der vertragszahnärztlichen Versorgung/Zulassungsverfahren

Als Voraussetzung für die Teilnahme an der vertragszahnärztlichen Versor- **156** gung sieht § 95 Abs. 2 S. 3 Nr. 2 SGB V bzw. § 3 Abs. 2b ZV-Z die Ableistung einer sog. zweijährigen Vorbereitungszeit vor. Der Abschluss einer **Weiterbildung** ist mithin **keine Voraussetzung** für die **Zulassung zur vertragszahnärztlichen Versorgung.** Das Zulassungsrecht folgt im zahnärztlichen Bereich dem Grundsatz, wonach allgemein tätige **Zahnärzte alle zahnärztlichen Leistungen** erbringen dürfen und zwar unter Einschluss der Leistungen aus einem zahnärztlichen Weiterbildungsgebiet. Spiegelbildlich sind auch die weitergebildeten Zahnärzte nicht auf ihr Fachgebiet beschränkt und somit zur Abrechnung sämtlicher vertragszahnärztlicher Leistungen berechtigt.[216] Der zweijährigen Vorbereitungszeit bedarf es gemäß § 3 Abs. 4 ZV-Z nicht, wenn ein zahnärztliches **Diplom im EU-Ausland** erworben worden ist und dort eine Zulassung zur Berufsausübung vorliegt; das Bundessozialgericht hat wegen der Befreiung von der Vorbereitungszeit einen Verstoß gegen Art. 3 u. 12 GG verneint.[217] Dagegen wird der Nachweis der zweijährigen Vorbereitungszeit von Zahnärzten, die ihr Diplom außerhalb eines EU-Mitgliedstaates erworben haben, verlangt.[218]

(2) Honorarverteilung der vertragszahnärztlichen Versorgung/Zuzahlungen

157   Die Regelungen zur **Honorargestaltung im vertragszahnärztlichen Bereich** entsprechen denen für die vertragsärztliche Versorgung. Die Gesamtvergütung gem. § 85 Abs. 1 SGB V wird unter Anwendung eines **Honorarverteilungsmaßstabes** (§ 85 Abs. 4 SGB V) auf die Vertragszahnärzte verteilt. Die **Richtlinien des Bundesausschusses der Zahnärzte und Krankenkassen** (§ 92 SGB V) sowie die **Bestimmungen des Einheitlichen Bewertungsmaßstabes** für zahnärztliche Leistungen (§ 87 SGB V) grenzen den Leistungsinhalt sowie -umfang näher ein.

158   Eine Besonderheit im Rahmen des **vertragszahnärztlichen Vergütungssystems** besteht darin, dass der **Patient** für bestimmte zahnärztliche Leistungen **Zuschüsse** zu zahlen hat:
– § 29 Abs. 2 SGB V sieht im Bereich der **kieferorthopädischen Behandlung** eine grundsätzliche Kostenbeteiligung von 20 % vor,[219]
– §§ 55 – 57, 87 Abs. 1a SGB V regeln für die Versorgung mit **Zahnersatz und Zahnkronen** ein sog. befundorientiertes Festzuschusssystem; grundsätzlich beträgt die Eigenbeteiligung des Patienten 50 % der Kosten einer Regelversorgung;[220] der Vertragszahnarzt ist verpflichtet, vor Behandlungsbeginn einen **Heil- und Kostenplan** zu erstellen (§ 87 Abs. 1a SGB V regelt die Formalien),
– im Bereich der **Füllungstherapie** können sich Eigenbeteiligungen des Patienten ergeben, wenn er alternative Formen der Zahnfüllung wählt; § 28 Abs. 2 S. 2 – 5 SGB V.

---

216 Muschallik in Wenzel, Kap. 3 Rn. 65, 67; soweit sich die Kieferorthopäden gegenüber der KZV verpflichten, allein kieferorthopädische Leistungen abzurechnen, handelt es sich um eine freiwillige Selbstbeschränkung.
217 BSG MedR 1989, 259.
218 EuGH NJW 1994, 2409.
219 Hinweis: Für Minderjährige gelten besondere Regelungen.
220 Die Höhe des Festzuschusses variiert in besonderen Fällen, § 55 Abs. 2 bis 5 SGB V.

Hennings

(3) Vertragszahnärztliches Gutachterverfahren

Zahnprothetische, kieferorthopädische sowie **parodontologische Behandlungen** stellen aufwändige Versorgungsformen dar; Krankenkassen wie auch Patienten sind mit erheblichen finanziellen Aufwendungen belastet. Um die Höhe der entstehenden Kosten einschätzen zu können, haben Patienten sowie Kassen ein erhebliches Interesse, schon **vor Behandlungsbeginn** die entstehenden Kosten unter Berücksichtigung der Wirtschaftlichkeitskriterien zu kennen. Diesem Umstand Rechnung tragend ist für die genannten Versorgungsformen ein **vertragliches Gutachterverfahren** vorgesehen.[221] Die Krankenkasse entscheidet sodann auf der Grundlage einer entsprechenden gutachterlichen Stellungnahme über die zu leistende **Höhe des Festzuschusses**.[222]

159

(4) Fehlgeschlagene vertragszahnärztliche Versorgung

Die **häufigste Fehlerquote** im Bereich der zahnärztlichen Behandlung tritt zweifellos bei der **prothetischen Versorgung** auf. Vor diesem Hintergrund sieht § 4 der Anlage 12 zum BMV-Z besondere Bestimmungen vor. Danach kann die Krankenkasse in begründeten Einzelfällen bei Regel- und gleichartigen Versorgungen die ausgeführten prothetischen Leistungen auf vermutete **Planungs- und/oder Ausführungsmängel** überprüfen lassen. Die zuständige KZV holt auf Antrag der Krankenkasse ein entsprechendes Gutachten, ggf. Obergutachten, ein.

160

Stellt der Gutachter **Mängel an den prothetischen Leistungen** fest, hat er diese in einer schriftlichen Stellungnahme gegenüber der Krankenkasse und dem Vertragszahnarzt dazulegen. Gegen das Ergebnis einer solchen Begutachtung können die Beteiligten (Krankenkasse/Vertragszahnarzt) den **Prothetik-Einigungsausschuss** anrufen, damit dort über das Ergebnis der Begutachtung und dessen Kostenfolge (Rückzahlung des Festzuschusses) entschieden wird.

Ein rechtliches »Novum« ist in § 137 Abs. 4 S. 3 SGB V geregelt. Danach hat der Zahnarzt – trotz Anwendung des Dienstvertragsrechts – für Füllungen und die Versorgung mit Zahnersatz eine **zweijährige Gewähr** zu übernehmen. Infolge eines Beschlusses des Bundesschiedsamtes ist jedoch vorgesehen, dass insoweit nur eine verschuldensabhängige Haftung in Betracht kommt, die im Einzelfall durch den Prothetik-Einigungsausschuss zu klären ist. Aus Patientensicht ist bedeutsam, dass dieser verpflichtet ist, an dem Behandlungserfolg insofern mitzuwirken, als er dem Zahnarzt Ge-

---

221 In den jeweiligen Anlagen zum BMVZ-Z der betreffenden Versorgungsformen geregelt; abrufbar unter www.kzbv.de/m111.htm (Stand: 8.6.2011).

222 Grundlage für die Ermittlung des Festzuschusses stellt die Richtlinie des G-BA zur Bestimmung der Befunde und der Regelversorgungsleistungen für die Festzuschüsse nach §§ 55, 56 SGB V dar, abrufbar unter www.kzbv.de/rechtsgrund/RL-Festzuschuss-Betraege_2009-11-12.pdf (Stand: 8.6.2011).

Hennings

legenheit für notwendige Nachbehandlungen der prothetischen Versorgung zu geben, Richtlinie C Abs. 9 der ZE-Richtlinien.

161 **Blickwinkel Patient:** Die Einholung eines **Kassengutachtens** zur Klärung der Frage, ob die vertragsärztliche Leistung regelrecht erfolgt ist, ist für den Patienten **kostenfrei.** Im Falle eines vermuteten Behandlungsfehlers im Bereich der prothetischen Versorgung mit Zahnersatz/Kronen kann es sich daher in geeigneten Fällen anbieten, über die Krankenkasse ein entsprechendes Mängelgutachten einholen zu lassen. Der Patient wird über das Ergebnis der Begutachtung bzw. den Ausgang des Verfahrens vor dem Prothetik-Einigungsausschuss informiert. Anhand derartiger **Gutachten** sollte sich feststellen lassen, ob die **vertragszahnärztliche Versorgung** der **fachlich gebotenen Qualität** entspricht.[223] Allerdings treffen diese Kassengutachten keine Aussagen über Kausalitäts- und Verschuldensfragen.

162 **Blickwinkel Zahnarzt:** Im Falle einer gutachterlich als fehlgeschlagen festgestellten prothetischen Versorgung sieht sich der Zahnarzt **regelmäßig zwei Kontrahenten** gegenüber: Die Krankenkasse verlangt über die KZV den geleisteten **Festzuschuss** zurück, während parallel der **Patient** regelmäßig den geleisteten **Eigenanteil** – ggf. erweitert um einen Schmerzensgeldanspruch – erstattet wissen will. Es empfiehlt sich insoweit, eine »einheitliche Strategie« zu fahren«: Der den Zahnarzt vertretene Haftpflichtrechtler sollte dann, wenn die gutachterlichen Stellungnahmen nicht geteilt werden, gegen eine Entscheidung des **Prothetik-Einigungsausschusses Beschwerde** und ggf. nachfolgend Klage vor dem Sozialgericht erheben. Gleichzeitig sind die patientenseits erhobenen Ansprüche zu bestreiten. Dem nicht selten zu beobachtenden **Phänomen,** wonach sich der Vertragszahnarzt zwar bereit erklärt, den von der Krankenkasse geleisteten Festzuschuss zurückzuzahlen, andererseits jedoch nicht gewillt ist, den Ansprüchen des Patienten auf Rückzahlung seines Eigenanteils Rechnung tragen zu wollen, sollte der den Zahnarzt beratende Haftungsrechtler keinen Vorschub leisten. Dem Zivilgericht wird es nur schwer verständlich zu machen sein, aus welchen Gründen dem sozialrechtlichen Rückforderungsanspruch der Krankenkasse gefolgt wurde, während der quasi spiegelbildlich, auf zivilrechtlicher Grundlage erhobene Anspruch des Patienten, bestritten wird.

hh) Der Arzt im Spannungsfeld zwischen medizinischer Erforderlichkeit und dem Vorgabenkatalog der GKV im Rahmen der Arzneimittelversorgung

163 Im Bereich der vertragsärztlichen Versorgung besteht das **Ungleichgewicht,** wonach der Patient einerseits Anspruch auf eine Behandlung hat, die dem aktuellen medizinischen Standard entspricht und dieser Standard durch den behandelnden Arzt nach aktuellem und persönlichem Wissens-

---

223 Gemäß § 5 Abs. 7 BMV-Z gilt der Sorgfaltsmaßstab des § 276 BGB.

stand beurteilt wird. Andererseits lassen die Krankenkassen einem zunächst erstatteten Einsatz von Arzneimitteln, die diesen Standard gewährleisten, nach erfolgter Prüfung oftmals ein **Haftungs- bzw. Regressverfahren** gegen den Arzt folgen.[224] In diesem Zusammenhang wird sich seitens der Krankenversicherer auf den Standpunkt gestellt, dass nur diejenigen **Arzneimittel erstattungsfähig** sind, die durch den Arztes entsprechend ihrer **Zulassung** verordnet werden[225] und der Arzt in Befolgung des **Wirtschaftlichkeitsgebots** ein wirkstoffgleiches, günstigeres **Generikum** hätte verschreiben müssen.

Im Bereich der Arzneimittelversorgung ist der sog. **»Off-Label-Use«**, d.h. die Verwendung von Arzneimitteln außerhalb ihrer Zulassung,[226] praxisrelevant.[227] **Haftungsrechtlich** ist dabei von wesentlicher Bedeutung:

---

224 Meyer/Grunert PharmR 2005, 205.

225 Zum Off-Label-Use von Arzneimitteln bei Kassenpatienten siehe Wartensleben: Zulassungserweiterung von Amts wegen als Folge der restriktiven sozialgerichtlichen Rechtsprechung zur fehlenden Verordnungsfähigkeit zu Lasten der GKV bei »Off-Label-Use«?, PharmR 2002, 129; Wigge: Zur Vorgreiflichkeit der Arzneimittelzulasssung in der GKV, PharmR 2002, 307; Kozianka/Millarg: Der zulassungsüberschreitende Einsatz von Arzneimitteln als Leistung der gesetzlichen Krankenkassen, PharmR 2002, 237; Goecke: Der zulassungsüberschreitende Einsatz von Arzneimitteln (»Off-Label-Use«) NZS Heft 2002, 623; Glaeske/Dierks, 54; Ehlers: Onkologische medikamentöse Therapie unter der Prämisse nicht-indikations zugelassener Medikamente im Spannungsfeld zwischen Ressourcen, Vorgaben und Hilfeleistung; PharmR 2001, 215; Nahnhauer/Kaesbach: »off-label-use« – der Patient im Mittelpunkt? Die BKK 2003; 79 f.; Schroeder-Printzen/Tadayon: Die Zulässigkeit des »Off-Label«-Use nach der Entscheidung des BSG vom 19.3.2002, SGb 2002, 664; Engelmann/Meurer/Verhasselt: Lösungsansätze für die Problematik der Off-Label Therapie mit Arzneimitteln« NSZ 2002, 75.

226 Der zulassungsüberschreitende Einsatz von Arzneimitteln ist in Deutschland gängige Praxis. In der medizinischen Diskussion besteht weitgehende Einigkeit darüber, dass in bestimmten Versorgungsbereichen und bei einzelnen Krankheitsbildern auf einen die Zulassungsgrenzen überschreitenden Einsatz von Medikamenten nicht verzichtet werden kann, wenn den Patienten eine dem Stand der medizinischen Erkenntnisse entsprechende Behandlung nicht vorenthalten werden soll. Dies ist insbesondere bei der Krebsbehandlung und vor allem in der Kinderonkologie der Fall, gleiches gilt für Bereiche der Neurologie, der Dermatologie, Gynäkologie, Psychiatrie sowie bei der Behandlung von HIV/Aids, Meyer/Grunert PharmR 2005, 205.

227 Eine erste Kehrtwende wurde durch die Rechtsprechung des Bundessozialgerichts in dem vielbeachteten Grundsatzurteil vom 19.3.2002 erzielt (BSG JuS 2003, 414): Das Gericht sprach sich für einen »Off-Label-Use« zulasten der Krankenversicherung unter drei Bedingungen aus: Es geht um die Behandlung einer schwer wiegenden (lebensbedrohlichen oder die Lebensqualität auf Dauer nachhaltig beeinträchtigenden) Erkrankung, bezüglich dieser Krankheit steht eine allgemein anerkannte, medizinischem Standard entsprechende Behandlung nicht zur Verfügung und es besteht aufgrund der Datenlage die begründete Aussicht, dass mit dem betreffenden Präparat ein Behandlungserfolg (kurativ oder

Hennings

– Im Rahmen eines nach einer erfolgten Prüfung eingeleiteten Regressverfahrens wegen der Verschreibung eines Medikaments außerhalb seiner Zulassung kann es zu einer **Haftung des Arztes für die entstandenen Behandlungskosten** gegenüber der Krankenkasse kommen; zudem kann sich der Arzt **haftungsrechtlichen Schadensersatzforderungen** des Patienten ausgesetzt sehen, wenn dieser durch die Verwendung eines Medikamentes außerhalb seines Zulassungsbereiches einen kausalen Gesundheitsschaden – etwa im Falle zu hoher Dosierungen – davon trägt.

164   Blickpunkt Arzt: Der »Off-Label-Use« entspricht nur dann dem **gesicherten medizinischen Standard,**[228] wenn **Forschungsergebnisse** vorliegen, die erwarten lassen, dass das eingesetzte Arzneimittel für einschlägige Anwendungsgebiete zugelassen werden könnte und der zulassungsüberschreitende Gebrauch des Arzneimittels insoweit anerkannt ist. Den Arzt trifft bei Einsatz eines Arzneimittels im »Off-Label« eine besondere medizinische Aufklärungspflicht über dessen therapierelevanten, spezifischen Risiken.[229]

---

palliativ) erzielt werden kann. Dazu müssen Forschungsergebnisse vorliegen, dass das Arzneimittel für die betreffende Indikation zugelassen werden kann; zur praktischen Bedeutung der Rechtsprechung des BSG vom 19.03.2002 für den Vertragsarzt und den Patient siehe Freund PharmR 2004, 275, 293; in einem Beschluss vom 06.12.2005 hat das BVerfG (BverfG NZS 2006, 84) sodann festgestellt, dass einem gesetzlich Krankenversicherten, für dessen lebensbedrohliche oder regelmäßig tödliche Erkrankung keine den allgemein anerkannten medizinischen Standards entsprechende Behandlung zur Verfügung steht, eine Behandlungsmethode zu Lasten der GKV dann nicht verwehrt werden könne, wenn eine nicht ganz entfernt liegende Aussicht auf Heilung oder auf eine spürbare positive Einwirkung auf den Krankheitsverlauf besteht; dies führte dazu, dass das BSG seine Kriterien zum zulässigen »Off-Label-Use« mit dem Ergebnis modifizieren musste (BSG NZS 2007, 144), dass Versicherte im Rahmen der gesetzlichen Krankenversicherung bei lebensbedrohenden, tödlich verlaufenden Erkrankungen auch einen Anspruch auf die Versorgung mit arzneimittelrechtlich in Deutschland bzw. EU-weit nicht zugelassenen Import-Fertigarzneimitteln haben, wenn folgende Kriterien erfüllt sind: Es liegt eine lebensbedrohliche oder regelmäßig tödlich verlaufende Erkrankung vor, bezüglich dieser Krankheit steht eine allgemein anerkannte, medizinischem Standard entsprechende Behandlung nicht zur Verfügung, bezüglich der beim Versicherten ärztlich angewandten (neuen, nicht allgemein anerkannten) Behandlungsmethode besteht eine »auf Indizien gestützte« nicht ganz fern liegende Aussicht auf Heilung oder wenigstens auf eine spürbare positive Einwirkung auf den Krankheitsverlauf, die off-label-Therapie muss im Einklang mit dem geltenden Arzneimittelrecht stehen, vor der Behandlung muss nicht nur abstrakt, sondern auch individuell auf den Patienten bezogen eine Analyse und Abwägung der Nutzen und Risiken erfolgen und die Behandlung muss den Regeln der ärztlichen Kunst entsprechend und ausreichend dokumentiert sein.

228 Vgl. hierzu OLG Köln VersR 1991, 186.
229 Vgl. Wille PharmR 2009, 365 f.

Hennings

Haftungsrechtlich kann im Rahmen der Verschreibungspraxis weiter eine   **165**
»aut-idem-Substitution« relevant sein:
- Ist dem Arzt eine bestimmte Unverträglichkeit des Patienten bekannt
  (etwa Allergie gegen bestimmte Hilfsstoffe eines Generikums), hat er
  mit einem Rezeptvermerk eine Ersetzung des verordneten Arzneimittels
  durch ein wirkstoffgleiches Arzneimittel (aut-idem-Substitution) durch
  den Apotheker zu untersagen und sicherstellen, dass auch in diesem Fall
  sämtliche therapierelevante Gesichtspunkte ausschließlich durch ihn
  selbst entschieden werden;[230]
- bei einer Wirkstoffverordnung ohne aut-idem-Ausschluss durch den
  Arzt kann im Rahmen eines Haftungsprozesses seitens des Patienten behauptet werden, der Arzt habe es in Kauf genommen, dass der Apotheker ein Arzneimittel austauscht, welches für die Erkrankung des Patienten kein zugelassenes Anwendungsgebiet vorzuweisen hat und durch
  welches er einen Gesundheitsschaden davonträgt.[231]

ii) Fazit: Qualitätssicherung als dynamischer Prozess

Die im 4. Kapitel des SGB V geregelten Bestimmungen der **Qualitätssiche-**   **166**
rung beeinflussen den gesamten Bereich der vertragsärztlichen Leistungserbringung. § 135a SGB V verpflichtet die Leistungserbringer zur **Sicherung**
und **Weiterentwicklung** der von ihnen erbrachten Leistungen; diese Leistungen müssen den jeweiligen Stand der wissenschaftlichen Erkenntnisse
entsprechen und in der fachlich gebotenen Qualität erbracht werden. Damit
erweist sich diese Regelung als **normatives Bindeglied** zwischen dem **Ver-**
tragsarztrecht einerseits und dem **ärztlichen Berufsrecht** andererseits.[232]
So gestaltet sich die Verpflichtung der Vertragsärzte, ihre Leistungen den Fort-
schritten der Medizin anzupassen, als ein **dynamischer Prozess.** Andererseits
ist der Vertragsarzt unter Berücksichtigung der nur begrenzt vorhandenen
wirtschaftlichen Ressourcen in der Wahl der Behandlung und Therapie den
gesetzlichen Vorgaben, insbesondere den Richtlinien des G-BA, unterworfen. Nicht jede Behandlung, die medizinisch sinnvoll oder gar notwendig ist,
wird von den Leistungen der gesetzlichen Krankenversicherung erfasst und
letztlich bezahlt. In diesem Spannungsfeld kommt der Verpflichtung des Arztes zur **Aufklärung** ernsthaft in Betracht kommender, **alternativer Behand-**
lungsmethoden, die nicht Gegenstand des Leistungskataloges der GKV sind,
eine besondere Bedeutung zu. So trifft den Vertragsarzt die Pflicht, seinen
gesetzlich versicherten Patienten gleichermaßen über mögliche und ernsthaft
in Betracht kommende Behandlungsalternativen aufzuklären, wie er diese
Pflicht gegenüber den Privatpatienten zu erfüllen hat. Folgt der Arzt dieser

---

230 Wille PharmR 2009, 365, 373.
231 Stellungnahme des GKV-Spitzenverbandes vom 28.4.2009 zum Entwurf eines
    Gesetzes zur Änderung arzneimittelrechtlicher und anderer Vorschriften vom
    16.3.2009 (Drucksache 16/12256).
232 Seewald in: Schnapp/Wigge § 21 Rdn. 21.

Verpflichtung, vermeidet er die Gefahr, sich im Rahmen eines Haftungsprozesses vorwerfen lassen zu müssen, seine **Therapiefreiheit** wegen der eingeschränkten Behandlungsmöglichkeiten im Rahmen des Leistungskataloges
der gesetzlichen Krankenversicherung zu Lasten des **Selbstbestimmungsrechts** des Patienten eingeschränkt zu haben.

f) Blickwinkel: Europäische Bestrebungen im Bereich des Arzt-haftungsrechts

167 Im Jahre 2008 hat die EU-Kommission einen Vorschlag für eine **Richtlinie über die Ausübung der Patientenrechte** in der grenzüberschreitenden
Gesundheitsversorgung[233] vorgelegt,[234] der in 23 Artikeln unterschiedliche
Aspekte der grenzüberschreitenden Krankenbehandlung aufgreift.[235] Dieser Richtlinienvorschlag setzt die **Rechtsprechung des EuGH** in den drei
vorangegangenen Entscheidungen Decker und Kohll,[236] Smits und Peer-
booms[237] sowie Müller-Fauré und van Riet[238] zur grenzüberschreitenden
Inanspruchnahme von Gesundheitsdienstleistungen[239] weitgehend um und
verpflichtet die Mitgliedstaaten in Art. 22 Richtlinienvorschlag, ihr **Krankenversicherungsrecht entsprechend anzupassen.**[240]

168 Ausgehend von seiner **Begründung** verfolgt der Richtlinienvorschlag das
Ziel, auf der Basis der erwähnten Entscheidungen des EuGH einen klaren

---

233 COM (2008) 414. In der deutschen Version abrufbar unter http://ec.europa.eu/
   health-eu/doc/com2008414_de.pdf (Stand: 8.6.2011).
234 Zur Thematik der grenzüberschreitenden Berufsausübung des Arztes bzw. der
   Europäisierung der Freien Berufe Becker/Walser NZS 2005, 449 ff.; Hirsch
   DNotZ 2000, 729 ff.
235 Ursprünglich war auf europäischer Ebene geplant, die grundlegende Rechtsprechung des EuGH im Rahmen der sog. Allgemeinen Dienstleistungsrichtlinie,
   KOM (2004) 2, umzusetzen. Da dieses Vorhaben jedoch scheiterte, weil u. a. aus
   deutscher Sicht die dort vorgesehene Umkehr der Beweislast in Bezug auf das
   Verschulden des Dienstleistenden zu dessen Lasten beanstandet wurde, leitete
   die EU-Kommission einen Konsultationsprozess für einen sektoralen Ansatz
   ein, KOM SEK (2006) 1195/4, und legte als Ergebnis dieses Prozesses den Richtlinienvorschlag vor, vgl. die Ausführungen bei Röbke MedR 2009, 79, 80.
236 EuGH (Decker) NZS 1998, 283, (Kohll) NZS 1998, S. 280.
237 EuGH NZS 2001, S. 478.
238 EuGH EuZW 2003, S. 466.
239 In diesen Entscheidungen hat der EuGH die Grundlagen für die Anwendung
   der Grundfreiheiten auf grenzüberschreitende Gesundheitsleistungen gelegt, indem er das Recht der Patienten anerkannt hat, für eine Behandlung im Ausland
   bei seiner heimischen Krankenversicherung Kostenerstattung bis zu der Höhe
   verlangen zu können, wie für eine gleiche oder vergleichbare Behandlung im Inland angefallen wäre; vgl. hierzu Becker/Walser NZS 2005, 449 ff. »in der Sache
   handelt es sich um nicht weniger als die Herausarbeitung der Freiheit, auch im
   Rahmen von sozialen Sicherungssystemen Behandlungen in einem anderen Staat
   als dem Versicherungsstaat anbieten und in Anspruch nehmen zu können«.
240 Röbke MedR 2009, 79, 82.

und transparenten Gemeinschaftsrahmen für die **grenzüberschreitende Gesundheitsversorgung** innerhalb der EU zu schaffen, um so Hemmnisse für die **Freizügigkeit der Patienten** abzubauen. Mit diesem Gemeinschaftsrahmen sollen gemeinsame Grundsätze für alle EU-Gesundheitssysteme, ein spezifischer Rahmen für grenzüberschreitende Gesundheitsversorgung und die europäische Zusammenarbeit bei der Gesundheitsversorgung festgelegt werden. Zudem soll die Richtlinie »ausreichende Klarheit über den **Anspruch auf Kostenerstattung** für die in einem anderen Mitgliedstaat erbrachte Gesundheitsversorgung bieten und gewährleisten, dass die erforderlichen Voraussetzungen für eine hochwertige, sichere und effiziente Gesundheitsversorgung bei grenzüberschreitenden Gesundheitsdienstleistungen gegeben sind«.[241] So sieht die Richtlinie vor, dass Bürger eines EU-Staates in allen anderen EU-Ländern wie Einheimische Zugang zu den dortigen Gesundheitsleistungen erhalten. Die Behandlungskosten im Ausland sollen den Versicherten ohne vorherige Genehmigung von ihrer nationalen Krankenkasse bis zu der Höhe erstattet werden, wie diese auch im Heimatland angefallen wären.[242]

In Deutschland wurde die **Rechtsprechung des EuGH** in Sachen Kohll und Decker mit der Einführung des Gesetzes zur Modernisierung der gesetzlichen Krankenversicherung (GMG),[243] in **nationales Recht umgesetzt.** Änderungsgegenstand war insbesondere § 13 Abs. 4–6 SGB V, wonach die Versicherten berechtigt sind, sich auch im **EU-Ausland ambulant** behandeln zu lassen, solange der Leistungserbringer durch Erfüllung der gemeinschaftsrechtlichen Berufszugangs- und – ausübungsvoraussetzungen eine hinreichende Qualifizierung aufweist oder in seinem Heimatstaat zur Versorgung der Versicherten berechtigt ist. Krankenhausleistungen im EU-Ausland bedürfen indes gemäß § 13 Abs. 5 SGB V der vorherigen Zustimmung der Krankenkasse.

169

g) Bestrebungen zur Schaffung eines Patientenrechtegesetzes

In der Deutschland existiert bislang keine **kodifizierte Regelung** im Bereich der **Patientenrechte.**[244] Vor diesem Hintergrund wird seit längerer Zeit eine Diskussion darüber geführt, die vorrangig in der Spruchpraxis entwickelten Rechte der Patienten zum Zwecke der Übersichtlichkeit und besseren

170

---

241 Vgl. hierzu auch Röbke, MedR 2009, 79 sowie Wunder MedR 2009, 324 f.
242 Die Stellungnahme des Bundestages, Drucksache 16/10911 verfügbar unter http://dip21.bundestag.de/dip21/btd/16/109/1610911.pdf (Stand: 8.6.2011).
243 BGBl. I 2003, 2255 ff.; Gesetzesbegründung in BT- Dr. 15/1525, 74), BGBl. 2003 I, 2189 ff.
244 Bekannt ist allein die Deklaration »Patientenrechte in Deutschland heute«, die von der Gesundheitsministerkonferenz der Länder 1999 verfasst wurde und in welcher umfassend Patientenrechte niedergelegt wurden, abrufbar unter http://www.kbv.de/patienteninformation/103.html (Stand: 8.6.2011).

Handhabung gebündelt zu kodifizieren. Diese Regelungen sollen de lege ferenda nicht allein die **Interessen der Patienten** berücksichtigen, sondern gleichermaßen den **Heilberuflern** ermöglichen, ihre rechtlichen Pflichten im Rahmen der gesundheitlichen bzw. der ärztlichen Leistungen besser einschätzen zu können.[245]

Die **Ziele** eines geplanten Gesetzwerkes sind:

– Insgesamt sollen die **Rechte der Patienten** gegenüber den Leistungserbringern **ausgebaut** werden,

– im Rahmen der bestehenden bzw. angebotenen ärztlichen Leistungen soll ein höheres Maß an **Transparenz** für die Patienten geschaffen werden, sich über die **Qualität** und **Preise** der ärztlichen Leistungen zu informieren,

– durch die Verpflichtung zur **Offenlegung der vertraglichen Vereinbarungen** im Gesundheitsbereich soll der wachsenden Tendenz des Missbrauchs von Mitteln der gesundheitlichen Versorgung Einhalt geboten werden.

Unter **haftungsrechtlichen** Gesichtspunkten wird insbesondere die Aufnahme von Bestimmungen zur Stärkung der Rechte des Patienten im Falle eines ärztlichen Behandlungsfehlers von größter Bedeutung sein. Fragen der **Beweislast** sowie der **Verschuldenshaftung** werden die Diskussion beherrschen.

Im Mai 2011 ist ein »Grundlagenpapier zum Patientenrechtegesetz« vorgelegt worden. Demzufolge soll der Behandlungsvertrag ausdrücklich im BGB geregelt und die Vertragsbeziehungen zwischen Patienten und den Heilberufen regeln. Ausdrücklich sollen insoweit die Aufklärungspflichten im Einzelnen ebenso normiert werden wie die Dokumentationspflichten der Heilberufler. Im Bereich der Arzthaftung soll ein höheres Maß an Transparenz geschaffen werden, indem die von der Rechtsprechung entwickelten Instrumente zur Beweislastverteilung gesetzlich geregelt werden sollen.

2. Ärzte-Kooperationen

a) Allgemeines

aa) Numerus clausus der Kooperationsformen

171 Niedergelassene Ärzte üben ihre berufliche Tätigkeit mit zunehmender Tendenz kooperativ mit anderen Ärzten oder anderen Leistungserbringern im Gesundheitswesen – z.B. Krankenhausträgern – aus. Die Form der Zusammenarbeit kann dabei unterschiedlich eng sein. Ein loser Zusammenschluss besteht darin, dass lediglich einzelne Ressourcen – z.B. Räume, medizinische Geräte – gemeinsam genutzt werden. Ein engerer Verbund liegt dann

---

245 Katzenmeier »Patientenrechte in Zeiten der Rationalisierung«, Referat auf dem 112. Deutschen Ärztetag, Mainz, 20.5.2009, verfügbar unter http://www.bundesaerztekammer.de/page.asp?his=0.2.6499.7189.7235 (Stand: 8.6.2011).

vor, wenn die Ausübung der ärztlichen Tätigkeit vergesellschaftet wird und die Ärzte als Einheit gegenüber dem Patienten auftreten.

In der Wahl der rechtlichen Organisationsform sind die Ärzte indes nicht frei, sondern an die Vorgaben des ärztlichen Berufsrechts gebunden. Nehmen die Ärzte darüber hinaus an der vertragsärztlichen Versorgung teil, sind zusätzlich die vertragsarztrechtlichen Vorgaben zu beachten.

172

bb) Vorgaben des Berufsrechts

Gemäß § 18 Abs. 1 MBO dürfen sich Ärzte zu
– Berufsausübungsgemeinschaften,
– Organisationsgemeinschaften,
– Kooperationsgemeinschaften sowie
– Praxisverbünden
zusammenschließen.

173

Der Zusammenschluss zur gemeinsamen Ausübung des Arztberufs kann auch zur Erbringung einzelner Leistungen erfolgen (sogenannte »Teil-Berufsausübungsgemeinschaft«).

174

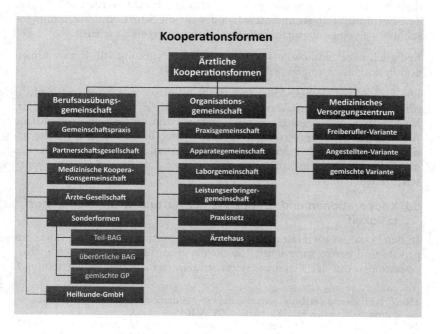

Die Ärzte dürfen ihren Beruf einzeln oder gemeinsam in allen für den Arztberuf zulässigen Gesellschaftsformen ausüben, sofern ihre eigenverantwortliche, medizinisch unabhängige sowie nicht gewerbliche Be-

175

rufsausübung gewährleistet ist (§ 18 Abs. 2 S. 1 MBO). Ein Arzt darf mehreren Berufsausübungsgemeinschaften angehören. Die Berufsausübungsgemeinschaft darf mehrere Praxissitze vorhalten (sogenannte »überörtliche Berufsausübungsgemeinschaft«).[246] Die Vorgaben des Berufsrechts zu Organisationsgemeinschaften sind rudimentär. Allerdings dürfen Organisationsgemeinschaften neuerdings auch gegenüber Patienten angekündigt werden (§ 18a Abs. 3 MBO). Die Ankündigung der Organisationsgemeinschaft birgt allerdings die Gefahr in sich, dass der Patient davon ausgeht, es handele sich um eine Berufsausübungsgemeinschaft mit der Folge, dass sämtliche Gesellschafter der Organisationsgemeinschaft für berufliche Fehler der jeweils anderen Gesellschafter in Anspruch genommen werden können.[247]

cc) Vertragsarztrechtliche Vorgaben

176 Will ein Arzt neben seiner privatärztlichen Tätigkeit vertragsärztlich tätig werden, bedarf es seiner förmlichen Zulassung als Vertragsarzt (vgl. § 95 Abs. 1 S. 1 SGB V). Die gemeinschaftliche Berufsausübung mit anderen Ärzten ist ebenfalls abhängig von der Genehmigung des Zulassungsausschusses (§ 33 Absätze 2, 3 Ärzte-ZV). Dies gilt auch für den Fall, dass lediglich einzelne Leistungen gemeinschaftlich erbracht werden sollen (sog. Teil-Berufsausübungsgemeinschaft) oder für die Situation des Zusammenschlusses zu einer überörtlichen Berufsausübungsgemeinschaft.

177 Lediglich anzeigepflichtig ist die gemeinsame Nutzung von Praxisräumen und Praxiseinrichtungen (§ 33 Abs. 1 Ärzte-ZV).

178 Die Landschaft der GKV-Leistungserbringer hat sich 2004 mit Einführung der Medizinischen Versorgungszentren (MVZ) maßgeblich verändert. Medizinische Versorgungszentren können – und dies ist eine wesentliche Änderung gegenüber Vertragsarztpraxen – auch in der Rechtsform der juristischen Person des Privatrechts betrieben werden. Auch ist es durchaus möglich, dass sich andere Leistungserbringer auf der Trägerebene wirtschaftlich beteiligen.

dd) Kooperationen und Grundzüge der Haftung aus Behandlungstätigkeit

179 In der Praxis ist die Haftung des Arztes aus Vertrag und Delikt sowie aus privat- und vertragsärztlicher Tätigkeit nahezu identisch.[248] Auch in Kooperationen mit der sich daraus ergebenden horizontalen Arbeitsteilung[249]

---

246 Vgl. Hinweise der Bundesärztekammer »Niederlassung und berufliche Kooperation« – Stand 28.3.2008, DÄBl. 2008, A 1019.
247 So ausdrücklich die Hinweise der Bundesärztekammer, DÄBl. 2008, A 1019 (1023) unter Hinweis auf LG Aurich, Urt. v. 6.10.2006 – 3 O 27/04(8), GesR 2007, 256.
248 Lesenswert speziell zur Haftung des Arztes in interdisziplinären Gesundheitseinrichtungen Steffen, MedR 2006, 75.
249 Ausführlich hierzu Martis/Winkhart, Rn. A 250 f.

Möller/Makoski

haftet jeder der beteiligten Ärzte grundsätzlich nur in den Grenzen seines jeweiligen Aufgabenbereichs.[250] Im Rahmen ihres Fachgebiets sind die einzelnen Ärzte keinen Weisungen von Nichtärzten oder Ärzten eines anderen Fachgebiets unterworfen und mithin eigenverantwortlich tätig. Bei der Arbeitsteilung gilt der *Vertrauensgrundsatz*. Jeder Arzt kann davon ausgehen, dass der in die Behandlung einbezogene Kollege des anderen Fachgebiets entsprechend dem gebotenen ärztlichen Standard gehandelt hat. Etwas anderes gilt nur dann, wenn sich für ihn Anhaltspunkte für einen Fehler ergeben. Behandeln Ärzte desselben oder eines nahe verwandten Fachgebiets den Patienten nacheinander, gilt der Vertrauensgrundsatz lediglich in beschränktem Umfang mit der Konsequenz, dass sich der Nachbehandler von der Richtigkeit der Untersuchungsergebnisse des Vorbehandlers vergewissern muss.[251]

Die Leistungserbringung im Team darf nicht zu einer Gefahrenerhöhung des Patienten führen. Behandlungsrisiken aus Spezialisierung und Arbeitsteilung gelten als von den beteiligten Ärzten voll beherrschbar..[252] Jeder der beteiligten Ärzte hat deshalb den spezifischen Gefahren der Spezialisierung und der Arbeitsteilung entgegenzuwirken.[253] **180**

Die Weiterleitung des Patienten an einen anderen Kollegen setzt dessen vollständige Information über den aktuellen Stand der Untersuchungsergebnisse voraus.[254] **181**

b) Berufsausübungsgemeinschaft

aa) Begriff der Berufsausübungsgemeinschaft

Der Begriff der »Berufsausübungsgemeinschaft« ist weder im ärztlichen Berufsrecht noch im Vertragsarztrecht abschließend definiert. Die verwandten berufs- und vertragsärztlichen Begriffe sind im Übrigen nicht deckungsgleich. Eine Begriffsbestimmung wird durch die Vielfalt von Kooperationsmöglichkeiten erschwert, zumal z.B. die Teilberufsausübungsgemeinschaft sich gegebenenfalls lediglich auf die gemeinschaftliche Erbringung einer einzigen ärztlichen Leistung beschränkt. Auch bei überörtlichen Berufsausübungsgemeinschaften sind die Gemeinsamkeiten dann beschränkt, wenn jede Betriebsstätte in organisatorischer und wirtschaftlicher Hinsicht völlig autonom geführt wird.[255] Auch in einer Organisationsgemeinschaft wird auf der Grundlage eines regelmäßig verbindlich abgeschlossenen Vertrages ein gemeinsamer Zweck verfolgt. Über die gemeinschaftliche Nutzung von **182**

---

250 Steffen/Pauge, Rn. 271 m.w.N. zur Rechtsprechung; Martis/Winkhart, Rn. A 253.
251 Martis/Winkhart, Rn. A 255 f. m.w.N.
252 Steffen, MedR 2006, 75.
253 Steffen/Pauge, Rn. 278.
254 Martis/Winkhart, Rn. A 261.
255 Dies wird von der Bundesärztekammer als zulässig angesehen, DÄBl. 2008, A 1019 (1023).

Möller/Makoski

Ressourcen hinaus ist häufig eine mehr oder weniger ausgeprägte Abstimmung bei der Durchführung von Organisationsmaßnahmen feststellbar wie z.B. die Festlegung von Sprechstundenzeiten sowie wechselseitige Vertretungen. In einer Praxisgemeinschaft mit unterschiedlichen Fachgebieten kann die Festlegung des Behandlungsplanes für Patienten – etwa auf der Grundlage eines Konsils – gemeinsam erfolgen, selbst wenn kein einheitlicher Behandlungsvertrag besteht und die Leistungen getrennt abgerechnet werden.[256]

183 Im Einzelfall wird man bei der Abgrenzung, ob eine Berufsausübungsgemeinschaft oder eine Organisationsgemeinschaft vorliegt, eine individuelle Bewertung vornehmen müssen, die sich an folgenden Kriterien[257] orientieren kann:

– Abschluss der Behandlungsverträge durch die Gesellschaft,
– Gemeinsame Patientenkartei,
– Planmäßige Durchführung gemeinsamer Untersuchungs- und Behandlungsmaßnahmen von nicht nur untergeordneter Bedeutung,
– Gemeinsame Abrechnung,
– Gemeinsamer Außenauftritt,
– Verteilung des gemeinschaftlich erwirtschafteten Ergebnisses.

Kriterium	Berufsausübungsgemeinschaft	Organisationsgemeinschaft
Abschluss der Behandlungsverträge durch die Gesellschaft	Ja	Nein
Gemeinsame Patientenkartei	Ja	Nein
Planmäßige Durchführung gemeinsamer Untersuchungs- und Behandlungsmaßnahmen von nicht nur untergeordneter Bedeutung	Ja	Nein
Gemeinsame Abrechnung	Ja	Nein
Gemeinsamer Außenauftritt	Ja	Ja
Verteilung des gemeinschaftlich erwirtschafteten Ergebnisses	Ja	Nein

184 Eine Berufsausübungsgemeinschaft setzt – soweit nicht als juristische Person des Privatrechts betrieben – das Vorhandensein von mindestens zwei

---

256 Möller in Ratzel/Luxemburger, § 15 Rn. 11.
257 Bundesärztekammer, DÄBl. 2008, A 1019 (1021).

Möller/Makoski

Gesellschaftern voraus. § 18 Abs. 1 MBO sieht vor, dass sich lediglich Ärztinnen und Ärzte zu Berufsausübungsgemeinschaften zusammenschließen dürfen. Berufsrechtlich ist die Berufsausübungsgemeinschaft mithin **approbierten natürlichen Personen** vorbehalten, sofern diese ihren ärztlichen Beruf aktiv in der Gesellschaft ausüben.[258] Hiervon abweichend definieren §§ 1a Nr. 12 BMV-Ä/EKV-Ä für den vertragsärztlichen Bereich, dass Berufsausübungsgemeinschaften *»rechtlich verbindliche Zusammenschlüsse von Vertragsärzten oder/und Vertragspsychotherapeuten oder Vertragsärzten/Vertragspsychotherapeuten und Medizinischen Versorgungszentren oder Medizinischen Versorgungszentren untereinander zur gemeinsamen Ausübung der Tätigkeit«* sind. Vertragsarztrechtlich kann eine Berufsausübungsgemeinschaft mithin zwischen einem Vertragsarzt und einer MVZ-GmbH errichtet werden.

Berufsausübungsgemeinschaften werden in den Rechtsformen der Gesellschaft bürgerlichen Rechts und der Partnerschaftsgesellschaft gegründet. Die Rechtsformen der Offenen Handelsgesellschaft oder gar der Kommanditgesellschaft stehen den Ärzten nicht offen, da diese auf den Betrieb eines Handelsgewerbes oder die reine Vermögensverwaltung gerichtet sein müssen (vgl. § 105 Abs. 1 HGB).[259] Je nach den berufsrechtlichen Regelungen im jeweiligen Kammerbezirk können Ärzte auch ihren Beruf in einer Gesellschaft mit beschränkter Haftung ausüben, der sogenannten Ärzte-Gesellschaft.

185

bb) Grundform: Berufsausübungsgemeinschaften in der Rechtsform der GbR (»Gemeinschaftspraxis«)

(1) Begriff der Gemeinschaftspraxis

Noch mit Urteil vom 8.11.2005[260] definierte der BGH die Gemeinschaftspraxis als

186

»gemeinsame Ausübung ärztlicher Tätigkeit durch mehrere Ärzte der gleichen oder verwandter Fachgebiete in gemeinsamen Räumen mit gemeinschaftlichen Einrichtungen und mit einer gemeinsamen Büroorganisation und Abrechnung, wobei die Leistung für die Patienten während der Behandlung von einem wie von dem anderen Partner erbracht werden können.«

Diese Definition wird modernen Gegebenheiten nicht gerecht, berücksichtigt sie doch insbesondere nicht die Existenz von fachübergreifenden Zu-

187

---

258 Vgl. hierzu ausführlich, im Ergebnis aber abweichend hinsichtlich der aktiven Berufsausübung Gummert/Meier, MedR 2007, 75 (78 f.).

259 Gummert in Gummert/Weipert, § 25 Rn. 16; Baumbach/Hopt, § 105 Rn. 3; Steffen, MedR 2006, 75 (77); Rau, DStR 2004, 640 (641); vgl. dazu auch OLG Düsseldorf, Urt. v. 10.12.1987 – 5 U 148/87, NJW 1988, 1519; a.A. K. Schmidt, ZIP 1997, 909 (916 f.); ders., NJW 1998, 2161 (2165); ders., Gesellschaftsrecht, 4. Aufl. 2002, § 46 I 1 c bb (S. 1358).

260 VI ZR 319/04, MedR 2006, 290.

sammenschlüssen sowie die Formen der Teilberufsausübungsgemeinschaft und der überörtlichen Berufsausübungsgemeinschaft.

(2) Angaben zur Statistik

188   Die Gemeinschaftspraxis ist die zahlenmäßig am stärksten vertretene Form der Berufsausübungsgemeinschaft. In Deutschland waren Ende 2008 insgesamt 319.700 Ärzte berufstätig. Davon waren 138.300 im ambulanten Bereich tätig, 153.800 im stationären Bereich. Im ambulanten Bereich waren 125.700 Ärzte niedergelassen, also freiberuflich tätig. In den 17 Kassenärztlichen Vereinigungen waren 120.472 Ärzte und 13.023 psychologische Psychotherapeuten Mitglied. Diese Ärzte waren in ca. 75.000 Einzelpraxen und ca. 19.000 Gemeinschaftspraxen sowie 1.206 Medizinischen Versorgungszentren tätig. Die Zahl der in Gemeinschaftspraxen tätigen Ärzte stieg von 29.731 in 1993 auf 47.722 in 2008.[261] Etwa 30 % der Vertragsärzte üben ihre Tätigkeit in Gemeinschaftspraxen aus. Die Tendenz ist steigend.

(3) Rechtsnatur der Gemeinschaftspraxis

189   Mit seinem Grundsatzurteil vom 29.1.2001[262] hat der *Bundesgerichtshof* entschieden, dass die im Rechtsverkehr als Außengesellschaft auftretende GbR selbst Trägerin von eigenen Rechten und Pflichten sein kann.[263]

190   Es unterliegt keinem Zweifel, dass die in der Rechtsform der GbR betriebene Gemeinschaftspraxis eine Außengesellschaft ist und die vom *Bundesgerichtshof* aufgestellten Kriterien erfüllt und ihr demgemäß Rechtsfähigkeit zukommt. Dies hat zur Folge, dass die Gemeinschaftspraxis gesetzliche und vertragliche Rechte und Pflichten erwerben kann.

191   Ein Wechsel der Gesellschafter berührt nicht die Identität der Gesellschaft. Dies gilt selbst beim Wechsel sämtlicher Gesellschafter. Übernimmt ein Dritter sämtliche Gesellschaftsanteile oder vereinigen sich sämtliche Gesellschaftsanteile in der Hand eines Gesellschafters (Anwachsung), liegt ein Fall der Gesamtrechtsnachfolge vor.[264]

192   Konsequenz der Rechtsprechung des BGH zur Rechtsfähigkeit der GbR ist, dass der Behandlungsvertrag nicht mit dem einzelnen Arzt, sondern mit der Gesellschaft (Gemeinschaftspraxis) zustande kommt.[265] Dies ist von be-

---

261 Zahlen nach Kassenärztlicher Bundesvereinigung, http://www.kbv.de/ > Publikationen > Grunddaten, und Bundesärztekammer, http://www.baek.de > Themen A-Z > Ärztestatistik.
262 II ZR 331/00, BGHZ 146, 341; zur Entstehungsgeschichte und zur Entwicklung der Diskussion um die Rechtsfähigkeit der GbR vgl. Gummert in Gummert/Weipert, § 17 Rn. 3 ff.; Ulmer in Ulmer/Schäfer, vor § 705 Rn. 9 f.
263 Zu den Ausnahmen Gummert in Gummert/Weipert, § 17 Rn. 20 f.
264 BGH, Urt. v. 15.3.2004 – II ZR 247/01, NZG 2004, 611.
265 BGH, Urt. v. 29.6.1999 – VI ZR 24/98, NJW 1999, 2731 (2734); Steffen, MedR 2006, 75 (77); ausführlich Kremer/Wittmann in HK-AKM, 2050–Gemeinschafts-

sonderer Bedeutung gerade bei der fachübergreifenden Gemeinschaftspraxis oder bei einer Gemeinschaftspraxis, in der sämtliche Gesellschafter privatärztlich, aber nur einzelne Gesellschafter vertragärztlich tätig sind (sog. gemischte Gemeinschaftspraxis).

Nach der früher – bis 2001 – herrschenden *Doppelverpflichtungstheorie* **193** wurde davon ausgegangen, dass die geschäftsführenden Gesellschafter bei der Begründung vertraglicher Verpflichtungen sowohl im Namen der nicht rechtsfähigen Gesamtheit aller Gesellschafter als auch zugleich im eigenen Namen und im Namen der nicht am Vertragsschluss beteiligten Gesellschafter handelten.[266] Bei dieser dogmatischen Konstruktion konnte es durchaus fraglich sein, ob der handelnde Geschäftsführer sämtliche Ärzte insbesondere unterschiedlicher Fachrichtungen gerade dann wirksam in den Behandlungsvertrag einbeziehen konnte, wenn diese aufgrund der Zugehörigkeit zu einem anderen Fachgebiet die geschuldete Leistung nicht erbringen konnten.[267]

Bei einer Gemeinschaftspraxis ist das rechtsgeschäftliche Verhalten der **194** Arzt-Gesellschafter nunmehr regelmäßig dahingehend auszulegen, dass diese den Behandlungsvertrag nicht im eigenen Namen, sondern für die Gemeinschaftspraxis abschließen.[268]

Eine Ausnahme von dem Grundsatz, dass die Gemeinschaftspraxis ver- **195** pflichtet wird, ist nicht bereits dann anzunehmen, wenn ein Patient erklärt, im Rahmen seiner freien Arztwahl ausschließlich von einem bestimmten Arzt der Gemeinschaftspraxis behandelt werden zu wollen.[269] Dieser Wunsch besagt regelmäßig nichts darüber, dass der Patient nicht bereit ist, den Behandlungsvertrag mit der Gemeinschaftspraxis abzuschließen und ihn auch tatsächlich mit dieser abschließt.[270] Die tatsächliche Durchführung der Behandlung ist ohnehin unabhängig von den Parteien des Behandlungsvertrages. Zudem ist zu berücksichtigen, dass der Abschluss des Behandlungsvertrages ausschließlich mit einem bestimmten Arzt der Gemeinschaftspraxis für diesen unter gesellschaftsrechtlichen Voraussetzungen und für die Gemeinschaftspraxis unter steuerrechtlichen Aspekten problematisch sein kann.

---

praxis Rn. 25; Rehborn, ZMGR 2008, 296 (299).

266 Gummert in Gummert/Weipert, § 18 Rn. 5 m.w.N.

267 Ausführlich zum Haftungsausschluss einzelner Gesellschafter bei sog. gemischten Sozietäten Gummert in Gummert/Weipert, § 18 Rn. 13; vgl. zum Vertragsschluss auch BGH, Urt. v. 16.12.1999 – IX ZR 117/99, NJW 2000, 1333; Urt. v. 17.2.2000 – IX ZR 50/98, NJW 2000, 1560.

268 Gollasch, S. 163 f.

269 Vgl. zu diesem Aspekt auch Schirmer, Kap. H 3.1.7 (S. 273); Kremer/Wittmann in HK-AKM, 2050 Rn. 25; Gollasch, S. 163 f.; Laas, S. 151; für einen Vertragsschluss mit dem Wunscharzt Steffen, MedR 2006, 75 (77).

270 Zutreffend Gollasch, S. 164.

(4) Haftung
– Grundsätze der Haftung

196 Seit der Entscheidung des *Bundesgerichtshofs* vom 29.1.2001[271] ist es anerkannt, dass die Außen-GbR Trägerin von Rechten und Pflichten sein kann. Haftungssubjekt ist die Gesellschaft; diese ist zu verklagen. Fehler der einzelnen Gesellschafter werden der Gesellschaft analog § 31 BGB zugerechnet.[272] Durch diesen »Kunstgriff« kommt somit die Haftung der Gesellschaft auch für deliktisch relevante Behandlungsfehler ihrer Gesellschafter in Betracht, obwohl die Behandlung an nicht als Tätigkeit gewertet werden kann, die mit den Aufgaben eines Organs einer juristischen Person vergleichbar ist.[273] Für Fehler der angestellten Ärzte und nichtärztlichen Mitarbeiter haftet die Gesellschaft vertraglich gemäß § 278 BGB und deliktisch gemäß § 831 BGB.[274]

197 Haftungsobjekt ist das Gesellschaftsvermögen.[275] Die Gesellschafter haften entsprechend § 128 HGB für Gesellschaftsverbindlichkeiten gesamtschuldnerisch in unbeschränktem Umfang mit ihrem Privatvermögen. Der Gläubiger ist grundsätzlich in seiner Entscheidung frei, welchen der Gesamtschuldner er in Anspruch nimmt, es sei denn er handelt rechtsmissbräuchlich.[276] Die akzessorische Haftung des Gesellschafters verjährt im gleichen Umfang wie die Verbindlichkeit der Gesellschaft.[277]

271 II ZR 331/00, BGHZ 146, 341; Gummert in Gummert/Weipert, § 18 Rn. 11.
272 BGH, Urt. v. 24.2.2003 – II ZR 385/99, MedR 2003, 632; OLG Koblenz, Urt. v. 17.2.2005 – 5 U 349/04, NJOZ 2005, 2858 (2862); Walter, MedR 2002, 169 (170); ders., GesR 2005, 396.
273 Steffen, MedR 2006, 75 (77) mit dem zutreffenden Hinweis, dass andernfalls eine Haftungslücke für die rein ärztliche Tätigkeit der Gesellschafter bestehe; ausführlich Martis/Winkhart, Rn. G 19 m.w.N.
274 Vgl. BGH, Urt. v. 9.11.1993 – VI ZR 62/93, BGHZ 124, 52.
275 Gummert in Gummert/Weipert, § 17 Rn. 32.
276 BGH, Urt. v. 16.12.2009 – XII ZR 146/07, NJW 2010, 861.
277 BGH, Urt. v. 12.1.2010 – XI ZR 37/09, ZIP 2010, 326.

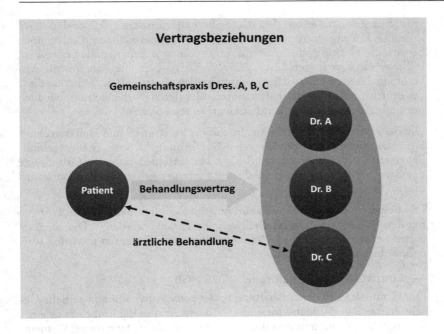

Vertragsbeziehungen

Gemeinschaftspraxis Dres. A, B, C

Dr. A

Patient — Behandlungsvertrag — Dr. B

ärztliche Behandlung

Dr. C

Abweichende Absprachen der Gesellschafter untereinander betreffen aus- **198** schließlich das Innenverhältnis und können – lediglich – Freistellungsansprüche begründen.[278] Hinweise im Außenauftritt, wonach eine Haftung nur mit dem Gesellschaftsvermögen erfolgt (»GbR mbH«), erkennt die Rechtsprechung nicht an.[279]

Ein Gesamtschuldner ist berechtigt, Forderungen, die – allein oder auch – **199** ihm gegenüber geltend gemacht werden, allein abzuwehren.[280]

— Beitrittshaftung, Beitritt zu einer bestehenden Gemeinschaftspraxis – §§ 128, 130 HGB

In haftungsrechtlicher Sicht grundlegend war das Urteil des *BGH* vom **200** 7.4.2003,[281] durch welches klargestellt wurde, dass der einer *bestehenden* Freiberuflersozietät beitretende Gesellschafter in entsprechender Anwendung des § 130 HGB für die vor seinem Eintritt begründeten Verbindlichkeiten der Gesellschaft grundsätzlich auch persönlich und als Gesamt-

278 Vgl. OLG Oldenburg, Urt. v. 4.7.2005 – 13 U 16/05, MedR 2008, 222 (223).
279 BGH, Urt. v. 27.9.1999 – II ZR 371/98, NJW 1999, 3483; Urt. v. 24.11.2004 – XII ZR 113/01, NZG 2005, 209; Bäune, FS 10 Jahre AG MedR, 139 (141); Gummert in Gummert/Weipert, § 18 Rn. 100; Sprau in Palandt, § 705 Rn. 25.
280 LSG Bayern, Urt. v. 10.5.2006 – L 12 KA 14/03.
281 II ZR 56/02, MedR 2003, 634.

schuldner gemeinsam mit den Altgesellschaftern haftet.[282] Hatte der *BGH* in seiner Entscheidung vom 7.4.2003 aus Vertrauensschutzgründen noch betont, die Haftung solle sich nur auf zukünftige Beitrittsfälle erstrecken, stellte er mit Urteil vom 12.12.2005[283] fest, dass Neugesellschafter für Altverbindlichkeiten schon dann vollumfänglich privat haften, wenn sie diese bei Eintritt in die Gesellschaft kannten oder deren Vorhandensein bei auch nur geringer Aufmerksamkeit hätten erkennen können.[284]

201   Die Beitrittshaftung umfasst Ansprüche aus Vertrags-[285] und Deliktsrecht,[286] Bereicherungsrecht, Produkt- oder Gefährdungshaftung, Steuerverbindlichkeiten etc.[287] Bisher hat der *BGH* nicht entschieden, ob die Grundsätze der Beitrittshaftung auch für Behandlungsfehler gelten. Im Ergebnis wird dies zu bejahen sein.[288]

202   Die Beitrittshaftung kann wirksam nur durch individuelle Vereinbarungen mit den Gläubigern ganz oder teilweise beschränkt werden.[289] Dass in ärztlichen Praxen entsprechende Vereinbarungen mit Patienten getroffen werden, ist bisher nicht bekannt geworden.

— Eintritt in eine Einzelpraxis – § 28 HGB

203   Der Grundsatz der Beitrittshaftung findet *keine* Anwendung, wenn die Gesellschaft erst gegründet wird, indem z.B. ein Arzt in die Einzelpraxis eines anderen Arztes »eintritt«[290] oder durch mehrere Ärzte eine (neue) Gemeinschaftspraxis gegründet wird.[291] Etwas anderes gilt dann, wenn die Forderungen und Verbindlichkeiten der »alten« Gesellschaft auf die »neue« ausdrücklich übergeleitet werden.

– Nachhaftung

204   Für die Nachhaftung im Falle des Ausscheidens eines Gesellschafters verweist § 736 Abs. 2 BGB auf § 160 HGB. Das Ausscheiden aus der Gesell-

---

282 Ausführlich Lange, ZMGR 2003, 18; Möller, MedR 2004, 69.
283 II ZR 283/03, MedR 2006, 427; hierzu Goette, DStR 2006, 139.
284 Einen ausführlichen Überblick über die Rechtsprechung geben Martis/Winkhart, Rn. G 22 f.
285 BGH, Urt. v. 8.7.1999 – IX ZR 338/97, NJW 1999, 3040.
286 Für das deliktische Handeln eines Scheinsozius haften die Rechtsanwaltssozietät und die einzelnen Sozien mit ihrem Privatvermögen, siehe BGH, Urt. v. 3.5.2007 – IX ZR 218/05, BGHZ 172, 169; dazu Hartung, AnwBl. 2007, 849.
287 Gummert in Gummert/Weipert, § 18 Rn. 28 ff; Martis/Winkhart, Rn. G 27.
288 Ebenso Bäune, FS 10 Jahre AG MedR, 139 (146 f. m.w.N.).
289 K. Schmidt, NJW 2001, 993 (998); Braun, MedR 2009, 272 (273).
290 BGH, Urt. v. 22.1.2004 – IX ZR 65/01, NJW 2004, 836; detailliert Martis/Winkhart, Rn. G 30 f.; a.A. OLG Naumburg, Urt. v. 17.1.2006 – 9 U 86/05, MedR 2006, 725; K. Schmidt, NJW 2003, 1897 (1903).
291 Vgl. LG Berlin, Urt. v. 7.6.2007 – 37 O 13/07, GesR 2007, 514 m. Anm. Gummert; Bäune, FS 10 Jahre AG MedR, 139 (150).

schaft hat grundsätzlich keine rechtlichen Auswirkungen auf die zwischen der Gesellschaft und Dritten abgeschlossenen Verträge. Der Ausgeschiedene haftet auch insofern nach seinem Ausscheiden akzessorisch.[292] Der Anspruch gegen ihn verjährt allerdings nach fünf Jahren (§ 160 Abs. 1 HGB). Für den Beginn der Verjährung kommt es darauf an, wann der Gläubiger von dem Ausscheiden Kenntnis erlangt.[293]

Zu weitgehend ist die Auffassung des *OLG Saarbrücken* im Urteil vom 30.4.2008.[294] Hiernach soll der ausgeschiedene Gesellschafter für Sekundäransprüche aus einem Mandatsverhältnis (Schadensersatz wegen Veruntreuung) haften, selbst wenn die Forderung im Zeitpunkt seines Ausscheidens noch nicht konkretisierbar war. **205**

Haftung

Beitritt zur bestehenden Gemeinschaftspraxis

- Haftung nach §§ 128, 130 HGB
- Alle Verbindlichkeiten der Gemeinschaftspraxis, unabhängig vom Zeitpunkt der Entstehung

Beitritt zur bestehenden Einzelpraxis

- Keine Haftung nach § 28 HGB
- Haftungsbeitritt nur nach einzelvertraglicher Regelung

Austritt aus fortgeführter Gemeinschaftspraxis

- Nachhaftung nach § 160 HGB (fünf Jahre nach Ausscheiden)
- Alle Verbindlichkeiten der Gemeinschaftspraxis, die bis zum Austritt begründet wurden

– Scheingesellschafter

Der Arzt, der – ohne Gesellschafter zu sein – nach außen (z.B. auf dem Praxisschild, den Briefbögen, Rezeptblöcken etc.) wie ein Gesellschafter in Erscheinung tritt (Scheingesellschafter), haftet nach dem Akzessorietäts- **206**

---

292 Gummert in Gummert/Weipert, § 18 Rn. 51.
293 Ulmer/Schäfer, § 736 Rn. 27; BGH, Urt. v. 24.9.2007 – II ZR 284/05, NJW 2007, 3784: Kenntniserlangung setzt auch bei oHG die Fünfjahresfrist in Gang, die Eintragung des Ausscheidens in das Handelsregister ist nicht konstitutiv; siehe auch Gummert in Gummert/Weipert, § 18 Rn. 51; Zur Haftung nach Umwandlung in eine PartG siehe Sommer/Treptow/Dietlmeier, NJW 2011, 1551.
294 1 U 148/06, DStRE 2008, 534.

Möller/Makoski

prinzip persönlich für Gesellschaftsverbindlichkeiten.[295] Von zunehmender praktischer Relevanz ist das Problem des Scheingesellschafters durch die Einbindung angestellter Ärzte. Gemäß § 19 Abs. 4 MBO ist der Angestelltenstatus kenntlich zu machen. Gerade Ärzte, die nach Veräußerung ihres Gesellschaftsanteils der Gesellschaft noch im Angestelltenverhältnis erhalten bleiben, legen oftmals Wert darauf, von den Patienten und sonstigen Dritten noch als Praxisinhaber wahrgenommen zu werden. Von einer Stellung als Scheingesellschafter darf indes nicht zu voreilig ausgegangen werden. Die Abbildung gemeinsam mit den Praxisinhabern im Internetauftritt oder einer Werbebroschüre wird ohne zusätzliche Hinweise nicht den Rückschluss darauf zulassen, die Ärztin oder der Arzt zähle zu den Praxisinhabern.

207 Allerdings haften sowohl die Gesellschaft als auch deren »echte« Gesellschafter für das haftungsrelevante Verhalten des Scheingesellschafters.[296]

208 Der *BGH* entschied am 16.4.2008,[297] dass ein angestellter Rechtsanwalt nach den Grundsätzen der Scheinsozietät nur für anwaltsberufstypische Forderungen haftet. Die beklagte angestellte Rechtsanwältin wurde auf dem Kanzleibriefbogen wie eine Sozia ohne haftungseinschränkenden Zusatz aufgeführt. Der – allerdings nicht auf dem Kanzleibriefbogen bestätigte – Kauf einer PC-Anlage und deren Reparatur stellen nach Ansicht des *BGH*, auch wenn sie für ein Anwaltsbüro erfolgen, *keine anwaltstypische Tätigkeit* dar.[298]

209 Nach *OLG Saarbrücken* haftet ein Scheingesellschafter nicht in analoger Anwendung des § 130 BGB für solche Altverbindlichkeiten der BGB-Gesellschaft, die vor Setzung des Rechtsscheins einer Gesellschafterstellung entstanden sind.[299]

210 Für nach seinem Ausscheiden begründete Verbindlichkeiten kann der Ausgeschiedene haften, wenn ein entsprechender Rechtsschein gesetzt wurde (z.B. Fortführung des Namens auf dem Geschäftspapier).[300]

211 Besteht nach den vertraglichen Regelungen keine Berufsausübungsgemeinschaft, treten die Ärzte aber nach außen einheitlich auf (z.B. als »Belegärztegemeinschaft«), können sie für Fehler eines Arztes als Mitglieder einer

---

295 Martis/Winkhart, Rn. G 3, G 19, G 21; Gummert in Gummert/Weipert, § 18 Rn. 14; Ullrich, MDR 2000, 1227.

296 BGH, Urt. v. 3.5.2007 – IX ZR 218/05, NJW 2007, 2490; Gummert in Gummert/Weipert, § 18 Rn. 14.

297 VIII ZR 230/07, NJW 2008, 2330.

298 Kritisch Gummert in Gummert/Weipert, § 18 Rn. 14.

299 Urt. v. 22.12.2005 – 8 U 91/05, NJW 2006, 2862; im Ergebnis zustimmend Bäune, FS 10 Jahre AG MedR, 139 (149).

300 Ausführlich zu weiteren Fallgestaltungen und den Auswirkungen des Schuldrechtsmodernisierungsgesetzes Gummert in Gummert/Weipert, § 18 Rn. 51 ff.

»Scheingesellschaft« haften.[301] Dies gilt auch dann, wenn die Ärzte zwar verschiedenen Praxen angehören, aber ein identisches Logo verwenden.[302]

Die Haftpflichtversicherung kann die Deckung für Ansprüche von Patienten gegen einen Scheingesellschafter für Schäden, die ein Gesellschafter verursacht hat, nicht ausschließen.[303]

212

– **Interne Ausgleichsansprüche**

Interne Ausgleichsansprüche richten sich nach §§ 420 ff. BGB. Als Maßstab für die interne Zurechnung gilt die Beteiligung der Gesellschafter an den Vermögens- und Verwaltungsrechten der Gesellschaft.[304] Bei unterschiedlichen Beteiligungen am Vermögen und am Ergebnis ist auf die Verlustbeteiligung abzustellen.[305]

213

Hat einer von mehreren Gesellschaftern einer BGB-Gesellschaft – im entschiedenen Fall einer ärztlichen Gemeinschaftspraxis von Gynäkologen – schuldhaft verursacht, dass die Gesellschafter auf Schadensersatz in Anspruch genommen wurden, kann dies im Rahmen des Gesamtschuldner-Innenausgleichs unter Heranziehung des Gedankens des § 254 BGB zu einer Alleinhaftung des schuldhaft handelnden Gesellschafters im Verhältnis zu seinen Mitgesellschaftern führen.[306]

214

Der Ausgleichsanspruch nach § 426 Abs. 1 S. 1 BGB entsteht nicht erst mit der Befriedigung des Gläubigers, sondern als Befreiungsanspruch bereits mit der Entstehung des Gesamtschuldverhältnisses.[307] Die Pflicht zur Freistellung umfasst auch die Verpflichtung, unbegründete Ansprüche von dem Freistellungsgläubiger abzuwehren.[308]

215

Nach Ansicht des *OLG Koblenz*[309] besteht ein Ausgleichsanspruch gegen die Mitgesellschafter in einer BGB-Gesellschaft gem. § 426 BGB nur in en-

216

---

301 BGH, Urt. v. 8.11.2005 – VI ZR 319/04, NJW 2006, 437 (438); OLG Köln, Urt. v. 17.12.2002 – 22 U 168/02, NJW-RR 2004, 279; Kremer in HK-AKM, 4270– Praxisgemeinschaft Rn. 18.

302 LG Aurich, Urt. v. 6.10.2006 – 3 O 27/04(8), GesR 2007, 256.

303 Vgl. OLG München, Urt. v. 23.2.2010 – 25 U 5119/09, AnwBl. 2010, 448 (Ls.).

304 BGH, Urt. v. 9.6.2008 – II ZR 268/07, VersR 2009, 795; Gummert in Gummert/ Weipert, § 18 Rn. 115.

305 BGH, Urt. v. 17.12.2001 – II ZR 382/99, NJW-RR 2002, 455; Noack in Staudinger, BGB (2005), § 426 Rn. 188.

306 BGH, Urt. v. 15.10.2007 – II ZR 136/06, NJW-RR 2008, 256; Beschl. v. 9.6.2008 – II ZR 268/07, VersR 2009, 795; ebenso Gummert in Gummert/Weipert, § 18 Rn. 115. Zur Frage der Beweislast siehe BGH, Urt. v. 6.10.2009 – VI ZR 24/09, ZMGR 2010, 46.

307 Gummert in Gummert/Weipert, § 19 Rn. 115; Möller, MedR 2004, 69 (72); Hopt in Baumbach/Hopt, § 128 Rn. 27.

308 BGH, Urt. v. 15.10.2007 – II ZR 136/06, ZIP 2007, 2313.

309 Urt. v. 26.4.2006 – 1 U 1026/04, ZIP 2006, 1999.

gen Grenzen. Regelmäßig kann der in Anspruch genommene Gesellschafter bis zur Liquidation ausschließlich von der Gesellschaft gemäß §§ 713, 670 BGB,[310] nicht aber von den Mitgesellschaftern Ausgleich verlangen. Ewas anderes gilt, wenn der Ausgleichsanspruch aus dem Gesellschaftsvermögen nicht erfüllt werden kann.[311] Dies ist nicht der Fall bei Bestehen einer Haftpflichtversicherung. War die ausgeglichene Forderung verjährt, kann der ausgleichsverpflichtete Gesellschafter dies nicht dem Ausgleichsanspruch entgegenhalten.[312]

217   Soweit keine gesellschaftsvertraglichen Regelungen bestehen,[313] gilt kein objektiver Verschuldensmaßstab. Vielmehr bestimmt § 708 BGB, dass jeder Gesellschafter nur für die eigenübliche Sorgfalt haftet. Fraglich ist, ob dieser Maßstab auch für den Ausgleich zwischen Gesellschaftern für die Verletzung des ärztlichen Sorgfaltsmaßstabes gilt. Während für den Straßenverkehr anerkannt ist, dass sich ein Gesellschafter nicht auf § 708 BGB berufen kann,[314] gibt es bisher keine Entscheidung zur Frage des beruflichen Sorgfaltsmaßstabs. Für eine Anwendung spricht, dass die anderen Gesellschafter wussten, wie der die Haftung verursachende Gesellschafter arbeitet, und dennoch mit ihm zusammenarbeiteten. Zudem handelt es sich bei der Medizin nicht um einen durchreglementierten Lebensbereich, so dass der Sorgfaltsmaßstab abgestuft sein kann.[315] Daher ist innerhalb der Gesellschaft § 708 BGB anwendbar.

218   Hat sich das haftungsrelevante Fehlverhalten eines Gesellschafters – möglicherweise wegen Verletzung der von ihm gem. § 708 BGB geschuldeten Sorgfalt – in einem Vermögensschaden der Gesellschaft niedergeschlagen, steht der Gesellschaft ein Schadensersatzanspruch zu. Im Rahmen der *actio pro socio* ist jeder Gesellschafter berechtigt, diesen Anspruch geltend zu machen, indem er Leistung an die Gesellschaft verlangt.[316]

(5) Die Gemeinschaftspraxis im Prozess

219   Konsequenz der Rechtsfähigkeit der GbR ist ihre aktive und passive Prozessfähigkeit (§ 50 ZPO).[317] Die Gesellschaft handelt analog § 51 Abs. 1

---

310 Braun, MedR 2009, 272 (273).
311 Vgl. zur KG OLG Hamburg, Urt. v. 19.6.2009 – 11 U 210/06, NJOZ 2010, 1034 (1036).
312 BGH, Teilurt. v. 25.11.2009 – IV ZR 70/05, NJW 2010, 435.
313 Dies zu regeln, empfiehlt Schmid in Kraus/Kunz, § 5 Rn. 55 ff.
314 BGH, Urt. v. 20.12.1966 – VI ZR 53/65, NJW 1967, 558.
315 Vgl. Ulmer/Schäfer, § 708 Rn. 2.
316 Ulmer/Schäfer, § 708 Rn. 21.
317 Zur Prozessführungsbefugnis ausführlich Gummert in Gummert/Weipert, § 19 Rn. 21 f.; vgl. BGH, Beschl. v. 6.4.2006 – V ZB 158/05, NJW 2006, 2191: Der Vollstreckungstitel, aufgrund dessen die Zwangsvollstreckung in das Vermögen einer Gesellschaft bürgerlichen Rechts erfolgen soll, muss an ihren Geschäftsführer oder, wenn ein solcher nicht bestellt ist, an einen ihrer Gesellschafter

ZPO durch die Geschäftsführer als organschaftliche Vertreter.[318] Bei Aktivprozessen muss Gegenstand des Rechtsstreits eine Forderung, bei Passivprozessen eine Verbindlichkeit oder Verpflichtung der Gesellschaft sein.

– Rubrum

Aus § 253 Abs. 2 Nr. 1 ZPO folgt, dass die Identität der Gesellschaft bei der Klageerhebung zweifelsfrei zu bezeichnen ist. Führt die Gesellschaft im Geschäftsverkehr einen Namen oder eine Bezeichnung, ist sie mit diesem und ggf. dem Zusatz »GbR« oder »BGB-Gesellschaft« zu konkretisieren.[319] Werden – wie bei einer ärztlichen Berufsausübungsgemeinschaft nicht selten – lediglich die Namen sämtlicher Gesellschafter im Rechtsverkehr mit dem Zusatz »Berufsausübungsgemeinschaft« geführt, ist klarzustellen, dass die Gesellschafter »in Gesellschaft bürgerlichen Rechts« verklagt werden.[320] **220**

Das Rubrum könnte bei einer ärztlichen Berufsausübungsgemeinschaft demgemäß lauten:
»Dermatologische Gemeinschaftspraxis [ggf. bestehend aus den Gesellschaftern Dr. A, Dr. B und Dr. C] – Gesellschaft bürgerlichen Rechts, vertreten durch die Geschäftsführer Dr. A, Dr. B und Dr. C, Hauptstraße 1, 40001 Düsseldorf«

Zu Recht wird kritisiert, dass die BGB-Außengesellschaft mangels Registrierung ein flüchtiges, jeder Publizität entbehrendes Rechtssubjekt darstellt, was im Prozess zu erheblichen Schwierigkeiten führen kann.[321] Ungenauigkeit und Unvollständigkeit schaden nicht, sofern die Gesellschaft zweifelsfrei identifiziert ist.[322] Da der Kläger oftmals keine Kenntnis von den Vertretungsverhältnissen der Gesellschaft hat, wird die beklagte Gesellschaft insofern als darlegungspflichtig angesehen.[323] Gesetzlich sind im Zweifel sämtliche Gesellschafter gemeinschaftlich geschäftsführungs- und vertretungsberechtigt (§ 714 BGB). **221**

Regelmäßig werden in Haftungsprozessen gegen eine BGB-Gesellschaft deren Gesellschafter mitverklagt. Gesellschafter und Gesellschaft sowie die **222**

---

zugestellt werden. Die GbR ist auch dann Klägerin, wenn ihre Gesellschafter eine gemeinsam erworbene Gesamthandsforderung geltend machen, auch wenn die einzelnen Gesellschafter als Kläger aufgeführt sind, OLG Naumburg, Urt. v. 13.12.2006 – 6 U 74/06, OLGR 2007, 598.

318 Ulmer/Schäfer, § 718 Rn. 45.
319 Zur Firmierung und zum Außenauftritt bei ärztlichen Berufsausübungsgemeinschaften Möller in Ratzel/Luxenburger, § 15 Rn. 76 f.; Kremer/Wittmann in HK-AKM, 2050 Rn. 19.
320 Gummert in Gummert/Weipert, § 19 Rn. 29; Müther, MDR 2002, 987 (988).
321 K. Schmidt, NJW 2008, 1841 f.
322 Vollkommer in Zöller, § 50 Rn. 18; Wertenbruch, NJW 2002, 326.
323 Gregor in Zöller, vor § 284 Rn. 34; Gummert in Gummert/Weipert, § 19 20, 30.

Möller/Makoski

Gesellschafter untereinander sind dann einfache Streitgenossen mit der Folge, dass keine zeugenschaftliche Vernehmung in Betracht kommt.[324] Sie sind keine notwendigen Streitgenossen.[325] Dies gilt auch bei einer Klage gegen Gesellschaft und Gesellschafter.[326] Die gleichzeitige Erhebung der Klage gegen alle an der Behandlung beteiligten Ärzte und Einrichtungen wird teilweise von den Rechtsschutzversicherungen gefordert.[327]

223   Die Gesellschaft kann von ihren Gesellschaftern verklagt werden – relevant ist dies insbesondere bei der Geltendmachung von Abfindungs- oder Ausgleichsansprüchen – und diese verklagen (sog. Innenprozess).[328]

224   Der Gesellschafterwechsel oder der Tod eines Gesellschafters hat – von einer Rubrumsberichtigung und Verfahrensaussetzung gem. §§ 241, 246 ZPO abgesehen – keine Auswirkung auf den Prozess.[329] Etwas anderes gilt beim Tod oder Ausscheiden des vorletzten Gesellschafters, da hierdurch die Gesellschaft endet und der letzte Gesellschafter Gesamtrechtsnachfolger wird.[330] In diesen Fällen sind §§ 239, 246 ZPO entsprechend anzuwenden.[331]

225   Der Fall des Rechtsformwechsels von der BGB-Gesellschaft zur Partnerschaftsgesellschaft hat angesichts der Gesellschaftsidentität keine Auswirkung auf das Verfahren. Es ist lediglich das Rubrum anzupassen.[332]

226   War eine Klage gegen alle Gesellschafter der Gemeinschaftspraxis erfolglos, kann wegen desselben Sachverhalts die Gesellschaft als solche in Anspruch genommen werden.[333] Denn die Gesellschaft kann sich nicht auf das Urteil zugunsten der Gesellschafter berufen – anders hingegen kann sich der Gesellschafter auf ein Urteil zugunsten der Gesellschaft gemäß §§ 129 Abs. 1, 161 Abs. 2 HGB berufen.[334] Unzulässig ist die Ersetzung der in der ersten Instanz verklagten Gesellschafter durch die Gesellschaft im Berufungsverfahren.[335]

---

324 Von BGH, Urt. v. 29.1.2001 – II ZR 331/00, BGHZ 154, 341 (357) = NJW 2001, 1056 (1060) ausdrücklich empfohlen; Gummert in Gummert/Weipert, § 19 Rn. 34 f.

325 OLG Frankfurt/Main, Beschl. v. 13.8.2001 – 5 W 21/01, NJW-RR 2002, 1277; Vollkommer in Zöller, § 62 Rn. 7.

326 Vgl. BGH, Urt. v. 29.1.2001 – II ZR 331/00, NJW 2001, 1056 (1058 ff.), Hüßtege in Thomas/Putzo, § 62 Rn. 8.

327 Vgl. OLG Celle, Urt. v. 18.1.2007 – 8 U 198/06, VersR 2007, 1122.

328 Ausführlich Gummert in Gummert/Weipert, § 19 Rn. 15.

329 OLG Frankfurt/Main, Beschl. v. 13.8.2001 – 5 W 21/01, NJW-RR 2002, 1277; Ulmer/Schäfer, § 718 Rn. 45; Vollkommer in Zöller, § 50 Rn. 18; Gummert in Gummert/Weipert, § 19 Rn. 39.

330 Gummert in Gummert/Weipert, § 17 Rn. 30.

331 BGH, Beschl. v. 18.2.2002 – II ZR 331/00, NJW 2002, 1207; Urt. v. 15.3.2004 – II ZR 247/01, NZG 2004, 611; Greger in Zöller, § 239 Rn. 6.

332 Gummert in Gummert/Weipert, § 19 Rn. 41.

333 BGH, Urt. v. 22.3.2011 – II ZR 249/09, NJW 2011, 2048.

334 BGH, Urt. v. 15.6.1993 – XI ZR 133/92, NJW-RR 1993, 1266 (1267).

335 Vgl. OLG Brandenburg, Urt. v. 5.3.2002 – 6 U 175/01, MDR 2002, 1087.

Möller/Makoski

– Gerichtsstand

Der *Gerichtsstand* der Gemeinschaftspraxis richtet sich nach § 17 ZPO. Örtlich zuständig ist das Gericht am Verwaltungssitz der Gesellschaft (§ 17 Abs. 1 S. 2 ZPO).

227

Die entsprechenden Feststellungen zu treffen, kann insbesondere bei überörtlichen Berufsausübungsgemeinschaften schwierig sein. Da der Hauptsitz bei vertragsärztlich tätigen überörtlichen Gemeinschaftspraxen gem. § 33 Abs. 3 S. 2 Ärzte-ZV gegenüber dem zuständigen Zulassungsausschuss zu bestimmen ist und Gegenstand des Genehmigungsbeschlusses wird,[336] wird man eine Auskunftspflicht der Gesellschaft gegenüber ihrem Patienten bejahen müssen. Möglich erscheint es aber auch, die maßgeblichen Informationen über die zuständige Kassenärztliche Vereinigung zu erhalten. Ist die überörtliche Berufsausübungsgemeinschaft nicht vertragsärztlich tätig und kann ihr Verwaltungssitz nicht bestimmt werden, liegen insbesondere nicht mehrere Verwaltungssitze vor,[337] ist grundsätzlich § 36 Abs. 1 Nr. 3 ZPO anzuwenden, wenn die einzelnen Sitze im Bezirk verschiedener Gerichte liegen.[338]

228

Vorrangig sind Klagen in Arzthaftungsangelegenheiten jedoch bei dem *für den Behandlungsort zuständigen Gericht* anhängig zu machen. Dies ergibt sich für die vertragliche Haftung aus § 29 Abs. 1 ZPO,[339] denn Erfüllungsort ist in der Regel der Praxissitz des Arztes[340] bzw. bei überörtlichen Berufsausübungsgemeinschaften der Praxissitz, an dem die Behandlung (schwerpunktmäßig) erfolgte. Für die deliktische Haftung ergibt sich dies aus § 32 BGB,[341] wobei aber auch der Wohnort des Patienten als Erfolgsort betrachtet werden kann, sofern dort schwere Nebenwirkungen eintreten.[342] Die Akzessorietät der Haftung der Gesellschafter führt zum Gerichtsstand des Erfüllungsortes auch für Verfahren gegen die anderen Gesellschafter.[343]

229

---

336 Vgl. Rothfuß in Bäune/Meschke/Rothfuß, § 33 Rn. 44 ff., 48.
337 Müther, MDR 2002, 987 (989).
338 Vollkommer in Zöller, § 36 Rn. 14, § 50 Rn. 18; vgl. auch Cuypers, MDR 2009, 657 (663).
339 Vollkommer in Zöller, § 29 Rn. 20.
340 BayObLG, Beschl. v. 23.12.2004 – 1Z AR 184/04, NJOZ 2005, 2230; OLG Düsseldorf, Urt. v. 13.2.2003 – 8 U 99/02, NJOZ 2003, 2364; Vollkommer in: Zöller, § 29 Rn. 25 »Ärztlicher Behandlungsvertrag«; Hüßtege in: Thomas/Putzo, § 29 Rn. 6 »(2) Arztvertrag«; Baumbach/Lauterbach/Albers/Hartmann, § 29 Rn. 19 »Arzt«, Rn. 26 »Krankenhaus«; H. Prütting in Prütting, § 29 ZPO Rn. 3; zum Krankenhausvertrag siehe OLG Karlsruhe, Urt. v. 9.12.2009 – 13 U 126/09, MedR 2010, 508.
341 OLG Köln, Urt. v. 26.05.2008 – 5 U 238/07, NJW-RR 2009, 567.
342 BGH, Beschl. v. 14.12.1989 – I ARZ 700/89, NJW 1990, 1533; Urt. v. 27.5.2008 – VI ZR 69/07, BGHZ 176, 342; Vollkommer in Zöller, § 32 Rn. 16; weitergehend KG, Beschl. v. 1.6.2006 – 28 AR 28/06, NJW 2006, 2336.
343 BayObLG, Beschl. v. 9.9.2002 – 1Z AR 116/02, MDR 2002, 1360; Gummert in Gummert/Weipert, § 19 Rn. 27.

Möller/Makoski

230 Gegen einen einzelnen Gesellschafter kann eine Klage auch an dessen Wohnsitz (vgl. §§ 7-11 BGB) zulässig erhoben werden (§ 13 ZPO).

231 Ergibt die Prüfung, dass mehrere Gerichte für eine Klage zuständig sind, steht dem Kläger ein Wahlrecht zu (§ 35 ZPO); im Zweifel ist das zuständige Gericht gemäß § 36 Abs. 1 Nr. 3 ZPO zu bestimmen.[344] Hat der Kläger sich für ein Gericht durch Klageerhebung entschieden, ist eine Bestimmung des zuständigen Gerichts gemäß § 36 Abs. 1 Nr. 3 ZPO nicht mehr möglich.[345] Ergibt sich die Zuständigkeit bereits aus §§ 29, 32 ZPO, ist eine Bestimmung ebenfalls ausgeschlossen.[346] Das angerufene Gericht hat den Fall unter allen rechtlichen Gesichtspunkten zu prüfen.[347] Daher sollte im Zweifel immer das für den Behandlungsort zuständige Gericht gewählt werden.

232 Einen Ausgleichsanspruch gegen die anderen Gesellschafter kann ein Gesellschafter nur an deren allgemeinem Gerichtsstand geltend machen; der besondere Gerichtsstand der Mitgliedschaft nach § 22 ZPO gilt nicht für einen Freistellungsanspruch von der Haftung aus § 128 HGB.[348]

(6) Die Gemeinschaftspraxis in der Zwangsvollstreckung

233 § 736 ZPO bestimmt, dass für die Zwangsvollstreckung gegen eine BGB-Gesellschaft nach § 705 BGB ein gegen sämtliche Gesellschafter ergangenes Urteil erforderlich ist. Seit der Entscheidung des *BGH* vom 29.1.2001 ist es für die Rechtspraxis entschieden, dass ein Gläubiger mit einem Titel gegen die Gesellschaft in das Gesellschaftsvermögen vollstrecken kann.[349] Die BGB-Gesellschaft ist materiell vollstreckungsfähig.

234 Allerdings kann auch ein gegen sämtliche Gesellschafter wegen ihrer akzessorischen Haftung ergangener Titel Grundlage einer Zwangsvollstreckung in das Gesellschaftsvermögen sein.[350] Umgekehrt kann aus einem Titel gegen die Gesellschaft nicht in das Vermögen eines Gesellschafters vollstreckt

---

344 BayObLG, Beschl. v. 26.4.2002 – 1Z AR 30/02, BayObLGR 2002, 425; OLG Celle, Urt. v. 18.1.2007 – 8 U 198/06, VersR 2007, 1122; H. Prütting in Prütting, § 59 ZPO Rn. 4.

345 KG, Beschl. v. 5.1.2006 – 28 AR 116/05, OLGR 2006, 506; Beschl. v. 1.6.2006 – 28 AR 28/06, NJW 2006, 2336 (2337).

346 OLG Celle, Beschl. v. 20.12.2001 – 4 AR 90/01, BauR 2002, 1286.

347 BGH, Beschl. vom 10.12.2002 – X ARZ 208/02, NJW 2003, 828; Hüßtege in Thomas/Putzo, § 32 Rn. 6; Vollkommer in Zöller, § 12 Rn. 20, § 32 Rn. 20.

348 OLG Köln, Beschl. v. 28.5.2003 – 5 W 54/03, MDR 2003, 1374 (1375); KG, Beschl. v. 28.1.2010 – 2 AR 3/10, NJW-Spezial 2010, 273; krit. Cranshaw, jurisPR-HaGesR 5/2010, Anm. 1.

349 II ZR 331/00, NJW 2001, 1056; ausführlich Gummert in Gummert/Weipert, § 20 Rn. 1.

350 BGH, Beschl. vom 16.7.2004 – IXa ZB 288/03, NJW 2004, 3632 (3634); Gummert in Gummert/Weipert, § 20 Rn. 22 ff. m.w.N.; Müther, MDR 2002, 987 (990).

werden.[351] Tritt ein Gesellschafter nach Erlass des Vollstreckungstitels der Gesellschaft bei, ist der Titel gem. § 727 ZPO umzuschreiben.[352]

cc) Sonderformen der Gemeinschaftspraxis

Als Sonderformen der Gemeinschaftspraxis werden nachfolgend kurz dargestellt die Teilberufsausübungsgemeinschaft (TBAG), die überörtliche Berufsausübungsgemeinschaft (ÜBAG) sowie die sog. gemischte Gemeinschaftspraxis. Haftungsrechtlich sind keine Besonderheiten festzustellen, da die beschriebenen personengesellschaftsrechtlichen Grundsätze gelten. Auch bei den dargestellten Kooperationsformen kommt der Behandlungsvertrag mit der Gesellschaft zustande mit der Folge, dass sämtliche Gesellschafter persönlich mit ihrem Privatvermögen für die Gesellschaftsverbindlichkeiten haften.

235

BAGs

Teilberufsausübungsgemeinschaft

- Zusammenschluss mehrerer (Vertrags-)Ärzte für einen Teil ihrer Tätigkeit
- Restliche Tätigkeit erfolgt getrennt

Überörtliche Berufsausübungsgemeinschaft

- Zusammenschluss mehrerer (Vertrags-)Ärzte an mehreren Standorten
- Gemeinsame Berufsausübung an allen Standorten
- Ärzte können an mehreren Standorten tätig sein

Gemischte Gemeinschaftspraxis

- Zusammenschluss von Vertragsärzten und Nichtvertragsärzten
- GKV-Patienten werden nur von Vertragsärzten behandelt
- Privatpatienten werden von allen Ärzten behandelt

---

(1) Teilberufsausübungsgemeinschaft

Nach § 18 Abs. 1 MBO kann sich eine Berufsausübungsgemeinschaft auf Teile der gemeinsamen Berufsausübung (im Extremfall sogar auf eine einzelne Leistung) beschränken.[353] Die Teilgemeinschaftspraxis kann auch zur vertragsärztlichen Versorgung zugelassen werden (§ 33 Abs. 2 Ärzte-ZV). Gem. § 18a Abs. 1 MBO sind die Gesellschafter der Teilgemeinschaftspraxis

236

---

351 Gummert in Gummert/Weipert, § 20 Rn. 17 m.w.N.
352 Stöber in Zöller, § 736 Rn. 5.
353 Ausführlich Ratzel/Michels/Möller, MedR 2006, 377 (379); Michels/Möller, S. 152 f.

Möller/Makoski

verpflichtet, die Namen und Arztbezeichnungen aller beteiligten Ärzte anzukündigen. Gerade bei größeren Einheiten wird hierauf häufig verzichtet.

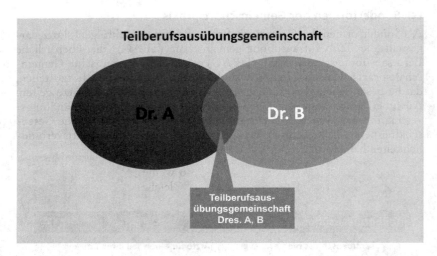

237   Gehört der Arzt einer Gemeinschaftspraxis und einer Teilgemeinschaftspraxis an, kann es für Patienten schwierig sein festzustellen, in welcher
Funktion ihn der behandelnde Arzt gerade betreut.

238   Manche Teilgemeinschaftspraxen genießen einen zweifelhaften Ruf. Überweisungen erfolgen oftmals ausschließlich an Mitgesellschafter und ermöglichen es dem überweisenden Arzt, im Rahmen der Gewinnverteilung von
seiner eigenen Überweisung zu profitieren. In der Praxis dürfte nicht selten
ein Verstoß gegen das in § 31 MBO normierte Verbot der Zuweisung gegen
Entgelt vorliegen.[354] Aus diesem Grund besteht für sämtliche beteiligte Ärzte die berufsrechtliche Verpflichtung, den Gesellschaftsvertrag der für sie
zuständigen Ärztekammer vorzulegen. Trotz der nur allzu häufig berechtigten Kritik wird man allerdings nicht so weit gehen können, den veranlassten Leistungen generell die medizinische Indikation abzusprechen. Auch
sollte nicht übersehen werden, dass es durchaus sinnvolle Gesellschaftsmo-
delle gibt (z.B. Zusammenschluss von Radiologen und Kardiologen zur Erbringung von Schnittbilddiagnostik).

(2) Überörtliche Berufsausübungsgemeinschaft

239   Gem. § 18 Abs. 3 S. 3 MBO ist eine Berufsausübungsgemeinschaft mit mehreren Praxissitzen zulässig, wenn an dem jeweiligen Praxissitz verantwort-

---

[354] Ausführlich zu Kick-Back-Konstellationen Michels/Möller, S. 153 f.; besonders
kritisch Ratzel, GesR 2007, 456; Ratzel in Ratzel/Lippert, § 31 Rn. 13 ff.

Möller/Makoski

lich mindestens ein Mitglied der Berufsausübungsgemeinschaft hauptberuflich tätig ist.

Da sämtliche Landesärztekammern die Vorgaben der MBO in ihre jeweiligen Satzungen übernommen haben,[355] steht die überörtliche Berufsausübungsgemeinschaft allen Arztgruppen bundesweit offen. Jeder Arzt ist verpflichtet, die für ihn zuständige Kammer über den Zusammenschluss unter Hinweis auf die übrigen beteiligten Ärzte zu informieren (§ 18 Abs. 6 MBO). Ein berufsrechtliches Genehmigungserfordernis besteht nicht! **240**

Gem. § 18a MBO besteht die Verpflichtung, auf dem Praxisschild die Namen aller in der Gemeinschaft zusammengeschlossenen Ärzte sowie die Rechtsform anzukündigen. **241**

Die Anzahl der einer überörtlichen Berufsausübungsgemeinschaft angehörenden Praxissitze ist berufsrechtlich ebenso wenig beschränkt wie diejenige der sich zusammenschließenden Ärzte. Gleiches gilt für die räumliche Entfernung der einzelnen Standorte zueinander. **242**

Seit dem 1.1.2007 hat der Gesetzgeber die Möglichkeit geschaffen, auch im vertragsärztlichen Bereich bundesweit überörtliche Berufsausübungsgemeinschaften zu errichten (§ 33 Abs. 2 Ärzte-ZV). Die überörtliche Berufsausübungsgemeinschaft darf Standorte in unterschiedlichen KV-Bereichen haben (§ 33 Abs. 3 Ärzte-ZV). In diesem Fall hat sie den Vertragsarztsitz zu wählen, der maßgeblich ist für die Genehmigungsentscheidung sowie die auf die gesamte Leistungserbringung dieser Gesellschaft anzuwendenden ortsgebundenen Regelungen, insbesondere zur Vergütung, zur Abrechnung sowie zu den Wirtschaftlichkeits- und Qualitätsprüfungen. Die Wahl hat jeweils für die Dauer von zwei Jahren zu erfolgen.[356] **243**

(3) Sogenannte »gemischte Gemeinschaftspraxis«

Insbesondere bedingt durch Zulassungsbeschränkungen besteht in der Praxis das Bedürfnis, Ärzte ohne Vertragsarztzulassung in eine Gemeinschaftspraxis mit Vertragsärzten aufzunehmen.[357] **244**

§ 33 Abs. 2 Ärzte-ZV bestimmt, dass die gemeinsame vertragsärztliche Tätigkeit nur unter Vertragsärzten zulässig ist, untersagt aber nicht, dass sich der Gesellschaftszweck auf die gemeinsame privatärztliche Tätigkeit erstre- **245**

---

355 Der abweichende Wortlaut der bayerischen Satzung ist abgedruckt bei Ratzel/ Lippert, S. 274 f.
356 Weimer, GesR 2007, 204; ders. in HK-AKM, 840–Berufsausübungsgemeinschaft Rn. 41 f.
357 Möller, MedR 2003, 195; Quaas/Zuck, § 14 Rn. 6; Blaurock, MedR 2006, 643; zur zivilrechtlichen Gestaltung OLG München, Urt. v. 12.9.2005 – 21 U 2982/05, MedR 2006, 172 m. substantiierter Anm. U. Cramer.

cken darf.[358] Bei sauberer vertraglicher und tatsächlicher Trennung des privatärztlichen und des vertragsärztlichen Bereichs wird § 33 Abs. 2 Ärzte-ZV nicht verletzt.[359]

246 Wesentlich ist, dass der Behandlungsvertrag auch bei GKV-Patienten mit der Gemeinschaftspraxis zustande kommt, die ihn durch den Einsatz der vertragsärztlich tätigen Gesellschafter erfüllt.

dd) Berufsausübungsgemeinschaft in der Rechtsform der Partnerschaftsgesellschaft

(1) Allgemeines

247 Die Partnerschaftsgesellschaft ist im Partnerschaftsgesellschaftsgesetz (PartGG) geregelt. Sie ist eine Sonderform der GbR, weist jedoch in vielen Bereichen Ähnlichkeiten mit der OHG auf.[360] In der Praxis spielt die Partnerschaftsgesellschaft im ärztlichen Bereich keine bedeutende Rolle, da regelmäßig ausreichende Berufshaftpflichtversicherungen abgeschlossen sind[361] und die Förmlichkeiten wie Registerpflichtigkeit eher abschrecken. Bei der Gründung von überörtlichen Berufsausübungsgemeinschaften sowie bei Publikums-Teilberufsausübungsgemeinschaften ist allerdings zunehmend festzustellen, dass die Rechtsform der Partnerschaftsgesellschaft gewählt wird. Einzelheiten zum Bestand der Gesellschaft erfährt man durch Einsichtnahme in das Partnerschaftsregister.

(2) Rechtliche Struktur

248 Gesellschafter können nur Angehörige freier Berufe (Aufzählung in § 1 Abs. 2 PartGG) zur Ausübung *ihrer* Berufe sein, wodurch eine lediglich kapitalmäßige Beteiligung ebenso ausgeschlossen wird wie die Gesellschafterstellung z.B. eines Krankenhausträgers.[362]

249 Nach der Konzeption des Gesetzes kann die Partnerschaftsgesellschaft nicht als Organisationsgemeinschaft für die freiberufliche Tätigkeit genutzt werden.[363] Enthält das Berufsrecht vom PartGG abweichende Vorschriften, genießen diese Vorrang (§ 1 Abs. 3 PartGG). So dürfen Ärzte

---

358 Kassenärztliche Vereinigung Nordrhein KVNO aktuell 5/03; U. Cramer, MedR 2006, 173; Schallen, § 33 Rn. 48; Gummert in Gummert/Weipert, § 25 Rn. 117; Quaas/Zuck, § 14 Rn. 6, Halbe/Rothfuß in HBKG, A 1100 Rn. 35 f.; Kremer/Wittmann in HK-AKM, 2050-Gemeinschaftspraxis Rn. 131; Kleinke/Frehse, AusR 2003, 69; Möller, MedR 2003, 195; a.A. Schirmer, Kap. H 3.4 (S. 277).

359 Zur Vertragsgestaltung Möller, MedR 2003, 195 (198); Blaurock, MedR 2006, 643.

360 Einen Vergleich zur GbR, OHG und GmbH nehmen vor Ulmer/Schäfer, vor § 1 PartGG Rn. 11 f.; zur steuerlichen Behandlung Michels/Möller, S. 186 f.

361 Vgl. Ratzel/Lippert, § 18/18a Rn. 12; ferner Ulmer/Schäfer, vor § 1 PartGG Rn. 12.

362 Michels/Möller, S. 182 f.

363 Henssler, § 1 Rn. 27.

Möller/Makoski

die Heilkunde nur in arzttypischen Partnerschaftsgesellschaften ausüben (§ 23 MBO).

Die Partnerschaftsgesellschaft ist rechts- und parteifähig (§ 7 Abs. 2 PartGG **250** i.V.m. § 124 HGB). Sie hat einen Namen, unter dem sie klagen und verklagt werden kann (§§ 2, 11 PartGG). Der Name der Partnerschaft muss den Namen mindestens eines Partners, den Zusatz »und Partner« (»+ Partner«, »& Partner«) oder »Partnerschaft« sowie die Berufsbezeichnung sämtlicher in der Partnerschaft vertretenen Berufe (§ 2 Abs. 1 PartGG) aufführen.

(3) Entstehung, Formvorschriften

Die Gründung der Ärztepartnerschaft erfordert zunächst den Abschluss **251** eines schriftlichen Gesellschaftsvertrages unter Einhaltung der (Minimal-) Voraussetzungen des § 3 PartGG. Im Verhältnis zu Dritten wird die Partnerschaft erst mit der Eintragung in das Partnerschaftsregister wirksam. Bis zu diesem Zeitpunkt liegt eine BGB-Gesellschaft vor. Die Umwandlung einer als BGB-Gesellschaft geführten Gemeinschaftspraxis in eine Partnerschaftsgesellschaft ist identitätswahrend möglich.[364]

Änderungen im Gesellschafterbestand oder des Gesellschaftsvertrages sind **252** anzumelden.

Scheidet einer von zwei verbleibenden Partnern aus einer Partnerschaftsge- **253** sellschaft aus, gehen das Vermögen und die Verbindlichkeiten der Gesellschaft im Wege der Gesamtrechtsnachfolge auf den letzten Partner über. Die Gesellschaft erlischt.

(4) Haftung

Für Verbindlichkeiten der Gesellschaft haftet den Gläubigern zunächst das **254** Gesellschaftsvermögen, jedoch gilt auch hier – wie bei der Gemeinschaftspraxis – der Grundsatz der gesamtschuldnerischen persönlichen Haftung der Gesellschafter für Gesellschaftsverbindlichkeiten (§ 8 Abs. 1 Part GG). Insofern wird auf die Ausführungen unter Rn. 197 verwiesen. Ein der Partnerschaftsgesellschaft beitretender Gesellschafter haftet ab Eintragung in das Partnerschaftsregister für Altverbindlichkeiten unbegrenzt mit seinem Privatvermögen. Lediglich für berufliche Fehler enthält § 8 Abs. 2 PartGG in der Fassung ab dem 1.8.1998 ein Haftungsprivileg:[365]

> »Waren nur einzelne Partner mit der Bearbeitung eines Auftrags befaßt, so haften nur sie gemäß Absatz 1 für berufliche Fehler neben der Partnerschaft; ausgenommen sind Bearbeitungsbeiträge von untergeordneter Bedeutung.«

---

364 Henssler, § 1 Rn. 33.
365 Vgl. Ratzel in Ratzel/Lippert, § 18/18a Rn. 12; Quaas/Zuck, § 14 Rn. 32.

255   Hätte einem Partner die Behandlung nach der internen Verteilung oblegen, wurde sie aber tatsächlich von einem anderen Partner durchgeführt, haftet der eine Partner nicht.[366] Behandelt ein Partner einen Patienten weiter, nachdem ein anderer Partner den Behandlungsfehler verursacht hat, haftet auch der weiterbehandelnde Partner;[367] dies gilt nicht für eine zwischenzeitliche Weiterbehandlung (z.B. als Urlaubsvertretung) ohne wesentliche Behandlungsmaßnahmen (z.B. reiner Verbandswechsel).[368] Bei einer Zweigpraxis dürften neben der Partnerschaftsgesellschaft nur die Partner haften, die an dem jeweiligen Standort tätig sind.[369]

256   Wird nur ein angestellter Arzt tätig, ohne dass ein Partner den Patienten behandelt, und besteht keine interne Verteilung der Behandlungsfälle, greift § 8 Abs. 2 PartGG nicht.[370]

257   Wird ein »Scheinpartner« tätig, d.h. ein angestellter Arzt, der nach außen wie ein Partner auftritt, haftet er wie ein Partner, so dass zu seinen Lasten § 8 Abs. 2 PartGG anwendbar ist.[371] Allerdings kann der Patient wählen, ob er neben der Partnerschaftsgesellschaft den Scheinpartner in Anspruch nehmen will oder die echten Partner als Gesamtschuldner.[372] Einer Klage gegen alle zusammen steht entgegen, dass der Kläger bei einer Inanspruchnahme der echten Partner nicht von der Scheinpartnerschaft ausgehen würde, so dass der Scheinpartner als Angestellter nicht haftet, und bei einer Inanspruchnahme des Scheinpartners – wie bei einem echten Partner – vom Eingreifen der Konzentrationsregelung des § 8 Abs. 2 PartGG auszugehen ist.

258   Das Haftungsprivileg wurde durch das Urteil des *BGH* vom 19.11.2009[373] deutlich entwertet. Hiernach haftet der mit der Bearbeitung eines Auftrags befasste Partner auch für die vor seinem Eintritt in die Partnerschaft begangenen beruflichen Fehler eines anderen mit dem Auftrag befassten Partners persönlich, selbst wenn er sie nicht mehr korrigieren kann. Behandelt also ein neu beitretender Arzt einen Patienten weiter, nachdem ein anderer Partner bereits einen Behandlungsfehler begangen hat, haftet der beitretende Arzt ebenfalls gemäß § 8 Abs. 2 PartGG.

259   Der aus der Partnerschaftsgesellschaft ausscheidende Partner haftet für die Dauer von fünf Jahren für Altverbindlichkeiten der Gesellschaft (§ 8 Abs. 2 PartGG i.V.m. § 160 Abs. 1 HGB). Fristbeginn für die Ausschlussfrist ist

---

366 OLG Hamm, Urt. v. 14.2.2010 – 28 U 151/09, NRWE.
367 BGH, Urt. v. 19.11.2009 – IX ZR 12/09, NJW 2010, 1360 (1362).
368 Jawansky, DB 2001, 2281 (2282).
369 Rehborn, ZMGR 2008, 296 (301).
370 Jawansky, DB 2001, 2281 (2283) unter Verweis auf BT-Drs. 13/9820, S. 21.
371 OLG München, Urt. v. 18.1.2001 – 29 U 2962/00, DB 2001, 809 (811); Martis/ Winkhart, Rn. G 41.
372 Langenkamp/Jaeger, NJW 1995, 3238 (3240).
373 IX ZR 12/09, NJW 2010, 1361.

Möller/Makoski

der Zeitpunkt der Eintragung des Ausscheidens in das Partnerschaftsregister.[374]

Erfüllt ein Partner Verbindlichkeiten der Partnerschaftsgesellschaft, hat er gegen die Partnerschaft einen Aufwendungsersatzanspruch gemäß § 6 PartGG, § 110 HGB.[375]   **260**

ee) Medizinische Kooperationsgemeinschaft

§ 23b S. 1 MBO-Ä definiert die medizinische Kooperationsgemeinschaft als Zusammenschluss von Ärzten mit anderen selbständig tätigen und zur eigenverantwortlichen Berufsausübung befugten Berufsangehörigen anderer akademischer Heilberufe im Gesundheitswesen oder staatlicher Ausbildungsberufe im Gesundheitswesen sowie anderen Naturwissenschaftlern und Angehörigen sozialpädagogischer Berufe – auch beschränkt auf einzelne – zur kooperativen Berufsausübung.   **261**

Auch wenn statistische Angaben fehlen, kann festgestellt werden, dass die praktische Bedeutung von medizinischen Kooperationsgemeinschaften gering ist,[376] obwohl sich interessante integrative Versorgungsmodelle gestalten ließen. Viele Ärzte stehen Kooperationsmodellen insbesondere mit Nichtakademikern skeptisch gegenüber, da sie die mit der Vergesellschaftung der Berufsausübung verbundene wirtschaftliche Transparenz ablehnen. Teilweise wird auch die Aufweichung hierarchischer Strukturen als negativ beurteilt.   **262**

Im Gegensatz zur Vorgängerregelung Kap. D Nr. 9 Abs. 2 MBO-Ä 1997 enthält § 23b MBO-Ä 2004 keinen Katalog der kooperationsfähigen Berufe.[377] Die Einbindung von Heilpraktikern wird als unzulässig angesehen.[378]   **263**

Gemäß § 23b Abs. 1 S. 2 MBO-Ä kommen als Rechtsform für die Kooperation nur die Partnerschaftsgesellschaft, die BGB-Gesellschaft oder die Ärztegesellschaft gemäß § 23a MBO-Ä in Betracht. Bei der BGB-Gesellschaft wird ausdrücklich ein schriftlicher Vertrag vorausgesetzt, was bei den anderen Gesellschaftsformen kraft Gesetzes Gründungsvoraussetzung ist. Ein Genehmigungserfordernis besteht nach der MBO-Ä nicht mehr. Abweichendes ist nach wie vor in manchen Berufsordnungen bestimmt.[379]   **264**

---

374 Teilweise wird auf die Kenntnis des Gläubigers abgestellt vgl. Henssler, § 10 Rn. 53.

375 Braun, MedR 2009, 272 (273).

376 Ratzel in Ratzel/Lippert, § 23a-d Rn. 9.

377 Eine Aufzählung der möglichen Kooperationspartner ist abgedruckt bei Broglie in HBKG, A 1500 Rn. 10 f.

378 Broglie in HBKG, A 1500 Rn. 12; zum Problem des »ärztlichen Heilpraktikers« Ratzel in Ratzel/Lippert, § 30 Rn. 3.

379 Ratzel in Ratzel/Lippert, § 23a-d Rn. 9.

265   § 23b Abs. 1 S. 3 MBO-Ä hebt hervor, dass Ärzten die Bildung einer medizinischen Kooperationsgemeinschaft nur mit solchen anderen Berufsangehörigen und in der Weise erlaubt ist, dass diese mit dem Arzt einen gleichgerichteten oder integrierenden diagnostischen oder therapeutischen Zweck bei der Heilbehandlung durch räumlich nahes und koordiniertes Zusammenwirken erfüllen können. Hierdurch soll das Entstehen medizinischer »Gemischtwarenläden« verhindert werden.[380]

266   § 23b Abs. 1 S. 4 MBO-Ä konkretisiert die Anforderungen an die Vertragsgestaltung, um insbesondere die eigenverantwortliche und selbständige ärztliche Berufsausübung zu gewährleisten.[381] Vorgaben zur Ergebnisverteilung finden sich nicht. Es erscheint gleichwohl sachgerecht, die Kriterien anzuwenden, die der Vorstand der Bundesärztekammer in seinem Beschluss vom 24.11.2006 zur Änderung des § 18 Abs. 1 MBO-Ä gefasst hat.[382] Hiernach darf der Gewinn ohne Vorliegen eines sachlichen Grundes nicht in einer Weise verteilt werden, die nicht dem Anteil der persönlich erbrachten Leistungen entspricht. Die – bloße – Anordnung einer Leistung stellt dabei keinen bei der Ergebnisverteilung berücksichtigungsfähigen Beitrag dar.

267   Das Vertragarztrecht kennt das Institut der medizinischen Kooperationsgemeinschaft nicht. § 33 Abs. 2 Ärzte-ZV ermöglicht die Errichtung einer Berufsausübungsgemeinschaft zwischen allen zur vertragsärztlichen Versorgung zugelassenen Leistungserbringern. Dies umfasst aber nicht die in § 23b Ärzte-ZV einbezogenen nichtärztlichen Berufsgruppen. Demgemäß kann die medizinische Kooperationsgemeinschaft keine Genehmigung zur Teilnahme an der vertragsärztlichen Versorgung erhalten.

ff) Ärzte-Gesellschaft

268   Seit 2004 dürfen Ärzte ihren Beruf auch in der Rechtsform einer juristischen Person des Privatrechts ausüben (§ 23a Abs. 1 MBO); allerdings haben nicht alle Ärztekammern die Vorgaben der Musterberufsordnung übernommen.

269   In der Praxis dürften die meisten Ärzte-Gesellschaften als GmbH und nicht als AG gegründet werden. In diesem Fall müssen neben den berufsrechtlichen Vorgaben die Voraussetzungen des GmbH-Gesetzes beachtet werden.[383] Einer gesonderten Zulassung durch die Ärztekammer bedarf es nicht. Die Gründung der Ärzte-GmbH ist lediglich anzeigepflichtig (§ 18 Abs. 6 MBO).[384]

---

380 Ratzel in Ratzel/Lippert, § 23a-d Rn. 10.
381 Ausführlich Eisenberg, S. 195 f.
382 DÄBl. 2007, A-1613; zu ähnlichen Regelungen in Hamburg und Rheinland-Pfalz vgl. Dahm/Ratzel, MedR 2006, 555 (558).
383 Zu den Gründungsvoraussetzungen der Ärzte-GmbH vgl. Braun/Richter, MedR 2005, 685.
384 Saenger, MedR 2006, 138 (141).

Gesellschafter dürfen nur Ärzte und Ärztinnen und solche Personen sein, **270** mit welchen der Arzt einen gleichgerichteten oder integrierenden diagnostischen oder therapeutischen Zweck im Sinne des § 23b MBO bei der Heilbehandlung erfüllen kann.[385] Die Ärzte-Gesellschaft ist ebenfalls Berufsausübungsgesellschaft, wodurch eine rein kapitalmäßige Beteiligung ausgeschlossen ist.[386] Ferner ist von Bedeutung, dass die Geschäftsführer mehrheitlich Ärzte sein und über die Stimmenmehrheit verfügen müssen. Zwecks Vermeidung einer Fremdbestimmung dürfen Dritte nicht am Gewinn der Gesellschaft beteiligt sein.[387] Hierdurch grenzt sich die Ärzte-Gesellschaft von der Heilkunde-GmbH ab, für welche diese Vorgaben nicht gelten, mithin eine rein kapitalmäßige Beteiligung in Betracht kommt!

Hervorzuheben ist, dass das Vertragsarztrecht die Ärzte-Gesellschaft als **271** Leistungserbringerin nicht anerkennt. Bei Erfüllung der gesetzlichen Voraussetzungen kann die Ärzte-Gesellschaft jedoch als Medizinisches Versorgungszentrum an der vertragsärztlichen Versorgung teilnehmen.[388]

Die Abrechnung der von der Ärzte-GmbH erbrachten ärztlichen Leistungen kann in der Praxis wegen § 4 Abs. 2 S. 1 MB/KK auf Schwierigkeiten **272** stoßen.[389] Die Gebührenordnung für Ärzte (GOÄ) findet nur Anwendung für die beruflichen Leistungen der Ärzte (§ 1 Abs. 1 GOÄ).[390] Schließt die juristische Person den Behandlungsvertrag und erbringt sie die medizinischen Leistungen durch angestellte Ärzte, ist die GOÄ nicht verbindlich. Dies gilt selbst dann, wenn die behandelnden Ärzte Gesellschafter der GmbH sind.[391] In der Praxis werden oftmals Gebühren in Höhe der GOÄ berechnet, um die Erstattungsfähigkeit zugunsten des Patienten nicht zu gefährden.

Der Behandlungsvertrag wird mit der Ärztegesellschaft geschlossen, die gegenüber dem Patienten haftet. Fehlverhalten der behandelnden Ärzte wird **273** der Ärztegesellschaft gemäß § 31 BGB zugerechnet. Zudem haften die behandelnden Ärzte deliktisch.

§ 23a Abs. 1 S. 2 lit. d MBO fordert, dass für jeden in der Ärztegesellschaft **274** tätigen Arzt eine ausreichende Haftpflichtversicherung besteht.

---

385 Häußermann/Dollmann, MedR 2005, 255 (259); Saenger, MedR 2006, 138 (140).
386 Ratzel/Lippert, § 23a-d Rn. 3.
387 Ausführlich zur Gründung und Struktur Braun/Richter, MedR 2005, 685; ferner Saenger, MedR 2006, 138.
388 Zum Verhältnis MVZ – Ärztegesellschaft siehe Schäfer-Gölz, FS Huber, 951 (967).
389 LG Stuttgart, Urt. v. 30.7.2008 – 22 O 238/07, MedR 2008, 748 m. krit. Anm. Rieger; Bach/Moser, § 4 MB/KK Rn. 22.
390 BGH, Urt. v. 12.11.2009 – III ZR 110/09, NJW 2010, 1148.
391 Vgl. Uleer/Miebach/Patt, § 1 GOÄ Rn. 6 f.

Möller/Makoski

Ärztegesellschaft

Ärztegesellschaft

- **Zusammenschluss von Ärzten und kooperationsfähigen Heilberuflern**
- **Zweck ist gemeinsame Berufsausübung**
- **keine rein kapitalmäßige Beteiligung**
- **Stimmrechte mehrheitlich bei Ärzten**
- **Geschäftsführung mehrheitlich bei Ärzten**

gg) Heilkunde-GmbH

275 Neben der Ärztegesellschaft, die eine Berufsausübungsgemeinschaft der Ärzte ist, gibt es die Heilkunde-GmbH. Dabei handelt es sich um eine Gesellschaft, deren Gesellschaftszweck die Erbringung heilkundlicher Leistungen durch Ärzte als Angestellte oder Geschäftsführer ist.[392] Im Unterschied zur Ärztegesellschaft müssen die Gesellschafter aber weder Ärzte sein noch einen heilkundlichen Beruf im Rahmen der Gesellschaft ausüben. Die Heilkunde-GmbH ist nicht zur vertragsärztlichen Leistungserbringung zugelassen. Bei der privatärztlichen Leistungserbringung wird häufig die Erstattungsfähigkeit in Frage stehen. Daher wird – anstelle einer rein ambulanten Heilkunde-GmbH – oft eine Privatklinik nach § 30 GewO gegründet, die stationär und ambulant tätig wird.

276 Der Behandlungsvertrag wird mit der Heilkunde-GmbH als solcher abgeschlossen, so dass diese auch bei Behandlungsfehlern haftet. Fehlverhalten der Ärzte wird ihr nach § 31 BGB zugerechnet. Daneben haftet der behandelnde Arzt deliktisch.

277 Ein Durchgriff auf die Gesellschafter der GmbH ist nur unter sehr strengen Voraussetzungen möglich.[393]

c) Organisationsgemeinschaften, Medizinische Versorgungszentren

aa) Organisations-, insbesondere Praxisgemeinschaften

(1) Begriff der Organisationsgemeinschaft

278 Die Organisationsgemeinschaft ist ein Zusammenschluss von mehreren natürlichen und oder juristischen Personen zwecks gemeinsamer Nutzung von Ressourcen.

---

392 Saenger, MedR 2006, 138.
393 Ulrich, GmbHR 2007, 1289; Körber/Kliebisch, JuS 2008, 1040 (1045); Steffek, JZ 2009, 77.

Die Organisationsgemeinschaft ist abzugrenzen von der Berufsausübungs-   **279**
gemeinschaft[394] Bei der Differenzierung kommt es – wie *U. Cramer*[395] zutreffend herausgearbeitet hat – auf den Gesellschaftszweck an. In der Organisationsgemeinschaft übt jedes Mitglied seinen ärztlichen Beruf getrennt
von den anderen Gesellschaftern im eigenen Namen und auf eigene Rechnung aus. Bei der Organisationsgemeinschaft ist die Berufsausübung im Gegensatz zur Berufsausübungsgemeinschaft gerade nicht vergesellschaftet.[396]

Als Rechtsform der Wahl hat sich die BGB-Gesellschaft herauskristallisiert.   **280**
Dabei kann es sich je nach Konstellation um eine BGB-Innengesellschaft
oder eine BGB-Außengesellschaft handeln.

Praxisrelevant sind die Formen der Praxisgemeinschaft, der Apparatege-   **281**
meinschaft sowie der Laborgemeinschaft sowie die vertragsärztliche Leistungserbringungsgemeinschaft.

Gem. § 18 Abs. 6 S. 1 MBO sind die Zusammenschlüsse zu einer Organisa-   **282**
tionsgemeinschaft sowie deren Änderung und Beendigung der zuständigen
Ärztekammer anzuzeigen. Eine Genehmigungspflicht besteht nicht.

Organisationsgemeinschaften dürfen als solche angekündigt werden (vgl.   **283**
§ 18a Abs. 3 MBO). Für die Patienten ist nicht immer hinreichend erkennbar,
dass eine getrennte Berufsausübung erfolgt, so dass eine Haftungszuordnung
nach Rechtsscheingrundsätzen durchaus möglich ist.[397] Der *BGH* hat mit Urteil vom 8.11.2005[398] die gesamtschuldnerische Haftung von im kooperativen
Belegarztwesen verbundenen Ärzten bejaht und dies auch mit dem Außenauftritt begründet. Die Konturen jeder Rechtsscheinhaftung sind naturgemäß
unscharf. Es sei daran erinnert, dass auch im anwaltlichen Bereich der Hinweis auf eine gemeinsame Büroorganisation – z.B. der einheitliche Briefbogen
mit der Bezeichnung »in Bürogemeinschaft« – zu einer Haftungszuordnung
nach Rechtsscheingrundsätzen führen kann.[399] Gleiches gilt auch für Ärzte.

(2) Praxisgemeinschaft

Die Praxisgemeinschaft wird definiert als Zusammenschluss zweier oder   **284**
mehrerer Ärzte gleicher und/oder verschiedener Fachrichtungen, die ge-

---

394 Die MBO enthält keine Definition der Organisationsgemeinschaft. §§ 1a Nr. 12a
    BMV-Ä/EKV-Ä nimmt eine Negativabgrenzung vor: »Berufsausübungs-
    meinschaften sind nicht Praxisgemeinschaften oder Laborgemeinschaften und
    andere Organisationsgemeinschaften.« Zur Abgrenzung ferner Ratzel in Ratzel/
    Lippert, §§ 18/18a Rn. 16 f.
395 MedR 2004, 552.
396 Schäfer-Gölz in HBKG, A 1200 Rn. 14.
397 Martis/Winkhart, Rn. G 43; Ratzel in Ratzel/Lippert, §§ 18/18a Rn. 1.
398 VI ZR 319/04, MedR 2006, 290.
399 So OLG Köln, Urt. v. 17.12.2002 – 22 U 168/02, NJW-RR 2004, 279 (280); die
    Haftung ablehnend Deckenbrock, NJW 2008, 3529 (3533).

Möller/Makoski

meinsam Praxisräume und/oder Praxiseinrichtungen nutzen und/oder gemeinsam Personal in Anspruch nehmen.[400] Die vom Ansatz her zutreffende Definition ist insofern zu eng, als nicht nur einzelne Ärztinnen/Ärzte, sondern auch Berufsausübungsgemeinschaften einer Praxisgemeinschaft angehören können. Nach richtiger Ansicht[401] ist die Bildung einer Praxisgemeinschaft zudem nicht nur zwischen Ärzten möglich. Zulässigerweise können an ihr auch Angehörige nichtärztlicher Heil(hilfs)berufe oder eine MVZ-Trägergesellschaft oder ein Krankenhausträger beteiligt sein. Die Praxisgemeinschaft zwischen einem Arzt und Zahnarzt ist ebenfalls nicht zu beanstanden. Bei der Praxisgemeinschaft ist es unerheblich, ob deren Angehörige privatärztlich oder vertragsärztlich tätig sind.

285   Das wesentlichste Kriterium einer Praxisgemeinschaft ist die gemeinsame Raumnutzung. Dabei ist diese nicht so zu verstehen, dass jeder Angehörige der Praxisgemeinschaft Mitbesitz an sämtlichen Räumlichkeiten hat. Die Räumlichkeiten können durchaus individuell zugeteilt sein. Gemeinsam genutzt werden regelmäßig der Eingangsbereich, Wartezonen, Sanitärbereiche etc. Die gemeinsame Nutzung von Geräten und/oder Personal ist fakultativ.

286   Die Motivationen zur Bildung einer Praxisgemeinschaft sind vielfältig.[402] Meist tragen wirtschaftliche Aspekte den Zusammenschluss. Die Praxisressourcen können gemeinschaftlich angeschafft und genutzt werden. Mancher Beteiligter weiß es zu schätzen, dass er im eigenen Namen und auf eigene Rechnung tätig ist und gleichwohl räumlich und fachlich in der Nähe zu anderen Ärzten tätig sein kann. Auch werden Gemeinschaftspraxen – häufig bei Differenzen über die Ergebnisverteilung – umgewandelt.

287   Nicht verschlossen werden können die Augen vor dem Phänomen, dass Praxisgemeinschaften anstelle von Gemeinschaftspraxen bewusst gebildet werden, um Abrechnungsvorteile durch künstliche Steigerung der Fallzahlen auszunutzen (sog. »faktische Gemeinschaftspraxen«).[403]

288   Als Rechtsform der Wahl für eine Praxisgemeinschaft hat sich die Gesellschaft bürgerlichen Rechts (GbR) herausgestellt.[404] Die Praxisgemeinschaft ist im Regelfall BGB-Außengesellschaft, da sie am Rechtsverkehr durch

---

400 Ausführlich Schäfer-Gölz in HBKG, A 1200 Rn. 6; Kremer in HK-AKM, 4270– Praxisgemeinschaft Rn. 1; Gummert in Gummert/Weipert, § 25 Rn. 21; vgl. auch BSG, Urt. v. 22.3.2006 – B 6 KA 76/04 R, ZMGR 2006, 148.

401 Schäfer-Gölz in HBKG, A 1200 Rn. 8; Michels/Möller, S. 198.

402 Zum Ganzen Schäfer-Gölz in HBKG, A 1200 Rn. 2.

403 Vgl. den Sachverhalt des Urteils des BSG v. 22.3.2006 – B 6 KA 76/04 R, BSGE 96, 99: durchschnittlich 58 % sog. Doppelbehandlungsfälle im Quartal! Ferner zum Gestaltungsmissbrauch Michels/Möller, S. 201; Ratzel in Ratzel/ Lippert, §§ 18/18a Rn. 13.

404 Eine Analyse der ansonsten in Betracht kommenden oder zu verwerfenden Rechtsformen findet sich bei Schäfer-Gölz in HBKG, A 1200, Rn. 49 ff.

Abschluss z.B. des Mietvertrages, von Dienstverträgen sowie sonstigen Versorgungsverträgen teilnimmt.[405]

Die Eigentumsverhältnisse an den Gegenständen der Praxisgemeinschaft sind unerheblich. **289**

Jeder der der Praxisgemeinschaft angehörenden Ärzte hat seinen Beruf eigenverantwortlich und unabhängig auszuüben. Vertragliche Abreden oder praktizierte Handhabungen, die die Mitglieder zu nicht indizierten Leistungen motivieren, sind unzulässig. So liegt ein Verstoß gegen den Grundsatz des Verbots der Zuweisung gegen Entgelt (§ 31 MBO) vor, wenn ein »Überweisungskartell« gebildet wird. Unzulässig wäre es, wenn z.b. die Kostenbeteiligungsquote eines Mitglieds der Praxisgemeinschaft davon abhängig gemacht wird, in welchem Umfang er einem oder mehreren anderen Mitgliedern Patienten zuweist.[406] Es versteht sich von selbst, dass derartige Modelle den Grundsatz der freien Arztwahl (§ 7 Abs. 2 MBO) unterlaufen. **290**

Bei der Durchführung von Praxisgemeinschaftskonzepten ist die Beachtung der ärztlichen Schweigepflicht (§ 9 MBO, § 203 StGB, §§ 27 f. BDSG) von elementarer Bedeutung. Die Patientenkartei ist nach Praxen getrennt zu führen ist.[407] Etwas anderes gilt nur dann, wenn die Patienten wirksam in die gemeinsame Datenführung eingewilligt haben. **291**

§ 33 Abs. 1 S. 2 Ärzte-ZV bestimmt, dass die Kassenärztliche Vereinigung von der gemeinsamen Nutzung von Praxisräumen und Praxiseinrichtungen sowie der gemeinsamen Beschäftigung von Hilfspersonal zu unterrichten ist. **292**

Zur gesamtschuldnerischen Haftung, Beitrittshaftung sowie Nachhaftung gelten die im Zusammenhang mit der Gemeinschaftspraxis dargestellten Grundsätze. **293**

Für individuelle, auf die einzelne Praxis bezogene Verbindlichkeiten, haften die Inhaber/Gesellschafter der jeweiligen Praxis. Diese rechnet mit der Kassenärztlichen Vereinigung ab und ist gegebenenfalls Adressat von Honorarrückforderungsbescheiden. **294**

Behandlungsverträge mit den Patienten kommen ausschließlich zustande zwischen den Patienten und den Mitgliedern der Praxisgemeinschaft und nicht zwischen den Patienten und der Praxisgemeinschaft. Für Fehler – auch wenn diese durch die unzureichende sächliche oder personelle Aus- **295**

---

405 Gummert in Gummert/Weipert, § 25 Rn. 20; Schäfer-Gölz in HBKG, A 1200 Rn. 54.
406 Schäfer-Gölz in HBKG, A 1200 Rn. 31 f.; zu den umsatzsteuerlichen Problemen dieser Konstellation Michels/Möller, S. 207 f.
407 BSG, Urt. v. 22.3.2006 – B 6 KA 76/04 R, ZMGR 2006, 148 (150); Ratzel in Ratzel/Lippert, §§ 18/18a Rn. 13.

stattung der Gesellschaft entstanden sind – haftet der einzelne Arzt. Dies gilt grundsätzlich auch dann, wenn er »seinen« Patienten an einen anderen Gesellschafter der Praxisgemeinschaft überwiesen hat für dessen Fehler. Eine Ausnahme ist dann anzunehmen, wenn der überweisende Arzt den nachbehandelnden Arzt unzureichend über die bisherige Befundsituation aufgeklärt hat.[408]

(3) Apparategemeinschaft

296 Die meist in räumlicher Trennung zur eigenen Praxis erfolgende, gemeinschaftlich mit Dritten organisierte Nutzung von Räumen und/oder Geräten und/oder Personal wird unter dem Stichwort »Apparategemeinschaft« behandelt.[409] Hierbei handelt es sich um einen Unterfall der Praxisgemeinschaft mit vielfältigen Variationsmöglichkeiten.

297 Abzugrenzen von der »Apparategemeinschaft«, der ein Element der gemeinsamen Beschaffung und Organisation eigen ist, sind Rechtsverhältnisse auf der Basis rein schuldrechtlicher Nutzungsüberlassung.

298 Apparategemeinschaften werden meist in der Rechtsform der BGB-Gesellschaft betrieben. Sie sind nicht auf Gewinnerzielung ausgerichtet, sondern legen die entstandenen Kosten nach einem bestimmten Schlüssel auf die einzelnen Gesellschafter um.

299 Entgegen einer vielfach geäußerten Meinung handelt es sich hierbei nicht stets um eine BGB-Innengesellschaft,[410] sondern häufig um eine BGB-Außengesellschaft mit der Folge der gesamtschuldnerischen Haftung sämtlicher Gesellschafter sowie beitretender neuer Gesellschafter. Der Behandlungsvertrag kommt indes nicht mit den Gesellschaftern der Apparategemeinschaft, sondern mit dem jeweiligen behandelnden Arzt zustande, so dass insofern auch nur dieser – wie bei der Praxisgemeinschaft – für einen Behandlungsfehler haftet.

300 Zivil- und berufsrechtlich ist es unerheblich, aus welchen Personen oder Personengruppen sich der Gesellschafterkreis der Apparategemeinschaft zusammensetzt.[411] Gerade bei der Beschaffung und der Nutzung von medizinischen Großgeräten haben sich Kooperationsformen zwischen Krankenhäusern und niedergelassenen Ärzten bewährt. Selbstverständlich steht diese Organisationsform auch Krankenhausärzten offen.

301 Für die Abrechnungsfähigkeit der erbrachten ärztlichen Leistungen sind die zivilrechtlichen Eigentumsverhältnisse unerheblich.

---

408 Steffen, MedR 2006, 75 (76).
409 Peikert in HK-AKM, 150–Apparategemeinschaft Rn. 1.
410 So Eisenberg, S. 125.
411 Peikert in HK-AKM, 150–Apparategemeinschaft Rn. 8.

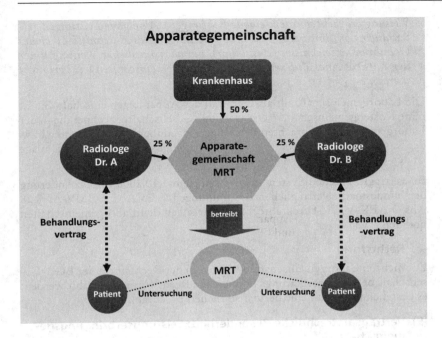

Apparategemeinschaft

(4) Laborgemeinschaft

– Definition, Rechtsgrundlagen

Eine Laborgemeinschaft ist ein Zusammenschluss von Ärzten gleicher oder **302**
unterschiedlicher Fachrichtung zur gemeinsamen Nutzung von Laborein-
richtungen zwecks Erbringung der in der eigenen Praxis anfallenden Labo-
ratoriumsuntersuchungen.[412]

Konkretisierend bestimmen § 25 Abs. 3 BMV-Ä sowie § 28 Abs. 3 AEK- **303**
V:[413]

> »Laborgemeinschaften sind Gemeinschaftseinrichtungen von Vertrags-
> ärzten, welche dem Zweck dienen, laboratoriumsmedizinische Analysen
> des Kapitels 32.2 [EBM 2000plus] regelmäßig in derselben gemeinschaft-
> lichen Betriebsstätte zu erbringen.«

Für den privatärztlichen Bereich[414] bestimmt § 4 Abs. 2 GOÄ: **304**

> »Der Arzt kann Gebühren nur für selbständige Leistungen berechnen,
> die er selbst erbracht hat oder die unter seiner Aufsicht nach fachlicher

---

412 Möller in Ratzel/Luxenburger, § 15 Rn. 351 m.w.N.
413 Zur Entwicklungsgeschichte der Laborgemeinschaften ausführlich Peikert in
HK-AKM, 3300–Laborgemeinschaft Rn. 20 f.
414 Zu privatärztlichen Laborgemeinschaften Möller, MedR 1994, 10.

Möller/Makoski

Weisung erbracht wurden (eigene Leistungen). Als eigene Leistungen gelten auch von ihm berechnete Laborleistungen des Abschnitts M II des Gebührenverzeichnisses (Basislabor), die nach fachlicher Weisung unter der Aufsicht eines anderen Arztes in Laborgemeinschaften [....] erbracht wurden.«

305 Die Laborgemeinschaft gilt als Unterfall der Apparategemeinschaft. Sie ist reine Kostengemeinschaft.[415] Der jeweilige Gesellschafter rechnet die in der Laborgemeinschaft erbrachten Leistungen gegenüber seinen Patienten bzw. der Kassenärztlichen Vereinigung ab und beteiligt sich im Wege der Umlage an den entstandenen Kosten der Gesellschaft.

306 Im vertragsärztlichen System erfolgt seit dem 1.10.2008 durch Änderung der bundesmantelvertraglichen Bestimmungen (§ 25 Abs. 3 BMV-Ä/ § 28 Abs. 3 AEK-V) die Direktabrechnung zwischen den Laborgemeinschaften und den KVen.

– Rechtsform

307 Die meisten Laborgemeinschaften werden in der Rechtsform der BGB-Gesellschaft betrieben. Allerdings können alle Rechtsformen gewählt werden; es bestehen insoweit keine berufsrechtlichen Beschränkungen.[416]

(5) Vertragsarztrechtliche Besonderheit: Leistungserbringungsgemeinschaft

308 Ausschließlich für den vertragsärztlichen Bereich ist die Leistungserbringungsgemeinschaft anerkannt (§ 15 Abs. 3 BMV-Ä/§ 14 Abs. 2 AEKV).[417]

309 Diese wird in § 1a Nr. 14 BMV-Ä folgendermaßen definiert:
»Eine bundesmantelvertraglich bestimmte Form der Zusammenarbeit von Vertragsärzten, insbesondere im Bereich der medizinisch-technischen Leistungen gemäß § 15 Abs. 3 BMV-Ä als Sonderfall der Leistungszuordnung im Rahmen der persönlichen Leistungserbringung.«

310 In ihr geht es um den Zusammenschluss von Ärzten bei gerätebezogenen Untersuchungsleistungen. Rechtlich handelt es sich vielfach um eine Apparategemeinschaft mit organisierter weisungsgebundener Leistungserbringung.[418] Anstelle einer Apparategemeinschaft sind schuldrechtliche Nutzungsverhältnisse mit dienstvertraglichen Leistungselementen denkbar. Ein gesellschaftsrechtlicher Zusammenschluss ist regelmäßig wegen des fehlenden Gesellschaftszwecks nicht gegeben.

---

415 Michels/Möller, S. 224 f.
416 Peikert in HK-AKM, 3300-Laborgemeinschaft Rn. 4.
417 Vgl. hierzu Peikert in HK-AKM, 150-Apparategemeinschaft Rn. 15 ff.; zur unterschiedlichen Terminologie wie »Leistungserbringergemeinschaft« oder »Leistungsgemeinschaft« vgl. Schiller in HBKG, A 1400 Fn. 2.
418 Schiller in HBKG, A 1400 Rn. 34.

Die Leistungserbringungsgemeinschaft hat bei gerätebezogenen Untersu-   **311**
chungsleistungen im Interesse der Rationalisierung die Anforderungen an
die persönliche Leistungserbringung gesenkt. War es vor Einführung dieser
Kooperationsform erforderlich, dass jeder Arzt seinen Patienten an einem
gemeinschaftlich mit anderen Ärzten betriebenen Gerät persönlich untersuchte, mithin auch selbst anwesend sein musste, erlaubt die Leistungserbringungsgemeinschaft die Anordnung der Leistung durch den primär verantwortlichen und die Durchführung der Untersuchung durch den in die
Kooperation eingebunden Arzt.[419]

Gerätebezogen sind z.b. die klassischen – statischen – radiologischen Un-   **312**
tersuchungen wie Röntgen, CT, MRT. Bei dynamischen Untersuchungsmaßnahmen wie z.b. Durchleuchtungen, Sonographien, Stressecho-Kar-
diographien stehen die persönliche Kompetenz und Erfahrung des Arztes
im Vordergrund, so dass die Leistungen nicht im Rahmen einer Leistungserbringungsgemeinschaft durchgeführt werden können.[420] Bis zum 31.12.2009
durften Leistungserbringergemeinschaften unter bestimmten Voraussetzungen zur Durchführung von Basislaboruntersuchungen genutzt werden.[421]

Voraussetzung ist, dass die ärztlichen Leistungen nach fachlicher Weisung   **313**
durch einen der beteiligten Ärzte persönlich in seiner Praxis oder in einer
gemeinsamen Einrichtung durch einen gemeinsam beschäftigten Arzt erbracht werden. Ist dies der Fall, gilt die Leistung als persönliche Leistung
des jeweils anweisenden Arztes, der den Behandlungsvertrag schließt und
die Leistung anfordert, sie befundet und insgesamt gegenüber der Kassenärztlichen Vereinigung abrechnet.[422]

Wenn besondere Qualifikationsvoraussetzungen bestehen, müssen alle be-   **314**
teiligten Ärzte diese erfüllen.[423]

Nur der die Leistung anordnende Arzt haftet gegenüber seinem Patienten   **315**
aus Vertrag, auch wenn die Untersuchung durch einen bei der Leistungserbringungsgemeinschaft angestellten Arzt durchgeführt wurde.[424] Die deliktische Haftung der Beteiligten bleibt unberührt.

(6) Praxisnetz, Praxisverbund

– Definition

§ 23d Abs. 1 MBO definiert den Praxisverbund wie folgt: **316**
»*Ärztinnen und Ärzte dürfen, auch ohne sich zu einer Berufsausübungsgemeinschaft zusammenzuschließen, eine Kooperation verabreden (Pra-*

---

419 Schiller in HBKG, A 1400 Rn. 4.
420 Schiller in HBKG, A 1400 Rn. 10.
421 Zu Recht ablehnend Imbeck, MedR 2009, 10 (15).
422 Ausführlich Möller, MedR 1998, 60 (63).
423 Peikert in HK-AKM, 150-Apparategemeinschaft Rn. 24.
424 Steffen, MedR 2006, 75 (76).

*xisverbund), welche auf die Erfüllung eines durch gemeinsame oder
gleichgerichtete Maßnahmen bestimmten Versorgungsauftrages oder auf
eine andere Art der Zusammenarbeit zur Patientenversorgung, z.B. auf
dem Felde der Qualitätssicherung oder Versorgungsbereitschaft, gerichtet
ist.«*

317   Gem. § 23d Abs. 3 MBO können unter Berücksichtigung weiterer berufsrechtlicher Vorgaben einem Praxisverbund auch Krankenhäuser, Vorsorge-
und Rehabilitations-Kliniken und Angehörige anderer Gesundheitsberufe
angehören.

318   § 73a Abs. 1 SGB V beschreibt »vernetzte Praxen« – aus der Sicht des Vertragsarztrechts – wenig präzise als Möglichkeit der Kassenärztlichen Vereinigungen, mit den Landesverbänden der Krankenkassen und Verbänden der
Ersatzkassen in Gesamtverträgen Versorgungs- und Vergütungsstrukturen
zu vereinbaren, die dem vom Versicherten gewählten Verbund haus- und
fachärztlich tätiger Vertragsärzte Verantwortung für die Gewährleistung
der Qualität und Wirtschaftlichkeit der vertragsärztlichen Versorgung sowie der ärztlich verordneten oder veranlassten Leistungen insgesamt oder
für inhaltlich definierte Teilbereiche diese Leistungen übertragt. Wesentlich
sind die Freiwilligkeit einerseits des Zusammenschlusses von Vertragsärzten
und andererseits der Wahl der Versicherten zur Teilnahme. Im Hausarztmo-
dell kommt dem vom Patienten gewählten Hausarzt – neben dessen eigener
ärztlicher Tätigkeit – die Koordinierungsfunktion (»Hausarzt als Lotse«)
zu.

319   In der Praxis werden die Begriffe »Praxisverbund« und »Praxisnetz = vernetzte Praxis« synonym verwandt. Die praktische Relevanz dieser Kooperationsform ist – zumindest derzeit noch – von untergeordneter Bedeutung.

– Formalien

320   Der Vertrag über die Errichtung des Praxisverbundes ist der Ärztekammer
zum Zweck der Prüfung vorzulegen (§ 23d Abs. 2 MBO).[425] Ist der Verbund kammerübergreifend tätig, muss jeder Arzt den Vertrag der für ihn
zuständigen Landesärztekammer einreichen. Ein Genehmigungserfordernis
besteht nicht. Die Zugehörigkeit zu einem Praxisverbund kann unter Hin-
zufügung des Namens des Praxisverbundes z.B. auf dem Praxisschild angekündigt werden (§ 18a Abs. 3 S. 2 MBO).

321   Der Arzt kann Mitglied in mehreren Praxisnetzen sein.

322   Im vertragsärztlichen Bereich ist ein formaler – schriftlicher – Beitritt des
Vertragsarztes zu dem zwischen der Kassenärztlichen Vereinigung und den
Krankenkassen abgeschlossenen Strukturvertrag erforderlich, der seiner-
seits an die Mitgliedschaft im Praxisnetz geknüpft ist.

---

425 Zur Vertragsgestaltung Weimar, MDR 2000, 866.

Möller/Makoski

– Vertragsarztrechtliche Besonderheiten

Die Gründung eines Praxisnetzes setzt im Bereich der vertragsärztlichen **323**
Versorgung voraus, dass die Kassenärztliche Vereinigung mit den Verbänden der Krankenkassen und den Verbänden der Ersatzkassen einen Strukturvertrag abgeschlossen hat. Strukturverträge sind öffentlich-rechtliche, im Streitfall der Sozialgerichtsbarkeit unterfallende Verträge. Sie enthalten qualitative Untersuchungs- und Behandlungsstandards wie erweiterte Präsenz- und Dokumentationspflichten, Teilnahme an Qualitätszirkeln, Zweitmeinungsmodelle, Vorgaben zur Kommunikation, evtl. auch eine Positivliste für Arzneimittel. In den Strukturverträgen sind die Rahmenbedingungen im Sinne von Mindestvoraussetzungen für die privatrechtliche Ausgestaltung des Netzes vorzugeben.

Der Zulassungsstatus des einzelnen Vertragsarztes wird durch die Teilnahme **324**
me an einem Strukturvertrag nicht berührt, allerdings werden dessen vertragsärztliche Rechte und Pflichten entsprechend dem Inhalt des Strukturvertrages modifiziert.

Für die Leistungen des Praxisnetzes kann die Bildung von Finanzie- **325**
rungsbudgets vereinbart werden. Der am Strukturvertrag teilnehmende Arzt rechnet die von ihm erbrachten Leistungen nach Maßgabe des EBM 2000plus ab. Im Rahmen der netzinternen Honorarverteilung kann sich je nach Grad der Budgetausschöpfung ein höherer oder niedrigerer Verteilungspunktwert ergeben als bei Leistungserbringung außerhalb des Praxisnetzes.

Die Teilnahme am Praxisnetz ist für jeden Vertragsarzt freiwillig. Bei Er- **326**
füllung der Voraussetzungen besteht grundsätzlich ein Rechtsanspruch auf Teilnahme am Strukturvertrag und Aufnahme in das Praxisnetz.[426]

– Rechtsbeziehungen der Ärzte untereinander

Der Praxisverbund ist Organisationsgemeinschaft, nicht Berufsausübungs- **327**
gemeinschaft. Beim Praxisverbund schließen sich die Verbundärzte zusammen, um durch abgestimmte Maßnahmen die Untersuchungs- und Behandlungsqualität zu sichern und hierdurch Kosten einzusparen. Die gemeinsame ärztliche Leistungserbringung gegenüber den Patienten ist ebenso wenig Gesellschaftszweck wie das Ziel, die eigene Praxis nach ökonomischen Maximen zu betreiben. Der Praxisverbund kann aber durchaus die Vorstufe für eine Teilgemeinschaftspraxis bilden.

Als Rechtsformen kommen primär die BGB-Gesellschaft und – aus Haf- **328**
tungsgründen vorzugswürdig – die GmbH in Betracht, wobei die GmbH bei häufigem Mitgliederwechsel wegen der Pflicht zur notariellen Beurkundung und Eintragung in das Handelsregister faktisch Probleme bereitet. Die

---

426 Adolf in: jurisPK-SGB V, 2007, § 73a Rn. 23.

Möller/Makoski

Partnerschaftsgesellschaft scheidet als Rechtsform aus, da die Gesellschafter ihren Beruf nicht in der Gesellschaft ausüben.

329 Der Praxisverbund kann sich zur organisatorischen Unterstützung einer Betreibergesellschaft bedienen. Auch kann er einen Netzmanager beschäftigen. Die Mitgliedschaft im Praxisverbund soll grundsätzlich allen zur Teilnahme bereiten Ärzten ermöglicht werden (§ 23d Abs. 1 S. 2 MBO).

– Rechtsbeziehungen zu Patienten

330 Der Patient schließt den Behandlungsvertrag nicht mit dem Praxisverbund, sondern mit seinem Arzt. Zum Praxisverbund tritt er in keine rechtliche Beziehung. Demgemäß haftet ausschließlich der behandelnde Arzt und nicht der Praxisverbund und/oder dessen Mitglieder für eine Vertragsverletzung.[427] Etwas anderes kann gelten, wenn die Verbundärzte den Eindruck vermitteln, die ärztliche Leistung gemeinschaftlich zu erbringen (Rechtsscheinhaftung).[428]

331 Für Versicherte kann die Teilnahme an einem Strukturvertrag die zeitlich befristete Einschränkung der freien Arztwahl auf die dem Netz beigetretenen Vertragsärzte bedeuten. Gerechtfertigt wird dieser Eingriff mit der angestrebten verbesserten Versorgungsqualität.

(7) Ärztehäuser, Betriebsgesellschaften

332 Ärztehäuser (»Medical-Center«) werden in den unterschiedlichsten Konstellationen betrieben. Gemeinsam ist ihnen, dass Ärzte meist unterschiedlicher, aber sich ergänzender Fachgebiete und andere Anbieter von Gesundheitsleistungen ihre Berufe in einem Gebäude oder in unmittelbarer räumlicher Nähe ausüben. Der Grad gemeinsamer Ressourcennutzung ist unterschiedlich. Teilweise beschränkt sich das Miteinander darauf, dass sich die Praxisräume in demselben Gebäude befinden. Enger ist die Bindung wenn bestimmte Geräte im Rahmen einer Apparategemeinschaft gemeinsam unterhalten werden. Teilweise verpachtet ein Investor (z.B. Apotheker, aber zunehmend auch Krankenhausträger) den Ärzten vollständig eingerichtete Praxen mit gemeinsam genutzten zentralen Funktionsbereichen (z.B. Rezeption, Wartebereich). Die Verflechtung ist dann besonders eng, wenn der Investor für die Ärzte die kaufmännische Geschäftsführung der Praxen übernimmt und die von den Ärzten geschuldete Vergütung umsatzabhängig gestaltet ist.[429]

333 Gerade größere Einrichtungen bedienen sich eines professionellen Marketings mit einheitlichem Außenauftritt, wozu insbesondere dasselbe Logo zählt. Dies ändert grundsätzlich nichts daran, dass die Behandlungsverträge

---

427 Steffen, MedR 2006, 75 (76).
428 Rehborn, ZMGR 2008, 296 (302 f.) zur Haftung der Teilnehmer an der Integrierten Versorgung.
429 Zu den berufsrechtlichen Zulässigkeitsgrenzen Michels/Möller, S. 236 f m.w.N.

mit den in der Einrichtung niedergelassenen Ärzten zustande kommen und diese gegenüber ihren Patienten für Fehler aus Vertrag und Delikt haften.

Abhängig vom Grad der Vereinheitlichung der Außenwirkung kann auch insofern eine Haftung des Betreibers nach Rechtsscheingrundsätzen in Betracht kommen. Dies wird insbesondere der Fall sein, wenn für den Patienten der Eindruck entsteht, sich nicht in der Praxis eines niedergelassenen Arztes, sondern in der Abteilung des Betreibers zu befinden. **334**

3. Haftungsgrundlagen

a) Behandlungsvertrag

Ansprüche des Patienten gegen den Arzt können vor allem aus einer schuldhaften Verletzung von Haupt- oder Nebenpflichten des Behandlungsvertrages folgen. Anspruchsgrundlage ist § 280 Abs. 1 S. 1 BGB. Die vertragliche Haftung umfasst seit dem Inkrafttreten des 2. SchadÄndG zum 01.08.2002[430] neben materiellen Schadensersatzansprüchen (§§ 249 ff. BGB) über § 253 Abs. 2 BGB auch immaterielle Ersatzansprüche. **335**

aa) Typologie der medizinischen Vertragsverhältnisse im ambulanten Bereich

Der Behandlungsvertrag mit dem niedergelassenen (Zahn-)Arzt ist **privatrechtlicher Natur.** Insoweit spielt auch keine Rolle, ob der Patient privat oder gesetzlich versichert ist[431] (vgl. § 76 Abs. 4 SGB V). Die zivilrechtliche Pflichtenstellung des Arztes gegenüber dem Patienten unterscheidet sich daher grundsätzlich nicht nach der Art des bestehenden Versicherungsschutzes.[432] Nur wenn die Behandlung im öffentlichen Interesse gesetzlich angeordnet wird (z.B. Behandlung durch den Amts- oder Truppenarzt, Behandlung von Zwangsuntergebrachten, Alkoholtest) ist die Versorgung **ausnahmsweise als hoheitlich** einzustufen, so dass in Fällen fehlerhafter Behandlung Staatshaftungsrecht (Art. 34 GG, § 839 BGB) Anwendung findet.[433] Soweit der von der gesetzlichen Unfallversicherung eingesetzte Durchgangsarzt darüber entscheidet, ob für den durch einen Arbeitsunfall Verletzten die allgemeine Heilbehandlung ausreichend oder eine besondere Heilbehandlung zu erbringen ist, handelt er im Rahmen seiner öffentlichrechtlichen Funktion. Bei Verletzung dieser Pflicht kann der Träger der Unfallversicherung Ansprüche im Sozialrechtsweg geltend machen. Über- **336**

---

430 BGBl I S. 2674.
431 Steffen/Pauge Rn. 48.
432 Steffen/Pauge Rn. 49.
433 BGH NJW 2005, 429 (Notarzt im Rettungsdiensteinsatz); VersR 2001, 1108 (gesetzlich angeordnete Schutzimpfung); NJW 1994, 2415 (Eignungsuntersuchung für Fahrgastbeförderung) und 3012 (staatlich angeordnete Schutzimpfung); dazu noch unten Rdn. 396 ff. (Amtshaftung).

Mennemeyer/Hugemann

nimmt der Durchgangsarzt in der Folgezeit selbst die Behandlung des Patienten, geschieht auch dies auf der Grundlage eines bürgerlich-rechtlichen Behandlungsvertrages; der Unfallversicherungsträger kann in diesem Fall den Arzt nur zivilrechtlich in Anspruch nehmen, wenn und soweit Ersatzansprüche des Verletzten auf ihn übergegangen sind (§ 116 SGB X).[434]

bb) Rechtsnatur des Behandlungsvertrages

337 Der ärztliche Behandlungsvertrag ist in aller Regel als **Dienstvertrag** (§§ 611 ff. BGB) zu qualifizieren.[435] Denn anders als im Bereich des Werkvertragsrechts schuldet der Arzt grundsätzlich nicht den Erfolg seiner ärztlichen Bemühungen, sondern lediglich eine dem anerkannten und gesicherten Standard der medizinischen Wissenschaft zum Zeitpunkt der Versorgung entsprechende Behandlung oder Untersuchung.[436] Schon aufgrund der Komplexität des menschlichen Organismus und der daraus folgenden Unwägbarkeiten kann und will der Arzt den Erfolg seiner Tätigkeit nicht vertraglich garantieren. Ausschlaggebend für den Eintritt des letztlich erstrebten Erfolgs einer Behandlung sind nämlich auch Faktoren, die der Arzt nur beschränkt beeinflussen kann, wie etwa die physische oder psychische Konstitution des Patienten. Für den Vertrag mit einem Zahnarzt gilt dies grundsätzlich auch bei zahnprothetischer Behandlung,[437] selbst dann, wenn die Behandlung ausschließlich kosmetischen Zwecken dient,[438] wie z.B. Veneers (Zahnverblendung);[439] es gilt hier allerdings das Gewährleistungsrecht des Werkvertrages, soweit es sich nur um die technische Anfertigung der Prothese handelt.[440] Auch Eingriffe, bei denen der Patient typischerweise einen Erfolg erwartet, wie etwa bei einer »Schönheitsoperation«[441] oder einer Sterilisation,[442] sind nach zutreffender Ansicht als Dienstvertrag zu qualifizieren, solange der Behandelnde einen bestimmten Behandlungserfolg nicht ausdrücklich in Aussicht stellt.[443]

338 Nur **in Ausnahmefällen haftet der Arzt werkvertraglich** auch für den vereinbarten Erfolg, **wenn** etwa Zahnarzt oder Orthopäde bei der Fertigung einer Prothese **reine Technikleistungen** erbringen[444] oder es um die

---

434 BGH NJW 2009, 993, 994; 1994, 2417; dazu noch eingehend unten Rdn. 398 ff.
435 Geigel/Bacher, Kap. 28 Rn. 121; Geiß/Greiner Kap. A Rn. 4.
436 BGH NJW 1975, 305, 306.
437 BGH NJW 1975, 305; OLG Düsseldorf VersR 2005, 1737.
438 OLG Zweibrücken NJW 1983, 2094.
439 OLG Zweibrücken VersR 1983, 1064 (Verblendbrücke).
440 BGH NJW 1975, 305.
441 OLG Nürnberg VersR 2008, 786; Teumer/Stamm VersR 2008, 174; a.A. MünchKomm-BGB/Busche § 631 Rn. 239.
442 BGH NJW 1980, 1452, 1453.
443 Teumer/Stamm VersR 2008, 174.
444 BGH NJW 1975, 305; Broglie in: Ehlers/Broglie Kap. 7 Rn. 709; Gehrlein Kap. A Rn. 4.

bloße apparative **Erhebung bildgebender Befunde** geht.[445] Auch die **Vornahme von Laboruntersuchungen**[446] oder die **Refraktionsbestimmung**[447] beim Augenarzt können werkvertraglichen Charakter haben.

Das Verhältnis zwischen Arzt und Patient ist allerdings, so das BVerfG in seinem grundlegenden Beschluss zu den verfassungsrechtlichen Vorgaben an den Arzthaftungsprozess[448] unter Verweis auf ein Zitat von Eberhard Schmidt aus dem Jahr 1957, **weit mehr als eine juristische Vertragsbeziehung**: »Die Standesethik steht nicht isoliert neben dem Recht. Sie wirkt allenthalben und ständig in die rechtlichen Beziehungen des Arztes zum Patienten hinein. Was die Standesethik vom Arzte fordert, übernimmt das Recht weithin zugleich als rechtliche Pflicht. Weit mehr als sonst in den sozialen Beziehungen des Menschen fließt im ärztlichen Berufsbereich das Ethische mit dem Rechtlichen zusammen«. **339**

cc) Vertragspartner

Wer auf der Behandlungsseite Vertragspartner des Patienten wird, richtet sich nach den Umständen des jeweiligen Einzelfalls. **340**

Ist der Arzt in einer **Einzelpraxis** tätig, so kommt der Behandlungsvertrag unproblematisch allein mit diesem zustande. **341**

Ist er hingegen gemeinsam mit einem oder mehreren Kollegen in der Organisationsform einer **Gemeinschaftspraxis**[449] tätig, wird ein Behandlungsvertrag grundsätzlich mit allen ärztlichen Partnern der in der Rechtsform einer GbR geführten Gemeinschaftspraxis begründet.[450] Wenn der Patient allerdings klar zum Ausdruck bringt, dass er ausschließlich von einem bestimmten Mitglied der Gemeinschaftspraxis behandelt zu werden wünscht, kommt der Behandlungsvertrag auch nur mit dem betreffenden Arzt zustande.[451] **342**

Sind die Ärzte hingegen lediglich in einer **Praxisgemeinschaft**[452] verbunden, schließt der Patient einen Behandlungsvertrag jeweils nur mit dem ihn behandelnden (»seinem«) Arzt und nicht mit den weiteren Behandlern der Praxisgemeinschaft.[453] **343**

---

445 Terbille in: Münchener Anwaltshandbuch § 1 Rn. 30; etwas anderes dürfte allerdings gelten, soweit es auch um die fachärztliche Bewertung der erhobenen Befunde geht.
446 MünchKomm-BGB/Busche § 631 Rn. 239.
447 LG Hildesheim, Urt. v. 19.12.2008 – 1 S 57/08 – veröffentlicht bei juris.
448 BVerfG NJW 1979, 1925, 1930.
449 Dazu Rdn. 186 ff.
450 BGH NJW 2006, 437.
451 Steffen/Pauge Rn. 45b a.E.
452 Dazu Rdn. 284 ff.
453 Schlund in: Laufs/Kern § 18 Rn. 11; Steffen/Pauge Rn. 45.

Mennemeyer/Hugemann

344 Der Behandlungsvertrag mit einem **Medizinischen Versorgungszentrum**[454] (MVZ) kommt stets ausschließlich mit dem MVZ-Träger zustande,[455] wobei es unerheblich ist, ob das MVZ mit angestellten Ärzten und/oder mit Vertragsärzten betrieben wird; entscheidend ist die Außenankündigung bzw. Außenwirkung.[456] Für die Sorgfaltspflichtverletzungen seiner Ärzte und hinzugezogener Leistungserbringer (z.B. Konsiliarärzte) haftet das MVZ vertraglich nach § 278 BGB ohne Entlastungsmöglichkeit.[457]

345 Bei der Behandlung durch einen **Urlaubsvertreter** wird der Behandlungsvertrag mit dem eigentlichen Praxisinhaber geschlossen, während der Vertreter als Erfüllungsgehilfe (§ 278 BGB) des urlaubsabwesenden Arztes ohne eigene vertragliche Haftung tätig wird.[458] Dies gilt auch für den Fall der Vertretung im Rahmen stationärer belegärztlicher Behandlung.[459]

346 Bei der Inanspruchnahme eines externen **Laborarzt**es durch den behandelnden Arzt wird letzterer im Regelfall als Stellvertreter des Patienten tätig. Übersendet er Untersuchungsmaterial des Patienten an den Laborarzt, erteilt er den damit verbundenen Auftrag grundsätzlich im Namen des Patienten. Hat dieser ihn dazu bevollmächtigt, wird neben dem Behandlungsverhältnis zwischen dem Patienten und dem Arzt ein weiteres eigenständiges Vertragsverhältnis zwischen dem Patienten und dem Laborarzt begründet.[460]

347 Der **Konsiliararzt** ist demgegenüber mit dem Patienten jedenfalls dann nicht durch einen Behandlungsvertrag verbunden, wenn er sein Honorar unmittelbar mit dem behandelnden Arzt oder Krankenhaus abrechnet.[461] Insbesondere bei stationärer Behandlung wird er häufig ohne vorherige Befragung des Patienten vom behandelnden Arzt hinzugezogen.[462] In diesen Fällen haftet der behandelnde Arzt für Fehler des Konsiliarius vertraglich nach § 278 BGB, während letzteren für sein eigenes Verhalten lediglich eine deliktische Verantwortung trifft.[463] Es sind aber auch Fälle denkbar, in denen der Patient aufgrund der Überweisung des behandelnden Arztes eigene vertragliche Beziehungen zum Konsiliararzt begründet, wobei der abgeschlossene Arztvertrag dann inhaltlich auf die Erbringung der von dem überweisenden Arzt erbetenen Leistung beschränkt ist, während die Behandlungsverantwortung bei dem die Behandlung führenden Arzt

---

454 Dazu Rdn. 278 ff.
455 Steffen MedR 2006, 75, 78.
456 Möller/Dahm/Bäune § 8 Rn. 214; Quaas/Zuck § 16 Rn. 59.
457 Steffen MedR 2006, 75, 78; Quaas/Zuck § 16 Rn. 59.
458 BGH NJW 2000, 2737, 2741; OLG Saarbrücken OLGR 2001, 240.
459 BGH NJW 2000, 2737, 2741.
460 BGH NJW 2010, 1200.
461 OLG Oldenburg NJW 1996, 1601; Gehrlein Kap. B Rn. 66.
462 Geiß/Greiner Kap. B Rn. 124.
463 Gehrlein Kap. B Rn. 66.

verbleibt.[464] Der hinzugezogene Arzt übernimmt im Rahmen des Überweisungsauftrages in gewissem Umfang auch eigenständige Pflichten und muss auch prüfen, ob die von ihm erbetene Leistung den Regeln der ärztlichen Kunst entspricht und sie ärztlich sinnvoll ist, ob also der Auftrag von dem überweisenden Arzt richtig gestellt ist und dem Krankheitsbild entspricht.[465] Im allgemeinen kann sich zwar der zur Vornahme einer bestimmten Leistung hinzugezogene Arzt darauf verlassen, dass der überweisende Arzt, jedenfalls wenn er derselben Fachrichtung angehört, den Patienten in seinem Verantwortungsbereich sorgfältig und ordnungsgemäß untersucht und behandelt hat und dass die Indikation zu der erbetenen Leistung zutreffend gestellt ist;[466] hat der hinzugezogene Arzt jedoch aufgrund bestimmter Anhaltspunkte Zweifel an der Richtigkeit der ihm übermittelten Diagnose, dann muss er diesen Zweifeln nachgehen und darf sie nicht auf sich beruhen lassen.

Auch der unter Ärzten kollegialiter häufig praktizierten **Gratisbehandlung** liegt – soweit nichts anderes vereinbart ist – nicht nur ein außerrechtliches Gefälligkeitsverhältnis zugrunde, sondern ein Behandlungsvertrag; denn dem Patienten wird in der Regel der Anspruch auf volle ärztliche Sorgfalt und einen entsprechenden Ersatzanspruch bei ihrer Verletzung wichtiger sein, als ein in Aussicht stehender Honorarverzicht.[467]　　　　**348**

dd) Vertrag zugunsten Dritter

Der Behandlungsvertrag muss nicht notwendig mit dem Patienten selbst geschlossen werden. Vielmehr kommt auch der Vertragsschluss zugunsten eines Dritten in Betracht (§ 328 BGB). Geht es beispielsweise um die **Behandlung von Kindern**, so schließen die Eltern mit dem behandelnden Arzt regelmäßig einen Vertrag zugunsten Dritter, der dem Kind einen eigenen Behandlungsanspruch vermittelt (sog. »echter« oder »berechtigender« Vertrag zugunsten Dritter).[468] Da die vertraglichen Leistungsansprüche[469] dem Patienten zustehen, erstreckt sich die vertragliche Ersatzpflicht des Arztes grundsätzlich nicht auf Vermögensschäden, die der den Vertrag schließende Dritte erleidet. Die Vertragshaftung des Arztes wird ihrem Umfang nach nicht dadurch erweitert, dass dritte Personen den Behandlungsvertrag im eigenen Namen zugunsten des Patienten schließen.[470] Im Wege der ergänzenden Vertragsauslegung kann aber angenommen werden, dass beispielsweise die Eltern eines minderjährigen Patienten berechtigt sind, den vom　　　　**349**

---

464 BGH NJW 1994, 797, 798; Geiß/Greiner Kap. B Rn. 125.
465 BGH NJW 1994, 797, 798.
466 Vgl. Rdn. 821.
467 BGH NJW 1977, 2120.
468 BGH NJW 2005, 2069, 2071; Steffen/Pauge Rn. 10.
469 Dazu noch unten Rdn. 353 ff.
470 BGH NJW 1984, 1400.

Mennemeyer/Hugemann

Arzt geschuldeten Mehraufwand für die Pflege und Versorgung des durch die Behandlung geschädigten Kindes auch als eigenen Schaden geltend zu machen, soweit dieser sich auch für sie als vermehrter Pflege- und Unterhaltsaufwand niederschlägt.[471]

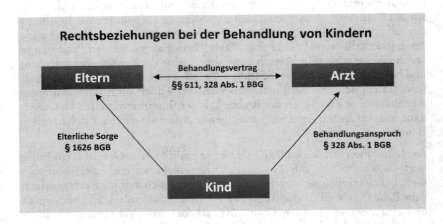

Rechtsbeziehungen bei der Behandlung von Kindern

ee) Vertrag mit Schutzwirkung zugunsten Dritter

350 In besonderen Konstellationen kann der Behandlungsvertrag auch Schutzwirkung zugunsten Dritter entfalten. So ist in den Schutzbereich eines auf **Schwangerschaftsverhütung** gerichteten Vertrages zwischen Arzt und Patientin nicht nur ein ehelicher, sondern auch der jeweilige nichteheliche Partner einbezogen, der vom Fehlschlagen der Verhütung betroffen ist.[472] Gleiches gilt in Fällen fehlerhafter **genetischer Beratung** und sonstiger **Fehler im vorgeburtlichen Bereich**.[473]

351 Ansprüche aus dem Gesichtspunkt eines Vertrages mit Schutzwirkung zugunsten Dritter kommen ferner in Betracht im Falle einer unterbliebenen Aufklärung des Patienten bzw. der für ihn Sorgeberechtigten über die Ansteckungsgefahren bei einer **Impfung mit Lebendviren**, die zu einer Infektion des Dritten führt, sofern der Dritte zu der abgegrenzten Personengruppe gehört, die sich aus Angehörigen und nahen Bekannten der Familie des

---

471 BGH NJW 1984, 1400.
472 BGH NJW 2007, 989 (fehlgeschlagene Sterilisation); der BGH hat offen gelassen, ob dies für nichteheliche Väter »unter allen denkbaren Umständen« gilt, etwa auch bei ungefestigten kurzfristigen Partnerschaften.
473 BGH NJW 2002, 2637, 2638 (Vereitelung eines möglichen Schwangerschaftsabbruchs); NJW 1984, 658 (falsche/unvollständige Beratung der Mutter während der Frühschwangerschaft über Möglichkeiten zur Früherkennung von Schädigungen der Leibesfrucht); NJW 1983, 1371, 1373 (Rötelinfektion der Mutter).

Impflings zusammensetzt und durch das erhöhte Ansteckungsrisiko herausgehoben ist.[474]

ff) Leistungspflichten

Wie bei jedem gegenseitigen (synallagmatischen) Vertrag bestehen auch beim Behandlungsvertrag Haupt- und Nebenpflichten der Vertragspartner.

352

(1) Blickwinkel Patient – Hauptleistung des Arztes

Die Hauptpflichten des Arztes bestehen in der **Untersuchung** einschließlich **Befunderhebung**,[475] der **Diagnosestellung**[476] und der daran anknüpfenden **Therapie**.[477] Daneben bestehen umfangreiche **Aufklärungspflichten**.[478] Die ärztlichen Bemühungen um die gesundheitliche Integrität des Patienten müssen dem anerkannten und gesicherten Stand medizinischer Wissenschaft im Zeitpunkt der Behandlung entsprechen.[479] Kann der Arzt diesen Standard nicht selbst in vollem Umfang garantieren, so ist er verpflichtet, den Patienten entweder zu einem Spezialisten oder in ein Spezialkrankenhaus zu überweisen oder im Interesse der Optimierung der eigenen Behandlung fremdes Know-how durch Hinzuziehung eines Konsiliararztes fruchtbar zu machen.[480] Ob auch die **sachgerechte Organisation des Behandlungsablaufs** zu den Hauptleistungspflichten des Arztes gehört, ist offen. Mit guten Gründen wird vertreten, diese als vertragliche Hauptpflicht anzusehen, »weil sie unmittelbar den Integritätsschutz des Patienten bezweckt und sich dementsprechend im Verletzungsfall in der Haftung als Behandlungs- oder Aufklärungsfehler verwirklicht«.[481]

353

Der Vertrag kann inhaltlich aber nicht nur auf die sachgerechte Behandlung eines Leidens, sondern auch als **reiner Diagnosevertrag** auf die Einholung einer »second opinion« ausgerichtet sein.[482] In diesem Fall bestehen die Hauptpflichten allein darin, den Patienten nach den Regeln der Wissenschaft zu untersuchen und ihm das Ergebnis der Untersuchung mitzuteilen.[483]

354

Die Qualifikation des Behandlungsvertrages als Dienstvertrag[484] wirkt sich auf die Hauptleistungspflichten des Arztes insoweit aus, als der zur Dienst-

355

---

474 BGH NJW 1994, 3012, 3014 (Polio-Infektion eines Freundes der Familie des Impflings; kritisch dazu: OLG Hamm r+s 2000, 236).
475 Dazu Rdn. 1542 ff.
476 Dazu Rdn. 1551 ff.
477 Geiß/Greiner Kap. A Rn. 5.
478 Dazu Rdn. 1654 ff. (Kap. 2 C I 2; Aufklärung).
479 Geiß/Greiner Kap. A Rn. 5; dazu eingehend Rdn. 1407 (Kap. 2 C I 1; Behandlungsfehler).
480 Deutsch/Spickhoff Rn. 114.
481 Geiß/Greiner Kap. A Rn. 6.
482 Terbille in: Münchener Anwaltshandbuch § 1 Rn. 30.
483 Deutsch/Spickhoff Rn. 126.
484 Siehe oben Rdn. 337.

leistung Verpflichtete im Zweifel die **Leistung »in Person«** zu erbringen hat (§ 613 S. 1 BGB).[485] Der Arzt darf zwar in aller Regel Hilfspersonen heranziehen und einzelne ärztliche Aufgaben der (insbesondere Blutentnahme, Injektion, Infusion) auf nichtärztliche Assistenten delegieren.[486] Die Reichweite dieses Delegationsrechts ist durch Auslegung (§ 157 BGB) zu ermitteln,[487] seine »Kehrseite« besteht in einer Kontrollpflicht des anordnenden Arztes (Auswahl, Instruktion, Überwachung und Kontrolle des nichtärztlichen Assistenten).[488] Die grundsätzliche Übertragung der Haupttätigkeit an einen Vertreter oder anderen Arzt kommt indessen nicht in Betracht.[489]

(2) Blickwinkel Arzt – Hauptleistung des Patienten

356 Der Behandler erbringt seine ärztlichen Leistungen – von den Fällen der Gratisbehandlung[490] einmal abgesehen – grundsätzlich gegen Honorar. Die **Honorierung der ärztlichen Dienstleistung** unterscheidet sich grundlegend danach, ob der Patient privat versichert oder aber Mitglied einer gesetzlichen Krankenversicherung ist.

357 Der **Privatpatient ist selbst Honorarschuldner** des zwischen ihm und dem Arzt (häufig stillschweigend[491]) geschlossenen Behandlungsvertrages. Als weiterer Honorarschuldner kommt bei intakter Ehe zusätzlich der **leistungsfähige Ehegatte** in Betracht (§ 1357 BGB), sofern sich Art und Kosten der Behandlung im Rahmen der angemessenen Deckung des Lebensbedarfs der Familie halten, was bei einer medizinisch gebotenen ärztlichen Behandlung ohne Inanspruchnahme von Sonderleistungen grundsätzlich der Fall ist.[492] Eine besonders teure, aber in sachlicher oder zeitlicher Hinsicht nicht gebotene ärztliche Behandlung (z.B. spezieller Zahnersatz) fällt demgegenüber nur dann unter § 1357 BGB, wenn sich die Ehegatten hierüber ausdrücklich abgestimmt haben.[493] Der Ehegatte eines Patienten ist nicht zur Zahlung der Behandlungskosten verpflichtet, wenn der Anspruch die wirtschaftliche Leistungsfähigkeit der Familie überschreitet.[494] Andererseits steht die Mittellosigkeit des Ehepartners seiner Inanspruchnahme nicht generell entgegen, weil entscheidend auf den Lebenszuschnitt der Familie abzustellen ist, wie er nach außen aus Sicht eines objektiven Beobach-

---

485 Deutsch/Spickhoff Rn. 110.
486 Palandt/Weidenkaff § 613 Rn. 1; Hahn NJW 1981, 1977.
487 Palandt/Weidenkaff § 613 Rn. 1.
488 Hahn NJW 1981, 1977, 1983 f.
489 Deutsch/Spickhoff Rn. 110.
490 Dazu oben Rdn. 348.
491 Steffen/Pauge Rn. 8.
492 BGH NJW 2005, 2069, 2071; NJW 1992, 909.
493 BGH NJW 1992, 909, 910.
494 OLG Saarbrücken NJW 2001, 1798, 1799 (Sozialhilfeempfänger).

ters in Erscheinung tritt.[495] Scheidet eine Mithaftung des Ehegatten mangels Leistungsfähigkeit aus, so kommt ein Anspruch aus Geschäftsführung ohne Auftrag nicht in Betracht, weil die aus der in erster Linie haftungserweiternden Vorschrift des § 1357 BGB ergebenden Haftungseinschränkungen nicht über eine Anwendung der Regeln über die Geschäftsführung ohne Auftrag (§§ 683, 670 BGB)[496] zu Lasten des anderen Ehegatten überspielt werden dürfen.[497] Bei einer privatärztlichen **Behandlung eines Kindes**[498] sind die **Eltern alleinige Honorarschuldner** des zugunsten ihres Kindes abgeschlossenen Behandlungsvertrages.[499]

Die **Höhe des privatärztlichen Honorars** richtet sich grundsätzlich nach der **GOÄ oder der GOZ** als für alle Ärzte geltendes zwingendes Preisrecht für alle beruflichen Leistungen, auch wenn diese medizinisch nicht indiziert sind.[500] Vereinbarungen, die zum Nachteil des Patienten vom gesetzlichen Gebührenrahmen abweichen, müssen vor dem Beginn der Behandlung schriftlich getroffen werden und den Hinweis enthalten, dass eine Erstattung der Vergütung durch Erstattungsstellen möglicherweise nicht in vollem Umfang gewährleistet ist; weitere Erklärungen dürfen in der Vereinbarung um ihrer Klarheit willen nicht enthalten sein (§ 2 Abs. 2 GOÄ/GOZ).[501]   **358**

Bei privatärztlicher Behandlung delegiert der Arzt das Inkassowesen häufig an **Gebühreneinzugsstellen**. Die hierzu notwendige Abtretung der Honorarforderung an die Verrechnungsstelle ist im Blick auf die ärztliche Verschwiegenheitspflicht jedoch nur wirksam, wenn der Patient dieser ausdrücklich zugestimmt hat.[502]   **359**

Bei der **Behandlung eines gesetzlich Versicherten** sind die Rechtsverhältnisse unter den Beteiligten wesentlich komplexer. Die Versorgung durch den niedergelassenen Vertragsarzt ist rechtlich in eine Viererbeziehung eingebettet, die durch die nachstehende Grafik[503] veranschaulicht wird: **360**

---

495 BGH NJW 2005, 2069, 2072.
496 Zur GoA noch unten Rdn. 419.
497 BGH NJW 2005, 2069, 2072.
498 Dazu oben Rdn. 349.
499 Gehrlein Kap. A Rn. 5; Martis/Winkhart Rn. A 448.
500 BGH NJW 2006, 1879, 1880 (kosmetische Operation).
501 BGH NJW 2000, 1794, 1795 (Zahnbehandlung); OLG Stuttgart VersR 2003, 462 (kosmetische Operation).
502 Dazu noch unten Rdn. 366.
503 Ähnliche Darstellung bei Deutsch/Spickhoff Rn. 80 und Quaas/Zuck § 13 Rn. 4.

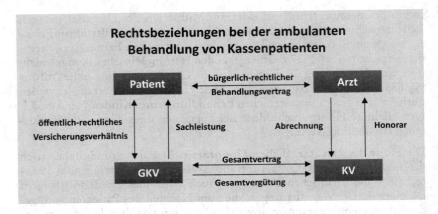

361 Gem. § 2 SGB V stellt die gesetzliche Krankenversicherung (GKV) ihrem Mitglied (und seinen Familienangehörigen, § 10 SGB V) aus dem öffentlich-rechtlichen Versicherungsverhältnis die gesetzlich vorgesehenen Leistungen (§§ 27 ff. SGB V) zur Verfügung (sog. **Sachleistungsprinzip**[504]). Diese Verpflichtung erfüllt die Krankenkasse durch Abschluss öffentlich-rechtlicher Gesamtverträge ihrer Verbände mit den Kassenärztlichen Vereinigungen (KV) nach §§ 82, 83 SGB V. Die Krankenkasse entrichtet nach Maßgabe der Gesamtverträge an die jeweilige Kassenärztliche Vereinigung mit befreiender Wirkung eine Gesamtvergütung für die gesamte vertragsärztliche Versorgung der Mitglieder mit Wohnort im Bezirk der KV einschließlich der mitversicherten Familienangehörigen (§ 85 Abs. 1 SGB V). Die Höhe der Gesamtvergütung wird im Gesamtvertrag vereinbart (§ 85 Abs. 1 S. 1 1. HS SGB V). Die KV stellt im Gegenzug die mit der Gesamtvergütung abgegoltene vertragsärztliche Versorgung der Versicherten sicher (§§ 75 Abs. 2, 73 Abs. 2 SGB V). Der nach den §§ 95 ff. SGB V von der KV zur vertragsärztlichen Versorgung zugelassene **Vertragsarzt rechnet** die Behandlung seiner gesetzlich versicherten Patienten vierteljährlich auf der Grundlage des Einheitlichen Bewertungsmaßstabes (EBM) **unmittelbar gegenüber der KV ab**, die den auf ihn auf der Grundlage der Abrechnung nach dem Verteilungsmaßstab entfallenden Anteil der Gesamtvergütung als Honorar an den Vertragsarzt auszahlt (§ 85 Abs. 4 SGB V).

362 Der Honoraranspruch des Vertragsarztes ist also vom Behandlungsvertrag abgekoppelt und richtet sich regelmäßig allein und unmittelbar gegen die zuständige KV.[505] Denn die GKV ist durch die Zahlung der Gesamtvergütung an die KV befreit.[506] Dieser Honoraranspruch ist nicht vor den Zivil-,

---

504 Eingehend dazu Schmidbauer in: Schnapp/Wigge § 3 Rn. 1 ff.
505 BGH NJW 1999, 858.
506 Steffen/Pauge Rn. 48b.

sondern vor den Sozialgerichten geltend zu machen (§ 51 Abs. 1 Nr. 2 S. 2 SGG). Nur dann, wenn sich der Versicherte ausnahmsweise gegen das Sachleistungsprinzip und stattdessen für eine **Kostenerstattung** bis zur Grenze der vertragsärztlichen Vergütung entscheidet (§ 13 Abs. 2 SGB V), wird auch der gesetzlich Versicherte selbst Schuldner der Honorarforderung. Dies ändert jedoch nichts an der Rechtsnatur der Beziehung des Mitglieds zur Krankenkasse und macht ihn insbesondere nicht zum Privatpatienten.[507] Der Honoraranspruch für die Behandlung eines solchen Mitglieds nimmt nicht an der Gesamtvergütung teil und wird nach der GOÄ bzw. GOZ bemessen.[508]

Die Frage, unter welchen Voraussetzungen ein **Verlust des ärztlichen Honoraranspruchs** in Betracht kommt, ist im Einzelnen umstritten und soll an späterer Stelle eingehend erörtert werden.[509]   **363**

Soweit der Behandlungsvertrag ausnahmsweise dem Werkvertragsrecht unterliegt,[510] zählt neben der Honorarzahlungspflicht auch die **Abnahmepflicht** aus § 640 Abs. 1 S. 1 BGB zu den vertraglichen Hauptleistungspflichten.[511]   **364**

(3) Blickwinkel Patient – Nebenpflichten des Arztes

Neben den Hauptleistungspflichten bestehen **zahlreiche Nebenpflichten des Arztes,** die für den Arzthaftungsprozess erhebliche Bedeutung erlangen können.   **365**

Die ärztliche **Schweigepflicht** verpflichtet den Arzt, Stillschweigen über das zu bewahren, was ihm der Patient mitteilt und während der Behandlung über ihn erfährt. Ihre Verletzung ist durch § 203 StGB unter Strafe gestellt. Die Offenbarung der der Schweigepflicht unterfallenden Erkenntnisse setzt daher grundsätzlich die Erteilung einer wirksamen Schweigepflichtentbindungserklärung oder eine gesetzliche Verpflichtung zur Offenbarung (z.B. Meldepflicht für übertragbare Krankheiten nach § 6 IfSG) voraus. Ohne Einwilligung des Patienten dürfen seine Behandlungsdaten weder an eine **gewerbliche Verrechnungsstelle** weitergegeben werden[512] noch an einen Praxisnachfolger.[513] Daran ändert auch der Umstand nichts, dass Angehörige einer privatärztlichen Verrechnungsstelle nach § 203 Abs. 1 Nr. 6 StGB einer eigenen strafrechtlichen Schweigepflicht unterliegen, weil hierdurch die Weitergabe der Krankendaten ohne Zustimmung des Kranken   **366**

---

507 Steffen/Pauge Rn. 48.
508 Steffen/Pauge Rn. 48, 50.
509 Dazu unten Rdn. 455 ff.
510 Zur Rechtsnatur des Behandlungsvertrages siehe oben Rdn. 337 ff.
511 Leupertz in Prütting/Wegen/Weinreich § 640 Rn. 2.
512 BGH NJW 1991, 2955; 1996, 775.
513 BGH NJW 1992, 737.

nicht erlaubt wird.[514] Dass der Patient frühere von einer Verrechnungsstelle ausgestellte Rechnungen bezahlt hat, ersetzt die ausdrückliche Zustimmung des Patienten ebenso wenig[515] wie ein Aushang im Wartezimmer des Arztes.[516] Die Einwilligung bedarf gem. § 4a Abs. 1 S. 3 BDSG der Schriftform, wenn die Patientendaten durch den Arzt auf einheitlich und gleichartig aufgebauten Karteikarten bzw. EDV-mäßig erfasst werden.[517]

Auch die **Abtretung von Schadensersatzansprüchen** ist gem. §§ 203 StGB, 134 BGB nichtig; denn die Abtretung begründet gem. § 402 BGB die gesetzliche Pflicht, dem Zessionar zur Anspruchsdurchsetzung Behandlungsdaten preiszugeben, auf die sich die ärztliche Schweigepflicht erstreckt.[518] Wird ein Arzt allerdings von seinem Patienten im Zusammenhang mit der Behandlung auf Schadensersatz in Anspruch genommen, so muss der Arzt die Möglichkeit haben, sich gegen die ihm gegenüber erhobenen Vorwürfe zu verteidigen. Zum Zwecke der Rechtsverteidigung darf er dann seine Behandlungsunterlagen an seinen Haftpflichtversicherer oder seinen Rechtsanwalt aushändigen sowie die zur Rechtsverteidigung notwendigen Informationen erteilen.[519]

367 Außerdem treffen den Arzt **Dokumentationspflichten** in Bezug auf Anamnese, Diagnose, Therapie und deren wesentliche Ergebnisse, die Medikation sowie sonstige wichtige Feststellungen,[520] aus deren Verletzung zugunsten des Patienten im Prozess Beweiserleichterungen folgen können.[521] Entsprechende berufsrechtliche Regelungen finden sich in § 10 Abs. 1 (Muster-)Berufsordnung für die deutschen Ärztinnen und Ärzte (MBO-Ä)[522] und § 57 Abs. 1 Bundesmantelvertrag – Ärzte (BMV-Ä).[523] Führt die Verletzung einer Dokumentationspflicht dazu, dass der Patient gegenüber seiner Versicherung den Nachweis der medizinischen Notwendigkeit der Behandlung nicht erbringen kann, so hat er einen Schadensersatzanspruch gegen den Arzt, der auf die Freistellung von der Honorarforderung gerichtet ist.[524]

368 Mit diesen Dokumentationspflichten korrespondiert die (Neben-)Pflicht zur **Einsichtgewährung in die Krankenunterlagen.** § 10 Abs. 2 MBO-Ä

---

514 Deutsch/Spickhoff Rn. 121.
515 BGH NJW 1992, 2348.
516 OLG Düsseldorf NJW 1994, 2421.
517 Deutsch/Spickhoff Rn. 122.
518 BGH NJW 1996, 775.
519 Geigel/Bacher § 28 Rn. 127.
520 Deutsch/Spickhoff, Rn. 115; von Hirschfeld/Stampehl in: Ehlers/Broglie Kap. 2 Rn. 83.
521 Dazu sowie zum Umfang der Dokumentationspflicht eingehend Rdn. 1288 ff.
522 Abrufbar auf der Website der Bundesärztekammer (www.bundesaerztekammer. de im für Ärzte vorgesehenen Bereich unter dem Menüpunkt »Berufsordnung«).
523 Abrufbar auf der Webesite der Kassenärztlichen Bundesvereinigung (www.kbv. de unter dem Menüpunkt »Rechtsquellen«).
524 KG VersR 2000, 89.

lautet: »Ärztinnen und Ärzte haben Patientinnen und Patienten auf deren Verlangen grundsätzlich in die sie betreffenden Krankenunterlagen Einsicht zu gewähren; ausgenommen sind diejenigen Teile, welche subjektive Eindrücke oder Wahrnehmungen der Ärztin oder des Arztes enthalten. Auf Verlangen sind der Patientin oder dem Patienten Kopien der Unterlagen gegen Erstattung der Kosten herauszugeben«. In Übereinstimmung mit diesen Vorgaben war in der Rechtsprechung des BGH zunächst nur ein Anspruch des Patienten auf Einsicht in die objektiven Feststellungen über seine körperliche Befindlichkeit und die Aufzeichnungen über die Umstände und den Verlauf der ihm zuteil gewordenen Behandlung anerkannt.[525] Später ist der Anspruch von der Rechtsprechung aber auch auf andere Befunde, insbesondere subjektive Einschätzungen oder kritische psychiatrische Befunde, ausgedehnt worden, solange dem Einsichtrecht keine grundrechtlich fundierten Interessen des Arztes oder begründete therapeutische Vorbehalte entgegen stehen.[526] Das BVerfG hat diese Rechtsprechung gebilligt.[527] Die Entscheidung, ob therapeutische Bedenken gegen die uneingeschränkte Offenbarung der Krankenakten bestehen, bleibt zwar dem Arzt überlassen,[528] er kann im Hinblick auf die Vorgaben der höchstrichterlichen Rechtsprechung die Einsichtnahme jedoch nicht ohne nähere Begründung unter Verweis auf die MBO-Ä verweigern.

! Das Einsichtnahmerecht ist für den Arzthaftungsprozess von erheblicher Bedeutung, denn der genaue Behandlungsablauf lässt sich regelmäßig nur durch sorgfältige Einsichtnahme in die Krankenunterlagen aufklären. Auch Lücken in der Dokumentation, die Beweiserleichterungen zugunsten des Patienten nach sich ziehen können, lassen sich denknotwendig nur durch eine Auswertung der Unterlagen feststellen, die demgemäß durch den seitens des Patienten mit der Prüfung von Haftungsansprüchen beauftragten Rechtsanwalt zeitnah angefordert werden sollten!

Neben der Hauptpflicht, die gebotenen Befunde zu erheben und der Nebenpflicht zu deren Dokumentation trifft den Arzt eine **Befundsicherungspflicht**. Es gehört zu den Organisationsaufgaben des Behandlers, sicherzustellen, dass Unterlagen, anhand derer das Behandlungsgeschehen nachvollziehbar ist, jederzeit auffindbar sind.[529] Die Verpflichtung korrespondiert unmittelbar mit den ärztlichen **Aufbewahrungspflichten**. Gemäß § 10 Abs. 3 MBO-Ä bzw. § 57 Abs. 3 BMV-Ä sind ärztliche Aufzeichnungen **für die Dauer von 10 Jahren nach Abschluss der Behandlung**

369

525 BGH NJW 1983, 328, 329.
526 BGH NJW 1989, 784.
527 BVerfG NJW 1999, 1777.
528 BGH NJW 1989, 764, 765.
529 Geiß/Greiner Kap. B Rn. 212.

Mennemeyer/Hugemann

aufzubewahren, soweit nicht nach gesetzlichen Vorschriften eine längere Aufbewahrungspflicht besteht. Zu erwähnen ist insoweit insbesondere § 28 Abs. 3 RöV, wonach sich Aufbewahrungsfristen von bis zu 30 Jahren ergeben können.

370 Auch die **Erteilung von Gesundheitszeugnissen** zählt zu den vertraglichen Nebenpflichten des Arztes. Kommt es trotz Mahnung wegen verzögerter Erteilung eines solchen Zeugnisses nicht mehr zum geplanten Abschluss einer Risikolebensversicherung, kann der Arzt für die entgangenen Versicherungsleistungen haften.[530] Grundlage für die entsprechende Verpflichtung ist § 25 S. 2 MBO-Ä, wonach Gutachten und Zeugnisse, zu deren Ausstellung Ärztinnen und Ärzte verpflichtet sind oder die auszustellen sie übernommen haben, innerhalb einer angemessenen Frist abzugeben sind. Eine wirksame Mahnung durch den Versicherer setzt allerdings die Erteilung einer entsprechenden Vollmacht durch den Antragsteller voraus.[531]

371 Schließlich schuldet der Arzt seinem Patienten eine **wirtschaftliche Aufklärung** wenn er begründeten Anlass zu Zweifeln an der Kostenübernahme des zuständigen Krankenversicherers haben muss,[532] etwa weil der Versicherer bereits Bedenken gegenüber der medizinischen Notwendigkeit der Heilbehandlung geäußert hat. Der Arzt, der eine stationäre Behandlung vorschlägt, hat sich Gedanken darüber zu machen, ob diese nicht nur wünschenswert und überhaupt sinnvoll erscheint, sondern ob es auch aus ärztlicher Sicht vertretbar ist, deren Notwendigkeit anzunehmen. Ist das für den Arzt erkennbar zweifelhaft, muss er nach Treu und Glauben den Patienten darauf hinweisen, dass ein von ihm vorgeschlagener Krankenhausaufenthalt möglicherweise von dem Krankenversicherer nach dessen Versicherungsbedingungen nicht als notwendig anerkannt werden könnte und der Versicherer dementsprechend auf die Kosten der stationären Behandlung nichts leisten werde.[533] Die wirtschaftliche Aufklärungspflicht bedeutet jedoch nicht, dass der Arzt sämtliche Behandlungskosten im Vorhinein genau kalkulieren und mitteilen muss; der Patient muss aber im ungefähren Umfang wissen, welche finanzielle Belastung auf ihn zukommt und welche Alternativen es dazu gibt.[534]

Besondere Bedeutung erlangt die Pflicht zur wirtschaftlichen Aufklärung im Zusammenhang mit Individuellen Gesundheitsleistungen, den so genannten **IGeL-Leistungen.** Darunter fallen Leistungen der Vorsorge- und Service-Medizin, die von der Gesetzlichen Krankenversicherung (GKV) nicht bezahlt werden, da sie nicht zum Leistungskatalog der GKV gehören. Diese Diagnose- und Behandlungsmethoden werden den Kassenpatienten

---

530 BGH NJW 2006, 687.
531 BGH NJW 2006, 687.
532 BGH NJW 1983, 2630.
533 BGH NJW 1983, 2630, 2631.
534 Schelling MedR 2004, 422.

zusätzlich angeboten und müssen bei Inanspruchnahme generell aus eigenen Mitteln bezahlt werden.

(4) Blickwinkel Arzt – Nebenpflichten des Patienten

Der Patient hat den Arzt durch die **Erteilung der für die sachgerechte Behandlung notwendigen Informationen** zu unterstützen, er muss dem Behandler also bei der Anamnese durch Mitteilung früherer und bestehender Krankheiten, familiärer Vorbelastung, Art und Umfang der Beschwerden, regelmäßige Medikamenteneinnahme, Schwangerschaften etc., helfen. Ob es sich hierbei regelmäßig um vertragliche Nebenpflichten im eigentlichen Sinne oder lediglich um Obliegenheiten[535] im Sinne von Geboten des eigenen Interesses handelt, ist streitig. Die Informationspflichten erstarken jedenfalls dann zur vertraglichen Nebenpflicht, wenn dem Patienten das Bestehen einer Ansteckungsgefahr (z.B. HIV-Infektion) bekannt ist, vor welcher der Arzt sich und andere zu schützen hat.[536] Die bloße Nichtangabe von Symptomen einer ansteckenden Krankheit, von deren Bestehen der Patient keine Kenntnis hat, vermag indessen eine Erstarkung von einer bloßen Obliegenheit zur Nebenpflicht nicht zu begründen.[537] Denn die Diagnosestellung ist Aufgabe des Arztes: Entweder ist der Patient verpflichtet den Arzt bei dieser Aufgabe durch Schilderung seiner Beschwerden zu unterstützen oder nicht; das Bestehen der Pflicht kann nicht von der – im Falle der unterlassenen Angabe allenfalls hypothetischen – Bewertung der Symptome durch den Arzt abhängen. Schon um Abgrenzungsschwierigkeiten zu vermeiden erscheint es daher vorzugswürdig, den Mitwirkungspflichten generell den Charakter vertraglicher Nebenpflichten zuzusprechen. Es ist auch angemessen, denjenigen, der vom Arzt Heilmaßnahmen verlangt, die vertragliche Verpflichtung aufzuerlegen, alles zu tun, um die erfolgreiche Behandlung oder Operation zu ermöglichen.[538] Der Patient verletzt daher seine Nebenpflichten aus dem Arztvertrag, wenn er dem Arzt bewusst oder fahrlässig wichtige Vorerkrankungen und Unverträglichkeiten verschweigt.[539]

372

Der Verpflichtung des Arztes zur Diagnostik und Therapie stehen unter anderem auch **passive Mitwirkungspflichten** des Patienten gegenüber. Hierzu zählt die Pflicht des Patienten, Untersuchungen, Heilbehandlungen und Heileingriffe zu dulden. Die Verweigerung ihrer Duldung kann sich im Einzelfall als schuldhafte Vertragsverletzung des Patienten darstellen.[540]

373

---

535 So Deutsch/Spickhoff Rn. 124 und neuerdings auch Kern in Laufs/Kern § 74 Rn. 2.
536 Kern in Laufs/Kern § 74 Rn. 2 und § 77 Rn. 5.
537 A.A. Deutsch/Spickhoff Rn. 124.
538 In diesem Sinne noch Uhlenbruck/Kern in: Laufs/Uhlenbruck (3. Aufl.) § 78 Rn. 2.
539 Uhlenbruck/Kern in: Laufs/Uhlenbruck (3. Aufl.) § 80 Rn. 4; in der aktuellen Auflage geht Kern wegen der Einordnung der Offenbarungspflicht als bloße Obliegenheit lediglich von einer möglichen Mitverursachung daraus resultierender Folgen gem. § 254 Abs. 1 BGB aus (Kern in Laufs/Kern § 77 Rn. 4).
540 Uhlenbruck/Kern in: Laufs/Uhlenbruck (3. Aufl.) § 79 Rn. 1.

Mennemeyer/Hugemann

Die Annahme eines Verschuldens setzt jedoch voraus, dass die passive Mitwirkung aus Gründen verweigert wird, die unter Abwägung der Umstände des Einzelfalles von der Rechtsordnung missbilligt werden. Dabei ist zu berücksichtigen, dass kein Patient zur Einwilligung in den Eingriff oder die Therapie vertraglich verpflichtet ist. Verweigert daher der Patient die Einwilligung in bestimmte diagnostische und therapeutische Eingriffe, deren Notwendigkeit sich regelmäßig erst aus Anamnese, Untersuchung und Diagnose ergibt, so bleibt dies im Blick auf den hohen Stellenwert des Grundrechts auf körperliche Unversehrtheit aus Art. 2 Abs. 2 S. 1 GG schadensersatzrechtlich in aller Regel folgenlos.[541] Dies gilt insbesondere dann, wenn die Weigerung des Patienten darauf zurückgeht, dass die Diagnostik oder Therapie mit besonderen Risiken für Leben oder Gesundheit einhergeht. In diesen Fällen ist der Arzt verpflichtet, die Grenzen der Duldungspflicht des Patienten zu respektieren und nach Möglichkeit andere, weniger gefährliche Diagnose- oder Therapieverfahren auszuschöpfen.[542]

374 Die Befolgung von Verhaltensanweisungen des Arztes und die für den Behandlungserfolg schlechthin notwendige Mitwirkung des Patienten werden gemeinhin mit dem Begriff der **Compliance** umschrieben.[543] Die Compliance umfasst beispielsweise auch die Einnahme der ärztlich verordneten Medikamente oder die Einhaltung einer Diätanweisung oder eines Rauchverbots. Eine »Non-Compliance«, also die fehlende Mitwirkung des Patienten an seiner eigenen Genesung, kann die Erfüllung des Behandlungsvertrages durch den Arzt unmöglich machen. Sie führt im Haftungsprozess häufig zu einem **Mitverschulden des Patienten** (§ 254 Abs. 1 BGB),[544] wenn es nicht schon an einem Verschulden des Arztes als Haftungsvoraussetzung fehlt, weil die Fehlbehandlung z.B. allein auf einer unzureichenden Information des Arztes durch den Patienten beruht. Andererseits entbindet fehlende Compliance des Patienten den Arzt nicht von der vertraglichen Pflicht, nach den Gründen zu forschen und den Patienten zu mehr Compliance anzuhalten.[545] So kann dem Patienten etwa das Versäumnis einer Kontrolluntersuchung dann nicht vorgeworfen werden, wenn es der Behandler versäumt hat, ihm die Bedeutung der Untersuchung im Blick auf den bestehenden Krankheitsverdacht hinreichend zu verdeutlichen.[546] Stuft man die Compliance als vertragliche Nebenpflicht ein, kann ihre Verweigerung sich als schuldhafte Vertragsverletzung darstellen, die den Patienten verpflichtet, die Vergütung zu zahlen.[547]

---

541 Uhlenbruck/Kern in: Laufs/Uhlenbruck (3. Aufl.) § 79 Rn. 1.
542 Uhlenbruck/Kern in: Laufs/Uhlenbruck (3. Aufl.) § 79 Rn. 1.
543 Kern in: Laufs/Kern § 74 Rn. 4; siehe dazu auch Rdn. 1296 ff.
544 Geiß/Greiner Kap. A Rn. 98; Kern in: Laufs/Kern § 74 Rn. 6.
545 Uhlenbruck/Kern in: Laufs/Uhlenbruck (3. Aufl.) § 78 Rn. 10 und § 81 Rn. 10.
546 OLG Zweibrücken OLGR 2003, 92; OLG Düsseldorf VersR 2003, 1310.
547 Uhlenbruck/Kern in: Laufs/Uhlenbruck (3. Aufl.) § 78 Rn. 1; in der aktuellen Auflage geht Kern wegen der Einstufung der Compliance als Obliegenheit bei

Mennemeyer/Hugemann

Die vertragliche Nebenpflicht des Patienten, den Anordnungen des Arz- **375**
tes Folge zu leisten und Untersuchungen, Behandlungen oder Eingriffe zu
dulden, findet ihre Grenze im **Selbstbestimmungsrecht** des Patienten. Die
Compliance lässt sich nicht erzwingen, sie verpflichtet den Patienten insbesondere nicht, einen nicht gewollten Eingriff zu dulden. Wohl aber kann der
Arzt die mangelnde Mitwirkung des Patienten dem Einwand der Schlechterfüllung des Arztvertrages entgegenhalten, wenn z.B. der Patient die Zahlung des ärztlichen Honorars verweigert.

Auch die **Einhaltung von Behandlungsterminen** ist nicht nur ein Gebot **376**
der Höflichkeit. Zumindest wenn es sich um eine Bestellpraxis handelt und
für den Patienten eine längere Behandlungszeit reserviert und der Behandlungsablauf in der Praxis darauf abgestimmt worden ist (z.B. ambulante
Operation, aufwändige Zahnpräparation), bleibt der Honoraranspruch des
Arztes bestehen, wenn der Patient die Wahrnehmung des Termins schuldhaft versäumt.[548] Gleiches gilt, wenn der Termin außerhalb der üblichen
Sprechstunden vereinbart war.[549] Auch wenn der Patient zwar erscheint,
aber die für eine Operation erforderlichen Unterlagen nicht mitbringt und
die ambulante chirurgische Behandlung infolgedessen nicht durchgeführt
werden kann, bleibt der Honoraranspruch des Arztes bestehen.[550] Der
Arzt muss sich allerdings ersparte Aufwendungen sowie in dem reservier-
ten Zeitraum erzielte anderweitige Einnahmen (z.B. durch die Behandlung
anderer Patienten) anrechnen lassen.[551] Der Ausfallanspruch betrifft jedoch
keine Leistungen, die Gegenstand der vertragsärztlichen Versorgung sind,
sondern Leistungsstörungen zwischen Arzt und Patient, weshalb das Honorar wegen Nichterscheinens dem gesetzlich versicherten Patienten allenfalls privat in Rechnung gestellt werden kann.[552] Zwar kann der Patient – so
das gängige Argument der von der hier vertretenen Ansicht abweichenden
Rechtsprechung[553] – den Behandlungsvertrag jederzeit kündigen (§§ 621
Nr. 5, 627 Abs. 1 BGB).[554] Dies ist aber jedenfalls dann kein Argument gegen die Annahme einer Vergütungspflicht im Falle der Versäumung von
Behandlungsterminen, wenn der Patient später die Behandlung fortsetzt;
abgesehen davon ist der Patient auch aus der vertraglichen Pflicht zur Rück-

---

ihrer Verletzung lediglich von einem Fortbestehen des Honoraranspruchs auch
bei Ausbleiben des Behandlungserfolgs aus (Kern in Laufs/Kern § 74 Rn. 6); der
Honoraranspruch wird aber auch ohne Verletzung der Mitwirkungspflichten
durch den Nichterfolg nicht berührt (vgl. oben Rdn. 337).

548 Deutsch/Spickhoff Rn. 125.
549 Kern in: Laufs/Kern § 75 Rn. 27.
550 AG München NJW 1994, 3014.
551 Deutsch/Spickhoff Rn. 125.
552 Kern in: Laufs/Kern § 75 Rn. 29.
553 LG München NJW 1984, 671; AG München NJW 1990, 2939; AG Calw NJW
1994, 3015.
554 Dazu noch unten Rdn. 379.

sichtnahme auf den Vertragspartner regelmäßig verpflichtet, die Kündigung rechtzeitig vorzunehmen.[555]

377 **Gesetzliche Mitwirkungspflichten des Kassenpatienten** finden sich in §§ 60 bis 64 SGB I. Wer Sozialleistungen beantragt oder erhält, hat danach alle für die Leistung erheblichen Angaben zu machen, persönlich zu erscheinen, Untersuchungen zu dulden und eine Heilbehandlung sowie berufsfördernde Maßnahmen zu dulden, solange ihm die Mitwirkungspflichten nicht unzumutbar sind (§ 65 SGB I). Kommt der Patient seinen Mitwirkungspflicht nicht nach, so kann der zuständige Sozialleistungsträger (die GKV) die (Sach-)Leistung bis zur Nachholung der Mitwirkung (§ 67 SGB I) ganz oder teilweise versagen oder entziehen, soweit die Voraussetzungen der Leistung nicht nachgewiesen sind. Erzwungen werden können die gesetzlichen Mitwirkungspflichten jedoch nicht.[556]

(5) Tabellarische Übersicht

378 Tabellarisch lassen sich die Haupt- und Nebenpflichten der Parteien des Behandlungsvertrages damit wie folgt zusammenfassen:

	Arzt	Patient
Haupt-pflichten	– persönliche Behandlung nach Facharztstandard – ordnungsgemäße therapeutische Aufklärung und Risikoaufklärung – Organisation des Behandlungsablaufs	– Zahlung der Vergütung – bei Werkvertrag: Abnahme
Neben-pflichten	– Schweigepflicht – Dokumentationspflicht – Einsichtgewährung in die Krankenunterlagen – Befundsicherungspflicht – Aufbewahrungspflicht – Erteilung von Gesundheitszeugnissen – wirtschaftliche Aufklärung	– Informationserteilung – Compliance (insbes. Befolgung ärztlicher Anordnungen) – Einhaltung von Behandlungsterminen

---

555 Kern in: Laufs/Kern § 75 Rn. 30; soweit die Autoren dort auch auf das Verbot der Kündigung zur Unzeit verweisen, so gilt dieses Verbot gemäß § 627 Abs. 2 BGB lediglich für den Dienstverpflichteten, also den Arzt.
556 Kern in: Laufs/Kern § 76 Rn. 12.

Mennemeyer/Hugemann

gg) Beendigung des Behandlungsvertrages

Der Arzt schuldet dem Patienten im Rahmen des Behandlungsvertrages **379**
»Dienste höherer Art« im Sinne von § 627 Abs. 1 BGB, da solche Dienste
üblicherweise nur aufgrund besonderen Vertrauens übertragen zu werden
pflegen;[557] auf den konkreten Einzelfall (also das tatsächliche Bestehen einer
derartigen Vertrauensbeziehung) kommt es dabei nicht an.[558] Beiden Parteien steht daher grundsätzlich **jederzeit** ein einseitiges **außerordentliches
Kündigungsrecht** zu, das ohne Angaben von Gründen ausgeübt werden
kann.[559] Als Grund für eine solche Vertragsbeendigung kommt insbesondere ein Vertrauensverlust in Betracht. Die Kündigung kann seitens des Patienten auch konkludent dadurch erklärt werden, dass er die begonnene Behandlung bei einem anderen Arzt fortsetzt, wenn dieser dem Erstbehandler
entsprechend Mitteilung macht.[560]

Das **Kündigungsrecht des Patienten kann vertraglich beschränkt oder** **380**
gar ausgeschlossen werden, da das Recht zur fristlosen Kündigung nach
§ 626 Abs. 1 BGB bestehen bleibt. Ein vollständiger Ausschluss des je-
derzeitigen Kündigungsrechts durch AGB oder Formular-Vertrag kommt
zwar nicht in Betracht,[561] wohl aber die (auch formularmäßige) Vereinbarung einer 24-stündigen Kündigungsfrist,[562] die dem Arzt die Durchsetzung
von Honoraransprüchen bei der Versäumung von Behandlungsterminen
durch den Patienten erheblich erleichtern kann.[563]

Für den Arzt können sich Kündigungsbeschränkungen aus § 627 Abs. 2 **381**
BGB ergeben, wonach die **Kündigung des Dienstverpflichteten nicht zur
Unzeit** erfolgen darf. Der Arzt darf daher seine Dienste grundsätzlich nur
dann aufkündigen, wenn sich der Patient diese ohne Schaden rechtzeitig von
anderer Seite beschaffen kann.[564] Er darf die weitere Behandlung daher nicht
ablehnen, wenn der Patient auf die Behandlung durch ihn dringend angewiesen ist, da sich insoweit Beschränkungen des Kündigungsrechts sowohl
aus dem allgemeinen Recht (§ 323c StGB) als auch aus dem Berufsrecht (§ 7
Abs. 2 S. 2 MBO-Ä) ergeben.[565]

Daneben kann der Behandlungsvertrag selbstverständlich auch im **gegen-** **382**
seitigen Einverständnis durch Aufhebungsvertrag beendet werden (z.B.

---

557 Palandt/Weidenkaff § 627 Rn. 2.
558 BGH NJW 1986, 373.
559 BGH MDR 2011, 724.
560 Deutsch/Spickhoff Rn. 127.
561 BGH MDR 2005, 1285.
562 Wertenbruch MedR 1994, 394; Palandt/Weidenkaff § 627 Rn. 5.
563 Dazu oben Rdn. 376.
564 Lipp in: Laufs/Katzenmeier/Lipp Kap. III Rn. 31.
565 Lipp in: Laufs/Katzenmeier/Lipp Kap. III Rn. 31, der eine gleichwohl ausgesprochene Kündigung wegen Verletzung vertraglicher Schutzpflichten bzw.
   § 242 BGB für unwirksam erachtet.

bei einem Umzug des Patienten oder Übergabe der Praxis an einen Nachfolger) oder durch die **Erreichung des Vertragszwecks** bei Eintritt des Behandlungserfolgs[566] und auch der **Tod einer der Vertragsparteien** führt notwendigerweise zur Vertragsbeendigung.[567]

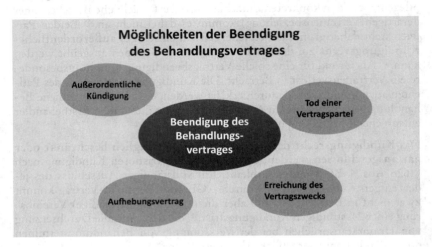

383

> – Der Arztvertrag ist in aller Regel ein privatrechtlicher Dienstvertrag.
> – Nur in Ausnahmefällen haftet der Arzt werkvertraglich für den vereinbarten Erfolg, soweit es etwa um die Erbringung reiner Technikleistungen geht.
> – Wer Vertragspartner des Patienten wird, variiert danach, in welcher rechtlichen Organisationsform der Arzt seinen Beruf ausübt und auf welche Weise er in die Behandlung einbezogen wurde.
> – Im Einzelfall kommen auch vertragliche Ersatzansprüche Dritter in Betracht, wenn der Behandlungsvertrag zu ihren Gunsten abgeschlossen wurde (Vertrag zugunsten Dritter) oder Schutzwirkung entfaltet (Vertrag mit Schutzwirkung zugunsten Dritter).
> – Der Behandlungsvertrag begründet insbesondere zulasten des Arztes ein umfangreiches Nebenpflichtengefüge, dessen Verletzung für den Arzthaftungsprozess von erheblichem Interesse sein kann und dessen Kenntnis daher zum festen Inventar des Medizinrechtlers gehören muss.

---

566 Lipp in: Laufs/Katzenmeier/Lipp Kap. III Rn. 29.
567 Deutsch/Spickhoff Rn. 127.

- Auch den Patienten treffen Nebenpflichten, zu denen insbesondere die Compliance zählt, die ihn zu einer aktiven Unterstützung der Behandlung und Mitwirkung an der eigenen Genesung verpflichtet.
- Ein Verlust des ärztlichen Honoraranspruchs kommt auch bei Vorliegen von Behandlungs- und/oder Aufklärungsfehlern nur dann in Betracht, wenn die ärztliche Leistung infolge des Fehlers für den Patienten völlig unbrauchbar bzw. ohne jedes Interesse ist, wobei im Falle fehlerhafter Aufklärung das Ausbleiben des Behandlungserfolgs hinzutreten muss.
- Der Behandlungsvertrag ist grundsätzlich jederzeit außerordentlich kündbar.

b) Andere Anspruchsgrundlagen

Ansprüche des Patienten gegen den Arzt kommen aber nicht nur auf vertraglicher Grundlage in Betracht. Daneben sind Entschädigungsansprüche deliktsrechtlicher oder vertragsähnlicher Natur mit in Betracht zu ziehen.

384

aa) Deliktische Haftung

Neben der vertraglichen Haftung ist vorrangig an eine deliktische Haftung zu denken.

385

(1) Unerlaubte Handlungen, § 823 Abs. 1 BGB

Mit der Übernahme der Behandlung durch den Arzt wird eine Garantenstellung begründet.[568] Infolge dieser Garantenstellung haftet jeder an der Behandlung unmittelbar Beteiligte aus unerlaubter Handlung für eigene Fehler persönlich nach §§ 823, 276 BGB. Dies gilt auch dann, wenn Arzt und Patient nicht durch einen eigenen Behandlungsvertrag verbunden sind, wie etwa beim Urlaubsvertreter des Praxisinhabers.[569] Die Eintrittspflicht gilt aber prinzipiell **nur für eigene Fehler** im Kontrollbereich des Behandlers, nicht hingegen für Fremdversagen. Anders als die vertragliche Haftung lässt sich die deliktische Verantwortung des Arztes durch die Errichtung einer juristischen Person (z.B. GmbH) nicht umgehen.[570]

386

(2) Verrichtungsgehilfen, § 831 BGB

Zu den eigenen Fehlern zählen allerdings auch Versäumnisse im Bereich der Auswahl, Anleitung und Überwachung von nachgeordneten Mitarbeitern. Entsprechende **schuldhafte Fehler werden gesetzlich vermutet, wenn es zu einer widerrechtlichen Schadenszufügung durch einen Verrichtungs-**

387

---

568 BGH NJW 1991, 2960 f.
569 Hier kommt der Behandlungsvertrag nur mit dem eigentlichen Praxisinhaber zustande; siehe oben Rdn. 345.
570 Geiß/Greiner Kap. A Rn. 58; Gehrlein Kap. A Rn. 40.

Mennemeyer/Hugemann

gehilfen des Arztes kommt (§ 831 Abs. 1 S. 1 BGB).[571] Die gesetzliche Vermutung erfasst auch den Kausalzusammenhang zwischen diesem (unterstellten) Versäumnis und dem eingetretenen Schaden.

388 Hinsichtlich beider Vermutungen steht dem Geschäftsherrn der bekannte **Kausalitätsgegenbeweis** nach § 831 Abs. 1 S. 2 BGB offen. Dieser kann in zwei Richtungen geführt werden: Zum einen durch den Nachweis, dass der Schaden auch von einer sorgfältig ausgewählten (überwachten, eingeleiteten) Person angerichtet worden wäre, weil der Verrichtungsgehilfe sich so verhalten hat, wie jede mit Sorgfalt ausgewählte Person sich verhalten hätte,[572] und zum anderen dahin, dass auch ein sorgfältiger Geschäftsherr nach den Informationen, die er eingeholt hätte, den Bestellten ausgewählt hätte.[573] Hingegen ist unerheblich, ob gerade derjenigen Mangel in der Person des Verrichtungsgehilfen den Schaden verursacht hat, den der Geschäftsherr bei der Auswahl oder Überwachung hätte erkennen müssen, jedoch unberücksichtigt ließ.[574]

389 Definitionsgemäß kann als **Verrichtungsgehilfe nur** angesehen werden, **wer gegenüber dem Geschäftsherrn weisungsgebunden ist**, d.h. der Bestellte muss bei Ausführung der Verrichtung vom Willen des Geschäftsherrn abhängig sein.[575] Mit der fachlichen Qualifikation des Gehilfen hat dieses Merkmal jedoch nichts zu tun. Verrichtungsgehilfe ist daher auch der hochspezialisierte Mitarbeiter, der auf seinem Fachgebiet dem Geschäftsherrn überlegen und daher insoweit nicht kontrollierbar ist.[576] So ist beispielsweise die Hebamme trotz ihrer unbestreitbaren Qualifikation im Bereich der Geburtshilfe nach Übernahme der Behandlung durch den Belegarzt als dessen Verrichtungsgehilfin anzusehen.[577] Gleiches gilt für den Urlaubsvertreter des eigentlichen Praxisinhabers, der sich nach den Wünschen des Vertretenen zu richten hat.[578] **Für einen zur Behandlung hinzugezogenen (Konsiliar-)Arzt ist der die Behandlung leitende Arzt** hingegen mangels Weisungsbefugnis selbst dann **nicht deliktisch einstandspflichtig**, wenn er für den Mitbehandler wegen eigener Auftragserteilung nach § 278 BGB vertraglich einzustehen hat.[579] Da die Gehilfenhaftung am (vermuteten) Verschulden des Geschäftsherrn anknüpft, ist in der Person des Verrichtungsgehilfen ein Verschulden nicht erforderlich, sondern die widerrechtliche

---

571 Steffen/Pauge Rn. 90.
572 Grundlegend BGHZ 12, 94, 96.
573 Grundlegend BGHZ 4, 1, 4.
574 BGH NJW 1978, 1681, 1682.
575 OLG Frankfurt a.M. NJW-RR 2000, 351.
576 Geiß/Greiner Kap. A Rn. 63; Gehrlein Kap. A Rn. 40.
577 OLG Stuttgart VersR 2002, 235.
578 BGH NJW 2009, 1740, 1741 (Notfallvertretung); OLG Saarbrücken OLGR 2001, 240.
579 OLG Karlsruhe ArztR 2008, 104; OLG Düsseldorf VersR 1986, 893.

Schadenszufügung ausreichend. Dieses wenigstens objektive Fehlverhalten steht zur Beweislast des Patienten.[580]

Deliktische Haftung für Verrichtungsgehilfen

(3) Organisationsmängel

Ungeachtet dessen kommt eine Haftung des Praxisinhabers unmittelbar aus § 823 Abs. 1 BGB in Betracht, wenn der Schadenseintritt auf einen **Organisationsmangel** zurückzuführen ist.[581] Dieser Haftungsgrund kommt zwar im Blick auf die dort komplexeren Strukturen vorrangig beim Krankenhaus in Betracht,[582] jedoch hat auch der niedergelassene Arzt seine Praxis so zu organisieren, dass Schaden von seinen Patienten nach Möglichkeit abgewendet wird. Er hat daher insbesondere sicher zu stellen, dass seine MitarbeiterInnen für die an sie delegierten Tätigkeiten fachlich ausreichend qualifiziert sind und ggf. für ausreichende Weiterbildungen Sorge zu tragen. **390**

(4) Organhaftung, §§ 31 BGB, 128 ff. HGB (analog)

Sind mehrere Ärzte in einer **Gemeinschaftspraxis** verbunden, die in Form einer **GbR** betrieben wird, ist ein zum Schadensersatz verpflichtendes Handeln eines Arztes der Gesellschaft deliktisch jedenfalls dann in entsprechender Anwendung des § 31 BGB zuzurechnen, wenn er den Schaden in Ausübung der einem Arzt typischerweise zustehenden Verrichtungen verursacht hat.[583] Denn die Haftung der Gesellschaft bürgerlichen Rechts unterscheidet sich seit der Grundsatzentscheidung des BGH vom 29.01.2001[584] zur Rechtsfähigkeit der BGB-Gesellschaft nicht (mehr) von derjenigen der **391**

---

580 BGH NJW 1978, 1681, 1682; Gehrlein Kap. A Rn. 40.
581 Gehrlein Kap. A Rn. 44.
582 Dazu unten Rdn. 769 ff.
583 OLG Koblenz VersR 2005, 655.
584 BGH NJW 2001, 1056.

OHG, bei der die Haftung der Gesellschaft auch für gesetzliche Verbindlichkeiten (insbesondere auch für ein zum Schadensersatz verpflichtendes Verhalten ihrer Gesellschafter) und die **entsprechende Anwendbarkeit des § 31 BGB allgemein anerkannt** ist.[585] Dies gilt nach höchstrichterlicher Rechtsprechung auch für berufshaftungsrechtliche Verbindlichkeiten.[586] Bei der Auslegung des Begriffs des »verfassungsmäßig berufenen Vertreters« im Sinne von § 31 BGB orientiert sich die Rechtsprechung nicht strikt an der gesellschaftsrechtlichen Vertretungsbefugnis; vielmehr kann auch ein Nichtgesellschafter, der die Gesellschaft im Rechtsverkehr (scheinbar) nach außen repräsentiert »verfassungsmäßig berufener Vertreter« und damit »Organ« der GbR sein.[587]

392   Die Verpflichtung der Mitgesellschafter für die von anderen »Organen« begründete Haftung persönlich mit ihrem Privatvermögen einzustehen leitet die neuere Rechtsprechung dagegen aus einer analogen Anwendung der **akzessorischen Gesellschafterhaftung des § 128 HGB** ab.[588] Dabei umfasst die Bestimmung des § 128 HGB unterschiedslos sowohl vertragliche als auch deliktische Verbindlichkeiten.[589] Die vom BGH zunächst offen gelassene Frage, ob das in § 128 HGB zum Ausdruck kommende Haftungsprinzip auch auf die berufshaftungsrechtlichen Verbindlichkeiten der Gesellschaft zutrifft,[590] hat der IX. Zivilsenat zwischenzeitlich bejaht.[591] Zur Begründung der auf eine Anwaltssozietät bezogenen Entscheidung wird darauf verwiesen, dass eine Besserstellung anwaltlicher Sozien gegenüber anderen Gesellschaftern, die im Allgemeinen für ein fremdes Delikt einzustehen hätten, nicht zu rechtfertigen sei. Dies muss auch für die in der Form der GbR betriebene ärztliche Gemeinschaftspraxis gelten.[592]

---

585 BGH NJW 2007, 2490, 2491 m.w.N.
586 BGH NJW 2007, 2490, 2491.
587 BGH NJW 2007, 2490, 2491 f.
588 BGH NJW 2007, 2490, 2492 für eine Anwalts(schein)sozietät.
589 BGH NJW 2007, 2490, 2492.
590 Vgl. BGH NJW 2003, 1803 und NJW 2006, 187.
591 BGH NJW 2007, 2490, 2492 f.
592 So bereits OLG Koblenz VersR 2005, 655; Gehrlein Kap. A Rn. 15; Steffen/ Pauge Rn. 88.

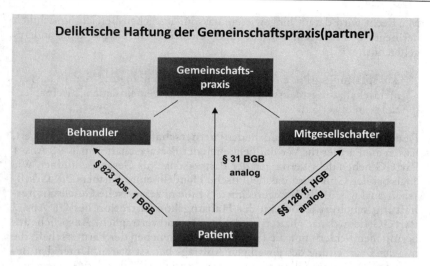

Deliktische Haftung der Gemeinschaftspraxis(partner)

Auf die in einer **Praxisgemeinschaft** verbundenen Behandler sind diese **393** rechtlichen Überlegungen allenfalls im Einzelfall über die Grundsätze der **Rechtsscheinhaftung** übertragbar, wonach sich derjenige, der im Rechtsverkehr in zurechenbarer Weise einen Rechtsschein gesetzt hat, von schutzbedürftigen, auf den Rechtsschein vertrauenden Dritten so behandeln lassen muss, als ob der Rechtsschein zuträfe.[593] Denn da der Behandlungsvertrag bei der Praxisgemeinschaft nur mit dem jeweils die Behandlung durchführenden Mitglied der Praxisgemeinschaft zustande kommt,[594] haftet dieses bei allein von ihm verursachten beruflichen Haftungsfällen auch deliktisch grundsätzlich ausschließlich selbst. Tritt jedoch die Praxisgemeinschaft gegenüber dem Patienten durch einheitliche Ankündigung (insbesondere ein gemeinsames Praxisschild) auf, kann bei dem Patienten der Eindruck erweckt werden, es handele sich um eine Berufsausübungsgemeinschaft und der Behandlungsvertrag komme mit der Gesellschaft zustande. Entsteht zurechenbar ein solcher Rechtsschein, müssen sich die Mitglieder der Praxisgemeinschaft daran festhalten lassen, wobei die Prüfung der Frage des Bestehens eines solchen Rechtsscheins eine Betrachtung sämtlicher Umstände des jeweiligen Einzelfalls erfordert.[595] Das OLG Köln hat für Rechtsanwälte bei einer nach außen angekündigten »Kanzleigemeinschaft« angesichts der Ähnlichkeit zum Begriff der »Gemeinschaftskanzlei« eine solche Rechtsscheinhaftung bejaht.[596]

---

593 Vgl. etwa BGH NJW 1981, 2569; NJW 1978, 2030 sowie Roth DB 2007, 616.
594 Siehe oben Rdn. 343.
595 Bäune in: Festschrift zum 10jährigen Bestehen der ArGE Medizinrecht, 139, 143.
596 VersR 2003, 1047, 1048.

Mennemeyer/Hugemann

Mit Recht wird darauf hingewiesen, dass im ärztlichen Bereich hinsichtlich der Begriffe »Praxisgemeinschaft« und »Gemeinschaftspraxis« kaum anderes gelten dürfte.[597]

❗ Aus Haftungsgründen sollte von einer Ankündigung der Praxisgemeinschaft auf gemeinsamen Schildern oder gemeinsamem Briefpapier abgesehen werden.

394 Ist die Praxis in der Rechtsform der **Partnerschaftsgesellschaft** organisiert, haften die Partner für Verbindlichkeiten der Partnerschaft gemäß § 8 Abs. 1 PartGG neben dem Vermögen der Partnerschaft als Gesamtschuldner. Wie auch bei der GbR wird das deliktische Handeln eines Partners der Gesellschaft analog § 31 BGB zugerechnet.[598] **Eine akzessorische Gesellschafterhaftung scheitert** jedoch **an der Haftungskonzentration des § 8 Abs. 2 PartGG**; denn danach haften für deliktische und vertragliche Ansprüche aus beruflichen Fehlern nur die Partner persönlich neben der Partnerschaft, die mit der Bearbeitung des jeweiligen Auftrags befasst waren. Unter den Begriff des »Auftrags« fällt nach dem ausdrücklichen Willen des Gesetzgebers auch das ärztliche Behandlungsverhältnis.[599] Die bei der Praxisgemeinschaft bestehende Gefahr der Rechtsscheinhaftung für Fehler des Praxispartners besteht somit bei der Partnerschaftsgesellschaft nicht. Hier kann im Bereich der fehlerhaften Berufsausübung die Haftung auf die Partner konzentriert werden, die tatsächlich mit der Behandlung des jeweiligen Patienten befasst waren. Zu beachten ist jedoch, dass unter den Begriff der »Befassung« jede Mitwirkungshandlung fällt, so dass auch die überwachende Delegation der Behandlung bzw. einzelner Behandlungsschritte eine Befassung im Sinne von § 8 Abs. 2 PartGG darstellt.[600] Nach der Gesetzesbegründung reicht es sogar aus, wenn der Partner nur theoretisch nach der internen Zuständigkeitsverteilung für die Überwachung der Bearbeitung des Auftrags zuständig gewesen wäre.[601] Ist die Behandlung durch einen angestellten Arzt ausgeführt worden, so konzentriert sich die Haftung damit regelmäßig auf den Gesellschafter, der diesen Arzt überwacht hat oder hätte überwachen müssen.[602] Haben die Partner die Zuständigkeit für die Überwachung nicht geregelt oder ist diese – wie etwa bei der Beschäftigung eines fachfremden Arztes – fachlich nicht möglich, verbleibt es bei der persönlichen und gesamtschuldnerischen Haftung sämtlicher Partner.[603]

---

597 Bäune in: Festschrift zum 10jährigen Bestehen der ArGE Medizinrecht, 139, 143.
598 Steffen/Pauge Rn. 46.
599 BT-Drucks 13/9820, S. 21 re. Sp.
600 Bäune in: Festschrift zum 10jährigen Bestehen der ArGE Medizinrecht, 139, 144.
601 BT-Drucks 13/9820, S. 21 re. Sp.
602 Bäune in: Festschrift zum 10jährigen Bestehen der ArGE Medizinrecht, 139, 144.
603 Bäune in: Festschrift zum 10jährigen Bestehen der ArGE Medizinrecht, 139, 144.

Der »**Scheinpartner**« ist haftungsmäßig einem echten Partner gleichgestellt, so dass neben dem Vermögen der Partnerschaft (sowie einem gegebenenfalls mit der Behandlung ebenfalls »befassten« echten Partner) der Scheingesellschafter persönlich haftet.[604] Die Frage, ob sich die wahren Partner auf die Haftungskonzentration des § 8 Abs. 2 PartGG berufen können, wenn allein der Scheinpartner mit der Auftragsbearbeitung befasst war, ist streitig,[605] mit der wohl herrschenden Meinung jedoch zu bejahen; denn der Rechtsschein kann nicht zu mehr Rechten verhelfen, als bestünden, wenn der Schein der wahren Rechtslage entspräche.

Medizinische Versorgungszentren (MVZ) können sich gemäß § 95 Abs. 1   **395** S. 6 SGB V sämtlicher zulässiger Organisationsform bedienen. MVZ können damit auch als Kapitalgesellschaft begründet und betrieben werden, insbesondere in der Rechtsform einer **GmbH**.[606] Die Haftung der GmbH ist nach § 13 Abs. 2 GmbHG auf das Gesellschaftsvermögen beschränkt. Eine Organhaftung, insbesondere eine Haftung des Geschäftsführers, oder eine persönliche Haftung der Gesellschafter bestehen – von den Fällen der Durchgriffs- und der Existenzvernichtungshaftung[607] einmal abgesehen – hierneben grundsätzlich nicht. Deliktisch haftet neben der Gesellschaft allerdings der der für die Schädigung verantwortliche Gesellschafter oder der behandelnde angestellte Arzt aus § 823 Abs. 1 BGB persönlich. Eine Haftungsbeschränkung für selbst verschuldete Behandlungsfehler lässt sich daher durch die durch die Errichtung einer GmbH nicht erreichen.[608]

Organisationsform	deliktische Organhaftung
Gemeinschaftspraxis	Praxis haftet nach § 31 BGB analog; Mitgesellschafter haften nach §§ 128 ff. HGB analog
Praxisgemeinschaft	nur über die Grundsätze der Rechtsscheinhaftung, wenn nach außen zurechenbar der Rechtsschein einer Gemeinschaftspraxis gesetzt wurde
Partnerschaftsgesellschaft	Gesellschaft gem. § 31 BGB analog; keine akzessorische Gesellschafterhaftung; neben der Gesellschaft haftet nur der mit der Behandlung »befasste« (Schein-)Partner nach § 8 Abs. 2 PartGG

---

604 So für den Scheinpartner einer Rechtsanwaltspartnerschaft OLG München DB 2001, 809, 811; vgl. auch Langenkamp/Jaeger NJW 2005, 3238, 3239 f.
605 Zum Streitstand Roth DB 2007, 616, 619.
606 Bäune in: Festschrift zum 10jährigen Bestehen der ArGE Medizinrecht, 139, 145.
607 Siehe dazu etwa BGH NJW 2009, 2127 und NJW 2008, 2432.
608 Geiß/Greiner Kap. A Rn. 58; Gehrlein Kap. A Rn. 40.

Mennemeyer/Hugemann

Organisationsform	deliktische Organhaftung
GmbH	Gesellschaft gem. § 13 Abs. 2 GmbHG; keine Organ- oder Mithaftung der nicht selbst fehlerhaft handelnden Gesellschafter

(5) Amtshaftung, Art. 34 GG, § 839 BGB

396 Zwar erfolgt die ärztliche Heilbehandlung von Kranken regelmäßig nicht in Ausübung eines öffentlichen Amtes i.S.v. Art. 34 GG,[609] doch kommt eine **Amtshaftung** nach Art. 34 GG, § 839 BGB in Betracht, **wenn der Arzt eine dem Hoheitsträger selbst obliegende Aufgabe erledigt** und ihm insoweit ein öffentliches Amt anvertraut ist.

397 So ist etwa die ärztliche Behandlung von Soldaten durch **Truppenärzte** im Rahmen der gesetzlichen Heilfürsorge Wahrnehmung einer dem Dienstherrn obliegenden hoheitlichen Aufgabe und damit Ausübung eines öffentlichen Amtes.[610] Gleiches gilt für den **Amtsarzt**, der eine Einstellungsuntersuchung durchführt.[611] Ferner handelt auch **der bei einem Medizinischen Dienst der Krankenversicherung angestellte Arzt**, der gegenüber einer Krankenkasse eine gutachterliche Stellungnahme nach § 275 Abs. 1 SGB V abgibt, unabhängig davon, ob sein Arbeitgeber öffentlich- oder privatrechtlich organisiert ist, in Ausübung eines öffentlichen Amtes.[612]

398 Dagegen ist die ärztliche Heilbehandlung nach einem Arbeitsunfall keine der Berufsgenossenschaft obliegende Aufgabe;[613] denn gem. § 34 Abs. 1 SGB VII haben die Unfallversicherungsträger lediglich »alle Maßnahmen zu treffen, durch die eine möglichst frühzeitig nach dem Versicherungsfall einsetzende und sachgemäße Heilbehandlung und, soweit erforderlich, besondere unfallmedizinische oder Berufskrankheiten-Behandlung gewährleistet wird«. Der Arzt, der die Heilbehandlung durchführt, übt deshalb kein öffentliches Amt (mehr) aus und haftet für Fehler allein persönlich. Die Entscheidung der Frage, ob die allgemeine oder die besondere Heilbehandlung erforderlich ist, trifft der **Durchgangsarzt (D-Arzt)** nach Art und Schwere der Verletzung (vgl. § 28 Abs. 4 SGB VII). Er entscheidet also »ob« überhaupt eine berufgenossenschaftliche Heilbehandlung durchzuführen ist und ggf. »wie« diese durchzuführen ist (allgemeine – besondere Heilbehandlung). Mit dieser Entscheidung erfüllt der D-Arzt in Ausübung eines öffentlichen Amtes eine der Berufsgenossenschaft obliegende Aufga-

---

609 BGH GesR 2010, 251 und NJW 2009, 993, 994 jeweils unter Hinweis auf BGH NJW 1975, 589.
610 BGH NJW 2009, 993, 994 unter Hinweis auf BGH NJW 1990, 760.
611 Deutsch/Spickhoff Rn. 130.
612 BGH MedR 2006, 652; OLG Karlsruhe MedR 2001, 368.
613 BGH NJW 2009, 993, 994 unter Hinweis auf BGH NJW 1994, 2417.

be.[614] **Ist seine Entscheidung über das »ob« und »wie« der Heilbehandlung fehlerhaft** und wird der Verletzte dadurch geschädigt, **haftet** in diesem Fall für Schäden nicht der D-Arzt persönlich, sondern gem. Art. 34 GG, § 839 BGB ausschließlich die Berufsgenossenschaft.[615]

Ob der D-Arzt auch bei der **Diagnosestellung** und bei der **Überwachung des Heilerfolgs** (sog. Nachschau) ein öffentliches Amt ausübt, hatte der BGH in einer Entscheidung vom 09.12.2008 zunächst ausdrücklich offen gelassen.[616] Das OLG Bremen hat im Nachgang zu der vorzitierten BGH-Entscheidung insoweit eine differenzierende Auffassung vertreten und eine vertragliche und deliktische Haftung des D-Arztes für Fehler bei der Eingangsuntersuchung, Erstversorgung und der von ihm übernommenen weiteren Behandlung des Patienten im Rahmen der besonderen Heilbehandlung angenommen,[617] hingegen eine solche verneint für die Nachschau zur Überwachung des Heilerfolgs und Überprüfung der Frage, ob die allgemeine Heilbehandlung fortgesetzt oder zu einer besonderen Heilbehandlung übergegangen werden soll.[618] Der BGH hat diese Entscheidung zwischenzeitlich durch die Zurückweisung der zugelassenen Revision bestätigt: Beschränkt sich der D-Arzt im Rahmen der Nachschau auf die Prüfung der Frage, ob die bei der Erstversorgung des Verletzten getroffene Entscheidung zugunsten einer allgemeinen Heilbehandlung aufrechtzuerhalten ist, wird er in Ausübung eines öffentlichen Amtes tätig; er erfüllt insoweit – ebenso wie der von ihm im Rahmen der Erstuntersuchung zu treffenden Entscheidung – eine der Berufsgenossenschaft obliegende Aufgabe.[619] Ob eine persönliche Haftung des D-Arztes bei Übernahme der Heilbehandlung in Betracht kommt, hat der BGH abermals offen gelassen, nachdem im entschiedenen Fall eine solche Übernahme nicht vorlag.[620] Das OLG Schleswig hat zu diesem Problemkreis die Auffassung vertreten, dass eine privatrechtliche Haftung des D-Arztes ausscheide, wenn sein Behandlungsfehler in der falschen Diagnose bei der Entscheidung zum »ob« und »wie« liege und sich dieser Fehler in der weiteren Behandlung lediglich fortsetze.[621] Soweit der BGH den gegen diese Entscheidung gerichteten Prozesskostenhilfeantrag des Klägers zurückgewiesen hat,[622] lassen sich daraus leider keine Rückschlüsse darauf ziehen, dass er die Rechtsauffassung des OLG Schleswig teilt. Denn das OLG Schleswig hatte einen Diagnose- bzw.

399

---

614 BGH GesR 2010, 251.
615 BGH GesR 2010, 251; NJW 2009, 993, 995.
616 BGH NJW 2009, 993, 995 mit Nachweisen zum Streitstand.
617 OLG Bremen OLGR 2009, 1002.
618 OLG Bremen OLGR 2009, 550; ebenso Jorzig GesR 2009, 400, 401.
619 BGH GesR 2010, 251.
620 BGH GesR 2010, 251.
621 OLG Schleswig NJW-RR 2008, 41 = juris, Rn. 29; ebenso Jorzig GesR 2009, 400, 404.
622 BGH Beschluss von 04.03.2008 – VI ZR 101/07 – veröffentlicht bei juris.

Mennemeyer/Hugemann

Behandlungsfehler für die Erstversorgung verneint und alle weiteren Untersuchungen der durchgangsärztlichen Tätigkeit (Nachschau) zugeordnet, so dass es an Entscheidungserheblichkeit der hier diskutierten Rechtsfrage fehlte. Der BGH hat allerdings in dem PKH-Beschluss darauf hingewiesen, dass die Zäsur zwischen den beiden Pflichtenkreisen (öffentlich-rechtliche ⇔ privatrechtliche Tätigkeit des D-Arztes) entgegen dem Verständnis des OLG Schleswig nicht zeitlich, sondern inhaltlich zu verstehen ist; **beide Pflichtenkreise können** daher bei der Erstbehandlung **nebeneinander bestehen.**[623] Bereits in einer Entscheidung aus dem Jahr 1974[624] heißt es hierzu: »Eine Amtspflicht des Durchgangsarztes zur Untersuchung kommt nur insoweit in Betracht, wie die Untersuchung der Vorbereitung der Entscheidung dient, ob berufsgenossenschaftliche Heilmaßnahmen angezeigt sind oder kassenärztliche Behandlung genügt. Soweit im vorliegenden Fall die diesem Zweck dienende Untersuchung fehlerhaft war, hat der Fehler den Schaden des Klägers nicht verursacht. Denn dieser behauptet (…) nicht, daß der Beklagte die Entscheidung zwischen berufsgenossenschaftlicher und kassenärztlicher Behandlung fehlerhaft getroffen habe. Der Fehler bei der Untersuchung hat sich vielmehr in der Richtung ausgewirkt, daß der Beklagte die Verletzung des Klägers unsachgemäß versorgt hat. So betrachtet, gehörte die Untersuchung zur ärztlichen Erstversorgung und war wie diese nicht Ausübung eines öffentlichen Amtes. Diese doppelte Zielrichtung der Untersuchung hat das Berufungsgericht verkannt, wenn es zur Begründung seiner insoweit abweichenden Meinung u.a. ausgeführt hat, »die Diagnose«, bei der dem Beklagten der Fehler unterlaufen sei, falle gerade in den eigentlichen Aufgabenbereich des Durchgangsarztes.« In dem bereits zitierten PKH-Beschluss hat der VI. Zivilsenat des BGH erklärt, an dieser Rechtsauffassung festzuhalten.[625] Dann aber ist die Diagnosestellung im Sinne einer Parallelität der Pflichtenkreise (auch) der privatrechtlichen Tätigkeit des D-Arztes zuzuordnen, wenn dieser plant, selbst die Heilbehandlung zu übernehmen und sich sein Diagnosefehler in dieser Heilbehandlung lediglich schadensursächlich fortsetzt. Denn insoweit ist die Diagnosestellung inhaltlich nicht mit dem »ob« und »wie« der berufsgenossenschaftlichen Versorgung verknüpft, sondern mit dem »wie« der eigenen, privatrechtlichen Behandlung durch den D-Arzt.[626]

400   Die rechtliche Einordnung der D-ärztlichen Tätigkeit erfordert mithin eine differenzierte Betrachtung. Im Regelfall gilt für die Prüfung der eigenen Haftung des D-Arztes Folgendes:

---

623 BGH Beschluss von 04.03.2008 – VI ZR 101/07 – veröffentlicht bei juris; ebenso Jorzig GesR 2009, 400, 402.
624 BGH NJW 1974, 589, 592.
625 BGH Beschluss von 04.03.2008 – VI ZR 101/07 – veröffentlicht bei juris.
626 So auch OLG Bremen OLGR 2009, 1002.

Mennemeyer/Hugemann

D-ärztliche Tätigkeit	Rechtsnatur	eigene Haftung D-Arzt
Beurteilung des »ob« und »wie« der Heilbehandlung	öffentlich-rechtlich	nein
Diagnosestellung	(auch) privatrechtlich, wenn Übernahme der Behandlung beabsichtigt	nur wenn Übernahme der Heilbehandlung beabsichtigt
Heilbehandlung	privatrechtlich	ja
Nachschau	(auch) privatrechtlich, wenn D-Arzt die Heilbehandlung übernommen hat	nur wenn Heilbehandlung übernommen wurde

Der die berufsgenossenschaftliche Heilbehandlung durchführende **Heilbehandlungsarzt (H-Arzt)** wird demgegenüber nur in ganz besonderen Ausnahmefällen in Ausübung eines öffentlichen Amtes tätig, nämlich dann, wenn und soweit ihm im Einzelfall nach § 35 des Vertrages Ärzte/Unfallversicherungsträger die Entscheidung darüber obliegt, ob und in welcher Weise der Verletzte in die besondere Heilbehandlung der Berufsgenossenschaft übernommen werden soll. Seine Entscheidung ersetzt in diesen Fällen diejenige des D-Arztes und ist damit ebenfalls als Ausübung eines öffentlichen Amtes zu qualifizieren.[627] Für die Qualifikation als privatrechtliche oder öffentlich-rechtliche Aufgabe ist nicht auf die Person des Handelnden, sondern vielmehr auf seine Funktion abzustellen, also auf die Aufgabe, deren Wahrnehmung die im konkreten Fall ausgeübte Tätigkeit dient.[628]

401

Blickwinkel Patientenanwalt – Haftungsrisiken:
Die vorstehend erörterte Problematik birgt für den Patientenanwalt nicht zu unterschätzende **Haftungsrisiken**, weil die Verkennung der Passivlegitimation der Berufsgenossenschaft dazu führen kann, dass die gegenüber dem Unfallversicherungsträger bestehenden Ansprüche verjähren, während die in Anspruch genommenen Ärzte wegen der bestehenden Amtshaftung nicht haftbar zu machen sind und umgekehrt.[629] Auch besteht die Gefahr zulasten des nicht rechtsschutzversicherten Mandanten durch Inanspruchnahme des falschen Beklagten vermeidbare Prozesskosten zu verursachen. Es muss daher bei jedem Handeln des D- oder H-Arztes eine exakte Abgrenzung in Bezug auf die Frage erfolgen, ob die in Frage stehende Hand-

402

627 BGH NJW 2009, 993, 996.
628 BGH NJW 2009, 993, 996.
629 Jorzig GesR 2009, 400.

lung inhaltlich dem öffentlichen oder aber dem privaten Recht zuzuordnen ist. Diese Abgrenzung kann insbesondere in den in der Praxis häufig vorkommenden Fällen erschwert sein, in denen der D-Arzt im Anschluss an die hoheitliche Entscheidung über das »ob« und »wie« der Heilbehandlung diese selbst als niedergelassener Arzt (oder Klinikarzt) übernimmt. Ist die Zuordnung zweifelhaft, sollte dem daraus folgenden Verjährungsrisiko prozessual durch Ausbringung einer **Streitverkündung** begegnet werden. Da sich dem Kostenrisiko hierdurch allerdings nicht begegnen lässt, empfiehlt sich ein entsprechender Hinweis an den Mandanten, um jegliche Missverständnisse von vornherein auszuschalten und einen Regress, gerichtet auf Ersatz von Kostenschäden, zu vermeiden.[630]

403 **Blickwinkel Beklagtenvertreter – Haftungsrisiken:**
Umgekehrt ist die Abgrenzung für den auf Beklagtenseite tätigen Anwalt insoweit von Bedeutung, als sich Ansprüche des Patienten unter Umständen schon unter Verweis auf die fehlende Passivlegitimation vollständig abwehren lassen. Eine entsprechende Rüge sollte daher im Prozess frühestmöglich erhoben werden, um eine (teilweise) klagestattgebende Entscheidung abzuwenden. Ansonsten muss der Bevollmächtigte im Unterliegensfall damit rechnen, dass ihn der Haftpflichtversicherer des – materiell zu Unrecht – verurteilten Arztes nach einer Inanspruchnahme auf der Grundlage eines materiell unrichtigen Titels in Regress nimmt.[631]

404 Auch der **Notarzt** kann in Ausübung eines öffentlichen Amtes tätig werden, wenn der Rettungsdienst öffentlich-rechtlich organisiert ist.[632] In diesem Fall beruht die Tätigkeit des Notarztes im Verhältnis zum Patienten nicht auf einem privatrechtlichen Verhältnis, so dass sich etwaige Schadenersatzansprüche des Patienten nicht gegen den behandelnden Notarzt selbst, sondern nach Art. 34 GG, § 839 BGB allein gegen den Träger des Notdienstes richten.[633] Auf den **Notfallarzt** sind diese Grundsätze nicht übertragbar. Dieser stellt lediglich im Rahmen des durch die Kassenärztlichen Vereinigungen und die Ärztekammern organisierten ambulanten Notfall- und Bereitschaftsdienstes die ambulante ärztliche Versorgung bei dringenden Behandlungsfällen in solchen Zeiträumen sicher, in denen die in freier Praxis niedergelassenen Ärzte üblicherweise keine Sprechstunden

---

630 Fahrendorf/Mennemeyer/Terbille, Die Haftung des Rechtsanwalts, 8. Aufl., Rn. 1725.
631 Vgl. Jorzig GesR 2009, 400, 405.
632 BGH NJW 2005, 429; 2003, 1184 unter Aufgabe der früheren Rechtsprechung (zuletzt NJW 1993, 1526).
633 Die Trägerschaft für den öffentlichen Rettungsdienst liegt überwiegend bei den Kommunen (Kreise, kreisfreie Städte oder Rettungszweckverbände). Näheres bestimmen die jeweiligen Landesrettungsdienstgesetze.

abhalten.[634] **Der Notfallarzt** ist nicht Bestandteil des Rettungsdienstes und **wird daher auch nicht öffentlich-rechtlich tätig.**

Schließlich kommt eine Haftung des öffentlichen Rechtsträgers unter dem **405** Aspekt der Amtshaftung in den Fällen der gesetzlich angeordneten **Zwangsbehandlung und Zwangsisolation** in Betracht, in denen eine öffentlich-rechtliche Rechtsbeziehung entsteht, in die aber Pflichten des privaten medizinischen Behandlungsverhältnisses transponiert werden.[635] Da dem Patienten bei öffentlich-rechtlich angeordneter Behandlung jedoch nicht die Freiheit zusteht, die Behandlung abzulehnen, kann eine unterbliebene oder unzureichende Risikoaufklärung in diesem Bereich nicht haftungsbegründend wirken.[636]

(6) Verkehrssicherungspflichten

Eine deliktische Haftung des niedergelassenen Arztes und Praxisinhabers **406** kommt schließlich bei einer Verletzung von **Verkehrssicherungspflichten** in Betracht. Wer in seinem Verantwortungsbereich eine Gefahrenlage – gleich welcher Art – für Dritte schafft oder andauern lässt, hat Rücksicht auf diese Gefährdung zu nehmen und deshalb die allgemeine Rechtspflicht, diejenigen Vorkehrungen zu treffen, die notwendig und ihm zumutbar sind, um die Schädigung Dritter möglichst zu verhindern.[637] Eine Verkehrssicherung, die jede Schädigung ausschließt, ist im praktischen Leben jedoch nicht erreichbar. Haftungsbegründend wirkt eine Gefahr nach der Rechtsprechung daher erst dann, »wenn sich für ein sachkundiges Urteil die nahe liegende Möglichkeit ergibt, dass Rechtsgüter anderer verletzt werden könnten«.[638] Dagegen entfällt die Haftung, wenn der Sicherungspflichtige diejenigen Sicherheitsvorkehrungen getroffen hat, die ein verständiger, umsichtiger, vorsichtiger und gewissenhafter Angehöriger der betroffenen Verkehrskreise/Berufsgruppe für ausreichend halten darf, um andere Personen vor Schäden zu bewahren, und die ihm den Umständen nach zuzumuten sind.[639] Für den Arzt folgt daraus unter anderem die Verpflichtung, Wege und Zugänge außerhalb und innerhalb der Praxisräumlichkeiten, Möbelstücke, sanitäre Einrichtungen und Apparate so zu gestalten bzw. zu unterhalten, dass der – ohnehin häufig bereits beeinträchtigte – Patient nach Möglichkeit nicht zu Schaden kommt.[640] Auch muss der Arzt durch geeignete

---

634 BGH NJW 2003, 1184, 1185.
635 Grundlegend zur Art der Beziehungen zwischen Psychiatrischem Landeskrankenhaus und seinen Patienten BGH NJW 1963, 40 ff.; vgl. Deutsch/Spickhoff Rn. 128.
636 Deutsch/Spickhoff Rn. 128.
637 St. Rspr.; vgl. etwa BGH NJW 2008, 3775, 3776 m.w.N.
638 BGH NJW 2008, 3775, 3776 m.w.N.
639 BGH NJW 2008, 3775, 3776 m.w.N.
640 OLG Schleswig VersR 1997, 69 (Gefährdung gebrechlicher Patienten durch zum schmalen Flur hin öffnende Türen); Geiß/Greiner Kap. A Rn. 56 m.w.N.

Maßnahmen sicherstellen, dass sich ein sedierter Patient nicht unbemerkt vorzeitig aus der Praxis entfernt und am Straßenverkehr teilnimmt.[641] Andererseits ist ein Arzt ohne äußeren Anlass nicht verpflichtet, die in seinem Behandlungszimmer wartenden Patienten zu überwachen und Vorkehrungen zur Vermeidung eigenmächtiger gefahrgeneigter Handlungen der Patienten zu treffen.[642]

(7) Gleichlauf vertraglicher und deliktischer Haftung

407 In der Praxis hatte die Unterscheidung zwischen vertraglicher und deliktischer Haftung bis zu den Gesetzesreformen 2002 durch das Schuldrechtsmodernisierungsgesetz und das 2. SchadÄndG insoweit Bedeutung, als für deliktische Ansprüche eine Verjährungsfrist von 3 Jahren galt (§ 852 BGB a.F.), während vertragliche Ansprüche regelmäßig erst nach 30 Jahren verjährten (§ 195 BGB a.F.). Außerdem kam nach altem Recht ein Schmerzensgeldanspruch nur bei einer Haftung aus Delikt in Betracht (§ 847 BGB a.F.). Gemäß §§ 195, 199 BGB gilt die dreijährige Verjährungsfrist nunmehr auch für vertragliche Ansprüche, die gemäß § 253 Abs. 2 BGB auch immaterielle Ersatzansprüche umfassen. Im Vertrags- wie ihm Deliktsrecht gelten die gleichen Beweislastprinzipien und sind die gleichen Anforderungen an die ärztlichen Sorgfaltspflichten zu stellen.[643] **Die Unterscheidung zwischen vertraglicher und deliktischer Haftung hat damit ihre praktische Bedeutung weitestgehend verloren.** Sie bleibt allerdings insoweit von Relevanz, als nur das Deliktsrecht auch Schadensersatz zugunsten lediglich mittelbar Geschädigter gewährt (§§ 844 ff. BGB) und die Vertragshaftung für den Geschädigten im Hinblick auf das Einstehenmüssen des Haftungsadressaten für Dritte (§ 278 BGB) wegen der fehlenden Entlastungsmöglichkeit von Vorteil ist.

bb) Eintrittshaftung

408 Besondere Fragen kann die Haftung des Arztes bei Eintritt in eine bestehende Praxis aufwerfen. Ihre Beantwortung richtet sich nach der jeweiligen rechtlichen Organisationsform dieser Praxis.

(1) Gesellschaft bürgerlichen Rechts

409 Ob der in eine bereits bestehende **GbR** eintretende Neugesellschafter für Altverbindlichkeiten aus beruflichen Haftungsfällen aufzukommen hat, hatte der BGH in seiner ersten Grundsatzentscheidung zur Frage der Haftung des eintretenden GbR-Gesellschafters für Altverbindlichkeiten vom 07.04.2003[644] mit Blick auf die Bestimmung des § 8 Abs. 2 PartGG aus-

---

641 BGH NJW 2003, 2309.
642 OLG Naumburg OLGR 2009, 327.
643 BGH NJW 1989, 767; Reiling MedR 1995, 443, 445.
644 BGH NJW 2003, 1803, 1805.

drücklich offen gelassen. Für alle übrigen bis zum Eintritt begründeten Verbindlichkeiten der Gesellschaft haftet der eintretende Gesellschafter danach jedenfalls in analoger Anwendung von § 130 HGB gesamtschuldnerisch, wobei der BGH aus Gründen des Vertrauensschutzes die Haftung zunächst auf zukünftige Beitrittsfälle beschränkt hatte. In der weiteren Entscheidung vom 12.12.2005[645] hat der BGH diese Haftungsbeschränkung indes dahingehend relativiert, dass der Neugesellschafter in seinem Vertrauen auf den Fortbestand der vor der Publikation des Urteils vom 07.04.2003 bestehenden Rechtslage dann nicht geschützt ist, wenn er die Altverbindlichkeiten, für die er in Anspruch genommen wird, bei seinem Eintritt in die Gesellschaft kannte oder wenn er deren Vorhandensein bei auch nur geringer Aufmerksamkeit hätte erkennen können. In diesem Fall müsse die Abwägung zwischen Rechtssicherheit einerseits und materieller Gerechtigkeit andererseits zulasten des eintretenden Gesellschafters gehen.[646]

Die höchstrichterliche Klärung der Frage, ob die gesamtschuldnerische Haftung für Altverbindlichkeiten auch Verbindlichkeiten aus beruflichen Haftungsfällen erfasst, steht nach wie vor aus. Entschieden ist jedoch, dass die akzessorische Gesellschafterhaftung analog § 128 HGB auch berufliche Haftungsfälle erfasst.[647] Für die Haftung für Altverbindlichkeiten in analoger Anwendung von § 130 HGB kann dann indes nichts anderes gelten, weil sich eine Differenzierung sachlich nicht rechtfertigen lässt.[648] Der in eine in der Rechtsform einer GbR geführte Gemeinschaftspraxis eintretende Arzt haftet daher für sämtliche bereits vor seinem Eintritt begründeten vertraglichen und deliktischen Haftungsansprüche nach § 130 HGB analog, wenn der Beitritt nach dem 07.04.2003 erfolgte oder dem neuen Gesellschafter die Altverbindlichkeiten bekannt waren bzw. hätten bekannt sein müssen.

---

645 BGH NJW 2006, 765.
646 BGH NJW 2006, 765, 766.
647 BGH NJW 2007, 2490, 2492 f.; vgl. oben Rdn. 392.
648 Bäune in: Festschrift zum 10jährigen Bestehen der ArGE Medizinrecht, 139, 147 m.w.N.; ebenso für die Gemeinschaftspraxis wohl auch Steffen/Pauge Rn. 88.

Mennemeyer/Hugemann

410 Zu verneinen dürfte hingegen die Haftung des Neugesellschafters für bereits bestehende berufliche Haftungsverbindlichkeiten bei »**Eintritt**« in eine bisherige **Einzelpraxis** sein. Abermals für den Bereich der Anwaltshaftung hat der BGH entschieden, dass sich eine Eintrittshaftung für berufliche Haftungsfälle entsprechend § 128 HGB nicht aus einer analogen[649] Anwendung von § 28 HGB herleiten lasse.[650] Zur Begründung hat der BGH ausgeführt: »Das Rechtsverhältnis zwischen einem Rechtsanwalt und seinem Mandanten ist (…) in erster Linie durch die persönliche und eigenverantwortliche anwaltliche Dienstleistung geprägt (…). Das einem Einzelanwalt erteilte Mandat ist in besonderem Maße dadurch gekennzeichnet, dass die zu erbringende Dienstleistung an die Person des beauftragten Anwalts geknüpft ist. Der Mandant, der gerade keine Sozietät von mehreren Anwälten beauftragt, darf bei Auftragserteilung davon ausgehen, dass der beauftragte Anwalt die ihm auf Grund besonderen Vertrauens (vgl. § 627 Abs. 1 S. 1 BGB) übertragene Dienstleistung persönlich erbringt (vgl. § 664 Abs. 1 S. 1 BGB). In der maßgeblichen Sicht des Rechtsverkehrs wird jedenfalls der Einzelanwalt als Person und nicht als Unternehmen zum unabhängigen Berater und Vertreter des Mandanten in Rechtsangelegenheiten berufen. (…) Soll aber das Vertragsverhältnis nach dem Willen der Vertragsparteien persönli-

---

649 Eine unmittelbare Anwendung scheitert schon daran, dass der Arzt kein Kaufmann ist.
650 BGH NJW 2004, 836.

cher Art sein, wovon bei der Beauftragung eines Einzelanwalts auszugehen ist, dann greift der Gedanke einer auf die Kontinuität eines Unternehmens gestützten Haftungserstreckung nicht (...). Da die persönliche Leistungs-erbringung die berufliche Tätigkeit des Einzelanwalts insgesamt charakte-risiert, sind nicht etwa nur einzelne Rechtsverhältnisse oder Verbindlich-keiten von einem Übergang der Haftung auszunehmen, sondern es ist eine entsprechende Anwendung des § 28 Abs. 1 Satz 1 HGB auf den Eintritt in das »Geschäft« eines Einzelanwalts grundsätzlich zu verneinen«.[651] Diese Erwägungen sind ohne weiteres auf die Konsultation eines in einer Einzel-praxis tätigen Arztes übertragbar; denn das Arzt-Patienten-Verhältnis ist mindestens ebenso wie die anwaltliche Mandantenbeziehung in besonderem Maße von wechselseitigem Vertrauen geprägt. Darüber hinaus hat der BGH die analoge Anwendung von § 28 Abs. 1 S. 1 HGB auch deshalb abgelehnt, weil den in einer neugegründeten GbR tätigen Freiberuflern nicht wie den Gesellschaftern einer OHG (§ 28 Abs. 2 HGB) die Möglichkeit offensteht, einer abweichenden Vereinbarung durch Eintragung in das Handelsregister Dritten gegenüber Geltung zu verleihen, so dass Nichtkaufleute schlechter gestellt wären als Kaufleute.[652] Schließlich hat der IX. Senat in Zweifel ge-zogen (mangels Entscheidungserheblichkeit jedoch offen gelassen), ob die analoge Anwendung des § 130 Abs. 1 HGB die entsprechende Anwendung des § 28 Abs. 1 S. 1 HGB zur Folge haben müsse, da § 130 Abs. 1 HGB die Haftung des in eine bestehende Gesellschaft Eintretenden betrifft, während bei § 28 Abs. 1 S. 1 HGB erst mit dem Eintritt in das Geschäft des früheren Einzelunternehmers eine Gesellschaft entsteht.[653] Auch diese Überlegungen überzeugen und sprechen gegen eine Haftung des in eine Einzelpraxis ein-tretenden Arztes für berufshaftungsrechtliche Altverbindlichkeiten.[654]

411

Ob eine analoge Anwendung von § 130 HGB auch bei einem in die GbR eintretenden **Scheingesellschafter** in Betracht kommt, erscheint zweifel-haft. Das OLG Saarbrücken hat dies in einem auf die Erwägungen des BGH in der Grundsatzentscheidung vom 07.04.2003 verweisenden Urteil ver-neint.[655] Denn der BGH habe die analoge Anwendung von § 130 HGB un-ter anderem mit der Überlegung begründet, dass der Neugesellschafter mit dem Erwerb der Gesellschafterstellung dieselben Zugriffsmöglichkeiten auf das Gesellschaftsvermögen wie die Altgesellschafter erlange, was angesichts der Komplementarität von Entnahmefreiheit und persönlicher Haftung sinnvollerweise nur durch Einbeziehung der Neugesellschafter in dasselbe Haftungsregime, dem auch die Altgesellschafter unterlägen, interessenge-

---

651 BGH NJW 2004, 836, 837 f.
652 BGH NJW 2004, 836, 838.
653 BGH NJW 2004, 836, 838.
654 Ebenso Bäune in: Festschrift zum 10jährigen Bestehen der ArGE Medizinrecht, 139, 151.
655 OLG Saarbrücken NJW 2006, 2862.

recht kompensiert werden könne.[656] Das OLG Saarbrücken meint, dass diese Überlegungen dann nicht greifen könnten, wenn lediglich der Anschein einer Gesellschafterhaftung erweckt werde, weil dem Scheingesellschafter aus dem vermeintlichen Eintritt in die Gesellschaft keine Vorteile erwüchsen, insbesondere keine Teilhabe am Gesellschaftsvermögen begründet werde, die eine persönliche mit Haftung für Altverbindlichkeiten gerechtfertigt erscheinen lassen könnten.[657] Dies verkennt indes, dass die Rechtsscheinhaftung ihre Rechtfertigung allein im schutzwürdigen Vertrauen des Rechtsverkehrs findet, so dass das zutreffende Ergebnis des OLG Saarbrücken richtigerweise damit zu begründen ist, dass der Gläubiger einer Altverbindlichkeit zum Zeitpunkt der Begründung seiner Forderung denknotwendig gerade nicht auf eine gesamtschuldnerische Mithaftung des späteren Scheingesellschafters vertrauen konnte und daher weder schutzbedürftig ist noch die notwendige Kausalität gegeben sein kann.[658] Nach zutreffender Ansicht besteht daher regelmäßig **keine Rechtsscheinhaftung des eintretenden Scheingesellschafters für Altverbindlichkeiten.**

412

❗ Wer beabsichtigt, in eine bestehende GbR einzutreten, sollte die wirtschaftliche Lage der Gesellschaft vor dem Beitritt möglichst genau prüfen und in jedem Fall im Innenverhältnis mit den Gesellschaftern eine Freistellung von etwaigen Altverbindlichkeiten vereinbaren.[659] Der wirtschaftliche Wert einer solchen Freistellungsvereinbarung hängt freilich von der Solvenz der Altgesellschafter ab sowie vom Umfang des bestehenden Versicherungsschutzes. Auch letzteren sollte der eintrittswillige Arzt daher näher untersuchen. Bei bekannten Altverbindlichkeiten lässt sich möglicherweise auch mit den Gläubigern eine Haftungsbeschränkung vereinbaren.

(2) Partnerschaftsgesellschaft

413 Beim Eintritt in eine bestehende Partnerschaftsgesellschaft haftet der neue Partner gemäß § 8 Abs. 1 S. 2 PartGG i.V.m. § 130 HGB auch für die bestehenden Altverbindlichkeiten der Gesellschaft. Hiervon ausgenommen sind nach § 8 Abs. 2 PartGG jedoch ausdrücklich etwaige Verbindlichkeiten aus beruflichen Haftungsfällen. Anders als bei der GbR kommt hier somit eine persönliche Mithaftung des eintretenden Arztes für etwaige Ansprüche aus ärztlicher Fehlbehandlung vor seinem Eintritt nicht in Betracht.

---

656 OLG Saarbrücken NJW 2006, 2862, 2864.
657 OLG Saarbrücken NJW 2006, 2862, 2864.
658 Bäune in: Festschrift zum 10jährigen Bestehen der ArGE Medizinrecht, 139, 149; Roth DB 2007, 616; a.A. Lepzcyk NJW 2006, 3391.
659 Bäune in: Festschrift zum 10jährigen Bestehen der ArGE Medizinrecht, 139, 150.

(3) GmbH

Die Haftung des neuen Gesellschafters, der Gesellschaftsanteile an einer **414** bereits bestehenden GmbH erwirbt, ist auf die Erbringung seiner Einlage beschränkt, im Falle der Anteilsübertragung ggf. gesamtschuldnerisch mit dem Veräußerer (§ 16 Abs. 3 GmbHG). Da schon die Altgesellschafter keine persönliche Haftung für das haftungsbegründende Verhalten ihrer Mitgesellschafter trifft,[660] gilt dies selbstverständlich erst recht für den in die GmbH eintretenden Arzt.

cc) Nachhaftung

Die vor seinem Ausscheiden begründeten **persönlichen Verbindlichkeiten** **415** eines Gesellschafters (z.B. aus § 823 BGB, § 128, 130 HGB) werden – unabhängig von der rechtlichen Organisationsform der Gesellschaft – durch sein Ausscheiden selbstverständlich **nicht berührt**.

Für die Verbindlichkeiten der **GbR** haftet der vormalige Gesellschafter nach **416** § 736 Abs. 2 BGB i.V.m. § 160 Abs. 1 HGB jedoch nur fort, soweit sie vor Ablauf von fünf Jahren nach dem Ausscheiden fällig und daraus Ansprüche gegen ihn in einer in § 197 Abs. 1 Nr. 3 bis 5 BGB bezeichneten Art festgestellt sind oder eine gerichtliche oder behördliche Vollstreckungshandlung vorgenommen oder beantragt wird. Der Lauf der Enthaftungsfrist beginnt in Ermangelung eines Handelsregistereintrags (§ 160 Abs. 1 S. 2 HGB) gegenüber dem jeweiligen Gläubiger der Gesellschaft mit der Kenntnisnahme des Ausscheidens.[661]

Für die **Partnerschaftsgesellschaft** gelten gemäß § 10 Abs. 2 PartGG eben- **417** falls die Nachhaftungsregelung des § 160 HGB und somit die vorstehenden Ausführungen entsprechend. Hier wird allerdings die Enthaftungsfrist mit der Eintragung des Ausscheidens im Partnerschaftsregister in Lauf gesetzt.[662]

Angesichts der Beschränkung der Haftung der **GmbH** auf das Gesellschafts- **418** vermögen (§ 13 Abs. 2 GmbHG) trifft den ausscheidenden GmbH-Gesellschafter – von der Haftung für die vollständige Erbringung der Stammeinlage im Falle der Übertragung seiner Geschäftsanteile abgesehen (§ 16 Abs. 3 GmbHG) – keine Nachhaftung für Verbindlichkeiten der Gesellschaft. Ein Ausscheiden aus der GmbH durch Einziehung der Geschäftsanteile der (§ 34 GmbHG) setzt wegen des Verbotes des Erlasses einer rückständigen Einlage (§ 19 Abs. 2 GmbHG) die vorherige vollständige Leistung der Stammeinlage voraus.[663]

---

660 Siehe oben Rdn. 395.
661 OLG Dresden NJW-RR 1997, 163.
662 Bäune in: Festschrift zum 10jährigen Bestehen der ArGE Medizinrecht, 139, 153 m.w.N.
663 Westermann in: Scholz, GmbHG, § 34 Rn. 52.

Mennemeyer/Hugemann

Gesellschafts-form	Eintrittshaftung
GbR	– Haftung gem. § 130 HGB analog bei Eintritt nach dem 07.04.2003 **oder** Kenntnis bzw. Kennenmüssen der Altverbindlichkeiten – keine Rechtsscheinhaftung des eintretenden Schein-gesellschafters
PartG	– grds. Haftung für bestehende Altverbindlichkeiten gem. § 8 Abs. 1 S. 2 PartGG, – jedoch **nicht** für Verbindlichkeiten aus beruflichen Haftungsfällen, § 8 Abs. 2 PartGG
GmbH	– Haftung ist auf die Erbringung der Einlage be-schränkt
	Nachhaftung
alle Organi-sationsformen	– vor dem Ausscheiden begründete persönliche Ver-bindlichkeiten (§§ 823 BGB, 128, 130 HGB) werden durch Austritt nicht berührt
GbR	– Haftung für Gesellschaftsschulden (+) soweit sie – vor Ablauf von 5 Jahren nach dem Ausscheiden fällig (§§ 736 Abs. 2 BGB, 160 Abs. 1 HGB) und – gem. § 197 Abs. 1 Nr. 3-5 BGB festgestellt oder gerichtliche/behördliche Vollstreckungshandlung vorgenommen/beantragt – Lauf der Enthaftungsfrist beginnt mit Kenntnisnah-me des Gläubigers vom Ausscheiden
PartG	– wie GbR (§§ 10 Abs. 2 PartGG, 160 Abs. 1 HGB), nur beginnte Lauf der Enthaftungsfrist mit Eintra-gung des Ausscheidens im Partnerschaftsregister
GmbH	– keine Nachhaftung des ausscheidenden Gesellschaf-ters

dd) Behandlungsverhältnisse ohne Vertrag

(1) Zustandekommen

419 In einigen Fällen erfolgt die Behandlung von Patienten ohne vorheriges Zustandekommen eines Behandlungsvertrages. Dies betrifft insbesonde-re die Fälle der **Versorgung bewusstloser oder** aus sonstigen Gründen **nicht ansprechbarer Patienten** im Rahmen von Notfallbehandlungen. Da der Abschluss eines Behandlungsvertrages nicht möglich ist (§ 105 Abs. 2

Mennemeyer/Hugemann

BGB) finden die Grundsätze der **Geschäftsführung ohne Auftrag** (GoA, §§ 677 ff. BGB) Anwendung.[664] Diese gebieten, dass sich die Behandlung am Interesse und am mutmaßlichen Willen des Patienten auszurichten hat (vgl. § 683 BGB) und daher auf vitale oder absolut indizierte Maßnahmen zu beschränken ist, während nur relativ indizierte oder mit erheblichen Risiken behaftete Eingriffe der späteren Entschließung des Patienten zu überlassen sind.[665]

Die **Haftungsbegrenzung** zugunsten des Geschäftsführers auf Vorsatz und grobe Fahrlässigkeit nach § 680 BGB passt nicht zur ärztlichen Berufsausübung und findet daher nach zutreffender Ansicht bei professionellen Nothelfern und Ärzten jedenfalls dann keine Anwendung, wenn diese eine Vergütung erhalten.[666] Dies trifft im Blick auf § 683 BGB im Grundsatz auf alle beruflich mit der Abwehr gesundheitlicher Gefahren befassten Personen zu, weil diese im Rahmen der berechtigten GoA die für die zu ihrem Beruf gehörenden Leistungen übliche Vergütung als Aufwendungsersatz beanspruchen können.[667] Es wäre aber widersprüchlich, dem beruflichen Nothelfer einerseits den vollen Vergütungsanspruch zuzubilligen, ohne ihn im Gegenzug dem Haftungsmaßstab des § 276 BGB zu unterwerfen.[668] Hinzu kommt, dass der berufliche Helfer durch eine Berufshaftpflichtversicherung abgesichert ist, deren Kosten er über das Entgelt auf den Geschäftsherrn abwälzt.[669] Es erschiene auch vom Ergebnis her unbefriedigend, beispielsweise an die Sorgfalt des in einer Unfallambulanz tätigen Arztes unterschiedliche Anforderungen stellen zu wollen, je nachdem, ob ein eingelieferter Patient (gerade) noch zum Abschluss eines Behandlungsvertrages in der Lage ist (= § 276 BGB) oder nicht (= § 680 BGB). Damit hinge der anzuwendende Haftungsmaßstab letztlich vom Zufall ab.

420

Für einen lediglich zufällig am Unfallort anwesenden Arzt, der aufgrund seiner gesetzlichen Verpflichtung (§ 323c StGB) Hilfe leistet, hat das OLG München demgegenüber entschieden, dass dieser sich zwar bezüglich der Anforderungen an den objektiven Sorgfaltsmaßstab an denjenigen Kenntnissen und Fähigkeiten messen lassen müsse, über die er berufsbedingt verfügen muss, weitergehende Haftungsverschärfungen dürften aus dem Beruf des Helfers jedoch nicht abgeleitet werden.[670] Ob dem uneingeschränkt zu folgen ist, erscheint aus den vorstehenden Erwägungen zweifelhaft, da auch

421

664 Gehrlein Kap. A Rn. 17.
665 Gehrlein Kap. A Rn. 17.
666 Steffen/Pauge Rn. 65; Staudinger/Bergmann § 680 Rn. 15; Palandt/Sprau § 680 Rn. 1; Gehrlein Kap. A Rn. 17; a.A.: MünchKommBGB/Seiler § 680 Rn. 6.
667 BGH NJW-RR 2005, 1426, 1428 m.w.N.; Palandt/Sprau § 683 Rn. 8; Staudinger/Bergmann § 683 Rn. 58.
668 Staudinger/Bergmann § 680 Rn. 15.
669 Staudinger/Bergmann § 680 Rn. 15.
670 OLG München NJW 2006, 1883, 1885; zustimmend Palandt/Sprau § 680 Rn. 1.

dem nur zufällig anwesenden Arzt aus § 683 BGB regelmäßig eine Vergütung zusteht. Der vom OLG München entschiedene Fall betraf allerdings die Hilfeleistung für ein ertrunkenes Kind durch einen niedergelassenen Gynäkologen. Es lässt sich daher gut vertreten, dass diese Tätigkeit nicht mehr in den beruflichen Bereich des Nothelfers fiel.

422 Eine **Reduzierung des Sorgfaltsmaßstabes kann** bei der Hilfeleistung **in Notfällen** jedenfalls **daraus resultieren, dass dieser der jeweiligen Notlage anzupassen ist**[671] und ein Übernahmeverschulden ausgeschlossen sein kann.

423 **Minderjährige oder Geschäftsunfähige** können ohne Beisein eines Erziehungs- oder Personensorgeberechtigten grundsätzlich einen Behandlungsvertrag nicht wirksam selbst abschließen (§§ 104 ff. BGB). Denkbar erscheint es, den Minderjährigen als Boten oder Vertreter der Eltern anzusehen, wenn diese ihn zum Arzt geschickt haben.[672] In diesem Fall kommt der Behandlungsvertrag wie im Beisein der Erziehungsberechtigten als Vertrag zugunsten Dritter zwischen diesen und dem Arzt zustande.[673] Besteht dringender medizinischer Behandlungsbedarf und ist ein Sorgeberechtigter nicht zu erreichen, finden auch hier die Grundsätze der GoA Anwendung.[674]

(2) Haftung

424 Die GoA begründet ein gesetzliches Schuldverhältnis.[675] Trotz Fehlens eines Behandlungsvertrages steht dem Patienten daher im Falle einer Fehlbehandlung ein Anspruch auf Schadensersatz gem. § 280 Abs. 1 BGB zu.[676] Daneben tritt selbstverständlich die deliktische Haftung, die das Bestehen eines Schuldverhältnisses ohnehin nicht zur Voraussetzung hat.

ee) Unerlaubte Genomanalyse

425 Dass Behandlungs- bzw. Beraterverträge, die sich auf die Familienplanung beziehen, drittschützende Wirkung entfalten können, wurde bereits oben dargelegt.[677] Wann und in welchem Umfang für Fehlleistungen im Rahmen derartiger Verträge gehaftet wird, wird ebenfalls noch an anderer Stelle dargestellt.[678] Haftungsrechtlich kann eine Untersuchung der Erbanlagen eines einzelnen Menschen (sog. Genomanalyse) für den Arzt unter einem weiteren Aspekt bedeutsam werden. Die **Genomanalyse** beeinträchtigt die Würde des Menschen und sein Persönlichkeitsrecht und **bedarf in besonderem**

---

671 Gehrlein Kap. A Rn. 17; Deutsch/Spickhoff Rn. 190; dazu noch unten Rdn. 1456 ff.
672 Detusch/Spickhoff Rn. 788.
673 Dazu oben Rdn. 349.
674 Deutsch/Spickhoff Rn. 798.
675 Palandt/Heinrichs § 280 Rn. 9.
676 RegE BT-Drucks. 14/6040, S. 135; Palandt/Sprau § 677 Rn. 15.
677 Rdn. 350 f. (Vertrag mit Schutzwirkung zugunsten Dritter).
678 Rdn. 1587 ff.

Maße der Zustimmung des Patienten.[679] Dieser Zustimmung hat eine Aufklärung vorauszugehen, welche die Reichweite der Ausforschung und die möglichen psychischen Folgen einzuschließen hat. Die Zustimmung kann jederzeit zurückgenommen werden, was zur Folge hat, dass selbst das Ergebnis einer mit Zustimmung durchgeführten Genomanalyse dem Patienten nach Rücknahme der Einwilligung nicht mehr mitgeteilt werden darf.[680]

Insbesondere im Familienrecht hat die DNA-Analyse im Rahmen der **Vaterschaftsabklärung** aufgrund ihrer Genauigkeit an Bedeutung gewonnen. Molekulargenetische Erkenntnisse und darauf fußende Untersuchungsmethoden machen es seit einiger Zeit möglich, erheblich präziser als mit früher angewandten Verfahren und mit sehr hoher Wahrscheinlichkeit festzustellen, ob ein Kind von dem Mann, der rechtlich als sein Vater gilt, abstammt.[681] Mittlerweile werden solche Untersuchungen auch von privaten Laboren zu erschwinglichen Preisen für jedermann angeboten, was es an ihrer Vaterschaft zweifelnden Männern ermöglicht, mit Hilfe kleinster, vom Kind und von sich genommener Körperpartikel als genetische Untersuchungsproben (z.B. Speichel aus einem benutzen Kaugummi) auch heimlich und ohne Wissen des Kindes und seiner Mutter oder gar gegen deren Willen eine solche Untersuchung in Auftrag zu geben.[682] Immer wieder ist es in der Vergangenheit zu solchen heimlich eingeholten DNA-Analysen in Vaterschaftsanfechtungsverfahren (§§ 1600 ff. BGB) gekommen. Mit der Frage der Verwertbarkeit derartiger Analysen hat sich der BGH in seiner Grundsatzentscheidung vom 12.01.2005[683] befasst und entschieden, dass das aus dem allgemeinen Persönlichkeitsrecht abzuleitende Recht des Vaters oder Scheinvaters auf Kenntnis seiner Vaterschaft gegenüber dem informationellen Selbstbestimmungsrecht des Kindes zurückstehen müsse. Heimlich veranlasste DNA-Vaterschaftsanalysen sind daher rechtswidrig und im Vaterschaftsanfechtungsverfahren gegen den Willen des Kindes oder seines gesetzlichen Vertreters nicht verwertbar.[684] Das BVerfG hat diese Entscheidung bestätigt, den Gesetzgeber indes zur Korrektur dieser Rechtslage durch Bereitstellung eines rechtsförmigen Verfahrens aufgefordert, in dem die Abstammung eines Kindes von seinem rechtlichen Vater geklärt und die Tatsache ihres Bestehens oder Nichtbestehens festgestellt werden kann, ohne daran zugleich Folgen für den rechtlichen Status des Kindes zu knüpfen.[685]

426

---

679 Deutsch/Spickhoff Rn. 1125; Deutsch VersR 1991, 1205, 1207.
680 Deutsch VersR 1991, 1205, 1207.
681 BVerfG NJW 2007, 753 (dort insoweit nicht abgedruckt) = juris, Rn. 5.
682 BVerfG NJW 2007, 753 (dort insoweit nicht abgedruckt) = juris, Rn. 6.
683 BGH NJW 2005, 497.
684 BGH NJW 2005, 497, 499; BVerfG NJW 2007, 753.
685 BVerfG NJW 2007, 753 ff.; zu den diesbezüglichen Bestrebungen des Gesetzgebers siehe Deutsch/Spickhoff Rn. 754.

427 Wird gleichwohl ohne Zustimmung oder unter Missachtung ihrer Reichweite eine damit unerlaubte Genomanalyse durchgeführt, besteht in analoger Anwendung von § 1004 BGB ein **klagbarer Anspruch auf Beseitigung des fortwirkenden Eingriffs** durch Vernichtung der Unterlagen sowie die Löschung etwaiger gespeicherter Daten.[686] Für diesen Anspruch ist es nicht notwendig, dass der Eingriff schuldhaft begangen wurde, der Arzt also etwa wusste, dass es an einer wirksamen Einwilligung des Spenders fehlte. Kommt ein Verschulden des Arztes hinzu, kann darüber hinaus **Schadensersatz wegen Verletzung des Persönlichkeitsrechts** nach § 823 Abs. 1 BGB jedenfalls dann verlangt werden, wenn die Umstände, insbesondere die Schwere der Verletzung oder des Verschuldens, eine solche Genugtuung erfordern.[687] Angesichts der deutlichen Eingriffstiefe in die Person wird die Verletzung des Persönlichkeitsrechts durch eine unerlaubte Genomanalyse nicht selten diesen Schweregrad erreichen.[688] Die vorgenannten Ansprüche bestehen auch in den Fällen, in denen eine zunächst wirksame Zustimmung später widerrufen wurde und dem Patienten gleichwohl ein in sein Persönlichkeitsrecht eingreifendes (insbesondere bedrückendes) Ergebnis mitgeteilt wird.[689] Gleiches gilt, wenn das Ergebnis der Genomanalyse unter Verletzung der ärztlichen Schweigepflicht unberechtigt an Dritte weitergegeben wird, wobei hier zu der Verletzung des Persönlichkeitsrechts noch die Verletzung eines Schutzgesetzes (§ 203 StGB) im Sinne von § 823 Abs. 2 BGB hinzutritt.[690]

428 ❗ – Deliktisch kommen neben der Haftung für eigene (Organisations-) Fehler sowie für Verstöße gegen Verkehrssicherungspflichten nach § 823 Abs. 1 BGB die Haftung des niedergelassenen Arztes für Verrichtungsgehilfen (§ 831 BGB) und die Organhaftung für Fehler des Gemeinschaftspraxispartners (§ 31 BGB, 128 ff. HGB) in Betracht.
– Wird der Arzt ausnahmsweise in Ausübung eines öffentlichen Amtes tätig (z.B. Truppenarzt, Amtsarzt, Durchgangsarzt), tritt an die Stelle der persönlichen Haftung die Amtshaftung (Art. 34 GG, § 839 BGB); insbesondere die Tätigkeit des Durchgangsarztes verlangt wegen der möglichen doppelten Zielrichtung besonders sorgsame Prüfung im Blick auf die richtige Passivlegitimation (D-Arzt ⇔ Berufsgenossenschaft): Im Zweifelsfalle Streitverkündung ausbringen!
– Fehlt es an einem Behandlungsvertrag (Patient ist z.B. bewusstlos, nicht ansprechbar, beschränkt geschäftsfähig oder geschäftsunfähig), so finden regelmäßig die Grundsätze der GoA Anwendung, wobei

---

686 Deutsch/Spickhoff Rn. 1141; Deutsch VersR 1991, 1205, 1209.
687 Grundlegend bereits BGHZ 35, 363; das BVerfG hat die Verfassungsmäßigkeit dieser Rechtsprechung in der Soraya-Entscheidung (NJW 1973, 1221) bestätigt.
688 Deutsch VersR 1991, 1205, 1209.
689 Deutsch VersR 1991, 1205, 1208.
690 Deutsch VersR 1991, 1205, 1208.

streitig ist, ob und unter welchen Voraussetzungen die Beschränkung der Haftung des Geschäftsführers auf Vorsatz und grobe Fahrlässigkeit (§ 680 BGB) zugunsten des Arztes Anwendung findet: Auf die dem Mandanten günstigere Rechtsauffassung verweisen!

ff) Gutachten

Ist der Arzt als Sachverständiger mit der Erstellung eines Gutachtens beauftragt, so ist zu unterscheiden zwischen der Betrauung mit einem gerichtlichen Gutachtenauftrag einerseits und der Stellung als Privatsachverständiger oder Gutachter einer Gutachterkommission bzw. Schlichtungsstelle andererseits.

429

(1) Gerichtlicher Sachverständiger

Für den **gerichtlichen Sachverständigen** wurde mit dem 2. SchadÄndG in § 839a BGB zum 01.08.2002[691] eine eigene Anspruchsgrundlage geschaffen, nach der der Sachverständige sich ersatzpflichtig macht, wenn er vorsätzlich oder grob fahrlässig ein unrichtiges Gutachten erstattet und einem der Verfahrensbeteiligten durch die auf diesem Gutachten beruhende gerichtliche Entscheidung ein Schaden entsteht. Die Vorschrift ist auf schädigende Ereignisse anzuwenden, die nach dem 31.07.2002 erfolgt sind (Art. 229 § 8 Abs. 1 EGBGB). Vor dieser Gesetzesänderung bestand für Fehlleistungen des Gerichtsgutachters nur lückenhafter und unzureichender Schutz, da gerichtliche Sachverständige grundsätzlich nicht in Vertragsbeziehung zu den Parteien des Rechtsstreits stehen und eine vertragliche Haftung folglich ausscheidet und auch Amtshaftungsansprüche mangels Ausübung einer hoheitlichen Tätigkeit nicht in Betracht kommen.[692] Ansprüche konnten sich daher nur aus allgemeinem Deliktsrecht ergeben. Diese Ansprüche unterschieden sich, je nachdem ob der Sachverständige beeidigt worden oder unbeeidigt geblieben ist: Nur beeidigte Sachverständige hafteten nach § 823 Abs. 2 BGB i.V.m. §§ 154, 163 StGB für Vermögensschäden bereits bei fahrlässiger Falschbegutachtung. Unbeeidigte Sachverständige hatten demgegenüber – da § 410 ZPO kein Schutzgesetz i.S.d. § 823 Abs. 2 BGB ist – insoweit erst bei vorsätzlicher Falschbegutachtung gemäß § 826 BGB einzustehen.[693] Im Übrigen traf sie eine Haftung nur für die Fälle einer Verletzung absoluter Rechte i.S.v. § 823 Abs. 1 BGB, die von der Rechtsprechung auf vorsätzliche und grob fahrlässige Falschbegutachtung beschränkt wurde.[694] Ob ein Sachverständiger beeidigt worden oder unbeeidigt geblieben ist, ist

430

---

691 BGBl I S. 2674.
692 Grundlegend zur Amtshaftung des Sachverständigen BGH NJW 1973, 554; vgl. Gesetzesbegründung BT-Drucks. 14/7752, S. 27 f. unter Hinweis auf OLG Düsseldorf NJW 1986, 2891.
693 OLG Hamm NJW-RR 1998, 1686.
694 BVerfGE 49, 304; OLG Schleswig NJW 1995, 791.

Mennemeyer/Hugemann

eine verfahrensrechtlich und strafrechtlich beachtliche Unterscheidung. Haftungsrechtlich war dies nach Ansicht des Gesetzgebers[695] indes kein geeignetes Differenzierungskriterium.

431 Der neu geschaffene Sondertatbestand des § 839a BGB ermöglicht demgegenüber eine einheitliche Lösung für alle gerichtlichen Sachverständigen (beeidigte und unbeeidigte). § 839a BGB weitet einerseits die deliktische Haftung aus, indem reine Vermögensschäden in den Schutzbereich einbezogen werden, die sonst nur durch spezielle Schutzgesetze und bei vorsätzlich-sittenwidrigem Handeln gegenüber Beeinträchtigungen abgeschirmt sind; andererseits beschränkt die Norm die Haftung des gerichtlichen Sachverständigen durchgehend auf Vorsatz und grobe Fahrlässigkeit.[696] Denn **als abschließender Sondertatbestand schließt die Regelung den Rückgriff auf die allgemeinen Deliktstatbestände** aus.[697] Dadurch sollte der Gefahr begegnet werden, dass dem Sachverständigen die innere Freiheit genommen wird, derer er bedarf, um sein Gutachten unabhängig und ohne Druck eines möglichen Rückgriffs erstatten zu können, zumal der öffentlich bestellte Sachverständige regelmäßig zur Erstattung des Gutachtens verpflichtet ist (§ 407 Abs. 1 ZPO).[698]

432 Der Tatbestand des § 839a BGB erfordert die wirksame **gerichtliche Ernennung** des Sachverständigen durch ein staatliches Gericht in einem konkreten gerichtlichen Verfahren gleich welcher Art.[699] Auf die Vereidigung des Sachverständigen kommt es aus den dargelegten Gründen nicht mehr an.

433 Weiter muss es zur **Erstattung eines unrichtigen Gutachtens** kommen, wobei die Form (schriftlich oder mündlich) unerheblich ist. Unzureichend sind allerdings die lediglich urkundliche Verwertung gem. § 411a ZPO in einem anderen Verfahren, in dem der Sachverständige nicht bestellt ist oder die Vernehmung als sachverständiger Zeuge.[700] Nur bei förmlicher Bestellung zum Sachverständigen und mündlicher Anhörung in dem anderen Verfahren liegt eine »Erstattung« eines Gutachtens vor.[701] Unrichtig ist ein Gutachten, wenn es von falschen Tatsachen ausgeht (z.B. infolge einer fehlerhaften oder unvollständigen Befunderhebung, unzureichender Aktenauswertung oder einseitiger Berücksichtigung streitigen Vorbringens), falls diese nicht vom Gericht vorgegeben sind.[702] Soweit es um die Bewertung der Tatsachen geht, muss sich der Sachverständige an den allgemein vertretenen

---

695 BT-Drucks. 14/7752, S. 28.
696 Katzenmeier in: Laufs/Katzenmeier/Lipp Kap. XII Rn. 46.
697 BT-Drucks. 14/7752, S. 28.
698 BT-Drucks. 14/7752, S. 28.
699 Palandt/Sprau § 839a Rn. 2.
700 Palandt/Sprau § 839a Rn. 3; Katzenmeier in: Laufs/Katzenmeier/Lipp Kap XII Rn. 49 m.w.N.; a.A. bzgl. § 411a ZPO: MünchKommBGB/Wagner § 839a Rn. 30.
701 Ebenso Kilian VersR 2003, 683.
702 Kramarz in: Prütting/Wegen/Weinreich § 839a Rn. 3.

Auffassungen orientieren und begründen, wenn er hiervon abweichen will. Nimmt der Sachverständige einen wissenschaftlich zumindest vertretbaren Standpunkt ein, ist das Gutachten in aller Regel schon nicht »unrichtig«, jedenfalls aber fehlt es am Verschulden.[703]

Der Sachverständige muss die Unrichtigkeit seines Gutachtens **vorsätzlich oder grob fahrlässig** herbeigeführt haben. Grobe Fahrlässigkeit erfordert nach der Rechtsprechung grundsätzlich eine Pflichtverletzung, die sowohl in objektiver als auch in subjektiver Hinsicht besonders schwer wiegt. Im Schrifttum wird allerdings erwogen, auf einen subjektiven Vorwurf zu verzichten und allein auf einen objektiv besonders schwerwiegenden Pflichtverstoß abzustellen, da § 839a BGB die Verletzung vertragsähnlicher Pflichten des Sachverständigen sanktioniert.[704]

434

Schließlich muss der Schaden durch eine auf der unrichtigen Begutachtung beruhende **gerichtliche Entscheidung** verursacht sein. Ausgeschlossen von der Ersatzpflicht sind somit Fälle anderweitiger Erledigung wie z.B., dass sich die Parteien unter dem Eindruck eines unrichtigen Gutachtens vergleichen.[705] Im Schrifttum wird erwogen, diesen Grundsatz auch auf sonstige Fälle der nichtstreitigen Erledigung des Verfahrens, etwa Klage- oder Rechtsmittelrücknahme, Anerkenntnis, Verzicht, Flucht in die Säumnis, zu übertragen.[706] Andererseits muss es sich nicht um Urteil handeln, sondern **auch Beschlüsse** sind gerichtliche Entscheidungen im Sinne von § 839a BGB.[707] Ausreichend ist also beispielsweise auch ein Zurückweisungsbeschluss nach § 522 Abs. 2 ZPO, wenn dieser erkennen lässt, dass die fehlenden Erfolgsaussichten der Berufung mit dem gerichtlichen Gutachten in Zusammenhang stehen. Die Entscheidung beruht auf dem unrichtigen Gutachten, wenn sie diesem zumindest teilweise folgt und die Möglichkeit nicht auszuschließen ist, dass sie ohne das Gutachten oder bei anderem Inhalt und Ergebnis weniger ungünstig für den betroffenen Verfahrensbeteiligten ausgefallen wäre, was sich in der Regel aus der Beweiswürdigung ersehen lässt.[708]

435

§ 839a BGB erfordert somit einen zweiaktigen Geschehensablauf, nämlich ein unrichtiges Gutachten, welches Eingang in eine unrichtige gerichtliche Entscheidung gefunden hat, die ihrerseits den Schaden herbeiführt.[709] Zum Schadensersatz berechtigt sind **Beteiligte des Verfahrens**, in dem das Gutachten eingeholt wurde. Dabei ist es allerdings zulässig und geboten, den Beteiligten-

436

---

703 Palandt/Sprau § 839a Rn. 3; Kramarz in: Prütting/Wegen/Weinreich § 839a Rn. 3.
704 Vgl. zum Streitstand MünchKommBGB/Wagner § 839a Rn. 18.
705 BT-Drucks. 14/7752, S. 28.
706 Staudinger/Wurm § 839a Rn. 19-21.
707 BGH NJW 2006, 1733.
708 Palandt/Sprau § 839a Rn. 4.
709 BGH NJW 2006, 1733, 1734.

Mennemeyer/Hugemann

begriff i.S. des § 839a BGB über eine formalisierte, streng prozessrechtliche Betrachtung hinaus zu erweitern und die Grundsätze zur drittschützenden Wirkung von Amtspflichten heranzuziehen.[710] **Ersatzfähig ist jeder adäquat verursachte Schaden,** soweit er in den Schutzbereich der verletzten Pflicht fällt,[711] insbesondere also auch nach dem Deliktsrecht grundsätzlich nicht geschützte Vermögensschäden. Sämtliche tatbestandlichen Voraussetzungen des § 839a Abs. 1 BGB stehen zur **Beweislast des Geschädigten.**

437 Gemäß § 839a Abs. 2 BGB findet § 839 Abs. 3 BGB entsprechende Anwendung. Die **Haftung** des Sachverständigen ist daher **ausgeschlossen, wenn die Einlegung eines Rechtsmittels gegen die gerichtliche Entscheidung schuldhaft versäumt wurde.** Rechtsmittel in diesem Sinne sind einerseits Rechtsbehelfe, die sich unmittelbar gegen das das fehlerhafte Gutachten richten und geeignet sind, dessen Auswirkungen auf die instanzbeendende Entscheidung zu verhindern (z.B. Gegenvorstellungen, Einwendungen gegen das Gutachten, Antrag auf mündliche Anhörung oder Einholung eines weiteren Gutachtens gem. §§ 411, 412 ZPO),[712] andererseits die im Instanzenzug vorgesehenen Rechtsbehelfe zur Korrektur der aufgrund des Gutachtens ergangenen gerichtlichen Entscheidung.[713] Die Voraussetzungen für den Haftungsausschluss nach §§ 839a Abs. 2, 839 Abs. 3 BGB stehen zur **Beweislast des Sachverständigen.**

438 Zwar ist der Sachverständige gemäß § 407a Abs. 2 ZPO nicht befugt, seinen Auftrag einem anderen zu übertragen, jedoch darf er sich der **Mitarbeit anderer Personen** bedienen, was in der Praxis insbesondere bei der Beauftragung vielbeschäftigter Gutachter in größeren Kliniken der Regel entspricht. Der Sachverständige übernimmt in diesen Fällen jedoch regelmäßig die volle inhaltliche Verantwortung für die Richtigkeit des Gutachtens. Mit Recht wird daher abgelehnt, in Fällen des Gehilfenversagens auf § 831 BGB zurückzugreifen.[714] Dagegen spricht bereits der nach dem Willen des Gesetzgebers abschließende Charakter der Regelung in § 839a BGB, der einen Rückgriff auf andere Deliktstatbestände wie § 831 BGB ausschließt.[715] Abgesehen davon obliegen dem Sachverständigen bereits nach § 839a BGB umfassende deliktische Schutzpflichten zugunsten der Interessen der Verfahrensbeteiligten, die die Fehlerfreiheit der Hilfstätigkeit durch sorgfältige Auswahl, Überwachung und Instruktion des Gehilfen sowie entsprechende Organisation seines Betriebs einschließen.[716]

---

710 BGH NJW 2006, 1733.
711 BGH NJW 2006, 1733, 1734.
712 BGH BauR 2007, 1774 = juris, Rn. 8.
713 BGH NJW-RR 2006, 1454 = juris, Rn. 11.
714 *MünchKommBGB*/Wagner § 839a Rn. 15 m.w.N.; a.A. Staudinger/Wurm § 839a Rn. 13.
715 BT-Drucks. 14/7752, S. 28.
716 OLG Zweibrücken VersR 2000, 605; MünchKommBGB/Wagner § 839a Rn. 15.

❗ Anspruch gegen den gerichtlichen Sachverständigen aus § 839a BGB erfordert...   **439**
- **Ernennung** durch staatliches Gericht in einem konkreten gerichtlichen Verfahren
- **Erstattung eines unrichtigen Gutachtens** (Verwertung nach § 411a ZPO genügt nicht)
- **Vorsatz oder grobe Fahrlässigkeit** (str., ob grobe Fahrlässigkeit auch in subjektiver Hinsicht schwerwiegende Pflichtverletzung erfordert)
- eine auf dem Gutachten beruhende **gerichtliche Entscheidung** (Urteil oder Beschluss)
- einen durch die Entscheidung adäquat verursachten **Schaden** (auch Vermögensschaden!), der in den Schutzbereich der verletzten Pflicht fällt
- **Beteiligung des Anspruchstellers** am Verfahren (weites Verständnis des Beteiligtenbegriffs)
- **Rechtsmittelerschöpfung** (Ausschöpfung aller Rechtsmittel gegen das Gutachten und gegen die instanzbeendende Entscheidung)

Beweislast für...
- sämtliche **tatbestandlichen Voraussetzungen** des § 839a Abs. 1 BGB ⇒ **Geschädigter**
- **Haftungsausschluss** nach §§ 839a Abs. 2, 839 Abs. 3 BGB ⇒ **Sachverständiger**

(2) Privatgutachten, Schlichtungsgutachten etc.

Auf **Privatgutachten, für Schlichtungsstellen erstattete und behördliche Gutachten** ist die Regelung des § 839a BGB nicht anwendbar.[717] Wird der Sachverständige außergerichtlich tätig, richten sich seine Rechte und Pflichten nach **Werkvertragsrecht (§§ 631 ff. BGB)**.[718] Für ein fehlerhaftes Gutachten haftet der Sachverständige in diesen Fällen daher bereits bei **einfacher Fahrlässigkeit (§ 276 BGB)** aus § 280 Abs. 1 BGB. Für etwaiges Verschulden seiner **Erfüllungsgehilfen** muss der Sachverständige gem. § 278 BGB einstehen.   **440**

c) Vertragliche Haftungsbeschränkungen

Die Haftung des Behandlers kann im Einzelfall vertraglichen Beschränkungen unterliegen. Insoweit ist zu unterscheiden zwischen Beschränkungen die einseitig durch Allgemeine Geschäftsbedingungen (AGB) vorgegeben werden und solchen, die individualvertraglich vereinbart werden.   **441**

---

717 Thole GesR 2006, 154, 156.
718 BGH NJW 2006, 2472.

aa) Allgemeine Geschäftsbedingungen

442 Ärztliche Behandlungsverträge können – wie jedes andere vertragliche Schuldverhältnis – durch AGB ausgefüllt werden. Voraussetzung ist, dass die AGB einer Kontrolle am Maßstab der §§ 305 ff. BGB standhalten. Von Bedeutung ist vor allem § 309 Nr. 7 BGB, wonach jedwede Haftungsfreizeichnung für den Fall der Verletzung von Leben, Körper und Gesundheit untersagt ist (lit. a) und für sonstige Schäden lediglich die Haftung für einfach fahrlässige Pflichtverletzungen ausgeschlossen werden kann (lit. b).[719] Die Vorschrift gilt für Verträge jeder Art und findet auf deliktische Ansprüche entsprechende Anwendung.[720] Da der Patient im Krankheits- oder Unglücksfall keine andere Wahl hat, als ärztliche Hilfe in Anspruch zu nehmen, kann ihm eine Beschränkung der Haftung auf grobe Fahrlässigkeit nicht zugemutet werden, zumal schon leichteste Fahrlässigkeit des Arztes für den Patienten unabsehbare Folgen haben kann.[721]

443 Unwirksam ist – zwar nicht nach § 309 Nr. 7b BGB, sondern nach § 307 BGB – eine Beschränkung der Haftung auf Vorsatz und grobe Fahrlässigkeit für Schäden, die bei der Reinigung, Desinfektion und Entsorgung eingebrachter Sachen während stationärer Behandlung entstehen; denn darin liegt eine unangemessene Risikoverteilung für den Patienten in den Fällen, in denen die Notwendigkeit der Reinigung vom Krankenhauspersonal verursacht wurde.[722]

444 Dem Haftungsgrund der unzureichenden Risikoaufklärung lässt sich nicht durch eine in AGB vorformulierte **Einwilligung in die Behandlung** begegnen. Denn hierdurch wird in das Selbstbestimmungsrecht des Patienten in einer Weise eingegriffen, die ihn entgegen den Geboten von Treu und Glauben unangemessen benachteiligt (§ 307 BGB).[723]

445 **Formularmäßige ärztliche Aufklärungsbögen** unterliegen ebenfalls einer Kontrolle nach §§ 305 ff. BGB.[724] Auch hier gilt, dass eine pauschale Bestätigung durch den Patienten, er sei umfassend und ordnungsgemäß aufgeklärt

---

719 BT-Drucks. 14/6040, S. 156.
720 Palandt/Grüneberg § 309 Rn. 40; Berger in: Prütting/Wegen/Weinreich § 309 Rn. 39.
721 So schon OLG Stuttgart NJW 1979, 2355; entgegen dem Wortlaut wurde unter Berücksichtigung der Richtlinie 93/13/EWG und der Entscheidung des Gerichtshofs der Europäischen Gemeinschaften vom 27.06.2000 (EuZW 2000, 506) bereits der frühere § 11 Nr. 7 AGBG so ausgelegt, dass bei Verbraucherverträgen jedwede Haftungsbegrenzung in Allgemeinen Geschäftsbedingungen für den Fall verschuldeter Körperschäden unwirksam war (vgl. BT-Drucks. 14/6040, S. 156).
722 BGH NJW 1990, 761.
723 Steffen/Pauge Rn. 20.
724 Gounalakis NJW 1990, 753; Palandt/Heinrichs § 305 Rn. 6; Staudinger/Coester § 307 Rn. 411.

Mennemeyer/Hugemann

worden, AGB-rechtlich keinen Bestand haben kann; denn darin liegt ein Verstoß gegen § 309 Nr. 12b BGB, da der Patient dadurch die für etwaige Haftungsprozesse wesentliche, beweispflichtige Tatsache der ordnungsgemäßen Aufklärung bestätigt.[725]

bb) Individualvertragliche Haftungsbeschränkung

Aber auch eine individualvertragliche Haftungsbeschränkung kommt **nur in wenigen Ausnahmefällen** in Betracht. Regelmäßig wird eine entsprechende Vereinbarung einer Prüfung am Maß der guten Sitten (§ 138 Abs. 1 BGB) und der Gebote von Treu und Glauben (§ 242 BGB) nicht standhalten. Denn die Berufshaftung soll die Möglichkeit einer Kontrolle über den Berufsausübenden gewährleisten, der dem daraus resultierenden Haftungsrisiko durch Abschluss einer Berufshaftpflichtversicherung[726] begegnet.[727] Der Patient ist demgegenüber in einer wesentlich schwächeren Position, weil er häufig auf die ärztliche Hilfe angewiesen ist und sich infolgedessen in einer Zwangslage befindet, deren Ausnutzung durch die Vereinbarung eines Haftungsausschlusses oder einer Haftungsbeschränkung in der Regel als sittenwidrig anzusehen ist.[728]   **446**

Im Umkehrschluss erscheint eine Haftungsbeschränkung dort möglich, wo es an einer solchen Zwangslage fehlt (z.B. bei medizinisch nicht indizierten elektiven Eingriffen, insbesondere kosmetischen Operationen), weil der organisch gesunde Patient durch den Haftungsausschluss nicht überwältigt wird.[729] Auch wenn es sich nicht um eine indizierte und übliche Therapie handelt, sondern um einen Therapieversuch, der möglicherweise als »letzter Ausweg« vorgenommen wird, wird der entsprechend informierte Patient – trotz der akuten Notsituation – durch eine Haftungsbeschränkung weder überrascht noch überwältigt.[730]   **447**

Wegen des absoluten Ausnahmecharakters und der hohen Anforderungen an Zustandekommen und Inhalt einer vertraglichen Beschränkung der Haftung des Arztes kann ein **konkludenter Haftungsausschluss** jedoch regelmäßig nicht angenommen werden.   **448**

An einem Verstoß des Arztes gegen die guten Sitten kann es fehlen, wenn nicht er, sondern der (voll geschäftsfähige) Patient von sich aus eine Haftungsfreistellung anbietet, weil er etwa eine bestimmte, von dem Arzt verweigerte Behandlungsmethode wünscht. So hat das OLG Saarbrücken in   **449**

---

725 Staudinger/Coester § 307 Rn. 411; Palandt/Grüneberg § 307 Rn. 121; a.A. Gounalakis NJW 1990, 752.
726 Vgl. dazu unten Rdn. # ff. (Kapitel 2 B II »Berufshaftpflichtversicherung«).
727 Deutsch NJW 1983, 1351, 1352.
728 Laufs/Kern in: Laufs/Kern § 93 Rn. 26.
729 Deutsch NJW 1983, 1351, 1353.
730 Deutsch NJW 1983, 1351, 1353.

einem Fall den vereinbarten Haftungsausschluss als wirksam angesehen, in dem ein medizinisch vorgebildeter Patient (Veterinärmediziner) aus Sorge vor einer Gasbrandinfektion den behandelnden Arzt zu einer von diesem mangels Indikation abgelehnten Fingeramputation gedrängt hatte.[731] Damit diente der Haftungsverzicht nicht dem Zweck, den Arzt gegen die Folgen eines vom ihm als indiziert und notwendig erachteten Eingriffs abzusichern, sondern dazu, ihn vor Nachteilen zu bewahren, die aus einer von ihm nicht befürworteten Operation resultierten.

Haftungsbeschränkungen	
durch AGB	**individualvertraglich**
– für den Fall der Verletzung von Leben, Körper und Gesundheit generell (-) – für sonstige Schäden nur Ausschluss für einfache Fahrlässigkeit möglich – für Schäden bei der Reinigung, Desinfektion und Entsorgung eingebrachter Sachen während stationärer Behandlung generell (-) – keine vorformulierte Einwilligung in die Behandlung	– nur in Ausnahmefällen – keine Ausnutzung einer Zwangslage des Patienten – strenge Prüfung am Maß der guten Sitten und der Gebote von Treu und Glauben – konkludenter Haftungsausschluss generell (-) – denkbar, wo der Patient von sich aus Haftungsfreistellung anbietet

d) Verwandtenbehandlung

450   Die Behandlung von Verwandten kann besondere Rechtsfragen aufwerfen. Anders als bei der Gratisbehandlung von Kollegen[732] wird es sich hier häufig um eine reine Gefälligkeit handeln bzw. bei der Behandlung naher Verwandter auch um die Erfüllung familiärer Fürsorgepflichten (§§ 1353 Abs. 1 S. 2, 1631 Abs. 1 BGB), mit der Folge, dass es an einer vertraglichen Vereinbarung fehlt. Außerhalb vertraglicher Beziehungen haftet der Arzt bei der Behandlung seines Ehegatten (§ 1359 BGB) und seiner Kinder (§ 1664 Abs. 1 BGB) indes nur für die **eigenübliche Sorgfalt** (diligentia quam in suis, § 277 BGB).[733] Dieses Haftungsprivileg gilt– jedenfalls außerhalb des Verkehrsrechts – auch für deliktische Ansprüche, die aus einer Körperverletzung resultieren.[734] Die Haftung des Arztes für Behandlungsfehler kann in diesen Fällen daher auf grobe Fahrlässigkeit und Vorsatz beschränkt sein.

---

731 OLG Saarbrücken NJW 1999, 871, 872; zustimmend Laufs/Kern in: Laufs/Kern § 93 Rn. 27.
732 Dazu oben Rdn. 348.
733 Deutsch/Spickhoff Rn. 104.
734 Palandt/Brudermüller § 1359 Rn. 2; Palandt/Diederichsen § 1664 Rn. 4.

Kommt es im Rahmen einer ohne vorherigen Abschluss eines Behandlungs- **451** vertrages vorgenommenen Behandlung zu einer leicht fahrlässigen Schädigung des Ehegatten oder Kindes, besteht demnach auch keine Eintrittspflicht des Haftpflichtversicherers. Will der Arzt daher das Bestehen von Versicherungsschutz auch für den Fall sicherstellen, dass es im Rahmen der Behandlung infolge leichter Fahrlässigkeit zu einer Schädigung des Ehegatten oder Kindes kommt, sollte er vor Behandlungsbeginn einen Behandlungsvertrag mit dem Ehegatten schließen (bei der Behandlung des Kindes als Vertrag zugunsten Dritter[735]).

Auch unter einem weiteren Gesichtspunkt kann die Verwandtenbehandlung **452** versicherungsrechtliche Probleme aufwerfen, da die von den privaten Krankenversicherern gängigerweise verwendete Ausschlussklausel, nach der für die Behandlung durch Ehegatten, Eltern oder Kinder keine Leistungspflicht besteht (§ 5 Abs. 1 lit. g MB/KK), wirksam ist.[736] Selbst wenn daher im Einzelfall der wirksame Abschluss eines Behandlungsvertrags angenommen werden kann, gibt es **keinen Anspruch auf Erstattung** etwaiger an den Behandler **entrichteter Honorare durch den privaten Krankenversicherer.** Der Versicherungsnehmer muss die Rechnung des behandelnden Angehörigen dann aus eigenen Mitteln begleichen oder diesen zum Honorarverzicht bewegen.[737]

e) Haftung bei Arbeitsteilung

Das Prinzip der Arbeitsteilung ist aus der modernen Medizin praktisch **453** nicht wegzudenken. Es spielt jedoch im Bereich der Krankenhaushaftung eine wesentlich größere Rolle, als bei der Untersuchung der Haftung des

---

735 Siehe oben Rdn. 349.
736 BGH VersR 2001, 576; Kalis in: Bach/Moser § 5 MB/KK Rn. 29.
737 BGH VersR 2001, 576.

niedergelassenen Arztes. Die mit der Arbeitsteilung in Verbindung stehenden Rechtsfragen werden daher wegen der größeren Sachnähe im Rahmen der Krankenhaushaftung erörtert.[738] Sie gelten jedoch für die Haftung der niedergelassenen Ärzte entsprechend.

454

> **!** – Die Haftungsmaßstäbe für gerichtliche und privatrechtlich tätige Sachverständige divergieren: Während der gerichtliche Sachverständige nur für Vorsatz und grobe Fahrlässigkeit einzustehen hat (§ 839a BGB), haftet der Privatgutachter werkvertraglich auch für einfach fahrlässige Fehler (§ 276 BGB) aus § 280 Abs. 1 BGB, und zwar auch für etwaige Erfüllungsgehilfen (§ 278 BGB).
> – Eine vertragliche Haftungsbeschränkung für Körper- und Gesundheitsschäden durch AGB ist ausgeschlossen; individualvertraglich vereinbarte Haftungsbeschränkungen kommen nur im absoluten Ausnahmefall in Betracht, wenn sichergestellt ist, dass der Patient durch die Vereinbarung weder überrascht noch überwältigt wird, insbesondere keine sitten- bzw. treuwidrige Ausnutzung einer Zwangslage vorliegt (§§ 138, 242 BGB).
> – Die Behandlung von nahen Verwandten wirft sowohl haftungsrechtliche als auch versicherungsrechtliche Probleme auf, weil der Arzt bei Fehlen eines Behandlungsvertrages lediglich für die eigenübliche Sorgfalt (§ 277 BGB) einzustehen hat und die private Krankenversicherung die Kosten einer solchen Behandlung in aller Regel wegen eines wirksamen vertraglichen Leistungsausschlusses nicht trägt.

f) Verlust des Honoraranspruchs

455 Nach wie vor in der Diskussion befindet sich die Frage, ob und gegebenenfalls unter welchen Voraussetzungen ein Verlust des ärztlichen Honoraranspruchs in Betracht kommen kann. Maßgeblich ist zunächst danach zu differenzieren, ob es sich bei dem Behandlungsvertrag – wie meist – um einen Dienstvertrag handelt oder ob ausnahmsweise Werkvertragsrecht Anwendung findet.[739]

aa) Werkvertrag

456 Soweit ausnahmsweise Werkvertragsrecht anzuwenden ist,[740] schuldet der Arzt den Erfolg seiner Bemühungen, also etwa die Brauchbarkeit der zu erstellenden Röntgenbilder. In diesen Fällen setzt die Fälligkeit der ärztlichen Vergütung nach § 641 BGB die Abnahme des Werkes voraus, zu der

---

738 Siehe unten Rdn. 818 ff.
739 Zur Rechtsnatur des Behandlungsvertrages siehe oben Rdn. 378 ff.
740 Diskutiert wir dies etwa im Bereich der sog. wunscherfüllenden Medizin, vgl. Eberbach MedR 2008, 325, 334 f. sowie Mennemeyer, Haftung ohne Grenzen?, in Tagungsband XXII. Kölner Symposium der AG Rechtsanwälte im Medizinrecht.

der Patient nur bei vertragsgemäßer Herstellung des Werkes verpflichtet ist (§ 640 BGB). Solange es hieran fehlt, hat der Behandler keinen durchsetzbaren Honoraranspruch. Außerdem stehen dem Patienten die werkvertraglichen Gewährleistungsrechte der §§ 634 ff. BGB zu.

bb) Dienstvertrag

Ist der Behandlungsvertrag hingegen als Dienstvertrag zu qualifizieren, so ist ein Erfolg der ärztlichen Bemühungen nicht geschuldet. Der Vergütungsanspruch des Arztes wird daher grundsätzlich nicht dadurch berührt, dass die Behandlung ohne sein Verschulden keine Besserung bewirkt, der erwartete Erfolg ausbleibt[741] oder sich Risiken verwirklichen.[742] Der Arzt verdient seinen Honoraranspruch – wie jeder Dienstverpflichtete – bereits durch sein Tätigwerden als solches.[743] Ein Verlust des Honoraranspruchs kommt jedoch in Betracht, wenn dem Arzt ein Behandlungs- oder Aufklärungsfehler unterläuft. Uneinigkeit besteht allerdings bezüglich der rechtlichen Herleitung des Anspruchsverlustes und seiner tatsächlichen Voraussetzungen,[744] wobei in der Rechtsprechung mitunter die Auffassung vertreten wird, dass im Blick auf die vermeintliche Einigkeit in Bezug auf das Ergebnis der dogmatische Ansatz dahinstehen könne.[745] Die nachstehenden Ausführungen werden allerdings zeigen, dass dieser Ansicht nicht gefolgt werden kann. Tatsächlich lässt sich ein Verlust des Honoraranspruchs nur in wenigen Ausnahmefällen dogmatisch sauber begründen.

457

(1) Einrede des nichterfüllten Vertrages

Teilweise wird erwogen, dem Patienten bei schuldhaften Behandlungsfehlern die (dauerhafte) Einrede des nicht erfüllten Vertrages nach § 320 BGB an die Hand zu geben, wenn die Schlechtleistung einer Nichterfüllung des Behandlungsvertrages gleichgesetzt werden könne.[746] Richtig ist, dass der Dienstvertrag den Arzt verpflichtet, eine dem jeweiligen fachärztlichen Standard entsprechende Behandlung zu erbringen[747] und dass der Dienstberechtigte nur an einer sorgfältigen Leistung interessiert ist. Die Nichteinhaltung des gebotenen Sorgfaltsmaßstabs macht die Behandlung fehlerhaft. Gleichwohl kann die Schlechterfüllung der Nichterfüllung nicht gleichgesetzt werden und daher dem Dienstberechtigten kein Recht zur Leistungs-

458

---

741 OLG Nürnberg MDR 2008, 554.
742 Kern in: Laufs/Kern, § 75 Rn. 18.
743 OLG Frankfurt a.M., Urt. v. 22.04.2010 – 22 U 153/08 – veröffentlicht bei juris, Rn. 26.
744 Zum Streitstand in der Rechtsprechung umfassend Martis/Winkhart Rn. R 9 ff.
745 So etwa OLG Hamm, Urt. v. 02.11.2005 – 3 U 290/04 – veröffentlicht bei juris, Rn. 13; OLG Saarbrücken OLGR 2000, 401 und OLG Zweibrücken OLGR 2002, 170.
746 So Kern in: Laufs/Kern, § 75 Rn. 18; Roth VersR 1979, 494, 496.
747 Siehe oben Rdn. 337.

verweigerung geben. Solange der Arzt nicht gänzlich untätig bleibt, kann schon begrifflich schwerlich von einer Nichterfüllung gesprochen werden.[748] Dass die Schlechterfüllung den Vergütungsanspruch nicht berührt, hat der BGH zum Anwaltsvertrag bereits entschieden.[749] Für den Arztvertrag kann nach zutreffender Ansicht[750] nichts anderes gelten. Die Vorschrift des § 320 BGB bezweckt, den Schuldner durch das dem Gläubiger an die Hand gegebene Druckmittel des Zurückbehaltungsrechts zur Leistungserbringung anzuhalten. Das Zurückbehaltungsrecht setzt daher die Erfüllbarkeit voraus, an der es in Fällen der schuldhaften Fehlbehandlung fehlen kann, wo ein Revisionseingriff medizinisch nicht möglich ist. Selbst wenn aber der Anspruch erfüllbar ist, wird der fehlerhaft therapierte Patient regelmäßig kein Interesse mehr an der Weiterbehandlung durch denselben Arzt haben, weil er durch dessen fehlerhaftes Vorgehen das Vertrauen in seine Fertigkeiten verloren hat; tatsächlich ist er zumeist lediglich nicht willens, für diese fehlerhafte Behandlung zu bezahlen.[751]

(2) Unzulässige Rechtsausübung

459   Nach anderer Ansicht soll der Honoraranspruch nur bei besonders groben, in der Regel vorsätzlichen und strafbaren Pflichtverletzungen entfallen, weil in solchen Fällen die Geltendmachung des Honorars als unzulässige Rechtsausübung anzusehen sei, so dass ihr § 242 BGB entgegenstehe.[752] Für den Anwaltsvertrag hat der BGH wiederholt entschieden, dass nur der bewusste Verstoß gegen grundlegende anwaltliche Pflichten, wie etwa das Verbot der Vertretung widerstreitender Interessen, der Tätigkeit den Wert einer anwaltlichen Leistung nimmt, wohingegen selbst in Fällen grober Fahrlässigkeit noch eine anwaltliche Leistung verbleiben kann, die grundsätzlich zu vergüten ist.[753] Begründet hat der BGH dieses Ergebnis mit der Heranziehung des Rechtsgedankens des § 654 BGB,[754] also mit einer gesetzgeberischen Wertung. An einer vergleichbaren gesetzlichen Regelung, deren Rechtsgedanke für die Verwirkung des ärztlichen Honoraranspruchs fruchtbar gemacht werden könnte, fehlt es allerdings. Bewusste Pflichtverletzungen dürften zudem im Arzthaftpflichtrecht die absolute Ausnahme bilden. In aller Regel wird man davon ausgehen können, dass der dem hippokratischen Eid verpflichtete Behandler nicht wissentlich vom fachärztlichen Standard abweicht und

---

748 Schütz/Dopheide VersR 2006, 1431, 1432.
749 BGH NJW 2004, 2817.
750 OLG Köln MedR 1994, 198; Palandt/Weidenkaff, § 611 Rn. 16; Jaspersen VersR 1992, 1431, 1432; Schütz/Dopheide VersR 2006, 1431, 1432; zweifelnd auch Kramer MDR 1998, 324, 325.
751 Schütz/Dopheide VersR 2006, 1431, 1432.
752 OLG Nürnberg MDR 2008, 554 und NJW-RR 2004, 1543.
753 Grundlegend BGH NJW 1981, 1211, 1212; bestätigt in BGH NJW 2004, 2817.
754 Danach verliert der Makler den Anspruch auf den Mäklerlohn, wenn er dem Inhalt des Vertrages zuwider auch für den anderen Teil tätig geworden ist .

dadurch die Gesundheit seines Patienten gefährdet. Für andere Bereiche des Dienstvertrages hat der BGH ausgeführt, dass es »allenfalls in besonders kraß liegenden Fällen, in denen sich der Dienstverpflichtete gegenüber dem anderen Teil grob unanständig verhalten hat, (...) gerechtfertigt sein [kann], dem Vergütungsanspruch den Arglisteinwand entgegenzuhalten«.[755] Auch dieser Ansatz wird sich nur in wenigen Ausnahmefällen auf ärztliche Behandlungsverhältnisse übertragen lassen.

Letztlich wird man **nur im jeweiligen Einzelfall** beurteilen können, ob die ärztliche Pflichtverletzung eine Schwere erreicht, die ausnahmsweise eine Verwirkung des Honoraranspruchs nach Treu und Glauben rechtfertigen kann.[756] Allenfalls **in Extremfällen** wird es gerechtfertigt sein, dem ärztlichen Vergütungsanspruch den Arglisteinwand entgegenzuhalten.[757] Allerdings macht die Berufung auf § 242 BGB das Prozessergebnis auch für den forensisch erfahrenen Patientenanwalt kaum kalkulierbar. Erfordert bereits die Feststellung eines groben Behandlungsfehlers ein ärztliches Vorgehen, das aus objektiver Sicht nicht mehr verständlich erscheint, weil eine derartige Fehlleistung einem Arzt schlechterdings nicht unterlaufen darf,[758] stellt sich nämlich die Frage, wie – außerhalb der Vorsatzfälle – die notwendige Steigerung im Sinne einer »besonders groben« Pflichtverletzung zu definieren wäre.

460

(3) § 628 Abs. 1 S. 2 BGB

Vielfach wird der Wegfall des Vergütungsanspruchs über eine unmittelbare oder entsprechende Anwendung des § 628 Abs. 1 Satz 2 BGB begründet.[759] Der BGH hat bereits in einer Entscheidung aus dem Jahr 1974 die Inanspruchnahme eines anderen Arztes bei nicht abgeschlossener (zahnärztlicher) Behandlung als konkludente Kündigung des ursprünglichen Behandlungsvertrages gewertet und gem. § 628 Abs. 1 Satz 2 BGB für maßgeblich erachtet, ob der Erstbehandler den Patienten durch vertragswidriges Verhalten zur Kündigung veranlasst habe und ob seine bisherigen Leistungen für diesen infolge der Kündigung kein Interesse haben.[760] Diesen möglichen Lösungsansatz hat der BGH mit Urteil vom 29.03.2011 bestätigt.[761] § 627

461

755 BGH NJW-RR 1988, 353 zum Verstoß eines ausgeschiedenen GmbH-Geschäftsführers gegen eine dienstvertragliche Wettbewerbsschutzklausel.
756 OLG Frankfurt a.M., Urt. v. 22.04.2010 – 22 U 153/08 – veröffentlicht bei juris, Rn. 21.
757 Jaspersen VersR 1992, 1431, 1433.
758 BGH NJW 2009, 2820, 2822; VersR 2001, 1116, 1117.
759 OLG Naumburg NJW-RR 2008, 1056, 1057; OLG Koblenz NJW-RR 2008, 269; OLG Hamburg OLGR 2006, 128; OLG Brandenburg NJW-RR 2001, 137; Kramer MDR 1998, 324, 326; Schütz/Dopheide VersR 2006, 1440 unter III. a) aa).
760 BGH NJW 1975, 305, 307.
761 BGH MDR 2011, 724.

Abs. 1 BGB berechtigt den Patienten einen Behandlungsvertrag als ein auf die Erbringung von Diensten höherer Art gerichtetes Vertrauensverhältnis jederzeit außerordentlich zu kündigen,[762] mit der Folge, dass er grundsätzlich nur die bis dahin erbrachten Dienstleistungen bezahlen muss (§ 628 Abs. 1 S. 1 BGB). Eine im Voraus für einen späteren, nach der Kündigung liegenden Zeitpunkt entrichtete Vergütung hat der Arzt nach § 628 Abs. 1 S. 3 BGB zurückzuerstatten. Nach § 628 Abs. 1 S. 2 BGB ist der Patient zur Zahlung einer auch nur anteiligen Vergütung für die bereits erbrachten Leistungen allerdings dann nicht verpflichtet, wenn der Arzt durch vertragswidriges Verhalten die Kündigung veranlasst hat und die bisherigen Leistungen des Arztes infolge der Kündigung für den Patienten ohne Interesse sind. Die Darlegungs- und Beweislast hierfür trifft den Patienten, weil er sich gegenüber der grundsätzlichen Vergütungspflicht des § 628 Abs. 1 Satz 1 BGB auf eine Ausnahme beruft.[763] Die Anwendung von § 628 Abs. 1 Satz 2 BGB kann vor allem in den Fällen der auf eine zahnprothetische Versorgung gerichteten Behandlungsverträge zu befriedigenden Ergebnissen führen,[764] sie bietet jedoch keine umfassende Lösung. Denn die Anwendbarkeit verlangt ein noch nicht beendetes Dienstleistungsverhältnis, weshalb die Behandlung weder endgültig fehlgeschlagen sein noch der Dienstverpflichtete seine vertragliche Leistungspflicht vollständig erfüllt haben darf, weil anderenfalls der Vertrag beendet ist und eine Kündigung nicht mehr in Betracht kommt.[765] § 628 Abs. 1 S. 2 BGB regelt allein die Rechtsfolgen der vorzeitigen Beendigung eines Dienstverhältnisses mit zeitabschnittsweiser Vergütung im Hinblick auf die dadurch bedingte Teil- oder Nichterfüllung der Dienstleistung, nicht jedoch deren Schlechterfüllung.[766]

462 War das Dienstverhältnis unbeendet, so können im Einzelfall auch die weiteren tatbestandlichen Voraussetzungen des § 628 Abs. 1 S. 2 BGB problematisch sein, namentlich das Vorliegen einer **durch das vertragswidrige Verhalten des Behandlers veranlassten Kündigung** des Behandlungsvertrages.[767] Die Kündigung wird der unzufriedene Patient meist schlüssig durch den Abbruch der Behandlung erklären, indem er weitere Behandlungstermine nicht wahrnimmt oder die Weiterbehandlung einem anderen Arzt überlässt.[768]

---

762 Siehe oben Rdn. 379 (A. I. 4. a) gg)).
763 BGH MDR 211, 724, Rn. 12.
764 Vgl. dazu Schellenberg VersR 2007, 1343 ff.; Jaspersen VersR 1992, 1431, 1432.
765 Jaspersen VersR 1992, 1431, 1432.
766 OLG Frankfurt a.M., Urt. v. 22.04.2010 – 22 U 153/08 – veröffentlicht bei juris, Rn. 23; OLG Zweibrücken OLGR 2002, 170; OLG Düsseldorf VersR 1985, 456.
767 Vgl. OLG Frankfurt a.M., Urt. v. 22.04.2010 – 22 U 153/08 – veröffentlicht bei juris, Rn. 26.
768 Schellenberg VersR 2007, 1343, 1346.

Nach **bislang h.M.**[769] sollte das Tatbestandsmerkmal »veranlassen« einschränkend dahin zu verstehen sein, dass auch bei Diensten höherer Art der Dienstverpflichtete Veranlassung zur **Kündigung nur** dann gegeben hat, wenn die Kündigung auf schuldhaften Vertragsverstößen beruht, die so schwer wiegen, dass der Vertrag, wenn er auf normale Dienste gerichtet gewesen wäre, gem. § 626 BGB fristlos **aus wichtigem Grund** hätte gekündigt werden können. Begründet wurde dies damit, dass ein anderweitiges Verständnis des Tatbestandsmerkmals ohne sachlichen Grund die zur Leistung von Diensten höherer Art Verpflichteten erheblich schlechter stellen würde, als sonstige Dienstleister einfacher Art, weil erstere bereits bei einfachen Pflichtverletzungen einen vollständigen Verlust ihrer Vergütung erleiden könnten. Der Patient sollte sich daher gegenüber dem Arzt nur dann auf § 628 Abs. 1 S. 2 BGB berufen können, wenn diesem ein ausreichend schwerwiegender schuldhafter Vertragsverstoß anzulasten ist.[770] Nicht ausreichend sollte daher in aller Regel die bloße Verletzung vertraglicher Nebenpflichten sein, solange diese nicht vorsätzlich erfolgt.[771] Unter Berücksichtigung der Interessen beider Vertragsparteien sowie aller Umstände des Einzelfalls sei zu prüfen, ob dem Patienten die Fortsetzung des Behandlungsverhältnisses zumutbar gewesen wäre; bejahendenfalls scheide ein Verlust des ärztlichen Honoraranspruchs nach § 628 Abs. 1 Satz 2 BGB aus.[772] Vereinzelt ist vertreten worden, dass dies zur Folge haben müsse, dass auch die Kündigungsfrist des § 626 Abs. 2 BGB eingehalten werden müsse.[773]

Der BGH ist dem nicht in allen Punkten gefolgt.[774] Zwar hält auch er ein **463** schuldhaft vertragswidriges Verhalten des Arztes für notwendig, jedoch müsse dieses **weder schwerwiegend noch** als **wichtiger Grund** im Sinne des § 626 Abs. 1 BGB anzusehen sein. »Eine solche Beschränkung auf vertragswidriges Verhalten, das dem Kündigenden unter Berücksichtigung aller Umstände des Einzelfalles und unter Abwägung der Interessen beider Vertragsteile die Fortsetzung des Dienstverhältnisses unzumutbar macht, ist für Kündigungen eines ärztlichen Behandlungsvertrages, der im Regelfall durch ein besonderes Vertrauensverhältnis geprägt wird, nicht gerechtfertigt. Entsprechende Einschränkungen ergeben sich weder aus dem Wortlaut

---

769 OLG Frankfurt a.M., Urt. v. 22.04.2010 – 22 U 153/08 – veröffentlicht bei juris, Rn. 23; OLG Schleswig OLGR 2008, 232, 233; OLG Düsseldorf OLGR 2007, 325; OLG Koblenz OLGR 2005, 686, 688; OLG Brandenburg NJW-RR 2001, 137; Palandt/Weidenkaff § 628 Rn. 4; MünchKomm-BGB/Henssler § 628 Rn. 17; Schellenberg VersR 2007, 1343, 1346.
770 OLG Frankfurt a.M., Urt. v. 22.04.2010 – 22 U 153/08 – veröffentlicht bei juris, Rn. 23.
771 Schellenberg VersR 2007, 1343, 1346; zu den Nebenpflichten des Arztes siehe oben Rdn. 365 ff.
772 Schellenberg VersR 2007, 1343, 1346.
773 OLG Koblenz OLGR 2005, 686, 688.
774 BGH MDR 2011, 724, Rn. 14.

Mennemeyer/Hugemann

des § 628 Abs. 1 Satz 2 Fall 2 BGB noch aus seiner Entstehungsgeschichte«. **Gleichwohl** gebiete das aus § 242 BGB folgende Übermaßverbot, dass **nicht jeder geringfügige Vertragsverstoß** des Arztes den Entgeltanspruch entfallen lasse, wobei auf das Verhalten abzustellen sei, auf das die Kündigung gestützt wurde.

Ferner muss die Kündigung gerade wegen des vertragswidrigen Verhaltens und nicht etwa lediglich wegen des ausgebliebenen Erfolges erklärt werden, dem Patienten muss also bewusst sein, dass dem Arzt ein Behandlungsfehler anzulasten ist. Erlangt der Patient erst später von der Vertragswidrigkeit Kenntnis, fehlt es daher an der notwendigen **Kausalität.**[775]

464 Schließlich führt § 628 Abs. 1 S. 2 BGB **nur insoweit** zu einem **Wegfall des Honoraranspruchs, als die bis zur Kündigung erbrachten ärztlichen Leistungen** infolge der Kündigung **für den Patienten kein Interesse haben.** Aus den oben dargelegten Gründen bezieht sich der überwiegende Teil der hierzu ergangenen Rechtsprechung auf zahnprothetische Behandlungen.[776] Insoweit kommt es darauf an, ob und ggf. in welchem Umfang die von dem Erstbehandler erbrachten Leistungen verwertbar sind (z.B. Implantate oder Teile der darauf aufbauenden Suprakonstruktion) bzw. von Wert (z.B. die vorbereitende Extraktion nicht erhaltenswerter Zähne[777]) sind. Wird eine zahnprothetische Versorgung über mehrere Jahre in unveränderter Form getragen, kann dies gegen das fehlende Interesse an der erbrachten Leistung sprechen.[778] Es genügt zum einen nicht, dass die Leistung objektiv wertlos ist, wenn der Dienstberechtigte sie gleichwohl nutzt, zum anderen aber auch nicht, dass der Dienstberechtigte sie nicht nutzt, obwohl er sie wirtschaftlich verwerten könnte.[779]

465 Als Ergebnis lässt sich daher festhalten, dass die §§ 627, 628 BGB im Hinblick auf den Honoraranspruch nur dann weiterführen, wenn noch während der laufenden Behandlung ein nicht nur geringfügig fehlerhaftes Vorgehen des Arztes vorliegt, das der Patient berechtigterweise zum Anlass nimmt, den Behandlungsvertrag zu kündigen[780] und dass die bereits erbrachten Leistungen für den Patienten unbrauchbar und ohne Wert sind. Grafisch lässt sich dies anhand des folgenden Prüfungsschemas veranschaulichen:

---

775 MünchKomm-BGB/Henssler § 628 Rn. 16.
776 Vgl. nur BGH MDR 2011, 724; OLG Hamburg OLGR 2006, 128, 130; OLG Naumburg NJW-RR 2008, 1056, 1057 sowie die umfassenden Nachweise bei Martis/Winkhart Rn. R 11 und Geiß/Greiner Kapitel A Rn. 96.
777 Schellenberg VersR 2007, 1343 unter V. 5.
778 OLG Naumburg NJW-RR 2008, 1056, 1057; anders allerdings OLG Oldenburg MDR 2008, 553, das (unter Offenlassung der Aspruchsgrundlage – § 280 BGB oder § 628 Abs. 1 BGB) allein auf die medizinische Notwendigkeit einer Neuerstellung des Sahnersatzes abgestellt hat.
779 BGH MDR 2011, 724, Rn. 18.
780 Schütz/Dopheide VersR 2006, 1440 unter III. a) aa).

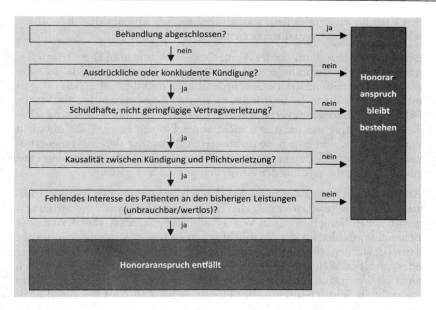

(4) Positive Vertragsverletzung/Deliktsrecht

Liegt ein vertragswidriges Verhalten des Arztes vor, so kann dieses aber **466** nicht nur unter den vorgenannten Voraussetzungen zur Kündigung des Dienstvertrages berechtigen, sondern darüber hinaus nach den allgemeinen Grundsätzen **vertragliche Schadenersatzansprüche nach § 280 Abs. 1 BGB** auslösen. Fraglich ist allerdings, ob und gegebenenfalls unter welchen Voraussetzungen diese Ersatzansprüche auf eine Befreiung von dem ärztlichen Honoraranspruch gerichtet sein können. Grundsätzlich begründet die vom Schuldner zu vertretende Pflichtverletzung für den anderen Teil einen Schadensersatzanspruch, der sich auf alle unmittelbaren und mittelbaren Nachteile des schädigenden Verhaltens erstreckt.[781] Der infolge des Vertrauensverlustes in der Regel nicht an einer Naturalrestitution gemäß § 249 Abs. 1 BGB interessierte Patient kann gem. § 249 Abs. 2 BGB das wirtschaftliche Interesse an einer störungsfreien Leistung ersetzt verlangen; an die Stelle der Leistung tritt ihr subjektiver Wert: Schadensersatz wegen Nicht- bzw. Schlechterfüllung.[782] Der zu gewährende Schadensersatz richtet sich nach der Differenzhypothese. Maßgeblich für das zu ersetzende Interesse ist daher ein Vergleich der infolge des haftungsbegründenden Ereignisses eingetretenen Vermögenslage mit derjenigen, die ohne jenes Ereignis gegeben wäre; es ist also nicht der Zustand vor und nach dem schädigen-

---

781 Palandt/Grüneberg § 280 Rn. 32.
782 Jaspersen VersR 1992, 1431, 1433 f.

Mennemeyer/Hugemann

den Ereignis zu vergleichen, sondern der tatsächliche mit dem hypothetischen.[783] Insoweit ist zu differenzieren:

467 Besteht der Behandlungsfehler darin, dass – z.b. aufgrund eines Diagnosefehlers – eine **nicht indizierte Behandlung** durchgeführt wurde, so wäre diese bei Vermeidung des Fehlers unterblieben und die vertragliche Vergütungsschuld wäre nicht begründet worden.[784] Entsprechendes gilt in den Fällen des **Übernahmeverschuldens**, weil der Arzt ohne dieses den Behandlungsvertrag gar nicht erst nicht abgeschlossen hätte.[785] Da die nicht indizierte bzw. von einem unqualifizierten Behandler vorgenommene Behandlung regelmäßig nicht mit ausgleichspflichtigen Vorteilen für den Patienten einher geht, **entfällt der Anspruch auf die Vergütung.**

468 Anders ist die Rechtslage indes bei **Fehlschlagen einer medizinisch indizierten Behandlung,** weil hier der Honoraranspruch auch bei ordnungsgemäßer Erfüllung bereits mit Vertragsschluss entstanden wäre, so dass der Behandlungsfehler für die Verpflichtung zur Honorarzahlung schon nicht kausal geworden ist.[786] Der Unterschied liegt hier in einer Verschlechterung oder ausbleibenden Besserung des Gesundheitszustandes, die sich jedoch nicht als Vermögensschaden im Sinne der Differenzhypothese und schon gar nicht als Schaden in Höhe der Honorarschuld ansehen lässt, weil nicht das Vermögen, sondern das Wohlbefinden des Patienten betroffen ist.[787] Für diesen immateriellen Schaden sieht das Gesetz eine Kompensation jedoch allein in Gestalt des Schmerzensgeldanspruchs nach § 253 Abs. 2 BGB vor.

469 Soweit teilweise vertreten wird, die Belastung mit der Honorarforderung sei deshalb als erstattungsfähiger Vermögensschaden anzusehen, weil ihr bei einem Behandlungsnichterfolg nicht das erstrebte Äquivalent gegenübersteht,[788] begegnet auch dies durchgreifenden Bedenken. Der erstrebte Behandlungserfolg stellt nämlich generell keinen der Honorarschuld vergleichbaren Vorteil dar; ihm kommt aus den dargelegten Gründen vielmehr nur ein immaterieller Wert zu.[789] Die gegenteilige Auffassung hätte zur Folge, dass der Arzt letztlich doch noch für den Erfolg der Behandlung einzustehen hätte, weil er anderenfalls bei dessen Ausbleiben regelmäßig seinen Honoraranspruch verlieren würde. Die Anerkennung des Honorars

---

783 Jaspersen VersR 1992, 1431,1434.
784 Teumer VersR 2009, 333, 336; Jaspersen VersR 1992, 1431, 1434; Schütz/Dopheide VersR 2006, 1440, 1443.
785 Jaspersen VersR 1992, 1431,1434.
786 OLG Frankfurt a.M., Urt. v. 22.04.2010 – 22 U 153/08 – veröffentlicht bei juris, Rn. 30; Teumer/Stamm VersR 2008, 174 unter V. 2.; Schütz/Dopheide VersR 2006, 1440, 1442; Jaspersen VersR 1992, 1431, 1434.
787 Jaspersen VersR 1992, 1431,1434.
788 OLG Köln MedR 1994, 198; Weißauer/Hirsch ArztR 1982, 208, 210.
789 OLG Frankfurt a.M., Urt. v. 22.04.2010 – 22 U 153/08 – veröffentlicht bei juris, Rn. 31; Jaspersen VersR 1992, 1431, 1435.

als Schaden muss daher aus den gleichen Gründen scheitern, aus denen der Behandlungsvertrag als Dienstvertrag und nicht als Werkvertrag anzusehen ist, weil ansonsten der über die entsprechende Qualifizierung des Vertragsverhältnisses geschaffene Schutz des Arztes wieder ausgehebelt würde.[790]

Die in der Rechtsprechung[791] **vorherrschende Auffassung, wonach dem**   **470** Patienten bei infolge schuldhafter Vertragsverletzung unbrauchbarer/wertloser Leistung alternativ zu den Kosten der Beseitigung der negativen Folgen des Behandlungsfehlers (dazu sogleich) ein aus §§ 280, 249 Abs. 2 BGB folgender Anspruch auf Rückerstattung gezahlten Honorars bzw. Freistellung von den Honoraransprüchen zustehe, **lässt sich daher nur in wenigen Fällen** (nicht indizierte Behandlung/Übernahmeverschulden[792]) **mit den allgemeinen Grundsätzen des Schadensersatzrechts** (Differenzhypothese) **vereinbaren.**

Nichts anderes gilt für **deliktische Ansprüche** des Patienten infolge der   **471** schuldhaft herbeigeführten Gesundheitsbeeinträchtigung nach § 823 Abs. 1 BGB bzw. § 823 Abs. 2 BGB i.V.m. § 223 StGB. Denn deren Art, Inhalt und Umfang richtet sich ebenfalls nach den allgemeinen Grundsätzen (§§ 249 ff. BGB).[793] Auch hier stellt daher die Belastung mit der Honorarforderung regelmäßig keinen aus der fehlerhaften Behandlung resultierenden Vermögensschaden dar.

(5) Kosten einer Nach- oder Zweitbehandlung

Hiervon strikt zu trennen ist die Frage, ob und inwieweit die Kosten einer der Beseitigung der Folgen des Behandlungsfehlers dienenden Nachbehandlung oder einer der Herbeiführung des infolge des Fehlers ausgebliebenen Erfolgs dienenden Zweitbehandlung einen nach §§ 249 ff. BGB erstattungsfähigen Schaden darstellen können.   **472**

Hat der Patient die **Kosten der Nachbehandlung oder** einer notwendigen **Zweitbehandlung tatsächlich aufgewandt,** so kann er diese unproblematisch unter Abzug der so genannten Sowieso-Kosten als Schadensersatz nach §§ 280 Abs. 1, 249 Abs. 2 S. 1 BGB geltend machen.[794] Diesen Schadensersatzanspruch kann er der Honorarforderung des Arztes entgegenhalten, wobei lediglich fraglich ist, ob es insoweit einer ausdrücklichen Aufrechnungserklärung bedarf. Die Rechtsprechung verneint dies zum Teil unter Verweis auf den für Werkverträge in § 635 Abs. 2 BGB gesetzlich ge-   **473**

---

790 Schütz/Dopheide VersR 2006, 1440, 1442.
791 Vgl. OLG Oldenburg VersR 2008, 781 und KG Berlin, Beschl. v. 01.07.2010 – 20 W 23/10 – veröffentlicht bei juris, Rn. 4, beide m.w.N.
792 Zum Sonderfall der Aufklärungsmängel noch unten Rdn. 481.
793 Palandt/Sprau § 823 Rn. 17.
794 OLG München GesR 2006, 218 = MedR 2006, 596; Gehrlein Rn. A 38b; Teumer/Stamm VersR 2008, 174 unter V. 2.

regelten Anspruch auf Erstattung der Mangelbeseitigungskosten; für den vertraglichen Schadensersatzanspruch aus § 280 Abs. 1 BGB könne daher nichts anderes gelten.[795] Der **Patientenanwalt sollte** allerdings **vorsorglich** die **Aufrechnung erklären.**

474 Schwieriger ist die Rechtslage in den Fällen, in denen eine Nachbehandlung noch nicht durchgeführt wurde. Ein **Ersatz für fiktive Heilbehandlungskosten** findet – anders als bei der Beschädigung von Kraftfahrzeugen – grundsätzlich nicht statt. Ein Schadensersatzanspruch nach § 249 Abs. 2 BGB kommt nach einer Grundsatzentscheidung des BGH aus dem Jahr 1986[796] vielmehr **nur in Betracht, wenn der Patient die Absicht hat, die Behandlung auch tatsächlich durchzuführen.** In aller Regel wird sich diese Absicht nach Auffassung des BGH zwar ohne weiteres aus der Behandlungsbedürftigkeit der Verletzung und den zu ihrer Behandlung getroffenen Maßnahmen ergeben.[797] Es kann nach Ansicht des OLG München[798] allerdings auch in einem solchen Fall gegen die entsprechende Absicht des Patienten sprechen, wenn dieser keinerlei Maßnahmen zur Nachbehandlung getroffen hat, obwohl die mangelhafte Behandlung bereits mehr als zwei Jahre zurückliegt und der Erstbehandler eine Mangelbeseitigung abgelehnt hat. Anders wird die Rechtslage jedoch etwa dort zu bewerten sein, wo der Patient darlegen kann, dass eine Neuversorgung nicht erfolgt ist, weil er nicht in der Lage ist, die notwendigen Mittel zur Finanzierung der Nachbehandlung aufzubringen.[799]

475 Die **Reichweite der höchstrichterlichen Vorgaben ist** in der Literatur jedoch **nicht unumstritten.** So wird teilweise die Auffassung vertreten, die auf einen kosmetischen Eingriff bezogene BGH-Grundsatzentscheidung lasse sich auf sonstige Heilbehandlungsmaßnahmen nicht übertragen, weil insoweit gravierende Unterschiede bestünden.[800] So seien die Kosten einer kosmetischen Operation abschätzbar, da häufig Behandlungsverträge mit festen Kostenvereinbarungen abgeschlossen würden. Nur hier sei auch die »Absicht« zur Durchführung der Behandlung überhaupt nachweisbar. Die Zuerkennung fiktiver Heilbehandlungskosten sei nicht nur rechtspolitisch bedenklich, sondern insbesondere in der Praxis kaum umsetzbar, weil es dem gesetzlich Versicherten infolge des Forderungsübergangs (§ 116 Abs. 1 SGB X) schon an der notwendigen Aktivlegitimation fehle. Problematisch ist zudem der Umstand, dass der Mensch kein »Serienfabrikat« ist, des-

---

795 OLG Düsseldorf VersR 1985, 456.
796 BGH NJW 1986, 1538, 1539 (operative Narbenkorrektur).
797 BGH NJW 1986, 1538, 1539.
798 OLG München, Beschl. v. 27.12.2005 – 4756/05 – veröffentlicht bei juris.
799 Vgl. KG Berlin, Beschl. v. 01.07.2010 – 20 W 23/10 – veröffentlicht bei juris, Rn. 4, das dem Patienten mit vergleichbarer Begründung allerdings einen Anspruch auf Rückerstattung des bereits geleisteten Honorars zugestehen will.
800 Küppersbusch, Ersatzansprüche bei Personenschaden, Rn. 229, Fn. 13 und 16.

Mennemeyer/Hugemann

sen Reparatur sich mit technischem Einsatz zur Gänze beherrschen ließe, so dass der Herstellungsaufwand dadurch definiert und objektiviert wäre. Vielmehr hat jede Verletzung für den Betroffenen einen aus seiner Konstitution und den Heilungskräften seines Organismus folgenden gänzlich individuellen Stellenwert, von dem auch seine Rehabilitation zur Gänze abhängt: Auf welche Weise, in welcher Zeit, wie vollständig, mit welchen Komplikationen sie gelingt, kann vorher niemand sagen.[801] Die schadensersatzrechtlichen Probleme bei der Zubilligung bisher nicht angefallener Heilbehandlungskosten bestehen daher nicht nur in dem Nachweis der »Absicht« ihrer zweckgebundenen Verwendung, sondern insbesondere auch in der Bemessung des gemäß § 249 Abs. 2 S. 1 BGB »erforderlichen« Geldbetrages.

Schließlich wird vertreten, dass eine fiktive Abrechnung von Heilbehandlungskosten auf der Grundlage eines Kostenvoranschlags dort in Betracht kommen könne, wo die konkrete Absicht bestand, eine Behandlung tatsächlich durchführen zu lassen, hiervon aber aus einem respektablen Grund abgesehen wurde, etwa aus Gründen eines besonders hohen Risikos.[802] Träfe dies zu, so käme ein Anspruch u.U. auch dann noch in Betracht, wenn die Absicht zur Behandlung zwischenzeitlich nicht mehr besteht. Damit hinge die Schadensersatzpflicht letztlich von der Risikobereitschaft des Patienten ab, da praktisch jede ärztliche Behandlung mit mehr oder weniger schwer wiegenden Risiken einher geht, was zu einer deutlichen Ausweitung der Möglichkeiten einer fiktiven Abrechnung von Heilbehandlungskosten führen könnte. **476**

Für den Schädiger bedingt die Ersatzverpflichtung für bislang nicht angefallene Heilungskosten zudem die Übernahme des Solvenzrisikos des Geschädigten; denn lässt dieser die Behandlung tatsächlich nicht durchführen, ist er dem Schädiger unter dem rechtlichen Gesichtspunkt der ungerechtfertigten Bereicherung (§§ 812 ff. BGB) zur Rückzahlung verpflichtet.[803] Auch unter diesem Gesichtspunkt erscheint die Zuerkennung eines Ersatzanspruchs nicht unbedenklich. **477**

Die vorstehend erläuterte **Problematik ist von erheblicher praktischer Bedeutung.** Sie stellt sich insbesondere im Zusammenhang mit umfangreichen Zahnbehandlungen, die naturgemäß einen Grenzfall zwischen Heilbehandlung (Erhaltung/Wiederherstellung der Kaufunktion) und Kosmetik (Erzielung des bestaussehenden Ergebnisses) darstellen. Gerade in diesen Fällen lässt sich bei gesetzlich Versicherten im Hinblick auf den häufig nur anteiligen Kostenübernahmeanspruch und den entsprechenden anteiligen Anspruchsübergang auf den Sozialversicherungsträger der **478**

---

801 Steffen NJW 1995, 2057, 2060 f.
802 Buschbell in: Münchener Anwaltshandbuch Verkehrsrecht, 3. Auflage, § 26 Rn. 21.
803 Geigel/Pardey Kapitel 4 Rn. 29.

Mennemeyer/Hugemann

Umfang der Aktivlegitimation des Verletzten für die Gerichte kaum verlässlich feststellen. Hinzu kommen die Unwägbarkeiten, die allein daraus folgen, dass der Mensch nun einmal keine Maschine ist, bei der sich der erforderliche Reparaturaufwand im Vorhinein vergleichsweise verlässlich prognostizieren lässt. Eine höchstrichterliche Klärung dieser Diskussion steht noch aus.[804]

479 Angesichts der Tatsache, dass in den meisten Fällen hinter dem Schädiger ein solventer Versicherer steht, kann dem Schutzbedürfnis des Geschädigten regelmäßig ebenso gut durch die Erhebung einer **Feststellungsklage oder** einer **Klage auf Freistellung von den Behandlungskosten** genüge getan werden.[805] Rechtliche Nachteile sind bei einem entsprechenden Vorgehen nicht zu besorgen. Der Prozess wird dadurch nicht nur von der vorstehend erörterten Streitfrage, sondern insbesondere zugleich von den erheblichen praktischen Problemen der Aktivlegitimation und der Bemessung der Schadenshöhe entlastet.

(6) Sonderfall: Zahnarztbehandlung

480 **Besonderheiten bestehen für** den auf eine **zahnärztliche Behandlung** gerichteten Vertrag. Für diesen ist bei fortdauerndem Behandlungsverhältnis ein **Nachbesserungsrecht des Zahnarztes** anerkannt,[806] das bei einer umfangreichen prothetischen Versorgung selbst eine komplette Neuanfertigung der Prothese umfassen kann.[807] Auch bei äußerster Präzision des Zahnarztes kann nicht erwartet werden, dass ein Zahnersatz »auf Anhieb« beschwerdefrei sitzt.[808] Vertragliche **Schadensersatzansprüche** des Patienten gegenüber dem Zahnarzt, die einen Verlust des Honoraranspruchs nach sich ziehen, kommen daher **erst** in Betracht, **wenn** die **Nachbesserung** für den Patienten **ausnahmsweise unzumutbar** ist[809] **oder der Zahnarzt** die **Nachbesserung ernsthaft und endgültig verweigert.**[810] Von einer Unzumutbarkeit für den Patienten wird man regelmäßig nach Fehlschlagen

---

804 Eine unter anderem mit einem Verweis auf den bestehenden Streit in der Literatur erhobene Nichtzulassungsbeschwerde führte aus anderen Gründen zur Aufhebung und Zurückverweisung (BGH VersR 2010, 497, 498). Soweit der BGH in seinem Beschluss das Berufungsgericht darauf hingewiesen hat, dass es bei der erneuten Verhandlung ggfls. auch die seitens der Nichtzulassungsbeschwerde erhobenen Bedenken gegenüber der Beweiswürdigung hinsichtlich der Absicht der Klägerin, die Behandlung durchführen zu lassen, zu berücksichtigen haben wird, waren damit wohl (nur) die auf die Bejahung der Absicht durch das Berufungsgericht im konkreten Streitfall bezogenen Bedenken gemeint.

805 So auch OLG Köln VersR 2000, 1021.

806 Martis/Winkhart Rn. R 18 ff.

807 OLG Dresden NJW-RR 2009, 30; Schellenberg VersR 2007, 1343, 1347.

808 OLG Düsseldorf OLGR 2001, 183; OLG Dresden NJW-RR 2009, 30.

809 OLG Naumburg NJW-RR 2008, 1056, 1058; OLG Karlsruhe OLGR 2007, 654, 655.

810 Martis/Winkhart Rn. R 22.

zweier Nachbesserungsversuche ausgehen können.[811] Verweigert der Patient die Nachbesserung, so liegt darin regelmäßig eine **konkludent erklärte Kündigung des Dienstvertrages,**[812] die nur unter den oben dargestellten[813] Voraussetzungen des § 628 Abs. 1 S. 1 BGB einen (teilweisen) Verlust des Honoraranspruchs des Zahnarztes nach sich zieht. War die bisherige Behandlung teilweise erfolgreich, hat der Patient demgegenüber den hierauf entfallenden Teil des zahnärztlichen Honorars auch deshalb zu bezahlen, weil es an einem materiellen Schaden fehlt, soweit der angestrebte Erfolg eingetreten ist.[814]

(7) Sonderfall: Aufklärungsmängel

Bei **Vorliegen eines Aufklärungsfehlers** soll nach teilweise vertretener Auffassung der Vergütungsanspruch schon deshalb entfallen, weil eine wegen fehlender Einwilligung rechtswidrige Therapie nicht die geschuldete Behandlungsleistung darstelle und deshalb nicht honorarpflichtig sein könne.[815] Diese Auffassung ist jedenfalls in ihrer Pauschalität unzutreffend. Richtig ist, dass die unzureichende Aufklärung eine Vertragspflichtverletzung darstellt, die grundsätzlich eine Ersatzverpflichtung nach den §§ 280 Abs. 1, 249 BGB nach sich ziehen kann. **Grundvoraussetzung ist** allerdings die tatrichterliche Feststellung, **dass sich der Patient bei gehöriger Aufklärung der Behandlung nicht unterzogen hätte,** weil nur dann die Pflichtverletzung für das Entstehen des Honoraranspruchs kausal war. Für einen vertraglichen Schadensersatzanspruch, dessen Voraussetzungen der Patient zu beweisen hat, reicht insoweit nicht aus, dass der Patient lediglich einen ernsthaften Entscheidungskonflikt plausibel macht, sondern es muss sicher feststehen, dass die Behandlung bei korrekter Aufklärung nicht stattgefunden hätte.[816]

481

Allerdings fehlt es in den Fällen der unzureichenden Aufklärung regelmäßig zugleich an einer rechtswirksamen Einwilligung des Patienten, sodass sich die Behandlung als rechtswidrige Körperverletzung im Sinne von § 823 BGB darstellt,[817] deren unmittelbare Schadensfolge die Belastung mit der Honorarforderung ist.[818] Der **BGH hat es** jedoch **ausdrücklich abgelehnt,** dem Patienten **einen Schadensersatzanspruch** aus der bloßen Verletzung der Aufklärungspflicht **zuzuerkennen, ohne dass ein Gesundheitsschaden**

482

---

811 Martis/Winkhart Rn. R 23.
812 Schellenberg VersR 2007, 1343, 1344 f.; Teumer/Stamm VersR 2008, 174, 178; zur Beendigung des Behandlungsvertrages siehe oben Rdn. 379 ff.
813 Vgl. oben Rdn. 461 ff.
814 OLG Nürnberg OLGR 2008, 322, 323.
815 OLG Saarbrücken OLGR 2000, 401; OLG Düsseldorf VersR 2003, 1579.
816 Schütz/Dopheide VersR 2006, 1440 unter III.; a.A. Kramer MDR 1998, 324, 328, der die Beweislast beim Behandler sieht.
817 BGH NJW 2008, 2344, 2345.
818 Schütz/Dopheide VersR 2006, 1440 unter III.

eintritt, weil dies zu einer uferlosen Haftung der Ärzte führen würde, die auch bei der gebotenen Berücksichtigung der Interessen des Patienten nicht vertretbar wäre.[819] Die rechtswidrige Behandlung führt daher nur dann überhaupt zu einer Haftung des Arztes, wenn sie einen Gesundheitsschaden des Patienten zur Folge hat. In Bezug auf die ärztliche Honorarforderung lässt sich dieses Ergebnis über die **Anwendung der Grundsätze des Vorteilsausgleichs** begründen, weil der Belastung mit dem Honoraranspruch der Wert der seitens des Arztes erbrachten Dienstleistung gegenübersteht.[820]

483 Versäumt es der Arzt allerdings, den Patienten über eine fehlende Erstattungsfähigkeit seiner Behandlung im Rahmen der gesetzlichen Versorgung oder über kostengünstigere Behandlungsalternativen aufzuklären,[821] soll der Patient auch bei Erfolg der Maßnahme die Honorarzahlung bzw. die Zahlung des Differenzbetrages zur kostengünstigeren Behandlung verweigern können.[822] Insoweit sind »**wirtschaftliche Aufklärung**« und »**medizinische Aufklärung**« strikt zu trennen. Beide Aufklärungsbereiche wollen dem Patienten eine eigenverantwortliche Entscheidung ermöglichen, wobei allerdings nur Defizite im Bereich der medizinischen Aufklärung einwilligungs- und damit rechtfertigungsrelevant sind. Die wirtschaftliche Aufklärung hat die wirtschaftlichen Folgen der Behandlung im Auge. Es geht insoweit um Vermögensschutz, wobei sich etwaig bestehende wirtschaftliche Aufklärungspflichten als vertragliche Nebenpflichten aus dem Vertragsverhältnis ableiten.[823]

484 Vertragliche und deliktische Schadenersatzansprüche auf (anteilige) Befreiung von der ärztlichen Honorarforderung kommen aber vor allem dort in Betracht, wo sich im Rahmen der wegen Aufklärungsmängeln rechtswidrigen Behandlung aufklärungspflichtige Risiken realisieren,[824] die bei einem kosmetischen Eingriff[825] auch in der Gefahr des Misserfolgs bestehen können. Die Anwendung der Grundsätze der **Vorteilsausgleichung hat zur Folge, dass** auch in diesen Fällen der **Vergütungsanspruch nur insoweit entfällt, als die ärztlichen Leistungen für den Patienten nicht von Interesse bzw. unbrauchbar sind.**[826] Dies ist beispielsweise dann der Fall, wenn eine wegen fehlender oder mangelhafter Aufklärung rechtswidrige kosme-

819 BGH NJW 2008, 2344, 2345.
820 Schütz/Dopheide VersR 2006, 1440 unter III.; Deutsch/Spickhoff Rn. 118.
821 Zur wirtschaftlichen Aufklärung eingehend Rdn. 1788.
822 Gehrlein Rn. A 38a; Martis/Winkhart Rn. R 40.
823 Vgl. BGH NJW 1983, 1630 f. und NJW 1986, 781 f.; OLG Stuttgart VersR 2003, 462 f.; Laufs/Kern Handbuch des Arztrechts § 61, Rn. 18.
824 Teumer VersR 2009, 333, 336; Kramer MDR 1998, 324, 328.
825 Weitergehend zu Hinweispflichten wegen Entgeltfortzahlungsrisiken Löwisch/Beck BB 2007, 1960 f. sowie wegen möglicher Krankenkassenregresse (§§ 52 Abs. 2, 294 a Abs. 2 SGB V) Eberbach MedR 2008, 325, 334.
826 OLG Nürnberg OLGR 2008, 322; Martis/Winkhart Rn. R 36.

Mennemeyer/Hugemann

tische Operation nicht den erstrebten Erfolg oder sogar eine Verschlechterung erbringt.[827]

cc) Regress des Krankenversicherers/Aktivlegitimation des Versicherten

Kann der Patient nach den vorstehenden Grundsätzen eine bereits bezahlte Vergütung zurückzuverlangen, so stehen entsprechende Ansprüche dem Krankenversicherer wegen der von ihm erbrachten Leistungen zu. Denn insoweit sind die kongruenten Ersatzansprüche des Versicherungsnehmers gem. § 116 Abs. 1 SGB X (gesetzliche Krankenversicherung) bzw. § 86 Abs. 1 VVG (private Krankenversicherung) im Wege der **Legalzession** auf den Versicherer übergangen. Soweit die Behandlungskosten durch den Versicherer getragen wurden, fehlt es dem Patienten im Umkehrschluss infolge des Anspruchsübergangs an der **Aktivlegitimation** für eine Erstattungsklage,[828] wenn nicht der Versicherer die Ansprüche zur Geltendmachung an den Versicherungsnehmer abgetreten hat.[829] Der Versicherte kann folglich nur den Anteil des Honorars zurückfordern, den er aus eigenen Mitteln aufgebracht hat.

485

II. Das Krankenhaus

1. Aufgaben

Für die Aufgaben des Krankenhauses, seine Rechte und Pflichten gegenüber den Patienten und Versicherten, den Krankenkassen, den Planungsbehörden, die seine Aufgabenstellung bestimmen und das sonstige Tätigwerden des Krankenhauses im Bereich der stationären und ambulanten Versorgung der Bevölkerung sind zunächst die gesetzlichen Grundlagen entscheidend (1.). Sodann gilt es der Frage nachzugehen, wie und welche Krankenhäuser begrifflich zu unterscheiden und wie sie nach ihrer Aufgabenstellung einzuteilen sind (2.). Dem schließt sich eine Erörterung des Inhalts und der Reichweite des Versorgungsauftrags des Krankenhauses an (3.), um sodann abschließend auf die stationären und die ambulanten Krankenhausleistungen und deren rechtliche Einordnung einzugehen (4.).

486

---

827 OLG Düsseldorf NJW-RR 2003, 1331 (alleinige Liposuktion war nicht geeignet war, eine kosmetische Verbesserung zu erreichen); OLG Düsseldorf VersR 2004, 386 (Visusverschlechterung nach experimenteller Lasertherapie der Weitsichtigkeit).
828 OLG München, Beschl. v. 27.12.2005 – 1 U 4756/05 – veröffentlicht bei juris.
829 OLG Düsseldorf, Urt. v. 11.05.2000 – 8 U 133/99 – veröffentlicht bei juris, Rn. 17.

a) Gesetzliche Grundlagen

aa) Übersicht

487 Die wichtigsten gesetzlichen Grundlagen für das Tätigwerden der Krankenhäuser im Bereich der ambulanten und der stationären Versorgung sind
- das Krankenfinanzierungsgesetz (**KHG**),[830] das die Grundlage der Krankenhausfinanzierung durch Bund und Länder darstellt;
- die von den einzelnen Bundesländern erlassenen Landeskrankenhausgesetze (**LKHG**);[831]
- das Krankenhausentgeltgesetz (**KHEntgG**)[832] als Grundlage der Krankenhausvergütung für die dem KHEntgG unterfallenden Krankenhäuser;
- die Bundespflegesatzverordnung (**BPflV**)[833] als Grundlage der Krankenhausvergütung für psychiatrische und psychosomatische Krankenhäuser;
- das 5. Sozialgesetzbuch (**SGB V**),[834] das insbesondere das »Leistungserbringrecht« der Krankenhäuser im Rahmen der gesetzlichen Krankenversicherung (**GKV**) regelt.

bb) Das KHG als Grundlage der Krankenhausfinanzierung

488 Mit dem KHG 1972 wird in Erfüllung des sozialstaatlichen Gestaltungsauftrages auf der Grundlage des damals geänderten Art. 74 Nr. 19 a GG der weitaus größte Teil der Krankenhäuser in der Bundesrepublik in ein staatliches Planungssystem mit öffentlicher Förderung der Investitionskosten und gesetzlich vorgegebener Finanzierung der notwendigen Betriebskosten (sog. **duale Finanzierung**) einbezogen. Durch die Verbindung von administrativen Planungs- und Lenkungsmaßnahmen unter Beteiligung der Selbstverwaltung von Krankenhäusern und Krankenkassen und beschränkter Anwendung auch marktwirtschaftlicher Elemente soll die Krankenausversorgung für die Bevölkerung einerseits gesichert, andererseits gesteuert werden. An diesem angebotsorientierten Mischsystem mit hoheitlicher Krankenhausplanung, staatlicher Investitionsförderung und – durch die Selbstverwaltung – administrierten Benutzerentgelten hat sich durch die Änderungen des KHG einschließlich des 2002 eingeführten DRG-Fallpauschalensystems in seiner Grundkonzeption nichts geändert.

489 Die Krankenhausfinanzierung wurde damit auf zwei Säulen gestellt. Durch das Prinzip der dualen Finanzierung sollen den Krankenhäusern einerseits die notwendigen öffentlichen Investitionsmittel zur Verfügung gestellt, an-

---

830 KHG i. d. F. vom 29.06.1972 (BGBl. I, 1009) mit Änderungen.
831 Dazu im Einzelnen Quaas in: Quaas/Zuck, Medizinrecht, 2. Aufl. § 25 Rn. 16 ff; Stollmann in: Huster/Kaltenborn, Krankenhausrecht, § 4 Rn. 7 ff.
832 KHEntgG vom 23. April 2002 (BGBl. I S. 1412) m. Änderungen.
833 BPflV vom 26. September 1994 (BGBl. I S. 2950) m. Änderungen.
834 SGB V vom 20.12.1988 (BGBl. I. S. 2477) mit Änderungen.

dererseits die Pflegesätze auf einer sozial tragbaren Höhe gehalten werden. Damit soll – wie es in § 1 Abs. 1 KHG heißt – die bedarfsgerechte Versorgung der Bevölkerung mit leistungsfähigen Krankenhäusern gewährleistet und zu sozial tragbaren Pflegesätzen beigetragen werden. Insoweit sieht § 4 KHG die wirtschaftliche Sicherung der Krankenhäuser auf zwei Wegen vor: Die Investitionskosten (§ 2 Nr. 2 und 3 KHG) der Krankenhäuser werden von den Ländern entsprechend den bundesrechtlichen Vorgaben und den näheren landesrechtlichen Detailregelungen öffentlich gefördert. Seit dem Jahre 1984 ist die Investitionsförderung allein Sache der Länder und in den entsprechenden LKHGs verankert. Zur Deckung der Betriebskosten erhalten die Krankenhäuser leistungsrechte Erlöse aus den Pflegesätzen (§§ 2 Nr. 4, 4 Nr. 2, 16 ff. KHG). Zu den Pflegesätzen treten die Vergütungen für die vor- und nachstationäre Behandlung (§ 115 a SGB V), für ambulantes Operieren einschließlich stationsersetzender Eingriffe (§ 115 b SGB V) und sonstige, mit den Krankenkassen ggf. vereinbarte Vergütungen.

cc) Die Vergütung der Krankenhausleistungen nach dem KHEntgG

Das frühere, weitgehend auf den Pflegesatz und den tagesgleichen Pflegesatz bezogene Vergütungssystem wird auf der Grundlage des § 17b KHG durch ein »durchgängiges, leistungsorientiertes und pauschalierendes Vergütungssystem« abgelöst. Das rein tagesbezogene Entgelt der BPflV spiegelt im Grunde nur die Verweildauer und die durchschnittlichen Kosten aller Patienten eines Pflegesatzzeitraums wider. § 17b KHG will dagegen ein »leistungsorientiertes Entgelt«. Es ist in seiner Ausgestaltung den Kosten des Einzelfalls stark angenähert. Für diagnosebezogene Gruppen von Behandlungsfällen (Diagnoses Related Groups – DRG) werden eigene Fallpauschalen festgelegt. Gesetzlich vorgegeben wird ferner, dass diese Fallpauschalen für den »Behandlungsfall« zu erheben sind. Das Entgelt schließt also die gesamte Behandlung des Patienten von seiner Aufnahme bis zu seiner Entlassung bzw. Verlegung ein. Zur Berechnung der Vergütungshöhe vereinbaren die Partner der Selbstverwaltung auf Bundesebene die jährliche Weiterentwicklung und Anpassung des Fallpauschalensystems auf der Grundlage der Fallpauschalenvereinbarung (FPV), deren Anlage 1 den sog. Fallpauschalenkatalog mit zurzeit über 845 Fallgruppen enthält. Mit der Entwicklung ist das Institut für das Entgeltsystem im Krankenhaus (InEK) betraut.

490

Im DRG-Fallpauschalensystem wird jeder stationäre Behandlungsfall einer Fallgruppe (DRG) zugeordnet, wobei im Fallpauschalenkatalog verschiedene Diagnosen zu einer überschaubaren Anzahl von Abrechnungspositionen zusammengefasst werden (z. B. MDC 06: Krankheiten und Störungen der Verdauungsorgane). Dabei soll der tatsächliche ökonomische Aufwand innerhalb einer Fallgruppe möglichst vergleichbar sein. Es handelt sich damit um ein ärztlich-ökonomisches Patientenklassifikationssystem, das Be-

491

handlungsfälle in Akutkrankenhäusern in eine beschränkte Anzahl klinisch definierter Gruppen mit möglichst ähnlichen Behandlungskosten einteilt.

492 Abrechnungstechnisch wird jeder Fallgruppe eine Bewertungsrelation (Relativgewicht) zugeordnet, welche auf einen Referenzfall mit der Bewertungsrelation 1 bezogen wird. Im Verhältnis dazu werden alle anderen Fallgruppen bewertet. In ihrer Bedeutung entsprechen die Bewertungsrelationen der sog. Punktzahl, die für die Vergütung der ärztlichen Leistungen im niedergelassenen Bereich maßgeblich ist. Darüber hinaus wird der Bewertungsrelation 1 ein landesweit gültiger Kostenwert (Basisfallwert oder Baserate) zugeordnet. Dieser Basisfallwert ist vergleichbar mit dem Punktwert im niedergelassenen Bereich. Die Vergütungshöhe ergibt sich, indem die Bewertungsrelation der jeweiligen Fallgruppe mit dem landesweiten Basisfallwert multipliziert wird.

493 Das DRG-Vergütungssystem ist auf alle »Akutkrankenhäuser« anwendbar. Ausgenommen sind die psychiatrischen Krankenhäuser und Krankenhauseinrichtungen für Psychosomatik und psychotherapeutische Medizin. Für sie gilt das Vergütungssystem der BPflV.

494 An dieser Entscheidung und Unterscheidung hält der Gesetzgeber des Krankenhausfinanzierungsreformgesetzes (**KHRG**[835]) nicht (mehr) fest: Für psychiatrische und psychosomatische Einrichtungen wird ein neues, pauschalierendes Vergütungssystem entwickelt und eingeführt (vgl. § 17d KHG). Die pauschalierten Entgelte sollen zunächst – wie bisher nach Maßgabe der BPflV – tagesbezogen sein und auf dieser Grundlage weiterentwickelt werden. Dabei ist von patientenbezogenen Kriterien wie Diagnosen und Prozeduren sowie bei Einrichtungen, die die Psychiatrie-Personalverordnung (Psych-PV) anwenden, zusätzlich von den Behandlungsbereichen der Psych-PV auszugehen. Mit der Entwicklung werden – wie beim DRG-System – die Selbstverwaltungspartner auf der Bundesebene und die DRG-Institute beauftragt. Eine erstmalige Abrechnung nach diesem neuen Entgeltsystem für psychiatrische und psychosomatische Einrichtungen ist für das Jahr 2013 vorgesehen.

dd) Die Rechtsbeziehungen zwischen den gesetzlichen Krankenkassen und den Krankenhäusern nach dem SGB V

495 Die Rechtsbeziehungen des Krankenhauses zu den gesetzlichen Krankenkassen einschließlich ihrer Versicherten sind im SGB V geregelt. Ebenso wie im Bereich der niedergelassenen Vertragsärzte (§§ 72 ff SGB V) werden Krankenhäuser (und Vorsorge- und Rehabilitationseinrichtungen, vgl. zur Definition § 107 Abs. 2 SGB V) in ein öffentlich-rechtliches Sozialsystem einbezogen, das gesetzliche und vertragliche Rechte und Pflichten miteinander verknüpft. Für stationäre Einrichtungen gilt ein vertragliches

---

835 KHRG vom 17.03.2009 (BGBl. I. 534).

»Zulassungssystem«: Die Zulassung eines Krankenhauses zur stationären Versorgung (Krankenhausbehandlung) erfolgt durch den Versorgungsvertrag. Der Vertrag ist statusbegründend. Durch den Versorgungsvertrag wird das Krankenhaus für die Dauer des Vertrages zur Krankenhauspflege zugelassen. Für die Mehrzahl der Krankenhäuser, nämlich die sog. Plankrankenhäuser, die in den Krankenhausplan eines Landes aufgenommen sind, kommt der Versorgungsvertrag allerdings nicht durch »Willenseinigung« der Vertragspartner, sondern dadurch zustande, dass das Krankenhaus durch die zuständige Landesbehörde einen Aufnahmebescheid (§ 8 Abs. 1 Satz 3 KHG) erhält. Die Feststellung der Aufnahme in den Krankenhausplan »fingiert« damit den Abschluss eines Versorgungsvertrages.

Im Übrigen regelt das SGB V das Leistungsrecht des Versicherten bei der Krankenhausbehandlung. Der Anspruch auf Krankenbehandlung umfasst auch die Gewährung von Krankenhausbehandlung. Es handelt sich – wie § 39 Abs. 1 Satz 1 und 3 SGB V zeigen – um eine komplexe Sachleistung, die voll- oder teilstationär, vor- oder nachstationär sowie ambulant erbracht wird und die ärztliche Behandlung, pflegerische Leistungen, Arznei-, Heil- und Hilfsmittel sowie Unterkunft und Verpflegung umfasst. Die Leistungsvoraussetzungen bei der Krankenhausbehandlung sind im Wesentlichen in § 39 SGB V sowie den auf der Grundlage von § 112 SGB V abgeschlossenen Vereinbarungen (»Sicherstellungsverträge«) geregelt. **496**

b) Krankenhausbegriff und Einteilung der Krankenhäuser

Für die Aufgabenzuordnung im Gesundheitswesen, insbesondere für Fragen der Planung und Finanzierung von Versorgungsleistungen, aber auch für die Einordnung in das sozialversicherungsrechtliche Beziehungssystem von Krankenkassen und Leistungserbringern ist die begriffliche Klärung der einzelnen stationären Versorgungseinrichtungen notwendig. So stellen das Krankenfinanzierungsrecht des Bundes und der Länder sowie das Sozialleistungsrecht in vielfacher Hinsicht auf »das Krankenhaus« ab. Es gibt Begriffsbestimmungen und Legaldefinitionen, ohne dass immer ersichtlich ist, ob es sich dabei um die bauliche oder die lokale Einrichtung, den Krankenhausträger oder um eine Vorsorge- oder Rehabilitationseinrichtung handelt.[836] Es kommt hinzu, dass die im Gesetz verwendeten Definitionsmerkmale z. B. der Krankheit oder der Behandlungsbedürftigkeit oft selbst einer Konkretisierung bedürftig sind. **497**

aa) Krankenhausbegriff des KHG

Nach der Legaldefinition des § 2 Nr. 1 KHG sind Krankenhäuser: **498**

---

836 Vgl. die Übersicht zu den Begriffsbestimmungen des Krankenhauses in planungsrechtlicher, förderrechtlicher, pflegesatzrechtlicher und sozialrechtlicher Hinsicht bei Quaas in: Quaas/Zuck, Medizinrecht. 2. Aufl., § 24 Rn. 34 ff.; s. a. Kaltenborn, GesR 2006, 538 ff.

»Einrichtungen, in denen durch ärztliche und pflegerische Hilleleistungen Krankheiten, Leiden, Körperschäden festgestellt, geheilt oder gelindert werden sollen oder Geburtshilfe geleistet wird und in denen die zu versorgenden Personen untergebracht und verpflegt werden können«.

499 Der Krankenhausbegriff ist sehr weit. Er schließt insbesondere auch Einrichtungen der Vorsorge- und Rehabilitation sowie Kurkrankenhäuser ein, die nach der Begriffsdefinition des SGB V keine Krankenhäuser sind (vgl. § 107 Abs. 2 SGB V). Da vor allem diese Einrichtungen von der öffentlichen Förderung nach dem KHG ausgeschlossen sind (vgl. § 5 Abs. 1 Nr. 7 KHG) – wenngleich es den Ländern frei steht, Vorsorge- und Rehabilitationseinrichtungen in die öffentliche Förderung einzubeziehen (vgl. § 5 Abs. 2 KHG) –, hat die Legaldefinition des § 2 Nr. 1 KHG in dieser Breite wenig praktische Bedeutung. Der Begriffsbestimmung des § 2 Nr. 1 KHG liegt ein – zum Zwecke der Förderung bestimmter – leistungsrechtlicher Begriff zu Grunde. Die Bestimmung grenzt sich damit auch von dem in § 30 GewO verwendeten Begriff der (Privat-)Krankenanstalt ab, bei dem im Hinblick auf die Konzessionierung Fragen der gesundheitspolizeilichen Gefahrenabwehr im Vordergrund stehen. Der Krankenhausbegriff des § 2 Abs. 1 Nr. 1 KHG setzt danach voraus:
(1) ärztliche und pflegerische Hilfeleistungen,
(2) Heilung oder Linderung von Krankheiten, Leiden oder Körperschäden,
(3) Möglichkeit der Unterbringung und Verpflegung.

500 Die Begriffsmerkmale (1) bis (3) müssen insgesamt erfüllt sein.[837]

501 Für den weiten Krankenhausbegriff des KHG genügt es, dass die ärztliche Hilfeleistung nicht von ganz untergeordneter Bedeutung ist. Sie kann aber – anders als bei dem sozialversicherungrechtlichen Begriff des § 107 Abs. 1 SGB V – z. B. gegenüber der Tätigkeit des Psychologen zurücktreten.[838] Mit dem Merkmal der ärztlichen Behandlung durch diagnostische oder therapeutische Maßnahmen unterscheidet sich das Krankenhaus von anderen stationären Einrichtungen mit medizinischer und sozialer Betreuungsfunktion wie z. B. Alten- und Pflegeheime. Die Unterbringungs- und Verpflegungsmöglichkeit ist das maßgebliche Abgrenzungsmerkmal der Krankenhäuser zur ambulanten medizinischen Versorgung durch niedergelassene Ärzte und andere Heilberufe.[839] Wenn früher die stationäre Aufnahme des Patienten »von gewisser Dauer«, also regelmäßig über Tag und Nacht als das Wesensmerkmal der Krankenhausversorgung galt, genügt heute die Möglichkeit dazu, ohne dass die stationäre Aufnahme der Patienten auch tatsächlich

---

837 Dietz, in: Dietz/Bofinger, KHG, BPflV und Folgerecht § 2 KHG Anm. I. 1.
838 BVerwG, DVBl. 1981, 259; DÖV 1989, 275; zur Abgrenzung nach § 107 Abs. 1 SGB V s. Quaas in: Quaas/Zuck, Medizinrecht, 2. Aufl., § 24. 46 ff.
839 BVerwG, DVBl. 1981, 260 = KRS 80.33; Kies, Der Versorgungsauftrag des Plankrankenhauses, 31.

erfolgen muss. So haben sich Zwischenformen herausgebildet, z. B. die auf Stunden beschränkte Dialysebehandlung. Nach wie vor muss aber der Patient in der Einrichtung untergebracht (und verpflegt) werden können. Bei einer Unterbringung begibt sich vom Wortsinne her der Betroffene in die Obhut einer Einrichtung, in der er zumindest auf einige Dauer (in der Regel Tag und Nacht) verbleibt und versorgt wird. Die Unterbringung ist daher von einem bloßen Aufenthalt abzugrenzen.

bb) Krankenhausbegriff des SGB V

Der durch das Gesundheits-Reformgesetz (GRG) eingeführte § 107 Abs. 1 SGB V definiert erstmals das Krankenhaus im Sinne der gesetzlichen Krankenversicherung. Dabei knüpft der Begriff an die Legaldefinition des § 2 Nr. 1 KHG an und konkretisiert die Krankenhausbestimmung unter Berücksichtigung der Rechtsprechung des BSG durch Aufstellung bestimmter organisatorischer und funktioneller Merkmale. Die Bestimmung dient vor allem dazu, das Krankenhaus von dem Begriff »Vorsorge- und/oder Rehabilitationseinrichtung« im Sinne des § 107 Abs. 2 SGB V abzugrenzen. Auch die Krankenhausdefinition des § 107 Abs. 1 SGB V hat deutlich leistungsrechtlichen Charakter, indem – über die eigentliche Begriffsbestimmung hinaus – materielle Anforderungen aufgestellt werden, deren Vorhandensein erst die Krankenhauseigenschaft ausmachen soll, obwohl ein Krankenhaus dies begrifflich nicht voraussetzt. **502**

Im Einzelnen muss ein Krankenhaus, um der Legaldefinition des § 107 Abs. 1 SGB V zu genügen, fünf Merkmale erfüllen, nämlich **503**
(1) ständige fachlich-medizinische ärztliche Leitung,
(2) dem Versorgungsauftrag entsprechende diagnostische und therapeutische Möglichkeiten,
(3) Arbeit nach wissenschaftlich anerkannten Methoden,
(4) jederzeit verfügbares Pflege-, Funktions-, sowie medizinisch-technisches Personal und
(5) Unterbringungs- und Verpflegungsmöglichkeiten.

Allen Merkmalen gemeinsam ist, dass sich Krankenhäuser wesentlich durch die Aufgabe definieren, Krankenhausbehandlung zu erbringen (sowie der Geburtshilfe zu dienen). Damit wird auf das Leistungsrecht verwiesen. Zwischen dem Krankenhausbegriff und der Krankenhausbehandlung (§ 39 SGB V) besteht eine enge Wechselbeziehung. Alle Einrichtungen, die Krankenhausbehandlungen im Sinne des § 39 Abs. 1 SGB V durchführen, sind Krankenhäuser gemäß § 107 Abs. 1 SGB V.[840] Allerdings sind von § 39 Abs. 1 Satz 1 SGB V auch ambulante Leistungen, insbesondere ambulante Operationen (§ 115 b SGB V) erfasst. Dies hebt indessen die begriffliche Unterscheidung zwischen Krankenhäusern und Einrichtungen der am- **504**

---

840 BSG GesR 2009, 487.

bulanten Versorgung nicht auf. Vielmehr ist eine Einrichtung, die bestimmungsgemäß ausschließlich ambulante, aber keine stationären Leistungen erbringt, kein Krankenhaus.[841] Das folgt auch aus § 107 Abs. 1 Nr. 4 SGB V, wonach an einem Krankenhaus die Möglichkeit bestehen muss, Patienten unterzubringen und zu verpflegen.

(1) Fachliche und Organisatorische Anforderungen

505 Neben der Aufgabenstellung des Krankenhauses[842] sind für die Erfüllung der Begriffsmerkmale vor allem fachliche (§ 107 Abs. 1 Satz 2 SGB V) und organisatorische (§ 107 Abs. 1 Nr. 3 SGB V) Anforderungen maßgebend. Die in Nr. 2 geforderte »ständige ärztliche Leitung« verdeutlicht – in Abgrenzung zu der bei Vorsorge- und Rehabilitationseinrichtungen lediglich geforderten »ständige ärztliche Verantwortung«[843] – die dominierende ärztliche Funktion bei der Krankenhausbehandlung. Dabei umfasst die ärztliche Leitung die Organisation der gesamten Betriebsabläufe – allerdings ausschließlich in fachlich-medizinischer Hinsicht. Unter ärztlicher Leitung muss aber auch die einzelne Behandlung stehen. Aufnahme, Dauer der Krankenhausbehandlung und Entlassung müssen einem ärztlichen Behandlungsplan folgen.[844] Dabei ist unter Ärzten nur der approbierte Arzt oder der zur Ausübung des ärztlichen Berufs befugte Arzt (§§ 2, 2 a BÄO) zu verstehen. Dazu zählen nicht die Psychologen, selbst wenn sie über eine Approbation als Psychotherapeut verfügen.[845]

506 Darüber hinaus verlangt § 107 Abs. 1 Nr. 2 SGB V eine gewisse apparative (diagnostische) und therapeutische Mindestausstattung einschließlich Personal. Art und Umfang der Ausstattung richten sich nach dem individuellen Versorgungsauftrag der betreffenden Einrichtung. Kein Krankenhaus i. S. d. § 107 Abs. 1 SGB V ist allerdings ein Zentrum für klinische Psychologie, wenn die Behandlung lediglich in enger Anbindung an niedergelassene Ärzte vor Ort stattfindet.[846] Im Übrigen ist es für den Krankenhausbegriff des § 107 Abs. 1 SGB V und die darin mitdefinierte Leistungsfähigkeit des Krankenhauses nicht entscheidend, ob das Krankenhaus seine Leistungen durch eigenes oder fremdes Personal erbringt.[847] Maßgebend ist, dass das Krankenhaus die Gewähr dafür bietet, eine seinem Versorgungsauftrag entspre-

---

841 Quaas in: Quaas/Zuck, Medizinrecht, 2. Aufl., § 24 Rn. 58; ebenso für Dialysezentren BVerwGE 70, 201, 202.
842 § 107 Abs. 1 Nr. 1 SGB V.
843 § 107 Abs. 2 Nr. 2 SGB V.
844 JurisPK–SGB V/Wahl § 107 Rn. 22.
845 JurisPK–SGB V/Wahl § 107 Rn. 23; a. A. Bracher, PsySchR 2001, 74 ff.
846 LSG Niedersachsen, U. v. 19.03.1997 – L 4 KR 183/95; Giesen/Rolfs/Kreikebohm/Udsching/ Kingreen, Beck-OK zum Sozialgesetzbuch, § 107 SGB V Rn. 3.
847 OVG Berlin, NVwZ-RR 1998, 41; a. A. LSG Sachsen GesR 2008, 548.

chende Versorgung anzubieten.[848] Das zeigt auch § 107 Abs. 1 Nr. 2 SGB V dadurch, dass Krankenhäuser fachlich-medizinisch nach wissenschaftlich anerkannten Methoden arbeiten müssen. Einrichtungen, die ausschließlich oder überwiegend mit wissenschaftlich (noch) nicht anerkannten Methoden arbeiten, sind von der Versorgung der Versicherten ausgeschlossen.[849]

(2) Tages- und Nachtklinik

Wie der Verweis auf die »Krankenhausbehandlung« in Nr. 1 zeigt, können Einrichtungen auch Krankenhäuser sein, die teilstationäre und ambulante Leistungen anbieten. Handelt es sich ausschließlich um ambulante Leistungen, scheidet die Annahme eines Krankenhauses aus. Anders dagegen bei teilstationären Leistungen: werden sie – wie bei einer Tages- oder Nachtklinik ausschließlich erbracht, steht dies der Annahme eines Krankenhauses im Sinne des § 107 Abs. 1 SGB V nicht entgegen.[850] Dies gilt erst recht, wenn die betreffende Einrichtung in den Krankenhausplan eines Landes aufgenommen worden ist. Sowohl die Tatbestandswirkung eines solchen, die Aufnahme des Krankenhauses bestätigenden Feststellungsbescheides als auch der Normzweck des § 107 Abs. 1 SGB V gebieten, eine Tages- oder Nachtklinik als Krankenhaus im Sinne des SGB V anzuerkennen.[851] Für den Krankenhausbegriff des § 107 Abs. 1 SGB V ist es nicht entscheidend, ob die Einrichtung in einem wesentlichen Umfang vollstationäre Leistungen erbringt.[852] Das Merkmal »jederzeit« verfügbares ärztliches und sonstiges Personal im Sinne der § 107 Abs. 1 Nr. 3 SGB V bezieht sich auf die Betriebszeiten des Krankenhauses und verlangt keinen »Rund-um-die-Uhr-Betrieb«.[853]

507

cc) Einteilung der Krankenhäuser

Krankenhäuser oder Kliniken – beide Begriffe werden herkömmlich synonym gebraucht – können unter verschiedenen Kriterien eingeteilt werden. Von rechtlicher Bedeutung ist insbesondere die Unterscheidung nach der Aufgabenstellung (aa) und der Trägerschaft (bb):

508

(1) Einteilung nach der Aufgabenstellung

Eine gesetzliche Typologie der Krankenhäuser gibt es als solche nicht. Nach ihrer Aufgabenstellung lassen sich Krankenhäuser zunächst in solche unterscheiden, bei denen die stationären Versorgungsaufgaben eindeutig vorrangig sind (Allgemeinkrankenhäuser und Fachkrankenhäuser) und solche, bei denen Ausbildungsaufgaben vorherrschen. Zu letzten zählen Hochschulkliniken (Universitätskrankenhäuser), deren Schwergewicht in der medizini-

509

---

848 Quaas, GesR 2009, 459.
849 BSGE 81, 182, 187.
850 BSG, GesR 2009, 487.
851 Quaas in: Quaas/Zuck, Medizinrecht, 2. Aufl. § 24 Rn. 39.
852 So aber jurisPK–SGB V/Wahl § 107 Rn. 33.
853 Peters/Schmidt, Handbuch Krankenversicherung (SGB V) § 39 Rn. 55.

schen Ausbildung (Lehre) und Forschung liegt. Hochschulkliniken werden nach dem Hochschulbauförderungsgesetz gefördert und sind deshalb aus der KHG-Förderung herausgenommen (vgl. § 5 Abs. 1 Nr. 1 KHG). Als Krankenhäuser nehmen sie in aller Regel Aufgaben der obersten Versorgungsstufe (Maximalversorgung) war. Allgemeinkrankenhäuser wiederum dienen der umfassenden stationären Versorgung der Bevölkerung und halten deshalb mehrere medizinische Fachrichtungen vor. Fachkrankenhäuser sind nach ihrer Versorgungsaufgabe auf bestimmte Fachgebiete spezialisiert und nehmen insoweit häufig gegenüber den Allgemeinkrankenhäusern eine Ergänzungsfunktion war. Ihr Einzugsbereich bestimmt sich nach der medizinischen Eigenart der angebotenen Betten.

510 Nach der Art der ärztlichen Besetzung und den Rechtsbeziehungen zwischen dem Krankenhausträger und den behandelnden Ärzten wird differenziert zwischen Anstalt- und Belegkrankenhäusern. Anstaltskrankenhäuser lassen die ärztliche Behandlung durch angestellte Krankenhausärzte erbringen. In Belegkrankenhäusern haben niedergelassene Ärzte das Recht, ihre Patienten oder ihnen überwiesene Patienten ihres Fachgebietes nur stationär zu behandeln (vgl. §§ 121 Abs. 2 SGB V, 23 Abs. 3 BPflV). Der Krankenhausträger hat lediglich die Leistungen zu erbringen, die nicht durch den behandelnden Arzt selbst, sondern mittels der persönlichen und sächlichen Einrichtungen eines Krankenhauses (insbesondere Unterkunft und Verpflegung) gewährt zu werden pflegen.

511 In der Praxis vielfach verwendet, rechtlich indessen ohne Aussagekraft ist die Unterscheidung zwischen Akut- und sonstigen Krankenhäusern (Langzeitkrankenhäuser, Einrichtungen für chronisch Kranke und Nachsorgekliniken). Die Unterscheidung will der Intensität von Pflege entsprechend der Länge der Verweildauer des Patienten Rechnung tragen. Da indessen – wie gezeigt – der Begriff des Krankenhauses sowohl im Sinne des KHG als auch des SGB V im Wesentlichen leistungsrechtlich zu verstehen ist, setzt die Aufnahme eines Patienten in ein Krankenhaus stets die »akute« stationäre Behandlungsbedürftigkeit (§ 39 Abs. 1 SGB V) voraus. Im Sinne des § 107 Abs. 1 SGB V ist daher jedes Krankenhaus ein »Akutkrankenhaus«, während Einrichtungen für chronisch Kranke sowohl dem Krankenhausbegriff als auch dem Rehabegriff des § 107 Abs. 2 SGB V unterfallen können.

(2) Einteilung nach der Trägerschaft des Krankenhauses

512 Unter verfassungsrechtlichen, planungs- und finanzierungsrechtlichen Aspekten hat die Einteilung nach der Trägerschaft des Krankenhauses erhebliche Bedeutung. Träger eines Krankenhauses kann begrifflich nur eine natürliche oder juristische Person sein, die ein Krankenhaus betreibt.[854] Her-

---

854 Pant/Prütting, KHG NRW, § 1 KHG Rn. 32; Quaas in: Quaas/Zuck, Medizinrecht, 2. Aufl., § 24 Rn. 62.

kömmlich unterschieden wird zwischen Krankenhäusern in öffentlicher, freigemeinnütziger und privater Trägerschaft. Öffentliche Krankenhäuser sind solche, deren Träger eine Körperschaft, Anstalt oder Stiftung des öffentlichen Rechts ist, also der Bund, das Land, kommunale Gebietskörperschaften (z. B. Stadt, Landkreis, Zweckverband) u. a. Zu den öffentlichen Krankenhäusern i. d. S. gehören auch die von öffentlich-rechtlichen Institutionen beherrschten Krankenhäuser in privatrechtlicher Gesellschaftsform, insbesondere also die »kommunale Krankenhaus GmbH«.[855] Freigemeinnützige Krankenhäuser stehen in der Trägerschaft von zumeist religiösen, im Übrigen humanitären oder sozialen Vereinigungen und werden auf der Grundlage der Freiwilligkeit und Gemeinnützigkeit betrieben. Innerhalb dieser Trägergruppe haben die kirchlichen Krankenhäuser auf Grund ihrer verfassungsrechtlichen Rechte einen Sonderstatus. Private Krankenhäuser werden von natürlichen und juristischen Personen des Privatrechts, auch von Handelsgesellschaften (z. B. oHG, KG, GmbH) in der Regel nach erwerbswirtschaftlichen Grundsätzen betrieben. Der Unternehmer einer solchen »Privatkrankenanstalt« bedarf nach § 30 GewO einer gewerberechtlichen Konzession zur Aufnahme des Krankenhausbetriebs.

513 Die Pluralität der Krankenhausträger ist ein tragendes Merkmal der stationären Versorgung in der Bundesrepublik Deutschland. Dem Grundsatz der Trägervielfalt kommt Verfassungsrang zu.[856] Seinen einfach-gesetzlichen Niederschlag hat er in § 1 Abs. 2 KHG gefunden. Danach ist bei der Durchführung des KHG die Vielfalt der Krankenhausträger zu beachten. Bei Auswahlentscheidungen im Rahmen der Krankenhausplanung und -finanzierung müssen darüber hinaus freigemeinnützige und private Krankenhausträger bevorzugt berücksichtigt werden (vgl. § 1 Abs. 2 Satz 2 KHG). Dies kann dazu führen, dass einem weniger leistungsfähigen privaten Krankenhaus der Vorzug vor einem leistungsfähigeren öffentlichen Krankenhaus zu geben ist.[857]

c) Der Versorgungsauftrag des Krankenhauses als Umschreibung der gesetzlichen Aufgabenstellung

aa) Gesetzliche Grundlagen

514 Der Versorgungsauftrag des Krankenhauses ist Gegenstand der pflegesatzrechtlichen Regelungen der §§ 17 Abs. 2 Satz 1 KHG, 8 Abs. 1 Satz 3 und Satz 4 KHEntgG, 4 BPflV sowie der Bestimmungen der §§ 39 Abs. 1

---

855 Buse, Geeignete Rechtsformen für kommunale Krankenhäuser, S. 100 ff; Quaas, das Krankenhaus 1992, 59; 2001, 40; ausführlich Leinekugel in: Lenz/Dettling/Kieser, Krankenhausrecht, 201 ff.

856 Quaas, VBlBW 1987, 64; ders. in: Quaas/Zuck, Medizinrecht, 2. Aufl., § 24 Rn. 64 ff.

857 BVerwG, NJW 1987, 2318, 2321; a. A. Dietz in: Dietz/Bofinger, KHG, BPflV und Folgerecht, § 1 KHG Erl. III. 4.

Quaas

Satz 3, 107 Abs. 1 und 109 Abs. 4 Satz 2 SGB V. Eine gesetzliche Definition fehlt. Nach dem Pflegesatzrecht dient die Verwendung des Begriffs einerseits als gesetzliche Zielvorgabe für die Entgelthöhe (§ 17 Abs. 2 Satz 1 KHG), andererseits dürfen die Entgelte für allgemeine Krankenhausleistungen nur im Rahmen des Versorgungsauftrags berechnet werden (§ 8 Abs. 1 Satz 3 KHEntgG). Begrenzenden Charakter hat der Begriff des Versorgungsauftrages auch im Rahmen der Bestimmungen des SGB V: Der Krankenhausbehandlungsanspruch des gesetzlich Versicherten umfasst nach § 39 Abs. 1 Satz 3 SGB V nur die im Einzelfall nach Art und Schwere der Krankheit für die medizinische Versorgung im Krankenhaus notwendigen Leistungen, die »im Rahmen des Versorgungsauftrags« von einem Krankenhaus erbracht werden. Entsprechend ist die Leistungsverpflichtung des Krankenhauses als Rechtsfolge seiner Zulassung auf diese Krankenhausbehandlung im Rahmen seines Versorgungsauftrags beschränkt (§ 109 Abs. 4 Satz 2 SGB V).

bb) Inhalt und Umfang des Versorgungsauftrags

515 Mangels gesetzlicher Definition lassen sich der Inhalt und der Umfang des Versorgungsauftrags eines Krankenhauses nur durch Auslegung der zuvor genannten Bestimmungen einschließlich deren Konkretisierung durch den einem Krankenhaus mit der Planaufnahme erteilten Feststellungsbescheid (§ 8 Abs. 1 Satz 3 KHG) erschließen. In der Regel weisen die Feststellungsbescheide den Standort, die Bettenzahl und die Fachabteilungsgliederung sowie die Versorgungsstufe des Plankrankenhauses aus. Teilweise werden dem Krankenhaus auch besondere Aufgaben zugewiesen. In keinem Bundesland gehören ausdrücklich als solche bezeichnete »Versorgungsaufträge« zu den Einzelfestlegungen der Feststellungsbescheide. Mit der (seltenen) Ausnahme »besonderer Aufgaben« bestimmen die Einzelfestlegungen grundsätzlich nur die strukturellen Eigenschaften des Krankenhauses als Institution, mithin die »Angebotsstruktur« des Krankenhauses. Die Angebotsstruktur des Krankenhauses sagt aber nur sehr wenig über seine Leistungen aus. Die Planungskriterien des Landes sind kapazitäts- und nicht leistungsbezogen. Rückschlüsse auf den Versorgungsauftrag des Krankenhauses lassen sich deshalb oft nur bedingt aus den Einzelfestlegungen des Feststellungsbescheides ziehen.

d) Die Krankenhausleistungen

516 Die dem gesetzlich Versicherten geschuldeten Krankenhausleistungen fasst § 39 Abs. 1 SGB V unter der Bezeichnung »Krankenhausbehandlung« zusammen: »Die Krankenhausbehandlung wird vollstationär, teilstationär, vor- und nachstationär (§ 115 a) sowie ambulant (§ 115 b) erbracht«. Insoweit sind also stationäre und ambulante Krankenhausleistungen ebenso wie vor- und nachstationäre Krankenhausbehandlung zu unterscheiden:

aa) Vor- und nachstationäre Leistungen

Die vor- und nachstationären Leistungen nach § 115 a SGB V sind – wie **517** schon das Wort besagt – keine stationären Leistungen. Sie stehen zwar in engem Zusammenhang mit einer stationären Versorgung, sind aber begrifflich nicht selbst stationäre Behandlung. Die Leistungen werden vor oder nach einer stationären Behandlung erbracht. Die vorstationäre Behandlung soll die Erforderlichkeit einer stationären Krankenhausbehandlung klären oder vorbereiten, ohne den Patienten dazu im Krankenhaus unterbringen zu müssen. Die nachstationäre Behandlung soll den Behandlungserfolg sichern oder festigen, sie soll aber auch eine frühzeitige Entlassung des Patienten erleichtern. Im Bereich der vor- und nachstationären Versorgung nach § 115 a SGB V kommt es häufig zu Kooperationen zwischen Krankenhäusern und niedergelassenen Ärzten, die zahlreiche, oft noch ungeklärte Rechtsfragen aufwerfen.[858]

bb) Ambulante Operationen im Krankenhaus nach § 115 b SGB V

Die durch das GSG neu eingeführte ambulante, weil ohne Eingliederung **518** in das Krankenhaus durchgeführte Form der Krankenhausbehandlung ist durch Bezugnahme von § 39 Abs. 1 Satz 1 auf § 115 b SGB V auf das »ambulante Operieren im Krankenhaus« beschränkt. Der Umfang der insoweit bestehenden rechtlichen Ermächtigung des Krankenhauses ist als Katalog ambulant durchführbarer Operationen und sonstiger stationsersetzender Eingriffe in einem (dreiseitigen) Normenvertrag[859] zu vereinbaren. Für die notwendige Abgrenzung, wann ein Eingriff als ambulant bzw. stationär anzusehen ist, folgt der AOP-Vertrag nicht den allgemeinen, nach der Art der Leistungserbringung definierten Abgrenzungsregeln.[860] Die Abgrenzung erfolgt vielmehr dadurch, dass der AOP-Vertrag die Leistungen aufführt, die Operationen und stationsersetzende Eingriffe gemäß § 115 b SGB V darstellen und diese in zwei Kategorien unterteilt werden: Die eine Kategorie beinhaltet Leistungen, die in der Regel ambulant, die zweite Kategorie umfasst Leistungen, die sowohl stationär als auch ambulant durchgeführt werden können. Die Entscheidung darüber trifft allein der behandelnde (Krankenhaus-)Arzt. Die im Vertrag vereinbarten »allgemeinen Tatbestände« sind rechtlich insoweit bindende »Hinweise«, wann ein Krankenhaus eine »in der Regel« ambulante Leistung stationär erbringt.[861]

---

858 Vgl. u. a. Nölling in: Arztrecht 2010, 88 ff; Quaas, GesR 2009, 459 ff.
859 Vgl. Zuck in: Quaas/Zuck, Medizinrecht, 2. Aufl., § 8 Rn. 2 ff.
860 Ein operativer Eingriff ist danach nur dann »ambulant« im Sinne des § 115 b SGB V, wenn der Patient weder die Nacht vor, noch die Nacht nach dem Eingriff im Krankenhaus verbringt – vgl. BSG, U. v. 08.09.2004 – B 6 KA 14/03 R, MedR 2005, 610; LSG Schleswig-Holstein, MedR 2005, 611, Rau in: Rieger, (Hrsg.), Lexikon des Arztrechts, »Ambulante Krankenhausversorgung«, Rn. 3; Hansen/Roeder, das Krankenhaus 2005, 196 ff.
861 Schwarz/Schreck/Brensge/Schlottmann/Walgr, das Krankenhaus 2003, 599, 601.

519 Für die Durchführung ambulanter Operationen und stationsersetzender Eingriffe sind die Krankenhäuser nach § 115 b Abs. 2 Satz 1 SGB V kraft Gesetzes zugelassen, ohne dass es einer (weiteren) Ermächtigung bedarf. Ebenso wenig ist die Überweisung durch einen Vertragsarzt vorgesehen. Den Umfang des Angebotes zur Durchführung ambulanter Operationen bestimmt das Krankenhaus durch seine Mitteilung nach § 115 b Abs. 2 Satz 2 SGB V.

520 Höchst streitig geworden ist die Abrechnung ambulanter Operationsleistungen des Krankenhauses, wenn die »Hauptleistung« nicht durch Krankenhausärzte, sondern durch niedergelassene, nicht (zugleich) am Krankenhaus angestellte (Vertrags-)Ärzte, allerdings unter Nutzung der Einrichtungen des Krankenhauses, erfolgt ist. Nach Auffassung des LSG Sachsen im Urteil vom 30. April 2008[862] ist ein nach § 115 b SGB V zugelassenes Krankenhaus, das im Rahmen einer Kooperation ambulante Operationsleistungen durch einen niedergelassenen Vertragsarzt im Krankenhaus durchführen lässt, nicht berechtigt, diese Leistungen gemäß § 115 b SGB V gegenüber der zuständigen Krankenkasse abzurechnen. § 7 Abs. 1 AOP-Vertrag gewähre dem Krankenhaus nur einen Anspruch auf Vergütung derjenigen Leistungen, die durch seine Krankenhausärzte erbracht worden sind. Eine Konsiliarleistung im Sinne von § 2 Abs. 2 Satz 2 Nr. 2 KHEntgG liege nicht vor, da nicht der stationäre, sondern der ambulante Bereich betroffen sei.[863]

cc) Ambulante Krankenhausbehandlung nach § 116 b Abs. 2 SGB V

521 § 116 b SGB V beabsichtigt eine Öffnung der Krankenhäuser für die ambulante Versorgung. Sie ist an sich gem. § 116 Satz 2 SGB V und § 31 a Abs. 2 Satz 2 Ärzte-ZV vorrangig Aufgabe der niedergelassenen Vertragsärzte. Mit der durch das GMG[864] mit Wirkung vom 01.01.2004 eingeführten und durch das GKV-WSG[865] geänderten Bestimmung soll als Teil einer »Stufengesetzgebung« ein sukzessiver Systemwandel der Gesundheitsversorgung in Deutschland stattfinden, der eine bessere Verzahnung des ambulanten und stationären Sektors zum Ziel hat. Der Gesetzgeber erhofft sich, ineffiziente Doppelvorhaltungen abzubauen, die Versorgung des Patienten mehr am Behandlungsgeschehen zu orientieren und dadurch insbesondere Wirtschaftlichkeitsreserven zu erschließen. Zu den Kernstücken der Reform ge-

---

862 LSG Sachsen, u. v. 30. April 2008 – L 1 KR 103/07 –, GesR 2008, 548; dazu Quaas, GesR 2009, 459, 462 ff.

863 Kritisch zu dieser Entscheidung des LSG Sachsen u. a. Beume in f & w 2008, 532 ff, Wallhäuser, f & w 2008, 527, Bender, das Krankenhaus 2009, 563 und Quaas GesR 2009, 459, 463 ff.

864 Gesetz zur Modernisierung der gesetzlichen Krankenversicherung (GKV-Modernisierungsgesetz) – GMG vom 14.11.2003 (BGBl. I S. 2190).

865 Gesetz zur Stärkung des Wettbewerbs in der gesetzlichen Krankenversicherung (GKV-Wettbewerbsstärkungsgesetz – GKV-WSG) – vom 26.03.2007 (BGBl. I. S. 378).

hört die Novellierung des § 116 b SGB V, mit dem die im Rahmen der Krankenhausplanung eines Landes »zugelassenen« Krankenhäuser institutionell – also über die Durchführung ambulanter Operationen im Krankenhaus gem. § 115 b SGB V hinaus – neben den Vertragsärzten den Versicherten für die ambulante Versorgung als zusätzliche bzw. sie ersetzende Leistungserbringer zur Verfügung gestellt werden. § 116 b SGB V ermöglicht in Abs. 1 den Krankenkassen, im Rahmen von strukturierten Behandlungsprogrammen für chronisch Kranke (Disease Management-Programme) bedarfsorientierte Verträge mit ausgewählten Krankenhäusern über eine komplementäre ambulante Leistungserbringung abzuschließen. Mit den Bestimmungen der Abs. 2 bis 5 werden die Krankenhäuser bei hochspezialisierten Leistungen sowie zur Behandlung seltener Erkrankungen und von Erkrankungen mit besonderen Krankheitsverläufen in die ambulante Leistungserbringung eingebunden, indem sie auf ihren Antrag hin von der zuständigen Planungsbehörde des Landes die Zulassung bei Vorliegen der gesetzlichen Voraussetzungen erhalten. Insgesamt soll mit der u. a. durch § 116 b SGB V geschaffenen »Verflechtung der Leistungssektoren« die Versorgung »aus einer Hand« ermöglicht werden. Zugleich wird damit bewusst ein Wettbewerbsfeld zwischen den Vertragsärzten und den Krankenhäusern jenseits der Hausarzttätigkeit und entlang der sog. »Facharztschiene« eröffnet, um insbesondere die Einzelpraxis dort zurückzudrängen, wo die Behandlungsqualität komplexer Versorgung im Vordergrund steht und im Rahmen der neuen Möglichkeiten zu steigern ist. § 116 b SGB V komplettiert insoweit die parallelen Bemühungen des Gesetzgebers, über die Gründung und Zulassung von Medizinischen Versorgungszentren (MVZ) und den Abschluss von Integrationsverträgen (IV) zwei der Hauptursachen der seit Jahrzehnten bestehenden Finanznot und Unwirtschaftlichkeit der gesetzlichen Krankenversicherung (GKV) zu überwinden: Die sektorale Trennung zwischen der ambulanten und der stationären Versorgung, verbunden mit der Vorhaltung einer »doppelten Facharztstruktur« sowie die Ineffizienz und Starre des Kollektivvertragssystems unter der Vorherrschaft der KVen.[866]

522 Zur Versorgung nach § 116 b SGB V zugelassen werden können nur »geeignete« Krankenhäuser. Die Eignung des Krankenhauses ist damit tatbestandliche Voraussetzung für seine »Bestimmung« zur Leistungserbringung. Dabei bezieht sich die Eignung auf die Erbringung der im Katalog genannten Leistungen, weshalb Krankenhäuser der Grundversorgung im Regelfall als Leistungserbringer ausscheiden.[867] Der Wortlaut: »eine Bestimmung darf nicht erfolgen, wenn und soweit das Krankenhaus nicht geeignet ist« spricht aber dafür, dass der Gesetzgeber zunächst von einer Eignung

---

866 Zu diesen Koordinationsproblemen und Lösungsoptionen vgl. Lang in: VSSR 2008, 111 ff.
867 Hohnholz in Hauck/Noftz, Sozialgesetzbuch, Loseblatt, Kommentar, K § 116 b Rn. 7.

Quaas

der Krankenhäuser zur Leistungserbringung ausgeht. Daraus folgt, dass im Rahmen der Krankenhausplanung die Nichteignung eines Krankenhauses (durch die Planungsbehörde) nachgewiesen werden muss.[868] Im Übrigen gelten gemäß § 116 b Abs. 3 Satz 2 SGB V für die sächlichen und personellen Anforderungen an die ambulante Leistungserbringung des Krankenhauses die Anforderungen für die vertragsärztliche Versorgung entsprechend. Darüber hinaus legt § 116 b Abs. 4 Satz 3 SGB V fest, dass der Gemeinsame Bundesausschuss (GBA) in seinen Richtlinien zu § 116 b SGB V zusätzliche sächliche und personelle Anforderungen sowie die einrichtungsübergreifenden Maßnahmen der Qualitätssicherung nach § 135 a i. V. m. § 137 SGB V zu regeln hat. Das bedeutet insbesondere, dass die Qualitätssicherungsvereinbarungen nach § 135 Abs. 2 SGB V auch für die Krankenhäuser gelten.[869] Diese Vereinbarungen sind zwar nicht vollständig auf den Krankenhausbereich, wohl aber »entsprechend« zu beachten.[870] Hierbei ist auch auf die Richtlinien nach § 135 a i. V. m. § 137 SGB V zurückzugreifen (§ 116 b Abs. 4 Satz 4 SGB V). Dazu sieht § 3 der Richtlinie »Ambulante Behandlung im Krankenhaus nach § 116 b SGB V« vor, dass diese personellen Anforderungen erfüllt werden müssen. Sie sind für die jeweiligen Leistungen unterschiedlich. Sind keinerlei besondere Anforderungen aufgestellt worden, so ist im Mindestmaß der sog. Facharztstandard zu erbringen. Bei Leistungen, die in der vertragsärztlichen Versorgung genehmigungspflichtige Leistungen sind, sind im Grundsatz die fachlichen Qualifikationen aus den jeweiligen Vorschriften über die Qualitätssicherung zu erfüllen. Dies gilt nicht für etwaige Forderungen von Mindestmengen als Voraussetzung der Leistungserbringung, wie das z. T. in den Richtlinien enthalten ist.[871] Solche Mindestmengenforderungen lassen sich aus § 116 b SGB V nicht herleiten. Vielfach kann das Krankenhaus diese Bedingung schon deshalb nicht erfüllen, weil es (noch) nicht zur ambulanten Versorgung zugelassen ist[872] Soweit die Richtlinien ausschließlich arztbezogene Voraussetzungen (für die Leistungserbringung und Abrechnung) regeln, kommt es für deren »entsprechende« Anwendung (§ 116 b Abs. 3 Satz 2, Abs. 4 Satz 3 SGB V) darauf an, ob es sich insoweit um »sächliche und personelle Anforderungen an die Leistungserbringung« handelt, da nach der Rechtsprechung des BSG[873] § 116 b SGB V nur insoweit auf § 135 SGB V verweist. Darüber

---

868 Hohnholz, a.a.O.
869 Dazu Offermanns, Krankenhausumschau 2007, 388 ff; Schmidt-Rettig/Arnold, Krankenhaus und ambulante Versorgung, Loseblatt I/237, 248 ff, 264 ff.
870 Schmidt-Rettig/Arnold, Krankenhaus und ambulante Versorgung, Loseblatt, I /237.
871 Wie hier Schroeder-Printzen in: Ratzel/Luxemburger (Hrsg.), Handbuch Medizinrecht, § 7 Rn. 425; a. A. Offermanns, Krankenhausumschau 2007, 388 (392).
872 Schroeder-Printzen in: Ratzel/Luxemburger (Hrsg.), Handbuch Medizinrecht, § 7 Rn. 425.
873 BSG, U. v. 27.03.2007 – B 1 KR 25/06 R.

hinausgehende Vorgaben für den vertragsärztlichen Bereich, z. B. etwaige Prüf- oder Genehmigungsvorbehalte der KVen, kommen somit weder für die Eignung des Krankenhauses noch die Leistungserbringung (und Abrechnung) zur Anwendung.[874]

Von rechtlich weitaus höherer Relevanz ist die Frage, ob § 116 b Abs. 2 SGB V einen Rechtsanspruch des (geeigneten) Krankenhaus begründet oder die »Bestimmung« durch die Landesbehörde als Ermessensentscheidung ausgestaltet ist. Der Wortlaut des § 116 b Abs. 2 SGB V spricht in dessen Satz 1 (»ein zugelassenes Krankenhaus ist … berechtigt, wenn und soweit …. bestimmt worden ist«) für einen Rechtsanspruch, während dessen Satz 2 (»…eine Bestimmung darf nicht erfolgen .«) einer Ermessensermächtigung nahe kommt. Die Literatur ist dementsprechend unterschiedlicher Auffassung.[875] Da eine Bedarfsprüfung nicht stattfindet, sondern die bedarfsunabhängige Zulassung des Krankenhauses lediglich voraussetzt, dass dieses die Eignungserfordernisse erfüllt und § 116 b Abs. 2 Satz 2 SGB V lediglich als negative, das Krankenhaus schützende Bestimmung normiert ist, wann eine Bestimmung des Krankenhauses nicht erfolgen darf, spricht unter Berücksichtigung des Grundrechts der Berufsfreiheit (Art. 12 Abs. 1 GG) des den Antrag stellenden Krankenhauses alles für einen Rechtsanspruch, sofern die Tatbestandsvoraussetzungen des § 116 b Abs. 2 SGB V erfüllt sind.

dd) Voll-/teilstationäre Versorgung

Es gibt keine Rechtsvorschriften zur Abgrenzung der stationären Leistungen von den ambulanten Leistungen. Die stationäre Leistung ist allgemein dadurch bestimmt, dass der Patient im Krankenhaus »untergebracht« wird, dass er dort für einen gewissen Zeitraum verbleibt und er in dieser Zeit sich im Verantwortungs- und Obhutsbereich des Krankenhauses befindet.[876] Das kann vollstationär oder teilstationär geschehen. Von einer vollstationären Versorgung wird gesprochen, wenn der Patient Tag und Nacht im Krankenhaus untergebracht ist, meist auf unbestimmte Zeit. Eine teilstationäre Versorgung liegt vor, wenn der Patient für eine bestimmte Tageszeit (einmalig oder in Intervallen) in dem oben genannten Sinne im Krankenhaus untergebracht ist, z. B. in einer in der Psychiatrie häufig anzutreffenden Tagesklinik oder Nachtklinik (Unterbringung nur am Tag oder zur Nachtzeit). Eine vollstationäre Versorgung wird jedoch nicht dadurch ausgeschlossen,

523

524

---

874 Wagener/Weddehage, MedR 2007, 643 (645).

875 Für einen Rechtsanspruch des Krankenhauses u. a. DKG, das Krankenhaus 2007, 411 (416); Mohr, Krankenhausumschau 2007, 444 (445); Quaas/Dietz, f & w 2007, 442 (443); für eine Ermessensermächtigung Stollmann, ZMGR 2007; 134 (136); Wenner, GesR 2007, 337 (343).

876 Vgl. Dietz in: Dietz/Bofinger, KHG, BPflV und Folgerecht, Erläuterung 3 zu § 1 BPflV.

dass ein Patient z. B. bereits wieder am Tage der Aufnahme entlassen werden kann.

525 Die Abgrenzung, ob eine ambulante oder eine stationäre Behandlung erbracht worden ist, erweist sich gerade bei Operationen als schwierig, da diese entweder ambulant, teilstationär oder stationär durchgeführt werden können. Die Rechtsprechung des BSG hebt entscheidend auf das Merkmal der geplanten Aufenthaltsdauer ab. Danach liegt eine vollstationäre Behandlung (nur) vor, wenn nach dem Behandlungsplan des Krankenhausarztes eine physische und organisatorische Eingliederung des Patienten in das spezifische Versorgungssystem des Krankenhauses gegeben ist, die sich zeitlich über mindestens einen Tag und eine Nacht erstreckt.[877] Nimmt der Krankenhausarzt den Patienten stationär auf und stellt sich nachträglich heraus, dass eine stationäre Behandlung nicht notwendig war, wird dadurch eine (stationäre) Behandlung nicht ausgeschlossen und etwa in eine ambulante Behandlung »umgewandelt«.[878] Ebenso wenig schließt eine Aufenthaltsdauer von nur 13,5 Stunden »über Nacht« das Vorliegen einer stationären Krankenhausbehandlung aus.[879] Diese Rechtsprechung hat der 3. Senat mit Urteil vom 28.02.2007[880] für die Frage der Behandlung auf einer Intensivstation von weniger als 24 Stunden ergänzt. Er hat festgestellt, dass die Abgrenzung nach der geplanten Aufenthaltsdauer weniger geeignet ist, wenn es nicht um die Abgrenzung eines stationären Eingriffs vom ambulanten Operieren oder anderen stationsersetzenden Eingriffen geht, sondern um die Abgrenzung einer nicht operative stationären Behandlung von einer ambulanten Behandlung im Krankenhaus – wie sie etwa bei der Notfallversorgung vorgesehen ist (§ 115 Abs. 2 Satz 1 Nr. 3 SGB V). Verbringt der Patient dabei einen Tag und eine Nacht im Krankenhaus, handelt es sich auch hier um eine stationäre Behandlung, weil damit die vollständige Eingliederung des Patienten in den Krankenhausbetrieb augenfällig ist. Ist dies nicht der Fall, folgt daraus aber nicht zwingend, dass es sich dann nur um eine ambulante Behandlung handeln kann. Entscheidend kommt es vielmehr darauf an, in welchem Umfang neben der Dauer der Behandlung der Patient die Infrastruktur des Krankenhauses in Anspruch nimmt. Wird jemand mit Verdacht auf eine lebensbedrohliche Erkrankung in einer eigens für solche Fälle vorgehaltene Intensivstation eingeliefert, dann kann schon rein begrifflich keine ambulante Behandlung vorliegen.[881]

---

877 BSG, U. v. 04.03.2004 – B 3 KR 4/04 R, GesR 2004, 382 = SGb 2005, 41 m. Anm. Trefz; U. v. 08.09.2004 – B 6 KA 14/03 R, GesR 2005, 39; U. v. 17.03.2005 – B 3 KR 11/04 R, SozR 4-2500 § 39 Nr. 5 = KRS 05.009; U. v. 28.02.2007, GesR 2007, 423; s. a. Hambüchen, GesR 2008, 393, 398 f.
878 SG Augsburg, U. v. 26.07.2006 – S 12 KR 276/05, KRS 06.043.
879 SG Augsburg, U. v. 08.11.2006 – S 12 KR 222/06, KRS 06.050.
880 BSG, U. v. 28.02.2007, GesR 2007, 423.
881 Hambüchen, GesR 2008, 393, 398.

ee) Allgemeine Krankenhausleistungen und Wahlleistungen

Die bisher behandelten Leistungen des Krankenhauses sind solche, die das **526**
Krankenhaus als Leistungserbringer dem Versicherten der GKV auf der
Grundlage des SGB V schuldet. Davon zu unterscheiden sind die Krankenhausleistungen im Sinne des Pflegesatzrechts, die in allgemeine Krankenhausleistungen und Wahlleistungen unterschieden werden.

(1) Allgemeines

Die allgemeinen Krankenhausleistungen sind in der Regel mit den Kran- **527**
kenhausleistungen identisch, die das Krankenhaus dem Versicherten schuldet. Es handelt sich um »notwendige« Leistungen, die für die Versorgung
des Patienten im Krankenhaus hinsichtlich der ärztlichen Behandlung, der
Pflege, der Versorgung mit Arznei-, Heil- und Hilfsmitteln notwendig sind
und schließen Unterkunft und Verpflegung ein. Mit den auf der Grundlage
der BPflV vereinbarten Pflegesätzen bzw. den sich auf der Grundlage des
KHEntgG ergebenden Entgelten werden alle für die Versorgung des Patienten erforderlichen allgemeinen Krankenhausleistungen vergütet (Vgl. § 10
Abs. 2 BPflV, § 7 Abs. 1 Satz 2 KHEntgG).

Das Leistungsangebot eines Krankenhauses geht indessen, da es nicht nur **528**
gesetzlich, sondern in der Regel auch privatversicherte Patienten behandelt,
über diese notwendigen Leistungen (= allgemeine Krankenhausleistungen) hinaus. Dem privat Versicherten sowie dem Selbstzahler werden auch
»Wahlleistungen« angeboten, ohne dass das Pflegesatzrecht definiert, was
Wahlleistungen sind. Es begnügt sich mit dem Hinweis, dass es sich um »andere« als allgemeine Krankenhausleistungen handelt (vgl. § 17 Abs. 1 Satz 1
KHEntgG).

(2) Wahlärztliche Leistungen

Hauptanwendungsfall der Wahlleistungen sind die »**wahlärztlichen Leis-** **529**
tungen«. Auch ihr Inhalt wird pflegesatzrechtlich nicht festgelegt. Hier
muss man auf das Herkommen sowie die Literatur und Rechtsprechung
zurückgreifen. Diese stellt weniger auf Pflegesatzrecht als auf § 613 BGB
und das Recht der Allgemeinen Geschäftsbedingungen[882] ab. Eine Abgrenzung der allgemeinen Krankenhausleistungen von den Wahlleistungen erfolgt durch die Zivilgerichte allenfalls ansatzweise. Nach § 613 BGB hat der
zur Dienstleistung Verpflichtete die Dienste im Zweifel in Person zu erbringen. Von Bedeutung ist auch § 4 Abs. 2 GOÄ, wonach der Arzt nur eigene
Leistungen im Sinne dieser Vorschrift abrechnen darf. Darauf stellt auch der
Bundesgerichtshof in seinem Grundsatzurteil vom 20.12.2007 maßgebend
ab.[883]

---

882 §§ 305 ff. BGB.
883 BGH, U. v. 20.12.2007 Az.: III ZR 144/07. Der BGH hebt hervor: »Dies ist auch
     und gerade bei der Vereinbarung einer so genannten Chefarztbehandlung der

530   Der Wahlarzt braucht jedoch nicht sämtliche Leistungen in Person, also »eigenhändig« erbringen. Er darf sich unter Beachtung der Vorgaben des § 4 Abs. 2 GOÄ zur eigenen und abrechnungsfähigen Leistung der Mithilfe seiner ärztlichen Mitarbeiter bedienen. Im Rahmen dieser Vorschrift darf er deshalb auch deren Leistungen als eigene Leistungen nach der Gebühren-ordnung für Ärzte abrechnen (Delegation).[884]

(3) Wahlleistungsentgelt

531   Anders als die Entgelte für allgemeine Krankenhausleistungen ist das Ent-gelt für Wahlleistungen nicht mit Außenstehenden zu vereinbaren, z. B. den Krankenkassen. Es gilt Zivilrecht. Entgelte sind deshalb zwischen Kranken-haus und dem Wahlleistungspatienten zu vereinbaren. Allerdings ist dabei zu beachten, dass die Pflegesätze – auch Wahlleistungsentgelte sind begriff-lich Pflegesätze – nach § 17 Abs. 1 Satz 1 KHG für alle Benutzer einheit-lich zu berechnen sind. Dies führt zu einem für alle Patienten maßgebenden Krankenhaustarif. Das daraus sich ergebende konkrete Entgelt muss aller-dings von der Vereinbarung mit dem Wahlleistungspatienten umfasst sein.

532   Für wahlärztliche Leistungen gibt Pflegesatzrecht[885] vor, dass sie nach der Gebührenordnung für Ärzte zu berechnen sind. Wenn das Krankenhaus selbst – also nicht ein liquidationsberechtigter Arzt – die wahlärztlichen Leistungen rechtlich anbietet und schuldet, so gilt die GOÄ entspre-chend.[886] Zu beachten ist insbesondere § 4 Abs. 2 GOÄ über die Abrech-nung als eigene ärztliche Leistung und § 6 a GOÄ über eine Honorarmin-derung um 25 bzw. 15%.[887] Der Wahlarzt und der liquidationsberechtigte Krankenhausarzt einer Wahlleistungskette muss sein Honorar danach um 25% mindern. Rechtlich umstritten war, ob ein externer Arzt, der für einen Wahlleistungspatienten in eigener Praxis ohne Inanspruchnahme von Mit-teln des Krankenhauses Leistungen erbracht hat, sein privatärztliches Ho-norar um 15% mindern muss. Nach Auffassung des BGH[888] lässt der Wort-laut des § 6 a GOÄ nicht eindeutig erkennen, nach welchen Kriterien der stationäre Charakter der privatärztlichen Leistung des externen Arztes hier beurteilt werden soll. Er stellt deshalb auf den Zweck dieser Vorschrift als

---

Fall. Der Patient schließt einen solchen Vertrag im Vertrauen auf die besonderen Erfahrungen und die herausgehobene medizinische Kompetenz des von ihm aus-gewählten Arztes, die er sich in Sorge um seine Gesundheit gegen Entrichtung eines zusätzlichen Honorars für die Heilbehandlung sichern will«.

884   Näheres hierzu sowie zur Vertretung des Wahlarztes: Schulte/Eberz, MedR 2003, 388; Dietz, a. a. O., Erl. IV 7.3. sowie aus rechtsdogmatischer Sicht unter Einschluss des Rechts der allgemeinen Geschäftsbedingungen (§§ 305 ff. BGB) Spickhoff, NZS 2004, 57.

885   § 22 Abs. 3 BPflV und ab 1. 1. 2005 § 17 Abs. 3 KHEntgG.

886   Vgl. grundlegend zur GOÄ Quaas/Zuck, Medizinrecht, § 13 Rn. 40 ff.

887   Näheres hierzu Dietz, a. a. O., Erl. III 5 zu § 17 KHEntgG u. o. § 13 Rn. 57 ff.

888   BGHZ 151, 102.

einer Schutzvorschrift zugunsten des privatärztlich behandelnden Patienten ab, der davor bewahrt werden soll, wegen der Vergütung ärztlicher Leistungen doppelt belastet zu werden. Der BGH geht allerdings nicht von einer solchen Doppelbelastung aus, da die Kosten externer ärztlicher Leistungen für Wahlleistungspatienten in dem Pflegesatz für Allgemeine Krankenhausleistungen nicht enthalten sind. Das Gericht geht jedoch von einer Mehrbelastung des Wahlleistungspatienten aus, da der Allgemeine Pflegesatz auch Kosten für ärztliche Drittleistungen als Teil der Allgemeinen Krankenhausleistungen für Regelleistungspatienten enthalte. Diesen darin enthaltenen Anteil müsse auch der Wahlleistungspatient über den allgemeinen Pflegesatz mitbezahlen. Eine solche Mehrbelastung rechtfertige den Honorarabschlag nach § 6 a GOÄ. Auf die konkrete Höhe der Mehrbelastung komme es nach dieser Vorschrift nicht an.

(4) Wahlleistungsvereinbarung

Es wird ausdrücklich in § 17 Abs. 2 KHEntgG vorgeschrieben, dass die Wahlleistungen vor ihrer Erbringung schriftlich zu vereinbaren sind und dass der Patient vor Abschluss der Vereinbarung schriftlich über die Entgelte der Wahlleistungen und deren Inhalt im Einzelnen zu unterrichten ist. Zumindest hinsichtlich der wahlärztlichen Leistungen ist dies als eine Überreglementierung anzusehen. Der Patient, der wahlärztliche Leistungen vereinbart, ist fast ausnahmslos hiergegen bei einer privaten Krankenversicherung versichert. Der Sache nach würde es genügen, wenn er darauf hingewiesen wird, dass das von ihm zusätzlich zu entrichtende Entgelt sich nach der Gebührenordnung für Ärzte richtet. Auch der Privatpatient, der ambulante Leistungen in Anspruch nimmt – das geschieht weit häufiger – muss nicht im Einzelnen über das Arzthonorar aufgeklärt werden und macht seine Entscheidung, sich ärztlich behandeln zu lassen, nicht von einer solchen Belehrung abhängig. Die Vorschrift ist allerdings da und muss beachtet werden. Sie hat zu zahlreichen unterschiedlichen obergerichtlichen Entscheidungen geführt, die mit der Krankenhausrealität und dem was ein Krankenhaus vernünftigerweise an Aufklärung zu leisten vermag, oft nicht vereinbar sind.[889]

533

Etwas moderater und realitätsbezogener ist dagegen die Rechtsprechung des BGH.[890] Sie berücksichtigt, dass bereits die bindend vorgeschriebene Anwendung der GOÄ gewährleistet, dass jeder Patient in jedem Krankenhaus eine im Wesentlichen gleich hohe Vergütung zu zahlen hat. Es sei deshalb nicht der geschuldete »Endpreis«, sondern Art und Weise des Zustandekommens dieses Preises zu erläutern. Hierfür genüge es jedoch nicht, lediglich auf die Abrechnung nach der GOÄ hinzuweisen. Es müsse

534

---

889 Kritisch dazu Dietz, in: Dietz/Bofinger, KHG, BPflV und Folgerecht, Erl. II 4 zu § 17 KHEntgG; zu den Wahlleistungsvereinbarungen vgl. u. a. Kuhla, MedR 2002, 280.
890 U. v. 27. 11. 2003 III ZR 37/03, NJW 2004, 684.

vielmehr das Zustandekommen der Vergütung näher erläutert werden und ein Hinweis auf die Wahlarztkette erfolgen. Das wird näher dargelegt. Der BGH geht jedoch insoweit über eine Unterrichtung »über die Entgelte« hinaus, als er auch einen Hinweis darauf fordert, dass der Patient auch ohne Wahlleistungsvereinbarung die notwendige ärztliche Versorgung erhalte und dass die Vereinbarung wahlärztlicher Leistungen eine erhebliche finanzielle Mehrbelastung zur Folge haben kann. Diesen Anforderungen kann das Krankenhaus jedoch leicht entsprechen.

2. Gesellschaftsrechtliche Organisationsstruktur

535   Krankenhäuser sind Einrichtungen, die der Versorgung der Bevölkerung mit ärztlichen und pflegerischen Leistungen dienen. Als Einrichtung hat das Krankenhaus keine Rechtspersönlichkeit, kann also beispielsweise weder Verträge schließen noch auf Schadensersatz in Anspruch genommen werden. Haftungssubjekt ist stets nur die Rechtspersönlichkeit, die das Krankenhaus trägt. Diese wird als Krankenhausträger bezeichnet.[891] Der mit einer Rechtspersönlichkeit ausgestattete Krankenhausträger wird entweder durch Gesellschaftsrecht »geschaffen« oder besteht historisch »gewachsen«, wie etwa Gemeinden.

a) Krankenhausträger in Deutschland

536   Traditionell wird in Deutschland zwischen sogenannten öffentlichen, freigemeinnützigen und privaten Krankenhäusern unterschieden. Entsprechend wird zwischen Krankenhausträgern differenziert. Die Trägervielfalt ist darauf zurückzuführen, dass es keine Subsidiarität von öffentlichen zu privaten oder freigemeinnützigen Trägern, wie in anderen Rechtsbereichen, gibt.[892] Entscheidend für die Abgrenzung zwischen den verschiedenen Trägerformen ist, in wessen (wirtschaftlicher) Verantwortung die Einrichtung liegt und nicht, welche gesellschaftsrechtliche Form der Träger hat. Bei öffentlichen Krankenhäusern ist der Träger – zumindest überwiegend – die öffentliche Hand, also eine (Gebiets-)Körperschaft, Anstalt oder Stiftung des öffentlichen Rechts (z.B. Kommune, Landkreis). Zu den öffentlichen Krankenhausträgern zählen auch die von öffentlichen-rechtlichen Institutionen beherrschten Einrichtungen, wie etwa die »kommunale Krankenhaus GmbH«.[893] Freigemeinnützige Krankenhäuser stehen in der Trägerschaft der freien Wohlfahrtspflege (einschließlich der Religionsgemeinschaften des öffentlichen Rechts). Von privaten Krankenhäusern spricht man, wenn diese in der Trägerschaft einer Privatperson stehen – gemeint ist, nicht in öffentlicher oder freigemeinnütziger

---

891 Quaas/Zuck, Medizinrecht, 2. Auflage 2008, § 24 Rn. 62.
892 Friedrich in: Huster/Kaltenborn (Hrsg), Krankenhausrecht, 1. Auflage 2010, § 16 A Rn. 4.
893 Quaas/Zuck, Medizinrecht, 2. Auflage 2008, § 24 Rn. 62.

Hand sind. Sie zeichnen sich dadurch aus, dass sie nach erwerbswirtschaftlichen Grundsätzen geführt werden und nicht gemeinnützig wie öffentliche
und freigemeinnützige Krankenhäuser. Der Träger einer solchen »Privatkrankenanstalt« benötigt nach § 30 GewO eine Konzession.

Das Statistische Bundesamt ermittelte für das Jahr 2008 2.083 Krankenhäuser in Deutschland, wobei 571 in öffentlicher, 673 in freigemeinnütziger und
537 in privater Trägerschaft standen.

537

	Anzahl 2008	Anzahl 2007	Veränderung 2008/2007
Krankenhäuser insgesamt	2.083	2.087	-0,2%
Allgemeine Krankenhäuser davon	1.781	1.791	-0,6%
öffentliche Krankenhäuser	571	587	-2,7%
freigemeinnützige Krankenhäuser	673	678	-0,7%
private Krankenhäuser	537	526	2,1%
aufgestellte Betten insgesamt	503.360	506.954	-0,7%
Allgemeine Krankenhäuser davon	464.288	468.169	-0,8%
öffentliche Krankenhäuser	225.461	229.971	-2,0%
freigemeinnützige Krankenhäuser	167.855	167.739	0,1%
private Krankenhäuser	70.972	70.459	0,7%
Berechnungs-/Belegungstage insgesamt	142.534.888	142.893.016	-0,3%
Allgemeine Krankenhäuser davon	129.423.617	129.943.448	-0,4%
öffentliche Krankenhäuser	64.276.271	65.364.484	-1,7%
freigemeinnützige Krankenhäuser	45.768.824	45.496.770	0,6%
private Krankenhäuser	19.378.522	19.082.194	1,6%
Fallzahl insgesamt	17.519.579	17.178.573	2,0%
Allgemeine Krankenhäuser davon	16.993.276	16.670.545	1,9%
öffentliche Krankenhäuser	8.480.427	8.416.378	0,8%
freigemeinnützige Krankenhäuser	6.025.405	5.846.393	3,1%
private Krankenhäuser	2.487.445	2.407.774	3,3%
durchschnittliche Verweildauer in Tagen	8,1	8,3	-2,2%
Allgemeine Krankenhäuser davon	7,6	7,8	-2,3%
öffentliche Krankenhäuser	7,6	7,8	-2,4%
freigemeinnützige Krankenhäuser	7,6	7,8	-2,4%
private Krankenhäuser	7,8	7,9	-1,7%

Quelle: Statistisches Bundesamt, www.destatis.de (Stand: 7.9.2010)

Flachsbarth

538 Damit waren 2008 32,2 % der Krankenhäuser in öffentlicher, 37,5 % in freigemeinnütziger und 29,5 % in privater Trägerschaft.

b) Entwicklung

539 Die Anzahl der Krankenhäuser ist rückläufig. Waren es 1991 noch 2.411, so sank ihre Zahl 2008 auf 2.083.[894] Der Vergleich der Jahre 2007 und 2008 zeigt, dass die Zahl der freigemeinnützigen Krankenhäuser relativ stabil blieb. In beinahe gleichem Umfang wie die Anzahl der öffentlichen Krankenhäuser abnahmen, nahm die Zahl der in privater Hand liegender Krankenhäuser zu. So wurden in den letzten Jahren viele kommunale (öffentliche) Krankenhäuser von privaten Trägern übernommen. Insbesondere sogenannte »Klinikketten« zeigten nicht nur Interesse an kleineren Krankenhäusern, sondern auch an Hochschulkliniken. Es steht zu bezweifeln, dass sich dieser Trend fortsetzt. Für öffentliche Krankenhäuser, die sich etwa in strukturschwachen Regionen befinden, wird es möglicherweise zukünftig weniger Interessenten geben, wenn es auch großen privaten Krankenhausträgern unter Nutzung von Synergieeffekten aufgrund steigender Kosten und zurückgehender Einnahme nicht möglich sein wird, einen gewinnbringenden Betrieb herbeizuführen.

c) Gesellschaftsrechtliche Formen der Krankenhausträger

540 Das Gesetz kennt keinen *numerus clausus* der den Krankenhausträgern zur Verfügung stehenden Gesellschaftsformen. Es haben sich jedoch typische gesellschaftsrechtliche Formen bei den unterschiedlichen Krankenhausträgern herausgebildet:

aa) Öffentliche Krankenhäuser

541 Bei öffentlichen Krankenhäusern handelte es sich in der Vergangenheit überwiegend um sog. Eigenbetriebe. In diesem Fall betreibt die öffentliche Hand, beispielsweise eine Gebietskörperschaft das Krankenhaus unmittelbar als eigenens. Krankenhausträger und damit Haftungssubjekt ist in diesem Fall die Gebietskörperschaft, die als Körperschaft des Öffentlichen Rechts eine eigene Rechtspersönlichkeit hat.

542 Da es der öffentlichen Hand aufgrund ihres Statuts (z. B. Gemeindeordnung) häufig nicht möglich ist, einen effizienten Krankenhausbetrieb herbeizuführen, gründeten beispielsweise viele Gebietskörperschaften in den vergangenen Jahren zumeist Gesellschaften mit beschränkter Haftung (GmbH) und übertrugen diesen ihre Krankenhäuser. Dies hatte zudem den Vorteil, dass sich nunmehr auch andere Gebietskörperschaften an den Krankenhausträgergesellschaften beteiligen konnten und zugleich die Gesellschaft noch weitere Einrichtungen übernehmen konnte. Auch andere Gesellschaftsformen kommen in Betracht, wie zum Beispiel die Aktienge-

---

894 Quelle: Statistisches Bundesamt, www.destatis.de (Stand: 7.9.2010).

Flachsbarth

sellschaft (AG). Sie sind in der Praxis jedoch eher selten anzutreffen. Teilweise wird von den Landeskrankenhausgesetzen vorgeschrieben, dass von der öffentlichen Hand nur geeignete oder den Gemeindeordnungen entsprechende Gesellschaftsformen gewählt werden dürfen.[895] Zumeist wird die GmbH den wirtschaftlichen Bedürfnissen der öffentlichen Hand und den gesetzlichen Anforderungen gerecht.

Solange die öffentliche Hand die Mehrheit der Gesellschaftsanteile an der das Krankenhaus tragenden Gesellschaft innehat, spricht man weiterhin von einem öffentlichen Krankenhaus, auch wenn sich einer privatrechtlichen Gesellschaftsform bedient wird.[896]   **543**

bb) Freigemeinnützige Krankenhäuser

Religionsgemeinschaften, soweit sie Körperschaften des öffentlichen Rechts im Sinne Art. 140 GG, 137 Abs. 5 WRV sind, haben eine Rechtspersönlichkeit und können damit Krankenhausträger sein.[897] Die meisten freigemeinnützigen Krankenhäuser werden heute jedoch durch Gesellschaften, deren Gesellschafter caritative Organisationen sind, betrieben. Häufig wird sich dabei der Gesellschaftsform der GmbH bedient. In Betracht kommen auch AG, ein Verein und eine Stiftung. Firmiert wird dabei regelmäßig mit einem Zusatz – »gGmbH« oder »gAG«. Dieser soll – obwohl er gesellschaftsrechtlich nicht vorgesehen und an sich nicht in das Handelsregister eintragungsfähig ist[898] – die Gemeinnützigkeit im Sinne des Steuerrechts zu Ausdruck bringen.   **544**

cc) Private Krankenhäuser

Der Träger eines privaten Krankenhauses kann sich prinzipiell aller Gesellschaftsformen bedienen. Er kann das Krankenhaus als Privatperson betreiben, er kann jedoch auch eine GmbH oder eine AG gründen. Anzutreffen sind in der Praxis auch Personengesellschaften, wie die (GmbH & Co.) KG. Die Wahl der Gesellschaftsform ist insbesondere abhängig von der Struktur der Gesellschafter, der (wirtschaftlichen) Ausrichtung und nicht zuletzt von steuerrechtlichen Aspekten.   **545**

In der Praxis ist häufig vorzufinden, dass Träger eines oder mehrerer verbundener Krankenhäuser eine GmbH ist, deren Gesellschaftsanteile von einer weiteren Gesellschaft gehalten werden, die weitere Anteile an anderen Krankenhausträgergesellschaften hält (Holding). Dabei handelt es sich   **546**

---

895 Vgl. Baden-Württemberg: § 38 Abs. 3 Nr. LKHG; Bayern: Art. 25 BayKrG; Hessen: § 14 Abs. 2 HKHG.
896 Quaas/Zuck, Medizinrecht, 2. Auflage 2008, § 24 Rdnr. 62; Rehborn in: Ratzel/Luxenburger (Hrsg.), Handbuch Medizinrecht, 1. Auflage 2008, § 29 Rdnr. 38.
897 Vgl. BGH, Urteil vom 24.11.1993 – XII ZR 51/92 – BGHZ 124, 173, 174.
898 OLG München, Beschluss vom 13.12.2006 – 31 Wx 084/06 – BayObLGR 2007, 133, 134; außer in Bayern erfolgt in anderen Bundesländern häufig dennoch die Eintragung mit dem Zusatz »gGmbH« oder »gAG«.

Flachsbarth

häufig um regional, aber auch bundes- und zwischenzeitlich europaweit agierende Gesellschaften (»Krankenhausketten«). Zu diesen können etwa gezählt werden: Ameos, Asklepios, Damp Holding, Helios/Fresenius, Mediclin, Paracelsus Kliniken, Rhön-Klinikum, Sana Kliniken, Schön Kliniken. Haftungssubjekt bei der Inanspruchnahme durch Patienten wegen einer Pflichtverletzung anlässlich einer Behandlung ist jedoch stets der (mit eigener Rechtspersönlichkeit ausgestattete) Krankenhausträger und nicht die Holding. Letztere muss sich nicht ein Fehlverhalten der bei den Krankenhausträgern angestellten Mitarbeiter zurechnen lassen.

d) Organhaftung

547   Ist Krankenhausträger nicht eine natürliche (Einzel-)Person, sondern eine Gesellschaft, eine Stiftung oder ein Verein, so kann dieser nicht selbst handeln. Er bedarf für Handlungen seiner Organe. Das Organ handelt nicht für den Krankenhausträger, sondern es ist das Handeln des Krankenhausträgers (sog. Organtheorie).[899] Je nach Rechtsform und individuellem Statut (Gesellschaftsvertrag, Vereinssatzung, Stiftungsstatut etc.) differiert die Bezeichnung der für den Krankenhausträger handelnden Organe.

548   Begeht ein Organ bei einer ihm obliegenden Aufgabe eine Pflichtverletzung, so muss sich der Krankenhausträger diese nach den Maßstäben des § 31 BGB zurechnen lassen. Die Vorschrift findet ihrem Wortlaut entsprechend unmittelbar auf Vereine Anwendung. Durch Verweis in § 86 BGB wird die Anwendbarkeit auf Stiftungen erklärt. § 31 BGB gilt aber auch für alle juristischen Personen (z. B. GmbH, AG), insbesondere auch für die öffentlichen (§ 89 BGB). Gleichfalls findet die Vorschrift nach der Rechtsprechung auf Personenhandelsgesellschaften (OHG und KG) entsprechende Anwendung.[900]

549   Der persönliche Anwendungsbereich des § 31 BGB erstreckt sich auf *den Vorstand, ein Mitglied des Vorstandes oder einen anderen verfassungsgemäß berufenen Vertreter.* Die Rechtsprechung war stets bestrebt, den Anwendungsbereich des § 831 BGB mit seiner Exkulpationmöglichkeit zurückzudrängen, weshalb sie den Begriff des verfassungsgemäß berufenen Vertreters im Sinne des § 31 BGB weit fasst. Nicht nur Personen, deren Tätigkeit in der Satzung vorgesehen ist, werden von § 31 BGB erfasst.[901] Der BGH hält auch eine rechtsgeschäftliche erteilte Vertretungsmacht nicht für erforderlich. Vielmehr genüge es, wenn dem Vertreter durch die allgemeine Betriebsregelung und Handhabung bedeutsame, wesensgemäße Funktionen der juristischen Person zur selbständigen, eigenverantwortlichen Erfüllung zugewiesen sind,

---

899 Vgl. BGH, Urteil vom 8.7.1986 – VI ZR 47/85 – BGHZ 98, 148, 151 ff. mit Hinweisen auf Kritik in der Literatur.
900 Vgl. Ellenberger in: Palandt, BGB, 69. Auflage 2010, § 31 Rn. 3 m.w.N.; Reuter in: MünchKommBGB, 5. Auflage 2006, § 31 Rn. 11 ff.
901 BGH, Urteil vom 30.10.1967 – VII ZR 82/65 – BGHZ 49, 19, 21.

also die juristische Person auf diese Weise repräsentiert wird.[902] Beispielsweise sind von § 31 BGB der Chefarzt, der eine unselbständige Klinik leitet und dessen Vertreter erfasst, soweit sie im medizinischen Bereich weisungsfrei arbeiten.[903] Eine Zurechnung von Handlungen anderer angestellter Ärzte und Pflegepersonal scheidet dagegen nach § 31 BGB aus.[904]

Von der Zurechnung nach § 31 BGB sind jedoch nur Handlungen erfasst, die in Ausführung der den Handelnden zustehenden Verrichtungen erfolgen. Der BGH formuliert, das Organ müsse in »amtlicher« Eigenschaft gehandelt haben.[905] Zum Aufgabenkreis und der schädigenden – rechtsgeschäftlichen oder rein tatsächlichen – Handlung muss ein sachlicher, nicht bloß ein zufälliger zeitlicher und örtlicher Zusammenhang bestehen.[906] Beispielweise sind Fehler, die einem Chefarzt bei Ausübung ärztlicher Tätigkeit unterlaufen, nach der Rechtsprechung seinem Aufgabenkreis zuzuordnen.[907] Beruft sich der Krankenhausträger darauf, er müsse sich nicht die Handlung einer seiner von § 31 BGB erfassten Personen zurechnen lassen, so obliegt es ihm darzulegen und zu beweisen, dass die Person nicht eigenverantwortlich und weitgehend weisungsfrei bzw. nicht in Ausführung des ihr zugewiesenen Aufgabenbereichs tätig geworden ist.[908]

550

3. Personelle Organisationsstruktur

In deutschen Krankenhäusern waren im Jahre 2008 umgerechnet auf Vollzeitkräfte 797.554 Personen tätig. Das Personal verteilte sich dabei auf die einzelnen Bereiche wie folgt:

551

	Anzahl 2008	Anzahl 2007	Veränderung 2008/2007
Personal insgesamt	797.554	792.299	0,7%
Ärztlicher Dienst	128.117	126.000	1,7%
nicht ärztliches Personal insgesamt	669.437	666.299	0,5%

902 BGH, Urteil vom 30.10.1967 – VII ZR 82/65 – BGHZ 49, 19, 21.
903 BGH, Urteil vom 22.4.1980 – VI ZR 121/78 – BGHZ 77, 74, 75; Urteil vom 30.6.1987 – VI ZR 257/86 – BGHZ 101, 215, 217; Reuter in: MünchKommBGB, 5. Auflage 2006, § 31 Rn. 20 m. N. w. aus der Rspr.; Martis/Winkhart, Arzthaftungsrecht, 3. Auflage 2010, Rn. K 137 m. w. N. aus der Rspr.
904 Martis/Winkhart, Arzthaftungsrecht, 3. Auflage 2010, Rn. K 138 m. w. N. aus der Rspr.
905 BGH, Urteil vom 20.2.1979 – VI ZR 256/77 – NJW 1980, 115.
906 BGH, Urteil vom 30.10.1967 – VII ZR 82/65 – BGHZ 49, 19, 23; Urteil vom 8.7.1986 – VI ZR 47/85 – BGHZ 98, 148, 153.
907 BGH, Urteil vom 21.9.1971 – VI ZR 122/70 – NJW 1972, 334.
908 Martis/Winkhart, Arzthaftungsrecht, 3. Auflage 2010, Rn. K 137.

Flachsbarth

	Anzahl 2008	Anzahl 2007	Veränderung 2008/2007
Pflegedienst	300.417	298.325	0,7%
dar. in der Psychiatrie tätig	*38.957*	*38.254*	*1,8%*
Medizinisch-technischer Dienst	125.438	123.774	1,3%
Funktionsdienst	88.414	86.216	2,5%
Klinisches Hauspersonal	13.063	14.010	-6,8%
Wirtschafts- und Versorgungsdienst	46.002	48.546	-5,2%
Technischer Dienst	17.681	18.038	-2,0%
Verwaltungsdienst	57.326	56.914	0,7%
Sonderdienste	4.017	3.873	3,7%
sonstiges Personal	17.080	16.604	2,9%

Quelle: Statistisches Bundesamt, www.destatis.de (Stand: 7.9.2010)

552   Die personelle Organisationsstruktur von Krankenhäusern differiert naturgemäß. Einige Landeskrankenhausgesetze schreiben bzw. schrieben allerdings vor, dass an der Krankenhausleitung ein ärztlicher Leiter, ein Pflegedienstleiter und ein Leiter des Wirtschafts- und Verwaltungsdienstes zu beteiligen sei.[909] Vorgenannten Posten entsprechend werden die verschieden Aufgabenbereiche in den meisten Krankenhäusern gegliedert. Nachfolgende Darstellung gibt ein Beispiel einer Krankenhausorganisation, nicht jedoch ein gesetzlich festgeschriebenes »Schema« wieder:

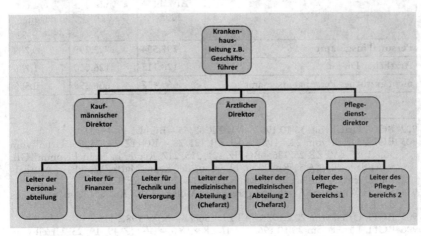

---

909 Vgl. z. B. NRW: § 31 Abs. 1 KHGG NRW; Hessen: § 31 HKHG.

Flachsbarth

a) Wirtschafts- und Verwaltungsdienst – Kaufmännischer Direktor

Ein Krankenhaus ist ein – nicht unbedingt auf Gewinn ausgerichtetes – Unternehmen. Als solches bedarf es eines Verwaltungsapparats. Diesem steht meist ein sog. *kaufmännischer Direktor* oder ein *Leiter für Verwaltung und Versorgung* vor. Zu dessen Aufgabenfeldern zählt regelmäßig das Personalmanagement und die Bereiche Finanzen und Technik und Versorgung.   **553**

Häufig sind dem kaufmännischen Direktor Leiter für die Abteilungen Personal, Finanzen und Technik und Versorgung nachgeordnet.   **554**

Im Bereich des Personalmanagements ergeben sich keine wesentlichen Unterschiede zu anderen Unternehmen. So zählt hierzu beispielsweise Personalservice und -controlling. Gibt es Mitarbeiterwohnungen, so werden diese meist ebenfalls von der Personalabteilung verwaltet. Ihr obliegt regelmäßig auch die Überwachung und Organisation der Fort- und Weiterbildung der Mitarbeiter. Der betriebsärztliche Dienst und – soweit vorhanden – der zentrale Schreibdienst werden der Personalabteilung meist zugeordnet.   **555**

Zum Bereich Finanzen zählen neben den buchhalterischen Aufgaben, die sich grundsätzlich nach der Verordnung über die Rechnungs- und Buchführungspflichten der Krankenhäuser (KHBV)[910] richten, auch das Patientenmanagement. Zu diesem gehört das Medizincontrolling. Letzterem obliegt die Abrechnung mit den Patienten bzw. deren Kostenträgern. Zumeist werden der Abteilung für Finanzen auch Marketingaufgaben zugeordnet.   **556**

Der Bereich Technik und Versorgung stellt die Versorgung mit den für den Betrieb erforderlichen Gütern sicher. Hierzu zählt beispielsweise die Arzneimittelversorgung durch eine Krankenhausapotheke. Verpflegungs- und Wäschereieinrichtungen werden ebenfalls durch den Bereich Technik und Versorgung geleitet. Zum Aufgabenspektrum zählt ferner die Verwaltung des Krankenaktenarchivs. Daneben ist es Aufgabe, die bestehende Infrastruktur zu erhalten, zu erneuern und ggf. zu erweitern (Facility Management).   **557**

b) Ärztlicher Dienst
aa) Statistische Daten

In den Krankenhäusern der BRD waren Ende 2007 insgesamt 1.074.883 Personen beschäftigt. Das bedeutet, dass jeder 36. Erwerbstätige seinen Arbeitsplatz im Krankenhaus hatte.[911] Auf dieses »Krankenhauspersonal« ent-   **558**

---

910 Krankenhaus-Buchführungsverordnung in der Fassung der Bekanntmachung vom 24.03.1987 (BGBl. I S. 1046), zuletzt durch Art. 13 Abs. 1 des Gesetzes vom 25.05.2009 (BGBl. I S. 1102) geändert.
911 Vgl. Deutsche Krankenhausgesellschaft (DKG), Zahlen/Daten/Fakten 2009, S. 14.

Flachsbarth

fielen 143.183 Ärzte und 858.151 nicht ärztliches Personal.[912] Die Ärzte unterteilten sich im Hinblick auf ihre funktionale Stellung in 12.473 Leitende Ärzte (sog. Chefärzte), 28.693 Oberärzte sowie 95.101 Assistenzärzte, darunter 31.730 Assistenzärzte mit abgeschlossener Weiterbildung.[913] Hinzu kamen 6.916 Belegärzte einschließlich von Belegärzten angestellte Ärzte.[914]

559 Diesen im Jahre 2007 vorhandenen 143.183 Krankenhausärzten standen 135.388 Ärzte gegenüber, die an der vertragsärztlichen Versorgung teilnahmen.[915] Zu der Gruppe der Krankenhausärzte gehörten andererseits die von der Kassenärztlichen Vereinigung (KV) ermächtigten Ärzte, die eine Zulassung zur fachärztlichen ambulanten Versorgung im Krankenhaus erhalten haben. Die Summe der ermächtigten Ärzte betrug im Jahre 2008 10.624.[916]

bb) Organisation des Ärztlichen Dienstes

560 Rechtlich liegt es neben den gesetzlich bindenden Vorgaben für die Aufgabenstellung eines (Plan-)Krankenhauses nach dem KHG, dem jeweiligen LKHG und dem SGB V in der Verantwortung und damit der Zuständigkeit des Krankenhausträgers, welche Betriebsformen und welche Betriebsziele er bestimmt und welchen Stellenwert er dem Ärztlichen Dienst bei der Gestaltung des Medizinbetriebes Krankenhaus einräumt. Herkömmlich sind die Krankenhäuser horizontal und vertikal strukturiert. Innerhalb der horizontalen Gliederung befinden sich die »drei Säulen des Krankenhauses«, nämlich der ärztliche, der pflegerische und der Verwaltungs- und Wirtschaftsbereich. Die Krankenhausführungsstruktur setzt sich demzufolge aus der Trias der ärztlichen, der Pflegedienst und der Verwaltungsleitung zusammen.[917] Vertikal wird die traditionelle Krankenhausstruktur durch drei »Anforderungspyramiden« abgebildet, an deren Spitze der Ärztliche Direktor, die Pflegedienstleitung und der Verwaltungs- und Wirtschaftsdirektor (bei der Krankenhaus-GmbH der Geschäftsführer) stehen. Die vertikale Gliederung nach Entscheidungs- und Ausführungsaufgaben bedingt eine Rangordnung der Verantwortung. Dabei gliedert sich der Ärztliche Dienst traditionell in vier Rangstufen, die zugleich eine Folge der Spezialisierung und der Arbeitsteilung auf den verschiedenen Handlungsebenen sind:
- Assistenzärzte, die sich meist in der Fortbildung zu einer Facharztqualifikation befinden;
- nachgeordnete Fachärzte;

---

912 DKG, a.a.O., S. 15.
913 DKG, a.a.O., S. 34.
914 DKG, a.a.O., S. 34.
915 DKG, a.a.O., S. 40.
916 DKG, a.a.O., S. 42.
917 Vgl. d. Grundsätze für die Organisation der Krankenhausführung der Deutschen Krankenhausgesellschaft (DKG) in: das Krankenhaus 1992, 238; s. a. Genzel/Degener-Hencke in Laufs/Kern, Handbuch des Arztrechts, 4. Aufl., §§ 84 und 85.

– Oberärzte;
– leitende Ärzte (Chefärzte).

Zu diesem hierarchisch-fachlich gegliederten Ärztlichen Dienst treten das **561**
sonstige »ärztliche Personal« des Krankenhauses, insbesondere die Be-
leg- und die Konsiliarärzte, die zwar nicht von dem Krankenhausträger
angestellt sind, gleichwohl aber zur medizinischen Leistungserbringung
des Krankenhauses, welches dem Patienten eine ganzheitliche Versorgung
schuldet, beitragen.

Die Krankenhausgesetze der Länder (LKHG) gehen übereinstimmend von **562**
dieser vertikalen und horizontalen Gliederungsstruktur des Krankenhauses
aus und verlangen regelmäßig eine kollegiale Krankenhausbetriebsleitung.[918]
Dabei wird dem Sonderstatus kirchlicher Krankenhausträger Rechnung
getragen.[919] Oftmals sehen die LKHG eine gesetzliche Mitarbeiterbetei-
ligung (Pool) der nachgeordneten Ärzte an den Einnahmen der liquidationsberechtigten Krankenhausärzte vor.[920] Die Organisation und die Auf-
gaben- und Verantwortungszuordnung des Ärztlichen Dienstes innerhalb
des Krankenhauses und in Abgrenzung zu den beiden anderen Säulen der
Pflege und der Verwaltung (Management) erfolgt mit den betrieblichen Ge-
staltungsmitteln der Dienstordnung (v. a. bei kommunalen und frei gemein-
nützigen Krankenhäusern),[921] der Geschäftsordnung, Dienstanweisung,
Stellenbeschreibung und weiterer Festlegungen in den Anstellungsverträ-
gen. Ein solches innerbetriebliches Regelungsinstrumentarium ist schon aus
haftungsrechtlichen Gründen unverzichtbar, da die Frage der Organisation
und fachlichen Strukturierung des Ärztlichen Dienstes im Krankenhaus für
dessen juristische Verantwortlichkeit grundlegende Bedeutung hat. Kommt

---

918 Vgl u. a. § 33 LKHG BW i. d. F. v. 23.05.2000 (GBl. 450, 458); § 24 LKG BrBG i.
d. F. v. 11.05.1994 (GVBl. 106); § 13 Abs. 3 HKHG i. d. F. v. 05.11.1998, (GVBl.
421); § 43 LKHG M-V v. 08.12.1993 (GVBl. 1990). § 35 KHG NW v. 16.12.1998
(GV NW 696); w. Nw. bei Genzel/Degener-Hencke in: Laufs/Kern, Handbuch
des Arztrechtsrechts, § 85 Rn. 12 ff.
919 Das Recht kirchlicher Autonomie umschließt die Organisations- und Personal-
hoheit. Deshalb hat das BVerfG mit Beschluss vom 25.03.1980 (BVerfGE 53, 366)
verschiedene Bestimmungen des KHG NW 1975 für unvereinbar mit Art. 140
GG i. V. m. Art. 137 Abs. 3 WRV erklärt, welchen Krankenhäusern von Religionsgemeinschaften und ihnen gleichgestellten Einrichtungen eine bestimmte
Mitwirkung der Krankenhausbetriebsleitung bei der Bestimmung der Ziele des
Krankenhauses sowie bei der Einstellung und Entlassung von leitendem Krankenhauspersonal vorschrieb – s. zu der verfassungsrechtlichen Sonderstellung
von kirchlichen Krankenhäusern auch Genzel/Degener-Hencke in Laufs/Kern,
Handbuch des Arztrechts, 4. Aufl., § 81 Rn. 17 ff.
920 So in Hessen, Baden-Württemberg, Mecklenburg-Vorpommern, Rheinland-
Pfalz und Sachsen, vgl. im Einzelnen Andreas/Debong/Bruns, Handbuch Arztrecht in der Praxis, Rdnr. 141 ff.
921 Vgl. DKG, Grundsätze für die Organisation der Krankenhausführung in: das
Krankenhaus 1992, 238.

Flachsbarth

der Krankenhausträger seiner Organisationsverantwortung nicht oder unzureichend nach, haftet er unter dem Gesichtspunkt des Organisationsverschuldens.

cc) Das Recht der Leitenden Krankenhausärzte

563 Die Leitenden Krankenhausärzte werden üblicherweise als Chefärzte bezeichnet. Darin kommt zum Ausdruck, dass sie der Abteilung eines Krankenhauses vorstehen. Rechtlich definiert ist der Begriff des Chefarztes nicht. Er hat sich aber in der Rechtsprechung[922] und in der Literatur[923] als Dienstbezeichnung für den Leitenden Krankenhausarzt durchgesetzt. Als Synonyme werden häufig die Bezeichnungen »Leitender Abteilungsarzt«, »Abteilungsarzt« (z. B. § 34 Abs. 1 KHG NW), »Klinikdirektor« oder »Institutsdirektor« verwendet.[924]

564 Vom Leitenden Abteilungsarzt oder Chefarzt zu unterscheiden ist der Leitende Arzt des Krankenhauses insgesamt, für den sich die Bezeichnung »Ärztlicher Direktor« eingebürgert hat. Auch dieser Begriff ist gesetzlich nicht definiert. Die Aufgaben des Ärztlichen Direktors, der in aller Regel zugleich eine Fachabteilung als Chefarzt leitet, bestehen in der Organisation und Beaufsichtigung des ärztlichen Dienstes insgesamt.[925] Der Ärztliche Direktor wird zumeist aus dem Kreis der Chefärzte (von diesen) bestimmt. Als Mitglied im Krankenhausdirektorium hat er ein Weisungsrecht gegenüber den anderen Chefärzten und den ärztlicher Aufsicht unterstellten nicht-ärztlichen Mitarbeitern, allerdings eingeschränkt im Rahmen seiner Aufgabenstellung und der insoweit erlassenen Dienstordnung/Geschäftsordnung etc..[926]

565 Ob Chefärzte als »Leitende Angestellte« im Rechtssinne anzusehen sind, gehört zu den umstrittensten Fragen in der juristischen Auseinandersetzung.[927] Die Einordnung hat insbesondere kündigungsschutzrechtliche

---

922 U.a. BAG, AP zu § 611 BGB, Arzt-Krankenhaus-Vertrag; Ärzte-Gehaltsansprüche.

923 U.a. Andreas/Debong/Bruns, Handbuch Arztrecht in der Praxis 2001, Rn. 251; Schaub, Arbeitsrechts-Handbuch, § 16 Rn. 21; Zuck, NZA 1994, 961.

924 Zu den Begriffen siehe Jansen in Rieger, Lexikon des Arztrechts, Stand 2001, KZ 1280 Rn. 1.

925 Andreas/Debong/Bruns, Handbuch Arztrecht in der Praxis Rn. 279 ff; Genzel/Degener-Hencke in: Laufs/Kern, Handbuch des Arztrechts, 4. Aufl. 2010, § 85 Rn. 25 ff.; eine gesetzliche Aufgabenumschreibung enthält § 34 des Saarländischen Krankenhausgesetzes; s. i. ü. zur Aufgabenstellung des Ärztlichen Direktors Sachweh/Debong, ArztR 1993. 141.

926 Quaas in: Quaas/Zuck, MedR, 2. Aufl., § 15 Rn. 3.

927 Vgl. u. a. Dahm/Lück, MedR 1992, 1; Debong, Arztrecht 2010, 32 ff; Diringer, MedR 2003, 200, 203 ff; Jansen KHuR 1999, 66; Moll MedR 1997, 293; Wagener, das Krankenhaus 2000, 550; allgemein zu dem Begriff des Leitenden Angestellten s. Vogel NZA 2002, 313.

Flachsbarth

Bedeutung. Auf Leitende Angestellte findet das Betriebsverfassungsgesetz (BetrVG) grundsätzlich keine Anwendung (§ 5 Abs. 3 BetrVG), so dass eine Betriebsratanhörung vor Kündigungsausspruch (§ 102 BetrVG) entfällt.[928] Zudem besteht bei Leitenden Angestellten, soweit sie zur selbständigen Einstellung oder Entlassungen von Mitarbeitern befugt sind, gem. § 14 Abs. 2 Satz 2 Kündigungsschutzgesetz (KSchG)[929] eine vereinfachte Möglichkeit zur Beendigung des Dienstverhältnisses. Im Falle einer vom Arbeitsgericht wegen Sozialwidrigkeit als unwirksam angesehen arbeitgeberseitigen Kündigung kann sich der Arbeitgeber durch einen Auflösungsantrag ohne Angabe von Gründen von einem Leitenden Angestellten trennen. Den Arbeitgeber trifft in diesem Fall nur die Pflicht zur Zahlung einer Abfindung, deren Höhe sich nach § 10 KSchG bestimmt.[930]

Nach überwiegender Auffassung ist der Chefarzt in der Regel jedenfalls **566** kein Leitender Angestellter im Sinne des KSchG.[931] Aus der Sicht des Kündigungsschutzrechtes fallen die Mitglieder der Organe einer juristischen Person nicht unter den Kündigungsschutz (§ 14 Abs. 1 KSchG). Dies kann für den Chefarzt dann bedeutungsvoll werden, wenn er zum Geschäftsführer einer Krankenhaus-GmbH ernannt werden sollte. Allerdings wird er in aller Regel seine Stellung als Leitender Arzt einer Abteilung nicht aufgeben, so dass sich insoweit an der Anwendbarkeit des KSchG nichts ändert.[932] Im Übrigen müsste der Chefarzt als leitender Angestellter im Sinne von § 14 Abs. 2 KSchG die Befugnis zur selbständigen Einstellung oder Entlassung von Arbeitnehmer haben. Bei der vertraglichen Gestaltung muss dem Chefarzt danach eine Stellung eingeräumt werden, die den Kriterien des § 5 Abs. 3 Nr. 3 BetrVG gerecht wird und darüber hinaus den Rechten und Pflichten von Geschäftsführern oder Betriebsleitern vergleichbar sind. Daran fehlt es jedenfalls dann, wenn die Vertragsparteien von dem DKG-Mustervertrag[933] Gebrauch machen.[934]

---

928 Vgl. dazu Hoffmann, das Krankenhaus 1996, 502; Jansen, KHuR 1999, 66; Kännel/Hännies, ArztR 1993, 203, 208, jeweils im Bezug auf Chefärzte; vgl. allgemein zu den kollektiv-rechtlichen Einwirkungen durch Personalvertretung bzw. Betriebsverfassung auf das Arbeitsverhältnis mit Angestellten des Krankenhauses Bierling in Bihr/Hekking/Krauskopf/Lang (Hrsg.), Handbuch der Krankenhaus-Praxis, 2001, 239 ff.
929 Kündigungsschutzgesetz i. d. F. der Bekanntmachung vom 25. August 1989 (BGBl. 1317), zuletzt geänd. durch Art. 1 des Gesetzes zu Reformen am Arbeitsmarkt vom 24.12.2003 (BGBl. I., 3002).
930 Zur Höhe einer Abfindungssumme für Chefärzte vgl. Wagener, das Krankenhaus 2000, 550, 554 f.
931 Vgl. d. Nw. b. Diringer, MedR 2003, 200, 205.
932 Jansen, KHuR 1999, 66, 67.
933 S. Quaas/Zuck, Medizinrecht, 2. Aufl., 2008, § 15 Rn. 33.
934 Andreas, ArztR 2000, 4; Bohle, KU 1997, 729; Diringer, MedR 2003, 200, 205; Wagener, das Krankenhaus 2000, 550; Diringer, MedR 2003, 200, 205.

Flachsbarth

567 Weitaus schwieriger zu beurteilen ist die Frage, ob Chefärzte als Leitende Angestellte im Sinne der Legaldefinition nach § 5 Abs. 3 BetrVG anzusehen sind.[935] Nach der Rechtsprechung – wenngleich dogmatisch kaum begründbar[936] – muss einem Chefarzt neben der rein ärztlich-medizinischen Verantwortung auch eine wirtschaftlich-unternehmerische Verantwortung zukommen.[937] So kann ein Chefarzt, der zur selbständigen Einstellung und Entlassung für den ärztlichen Bereich seiner Abteilung berechtigt ist, leitender Angestellter i. d. S. d. § 5 Abs. 3 Satz 2 Nr. 1 BertrVG sein, sofern seine Personalbefugnis »von hinreichender unternehmerischer Relevanz« ist.[938] Der DKG-Mustervertrag genügt diesen Anforderungen nicht.[939] Chefärzte sind deshalb nach herrschender Auffassung Arbeitnehmer,[940] auf die in vollem Umfang das Arbeitsrecht einschließlich die Schutzvorschriften des KSchG etc. Anwendung finden. Ausdrücklich ausgenommen – wenngleich einzelvertraglich vereinbar – sind die Bestimmungen des TV-Ärzte.[941]

dd) Wesentliche Regelungen im Chefarzt-Dienstvertrag (außerhalb der Vergütung)

(1) Notwendiger Vertragsinhalt

568 Gegenüber dem herkömmlichen Arbeitsvertrag mit Krankenhausärzten weist der Chefarzt-Dienstvertrag erhebliche Besonderheiten auf. Während traditionell die Auslegung der vertraglichen Haupt- und Nebenpflichten der Rechtsprechung überlassen wird, regeln Krankenhausträger und Chefarzt unter Berücksichtigung der besonderen Verhältnisse im Krankenhaus bereits bei Vertragsschluss ihre gegenseitigen Rechte und Verpflichtungen sowie Nebenpflichten allgemeiner Art bis in die Einzelheiten und treffen detaillierte Bestimmungen zur Vergütung. Grundlage ist in der Regel das

---

935 Vgl. dazu – differenzierend – BAG, B. v. 05.05.2010 in NZA 2010, 955; B. v. 10.10.2007 in GesR 2008, 210; abl. LAG Baden-Württ. ArztR 1993, 115; LAG Thüringen, ArztR 2002, 101; Arbeitsgericht Suhl, ArztR 1997, 203; Zuck, NZA 1994, 961; a. A. LAG Köln, U. v. 20.11.1990 – 9 SA 452/90 – dazu Dahm/Lück, MedR 1992, 1; w. Nw. bei Diringer MedR 2003, 200, 203 in Fn. 71.
936 So zutr. Diringer, MedR 2003, 200, 204.
937 BAG, B. v. 05.05.2010 in NZA 2010, 955; LAG Baden-Württ., U. v. 13.02.1992 in ArztR 1993, 115; LAG Thüringen, ArztR 2002, 101.
938 LAG Hamm, B. v. 07.07.2006 – GesR 2006, 512 im Anschluss an BAG, B. v. 16.04.2002 – APBetrVG 1972 § 5 Nr. 69.
939 Diringer, MedR 2003, 200, 204.
940 Soweit nicht – wie bei öffentlichen Krankenhausträgern möglich – ein Beamtenverhältnis begründet wurde – s. Genzel in Laufs/Uhlenbruck, Handbuch des Arztrechts, 3. Aufl. 2002, § 90 Rn. 5 ff.
941 Vgl. § 1 Abs. 2 TV-Ärzte/VKA; vgl. für § 3 i BAT; vgl. dazu LAG Berlin ArztR 1979, 245; Andreas/Debong/Bruns, Handbuch Arztrecht in der Praxis 2001, Rn. 258 f.

Flachsbarth

von der Deutschen Krankenhausgesellschaft (DKG) empfohlene und jetzt in der 6. überarbeiteten Auflage erschienene Vertragsmuster.[942]

Der Chefarzt-Dienstvertrag sollte insbesondere die folgenden, in der Praxis immer wieder streitig werdenden Probleme regeln: Die Probezeit,[943] die Sicherung der Tätigkeitsaufnahme,[944] die endgültige Anstellung und Bindung des Chefarztes durch lange Kündigungsfristen für die Eigenkündigung des Arztes,[945] die Fragen einer ordentlichen bzw. außerordentlichen Kündigung,[946] die Mitwirkung bei der Einstellung von Mitarbeitern,[947] bei der klinischen Prüfung von Arzneimitteln,[948] Fragen des Direktionsrechts,[949] der Krankheit,[950] der Versicherung für Haftpflicht[951] sowie der Vergütung und ggf. des Liquidationsrechts.[952]

569

---

942 Beratungs- und Formulierungshilfe Chefarzt-Vertrag, inzwischen 8. geänderte Auflage, DKG, 2007 (i. f. DKG-Mustervertrag); zur Entwicklung des Chefarztvertragsrechts aus der Sicht der DKG (Leitlinien der DKG vom 11.03.2008) vgl. Wagener, das Krankenhaus 2008, 894 ff; zu – früheren – Auflagen der DKG-Formulierungshilfe vgl. Wagener/Meister, das Krankenhaus 2002, 302 ff; krit. zum Vertragsmuster der DKG s. Diringer, MedR 2003, 200; Sauerborn, Krankenhaus & Recht 2003, 27 ff; zu einem Vertragsmuster aus »Chefarztsicht« vgl. den Muster-Dienstvertrag für »Leitende Krankenhausärzte« abgedruckt bei Andreas in Burk/Hellmann, Krankenhausmanagement für Ärztinnen und Ärzte, VI-4. Bl. 9; zu weiteren Chefarzt-Vertragsmustern und entsprechender Nachweise s. Genzel/Degener-Hencke in: Laufs/Kern, Handbuch des Arztrechts, 4. Aufl., § 86 Rn. 23 ff; Münzel, Chefarzt- und Belegarztvertrag, Beck'sche Musterverträge Bd. 23, 85; Einfluss auf die Verwendung des Vertragsmusters hat auch das Gesetz zur Modernisierung des Schuldrechts, BGBl. I 3138, insbesondere seit dem 01.01.2002 die strengen Bestimmungen des AGB-Rechts- dazu im Hinblick auf die Vertragsgestaltung mit dem Chefarzt s. Diringer, MedR 2003, 200.
943 Zu der problematischen Verlängerung der Probezeit über 6 Monate hinaus vgl. Diringer, MedR 2003, 200, 201.
944 Dies wird im DKG-Mustervertrag erstaunlicherweise nicht behandelt – vgl. dazu ebenfalls Diringer, MedR 2003, 200, 201.
945 Vgl. § 17 Abs. 3 DKG-Vertragsmuster.
946 § 17 DKG-Vertragsmuster, die früher von Chefarztseite vertretene Ideologie einer »Lebenszeitanstellung« ist schon lange überholt, allerdings nicht immer in den Köpfen der Bewerber bzw. ihrer Berater – vgl. Quaas, das Krankenhaus 1995, 528; zum Kündigungsschutz Leitender Abteilungsärzte s. Quaas in: . Quaas/Zuck, Medizinrecht, 2. Aufl., § 15 Rn. 58 ff.
947 § 7 DKG-Vertragsmuster.
948 § 3 Abs. 4 DKG-Vertragsmuster.
949 §§ 18 DKG-Vertragsmuster und § 15 DKG-Vertragsmuster (Entwicklungsklausel).
950 § 12 DKG-Vertragsmuster.
951 § 13 DKG-Vertragsmuster.
952 § 8 DKG-Vertragsmuster.

(2) Dienstaufgaben

570   Der Dienstvertrag enthält in der Regel einen umfangreichen Katalog von Dienstaufgaben des Chefarztes, in deren Zentrum die verantwortliche Leitung seiner Abteilung und die Versorgung der stationären Patienten dieser Abteilung sowie die Mitbehandlung der Patienten anderer Abteilungen des Krankenhauses stehen. Im Grundsatz gehören alle ärztlichen Leistungen in der Abteilung eines Krankenhauses zu den Dienstaufgaben eines jeweiligen Chefarztes, soweit sie den Zielsetzungen des Krankenhauses und seiner durch Krankenhausplan oder Versorgungsvertrag begründeten Aufgabenstellung (§§ 108, 109 SGB V)[953] entsprechen. In § 4 Abs. 1 des DKG-Vertragsmusters werden deshalb die einzelnen Dienstaufgaben nur beispielhaft genannt (»insbesondere«). Die Einordnung einer Tätigkeit als Dienstaufgabe bedingt, dass für deren Erledigung grundsätzlich keine besondere Vergütung gewährt wird. Die vereinbarte Vergütung ist der Lohn für die Verrichtung der Dienstaufgaben. Hierfür hat der Chefarzt dem Krankenhaus seine ganze – zeitlich nicht gebundene – Arbeitskraft zur Verfügung zu stellen.[954] Eine Ausnahme bildet nach überkommener Vertragsgestaltung[955] die Behandlung stationärer Wahlleistungspatienten, die ebenfalls zu den Dienstaufgaben des Chefarztes gehört. Die Erbringung dieser Leistung löst einen Vergütungsanspruch nach Maßgabe des dem Chefarzt eingeräumten Liquidationsrechts aus.[956]

571   Die ambulante Notfallbehandlung ist jedenfalls dann Dienstaufgabe des Chefarztes, wenn dies ausdrücklich vereinbart wird.[957] In diesem Fall stehen die Vergütungsansprüche dem Krankenhaus zu, da die ambulante Notfallversorgung unter den Voraussetzungen des § 76 Abs. 1 Satz 2 SGB V eine Krankenhausaufgabe darstellt, die von den Krankenhausambulanzen als ärztlich geleitete Einrichtungen wahrgenommen werden.[958] Der »Notfall« wendet sich nicht an den Arzt, sondern an das Krankenhaus. Das Krankenhaus muss rund um die Uhr dafür Sorge tragen, dass die Notfallversorgung sichergestellt ist. Dem Haus entstehen dadurch höhere Kosten (z. B. im Bereich des Bereitschaftsdienstes). Es ist deshalb sachgerecht, dass die Einnahmen dem Krankenhaus zufließen.[959] Liegt allerdings eine entsprechende

---

953 S. dazu Quaas in: Quaas/Zuck, Medizinrecht, 2. Aufl., § 25.
954 § 4 Abs. 1 Satz 2 DKG-Vertragsmuster.
955 S. aber zur Beteiligungsvergütung nach § 8 DKG-Vertragsmuster bei Quaas in: Quaas/Zuck, Medizinrecht, 2. Aufl. , § 15 Rn. 44.
956 S. diess., § 15 Rn. 46.
957 § 4 Abs. 1 Ziff. 4 DKG-Vertragsmuster.
958 Vgl. Weber/Braun NZS 2002, 400; Münzel, Chefarzt- und Belegarztvertrag. Beck'sche Musterverträge Bd. 23, 39.
959 Hock in Bremecker/Hock, BAT-Lexikon, Gruppe 5 Teil 2, 14; nach Andreas/Debong/Bruns, Handbuch Arztrecht in der Praxis, Rn. 271 ff soll dagegen die ambulante Notfallbehandlung nicht den Dienstaufgaben, sondern der freiberuflichen Nebentätigkeit des Chefarztes zugeordnet werden.

Flachsbarth

Vereinbarung vor, können die Liquidationseinnahmen aus ambulanter Notfallbehandlung auch dem Chefarzt zustehen[960]

Zu den Dienstaufgaben des Chefarztes (ohne Liquidationsrecht) gehört **572** weiter die Erbringung von Institutsleistungen im ambulanten Bereich.[961] Wie bei der ambulanten Notfallbehandlung handelt es sich auch hier um eine Leistung, die das Krankenhaus »als Institut« erbringt. Beispiele sind die Psychiatrische Institutsambulanz, physikalische Therapie, Fachambulanzen, Poliklinik, ambulantes Operieren und stationsersetzende Leistungen nach § 115 b SGB V.[962] Für die Übernahme solcher Tätigkeiten steht dem Chefarzt über seine Vergütung hinaus in der Regel kein Ausgleichsanspruch gegenüber dem Krankenhausträger zu.[963] Auch die Übernahme von Bereitschaftsdienst und Rufbereitschaft kann zu den Dienstaufgaben des Chefarztes gehören. Jedenfalls hat der Arzt organisatorisch diese Dienste sicherzustellen und – soweit vereinbart – eine Rufbereitschaft seiner Abteilung turnusgemäß im Wechsel mit den übrigen hierfür vorgesehenen Gebietsärzten teilzunehmen. Dabei ist der höchstzulässige Einsatz eines Chefarztes in der Rufbereitschaft umstritten.[964]

(3) Beendigung des Dienstverhältnisses

Chefarztverträge werden nahezu ausschließlich auf unbestimmte Zeit ge- **573** schlossen und unterliegen den üblichen Kündigungsfristen.[965] Der immer

---

960 LAG Köln, U. v. 20.04.2005 in GesR 2007, 13; dazu Leber, das Krankenhaus 2007, 374, 376.

961 § 4 Abs. 1 Nr. 6 DKG-Vertragsmuster.

962 Zu der Institutsleistung ambulantes Operieren im Krankenhaus s. u. a. Wigge/Frehse, MedR 2001, 549, 551; zu krankenhausambulanten Operationen durch Vertragsärzte s. u. a. Genzel/Degener-Hencke in: Laufs/Kern, Handbuch des Arztrechtsrechts, 4. Aufl., 2010, § 84 Rn. 31 ff.; Quaas in GesR, 459 ff.

963 Quaas, f & w 1994, 65, 67 f.; ders. in: ZfS 1996, 72, 74 (ambulantes Operieren); a. A. Andreas/Debong/Bruns, Handbuch Arztrecht in der Paxis 2001, Rn. 274 f.

964 Das Arbeitsgerichts Wilhelmshaven (ArztR 1984, 14) hält höchstens 15 Rufbereitschaften pro Monat für zumutbar – s. a. Andreas/Debong/Bruns, Handbuch Arztrecht in der Praxis 2001, Rn. 286 f; s. i. ü. zur Arbeitszeit des Chefarztes und zur Rufbereitschaft Diringer, MedR 2003, 200, 205.

965 Vgl. § 17 DKG-Vertragsmuster; demgegenüber sieht § 20 Abs. 3 des von der Arbeitsgemeinschaft für Arztrecht entwickelten Vertragsmuster die Kündigung des Chefarztdienstvertrages nur aus wichtigem Grund im Sinne des § 626 BGB vor (abgedr. in: Andreas/Debong/Bruns, Handbuch Arztrecht in der Praxis, 600, 608). Damit soll arbeitgeberseits der nach § 14 Abs. 2 Satz 2 KSchG mögliche Auflösungsantrag verhindert werden (Andreas/Debong/Bruns, Handbuch Arztrecht in der Praxis, Rn. 360). Insoweit wird vielfach argumentiert, bei einer Chefarztposition handele es sich um eine Lebensstelle, die es gebiete, das ordentliche Kündigungsrecht des Krankenhausträgers auszuschließen – vgl. Erl. zum Mustervertrag ArztR, Anm. zu § 20 Abs. 3. Dies überzeugt schon deshalb nicht, weil eine solche Lösung das Äquivalenzverhältnis nachhaltig stört und es dem Krankenhausträger verwehrt, aus einem Fehlverfahren des Arztes – außer in

Flachsbarth

wieder von Krankenhausträgern geäußerte Wunsch nach einer Befristung von Chefarztverträgen erweist sich angesichts der hohen Anforderungen an das Vorliegen eines sachlichen Grundes für die Befristung in der Regel als weder praktisch durchsetzbar noch empfehlenswert.[966] Die Rechtsstellung des Chefarztes als Arbeitnehmer hat zur Folge, dass auf die (ordentliche, außerordentliche, Teil- und Änderungs-)Kündigung das KSchG vollen Umfangs Anwendung findet.[967] Dies hat zur Folge, dass eine Beendigungskündigung seitens des Krankenhausträgers nur dann erfolgreich sein kann, wenn sie sozial gerechtfertigt ist (§ 1 KSchG). Dafür müssen Gründe in der Person des Arbeitnehmers, in seinem Verhalten oder dringende betriebliche Erfordernisse vorliegen.[968] Wird ein Krankenhaus oder eine Krankenhausabteilung, der der Chefarzt vorsteht, geschlossen, rechtfertigt dies den Ausspruch einer (betriebsbedingten) ordentlichen Kündigung.[969] Solche Gründe liegen nicht bereits bei Betriebsübergang nach § 613 a BGB auf Grund einer Umwandlung eines kommunalen Kreiskrankenhauses in eine Krankenhaus-GmbH vor (vgl. § 613 a Abs. 4 BGB).[970] Wird dagegen die von dem Chefarzt geleitete Krankenhausabteilung eines kommunalen Krankenhauses privatisiert und an einen neuen Rechtsträger »ausgelagert«, muss der Chefarzt, um seine Weiterbeschäftigung bei dem (alten) Krankenhausträger zu erreichen, dem Betriebsübergang widersprechen. Eine daraufhin vom Krankenhaus ausgesprochene betriebsbedingte Beendigungskündigung hat Erfolg, wenn eine Weiterbeschäftigung des Arztes auf einem anderen, freien, vergleichbaren Arbeitsplatz im Betrieb des Arbeitgebers nicht möglich ist.[971] Allein ein Belegungsrückgang vermag eine ordentli-

---

extremen Fällen – Konsequenzen zu ziehen – so zutr. Münzel, Chefarzt- und Belegarztvertrag, Beck'sche Musterverträge, Bd. 23, 63.

966 Ausführlich und instruktiv dazu Zuck, NZA 1994, 961.

967 Zur (unwirksamen) Druckkündigung eines Chefarztes s. LAG Köln ArztR 1997, 157; zu einer (unwirksamen) Änderungskündigung mit dem Ziel einer Gehaltsreduzierung (Koppelung der Vergütung des Chefarztes an eine sog. Bonus-Malus-Regelung im Hinblick auf die Belegung) s. Arbeitsgericht Kempten U. v. 30.06.1999 in ArztR 2000, 120; dazu – allgemein – auch BAG U. v. 01.07.1999 in ArztR 2000, 187; grundsätzlich zum Kündigungsschutz des Chefarztdienstvertrages s. Siegmund-Schultze, ArztR 1992, 45 sowie Jansen in Rieger, Lexikon des Arztrechts, Stand 2001, KZ 1280, 22 ff.

968 Die sehr kasuistische und selbst für den Fachanwalt kaum noch durchschaubare Rechtsprechung kann hier auch nicht ansatzweise nachgezeichnet werden, vgl. dazu insbesondere Linck in Schaub, Arbeitsrechts-Handbuch, §§ 124 und 125; zu Einzelfragen der Kündigung von Leitenden Krankenhausärzten s. Narr/Hess/Nösser/Schirmer, Ärztliches Berufsrecht, Rn. 1132; Andreas/Debong/Bruns, Handbuch Arztrecht in der Praxis 2001, Rn. 359 ff.

969 BAG ArztR 1989, 172.

970 BAG ArztR 2001, 92.

971 Jansen in Rieger, Lexikon des Arztrechts, KZ 1280 Rn. 27; Andreas/Debong/Bruns, Handbuch Arztrecht in der Praxis 2001, Rn. 362 f.; zu weiteren Problemen des »Outsourcings« vgl. Debong, ArztR 1999, 260.

Flachsbarth

che Kündigung durch den Krankenhausträger nicht zu rechtfertigen. Selbst wenn der Chefarzt das ihm vorgegebene interne Budget überschritten hat, haftet er nur, wenn er seine diesbezügliche Bemühenspflicht schuldhaft verletzt hat. Dies hat der Krankenhausträger zu beweisen.[972] Ein Kündigungsgrund kann in der fehlenden Bereitschaft des Chefarztes zur Beilegung von Meinungsverschiedenheiten mit einem nachgeordneten Arzt liegen.[973] Die Grundsätze der Rechtsprechung zum Kündigungsrecht kirchlicher Einrichtungen als sog. Tendenzbetriebe finden auch gegenüber Chefärzten Anwendung.[974] Bestehen jedoch zwischen dem kirchlichen Krankenhausträger und dem Chefarzt Meinungsverschiedenheiten darüber, welche konkreten Behandlungsmethoden nach den Äußerungen des Lehramts der Kirche zulässig sind und hat der Krankenhausträger dem Chefarzt angekündigt, er werde die umstrittene Frage zur Rücksprache mit den kirchenamtlich zuständigen Stellen klären, kann auch unter Berücksichtigung des Selbstbestimmungsrechts der Kirche im Einzelfall vor Ausspruch einer Kündigung eine Abmahnung dann erforderlich sein, wenn der Chefarzt eine bestimmte Behandlungsmethode bereits vor der endgültigen Klärung ihrer kirchlichen Zulässigkeit anwendet.[975]

574

Grundsätzlich zulässig ist die automatische Beendigung des Arbeitsverhältnisses auf Grund des Erreichens eines bestimmten Lebensalters.[976] Insoweit verweisen die Vertragsmuster auf die Beendigung des Arbeitsverhältnisses entsprechend den Bestimmungen des einschlägigen Tarifs (z. B. § 34 Abs. 1 TV-Ärzte/VKA) oder vergleichbarer Regelungen (z. B. § 19 Abs. 3 AVR). Für den Fall der Berufsunfähigkeit des Arztes geht das Vertragsmuster von einer Beendigung des Dienstvertrages mit Ablauf des Monats aus, in welchem dem Arzt der Bescheid über eine vom Rentenversicherungsträger oder von einer anderen Versicherungseinrichtung festgestellte Berufs- oder Erwerbsunfähigkeit zugestellt wird.[977]

---

972 LAG Frankfurt, ArztR 1994, 293.

973 BAG ArztR 1975, 133 (Streit mit Oberarzt wegen dessen fachlichem Einsatz und Beteiligung am Liquidationserlös); Jansen in Rieger, Lexikon des Arztrechts, Stand 2001, KZ 1280 Rn. 24.

974 BAG MedR 1994, 329 (künstliche Insemination an einem katholischen Krankenhaus).

975 BAG a.a.O.

976 Zur – inzwischen überholten – Problematik früherer Altersgrenzen auf der Grundlage des § 41 Abs. 4 Satz 3 SGB VI a. F., umgewandelt in § 41 Abs. 4 Satz 2 SGB VI durch Art 4 Nr. 1 des Gesetzes zur sozialrechtlichen Absicherung flexibler Arbeitszeitregelungen vom 06.04.1998 – BGBl. I, 688 – vgl. Boecken, ArztR 2000, 60.

977 § 17 Abs. 5 DKG-Vertragsmuster; zu Bedenken bei einer Formulierung, dass es dafür nicht auf den Zeitpunkt der Zustellung, sondern auf den der Rechtskraft des Bescheides ankomme s. Münzel, Chefarzt- und Belegarztvertrag, Beck'sche Mustervertäge Bd. 23, 63 f.

Flachsbarth

c) Ärztlicher Dienst im Schnittstellenbereich: Der Honorararzt im Krankenhaus
aa) Begriff und gesetzliche Regelungen
(1) Begriff

575 Den Honorararzt im Krankenhaus gibt es als Rechtsbegriff nicht. Dies gilt unbeschadet seiner gesetzlichen Anerkennung durch § 121 Abs. 5 SGB V i. d. F. des Krankenhausfinanzierungsreformgesetzes – KHRG – aus dem Jahre 2009.[978] Danach können Krankenhäuser mit Belegbetten zur Vergütung der belegärztlichen Leistungen Honorarverträge mit Belegärzten schließen (Belegarzt mit Honorarvertrag).

576 Wenn gleichwohl vom Honorararzt im Krankenhaus die Rede sein soll, bezweckt dies, einer Krankenhauspraxis Rechnung zu tragen, die zunehmend niedergelassene Ärzte (Vertragsärzte) in die Versorgung der Krankenhauspatienten einbindet und dies auf eine vertragliche Grundlage stellt. Krankenhausträger und niedergelassener Arzt sind sich einig, dass der Arzt freiberuflich Leistungen im Krankenhaus oder in seiner Praxis für das Krankenhaus auf Honorarbasis erbringt. Die Vereinbarung ist rechtlich eine Kooperationsvertrag, wobei der Vertragsgegenstand auch von der Rechtsstellung des Arztes im Verhältnis zum Krankenhaus und die insoweit beauftragten Leistungen abhängt: Der »Kooperationsarzt« kann ein Belegarzt sein, der belegärztliche Leistungen (§ 121 SGB V) erbringt, die nicht zu den Krankenhausleistungen gehören und die auf der Grundlage der BPflV (vgl. § 2 Abs. 1 Satz 2 BPflV) oder des KHEntgG (vgl. § 2 Abs. 1 Satz 2 KHEntgG) vergütet werden. Es kann sich dabei aber auch um einen Konsiliararzt handeln, der als »selbständiger Drittarzt« entweder in seiner Praxis ambulante Leistungen (z. B. Laborleistungen) oder im Krankenhaus stationäre Hauptleistungen (z. B. Operationen, Herzkatheteruntersuchungen) auf der Grundlage von §§ 2 Abs. 2 Satz 2 Nr. 2 KHEntgG/BPflV erbringt. Eingeschlossen ist schließlich der niedergelassene Arzt, der im Krankenhaus ambulante Operationen (§ 115 b SGB V) sowie vor- und nachstationäre Krankenhausbehandlung (§ 115 a SGB V) durchführt und insoweit als Dritter im Rahmen der Krankenhausbehandlung (§ 39 Abs. 1 Satz 1 SGB V) für das Krankenhaus auf Honorarbasis tätig wird.

577 Immer handelt es sich bei dem »Honorararzt« um einen externen Arzt, der seine Leistungen selbständig und höchstpersönlich erbringt. Er steht zum Krankenhaus weder in einem Anstellungsverhältnis noch in einem arbeitnehmerähnlichen Verhältnis, so dass es sich bei dem Kooperationsvertrag um einen Dienstvertrag (§ 611 BGB) handelt. Darüber hinaus ist der Dritte in der Regel zugelassener Vertragsarzt (§ 95 SGB V). Ebenso kommt als

---

978 KHRG vom 24.03.2009, BGBl. I. S. 334.

Flachsbarth

Leistungserbringer ein Medizinisches Versorgungszentrum (§ 95 Abs. 1 Satz 2 SGB V) in Betracht.

(3) Gesetzliche Regelungen

Eine gesetzliche Grundlage für die Tätigkeit des Honorararztes im Krankenhaus oder für das Krankenhaus im eigentlichen Sinne gibt es nicht. Dementsprechend fehlt es an einer speziellen »Rechtsgrundlage« für die im Einzelnen sehr unterschiedlichen Kooperationsvereinbarungen zwischen dem Honorararzt und dem Krankenhausträger. Die nachfolgenden gesetzlichen Regelungen befassen sich deshalb bereichsspezifisch mit den rechtlichen Anforderungen, die aus krankenhaus- und vertragsarztrechtlicher Sicht an die Tätigkeit des Honorararztes im und für das Krankenhaus zu stellen sind:

578

– **§§ 2 Abs. 2 Satz 2 Nr. 2 KHEntgG/BPflV**

Nach diesen – wortidentischen – Bestimmungen rechnen zu den allgemeinen Krankenhausleistungen (§§ 2 Abs. 2 Satz 1 KHEntgG/BPflV) auch »die vom Krankenhaus veranlassten Leistungen Dritter«. Dahinter steht, dass das Krankenhaus die – allgemeinen – Krankenhausleistungen im Rechtssinne selbst erbringen muss. Als Vertragspartner erbringt nur das Krankenhaus diese Leistungen dem Patienten gegenüber. Unerheblich ist dabei, ob und inwieweit das Krankenhaus diese dem Patienten geschuldeten Leistungen mit eigenen personellen und sächlichen Mitteln erbringt oder ob es sich hierzu der Hilfe anderer bedient. Die Verpflichtung des Krankenhauses zur Krankenhausbehandlung geht ausschließlich dahin, die – allgemeinen – Krankenhausleistungen selbst mit eigenen Kräften und Einrichtungen bereitzustellen oder sich auf seine Kosten zu beschaffen. Insoweit sprechen §§ 2 Abs. 2 Satz 2 Nr. 2 KHEntgG/BPflV hier von den »vom Krankenhaus veranlassten Leistungen Dritter«.[979] Ist der vom Krankenhaus beauftragte Dritte ein Arzt oder eine ärztlich geleitete Einrichtung, handelt es sich regelmäßig um einen für die Leistungserbringung hinzugezogenen Konsiliararzt oder einen sonstigen, im oder am Krankenhaus tätigen Vertragsarzt. Der »Drittarzt« erbringt rechtlich gesehen seine Leistung nicht gegenüber dem Patienten, sondern gegenüber dem Krankenhaus. Dieses, und nicht der Patient, ist Auftraggeber und kostenpflichtig. Die »Krankenhausleistung« (die nicht mit der – allgemeinen – Krankenhausleistung im Sinne der §§ 2 KHEntgG/BPflV zu verwechseln ist) liegt darin, dass das Krankenhaus für die notwendige Leistung Dritter Sorge trägt und die Kosten hierfür übernimmt. Kosten dieser Krankenhausleistung sind die an den Dritten gezahlten Entgelte. Sie richten sich nicht nach der BPflV bzw. dem KHEntgG, sondern nach dem ärztlichen Gebührenrecht und der Vereinbarung zwischen dem Krankenhaus und dem Dritten.[980]

579

---

979 Vgl. Dietz in: Dietz/Bofinger/Gaiser/Quaas, KHG, BPflV und Folgerecht, Loseblatt, § 2 BPflV, Erl. II. 4.
980 Dietz, a.a.O.

Flachsbarth

– § 121 Abs. 5 SGB V

580 Mit der Ergänzung des § 121 SGB V über die »belegärztlichen Leistungen« durch einen neuen Abs. 5 hat das KHRG den Belegarzt mit Honorarvertrag eingeführt, der insoweit eine Abweichung vom gesetzlichen Belegarztmodell des § 121 Abs. 2 SGB V (entsprechend § 18 Abs. 1 KHEntgG) darstellt, als danach der (Beleg-)Arzt vom Krankenhaus keine Vergütung erhält. Damit ist auch der Honorararzt im Sinne des § 121 Abs. 5 SGB V Belegarzt im Sinne des (gesetzlichen) Belegarztbegriffes, so dass sich die Frage, wer Belegarzt ist und was belegärztliche Leistungen sind, unverändert nach den §§ 121 Abs. 1 bis 3 SGB V (entsprechend § 18 Abs. 1 und 2 KHEntgG) richtet.[981]

581 Dem Belegarzt stehen also künftig für die Erbringung und Abrechnung seiner (ärztlichen) Leistungen zwei »Belegarztmodelle« zur Verfügung: Entweder er erbringt die belegärztliche Leistung – wie bisher – im Rahmen der belegärztlichen Versorgung, die damit Teil der vertragsärztlichen Versorgung ist (§ 121 Abs. 3 SGB V). In diesem Fall richtet sich die Vergütung für Sozialversicherte nach den von den Vertragsparteien der vertragsärztlichen Versorgung getroffenen Regelungen (vertragsärztliche Gesamtvergütung). Ober der Belegarzt erbringt seine Leistungen auf der Basis des Honorarvertragsmodells in der Belegabteilung des Krankenhauses bzw. dem Belegkrankenhaus. Dann handelt es sich nicht um vertragsärztliche Leistungen.[982] Der Belegarzt erhält seine Vergütung nicht aus der Gesamtvergütung, sondern vom Krankenhaus.

582 Als Folgeänderung von § 121 Abs. 5 SGB V bestimmt § 18 Abs. 3 KHEntgG, dass Krankenhäuser, die von dem Honorarvertragsmodell des § 121 Abs. 5 SGB V Gebrauch machen, bei DRG-Fallpauschalleistungen die Fallpauschale »für Hauptabteilungen« in Höhe von 80 % abrechnen. Das Krankenhaus rechnet also nicht die reduzierte Fallpauschale (Anlage 1 Teil b der Fallpauschalenvereinbarung), mit der die nichtärztlichen Leistungen abgedeckt sind (§ 8 Abs. 2 Satz 2 KHEntgG), sondern die »volle« DRG-Fallpauschale, reduziert um 20 %, ab. Der Prozentsatz ist bindend. Er kann weder mit dem Belegarzt noch mit den Pflegesatzparteien abweichend vereinbart werden.[983]

---

981 Quaas in: Dietz/Bofinger/Gaiser/Quaas, KHG, BPflV und Folgerecht, Loseblatt § 121 SGB V, Erl. 3.2.

982 So auch die amtliche Begründung zu § 121 Abs. 5 SGB V – BT-Drs. 16/11429, S. 64.

983 Dies gilt auch dann, wenn sich nach einer Verminderung auf 80 % Entgelte ergeben, die unter der bisherigen Belegfallpauschale liegen – vgl. Quaas in: Dietz/Bofinger/Gaiser/Quaas, KHG, BPflV und Folgerecht, Loseblatt, § 121 SGB V Erl. 3.3.4; vgl. auch Makoski, GesR 2009, 225 und Lorenzen, KU 2009, 47.

Flachsbarth

– § 20 Abs. 2 Satz 2 Ärzte-ZV

Das zum 01.01.2007 in Kraft getretene Vertragsarztrechtsänderungsgesetz **583**
(VÄndG) ergänzt § 20 Abs. 2 Ärzte-ZV um einen Satz 2, wonach die Tätigkeit in oder die Zusammenarbeit mit einem zugelassenen Krankenhaus nach
§ 108 SGB V mit der Tätigkeit des Vertragsarztes vereinbar ist. Damit wird
die Rechtsprechung des BSG korrigiert, die insbesondere eine Tätigkeit als
Vertragsarzt parallel zu einer Tätigkeit des Vertragsarztes im Krankenhaus
als angestellter Krankenhausarzt für grundsätzlich unvereinbar i. S. d. § 20
Abs. 2 Ärzte-ZV ansah.[984] Sie stand den Bemühungen des Gesetzgebers zu
einer engeren Verzahnung des ambulanten und des stationären Leistungs-
sektors im Wege, da das BSG eine abstrakte Interessen- und Pflichtenkollision für die Annahme der Unvereinbarkeit zwischen einer Tätigkeit als
Vertragsarzt und als Krankenhausarzt ausreichen ließ.[985] Nunmehr kann
insbesondere die Niederlassung eines Vertragsarztes am Krankenhaus (auch
im Rahmen eines MVZ) ergänzt werden durch eine Nebentätigkeit des Vertragsarztes im oder für das Krankenhaus. Lediglich die Beschränkung des
zeitlichen Umfang der Nebentätigkeit auf wöchentlich 13 Stunden (§ 20
Abs. 1 Ärzte-ZV) bleibt bestehen.[986] Damit ist der »Honorararzt« im und
für das Krankenhaus vertragsarztrechtlich zulässig.

**bb) Rechtliche Voraussetzungen und Grenzen honorarärztlicher
Tätigkeit im Krankenhaus**

Da es den Honorararzt im Krankenhaus als eigenständige Rechtsfigur nicht **584**
gibt, sind die rechtlichen Voraussetzungen und die – insbesondere sozialrechtlichen – Grenzen honorarärztlicher Tätigkeit am Beispiel der jeweiligen, in der Praxis vorkommenden Erscheinungsformen zu klären.

(1) Belegarzt mit Honorarvertrag

Von ihm war bereits die Rede. Sein Status setzt voraus, dass sich Kranken- **585**
hausträger und Belegarzt über die Vergütung des belegärztlichen Honorars
einig sind und darüber einen Honorarvertrag schließen. Für den Vertragsabschluss besteht mangels einer konkreten Regelung in § 121 Abs. 5 SGB V
Vertragsfreiheit. Für die Höhe der Vergütung ist die GOÄ nicht anwendbar.
Die Vertragspartner können sich allerdings hieran orientieren. Einen Einfluss auf die Höhe der Fallpauschalen hat dies nicht.[987]

---

984 BSG NJW 1998, 3442 ff; GesR 2003, 173 ff.
985 Rothfuß in: Halbe/Schirmer (Hrsg.), Handbuch Kooperationen im Gesund-
     heitswesen, C 1100 Rn. 16 f.
986 Vgl. BSG, U. v. 30.01.2002 – B 6 KA 20/01 R = BSGE 89, 134 = SozR 3-5520 § 20
     Nr. 3; zul.: LSG Schleswig-Holstein. U. v. 19.05.2009 – L 4 KA 17/08.
987 Quaas in: Dietz/Bofinger/Gaiser/Quaas, KHG, BPflV und Folgerecht, Lose-
     blatt, § 121 Erl. 3.3.

Flachsbarth

586   Da es sich bei dem Belegarzt im Sinne des § 121 Abs. 5 SGB V um einen »echten« Belegarzt handelt, gilt die zeitliche Grenze für Nebentätigkeiten von wöchentlich 13 Stunden (§ 20 Abs. 1 Ärzte-ZV) nicht. Das ist folgerichtig, da der Belegarzt auch im Krankenhaus »als Vertragsarzt«, wenn auch nicht im klassischen ambulanten Sinne, tätig wird.[988] Allerdings bleibt bei dem Belegarzt mit Honorarvertrag gegenüber dem herkömmlichen Bild des Belegarztes nur noch der Name übrig.[989] Der Patient sucht das Krankenhaus auf und wird nicht wahrnehmen, ob er von einem (angestellten) Krankenhausarzt oder einem Belegarzt mit Honorarvertrag behandelt wird. Dies kann Folgen für das Haftungsrecht haben.[990]

(2) Konsiliararzt

– Der »echte« Konsiliararzt

587   Im Unterschied zum Belegarzt (vgl. § 121 Abs. 2 SGB V) ist der Begriff des Konsiliararztes bzw. der konosiliarärztlichen Leistungen gesetzlich nicht definiert.[991] Unter einem Konsilium nach ärztlichem Sprachgebrauch versteht man die Beratung zweier oder mehrer Ärzte nach vorangegangener Untersuchung des Patienten zur Stellung der Diagnose und/oder Festlegung des Heilplanes.[992] In diesem Sinne ist die Abrechnungsvorschrift der Nr. 60 GOÄ zu verstehen, die für ein Konsil eine Vergütung von (lediglich) 13,67 € vorsieht.[993] Zu einem solchen Preis wird allerdings kein Konsiliararzt im Krankenhaus tätig. Regelmäßig wird der Vertrag mit einem Arzt geschlossen, der nicht auf die gelegentliche Beratung der Krankenhausärzte beschränkt ist, sondern die Untersuchung und Mitbehandlung der Patienten einschließt.

588   Seinen Ausgangspunkt hat das Konsiliarztverhältnis insoweit in §§ 2 Abs. 2 Nr. 2 KHEntgG/BPflV und dem Begriff der allgemeinen Krankenhausleistung.[994] Mit dem Konsiliararztvertrag wird das Leistungsangebot des Krankenhauses personell ergänzt und regelmäßig auch fachlich erweitert. Dies kann in quantitativer Hinsicht (sog. »systematischer« Konsiliararzt)[995] dadurch erfolgen, dass der »Arzt« Teilbereiche klassischer Klinikaufgaben, insbesondere die Durchführung von Operationen übernimmt und damit wie ein angestellter Arzt für das Krankenhaus tätig wird. Das Krankenhaus, bei dem die entsprechende Fachkompetenz personell nicht vorhanden ist,

---

988 BSG, GesR 2002, 15; Makoski, GesR 2009, 225, 228.
989 Makoski, GesR 2009, 225, 228.
990 Dazu u. a. Makoski, GesR 2009, 225, 229.
991 Vgl. dazu Quaas in: Quaas/Zuck, Medizinrecht, 2. Aufl., § 15 Rn. 100.
992 Quaas in: Quaas/Zuck, Medizinrecht, 2. Aufl., § 15 Rn. 100.
993 Makoski, MedR 2009, 386, 382.
994 S. o. bei I. 2 a).
995 Vgl. Schäfer-Gölz in: Halbe/Schirmer (Hrsg.) Handbuch Kooperation im Gesundheitswesen, C 1300.

rechnet die stationäre Gesamtbehandlung als Krankenhausleistung im Rahmen der DRG ab und vergütet den Arzt auf vereinbarter Honorarbasis.[996] Oder das Krankenhaus erweitert sein Leistungsspektrum qualitativ, indem die Kooperation mit niedergelassenen Ärzten aus Fachgebieten vereinbart wird, die im Krankenhaus selbst nicht vertreten sind.[997] In beiden Konstellationen ist die Grenze zum sog. »unechten Konsiliararzt« fließend.

– Der »unechte« Konsiliararzt

Der echte Konsiliararzt, der die Krankenhausärzte mit seinem Fachwissen unterstützt und ggf. auch mit der Untersuchung und Mitbehandlung des Patienten beauftragt wird, unterscheidet sich von dem »unechten« (oder »schwarzen«) Konsiliararzt dadurch, dass letzterer für seine Leistung Krankenhausbetten in Anspruch nimmt, ohne dafür sozialrechtlich durch die KV anerkannt zu sein[998] oder er erbringt Leistungen zwar innerhalb seines Fachgebietes, aber außerhalb des Versorgungsauftrages des Krankenhauses.[999] Nachdem § 20 Abs. 2 Satz 2 1. HS Ärzte-ZV die Tätigkeit des Vertragsarztes im oder die Zusammenarbeit mit einem zugelassenen Krankenhaus zulässt, bestehen gegen eine quantitative Ausweisung des Leistungsspektrums des Krankenhauses durch Einschaltung von Vertragsärzten solange keine Bedenken, wie die zeitlichen Grenzen des § 20 Abs. 1 Ärzte-ZV eingehalten werden.[1000] Auch pflegesatzrechtlich sind die Leistungen des »unechten« Konsiliararztes im Budget des Krankenhauses zu berücksichtigen. Es handelt sich bei den ärztlichen Leistungen des Kooperationspartners um Drittleistungen im Sinne der §§ 2 Abs. 2 Satz 2 Nr. 2 KHEntgG/BPflV, die sowohl dem Versorgungsauftrag des Krankenhauses als auch seiner Leistungsfähigkeit entsprechen.[1001] Dem ist die Rechtsprechung gefolgt, wonach ein Krankenhaus seine Leistungsfähigkeit auch unter Einbeziehung kooperierender Ärzte sicherstellen kann.[1002]

589

Die Grenze zulässiger Kooperation mit einem niedergelassenen Arzt ist überschritten, wenn dieser Leistungen erbringen soll, die außerhalb des Versorgungsauftrags des Krankenhauses liegen. Vom Krankenhaus veranlasste Leistungen Dritter gemäß §§ 2 Abs. 2 Satz 2 Nr. KHEntgG/BPflV müssen stets als rechtlich zulässige Leistungen des Krankenhauses qualifizierbar sein. Nach § 8 Abs. 1 Satz 3 KHEntgG dürften Entgelte für allgemeine Krankenhausleistungen nur im Rahmen des Versorgungsauftrages berech-

590

---

996 Schwarz, das Krankenhaus 2008, 590.
997 Quaas in: Quaas/Zuck, Medizinrecht, 2. Aufl., § 15 Rn. 100.
998 »Unechter« oder »falscher« Belegarzt – vgl. SG Gelsenkirchen in MedR 2007, 569; Makoski MedR 2009, 376, 382.
999 Schwarz, das Krankenhaus 2008, 590.
1000 Quaas in: Quaas/Zuck, Medizinrecht, 2. Aufl., § 15 Rn. 101 m. w. Nw.
1001 Lange, das Krankenhaus 2008, 1309 u. Hw. auf eine Entscheidung der Schiedsstelle Niedersachsen.
1002 OVG Berlin, NVwZ-RR 1998, 41.

Flachsbarth

net werden. Das Leistungsangebot eines Krankenhauses ergibt sich insbesondere aus dem seine Zulassung begründenden Feststellungsbescheid.[1003] Wird der Versorgungsauftrag des Krankenhauses durch die Leistungen des Konsiliararzt erweitert, dürfen solche Leistungen nicht vergütet oder im Budget berücksichtigt werden.[1004]

cc) Die bereichsspezifischen Grenzen honorarärztlicher Tätigkeit

591   Die in den letzten Jahren vor Gericht und in der Literatur ausgiebig geführte Diskussion um den Einsatz von Honorarärzten im Krankenhaus lässt die Frage aufkommen, warum sich Befürworter und Gegner so streiten. In anderen Ländern ist dieses Modell seit langem etabliert, etwa in Großbritannien unter der Bezeichnung »locum doctors«, in Frankreich als »médecins remplacants« und in der Schweiz als »Vikarärzte«.[1005] Sicher sind die rechtlichen Grenzen honorarärztlicher Tätigkeit im Krankenhaus nach Maßgabe des jeweiligen gesetzlich umformten Sachbereiches strikt zu beachten. Kooperationsvereinbarungen zwischen Vertragsarzt und Krankenhausträger, die dem Zuweisungsverbot des § 31 MBO zuwider laufen, sind nichtig. Die verabredete Einweisung von Patienten gegen Entgelt oder die Gewährung anderer Vorteile stellt auch für das betroffene Krankenhaus ein wettbewerbswidriges Verhalten dar, auch wenn der Krankenhausträger selbst nicht als »Störer« im eigentlichen Sinne anzusehen ist.[1006] Der Abschluss solcher Kooperationen ist auch von strafrechtlicher Relevanz, wie jüngst die Entscheidung des OLG Braunschweig vom 22.02.2010 zur Anwendbarkeit des § 299 StGB (Bestechlichkeit und Bestechung im geschäftlichen Verkehr) bestätigt hat.[1007]

592   Diese bereichsspezifischen Grenzen honorarärztlicher Tätigkeit ändern indessen nichts an der grundsätzlichen Zulässigkeit des Einsatzes von Vertragsärzten auch im Krankenhaus. Eine Bestimmung, die das Krankenhaus verpflichtet, seine Leistung ausschließlich mit eigenem, insbesondere ärztlichem Personal zu erbringen, gibt es nicht. Für den Bereich des Vertragsarztrechts gestattet § 20 Abs. 2 Satz 2 ZVÄ ärztliche Drittleistungen am Krankenhaus. Pflegesatzrechtlich sind solche Leistungen selbst außerhalb des Krankenhauses zugelassen, sofern sie vom Krankenhaus veranlasst sind und sich am Maßstab des § 2 Abs. 2 Satz 1 KHEntgG als notwendig erweisen.

593   Wenn es aber keinen allgemeinen Grundsatz gibt, dass Krankenhäuser ihre Leistungen nur durch eigenes Personal ausführen dürfen und eine Be-

---

1003 Dazu Quaas in: Quaas/Zuck, Medizinrecht, 2. Aufl., § 24 Rn. 72 ff.
1004 Quaas in: Quaas/Zuck, Medizinrecht, 2. Aufl., § 15 Rn. 101; Schwarz, das Krankenhaus 2008, 590.
1005 Vgl. die Angaben in Deutsche Ärzteblatt 2010, 107, Ärzteblatt.de.
1006 OLG Düsseldorf, MedRecht 2009, 664; Dahm, MedRecht 2010 597, 600.
1007 OLG Braunschweig, U. v. 22.02.2010 in GesR 2010, 250; s. a. Dahm, MedRecht 2010, 597, 612.

schränkung jedenfalls auf »Kernleistungen« des Krankenhauses nicht existiert, kann dem Einsatz »fremden« Personals nur die Leistungsfähigkeit des Krankenhauses entgegenstehen. Die Leistungsfähigkeit des Krankenhauses, die nach § 2 Abs. 2 Satz 1 KHEntgG Voraussetzung für die Notwendigkeit der Erbringung allgemeiner Krankenhausleistungen ist, steht in engem Zusammenhang mit dem Versorgungsauftrag des Krankenhauses. Der Begriff der Leistungsfähigkeit des Krankenhauses knüpft an das Zulassungsrecht zu den Leistungen der gesetzlichen Krankenversicherung (GKV) an (§§ 108, 109 SGB V). Zugelassen werden nur solche Krankenhäuser, die die Gewähr für eine »leistungsfähige .... Krankenhausbehandlung bieten« (§ 109 Abs. 3 Satz 1 Nr. 1 SGB V). Die Rechtsprechung fasst den Begriff der Leistungsfähigkeit weit auf und stellt darauf ab, ob – bei einem Fachkrankenhaus – die Zahl der hauptberuflich angestellten oder »anderen Ärzte« die Anforderungen erfüllt, die nach den medizinischen Erkenntnissen für ein Krankenhaus dieser Fachrichtung bestehen. Es ist also nicht entscheidend, ob der im Krankenhaus tätige Arzt (hauptberuflich) angestellt oder freiberuflich dort tätig ist. Entsprechend hat das OVG Berlin schon vor Jahren entschieden, dass es für die Planaufnahme eines (herzchirurgischen) Krankenhauses keinen Unterschied mache, ob die Antragstellerin fest angestellte oder auf Grund von Honorarverträgen freiberuflich tätige Ärzte beschäftige.[1008] Es geht also inhaltlich um die Qualität der Krankenhausversorgung und nicht um die organisatorische oder rechtliche Form der Leistungserbringung. Die Qualität der (ärztlichen) Krankenhausversorgung wird nicht dadurch in Frage gestellt, dass niedergelassene Fachärzte im Krankenhaus operieren.

d) Weitere Personalgruppen im Krankenhaus

Neben der Verwaltung, den Ärzten und dem pflegerischen Personal findet sich in Krankenhäusern eine Vielzahl weiterer Personalgruppe. Anlage 4 zur KHBV (Kontenrahmen für die Buchung) enthält in den Kontennummern 6000 ff. eine Auflistung der (üblicherweise) im Krankenhaus anfallenden Vergütungen getrennt nach Personalgruppen:

594

- Konto 6000: **Ärzter Dienst**: Ärzte
- Konto 6001: **Pflegedienst**: Pflege- und Pflegehilfspersonal
- Konto 6002: **Medizinisch-technischer Dienst**: Apothekenpersonal (Apotheker, pharmazeutisch-technische Assistentinnen, Apothekenhelferinnen, Laborantinnen, Dispensierschwestern); Arzthelfer; Audiometristen; Bio-Ingenieure; Chemiker; Chemotechniker; Cytologieassistenten; Diätassistenten; EEG-Assistenten; Gesundheitsingenieure; Kardiotechniker; Krankengymnasten; Krankenhausingenieure; Laboranten; Logopäden; Masseure; Masseure und medizinische Bademeister; Medizinphysiker; Medizinisch-technische Assistenten; Medizinisch-technische Gehilfen; Medizinisch-technische Laboratoriumsassistenten;

1008 OVG Berlin, NVwZ-RR 1998, 41.

Medizinisch-technische Radiologieassistenten; Orthoptisten; Personal für die medizinische Dokumentation; Physiker; Physikalisch-technische Assistenten; Psychagogen; Psychologen; Nichtärztliche Psychotherapeuten; Schreibkräfte im ärztliche und medizinisch-technischen Bereich; Sonstige Kräfte im medizinisch-technischen Bereich; Sozialarbeiter; Tierpfleger und Sektionsgehilfen; Zahnärztliche Helferinnen sowie vergleichbares medizinisch-technisches Personal

- Konto 6003: **Funktionsdienst:** Krankenpflegepersonal für Operationsdienst; Krankenpflegepersonal für Anästhesie; Hebammen und Entbindungspfleger; Krankenpflegepersonal in der Ambulanz; Krankenpflegepersonal in Polikliniken; Krankenpflegepersonal im Bluttransfusionsdienst; Krankenpflegepersonal in der Funktionsdiagnostik; Krankenpflegepersonal in der Endoskopie; Kindergärtnerinnen, soweit zur Betreuung kranker Kinder eingesetzt; Krankentransportdienst; Beschäftigungstherapeuten (einschließlich Arbeitstherapeuten); Personal der Zentralsterilisation

- Konto 6004: **Klinisches Hauspersonal:** Haus- und Reinigungspersonal der Kliniken und Stationen

- Konto 6005: **Wirtschafts- und Versorgungsdienst:** Personal, das in folgenden Bereichen bzw. mit folgenden Funktionen eingesetzt wird: Desinfektion; Handwerker; Hausmeister; Hof- und Gartenarbeiter; Hol- und Bringedienste; Küchen und Diätküchen (einschließlich Ernährungsberaterinnen); Lager; Reinigungsdienst, ausgenommen klinisches Hauspersonal; Transportdienst; Wäscherei und Nähstube; Wirtschaftsbetriebe; (z.B. Metzgereien, Schweinemästereien, Gärtnereien, Ökonomien); Zentrale Bettenaufbereitung

- Konto 6006: **Technischer Dienst:** Personal, das in folgenden Bereichen bzw. mit folgenden Funktionen eingesetzt wird: Betriebsingenieure; Einrichtungen zur Versorgung mit Heizwärme, Warm- und Kaltwasser, Frischluft, medizinischen Gasen, Strom; Technische Betriebsassistenten; Technische Servicezentren; Technische Zentralen; Instandhaltung, z.B. Maler, Tapezierer und sonstige Handwerker

- Konto 6007: **Verwaltungsdienst:** Personal der engeren und weiteren Verwaltung, der Registratur, ferner der technischen Verwaltung, soweit nicht bei Konto 6006 (z.B. Betriebsingenieur) erfasst, z.B. Aufnahme- und Pflegekostenabteilung, Bewachungspersonal, Botendienste (Postdienst), Büchereien, Einkaufsabteilung, Inventar- und Lagerverwaltung, Kasse und Buchhaltung (einschließlich Nebenbuchhaltung), Personalverwaltung, Pförtner, Planungsabteilung, Registratur, Statistische Abteilung, Technische Verwaltung, soweit nicht bei Konto 6006 erfasst, Telefonisten und Personal zur Bedienung zentraler Rufanlagen, Verwaltungsleitung, Verwaltungsschreibkräfte, Wirtschaftsabteilung

- Konto 6008: **Sonderdienste:** Oberinnen; Hausschwestern; Heimschwestern; Schwestern in der Schwesternverwaltung; Seelsorger; Krankenhaus-

Flachsbarth

fürsorger; Mitarbeiter, die zur Betreuung des Personals und der Personalkinder eingesetzt sind
- Konto 6010: **Personal der Ausbildungsstätten:** Lehrkräfte
- Konto 6011: **Sonstiges Personal:** Famuli; Schülerinnen (Schüler), soweit diese auf die Besetzung der Stationen mit Pflegepersonal nicht angerechnet werden; Vorschülerinnen; Praktikantinnen und Praktikanten

Eine Erläuterung aller Personalgruppen, die in Krankenhäusern anzutreffen sind, würde den Rahmen sprengen. Exemplarisch werden an dieser Stelle zwei Berufsgruppen herausgegriffen, die in besonderem Maße haftungsrechtlichen relevant sind.   **595**

aa) Apotheker der Krankenhausapotheke

Ein Krankenhaus bedarf der Versorgung durch Arzneimittel. Sichergestellt   **596**
werden kann dies entweder durch eine öffentliche Apotheke oder durch eine Krankenhausapotheke. Einem Krankenhausträger ist gemäß § 14 Abs. 1 ApoG[1009] eine Erlaubnis zum Betrieb einer Krankenhausapotheke zu erteilen, wenn er einen zuverlässigen approbierten Apotheker anstellt und die Krankenhausapotheke über die nach der Apothekenbetriebsordnung erforderlichen Räume verfügt. Der Krankenhausträger, der über eine Erlaubnis zum Betrieb einer Krankenhausapotheke verfügt, kann durch diese weitere Krankenhäuser versorgen. Die hierfür erforderlichen Vereinbarungen benötigen gemäß § 14 Abs. 3, 5 ApoG einer behördlichen Genehmigung. Daneben erlaubt § 14 ApoG die Abgabe von Arzneimitteln in weiteren abschließend aufgezählten Fällen.

Wird der Krankenhausträger von einem Patient aufgrund eines auf den   **597**
Krankenhausapotheker zurückzuführenden Fehlverhaltens in Anspruch genommen, stellt sich die Frage, ob die erforderliche Sorgfalt vom Apotheker eingehalten wurde. Der vom Krankenhausapotheker einzuhaltende Sorgfaltsmaßstab bei seiner Berufsausübung bestimmt sich einerseits nach allgemeinen Bestimmungen für Angestellte eines Krankenhauses (Hygiene etc.) und andererseits nach den apothekenspezifischen Regelungen.[1010] Hierzu zählt insbesondere die Bundes-Apothekerordnung (BApO),[1011] die den Apotheker zur ordnungsgemäßen Arzneimittelabgabe verpflichtet. Die Berufspflichten werden in den Landesapothekerordnungen der jeweiligen Kammern aufgeführt. Ergänzend finden sich im Arzneimittelgesetz

---

1009 Apothekengesetz in der Fassung der Bekanntmachung vom 15.10.1980 (BGBl. I S. 1993), zuletzt geändert durch Art. 16 a des Gesetzes vom 28.05.2008 (BGBl. I S. 874).

1010 Reborn in: Weth/Thomae/Reichold (Hrsg.), Arbeitsrecht im Krankenhaus, 1. Auflage 2007, Teil 8 A Rz. 23 (Seite 490).

1011 Bundes-Apothekenordnung in der Fassung der Bekanntmachung vom 19.07.1989 (BGBl. I. S. 1478, 1842), zuletzt geändert durch Art. 4 des Gesetzes vom 24.07.2010 (BGBl. I S. 983).

Flachsbarth

(AMG)[1012] und im Medizinproduktegesetz (MPG)[1013] Bestimmungen zum Sorgfaltsmaßstab.

bb) Angestellte Hebammen und Beleghebammen

598 Das Gesetz über den Beruf der Hebamme und des Entbindungspflegers (Hebammengesetz – HebG)[1014] regelt die Ausbildung, die Zulassungsvoraussetzungen und rudimentär die Berufsausübung. Ergänzt werden die Regelungen zur Berufsausübung im HebG durch die Berufsordnungen für Hebammen und Entbindungspfleger auf Landesebene.[1015] Wer die Berufsbezeichnung »Hebamme« bzw. »Entbindungspfleger« (männliche Form der Berufsbezeichnung) führen will, bedarf der behördlichen Erlaubnis. Wird die Erlaubnis erteilt, so erlaubt Hebammen oder Entbindungspflegern § 4 Abs. 1 Satz 1 HebG die Leistung von Geburtshilfe. Geburtshilfe umfasst nach § 4 Abs. 2 HebG die Überwachung des Geburtsvorgangs von Beginn der Wehen an, Hilfe bei der Geburt und Überwachung des Wochenbettverlaufs. Ärzte sind nach § 4 Abs. 1 Satz 2 HebG (sogar) verpflichtet, dafür Sorge zu tragen, dass bei einer Entbindung eine Hebamme oder ein Entbindungspfleger zugezogen wird.

599 Der Beruf wird überwiegend freiberuflich, aber auch in angestellter Tätigkeit – etwa bei einem Krankenhausträger – ausgeübt. Kommt ein Patient unter Beteiligung einer Hebamme bei Geburt in einem Krankenhaus zu Schaden, ist bei der Frage, wer in Anspruch genommen werden kann, danach zu differenzieren, ob es sich um eine angestellte Hebamme oder um eine sog. Beleghebamme handelt. Ist eine angestellte Hebamme für den eingetreten Schaden verantwortlich, kann vom Geschädigten der (Beleg-) Krankenhausträger[1016] gemäß §§ 280 Abs. 1, 241 BGB i. V. m. dem Behandlungsvertrag in Anspruch genommen werden, da ihm eine zu vertretende Pflichtverletzung der bei ihm angestellten Hebamme nach § 278 BGB zugerechnet werden kann.[1017]

1012 Arzneimittelgesetz in der Fassung der Bekanntmachung vom 12.12.2005 (BGBl. I S. 3394), zuletzt geändert durch Art. 1 der Verordnung vom 28.09.2009 (BGBl. I S. 3172).

1013 Medizinproduktegesetz in der Fassung der Bekanntmachung vom 07.08.2002 (BGBl. I S. 3146), zuletzt geändert durch Art. 12 des Gesetzes vom 24.07.2010 (BGBl. I S. 983).

1014 Hebammengesetz vom 04.06.1985 (BGBl. I S. 902), zuletzt geändert durch Art. 8 des Gesetzes vom 24.07.2010 (BGBl. I S. 983).

1015 Thomae in: Weth/Thomae/Reichold (Hrsg.), Arbeitsrecht im Krankenhaus, 1. Auflage 2007, Teil 8 B Rz. 3 (Seite 495).

1016 Aus unerlaubter Handlung kann die Hebamme in Anspruch genommen werden. Sie wird in aller Regel jedoch einen arbeitsrechtlichen Freistellungsanspruch gegen den Krankenhausträger als ihren Arbeitgeber haben.

1017 Vgl. BGH, Urteil vom 16.5.2000 – VI ZR 321/98 – NJW 2000, 2737, 2738.

Bei einer sogenannten Beleghebamme handelt es sich dagegen um eine frei- **600**
berufliche Hebamme, die die schwangere Patientin betreut und die Geburt
in einem (Beleg-)Krankenhaus begleitet. Wie beim Belegarzt kommt mit
der Beleghebamme ein Vertrag über ihre Leistungen neben einem (separaten) Vertrag mit dem Krankenhausträger über Verpflegung und Unterkunft zu Stande.[1018] Bis zur Übernahme der Geburtsleistung durch den beim
Krankenhausträger angestellten Arzt oder den Belegarzt haftet die Beleghebamme alleine.[1019] Handelt es sich bei dem die Geburt übernehmenden/
überwachenden Arzt um einen Belegarzt, scheidet eine Haftung des Krankenhausträgers aus.[1020] Die Beleghebamme kann jedoch neben dem Belegarzt gesamtschuldnerisch haften, wenn sie als Erfüllungsgehilfin im Sinne
des § 278 BGB neben im tätig wird.[1021]

e) Berufsausbildung der Pflegeberufe

aa) Pflegeberufe als Gesundheitsfachberufe – Eine Einführung

(1) Gesundheitsfachberufe

Die Pflegeberufe gehören zur großen Gruppe der Gesundheitsfachberufe **601**
oder der Fachberufe des Gesundheitswesens; die früher geläufige Bezeichnung »Heilhilfsberufe« wird nicht mehr verwendet. Kennzeichnend für diese Berufe ist, dass sie in ihrer Aufgabenerfüllung ganz oder in Teilbereichen
an die ärztliche Anordnung gebunden sind und im Rahmen der Aufgaben-
übernahme die Durchführungsverantwortung tragen.[1022]

Eine einheitliche und verbindliche Systematik dieser Berufe gibt es nicht. Sie **602**
werden häufig in Gruppen weiter unterteilt, wobei auch diese wie die vorgenommenen Zuordnungen der einzelnen Berufe Unterschiede aufweisen.

1018 Thomae in: Weth/Thomae/Reichold (Hrsg.), Arbeitsrecht im Krankenhaus, 1.
  Auflage 2007, Teil 8 B Rz. 8 (Seite 498).
1019 BGH, Urteil vom 14.2.1995 – VI ZR 272/93 –BGHZ 129, 6, 11.
1020 BGH, Urteil vom 14.2.1995 – VI ZR 272/93 –BGHZ 129, 6, 13 ff.
1021 Martis/Winkhart, Arzthaftungsrecht, 3. Auflage 2010, Rn. K 218.
1022 Vgl. Kälble 2008: 37; vgl. http://de.wikipedia.org/wiki/Gesundheitsfachberufe.

Hundenborn

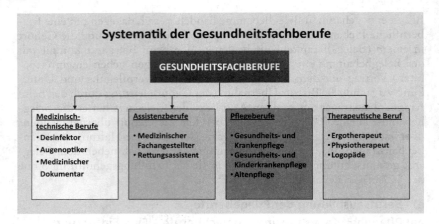

603 Beispiele für Assistenzberufe:
- Medizinische/r Fachgestellte/r
- Rettungsassistentin / Rettungsassistent

604 Beispiele für Medizinisch-technische Berufen:
- Medizinische/r Dokumentar/in
- Medizinisch-technische Assistenten / Assistentin
- Desinfektor/in
- Augenoptiker/in
- Hörgeräteakustiker/in

605 Beispiele für therapeutische Berufe:
- Ergotherapeut/in
- Logopädin / Logopäde
- Physiotherapeut/in

606 Zu den Pflegeberufen werden in Regel folgende Berufe gerechnet, wobei es auch hier keine einheitliche Systematik gibt:
- Altenpfleger/in
- Altenpflegehelfer/in
- Gesundheits- und Krankenpfleger/in
- Gesundheits- und Kinderkrankenpfleger/in
- Gesundheits- und Krankenpflegehelfer/in
- Hebamme / Entbindungspfleger

In manchen Übersichten werden auch die Heilerziehungspflege oder die Familienpflege zu den Pflegeberufen gerechnet.

(2) Pflegeberufe

Die Ausführungen dieses Beitrags beschränken sich auf die so genannten Kernpflegeberufe.[1023] Hierzu gehören
- die Gesundheits- und Krankenpflege
- die Gesundheits- und Kinderkrankenpflege
- die Altenpflege.

607

(3) Qualifikationsebenen

– Dreijährige berufliche Ausbildungen

Die dreijährigen beruflichen Ausbildungsgänge in der Altenpflege, der Gesundheits- und Krankenpflege sowie in der Gesundheits- und Kinderkrankenpflege werden auf der Grundlage von Artikel 74 Nr. 19 des Grundgesetzes bundeseinheitlich geregelt. Die Ausbildungsgesetze und die die entsprechenden Ausbildungs- und Prüfungsverordnungen gelten bundeseinheitlich.

608

– Helfer- und Assistentenausbildungen

Unterhalb der dreijährigen Ausbildungsgänge existieren Helfer- oder Assistenzberufe, die ebenfalls zum Teil staatlich geregelt sind. Sie werden in die Ausführungen dieses Kapitels einbezogen. Die Regelungskompetenz für diese Ausbildungen liegt bei den einzelnen Bundesländern. Bis 2003 war die einjährige Ausbildung zur Krankenpflegehelferin / zum Krankenpflegehelfer im Gesetz über die Berufe in der Krankenpflege vom 04.06.1985 ebenfalls bundeseinheitlich geregelt. Mit dem Urteil des Bundesverfassungsgerichtes vom 24.10.2002 wurde jedoch die Regelungskompetenz für die Helferausbildungen in der Gesundheits- und Krankenpflege sowie in der Altenpflege in die Länderzuständigkeit verwiesen.[1024] Seitdem haben die Bundesländer, die von ihrer Regelungskompetenz Gebrauch gemacht haben, teilweise deutlich voneinander abweichende Regelungen getroffen. Somit ergibt sich für die diesen Bereich ein recht heterogenes Bild.

609

– Weiterbildungen

Die zahlreichen Weiterbildungen, die im Anschluss an einen dreijährigen Ausbildungsgang möglich sind, fallen ebenfalls in den Regelungsbereich der einzelnen Bundesländer. Entsprechend vielfältig ist das Bild der Weiterbildungsregelungen. In Bundesländern, die für bestimmte Bereiche keine eigenen Weiterbildungsregelungen entwickelt haben, orientieren sich die Anbieter oft an den entsprechenden Empfehlungen der Deutschen Krankenhausgesellschaft (DKG), die ihre Empfehlungen als Muster für eine landesrechtliche Ordnung versteht.

610

1023 Vgl. Hundenborn 2002: 56.
1024 Vgl. BVerfG 2 BvF 1/01 vom 24.10. 2002.

Hundenborn

Zuständigkeitsverteilung Bund / Länder im Rahmen der Pflegebildung		
	Bund	**Länder und nachgeordnete Aufsichtsbehörden**
Ausbildung in der Gesundheits- und Krankenpflege Ausbildung in der Gesundheits- und Kinderkrankenpflege Ausbildung in der Altenpflege	Zulassungskompetenz nach Art. 74 Nr. 19 GG	Richtlinienkompetenz (bspw.) • Rahmenlehrpläne • Qualifikation der Lehrenden • Anerkennung der Schulen
Ausbildung in den Helfer- und Assistenzberufen		Gesetzgebungskompetenz + Richtlinienkompetenz
Weiterbildungen		Gesetzgebungskompetenz + Richtlinienkompetenz

bb) Statische Angaben – ein Einblick in Daten und Zahlen

611   Der Gesundheitssektor zählt zu den größten Beschäftigungsbereichen in Deutschland, für den auch zukünftig ein weiteres Wachstum vorausgesagt wird. Jeder neunte Beschäftigte war Ende 2004 bereits in diesem Bereich tätig.[1025] Die Pflegeberufe zählen zu einer der größten Gruppen in diesem Sektor, wobei sich in den unterschiedlichen Statistiken voneinander abweichende Zahlen finden.

612   Die nachfolgenden Zahlen basieren auf zwei repräsentativen Studien. PABiS (Pflegeausbildungsstudie Deutschland) wurde 2006 vom Deutschen Institut für angewandte Pflegeforschung e.V. und dem Deutschen Krankenhausinstitut durchführt. BEA (Bundesweite Erhebung der Ausbildungsstrukturen an Altenpflegeschulen) wurde vom Institut für angewandte Pflegeforschung der Universität Bremen ebenfalls 2006 durchgeführt. Auch wenn die beiden Studien unterschiedliche Schwerpunkte hatten, sich auf unterschiedliche Statistiken stützen und damit nicht unmittelbar in den Ergebnissen vergleichbar sind, geben sie dennoch einen Überblick über wesentliche Strukturdaten der Ausbildung.

1025   Vgl. Blum / Isfort u.a. 2006: 14.

Hundenborn

(1) Beschäftigungsentwicklung

Bezüglich der Beschäftigung zeigen sich für die Pflegekräfte in den verschiedenen Beschäftigungsbereichen zwischen 1997 und 2004 folgende Entwicklungen: **613**

Beschäftigungsentwicklung der Pflegekräfte zwischen 1997 und 2004

Pflegekräfte	Veränderungen zwischen 1997 und 2004			
	ambulante Pflege		stationäre / teilstationäre Pflege	
	absolut	relativ	absolut	relativ
Krankenpflege / Kinderkrankenpflege	43.000	+ 13,1 %	45.000	+ 36, 4%
Altenpflege	36.000	+ 33,3 %	126.000	+ 51,8 %

(2) Entwicklung der Ausbildungszahlen

Entwicklung der Ausbildungszahlen in der Kranken- und Kinderkrankenpflege
(modifizierte Darstellung; vgl. PABiS 2006: 25)

Schüler/innen		
	absolut	relativ
Krankenpflege	57.941	- 10,6 %
Kinderkrankenpflege	6.760	- 16,0%

Hundenborn

614 Insgesamt ist sowohl die Anzahl der Ausbildungsplätze als auch die Anzahl der Schüler/innen sowohl in der Krankenpflege als auch in der Kinderkrankenpflege bundesweit rückläufig.

615 Die rückläufige Entwicklung der Ausbildungszahlen ist u.a. als Reaktion auf die veränderten Rahmenbedingungen der Krankenhausfinanzierung zurückzuführen. Der erhebliche Abbau von Personalstellen im Pflegebereich schlägt sich unmittelbar in einer Reduzierung der Ausbildungszahlen nieder.[1026] Insgesamt wird der Trend rückläufiger Ausbildungszahlen nach Einschätzung der Krankenhäuser weiter anhalten, wenngleich er nicht alle Krankenhäuser in gleichem Maße betrifft.[1027]

(3) Entwicklung der Bewerberzahlen

616 Dem Rückgang der Ausbildungszahlen in der Kranken- und Kinderkrankenpflege steht ein gegenläufiger Trend bei den Bewerberzahlen gegenüber. Hier lässt sich für die pflegerischen Berufe in den letzten Jahren eine deutliche Zunahme der Bewerberzahlen feststellen, die von den befragten Schulen in der PABiS-Studie mit + 34 % angegeben wird, wenngleich die Bewerber/innen hinsichtlich ihrer schulischen Voraussetzungen und persönlichen Eignung für den Pflegeberuf von den Einrichtungen als weniger geeignet als früher eingeschätzt werden.[1028]

(4) Altersverteilung der Schüler/innen in den Pflegeberufen

Schüler/innen der Kranken- und Kinderkrankenpflege nach Altersgruppen (vgl. PABiS 2006: 12)	
Altersgruppen	**Anteil (relativ)**
16 Jahre bis 18 Jahre	ca. 30%
19 Jahre bis 21 Jahre	ca. 40%
> 22 Jahre	ca. 25%

1026 Vgl. Blum / Isfort u.a. 2006: 25 f.
1027 Vgl. Blum / Isfort u.a. 2006: 11.
1028 Vgl. Blum / Isfort u. a. 2006: 11.

Schüler/innen der Altenpflege nach Altersgruppen
(vgl. BEA 2006: 56)

Altersgruppen	Anteil (relativ)
16 Jahre bis 18 Jahre	18,2%
19 Jahre bis 21 Jahre	22,7%
22 Jahre bis 25 Jahre	14,0%
26 Jahre bis 28 Jahre	6,4%
29 Jahre bis 31 Jahre	5,2%
32 Jahre bis 35 Jahre	6,7%
36 Jahre bis 38 Jahre	6,2%
39 Jahre bis 41 Jahre	5,0%
> 41 Jahre	10,4%

(5) Geschlechterverteilung

In der Kranken- und Kinderkrankenpflege liegt in der Gruppe der jüngeren **617** Schüler/innen der Frauenanteil bei ca. 90%, in der Gruppe der über 25-jährigen Schüler/innen bei ca. 70%. Der Pflegeberuf gehört damit weiterhin zu den typischen Frauenberufen.[1029]

Bei den Schülerinnen und Schülern der Altenpflege liegt der Frauenanteil **618** (ohne Altersdifferenzierung) bei 80%.[1030]

1029 Vgl. Blum / Isfort u. a. 2006: 12.
1030 BEA 2006: 56.

Hundenborn

(6) Schulabschlüsse

Schulabschlüsse der Schüler/innen in der Kranken- / Kinderkrankenpflege
(vgl. PABiS 2006: 12)

Schulabschluss	Anteil (relativ)
Realschulabschluss	> 50%
Abitur	ca. 30%
Umschüler/innen	ca. 5%

Schulabschlüsse in der Altenpflege
(vgl. BEA 2006: 55)

Schulabschluss	Anteil (relativ)
Realschulabschluss	69,1%
Abitur	5,3%
FH + FGH	0,4%
Hauptschule	15,6%
Sonstige	2,3%

(7) Abbrecherquote

619 Die Abbrecherquote im Rahmen der Ausbildung liegt in der Kranken- und Kinderkrankenpflege bei ca. 15%.[1031]

1031 Vgl. Blum / Isfort u.a. 2006: 12.

Hundenborn

(8) Anstellung nach Abschluss der Pflegeausbildung

Anstellung nach Abschluss der Ausbildung in der Kranken- / Kinderkrankpflege (vgl. PABiS 2006: 12)	
Arbeitsfeld	**Anzahl (relativ)**
Krankenhaus	> 50%
ambulante Pflege	16%
stationäre Altenhilfe	10%
ohne Anstellung	ca. 5%

Wenngleich immer noch der überwiegend Teil der Schüler/innen in der **620** Kranken- und Kinderkrankenpflege nach Abschluss der Ausbildung im Krankenhaus eine Anstellung findet, bewerben sich zunehmend mehr Absolventinnen und Absolventen für die ambulante Pflege und für den Bereich der stationären Altenhilfe. Der Abschluss befristeter Verträge ist insgesamt zunehmend.[1032]

1032 Vgl. Blum / Isfort u. a. 2006: 12.

Hundenborn

Anstellung nach Abschluss **der Ausbildung in der Altenpflege** (vgl. BEA 2006: 71)	
Arbeitsfeld	**Anzahl (relativ)**
stationäre Pflegeeinrichtung	75,1%
ambulante Pflege	15,5
teil-stationäre Pflegeeinrichtung	3.2
sonstige pflegerische Einrichtung	1,3

(9) Anzahl der Ausbildungsstätten in den Pflegeberufen

621 Auch bezüglich der Anzahl und Struktur von Ausbildungsstätten für Berufe in der Gesundheits- und Krankenpflege / Gesundheits- und Kinderkrankenpflege gibt es keine einheitliche Datenbasis. Ebenso wenig existiert ein zentrales oder einheitliches Adressverzeichnis.[1033] Die PABiS-Studie ermittelte 865 Schulen, von denen sich 462 an der Studie beteiligten. Die Ausbildungsstätten für Pflegeberufe unterscheiden sich hinsichtlich ihrer Organisationsform, ihrer Größe und ihrer Trägerschaft voneinander.

622 In einigen Bundesländern erfolgt die Ausbildung in der Gesundheits- und Krankenpflege / Gesundheits- und Kinderkrankenpflege an Berufsfachschulen, die dem Schulrecht der Länder unterstehen. In anderen Bundesländern finden die Ausbildungen an Pflegeausbildungen bzw. Ausbildungsstätten statt, die mit einem oder mehreren Krankenhäusern verbunden sind.[1034] Insgesamt sind in den letzten Jahren Fusionsprozesse zu verzeichnen, so dass aus ehemals kleineren Ausbildungsstätten größere Bildungszentren entstanden sind, die neben mehreren Ausbildungsgängen auch Bereiche der Fort- und Weiterbildung übernehmen.

623 Unabhängig von ihrer Größe werden die Ausbildungsstätten nur selten als eigenständige Betriebe geführt, sondern sind auch hinsichtlich der Etat- und Budgetverwaltung von der Krankenhausverwaltung abhängig. Nur in gut

---

1033 Vgl. Blum / Isfort u. a. 2006: 30.
1034 Vgl. § 4 KrPflG.

Hundenborn

10% der Schulen hat die Schulleitung bislang auch Geschäftsführungsfunktion.[1035]

Strukturdaten der Gesundheits- und Krankenpflegeschulen / Gesundheits- und Kinderkrankenpflegeschulen

(vgl. PABiS 2006: 31)

	Ausbildungsstätten für Pflegeberufe	
	absolut	relativ
Ausbildung		
• Gesundheits- und Krankenpflege	439	95
• Gesundheits- und Kinderkrankenpflege	117	25,3
Trägerschaft		
• frei gemeinnützig	217	47
• öffentlich	195	42,2
• privat-gewerblich	38	8,2
• keine Angaben	12	2,6
Größe nach Schülerzahl		
• < 60 Schüler/innen	160	34,6
• 61 - 89 Schüler/innen	122	26,4
• > 90 Schüler/innen	140	30,3
• keine Angaben	40	8,7
Gesamt	462	100

Die BEA-Studie geht von 613 Altenpflegeschulen aus, von denen sich 303 an der Studie beteiligt haben. Hier unterstehen nahezu 50% dem Schulrecht der Länder.

624

1035 Vgl. Blum / Isfort 2006: 10.

Hundenborn

Strukturdaten der Altenpflegeschulen
(vgl. BEA 2006: 31)

	Altenpflegeschulen	
	absolut	relativ
• privat-gewerblich	20	6,6
• kommunal	64	21,1
• frei gemeinnützig	191	63,0
• missings	3	9,0
Rechtsform		
• Schulen im Schulrecht	149	49,2
• staatlich anerkannte Schulen	136	44,9
• missings	18	5,9
Größe		
• > 150 Schulplätze	26	8,6
• 71 - 150 Schulplätze	146	48,2
bis zu 70 Schulplätze	120	39,6
missings	11	3,6

cc) Pflegeschulen und Pflegeausbildung – Bildungssystematische Charakteristika und Besonderheiten

625 Bedingt durch die besonderen historischen Entwicklungen in den drei so genannten Kernpflegeberufen – der Gesundheits- und Krankenpflege sowie der Gesundheits- und Kinderkrankenpflege und der Altenpflege – weisen deren Ausbildungsstätten etliche Besonderheiten auf.

626 Die bildungssystematische Verortung der Ausbildungsstätten für Pflegeberufe – wie für einige andere Fachberufe des Gesundheitswesens – kann anhand eines Überblicks über das Bildungssystem verdeutlicht werden:

Hundenborn

Die Pflegebildungseinrichtungen, die eine berufliche Ausbildung in den Pflegeberufen anbieten, sind wie die übrigen Schulen des berufsbildenden Sektors dem Sekundarbereich II zuzuordnen. Die Gesundheits- und Krankenpflegeschulen / Gesundheits- und Kinderkrankenpflegeschulen sind jedoch meist nicht, die Altenpflegeschulen zu ca. 50 % im Schulrecht der Länder angesiedelt. Die zuständigen Aufsichtsbehörden bei den staatliche anerkannten Schulen dementsprechend nicht die Kultusbehörden, sondern die Gesundheits- bzw. Sozialbehörden der Länder.

627

Die Ausbildungseinrichtungen werden als »Schulen des Gesundheitswesens« bzw. als »Schulen besonderer Art« geführt.

628

(1) Besonderheiten der Pflegebildungseinrichtungen:

– Als »Schulen besonderer Art« sind sie i. d. R. nicht integriert in das öffentliche berufsbildende System (siehe oben).

629

– Sie unterliegen nicht dem Schulrecht der Länder, sondern den Gesundheits- bzw. Sozialbehörden.

– Die Anwendung des Berufsbildungsgesetzes wird in den Ausbildungsgesetzen ausdrücklich ausgeschlossen (§ 22 KrPflG; § 28 AltPflG).

– Die Lehrerqualifikation ist nur in Ausnahmefällen als Lehramtsstudium konzipiert. Nachdem seit den 1960er Jahren die Lehrerqualifizierung als

Hundenborn

Weiterbildung beruflich qualifizierter Pflegender stattfand, überwiegt seit Einführung der Studiengänge Anfang bis Mitte der 1990er Jahre die einphasige pflegepädagogische Ausbildung an Fachhochschulen.

– Neben den hauptamtlich tätigen Pflegelehrer/innen werden in einem relativ hohen Anteil nebenamtliche Dozentinnen / Dozenten eingesetzt, die i.d.R. keine didaktische Ausbildung absolviert haben.

630 Der Bereich der Fort- und Weiterbildung in den Pflegeberufen wird i. d. R. an eigenen Weiterbildungsinstituten in frei gemeinnütziger oder privater Trägerschaft angeboten. Inzwischen übernehmen auch große Bildungszentren der Krankenhausträger oder die Schulen für Altenpflege neben der Erstausbildung entsprechende Angebote von Fort- und Weiterbildung.

631 Seit Anfang der 1990er Jahre sind auch zahlreiche Bildungsgänge für Pflegeberufe als Studiengänge im tertiären Bereich angesiedelt, überwiegend an Fachhochschulen, teilweise auch an Universitäten. Zu den hochschulischen Bildungsangeboten gehören inzwischen auch primär qualifizierende Studiengänge in der Pflege, die entweder mit ohne eine Berufszulassung abschließen.[1036]

(2) Charakteristika der Pflegeausbildungen und europäischer Vergleich:

632 – Die Ausbildungen in den so genannten Kernpflegeberufen – der Gesundheits- und Krankenpflege / Gesundheits- und Kinderkrankenpflege sowie der Altenpflege – sind als drei Ausbildungsgänge konzipiert.

– Entsprechend gibt es drei verschiedene Berufszulassungen mit drei verschiedenen Berufsbezeichnungen. In den meisten europäischen Ländern wurde dagegen inzwischen die Ausbildung auf einen Pflegeberuf mit so genannter generalistischer Ausrichtung (»general nurse«) umgestellt, der für die allgemeine Pflege von Menschen aller Altersgruppen ausgebildet wird.[1037]

– Wenngleich mit dem Gesetz über die Berufe in der Krankenpflege die Ausbildungen in der Gesundheits- und Krankenpflege / Gesundheits- und Kinderkrankenpflege von 2003 im Umfang von zwei Dritteln als so genannte integrierte Ausbildung zusammengefasst worden sind, bleibt es bei zwei getrennten Berufsabschlüssen und Berufsbezeichnungen.

– Die Berufszulassungsgesetze schützen lediglich die Berufsbezeichnungen, nicht aber die Ausübung der Pflege selbst.

– In den Berufszulassungsgesetzen werden keine Vorbehaltsaufgaben geregelt.

– Die Ausbildung in den Pflegeberufen ist beruflich verfasst, d.h. die Ausbildung ist im Sekundarbereich II angesiedelt (siehe oben). Dagegen bil-

---

1036 Vgl. Deutscher Bildungsrat für Pflegeberufe, 2007: 3.
1037 Vgl. Hundenborn 2002: 56.

Hundenborn

den bereits 21 von 25 EU-Staaten im tertiären Bildungsbereich an Hochschulen aus.[1038]
- Auch im Bereich der Weiterbildungen und Spezialisierungen fehlen nationale und europäische Standards.[1039]

dd) Die Ausbildungen in der Gesundheits- und Krankenpflege / Gesundheits- und Kinderkrankenpflege

(1) Regelungsgrundlagen

Für die Ausbildungen in der Gesundheits- und Krankenpflege sowie in der Gesundheits- und Kinderkrankenpflege gelten bundesinheitlich die folgenden normativen Grundlagen: **633**
- Gesetz über die Berufe in der Krankenpflege vom 16. Juli 2003
- Ausbildungs- und Prüfungsverordnung über die Berufe in der Krankenpflege vom 10.11.2003.

Das Gesetz ist als Berufszulassungsgesetz zu verstehen. Es schützt nicht die Berufsausübung, sondern die Ausübung des Berufes unter der Berufsbezeichnung »Gesundheits- und Krankenpflegerin / Gesundheits- und Krankenpfleger« bzw. »Gesundheits- und Kinderkrankenpflegerin« / Gesundheits- und Kinderkrankenpfleger«. Es schützt damit im Wesentlichen die Berufsbezeichnungen.[1040]   **634**

(2) Ausgewählte Regelungsbereiche des Krankenpflegegesetzes

- Schutz der Berufsbezeichnungen   **635**
- Ausbildungsziel mit den wesentlichen Aufgaben, auf die die Ausbildung vorzubereiten hat (§ 3)
- der Ausbildung zugrunde liegendes Bildungsverständnis (§ 3)
- Dauer und Gliederung der Ausbildung
- Voraussetzungen für die staatliche Anerkennung von Schulen (§ 4)
- Zugangsvoraussetzungen zur Ausbildung einschließlich der Anrechnungsmöglichkeiten anderer Ausbildungen (§ 5, § 6)
- Anrechnung von Fehlzeiten (§ 7)
- Gestaltung des Ausbildungsvertrages (§ 9),
- Pflichten des Ausbildungsträgers sowie der Schülerin und des Schülers (§ 10, § 11),
- die Ausbildungsvergütung (§ 12) und
- Probezeit, das Ende sowie die Kündigung des Ausbildungsverhältnisses (§ 13, § 14, § 15)
- Anerkennung der Abschlüsse in Europa.[1041]

1038 Deutscher Bildungsrat für Pflegeberufe 2007: 4.
1039 Vgl. Deutscher Bildungsrat für Pflegeberufe 2007: 4.
1040 Vgl. Hundenborn 2009: 7.
1041 Vgl. Hundenborn 2009: 7.

Hundenborn

636 Die über das Krankenpflegegesetz hinausgehenden Mindestanforderungen an die Ausbildungen sowie Einzelheiten der staatlichen Prüfungen sind in der Ausbildungs- und Prüfungsverordnung für die Berufe in der Krankenpflege vom 10.11.2003 geregelt.

637 Die Rechtsverordnung legt u. a. die Stundenzahlen und Inhalte für den theoretischen und praktischen Unterricht sowie die Stundenzahlen für die praktische Ausbildung fest.

638 Stundenzahlen, Wissensgrundlagen und Einsatzgebiete basieren auf europäischen Richtlinien und stellen sicher, dass die Ausbildungsabschlüsse in anderen europäischen Ländern anerkannt werden.[1042]

(3) Ziele der Ausbildung
– Ausbildungsziel

639 Die Grundlagen des Berufsbildes der Gesundheits- und Krankenpflege / Gesundheits- und Kinderkrankenpflege werden im Ausbildungsziel nach § 3 des Krankenpflegegesetzes festgelegt.
»(1) Die Ausbildung für Personen nach § 1 Abs. 1 Nr. 1 und 2 soll entsprechend dem allgemein anerkannten Stand pflegewissenschaftlicher, medizinischer und weiterer bezugswissenschaftlicher Erkenntnisse fachliche, personale, soziale und methodische Kompetenzen zur verantwortlichen Mitwirkung insbesondere bei der Heilung, Erkennung und Verhütung von Krankheiten vermitteln. Die Pflege im Sinne von Satz 1 ist dabei unter Einbeziehung präventiver, rehabilitativer und palliativer Maßnahmen auf die Wiedererlangung, Verbesserung, Erhaltung und Förderung der physischen und psychischen Gesundheit der zu pflegenden Menschen auszurichten. Dabei sind die unterschiedlichen Pflege- und Lebenssituationen sowie die Lebensphasen und die Selbständigkeit und Selbstbestimmung der Menschen zu berücksichtigen (Ausbildungsziel).
(2) Die Ausbildung für die Pflege nach Absatz 1 soll insbesondere dazu befähigen,
1. die folgenden Aufgaben eigenverantwortlich auszuführen:
   a) Erhebung und Feststellung des Pflegebedarfs, Planung, Organisation, Durchführung und Dokumentation der Pflege,
   b) Evaluation der Pflege, Sicherung und Entwicklung der Qualität der Pflege,
   c) Beratung, Anleitung und Unterstützung von zu pflegenden Menschen und ihrer Bezugspersonen in der individuellen Auseinandersetzung mit Gesundheit und Krankheit,
   d) Einleitung lebensnotwendiger Sofortmaßnahmen bis zum Eintreffen der Ärztin oder des Arztes,
2. die folgenden Aufgaben im Rahmen der Mitwirkung auszuführen:

1042 Stöcker nach Hundenborn 2009: 7.

Hundenborn

a) eigenständige Durchführung ärztlich veranlasster Maßnahmen,
b) Maßnahmen der medizinischen Diagnostik, Therapie oder Rehabilitation,
c) Maßnahmen in Krisen- und Katastrophensituationen,
3. interdisziplinär mit anderen Berufsgruppen zusammenzuarbeiten und dabei multidisziplinäre und berufsübergreifende Lösungen von Gesundheitsproblemen zu entwickeln.«

Das Ausbildungsziel unterscheidet drei Aufgabenschwerpunkte voneinander: **640**
– Aufgaben im eigenverantwortlichen Bereich
– Aufgaben im Rahmen der Mitwirkung
– Aufgaben im Rahmen interdisziplinärer Zusammenarbeit

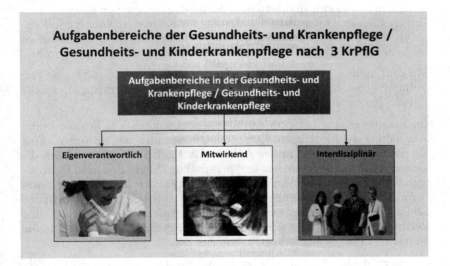

Zum eigenverantwortlichen Bereich gehören: **641**
– die Gestaltung des Pflegeprozesses
– die Beratung, Anleitung und Unterstützung von Menschen mit Pflegebedarf und ihrer Bezugspersonen
– das Handeln in Notfallsituation bei Nichtanwesenheit der Ärztin / des Arztes

Die Aufgaben im Rahmen der Mitwirkung beziehen sich auf: **642**
– die Übernahme ärztlich delegierter Tätigkeiten
– die Unterstützung und Assistenz bei diagnostischen, therapeutischen oder rehabilitativen Maßnahmen
– die Mitwirkung in Krisen- und Katastrophensituationen

Hundenborn

643   Die Aufgaben im Rahmen interdisziplinärer Zusammenarbeit umfassen die gemeinsame Lösungsentwicklung in Bezug auf Gesundheitsprobleme.

– **Bildungsverständnis**

644   Im Gesetz über die Berufe in der Krankenpflege vom 16.07.2003 werden erstmalig in einem Krankenpflegegesetz neben den beruflichen Arbeitsaufgaben auch Bildungsziele angesprochen, die in der Ausbildung anzustreben sind. Danach ist die Ausbildung auf den Erwerb fachlicher, methodischer, sozialer und personaler Kompetenzen auszurichten. Der Kompetenzbegriff wird hier nicht nur im Sinne der Zuständigkeit für ein bestimmtes Aufgabengebiet verstanden, sondern im Sinne der Fähigkeit zur Bewältigung anspruchsvoller und komplexer Handlungssituationen.[1043] Entsprechend sind die Ausbildungen in den Pflegeberufen an einer situations- und handlungsorientierten Didaktik zu orientieren, die auf den Erwerb von Kompetenzen ausgerichtet ist. Durch die Orientierung am Kompetenzkonzept soll zugleich einer besseren Verzahnung zwischen theoretischem und praktischen Unterricht sowie der praktischen Ausbildung Rechnung getragen werden.

645   Mit der Orientierung am Kompetenzkonzept schließt der Gesetz- und Verordnungsgeber ausdrücklich an aktuelle und moderne berufspädagogische Entwicklungen und Konzepte an.

646   Im Zusammenhang mit dem Ausbildungsziel werden lediglich die in der Ausbildung zu fördernden Kompetenzdimensionen angesprochen. Eine Konkretisierung erfolgt in der Anlage 1 A KrPflAPrV. Hier werden die Gegenstände des theoretischen und praktischen Unterrichts in 12 fächerintegrativen Themenbereichen beschrieben, die Zielformulierungen in Form beruflicher Handlungskompetenzen umfassen. Ihre Interpretation lässt den Schluss zu, dass Kompetenz und Kompetenzentwicklung nicht als abstrakte Befähigungen verstanden werden, sondern vielmehr gebunden sind an das Handeln in Pflege- und Lebenssituationen.

647   Zur Situationsbewältigung werden Problemlösungsstrategien erforderlich, die neben der Einschätzung der Situation, der Zielentscheidung, der Festlegung des Pflegebedarfs und der Maßnahmenplanung deren Durchführung sowie die Evaluation umfassen.

648   Pflegesituationen sind im Verständnis des Verordnungsgebers offene Problemsituationen mit mehrdeutigen Lösungen, deren Ziele nicht offen auf der Hand liegen oder die sich im Laufe der Suche verändern können. Es handelt sich oft um solche Situationen, in denen die Lösungen erst im Laufe des Prozesses mit den Beteiligten kreativ zu entwickeln sind.[1044]

1043 Vgl. Hundenborn: 2005; Hundenborn: 2009: 9.
1044 Vgl. Hundenborn 2007: 8; ausführlicher Hundenborn 2005.

Hundenborn

Der Verordnungsgeber geht offensichtlich davon aus, dass Pflegesituationen nicht nach standardisierten Vorgaben zu bewältigen sind. Insbesondere im Themenbereich 5 »Pflegehandeln personenbezogen ausrichten« wird die Beziehung zur Forderung im Ausbildungsziel nach § 3 KrPflG deutlich, die Selbstständigkeit und Selbstbestimmung der Menschen zu berücksichtigen«. Dies erfordert ein tieferes Eindenken und Einfühlen in die Situation der zu pflegenden Menschen und ihrer Bezugspersonen, in ihre Lebensentwürfe und Lebensgeschichte. Neben die Forderung nach analytischer Problemlösungskompetenz tritt somit die Forderung nach empathisch-hermeneutischer Kompetenz.[1045]

649

Konsequent werden die Forderungen nach Kompetenzorientierung auch in den Prüfungsbestimmungen aufgegriffen, die kompetenzorientiert auszurichten sind und dem Nachweis von Kompetenzen, nicht in erster Linie der Wissensabfrage dienen.[1046]

650

– **Erweiterter Pflegebegriff**

Im Vergleich zum Gesetz über die Berufe in der Krankenpflege vom 4. Juni 1985, das bis zum 31.12.2003 Geltung hatte, geht der Gesetzgeber im jetzt geltenden Krankenpflegegesetz von einem erweiterten Pflegebegriff aus.

651

Die Notwendigkeit wird im Begründungsteil des Gesetzes ausführlich darstellt. Dabei lassen sich drei Hauptargumentationslinien voneinander unterscheiden.[1047]

652

1. Die veränderten Rahmenbedingungen der Pflege, insbesondere die Veränderungen des Sozialrechts: Die berufliche Pflege hat sich auf institutionelle Kontexte außerhalb des Krankenhauses ausgeweitet. Diese erfordern in anderer Weise eine Berücksichtigung der unterschiedlichen Pflege- und Lebenssituationen, und zwar unter Einbeziehung des familiären und sozialen Umfeldes sowie der jeweiligen kulturellen und ethnischen Gesichtspunkte.

2. Die Entwicklungen der wissenschaftlichen Grundlagen des Berufe, insbesondere die der Pflegewissenschaft: Mit der Entwicklung und zunehmenden Etablierung von Pflegewissenschaft und Pflegeforschung in Deutschland ergibt sich auch die Notwendigkeit, deren Grundlagen und Erkenntnisse in die Ausbildung einzubeziehen. Hiermit geht ebenfalls eine Erweiterung des Pflegebegriffs einher. Dieser beinhaltet neben der kurativen Dimension die präventive, gesundheitsfördernde, rehabilitative und palliative Dimension im Pflegehandeln.

Der demografische Wandel und Veränderungen des Pflegebedarfs der Bevölkerung: Im Zuge des demografischen Wandels und der quantitati-

---

1045 Hundenborn 2007: 9.
1046 Vgl. Hundenborn 2007: 9; ausführlicher Hundenborn / Kühn-Hempe 2006.
1047 Vgl. Hundenborn 2007: 8.

Hundenborn

ven und qualitativen Veränderung des Pflegebedarfs wird der Pflege alter und kranker Menschen schon jetzt und auf Zukunft hin eine besondere Bedeutung beigemessen. In diesem Zusammenhang wird die Notwendigkeit einer Kooperation der Berufe in der Krankenpflege mit den Berufen in der Altenpflege unterstrichen.[1048]

(4) Dauer, Gliederung und Inhalte der Ausbildung
– Dauer und Stundenzahlen der Ausbildung

653 Der Gesetzgeber legt im § 4 KrPflG Dauer und Struktur der Ausbildung fest. Möglich ist neben einer dreijährigen Ausbildung in Vollzeitform eine Ausbildung in Teilzeitform, die den Zeitraum von fünf Jahren jedoch nicht überschreiten darf.

654 Eine weitere Konkretisierung der zeitlichen und inhaltlichen Gliederung wird in den Bestimmungen der Ausbildungs- und Prüfungsverordnung für die Berufe in der Krankenpflege vorgenommen. Sie unterscheidet drei Ausbildungsanteile unterschieden:
- theoretischer und praktischer Unterricht im Umfang von 2.100 Stunden; davon entfallen 500 Stunden für die Differenzierungsphase in der Gesundheits- und Krankenpflege / Gesundheits- und Kinderkrankenpflege
- praktische Ausbildung im Umfang von 2.500 Stunden; davon 700 Stunden in der Differenzierungsphase der Gesundheits- und Krankenpflege / Gesundheits- und Kinderkrankenpflege

Ausbildungsanteile und Stundenzahlen nach KrPflAPrV

	theoretischer und praktischer Unterricht	praktische Ausbildung	Gesamt-stunden
Integrierte Ausbildungsphase bzw. Allgemeiner Bereich	1.600	1.300	2.800
Differenzierungsphase bzw. Differenzierungsbereich	500	700	1.200
Zur Verteilung		500	500
Gesamtstunden	**2.100**	**2.500**	**4.600**

1048 Hundenborn 2007: 8 f.

Hundenborn

– Gegenstand des theoretischen und praktischen Unterrichts

In der Anlage 1 A der Ausbildungs- und Prüfungsverordnung werden die **655** Vorgaben für den theoretischen und praktischen Unterricht in insgesamt 12 Themenbereichen konkretisiert:

1. Pflegesituationen bei Menschen aller Altersgruppen erkennen, erfassen und bewerten
2. Pflegemaßnahmen auswählen, durchführen und auswerten
3. Unterstützung, Beratung und Anleitung in gesundheits- und pflege- relevanten Fragen fachkundig gewährleisten
4. Bei der Entwicklung und Umsetzung von Rehabilitationskonzepten mitwirken und diese in das Pflegehandeln integrieren
5. Pflegehandeln personenbezogen ausrichten
6. Pflegehandeln an pflegewissenschaftlichen Erkenntnissen ausrichten
7. Pflegehandeln an Qualitätskriterien, rechtlichen Rahmenbestimmun- gen sowie wirtschaftlichen und ökologischen Prinzipien ausrichten
8. Bei der medizinischen Diagnostik und Therapie mitwirken
9. Lebenserhaltende Sofortmaßnahmen bis zum Eintreffen der Ärztin oder des Arztes einleiten
10. Berufliches Selbstverständnis entwickeln und lernen, berufliche Anfor- derungen zu bewältigen
11. Auf die Entwicklung des Pflegeberufes im gesellschaftlichen Kontext Einfluss nehmen
12. In Gruppen und Teams zusammenarbeiten

Diesen 12 Themenbereichen werden in der Ausbildungs- und Prüfungsver- **656** ordnung jeweils relevante Kompetenzen zugeordnet, die nachfolgend zu- sammenfassend beschrieben werden.[1049]

1049 Vgl. ausführlicher Hundenborn 2007; Hundenborn / Kühn-Hempe 2003.

Hundenborn

Schwerpunkte und Fokussierungen
der Themenbereiche nach KrPflAPrV

Themenbereiche 1 + 2

- Gestaltung des individuellen Pflege- und Beziehungsprozesses
- Pflegesituationen im Zusammenhang mit Krankheit, Unfall, Behinderung sowie mit Lebens- und Entwicklungsphasen
- Berücksichtigung von Verlaufsphasen
- Berücksichtigung sachlicher, personenbezogener und situativer Erfordernisse
- dem Alter und dem Entwicklungsstand angepasste Kommunikation und Interaktion
- Berücksichtigung wissenschaftlicher Erkenntnisse

Situationsbezug

Themenbereiche 3 + 4

- Situationsdeutung im Zusammenhang mit Erlebens- und Verarbeitungsprozessen
- Gesundheitsvorsorge und Gesundheitsförderung
- Beratung und Anleitung sowie Einbeziehung von Bezugspersonen
- Kontinuität der pflegerischen Versorgung bei Aufnahme, Verlegung und Entlassung
- Mitwirkung bei der Entwicklung interdisziplinärer rehabilitativer Konzepte

Situationsbezug

Themenbereich 5

- Ausrichtung des Pflegehandelns auf den Einzelfall
- personenbezogene Pflege, unter Berücksichtigung der individuellen Situation, des sozialen Umfeldes sowie gruppen- und ethniespezifischer Besonderheiten

Fallbezug

Themenbereich 6

- Zugang zu pflegewissenschaftlichen Verfahren, Methoden und Forschungsergebnissen gewinnen
- Pflegehandeln an pflegetheoretischen Konzepten ausrichten
- Forschungsergebnis in Qualitätsstandards integrieren

Wissenschaftsbezug

Hundenborn

Themenbereich 7	Themenbereiche 8 + 9
• Mitwirkung an Qualitätskonzepten • Berücksichtigung rechtlicher • sorgsamer Ressourceneinsatz • Effektivität und Effizienz	• Zusammenarbeit mit Ärztinnen / Ärzten und anderen Gesundheitsberufen • Unterstützung bei Diagnostik und Therapie • eigenständige Durchführung ärztlich veranlasster Maßnahmen • Bewältigung von Notfallsituationen
Kontextbezug	**Assistenz- / Kooperationsbezug**
Themenbereiche 10 + 11	Themenbereich 12
• Aufgaben der Pflegeberufe • kritische Auseinandersetzung mit dem eigenen Beruf • Förderung der Berufsentwicklung im gesellschaftlichen Kontext • Bewältigung beruflicher Belastungen	• Aushandlungsprozesse im interdisziplinären Team • Berücksichtigung von Kompetenzgrenzen • Mitarbeit in der integrierten Versorgung
Berufs- und Selbstbezug	**Kooperationsbezug**

Im Unterschied zur Ausbildungs- und Prüfungsverordnung vom 16.10.1985 **657** weist die Ausbildungs- und Prüfungsverordnung für die Berufe in der Krankenpflege vom 10.11.2003 als Konsequenz der Kompetenzorientierung keine einzelnen Fächer mehr aus. Sie verzichtet dennoch nicht vollständig auf den Fächerbezug. Mehrere Fächer werden jeweils zu so genannten »Wissensgrundlagen« zusammengefasst und mit Gesamtstundenzahlen ausgewiesen. Mit dem Zusatz »pflegerelevante Kenntnisse« wird ausdrücklich darauf hingewiesen, dass es in der Vermittlung nicht um das Selbst-

Hundenborn

verständnis eines Faches bzw. einer Disziplin und ihrer Detailkenntnisse gehen kann, sondern dass vielmehr gefordert wird, die Beiträge des jeweiligen Faches zur Bewältigung von Pflegesituationen / Berufssituationen zu identifizieren und bei der Auswahl der Inhalte deren Handlungsrelevanz zu begründen.

658 Wissensgrundlagen für den theoretischen und praktischen Unterricht gemäß KrPflAPrV – Anlage 1 A:

Wissensgrundlagen und Stundenzahlen nach KrPflAPrV	
Die Wissensgrundlagen umfassen	**Stundenzahl**
1. Kenntnisse der Gesundheits- und Krankenpflege, der Gesundheits- und Kinderkrankenpflege sowie der Pflege- und Gesundheitswissenschaften	950
2. Pflegerelevante Kenntnisse der Naturwissenschaften und der Medizin	500
3. Pflegerelevante Kenntnisse der Geistes- und Sozialwissenschaften	300
4. Pflegerrelevante Kenntnisse aus Recht, Politik und Wirtschaft	150
Zur Verteilung	200
Stundenzahl insgesamt	**2 100**
Im Rahmen des Unterrichts entfallen 500 Stunden auf die Differenzierungsphase in Gesundheits- und Krankenpflege oder Gesundheits- und Kinderkrankenpflege	

659 Die Verteilung der Stunden aus den Wissensgrundlagen auf die 12 Themenbereiche erfolgt entweder bei der Entwicklung von Rahmenlehrplänen oder Richtlinien durch die zuständigen Behörden in den einzelnen Bundesländern, oder diese bleibt Aufgabe der einzelnen Schulen der Gesundheits- und Krankenpflege / Gesundheits- und Kinderkrankenpflege im Rahmen der schulinternen Curriculumentwicklung.

– Einsatzbereiche und Stundenzahlen der praktischen Ausbildung

660 Die Gliederung der praktischen Ausbildung wird in der Anlage 1 B der Ausbildungs- und Prüfungsverordnung für die Berufe in der Krankenpflege vorgenommen. Der bereits weitgehenden Zusammenfassung der Ausbildungen in der Gesundheits- und Krankenpflege sowie der Gesundheits- und Kinderkrankenpflege entsprechend, erfolgt die Einteilung in einen »Allgemeinen Bereich« der sich auf die Pflege von Menschen aller Altersgruppen bezieht, und in einen »Differenzierungsbereich«, der sich auf den gewählten Ausbildungsabschluss bezieht, also entweder auf die Pflege von Kindern und Jugendlichen oder auf die Pflege von erwachsenen Menschen.

Hundenborn

Einsatzgebiete und Stundenzahlen der praktischen Ausbildung nach KrPflAPrV

I. Allgemeiner Bereich		
1.	Gesundheits- und Krankenpflege von Menschen aller Altersgruppen in der stationären Versorgung in kurativen Gebieten in den Fächern Innere Medizin, Geriatrie, Neurologie, Chirurgie, Gynäkologie, Pädiatrie, Wochen- und Neugeborenenpflege sowie in mindestens zwei dieser Fächer in rehabilitativen und palliativen Gebieten	800
2.	Gesundheits- und Krankenpflege von Menschen aller Altersgruppen in der ambulanten Versorgung in präventiven, kurativen, rehabilitativen und palliativen Gebieten	500
II. Differenzierungsbereich		
1.	Gesundheits- und Krankenpflege Stationäre Pflege in den Fächern Innere Medizin, Chirurgie, Psychiatrie	700
	Oder	
2.	Gesundheits- und Kinderkrankenpflege Stationäre Pflege in den Fächern Pädiatrie, Neonatologie, Kinderchirurgie, Neuropädiatrie, Kinder- und Jugendpsychiatrie	700
III. Zur Verteilung auf die Bereiche I. und II.		500
Stundenzahl insgesamt		**2 500**

– Staatliche Anerkennung der Schulen

Die Voraussetzung für die staatliche Anerkennung der Schulen sind in § 4 **661** KrPflG geregelt. Sie erfolgt durch die nach § 20 Abs. 3 KrPflG zuständigen Behörden – diese ist von der Gliederung der Fachaufsichtsbehörden und der Kompetenzverteilung abhängig – wenn folgende Mindestkriterien erfüllt sind.[1050]
– Verbindung mit einem Krankenhaus / Krankenhäusern
– Durchführung der praktischen Ausbildung
  – an einem Krankenhaus
  – an mehreren Krankenhäusern und
  – an ambulanten Pflegeeinrichtungen sowie
  – weiteren an der Ausbildung beteiligten, insbesondere stationären Pflegeeinrichtungen oder Rehabilitationseinrichtungen
Hierbei handelt es sich nicht um eine abschließende Auflistung. Weitere »geeignete Einrichtungen« können durch Genehmigung der zuständigen Behörde zugelassen werden.[1051]
– Leitung der Schule:
  – hauptberuflich
  – Fachkraft mit abgeschlossener Hochschulausbildung

1050 Vgl. Dielmann 2006: 84.
1051 Vgl. Dielmann 2006: 85.

Hundenborn

- Qualifikation der Lehrkräfte:
  - fachliche und pädagogische Qualifikation
  - abgeschlossene Hochschulausbildung
  Es liegt im Bereich der Länderzuständigkeit, die genauen Qualifikationsanforderungen für das Lehrpersonals auszugestalten.[1052]
  Nach Abs. 4 können die Landesregierungen durch Rechtsverordnung
  Regelungen zur Beschränkung der Hochschulausbildung nach Absatz
  3 S. 1 Nr. 1 und 2 auf bestimmte Hochschularten und Studiengängen
  vornehmen In einigen Bundesländern verfügen die so genannten Lehrer/
  innen für Pflegeberufe dementsprechend über ein universitäres Lehrstu-
  dium / Lehramtsstudium. In der überwiegenden Anzahl der Bundesländer, insbesondere in den so genannten alten Bundesländern, findet die
  Qualifizierung der Pflegelehrer/innen als einphasiger pflegepädagogi-
  scher Studiengang an Fachhochschulen statt. Nach Umstellung der Di-
  plomstudiengänge auf die internationalen Studiengangsstrukturen von
  Bachelor- und Masterstudiengänge ist i.d.R. ein Masterabschluss für die
  Tätigkeit als Lehrer/in für Pflegeberufe erforderlich.
- ausreichendes Verhältnis zwischen Lehrkräften und Ausbildungsplätzen
- erforderliche Räume und Einrichtungen
- ausreichende Lehr- und Lernmittel
- Gesamtverantwortung der Schule für »die Organisation und Koordination des theoretischen und praktischen Unterrichts und der praktischen
  Ausbildung«
- Sicherstellung der praktischen Ausbildung durch vertragliche Vereinbarungen mit den Einrichtungen
- Praxisbegleitung durch die Schule (§ 2 Abs. 3 KrPflAPrV:
  - durch Betreuung der Schülerinnen und Schüler in den Einrichtungen
  - durch Beratung der Fachkräfte für die praktische Anleitung
  - erfordert regelmäßige Anwesenheit in den Einrichtungen
- Praxisanleitung in den Einrichtungen der praktischen Ausbildung (§ 2
  Abs. 2 KrPflAPrV):
  - Fachkräfte mit berufspädagogischer Zusatzqualifikation im Umfang
    von mindestens 200 Stunden

- ### Zugangsvoraussetzungen zur Ausbildung

662 Als Zugangsvoraussetzung nach § 5 gelten:
- die gesundheitliche Eignung zur Ausübung des Berufes
- als schulische Zugangsvoraussetzung
  - der Realschulabschluss oder eine andere gleichwertige, abgeschlossene
    Schulbildung oder
  - der Hauptschulabschluss oder eine gleichwertige Schulbildung, zu-
    sammen mit

1052 Vgl. Dielmann 2006: 86.

Hundenborn

a) einer erfolgreich abgeschlossenen Berufsausbildung mit einer vorgesehenen Ausbildungsdauer von mindestens zwei Jahren oder
b) einer Erlaubnis als Krankenpflegehelferin oder Krankenpflegehelfer oder einer erfolgreich abgeschlossenen landesrechtlich geregelten Ausbildung von mindesten einjähriger Dauer in der Krankenpflegehilfe oder Altenpflegehilfe.

Anmerkung: Im Zuge der 15. Novelle des Arzneimittelgesetzes wird seit 2009 der Zugang grundsätzlich auch Bewerber/innen mit Hauptschulabschluss ermöglicht.

– Staatliche Prüfung

Die Ausbildungen in der Gesundheits- und Krankenpflege / Gesundheits- und Kinderkrankenpflege schließen mit einer staatlichen Prüfung ab. Dem Bildungskonzept der Kompetenzorientierung folgend, dient die Prüfung dem Nachweis der in der Ausbildung erworbenen Kompetenzen.   **663**

Die Prüfung beinhaltet einen schriftlichen und einen mündlichen Teil, die sich auf die Themenbereiche der Anlage 1 A KrPflAPrV beziehen, sowie einen praktischen Teil.[1053]   **664**

Schriftliche Prüfung

Schriftliche Prüfung in der Gesundheit- und Krankenpflege / Gesundheits- und Kinderkrankenpflege		
Aufsichtsarbeit	**Themenbereiche**	**Zeitumfang**
1.	1. Pflegesituationen bei Menschen aller Altersgruppen erkennen, erfassen und bewerten	120 Min.
2.	2. Pflegemaßnahmen auswählen, durchführen und auswerten	120 Min.
3.	6. Pflegehandeln an pflegewissenschaftlichen Erkenntnissen ausrichten	
	7. Pflegehandeln an Qualitätskriterien, rechtlichen Rahmenbestimmungen sowie wirtschaftlichen und ökologischen Prinzipien ausrichten	120 Min.

1053 Vgl. Hundenborn 2009: 12 f.

Hundenborn

Mündliche Prüfung

Mündliche Prüfung in der Gesundheits- und Krankenpflege / Gesundheits- und Kinderkrankenpflege		
Prüfungsteil	**Themenbereiche**	**Zeitumfang**
1.	3. Unterstützung, Beratung und Anleitung in gesundheits- und pflegerelevanten Fragen fachkundig gewährleisten	10 - 15 Min.
2.	10. Berufliches Selbstverständnis entwickeln und lernen, berufliche Anforderungen zu bewältigen	10 - 15 Min.
3.	8. Bei der medizinischen Diagnostik und Therapie mitwirken 12. In Gruppen und Teams zusammenarbeiten	10 - 15 Min.

Praktische Prüfung

Praktische Prüfung in der Gesundheits- und Krankenpflege / Gesundheits- und Kinderkrankenpflege		
Prüfungsteil	**Gegenstand**	**Zeitumfang**
	Reale Pflegesituation: Patientengruppe von höchstens vier Patienten	
	„alle anfallenden Aufgaben einer prozessorientierten Pflege einschließlich Dokumentation und Übergabe"	i. d. R. 6 Stunden Verteilung auf 2 Tage möglich
	anschließendes Prüfungsgespräch ▶ Erläuterung des Pflegehandelns ▶ Reflexion der Prüfungssituation ▶ Nachweis von Kompetenzen ▶ Nachweis eigenverantwortlicher Pflege gemäß § 3 Abs. 1 KrPflG	

– **Wesentliche Veränderungen des Krankenpflegegesetzes von 2003 gegenüber dem Krankenpflegegesetz von 1985**

665 »Die folgenden Punkte stellen in kurzer Form die wesentlichen Änderungen vor, die sich durch Gesetzesreform ergaben:

– Zusammenlegung (Integration) von Gesundheit- und Kranken- und Gesundheits- und Kinderkrankenpflegeausbildung

Hundenborn

– Erhöhung der theoretischen Stundenzahl von 1.600 auf 2.100
– Verringerung der praktischen Ausbildungsstunden von 3.000 auf 2.500
– Schulleitungen bedürfen einer Hochschulqualifikation
– Ausreichende Anzahl fachlich qualifizierter LehrerInnen mit Hochschulqualifikation
– Erweiterung der Ausbildung um präventive, palliative und rehabilitative Anteile
– Erhöhung der praktischen Ausbildung in den oben genannten Feldern (einschließlich ambulanter Dienste)
– Sicherstellung der praktischen Ausbildung in den Ausbildungsstätten durch Praxisanleiter
– Ausrichtung an einer spezifischen Pädagogik, die Handlungsorientierung betont
– Übertragung der Gesamtverantwortung der Ausbildung auf die Schulen
– Verzicht auf ein Mindestalter als Bedingung einer Berufszulassung
– Änderung der Zusammensetzung und der erforderlichen Qualifikationen im Prüfungsausschuss
– Änderung der Fehlzeitenregelung
– Anpassung an EU Recht und Anerkennung gleichwertiger Ausbildungen«.[1054]

ee) Die Ausbildung zur Altenpflegerin / zum Altenpfleger

(1) Regelungsgrundlagen

Für die Ausbildung zur Altenpflegerin / zum Altenpfleger gelten erstmals seit 2003 bundeinheitliche Grundlagen. Bis wurde der Beruf als so genannter sozial-pflegerischer Beruf nicht in die Regelungskompetenz des Bundes nach Artikel 74 Nr. 19 des Grundgesetzes. Die Kompetenzverlagerung von den Ländern auf den Bund resultiert aus den Veränderungen des Berufsprofils der Altenpflege. Angesichts der demographischen Entwicklung und weiterer gesellschaftlicher Einflussfaktoren haben im Aufgabenprofil der Altenpflegerin / des Altenpflegers medizinisch-pflegerische Akzente deutlich zugenommen und überwiegen inzwischen die ursprünglichen sozial-pflegerischen Aufgaben. Diese gehören jedoch weiterhin zum Selbstverständnis und zum Aufgabenprofil von Altenpflegerinnen und Altenpflegern.[1055] Bis zum Inkrafttreten des ersten bundeseinheitlichen Gesetzes zum 01.08.2003 galten in den Bundesländern 17 zum Teil recht unterschiedliche Regelungen der Ausbildung, die durch folgende bundeseinheitliche Grundlagen abgelöst worden sind:
– Gesetz über die Berufe in der Altenpflege (Altenpflegegesetz – AltPflG) in der Bekanntmachung der Neufassung vom 25.08.2003

666

1054 Blum / Isfort u. a. 2006: 16.
1055 Vgl. Hundenborn / Kühn 2003 unter Bezugnahme auf BVerfG, 2 BvF 1/01 vom 24.10.2002.

Hundenborn

– Ausbildungs- und Prüfungsverordnung für den Beruf der Altenpflegerin und des Altenpflegers (Altenpflege-, Ausbildungs-, und Prüfungsverordnung – AltPflAPrV) vom 26.11.2002

667 Das Gesetz ist wie das Gesetz über die Berufe in der Krankenpflege als Berufszulassungsgesetz zu verstehen. Es schützt also nicht die Berufsausübung, sondern die Ausübung des Berufes unter der Berufsbezeichnung »Altenpflegerin« / »Altenpfleger« Es schützt damit im Wesentlichen die Berufsbezeichnungen.[1056]

(2) Ausgewählte Regelungsbereiche des Altenpflegegesetzes:

668 – Schutz der Berufsbezeichnung
– Ausbildungsziel mit den wesentlichen Aufgaben, auf die die Ausbildung vorzubereiten hat (§ 3)
– Dauer und Gliederung der Ausbildung (§ 4)
– Voraussetzungen für die staatliche Anerkennung von Schulen (§ 5)
– Zugangsvoraussetzungen zur Ausbildung einschließlich der Anrechnungsmöglichkeiten anderer Ausbildungen (§ 6, § 7)
– Anrechnung von Fehlzeiten (§ 8)
– Gestaltung des Ausbildungsvertrages (§ 13),
– Pflichten des Ausbildungsträgers sowie der Schülerin und des Schülers (§ 15, § 16),
– die Ausbildungsvergütung (§ 17) und
– Probezeit, das Ende sowie die Kündigung des Ausbildungsverhältnisses (§ 18, § 19, § 20)

669 Die über das Altenpflegegesetz hinausgehenden Mindestanforderungen an die Ausbildungen sowie Einzelheiten der staatlichen Prüfungen sind in der Ausbildungs- und Prüfungsverordnung für den Beruf der Altenpflegerin und des Altenpflegers vom 26.11.2002 geregelt.

(3) Ziele der Ausbildung
– Ausbildungsziel

670 Die Grundlagen des Berufsbildes der Altenpfleger / des Altenpflegers werden im Ausbildungsziel nach § 3 des Altenpflegegesetzes festgelegt.

671 «Die Ausbildung in der Altenpflege soll die Kenntnisse, Fähigkeiten und Fertigkeiten vermitteln, die zur selbständigen und eigenverantwortlichen Pflege einschließlich der Beratung, Begleitung und Betreuung alter Menschen erforderlich sind: Dies umfasst insbesondere:
1. die sach- und fachkundige, den allgemein anerkannten pflegewissenschaftlichen, insbesondere den medizinisch-pflegerischen Erkenntnissen entsprechende, umfassende und geplante Pflege,

---

1056 Vgl. Hundenborn 2009: 7.

Hundenborn

2. die Mitwirkung bei der Behandlung kranker alter Menschen einschließlich der Ausführung ärztlicher Verordnungen,

3. die Erhaltung und Wiederherstellung individueller Fähigkeiten im Rahmen geriatrischer und gerontopsychiatrischer Rehabilitationskonzepte,

4. die Mitwirkung an qualitätssichernden Maßnahmen in der Pflege, der Betreuung und der Behandlung

5. die Gesundheitsvorsorge, einschließlich der Ernährungsberatung,

6. die umfassende Begleitung Sterbender,

7. die Anleitung, Beratung und Unterstützung von Pflegekräften, die nicht Pflegefachkräfte sind,

8. die Betreuung und Beratung alter Menschen in ihren persönlichen und sozialen Angelegenheiten,

9. die Hilfe zur Erhaltung und Aktivierung der eigenständigen Lebensführung einschließlich der Förderung sozialer Kontakte und

10. die Anregung und Begleitung von Familien- und Nachbarschaftshilfe und die Beratung pflegender Angehöriger.

Darüber hinaus soll die Ausbildung dazu befähigen, mit anderen in der Altenpflege tätigen Personen zusammenzuarbeiten und diejenigen Verwaltungsarbeiten zu erledigen, die in unmittelbarem Zusammenhang mit den Aufgaben in der Altenpflege stehen.« **672**

– Bildungsverständnis

Im Ausbildungsziel wird zwar – im Unterschied zum Krankenpflegegesetz **673** – nicht ausdrücklich ein Bildungsverständnis für den Ausbildungsgang formuliert. In Verbindung mit der Begründung des Gesetzgebers sowie mit der ausdrücklichen Übernahme des Lernfeldkonzeptes erfolgt jedoch dezidiert eine Orientierung an aktuellen und modernen berufspädagogischen Konzepten. Im Lernfeldkonzept werden traditionelle fächerstrukturierte Vorgehensweisen durch thematisch-konzentrische Lehrgangsformen abgelöst. Im Fokus von Lehr- und Lernprozessen stehen nicht Fächer und deren Inhalte, sondern berufliche Aufgabenstellungen und Handlungskompetenzen. Sie erfordern eine Ausrichtung des Unterrichts an den Anforderungen altenpflegerischer Praxis und fordern die Orientierung an einer handlungsorientierten Didaktik.[1057]

Die Ausführungen zum Kompetenzverständnis. gelten gleichlautend auch **674** für die Ausbildung in der Altenpflege.

Eine Konkretisierung erfolgt auch hier über die Anlage 1 A AltPflAPrV. **675** Hier werden die Gegenstände des theoretischen und praktischen Unterrichts in 14 fächerintegrativen Lernfeldern beschrieben.

1057 Vgl. Hundenborn / Kühn 2003: 10.

Hundenborn

(4) Dauer, Gliederung und Inhalte der Ausbildung
– Dauer und Stundenzahlen der Ausbildung

676 Der Gesetzgeber legt im § 4 AltPflG Dauer und Struktur der Ausbildung fest. Möglich ist neben einer dreijährigen Ausbildung in Vollzeitform eine Ausbildung in Teilzeitform, die bis zu fünf Jahren dauern darf.

677 Weiterhin werden drei Ausbildungsanteile voneinander unterschieden. Die Stundenzahlen werden in der Ausbildungs- und Prüfungsverordnung für die Beruf der Altenpflegerin und des Altenpflegers konkretisiert.

678 Danach beinhaltet die Ausbildung:
– theoretischen und praktischen Unterricht im Umfang von 2.100 Stunden
– praktische Ausbildung im Umfang von 2.500 Stunden; davon mindestens 2.000 Stunden auf folgende Einrichtungen: »1. in einem Heim im Sinne des § 1 des Heimgesetzes oder in einer stationären Pflegeeinrichtung im Sinne des § 71 Abs. 2 SGB XI, wenn es sich dabei um eine Einrichtung für alte Menschen handelt, und 2. in einer ambulanten Pflegeeinrichtung im Sinne des § 71 Abs. 1 SGB XI, wenn deren Tätigkeitsbereich die Pflege alter Menschen einschließt«. Weitere Einsatzgebiete im Umfang von insgesamt 500 Stunden können sein:
  1. psychiatrische Kliniken mit gerontopsychiatrischer Abteilung oder andere Einrichtungen der gemeindenahen Psychiatrie,
  2. Allgemeinkrankenhäuser, insbesondere mit geriatrischer Fachabteilung oder geriatrischem Schwerpunkt oder geriatrische Fachkliniken,
  3. geriatrische Rehabilitationseinrichtungen,
  4. Einrichtungen der offenen Altenhilfe (§ 4 Abs. 3)

– Gegenstand des theoretischen und praktischen Unterrichts

679 In der Anlage 1 A der Ausbildungs- und Prüfungsverordnung werden die Vorgaben für den theoretischen und praktischen Unterricht in insgesamt 14 fächerintegrativen Lernfeldern beschrieben, die vier übergeordneten Lernbereichen zugeordnet sind:

Lernfelder der AltPflAPrV

Lernfelder		Stunden-zahlen
	Lernbereich 1: Aufgaben und Konzepte in der Altenpflege	
1.1	Theoretische Grundlagen in das altenpflegerische Handeln einbeziehen	80
1.2	Pflege alter Menschen planen, durchführen, dokumentieren und evaluieren	120
1.3	Alte Menschen personen- und situationsbezogen pflegen	720
1.4	Anleiten, beraten und Gespräche führen	80
1.5	Bei der medizinischen Diagnostik und Therapie mitwirken	200
	Lernbereich 2: Lebenswelten und soziale Netzwerke alter Menschen beim altenpflegerischen Handeln berücksichtigen	
2.1	Lebenswelten und soziale Netzwerke beim altenpflegerischen Handeln berücksichtigen	120
2.2	Alte Menschen bei der Wohnraum- und Wohnumfeldgestaltung unterstützen	60
2.3	Alte Menschen bei der Tagesgestaltung und bei selbst organisierten Aktivitäten unterstützen	120
	Lernbereich 3: Rechtliche und institutionelle Rahmenbedingungen pflegerischer Arbeit	
3.1	Institutionelle und rechtliche Rahmenbedingungen beim altenpflegerischen Handeln berücksichtigen	120
3.2	An qualitätssichernden Maßnahmen in der Altenpflege mitwirken	40
	Lernbereich 4: Altenpflege als Beruf	
4.1	Berufliches Selbstverständnis entwickeln	60
4.2	Lernen lernen	40
4.3	Mit Krisen und schwierigen sozialen Situationen umgehen	80
4.4	Die eigene Gesundheit erhalten und fördern	60
Zur freien Gestaltung des Unterrichts		200
Gesamtstundenzahl		2100

– Staatliche Anerkennung der Altenpflegeschulen

Die Voraussetzung für die staatliche Anerkennung der Schulen sind in § 5 AltPflG geregelt. Sie erfolgt durch die zuständige Behörde, wenn es sich nicht um Schulen im Schulrecht der Länder handelt. Voraussetzung für die Anerkennung sind folgende Mindestkriterien: **680**

- Leitung der Schule:
  - hauptberuflich
  - »pädagogisch qualifizierte Fachkraft mit abgeschlossener Berufsausbildung im sozialen oder pflegerischen Bereich und mehrjähriger Berufserfahrung oder einem abgeschlossenen pflegepädagogischen Studium«
- angemessene Anzahl geeigneter, pädagogisch qualifizierter Fachkräfte für theoretischen und praktischen Unterricht
- erforderliche Räume und Einrichtungen
- ausreichende Lehr- und Lernmittel
- Gesamtverantwortung der Altenpflegeschule (§ 4 Abs. 4)
- Nachweis erforderlicher Ausbildungsplätze für die praktische Ausbildung
- Praxisbegleitung durch die Schule (§ 4 Abs. 4)
- Praxisanleitung durch die Einrichtungen der praktischen Ausbildung (§ 4 Abs. 4)
  - Fachkräfte mit berufspädagogischer Zusatzqualifikation im Umfang von mindestens 200 Stunden

Hundenborn

– **Zugangsvoraussetzungen zur Ausbildung**

681 Als Zugangsvoraussetzung nach § 6 AltPflG gelten:
- die gesundheitliche Eignung zur Ausübung des Berufes
- als schulische Zugangsvoraussetzung
    - der Realschulabschluss oder eine andere gleichwertige, abgeschlossene zehnjährige Schulbildung oder
    - der Hauptschulabschluss oder eine gleichwertige Schulbildung, zusammen mit
        - einer erfolgreich abgeschlossenen Berufsausbildung mit einer vorgesehenen Ausbildungsdauer von mindestens zwei Jahren oder
        - einer Erlaubnis als Krankenpflegehelferin oder Krankenpflegehelfer oder einer erfolgreich abgeschlossenen landesrechtlich geregelten Ausbildung von mindesten einjähriger Dauer in der Altenpflegehilfe oder Krankenpflegehilfe

Anmerkung: Im Zuge der 15. Novelle des Arzneimittelgesetzes wird seit 2009 der Zugang grundsätzlich auch Bewerber/innen mit Hauptschulabschluss ermöglicht.

– **Staatliche Prüfung**

682 Die Ausbildung in der Altenpflege schließt mit einer staatlichen Prüfung ab. Dem Lernfeldkonzept sowie der hiermit verbundenen Kompetenzorientierung folgend, ist von komplexen Prüfungsleistungen auszugehen.

683 Die Prüfung beinhaltet einen schriftlichen und einen mündlichen Teil, der sich auf die Lernfelder der Anlage 1 A AltPflAPrV bezieht, sowie einen praktischen Teil.[1058]

1058 Vgl. §§ 10 – 12 AltPflAPrV.

Hundenborn

Schriftliche Prüfung

Schriftliche Prüfung in der Altenpflege

Aufsichtsarbeit	Lernfelder	Zeitumfang
1.	1.1 Theoretische Grundlagen in der altenpflegerische Handeln einbeziehen und 1.2 Pflege alter Menschen planen, durchführen, dokumentieren und evaluieren	120 Min.
2.	1.3 Alte Menschen personen- und situationsbezogen pflegen 1.5 Bei der medizinischen Diagnostik und Therapie mitwirken	120 Min.
3.	2.1 Lebenswelten und soziale Netzwerke alter Menschen beim altenpflegerischen Handeln berücksichtigen	120 Min.

Mündliche Prüfung

Mündliche Prüfung in der Altenpflege

Prüfungsteil	Lernfelder	Zeitumfang
1.	1.3 Alte Menschen personen- und situationsbezogen pflegen	10 Min.
2.	3.1 Institutionelle und rechtliche Rahmenbedingungen beim altenpflegerischen Handeln berücksichtigen	10 Min.
3.	4.1 Berufliches Selbstverständnis entwickeln und 4.3 Mit Krisen und schwierigen sozialen Situationen umgehen	10 Min.

Hundenborn

Praktische Prüfung

Praktische Prüfung in der Altenpflege		
Prüfungsteil	**Gegenstand**	**Zeitumfang**
	Reale Pflegesituation: „umfassende und geplante Pflege einschließlich Beratung, Betreuung und Begleitung eines alten Menschen" Bezug: Lernbereich: Aufgaben und Konzepte in der Altenpflege und Lernbereich: Unterstützung alter Menschen bei der Lebensgestaltung	Gesamtzeitraum: höchstens 2 Werktage Durchführung der Pflege max. 90 Min.
	▶ schriftliche Ausarbeitung der Pflegeplanung ▶ Durchführung der Pflege einschließlich Beratung, Betreuung und Begleitung eines alten Menschen	
	▶ abschließende Reflexion anschließendes Prüfungsgespräch	

ff) Ausbildungen in der Krankenpflegehilfe und Altenpflegehilfe

684 Unterhalb der dreijährigen Ausbildungen in den Gesundheits- und Krankenpflegeberufen sowie in der Altenpflege gibt es staatlich geregelte Ausbildungen in der Krankenpflegehilfe sowie in der Altenpflegehilfe. Die Ausbildung in der Krankenpflegehilfe, die mit dem Krankenpflegegesetz von 1965 eingeführt worden ist, war bis 2003 bundeseinheitlich über die jeweiligen Krankenpflegegesetze geregelt. Seit 2003 sind die Länder für die Regelung der Helferausbildungen zuständig. Die Entscheidung über die Einführung einer Helferausbildung obliegt also den einzelnen Bundesländern.

685 Im Vergleich der unterschiedlichen Länderregelungen lassen sich für die Helferausbildungen folgende Besonderheiten feststellen:
– nicht alle Länder treffen Regelungen für eine Ausbildung unterhalb der dreijährigen Ausbildungen (z.B. Berlin)
– es überwiegen die einjährigen Helferausbildung – hier liegt der Stundenumfang bei ca. 500 Stunden für die theoretische Ausbildung und bei ca. 1.100 Stunden für die praktische Ausbildung
– einige Bundesländer integrieren die Altenpflegehilfeausbildung als erstes Ausbildungsjahr in den Ausbildung zur Altenpflegerin / zum Altenpfleger (z.B. Saarland)
– einige Bundesländer legen einen Notendurchschnitt für die Altenpflegehilfeausbildung fest, der die Anerkennung und Anrechnung auf das erste Ausbildungsjahr der dreijährigen Ausbildung ermöglicht

Hundenborn

– einige Bundesländer regeln die Helferausbildung als Ausbildungsgang im Umfang von 18 Monaten (z.B. Schleswig-Holstein) oder 24 Monaten (z.b. Hamburg)
– einige Bundesländer führen eine integrierte Helferausbildung in der Altenpflegehilfe und Krankenpflegehilfe durch (z.b. Bayern)
– Niedersachsen führt eine integrierte Helferausbildung in der »Sozial- und Pflegehilfe« durch
– Bremen führt im Schulversuch eine integrierte Helferausbildung in der Altenpflegehilfe und Heilerziehungshilfe durch

Einigen aktuellen Überblick über die einzelnen Länderregelungen bietet die von Peter Scheu (2010) erstellte Übersicht. Der Überblick gestaltet sich deshalb als schwierig, da er eine Recherche in jedem einzelnen Bundesland erfordert.

686

Bundes-land	Ausbil-dungs-dauer (mindes-tens)	Helferaus-bildung integriert in Alten-pflegeaus-bildung	Gesetzliche Regelungswerke Rahmenlehrplan – angelehnt an dreijährige Ausbil-dung Altenpflege – eigenständig	Anmerkungen
Baden-Württem-berg	12 Mo-nate	ja	Schulversuchsbestimmungen beruflicher Schulen (322 SchG). Berufsfachschule für Altenpflegehilfe. Ministerium für Kultus, Jugend und Sport. Erstfassung: Mai 2003 Eingearbeitete Änderungen: Januar 2004; Stand: April 2004 Rahmenlehrplan der dreijährigen Ausbil-dung 1. Ausbildungsjahr	Notendurchschnitt über 2,5 berechtigt zum Übergang 2. Ausbildungsjahr Altenpflegerin/ Altenpfleger
Bayern	24 Mo-nate	nein	Schulordnung für die Berufsfachschulen für Krankenpflege, Kinderkrankenpflege, Altenpflege, Krankenpflegehilfe, Alten-pflegehilfe und Hebammen (Berufsfach-schulordnung Pflegeberufe – BFSO Pflege) vom 19.05.1988 (Bay.GVBl. S. 134), zuletzt geändert durch Verordnung vom 29.10.2004 (Bay.GVBl. S. 445); Gesetz über den Schutz der Berufsbezeichnungen in der Altenpflege und der Familienpflege (Alten- und Familienpflegegesetz -AFpflG) vom 08.12.1993 (Bay.GVBl. S. 856); Zweite Verordnung: Oktober 2003, Dritte Verord-nung: Oktober 2004, Vierte Verordnung: September 2007 Eigenständiger Rahmenlehrplan (Septem-ber 2007)	Gemeinsame Ausbil-dung Altenpflegehilfe oder Krankenpfle-gehilfe »Staatlich geprüfter Pflegefachhelfer (Altenpflege)«

Hundenborn

Bundes-land	Ausbil-dungs-dauer (mindes-tens)	Helferaus-bildung integriert in Alten-pflegeaus-bildung	Gesetzliche Regelungswerke Rahmenlehrplan – angelehnt an dreijährige Ausbil-dung Altenpflege – eigenständig	Anmerkungen
Branden-burg	12 Mo-nate		Gesetzesentwurf der Landesregierung vom 09.01.2009 Gesetz über den Beruf der Altenpflegehel-ferin und des Altenpflegehelfers im Land Brandenburg BbgAltPflHG) (Rahmenlehrplan liegt noch nicht vor) Hinweise zum Erhalt der Erlaubnis zum Führen der Berufsbezeichung »Altenpfle-gehelferin« bzw. »Altenpflegehelfer« nach den Übergangsregelungen des Branden-burgischen Altenpflegehilfegesetzes. Erteilung der Berufsbezeichnung für Personen: – die bis zum 31.12 2010 mindestens fünf Jahre nachweislich in einer stati-onären oder ambulanten Pflegeeinrich-tung tätig war – sich einer zertifizierten Fort- und Wei-terbildungsmaßnahme im Berufsfeld der Altenpflege im Umfang von 160 Stunden fachlich fortgebildet hat (vgl. Landesamt für Soziales und Versorgung des Landes Brandenburg, Juni 2009)	Altenpflegehelferin / Altenpflegehelfer
Bremen	24 Mo-nate	nein	Verordnung über die Ausbildung und Prüfung für die Berufe in der Altenpflege (Altenpflegeverordnung) vom 26.08.1999 (Brem.GBl. S. 231), geändert durch Artikel 13 des Gesetzes vom 18.12.2003 (Brem. GBl. S. 413) Gesetz über die Ausbildung in der Altenpflege (BremAltpflAG) vom 17.12.1996 (Brem.GBl. S. 379), zuletzt geändert durch Artikel 12 des Gesetzes vom 18.12.2003 (Brem.GBl. S. 413) Änderung: Dezember 2006 Schulversuch Zweijährige Berufsfachschule für Pflegehilfe; Senator für Bildung und Wissenschaft 2006 (Gesetzesentwurf in Arbeit) Noch nicht vorhanden	Schulversuch »Zwei-jährige Pflegehilfe« – für Altenpflegehilfe und Heilerziehungs-hilfe (seit 2006)
Hamburg	24 Mo-nate	nein	Hamburgisches Gesetz über die Ausbil-dung in der Gesundheits- und Pflegeassis-tenz (zweijährige Ausbildung); November 2006; Verordnung zur Weiterübertragung der Verordnungsermächtigung im Bereich der Gesundheits- und Pflegeassistenz, April 2007 Eigenständiger Rahmenlehrplan	Altenpflegehilfe abgelöst durch »Gesundheits- und Pflegeassistent/in«

Bundesland	Ausbildungsdauer (mindestens)	Helferausbildung integriert in Altenpflegeausbildung	Gesetzliche Regelungswerke Rahmenlehrplan – angelehnt an dreijährige Ausbildung Altenpflege – eigenständig	Anmerkungen
Hessen	12 Monate	nein	Hessische Verordnung zur Altenpflege (Altenpflegeverordnung) vom 6. Dezember 2007 GVBl. I S. 882; Rahmenlehrplan für die Ausbildung zum Altenpflegehelfer und zur Altenpflegehelferin in Hessen. Hessisches Sozialministerium, Juli 2004	
Mecklenburg-Vorpommern	18 Monate, Verkürzung möglich	nein	Verordnung über den Beruf der Kranken- und Altenpflegehelferin und des Kranken- und Altenpflegehelfers (Kranken- und Altenpflegehelferverordnung – KrAlpflVO M-V) vom 16.08.2004 (GVOBl. M-V S. 403) Eigenständiger Rahmenlehrplan	Gemeinsame Ausbildung Altenpflegehilfe oder Krankenpflegehilfe
Niedersachsen	12 Monate	nein	Niedersächsisches Kultusministerium, Rahmenrichtlinien für den berufsbezogenen Unterricht in der Berufsfachschule – Altenpflegehilfe – Mai 2005 Eigenständiger Rahmenlehrplan (angelehnt an Altenpflegeausbildung)	Schulversuch »Sozial- und Pflegehilfe«
Nordrhein-Westfalen	12 Monate	nein	Ausbildungs- und Prüfungsordnung für die Altenpflegehilfeausbildung (APRO-APH) vom 23. August 2006 Eigenständiger Rahmenlehrplan (angelehnt an Altenpflegeausbildung)	
	12 Monate		Ausbildungs- und Prüfungsordnung für den Beruf der Gesundheits- und Krankenpflegeassistentin und des Gesundheits- und Krankenpflegeassistenten (GesKrPflassAP-rV) vom 6.10.2008 (GV. NRW. S. 652) GesKrPflassAPrV angelehnt an die Ausbildung in der Gesundheits- und Krankenpflege	»Gesundheits- und Krankenpflege-assistentin / -assistent«
Rheinland-Pfalz	12 Monate	ja	Ministerium für Bildung, Frauen und Jugend. Lehrplan und Rahmenplan für die Fachschule Altenpflege, Fachrichtung Altenhilfe Herausgegeben am 10.11.2005 Rahmenlehrplan der dreijährigen Ausbildung 1. Ausbildungsjahr	Altenpflegehilfe mit »medizinisch-krankenpflegerischen Kompetenzen«

Hundenborn

Bundes- land	Ausbil- dungs- dauer (mindes- tens)	Helferaus- bildung integriert in Alten- pflegeaus- bildung	Gesetzliche Regelungswerke Rahmenlehrplan – angelehnt an dreijährige Ausbil- dung Altenpflege – eigenständig	Anmerkungen
Saarland	12 Mo- nate	ja	Ausbildungs- und Prüfungsverordnung für den Altenpflegehilfeberuf (APHi-VO) vom 09.09.2003 (Saar.Amtsbl. S. 2518), geändert durch Artikel 4 Absatz 33 der Verordnung vom 24.01.2006 (Saar.Amtsbl. S. 174) Gesetz Nr. 1527 über den Alten- pflegehilfeberuf und zur Durchführung des Gesetzes über die Berufe in der Altenpflege (AltPflHiG) vom 09.07.2003 (Saar.Amtsbl. S. 2050), Ausbildungs- und Prüfungsver- ordnung für die Altenpflegeberufe im Saarland (APAS-VO) vom 06.08.2002 (Saar. Amtsbl. S. 1624) Eigenständiger Rahmenlehrplan (ange- lehnt an Altenpflegeausbildung Saarland)	
Saarland	2,5 Jahre		„Staatlich geprüfte Fachkraft für Haus- haltsführung und ambulante Betreuung Die Ausbildung an Berufsfachschulen für Haushaltsführung und ambulante Betreu- ung in Verbindung mit der anschließenden berufspraktischen Ausbildung hat zum Ziel, eine berufliche Qualifikation mit den Schwerpunktbereichen Haushalt, Ernäh- rung, Erziehung und Pflege für den Einsatz in der hauswirtschaftlichen Versorgung und ambulanten Betreuung von Kindern, Jugendlichen, Senioren und Behinderten zu vermitteln. Der erfolgreiche Abschluss der schulischen und berufspraktischen Ausbildung verleiht die Berechtigung zur Führung der Berufsbezeichnung „Staatlich geprüfte Fachkraft für Haushaltsführung und ambulante Betreuung Verordnung – Schul- und Prüfungsordnung – über die Ausbildung und Prüfung an Be- rufsfachschulen für Haushaltsführung und ambulante Betreuung (APO-BFS-HAB) Vom 29. Januar 2001 zuletzt geändert durch die Verordnung vom 18. Mai 2005 (Amtsbl. S. 794). Fundstelle: Amtsblatt 2001, S. 459	

Bundes-land	Ausbil-dungs-dauer (mindes-tens)	Helferaus-bildung integriert in Alten-pflegeaus-bildung	Gesetzliche Regelungswerke Rahmenlehrplan – angelehnt an dreijährige Ausbil-dung Altenpflege – eigenständig	Anmerkungen
Sachsen-Anhalt	12 Mo-nate	nein	Verordnung über Berufsbildende Schulen (BbS-VO) vom 20.07.2004 (GVBl. LSA S. 412), geändert am 02.08.2005 (GVBl. LSA S. 499), Ergänzende Bestimmungen zur Verordnung über Berufsbildende Schulen (EBBbS-VO) in der Fassung vom 14.10.2004 (SVBl. LSA S. 353), zuletzt ge-ändert am 10.05.2005 (SVBl. LSA S. 162) Kein Rahmenlehrplan vorhanden	
Schles-wig-Hol-stein	18 Mo-nate	nein	Vorläufige Neuregelung der Ausbildung in der Altenpflegehilfe. Amtsblatt für Schleswig-Holstein 2002; GL.Nr. 2124.2 vom 17.April 2002 Eigenständiger Rahmenlehrplan (ange-lehnt an Altenpflegeausbildung)	
Schles-wig-Hol-stein	1 Jahr 2 Jahre		Fachkraft für Pflegeassistenz Landesverordnung über die Berufsfach-schule (Berufsfachschulverordnung – BFSVO) Vom 22. Juni 2007 Gesamtausgabe in der Gültigkeit vom 01.08.2007 bis 31.07.2012 http://www.gesetze-rechtsprechung. sh.juris.de/jportal/portal/t/225h/page/ bsshoprod.psml?pid=Dokumentanzei ge&showdoccase=1&js_peid=Treffer liste&fromdoctodoc=yes&doc.id=jlr-BFSOSH2007pP3&doc.part=X&doc. price=0.0&doc.hl=0#jlr-BFSOSH2007pP1	
Thüringen	12 Mo-nate	nein	Gesetz- und Verordnungsblatt für den Freistaat Thüringen. Thüringer Gesetz über die Helferberufe in der Pflege (Thüringer Pflegehelfergesetz – ThürPflHG) vom 21. November 2007 Thüringer Lehrplan für berufsbildende Schulen. Schulform: Einjährige Berufsfach-schule Altenpflegehelfer/in, Gesundheits- und Krankenpflegehelferin; Februar 2009	Gemeinsame Ausbil-dung Altenpflegehilfe oder Gesundheits- und Krankenpfle-gehilfe

Die Helfer/innen bzw. Assistentinnen / Assistenten arbeiten in der Regel unter Aufsicht oder Anleitung einer Pflegefachkraft, übernehmen jedoch je nach Landesregelung auch eigenständige Arbeiten in stabilen Pflegesituationen. Hinsichtlich des konkreten Aufgabenspektrums sowie hinsichtlich des Grades der Selbstständigkeit weichen die verschiedenen Länderregelungen teilweise deutlich voneinander ab.

687

Hundenborn

688 Ebenso wie in den dreijährigen Ausbildungsgängen sind die Berufsbezeichnungen durch die staatlichen Regelungen geschützt. Die Berufsbezeichnungen sind auch in den Bundesländern anerkannt, die selbst keine Ausbildungen in der Krankenpflegehilfe anbieten.[1059]

gg) Weiterbildungen in den Pflegeberufen (Auswahl)

689 Aufbauend auf den dreijährigen Ausbildungen in der Gesundheits- und Krankenpflege / Gesundheits- und Kinderkrankenpflege sowie der Altenpflege stehen den Pflegenden zahlreiche Weiterbildungsmöglichkeiten offen.

690 Die Regelung der Weiterbildung fällt ebenfalls in den Zuständigkeitsbereich der einzelnen Bundesländer. Eine vollständige Aufstellung der Weiterbildungsangebote ist daher nur schwer möglich.

691 Folgende generelle Aussagen für die Weiterbildungsmöglichkeiten lassen sich treffen:
- Weiterbildungen lassen sich in fachbezogene und funktionsbezogene Angebote unterteilen.
- Fachbezogene Weiterbildungen dauern in der Regel 2 Jahre mit ca. 800 Stunden theoretischer und ca. 1.200 praktischer Weiterbildung.
- Als Zugang wird in der Regel neben einer abgeschlossenen Ausbildung in einem Kernpflegeberuf Berufserfahrung im angestrebten Aufgabengebiet erwartet.
- Die Regelung erfolgt in einigen Bundesländern über eigene Weiterbildungsgesetze oder Verordnungen.
- Im Bereich fachbezogener Weiterbildungen gelten in den Ländern ohne staatliche Weiterbildungsregelungen teilweise die Empfehlungen der Deutschen Krankenhausgesellschaft.
- Etliche Weiterbildungsangebote stehen sowohl Absolventinnen / Absolventen der Gesundheits- und Krankenpflege / Gesundheits- und Kinderkrankenpflege offen; teilweise können auch andere Gesundheitsfachberufe oder Sozialberufe die Weiterbildung besuchen (interdisziplinäre Angebote).
- Weiterbildungen bieten teilweise durch das Angebot von Wahlpflichtmodulen die Möglichkeit zur individuellen Schwerpunktbildung.
- In einigen Bundesländern eröffnet eine staatlich anerkannte Fachweiterbildung den Zugang zum Pflegestudium an einer Hochschule. Der berufliche Abschluss wird als Hochschulzugangsberechtigung anerkannt.[1060]

1059 Vgl. http://www.pflege-deutschland.de/krankenpflegehelferin.html.
1060 Vgl. Hundenborn 2009: 15.

Hundenborn

Ausgewählte Weiterbildungsmöglichkeiten in den Pflegeberufen

Fachbezogene Weiterbildungen	Funktionsbezogene Weiterbildungen
• Intensivpflege / Anästhesie	• Stationsleitung
• Psychiatrische Pflege	• Wohnbereichsleitung
• Operationsdienst	• Leitung ambulanter Pflegedienste
• Krankenhaushygiene	
• Gemeindekrankenpflege / ambulante Pflege	• Pflegedienstleitung
	• Praxisanleitung
• Rehabilitation	• Qualitätsmanagement
• Palliative Care	• ...
	• ...

hh) Das Pflegestudium

(1) Die Akademisierung im Bereich von Pflegemanagement und Pflegepädagogik

Die Ausbildung von Pflegekräften erfolgt in den meisten europäischen Ländern im Hochschulbereich. In der Geschichte der Pflegeberufe hat es auch in Deutschland zahlreiche Akademisierungsbestrebungen gegeben, die jedoch lange gesellschaftlich nicht durchsetzbar waren. Die Professionalisierung und Akademisierung der Pflegeberufe erhielt Anfang der 1990er Jahre einen erneuten und entscheidenden Entwicklungsschub. Als wesentlicher Auslöser ist die so genannte Pflegenotstandsdebatte Ende der 1980er Jahre zu sehen. Schwierige Rahmenbedingungen in der beruflich ausgeübten Pflege, Qualifikationsmängel in quantitativer und qualitativer Hinsicht sowie eine entsprechende öffentliche Wahrnehmung dieser Problemlage führten zur Einleitung einer Bildungsoffensive, die sich zunächst auf die Akademisierung der Ausbildungen für lehrende und leitende Pflegekräfte konzentrierte. Mit der viel beachteten Denkschrift »Pflege braucht Eliten« legte die Robert-Bosch-Stiftung 1992 eine breit angelegte Argumentation vor, mit der eine akademische Ausbildung lehrender und leitender Pflegekräfte begründet und eine quantitative Bedarfseinschätzung akademisch qualifizierter Lehr- und Leitungskräfte vorgenommen wurde.

692

Innerhalb von nur wenigen Jahren entstanden in rascher Abfolge – angeführt von Niedersachsen und Baden-Württemberg – in nahezu allen Bundesländern Studienangebote für lehrendes und leitendes Pflegepersonal, überwiegend an Fachhochschulen verortet. Ebenfalls entstanden Studien-

693

gänge mit der Intention einer primär akademischen Erstausbildung, eine Strategie, die insbesondere in Hessen frühzeitig entwickelt wurde.

694 In den neuen Bundesländern hatte die Akademisierung für lehrendes und leitendes Pflegepersonal bereits eine längere Tradition. Mit der Wiedervereinigung Deutschlands wurde so auch die Akademisierungsdebatte entscheidend aufrechterhalten.[1061]

695 «Die meisten der neu entstandenen grundständigen Pflegestudiengänge haben, im Hochschulsektor einzigartig, weiterbildenden Charakter, da sie, gesetzlich bedingt, neben der Hochschulreife eine außerhochschulische Ausbildung, d.h. eine abgeschlossene Pflegeausbildung voraussetzen.«[1062]

696 Auch die Angebote im Bereich der Studiengänge sind durch große Heterogenität und eine Vielfalt von Studienabschlüssen gekennzeichnet.

(2) Das primär qualifizierende Pflegestudium

697 Frühzeitig setze mit der Akademisierungsdiskussion Anfang der 1990er Jahre das Bundesland Hessen auf die Etablierung von Pflege als grundständiges Studium. In Deutschland wurde hiermit Zweig primär qualifizierender Studiengänge eingerichtet, der Absolventinnen und Absolventen für die Ausübung der praktischen Pflege befähigen sollte.

698 Insbesondere die zum 1.01.1996 in Kraft getretenen Regelungen des SGB XI – Soziale Pflegeversicherung – erwiesen sich jedoch als Hindernisse einer ausschließlichen Pflegeausbildung an Hochschulen. An den Begriff der »ausgebildeten Pflegefachkraft« und seine inhaltlichen Konkretisierung wurden die Ausübung von fachlichen Leitungsfunktionen im ambulanten Bereich sowie Aufgaben in der direkten Pflege an die Erlaubnis zur Führung einer pflegerischen Berufsbezeichnung gebunden, die nur im Rahmen einer beruflich verfassten Pflegeausbildung im Rahmen der einschlägigen Ausbildungsgesetze verliehen werden kann (siehe Kapitel 4 und 5). »Diplom-Pflegewirt/innen, die sich in ambulanten und stationären Pflegeeinrichtungen bewarben, waren für die meisten Arbeitgeber nur dann ‚geeignete Kräfte' bzw. ‚Pflegefachkräfte' im Sinne der Qualitätsvereinbarungen bzw. des SGB XI, wenn sie zusätzlich die Erlaubnis hatten, eine der im Gesetz genannten Berufsbezeichnungen zu führen. In ambulanten und stationären Pflegeeinrichtungen konnten diejenigen, die im Sinne des hessischen Konzeptes Pflege als Erstausbildung studiert hatten, in der direkten Pflege lediglich als ‚Hilfskräfte' unter ‚fachlicher Anleitung' tätig sein, und dies ohne Option auf einen Aufstieg in Leitungspositionen«.[1063]

1061 Vgl. Hundenborn 2005: 182 f; vgl. Kälble 2008: 40 ff.
1062 Kälble 2008: 40.
1063 Grewe / Stahl 2008: 60.

Hundenborn

Als Konsequenz ergab sich Verbindung des primär qualifizierenden Studiengangs mit der beruflich verfassten Ausbildung in der Krankenpflege. In einer ersten Phase wurde im Rahmen von Einzelfallprüfungen der Umfang möglicher Anrechnung von Studienleistungen auf die Berufsausbildung durch die Regierungspräsidien geprüft. In einer zweiten Phase wurde durch ministerielle Entscheidung die »Gleichwertigkeit« der Studiencurricula bescheinigt; bezüglich der praktischen Ausbildung war weiterhin eine Einzelfallprüfung erforderlich. Bevor Absolventinnen / Absolventen des Studiengangs einen Antrag auf Zulassung zur staatlichen Prüfung in der Krankenpflege (sog. »Externenprüfung«) stellen konnten, wurden sie – abhängig vom Ergebnis der Einzelfallprüfung – zur Ableistung praktischer Ausbildungsanteile verpflichtet.

699

Die europäische gegenseitige Anerkennung »der Diplome, Prüfungszeugnisse und sonstigen Befähigungsnachweise der Krankenschwester und des Krankenpflegers, die für die allgemeine Pflege verantwortlich sind« erfordert die Einhaltung entsprechenden europäischen Richtlinien.[1064] Die Kriterien für die gegenseitige Anerkennung beziehen sich auf allgemeine Bildungsvoraussetzungen, Inhalte und Struktur der Ausbildungsgänge in den jeweiligen Mitgliedstaaten, Mindestausstattung der Ausbildungsstätten sowie auf die Berufsbezeichnung.[1065] Entscheidend für die Hessischen Studiengänge betrafen den Umfang der Ausbildung von 4.600 Stunden, von denen mindestens die Hälfte auf die praktische Ausbildung entfallen müssen.

700

Deshalb war sicherzustellen, dass die Hochschulausbildung mit der Erlaubnis zur Führung der Berufsbezeichnung gekoppelt wurde und den erforderlichen Umfang der praktischen Ausbildung beinhaltete. In das acht Semester umfassende Diplom-Studium wurden zwei Praxissemester und weitere Praxisphasen innerhalb und außerhalb der Vorlesungszeit integriert. Hierdurch verkürzte sich die »Nachqualifizierungszeit« an einer Krankenpflegeschule bis zur Prüfung auf vier Monate.

701

Mit dem neuen Krankenpflegegesetz von 2003 wurde im § 6 KrPflG die maximale Anrechnungszeit gleichwertiger Ausbildung auf zwei Drittel beschränkt. In der Folge schloss sich an das Studium vor einer Anmeldung zur staatlichen Prüfung zwingend ein Jahr schulischer Ausbildung an. Die Gesamtausbildungszeit betrug nun fünf Jahre, ein Zeitumfang, in dessen Rahmen in anderen Ländern ein Masterabschluss erreicht werden kann.

702

Mit der Umstellung der Diplom-Studiengänge auf die internationalen Studiengangsstrukturen von Bachelor und Master wurde 2004 ein sechs Semes-

703

1064 77/452/EWG und 77/453/EWG, seit 2005 Richtlinie 2005/36/EG des Europäischen Parlaments und des Rates über die Anerkennung von Berufsqualifikationen vom 7.09.2005.
1065 Vgl. Stöcker, Homepage des DBfK.

Hundenborn

ter umfassender Bachelorstudiengang eingeführt, dem sich eine einjährige Phase zur Absolvierung der praktischen Ausbildungsanteile anschließt. Die Gesamtausbildungszeit beträgt nunmehr vier Jahre.[1066]

704 Nach der Einführung einer Modellklausel in das Krankenpflegegesetz haben auch andere Bundesländer Angebote eines primär qualifizierenden Studiums in Verbindung mit einer Pflegeausbildung entwickelt. Die Gesamtausbildung umfasst ebenfalls in der Regel vier Jahre. Dabei werden an den einzelnen Standorten unterschiedliche Modelle favorisiert:
  – Ausbildung nur an der Hochschule in Verbindung mit Praxiseinrichtungen der Pflege (autonome Form)
  – Ausbildung in Verbindung von Hochschule, Pflegeschulen und Praxiseinrichtungen (integrierte oder duale Form).

705 Daneben besteht seit mehreren Jahren bereits die Möglichkeit, im Anschluss an eine dreijährige Ausbildung ein Bachelorstudium zu absolvieren und zusätzlich zum Berufsabschluss einen ersten akademischen Abschluss zu erzielen. Dieser eröffnet die Möglichkeit nach zusätzlichem Abschluss eines Masterstudiengangs den Einstieg in die Promotion.

ii)   Weitere Entwicklungen und Reformdiskussionen

706 Mit der Einführung von Modellklauseln in die Ausbildungsgesetze der Pflegeberufe wurde die Erprobung unterschiedlicher Möglichkeiten der Weiterentwicklung in den Pflegeberufen eröffnet.

707 Im § 4 (6) KrPflG heißt es:
»Zur zeitlich befristeten Erprobung von Ausbildungsangeboten, die der Weiterentwicklung der Pflegeberufe unter Berücksichtigung der berufsfeldspezifischen Anforderungen dienen sollen, können die Länder von Abs. 2 S.1 sowie von der Ausbildungs- und Prüfungsverordnung nach § 8 abweichen, sofern das Ausbildungsziel nicht gefährdet wird und die Vereinbarkeit der Ausbildung mit den Richtlinien 77/452/EWG und 77/453/EWG gewährleistet ist.«

708 Im § 4 (6) gibt es eine fast gleichlautende Modellklausel:
»Zur zeitlich befristeten Erprobung von Ausbildungsangeboten, die der Weiterentwicklung der Pflegeberufe unter Berücksichtigung der berufsfeldspezifischen Anforderungen dienen sollen, können die Länder von den Absätzen 2, 3 und 4 sowie von der nach § 9 zu erlassenden Ausbildungs- und Prüfungsverordnung abweichen, sofern das Ausbildungsziel nicht gefährdet wird.«

709 Die Bezugnahme auf die supranationalen europäischen Richtlinien fehlt im Altenpflegegesetz. Nach der Richtlinie 2005/36/EG des Europäischen Parlaments und des Rates über die Anerkennung von Berufsqualifikationen

---

1066 Vgl. Grewe / Stahl 2008: 57 ff.

vom 7.09.2005 gilt die automatische Anerkennung in anderen europäischen Ländern nach dem Prinzip der Gleichwertigkeit gilt nur für die Gesundheits- und Krankenpflegerin / den Gesundheits- und Krankenpfleger (bis 2003 Krankenschwester / Krankenpfleger). Eine spezialisierte Erstausbildung wie die Altenpflege sowie die Gesundheits- und Kinderkrankenpflege gibt es lediglich in einzelnen EU-Staaten. Für diese Berufe erfolgt keine automatische Anerkennung, sondern eine Einzelfallprüfung nach dem Gleichartigkeitsprinzip. Der Aufnahmestaat kann im Einzelfass die Anerkennung mit Auflagen verbinden oder auch die Anerkennung verwehren.[1067]

Weiterhin wurde in die Ausbildungsgesetze (KrPflG, AltPflG) eine weitere Modellklausel in § 4 Abs. 7 eingebracht, und zwar in Verbindung mit § 63 Abs. 3b sowie § 63 Abs. 3c Pflege-Weiterentwicklungsgesetz). Sie ermöglichen Modellvorhaben Verordnungsermächtigung von Verbandsmitteln und Pflegehilfsmitteln, die inhaltliche Ausgestaltung der häuslichen Krankenpflege (§ 63 Abs. 3b) bzw. die selbständige Ausübung von Heilkunde (§ 63 Abs. 3c). Da die Konkretisierung diesbezüglicher Modellvorhaben noch nicht entsprechend fortgeschritten ist, werden hierzu keine weiteren Ausführungen vorgenommen.   **710**

(1) Reguläres primär qualifizierendes Pflegestudium an Hochschulen

Die in die Ausbildungsgesetze eingeführten Modellklauseln haben u.a. die Möglichkeiten primär qualifizierender Pflegestudiengänge eröffnet bzw. wesentlich erleichtert. Inzwischen gibt es bundesweit ca. 20 Angebote primär qualifizierender Pflegestudiengänge.[1068] Nach Abschluss und Evaluation von Modellstudiengängen wird die Überführung in ein Regelangebot erwartet.   **711**

(2) Erprobung integrierter und generalistisch ausgerichteter Pflegeausbildungen

Im Bereich der Ausbildungskonzeptionen werden seit längerer Zeit sowohl Modelle einer integrativen als auch Modelle einer generalistischen Pflegeausbildung diskutiert bzw. erprobt. Nicht selten werden dabei die Bezeichnungen »integrativ« und »generalistisch« gleichbedeutend oder synonym verwendet, in anderen Fällen werden dagegen streng voneinander getrennt. Ganz allgemein zeichnet sich jedoch eine Tendenz ab, den Begriff »integrativ« für Ausbildungskonzepte zu verwenden, in denen die bislang separat geführten Ausbildungsgänge in der Gesundheits- und Krankenpflege / Gesundheitsheits- und Krankenpflege sowie in der Altenpflege in unterschiedlich weit reichenden Teilen der Ausbildung zusammengefasst werden und nach einer kürzeren oder längeren Differenzierungs- bzw.   **712**

1067 Vgl. Stöcker o. J., Homepage des DBfK.
1068 Vgl. http://www.bildungsrat-pflege.de.

Hundenborn

Spezialisierungsphase mit den in den jeweiligen Berufsgesetzen geregelten Abschlüssen und Berufsbezeichnungen enden. Im Gegensatz dazu wird der Begriff »generalistisch« für Ausbildungskonzepte verwendet, die von der Konstruktion eines neuen Pflegeberufes ausgehen. In der beruflichen Erstausbildung erfolgt nicht länger eine Differenzierung der Berufsbilder nach Lebensphasen des Menschen mit Pflegebedarf.

713 Diese Konzepte sind demnach verbunden mit der Aufhebung der traditionellen drei so genannten Kernpflegeberufe der Gesundheits- und Krankenpflege / Gesundheits- und Kinderkrankenpflege und der Altenpflege zugunsten einer neuen übergeordneten Perspektive der Pflege von Menschen aller Altersgruppen oder Lebensphasen und damit verbunden der Pflege von Menschen in unterschiedlichen Pflegesituationen und unterschiedlichen Handlungsfeldern. In diesem Zusammenhang muss auch von einer neuen – diese Perspektive aufnehmenden – Berufsbezeichnung ausgegangen werden.

714 Separate oder spezialisierte Erstausbildungen in den Pflegeberufen haben in anderen europäischen Ländern entweder nie in dieser Form bestanden bzw. stellen sie mittlerweile die Ausnahme dar. Bereits 1988 wurde in der WHO-Konferenz von Wien die Bedeutung einer generalistisch, d.h. auf die allgemeine Pflege hin, qualifizierten Pflegekraft hervorgehoben, die eine entsprechend ausgerichtete Ausbildung absolviert haben sollte. 1993 empfahl die WHO, in der Grundausbildung auf die generalistische Rolle vorzubereiten und die spezialisierte Ausbildung der Weiterbildungsebene vorzubehalten. Bis Ende der 1990er Jahre hatten die meisten europäischen Länder ihre Pflegeausbildungen entsprechend umgestellt.[1069]

715 Eine grundlegende Ausbildungsreform wird auf vom Deutschen Bildungsrat für Pflegeberufe uneingeschränkt mit folgenden Argumenten gefordert: »Zusammenfassend begründen die nachfolgenden Aussagen die Entscheidung für eine generalistische Ausbildung bzw. für eine Ausbildung in der allgemeinen Pflege:
- Die Spezialisierung nach Altersklientelen entspricht nicht den gegenwärtigen Anforderungen an die Pflege. Die Berufe und deren Institutionen geraten in eine Konzept- und Handlungskonkurrenz.
- Ein generalistisches Pflegeberufsbild ist in den Sozialgesetzen offensichtlich, der Begriff ‚Pflegefachkraft' trifft keine Unterscheidung der Berufsaufgaben nach Institutionen oder medizinischen Fachdisziplinen.
- Lernende und Studierende sind in einer Ausbildungsstruktur zu sozialisieren, die ihnen keine systemischen Begrenzungen aufzeigt.
- Auf der theoretischen Ebene von Pflegewissenschaft und -forschung wird nicht nach Altersklientelen bzw. Versorgungsstrukturen unterschieden, sondern ausgehend von einem Pflegebegriff werden die unterschiedlichen Phänomene und Problemstellungen bearbeitet.

1069 Vgl. Hundenborn 2002: 55 ff.

Hundenborn

– Moderne Pflege geht von Pflegekonzepten, Phänomenen der Pflege und den jeweiligen individuellen Menschen in ihren sozialen Bezügen aus.
– Eine generalistische Ausbildung führt zu einer größeren Flexibilität. Unter dem Aspekt der Arbeitsplatzsicherung bietet sie bessere Perspektiven und ermöglicht allen Pflegenden die Berufsausübung innerhalb der EU.[1070] In zahlreichen Modellversuchen sind in den letzten Jahren sowohl integrative als auch generalistisch ausgerichtete Ausbildungskonzeptionen erprobt und evaluiert worden, so dass genügend Erfahrungen und Erkenntnisse für eine weitergehende Ausbildungsreform vorliegen. Im Modellprojekt »Pflegeausbildung in Bewegung« wurden bundesweit acht Modellprojekte wissenschaftlich begleitet und umfassend evaluiert, in denen es zentral um die Frage der Zusammenführung der Ausbildungen in der Gesundheits- und Krankenpflege, Gesundheits- und Kinderkrankenpflege und der Altenpflege ging.[1071] Das von der Robert-Bosch-Stiftung bis Ende 2009 geförderte Transfernetzwerk innovative Pflegeausbildung (TiP) versteht sich als Zusammenschluss von Modellprojekten in der Pflegeausbildung, das Erfahrungs- und Ergebnisaustausch ermöglicht, die Interessierten zur Verfügung gestellt werden.[1072]

716 Auf der Grundlagen der Erfahrungen im Modellversuch »Pflegeausbildung in Bewegung« hat das Bayerische Staatsministerium für Unterricht und Kultus entschieden, »den ›Schulversuch zur Erprobung neuer Ausbildungsangebote für Pflegeberufe‹ künftig unter der Prämisse einer landeseinheitlich generalistischen Regelung fortzuschreiben, um den vorliegenden sinnvollen Ansätze zu bündeln und weiterzuentwickeln.«[1073]

(3) Förderung der horizonalen und vertikalen Durchlässigkeit in der Pflegebildung

717 In Verbindung mit den beschriebenen Entwicklungen ist die Forderung nach Erhöhung der horizontalen und vertikalen Durchlässigkeit in der Pflegebildung zu stellen. Übergänge zwischen den Bildungsgängen und Bildungseinrichtungen einer Ebene müssen ebenso erleichtert werden wie der Wechsel zwischen verschiedenen Systemebenen. Unter Anrechnung bereits erworbener und nachzuweisender Kompetenzen lassen sich so Karrierewege verkürzen, flexibilisieren und individualisieren. Dies setzt ein aufeinander abgestimmtes modularisiertes System mit akkumulierbaren Leistungspunkten voraus, Systeme, die im europäischen Bereich sowohl für den Hochschulsektor als auch für den beruflichen Bildungsbereich bereits entwickelt worden sind. Angesichts der Umbruchsituation und Dynamik

---

1070 Vgl. Stöcker 2002: 156;Deutscher Bildungsrat für Pflegeberufe 2007: 38.
1071 Vgl. Bundesministerium für Familie, Senioren, Frauen und Jugend 2008.
1072 Http://www.tip-netzwerk.de.
1073 Staatsinstitut für Schulqualität und Bildungsforschung 2010.

Hundenborn

im Pflegesektor sind Anrechnungs- und Anschlussmöglichkeiten eine unabweisliche Forderung.

718 In einem vom Bundesministerium für Familie, Senioren, Frauen und Jugend sowie vom Minsterium für Arbeit, Gesundheit und Soziales des Landes Nordrhein Westfalen geförderten Modellprojekt wird im Zeitraum von 2008 bis 2011 das »Modell einer gestuften und modularisierten Altenpflegequalifizierung« in Verbindung mit der Entwicklung eines Entwurfs für einen »Qualifikationsrahmen für den Beschäftigungsbereich der Pflege, Unterstützung und Betreuung älterer Menschen« konzipiert, erprobt und evaluiert (Fachhochschule Bielefeld, Deutsches Institut für angewandte Pflegeforschung).

4. Haftungsgrundlagen

a) Krankenhausvertrag – Typologie der Vertragsverhältnisse im stationären Bereich

719 Das Vertragsverhältnis zwischen Patient und Krankenhaus im Rahmen stationärer Behandlung ist in aller Regel **privatrechtlicher Natur.**[1074] Insbesondere stehen auch Krankenhäuser in öffentlicher Trägerschaft (z.B. Universitätskliniken, Städtische Krankenhäuser oder Landeskliniken) zu ihren Patienten in einem Verhältnis der rechtlichen Gleichordnung, soweit es um die ärztliche Behandlung geht.[1075] Dies gilt unabhängig davon, ob der Patient gesetzlich oder privat versichert ist.[1076] Dem steht auch nicht entgegen, dass die öffentlichen Krankenhäuser keine auf Gewinn ausgerichteten Betriebe sind, sondern dem Allgemeinwohl dienen und ihre Gebühren gegebenenfalls im Verwaltungszwangsverfahren einziehen.[1077] Öffentlich-rechtlicher Natur sind allerdings die Beziehungen zwischen einem Psychiatrischen Landeskrankenhaus und seinen Patienten in den Fällen der Zwangsunterbringung.[1078]

720 Die stationäre Krankenhausbehandlung wird zwischenzeitlich durch das KHG und das KHEntgG geregelt, während die Regelungen der BPflV nur noch für die Krankenhäuser oder Krankenhausabteilungen Anwendung finden, die nicht in das DRG-Vergütungssystem einbezogen sind (§ 1 BPflV). Gemäß § 17b Abs. 1 Satz 1 2. HS KHG sind dies die Krankenhäuser der Psychiatrie sowie der psychotherapeutischen Medizin und Psychosomatik. Die Abgrenzung der stationären von der ambulanten Krankenhausbehandlung erfolgt im Grundsatz danach, dass im Rahmen der stationären

---

1074 BGH NJW 2000, 3429 f. m.w.N.
1075 Grundlegend BGHZ 4, 138 = NJW 1952, 382 (Städtisches Krankenhaus) und BGHZ 9, 145 = NJW 1953, 778 (Universitätsklinik).
1076 Geiß/Greiner Kap. A Rn. 22.
1077 OVG NJW 1984, 683.
1078 Grundlegend BGH NJW 1963, 40.

Behandlung neben der ärztlichen Leistung auch die Unterkunft und Verpflegung des Patienten übernommen wird. Schwierigkeiten können sich dann ergeben, wenn der Patient sich stundenweise im Krankenhaus aufhält, wie z.B. zur Benutzung von Dialyseeinrichtungen. Hier ist für die Frage, ob eine (teil-)stationäre Behandlung vorliegt, darauf abzustellen, ob der Patient zumindest anteilig in das spezifische Versorgungssystem des Krankenhauses eingegliedert wird.[1079] Auch können sich Unsicherheiten bei der Einordnung dann ergeben, wenn stationäre und ambulante Behandlung miteinander verbunden werden, indem etwa die ambulante Behandlung vor oder nach der stationären Betreuung liegt oder sogar zwischen zwei stationären Krankenhausaufenthalten.[1080] Eine Abgrenzungsschwierigkeiten weitestgehend vermeidende Definition von vollstationärer, teilstationärer und ambulanter Krankenhausbehandlung kann nach Auffassung des BSG[1081] nur vom Merkmal der geplanten Aufenthaltsdauer ausgehen.

Die Behandlung erfolgt danach…	
vollstationär	wenn sie sich zeitlich über einen Tag und eine Nacht erstreckt (wobei es bei dieser Einordnung auch dann verbleibt, wenn der Patient gegen ärztlichen Rat die geplante Nacht im Krankenhaus aufgrund eines eigenen Entschlusses nicht dort verbringt = »abgebrochene« stationäre Behandlung)
teilstationär	wenn sie aufgrund eines spezifischen Krankheitsbildes über einen längeren Zeitraum hinweg in Intervallen erfolgt (insbesondere Tages- und Nachtkliniken); es wird die medizinisch-organisatorische Infrastruktur eines Krankenhauses benötigt, ohne dass eine ununterbrochene Anwesenheit des Patienten im Krankenhaus notwendig ist
ambulant	wenn der Patient die Nacht vor und die Nacht nach dem Eingriff nicht im Krankenhaus verbringt

721

Die Differenzierung ist haftungsrechtlich für die Frage bedeutsam, welche Art von Vertragsverhältnis vorliegt,[1082] insbesondere kann von ihrer Beantwortung abhängen, ob im Rahmen einer Chefarztbehandlung durch einen

---

1079 Reiling MedR 1995, 443, 446.
1080 Das OLG Frankfurt geht davon aus, dass im letztgenannten Fall kein einheitlicher Behandlungsvertrag vorliegt, sondern nach Behandlungsabschnitten zu unterscheiden ist (VersR 1994, 430).
1081 BSG MedR 2004, 702.
1082 Reiling MedR 1995, 443, 446.

Mennemeyer/Hugemann

beamteten Chefarzt dessen beamtenrechtliche Dienststellung betroffen ist oder die Behandlung dem außerdienstlichen ambulanten Bereich zugeordnet werden kann, für den das beamtenrechtliche Verweisungsprivileg[1083] nach ständiger höchstrichterlicher Rechtsprechung[1084] nicht gilt.

722 Erfolgt eine zeitlich gestreckte Behandlung des Chefarztes teilweise ambulant und teilweise stationär, soll nach Auffassung des OLG Köln[1085] die Zuordnung davon abhängen, ob die Behandlung als Einheit anzusehen ist, und falls dies zu bejahen ist, wo der sachliche Schwerpunkt der Behandlung liegt. Eine einheitliche Behandlung im Sinne einer stationären Behandlung soll danach vorliegen, wenn die ambulante Behandlung der Klärung der Frage diente, ob die Erkrankung des Patienten operativ (also stationär) zu behandeln war oder nicht, und der Chefarzt den Patienten hierzu in seiner Ambulanz untersucht, die Indikation für eine Operation bejaht und diese sodann selbst durchgeführt hat. Das Verweisungsprivileg soll dann auch für den der stationären Aufnahme vorausgehenden Teil der Behandlung gelten, namentlich die ambulante (unzureichende) Risikoaufklärung. Dem ist mit Recht entgegengehalten worden, dass eine solche Gesamtbetrachtung systemwidrig sowohl die von der Rechtsprechung getrennt gehaltenen Anspruchsgrundlagen des Behandlungsfehlers und des Aufklärungsversäumnisses als auch die Haftungszuordnungen des Chefarztes vermengt.[1086] Es ist in der Tat nicht einsichtig, weshalb der Chefarzt persönlich für Fehler anlässlich seiner ambulanten Tätigkeit einstehen soll, wenn die sich anschließende stationäre Behandlung beispielsweise in einem anderen Krankenhaus erfolgt, nicht jedoch, wenn er diese selbst durchführt.

aa) Krankenhausvertragstypen

723 Im Rahmen der stationären Behandlung kommen verschiedene Vertragstypen in Betracht. Die Vertragsgestaltungen sind gegenüber der ambulanten Krankenversorgung deutlich komplexer, was u.a. daraus folgt, dass privates Vertragsrecht (§ 611 ff. BGB) durch öffentlich-rechtliche Planungs- und Finanzierungsregelungen (KHG, KHEntgG, BPflV) sowie durch das Sozialversicherungsrecht (SGB V) unmittelbar beeinflusst und gestaltet wird.[1087] Konkret wird zwischen drei typischen vertraglichen Gestaltungsformen unterschieden, nämlich

– dem **totalen Krankenhausvertrag,**
– dem **gespaltenen Arzt-Krankenhaus-Vertrag** und
– dem **totalen Krankenhausvertrag mit Arztzusatzvertrag.**

1083 Zum Verweisungsprivileg des beamteten Chefarztes noch unten Rdn. 814.
1084 *Vgl.* nur BGH NJW 2003, 2309, 2311 m.w.N.
1085 OLG Köln VersR 2004, 1181.
1086 Baxhenrich VersR 2004, 1565.
1087 Genzel/Degener-Hencke in: Laufs/Kern § 89 Rn. 1.

(1) Totaler Krankenhausvertrag

Der totale Krankenhausvertrag oder Krankenhausaufnahmevertrag ist der **724**
Regelfall bei der stationären Behandlung gesetzlich versicherter Pati-
enten. Alleinige Parteien dieses Vertrages sind der Patient und der Krankenhausträger. Danach schuldet der Krankenhausträger eine umfassende
Versorgung des Patienten, d.h. seine Unterbringung, pflegerische Betreuung und als Schwerpunkt die ärztliche Behandlung.[1088] Der Behandlungsvertrag setzt sich aus dienst-, miet- und werkvertraglichen Komponenten
zusammen, wobei wegen der zentralen Bedeutung der geschuldeten Heilbehandlung – wie auch im Rahmen der ambulanten Behandlung – die Vorschriften des Dienstvertrages Anwendung finden.[1089] Anders als beim niedergelassenen Arzt und abweichend von der gesetzlichen Regel des § 613
BGB erwirbt der Patient jedoch grundsätzlich keinen Anspruch auf die Behandlung durch einen bestimmten Arzt,[1090] vielmehr trifft den Klinikträger
lediglich die generelle Pflicht, den Standard eines voll weitergebildeten und
als Facharzt anerkannten Spezialisten zu gewährleisten, wozu er sich seines
gesamten angestellten Personals bedienen kann.[1091] »Dem Krankenhausträger als alleinigem Vertragspartner ist es insbesondere überlassen, den Ope-
rationsplan so aufzustellen, dass alle Krankenhausärzte nach Möglichkeit
gleichmäßig herangezogen werden, so dass einerseits die höher qualifizierten und erfahrenen Ärzte für die schwierigeren Eingriffe zur Verfügung stehen und andererseits den noch nicht so erfahrenen Assistenzärzten – unter
Überwachung durch einen erfahrenen Kollegen – die Möglichkeit gegeben
werden kann, sich anhand von weniger schwierigen Eingriffen weiter zu
bilden«.[1092] Der Krankenhausträger schuldet dem Patienten sämtliche Leistungen der stationären Krankenbetreuung sowohl im ärztlichen als auch im
pflegerischen Bereich. Soweit dies im Einzelfall medizinisch erforderlich
ist, kann dies die Behandlung durch den Chefarzt einschließen,[1093] der bei
diesem Vertragsmodell jedoch gleichwohl keinen eigenen Honoraranspruch
gegen den Patienten erwirbt.[1094]

Nach wie vor umstritten ist, ob der totale Krankenhausvertrag unmittelbar **725**
zwischen Krankenhaus und Patient oder aber mit der Abgabe der Kosten-
übernahmeerklärung zwischen Krankenhaus und Krankenkasse zustande
kommt mit der Maßgabe, dass der Vertrag echte Drittwirkung zugunsten
des Patienten entfaltet (§ 328 BGB).[1095] Der Streit ist zwar lediglich akade-

1088 Büsken/Klüglich VersR 1994, 1141.
1089 BGH NJW 1951, 596; Reiling MedR 1995, 443, 447.
1090 Vgl. BGH VersR 2010, 1038, 1039.
1091 BGH VersR 2010, 1038, 1039; Reiling MedR 1995, 443, 447.
1092 BGH VersR 2010, 1038, 1039.
1093 Bergmann/Herkenhoff/Kienzle/Wever Teil A I.2.3.1 1 S. 7.
1094 Martis/Winkhart Rn. K 132.
1095 Vgl. dazu nur Steffen/Pauge Rn. 53; Geiß/Greiner Kap. A Rn. 24.

Mennemeyer/Hugemann

mischer Natur, da in der Praxis die Differenzierung ohne Bedeutung ist, weil in beiden Fällen der Krankenhausträger dem Patienten bei Pflichtverletzungen unmittelbar aus Vertrag haftet. Richtigerweise ist aber von einer unmittelbaren vertraglichen Vereinbarung zwischen Kassenpatienten und Behandlungsträger entsprechend dem Rechtsverständnis in der ambulanten Krankenversorgung auszugehen. Denn die Kostenzusage der Krankenkasse begründet kein selbstständiges Recht, sondern dient lediglich der beweismäßigen Bestätigung der versorgungsvertraglichen Zahlungspflicht; sie ist insbesondere nicht Voraussetzung für das Behandlungsverhältnis.[1096] Dem entsprechen das auch für den stationären Bereich geltende Arztwahlrecht des Patienten (§ 76 Abs. 1 SGB V)[1097] und die mit der durch die Einführung der Wahlmöglichkeit einer Kostenerstattung in § 13 Abs. 2 SGB V u.a. bezweckte Gleichstellung mit den selbstzahlenden Patienten. Schließlich folgt auch aus der Verpflichtung der GKV zur Unterstützung der Versicherten bei der Verfolgung von Schadensersatzansprüchen aus Behandlungsfehlern anlässlich der Inanspruchnahme von Versicherungsleistungen (§ 66 SGB V), dass es nicht um Ansprüche der Krankenkasse, sondern ausschließlich um die Geltendmachung und Durchsetzung von eigenen Rechten des Patienten geht.

726 **Zum behandelnden Arzt hat der Patient nach diesem Modell keine vertraglichen Beziehungen.** Vielmehr erfolgt eine Konzentration der vertraglichen Haftung beim Krankenhausträger. Vertragliche Schadensersatzansprüche kann der Patient daher nur gegen den Krankenhausträger geltend machen. Dieser haftet für das Verschulden der leitenden Krankenhausärzte, der nachgeordneten Ärzte sowie das Pflegepersonal als Erfüllungsgehilfen (§ 278 BGB).[1098] Ärzte und Pflegepersonal haben hingegen für Pflichtverletzungen nur nach Deliktsrecht einzustehen.[1099]

727 Grafisch lassen sich die vertraglichen Rechtsbeziehungen der Beteiligten beim totalen Krankenhausvertrag mit dem gesetzlich versicherten Patienten wie folgt veranschaulichen:

1096 *BSGE 70, 20, 23*; BSG MedR 2002, 525.
1097 Steffen/Pauge Rn. 53.
1098 Steffen/Pauge Rn. 75; Martis/Winkhart Rn. K 136.
1099 BGH NJW 2000, 2741, 2742.

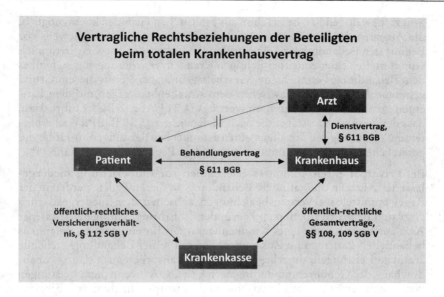

Vertragliche Rechtsbeziehungen der Beteiligten beim totalen Krankenhausvertrag

Wie auch im Rahmen der ambulanten Krankenversorgung ist der **Honoraranspruch** des Krankenhausträgers **vom Behandlungsvertrag abgekoppelt** und richtet sich ausschließlich gegen die Krankenkasse (die Zwischenschaltung der KV entfällt), sofern sich der Versicherte nicht für eine Kostenerstattung nach § 13 Abs. 2 SGB V entschieden hat; der Honoraranspruch ist öffentlich-rechtlicher Natur und ggf. vor den Sozialgerichten geltend zu machen.[1100] Direkte Ansprüche gegenüber dem gesetzlich versicherten Patienten bestehen daher auch dann nicht, wenn dessen Krankenversicherung aus sozialversicherungsrechtlichen Gründen die Kostenübernahme ablehnt.[1101] Auch beim sozialhilfeberechtigten Patienten richtet sich der Anspruch des Krankenhauses auf Zahlung der Krankenhauskosten nicht gegen diesen, sondern ausschließlich gegen den Träger der Sozialhilfe, der in die Rolle der gesetzlichen Krankenversicherung einrückt.[1102]

728

Ist der Patient weder gesetzlich krankenversichert noch sozialhilfeberechtigt oder bleibt dies zumindest ungewiss, so kommt **ausnahmsweise** eine **direkte Inanspruchnahme des Patienten** auch im Rahmen des totalen Krankenhausaufnahmevertrags in Betracht. Denn es liegt grundsätzlich im Risikobereich des Patienten, eine Überleitung der Behandlungskosten auf einen öffentlichen Kostenträger sicherzustellen; dem Krankenhausträger, der täglich eine Vielzahl von Aufnahmen, teilweise unter Notfallbedingun-

729

1100 BGH NJW 2000, 3429 f.
1101 OLG Köln NJW 1990, 1537.
1102 OLG Saarbrücken NJW 2001, 1798, 1799; OLG Köln NJW-RR 1995, 366.

Mennemeyer/Hugemann

gen, zu bewältigen hat, ist es schon aus praktischen Gründen kaum möglich, die Angaben des Patienten bezüglich der Krankenversicherung jeweils vor Beginn der Behandlung zu überprüfen.[1103] Gehen die Parteien irrtümlich vom Bestehen einer eintrittspflichtigen Krankenversicherung aus, so fehlt es dem Behandlungsvertrag an der Geschäftsgrundlage; die aus diesem Grund gebotene Anpassung des zwischen dem Krankenhausträger und dem Patienten geschlossenen Behandlungsvertrags (§ 313 Abs. 2 BGB) führt dazu, dass der Krankenhausträger die nach Maßgabe der §§ 10 ff. BPflV zu ermittelnde Vergütung für die allgemeinen Krankenhausleistungen in Höhe der gesetzlichen Pflegesätze unmittelbar von dem Patienten fordern kann.[1104]

730 Bei **Privatpatienten** kommt es gelegentlich zur **Einbeziehung niedergelassener Ärzte** in die stationäre Behandlung. In diesen Fällen werden in der Regel unmittelbare Vertragsbeziehungen zwischen dem niedergelassenen Arzt und dem Privatpatienten begründet.[1105] Erbringt ein niedergelassener Arzt auf Veranlassung eines Krankenhausarztes für einen im Krankenhaus behandelten Patienten im Zusammenhang mit seiner Behandlung stehende ärztliche Leistungen, unterliegt sein Honoraranspruch auch dann – unabdingbar – der Gebührenminderung nach § 6a GOÄ, wenn diese Leistungen von ihm in seiner eigenen Praxis und ohne Inanspruchnahme von Einrichtungen, Mitteln und Diensten des Krankenhauses erbracht werden.[1106] Haftungsrechtlich erfüllt der niedergelassene Arzt ausschließlich eigene Handlungspflichten, so dass eine Haftungszurechnung zulasten des Klinikträgers nach § 278 BGB nicht in Betracht kommt.[1107] Dies gilt allerdings nicht für die Fälle, in denen seitens des Krankenhausträgers Ärzte anderer Fachrichtungen zur Erfüllung seiner eigenen Behandlungspflichten hinzugezogen werden (§ 2 Abs. 2 Nr. 2 KHEntgG); hier sind die zugezogenen Ärzte Erfüllungsgehilfen des Krankenhausträgers.[1108]

(2) Gespaltener Arzt-Krankenhaus-Vertrag

731 Nach dem ebenfalls praktizierten Modell des gespaltenen Arzt-Krankenhaus-Vertrages geht der Patient **zwei vertragliche Beziehungen** ein, nämlich zum einen hinsichtlich der ärztlichen Behandlung mit dem liquidationsberechtigten Arzt und zum anderen hinsichtlich der Krankenhausversorgung mit dem Krankenhausträger. Dementsprechend sind auch haftungsrechtlich zwei getrennte Leistungs- und Haftungsbereiche zu unterscheiden. Der häufigste Fall des gespaltenen Arzt-Krankenhaus-Vertrages ist der **Beleg-**

1103 BGH NJW 2005, 2069, 2071.
1104 BGH NJW 2005, 2069, 2071.
1105 Geiß/Greiner Kap. A Rn. 27.
1106 BGH NJW 2002, 948; NJW 1999, 868.
1107 Geiß/Greiner Kap. A Rn. 27.
1108 Geiß/Greiner Kap. A Rn. 28.

arztvertrag.[1109] Für diesen ist die **Haftungstrennung** durch vertragliche Aufspaltung in getrennte Leistungs- und Haftungsbereiche im Pflegesatzrecht vorgegeben (§ 2 Abs. 1 Satz 2 BPflV: »Zu den Krankenhausleistungen gehören nicht die Leistungen der Belegärzte«) und steht nicht zur Disposition der Vertragsparteien.

Der Belegarzt ist nicht am Krankenhaus angestellt, jedoch berechtigt, seine Patienten dort unter Inanspruchnahme der pflegerischen Dienste, medizinischen Einrichtungen und Mittel stationär zu behandeln, ohne dass er für seine Tätigkeit vom Krankenhaus eine Vergütung erhält (§§ 121 Abs. 1 SGB V, 18 Abs. 1 KHEntgG). Im Regelfall setzt der Belegarzt hierbei die in seiner Praxis ambulant begonnene Behandlung bzw. den ambulanten Behandlungsvertrag stationär im Krankenhaus fort.[1110] **Krankenhaus und Belegarzt verbindet ein privatrechtlicher Vertrag,** der als Dauerschuldverhältnis besonderer Art Elemente der Leihe oder Miete sowie der Dienstverschaffung enthält, soweit der Klinikträger dem Belegarzt ärztliche (z.B. Anästhesist) und nichtärztliche Hilfspersonen (z.B. Pflegekräfte, Hebamme) zur Verfügung zu stellen hat.[1111] **732**

Nach der gesetzlichen Definition in § 18 Abs. 1 Satz 2 KHEntgG schuldet der Belegarzt **733**
– seine persönlichen ärztlichen Leistungen,
– den ärztlichen Bereitschaftsdienst für Belegpatienten,
– die von ihm veranlassten Leistungen nachgeordneter Ärzte in seinem Fachgebiet sowie
– die von ihm in Auftrag gegebenen Leistungen von Ärzten und Einrichtungen außerhalb des Krankenhauses.

Im Grundsatz gilt, dass der Belegarzt im Rahmen dieser von ihm selbst dem Patienten geschuldeten Leistungen nicht Gehilfe des Belegkrankenhauses,[1112] sondern für etwaige Fehlleistungen allein verantwortlich ist. Das gilt im Blick auf § 278 BGB auch für die seitens des Belegarztes selbst angestellten Hilfspersonen (einschließlich Urlaubsvertretern[1113] und Gemeinschaftspraxispartnern bzw. Partnern einer Belegärztegemeinschaft[1114]) sowie die nachgeordneten Ärzte des Krankenhauses, soweit diese bei der Behandlung innerhalb derselben Gebietsbezeichnung wie der Belegarzt mitwirken (z.B. Assistenten bei der Operation oder ärztlicher Bereitschaftsdienst).[1115]

1109 Martis/Winkhart Rn. K 181.
1110 BGH NJW 2006, 437, 439; Martis/Winkhart Rn. K 181.
1111 Geiß/Greiner Kap. A Rn. 32,.
1112 BGH NJW 1995, 1611, 1613; NJW 1996, 2429, 2430.
1113 BGH NJW 2005, 2737, 2741.
1114 BGH NJW 2006, 437, 438.
1115 Gehrlein Kap. A Rn. 26; Steffen/Pauge Rn. 76; Martis/Winkhart Rn. K 182.

734 Demgegenüber ist das Krankenhaus für die Unterbringung, Beköstigung sowie pflegerische und ärztliche Betreuung des Patienten außerhalb der Leistungen des Belegarztes verantwortlich.[1116] Dies umfasst auch die Überlassung und Sicherstellung der Funktionsfähigkeit der notwendigen apparativen Anlagen.[1117] In diesem Bereich tätige Mitarbeiter sind (allein) Erfüllungsgehilfen des Krankenhausträgers. **Für Fehler bei der Grund- und Funktionspflege haftet** daher **ausschließlich der Krankenhausträger,** nicht aber der selbstliquidierende Arzt, es sei denn, dass die Pflegefehler auf konkrete Anweisungsversäumnisse oder Fehlinstruktionen des Belegarztes zurückgehen.[1118] Ob die Ausstattung eines Belegkrankenhauses ausreicht, um die nach der Eingangsdiagnose zu erwartende ärztliche Behandlungsaufgabe bewältigen zu können, ist allerdings eine dem Aufgabenkreis des Belegarztes zuzurechnende Entscheidung, für die der Träger des Belegkrankenhauses in der Regel nicht haftet.[1119]

735 Auch für Fehler der **nachgeordneten Krankenhausärzte**, die nicht im Fachgebiet des Belegarztes tätig werden, ist im Regelfall allein das Krankenhaus verantwortlich,[1120] sofern diese nicht durch eigene Fehler des Belegarztes in der Koordination, Kommunikation oder Information gesetzt worden sind.[1121] Zu beachten ist allerdings, dass insbesondere kleinere Krankenhäuser der Grund- und Regelversorgung häufig als **reine Belegkrankenhäuser** geführt werden, in denen die fachärztliche Versorgung ausschließlich oder zumindest überwiegend von Belegärzten wahrgenommen wird. Hier sind die Ärzte anderer Fachgebiete also vielfach ihrerseits belegärztlich tätig und stehen in eigenen vertraglichen Beziehungen zum Patienten.[1122] Sie erfüllen dann ihrerseits ausschließlich eigene Behandlungsaufgaben, so dass eine Haftungszurechnung nach § 278 BGB weder zu Lasten eines anderen Belegarztes noch zu Lasten des Klinikträgers in Betracht kommt.

736 Besonderheiten gelten hinsichtlich der Tätigkeit der Hebammen. Die beim Krankenhaus **angestellte Hebamme** ist Erfüllungsgehilfin des Krankenhauses, solange der Belegarzt die Leitung des Geburtsvorgangs noch nicht übernommen oder eine besondere Weisungskompetenz in Anspruch genommen hat;[1123] hingegen haftet der Belegarzt für Fehler der Hebamme in der Phase, in der er die Geburtsleitung übernommen und damit

---

1116 Büsken/Klüglich VersR 1994, 1141, 1142; Reiling MedR 1995, 443, 453.
1117 Die Entscheidung über die Frage, ob die apparative Ausstattung für die ärztliche Behandlungsaufgabe ausreicht, obliegt allerdings dem Belegarzt (OLG Karlsruhe VersR 2005, 1587).
1118 BGH NJW 1984, 1400, 1402; OLG Düsseldorf VersR 1988, 91.
1119 OLG Karlsruhe NJW-RR 2005, 107.
1120 Bergmann/Herkenhoff/Kienzle/Wever Teil A I.2.3.2. S. 8.
1121 Steffen/Pauge Rn. 77.
1122 Geiß/Greiner Kap. A Rn. 41.
1123 BGH NJW 2000, 2737; Martis/Winkhart Rn. K 192.

Mennemeyer/Hugemann

die Geburt zu seiner Vertragsaufgabe gemacht hat (in der Regel mit der Eingangsuntersuchung).[1124]

Die Hebamme mit eigenem Belegungsrecht (**Beleghebamme**) steht hinge- **737** gen in vertraglichen Beziehungen zur Patientin und haftet daher ähnlich dem Belegarzt zunächst alleine, jedoch wird auch sie kraft der übergeord- neten Kompetenz des Arztes (Belegarzt oder vom Krankenhausträger ange- stellter Arzt) mit der Übernahme der Geburtsleitung zu dessen Gehilfin.[1125] Ab diesem Zeitpunkt kommt eine gesamtschuldnerische Haftung von Be- legarzt und Beleghebamme in Betracht.[1126]

Bisher hat der BGH stets offen gelassen, wie weit die **Organisationspflich-** **738** **ten** des Belegkrankenhauses in den Fällen des gespaltenen Arzt-Kranken- haus-Vertrages in Bezug auf den ärztlichen und nichtärztlichen Dienst im Einzelnen reichen.[1127] Die haftungsrechtliche Problematik liegt daher viel- fach darin, dass eine exakte Aufteilung der einzelnen Leistungsbereiche zwischen Krankenhausträger und liquidationsberechtigtem Arzt nicht immer möglich ist.[1128] Es bedarf deshalb einer wertenden Feststellung der vom jeweiligen Vertragspartner im Verhältnis zum Patienten geschuldeten Behandlungsleistungen im Wege der Bestimmung der objektiven Pflichten- kreise innerhalb des gespaltenen Vertrages.[1129] Dabei gibt es Fälle, in denen ein Fehlverhalten sowohl der Sphäre des Krankenhauses als auch derjenigen des Arztes zuzurechnen ist und in denen daher ein **Gesamtschuldverhält-** **nis** zwischen Belegarzt und Belegkrankenhaus vorliegt.[1130]

▶ **Beispiele:** **739**
  – Von einer gesamtschuldnerischen Haftung von Belegarzt und Klinik sollte hinsichtlich der Versehen und Versäumnisse des dem Belegarzt bei der Operation behilflichen nichtärztlichen Klinikpersonals (z.B. Operationsschwester, Operationspfleger) ausgegangen werden, weil dessen Dienst hier mit der ärztlichen Tätigkeit eine Einheit bildet.[1131]
  – Eine gesamtschuldnerische Verantwortung kommt weiter etwa dort in Betracht, wo Krankenhauspersonal auf eine offensichtlich falsche

---

1124 BGH NJW 2005, 888, 890; NJW 2000, 2737, 2738; NJW 1995, 1611, 1612.
1125 BGH NJW 1995, 1611, 1612; Martis/Winkhart Rn. K 218.
1126 Martis/Winkhart Rn. K 218; Geiß/Greiner Kap. A Rn. 44.
1127 BGH NJW 2004, 1452, 1453; NJW 1996, 2429, 2430 f.; NJW 1995, 1611, 1613.
1128 Büsken/Klüglich VersR 1994, 1141, 1142; Genzel/Degener-Henckein in: Laufs/Kern § 89 Rn. 12.
1129 Geiß/Greiner Kap. A Rn. 33.
1130 Bergmann/Herkenhoff/Kienzle/Wever Teil A I.2.3.2. S. 9.
1131 Wie hier Geiß/Greiner Kap. A Rn. 47; Martis/Winkhart Rn. K 216; Reiling MedR 1995, 443, 454; a.A. Steffen/Pauge (Rn. 78), die für diesen Bereich eine Gehilfenstellung der nichtärztlichen Assistenz und folglich einer alleinigen Haftung des Belegarztes annehmen und Gehrlein (Kap. A Rn. 26), der von einer ausschließlichen Haftung des Klinikträgers ausgeht.

Mennemeyer/Hugemann

Anweisung des Belegarztes nicht nachfragt, obwohl die beabsichtigte Behandlung grob fehlerhaft ist und die damit einhergehenden Gefahren vermeidbar und gravierend sind (Remonstrationspflicht)[1132] oder wenn andersherum der Belegarzt einen deutlichen Fehler des nachgeordneten Krankenhausarztes anderer Fachrichtung nicht erkennt.[1133]

– Aus der Organisationspflicht des Krankenhausträgers folgt eine **Überwachungspflicht** hinsichtlich des Einsatzes des Pflegepersonals durch den Belegarzt. So hat der BGH eine Haftung (auch) des Krankenhauses angenommen, wenn der Belegarzt Aufgaben an das Personal delegiert, die eindeutig dessen pflegerische Kompetenz übersteigen; denn das Belegkrankenhaus muss durch organisatorische Maßnahmen sicherstellen, dass sein Pflegepersonal nicht mit derartigen Aufgaben befasst wird und jedenfalls in geeigneter Weise gegen einen solchen Missstand einschreiten.[1134]

– Auch wiederholte massive Fehlleistungen des Belegarztes in der Vergangenheit können ein Tätigwerden des Krankenhauses erfordern, bei dessen Unterlassen eine gesamtschuldnerische Mithaftung in Betracht kommt.[1135]

– Schließlich haften Belegarzt und Krankenhausträger gesamtschuldnerisch dort, wo sich im Schaden sowohl Fehler des Krankenhauses bzw. der dort angestellten Hilfspersonen als auch eigene Fehler des Belegarztes (insbesondere Überwachungsfehler) niederschlagen.[1136]

740 Liegt ein solches Gesamtschuldverhältnis vor, so sind die Gesamtschuldner im Innenverhältnis zum Schadensausgleich verpflichtet (§ 426 Abs. 1 BGB), wobei sich die Höhe ihrer Anteile nach der Schwere der Verursachung und des Verschuldens richtet.[1137]

741 Den Träger der Belegklinik trifft grundsätzlich keine Verpflichtung, den Patienten auf die besonderen Haftungsverhältnisse im Rahmen von gespaltenen Arzt-Krankenhaus-Verträgen hinzuweisen.[1138] Besonderheiten gelten allerdings, wenn die Klinik auch für die bei ihr angestellten Ärzte (in der Regel liquidationsberechtigte Chefärzte) eine vertragliche Haftung nicht übernehmen will.[1139]

1132 BGH NJW 2005, 888, 891; Franzki/Hansen NJW 1990, 737, 743.
1133 Bergmann/Herkenhoff/Kienzle/Wever Teil A I.2.3.2. S. 9; Franzki/Hansen NJW 1990, 737, 743.
1134 BGH NJW 1996, 2429, 2431 (übliche Handhabung der Übertragung der nächtlichen CTG-Überwachung auf Nachtschwester bei Rufbereitschaft des gynäkologischen Belegarztes).
1135 Martis/Winkhart Rn. K 214.
1136 Geiß/Greiner Kap. A Rn. 45.
1137 Franzki/Hansen NJW 1990, 737, 743.
1138 Gehrlein Kap. A Rn. 30a.
1139 Dazu noch eingehend unten Rdn. 743 ff.

Tabellarisch lässt sich die jeweilige Haftungszurechnung im Rahmen des ge- **742** spaltenen Arzt-Krankenhaus-Vertrages wie folgt zusammenfassen:[1140]

Haftung des Belegarztes für...	Haftung des Klinikträgers für...
– eigene Fehlleistungen – angestellte ärztliche und nicht-ärztliche Hilfspersonen einschließlich Urlaubsvertreter und Gemeinschaftspraxispartner – nachgeordnete Ärzte des Krankenhauses desselben Fachgebietes (Bereitschaftsdienst, Operationsassistenz) – von ihm hinzugezogene niedergelassene Ärzte, sofern letztere nicht in eigene vertragliche Beziehungen zum Patienten treten – Fehler nachgeordneter Ärzte des Klinikträgers eines anderen Fachgebiets, wenn diese durch eigene Fehler in der Koordination, Kommunikation oder Information gesetzt worden sind – Fehler der angestellten Hebamme des Krankenhauses ab Übernahme der Geburtsleitung – Fehler in der Behandlung und Pflege des Patienten, soweit diese auf Anweisungs- oder Organisationsversäumnisse des Belegarztes zurückgehen	– nichtärztliches Personal im Rahmen der Grund- und Funktionspflege – angestellte Ärzte, die nicht im Fachgebiet des Belegarztes tätig werden – angestellte Hebammen bis zur Übernahme der Geburtsleitung durch den Belegarzt – organisatorische Sicherstellung ausreichender Instruktion des Pflegepersonals und der vom Belegarzt benötigten Geräte – Organisations- und Koordinationsfehler einschließlich der Sicherstellung der Funktionsfähigkeit benötigter technischer Geräte

---

1140 In Anlehnung an Martis/Winkhart Rn. K 200 ff. und Franzi/Hansen NJW 1990, 737, 742 f.

Mennemeyer/Hugemann

> **Dagegen gesamtschuldnerische Haftung von Belegarzt und Klinikträger bei ...**
>
> – Fehlern des Belegarztes, die ein Organisations- oder Kontrollversäumnis des Klinikträgers aufdecken (z.b. Duldung der Delegation ärztlicher Aufgaben an das nichtärztliche Klinikpersonal)
> – Fehlern des dem Belegarzt in der Operation assistierenden nichtärztlichen Personals (Operationsschwester, Operationspfleger)
> – Verletzung der Remonstrationspflicht bei offensichtlichen Fehlanweisungen durch den Belegarzt oder Hinnahme gehäufter Fehlleistungen des Belegarztes
> – Verkennen gravierender Fehler fachfremder Krankenhausärzte durch den Belegarzt
> – Hinzutreten eigener Fehler des Belegarztes zum Fehler der Hilfsperson, wenn sich im Schaden beide Fehler niederschlagen (z.B. mangelnde Befolgung belegärztlicher Anweisungen und Überwachungsfehler)

(3) Totaler Krankenhausvertrag mit Arztzusatzvertrag

743　Als drittes Vertragsmodell hat sich der totale Krankenhausvertrag mit Arztzusatzvertrag etabliert. Vor dem Inkrafttreten der (ersten) BPflV 1973 war diese Vertragskonstruktion noch die Ausnahme, während sie heute – zwischenzeitlich unter der Geltung des KHEntgG – bei Inanspruchnahme wahlärztlicher Leistungen außerhalb des Belegarztmodells regelmäßig vereinbart wird,[1141] insbesondere bei der Inanspruchnahme von **Wahlleistungen**[1142] im Sinne von § 17 KHEntgG.[1143] Bei diesem Vertragsmodell schließt der Patient neben dem totalen Krankenhausvertrag zusätzlich eine Vereinbarung über die ärztliche Behandlung mit dem zur Selbstliquidation berechtigten leitenden Krankenhausarzt.[1144] Anders als beim totalen Krankenhausvertrag ist der Arzt infolge dieser Vereinbarung gem. § 613 S. 1 BGB grundsätzlich verpflichtet, seine Leistungen selbst zu erbringen, da der Patient die Wahlleistungen im Vertrauen auf die herausgehobene medizinische Kompetenz des von ihm ausgewählten Arztes vereinbart, die er sich in Sorge um seine Gesundheit gegen Entrichtung eines zusätzlichen Honorars sichern will.[1145]

744　Wie auch beim totalen Krankenhausvertrag ohne Zusatzvertrag ist der Krankenhausträger grundsätzlich sowohl zur Krankenhausversorgung als auch zur umfassenden ärztlichen Behandlung des Patienten verpflichtet und

---

1141 Büsken/Klüglich VersR 1994, 1141, 1142; Geiß/Greiner Kap. A Rn. 49.
1142 BGH VersR 2007, 1228.
1143 Bis zum 31.12.2004 waren die Wahlleistungen in § 22 BPflV geregelt.
1144 BGH VersR 2006, 791.
1145 BGH VersR 2010, 1038, 1039.

Mennemeyer/Hugemann

haftet dementsprechend für ein Fehlverhalten aller ärztlichen und nichtärztlichen Mitarbeiter einschließlich des liquidationsberechtigten Arztes.[1146]
Dabei spielt es rechtlich keine Rolle, ob möglicherweise nur der Chefarzt
persönlich in der Lage ist, die geschuldete Leistung zu erbringen; denn der
Krankenhausträger bedient sich insoweit des Chefarztes zur Erfüllung seiner eigenen vertraglichen Verpflichtung als Erfüllungsgehilfen.[1147] Ohne abweichende Klarstellung durch den Krankenhausträger entspricht es nämlich dem Erwartungshorizont des Patienten, dass die persönliche Betreuung
durch liquidationsberechtigte Chefärzte des Krankenhauses ihm einen zusätzlichen Schuldner für bestimmte ärztliche Leistungen verschafft, ohne
dass der Patient dadurch den Krankenhausträger aus der Haftung für ärztliche Fehlleistungen der Chefärzte entlässt.[1148] Der Patient, so der BGH in
der diesbezüglichen Grundsatzentscheidung vom 18.06.1985,[1149] »ist deswegen bereit, für die ärztliche Betreuung durch die Chefärzte mehr zu zahlen,
weil er auf eine besonders sachkundige und sorgfältige ärztliche Behandlung
durch sie hofft; ohne besonderen Hinweis im Krankenhausaufnahmevertrag, bei dessen Abschluss ihm nur der Krankenhausträger gegenübersteht,
kann er aber nicht erkennen, daß dieser einen Teil der angebotenen Leistungen nicht auch als eigene, sondern nur im Namen der liquidationsberechtigten Ärzte als deren Verpflichtung übernehmen will. Zusätzliche ärztliche
Leistungen will er sich nur hinzukaufen«. Im Bereich der wahlärztlichen
Leistungen tritt daher die vertragliche Haftung des behandelnden Arztes
für positive Verletzungen des Arztzusatzvertrags lediglich hinzu, so dass
eine **gesamtschuldnerische vertragliche Verantwortlichkeit von Krankenhausträger und leitendem Arzt** besteht.[1150]

Der selbstliquidierende Arzt ist in seinem vertraglichen Leistungsbereich **745**
mithin zusätzlicher Haftungsschuldner. Er ist haftungsrechtlich nicht nur
für eigene Fehler, sondern auch für diejenigen der ärztlichen Assistenz seines Fachs nach § 278 BGB verantwortlich. Insoweit erfolgt über § 278 BGB
also eine doppelte Haftungszurechnung zum Krankenhausträger einerseits
und zum selbstliquidierenden Arzt andererseits.[1151]

Im Umkehrschluss ergibt sich daraus, dass es der Krankenhausträger in der **746**
Hand hat, bei entsprechend eindeutiger Formulierung des Krankenhausaufnahmevertrages seine eigene vertragliche Haftung dadurch zu begrenzen,
dass mit dem Patienten Vereinbarungen im Sinne eines gespaltenen Arzt-
Krankenhaus-Vertrages getroffen werden. Gelingt dies, so ist der selbstli-

---

1146 Büsken/Klüglich VersR 1994, 1141, 1142 f.; Geiß/Greiner Kap. A Rn. 52.
1147 Büsken/Klüglich VersR 1994, 1141, 1143.
1148 BGH VersR 2006, 791.
1149 BGH NJW 1985, 2189, 2190.
1150 Bergmann/Herkenhoff/Kienzle/Wever Teil A I.2.3.3. S. 11; Reiling MedR
1995, 443, 450; Geigel/Bacher Kap. 28 Rn. 140.
1151 Geiß/Greiner Kap. A Rn. 53.

Mennemeyer/Hugemann

quidierende Arzt – wie bereits oben dargestellt[1152] – alleiniger vertraglicher Haftungsschuldner des Patienten; er ist dann weder Erfüllungsgehilfe (§ 278 BGB) noch Organ (§§ 31, 89 BGB)[1153] des Krankenhauses und auch für Fehler der von ihm hinzugezogenen Assistenz seines Fachs verantwortlich.[1154] Der BGH hat allerdings wiederholt entscheiden, dass wegen der vorstehend dargelegten Erwartungshaltung des Patienten eine derartige Abweichung im Krankenhausaufnahmevertrag klar zum Ausdruck kommen und sich – sofern keine mündliche Erläuterung erfolgt – innerhalb des durch die Unterschrift des Patienten gedeckten Vertragstextes befinden muss.[1155] Denn dem Patienten muss bei Vertragsschluss hinreichend verdeutlicht werden, dass er sich abweichend vom Regelfall bei Fehlern des Wahlarztes nicht an den Krankenhausträger, sondern lediglich an den liquidationsberechtigten Arzt halten kann. Dazu reicht es im Blick auf § 305c Abs. 1 BGB nicht, wenn der Patient auf eine im Vertrag enthaltene Einschränkung seiner Rechtsstellung lediglich in Formularbedingungen hingewiesen wird, die oft nur flüchtig oder gar nicht zur Kenntnis genommen werden. »Zwar kann eine derartige Abrede prinzipiell auch in vorformulierten Vertragsklauseln oder in AGB wirksam vereinbart werden. Auf derartige Formularbedingungen kann sich der Krankenhausträger jedoch nur dann berufen, wenn sie dem Patienten in einer Weise zur Kenntnis gebracht worden sind, die es ihm ermöglicht, seine Aufmerksamkeit gezielt auf diesen Punkt zu richten«.[1156]

747   Nach § 17 Abs. 3 Satz 1 KHEntgG erstrecken sich Vereinbarungen über wahlärztliche Leistungen auf alle an der Behandlung des Patienten beteiligten angestellten oder beamteten Ärzte des Krankenhauses, soweit diese zur gesonderten Berechnung ihrer Leistungen im Rahmen der vollstationären und teilstationären sowie einer vor- und nachstationären Behandlung (§ 115a SGB V) berechtigt sind, einschließlich der von diesen Ärzten veranlassten Leistungen von Ärzten und ärztlich geleiteten Einrichtungen außerhalb des Krankenhauses. Die **Wirksamkeit der Wahlleistungsvereinbarung** setzt die **Einhaltung der Schriftform** und die **Unterrichtung** über
– die Entgelte der Wahlleistungen und deren Inhalt im Einzelnen (§ 17 Abs. 2 KHEntgG) sowie
– die Erstreckung der Vereinbarung auf alle an der Behandlung des Patienten beteiligten liquidationsberechtigten Ärzte (§ 17 Abs. 3 Satz 1 KHEntgG)
voraus. Hierzu ist allerdings nicht erforderlich, dass dem Patienten vor Abschluss der Vereinbarung, wie bei einem Kostenvoranschlag nach § 650 BGB, detailliert und auf den Einzelfall abgestellt die Höhe der voraussicht-

---

1152 Siehe Rdn. 731.
1153 Zur Organhaftung des selbstliquidierenden Chefarztes noch unten Rdn. 809 ff.
1154 Geiß/Greiner Kap. A Rn. 51.
1155 BGH NJW 1985 2189; NJW 1993, 779, 780.
1156 BGH NJW 1993, 779, 780.

lich entstehenden Arztkosten mitgeteilt wird.[1157] Erforderlich aber auch ausreichend ist nach der aktuellen Rechtsprechung des BGH[1158]

- »eine kurze Charakterisierung des Inhalts wahlärztlicher Leistungen, wobei zum Ausdruck kommt, dass hierdurch ohne Rücksicht auf Art und Schwere der Erkrankung die persönliche Behandlung durch die liquidationsberechtigten Ärzte sichergestellt werden soll, verbunden mit dem Hinweis darauf, dass der Patient auch ohne Abschluss einer Wahlleistungsvereinbarung die medizinisch notwendige Versorgung durch hinreichend qualifizierte Ärzte erhält;
- eine kurze Erläuterung der Preisermittlung für ärztliche Leistungen nach der Gebührenordnung für Ärzte bzw. für Zahnärzte (Leistungsbeschreibung anhand der Nummern des Gebührenverzeichnisses; Bedeutung von Punktzahl und Punktwert; Möglichkeit, den Gebührensatz je nach Schwierigkeit und Zeitaufwand zu erhöhen); Hinweis auf Gebührenminderung nach § 6a der Gebührenordnung für Ärzte (GOÄ);
- ein Hinweis darauf, dass die Vereinbarung wahlärztlicher Leistungen eine erhebliche finanzielle Mehrbelastung zur Folge haben kann;
- ein Hinweis darauf, dass sich bei der Inanspruchnahme wahlärztlicher Leistungen die Vereinbarung zwingend auf alle an der Behandlung des Patienten beteiligten liquidationsberechtigten Ärzte erstreckt (vgl. § 22 Abs. 3 Satz 1 BPflV[1159]);
- und ein Hinweis darauf, dass die Gebührenordnung für Ärzte/Gebührenordnung für Zahnärzte auf Wunsch eingesehen werden kann; die ungefragte Vorlage dieser Gesetzestexte erscheint demgegenüber entbehrlich, da diesen für sich genommen kein besonderer Informationswert zukommt. Der durchschnittliche Wahlleistungspatient ist auch nicht annähernd in der Lage, sich selbst anhand des Studiums dieser umfänglichen komplizierten Regelungswerke einen Überblick über die Höhe der auf ihn zukommenden Arztkosten zu verschaffen.«

Einen solchen Umfang an Informationen über die Abrechnungsfrage wird der Krankenhausträger in der Praxis nur unter Verwendung von entsprechend klar formulierten Vorlagen, verbunden mit dem Hinweis auf die Möglichkeit der Nachfrage bei Unklarheiten erfüllen können.[1160] Dies ist schon deshalb sinnvoll, weil man bezweifeln darf, dass der privatversicherte Patient wirklich daran interessiert ist, zu erfahren, welche zusätzlichen Kosten durch die Wahlleistungsvereinbarung entstehen, werden diese doch regelmäßig von seiner privaten Versicherung bzw. der Beihilfe abgedeckt.[1161]

1157 BGH NJW 2004, 686 unter eingehender Darstellung der hierzu bestehenden divergierenden Rechtsprechung und Literaturmeinungen.
1158 BGH VersR 2007, 950 sowie wortgleich bereits NJW 2004, 684, 686; NJW 2004, 686, 687 und VersR 2005, 120.
1159 Jetzt § 17 Abs. 3 Satz 1 KHEntgG.
1160 Deutsch/Spickhoff Rn. 88.
1161 Deutsch/Spickhoff Rn. 87.

Mennemeyer/Hugemann

748 Die **Schriftform dient vor allem dem Schutz des Patienten,** der vor übereilten Entscheidungen und den für ihn regelmäßig nicht überschaubaren Kostenrisiken der Wahlleistungsvereinbarung geschützt werden soll.[1162] Sie erfordert, dass alle die Wahlleistungen betreffenden Erklärungen und Vereinbarungen in derselben Urkunde niedergelegt sind (§ 126 Abs. 1 BGB) und dass diese von beiden Parteien unterzeichnet wird (§ 126 Abs. 2 BGB).[1163] Unzureichend ist daher ein schriftlicher Antrag des Patienten auf Gewährung von Wahlleistungen, der nach den AGB des Krankenhauses als angenommen gelten soll, wenn die beantragte Leistung tatsächlich gewährt wird[1164] oder auch durch gesonderte Erklärung des Krankenhauses angenommen wird.[1165] **Wird die Schriftform nicht eingehalten, so erfasst die** daraus gem. § 125 Satz 1 BGB folgende **Nichtigkeit der Wahlleistungsvereinbarung gem.** § 139 BGB **auch den** – grundsätzlich auch mündlich gültigen – **Arztzusatzvertrag;**[1166] aus dem totalen Krankenhausvertrag mit Arztzusatzvertrag wird dann also ein »normaler« totaler Krankenhausvertrag.[1167]

749 **Bei Nichtigkeit der Wahlleistungsvereinbarung** wegen Verstoßes gegen die Unterrichtungspflichten aus § 17 Abs. 2 und 3 KHEntgG **können infolgedessen zuviel gezahlte Beträge regelmäßig nach Bereicherungsrecht zurückgefordert werden.**[1168] Der BGH hat allerdings entschieden, dass trotz Nichtigkeit der Wahlleistungsvereinbarung gegenüber einem bereicherungsrechtlichen Honorarrückzahlungsanspruch **ausnahmsweise** der **Einwand unzulässiger Rechtsausübung** (§ 242 BGB) greifen kann, wenn die Wahlleistungen über einen längeren Zeitraum abgerufen, beanstandungsfrei erbracht und honoriert wurden.[1169] Im entschiedenen Fall ließ der Umstand, dass der BGH die Grundsätze über die Anforderungen einer ausreichenden Unterrichtung erst geraume Zeit nach den in Rede stehenden Vorgängen präzisiert hat, den Verstoß gegen die Unterrichtungspflicht in einem milderen Licht erscheinen. Mit zunehmendem zeitlichem Abstand zur ersten Entscheidung des BGH zu diesen Anforderungen vom 27.11.2003[1170] dürften daher die Anforderungen an die – grundsätzlich der einzelfallbezogenen tatrichterlichen Würdigung überlassenen[1171] – Annahme einer unzulässigen Rechtsausübung steigen.

1162 Patt in: Uleer/Miebach/Patt § 17 KHEntgG Rn. 21.
1163 Gehrlein Kap. A Rn. 31.
1164 BGH NJW 1996, 1778.
1165 Patt in: Uleer/Miebach/Patt § 17 KHEntgG Rn. 22.
1166 BGH NJW 1998, 1778, 1780.
1167 Geiß/Greiner Kap. A Rn. 54.
1168 BGH NJW 2002, 3772.
1169 BGH VersR 2007, 950, 951.
1170 BGH NJW 2004, 684.
1171 BGH VersR 2007, 950, 951.

bb) Haftungszurechnung bei Vertragshaftung

Zusammenfassend ergeben sich damit folgende vertragliche Haftungszurechnungen für die verschiedenen Vertragsmodelle: **750**

Haftung	Krankenhaus	selbstliquidierender Arzt
totaler Krankenhausvertrag	– für sämtliche ärztlichen und nicht ärztlichen Fehlleistungen – für Versagen technischer Geräte	– entfällt
gespaltener Arzt-Krankenhaus-Vertrag	– für Ärzte, die nicht dem Fachgebiet des selbstliquidierenden Arztes angehören – für nichtärztliches Personal – für Versagen technischer Geräte – für Organisationsmängel	– für eigene Fehlleistungen – für nachgeordnete Ärzte/Assistenz des gleichen Fachgebiets – für Ärzte anderer Fachrichtungen Pflegefehler, wenn diese auf unzureichender Information oder Instruktion durch den selbstliquidierenden Arzt zurückzuführen sind
totaler Krankenhausvertrag mit Arztzusatzvertrag	– für sämtliche ärztlichen und nichtärztlichen Fehlleistungen, einschließlich derjenigen des selbstliquidierenden Arztes – für Versagen technischer Geräte	– für eigene Fehlleistungen – für nachgeordnete Ärzte/Assistenz des eigenen Fachgebietes

b) Vertragsverhältnis bei ambulanter Krankenhausbehandlung

Im Grenzbereich zwischen ambulanter und stationärer Krankenversorgung **751** finden sich die Fälle der Krankenbetreuung in den Krankenhausambulanzen. Wer bei einer solchen Behandlung Vertragspartner des Patienten wird, hängt vom jeweiligen Einzelfall ab.

aa) Gesetzlich versicherte Patienten

Die ambulante Versorgung gesetzlich versicherter Patienten wird grund **752** sätzlich durch die niedergelassenen und zur vertragsärztlichen Versorgung

Mennemeyer/Hugemann

zugelassenen Ärzte sichergestellt und ist daher primär nicht Aufgabe der Krankenhäuser.[1172] Gemäß § 116 SGB V können jedoch auch Krankenhausärzte mit abgeschlossener Weiterbildung mit Zustimmung des Krankenhausträgers vom Zulassungsausschuss (§ 96 SGB V) zur Teilnahme an der vertragsärztlichen Versorgung der Versicherten »ermächtigt« (§ 95 SGB V) werden. Da es sich dabei in der Regel um Chefärzte handelt, hat sich insoweit der Begriff der **»Chefarztambulanz«** eingebürgert.[1173] Die Behandlung in der Chefarztambulanz fällt grundsätzlich nicht in den Aufgabenbereich des Krankenhausträgers. Wird die Ambulanz von einem zur Teilnahme an der vertragsärztlichen Versorgung »ermächtigten« Krankenhausarzt geleitet, tritt der gesetzlich versicherte Patient in vertragliche Beziehungen vielmehr allein zu diesem Arzt, nicht jedoch zum Träger des Krankenhauses.[1174] Auch die Tätigkeiten des nichtärztlichen Dienstes gehören in der Chefarztambulanz allein zur Vertragsaufgabe des Chefarztes.[1175]

753 Etwas anderes ergibt sich auch nicht aus etwaigen vertraglichen Vereinbarungen zwischen Krankenhausträger und Chefarzt, da diese ausschließlich die internen Beziehungen regeln. An der alleinigen vertraglichen Haftung des Chefarztes ändert sich daher auch dann nichts, wenn die Überweisung des Hausarztes auf das Krankenhaus lautet und/oder die Behandlung in der Krankenhausambulanz unzulässigerweise von einem nachgeordneten Krankenhausarzt durchgeführt wird. Der Umstand, dass der Krankenhausträger eine unzulässige Praxis der Behandlung von überwiesenen Kassenpatienten durch nachgeordnete Ärzte des Krankenhauses organisatorisch ermöglicht und duldet, führt nicht zu seiner vertraglichen Mithaftung aus dem Behandlungsvertrag zwischen dem beteiligten Chefarzt und dem in seine Ambulanz überwiesenen Kassenpatienten.[1176] Ebenso wenig übernimmt der nachgeordnete Arzt hiermit eigene vertragliche Verpflichtungen gegenüber dem Patienten.[1177] Ein solches Vorgehen schafft schließlich auch keinen schützenswerten Vertrauenstatbestand zugunsten des Patienten; denn dass dieser im Falle eines Fehlschlags der Behandlung neben dem behandelnden Arzt einen zusätzlichen Haftungsschuldner im Krankenhausträger haben könnte, wird ihm nicht derart nahegelegt, dass er darauf vertrauen könnte.[1178]

bb) Privat Versicherte

754 Für Privatpatienten fehlt eine vergleichbare gesetzliche Regelung der Zuständigkeit für die ambulante ärztliche Versorgung, in die die Behandlungs-

---

1172 BGH NJW 1987, 2289.
1173 Vgl. schon BGH VersR 1993, 357.
1174 Geiß/Greiner Kap. A Rn. 18.
1175 Steffen/Pauge Rn. 44.
1176 BGH NJW 2006, 767 m.w.N.; NJW 1987, 2289, 2290.
1177 BGH NJW 1987, 2289, 2290.
1178 BGH NJW 1987, 2289, 2291.

beziehungen eingebettet wären. Die ambulante Versorgung von Selbstzahlern bedarf keiner besonderen Zulassung. Da insofern keine Verpflichtung zur Leistungserbringung besteht, kann der Krankenhausträger das Angebot jederzeit inhaltlich und dem Umfang nach beschränken oder auch vollständig einstellen.[1179] »Deshalb können der Privatpatient und seine in Betracht kommenden Vertragspartner, nämlich der Chefarzt und der Krankenhausträger, im Rahmen der Vertragsfreiheit in weit stärkerem Maße die rechtliche Gestaltung der Behandlungsinhalte und -zuständigkeiten durch konkrete Abmachungen regeln als im Kassenarztrecht. Fehlen (…) ausdrückliche Vereinbarungen, liegt es indessen nahe, die für den Kassenpatienten vorgeprägte Zuständigkeitsregelung auch als von den Parteien erklärten und gewollten Inhalt der Vereinbarungen zwischen Privatpatient und Chefarzt über die Behandlung in der Chefarztambulanz anzusehen«.[1180] Denn es spricht alles dafür, dass der Privatpatient rechtlich jedenfalls nicht schlechter gestellt sein will als der gesetzlich Versicherte, was jedoch der Fall wäre, wenn der die Ambulanz betreibende Chefarzt, der aufgrund der vertragsärztlichen »Ermächtigung« zur persönlichen Behandlung des gesetzlich Versicherten verpflichtet ist, nicht auch ihn als Privatpatient persönlich zu behandeln hätte.[1181] Auch der privatversicherte Patient tritt daher in der Chefarztambulanz grundsätzlich ausschließlich in vertragliche Beziehungen zu dem Chefarzt, der die Ambulanz betreibt und aufgrund der Abmachung mit dem Krankenhausträger liquidationsberechtigt ist.[1182] Wie beim gesetzlich Versicherten kommt es auch hier nach der Rechtsprechung des BGH nicht darauf an, ob der Chefarzt diesen selbst behandelt oder die Versorgung einem nachgeordneten Krankenhausarzt überlässt.[1183]

cc) Sonderfälle

755

Von der Chefarztambulanz zu unterscheiden sind die die Fälle, in denen das Krankenhaus selbst als Institution die ambulante Krankenbehandlung übernimmt, wenn es um einen **Notfall**, eine **vor- oder nachstationäre Behandlung** (§ 115a SGB V) oder **ambulante Operationen** auf der Grundlage des Katalogs in § 115b SGB V geht sowie sonstige Fälle der **Institutsambulanz** (§ 117 SGB V = Hochschulambulanz; § 117 SGB V = psychiatrische Institutsambulanz; § 119 SGB V = Sozialpädiatrische Zentren). Außerdem kommen Fälle der gesetzlich zugelassenen ambulanten Behandlung durch Krankenhäuser bei **Unterversorgung** (§ 116a SGB V), bei **Teilnahme an strukturierten Behandlungsprogrammen** i.S.v. § 137g SGB V (§ 116b Abs. 1 SGB V) sowie bei **hochspezialisierten Leistungen, seltenen Er-**

1179 Kuhlmann in: Festschrift zum 10jährigen Bestehen der ArGE Medizinrecht, 545.
1180 BGH NJW 1989, 769, 770.
1181 BGH NJW 1989, 769, 770.
1182 BGH NJW-RR 2006, 811.
1183 BGH NJW-RR 2006, 811.

krankungen und Erkrankungen mit besonderen Krankheitsverläufen (§ 116b Abs. 2 bis 4 SGB V) in Betracht. Weiterer Sonderfall der ambulanten Krankenhausbehandlung ist die **Integrierte Versorgung** (§ 140a SGB V). In allen diesen Fällen tritt der Patient regelmäßig nur in vertragliche Beziehungen zum Krankenhausträger.[1184] Etwaiges Verschulden der in der Ambulanz tätigen ärztlichen und nichtärztlichen Mitarbeiter muss sich der Krankenhausträger zurechnen lassen (§§ 278, 31, 831 BGB).[1185] Sie selbst haften für schuldhafte Pflichtverletzungen ausschließlich deliktisch.[1186]

(1) Notfälle

756 Die ambulante Notfallversorgung gesetzlich versicherter Patienten erfolgt einerseits durch den von den Kassenärztlichen Vereinigungen gemäß § 75 Abs. 1 SGB V eingerichteten Bereitschaftsdienst der Vertragsärzte, andererseits aber auch durch die (Notfall-)Ambulanzen der Kliniken. Erfolgt die Notfallbehandlung im Krankenhaus, bedarf es in jedem Einzelfall genauer Prüfung, wie das Krankenhaus diese organisiert hat und ob ein Chefarzt oder ein anderer Arzt im Rahmen der vertragsärztlichen Versorgung »ermächtigt« ist. Das Krankenhaus kann als Institution die Notfallbehandlung nämlich nur dann selbst übernehmen, wenn dafür weder ein niedergelassener Vertragsarzt noch ein »ermächtigter« Krankenhausarzt zur Verfügung steht.[1187] Für den gesetzlich versicherten Patienten folgt dies aus § 76 Abs. 1 S. 2 SGB V, wonach Ärzte, die weder zur vertragsärztlichen Versorgung zugelassen noch »ermächtigt« sind, nur in Notfällen in Anspruch genommen werden dürfen.

757 Ein Notfall im Sinne von § 76 Abs. 1 S. 2 SGB V Sinne ist gegeben, wenn aus medizinischen Gründen eine umgehende Behandlung des Patienten notwendig ist und ein Vertragsarzt nicht in der gebotenen Eile herbeigerufen oder aufgesucht werden kann.[1188] Ist diese Voraussetzung erfüllt, kommt der Behandlungsvertrag ausschließlich mit dem Krankenhausträger zustande. Soweit andere als Vertragsärzte in Notfällen gesetzlich Versicherte behandeln, werden sie im Bereich der kassenärztlichen Versorgung tätig. Nach der ständigen Rechtsprechung des BSG[1189] folgt aus dieser gesetzlichen Zuordnung der von Nichtvertragsärzten und Krankenhäusern erbrachten Notfallleistungen zur vertragsärztlichen Versorgung, dass sich auch deren Honorierung nach den Grundsätzen richtet, die für die Leistungen der Ver-

---

1184 Geiß/Greiner Kap. A Rn. 20.
1185 Geiß/Greiner Kap. A Rn. 20 m.w.N.
1186 Bergmann/Herkenhoff/Kienzle/Wever Teil A I.2.4.2. S. 17.
1187 BGH NJW 2006, 767 m.w.N.; soweit dort von einem »berechtigten« Chefarzt die Rede ist, wird auf die Rechtslage vor Inkrafttreten des Gesundheitsstrukturgesetzes und somit auf die entsprechende Diktion in § 368a RVO abgehoben.
1188 Lang in: Becker/Kingreen, § 76 Rn. 18.
1189 Vgl. nur BSG MedR 2009, 755 = juris, Rn. 18 m.w.N.

Mennemeyer/Hugemann

tragsärzte und der zur Teilnahme an der vertragsärztlichen Versorgung ermächtigten Personen und Institutionen gelten.

Ist der Notfallpatient privat versichert, gelten die obigen Ausführungen[1190] entsprechend. Es kommt also darauf an, ob in der Krankenhausambulanz ein kraft Vereinbarung mit dem Krankenhausträger liquidationsberechtigter Arzt tätig ist. In diesem Fall kommt der Behandlungsvertrag regelmäßig allein mit dem liquidationsberechtigten Arzt (in der Regel Chefarzt) zustande. Anderenfalls wird der Krankenhausträger Vertragspartner des Patienten. Maßgeblich ist aber in jedem Fall die konkrete Abmachung, für die die Handhabung der Liquidation ein wichtiges Indiz geben kann.[1191]

758

(2) Vor- und nachstationäre Behandlung

Die systematische Einordnung der Behandlung nach § 115a SGB V ist umstritten. Sie wird einerseits als Teil der stationären Behandlung nach § 39 Abs. 1 Satz 1 SGB V eingestuft, andererseits wird in ihr eine Krankenhausbehandlung eigener Art gesehen, die keine stationäre Aufnahme des Patienten erfordert.[1192] Die Unterscheidung spielt aber keine Rolle, weil sie weder Auswirkungen auf die Voraussetzungen noch auf die Vergütung der in § 115a SGB V geregelten Behandlung hat. Ist bereits eine Krankenhausbehandlung verordnet, so erlaubt die Regelung dem Krankenhaus, gesetzlich Versicherte in geeigneten Fällen ohne Unterkunft und Verpflegung zu behandeln, um die Notwendigkeit einer vollstationären Behandlung zu klären oder die vollstationäre Behandlung vorzubereiten (sog. vorstationäre Behandlung), bzw. um im Anschluss an eine vollstationäre Krankenhausbehandlung den Behandlungserfolg zu sichern oder zu festigen (sog. nachstationäre Behandlung).[1193] Aber auch eine Teilverpflegung kann nach den Erfordernissen des Einzelfalls gewährt werden.[1194] Die Regelung dient der Ausschöpfung der mit ihr verbundenen Kostenvorteile.[1195] **Der Behandlungsvertrag kommt auch hier ausschließlich mit dem Krankenhausträger zustande.**[1196]

759

(3) Ambulante Operationen

Ebenfalls mit dem vorrangigen Ziel der Kostenersparnis[1197] hat das frühere Recht durch das Inkrafttreten des Gesundheitsstrukturgesetzes[1198] zum 01.01.1993 eine Modifikation dahingehend erfahren, dass die Durchführung bestimmter ambulanter Operationen nunmehr dem Krankenhaus zugewie-

760

1190 Rdn. 754.
1191 Steffen/Pauge Rn. 44.
1192 Vgl. zum Streit Becker in: Becker/Kingreen § 115a Rn. 4.
1193 BT-Drucks. 12/3608, S. 102.
1194 BT-Drucks. 12/3608, S. 102.
1195 BT-Drucks. 12/3608, S. 102.
1196 Geiß/Greiner Kap. A Rn. 20; Martis/Winkhart Rn. A 92.
1197 BT-Drucks. 12/3608, S. 103.
1198 BGBl. I 1992, 2266.

sen ist, soweit der medizinische Fortschritt dies gestattet. Der Gesetzgeber hat den Spitzenverbänden der Krankenkassen, der Deutschen Krankenhausgesellschaft und den Kassenärztlichen Bundesvereinigungen (KBV und KZBV) die Aufgabe übertragen, einen Katalog der ambulant durchführbaren Operationen aufzustellen (§ 115b Abs. 1 SGB V).[1199] Für die Zulassung des Krankenhauses zur Durchführung dieser Operationen bedarf es nach § 115b Abs. 2 S. 2 SGB V lediglich einer Mitteilung an die Landesverbände der Krankenkassen und die Ersatzkassen, die Kassenärztliche Vereinigung und den Zulassungsausschuss; die Kassenärztliche Vereinigung unterrichtet sodann die Landeskrankenhausgesellschaft über den Versorgungsgrad in der vertragsärztlichen Versorgung. Hat eine Klinik diese Erklärung nicht abgegeben, ist sie zur Vornahme ambulanter Operationen demnach nicht berechtigt. Werden gleichwohl durch angestellte Ärzte oder Chefärzte, die keine Ermächtigung zur vertragsärztlichen Versorgung besitzen, ambulante Operation durchgeführt, so haftet der Klinikträger wegen eines **Organisationsverschuldens,**[1200] weil auf Grund des gesetzlichen Leitbildes der Anschein erweckt wird, dass zumindest der Krankenhausträger als von Gesetzes wegen grundsätzlich zur ambulanten Operation zugelassener Leistungsträger sozialrechtlich befugt ist.[1201]

761   Für den Bereich der ambulanten Operationen ist höchstrichterlich geklärt, dass diese der stationären Krankenhausbehandlung i.S.v. § 39 SGB V zuzuordnen sind.[1202] **Vertragspartner des Patienten ist wie beim totalen Krankenhausaufnahmevertrag allein der Krankenhausträger.** Dementsprechend haben Ärzte und Krankenhausträger bei einer ambulanten Operation die gleichen Pflichten, wie auch im Rahmen der stationären Behandlung; dies gilt für die Aufklärungspflicht, die Behandlungspflicht und auch die Dokumentationspflicht, wobei sich spezielle haftungsrechtliche Probleme im prä- und postoperativen Bereich dadurch ergeben können, dass der Patient regelmäßig erst kurz vor der Operation im Krankenhaus erscheint.[1203] Häufig stellt sich daher die Frage nach der Rechtzeitigkeit der Aufklärung und der ausreichenden Überwachung des Patienten vor wie nach der Operation (z.B. Nichtaufnahme von Nahrung und Flüssigkeit vor der Operation, ausreichend lange Aufwachphase nach der Operation sowie Verhinderung der vorzeitigen Teilnahme am Straßenverkehr bei Verabreichung von Sedativa).[1204]

1199   Der jeweils aktuelle Katalog kann auf der Website der Kassenärztlichen Bundesvereinigung (http://www.kbv.de/rechtsquellen/128.html) sowie auf der Website der Deutschen Krankenhausgesellschaft e.V. (http://www.dkgev.de) unter dem Menüpunkt »Geschäftsbereiche« ⇨ »Medizin« ⇨ »Ambulantes Operieren« abgerufen werden.
1200   Eingehend zur Organisationshaftung noch unten Rdn. 1851 ff.
1201   *BGH NJW* 2006, 767, 768.
1202   *BGH NJW* 2006, 767, 768.
1203   Bergmann/Herkenhoff/Kienzle/Wever Teil A I.2.4.2. S. 17.
1204   Bergmann/Herkenhoff/Kienzle/Wever Teil A I.2.4.2. S. 17.

Anders als bei der ambulanten Operation durch nach § 116 SGB V er-   **762**
mächtigte Krankenhausärzte handelt es sich nicht um einen Teil der vertragsärztlichen Versorgung, so dass es auch einer Überweisung durch einen
Vertragsarzt nicht bedarf; der Versicherte darf das Krankenhaus vielmehr
unmittelbar aufsuchen.[1205] Für die Zulassung leitender Krankenhausärzte zur ambulanten Operation nach § 116 SGB V ist nur Raum, wenn der
Klinikträger das operative Leistungsspektrum nicht selbst übernommen
hat; denn der Durchführung ambulanter Operationen im Krankenhaus als
Krankenhausleistungen ist ein Vorrang gegenüber der vertragsärztlichen
Leistung durch nach § 116 SGB V ermächtigte Krankenhausärzte einzuräumen.[1206] Dies folgt daraus, dass § 115b Abs. 2 S. 1 SGB V dem Krankenhaus
unmittelbar kraft Gesetzes einen Zulassungsanspruch einräumt, den das
Krankenhaus allein dadurch realisieren kann, dass es die Mitteilung nach
§ 115b Abs. 2 S. 2 SGB V über die durchzuführenden ambulanten Operationen an die dort genannten Körperschaften und Gremien sendet; soweit
es davon Gebrauch macht, entfällt der Bedarf für die Ermächtigung eines
Arztes.[1207]

(4) Institutsambulanzen

Fälle, in denen das Krankenhaus ausnahmsweise als Institution die ambu-   **763**
lante Behandlung übernimmt, lösen ebenfalls eine vertragliche Haftung des
Krankenhausträgers aus. In diesem Bereich erfolgt die Versorgung durch
die Krankenhäuser zur Schließung von anderweitig nicht zu deckenden
Versorgungslücken sowie zur Komplettierung der grundsätzlich den niedergelassenen Vertragsärzten vorbehaltenen ambulanten Versorgung.[1208] Zu
nennen sind hier insbesondere die Leistungen der der poliklinischen Institutsambulanzen der Hochschulen (§ 117 SGB V), der psychiatrischen Institutsambulanz (§ 118 SGB V) und die Sozialpädiatrischen Zentren (§ 119
SGB V). Aber auch die ambulante Erbringung der in § 24b SGB V aufgeführten Maßnahmen bei Schwangerschaftsabbruch und Sterilisation kann
eine vertragliche Haftung des Krankenhausträgers begründen, wenn bei der
Beratung oder Behandlung Fehler unterlaufen.[1209]

(5) Unterversorgung

Stellt der Zulassungsausschuss eine fachärztliche Unterversorgung im ver-   **764**
tragsärztlichen Planungsbereich fest, so kommt eine ambulante Versorgung
durch Krankenhäuser nach § 116a SGB V in Betracht. Die Regelung dient
der Behebung von Versorgungslücken im ambulanten Bereich, wie sie spe-

---

1205 BGH NJW 2006, 767, 768.
1206 BGH NJW 2006, 767, 768;.
1207 BSG MedR 2000, 242 = juris, Rn. 24.
1208 Kuhlmann in: Festschrift zum 10jährigen Bestehen der ArGE Medizinrecht,
      545, 549.
1209 Hoffmann MedR 1995, 443, 454.

ziell in den neuen Bundesländern zunehmend zu beobachten sind, weil sich dort in strukturschwachen ländlichen Gebieten und kleinen Gemeinden infolge der Ausdünnung der Bevölkerung die mit dem Betrieb einer eigenen Praxis verbundenen Investitionen und Risiken für viele Ärzte nicht mehr lohnen.[1210] Die Ermächtigung nach § 116a SGB V betrifft eine Institutsermächtigung.[1211] Zur **Rangfolge** der verschiedenen Formen der Teilnahme an der vertragsärztlichen Versorgung hat das BSG klargestellt, dass die ambulante vertragsärztliche Versorgung **in erster Linie durch niedergelassene Vertragsärzte** zu gewährleisten ist.[1212] Verbleibende Versorgungslücken, die die Heranziehung weiterer Ärzte erfordern, sind auf der Grundlage des § 116 SGB V **sodann** vorrangig durch die **Ermächtigung von Krankenhausärzten** zu schließen; **erst danach** können ärztlich geleitete Einrichtungen im Wege der **Institutsermächtigungen** an der vertragsärztlichen Versorgung beteiligt werden.[1213] Wird die ambulante Versorgung nach § 116a SGB V durch das Krankenhaus erbracht, führt dies zu Vertragsbeziehungen mit dem Krankenhausträger.

Rangfolge der verschiedenen Formen der Teilnahme an der vertragsärztlichen Versorgung

Rangfolge:

niedergelassene Vertragsärzte,
§ 95 SGB V

vor

Ermächtigte Krankenhaus-Ärzte,
§ 116 SGB V

vor

Institutsermächtigungen,
§ 116a SGB V

1210 Kuhlmann in: Festschrift zum 10jährigen Bestehen der ArGE Medizinrecht, 545, 550.
1211 Kuhlmann in: Festschrift zum 10jährigen Bestehen der ArGE Medizinrecht, 545, 551.
1212 BSG MedR 2000, 492 m.w.N.
1213 BSG MedR 2000, 492; ebenso Becker in: Becker/Kingreen, § 116a Rn. 3 m.w.N.; a.A. Kuhlmann in: Festschrift zum 10jährigen Bestehen der ArGE Medizinrecht, 545, 551, nach dessen Ansicht nach dem Prinzip »wer zuerst kommt, mahlt zuerst« zu verfahren ist.

Mennemeyer/Hugemann

(6) Teilnahme an strukturierten Behandlungsprogrammen

§ 116b Abs. 1 SGB V ermöglicht zugelassenen Krankenhäusern mit einzelnen oder mehreren Krankenkassen, den Landesverbänden der Krankenkassen oder den Verbänden der Ersatzkassen Verträge über die Erbringung
von ambulanten Versorgungsleistungen im Rahmen strukturierter Behand-
lungsprogramme (sog. Disease-Management-Programme oder kurz DMP)
zu schließen, wenn das Krankenhaus an einem entsprechenden DMP bereits
im Rahmen seines stationären Leistungsspektrums teilnimmt. Zweck der
Vorschrift ist es, eine Versorgung »aus einer Hand« zu ermöglichen.[1214] Die
Berechtigung zur Teilnahme an ambulanten DMP erhält das Krankenhaus
durch den Abschluss eines Versorgungsvertrages mit den genannten Kostenträgern, denen folglich auch die Vergütung der ambulanten Leistungen
obliegt, wobei Art und Höhe der Vergütung zwischen den Vertragspartnern
frei verhandelbar sind.[1215] Auf den Abschluss eines solchen Vertrages besteht
kein Rechtsanspruch, wodurch der grundsätzliche Vorrang der Vertragsärzte gewahrt bleibt.[1216] Auch hier kommt der Behandlungsvertrag zwischen
dem Patienten und dem Krankenhausträger zustande.

765

(7) Hochspezialisierte Leistungen, seltene Erkrankungen und Erkrankungen mit besonderen Erkrankungsverläufen

Bis zum 31.03.2007 bestand auch für die Katalogleistungen des § 116b
Abs. 3 und 4 SGB V ein vergleichbares Vertragsmodell, das jedoch von den
Krankenkassen kaum genutzt wurde[1217] und daher durch die Reform der
Regelung mit Wirkung zum 01.04.2007 durch ein Zulassungsmodell ersetzt
wurde. Nunmehr »ist ein Kranken- haus zur ambulanten Behandlung der
in dem Katalog genannten hochspezialisierten Leistungen, seltenen Erkrankungen und Erkrankungen mit besonderen Krankheitsverläufen berechtigt, wenn und soweit es im Rahmen der Krankenhausplanung des Landes auf Antrag des Krankenhausträgers als geeignet dazu bestimmt worden
ist«.[1218] Nach § 116b Abs. 2 S. 2 SGB V darf die Bestimmung nicht erfolgen, wenn und soweit das Krankenhaus nicht geeignet ist. Diese Formulierung legt eine **gesetzliche Vermutung der Eignung** nahe, die zur Folge
hat, dass die jeweiligen Landesbehörden gegebenenfalls die Nichteignung
nachzuweisen haben.[1219] Nach Ansicht des Gesetzgebers soll die Eignung
aber bei Krankenhäusern der Grundversorgung regelmäßig fehlen.[1220] Eine
Bedarfsprüfung erfolgt nach dem ausdrücklichen Willen des Gesetzgebers

766

1214 BT-Drucks. 15/1525, S. 119.
1215 Kuhlmann in: Festschrift zum 10jährigen Bestehen der ArGE Medizinrecht,
545, 552.
1216 Becker in: Becker/Kingreen, § 116b Rn. 4.
1217 BT-Drucks. 16/3100, S. 139.
1218 BT-Drucks. 16/3100, S. 139.
1219 Becker in: Becker/Kingreen § 116b Rn. 6.
1220 BT-Drucks. 16/3100, S. 139; krit. Werner GesR 2007, 337, 342.

nicht.[1221] Dies scheint auf erste Sicht im Widerspruch dazu zu stehen, dass gemäß § 116b Abs. 2 S. 1 SGB V die Bestimmung »unter Berücksichtigung der vertragsärztlichen Versorgungssituation« zu erfolgen hat. Die »Versorgungssituation« ist aber etwas anderes, als »Bedarfsplanung«, weil erstere nicht allgemein auf die Repräsentanz eines Fachgebietes nach der Weiterbildungsordnung abstellt, sondern ausschließlich auf die Katalogleistungen des § 116b Abs. 3 und 4 SGB V fokussiert und eine »Berücksichtigung« von Gesichtspunkten bei der Entscheidungsfindung etwas anderes fordert, als eine zwingende Beachtlichkeit.[1222] Der hierzu entbrannte Streit wurde bisher noch keiner Lösung zugeführt.[1223] Offen ist darüber hinaus auch die Frage, ob das antragstellende Krankenhaus einen Rechtsanspruch auf Bestimmung zur ambulanten Leistungserbringung hat.[1224]

(8) Integrierte Versorgung

767   Auch im Rahmen der Integrierten Versorgung nehmen die Krankenhäuser an der ambulanten Behandlung gesetzlich Versicherter teil. Das Gesetz eröffnet den Krankenkassen in § 140a Abs. 1 SGB V die Möglichkeit, mit den in § 140b Abs. 1 genannten Vertragspartnern, zu denen u.a. die Krankenhausträger zählen (§ 140b Abs. 1 Nr. 2 SGB V), verschiedene Leistungssektoren übergreifende oder eine interdisziplinär-fachübergreifende Versorgung zu vereinbaren. Bezweckt ist damit eine Verbesserung der Effizienz und der Qualität der Versorgung durch Überwindung der sektoralen und disziplinären Aufspaltung im Sinne eines »Managed Care«-Ansatzes.[1225] Hierdurch sollen Doppeluntersuchungen durch Leistungserbringer verschiedener Sektoren vermieden und damit natürlich auch die Ausgabenlast der gesetzlichen Krankenversicherungen zu reduziert werden. Eine sektorenübergreifende Integrationsversorgung ist dabei auch denkbar, wenn auf Seiten der Leistungserbringer lediglich ein einzelner Krankenhausträger beteiligt ist, nämlich etwa dann, wenn dieser auf Basis einer Institutsermächtigung auch an der vertragsärztlichen Versorgung teilnimmt und beide Leistungsbereiche Gegenstand der Integrationsversorgung sind.[1226] Die Vergütung von Integrationsversorgungsleistungen – darin liegt der wesentliche Vorteil gegenüber klassischen Versorgungsformen – können die Parteien des Vertrages gem. § 140c Abs. 1 S. 1 SGB V frei verhandeln und so den Besonderheiten

---

1221 BT-Drucks. 16/3100, S. 139.
1222 Walter in: Festschrift zum 10jährigen Bestehen der ArGE Medizinrecht, 657, 661.
1223 Vgl. Nachweise bei Walter in: Festschrift zum 10jährigen Bestehen der ArGE Medizinrecht, 657, 661 in Fn. 11.
1224 Walter in: Festschrift zum 10jährigen Bestehen der ArGE Medizinrecht, 657, 661.
1225 Huster in: Becker/Kingreen, § 140a Rn. 1.
1226 Kuhlmann in: Festschrift zum 10jährigen Bestehen der ArGE Medizinrecht, 535, 554.

des jeweiligen Versorgungskonzeptes Rechnung tragen.[1227] Vertraglich haftet auch in den Fällen der integrierten Versorgung ausschließlich der Träger des Krankenhauses.

c) Deliktische Haftung

Wie bei der Behandlung durch den niedergelassenen (Zahn-)Arzt kommt auch im Bereich der Krankenhausbehandlung neben der vertraglichen Haftung eine deliktische Haftung in Betracht. Die deliktische Haftung des Krankenhausträgers gliedert sich in eine Haftung für eigenes Verschulden (§§ 823 ff. BGB), für das widerrechtliche Verhalten seiner Verrichtungsgehilfen (§ 831 BGB) und für schädigende Handlungen seiner Organe (§ 31 BGB). Für beamtete Ärzte haftet der Krankenhausträger gegebenenfalls nach § 839 Abs. 1 S. 1 BGB.

768

aa) Haftung für eigenes Verschulden

Der Krankenhausträger haftet deliktisch für eigenes Verschulden vor allem bei einer Verletzung seiner Organisationspflichten. Die spezifischen Voraussetzungen für eine Haftung aus Organisationspflichtverletzung werden an späterer Stelle eingehend erörtert.[1228] Neben dem Krankenhausträger haben grundsätzlich auch die Krankenhausärzte und das nichtärztliche Personal für ihre Fehler deliktisch nach § 823 BGB einzustehen. Hiervon ausgenommen sind im Blick auf das Verweisungsprivileg aus § 839 Abs. 1 Satz 2 BGB lediglich beamtete Ärzte.

769

bb) Haftungszurechnung beim Krankenhausträger, § 831 BGB

Ebenso wie der niedergelassene (Zahn-)Arzt haftet auch der Krankenhausträger hierneben für widerrechtliche Schadenszufügungen durch seine Verrichtungsgehilfen nach § 831 Abs. 1 S. 1 BGB. Die obigen Ausführungen zur deliktsrechtlichen Haftungszurechnung beim niedergelassenen (Zahn-)Arzt[1229] gelten für die Haftung des Krankenhausträgers entsprechend. Grundsätzlich ist die Inanspruchnahme des Krankenhausträgers aus § 831 Abs. 1 S. 1 BGB zwar für den Patienten gegenüber einer Inanspruchnahme aus eigenem Organisationsverschulden mit dem Nachteil behaftet, dass dem Krankenhaus der Entlastungsbeweis nach § 831 Abs. 1 S. 2 BGB offen steht. Allerdings stellt der Bundesgerichtshof an den Entlastungsbeweis allgemein sehr hohe Anforderungen, so dass in der Praxis die Unterschiede zwischen Organisationshaftung und Haftung aus § 831 BGB einerseits, wie auch zur vertraglichen Haftung unter Zurechnung etwaiger Fehler des Erfüllungsgehilfen nach § 278 BGB andererseits, weitestgehend aufgehoben sind.[1230]

770

1227 Kuhlmann in: Festschrift zum 10jährigen Bestehen der ArGE Medizinrecht, 535, 556.
1228 Siehe unten Rdn. 1850.
1229 Dazu oben Rdn. 387 (Verrichtungsgehilfen).
1230 Steffen/Pauge Rn. 90; Deutsch/Spickhoff Rn. 398.

771 Die Haftungszurechnung nach § 831 BGB greift auch bei Behandlung in den **Institutsambulanzen**. Denn hier ist der Krankenhausträger Geschäftsherr des ärztlichen und pflegerischen Dienstes.[1231]

cc) Organhaftung des Krankenhausträgers, §§ 31, 89 BGB

772 Bei der praktischen Umsetzung der Verpflichtung des Krankenhausträgers, für einen ordnungsgemäßen ärztlichen Dienst Sorge zu tragen, haben die **Chefärzte** die führende Rolle übernommen: Sie werden selbstständig tätig, delegieren Aufgaben an ihre Ober- oder Assistenzärzte, teilen die nichtärztlichen Hilfskräfte ein und kontrollieren diese.[1232] Dabei ist der Chefarzt in medizinischen Fragen regelmäßig weisungsfrei und kann aus diesem Grund nicht als Verrichtungsgehilfe des Krankenhausträgers angesehen werden. Die Rechtsprechung stuft ihn als »verfassungsmäßig berufenen Vertreter« und mithin als **Organ des Krankenhausträgers** ein, für dessen Verschulden der Träger gemäß §§ 31, 89 BGB ohne Entlastungsmöglichkeit einzustehen hat.[1233] Denn für eine solche Vertretung ist es ausreichend, dass dem Vertreter durch die allgemeine Betriebsregelung und Handhabung bedeutsame wesensmäßige Funktionen der juristischen Person zur selbständigen, eigenverantwortlichen Erfüllung zugewiesen sind, er also die juristische Person auf diese Weise repräsentiert.[1234] Auch der Oberarzt ist als Organ des Klinikträgers anzusehen, sofern er in Wahrnehmung seiner Funktion als Vertreter des Chefarztes tätig wird.[1235]

773 Der Klinikträger haftet auch im Rahmen des **totalen Krankenhausvertrags mit Arztzusatzvertrag** nach §§ 31, 89 BGB für die Fehler leitender Ärzte; denn der selbst liquidierende Chefarzt wird auch im Bereich der von ihm erbrachten Wahlleistungen nicht nur für sich, sondern zugleich für den Klinikträger tätig.[1236]

774 Bei Fehlern des Chefarztes im Rahmen stationärer Behandlung auf der Grundlage eines **gespaltenen Krankenhausvertrages** haftet der Klinikträger hingegen grundsätzlich nicht deliktisch. Allerdings können Fehler des selbstliquidierenden Arztes Überwachungs- und Organisationsfehler des Krankenhauses aufdecken und auf diesem Wege zu einer gesamtschuldnerischen deliktischen Haftung führen. So muss der Krankenhausträger etwa organisatorisch sicherstellen, dass durch den selbstliquidierenden Arzt keine ärztlichen Aufgaben an das nichtärztliche Personal delegiert werden[1237]

1231 Steffen/Pauge Rn. 107c.
1232 Deutsch/Spickhoff Rn. 392.
1233 BGH NJW 1972, 334; NJW 1980, 1901, 1902.
1234 BGH NJW 1972, 334.
1235 BGH NJW 1987, 2925; NJW 1980, 701.
1236 BGH NJW 1985, 2189, 2190; vgl. oben Rdn. 744.
1237 BGH VersR 1996, 2429, 2431; vgl. oben Rdn. 739.

oder vor der Entbindung stehende Risikopatientinnen nicht allein durch nichtärztliches Personal überwacht werden.[1238]

Auch für Fehler in der **Chefarztambulanz** hat der Krankenhausträger deliktisch nicht einzustehen.[1239] Insbesondere kommt nach der Rechtsprechung des BGH eine deliktische Verantwortung des Krankenhausträgers aus eigenem Organisationsverschulden auch dort nicht in Betracht, wo dieser die Behandlung von Kassenpatienten in der Chefarztambulanz durch nachgeordnete Krankenhausärzte duldet, auch wenn die Chefarztambulanz dadurch faktisch zur Institutsambulanz wird.[1240]   **775**

dd) Haftung des leitenden Arztes

Bezüglich der deliktischen Haftung der Ärzte in Leitungsfunktion ist zu differenzieren zwischen solchen, die ihre Tätigkeit als Angestellte des Krankenhauses ausüben und solchen, denen der Status eines Beamten zukommt.   **776**

(1) Angestellte Ärzte

Für eigene Fehler haben angestellte Ärzte in Leitungsfunktion unmittelbar nach § 823 Abs. 1 BGB einzustehen.   **777**

Die deliktische Haftung des leitenden Klinikarztes aus § 831 Abs. 1 BGB für eine fehlerhafte Ausübung der eigenen Leitungsfunktion gegenüber nachgeordneten ärztlichen und nichtärztlichen Mitarbeitern wird durch die deliktische Haftung des Klinikträgers nicht berührt.[1241] Erfolgt die Behandlung auf der Grundlage eines totalen Krankenhausvertrages wird allerdings in der Regel nur der Krankenhausträger als Geschäftsherr der ärztlichen und pflegerischen Assistenz angesehen werden können.[1242] Der selbstliquidierende Arzt (totaler Krankenhausvertrag mit Arztzusatzvertrag oder gespaltener Krankenhausvertrag) hat demgegenüber für die ärztliche Assistenz prinzipiell nach § 831 Abs. 1 BGB einzustehen. Für Fehler bei der pflegerischen Betreuung hat auch der selbstliquidierende Arzt nur insoweit einzustehen, wie diese auf eigene fehlerhafte Anweisungen zurückgehen.[1243]   **778**

Bei vertraglicher **Übernahme von Aufgaben des Krankenhausträgers bei der Auswahl- und Überwachung nachgeordneter Mitarbeiter** durch den Chefarzt kommt darüber hinaus dessen Eigenhaftung aus § 831 Abs. 2 BGB in Betracht.[1244]   **779**

1238 BGH NJW 2000, 2737, 2739.
1239 Steffen/Pauge Rn. 102.
1240 BGH NJW 1987, 2289, 2290.
1241 BGH NJW 1994, 1594.
1242 OLG Oldenburg VersR 1998, 1285; OLG Düsseldorf NJW 1998, 3420.
1243 Steffen/Pauge Rn. 91.
1244 Steffen/Pauge Rn. 105.

780 In der **Chefarztambulanz** werden nachgeordnete ärztliche und nichtärztliche Mitarbeiter ausschließlich als Verrichtungsgehilfen des die Ambulanz
leitenden Arztes tätig. Er und nicht das Krankenhaus hat deliktisch nach
§ 831 Abs. 1 BGB für ihre Fehler einzustehen.[1245]

(2) Beamtete Ärzte

781 Beamtete Chefärzte haften demgegenüber deliktisch allein nach Maßgabe von § 839 BGB. Sie sind **im stationären Behandlungsbereich** infolge
des **Verweisungsprivilegs** aus § 839 Abs. 1 S. 2 BGB von ihrer deliktischen
Haftung frei, wenn dem Patienten ein anderer (vertraglicher oder deliktischer) Haftungsschuldner zur Verfügung steht, sofern dieser nicht seinerseits lediglich subsidiär haftet. Dies ist im Blick auf die vorstehend erörterte Organhaftung aus §§ 31, 89 BGB regelmäßig der Krankenhausträger,
sofern nicht ausnahmsweise ein gespaltener Krankenhausvertrag vereinbart
ist.[1246] Aber auch die Eigenhaftung des Krankenhausträgers wegen Organisationsmängeln und des nachgeordneten nicht beamteten Personals aus
§ 823 Abs. 1 BGB heben die deliktische Haftpflicht des leitenden Arztes
auf.[1247] Für die Eröffnung des Verweisungsprivilegs spielt es keine Rolle, ob
der beamtete Arzt zur Selbstliquidierung berechtigt ist.[1248] Entscheidend ist
vielmehr, ob der Arzt aus seiner beamtenrechtlichen Dienststellung heraus
tätig wird. Diese ist auch bei ambulanter Behandlung des Patienten betroffen, wenn sie in die Zuständigkeit des Krankenhausträgers fällt (§§ 115a ff.
SGB V).[1249] Es steht zur Darlegungs- und Beweislast des Patienten, dass ihm
keine andere Ersatzmöglichkeit offensteht .

782 Bei der Behandlung des Patienten in der **Chefarztambulanz** wird der beamtete Arzt hingegen nicht aus seiner Dienststellung heraus tätig und kann
sich ebenso wenig wie sein Vertreter auf das Verweisungsprivileg berufen;[1250]
er haftet deliktisch aus § 823 Abs. 1 BGB. »Insoweit wird der beamtete
Chefarzt, gleichgültig, ob er diese Behandlung der Privatpatienten in der
Krankenhausambulanz oder einem besonderen Raum vornimmt, nicht im
Rahmen des öffentlichen Auftrages seines Krankenhauses zur medizinischen Versorgung der Bevölkerung tätig; er übt diese Krankenbehandlun-
gen vielmehr aufgrund der Genehmigung als Nebentätigkeit außerhalb seines Hauptamtes aus, für das er als Beamter bestellt worden ist. Eine solche
ambulante Behandlung von Privatpatienten durch einen Chefarzt gehört
daher nicht zu seinen Dienstpflichten«.[1251] Anderes soll nach Ansicht des

---

1245 BGH NJW 1989, 769, 771.
1246 OLG Köln VersR 2004, 1181.
1247 Gehrlein Kap. A Rn. 53.
1248 NJW 1993, 784, 785.
1249 BGH NJW 2006, 767, 768; zur ambulanten Krankenhausbehandlung oben
      Rdn. 751.
1250 BGH NJW 1993, 784.
1251 BGH NJW 1993, 784, 786.

OLG Stuttgart jedoch gelten, wenn die ambulante Tätigkeit des Chefarztes der Entscheidungsfindung in Bezug auf eine stationäre Behandlung dient und es zur stationären Aufnahme kommt.[1252] Nach Auffassung des OLG Köln soll bei einer sich an eine ambulante Behandlung anschließenden stationären Versorgung die Zuordnung davon abhängen, ob die Behandlung als Einheit anzusehen ist, und falls dies zu bejahen ist, wo der sachliche Schwerpunkt der Behandlung liegt.[1253]

Die **vertragliche Haftung** des beamteten Arztes **wird durch das Verweisungsprivileg jedoch nicht berührt.** Bei Vereinbarung von Wahlleistungen auf der Grundlage eines totalen Krankenhausvertrages mit Arztzusatzvertrag oder bei Abschluss eines gespaltenen Krankenhausvertrages kann sich der selbstliquidierende beamtete Arzt einer Haftung durch das Verweisungsprivileg daher nicht entziehen. Durch die Einführung eines vertraglichen Schmerzensgeldanspruchs hat daher das Verweisungsprivileg erheblich an praktischer Bedeutung verloren. Bedeutsam bleibt es jedoch beim nachgeordneten beamteten Arzt, der nicht in vertraglichen Beziehungen zum Patienten steht, sondern ausschließlich deliktisch haftet. Dieser kann sowohl die vertragliche und deliktische Haftung des selbstliquidierenden Arztes als auch diejenige des Klinikträgers als anderweitige Ersatzmöglichkeit anführen.[1254]

783

ee) Hoheitliche Behandlung

Erfolgt die stationäre Behandlung ausnahmsweise hoheitlich, wie etwa bei der Zwangsunterbringung psychisch Kranker aufgrund der Unterbringungsgesetze der Länder, tritt – ohne dass es dazu eines Beamtenstatus bedürfte – deliktsrechtlich die Anstellungskörperschaft als Haftungsschuldner an die Stelle des Arztes oder Pflegers.[1255]

784

❗ – Für die Prüfung der Frage, wem gegenüber im Falle einer fehlerhaften stationären Behandlung erfolgversprechend Schadensersatzansprüche durchgesetzt werden können (Stichwort: Passivlegitimation), kommt es darauf an, welcher Krankenhausvertragstyp vereinbart wurde (totaler Krankenhausvertrag, totaler Krankenhausvertrag mit Arztzusatzvertrag oder gespaltener Arzt-Krankenhaus-Vertrag). Der Patientenanwalt sollte daher die zur Prüfung dieser Frage notwendigen Unterlagen bei seinem Mandanten oder beim Krankenhausträger anfordern.

– An die Wirksamkeit von Wahlleistungsvereinbarungen stellt die Rechtsprechung strenge Anforderungen. Neben der Schriftform

785–830

1252 OLG Stuttgart OLGR 2000, 132.
1253 OLG Köln VersR 2004, 1181.
1254 Gehrlein Kap. A Rn. 56.
1255 Steffen/Pauge Rn. 112.

sind die detaillierten Unterrichtungspflichten zu beachten. Ist die Vereinbarung wegen Nichtbeachtung dieser Vorgaben nichtig, können infolgedessen zuviel gezahlte Beträge nach bereicherungsrechtlichen Grundsätzen zurückgefordert werden, es sei denn, die Wahlleistungen wurden über einen längeren Zeitraum abgerufen, beanstandungsfrei erbracht und honoriert (§ 242 BGB).

– Auch bei ambulanten Krankenhausbehandlungen ist sorgsam zu prüfen, wer Vertragspartner des Patienten geworden ist (liquidationsberechtigter Arzt ⇔ Krankenhausträger).

– Der Krankenhausträger muss sich widerrechtliche Schadenszufügungen durch seine Verrichtungsgehilfen nach § 831 Abs. 1 S. 1 BGB zurechnen lassen, schuldhafte Fehler seiner Chefärzte hingegen nach den Grundsätzen der Organhaftung analog §§ 31, 89 BGB ohne Entlastungsmöglichkeit.

– Beim gespaltenen Arzt-Krankenhaus-Vertrag haftet der Krankenhausträger für Fehler des liquidationsberechtigten Arztes ebenso wenig deliktisch, wie bei Fehlern in der Chefarztambulanz.

– Angestellte Chefärzte haften deliktisch für eigene Fehler nach § 823 Abs. 1 BGB und für nachgeordnete ärztliche und nichtärztliche Mitarbeiter nach § 831 Abs. 1 BGB wohingegen beamtete Chefärzte – soweit der stationäre Behandlungsbereich betroffen ist – lediglich nach § 839 Abs. 1 BGB deliktisch haften; ihnen kommt hier das Verweisungsprivileg aus § 839 Abs. 2 S. 2 BGB zugute.

– Anders ist dies bei Behandlung des Patienten in der Chefarztambulanz, weil der Chefarzt hier nicht aus seiner Dienststellung heraus tätig wird, so dass das Verweisungsprivileg nicht greift.

– Die vertragliche Haftung des beamteten Chefarztes wird durch das Verweisungsprivileg indes nicht berührt, so dass dieses mit der Einführung des vertraglichen Schmerzensgeldanspruchs erheblich an praktischer Bedeutung verloren hat.

III. Medizinische Versorgungszentren

1. Rechtstatsachen

831 Zum 1.1.2004 hat der Bundesgesetzgeber für den GKV-Bereich mit dem Medizinischen Versorgungszentrum (MVZ) einen neuen Leistungserbringer geschaffen. In der Praxis zeigt sich, dass durchaus auch Privatpatienten die Behandlung in MVZ in Anspruch nehmen. Die Anzahl der MVZ wächst kontinuierlich. Pro Quartal sind etwa 70 neue MVZ zu verzeichnen.

832 Zum 31.12.2009 waren in den 1.454 MVZ 7.127 Ärzte, davon 5.793 im Anstellungsverhältnis tätig. Demgemäß haben 1.334 Ärzte ihre Vertragsarztzulassung behalten. Die meisten MVZ werden in Gebieten mit einer hohen Einwohnerzahl errichtet. In MVZ, die sich in der Trägerschaft eines Kran-

kenhauses befinden, sind überwiegend angestellte Ärzte tätig. Die durchschnittliche MVZ-Größe lag bei 4,9 Ärzten.[1256]

Als Rechtsform für die Trägergesellschaft wurden überwiegend die GmbH **833** (ca. 50 %) sowie die GbR (ca. 35 %) gewählt. Die Anzahl der MVZ in (Mit-) Trägerschaft von Krankenhausträgern nimmt ständig zu (ca. 38 %). In den neuen Bundesländern werden MVZ überwiegend von Krankenhausträgern, in den alten Bundesländern durch Vertragsärzte gegründet. Bei MVZ in Krankenhausträgerschaft überwiegt die Rechtsform der GmbH. Ca. 50 % der MVZ befinden sich in der Trägerschaft von Vertragsärzten. Dieser Anteil betrug im Dezember 2005 noch 75 %. Die Vertragsärzte bevorzugen als Rechtsform die BGB-Gesellschaft.

2. Gesetzliche Vorgaben zum MVZ

§ 95 Abs. 1 S. 2 SGB V beschreibt Medizinische Versorgungszentren als **834** *»fachübergreifende ärztlich geleitete Einrichtungen, in denen Ärzte, die in das Arztregister nach [§ 95] Abs. 2 S. 3 Nr. 1 eingetragen sind, als Angestellte oder Vertragsärzte tätig sind.«*

Als Gründungsvoraussetzungen werden aufgeführt: **835** *»Die medizinischen Versorgungszentren können sich aller zulässigen Organisationsformen bedienen; sie können von den Leistungserbringern, die aufgrund von Zulassung, Ermächtigung oder Vertrag an der medizinischen Versorgung der Versicherten teilnehmen, gegründet werden.«*

a) Merkmal der »Einrichtung«

Der Gesetzgeber hat nicht weiter beschrieben, welche Anforderungen er an **836** eine »Einrichtung« stellt. Richtigerweise wird man von einer »Einrichtung« nur dann sprechen können, wenn eine gewisse räumliche, personelle sowie ausstattungsmäßige Einheit vorhanden ist, wie man sie aus dem Betrieb von Arztpraxen, poliklinischen Einrichtungen gem. § 311 SGB V oder Krankenhäusern kennt.[1257] Das MVZ erhält die Zulassung für einen konkreten, im Zulassungsbescheid genau bezeichneten Ort der Niederlassung (Vertragsarztsitz). Leistungen dürfen grundsätzlich nur am Ort der Zulassung erbracht werden. Bei einem Verstoß sind vertragsarztrechtliche Sanktionen möglich. Für zivilrechtliche Haftungsansprüche ist die Leistungserbringung außerhalb des Orts der Zulassung regelmäßig unerheblich. Etwas anderes kann dann gelten wenn ortsbezogene Voraussetzungen zur Qualitätssicherung nicht beachtet wurden und der Schaden hierdurch entstanden ist.

1256 Umfangreiches statistisches Material verfügbar unter http://www.kbv.de/ koop/9157.html.
1257 So zutreffend Dahm in Dahm/Möller/Ratzel, Kap. III Rn. 3; Orlowski/Schirmer/Halbe in HBKG, B 1400 Rn. 17.

Möller/Makoski

837 Teilweise betreiben Krankenhausträger »ihr MVZ« in kaum wahrnehmbarer räumlicher Abgrenzung zum Krankenhausbetrieb. Nicht selten werden Krankenhausärzte und nichtärztliches Krankenhauspersonal teilzeitig auch im MVZ eingesetzt. In Verbindung mit der Vereinheitlichung des Außenauftritts kann für den Patienten durchaus der Anschein erweckt werden, dass die Behandlung durch den Krankenhausträger erfolgt. Dies kann nach den Grundsätzen der Rechtsscheinshaftung dazu führen, dass der Krankenhausträger für Behandlungsfehler einzustehen hat.

b) Das »fachübergreifende« Element der Einrichtung
aa) Fachgebietseinordnung

838 Ziel des Gesetzgebers war es, mit den Medizinischen Versorgungszentren eine **ärztliche Versorgung »aus einer Hand«** zu ermöglichen.[1258] Um insofern zumindest Minimalvoraussetzungen zu schaffen, bestimmt er, dass ein MVZ fachübergreifend tätig sein muss. Dies ist gemäß § 95 Abs. 1 S. 3 SGB V grundsätzlich der Fall, wenn in der Einrichtung »*Ärzte mit verschiedenen Facharzt- oder Schwerpunktbezeichnungen tätig sind*«.

839 Die Anzahl der Fachgebiete ist irrelevant. Auch kommt es nicht darauf an, ob diese sich in medizinischer Hinsicht sinnvoll ergänzen.

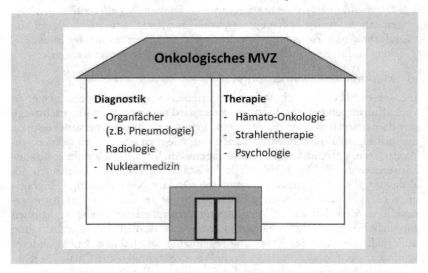

bb) Sonderkonstellation: Zahnmedizin

840 Nicht zuletzt bedingt durch berufspolitische Widerstände, ist die Anzahl zahnmedizinischer MVZ gering. Teilweise wird zudem argumentiert, dass

---

1258 Ausführlich Zwingel/Preißler, Kap. 4.2.2.b (S. 63).

Möller/Makoski

es sich bei den »Fachzahnärzten« nicht um eine Facharztbezeichnung handele, die die Gebiete der Zahnmedizin voneinander abgrenze.[1259] Auch könne der Zahnarzt umfassend tätig sein, so dass bei einer Kooperation z.B. mit einem Kieferorthopäden *keine fachübergreifende* Tätigkeit vorliege.[1260]

Einem berufsbildüberschreitenden MVZ, bestehend aus Humanmedizinern und Zahnärzten, wird teilweise die Anerkennung versagt, weil § 33 Abs. 2 Ärzte-ZV/Zahnärzte-ZV die gemeinsame Ausübung vertragsärztlicher Tätigkeit nur unter Vertragsärzten bzw. Vertragszahnärzten für zulässig erkläre. Diese Interpretation war auch in der Vergangenheit keinesfalls zwingend.[1261]

841

Die Gesetzesbegründung erklärt die gemeinsame Anstellung von Humanmedizinern und Zahnmedizinern in einem MVZ ausdrücklich für rechtmäßig.[1262]

842

c) Ärztliche Leitung

Das MVZ muss unter ärztlicher Leitung stehen. Der ärztliche Leiter muss gegenüber dem Zulassungsausschuss benannt werden. Welche Funktion der ärztliche Leiter hat und wie seine Rechte und Pflichten ausgestaltet sind, ist nicht abschließend geklärt. Gleichwohl kann das Ziel des Gesetzgebers dahingehend verstanden werden, dass er – vergleichbar der Funktion des Ärztlichen Direktors (vgl. § 31 Abs. 1 S. 3 KHGG NRW) – eine *ärztliche Gesamtleitung* institutionalisiert hat.[1263]

843

Die Zuweisung der ärztlichen Leitung separiert den ärztlichen vom kaufmännischen Bereich. Hierdurch soll sichergestellt werden, dass die medizinische Versorgung des MVZ sich an medizinischen Vorgaben orientiert.[1264]

844

Nach richtiger Ansicht muss der ärztliche Leiter *nicht mit Geschäftsführungsbefugnissen* auf der Ebene der MVZ-Trägergesellschaft ausgestattet sein.[1265]

845

1259 LSG Nordrhein-Westfalen, Urt. v. 28.10.2009 – L 11 KA 94/08, ZMGR 2010, 94.
1260 Ziermann, MedR 2004, 540 (543); ausführlich zum zahnmedizinischen MVZ Jahn in HBKG, A 1800 Rn. 66 f.; Vogl, ZMGR 2010, 63.
1261 Für eine teleologische Reduktion des § 33 Abs. 2 Ärzte-ZV sprechen sich in der Literatur u.a. aus Fiedler/Weber, NZS 2004, 359; Dahm in Dahm/Möller/Ratzel, Kap. II Rn. 71.
1262 BT-Drs. 16/2474, S. 21; Zwingel/Preißler, Kap. 4.2.4 (S. 67).
1263 Wigge, MedR 2004, 123 (126); Dahm in Dahm/Möller/Ratzel, Kap. III Rn. 35; nach Andreas, ArztR 2005, 144 (145) trägt der ärztliche Leiter die Gesamtverantwortung für die von den angestellten Ärzten erbrachten vertragsärztlichen Leistungen; ebenso Peikert, ZMGR 2004, 211 (214).
1264 Orlowski/Schirmer/Halbe in HBKG, B 1400 Rn. 87.
1265 Zwingel/Preißler, Kap. 4.3.4.b (S. 75); Dahm in Dahm/Möller/Ratzel, Kap. III Rn. 38.

Möller/Makoski

Wesentlich ist, dass der ärztliche Leiter in medizinischen Angelegenheiten keinerlei Weisungen der Gesellschafter unterworfen wird.[1266]

846 Die ärztliche Leitung ist organisationsbezogen. Das *LSG Sachsen*[1267] hat zutreffend festgestellt, dass es sich bei der Ausübung der ärztlichen Leitung nicht um eine ärztliche Tätigkeit im Sinne von § 17 Abs. 2 MBO handelt. Der ärztliche Leiter muss selbst *nicht* – weder als angestellter Arzt noch als Vertragsarzt – *(vertrags-)ärztlich im MVZ tätig* sein.[1268] Eine Vollzeittätigkeit wird nicht verlangt werden können. Wesentlich ist, dass der ärztliche Leiter seine Gesamtverantwortung für die Organisation auch tatsächlich ausüben kann.

847 Häufig wird dem ärztlichen Leiter die Verantwortung für die ordnungsgemäße Abrechnung, Führung der ärztlichen Unterlagen, rechtzeitige Erstellung von Arztberichten sowie insgesamt die Beachtung der einschlägigen Rechtsvorschriften übertragen. In diesem Zusammenhang wird der ärztliche Leiter meist der primäre Ansprechpartner der Kassenärztlichen Vereinigung sein. Ob der ärztliche Leiter generell – also auch ohne individualvertragliche Regelung – für die Abrechnung zuständig ist und diese *gegenüber der KV verantwortet*, ist strittig.[1269]

848 Ist das MVZ hierarchisch strukturiert, indem dem ärztlichen Leiter zumindest ein anderer Arzt nachgeordnet ist, wird man ein grundsätzliches Weisungsrecht des ärztlichen Leiters bejahen können. Ein fachliches Weisungsrecht gegenüber Ärzten eines anderen Fachgebiets darf dem ärztlichen Leiter nicht zustehen.[1270] Er muss nicht Facharzt eines der im MVZ vertretenen Gebiete sein.[1271]

849 Hält das MVZ sowohl den ärztlichen, psychotherapeutischen und/oder auch den zahnärztlichen Bereich vor, kommt eine kooperative ärztliche Leitung in Betracht (§ 95 Abs. 1 S. 5 SGB V). Manche Zulassungsausschüsse anerkennen die kooperative Leitung bereits bei unterschiedlichen ärztlichen Fachgebieten.[1272]

1266 Behnsen, das Krankenhaus 2004, 602 (604); Dahm in Dahm/Möller/Ratzel, Kap. III Rn. 37.
1267 Instruktiv LSG Sachsen, Urt. v. 24.6.2009 – L 1 KA 8/09, GesR 2010, 130.
1268 Dahm in Dahm/Möller/Ratzel, a.a.O., Kap. III Rn. 43; Andreas, ArztR 2005, 144 (145); ebenso LSG Sachsen, Urt. v. 24.6.2009 – L 1 KA 8/09, GesR 2010,130; Kronerding, S. 52; a.A. einzelne KVen mit dem Argument, der Ärztliche Leiter müsse der Disziplinargewalt der KV unterliegen.
1269 Vgl. einerseits Schirmer, Kap. I. 12.2 (S. 304) und andererseits beschränkend auf die ärztliche Verantwortungsebene Bäune in Bäune/Meschke/Rothfuß, Anh zu § 18 Rn. 69 f.
1270 Behnsen, das Krankenhaus 2004, 602 (606); Möller in Dahm/Möller/Ratzel, Kap. XIII Rn. 54.
1271 Peikert, ZMGR 2004, 211 (214).
1272 Bäune in Bäune/Meschke/Rothfuß, Anh zu § 18 Rn. 69.

Möller/Makoski

d) Tätigkeit als angestellter Arzt oder als Vertragsarzt

Das MVZ wird idealerweise in der Form der sogenannten »Angestelltenvariante« geführt.[1273] Die angestellten Ärzte müssen in einem Dienstverhältnis zum MVZ-Träger stehen. Insofern finden auf sie die arbeitsrechtlichen Vorgaben Anwendung. Ein freies Mitarbeiterverhältnis erfüllt die gesetzlichen Voraussetzungen nicht. Die Tätigkeit eines angestellten Arztes im MVZ bedarf der vorherigen Genehmigung durch den Zulassungsausschuss.

850

Der im MVZ angestellte Arzt unterliegt – sofern mindestens 20 Stunden wöchentlich tätig – der Satzungsmacht seiner Kassenärztlichen Vereinigung. Im Falle des Verstoßes gegen vertragsarztrechtliche Pflichten kann die Kassenärztliche Vereinigung den angestellten Arzt disziplinarrechtlich belangen.

851

Die Tätigkeit als Vertragsarzt in einem MVZ begegnet insbesondere dann Bedenken, wenn das MVZ in der Trägerschaft einer juristischen Person geführt wird. Der Vertragsarzt hat praktisch nur einen einzigen »Kunden«, nämlich das MVZ. Ob seine Vertragsarztzulassung tatsächlich durch diejenige des MVZ überlagert wird, erscheint zweifelhaft.[1274]

852

Unabhängig hiervon können Vertragsärzte ihre in der Rechtsform der BGB-Gesellschaft oder Partnerschaftsgesellschaft geführte Berufsausübungsgemeinschaft durch Zulassungsakt als MVZ betreiben. Die Rechtsform bleibt in diesem Fall identisch. Haftungsrechtliche Besonderheiten ergeben sich nicht.

853

e) Anforderungen an die Gründer/MVZ-Gesellschafter

In der Gesetzesbegründung sind – beispielhaft – als Gründer erwähnt:[1275] Vertragsärzte, Krankenhäuser, Heilmittelerbringer, häusliche Krankenpflegeeinrichtungen, Apotheken.

854

In der Praxis ist die Tendenz festzustellen, dass nicht zu dem Gründerkreis zählende Investoren ein gem. § 124 SGB V zugelassenes Unternehmen zur Heilmittelerbringung (z.B. Physiotherapeuten-GmbH) oder ein nach § 126 SGB V zugelassenes Hilfsmittelunternehmen (z.B. Sanitätshaus-GmbH) gründen und sich auf diese Weise mittelbar an der Errichtung eines MVZ beteiligen. Als Initiatoren treten zunehmend auch Krankenkassen in Erscheinung, die besondere Modelle für ihre Versicherten gestalten: Kurze Wartezeiten, Lounges mit Extras wie Wartezimmerfernsehen, Getränke etc.

855

1273 Behnsen, KH 2004, 698 spricht vom »von den Regierungsparteien intendierten Prototyp«.
1274 So Hess in Kasseler Kommentar, § 95 SGB V Rn. 9b; vgl. zur Diskussion Dahm in Dahm/Möller/Ratzel, Kap. III Rn. 59 ff., wobei nunmehr § 41 Bedarfsplanungs-Richtlinie Ärzte zu berücksichtigen ist.
1275 BT-Drs. 15/1525, S. 107 f.

Möller/Makoski

856   Ob der Gesetzgeber die investive Beteiligung Dritter dauerhaft dulden wird, bleibt abzuwarten.[1276] Der Ende 2009 geschlossene Koalitionsvertrag sieht vor, dass Ärzte in MVZ-Trägergesellschaften die Mehrheit halten müssen. Der Entwurf des GKV-VersG sieht vor, dass ab dem 1.1.2012 MVZ nur noch von Vertragsärzten und Krankenhäusern gegründet werden dürfen.

f) Rechtsformwahl

857   § 95 Abs. 1 S. 3 SGB V hebt hervor, dass Medizinische Versorgungszentren sich aller **zulässigen** Organisationsformen bedienen können. Die Gesetzesbegründung[1277] formuliert:

»*Medizinische Versorgungszentren können als juristische Personen, z.B. als GmbH oder als Gesamthandsgemeinschaft (BGB-Gesellschaft) betrieben werden.*«

858   Es kommen folgende Rechtsformen für die Gründung und den Betrieb eines MVZ in Betracht: Natürliche Einzelperson, Stiftung, Gesellschaft bürgerlichen Rechts, Partnerschaftsgesellschaft, Gesellschaft mit beschränkter Haftung, Aktiengesellschaft und, Kapitalgesellschaften nach dem Recht anderer EU-Staaten (insbesondere »Limited.«). In Zukunft sollen nur noch GmbH und GbR zulässig sein.

859   In der Praxis werden die meisten MVZ in der Rechtsform der GbR oder GmbH gegründet. Bei der GmbH können Hindernisse aufgrund landesrechtlicher Vorgaben bestehen, wenn das jeweilige Heilberufe-Kammergesetz die Ausübung der ambulanten Heilkunde in der Rechtsform der GmbH untersagt.[1278] Insofern herrscht erheblicher Streit, inwieweit der für das Vertragsarztrecht zuständige Bundesgesetzgeber von landesrechtlichen berufsrechtlichen Vorgaben abzuweichen berechtigt ist.[1279]

860   Kommunen als Träger von zugelassenen Plankrankenhäusern sind berechtigt, ein oder mehrere MVZ ohne Zwischenschaltung einer eigenständigen juristischen Person (Tochter-GmbH) zu gründen. Für die entgegenstehende Auffassung des *SG Marburg*[1280] existiert keine gesetzliche Grundlage.

g) Verlust der Gründereigenschaft

861   Die Aufrechterhaltung der Gründereigenschaft ist Voraussetzung für den

---

1276 Der Freistaat Bayern hat am 1.7.2008 einen Antrag an den Bundesrat gestellt, dessen Ziel es war, die Binnenstruktur möglicher MVZ-Trägergesellschaften an die Vorgaben der MBO sowie das Berufsrecht anderer freier Berufe anzupassen (BR-Drs. 342/5/08). Der Antrag wurde in der Sitzung des Bundesrats vom 4.7.2008 abgelehnt (vgl. BR-Plenarprotokoll 846 vom 4.7.2008, S. 222 f.).

1277 BT-Drs. 15/1525, S. 107.

1278 Ausführlich Butzer, NZS 2005, 344 (350).

1279 Siehe einerseits Engelmann, FS 50 Jahre BSG, 429 (436 f.) und andererseits Pestalozza, GesR 2006, 389 (393).

1280 Beschl. v. 25.10.2007 – S 12 KA 404/07 ER, GesR 2008, 30.

Fortbestand des MVZ. Fallen die Gründungsvoraussetzungen weg, ist dem MVZ die Zulassung zu entziehen (§ 95 Abs. 6 S. 3 SGB V). Der Gesetzgeber will durch diese Regelung verhindern, dass nach Gründung eines MVZ ein Gesellschafterwechsel auf Personen erfolgt, welche nicht zum zugelassenen Gründerkreis gehören.

§ 95 Abs. 6 S. 3 SGB V sieht eine *Schonfrist von sechs Monaten* vor. Liegen **862** die Gründungsvoraussetzungen länger als sechs Monate nicht mehr vor, ist dem MVZ die Zulassung kraft Gesetzes zu entziehen. Auch ein Vertragsarzt verliert seine Gründerfähigkeit mit dem Verlust der Vertragsarztzulassung.[1281] Umstritten ist, ob dies auch dann gilt, wenn der Vertragsarzt z.B. Gründer einer MVZ-GmbH ist und sich *anschließend unter Verzicht auf seine Vertragsarztzulassung bei dieser Gesellschaft als Arzt* – ggf. mit dem Status als Geschäftsführer und ärztlicher Leiter – *anstellen* lässt.[1282]

3. Abrechnung

Im *vertragsärztlichen Bereich* rechnet der MVZ-Träger die erbrachten Leis- **863** tungen gegenüber der zuständigen Kassenärztlichen Vereinigung ab.[1283] Gemäß § 135 Abs. 2 SGB V erforderliche Abrechnungsgenehmigungen muss der MVZ-Träger beantragen.[1284] Rückforderungsansprüche der Kassenärztlichen Vereinigung oder Regressansprüche richten sich *ausschließlich* an den MVZ-Träger. Soweit – teilweise – die Auffassung vertreten wird, der ärztliche Leiter verantworte die Abrechnung, besagt dies nicht, dass er für Rückforderungsansprüche persönlich haftet.

Gegenüber *Privatpatienten* war umstritten, ob die privaten Krankenversi- **864** cherer vor dem Hintergrund des § 4 Abs. 2 MB/KK zur Übernahme der Kosten einer MVZ-GmbH verpflichtet sind.[1285] Hier zeichnet sich die Praxis ab, dass die Erstattung erfolgt, wenn die MVZ-GmbH zur vertragsärztlichen Versorgungstätigkeit zugelassen ist und die Rechnung nach Maßgabe der amtlichen Gebührenordnung (GOÄ) erstellt.

1281 Schirmer, Kap. I 2.5.2 (S. 305).
1282 Für die Zulässigkeit Schirmer, Kap. I 2.5.2 (S. 305); Dahm in Dahm/Möller/ Ratzel, Kap. IV Rn. 17 f.; Zwingel/Preißler, Kap. (S. 86 ff.).
1283 Zum hohen Risiko der Falschabrechnung gerade in einem großen MVZ LSG Berlin-Brandenburg, Beschl. v. 9.2.2010 – L 7 KA 169/09 B ER, ZMGR 2010, 96: Das LSG hat den Sofortvollzug der Zulassungsentziehung aus generalpräventiven Gründen bestätigt. Das BVerfG hat die Entscheidung allerdings mit Beschl. v. 15.03.2010 – 1 BvR 722/10, ZMGR 2010, 100, aufgehoben.
1284 § 11 Abs. 2a BMV-Ä; ausführlich insbesondere auch zu strahlenschutzrechtlichen Genehmigungserfordernissen und zu Weiterbildungsgenehmigungen Dahm, MedR 2009, 720.
1285 Ausführlich und äußerst kritisch hinsichtlich der Wirksamkeit von § 4 Abs. 2 S. 1 MB/KK Rieger, MedR 2008, 77.

Möller/Makoski

4. MVZ als Belegarzt

865 MVZ können belegärztliche Leistungen erbringen. Inhaber der Belegarztanerkennung ist der MVZ-Träger. Hinsichtlich der fachlichen Eignung ist auf den oder die Leistung tatsächlich erbringenden Ärzte abzustellen.[1286]

IV. Staatshaftung für Medizinschäden

1. Keine allgemeine »Staatshaftung«

866 Es gehört zu den Aufgaben des Staates, jedem Bürger den Zugang zu einem effektiven und modernen Gesundheitswesen zu eröffnen.[1287] Dennoch ist das deutsche Gesundheitswesen nicht derart »verstaatlicht«, dass der Staat auch für Medizinschäden einzustehen hat.[1288] Es widerspräche auch dem modernen Gedanken eines »Gewährleistungs-Staates«, der Allgemeinheit das Haftungsrisiko für individuelle berufliche Fehler aufzuerlegen. An diesem Grundsatz ändert auch das Vorhaben eines Patienten-Rechte-Gesetz nichts.[1289]

867 Rund 90 % der Bevölkerung ist gesetzlich krankenversichert und hat somit gegenüber der Krankenkasse einen **Sachleistungsanspruch** (§ 2 SGB V). Diesen Sachleistungsanspruch charakterisiert das BSG als ein »Rahmenrecht«, welches mit Hilfe des behandelnden Arztes (bzw. Krankenhaus) »konkretisiert« wird.[1290] Diese dem Arzt zugestandene »Rechtsmacht« mag in der Praxis zur Folge haben, dass die im persönlichen Arzt-Patientenverhältnis gefundene und getroffene Behandlungsentscheidung in vielen Fällen endgültig und auch kaum überprüfbar ist.[1291] Selbst für den Fall, dass man auf der Grundlage dieser Rechtskonstruktion den Vertragsarzt als Beauftragten im Sinne des § 299 StGB[1292] ansieht und daraus schlussfolgert, dass der Vertragsarzt sich wegen Bestechlichkeit strafbar machen kann, bleibt es für die Medizinschaden-Haftung dabei, dass die Arzt-Patienten-Beziehung

---

1286 LSG Hessen, Urt. v. 24.6.2009 – L 4 KA 17/08, MedR 2010, 360; ebenso SG Berlin, Urt. v. 26.8.2009 – S 83 KA 33/08.

1287 Vgl. nur BVerfG v. 6.12.2005 – 1 BvR 347/98 – NJW 2006, 891 m. Anm. Huster JZ 2006, 466; Wörl ZMGR 2006, 10; Dettling GesR 2006, 97; Hauck NJW 2007, 1320; Plagemann/Radtke-Schwenzer ZAP 2009, 509; BVerfG v. 10.6.2009 – 1 BvR 206/08 –: Basistarif in PKV verfassungsgemäß; Seewald, Zum Verfassungsrecht auf Gesundheit, 1981.

1288 Z. B. BGH v. 26.10.2010 – VI ZR 307/09 – GuP 2011, 34: Behandlung von Zivildienstleistenden erfolgt nicht in Ausübung eines öffentlichen Amtes.

1289 Vgl. dazu: Antrag der SPD »Für ein modernes Patientenrechtegesetz« vom 3.3.2010, BT-Drucks. 17/907; F. Plagemann GuP 2011, 22 ff.

1290 BSG v. 16.12.1993 – 4 RK 5/92 – E 73, 271 ff.; krit. Neumann in: Schnapp/Wigge (Hrsg.), Handbuch des Vertragsarztrechts, 2. Aufl. 2006, § 13 Rn. 14 ff.

1291 Vgl. aber auch die nachträgliche Überprüfung der Notwendigkeit stationärer Behandlung gem. BSG v. 25.9.2007– GS 1/06 – NJW 2008, 1980.

1292 Dazu OLG Braunschweig v. 23.2.2010 – Ws 17/10 – GesR 2010, 250; Vorlagebeschluss BGH v. 5.5.2011 – 3 StR 458/10.

ein höchstpersönliches Verhältnis ist, der Vertragsarzt also in der Wahrnehmung seiner Rechte und Pflichten aufgrund der Zulassung gem. § 76 Abs. 4 SGB V nach Privatrecht haftet und nicht in Ausübung eines öffentlichen Amtes im Sinne des § 839 BGB agiert. Die bisweilen vertretene Gegenmeinung[1293] findet in der gesundheitspolitischen Diskussion derzeit kaum Gehör. Soweit Reformüberlegungen eine Medizinschadenversicherung diskutieren, geht es zwar um eine »Haftungsersetzung durch Versicherungsschutz«, jedoch weniger um eine Einstandspflicht des Staates, als vielmehr ein System kollektiver Versicherungen.[1294] Im Antrag der SPD »für ein modernes Patientenrechtegesetz« v. 03.03.2010[1295] wird die Bundesregierung gebeten, u.a. folgende Maßnahmen zu prüfen:
- Einführung einer verpflichtenden umlagefinanzierten Versicherungslösung entsprechend der gesetzlichen Unfallversicherung im Bereich der Arzthaftung;
- Einrichtung alternativer Entschädigungssysteme wie etwa einen Entschädigungsfonds oder eine verschuldensunabhängige Entschädigung.

Nach **Art. 152 EG-Vertrag** i.d.F. des Vertrages von Lissabon wird bei der **868** Festlegung und Durchführung aller Gemeinschaftspolitiken und -Maßnahmen »ein **hohes Gesundheitsschutzniveau** sichergestellt«. Anspruch der EU ist es, die Politik der Mitgliedsstaaten zu ergänzen und damit auf die Verbesserung der Gesundheit der Bevölkerung, die Verhütung von Humankrankheiten und die Beseitigung von Ursachen für die Gefährdung der körperlichen und geistigen Gesundheit hinzuwirken. Art. 152 EGV betont ausdrücklich, dass bei der Tätigkeit der Union die Verantwortung der Mitgliedsstaaten für die Festlegung ihrer Gesundheitspolitik sowie für die Organisation des Gesundheitswesens und die medizinische Versorgung gewahrt werden muss.

In 2. Lesung hat das EU-Parlament die EU-Richtlinie zu Patientenrechten **869** bei der grenzüberschreitenden Gesundheitsversorgung am 19.1.2011 verabschiedet. Damit soll die Inanspruchnahme medizinischer Dienstleistungen im EU-Ausland erleichtert werden, sei es durch die europäische Krankenversicherungskarte oder durch die verstärkte Nutzung telemedizinischer Kommunikationsformen. Im Mittelpunkt dieser Richtlinie steht die Berücksichtigung der Grundwerte Universalität, Zugang zu einer hochwertigen Versorgung, Gleichbehandlung und Solidarität.[1296] Diese Initiativen sind auf eine aktive Gesundheitspolitik gerichtet und damit auf eine Fort-

---

1293 Z.B. Baltzer Die Haftung der gesetzlichen Krankenkassen für medizinische Fehlbehandlungen 2009.
1294 Vgl. zu den Reformüberlegungen u.a. Laufs/Katzenmeier Arztrecht 2009 S. 354 f.
1295 BT-Drucks. 17/907, S. 6.
1296 Vgl. dazu z.B. Pitschas NZS 2010, 182; Hanika PflegeR 2010, 59, 66 f.; Schulte/ Westenberg NZS 2009,135.

Plagemann

entwicklung. Dem liegt aber nicht ein »Sozialmodell« zugrunde, welches die Haftung des Staates an die Stelle der Individualhaftung des einzelnen Behandlers stellt. Es fehlen auch Hinweise darauf, dass die Übernahme der Arzthaftung in ein System der Staatshaftung nachhaltige Vorteile verspricht, sei es im Hinblick auf die Fehlervermeidung, den Schutz des Geschädigten bis hin zum Insolvenzschutz.

❗ Gewährleistung statt Haftung
Das Sachleistungsprinzip gem. § 2 SGB V verpflichtet zur Qualitätssicherung, belässt es aber bei der privaten (Haftungs-)Verantwortlichkeit.
– Das »hohe Gesundheitsschutzniveau« gemäß EU-Recht bekräftigt das staatliche Ziel einer Qualitätssicherung.
– Keine »Haftungsersetzung durch Unfallversicherung«.
– Mehr Patientenrechte durch umlagefinanzierte Versicherung?

2. Staatliche Einstandspflichten

870   Der Staatshaftung vorbehalten sind spezielle ärztliche Tätigkeiten, für die das Gemeinwesen besondere Verantwortung trägt. Gemeinsames Merkmal der verschiedenen Tatbestände ist die zum Teil historisch gewachsene Tatsache, dass auf Art, Umfang und Zeitpunkt der Behandlung seitens des Staates mehr oder weniger Einfluss genommen wird. Es geht um folgende Sachverhalte:
– Notarzteinsatz (**a**)
– MDK-Arzt (**b**)
– Impfschaden (**c**)
– Behandlung nach Zwangseinweisung (**d**)
– Heilverfahren nach Arbeitsunfall (**e**)
– Blut-/Organspende, § 2 Abs. 1 Nr. 13b SGB VII (**f**)
– (Unechte) Unfallversicherung gem. SGB VII (**g**)
– Opferentschädigung nach vorsätzlicher Körperverletzung (**h**).

a) Notarzt im Rettungsdiensteinsatz

871   Die Wahrnehmung der rettungsdienstlichen Aufgaben ist nach den meisten Ländergesetzes der hoheitlichen Betätigung zuzurechnen.[1297] Die meisten Landesgesetze formulieren, dass die Landkreise bzw. kreisfreien Gemeinden den Rettungsdienst flächendeckend sicherzustellen haben. Damit han-

---

1297 BGH v. 16.9.2004 – III ZR 346/03 – BGHZ 160, 216 = NJW 2005, 429 = jurisPR-BGHZIVILR 42/2004 Anm. 5 (Kummer); BGH v. 17.12.2009 – III ZB 47/09 – GesR 2010, 371; Nachweise zu den Rettungsdienstgesetzen bei Fehn/Lechleuthner MedR 2000, 114; Lippert VersR 2004, 839; Ratzel/Luxenburger/Lissel Handbuch Medizinrecht 2008 § 23 Rn. 61 ff.; Killinger Die Besonderheiten der Arzthaftung im medizinischen Notfall 2009.

delt es sich um eine **öffentliche Aufgabe** – auch wenn die Durchführung des Rettungsdienstes auf Hilfsorganisationen übertragen wird und es sich dabei überwiegend um juristische Personen des Privatrechts handelt. Dem öffentlich-rechtlichen Charakter der Durchführung rettungsdienstlicher Aufgaben entspricht es, dass auch die ärztliche Tätigkeit im Rahmen eines rettungsdienstlichen Einsatzes als Ausübung eines öffentlichen Amtes zu beurteilen ist.[1298] Das BSG hat schon zum alten Recht[1299] entschieden, dass die notärztliche Versorgung gem. § 75 Abs. 1 S. 2 SGB V vom Sicherstellungsauftrag der Kassenärztlichen Vereinigungen umfasst ist. Der BGH betont, dass diese Rechtsprechung des BSG betreffend die Vergütung notärztlicher Tätigkeiten einer Amtshaftung gem. § 839 BGB, Art. 34 GG nicht entgegensteht. Auch die Tatsache, dass das Krankenhaus für die notärztliche Behandlung eine Privatliquidation erstellte, hat für den Haftungsgrund selbst keine Bedeutung.

Höfling[1300] fragt, woraus sich der Anknüpfungspunkt für Einstandspflichten des Staates in jenen Referenzgebieten ergibt, in denen »die normative Steuerung weitgehend auf professionelle Standards privater Akteure rekurriert – wie etwa im Gesundheitsrecht«.　**872**

Ist der **Rettungsdienst privatrechtlich** organisiert, bleibt es bei der individuellen Haftung des Arztes.[1301] Der BGH hat zur Haftung des zum Notfalldienst verpflichteten niedergelassenen Arztes klargestellt, dass der Praxisinhaber, der sich durch den handelnden Arzt vertreten lässt, gem. § 831 BGB im Falle eines Kunstfehlers durch seinen Vertreter zur Haftung verpflichtet sein kann. Der Vertreter habe die Stellung als »Verrichtungsgehilfe« des vertretenen Arztes angenommen. Dies auch dann, wenn sie gemäß den Statuten einer gemeinsamen Notfalldienstordnung der Ärztekammer und der Kassenärztlichen Vereinigung tätig werden.[1302] Denn nach § 75 Abs. 1 S. 2 SGB V umfasst der Sicherstellungsauftrag der Kassenärztlichen Vereinigungen auch die Versorgung der Versicherten in den sprechstundenfreien Zeiten (insbesondere Mittwochs, nachts und am Wochenende).　**873**

1298　BGH v. 16.9.2004 – III ZR 346/03 – NJW 2005, 429; ebenso Petry GesR 2003, 204; BGH v. 9.1.2003 – III ZR 217/01 – BGHZ 153, 268 = GesR 2003, 202; OLG Schleswig v. 30.10.2006 – 4 U 133/05 – OLGR Schleswig 2007, 17; PWW/Kramarz BGB, 6. Aufl. § 839 Rn. 123.
1299　BSG v. 27.10.1987 – 6 RKa 60/86 – MedR 1988, 106.
1300　Höfling Vom überkommenen Staatshaftungsrecht zum Recht der staatlichen Einstandspflichten, in: Hoffmann/Riem/Schmidt/Aßmann/Voßkuhle (Hrsg.) Grundlagen des Verwaltungsrechts Band III 2009 § 51 Rn. 82; vgl. dazu auch den Problemaufriss bei Wolff/Bachoff/Stober/Kluth Verwaltungsrecht II 7. Aufl. 2010 § 67 Rn. 24 ff., zum Thema »Beauftragung Dritter« und der Frage nach der Amtshaftung.
1301　Z.B. OLG Stuttgart v. 2.2.2004 – 1 W 47/03 – NJW 2004, 2987; vgl. auch Fehn MedR 2008, 203.
1302　BGH v. 10.3.2009 – VI ZR 39/08 – MedR 2009, 731.

b) Amtshaftung für MDK-Arzt

874 § 275 SGB V verpflichtet die Krankenkasse, in den dort aufgelisteten Einzelfällen »eine gutachterliche Stellungnahme des Medizinischen Dienstes der Krankenversicherung ...« einzuholen. Der Gesetzgeber verfolgt damit ein doppeltes Ziel:

– u.a. stärkere Überwachung der Arbeitsunfähigkeit, auch im Zeitraum der Entgeltfortzahlung;
– Überwachung der Notwendigkeit der Leistungserbringung, z.B. im Bereich der Hilfsmittel, der Leistungen zur Teilhabe bis hin zur Kostenerstattung gem. § 13 Abs. 3 SGB V[1303]
– Aktivierung medizinischen Sachverstandes im System der Sachleistung: Das Gutachterverfahren des MDK stellt ein ausgelagertes organisatorisch verselbständigtes Beweisverfahren dar, bei dem es um die Klärung medizinischer Fragen geht.[1304]

875 Unabhängig davon, ob und inwieweit die Krankenkasse an das Votum des MDK gebunden ist bzw. sich gebunden sieht,[1305] handelt der MDK weder als Organ noch als Vertreter oder Erfüllungsgehilfe der Krankenkasse,[1306] so dass **die Krankenkasse** verpflichtet ist, ggf. **weitere Bemühungen zur Aufklärung des Sachverhaltes** zu unternehmen. Verletzt sie die ihr obliegende Pflicht zur Sachaufklärung, dürfen mögliche verbleibende Zweifel nicht zu Lasten des Versicherten gehen.[1307]

876 Die gutachterlichen Stellungnahmen des MDK erfolgen in »Ausübung eines öffentlichen Amtes«. Sie sollen der Klärung der Voraussetzungen für die Gewährung von Leistungen der GKV dienen. Über die Gewährung der einzelnen Leistung entscheidet grundsätzlich die Krankenkasse. Der MDK gibt hierzu, wenn er nach § 275 SGB V hinzugezogen wird, eine gutachterliche Stellungnahme ab. Diesem Gutachten kommt »in der Regel ausschlaggebende Bedeutung« zu, so dass die Gutachtertätigkeit auf das Engste mit der Entscheidung der Krankenkasse verbunden ist. Dann wird nach

---

1303 Dazu ausführlich Plagemann in: Plagemann (Hrsg.) Münchener Anwalts-Handbuch Sozialrecht 3. Aufl. § 18 Rn. 62 ff.; vgl. auch Bearbeitungsschritte der Einzelfallbegutachtung von neuen Untersuchungs- und Behandlungsmethoden, ebenda Rdn. 82.

1304 Z.B. GKV-Kommentar 1200 § 275 SGB V Rn. 15 (Heberlein/Pick) – Stand Februar 2008; Rebscher, in: Schulin (Hrsg.) Handbuch des Sozialversicherungsrechts Bd. 1 Krankenversicherung 1994 § 46.

1305 Vgl. dazu nur LSG Hessen v. 18.10.2007 – L 8 KR 228/06 – GesR 2008, 80; GKV-Kommentar 1200 § 275 SGB V Rn. 19 ff. (Heberlein/Pick) – Stand Februar 2008.

1306 BSG v. 28.9.2006 – B 3 KR 23/05 R; LSG Nordrhein-Westfalen v. 23.3.2011 – L 4 KR 132/06.

1307 Hier betreffend Feststellung der Arbeitsunfähigkeit: LSG Hessen v. 18.10.2007 – L 8 KR 228/06 – GesR 2008, 80.

der Rechtsprechung des BGH der zur Beschaffung wesentlicher Entscheidungsgrundlagen betraute MDK selbst hoheitlich tätig.[1308]

Soweit der MDK den Status einer **Körperschaft öffentlichen Rechts** hat, haftet er für seine Bediensteten als Anstellungskörperschaft. Dies auch dann, wenn der Schaden nicht unmittelbar auf die gutachterliche Stellungnahme selbst zurückzuführen ist, vielmehr die nächste Ursache die auf dem Gutachten beruhende Entscheidung der Krankenversicherung war.

877

Soweit der **MDK privatrechtlich** organisiert ist, scheidet er als Haftungssubjekt aus. Körperschaft i.S.d. Art. 34 GG kann nur eine solche des öffentlichen Rechts sein, so dass in diesem Fall die **Krankenkasse** selbst haftet.[1309] Das LG Ellwangen hat mit Urteil vom 13.2.2009[1310] die Krankenkasse zum Schadensersatz gem. § 839 Abs. 1 BGB i.V.m. Art. 34 GG und § 253 BGB verurteilt, weil sie sich nach Einholung eines Gutachtens des MDK ihre Entscheidung allein auf diese Einschätzung gestützt hat, obwohl Anhaltspunkte für eine offensichtliche Unrichtigkeit bzw. Missverständnisse auf Seiten des Gutachters vorlagen, worauf der Versicherte im Rahmen der Anhörung bzw. im Widerspruchsverfahren hingewiesen hatte. Das LG betont, dass es der Kasse nicht als Amtspflichtverletzung zuzurechnen ist, dass der MDK den Gutachtensauftrag nur unzureichend erfüllt hat. Denn der MDK ist gem. § 275 Abs. 5 SGB V in der Wahrnehmung der medizinischen Aufgaben unabhängig. Vorzuwerfen ist der Kasse, dass sie nach Eingang des Gutachtens keine weiteren Bemühungen zur Aufklärung des Sachverhaltes unternommen hatte.

878

Diese Entscheidung wirft die Frage auf, ob der Versicherte sowohl den MDK (als Körperschaft des öffentlichen Rechts gem. Art. 34 GG) als auch die Krankenkasse auf Schadensersatz in Anspruch nehmen kann mit dem Argument, das Gutachten des MDK sei fehlerhaft gewesen und der entsprechende Arzt hätte dies auch erkennen müssen. Eine solche Anspruchshäufung widerspricht allerdings dem Sinn und Zweck des Art. 34 GG, der im Bereich hoheitlichen Handelns nur ein Haftungssubjekt vorsieht.

879

Gutachterliche Wertungen in einem sozialmedizinischen Gutachten des MDK sind einem Widerruf nicht zugänglich. Dies wäre nur dann der Fall, wenn es sich um das Recht verletzende unwahre Tatsachenbehauptungen handelt. Wertungen und Meinungsäußerungen begründen jedoch einen Widerrufsanspruch nicht.[1311] Zunehmend wird der MDK zur »Unterstützung«

880

1308 BGH v. 22.6.2006 – III ZR 270/05 – GesR 2006, 413 = MedR 2006, 652 = jurisPR-BGHZIVILR 32/06 Anm. 3 (Osterloh).

1309 BGH v. 22.6.2006 – III ZR 270/05 – GesR 2006, 413 = MedR 2006, 652.

1310 LG Ellwangen v. 13.2.2009 – 3 O 97/08 – ZMGR 2009, 114 m. Anm. Paul.

1311 OLG Karlsruhe Beschl. v. 8.1.2001 – 3 W 106/00 – MedR 2001, 368.

Plagemann

der Versicherten bei Behandlungsfehlern gem. § 66 SGB V herangezogen.[1312] Haftet die Krankenkasse dann auch für eine Fehleinschätzung des MDK mit der Folge, dass dem Versicherten z.b. Ansprüche verlorengehen?

c) Impfschaden

881 Nach § 60 des Gesetzes zur Verhütung und Bekämpfung von Infektionskrankheiten[1313] hat einen Entschädigungsanspruch, wer sich einer Impfung unterzogen hat, die **öffentlich empfohlen** wurde oder aufgrund eines Gesetzes angeordnet wurde oder gesetzlich vorgeschrieben war oder aufgrund internationaler Gesundheitsvorschriften durchgeführt wurde.[1314] Durch die Schutzimpfung (vgl. Legaldefinition in § 2 Nr. 9 IFSG) bzw. durch die Gabe von Antikörpern muss ein gesundheitlicher Primärschaden eingetreten sein, der seinerseits gesundheitliche und wirtschaftliche Folgen hinterlassen hat. Zur Kausalitätsbeurteilung ist auf den aktuellen Stand der medizinisch-wissenschaftlichen Lehrmeinung zurückzugreifen.[1315]

882 Nach Auffassung des BSG kann sich der Rechtsschein der **öffentlichen Impfempfehlung** nicht nur auf eine bestimmte Infektionskrankheit beziehen sondern auch auf die Art und Weise der Impfung (Impfstoff, Darreichungsform). Der öffentlichen Empfehlung einer Impfung kann der Rechtsschein, den die zuständige Behörde verursacht, gleichzusetzen sein. Z. B. wenn das Verhalten der mit der Durchführung bestimmter Impfungen regelmäßig befasster Medizinalpersonen den Schluss erlaubt, diese Impfung sei öffentlich empfohlen. Die von § 60 IFSG vorausgesetzte öffentliche Empfehlung muss sich stets auf das »ob« und das »wie« einer Impfung beziehen, um Versorgungsansprüche auslösen zu können.[1316]

883 Der für die Entschädigung erforderliche »**Primärschaden**« muss binnen einer bestimmten Frist nach der Impfung zutrage getreten sein. Dies oftmals Jahre später zu ermitteln bereitet große Schwierigkeiten und setzt voraus, dass nicht nur die damaligen Behandler sehr detailliert befragt werden sondern auch nahe Angehörige, insbesondere die Eltern.[1317]

1312 Vgl. dazu auch den Überblick von Zunker Die BKK 2009, 568 ff.; dort auch Hinweis auf Burkhard, Konsequenzen für eine koordinierte Medizinschadenforschung, BMGS-Studie Universität Bonn 2005.

1313 Infektionsschutzgesetz – IFSG BGBl. I 2000 S. 1045 ff.

1314 Gilt nicht für Impfstudien: Schleswig-Holsteinische LSG Urt. v. 24.4.2007 – L 2 VJ 37/06 –; vgl. auch BSG v. 20.7.2005 – B 9a/9 VJ 2/04 R – BSGE 95, 66: kein Schutz soweit nicht zugelassener Impfstoff verwandt wurde.

1315 Zur Frage, ob die alten Anhaltspunkte hier herangezogen werden können oder ob auf Arbeitsergebnisse der ständigen Impfkommission zurückzugreifen ist, vgl. Dau jurisPR-SozR 25/2008 Anm. 4 zu LSG Saarland v. 27.5.2008 – L 5 VJ 10/04 –; vgl. auch LSG Niedersachsen-Bremen Urt. v. 26.2.2008 – L 5 VJ 2/02.

1316 BSG v. 2.10.2008 – B 9/9a VJ 1/07 R.

1317 BSG v. 19.3.1986 SozR-3850 § 51 Nr. 9; vgl. auch Petri-Kramer in: Plagemann (Hrsg.) Münchener AnwaltsHandbuch Sozialrecht 3. Aufl. 2009 § 37 Rn. 68 ff.

Der Umfang der **Entschädigung** richtet sich nach den Bestimmungen des **884**
BVG. Es geht um
- Heilbehandlung
- Versehrtenleibesübungen
- Versorgungskrankengeld
- Pflegezulage
- Beschädigtenrente in Form der Grundrente, Berufsschadensausgleich,
Schwerbeschädigtenzulage, Ausgleichsrente gemäß §§ 11 ff. BVG.[1318]

d) Behandlung nach Zwangseinweisung

Statt der Haftungsgrundlagen des privaten medizinischen Behandlungs- **885**
vertrages und des allgemeinen Deliktrechts gelten, wenn sich die ärztliche
Behandlung als Zwangsbehandlung darstellt, ausschließlich die Grundsätze der Amtshaftung. Voraussetzung ist, dass die ärztliche Behandlung aufgrund einer Einweisung nach den **Unterbringungsgesetzen der Länder**
erfolgt.[1319]

Die Bewahrung eines Patienten vor Selbstschädigungen gehört auch nach **886**
einer Zwangseinweisung zum psychiatrischen Facharztstandard. Der Sicherungspflicht sind Grenzen gesetzt durch die Menschenwürde und Freiheitsrechte des Patienten und das Übermaßverbot bei Zwangsmaßnahmen.
Nach Auffassung des OLG Sachsen-Anhalt[1320] ist die Klage gegen Ärzte,
Schwestern und Pfleger selbst unbegründet, da nach einer Zwangseinweisung ausschließlich die Anstellungskörperschaft gem. Art. 34 GG i.V.m.
§ 839 BGB haftet (hilfsweise hat das OLG die Klage auch aus Sachgründen
zurückgewiesen).

e) Durchgangsarzt (D-Arzt) als Amtsträger

Die Unfallversicherungsträger haben »alle Maßnahmen zu treffen, durch die **887**
eine möglichst frühzeitig nach dem Versicherungsfall einsetzende und sachgemäße Heilbehandlung ... gewährleistet wird« (§ 34 Abs. 1 SGB VII).[1321]
Zu unterscheiden ist im Rahmen der Heilbehandlung zwischen der allgemeinen Heilbehandlung und der besonderen Heilbehandlung. Bei der **allgemeinen Heilbehandlung** nach § 10 Vertrag Ärzte/UV-Träger (i.d.F. ab

---

1318 Dazu im Einzelnen Petri-Kramer in: Plagemann (Hrsg.) Münchener Anwalts-
Handbuch Sozialrecht 3. Aufl. 2009 § 37 Rn. 74 ff.
1319 BGH Beschl. v. 31.1.2008 – III ZR 186/06 – NJW 2008, 1444; für den Fall
der psychiatrischen Abteilung eines Kreiskrankenhauses: OLG Oldenburg v.
1.3.1994 – 5 U 127/93 – NJW-RR 1996, 666.
1320 OLG Sachsen-Anhalt Urt. v. 12.1.2010 – 1 U 77/09.
1321 Vgl. § 24 Abs. 1 Vertrag Ärzte/UVTr; ferner: »Anforderungen der Gesetzlichen Unfallversicherungsträger nach § 34 SGB VII zur Beteiligung am Durch-
gangsarztverfahren«; ausführlich: Ratzel/Luxenburger/Lissel Handbuch Medizinrecht 2008 § 36 Rn. 18 ff.

Plagemann

1.1.2011[1322]) bedarf die Verletzung nach Art und Schwere keines besonderen apparativ-technischen Aufwandes und keiner spezifischen unfallmedizinischen Qualifikationen.

888   Die **besondere Heilbehandlung** nach § 11 Abs. 3 Vertrag Ärzte/UV-Träger ist die fachärztliche Behandlung einer Unfallverletzung, die wegen Art und Schwere besondere unfallmedizinischer Qualifikation verlangt. Zur Einleitung besonderer Heilbehandlung berechtigt sind nur der Unfallversicherungsträger, der Durchgangsarzt, der H-Arzt (bis 31.12.2015) oder der Handchirurg. Im Rahmen dieser besonderen Heilbehandlung besteht wegen der Verantwortlichkeit der Unfallversicherungsträger keine freie Arztwahl gemäß § 28 Abs. 4 S. 2 SGB VII.[1323]

889   Es besteht grundsätzlich eine Vorstellungspflicht beim Durchgangsarzt, wenn die Unfallverletzung über den Unfalltag hinaus zur Arbeitsunfähigkeit führt oder die Behandlungsbedürftigkeit voraussichtlich mehr als eine Woche beträgt (§ 26 Vertrag/UV-Träger). Dabei sind Durchgangsärzte solche Ärzte, die also solche von den Landesverbänden der DGUV beteiligt werden (§ 24 Vertrag/UV-Träger).[1324] Der **Durchgangsarzt** beurteilt und entscheidet unter Berücksichtigung von Art und Schwere der Verletzung, ob eine allgemeine Heilbehandlung oder eine besondere Heilbehandlung erforderlich ist (§ 24 Vertrag/UV-Träger). Die besondere Heilbehandlung führt er selbst durch. Zur allgemeinen Heilbehandlung überweist er den Unfallverletzten an den Arzt, den dieser als seinen behandelnden Arzt benennt.

890   Bis zum 31.12.2015 ist der **H-Arzt**, der nach § 33 Vertrag Ärzte/UV-Träger von der Vorstellung des Unfallverletzten beim Durchgangsarzt befreit ist, nach § 35 des Vertrages Ärzte/UV-Träger berechtigt , in den aufgeführten Fällen einer gleichsam »mittelschweren« Verletzung die besondere Heilbehandlung durchzuführen, soweit es sich nicht um eine im Verletzungsartenverzeichnis speziell aufgeführte schwere Verletzung handelt. In diesen Fällen hat der behandelnde Arzt dafür zu sorgen, dass der Unfallverletzte unverzüglich in ein von den Landesverbänden der DGUV am Verletzungsartenverfahren beteiligtes Krankenhaus überwiesen wird. Es gelten besondere Anforderungen für die Teilnahme am H-Arzt-Verfahren, die nicht dispositiv sind für die Zulassungsstellen.[1325]

1322   Abgedr.: Dt. Ärzteblatt 2010, 1999; Bereiter-Hahn/Mehrtens Gesetzliche Unfallversicherung Anhang 2.

1323   Bereiter-Hahn/Mehrtens, Gesetzliche Unfallversicherung, § 34 Rn. 4.4.

1324   Dazu BSG v. 5.9.2006 – B 2 U 8/05 R – SozR 4-2700 § 34 Nr. 1; Jung Festschrift BSG. S. 533 ff.

1325   Vgl. BSG Urt. v. 5.9.2006 – B 2 U 8/05 R – SozR 4-2700 § 34 Nr. 1.

Plagemann

Bis zum Inkrafttreten des § 11 Abs. 5 SGB V am 1.1.1991 konnte gem. § 565 **891**
Abs. 2 S. 1 RVO a.F.[1326] der Träger der Unfallversicherung »die Heilbehandlung übernehmen«. Nach Auffassung des BGH[1327] erfüllt der D-Arzt bei
seiner Entscheidung, ob und in welcher Weise ein Verletzter in die berufsgenossenschaftliche Heilbehandlung übernommen werden soll, dabei zugleich eine der BG obliegende Pflicht. Er übt dann ein »**öffentliches Amt**«
aus.[1328] Spätestens seit Außerkrafttreten des § 565 RVO kann es ein solch öffentliches Amt mit der Folge von Amtshaftungsansprüchen nicht (mehr) geben. Die in Plagemann/Radtke-Schwenzer, Gesetzliche Unfallversicherung,
2. Aufl. 2007, 5. Kap. Rn. 18, vertretene Auffassung wird aufgegeben. Nach
dem Urteil des BGH vom 9.12.2008[1329] soll es nicht nur um die Übernahme
in die Behandlung des D-Arztes, sondern auch um die Entscheidung gehen,
ob die allgemeine oder die besondere Heilbehandlung erforderlich ist.

Dies macht **keinen Sinn**: Die Versorgung Unfallverletzter erfolgt nach den **892**
gleichen Maßstäben wie die kassenärztliche und privatärztliche Versorgung.
Dies folgt aus § 28 Abs. 2 SGB VII. Danach umfasst die ärztliche Behandlung die Tätigkeit der Ärzte,
>*die nach den Regeln der ärztlichen Kunst erforderlich und zweckmäßig
>ist.«*

Wer als D-Arzt ein Röntgenbild fehlinterpretiert[1330] und damit die erfor- **893**
derliche Operation verzögert, verstößt gegen seine Sorgfaltspflicht als **Arzt**
und nicht als **Beamter**. Eine Entlastung derart, dass für ihn nun ein »Träger
öffentlicher Gewalt«, also die »mittelbare Staatsverwaltung« (§ 29 SGB IV)
haftet, ist mit dem Verständnis einer modernen Medizin und eines zeitange-
messenen Arzt- und Patientenverhältnisses nicht mehr vereinbar. An keiner
Stelle (auch nicht bei der »Einleitung« der besonderen Heilbehandlung) ist
der Versicherte Empfänger von Weisungen oder der Arzt Träger eines öf-

---

1326 Außer Kraft gesetzt gem. Art. 5 Nr. 2 GRG v. 20.12.1988, BGBl. I S. 2477. Zu
den Auswirkungen des GRG im Einzelnen: Lauterbach, Unfallversicherung 3.
Aufl. (Stand: Dez. 1990) Vorb. §§ 557 RVO.

1327 BGH v. 9.12.1974 – III ZR 131/72 – BGHZ 63, 265, 272 = NJW 1975, 589; vgl.
auch Benz in: Schulin (Hrsg.) Handbuch Sozialversicherung Band 3 Unfallver-
sicherungsrecht 1996 § 44 Rn. 58.

1328 So auch BGH v. 9.12.2008 – VI ZR 277/07 – NJW 2009, 993, Rn. 17; Schmitt,
SGB VII § 34 Rn. 13; Krasney in: Becker/Burchardt/Krasney/Kruschinsky
Gesetzliche Unfallversicherung (Losebl. (Stand. April 2009), § 34 Rn. 7; vgl.
auch Schlick NJW 2009, 3487 (3488).

1329 BGH v. 9.12.2008 – VI ZR 277/07 – NJW 2009, 993 = MedR 2009, 407; zur
Amtshaftung des D-Arztes: Schlaeger Die BG 2008, 19.

1330 Z. B. OLG Hamm v. 9.11.2009 – I-3 U 103/09 – GesR 2010, 137: Amtspflichts-
bereich allenfalls »eng«; ähnlich: OLG Bremen v. 29.10.2009 – 5 U 12/09 –
GesR 2010, 21.

Plagemann

fentlichen Amtes. Dementsprechend hat der BGH[1331] auch die Durchführung der wiederkehrenden Prüfung von Kranen durch einen Sachkundigen **nicht** als Ausübung eines öffentlichen Amtes angesehen. Diese Prüfung falle in die Verantwortung der Unternehmen. Denn – so der BGH – die Prüfung erfolgt unabhängig von der den BGen obliegenden Überwachungspflichten, so dass die Prüftätigkeit der BG nicht wie ihre eigene hoheitliche Tätigkeit zugeordnet werden kann.

894 Weder aus § 34 SGB VII noch aus dem Vertrag Ärzte/Unfallversicherungsträger (i.d.F. 1.1.2011) noch aus dem Aspekt spezifischer Qualitätssicherung im Rahmen der berufsgenossenschaftlichen Heilbehandlung rechtfertigt sich eine Aufspaltung des einheitlichen Lebensvorgangs der medizinischen Untersuchung und Behandlung in ein öffentliches Amt, was die Veranlassung der besonderen Heilbehandlung anlangt, und die Heilbehandlung selbst. Die Heilbehandlung insgesamt ist eine von den Ärztinnen und Ärzten geschuldete vertragliche Leistung. Qualitätssicherung kann nicht hoheitlich oktroyiert werden sondern muss Teil ärztlichen Selbstverständnisses sein.[1332]

895 Auch die Reformüberlegungen[1333] verdeutlichen, dass die »Überweisung« des Verletzten in eine spezielle fachärztliche Versorgung Teil des vom D-bzw. H-Arzt oder auch Vertragsarzt geschuldeten **medizinischen Standards** ist – so wie § 11 Abs. 4 SGB V alle Leistungserbringer und Kranken- sowie Pflegekassen auf ein **Versorgungsmanagement** verpflichtet werden, welches »Probleme beim Übergang in die verschiedenen Versorgungsbereiche« lösen soll. Der möglichst »reibungslose« Übergang von einer Versorgungsform zur anderen (sei es ambulant, stationär, allgemeinärztlich, fachärztlich oder auch rehabilitativ) ist mit der ärztlichen Diagnostik und Therapie so eng verknüpft, dass die Verantwortlichkeiten und damit die Haftungsbereiche nicht sachgerecht voneinander abgegrenzt werden können. Die Auswertung von Röntgenaufnahmen ist elementare ärztliche

---

1331 BGH Urt. v. 14.5.2009 – III ZR 86/08 – NJW-RR 2009, 1398 = VersR 2009, 1364.

1332 Jung spricht von Vertragsrecht, welches Grundalge der Qualitätssicherung sei; vgl. Festschrift 50. Jahre BSG, 2004, 552 ff.

1333 Vgl. dazu auch den Entwurf eines § 34 Abs. 9 SGB VII, wonach bei den Verträgen nach Abs. 3 und 8 über die Vergütung der Ärzte, Zahnärzte und andere Stellen »das Gebot der Wirtschaftlichkeit und Sparsamkeit zu beachten« sei, Entwurf eines Gesetzes zur Modernisierung in der gesetzlichen Unfallversicherung – Arbeitsentwurf des Bundesministeriums für Arbeit und Soziales vom 27.4.2007; vgl. Gitter Die gesetzliche Unfallversicherung nach der Einordnung ins Sozialgesetzbuch – ein Versicherungszweig ohne Reformbedarf? Beilage 6 zu Heft 22 BB 1998, 11, 18; zur Heilbehandlung in der gesetzlichen Unfallversicherung allgemein: Benz in: Schulin (Hrsg.) Handbuch des Sozialversicherungsrechts Band II. Unfallversicherung 1996 § 44 Rn. 60 ff.; Dahm Die Leistungen 2008, 577 ff.

Plagemann

Aufgabe. Das gilt selbstverständlich auch für daraus abzuleitende Therapieempfehlungen, einschließlich der Auswahl des geeigneten Behandlers. Schon ganz und gar unverständlich wird der Verweis auf die Amtshaftung in den Fällen, in denen mehrere Fachärzte es versäumt haben, auf notwendige Optionen (z.B. Operation, Arzneimittel, Röntgen etc.) hinzuweisen.[1334]

f) Blut-/Organspende

Einerlei, ob gegen Entgelt oder unentgeltlich, ob auf Aufforderung oder aus Eigeninitiative, sind Blutspender gem. § 2 Abs. 1 Nr. 13b SGB VII unfallversichert, auch dann, wenn sie ihr Blut einem gewerblichen Unternehmen zur Gewinnung von Blutplasma zur Verfügung stellen.[1335] Die Blutentnahme selbst kommt als Unfallereignis nicht in Betracht, sondern nur damit in einem rechtlich wesentlichen Zusammenhang entstehende Schäden wie Infektionen, Stolpern oder Ausgleiten im Behandlungsraum, Wegeunfall. Die infolge einer Blutentnahme eintretende Komplikation erfüllt den Tatbestand des Unfalles.[1336] Der Versicherungsschutz gilt auch für eine Spende im Ausland, sofern der Spender seinen Wohnsitz oder gewöhnlichen Aufenthalt im Inland hat (§ 2 Abs. 3 S. 3 SGB VII). Die so genannte »Eigenblutspende«, nach der das eigene Blut nur für eine spätere Operation des Spenders selbst aufbewahrt wird, gehört zur »eigenwirtschaftlichen« Heilbehandlung und steht deshalb nicht unter Unfallversicherungsschutz.[1337]

896

Ebenso fällt die Übertragung **körpereigenen Gewebes** an dieselbe Person nicht unter den Tatbestand der Nr. 13b.[1338] Versichert ist dagegen die Gewebsspende für wissenschaftliche Forschungszwecke. Versicherter Unfall kann auch eine Kreislaufstörung infolge der Nierenspende, Entzündungen infolge der Entnahme eines Knochenteils oder nach einer Hautentnahme sein.[1339] Versichert ist die Blutstammzellspende, auch wenn das Blut erst später, evtl. nach Aufbereitung, für klinische Zwecke verwendet wird.[1340] Auch Vorbereitungshandlungen, wie die Immunisierung werden von § 2 Abs. 1 Nr. 13b SGB VII erfasst.[1341]

897

1334 Paradebeispiel: BGH v. 9.3.2010 – VI ZR 131/09 – GesR 2010, 251, Revisionsentscheidung zu OLG Bremen v. 27.3.2009 – 5 U 70/08 – GesR 2009, 500. Nach OLG Oldenburg v. 30.6.2010 – 5 U 15/10 – VersR 2010, 1654, haftet D-Arzt persönlich nachdem er die besondere Heilbehandlung selbst übernommen hat.
1335 BSG Urt. v. 22.11.1984 – 2 RU 49/83 – E 57, 231.
1336 Bejahend z.B. Lauterbach/Schwerdtfeger SGB VII § 2 Rn. 462.
1337 Lauterbach/Schwerdtfeger SGB VII § 2 Rn. 463.
1338 BSG Urt. v. 24.6.1981 – 2 RU 51/79 – USK 81117; Brackmann/Kruschinsky SGB VII § 2 Rn. 663.
1339 Brackmann/Kruschinsky SGB VII § 2 Rn. 670.
1340 LSG Schleswig-Holstein Urt. v. 18.1.2007 – L 1 U 48/06 – Breithaupt 2007, 302.
1341 JurisPK-SGB VII/Bieresborn § 2 Rn. 195.

898 Der Entwurf einer **EU-Richtlinie** zur Qualität von Organspenden soll die Qualität von Organspenden verbessern. Patienten sollen dafür geschützt werden, Organe zu empfangen, die mit Viren etc. infiziert sind.

g) Rehabilitanden-Unfallversicherung gem. § 2 Abs. 1 Nr. 15 SGB VII

899 Nach § 2 Abs. 1 Nr. 15 SGB VII sind Rehabilitanten während stationärer und teilstationärer Heilbehandlung sowie während berufsfördernder Maßnahmen gegen Unfall versichert. Nicht versichert ist das Risiko einer medizinischen Fehlbehandlung, einerlei ob sie von Ärzten oder von ärztlichen Hilfskräften während der Rehabilitation erbracht wird.[1342] Gleiches gilt für die mit der Behandlung verbundenen Risiken.[1343] Der Patient, der durch fehlerhaftes Handeln des Operateurs, des Anästhesisten sowie des Physiotherapeuten zu Schaden kommt, hat gegen die Heilperson bzw. gegen die Einrichtung selbst einen Schadensersatzanspruch aus unerlaubter Handlung oder aus Vertrag, nicht aber aus dem Gesichtspunkt der unechten Unfallversicherung gem. SGB VII. Abgrenzungsschwierigkeiten gibt es etwa bei der Teilnahme an Übungen, an Gymnastik oder Arbeitstherapie sowie beim Spaziergang.[1344] Auch die Reaktion auf Medikamente oder Narkosefehler begründen einen Versicherungsschutz nicht.[1345] Dagegen erwachsen dem Patienten Ansprüche aus § 2 Abs. 1 Nr. 15 SGB VII auch dann, wenn der Physiotherapeut ihm beim Aufstehen von der Massage-Bank nicht ausreichend gestützt hat, so dass er zu Fall kommt.[1346]

900 Mittelbar versichert ist der ärztliche Kunstfehler, soweit es um die Behandlung nach einem Arbeitsunfall geht und etwa durch einen ärztlichen Kunstfehler eine Verschlimmerung eintritt. Dann handelt es sich um zu entschädigende **mittelbare Folgen** des früheren Arbeitsunfalls i.S.d. § 11 SGB VII. Dieser Schutz gilt nicht nur für (Folge-)Unfälle auf dem Weg zur Heilbehandlung, sondern auch für den Sturz von der Liege und die Folgen eines Behandlungsfehlers.[1347]

h) Opferentschädigung nach vorsätzlicher Körperverletzung

901 Das BSG hat durch Urteil vom 29.4.2010[1348] den Anspruch auf Leistungen nach dem OEG in einem Fall bejaht, in dem eine Klägerin durch ärztliches Handeln zu Schaden gekommen war. Die 1954 geborene Klägerin litt an erheblichem Übergewicht, Koronarinsuffizienz, Bluthochdruck, Lungenin-

---

1342 BSG Urt. v. 30.9.1980 – 2 RU 13/80 – SozR-2200 § 539 Nr. 71.
1343 BSG Urt. v. 10.3.1994 – 2 RU 22/93 – BKK 1995, 25.
1344 Dazu KassKomm/Ricke, § 8 SGB VII, Rn. 169.
1345 BSG Urt. v. 31.1.1980 – 8a RU 92/78 – SozR-2200 § 639 Nr. 1.
1346 BSG Urt. v. 27.4.2010 – B 2 U 11/09 – SGb 2011, 53 m. Anm. Pitz.
1347 Z. B. BSG v. 4.11.1981 – 2 RU 39/80 – SozR 2200 § 548 Nr. 59.
1348 BSG Urt. v. 29.4.2010 – B 9 VG 1/09 R.

suffizienz, insulinpflichtigem Diabetes mellitus und einer Darmkrankheit. Im Januar 2000 ließ sie sich von einem Gynäkologen eine Fettabsaugung durchführen. Danach traten Komplikationen auf. Im Juni 2000 versuchte der Arzt eine bestehende Fettschürze zu korrigieren und saugte weiteres Fett ab. Auch nach diesem Eingriff kam es zu erheblichen Komplikationen. Im Hinblick auf diese beiden Eingriffe wurde der Arzt im Jahr 2002 wegen vorsätzlicher gefährlicher Körperverletzung unter Einbeziehung zahlreicher weiterer Taten zum Nachteil anderer Patienten zu einer mehrjährigen Freiheitsstrafe verurteilt. Das Land – so das BSG – sei verpflichtet, die durch die misslungenen ärztlichen Eingriffe verursachten Gesundheitsstörungen als Schädigungsfolge i.S.d. OEG festzustellen. Ein Patient wird dann zum Gewaltopfer, wenn ein strafbarer ärztlicher Eingriff aus der Sicht eine verständigen Dritten in keiner Weise dem Wohle des Patienten dient.

Im Rahmen der Anspruchsprüfung nach OEG kommen Beweiserleichterungen bei der Beurteilung der haftungsausfüllenden Kausalität in Betracht, soweit hier die »Theorie der wesentlichen Bedingung« Anwendung findet.   **902**

❗ Man muss sich nun mit Folgeproblemen befassen:
   – Sind die Leistungen nach dem OEG auf den zivilrechtlichen Schadensersatzanspruch gegen den Arzt anzurechnen? Ja, das Land nimmt nach § 5 OEG Regress.
   – Ist konstitutiv für die Opferentschädigung nach Medizinschäden die strafgerichtliche Verurteilung des Arztes?

Plagemann

B. Das Deckungsverhältnis – die Heilwesenhaftpflichtversicherung[1349]

I. Allgemeines

1. Arzthaftpflichtversicherung – historische Entwicklung, Rechtsgrundlagen, Risikomanagement

a) Historie

903   Die ersten Haftpflichtversicherungen für Ärzte (und Apotheker) sind in der Folge des Reichshaftpflichtgesetzes von 1871 und des Unfallversicherungsgesetzes von 1884 in das Jahr 1887 zu datieren.[1350] In dieser Zeit und über Jahre wurde insbesondere die Arzthaftpflichtversicherung kritisch diskutiert, weil eine solche Versicherung den Arzt im Falle eines Kunstfehlers ungeschoren davonkommen lässt und somit sowohl ein Anreiz fehlerfrei zu arbeiten als auch ein Sanktionsmechanismus entfällt. Gleichwohl verzeichnete die Arzt- und Apothekerhaftpflichtversicherung bereits im Jahr 1901, also ein Jahr nach Einführung des Bürgerlichen Gesetzbuches, über 6500 Versicherungsverträge, und es setzte sich die Erkenntnis durch, dass diese Haftpflichtversicherung wichtige soziale Zwecke verfolgt, indem sie neben dem Versicherungsnehmer auch mitversicherte Personen und vor allem auch den Patienten schützt. Die Arzthaftpflichtversicherung war in ihrer Entstehungszeit eine der ersten Versicherungen, welche neben deliktischen auch vertragliche Schadenersatzansprüche[1351] umfasste.

904   Heute sind all diese Funktionen der Arzthaftpflichtversicherung unstreitig. Die Arzthaftpflichtversicherung stellt für den Arzt somit ein notwendiges, für den Patienten ein »segensreiches Instrument der Haftungsvorsorge«[1352] dar.

905   Ohne die Versicherung der ärztlichen Berufshaftpflicht und der Versicherung der betrieblichen Tätigkeit von Krankenhäusern wären wohl in den meisten Fällen weder Schadenersatzansprüche von Patienten ordnungsgemäß zu bedienen noch ärztliche Insolvenzen zu vermeiden.

906   Die heutigen Diskussionen[1353] zur Arzthaftpflichtversicherung bezie-

---

1349   Siehe hierzu auch Weidinger, Die Praxis der Arzthaftung, 2010, Kapitel 14.
1350   Möhle, Die Haftpflichtversicherung im Heilwesen, Versicherungsrechtliche Studien, Bd. 23, 1992, S. 8 ff m.w.N.
1351   Möhle, aaO.
1352   Katzenmeier/Brennecke, in: Wenzel, Kap. 5, Rn. 1. Ebenso: Von Schirmer, ZVersWiss 1996,/1, 21.
1353   Siehe zum Beispiel Cordula Gentz, Diplomarbeit »Probleme zunehmender Haftpflichtrisiken und deren Implikation, Universität Hamburg, Fakultät Wirtschafts- und Sozialwissenschaften, Institut für Versicherungsbetriebslehre/Prof. Dr. Martin Nell.

Weidinger

hen sich im Wesentlichen auf eine Kodifizierung,[1354] auf zu verändernde Beweislastregeln,[1355] auf die Finanzierbarkeit angesichts immer höherer Schadenvolumina[1356] mit dem Risiko amerikanischer Verhältnisse[1357] sowie

1354 Bestrebungen, die Patientenrechte in einem Gesetz zu regeln, gibt es immer wieder, s. z. B. Schimmelpfeng-Schütte, MedR 2003, 401, 403. Aktuell sollen die Patientenrechte als besondere Verbraucherrechte in einem eigenen Patientenschutzgesetz bzw. Patientenrechtegesetz normiert werden (siehe Koalitionsvertrag von CDU, CSU und FDP vom 26.10.2009). Seit 03/2011 liegt der Entwurf des Patientenrechtegesetzes vor. Haftungsbezogen enthält er Regelungen zum Behandlungsvertrag (Aufnahme in das Bürgerliche Gesetzbuch und gesetzliche Aufklärungs- und Dokumentationspflicht), zur Förderung der Fehlervermeidungskultur (Risikomanagement- und Fehlermeldesysteme werden im Sinne einer effektiven Qualitätssicherung sowohl im Bereich der stationären als auch ambulanten Versorgung gestärkt sowie Beschwerdemanagement in den Krankenhäusern wird gefördert), zur Kodifizierung eines umfassenden Haftungssystems, zu Verfahrensrechten (einheitliche Schlichtungsverfahren, spezialisierte Kammern bei den Landgerichten, verbesserter Rechtsschutz gegen Berufungsentscheidungen) sowie zur Stärkung der Rechte gegenüber Leistungsträgern (Patientinnen und Patienten werden bei Verdacht auf Behandlungs- und Pflegefehler unterstützt). Siehe auch Stellungnahme Nr. 5/2011 des Deutschen Anwaltvereins vom Januar 2011 (Medizinrechtsausschuss).
1355 Weidinger, Aus der Praxis der Arzthaftpflichtversicherung für Ärzte und Krankenhäuser, MedR 2006, 571 ff.
1356 Hellberg, Lonsing, Versicherungswirtschaft 2010, 421 ff.: Der Gesamtverband der Deutschen Versicherungswirtschaft hat in einer Ausschnittsbetrachtung die Abwicklung von Personenschäden im Heilwesenbereich analysiert, nachdem laut der Schadengrößenklassenstatistik des GDV die Personengroßschäden über 50 000 Euro zwar nur knapp zwei Prozent der Gesamtschadenanzahl betrugen, ihr Meldejahresaufwand aber über ein Viertel des Gesamtaufwandes ausmachten. Beteiligt an diesem Projekt waren insgesamt zehn Erstversicherer, die zusammen etwa vier Fünftel des dem GDV gemeldeten Heilwesengeschäftes repräsentieren. Betrachtet wurden Großschäden aus den zwei Meldejahresperioden 1995 bis 1998 und 2000 bis 2003. Als Ergebnis fielen vor allem der massive Anstieg der Erwerbsschäden (elf Prozent pro Jahr/Anteil am Gesamtschadenaufwand 10 bis 15 Prozent) und der vermehrten Bedürfnisse mit insbesondere den Pflegekosten (Steigerungsrate von rund neun Prozent pro Jahr) auf. Als Kostentreiber wurden ausgemacht der Trend in der Rechtsprechung zur professionellen Rund-um-Pflege und zur häuslichen Pflege durch professionelle Kräfte, der Preisanstieg für Pflegeleistungen sowie die höhere Lebenserwartung der Geschädigten infolge des medizinischen Fortschritts. Darüber hinaus wurden die systemischen Regresse der Sozialversicherungsträger und die Schmerzensgeldentwicklung mit bis zu 500 000 Euro für schwere Geburtsschäden als wesentliche Faktoren gesehen. Besonders hervorgehoben wurden die Segmente »Gynäkologen mit Geburtshilfe« und »Hebammen und Entbindungspfleger«; bei diesen Wagnisarten entstünden in allen Statistikjahren und bei allen an der Analyse beteiligten Gesellschaften erhebliche Abwicklungsverluste.
1357 Zu den Entwicklungen in den Vereinigten Staaten siehe Flatten, Die Arzthaftpflichtversicherung in den Vereinigten Staaten, 1996 und Krahe, Die Haftungs-

auf alternative Schadenersatz- und Entschädigungssysteme (welche zum Beispiel als in Form einer Patientenunfallversicherung ausgestaltet wohl häufigere, im Einzelfall aber erheblich niedrigere »Schadenersatz«summen auswerfen würde),[1358] aber auch darauf, die Haftungskriterien für Ärzte und Anwälte zu nivellieren.[1359] Die Schadenhäufigkeiten[1360] scheinen dagegen leicht zu steigen.[1361] Unabhängig von diesem grundsätzlichen Anstieg[1362] lässt sich nicht exakt validieren, in welchem Umfang sich die Anzahl der jährlichen Arzthaftpflichtfälle verändert,[1363] da es keine einheitlichen Statistiken gibt.[1364] Die Zahlen des statistischen Bundesamtes erfassen lediglich Entscheidungen.[1365] Am ehesten valide sind zu Schadenhäufigkeiten die Statistiken der Gutachter- und Schlichtungsstellen[1366]

---

verteilung bei ärztlicher Arbeitsteilung und Zusammenarbeit in den Vereinigten Staaten von Amerika und in Deutschland, 2004.

1358 Katzenmeier, Arzthaftung, § 4, Kollektive Schadensabnahmesysteme; ders., VersR 2007, 137.

1359 Adam, Arzt- und Anwaltshaftung im Vergleich, VersR 2010, 44 ff.

1360 Siehe hierzu auch die kritischen Anmerkungen zu immer wieder publizierten »Expertenvermutungen« in Weidinger, Die Praxis der Arzthaftung, 2010, Kapitel 1 Abschnitt 5.

1361 Siehe auch Weidinger in Zeitschrift für Evidenz, Fortbildung und Qualität im Gesundheitswesen Band 103 (10), »Spezielle Risiken ärztlichen Handelns«, zum Thema 36. Symposion für Juristen und Ärzte der Kaiserin Friedrich Stiftung mit Zahlen der DBV-Winterthur-Versicherung des Jahres 2006:
– Berufshaftpflichtversicherte Ärzte: 128.000
– Schadenmeldungen: 4.362
– Berechtigte Vorwürfe: 46%
– (Nachgewiesen) unberechtigte Vorwürde: 54%
– Anteil Schlichtungsverfahren: 32%
– Außergerichtlich erledigt: 89%
– Zivilprozesse: 11%, hiervon vom Arzt »verloren«: 4% (= 0,44% aller Fälle)
Für den Zeitraum davor siehe Weidinger MedR 2004, 289: 4.573 Arzthaftpflichtschäden in 2001; Weidinger MedR 2006, 571, 572: 4.583 Schadenmeldungen in 2005. Für den Zeitraum danach muss der AXA-Bestand betrachtet werden In diesem sind die Bestände der DBV-Winterthur und der Deutschen Ärzteversicherung aufgegangen: Auf rund 180.000 versicherte Risiken entfallen etwa 7000 Anspruchserhebungen pro Jahr.

1362 Katzenmeier, Arzthaftung, S. 40 ff, Deutsch/Spickhoff, Medizinrecht, Rn. 159, Lutterbeck, in: Wenzel, Kap. 5 Rn. 90, Petry, in: Arbeitsgemeinschaft Rechtsanwälte im Medizinrecht e.V., Arzthaftung – Mängel im Schadensausgleich?, S. 93.

1363 Zu den vermeintlichen Expertenmeinungen siehe Weidinger, Arzthaftung in der Praxis, Kapitel 1.

1364 Katzenmeier, Arzthaftung, S. 39 m.w.N.

1365 Vgl z. B. Zivilgerichte – Fachserie 10 Reihe 2.1für 2008: Erledigte Arzthaftungsklagen bei Amtsgerichten 1.839 und bei Landgerichten 7.375 (Summe 9.214) Gutachterkommissionen/ Schlichtungsstellen 10.498.

1366 Siehe www.bundesaerztekammer.de/downloads/Gutachterkommission_Statistik_2009.pdf.

Weidinger

sowie zu Schadenhöhen eine aktuelle Analyse des Gesamtverbandes der Versicherungswirtschaft.[1367]

Aus der GdV-Analyse zu Personenschäden der Heilwesenhaftpflicht

Betrachtung:	Meldejahresperioden1995-1998 und 2000- 2003
Schadenhöhen:	Anstieg von der ersten zur zweiten Beobachtungsperiode um mehr als 32 Prozent (sechs Prozent p.a. = dreifache Steigerungsrate des Verbraucherpreisindex)
Kostentreiber:	Schmerzensgeld (Anstieg um 3,6 Prozent pro Jahr) Vermehrte Bedürfnisse (Anteil am Gesamtschadenaufwand zwischen 35 Prozent und 45 Prozent; Steigerungsrate neun Prozent pro Jahr) Heilbehandlung (Anteil zwischen 20 Prozent und 30 Prozent am Gesamtschadenaufwand Erwerbsschaden (Anteil am Gesamtschadenaufwand zwischen 10 und 15 Prozent, Anstieg wächst um mehr als elf Prozent pro Jahr)

Quelle: VersWi 2010, 421ff, siehe Fn 7

❗ – Iatrogene Personenschäden sind angesichts dramatischer Einzelfälle **907** und der Verletzung des höchsten menschlichen Gutes ständiges Medienthema.[1368]
   – Das System der Arzthaftpflicht und der Arzthaftpflichtversicherung hat sich seit über 100 Jahren im Arzt- und im Patienteninteresse bewährt.[1369] Gleichwohl wird es immer wieder zur Diskussion gestellt.[1370]
   – Die Gründe der progredienten Kostensteigerung iatrogener Schäden liegen in der Schadenhöhe[1371] und nicht in der Schadenhäufigkeit.

1367 Siehe Fn. 1363
1368 Siehe z. B. »Risiko Arzt« in FOCUS 44/2010, 62 ff.
1369 Siehe auch Leitartikel »Arzthaftpflicht in der Krise« in Rheinischem Ärzteblatt 11/2012 und Katzenmeier in der Druckfassung seines Vortrages zum gleichnamigen Symposium: »Arzthaftung – Ausbau oder Preisgabe des Systems?«, MedR 4/2011.
1370 So zum Beispiel aktuell im Hinblick auf ein mögliches Patientrechtegesetz
1371 Vgl. Schlösser, Aufsichtsratsvorsitzender der Deutschen Ärzteversicherung, im Thesenpapier zum Vortrag »Zahlen-Daten-Fakten«, gehalten auf dem Symposium »Arzthaftpflicht in der Krise« des Institutes für Medizinrecht der Universität zu Köln am 01.10.2010: Die Schadenaufwände in der Sparte Arzthaftpflicht der AXA-Versicherung seien über die letzten Jahre kontinuierlich

Weidinger

– Mutmaßungen[1372] über Zahlen und Ursachen sind unwissenschaftlich.[1373] Sie dienen lediglich der Parteinahme oder der Profilierung sogenannter Experten.
– Zu Schadenhäufigkeiten geben die Statistiken der Gutachter- und Schlichtungsstellen,[1374] zu Schadenhöhen die aktuellen Analysen des Gesamtverbandes der Versicherungswirtschaft Auskunft.[1375]

b) Risikomanagement zum Schutz der Solvabilität

908 Unter dem Aspekt der immer teureren Schäden[1376] gewinnt die Dualität des Begriffes Risikomanagements in der Assekuranz weiter an Bedeutung. Die Sicherstellung der Solvabilität[1377] und die operativen Maßnahmen zur Vermeidung von Leistungsfällen[1378] gehen Hand in Hand.

---

gestiegen und hätten im Jahr 2009 mit 155.480.000 EUR rund das Doppelte der Beitragseinnahmen betragen. Nach Schlösser ist der Schadendurchschnitt bei 44.000 untersuchten Schäden von 8733 EUR im Jahr 1999 auf 12.788 EUR im Jahr 2007 gestiegen (Veröffentlichung der Vorträge in MedR 4/2011 vorgesehen).

1372 Siehe Rdn. 914.
1373 Die immer wieder behaupteten Causae strengere Rechtsprechung, höheres Anspruchsdenken der Patienten, höhere Erwartungshaltung von Patienten, Animositäten gegenüber und zwischen Ärzten, Vertrauensverlust in den Medizinbetrieb, agressivere Rechtsanwälte, das Bestehen von Rechtsschutzversicherungen u. a. sind nicht valide. Sie sind gleichwohl argumentatives Allgemeingut geworden und finden sich in selbst in etablierter Literatur (siehe z. B. einige der Gründe bei Ulsenheimer in Berg/Ulsenheimer, Patientensicherheit, Arzthaftung, Praxis- und Krankenhausorganisation, Seite 3).
1374 Siehe z. B. http://www.bundesaerztekammer.de/downloads/Gutachterkommission_Statistik_2009.pdf.
1375 Siehe Fn. 1363.
1376 (1) Für die Deutsche Ärzteversicherung siehe Titelinterview im Deutsches Ärzteblatt vom 16.4.2010 (2) Für die Versicherungskammer Bayern siehe Lichtmannegger/Kleitner in Berg/Ulsenheimer, Patientensicherheit, Arzthaftung, Praxis- und Krankenhausorganisation, Seite 9 ff (3) Für die GVV-Kommunalversicherung VVaG Köln siehe Lutterbeck, Handbuch Fachanwalt Medizinrecht, Kapitel Krankenhaushaftpflichtversicherung: Der durchschnittliche Schadenaufwand pro Fall hat in den letzten Jahren ganz erheblich zugenommen. Seit Jahren übersteigen die Ausgaben für Schäden die Beitragseinnahmen der Krankenhaushaftpflichtversicherer, es gibt Schaden-Kosten-Quoten zwischen 140% und 180%.
1377 Es werden verschiedene Verfahren mit dem Ziel der EU-Vereinheitlichung diskutiert. Ob allerdings ein Modell, das in der EU für alle Versicherungsunternehmen z. B. für deren Ausstattung mit Eigenmitteln gelten soll, für das einzelne Versicherungsunternehmen sinnvoll ist, ist umstritten. Siehe z. B. Kohlruss, Standardmodell und Risikomanagement: Zwei Welten treffen aufeinander, Zeitschrift für Versicherungswesen 10/2010, 321 f.
1378 Detaillierte Darstellung von Haftung und Versicherungsschutz siehe Weidinger, Arzthaftung in der Praxis, 2010.

Weidinger

Die notwendigerweise steigenden Versicherungsbeiträge[1379] werden ihre Grenze finden, wenn sie von den Kunden nicht mehr aufgebracht werden können.[1380] Dann könnte die Assekuranz das Geschäftsfeld Arzt- und Krankenhaushaftpflicht nicht mehr weiterführen. Denn im Segment der Arzthaftpflicht mit seinen enormen Großschäden, in welchem Erstversicherer mit Problemen konfrontiert werden, welche ansonsten nur Rückversicherer kennen,[1381] würden dauerhafte Verluste im Großschadenbereich ein Unternehmen ins Wanken bringen. Im Ergebnis muss also die Versicherungsprämie[1382] so kalkuliert sein, dass der Deckungsbeitrag[1383] des Unternehmens positiv ausfallen wird. Dies wird versucht mit mathematischen Verfahren wie Chain ladder, welche auch die Spätschäden berücksichtigen,[1384] die oft erst Jahre nach einer Behandlung gemeldet werden. Diese Long-Tail-Thematik ist ein ganz wesentliches Problem der Prognosestellung iatrogener Schäden.[1385]

909

1379 Ärzte-Zeitung vom 9.3.2010: Berufshaftpflicht für Ärzte immer teurer.
1380 Zu den Hebammen siehe FAZ vom 20.2.2010: Zweihundert Geburten nur für die Versicherung. Die Bundesregierung sieht derzeit keine Gefährdung der Ausübung nicht-ärztlicher und ärztlicher Gesundheitsberufe aufgrund der erhöhten Versicherungsprämien (Pressemeldung 03/2011 zur Regierungsantwort 17/4747 auf eine Kleine Anfrage der SPD-Fraktion 17/4570).
1381 Hellberg/Lonsing, Komposit: Dramatische Teuerung von Personenschäden im Heilwesen, Versicherungswirtschaft 06/2010.
1382 Beitrag = geschätzter Aufwand + Kosten + Gewinn.
1383 DB 1 = Prämie – Schadenaufwand (variable Kosten); DB 2 = DB1 – (fixe) Kosten.
1384 Zum Prognoseszeitpunkt sind noch nicht alle eingetretenen Schäden bekannt; reservetechnisch werden diese als pauschale IBNR-Reserve für unbekannte Schäden berücksichtigt (IBNR = incurred but not reported).
1385 Zumal die Aufwände für die später gemeldeten Schäden durchschnittlich deutlich höher sind als diejenigen der zeitnah zum Geschäftsjahr gemeldeten; vgl. hierzu Schlösser »Zahlen-Daten-Fakten«, MedR 4/2011 (von der Deutschen Ärzteversicherung erstellter und ausgearbeiteter Vortrag für das Symposium »Arzthaftpflicht in der Krise« des Institutes für Medizinrecht der Universität zu Köln am 01.10.2010).

Weidinger

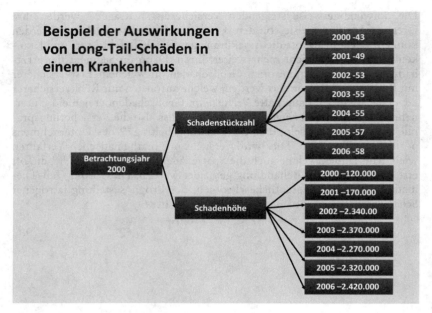

Beispiel der Auswirkungen von Long-Tail-Schäden in einem Krankenhaus

Betrachtungsjahr 2000

Schadenstückzahl
- 2000 -43
- 2001 -49
- 2002 -53
- 2003 -55
- 2004 -55
- 2005 -57
- 2006 -58

Schadenhöhe
- 2000 -120.000
- 2001 -170.000
- 2002 -2.340.00
- 2003 -2.370.000
- 2004 -2.270.000
- 2005 -2.320.000
- 2006 -2.420.000

910   Im Schaubild ist der Verlauf (nur) des Geschäftsjahres 2000 eines Krankenhauses gezeigt. Die Schadenhöhen sind zufällig, der Gesamtverlauf aber typisch: Zunächst werden die kleineren und unmittelbar gerügten Schäden gemeldet (Beispiele: Abhandenkommen von Patientenhabe in der Notaufnahme und von Gebissen bei der Patientenversorgung, Beschädigung von Zähnen bei ITN, Seitenverwechslung). Dann kommen sukzessive die in den Folgejahren bemerkten Schäden hinzu (Beispiel: Im Jahr 2002 werden in einem Geburtsschaden Ansprüche des Kindes und der Kranken-/Pflegekasse angemeldet, nachdem die Eltern des Kindes eine sachverständige Meinung eingeholt haben). Dies setzt sich fort bis zur Meldung eines fehlimplantierten Hüftgelenkes, das vom Patienten erst im siebten Folgejahr als Behandlungsfehler erkannt werden konnte (Revisionsoperation).[1386] Dazwischen kann es in Einzelfälle auch Reservereduzierungen geben, zum Beispiel wenn sich ein zunächst vermuteter Haftungsfall als nicht erstattungspflichtig herausstellt (zum Beispiel, wenn der Verlauf als fehlerunabhängig validiert wurde). Wesentlich ist dabei, dass die Rückstellungen des Unternehmens sachgerecht ermittelt werden.

1386 Für den niedergelassenen Bereich siehe konkretes Beispiel bei Weidinger, Aus der Praxis eines Heilwesenversicherers, MedR 2004, 289 ff sowie Weidinger, Aus der Praxis der Haftpflichtversicherung für Ärzte und Krankenhäuser, MedR 2006, 571 ff.

Weidinger

Die Kalkulation der Arzthaftpflicht kann spezifisch nach Fachgebiet mit **911**
Status und Funktion erfolgen, zum Erreichen einer aussagekräftigen mathematischen Menge auch in Gruppen[1387] oder in der Gesamtbetrachtung. Die
Prämienberechungsgrundlage im Krankenhausgeschäft kann nach verschiedenen Modellen erfolgen, zum Bespiel mit Betten-, Umsatz- oder Fallprä-
mie.

Wegen sinkender Bettenanzahlen in den Kliniken und sinkender Verweil- **912**
dauern bei steigender Zahl ambulanter Krankenhausbehandlungen ist die
früher maßgebliche Anzahl der Betten kein sachgerechtes Merkmal mehr.[1388]

Aktuell wird (wohl) eine Umsatzberechung priorisiert.[1389] **913**

Beitragsbemessungsgrundlagen für Krankenhäuser

Bemessungsgrundlagen

Bettenprämie
Vorteile:
- einfaches Zählverfahren

Nachteile:
- ungenaues Zählverfahren (Planbetten, Belegbetten...)
- sinkende Verweildauer und steigende Fallzahlen werden nicht berücksichtigt
- nicht Betten führende Abteilungen (wie Anästhesie, Radiologie) werden nicht berücksichtigt
- ambulante Leistungen werden nicht erfasst

Umsatzprämie
Vorteile:
- sinkende Verweildauer wird berücksichtigt
- Leistungen durch Dritte (wie Telemedizin) werden erfasst
- Wahlleistungen, ambulante Behandlungen u.s.w. werden erfasst

Nachteile:
- umsatzstarke Behandlungen sind u. U. kein höheres Risiko und sind entsprechend zu berücksichtigen

Behandlungsfallprämie
Vorteile:
- sinkende Verweildauer wird berücksichtigt
- ambulante Behandlungen können erfasst werden

Nachteile:
- nicht Betten führende Abteilungen (wie Anästhesie, Radiologie) werden idR pauschal eingeschlossen

Letztlich vermitteln alle Berechnungsmodelle nur eine scheinbare Sicher- **914**
heit und dem Kunden nur eine oberflächliche Plausibilität. Unsicher bleibt
die Prognose, weil Großschäden zufällig eintreten, die Betrachtungsmen-

---

1387 Zum Beispiel gemäß unverbindlichem GDV-Tarif Heilwesen 5/2007 in die ver-
      sicherungstechnische Gruppen 1 bis 5 nach Fachgebieten.
1388 Martius Much, Äskulaps Risiken, www.gdv.de/Publikationen/Periodika/Zeit-
      schrift_Positionen/Positionen_64.
1389 Hellberg/Lonsing aaO, Anm. 6: »Während die Verbandsstatistiken für Kran-
      kenhäuser z.z. noch auf der nicht mehr risikogerechten Wagnismenge »Betten-
      anzahl« aufbauen, sieht die unverbindliche Mustertarifstruktur des Verbandes
      seit 2008 als Wagnismenge den Umsatz je Krankenhaus vor«.

Weidinger

ge[1390] mathematisch zu klein ist und weil es ständig Veränderungen gibt. Dies betrifft nicht nur die Fortentwicklung der Medizin und der Jurisprudenz, sondern auch Ausstattungen sowie personelle Veränderungen vor allem in Krankenhäusern. Eine relative Sicherheit lässt sich durch Betrachtung eingetretener Schäden pro Risiko erreichen, wenn ein möglichst langer Betrachtungszeitraum (mindestens 10 Jahre) analysiert und zumindest die insoweit erkennbaren Potentiale entwickelt werden. Vorsicht ist für den die Historie analysierenden Versicherer aber insoweit geboten, als die Schadenrückstellungen des oder der Vorversicherer nicht die Realität wiedergeben müssen[1391] und weil sich das Risiko geändert haben kann.[1392]

915 Weil die Kostenentwicklung, die sich nicht nur auf Deutschland beschränkt,[1393] mit bekannten Methoden möglicherweise nicht beherrscht werden kann, wird über neue Wege nachgedacht. Aber auch diese haben ihre Tücken, da der Schadenaufwand »so der so« kompensiert werden muss:
– Versicherungsvertragliche Selbstbehalte[1394] eignen sich zwar für Massenschäden nicht jedoch für Großschäden, bei denen sie eine relevante Höhe haben müssten. In den USA, wo dagegen Risk-Management-Maßnahmen nach den Versichererkrisen von 1969 und 1974 seit langem etabliert sind, betragen diese zum 500.000 US$ und mehr.[1395]
– Die Lösungen durch Alternativen des »Risk-funnel-process« sind letztlich mehr ein Verteilverfahren denn eine wirkliche Innovation. Im »Risk-funnel-process excess gratuadet« übernimmt der Versicherer nur Schäden ab 200.000 EUR und erhält davon 60% des Nettobeitrages.[1396] Schäden ab 50.000 EURO werden zwischen Versicherer und Versicherungsnehmer quotiert, niedrigere Schäden trägt ausschließlich der Versicherungsnehmer.

1390 Zum Beispiel aller deutschen zu versichernden Risiken.
1391 So hat der Autor bei einem als »hervorragend verlaufendes Risiko« angefragten Krankenhaus festgestellt, dass die Schadenbewertung des Vorversicherers aufgrund fehlerhafter Haftungseinschätzung und aufgrund mangelhafter Personenschadenberechnung bei weitem zu niedrig war.
1392 Z. B. durch eine neue personelle Situation.
1393 Siehe L'ARGUS DE L'ASSURANCE vom 15.04.2005, Seite 38 ff: Assurances RC Médicale: Un mal francais?
1394 Zum Beispiel »Der Versicherungsnehmer beteiligt sich an jedem Schadenfall wegen Abhanden gekommener Patientenhabe mit 500 EURO«.
1395 Weidinger, Versicherungswirtschaft 2005, 1332.
1396 Nettobeitrag = Beitrag abzüglich Vertriebs- je nach Zuständigkeit auch Bearbeitungskosten (diese erhält derjenige, der die Schadenbearbeitung verantwortet). Sämtliche Zahlen sind fiktiv.

Beispiel Risk-funnel-process excess gratuadet

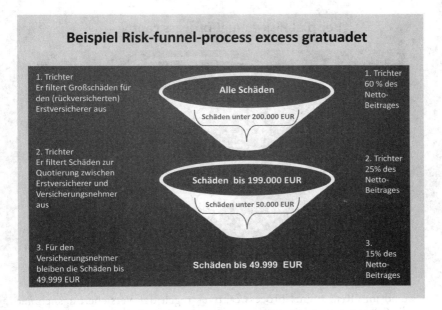

1. Trichter
Er filtert Großschäden für
den (rückversicherten)
Erstversicherer aus

Alle Schäden

Schäden unter 200.000 EUR

1. Trichter
60 % des
Netto-
Beitrages

2. Trichter
Er filtert Schäden zur
Quotierung zwischen
Erstversicherer und
Versicherungsnehmer
aus

Schäden bis 199.000 EUR

Schäden unter 50.000 EUR

2. Trichter
25% des
Netto-
Beitrages

3. Für den
Versicherungsnehmer
bleiben die Schäden bis
49.999 EUR

Schäden bis 49.999 EUR

3.
15% des
Netto-
Beitrages

Im »Risk-funnel-process middle-part-captive« übernimmt die Schäden im mittleren Bereich eine Eigenversicherung des Versicherungsnehmers, die höheren gehen an einen Rückversicherer,[1397] die Kleinschäden bleiben beim Endkunden.

1397 Eine Rückversicherung ist der Versicherer eines Versicherungsunternehmens. Es gibt proportionale Rückversicherungen (er erhält Prämie und trägt Schäden zu gleichen Anteilen) und nichtproportionale Rückversicherungen (mit Selbstbehalt des Erstversicherers).

Weidinger

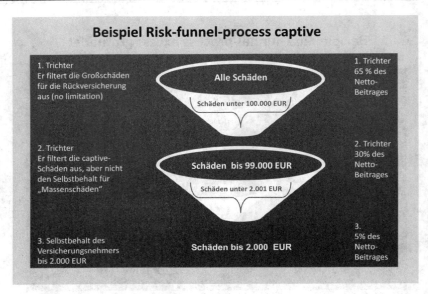

Und im »Risk-funnel-process captive« regelt der Versicherungsnehmer die Schadenseite in einem eigenen System mit Eigenversicherern und Selbstbehalt.

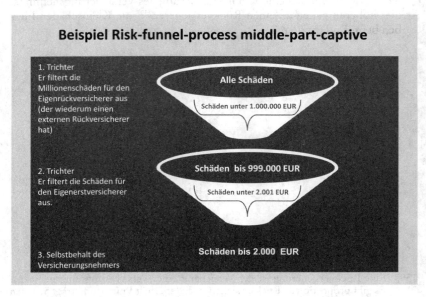

Ein Eigenversicherer Captive[1398]) ist ein Versicherungsunternehmen, das dem Versicherungsnehmer gehört und dessen Risiken sichert. Die Eigenerstversicherer übernehmen Risiken direkt sichern sich selbst bei einem Rückversicherer ab. Eigenversicherer der Haftpflicht im Bereich medizinischer Versorgung bieten sich damit allenfalls für die Ärzteschaft in toto oder bestimmte Fachrichtungen sowie »große« Krankenhausträger an. Das wesentliche Problem der Kostenbelastung des Versicherungsnehmers ist damit aber nicht gelöst, sondern durch mögliche geringere Veraltungskosten nur marginal verändert. Ein Eigenversicherer (ist in der Regel nur von großen Konzernen oder der öffentlichen Hand zu leisten.

– Mehrfach diskutiert wurde ein Umlageverfahren. Dieses Verfahren mit Belastung der Ärzteschaft insgesamt, aber auch der Allgemeinheit wurde zur Sozialisierung der Arzthaftpflicht diskutiert. Da die eingezahlten Beiträge unmittelbar der Finanzierung von Ansprüchen dienen, besteht grundsätzlich die Gefahr einer Insolvenz, sofern keine Nachhaltigkeitsrücklagen analog der gesetzlichen Rentenversicherung) gebildet oder Steuermittel bereitgehalten werden.[1399] Dabei stellen – großschadenbedingte – Nachschusspflichten für die Einzahler ein nicht zu kalkulierendes Risiko dar. Zudem haften die Anspruchsschuldner direkt, bei Zahlungsausfall wären sie mit ihrem Vermögen in der Pflicht.

– Schließlich sind auch eine Patientenversicherung oder eine Heilbehandlungsrisikoversicherung keine sinnvollen Alternativen. Aufgrund der hohen Schadensummen müssen z.B. niedergelassene, Geburtshilfe anbietende gynäkologische Belegärzte Versicherungsbeiträge von jährlich 40.000 Euro und mehr bezahlen.[1400] Dies könnte letztlich – beginnend mit den Gynäkologen – zur Aufgabe vieler Fachdisziplinen führen. Von Seiten der Haftpflichtversicherung ist hinsichtlich der Beitragsbemessung keine Lösung zu erwarten. Denn sowohl in der Krankenhaushaftpflichtversicherung[1401] auch in der Arzthaftpflichtversicherung[1402] läuft das Geschäft defizitär. Wohl auch deshalb hat es immer wieder Diskussionen gegeben, eine Heilbehandlungsrisikoversicherung einzuführen, so wie es sie in Neuseeland, Schweden, Finnland, Norwegen und Dänemark

---

1398 Captive Insurance Company.
1399 Für ein »Kind als Schaden« war die Einführung eines sog. »pränatalen Hilfsfonds« erwogen worden, vgl. z. B. Stürner, JZ 1998, 317, 325 f. und Schimmelpfeng-Schütte, MedR 2003, 401, 403.
1400 Vgl. FAZ v. 20.2.2010 (Nr. 43), S. 12: die Prämien für einen Belegarzt mit Geburtshilfe liegen zwischen 25.350 und 47.986 Euro und Lutterbeck, in: Wenzel, Kap. 5 Rn. 98.
1401 Vgl. Petry, in: Arbeitsgemeinschaft Rechtsanwälte im Medizinrecht e.V., Arzthaftung – Mängel im Schadensausgleich?, S. 93, 101.
1402 Dtsch Arztebl 2010, 10, 15 Flintrop, Jens; Korzilius, Heike, Interview mit Jörg Arnold, Vorstandsvorsitzender der Deutschen Ärzteversicherung: »Wir machen im dritten Jahr in Folge hohe Verluste«.

Weidinger

gibt.[1403] Problematisch ist, dass sie das deutsche Haftungssystem ersetzen müssten und im Einzelfall, bedingt durch geringere Anforderungen und höhere Fallzahlen, deutlich geringe Summen als die heutigen Schadenersatzansprüche auswerfen würde.

916   ❗
- Die Schadenaufwände für durch Ärzte, aber auch durch Hebammen[1404] verursachte Personenschäden steigen überproportional zum Lebenshaltungskostenindex.[1405]
- Dies erschwert die Beitragskalkulationen zusätzlich zur schwierigen Einschätzung von Spätschadenrisiken.[1406]
- Eine den Gesamtschadenaufwand reduzierende Veränderung der Rechtsprechung zu Haftung oder Ersatz von Personenschäden ist nicht abzusehen. Sie wäre auch nicht gerechtfertigt.[1407]
- Kurzfristig könnte für Ärzte schwerer Fachrichtungen die Finanzierbarkeit der Beiträge sichergestellt werden durch eine Aufgabe der Fachgebietsbetrachtung mit der Gestaltung eines einheitlichen Durchschnittsbeitrages (Folge: Subventionierung schwerer Fachrichtungen durch leichte).
- Sollten die Schadenbedarfe weiterhin steigen, könnte langfristig über eine Erhöhung der ärztlichen Vergütung zur Bezahlung der notwendigen Versicherungsbeiträge[1408] nachgedacht werden.

1403   Vgl. Katzenmeier, Arzthaftung, S. 215 f. m.w.N.; ders., VersR 2007, 137.

1404   Siehe zur Intervention des Hebammenverbandes wegen gestiegener Haftpflichtprämien beim Bundesgesundheitsminister FAZ vom 09.11.2010 Seite 4: »Kein Hebammenmärchen«.

1405   Für diese objektive Betrachtung spielt es keine Rolle, ob die Beiträge/Prämien eines Versicherers zur Deckung der Aufwände genügen oder nicht. Genügen Sie bei einem Versicherer über viele Jahre nicht, könnten versichererspezifische Fehler vorliegen. Diese können sowohl die Historie betreffen (z. B. wegen eines auf Wachstum ausgerichteten Investitionstarifes) als auch die spätere vermeintliche Erkenntnis einer notwendigen Tariferhöhung (z. B. wegen Unkenntnis der Spätschadenkalkulation oder wegen Qualitätsdefiziten der Schadenabteilung, welche zum Beispiel in Unkenntnis von Haftungseinwänden oder nach nur oberflächlicher Sachverhaltsanalyse Schäden überreserviert). Fehlerindiz kann sein, dass ein Versicherer im Marktvergleich exorbitant niedrige oder hohe Beiträge verlangt (ein zwingendes Fehlerindiz ist dies allerdings nicht, da der Versicherer vielleicht ein Portfolio mit Alleinstellungsmerkmalen – wie zum Beispiel einen Rahmenvertrag in einer Hochrisikogruppe – gezeichnet hat oder zufällig von Großschäden getroffen/verschont wurde).

1406   Siehe auch Punkt 4 »Rückstellungen/Reserven«.

1407   Weidinger, Die Praxis der Arzthaftung, 2010, Kapitel 1 m.w.N.

1408   Analog der Hebammen-Diskussion, siehe z. B. http://www.hebammenverband.de/index.php?id=1343 oder Deutsches Ärzteblatt vom 19.07.2010, Seite A-1378: »Hebammenvergütung: Zuschlag wegen höherer Haftpflichtprämien«.

Weidinger

– Eine Patientenversicherung würde den Interessen der Opfer iatrogener Schäden nicht im bisherigen Umfang eines Haftpflichtanspruches entsprechen.[1409]

c) Risikomanagement zur Schadenprophylaxe

Weil innerhalb des bestehenden und derzeit alternativlosen Systems Risiken für die Assekuranz langfristig nur versicherbar sind, wenn sie nicht dauerhaft zu einem erheblichen negativen Deckungsbeitrag[1410] führen, unterstützen Unternehmen der Versicherungswirtschaft zunehmend eine Schadenbegrenzung,[1411] eine Vermeidung einer Schadenwiederholung und eine proaktive Schadenverhütung.[1412] Proaktiv sind solche Maßnahmen, welche auf ein Risiko bei Risikoentstehung oder spätestens Risikozeichnung einwirken[1413] und dieses Einwirken durch regelmäßige Kontrolle sichern, und zwar jeweils möglichst nicht nur anhand von Unterlagen, sondern durch Analyse vor Ort.[1414] Medizinisches Risikomanagement[1415] gibt es seit vielen Jahren.[1416] Zu seinen Maßnahmen gehören sowohl solche der allgemeine Qualitätsverbesserung[1417] und der allgemeiner Schadenprophylaxe und als auch solche für Veränderungen in konkreten Fällen, z. B. auf der

917

1409 Vgl. die Berichte über den 3. Kölner Medizinrechtstag, z. B. Gerst, System ohne Alternative, Deutsches Ärzteblatt, 2010, A 2088.

1410 Unter dem »Deckungsbeitrag 1« versteht man eingenommene Prämie abzüglich Schadenaufwand. Der Schadenaufwand ist die Summe aus Schadenzahlungen und Schadenrückstellungen.

1411 Siehe Steffen, Erste Erfahrungen mit dem Personen-Schaden-Management, zfs 2001, 389; Küfner, Warum verschenken Versicherer immer noch Geld beim Schadenmanagement, Versicherungswirtschaft 2001, 1824 ff.

1412 Harbort, Risikominimierung für Projekt- und Sachversicherungen, Zeitschrift für Versicherungswesen 10/2010, 333ff.

1413 Wie zum Beispiel durch Sicherstellen der Grundstandards in Fort-/Weiterbildung, der Organisationsregeln, der Aufklärung, der Dokumentation u.s.w. und dem Erkennen und Abstellen von Risikopotentialen durch Erstanalyse/Begehung (z. B. hinsichtlich der Einhaltung von Hygienestandards).

1414 Harbort, aaO.

1415 In den vielfältigen Definitionen des Risikomanagement in der Medizin wiederholt sich regelmäßig als wesentliche Grundaufgabe die Risikoreduzierung (s. z. B. Holzer, Thomaczek, Hauke, Konen, Hochreuther, Patientensicherheit/2005).

1416 Z. B. auf dem vom Autor initiierten Symposium »Risikomanagement in der Heilwesenhaftpflicht« des VersicherungsForum im Jahr 2000 und in Pinter, Umfassendes Qualitätsmanagement für das Krankenhaus, 1996, Seite 59 ff.

1417 Das Sozialgesetzbuch schreibt in § 135a SGB V eine Verpflichtung zur Qualitätssicherung und in § 136a SGB V eine Qualitätssicherung in der vertragsärztlichen Versorgung vor. Die entsprechende Richtlinie »Internes QM« gemäß § 136a SGB V des G-BA ist seit 01.01.2006 in Kraft. Zeitlich sieht sie vor 2 Jahre für eine Orientierung, Fortbildung und Planung des praxisinternen QM-Systems, weitere 2 Jahre für die Umsetzung und das fünfte Jahr (2010) für die Überprüfung des Geleisteten mit anschließender kontinuierlicher Weiterent-

Weidinger

Grundlage von CIRS[1418]-Erkenntnissen oder aufgrund einer Analyse von Behandlungsfehlervorwürfen.[1419] Verbindliche Richtlinien zur Ausgestaltung entsprechender Maßnahmen gibt es nicht.[1420]

918   Umfassendes Risikomanagement für Ärzte und Krankenhäuser betreiben spezialisierte Versicherer schon sehr lange.[1421] Zum Risk-Management der Assekuranz gehören neben der qualifizierten Schadenbearbeitung[1422] rechtliche Parameter (Aufklärung, Dokumentation etc.), trainierbares Verhalten (Kommunikation) und allenfalls langfristig steuerbare Elemente wie bisher unerkannte Fehlerquellen und subjektive Fehler.

---

wicklung. Eine Zertifizierung oder ein bestimmtes QM-System ist nicht vorgeschrieben, möglich sind KTQ®, QEP® und andere Verfahren.

1418   Critical incident reporting system.

1419   Siehe z. B. die Links (1) http://www.aktionsbuendnis-patientensicherheit.de/?q=ag-benutzerorientierte-berichtssysteme-ii-behandlungsfehlerregister (2) http://www.norddeutsche-schlichtungsstelle.de/mers.html.

1420   Die entsprechende Richtlinie »Internes QM« gemäß § 136a SGB V des G-BA ist seit 01.01.2006 in Kraft. Zeitlich sieht sie vor 2 Jahre für eine Orientierung, Fortbildung und Planung des praxisinternen QM-Systems, weitere 2 Jahre für die Umsetzung und das fünfte Jahr (2010) für die Überprüfung des Geleisteten mit anschließender kontinuierlicher Weiterentwicklung.

1421   Bereits das erste Versicherungsunternehmen, für welches der Autor tätig wurde (Saar Union, später UAP International Versicherungen), engagierte sich mit auch noch heute modernen Methoden im Risikomanagement. Siehe z. B. die Vorträge der HH. Michael Zwick und Manfred Brill und ihre Diskussionen mit dem BGH-Richter Dr. Steffen auf einem von der Versicherungsgesellschaft veranstalteten Symposium im Universitätsklinikum Homburg/Saar, abgedruckt in Ann. Univ. Sarav. Med. 26/1989.

1422   Das Arzthaftpflichtrecht ist nicht gesetzlich geregelt und somit Richterrecht. Beherrschen kann man es nur durch ständige Beobachtung der Rechtsprechung (aktuell zusammenfassend dargestellt z. B. von Spickhoff, Die Entwicklung des Arztrechts 2009/2010, NJW 2010, 1718 ff.).

Ganzheitliches Risikomanagement des Haftpflichtversicherers

Risikomanagement
Ziele:
- nicht negatives versicherungstechnisches Ergebnis
- finanzierbare Beiträge
- Service als Produktmerkmal

Risikozeichnung	Schadenbearbeitung	Administration

- Risikoauswahl
- Risikokalkulation (Rentabilität vor Umsatz)
- Vorschadenanalyse
- Adäquater Versicherungsschutz
- Keine überraschenden Deckungsausschlüsse
- Bei Bedarf Maßnahmen des Risikomanagement oder und/oder Sanierung
	- Rechtskompetenz (Arzthaftung = Richterrecht)
	- Medizinische Kompetenz (Konsiliarärzte)
	- Sozialkompetenz (I. d. R. außergerichtliche Befriedung)
	- Reservekompetenz (tagesaktuelle haftungsangemessene Einzelfallrückstellungen)
	- Administrationskompetenz (Führen einer Schadenursachenstatistik)
		- Systematische Erfassung / Weitergabe der Schadenerkenntnisse
		- Weitergabe von:
		  - Rechtsthemen wie Aufklärung / Dokumentation
		  - medizinischen Themen wie Facharztstandards
		  - organisatorischen Themen wie Verkehrssicherungspflichten
		  - personellen Themen wie Kommunikation

Nach Erfahrung des Autors sind in überschaubaren geschlossenen Systemen wie Krankenhäusern und einzelnen Arztpraxen nachweisbare Erfolge zeitnah zu generieren,[1423] in komplexen Strukturen wie denen der gesamten deutschen Ärzteschaft dagegen nicht. Allerdings können auch im Bereich niedergelassener Ärzte Hinweise an einen konkreten Versicherungsnehmer und eine anonymisierte Publikation von Sachverhalten, mit denen man eigentlich gar nicht rechnet, sinnvoll sein. Wichtig ist immer das Erreichen eines »Kontinuierlichen Verbesserungsprozesses« (KVP) im Sinne des Kaizen (jap. »Veränderung zum Besseren«). **919**

Für die Betreuung von Krankenhäusern hat sich folgendes Verfahren bewährt:[1424] Gemeinsam mit einem Konsiliararzt und den leitenden Ärzten sowie der Krankenhausverwaltung werden die historischen Schä- **920**

1423 So auch Stoschek, Augenmerk auf Fehlerprävention in Kliniken, Ärzte Zeitung, 19.10.2010.
1424 Der Autor hat dieses in zahlreichen Krankenhäusern erfolgreich umgesetzt. Das erörterte Prozedere hat in der Praxis stets zumindest die Schadenfrequenz verringert, Kunden und Mitversicherte sensibilisiert und eine hervorragende Kundenbindung bewirkt. Zudem ist es immer gelungen, die (durchschnittlich unter 10% liegende) Zahl der Ansprüche wegen Aufklärungspflichtverletzung nochmals deutlich zu reduzieren. Die Ursache dieses Erfolges liegt in dem kontinuierlichen Verbesserungsprozess, welchen ausschließlich statistische Systeme und Einmalzertifizierungen nicht leisten können.

Weidinger

den unter besonderer Berücksichtigung der Personen- und der frequenz-
auffällige Sach- und Vermögensschäden (Bsp: Abhandenkommen von
Patientenhabe)[1425] besprochen.

921 Sodann werden Abhilfemaßnahmen vereinbart und protokolliert. Mittels
einer Checkliste werden grundsätzliche Standards wie Fortbildung, Arbeitsanweisungen, Leitlinien, Kontrollen, Kommunikation mit dem Patienten etc. abgefragt, offensichtliche Potentiale (z. B. Hygienemaßnahmen)
erörtert, notwendige Schritte eingeleitet sowie entsprechende Kontrollmechanismen etabliert.

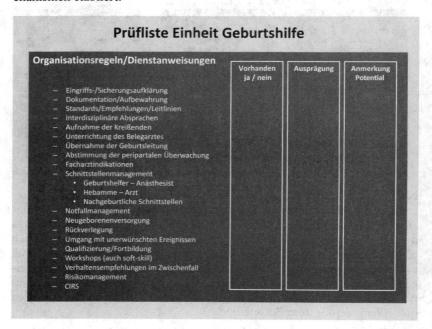

922 In einer »Kick-Off«-Veranstaltung, zu welcher die Krankenhausverwaltung Anwesenheitspflicht anordnet, werden alle Betroffenen anhand von
Beispielen über die Notwendigkeit des Risiko-Managements und über die
nächsten Schritte einschließlich der geplanten Verbesserungsworkshops informiert. Zudem erfolgen mit praktischen Hinweisen Anleitungen zu den
kurzfristig beherrschbaren Themen wie Patientenaufklärung und Dokumentation. Zusätzlich wird ein Frühwarnsystem implementiert, welches allgemeine Schadenpotentiale und Beinahe-Schäden erfasst (Critical Incident

---

1425 Konkretes Beispiel siehe Weidinger in Hellmann / Ehrenbaum (Hrsg.): Inte-
griertes Risikomanagement, Kapitel IV 2 Vermeidung von Haftpflichtrisiken
und Möglichkeiten zu deren Absicherung aus Sicht des Versicherers.

Reporting System, »CIRS«).[1426] In halbjährigen jour fixe und bei aktuellen Anlässen treffen sich zumindest die steuernden Personen zur Bestandsaufnahme und zur etwaigen Maßnahmenergänzung. Zur Fokussierung der Gesamtverantwortung, zur Steuerung und zur Koordination wird ein Risikomanager implementiert[1427] und als zusätzliches Kontrollinstrument eine regelmäßige Patientenzufriedenheitsbefragung in die Wege geleitet.

Im Bereich niedergelassener Ärzte kann schon aus Kapazitätsgründen nicht jede einzelne Praxis vom Versicherer hautnah begleitet werden.[1428] Allerdings kann der Versicherer zumindest seine Kunden auf typische Risikopotentiale aufmerksam machen[1429] und im konkreten Fall dringende Hinweise geben.

923

Risikomanagement wir in der Medizin auf vielfältige Art und Weise betrieben. Das Sozialgesetzbuch schreibt in § 135a SGB V eine Verpflichtung zur Qualitätssicherung und in § 136a SGB V eine Qualitätssicherung in der vertragsärztlichen Versorgung vor. Die entsprechende Richtlinie »Internes QM« gemäß § 136a SGB V des G-BA ist seit 01.01.2006 in Kraft. Zeitlich sieht sie vor 2 Jahre für eine Orientierung, Fortbildung und Planung des praxisinternen QM-Systems, weitere 2 Jahre für die Umsetzung und das fünfte Jahr (2010) für die Überprüfung des Geleisteten mit anschließender kontinuierlicher Weiterentwicklung.

924

Eine Zertifizierung oder ein bestimmtes QM-System ist nicht vorgeschrieben, möglich sind KTQ®, QEP® und andere Verfahren.[1430] Da es nicht möglich ist nachzuweisen, warum ein Schaden nicht eingetreten ist, und Schäden oft erst zeitversetzt bekannt werden, sind kausale Erfolge kurzfristig kaum belegbar. Nach Auskünften von Mathematikern müssten in geschlossenen und -mit Ausnahme des Risikomanagements- gleichbleibenden Systemen

925

1426 Weidinger, CIRS – jetzt! Meldesysteme bislang zu wenig genutzt, WESTFÄLISCHES ÄRZTEBLATT 11|08, Seite 15.

1427 Vgl. auch Petry, Risikomanagement als Schadenprohylaxe aus Sicht des Versicherers bzw. eines Versicherungsmaklers in Madea/Dettmeyer, Medizinschadensfälle und Patientensicherheit, 2007, Seite 195 ff.

1428 Vgl. Prof. Hoppe in seinem Thesenpapier zu seinem Vortrag »Recht und Medizin – Herausforderungen für den ärztlichen Berufsstand« au dem 3. Kölner Medizinrechtstag am 1. Oktober 2010:
Jährlich gibt es ca. 450-500 Millionen Patient-Arzt-Begegnungen in den niedergelassenen Praxen (der Vortrag wird in MedR 3/2011 veröffentlicht).

1429 Dies hatte der größte deutsche Arzthaftpflichtversicherer, die DBV-Winterthur-Versicherungen, über Jahrzehnte praktiziert:
Mittels einer technisierten Schadenursachenstatistik wurden Potentiale erfasst, ausgewertet und über Kundeninformationen zugänglich gemacht (z. B. das Thema Accessoriusparese nach Lymphknotenextirpation).

1430 Zur Frage, welches System zu welcher Praxis passt, siehe »Die Qual der Wahl, Qualitätsmanagement – welches System kann was?« in der Hausarzt 14/08, Seite 20 f.

Weidinger

über mindestens zehn Jahre die Schadenstückzahlen und die Schadenhöhen jährlich rückläufig sein, um einen Kausalzusammenhang zum Risikomanagement herzustellen. Aus der für Deutschland geschätzten jährlichen Anzahl von iatrogenen Schäden ist ein solcher offensichtlicher Effekt (zumindest noch) nicht feststellbar.[1431] In den Vereinigten Staaten konnten in langjährigen Betrachtungen aber eindeutige Effekte nachgewiesen werden.[1432]

926 Einen wesentlichen Beitrag zum Erkennen der schadenbelasteten Behandlungsmaßnahmen leisten die Gutachter- und Schlichtungsstellen. Sie leisten Beiträge sowohl zu Fehlerhäufigkeiten[1433] als auch zur Darstellung konkreter Fehler im Einzelfall.[1434] Gut ein Viertel aller vermuteten Arzthaftungsfälle wird durch die Gutachterkommissionen und Schlichtungsstellen bewertet. Seit 2006 werden die Daten mit Hilfe des Medical Error Reporting Systems (MERS) EDV-gestützt einheitlich erfasst und in einer Bundesstatistik zusammengeführt.

Erfassungskriterien MERS

- Patient: Alter, Geschlecht
- Fachgebiet
- Diagnose der Krankheit (ICD10)
- Vorwürfe und Arztfehler
- Patientenschaden mit Schadenklassen
- Besonderheiten
- Entscheidung, ob Schadensersatzansprüche begründet sind
- Behandlungsorte
- Spezifizierung (Diagnose, Therapie, Organisation, Aufklärung und Dokumentation

927 Diese Statistik gibt u. a. Aufschluss darüber, bei welchen Diagnosen und therapeutischen Maßnahmen Behandlungsfehler vermutet wurden und welche Fachgebiete betroffen waren. Ziel der Statistik ist es, Fehlerhäufigkeiten

---

1431 Allerdings könnte dies auch damit zusammenhängen, dass sich immer wieder neue Risikopotentiale verwirklichen, wie zum Beispiel Befunderhebungsfehler aus dem unterlassen neuer Diagnosemethoden (dieser Effekt war in einzelnen Schadenfällen für MRT-Untersuchungen offensichtlich).

1432 Ulsenheimer, Risikomanagement als Schadensprophylaxe aus der Sicht eines Juristen, in Madea/Dettmeyer, Medizinschadensfälle und Patientensicherheit, 2007, 183 ff.

1433 Siehe http://www.bundesaerztekammer.de/page.asp?his=3.71.7962.8597.8642.

1434 Z. B. zu den typischen Fehlern beim »übersehenen Herzinfarkt«.

Weidinger

zu erkennen und Fehlerursachen auszuwerten, um sie für die Fortbildung und Qualitätssicherung zu nutzen. Diese Auflistungen[1435] trägt alleine schon durch Sensibilisierung für die typischen Fehlerbereiche zur künftigen Fehlervermeidung bei.

Daneben gibt es zahlreiche Dritte, welche ihre Beiträge zu einem Gesamtkonzept eines Risikomanagement leisten oder leisten wollen. Motive sind die Förderung der Patientensicherheit,[1436] unter Umständen kombiniert mit Erkenntnissen aus der Verfolgung von Schadenersatzansprüchen,[1437] die Sicherung der Finanzierbarkeit der Versicherungsbeiträge,[1438] aber (wohl) auch eigene finanzielle Interessen.[1439]   **928**

Im Hinblick auf den Umgang mit Behandlungsfehlern ist vor allem unter zwei Gesichtspunkten eine Kulturveränderung eingeleitet. Während in der Haftungsfrage gegenüber dem Patienten selbstverständlich die Frage nach der persönlichen Verantwortlichkeit im Vordergrund steht, wird im Rahmen der Schadenprophylaxe nicht die Frage priorisiert, wer schuld ist, sondern was zu dem Fehler geführt hat. Und ein ärztlicher Fehler wird immer mehr zum normalen Schadenszenario wie in anderen Dienstleistungsbereichen auch.[1440]   **929**

Da die vielen Ansätze und Aktivitäten zur Fehlervermeidung noch keinen durchschlagenden Erfolg zeigen, muss über zusätzliche Unternehmungen   **930**

1435 Fn. 1603, siehe dort Pressemitteilung der Bundesärztekammer Behandlungsfehler-Statistik 2009 vom 23.06.2010.
1436 Siehe z. B. http://www.aktionsbuendnis-patientensicherheit.de.
1437 Siehe z. B. Lauterberg/Mertens, Behandlungsfehlermanagement in der gesetzlichen Krankenversicherung am Beispiel der AOK, Madea/Dettmeyer, Medizinschadensfälle und Patientensicherheit, 2007,57 ff, und Quirmbach, Begutachtung durch den MDK am Beispiel des MDK Nordrhein, Madea/Dettmeyer, Medizinschadensfälle und Patientensicherheit, 2007, 53 ff.
1438 Beispiele: Petry, Risikomanagement als Schadenprohylaxe aus Sicht des Versicherers bzw. eines Versicherungsmaklers in Madea/Dettmeyer, Medizinschadensfälle und Patientensicherheit, 2007, Seite 195 ff.; Schlösser, Die Arzthaftpflichtversicherung – Daten, Zahlen, Fakten (Vortrag, gehalten auf dem Symposium »Arzthaftpflicht in der Krise« des Institutes für Medizinrecht Köln/Prof. Katzenmeier am 01.10.2010), Veröffentlichung vorgesehen in MedR 2011.
1439 Insoweit wurde der Autor nicht nur von qualifizierten Beratern, sondern auch von zahlreichen »Risikomanagern« angesprochen, welche sich gegen Vergütung aufgrund abstrakter Kenntnisse (z. B. aus der Luftfahrt) in Verbesserungsprozesse einbringen wollten, aber noch nicht einmal ansatzweise Kenntnisse des entsprechenden Bedarfs in Krankenhäusern und Praxen nachweisen konnten. Unabhängig hiervon ist es selbstverständlich richtig, dass abstrakte Erkenntnisse der Luftfahrt (Bsp.: in 70% der Fälle ist der Mensch eine Ursache) und deren Sicherheitsstanddards (Bsp.: Checklisten) ein grundsätzlicher benchmark sind; vgl auch Haller/Fink in Berg/Ulsenheimer, Patientensicherheit, Arzthaftung, Praxis- und Krankenhausorganisation Seite 47 f.
1440 Siehe die Broschüre »Ärzte bekennen sich« der Bundesärztekammer.

Weidinger

nachgedacht werden. Mehr und mehr widmet man sich dem Risikofaktor Mensch.[1441] Nach Lutterbeck[1442] haben Untersuchungen in Krankenhäusern gezeigt, dass ungefähr zwei Drittel aller Zwischenfälle mit Medizinprodukten durch falsche Bedienung und Wartung hervorgerufen werden.[1443] Anderen Studien zufolge sollen sogar rund 80% aller Zwischenfälle auf »menschliches Versagen« zurückzuführen sein.[1444] Deshalb rücken neben der allgemeinen Schadenprophylaxe mit medizinischen, rechtlichen und organisatorischen Themen die Soft Skills immer mehr in den Mittelpunkt.[1445] Diese »weichen Fähigkeiten und Fertigkeiten« sind das Pendant zur reinen Fachlichkeit. Sie sind nicht dafür verantwortlich, was getan wird, sondern dafür, wie etwas getan wird. Diese betreffen insbesondere die persönliche Zentriertheit beim Arbeiten und die Kommunikation mit dem Patienten.

931 In Schadenfällen zeigt sich oft, dass Schadenursachen nicht in fraglicher Fachkompetenz liegen, sondern offenbar in mangelnder Konzentration und fehlender Fokussierung auf den Patienten. Sinnvoll können hier Seminare sein wie solche nach Professor Dr. Jon Kabat-Zinn.[1446] Ein weiterer wichtiger Soft Skill ist die persönliche Konflikt- und Kommunikationsfähigkeit. Der Mediziner wird vom Patienten als der Stärkere wahrgenommen, und so sollte der Arzt grundsätzlich nichts tun, was ein in Frage gestelltes Vertrauen des Patienten vollends zerstört, sondern die Bereitschaft zeigen, einen Sachverhalt zum Wohle des Patienten zu klären. Menschliche Verbundenheit von Arzt und Patient ist mitentscheidend für den Heilerfolg, aber auch für eine Deeskalation. So sind Patienten, die sich wirklich angenommen fühlen, im Falle eines ärztlichen Fehlers meist zur Fortsetzung des Behandlungsverhältnisses bereit.[1447]

932 ❗ – Risikomanagement ist ein unerlässliches Instrument der Schadenprophylaxe.

1441 Siehe auch Klinik Management Aktuell 09/2003, Seite 26 ff zu den entsprechenden Erfahrungen in der Luftfahrt.

1442 In Wenzel, Kap. IV 2.

1443 Vgl. Felber/Sonnleitner, Umsetzung spezieller gesetzlicher und behördlicher Sicherheitsbestimmungen im Krankenhaus, in: Berg/Ulsenheimer, 160 ff.

1444 Pregl, KrankenhausUmschau 5/2002, 384.

1445 Siehe z. B. Weidinger, Die Soft Skills der Schadenvermeidung Rheinisches Ärzteblatt 10/2009, Seite 20 f mit dem entsprechenden Seminarangebot.

1446 »Stressbewältigung durch Achtsamkeit«, engl.: »mindfulness based stress reduction/MBSR«.

1447 Siehe z.B. Weidinger, Gefangen in Glaubenssätzen, PatientenRechte 2006, Heft 4, Seite 97 ff (101).

Weidinger

– Es muss wesentlich weiter gehen als statistische Schadenanalysen auf Metaebene.[1448]
– In diesem Sinne haben spezialisierte Versicherer ihre Kunden schon erfolgreich unterstützt, als der Begriff Risikomanagement noch nicht etabliert war.[1449]
– Da sich bisher keine signifikante Reduzierung von Schadenfällen erkennen lässt, scheinen eine verbesserte Ablauforganisation und intensivere Fachkunde alleine als Maßnahmen nicht auszureichen.
– Deshalb rücken zu Recht immer mehr zusätzliche Gesichtspunkte wie Checklisten,[1450] der Schadenfaktor Mensch und ein umfassendes Soft-Skill-Training in den Mittelpunkt.

d) Pflichtversicherung i. S. d. VVG

Die Rechtsgrundlagen der Arzthaftpflichtversicherung finden sich in den Vorschriften des Versicherungsvertragsgesetzes, in den Allgemeinen Versicherungsbedingungen für die Haftpflichtversicherung und in den Besonderen Bedingungen und Risikobeschreibungen für die Haftpflichtversicherung der Ärzte (BBR-Ärzte). Viele Bedingungen (und vertragsindividuelle Klauseln) sind versichererspezifisch, so dass allgemeine Aussagen zum Versicherungsschutz jeweils konkret zu validieren sind. Grundsätzlich umfasst der Versicherungsschutz die Prüfung der Haftpflichtfrage, die Abwehr unberechtigter Schadenersatzansprüche und die Freistellung des Versicherungsnehmers von berechtigten Schadenersatzverpflichtungen.[1451]

933

Ob das Versicherungsvertragsgesetz i.d.F. vom 01.01.2008 die Arzthaftpflichtversicherung, zu deren Abschluss gemäß § 21 der Berufsordnungen[1452] in Deutschland tätige Ärzte verpflichtet sind, zu einer Pflichtversicherung macht, ist streitig. Auf der einen Seite gibt es eine gesetzliche Verpflichtung zum Abschluss einer Arzthaftpflichtversicherung nicht generell, sondern

934

1448 Solche finden sich national (Schlösser aaO: 33% Diagnose- und Befunderhebungsfehler in einem kleinen betrachteten Portfolio von 532 Schäden) und auch international (Wall Street Journal vom 27.9.2010: What the doctor missed: 59% Diagnostic Errors etc).
1449 Siehe Ann. Univ. Sarav. Med. 26/1989 aaO.
1450 Vgl. Stellungnahme des Aktionsbündnisses Patientensicherheit unter http://www.aktionsbuendnis-patientensicherheit.de/apsside/APS-Stellungnahme%20Checklisten.pdf und Beispiel in »Die Totschweiger – Wenn Ärzte Fehler machen, Erstsendung WDR 17. November 2010, 23.30 Uhr im Ersten.
1451 Allgemeine Versicherungsbedingungen für die Haftpflichtversicherung (AHB), hier: Musterbedingungen des GDV (Stand: Januar 2008): »5.1 Der Versicherungsschutz umfasst die Prüfung der Haftpflichtfrage, die Abwehr unberechtigter Schadensersatzansprüche und die Freistellung des Versicherungsnehmers von berechtigten Schadensersatzverpflichtungen«.
1452 Anlehnend an die Musterberufsordnung: Berufsordnungen der Landesärztekammern.

nur in einzelnen Bundesländern.[1453] Auf der anderen Seite spricht das VVG in § 113 VVG nicht mehr von einer »gesetzlichen Anordnung«,[1454] sondern von einer »Verpflichtung durch Rechtsvorschrift«.[1455]

935 Teilweise wird nun davon ausgegangen, dass § 113 VVG aufgrund einer redaktionellen Ungenauigkeit des Gesetzgebers lediglich missverständlich formuliert sei und keine Pflichtversicherung spezifizieren wollte.[1456] Andere sehen die in untergesetzlichen Berufsordnungen enthaltene Pflicht zum Abschluss einer Berufshaftpflichtversicherung eine Pflichtversicherung im Sinne des Gesetzes.[1457] Die Annahme einer Pflichtversicherung erscheint plausibler, da ansonsten kein Grund ersichtlich ist, aus welchem der Gesetzgeber eine grammatikalische Änderung für notwendig gehalten hat.[1458]

936 Die Anordnung einer Versicherungspflicht stellt allerdings möglicherweise einen Grundrechtseingriff in die freie berufliche Betätigung dar. Dann müsste die entsprechende Regelung der Berufsordnung auf einer ausreichenden Ermächtigungsgrundlage (Landesgesetz) beruhen. Ist im Landesgesetz eine solche Verpflichtung festgeschrieben, ist die gesetzliche Anordnung im Sinne des § 113 VVG erfüllt. Ist im Landesgesetz nur eine Ermächtigung an die Kammern statuiert, ist diese wohl ebenfalls eine Ermächtigungsgrundlage. Existiert eine solche nicht – wie derzeit etwa in Bayern, Berlin, Niedersachsen und Rheinland-Pfalz – so dürfte die Anordnung einer Haftpflichtversicherung in den Berufsordnungen unwirksam sein.[1459]

1453 Als Gesetzespflicht siehe beispielsweise § 27 Abs. 4 Hamburgisches Kammergesetz für Heilberufe und § 30 Nr. 4 Heilberufsgesetz Nordrhein-Westfalen (soweit keine Betriebshaftpflichtversicherung besteht!).

1454 § 158 b VVG aF
(1) Für eine Haftpflichtversicherung, zu deren Abschluss eine gesetzliche Verpflichtung besteht (Pflichtversicherung), gelten die besonderen Vorschriften der §§ 158c bis 158k.
(2) Besteht für den Abschluss einer Haftpflichtversicherung eine gesetzliche Verpflichtung, so hat der Versicherer dem Versicherungsnehmer unter Angabe der Versicherungssumme zu bescheinigen, dass eine dem zu bezeichnenden Gesetz entsprechende Haftpflichtversicherung besteht. Soweit die Bescheinigung nicht auf Grund anderer gesetzlicher Bestimmungen gesondert gefordert wird, kann sie mit dem Versicherungsschein verbunden werden.

1455 § 113 VVG nF
(1) Eine Haftpflichtversicherung, zu deren Abschluss eine Verpflichtung durch Rechtsvorschrift besteht (Pflichtversicherung), ist mit einem im Inland zum Geschäftsbetrieb befugten Versicherungsunternehmen abzuschließen.

1456 Vgl. Bergmann, in: van Bühren, Handbuch Versicherungsrecht, § 11 Rn. 12 und 13.

1457 Katzenmeier/Brennecke, in: Wenzel, Kap. 5, Rn. 3.

1458 Katzenmeier/Brennecke in Wenzel, Kap. 5, Rdnr. 2 m.w.N.

1459 Dieses Rechtsthema ist noch nicht geklärt. Vgl. i. ü. Pohlmann/Schwartze, in: Looschelders/Pohlmann, VVG, § 113 Rn. 7; krit. Greiner, Die Arzthaftpflicht-

Maßnahmen der Umsetzung dieser Pflichtversicherung sind überwiegend **937** nicht erfolgt. Nach § 117 VVG muss für die Umsetzung der Pflichtversicherung eine zuständige Stelle zur Meldung versicherungsfreier Zeiten benannt sein.[1460] Eine solche Stelle wurde bisher nicht eingerichtet. Somit gibt es derzeit keine Analogie zur Kfz-Pflichtversicherung, da die Versicherungspflicht für Ärzte eben nicht (durch Meldestellen) gesichert ist und es sich faktisch immer noch um eine freiwillige Versicherung handelt.[1461]

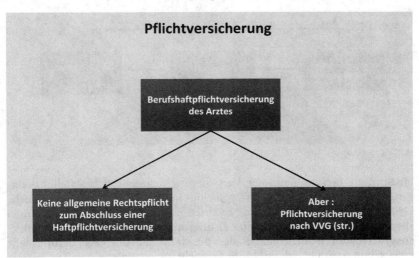

Die Voraussetzungen eines etwaigen Direktanspruches gegen den Haft- **938** pflichtversicherer ergeben sich aus § 115 VVG unter den erweiterten Voraussetzungen des § 115 Abs. 1 Satz 1 Nr. 1-3 VVG.

---

versicherung, S. 185 ff.

1460 § 117 VVG: »…Ein Umstand, der das Nichtbestehen oder die Beendigung des Versicherungsverhältnisses zur Folge hat, wirkt … erst … nachdem der Versicherer diesen Umstand der hierfür zuständigen Stelle angezeigt hat. …«.

1461 So ist auch die Intension des BGH in BGH vom 8. 12. 1971 – VI ZR 102/70 – VersR 72, 166 = AP Nr. 68 zu § 611 BGB praktisch nicht gegeben.

Weidinger

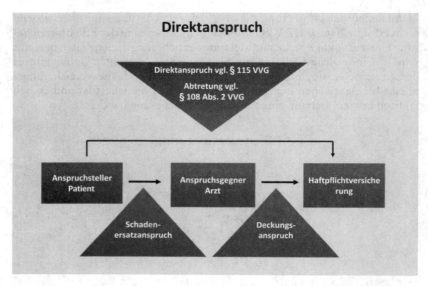

939 Unabhängig hiervon kann der Versicherungsnehmer auf Feststellung klagen, dass ihm der Versicherer wegen eines konkreten Haftpflichtanspruchs
Dritter Versicherungsschutz zu gewähren hat. Ausnahme: Der Befreiungsanspruch hat sich in einen durch Leistungsklage zu verfolgenden Zahlungsanspruch dadurch umgewandelt, dass die Haftpflicht des Versicherungsnehmers schon nach Grund und Höhe feststeht.

940 Das System der Haftpflichtversicherung soll den Geschädigten davor schützen, mit seinen Ansprüchen ins Leere zu laufen. Die VVG-Novelle hat dies
nochmals unterstützt. Dieses Versicherungssystem könnte aber in Frage
stehen, wenn die aufgrund steigender Schadenersatzsummen notwendigen
Prämienerhöhungen von den Versicherungsnehmern nicht mehr bezahlt
werden können.

941 ❗ Ob es sich bei der Arzthaftpflichtversicherung um eine Pflichtversicherung handelt, ist umstritten, im Sinne des VVG aber grundsätzlich (das
heißt mit den im Text genannten Einschränkungen) anzunehmen.

e) Kernaufgaben

942 Die Kernaufgabe der Haftpflichtversicherung ergibt sich aus 5.1 AHB:[1462]
»Der Versicherungsschutz umfasst die Prüfung der Haftpflichtfrage, die
Abwehr unberechtigter Schadensersatzansprüche und die Freistellung des
Versicherungsnehmers von berechtigten Schadensersatzverpflichtungen.«

1462 Siehe Rdn. 958, 1105.

Dabei findet die Abwehrfunktion im Falle fehlender Haftung oder überzogener Forderungen oftmals kein Verständnis.[1463]

Diese schadenbezogene Kernaufgabe der Haftpflichtversicherung indiziert in der Regel die folgenden Arbeitsprozesse:

943

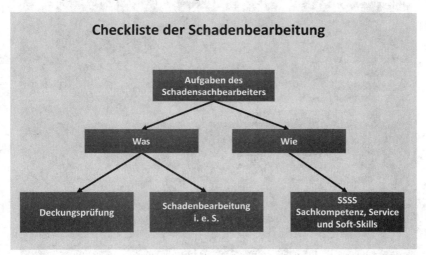

Die Untergruppierung Prüfung des Deckungsschutzes klärt die zeitliche[1464] und sachliche Eintrittspflicht des Versicherers.

944

1463 Vgl. z. B. Geyer, Überleben im Krankenhaus, FAZ vom 14.07.2010, Seite 27, mit der Beschreibung eines Buches von Michael Imhof.
1464 Siehe unten Rdn. 989.

Aufgaben des Schadensachbearbeiters: Deckungsprüfung

Deckungsprüfung (immer individuell anhand einschlägiger Vertragsunterlagen)

zeitlich
- i. d. R. Eintritt Schadenereignis maßgeblich

sachlich
- **versichertes Risiko**
  - Ärzte
    - niedergelassen/Fachgebiet/Honorarbasis/ambulant/stationär//Belegarzt/ Operationen/gelegentliche Tätigkeit
    - angestellt/Fachgebiet/Status/dienstliche/freiberuflich (ambulant/stationär)/gelegentlich (sog. Restrisiko)
  - Krankenhäuser/MVZ
    - Betrieb des im Versicherungsschein und seinen Nachträgen beschriebenen Krankenhauses, MVZ/mitversicherte Personen (idR angestellte für dienstliche Tätigkeit)/Mitversicherte Risiken//Mitversicherte Haftpflichtrisiken/Mitversicherte Tätigkeiten wie Teilnahme an den Betriebsveranstaltungen/Mitversicherte Betriebe wie Konsiliararzttätigkeiten/Teilnahme am Rettungsdienst/Gärtnerei/Ausschlüsse wie bestimmte medizinischen Forschung/Freiberufliche Tätigkeit der Chefärzte/Gutachtertätigkeit/Regelungen zu Abhandenkommen von Sachen/Allmähliche Einwirkung/Tätigkeitsschäden
- **Deckung aus Vorsorgeversicherung**
- **Deckung aus Risikoerhöhung/-erweiterung**
- **Deckung und Ausschlüsse nach AHB**
  - wie Erfüllungsansprüche/Gebrauchsüberlassung/Bearbeitungsschäden
- **Deckung und etwaige Ausschlüsse nach BBR Ärzte**
  - wie persönliche Haftpflicht vorübergehend bestellter Vertreter/bestimmte Eingriffe wie kosmetische Operationen, Pränataldiagnostik, Geburtshilfe, Mammographie-Screening, Herstellung, Lagerung und Handel mit Blut oder Blutpräparaten, Chirotherapie/Abhandenkommen von Geld, Wertpapieren, usw./Auslandsschäden in bestimmtem Umfang/erweiterter Strafrechtsschutz
  - Deckungsprüfung
- **Deckung und Ausschlüsse Krankenhäuser nach Police**
- **Deckungssumme**
  - Exzedent im eigenen Haus?

- **u. U. Deckungsvergleich**

945   Die Untergruppierung Schadenbearbeitung im engeren Sinne beschreibt die Klärung der Haftungsfrage und die Schadenregulierung.

Weidinger

Aufgaben des Schadensachbearbeiters: Schadenbearbeitung i. e. S.

Schadenbearbeitung i. e. S.
- Aktenanlage
- Hinweis entsprechend Subsidiaritätsklausel
- Bilden der sog. Erstreserve (entsprechend der Haftungs- und Höhenwahrscheinlichkeit nach vorhandenen Unterlagen)
- Schweigepflichtentbindung einholen (bei Korrespondenz über Makler: er ist Außenstehender Dritter und muss miteinbezogen werden)
- Für Reserveeinschätzung umgehende Zusatzinformationen bei Versicherungsnehmer einholen
- Sachverhaltsermittlung
  - Stellungnahmen und Berichte aus dem Behandlungsprozess (vorfallbezogen, idR deckt die Schweigepflichtentbindung nicht die Ermittlung vorfallunabhängiger Umstände)
- Einschätzung der Haftung
  - medizinisch durch Konsiliararzt
  - rechtlich durch Sachbearbeiter (auch: Passivlegitimationen, Arzthaftungs- und Personenschadenrecht)
    - Behandlungsfehler (einschl. Standardabweichung, Befunderhebung, Beweislastregeln, Kausalität)
    - Aufklärungsfehler (einschl. Beweismittel neben Dokumentation, hypothetische Einwilligung)
    - sonstige Haftungstatbestände (einschl. Verkehrssicherungspflichtverletzung, Falschbegutachtung)
- Reserveanpassung
- Regulierung oder Ablehnung oder weitere Klärung
  - einvernehmlich mit dem Patienten Gutachten oder Schlichtungsstelle, nie aus »Faulheit« Prozess
- Einbeziehung potentieller Gesamtschuldner (Partner, Vor-/Mit-/Nachbehandler)
- im weiteren: nach Erkenntnisstand tagesaktuelle Reservestellung
- im weiteren: ständige Entscheidungsprüfung
- bei unzureichender Deckungssumme
  - Verzinsung prüfen
  - Exzedent prüfen
  - Kürzungs-/Verteilverfahren
  - Gesamtschuldner involvieren
  - Vergleiche innerhalb der Deckungssumme anstreben
- Ggfls. »volle« Regulierung/Risikovergleich/Gesamtschuldnerausgleich/Rentenzahlung installieren
- Akte nach Komplett-Erledigung schließen oder mit Reserve (z. B. für noch nicht angemeldete Ansprüche) fortführen
- Erkenntnisse Riskmanagement zuführen

Weidinger

946   Für die Schadenbearbeitung maßgeblich ist nicht nur die juristische, sondern vor allem auch die medizinische Einschätzung. Dabei unterscheiden sich die Anforderungsstandards der Haftpflichtversicherung an medizinische Sachverständigengutachten inter partes nicht von denjenigen der Gerichte und der Gutachter- und Schlichtungsstellen.[1465]

947   Dies beginnt bei den allgemeinen Beweisregeln, geht über die aktuellen Feststellungen des Bundesgerichtshofes zur
   - tatrichterlichen Feststellung eines groben Behandlungsfehlers ohne ausreichende Darlegungen des medizinischen Sachverständigen[1466]

1465 Umfassende Darstellung siehe unter http://www.dggg.de/fileadmin/public_
   docs/Leitlinien/4-1-4-gutachten-2010.pdf   .
   Die »Empfehlung zur Abfassung von Gutachten in Arzthaftungsprozessen«
   deckt alle wesentlichen Punkte ab:.
   I Auftrag (Prüfung der Kompetenz und Unbefangenheit, Bindung an die Beweisfrage, Kopf des Gutachtens und Wiedergabe der Beweisfrage), II Grundlagen der Begutachtung (Gerichtsakten und Krankenpapiere, Durchgeführte Untersuchungen, Sonstige Erkenntnisquellen, Verhalten bei streitigem Sachverhalt, Anregungen zur Ergänzung der Beweisaufnahme), III Sachverhalt (Beschreibung von Krankengeschichte und Behandlungsverlauf, Auffälligkeiten, Widersprüche und Lücken in den Krankenpapieren), Bewertung des ärztlichen Vorgehens (Begriff des Behandlungsfehlers, Standard – Versorgungsstufe – Übernahmeverschulden, Umgang mit Richtlinien, Leitlinien und Empfehlungen, Kausalität des ärztlichen Vorgehens für den eingetretenen Schaden, Grober Behandlungsfehler und Umkehr der Beweislast, Befunderhebungsfehler und Beweislast, Umfang des Schadens und Prognose für weitere Entwicklung), V weitere Formalien bis VIII Folgen eines unrichtigen Gutachtens.
1466 BGH VI ZR 42/01. VersR-R 2002, 1026: »Die getroffenen Feststellungen zur Überprüfung rechtfertigen nicht die Annahme eines groben Behandlungsfehlers. Die tatrichterliche Feststellung eines groben Fehlers setzt eine ausreichende Darlegungen des medizinischen Sachverständigen voraus. Auch wenn es insoweit um eine juristische Beurteilung geht, muss diese doch in vollem Umfang durch die vom ärztlichen Sachverständigen mitgeteilten Fakten getragen werden. Insoweit ist auch von Bedeutung, dass das Berufungsgericht zuvor bei der Befragung des Sachverständigen zur Schwere eines Behandlungsfehlers gezielt nach dessen Einstufung als grob gefragt und der Sachverständige daraufhin geantwortet hatte, es handle sich zweifellos um eine »Abweichung vom Standard«, er könne aber die Frage nicht beantworten, ob er solches Verhalten wegen der Nichtvorlage der Überweisung und der Röntgenbilder durch den Kl. als unverständlich bezeichnen solle. Hieraus geht hervor, dass der Sachverständige – durchaus zutreffend – allein in einer Abweichung vom medizinischen Standard noch keinen groben Behandlungsfehler gesehen hat, sondern sich über das Erfordernis zusätzlicher Kriterien im Klaren war, ohne sich jedoch bezüglich der für den konkreten Fall festlegen zu wollen. Also wäre das Berufungsgericht gehalten gewesen, durch eine gezielte Befragung des Gutachters auf die Beseitigung der sich hieraus ergebenden Zweifel und Unklarheiten hinzuwirken. Kann sich der Sachverständige in einem solchen Fall nicht festlegen und liegen die Voraussetzungen für eine zusätzliche Begutachtung nicht vor, darf der Tatrichter sich nicht über verbleibende Zweifel hinwegsetzen, wenn

- Klärungspflicht des Gerichts bei unterschiedlichen Bekundungen eines Sachverständigen[1467]
- Kausalität ohne Strengbeweis zwischen bewiesenem Behandlungsfehler und Sekundär-/Folgeschaden[1468]

---

er nicht ausnahmsweise über eigene Sachkunde verfügt (vgl. Senat vom 27. 3. 2001 – VI ZR 18/00 – VersR 2001, 859)«.

1467 BGH VI ZR 18/00 – VersR 2001, 859 f: »Das Gericht hat Zweifel und Unklarheiten aufgrund unterschiedlicher Bekundungen des gerichtlichen Sachverständigen im Lauf eines Arzthaftungsprozesses durch eine gezielte Befragung des Gutachters zu klären. Mangels ausreichender medizinischer Sachkunde darf es sich nicht mit einer eigenen Interpretation der Ausführungen über Widersprüche hinwegsetzen. Die Revision rügt mit Recht, dass dem Berufungsgericht bei der Feststellung der Voraussetzungen eines groben Behandlungsfehlers ein Verfahrensfehler unterlaufen ist (§ 286 ZPO).

Anfänglich hatte der Sachverständige zwar vertreten, dass die Volumensubstitution zur Behebung des Kreislaufschocks während des Transports nicht dem medizinischen Standard entsprochen habe und das Kind zumindest noch vor Beginn des Transports einer wirkungsvolleren Volumenzufuhr bedurft hätte. Das ärztliche Vorgehen sei aber mit der Hektik im Krankenhaus zu erklären und kein unverständlicher und damit grober Behandlungsfehler. Demgegenüber hat der Sachverständige in seiner ergänzenden mündlichen Anhörung vor dem Berufungsgericht ausgeführt, dass jeder behandelnde Arzt wissen müsse, dass bei einer schweren Sepsis eine Bekämpfung des Schockzustands mit Glukoselösung auf Dauer nicht ausreichend sein könne. Auf diese Äußerung hat das Berufungsgericht seine Wertung gestützt (grober Behandlungsfehler)«.

1468 BGH VI ZR 221/06 – VersR 2008, 644: »Der Kläger schlug sich mit dem Hammer auf den Zeigefinger. Der Beklagte fertigte ein Röntgenbild und diagnostizierte eine Prellung. In der Folge rutschte der Kläger aus und schlug mit diesem Finger gegen eine Wand. Ein Arzt stellte eine Refraktur des Fingerendglieds fest. Nachfolgend trat eine sudecksche Heilentgleisung ein. Das Berufungsgericht sah keine Kausalität zwischen der Fehlbehandlung (Auswertung des Röntgenbildes) und der Entstehung des Morbus Sudeck. Nach der Beurteilung des Sachverständigen sei ein Ursachenzusammenhang zwar sehr wahrscheinlich; da es jedoch möglich – wenn auch sehr unwahrscheinlich – sei, dass sich der Morbus Sudeck allein aufgrund des ersten Unfalls entwickelt habe, lasse sich keine Überzeugung mit brauchbaren Grad an Gewissheit gewinnen. ... Das angefochtene Urteil hält der revisionsrechtlichen Überprüfung nicht stand. Der Patient hat den Ursachenzusammenhang zwischen dem Behandlungsfehler und dem Gesundheitsschaden nachzuweisen. Die haftungsbegründende Kausalität betrifft die Ursächlichkeit des Behandlungsfehlers für die Rechtsgutverletzung als solche (Primärschaden, Belastung der gesundheitlichen Befindlichkeit) und richtet sich nach dem strengen Beweismaß des § 286 ZPO, der einen für das praktische Leben brauchbaren Grad von Gewissheit verlangt. Die Feststellung der haftungsausfüllenden Kausalität (Ursächlichkeit für Folgeschäden einschließlich der Frage einer fehlerbedingten Verschlimmerung von Vorschäden richtet sich nach § 287 ZPO; hier kann zur Überzeugungsbildung eine überwiegende Wahrscheinlichkeit genügen. Das Berufungsgericht hat für den Nachweis der Ursächlichkeit hinsichtlich des Folgeschadens ein Beweismaß verlangt, das noch nicht einmal von dem strengen Maßstab des

Weidinger

– Kausalität zwischen Arzneimittel-Einnahme und Gesundheitsschaden[1469]
– Pflicht zur Befragung des Sachverständigen[1470]
und endet bei den an diesen Grundsätzen entwickelten Fragen- und Hinweiskatalogen für medizinische Sachverständige.[1471]

948 Für die Konsiliargutachten des Haftpflichtversicherers gilt etwas anderes. Diese dienen der schnellen Einschätzung des medizinischen Sachverhaltes und sollen dem Versicherer alle denkbaren Risiken aufzeigen. Die Auftragsfrage kann einfach lauten: »Sehen Sie irgendwelche ärztlichen Versäumnisse?«. Von daher gibt es in der Regel
– Keine Bindung an eine Beweisfrage
– Kein notwendiger Verzicht auf selbstgewählte Themen und Ergänzungen
– Keine Verbot der Verwendung zusätzlicher ex-post-Literatur, soweit diese als solche kenntlich gemacht wird
– Kein Verbot spekulativer Ergänzungen, soweit diese als Hypothese definiert werden.

---

§ 286 ZPO vorausgesetzt wird. ... Jedenfalls wird das Berufungsgericht, wenn es auch nach dem Beweismaß des § 287 ZPO keine Überzeugung von dem Ursachenzusammenhang zwischen der Fehlbehandlung und dem Morbus Sudeck gewinnen kann, die Voraussetzungen einer Beweislastumkehr erneut zu prüfen haben und einen groben Behandlungsfehler nur auf der Grundlage einer vollständigen und widerspruchsfreien Würdigung der medizinischen Anknüpfungstatsachen verneinen können«.

1469 BGH Urt. v. 16. März 2010 -VI ZR 64/09: »Die geltend gemachten Ansprüche sind ausschließlich auf den im Januar 2002 erlittenen Herzinfarkt gestützt worden. Das Landgericht hat es auf der Grundlage des schriftlichen Gutachtens des Sachverständigen Prof. Dr. K. als nicht erwiesen erachtet, dass die Einnahme des Medikaments »VIOXX« für den Herzinfarkt des Klägers allein ursächlich oder auch nur mitursächlich gewesen sei. Der Sachverständige hat die ihm gestellte Beweisfrage dahin beantwortet, es sei nicht sehr wahrscheinlich, dass der Herzinfarkt allein durch die Einnahme des Medikaments »VIOXX« verursacht worden sei«.

1470 BGH Urt. v. 6. Juli 2010 – VI ZR 198/09: »Grundsätzlich ist die Beweiswürdigung dem Tatrichter vorbehalten, an dessen Feststellungen das Revisionsgericht gemäß § 559 ZPO gebunden ist. Das Revisionsgericht kann lediglich nachprüfen, ob sich der Tatrichter entsprechend dem Gebot des § 286 ZPO mit dem Prozessstoff und den Beweisergebnissen umfassend und widerspruchsfrei auseinandergesetzt hat, die Beweiswürdigung also vollständig und rechtlich möglich ist und nicht gegen Denkgesetze und Erfahrungssätze verstößt. Die rechtliche Wertung, ob eine Aufklärungspflichtverletzung vorliegt, ist zwar Aufgabe des Richters. Im Arzthaftungsprozess ist jedoch zu beachten, dass sich das Gericht nicht mit einer eigenen Interpretation über Widersprüche oder Unklarheiten in den Ausführungen des Sachverständigen hinwegsetzen darf«.

1471 Siehe Rdn. 946.

Weidinger

In der Gesamtschau zeigen die Konsiliargutachten der Haftpflichtversiche-   **949**
rung, dass sie in der Regel – trotz kurzer Fragestellung und trotz formlosem
Spontanvotum – das Fallergebnis wiedergeben.[1472]

Deutlich wird dies am Beispiel des Falles einer Unterkieferliposuktion mit   **950**
anschließender Entzündung; der Fall wurde zwei Jahre nach Anspruchserhebung und nach Einholung mehrerer Sachverständigengutachten in
der zweiten Instanz exakt im Sinne des Konsiliararztes entschieden;[1473] der
Konsiliararzt hatte unmittelbar nach Geltendmachung der Schadenersatzansprüche votiert.

Den konsiliarärztlichen Stellungnahmen kommt qualitativ und quantitativ   **951**
eine exponierte Bedeutung zu. Nach einer Analyse der DBV-Winterthur-
Versicherungen aus 2006/2007 wurden sie in über 80% der Fälle eingeholt
und dort in über 90% der Fälle bestätigt.

Diese positiven Erfahrungen gelten auch für die Gutachten der Gutachter-   **952**
und Schlichtungsstellen.[1474] Auch diese Gutachten werden in der Regel in Gerichtsverfahren bestätigt. Die Kritik von Patientenvertretern an der fehlenden
Verbindlichkeit dieser Verfahren übersieht, dass diese auch dem Patienten
zugute kommt, da die Mehrzahl der Patientenvorwürfe nicht bestätigt wird.

Für den Haftpflichtversicherer stellen die Gutachter- und Schlichtungsver-   **953**
fahren zudem eine erhebliche Arbeitserleichterung dar.

Zu den Erfahrungen der Haftpflichtversicherung gehört auch ein vermehr-   **954**
ter Versuch, Sachverständige aufgrund der Haftungsverschärfung durch die
Schuld- und Schadenersatzrechtsreform von 2002[1475] wegen eines fehlerhaften Votums auf Schadenersatz in Anspruch zu nehmen. Die Voraussetzungen sind allerdings hoch:[1476]
– Übernahme des Auftrags ohne Fachkenntnis,
– Missachtung des Basiswissens von Examenskandidaten,
– Verzicht auf eine Anamnese bzw. fehlender Hinweis auf deren Notwendigkeit, weil eine Aussage nach Aktenlage möglicherweise fehlerhaft ist,

---

1472   Beispiele aus Human- und Zahnmedizin.
1473   Hanseatisches OLG 1 U 9/07, unveröffentlicht.
1474   Zu aktuellen Daten und Erkenntnissen siehe Laum in MedR 4/2011 (Aufsatz
       zu seinem Vortrag auf dem Symposium »Arzthaftpflicht in der Krise« des Ins-
       titutes für Medizinrecht der Universität zu Köln am 01.10.2010).
1475   § 839 a BGB »Erstattet ein vom Gericht ernannter Sachverständiger vorsätzlich
       oder grob fahrlässig ein unrichtiges Gutachten, so ist er zum Ersatz des Scha-
       dens verpflichtet, der einem Verfahrensbeteiligten durch eine gerichtliche Ent-
       scheidung entsteht, die auf diesem Gutachten beruht«. Haftungsvoraussetzung
       ist eine gerichtliche Entscheidung, ein Parteivergleich genügt nicht. Es besteht
       die Gefahr, dass rechtskräftig abgeschlossene Prozesse im Wege der gerichtli-
       chen Inanspruchnahme eines Sachverständigen neu aufgerollt werden«.
1476   Umfassend: Thole, GesR 2006, 154 ff.

Weidinger

- Ignorieren offensichtlich beachtlicher Hinweise vorliegender Gutachten,
- keinem Hinweis auf Hypothese statt Schlussfolgerung aus Tatsachen,
- keiner Würdigung von Behandlungsdokumentationen,
- Ziehen völlig unvertretbarer Schlüsse.

und

- Vorliegen eines Kausalzusammenhanges zwischen dem fehlerhaften Gutachten und dem Gerichtsurteil (eine Vergleichsmotivation genügt nicht),
- Kein fahrlässiges Unterlassen des Patienten einer Schadenabwendung durch Gebrauch eines »Rechtsmittels« (hierzu gehören Einwendungen gegen die Richtigkeit, der Antrag auf Ladung des Sachverständigen sowie der Befangenheitsantrag.

955   Da all diese formalen Aufgaben lediglich den juristischen Ansprüchen genügen und nicht zwangsläufig zur Befriedung beitragen, gehören zum Anforderungsstandard eines Heilwesenversicherers auch die weichen Faktoren der Bearbeitung.

Aufgaben des Schadensachbearbeiters: »SSSS«

SSSS Sachkompetenz, Service und Soft-Skills

1. Sachkompetenz

Der Sachbearbeiter ist Volljurist und hat anwaltliche Erfahrung. Er kennt seine Akte »in- und auswendig«, Namen, Parteivorträge, Stellungnahmen, Gutachten, aktueller Sachstand. Er arbeitet in einer gewachsenen Schadenabteilung, in welcher Aktenbestände langjährig von denselben Personen betreut werden und in denen die Personalsituation ein konzentriertes Arbeiten ermöglicht.

Alle Entscheidungen beruhen auf Kenntnis des aktuellen Versicherungs-, Arzthaftungs- und Personenschadenrechts und dienen der schnellen, angemessenen Befriedung.

Sämtliche Entscheidungen sind – auch für den Patienten – nachvollziehbar begründet.

2. Service

Alle Entscheidungen werden in angemessener Zeit getroffen, eine Bearbeitungsdauer von mehr als zwei Wochen gibt es nicht.

Im Interesse aller Beteiligten werden Prozesse als ultima ratio angesehen.

Der Versicherungsnehmer erhält sämtliche Korrespondenzen in Durchschrift. Seine Akte entspricht im wesentlichen der des Versicherers. Er erhält auch stets eine Abschlussnachricht.

Der Versicherungsnehmer erhält alle Auskünfte, die er zu »seinem« Fall haben will.

Der Versicherungsnehmer wird in Kenntnis gesetzt, wenn der Versicherungsschutz aktuellen Erfordernissen angepasst werden sollte.

Die Schadenerkenntnisse werden einem Risikomanagement zugeführt, welches anonymisiert aufzeigt, wie dieser Fall hätte vermieden werden können.

3. Soft-Skill

Der Sachbearbeiter verfügt über eine ausgeprägte Konflikt- und Kommunikationsfähigkeit. Er versteht emotional aufgeladene Situationen zu befrieden und auch für ablehnende Entscheidungen Verständnis zu gewinnen.

Persönliche Befindlichkeiten, z. B. aufgrund Überlastung oder betroffen machender Entscheidungen leitender Personen werden nicht nach außen getragen.

Der Sachbearbeiter ist selbstbewusst genug, schädliche Entscheidungen seiner Vorgesetzten oder des Managements anzusprechen (und dies im eigenen Interesse zu dokumentieren). Seine Vorgesetzten und das Management schätzen offene Kritik in der Sache und sind in der Lage, deren Inhalt zu validieren.

Als Mittel der Befriedung wird immer wieder die Mediation angeführt.[1477] **956**
Wenn ein Patient meint, durch einen ärztlichen Fehler einen Schaden erlit-

---

1477 Beispiele: Kilian, Alternative Konfliktbeilegung in Arzthaftpflichtstreitigkeiten, VersR 2000, 942 ff.; Rehborn, MDR 2001, 1156; Katzenmeier, Außergerichtliche Streitbeilegung in Arzthaftungssachen, AnwBl 12, 2008, 819 ff; Katzenmeier, Mediation bei Störungen des Arzt-Patient-Verhältnisses, NJW 2008,

Weidinger

ten zu haben (Beispiel: Der Arzt soll die Symptome eines Hirnschlages verkannt haben und der Patient hat nun eine dauerhafte Halbseitenlähmung), ist eine Konfliktlösung außerhalb der üblichen Verfahrenswege aber kaum möglich. Der Patient wird durch einen Anwalt vertreten, der dem Arzt bestimmte Versäumnisse vorwirft (z.B. Kopfschmerzen und Schwindel nicht weiter geklärt zu haben); der Anwalt wird hieraus eine Haftung aus Vertrag und/oder Deliktsrecht begründen und Schadenersatz vielleicht in Millionenhöhe fordern (Schmerzensgeld, Verdienstschaden, Heilbehandlungskosten etc.). Wenn der Arzt den Sachverhalt und die Wertung ganz anders sieht, wird man um Sachverhaltsermittlung, rechtliche Einordnung und medizinische Bewertung nicht herumkommen. Sollte eine Haftung möglich oder gesichert sein, werden Vergleichs- (hierzu ist medizinisches und juristisches Wissen erforderlich) oder Regulierungsgespräche (hierzu ist das komplette Personenschadenrecht zu beherrschen) geführt. In all diesen Situationen ist eine Mediation sehr schwierig. Sie könnte allenfalls parallel laufen, um Arzt und Patient zu einander zu führen. Meist geht der Streit aber um schwierige Sachfragen (z. B. »hätte auf bestimmte Symptome anders reagiert werden müssen?«), die nicht in einem »Konflikt-Gespräch« zu klären sind. Und für etwaige Vergleichsgespräche müsste der Mediator sowohl in der Akte als auch in den Medizin- und Rechtsgebieten sehr fachkundig sein.[1478]

957   Die Beilegung persönlicher Konflikte, für welche Mediationen »eigentlich« gedacht sind, ist aber immer auch ein Ziel der Regulierungsbemühungen und der Eskalationsprophylaxe.[1479]

958   ❗ – Deckungsprüfung und Leistung gemäß 5.1 AHB sind originäre Aufgaben der Haftpflichtversicherung und ihrer Schadensachbearbeiter.
   – Um eine zu bearbeitende Akte fachlich einschätzen zu können, hat der Sachbearbeiter den Sachverhalt zeitnah vollständig zu ermitteln und sowohl rechtlich als auch medizinisch[1480] zu klären. In Rücksprachen mit dem Vorgesetzten darf er keine aus der Akte zu beantwor-

---

1116 ff. Vgl auch Entwurf der Bundesregierung zum »Mediationsgesetz«/§ 796 ZPO sowie als praktische Anleitung Ponschab/Schweizer, Kooperation statt Konfrontation, 2. Auflage 2010.
1478 Der Autor hatte einige Gespräche mit sich angedient habenden Mediatoren, denen Abläufe von und fachliche Aspekte in Schadenfällen völlig fremd waren (»wir setzen uns dann mal mit Patient und Arzt zusammen und schauen uns den Konflikt an«...).
1479 Als Seminarbeispiel siehe http://www.aekno.de/downloads/archiv/2009.10.021 .pdf), als praktisches Beispiel in Krankenhäusern siehe die Person des Ombudsmannes oder Patientenvertreters.
1480 Vgl. Weidinger, Der Arzt als Gutachter im Schadensersatzfall aus Sicht des Haftpflichtversicherers in der Unterlage zum Symposium der Kaiserin-Friedrich-Stiftung am 25./26.02.2011 »Der Arzt vor Gericht – als Kläger, Beklagter, Angeklagter und Gutachter«.

Weidinger

tende Fragen offen lassen. Diese intensive und möglichst stets präsente Sach- und Rechtskenntnis eines Vorganges setzt eine über viele Jahre gewachsene und hochmotivierte Schadenabteilung voraus.[1481]

– Medizinische Aspekte können in der Regel nur durch Sachverständigengutachten geklärt werden. Diskussionspotential kann die Einschätzung des medizinischen Standards sein. Zum einen ist der Mensch keine Maschine, die nach einer abschließenden Checkliste behandelt werden könnte,[1482] zum anderen sind Therapiekonzepte in ständiger Entwicklung.[1483] Dies kann auch zu ungerechten Ergebnissen führen: In einem Verfahren der 80er-Jahre galt der grobe Geburtshilfefehler als geeignete Ursache für ein Undine-Syndrom (kongenitales zentrales Hypoventilationssyndrom), wogegen heute gesichert ist, dass das Undine-Syndrom eine ausschließlich angeborene Erkrankung des zentralen Nervensystems ist.[1484]

– Für jegliche ärztliche Information über den Patienten muss eine Schweigepflichtentbindung vorliegen bzw. eingeholt werden.[1485]

1481 Insoweit sind im Heilwesenbereich Abteilungsauflösungen und -verlagerungen schwere unternehmerische Fehler, wenn sie zu erheblichen Mitarbeiterverlusten führen. Für Fluktuationen aufgrund ungenügender Mitarbeiterführung oder Abteilungsorganisation gilt dies gleichermaßen.

1482 Deshalb geben Leitlinien lediglich einen Behandlungskorridor vor, vgl. ausführlich Weidinger, Die Praxis der Arzthaftung (2010), Kapitel 9.

1483 So wurde einer Patientin mit Hyperthyreose und endokriner Orbitopathie ärztlicherseits eine Radioiodtherapie empfohlen. Entsprechend der »Leitlinie zur Radioiodtherapie bei benignen Schilddrüsenerkrankungen« wird sie über das Risiko der Verschlechterung der endokrinen Orbitopathie (Leitlinie: in 15-30% der Fälle ohne gleichzeitige Cortisonabdeckung) aufgeklärt. Auf eine Cortisonabdeckung wird verzichtet (Leitlinie: Kontraindikation Ulcus ventriculi). Nach der Therapie kommt es zu einer drastischen Visus-Verschlechterung (Doppelbildersehen, Orientierungslosigkeit). Außergerichtlich werden drei Gutachten eingeholt. Der Erstgutachter sieht in dem konkreten Befund eine Kontraindikation für eine Radioiodtherapie, er hält ausschließlich eine Operation für indiziert. Der Zweitgutachter geht von einer relativen Indikation aus; die Leitlinie verbiete im Falle einer kontraindizierten Cortisonabdeckung eine Radioiodtherapie nicht (unter II. der Leitlinie zu »Indikation pro RIT« nicht als Kontraindikation und zu »Indikation pro Operation« nicht als Indikation genannt), er hätte aber mit der Patientin die Alternative einer Operation besprochen. Der Drittgutachter stellt schließlich fest, dass die Therapie dem medizinischen Standard entsprach, auch wenn sich die Thematik möglicherweise in einem Veränderungsprozess im Sinne des Erstgutachters befinde (mit Hinweis auf Heufelder, MMV, 98, 371). Der Fall wurde durch Vergleich befriedet.

1484 Nähere Darstellung im Vortrag, siehe auch OLG Hamm AHRS 2500/39, Nichtzulassungsbeschluss des BGH vom 10.06.2008 VI ZR 292/07, Zoll, Der Fluch der Undine oder Gerechtigkeit im Arzthaftungsprozess in Festschrift »Neminem laedere« für Gerda Müller, 2009.

1485 Umfassende Darstellung der Rechtslage bei Deutsch, Schweigepflicht und Infektiosität, VersR 2001 Heft 34 1471.

Weidinger

Diese sollte im Patienteninteresse restriktiv formuliert[1486] und gehandhabt[1487] werden.

– Kommt ein Haftpflichtversicherer seinen Pflichten nicht nach, hilft meist eine Beschwerde an den Vorgesetzten oder an den Vorstand des Unternehmens. Besonders im Heilwesenbereich wird die Geschäftsführung eine Diskussion in Medien nur in Kauf nehmen, wenn in der Sache tatsächlich unüberbrückbare Differenzen bestehen.

– Bei der Mandatsvergabe haben der Versicherer und der beauftragte Anwalt auf mögliche Interessenkollisionen zwischen Versicherungsnehmern zu achten, ansonsten könnte der Mandatierte den Tatbestand eines Parteiverrates erfüllen. Indizien sind mögliche Ausgleichsansprüche (zum Beispiel im Gesamtschuldverhältnis) und mögliche Regressansprüche (zum Beispiel im Arbeitsverhältnis).

– Zu einem Abfindungsvergleich sollten unter anderem folgendes bedacht werden:

– Für einen Versicherer ist ein Abfindungsvergleich immer die Chance, einen Vorgang und Reservestellungen zu schließen und zukünftige Verwaltungskosten zu sparen.

– Sowohl für den Versicherer[1488] als auch für den Geschädigten[1489] kann ein Abfindungsvergleich ein »Verlustgeschäft« sein.

– Aus dem Abfindungsvergleich sollte eindeutig ersichtlich sein, welche Ansprüche abgefunden werden.

– Formulierungen, welche Schadenersatzansprüche gegen den Schädiger »und jeden Dritten« abfinden, sind unwirksam,[1490] wenn diese »Dritte« nicht als Gesamtschuldner des Schädigers definiert sind.[1491]

– Behält die Abfindungserklärung dem Geschädigten zukünftige Ansprüche vor, sind diese gegen die Einrede der Verjährung zu

---

1486 Zum Beispiel durch Beschränkung auf vorfallbezogene Sachverhalte.

1487 Z. B. keine Information an nicht genannte Informationsempfänger! So sollte unabhängig von Reversierungsverträgen keine Korrespondenz des Versicherers mit dem Versicherungsnehmer über einen Makler laufen, wenn dieser nicht konkret in die Schweigepflichtentbindung einbezogen ist.

1488 So – wie tatsächlich geschehen –, wenn in einem Geburtsschaden ein kapitalisierter Betrag an die Krankenkasse gezahlt wird und das Kind zwei Wochen später den »plötzlichen Kindstot« stirbt.

1489 So, wenn sich herausstellt, dass sich seine Bedarfe über den statistischen Durchschnittswerten entwickeln (z. B. durch eine längere Lebensdauer). Ihm wird möglicherweise im Falle eines Bedarfes für den Lebensunterhalt mit einer monatlichen Zahlung auch eher gedient sein als mit einem Einmalbetrag.

1490 BGH VersR 1986, 467.

1491 In der Schadenpraxis war insoweit ein knebelnder Vorschlag eines Medizinprodukteherstellers auffällig (der daneben auch eine den Patienten bei Verstoß zum Schadenersatz verpflichtende Verschwiegenheitsverpflichtung enthielt, die Angehörige und Freunde einbezog).

Weidinger

sichern, etwa durch die Formulierung »hinsichtlich der zukünftigen Ansprüche wird der Geschädigte so gestellt, als sei ein gerichtliches Feststellungsurteil ergangen«.[1492]

– Die für eine Abfindungsregelung notwendige Berechnung des Zukunftspotentials erfolgt nach allgemeinen Regeln[1493] und hat insbesondere zu berücksichtigen,

– dass der Geschädigte im Falle fehlender oder nicht vollständiger Geschäftsfähigkeit rechtswirksam vertreten ist[1494] und dass im Falle einer Vormundschaft § 1822 Nr. 12 beachtet wird.[1495]

– dass der Geschädigte im Falle einer »eigentlich« zusätzlich begehrten Schmerzensgeldrente über eine Erhöhung des Einmalbetrages nachdenken sollte, der dem zukünftigen Änderungspotential entspricht.[1496]

– dass Unterhaltschäden gemäß § 844 BGB eine gesetzliche Unterhaltpflicht zum Zeitpunkt der Verletzung (Ausnahme: § 844 I 2 BGB) voraussetzen, dass Unterhaltsrenten zeitlich zu befristen[1497] sind und durch eine zumutbare[1498] Erwerbsobliegenheit von Hinterbliebenen eingeschränkt sein können.

– dass Erwerbsschäden für die komplette Dauer des Arbeitslebens möglich sind[1499] und durch eine Erwerbsobliegenheit eingeschränkt sein können.[1500]

1492 Vgl. BGH NJW 2002, 1878.

1493 Umfassend: »Der« Küppersbusch, Ersatzansprüche bei Personenschaden, 10. Auflage 2010.

1494 Also: Unterschrift beider Elternteile als gesetzliche Vertreter eines Kindes (§§ 107, 1629, 1626 BGB).

1495 Also: Zustimmung des Betreuungsgerichtes einholen.

1496 Vgl. BGH VersR 2007, 961: Anpassung gemäß § 323 ZPO ab Anstieg der Lebenshaltungskosten um 25%.

1497 Vgl. BGH VersR 2004, 653 für die doppelte Befristung lebenslanger Unterhaltsrenten; Befristungshöchstdauer: statistisches Lebensende des Verpflichteten.

1498 Entsprechend § 254 II BGB, vgl. z. B. BGH VersR 2007, 76.

1499 Maßgeblich ist das (möglicherweise nach dem 65. Lebensjahr liegende) Renteneintrittsalter, für Selbstständige siehe BGH VersR 76, 663. Schadenersatzverpflichtende Ereignisse vor Eintritt in das Erwerbsleben sind nach §§ 252 BGB, 287 ZPO zu beurteilen; BGH VI ZR 186/08 vom 05.10.2010: Es kann bei einem »jüngeren Kind« geboten sein, für die Ermittlung des Erwerbsschadens die Entwicklung des Kindes in der Zeit zwischen Schaden und Prognose sowie den Beruf sowie die Vor- und Weiterbildung der Eltern, ihre Qualifikation in der Berufstätigkeit, die beruflichen Pläne für das Kind sowie schulische und berufliche Entwicklungen von Geschwistern zu berücksichtigen.

1500 So kann eine Verpflichtung bestehen, eine Stelle beim Haftpflichtversicherer des Schädigers anzunehmen, BGH NJW 1998, 3706).

Weidinger

> – dass für den Versicherer eine Abfindung der Ansprüche einer
> gesetzlichen Krankenkasse sinnvoll sein kann, da vor allem
> schwere Verletzungen unbekannte Spätrisiken bergen.[1501]
> – dass Gläubiger und Schuldner bei den von ihnen zu vertreten-
> den Positionen Forderungsübergänge[1502] und Quotenvorrech-
> te[1503] berücksichtigen.

2. Versicherungsbedarf

959 Die Passivlegitimationen werden im materiellen Arzthaftungsrecht erörtert.
Auch bei komplexen Versorgungsstrukturen gilt in der Regel: Der Liquidierende haftet aus Vertrag gemäß § 280 BGB (für Erfüllungsgehilfen über
§ 278 BGB), der Handelnde aus Delikt gemäß § 823 Abs. 1 BGB (für Verrichtungsgehilfen über § 831 BGB).

960 Versichert ist das Risiko des Versicherungsnehmers, aufgrund dieser gesetzlicher Haftpflichtbestimmungen privatrechtlichen Inhalts[1504] von Dritten in

---

1501 Zu Spätrisiken s. z. B. Thomann Klaus-Dieter, Der Personenschaden, Medizinische Grundlagen der Schadensregulierung; siehe aber auch Rdnr. 140.
1502 Wie einen Übergang auf die gesetzliche Krankenversicherung gemäß § 116 I
  SGB X oder auf den Sozialhilfeträger.
1503 § 67 I 2 VVG; §§ 87a BBG, 52 BRRG.
1504 Mögliche öffentlich-rechtliche Ansprüche sollten in einer einschlägigen Versicherungspolice ausdrücklich mitversichert oder zur Klarstellung ausgeschlossen sein. Nach BGH, VersR 2008, 778, ist z. B. die Behandlung eines Patienten
  in der geschlossenen Abteilung eines psychiatrischen Landeskrankenhauses öf-

Anspruch genommen zu werden (1.1 AHB 2004), soweit es um Tatbestände aus seiner im Versicherungsschein beschriebenen »ärztlichen Tätigkeit« handelt. Diese Tätigkeit muss vom Versicherungsnehmer als die tatsächlich ausgeübten angegeben worden sein (ansonsten droht eine Deckungslücke).

Insbesondere bei Schnittstellen (zum Beispiel bei Vertretungen oder bei konsiliarärztlicher Tätigkeit) ist darauf zu achten, dass keine Deckungslücken verbleiben. So kann es sein, dass die persönliche Haftpflicht eines vorübergehend bestellten Praxisvertreters nicht über den Vertrag des Praxisinhabers mitversichert ist und der Vertreter hierfür eine eigene Haftpflichtversicherung vorhalten muss.   **961**

Für die Ausgestaltung des Versicherungsschutzes ist die Risikobeschreibung im Einzelfall maßgeblich. In der Regel – dies ist immer individuell zu prüfen – versichert die Berufshaftpflichtversicherung die gesetzliche Haftpflicht aus eigener ärztlicher Tätigkeit als niedergelassener Arzt, aus Konsiliartätigkeit, aus der Vertretung eines anderen, vorübergehend verhinderten Arztes, ein Tätigwerden in Not- und Unglücksfällen, die eigene Haftung, die aus der Beschäftigung von Vertretern, Assistenzärzten und Hilfspersonal entsteht.   **962**

Mitversichert ist ferner die Haftung von ständigen Vertretern (dies sind in der Regel keine ausschließlichen Abwesenheitsvertreter), angestellten Assistenzärzten und Hilfspersonal.   **963**

Da Definitionen und die Gewährung von Versicherungsschutz dem jeweiligen Versicherer obliegen, sind mögliche neuralgische Punkte zu klären Diese können insbesondere betreffen: **964**
- Angestelltes – auch ärztliches - Personal
- Auslandsdeckung für Ärzte
- Ärztliches Restrisiko« (Basisdeckung), z. B. Freundschaftsdienste im Verwandten- und Bekanntenkreis
- Gelegentliche außerdienstliche ambulante Tätigkeit, z. B. bei gelegentlichen Not- und Sonntagsdiensten
- Schiffsarzttätigkeiten
- Operative Eingriffe/ambulante Operationen
- Tätigkeit als Durchgangsarzt (D-Arzt)
- Erweiterter Strafrechtsschutz
- Tätigkeit als Honorararzt
- Nachhaftung bei Beendigung der ärztlichen Tätigkeit
- Akupunkturbehandlung
- Betreuung exponierter Risiken (wie Profisportler, Bundesligavereine)

---

fentlichrechtlicher Natur, so dass Grundlage für Schadensersatzansprüche aus Behandlungsfehlern die Amtshaftung und nicht eine privatrechtliche Haftung wegen (damals) positiver Vertragsverletzung (Bestätigung von Senat BGHZ 38, 49 = VersR 1962, 1173 und VersR 1984, 460 = NJW 1985, 677).

Weidinger

- Chiropraktik
- Dozenten- und Lehrtätigkeit
- Geburtshilfe
- Konsiliarärztliche Tätigkeiten
- Kosmetische Eingriffe/Behandlungen
- Naturheilverfahren
- Off-Label-Use
- Pränataldiagnostik
- ärztliche Flugbegleitung
- Telemedizin
- Vertretertätigkeit
- Berufsausübungsgemeinschaft
- Medizinische Versorgungszentren (MVZ)
- Praxisklinik
- Tagesklinik/Ambulantes OP-Zentrum
- Job-Sharing

965 Soweit fraglich ist, ob überhaupt der »ärztlichen Tätigkeit« vorliegt, kommt es auf eine Einzelfallbetrachtung an. In vielen Fällen wird die medizinische Indikation das entscheidende Abgrenzungskriterium sein. So zum Beispiel bei verschönernden Eingriffen, welche medizinisch indiziert, aber auch ausschließlich kosmetisch sein können.[1505] Indiz kann die Kostenübernahme durch die Krankenversicherung sein. Rein kosmetische, d.h. nicht medizinisch indizierte Eingriffe, die allein der Behebung von vermeintlichen Schönheitsfehlern dienen, sind hingegen von der Definition der »ärztlichen Tätigkeit« im Sinne der BBR nicht gedeckt, obwohl sie durch einen Arzt vorgenommen werden. Sie bedürfen idR der Absicherung durch eine gesonderte Vereinbarung.[1506]

966 Versichert sind in der Regel Personen-, Sach- und Vermögensschäden. Vermögensschäden haben oft eine gegenüber Personenschäden deutlich verringerte Deckungssumme (Sublimit). Die finanziellen Belastungen des Vermögens durch ein unerwünschtes Kind sind zwar reine Vermögensschäden, jedoch haben die Haftpflichtversicherer in der Regel als Reaktion auf die Rechtsprechung[1507] in einer so genannten Unterhaltsklausel die Vermögensschäden insoweit den Personenschäden gleichgestellt.

967   **!** – Das zu versichernde Risiko muss so genau wie möglich beschrieben werden, damit keine Deckungslücken entstehen.

1505 Das »Anlegen von Ohren« kann rein kosmetisch, im Falle starker Ausprägung und psychischer Probleme aber auch medizinisch indiziert sein.
1506 Siehe auch Teichner/Schröder MedR 2005, 127 ff.
1507 BGH NJW 1980, 1450 und spätere Entscheidungen.

Weidinger

- Insbesondere ist darauf zu achten, dass eine ausgeübte Tätigkeit keinem bedingungsgemäßen Deckungsausschluss des Versicherers unterfällt.
- Im Falle möglicher Deckungsschnittstellen, zum Beispiel zwischen Berufshaftpflicht- und Betriebshaftpflichtversicherung, darf nicht darauf vertraut werden, dass das Risiko schon irgendwo versichert sein wird.[1508]
- Ausschließlich kosmetische, also nicht medizinisch indizierte Eingriffe, unterfallen mangels Heilbehandlung – wohl – nicht der Definition der »ärztlichen Tätigkeit« der BBR[1509] und sind gesondert zu versichern.
- Für Haftpflichtschäden, bei denen es sich um Unterhaltsansprüche gegen den Versicherungsnehmer in seiner Eigenschaft als Arzt wegen ungewollter Schwangerschaft bzw. wegen unterbliebenem Schwangerschaftsabbruch handelt, besteht in der Regel Versicherungsschutz im Rahmen des Versicherungsvertrages und nach Maßgabe der vereinbarten Deckungssumme für Personenschäden. Sollten die Versicherungsbedingungen keine entsprechende Gleichstellungsklausel beinhalten, muss der Deckungsschutz konkret geklärt werden.

3. Deckungssummen

Deckungssummen sollen den Versicherungsnehmer vor kalkulierbaren Schadenhöhen schützen. Im Bereich der Personenschäden können Deckungssummen dann nicht ausreichen, wenn außergewöhnliche Schadenaufwände zu regulieren sind (Beispiel: Iatrogenes apallisches Syndrom bei einem »Großverdiener«). Deshalb sollten dem Versicherer vor Behandlungen mit entsprechendem Risikopotential diese angezeigt und individuelle Versicherer-Lösungen angestrebt werden (Beispiel: Geplante Stimmbandoperation bei einer prominenten Sängerin). Historisch haben sich die Deckungssummen seit den 70er Jahren von 500.000 DM für Personen-/Sachschäden und 25.000 DM für Vermögensschäden auf etwa 5.000.000 Euro für Personen-/Sachschäden und über 500.000 Euro für Vermögensschäden[1510]

968

1508 Beispiel: Der sogenannte unechte Konsiliararzt, der eine Leistung im Krankenhaus und für dieses erbringt (das Krankenhaus rechnet seine Leistung gegenüber dem Patienten ab und vergütet den Konsiliararzt nach Vereinbarung), kann über dessen Berufshaftpflichtversicherung und über die Versicherung des Hauses gedeckt werden. Voraussetzung ist die Angabe des ganz konkreten Risikos (ein Hinweis auf allgemeine konsiliarärztliche Tätigkeit wird nicht genügen, da dieser Konsiliararzt »neuer Prägung« wie ein Krankenhausarzt arbeitet).

1509 Katzenmeier in Wenzel aaO mit Hinweis auf Teichner/Schröder MedR 2005, 127 ff.

1510 § 839 a BGB nF hebt den Unterschied zwischen beeidigtem und nicht beeidigtem gerichtlichen Sachverständigen auf. Für den nichtbeeidigten Sachver-

Weidinger

entwickelt.[1511] Für Ansprüche auf Unterhalt (Vermögensschaden[1512]) wegen der Geburt eines unerwünschten Kindes gilt in der Regel bedingungsgemäß die Personenschadendeckungssumme. Denn als Reaktion auf nicht ausreichende Vermögensschaden[1513]-Deckungssummen haben die meisten Versicherer in ihren BBR die so genannte Unterhaltsklausel formuliert.[1514]

969   Die Maximierung der Höchstleistung eines Jahres ist in der Regel die zwei- oder dreifache Deckungssumme.

970   Versicherungssummen unter 5 Millionen Euro sollten nicht mehr abgeschlossen werden. Bei Spätschadenrisiken hat die Versicherungssumme zum Zeitpunkt einer Schadenregulierung bereits an »Wert« verloren.[1515]

971   Grundsätzlich ist es Sache des Versicherungsnehmers, angemessenen Versicherungsschutz sicherzustellen.[1516] Der Versicherungsnehmer kann nicht verlangen,[1517] ungefragt über alle Einzelheiten des Versicherungsschutzes aufgeklärt zu werden. Ausgenommen sind besonders Situationen,[1518] so z. B., wenn die vollständige Absicherung eines Risikos gewünscht wird,[1519] oder wenn ein Versicherungsmakler fehlerhaft berät (wie im Fall des unterlassenen Hinweises auf die notwendige Personenschadendeckungssumme im Falle der Unterhaltshaftung eines Arztes für ein unerwünschtes Kind und[1520]).

972   ❗ – Deckungssummen unter 5 Millionen Euro sind für Personenschäden nicht mehr angemessen.
 – Altverträge sind auf angemessene Deckungssummen hin zu überprüfen.

---

ständigen sich eine eindeutige Haftungsverschärfung für Vermögensschäden. So könnten rechtskräftig abgeschlossene Prozesse im Wege der gerichtlichen Inanspruchnahme eines Sachverständigen neu aufgerollt werden.

1511 Vgl. auch 73 Bergmann, in van Bühren, Handbuch Versicherungsrecht, § 11 Rn. 84 und Katzenmeier, in Laufs/Katzenmeier/Lipp, Arztrecht, S. 353, Fn. 284.
1512 Beckmann/Matusche-Beckmann/Johannsen § 24 Rdn. 27; Prölss/Martin/Voit/ Knappmann § 1 AHB Rdn.17.
1513 BGH NJW 1980, 1450.
1514 »Für Haftpflichtschäden, bei denen es sich um Unterhaltsansprüche gegen den Versicherungsnehmer in seiner Eigenschaft als Arzt wegen ungewollter Schwangerschaft bzw. wegen unterbliebenem Schwangerschaftsabbruch handelt, besteht Versicherungsschutz im Rahmen des Vertrages und nach Maßgabe der vereinbarten Deckungssumme für Personenschäden«.
1515 Siehe auch: Hellberg, Lonsing, , Komposit: Dramatische Teuerung von Personenschäden im Heilwesen, Versicherungswirtschaft 2010, 421 ff.
1516 OLG Köln VersR 1996, 1265; Schimikowski Rdn. 132.
1517 Zum Versicherungsagenten siehe Weyers/Wandt Rdn. 300 ff.
1518 Umfassend: Kieninger, AcP 199 (1999), 190 ff.
1519 LG Karlsruhe MedR 2000, 486, 487.
1520 OLG Hamm MedR 1997, 463.

- Im Falle einer in einem Schadenfall unzureichenden Deckungssumme sind alle Möglichkeiten auszuschöpfen, den in Anspruch genommen Schuldner vor einer Eigenleistung im Kürzungs- und Verteilverfahren[1521] zuschützen.
- Zu diesen Aktivitäten gehört auch die Prüfung von Ausnahmetatbeständen:
- Verringerung der Haftungssumme durch Einbeziehung von Gesamtschuldnern/Ausgleichsverpflichteten
- Erhöhung der zur Verfügung stehenden Deckungssumme
  - Existiert eine Exzedentenversicherung?
  - Entfällt durch eine überschrittene Deckungssumme das Merkmal »anderweitige Deckung« und damit die Subsidiaritätsklausel einer anderen Haftpflichtversicherung?
  - Gibt es eine Doppelversicherung?
  - Ist die Deckungssumme ausnahmsweise zu verzinsen[1522]?
- Prüfen von Schadenersatzansprüchen gegen Versicherungsberater

4. Reserven/Rückstellungen

Ein Versicherer muss für jeden Schadenfall denjenigen Geldbetrag zurückstellen, der in diesem Fall zur Auszahlung kommen könnte. Dies bedingt eine »eigentlich« eine tägliche[1523] Überprüfung der Sach- und Rechtslage und des Zahlungsrisikos dem Grunde und der Höhe[1524] nach. Diese Rückstellungen sind nach handelsrechtlichem Vorsichtsprinzip als kaufmännische Einzelschadenrückstellungen gem. § 56 III VAG, §§ 152 VII AktG, § 5 I EStG zu bilden.[1525] Für noch nicht gemeldete Versicherungsfälle ist die Rückstellung pauschal als sogenannte IBNR-Reserve (incurred but not reported) vorzunehmen.

973

1521 Grundregeln siehe Weidinger in Wenzel, Kap. 5 Rdnr 172, und BGH NJW 2007, 370; siehe auch Büsken, allgemeine Haftpflichtversicherung, Ausgewählte Deckungsfragen der AHB/BBR, Seite 17 ff.

1522 Siehe auch Sprung, Das Abwicklungsverhalten von Renten, www.genre.com/sharedfile/pdf/AL20101-de.pdf.

1523 Eine sogenannte Jahresendreserve-Aktion ist nicht mehr zeitgemäß und entspricht auch nicht bilanztechnischen Erfordernissen.

1524 Siehe auch: Hoffmann, Wie die Kostenentwicklung bei Personengroßschäden in den Griff bekommen? VW 2008, 1298. Zu berücksichtigen sind u. a. sind Schmerzensgeld, Heilbehandlungskosten/Pflegekosten, vermehrte Bedürfnisse, Erwerbsschaden, Unterhaltsansprüche, Regressansprüche, Ausgleichsansprüche.

1525 Die Rückstellungen nach HGB für noch nicht abgewickelte Versicherungsfälle dienen der Erfassung ungewisser Verbindlichkeiten aus realisierten wirtschaftlichen Risiken, vgl. §§ 249 I 1, 341 g, 342 HGB.

Weidinger

974 ❗ – Die angemessene Bildung finanzieller Reserven für bekannte und unbekannte Schadenfälle ist für eine Versicherung existenziell. Würden nur zehn Großschäden falsch eingeschätzt oder deren Entstehung nicht erwartet, könnten sich Abwicklungsverluste von weit im zweistelligen Millionenbereich ergeben.

– Deshalb hat ein Versicherer auf korrekte und zeitaktuelle Rückstellungen zu achten.[1526]

– Dabei ist der Versicherer Gefahren ausgesetzt. Ein großes Risiko in einer dezentralen Bearbeitung[1527] liegen, wenn dort unerfahrene Sachbearbeiter das Haftungspotential eines Falles über Monate oder Jahre nicht erkennen. Analog gilt dies für die Ad-hoc-Übertragung der Sachbearbeitung von einer erfahrenen auf eine völlig unerfahrene Abteilung, zum Beispiel im Rahmen eines Standortwechsels zur grundsätzlichen Zentralisierung oder zur (vermeintlichen) Reduzierung von Kosten. Ein weiteres Risiko liegt in einer unangemessenen Personaldecke; über einen langen Zeitraum beschwerdegetrieben Arbeitsrückstände zu priorisieren und deshalb Einarbeitungen und Reserveberechnungen zu vernachlässigen wäre ein schwerer Managementfehler der Geschäftsführung. Deshalb sollten Vorstände im Arzthaftpflichtsegment die Vorschläge vorwiegend kostenorientierter Abteilungen (Bsp.: die sogenannte »Betriebsorganisation«) niemals ohne qualifizierte Anhörung des Fachbereiches umsetzen. Um kein Spielball persönlicher Interessen zu werden und um überhaupt zu wissen, um was es geht, sollte der Vorstand immer eigene Fach- und Sachkunde haben.[1528]

1526 Siehe auch Fußnoten 137 f.

1527 Z. B. bundesweit in dezentralen nicht spezialisierten Verwaltungseinheiten mit einer Zuständigkeit bis zu einem Bearbeitungslimit bis 50.000 Euro.

1528 Von den 15 (!) bisherigen Vorgesetzten des Autors entsprachen als Gesamtverantwortliche von Betrieb und Schaden vor allem zwei (Hartmut Mellinger und Michael Zwick) dem Idealbild der Führungskraft des obersten Managements. Ihr Benchmark: 1. Die Spartenergebnisse wiesen über Jahre sowohl Wachstum als auch Rentabilität aus. 2. Fachkompetente Reserveanalysen und die Besprechung komplexer Großschäden konnten auf höchster Unternehmensebene erfolgen. 3. Die Geschäftspolitik priorisierte Ertrag vor Umsatz. 4. Die Personalplanung erfolgte jährlich vorausschauend mit dem Ziel, eine hochqualifizierte Mannschaft zu erhalten und auszubauen. 5. Und: Die Leistungsmotivation erfolgte vor allem empathisch und nicht nur durch Zielvereinbarung.

Weidinger

– Die revisorische Überprüfung angemessener Einzelschadenreserven erfordert Unabhängigkeit[1529] sowie einschlägige Sach- und Rechtskenntnis.[1530]
– Im Rahmen der Finanzaufsicht hat auch die Aufsichtsbehörde auf die dauerhafte Erfüllbarkeit der versicherungsvertraglichen Verpflichtungen zu achten, vgl. § 81 I 5 VAG.

5. Kürzungs- und Verteilverfahren[1531]

Grundsätzlich hat sich bei nicht ausreichender Deckungssumme der Versicherungsnehmer ab dem Zeitpunkt entsprechender Erkenntnisse mit der nicht gedeckten Quote an den Zahlungen beteiligen (Kürzungs- und Verteilverfahren, §§ 155 I, 156 III VVG, 3 III Ziff. 2 AHB aF/ 6.6, 6.7 AHB nF).[1532] Grundsätzlich ist vom Versicherer ein Vergleich im Rahmen der Deckungssumme anzustreben.[1533] Die Höhe der berechtigten Forderungen ist durch Berechnung der Kapitalforderungen in ihrer Summe und der Rentenforderungen nach ihrem Barwert festzustellen. Der Versicherer sollte vermeiden, ungekürzt bis zum Erreichen der Versicherungssumme zu zahlen und sich auszuklinken zu versuchen.[1534] Bei erkennbarem Überschreiten der Versicherungssumme sind die offenen Ansprüche zu Kürzen um den Quotienten:

975

$$Q = \frac{\text{Versicherungssumme minus bisherige Leistungen (Kapitalzahlung in Summe, Rente in Barwert)}}{\text{Summe Kapitalforderungen und Barwerte offener Renten}}$$

1529 Der Prüfer sollte kein persönliches oder durch eine ständige Geschäftsverbindung begründetes Näheverhältnis zum Auftraggeber haben (zum Beispiel als anwaltlicher Großkunde eines Unternehmens); ansonsten ist die Intension nicht auszuschließen, sich die finanzielle Lebensquelle (Aufträge in Schadenfällen durch das mittlere Management) zu erhalten und auf kritische Anmerkungen zu verzichten.

1530 Dies gilt insbesondere auch für Revisions- und Wirtschaftsprüfer, welche sich ansonsten auf Auskünfte der Fachabteilungen verlassen müssten und damit ihrer Aufgabe nicht gerecht würden. Die Grundlagen der Haftung für iatrogene Schäden (z. B. auch die Differenzierung zwischen Befund- und Diagnosefehler) und des Personenschadenrechts sollten den Prüfern bekannt sein; wirtschafts- und oberflächliche Rechtskenntnisse genügen nicht!.

1531 Die wohl lehrreichste Darstellung bietet Küppersbusch. Sehr instruktiv: Küppersbusch, Das Kürzungs- und Verteilungsverfahren bei Überschreitung der Versicherungssumme in der Haftpflichtversicherung, in Greiner/Gross/Nehm/Spickhoff, Festschrift für Gerda Müller, 2009, Seite 65 ff.; s. auch Langenick, Sonderheft zu r+s 4/2011, 70.

1532 Vgl. Deichl/Küppersbusch/Schneider Kürzungs- u. Verteilverfahren; Küppersbusch, VersR 1983, 193, 203; Hessert, VersR 1997, 39 ff., BGH VersR 1979, 30 f; Geigel/Schlegelmilch, Der Haftpflichtprozess, 23.Auflage Kap. 13.

1533 BAV, GB 72, 70.

1534 Vgl. BGH VersR 80,817; VersR 82, 791.

Weidinger

976 Wird der genannte Zeitpunkt versäumt, besteht für die Zahlungen des
Versicherers für die Vergangenheit, welche den gekürzten Betrag überschreiten, ein Bereicherungsanspruch gegen den Versicherungsnehmer.[1535]
Mit diesem Bereicherungsanspruch kann gegen den gekürzten Freistellungsanspruch aufgerechnet werden. Beruft sich der Geschädigte im Haftpflichtprozess gegenüber dem Vortrag des Haftpflichtversicherers, die
Versicherungssumme reiche zur Befriedigung mehrerer Betroffener nicht
aus, auf sein Befriedigungsvorrecht aus § 116 IV SGB X, so führt dies
nicht zum Unterbleiben des Verteilungsverfahrens;[1536] Vielmehr findet zunächst die anteilige Kürzung aller Forderungen statt, sodann erhält der
Geschädigte einen Anteil von den Ansprüchen seiner Rechtsnachfolger in
der Höhe, wie sie erforderlich ist, um seinen Ausfall infolge der Kürzung
auszugleichen.

977 ❗ – Die Berechnung eines Kürzungs- und Verteilverfahrens ist sehr an-
spruchsvoll.
– Der Haftpflichtversicherer, welcher ein solches durchführen
muss,[1537] sollte sich hierzu eines – u. U. auch externen – Spezialisten
bedienen.

1535 Wussow Informationen 1987, 62.
1536 BGH, Urt. V. 08.07.2003, zfs 2003, 589.
1537 Der Haftpflichtversicherer ist hierzu verpflichtet, vgl. BGH VersR 1982, 791.

> – Das Verteilverfahren ist einzuleiten, sobald sich prognostizieren lässt, dass die Deckungssumme nicht ausreichen wird.

6. Best Advice

978 Best Advice bezeichnet den Anforderungsstandard an einen Versicherungsmakler, welcher eine Arzt- oder Krankenhaushaftpflichtversicherung vermittelt: Der Makler schuldet die Auswahl- und Aufrechterhaltung des bestmöglichen Versicherungsschutzes.[1538] Die Auswahl des für den konkreten Versicherungsnehmer besten Produktes ist insoweit schwierig, als sich die Qualität des Versicherungsschutzes erst im Schadenfall zeigt, eine in der Öffentlichkeit dargestellte schlechte Schadenregulierung eines Unternehmens angesichts tausender zu bearbeitender Fälle keine allgemeinen Rückschlüsse zulässt, und sich zudem viele Unternehmen in einem ständigen Veränderungsprozess befinden.

979 Folgende Kriterien könnten den besten Versicherungsschutz auszeichnen:
– Der Versicherungsschutz deckt den kompletten Tätigkeitsbereich des Arztes oder Krankenhauses ab, d. h. er setzt im konkreten Fall etwaige bedingungsgemäße Ausschlüsse wie den für kosmetische Eingriffe außer Kraft.
– Der Versicherer verfügt über eine mehr als zwanzigjährige Erfahrung mit einer Bestandsgröße, die eine validierte langfristige Tarifkalkulation von Spätschadenrisiken erlaubt.
– Der Versicherer findet sich nicht wiederholt wegen zumindest behaupteter Fehlregulierung in den Medien.[1539]
– Der Versicherer steht nicht für eine Sanierungspraxis, welche auf den ersten Schadenfall eines Kunden grundsätzlich mit Preiserhöhung/Kündigung reagiert.
– Der Versicherer pflegt eine über mehr als zehn Jahre gewachsene Schadenabteilung,[1540] welche das Arzthaftungs- und Personenschadenrecht ebenso beherrscht wie den sozialkompetenten Umgang mit allen Kommunikations- und Korrespondenzpartnern und eine zügige[1541] außergerichtliche Befriedung anstrebt. Indizien für eine »gute« Schadenabteilung: Während der Geschäftszeiten ist die ständige Erreichbarkeit freundlicher/nicht gestresst wirkender und fachkundiger Volljuristen gewährleistet, die ihre Akten so verinnerlicht haben, dass sie bei Bekannt-

---

1538 Katzenmeier/Brennecke in Wenzel, Kap. 5, Rdnr. 68 m.w.N.
1539 Solche Fälle können über google leicht ausfindig gemacht werden.
1540 Voraussetzung dieser Kontinuität sind eine ausreichende Personaldecke mit einer positiv motivierenden Personalführung sowie der Verzicht auf permanente Umstrukturierung.
1541 OLG Naumburg, VersR 2004, 1423: zögerliches Regulierungsverhalten des Haftpflichtversicherers ist in erheblichem Umfang zugunsten des Geschädigten zu berücksichtigen.

gabe von Namen oder Aktenzeichen stante pede Sachverhalt und Sachstand kennen.

– Und die Sachbearbeiter beherrschen die dem jeweils aktuellen Sachstand angemessene Berechnung der prognostizierten Schadenaufwände[1542] (keine Unterreservierung aus Unkenntnis des Risikopotentials, keine »ängstliche« Überreservierung aus mangelhafter Rechtskenntnis oder mangelhafter Aufarbeitung des Sachverhaltes[1543]).

Haftung bei Deckungslücken

Indizien für „best advice"

Preis | Versicherungsschutz | Leistungsfall

980

❗ – Der Preis eines Versicherungsproduktes ist kein Maßstab für Best Advice. Er kann nur bei identischer Produktqualität eine Rolle spielen.

– Bei sogenannten Rabatten wird davon auszugehen sein, dass der Versicherer diese in der kalkulatorisch bereits berücksichtigt hat. Denn gerade bei Spätschadenrisiken mit oft zufälligem Schadeneintritt sind echte Vorausrabatte, zum Beispiel, weil der Versicherungsnehmer Risikomanagement betreibt, nicht logisch.

– Best advice umfasst auch die Soft-Skill-Qualitäten des Versicherers. Eine Schadenbearbeitung mit Kurzbriefen und in der Hoffnung, in einem Gerichtsverfahren werde schon das richtige Ergebnis gefunden werden, würden den Interessen der Beteiligten nicht gerecht.

– Qualifizierte Schadensachbearbeitung des Versicherers setzt die notwendige Bearbeitungszeit voraus, um Sachverhalte zu erfassen, zu

---

1542 Ein Negativbeispiel wäre eine Schadenmeldung im März, das Setzen einer Erstreserve von 20.000 EUR, der Verzicht sowohl auf proaktive Sachverhaltsermittlung, detailliierte Berechung der Schadensumme, substantiierte Haftungsbeurteilung, mit einer Reserveerhöhung zum Jahresende ohne jeglichen neuen Erkenntnis, weil »im Haftungsfall ein Millionenschaden droht«.

1543 Rückstellungen sind letztlich Grundlage der Tarifkalkulation, sind sie falsch, ist der Tarif falsch.

> analysieren, zu bewerten und um sachgerecht zu reagieren. Die Einschätzung des qualitativen Zeitbedarfs wird eine Geschäftsführung ohne Sachkunde nicht leisten können.[1544]

II. Berufshaftpflichtversicherung des Arztes

1. Abschluss

a) Individuelle Absicherung

Versichert ist das Risiko des Versicherungsnehmers, aufgrund gesetzlicher Haftpflichtbestimmungen privatrechtlichen Inhalts von Dritten in Anspruch genommen zu werden (1.1 AHB 2004). Für die Berufshaftpflichtversicherung des Arztes bedeutet dies, dass dessen vertragliche und deliktische Haftung aus der im Versicherungsschein im Einzelfall beschriebenen ärztlichen Tätigkeit gedeckt ist. Der Versicherungsnehmer muss darauf achten, dass die seine gegenüber dem Versicherer beschriebene Tätigkeit dem tatsächlich ausgeübten Beruf nach Art und Umfang entspricht. **981**

Für ärztliche Funktionen deckt die Berufshaftpflichtversicherung in der Regel die gesetzliche Haftpflicht aus eigener ärztlicher Tätigkeit und ferner diejenige eigene Haftung, die sich aus der Beschäftigung von aus § 278 BGB und § 831 BGB ergibt. **982**

Es ist erforderlich, diese eigene Tätigkeit so exakt wie möglich zu beschreiben und den Versicherer/Versicherungsberater über arbeitsvertraglich gebundene und sonstige ärztliche Beschäftigte einschließlich Vertretungsverhältnissen zu informieren. Insbesondere sind Risiken anzufragen, welche bedingungsgemäß ausgeschlossen sein könnten wie Schönheitsoperationen oder Auslandsdeckungen. Nachzureichen sind dem Versicherer auch qualitative Änderungen (so genannte Erhöhungen) und quantitative Änderungen (Erweiterungen) der haftpflichtversicherten Tätigkeit. **983**

Für die Betriebshaftpflichtversicherung eines Krankenhauses gilt dies analog. Hier ist in der Regel versichert im Rahmen der Allgemeinen Versicherungsbedingungen für die Haftpflichtversicherung (AHB) und den Bestimmun- **984**

1544 Planspiele von Betriebsorganisationen können gefährlich sein, wenn sie für ihre Kostenprogramme »Lese- und Denkzeiten« der Sachbearbeiter außen vor lassen. So könnte es zum theoretisch schlimmsten Fall kommen, dass eine qualifizierte Abteilung örtlich verlagert und damit personell aufgelöst wird, ohne dass der übernehmende Bereich entsprechende Mehrkapazitäten für die Einarbeitung in »fremde« Akten bereit hält (oder dieser neue Bereich vielleicht sogar noch in Quantität und Qualität reduziert wird). Gegenteilige Szenarien sind aber ebenfalls denkbar: Ohne Sachkunde eines Vorstandes könnte ein Leiter im mittleren Management Überkapazitäten vermeintlich korrekt begründen und auch tatsächlich schaffen.

Weidinger

gen dieses Vertrages die gesetzliche Haftpflicht des Versicherungsnehmers aus dem Betrieb des im Versicherungsschein und seinen Nachträgen beschriebenen Krankenhauses mit seinen Eigenschaften, Rechtsverhältnissen und Tätigkeiten. Mitversichert ist in der Regel die gesetzliche Haftpflicht des Versicherungsnehmers aus der Beschäftigung von Ärzten, Medizinstudenten im praktischen Jahr (MPJ) und nichtärztlichem Personal. Auch hier sind wesentliche Gefahr erhöhende Änderungen oder Erweiterungen dem Versicherer zum Zwecke der Überprüfung der Prämien und Bedingungen anzuzeigen. Zum mitversicherten Personenkreis gehören meist die Mitglieder der Organe des Versicherungsnehmers, die gesetzlichen Vertreter des Versicherungsnehmers und solche Personen, die er zur Leitung und Beaufsichtigung des versicherten Betriebes oder eines Teiles desselben angestellt hat, in dieser Eigenschaft bei Tätigkeiten für den Versicherungsnehmer, sowie die persönliche gesetzliche Haftpflicht sämtlicher Betriebsangehörigen für Schäden, die sie in Ausübung ihrer dienstlichen Tätigkeit für den Versicherungsnehmer verursachen.

985 Der Versicherer/Vermittler hat darauf zu achten, dass er seinen Beratungs- und Informationspflichten nach dem Versicherungsvertragsgesetz nachkommt und den Versicherungsbedarf erkennt. Hierzu gehört auch, den Definitionskalender der Versicherungsunternehmen zu kennen. Begriffe wie »ambulant« und »operativ« können versicherindividuell bestimmt werden, z. B. durch Benennung der Verweildauer in einer Praxis nach einem Eingriff oder durch Aufzählung bestimmter Eingriffe.
Beispiele solcher Definitionen:
– Operative Eingriffe sind diagnostische und/oder therapeutische Maßnahmen, die sowohl durch konventionelle schnittchirurgische Verfahren als auch mittels minimal-invasiver Techniken durchgeführt werden.
– Bei der minimal-invasiven Chirurgie (MIC) wird mittels ärztlichen Instrumentariums (z.B. Endoskop, Katheter, Laser) in den Körper des Menschen eingedrungen, und zwar sowohl unter Ausnutzung der natürlichen Körperöffnungen, als auch durch künstlich geschaffene Zugänge, und in die körperliche Substanz des Patienten eingegriffen. Der Eingriff kann zu diagnostischen oder therapeutischen Zwecken erfolgen.
– Unter den Begriff ambulantes Operieren fallen operative Eingriffe, bei denen die Patienten sowohl die Nacht vor, als auch die Nacht nach der Operation außerhalb des Krankenhauses, der Klinik oder der Praxis verbringen, in welcher der Eingriff vorgenommen wurde.
– Die operative Tätigkeit ist bei ambulant tätigen Ärzten nur nach besonderer Vereinbarung versichert. Abweichend hiervon sind folgende ambulante Tätigkeiten ohne besondere Vereinbarung mitversichert: das Abnehmen von Blut zu Untersuchungszwecken, das Setzen von Spritzen als Therapie, Warzenentfernung, Entfernen von Fuß- und Fingernägeln, Wundversorgung, Abszessbehandlung, Abstriche (Entnahme von Un-

tersuchungsmaterial von Haut- und Schleimhautoberflächen zur Diagnostik)
- Unter den Begriff stationäre Tätigkeit fallen Behandlungen, bei denen die Patienten die Nacht vor oder nach der Behandlung in dem Krankenhaus, der Klinik oder der Praxis verbringen, in welcher die Behandlung durchgeführt wurde.

Die stationäre Tätigkeit ist bei Ärzten in freier Praxis nur nach besonderer Vereinbarung versichert. Ärzte in freier Praxis sind stationär tätig, wenn sie Belegbetten unterhalten oder z. B. konsiliarisch zur Behandlung von stationär aufgenommenen Patienten hinzugezogen werden. **986**

❗ – Zur Beurteilung des Deckungsschutzes sollten stets Antrag, Police, **987** Nachträge und die zugrunde liegenden Bedingungen geprüft werden. Musterpolicen und Musterbedingungen sind immer nur Beispiele, welche nicht den konkreten Fall abbilden!
- Zahlreiche Begriffe wie »ambulant« oder »operativ« werden vom Versicherer definiert. Ein Vermittler hat im Falle eines Vertragsabschlusses zu prüfen, ob die Tätigkeit seines Kunden in diesem Sinne bei dem konkreten Versicherungsunternehmen versichert ist.
- Versicherer, Makler und Versicherungsvertreter haben die Beratung zu dokumentieren, §§ 6, 61, 63 VVG. Die Verletzung der Dokumentationspflicht kann zu Schadenersatzansprüchen führen, § 6 Abs. 4 VVG.

Verantwortlichkeiten bei Deckungslücken

Deckungslücke

| Ausschließliches Verschulden des Versicherungsnehmers: Keine Deckung | u. U Vermittlerverschulden: - Makler: Eigenhaftung - Agent: Versichererhaftung | u. U. Versichererverschulden: Haftung wegen Vertrags- /Pflichtverletzung |

siehe auch Pflichtenheft des Versicherungsvertragsgesetzes §§ 6, 59, 60 ff. VVG

Weidinger

b) Zeitliche Lückenlosigkeit

988 Die ärztliche Tätigkeit sollte niemals ohne Haftpflichtversicherungsschutz ausgeübt werden. Von Berufsaufnahme bis zur endgültigen Berufsaufgabe sollte durchgehend Deckungsschutz bestehen. Im Falle einer Kündigung des Versicherungsvertrages ist rechtzeitig für Anschlussdeckung zu sorgen.

aa) Nach der »Schadenereignistheorie«

989 Maßgeblich für die zeitliche Zuständigkeit eines Versicherers ist der Eintritt des Schadenereignisses, d. i. der »Vorgang, der die Schädigung unmittelbar herbeiführt« (ab BGHZ 25, 34).[1545] Entsprechend ist dies formuliert in 1.1 AHB Satz 2:[1546] »Schadenereignis ist das Ereignis, als dessen Folge die Schädigung des Dritten unmittelbar entstanden ist.[1547] Auf den Zeitpunkt der Schadenverursachung, die zum Schadenereignis geführt hat, kommt es nicht an.[1548]

990 Der Versicherer gewährt als lediglich für solche vom Versicherungsnehmer verursachten Schadenereignisse Deckung gewähren, die während der Versicherungszeit eintreten. Der Begriff des »Ereignisses« (§ 1 Ziff. 1 AHB bis 1982) oder »Schadenereignisses« (§ 1 Ziff. 1 AHB ab 1982) soll nach diesem Ansatz dasjenige äußere Ereignis bezeichnen, welches den Personen- oder Sachschaden unmittelbar auslöst oder herbeiführt; maßgeblich ist nicht die Verursachung, sondern die Folge.[1549] Zur Bestimmung des Schadenereignisses im Sinne der Folgeereignistheorie ist auf denjenigen Zeitpunkt abstellen, zu dem der Schaden sich erstmals manifestiert. Bei der ärztlichen Fehlbehandlung ist dies der Zeitpunkt, zu dem sich der Schaden bemerkbar macht,[1550] man spricht auch vom Eintritt des realen Verletzungszustandes.[1551] Tritt der Schaden durch fortgesetzte Maßnahmen ein (mehrfache

---

1545 Einzelheiten siehe Kretschmer, Der Schadenereignisbegriff in der allgemeinen Haftpflichtversicherung, VersR 2004, 1376 ff.

1546 Aus den AHB 2004: »1. Gegenstand der Versicherung, Versicherungsfall .
1.1. Versicherungsschutz besteht im Rahmen des versicherten Risikos für den Fall, dass der Versicherungsnehmer wegen eines während der Wirksamkeit der Versicherung eingetretenen Schadenereignisses (Versicherungsfall), das einen Personen-, Sach- oder sich daraus ergebenden Vermögensschaden zur Folge hatte, aufgrund gesetzlicher Haftpflichtbestimmungen privatrechtlichen Inhalts von einem Dritten auf Schadensersatz in Anspruch genommen wird. Schadenereignis ist das Ereignis, als dessen Folge die Schädigung des Dritten unmittelbar entstanden ist. Auf den Zeitpunkt der Schadenverursachung, die zum Schadenereignis geführt hat, kommt es nicht an«.

1547 Umfassende Differenzierung von. Schadenereignis- oder Folgeereignistheorie siehe bei Katzenmeier/Brennecke in Wenzel, Kap. 5, Rdnr. 3 m.w.N.

1548 Es kommt also zudem auch nicht darauf an, wann der Patient von dem iatrogenen Schaden erfährt oder wann er Ansprüche anmeldet.

1549 Flatten VersR 1994, 1019, 1020; Kretschmer, 53.

1550 Flatten VersR 1994, 1020; Teichler, 44, 169, 170.

1551 Prölss/Martin/Voit/Knappmann § 149 VVG Rdn.12.

Einnahme eines fehlerhaft verordneten Medikamentes, wird diskutiert, auf die erstmalige Einwirkung abzustellen,[1552] also auf denjenigen Zeitpunkt abzustellen, zu dem sich der Pflichtenverstoß erstmals auswirkt.[1553]

bb) Nach claims made

Das angloamerikanische Claims-made-System stellt dagegen auf den Zeitpunkt der Anspruchserhebung ab.[1554]

991

1552 Teichler, 44, 45.
1553 Katzenmeier in Wenzel, aaO, mwN: »Es spricht aber vieles dafür, dass auch die neuen AHB 2004 sich in diesem Punkt den Vorwurf der Mehrdeutigkeit oder Intransparenz samt allen AGB-rechtlichen Konsequenzen gefallen lassen müssen«.
1554 Einzelheiten siehe Weidinger, in Wenzel, Kap. 5, Rdnr. 194 ff. m.w.N.

Weidinger

992 Besondere Aufmerksamkeit ist bei Anschlussversicherungen geboten. Denkbar sind folgende Alternativen:
– An occurrence schließt occurrence an
– An occurrence schließt claims made an
– An claims made schließt occurrence an
– An claims made schließt claims made an

993 Die jeweiligen Risikopotentiale sind in den Grafiken beschrieben.

An occurrence schließt occurence an

2009	2010
Bauchtuch vergessen	Ansprüche erhoben
Versicherer A	Versicherer B

Zeitliche Zuständigkeit des jeweiligen Versicherers für eingetretene Schadenereignisse (Veränderung der Körpersubstanz), hier also des Versicherers A.

Occurrence und Spätschadenrisiko: Belastung des Geschäftsjahres 2006 durch einen in 2010 festgestellten Schaden

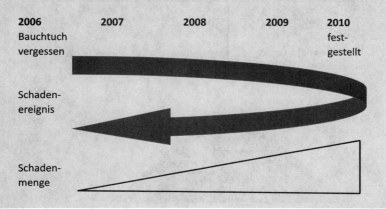

An occurrence schließt claims made an

2009	2010
Bauchtuch vergessen	Ansprüche erhoben
Versicherer A	Versicherer B

Der Vorversicherer deckt eingetretene Schadenereignisse, der Nachversicherer Schäden, zu denen in seinem Deckungszeitraum Ansprüche erhoben werden. Es liegt eine Doppelversicherung vor, wenn der Nachversicherer seine Zuständigkeit nicht durch retro-active-date ausgeschlossen hat (Deckungsausschluss für Schäden, die bei Vorversicherer eingetreten, dort aber noch nicht gemeldet sind (ansonsten Doppelversicherung). Bei retro-active-date: Versicherer A ist zuständig.

An occurrence schließt claims made an

2008	2009	2010
occurrence	claims made	claims made
Versicherer A	Versicherer B	Versicherer B

retro-active-date:
Versicherer B übernimmt
keine Schäden, die sich
vor 2009 ereignet haben,
er trägt kein
Spätschadenrisiko.

An claims made schließt occurrence an

2009	2010
Bauchtuch vergessen	Ansprüche erhoben
Versicherer A	Versicherer B

Es besteht eine Deckungslücke für Schadenereignisse, die während des Vorversicherervertrages eingetreten sind, aber erst in der Nachversichererzeit gemeldet werden (typischer long-tail-Effekt der Arzthaftpflicht!!). Deshalb ist hier eine Nachhaftungsversicherung zu claims made erforderlich. Nachteil: Für die Nachhaftungszeit zahlt der Kunde doppelt (Beiträge für Nachhaftung u n d Nachversicherer)

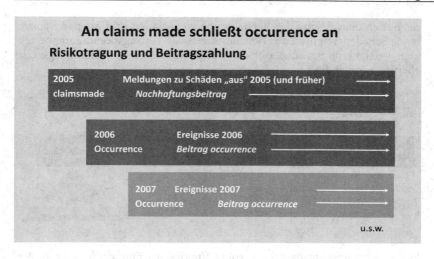

An claims made schließt occurrence an

Risikotragung und Beitragszahlung

| 2005 claimsmade | Meldungen zu Schäden „aus" 2005 (und früher) |
| | *Nachhaftungsbeitrag* |

| 2006 Occurrence | Ereignisse 2006 |
| | *Beitrag occurrence* |

| 2007 Occurrence | Ereignisse 2007 |
| | *Beitrag occurrence* |

u.s.w.

An claims made schließt claims made an

2009	2010
Bauchtuch vergessen	Ansprüche erhoben
Versicherer A	Versicherer B

Versicherzuständigkeit nach jeweiliger claims-made-Regelung: Versicherer B ist zuständig für alle Fälle, in denen 2010 Ansprüche erhoben werden.

❗ Die im Anschluss an eine Occurrence-Deckung erforderliche Nachhaftungsversicherung sowie Spätschäden eines Claims made Vorversicherers konterkarieren vermeintliche Vorteile von Claims made.

994

cc) Nachhaftungsversicherung

Nach 17 AHB[1555] kommt es zur Vertragsbeendigung in dem Zeitpunkt, in welchem der Versicherer davon Kenntnis erhält, dass das versicherte Inte-

995

1555 17 AHB nF lautet: »Wegfall des versicherten Interesses: Der Vertrag endet zu dem Zeitpunkt, zu dem der Versicherer davon Kenntnis erhält, dass das versicherte Interesse nach dem Beginn der Versicherung weggefallen ist. In diesem

Weidinger

resse nach dem Beginn der Versicherung weggefallen ist. Für später eintretende Schadenereignisse aus Behandlungen vor Vertragsbeendigung besteht kein Versicherungsschutz. Für diese Situation ist eine Nachhaftungsversicherung notwendig.

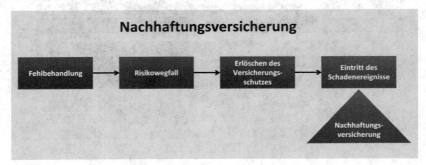

996   Haftpflichtversicherungsschutz sollte für die gesamte Zeit ärztlicher Berufsausübung bestehen. Zeitliche Deckungslücken führen zu einem bis zu dreißig Jahre[1556] drohenden Damoklesschwert. Im Falle der Berufsaufgabe oder im Falle des Todes eines Versicherungsnehmers sollte immer eine Nachhaftungsversicherung erwogen werden. Auch bei Wechsel zwischen Schadenereignissystem und claims made ist die Notwendigkeit einer Nachhaftungsversicherung zu prüfen (hier auch wegen einer etwaigen doppelten Kostenbelastung).

997   ❗ – Schadenfälle sollten immer allen in Betracht kommenden Versicherern angezeigt werden.
   – Hierzu gehört bei der Schadenereignisdeckung in jedem Falle derjenige Versicherer, in dessen zeitlicher Zuständigkeit der Schaden eingetreten ist, und bei der claims-made-Deckung derjenige Versicherer, in dessen Zuständigkeit Ansprüche erhoben worden sind.

Fall steht ihm der Beitrag zu, den er hätte erheben können, wenn die Versicherung nur bis zum Zeitpunkt der Kenntniserlangung beantragt worden wäre. Dasselbe gilt, wenn das versicherte Interesse weggefallen ist, weil der Versicherungsfall eingetreten ist«.

1556 § 195 BGB (»Die regelmäßige Verjährungsfrist beträgt drei Jahre«) wird relativiert durch § 199 BGB: » Die regelmäßige Verjährungsfrist beginnt mit dem Schluss des Jahres, in dem der Gläubiger von den Anspruch begründenden Umständen und der Person des Schuldners Kenntnis erlangt oder ohne grobe Fahrlässigkeit erlangen müsste.« Schadensersatzansprüche, die auf der Verletzung des Lebens, des Körpers, der Gesundheit oder der Freiheit beruhen, verjähren nach § 199 BGB ohne Rücksicht auf ihre Entstehung und die Kenntnis oder grob fahrlässige Unkenntnis in 30 Jahren von der Begehung der Handlung, der Pflichtverletzung oder dem sonstigen, den Schaden auslösenden Ereignis an.« Siehe BGHZ, Az. VI ZR 247/08.

Weidinger

c) Strafrechtsschutz

Die Folgen eines Strafverfahrens können der persönlichen Reputation erheblichen Schaden zufügen und sogar die berufliche Existenz vernichten. Es
drohen Vorstrafe, Verweigerung der Niederlassung, arbeitsrechtliche Suspendierung, Widerruf/Ruhen der Approbation bereits bei Ermittlungsverfahren (§§ 5, 6 BÄO) wegen Unzuverlässigkeit/Unwürdigkeit und Entzug/
Ruhen der Kassenzulassung bei Ungeeignetheit (die mehr ist als ein grober
Pflichtverstoß).

998

Für die Kostenübernahme anwaltlicher Verteidigung kommen sowohl die
Berufshaftpflichtversicherung als auch die Rechtsschutzversicherung in
Betracht. Der konkrete Gegenstand beider Versicherungen ergibt sich aus
dem jeweils vertraglich vereinbarten Risiko und aus den jeweiligen Versicherungsbedingungen.

999

Die Berufshaftpflichtversicherung kann über die zivilrechtlichen Aspekte hinaus auch für die Übernahme strafrechtlicher Verteidigerkosten in Betracht
kommen. Dies ist insbesondere dann der Fall, wenn der Versicherungsschutz
auch den »erweiterten Strafrechtsschutz« umfasst. Eine entsprechende versicherungsvertragliche Formulierung kann dann lauten:»Der Versicherer übernimmt in einem Strafverfahren wegen eines Ereignisses aus ärztlicher Tätigkeit, welches einen im Rahmen der Berufshaftpflichtversicherung gedeckten
Haftungtatbestand zur Folge haben kann, die gebührenordnungsmäßigen
– gegebenenfalls auch die mit dem Versicherer vereinbarten – höheren Kosten der Verteidigung.« Der erweiterte Strafrechtsschutz der ist eine Annexde-
ckung zum Versicherungsschutz der Berufshaftpflichtversicherung. Deshalb
deckt er grundsätzlich in bestimmtem Umfang auch Vorsatzdelikte, wie zum
Beispiel den Tatbestand der vorsätzlichen Körperverletzung, begangen durch
Verletzung der ärztlichen Aufklärungspflicht.

1000

Ist der »erweiterte Strafrechtsschutz« in der Berufshaftpflichtversicherung
nicht eingeschlossen, ist immer noch an 5.3 AHB (Allgemeine Versicherungsbedingungen für die Haftpflichtversicherung) zu denken. Dort ist geregelt, dass der Versicherer nach seinem Ermessen eine Kostenübernahme
erklären kann, wenn er in einem Strafverfahren, das einen unter den Versicherungsschutz fallenden Haftpflichtanspruch zur Folge haben kann, die
Bestellung eines Verteidigers wünscht oder genehmigt. Im Falle eines Strafverfahrens ist es empfehlenswert, bei seinem Haftpflichtversicherer diese
Ermessensprüfung anzuregen.

1001

Für die Rechtsschutzversicherung gilt das Prinzip der Spezialität. Es sind
nicht alle denkbaren Risiken versichert, sondern nur die vertraglich bestimmten Bereiche, die im Einzelfall zu prüfen sind. Die hier in Betracht
kommenden Bausteine können z. B. sein ein »Privat-, Berufs- und Ver-
kehrsrechtsschutz für Nichtselbständige«, ein »Privat-, Berufs- und Ver-
kehrsrechtsschutz für Selbständige« und ein »Erweiterter Strafrechtsschutz

1002

Weidinger

im beruflichen Bereich«. Der jeweilige Berufsrechtsschutz umfasst neben anderen Leistungen die Interessenwahrnehmung für die Verteidigung gegen den Vorwurf fahrlässiger Straftaten im Zusammenhang mit der ärztlichen Tätigkeit. Versicherungsschutz besteht in der Regel ab Einleitung eines Ermittlungsverfahrens.

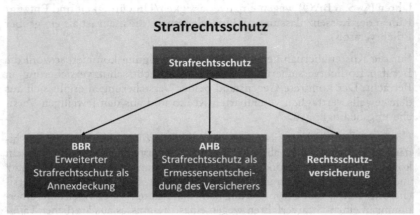

Strafrechtsschutz

1003

❗ Hinsichtlich der Strafrechtskosten ist eine Kostenanfrage bei der Haftpflichtversicherung wegen 5.3 AHB auch dann sinnvoll, wenn kein sogenannter erweiterter Strafrechtsschutz besteht.

d) Ausland[1557]

1004

»Länderübergreifende« Behandlungen gibt es unter vielen Aspekten: Ausländische Patienten lassen sich in Deutschland behandeln, ausländische Ärzte behandeln in Deutschland, und deutsche Ärzte arbeiten als Flugbegleiter, Schiffsärzte oder niedergelassen bzw. angestellt in einem anderen Land. Und schließlich wird länderübergreifend Telemedizin praktiziert. Für alle diese Tätigkeiten ist die Notwendigkeit einer Berufshaftpflichtversicherung zu prüfen und bei Bedarf eine solche vorzuhalten.[1558] Die Behandlung ausländischer Patienten in Deutschland stellt besondere Anforderungen an die

---

1557 Umfassend mit vielen Informationen: »Cross Border Treatment – Die Arzthaftung wird europäisch« (Schriftenreihe Medizinrecht 2009) und dort auch: Weidinger, Versicherungsschutz bei länderübergreifender ärztlicher Behandlung.

1558 Hübner, ZVersWiss 1990, 55 f: Die Heilwesenhaftpflichtversicherung stellt ein für den berufstätigen Arzt unverzichtbares und auch für den geschädigten Patienten segensreiches Instrument der Haftungsvorsorge dar. Ohne sie könnten angesichts der hohen Risikoträchtigkeit die meisten ärztlichen Tätigkeiten nicht mehr ausgeübt werden.

Kommunikation einschließlich der Patientenaufklärung[1559] und an die Beachtung spezieller sozialer Regeln. Es gilt deutsches Recht (Art. 28 Abs. 2, 3; 41 Abs 2 Nr. 1 EGBGB) für Haftungsgrund und Haftungsumfang.[1560]

Wird ein in Deutschland versicherter Arzt im Ausland tätig, kann unter mehreren Aspekten Versicherungsschutz über seine deutsche Versicherungspolice bestehen.[1561]

1005

Es kann (sogar) Versicherungsschutz über die Privathaftpflichtversicherung in Betracht kommen, wenn es dort heißt: »Eingeschlossen ist bei vorüber gehendem Auslandsaufenthalt von (Angabe des Zeitraumes) die gesetzliche Haftpflicht aus im Ausland vorkommenden Schadenereignissen.«[1562] Zwar versichert nur die Berufshaftpflichtversicherung den Beruf des Arztes,[1563] grundsätzlich sind aber gelegentliche, berufliche Kenntnisse voraussetzende Tätigkeiten im Rahmen der Privathaftpflichtversicherung gedeckt, sofern sie nicht auf Dauer angelegt sind.[1564]

1006

Der Versicherer muss beweisen, dass der Schaden eine Folge beruflicher Tätigkeit ist.[1565] Es ändert am beruflichen Charakter zwar nichts, dass die Ausübung unentgeltlich erfolgt, es kann aber entscheidend sein, dass es sich um einen spontanen, ungeplanten Einsatz beruflicher Kenntnisse aus akutem Anlass handelt.

1007

Einen entsprechenden Hinweis gibt eine Entscheidung des OLG München.[1566]

1008

1559 Wenzel, Kap. 4, Rdnr. 156.

1560 Deutsch/Spickhoff, Medizinrecht, 6. Auflage 2008, Rdnr. 808 ff.

1561 Maßgeblich sind die für den konkreten Fall individuell zu Grunde liegenden Versicherungsbedingungen.

1562 Kuwert/Erdbrügger, Privathaftpflichtversicherung, 1984, Rdnr. 5011: Diese Regelung wurde in die PHV Anfang der 60er aufgenommen wegen des sich etablierenden Massentourismus aufgenommen.

1563 Der Beruf dient nachhaltig dem Lebensunterhalt (so z. B. Schimikowski, FH Köln, FB Versicherungswesen, PHV-Seminar 2001, Anm. zu Arbeitsunterlagen Seite 2) und ist abzugrenzen von Freizeitgefahren, BGH VersR 1981, 271; vgl. auch OLG Köln VersR 2000, 95.

1564 Hunger in Halm/Engelbrecht/Krahe, Handbuch des Fachanwaltes Versicherungsrecht, Kap. 24, Rdnr. 7.

1565 Prölss/Martin VVG 27. Auflage 2004 Privathaftpflicht Nr. 1 Rdnr. 6   .

1566 OLG München, Urteil vom 6. 4. 2006 – 1 U 4142/05, NJW 2006 Heft 26, 1883 zur Haftung eines zufällig am Unfallort anwesenden Arztes für Hilfeleistung anlässlich des Ertrinkungsunfalls. Das Gericht stellt fest, dass der Beklagte nicht auf Grund eines Behandlungsvertrags (§ 611 BGB), sondern auf Grund eines Auftragsverhältnisses (§ 662 BGB) tätig geworden ist. Gegen den Abschluss eines Behandlungsvertrags spreche, dass der Beklagte nicht in seiner Eigenschaft als Arzt, sondern wie ein beliebiger Dritter zufällig und überraschend in seiner Freizeit mit einer Notsituation konfrontiert wurde. Rechtlich habe er keine Wahl gehabt, ob er der Kl. Hilfe leistet oder nicht. Er sei vielmehr

Weidinger

1009 Maßgeblich für eine Auslandsdeckung sind die konkreten Versicherungsbedingungen. Die AHB können -wie z.B. die unverbindlichen, fakultativen
AHB Musterbedingungen des Gesamtverbandes der Deutschen Versicherungswirtschaft e.V. (GDV)- folgende Regelung für eine Auslandsdeckung
treffen: »Falls im Versicherungsschein oder seinen Nachträgen nicht ausdrücklich etwas anderes bestimmt ist, sind von der Versicherung ausgeschlossen: [...] Haftpflichtansprüche aus im Ausland vorkommenden
Schadenereignissen; Ansprüche aus § 110 Sozialgesetzbuch VII sind jedoch mitversichert.« Die BBR können einen Ausschluss dieses Ausschlusses formulieren. Darüber hinaus kann es versichererspezifische Produkte,
z.B. für das sogenannte Segment der Jungärzte, geben, in denen die Geltung der Haftpflichtversicherung für vorübergehenden Aufenthalt im Ausland, z.B. für die Dauer bis zu 1 Jahr, zugesagt wird. Allen Modellen des
Deckungsschutzes für eine berufliche Tätigkeit im Ausland ist gemeinsam,
dass sie einen Ausnahmetatbestand darstellen. Die Kenntnis des Internationalen Privatrechts, des ausländischen Prozessrechts, des ausländischen Haf-
tungs-, Arbeits- und Versicherungsrechts gehört ebenso wenig zur geborenen Kernkompetenz eines deutschen Arzthaftpflicht-Versicherers wie die
substantiierte Empfehlung ausländischer Prozessbevollmächtigter. Deshalb
kann eine sinnvolle Alternative zur Auslandsdeckung die Empfehlung eines ausländischen Versicherers oder eines in Auslandsdeckungen erfahrenen
Vermittlers sein.

---

wie jeder am Unfallort Anwesende verpflichtet gewesen, sich um die bewusst-
lose Klägerin zu kümmern (§ 323c StGB). Jedem anderen (Nichtarzt) würde in
einer solchen Situation das Haftungsprivileg des § 680 BGB zugute kommen,
das nicht nur bei Geschäftsführung ohne Auftrag greift, sondern auch bei der
Übernahme eines Auftrags zur Abwendung einer dringenden Gefahr regelmäßig stillschweigend vereinbart wird. Zum anderen müsste auch im Falle eines
grob fahrlässigen Fehlverhaltens des Helfers der Geschädigte die Beweislast für
die Kausalität zwischen Fehler und eingetretenem Schaden tragen.

Weidinger

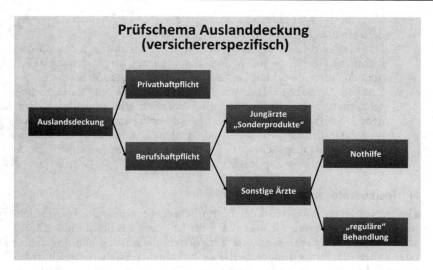

Prüfschema Auslanddeckung (versichererspezifisch)

- – Auslandsdeckungen sollten beim Versicherer immer konkret angefragt werden, sofern keine eindeutige generelle Regelung gegeben ist oder eindeutige konkrete Zusage vorliegt.
- – Bei der Deckungsprüfung ist die Prüfkaskade VVG/AHB/BBR/Klauseln bis zum Ende durchzuprüfen, um einen Ausschluss eines Ausschlusses zu erkennen.

1010

e) Erfüllungsansprüche

Nach der sogenannten Erfüllungsklausel, 1.2 AHB,[1567] besteht kein Versicherungsschutz für Ansprüche, auch wenn es sich um gesetzliche Ansprüche handelt, auf Erfüllung von Verträgen, Nacherfüllung, aus Selbstvornahme, Rücktritt, Minderung, auf Schadensersatz statt der Leistung. Diese Regelung grenzt (deklaratorisch)[1568] die Zuständigkeit der Haftpflichtversicherung ab von Fällen, die dem Hauptleistungsanspruch aus einem Vertrag entspringen. Ausgeschlossen sind alle Ansprüche, die ein unmittelbares Interesse am Leistungsgegenstand geltend machen. Die eigentliche Vertragserfüllung mit zum Beispiel Gewährleistung und Nachbesserung mit ihrem Liquidationsanspruch ist Sache der Parteien.

1011

- – Erfüllungsansprüche sind nicht Gegenstand der Haftpflichtversicherung. Deshalb ist stets zu prüfen, ob sich ein Anspruch auf das

1012

1567 Unverbindliche »Allgemeine Versicherungsbedingungen für die Haftpflichtversicherung (AHB)«, Musterbedingungen des GDV, Stand: Januar 2008.
1568 Vgl. van Bühren, Handbuch Versicherungsrecht, § 9 IV 2 f m. w. N.

Weidinger

> Vertragserfüllungsinteresse, das »do ut des« beschränkt oder einen darüber hinausgehenden Schaden geltend macht.
>
> – Dafür, ob ein Erfüllungsanspruch vorliegt, kommt es nicht auf die rechtliche Grundlage an, sondern alleine darauf, ob Kosten den »Genuss der vertragsrechten Leistung«[1569] ermöglichen sollen.
>
> – Parallele Schadenersatzansprüche, zum Beispiel auf Schmerzensgeld, sind keine Erfüllungsansprüche und unterfallen grundsätzlich dem Deckungsschutz einer Haftpflichtversicherung. Insbesondere im zahnärztlichen Bereich wird die Geltendmachung solcher echten Schadenersatzansprüche oft erst durch eine Honorarklage[1570] trotz mangelhafter Leistung ausgelöst.

f)   Risikoänderung/neues Risiko

1013   Das versicherte Risiko ist in der Haftpflichtversicherung die Inanspruchnahme des Versicherungsnehmers auf Schadenersatz aus bestimmten Eigenschaften, Rechtsverhältnissen oder Tätigkeiten, die im Versicherungsschein oder seinen Nachträgen angegeben. Es gibt keinen Versicherungsschutz für Haftpflichtrisiken allgemein, sondern nur für spezielle Risiken. Während der Dauer des Versicherungsverhältnisses ist das versicherte Risiko (»versichertes Interesse«) oft Änderungen unterworfen. Um Deckungslücken zu vermeiden, hat man für Risikoänderungen mit 3.1 (2) AHB[1571] eine beitragspflichtige[1572] »Ergänzungsversicherung« eingeführt.

1014   Mit der »Vorsorgeversicherung« wurde zudem Versicherungsschutz gestaltet für Risiken, die für den VN nach Vertragsabschluss neu entstehen.[1573] Als Faustregel kann man ein neues Risiko so definieren: Das Risiko steht in einem inneren Zusammenhang mit dem ursprünglich versicherten und fällt zudem unter eine andere Tarifposition. Kommt innerhalb Monatsfrist nach Eingang der Anzeige bei dem Versicherer bei dem Versicherer eine Verein-

---

1569 Prölss/Martin, Versicherungsvertragsgesetz, 28. Auflage 2010, AHB 2008, Nr. 1 Rdnr. 51 m. w. N.

1570 Vgl. Schellenberg, Die Zumutbarkeit der Behandlungsfortsetzung – Kriterium für die Rechtsfolgen einer fehlerhaften zahnprothetischen Behandlung? VersR2007 Heft 28 Seite 1343. Schellenberg stellt ausführlich die rechtlichen Themen Dienst- und Werkvertrag, Nachbesserung durch Erst- und Nachbehandler, Leistungs- und Vergütungspflichten sowie Schadensersatz. dar.

1571 § 1 Abs. 2 b AHB alt / vgl. 3.1 (2) AHB neu: »Der Versicherungsschutz erstreckt sich auf die gesetzliche Haftpflicht aus Erhöhungen und Erweiterungen des versicherten Risikos …«.

1572 § 1 Abs. 2 b AHB alt / vgl. 3.1 (2) AHB neu: »Der Versicherungsschutz erstreckt sich auf die gesetzliche Haftpflicht aus Erhöhungen und Erweiterungen des versicherten Risikos …«.

1573 § 2 AHB alt (Auszug) / vgl. 4.1 AHB neu: »Der Versicherungsschutz beginnt sofort mit dem Eintritt eines neuen Risikos …«.

Weidinger

barung über die Prämie für das neue Risiko nicht zustande, so fällt der Versicherungsschutz rückwirkend vom Gefahreneintritt ab fort.

Für den Versicherungsnehmer ist die Bewertung einer neuen Tätigkeit als geändertes oder als neues Risiko zunächst hinsichtlich der Beitragszahlung relevant: Ist das Risiko geändert, ist er zur Zahlung eines bestimmten Mehrbeitrages verpflichtet, hat aber fortlaufend Versicherungsschutz. Ist das Risiko neu, und einigt man sich nicht über die Beitragshöhe, so braucht der Versicherungsnehmer den Beitrag zwar nicht zu zahlen, er hat aber ab Gefahreneintritt keinen Versicherungsschutz. Dies führt gerade bei Spätschadenrisiken wie dem der Arzthaftpflicht zu einer riskanten Situation: Für Schäden, die nach Gefahreneintritt eingetreten und noch nicht bekannt sind, besteht kein Versicherungsschutz.

1015

▶ **Beispiel:** Der Versicherungsnehmer war als angestellter Arzt für seine außerdienstliche Tätigkeit berufshaftpflichtversichert. Nachdem er sich als Orthopäde mit Belegbetten niedergelassen hatte, hat das Versicherungsunternehmen aufgrund Risikoerhöhung/-erweiterung den Versicherungsvertrag auf das neue Risiko umgestellt und den Beitrag eingefordert. Das LG Ulm[1574] wies die Klage ab, weil von einem neuen Risiko auszugehen sei. Die ursprüngliche Risikobeschreibung erfasse eine hauptberufliche Tätigkeit als niedergelassener Belegarzt nicht, zumal
– keine Behandlung stationärer Patienten vorgesehen war.
– der Antrag die Differenzierung ambulant/stationär vorsah.
– die wirtschaftlichen Zusammenhänge gegen eine Risikoänderung sprechen, da die neue Prämie um ein Vielfaches höher ist als die alte.

1016

Ähnlich entschied das AG Offenbach[1575] mit der Feststellung, dass die Tätigkeit als niedergelassener Gynäkologe der vorausgegangenen Assistenzarzttätigkeit nicht innewohne.

1017

Beide Gerichte verkennen, dass die vermeintlich versicherungsnehmerfreundliche Entscheidung den Versicherungsnehmer zwar vor Mehrkosten bewahrt, sich aber Existenz bedrohend auswirken kann. Denn es besteht kein Versicherungsschutz für unbekannte Spätschäden bei Wegfall des Versicherungsschutzes ab Gefahrentstehung.

1018

Deshalb dürfte es sachgerecht sein als versichertes Risiko nicht das der konkreten ärztlichen Tätigkeit zu sehen, sondern das Risiko »Arzt«.[1576]

1019

Das versicherte Risiko ist in der Haftpflichtversicherung die Inanspruchnahme des Versicherungsnehmers auf Schadenersatz aus bestimmten Eigenschaf-

1020

1574 LG Ulm 3 O 69/05.
1575 VersR 2001, 1102.
1576 Späte, AHB § 1 Rn. 234: Risikoänderung, wenn ein praktischer Arzt Chirurg wird. Versichert ist das Risiko »Arzt«.

Weidinger

ten, Rechtsverhältnissen oder Tätigkeiten, die im Versicherungsschein oder seinen Nachträgen angegeben sind. Es gibt keinen Versicherungsschutz für Haftpflichtrisiken allgemein, sondern nur für spezielle Risiken. Während der Dauer des Versicherungsverhältnisses ist das versicherte Risiko (»versichertes Interesse«) oft Änderungen unterworfen. Um Deckungslücken zu vermeiden, hat man für Risikoänderungen mit 3.1 AHB eine beitragspflichtige Ergänzungsversicherung vorgesehen (»Der Versicherungsschutz umfasst die gesetzliche Haftpflicht ...aus Erhöhungen oder Erweiterungen der im Versicherungsschein und seinen Nachträgen angegebenen Risiken.«). Und mit der »Vorsorgeversicherung« wurde Versicherungsschutz gestaltet für Risiken, die nach Vertragsabschluss neu entstehen. Gemäß 4 AHB sind Risiken, die nach Abschluss des Versicherungsvertrages neu entstehen, im Rahmen des bestehenden Vertrages sofort bis zur vereinbarten Höhe versichert. Der Versicherer ist berechtigt, für das neue Risiko einen angemessenen Beitrag zu verlangen. Kommt eine Einigung über die Höhe des Beitrags innerhalb einer Frist von einem Monat nach Eingang der Anzeige nicht zustande, entfällt der Versicherungsschutz für das neue Risiko rückwirkend ab dessen Entstehung. Für den Versicherungsnehmer ist die Bewertung einer neuen Tätigkeit als geändertes oder als neues Risiko zunächst hinsichtlich der Beitragszahlung relevant: Ist das Risiko geändert, ist er zur Zahlung eines bestimmten Mehrbeitrages verpflichtet, hat aber fortlaufend Versicherungsschutz. Ist das Risiko neu, und einigt man sich nicht über die Beitragshöhe, so braucht der Versicherungsnehmer den Beitrag nicht zu zahlen.

1021

❗ – Ist ein Risiko im Sinne der AHB neu, und einigt man sich nicht über die Beitragshöhe, so braucht der Versicherungsnehmer den Beitrag zwar nicht zu zahlen, er hat dann aber auch ab Gefahreneintritt keinen Versicherungsschutz.

– Dies führt gerade bei Spätschadenrisiken wie dem der Arzthaftpflicht zu einer riskanten Situation: Für Schäden, die nach Gefahreneintritt eingetreten und noch nicht bekannt sind, besteht eine gefährliche Deckungslücke.

– Es gibt keine einheitliche Definitionen des neuen oder geänderten Risikos. Bei erkennbarem Bedarf sollte die Interpretation des oder der Versicherer erfragt werden.

– Die Wertung als neues Risiko kann plausibel sein, wenn ein erheblicher Beitragsunterschied besteht und die eindeutige Beschreibung des versicherten Risikos in der Police ein konkretisiert versichertes Risiko ist, welches im Tarif des Versicherers als solches ausgewiesen und dort zum neuen Risiko eindeutig abgrenzbar ist.

– Ihrer Natur nach ist die Risikoerhöhung ein Fall der Gefahrerhöhung im Sinne der §§ 23 ff. VVG. Eine Vielzahl der entsprechenden VVG-Vorschriften wird aber nicht als einschlägig angesehen.[1577] Dabei wird allerdings auf Vor-VVG-Rechtsprechung abgestellt und nicht diskutiert, dass die VVG-Regelungen nunmehr vor die Klammer gezogene allgemeine Regelungen enthalten.

Risikoänderung/neues Risiko

Versichertes Risiko

Risikoänderung
(Erweiterung/Erhöhung)
Versicherungsschutz

Neues Risiko
Versicherungsschutz unter
Vorbehalt

g) Subsidiaritätsklauseln und Freistellungsanspruch

Eine für einen Versicherungsnehmer unangenehme und nicht hinzunehmende Situation entsteht, wenn Versicherer ihn unter Berufung auf Subsidiaritätsklauseln im Regen stehen lassen. Eins solche Situation kann insbesondere im Anstellungsverhältnis eintreten. Eine Subsidiaritätsklausel der Haftpflichtversicherung eines angestellten Arztes könnte lauten:»Für seine dienstliche Tätigkeit hat der Versicherungsnehmer nur insoweit Versicherungsschutz, als keine anderweitige Deckung vorliegt und nur insoweit, als nicht ein arbeitsrechtlicher Freistellungsanspruch greift.« Eine Subsidiari-

1022

1577 Vgl. (1) Prölss/Martin, 28. Auflage, AHB Nr. 3 Rdn. 11: »Soweit lediglich Erweiterung oder Erhöhung des versicherten Risikos vorliegt, ist die Anwendung der Vorschriften über die Gefahrerhöhung (§§ 23 ff. VVG) ausgeschlossen, und zwar auch für anormale Erhöhungen und Erweiterungen ...« (2) Krahe u. a. , Handbuch Fachanwalt Versicherungsrecht: »6. Versichertes Risiko ... b) Risikoerhöhungen...Risikoerhöhungen sind ebenso wie Risikoerweiterungen vom Versicherungsschutz gedeckt, rechtfertigen aber u.U. eine Prämienerhöhung gem. § 8 II AHB. Daher ist der Versicherungsnehmer gem. § 8 II Nr. 1 S.1 AHB zur Anzeige verpflichtet. Die Regeln über Gefahrerhöhungen gem. §§ 23 ff. VVG sind bis auf § 27 Abs. 1 VVG unanwendbar. Dies gilt auch bei anormalen Risikoerweiterungen wie etwa der Missachtung von Schutzvorschriften. Etwas anderes kann individualvertraglich zwischen den Parteien des Versicherungsvertrages vereinbart werden, allerdings ist eine Abweichung von den §§ 23 ff. VVG zulasten des Versicherungsnehmers gem. § 34a VVG unzulässig«.

Weidinger

tätsklausel der Betriebshaftpflichtversicherung eines Krankenhauses könnte lauten: »Es besteht nur insoweit Versicherungsschutz, als keine anderweitige Deckung besteht.

1023 Allerdings gilt im Arbeitgeber-Arbeitnehmer-Verhältnis zunächst einmal dasselbe wie im sonstigen Haftungsrecht: Haftpflicht und Haftpflichtversicherung sind vernetzte, aber unabhängige Themenbereiche. Zunächst einmal sind Haftungskonstellationen einschließlich arbeitsrechtlicher Freistellungsansprüche[1578] zu prüfen; auf deren Grundlage schützt die Haftpflichtversicherung dann den jeweiligen Schuldner vor den persönlichen Folgen eines Haftpflichtanspruches.

1024 Schädigt ein Arbeitnehmer (angestellter Arzt) bei betrieblicher Tätigkeit einen Dritten (den Patienten), haftet er diesem nach allgemeinen Grundsätzen (in der Regel aus unerlaubter Handlung, § 823 BGB). In diesem Außenverhältnis gibt es keine Haftungsbegrenzung.

1025 Nach den Regeln des innerbetrieblichen Schadenausgleiches ist der Arbeitnehmer aber durch seinen Arbeitgeber für von ihm bei betrieblicher Tätigkeit verursachte Schäden unter bestimmten Umständen freizustellen:

1578 Verursacht der Arbeitnehmer bei einer betrieblichen Tätigkeit einen Patientenschaden, so kommt es für die Arbeitnehmerhaftung auf 3 mögliche Verschuldensgrade des Arbeitnehmers an: Bei Vorsatz und grober Fahrlässigkeit haftet der Arbeitnehmer grundsätzlich in voller Höhe (Einschränkung bei ungerechter Risikoverteilung), bei mittlerer Fahrlässigkeit erfolgt eine Aufteilung des Schadens und bei leichter Fahrlässigkeit besteht keine Arbeitnehmerhaftung. Die Beweislast für das Versagen der Freistellung trägt der Arbeitgeber wegen seiner arbeitsrechtlichen Fürsorgepflicht. Weiterführend:
1. Weidinger in Wenzel, aaO.
2. Zur arbeitsrechtlichen Situation des leitenden Krankenhausarztes das gleichlautende Buch von Sigurd Wern, »Saarbrücker Schriften zum Medizinrecht«.
3. BAG (8 AZR 286/96) VersR 1998, 895 ff. (falsche Blutkonserve, »Doppelfehler«): Haftungserleichterungen bei grober Fahrlässigkeit sind auch bei Bestehen einer Haftpflichtversicherung grundsätzlich möglich, scheiden im konkreten Fall (Verwechslung einer Blutkonserve) aber wegen gröbster Fahrlässigkeit aus.
4. Pressemitteilung des Bayerischen Staatsministeriums für Wissenschaft, Forschung und Kunst, Nr. 212/2005 vom 21.10.2005): Beschränkung des Regresses von Unikliniken bei Nichtbestehen einer Haftpflichtversicherung auf 3 Monatsgehälter.
5. Arbeitsgericht Düsseldorf vom 22.12.2009 (7 Ca 8603/09, Quelle: Newsletter der Kanzlei Kazemi & Lennartz; Newsletter I-02-10): Ein Assistenzarzt, der einer Einstellung eines Ermittlungsverfahrens wegen fahrlässiger Tötung durch Unterlassen gegen Zahlung zustimmt, hat gegenüber seinem Arbeitgeber keinen Anspruch auf Rückerstattung, auch wenn er auf Anweisung seines Oberarztes fehlerhaft gehandelt hat. Die Anwesenheit des Vorgesetzten dürfe nicht davon abhalten, rettende Maßnahmen (nach einem Bauchtuch zu suchen) einzufordern bzw. einzuleiten.

Weidinger

Bei leichter Fahrlässigkeit ganz, bei mittlerer Fahrlässigkeit teilweise und bei Vorsatz und grober Fahrlässigkeit überhaupt nicht (es sei denn, dass dann eine ungerechte Risikoverteilung vorliegt, z. B. weil der Arbeitgeber das Schadenrisiko selbst erhöht hat). Die Beweislast für ein Versagen der Freistellung hat der Arbeitgeber wegen seiner grundsätzlichen Fürsorgepflicht.[1579]

Grundsätzlich ist immer die Geltung von Tarifverträgen zu prüfen. Die Inhalte von Tarifverträgen haben den Charakter von Rechtsnormen,[1580] die ein Richter anwenden muss.[1581] Zwar hat der TVöD, der seit 13. September 2005 den BAT abgelöst hat, im Gegensatz zum BAT nicht geregelt, dass der Arbeitgeber seinen Arbeitnehmer nur bei grober Fahrlässigkeit regresspflichtig machen kann; Rückgriff ist hier also bei allen Graden der Fahrlässigkeit möglich. Modifizierungen enthalten dafür aber die Tarifverträge VKA[1582] und TdL:[1583] Die Regelungen sehen Freistellung vor, soweit weder Vorsatz noch grobe Fahrlässigkeit gegeben ist. In diesem Sinne regelt § 48 Beamten-

1026

1579 Vgl. Münchner Handbuch Arbeitsrecht Bd. 1, 3. Auflage 2009, § 52 Rdnr. 14 ff: Der Arbeitnehmer soll vorrangig freigestellt werden und nicht erst den Regressweg beschreiten müssen.
1580 § 4 des Tarifvertragsgesetzes i. d. F. v. 08.12.2010 (Wirkung der Rechtsnormen): »(1) Die Rechtsnormen des Tarifvertrages, die den Inhalt, den Abschluss oder die Beendigung von Arbeitsverhältnissen ordnen, gelten unmittelbar und zwingend zwischen den beiderseits Tarifgebundenen, die unter den Geltungsbereich des Tarifvertrages fallen. Diese Vorschrift gilt entsprechend für Rechtsnormen des Tarifvertrages über betriebliche und betriebsverfassungsrechtliche Fragen«.
1581 Dörner/Luczak/Wildschütz, Arbeitsrecht, 8. Auflage 2009, Kap. 11 Rdnr. 16.
1582 Im Tarifvertrag für Ärztinnen und Ärzte an kommunalen Krankenhäusern im Bereich der Vereinigung der kommunalen Arbeitgeberverbände (TV-Ärzte/ VKA) vom 17. August 2006 in der Fassung des Änderungstarifvertrags Nr. 2 vom 9. Juni 2010 (Stand: 1. Mai 2010) http://www.vka.de/media/exe/18/97cf4 4ead097ebe5f2290f5427c80668/tv-rzte_vka_if_tv-2.pdf heißt es unter § 3 Allgemeine Arbeitsbedingungen: »(4) 1Der Arbeitgeber hat Ärztinnen und Ärzte von etwaigen im Zusammenhang mit dem Arbeitsverhältnis entstandenen Schadensersatzansprüchen Dritter freizustellen, sofern der Einritt des Schadens nicht durch die Ärztin/ den Arzt vorsätzlich oder grob fahrlässig herbeigeführt worden ist. 2Im Übrigen bleiben die allgemeinen Grundsätze zur Arbeitnehmerhaftung unberührt«.
1583 Im Tarifvertrag für Ärztinnen und Ärzte an Universitätskliniken (TV-Ärzte) vom 30. Oktober 2006 in der Fassung des Änderungstarifvertrages Nr. 1 vom 27. August 2009. http://www.tdl-online.de/Aerzte/Texte/TV-Ärzte%20%20 i.d.F.%20des%20ÄTV%20Nr.%201%20VT.pdf: heißt es unter § 3 Allgemeine Arbeitsbedingungen: »(7) Für die Schadenshaftung der Ärzte finden die Bestimmungen, die für die Beamten des jeweiligen Landes jeweils gelten, entsprechende Anwendung.« Ei Beispiel hierzu ist § 96 Landesbeamtengesetz BW (BW LBG) in der Fassung vom 19. März 1996: »(1) Verletzt ein Beamter vorsätzlich oder grob fahrlässig die ihm obliegenden Pflichten, so hat er dem Dienstherrn, dessen Aufgaben er wahrgenommen hat, den daraus entstehenden Schaden zu ersetzen«.

Weidinger

statusgesetz (Geltung ab 1.4.2009): »Beamtinnen und Beamte, die vorsätzlich oder grob fahrlässig die ihnen obliegenden Pflichten verletzen, haben dem Dienstherrn, dessen Aufgaben sie wahrgenommen haben, den daraus entstehenden Schaden zu ersetzen«.

1027 ▶ **Beispiel 1:** Der angestellte Arzt ist »mitversicherte Person« in der Betriebshaftpflichtversicherung des Krankenhauses und hat für seine dienstliche Tätigkeit auch noch eine persönliche Berufshaftpflichtversicherung abgeschlossen. Er wird nun von einem Patienten für einen iatrogenen Schaden verantwortlich gemacht und keiner der Versicherer sieht sich in der Pflicht. In den jeweiligen Versicherungsbedingungen steht, dass Deckungsschutz nur besteht, soweit es keine anderweitige Deckung gibt. Dies darf nicht dazu führen, dass der Versicherungsnehmer in einem circulus vitiosus an den anderen Versicherer verwiesen wird. Subsidiaritätsklauseln haben lückenlosen und überschneidungsfreien Deckungsschutz[1584] (ohne Doppelversicherung) zum Ziel. Von einer Doppelversicherung ist aber auszugehen, wenn die Subsidiaritätsklauseln also einfache (»anderweitige Entschädigung«) oder qualifizierte (»anderweitige Deckung für dasselbe Risiko«) gleichwertig sind. Eine solche Mehrfachversicherung führt nicht zwingend zur Teilung des Schadenaufwandes. Grundsätzlich folgt die Deckung der Haftung, das heißt der Versicherer des angestellten Arztes trägt im Ergebnis nur denjenigen Anteil, den sein Versicherungsnehmer nach den Kriterien des innerbetrieblichen Schadenausgleichs zu tragen hätte.

1028 ▶ **Beispiel 2:** Der persönliche Versicherer des angestellten Arztes hat formuliert, dass Versicherungsschutz nur besteht, soweit nicht die Voraussetzungen eines arbeitsrechtlichen Freistellungsanspruches gegeben sind. Diese Voraussetzungen werden bei Anspruchserhebung noch nicht geklärt sein, so dass der Versicherer grundsätzlich in der Pflicht ist. Allerdings gilt dies – mit Handlungspriorität – auch für den Arbeitgeber: Nach den Grundsätzen des innerbetrieblicher Schadensausgleichs hat der Arbeitgeber aus seiner Fürsorgepflicht die Beweislast für Versagen einer Freistellung.[1585] Er muss also in die Bearbeitung eintreten, bis die arbeitsrechtlichen Voraussetzungen für die Versagung (sie korrespondieren mit entsprechenden arbeitsrechtlichen Regressvoraussetzungen) vorliegen.

1584 Beckmann/Matusche-Beckmann, Versicherungsrechtshandbuch: Wegen des Gedankens des § 59 VVG kann es nicht sein, dass sich qualifizierte Subsidiaritätsklauseln gegenseitig aufheben, denn nur für den Fall betrügerischer Doppelversicherung ist das Entfallen des Versicherungsschutzes vorgesehen. Subsidiaritätsklauseln haben immer lückenlosen und überschneidungsfreien Deckungsschutz zum Ziel.

1585 So bereits Gamillscheg, Die Haftung des Arbeitnehmers, 1974, S.88.

Da interpersonalen Komponenten (wie die Haftung allgemein) Priorität gegenüber den Versicherungsverhältnissen haben, ist die Übernahme der Bearbeitung durch den Arbeitgeber der richtige Weg.

▶ **Beispiel 3:** Hat der persönliche Berufshaftpflichtversicherer formuliert, dass »Deckungsschutz nur gewährt wird, sofern keine anderweitige Deckung besteht und nicht die Voraussetzungen des arbeitsrechtlichen Freistellungsanspruches gegeben sind« und hat der Arbeitgeber eine Betriebshaftpflichtversicherung, die nur eintritt, »sofern keine anderweitige Deckung besteht«, geht ebenfalls zunächst einmal die arbeitsrechtliche Komponente vor. Die Berufshaftpflichtversicherung soll den Arbeitgeber nicht von seiner Freistellungspflicht entlasten.[1586]

1029

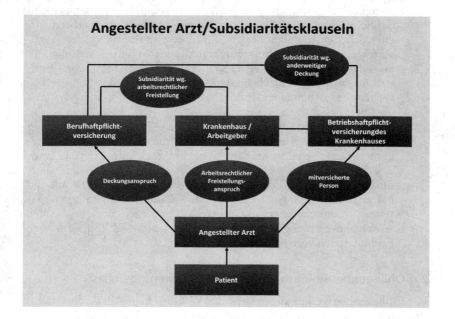

Angestellter Arzt/Subsidiaritätsklauseln

❗ – Für den Patienten und den Patientenanwalt spielen arbeits- und deckungsrechtliche Konstellationen auf Seiten möglicher vertrags- und deliktsrechtlicher Haftungsschuldner keine Rolle.

1030

1586 Tritt der Arbeitnehmer in Vorleistung, wandelt sich sein Freistellungsanspruch in einen Zahlungsanspruch. In der Instanzrechtsprechung wird für den Regress des Arbeitgebers eine summenmäßige Beschränkung auf drei Monatsgehälter praktiziert (Erfurter Kommentar zum Arbeitsrecht, Rdnr.1046 ff m.w.N.).

Weidinger

– Bei Aufnahme eines Arbeitsverhältnisses im Krankenhaus sollte immer geklärt werden, wie die Freistellung von Schadenersatzansprüchen durch den Arbeitgeber geregelt ist. Eine persönliche Berufshaftpflichtversicherung sollte mögliche Deckungslücken füllen.

– Wird einem Versicherungsnehmer der Versicherungsschutz durch Hin- und Herverweise von Betriebs- und Berufshaftpflichtversicherung im Ergebnis versagt, sollte die Sache durch höherinstanzliche Beschwerden bei den Versicherern und Einfordern des Versicherungsschutzes eskaliert werden.

– Im Zweifel ist bei widerstreitenden Subsidiaritätsklauseln nicht von fehlender Deckung, sondern von Mehrfachversicherung auszugehen.

– Es gilt der Grundsatz: Die Deckung folgt der Haftung. Der Versicherer des angestellten Arztes trägt im Ergebnis nur denjenigen Teil des Schadenersatzes, der sich nach den Kriterien des innerbetrieblichen Schadenausgleiches ergibt. Für diesen sind insbesondere Tarifverträge mit ihren Haftungsbeschränkungen zu berücksichtigen.

– Subsidiaritätsklauseln, welche sich auf den arbeitsrechtlichen Freistellungsanspruch beziehen, sind so umzusetzen, dass sie die Beweislast des Arbeitgebers für die Versagung des Freistellungsanspruches berücksichtigen.

– Bestätigt sich im Laufe des Verfahrens ein Fehler des angestellten Arztes, kann die Klinik theoretisch das Interesse an einer Verteidigung verlieren, weil sie bei dann ohnehin bestehender Haftung einen Regress leichter bei einer groben Fahrlässigkeit des Arbeitnehmers durchführen kann. Vertritt ein Anwalt die Interessen der Klinik und des angestellten Arztes gegenüber dem Patienten, so sollte er spätestens in diesem Zeitpunkt prüfen, ob er wegen einer drohenden Auseinandersetzung im Arbeitsverhältnis (Interessenkollision) noch beide Parteien vertreten kann.

2. Obliegenheiten nach Eintritt des Versicherungsfalles

1031 Für Obliegenheitsverletzungen sieht das VVG nF kein Alles-oder-Nichts-Prinzip vor, sondern »gestaffelte Sanktionen«.

1032 Bei vorsätzlicher Obliegenheitsverletzung besteht Leistungsfreiheit des Versicherers, bei leicht fahrlässiger Verletzung volle Leistungspflicht.

1033 Bei grober Fahrlässigkeit erfolgt eine Leistungskürzung nach dem Grad des Verschuldens des Versicherungsnehmers, § 28 Abs. 2 VVG.[1587]

1587 Vgl. BGH IV ZR 199/10 v. 12. 10. 2011: Hat ein Versicherer Altverträge nicht dem neuen VVG angepasst, kann er sich nicht mehr auf die Verletzung vertraglicher Obliegenheiten berufen, wenn sich die Klausel im Altvertrag wie

Für die Obliegenheiten nach Eintritt des Versicherungsfalles sind im Ergebnis die AHB, konkret § 25 AHB, maßgeblich. Jeder Versicherungsfall ist dem Versicherer unverzüglich anzuzeigen, auch wenn noch keine Schadensersatzansprüche erhoben wurden. Der Versicherungsnehmer muss nach Möglichkeit für die Abwendung und Minderung des Schadens sorgen. Weisungen des Versicherers sind dabei zu beachten. Er hat dem Versicherer ausführliche und wahrheitsgemäße Schadenberichte zu erstatten und ihn bei der Schadenermittlung und -regulierung zu unterstützen. Alle Umstände, die nach Ansicht des Versicherers für die Bearbeitung des Schadens wichtig sind, müssen mitgeteilt sowie alle dafür angeforderten Schriftstücke übersandt werden. Wird gegen den Versicherungsnehmer ein Haftpflichtanspruch erhoben, ein staatsanwaltschaftliches, behördliches oder gerichtliches Verfahren eingeleitet, ein Mahnbescheid erlassen oder ihm gerichtlich der Streit verkündet, hat er dies ebenfalls unverzüglich anzuzeigen. Gegen einen Mahnbescheid oder eine Verfügung von Verwaltungsbehörden auf Schadensersatz muss der Versicherungsnehmer fristgemäß Widerspruch oder die sonst erforderlichen Rechtsbehelfe einlegen. Einer Weisung des Versicherers bedarf es nicht. Wird gegen den Versicherungsnehmer ein Haftpflichtanspruch gerichtlich geltend gemacht, hat er die Führung des Verfahrens dem Versicherer zu überlassen. Der Versicherer beauftragt im Namen des Versicherungsnehmers einen Rechtsanwalt. Der Versicherungsnehmer muss dem Rechtsanwalt Vollmacht sowie alle erforderlichen Auskünfte erteilen und die angeforderten Unterlagen zur Verfügung stellen. **1034**

Aus § 26.2 AHB ergeben sich die Rechtsfolgen einer Obliegenheitsverletzung im oder nach dem Versicherungsfall. Wird eine im oder nach dem Versicherungsfall zu erfüllende Obliegenheit verletzt, verliert der Versicherungsnehmer seinen Versicherungsschutz, es sei denn, er hat die Obliegenheit weder vorsätzlich noch grob fahrlässig verletzt. Bei grob fahrlässiger Verletzung behält der Versicherungsnehmer insoweit seinen Versicherungsschutz, als die Verletzung weder Einfluss auf die Feststellung des Versicherungsfalls noch auf die Bemessung der Leistung gehabt hat. Bezweckt die verletzte Obliegenheit die Abwendung oder Minderung des Schadens, behält der Versicherungsnehmer seinen Versicherungsschutz bei grober Fahrlässigkeit insoweit, als der Umfang des Schadens auch bei Erfüllung der Obliegenheit nicht geringer gewesen wäre. **1035**

Bei vorsätzlicher Verletzung behält der Versicherungsnehmer bestimmten Fällen seinen Versicherungsschutz insoweit nur, wenn die Verletzung nicht **1036**

---

gewöhnlich an der gesetzlichen Regelung des § 6 VVG a. F. orientierte, denn an der alten Gesetzeslage ausgerichtete Bestimmungen seien unwirksam, zumal § 28 Abs. 2 S. 2 VVG kein gesetzliches Leistungskürzungsrecht enthalte, sondern eine vertragliche Vereinbarung voraussetze. Möglich sei nur eine Berufung auf grob fahrlässige Herbeiführung des Versicherungsfalles gem. § 81 Abs. 2 VVG oder auf eine Gefahrerhöhung gem. §§ 23 ff. VVG.

Weidinger

geeignet war, die Interessen des Versicherers ernsthaft zu beeinträchtigen, oder wenn den Versicherungsnehmer kein erhebliches Verschulden trifft.

1037 Die Abgabe eines Haftungsanerkenntnisses ist entsprechend dem (neuen) VVG keine Obliegenheitsverletzung. § 105 VVG formuliert dies eindeutig: »Anerkenntnis und Befriedigung durch Versicherungsnehmer sind statthaft. Eine anders lautende Vereinbarung ist unwirksam.« Die Abgabe eines Haftungsanerkenntnisses kann aber trotzdem gefährlich sein. In den Allgemeinen Versicherungsbedingungen für die Haftpflichtversicherung heißt es in § 5.1 AHB: »[...] Anerkenntnisse und Vergleiche, die vom Versicherungsnehmer ohne Zustimmung des Versicherers abgegeben oder geschlossen worden sind, binden den Versicherer nur, soweit der Anspruch auch ohne Anerkenntnis oder Vergleich bestanden hätte.« Der Versicherer kann das Anerkenntnis nun zwar nicht mehr untersagen, er braucht aber auch nicht zu leisten, wenn das Anerkenntnis (Bspe. »Ich erkenne meine Schuld an und verpflichte mich, den Schaden zu ersetzen« und »Ich komme für den Schaden auf.«) ohne Haftungsgrund erfolgt ist. Dieser rechtliche Aspekt darf allerdings einem sachlichen, empathischen und deeskalierendem Umgang mit dem Patienten nicht entgegenstehen.[1588]

1588 Beschwerden sind zudem ein ideales Instrument der Kundenbindung. Allgemein gilt: Kunden, die nach einer Beschwerde zufrieden sind, sind besonders loyal (Kundendienstagentur Dialog, Quelle: Auto Bild 28/2010, Seite 53).

Weidinger

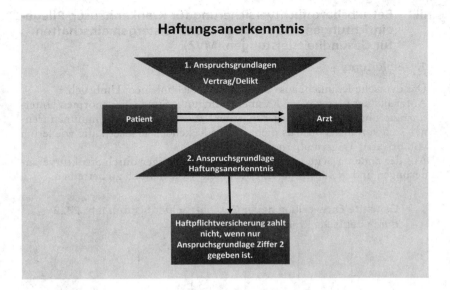

- Unabhängig davon, dass ein Versicherungsnehmer mit dem Haftpflichtversicherer immer kommunizieren sollte, bevor er ein Haftungsanerkenntnis abgibt, sollte er ihm alles anzeigen, was nach einem Haftpflichtfall »riecht«.[1589]
- Dem Versicherungsnehmer obliegt es, dem Versicherer den Versicherungsfall[1590] anzuzeigen (§ 25.1 AHB 2004), sofern er von diesem positive Kenntnis hat (indem er es für möglich halten muss, auf Schadensersatz in Anspruch genommen zu werden).[1591]
- Der Versicherungsnehmer hat für die Abwendung und Minderung des Schadens zu sorgen und den Versicherer bei der Schadenermittlung und -regulierung unter Beachtung der Weisungen des Versicherers zu unterstützen (25.2 AHB 2004).[1592]
- Für konkrete Informationen an den Versicherer sollte immer eine Entbindung von der ärztlichen Schweigepflicht eingeholt werden.[1593]

1038

1589 Siehe auch (sehr instruktiv) Kummer, Zu den Obliegenheiten des unmittelbar anspruchsberechtigten Geschädigten gegenüber dem Haftpflichtversicherer in Festschrift für Gerda Müller aaO, 437 ff.
1590 Die AHB 2004 setzen in 1.1 »Schadenereignis« und »Versicherungsfall« gleich.
1591 Beckmann/Matusche-Beckmann/Johannsen § 24 Rdn.88.
1592 Siehe auch Prölss/Martin/Voit/Knappmann § 5 AHB Rdn.3 ff., § 34 VVG Rdn.1 ff.
1593 Vgl Ulsenheimer, Arztstrafrecht in der Praxis, Rdn.354 ff.

Weidinger

III. Betriebshaftpflichtversicherung für Krankenhäuser, Pflege-einrichtungen und sonstige Dienstleistergemeinschaften für Gesundheitsleistungen (MVZ)

1. Einleitung

1039 Das deutsche Krankenhauswesen befindet sich in einem Umbruch. Aufgrund der verschärften Rahmenbedingungen und einer enormen Unterfinanzierung ist ein Privatisierungstrend zu verzeichnen. Kommunen trennen sich von ihren oftmals nicht kostendeckenden Häusern, die wiederum von privaten Trägern übernommen werden.

Auf der anderen Seite versuchen Krankenhausträger durch Strukturveränderungen und Neuordnung ihre Kliniken wirtschaftlich zu betreiben.

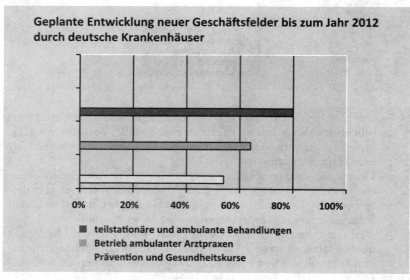

Geplante Entwicklung neuer Geschäftsfelder bis zum Jahr 2012 durch deutsche Krankenhäuser

0% 20% 40% 60% 80% 100%

■ teilstationäre und ambulante Behandlungen
■ Betrieb ambulanter Arztpraxen
  Prävention und Gesundheitskurse

Quelle: Steria Mummert Consulting, F.A.Z.-Institut[1594]

Dies bedeutet auch für die Betriebshaftpflichtversicherer der Kliniken ein Umdenken und Einlassen auf neue Versorgungsmodelle.

Darüber hinaus stellt sich immer wieder die Frage: »Sind Krankenhäuser überhaupt noch versicherbar?« Nicht nur die deutsche Krankenhauslandschaft steht vor einer Neuordnung, auch die Zahl der Versicherungsgesellschaften, die das Heilwesenrisiko Krankenhaus zeichnen, schwankt stark. In den letzten Jahren haben sich einige private Versicherer aus dem Bereich der Krankenhaushaftpflicht zurückgezogen,[1595] teilweise zeichnen Versiche-

---

1594 Krankenhaus Technik + Management 3/2010 S. 23.
1595 Wenzel, Kap.5 Rdn. 93.

Köllner

rungsgesellschaften für einige Jahre das Krankenhaushaftpflichtrisiko, bevor das Geschäft im Rahmen von umfangreichen Sanierungsaktionen wieder abgestoßen wird.
Eine Beruhigung des Marktes ist derzeit nicht absehbar.

a) Die Analyse von Risiken im Krankenhausbereich durch den Haftpflichtversicherer

aa) Die Risikokalkulation

Die **Kalkulation des Risikos** ist für die Haftpflichtversicherer schwierig. **1040**
Krankenhäuser sind komplexe Betriebe, bei denen eine Vielzahl von Haftpflichtrisiken abzudecken ist. Neben der eigenen gesetzlichen Haftpflicht des Klinikträgers aus dem Eigentum und dem Betrieb des Krankenhauses, wozu etwa die Unterbringung, Verpflegung und die Beachtung der Verkehrssicherungspflichten zählen, ist auch die persönliche gesetzliche Haftpflicht sämtlicher Bediensteter (leitende und nachgeordnete Ärzte, Pflegepersonal, Verwaltungsmitarbeiter) aus ihrer dienstlichen Verrichtung gegenüber Dritten abzudecken.
Aber nicht nur die diversen Haftungsgefahren stellen ein Problem dar. Die Rahmenbedingungen sind insbesondere wegen der stetig steigenden Fallzahlen und der Haftungsexplosion im Schadenfall ungünstig und haben zur Folge, dass die Betriebshaftpflichtversicherung des Krankenhauses für Versicherer gelegentlich ein Verlustgeschäft bedeutet.

(1) aktuelle Entwicklung

Die gegenwärtige Entwicklung steigender Fallzahlen spiegelt sich in Statis- **1041**
tiken der Gutachter- und Schlichtungsstellen, der Krankenkassen und der Versicherer wider.
Laut statistischer Erhebung der Gutachterkommissionen und Schlichtungsstellen für das Statistikjahr 2009 wurden bundesweit bei den Gutachterkommissionen und Schlichtungsstellen im Jahr 2007 10432 Anträge gestellt, 2008 schon 10967 Anträge und 2009 schließlich 10972 Anträge, was im Vergleich zu 2007 eine Steigerung von 5,17% bedeutet.[1596]

1596 Www.bundesaerztekammer.de/downloads/Gutachterkommissionen_praesentation1.pdf.

Köllner

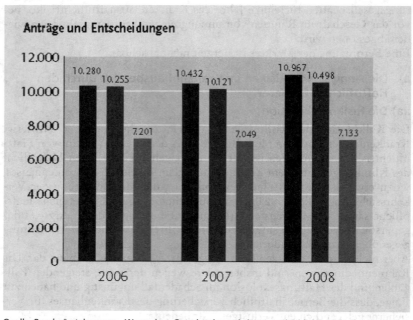

Anträge und Entscheidungen

Quelle: Bundesärztekammer – Wegweiser: Gutachterkommissionen und Schlichtungsstellen bei den Ärztekammern

Bei dieser Erhebung zeigte sich, dass sich über 70% der Begutachtungsanträge gegen Krankenhausbehandlungen richtete, während die restlichen 30% den niedergelassenen Bereich betrafen.

Aus Erhebungen der Ecclesia Versicherungsgruppe, die seit dem Jahr 1996 fortlaufend die Daten von 254 ausgewählten Krankenhäusern in Zusammenhang mit Behandlungsfehlervorwürfen erfasst, ist eine kontinuierliche Zunahme der Schadenmeldungen zu verzeichnen. Im Jahr 2002/03 nahm die Zahl der Anspruchsanmeldungen bei der Ecclesia im Vergleich zum Vorjahreszeitraum um 6,7% zu, im Zeitraum 2003/04 um 4,8%, 2004/2005 um 4,6%, und im Zeitraum 2005/06 war sogar eine Zunahme um 10,3% zu verzeichnen.[1597]

(2) Ursachen

1042 Trotz des medizinischen Fortschrittes, der durch die Schließung meist kleinerer Krankenhäuser bedingten Konzentration von Behandlungsfällen auf größere Kliniken und der Anstrengungen der Kliniken im Bereich des Qualitäts- und Risk Managements, ist kein Rückgang, sondern vielmehr eine stetige Steigerung der Schadenfallzahlen zu verzeichnen.

1597 Jaklin, Das Krankenhaus 2.2009 S. 158 f.

Köllner

Diese Entwicklung hat eine Vielzahl von Ursachen:
- Der »selbstbestimmte und mündige« Patient setzt sich bereits vor der Behandlung umfassend mit seinem Krankheitsbild auseinander.
- Der medizinische Fortschritt weckt bei den Patienten eine hohe Anspruchshaltung.
- Die zunehmende Arbeitsteilung in der Medizin stellt ein Einfallstor für Organisations-, Kommunikations- und Informationsdefizite dar.
- Krankenkassen unterstützen ihre Mitglieder bei der Verfolgung von Schadenersatzansprüchen.
- Durch Spezialisierung der Rechtsanwälte (Fachanwalt für Medizinrecht) und fehlendes Kostenrisiko bei bestehender Rechtschutzversicherung wird die Durchsetzbarkeit der Ansprüche erleichtert.
- Die ärztliche Tätigkeit wird durch die Spruchpraxis der Gerichte weiter verrechtlicht.
- Das Medieninteresse an der Thematik »Ärztepfusch« ist immens.

Mit einem Rückgang der Schadenmeldungen ist trotz des medizinischen Fortschritts und der Präventivmaßnahmen der Krankenhäuser zur Vermeidung von Zwischenfällen auch in Zukunft nicht zu rechnen.

bb) Spätschadenrisiko

Was die Risikoanalyse aus dem Krankenhausbereich im Underwriting weiter extrem erschwert, ist das sogenannte Spätschadenrisiko im Arzthaftungsbereich. Spätschäden sind Schäden, die dem Versicherer zum Abschluss des Versicherungsjahres (Bilanzstichtag) noch nicht bekannt sind und erst später zu diesem Versicherungsjahr gemeldet werden. Da Haftpflichtversicherer verpflichtet sind, Einzelschadenrückstellungen zu bilden, die kaufmännisch nach bilanzrechtlichem **Vorsichtsprinzip** zu ermitteln sind, besteht die Problematik, dass für noch nicht gemeldete Schäden pauschale Rückstellungen zu bilden sind, ohne dass Aufwand und Umfang absehbar sind. In der Praxis werden Schadenersatzansprüche oft erst Jahre nach einer beanstandeten Behandlung geltend gemacht. Zur Beurteilung des Schadenverlaufs und damit zur Risikokalkulation analysieren Haftpflichtversicherer in der Regel die Schadenentwicklungen der letzten 5 – 10 Jahre.[1598] Nicht selten werden gerade vermeintliche Geburtsschäden erst sehr spät gemeldet. Nach Inkrafttreten des Gesetzes zur Modernisierung des Schuldrechts, womit auch eine Veränderung der Verjährungsrechts verbunden war, führten beispielsweise zahlreiche Krankenkassen Screenings durch, um mögliche »alte« Geburtsschadenfälle aufzudecken; bis Ende 2004 wurden daraufhin bei Versicherern gehäuft teilweise 20 Jahre oder noch länger zurückliegende Haftpflichtfälle aus dem Bereich der Geburtshilfe angemeldet. Die ursprünglich kalkulierte Versicherungsprämie, also das Prämienauf-

1043

1598 Martius/Much/Äskulaps Risiken, www.gdv.de/Publikationen/Periodika/Zeitschrift_Positionen/Position_64.

Köllner

kommen und die pauschal gebildeten Rückstellungen, reichen dann häufig nicht aus, die Schadenzahlungen abzudecken. Dieses »Damoklesschwert« hängt so lange über dem Versicherer, bis dieser nach Ablauf aller denkbarer Verjährungsfristen davon ausgehen kann, dass zu einem zurückliegenden Geschäftsjahr keine Schäden mehr nachgemeldet werden.

cc) Prämienkalkulation

1044 Auch bei der Prämienkalkulation ist eine Neuorientierung der Versicherer erforderlich. Jahrzehntelang wurden die Haftpflichtprämien nach der **Anzahl der Betten** eines Krankenhauses berechnet.

Seitdem aber sowohl die Bettenanzahl in den Kliniken als auch die Verweildauer der Patienten gesunken ist, gleichzeitig die Anzahl der behandelten Patienten aber gestiegen ist, zurückzuführen u.a. auf den medizinischen Fortschritt, die steigende Zahl ambulanter Krankenhausbehandlungen und die Einführung des DRG-Systems, hat sich die Prämienbemessung für die Krankenhaushaftpflichtversicherung nach Anzahl der Betten überholt.[1599] Die Haftpflichtversicherer passen derzeit ihre Prämienberechnungen den geänderten Gegebenheiten an. Teilweise werden Prämien nach Behandlungsfällen, also den DRGs berechnet, was den Vorteil hat, dass die im Krankenhaus vertretenen Risiken besser berechnet werden können. Andererseits gibt es über 1000 DRGs – Tendenz steigend- was die Berechnung sehr aufwändig macht.

Eine weitere Alternative ist die Prämienkalkulation nach dem Umsatz des Krankenhauses, was den Vorteil hat, dass der gesamte Wirtschaftsbetrieb Krankenhaus abgebildet werden kann.

Die Umstellung der Prämienkalkulation unter den Versicherern ist noch nicht abgeschlossen und wird, auch vor dem Hintergrund der damit verbundenen EDV-technischen Schwierigkeiten, noch einige Zeit in Anspruch nehmen. Jedem Haftpflichtversicherer, der das Krankenhausrisiko zeichnet, ist aber bewusst, dass unabhängig von der Art der Prämienberechnung der Abschätzung des Schadenrisikos ganz wesentliche Bedeutung zukommt.

dd) Ausblick

1045 Es ist eine bedenkliche Entwicklung zu erwarten. Wie Auswertungen der Versicherer, aber auch von Gutachter- und Schlichtungsstellen ergeben, stellen insbesondere die Fachrichtungen Gynäkologie/Geburtshilfe, Chirurgie und Orthopädie **Hochrisikobereiche** dar. Ein Großteil der geltend gemachten Behandlungsfehlervorwürfe betrifft diese Fachbereiche, ein Großteil der Schadenzahlungen fällt in diesen Fachgruppen an.

1599 Martius/Much/Äskulaps Risiken, www.gdv.de/Publikationen/Periodika/Zeitschrift_Positionen/Positionen_64.

Köllner

Schadenmeldungen / Aufwand nach Fachrichtungen

Fachrichtung	Anspruchs-anmeldungen%	prozentualer Aufwand
Chirurgie	37,9	42,2
Innere Medizin	12,4	11,9
Orthopädie	8,0	7,8
Geburtshilfe	3,4	16,6

Quelle: Johannes Jaklin: In den USA weniger Ansprüche gegen Krankenhäuser, das Krankenhaus 2.2009, S. 158

Dies kann zur Folge haben, dass etwa Krankenhäuser, in denen eine geburtshilfliche Abteilung betrieben wird, keinen Versicherer mehr finden bzw. nur zu einer wirtschaftlich kaum tragbaren Versicherungsprämie. Die Privatisierung von Kliniken und Bildung großer Klinikketten hat schließlich zur Folge, dass ein einzelner Haftpflichtversicherer kaum mehr in der Lage sein und die Kapazitäten aufbringen wird, dieses Risiko alleine zu schultern. Auch gestaltet es sich in der Regel schwierig, eine Rückversicherungsgesellschaft zu finden, die bereit ist, für dieses Risikopotenzial Rückversicherungsdeckung zu gewähren.

(1) Blickwinkel Haftpflichtversicherer – Betriebshaftpflichtversicherungsschutz

Bei dem komplexen Betrieb Krankenhaus sind eine Vielzahl von Haftungsgefahren zu versichern. Die Prämienkalkulation ist bei zurückgehenden Betten-, aber steigenden Fallzahlen schwierig. Im Arzthaftungsbereich besteht ein erhebliches Spätschadenrisiko.
Gerade in Hochrisikobereichen wie Geburtshilfe oder Chirurgie steigen die Schadenersatzzahlungen immens.
Die Folgen sind, dass sich Haftpflichtversicherer aus dem Heilwesensegment völlig zurückziehen oder Versicherungsschutz nur noch zu höheren Prämien angeboten wird.

1046

(2) Blickwinkel Krankenhaus – Betriebshaftpflichtversicherungsschutz

Die Krankenhauslandschaft befindet sich in einem Umbruch.
Viele, gerade kleinere Kliniken, schreiben rote Zahlen; ihre Existenz ist gefährdet.
Nur Häuser, die sich innovativ zeigen, Kooperationen eingehen oder neue Versorgungsmodelle entwickeln, können im Wettbewerb bestehen. Dies setzt aber voraus, dass seitens der Versicherungsgesellschaften auch die Bereitschaft besteht, weitreichenden Haftpflichtversicherungsschutz zu gewähren.

1047

Köllner

Eine weitere Problematik angesichts leerer Kassen sind die ständig steigenden Versicherungsprämien.

Nur wenn Kliniken, Haftpflichtversicherer und Rückversicherer konstruktiv zusammenarbeiten, wird das Heilwesenhaftpflichtrisiko künftig überhaupt noch kalkulierbar bleiben.

2. Grundlagen: Haftungsrelevante Rechtsverhältnisse bei Krankenhausbehandlung

a) Das Behandlungsverhältnis

1048   Das Behandlungsverhältnis ist grundsätzlich, egal ob wahlärztliche Leistungen oder allgemeine Krankenhausleistungen in Anspruch genommen werden, bei ambulanter und auch bei stationärer Behandlung **privatrechtlicher Natur**. Dies gilt auch, wenn das Behandlungsverhältnis mit einem öffentlich-rechtlichen Behandlungsträger (z.B. Kreiskrankenhaus, Universitätsklinik) eingegangen wird. Selbst der Beamtenstatus eines behandelnden Arztes ändert daran nichts.

Dagegen liegt öffentlichrechtliches Handeln vor bei medizinischen Zwangsmaßnahmen, etwa der Zwangseinweisung aufgrund sicherheitsrechtlicher Bestimmungen oder der hoheitlichen Unterbringung in der geschlossenen Psychiatrie. In diesen Fällen ist Grundlage für die Geltendmachung von Schadenersatzansprüchen aus Behandlungsfehlern die Amtshaftung.[1600] Das Krankenhaus unterliegt einem weitgehenden **Kontrahierungszwang.**[1601] Im Rahmen des Behandlungsverhältnisses ist dem Patienten **vertraglich und deliktisch** die Einhaltung der im Verkehr erforderlichen Sorgfalt geschuldet, § 276 BGB. Vertragliche und deliktische Anspruchsgrundlagen stehen nebeneinander.

Während im niedergelassenen Bereich der Behandlungsvertrag im Regelfall durch übereinstimmende Willenserklärungen von Arzt und Patient zustande kommt, finden sich im Bereich der Krankenhausbehandlung komplexere Vertragsmodelle.

1049   Bei der Krankenhausaufnahme ist es üblich, dem Patienten **vorformulierte Aufnahmebedingungen** zur Unterschrift vorzulegen. Allein die Einlieferung eines Patienten in ein Krankenhaus begründet noch keine vertraglichen Beziehungen. Ist der Patient bei der Aufnahme nicht in der Lage, vertragliche Erklärungen abzugeben (z.B. wegen Bewusstlosigkeit, Geschäftsunfähigkeit), richten sich die Rechtsbeziehungen zwischen Patient und Krankenhaus nach den Grundsätzen der Geschäftsführung ohne Auftrag. Es besteht aber die Möglichkeit, dass eine dritte Person (Ehegatte, Eltern) für den Patienten die Erklärung abgibt.

1600 BGH NJW 2008, 1444.
1601 Halbe/Rothfuß in Terbille Medizinrecht § 8 Rn. 173,174.

Köllner

Anderenfalls bietet das Krankenhaus mit der Aufnahme des Patienten den Abschluss eines Behandlungsvertrages an, den der Patient annehmen kann, sobald er wieder imstande ist, vertragliche Erklärungen abzugeben. Der Krankenhausaufnahmevertrag wird dann als von Anfang an wirksam angesehen.

Behandlungsverträge werden regelmäßig durch Allgemeine Vertragsbedingungen ausgefüllt. Auf diese Regelungen sind die §§ 305 ff. BGB anwendbar. Die Behandlungsverträge basieren häufig auf Vertragsmustern, die die Deutsche Krankenhaus Verlagsgesellschaft mbh den Krankenhäusern zur Verfügung stellt.[1602]

aa) Blickwinkel Patientenanwalt – Behandlungsverhältnis

Die Zuordnung der Leistungsbeziehungen in dem komplexen Krankenhausbetrieb gestaltet sich zuweilen für Patientenvertreter als äußerst schwierig und führte vor der Neuregelungen des Haftungs- und Schadensersatzrechts durch das Zweite Schadensersatzrechtsänderungsgesetzes im August 2002 teilweise dazu, dass Schmerzensgeldansprüche nach § 847 BGB a.F. gegen den falschen Beklagten gerichtet wurden und daher vor Gericht nicht zuerkannt werden konnten.

1050

Seit der Einführung eines vom Haftungsgrund »Deliktrecht« unabhängigen Schmerzensgeldanspruchs nach § 253 BGB ist die Durchsetzung des Schmerzensgeldanspruchs für den geschädigten Patienten erleichtert, da dieser nicht mehr den konkreten Arzt oder einen bestimmten Klinikmitarbeiter benennen muss, der ihn unmittelbar geschädigt hat.

Vor der klageweisen Geltendmachung von Arzthaftungsansprüchen stellt die Klärung der Rechtsverhältnisse für Patientenanwälte wegen der Vielzahl möglicher Vertragskonstellationen eine schwierige Aufgabe dar. Hinzu kommt, dass Krankenhäuser von unterschiedlichen Trägern und in verschiedenen Rechtsformen betrieben werden. Hier hat der Patientenanwalt exakt zu recherchieren, um nicht im Aktivprozess die Klage gegen einen nicht passivlegitimierten Beklagten zu richten. Nur im günstigsten Fall darf der Patientenvertreter auf eine Rubrumberichtigung durch das Gericht hoffen. Üblicherweise teilen Kliniken auf Anfrage aber mit, wer passivlegitimiert ist.

Als hilfreich kann sich auch ein Blick in das Deutsche Krankenhausadressbuch erweisen, in dem die deutschen Krankenhäuser, Rehabilitationseinrichtungen und Verbände unter Angabe der jeweiligen Träger zusammengefasst sind.

1602 Allgemeine Vertragsbedingungen (AVB), Behandlungsverträge und Wahlleistungsvereinbarung für Krankenhäuser, Deutsche Krankenhaus Verlagsgesellschaft mbH, 8. Auflage 2009.

Köllner

❗ Vor der klageweisen Geltendmachung von Arzthaftungsansprüchen ist besonderes Augenmerk auf die Prüfung der **Passivlegitimation** zu richten.

bb) Blickwinkel Haftpflichtversicherer – Behandlungsverhältnis

1051 Die Feststellung, wer in einem konkreten Behandlungsfall zum Vertragspartner des Patienten geworden ist, ist aber auch für den Haftpflichtversicherer relevant. Die Situation ist für sämtliche Beteiligte noch unübersichtlicher geworden, seitdem Krankenhäuser vermehrt ambulante Behandlungen durchführen oder niedergelassene Ärzte, Konsiliar- oder Honorarärzte hinzuziehen.

Bevor ein Haftpflichtversicherer in die Haftungsprüfung eintritt, hat er zu prüfen, ob der geltend gemachte Schaden Gegenstand des Versicherungsvertrages ist, also das **Deckungsverhältnis** besteht.

b) Stationäre Behandlungen – vertragliche und deliktische Haftung

1052 Die Haftungsverantwortung aus dem **Behandlungsvertrag** trifft denjenigen, der vertraglich die Behandlung des Patienten übernommen hat. Es gilt § 280 BGB i.V.m. §§ 276, 278 BGB. Eine Exculpation scheidet bei der Zurechung der Haftung für Erfüllungsgehilfen, anders als im Anwendungsbereich des § 831 BGB aus.

1053 Mit der Übernahme der Behandlung durch einen Arzt oder nichtärztliches Personal erwachsen daneben den auf der Behandlungsseite Beteiligten die gesetzlichen Pflichten zu Schutz und Erhaltung der Gesundheit des Patienten nach den Vorschriften der §§ 823 ff. BGB.

Jeder an einer Behandlungsaufgabe Beteiligte haftet aus unerlaubter Handlung für eigenes Verschulden persönlich.

Aber auch der Krankenhausträger haftet **deliktisch**. Zum einen hat der Krankenhausträger für eigenes Verschulden, insbesondere bei Organisationsversäumnissen, zu haften. Darüber hinaus hat der Krankenhausträger deliktisch für seine Verrichtungsgehilfen nach § 831 BGB einzustehen und muss sich das Verschulden seiner Organe nach §§ 31, 89 BGB zurechnen lassen.[1603]

Von besonderer praktischer haftungsrechtlicher Bedeutung sind **Organisationsversäumnisse** des Krankenhausträgers.

Gerade die Organisationsverantwortung des Krankenhausträgers, das reibungslose und sichere Funktionieren des Belegarztsystems zu gewährleisten, wird von den Gerichten sehr hoch angesiedelt.

So wurde eine Organisationspflichtverletzung angenommen, wenn es die Belegklinik versäumt hat, den Belegärzten zuverlässig mitzuteilen, wo für

---

1603 Zu den Einzelheiten der Deliktshaftung siehe Kap 2 A II 4 c.

Köllner

den Bedarfsfall ein Generalschlüssel für den Operationssaal aufbewahrt war[1604] oder nicht gegen die Handhabung einschritt, durch welche der Belegarzt dem Pflegepersonal des Belegkrankenhauses Aufgaben überließ, die die pflegerische Kompetenz überstiegen.[1605]

Unabhängig von der Haftung des Krankenhausträgers muss jeder Krankenhausarzt für eigene Fehler deliktisch einstehen, wobei es auf seinen Status nicht ankommt. Gleiches gilt für nachgeordnetes oder nichtärztliches Personal. Allerdings kann es hier in Ausnahmefällen an einem Verschulden fehlen, wenn die beanstandete Maßnahme unter Leitung und auf Weisung eines hierzu befugten Chefarztes erfolgte.

Dem Chefarzt obliegt die Fachaufsicht über den nachgeordneten ärztlichen Dienst. Unterbleiben etwa gezielte Kontrollen der praktischen Arbeit der Assistenzärzte, kommt eine unmittelbare deliktische Haftung des leitenden Arztes wegen Überwachungsfehlern in Betracht.[1606]

aa) Totaler Krankenhausaufnahmevertrag

Der totale Krankenhausaufnahmevertrag ist der **Regelfall** beim **gesetzlich versicherten Patienten**. Der Krankenhausträger schuldet die Unterbringung, die pflegerische Betreuung, Versorgung mit Arznei-, Hilfs- und Heilmitteln und nicht zuletzt die ärztliche Versorgung (§ 2 BPflV). Die ärztlichen Leistungen werden durch angestellte oder beamtete Ärzte erbracht, die bei dieser Vertragskonstellation nicht in vertragliche Beziehungen zum Patienten treten.

1054

Der Patient kann vertragliche Schadenersatzansprüche nur gegen den Krankenhausträger, der für das Verhalten seiner leitenden und nachgeordneten Ärzte und des nichtärztlichen Personals gemäß § 278 BGB einzustehen hat, erheben.

1604 OLG Stuttgart, VersR 00, 1108.
1605 BGH NJW 1996, 2429.
1606 Zu dem Sonderfall der Haftung beamteter Ärzte siehe Kap 2 A II 3 b.

Köllner

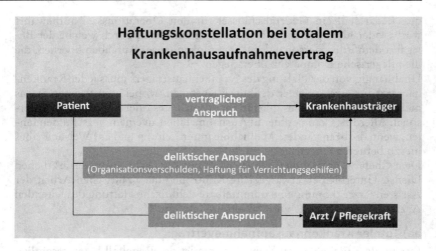

Totaler Krankenhausaufnahmevertrag

	vertraglich	deliktisch
Kranken-hausträger	Haftung aus Behandlungs-vertrag	Haftung aus eigenem Organisationsverschulden § 823 BGB
	Haftung für Erfüllungs-gehilfen leitende Ärzte §§ 278, 31, 89 BGB sonstige Ärzte und Pflege-personal § 278 BGB	Haftung für Verrichtungs-gehilfen leitende Ärzte §§ 823, 839, 31, 89 BGB sonstige Ärzte und Pflege-personal §§ 823, 831 BGB
Ärzte und Pflegeper-sonal		Haftung aus § 823 bzw. bei beamteten Ärzten aus § 839 BGB

bb) Gespaltener Krankenhausaufnahmevertrag

1055 Kommt ein gespaltener Krankenhausaufnahmevertrag zustande, sind **zwei Leistungsbereiche** zu unterscheiden. Der Krankenhausträger ist zur Er-bringung der Versorgungsleistungen (pflegerischer Dienst, Unterbringung) verpflichtet, während ein Vertragsverhältnis hinsichtlich der ärztlichen Leis-tungen nur mit dem behandelnden Arzt geschlossen wird. Vor allem bei der stationären Behandlung von Patienten eines **Belegarztes** werden gespaltene Krankenhausaufnahmeverträge abgeschlossen. Auch die stationäre Behand-lung eines Privatpatienten durch einen liquidationsberechtigten Kranken-hausarzt ist auf Basis eines gespaltenen Arzt-Krankenhausvertrages möglich.

Köllner

Bei dieser Vertragsgestaltung haftet der Krankenhausträger für dem Belegarzt zuzurechnende Fehler oder Fehler eines liquidationsberechtigten Chefarztes vertraglich grundsätzlich nicht. Vertraglich schuldet der Krankenhausträger aber die Erbringung der Versorgungsleistungen.

gespaltener Krankenhausaufnahmevertrag

	vertraglich	deliktisch
Krankenhausträger	Haftung aus Aufnahmevertrag für Versorgungsleistungen § 280 BGB	Haftung aus eigenem Organisationsverschulden im eigenen Leistungsbereich § 823 BGB
	Haftung für Erfüllungsgehilfen im Bereich der allgemeinen Krankenhausleistung für nachgeordnetes ärztl. und pflegerisches Personal	Haftung für Verrichtungsgehilfen im eigenen Leistungsbereich
nachgeordnete Ärzte und Pflegepersonal		Haftung aus § 823 BGB für eigenes Verschulden bzw. bei beamteten Ärzten aus § 839 BGB

Die Haftungszuordnung gestaltet sich in der Praxis häufig als schwierig und wird nach den Leistungsbeschreibungen der Bundespflegesatzverordnung und des Krankenhausentgeltgesetztes § 2 BPflV, § 2 KHEntG vorgenommen. Maßgeblich kommt es darauf an, wer nach außen gegenüber dem Patienten gehandelt hat und wer berechtigt ist, die betreffenden Leistungen abzurechnen.

(1) Belegarztvertrag

1056

Belegärzte im Sinne des § 18 KHEntG sind nicht am Krankenhaus angestellte Vertragsärzte, die berechtigt sind, ihre Patienten (Belegpatienten) im Krankenhaus unter Inanspruchnahme der hierfür bereitgestellten Dienste, Einrichtungen und Mittel stationär oder teilstationär zu behandeln, ohne hierfür vom Krankenhaus eine Vergütung zu erhalten. Leistungen des Belegarztes sind seine persönlichen Leistungen, der ärztliche Bereitschaftsdienst für Belegpatienten, die vom Belegarzt veranlassten Leistungen nachgeordneter Ärzte des Krankenhauses, die bei der Behandlung seiner Belegpatienten in demselben Fachgebiet wie der Belegarzt tätig werden sowie die von ihm veranlassten Leistungen von Ärzten und ärztlich geleiteten Einrichtungen außerhalb des Krankenhauses.[1607]

1607 Zum Belegarztvertrag im einzelnen Kap 2 A II 4.a.

Köllner

Der Belegarzt haftet für seine eigene Tätigkeit sowie für die Arbeit der **in seinem Fachgebiet** tätig gewordenen Ärzte und in seinem Pflichtenkreis tätig gewordenen Pflegekräfte.

Für die medizinische Betreuung durch nachgeordnete Ärzte und für Fehler der Pflegekräfte im Rahmen der allgemeinen Pflege hat das Krankenhaus einzustehen.[1608] Hinzu kommt die Organisationsverantwortung des Krankenhauses, den reibungslosen und sicheren Ablauf des Belegarztsystems sicherzustellen. Bei Versäumnissen in diesen Bereichen ist das Haftpflichtrisiko über die Betriebshaftpflichtversicherung des Krankenhauses abgedeckt.

1057   Im Grundsatz gilt:

- Der Belegarzt trägt neben der Haftung für eigene Fehlleistungen in der ärztlichen Behandlung die Haftung nach § 278 BGB für Fehlleistungen der von ihm in den genannten Bereichen eingesetzten Hilfspersonen (einschließlich der von ihm bestellten ärztlichen Urlaubsvertreter).
- Der Belegarzt haftet auch für den ärztlichen Bereitschaftsdienst, selbst wenn dieser durch Krankenhausärzte geleistet wird.
- Das Krankenhaus ist für die Unterbringung, Versorgung sowie pflegerische und ärztliche Betreuung des Patienten außerhalb der Leistungen des Belegarztes verantwortlich.
- Für die Fehler der Krankenhausärzte eines anderen Fachgebiets als das des Belegarztes und für Fehler der Pflegekräfte haftet das Krankenhaus. Gleiches gilt für eigene Organisationsfehler, wie z.B. bei Mängel der technisch apparativen Einrichtungen, unzureichende Anweisungen an den nachgeordneten Dienst oder Hygienemängeln.

Fehler sowohl im Leistungsbereich des Belegarztes als auch des Krankenhauses sind nicht selten und können ein Gesamtschuldverhältnis begründen. Gerade im Rahmen der horizontalen Arbeitsteilung sind beispielsweise immer wieder Koordinations-, Kontroll- oder Informationsversäumnissen zu beobachten.

Über die **Betriebshaftpflichtversicherung der Klinik** ist die Haftpflicht der **Belegärzte** und ihres eigenen Personals regelmäßig **nicht versichert.**

1608   OLG Koblenz VersR 2001, 897.

Köllner

Schema: Haftungsschuldner bei Belegarztvertrag

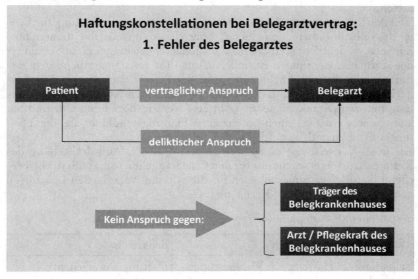

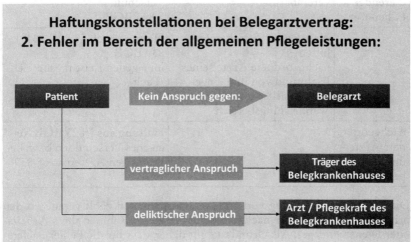

(2) Chefarztbehandlung

Grundsätzlich ist ein Vertragsmodell zulässig, wonach ein liquidationsberechtigter Chefarzt bezüglich seiner ärztlichen Leistungen – wie der Belegarzt – allein Vertragspartner des Patienten wird. Im Einzelfall richtet sich dies nach der Vereinbarung mit dem Patienten, insbesondere nach den Aufnahmebedingungen des Krankenhauses. Als Regelfall ist aber festzuhalten,

1058

Köllner

dass nach § 2 BPflV **Krankenhausleistungen auch Wahlleistungen um-fassen.**

Will der Krankenhausträger eine vertragliche Haftungsfreistellung für Fehler des selbstliquidierenden Chefarztes erreichen, muss dem Patienten hinreichend verdeutlicht werden, dass der Krankenhausträger nicht Schuldner der ärztlichen Leistungen ist und ihm auch für etwaige ärztliche Fehlleistungen nicht haftet.[1609] Schließlich geht der Patient nach seinem **Empfängerhorizont** davon aus, dass er bei einer stationären Krankenhausbehandlung mit dem Krankenhausträger in eine Vertragsbeziehung tritt und hat kein Interesse daran, einen potenziellen Haftungsschuldner aus der Leistungspflicht zu entlassen.

Als noch kritischer ist es zu werten, wenn die Haftungsfreistellung des Krankenhausträgers nicht nur für den Chefarzt gelten soll, sondern entsprechend dem Belegarztmodell auch für die von ihm veranlassten Leistungen nachgeordneter Ärzte des Krankenhauses.

gespaltener KH-Aufnahmevertrag

	vertraglich	deliktisch
selbstliquidierender (Chef-)Arzt	Haftung aus Wahlleistungsvereinbarung	Haftung aus eigenem Verschulden § 823 BGB
	Haftung für Erfüllungsgehilfen nachgeordnete Ärzte seines Fachs und von ihm eingesetztes Hilfspersonal im Wahlleistungsbereich	Haftung nach §§ 823, 831, 839 BGB im eigenen Leistungsbereich /Fach
nachgeordnete Ärzte und Pflegepersonal		Haftung aus § 823 BGB für eigenes Verschulden bzw. bei beamteten Ärzten aus § 839 BGB

Die ärztliche Behandlung von Krankenhauspatienten zählt gerade zu den originären Aufgaben der nachgeordneten Ärzte in Rahmen ihres Arbeits- oder Dienstvertrages. Als Grundsatz gilt daher, dass für die Fehler nachgeordneter Ärzte der Krankenhausträger neben dem Chefarzt gesamtschuldnerisch einstehen muss.

1609 BGH NJW 1993,779.

Köllner

❗ Nur im Ausnahmefall, wenn dem Patienten
- unmissverständlich, durch Klarstellung in dem durch die Unterschrift des Patienten gedeckten Vertragstext,
- deutlich gemacht worden ist, dass der Krankenhausträger nicht Schuldner der ärztlichen Leistung ist und für Fehler insoweit auch nicht haftet
- und seitens des Krankenhausträgers besondere Hinweispflichten beachtet wurden, ist ein gespaltener Krankenhausaufnahmevertrag mit dem selbstliquidierenden Chefarzt überhaupt denkbar.

cc) Totaler Krankenhausaufnahmevertrag mit Arztzusatzvertrag

Der BGH hat sich für den **totaler Krankenhausaufnahmevertrag mit**   **1059**
Arztzusatzvertrag als **Regelmodell** ausgesprochen, wenn der liquidationsberechtigte Chefarzt die Behandlung durchführt.[1610]
Diese Vertragskonstruktion ist heute bei der Inanspruchnahme von Wahlleistungen auch in der Praxis der Regelfall. Gemäß § 2 Abs. 1 BPflV umfassen Krankenhausleistungen auch Wahlleistungen. Der selbstzahlende Patient schließt neben dem Vertrag mit dem Krankenhaus **zusätzlich** mit einem liquidationsberechtigten Krankenhausarzt einen Behandlungsvertrag über ärztliche Leistungen.
Beim totalen Krankenhausaufnahmevertrag mit Arztzusatzvertrag haftet der Krankenhausträger für das Fehlverhalten aller Mitarbeiter, also auch das des liquidationsberechtigten Arztes. Aus dem Arztzusatzvertrag haftet der liquidationsberechtigte Arzt dem Patienten persönlich. Es besteht also eine **gesamtschuldnerische Verantwortlichkeit** von Krankenhausträger und liquidationsberechtigtem Wahlarzt.

totaler Krankenhausaufnahmevertrag mit Arztzusatzvertrag

	vertraglich	deliktisch
Kranken-hausträger	Haftung aus Behandlungs-vertrag	Haftung aus eigenem Organisationsverschulden § 823 BGB
	Haftung für Erfüllungsgehilfen leitende Ärzte §§ 278, 31, 89 BGB sonstige Ärzte und Pflegepersonal § 278 BGB **auch** im Wahlleistungsbereich	Haftung für Verrichtungsgehilfen leitende Ärzte §§ 823, 839, 31, 89 BGB sonstige Ärzte und Pflegepersonal §§ 823, 831 BGB **auch** im Wahlleistungsbereich

---

1610 BGH NJW 1993, 779.

Köllner

	vertraglich	deliktisch
selbstliqui-dierender (Chef-)Arzt	Haftung aus Wahlleistungs-vereinbarung für eigenes Verschulden	Eigenhaftung aus § 823 bzw. bei beamteten Ärzten aus § 839 BGB (mit Verwei-sungsmöglichkeit)
	Haftung für Erfüllungsge-hilfen nachgeordnete Ärzte seines Fachs und von ihm einge-setztes Hilfspersonal im Wahlleistungsbereich	Haftung nach §§ 823, 831, 839 BGB für nachgeordnete Ärzte des eigenen Fachs / von ihm eingesetzte Pflege-kräfte im Wahlleistungsbereich
nachgeord-nete Ärzte und Pflege-personal		Haftung aus § 823 BGB für eigenes Verschulden bzw. bei beamteten Ärzten aus § 839 BGB

- – Bei der allgemeinen Krankenhausbehandlung können vertragliche Ansprüche nur gegen den Krankenhausträger gerichtet werden.
- – Werden Wahlleistungen in Anspruch genommen, ist für die Abgren-zung, ob der selbstliquidierende Arzt alleiniger Vertragspartner des Patienten ist oder seine Leistungspflicht neben die des Kranken-hausträgers tritt, zunächst auf die Aufnahmebedingungen des Kran-kenhauses abzustellen.
- – Bringen die von Krankenhausträgern verwendeten Formulare keine Klarheit, ist zu prüfen, wer für welche Leistungen liquidiert hat.
- – In seiner Grundsatzentscheidung vom 18.06.1985[1611] hat der BGH festgehalten, dass in der Regel ein totaler Krankenhausaufnahmever-trag mit Arztzusatzvertrag zustande kommt, wenn ein Patient ärzt-liche Wahlleistungen in Anspruch nimmt.
- – Ein gespaltener Krankenhausaufnahmevertrag nur mit dem selbst-liquidierenden Chefarzt kommt nur im Ausnahmefall unter engen Voraussetzungen in Betracht.

c) Sonstige Vertragsformen und Kooperationen

1060 Nach § 2 Abs. 2 S. 2 Nr. 2 KhEntG / BPflV gehören zu den Krankenhaus-leistungen, die unter Berücksichtigung der Leistungsfähigkeit des Kranken-hauses im Einzelfall nach Art und Schwere der Krankheit für die medizi-nisch zweckmäßige und ausreichende Versorgung des Patienten notwendig sind, auch die vom Krankenhaus veranlassten **Leistungen Dritter**.

1611 VersR 1985, 1043.

Köllner

Im Rahmen der Krankenhausplanung hat sich das Krankenhaus an den **Versorgungsauftrag** zu halten. Dabei bleibt es dem Krankenhaus überlassen, ob es den Versorgungsauftrag mit eigenen Ärzten erfüllt oder hierzu externe Vertragspartner zuzieht.

In der Regel werden ärztliche Krankenhausleistungen durch angestellte Ärzte erbracht. Aus wirtschaftlichen Gründen, im Hinblick auf den Ärztemangel in manchen Bereichen oder aus Renommeegründen durch Kooperationen mit fachlich anerkannten Spezialisten, bedienen sich Krankenhäuser zur Erfüllung ihres Vorsorgungsauftrags zunehmend externer Ärzte. **1061**

Das klassische Modell ist der Belegarztvertrag. Die Einrichtung einer Belegabteilung muss von der Krankenhausplanungsbehörde genehmigt werden. Hinsichtlich der belegärztlichen Behandlung wird nur ein Behandlungsvertrag zwischen Belegarzt und Patient geschlossen.[1612]

Mit Inkrafttreten des Krankenhausfinanzierungsreformgesetztes[1613] wurde das Belegarztmodell um den **Belegarzt mit Honorarvertrag** erweitert. Dieser rechnet nicht gegenüber der KV ab, sondern wird intern vom Krankenhausträger vergütet.

aa) Echter Konsiliararztvertrag

Daneben gibt es Kooperationen mit Konsiliarärzten. **1062**

Der »echte« Konsiliararzt ist ein nicht am Krankenhaus angestellter **Vertragsarzt**, der nicht einer im Krankenhaus vertretenen Facharztrichtung angehört und zur Unterstützung der Krankenhausärzte Leistungen auf der Grundlage von § 2 Abs. 2 Satz 2 Nr 2 KHEntG/BPflV erbringt, was häufig die Untersuchung und Mitbehandlung der Patienten umfasst.

In den Betriebshaftpflichtpolicen der Versicherer ist der Konsiliararzt definiert als beratender Arzt, d.h. ein vom behandelnden Arzt zur Beratung über einen Krankheitsfall hinzugezogener zweiter Arzt.

Das Krankenhaus rechnet die gesamte stationäre Krankenhausleistung ab und vergütet dem Konsiliararzt dessen Leistung auf Honorarbasis.

❗ Vertragspartner des Patienten ist der Krankenhausträger, der Abschluss eines Arztzusatzvertrages ist bei Inanspruchnahme von Wahlleistungen möglich, wodurch zusätzlich der Konsiliararzt Vertragspartner des Patienten wird.

bb) Unechter Konsiliararzt

Von einem unechten Konsiliararzt spricht man, wenn dieser **Leistungen außerhalb des Versorgungsauftrages** des Krankenhauses erbringt oder **1063**

1612 Zum Belegarztverhältnis siehe Kap. 2 A II 4; Kap 2 B III 2 b bb Rdn. 1055.
1613 KHRG vom 17.03.2009.

Köllner

für seine Leistungen Krankenhausbetten in Anspruch nimmt, ohne dass die notwendigen sozialrechtlichen Genehmigungen vorliegen.

Umstritten ist, ob auch Vertragsärzte hierunter fallen, die einer Facharztgruppe angehören, die im Krankenhaus als Hauptabteilung betrieben wird, wenn eine Hauptleistung also durch einen krankenhausfremden Vertragsarzt erbracht wird.[1614] Diese Kooperationsform ist in der Praxis beliebt, die Grenzen des Gestaltungsmissbrauchs können aber schnell überschritten werden, was allerdings eher ein sozialrechtliches Problem darstellt, das Haftungsverhältnis gegenüber dem Patienten aber zunächst nicht berührt.

Was die Vertragsgestaltung betrifft, ergeben sich keine Besonderheiten: Werden nur allgemeine Krankenhausleistungen in Anspruch genommen und bedient sich der Krankenhausträger hierzu der Leistungen externer Dritter, hat dies auf das Behandlungsverhältnis mit dem Patienten keinen Einfluss. Vertragspartner des Patienten ist nur der Krankenhausträger, der sich über einen Kooperationsvertrag Leistungen Dritter hinzukauft. Hierdurch wird aber kein eigenes Vertragsverhältnis zwischen Patient und Konsiliararzt begründet.

> **!** – Im Rahmen der vertraglichen Haftung werden die externen Ärzte als Erfüllungsgehilfen des Krankenhausträgers tätig.
> – Der Krankenhausträger hat nach § 278 BGB auch für Fehlleistungen der externen Ärzte einzustehen.
> – Nimmt der Patient wahlärztliche Leistungen in Anspruch, schließt er entweder unmittelbar einen Wahlarztvertrag mit dem externen Arzt oder eine Wahlleistungsvereinbarung kommt im Rahmen einer Wahlarztkette nach § 17 Abs. 3 S. 1 KHEntgG zustande.[1615]
> – Über den so abgeschlossenen Arztzusatzvertrag haftet der externe Arzt neben dem Krankenhausträger im Falle eines ärztlichen Behandlungsfehlers dem Patienten vertraglich.

d) Ambulante Behandlung

aa) Institutsambulanz

1064 Ein Krankenhaus kann als **Institution** ambulante Behandlungen übernehmen, wobei die ambulante Versorgung von gesetzlich versicherten Patienten grundsätzlich niedergelassenen Ärzten vorbehalten ist. Allerdings gibt es hiervon Ausnahmen. Nach § 115a SGB V ist z.B. die vor- und nachstationäre Behandlung durch das Krankenhaus ebenso wie gemäß § 115b SGB V das ambulante Operieren im Krankenhaus zulässig. Klassisches Beispiel für eine Institutsambulanz ist die vom Krankenhaus betriebene **Notfallambulanz**. Soweit ein Krankenhaus eine Behandlung durch die Institutsambulanz

---

1614 Quaas f&w 5/2009, 522; Ratzel Frauenarzt 2009, 1030.
1615 Kuhlmann f&w 2009, 616.

Köllner

übernimmt, werden vertragliche Beziehungen des Patienten nur zum Krankenhausträger begründet, was eine Haftungszurechnung für das Verschulden des dort tätigen ärztlichen und nichtärztlichen Personals zur Folge hat. Dies gilt grundsätzlich auch für Selbstzahler, soweit nicht explizit eine abweichende Vereinbarung vorliegt.[1616] Der behandelnde Arzt haftet daneben deliktisch. Beim Abschluss des Behandlungsvertrages gelten keine Besonderheiten.[1617]

Institutsambulanz

	vertraglich	deliktisch
Krankenhausträger	Haftung aus Behandlungsvertrag	Haftung aus eigenem Organisationsverschulden § 823 BGB
	Haftung für Erfüllungsgehilfen leitende Ärzte §§ 278,31, 89 BGB sonstige Ärzte und Pflegepersonal § 278 BGB	Haftung für Verrichtungsgehilfen leitende Ärzte §§ 823, 839, 31, 89 BGB sonstige Ärzte und Pflegepersonal §§ 823, 831 BGB
sämtliche Ärzte und Pflegepersonal		Haftung aus § 823 bzw. bei beamteten Ärzten aus § 839 BGB

bb) Chefarztambulanz

Nach § 116 SGB V können Krankenhausärzte mit abgeschlossener Weiterbildung mit Zustimmung des Krankenhausträgers vom Zulassungsausschuss zur Teilnahme an der vertragsärztlichen Versorgung der Versicherten ermächtigt werden. Die Ermächtigungen werden überwiegend Chefärzten im Rahmen einer Nebentätigkeitsgenehmigung erteilt, teilweise aber auch leitenden Oberärzten. Bei Auslegung der einem leitenden Arzt (Chefarzt) erlaubten Nebentätigkeiten einschließlich des dazugehörigen Liquidationsrechts sind die Dienstpflichten von den Nebentätigkeiten abzugrenzen.[1618] **Vertragspartner** des gesetzlich versicherten Patienten wird grundsätzlich nur der zur vertragsärztlichen Versorgung ermächtigte Krankenhausarzt.[1619] Ein Behandlungsvertrag mit dem Krankenhausträger wird nicht geschlossen.

1065

1616 Terbille Medizinrecht § 8 Rn. 191.
1617 Terbille Medizinrecht § 8 Rn. 190.
1618 LAG Niedersachsen vom 16.02.09, Beck RS 2009 58809.
1619 BGH NJW 2006, 767.

Köllner

Auch bei der Behandlung von Privatpatienten in der Chefarztambulanz ist, wenn nicht eine andere Regelung getroffen wurde, im Regelfall vom Zustandekommen eines Behandlungsvertrages mit dem Chefarzt, nicht mit dem Krankenhausträger auszugehen.

Chefarztambulanz

	vertraglich	deliktisch
Krankenhausträger		Haftung aus eigenem Organisationsverschulden
Chefarzt	Haftung aus Behandlungsvertrag	Haftung aus eigenem Verschulden § 823 BGB
	Haftung für Erfüllungsgehilfen nachgeordnete Ärzte seines Fachs und von ihm eingesetztes Hilfspersonal im Bereich der Chefarztambulanz	Haftung nach §§ 823, 831, 839 BGB im eigenen Leistungsbereich
nachgeordnete Ärzte und Pflegepersonal		Haftung aus § 823 BGB für eigenes Verschulden bzw. bei beamteten Ärzten aus § 839 BGB

1066   Gerade im Bereich der ambulanten Operationen gibt es manchmal Unklarheiten, ob diese im Rahmen des § 115b SGB V als Krankenhausleistung oder im Rahmen der vertragsärztlichen Versorgung nach § 116 SGB V durchgeführt werden. Ein gesetzlich versicherter Patient darf aber davon ausgehen, dass es einen sozialrechtlich Befugten für die Durchführung der ambulanten Behandlung gibt, Unklarheiten dürfen haftungsrechtlich nicht zu seinen Lasten gehen. Werden in den Räumlichkeiten des Krankenhauses durch angestellte Ärzte des Krankenhausträgers ambulante Operationen durchgeführt, ohne dass die behandelnden Ärzte oder der die Ambulanz betreibende Chefarzt zur vertragsärztlichen Versorgung ermächtigt sind, haftet grundsätzlich der Krankenhausträger zumindest deliktisch aufgrund eines Organisationsverschuldens.[1620]

> ❗ – Der Krankenhausträger haftet bei dem Zustandekommen eines totalen Krankenhausaufnahmevertrages, eines Krankenhausaufnahmevertrages mit Arztzusatzvertrag und bei Behandlungen im Rahmen der Institutsambulanz auch für die ärztliche Leistung vertraglich.

1620 BGH NJW 2006, 767.

– Dem Krankenhausträger werden pflichtwidrige Handlungen des nachgeordneten ärztlichen Dienstes, der von ihm zugezogenen Ärzte und des Pflegepersonals zugerechnet.

– Bei gespaltenem Krankenhausaufnahmevertrag und im Rahmen der Chefarztambulanz haftet nur der liquidationsberechtigte Arzt für ärztliche Fehlleistungen im eigenen Fachbereich vertraglich.

3. Abschluss: Versicherungsbedarf der unterschiedlichen Dienstleister

a) Versicherungsumfang

Mit einer Betriebshaftpflichtversicherung versichert sich ein Krankenhausträger gegen die Gefahr, einem Dritten gegenüber schadenersatzpflichtig zu werden und den Haftpflichtanspruch aus eigenem Vermögen befriedigen zu müssen.

1067

Es existiert keine gesetzliche oder standesrechtliche Bestimmung,[1621] die einen Krankenhausträger zum Abschluss einer Krankenhausbetriebshaftpflichtversicherung verpflichten würde. Gerade Universitätskliniken agieren zum Teil noch als Selbstversicherer, was im Ergebnis bedeutet, dass diese Kliniken nicht betriebshaftpflichtversichert sind, sondern Schäden aus dem öffentlichen Haushalt reguliert werden.

Vereinzelt erwägen Krankenhausträger angesichts der stetig steigenden Haftpflichtversicherungsprämien, laufende Versicherungsverträge zu kündigen und für mögliche Haftpflichtschäden eigene Rückstellungen zu bilden. Diese Vorgehen ist äußerst riskant und unter Umständen wirtschaftlich existenzbedrohend, da für Personenschäden – etwa im Bereich der Geburtshilfe – teilweise Millionenbeträge aufgewandt werden müssen und gerade im Arzthaftungsbereich ein erhebliches Spätschadenrisiko besteht.

Von den Versicherungsgesellschaften werden unterschiedliche Deckungssummen und Vertragsbedingungen angeboten.

Der Umfang des Versicherungsschutzes ergibt sich aus
– dem Versicherungsvertragsgesetz (VVG)
– den Allgemeine Versicherungsbedingungen für die Haftpflichtversicherung (AHB)
– den Risikobeschreibungen und Besondere Bedingungen – Haftpflichtversicherung für Gewerbe und Freie Berufe (RBH Gewerbe)
– den Risikobeschreibungen und Besondere Bedingungen – Haftpflichtversicherung für das Heilwesen (RBHHeilw), Besondere Haftpflichtbedingungen für Ärzte (BHB/Ärzte)
– den Bestimmungen des Versicherungsvertrages.

1621 Anders als im niedergelassenen Bereich, vgl. § 21 MBO-Ä.

Köllner

Das Versicherungsverhältnis zwischen dem Krankenhaus und dem Haftpflichtversicherer richtet sich nach dem Bedingungswerk, das dem Vertrag zugrunde liegt.

Allgemein werden die Grenzen des Versicherungsschutzes durch **positive Risikobeschreibungen** oder durch den Ausschluss bestimmter Risiken vom Versicherungsschutz, sogenannte **Deckungseinschränkungen** bestimmt.[1622] Teilweise werden Risikoausschlüsse nach den AHB über die Besonderen Bedingungen wieder in den Versicherungsschutz eingeschlossen. Bei Betriebs-Haftpflichtversicherungen von Krankenhäusern ist es üblich, individuelle Klinikpolicen zu vereinbaren.

> ❗ Um den konkreten Versicherungsumfang eines Krankenhauses feststellen zu können, bedarf es daher immer einer Lektüre der umfangreichen Vertrags- und Bedingungswerke. Nur so können etwaige Deckungslücken – vor Eintritt eines Schadenfalles – erkannt und ggf. behoben werden.

aa) Versicherungsbedarf eines Krankenhauses und des Krankenhauspersonals

1068 Ein Krankenhausträger benötigt Betriebshaftpflichtversicherungsdeckung für seine sich aus der Betriebsbeschreibung ergebenden Eigenschaften, Rechtsverhältnissen und Tätigkeiten.

Bei der Ermittlung des Versicherungsbedarfs ist nach der **Art der Einrichtung** zu differenzieren:

Das **Risikospektrum** einer Akutklinik als Institution der medizinischen Primärversorgung ist ein anderes als das einer Rehaklinik oder eines geriatrischen Krankenhauses, wo die Sekundärversorgung des Patienten im Vordergrund steht. Je nach Versorgungsauftrag, Facharztrichtungen oder Zusatzrisiken ist daher zu unterscheiden. Der Versicherungsumfang sollte sich an der **statistischen Schadenwahrscheinlichkeit** des individuellen Risikos ausrichten.

Auch der **inneren Struktur** eines Krankenhauses kommt wesentliche Bedeutung zu. Ein Krankenhaus mit Hauptabteilungen hat einen anderen Versicherungsbedarf als eine reine Belegklinik.

1069 Über den Betriebshaftpflichtversicherungsvertrag des Krankenhauses ist das Haftpflichtrisiko des Klinikpersonals aus dienstlicher Tätigkeit in der Regel mitabgedeckt. Da aber nicht jeder Klinikträger über eine Betriebshaftpflichtversicherung verfügt, Art und Umfang einer Klinikpolice individuell geregelt werden können und denkbar wäre, dass im Rahmen der Betriebshaftpflichtversicherung Deckungsschutz für grob fahrlässiges Verhalten ausgeschlossen wird, stellt sich für Krankenhausmitarbeiter die Fra-

---

1622 Van Bühren r+s 2001, 485.

Köllner

ge, ob und gegebenenfalls in welchem Umfang sie selbst – ergänzend – für ihren Berufshaftpflichtversicherungsschutz vorsorgen müssen.

Ist die **dienstliche** Tätigkeit der Ärzte und der übrigen Beschäftigten als »mitversicherte Person« von der Betriebshaftpflichtversicherung mitumfasst, scheidet ein persönlicher Versicherungsbedarf für diesen Bereich aus. Soweit der Arzt allerdings daneben sogenannte »gelegentliche außerdienstliche ärztliche Tätigkeiten« wie den Notarztdienst in Nebentätigkeit, die Tätigkeit als Arzt auf Veranstaltungen oder den ärztlichen Freundschaftsdienst im Bekanntenkreis ausübt, besteht hierfür gesonderter Versicherungsbedarf. Die Versicherungsgesellschaften bieten Ärzten Haftpflichtversicherungen für die gelegentliche außerdienstliche ärztliche Tätigkeit oder ambulante Tätigkeiten in geringem Umfang an.

Wird einem Ober- oder Chefarzt dagegen beispielsweise eine Nebentätigkeitsgenehmigung für die Privat- und Kassen**ambulanz** sowie ambulante Gutachter- und Konsiliartätigkeiten erteilt, ist eine Haftpflichtversicherung für freiberufliche ambulante Tätigkeiten abzuschließen.

Die stationäre Behandlung von Wahlleistungspatienten zählt arbeitsvertraglich in der Regel zu den Dienstaufgaben eines Chefarztes, auch wenn er für die Wahlarztbehandlung im Rahmen eines Arztzusatzvertrages selbst liquidiert.[1623] Versicherungsschutz besteht dann über das Krankenhaus. Hingegen kann leitenden Krankenhausärzten mit der Rechtsstellung als Beamter das Liquidationsrecht für wahlärztliche Leistungen nur im Rahmen einer genehmigten Nebentätigkeit eingeräumt werden. Insoweit ist bei beamteten Ärzten Deckungsschutz über den Krankenhausträger ausgeschlossen.

Besteht über den Klinikträger keine Betriebs-Haftpflichtversicherung, müssen Krankenhausärzte ihre komplette Tätigkeit selbst gegen Haftpflicht versichern. Gegenüber dem Krankenhausträger haben diese Ärzte nämlich nur einen Freistellungsanspruch nach arbeitsrechtlichen Grundsätzen oder ggf. nach beamtenrechtlichen Bestimmungen, tragen also in einem Haftungsfall ein hohes persönliches Haftungsrisiko.

> – Beim Abschluss einer Betriebshaftpflichtversicherung hat der Krankenhausträger darauf zu achten, dass sein individuelles Risikospektrum vollumfänglich vom Versicherungsschutz umfasst wird.
> – Krankenhausmitarbeiter können sich nicht darauf verlassen, automatisch über die Betriebshaftpflichtversicherung des Krankernhausträgers abgesichert zu sein.

1623 BGH VersR 1985, 1043.

Köllner

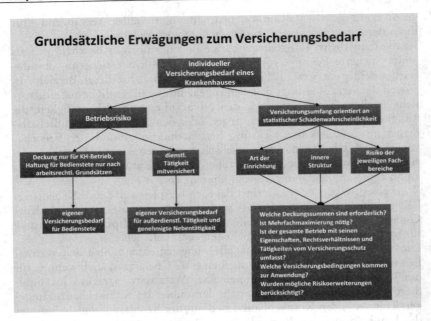

Grundsätzliche Erwägungen zum Versicherungsbedarf

bb) Versicherungsbedarf des MVZ

1070   Medizinische Versorgungszentren sind fachübergreifende ärztlich geleite-te Einrichtungen, in denen Ärzte, die in das Arztregister eingetragen sind, als Angestellte oder Vertragsärzte tätig sind. Die Einrichtung ist dann fach-übergreifend, wenn in ihr Ärzte mit verschiedenen Facharzt- oder Schwer-punktbezeichnungen tätig sind, § 95 Abs. 1 S. 2, 3 SGB V. Die Medizinischen Versorgungszentren können sich aller zulässigen Organisationsformen be-dienen, § 95 Abs. 1 S. 6 SGB V.[1624]

Für den Versicherungsbedarf eines MVZ kommt es daher zunächst ent-scheidend darauf an, wer **Träger** des MVZ ist.

Gründet ein niedergelassener Vertragsarzt ein MVZ, kann er nicht damit rechnen, dass dieses MVZ automatisch über seine Berufshaftpflichtversi-cherung mitversichert ist, da es sich hierbei um eine eigene Betriebsstätte und ein eigenes Risiko handelt.

Anderes kann bei einem Krankenhausträger gelten, wenn dieser ein MVZ gründet und in den laufenden Klinikbetrieb integriert. Hier ist eine Mit-versicherung über die Betriebshaftpflichtversicherung des Krankenhauses denkbar.

Zu bedenken ist weiter, dass das MVZ eine **eigene Rechtsform** hat und sich aller zulässigen Organisationsformen (i.d.R. GmbH oder GbR) bedienen

---

1624 Im Einzelnen zum MVZ Kapitel 2 A IV.

Köllner

kann. Als juristische Person schließt der MVZ-Träger einen Behandlungsvertrag mit dem Patienten ab und haftet bei einer schuldhaften Pflichtverletzung aus dem Behandlungsvertrag.
Versicherungsbedarf besteht somit auf der einen Seite für den Träger des MVZ.
Die ärztliche Versorgung in einem MVZ erfolgt durch angestellte Ärzte oder Vertragsärzte, die persönlich aus Delikt haften. Daneben kommt eine eigene deliktische Haftung des MVZ-Trägers aus eigenem Organisationsverschulden und eine Haftungszuweisung für die behandelnden Ärzte nach §§ 823, 831 BGB in Betracht.
Eine versicherungsvertragliche Absicherung, die nur gegen den Träger gerichtete vertragliche Ersatzansprüche abdeckt, reicht also nicht aus.
Um vollumfänglichen Versicherungsschutz zu erhalten, muss die Betriebshaftpflichtversicherung nicht nur auf den Träger, sondern auf alle Inhaber und angestellten Mitarbeiter (Ärzte, Pflegekräfte, nichtmedizinisches Personal) erstreckt werden.
Werden die Mitarbeiter in die Versicherungspolice einbezogen, gilt ihre persönliche gesetzliche Haftpflicht für Schäden, die sie in Ausübung ihrer dienstlichen Tätigkeit für das MVZ verursachen, mitversichert.
Versicherungsnehmer ist das MVZ als juristische Person.
Der Versicherungsschutz sollte generell auf alle im MVZ ausgeübten Tätigkeiten erstreckt werden.[1625]
Was die Prämienberechnung betrifft, sind 2 Modelle gängige Praxis:
Entweder erfolgt die Prämienberechnung nach Anzahl und Tätigkeit (Facharztrichtung) der im MVZ tätigen Ärzte.
Daneben besteht die Möglichkeit der Prämienberechnung nach Gesamtjahresumsatz des MVZ.[1626]
Nach den einschlägigen Versicherungsbedingungen wird für das MVZ üblicherweise Versicherungsschutz etwa wie folgt gewährt:

Auszug Musterbedingungen Medizinisches Versorgungszentrum:

I. Versichertes Risiko
1. Versichert ist die gesetzliche Haftpflicht des medizinischen Versorgungszentrums, des Trägers, des Betreibers, des ärztlichen Leiters, der gesetzlichen Vertreter und solcher Personen, die zur Leitung oder Beaufsichtigung des versicherten Betriebs oder eines Teils desselben angestellt sind, in dieser Eigenschaft.

1625 Hierzu ausführlich Knoch in Frielingsdorf, Professionelle Leitung eines MVZ Kap. 8.
1626 Knoch in Frielingsdorf, Professionelle Leitung eines MVZ Rdn. 8.4.3.3.

Köllner

2. Mitversichert ist die gesetzliche Haftpflicht des Versicherungsnehmers aus Besitz und Verwendung von Apparaten und aus Behandlungen, soweit die Apparate und Behandlungen in der Heilkunde anerkannt und nicht besonders zu versichern sind.

3. Nicht versichert sind ästhetische Behandlungen, die medizinisch nicht indiziert sind. Außerdem sind ausgeschlossen Haftpflichtansprüche aus medizinischen Studien, klinischen Prüfungen und medizinischer Forschung, hormonelle Anti-Aging-Behandlungen sowie Behandlungen, die einem Laienpublikum zu Informations- oder Unterhaltungszwecken zugänglich gemacht werden sollen.

II. Mitversicherte Personen

Mitversichert ist die gesetzliche Haftpflicht der angestellten Ärzte und des angestellten nichtärztlichen Personals, soweit Leistungen für das Medizinische Versorgungszentrum erbracht werden und nicht anderweitig Versicherungsschutz besteht.

cc) Versicherungsbedarf einer Pflegeeinrichtung

1071 Auch der Träger eines Senioren- oder Pflegeheimes benötigt eine Betriebshaftpflichtversicherung, die sich auf die gesetzliche Haftpflicht des Versicherungsnehmers aus dem Besitz und Betrieb der Pflegeeinrichtung erstreckt. Versichert ist dann die gesetzliche Haftpflicht privatrechtlichen Inhalts des Versicherungsnehmers aus seinen sich aus der Betriebsbeschreibung ergebenden Eigenschaften, Rechtsverhältnissen und Tätigkeiten.

Der Träger einer Pflegeeinrichtung haftet dem Heimbewohner aus dem Heimvertrag vertraglich.

Daneben kommt – wie bei Krankenhausträgern und Betreibern eines MVZ – eine eigene deliktische Haftung des Pflegeheimträgers aus eigenem Organisationsverschulden und eine Haftungszuweisung für das angestellte Personal nach §§ 823, 831 BGB in Betracht.

In den Versicherungsverträgen für Pflegeeinrichtungen gilt daher üblicher Weise mitversichert die persönliche gesetzliche Haftpflicht

– der Organmitglieder sowie der gesetzlichen Vertreter, in dieser Eigenschaft

– der Personen, die der Versicherungsnehmer zur Leitung oder Beaufsichtigung der versicherten Einrichtungen angestellt hat, in dieser Eigenschaft.

– aller angestellten Pflegekräfte, Therapeuten und sonstiger Bediensteten sowie aller Mitarbeiter für Schäden, die diese in Ausführung ihrer Verrichtungen für die Einrichtung des Versicherungsnehmers verursachen.

Die praktische Erfahrung zeigt weiter, dass es in Pflegeheimen immer wieder zum Verlust oder zur Beschädigung von Eigentum der Heiminsassen kommt. Gehen Prothesen und Kleidungsstücke verloren, oder wird Mobiliar beschädigt, das der Heimbewohner in das Pflegeheim mitgebracht hat, ist

Köllner

dies erfahrungsgemäß dem »Betriebsfrieden« nicht dienlich. Abweichend von Ziffer 7.6 AHB und in Ergänzung zu Ziffer 2.2 AHB wird in den Betriebshaftpflichtpolicen daher regelmäßig die gesetzliche Haftpflicht wegen Abhandenkommens von Sachen mitversichert, wobei nach den einschlägigen Bedingungen Geld, Scheck- und Kreditkarten, Scheckhefte, Wertpapiere (einschließlich Sparbücher), Urkunden, Schmucksachen, Pelze, Kostbarkeiten und andere Wertsachen nur dann versichert sind, wenn sie dem Versicherungsnehmer zur Aufbewahrung übergeben worden sind. Im Regelfall werden die Ersatzleistung des Versicherers begrenzt auf einen Maximalbetrag (z.B. 2.000 €) je Person und Tag.

Weiter ist mitversichert die gesetzliche Haftpflicht wegen Schäden an überlassenen unbeweglichen und beweglichen Sachen bis zu einem bedingungsgemäß festzusetzenden Höchstbetrag.

b) Deckungssummen

Beim Personenschaden muss der Haftpflichtversicherer des Krankenhauses insbesondere folgende Leistungen erbringen: **1072**
- Kosten für erforderliche Nachoperationen
- Aufwendungen für einen durch die fehlerhafte Behandlung verlängerten Krankenhausaufenthalt oder Nachbehandlungen und Rehabilitationsmaßnahmen
- Vermehrte Bedürfnisse, z.B. zusätzlich benötigte Medikamente oder Hilfsmittel, Umbaumaßnahmen in Haus oder Wohnung, Anschaffung oder Ausstattung eines behindertengerechten Fahrzeugs
- Entschädigung für einen Verdienstausfall
- Haushaltsführungsschaden / Kosten für Haushaltshilfen
- Pflegekosten
- Unterhaltsschäden (Versorgung Hinterbliebener bei Ableben des Patienten)
- Bestattungskosten
- Schmerzensgeld
- Regulierungskosten (Rechtsanwaltsgebühren, Gerichtskosten, Gutachterkosten)

Ansprüche werden nicht nur von Patientenseite geltend gemacht. Nach § 116 SGB X können auch Sozialversicherungsträger übergegangene Ansprüche unmittelbar geltend machen. Neben Kranken- und Pflegekassen sind hier insbesondere Berufsgenossenschaften, Rentenversicherungträger und Sozialhilfeträger zu nennen. Kranken- und Pflegekassen machen darüber hinaus immer zahlreicher von ihrem Recht nach § 66 SGB V Gebrauch, ihre Versicherten bei der Verfolgung von Schadenersatzansprüchen zu unterstützen.

Im Grundsatz gilt, dass die Schadenregulierung durch den Haftpflichtversicherer nur **im Rahmen der zur Verfügung stehenden Versicherungssumme** erfolgen kann. **1073**

Köllner

Die Versicherer bieten Betriebshaftpflichtversicherungen mit unterschiedlichen Deckungssummen an. Je nach spezifischem Risikopotenzial der Einrichtung hat der Krankenhausträger seinen Versicherungsbedarf zu ermitteln und zu entscheiden, welche Höchstersatzleistungen in einem versicherten Schadenfall zur Verfügung stehen sollen.

Marktüblich sind mittlerweile Deckungssummen wegen Personenschäden von **mindestens** 5.000.000 € je Schadenereignis.

Ansonsten ist zu bedenken, dass die Schadenaufwendungen im Arzthaftungsbereich massiv steigen. Während die Aufwendungen der Betriebshaftpflichtversicherer für Arzthaftungsschäden im Jahr 1994 ca. 210.000.000 € betrugen, verdoppelten sich diese bis 2003 auf ca. 400.000.000 €.[1627] Gerade bei den zuerkannten Schmerzensgeldbeträgen ist es in den letzten Jahren zu einem erheblichen Anstieg gekommen. Während von den Oberlandesgerichten bis zur Jahrtausendwende Schmerzensgeldbeträge bei schwersten Geburtsschäden etwa im Bereich von 250.000,00 € zugesprochen wurden,[1628] haben sich die Schmerzensgeldbeträge seither mehr als verdoppelt.[1629] Hinzu kommt, dass wegen des medizinischen Fortschrittes auch bei schwersten Gesundheitsschäden in der Regel nicht mehr von einer verkürzten Lebenserwartung ausgegangen wird und die Kosten für den Betreuungsaufwand / Pflegemehrbedarf leicht 10.000,00 € monatlich übersteigen können. Dieser Betrag muss vom Versicherer unter Umständen viele Jahrzehnte aufgewandt werden.[1630]

Problematisch ist diese Entwicklung vor allem deshalb, weil die zitierten Entscheidungen und aktuell zu erbringenden Schadenersatzleistungen auf Behandlungen beruhen, die teilweise Jahrzehnte zurückliegen, als noch Deckungssummen von 2.000.000 DM die Regel waren. Für die Schadenregulierung steht aber immer nur die **Deckungssumme zum Zeitpunkt des Schadenereignisses** zur Verfügung, so dass es in der Praxis immer häufiger zu beobachten ist, dass die Versicherungssumme zur Schadenregulierung nicht ausreicht.

1074   Zu bedenken ist auch, dass versicherungsvertraglich regelmäßig eine sogenannte **Maximierung** vereinbart wird. Nach Ziffer 6.2. AHB kann der Versicherer seine Entschädigungsleistungen für alle Schadenereignisse eines Versicherungsjahres auf ein Mehrfaches der vereinbarten Versicherungssumme begrenzen.

Der Regelfall ist eine 2-fach Maximierung. Im Bereich der Betriebshaftpflichtversicherung für Krankenhäuser werden durchaus auch 3- oder 5-fach Maximierungen angeboten.

1627 Bergmann/Wever Die Arzthaftung Kap. 1 I.
1628 OLG Hamm VersR 1999, 488; OLG Bremen NJW-RR 2003, 1255.
1629 500.000,00 € OLG Köln VersR 2007, 219; 600.000,00 € OLG Jena VersR 2009, 1676.
1630 Z.ärztl.Fortbild.Qual.Gesundh.wes. 98: 587-591.

Köllner

❗ – Der Deckungsumfang in der Klinikpolice bestimmt sich nach den zugrundeliegenden Bedingungen.

– Zur Regulierung steht nur die zum Zeitpunkt des Schadenereignisses vereinbarte Deckungssumme zur Verfügung.

– Durch die versicherungsvertraglich vereinbarte Deckungssumme muss das worst case Szenario abgedeckt sein.

– Der Versicherungsschutz muss die gesamten aus der Betriebsbeschreibung ergebenden Eigenschaften, Rechtsverhältnissen und Tätigkeiten des Krankenhausträgers umfassen.

– Deckungslücken sind durch Abklärung sämtlicher dem Versicherungsvertrag zugrundeliegender Bedingungen auszuschließen.

– Um Deckungslücken und dadurch Nachteile für den Patienten zu vermeiden, sollte die persönliche gesetzliche Haftpflicht der Bediensteten in die Betriebshaftpflicht des Krankenhausträgers eingeschlossen werden.

4. Gegenstand der Betriebshaftpflichtversicherung

Krankenhaushaftpflichtpolicen sind häufig wie folgt aufgebaut:[1631]   **1075**

Muster:
I. Betriebsbeschreibung
II. Beitragsberechnung
III. Versicherungssummen
IV. Allgemeine Bestimmungen
V. Betriebs-Haftpflichtversicherung
   1. Versichertes Risiko
   2. Mitversicherte Nebenrisiken
      2.1 Apotheke
      2.2 Haus- und Grundbesitz
      2.3 Baumaßnahmen
      2.4 Tierhaltung
      2.5 Veranstaltungen
      2.6 Sozialeinrichtungen
      2.7 Betriebssportgemeinschaften
   3. Mitversicherte Personen
   4. Deckungserweiterungen
      4.1 Vorsorgeversicherung
      4.2 Vermögensschäden

1631 Das Muster einer umfassenden Haftpflichtpolice ist in Wenzel, Kap. 5 Rn. 124 nachzulesen.

Köllner

1076 Im Rahmen der Betriebshaftpflichtversicherung ist strikt zwischen Haftungs- und Deckungsverhältnis zu trennen. Das **Haftungsverhältnis** betrifft die Rechtsbeziehung zwischen dem versicherten Personenkreis und dem geschädigten Dritten.
Die vertragliche Beziehung zwischen versichertem Personenkreis und Haftpflichtversicherer bezeichnet man als **Deckungsverhältnis**.
In der Krankenhausbetriebshaftpflichtversicherung besteht zwischen dem geschädigten Dritten und dem Haftpflichtversicherer keine Rechtsbeziehung. Der Geschädigte hat **keinen Direktanspruch** gegen den Versicherer. Haftpflichtansprüche sind allein gegen den Krankenhausträger zu richten.[1632]

1632 Van Bühren r+s 2001, 485.

Köllner

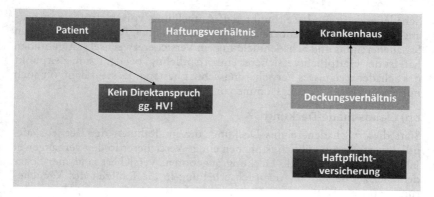

Der Betriebshaftpflicht kommt eine doppelte Aufgabe zu:
- zum einen die Gewährung von Versicherungsschutz für berechtigte Ansprüche eines Dritten, in der Regel des Patienten (Ziffer 1 AHB)
- zum anderen die Abwehr unberechtigter Ansprüche (Ziffer 5.1 AHB).

a) Versicherungsfall

1077 Der Versicherer gewährt dem Versicherungsnehmer Versicherungsschutz für den Fall, dass er wegen eines während der **Wirksamkeit** der Versicherung eingetretenen **Schadenereignisses**, das einen Personen-, Sach- oder sich daraus ergebenden Vermögensschaden zur Folge hatte, für diese Folgen aufgrund **gesetzlicher Haftpflichtbestimmungen privatrechtlichen Inhalts** von einem **Dritten** auf Schadenersatz in Anspruch genommen wird (Ziffer 1.1. AHB).

aa) Schadenereignis

1078 Schadenereignis ist das Ereignis, als dessen Folge die Schädigung des Dritten unmittelbar entstanden ist, also der Eintritt des realen Verletzungszustandes. Voraussetzung für die Gewährung des Versicherungsschutzes ist, dass das Schadenereignis während der Wirksamkeit der Versicherung eingetreten ist.[1633]
In der Praxis bereitet die Festlegung des Schadenereignisses im Krankenhaushaftpflichtbereich in der Regel keine größeren Schwierigkeiten. In der Vergangenheit wurde unter Versicherern insbesondere das Schadenereignis bei fehlgeschlagener Sterilisation diskutiert; als Schadenereignis wird hier der operative Eingriff selbst gewertet. Hat der Arzt aber über die Versagerquote fehlerhaft beraten und kommt es zur Zeugung eines unerwünschten Kindes, soll nach herrschender Meinung unter den Versicherern die Zeugung des Kindes das Schadenereignis darstellen.

1633 Zur Entwicklung der Rechtsprechung Rüffer/Halbach/Schimikowski Versicherungsvertraggesetz Kap 1 III Rn. 11 ff.

Köllner

Schadenereignis und Zeitpunkt der Anmeldung von Haftpflichtansprüchen fallen im Heilwesenbereich oft weit auseinander. Auch wenn zwischen Schadenereignis und Schadenmeldung ein Versichererwechsel stattgefunden hat, ist der Haftpflichtversicherer eintrittspflichtig, bei dem zum Zeitpunkt des Schadenereignisses Versicherungsschutz bestand. Es steht dann oft auch nur eine geringe Deckungssumme zur Verfügung.

bb) Claims-made-Deckung

1079 Statt dieser Schadenereignis-Deckung, die im Rahmen der Betriebshaftpflichtversicherung üblich ist, haben einige Versicherer in den vergangenen Jahren eine Claims-made-Deckung angeboten. Versichert sind hier Schadenfälle, bei denen die Anspruchserhebung in die Laufzeit des Versicherungsvertrages fällt.

Dieses Deckungskonzept hat sich aber in Deutschland nicht durchsetzen können und birgt für Krankenhäuser angesichts der Spätschadenproblematik im Heilwesenbereich auch erhebliche Risiken.[1634] Versicherungsschutz für solche Spätschäden müsste ein Krankenhaus bei der claims-made-Deckung teuer einkaufen.[1635]

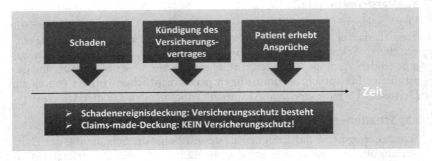

cc) Personen-, Sach- und Vermögensfolgeschäden

1080 Die vom Versicherungsschutz umfassten Personenschäden, die den Tod, die Verletzung oder Gesundheitsschädigung von Menschen zu Folge haben und sowohl physische als auch psychische Beeinträchtigungen umfassen, stellen im Krankenhausbereich das Hauptschadenrisiko dar.

Neben Sachschäden, für die keine Besonderheiten gelten und die im Bereich der Krankenhaushaftung nur eine geringe Rolle spielen, sind auch sogenannte Vermögensfolgeschäden gedeckt, da sich die gesetzliche Haftpflicht nicht nur auf den Personenschaden selbst erstreckt, sondern auch auf Folgeschäden, die durch den Personenschaden (oder Sachschaden) verursacht wurden, z.B. der Erwerbsausfallschaden.

1634 Vgl. Schimikowski VersR 2010, 1533 ff.
1635 Lutterbeck in Wenzel, Kap. 5 Rn. 96.

Köllner

Diese unechten Vermögensschäden müssen von den reinen Vermögensschäden abgegrenzt werden, die kein Folgeschaden eines Personen- oder Sachschadens sind. **Echte Vermögensschäden** (z.B. Stornokosten wegen falschen Attestes) werden häufig über eine Deckungserweiterung, allerdings mit geringeren Deckungssummen, vom Versicherungsschutz umfasst.[1636]

dd) Haftpflichtansprüche privatrechtlichen Inhalts

Haftpflichtansprüche auf Schadenersatz fallen nur dann unter den Versicherungsschutz, wenn sie **privatrechtlichen Inhalt** haben. Hierunter sind solche Normen einzuordnen, die unabhängig vom Willen der Beteiligten an die Verwirklichung eines Schadenereignisses Rechtsfolgen knüpfen. Neben deliktischen Ansprüchen werden auch vertragliche Ansprüche umfasst, sofern sie auf Schadensersatz gerichtet sind, dabei jedoch nicht über den Umfang der gesetzlichen Haftpflicht des Versicherungsnehmers hinausgehen. Im Krankenhausbereich werden Ansprüche regelmäßig auf §§ 823 ff BGB oder die Verletzung des Behandlungsvertrages gestützt. Abgrenzungsschwierigkeiten ergeben sich teilweise hinsichtlich nicht vom Versicherungsschutz umfasster Erfüllungsschäden (Ziffer 1.2 (1) AHB). Kein Versicherungsschutz besteht für Ansprüche, auch wenn es sich um gesetzliche Ansprüche handelt, auf Erfüllung von Verträgen oder wegen anderer an die Stelle der Erfüllung tretender Ersatzleistungen (Ziffer 1.2 (6) AHB). Von Krankenkassen wurde teilweise in Verträgen zur integrierten Versorgung nach § 140 b SGB V im Bereich der endoprothetischen Versorgung die Aufnahme von **Gewährleistungsklauseln** gefordert: eine Gewährleistungspflicht des Krankenhauses sollte z.B. für zehn Jahre bestehen und Revisionseingriffe in diesem Zeitraum nicht gesondert vergütet werden. Von Versichererseite und seitens der Deutschen Krankenhausgesellschaft[1637] wurden die Krankenhäuser darauf hingewiesen, dass durch Gewährleistungsklauseln ein Erfüllungsanspruch auf eine erfolgreiche Behandlung begründet werde, was im Ergebnis dazu führe, dass sich der Haftpflichtversicherer auch dann nicht mit Ansprüchen der Krankenkassen aus Gewährleistungsfällen befassen könne, wenn der Vorwurf eines Behandlungsfehlers begründet sei.

1081

Gesetzliche Haftpflichtbestimmungen privatrechtlichen Inhalts sind von Haftpflichtbestimmungen öffentlich-rechtlichen Inhalts, die nicht vom Versicherungsschutz umfasst sind, abzugrenzen. Gesetzliche Haftpflichtbestimmungen privatrechtlichen Inhalts sind dann anzunehmen, wenn die haftungsbegründende Rechtsnorm die in ihr bestimmte Schadensersatzverpflichtung im Sinne der Gleichordnung von Ersatzpflichtigen und Ersatz-

1082

1636 Zum Vermögensschaden siehe unter Kap 2 B III 4 b) (dd) (3) Rdn. 1090.
1637 Www.dkgev.de/dkg.php/cat/70.

Köllner

berechtigten regelt, und zwar unabhängig davon, ob die Vorschrift im übrigen dem privaten oder dem öffentlichen Recht zuzuordnen ist.[1638]
Für die Heilwesenhaftpflicht sind insbesondere folgende Punkte von Bedeutung:
– Der originäre Regressanspruch des Sozialversicherungsträgers aus § 110 SGB VII ist als Haftpflichtbestimmung privatrechtlichen Inhalts anzusehen.[1639]
– Die Haftpflichtversicherungen für öffentlich-rechtliche Krankenhausträger decken auch Amtshaftungsansprüche aus § 839 BGB, ggf. i.V.m. Art. 34 GG. Da der Schadenersatzanspruch aus Amtspflichtverletzung die Ersatzverpflichtung im Sinne der Gleichordnung von Ersatzpflichtigen und Ersatzberechtigtem regelt, handelt es sich bei diesem Anspruch um einen gesetzlichen Haftpflichtanspruch privatrechtlichen Inhalts.

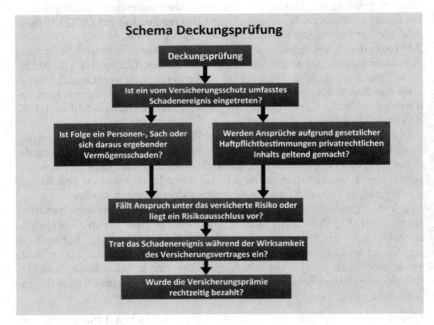

Schema Deckungsprüfung

Deckungsprüfung

Ist ein vom Versicherungsschutz umfasstes Schadenereignis eingetreten?

Ist Folge ein Personen-, Sach oder sich daraus ergebender Vermögensschaden?

Werden Ansprüche aufgrund gesetzlicher Haftpflichtbestimmungen privatrechtlichen Inhalts geltend gemacht?

Fällt Anspruch unter das versicherte Risiko oder liegt ein Risikoausschluss vor?

Trat das Schadenereignis während der Wirksamkeit des Versicherungsvertrages ein?

Wurde die Versicherungsprämie rechtzeitig bezahlt?

b) Versichertes Risiko

1083 Der Versicherungsschutz erstreckt sich auf die gesetzliche Haftpflicht aus den im Versicherungsschein und seinen Nachträgen angegebenen Risiken des Versicherungsnehmers (Ziffer 3.1 (1) AHB). Weiter ist vom Versicherungsschutz umfasst die gesetzliche Haftpflicht aus Risikoerhöhung (z.B.

1638 Littbarski AHB-Kommentar Rn. 44.
1639 Littbarsik AHB Kommentar Rn. 47.

Köllner

Ernennung zum Oberarzt) oder Risikoerweiterung (z.B. dem Belegarzt wird eine größere Anzahl an Betten zur Verfügung gestellt) sowie aus Risiken, die für den Versicherungsnehmer nach Abschluss der Versicherung neu entstehen (Ziffer 3.1. (2) und (3) AHB).

Die Allgemeinen Haftpflichtversicherungsbedingungen werden durch spezielle Regelungen (Besondere Haftpflichtbedingungen, spezielle Risikobeschreibungen etc.)[1640] für Krankenhäuser ergänzt und erweitert. Versichert ist danach – als Grunddeckung – die gesetzliche Haftpflicht des Versicherungsnehmers aus dem Betrieb des Krankenhauses mit seinen Eigenschaften, Rechtsverhältnissen und Tätigkeiten.

Der Versicherungsschutz aus einer Betriebshaftpflichtversicherung erstreckt sich somit grundsätzlich auf alle aus der Betriebsbeschreibung resultierenden Risiken. Die Betriebsbeschreibung umfasst üblicherweise die Krankenhausart, die einzelnen Fachabteilungen sowie gegebenenfalls Sondereinrichtungen des Krankenhauses. Üblicherweise gedeckt ist die gesetzliche Haftpflicht aus dem Krankenhausbetrieb einschließlich der Beschäftigung von angestellten Ärzten, von Hilfs-, Pflege- und sonstigem Personal.[1641]

Da der konkrete Versicherungsbedarf je nach Krankenhaus sehr unterschiedlich sein kann,[1642] werden regelmäßig individuelle Klinikpolicen abgeschlossen.

Dies ist im Hinblick auf die komplexe Infrastruktur der Krankenhäuser und der verschiedensten individuellen Haftpflichtrisiken auch angezeigt.

Unabhängig vom spezifischen Risikospektrum des Krankenhausträgers oder sonstigen Dienstleisters sind folgende **Grundrisiken** im Rahmen einer Betriebshaftpflichtversicherung abzudecken: **1084**

– krankenhausspezifische Risiken aus der Unterbringung, Verpflegung und Versorgung der Patienten und Einhaltung der Organisations- und Verkehrssicherungspflichten
– ärztliches Behandlungsrisiko
– Nebenrisiken (Teilnahme an Studien, Betrieb einer Krankenhausapotheke, Umweltrisiken etc.)

aa) Dienstleistungsbereich

Im Dienstleistungsbereich ist ein Krankenhaus in Teilbereichen mit anderen Dienstleistungsbetrieben vergleichbar. Hinzu kommen aber einige risikoerschwerende Umstände, die ein Gefahrenpotenzial für Patienten oder Besucher mit sich bringen. **1085**

Bei der Unterbringung und Verpflegung des Patienten steht nicht die Beherbergung im Sinne einer »Hotelleistung« im Mittelpunkt, sondern es werden z.B. lebenserhaltende Geräte und Apparate benötigt, dem Brandschutz

---

1640 Kap 2 B III 3 a).
1641 Zum versicherten Personenkreis siehe Kap. 2 B III 4c) Rdn. 1095.
1642 Zum Versicherungsbedarf siehe Kap. 2 B III 3 a) Rdn. 1067.

Köllner

kommt besondere Bedeutung zu, es wird eine Krankenhausküche betrieben, die die gesundheitlichen Belange der Patienten besonders berücksichtigen muss.

Hinzu kommen Hubschrauberlandeplätze oder Nebeneinrichtungen wie die Cafeteria. Zwar betreffen diese Haftungsrisiken nicht den Betriebshaftpflichtbereich des Krankenhauses, es besteht aber eine Schnittstelle zum Krankenhaus und damit ein zusätzliches Risiko für den Krankenhausträger.

bb) Ärztliches Behandlungsrisiko

1086 Das ärztliche Behandlungsrisiko steht im Fokus der Betriebshaftpflichtversicherung. Bei der medizinischen Versorgung im Krankenhaus gelten zum einen die gleichen Risikoaspekte wie in einer niedergelassenen Praxis.

Dem Patienten ist eine sachgerechte Behandlung unter Einhaltung des Facharztstandards geschuldet.

Darüber hinaus ist zu berücksichtigen, dass im Klinikbetrieb zahlreiche Ärzte verschiedener Fachrichtungen mit unterschiedlichen Qualifikationen aufeinandertreffen. Dazu kommen das nichtärztliche Personal, medizinisch-technische Einrichtungen usw. Die Koordination der Zusammenarbeit der Menschen, der reibungslose Betrieb der Funktionseinheiten oder die Planung der Prozessabläufe stellen große Herausforderungen für die Krankenhausverantwortlichen dar, woraus haftungsrechtlich ein erhebliches Organisationsrisiko resultiert.

Versicherungsschutz im Rahmen des ärztlichen Behandlungsrisikos wird grundsätzlich gewährt für Behandlungen nach **anerkannten Verfahren der Heilkunde** und soweit eine **medizinische Indikation** vorliegt.

Zum versicherten Risiko gehören damit nicht automatisch kosmetisch indizierte Eingriffe oder die Teilnahme an Studien und Durchführung von Forschungsvorhaben.

cc) Sonderfall Probandenversicherung

1087 Nach § 40 Abs. 1 Nr. 8 Arzneimittelgesetz (AMG) und § 20 Abs. 1 Nr. 9 Medizinproduktegesetz (MPG) müssen zugunsten der von einer klinischen Prüfung betroffenen Personen Probandenversicherungen abgeschlossen werden. Die klinische Prüfung kann z.B. der Zulassung oder der Änderung der Zulassung von Arzneimitteln oder Medizinprodukten dienen. Der Abschluss der Probandenversicherung erfolgt regelmäßig über die eine Studie in Auftrag gebenden Unternehmen, also die Arzneimittel- oder Medizinprodukthersteller. Die Probandenversicherungen haben für die Studie in den beteiligten Krankenhäusern dann automatisch ebenfalls Gültigkeit.

Ersetzt werden aber regelmäßig nur »bestimmte materielle Schäden« wie Heilbehandlungskosten, Erwerbsschaden, vermehrte Bedürfnisse. Immaterielle Schäden werden von der Probandenversicherung regelmäßig nicht erstattet.

Köllner

Bei verschuldeter Schadenverursachung anlässlich einer Studie ist allerdings auch ein Haftpflichtanspruch gegen das Krankenhaus denkbar, der Versicherer, der die Probandenversicherung abgeschlossen hat, kann einen fahrlässig handelnden Arzt in Regress nehmen. Es wird also trotz des Bestehens einer Probandenversicherung Haftpflichtversicherungsschutz für die sich aus der Durchführung klinischer Studien ergebenden Risiken benötigt. Die auftraggebenden Unternehmen stellen zum Teil auch diesen Haftpflichtversicherungsschutz für die an einer Studie beteiligten Ärzte und Krankenhäuser zur Verfügung, sofern diese nicht bereits selbst eine entsprechende Deckung vereinbart haben.

Hinweis an den Krankenhausträger:
Bei der Teilnahme an Studien besteht nicht automatisch Deckung über die Betriebshaftpflichtversicherung der Klinik.
Der Krankenhausträger ist vor der Teilnahme an Studien gefordert, das Bestehen einer Probandenversicherung und des Haftpflichtversicherungsschutzes mit dem auftraggebenden Unternehmen und dem Haftpflichtversicherer abzuklären.[1643]

dd) Mitversicherte Risiken

(1) Nebenrisiken

Die Standarddeckung wird in den meisten Klinikpolicen um **Nebenrisiken** ergänzt, die beim Betrieb eines Krankenhauses entstehen.   **1088**
In der Regel beitragsfrei mitversichert ist, ohne dass dies vom Versicherungsnehmer gesondert angezeigt werden muss, z.B. die gesetzliche Haftpflicht des Versicherungsnehmers als
– Grundstückseigentümer oder Mieter
– Bauherr
sowie aus
– Tierhaltung für den versicherten Betrieb
– dem Betrieb von Sozialeinrichtungen
– der Teilnahme an Ausstellungen und Messen.
Ein genauer Überblick über die mitversicherten Risiken lässt sich nur durch ein Studium der meist sehr umfangreichen Klinikpolicen und Versicherungsbedingungen gewinnen.

(2) Deckungserweiterung

Neben den üblicherweise standardmäßig mitversicherten Nebenrisiken gibt   **1089**
es eine Vielzahl an krankenhausspezifischen sonstigen Risiken, die im Rahmen von Deckungserweiterungen in den Haftpflichtversicherungsschutz einzuschließen sind.

1643 Zur Probandenversicherung bei klinischen Prüfungen mit Medizinprodukten
 Gaidzik VersR 2009, 1449.

Köllner

Zu nennen sind hier zum Beispiel
- der Besitz und die Verwendung von Apparaten
- das Strahlenwagnis (Schäden durch Röntgeneinrichtungen oder radioaktiven Stoffen)
- Vorsorgeversicherung (Risiken, die nach Abschluss des Versicherungsvertrages neu entstehen, sind sofort versichert)
- erweiterter Strafrechtschutz.

(3) Vermögensschadendeckung

1090   Die Deckung des **reinen Vermögensschadens** erfolgt grundsätzlich auch nur durch gesonderte Vereinbarung über eine Deckungserweiterung. In der Betriebshaftpflichtversicherung für Krankenhäuser wird für Vermögensschäden üblicherweise eine Deckungssumme von mindestens 250.000,00 € vereinbart.

Im Rahmen der Vermögensschadendeckung ist regelmäßig die gesetzliche Haftpflicht aus **gutachterlicher Tätigkeit** miteingeschlossen.

Eine Sonderregelung gilt für **Unterhaltsansprüche** eines z.B. nach unterbliebenem Schwangerschaftsabbruch, misslungener Sterilisation oder fehlerhafter genetischen Beratung ungewollt geborenen Kindes. Das Kind hat keinen eigenen Schadenersatzanspruch, zu ersetzen ist der von dem Unterhaltsverpflichteten zu gewährende Unterhalt, der versicherungsrechtlich als Vermögensschaden einzustufen ist.

Da die Deckungssumme für Vermögensschäden zur Regulierung des Unterhaltsschadens in vielen Fällen nicht ausreichend wäre, wird für diese Haftpflichtansprüche über die sogenannte Unterhaltsklausel Versicherungsschutz nach Maßgabe der vereinbarten Deckungssummen für Personenschäden gewährt.

(4) Erweiterter Strafrechtschutz

1091   Nach Ziffer 5.3. AHB kann in einem Strafverfahren wegen eines Schadenereignisses, das einen unter den Versicherungsschutz fallenden Haftpflichtanspruch zur Folge haben kann, der Versicherer, der die Bestellung eines Verteidigers für den Versicherungsnehmer wünscht oder genehmigt, die gebührenordnungsmäßigen, gegebenenfalls die mit ihm besonders vereinbarten höheren Kosten des Verteidigers übernehmen. Auch wenn die Beurteilung der zivilrechtlichen Haftungsfrage unabhängig vom Ausgang eines etwaigen Strafverfahrens vorzunehmen und der Zivilrichter nicht an das Urteil des Strafgerichts gebunden ist, kommt diese Klausel im Arzthaftungsbereich häufig zum Tragen. Gerade im sehr medienträchtigen Krankenhausbereich können strafrechtliche Ermittlungen gravierende Konsequenzen für den betroffenen Arzt oder die Klinik haben. Negative Publicity ist in der Folge auch für eine zivilrechtliche Sachverhaltsaufklärung und Schadenregulierung von Nachteil, was das Interesse der Haftpflichtversicherer erklärt, den Versicherungsnehmer im Strafverfahren zu unterstützen.

Köllner

Zu beachten ist aber insbesondere folgendes:

Eine Kostenübernahme kommt nur bei Strafverfahren in Betracht, die in Zusammenhang mit einem Versicherungsfall stehen, also etwa dem Todesfall eines Patienten in Zusammenhang mit einer Operation oder dem Vorwurf der fahrlässigen Körperverletzung wegen einer fehlgeschlagenen Behandlung.

Nicht hierunter fallen etwa Betrugsvorwürfe gegen Ärzte wegen fehlerhafter Abrechnungen oder Vorteilsannahme und Bestechlichkeit.

Da es sich bei der Kostenübernahme um eine **Ermessensentscheidung** des Versicherers handelt, sollte vor der Beauftragung eines Anwalts beim Versicherer angefragt werden. Wichtig ist auch zu klären, bis zu welcher Höhe der Versicherer ggf. bereit ist, sich an den Verfahrenskosten zu beteiligen. Regelmäßig wird ein Strafverteidiger nicht gewillt sein, zu den gebührenordnungsmäßigen Kosten tätig zu werden. Honorarvereinbarungen sind üblich, die aber im Vorfeld mit dem Versicherer abgesprochen werden sollten, da ansonsten das Risiko besteht, dass der Arzt auf seinen Kosten sitzen bleibt.

Da ein Strafverfahren höchstpersönlichen Charakter hat, nimmt der Haftpflichtversicherer – anders als im Zivilverfahren – auf die Wahl eines Strafverteidigers keinen Einfluss. Auch die Entscheidungen, die in einem Strafverfahren zu treffen sind (z.B. Einstellung nach § 153a StPO), werden dem Versicherungsnehmer überlassen.

Ergänzend dazu kann versicherungsvertraglich (je nach Versicherer gegen gesonderte Prämie) vereinbart werden, dass der Versicherer in einem Strafverfahren in Zusammenhang mit einem unter den Versicherungsschutz fallenden Schadenereignis die Gerichtskosten sowie die gebührenordnungsmäßigen – ggf. auch die mit ihm besonders vereinbarten höheren – Kosten der Verteidigung übernimmt. Eingeschlossen sind hier auch Gerichtskosten, und die Übernahme der Kosten des Verteidigers ist nicht mehr in das Ermessen des Versicherers gestellt.

Die Berufsverbände der Ärzte bieten ihren Mitgliedern teilweise die Möglichkeit zum Abschluss kostengünstiger Rechtsschutzversicherungen an. Besteht eine solche Rechtsschutzversicherung, ist es in der Praxis üblich, dass von den Haftpflichtversicherern subsidiär der über die Rechtsschutzversicherung nicht gedeckte Selbstbehalt des Versicherungsnehmers erstattet wird.

❗ – Die Übernahme der Verteidigungskosten wird nach Ziffer 5.3 AHB in das Ermessen des Versicherers gestellt.
   – Versicherungsvertraglich kann der sogenannte erweiterte Strafrechtschutz vereinbart werden. Eingeschlossen sind hier auch Gerichtskosten; die Übernahme der Kosten des Verteidigers ist nicht mehr in das Ermessen des Versicherers gestellt.
   – Die von dem Versicherungsnehmer ggf. zu leistenden Zahlungen (Strafbefehl, Geldbußen etc.) sind generell nicht vom Versicherungsschutz umfasst.

Köllner

> – Eine Kostenübernahme kommt nur bei Strafverfahren in Betracht, die in Zusammenhang mit einem Versicherungsfall stehen, nicht also bei Vorwürfen wie Vorteilsannahme oder Bestechlichkeit.

(5) Sonstige Deckungserweiterungen

1092 Eingeschlossen ist regelmäßig auch die gesetzliche Haftpflicht aus **Beschädigung, Vernichtung, Entwendung und Abhandenkommen** der von Patienten, deren Begleitern und Besuchern eingebrachten Sachen. Diese Klausel ist in der Regulierungspraxis von großer Relevanz, da Bekleidungsstücke, Zahnprothesen, Hörgeräte etc. gerade nach der Aufnahme oder bei Verlegungen von Patienten durchaus häufig abhanden kommen.

Einschränkend gilt, dass für Wertsachen (Geld, Pelze, Kostbarkeiten etc.) Ersatz nur geleistet wird, wenn diese Sachen der Krankenhausverwaltung zur Aufbewahrung übergeben wurden.

1093 Gemäß Ziffer 7.10 AHB sind in Betriebshaftpflichtversicherungen **Umweltschäden** von der Versicherung ausgeschlossen. Da für Krankenhäuser wegen der Lagerung gefährlicher Stoffe (Sonderabfälle, Kraftstoffe etc) eine erhöhte Haftungsgefahr besteht, werden diese Risiken gesondert im Rahmen einer Deckungserweiterung über ein **Umwelthaftpflichtmodell** in den Versicherungsschutz eingeschlossen.

(6) Risikoausschlüsse

1094 Die gesetzliche Haftpflicht aus Unterhaltung und Inbetriebnahme eines Hubschrauber-Landeplatzes kann nicht über die allgemeine Betriebshaftpflichtversicherung gedeckt werden. Hierzu bedarf es eines gesonderten Versicherungsvertrages nach den Luftfahrt-Haftpflichtversicherungsbedingungen.

Ausgeschlossen von der Versicherung bleiben u.a. auch Versicherungsansprüche aller Personen, die den Schaden **vorsätzlich** herbeigeführt haben (Ziffer 7.1 AHB). Während in vielen anderen Versicherungszweigen bereits grob fahrlässiges Verhalten zur Leistungsfreiheit des Versicherers führt, ist in der Betriebshaftpflichtversicherung lediglich vorsätzliches Verhalten nicht gedeckt. Versicherungsschutz wird daher bei jedem Grad der Fahrlässigkeit (leichte bis grobe Fahrlässigkeit) gewährt.

c) Versicherter Personenkreis

1095 Nach § 102 Abs. 1 S. 1 VVG erstreckt sich die Betriebshaftpflichtversicherung als Versicherung für ein Unternehmen auf die Haftpflicht der zur Vertretung des Unternehmens befugten Personen sowie der Personen, die in einem Dienstverhältnis zu dem Unternehmen stehen.

Versicherungsnehmer ist regelmäßig der Krankenhausträger. Versichert ist dessen **gesetzliche Haftpflicht** aus dem Betrieb des Krankenhauses.

Mitversichert ist die gesetzliche Haftpflicht des Versicherungsnehmers aus der Beschäftigung von Ärzten und nichtärztlichem Personal, da anderenfalls Deckungslücken im Rahmen der Deliktshaftung nach §§ 823, 831 BGB denkbar wären.

aa) Mitversicherter Personenkreis

Der mitversicherte Personenkreis ist in den Klinikpolicen üblicherweise etwa wie folgt festgelegt: **1096**

> »Mitversichert ist die **persönliche gesetzliche Haftpflicht** der Mitglieder der Organe des Versicherungsnehmers, der gesetzlichen Vertreter des Versicherungsnehmers und solcher Personen, die er zur Leitung oder Beaufsichtigung des versicherten Krankenhauses oder eines Teiles desselben angestellt hat, in dieser Eigenschaft bei Tätigkeiten für den Versicherungsnehmer.
>
> Mitversichert ist auch die persönliche gesetzliche Haftpflicht sämtlicher Betriebsangehöriger für Schäden, die sie in **Ausübung ihrer dienstlichen Tätigkeit** für den Versicherungsnehmer verursachen, ...«

In der klassischen Betriebshaftpflichtversicherung für Krankenhäuser ist auch die persönliche gesetzliche Haftpflicht sämtlicher dort beschäftigter Personen, wie Ärzte, Hilfs-, Pflege- und sonstiges Personal, auch ehrenamtlich und nebenamtlich tätige Personen, für Schäden, die diese in Ausführung ihrer Verrichtungen für das Krankenhaus des Versicherungsnehmers verursachen, mitversichert.

Im Umfang der Betriebshaftpflichtversicherung besteht insbesondere für die gesamte dienstliche Tätigkeit der Ärzte und der übrigen oben genannten Personen Versicherungsschutz, für den Fall, dass sie von einem Dritten persönlich aus Delikt auf Schadenersatz in Anspruch genommen werden. Wird durch das mitversicherte Personal der Krankenhausträger selbst geschädigt, etwa durch die Beschädigung eines medizinischen Geräts, besteht hierfür kein Versicherungsschutz, da ein sogenannter **Eigenschaden** (Ziffer 7.4 AHB) vorliegt.

Für die Versicherung einer freiberuflichen und/oder außerdienstlichen ärztlichen Tätigkeit ist eine gesonderte Vereinbarung oder ein eigener Vertrag notwendig.

bb) Tätigkeit des Chefarztes

Bei einem angestellten Chefarzt ist zu klären, ob die **stationäre** Behandlung von Privatpatienten zu seinen vertraglich vereinbarten Dienstaufgaben gehört. Dies ist nach den neueren Dienst- und Arbeitsverträgen der Chefärzte der Regelfall. Versicherungsschutz besteht dann über die Klinik. **1097**

(1) Genehmigte Nebentätigkeit

Soweit der Chefarzt freiberuflich **ambulant** im Rahmen einer erlaubten Nebentätigkeit tätig wird, besteht kein Versicherungsschutz über den Kran- **1098**

Köllner

kenhausträger. Für die genehmigte Nebentätigkeit (Chefarztambulanz, Gutachtertätigkeit, Teilnahme an Studien) in den Räumen des Krankenhauses, für die der Chefarzt selbst liquidiert, muss er sich selbst versichern.

Von den Betriebshaftpflichtversicherern der Kliniken werden üblicherweise sogenannte »Chefarztanschlussverträge« angeboten. Die Versicherungsprämien werden teilweise von den Klinikträgern übernommen.

Die Erfahrungen in der tägliche Schadenfallbearbeitung zeigen, dass es sich für den Chefarzt empfiehlt, die Zusatzversicherung beim Betriebshaftpflichtversicherer des Krankenhauses einzudecken, da so Zuständigkeitsstreitigkeiten und Abstimmungsprobleme zwischen Versicherern vermieden werden können.

(2) Durchgangsarzt

1099   In vielen Kliniken sind Chefärzte als von der Berufsgenossenschaft beauftragte Durchgangsärzte tätig (§ 34 SGB VII). Unter diese Bezeichnung fallen alle Ärzte, die als besonders Beauftragte der gesetzlichen Unfallversicherungsträger darüber zu entscheiden haben, ob als Folge eines Arbeitsunfalls oder einer Berufskrankheit eine von der Berufsgenossenschaft zu tragende Heilbehandlung einzuleiten ist.[1644]

Bei der Durchgangsarzttätigkeit handelt es sich **nicht um eine Dienstaufgabe** für den Krankenhausträger. Die **Betriebshaftpflichtversicherung** des Krankenhausträgers ist **nicht eintrittspflichtig.** Der jeweilige Arzt muss sich für seine persönliche gesetzliche Haftpflicht aus genehmigter Nebentätigkeit selbst versichern.

Die Unfallversicherungsträger sind Körperschaften des öffentlichen Rechts, ein Arzt wird zum Durchgangsarzt durch öffentlich-rechtlichen Bescheid bestellt. Der Durchgangsarzt wird im Rahmen der Erstuntersuchung, bei der über das »Ob« und »Wie« einer berufsgenossenschaftlichen Behandlung entschieden wird, aufgrund seines öffentlichen Amtes tätig. Für etwaige Fehler in diesem Bereich haftet die Berufsgenossenschaft nach Amtshaftungsgrundsätzen.

Auch wenn es sich bei dem Durchgangarzt um einen Krankenhausarzt handelt, kommt hinsichtlich der Entscheidung über das Ob und Wie der Behandlung keine vertragliche Beziehung zwischen Patient und Krankenhaus zustande.

Wird allerdings die weitere Heilbehandlung dann im Krankenhaus durchgeführt, gelten die allgemeinen Haftungsgrundsätze.

> ❗ Bei der durchgangsärztlichen Tätigkeit ist besonderes Augenmerk darauf zu richten, in welchem Bereich genau es zu einer fehlerhaften Behandlung gekommen sein soll. Ist nur die Entscheidung über das »Ob« und »Wie« einer berufsgenossenschaftlichen Behandlung betroffen,

---

1644 Jorzig GesR2009, 400.

Köllner

sind weder der Durchgangsarzt noch der Krankenhausträger passivlegitimiert.

cc) Belegärzte

Nicht versichert ist bei Krankenanstalten mit Belegabteilungen und reinen Belegkrankenhäusern, die **Haftpflicht der Belegärzte** und -hebammen und ihres eigenen Personals. Versicherungsschutz hierfür kann in der Regel nur über einen gesonderten Vertrag vereinbart werden.   **1100**

Zwischen Belegarzt und Krankenhausträgern sind im Haftungsfall **Gesamtschuldverhältnisse** häufig. Gerade die Schnittstellen in der Zusammenarbeit zwischen Belegärzten und Klinikpersonal und die Abgrenzung der jeweiligen Pflichtenkreise eröffnen eine Vielzahl von Haftungsrisiken. Hat der Belegarzt seine stationäre Belegarzttätigkeit nicht beim Betriebshaftpflichtversicherer des Krankenhauses abgedeckt, ergeben sich in der Praxis immer wieder Zuständigkeitsstreitigkeiten zwischen den beteiligten Versicherern.[1645]

dd) Sonstiges ärztliches Personal

Das nachgeordnete ärztliche Personal ist im Regelfall für die **dienstliche Tätigkeit** über die Betriebshaftpflichtversicherung des Krankenhauses mitversichert. Da der Abschluss einer Betriebshaftpflichtversicherung durch den Krankenhausträger nicht zwingend ist und gerade Universitätskliniken teilweise über keine Betriebshaftpflichtversicherung verfügen bzw. in den abgeschlossenen Versicherungsverträgen nur leichte Fahrlässigkeit der Ärzte gedeckt ist, sollte sich der Arzt im Zweifel vom Krankenhausträger bestätigen lassen, dass sein gesamtes dienstliches Tätigkeitsspektrum über die Betriebshaftpflichtversicherung des Krankenhauses mitversichert ist.   **1101**

Werden Ärzte zur Behandlung von Patienten im Rahmen des ambulanten Nebentätigkeitsbereichs eines Chefarztes hinzugezogen, geschieht dies in der Regel im Rahmen des Dienstverhältnisses, so dass – anders als für den Chefarzt – auch für diese Tätigkeit Versicherungsschutz über die Betriebshaftpflichtversicherung des Krankenhauses gewährt wird.

Mitversichert sind regelmäßig hauptberufliche betriebsangehörige Ärzte. Beschäftigt dagegen ein Krankenhaus vorübergehend einen **Gastarzt** im Rahmen dessen Fort- und Weiterbildung, besteht nicht automatisch Versicherungsschutz über den Betriebshaftpflichtversicherer des Krankenhauses. Gleiches gilt für **Konsiliarärzte**, die nicht am Krankenhaus angestellt sind, sondern lediglich beratend hinzugezogen werden.   **1102**

Diese Ärzte werden in der Regel nur nach individueller Absprache mit dem Haftpflichtversicherer in den Haftpflichtdeckungsschutz eingeschlossen.

1645 OLG Düsseldorf MedR 2009, 1115.

Köllner

ee) Nichtärztliches Personal

1103 Wie das nachgeordnete ärztliche Personal genießt auch das nichtärztliche Personal (Pflege, Verwaltung, Technik) für Schäden, die in Ausübung der dienstlichen Tätigkeit für den Versicherungsnehmer verursacht werden, Deckungsschutz über die Betriebshaftpflichtversicherung des Krankenhausträgers. Ausgeschlossen sind allerdings Ansprüche aus Personenschäden, bei denen es sich um Arbeitsunfälle und Berufskrankheiten im Betrieb des Versicherungsnehmers gemäß dem SGB VII handelt.

Mitversichert sind regelmäßig auch Personen, die **unentgeltlich** für den Versicherungsnehmer tätig werden oder dort gemeinnützige Arbeit ableisten.

Teilweise gewähren Versicherer auch **Medizinstudenten** während der Famulatur oder im Praktischen Jahr Versicherungsschutz über die Klinikpolice.

Es empfiehlt sich jedoch dringend vor Aufnahme einer entsprechenden Beschäftigung den Haftpflichtversicherungsschutz abzuklären. Zahlreiche Versicherungsgesellschaften bieten Medizinstudenten zu sehr günstigen Konditionen Berufshaftpflichtversicherungen an. Versicherungsschutz besteht in diesen Policen regelmäßig subsidiär, also soweit weder anderweitige Deckung noch ein Freistellungsanspruch besteht.

Gleiches gilt für **Zivildienstleistende.** Diese sind nicht in den Krankenhausbetrieb eingegliedert, sondern sind für ihren Dienstherrn tätig. Das Bundesamt für den Zivildienst weist darauf hin, dass Zivildienstleistende nicht über den Bund haftpflichtversichert sind.[1646] Der Bund haftet allerdings nach § 839 BGB, Art. 34 GG.

In den Betriebshaftpflichtpolicen ist häufig die persönliche gesetzliche Haftpflicht von Zivildienstleistenden für Schäden, die sie in Ausführung ihrer dienstlichen Verrichtung für den Versicherungsnehmer verursachen, mitversichert. Nicht mitversichert ist die Haftpflicht der Bundesrepublik Deutschland.

Auch hier ist der Zivildienstleistende im Einzelfall gefordert, vor Aufnahme der Tätigkeit den Versicherungsschutz abzuklären.

1104 Versicherter Personenkreis bei Mitversicherung des Krankenhauspersonals über die Betriebshaftpflichtversicherung (Regelfall):

Tätigkeitsbereich	Versicherungsschutz
gesetzliche Haftpflicht des Krankenhausträgers	Versicherungsnehmer
Organe des Versicherungsnehmers	persönliche gesetzl. Haftpflicht mitversichert,

---

1646 Www.zivildienst.de.

Köllner

Tätigkeitsbereich	Versicherungsschutz
gesetzl. Vertreter des Versicherungsnehmers	persönliche gesetzl. Haftpflicht mitversichert
zur Leitung, Beaufsichtigung des Betriebs angestellte Personen	persönl. gesetzl. Haftpflicht mitversichert
Betriebsarzt	persönl. gesetzl. Haftpflicht mitversichert
sämtliche Betriebsangehörige (Ärzte, Pflege-, Hilfskräfte, sonst. nichtärztl. Personal) in Ausübung ihrer dienstlichen Tätigkeit	persönl. gesetzl. Haftpflicht mitversichert
nachgeordnete Ärzte im außerdienstlichen Bereich (Freundschaftsdienst, Praxisvertretungen etc.)	kein Versicherungsschutz
stationäre Chefarztbehandlung	persönl. gesetzl. Haftpflicht mitversichert, soweit vertraglich vereinbarte Dienstaufgabe
ambulante Chefarztbehandlung	kein Versicherungsschutz im Rahmen der genehmigten ambulanten Nebentätigkeit
Durchgangsarzttätigkeit	kein Versicherungsschutz
Belegarzt	kein Versicherungsschutz
unentgeltlich oder gegen Aufwandersatz beschäftigte Personen (»grüne Damen«) in Ausübung ihrer Tätigkeit für den Versicherungsnehmer	persönl. gesetzl. Haftpflicht mitversichert
Medizinstudenten	ggf. Freistellungsanspruch ggü. Uni, Mitversicherung der persönl. gesetzl. Haftpflicht über Klinikpolice möglich
Zivildienstleistende	ggf. Freistellungsanspruch ggü. Dienstherrn, Mitversicherung der persönl. gesetzl. Haftpflicht über Klinikpolice möglich, nicht mitversichert ist Haftpflicht der Bundesrepublik Deutschland

Tätigkeitsbereich	Versicherungsschutz
Konsiliararzt	persönl. gesetzl. Haftpflicht kann mitversichert werden
Gastarzt	persönl. gesetzl. Haftpflicht kann mitversichert werden

d) Leistungspflichten des Versicherers

1105   Die Leistungspflicht des Versicherers ist in Ziffer 5.1 AHB geregelt und umfasst
- die Prüfung der Haftpflichtfrage (dem Grunde und der Höhe nach)
- die Abwehr unberechtigter Schadenersatzansprüche
- die Freistellung des Versicherungsnehmers von berechtigten Schadenersatzverpflichtungen.

Hinzu kommen die Übernahme der Kosten und Auswahl des anwaltlichen Vertreters in einem Zivilprozess (passiver Rechtsschutz). Der Versicherer ist nach Ziffer 5.2 AHB zur Prozessführung bevollmächtigt. Er führt den Rechtsstreit und beauftragt einen Rechtsanwalt Ziffer 25.5 AHB) im Namen des Versicherungsnehmers auf seine Kosten.

Die Prüfung der Haftpflichtfrage erfolgt nach den allgemeinen Prinzipien des Schadenersatzrechts. Die Anspruchsgrundlagen werden ermittelt, die Haftungsgrundlagen beurteilt und je nach Einschätzung der Haftungssituation unberechtigte Ansprüche abgewehrt bzw. nach Feststellung der Haftung dem Grunde nach berechtigte Ansprüche reguliert.

Nach Ziffer 5.1 AHB sind Schadenersatzverpflichtungen dann berechtigt, wenn der Versicherungsnehmer aufgrund Gesetzes, rechtskräftigen Urteils, Anerkenntnisses oder Vergleiches zur Entschädigung verpflichtet und der Versicherer hierdurch gebunden ist.

Anerkenntnisse und Vergleiche, die ohne Zustimmung des Versicherers abgegeben oder geschlossen worden sind, binden den Versicherer nur, soweit der Anspruch auch ohne Anerkenntnis oder Vergleich bestanden hätte.[1647]

Sofern also in einem Versicherungsfall Schadenersatz zu leisten ist, werden die berechtigten Ansprüche des Geschädigten und sonstiger Anspruchsberechtigter (unterhaltsberechtigte Angehörige, Sozialleistungsträger) von der Versicherung übernommen. Im Haftungsfall stehen dem Patienten Schmerzensgeld und Schadenersatz zu. Hat ein Sozialversicherungsträger Leistungen für den Patienten erbracht, geht dessen Schadenersatzanspruch insoweit nach § 116 SGB X auf den jeweiligen Sozialversicherungsträger über.

Gerade bei schwerwiegenden Geburtsschäden kommen erhebliche Aufwendungen auf den Versicherer zu. Bei der Regulierung der Direktansprüche des Patienten schlagen insbesondere das Schmerzensgeld, der Pflegemehr-

---

1647 Zum Anerkenntnisverbot siehe B III 5a dd) Rdn 1115.

Köllner

bedarf, Umbaukosten und Verdienstentgang zu Buche. Sonstige Leistungsträger regressieren darüber hinaus Behandlungs- und Pflegekosten, Renten, Eingliederungshilfen etc.

Zur vollständigen Regulierung eines solchen Großschadens müssen häufig einige Millionen Euro aufgewandt werden. In diesem Zusammenhang ist zu beachten, dass nach Ziffer 6.1 AHB die Entschädigungsleistung des Versicherers bei jedem Versicherungsfall auf die vereinbarte Versicherungssumme begrenzt ist. Übersteigen die begründeten Haftpflichtansprüche aus einem Versicherungsfall die Versicherungssumme, ist die Durchführung eines Kürzungs- und Verteilverfahrens erforderlich.[1648]

Der Versicherer kann nach Regulierung eines über die Betriebshaftpflichtversicherung gedeckten Schadenfalls keinen Regress beim mitversicherten Arzt nehmen.

❗ – Der Versicherer prüft die Haftpflichtfrage, gewährt Versicherungsschutz für berechtigte Ansprüche eines Dritten und wehrt unberechtigte Ansprüche ab.
– Ein Direktanspruch des Geschädigten gegenüber dem Versicherer besteht nicht.
– Voraussetzung ist der Eintritt eines Schadenereignisses, das einen Personen-, Sach- oder sich daraus ergebenden Vermögensschaden zur Folge hat.
– Das versicherte Risiko ergibt sich aus dem Versicherungsschein und dem diesen zugrundeliegenden Bedingungen. Der Versicherungsschutz erstreckt sich grundsätzlich auf alle aus der Betriebsbeschreibung resultierenden Risiken.
– Der versicherte Personenkreis ergibt sich ebenfalls aus dem Versicherungsschein und dem diesen zugrundeliegenden Bedingungen. Neben der Betriebshaftpflicht des Trägers sollte die Berufshaftpflicht der Personen mitabgedeckt werden, die für den Versicherungsnehmer tätig werden.

5. Praktische Ablauforganisation im Haftungsfall

a) Obliegenheiten gegenüber dem Versicherer

Die Obliegenheiten des Versicherungsnehmers bei Eintritt eines Versicherungsfalles sind in § 8 Abs. 2 VVG, Ziffer 25 AHB geregelt. Im Heilwesenbereich sind insbesondere die Schadenminderungspflicht (§ 82 Abs. 1 VVG, Ziffer 25.2 AHB) und die unverzügliche Anzeigepflicht jedes Versicherungsfalles (§ 104 Abs. 1 VVG, Ziffer 25.1 AHB) von Relevanz.

1106

Die Rechtsfolgen bei Obliegenheitsverletzungen wurden durch die Neuregelung des Versicherungsvertragsgesetzes modifiziert. Nach § 28 Abs. 2

1648 Überblick hierzu Weidinger in Wenzel, Kap. 5 Rn 172, BGH NJW 2007, 370.

Köllner

VVG gilt: »Bestimmt der Vertrag, dass der Versicherer bei Verletzung einer vom Versicherungsnehmer zu erfüllenden vertraglichen Obliegenheit nicht zur Leistung verpflichtet ist, ist er leistungsfrei, wenn der Versicherungsnehmer die Obliegenheit vorsätzlich verletzt hat. Im Fall einer grob fahrlässigen Verletzung der Obliegenheit ist der Versicherer berechtigt, seine Leistung in einem der Schwere des Verschuldens des Versicherungsnehmers entsprechenden Verhältnis zu kürzen; die Beweislast für das Nichtvorliegen einer groben Fahrlässigkeit trägt der Versicherungsnehmer.« Diese Neuregelung wurde in Ziffer 26.2 AHB umgesetzt, der wie folgt lautet:
»Wird eine Obliegenheit aus diesem Vertrag vorsätzlich verletzt, verliert der Versicherungsnehmer seinen Versicherungsschutz. Bei grob fahrlässiger Verletzung einer Obliegenheit ist der Versicherer berechtigt, seine Leistung in einem der Schwere des Verschuldens des Versicherungsnehmers entsprechenden Verhältnis zu kürzen.«[1649]

aa) Die Schadenmeldung

1107   Unter Versicherungsfall ist das Schadenereignis zu verstehen, das Haftpflichtansprüche gegen den Versicherungsnehmer zur Folge haben könnte. Jeder Versicherungsfall ist dem Versicherer unverzüglich anzuzeigen, auch wenn noch keine Schadenersatzansprüche erhoben wurden, Ziffer 25.1 AHB (§ 30 Abs. 1 VVG).

Während etwa im Bereich der KFZ-Haftpflicht ein Schadenfall i.d.R. relativ leicht feststellbar ist und der Versicherer informiert werden kann, bereitet dies in der Krankenhaushaftpflicht größere Schwierigkeiten.

Nicht jede Nichterreichung eines Behandlungsziels zieht Schadenersatzansprüche nach sich. Bei Abschluss einer Behandlung ist häufig nicht absehbar oder zu erwarten, dass ein Haftpflichtschaden geltend gemacht wird.

In der Praxis ist es vielmehr so, dass Haftpflichtansprüche in der Regel erst geraume Zeit nach Abschluss einer Behandlung angemeldet werden.

Daran hat sich auch durch die Neuregelung der Verjährungsvorschriften (§§ 195, 199 Abs. 2 BGB) nichts geändert, da von Anspruchstellerseite regelmäßig dargelegt wird, dass die erforderliche Kenntnis gefehlt habe.

Aufgrund dieser späten Anmeldung von Haftpflichtschäden werden die Aufklärung des Sachverhalts und die haftungsrechtliche Beurteilung eines Behandlungsablaufs erschwert. Nicht selten haben die betroffenen Ärzte und Pflegekräfte keine Erinnerung mehr an den konkreten Behandlungsfall oder sind nicht mehr in dem betroffenen Krankenhaus tätig.

1649   Zu den Rechtsfolgen der Verletzung vertraglicher Obliegenheiten in der Allgemeinen Haftpflichtversicherung nach dem neuen VVG, insbesondere Verletzung der Obliegenheit zur Anzeige des Versicherungsfalls und Auskunftspflichtverletzung Schimikowski in VersR 2009, 1304.

(1) Blickwinkel Krankenhaus – Schadenmeldung

Der für die Koordination der Haftungsangelegenheiten zuständige Krankenhausmitarbeiter befindet sich in einer Zwickmühle. Vor der Geltendmachung von Haftpflichtansprüchen fordern Patientenanwälte und Sozialversicherungsträger häufig erst Einsicht in die Behandlungsunterlagen, ohne dass bei diesem Erstanschreiben an den Krankenhausträger bereits Vorwürfe erhoben werden. **1108**

Krankenkassen lassen bereits bei geringen Hinweisen auf Behandlungsfehler Behandlungsabläufe durch den Medizinischen Dienst prüfen; diese Prüfungen verlaufen oft im Sande, ohne dass sich Weiterungen ergeben und ohne dass der Krankenhausträger über das Ergebnis der Ermittlungen informiert wird.

Die Meldung jedes potenziellen Haftungsfalls an den Versicherer hätte zur Folge, dass dort eine Schadensakte angelegt und Rückstellungen gebildet würden, was bei der nächsten Prämienverhandlung negativ zu Buche schlagen könnte. Hinzu kommt der bürokratische Aufwand durch die Fertigung von Kopien der Behandlungsanlagen oder die Anforderung von ärztlichen Stellungnahmen.

Daher neigen die Krankenhäuser teilweise dazu, Schadensmeldungen an den Versicherer möglichst lange zurückzuhalten.

(2) Blickwinkel Haftpflichtversicherer – Schadensmeldung

Der Haftpflichtversicherer hat nach der Schadensmeldung zunächst die Haftpflichtfrage zu prüfen. Hierzu benötigt er regelmäßig Kopien der Behandlungsdokumentation, eine Stellungnahme des Versicherungsnehmers, ggf. weitere Unterlagen nachbehandelnder Ärzte und eine interne fachärztliche Stellungnahme zu dem Behandlungsfehlervorwurf. Diese Ermittlungen nehmen geraume Zeit in Anspruch. Erfolgt die Schadensmeldung durch den Krankenhausträger erst bei konkreter Anspruchstellung durch einen Rechtsanwalt, die meist mit einer relativ kurzen Fristsetzung verbunden ist, kommt der Versicherer in einen enormen Zeitdruck, da gerade Patientenvertreter oft nicht bereit sind, denn Abschluss der Ermittlungen abzuwarten, sondern Klage einreichen. **1109**

Ein weiteres Problem ist, dass sich die Aufklärung des Sachverhalts umso schwieriger gestaltet, je länger der Schadensfall zurückliegt.

Schließlich wirkt sich eine späte Schadensmeldung negativ auf die Reservierungspolitik der Versicherungsgesellschaft aus, da für nicht gemeldete Schäden auch keine konkreten Rückstellungen gebildet werden können.

Wann ist also der richtige Zeitpunkt für eine Schadensmeldung an den Haftpflichtversicherer? **1110**

Es ist sehr wichtig und für die Schadensfallbearbeitung oft entscheidend, dass der Krankenhausträger den Haftpflichtversicherer frühzeitig und umfänglich über einen **möglichen** Haftpflichtanspruch in Kenntnis setzt.

Köllner

Die Verpflichtung, dem Versicherer einen Versicherungsfall unverzüglich anzuzeigen, besteht auch dann, wenn noch keine Schadensersatzansprüche gestellt sind.

Auch wenn Fälle verspäteter Schadensmeldungen als Obliegenheitsverletzungen in der Praxis der Krankenhaushaftpflicht kaum eine Rolle spielen, ist eine frühzeitige und umfassende »vorsorgliche« Schadensmeldung erforderlich, um so dem Versicherer zu ermöglichen, den Sachverhalt und die Haftungsfrage umfassend zu klären.

❗ Jedenfalls bei folgenden »Zwischenfällen« hat eine unverzügliche Schadensmeldung an den Haftpflichtversicherer zu erfolgen:
  - Einleitung eines strafrechtlichen Ermittlungsverfahrens oder eines Zivilverfahrens
  - konkrete Anspruchstellung (durch den Patienten, seinen Rechtsanwalt oder eine Krankenkasse)
  - Tod eines Patienten im Krankenhaus bei Bescheinigung einer ungeklärten Todesursache
  - schwerer Zwischenfall, der im Rahmen der Zwischenfallkonferenz erörtert wird
  - klassische Haftungsfälle (Seitenverwechslung, vergessener Gegenstand), die typischerweise Ansprüche nach sich ziehen
  - Beschwerde eines Patienten

Nicht hierunter fallen »Lapidarbeschwerden«, die im Rahmen der normalen Kommunikation geklärt werden können.

Entscheidend ist hierbei, ob der Adressat der Beschwerde subjektiv davon ausgehen muss, dass sich aus der Beschwerde des Patienten ein Versicherungs- / Haftungsfall für das Haus entwickeln könnte.

bb) Auskunftspflicht

1111   Die Auskunftspflicht des Versicherungsnehmers ist in Ziffer 25.2 AHB geregelt. Diese Regelung entspricht inhaltlich im wesentlichen § 31 VVG. Für den Bereich der Krankenhaushaftpflicht bedeutet dies insbesondere, dass der Krankenhausträger dem Haftpflichtversicherer ausführliche und wahrheitsgemäße Schadensberichte zu erstatten und ihn bei der Schadensermittlung und -regulierung zu unterstützen, sowie die nach Ansicht des Versicherers für die Beurteilung des Schadensfalls erhebliche Behandlungsdokumentation zur Verfügung zu stellen hat.

1112   In der Praxis funktioniert die Zusammenarbeit zwischen Krankenhaus und Haftpflichtversicherer recht gut, wenn durch geeignete **Organisationsstrukturen** im Krankenhaus ein einheitlicher, für alle Fachabteilungen verbindlicher Ablauf für die Schadensfallmeldung eingeführt wird.

Es bedarf einer Koordination zwischen Ärzteschaft, Verwaltungsleitung und Pflegedienstleitung, um Informations- und Zeitverluste nach einem

Köllner

Schadensfall zu vermeiden und eine reibungslose Abgabe an den Haftpflichtversicherer zu gewährleisten.[1650] Bewährt hat es sich, wenn die komplette Schadensfallbearbeitung in dem Krankenhaus in einer Hand liegt; häufig ist dies die Verwaltungsleitung bzw. das Beschwerdemanagement.

Wendet sich etwa ein Rechtsanwalt unmittelbar an einen bestimmten Arzt und fordert die Herausgabe von Patientenunterlagen, muss organisatorisch sichergestellt sein, dass der Arzt nicht nach Gutdünken selbst über das weitere Vorgehen entscheidet, sondern dass klinikintern der Verfahrensablauf einheitlich gehandhabt wird.

Dies setzt aber voraus, dass Transparenz geschaffen wird und die Fachabteilungen – und dort Ärzteschaft und Pflegekräfte – über die Abläufe Bescheid wissen.[1651]

Sobald erkennbar ist, dass zivilrechtliche Ansprüche im Raum stehen, müssen die krankenhausintern festgelegten Abläufe greifen. In der Praxis informieren der betroffene Arzt oder die Abteilung die für die Schadensbearbeitung in der Klinik eingerichtete zentrale Stelle. Von dort wird der Haftpflichtversicherer unterrichtet, der dann in der Regel eine schriftliche fachärztliche Stellungnahme anfordern wird, die von dem Versicherungsnehmer auch ausführlich und wahrheitsgemäß zu erstatten ist (Ziffer 25.2 AHB).

Diese Stellungnahmen werden üblicherweise von den Versicherern als reine Interna angesehen. Dem Versicherer ist nicht gedient, wenn Behandlungen »beschönigt« dargestellt werden.

Vielmehr soll der tatsächliche Geschehensablauf objektiv, vollständig und wertneutral, aber auch wahrheitsgemäß formuliert werden.

1650 Lutterbeck in Wenzel, Kap. 5 Rn. 126 ff.
1651 Ausführlich zur Optimierung der Schadensfallbearbeitung Graf/ Felber/Lichtmannegger Risk Management im Krankenhaus 4.1.4.2.

Köllner

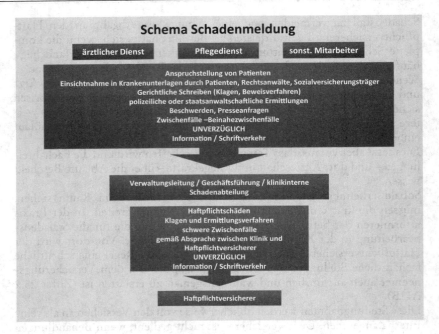

cc) Haftungsprozess

1113 Wird ein Haftpflichtanspruch erhoben oder ein gerichtliches Verfahren eingeleitet, hat dies der Versicherungsnehmer dem Versicherer unverzüglich anzuzeigen (Ziffer 25.3 AHB)

Gegen einen Mahnbescheid ist immer, ohne die Weisung des Versicherers abzuwarten, fristgerecht Widerspruch einzulegen (Ziffer 25.4 AHB).

Wird gegen den Versicherungsnehmer ein Haftpflichtanspruch gerichtlich geltend gemacht, hat er die Führung des Verfahrens dem Versicherer zu überlassen. Der Versicherer beauftragt im Namen des Versicherungsnehmers einen Rechtsanwalt. Der Versicherungsnehmer muss dem Rechtsanwalt Vollmacht sowie alle erforderlichen Auskünfte erteilen und die angeforderten Unterlagen zur Verfügung stellen (Ziffer 25.5 AHB).

Sowohl bei Einleitung eines strafrechtlichen Ermittlungsverfahrens, als auch bei Zustellung einer Klageschrift, eines Mahnbescheids, eines Antrags auf ein selbständiges Beweisverfahren, einer Streitverkündung oder eines Prozesskostenhilfeantrags ist von Seiten des betroffenen Arztes oder der Pflegekraft **unverzüglich die zentrale Stelle für die Schadensbearbeitung in der Klinik zu informieren**, damit von dort aus der Haftpflichtversicherer benachrichtigt werden kann.

Wird der Krankenhausträger verklagt, erfolgt die Informationsweitergabe an den Haftpflichtversicherer regelmäßig recht unproblematisch, wenn die

Schadensbearbeitung im Krankenhaus in der Hand einer Abteilung liegt, in der die Abläufe bei einer Klageerhebung bekannt sind. Gar nicht so selten kommt es aber vor, dass eine Klagezustellung nur an den behandelnden Arzt erfolgt, dieser davon ausgeht, der Krankenhausträger und der Haftpflichtversicherer werden sich schon kümmern, dabei aber übersieht, dass diese von der Klagezustellung gar nichts mitbekommen. Oft klärt sich dieses Missverständnis erst, wenn ein Versäumnisurteil ergangen ist.

Das **Prozessführungsrecht** liegt beim Haftpflichtversicherer. Dieser hat das Recht, eine Anwaltskanzlei auszuwählen und mit der Prozessführung zu beauftragen und wird von diesem Recht regelmäßig auch Gebrauch machen.

1114

Die Haftpflichtversicherer arbeiten überwiegend mit versierten, auf das Arzthaftungsrecht spezialisierten Kanzleien zusammen. Beauftragt ein Arzt eigenmächtig ohne Rücksprache mit dem Versicherer eine Anwaltskanzlei mit seiner Prozessvertretung, trägt er das Risiko, dass diese Anwaltskosten vom Haftpflichtversicherer nicht erstattet werden.

Gleiches gilt für eine **vorprozessuale** Anwaltsmandatierung. Die Bearbeitung von Arzthaftungsschäden bei den Haftpflichtversicherern erfolgt in der Regel in Fachabteilungen durch Volljuristen, die auf das Arzthaftungsrecht spezialisiert sind.

Beauftragt ein Arzt darüber hinaus eine Anwaltskanzlei, werden die hierfür anfallenden Kosten vom Haftpflichtversicherer nicht übernommen.

Da es in diesem Bereich öfters zu Missverständnissen kommt, ist es aus Sicht des Haftpflichtversicherers sehr zu empfehlen, Mitarbeiter auch zu der Thematik »Krankenhaushaftpflicht und Verhalten im Zwischenfall« zu schulen.

> ❗ – Die außergerichtliche Korrespondenz in einem Haftpflichtfall führt der Haftpflichtversicherer in der Regel selbst.
> – Der **Haftpflichtversicherer** ist im Arzthaftungsprozess **nicht passivlegitimiert** und daher auf die Information seitens des Krankenhauses über eine eingereichte Klage angewiesen.
> – Der Krankenhausträger hat den Versicherer unverzüglich über ein gegen ihn eingeleitetes Klageverfahren zu unterrichten.
> – Das Prozessführungsrecht liegt beim Haftpflichtversicherer, der auch über die Anwaltsmandatierung entscheidet.
> – Die Abläufe bei Klagezustellung sind krankenhausintern zu kommunizieren, um Fristversäumnisse zu vermeiden.

dd) Anerkenntnisverbot

Haftpflichtversicherer werden von der Ärzteschaft immer wieder mit dem Vorwurf konfrontiert, der Arzt dürfe Fehler gegenüber dem Patienten nicht

1115

Köllner

einräumen, weil es sich hierbei um ein Schuldanerkenntnis handle und der Versicherungsschutz gefährdet sei.

Die Folge war und ist, dass Ärzte ein persönliches Gespräch mit dem Patienten nach einem Zwischenfall teilweise meiden.

Nach § 5 Ziffer 5 AHB alte Fassung war der Versicherungsnehmer nicht berechtigt, ohne vorherige Zustimmung des Versicherers einen Haftpflichtanspruch ganz oder zum Teil oder vergleichsweise anzuerkennen oder zu befriedigen. Bei Zuwiderhandlungen konnte sich der Versicherer von der Leistungspflicht u.U. freizeichnen.

Was ist aber unter einem Anerkenntnis in diesem Sinne zu verstehen?

Das Eingestehen eines fehlerhaften Verhaltens allein bedeutet keinen Verstoß gegen das Anerkenntnisverbot. Ein **Anerkenntnis** liegt dann vor, wenn der Arzt einen **Zusammenhang zwischen Fehler und Schadenersatzleistung herstellt**, also einen Behandlungsfehler einräumt und gleichzeitig seine Einstandspflicht sowie die Kausalität dieses Fehlers für den geltend gemachten Schaden bestätigt.[1652]

Nach der VVG-Reform ist nunmehr in § 105 VVG n.F. geregelt, dass eine Vereinbarung, nach welcher der Versicherer nicht zur Leistung verpflichtet ist, wenn ohne seine Einwilligung der Versicherungsnehmer den Dritten befriedigt oder dessen Anspruch anerkennt, unwirksam ist.

Somit kann es Ärzten seit der VVG-Reform versicherungsvertraglich nicht mehr untersagt werden, den Anspruch eines Patienten – auch ohne Zustimmung des Haftpflichtversicherers – zu befriedigen oder anzuerkennen.

Was bedeutet dies aber für die Eintrittspflicht des Versicherers?

Der Haftpflichtversicherer ist an dieses Anerkenntnis nur gebunden, wenn ein Versicherungsfall i.S.d. Versicherungsvertrages vorliegt. Die **Leistungsverpflichtung** des Versicherers besteht auch nach einem Anerkenntnis **nur in dem nach dem Vertrag geschuldeten Umfang.** Der Versicherer hat den Versicherungsnehmer also nur von dem Anspruch freizustellen, den der Anspruchsteller ohne das Anerkenntnis gehabt hätte.[1653]

Ziffer 5.1 AHB enthält nun folgende Formulierung:

»Anerkenntnisse und Vergleiche, die vom Versicherungsnehmer ohne Zustimmung des Versicherers abgegeben oder geschlossen worden sind, binden den Versicherer nur, soweit der Anspruch auch ohne Anerkenntnis oder Vergleich bestanden hätte.«

Befriedigt also ein Arzt einen Anspruch eines Patienten oder erkennt er einen Anspruch an, ohne dass nach den Vertragsbestimmungen von einem Versicherungsfall auszugehen ist, wird der Haftpflichtversicherer die Aufwendungen nicht erstatten. Der Arzt muss diese dann aus eigener Tasche bezahlen.

1652 Terbille Medizinrecht § 1 Rn. 205, VersR 89, 393,394.
1653 Hart/Petry Was bewirkt das versicherungsrechtliche Verbot des Anerkenntnisses in der Arzt/Patient-Kommunikation? Monitor 03/2008, S. 8 f.

❢ – Ein Anerkenntnis liegt vor, wenn der Arzt einen Zusammenhang
zwischen Behandlungsfehler und Schadenersatzleistung herstellt.
  – Es handelt sich um **kein Schuldanerkenntnis,** wenn
    – Tatsachen berichtet werden
    – mit dem Patienten über einen Zwischenfall gesprochen oder
    – das Bedauern über einen Zwischenfall zum Ausdruck gebracht
      wird.
  – Das bloße Einräumen eines Behandlungsfehlers stellt kein Aner-
    kenntnis in diesem Sinn dar.
  – Der Versicherer ist nur in dem versicherungsvertraglich geschulde-
    ten Umfang zur Leistung verpflichtet.
  – Der Krankenhausträger oder Arzt, der ohne Rücksicht auf das Vor-
    liegen eines Versicherungsfalles einen Anspruch anerkennt, geht das
    Risiko ein, aus diesem Anerkenntnis von dem Geschädigten in An-
    spruch genommen zu werden, wenn kein Versicherungsfall vorliegt.
  – Ärzten und Krankenhausverantwortlichen kann auch nach der Neu-
    regelung des VVG nur eindringlich dazu geraten werden, sich mit
    dem Haftpflichtversicherer abzustimmen und den Versicherungs-
    schutz abzuklären, bevor gegenüber Dritten ein Haftungsaner-
    kenntnis erklärt oder ein Anspruch befriedigt wird.[1654]

b) Umgang mit dem Patienten – Das Patientengespräch

Für die Ärzteschaft besteht keine gesetzliche Verpflichtung zur Offenba-   **1116**
rung eigener Fehler. Der Arzt ist nicht verpflichtet, eine Selbstbelastung
vorzunehmen, wenn ihm ein Fehler unterläuft.[1655]
Der BGH führt im Rahmen einer Entscheidung zur Thematik der ausreichenden Kenntnis des Patienten vom Schaden wörtlich Folgendes aus: »Es
wird übrigens eher die Regel sein, dass in nicht von vornherein eindeutigen
Fällen ärztlichen Versagens das in Anspruch genommene Krankenhaus und
die verantwortlichen Ärzte Vorwürfe der Patienten, sie seien Opfer eines
schuldhaften Behandlungsfehlers geworden, abwehren. Wünschenswert
wäre dabei allerdings im Einzelfall Verständnis für das Anliegen der Patienten und ein inhaltlich und formal korrektes Eingehen auf ihre Bedenken;
rechtlich kann dagegen in der Regel der Art und Weise der Abwehr von Ansprüchen keine Bedeutung zukommen. Der mögliche Schädiger, auch wenn
es sich bei ihm um einen Arzt handelt, der bis dahin in einem besonderen
Vertrauensverhältnis zu dem Patienten gestanden hat, handelt nicht treuwidrig, wenn er, ohne die Tatsachen zu verschweigen oder zu verdrehen, ein
schuldhaftes Fehlverhalten leugnet.[1656]

1654 Lutterbeck in Wenzel, Kap. 5 Rn. 128.
1655 Zur Diskussion NJW 2000, 1749.
1656 BGH NJW 84,661.

Köllner

1117   Oberstes Gebot ist aber selbstredend, dass nach einem Zwischenfall zunächst alles **medizinisch Erforderliche** getan wird, um den Schaden für den Patienten zu beheben oder zu minimieren.

Als Nebenpflicht aus dem Behandlungsvertrag sowie nach den Grundsätzen der Schadenminderungspflicht und Sicherungsaufklärung ist von Seiten des Krankenhauses eine ordnungsgemäße Weiterbehandlung des Patienten zu gewährleisten. Dies beinhaltet auch den Hinweis an den Patienten auf eine weitere Behandlungsbedürftigkeit sowie die adäquate Information mit- und weiterbehandelnder Ärzte.[1657]

Als Instrument des **Zwischenfallmanagements** kommt dem Patientengespräch jedenfalls große Bedeutung zu. Die Praxis zeigt, dass nicht selten die fehlende Gesprächsbereitschaft erst Misstrauen bei Patienten und deren Angehörigen weckt, und das Gefühl entsteht, es solle etwas unter den Teppich gekehrt werden. Patienten erheben dann Ansprüche, weil sie nach ihrer Ansicht über eingetretene Komplikationen im Unklaren bzw. mit ihren Ängsten und Sorgen alleine gelassen wurden.

Eine adäquate **Arzt- Patientenkommunikation** spielt daher nicht nur im regulären Behandlungsgeschehen eine zentrale Rolle, sondern gewinnt gerade auch nach Zwischenfällen wesentlich an Bedeutung.

Oftmals können im Gespräch mit Patienten und Angehörigen offene Fragen geklärt und so eine Verhärtung der Fronten vermieden oder wenigstens die juristische Auseinandersetzung in geordnete Bahnen gelenkt werden.

Im Vorfeld sollten aber klinikintern organisatorische Vorkehrungen für den Schadenfall getroffen und das taktisch richtige Vorgehen festgelegt werden.

> ❗ Aus Sicht des Haftpflichtversicherers empfehlen sich folgende Schritte:
> – Das Gespräch mit dem Patienten sollte nicht spontan in unmittelbarem zeitlichen Zusammenhang mit dem Zwischenfall geführt, sondern gründlich vorbereitet werden. Bereits bei der Gesprächsvorbereitung sollten mögliche Fragestellungen oder Reaktionen des Patienten bedacht werden.
> – Die Aussprache sollte auch aus Beweisgründen nur in Anwesenheit eines Gesprächzeugen stattfinden. Oftmals empfiehlt es sich aus Gründen der Patientenakzeptanz, dass der jeweilige Chefarzt das Gespräch führt oder zumindest daran teilnimmt.
> – Dem Patienten sollte der objektive Sachverhalt und Behandlungsablauf vollständig und ehrlich, aber auch wertungsfrei geschildert werden, Hypothesen zum möglichen Kausalverlauf sollten unterbleiben.
> – Es ist darauf zu achten, dass keine unterschiedlichen Auskünfte von verschiedenen Personen erteilt werden.
> – Selbstverständlich kann die persönliche Anteilnahme am Patienten-

---

1657 Bock Gynäkologe 2004 Bd 37, 51 ff.

Köllner

schicksal und das Bedauern über den Krankheitsverlauf zum Ausdruck gebracht werden, dies ist sogar wesentlich für die Aufrechterhaltung des Vertrauensverhältnisses.[1658]

Führt die Erörterung mit der Patientenseite zu keinem Ergebnis, empfiehlt es sich, die Ansprechpartner bei der Haftpflichtversicherung zu benennen oder auf die Gutachter- und Schlichtungsstellen der Landesärztekammern zu verweisen.

Über den Inhalt der Aussprache sollte von den beteiligten Ärzten eine Notiz angefertigt werden, die getrennt von den Behandlungsunterlagen aufzubewahren ist.

Aus einschlägigen Schadensakten ist bekannt, dass die Erinnerung an den Gesprächsinhalt – ähnlich wie an den Inhalt von Aufklärungsgesprächen – zwischen Arzt- und Patientenseite weit voneinander abweichen kann und der Ablauf des Gesprächs später, etwa vor Gericht, von dem Patienten mit völlig anderem Inhalt wiedergegeben wird als von dem Arzt.[1659]

Bei **Zwischenfällen mit tödlichem Ausgang** ist besonderes Fingerspitzengefühl gefragt.

1118

Bewährt hat es sich, wenn das Krankenhaus gegenüber den Angehörigen das Bedauern über den Todesfall zum Ausdruck bringt. Dies kann z.B. auch schriftlich geschehen:

Sehr geehrte ...,

zum Ableben Ihrer/s .... nach unglücklich verlaufener Komplikation eines chirurgischen Eingriffes in unserem Hause darf ich Ihnen und Ihren Kindern unser tief empfundenes Beileid aussprechen.

Wir bedauern alle zutiefst, dass aus Gründen, welche die Rechtsmedizin feststellen wird, ein derartiges Unglück über Ihre Familie gekommen ist. Auch wenn wir Sie in Ihrem tiefen Leid nicht trösten können, so möchten wir Ihnen unsere Anteilnahme zum Ausdruck bringen. Wenn wir Sie oder Ihre Familie in irgendeiner Weise unterstützen können, wenden Sie sich bitte an uns.

Falls Sie dies wünschen, benachrichtigen wir unsere Haftpflichtversicherung. Diese besteht bei der .... unter der Versicherungsnummer ...., so dass Sie sich auch direkt dorthin wenden können.

Gerne stehe ich Ihnen auch jederzeit für ein Gespräch zur Verfügung.

1658 Vertiefend C. Thomeczek u.a. chir.praxis 70, 691-700 (2009) Kommunikation: »Schritt 1« zur Patientensicherheit – auch nach dem unerwünschten Ereignis.
1659 Bock in Berg/Ulsenheimer Patientensicherheit, Arzthaftung, Praxis- und Krankenhausorganisation, Kap. 17.

Köllner

Ihnen und Ihrer Familie wünsche ich viel Kraft, um die vor Ihnen liegende schwere Zeit bewältigen zu können.

Mit freundlichen Grüßen

c)   Rechtlich relevantes Verhalten
aa) Strafrechtliche Ermittlungen
(1) Todesfall

1119   Bei einem Todesfall in unmittelbarem Zusammenhang mit ärztlichen Maßnahmen empfiehlt es sich, im Zweifel eine ungeklärte Todesart zu bescheinigen und ein etwaiges Ermittlungsverfahren in Kauf zu nehmen.[1660]
Die Todesbescheinigung sollte auch nicht von den involvierten Ärzten ausgestellt werden.
So lässt sich von vornherein der Eindruck vermeiden, es gäbe etwas zu ver-
tuschen, und den betroffenen Ärzten bleibt eine zusätzliche Konfliktsituation erspart.
Da nach der Information der Kriminalpolizei / Staatsanwaltschaft regelmäßig die Behandlungsdokumentation beschlagnahmt wird, ist anzuraten, sofort nach Attestierung einer ungeklärten Todesart die Krankenunterlagen,
einschließlich des Bildmaterials, vollständig zu kopieren, damit diese Unterlagen während des laufenden Verfahrens in dem Krankenhaus weiter zur
Verfügung stehen.[1661]

(2) Verhalten im Strafverfahren

1120   Wenn die Kriminalpolizei mit gerichtlichem Beschluss die Behandlungs-
dokumentation beschlagnahmen will, sollten die im Beschluss genannten
Krankenunterlagen **freiwillig herausgegeben** und so gegenüber der Polizei
Kooperationsbereitschaft signalisiert werden.
Hilfreich ist es auch hier, wenn vor dem aktuellen Zwischenfall klinikintern
Verfahrensanweisungen erlassen wurden und organisatorisch gewährleistet
ist, dass den Mitarbeitern die zu beachtenden Verhaltensmaßregeln auch be-
kannt sind.
Häufig richten sich Ermittlungen zunächst gegen »Unbekannt«. In diesem
Stadium kommt es immer wieder zu informatorischen Befragungen einzel-
ner Mitarbeiter, ohne dass bereits feststeht, ob überhaupt ein Straftatbestand
vorliegt bzw. gegen wen sich der Tatverdacht richten könnte.[1662]

1660 Die Einschaltung der Staatsanwaltschaft bei ungeklärter Todesursache ist verpflichtend, §§ 159 StPO, 30, 20 PStG.
1661 Ausführliche Darstellung von Rothschild, Bayerisches Ärzteblatt 11/2005,
754ff Das Kreuz mit der Todesbescheinigung: Welche Todesart ist richtig?.
1662 Müller BADK November 2001 Sonderheft Krankenhaushaftung, Risk Management nach Zwischenfall am Patienten.

Hat sich ein Anfangsverdacht noch nicht auf einen bestimmten oder mehrere bestimmte Krankenhausmitarbeiter fokussiert, die dann den Status von »Beschuldigten« hätten, kommt eine Zeugenstellung in Betracht. Es besteht dann einerseits die Verpflichtung des Mitarbeiters, wahrheitsgemäße Aussagen zu machen, andererseits kann die Auskunft auf solche Fragen verweigert werden, deren Beantwortung den Zeugen der Gefahr aussetzen würde, wegen einer Straftat oder einer Ordnungswidrigkeit verfolgt zu werden (§ 55 Abs. 1 StPO).

Wird gegen einen Krankenhausmitarbeiter als Beschuldigter ermittelt, steht es diesem nach dem Grundsatz »*nemo tenetur se ipsum accusare*« (§ 136 Abs. 1 S. 2 StPO) frei, ob er sich zur Sache einlässt oder nicht.

❗ – »Verdächtige Zeugen« werden gelegentlich nicht auf das Auskunftsverweigerungsrecht hingewiesen, wegen des Überraschungsmoments tätigen die Befragten teilweise unüberlegte, unbedachte und belastende Äußerungen.
 – Den juristisch unerfahrenen Klinikmitarbeitern ist die Reichweite ihrer Erklärungen oft nicht bewusst, und in einem Strafverfahren steht für den Betroffenen viel auf dem Spiel.
 – Es empfiehlt sich dringend, bei der Aufnahme von Ermittlungen durch Polizei und Staatsanwaltschaft die Klinikleitung und den Haftpflichtversicherer zu informieren, damit über die Zuziehung eines Rechtsanwalts als Zeugenbeistand bzw. als Strafverteidiger entschieden werden kann. Es kann auch Sinn machen, gegenüber der Polizei auf eine schriftliche Fragestellung zu bestehen.
 – Für den Patientenvertreter ist eine Strafanzeige mit dem Ziel, ein kostenloses Sachverständigengutachten zu erhalten, in der Regel nicht hilfreich, da Haftpflichtversicherer regelmäßig den Abschluss des Ermittlungsverfahrens abwarten, bevor sie in die zivilrechtliche Haftungsprüfung einsteigen.

(3) Erweiterter Strafrechtschutz

1121

Als Grundsatz gilt: In der Krankenhaushaftpflichtversicherung besteht Versicherungsschutz im Rahmen des versicherten Risikos für den Fall, dass der Versicherungsnehmer wegen eines während der Wirksamkeit der Versicherung eintretenden Schadenereignisses (Versicherungsfall), das einen Personen-, Sach- oder sich daraus ergebenden Vermögensschaden zur Folge hatte, aufgrund gesetzlicher Haftpflichtbestimmungen **privatrechtlichen Inhalts** von einem Dritten auf **Schadenersatz** in Anspruch genommen wird. Versicherungsschutz besteht für **zivilrechtliche** Ansprüche (Ziffer 1.1 AHB).

Kosten des Strafverfahrens werden also nicht automatisch vom Versicherer übernommen.

Köllner

Für die Betroffenen im Strafverfahren geht es jedoch um die Reputation, gegen sie wird ein persönlicher Schuldvorwurf erhoben, die berufliche Existenz kann auf dem Spiel stehen. Auch das Medien- und Öffentlichkeitsinteresse ist nicht zu unterschätzen und kann sowohl für den beteiligten Arzt als auch für das betroffene Krankenhaus rufschädigend sein.
Die physische und psychische Belastung für den Arzt und die wirtschaftlichen Risiken für das Krankenhaus sind auch dem Haftpflichtversicherer bekannt.
Über Ziffer 5.3 AHB bzw. gesonderter Vereinbarung im Rahmen des Versicherungsvertrages besteht daher die Option der Übernahme der Verteidigerkosten bzw. der Gerichtskosten.
Darüber hinaus haben verschiedene Berufsverbände für ihre Mitglieder entsprechende Strafrechtsschutzversicherungen abgeschlossen. Der betroffene Arzt sollte sich gegebenenfalls bei seinem Berufsverband erkundigen.[1663]

bb) Herausgabe von Behandlungsunterlagen

(1) Einsichtrecht des Patienten

1122 Es ist allgemein anerkannt, dass der Patient im Rahmen seines Selbstbestimmungsrechts und als Nebenanspruch aus dem Behandlungsvertrag das Recht auf **Einsicht** in seine Behandlungsunterlagen hat,[1664] ohne dass er ein besonderes rechtliches Interesse darlegen müsste.[1665]
Die ärztliche Dokumentationspflicht stellt eine Grundpflicht aus dem Behandlungsvertrag dar, weiter ist sie als Berufspflicht in § 10 I der MBO-Ärzte statuiert. Darin heißt es, dass die erforderlichen Aufzeichnungen zu machen sind und diese Aufzeichnungen auch dem Interesse des Patienten an einer ordnungsgemäßen Dokumentation dienen. § 10 II MBO-Ärzte lautet: »Ärztinnen und Ärzte haben Patientinnen und Patienten auf deren Verlangen grundsätzlich in die sie betreffenden Krankenunterlagen Einsicht zu gewähren; ausgenommen sind diejenigen Teile, welche subjektive Eindrücke oder Wahrnehmungen der Ärztin oder des Arztes enthalten.« Auf Verlangen sind dem Patienten Kopien der Unterlagen gegen **Erstattung der Kosten** herauszugeben.[1666]

1663 Zu den Einzelheiten des erweiterten Strafrechtschutzes siehe unter B III.4b dd (4) Rdn. 1091.
1664 Grundlegende Entscheidung des BGH Urteil vom 23.11.1982 – VI ZR 232/79, NJW 1983, 328 ff., weitergehend BVerfG Beschluss vom 09.01.2006 – 2 BvR 443/02, NWJ 2006, 1116: Teilweise wird der Anspruch auch aus § 810 BGB hergeleitet, Hinne NJW 2005, 2270f m.w.N.
1665 NJW 1989, 764.
1666 Üblich sind 50 Cent für die ersten 50 Seiten und 15 Cent für alle weiteren Seiten, das LG München hat in der Entscheidung vom 19.11.2008, Az 9 O 5324/08 für die Fertigung von Kopien der Krankenunterlagen 50 Cent pro DinA 4 Seite für angemessen erachtet. Begründet wurde dies damit, dass sich Krankenakten aus Krankenhäusern regelmäßig aus Blättern unterschiedlicher Größe zusammensetzen, die durch Trennblätter voneinander getrennt werden. Diese Blätter

Ein Anspruch auf Zusendung der Krankenunterlagen besteht zwar grundsätzlich nicht. Es kann lediglich verlangt werden, dass Kopien bereitgehalten werden.[1667] Heute ist es aber allgemein üblich, dass dem Patienten auf entsprechende Anfrage **Kopien** der Krankenunterlagen – gegen Kostenerstattung – zur Verfügung gestellt werden. In der Praxis wird von dem Anwalt des Patienten in einem Erstanschreiben die Herausgabe der Behandlungsunterlagen zur Anspruchsprüfung, häufig **unter Fristsetzung**, verlangt. Lässt sich der Patient anwaltlich vertreten, ist darauf zu achten, dass von dem Anwalt eine Vollmacht sowie eine Schweigepflichtentbindungserklärung vorlegt wird.[1668]

Auch dem psychiatrisch behandelten Patienten darf die Einsicht in die vollständigen Krankenunterlagen nicht verweigert werden, wenn dem keine schützenswerten Interessen des Patienten, des Arztes oder Dritter entgegenstehen.[1669] Das Selbstbestimmungsrecht des Patienten muss nur dann zurücktreten, wenn **gewichtige Belange** gegen die Ausübung des Einsichtnahmerechts sprechen.[1670]

Ein Anspruch auf Herausgabe der **Originalunterlagen** besteht nicht. Allerdings räumt etwa das OLG München dem Patienten in entsprechender Anwendung von § 811 Abs. 1 S. 2 BGB das Recht ein, die Vorlegung der Röntgenaufnahmen zur Einsichtnahme bei einer Person seines Vertrauens, die im Hinblick auf ihre Stellung als unabhängiges Organ der Rechtspflege (§ 1 BRAO) eine besondere Zuverlässigkeitsgewähr bietet, zu verlangen.[1671]

Auch ein über das Einsichtrecht hinausgehender Auskunftsanspruch des Patienten besteht regelmäßig nicht.[1672]

---

sind häufig mehrfach gefaltet und können mehrere Meter lang sein. Eine Erstattung von 50 Cent für die ersten 50 Blatt und 15 Cent für jedes weitere Blatt wäre insoweit unangemessen.

1667 Z.B. NJW 2001, 2806.
1668 Das OLG München hält in seiner Entscheidung vom 18.12.2008 – 1 U 4438/08 – BeckRS 2009, 00105 die Vorlage einer Schweigepflichtentbindungserklärung für entbehrlich: »Entgegen der Einschätzung der Beklagten stand der Begründetheit der Auskunftsklage des Klägers nicht entgegen, dass die Beklagte nicht auch ausdrücklich gegenüber dem Rechtsanwalt des Klägers von ihrer ärztlichen Schweigepflicht entbunden worden war. Wenn der Patient einen Rechtsanwalt damit beauftragt, sein Recht auf Einsicht in die Behandlungsunterlagen gegenüber der Behandlungsseite zu verfolgen, ist damit im Regelfall eine konkludente Schweigepflichtsentbindung verbunden. Erst Recht gilt dies, wenn der Rechtsanwalt, wie hier, eine Vollmacht des Patienten vorlegt. Im Übrigen hätte es der Beklagten, wenn sie diesbezüglich Zweifel gehegt hätte, offen gestanden, eine Kopie der Behandlungsunterlagen an den Kläger persönlich zu übersenden und dessen Rechtsanwalt davon zu unterrichten«.
1669 Therapeutischer Vorbehalt, BGH NJW 1983, 328.
1670 BVerfG NJW 2006, 1116, 1118.
1671 OLG München NJW 2001, 2806, so auch LG Kiel MedR 2007, 733 f.
1672 Siehe unter Kap. 2 B III 5c bb) (2) Rdn. 1124.

Köllner

1123 Aus Sicht der Haftpflichtversicherer kann bei der Geltendmachung des Einsichtsrechts des Patienten in seine Behandlungsunterlagen den betroffenen Krankenhäusern nur dringend angeraten werden, dem Patienten bzw. dessen Rechtsanwalt Kopien der angeforderten Behandlungsunterlagen möglichst umgehend und vollständig zur Verfügung zu stellen. Es ist in der Schadenregulierung gelegentlich zu beobachten, dass Auskunftsklagen bereits 2 Wochen nach dem ersten Einsichtsverlangen erhoben werden[1673]!

Bei dem **Auskunftsanspruch** handelt es sich **nicht um einen vom Versicherungsschutz umfassten Schadenersatzanspruch.** Die hierfür in einem Gerichtsverfahren anfallenden Kosten werden regelmäßig nicht vom Versicherer übernommen!

> ❗ Dem Einsichtnahmegesuch ist wie folgt nachzukommen:
> Der Patient, nicht anwaltlich vertreten, fordert Einsicht in seine Behandlungsunterlagen:
> – uneingeschränktes Einsichtsrecht (Ausnahme subjektive Eindrücke, Sonderfall Psychiatriepatienten), Patient muss keine Begründung geben
> – Schweigepflichtentbindungserklärung nicht erforderlich
> – Herausgabe von Kopien der Behandlungsunterlagen und des bildgebenden Materials gegen Kostenerstattung
>
> Rechtsanwalt eines Patienten fordert Einsicht in Behandlungsunterlagen:
> – Vollmacht und Schweigepflichtentbindungserklärung (+ ggf. Kostenübernahmeerklärung) anfordern
> – sodann Herausgabe von Kopien der Behandlungsunterlagen und des bildgebenden Materials gegen Kostenerstattung
> – eingeschränktes Einsichtsrecht, soweit es sich um einen Psychiatrie-Patienten handelt
>
> Betreuer fordert Einsicht in Behandlungsunterlagen seines Betreuten:
> – Kopie des Betreuerausweises anfordern
> – sofern Bestellung für Vermögens- und Gesundheitsfürsorge (oder noch darüber hinaus gehende Bestellung): Herausgabe von Kopien der Behandlungsunterlagen und des bildgebenden Materials gegen Kostenerstattung
> – sofern keine Bestellung für die o.a. Bereiche: Schweigepflichtentbindungserklärung des Betreuten anfordern, erst dann Herausgabe von Kopien der Behandlungsunterlagen und des bildgebenden Materials gegen Kostenerstattung.

1673 Eine Zweiwochenfrist wird auch von Gerichten gelegentlich als ausreichend angesehen, siehe LG Mainz, NJW-RR 2000, 520.

Köllner

(2) Weitergehender Auskunftsanspruch

In der täglichen Schadenfallbearbeitung ist zu beobachten, dass von Seiten **1124** der Patientenanwaltschaft zum Teil nicht nur ein Einsichtrecht in die Patientenunterlagen geltend gemacht wird, sondern ein umfangreicher Fragenkatalog zu der durchgeführten Behandlung und zu den an der Behandlung beteiligten Personen an das Krankenhaus gerichtet wird.

Für die Klinik stellt sich die Frage, ob sie zur Beantwortung der Fragen gegenüber dem Patientenanwalt verpflichtet ist. Das ist nicht der Fall. Zum einen wird von der Rechtsprechung danach differenziert, ob der Patient überhaupt ein rechtsschutzwürdiges Interesse an der Auskunft hat. So wird ein Anspruch verneint, wenn dem Patienten die umfassende Behandlungsdokumentation vorliegt und sein Auskunftsbegehren allein der Beschaffung weiterer Beweismittel gegen den Krankenhausträger dienen,[1674] den Haftungsgrund klären und Ersatzansprüche gegen den Arzt vorbereiten soll.[1675]

Zu dem Umfang des Anspruchs des Patienten auf Mitteilung der Anschriften von Klinikpersonal hat etwa das OLG Frankfurt[1676] entschieden, dass der Patient gegenüber der Klinik nur einen Anspruch auf Auskunft über Namen und Anschrift der ihn operierenden Ärzte, nicht aber sämtlicher behandelnder Ärzte hat. Weiter besteht kein Anspruch auf Mitteilung der Privatanschrift des Operateurs, da die Klage an dessen Arbeitsstätte in der jeweiligen Klinik zugestellt werden kann (§ 177 ZPO). Anders verhält es sich nur, wenn der betroffene Arzt nicht mehr in der Klinik tätig ist. Es besteht dann ein Anspruch auf Mitteilung der zuletzt bekannten Privatanschrift des Arztes.

Das Krankenhaus darf einem Patienten, der Schadensersatz geltend machen will, Namen und Anschrift eines anderen Patienten nicht nennen.[1677]

Es empfiehlt sich auch in solchen Fallkonstellationen eine frühzeitige Kontaktaufnahme mit dem Haftpflichtversicherer. Dem Informationsbedürfnis des Patienten ist durch das anerkannte Einsichtrecht Genüge getan. Der Arzt kann, wenn es um seine Einstandspflicht wegen eines Fehlers geht, vorprozessual rechtlich nicht gehalten sein, Auskünfte zu erteilen, auf deren Grundlage ein Geschädigter seinen Arzthaftungsprozess vorbereiten kann. Schriftliche Stellungnahmen sind daher dem Haftpflichtversicherer zu überlassen; der Versicherungsschutz umfasst gerade die Prüfung der Haftpflichtfrage (Ziffer 5.1 AHB).

❗ – Ein über die Einsichtsgewährung in die Behandlungsunterlagen hinausgehender Auskunftsanspruch des Patienten besteht generell nicht.

1674 OLG Düsseldorf VersR 2005, 694.
1675 OLG Koblenz VersR 2004, 1323.
1676 VersR 2006, 81.
1677 OLG Karlsruhe MedR 2007, 253.

Köllner

– Dem Informationsbedürfnis des Patienten wird durch das Einsichtrecht Genüge getan. Eine Verpflichtung des Krankenhauses, darüber hinaus zu dem Behandlungsverlauf Auskunft zu erteilen, besteht
  nicht.
– Das Krankenhaus ist verpflichtet, die Namen der verantwortlichen
  behandelnden Ärzte zu benennen.
– Ist der betroffene Arzt nicht mehr in der Klinik tätig, ist auch die
  letzte bekannte Privatanschrift mitzuteilen.
– Ist der Arzt, gegen den Vorwürfe erhoben werden, noch in der Klinik tätig, muss keine Auskunft über dessen Privatanschrift erteilt
  werden, da eine Klagezustellung über die Klinik möglich ist.

(3) Postmortales Einsichtrecht

1125   Während die Akteneinsicht durch den Patienten selbst weitgehend unproblematisch ist, ist die Frage, ob und inwieweit Angehörigen eines verstorbenen Patienten ein Einsichtnahmerecht zusteht, differenzierter zu betrachten. Die **Schweigepflicht** des Arztes gilt auch über den Tod des Patienten
hinaus, und ein Einsichtrecht für Angehörige ist grundsätzlich geeignet,
die ärztliche Schweigepflicht zu berühren. Der Verstoß gegen die ärztliche
Schweigepflicht stellt einen Straftatbestand dar (§ 203 StGB).
Die ärztliche Schweigepflicht ist in der Musterberufsordnung für Ärzte geregelt:
Nach § 9 Abs 1 MBO-Ä haben Ärzte über das, was ihnen in ihrer Eigenschaft als Arzt anvertraut oder bekannt geworden ist – auch über den Tod
des Patienten hinaus – zu schweigen. Dazu gehören auch schriftliche Mitteilungen des Patienten, Aufzeichnungen über Patienten, Röntgenaufnahmen und sonstige Untersuchungsbefunde. Dies gilt auch zwischen Ärzten
untereinander. Nach § 9 Abs. 4 MBO-Ä sind mit- und nachbehandelnde
Ärzte untereinander von der Schweigepflicht nur insoweit befreit, als das
Einverständnis des Patienten vorliegt oder anzunehmen ist.
Ein Verstoß gegen die ärztliche Schweigepflicht kann einen Schadenersatzanspruch des Patienten zur Folge haben, der unter den Haftpflichtversicherungsschutz fällt. Die Patientendaten, insbesondere Gegenstand und
Umfang einer Behandlung, unterliegen der ärztlichen Schweigepflicht, die
Weitergabe dieser Daten an Dritte stellt eine Verletzung des Persönlichkeitsrechts i.S. von § 823 Abs 1 BGB dar, soweit der Patient nicht in die
Weitergabe eingewilligt hat.
Der Bundesgerichtshof hat sich[1678] umfassend mit dieser Thematik auseinandergesetzt. Ein Einsichtrecht naher Angehöriger / Erben ist danach zu bejahen, da das Einsichtrecht des Patienten nicht in vollem Umfang ein höchstpersönlicher Anspruch ist, sondern auch eine vermögensrechtliche Komponente
(z.B. Durchsetzung von Schadenersatzansprüchen wegen eines Behand-

---

1678   Grundsatzentscheidung NJW 1983, 2627.

Köllner

lungsfehlers) enthält. Da die Schweigepflicht des Arztes und das Geheimhaltungsinteresse des Patienten auch nach dessen Tod zu beachten ist, muss das Einsichtsrecht Dritter aus einer **feststehenden** oder **mutmaßlichen Einwilligung** des Verstorbenen seine Rechtfertigung erfahren.[1679] Die Entscheidung, ob eine mutmaßliche Einwilligung gegeben ist, obliegt dem Arzt, der somit vor der Herausgabe der Behandlungsunterlagen an Angehörige eines verstorbenen Patienten zu prüfen hat, ob konkrete oder mutmaßliche Belange des Patienten dafür sprechen, dass dieser eine Offenlegung der Krankenunterlagen an seine Hinterbliebenen bzw. Erben missbilligt haben würde.

Aus der täglichen Schadenfallbearbeitung ist festzustellen, dass jedenfalls in den Fällen, in denen die Einsichtnahme zur Prüfung möglicher Behandlungsfehler erfolgen soll, in der Regel eine mutmaßliche Einwilligung des Patienten anzunehmen sein wird.

! – Angehörige eines verstorbenen Patienten, die Einsicht in Behandlungsunterlagen fordern, müssen ihr Einsichtsgesuch begründen.
   – Vom Krankenhausträger sind der Erbennachweis und eine von allen Erben unterzeichnete Schweigepflichtentbindungserklärung anzufordern.
   – Sofern ein Erbe für eine Erbengemeinschaft tätig wird: Vollmacht der anderen Erben anfordern.
   – Prüfung der Behandlungsunterlagen: Bestehen Anhaltspunkte, dass der Verstorbene nicht gewollt hätte, dass seine Unterlagen an seine Erben herausgegeben werden?
   falls nein: Herausgabe von Kopien der Behandlungsunterlagen und des bildgebenden Materials gegen Kostenerstattung
   falls ja: Herausgabe kann unter Angabe von Gründen verweigert werden.

(4) Herausgabe von Behandlungsunterlagen an Sozialversicherungsträger

Wird das Akteneinsichtsverlangen durch Dritte (in erster Linie Krankenkassen, Rentenversicherungsträger, Berufsgenossenschaften) zur Prüfung von möglichen Behandlungsfehlern geltend gemacht, setzt dies grundsätzlich eine Einwilligung des Patienten, also die Vorlage einer Schweigepflichtentbindungserklärung voraus. Dies ist aber zwischen Sozialversicherungsträgern auf der einen Seite und Krankenhausträgern, unterstützt u.a. durch die Deutsche Krankenhausgesellschaft äußerst strittig.[1680]

1126

1679 So in Umsetzung der BGH Entscheidung OLG München MedR 2009, 49.
1680 Ausführlich zu der Thematik u.a. Prof Bergmann »Besteht ein Anspruch der Krankenkasse auf Einsichtnahme oder Herausgabe der Behandlungsunterlagen« das Krankenhaus 2008, 825 ff m.w.N., Werner Liebeton »Das Einsichtrecht der Krankenkassen in Behandlungsunterlagen« BADK Sonderheft Kran-

Köllner

Im Ergebnis bestehen zahlreiche Unsicherheiten, so dass praxisnahe Lösungen angestrebt werden sollten.

Tipp für die Praxis:
Fordert ein Sozialversicherungsträger ohne die ausdrückliche Einwilligung des versicherten Patienten Einsichtnahme in die Behandlungsunterlagen, empfiehlt es sich aus Sicht des Haftpflichtversicherers, eine Schweigepflichtentbindungserklärung des Patienten bei dem Sozialversicherungsträger anzufordern.

In der täglichen Schadenbearbeitung zeigt sich, dass Krankenkassen etc. eine Schweigepflichtentbindungserklärung des Versicherten vorlegen, wenn seitens des Krankenhausträgers zugesagt wird, die angeforderten Unterlagen zur Weiterleitung an den MDK dann kurzfristig zur Verfügung zu stellen.

In der Praxis machen langwierige formale Streitigkeiten über das Einsichtrecht wenig Sinn, da eine sachliche Klärung, an der der Sozialversicherungsträger ein originäres Interesse hat, solange zurücksteht.

Fordern eine gesetzliche Krankenkasse oder eine private Krankenversicherung Einsicht in Behandlungsunterlagen, ist folgendes zu beachten:
– Herausgabe von Kopien i.d.R. nur, wenn Schweigepflichtentbindungserklärung des Patienten vorgelegt wird (Berufung der Krankenkassen auf § 294 a SBG V reicht nicht aus)
– Herausgabe von Kopien der Behandlungsunterlagen und des bildgebenden Materials gegen Kostenerstattung.

Fordert ein gesetzlicher Unfallversicherer (BG) Informationen und Einsicht in Behandlungsunterlagen, müssen
– die für die Prüfung der Leistungspflicht der gesetzlichen Unfallversicherung erforderlichen Daten gem. § 201 SGB VII übermittelt werden, eine Schweigepflichtentbindungserklärung ist hierfür nicht erforderlich
– die kompletten Behandlungsunterlagen nur herausgegeben werden, wenn eine Schweigepflichtentbindungserklärung des Patienten vorgelegt wird.
– Die Herausgabe von Kopien der Behandlungsunterlagen und des bildgebenden Materials erfolgt gegen Kostenerstattung

Die Punkte 2 und 3 gelten genauso, wenn ein gesetzlicher Rentenversicherer Einsicht in Behandlungsunterlagen fordert.

(5) Herausgabe an Ermittlungsbehörden

1127 **Originalunterlagen** müssen grundsätzlich nur Gerichten und Ermittlungsbehörden vorgelegt werden. Da die Ärzteschaft in einem Verfahren aber Einsicht in die Behandlungsdokumentation benötigt, um zu einem Behandlungsfehlervorwurf Stellung nehmen zu können, empfiehlt sich folgendes

---

kenhaushaftung 2007, 68ff, Ulrich Smentkowski »Akteneinsichtsrecht der Krankenkassen nach § 294a SGB V und Gesetzgebungsinitiativen.« VersR 2008, 465.

Köllner

Vorgehen, wenn Behandlungsunterlagen von der Staatsanwaltschaft / Kripo beschlagnahmt werden:
- Beschlagnahmebeschluss vorlegen lassen und kopieren
- Behandlungsunterlagen paginieren und kopieren
- bildgebendes Material kopieren (falls Kopieren nicht möglich: genau dokumentieren, welche Bilder (Aufnahmedatum, Uhrzeit, Aufnahmeart) herausgegeben werden
- Herausgabe der Original-Behandlungsunterlagen und des Original-Bildmaterials nur an Staatsanwaltschaft / Kripo
- Kopien bleiben im Krankenhaus.

cc) Ärztliche Schweigepflicht

(1) Datenübermittlung an Hausarzt

Zur Schweigepflicht unter Ärzten wurde früher regelmäßig angenommen, dass sich derjenige Patient, der sich auf Überweisung eines Arztes ins Krankenhaus begibt, damit einverstanden sei, dass der Überweiser benachrichtigt werde. Es wurde damit argumentiert, dass er sein Einverständnis durch die Inanspruchnahme des Krankenhauses konkludent zum Ausdruck gebracht habe. **1128**

Diese Annahme scheint unter heutigen Gesichtspunkten problematisch. Ein Patient kann aus medizinischen Erwägungen heraus gezwungen sein, das Krankenhaus in Anspruch zu nehmen. Allein aus dieser Tatsache wird man aber nicht auf sein Einverständnis zur Information des Hausarztes schließen können.

Allerdings kann ein **stillschweigendes Einverständnis** des Patienten vorausgesetzt werden, wenn für den Patienten **erkennbar** ein Informationsaustausch und eine Koordination der durchzuführenden ärztlichen Maßnahmen zwischen Arzt und Krankenhaus zu erfolgen hat, der Patient also weiß, dass andere Ärzte in die Behandlung involviert sind.[1681]

Heute ist es in der Praxis üblich, dass der Patient bei der Krankenhausaufnahme im Rahmen des Behandlungsvertrages sein Einverständnis mit der Datenübermittlung an den Hausarzt (Einverständniserklärung gem. § 73 Abs 1b SGB V für gesetzlich krankenversicherte Patienten) erklärt. Der Formulartext lautet i.d.R. etwa wie folgt:

1681 Quaas/Zuck Medizinrecht § 12 Rn. 65: Von einer stillschweigenden Einwilligung kann ausgegangen werden, wenn der Patient die ihm bekannte Mit- oder Nachbehandlung durch andere Ärzte (auch den Notarzt im Krankenhaus, den Konsiliararzt) akzeptiert.

Köllner

> »Ich bin damit einverstanden, dass das Krankenhaus die mich betreffen-
> den Behandlungsdaten und Befunde an meinen Hausarzt zum Zwecke
> der Dokumentation und Weiterbehandlung übermittelt. Die Übermitt-
> lung der Behandlungsdaten und Befunde dient der Erstellung und Ver-
> vollständigung einer zentralen Dokumentation bei meinem Hausarzt.
> Ferner bin ich damit einverstanden, dass das Krankenhaus die bei mei-
> nem Hausarzt vorliegenden Behandlungsdaten und Befunde, soweit die-
> se für meine Krankenhausbehandlung erforderlich sind, anfordern kann.
> Diese Anforderung ermöglicht es dem Krankenhaus, die für eine aktuelle
> Behandlung erforderlichen Angaben aus der zentralen Dokumentation
> des Hausarztes zu erhalten. Das Krankenhaus wird die Daten jeweils nur
> zu dem Zweck verarbeiten, zu dem sie übermittelt worden sind.«

Zu beachten ist, dass diese Regelung nur gegenüber dem Hausarzt gilt und
restriktiv auszulegen ist.

Innerhalb des Krankenhausbetriebes ist die gegenseitige Information **aller
an der Behandlung beteiligter Ärzte** zulässig. Zu beachten ist aber, dass
das Krankenhaus **keine informationelle Einheit** darstellt, also auch hier die
Schweigepflicht, etwa gegenüber nicht an der Behandlung beteiligten Abteilungen, zu beachten ist.

(2) Schweigepflicht bei Verdacht auf Straftat

1129 Immer wieder fragen Krankenhäuser bei Haftpflichtversicherern an, wie die
ärztliche Schweigepflicht bei **Verdacht auf Straftaten** zu handhaben ist.
Gemäß § 203 StGB wird der Arzt bestraft, wenn er ein fremdes Geheimnis, also Informationen, die den Patienten betreffen und die ihm im Rahmen seiner Behandlung in seiner Eigenschaft als Arzt anvertraut wurden,
offenbart. Die Offenbarung des Patientengeheimnisses ist aber gemäß § 34
StGB (rechtfertigender Notstand) nicht strafbar, wenn die Schweigepflicht-
verletzung zum **Schutz eines höherrangigen Rechtsguts** erforderlich und
als angemessenes Mittel zur Gefahrenabwehr anzusehen ist. Voraussetzung
hierfür ist, dass das geschützte Rechtsgut, etwa Leben und Gesundheit eines Kindes bei Misshandlungsverdacht, das beeinträchtigte Rechtsgut, hier
die ärztliche Schweigepflicht, wesentlich überwiegt und die Verletzung der
Schweigepflicht notwendig ist, um eine gegenwärtige und weitere Gefahr
(für das Kind) abzuwenden.[1682]

(3) Information des Haftpflichtversicherers

1130 Auf Seiten der Krankenhäuser besteht teilweise Unsicherheit darüber, ob
eine Schweigepflicht gegenüber dem Haftpflichtversicherer besteht, also

---

1682 Weitere Beispiele in Laufs/Uhlenbruck Handbuch des Arztrechts Kapitel 12
§ 71, Rn.11 f; ausführlich auch Weddehage Ärztliche Schweigepflicht bei Verdacht auf Straftaten, das Krankenhaus 2007, 231 ff m.w.N.

Köllner

etwa Behandlungsunterlagen und ärztliche Stellungnahmen ohne Vorlage einer Schweigepflichtentbindungserklärung des Patienten an den Haftpflichtversicherer weitergeleitet werden dürfen.

Die Durchbrechung der ärztlichen Schweigepflicht gegenüber dem Haftpflichtversicherer ist vor dem Hintergrund der **Wahrnehmung eigener berechtigter Interessen** des Arztes gerechtfertigt. Behauptet ein Patient z.B. einen Behandlungsfehler und nimmt den Arzt auf Schadenersatz in Anspruch, kann zum einen von einer mutmaßlichen Einwilligung des Patienten ausgegangen werden, da dieser damit rechnet und auch erwartet, dass eine Haftungsprüfung erfolgt. Somit fehlt es in solchen Fällen an einer **unbefugten** Geheimnisoffenbarung. Weiter ist der Arzt zur Wahrung **eigener** Interessen berechtigt, Angaben über die Behandlung seines Patienten zu machen, etwa in Fällen, in denen er die an sich geheimen Tatsachen vortragen muss, um einen gegen ihn erhobenen Behandlungsfehlervorwurf abzuwehren, sich in einem strafrechtlichen Verfahren verteidigen zu können oder um eine Honorarforderung gegen den Patienten gerichtlich durchzusetzen.[1683]

> ❗ Wird ein Arzt wegen eines Behandlungsfehlers auf Schadenersatz in Anspruch genommen, ist er berechtigt, dem Versicherer ausführliche und wahrheitsgemäße Schadenberichte zu erstatten und ihn bei der Schadenermittlung und –regulierung zu unterstützen (siehe auch Ziffer 25.2 AHB), ohne gegen die Schweigepflicht zu verstoßen.

dd) Echtheitsvermutung der Behandlungsdokumentation

Von Patientenseite wird nach Prüfung der Unterlagen gelegentlich behauptet, die Behandlungsdokumentation sei manipuliert worden. Zwar ist der Patient für das Vorliegen eines Behandlungsfehlers und damit auch dafür, dass der dokumentierte Behandlungsablauf nicht zutrifft, beweispflichtig. In der Regel fehlen ausreichende Anhaltspunkte, die für eine behauptete nachträgliche Manipulation sprechen. Krankenunterlagen billigt die Rechtsprechung den Ersten Anschein der Echtheit, Vollständigkeit, Unverändertheit und inhaltlichen Richtigkeit bis zum Beweis des Gegenteils zu. Wird bei der Behandlungsdokumentation Unechtheit, Unvollständigkeit, Veränderungen und inhaltliche Unrichtigkeit z.B. durch Radierungen, Überschreibungen etc. behauptet, so muss der Patient hierfür den aufwändigen Strengbeweis erbringen.

Diese Echtheitsvermutung gilt allerdings nicht mehr, wenn an Unterlagen äußerlich erkennbar manipuliert wurde. Auch wenn sich nach dem äußeren Eindruck Anzeichen für eine nachträgliche Änderung der Aufzeichnungen ergeben, z.B. durch Eintragungen in anderer Handschrift oder Verwen-

1131

1683 Ulsenheimer in Laufs/Uhlenbruck Handbuch des Arztrechts Kapitel 12 § 71 Rdn. 15.

Köllner

dung eines andersfarbigen Stiftes, werden Patienten und Gerichte regelmäßig »hellhörig«. **Nachträgliche Eintragungen** oder Ergänzungen der Patientendokumentation sind zwar grundsätzlich zulässig, allerdings sind sie **als solche kenntlich zu machen**, um die Echtheitsvermutung der Behandlungsdokumentation nicht zu erschüttern. Dies gilt z.B. auch für den Fall, dass im Rahmen einer routinemäßigen Behandlung schlicht vergessen wurde, dokumentationspflichtige Umstände aufzuzeichnen. Haftungsrechtlich kann dies bedeuten, dass vom Gericht eine unzureichende Dokumentation angenommen wird und zugunsten des Patienten Beweiserleichterungen zum Tragen kommen. Hinzu kommt die strafrechtliche Betrachtung. Es muss auf jeden Fall der bloße Schein einer Vertuschung und insbesondere einer strafrechtlich relevanten **Urkundenfälschung**, mit der möglichen Folgen der Einleitung staatsanwaltschaftlicher Ermittlungen oder auch berufsrechtlichen Konsequenzen (Approbationsentzug), unterbunden werden.[1684]

❗ – Bei Behandlungsunterlagen handelt es sich um Urkunden i.S. der ZPO.
  – Nachträgliche Änderungen oder Ergänzungen müssen als solche kenntlich gemacht werden.
  – Sind nachträglichen Änderungen oder Ergänzungen erforderlich, ist zu empfehlen, dass ein Zeuge diese Eintragungen als solche und hinsichtlich ihrer Richtigkeit bestätigt.[1685]
  – Manipulationen jeglicher Art haben tunlichst zu unterbleiben!

6.   Abstimmung zwischen Krankenhausträger und Arzt

a)   Gesamtschuldverhältnis

1132   Macht ein Patient zivilrechtlich Schadenersatz- oder Schmerzensgeldansprüche wegen einer aus seiner Sicht fehlgeschlagenen Krankenhausbehandlung geltend, wendet er sich regelmäßig an einen Rechtsanwalt, der wiederum Einsichtnahme in die Behandlungsunterlagen fordert und Haftpflichtansprüche beim Krankenhausträger und den betroffenen (ärztlichen) Mitarbeitern anmeldet. Zivilrechtliche Ansprüche können sowohl unmittelbar gegen die behandelnden Ärzte oder Pflegekräfte als auch gegen den Klinikträger und die organisationsverantwortlichen leitenden Ärzte gerichtet werden. In der Regel erfolgt – aus anwaltlicher Fürsorgepflicht – eine gesamtschuldnerische Inanspruchnahme sämtlicher an der Behandlung beteiligten Ärzte sowie des Krankenhausträgers.

1684 Erlinger/Bock in Widmaier Münchener Anwaltshandbuch Strafverteidigung § 49 Rdn. 181-215.
1685 Bock in Berg/Ulsenheimer Patientensicherheit, Arzthaftung, Praxis- und Krankenhausorganisation, Kap. 17, S. 246.

Köllner

Unterhält ein Krankenhausträger eine Betriebshaftpflichtversicherung, besteht über diese in der Regel[1686] Deckungsschutz auch für das angestellte ärztliche und pflegerische Personal für dessen **dienstlichen Verrichtungen.**[1687]

Hat ein Krankenhaus keine Betriebshaftpflichtversicherung abgeschlossen oder sind über den Haftpflichtvertrag nicht alle Ärzte mitversichert, müssen diese für ihr Berufshaftpflichtrisiko selbst eine Versicherung abschließen. Bei einer gesamtschuldnerischen Inanspruchnahme von Arzt und Krankenhaus gelten dann arbeitsrechtliche Grundsätze.[1688]

Ein Gesamtschuldverhältnis ist aber nicht nur innerhalb des Klinikbetriebes denkbar. Wie gesehen[1689] bedienen sich Krankenhäuser zahlreicher Kooperationsformen. Die sektorübergreifende Zusammenarbeit wird zum Regelfall. In einem Haftungsfall ist dann die gesamtschuldnerische Inanspruchnahme mehrerer Vertragspartner (z.B. Klinikträger und selbstliquidierender Chefarzt oder Belegarzt) und daneben der deliktisch haftenden nachrangigen Ärzte und Pflegekräfte für eigenes Behandlungsverschulden möglich.

Haftung als Gesamtschuldner bedeutet Anwendung der §§ 421 ff. BGB. Jeder Schädiger ist gegenüber dem Gläubiger zum Ersatz des gesamten Schadens verpflichtet, der Gläubiger kann nach Belieben jeden Gesamtschuldner ganz oder teilweise in Anspruch nehmen.[1690] Wie sich aus § 426 Abs. 1 Satz 1 BGB ergibt, sind die Gesamtschuldner im Verhältnis zueinander zu gleichen Anteilen verpflichtet, **soweit nicht ein anderes bestimmt ist.**

In der Praxis ist zu beobachten, dass gerade bei einer klageweisen Auseinandersetzung gegen mehrere Ärzte die Versuchung der einzelnen Beteiligten groß ist, sich zum Nachteil der weiteren Beklagten zu entlasten.

Ist ein Haftpflichtversicherer für sämtliche Beteiligte eintrittspflichtig, kommt diese Problematik in der Regel nicht zum Tragen. Sind verschiedene Haftpflichtversicherer involviert, wird häufig über das Bestehen eines Gesamtschuldverhältnisses und insbesondere über die jeweilige Ausgleichungspflicht (interne Haftungsquoten) kontrovers diskutiert. Übersehen wird dabei gelegentlich, dass der anspruchsberechtigte Patient die Leistung nach seinem Belieben von jedem der Schuldner ganz oder zum Teil fordern kann, so dass sich jedenfalls Unstimmigkeiten zwischen Versicherern über interne Haftungsverteilungen nicht im Rahmen der Schadenregulierung auswirken dürfen.

1686 Kap.2 B III 4 c Rdn. 1095.
1687 Abzugrenzen hiervon sind Tätigkeiten, die nicht dem versicherten Betrieb zuzurechnen sind und außerdienstlich erfolgen, etwa Praxisvertretungen, Erste Hilfe-Leistungen bei einem Unfall etc.
1688 Arbeitsrechtlicher Freistellungsanspruch abhängig vom Grad des Verschuldens.
1689 Kap. 2, B III 2 c Rdn. 1060.
1690 Palandt § 840 Rn. 3, § 421 Rn. 10, 11.

Köllner

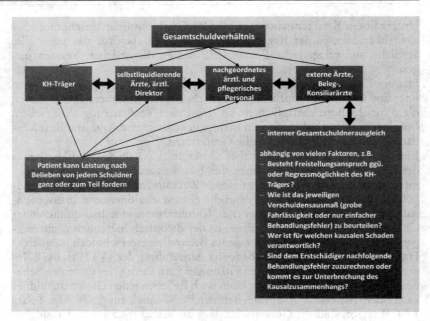

b) Interessenlage Krankenhaus – Arzt – Haftpflichtversicherer

1133   Unabhängig von der Frage, welcher Versicherer eintrittspflichtig ist, kommt es
für eine sachgerechte Bearbeitung eines Haftungsfalles wesentlich darauf an,
dass **alle** möglicherweise involvierten Haftpflichtversicherer zeitnah und umfassend über einen potenziellen Haftpflichtfall in Kenntnis gesetzt werden.
Wie oben ausgeführt,[1691] ist es sinnvoll, für Meldungen von Haftpflichtfällen
klinikintern genaue und verbindliche Maßgaben zu treffen. Bewährt hat es
sich, wenn in den Krankenhäusern eine bei Ärzten und Pflegedienst allgemein
bekannte, **zentrale Stelle für die Schadenfallbearbeitung** eingerichtet wird.
Fehlt es an einer zentralen Einheit in der Klinik oder ist die Verwaltungsor-
ganisation in der Klinik nicht transparent, besteht das Risiko, dass erstmals
mit einem Behandlungsfehlervorwurf konfrontierte und mit dem Arzthaftungsrecht nicht vertraute Klinikärzte Fehler machen, die sich nachteilig für
den Verlauf einer medicolegalen Auseinandersetzung auswirken können.
Bleiben etwa Schadenanmeldungen von Anwälten unbeantwortet, werden
statt der geforderten vollständigen Kopien der Behandlungsunterlagen diese nur auszugsweise oder gar nicht zur Verfügung gestellt oder nimmt der
persönlich betroffene Arzt empört direkt gegenüber dem Anwalt Stellung,
kann dies zu einer Verhärtung der Fronten führen und steht einer objektiven Sachverhaltsaufklärung entgegen.

1691 Kap 2, B III 5 a Rdn. 1107.

Die Optimierung der Schadenfallbearbeitung setzt eine enge Abstimmung zwischen Klinikträger und Arzt voraus. Insbesondere muss sämtlichen Klinikmitarbeitern kommuniziert werden, wie sie sich bei einem Zwischenfall zu verhalten haben.
Folgende Punkte sollten zwischen Klinik und Ärzteschaft im Rahmen einer Verfahrensanweisung abgestimmt werden:

- Möglichst umgehend nach dem Eintritt eines Zwischenfalls am Patienten oder Bekanntwerden eines möglichen Haftpflichtfalles sind der zuständige Chefarzt, die Pflegedienstleitung oder Stationsleitung zu benachrichtigen. Von dort wird die Klinikleitung oder die Verwaltung unterrichtet.
- Gewährleistet werden sollte, dass auch ohne konkrete Anspruchstellung, »Großschäden« wie Geburtschäden oder unnatürliche Todesfälle und presseträchtige Fälle wie Seitenverwechslungen oder vergessene Fremdkörper umgehend an die zentrale Stelle für die Schadenfallbearbeitung in der Klinik gemeldet werden.
- Für Patientenstürze empfiehlt sich die Vorhaltung entsprechender Sturzprotokolle, die getrennt von den Behandlungsunterlagen aufzubewahren sind.
- Die Kommunikation zwischen ärztlichem Dienst und Verwaltung wird auch erleichtert, wenn für die Schadenmeldung Zwischenfallmeldeformulare zur Verfügung stehen.[1692]

Nach der Information des Haftpflichtversicherers setzt sich dieser regelmäßig mit dem Anspruchsteller in Verbindung. Im Außenverhältnis ist die Korrespondenz dem Haftpflichtversicherer zu überlassen. Dieser ist bevollmächtigt (Ziffer 5.2 AHB), alle ihm zur Abwicklung des Schadens oder der Abwehr der Schadensersatzansprüche zweckmäßig erscheinenden Erklärungen im Namen des Versicherungsnehmers abzugeben. **1134**
Zur medizinischen Beurteilung der Angelegenheit ist der Versicherer jedoch auf die Mitwirkung der betroffenen Ärzte angewiesen. Es ist daher erforderlich, dass dem Versicherer ein Satz der Kopien der Behandlungsunterlagen und eine wahrheitsgemäße Stellungnahme zum Behandlungsverlauf und zum Schuldvorwurf zugeleitet wird. Der Versicherer ist auf eine enge Zusammenarbeit mit dem Krankenhaus und den behandelnden Ärzten angewiesen, um sachgerecht inhaltlich zu den erhobenen Vorwürfen Stellung nehmen zu können.

1692 Zur Optimierung der Schadensfallbearbeitung ausführlich mit Mustern Reucher/Bondong Praktische Umsetzung eines Risk Managements aus Sicht eines Krankenhauses in Graf/Felber/Lichtmannegger Risk Management im Krankenhaus, Kap. 4.1.

Köllner

Hier ist eine vertrauensvolle Zusammenarbeit zwischen Klinikleitung/
Verwaltung auf der einen Seite und Ärzteschaft auf der anderen Seite gefragt. Es geht nicht an, dass Ärzte Behandlungsabläufe »beschönigen« oder
Schuldzuweisungen gegen andere Beteiligte erheben, weil sie etwa berufliche Nachteile wegen eines möglichen Behandlungsfehlers befürchten. In
der schriftlichen **internen** Stellungnahme sollte der Behandlungsverlauf
möglichst objektiv unter Zugrundelegung der Behandlungsdokumentation
dargestellt werden. Wertungen und Schuldvorwürfe gegen sonstige Beteiligte sind zu vermeiden. Stattdessen ist der tatsächliche Geschehensablauf
zu schildern und eine objektive Chronologie der Ereignisse vorzulegen.[1693]

1135   Die Mitwirkung des Arztes bei der Sachverhaltsaufklärung stellt nicht nur
eine versicherungsvertragliche Obliegenheit dar (Ziffer 25.2 AHB), sondern
ist auch im eigenen Interesse und im Interesse der Klinik geboten. Entsteht
beim Patienten der Eindruck einer »Blockadehaltung« auf Seiten der Klinik
oder der behandelnden Ärzte, steigt das Risiko einer Strafanzeige oder der
Einschaltung öffentlicher Medien. Ein Strafverfahren, das einen persönlichen Schuldvorwurf gegen den betroffenen Arzt bedeutet und für diesen
existenzgefährdend sein kann, ist immer mit einer erheblichen physischen
und psychischen Belastung verbunden. Auch ein öffentlichkeitsträchtiger
Prozess oder eine öffentliche Berichterstattung können in dem umkämpften
Krankenhausmarkt gravierende wirtschaftliche Nachteile durch den Rückgang der Belegungszahlen zur Folge haben. Zu berücksichtigen ist weiter,
dass die Haftpflichtversicherung bei eindeutiger Sach- und Rechtslage eine
Freistellung des Versicherungsnehmers von berechtigten Schadenersatzverpflichtungen vornimmt, den Schaden also reguliert (Ziffer 5.1 AHB). Eine
unnötige gerichtliche Auseinandersetzung, die immer mit einem zusätzlichen Arbeits- und Kostenaufwand verbunden ist, sollte tunlichst vermieden
werden. Des Weiteren ist es »recht und billig«, wenn berechtigte Ansprüche
auch reguliert werden. Dies sollte sämtlichen Beteiligten bewusst sein.[1694]
Vor diesem Hintergrund sitzen Arzt und Klinik »in einem Boot«, wenn es
um die Mitwirkung bei einem Haftpflichtanspruch geht, so dass eine enge
Abstimmung gefragt ist.

1693 Bock in Berg/Ulsenheimer Patientensicherheit, Arzthaftung, Praxis- und
      Krankenhausorganisation, Kap. 17, S. 245.
1694 Bock in Berg/Ulsenheimer Patientensicherheit, Arzthaftung, Praxis- und
      Krankenhausorganisation, Kap. 17, S. 248.

Schema: Haftungsrisiken bei Fehlverhalten im Zwischenfall

Mögliche Fehlerquellen im Schadensfall:	Mögliche Konsequenzen:
»Mauern«, Arzt verweigert Gespräch	Strafanzeige, Verschärfung des Verhandlungsklimas, Pressegefahr
Anerkenntnis ohne Grund	Klinik muss Schadenersatzforderungen selbst begleichen
Manipulation der Behandlungsunterlagen	Strafanzeige wegen Urkundenfälschung, Auswirkungen auf Zivilprozess, Rufschädigung
Ungeschicktes Aussageverhalten im Strafverfahren	Strafrechtliche Verurteilung, berufsrechtliche Konsequenzen
Behandlungsunterlagen werden dem Patienten nicht (rechtzeitig) zur Verfügung gestellt	Herausgabeklage, Kosten trägt Klinik selbst
Herausgabe der Original-Behandlungsunterlagen	Verlustgefahr, Beweisnachteile im Prozess
Verzögerte Schadenmeldung Obliegenheitsverletzung!	Schadenbearbeitung erschwert, Zeitdruck, unnötiger Prozess, der i.d.R. teurer ist als eine außergerichtliche Regulierung
Klage zu spät weitergeleitet	Versäumnisurteil, Zwangsvollstreckung
Mangelnde Unterstützung des HV Obliegenheitsverletzung!	Unzureichende Schadenbearbeitung, hohe Kosten für Klinik, unnötiger Prozess
Keine Information an HV über mögliche Mithaftende (Belegarzt, Beleghebamme, Konsiliararzt)	HV führt keinen Regress, Belastung allein des Haftpflichtvertrages der Klinik, höhere Kosten
Keine offene Korrespondenz mit HV	Unnötiger Prozess durch mehrere Instanzen
Angabe einer nicht korrekten Todesursache	Strafanzeige
Mandatierung eines eigenen Anwalts	Klinik trägt dessen Kosten selbst

Köllner

❗ Kommt es zu einer medicolegalen Auseinandersetzung, sind folgende Verhaltensmaßnahmen zu beachten und Schritte abzustimmen:
- Der oder die Haftpflichtversicherer sind zeitnah und umfassend über einen möglichen Haftpflichtfall in Kenntnis zu setzen.
- Im Außenverhältnis ist die Korrespondenz dem Haftpflichtversicherer zu überlassen. Die erforderlichen Maßnahmen werden zwischen Arzt, Klinikleitung und Versicherer abgestimmt.
- Die Fachabteilung stellt dem Versicherer zeitnah eine wahrheitsgemäße Stellungnahme zum Behandlungsverlauf und zum Schuldvorwurf zur Verfügung.
- Der Behandlungsverlauf ist möglichst objektiv unter Zugrundelegung der Behandlungsdokumentation darzustellen. Wertungen und Schuldzuweisungen gegen sonstige Beteiligte sind zu vermeiden.
- Der Haftpflichtversicherer vertritt die Interessen des Arztes/Krankenhauses. Zur Anspruchsprüfung ist der Haftpflichtversicherer auf die Mitwirkung des Arztes und darauf angewiesen, dass Haftungsrisiken und Schwachstellen im Behandlungsablauf mitgeteilt werden, damit berechtigte Ansprüche – möglichst außergerichtlich – reguliert werden können.

aa) Interessenlage bei identischem Versicherer

1136   Besteht für den Arzt Versicherungsschutz über die Betriebshaftpflichtversicherung des Klinikträgers, läuft die Schadenfallbearbeitung regelmäßig zentral über eine Stelle. Der Haftpflichtversicherer reguliert den Schaden für Arzt und Krankenhaus, ohne dass hier dem Gesamtschuldverhältnis oder den Verschuldensanteilen wesentliche Bedeutung zukommt. Kommt es zu keiner außergerichtlichen Einigung und wird ein Zivilprozess geführt, wird der Haftpflichtversicherer regelmäßig **eine Anwaltskanzlei** mit der prozessualen Vertretung von Arzt und Klinikträger gemeinsam beauftragen, da eine Interessenkollision üblicherweise nicht vorliegt.

Im Rahmen der Krankenhaushaftpflicht wird Deckung auch für grob fahrlässiges Handeln gewährt (§ 103 VVG). Im Grundsatz besteht für den **mitversicherten Arzt** also auch bei Feststellung eines groben Behandlungsfehlers Versicherungsschutz.

Das Interesse von Arzt und Klinikträger geht dahin, den Behandlungsfehlervorwurf zu entkräften. Für gegenseitige Schuldzuweisungen ist hier kein Raum. Der Haftpflichtversicherer bzw. der anwaltliche Vertreter wird auch in der Korrespondenz mit der Anspruchsteller- oder Klägerseite für ein einheitliches Auftreten sämtlicher Beteiligter sorgen.

Anders kann sich die Situation darstellen, wenn versicherungsvertraglich von dem Grundsatz »Deckung auch bei grober Fahrlässigkeit«, also Leistungsfreiheit nur bei Vorsatz zum Nachteil des Versicherungsnehmers abgewichen wird, was grundsätzlich zulässig wäre (Umkehrschluss aus § 112

VVG). Im Rahmen der Betriebshaftpflichtversicherung **könnte** der Klinikträger solche Schäden von der Betriebshaftpflichtversicherung ausschließen, in denen für ihn als Anstellungskörperschaft Rückgriffsmöglichkeiten nach beamtenrechtlichen Vorschriften bestehen[1695] bzw. bei denen er nach den Regeln der Arbeitnehmerhaftung Regress nehmen könnte.[1696]
In der Praxis ist in den Versicherungsverträgen **in der Regel** ein Regress des Klinikträgers bzw. des Versicherers gegen den behandelnden Arzt oder die Pflegekraft auch für den Fall grober Fahrlässigkeit ausgeschlossen.[1697] Für den angestellten Krankenhausarzt empfiehlt es sich aber wegen möglicher anderer Vertragsgestaltungen dringend, den Haftpflichtversicherungsschutz mit dem Klinikträger abzuklären. Soweit Regressmöglichkeiten ausnahmsweise nicht ausgeschlossen sein sollten, kann dem medizinischen Personal nur eindringlich nahegelegt werden, selbst eine Berufshaftpflichtversicherung abzuschließen.[1698]

Im **Öffentlichen Dienst** sind die Regressmöglichkeiten des Arbeitgebers noch weiter eingeschränkt. Für beamtete Ärzte gilt das Verweisungprivileg nach § 839 Abs. 1 S. 2 BGB. Die Schadenersatzverpflichtung des beamteten Arztes gegenüber dem Dienstherrn ist auf Vorsatz und grobe Fahrlässigkeit begrenzt. Nach § 14 BAT fanden für die Schadenhaftung des Angestellten im öffentlichen Dienst die für die Beamten geltenden Regelungen Anwendung. Der am 19.03.2005 unterzeichnete Tarifvertrag für den öffentlichen Dienst enthielt die bisherige Gleichstellung der Arbeitnehmerhaftung mit der Beamtenhaftung nicht mehr. Die Änderung der Arbeitnehmerhaftung, die dem Dienstherrn einen Rückgriff bei allen Graden der Fahrlässigkeit ermöglicht, hat unter den betroffenen Tarifbeschäftigten hohe Wellen geschlagen. In den aktuellen Tarifverträgen für den Krankenhausbereich (§ 56 TVöD BT-K) ist jetzt geregelt, dass die Haftung der Beschäftigten bei betrieblich veranlassten Tätigkeiten auf Vorsatz und grobe Fahrlässigkeit beschränkt ist.

1137

❗ – Dem geschädigten Patienten stehen unter Umständen mehrere Schuldner, Krankenhausträger, angestellter Arzt, Belegarzt etc., zur Verfügung. Es steht im freien Ermessen des Patienten, gegen wen er seinen Anspruch richtet.
– Wird der mitversicherte behandelnde Arzt in Anspruch genommen, hat dieser in der Regel einen Freistellungsanspruch über den Klinikversicherer des Krankenhausträgers. In den Versicherungsverträgen ist regelmäßig eine Regressnahme des mitversicherten Arztes durch den Versicherer ausgeschlossen.

1695 Z.B. Art 85 Bayerisches Beamtengesetz, § 84 Abs. 1 S.1 LBG NW, Rückgriff nur bei Vorsatz und grober Fahrlässigkeit.
1696 Bergmann/Wever Die Arzthaftung 10. Kapitel S. 246.
1697 Lutterbeck in Wenzel, Kap. 5, Rn. 101.
1698 Lutterbeck in Wenzel, Kap. 5, Rn. 101.

Köllner

- Dem Krankenhausträger entsteht bei der Schadenregulierung durch den Versicherer kein Schaden, den er gegenüber dem Arzt regressieren könnte, so dass insoweit kein Regressanspruch besteht.
- Besteht kein Versicherungsschutz über den Klinikversicherer, gelten die allgemeinen Grundsätze des BAG über die Beschränkung der Arbeitnehmerhaftung im Regressfall.
- Bei Anwendbarkeit des TVöD ist in Krankenhäusern die Haftung der Beschäftigten bei betrieblich veranlassten Tätigkeiten auf Vorsatz und grobe Fahrlässigkeit beschränkt.

bb) Interessenlage bei unterschiedlichem Versicherer

1138   Besteht für das medizinische Personal über die Betriebshaftpflichtversicherung des Krankenhauses kein Versicherungsschutz oder werden neben dem Krankenhausträger externe Ärzte in Anspruch genommen, sind regelmäßig mehrere Versicherer involviert.

Werden Arzt und Klinikträger gesamtschuldnerisch auf Schadenersatz in Anspruch genommen, ändert dies an der Interessenlage zunächst nichts. Sowohl dem Arzt als auch dem Krankenhaus ist daran gelegen, dass unberechtigte Ansprüche abgewehrt und berechtigte Ansprüche reguliert werden und dies möglichst ohne große »Außenwirkung«. In der Regulierungspraxis treten aber Probleme auf, wenn der Haftungsumfang und die jeweiligen Verschuldensanteile zwischen Arzt und Klinikträger streitig sind.

(1) Blickwinkel Patientenanwalt

1139   Der Patientenanwalt ist gehalten, sämtliche potenzielle Haftungsschuldner herauszufiltern und Ansprüche gegen diese anzumelden, um nicht mögliche Vermögensschadenhaftpflichtansprüche zu riskieren. Bei der Komplexität der Krankenhausbehandlung und der Vielzahl der an der Behandlung beteiligten Ärzte und Pflegekräfte steht der Patientenvertreter hier vor einer schwierigen Aufgabe. Wird Klage erhoben, sollte diese tunlichst gegen »die richtigen« und auch passivlegitimierten Beklagten gerichtet werden. In der außergerichtlichen Auseinandersetzung sind verjährungsunterbrechende Maßnahmen gegen sämtliche Beteiligte zu ergreifen. Gerade in Großschäden, in denen die Gefahr besteht, dass die Deckungssummen einzelner Versicherer nicht ausreichen, ist es von zentraler Bedeutung, alle möglichen Gesamtschuldner zu erfassen.

Dies hat für den Patientenvertreter zur Folge, dass er sich häufig mit mehreren Haftpflichtversicherern auseinandersetzen muss, die wiederum jeweils unterschiedliche Interessen vertreten.

Um in der Sache voranzukommen, empfiehlt es sich nach der Ermittlung sämtlicher beteiligter Versicherer, sich bei der inhaltlichen Auseinandersetzung auf den Versicherer eines Gesamtschuldners zu fokussieren. Dieser wird dann im eigenen Interesse bemüht sein, eine interne Regelung mit den weiteren beteiligten Versicherungsgesellschaften über Haftungsquoten und Ausgleichungspflichten herbeizuführen.

(2) Blickwinkel Haftpflichtversicherer

Im Außenverhältnis zum Ersatzpflichtigen sind Arzt und Klinikträger als **1140** Gesamtschuldner nebeneinander verantwortlich. Die Haftung zu gleichen Teilen ist aber gerade im Arzthaftungsbereich eher die Ausnahme als die Regel. Ist etwa ein Krankenhausträger lediglich wegen des abgeschlossenen Behandlungsvertrages in der Haftung, ein nicht über die Betriebshaftpflicht des Krankenhauses mitversicherter Arzt wegen eines groben Behandlungsfehlers, beginnt gelegentlich das Ringen zwischen den Beteiligten und deren Versicherern über die internen Haftungsquoten. Es kann dann vorkommen, dass die Schadenregulierung ins Stocken gerät, wenn zwischen den Versicherern keine Einigung über die Haftungsverteilung im Innenverhältnis getroffen werden kann. Die Regulierungspraxis lehrt aber, dass eine prozessuale Auseinandersetzung nur zur Klärung des Gesamtschuldnerausgleichs nicht zielführend ist. Im Falle eines klagestattgebenden Urteils werden Ärzte und Klinikträger in der Regel als Gesamtschuldner verurteilt, ohne dass das Gericht Ausführungen zum Ausgleichsanspruch macht. Der Patientenvertreter fordert Leistung aus dem Urteil der Einfachheit halber nur von einem Schuldner, so dass in solchen Fällen ein Regressprozess vorprogrammiert ist. Gerichtliche Vergleichsvorschläge, in denen das Gericht konkrete interne Haftungsquoten vorschlägt, sind eher die Ausnahme als die Regel. Schließlich ist es bei unterschiedlichen Versicherern üblich, dass auch die Anwaltsmandatierung getrennt erfolgt; dies ist zum einen ein zusätzlicher Kostenfaktor, zum anderen kommt es nicht selten vor, dass auf Beklagtenseite kein einheitliches Auftreten nach außen mehr erfolgt, sondern gegenseitig Schuldvorwürfe erhoben werden und dabei die eigentliche zivilprozessuale Auseinandersetzung aus dem Blickfeld gerät.

❗ Vorgehen in der Praxis:
- Da berechtigte Ansprüche einem Ausgleich unterliegen müssen und Streitigkeiten zwischen Versicherern nicht zulasten des Patienten gehen sollen, hat es sich bewährt, wenn ein Versicherer im Außenverhältnis die federführende Bearbeitung übernimmt, berechtigte Ansprüche reguliert und parallel dazu eine Regelung im Innenausgleich gesucht wird.
- Häufig übernimmt der zuerst in Anspruch genommene Haftpflichtversicherer oder der Versicherer, dessen Versicherungsnehmer länger oder näher mit der beanstandeten Behandlung befasst war, die federführende Bearbeitung. Auf diese Weise können im Außenverhältnis sachgerechte Lösungen herbeigeführt werden.
- In der täglichen Schadenfallbearbeitung werden von einem Versicherer getroffene Vergleichsregelungen von den weiteren beteiligten

Köllner

Versicherungsgesellschaften auch akzeptiert, der Einwand einer fehlerhaften Schadenfallbearbeitung und Regulierung wird regelmäßig nicht erhoben.

IV. Die Bearbeitung eines Schadenfalles

1. Anforderung an die personelle Besetzung und Organisation der Heilwesenschadenabteilung

1141 Das berufliche Risiko praktizierender Ärzte/Ärztinnen[1699] ist naturgemäß hoch, da sie sich in ihrer täglichen Arbeit mit einem hohen Gut, der Gesundheit ihrer Patienten, auseinanderzusetzen haben. Vor diesem Hintergrund besteht gemäß den Satzungen der Landesärztekammern die standesrechtliche Verpflichtung, das ärztliche Risiko durch eine Berufshaftpflichtversicherung zu sichern. Schwerpunkt der Berufshaftpflichtversicherung bildet danach die Haftung des Arztes im Bereich des Personenschadens.

a) Anforderungsprofil für die Heilwesensachbearbeitung

1142 Die Bearbeitung von Arzthafthaftungsschäden ist komplex und erfordert rund um die Arzthaftungs- und Personenschadenthematik vielseitige juristische Kenntnisse, medizinisches Grundwissen sowie ein grundsätzliches Interesse an wirtschaftlichen Zusammenhängen. Darüber hinaus liegen Arzthaftungsschäden meist Sachverhalte zugrunde, die eine sensible Handhabung sowohl im Umgang mit den betroffenen Parteien als auch mit Blick auf deren Außenwirkung und Medienwirksamkeit erfordern. Das an einen Heilwesenschadensachbearbeiter zu stellende Anforderungsprofil ist von daher vielfältig und umfasst im Einzelnen:

– Kenntnisse im Bereich des stark rechtsprechungsgeprägten Arzthaftungsrechts, des Schadenersatzrechts, des Sozialversicherungs- und Sozialrechts
– Medizinische Kenntnisse
– Interesse an wirtschaftlichen Zusammenhängen
– Soziale Kompetenz im Umgang mit unterschiedlichsten Gesprächspartnern

aa) Juristische Ausbildung

1143 Kernaufgabe der Heilwesenbearbeitung ist es, innerhalb der versicherungsvertraglichen Vereinbarung (für den versicherten Arzt) zeitnah und kompetent berechtigte Ansprüche Dritter auszugleichen sowie unberechtigte Ansprüche abzuwehren.

1144 Im Vordergrund der Schadenbearbeitung steht damit die juristische Aufbereitung der Lebenssachverhalte, innerhalb zivilgerichtlicher Auseinan-

---

1699 Im Folgenden wird für alle Berufsbezeichnungen zur leichteren Lesbarkeit die männliche Form verwendet.

dersetzungen die Begleitung der Klageverfahren sowie im Haftungsfall ein offensives Schadenmanagement. Wegen des stark juristisch geprägten Anforderungsprofils, sollte diese Tätigkeit deshalb von Volljuristen ausgeübt werden, welche jedoch zudem Interesse an medizinischen Problemstellungen sowie wirtschaftlichen Zusammenhängen besitzen sollten.

bb) Medizinische Fachkenntnisse

Auch wenn die Beurteilung medizinischer Fragestellungen grundsätzlich den medizinischen Sachverständigen obliegt, so muss der Sachbearbeiter im Zuge der Sachverhaltsklärung die Parteivorträge haftungsrechtlich würdigen, Widersprüche und Problemstellungen erkennen und ggf. weitergehende Sachverhaltsklärung in die Wege leiten.

1145

cc) Interesse an wirtschaftlichen Zusammenhängen

Über die rein juristische Arbeit hinausgehend ist in jedem Schadenfall eine wirtschaftliche Risikobetrachtung und -einschätzung erforderlich, damit eine möglichst realistische Reserve zurückgestellt und im Haftungsfall eine sachgerechte Lösung erarbeitet werden kann. Neben der Haftungsbeurteilung zum Grunde ist vor dem Hintergrund des in Rede stehenden Gesundheitsschadens sowie Dauer und Ausmaß der Gesundheitsbeeinträchtigung der Umfang möglicher Schadenersatzpositionen zu bewerten. Hierbei ist sowohl die Höhe eines sachgerechten Schmerzensgeldes zu ermitteln wie auch das weitere materielle Risiko, in welches z.B. kausale Heilbehandlungskosten, vermehrte Bedürfnisse sowie Erwerbs- oder Unterhaltsschäden einfließen.

1146

dd) Soziale Kompetenz und kommunikatives Geschick

Sowohl im Zuge der Sachverhaltsklärung, des Schadenmanagements als auch der Schadenprävention steht der Sachbearbeiter zudem in einem regen Austausch mit Dritten, wie den Versicherungsnehmern, den Anspruchstellern, dessen Rechtsanwälten, Sachverständigen, Sozialversicherungsträgern, Sozialhilfeträgern und öffentlichen Dienstherrn. Aus diesem Grunde ist neben der fachlichen Qualifikation und Ausbildung auch soziale Kompetenz wie kommunikatives Geschick gefordert. Denn während der Behandlungsfehlervorwurf für den Patienten die Auseinandersetzung mit einer u. U. gravierenden gesundheitlichen Beeinträchtigung bedeutet, ist der betroffene Arzt einem Schuldvorwurf ausgesetzt, welcher imageschädigend wie im Extremfall existenzbedrohend sein kann und auch häufig eine persönliche Belastung darstellt. Je schwerwiegender der Schuldvorwurf und die gesundheitlichen Folgen, desto schwieriger meist die Verständigung und Suche nach einem für alle Parteien akzeptablen Lösungsweg. Der Sachbearbeiter sollte deshalb in der Lage sein, sich mit sachlicher Distanz in die Lage des jeweiligen Gesprächspartners zu versetzen, um eine Vorstellung von dessen Beweggründen wie Interessen aber auch Nöten zu erhalten. Diese Vorstel-

1147

Ulsperger

lungskraft eröffnet den Blick für mögliche Lösungswege und ist damit die Basis für eine zielgerichtete Schadenbearbeitung.

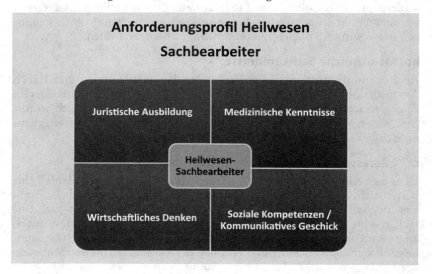

b) Weitgehende fachliche Austauschbarkeit der Mitarbeiter

1148 Die Haftungsklärung erfolgt in der Regel auf der Basis medizinischer Gutachten. Nicht selten müssen mehrere gutachterliche Stellungnahmen eingeholt werden. So bei widerstreitenden Parteivorträgen oder aber mehreren betroffenen medizinischen Fachrichtungen, weshalb die Klärung des im Einzelfall zugrundeliegenden Sachverhaltes meist zeitaufwendig ist. Die organisatorische Zuordnung anfallender Schadenfälle nach Klein-, Mittel- und Großschäden ist im Zeitpunkt der Schadenmeldung nur in seltenen Fällen möglich, weshalb der Sachbearbeiter im Grundsatz jeden Arzthaftpflichtfall ungeachtet der Schwierigkeit und Aufwandshöhe bearbeiten können sollte. Bei gleichem Wissens- und Ausbildungsstand der Schadensachbearbeiter sind zudem ein breiter fachlicher Austausch und damit der Zugriff auf ein entsprechend großes, gleichrangiges Erfahrungsspektrum in der täglichen Arbeit gewährleistet.

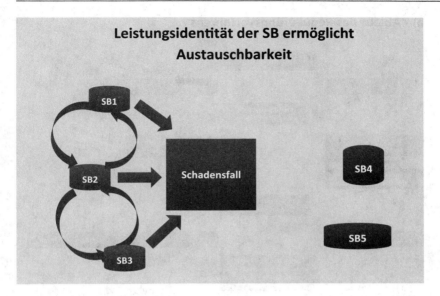

Leistungsidentität der SB ermöglicht
Austauschbarkeit

2. Leitfaden durch die Schadenbearbeitung

Der Berufshaftpflichtversicherer erlangt in aller Regel über den betroffenen **1149**
Arzt, dessen Makler, manchmal aber auch durch den Patienten oder dessen
Rechtsanwalt Kenntnis von einem Schadenfall.

a) Ablauf des Regulierungsverfahrens

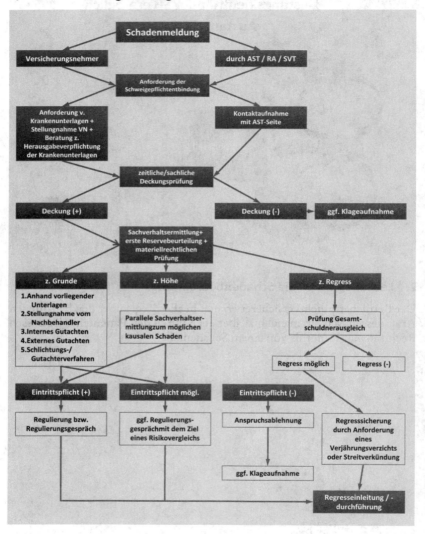

1150 Sofern der Arzt von seiner Schweigepflicht entbunden wurde – hierauf sollte im Interesse des versicherten Arztes stets geachtet werden – sind die dem Vorwurf zugrundeliegenden Behandlungsunterlagen, gegebenenfalls auch das bildgebende Befundmaterial (MRT, Röntgenunterlagen), anzufordern und, sofern bereits möglich, eine ausführliche Stellungnahme des Versicherungsnehmers einzuholen. Auf Basis dieser Informationen ist sodann in einem ersten Schritt die vertragliche zeitliche wie sachliche Deckung zu prüfen.

aa) Deckungsrechtliche Prüfung

Die zeitliche wie sachliche Deckung erfolgt vor dem Hintergrund des Versicherungsvertragsgesetzes, der zugrunde liegenden Allgemeinen Haftpflicht Bedingungen, der Besonderen Bedingungen für Ärzte und schließlich ergänzend anhand des individuellen Versicherungsvertrages. Als Folge dieser Prüfung wird entweder der Versicherungsschutz in wenigen Fällen versagt oder im Regelfall bestätigt. Für die zeitliche Deckung ist darauf abzustellen, ob das Schadenereignis in den versicherten Zeitraum fällt, während sachliche Deckung anzunehmen ist, wenn sich in dem Schadenereignis das versicherte Risiko verwirklicht hat.

1151

(1) Deckungsschutzversagung

Im Falle einer Versagung des Versicherungsschutzes erhält der versicherte Arzt eine schriftliche und detailliert begründete Ablehnung. Falls er mit dieser Entscheidung nicht einverstanden ist und Klage erhebt, ist der Prozess aufzunehmen und ggf. ein externer Rechtsanwalt mit der Interessenwahrnehmung des Berufshaftpflichtversicherers innerhalb des Deckungsprozesses zu beauftragen.

1152

Für die zeitliche Deckung ist die Frage zu beantworten, ob der Versicherungsfall – also das Schadenereignis – in den vertraglichen und damit versicherten Zeitraum fällt. Die Definition des Schadenereignisses i. S. d. §§ 5 Nr.1, 1 Nr.1 AHB fällt innerhalb der Arzthaftung jedoch nicht leicht und hat sich auch nach der Festschreibung der Folgeereignistheorie in den AHB 04 in Literatur und Rechtsprechung weiterhin nicht vereinheitlicht.[1700] Relevanz erhält diese Diskussion bei sog. gedehnten Schadenereignissen oder schleichender Schadenentwicklung, wenn bspw. der betroffene Arzt im Zeitpunkt der Behandlung und dem festgestellten Gesundheitsschaden – welcher nicht zwingend dem Zeitpunkt der tatsächlichen Entstehung des Gesundheitsschadens entspricht – bei unterschiedlichen Berufshaftpflichtversicherern versichert oder aber später nach erfolgter Praxisaufgabe nicht mehr versichert war. Auch Fälle des Diagnoseirrtums sowie der unterlassenen Befunderhebung können von dieser Problematik betroffen sein, da Jahre zwischen der Behandlung und der eigentlichen Gesundheitsschädigung liegen können, während der genaue Zeitpunkt des Eintritts der Gesundheitsschädigung (Ausbruch der Krankheit) häufig nicht aufklärbar, da eher zufällig ist.

1153

1700 Hierzu eingehend Katzenmeier/Bennecke, Die Haftpflichtversicherung von Arzt und Krankenhausträgern, in Handbuch des Fachanwalts Medizinrecht, S. 520 ff., Rn.26 ff. m. w. N. zum Diskussionsstand.

Ulsperger

> **Beispiel für eine problematische Bestimmung des Zeitpunkts des Schadensereignisses:**
>
> Der Arzt beurteilt das Ergebnis einer Blutuntersuchung falsch und unterlässt eine weitere Diagnostik oder zumindest die Anordnung engmaschiger Kontrolluntersuchungen, dadurch bedingter verspäteter Therapiebeginn mit späterem Ausbruch der im Zeitpunkt der Behandlung nur angelegten Krankheit.

1154 Ungeachtet der Diskussion, welcher Theorie letztendlich zu folgen ist, sollte aus Gründen der Rechtssicherheit eine rasche Entscheidung im Einzelfall (unter Berücksichtigung der besonderen Umstände und Abwägung der Prozessrisiken für den Fall eines Deckungsprozesses[1701]) getroffen werden.

1155 Insbesondere dann, wenn der Zeitpunkt des Eintritts der Gesundheitsschädigung nicht aufklärbar ist und der VN sowohl im Zeitpunkt der Handlung/Unterlassung als auch der späteren Feststellung des Gesundheitsschadens – wenn auch bei verschiedenen Versicherern – versichert war, sollte schnellstmöglich unter den Versicherern eine Einigung über die federführende Bearbeitung erzielt werden, damit eine zeitnahe Sachverhaltsklärung als Grundlage für ein sachgerechtes Ergebnis gewährleistet bleibt.

(2) Deckungsbestätigung

1156 Im Falle der Deckungsbestätigung ist der zugrundeliegende Lebenssachverhalt einer materiellrechtlichen Prüfung anhand der Begründung des Behandlungsfehlervorwurfs seitens der Anspruchssteller (des Patienten, Kranken- oder Rentenversicherers, Dienstherrn, Sozialversicherers) bzw. deren anwaltlichen Vertreter, der Krankenunterlagen sowie der Stellungnahme des versicherten Arztes zu unterziehen.

bb) Materiellrechtliche Prüfung zum Haftungsgrund

1157 Während bei einfach gelagerten Sachverhalten die erforderlichen Ermittlungen für eine Haftungsbeurteilung sowie zu den kausalen Folgen recht schnell gelingen und eine abschließende Entscheidung möglich sein wird, ist die Vielzahl der Fälle durch Komplexität geprägt und fordert eine umfassende Sachverhaltsaufklärung.

1158 Dies gilt vor allem bei widerstreitendem Sachvortrag. Sofern Unstimmigkeiten oder widersprüchliche Angaben zum medizinischen Sachverhalt vorliegen, muss im Regelfall eine medizinische Sachaufklärung betrieben werden. Diese kann durch ein internes Gutachten nach Aktenlage, in Abstimmung mit der meist anwaltlich vertretenen Geschädigtenseite durch ein

---

1701 Dazu OLG Nürnberg VersR 2000, 1490; OLG Karlsruhe v.1.07.2004, Az: 12U117/04.

unabhängiges medizinisches Sachverständigengutachten – nach Aktenlage oder auf Basis einer persönlichen Begutachtung – sowie innerhalb eines Gutachter-/Schlichtungsverfahrens erfolgen. In dieser Situation ist zu entscheiden, welcher finanzielle Aufwand die medizinische Sachaufklärung im Einzelfall rechtfertigt.

(1) Internes Gutachten nach Aktenlage bei einfachen und überschaubaren Sachverhalten

Wenn sich bspw. die Parteivorträge zum Behandlungsverlauf decken, die in **1159** Rede stehende Behandlung jedoch einer abschließenden, fachmedizinischen Beurteilung bedarf, kann im Einzelfall bereits eine interne, u. U. weniger kostenintensive, Beurteilung durch einen Fachmediziner für die haftungsrechtliche Beurteilung weiterhelfen. Insbesondere, wenn bei komplexen Sachverhalten bereits nach den vorliegenden Unterlagen und Stellungnahmen eine Haftung nicht ausgeschlossen werden kann oder gar wahrscheinlich ist und nur zu einigen wenigen medizinischen Fragen letzte Gewissheit benötigt wird, bietet sich dieses Vorgehen an. Eine solche gutachtliche Stellungnahme ist meist zeitnah eingeholt und ermöglicht eine schnellere, zielführende Weiterbearbeitung.

(2) Externer Gutachter bei komplexen Sachverhalten

Steht jedoch ein komplexer Sachverhalt mit gravierenden Folgen und Aus- **1160** wirkungen zur Diskussion, ist in der Regel eine umfassendere Sachverhaltsklärung unumgänglich. Diese kann sowohl mittels Gutachter- bzw. Schlichtungsverfahren aber auch durch einen im Einvernehmen mit der Patientenseite beauftragten unabhängigen Gutachter auf Basis einer aktuellen Untersuchung erfolgen.

– Schlichtungs- und Gutachterverfahren

In Ausgestaltung des berufsständischen Rechts sind innerhalb der Landes- **1161** ärztekammern Schlichtungs- bzw. Gutachterstellen eingerichtet worden mit der Intention, Patienten und Ärzten eine kostenlose, außergerichtliche gutachtliche Klärung medizinischer Fragestellungen im Zusammenhang mit einer streitbefangenen Behandlung zu bieten. Maßgebliches Ziel ist die Befriedung der Parteien. Jedoch soll dieses Angebot im Umgang mit Behandlungsfehlervorwürfen zugleich auch dem Imageerhalt der Ärzteschaft sowie einer insgesamt schnelleren und für alle Parteien kostengünstigen Verfahrensweise dienen. Die Verfahren der Schlichtungs- und Gutachterstellen sind jedoch, da durch Satzung der jeweiligen Landesärztekammer geregelt, z. T. sehr unterschiedlich ausgestaltet. Während einige Kammern nur die betroffenen Ärzte und Patienten als Beteiligte zulassen und nur diesen ein Informationsrecht zubilligen, haben andere zwischenzeitlich auch den Berufshaftpflichtversicherern der betroffenen Ärzte die Beteiligung an den Verfahren oder aber zumindest ein Informationsrecht eingeräumt.

Ulsperger

Die Höhe der mit dem Gutachterverfahren verbundenen Kosten ist uneinheitlich, weshalb bei der Entscheidung für oder gegen ein Schlichtungs-/Gutachterverfahren die jeweiligen landesspezifischen Regelungen zu beachten sind. Auch wenn die Schlichtungs-/Gutachterverfahren den Vorteil besitzen, insbesondere bei komplexen Fallgestaltungen eine kostengünstige Sachaufklärung zu betreiben, bietet sich gleichwohl nicht jeder Schadenfall für ein solches Verfahren an. Steht die Haftung dem Grunde nach im Wesentlichen fest, ist es in aller Regel zeit- und kostensparender, unmittelbar in die Regulierung oder zumindest diese vorbereitende Gespräche einzutreten. Einer Befriedung bedarf es in diesem Falle nicht mehr. Auch in sog. Bagatellfällen ist es u. U. kostengünstiger, Risikovergleiche unter Berücksichtigung gegebener Unwägbarkeiten zu erarbeiten, ohne eine weitergehende, kostspielige Sachverhaltsaufklärung zu betreiben. Wird ein Aufklärungsmangel gerügt, muss zudem bedacht werden, dass innerhalb der Schlichtungs-/Gutachterverfahren keine Zeugeneinvernahme erfolgt, während sich diese Fragestellung häufig nur hierüber klären lässt. Auch wenn begründete Anhaltspunkte für eine mögliche Haftung von Vor-, Nachbehandlern oder anderen Fachärzten sprechen, kann letztendlich eine sinnvolle Sachverhaltsklärung mit dem Ziel einer Befriedung der Parteien nur erreicht werden, wenn alle von dem Behandlungsfehlervorwurf betroffenen Ärzte und Institutionen in das Verfahren einbezogen werden.

1162 Folgendes Tableau soll einen groben Überblick über die unterschiedlichen Verfahrensweisen der Gutachter-/Schlichtungsstellen, mit Ausnahme derjenigen, der Zahnärztekammern, geben:

Gutachterkommissionen bzw. Schlichtungsstellen	Beteiligte des Verfahrens	Antragsberechtigte	Vertretung	Mündliche Anhörung der Beteiligten	Mitwirkung bzw. Einbindung der H-Vers.	Kostentragung
Baden-Württemberg (Nordwürttemberg; Nordbaden; Südbaden; Südwürttemberg)	1. Patient 2. Arzt	1. Patient 2. Arzt 3. Hinterbliebener Ehegatte + Kinder; sofern nicht vorhanden auch Eltern	Die Beteiligten können sich (auch durch Haftpfl.-vers.) vertreten lassen. §157 ZPO gilt entsprechend.	Anhörung ist möglich.	Meldet sich H-Vers. für den Arzt, wird er wie Vertreter behandelt.	H-Vers. übernimmt ggf. Verfahrenspauschale ; aktuell 375 EUR einschl. Gutachten.
Bayern	1. Patient 2. Arzt 3. Krankenhausträger bzw. ärztlich geleitete Einrichtung 4. Haftpflichtversicherer	1. Patient 2. Arzt 3. Haftpflichtversicherer	Eine Vertretung ist nicht vorgesehen.	Keine Anhörung.	Als Beteiligter alle Informations- und Mitwirkungsrechte	H-Vers. übernimmt ggf. Verfahrenspauschale; bei mehreren, voneinander unabhängigen Behandlungsverträgen ggf. mehrfach zu leisten. Aktuell 300 EUR.
Hessen	1. Patient 2. Arzt 3. Erben des Patienten 4. Krankenhausträger	1. Patient 2. Arzt 3. Erben des Patienten 4. Krankenhausträger	Eine Vertretung ist auf Basis schriftlicher Vollmacht grds. möglich.	Keine ausdrückliche Regelung. Es können aber alle zur Aufklärung erforderlichen Maßnahmen getroffen werden.	Arzt muss H-Vers. benennen und dessen Unterrichtung schriftlich nachweisen, sofern er dies nicht der GA-Stelle überläßt! Form und Umfang der Unterrichtung ist durch Satzung nicht geregelt.	H-Vers. übernimmt ggf. Verfahrenspauschale sowie Sachverständigenkosten; aktuell 357,90 EUR.
Nordrhein	1. Patient 2. Arzt 3. ggf. gesetzl. Vertreter oder Hinterbliebene	1. Patient 2. Arzt	Eine Vertretung ist auf Basis schriftlicher Vollmacht grds. möglich. §157 ZPO gilt entsprechend.	Anhörung möglich, sofern dies sachdienlich erscheint.	H-Vers. wird über 1. Verfahrensbeginn u. -abschluss; 2. abschließendes GA; 3. auf Anforderung über die zugrundeliegenden Stellungnahmen informiert.	H-Vers. übernimmt ggf. Kostenpauschale; aktuell 690 EUR.
Rheinland-Pfalz	1. Patient 2. Arzt 3. Erben des Patienten	1. Patient 2. Arzt 3. Erben des Patienten	Vertretung ist grds. möglich.	Auf Antrag eines Beteiligten Anhörung des Gutachters möglich.	keine vorgesehen!	H-Vers. übernimmt ggf. Verfahrenspauschale sowie Sachverständigenkosten; aktuell 357,90 EUR.

Gutachterkommissionen bzw. Schlichtungsstellen	Beteiligte des Verfahrens	Antragsberechtigte	Vertretung	Mündliche Anhörung der Beteiligten	Mitwirkung bzw. Einbindung der H-Vers.	Kostentragung
Saarland	1. Patient 2. Arzt 3. ggf. hinterbliebene nächste (erb- oder pflichtteilsberechtigte) Angehörige	1. Patient 2. Arzt 3. ggf. hinterbliebene nächste (erb- oder pflichtteilsberechtigte) Angehörige	Die Beteiligten können sich vertreten lassen. §157 ZPO gilt entsprechend.	Keine Anhörung.	1. GK fordert Arzt auf H-Vers. zu informieren. 2. H-Vers. erhält Stellungnahmen u. Gutachten. 3. H-Vers. kann sich zur Person des GA äußern u. zu stellende Fragen mitteilen.	H-Vers. übernimmt ggf. Verfahrenspauschale; aktuell 450 EUR.
Sachsen	1. Patient 2. Arzt 3. Haftpflichtversicherer	1. Patient 2. Arzt 3. Haftpflichtversicherer 4. wenn kein Haftpflichtversicherer, muss geklärt sein, dass und wer Gutachterkosten trägt	Eine Vertretung ist nicht vorgesehen.	Keine Anhörung.	keine vorgesehen!	Haftpflichtversicherer trägt ggf. Gutachterkosten, sofern er dem Verfahren zugestimmt hat. Bei mehreren beteiligten Ärzten anteilige Kostentragung. Aktuell 0,00 EUR.
Westfalen-Lippe	1. Patient 2. Arzt	1. Patient 2. Arzt 3. ggf. Erben des Patienten	Vertretung auf Basis schriftlicher Vollmacht ist möglich.	Nur bei Schlichtungsversuch der Kommission. Hiervon ist der Haftpflichtversicherer zu informieren.	Von Schlichtungsversuch im Rahmen mündlicher Anhörung ist H-Vers. zu informieren.	H-Vers. übernimmt ggf. Kostenpauschale; aktuell 630 EUR einschl. Gutachten.
Norddeutsche (Berlin; Brandenburg; Bremen; Hamburg; Mecklenburg-Vorpommern; Niedersachsen; Sachsen-Anhalt; Schleswig-Holstein; Thüringen)	1. Patient 2. Arzt 3. Krankenhausträger 4. Haftpflichtversicherer bzw. Träger der Eigenversicherung des Krankenhauses		Alle Beteiligten können sich vertreten lassen.	Anhörung möglich.	Als Beteiligter alle Informations- und Mitwirkungsrechte	H-Vers. übernimmt ggf. Verfahrenspauschale sowie Sachverständigenkosten; aktuell 690 EUR zuzgl. Gutachten.

Aus Gründen der Transparenz und Rechtssicherheit ist eine Vereinheitlichung der Verfahrensregeln wünschenswert, welche sowohl die Einbindung der Berufshaftpflichtversicherer als Beteiligte als auch eine einheitliche, nachvollziehbare Kostenregelung vorsieht. Der Befürchtung, dass durch die Beteiligung der Versicherer die Verfahren ihre Objektivität einbüßten, ist entgegen zu halten, dass diese Verfahrensweise innerhalb einiger Landesärztekammern[1702] seit Jahren praktiziert wird, ohne dass deren Verfahren ihre Objektivität bzw. die betreffenden Schlichtungsstellen/ Gutachterkommissionen ihre Reputation verloren hätten, zumal auch den Beteiligten letztendlich nur eingeschränkte, die Verfahren fördernde Mitwirkungsrechte zustehen.[1703] Ferner ist für eine zielführende Verfahrensweise erforderlich, alle betroffenen Parteien – und dazu gehört nun mal auch der das ärztliche Risiko absichernde Berufshaftpflichtversicherer – in die Verfahren einzubinden, damit letztendlich auch eine Umsetzung der Entscheidungen gewährleistet ist. Eine Umsetzung kann aber nur dann erwartet werden, wenn die Verfahren und die darauf basierende Entscheidung auch die Akzeptanz der Versicherer findet. Hierzu ist seine entsprechende Information und die Möglichkeit seiner verfahrensfördernden Mitwirkung unerlässlich.

1163

> ❗ Bei der Entscheidung für oder gegen ein Schlichtungs-/Gutachterverfahren sind die unterschiedlichen landesrechtlichen Verfahrensregeln zu beachten.

– Unabhängiges fachmedizinisches Gutachten

Der Vorteil eines unabhängigen medizinischen Gutachtens auf Basis einer gutachtlichen Untersuchung ist, dass der an den Gutachter verfasste Fragenkatalog eine Sachverhaltsermittlung über den eigentlichen Behandlungsfehlervorwurf hinaus ermöglicht. Weil sich die Gutachten zur Klärung der Haftungsfrage (gleich ob inner- oder außerhalb eines Zivilprozesses) meist auf den Zeitpunkt der in Rede stehenden Behandlung beziehen, geben sie selten bis nie Aufschluss über die weitere gesundheitliche Entwicklung des betroffenen Patienten und das konkrete Ausmaß der kausalen Folgen. Diese Informationen zum konkreten Ausmaß der kausalen Beeinträchtigungen innerhalb der persönlichen und familiären Lebenssituation, des erlernten bzw. ausgeübten Berufs sowie in Abgrenzung zu anlagebedingten, schicksalhaften Leiden sind allerdings im Falle feststehender, wahrscheinlicher

1164

1702 LÄK Bayern, LÄK Sachsen und Norddeutsche LÄK.
1703 Etwa: Antragsberechtigung; Hessen und Rheinland-Pfalz: Mitteilung der Person des Gutachters an die Beteiligten; in Hessen, Rheinland-Pfalz und bei der Norddeutsche LÄK vorgesehen: Möglichkeit gegen die Person des Gutachters Einwände zu erheben; LÄK Baden-Württemberg und Saarland: Gutachtenübermittlung an die Beteiligten; Bayern: Stellungnahmemöglichkeit der Beteiligten zum Gutachten; Sachsen: nur mündliche Mitteilung der Entscheidung auf Basis der Gutachten.

Ulsperger

oder zumindest nicht auszuschließender Haftung für die Beurteilung der Schadenhöhe von wesentlicher Bedeutung.

cc) Materiellrechtliche Prüfung zur Höhe

1165 Die Ermittlung des erstattungsfähigen Personenschadens vor dem Hintergrund des aktuellen medizinischen Status wird bei feststehendem Haftungsgrund nun in mehrerer Hinsicht erforderlich. Zum einen muss eine Risikoeinschätzung erfolgen, damit im Einzelfall eine möglichst genaue Rückstellung gebildet werden kann, um so den bilanz- und steuerrechtlichen Anforderungen zu genügen. Zum anderen ist die Ermittlung eines wahrscheinlichen erstattungsfähigen Personenschadens unabdingbare Basis für eine sachgerechte Regulierung.

1166 Neben der Bewertung des immateriellen Anspruchs ist vor allem in folgenschweren Schäden, sog. Großschäden, regelmäßig der Erwerbsschaden (von Angestellten, Freiberuflern wie Selbständigen) auf Basis aussagekräftiger Steuerunterlagen, die vermehrten Bedürfnisse (z. B. Pflegekosten, Kosten für behindertengerechten Umbau von Wohnraum und PKW), Haushaltsführungskosten (in Form des Erwerbsschadens oder vermehrter Bedürfnisse) sowie nicht selten der Unterhaltsschaden Hinterbliebener zu bewerten. Auch im Zuge der haftungsausfüllenden Sachverhaltsklärung kann die Mitwirkung von Sachverständigen erforderlich werden. Handelte es sich beispielsweise bei dem Patienten um einen selbständigen Unternehmer, kann bei komplexen Konstellationen das konkrete Ausmaß der kausalen Einkommenseinbußen u. U. nur über ein Verdienstausfallgutachten fachkompetent ermittelt werden. Dass die Einholung von Gutachten zur Schadenhöhe wiederum mit Zeitaufwand verbunden ist, liegt auf der Hand, lässt sich jedoch nicht immer vermeiden. Allerdings sollten zur Vermeidung unnötiger Verzögerungen frühzeitig, d. h. bereits während der Haftungsklärung, alle für den Einzelfall relevanten Informationen zusammengetragen werden, welche bei unterstellter Haftung Auswirkung auf die Höhe etwaiger Ansprüche haben könnten.

Solche Informationen können sein:

Informationen	Informationsquellen	Relevanz
Alter	Anspruchstellerfragebogen	Kapitalisierung von Zukunftansprüchen für Reserve + Abfindungsvergleiche
Familienstand	Anspruchstellerfragebogen	Unterhalt; Umfang der anteilig zu leistenden/geschuldeten Haushaltsführung
Kinder; ggf. Alter der Kinder	Anspruchstellerfragebogen	Unterhaltsverpflichtung; Umpfang gegebener Haushaltsführung; wahrscheinl. Dauer der Verpflichtung
medizinischer Status vor Behandlungs-zt.pkt.	1. STN/Atteste/Krankenunterlagen der Vorbehandler bzw. Behandler anderer med. Fachrichtungen; 2. Vorerkrankungsregister des Krankenversicherers; 3. Pflegegutachten d.Pflegeversicherers; 4. Rentengutachten des Rentenversicherers;	Einschätzung der Zukunftsprognose + überholenden Kausalität; Abgrenzung des kausalen Schadens zu »Sowieso-Kosten«
aktueller medizinischer Status	aktuelle Stellungnahmen behandelnder Ärzte; GA	Ermittlung kausaler, konkreter Beeinträchtigung in Bezug auf seinerzeitigen und aktuell ausgeübten Beruf, den Lebensalltag
Ausbildung; erlernter Beruf; berufl. Entwicklung; aktuelle berufl. Tätigkeit	Anspruchstellerfragebogen; lfd. Korrespondenz zu Anspruchspositionen; Nachweise z.Einkommen vor der Behandlung und aktuelle Bescheinigungen; Rentenbescheide + Reha-Berichte des Renten-/Krankenversicherers/BG	Ermittlung d. Erwerbsschadenrisikos; ggf. Beurteilung v. Umschulungs-/Umsetzungsmöglichkeit sowie der verwertbaren Restarbeitskraft
Beruf des Ehegatten	Anspruchstellerfragebogen; Regressberechnung des Rentenversicherers	ggf. Bewertung eines Unterhaltsschadens/-berechtigung
Einkommen i Behandlungszeitpunkt	Verdienstnachweise; Steuerbescheide + den Bescheiden zugrundeliegende Unterlagen der Vorjahre	Ermittlung des kausalen Erwerbsschaden
aktuelles Einkommen	aktuelle Verdienstnachweise; Steuerbescheide + Unterlagen	Ermittlung des kausalen Erwerbsschaden
Wohn-+ Lebensverhältnisse	Anspruchstellerfragebogen; med. Unterlagen, insbes. Pflegegutachen	Ermittlung vermehrter Bedürfnisse (Haus-/PKW-Umbau); Umfang der Haushaltsführung

dd) Offensives Schadenmanagement

Ein offensives Schadenmanagement bedeutet die aktive Steuerung innerhalb einer Schadenfallbearbeitung. Diese ist gekennzeichnet durch eine zielgerichtete Sachverhaltsklärung zu Grund und Höhe etwaiger Ansprüche sowie durch zeitnahe Entscheidungen auf Basis der ermittelten Informationen. Insbesondere in Groß- und sog. Langzeitschäden zahlt sich eine offensive Schadenbearbeitung aus. So zeigt auch eine neuerliche Studie des Gesamtverbandes der Deutschen Versicherungswirtschaft e.V.,[1704] dass insbesondere Großschäden mit zunehmendem Zeitablauf eine Teuerung erfah-

---

1704 Entwicklung von Personenschäden im Segment Heilwesen, Berlin 2009.

Ulsperger

ren. Bedingt wird diese Teuerung u.a. durch die allgemeine Inflation, Veränderung in der Rechtsprechung und dem medizinischen Fortschritt. Denn die Lebenserwartung selbst Schwerstgeschädigter ist heutzutage wegen des entwickelten medizinischen Standards deutlich höher. Mit Einführung des Pflegeversicherungsgesetzes 1994 wurde zudem ein Pflegemarkt geschaffen, welcher zu einer Teuerung der stationären wie häuslichen Pflege und damit der Bedürfnismehrung führte. Aber auch die zunehmend strengere Rechtsprechung zur Arzthaftung sowie das allgemein geänderte Anspruchsdenken in unserer Gesellschaft führen zu einer Teuerung des Personenschadens. Auf diese Entwicklungen kann ein Schadenversicherer nur durch eine schnelle und zielgerichtete und damit offensive Schadenbearbeitung sinnvoll kostensenkend reagieren.

1169   Häufig sind Arzthaftungsfälle jedoch durch eine zeitaufwendige Sachverhaltsklärung zum Grunde gekennzeichnet. Bis zur Haftungsklärung können Jahre vergehen. Dabei konzentriert sich die Sachaufklärung zunächst meist allein auf den Behandlungsfehlervorwurf. Der im Zeitpunkt der Haftungsklärung aktuelle gesundheitliche Status und die daraus resultierenden kausalen Beeinträchtigungen sind deshalb häufig unbekannt mit der Folge, dass im Falle möglicher oder gar feststehender Haftung eine weitere u. U. zeitaufwendige Sachverhaltsklärung zur Höhe der Ansprüche erforderlich wird. Deshalb sollten möglichst frühzeitig, d.h. bereits während der Klärung zum Haftungsgrund, umfänglich Daten zusammengetragen werden, welche bei unterstellter Haftung Auswirkung auf die Höhe in Rede stehender Ersatzansprüche haben könnten. Nicht immer ist von vornherein beurteilbar, ob und ggf. in welchem Umfang die Information Relevanz erhalten wird. Die nachträgliche Recherche dürfte jedoch zeitraubender sein als das rechtzeitige, sukzessive Sammeln und die systematische Erfassung erforderlicher Informationen im Rahmen der ohnehin laufenden Ermittlungen zum Haftungsgrund. Auch wenn eine Haftung zunächst nicht in Betracht gezogen wird, zeigt die Erfahrung, dass sich diese Einschätzung im weiteren Verlauf rasch ändern kann. In diesem Fall muss der Sachbearbeiter in die Lage versetzt sein, Entscheidungen zu treffen und insbesondere eine realistische Reserveanpassung vorzunehmen, wofür die erforderlichen Informationen zur Höhe möglicher Ersatzansprüche unverzichtbar sind.

> **Hintergrund:** Jeder Versicherer hat ein vornehmliches Interesse an möglichst realistischen, d. h. auskömmlichen Reserven. Werden sie zu niedrig bemessen, entstehen Abwicklungsverluste, welche sich gewinnmindernd auf die Unternehmensbilanz auswirken. Werden sie dagegen zu hoch bewertet, entstehen steuerpflichtige Abwicklungsgewinne. Beide Resultate sollten von daher möglichst vermieden werden. Damit bildet die Reservekalkulation und -rückstellung eine wesentliche Aufgabe in der Heilwesenschadenbearbeitung

Zum anderen sind diese Informationen auch für die rechtzeitige Einleitung **1170** bzw. Aufnahme von Regulierungsgesprächen unabdingbar. Denn das Interesse an außergerichtlichen Vergleichslösungen ist naturgemäß bei frühzeitiger Regulierung größer und sinkt mit zunehmendem Zeitablauf. Denn nur bei frühzeitiger Regulierung wird unnötiger Aufwand und zusätzliche emotionale Belastung vermieden.

ee) Regulierungsgespräche/-verhandlungen

In den Fällen feststehender oder wahrscheinlicher Haftung und abgeschlos- **1171** sener Ermittlung zur Schadenhöhe ist das persönliche – auch telefonische – Regulierungsgespräch erfahrungsgemäß die für alle Betroffenen zeitsparenste und effizienteste Vorgehensweise. In einem solchen Termin haben die Parteien die Gelegenheit, die gegenseitigen Standpunkte nochmals umfassend darzulegen, Unsicherheiten im Verständnis des zu entscheidenden Sachverhaltes auszuräumen, letztmalig die Prozessrisiken abzuwägen und auf dieser Basis eine Entscheidung in der Sache zu treffen bzw. zu erarbeiten. Diese Gespräche sind in verschiedenen Konstellationen denkbar: Zu einzelnen Vorgängen kann die Zuziehung des Geschädigten persönlich sinnvoll sein, ansonsten empfiehlt sich der Austausch mit dessen Rechtsanwalt; auch im Rahmen von sogenannten Sammelbesprechungen auf der Grundlage übergegangenen Rechts mit dem Dienstherrn, Kranken-, Pflege- und Renten- oder Sozialversicherer können Lösungen gefunden werden. Nicht selten werden in Regulierungsverhandlungen erstmalig regulierungsrelevante Aspekte bekannt, die bis zu diesem Zeitpunkt trotz umfangreichen Schriftverkehrs keine Erwähnung fanden, jedoch für das gegenseitige Verständnis von Bedeutung sind und damit die Chancen auf eine einvernehmliche Regelung erhöhen.

1172 Sicherlich bietet sich nicht jeder Schadenfall für ein persönliches Gespräch an, jedoch sollte diese Möglichkeit stets bedacht werden. Sofern die Gegenseite diese Vorgehensweise in einer ersten Reaktion ablehnt, ist zu hinterfragen, welche Motive dieser Haltung zugrunde liegen könnten, damit ggf. eine entsprechende Überzeugungsarbeit geleistet werden kann. Denn das einvernehmliche Ergebnis einer Regulierungsverhandlung kann sowohl in einem abschließenden, vorbehaltlosen Vergleich (unter Einbeziehung kapitalisierter Zukunftsansprüche) bestehen, sich aber auch in einem Teil- oder Rentenvergleich erschöpfen.

1173 Hier sollte mit dem Vorurteil gebrochen werden, dass nur Versicherer an abschließenden Vergleichen interessiert seien bzw. sein könnten. In der Praxis finden Vergleichsgespräche regelmäßig mit anwaltlichen Vertretern der Patientenseite und damit auf Augenhöhe statt, sodass bei einer Vergleichslösung – auch im Rahmen eines Risikovergleichs – von einem sachgerechten und deshalb fairen Interessenausgleich ausgegangen werden kann. Zudem bewirkt auch jede teilvergleichende Regelung letztendlich eine Befriedung der Parteien. Ungeachtet dessen schafft eine zeitnahe Regulierungsvereinbarung Rechtssicherheit, was im Interesse der Anspruchsteller wie der Versicherer liegen dürfte. Insbesondere bei sog. Langzeitschäden werden Feststellungen zur kausalen Schadenhöhe mit zunehmendem Zeitablauf schwieriger bis unmöglich, was ebenfalls aus Sicht aller Betroffenen für eine rechtzeitige einvernehmliche Regelung – ggf. in Form eines Risikovergleichs – spricht.

1174 Wenn nach erfolgter Sachverhaltsklärung kein Vergleich möglich und die Haftung abzulehnen ist, sollte auch diese Reaktion unmittelbar und unmissverständlich erfolgen, damit die Verjährung in Gang gesetzt und sich die Beteiligten Parteien auf diese Situation einstellen können.

3. Zivilrechtsstreit

1175 Kommt es zu keiner Einigung und es wird Klage erhoben, ist über die Aufnahme des Klageverfahrens und ggf. Mandatierung geeigneter externer Rechtanwälte zu entscheiden. Ungeachtet der Einschaltung externer Anwälte sollte das gerichtliche Verfahren seitens der Sachbearbeiter eng begleitet werden, damit zu jeder Zeit eine Entscheidung zum weiteren Vorgehen oder über eine abschließende Regelung erfolgen kann. Wird eine mögliche Haftung des versicherten Arztes erst im laufenden Prozess erkennbar, sollte in diesem Stadium neu geprüft werden, ob sich außergerichtliche Vergleichsgespräche anbieten und eine frühzeitigere und Kosten sparendere Regulierung ermöglichen.

Ulsperger

‼ Auch parallel zum laufenden Zivilprozess können außergerichtliche Vergleichsgespräche die Möglichkeit zu einer frühzeitigen und Kosten sparenden Lösung bieten.

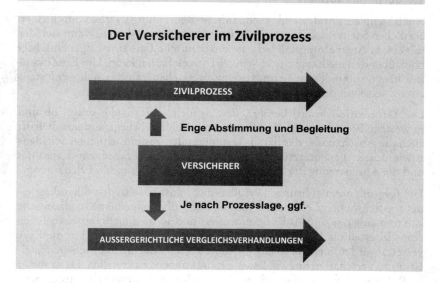

4. Regress

Falls Regressmöglichkeiten gegen Dritte, etwa bei mithaftenden Gesamt-schuldnern, möglich sind, müssen diese rechtzeitig verfolgt und vor dem Hintergrund der aktuellen Rechtsprechung des BGH zum Innenausgleich innerhalb des Gesamtschuldverhältnisses[1705] gegen Verjährung gesichert werden. Denn hiernach beginnt die regelmäßige Verjährung (§§ 195, 199 BGB) des Ausgleichsanspruchs nach § 426 I BGB bereits mit der Begrün-dung des Gesamtschuldverhältnisses ungeachtet dessen inhaltlicher Aus-prägung. Maßgeblich ist lediglich die Kenntnis von denjenigen Umständen, die im Außenverhältnis einen Anspruch und im Innenverhältnis eine Aus-gleichspflicht begründen. Wegen der oft langjährigen Verfahren in Arzthaf-tungsprozessen ist deshalb rechtzeitig die Streitverkündung zum Zweck der Verjährungshemmung gegenüber möglichen Regressschuldnern zu prüfen. Die Problemstellung der Regresssicherung muss danach in jedem Stadium der Sachverhaltsklärung im Auge behalten werden.

1176

‼ Die Regressverfolgung muss in jedem Stadium der Sachverhaltsklärung im Auge behalten werden.

1705 BGH IBR 2009, 592.

Ulsperger

V. Versicherungsmedizinische Grundlagen für die Bearbeitung von Arzthaftpflichtschäden

1. Vorbemerkungen

1177   Auch wenn eine umfassende medizinische Beurteilung letztlich durch einen ärztlichen Sachverständigen erfolgen muss, ist es von Vorteil, wenn sich der mit einem Arzthaftungsfall befasste medizinische Laie einen eigenen Überblick über den medizinischen Sachverhalt verschaffen kann. Um die Zusammenhänge zumindest in Grundzügen zu verstehen, muss er sich wenigstens ansatzweise mit der medizinischen Materie auseinandersetzen.

1178   Der Informationsbedarf beschränkt sich nicht nur auf die Frage, ob und in welcher Form ein ärztlicher Behandlungsfehler vorliegt, sondern betrifft auch die Abschätzung des daraus resultierenden gesundheitlichen Schadens sowie dessen gesamte Auswirkungen und Folgen. Fragen zur Kausalität und die Abschätzung der Prognose sind dabei von besonderer Bedeutung.

1179   Die folgenden Ausführungen erfüllen nicht ansatzweise den Charakter eines medizinischen Lehrbuchs. Vielmehr soll über allgemeine medizinische Zusammenhänge und Abläufe informiert und so dem medizinischen Laien eine Hilfestellung bei der Bearbeitung geboten werden. Er soll in die Lage versetzt werden, sich vorab einen Überblick über die medizinische Konstellation zu verschaffen und ein Bearbeitungskonzept zu erstellen. Dazu soll er im Rahmen seiner Möglichkeiten die vorgelegten medizinischen Informationen in Grundzügen verstehen und abschätzen können, welche Informationen noch benötigt werden.

1180   Aus Gründen der leichteren Lesbarkeit wird auf eine geschlechtsspezifische Differenzierung von Personenbezeichnungen, wie zum Beispiel Patient/Patientin, Arzt/Ärztin, Gutachter/Gutachterin, verzichtet. Entsprechende Begriffe gelten im Sinne der Gleichbehandlung für beide Geschlechter.

1181   Zur Abgrenzung gegenüber einem Behandlungsverhältnis bezeichnet man einen Patienten im Rahmen einer Begutachtung, zumindest wenn diese durch einen nicht in die Behandlung involvierten Arzt erfolgt, üblicherweise als »Probanden«.

1182   Wegen der im Arzthaftungsfall erforderlichen einschlägigen Sachkunde des ärztlichen Gutachters wird dieser auch als Sachverständiger bezeichnet.

2. Bewertung und Prognose von Haftungsrisiken

a) Einstieg in die medizinische Materie

1183   Hierzu gibt es verschiedene Möglichkeiten. Zweckmäßig beginnt man mit der Feststellung, worauf sich der **Vorwurf** gründet. Handelt es sich vorläufig um eine Vermutung auf Grund eines unerwünschten Behandlungsergebnisses oder Heilverlaufs, oder existiert bereits ein ärztliches Votum? Ist der Vorwurf pauschal gehalten, oder werden ein vermeintlicher Fehler und dessen Folgen bereits konkret benannt?

Wird ein ärztliches Votum vorgelegt, ist im Rahmen der Möglichkeiten dessen Seriosität und Qualität einzuschätzen. Die alleinige Begründung eines Fehlers mit einem unerwünschten Ergebnis ohne vertiefte fachbezogene Auseinandersetzung mit dem strittigen Sachverhalt ist unzureichend. Die Aussagekraft einer ärztlichen Stellungnahme zur Frage nach einem ärztlichen Behandlungsfehler ist wesentlich daran zu messen, inwieweit formal und inhaltlich die Kriterien eines seriösen Gutachtens erfüllt sind (s. Kap. 3.b). Ein einfaches ärztliches Attest oder auch ein ärztlicher Behandlungsbericht erfüllen diese Voraussetzungen nicht.

1184

aa) Betroffener Fachbereich

Wichtig ist die Feststellung, **welcher Fachbereich** vom Vorwurf betroffen ist. Nicht immer liegt dies von Anfang an klar auf der Hand. Bereits bei verhältnismäßig unkompliziert erscheinenden Behandlungsverläufen können Ärzte verschiedener Fachbereiche, übrigens auch Ärzte gleicher Fachrichtung, aber verschiedener Verantwortungsbereiche, involviert gewesen sein.

1185

Bezieht sich der Vorwurf konkret auf eine einzelne Behandlungsmaßnahme, auf eine Fachabteilung oder auf einen bestimmten Arzt, lässt sich der betroffene Fachbereich in der Regel einfach identifizieren.

1186

Wichtig ist diese Information in Bezug auf Begutachtungen. Eine kompetente Beurteilung erfordert die Einschätzung durch einen Facharzt des betroffenen Fachgebietes. Aufgrund unterschiedlicher Qualitätsanforderungen an verschiedene Versorgungsebenen (z.B. niedergelassener Arzt, Krankenhaus der Grund- und Regelversorgung, Klinikum der Maximalversorgung, Universitätsklinik) empfiehlt sich gleichzeitig die Feststellung der beruflichen Position bzw. der betroffenen Versorgungsstufe.

1187

Sollte der vom Vorwurf konkret betroffene Fachbereich nicht sicher auszumachen sein, beispielsweise nach äußerst komplexem Behandlungsverlauf durch verschiedene Fachbereiche, oder sollten mehrere Fachbereiche betroffen sein, kann man den führend in die Behandlung involvierten Fachbereich für eine primäre Begutachtung auswählen mit der Bitte um Feststellung, in welchen Fachbereichen zusätzliche Einschätzungen erforderlich sind. Bisweilen stellt sich auch erst im weiteren Verlauf heraus, dass der Vorwurf einen anderen Fachbereich betrifft, als zunächst angenommen oder vom vermeintlich Geschädigten formuliert.

1188

bb) Bereits vorhandene Gutachten

Werden erste Ansprüche unter Verweis auf ein bereits vorhandenes ärztliches Gutachten erhoben, kann dieses als Informationsquelle dienen, sofern

1189

es **in vollständiger Fassung** zur Einsicht zur Verfügung gestellt wird und qualitativ den Anforderungen an ein korrekt erstelltes Gutachten gerecht wird (s. Kap. 3.b). Selbst dann ist jedoch vor einer unkritischen und insbesondere ungeprüften Übernahme des Inhalts zu warnen. Dies betrifft sowohl die Darstellung des Sachverhalts, als auch die gutachtliche Wertung.

1190 Werden nur auszugsweise Zitate oder einzelne Abschnitte aus einem Gutachten übermittelt, ist Skepsis angezeigt. Bei Wiedergabe einzelner, aus dem Zusammenhang gerissener Passagen können Inhalt und Wertung der originären gutachtlichen Aussage entscheidend entstellt werden.

1191 Hinsichtlich der **Objektivität** eines Gutachtens ist die Rolle des Auftraggebers zu hinterfragen. Stand dieser in neutraler Beziehung zu sämtlichen beteiligten Parteien (z.B. Gericht), ging der Auftrag von einer der beteiligten Parteien oder ihrer Rechtsvertretung aus, oder hatte der Auftraggeber Interessen eines Dritten zu verfolgen?

1192 Bei Vorlage von **Sachverständigen-Gutachten im Auftrag eines Gerichtes** ist zur Verwertbarkeit und Aussagekraft im Arzthaftungsfall vorab unbedingt zu eruieren, in welchem Rechtsgebiet es veranlasst wurde. Die in den verschiedenen Rechtsgebieten jeweils relevante medizinische Fragestellung weist naturgemäß Unterschiede auf. Ein Gerichtsurteil, welches in einem anderen Rechtsgebiet unter Verweis auf ein zugrundeliegendes medizinisches Gutachten gefällt wurde, erlaubt weder eine Aussage zur Qualität des Gutachtens noch zur Wahrscheinlichkeit eines ärztlichen Behandlungsfehlers.

1193 Hat ein Patient Zweifel, ob seine Behandlung lege artis war, kann er einen Antrag auf Überprüfung bei der für den behandelnden Arzt **zuständigen Landesärztekammer** stellen. Dort sind so genannte Gütestellen entweder in Form einer **Schlichtungsstelle** oder einer **Gutachterkommission** eingerichtet, die jeweils mit ärztlichen und juristischen Mitgliedern ehrenamtlich besetzt sind. Angeboten wird eine unabhängige medizinische Beurteilung und gegebenenfalls auch haftungsrechtliche Bewertung in Arzthaftungsstreitigkeiten mit dem Ziel einer außergerichtlichen Einigung.

1194 Nicht nur ein Patient, auch ein Arzt oder eine Klinik können einen Antrag auf Überprüfung ihrer Behandlung stellen. Das Verfahren selbst ist für den Antragsteller gebührenfrei, wird aber nur eröffnet, solange noch kein Gerichtsverfahren anhängig ist und kein Gerichtsurteil existiert.

1195 Außerdem müssen alle Beteiligten einverstanden sein. Das Einverständnis bezieht sich nicht nur auf die Einleitung des Verfahrens an sich, sondern insbesondere auch auf die Vorschläge von Sachverständigen und die an diese gerichteten Fragen.

1196 Während Gutachterkommissionen überprüfen, ob ein Behandlungsfehler vorliegt und hierüber ein entsprechendes Gutachten erstellen, formulieren

Schlichtungsstellen im Gegensatz dazu nach Feststellung eines ärztlichen Behandlungsfehlers zusätzlich einen Vorschlag, ob durch den zuständigen Haftpflichtversicherer ein Schaden dem Grunde nach anerkannt werden soll.[1706]

Im Rahmen eines solchen Verfahrens werden extern oder intern medizinische Gutachten veranlasst. Abhängig von der jeweiligen Verfahrensordnung wird darauf basierend das ärztliche Handeln im Gremium beurteilt und ein gemeinsames Votum erstellt bzw. ein Bescheid verfasst. Dieser kann sowohl in Detailfragen als auch in der Gesamtwertung vom Ergebnis der zugrundeliegenden fachärztlichen Gutachten abweichen. Bei Vorlage eines Kommissionsbescheides empfiehlt es sich deshalb, zusätzlich die zugrunde liegenden ärztlichen Fachgutachten einzusehen und deren Inhalt und Qualität zu überprüfen.   **1197**

Unabhängig davon ist das Urteil einer Schlichtungskommission nicht rechtsbindend.[1707]   **1198**

Die Kodierung einer Komplikation und dadurch entstehende Zusatzkosten in einer Behandlungsabrechnung können **Gesetzliche Krankenkassen** zur Überprüfung einer Behandlung veranlassen mit dem Ziel, im Falle eines schuldhaften Behandlungsfehlers die Kosten für Erst- und etwaige Folgebehandlungen nicht übernehmen zu müssen bzw. zurückfordern zu können. Die Kodierung einer Komplikation in Arztberichten und Abrechnungen ist jedoch nicht grundsätzlich einem vermeidbaren Behandlungsfehler gleichzusetzen. Komplikationen treten oft schicksalhaft und nicht vom behandelnden Arzt verschuldet auf.   **1199**

Gesetzliche Krankenkassen delegieren diese Überprüfung an den **Medizinischen Dienst der Krankenkassen (MDK)**, der wiederum durch eigene oder externe Ärzte ein Fachgutachten nach Aktenlage erstellen lässt. Selbst bei angemessener Qualität derartiger Gutachten darf nicht übersehen werden, dass der MDK als Teil des Sozialversicherungssystems fungiert und die Gesamtinteressen der gesetzlichen Kranken- und Pflegeversicherung bei seiner Aufgabenwahrnehmung zu berücksichtigen hat.[1708]   **1200**

Unabhängig davon können Gesetzliche Krankenkassen ihren Versicherten Unterstützung bei der Überprüfung von Behandlungen anbieten, die im Rahmen der versicherten Leistung erfolgt sind.[1709]   **1201**

1706 Meurer in: Meurer, Außergerichtliche Streitbeilegung in Arzthaftungssachen unter besonderer Berücksichtigung der Arbeit der Gutachterkommissionen und Schlichtungsstellen bei den Ärztekammern, S. 14–50.
1707 Fenger/Holznagel/Neuroth/Gesenhues, Schadensmanagement für Ärzte, S. 90–91.
1708 Matthesius, Trauma und Berufskrankheit 2006, Supplement 3, S. 293–295.
1709 Fritze, in: Fritze/Mehrhoff, Die ärztliche Begutachtung, S. 95–105.

Hirgstetter

1202   Auch Gutachten, die privat durch eine der betroffenen Parteien oder deren
Rechtsvertretung in Auftrag gegeben wurden, können aus Sicht des Gutachters objektiv erstellt worden sein. Trotzdem besteht bei dieser Auftragsform latent das Risiko einer Einflussnahme durch einseitige oder selektive
Fragestellung und Informationsübermittlung mit der Folge einer entsprechend gefärbten gutachtlichen Wertung. Dies wird auch dadurch unterstrichen, dass ein **Privatgutachten** vom Auftraggeber wohl nur dann vorgelegt
werden wird, wenn es günstig für ihn ausgefallen ist. Eine Ausnahme mag
vorliegen, wenn sowohl die Auswahl des Gutachters als auch die Formulierung der Fragestellung nach gemeinsamer Absprache und im Einvernehmen
aller beteiligten Parteien erfolgt ist.

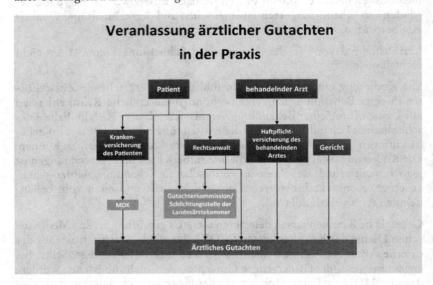

cc) Stellungnahme des behandelnden Arztes

1203   Möglichst frühzeitig wird eine ausführliche Stellungnahme des behandelnden Arztes zu den Vorwürfen und, falls bereits ein Gutachten existiert, auch
zu diesem benötigt. Diese darf sich nicht auf eine chronologische Wiedergabe der Behandlung im Stil eines Entlassungsberichtes beschränken. Sie muss
neben einer verständlichen Darstellung des gesamten medizinischen Sachverhaltes mit besonderem Fokus auf die strittigen Behandlungsabschnitte
insbesondere eine fachgebundene Wertung zu den Vorwürfen enthalten.

1204   Im Idealfall erlaubt ein Vergleich der Darstellungen des Arztes und des Patienten nicht nur einen repräsentativen Überblick über den medizinischen
Sachverhalt, sondern auch eine Eingrenzung der im konkreten Fall medizinisch und juristisch relevanten Fragestellungen.

Hirgstetter

Einstieg und Abgleich der Positionen

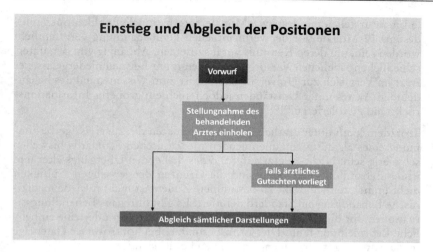

dd) Ärztlicher Standard

Bei der Beurteilung einer medizinischen Behandlung ist stets zu berücksichtigen, dass der Arzt nicht den Erfolg schuldet, sondern eine Behandlung mit der gebotenen Sorgfalt. Basis hierfür ist der im medizinischen Alltag vorherrschende **aktuelle Standard.** Dieser leitet sich vorrangig aus gesicherten wissenschaftlichen Erkenntnissen zum Zeitpunkt der jeweiligen Behandlung ab, es können aber auch Grundlagen herkömmlicher und erprobter Verfahren oder allgemein anerkannte Regeln einfließen.

1205

Als Maßstab wird der jeweilige Facharztstandard herangezogen. Dieser beinhaltet Kenntnisse, die bei einem Arzt einer bestimmten Fachrichtung gemäß seiner Ausbildung als vorhanden vorausgesetzt werden können. Eine beurkundete Facharztanerkennung durch eine Ärztekammer ist nicht zwingend erforderlich, es reicht der formlose Nachweis über den Erwerb bzw. das Vorhandensein der erforderlichen Kenntnisse, zum Beispiel in Form einer entsprechenden Bestätigung des verantwortlichen Arztes.

1206

Zu berücksichtigen sind jedoch Unterschiede der verschiedenen fachlich-hierarchischen Ebenen (zum Beispiel niedergelassener Facharzt, Krankenhaus der Grund- und Regelversorgung, Haus der Maximalversorgung, Universitätsklinik) im Wissens- und Erfahrungsstand sowie in der Ausstattung.[1710]

1207

Neuen Erkenntnissen und dem Fortschritt in der Medizin entsprechend ist der ärztliche Standard ständigen Veränderungen unterworfen. Zur Feststellung des im Einzelfall gültigen Standards wird regelmäßig auf das jeweils aktuelle Fachschrifttum verwiesen. Im allgemeinen sollten zitierte nationa-

1208

1710 Neu, in: Neu/Petersen/Schellmann, Arzthaftung/Arztfehler, S. 427-428.

Hirgstetter

le Literaturstellen mindestens 6 Monate, internationale Publikationen mindestens 12 Monate vor der vermeintlichen Fehlbehandlung veröffentlicht
worden sein, um deren Kenntnis vorauszusetzen. Abhängig von den unterschiedlichen fachlichen Versorgungsebenen (zum Beispiel niedergelassener
Arzt im Vergleich zur Universitätsklinik) ist zum Wissensstand des behandelnden Arztes unter Umständen jedoch auch ein größerer Informations-
rückstand zu tolerieren.[1711]

1209   Trotzdem kann unter ärztlichen Gesichtspunkten die zuverlässige Bestimmung eines als gültig anzunehmenden medizinischen Standards bisweilen
schwierig sein. Nicht zuletzt aufgrund des fließenden Übergangs alter und
neuer Behandlungsmethoden sind die Grenzen der jeweiligen Gültigkeit
nicht immer zeitlich exakt zu bestimmen. Zudem ist nicht für jede medizinische Behandlung ein Standard definiert. Es gibt durchaus Behandlungssituationen, für die ein etabliertes Vorgehen nicht existiert oder eine einheitliche Lehrmeinung fehlt. Dies ist insbesondere bei kontroverser Datenlage
im Schrifttum gutachtlich angemessen zu berücksichtigen.

ee) Leitlinien

1210   Neben medizinischen Standardwerken und wissenschaftlichen Publikationen
werden zur Beurteilung des ärztlichen Standards vor allem **Leitlinien** herangezogen. Es handelt sich dabei um Empfehlungen der jeweiligen medizinischen Fachgesellschaften zur ärztlichen Entscheidungsfindung in speziellen
Situationen. Derartige Leitlinien sind rechtlich nicht bindend, sie bilden jedoch den aktuellen Standard zum Zeitpunkt ihrer Erstellung ab. Dies bedeutet auch, dass Leitlinien regelmäßig überarbeitet werden müssen. Leitlinien
existieren nur für ausgewählte Erkrankungs- und Verletzungsbilder. Nicht
alle bisher entwickelten Leitlinien sind regelmäßig aktualisiert worden.

> ❗ Orientiert man sich zur Abschätzung des gültigen Standards in einem
> Arzthaftungsfall an einer **Leitlinie**, ist vorab deren **Gültigkeit zum
> Zeitpunkt der strittigen Behandlung** zu überprüfen.

1211   Das Befolgen einer Leitlinie schließt einen Behandlungsfehler nicht kategorisch aus. Umgekehrt ist aber auch ein Abweichen von einer Leitlinie nicht
grundsätzlich einem Fehler gleichzusetzen. In begründeten Fällen kann
ein Abweichen möglich, unter Umständen sogar medizinisch erforderlich
sein. Bei unklarer Diskrepanz zwischen ärztlicher Maßnahme und Leitlini-
enempfehlung ist eine Erläuterung des behandelnden Arztes erforderlich.

1212   Ob und in welchem Umfang eine Leitlinie zu einer Beurteilung herangezogen werden kann, hängt entscheidend von der individuellen Situation und
den besonderen Gegebenheiten im Einzelfall ab. Keinesfalls können Leitli-

---

1711 Bauch/Meier/Ulsenheimer, Der Chirurg 2005 – 76, S. 1185-1200.

nien kurzerhand mit dem berufsrechtlichen Standard gleichgesetzt werden oder ein Sachverständigengutachten ersetzen.[1712]

b) Analyse einer medizinischen Behandlung

Eine medizinische Behandlung setzt sich in der Regel aus verschiedenen Abschnitten zusammen. Folgende Unterteilung bietet einen repräsentativen Überblick:

- Krankenvorgeschichte (= Anamnese)
- Untersuchung und Befunde
- Diagnose
- Indikation
- Aufklärung
- Eingriff / Therapie
- Nachbehandlung

1213

Abgesehen von komplexen Verläufen ist diese Reihenfolge im Normalfall aus logischen Gründen vorgegeben. Nicht immer müssen aber alle Abschnitte existieren.

1214

❗ Zur Überprüfung eines vermuteten Behandlungsfehlers ist es zweckmäßig, die **einzelnen Behandlungsabschnitte** zu analysieren.

Auch wenn sich der Vorwurf konkret auf einen bestimmten Abschnitt bezieht, ist in der Regel eine Überprüfung sämtlicher Abschnitte erforderlich.

1215

Ein unverständliches Vorgehen in einem einzelnen Behandlungsschritt kann seine Erklärung im besonderen Umstand eines anderen Abschnittes haben. Eine unvollständige Prüfung birgt das Risiko letztlich unzutreffender Schlussfolgerungen.

1216

aa) Krankenvorgeschichte (Anamnese)

Die Krankenvorgeschichte kann im Rahmen einer Behandlung für jeden einzelnen Abschnitt von essentieller Bedeutung sein. Insofern können in ihr wichtige Informationen für die Beurteilung eines Behandlungsablaufs im Allgemeinen oder einer ärztlichen Maßnahme im Speziellen enthalten sein.

1217

Die Anamnese bezieht sich vorrangig auf die Entstehung und Entwicklung der Gesundheitsstörung im aktuellen Behandlungsfall, kann sich fallweise aber auch auf die unabhängige Krankenvorgeschichte und insbesondere auf die individuelle Konstellation erstrecken. Aus solchen zusätzlichen Informationen über Begleiterkrankungen und deren Medikation, über die individuelle Disposition, aber auch über Vorbehandlungen und frühere Operationen können sich begründet Abweichungen vom Behandlungsstandard

1218

1712 Kopp, MED SACH 106 2/2010, S. 49-52.

Hirgstetter

ergeben. Sogar die soziale und berufliche Situation eines Patienten kann unter diesem Aspekt von Bedeutung sein.

1219   Unabhängig davon muss die Exploration der Vorgeschichte auf das medizinische Problem und dessen voraussichtliche Behandlungsoptionen ausgerichtet sein und sich dabei möglichst auf das Wesentliche beschränken. Besonders schwierig gestaltet sich dies bei komplexer oder unklarer Ausgangslage.

> ❗ Aufgrund der Vielfalt in der Medizin ist es unmöglich, allgemeingültige »Standardfragen« zur Anamnese zu formulieren. **Relevante Fragestellungen** müssen jeweils am Einzelfall ausgerichtet werden. Nicht selten ergeben sie sich erst im weiteren Verlauf oder nach Eingang erster Untersuchungsergebnisse.

1220   Lücken in der Anamnese müssen nicht grundsätzlich auf einer unzureichenden Befragung durch den Arzt beruhen. Es gibt Behandlungsfälle, in denen eine geordnete Kommunikation mit dem Patienten nicht oder nur eingeschränkt möglich ist und verlässliche Angaben nicht oder nicht zeitnah zu erhalten sind bzw. der Wahrheitsgehalt nicht zuverlässig zu überprüfen ist. Dies gilt besonders für erkrankungs- oder verletzungsbedingte Bewusstseins- oder Gedächtnisstörungen, aber auch für Notfallsituationen mit hohem diagnostischen oder therapeutischen Zeitdruck.

1221   Alternativ oder ergänzend zur persönlichen Schilderung des Patienten (**Eigenanamnese**) können Angaben von Angehörigen oder Zeugen eines Ereignisses (**Fremdanamnese**) sowie archivierte Informationen vorliegen. Es kann sowohl für den behandelnden Arzt als auch für einen Gutachter schwierig sein, die Seriosität derartiger Angaben zuverlässig einzuschätzen.

1222   Zu bedenken ist zudem, dass selbst bei gezielter Befragung Auskünfte auch bewusst zurückgehalten oder verzerrt dargestellt werden können. Nicht selten betrifft dies Angaben zu Alkohol- oder Drogenmissbrauch, aber auch in der Öffentlichkeit stigmatisierte Erkrankungen, sonstiges abnormes Suchtverhalten, psychische Erkrankungen, den Intimbereich oder eine HIV-Infektion. Auch ein unbeabsichtigtes Verschweigen ist möglich, wenn beispielsweise der Betroffene selbst nicht oder nur unzureichend über seine Vorerkrankungen informiert ist.

bb) Untersuchung und Befund

1223   Unter einem **Symptom** versteht man ganz allgemein ein **Krankheitszeichen**. Die Anzahl einzelner Symptome ist enorm groß. In der Regel definieren sich Krankheiten bzw. Diagnosen durch eine charakteristische Konstellation mehrerer Symptome. Selten erlaubt ein einzelnes Symptom für sich alleine bereits eine ausreichend sichere Diagnose.

Zu Beginn einer Behandlung liegen oftmals nur einzelne oder unspezifische Allgemeinsymptome vor, die noch keinen ausreichend sicheren Schluss auf eine konkrete Diagnose zulassen. Je nach Umständen und im Abgleich mit der Anamnese sind zur Feststellung eines konkreten Krankheitsbildes, zur ausreichenden Sicherung oder zum Ausschluss einer Diagnose entsprechende Untersuchungen nötig.

1224

> ❗ Das Ergebnis einer oder mehrerer **Untersuchungen** ergibt den **Befund**. Der Befund dokumentiert also den aktuellen Gesundheitszustand eines Patienten oder Probanden zum Zeitpunkt der Untersuchung.

In Bezug auf ihre Aussagekraft muss zwischen objektiven und subjektiven Befunden unterschieden werden. **Objektive Befunde** sind weder durch den Untersucher noch durch den Probanden zu beeinflussen. Das Resultat ist bei Wiederholung oder Untersuchung durch verschiedene Ärzte reproduzierbar. Die Interpretation der Ergebnisse erfolgt nach festgelegten und einheitlichen Kriterien, zum Beispiel bei Bestimmung der Körpermaße. Korrekt erhobene objektive Befunde haben demnach eine hohe Verlässlichkeit bei der Beurteilung eines medizinischen Sachverhalts sowohl im Zusammenhang mit einer Behandlung, als auch in Bezug auf eine Begutachtung.

1225

Subjektive Befunde entsprechen der Empfindung des Patienten und werden anhand dessen individueller Schilderung »erhoben«. Typische Beispiele sind Schmerzen, psychische Befindlichkeitsstörungen oder unspezifische Missempfindungen. Diese sind nicht konkret messbar und damit nicht objektiv überprüfbar. In einigen Fällen ist bei gleichzeitigem Vorliegen objektiver Indizien ein Rückschluss möglich. Wird zum Beispiel schmerzbedingt eine völlige Gebrauchsunfähigkeit eines Armes seit mehreren Monaten angegeben, wäre eine Reduktion der Muskelmasse zu erwarten, die sich in einer messbaren Umfangsdifferenz am betroffenen Arm im Seitenvergleich niederschlagen müsste.

1226

Dazwischen gibt es Befunde, die sich wechselnd reproduzierbar darstellen. **Semiobjektive Befunde** werden beeinflusst durch die individuelle Interpretation des Untersuchers, zum Beispiel die Beurteilung von Verspannungen durch Abtasten der Muskulatur. **Semisubjektive Befunde** hängen im Ergebnis von der Mitarbeit des Probanden ab. Dieser Aspekt ist zum Beispiel wichtig bei der gutachtlichen Überprüfung aktiver Funktionsmöglichkeiten, wie der Bewegungsausschläge in Gelenken.[1713]

1227

> ❗ Welche **Untersuchungen im Rahmen einer Behandlung** erforderlich oder angezeigt sind, hängt von der jeweiligen Konstellation im Einzel-

---

1713 Schröter, in: Rompe/Erlenkämper/Schiltenwolf/Hollo, Begutachtung der Haltungs- und Bewegungsorgane, S. 635-650.

Hirgstetter

fall ab. Zu berücksichtigen sind dabei Umstände wie Krankheitsbild und Beschwerden, individuelle Konstitution des Patienten, allgemeine Situation sowie Auftrag an den behandelnden Arzt und dessen Möglichkeiten.

1228   Zur **Basisuntersuchung** zählen dabei einfache Maßnahmen wie Betrachten (Inspektion) und Betasten (Palpation). Damit lassen sich äußerlich sichtbare oder fühlbare Veränderungen (zum Beispiel Wunden, Narben, Verhärtungen, Muskellücken, Verfärbungen, Blutergüsse, Prellmarken, Schwellungen, Verformungen, Substanzdefekte, Seiten- und Symmetrieunterschiede), aber auch Verhaltensauffälligkeiten erkennen. Zudem können verschiedene Funktionen wie Herzfrequenz, Hauttemperatur, Funktion von Gelenken, aber auch Lokalisation und Intensität von Schmerzen verhältnismäßig einfach überprüft werden.

1229   Durch zusätzlichen Einsatz **einfacher apparativer Hilfsmittel** wie Stethoskop und Blutdruckmanschette lassen sich erste Informationen zu Blutdruck und ganz allgemein zu einigen Organfunktionen, beispielsweise von Herz, Lunge und Darm, gewinnen. Auch Thermometer und Blutzuckermessgerät zählen hierzu.

1230   Für **weitergehende Untersuchungen** unter Einsatz größerer technischer Geräte wie EKG, Sonografie (= Ultraschall), EEG (Elektroenzephalografie = Ableitung der Gehirnströme) oder auch Labor ist bereits eine entsprechende Logistik erforderlich, die mobil teilweise nicht vorgehalten werden kann.

1231   Aufwändige oder **spezielle apparative Untersuchungen** wie Röntgen, Duplexsonografie oder Echokardiografie können nur in Spezialpraxen oder Krankenhäusern durchgeführt werden. Technische Großgeräte wie Computertomografie (= CT) oder Magnetresonanztomografie (= MRT, auch Kernspintomografie genannt) werden nicht in jedem Krankenhaus, sondern überwiegend in größeren Kliniken vorgehalten, inzwischen auch in speziellen Radiologie-Praxen.

1232   Daneben gibt es **fachbezogene Sonderuntersuchungen**, die nur von den jeweiligen Fachärzten bzw. in spezialisierten Behandlungseinheiten durchgeführt werden. Beispiele hierfür sind die Herzkatheteruntersuchung durch Kardiologen oder die Messung der Nervenleitgeschwindigkeit durch Neurologen.

Technischer und logistischer Aufwand verschiedener ärztlicher Untersuchungsverfahren

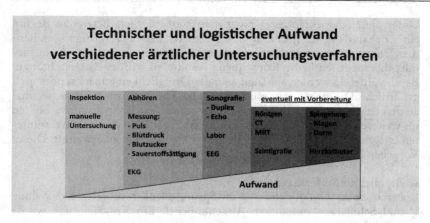

Inspektion	Abhören	Sonografie:	eventuell mit Vorbereitung	
manuelle Untersuchung	Messung: - Puls - Blutdruck - Blutzucker - Sauerstoffsättigung	- Duplex - Echo Labor EEG	Röntgen CT MRT Szintigrafie	Spiegelung: - Magen - Darm Herzkatheter
EKG				

Aufwand

● Art und **Umfang der erforderlichen Befunderhebung** orientieren sich zwar grundsätzlich an der medizinischen Problematik im konkreten Einzelfall, trotzdem sind auch die logistischen und diagnostischen Möglichkeiten zu berücksichtigen, die dem behandelnden Arzt zur Verfügung standen.   **1233**

Der Arzt im außerklinischen Bereitschaftsdienst hat nicht die Möglichkeiten, die in Praxisräumen oder gar in einer Klinik vorgehalten werden. Die Ressourcen in einem Krankenhaus der Grundversorgung sind nicht vergleichbar mit denen einer Universitätsklinik. Bei einer Wiederbelebung durch ein Notarztteam außerhalb der Klinik ist ein anderer Maßstab anzulegen als bei einer Reanimation innerhalb einer Intensivstation. Nicht jedes Krankenhaus hat ein eigenes Blutdepot und kann Blutkonserven im unvorhergesehenen Notfall innerhalb weniger Minuten bereitstellen.   **1234**

Bestimmte Untersuchungsmethoden können für den Patienten belastend sein, bisweilen sogar eine zusätzliche Gefährdung bedeuten. Vor diesem Hintergrund sind stets Überlegungen zur **Eignung und Aussagekraft eines Verfahrens** im konkreten Fall angezeigt. Eine wichtige Rolle spielen in diesem Zusammenhang auch Fragen nach der **therapeutischen Konsequenz** und nach realistischen Alternativen. Als solche können Methoden gelten, die bei mindestens vergleichbarer Aussagekraft weniger aufwändig oder belastend sind.   **1235**

Zudem sind die Ressourcen aufwändiger technischer Verfahren teilweise begrenzt. Insofern können auch Überlegungen zu Effektivität und Wirtschaftlichkeit angezeigt sein. Eine uneffektive oder unnötige Untersuchung blockiert möglicherweise die Kapazität für einen bedürftigeren Fall.   **1236**

1237 Unter diesen Aspekten ist es nicht immer erforderlich, bereits zu Beginn
einer Behandlung alle grundsätzlich geeigneten bzw. zur Verfügung stehenden Untersuchungsverfahren einzusetzen, insbesondere dann, wenn hieraus therapeutisch keine Konsequenz resultieren würde. Ausgerichtet am
Beschwerdebild werden abhängig von der Dringlichkeit zunächst potentiell
gefährliche Diagnosen ausgeschlossen. Die Therapie orientiert sich initial
an den Beschwerden und Befunden oder an der Verdachtsdiagnose. Sollten
im weiteren Verlauf neue Aspekte oder gar Zweifel an der bisher vermuteten Diagnose auftreten, wird die Diagnostik entsprechend erweitert. Dieses
Vorgehen bezeichnet man als **Stufendiagnostik.**

1238 ▶ Beispiel für Stufendiagnostik:
Nach einem Umknicktrauma im Sprunggelenk resultieren Schwellung
und Schmerzen unter dem Außenknöchel. Ein Knöchelbruch wurde
durch Röntgenkontrolle ausgeschlossen. Es bleibt der Verdacht auf eine
Überdehnung oder einen Einriss des Außenbandes. Die direkte Darstellung und damit objektive Sicherung eines Bänderschadens wäre nur
durch eine MRT-Untersuchung möglich.
Eine Überdehnung oder ein Einriss des Außenbandes wird – abgesehen
von wenigen Ausnahmefällen – nach Standard konservativ durch geeignete äußere Ruhigstellung behandelt. Aufgrund dieser ohnehin konservativen Behandlungsstrategie hätte eine MRT in der überwiegenden Zahl
der Fälle keine therapeutische Konsequenz. Sofern nicht außergewöhnliche Gründe dagegen sprechen, kann deshalb im Rahmen der Primärdia-
gnostik auf eine MRT verzichtet werden.
Diagnostik und Behandlung orientieren sich deshalb an den klinischen
Beschwerden und am Heilverlauf. Normalerweise darf bei dieser Verlet-
zungsform unter konservativer symptomatischer Behandlung mit einer
kontinuierlichen Abnahme der Beschwerden und Zunahme der Belastbarkeit innerhalb weniger Tage bis Wochen gerechnet werden. Weicht
der tatsächliche Verlauf davon ab oder treten zwischenzeitlich unerwartete Symptome auf, wird im Nachgang eine geeignete zusätzliche Untersuchung, zum Beispiel eine MRT, veranlasst. Abhängig vom Ergebnis
würde man die Behandlungsstrategie dann entsprechend modifizieren.

> ❗ Zusammengefasst sind bei der **gutachtlichen Beurteilung der Diag-
> nostik** neben der gebotenen fachlichen Sorgfalt auch die Möglichkeiten
> des behandelnden Arztes im organisatorischen und zeitlichen Kontext
> zu berücksichtigen.

1239 Den gesamten Prozess der Diagnosefindung einschließlich der zur Befunderhebung angewandten Methoden bezeichnet man als **Diagnostik.**

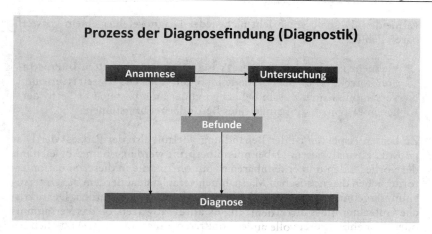

Prozess der Diagnosefindung (Diagnostik)

Anamnese → Untersuchung

Befunde

Diagnose

cc) Diagnose

Aus der Konstellation von Befunden und Symptomen, somit aus dem Ergebnis der Diagnostik, leitet sich die **Diagnose** ab. Die Unterscheidung der beiden Begriffe **Diagnose** und **Diagnostik** ist von Bedeutung, wenn es um den Vorwurf eines **Diagnosefehlers** geht.

1240

Werden eine im Allgemeinen erkennbare Erkrankung oder deren charakteristische Symptome nicht zutreffend erkannt, kann hieraus ein Behandlungsfehler resultieren. Ob dieser auch vorwerfbar ist, muss anhand des konkreten ärztlichen Vorgehens im Einzelfall überprüft werden.

1241

Nicht immer lässt sich eine konkrete Konstellation von Symptomen oder Befunden eindeutig einer bestimmten Ursache zuordnen. Manche Befundkonstellationen können gleichermaßen auf verschiedene Diagnosen zutreffen. Diagnosen, die aufgrund der Befundlage alternativ in Betracht zu ziehen sind, werden **Differentialdiagnosen** genannt. Je nach Konstellation und therapeutischer Konsequenz ist durch geeignete ergänzende Untersuchungen eine genauere Zuordnung anzustreben.

1242

Eine Diagnose muss jedoch nicht in jedem Fall unter Einsatz sämtlicher diagnostischer Möglichkeiten erzwungen werden. Sofern spezielle diagnostische Verfahren mit einer außergewöhnlichen Belastung oder sogar Gefährdung einhergehen, ist deren Notwendigkeit und Rechtfertigung an der jeweiligen medizinischen und individuellen Konstellation auszurichten. Entscheidend ist neben einer Abwägung von Chancen und Risiken insbesondere die voraussichtliche therapeutische Konsequenz.

1243

Selbst unter Einsatz moderner und aufwändiger apparativer Untersuchungsverfahren lassen sich diagnostische Unsicherheiten oder Fehlinterpretationen und damit unzutreffende Diagnosen nicht in jedem Fall sicher

1244

vermeiden. Deshalb entspricht nicht jeder Diagnosefehler einem vorwerfbaren Fehler.

> ❗ Vielmehr ist zu unterscheiden zwischen einer fehlerhaften Interpreta-
> tion korrekt erhobener Befunde im Sinne eines **Diagnoseirrtums** und
> Versäumnissen im Zusammenhang mit der im konkreten Fall erforder-
> lichen Diagnostik im Sinne eines **Befunderhebungsfehlers**.

1245   Zu beiden Aspekten ist der Behandlungsvorlauf, also der Prozess der Diagnostik, zu analysieren. Dabei muss überprüft werden, ob im Abgleich mit
der vorliegenden und erkennbaren Symptomatik die in dieser Situation erforderlichen diagnostischen Maßnahmen veranlasst, außerdem die Untersuchungsergebnisse realisiert und zutreffend interpretiert wurden. Der ärztliche Gutachter muss hierzu – **streng ex ante** – abwägen, ob das Versäumnis
oder die Fehlinterpretation in der konkreten Situation einem Arzt auch bei
sorgfältigem Vorgehen hätte passieren können, oder ob eine typische Befundkonstellation vorlag, die ein Arzt bei gebotener Sorgfalt hätte erkennen
müssen. Die Antwort auf diese Frage kann durch eine außergewöhnliche
individuelle Erfahrung oder eine entsprechende Spezialisierung eines Sachverständigen einseitig beeinflusst werden. Deshalb ist hier besonders auf
eine fachliche »Gleichwertigkeit« bezüglich der unter Ziff. 2 a) dd) genannten Versorgungsebenen von behandelndem Arzt und Sachverständigem zu
achten.

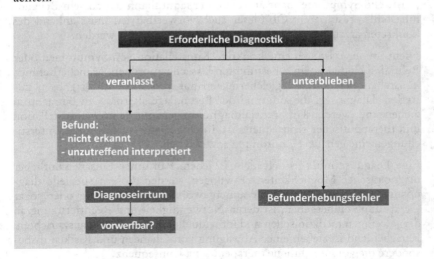

1246   Im Zusammenhang mit der Diagnoseangabe finden sich häufig Abkürzungen, deren Kenntnis von Bedeutung sein kann.

Hirgstetter

Besteht, beispielsweise bei unvollständiger oder untypischer Befundkonstellation, Unsicherheit bezüglich einer Diagnose, spricht man von einer **Verdachtsdiagnose**, die vermutete Diagnose wird mit dem Zusatz »V.a.« (= **Verdacht auf**) versehen.

1247

Stehen alternativ mehrere Diagnosen mit angemessener Wahrscheinlichkeit zur Diskussion, werden diese zusätzlich zur vordringlichen Verdachtsdiagnose mit dem Zusatz »**DD**« (= **Differentialdiagnose(n)**) aufgeführt.

1248

Der Zusatz »**z.A.**« (= **zum Ausschluss**) bedeutet, dass die genannte Diagnose im Rahmen einer ärztlichen oder apparativen Untersuchung ausgeschlossen werden soll, möglicherweise sogar ausgeschlossen worden ist.

1249

Der Zusatz »**Z.n.**« (= **Zustand nach**) markiert vorangegangene Erkrankungen, Verletzungen, Symptome oder Therapien. Es kann ein Zusammenhang mit der aktuellen Problematik bestehen oder auch nicht.

1250

Die Abkürzung »**ED**« vor einer Datumsangabe bedeutet »**Erstdiagnose**« und bezeichnet den Zeitpunkt, an dem eine Diagnose erstmals gestellt wurde. Dieser Zusatz findet sich häufig im Zusammenhang mit systemischen Grunderkrankungen oder bei Tumordiagnosen.

1251

dd) Indikation

Unter Indikation versteht man den Grund zur Anordnung oder Anwendung einer diagnostischen beziehungsweise therapeutischen Maßnahme im Zusammenhang mit einem medizinischen Problem, welches diese Anordnung oder Anwendung hinreichend rechtfertigt. Eine Indikation ergibt sich aus der **Konstellation im jeweiligen Einzelfall** unter Berücksichtigung von medizinischen, individuellen und logistischen Aspekten. Die Beurteilung einer fehlerhaften oder versäumten Indikationsstellung im Arzthaftungsverfahren berührt zentral die Kompetenz des ärztlichen Sachverständigen.

1252

Die Einteilung der Indikation erfolgt zum einen nach dem Grad der Erfordernis. Bei **absoluter Indikation** besteht grundsätzlich die Notwendigkeit zur Durchführung einer bestimmten Maßnahme, wobei damit nicht automatisch das Zeitfenster definiert ist. Bei einem operationsbedürftigen Tumor kann eine absolute Indikation für den Eingriff mit einem Zeitfenster von Tagen bis wenigen Wochen vorliegen. Kommt es durch Bildung eines Geschwürs zu einer unstillbaren Blutung aus dem Tumor, muss die Operation umgehend erfolgen.

1253

Eine **relative Indikation** liegt vor, wenn eine bestimmte Maßnahme sinnvoll möglich, aber nicht zwingend erforderlich ist, oder wenn realistische Alternativen existieren.

1254

Eine weitere Einteilung der Indikation erfolgt nach Dringlichkeit. Besteht akut Lebensgefahr und damit die Notwendigkeit einer umgehenden ärztli

1255

chen Maßnahme, wie beispielsweise bei einem akuten Herzinfarkt, spricht man von einer **vitalen Indikation**. Demgegenüber kann bei **elektiver** Indikation der Zeitpunkt eines Eingriffs abhängig von der jeweiligen Konstellation entsprechend frei gewählt werden, man spricht auch von einem »Wahleingriff«. Typisches Beispiel hierzu wäre die Entfernung eines Implantates nach definitiver Ausheilung eines Knochenbruches.

1256 Art und Dringlichkeit einer Indikation können sich situationsabhängig im Verlauf ändern.

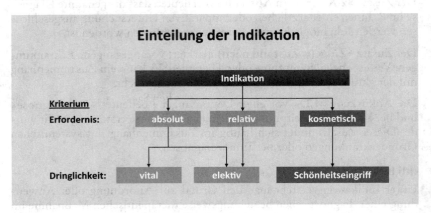

1257 Einen Sonderfall stellen »**kosmetische**« Indikationen dar. Als Unfall- oder Erkrankungsfolge (z.B. Brustaufbau nach Brustoperation wegen Tumorerkrankung, entstellende Narben im Gesicht nach Hundebiss oder Verbrennung) kann die Rechtfertigung für einen kosmetischen Korrektureingriff medizinisch plausibel und somit relativ indiziert sein. Gleiches gilt für anatomische oder morphologische Varianten, die nachvollziehbar zu funktionellen Einschränkungen (z.B. »Trichterbrust« bei Kindern) oder psychischen Belastungen führen.

1258 Schönheitseingriffe am bislang unversehrten Körper sind dagegen äußerst kritisch abzuwägen, sofern keine Erkrankung oder objektive Verunstaltung zugrunde liegt, sondern ein individuelles Schönheitsideal oder eine primäre psychische Alteration den Wunsch nach einer körperlichen Umgestaltung begründen. Bei dieser Konstellation werden besonders hohe Anforderungen an die Aufklärung gestellt.

1259 Eine **Kontraindikation** liegt vor, wenn aufgrund besonderer Umstände, wie Vorerkrankungen oder individueller Disposition, ein relevantes Risiko für eine zusätzliche therapiebedingte Gefährdung resultieren würde. Beispielsweise muss die Verabreichung eines Penicillin-haltigen Antibiotikums bei bekannter Allergie gegen Penicillin unterbleiben. In diesem Fall muss auf ein Präparat einer anderen, ebenfalls wirksamen Arzneistoffgruppe ausgewichen werden.

Eine **Ausnahmeindikation** liegt vor, wenn eine Maßnahme nur im konkreten Einzelfall aufgrund besonderer individueller oder sonstiger Gegebenheiten, nicht aber bei vergleichbarer Konstellation im Allgemeinen angezeigt ist. **1260**

ee) Aufklärung

Jeder ärztliche Eingriff, ob prophylaktisch, diagnostisch oder therapeutisch, stellt ohne Einwilligung des Patienten eine Körperverletzung dar, auch wenn er fehlerfrei durchgeführt wurde. Voraussetzung für eine rechtlich wirksame Einwilligung und damit Rechtfertigung eines Eingriffs ist eine ordnungsgemäße Aufklärung. Die Beurteilung einer ärztlichen Aufklärung als Teil der medizinischen Behandlung fällt damit überwiegend in den Bereich der juristischen Kompetenz. Der ärztliche Gutachter muss dazu die entscheidenden Kriterien aus dem medizinischen Sachverhalt darstellen, aus denen hervorgeht, welcher Informationsbedarf für den Patienten zu fordern gewesen wäre. Bezüglich der Anforderungen an eine ordnungsgemäße Aufklärung und der Auslegung, was im Einzelfall konkret darunter zu verstehen ist, bestehen nicht selten konträre Auffassungen zwischen Patienten, Ärzten und Juristen. **1261**

Art und Umfang einer Aufklärung muss der Arzt an der konkreten Konstellation im Einzelfall ausrichten. Neben der medizinischen Problematik spielen hier auch persönliche Umstände, wie aktuelle Verfassung oder individuelle Auffassungsgabe des Patienten, eine entscheidende Rolle.[1714] Ausdrucksweise und Wortwahl müssen speziell der Situation angepasst werden und besonders für den Patienten verständlich sein. Insbesondere bei komplexen medizinischen Konstellationen kann es für den Arzt schwierig sein, die entscheidenden Aspekte aus seinem umfangreichen und einschlägigen Facharztwissen komprimiert auf das Niveau des medizinischen Laien zu übertragen, ohne dabei Verluste oder Verzerrungen hinsichtlich des relevanten Aussagegehalts zu riskieren. Besonders problematisch ist die Gestaltung einer ordnungsgemäßen Aufklärung in Situationen mit fatalen Prognosen für den Patienten, zum Beispiel vor Entfernung eines operationspflichtigen bösartigen Tumors am Gehirn mit hohem Risiko für eine resultierende Gehirnschädigung. Derartige Konstellationen erfordern unabhängig vom fachärztlichen Standard ein ärztliches »Fingerspitzengefühl«, welches sich nicht durch medizinische Leitlinien allgemeingültig vorgeben lässt. **1262**

Abgesehen von schriftlicher oder verbaler Bestätigung einer Zustimmung gibt es für den Arzt keine zuverlässige Möglichkeit der Überprüfung, inwieweit ein Patient die Bedeutung der Informationen in allen wesentlichen Belangen tatsächlich adäquat erfasst hat. **1263**

1714 Heberer/Hüttl, Der Chirurg 2010 – 81, S. 167–174.

1264 Erfolg und Wirkung einer Aufklärung hängen nicht ausschließlich von der Gestaltung durch den Arzt ab, sie werden auch durch die Individualität des Patienten, zum Beispiel durch Eigenschaften seiner Persönlichkeitsstruktur, wie Auffassungsgabe und psychische Stabilität, beeinflusst.

1265 Bei **sprachlichen Barrieren** kann abhängig von Art und Ausmaß der Verständnisschwierigkeiten eine Übersetzungshilfe angezeigt sein. Je nach Bedarf und sofern vorhanden, können Angehörige oder Mitarbeiter aus dem medizinischen Umfeld mit entsprechenden Sprachkenntnissen beigezogen sowie in der jeweiligen Fremdsprache gehaltene Aufklärungsbögen eingesetzt werden. Selbst dann besteht jedoch in derartigen Fällen unvermeidlich ein erhöhtes Risiko für Missverständnisse und Informationsdefizite. Weder das Verständnis des Patienten noch die Qualität einer Übersetzungshilfe können durch den aufklärenden Arzt zuverlässig überprüft werden.

1266 **Inhaltlich** muss ausgerichtet am Einzelfall über Anlass, Zweck, Art, Chancen, Risiken und Folgen eines Eingriffs informiert werden. Dabei würde es den Rahmen sprengen, jedes Detail im Einzelnen aufzuführen, vielmehr sind die wesentlichen Eckpunkte der Maßnahme und der Behandlungsstrategie darzustellen. Es ist nicht Ziel einer Aufklärung, medizinisches Grundwissen zu vermitteln. Eine Überfrachtung an Information kann kontraproduktiv sein und im ungünstigsten Fall sogar zu einer Verunsicherung des Patienten führen.

> ❗ Die **Auswahl der relevanten und notwendigen Informationen** muss der Arzt anhand der jeweiligen Umstände treffen.

1267 Gefordert wird der Hinweis auf allgemeine und eingriffstypische Risiken, die auch im Falle einer fehlerfreien Behandlung nicht sicher zu vermeiden sind.

> ❗ Je geringer die **Indikation**, desto umfassender muss die **Aufklärung** ausfallen.

1268 Je größer das Risiko, desto umfassender muss auch über seltene Risiken aufgeklärt werden.[1715]

1269 Information über Konsequenzen bei Nichtdurchführung eines Eingriffs sind besonders bei relativer Indikation (s. Ziff. 2. b) dd)) angezeigt.

1270 Die **Wahl der Behandlungsmethode** bleibt dem Arzt vorbehalten, zumindest solange diese dem Standard entspricht. Die Forderung nach Aufklärung über **alternative Verfahren** bezieht sich nur auf Methoden mit gleichwertigen Erfolgsaussichten bei unterschiedlichen Risiken. Eine Diskussion

---

1715 Parzeller/Wenk/Zedler/Rothschild, Dtsch Ärztbl 2007; 104: A576–A586.

theoretisch möglicher, aber realistisch nicht sinnvoller Verfahren würde nicht nur den Rahmen sprengen, sondern auch den Patienten überfordern. Bei gutachtlicher Bewertung der Frage nach gleichwertigen Alternativen ist besonders darauf zu achten, dass persönliche Präferenzen eines Sachverständigen allgemein anerkannten Einschätzungen unterzuordnen sind oder zumindest als solche gekennzeichnet werden.

Die Aufklärung muss in **Form** eines persönlichen Gesprächs individuell mit dem Patienten erfolgen. Eine schriftliche Dokumentation trägt dem Umstand Rechnung, dass der Arzt bedarfsweise eine ordnungsgemäße Aufklärung nachweisen muss. Zum Einsatz können sowohl für jeweils einzelne Eingriffe industriell gefertigte, als auch selbst entworfene Bögen kommen. Die üblichen industriellen Bögen wurden unter juristischer Mitwirkung konzipiert und enthalten eine verständliche Darstellung aller für den jeweiligen Eingriff als relevant einzustufender Risiken. Für zusätzliche Anmerkungen zu speziellen Aspekten im jeweiligen Einzelfall oder Notizen zum Gespräch steht gesonderter Raum zur Verfügung.

1271

Der **Zeitpunkt** der Aufklärung im Vorfeld einer Maßnahme orientiert sich im Wesentlichen an der Dringlichkeit.[1716] Soweit es die medizinische Situation erlaubt, muss dem Patienten eine angemessene Bedenkzeit zur Verfügung stehen, um eine eigene Entscheidung treffen zu können. Für Eingriffe mit ausreichendem zeitlichen Planungsspielraum wird hierzu ein Aufklärungsgespräch spätestens am Vortag gefordert. Ein 24-Stunden Intervall ist allerdings im klinischen Alltag häufig schon deshalb nicht exakt einzuhalten, weil die stationäre Aufnahme am Vortag des Eingriffs einen zeitlichen Vorlauf für Aufnahmeformalitäten und vorbereitende Maßnahmen erfordert. Eine Aufklärung am Vorabend kann ausnahmsweise dann als ausreichend eingestuft werden, wenn sie unmittelbar nach stationärer Aufnahme erfolgt und der Patient die Operation am Folgetag wünscht.[1717]

1272

Für einfache ambulante Maßnahmen mit geringem Risikopotential kann eine Aufklärung am Tag des Eingriffs ausreichend sein. Bei mehreren gleichartigen Eingriffen in zeitlich enger Folge kann eine verkürzte Aufklärung genügen. Daneben gibt es im klinischen Alltag auch Situationen, in denen eine mündliche Zustimmung ausreichend sein kann.

1273

1716 Schellenberg, VersR 2008 (28), S. 1298–1303.
1717 Teubel, Dtsch Ärztbl 2010; 107 (19): A951–A952.

Hirgstetter

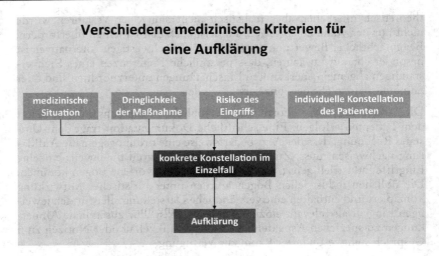

1274 Bei **Vorwürfen zur Aufklärung** ist in der Behandlungsdokumentation nach Aufklärungsbogen oder schriftlicher Einverständniserklärung zu suchen. Darüber hinaus können Hinweise auf informative Gespräche mit dem Patienten auch im Operationsbericht, im Krankenblatt oder im Pflegeprotokoll zu finden sein. Sofern der ausführliche Informationsteil eines vorgefertigten Aufklärungsbogens in den Unterlagen fehlt, kann dieser an den Patienten ausgehändigt worden sein.

1275 Aufklärungsgespräche können auch im Rahmen vorangehender ambulanter Erstvorstellungen oder ambulanter Operationsvorbereitungen geführt worden sein. Die Unterlagen derartiger Vorbehandlungen werden oft separat archiviert und im Fall einer Recherche in der Dokumentation einer stationären Behandlung zu Unrecht als nicht existent moniert.

> ❗ Zum **Vorwurf einer fehlenden oder unzureichenden Aufklärung** ist zu hinterfragen, ob möglicherweise eine Situation vorlag, in welcher der Patient aufgrund einer Erkrankung oder Verletzung nicht in der Lage war, eine Zustimmung zu erteilen oder eine Unterschrift zu leisten.

1276 Besteht im Notfall ein umgehender ärztlicher Behandlungsbedarf, kann eine vorherige Information des Patienten über eine sofort gebotene Maßnahme nicht mehr oder nur verkürzt möglich sein. Dies gilt insbesondere für Situationen mit begleitenden Bewusstseinsstörungen. Zu berücksichtigen ist auch, dass sich der Patient möglicherweise an den Inhalt des Aufklärungsgesprächs nicht mehr erinnern kann.

1277 Der Vorwurf könnte auch darauf beruhen, dass sich die Notwendigkeit einer speziellen Maßnahme unvorhersehbar erst während eines Eingriffs herausgestellt hat. Vorgefertigte Bögen enthalten deshalb in der Regel einen Hinweis darauf, dass die Einwilligung auch das Einverständnis für unvorhergesehene Erweiterungen umfasst, die sich möglicherweise erst während eines Eingriffs als notwendig herausstellen.

ff) Eingriff / Therapie

Die Beurteilung, ob eine Maßnahme korrekt ausgeführt wurde, umfasst im Wesentlichen die Phase der Vorbereitung, die ursprüngliche Zielsetzung sowie die technische Durchführung. Sie setzt ein höchstmögliches Maß an konkreter Fachkenntnis voraus und fällt damit vollständig in den ärztlichen Kompetenzbereich. Ein medizinischer Eingriff kann in all seinen Aspekten von der Vorbereitung über die Durchführung bis hin zur speziellen Nachbehandlung und zu sinnvollen Alternativen nur von einem Facharzt beurteilt werden, der aufgrund praktischer Erfahrung mit diesem Verfahren ausreichend vertraut ist.

1278

❗ Unter diesem Aspekt genügt es in der Regel nicht, einen Sachverständigen nur nach dem Kriterium einer identischen Facharztbezeichnung auszuwählen, sondern es muss zusätzlich auf eine **gleichwertige fachlich-hierarchische Ebene** geachtet werden.

Dies gilt insbesondere für Spezialisierungen innerhalb einer Facharztgruppe.

1279

Ein weiterer wichtiger Aspekt betrifft den rasanten Fortschritt in der Medizin. Verfahren werden laufend modifiziert, entsprechend ändert sich auch der Standard. Insofern kann aus einer unbestritten umfangreichen Fach- und Gutachtenerfahrung eines bereits aus der aktiven klinischen Tätigkeit ausgeschiedenen Sachverständigen nicht grundsätzlich auf eine ausreichende Vertrautheit mit sämtlichen Details modernster Verfahrensweisen geschlossen werden. Dies gilt insbesondere für Fälle, in denen gezielt die handwerkliche und technische Durchführung einer Methode zu beurteilen ist.

1280

❗ Ein **ärztlicher Eingriff** muss stets im Kontext mit dem **Zeitpunkt seiner Durchführung** beurteilt werden. Wesentliche Basis ist auch hierfür das Fachschrifttum.

In Bezug auf ein Behandlungsergebnis ist unter anderem die **ursprüngliche Zielsetzung** zu berücksichtigen. Ein Eingriff kann prophylaktisch (vorsorgend), diagnostisch (abklärend) oder therapeutisch (behandelnd) ausgerichtet sein, wobei sich während des Eingriffs ein erforderlicher Strategiewechsel herausstellen kann.

1281

1282 ▶ Beispiel:
Eine Darmspiegelung im Rahmen der Krebsvorsorge ohne Krankheits-symptome des Probanden wird prophylaktisch durchgeführt. Wird die Spiegelung zur Abklärung der Ursache eines positiven Tests auf Blut im Stuhl veranlasst, handelt es sich um einen diagnostischen Eingriff. Ist der Anlass ein oberflächlicher Tumor, der endoskopisch entfernt werden soll, entspricht dies einer therapeutischen Maßnahme.

1283 Bei der **Auswahl und Anwendung einer ärztlichen Maßnahme** spielen neben der medizinischen Konstellation individuelle Besonderheiten des Patienten und die besonderen Umstände der jeweiligen Situation eine entscheidende Rolle. Dies muss vor allem bei einer Bewertung anhand von Leitlinien berücksichtigt werden, weil diese nicht speziell auf jeden konkreten Einzelfall ausgelegt sind.

❗ Bei komplexen Vorgängen ist eine selektive Überprüfung einzelner Details in der Regel unzureichend. Vielmehr müssen **einzelne Aktionen im Gesamtkontext** bewertet werden.

1284 Die gutachtliche Feststellung, eine Maßnahme sei nicht angemessen an der Diagnose ausgerichtet worden, darf nicht auf einer ex post-Betrachtung beruhen. In vielen Situationen besteht Handlungsbedarf, bevor eine Diagnose feststeht. In begründeten Fällen können selbst ungewöhnliche oder schwerwiegende Abweichungen vom Standard erforderlich werden, wenn zum Beispiel bei üblichem Vorgehen ein therapeutischer Misserfolg oder gar eine zusätzliche Schädigung oder Gefährdung des Patienten drohen würde.

❗ Der nicht weiter begründete **Rückschluss einer fehlerhaften Anwendung** oder Ausführung eines Verfahrens alleine aus einem unerwünschten Ergebnis ist unzulässig.

gg) Nachbehandlung

1285 Vorwürfe können auch die Nachsorge betreffen. Bei längeren stationären Aufenthalten und bei direkten Verlegungen von einer Klinik in die andere ergeben sich selten Fragen zur Verantwortlichkeit. In Zeiten zunehmend ambulant durchgeführter Eingriffe und verkürzter stationärer Aufenthalte liegen Primärbehandlung und Nachbehandlung jedoch häufig nicht mehr in einer Hand. Besonders bei komplexen und komplikationsbehafteten Verläufen können sowohl **verschiedene Fachbereiche** als auch **unterschiedliche Ärzte** gleicher Fachrichtung an einer Behandlung beteiligt gewesen sein. Auch die Unzufriedenheit von Patienten kann einen vermehrten Wechsel von Behandlern oder Konsultationen unterschiedlicher Fachärzte zur Folge haben.

Möglicher organisatorischer Ablauf der Nachbehandlung

Ablauf und Inhalt einer Nachbehandlung hängen von verschiedenen Faktoren ab, wie etwa Art und Verlauf der Primärbehandlung, individuelle Konstellation des Patienten und logistische Gegebenheiten. Besonders ist zu berücksichtigen, dass sich die Notwendigkeit einer nachgelagerten Maßnahme häufig erst aus dem weiteren Heilverlauf ergeben kann. Das Spektrum reicht von Routinemaßnahmen, wie Verbandwechsel, Wundkontrolle, Fadenzug und Röntgenkontrollen, bis hin zu speziellen Maßnahmen und Folgeoperationen.   **1286**

Für eine Nachbehandlung gelten die allgemeinen medizinischen Behandlungsgrundsätze.   **1287**

❗ Eine Beurteilung der Nachbehandlung setzt in der Regel **Kenntnisse über den gesamten Behandlungsverlauf** einschließlich der Vorgeschichte voraus.

hh) Dokumentation

Grundsätzlich dient die Dokumentation von Maßnahmen der Gedächtnisstütze des Arztes und der Übermittlung von Information zum Beispiel an ärztliche Kollegen, aber auch an Institutionen wie Sozialversicherungsträger und Versicherungen.   **1288**

Inzwischen kommt der Dokumentation eine enorme rechtliche Bedeutung zu. Von juristischer Seite wird sie insofern als Teil einer sorgfältigen Be-   **1289** handlung angesehen, als der Arzt auf Verlangen eine Rechenschaft über seine Tätigkeit ablegen muss.[1718]

1290   Obwohl die Frage bezüglich eines etwaigen Dokumentationsmangels nach rechtlichen Kriterien beurteilt werden muss, wird sie häufig explizit dem ärztlichen Sachverständigen gestellt. Dieser kann streng genommen nur die medizinischen Informationen und Argumente für die Entscheidungsfindung liefern, nicht jedoch einen Dokumentationsmangel im rechtlichen Sinne feststellen.

1291   Aus Sicht des Arztes müssen sich die wesentlichen Umstände einer Behandlung anhand der Dokumentation schlüssig nachvollziehen lassen.

> ❗ Konkrete **Anforderungen an Inhalt und Umfang** einer als ausreichend bzw. angemessen einzustufenden Dokumentation ergeben sich letztlich aus der individuellen medizinischen Konstellation im jeweiligen Einzelfall.

1292   Aufzuzeichnen sind vor allem Daten und Maßnahmen, die für den weiteren Verlauf und für ärztliche Entscheidungsfindungen von Bedeutung sind. Dies betrifft insbesondere Abweichungen vom Standard.

1293   Standardisierte Abläufe und Routine-Maßnahmen können verkürzt oder mit einem medizinisch gebräuchlichen Begriff (zum Beispiel »Hautnaht«) dokumentiert werden, sofern keine Abweichung vom medizinischen Standard vorliegt.

1294   Neben Aufzeichnungen zum allgemeinen Verlauf wird zu bedeutenden Einzelmaßnahmen, wie zum Beispiel zu Operationen, ein gesondertes Protokoll erstellt.

> ❗ Bei komplexen Behandlungsverläufen mit **Beteiligung verschiedener Fachdisziplinen** ist zu berücksichtigen, dass auch innerhalb der gleichen Klinik die Archivierung der jeweiligen Unterlagen in der Regel getrennt nach Fachgebieten oder Funktionseinheiten erfolgt.

1295   In der Krankenakte zu einer stationären Behandlung können unter Umständen Berichte über eine konsiliarische Mitbehandlung durch andere Fachärzte getrennt archiviert worden sein.

1718 Berg/Ulsenheimer, Patientensicherheit, Arzthaftung, Praxis- und Krankenhausorganisation, S. 223–228.

Hirgstetter

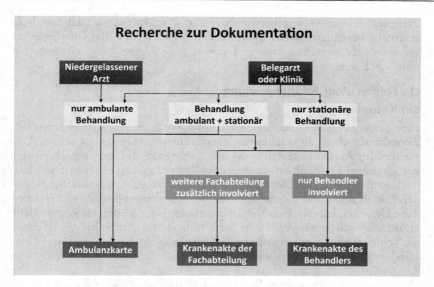

ii) Compliance

Ein Patient ist im Rahmen seiner Möglichkeiten zur **Mitarbeit** verpflichtet. Dies gilt sowohl für Untersuchungen und Behandlungen, als auch für eine Begutachtung. **1296**

Es gibt viele Untersuchungsverfahren, deren Ergebnis und somit auch Aussagekraft entscheidend von der Mitarbeit eines Probanden abhängen. Betroffen sind keineswegs nur komplexe Methoden, sondern häufig einfache Verfahren wie zum Beispiel Funktionsuntersuchungen von Gliedmaßen oder Tests der geistigen Leistungsfähigkeit. **1297**

Ergibt sich der Eindruck einer unzureichenden Mitarbeit und resultiert hieraus möglicherweise eine Verzerrung von Befunden und Ergebnissen, kann dies zu einer Fehleinschätzung des tatsächlichen Leistungsvermögens und damit zu einer falschen Einschätzung des kausalen Schadensbildes führen. Deshalb muss die Compliance eines Probanden im Rahmen einer gutachtlichen Untersuchung nachvollziehbar sein. Im Zweifel stehen für ausgewählte Situationen Testverfahren sowohl zur Überprüfung der Validität von Untersuchungsergebnissen als auch zur Einschätzung der Compliance zur Verfügung. Auf relevante Auffälligkeiten im Rahmen einer Begutachtung muss jedenfalls hingewiesen werden.[1719] **1298**

Die **Ursachen einer eingeschränkten Mitarbeit** können vielfältig sein. Zu unterscheiden ist zwischen eingeschränkter Bereitschaft und mangelnder **1299**

1719 Schellenberg, VersR 2005 (34), S. 1620–1623.

Hirgstetter

Fähigkeit. Sowohl Gesundheitsschäden und Krankheiten wie auch bewusst-seinsnahe Verhaltensweisen sind in Erwägung zu ziehen. Bei Überlagerung verschiedener Ursachen kann eine zuverlässige Abgrenzung schwierig bis unmöglich sein.

c) Folgen einer Fehlbehandlung
aa) Kausalität

1300   Eine der wichtigsten und zugleich anspruchsvollsten Aufgaben betrifft die **Zuordnung eines abweichenden Gesundheitszustandes zu seinen Ursachen.** Im Arzthaftungsfall muss bei bestätigtem Behandlungsfehler und vorliegendem Gesundheitsschaden der Zusammenhang überprüft werden, weil ein Behandlungsfehler nicht zwangsläufig zu einem Gesundheitsscha-den führen muss und zudem ein Gesundheitsschaden prinzipiell verschie-dene Ursachen haben kann. Mit der Beurteilung der Kausalität kommt dem ärztlichen Sachverständigen eine Schlüsselrolle im Arzthaftungsverfahren zu. Seine sachkundigen Ausführungen bilden die Basis für eine unter Um-ständen folgenreiche juristische Entscheidung.

> ❗ Ein **Ursachenzusammenhang** muss anhand objektiver und anerkann-ter Kriterien nachvollziehbar hergeleitet oder ausgeschlossen werden. Schlussfolgerungen hierzu müssen sich logisch und verständlich aus den erklärenden Ausführungen ergeben.

1301   Die Herleitung einer kausalen Verknüpfung ausschließlich aus einem zeit-lichen Zusammenhang hat kein Gewicht. Auch fehlende alternative Ursa-chen reichen als alleinige Begründung für eine Kausalität nicht aus, solange solche nicht konkret gutachtlich diskutiert und ausreichend sicher ausge-schlossen worden sind.

1302   Die besondere Problematik im Arzthaftungsfall liegt darin, dass der ärzt-lichen Behandlung in der Regel bereits eine gesundheitliche Störung oder Veränderung voran ging, die auch schicksalhaft, also unbehandelt oder bei fehlerfreier Behandlung einen widrigen Heilverlauf oder ein unerwünschtes Resultat zur Folge haben konnte. Aufgrund **vielfältiger Entstehungsmög-lichkeiten** bei zugleich hoher individueller Schwankungsbreite kann eine verlässliche Zuordnung von medizinischen Befunden und Gesundheitsver-änderungen zu einer konkreten Ursache im Einzelfall schwierig sein. Sofern ein Zusammenhang nur mit einem Grad an Wahrscheinlichkeit angegeben werden kann, ist dieser plausibel zu begründen. **Zweifel an der Kausalität** sind deutlich hervorzuheben. Falls eine konkrete Festlegung nicht möglich ist, sollten alle Argumente, die für und gegen einen Zusammenhang spre-chen, gegenübergestellt werden.[1720]

1720 König-Ouvrier, Dtsch Ärztbl 2003; 100 (10): A 612.

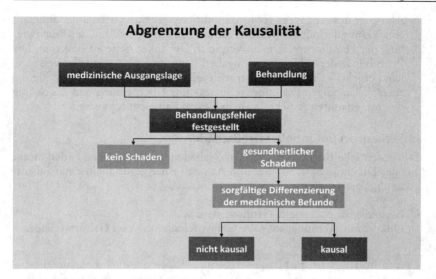

Abgrenzung der Kausalität

Als besonders problematisch erweist sich häufig die gutachtliche Beurteilung von Gesundheitsstörungen, die naturgemäß durch technische Messverfahren nicht zu erfassen und bei denen objektive Befunde selten oder nur schwer zu erheben sind, wie zum Beispiel bei Schmerzen und Erkrankungen aus dem psychischen Formenkreis. In solchen Fällen können häufig nur die **subjektiven Angaben und Beschwerden** des Probanden zur Beurteilung herangezogen werden. Umso mehr muss der Sachverständige versuchen, repräsentative indirekte oder sekundäre objektive Parameter zu identifizieren, mit denen die subjektiven Angaben bezüglich ihrer Plausibilität abgeglichen und der Wahrheitsgehalt überprüft werden können. Eine abschließende Bewertung ohne jeglichen Abgleich mit objektiven Aspekten oder gar bei widersprüchlicher Befundlage ist nicht repräsentativ. **1303**

Es existiert zum Beispiel kein objektives Messverfahren zum sicheren Nachweis von Schmerzen sowie zur Bestimmung der Schmerzintensität. Zur gutachtlichen Einschätzung müssen daher verschiedene Aspekte, wie Primärschädigung, Heilverlauf, Art und Inhalt der Schilderung des Probanden sowie Art, Intensität und Dosierung der Therapie miteinander abgeglichen und das Gesamtbild bezüglich der Plausibilität geprüft werden. **1304**

▶ Beispiel: **1305**
Ein Proband trägt vor, seit einer Schädigung, die mehrere Monate zurückliegt, wegen »stärkster« Schmerzen seinen rechten Arm nicht mehr benutzen zu können. Er müsse »stärkste« Schmerzmittel einnehmen. Eine körperliche Funktionsuntersuchung wird nicht toleriert, bereits bei Berührung des Armes werden unerträgliche Schmerzen geäußert.

Hirgstetter

Als Folge des genannten völligen Funktionsverlustes wären unter anderem eine Verminderung der Muskulatur des rechten Armes und der Beschwielung der Handinnenfläche im Vergleich zur linken Seite zu erwarten. Die Plausibilität der subjektiven Angaben kann hier also möglicherweise anhand objektiver Parameter überprüft werden. Die unkritische Bestätigung eines vollständigen Funktionsverlustes ohne Überprüfung und Beachtung der vorgenannten Aspekte wäre in diesem Fall nicht schlüssig.

bb) Erkennen potentieller Großschäden

1306 Das potentielle Risiko für einen Großschaden kann in einigen Fällen direkt aus der Diagnose bzw. aus Art und Ausmaß einer gesundheitlichen Schädigung abgeleitet werden.

1307 ▶ Beispiele für potentielle Großschäden:
Querschnittlähmung, schwere Gehirnschädigung und Geburtsschäden.

❗ Ein **hoher Aufwand** ist generell für Schäden anzunehmen, aus denen auf Dauer ein Bedarf an Pflege sowie intensivmedizinischen oder sonstigen aufwändigen Maßnahmen resultiert.

1308 Häufig ist das gesamte bzw. endgültige **Ausmaß eines Gesundheitsschadens** erst im weiteren Verlauf absehbar. In diesen Fällen ist der Blick auf die medizinische Ausgangslage und den bisherigen Verlauf zu richten. Als allgemeine Hinweise können weitere Eingriffe, aufwändige Folgemaßnahmen sowie wiederholte und lange Krankenhausaufenthalte dienen.

1309 Auch die individuelle gesundheitliche Ausgangssituation kann als Hinweis dienen. Bestanden bereits vor der Schädigung signifikante gesundheitliche Einschränkungen oder fortgeschrittene Erkrankungen, durch die ein Geschädigter bereits am Rande der Kompensation stand, können bereits Bagatellschäden zu einer dramatischen Wendung im Heilverlauf führen.

❗ Bei einer **Beurteilung des Schadensausmaßes** muss berücksichtigt werden, inwieweit die Behandlung im Wesentlichen als abgeschlossen zu betrachten ist, oder ob noch realistische Möglichkeiten einer positiven Beeinflussung durch weitere Maßnahmen oder im Spontanverlauf bestehen.

1310 Das Risiko für einen hohen Schaden wird neben medizinischen Aspekten auch durch die individuellen Verhältnisse eines Geschädigten bezüglich seines sozialen, privaten und beruflichen Umfelds bestimmt, wie junges Lebensalter, uneingeschränkte Leistungsfähigkeit in Kombination mit sozialem Status und beruflicher Position.

Hirgstetter

Erste Anhaltspunkte für die Höhe künftiger Aufwendungen können sich aus einem Abgleich der Auswirkungen einer gesundheitlichen Schädigung auf die jeweilige berufliche Tätigkeit ergeben. **1311**

cc) Prognose

Die künftige Entwicklung von Schädigungsfolgen oder eines Krankheitsverlaufs hängt neben offensichtlichen Risiken aus der konkreten medizinischen sowie der individuellen Konstellation von einer Vielzahl nicht erfass- oder beeinflussbarer Faktoren ab. Dadurch ist die umfassende Einschätzung einer Prognose in der Regel mit einem mehr oder weniger großen Unsicherheitsfaktor belegt. Während sich die Art eines potentiellen Risikos meistens konkret benennen lässt, sind Voraussagen zur Schwere und zur voraussichtlichen zeitlichen Entwicklung des Verlaufs häufig nur spekulativ möglich. **1312**

Sofern statistische Daten zur Abschätzung einer Prognose herangezogen werden, muss möglichst die Zuverlässigkeit der Informationsquelle evaluiert werden. Trotzdem bleibt zu berücksichtigen, dass der Verlauf im individuellen Einzelfall signifikant abweichen kann. **1313**

Daneben gibt es medizinische Schädigungsmuster und -konstellationen, aus denen sich zumindest abstrakt ein prognostisches Risikopotential ableiten lässt. **1314**

Prognostisch ungünstig ist eine **Schädigung komplexer Strukturen** mit eingeschränkter ärztlicher Reparationsmöglichkeit und begrenzter spontaner Regenerationsfähigkeit. Hierzu zählen besonders Schäden an **Gehirn, Rückenmark und Nerven**, aber auch schwere **Gelenkschäden** und der Untergang größerer Muskelanteile mit resultierendem Funktionsverlust. **1315**

Begleitverletzungen können entscheidend Einfluss auf die Prognose einer Grunderkrankung oder Primärverletzung nehmen. Hierzu zählen Gefäß- und Nervenschäden sowie schwere Weichteilschäden. Letztere können sich erst während einer Behandlung im Zusammenhang mit einem komplexen Heilverlauf einstellen, beispielsweise als Folge wiederholter Operationen oder einer Infektion. **1316**

Auch verschiedene **Komplikationen** im Heilverlauf stellen potentiell einen Prognosefaktor dar. **1317**

Wichtig ist hierzu die Feststellung, dass das Auftreten einer **Komplikation nicht automatisch** mit einem **Behandlungsfehler** gleichzusetzen ist. **1318**

▶ Beispiele für Komplikationen: **1319**
Beim **Kompartmentsyndrom** kann ein erhöhter Druck in einer Muskelloge unbehandelt zum endgültigen Untergang von Muskulatur mit entsprechenden Funktionsausfällen auf Dauer führen.
Bei **Morbus Sudeck** (auch CRPS II = Chronisch regionales Schmerz-

Hirgstetter

syndrom genannt) handelt es sich um ein regionales Schmerzsyndrom unterschiedlicher Ausprägung, dessen ursächlicher Mechanismus im Detail noch nicht endgültig geklärt ist. Abhängig vom Erkrankungsstadium und vom Verlauf können Funktionsstörungen der betroffenen Extremität verbleiben.

Mit **Pseudarthrose** bezeichnet man das Ausbleiben einer knöchernen Bruchheilung innerhalb der ersten 9 Monate. Hauptursachen sind Instabilität, Durchblutungsstörungen oder Infektion im Bruchabschnitt. Bei Instabilität lässt sich in der Regel durch Korrekturmaßnahmen eine folgenlose Ausheilung erzielen. Auch bei lokaler Infektion kann dies abhängig vom Ausmaß des Infektes gelingen. Liegt als Ursache eine eingeschränkte Durchblutung vor, können aufwändige rekonstruktive Maßnahmen erforderlich werden. Die Ursachen für derartige lokale Durchblutungsstörungen können begründet sein in der ursprünglichen Verletzung, in einem Eingriff, in der individuellen Ausgangssituation oder auch in einer Kombination der genannten Faktoren.

Osteitis (Knocheneiterung, auch Osteomyelitis) bezeichnet eine Infektion des Knochens. Leichte Entzündungen im Anfangsstadium lassen sich häufig durch gezielte Antibiotikabehandlung und lokale Reinigungsmaßnahmen weitgehend folgenlos und mit entsprechend geringem Rezidivrisiko zur Ausheilung bringen. Schwere, insbesondere fortgeleitete und chronische Infektionen bedürfen einer aufwändigen lokalen Behandlung, aus der ein Substanzverlust von Knochen und auch Weichteil resultieren kann. Möglicherweise sind aufwändige plastische Maßnahmen zur Defektdeckung oder Rekonstruktion erforderlich. In diesen Fällen ist mit bleibenden Funktionsdefiziten zu rechnen.

❗ **Begleitverletzungen und Komplikationen** können, müssen jedoch nicht grundsätzlich zu einer Verschlechterung der Prognose führen.

1320   Mögliche Auswirkungen und Folgen hängen jeweils entscheidend von Art und Ausmaß der Schädigung sowie von Gegenmaßnahmen und vom Heilverlauf ab. Bei Anfangsstadien und leichten Verlaufsformen kann durchaus mit einer folgenlosen Ausheilung gerechnet werden. Selbst bei fortgeschrittenen Stadien ist eine solche nicht grundsätzlich ausgeschlossen. Etwaige Folgen müssen deshalb im Einzelfall durch eine Untersuchung gutachtlich erfasst werden.

1321   Auch der anteilige oder vollständige **Verlust von Organen oder Organfunktionen** kann zu lebenslangen Einschränkungen führen (zum Beispiel Dialyse nach Verlust der Nierenfunktion). Bei komplizierten, insbesondere infektionsbehafteten Heilverläufen kann es auch nur vorübergehend zu Störungen einzelner Organfunktionen kommen. Bei Hinweis auf Organfunktionsstörungen oder ein Organversagen müssen Verlauf und Ausheilungszustand deshalb im Einzelfall überprüft werden.

Wesentlich beeinflusst wird die Prognose durch die **individuelle Konstellation** eines Geschädigten. Dabei geht es weniger um das statistische, als vielmehr um das biologische Alter bzw. den Allgemeinzustand, Begleiterkrankungen und Medikamente. Auch frühere Erkrankungen und Verletzungen können eine Rolle spielen.

1322

Bei **vorbestehenden Einschränkungen** von Organfunktionen, beispielsweise der Nieren- oder Leberfunktion, kann das individuelle Heilvermögen entsprechend reduziert sein. Das Risiko für Wundheilungsstörungen und Heilkomplikationen kann dadurch erhöht sein. Gleiches gilt für Diabetes, für arterielle Durchblutungsstörungen und für Autoimmunerkrankungen.

1323

Ein hohes Komplikationsrisiko besteht für Dialysepatienten und im Einzelfall auch für Patienten nach Organtransplantation.

1324

Auch die regelmäßige Einnahme bestimmter Medikamente kann Komplikationen verursachen. Medikamente zur Behandlung von Autoimmunerkrankungen oder infolge Transplantation unterdrücken beabsichtigt körpereigene Heilvorgänge. Mit ähnlicher Nebenwirkung ist bei längerfristiger Einnahme von Kortison zu rechnen. Zusätzlich kommt es dabei zum Abbau von Knochensubstanz, also zu Osteoporose. Stabilität und Heilfähigkeit des Knochens werden dadurch reduziert.

1325

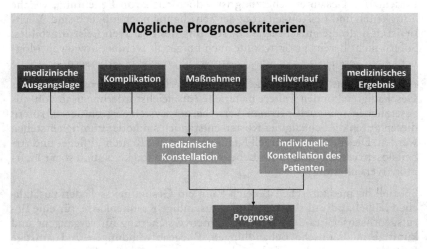

Mögliche Prognosekriterien

Vor Abschätzung der Prognose ist möglichst zu beurteilen, ob bereits ein endgültiger Ausheilungszustand eingetreten ist, oder ob noch individuelles Regenerationspotential beziehungsweise ärztliche Korrekturmöglichkeiten bestehen.

1326

Hirgstetter

dd) Bedeutung für den Kostenaufwand

1327   Im Haftungsfall sind die Auswirkungen eines Gesundheitsschadens auf die private, berufliche und soziale Situation von Bedeutung. Abhängig von den individuellen Verhältnissen des Geschädigten kann eine banale Primärschädigung einen erheblichen finanziellen Aufwand nach sich ziehen.

1328   ▶ Beispiel für die unterschiedliche Bedeutung eines Schadens:
Führt ein Behandlungsfehler zur Versteifung des linken Kleinfingers, erscheint die Schädigung in Bezug auf die körperliche Größenordnung vergleichsweise gering. Die individuellen Auswirkungen auf das berufliche Leistungsbild eines Konzertpianisten wären trotzdem als fatal einzustufen.

1329   Im Rahmen einer medizinischen Begutachtung müssen deshalb neben Art und Ausmaß eines Gesundheitsschadens insbesondere dessen **individuelle Auswirkungen und Folgen** für den Geschädigten eingeschätzt und möglichst konkret dargestellt werden.

1330   Eine reine Aufzählung oder Beschreibung von Befunden und Diagnosen hilft nicht weiter. Benötigt wird eine möglichst detaillierte **Darstellung des konkreten und individuell zu ermittelnden Schadens** im Abgleich mit der persönlichen Konstellation des Geschädigten. Häufig werden dabei ausschließlich die resultierenden Einschränkungen beschrieben. Für eine repräsentative Gesamteinschätzung ist jedoch auch von Bedeutung, welche Tätigkeiten und Leistungen trotz der Schädigung noch möglich sind. Wichtig ist deshalb die gutachtliche **Darstellung des positiven Leistungsbildes**. Sofern nicht bereits geklärt, sollte auch mitgeteilt werden, inwieweit Möglichkeiten gesehen werden, das Leistungsbild noch zu verbessern.

1331   Abgesehen von **Schmerzensgeld** als immateriellem Schadensausgleich des Geschädigten können weitere materielle Ausgleichsforderungen sowohl aus gesetzlichen wie auch privaten Versicherungssystemen resultieren, sofern diesen durch die Schädigung Kosten entstanden sind oder künftig entstehen werden. Dies betrifft potentiell Kranken-, Unfall-, Renten-, Pflege- und Arbeitslosenversicherung sowie Lebens-, Berufsunfähigkeits- und sogar Haftpflichtversicherung.

1332   Speziell im medizinischen Bereich kann ein Gesundheitsschaden zusätzliche **Heilbehandlungskosten** für die zuständige Krankenkasse, für eine Berufsgenossenschaft oder auch eine Rentenversicherung für vergangene und künftige medizinische Behandlungen, Pflegeaufwendungen und sonstige Leistungen verursachen. Zu berücksichtigen sind in diesem Zusammenhang auch mittelbare Aufwendungen, wie Fahrtkosten und insbesondere gesetzlich oder vertraglich vorgegebene Eigenbeteiligungen des Versicherten, wie Praxisgebühr oder Zuzahlungen bei Rezepten, Medikamenten und Hilfsmitteln. Bei grundsätzlich nicht erstattungsfähigen Behandlungskosten sind medizinische Notwendigkeit und Indikation zu hinterfragen.

> ❗ Entscheidend bei der Bestimmung des medizinischen Kostenaufwands ist eine möglichst strikte **Abgrenzung derjenigen Kosten**, die ausschließlich durch den Behandlungsfehler und seine Folgen entstanden sind, von den Aufwendungen, die auch ohne Fehler angefallen wären.

Oft ist eine genaue Trennung schwierig und eine aktuelle medizinische Begutachtung hierzu angezeigt.

1333

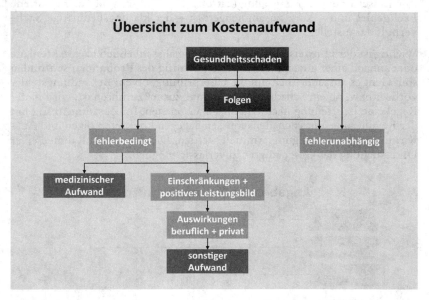

Übersicht zum Kostenaufwand

Weitere Kostenpositionen, zu deren Festsetzung eine medizinische Einschätzung des Schadens- und Leistungsbildes notwendig sein kann, betreffen den **Erwerbsschaden** und den **Haushaltsführungsschaden**. Hohe Folgekosten können bei Berufs- und Erwerbsunfähigkeit entstehen. In diesen Fällen kann bedarfsweise im Rahmen eines medizinischen Gutachtens ausgelotet werden, inwieweit durch spezielle Rehabilitationsmaßnahmen, durch Bereitstellung geeigneter Hilfsmittel oder durch Umschulungsmaßnahmen der Zukunftsschaden möglicherweise reduziert werden kann.

1334

3. Bearbeitung

a) Gutachtenauftrag

1335 Im Auftrag müssen für den Gutachter **Anlass** und **Zweck,** das betroffene **Rechtsgebiet,** Person und Position des **Auftraggebers,** sowie die Personalien des Probanden und aller Beschuldigten klar erkennbar sein, um etwaige Interessenskonflikte vorab ausschließen zu können.

1336 Bedarfsweise sollten **terminliche Vorgaben** sowie die **finanzielle Regelung** frühzeitig abgestimmt werden.

1337 Zur Einschätzung der Zuständigkeit und Kompetenz sind das **betroffene Fachgebiet** und – kurz zusammengefasst – der klärungsbedürftige **Sachverhalt** darzustellen.

1338 Wichtig ist der Hinweis, ob eine Beurteilung ausschließlich nach **Aktenlage** oder anhand einer gutachtlichen **Untersuchung des Probanden** stattfinden soll. Geht es ausschließlich um die Überprüfung, ob ein Behandlungsfehler vorliegt bzw. ob ein Schaden kausal darauf zurückzuführen ist, wird in der Regel eine Beurteilung nach Aktenlage ausreichen. Im Zusammenhang mit der Regulierung eines Schadens müssen dagegen konkrete Folgen und Auswirkungen der Schädigung ermittelt werden. Dies ist nur im Rahmen einer Untersuchung des Geschädigten zuverlässig möglich.

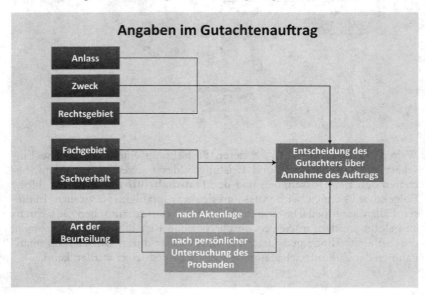

1339 Falls aus Sicht des Gutachters gewichtige Gründe gegen eine **Annahme des Auftrags** sprechen, sollte er dies möglichst zeitnah mitteilen.

Hirgstetter

Juristische Fachbegriffe und präjudizierende Formulierungen müssen im Auftrag möglichst vermieden werden. Sie beinhalten das Risiko einer ärztlichen Fehlinterpretation. Ein Hinweis auf die rechtlich maßgeblichen Grundlagen und Einschätzungskriterien sowie auf den Stand des Verfahrens kann dagegen im Einzelfall hilfreich sein. Selbst erfahrene ärztliche Sachverständige haben sich ihr juristisches Basiswissen in der Regel im Rahmen ihrer gutachtlichen Tätigkeit autodidaktisch angeeignet, nachdem eine standardisierte Weiterbildung für die ärztliche Gutachtertätigkeit bisher nicht existiert. Eine **juristische Hilfestellung** mit weiterführenden Erläuterungen oder formalen Tipps dürfte oder sollte insofern bereitwillig angenommen werden.[1721]

1340

Hilfreich ist eine Kennzeichnung von Erkenntnissen oder Umständen, die als bereits gesichert vorausgesetzt werden können oder der gutachtlichen Einschätzung zugrunde gelegt werden sollen.

1341

aa) Wahl des Gutachters

Neben einschlägigem Wissen zum aktuellen Stand der Medizin im betroffenen Fachgebiet muss ein Sachverständiger im Arzthaftungsfall auch eine große gutachtliche **Erfahrung** sowie hinreichende Grundkenntnisse der **rechtlichen Bestimmungen** besitzen. Zwar bieten Ärztekammern, Fachgesellschaften und auch private Veranstalter zunehmend Curricula zum Thema Begutachtung an, eine einheitliche Ausbildung zum Sachverständigen gibt es für Ärzte bisher jedoch nicht. Die Beurteilung eines designierten Gutachters hinsichtlich seiner Erfahrung und Kompetenz als Sachverständiger ist bisweilen erst im Nachhinein anhand seiner Ausführungen möglich.

1342

Zur Auswahl eines geeigneten Gutachters ist zu bedenken, dass sich besonders im Arzthaftungsfall die **Rolle des Arztes** in der Funktion des Behandlers grundlegend von der des Gutachters unterscheidet. Als Behandler ist der Arzt in seinen Entscheidungen und seinem Wirken dem Wohle des Patienten verpflichtet. Als Gutachter im Arzthaftungsfall hat er die Funktion eines unvoreingenommenen fachkundigen Beraters, der keine Interessen der beteiligten Parteien vertreten darf. Diese unabdingbare Voraussetzung kann nur ein Arzt zweifelsfrei erfüllen, der **nicht in die Behandlung involviert** war und auch sonst in keiner Beziehung zu einer der beteiligten Parteien steht.

1343

Als formales Kriterium der erforderlichen Sachkenntnis muss der designierte Gutachter die **Facharztqualifikation** des behandelnden Arztes oder Fachbereiches besitzen. Er muss zudem in **vergleichbarer fachlich-hierarchischer Ebene** tätig sein, um zu gewährleisten, dass ein gleichwertiger Beurteilungsmaßstab angelegt wird. Dies betrifft sowohl Fragestellungen zum Kenntnis- und Erfahrungsstandard als auch zur Logistik eines Behand-

1344

1721 Schröter, MED SACH 104 5/2008, S. 168 – 173.

Hirgstetter

lungsablaufs. Die Behandlung eines niedergelassenen Facharztes kann nicht im Abgleich mit der Behandlung in einer Universitätsklinik taxiert werden und umgekehrt. Der Beurteilungsmaßstab ist an den jeweiligen Möglichkeiten und Kompetenzen auszurichten (s. Kap. 2. a) dd)).

1345 Diese Argumentation gilt insbesondere für eine Begutachtung durch **Spezialisten** innerhalb eines allgemeinen Fachgebietes. In diesen Fällen ist nicht auszuschließen, dass ein Gutachter infolge monomaner Ausrichtung mit einem zusätzlichen Spezialwissen höhere Anforderungen an einen Behandlungsstandard stellt, als im allgemeinen Fachgebiet durchschnittlich üblich. Eine Handoperation durch einen Unfallchirurgen sollte zum Beispiel von einem vergleichbar tätigen Facharzt für Unfallchirurgie, und nicht von einem über dieses Fachgebiet hinaus spezialisierten Handchirurgen beurteilt werden.

1346 Falls sich der Vorwurf auf **mehrere Fachgebiete** bezieht, bietet sich an, zum entscheidend in die Behandlung involvierten Fachbereich einen Gutachter auszuwählen und ihm die Entscheidung über die Notwendigkeit zusätzlicher Gutachten in anderen Fachgebieten zu übertragen.

1347 Bei Unsicherheit bezüglich der Gutachterauswahl kann man sich mit der Bitte um **Vorschläge geeigneter Sachverständiger** auch an eine der jeweiligen Landesärztekammern beziehungsweise Landeszahnärztekammern wenden.

1348 Unter Umständen ist die **räumliche Distanz** zwischen Proband und potentiellem Sachverständigen zu bedenken, sofern eine Beurteilung nicht ausschließlich nach Aktenlage erfolgen soll, sondern auch eine gutachtliche Untersuchung des Probanden vorgesehen ist. Für den Fall eines Gerichtsverfahrens ist in Erwägung zu ziehen, dass ein Sachverständiger möglicherweise vorgeladen werden kann. Bisweilen reichen Gutachter einen Auftrag unter Verweis auf die räumliche Distanz zum Probanden oder zum Gerichtsstand mit dieser Begründung zurück.

Falls die Anwendung eines noch sehr jungen medizinischen Verfahrens zu beurteilen ist, kann nur als sachverständig angesehen werden, wer noch gleichwertig im klinischen Alltag tätig ist.   **1349**

Die Bewertung **innovativer Verfahren** stellt eine besondere Herausforderung für den Sachverständigen im Hinblick auf den zugrunde liegenden Standard dar. Die Frage, bis zu welchem Zeitpunkt eine Methode sich noch im experimentellen Stadium befand und ab wann sie als etabliert angesehen werden konnte, entzweit nicht selten die Fachwelt über einen langen Zeitraum. Dies betrifft auch die Frage, ab wann eine Methode als veraltet und verlassen gelten muss. Geeignet sind in diesen Fällen nur Sachverständige mit einschlägigen Erfahrungen und Kenntnissen sowie sachlicher Sichtweise.   **1350**

bb) Bereitstellung der Unterlagen

Das **Zusammenstellen** der Unterlagen obliegt dem Auftraggeber, die **Überprüfung** auf Vollständigkeit dagegen dem Gutachter. Der Sachverständige kann und darf sich nicht darauf verlassen, dass ihm mit dem Auftrag alle für eine zuverlässige Beurteilung erforderlichen Unterlagen zur Verfügung gestellt wurden. Er muss deshalb eingangs prüfen, ob er weitere Unterlagen benötigt und dies beim Auftraggeber anmahnen. Die Feststellung, ob Unterlagen fehlen oder weitere Informationen benötigt werden, kann sich allerdings in machen Fällen erst im Verlauf der Bearbeitung ergeben.   **1351**

Selbst wenn sich ein Vorwurf nur auf das Detail einer Behandlung, zum Beispiel auf die Indikation einer Operation, bezieht, kann die Frage nach einem Behandlungsfehler in der Regel nur **im Kontext der Gesamtbehandlung** beantwortet werden. Dies gilt insbesondere für die ergänzende Frage nach dem resultierenden Schaden und der Kausalität.   **1352**

❗ In der Regel muss deshalb die **vollständige Dokumentation** einer Behandlung bereitgestellt werden.

Andernfalls besteht bei Unvollständigkeit der Unterlagen ein hohes Risiko für eine Verzerrung und daraus resultierende Fehlbeurteilung des Sachverhalts.   **1353**

Eine Ausnahme kann bei sehr komplexen und langwierigen Verläufen bestehen. Um den Aufwand für alle Beteiligten in vertretbaren Grenzen zu halten, kann man sich hier zunächst auf denjenigen Behandlungsabschnitt   **1354** oder diejenige Fachbehandlung beschränken, auf die sich der Vorwurf bezieht. Zu diesem Abschnitt muss allerdings wiederum die Dokumentation vollständig vorliegen. Unter Umständen ist der Gutachter explizit darauf hinzuweisen, dass die übermittelte Dokumentation nur einen Abschnitt und nicht den gesamten Verlauf repräsentiert, mit der Bitte um Rückmeldung, falls weitere Unterlagen benötigt werden.

1355 Ob noch herkömmlich in Papierform oder bereits in elektronischer Form archiviert, ist zentraler Bestandteil einer Behandlungsdokumentation die so genannte **Krankenakte**, die neben den schriftlichen Aufzeichnungen in der Regel auch Messkurven (z.B. EKG) und Ausdrucke von Untersuchungsergebnissen in Bilddarstellung (z.B. Ultraschall, Szintigrafie) enthält.

1356 Aufgrund der unterschiedlichen Arten von Dokumenten und wegen der individuellen Archivierungspflichten gibt es jedoch auch Unterlagen, die nicht oder zumindest nicht regelmäßig in der Krankenakte enthalten sind. Hierzu zählen Röntgenbilder, CT- und MRT-Folien, unter Umständen auch Unterlagen über Konsiliaruntersuchungen und -behandlungen durch andere Fachärzte sowie Ambulanzkarten über nicht-stationäre Behandlungen.

1357 Bei eigenständigen Behandlungen in verschiedenen Abteilungen innerhalb einer Klinik ist außerdem davon auszugehen, dass jeweils gesondert eine Krankenakte angelegt wurde. Dies gilt vor allem für zwischenzeitliche Aufenthalte auf einer Intensivstation.

Fallweise benötigte Unterlagen für eine Begutachtung:
- **Protokolle** von ärztlichem Bereitschaftsdienst, Rettungsdienst, Notarzt, Notaufnahme oder Ambulanz bei ambulanten oder Notfallbehandlungen
- **Stationskurve** bei stationärem Aufenthalt (in dieser sind ärztliche und pflegerische Anordnungen, Maßnahmen und Kontrollen sowie besondere Ereignisse und der Heilverlauf protokolliert)
- **Laborbefunde** und mikrobiologische Ergebnisse
- **schriftliche Befundberichte** zu **apparativen Untersuchungen**, wie EKG, Sonografie, Endoskopie und Szintigrafie, möglichst mit den jeweiligen Ergebnisprotokollen und Papierbildausdrucken (dies betrifft auch spezielle fachärztliche diagnostische und therapeutische Maßnahmen, wie Herzkatheteruntersuchung, Einsetzen von Sonden, Kathetern und Stents)
- **Bildfolien radiologischer Untersuchungen**, wie Röntgen, CT und MRT (diese sind in der Regel nicht in der Krankenakte enthalten und müssen explizit bzw. gesondert angefordert werden) zusätzlich jeweils die schriftlichen Befundberichte (diese sind in der Regel in der Krankenakte enthalten)
- **Befunde und schriftliche Berichte** im Zusammenhang mit **Konsiliaruntersuchungen** und **Begleitbehandlungen** anderer Fachgebiete (sollten

sich diese nicht in der Krankenakte befinden, können sie bei den jeweiligen Fachabteilungen separat angefordert werden)
- **Einverständniserklärungen** jeweils **zu Eingriff und Narkose**
- **Operationsbericht und Narkoseprotokoll** zu Operationen und invasiven Maßnahmen
- **Verlegungs- und Entlassungsberichte**
- **externe Arzt- und Untersuchungsberichte**

Bei sämtlichen Arten von **Kopien** ist darauf zu achten, dass deren Qualität mit der des Originals annähernd übereinstimmen muss, um eine uneingeschränkte Beurteilung zu ermöglichen. Dies gilt für Textdokumente ebenso wie für Röntgenbilder und Fotodrucke. In einer schwarz-weiß Kopie farbiger Originale kann die entscheidende Information verloren gegangen sein. In solchen Fällen müssen bedarfsweise für eine zuverlässige Beurteilung die Originale beigezogen werden.

1358

cc) Fragestellung an den Gutachter

Vorab muss bedacht werden, dass die besondere juristische Bedeutung beziehungsweise Unterscheidung einzelner Begriffe, wie Diagnosefehler, Fehldiagnose, Diagnoseirrtum oder Befunderhebungsfehler, sowie deren mögliche juristische Konsequenzen einem Arzt, auch vielen ärztlichen Gutachtern, in der Regel nicht geläufig sind. Zur Vermeidung von Missverständnissen und Fehlauslegungen empfiehlt es sich deshalb, zu Begriffen mit besonderer juristischer Bedeutung eine für den juristischen Laien unmissverständliche Beschreibung zu wählen.

1359

Der Sachverständige hat eingangs zu prüfen, ob die überstellten **Behandlungsunterlagen vollständig** sind oder ob weitere Dokumente gegebenenfalls noch nachgereicht werden müssen. Zugleich hat er zu klären, ob er den Gutachtenauftrag alleine ausreichend erfüllen kann, oder ob **Zusatzgutachten in anderen Disziplinen** erforderlich sind.

1360

❗ Darüber hinaus sind im Arzthaftungsfall **primär zwei Fragen** zu klären, nämlich ob eine medizinische Maßnahme in der konkreten Konstellation dem **anerkannten Stand der medizinischen Wissenschaft** entsprochen hat und, falls dies zu verneinen wäre, ob der Patient hierdurch **kausal geschädigt** worden ist.

Eine tendenziell **weit gefasste Fragestellung** gewährleistet eher eine von Anfang an unvoreingenommene ärztliche Ermittlung als eine bereits primär eingrenzende Befragung.

1361

Ist ein schuldhafter Behandlungsfehler zu bestätigen, ergibt sich aus rechtlicher Sicht die zusätzliche Frage, ob dieser als »grob« einzustufen ist. Die juristische Bedeutung des Begriffs »grob«, insbesondere die Konsequenzen

1362

einer derartigen Wertung, kann ein Arzt aufgrund seiner originären Kompetenz nicht ermessen. Aufgabe des ärztlichen Gutachters ist es, die Schwere eines Fehlers ausschließlich nach medizinischen Kriterien zu gewichten. Die rechtlich maßgebliche Feststellung, ob ein Behandlungsfehler als »grob« einzustufen ist, bleibt ausschließlich dem Juristen bzw. dem Gericht vorbehalten. Trotzdem trägt der ärztliche Sachverständige durch seine fachkundige medizinische Beratung maßgeblich zu dieser Entscheidungsfindung bei. Um den medizinischen Gutachter in dieser Frage vor einem unkritischen und fehlerhaften ärztlichen Gebrauch des Begriffs »grob« zu bewahren, muss dieser möglichst vermieden oder zumindest dessen Bedeutung für die allgemeine Praxis durch eine der gängigen Umschreibungen ergänzend erläutert werden.

1363 Die Einstufung eines Fehlers als einfach oder schwerwiegend stellt auch erfahrene Sachverständige bisweilen vor Entscheidungskonflikte. Die Festlegung, ob der festgestellte objektive Verstoß gegen elementare Grundsätze des medizinischen Standards einem ärztlichen Verhalten gleichkommt, welches schlechterdings nicht mehr nachvollziehbar ist und deshalb einem Arzt schlichtweg nicht unterlaufen darf, ist grundsätzlich auf die konkrete Konstellation im jeweiligen Einzelfall auszurichten. Subjektive Eindrücke müssen ausgeblendet werden, der Blick muss auf objektive Kriterien fokussiert werden. In dieser Frage kommt neben dem gesamten Spektrum des Sachverstandes insbesondere die gutachtliche Erfahrung zum Tragen.

1364 Neben diesen zentralen Fragen ergibt sich allerdings für den Auftraggeber mit zunehmender Bearbeitungstiefe nicht selten ein **zusätzlicher medizinischer Informationsbedarf**, und es werden konkrete und selektierende Fragen an den Gutachter gerichtet. Soweit diese zum besseren Verständnis des medizinischen Sachverhalts in Ergänzung zu einer primär umfassenden Bewertung gestellt werden, sind ergänzende Fragen vertretbar. Wird dagegen die Aufmerksamkeit eines Sachverständigen bereits primär durch gezielte Fragen auf konkrete Aspekte gelenkt, oder wird er sogar angehalten, ausschließlich zu isolierten Fragen Stellung zu nehmen, besteht ein hohes Risiko dafür, dass entscheidende Aspekte übersehen werden und der Sachverständige in die Irre geleitet wird.[1722]

> ❗ Ergänzend oder gezielt können sich nach Eingang eines Gutachtens **weitere Fragen** ergeben, falls die Ausführungen inhaltlich nicht zu verstehen, Zusammenhänge und Rückschlüsse nicht nachvollziehbar oder entscheidende Aspekte nicht berücksichtigt worden sind.

1722 Hansis, MED SACH 102 1/2006, S. 10-15.

Hirgstetter

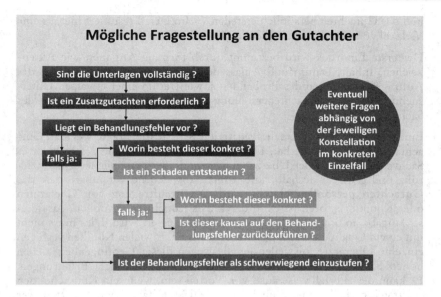

Mögliche Fragestellung an den Gutachter

Sind die Unterlagen vollständig ?

Ist ein Zusatzgutachten erforderlich ?

Liegt ein Behandlungsfehler vor ?

falls ja: → Worin besteht dieser konkret ?

Ist ein Schaden entstanden ?

falls ja: → Worin besteht dieser konkret ?

Ist dieser kausal auf den Behandlungsfehler zurückzuführen ?

Ist der Behandlungsfehler als schwerwiegend einzustufen ?

Eventuell weitere Fragen abhängig von der jeweiligen Konstellation im konkreten Einzelfall

Wird ein Gutachten im Rahmen der **Regulierung eines Schadens** benötigt, bezieht sich die Fragestellung auf die Folgen und Auswirkungen der festgestellten kausalen Schädigung. Bisweilen wird der Gutachter hierzu um eine abstrakte Einschätzung der Minderung der Erwerbsfähigkeit (=MdE) gebeten, wohl in Anlehnung an die gängige Bewertung in der gesetzlichen Unfallversicherung. Entscheidend sind jedoch im Haftpflichtrecht die konkreten individuellen Auswirkungen im jeweiligen Einzelfall. Eine abstrakte MdE-Bewertung kann hier allenfalls hilfsweise als Orientierung für die Schwere einer Gesundheitseinschränkung dienen.

1365

❗ Vielmehr muss der Gutachter nachvollziehbar darstellen, wie sich die **schädigungsbedingten krankhaften Veränderungen** für den Geschädigten in beruflicher, privater und sozialer Hinsicht auswirken.

Der Gutachter sollte hierzu bedarfsweise aufgefordert werden, nicht nur Einschränkungen aufzuzählen, sondern auch darzustellen, welche Leistungen in welchem Umfang noch möglich sind. Besonders wichtig ist zudem die Abgrenzung einer etwaigen behandlungsfehlerfremden Gesundheitsschädigung (s. auch Kap. 2. c) aa)).

1366

b) Qualität eines Gutachtens

Knapp zusammengefasst muss ein Gutachten, um als professionell und verwertbar eingestuft werden zu können, **dem Auftrag entsprechen** und mangelfrei sein. Der Verfasser muss die erforderliche Fachkompetenz besitzen

1367

Hirgstetter

und das Gutachten persönlich erstellen.[1723] Im Detail resultiert hieraus eine Vielzahl von jeweils entscheidenden Kriterien.

1368 Der erste Eindruck wird bestimmt durch **formale Angaben** wie Aktenzeichen, Inhalt, Datum und Anlass des Gutachtenauftrags, Identität des Auftraggebers, Daten des Probanden sowie Datum einer etwaigen Untersuchung und der Gutachtenerstellung und insbesondere die Identität des Sachverständigen.

1369 Eines der wichtigsten Qualitätskriterien betrifft die Frage, wer das Gutachten de facto erstellt hat. Der Auftraggeber trifft seine Auswahl eines Sachverständigen in der Überzeugung von dessen persönlicher Qualifizierung und erwartet deshalb, sofern nicht abweichend vereinbart, dass das **Gutachten persönlich erstellt** wird. Bei Beauftragung von Chefärzten oder Klinikdirektoren ist es in der Praxis jedoch häufig üblich, dass diese Aufgabe an untergeordnete Mitarbeiter delegiert wird. Dies muss nicht mit einem Qualitätsverlust gleichzusetzen sein. In vielen Kliniken verfügen einzelne Oberärzte, bisweilen gerade wegen dieser Gepflogenheit, neben hohem Sachverstand über überdurchschnittliche gutachtliche Erfahrungen. Es kann deshalb fallweise auch von Vorteil sein, wenn ein Klinikchef den Auftrag innerhalb seiner Einheit an denjenigen Mitarbeiter delegiert, den er allgemein oder angesichts des Sachverhaltes für besonders geeignet hält. Zu diesem Vorgehen muss aber das ausdrückliche Einverständnis des Auftraggebers vorliegen.

> ❗ Unabdingbar muss klar zu erkennen sein, wer das **Gutachten maßgeblich erstellt** hat.

1370 Unakzeptabel ist die Konstellation, wenn ein ausdrücklich als Sachverständigengutachten zur Klärung eines Behandlungsfehlers gekennzeichnetes Gutachten primär durch einen Arzt ohne Facharztqualifikation erstellt und unterzeichnet wurde, auch wenn ein Facharzt oder der persönlich Beauftragte zusätzlich ihre Unterschriften leisten, häufig mit Vermerken wie »einverstanden aufgrund eigener Überzeugung und Urteilsbildung«.

> ❗ Die Zuverlässigkeit einer gutachtlichen Wertung hängt entscheidend davon ab, ob dem Sachverständigen alle relevanten **Unterlagen** und Informationen **vollständig** zur Verfügung standen.

1371 Für den Außenstehenden ist dies nur überprüfbar, wenn der Gutachter alle ihm vorliegenden Unterlagen und Informationsquellen aufführt.

1372 Wichtig ist auch eine Darstellung des behandelnden Arztes zum Vorwurf und zur Behandlung aus eigener Sicht.

1723 Becker, MED SACH 105 3/2008, S. 85-92.

Hirgstetter

Bei Untersuchungen mit Bildgebung ist explizit anzugeben, ob sowohl Bilder als auch zugehörige schriftliche Auswertungen vorlagen. **1373**

Sofern **fehlende Unterlagen nicht beizubringen** sind, muss dies bzw. die Konsequenz hieraus ausdrücklich vermerkt werden. **1374**

Ein weiterer wichtiger Aspekt betrifft die **Qualität etwaiger Kopien.** Diese muss mit der Qualität des jeweiligen Originals identisch sein, um gleichwertige Beurteilungsvoraussetzungen zu schaffen. **1375**

Ein häufiger Fehler besteht in einer **ungeprüften Übernahme** von für den Sachverhalt relevanten Darstellungen aus Fremdberichten. Dies betrifft häufig Angaben zu Voruntersuchungen durch Fachärzte und Ergebnisse apparativer Untersuchungen wie Röntgen- und Laborbefunde. **1376**

❗ Ein Sachverständiger muss sich zu den für einen Sachverhalt relevanten Aspekten grundsätzlich die **Primärbefunde und -berichte** vorlegen lassen.

Keinesfalls darf er sich dabei auf die Wiedergabe durch Dritte verlassen. **1377**

❗ Die Abfassung muss durchgehend in **verständlicher Sprache** formuliert sein.

Medizinische Fachausdrücke sind ebenso zu vermeiden wie juristische Begriffe. Eine seitenlange abgehobene medizinwissenschaftliche Grundsatzdiskussion ist als Beweis für eine außergewöhnliche Professionalität des Sachverständigen nicht geeignet. Es wird vorausgesetzt, dass er über einen angemessenen Sachverstand verfügt. Vielmehr muss er sich auf seine Beratungsfunktion besinnen. Qualitätskriterium ist hier eine für den medizinischen Laien verständliche Erklärung der Abläufe und Zusammenhänge. **1378**

Voraussetzung für die erforderliche **Objektivität** eines Sachverständigen ist die Wahl einer sachlichen Ausdrucksweise ohne emotionale Ausschweifungen. Dies gilt insbesondere in Bezug auf eine Bewertung der Tätigkeit ärztlicher Kollegen. **1379**

Sprachliche Ausdrucksweise, Formulierung und verwendete Begriffe lassen zudem einen Rückschluss auf die gutachliche Erfahrung und Kompetenz im betroffenen Rechtsgebiet zu. **1380**

Der **Sachverhalt** muss komprimiert in wesentlichen Zügen dargestellt werden. Die Zusammenfassung kann bereits Folge einer ersten gutachtlichen Selektion sein. Die originäre Behandlungsdokumentation bildet dabei die entscheidende Grundlage. Details mit besonderer Bedeutung können hervorgehoben werden. Sofern strittige Versionen vorliegen, muss über den Auftraggeber geklärt werden, welche davon der Bewertung zugrunde gelegt **1381**

werden soll. Andernfalls muss eine Beurteilung in diesem Punkt offen bleiben. Falls sich der Sachverständige eigenmächtig einer Version anschließt,
muss er dies kennzeichnen und fundiert begründen.

1382   Bei komplexer Behandlungskonstellation muss der Gutachter nachvollziehbar darstellen, welchem der verschiedenen beteiligten Verantwortungsbereiche der vermeintliche Behandlungsfehler zuzurechnen ist.[1724]

> ❗ Die Beurteilung einer ärztlichen Behandlung muss konsequent **ex ante**
> erfolgen.

1383   Die ungeprüfte Begründung eines Behandlungsfehlers alleine mit der Tatsache einer aufgetretenen Komplikation ist – von wenigen Ausnahmen
abgesehen – nicht zulässig, weil sich Komplikationen auch unverschuldet
schicksalhaft entwickeln können.

1384   Ausführungen zum medizinischen **Standard** müssen verständlich erläutert
und bedarfsweise mit entsprechender Literatur belegt werden. Diese muss
allen Beteiligten zugänglich sein. Grundsätzlich erforderlich ist dabei ein
Bezug zur konkreten Situation im Einzelfall.

1385   Bei Verweis auf **Fachliteratur** kann angesichts der Flut von Publikationen
durch unkritische Selektion allerdings auch ein unzutreffender Eindruck
vermittelt werden.[1725] Mit gültigen Leitlinien und überwiegend auch mit
Standardwerken unter den Fachbüchern, zum Beispiel mit Operationslehr-
büchern, lässt sich der jeweils aktuelle Standard zum Zeitpunkt der Behandlung in der Regel verlässlich darstellen.

1386   Falls gemäß Fachschrifttum verschiedene Möglichkeiten anzunehmen sind,
sich der Sachverständige aber auf ausschließlich eine festlegt, muss er dies
am konkreten Fall nachvollziehbar begründen. Keinesfalls darf der Gutachter willkürlich seine eigene Meinung als Standard verabsolutieren.

> ❗ Der im konkreten Einzelfall vertretbare **Ermessensspielraum der**
> **ärztlichen Entscheidungs- und Methodenfreiheit** muss berücksich-
> tigt werden.

1387   Der Sachverständige darf selbst keine **Außenseitermeinung** vertreten und
versuchen, diese zu begründen.[1726] Eine einseitige Position in einem »Schu-
lenstreit« ist ebenso inakzeptabel wie eine Argumentation mit bisher nicht
allgemein anerkannten wissenschaftlichen Hypothesen der medizinischen

---

1724 Gaidzik, in: Rompe/Erlenkämper/Schiltenwolf/Hollo, Begutachtung der Hal-
tungs- und Bewegungsorgane, S. 257–266.
1725 Kienzle, MED SACH 104 5/2008 S.182-186; Du Prel/Röhrig/Blettner, Dtsch
Ärztebl 2009, 106 (7): 100–105.
1726 Becher, Versicherungsmedizin 57, 2005 (2), S. 78-82.

Forschung. Maßstab für den Standard sind allgemein anerkannte gesicherte Erkenntnisse der Schulmedizin.

Aussagekraft und Qualität eines Gutachtens korrelieren nicht mit dem **Umfang** bzw. mit der Seitenanzahl. Umfangreiche Ausführungen können angemessen sein bei hohem Erklärungsbedarf schwieriger Zusammenhänge oder bei umfangreichem Fragenkatalog an den Sachverständigen. Resultiert die Länge allerdings aus unnötigen Wiederholungen oder ausführlicher Schilderung nebensächlicher Aspekte, schmälert dies die Qualität erheblich.

1388

❗ Die einer gutachtlichen Wertung zugrundeliegenden **Entscheidungsgründe** müssen nachvollziehbar und **plausibel** sein.

Dabei müssen die besonderen Umstände im konkreten Einzelfall gewürdigt worden sein. Es ist unverständlich, wenn ein Sachverständiger bei unklarer, unvollständiger oder widersprüchlicher Sachlage ohne fundierte Begründung zu einem konkreten gutachtlichen Ergebnis kommt. **Widersprüche** zwischen objektiven Befunden und subjektiven Angaben müssen durch geeignete Tests überprüft werden. Die Aufwertung subjektiver Beschwerden durch das Prädikat »glaubhaft« ersetzt nicht den objektiven Nachweis. Die Beurteilung der Glaubwürdigkeit fällt nicht in die medizinische Kompetenz. Vielmehr hat der Gutachter subjektive Angaben im Abgleich mit objektiven Befunden auf ihre **medizinische Schlüssigkeit** hin zu überprüfen. Befunde und Kausalzusammenhänge, die im Vorfeld als »möglich« oder »wahrscheinlich« klassifiziert wurden, dürfen nicht in eine abschließende Wertung als gesichert einfließen.

1389

Dies gilt auch für das Aufstellen verschiedener **Erklärungstheorien**, von denen ohne konkrete Begründung willkürlich eine als endgültige Wertung übernommen wird. Ebenso unbrauchbar ist ein Gutachten, in dem die abschließende Wertung eines Sachverständigen im Widerspruch zur voran stehenden eigenen Diskussion des Sachverhalts steht. Schlussfolgerungen und Antworten auf konkrete Fragen müssen sich zwanglos und plausibel aus den voran stehenden Ausführungen ergeben.

1390

Sofern eine definitive Entscheidung oder **Wertung nicht zuverlässig** möglich ist, muss dies deutlich zum Ausdruck gebracht werden. Dem Auftraggeber ist auch geholfen, wenn ein medizinischer Sachverhalt ohne abschließendes Ergebnis professionell diskutiert wird. Das Unterlassen einer finalen Wertung stellt in diesen Fällen keinen Nachteil dar. Es zeugt im Gegenteil von einem hohen Maß an Sachverstand gepaart mit Verantwortungsbewusstsein. Hilfreich wäre in diesem Fall ein ergänzender Hinweis, ob möglicherweise alternative Möglichkeiten für eine weitere Aufklärung gesehen werden.

1391

Entscheidendes Kriterium für die Brauchbarkeit eines Gutachtens ist letztlich, ob sich der Sachverständige streng **an die Fragestellung gehalten** hat.

1392

Hirgstetter

Dabei ist nicht nur von Bedeutung, ob die gestellten Fragen überhaupt beantwortet wurden. Es kann auch unzulässig sein, wenn explizit Feststellungen getroffen wurden, nach denen nicht gefragt wurde, oder die nicht mehr **im Kompetenzbereich des Sachverständigen** lagen.

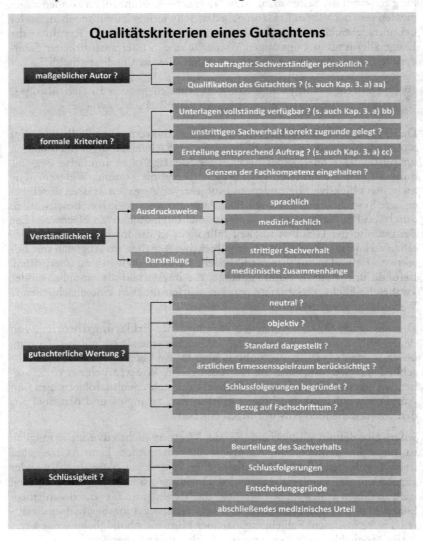

VI. Mitwirkung des Heilwesenversicherers bei der Schadenprävention

Auf das stetig steigende Haftungsrisiko im Arzthaftungsbereich wurde bereits wiederholt hingewiesen.[1727] Die Schadenmeldungen nehmen sowohl im Bereich der niedergelassenen Ärzte als auch im Krankenhausbereich zu. Die von den Gerichten zuerkannten Schmerzensgeldbeträge in Geburtsschäden[1728] haben neue Dimensionen erreicht. Der ungebrochene Anstieg des Schadenaufwands für Schadenersatzzahlungen an Patienten und Regressforderungen der Sozialversicherungsträger hat zur Konsequenz, dass das Arzthaftungsgeschäft bei manchen Haftpflichtversicherern nur noch defizitär betrieben werden kann. Dies hat in den letzten Jahren bereits dazu geführt, dass sich mehrere Versicherer aus der Heilwesenhaftpflichtversicherung zurückgezogen haben.

1393

Die Versicherungsgesellschaften, die das Heilwesenrisiko noch zeichnen, versuchen, durch ein effizientes Schadenmanagement das Haftungsrisiko kalkulierbarer zu gestalten und so zur Schadenvermeidung beizutragen. Die moderne Schadenbearbeitung beschränkt sich nicht mehr auf die bloße Deckungs- und Haftungsprüfung und Schadenabwicklung.

Um die Versicherbarkeit der ärztlichen Tätigkeit zu gewährleisten, sind Krankenhäuser, Ärzte und Versicherer gefordert, gezielt Anstrengungen zu unternehmen, um die Haftungsflut einzudämmen und präventiv Haftungsgefahren auszuschalten.

Besondere Bedeutung kommt im Kliniksektor dem **Qualitätsmanagement** zu.

1394

In den §§ 135 a, 137 SGB V ist die Verpflichtung aller Leistungserbringer (zugelassene Krankenhäuser, Vertragsärzte, MVZs etc.) zur Qualitätssicherung festgeschrieben, um die medizinische und pflegerische Qualität sichtbarer und messbarer zu machen. Es besteht die Verpflichtung zur Teilnahme an einrichtungsübergreifenden Maßnahmen der Qualitätssicherung und einrichtungsintern zur Einführung eines Qualitätsmanagements. Die Leistungserbringer müssen die Struktur-, Prozess – und Ergebnisqualität gewährleisten. Dabei geht es bei der Strukturqualität um die für die Leistungserbringung vorgehaltenen Ressourcen (personelle und apparative Ausstattung). Die Prozessqualität betrifft die Organisation und Koordination der Abläufe vor allem in diagnostischer, therapeutischer und pflegerischer Hinsicht, und die Ergebnisqualität spiegelt letztlich den Behandlungserfolg und die Patientenzufriedenheit wieder.[1729] Im Krankenhaussektor ist die Durchführung externer Zertifizierungsverfahren für das Qualitätsma-

---

1727 Kap. 2 B III 1 Rdn. 1039.
1728 OLG Zweibrücken, 500.000,00 € zzgl Schmerzensgeldrente von 500 € monatlich, MedR 2009, 88.
1729 Quaas/Zuck Medizinrecht § 26 Rn. 120.

Köllner

nagement mittlerweile die Regel. Hierdurch werden Transparenz, Qualitätsförderung und Verbesserung der Prozesse bei den Leistungserbringern erreicht und auf diese Weise ein Beitrag zur Gesundheitsvorsorge geleistet.

1. Maßnahmen zur Unterstützung der allgemeinen Gesundheitsvorsorge durch den Haftpflichtversicherer

1395   Aber auch der Haftpflichtversicherer kann zur praxis- und krankenhausinternen Qualitätsförderung beitragen. Im Rahmen der Schadenbearbeitung werden zahlreiche Erkenntnisse gewonnen und ausgewertet.

a) Qualitätssteuerung durch Auswertung von Statistiken und Risikoanalysen

1396   Heilwesenhaftpflichtversicherer führen u.a. Statistiken zu Schadenmeldungen, Schadenursachen und Schadenaufwand, zu laufenden Prozessen und Ergebnissen der Verfahren. Weiter werden bereits im Rahmen des **Underwriting** Risikoanalysen durchgeführt. Bei dieser Gelegenheit werden die einzelnen Facharztrichtungen differenziert betrachtet, um das jeweilige Haftungsrisiko abzubilden. Nur so kann eine Versicherungsprämie festgelegt werden, die die statistische Schadenwahrscheinlichkeit des individuellen Heilwesenrisikos widerspiegelt. Der Haftpflichtversicherer hat durch die auf Betriebs- und Schadenseite gewonnenen Daten einen großen Informationsvorsprung und ist gehalten, diese Informationen den Fachkreisen zugänglich zu machen und hiermit einen Beitrag zur multifaktoriellen Qualitätssteuerung zu leisten.[1730] In der Vergangenheit wurden beispielsweise im Rahmen der Perinatalerhebung Daten der Haftpflichtversicherer abgefragt.

Von großer Bedeutung im Heilwesenbereich ist auch eine enge Kooperation zwischen Betriebs- und Schadenabteilung. Für die Bewertung des Schadenpotenzials sind die Vorschäden eines Arztes oder Krankenhauses von hoher Aussagekraft. Hieraus lassen sich Erkenntnisse über spezifische Risiken oder auffällige Schadenverläufe gewinnen. Fällt bei der Schadenprüfung etwa eine Häufung von Wundinfektionen auf, lässt dies ggf. Rückschlüsse auf Hygieneprobleme in der Praxis oder dem Krankenhaus zu. Es ist Aufgabe des Haftpflichtversicherers, die betroffene Einrichtung über Auffälligkeiten zu informieren und auf ein erhöhtes Schadenpotenzial hinzuweisen. Darüber hinaus haben Versicherungsgesellschaften, die sich über einen längeren Zeitraum konstant im Heilwesenhaftpflichtbereich betätigen, aus der Vielzahl von Schadenfällen und aus Deckungsanfragen in den Betriebsabteilungen einen Überblick über medizinische oder gesundheitspolitische Entwicklungen und hierauf basierenden Risiken. In der Schadenbearbeitung zeigten sich etwa schnell die Risiken von ROBODOC-Operationen

---

1730 Weidinger MedR 2004, 289.

Köllner

oder bei der Verwendung einzelner Komponenten verschiedener Hersteller bei Hüftimplantaten. Weiter sind die Auswirkungen spürbar, die sich aus dem Bemühen der Krankenhäuser und Ärzte ergeben, durch Einsparungen, Entwicklung neuer Organisationsformen und teilweise auch Aufweichen von Behandlungsstandards, dem zunehmenden Kostendruck im Gesundheitswesen entgegenzuwirken. Entschließt sich etwa ein Krankenhausträger zu gesundheitspolitisch fragwürdigen Kooperationsformen, z.B. bestimmte Zuweisermodelle,[1731] erfährt die Betriebsabteilung eines Haftpflichtversicherers hiervon regelmäßig im Wege von Anfragen zum bestehenden Versicherungsschutz sehr zeitnah. Das gleiche gilt bei geplanten Änderungen der personellen Ausstattung, Delegation auf nichtärztliches Personal, Regelung von Bereitschaftsdiensten und vielem mehr. In der Praxis werden Krankenhäuser jeweils von einem Schadensachbearbeiter betreut, der in der Regel als Ansprechpartner für alle Themenkreise mit haftungsrechtlichem Hintergrund fungiert. Es lässt sich feststellen, dass aktuelle Entwicklungen und Neuerungen sehr schnell ihren Weg von der Krankenhausverwaltung zum zuständigen Mitarbeiter des Haftpflichtversicherers finden. Nach Veröffentlichung des Berichts des Deutschen Krankenhausinstituts zur Neuordnung von Aufgaben des ärztlichen Dienstes[1732] erreichte die Klinikversicherer eine Flut von Anfragen zur Delegation ärztlicher Aufgaben auf das Pflegepersonal. Ein weiteres hochaktuelles Thema ist die Digitalisierung von Behandlungsunterlagen. Die Haftpflichtversicherer haben aufgrund ihres Gesamtüberblicks die Möglichkeit, die Haftungsrisiken zu analysieren und einen Erfahrungsaustausch unter den Kliniken herbeizuführen.

Auf jeden Fall ist der Haftpflichtversicherer gefordert, die gewonnenen Erkenntnisse in Fachgremien einzubringen und die Diskussion zu kritischen Entwicklungen anzuregen.[1733]

b) Beitrag zur Gesundheitsvorsorge durch Prüfung der Zeichnungspolitik

Einen wesentlichen Beitrag zur Gesundheitsvorsorge kann der Heilwesenhaftpflichtversicherer auch im Rahmen seiner Zeichnungspolitik und bei der Entwicklung von Versicherungsprodukten leisten.

1397

Wenden Ärzte Neulandmethoden an oder führen Kliniken Anwendungsbeobachtungen durch, um nur zwei Beispiele zu nennen, stellt sich immer zuerst die Frage nach dem bestehenden Versicherungsschutz. Eine sehr konservative Zeichnungspolitik durch den Haftpflichtversicherer oder das Festhalten an überholten Versicherungsmodellen erschwert die Weiterentwicklung des medizinischen Standards. Jede Klinik, die Gefahr läuft, bei der Anwendung eines neuen Verfahrens ohne Haftpflichtversicherungsschutz

---

1731 Kap 2 B III 2 c (bb) Rdn. 1060.
1732 Www.dkgev.de.
1733 Weidinger in Wenzel, Kap 5 Rn. 211, 212.

Köllner

dazustehen, wird hier restriktiv vorgehen, was für den medizinischen Fortschritt kontraproduktiv wäre.

1398 Problematisiert wurde in der Vergangenheit der **off label use** von Medikamenten (Einsatz eines Medikaments außerhalb seiner arzneimittelrechtlichen Zulassung). Neue Wirkstoffe und der gezielte Einsatz von Medikamenten auch außerhalb der Zulassung können zu einer Verbesserung der Lebensqualität der Patienten beitragen. Jedoch ist zu beachten, dass nach den einschlägigen Versicherungsbedingungen Versicherungsschutz regelmäßig nur für Behandlungen gewährt wird, soweit diese in der Heilkunde anerkannt sind. Mittlerweile besteht weitgehend Einigkeit unter den Versicherern, dass für den Einsatz von off label Präparaten Versicherungsschutz besteht, wenn der off label Einsatz auf der Basis wissenschaftlicher Ergebnisse in medizinisch verantwortbarer Weise erfolgt. Da aber unterschiedliche Deckungskonzepte möglich sind, sollte im Zweifel eine Klärung mit dem Versicherer herbeigeführt werden, inwieweit dieser für den off label Einsatz von Medikamenten eine besondere Vereinbarung für erforderlich hält.[1734]

Haftpflichtversicherer müssen sich auch daran messen lassen, wie weit ihre Bereitschaft geht, über das versicherte Betriebsrisiko hinausgehende **Nebenrisiken beitragsfrei** mitzuversichern. Ruft ein Krankenhaus eine Koronarsportgruppe ins Leben oder betreibt ein Bewegungsbad oder einen Fitnessgeräteraum, organisiert eine Klinik für die Patienten ein Aviophobietraining auf einem Flughafen oder wird Babyschwimmen angeboten, stellt sich die Frage nach dem Versicherungsschutz. Nur soweit Versicherer diese Risiken über die Betriebshaftpflichtversicherung beitragsfrei mitversichern, wird das Engagement von Ärzten und Kliniken außerhalb des Praxis- und Klinikbetriebes anhalten, was wiederum den Patienten zugute kommt.

1399 Ein Damoklesschwert hängt über Kliniken und Ärzten, die in haftungsexponierten Fachrichtungen tätig sind. Die Schadenerfahrung hat gezeigt, dass gerade Gynäkologen mit Geburtshilfe, Chirurgen oder Anästhesisten ein stark erhöhtes Schadenpotenzial haben, was sich regelmäßig auf die Prämiengestaltung auswirkt, zum anderen aber auch zur Folge hat, dass sich Versicherer aus bestimmten Marktsegmenten, insbesondere Geburtshilfe, zurückziehen.

Dass in den letzten Jahren einige Krankenhäuser ihre geburtshilflichen Abteilungen schließen mussten, hat eine Mitursache darin, dass sich kein Haftpflichtversicherer gefunden hat, der bereit war, dieses Risiko – zu einer bezahlbaren Prämie – zu zeichnen. Gerade in diesem Bereich sind Haftpflichtversicherer und Kliniken in den nächsten Jahren gefordert, Konzepte zu entwickeln, das Haftpflichtrisiko zu entschärfen, um Versicherungsbeiträge stabil zu halten und einen Fortbestand des Haftpflichtversicherungsschutzes gewährleisten zu können.

1734 Weidinger in Wenzel, Kap 5 Rn. 193.

Köllner

c) Patientensicherheit

Ein wesentliches Augenmerk im Rahmen der Gesundheitsvorsorge ist auf **1400**
die Verbesserung der Patientensicherheit zu richten.
Im Jahr 2005 wurde das Aktionsbündnis Patientensicherheit e.V. ins Leben
gerufen. Es setzt sich für eine sichere Gesundheitsversorgung ein und widmet sich der Erforschung, Entwicklung und Verbreitung dazu geeigneter
Methoden.[1735]
Neben Patientenorganisationen, Krankenhäusern, Fachgesellschaften etc.
sind einige Haftpflichtversicherer Mitglieder in dem Aktionsbündnis.
Auch in den Gremien der Fachgesellschaften (z.B. Deutsche Gesellschaft
für Gynäkologie und Geburtshilfe), die sich für die Erstellung von Leitlini-
en, Richtlinien und Empfehlungen engagieren, sind Haftpflichtversicherer
vertreten. Als weitere Foren können genannt werden die Arbeitsgemeinschaft Medizinrecht, der Deutsche Medizinrechtstag, Arbeitsgemeinschaft
Rechtsanwälte im Medizinrecht etc. Überall dort können Haftpflichtversicherer ihre Erfahrungen einbringen und Prozesse mitsteuern.

d) Einsatz bei der Erfassung von Beinahezwischenfällen

Schließlich darf das Engagement einiger Haftpflichtversicherer bei der Im- **1401**
plementierung von **Critical Incident Reporting Systemen** (CIRS) in Kliniken nicht unerwähnt bleiben. Hierunter versteht man das systembezogene
Erfassen aller kritischen Ereignisse im Krankenhausbetrieb. In dieses Ereig-
nis-Melde-System sollen alle Mitarbeiter eines Krankenhauses eingeschlossen werden, die aufgerufen sind, (i.d.R.) anonym Beinahezwischenfälle oder
Vorgänge, bei denen tatsächlich ein Schaden eingetreten ist, edv-mäßig zu erfassen. Die so gewonnenen Daten helfen dem Krankenhausträger, Schwachstellen im Behandlungsprozess zu erkennen, Fehlerquellen zu identifizieren
und für die Zukunft zu beheben.[1736]
Zur Unterstützung der Krankenhäuser haben einige Haftpflichtversicherer
Computerprogramme zur Erfassung und Meldung von Zwischenfällen ent-
wickelt.[1737] Die Krankenhäuser sollen dabei unterstützt werden, Beinahe-
oder tatsächliche Zwischenfälle effizient, klar strukturiert und systematisch
zu erfassen und anonymisiert auszuwerten.
Der Berichtsbogen sollte insbesondere folgende Fragestellungen erfassen:
– Was ist passiert, besteht Wiederholungsgefahr, ist ein Schaden eingetreten?
– Wann, wo und wobei kam es zu dem Ereignis?
– Wer ist betroffen und wer maßgeblich beteiligt?
– Was ist die Ursache?
– optional: Wer meldet?
– Wie wäre der Vorfall künftig vermeidbar?

1735 Www.aktionsbuendnis-patientensicherheit.de .
1736 Tacke/Gaidzik in Bergmann/Kienzle Krankenhaushaftung Rn. 872.
1737 Z.B. GRB, MediRisk Bayern Risk Management GmbH.

Köllner

Damit das Critical Incident Reporting System funktionieren kann, müssen einige Grundvoraussetzungen erfüllt sein.

Das System steht und fällt mit seiner Akzeptanz bei den Mitarbeitern. Daher empfiehlt es sich, Anonymität und absolute Vertraulichkeit zu gewährleisten. Keinesfalls darf die Auswertung der erfassten Vorfälle zu Sanktionen führen.

Wichtig ist auch, dass ein möglichst verständliches und nachvollziehbares Tool zur Verfügung steht und den Mitarbeitern eine zeitnahe Eingabe der Daten möglich sein muss.

In der Praxis existieren noch viele Vorbehalte gegen das Zwischenfallmeldesystem. Können diese ausgeräumt und das Verfahren im Krankenhausbetrieb etabliert werden, nutzt dies Patienten, Kliniken und Haftpflichtversicherern.

> ❗ Einen Beitrag zur allgemeinen Gesundheitsvorsorge leisten sowohl Ärzte und Kliniken als auch Haftpflichtversicherer auf unterschiedlichste Art und Weise:
> - In Kliniken haben sich Maßnahmen zur Qualitätssicherung etabliert.
> - Haftpflichtversicherer machen die Informationen, die sie durch statistische Erfassungen und Auswertungen gewinnen, den Fachkreisen zugänglich und leisten hiermit einen Beitrag zur multifaktoriellen Qualitätssteuerung.
> - Die Zeichnungspolitik der Haftpflichtversicherer orientiert sich an den gesundheitspolitischen Entwicklungen und wird auf die Bedürfnisse des Kliniksektors angepasst.
> - Aus haftungsrechtlicher Sicht ist die Vermeidung von Personenschäden von überragender Bedeutung. Durch das Engagement in Fachgremien und die Entwicklung von Tools zur Erfassung von Beinahezwischenfällen tragen Haftpflichtversicherer zur Schadenprävention bei und leisten damit – wie Kliniken und Ärzte – einen wesentlichen Beitrag zur allgemeinen Gesundheitsvorsorge.

Köllner

2. Engagement bei der Entwicklung von Risk Management-Programmen

Die Gefahrenpotenziale und Auswirkungen aller möglichen Haftungsquellen und Pflichtverletzungen im Bereich der Arzt- und Krankenhaus-Haftpflichtversicherung sind, wie oben beschrieben, immens und kaum kalkulierbar. Das Heilwesenrisiko stellt sich als große Herausforderung für die Versicherungsgesellschaften dar. Es gilt, trotz

1402

– steigender Fallzahlen durch steigendes Qualitätsbewusstsein und erhöhtes Anspruchsverhalten der Patienten
– der Kostensteigerungen im Gesundheitswesen
– des medizinischen Fortschritts, der mit einem strengeren Sorgfaltsmaßstab verbunden ist,
– und nicht zuletzt trotz der verschärften Haftungsjudikatur

das Heilwesenrisiko auch in Zukunft versicherbar und die Prämien hierfür finanzierbar zu halten.

a) Klinisches Risikomanagement und Qualitätsmanagement

Auch Krankenhäuser sind angesichts des steigenden Kosten- und Wettbewerbsdrucks und aus Imagegründen angehalten, Risikofaktoren auszuschalten und Schadenprophylaxe zu betreiben.

1403

Köllner

Ein wesentlicher Ansatzpunkt, Haftungsrisiken im ärztlichen und nicht-ärztlichen Bereich zu vermeiden, ist die Schadenprävention durch Risk Management.

Das »klassische« Risk Management bedeutet Früherkennung von Gefahrenzuständen durch systematische Fehlersuche und Schadenuntersuchung, die sich nicht nur auf medizinische, sondern auch auf juristische, organisatorische, technische, bauliche und sonstige haftungsrelevante Aspekte erstreckt.[1738] Die Haftung von Arzt und Krankenhaus wird danach ganzheitlich betrachtet. Unter einem Risikomanagementsystem versteht man somit die Gesamtheit aller organisatorischen Maßnahmen, die zur Erkennung, Analyse und Verhinderung von Risiken getroffen werden.[1739] Im Vordergrund steht das Ziel, die Patientensicherheit zu erhöhen.

Darüber hinaus sind die deutschen Krankenhäuser zur Teilnahme an Maßnahmen der Qualitätssicherung verpflichtet (§§ 135a SGB V), müssen also Maßnahmen zur Struktur- und Prozessqualität mit dem Ziel einer optimalen Ergebnisqualität ergreifen. Unter den Begriff Qualitätsmanagement lassen sich alle Prozesse und Maßnahmen subsumieren, die sicherstellen, dass Qualität im medizinischen als auch ökonomischen Bereich der Patientenversorgung etabliert und weiterentwickelt wird.[1740] Ziel ist ein gemeinsamer Nutzen für Patienten, Krankenhausmitarbeiter und Kostenträger durch Schaffung von Rahmenbedingungen für eine straffe und professionelle Ablauforganisation, einen effektiven Ressourceneinsatz sowie die Prozessoptimierung bei der Durchführung von Behandlungsmaßnahmen. Von zentraler Bedeutung ist es, die Gesamtqualität zu erhöhen und eine ausgeprägte Zufriedenheit bei Patienten und Mitarbeitern zu erreichen.

Haben Krankenhäuser im Bereich des Qualitätsmanagements ein Zertifizierungsverfahren durchlaufen, stellt sich für sie die Frage, warum darüber hinaus noch ein Risk-Managementsystem implementiert werden soll. Sowohl das Qualitäts- als auch das Risk Management haben die Verbesserung der medizinischen Behandlung zum Ziel. Aber:

– Die Zielrichtung des Qualitätsmanagements ist in erster Linie auf eine Verbesserung der Service- und Produktqualität gerichtet und geprägt von dem Leitgedanken der Patientenzufriedenheit.
– Ziel des Risk Managements ist die Vermeidung von Haftungsrisiken im ärztlichen und nichtärztlichen Bereich, insbesondere die
  – Verbesserung der Patientensicherheit
  – Vermeidung strafrechtlicher Verfolgung
  – Vorbeugen von Imageschäden
  – Vermeidung von Haftpflichtfällen

1738 Müller in Graf/Felber/Lichtmannegger Risk Management im Krankenhaus Kap. 3.1 S. 47.
1739 Blum/Offermann/Perner in Das Krankenhaus 2009, 535.
1740 Eickhoff/Riemann in Graf/Felber/Lichtmannegger Risk Management im Krankenhaus Kap. 3.3 S. 132.

– Risk Management im Heilwesenbereich steht zwischen Qualitätssicherung und Haftung.[1741] Risk Management wird teilweise als »juristisches Qualitätsmanagement« bezeichnet, da dieses, anders als die reine Qualitätssicherung, einen haftungsrechtlich risikominimierenden Ansatz beinhaltet.

Da Qualitätsmanagement und Qualitätssicherung eine rechtliche Angreifbarkeit des Krankenhauses nicht ausschließen können, empfiehlt sich daneben die Schaffung eines Risk-Managementsystems.

Managementsysteme können ihre Wirksamkeit nur entfalten, wenn die Verantwortlichkeiten eindeutig definiert sind. Da Risk Management und Qualitätsmanagement an vielen Punkten einen gemeinsamen Ansatz haben, macht es Sinn, das Risk Management in das Qualitätsmanagement-System eines Krankenhauses zu integrieren.

Das Deutsche Krankenhausinstitut hat im Jahr 2008 erstmals eine Umfrage in Krankenhäusern zu der Thematik Klinisches Risikomanagement gestartet.[1742] Wie sich aus der Bestandsaufnahme ergibt, befindet sich das klinische Risk Management vielfach noch im Anfangsstadium. Kliniken, die einen Risk Management Prozess durchlaufen haben und in denen der Prozess auch gelebt wird, bestätigen aber, dass sich durch ihr Risikomanagement die Patientensicherheit erhöht habe. Es ist damit zu rechnen, dass allein aus Image- und Wettbewerbsgründen, aber insbesondere auch angesichts einer geänderten Fehlerkultur, künftig weitere Krankenhäuser auf die Prävention durch Risk Management setzen werden.

b) Entwicklungsmaßnahmen durch Haftpflichtversicherer

Dieses Engagement wird von den Haftpflichtversicherern unterstützt, aber vor dem Hintergrund steigender Schadensmeldungen und Schadensaufwendungen auch gefordert.

1404

Die Versicherungswirtschaft hat wesentlich dazu beigetragen, dass seit Mitte der 1990er Jahre das klinische Risikomanagement in deutschen Krankenhäusern Einzug gehalten hat.

Versicherungsgesellschaften haben Schadenfälle ausgewertet, analysiert und systematisiert, um Risiken aufzuspüren und Präventionsstrategien entwickeln zu können. Diese Untersuchungen haben ergeben, dass eine überwiegende Zahl von Haftpflichtfällen vermeidbar wäre, da sie auf Verletzungen von Aufklärungs-, Dokumentations- oder Organisationspflichten beruhen. Sodann begannen Haftpflichtversicherer, teilweise unterstützt von den Rückversicherern, klinische Risikomanagementprogramme zu entwickeln und diese in Kliniken einzuführen.

Die **Ansatzpunkte** für das Risk Management im Krankenhaus sind vielfältig. Von einmaligen Informationsveranstaltungen zu der Thematik bis hin

---

1741 Bergmann/Wever Die Arzthaftung S. 222.
1742 Www.dki.de/pdf/Bericht KH Barometer 2008.pdf.

Köllner

zu umfassenden mehrstufigen Modulen werden verschiedene Instrumente angeboten.

Gemeinsam ist den Programmen ein **ganzheitlicher Ansatz** unter Einbeziehung medizinischer, juristischer, organisatorischer, technischer, baulicher und ökonomischer Bereiche und Aspekte. Die Haftungsjudikatur zeigt dabei den »Soll-Zustand« auf, an dem sich der »Ist-Zustand« eines Krankenhauses messen lassen muss.

Die tragenden **Säulen** jedes Risk Managementprozesses sind die Risikoidentifizierung, die Risikobewertung bzw. Risikoanalyse, die Planung der Risikoreduzierung bzw. Vermeidung und die Risikoüberwachung.

Im Focus dieser Betrachtung stehen

- die Organisation der Behandlungsabläufe
- Aufklärung und Dokumentation
- Schnittstellenbereiche und Fragen der medizinischen Arbeitsteilung
- die apparative Ausstattung und Gerätesicherheit
- die Schadenhistorie des Krankenhauses
- Beinaheschäden und Beschwerdemanagement.

Bei der Einführung eines praxistauglichen, sich selbst tragenden Risk Managements sind folgende Grundpfeiler zu beachten:

- Planungsphase, Festlegung einer Strategie, auf welchen Strukturen das Risk Management aufgebaut werden soll
- Erhebungsphase, systematische Risikoanalyse unter Einbindung der Mitarbeiter
- Evaluierung der durchgeführten Prozesse, Planung und Steuerung der Umsetzungsmaßnahmen
- konkreter Umsetzungsprozess, Einrichtung eines sich selbst tragenden Risk Management Systems.

Köllner

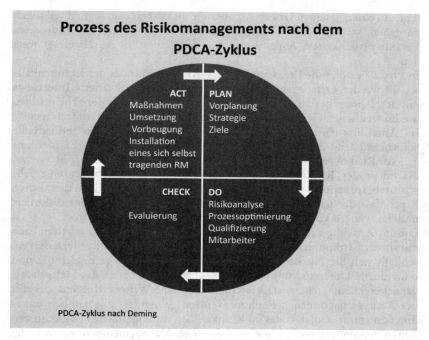

Prozess des Risikomanagements nach dem PDCA-Zyklus

ACT
Maßnahmen
Umsetzung
Vorbeugung
Installation
eines sich selbst
tragenden RM

PLAN
Vorplanung
Strategie
Ziele

CHECK
Evaluierung

DO
Risikoanalyse
Prozessoptimierung
Qualifizierung
Mitarbeiter

PDCA-Zyklus nach Deming

Da der Erfolg des klinisches Risk Management davon abhängt, dass dieses in der Praxis gelebt wird, ist von entscheidender Bedeutung, dass die Mitarbeiter des Krankenhauses für die haftungsrechtlichen Risiken sensibilisiert und motiviert werden können, sich aktiv mit der Thematik Schadenprävention auseinanderzusetzen.[1743]

c) Beispiel einer Risikoanalyse

Die MediRisk Bayern Risk Management GmbH[1744] bietet etwa ein konkret auf Risikovermeidung gerichtetes Instrument zur Senkung von Haftpflichtansprüchen an, nämlich eine Risikoanalyse mit integrierter Nachsorge.

1405

Der Ablauf der Risikoanalyse gliedert sich in 5 Phasen.

Die Risikoanalyse beginnt mit einer **Vorpräsentation** im Krankenhaus, bei der ein Expertenteam aus Jurist, Mediziner und Risk Manager das Projekt einem möglichst breiten Mitarbeiterkreis vorstellt. Dabei werden Notwendigkeit, Zielrichtung und der Ablauf der Analyse erläutert. Um dem Exper-

---

1743 Informativ:Bundesamt für Bevölkerungsschutz und Katastrophenhilfe, Schutz kritischer Infrastrukturen Risikomanagement im Krankenhaus, Leitfaden zur Identifikation und Reduzierung von Ausfallrisiken in kritischen Infrastrukturen des Gesundheitswesens, www.bbk.bund.de/.../Leitfaden_Krankenh_Risiko_kritis.pdf.
1744 Www.medirisk-bayern.de.

Köllner

tenteam einen genauen Überblick über die zu untersuchenden Abteilungen zu geben, werden Checklisten ausgegeben, mit denen u.a. Strukturdaten, Verantwortlichkeiten, Aspekte der Ablauforganisation etc. abgefragt werden.

In Phase 2 erfolgt die **Erfassung des Ist-Risikozustandes** des Krankenhauses. Es werden Ortsbegehungen durchgeführt und strukturierte Interviews mit den Leitern der zu untersuchenden Abteilungen bzw. Bereiche geführt, um im fachlichen Gespräch die konkrete Risikosituation zu hinterfragen.

Im Anschluss daran wird ein **Risikobericht** erstellt, der das individuelle Schwachstellenprofil abteilungsbezogen erfasst und konkrete Empfehlungen zur Risikovermeidung und Schadenvorsorge für die Praxis gibt.

Nachdem der Risikobericht im Krankenhaus vorliegt, findet eine **Abschlussbesprechung** statt. In dieser Veranstaltung werden die wesentlichen Ergebnisse der Risikoanalyse vertieft und mit den Mitarbeitern diskutiert und das weitere Vorgehen im Risk Manangement Prozess erörtert.

Um im Anschluss daran die Bereitschaft der Mitarbeiter zu erhalten, sich mit ihrem Risikopotenzial zu befassen und präventiv auseinanderzusetzen, schließt sich die **Nachsorgephase** an. Durch regelmäßige Begleitung und individuelle Unterstützung des Krankenhauses von Seiten des Haftpflichtversicherers soll sichergestellt werden, dass eine Weiterverfolgung der mit der Analyse begonnenen Risikoprävention gelingt. Es gilt nämlich unbedingt zu vermeiden, dass das im Krankenhaus durchgeführte Projekt zu den Akten genommen wird, ohne dass der Risk Managementprozess in Gang kommt. Die Nachsorge durch den Haftpflichtversicherer des analysierten Krankenhauses bietet den großen Vorteil, dass der für die Bearbeitung der Schadenfälle zuständige Mitarbeiter durch die laufende Auswertung der eigenen Schadenfälle Haftungsfelder leichter ausmachen und die Umsetzungskontrolle der Risk-Managementanstrengungen gewährleisten kann.

Köllner

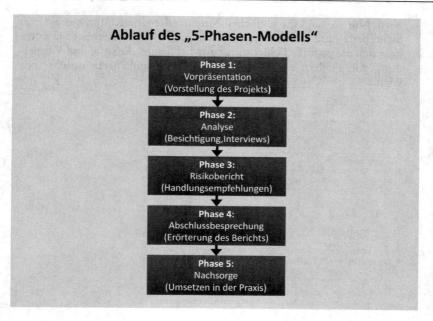

Aber auch wenn sich das Krankenhaus gegen eine Risk- Managementanalyse durch externe Berater entscheidet, sind die Haftpflichtversicherer bestrebt, die Kliniken bei der Implementierung eines klinischen Risk Managements zu unterstützen. Aufgrund ihrer meist langjährigen Schadenerfahrungen und die Besetzung der Schadenabteilungen mit Volljuristen sind Haftpflichtversicherer in der Lage, Kliniken bei der Formulierung von Verfahrensanweisungen in haftungskritischen Bereichen (z.B. Aufklärung, Dokumentation, Organisation) Hilfestellung zu leisten. Weiter können Krankenhäuser jederzeit Anfragen mit haftungsrechtlichem Hintergrund oder zur Haftungsjudikatur an ihren Haftpflichtversicherer richten. Darüber hinaus ist es üblich, dass die Versicherungsgesellschaften die laufenden Schadenfälle auswerten und die Kliniken über Auffälligkeiten oder risikorelevante Schwachstellen im Rahmen der laufenden Schadenbearbeitung informieren. Schließlich bieten die Haftpflichtversicherer Schulungs- und Vortragsveranstaltungen für Ärzte und Pflegekräfte an, um so eine Sensibilisierung des ärztlichen und pflegerischen Personals zu erreichen und diese in den Risiko- Managementprozess miteinzubeziehen.

1406

❗ Welchen Weg ein Krankenhaus auch einschlägt: ausschlaggebend ist, dass von sämtlichen Beteiligten, Klinikverantwortlichen und externen Beratern sichergestellt wird, dass das Risk Management keine Momentaufnahme bleibt, sondern in täglicher Praxis kontinuierlich angewandt

Köllner

wird. Nur so kann im fachlichen Miteinander eine Kultur geprägt von Sicherheits- und Qualitätsbewusstsein geschaffen und erreicht werden, dass sich die positive Fehlerkultur zur Erfassung, Analyse und Vermeidung von Fehlern und Risiken in den Krankenhäusern durchsetzen wird.

C. Der Haftungsfall – materielle Haftungsvoraussetzungen

I. Arzthaftung

1. Der Behandlungsfehler

a) Die Rechtsnatur der ärztlichen Heilbehandlung

Körperverletzungsdoktrin: Nach gefestigter Rechtsprechung, die auf das Jahr 1894 zurückgeht,[1745] stellt die ärztliche Heilbehandlung aus juristischer Sicht einen Eingriff in die körperliche Verfassung des Patienten und damit eine Körperverletzung im Sinn der §§ 223 ff. StGB wie auch des § 823 Abs. 1 BGB dar.[1746] Das gilt nicht nur bei invasiven Eingriffen, sondern auch bei der Verabreichung von Medikamenten oder der ärztlichen Leitung einer nicht operativen Geburt. Diese Auffassung war allerdings schon damals nicht unumstritten. Sie ist vom Berufsbild des Arztes her auch nicht unproblematisch, weil dieser ja zur Heilung des Patienten tätig wird, und wird wohl aus diesem Grund in Rechtsprechung und Literatur zunehmend mit Zurückhaltung dargestellt. Aus rechtlicher Sicht war jedoch die Bewertung als Körperverletzung jedenfalls bis zur Änderung des Schadensersatzrechts im Jahr 2002 schon deshalb unverzichtbar, weil es andernfalls keine Anspruchsgrundlage für das sog. Schmerzensgeld gegeben hätte. Dieser Anspruch ist im Arzthaftungsprozess von besonderer Bedeutung, weil hier materielle Schäden vielfach im Bereich der Gesundheitsvorsorge liegen und deshalb häufig von sozial- oder privatrechtlichen Versicherungssystemen abgedeckt werden,[1747] während der Anspruch auf Schmerzensgeld nur gegen den behandelnden Arzt geltend gemacht werden kann. Aber wenn auch der frühere deliktische Anspruch aus § 847 BGB a. F. durch die Neuregelung des § 253 Abs. 2 BGB ersetzt worden ist und nunmehr auch aus vertraglicher Haftung Schmerzensgeld verlangt werden kann, besteht für die Rechtsprechung kein Anlass, von der bisherigen Betrachtungsweise abzugehen.[1748] Diese beruht nämlich in der Sache darauf, dass die ärztliche Behandlung den Körper oder die Gesundheit des Patienten betrifft und damit einen Eingriff in ein höchst persönliches Rechtsgut darstellt, der auch strafrechtliche Konsequenzen nach sich ziehen kann. Wegen des erforderlichen Gleichklangs ist die strafrechtliche Rechtsprechung auch bei der zivilrechtlichen Haftung zu beachten, etwa bei der Frage, ob eine nicht indizierte Röntgenaufnahme eine Körperverletzung darstellt. Das hat ein Strafsenat

1407

1745 RGSt 25, 375.
1746 BGH NJW 1989, 1538.
1747 Die entsprechenden Ausgleichs- und Regressansprüche müssen hier außer Betracht bleiben.
1748 Zur neuesten Diskussion im Schrifttum vgl. Schmidt MedR 2007, 693 ff.; 2008, 408 ff.; Gödicke MedR 2008, 405 ff.

Müller

des BGH ausdrücklich bejaht[1749] und diese Beurteilung gilt allgemein für eine ärztliche Behandlung, die nicht indiziert ist.[1750]

> ❗ Nach geltendem Recht ist die ärztliche Heilbehandlung als Körperverletzung anzusehen.

b) Das Haftungskonzept der Rechtsprechung

1408 aa) **Rechtliche Grundlagen:** Auf der Grundlage des § 823 Abs. 1 BGB hat die Rechtsprechung ein umfassendes **Haftungskonzept** entwickelt, das wegen der Besonderheiten des aus einer medizinischen Behandlung hergeleiteten Gesundheitsschadens auch die Verteilung der Beweislast einbeziehen muss. Dieses Konzept soll hier in aller Kürze skizziert werden, um Typologie und Bedeutung des Behandlungsfehlers besser verständlich zu machen. Hiernach hat der Arzt grundsätzlich für schuldhafte Behandlungs- und Aufklärungsfehler einzustehen, wenn sie einen Körper- oder Gesundheitsschaden des Patienten im Sinn des § 823 Abs. 1 BGB zur Folge haben. Von diesem Ausgangspunkt her ist die Haftung für den ärztlichen Fehler deliktisch geprägt, was sie deutlich von anderen Formen der Berufshaftung wie etwa der des Rechtsanwalts unterscheidet. Die vertragliche Haftung läuft weitgehend parallel, wobei der Behandlungsvertrag meist stillschweigend zustande kommt.

Anspruchsgrundlagen

Behandlungsfehler	**Aufklärungsfehler**
=	• **Körperverletzungsdoktrin:** Einwilligung des Patienten nach Aufklärung ist Rechtfertigungsgrund
Verstoß gegen den ärztlichen Facharztstandard	• **Vertragsrecht:** Aufklärung ist Hauptpflicht
≠	
Erfolgshaftung	

1749 BGH VersR 1998, 319.
1750 Vgl. unten Rn. 1566.

Müller

Anspruchsgrundlagen: Die beiden wesentlichen Anspruchsgrundlagen für die ärztliche Haftung sind **Behandlungsfehler** und **Aufklärungsfehler.** Aus rechtlicher Sicht stehen sie selbständig nebeneinander, auch wenn sie im konkreten Fall zusammen treffen und manchmal – etwa bei der Anwendung neuer Methoden – sogar ineinander übergehen können.[1751] Die Selbständigkeit dieser Anspruchsgrundlagen ist vor allem im Prozess von Bedeutung. Ist nämlich eine auf Behandlungsfehler und auf Aufklärungsfehler gestützte Klage unter beiden Gesichtspunkten abgewiesen worden, so muss die Berufungsbegründung erkennen lassen, ob das Urteil hinsichtlich beider Fehler angegriffen wird.[1752] Das gilt auch für das Revisionsverfahren.[1753] Auch wenn die meisten Klagen in erster Linie auf Behandlungsfehler gestützt werden und ein Aufklärungsfehler oft erst geltend gemacht wird, wenn der Nachweis des Behandlungsfehler nicht gelingt, ist der Aufklärungsfehler doch aus rechtlicher Sicht keineswegs subsidiär.[1754] Er hat vielmehr auch in der Schadenspraxis beträchtliche Bedeutung und wird nachfolgend in einem besonderen Abschnitt erörtert.[1755]

1409

❗ Behandlungsfehler und Aufklärungsfehler sind die wesentlichen Anspruchsgrundlagen für die ärztliche Haftung.

Grundkonzept: Von ihrer Grundkonzeption her kann die ärztliche Haftung **keine Erfolgshaftung** sein; denn der Arzt schuldet dem Patienten in aller Regel[1756] nicht die Wiederherstellung seiner Gesundheit, sondern nur eine Heilbehandlung nach dem anerkannten und gesicherten Qualitätsstandard der medizinischen Wissenschaft,[1757] weil er vernünftigerweise nicht für Risiken einzustehen hat, die sich aus dem lebenden Organismus des Patienten ergeben wie etwa körperlichen oder gesundheitlichen Besonderheiten, die der Arzt nicht kennt und nach Lage des Falles auch nicht kennen muss. Er muss jedoch den erforderlichen **medizinischen Standard** wahren und hierfür diejenigen Maßnahmen ergreifen, die von einem gewissenhaften und aufmerksamen Arzt seines Fachbereichs vorausgesetzt und erwartet werden. Soweit das Krankheitsrisiko auch bei fehlerfreiem ärztlichem Handeln nicht vermieden werden kann, verbleibt es beim Patienten.[1758]

1410

1751 Hierzu unten Rn. 1573.
1752 BGH VersR 2007, 414.
1753 BGH VersR 2008, 490.
1754 Müller in FS für Karlmann Geiß (2000) S. 461.
1755 Unten Rdn. 1656.
1756 Eine wichtige Ausnahme sind Maßnahmen zur Familienplanung, vgl. unten Rn. 1589 ff.
1757 Geiß/Greiner Arzthaftpflichtrecht 6. Aufl. A Rn. 4; Müller NJW 1997, 3049 ff.; Steffen/Pauge Arzthaftungsrecht 10. Aufl. Rn. 129.
1758 Steffen/Pauge Arzthaftungsrecht 10. Aufl. Rn. 129.

> ❗ Der Arzt schuldet in der Regel nicht die Heilung als Erfolg, sondern die im konkreten Fall erforderliche Behandlung nach geltendem medizinischem Standard.

1411 **Allgemeine Grundsätze:** Das Haftungskonzept der Rechtsprechung ist von allgemeinen zivilrechtlichen Grundsätzen geprägt. Danach muss der Patient grundsätzlich die Voraussetzungen seines Anspruchs beweisen, also den **schuldhaften Behandlungsfehler** und dessen **Ursächlichkeit** für seinen Gesundheitsschaden. Die **Rechtswidrigkeit** als weitere deliktische Haftungsvoraussetzung wird beim Behandlungsfehler regelmäßig durch die Tatbestandsmäßigkeit indiziert, während sie beim Aufklärungsfehler in aller Regel durch eine wirksame Einwilligung des Patienten – für die es freilich einer ordnungsgemäßen Aufklärung bedarf – ausgeräumt wird.[1759]

1412 **Nachweisproblem:** Der **Nachweis des Verschuldens** kann besonders dann schwierig sein, wenn es sich um Vorgänge in Arztpraxis oder Krankenhaus handelt, in die der Patient typischerweise keinen Einblick hat. Nicht weniger schwierig ist in vielen Fällen der **Nachweis der Ursächlichkeit** des Behandlungsfehlers für den konkreten Gesundheitsschaden, der ebenfalls dem Patienten als Anspruchsteller obliegt. Ein **Anscheinsbeweis** kommt ihm im Kernbereich ärztlichen Handelns nur ausnahmsweise zu Hilfe, weil es in diesem Bereich fast immer an der erforderlichen Typizität des Geschehensablaufs fehlt.[1760] So wird Typizität beispielsweise für Schädigungen bei Operationen in aller Regel verneint.[1761] Weil jeder Organismus anders reagiert, kann aus dem Misserfolg einer Behandlung nicht bereits auf einen Behandlungsfehler geschlossen werden. Selbst die Feststellung eines solchen Fehlers rechtfertigt in aller Regel (noch) nicht den Schluss, dass er für den konkreten Gesundheitsschaden des Patienten ursächlich war.[1762]

1413 **bb) Kausalitätszusammenhang:** Diese Ursächlichkeit muss jedoch für die ärztliche Haftung nachgewiesen werden; denn der Behandlungsfehler wird ebenso wie der Aufklärungsfehler[1763] erst dann rechtlich relevant, wenn sich daraus eine Beeinträchtigung des Patienten ergibt, dieser also durch die Behandlung einen Gesundheitsschaden erlitten hat. Es kommt deshalb darauf an, ob der Gesundheitsschaden nachweislich durch die **Behandlung verursacht** worden oder – wie die medizinischen Sachverständigen das häufig formulieren[1764] – »**schicksalhaft**« eingetreten und dann vom Patienten ohne Entschädigung hinzunehmen ist. Das ist eine der hauptsächlichen Fragen

1759 Zum Aufklärungsfehler Rnd. 1656.
1760 BGH NJW 1989, 1533; 1991, 1948; vgl. auch Müller NJW 1997, 3049, 3051.
1761 BGH NJW 1992, 1560; NJW-RR 1992, 1241; VersR 1993, 228.
1762 BGH NJW 1980, 1333.
1763 BGH NJW 2008, 2344.
1764 Hierzu unten Rdn. 1473.

des Arzthaftungsprozesses, mit deren Beantwortung in den meisten Fällen die Klage steht oder fällt.

▶ **Musterfall:** Ein mit gesundheitlichen Schäden geborenes Kind machte wegen des verzögerten Geburtsverlaufs Schadensersatzansprüche gegen den entbindenden Arzt geltend.[1765] Streitig war insbesondere, ob es unter den gegebenen Umständen richtig oder wenigstens vertretbar war, die Entbindung wie geschehen durch Vakuumextraktion vorzunehmen oder ob sie durch Sectio (Schnittentbindung) hätte erfolgen müssen. Der Sachverständige äußerte im schriftlichen Gutachten in mehrfacher Hinsicht deutliche Kritik am ärztlichen Vorgehen und beanstandete auch, dass die Mutter nicht über die Risiken einer vaginalen Entbindung aufgeklärt worden war, bezeichnete jedoch zusammenfassend die Entscheidung des Arztes als vertretbar und die Schädigung des Klägers als **schicksalhaft**. Das hat den BGH nicht überzeugt, zumal der Sachverständige mehrfach von einer zumindest relativen Indikation für eine Sectio gesprochen hatte und sein Gutachten weitere Widersprüche und Unklarheiten enthielt, so dass es keine ausreichende Grundlage für die Überzeugungsbildung des Tatrichters darstellte.[1766]

1414

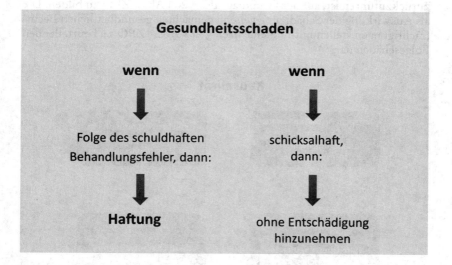

Gesundheitsschaden

wenn	**wenn**
⬇	⬇
Folge des schuldhaften Behandlungsfehler, dann:	schicksalhaft, dann:
⬇	⬇
Haftung	ohne Entschädigung hinzunehmen

❗ Ausschlaggebend ist, ob der Gesundheitsschaden Folge des Behandlungsfehlers ist oder der Patient ihn als schicksalhaft ohne Entschädigung hinzunehmen hat.

1765 BGH NJW 1993, 1524.
1766 Vgl. hierzu unten Rn. 1474.

Müller

1415 (1) **Haftungsbegründende Kausalität:** Der **Ursachenzusammenhang** zwischen Behandlungsfehler und dem konkreten Gesundheitsschaden begründet die Haftung und ist somit eine Voraussetzung des Anspruchs, die der Patient grundsätzlich nach dem Maßstab des § 286 ZPO und somit zur vollen Überzeugung des Gerichts beweisen muss. Das ist angesichts der komplizierten Vorgänge im menschlichen Organismus oft sehr schwierig, auch wenn diese Beweisführung keine unumstößliche Gewissheit im Sinn eines naturwissenschaftlichen Nachweises verlangt, sondern **ein für das praktische Leben brauchbarer Grad von Gewissheit** ausreicht, der – wie der BGH das formuliert hat – »den Zweifeln Schweigen gebietet, ohne sie gänzlich verstummen zu lassen«.[1767] Das heißt im Klartext: sie dürfen gänzlich verstummen, aber sie müssen es nicht, so dass verbleibende leise Restzweifel der richterlichen Überzeugung von der Ursächlichkeit nicht entgegenstehen.

1416 **Primärschaden:** Zu beachten ist, dass dieser strenge Maßstab des § 286 ZPO nur für die sog. **haftungsbegründende Kausalität** gilt, also für den Zusammenhang zwischen dem Behandlungsfehler und dem primären Schaden. So hat sich z.B. das Gericht die Überzeugung, ob ein bei einem Kind vorliegender Hirnschaden auf eine ärztliche Fehlhandlung durch den Geburtshelfer zurückzuführen ist, auf der Grundlage des § 286 Abs.1 ZPO zu bilden. Die als Auswirkung der Schädigung geltend gemachten gesundheitlichen Beeinträchtigungen stellen mithin keine nach § 287 Abs.1 ZPO zu beurteilenden Folgeschäden dar.[1768]

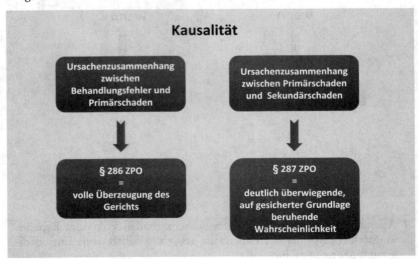

Kausalität

Ursachenzusammenhang zwischen Behandlungsfehler und Primärschaden	Ursachenzusammenhang zwischen Primärschaden und Sekundärschaden
§ 286 ZPO = volle Überzeugung des Gerichts	**§ 287 ZPO** = deutlich überwiegende, auf gesicherter Grundlage beruhende Wahrscheinlichkeit

---

1767 BGH NJW 1970, 946; 1994, 801; hierzu auch unten Rn. 1514.
1768 BGH NJW 1998, 3417.

Müller

(2) Haftungsausfüllende Kausalität: Demgegenüber erfolgt die Beweisführung für die sog. haftungsausfüllende Kausalität, nämlich den Zusammenhang zwischen der Rechtsgutsverletzung und dem konkret geltend gemachten Schaden nach dem erleichterten Maßstab des § 287 ZPO. Dieser gilt für alle weiteren Schäden und Beschwerden, auch für eine Verschlimmerung von Vorschäden. Im Einzelfall kann die Abgrenzung zwischen **Primär- und Sekundärschaden** schwierig sein, wenn sich etwa an eine Kette von Thrombosen im weiteren Verlauf ein Hirninfarkt anschließt.[1769] Wenn auch die Unterscheidung zwischen Primär- und Sekundärschäden aus rechtlicher Sicht geboten ist, kann doch diese Abgrenzung in tatsächlicher Hinsicht Schwierigkeiten bereiten und ist im Zweifelsfall mit dem medizinischen Sachverständigen zu erörtern. Vom Ergebnis her kann die Unterscheidung in manchen Fällen dazu beitragen, ein überzogenes Schadensersatzbegehren in vertretbaren Grenzen zu halten.[1770]

1417

Erleichterte Beweisführung: § 287 ZPO gilt bei Vertrag und Delikt.[1771] Seine Anwendung bedeutet **Erleichterungen** sowohl bei der Darlegung als auch bei der Beweisführung. Der Tatrichter ist in diesen Fällen bei der Überzeugungsbildung deutlich freier gestellt und muss insbesondere nicht allen Beweisanträgen nachgehen. Eine vollständige Überzeugung ist im Gegensatz zu § 286 ZPO nicht erforderlich; vielmehr reicht eine **deutlich überwiegende, auf gesicherter Grundlage beruhende Wahrscheinlichkeit** aus.[1772] Bei § 287 ZPO gilt der Grundsatz der freien Beweiswürdigung unter Würdigung aller Umstände, wobei auch eine Schätzung in Betracht kommt, für die freilich seitens der Partei Anhaltspunkte vorgetragen werden müssen. Im Prozess sollte der Richter und ggf. auch der Rechtsanwalt den Sachverständigen darauf hinweisen, welcher Grad von Wahrscheinlichkeit im Einzelfall erforderlich ist.

1418

❗ Der Unterschied zwischen dem Beweismaß der §§ 286 und 287 ZPO ist streng zu beachten und kann prozessentscheidend sein.

Schaden im Rechtssinn: Von der Ursächlichkeit des Behandlungsfehlers für den Gesundheitsschaden ist die rechtliche Frage zu unterscheiden, ob der Patient infolge der ärztlichen Behandlung einen Schaden im Sinn des § 249 BGB erlitten hat und ob er deshalb Schadensersatz verlangen kann. Dies ist nach der hierfür maßgeblichen **Differenzhypothese** zu beurteilen, indem die Situation nach dem Schadensereignis rechnerisch mit derjenigen ohne dieses Ereignis verglichen und ggf. durch rechtliche Wertungen ergänzt wird.[1773]

1419

1769 Vgl. auch BGH NJW 1994, 2001.
1770 Vgl. den Fall BGH NJW 1993, 2383.
1771 BGH NJW 1978, 1683; 1987, 705; 1991, 1412, 2960; 1994, 801.
1772 BGH NJW 1976, 1145; 1987, 1481; 1992, 3298.
1773 BGH NJW 1987, 50; vgl. Grüneberg in Palandt BGB 70. Aufl. vor § 249 Rn. 10.

Müller

1420 **Gesundheitsschaden:** Demgegenüber ist die Frage nach dem Ursachenzusammenhang zwischen Behandlungsfehler und Primärschaden angesichts der Eigenart des Gesundheitsschadens rein **tatsächlicher Natur** und hängt vielfach von der **medizinischen Begutachtung** durch einen Sachverständigen ab. Führt diese zu nicht zu einem klaren Ergebnis, das für eine richterliche Überzeugungsbildung nach § 286 ZPO ausreicht, so bleibt der Behandlungsfehler grundsätzlich ohne haftungsrechtliche Folge.

> ❗ Der Behandlungsfehler führt nur dann zur Haftung, wenn er für den Gesundheitsschaden des Patienten ursächlich war. Hieraus ergeben sich oft Beweisschwierigkeiten.

1421 **(3) Beweisproblematik:** Angesichts dieser typischen **Beweisschwierigkeiten** müsste die Klage des Patienten in vielen Fällen erfolglos bleiben. Um ein besseres Gleichgewicht zwischen der Behandlungsseite und dem Patienten zu erreichen und entsprechend dem Verfassungsgebot eine grundsätzliche »Waffengleichheit« im Prozess und einen sachgerechten Ausgleich der vorgegebenen Risikoverteilung herbeizuführen,[1774] hat die Rechtsprechung das aus allgemeinen zivilrechtlichen Grundsätzen entwickelte Haftungskonzept durch ein System von speziellen **Beweiserleichterungen** ergänzt, die den Besonderheiten des aus einer medizinischen Behandlung hergeleiteten Gesundheitsschadens Rechnung tragen sollen. Ausschlaggebend hierfür ist, **zu wessen Sphäre das Risiko** gehört, das sich bei der Schädigung des Patienten verwirklicht hat. Danach bestimmen sich der Bereich und die Reichweite der jeweiligen Beweiserleichterungen.

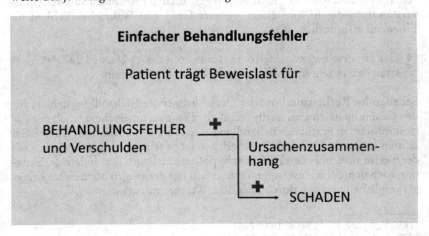

Einfacher Behandlungsfehler

Patient trägt Beweislast für

BEHANDLUNGSFEHLER
und Verschulden

+

Ursachenzusammenhang

+

SCHADEN

1774 BVerfG 52, 131, 147.

Müller

❗ Der Patient trägt das Risiko seiner eigenen körperlichen Beschaffenheit und der zu seiner Sphäre gehörenden Begleitumstände.

(4) Risikoverteilung: Macht die Behandlungsseite geltend, dass der Gesundheitsschaden nicht durch ihren Behandlungsfehler, sondern durch einen der **Patientensphäre** zuzurechnenden Umstand – z.B. eine Vorerkrankung oder eine nicht erkennbare Schadensdisposition – verursacht worden sei, so beruft sie sich auf einen Umstand, der in der Sphäre des Patienten liegt und ihm den **Nachweis des Ursachenzusammenhangs** erschwert. Für diesen Nachweis kommen Beweiserleichterungen in Betracht, wenn der Behandlungsfehler grob, also derart schwerwiegend ist, dass die Zuweisung der vollen Beweislast an den Patienten unbillig erscheint. Folglich wird dann die **Ursächlichkeit vermutet**, so dass die Behandlungsseite sie widerlegen muss.[1775]

1422

Grober Behandlungsfehler

Beweislast Patient	Beweislast Behandler
• Behandlungsfehler (BF) • Verschulden • Schaden ABER: **Ursachenzusammenhang (zwischen BF und Schaden) wird vermutet**	• Widerlegung des Ursachenzusammenhangs zwischen Behandlungsfehler und Schaden

---

1775 Hierzu unten Rdn. 1518.

Voll beherrschbares Risiko

Beweislast Patient	Beweislast Behandler
• Behandlungsfehler • Ursachenzusammenhang • Schaden ABER: **Verschulden** wird vermutet	• Widerlegung der Verschuldensvermutung

ACHTUNG: keine Beweislastumkehr für Ursachenzusammenhang!

❗ Die Behandlungsseite trägt das Risiko für Umstände, die von ihr aus objektiver Sicht voll beherrschbar sind.

1423 (5) **Beweislastverteilung:** Hat sich der Behandlungsfehler in einem Bereich ereignet, dessen Risiken zur **Sphäre der Behandlungsseite** gehören und von ihr objektiv voll beherrscht werden können, ist für den Patienten typischerweise der **Nachweis des Verschuldens** schwierig, weil er meist keinen Einblick in diese Sphäre hat. Deshalb greift in diesen Fällen eine **Vermutung bezüglich des Verschuldens** ein, so dass die Behandlungsseite sich in diesem Punkt entlasten muss, während es hinsichtlich des Behandlungsfehlers und seiner Ursächlichkeit für den Gesundheitsschaden bei der grundsätzlichen Beweislast des Patienten bleibt.[1776] Hieraus ergibt sich nachfolgendes

Schema der Beweislast des Patienten:

Beim einfachen Behandlungsfehler: für Behandlungsfehler + Verschulden + Ursachenzusammenhang.

Beim groben Behandlungsfehler: für Behandlungsfehler + Verschulden, Ursachenzusammenhang wird vermutet und muss von der Behandlungsseite widerlegt werden.

1776 Hierzu unten Rdn. 1497 ff.

Beim voll beherrschbaren Risiko: für Behandlungsfehler + Ursachenzusammenhang, Verschulden wird vermutet und muss von der Behandlungsseite widerlegt werden.

(6) Beweiserleichterung: Diese Beweiserleichterungen sind hier als Faustregel skizziert[1777] und bedürfen im Einzelfall gründlicher Prüfung anhand der von der Rechtsprechung entwickelten Kriterien. Von ihrer Stoßrichtung her greifen sie gerade in denjenigen Punkten ein, wo der Nachweis für den Patienten besonders schwierig ist und er ohne Erleichterung seiner Beweislast kaum Aussicht hätte, seinen Anspruch durchzusetzen. Hieraus wird ersichtlich, dass das von der Rechtsprechung entwickelte System einen gerechten **Ausgleich der vorgegebenen Risikoverteilung** anstrebt und damit letztlich auf dem das Schadensrecht prägenden Gedanken der Billigkeit beruht.

1424

Zusammenfassung des Haftungskonzepts

1. Nach geltendem Recht ist die ärztliche Heilbehandlung als Körperverletzung anzusehen. Deshalb ist die Arzthaftung insgesamt deliktisch geprägt.

2. Behandlungsfehler und Aufklärungsfehler sind die wesentlichen Anspruchsgrundlagen für die ärztliche Haftung.

3. Der Arzt schuldet in der Regel nicht die Heilung als Erfolg, sondern die im konkreten Fall erforderliche Behandlung nach geltendem medizinischem Standard.

4. Ein Behandlungsfehler führt nur dann zur Haftung, wenn er für den Gesundheitsschaden des Patienten ursächlich war.

5. Ausschlaggebend ist, ob der Gesundheitsschaden Folge des Behandlungsfehlers ist oder ob der Patient ihn als schicksalhaft ohne Entschädigung hinzunehmen hat.

6. Der Nachweis der Ursächlichkeit ist für die haftungsbegründende Kausalität nach § 286 ZPO grundsätzlich zur vollen Überzeugung des Gerichts zu führen.

7. Daraus folgen Beweisschwierigkeiten, für die es Beweiserleichterungen unter Berücksichtigung der Risikoverteilung geben kann.

8. Grundsätze der Risikoverteilung:
   a) Der Patient trägt das Risiko seiner eigenen körperlichen Beschaffenheit und der zu seiner eigenen Sphäre gehörenden Begleitumstände.
   b) Die Behandlungsseite trägt das Risiko für Umstände, die von ihr aus objektiver Sicht voll beherrschbar sind.

1777 Zur mehrstufigen Beweiserleichterung beim Befunderhebungsfehler vgl. unten Rdn. 1546.

Müller

9. Verteilung der Beweislast des Patienten:

a) beim einfachen Behandlungsfehler für Behandlungsfehler + Verschulden + Ursachenzusammenhang

b) beim groben Behandlungsfehler für Behandlungsfehler + Verschulden, Ursachenzusammenhang wird vermutet und muss von der Behandlungsseite widerlegt werden

c) beim voll beherrschbaren Risiko für Behandlungsfehler + Ursachenzusammenhang, Verschulden wird vermutet und muss von der Behandlungsseite widerlegt werden.

c) Der Behandlungsfehler als Verletzung des ärztlichen Standards

1425 **Bedeutung des Standards:** Ob ein Behandlungsfehler vorliegt, hängt in den meisten Fällen davon ab, ob der medizinische Standard gewahrt worden ist. Dessen Bedeutung für den Schadensersatzprozess ist deshalb außerordentlich groß,[1778] weil die Verletzung des Standards regelmäßig eine Voraussetzung für die ärztliche Haftung bildet. Deshalb stellt sich im Schadensersatzprozess gegen Arzt oder Krankenhaus fast immer die Frage nach dem medizinischen Standard.

❗ Ein Verstoß gegen den medizinischen Standard legt einen Behandlungsfehler nahe.

1426 **Standard als objektiver Begriff:** Der Standard gibt Auskunft darüber, welches Verhalten von einem gewissenhaften und aufmerksamen Arzt (oder Pfleger) in der konkreten Behandlungssituation nach dem anerkannten und gesicherten Stand der medizinischen Wissenschaft im Zeitpunkt der Behandlung erwartet werden kann.[1779] Deshalb kommt es in der Regel nicht darauf an, ob im konkreten Fall die erforderliche Behandlung aufgrund steuerbarer räumlicher oder personeller Engpässe nicht erbracht werden konnte, sondern es sind **objektive Maßstäbe** anzulegen.[1780] Maßgeblich für den Standard sind der Gegenstand (Behandlungsfeld) sowie Ort und Zeit der Behandlung. Der Standard kann **therapeutische und organisatorische Maßnahmen** betreffen, wie die nachfolgenden Beispielsfälle zeigen.

1427 **Beispiele einer Verletzung des Standards:**
– Unzureichende Kontrollmessungen des Sauerstoffpartialdrucks im Brutkasten[1781]

1778 Zum Standard BGH NJW 1983, 2080; 1995, 776; 2003, 2311.
1779 BGH NJW 2000, 2737; BGH NStZ 2003, 657.
1780 BGH NJW 2000, 2737.
1781 BGH NJW 1983, 2080.

Müller

- fehlende Antibiotikaprophylaxe zum Schutz des Kindes nach Blasensprung[1782]
- unzureichende Dekubitus-Prophylaxe[1783]
- Unverträglichkeit von Operations- und Narkosemethode bei einer Schieloperation[1784]
- fehlender Einsatz des Hysteroskops bei Entfernung eines Intrauterinpessars[1785]
- falsches Vorgehen bei Lösung einer Schulterdystokie[1786]
- vaginale Entbindung anstatt der erforderlichen Sectio[1787]
- intravenöse Gasinsufflation durch Heilpraktiker[1788]
- Unzulänglichkeit einer Diagnose per Telefon[1789]
- personell unzureichendes Behandlungsteam bei der Entbindung von Zwillingen[1790]
- Einsatz eines übermüdeten Arztes[1791]
- Fehlen ausgebildeter Fachkräfte.[1792]

Nachsorge: Zum Standard gehört je nach der Art der Behandlung auch die erforderliche Nachsorge, etwa die Kontrolle auf Nebenwirkungen bei Verabreichung risikoreicher Medikamente[1793] oder die Kontrolle des Herzschrittmachers bei Erreichen des Ablaufdatums.[1794] Zur Nachsorge gehört auch eine erforderliche weitere **Einbestellung** des Patienten, etwa zur Durchführung eines Spermiogramms nach Sterilisation.[1795] Auch in anderen Fällen kann der Arzt zu Belehrung und erneuter Einbestellung des Patienten verpflichtet sein.[1796] Er muss ggf. den Patienten auch auf die Notwendigkeit und Dringlichkeit einer ergänzenden Untersuchung hinweisen[1797] oder ihm erforderlichenfalls raten, einen Spezialisten aufzusuchen, wenn der Fall seine eigenen Möglichkeiten oder Fähigkeiten übersteigt.[1798]

1428

1782 BGH NJW 1995, 776.
1783 BGH NJW 1986, 2365.
1784 BGH NJW 1999, 1779.
1785 BGH NJW 2003, 2311.
1786 BGH NJW 2001, 1786.
1787 BGH NJW 2000, 2737.
1788 BGH NJW 1991, 1535.
1789 BGH NJW 1979, 1278.
1790 BGH NJW 1994, 1596.
1791 BGH NJW 1986, 776.
1792 BGH NJW 1985, 2189.
1793 OLG Hamm VersR 1991, 585.
1794 BGH NJW 2004, 1871.
1795 BGH NJW 1992, 2961; 1995, 2407.
1796 Beispiele bei Steffen/Pauge Arzthaftungsrecht 10. Aufl. Rn. 182, 183.
1797 BGH NJW 1997, 3090.
1798 BGH NJW 1986, 2367; 2005, 427.

Müller

1429 **Mitteilungspflichten**: Ein ärztlicher Eingriff kann Mitteilungspflichten nach sich ziehen, deren Verletzung ebenfalls den Vorwurf eines Behandlungsfehlers begründet. Hierzu zählt insbesondere die Aufklärung des Patienten über das zur Sicherung des Heilerfolgs erforderliche Verhalten, nämlich die **therapeutische oder Sicherungsaufklärung**, die anders als die Risikoaufklärung aus rechtlicher Sicht und insbesondere hinsichtlich der Verteilung der Beweislast als Behandlungsfehler gilt.[1799] Verpflichtet ist der Arzt auch zur **Unterrichtung** des Hausarztes oder des primär behandelnden Arztes[1800] über therapeutische Konsequenzen oder mögliche Komplikationen z.B. in einem Arztbrief.[1801]

1430 **Fortbildung**: Um den geschuldeten Standard wahren zu können, ist der Arzt zur eigenen Fortbildung verpflichtet[1802] und muss deshalb regelmäßig die einschlägigen Fachzeitschriften seines Fachgebiets esen, um sich auf dem Laufenden zu halten.[1803] Er muss sich durch die Fachliteratur über Erfahrungen mit einem von ihm eingesetzten Heilmittel unterrichten[1804] und sich auch mit der Funktionsweise von Geräten vertraut machen, die er einsetzen will.[1805]

1431 **Überschreitung des Fachgebiets**: Der Arzt ist haftungsrechtlich nicht auf sein Fachgebiet festgelegt. Er muss jedoch, wenn er sich auf ein anderes Fachgebiet begibt, dessen Standard gewährleisten. Das folgt aus dem Grundsatz, dass generell der Standard eines guten Facharztes geschuldet wird.[1806] So kann es zwar einem Facharzt für Urologie an sich nicht zugemutet werden, auch die medizinische Spezialliteratur anderer Fachgebiete zu verfolgen.[1807] Wenn er sich jedoch im Einzelfall mit der Behandlung einer Tuberkulose befasst, muss er sich über die dabei einzusetzenden Heilmittel informieren, weil der Patient dem Arzt auch über dessen eigentliche Fachrichtung hinaus ärztliche Kompetenz beilegt und ihm deshalb vertrauen darf.[1808] Nach diesem Grundsatz muss auch ein **Heilpraktiker** bei Anwendung invasiver Behandlungsmethoden den Standard eines Allgemeinmediziners gewährleisten.[1809]

1432 **Zeitpunkt**: Wichtig für den Standard ist auch der zeitliche Aspekt. Die therapeutische Sorgfalt richtet sich nämlich nach dem Erkenntnisstand der me-

---

1799 Hierzu unten Rdn. 1656.
1800 BGH NJW 1981, 2513; 1987, 2929; 1992, 2962; 1994, 797.
1801 BGH NJW 1981, 1513; 1987, 2927.
1802 BGH NJW 2005, 888.
1803 BGH NJW 1991, 1535.
1804 BGH VersR 1982, 147.
1805 OLG Saarbrücken VersR 1991, 1289.
1806 Vgl. unten Rdn. 1447.
1807 BGH NJW 1991, 1535.
1808 BGH NJW 1982, 697.
1809 BGH NJW 1991, 1535.

Müller

dizinischen Wissenschaft zur **Zeit der Behandlung.**[1810] Das kann sich auf die Entscheidung des Einzelfalls auswirken und muss deshalb auch dem Sachverständigen verdeutlicht werden, wie der BGH in einem Fall klar gestellt hat, in dem es auf die aktuelle Fassung der Mutterschafts-Richtlinien ankam.[1811]

❗ Der Standard richtet sich grundsätzlich nach den Anforderungen der Medizin.

Ermittlung des Standards: Weil für die Anforderungen an den Sorgfaltsmaßstab die Maßstäbe der Medizin ausschlaggebend sind, kann der Standard in aller Regel nicht ohne Hinzuziehung eines **medizinischen Sachverständigen** ermittelt werden. Denn der Richter verfügt gewöhnlich nicht über die ausreichende Sachkunde, um festzustellen, ob eine medizinische Behandlung ordnungsgemäß war und folglich dem Standard entsprochen hat. Insoweit kann der Richter meist nur überprüfen, ob die gebräuchlichen Verfahren vermeidbare Risiken enthalten oder die mögliche Sorgfalt außer Acht lassen.[1812] Mit gutem Grund stellt die Rechtsprechung deshalb normalerweise für die Auswahl und Durchführung einer Behandlungsmethode keine eigenen inhaltlichen Sorgfaltsmaßstäbe auf und gibt Ärzten im Kernbereich ihrer Tätigkeit keine eigens formulierten Verhaltensanforderungen vor.[1813] Nur in Einzelfällen hat sie hier selbst Maßstäbe gesetzt, so in Fällen, wo es um vermeidbare Risiken aus dem Zusammenwirken verschiedener Fachrichtungen,[1814] um organisatorische Anforderungen[1815] oder um das Sicherheitsinteresse des Patienten ging und deshalb der eigentliche medizinische Standard um rechtliche Aspekte zu ergänzen war. **1433**

▶ **Musterfall:** Dieser Fall betraf die unzulängliche Überwachung eines Patienten,[1816] der sich nach einer Gastroskopie noch unter dem Einfluss stark sedierender Medikamente unbemerkt aus dem Krankenhaus entfernte, mit seinem Auto wegfuhr und dabei einen tödlichen Verkehrsunfall erlitt. Der BGH hat im Gegensatz zu den Vorinstanzen die Verletzung einer Überwachungspflicht bejaht, weil die tatsächlichen Feststellungen des Berufungsgerichts ergaben, dass angesichts der zur Sedierung verabreichten »Elefantendosis« aus medizinischer Sicht eine Überwachung geboten war und sie ohne unzumutbaren Aufwand hätte erreicht werden können. Auch in diesem Fall beruhte, was bei der Kritik an diesem Ur **1434**

1810 BGH NJW 1983, 2080.
1811 BGH NJW 2004, 1452.
1812 Katzenmeier MedR 2004, 34, 36 m.w.N.
1813 Katzenmeier MedR 34, 36; Groß VersR 1996, 657, 663.
1814 BGH NJW 1999, 1779.
1815 BGH NJW 1994, 1594.
1816 BGH NJW 2003, 2309.

Müller

teil gelegentlich verkannt wird,[1817] die Bejahung eines Fehlers letztlich auf der Beurteilung des Sachverständigen, der angesichts der außerordentlich starken Sedierung und ihrer andauernden Fortwirkung nach dem Eingriff eine Überwachung des Patienten für erforderlich gehalten hatte.

❗ Der Standard wird in aller Regel von Medizinern für Mediziner festgelegt – der Vorwurf übertriebener Strenge ist deshalb gegenüber der Rechtsprechung unbegründet.

aa) die objektiv gebotene Sorgfalt

1435 **Zivilrechtlicher Maßstab:** Erforderlich ist die objektiv erforderliche Sorgfalt, weil im Zivilrecht der objektivierte Fahrlässigkeitsbegriff im Sinn des § 276 Abs. 2 BGB gilt. Von daher kann man sagen, dass bei der Arzthaftung das Vorliegen eines **Behandlungsfehlers** nicht nur die Rechtswidrigkeit, sondern auch das **Verschulden indiziert.** Anders als im Strafrecht ist mit Fahrlässigkeit also nicht das persönliche Verschulden gemeint, so dass der Arzt für sein dem medizinischen Standard zuwiderlaufendes Vorgehen auch dann haftungsrechtlich einzustehen hat, wenn dieses aus seiner persönlichen Lage heraus subjektiv als entschuldbar erscheinen mag.

1436 ▶ **Musterfall:** Bei einer Entbindung wollte ein junger, zufällig hinzu kommender Arzt der Hebamme bei der Lösung einer Schulterdystokie behilflich sein,[1818] beherrschte diese Technik aber noch nicht und bewirkte mit seinem ungeschickten Ziehen am Kopf des Kindes dessen Schädigung. Dass er vom konkreten Behandlungsgeschehen fachlich überfordert war und daher mit medizinisch falschen Mitteln helfen wollte,[1819] wäre ihm strafrechtlich wohl nicht vorzuwerfen gewesen, während dieser Vorgang zivilrechtlich zu seiner Haftung führte.

1437 Für den **objektiven Sorgfaltsmaßstab** kommt es auf die im jeweiligen Fachbereich erforderliche Sorgfalt an (Arzt für Allgemeinmedizin – Facharzt – Krankenhaus – höhere Versorgungsstufe).[1820] Nimmt ein Heilpraktiker eine intravenöse Behandlung vor, muss diese mindestens dem Standard eines Allgemeinarztes entsprechen.[1821] Hat ein Arzt ein **besonderes Fachwissen** oder spezielle Kenntnisse und Fähigkeiten, muss er diese bei der Behandlung einsetzen, weil der Standard nur die Mindestanforderungen festlegt und keine Grenze »nach oben« kennt.[1822] Ebenso ist ein Krankenhaus

---

1817 Vgl. Laufs Anm. zu BGH NJW 2003, 2309.
1818 BGH NJW 2001, 1786.
1819 Vgl. auch BGH NJW 1987, 1479 und 1997, 3090.
1820 BGH NJW 1991, 1535; 1994, 1596.
1821 BGH NJW 1991, 1535.
1822 BGH 1987, 1479; 1997, 3090.

Müller

zum Einsatz besserer Apparate verpflichtet, wenn solche vorhanden sind und im konkreten Fall eingesetzt werden können.[1823]

❗ Der objektivierte Fahrlässigkeitsbegriff des Zivilrechts lässt grundsätzlich keinen Raum für persönliches Verschulden.

Keinesfalls reicht zur Wahrung der objektiv erforderlichen Sorgfalt (auch beim nur hinzugezogenen Arzt) eine **schematische Tätigkeit** aus, indem er etwa nur vorgedruckte Befunde berücksichtigt und ankreuzt bzw. dies unterlässt. So ist es fehlerhaft, wenn ein wegen Gelbfärbung eines Neugeborenen hinzugezogener Kinderarzt weder den Fremdbefund prüft noch eine eigene Befunderhebung vornimmt. Vielmehr muss auch der hinzugezogene Arzt bei bedenklichen Beobachtungen auf rasche diagnostische Abklärung und Therapie dringen.[1824]   **1438**

Im Hinblick auf das Wohl des Patienten als oberste Richtschnur ärztlichen Handelns verpflichten den Arzt auch die Ergebnisse solcher Untersuchungen zur Einhaltung der berufsspezifischen Sorgfalt, die medizinisch nicht verlangt waren, aber trotzdem – beispielsweise aus besonderer Vorsicht – veranlasst wurden. Er darf also auch vor für ihn erkennbaren »Zufallsbefunden« nicht die Augen verschließen.   **1439**

▶ **Musterfall:** In einem kürzlich vom BGH entschiedenen Fall[1825] war im Krankenhaus der Beklagten zu 1) zur Vorbereitung einer Meniskusoperation eine Röntgenaufnahme der Lunge gefertigt und ohne Auswertung dem Anästhesisten zugeleitet worden, der keine einer Anästhesie entgegenstehenden Umstände feststellte. Erst als die Patientin ein Jahr später an einem Lungenkarzinom erkrankte, wurde auf dem alten Röntgenbild ein Rundherd erkannt, der nach dem Klägervortrag schon damals auf einen Tumor hätte schließen lassen. Anlässlich dieses Falles hat der BGH klar gestellt, dass der für die Auswertung des Befundes verantwortliche Arzt all die Auffälligkeiten zur Kenntnis und zum Anlass für die gebotenen Maßnahmen nehmen muss, die er aus berufsfachlicher Sicht seines Fachbereichs unter Berücksichtigung der in seinem Fachbereich vorausgesetzten Kenntnisse und Fähigkeiten sowie der Behandlungssituation feststellen muss. Deshalb war es im konkreten Fall zu wenig, dass die Röntgenaufnahme nur auf anästhesierelevante Besonderheiten ausgewertet worden war.   **1440**

1823 BGH NJW 1988, 2949.
1824 BGH NJW 1989, 1536; 1992, 2962; zum Konsiliararzt vgl. auch OLG Stuttgart VersR 1992, 55 sowie unten Rdn. 1580.
1825 BGH Urteil vom 21. 12. 2010 – VI ZR 284/09 Rn. 11, 12 – demnächst in BGHZ.

bb) Standard und Therapiefreiheit

1441   **Methodenwahl und Methodensicherheit:** Bei der Prüfung des Standards ist der Grundsatz der Therapiefreiheit zu beachten. Der Arzt muss die Wahl der Therapie grundsätzlich nach seinem ärztlichen Beurteilungsermessen aufgrund des konkreten Behandlungsfalles und seiner eigenen Erfahrungen und Geschicklichkeit in der Behandlungsmethode treffen können.[1826] Das gilt z.B. für die Wahl der Entbindungsmethode,[1827] die sich aber in erster Linie an der objektiven Entbindungssituation zu orientieren hat.[1828] Auch kann dem Arzt nur dann ein Beurteilungs- und Entscheidungsspielraum für seinen therapeutischen Entschluss zugebilligt werden, wenn er genaue Kenntnis von der von ihm bevorzugten Methode und eine hinreichende fachliche Übersicht über die anderen in Betracht kommenden Methoden hat (Methodensicherheit).[1829]

❗ Eine Abweichung vom Standard ergibt nicht zwingend einen Behandlungsfehler.

1442   **Abweichung vom Standard:** Der Arzt ist nicht auf den jeweils sichersten therapeutischen Weg festgelegt, weil das Interesse des Patienten auf Befreiung von der Krankheit im Vordergrund steht. Wenn der Arzt im Hinblick hierauf »etwas riskiert«, muss das aber in den besonderen Sachzwängen des Falles oder einer günstigeren Heilungsprognose eine sachliche Rechtfertigung finden.[1830] Er muss sich auch nicht an Beipackzettel o.ä. halten. Insgesamt muss er aber umso vorsichtiger vorgehen, je einschneidender sich eine **Abweichung vom Standard** für den Patienten auswirken kann.[1831] Er muss ggf. auch darlegen, weshalb er vom Standard abgewichen ist.[1832]

1443   Im Übrigen ist **Qualitätsstandard** nicht gleichbedeutend mit **Standardbehandlung**. Der Arzt ist also nicht auf die Schulmedizin fixiert. Das Haftungsrecht soll nämlich nicht den medizinischen Fortschritt hindern.[1833] Auch Besonderheiten des Falles oder ernsthafte Kritik an einer hergebrachten Methode können ein Abweichen von der Standardmethode rechtfertigen.

1826 BGH NJW 1982, 2121- Operation eines Trümmerbruchs; 1988, 763 – Elektrokoagulation; 1988, 1516 – Magenoperation; NJW 2005, 1718 – Versorgung einer Fraktur.
1827 BGH NJW 1989, 764.
1828 BGH NJW 1989, 252; vgl. unten Rdn. 1571.
1829 Hierzu OLG Düsseldorf, VersR 1991, 1176; Katzenmeier NJW 2006, 2738.
1830 BGH NJW 1987, 2927; 2007, 2767.
1831 BGH VersR 1985, 969.
1832 BGH NJW 1999, 1778; VersR 2008, 221.
1833 Steffen/Pauge Arzthaftungsrecht Rn. 174.

Müller

Erhöhte Vorsicht: Allerdings bedarf es bei Verwendung **neuer Methoden und Medikamente**, für die es noch keinen Standard gibt, einer gegenüber dem Normalmaß **erhöhten Vorsicht,**[1834] z.B. bei der computergestützten Hüftgelenksoperation mit dem sog. Robodoc,[1835] ebenso bei einem **Heilversuch** außerhalb des Standards[1836] oder beim Einsatz eines in der Erprobung befindlichen und noch nicht **zugelassenen Medikaments.**[1837]

1444

❗ Je größer die Abweichung vom Standard ist, umso vorsichtiger muss der Arzt vorgehen.

Ebenso verlangt die Anwendung einer **Außenseitermethode** eine über das Normalmaß hinausgehende Vorsicht des Arztes, wenn er z.B. bei einem Bandscheibenvorfall mit einem Katheter einen »Medikamentencocktail« injiziert.[1838] Auch muss der Arzt bei Anwendung einer **Außenseitermethode** diese nicht nur beherrschen, sondern den Patienten auch entsprechend intensiv aufklären,[1839] ebenso bei einer zweifelhaften Operationsindikation mit hohem Misserfolgsrisiko.[1840]

1445

Ob der Arzt den Patienten an der **Methodenwahl** zu beteiligen hat, ist eine Frage des Einzelfalls, dürfte aber zu bejahen sein, wenn mehrere gleichermaßen indizierte und übliche Behandlungsmethoden bestehen, die aber unterschiedliche Risiken und Erfolgschancen aufweisen, so dass eine echte Wahlmöglichkeit für den Patienten besteht.[1841] Dann kann ein unterlassener Hinweis einen Aufklärungsfehler darstellen.

1446

cc) Facharztstandard

Bedeutung: Geschuldet wird grundsätzlich der Standard eines Facharztes.[1842] Maßgebend hierfür ist, was von einem sorgfältigen Arzt eines bestimmten Fachgebiets erwartet werden kann. Dieser schuldet generell ein höheres Maß an Sorgfalt und Können als ein Arzt für Allgemeinmedizin.[1843] Folglich kann vom Allgemeinarzt, wenn er als solcher oder als Notarzt in Anspruch genommen wird, nicht der Standard eines Facharztes verlangt werden.[1844]

1447

1834   Hierzu unten Musterfälle Rdn. 1576–1578.
1835   BGH NJW 2006, 2477.
1836   BGH NJW 1981, 633; 1988, 2927.
1837   BGH NJW 2007, 2761.
1838   BGH NJW 2007, 2774 – unten als Musterfall Rdn. 1570.
1839   BGH NJW 2007, 2774.
1840   BGH NJW 1981, 633.
1841   Wenzel, Kap. 4 A Rn. 274.
1842   BGH NJW 1999, 1778.
1843   Hierzu BGH NJW 1997, 3090 sowie BGH NJW 1991, 1535.
1844   BGH NJW 1998, 814.

Müller

1448 **Grundproblematik:** Das Problem besteht darin, dass es einerseits unerlässlich ist, den jungen Arzt am Fall auszubilden, andererseits aber dem Patienten Facharztstandard geschuldet wird. Deshalb dürfen durch den Einsatz des noch – nicht – Facharztes keine zusätzlichen Risiken entstehen bzw. sie müssen durch besondere Vorkehrungen neutralisiert werden. Geschieht das, so bedarf es keiner besonderen Aufklärung über den Einsatz eines solchen Arztes. Grundsätzlich braucht der Arzt gegenüber dem Patienten nicht seinen Ausbildungs- und Erfahrungsstand zu offenbaren.[1845] Damit soll sowohl den Anforderungen der Ausbildung in der Praxis Rechnung getragen als auch eine unnötige Beunruhigung der Patienten vermieden werden. Jedoch bedarf zu seinem Schutz die Anfängeroperation einer besonders ausführlichen Dokumentation.[1846] Das dürfte sinngemäß auch für die Anfängernarkose[1847] und vergleichbare Fallkonstellationen gelten.

1449 **Anforderungen:** Hinsichtlich der Anforderungen an den Ausgleich einer noch fehlenden Facharztqualifikation hat der BGH mit mehreren Grundsatzurteilen[1848] die Rechtslage weitgehend geklärt. Hiernach muss bei einer **Anfängeroperation**[1849] dem Einsatz des jungen Arztes eine Kontrolle seines theoretischen Wissens vorangehen. Er muss ferner ausreichende Übung und Erfahrung zur selbständigen unbeaufsichtigten Operation besitzen, wofür ein strenger Maßstab anzulegen ist.[1850] Erforderlich ist ferner die Operationsassistenz durch einen Facharzt, der im Bedarfsfall jederzeit eingreifen kann.

1450 Problematisch wird das, wenn auch dieser noch nicht die **förmliche Facharztqualifikation** hat. Hierzu hat der BGH bisher einen strengen Standpunkt eingenommen.[1851] Jedoch kann jedenfalls die Assistenz des die Aufsicht führenden Facharztes mit fortschreitender Erfahrung des operierenden Arztes gelockert werden.[1852] Nach einigen OLG-Urteilen[1853] kann auf einen Aufsicht führenden Facharzt sogar völlig verzichtet werden, wenn der junge Arzt aufgrund seiner praktischen Erfahrung schon die Gewähr für den fachlichen Standard bietet und ihm nur noch die förmliche Qualifikation fehlt. Der BGH hatte noch keine Gelegenheit, sich hierzu zu äußern.

❗ Grundsätzlich ist der Standard eines Facharztes maßgeblich. Dieser Begriff hat auch beweisrechtliche Bedeutung.

1845 BGH NJW 1984, 655; 1810.
1846 BGH NJW 1985, 2193; hierzu unten Rdn. 1632.
1847 Hierzu unten Rdn. 1453.
1848 BGH NJW 1984, 655; VersR 1992, 745, 746.
1849 BGH NJW 1984, 655.
1850 BGH NJW 1985, 2193; 1992, 1560; 1993, 1989.
1851 BGH NJW 1992, 1560.
1852 BGH NJW 1984, 655; 1993, 2989.
1853 OLG Karlsruhe VersR 1991, 1177; OLG Oldenburg VersR 1994, 180; OLG Düsseldorf NJW 1994, 1589.

Müller

Rechtliche Konsequenzen: Der Facharztbegriff hat eine besondere **beweis-** **1451** **rechtliche** Bedeutung. Wie aufgezeigt, muss bei chirurgischen Eingriffen, die von einem Berufsanfänger vorgenommen werden, immer ein Facharzt assistieren. Ist das nicht der Fall und führt die Operation zu Komplikationen, so besteht ein Indiz dafür, dass die unzureichende Qualifikation der Ärzte ursächlich ist. Deshalb tragen in einem etwaigen Schadensersatzprozess sowohl der Krankenhausträger als auch der für die Übertragung der Operationsaufsicht auf den Nichtfacharzt verantwortliche Arzt und der Aufsicht führende Arzt die Darlegungs- und Beweislast dafür, dass die eingetretene Komplikation nicht auf der geringen Erfahrung und Übung des noch nicht ausreichend qualifizierten Operateurs bzw. der mangelnden Aufsicht oder Erfahrung des Aufsichtsführenden beruht.[1854]

Für die Frage, ob der Einsatz des Auszubildenden fehlerhaft war, gilt regel- **1452** mäßig die **Vermutung des § 831 BGB**. Ist konkret von fehlender Qualifikation des ohne hinreichende Aufsicht eingesetzten Anfängers auszugehen, muss die Behandlungsseite diese Vermutung entkräften und nachweisen, dass die Komplikation nicht hierauf beruht.[1855]

Facharztstandard

* des betroffenen Fachgebiets

  ↓

  ggfls. Übernahmeverschulden

* auch bei Eil- und Notfällen Anspruch auf ausreichenden Standard

* bei Anfängerbehandlung:
  – Sicherung durch fachärztliche Überwachung
  – Übertragung zu schwieriger Aufgabe auf Anfänger ist Behandlungsfehler

Anfängernarkose: Diese Grundsätze gelten– unter Berücksichtigung des **1453** berufsspezifischen Sorgfaltsmaßstabs – auch für die **Anfängernarkose.** In dem hierzu vom BGH entschiedenen Fall[1856] wurde neben dem Verschulden der für den Einsatz Verantwortlichen auch ein Übernahmeverschulden[1857]

1854 BGH NJW 1984, 655; NJW 1992, 1560.
1855 BGH NJW 1978, 1681; 1984, 655; 1992, 1560.
1856 BGH NJW 1993, 2989.
1857 Hierzu unten Rdn. 1457.

Müller

des jungen Arztes angenommen, weil er noch keine hinreichende Erfahrung mit Risiken der operationsbedingten Umlagerung des Patienten bei Intubationsnarkose hatte und das rechtzeitig hätte zum Ausdruck bringen müssen.

1454 **Anfängergynäkologe:** Der in Weiterbildung zum **Gynäkologen** stehende Arzt muss, wenn er eigenverantwortlich die Leitung einer Geburt übernimmt, die Gewähr dafür bieten, dass der erforderliche Behandlungsstandard gewahrt wird. Grundsätzlich kann er darauf vertrauen, dass die für seinen Einsatz und dessen Organisation Verantwortlichen auch für den Fall erwartbarer Komplikationen, für deren Beherrschung seine Fähigkeiten voraussehbar nicht ausreichen, organisatorisch die erforderlichen Vorkehrungen getroffen haben; dies gilt dann nicht, wenn für ihn erkennbar Umstände hervortreten, die ein solches Vertrauen als nicht gerechtfertigt erscheinen lassen – etwa wenn erkennbar ist, dass der in Rufbereitschaft stehende Oberarzt nicht rechtzeitig erscheinen kann.[1858] Ausschlaggebend ist, ob nach Lage des konkreten Falles mit Komplikationen gerechnet werden musste, wozu ggf. der Sachverständige befragt werden kann.

1455 ▶ **Musterfall:** Anlässlich eines Falls, der eine Entbindung betraf, hat der BGH klargestellt, dass Beweiserleichterungen nach den für eine Anfängeroperation geltenden Grundsätzen nur zur Anwendung kommen, wenn bereits der Einsatz eines Arztes in Ausbildung oder Weiterbildung fehlerhaft war.[1859] In jenem Fall war zwar die junge Ärztin mit der bei der Geburt auftretenden Beckenendlage des Kindes technisch überfordert. Hieraus war jedoch weder ihr noch den für ihren Einsatz Verantwortlichen ein Vorwurf zu machen, weil unter den konkreten Umständen – eine fremde Patientin war erst unmittelbar vor der Entbindung in der Klinik erschienen und hatte deshalb nicht eingehend untersucht werden können – nicht von vornherein mit einer solchen Komplikation zu rechnen war.

> ❗ Die Übertragung einer zu schwierigen Aufgabe auf einen dafür noch nicht ausreichend qualifizierten Arzt ist ein Behandlungsfehler.

1456 **Art des Fehlers:** Vom Fehlertypus her kann in der Übertragung einer zu schwierigen Aufgabe auf einen Berufsanfänger ein **Behandlungsfehler** liegen,[1860] aber (auch) ein **Organisationsfehler.** In organisatorischer Hinsicht gilt nämlich der Grundsatz, dass es Sache des Krankenhausträgers ist, die Wahrung des Facharztstandards sicher zu stellen[1861] und den Einsatz eines Anfängers in der Klinikambulanz zu vermeiden.[1862]

1858 BGH NJW 1994, 3008.
1859 BGH NJW 1998, 2736.
1860 BGH NJW 1984, 655.
1861 Vgl. BGH VersR 1985, 1043.
1862 BGH NJW 1988, 2298.

Daneben kann auch ein **Übernahmeverschulden** vorliegen, wenn ein   **1457**
Arzt für eine zu schwierige Aufgabe eingesetzt wird,[1863] etwa für eine sein
fachliches Können übersteigende Operation[1864] oder Narkose[1865] oder am
Anfang der Facharztausbildung zur Behandlung eines Hochdruckpatien-
ten, wenn sich der Verdacht auf einen Nebennierentumor ergibt[1866] und er
nicht darauf hinweist, dass seine Fähigkeiten für die betreffende Aufgabe
noch nicht ausreichen. Im Interesse des Patienten darf also der junge Arzt
seine Fähigkeiten trotz der an sich wünschenswerten Selbständigkeit nicht
überschätzen.

dd) Eil- und Notfälle

Grundsatz: Vom Prinzip her muss der Standard das Vertrauen rechtferti-   **1458**
gen, das die Medizin für sich in Anspruch nimmt. Das gilt grundsätzlich
auch in Eil- und Notfällen, weil der Patient generell bei einem Arzt – auch
bei einem solchen im ärztlichen Bereitschaftsdienst – die berechtigte Erwartung hegen darf, dass dieser ihn in der erforderlichen Weise behandeln wird.

▶ **Musterfall:** Ein Allgemeinmediziner wurde als Notarzt bei einem Sui-   **1459**
   zidversuch eingesetzt,[1867] der seinen Grund in einer Psychose der Patientin hatte. Nachdem der Arzt dieser zur Beruhigung Haldol injiziert
   hatte, legte sie sich zu Bett, sprang aber, nachdem ihr zunächst anwesen-
   der Vater das Zimmer verlassen hatte, aus dem Fenster und verletzte sich
   dabei schwer. Hier stellte sich die Frage, ob von diesem Arzt in seiner
   Eigenschaft als Notarzt eine Anweisung zu ständiger Beobachtung an
   die Eltern der Patientin zu erwarten war und ob deren Unterlassung den
   Vorwurf eines groben Behandlungsfehlers begründen konnte, was weiterer tatsächlicher Aufklärung durch Befragung eines Sachverständigen
   bedurfte.

Ausnahmen: Im Übrigen können auch Eil- und Notfälle den Standard nur   **1460**
dort herabsetzen, wo auch bei sorgfältiger Organisation und Vorbereitung
keine **Vorsorge** hätte getroffen werden können. Auch ist im Fall einer dramatischen Entwicklung – etwa bei einer Operation – zu prüfen, ob deren
Beherrschung durch Vorsorge in der ruhigeren Vorbereitungsphase hätte
ermöglicht werden können, was der BGH für einen Anästhesisten in einer Notfallsituation erörtert hat.[1868] Eine gewisse Ausnahme kann allerdings
hinsichtlich der apparativen Ausstattung gelten, wenn ein Notfallpatient in
ein Krankenhaus mit niedriger Versorgungsstufe eingeliefert und unbedingt

---

1863 BGH NJW 1992, 1560; 1993, 2989; 1994, 3008; 1998, 2736.
1864 BGH NJW 1984, 655; 1985, 2193.
1865 BGH NJW 1993, 2989.
1866 BGH NJW 1988, 2298.
1867 BGH NJW 1998, 814.
1868 BGH VersR 1985, 338.

Müller

sofort versorgt werden muss, so dass eine Verlegung in ein besser ausgestattetes Haus nicht möglich ist.[1869]

1461 **Beispiele einer Standardverletzung beim Notfall:**
- wenn der Notarzt die klinische Abklärung von Anzeichen eines Infarkts unterlässt,[1870]
- wenn er gegen die Leitlinien bei der Reanimation verstößt[1871]
- wenn er bei differentialdiagnostischen Anzeichen für eine coronare Herzerkrankung (hier: einen akuten Herzinfarkt) die gebotene Befunderhebung unterlässt bzw. den Patienten nicht ins Krankenhaus einweist[1872]
- wenn er den Patienten bei Anzeichen für einen Beinarterienverschluss nicht ins Krankenhaus einweist.[1873]

> ❗ Auch bei Eil- und Notfällen hat der Patient grundsätzlich Anspruch auf einen ausreichenden Standard.

1462 **Bereitschaftsdienst:** Problematisch kann die Haftung bei der **Vertretung im ärztlichen Bereitschaftsdienst** sein, wenn dem vertretenden Arzt ein Fehler unterläuft. Dann stellt sich die Frage, ob neben dem tatsächlich behandelnden Arzt auch der ursprünglich eingeteilte Arzt haftet.

1463 ▶ **Musterfall:** In einem kürzlich entschiedenen Fall[1874] wurde aufgrund einer Abmachung anstelle der zum Bereitschaftsdienst eingeteilten Ärzte einer Gemeinschaftspraxis ein Vertreter im Sinn von § 1 Ziff. 2 der einschlägigen Notfalldienstordnung tätig und hat beim Patienten die Anzeichen für einen Herzinfarkt übersehen. Das Berufungsgericht hat eine Haftung der ursprünglich eingeteilten Ärzte verneint, weil der an ihrer Stelle tätig gewordene Arzt nicht im zivilrechtlichen Sinn als ihr Vertreter tätig geworden sei. Demgegenüber hat der BGH ausgeführt, für den deliktischen Anspruch – und nur dieser kam in Frage – komme es nicht darauf an, ob der behandelnde Arzt rechtsgeschäftlicher Vertreter und Erfüllungsgehilfe gewesen sei, weil er jedenfalls Verrichtungsgehilfe im Sinn des § 831 BGB gewesen sein könne. Das könne auch ein selbständig Tätiger unter bestimmten Voraussetzungen sein. So habe der Senat etwa den Praxisvertreter als Verrichtungsgehilfen des vertretenen Arztes angesehen,[1875] auch wenn der Vertreter den Patienten nach eigener Ent-

1869 BGH NJW 1984, 1400.
1870 BGH NJW 1994, 801.
1871 OLG Hamm VersR 2000, 1373.
1872 BGH VersR 2008, 221.
1873 BGH NJW 1986, 2367.
1874 BGH VersR 2009, 784.
1875 BGH NJW 1956, 1834; VersR 1988, 1270.

schließung und eigener ärztlicher Erkenntnis zu behandeln habe.[1876] Da
es für die Frage, ob die Stellung des behandelnden Arztes derjenigen eines solchen Praxisvertreters vergleichbar war, auf die konkrete Abmachung ankam und Feststellungen hierzu fehlten, wurde die Sache an das
Berufungsgericht zurückverwiesen.

ee) Versorgungsstufe/Mindeststandard

Maßstab: Unter dem Blickpunkt der **Versorgungsstufe** kann der Standard für die personellen, räumlichen und apparativen Bedingungen für das
Krankenhaus auf dem Land niedriger anzusetzen sein als für die Universitätsklinik.[1877] Das muss auch der medizinische Sachverständige beachten,
wenn er Auskunft über den Standard gibt. Die Anforderungen müssen
sich an den für den Patienten faktisch erreichbaren Gegebenheiten ausrichten, sofern damit noch eine medizinisch ausreichende Behandlung erzielt werden kann.

1464

Mindeststandard: Ein gewisser **Basis-** oder **Mindeststandard** ist also unverzichtbar, wobei im konkreten Fall mit dem Sachverständigen geklärt werden muss, ob die Grenze nach unten zum Behandlungsfehler unterschritten
worden ist. In tatsächlicher Hinsicht müssen etwaige Defizite durch voraus-
denkende Organisation und Koordination möglichst neutralisiert werden.
So müssen z.B. hygienische Defizite infolge veralteter räumlicher Verhältnisse, wie sie noch immer in Krankenhäusern vorkommen, durch betrieb-
lich-organisatorische Maßnahmen beseitigt werden.[1878] Auch kann sich das
Krankenhaus bei Nichtanwendung eines teuren Medikaments nicht auf die
Unwirtschaftlichkeit einer Vorratshaltung berufen, wenn das Medikament
rechtzeitig von Fall zu Fall beschafft werden konnte.[1879]

1465

❗ Gefährdungen des Patienten können allein durch die Berufung auf die
Unwirtschaftlichkeit der Behandlung nicht gerechtfertigt werden.[1880]

Problematik: Dieser Grundsatz gilt innerhalb vernünftiger Grenzen, wobei
auch **Kapazitätsgrenzen** in einem Krankenhaus oder für eine bestimmte
Behandlung nicht außer Betracht gelassen werden können.[1881] Auch wenn
die Therapie dem Stand der Medizin entsprechen muss, wird nicht stets das
jeweils neueste Therapiekonzept geschuldet,[1882] wenn die tatsächlich ange-

1466

1876 So auch OLG Stuttgart VersR 1992, 55; MedR 2001, 311; OLG Oldenburg
      VersR 2003, 375.
1877 BGH NJW 1988, 1511; 1989, 2321.
1878 OLG Saarbrücken VersR 1992, 52.
1879 BGH NJW 1991, 1543.
1880 Vgl. unten Rdn. 1496.
1881 BGH NJW 1987, 2923; OLG Köln VersR 1999, 847.
1882 BGH NJW 1988, 763; OLG Hamm NJW 2000, 3437.

Müller

wendete Therapie (noch) dem Standard entspricht. Auch wird die Anwendung einer herkömmlichen bewährten Methode nicht schon wegen der Verfügbarkeit einer moderneren Methode zum Behandlungsfehler.[1883]

1467 Allerdings kann eine eingeführte und bisher bewährte Behandlungsmethode dem Standard dann nicht mehr genügen, wenn eine **neue Methode** ausreichend erprobt ist, für den Patienten risikoärmer oder deutlich weniger belastend ist und/oder bessere Heilungschancen verspricht.[1884]

1468 Diese Grundsätze gelten sinngemäß auch für den **apparativen Standard,** so dass nicht jeweils die beste und neueste apparative Ausstattung geschuldet wird, wobei auch die konkreten Gegebenheiten und die in Anspruch genommene Versorgungsstufe zu berücksichtigen sind. Erst eine deutliche Unterausstattung führt zur Haftung, wenn nämlich die **Grenze zum Behandlungsfehler** überschritten wird.[1885] Allerdings kann ein Aufklärungsbedarf gegenüber dem Patienten entstehen, wenn die apparative Ausstattung für eine kontrollierte Führung der Therapie von besonderem Gewicht und die im Krankenhaus vorhandene Ausstattung insoweit dürftig ist.[1886] Folgenschwere Risiken aus dem technisch-apparativen Bereich müssen in jedem Krankenhaus ausgeschlossen sein, wenn es sich nicht um einen Notfall handelt.[1887]

1469 Solange Arzt und Krankenhaus davon ausgehen dürfen, dass der personelle und apparative Standard ausreicht, um den Patienten sachgemäß zu behandeln, brauchen sie ihn nicht über neueste Erkenntnisse der medizinischen Wissenschaft und über solche Diagnose- und Behandlungsmethoden aufzuklären, die erst in einigen Spezialkliniken erprobt und durchgeführt werden.[1888] Solche sind für den **allgemeinen Qualitätsstandard** nur zu berücksichtigen, soweit es um die Frage geht, ob der Patient an eine solche Klinik hätte verwiesen werden müssen.[1889]

1470 Das kann jedoch anders sein, wenn der Arzt weiß oder wissen muss, dass der Patient mit seinem speziellen Leiden besser und zweckmäßiger in einer Spezialklinik behandelt würde. In derartigen Fällen ist der Sachverständige zu befragen, auch dazu, ob die vorhandene Ausstattung der in Anspruch genommenen Versorgungsstufe entspricht.

1471 Insgesamt versucht die Rechtsprechung die erforderliche **Balance** zwischen dem Kostenaufwand und dem ständigen Modernisierungsdruck einerseits

---

1883 BGH NJW 1988, 763.
1884 OLG Hamm NJW 2000, 3437.
1885 BGH NJW 1988, 763 – auch zum Entstehen des Standards bei neuen Methoden.
1886 BGH NJW 1989, 2321.
1887 BGH NJW 1984, 1400.
1888 BGH NJW 1984, 1810.
1889 BGH NJW 1984, 1810.

und dem Interesse des Patienten an der Qualität und Sicherheit der Behandlung zu gewährleisten.[1890] Sie hatte hierzu bisher nur wenig Gelegenheit, weil dieser Aspekt im Arzthaftungsprozess nur selten angesprochen wird.[1891]

Abgrenzung zum Fehler: Wenn die medizinischen Möglichkeiten zu gering sind, kann sich die Frage eines **Übernahmeverschuldens** stellen. Dieses kann etwa darin bestehen, dass ein Risikopatient nicht vom Hausarzt an einen Facharzt, vom Notarzt ins Krankenhaus[1892] oder von dem zunächst in Anspruch genommenen Krankenhaus an ein solches mit höherer Versorgungsstufe verwiesen bzw. überwiesen wird. In solchen Fällen darf der Wunsch, einen Patienten zu behalten, keinesfalls dessen Anspruch auf die erforderliche ärztliche Versorgung verdrängen. Die Abgrenzung zwischen den noch hinnehmbaren konkreten Gegebenheiten und einem Übernahmeverschulden durch Überschätzung der eigenen Möglichkeiten kann schwierig sein. Sie ist jedenfalls eine Frage des Einzelfalls und ggf. mit dem Sachverständigen zu erörtern.

1472

d) Grundlagen des Standards

aa) Beurteilung des medizinischen Sachverständigen

(1) Die Bedeutung des Sachverständigen für den Arzthaftungsprozess ist außerordentlich groß. Denn der Richter bewegt sich hier auf fremdem Terrain und ist bei diesen Prozessen in besonderem Maß auf eine sachverständige Beratung angewiesen. Deshalb setzt ein sachgerechter Arzthaftungsprozess regelmäßig die Hinzuziehung eines Sachverständigen voraus, weil die medizinische Beurteilung eines Falles mangels Fachkenntnis in aller Regel nicht durch den Richter erfolgen kann. Dieser muss sich bei der rechtlichen Bewertung fast immer auf die medizinische Beurteilung stützen. Das begründet für den Sachverständigen eine große Verantwortung, weil seine Beurteilung **oft entscheidend** für den Ausgang des Prozesses ist. Aus diesem Grund ist die Haftung des Sachverständigen für eine fehlerhafte Begutachtung durch den im Jahr 2002 eingefügten § 839 a BGB verschärft worden, so dass er jetzt für Vorsatz und grobe Fahrlässigkeit haftet, während früher nur eine Haftung wegen vorsätzlicher sittenwidriger Schädigung nach § 826 BGB in Frage kam und deshalb nur in Ausnahmefällen zu bejahen war.

1473

(2) Die Rollenverteilung zwischen Richter und Sachverständigem hat die Rechtsprechung mit zahlreichen Urteilen festgelegt.[1893] Danach ist die rechtliche Beurteilung Aufgabe des Tatrichters. Diesem obliegt sowohl die Feststellung des Behandlungsfehlers wie auch seine Beurteilung als grob.[1894]

1474

1890 Vgl. Geiß/Greiner Arzthaftpflichtrecht 6. Aufl. B Rn. 6 m.w.N.
1891 Hierzu unten Rdn. 1492.
1892 BGH NJW 1986, 2367; VersR 2008, 221.
1893 BGH NJW 1993, 2375; 1994, 801; 1996, 1589; 1996, 2428.
1894 BGH NJW 2004, 2011, 2013; hierzu auch unten Rdn. 1481, 1531.

Müller

Für die medizinische Bewertung des Behandlungsgeschehens wird er sich aber in aller Regel auf den Sachverständigen stützen müssen. Ein gerichtliches Sachverständigengutachten muss er jedenfalls dann einholen, wenn ein im Weg des Urkundenbeweises verwertetes Gutachten – z.B. aus dem vorangegangenen Verfahren einer ärztlichen Schlichtungsstelle – nicht alle Fragen beantwortet.[1895] Die juristische Wertung muss nämlich auf tatsächlichen Anhaltspunkten beruhen, in der Regel also auf medizinischen Fakten, die sich aus der Beurteilung durch den Sachverständigen ergeben.[1896] Wertet dieser selbst den Behandlungsfehler als grob oder nicht grob, was in der Praxis nicht selten ist, so überschreitet er insoweit seine Kompetenz, so dass der Richter hieran nicht eigentlich gebunden ist.[1897] Andererseits müssen die vom Sachverständigen mitgeteilten medizinischen Fakten die juristische Gewichtung durch den Richter voll tragen.[1898] Einen groben Behandlungsfehler wird dieser deshalb regelmäßig nicht bejahen können, wenn der Sachverständige keine krasse ärztliche Fehlentscheidung oder zumindest einen Grenzfall[1899] annimmt. Jedenfalls ist eine ausführliche und vom Revisionsgericht nachprüfbare[1900] Begründung durch den Richter erforderlich, wenn er von der Beurteilung des Behandlungsgeschehens durch den Sachverständigen abweichen und insbesondere einen ärztlichen Fehler anders gewichten will. Die Würdigung des Sachverständigen kann also bei der erforderlichen Gesamtbetrachtung[1901] des Behandlungsgeschehens keinesfalls außer Acht gelassen werden.[1902]

> ❗ Die rechtliche Bewertung ist Aufgabe des Richters – für die medizinischen Fakten ist der Sachverständige zuständig.

1475   **Kritische Würdigung:** Der Richter muss sich darauf einstellen, dass manche Sachverständige Behandlungsfehler nur zurückhaltend ansprechen und eine falsch verstandene »kollegiale Haltung« einnehmen.[1903] Hier ist deshalb **kritische Wachsamkeit** des Richters geboten. So kann eine mehrfache ernstliche Kritik des Sachverständigen am ärztlichen Vorgehen dem Richter Zweifel an seiner abschließenden Beurteilung aufdrängen, der Gesundheitsschaden des Patienten sei »schicksalhaft«.[1904] Exemplarisch hierfür ist der oben in Rdn. 1414 dargestellte Musterfall, auf den hier verwiesen wird.

1895 BGH VersR 2008, 1216.
1896 BGH NJW 1995, 778; 1611; 1996, 2428 ; 1997, 798; 1998, 1780.
1897 BGH NJW 1994, 801; 1996, 1589.
1898 BGH NJW 1998, 2735; 2000, 2737.
1899 Vgl. die instruktive Entscheidung BGH NJW 1997, 798.
1900 BGH NJW 1998, 3417.
1901 Hierzu BGH NJW 2000, 2737.
1902 BGH NJW 1998, 1782.
1903 BGH NJW 1993, 1524; 1994, 1596; 1998, 2735; 1999, 3048.
1904 Vgl. oben Musterfall Rdn. 1414 = BGH NJW 1993, 1524.

Müller

In derartigen Fällen kann die mündliche Anhörung des Sachverständigen und sogar eine anderweitige Begutachtung angezeigt sein, ebenso, wenn das Gutachten unvollständig erscheint und keine klare Aussage enthält, die dem Richter die erforderliche Überzeugungsbildung ermöglicht.[1905]

▶ **Musterfall:**[1906] Das Berufungsgericht hatte einen groben Befunderhebungsfehler darin gesehen, dass vor der Augenoperation der Klägerin eine Serientopografie unterlassen worden war. Demgegenüber rügten die beklagten Ärzte mit der Revision eine unzureichende Aufklärung des Sachverhalts, weil die Fachliteratur die von der Sachverständigen bejahte Notwendigkeit einer solchen Untersuchung nicht stütze und der Befund am Auge auch keinen Verdacht auf einen Keratokonus gerechtfertigt habe, der eine derartige Untersuchung erforderlich gemacht hätte. Die Revision hatte Erfolg und führte zur Zurückverweisung an das Berufungsgericht gem. § 544 Nr. 7 ZPO, weil die Ausführungen der gerichtlichen Sachverständigen in einzelnen Punkten ausweichend und sogar widersprüchlich waren[1907] und das Berufungsgericht deshalb den Einwendungen der Beklagten gegen das Gutachten durch nochmalige Anhörung der Sachverständigen[1908] oder Beauftragung eines weiteren Gutachters (§ 412 ZPO) hätte nachgehen müssen. Dieser Fall zeigt, wie wichtig im Arzthaftungsprozess die Mitwirkung sachkundiger Anwälte ist, die rechtzeitig die erforderlichen Beweisanträge stellen.

1476

❗ Zu der im Arzthaftungsprozess gebotenen Aufklärung des Sachverhalts und Ausschöpfung der Beweismittel müssen nicht nur Richter und Sachverständiger, sondern auch die Parteivertreter durch zweckmäßige Anträge beitragen.

Eigene Verantwortung: Auch wenn sich der **Richter** auf den Sachverständigen stützen darf und soll, muss er den Sachverhalt und damit auch medizinische Fragen in eigener Verantwortung würdigen. Deshalb darf er die für die Beurteilung eines Behandlungsfehlers erforderlichen Feststellungen nicht dem Sachverständigen überlassen, sondern muss eine ordnungsgemäße Beweisaufnahme durchführen[1909] und hierbei die angebotenen **Beweismittel ausschöpfen.**[1910]

1477

1905 BGH NJW 1993, 1524; BGH VersR 2009, 69.
1906 BGH VersR 2009, 499.
1907 Hierzu auch BGH VersR 1992, 747; 1994, 480.
1908 Zur Anhörung vgl. BGH VersR 2009, 69.
1909 Hierzu ausführlich BGH VersR 1979, 939.
1910 BGH VersR 1979, 939; NJW 1998, 2735.

Müller

1478 **Richterliche Sachkunde:** Der Richter kann sich in geeigneten Fällen auch selbst anhand der medizinischen **Fachliteratur** unterrichten.[1911] Das kann ihm helfen, die Begutachtung des medizinischen Sachverständigen kritisch nachzuvollziehen.[1912] Will er allerdings aufgrund derart erworbener Kenntnisse von der Beurteilung des medizinischen Sachverständigen abweichen, so muss er diesem zunächst den Widerspruch vorhalten und sich über Stellenwert und Reichweite des Angelesenen vergewissern.[1913] In der Regel wird der Richter ohne sachverständige Beratung auch von der Partei vorgelegte Fachliteratur nicht als veraltet würdigen können.[1914] Will er in einer medizinischen Frage seine Beurteilung allein auf die Auswertung von Fachliteratur stützen, so muss er darlegen, dass er die hierfür erforderliche Sachkunde besitzt.[1915] Ebenso darf er medizinische Fragen ohne Hinzuziehung eines Sachverständigen nur entscheiden, wenn er – was nur ausnahmsweise der Fall sein wird – eigene Sachkunde besitzt und im Urteil auch darlegt, worauf diese beruht.[1916]

1479 **(3) Zu den Aufgaben des Sachverständigen** gehört zunächst die Frage nach einem **Behandlungsfehler** und damit nach dem für den konkreten Fall geltenden **medizinischen Standard,**[1917] wobei auch die einschlägigen Leitlinien oder Richtlinien von Bedeutung sein können.[1918]

1480 **Zum Beispiel gibt der Sachverständige Auskunft über:** Entbindungsdauer,[1919] Entbindungsmethode,[1920] Operationsmethode,[1921] Indikation zur Operation,[1922] absolute oder relative Indikation zur Operation,[1923] Behandlungsalternativen,[1924] Voraussetzungen für einen Medikamentenwechsel,[1925] Zulässigkeit einer Außenseitermethode,[1926] übersehene Symptome für einen Herzinfarkt,[1927] zeitliche und sachliche Geltung von Richtlinien,[1928] Einsatz und Funktion von Geräten,[1929] Vorgehen bei Infektionen.[1930]

1911 BGH NJW 1988, 762.
1912 BGH NJW 2000, 2789.
1913 BGH NJW 1993, 2378; 1994, 2419.
1914 BGH NJW 1994, 1592.
1915 BGH NJW 1994, 2419.
1916 BGH NJW 1993, 2378; NJW 1994, 2419; VersR 2009, 499.
1917 BGH NJW 1995, 776.
1918 Hierzu unten Rdn. 1483 ff.
1919 BGH NJW 2000, 2737; BGH NJW 2000, 2786.
1920 BGH NJW 2000, 2786.
1921 BGH VersR 2000, 858 (Konisation oder Hysterektomie bei suspektem Befund).
1922 BGH NJW 1998, 2735; 2001, 2796.
1923 BGH NJW 2000, 1788.
1924 BGH NJW 2007, 2767.
1925 BGH NJW 2007, 2771.
1926 BGH NJW 2007, 2774.
1927 BGH VersR 2008, 221.
1928 BGH NJW 2004, 1452.
1929 BGH NJW 2001, 1786 (Hysteroskop); NJW 2004, 1872 (Herzschrittmacher).
1930 BGH NJW 1999, 3408; VersR 2002, 1026.

Verantwortung des Sachverständigen: Auch wenn die Bewertung des Behandlungsfehlers als grob in rechtlicher Hinsicht dem Richter obliegt,[1931] gibt die medizinische Beurteilung durch den Sachverständigen hierfür in aller Regel die Grundlage und ist meist von entscheidender Bedeutung für den Ausgang des Prozesses. Dies gilt auch für die **Klärung des Ursachenzusammenhangs** zwischen Behandlungsfehler und Gesundheitsschaden. Hier ist es wichtig, dem Sachverständigen deutlich zu machen, welches Beweismaß für die richterliche Überzeugungsbildung erforderlich ist und welche Kriterien hierfür gelten, um auch im Bereich der haftungsbegründenden Kausalität (§ 286 ZPO) übertriebene Anforderungen etwa in Richtung einer unumstößlichen naturwissenschaftlichen Gewissheit zu vermeiden, deren es für die richterliche Überzeugungsbildung nicht bedarf.[1932]

1481

❗ Richter und Anwalt sollten auf möglichst klare Formulierungen durch den Sachverständigen dringen, um eine präzise rechtliche Einordnung zu ermöglichen.[1933]

Erreichbarer Standard: Der Sachverständige hat auch zu beachten, dass der medizinische Standard sich nicht unbesehen an optimalen Möglichkeiten (also »seiner« Universitäts- oder Spezialklinik) orientieren darf, sondern an den für den Patienten im **konkreten Fall** erreichbaren Gegebenheiten, sofern auch mit ihnen ein noch ausreichender Standard erreicht werden kann,[1934] was freilich ein dehnbarer Begriff ist, der im Einzelfall hinterfragt werden sollte. Dabei ist auch die jeweilige Versorgungsstufe in Betracht zu ziehen. Deshalb kann es auch eine Rolle spielen, ob der Fehler einer Fachklinik oder einem niedergelassenen Arzt unterläuft, etwa bei Auswertung eines Röntgenbildes durch einen Orthopäden.[1935]

1482

bb) Leitlinien und Richtlinien

(1) Bedeutung: Eine wichtige Grundlage für den aktuellen Erkenntnisstand der Medizin bilden ärztliche Leitlinien, die sich ebenso wie Richtlinien und Empfehlungen zum Standard entwickeln können.[1936] Leitlinien sind innerprofessionell, also durch ärztliche Fachgremien gesetzte Handlungsempfehlungen zur Steuerung der diagnostischen bzw. therapeutischen Vorgehensweise sowie zur Behandlungsorganisation in bestimm-

1483

1931 BGH NJW 2001, 2794; 2795; 2004, 2011, 2013.
1932 Vgl. Rdn. 1415 und 1517.
1933 Insbesondere zu den Voraussetzungen eines groben Behandlungsfehlers, vgl. unten Rdn. 1518.
1934 BGH NJW 1994, 1596.
1935 LG Augsburg MedR 1998, 471.
1936 BGH NJW 2000, 1784 für eine Impfempfehlung; OLG Hamm NJW-RR 2000; 401 für die Leitlinien der Bundesärztekammer für Wiederbelebung und Notfallversorgung.

ten Situationen. Insbesondere bei den von der Arbeitsgemeinschaft der Wissenschaftlichen Fachgesellschaften (AMWF) entwickelten Leitlinien handelt es sich um systematisch entwickelte Darstellungen und Empfehlungen mit dem Zweck, Ärzte und Patienten bei der Entscheidung über angemessene Maßnahmen der Krankenversorgung (Prävention, Diagnostik, Therapie und Nachsorge) unter spezifischen medizinischen Umständen zu unterstützen.

Richtlinien und Leitlinien

- stellen „Untergrenze" des medizinischen Standards da

- Abweichung ist nicht per se Behandlungsfehler

- Richtlinie/Leitlinie ist als ärztliche Meinungsäußerung in der Beweiswürdigung zu berücksichtigen und ggfls. mit Sachverständigem zu erörtern

1484 Nach der Beschreibung der AMWF[1937] geben Leitlinien aufgrund der Ergebnisse kontrollierter klinischer Studien und des Wissens von Experten den Stand des Wissens über effektive und angemessene Krankenversorgung wieder und zwar für den **Zeitpunkt ihrer Drucklegung.** Aus diesem Grund können sie im Einzelfall den Standard zutreffend beschreiben, aber auch – wenn sie etwa veraltet sind – hinter diesem zurückbleiben.[1938] Deshalb dürfen sie nicht unbesehen übernommen werden und sind insbesondere auf ihre Anwendbarkeit für den Zeitpunkt der Behandlung zu prüfen.[1939]

❗ Der Standard kann zwar über, aber grundsätzlich nicht unter den Anforderungen von Richtlinien und Leitlinien liegen.

1485 Grund hierfür ist, dass es einige Zeit dauern kann, bis sich ein in der Praxis bereits etablierter Standard zu einer festgeschriebenen Leitlinie oder Richtlinie entwickelt, weil er hierfür erst die für die Festlegung zuständigen Gremien durchlaufen muss, andererseits aber der **Standard** sich **dynamisch** weiter entwickelt.[1940] Schon deshalb können Leitlinien den in einem konkreten Fall maßgeblichen Sorgfaltsmaßstab nicht umfassend beschreiben,

---

1937 Hierzu ausführlich Wenzel, Kap. 4 A Rn. 223 ff.
1938 Geiß/Greiner Arzthaftpflichtrecht 6. Aufl. B Rn. 9a.
1939 BGH NJW 2004, 1452; OLG Karlsruhe NJW 2006, 1442.
1940 Hierzu Wenzel, Kap. 4 A Rn. 223 ff.; Hart KritV 2005, 1 ff.

sondern sind generell als Empfehlung zu verstehen, von der jedoch aus besonderen Gründen abgewichen werden kann und vielleicht sogar abgewichen werden muss. Aus diesem Grund legt das **Abweichen von einer Leitlinie** bzw. vom dort beschriebenen Standard nicht bereits die Annahme eines Fehlers nahe, sondern kann im Einzelfall durchaus gerechtfertigt sein.[1941] Deshalb können im Arzthaftungsprozess Leitlinien keinesfalls ein Sachverständigengutachten ersetzen, weil nur ein solches auf die Besonderheiten des konkreten Falles eingehen kann.

Inhaltlich soll sich aus Leitlinien ergeben, was notwendig, was im Einzelfall nützlich und was überflüssig ist, was stationär behandelt werden muss und was ambulant behandelt werden kann. Ähnlich wird die Funktion von Leitlinien auch von den Trägern des beim Ärztlichen Zentrum für Qualität in der Medizin (AZQ) angesiedelten Clearingverfahrens für deutsche und internationale Leitlinien, nämlich der Bundesärztekammer und der kassenärztlichen Bundesvereinigung, beschrieben. Danach sind Leitlinien nicht nur Hilfen für ärztliche Entscheidungsprozesse im Rahmen einer leistungsfähigen Versorgung der Patienten und wesentliche Bestandteile von Qualitätssicherung und Qualitätsmanagement, sondern auch Instrumente zur Verbesserung der Versorgungsergebnisse und zur Minimierung von Behandlungsfehlern und zur Erhöhung der Wirtschaftlichkeit sowie Hilfen für die ärztliche Ausbildung und Fortbildung.[1942] **1486**

(2) Auch Richtlinien sind zur Sicherung der Qualität bestimmt. Dabei handelt es sich um Regelungen einer gesetzlich, berufsrechtlich oder standesrechtlich legitimierten Institution, die für den Rechtsraum dieser Institution verbindlich sind.[1943] Die Richtlinien der Bundesausschüsse der Ärzte bzw. Zahnärzte und Krankenkassen (§§ 91 ff. SGB V) sind verbindlich und legen daher den Standard insoweit fest, als eine Unterschreitung regelmäßig nicht zulässig ist, während im Einzelfall eine Überschreitung erforderlich sein kann. Im Übrigen liegt auch bei Richtlinien allein in der Abweichung noch kein Behandlungsfehler, auch wenn der behandelnde Arzt in einem solchen Fall aufzeigen muss, auf welche Weise er den Standard gewahrt hat. **1487**

❗ Allein die Abweichung von Leitlinien oder Richtlinien indiziert noch keinen Behandlungsfehler.

cc) Standard und Wirtschaftlichkeitsgebot

Sozialrecht contra Zivilrecht: Das Wirtschaftlichkeitsgebot ist im Sozialrecht verankert und gilt in erster Linie für die Leistungen der gesetzlichen Krankenkassen, wobei einerseits § 76 Abs. 4 SGB V zur »Sorgfalt nach den **1488**

1941 OLG Stuttgart ArztR 2003, 546.
1942 Zu den Aufgaben des Clearingverfahrens Wenzel, Kap. 4 A Rn. 233.
1943 Vgl. Wenzel, Kap. 4 A Rn. 224 unter Berufung auf Hart MedR 1998, 8, 10 ff.

Müller

bürgerlich-rechtlichen Vorschriften« verpflichtet und damit an die im Haftungsrecht entwickelten Maßstäbe anknüpft. Andererseits müssen nach § 12 Abs. 1 SGB V die Leistungen »ausreichend, zweckmäßig und wirtschaftlich sein; sie dürfen das Maß des Notwendigen nicht überschreiten. Leistungen, die nicht notwendig oder unwirtschaftlich sind, können Versicherte nicht beanspruchen, dürfen die Leistungserbringer nicht bewirken und die Krankenkassen nicht bewilligen.« Schon hieraus wird das **Spannungsverhältnis** deutlich, das sich im Bereich der gesetzlichen Krankenversicherung ergibt, wenn auf der einen Seite Sparzwänge und Budgetierung zu berücksichtigen sind, andererseits aber alles geleistet werden soll, was aus medizinischer Sicht machbar ist.

1489 Zwischen **Kassenleistung und Standard** besteht aus der Sicht des Haftungsrechts kein direkter Zusammenhang. Es kann sich jedoch mittelbar auf die **Herausbildung eines Standards** auswirken, ob eine bestimmte ärztliche Leistung von der Kasse ersetzt wird.[1944] Das wird umgekehrt auch zu einer gewissen Rückbildung des Standards führen können, wenn gewisse Leistungen nicht ersetzt und deshalb in der Praxis zunehmend nicht (mehr) angewendet werden.

1490 Für die Frage, ob **neue Untersuchungs- und Behandlungsmethoden** zum Leistungsumfang der gesetzlichen Krankenversicherung gehören, ist § 135 Abs. 1 SGB V maßgeblich. Danach dürfen sie nur dann zu Lasten der Krankenkassen erbracht werden, wenn der Gemeinsame Bundesausschuss in einer Richtlinie nach § 92 Abs. 1 S. 2 Nr. 5 SGB V eine entsprechende Empfehlung abgegeben hat, für die neben wirtschaftlichen Erwägungen auch der jeweilige Stand der wissenschaftlichen Erkenntnisse maßgeblich sein dürfte, so dass derzeit wohl (noch) eine Anknüpfung an den Standard gesichert ist.[1945]

1491 Ob Untersuchungs- und Behandlungsmethoden, die nach der für die kassenärztliche Behandlung verbindlichen Entscheidung dieser Bundesausschüsse nicht die maßgebenden Kriterien der diagnostischen oder therapeutischen Nützlichkeit erfüllen, auch für die Behandlung von Privatpatienten nicht zum ärztlichen Standard gehören, hat der BGH bisher nicht entschieden.

1492 In der **Rechtsprechung** hat die Wirtschaftlichkeit der Behandlung bisher keine große Rolle gespielt, sondern ist nur punktuell angesprochen worden, meist in Fällen, wo es um apparative Ausstattung oder die Versorgung mit Medikamenten ging. Nach einer älteren Entscheidung[1946] soll es auf die Kosten von sichernden Maßnahmen für einen verwirrten Patienten dann nicht

---

1944 Geiß/Greiner Arzthaftpflichtrecht 6. Aufl. Rn. 9a; hierzu unten Rdn. 1494.
1945 Vgl. Stöhr in FS für Günther Hirsch (2008) S. 431, 440.
1946 BGH NJW 1954, 290.

Müller

ankommen, wenn dieser Aufwand nicht außer Verhältnis zu der befürchteten Gefahr stehe und diese nicht nur ganz entfernt sei. In einer weiteren Entscheidung[1947] hat der BGH den Kostenaspekt unmittelbar nach der statistischen Häufigkeit und dem Gewicht der Gefahr genannt und ihm damit eine gewisse Bedeutung beigelegt. In einem anderen Fall hat der BGH klargestellt, dass sich ein Krankenhaus bei Nichtanwendung eines teuren Medikaments nicht auf die Unwirtschaftlichkeit einer Vorratshaltung berufen kann, wenn es von Fall zu Fall beschafft werden kann.[1948] Wirtschaftlichkeitserwägungen klingen auch in anderen Entscheidungen an, etwa hinsichtlich der erforderlichen technischen Ausstattung in einer Strahlenklinik,[1949] eines CTG-Geräts ohne Zeitschreibung[1950] oder der Grundausstattung eines Belegkrankenhauses.[1951] Als Beweggrund für eine bestimmte Behandlung oder Nichtbehandlung sind wirtschaftliche Erwägungen oder gar Sparzwänge von der Behandlungsseite bisher jedoch im Prozess wohl (noch) nicht explizit geltend gemacht worden.[1952]

❗ Wirtschaftliche Erwägungen haben bisher im Arzthaftungsprozess keine große Rolle gespielt.

1493 Bemerkenswert erscheint zu diesem Komplex eine neuere Entscheidung des BVerfG,[1953] wonach die gesetzliche Krankenkasse bei einer besonders schweren Krankheit auch dann zur **Leistung** verpflichtet sein kann, wenn für die Behandlung **kein Standard** besteht, aber die vom Patienten gewünschte Behandlung eine gewisse Aussicht auf Heilung oder Besserung des Krankheitsverlaufs hat. Das könnte von Bedeutung auch für den Umfang der ärztlichen Sorgfaltspflicht sein.

1494 Im **Grundsatz** geht die Rechtsprechung davon aus, dass aus wirtschaftlichen Erwägungen keine Abstriche gemacht werden dürfen, die die Sorgfaltsanforderungen unter den **Mindeststandard** drücken würden. Wo allerdings die Grenze liegt, bei der die Unterschreitung des Mindeststandards zum **Behandlungsfehler** wird, lässt sich nicht abstrakt bestimmen, sondern bildet eine Frage des Einzelfalls, die im Prozess mit dem Sachverständigen zu erörtern ist. Mithin liegt auch diese wichtige Frage im **Zuständigkeitsbereich der Mediziner.** Von daher ist es nicht von der Hand zu weisen, dass Sparzwänge auf Dauer zu einer schleichenden Herabsetzung oder Zurückbildung des Standards führen könnten, wenn bestimmte ärztliche Leistun-

---

1947 BGH VersR 1975, 43.
1948 BGH NJW 1991, 1543.
1949 BGH NJW 1989, 2321; 1992, 754.
1950 BGH NJW 1988, 2949.
1951 BGH NJW 1978, 2337.
1952 Vgl. unten Rdn. 1493.
1953 BVerfG NJW 2006, 891.

Müller

gen von den Krankenkassen nicht (mehr) vergütet und deshalb in der Praxis nicht (mehr) angewendet werden, so dass medizinische Sachverständige auf dieser Grundlage verneinen könnten, dass sie (noch) zum medizinischen Standard gehören.

> ❗ Anhaltspunkte für wirtschaftliche Hintergründe bzw. Sparzwänge bei der Behandlung sollte der Patientenanwalt im Prozess vortragen und ggf. dem Sachverständigen unterbreiten.

1495 **Auffallend** ist, dass der BGH noch immer keinen Anlass hatte, sich zu dieser Problematik zu äußern. Denn in diesen Zeiten chronisch knapper Kassen wäre zu vermuten, dass die Verknappung ärztlicher Leistungen sich zunehmend in der Praxis bemerkbar macht. Das scheint indes bisher nicht zu Behandlungsfehlern geführt zu haben – sei es, dass etwaige Defizite auf andere Weise ausgeglichen werden, sei es, dass im Arzthaftungsprozess **finanzielle Hintergründe** von der Arztseite nicht vorgetragen werden, weil sie sich davon **keine Entlastung** erhofft, während der Patient sie naturgemäß nicht kennt und schon deshalb nicht vortragen kann. Jedenfalls weisen die im Revisionsverfahren geltend gemachten Fehler bisher nicht in diese Richtung. Ob das den Schluss erlaubt, dass die Leistungsgrenzen des Sozialrechts bisher nicht zu gefährlichen Defiziten geführt haben, muss hier dahingestellt bleiben.

1496 **Nach dem derzeitigen Stand der Rechtsprechung** kann eine Gefährdung des Patienten allein wegen der Unwirtschaftlichkeit der Behandlung nicht gerechtfertigt sein. Auch wenn der rechtliche Sorgfaltsmaßstab bestehende Grenzen im System der gesetzlichen Krankenversorgung nicht gänzlich außer Betracht lassen kann, wird man das **nicht** als **Abschwächung des Sorgfaltsmaßstabs** verstehen dürfen. Im Interesse des Patienten sollte das Haftungsrecht auch nicht vorschnell Positionen räumen, die in jahrzehntelanger Arbeit zum Wohl des Patienten entwickelt worden sind und bisher als gesichert gelten konnten. Auch insoweit könnte das bereits erwähnte Urteil des BVerfG[1954] von Bedeutung sein, wonach auch außerhalb des ärztlichen Standards eine Leistungspflicht der gesetzlichen Krankenkassen bestehen kann.[1955]

Zusammenfassung zur Bedeutung des Standards

1. Für die Frage nach einem Behandlungsfehler ist regelmäßig der medizinische Standard ausschlaggebend.

1954 BVerfG NJW 2006, 891.
1955 Hierzu Müller in FS für Günther Hirsch (2008) 413, 421.

2. Der Standard richtet sich grundsätzlich nach den Anforderungen der Medizin und wird von Medizinern für Mediziner festgelegt.

3. Die Rechtsprechung beschränkt sich auf rechtliche Aspekte insbesondere der Zusammenarbeit und Organisation der Behandlung sowie der Sicherheit des Patienten.

4. Der objektivierte Fahrlässigkeitsbegriff des Zivilrechts lässt grundsätzlich keinen Raum für persönliches Verschulden.

5. Eine Abweichung vom Standard ergibt nicht zwingend einen Behandlungsfehler.

6. Je größer die Abweichung vom Standard ist, umso vorsichtiger muss der Arzt jedoch vorgehen.

7. Grundsätzlich ist der Standard eines Facharztes maßgeblich. Dieser Begriff hat auch beweisrechtliche Bedeutung.

8. Die Übertragung einer zu schwierigen Aufgabe auf einen noch nicht ausreichend qualifizierten Arzt ist ein Behandlungsfehler, kann aber auch Organisationsfehler sein und daneben ein Übernahmeverschulden des Übernehmenden begründen.

9. Auch bei Eil- und Notfällen hat der Patient grundsätzlich Anspruch auf einen ausreichenden Standard.

10. Stets ist die konkrete Versorgungsstufe zu berücksichtigen.

11. Die rechtliche Bewertung des Behandlungsgeschehens ist Aufgabe des Richters, während für die medizinischen Fakten der Sachverständige zuständig ist.

12. Der Standard kann zwar über, grundsätzlich aber nicht unter den Anforderungen von Richtlinien und Leitlinien liegen.

13. Allein die Abweichung von Leitlinien oder Richtlinien indiziert noch keinen Behandlungsfehler.

14. Wirtschaftliche Erwägungen sind im Arzthaftungsprozess bisher nur selten angesprochen worden.

15. Eine Gefährdung des Patienten können sie nicht rechtfertigen.

❗ Zu der im Arzthaftungsprozess gebotenen Aufklärung des Sachverhalts und Ausschöpfung der Beweismittel können auch die Parteivertreter durch zweckmäßige Fragen und Anträge beitragen.

❗ Neben dem Richter sollte auch der Anwalt auf möglichst klare Formulierungen durch den Sachverständigen dringen, um eine präzise rechtliche Beurteilung zu ermöglichen.

Müller

> ❗ Etwaige Anhaltspunkte für wirtschaftliche Hintergründe bzw. Sparzwänge bei der Behandlung sollte der Patientenanwalt im Prozess vortragen und ggf. dem Sachverständigen unterbreiten.

e)   Das voll beherrschbare Risiko

aa)   Grundsätze

1497   **Fehlertypus:** Eine besondere Kategorie bilden Behandlungsfehler, mit denen sich ein Risiko verwirklicht hat, das von der Behandlungsseite an sich beherrschbar gewesen wäre. Das betrifft grundsätzlich **nicht den Kernbereich ärztlichen Handelns**, bei dem sich neben den eigentlichen Risiken der Behandlung auch Risiken aus dem menschlichen Organismus verwirklichen können. Es geht vielmehr um den hiervon unbeeinflussten Randbereich des Behandlungsgeschehens, also um dessen Organisation und Koordination sowie um den Zustand der hierfür benötigten Geräte und Materialien. Wo im Einzelfall die Grenze zwischen dem Kernbereich ärztlichen Handelns mit Einwirkung auf den lebenden Organismus des Patienten und einem von der Behandlungsseite objektiv beherrschbaren Risiko liegt, muss im Zweifelsfall der Sachverständige beantworten.[1956]

1498   **Merkmal:** Ausschlaggebend ist, ob das verwirklichte Risiko von der Behandlungsseite **objektiv voll beherrschbar** war, was nicht dessen Erkennbarkeit oder gar Erkennung im konkreten Fall voraussetzt.[1957] Bei einem voll beherrschbaren Risiko wäre die Zuweisung der vollen Beweislast an den Patienten nicht sachgerecht, weil es nicht vom eigenen Organismus des Patienten herrührt und nach dem oben dargestellten Haftungskonzept nur diejenigen Umstände zu seinen Lasten gehen sollen, die zu seiner Sphäre gehören.[1958] Geht es jedoch um ein Risiko, das in die Sphäre der Behandlungsseite fällt und nach seiner Art – also aus objektiver Sicht – von dieser voll beherrscht werden kann, ist Raum für die Anwendung des § 280 BGB (früher: § 282 BGB), die sowohl bei positiver Vertragsverletzung wie auch bei deliktischer Haftung[1959] möglich ist und Folgen für die Verteilung der Beweislast hat.[1960]

1499   **Konsequenz:** Verwirklicht sich ein solches Risiko, so muss die Behandlungsseite darlegen und beweisen, dass sie die gebotene Sorgfalt aufgewendet hat, um das Risiko zu vermeiden, und damit nicht schuldhaft gehandelt hat.

1956 Zu einem Grenzfall (Entkoppelung eines intravenösen Infusionssystems) BGH NJW 1984, 1400.
1957 BGH NJW 2007, 1683.
1958 Hierzu oben Rdn. 1422, 1423.
1959 BGH NJW 1982, 699; 2007, 1682.
1960 BGH NJW 1991, 1540; vgl. auch Müller NJW 1997, 3049, 3050 m.w.N.

Müller

❗ Das voll beherrschbare Risiko betrifft nicht den Kernbereich ärztlichen Handelns, sondern Bereiche, in dem die Unwägbarkeiten des menschlichen Organismus keine Rolle spielen.

Vermutung: Zwar greift diese Beweisregel[1961] grundsätzlich erst ein, wenn feststeht, dass der Schuldner objektiv gegen seine Verpflichtungen verstoßen hat und dadurch der Schaden entstanden ist und bezieht sich damit in erster Linie auf das **Verschulden.** Sie kann aber nach ihrem Sinn auch den Nachweis eines objektiven Pflichtenverstoßes umfassen, wenn der Gläubiger (Patient) im Herrschafts- und Organisationsbereich des Schuldners (Behandlungsseite) zu Schaden gekommen ist und dessen Vertragspflichten (auch) dahin gingen, den Gläubiger vor einem solchen Schaden zu bewahren.[1962] In derartigen Fällen kann also auch eine Vermutung hinsichtlich des **Fehlers** Platz greifen. **1500**

❗ Nach dieser Beweisregel gilt die Vermutung in erster Linie für das Verschulden, kann sich aber auch auf den Fehler erstrecken.

Reichweite: Im Ergebnis führt diese Vermutung zur Haftung, wenn eine Schadensursache in der Sphäre der Behandlungsseite liegt und diese den Nachweis pflichtgemäßen Verhaltens bzw. der Fehlerfreiheit nicht führen kann. Die Reichweite dieser Beweiserleichterung verdeutlicht der nachfolgende Fall.[1963] **1501**

▶ **Musterfall:** Eine Arzthelferin, die – unerkannt – Trägerin von Staphylokokken war, verabreichte der Klägerin eine Spritze, wobei diese infiziert wurde und einen folgenschweren Spritzenabszess davon trug. Der BGH hat aus tatsächlichen Gründen die Kausalität für feststehend erachtet, weil die Arzthelferin als Keimträgerin feststand und es sich bei ihr und der Patientin um den gleichen Erreger handelte. Zweifelhaft war das Verschulden der Behandlungsseite, weil nicht davon auszugehen war, dass der Arzt die Infektion der Arzthelferin mit Staphylokokken kannte. Da jedoch der Einsatz dieser Helferin zu dieser Tätigkeit aus objektiver Sicht vermeidbar gewesen wäre, hat der BGH ein voll beherrschbares Risiko angenommen, was im konkreten Fall zur Fehlervermutung und zur Vermutung des Verschuldens der Behandlungsseite führte, die sich nach Lage des Falles wegen zahlreicher Verstöße gegen Hygienevorschriften auch nicht entlasten konnte. **1502**

1961 Hierzu ausführlich Greiner in FS für Gerda Müller (2009) S. 213 ff.
1962 BGH NJW 1969, 269;1991, 1540; VersR 2005, 984.
1963 BGH NJW 2007, 1682 m. Anm. Prütting MedR 2010, 31.

Müller

1503 **Abgrenzung:** Wichtig ist der Unterschied gegenüber einer älteren Entscheidung, die ebenfalls einen Hygienefehler betraf, nämlich eine Keimübertragung durch Mitglieder eines Operationsteams. In jenem Fall scheiterte die Beweiserleichterung daran, dass die Kausalitätsfrage nicht geklärt werden konnte, weil der Keimträger bzw. Verursacher der Infektion nicht festgestellt werden konnte.[1964] Das bildet den entscheidenden Unterschied zu dem zuvor erörterten Fall, in dem die Arzthelferin als Keimträgerin feststand.

❗ Die Beweiserleichterung beim voll beherrschbaren Risiko erstreckt sich nicht auf die Kausalität.

1504 **Kausalität:** Die unter dem Aspekt des voll beherrschbaren Risikos begründete Vermutung gilt nicht für die Kausalität zwischen Fehler und Gesundheitsschaden. Für diese greift auch bei voll beherrschbarem Risiko eine Beweiserleichterung nur ein, wenn zugleich eine grobe Verletzung von Organisations- oder Kontrollpflichten vorliegt, die bereits nach den für den **groben Behandlungsfehler** geltenden Regeln eine Umkehr der Beweislast rechtfertigen kann[1965] wie etwa im Fall eines in der Operationswunde vergessenen Tupfers[1966] oder im nachstehenden Wärmflaschenfall.[1967]

1505 ▶ **Musterfall:** Im Inkubator einer Kinderklinik waren neben dichten auch undichte Gummiwärmflaschen verwendet worden. Hierdurch erlitt ein frühgeborenes Kind beträchtliche Verbrühungen, die zur Amputation eines Fußes führten. Ob die Undichtigkeit erkennbar war, ließ sich im Prozess nicht feststellen, da die Flaschen nicht aufbewahrt worden waren. Der BGH stellte klar, dass trotz der grundsätzlich wohl zu bejahenden objektiven Beherrschbarkeit eines solchen Risikos keine Beweiserleichterung für die Kausalität greifen konnte, da im Streitfall nicht feststand, dass die Verbrühung durch eine erkennbar undichte Flasche entstanden war. Er hielt jedoch Beweiserleichterungen wegen eines groben Organisationsfehlers des Chefarztes für denkbar, weil dieser nicht für eine regelmäßige Prüfung und Aussonderung überalterter oder gar schadhafter Flaschen gesorgt hatte und verwies die Sache für weitere Feststellungen an das Berufungsgericht zurück.

bb) Typische Fallgruppen

1506 **Geräte und Medikamente** – der Behandlungsträger haftet für die Mangelfreiheit und Funktionstüchtigkeit von ihm eingesetzter Geräte und das Vor-

---

1964 BGH NJW 1991, 1541.
1965 Hierzu unten Rdn. 1521.
1966 BGH VersR 1981, 462.
1967 BGH NJW 1994, 1594.

handensein der erforderlichen Medikamente, wobei stets zu prüfen ist, ob das konkrete Risiko **objektiv voll beherrschbar** war.

Beispiele für Bejahung: 1507
- funktionsunfähiges Narkosegerät[1968]
- funktionsunfähiger Elektrokauter[1969]
- Verwendung eines verformten Tubus[1970]
- mangelhaftes Infusionssystem[1971]
- Entkoppelung des Infusionssystems bei Blutwäsche[1972]
- mangelhafte Sterilität[1973]
- verunreinigte Blutkonserven[1974]
- fehlende Medikamente[1975]

Beispiele für Verneinung: 1508
- beim Zurücklassen eines von fünfzig verwendeten Tupfern, wobei allerdings ein grober Behandlungsfehler nicht ausgeschlossen wurde,[1976] ebenso
- bei einem zur Strahlentherapie eingesetzten Gerät, dessen Behandlungsprotokoll keinen Fehler ergab.[1977]
- Grundsätzlich können jedoch Strahlenschäden infolge fehlerhafter Geräte unter den Begriff des voll beherrschbaren Risikos fallen.

Weitere Beispiele zum voll beherrschbaren Risiko: 1509
- **Bewegungs- und Transportmaßnahmen** mit Sturz des Patienten, z.B. beim Umbetten,[1978] ebenso bei dessen Sturz vom Duschstuhl[1979] oder von einer Untersuchungsliege[1980] sowie
- **Lagerungsschäden** anlässlich von Operationen. Sie gelten normalerweise als voll beherrschbar, so dass sich grundsätzlich der Krankenhausträger entlasten muss, wenn es zu einer Schädigung kommt.[1981] Aber auch hier ist das Kausalitätsproblem zu beachten, wie der nachstehende Fall zeigt.[1982]

1968 BGH NJW 1978, 584.
1969 OLG Hamm NJW 1999, 1787.
1970 BGH NJW 1975, 2245.
1971 BGH NJW 1984, 1400.
1972 OLG Köln VersR 2000, 974.
1973 BGH NJW 1982, 699.
1974 BGH NJW 1992, 743.
1975 BGH NJW 1981, 1543.
1976 BGH VersR 1981, 462.
1977 BGH VersR 2007, 1416.
1978 BGH NJW 1991, 1540; vgl. auch BGH 2005, 1937 und 2613.
1979 BGH NJW 1991, 2960.
1980 OLG Köln VersR 1990, 1240; OLG Hamm MedR 2002, 196.
1981 BGH NJW 1984, 1403.
1982 BGH NJW 1995, 1618.

Müller

1510 ▶ **Musterfall:** Die Funktionsweise dieser Beweiserleichterung zeigt ein Fall, in dem sich nachträglich ergab, dass beim Patienten eine ärztlicherseits nicht erkennbare, extrem seltene körperliche Anomalie vorlag (thoracic-outlet-Syndrom), die ihn für den Schaden anfällig gemacht hat, der auch bei einer ordnungsgemäßen Lagerung eingetreten wäre. Unter diesen besonderen Umständen – die in solchen Fällen die Behandlungsseite darzulegen und zu beweisen hat – war das mit der Lagerung verbundene Risiko für die Behandlungsseite nicht objektiv voll beherrschbar, so dass nach Feststellung der entsprechenden körperlichen Besonderheit dann doch der Patient nach allgemeinen Grundsätzen beweisen musste, dass im konkreten Fall gerade die fehlerhafte Lagerung ursächlich für seinen Gesundheitsschaden gewesen war.

1511 **Personaleinsatz** und **Organisation** gelten ebenfalls als aus objektiver Sicht voll beherrschbar und bilden eine wichtige Gruppe in dieser Fehlerkategorie. Deshalb greift bei nachgewiesenen Fehlern und Versäumnissen des Krankenhausträgers im Rahmen der sog. vertikalen Arbeitsteilung eine Vermutung für Organisations-, Auswahl-, Anweisungs- und Kontrollverschulden, die die Behandlungsseite entkräften muss,[1983] etwa beim Einsatz von übermüdeten Ärzten.[1984] Die Behandlungsseite muss dann nachweisen, dass ein sorgfältig ausgewählter und überwachter »Gehilfe« sich nicht anders verhalten hätte bzw. der Schaden auch dann eingetreten wäre. Das gilt ebenso bei unzureichender personeller Ausstattung eines Belegkrankenhauses durch den Klinikträger.[1985]

1512 Auch der Einsatz eines **Nicht-Facharztes**[1986] gehört zu dieser Fehlergruppe. Folglich muss grundsätzlich der Patient beweisen, dass dessen Einsatz für seine Schädigung kausal geworden ist. Dieser Nachweis wird jedoch durch eine strenge Dokumentationspflicht erleichtert.[1987] Hier ist nochmals darauf hinzuweisen, dass Beweiserleichterungen nach den Grundsätzen der sog. Anfängeroperation nur dann zur Anwendung kommen, wenn bereits der **Einsatz** eines Arztes in Weiterbildung oder Ausbildung im konkreten Fall fehlerhaft war.[1988] Für diese Frage gilt regelmäßig die Vermutung des § 831 BGB. Ist konkret von fehlender Qualifikation des ohne hinreichende Aufsicht eingesetzten Anfängers auszugehen, muss die Behandlungsseite diese Vermutung entkräften und nachweisen, dass die Komplikation nicht hierauf beruht.[1989]

1983 Steffen/Pauge Arzthaftungsrecht 10. Aufl. Rn. 512.
1984 BGH NJW 1986, 776.
1985 OLG Stuttgart NJW 1993, 2384.
1986 BGH NJW 1992, 156; 1993, 2989.
1987 BGH NJW 1985, 2193 – vgl. auch Rdn. 1448 und Rdn. 1632.
1988 BGH NJW 1998, 2736; vgl. oben Rdn. 1448, 1451.
1989 BGH NJW 1978, 1681; 1984, 655; 1992, 1560.

Müller

Hygienefehler: Diese Fehler kommen in der Praxis häufig vor. Ausgangs-   **1513**
punkt ist, dass Arzt und Krankenhaus die Einhaltung des hygienischen
Standards zu gewährleisten haben. So muss z.B. verhindert werden, dass
zur Desinfektion verunreinigter Alkohol benutzt[1990] oder dass unsterile
Infusionsflüssigkeit verwendet wird.[1991] Zum Hygienefehler gibt es neben
dem oben dargestellten Musterfall[1992] noch ein weiteres neues Urteil des
BGH, in dem ein grober Behandlungsfehler bejaht wurde und es im Revisionsverfahren allein um die **Kausalität** ging.[1993] Diese ist in vielen Fällen
problematisch. Bei der Infektion von Operationswunden geht die Rechtsprechung davon aus, dass eine absolute Keimfreiheit nicht zu erreichen ist.
Zur Haftung kommt es deshalb nur, wenn sowohl der Keimträger als auch
feststeht, dass die Infektion durch Beachtung der Hygienevorschriften hätte vermieden werden können.[1994] Aufschlussreich hierzu ist ein Urteil, das
einen schweren Fall der Sepsis mit tödlicher Folge betrifft.[1995] Gerade bei
diesen Fällen wird die **begrenzte Reichweite** der beim voll beherrschbaren
Risiko eingreifenden Beweiserleichterung deutlich, weil sie sich nicht auf
die Kausalität erstreckt.

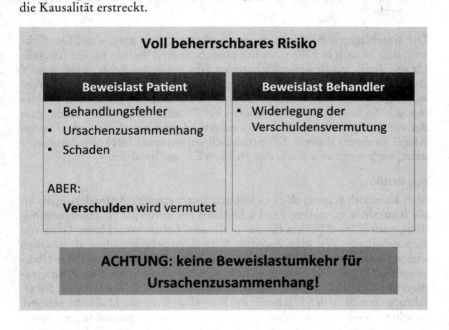

<!-- Voll beherrschbares Risiko -->

Beweislast Patient	Beweislast Behandler
• Behandlungsfehler • Ursachenzusammenhang • Schaden ABER: **Verschulden** wird vermutet	• Widerlegung der Verschuldensvermutung

ACHTUNG: keine Beweislastumkehr für Ursachenzusammenhang!

1990 BGH NJW 1978, 1683.
1991 BGH NJW 1982, 699.
1992 Rdn. 1502.
1993 BGH VersR 2008, 490; hierzu unten Musterfall Rdn. 1534.
1994 OLG Hamm Med R 2006, 288.
1995 BGH NJW 1994, 2419.

Müller

cc) Problematik

1514 Bei den Fällen des voll beherrschbaren Risikos, vor allem aber beim Hygienefehler ist die Beweislage des Patienten oft unbefriedigend. Soweit es sich um Vorgänge im Hintergrund des Behandlungsgeschehens handelt, in die der Patient typischerweise keinen Einblick hat, kommt ihm zwar die von der Rechtsprechung entwickelte Beweiserleichterung in Form einer (widerlegbaren) Vermutung zu Hilfe, die sich aber nur auf das Verschulden und allenfalls noch auf die Fehlverrichtung beziehen kann. Das ist nach dem Grundprinzip dieser Beweiserleichterung sicher konsequent,[1996] für den Patienten aber nur von begrenztem Wert, weil er vielfach auch und gerade die Kausalität des Fehlers für seinen Gesundheitsschaden nicht beweisen kann. Steht diese nicht fest oder kann sie nicht festgestellt werden, bleibt er in diesem entscheidenden Punkt beweisfällig.

> ❗ Die Reichweite der Beweiserleichterung beim voll beherrschbaren Risiko ist von begrenztem Wert, weil sie sich nicht auf die Kausalität erstreckt.

1515 Die einschlägigen Beispiele aus der Rechtsprechung zeigen mit Deutlichkeit, dass es auch in Fällen des voll beherrschbaren Risikos für die **Kausalität** nur dann eine **Beweiserleichterung** gibt, wenn der **Fehler grob** war.[1997] Auch das ist in dem von der Rechtsprechung entwickelten System durchaus folgerichtig, vom Ergebnis her aber gerade beim Hygienefehler problematisch. So konnte in einem neueren Fall[1998] nicht festgestellt werden, dass der auf der Spitze eines Katheders aufgefundene Keim tatsächlich die beim Kläger in einem anderen Körperbereich aufgetretene Infektion verursacht hatte, auch wenn es sich um den gleichen Erreger handelte.

dd) Kritik:

1516 Man kann sich fragen, ob es richtig ist, derart **strenge Anforderungen an die Kausalität** zu stellen; denn schließlich reicht für die Überzeugungsbildung nach § 286 ZPO ein für das praktische Leben brauchbarer Grad von Gewissheit aus, der »den Zweifeln Schweigen gebietet, ohne sie gänzlich verstummen zu lassen«,[1999] so dass verbleibende leise Restzweifel der Überzeugungsbildung nicht entgegen stehen. Allerdings betrifft diese Kritik weniger die Gerichte als vielmehr die medizinischen Sachverständigen, die erfahrungsgemäß an den Nachweis der Kausalität strengste Maßstäbe anlegen. Möglicherweise schwebt ihnen für den Ursachenzusammenhang zwischen Behandlungsfehler und Gesundheitsschaden eine unumstößliche naturwis-

---

1996 Hierzu Greiner in FS Gerda Müller (2009) S. 213, 222 ff.
1997 BGH VersR 1981, 462; NJW 1994, 1594.
1998 BGH VI ZR 187/08 – Nichtzulassungsbeschluss vom 13.01.2009.
1999 BGH NJW 1970, 946; vgl. oben Rdn. 1415, 1479.

Müller

senschaftliche Gewissheit vor, die das Zivilrecht jedoch gar nicht verlangt. Das kann und sollte dem Anwalt im Einzelfall Anlass zur Hinterfragung und ggf. Erörterung mit dem Sachverständigen geben, welchen Kausalitätsbegriff er zugrunde legt. Auch sollte der Sachverständige in geeigneten Fällen darauf hingewiesen werden, dass nach zivilrechtlichen Grundsätzen bereits eine **Mitursächlichkeit** des Behandlungsfehlers für den Gesundheitsschaden für die Bejahung der Kausalität ausreicht,[2000] so dass es darauf ankommt, ob er auch eine solche Mitursächlichkeit für den konkreten Fall mit Sicherheit ausschließen kann. Dabei kann es auch geboten sein, ihn nach den Grundlagen seiner Auffassung zu befragen, die sich nicht allein aus statistischem Material ergeben sollte.

❗ Der Anwalt sollte den Sachverständigen ggf. auch bei der haftungsbegründenden Kausalität fragen, welchen Grad von Gewissheit er für erforderlich hält.

Dass der **Ursachenzusammenhang zwischen Behandlungsfehler und Gesundheitsschaden** das Hauptproblem der Arzthaftung bildet, könnte also (auch) daran liegen, dass manche Sachverständige überzogene Anforderungen an die Kausalität stellen. Dem könnte in gewissen Umfang schon durch die gebotene Klarstellung seitens des Gerichts und erforderlichenfalls der Anwälte abgeholfen werden, ohne dass – wie dies derzeit im Schrifttum erwogen wird – auch für die **haftungsbegründende Kausalität** eine **Absenkung des Beweismaßes** auf die überwiegende Wahrscheinlichkeit im Sinn des § 287 ZPO[2001] erfolgen müsste, was eine einschneidende Änderung der Rechtslage mit schwer zu überblickenden Folgen darstellen würde.[2002] Im Übrigen hilft in den Fällen eines groben ärztlichen Versagens meist die nachstehend erörterte Umkehr der Beweislast.

1517

Zusammenfassung zum voll beherrschbaren Risiko

1. Das voll beherrschbare Risiko betrifft nicht den Kernbereich ärztlichen Handelns, sondern den Randbereich, in dem die Unwägbarkeiten des menschlichen Organismus keine Rolle spielen.

2. Nach der hierfür entwickelten Beweisregel gilt die Vermutung in erster Linie für das Verschulden, kann sich aber auch auf den Fehler erstrecken und jedenfalls von der Behandlungsseite widerlegt werden.

3. Die Beweiserleichterung beim voll beherrschbaren Risiko gilt keinesfalls für die Kausalität und ist deshalb von begrenztem Wert.

2000 Hierzu unten Rdn. 1539.
2001 Hierzu oben Rdn. 1418.
2002 Vgl. hierzu unten Rdn. 1653.

Müller

❗ Der Anwalt sollte im Zweifelsfall den Sachverständigen bei der haftungsbegründenden Kausalität fragen, welchen Grad von Gewissheit er für erforderlich hält und ob er auch eine Mitursächlichkeit des Behandlungsfehlers ausschließen kann.

f) Der grobe Behandlungsfehler
aa) Bedeutung und Reichweite der Beweiserleichterung

1518 (1)**Bedeutung:** Diese Beweiserleichterung betrifft den Ursachenzusammenhang zwischen dem Behandlungsfehler und dem konkreten Gesundheitsschaden. Auch wenn es durchaus Fälle gibt, in denen dieser Zusammenhang klar ist oder problemlos festgestellt werden kann,[2003] ist dieser Nachweis für den Patienten vielfach schwierig und oft geradezu unmöglich, wenn noch andere Ursachen als der Behandlungsfehler für seinen Gesundheitsschaden in Betracht kommen. Weil dies im Hinblick auf die Unwägbarkeiten des menschlichen Organismus häufig der Fall ist, müssten ohne eine Erleichterung dieses Nachweises noch viel mehr auf fehlerhafte medizinische Behandlung gestützte Schadensersatzklagen an der Hürde des § 286 ZPO scheitern, als dies ohnehin der Fall ist. Das aber würde nicht nur den erforderlichen **Interessenausgleich** zwischen Patienten- und Behandlungsseite wesentlich erschweren und damit nicht nur für diese wichtigen Haftungsfälle den verfassungsrechtlich gebotenen **Rechtsgewährungsanspruch** in Frage stellen,[2004] sondern durch ein allzu häufiges Ausbleiben der Haftung für ärztliche Fehler auch die Einhaltung eines guten **medizinischen Standards** gefährden, der für die Allgemeinheit von eminenter Bedeutung ist.

1519 **Zielsetzung:** Zum **Schutz des Patienten,** zur **Vermeidung** unerträglicher **Haftungslücken** und nicht zuletzt auch zur **Durchsetzung** des erforderlichen medizinischen **Standards** hat die Rechtsprechung eine besondere Beweiserleichterung entwickelt, die von herausragender Bedeutung für den Arzthaftungsprozess ist. Sie knüpft der Sache nach an das Gewicht des Behandlungsfehlers an, indem sie darauf abstellt, ob er grob war, was in den meisten Fällen gleichbedeutend mit dem **Ausmaß der Abweichung des ärztlichen Verhaltens vom gebotenen medizinischen Standard** ist.

1520 **Beweislastumkehr:** Ob ein solcher Fehler festgestellt werden kann, ist meist entscheidend für den Ausgang des Prozesses, weil ein grober Behandlungsfehler in der Regel zur **Umkehr der Beweislast** führt.[2005] Die frühere Formel »Beweiserleichterungen bis hin zur Beweislastumkehr« hat BGH im Interesse größerer Klarheit und Rechtssicherheit ausdrücklich aufgegeben[2006] – es

---

2003 BGH NJW 2007, 2767.
2004 Hierzu BVerfGE 91, 176, 182; 107, 395, 401 sowie BGH NJW 2004, 2011, 2013 m.w.N.
2005 Zu Ausnahmen Rdn. 1536.
2006 BGH NJW 2004, 2011.

Müller

findet also grundsätzlich eine Umkehr der Beweislast statt. Als deren Folge wird die Kausalität vermutet, so dass der Arzt beweisen muss, dass sein (grober) Fehler für die Schädigung nicht ursächlich geworden ist.[2007] Das ist mindestens ebenso schwer wie der normalerweise dem Patienten obliegende Beweis der Ursächlichkeit, wird also in der Praxis nur selten gelingen, auch wenn beides gelegentlich vorkommt.

Grober Behandlungsfehler

Beweislast Patient	Beweislast Behandler
• Behandlungsfehler (BF) • Verschulden • Schaden ABER: **Ursachenzusammenhang (zwischen BF und Schaden) wird vermutet**	• Widerlegung des Ursachenzusammenhangs zwischen Behandlungsfehler und Schaden

Aufklärungserschwernis: Diese Beweiserleichterung ist keine Sanktion für besonders schweres ärztliches Verschulden, auch wenn dieses beim groben Behandlungsfehler nicht selten vorliegen wird. Vielmehr ist sie zum Ausgleich dafür entwickelt worden, dass durch das Gewicht des groben Fehlers die Aufklärung des Behandlungsgeschehens und insbesondere des Ursachenzusammenhangs zwischen Behandlungsfehler und Schaden besonders erschwert worden, also das Spektrum der für die Schädigung in Betracht kommenden Ursachen gerade durch diesen Fehler besonders verbreitert bzw. verschoben worden ist und der Patient sich deshalb **unbillig in Beweisnot** befindet.[2008]   **1521**

Billigkeitsgebot: Der BGH hat in neueren Entscheidungen klargestellt,[2009] dass diese **Verschiebung des Spektrums nur ein Motiv** und nicht etwa eine zusätzliches Erfordernis für die Beweislastumkehr darstellt. Letztlich wird diese Beweiserleichterung von der Erkenntnis getragen, dass die generel-   **1522**

2007 BGH NJW 2001, 2792; 2004, 2011.
2008 BGH NJW 1992, 754; 1994, 801; 1995, 778; 1996, 1589; 1997, 794.
2009 BGH NJW 2004, 2011; 2007, 2767.

Müller

le Schwierigkeit, den Zusammenhang zwischen ärztlichem Fehlverhalten und einem Gesundheitsschaden des Patienten nachzuweisen, es strukturell erforderlich macht, dem Patienten die Beweislast zu erleichtern, wenn das Fehlverhalten der Behandlungsseite besonders grob war. Andernfalls müsste wegen der **Eigenart eines Gesundheitsschadens** und den komplexen, oft nicht einwandfrei zu klärenden Zusammenhängen zwischen dem Behandlungsgeschehen und seiner Auswirkung auf den menschlichem Organismus die strikte Anwendung der zivilrechtlichen Beweisregeln zur Versagung von Schadensersatz auch in Fällen führen, wo das nicht mehr hinnehmbar ist und schlechthin unbillig erscheint. Deshalb ist nochmals zu betonen, dass es nicht um den Grad der subjektiven Vorwerfbarkeit gegenüber dem Arzt geht.[2010] Auch Verstöße gegen die Aufklärungspflicht spielen insoweit keine Rolle.[2011] Maßgeblich ist vielmehr das **Gewicht des groben Fehlers**, der freilich geeignet sein muss, um den konkreten Gesundheitsschaden herbeizuführen.[2012]

> ❗ Die Beweislastumkehr beim groben Behandlungsfehler ist aus Gründen der Billigkeit entwickelt worden, um bei schwerem ärztlichem Versagen dem Patienten aus der Beweisnot zu helfen.

1523 **Anwendungsbereich:** Die Umkehr der Beweislast gilt im Grundsatz auch bei einem groben Verstoß gegen die Pflicht zur Sicherheits- oder **therapeutischen Aufklärung**,[2013] weil diese aus rechtlicher Sicht einen Behandlungsfehler darstellt. Sie gilt auch bei grober Verletzung von **Organisations- und Kontrollpflichten** und kann, wenn der betreffende Fehler im Bereich des voll beherrschbaren Risikos liegt, eine hierdurch begründete Fehler- und Verschuldensvermutung durch die zusätzliche Vermutung der Ursächlichkeit ergänzen.[2014] Mit einer gewissen Abstufung gilt sie auch bei groben Verstößen gegen die Pflicht zur **Erhebung und Sicherung medizinisch gebotener Befunde**, die im nächsten Abschnitt erörtert wird.[2015]

1524 **Diagnoseirrtum:** Ein Diagnoseirrtum ist nur dann als grober Verstoß gegen die Regeln der ärztlichen Kunst anzusehen, wenn es sich um einen fundamentalen Irrtum handelt. Diese Eingrenzung ist erforderlich wegen der Schwierigkeit ärztlicher Diagnostik.[2016] Deshalb ist nicht jeder Diagnosefehler ein Behandlungsfehler.[2017] Ist allerdings der Irrtum fundamental, so hat das beweisrechtlich die gleichen Folgen wie beim groben Behandlungs-

---

2010 BGH NJW 1992, 754; vgl. auch Müller NJW 1997, 3049, 3052 ff.
2011 BGH NJW 1987, 2291.
2012 Hierzu unten Rdn. 1533.
2013 BGH NJW 2004, 427.
2014 BGH NJW 1994, 1594; BGH NJW 1996, 2429.
2015 BGH NJW 2004, 187; VersR 2009, 299; hierzu unten Rdn. 1544.
2016 Hierzu näher unten Rdn. 1553.
2017 BGH NJW 2003, 2827.

Müller

fehler.[2018] Als grober Diagnosefehler kann die Fehlinterpretation eines Befundes bezeichnet werden, die aus ärztlicher Sicht nicht mehr verständlich ist und einem Arzt schlechterdings nicht unterlaufen darf. Das ist z.B. dann der Fall, wenn die Kenntnis der richtigen Diagnose grundlegend ist und schon bei einem Examenskandidaten erwartet werden kann oder wenn die vom Arzt angenommene Ursache so unwahrscheinlich ist, dass sich hieraus ein massiver Verstoß gegen medizinische Erkenntnisse und Erfahrungen ergibt.[2019]

(2) Reichweite: die Umkehr der Beweislast erstreckt sich grundsätzlich nur auf die **haftungsbegründende Kausalität,** also den Ursachenzusammenhang zwischen Behandlungsfehler und dem Primärschaden[2020] sowie solchen Sekundärschäden, die als typische Folge des Primärschadens angesehen werden können und denen durch die grob verletzte Sorgfaltspflicht ebenfalls vorgebeugt werden soll.[2021] Für eine solche ausnahmsweise Erstreckung der Beweislast legt der BGH strenge Maßstäbe an, um die ärztliche Haftung nicht zu sehr auszuweiten.

▶ **Musterfall:** So hat der BGH es nicht als typischen Folgeschaden in diesem Sinn angesehen, dass die Patientin nach einem zunächst erlittenen Hinterwandinfarkt, dessen Folgen vom beklagten Arzt grob fehlerhaft nicht abgewendet worden waren, noch während des Krankenhausaufenthalts vier Wochen später einen Vorderwandinfarkt erlitten hat.[2022] Der BGH hat deshalb das Berufungsgericht korrigiert, das zu Lasten des Beklagten eine Umkehr der Beweislast auch für die Folgen des Vorderwandinfarkts angenommen hatte.

❗ Die Beweislastumkehr beim groben Behandlungsfehler begründet eine Vermutung hinsichtlich der haftungsbegründenden Kausalität, die von der Behandlungsseite widerlegt werden kann.

Keinesfalls gilt die Beweislastumkehr für die sog. **haftungsausfüllende Kausalität,** nämlich den Zusammenhang zwischen dem primären Gesundheitsschaden und weiteren Folgeschäden wie etwa einem Vermögensschaden. Auch wenn diese nach dem erleichterten Maßstab des § 287 ZPO zu beweisen sind, kann das im Einzelfall Schwierigkeiten bereiten.

1525

1526

1527

2018 BGH NJW 1988, 1513; 1995, 778; 1996, 1589; weitere Beispiele (nach Fachrichtungen geordnet) bei Geiß/Greiner Arzthaftpflichtrecht 6. Aufl. B Rn. 267 – 269.
2019 Geiß/Greiner Arzthaftpflichtrecht 6. Aufl. B Rn. 265.
2020 BGH NJW 1994, 801; 2008, 1381.
2021 BGH NJW 1978, 764; 2005, 427.
2022 BGH NJW 1994, 801.

Müller

1528 ▶ **Musterfall:**[2023] Ein Fußballspieler erlitt bei einer Operation schwere Verbrennungen durch Lagerung auf einer zu heißen Wärmeplatte. Er machte geltend, dass ihm durch diese Verletzungen finanzielle Schäden entstanden seien, weil ihm gewinnbringende Verträge entgangen seien, auf deren Abschluss er fest habe rechnen können. Das konnte er jedoch nicht mit einer für § 287 ZPO ausreichenden Wahrscheinlichkeit nachweisen, weil es keine hinreichenden Anhaltspunkte dafür gab, dass es tatsächlich zu solchen Verträgen gekommen wäre und ihm insoweit auch keine Beweiserleichterungen zugute kamen.

1529 **Einschränkungen:** Grundsätzlich greift die Beweislastumkehr infolge eines groben Behandlungsfehlers nur insoweit ein, als sich gerade das Risiko verwirklicht, dessen Nichtbeachtung den Fehler als grob erscheinen lässt.[2024] Ob die Umkehr der Beweislast auch beim **Gesamtschuldnerausgleich** unter mehreren Schädigern stattfindet, die nicht sämtlich am Behandlungsverhältnis beteiligt sind, hat der BGH kürzlich erörtert, konnte die Frage aber nach Lage des Falles offen lassen.[2025]

1530 Unterläuft bei **zeitlich nacheinander tätigen Ärzten** dem ersten ein einfacher und dem zweiten ein grober Behandlungsfehler, so kommt unter dem Aspekt des Zurechnungszusammenhangs zwar eine Haftung des ersten Arztes für den Fehler des zweiten in Frage, wenn die zweite Behandlung durch seinen Fehler mit veranlasst worden ist. Eine Beweislastumkehr gibt es jedoch für den Patienten nur gegenüber dem zweiten Arzt, weil nur dessen Fehler grob war.[2026]

bb) Kriterien des groben Behandlungsfehlers

❗ ein Behandlungsfehler ist grob, wenn der Arzt eindeutig gegen bewährte ärztliche Behandlungsregeln oder gesicherte medizinische Erkenntnisse verstoßen und einen Fehler begangen hat, der aus objektiver ärztlicher Sicht nicht mehr verständlich erscheint, weil ein solcher Fehler einem Arzt schlechterdings nicht unterlaufen darf.

1531 **Kriterien:** Die vorstehende Definition enthält die maßgeblichen Kriterien für einen groben Behandlungsfehler. Diese werden in zahlreichen Entscheidungen des BGH erläutert,[2027] wobei die Einstufung des Fehlers durch den

---

2023 BGH NJW 1993, 2383.
2024 BGH NJW 1981, 2513; 2005, 427.
2025 BGH Urteil vom 06. 10. 2009 – VI ZR 24/09; vgl. auch Geiß/Greiner Arzthaftpflichtrecht 6. Aufl. B Rn. 256.
2026 BGH NJW 1986, 2367; VersR 1988, 1273; NJW 2003, 2311.
2027 BGH NJW 1995, 778; 1996, 248; 1997, 794 und 796; 2004, 2011.

Tatrichter revisionsrechtlich nur eingeschränkt nachprüfbar ist.[2028] Nach dieser Definition handelt es sich um Verstöße gegen elementare Behandlungsregeln und elementare Erkenntnisse der Medizin. Maßgeblich ist die Gesamtbetrachtung. Die Häufung mehrerer an sich nicht grober Fehler kann die Behandlung insgesamt als grob fehlerhaft erscheinen lassen.[2029] Andererseits kann bei einer nicht optimalen, aber doch insgesamt sachgerechten Behandlung mit nur geringfügigen Verzögerungen ein grober Fehler im Ergebnis zu verneinen sein.[2030] Es kann wohl auch eine Rolle spielen, ob der Fehler (z.B. bei Auswertung eines Röntgenbildes) einer Fachklinik oder einem niedergelassenen Arzt unterläuft.[2031] Auch erschwerende Behandlungsbedingungen können im Einzelfall der Bewertung eines Fehlers als grob entgegen stehen.[2032]

Abgrenzung: Eine **eindeutige Standardverletzung** ist nur ein eindeutiger Behandlungsfehler,[2033] während für die Bewertung als grob zusätzliche Komponenten erforderlich sind, dass nämlich ein solcher Fehler aus fachlicher (nicht menschlicher!) Sicht schlechthin unverständlich ist und einfach nicht vorkommen darf.   **1532**

❗ Ein eindeutiger Verstoß gegen den Standard ergibt (noch) keinen groben, sondern nur einen eindeutigen Behandlungsfehler.

Eignung: Ein wichtiges Kriterium ist ferner die **Schadensneigung** des (groben) Fehlers. Es reicht aus, wenn er grundsätzlich zur Herbeiführung eines Schadens der tatsächlich eingetretenen Art geeignet ist. Eine besondere Wahrscheinlichkeit ist nicht erforderlich.   **1533**

▶ **Musterfall:** Dem Arzt war bei einer intraartikulären Injektion ins Knie ein gravierender Hygienefehler unterlaufen,[2034] den das Berufungsgericht zu Recht als grob bewertet hat. Der am Knie eingetretene Gesundheitsschaden konnte nach den Darlegungen des Sachverständigen durch eine Infektion infolge des Hygienefehlers oder durch eine allergische Reaktion entstanden sein. Das Berufungsgericht ging von einer generellen Eignung des Hygienefehlers für den Gesundheitsschaden aus, hielt aber wegen der Keimfreiheit des Punktats eine allergische Reaktion für wahrscheinlicher und verneinte deshalb die Umkehr der Beweislast. Das war falsch, weil der Hygienefehler generell geeignet und ein Ursachenzusam-   **1534**

2028 BGH NJW 1998, 3417; 2002, 2944; 2007, 2767.
2029 BGH NJW 1988, 1511; 1998, 1782; 2000, 2741; 2001, 2792.
2030 OLG Düsseldorf VersR 1997, 490.
2031 LG Augsburg MedR 1998, 471.
2032 BGH NJW 1988, 1511.
2033 BGH NJW 2001, 2794.
2034 BGH VersR 2009, 490.

menhang keineswegs völlig unwahrscheinlich war. Bei dieser Sachlage musste die Behandlungsseite beweisen, dass der Schaden nicht durch ihren (groben) Behandlungsfehler verursacht worden ist.

1535 **Unwahrscheinlichkeit:** Ist jedoch der Ursachenzusammenhang zwischen Fehler und Schaden **gänzlich unwahrscheinlich,** kann das einer Beweiserleichterung entgegenstehen.[2035] Dann ist nämlich nicht anzunehmen, dass durch den Fehler das Spektrum der möglichen Schadensursachen in einer Weise verschoben oder verbreitert worden ist, die eine Zuweisung der Beweislast an die Behandlungsseite rechtfertigen könnte. Will der Arzt einen solchen Sachverhalt geltend machen, so muss er ihn vortragen und beweisen.[2036] Wann Unwahrscheinlichkeit anzunehmen ist, bleibt eine Frage des Einzelfalls, so dass feste Prozentzahlen nur mit Vorsicht zu verwenden sind. Jedenfalls dürften 10 % für die Annahme gänzlicher Unwahrscheinlichkeit nicht ausreichen.[2037]

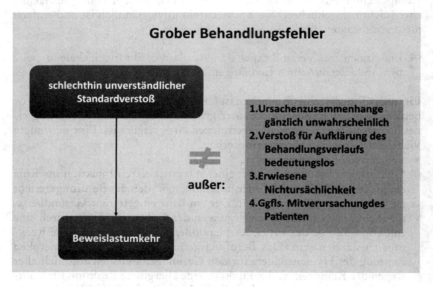

Grober Behandlungsfehler

schlechthin unverständlicher Standardverstoß

außer:

1. Ursachenzusammenhange gänzlich unwahrscheinlich
2. Verstoß für Aufklärung des Behandlungsverlaufs bedeutungslos
3. Erwiesene Nichtursächlichkeit
4. Ggfls. Mitverursachungdes Patienten

Beweislastumkehr

cc) Ausnahmen

1536 **Erwiesene Nichtursächlichkeit:** Nicht jeder grobe Behandlungsfehler hat Beweiserleichterungen zur Folge. Hierfür ist kein Raum, wenn **feststeht,** dass der grobe Behandlungsfehler nicht schadensursächlich geworden ist, sondern ein anderer, aber nicht schwerwiegender Verstoß gegen die ärztlichen Sorg-

2035 BGH NJW 1983, 333; 1994, 801; 1995, 778; 1611; 1997, 796; 1998, 1780.
2036 BGH NJW 1981, 2513; 1988, 2949; 2004, 2011., 2013.
2037 OLG Brandenburg VersR 2004, 1050.

faltspflichten.[2038] In einem solchen Fall bedarf es nämlich keiner Beweiserleichterung, weil eine solche nach dem oben dargestellten Haftungskonzept der Rechtsprechung dazu dient, durch die Zuweisung der Beweislast an eine der Parteien eine Entscheidung des Streitfalls zu ermöglichen, wenn eine tatsächliche Frage wie die Ursächlichkeit eines Behandlungsfehlers für den konkreten Gesundheitsschaden des Patienten nicht geklärt werden kann.

Bedeutungslosigkeit: Keine Beweiserleichterungen gibt es auch, wenn dem groben Fehler **keine Bedeutung** für die Aufklärung des Behandlungsverlaufs beikommt, was aber nur ausnahmsweise der Fall sein wird. **1537**

Mitverursachung durch den Patienten: Eine weitere Ausnahme von der Beweislastumkehr kann im Hinblick auf das Billigkeitsgebot auch dann gerechtfertigt sein, wenn der **Patient durch sein Verhalten** die Aufklärung der Ursache für seinen Gesundheitsschaden selbst erschwert hat, indem er durch ein dem groben ärztlichen Fehler in etwa gleichwertiges Verhalten – wie etwa die Missachtung ärztlicher Anordnungen – ebenfalls zur Gesundheitsschädigung bzw. zur Vereitelung des Heilerfolgs beigetragen hat.[2039] Hierfür ist es nicht erforderlich, dass sein Verhalten bereits als Mitverschulden im Sinn des § 254 BGB zu bewerten ist. Vielmehr kann unter dem diese Beweiserleichterung prägenden Aspekt der Billigkeit die bloße Mitverursachung durch den Patienten ausreichen. **1538**

❗ Für eine Beweislastumkehr reicht es aus, dass der grobe Behandlungsfehler zur Herbeiführung des Gesundheitsschadens geeignet und seine Ursächlichkeit nicht gänzlich unwahrscheinlich ist.

dd) Mitursächlichkeit

Volle Schadenszurechnung: Die Mitursächlichkeit eines (groben) Behandlungsfehlers kann zur Bejahung des Ursachenzusammenhangs ausreichen und nach allgemeinen haftungsrechtlichen Grundsätzen zur Zurechnung des gesamten Schadens führen,[2040] wenn nicht feststeht, dass der Behandlungsfehler nur einen abgrenzbaren Teil des Schadens verursacht hat.[2041] Das gilt auch dann, wenn zwar eine alleinige Ursächlichkeit des Behandlungsfehler äußerst unwahrscheinlich ist, er aber in nicht abgrenzbarer Weise zusammen mit anderen Ursachen (etwa einer genetisch bedingten oder intrauterinen Vorschädigung eines Kindes) den Gesundheitsschaden herbeigeführt haben kann und eine solche Mitursächlichkeit nicht äußerst unwahrscheinlich ist.[2042] **1539**

2038 BGH NJW 1981, 2513.
2039 BGH VersR 1991, 926; NJW 2002, 2944; 2004, 2011; 2005, 427.
2040 BGH NJW 1997, 796; zur Mitursächlichkeit auch BGH NJW 2000, 2741; 3423.
2041 BGH NJW 1997, 796; vgl. auch BGH NJW 1990, 2882.
2042 BGH LM H. 1/1997 § 823 (C) BGB Nr. 71.

Müller

> ● Die Mitursächlichkeit eines (groben) Behandlungsfehlers kann die Haftung für den vollen Schaden begründen, wenn nicht Teilkausalität nur für einen bestimmten Anteil festgestellt werden kann.

1540 **Teilweise Zurechnung**: Hiervon zu unterscheiden ist die **Teilkausalität.** Sie liegt vor, wenn bei dem Schaden ein auf den Behandlungsfehler zurückgehender Anteil und ein weiterer, der Behandlungsseite nicht zurechenbarer Umstand abgrenzbar sind,[2043] was zur Darlegungs- und **Beweislast des Arztes** steht.[2044] Diese Problematik tritt besonders häufig bei Geburtsschäden auf, wo als Schadensursache neben fehlerhafter Geburtsleitung auch eine genetisch bedingte oder intrauterine Vorschädigung des Kindes in Betracht kommt und sich deshalb ein spezielles Abgrenzungsproblem ergibt.[2045] Fortschritte in der Diagnostik und insbesondere die Verwendung der sog. bildgebenden Verfahren haben zu neuen medizinischen Erkenntnissen und wohl auch zu neuen Tendenzen bei der medizinischen Bewertung geführt, die ersichtlich beträchtliche Auswirkungen auf die Haftungslage haben. So wird etwa das Problem der Schädigung des Kindes während der Geburt durch Sauerstoffunterversorgung inzwischen differenzierter gesehen und geht häufiger als früher zu Lasten des Kindes, weil offenbar durch die neuen Verfahren etwaige Vorschäden besser feststellbar und abgrenzbar sind.

1541 **Abgrenzung**: Ob in solchen Fällen eine Abgrenzung gelingt, die eine nur **teilweise Haftung** der Behandlungsseite ermöglicht, hängt von der Begutachtung durch den Sachverständigen ab, wobei es allerdings der Erfahrung entspricht, dass diese sich nur selten festlegen. Der nachstehende Fall ist deshalb als Einzelfall anzusehen.

1542 ▶ **Musterfall:** Der BGH hat durch Nichtannahme der Revision ein Urteil des OLG Hamm gebilligt,[2046] wonach bei erfolgtem Nachweis durch den Arzt, dass sein grober Fehler den Schaden allenfalls in Höhe von 20 – 30 % beeinflusst habe, der Patient beweisen musste, dass die geltend gemachten Aufwendungen ohne den ärztlichen Fehler in einem Umfang von weniger als 30 % eingetreten wären.

> ● Für den Patienten ist die Mitursächlichkeit günstiger, weil sie zur vollen Haftung der Behandlungsseite führt. Für den Arzt ist die Teilkausalität vorteilhafter, weil sie eine nur anteilsmäßige Haftung ermöglicht.

2043 BGH VersR 1964, 49; OLG Hamm VersR 1996, 1371; OLG Braunschweig OLG NL 2001, 107.
2044 BGH NJW 2000, 1282; 3423; 2005, 2072.
2045 BGH NJW 2000, 2737.
2046 OLG Hamm VersR 1996, 1371.

Müller

Aufgabe des Anwalts ist es in solchen Fällen, die für seine Partei günstigen Aspekte zur Geltung zu bringen und den Sachverständigen zu einer klaren Darstellung und ggf. Abgrenzung der möglichen Ursachenzusammenhänge zu bewegen. Der Erfolg hängt natürlich davon ab, inwieweit der Sachverständige sich festlegen kann – oder will.

1543

Zusammenfassung zum groben Behandlungsfehler

1. Die Beweislastumkehr beim groben Behandlungsfehler ist aus Gründen der Billigkeit entwickelt worden, um bei besonders schwerem ärztlichem Versagen dem Patienten aus der Beweisnot zu helfen.

2. Sie begründet eine Vermutung hinsichtlich der haftungsbegründenden Kausalität, die von der Behandlungsseite widerlegt werden kann.

3. Definition: ein Behandlungsfehler ist grob, wenn der Arzt eindeutig gegen bewährte ärztliche Behandlungsregeln oder gesicherte medizinische Erkenntnisse verstoßen und einen Fehler begangen hat, der aus objektiver ärztlicher Sicht nicht mehr verständlich erscheint, weil ein solcher Fehler einem Arzt schlechterdings nicht unterlaufen darf.

4. Ein eindeutiger Verstoß gegen den Standard ergibt (noch) keinen groben, sondern nur einen eindeutigen Behandlungsfehler.

5. Für eine Beweislastumkehr reicht es aus, dass der grobe Behandlungsfehler zur Herbeiführung des Gesundheitsschadens generell geeignet und seine Ursächlichkeit nicht gänzlich unwahrscheinlich ist.

6. Eine Mitursächlichkeit des (groben) Behandlungsfehlers kann die Haftung für den vollen Schaden begründen, wenn nicht Teilkausalität nur für einen bestimmten Anteil festgestellt werden kann.

❗ Für den Patienten ist die Mitursächlichkeit günstiger, weil sie zur vollen Haftung der Behandlungsseite führt. Für den Arzt ist die Teilkausalität vorteilhafter, weil sie eine nur anteilsmäßige Haftung ermöglicht.

g) Einzelne Fehlergruppen

aa) Befunderhebungsfehler

(1) Begriff und Bedeutung

Befunderhebung: Die Nichterhebung gebotener Kontrollbefunde kann im Einzelfall einen – möglicherweise groben – Behandlungsfehler darstellen und daneben auch zur falschen Diagnose führen.[2047] Kennzeichnend für diese Fehlergruppe ist es, dass typischerweise nicht feststeht, welcher Befund sich bei der gebotenen Erhebung ergeben hätte und deshalb offen ist, ob der Arzt den Befund richtig gedeutet hätte, ob und welche ärztlichen

1544

2047 BGH NJW 1983, 333; 1995, 778.

Müller

Maßnahmen hätten eingeleitet werden müssen und ob sie sich positiv auf den Gesundheitszustand des Patienten ausgewirkt hätten. Eine unterlassene Befunderhebung kann also in mehrfacher Hinsicht – nämlich Diagnosefehler, Behandlungsfehler und Ursachenzusammenhang mit dem Gesundheitsschaden – zu Beweisschwierigkeiten des Patienten führen.

1545 **Befundsicherung:** Ähnliche Schwierigkeiten ergeben sich, wenn der Befund zwar erhoben worden ist, aber von der Behandlungsseite **nicht vorgelegt** wird oder werden kann, so dass der Patient aus diesem Grund nicht in der Lage ist, den Nachweis sowohl einer fehlerhaften Diagnose (evtl. auch eines Behandlungsfehlers) als auch von deren Ursächlichkeit für seinen Gesundheitsschaden zu führen.

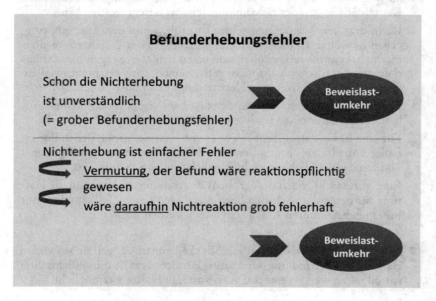

(2) Reichweite der Beweiserleichterungen

1546 **Systematik:** Deshalb hat die Rechtsprechung auch für diese Fallgruppen Beweiserleichterungen entwickelt und zwar zum Ausgleich dafür, dass durch das Fehlen eines Befundes bzw. der den Befund enthaltenden Unterlagen das Spektrum der für die Schädigung des Patienten in Betracht kommenden Ursachen besonders verbreitert oder verschoben worden ist.[2048] Auch hier ist die Verbreiterung des Spektrums kein zusätzliches Merkmal oder Erfordernis, sondern nur der Beweggrund für diese Beweiserleichterungen, die ebenfalls auf dem Grundsatz der Billigkeit beruhen. Wegen der Vielfalt

---

2048 BGH NJW 1983, 333; 1996, 779; 1589.

der Beweisführungsprobleme, die sich aus dem Fehlen von Befunden oder Befundträgern ergeben können, kann die Reichweite dieser Beweiserleichterungen nicht schematisch bestimmt werden, sondern richtet sich nach der Lage des Einzelfalls und ist generell von einer **Abstufung** geprägt.[2049]

> ❗ Der Patient soll durch diese Beweiserleichterungen nicht besser gestellt werden, als er bei Vornahme der Befunderhebung gestanden hätte.

– **Erste Stufe:** Würde nämlich generell vermutet, dass ein nicht erhobener bzw. nicht vorgelegter Befund zu dem konkreten Gesundheitsschaden des Patienten geführt hat, ergäbe das eine in der Sache nicht gerechtfertigte Besserstellung gegenüber Patienten, bei denen der Befund erhoben worden ist bzw. vorgelegt werden kann. Um dies zu vermeiden, hat der BGH mit neueren Entscheidungen zu verschwundenen Befundträgern – nämlich zu während einer Operation zur Entfernung eines Gallensteins gefertigten, später jedoch nicht mehr auffindbaren Röntgenbildern[2050] und einem verschwundenen EKG[2051] – eine Eingrenzung gegenüber der bisherigen Rechtsprechung[2052] vorgenommen, die sich der Sache nach als Abstufung der Beweiserleichterung darstellt. Danach geht deren Reichweite zunächst **als erste Stufe** nur bis zur Vermutung, dass der Befund mit hinreichender Wahrscheinlichkeit (medizinisch) positiv gewesen wäre, also ein reaktionspflichtiges Ergebnis gehabt hätte.[2053]

1547

– **Zweite Stufe:** Mit dieser Vermutung, welche die Behandlungsseite widerlegen kann,[2054] ist jedoch der Nachweis der Ursächlichkeit fehlerhafter Befundauswertung sowie fehlerhafter oder fehlender Behandlung für den Gesundheitsschaden (noch) nicht geführt – und gerade dieser Ursachenzusammenhang ist häufig prozessentscheidend. Für ihn greift als **zweite Stufe** eine weitere Beweiserleichterung in Form der Beweislastumkehr für die Kausalität nur dann ein, wenn im Einzelfall zugleich auf einen **groben Behandlungsfehler** zu schließen ist. Das ist dann der Fall, wenn sich – ggf. unter Würdigung zusätzlicher medizinischer Anhaltspunkte – ein so deutlicher und gravierender Befund als **hinreichend wahrscheinlich** ergibt, dass sich seine Verkennung als grob fehlerhaft darstellen müsste bzw. das Unterlassen einer Reaktion nicht anders als durch einen groben Fehler zu erklären wäre.[2055] Letztlich knüpft also auch hier die Beweislastumkehr an einen groben Behandlungsfehler an.

1548

2049 BGH NJW 1996, 1589.
2050 BGH NJW 1996, 779.
2051 BGH NJW 1996, 1589.
2052 BGH NJW 1987, 482.
2053 BGH NJW 1996, 1589.
2054 BGH NJW 1998, 585; 1780; 2004, 2011.
2055 BGH VersR 1999, 231; NJW 1996, 1589; 2001, 2792; 2004, 1871; 2011.

Müller

1549 ▶ **Musterfall:** Die Systematik dieser abgestuften Beweiserleichterung wurde entwickelt bei einem Fall, in dem ein Patient mit einem Herzproblem und einem bereits erlittenen, aber noch nicht erkannten Herzinfarkt in die Praxis kam.[2056] Der Arzt untersuchte ihn und fertigte ein EKG, das er später mit dem Patienten besprechen wollte. Hierzu kam es nicht mehr, weil der Patient sogleich nach Verlassen der Praxis einen weiteren Herzinfarkt erlitt und hieran verstarb. In dem von seinen Erben geführten Prozess war das EKG nach Darstellung des Arztes nicht mehr auffindbar. Mit der ersten Stufe der Beweiserleichterung – dass das EKG ein reaktionspflichtiges Ergebnis gezeigt hätte – konnte der erforderliche Nachweis des Ursachenzusammenhangs zwischen ärztlichem Fehler und dem Tod des Patienten nicht geführt werden. Hierfür bedurfte es der zweiten Stufe, die nur dann eingreift, wenn im Einzelfall zugleich auf einen groben Behandlungsfehler zu schließen ist. Das war hier der Fall, weil nach den Ausführungen des Sachverständigen zusätzliche medizinische Erkenntnisse (u.a. die vom Patienten bei der dem EKG vorangehenden Untersuchung berichteten Symptome) dafür sprachen, dass bei Auswertung des EKG der bereits erlittene Infarkt so deutlich erkennbar gewesen wäre, dass seine Verkennung bzw. Nichtbehandlung einen groben ärztlichen Fehler dargestellt hätte.

1550 **Abgrenzung:** Zu unterscheiden sind die Fälle, in denen bereits die **Unterlassung der gebotenen Befunderhebung einen groben Behandlungsfehler** begründet, der für sich genommen schon die Beweislastumkehr zur Folge hat. Das ist also eine **eigene Fallgruppe**, bei der es einer zweiten Stufe nicht bedarf.[2057] Ist hingegen die Unterlassung der Befunderhebung als solche kein grober Fehler, ist als zweite Stufe zu prüfen, ob der Befund im Fall seiner Erhebung so deutlich und gravierend gewesen wäre, dass sich seine Verkennung als fundamental oder die Nichtreaktion auf ihn als grob fehlerhaft darstellen müsste. Dies hat der BGH in mehreren Entscheidungen klargestellt.[2058] In einer neuen Entscheidung hat er betont, es reiche für die Beweislastumkehr aus, dass die Unterlassung einer aus medizinischer Sicht gebotenen Befunderhebung einen groben ärztlichen Fehler darstelle. Es sei nicht erforderlich, dass auch die gebotene Therapie unterlassen worden sei.[2059]

1551 **Wahrscheinlichkeit:** Die hinreichende Wahrscheinlichkeit, dass die Befunderhebung zu einem reaktionspflichtigen Ergebnis geführt hätte, darf nicht

---
2056 BGH VersR 1996, 1589.
2057 BGH NJW 1998, 1780; 1999, 3408; ebenso BGH Urteil vom 29.09.2009 – VI ZR 251/09.
2058 BGH NJW 1996, 1589; VersR 1998, 457, 458; 1999, 231.
2059 BGH Urteil vom 29.09.02009 – VI ZR 251/08.

Müller

mit der Ursache der eingetretenen Schädigung vermengt werden.[2060] Hinsichtlich der Frage, wie **wahrscheinlich** ein reaktionspflichtiger Befund sein muss, um die Beweislastumkehr auszulösen, hat sich der BGH bisher nicht geäußert, zumal das auch eher den Tatrichter angeht. Nach obergerichtlichen Entscheidungen bietet sich als **Faustregel 50%** an, so dass die Frage bei einer geringeren Wahrscheinlichkeit zu verneinen,[2061] bei einer über 50% liegenden Wahrscheinlichkeit zu bejahen sein dürfte.[2062] Auch diese Beweiserleichterung kann die Behandlungsseite durch den Beweis ausräumen, dass eine Einwirkung des Fehlers auf die Behandlung und den Eintritt des Primärschadens ausgeschlossen oder äußerst unwahrscheinlich ist.[2063]

(3) Beispiele zur unterlassenen Befunderhebung

Die Beispiele aus der Rechtsprechung sind außerordentlich zahlreich und z.B. bei Geiß/Greiner[2064] übersichtlich und nach Fachgruppen geordnet dargestellt, so dass nachstehend nur einige besonders markante Entscheidungen erwähnt sollen:

1552

- keine Wundinspektion trotz bedenklichen Temperaturanstiegs[2065]
- ungeprüftes Festhalten an einer wenig wahrscheinlichen Arbeitsdiagnose[2066]
- keine weiterführende Diagnostik trotz Koterbrechen nach Appendektomie[2067]
- keine Schnellschnittuntersuchung vor Brustamputation[2068]
- keine Ultraschalldiagnostik bei Aufnahme zur Entbindung[2069]
- Unterlassen einer im Befundbericht empfohlenen Röntgenaufnahme[2070]
- keine weiterführende Diagnose bei Hypertonie und erhöhten Kreatininwerten[2071]
- keine Untersuchung in Richtung Lungentuberkulose bei Hochfieber und Rasselgeräuschen[2072]
- unterlassene Kontrolle eines Herzschrittmachers[2073]
- unterlassene CT- Abklärung bei Verdacht auf Subarachnoidalblutung[2074]

2060 BGH NJW 2004, 1781.
2061 OLG Dresden VersR 2006, 648.
2062 OLG Köln VersR 2004, 247.
2063 BGH NJW 1998, 1780; 2004, 2011.
2064 Geiß/Greiner Arzthaftpflichtrecht 6. Aufl. B Rn. 267 – 272 c.
2065 BGH VersR 1987, 408.
2066 BGH VersR 1985, 886.
2067 BGH NJW 1983, 333.
2068 BGH NJW 1992, 2354.
2069 BGH NJW 1991, 2350.
2070 BGH NJW 1988, 2948.
2071 BGH NJW 1988, 2303; 1999, 862.
2072 BGH NJW 1987, 1482.
2073 BGH NJW 2004, 1871.
2074 BGH NJW 1999, 862.

– oder wegen »Gespenstersehens« nach Operation eines Hydrocephalus[2075]
– Unterlassung eines Kernspintomogramms bei Meningeom der HWS[2076]
– unzureichende Untersuchung auf eine Keratokonusbildung am Auge.[2077]

Zusammenfassung zum Befunderhebungsfehler

1. Bei Versäumnissen im Bereich der Befunderhebung darf der Patient durch Beweiserleichterungen nicht besser gestellt werden, als er bei der gebotenen Befunderhebung gestanden hätte.
2. Es ist zu unterscheiden, ob bereits die Unterlassung der Befunderhebung einen groben Behandlungsfehler darstellt und schon deshalb die Beweislastumkehr zur Folge hat.
3. Andernfalls greift als erste Stufe zunächst die Vermutung, dass der Befund im Fall seiner Erhebung ein reaktionspflichtiges Ergebnis gezeigt hätte.
4. Die zweite Stufe führt zur Umkehr der Beweislast für die Kausalität, wenn ein so deutlicher Befund hinreichend wahrscheinlich ist, dass seine Verkennung oder ein Nichtreagieren einen groben Behandlungsfehler dargestellt hätte.

---

bb) Diagnosefehler

(1) Definition und Bedeutung

1553 **Begriff:** Bei dieser Fehlerkategorie handelt es sich um eine **Fehlinterpretation** von **erhobenen oder vorliegenden Befunden**,[2078] die aus rechtlicher Sicht unter den Begriff des Behandlungsfehlers einzuordnen ist. Grundsätzlich wertet der BGH eine Fehldiagnose jedoch nur mit Zurückhaltung als ärztlichen Fehler, der die Haftung des Arztes begründen kann. Weil den Schwierigkeiten ärztlicher Diagnostik Rechnung getragen werden muss, stellt nicht jeder Diagnosefehler bereits einen Behandlungsfehler dar.[2079] Ausschlaggebend ist, ob die Deutung des Befundes in der konkreten Situation aus einer ex-ante-Sicht **vertretbar** war[2080] oder ob eindeutige Symptome nicht erkannt oder in nicht vertretbarer Weise falsch gedeutet worden sind. Dabei kann die Plausibilität der getroffenen Diagnose eine Rolle spielen[2081] und sind ggf. auch die eingeschränkten Diagnosemöglichkeiten bei einem Hausbesuch zu berücksichtigen.

2075 BGH NJW 1999, 1778.
2076 BGH NJW 1998, 1782; weitere Beispiele bei Geiß/Greiner Arzthaftpflichtrecht 6. Aufl. B Rn. 66-74.
2077 BGH VersR 2009, 499.
2078 BGH NJW 1995, 778; 2003, 2827; 2008, 1381.
2079 BGH NJW 1988, 1513; 1992, 2962; 2003, 2827.
2080 OLG Hamm VersR 2002, 315; OLG Köln VersR 2004, 794.
2081 BGH NJW 1987, 2927.

Diagnosefehler

Behandlungsfehler, wenn Deutung des Befundes aus **ex-ante-Sicht** nicht vertretbar

Grober Behandlungsfehler nur, wenn fundamentaler Irrtum

ACHTUNG:
* Abgrenzung zur unterlassenen Befunderhebung
* Therapiefehler kann (nicht separat vorwerfbarer) „Folgefehler" sein

❗ Ein Diagnosefehler ist nicht stets ein Behandlungsfehler.

Grober Diagnosefehler: Entsprechend liegt ein **grober Diagnoseirrtum** als schwerer Verstoß gegen die Regeln der ärztlichen Kunst nur dann vor, wenn es sich um einen fundamentalen Irrtum handelt, also bei Fehlinterpretation eines Befundes, die aus ärztlicher Sicht nicht mehr verständlich ist und einem Arzt schlechterdings nicht unterlaufen darf. Das ist z.B. dann der Fall, wenn die Kenntnis der richtigen Diagnose grundlegend ist und schon bei einem Examenskandidaten erwartet werden kann oder wenn die vom Arzt angenommene Ursache so unwahrscheinlich ist, dass sich hieraus ein massiver Verstoß gegen medizinische Erkenntnisse und Erfahrungen ergibt. Ist das der Fall, gelten die gleichen Folgen wie beim groben Behandlungsfehler.[2082]

1554

❗ Ein grober Diagnosefehler kann zur Umkehr der Beweislast führen.

Abgrenzung: Im Einzelfall kann es schwierig sein, den Diagnosefehler von einer **unterlassenen Befunderhebung** abzugrenzen, wenn das Unterlassen einer weiterführenden Befunderhebung auf eine Fehlinterpretation bereits erhobener Befunde zurückzuführen ist.[2083] Auch kann eine fehlerhafte Diagnose zu einem Therapiefehler führen. Diese Zusammenhänge müssen ggf.

1555

2082 BGH NJW 1988, 1513; 1995, 778; 1996, 1589; vgl. auch oben Rdn. 1518 m.w.N.
2083 Steffen/Pauge Arzthaftungsrecht 10. Aufl. Rn. 155a; vgl. auch unten Rdn. 1566.

Müller

mit dem Sachverständigen erörtert werden, damit der Richter sie richtig einordnen und rechtlich bewerten kann. **Wichtig** ist, dass bei einem zweifelhaften Befund das **Unterlassen der Einholung einer »zweiten Meinung«**, also die Befragung eines anderen Arztes, nicht als Nichterhebung eines gebotenen Kontrollbefundes im Sinn der oben dargestellten Rechtsprechung zum Befunderhebungsfehler angesehen werden kann, sondern nur im Rahmen des Diagnosefehlers bei der Frage der Vertretbarkeit der getroffenen Diagnose von Bedeutung ist. Das zeigt der folgende Fall.[2084]

1556   ▶ **Musterfall:** Nachdem der Patient im Juni 1996 beim Duschen im Bereich des rechten Schulterblattes eine Hautläsion festgestellt hatte, die beim Abtrocknen blutete, zog er einen Arzt hinzu, der eine Exzision vornahm und das Exzidat wegen Malignitätsverdacht an einen Pathologen sandte. Dieser beurteilte die Gewebeprobe als gutartigen Spitztumor ohne Anhaltspunkt für ein invasives malignes Melanom oder eine andere Krebserkrankung. Im Sommer wurden beim Patienten zahlreiche Metastasen eines malignen Melanoms in Stadium IV festgestellt, an dem der Patient im Sommer 1998 verstarb. Die Klage seiner Angehörigen gegen den Pathologen hatte nur im ersten Rechtszug Erfolg, weil das Landgericht von einer Umkehr der Beweislast ausging. Deshalb waren die Angehörigen des Nachweises enthoben, dass der Patient bei früherer Erkennung der Malignität nicht gestorben wäre. Das Berufungsgericht hat jedoch eine Beweislastumkehr abgelehnt und die Klage abgewiesen. Es hat den Fehler des Beklagten zwar als Diagnosefehler angesehen, jedoch nicht als fundamentale Fehldiagnose im Sinn eines groben Diagnosefehlers, weil das von der Beurteilung des Sachverständigen nicht getragen wurde. Gegen diese tatrichterliche Würdigung konnte die Revision nichts ausrichten, zumal sich der Sachverständige gründlich mit der entgegengesetzten Auffassung der Kläger auseinandergesetzt hatte. Soweit die Revision eine Umkehr der Beweislast daraus herleiten wollte, dass der Pathologe keine »zweite Meinung« eingeholt hatte, hat der BGH offen gelassen, ob in zweifelhaften Fällen grundsätzlich eine entsprechende Verpflichtung des Pathologen bestehe. Jedenfalls stelle eine solche Unterlassung keine Nichterhebung eines Kontrollbefundes im Sinn der Rechtsprechung zur unterlassenen Befunderhebung dar. Hiermit sind nämlich nur medizinische Befunde gemeint, die beim Patienten selbst erhoben werden oder zu erheben sind.

(2) Beispiele für Diagnosefehler

1557   Die **Verkennung einer Fraktur** ist wohl besonders häufig. Hierfür gibt es in der Rechtsprechung zahlreiche Entscheidungen,[2085] wobei es meist um die Frage geht, ob die Verkennung **grob fehlerhaft** war.

2084 BGH VersR 2007, 541.
2085 BGH NJW 2003, 2827; 2004, 2011; 2008, 644.

Müller

▶ **Musterfall:** Wichtig für die Praxis ist der Maßstab, nach dem das zu beur- 1558
teilen ist. In einem die Auswertung eines Röntgenbildes betreffenden Fall
hat der Sachverständige das Röntgenbild einer großen Anzahl von Fachärzten vorgelegt mit der Frage, ob das Röntgenbild eine Fraktur erkennen ließ. Nachdem 70 % der Befragten keine Fraktur erkannten, hat das
Berufungsgericht in Übereinstimmung mit dem Sachverständigen einen
groben Behandlungsfehler verneint, was der BGH durch Nichtzulassung
der Revision gebilligt hat.[2086]

Auch die **Verkennung bedeutsamer Symptome** kann einen Diagnosefeh- 1559
ler darstellen – hierzu folgende **Beispiele:**
– Anzeichen eines Herzinfarkts[2087]
– Anzeichen einer Hüftgelenksentzündung nach Sectio[2088]
– Anzeichen für eine Lungenentzündung[2089]
– Anzeichen für einen Hinterwandverschluss[2090]
– Anzeichen für die Entzündung einer Wunde[2091]
– Suizidgefahr bei einer psychischen Störung.[2092]

Ungeprüfte Übernahme von eigenen **Beobachtungen des Patienten** kann 1560
einen Diagnosefehler darstellen.[2093] Im Übrigen sollte der Arzt für die Diagnostik die für den Patienten schonendste Methode wählen und sowie eine
Überdiagnostik vermeiden.[2094] Wo hier die Grenze zum Fehler liegt, ist eine
Frage des Einzelfalls, die mit dem Sachverständigen zu erörtern ist.

(3) Vertrauensgrundsatz

Zu großes Vertrauen spielt beim Diagnosefehler eine erhebliche Rolle und 1561
kann vor allem dann, wenn zu sehr auf die Diagnose eines anderen Arztes vertraut wird, zu einem vorwerfbaren Fehler führen. Allgemein gilt der
Grundsatz, dass die Zuziehung eines anderen Arztes oder eines Arztes aus
einem anderen Fachgebiet nicht von der eigenen Behandlungs- und Haf-
tungszuständigkeit entlastet.[2095]

❗ Es gibt kein unbegrenztes Vertrauen auf die Diagnose eines anderen
Arztes, auch nicht darauf, dass der überweisende Arzt sorgfältig untersucht und die zutreffende Diagnose gestellt hat.

2086 BGH NZB vom 13. 1. 2009 – VI ZR 194/08.
2087 BGH NJW 1994, 801.
2088 BGH NJW 1988, 1513.
2089 BGH NJW 1979, 1935.
2090 BGH NJW 1986, 2367.
2091 BGH NJW 2001, 1787.
2092 BGH NJW 2001, 2794.
2093 OLG München MedR 2007, 361; OLG Oldenburg VersR 1998, 720.
2094 Vgl. BGH VersR 2008, 221.
2095 OLG Köln VersR 1990, 1242 m. NAB v. 19. 6. 1990 – VI ZR 287/90.

Müller

1562 Anhaltspunkten für Zweifel muss der Arzt – auch ein nur hinzugezogener Arzt – nachgehen.[2096] Auch muss der Hausarzt von ihm erkannte oder für ihn erkennbare gewichtige Bedenken gegen Diagnose und Therapie anderer Ärzte mit dem Patienten erörtern.[2097]

1563 Innerhalb gewisser Grenzen gilt jedoch ein **Vertrauensgrundsatz.** Danach darf sich im Verhältnis von Fachärzten untereinander (**horizontale Arbeitsteilung**) jeder Arzt grundsätzlich auf die fehlerfreie Mitwirkung von Angehörigen anderer Fachgebiete verlassen, so lange nicht eine offenkundige Fehlleistung erkennbar wird. Es besteht also keine generelle gegenseitige Überwachungspflicht.[2098]

1564 So darf sich ein Facharzt für Frauenheilkunde normalerweise auf die Fachkunde und Sorgfalt eines in seinem Fachbereich arbeitenden Spezialisten (Pathologe) verlassen. Der hieraus entstandene Diagnosefehler wird auch nicht deshalb zum Behandlungsfehler, weil der Arzt es unterlassen hat, die Beurteilung des von ihm erhobenen Befundes durch Einholung einer zweiten Meinung überprüfen zu lassen.[2099] Ebenso darf ein Chirurg auf die Vordiagnose eines Mikrokarzinoms durch den Pathologen vertrauen.[2100] Auch ein niedergelassener Arzt, der den Patienten zu weiterer Diagnostik ins Krankenhaus überwiesen hat, darf bei der Weiterbehandlung grundsätzlich die Ergebnisse der Klinik zugrundelegen.[2101]

1565 Krankenhäuser oder leitende Ärzte sind nicht gehalten, vor der Zusammenarbeit mit einem niedergelassenen Pathologen dessen Person und Können einer Prüfung zu unterziehen.[2102] Im Rahmen der üblichen Hierarchie im Krankenhaus (**vertikale Arbeitsteilung**) kann – innerhalb vernünftiger Grenzen – ein Assistenzarzt von der Pflicht zur eigenverantwortlichen Überprüfung der Indikation zur Operation befreit sein, solange nicht besondere Umstände ihm Zweifel aufdrängen.[2103]

Zusammenfassung zum Diagnosefehler

1. Ein Diagnosefehler ist nicht stets ein Behandlungsfehler.
2. Ein grober Diagnosefehler kann zur Umkehr der Beweislast führen.

2096 BGH NJW 1992, 2962; 1994, 797.
2097 BGH NJW 1989, 1536.
2098 BGH NJW 1980, 649, 650; 1999, 1779; VersR 1991, 694, 695.
2099 BGH VersR 2007, 541.
2100 OLG Düsseldorf NJW-RR 2004, 22.
2101 OLG Köln VersR 1993, 1157.
2102 OLG Hamm MedR 1999, 35.
2103 OLG Düsseldorf VersR 1001, 1412; OLG München VersR 1993, 1400; OLG Köln VersR 1993, 1157; vgl. auch BGH NJW 2004, 3008.

Müller

3. Es gibt kein unbegrenztes Vertrauen auf die Diagnose eines anderen Arztes, auch nicht darauf, dass dieser sorgfältig untersucht und die zutreffende Diagnose gestellt hat.

4. Stets findet der Vertrauensgrundsatz seine Grenze, wo sich dem Arzt Zweifel an einer vorgegebenen Diagnose aufdrängen müssen.

5. Das gilt generell für die Zusammenarbeit mit anderen Behandlungsträgern.

cc) Therapiefehler

Zwischen Diagnosefehler und Therapiefehler besteht ein **Zusammenhang,** weil die Frage eines Therapiefehlers nicht unabhängig von der Diagnose beurteilt werden kann. Ergibt sich eine Fehlbehandlung folgerichtig aus einem nicht vorwerfbaren Diagnosefehler, wird sie erst dann zum haftungsbegründenden Behandlungsfehler, wenn weitere Umstände wie z.B. die Unterlassung weiterer Befunderhebung hinzutreten.[2104]

1566

Ohne jegliche Diagnose ist eine medizinische Behandlung grundsätzlich nicht gerechtfertigt,[2105] wobei allerdings der Unrechtsgehalt einer nicht indizierten Blutdruckmessung[2106] zweifelhaft erscheinen kann und jedenfalls Bagatellcharakter haben dürfte. Im Übrigen ist die Frage, ob ein Therapiefehler vorliegt, in erster Linie anhand des geltenden medizinischen Standards zu beurteilen, über den der medizinische Sachverständige Auskunft zu geben hat. Deshalb kann hier zunächst auf die obigen Ausführungen zum Standard verwiesen werden, insbesondere hinsichtlich der Verpflichtung des Arztes zur Nachsorge und erneuten Einbestellung des Patienten,[2107] zur therapeutischen Aufklärung,[2108] zur Unterrichtung beteiligter Ärzte[2109] sowie zu eigener Fortbildung.[2110] Im Folgenden werden einige typische Fehlergruppen aufgeführt, ohne dass hier sämtliche Varianten des Therapiefehlers erfasst werden könnten.

1567

2104   OLG Köln NJW 2006, 69.
2105   OLG Köln MedR 2008.
2106   OLG Frankfurt VersR 2007, 1276.
2107   Oben Rdn. 1428.
2108   Oben Rdn. 1429.
2109   Oben Rdn. 1429.
2110   Oben Rdn. 1430.

(1) Über- oder Unterversorgung

1568 Eine aus medizinischer Sicht als Über- oder Unterversorgung zu wertende Behandlung kann auch unter Berücksichtigung der grundsätzlichen **Therapiefreiheit**[2111] einen Therapiefehler darstellen, **zum Beispiel**[2112]
- Vornahme einer **nicht indizierten Behandlung**[2113]
- nur **relativ indizierte Operation** ohne die erforderliche Aufklärung über eine nicht operative Alternative[2114]
- Operation einer chronisch rezidivieren Appendizitis durch **Nichtfacharzt**[2115]
- Übernahme einer Behandlung trotz fehlender **apparativer Ausstattung**[2116]
- Anwendung einer **überholten Methode**[2117]
- Anwendung einer im konkreten Fall **nicht indizierten Methode**[2118]
- Anwendung einer »fremden« **Therapie trotz eigener Bedenken**[2119]
- Anwendung einer aus ärztlicher Sicht **falschen Therapie** auf Drängen des Patienten[2120] – z.B. die Extraktion von Zähnen ohne Indikation[2121]

1569 Verordnung **nicht indizierter** oder **ungeeigneter Medikamente,** etwa der sog. Pille an eine starke Raucherin ohne Verhaltensanweisung[2122]
- Verordnung eines noch nicht zugelassenen Medikaments ohne die erforderlichen Kontrollen,[2123] wobei in solchen Fällen auch ein Aufklärungsfehler vorliegen kann
- probeweiser Medikamentenwechsel ohne vorangegangene Aufklärung über das neue Risiko[2124]
- Verordnung eines für die konkrete Behandlung **nicht zugelassenen Medikaments,** wobei der sog. off-label-use nicht von vornherein fehlerhaft sein muss[2125]

2111 Hierzu oben Rn. 1441.
2112 Weitere Beispiele nach Fachgebieten geordnet bei Geiß/Greiner Arzthaftpflichtrecht 6. Aufl. B Rn. 76 – 89.
2113 BGH NJW 1996, 777; OLG Frankfurt VersR 2001, 1276; OLG Koblenz MedR 2008, 46.
2114 BGH NJW 2000, 1788.
2115 BGH NJW 1992, 1560.
2116 BGH VersR 1978, 1022; NJW 1989, 2321.
2117 BGH NJW 1978, 587.
2118 BGH VersR 1956, 224.
2119 BGH NJW 1994, 797; OLG Köln VersR 1993, 1157.
2120 BGH (Strafsenat) NJW 1978, 1206; OLG Nürnberg VersR 1988, 299; OLG Düsseldorf VersR 2002, 611; OLG Karlsruhe VersR 2004, 244.
2121 OLG Nürnberg VersR 1988, 299.
2122 BGH NJW 2005, 1716.
2123 BGH NJW 2007, 2767 – unten als Musterfall Rdn. 1576.
2124 BGH NJW 2007, 2771 – unten als Musterfall Rdn. 1577.
2125 OLG München VersR 1991, 471; OLG Köln VersR 1991, 186; OLG Koblenz NJW 2000, 3425.

Müller

– Unterlassung der gebotenen **Nachsorge,** etwa nach einer Sedierung,[2126] nach einer Sterilisation[2127] oder einem möglicherweise schädigenden Eingriff[2128]
– Anwendung **lebensverlängernder Maßnahmen** ohne wirksame Einwilligung[2129]
– verfehlte **Schönheitsoperation**[2130]
– Anwendung bzw. Fortsetzung einer **Außenseitermethode** bei problematischem Behandlungsverlauf.[2131] Hierzu der nachfolgende Fall:

▶ **Musterfall:** Der beklagte Arzt behandelte die an einem Bandscheibenvorfall leidenden Patientin mit dem sog. Racz-Katheter, indem über einen Epiduralkatheter im Spinalkanal ein »Cocktail« aus verschiedenen
Medikamenten eingespritzt wurde. Diese Behandlung setzte er trotz
starker Schmerzen und Auftreten von Taubheitsgefühlen an Gesäß und
Bein fort. In der Folgezeit trat eine Blasen- und Mastdarmstörung auf,
für die der Arzt wegen seines fehlerhaften Verhaltens einstehen muss.
Zwar lag angesichts der grundsätzlichen Freiheit des Arztes bei der Methodenwahl ein Behandlungsfehler nicht schon in der Anwendung einer
Außenseitermethode, zumal diese auch gute Therapieerfolge aufgewie-
sen hatte. Der Arzt hätte sie jedoch mit noch größerer als der üblichen
Sorgfalt anwenden müssen[2132] und hätte keinesfalls die Behandlung nach
dem Auftreten von Schmerzen und solcher Komplikationen wie einem
Taubheitsgefühl fortsetzen dürfen.

1570

(2) Typische Fehler bei der Geburtshilfe

Auf diesem Fachgebiet haben sich typische Fehlergruppen herausgebildet,
von denen die hier ohne Anspruch auf Vollständigkeit einige **Beispiele** gegeben werden sollen:
– Fehler bei vorgeburtlichen **Untersuchungen,**[2133] keine Reaktion auf sus-
pektes bzw. pathologisches CTG,[2134]
– Fehlen eines vorausschauenden **Entbindungsplans,** vor allem bei zu erwartender Risikogeburt – dabei können auch die verschiedenen Entbin-
dungsmöglichkeiten[2135] unter Berücksichtigung der konkreten Situation

1571

2126 BGH NJW 2003, 2309.
2127 BGH NJW 1992, 2961; 1995, 2407.
2128 OLG Koblenz VersR 2001, 111.
2129 Hierzu ausführlich Geiß/Greiner Arzthaftpflichtrecht 6. Aufl. B Rn. 34.
2130 OLG Karlsruhe VersR 1999, 1371; zur Problematik ausführlich Wenzel, Kap.
       4 A Rn. 265-272.
2131 BGH NJW 2007, 2773.
2132 Hierzu oben Rdn. 1442.
2133 BGH NJW 1989, 2943; 1992, 2962.
2134 OLG Oldenburg VersR 1997, 1236; OLG Schleswig VersR 1994, 311.
2135 Zu Statistik und Risiken der Sectio vgl. Pauge in FS für Gerda Müller (2009)
       S. 263 ff.

Müller

und etwa bereits erkennbarer Besonderheiten wie Größe und Lage des Kindes und ein etwaiges Missverhältnis zum Geburtsweg zu berücksichtigen sein[2136]

1572 fehlerhafte **Entbindungsmethode:**
- Unterlassung einer indizierten oder fehlerhafte Episiotomie,[2137] Zangenentbindung statt Sectio,[2138] Vakuumextraktion statt Sectio,[2139] Risikositus,[2140] Kristeller-Handgriff bei Schulterdystokie[2141]
- wann der Einsatz von Zange[2142] oder Vakuumextraktion[2143] erforderlich ist und wann ein »Risikositus« eine Sectio erforderlich macht, ist eine medizinische Frage, die sich nicht allgemein beantworten lässt und für die jedenfalls der medizinische Sachverständige zuständig ist
- fehlerhafter **Zeitpunkt** der Entbindung:
- verfrühte Sectio,[2144] verspätet eingeleitete Sectio,[2145] verzögerte Entbindung bei Plazentainsuffizienz[2146]
- **postpartale Fehler:**
- keine Maßnahmen bei überhöhten Blutgaswerten des Neugeborenen,[2147] keine Blutzuckerkontrolle,[2148] fehlerhafte Thromboseprophylaxe,[2149] unzureichende postpartale Überwachung[2150]
- **Einsatz nicht ärztlichen Personals** für ärztliche Aufgaben – nämlich Eingangsuntersuchung bei Schwangerschaft durch die Sprechstundenhilfe,[2151] Entfernung der Nachgeburt durch die Krankenschwester,[2152] Überwachung des CTG durch die Nachtschwester.[2153]

2136 BGH NJW 1993, 1524.
2137 OLG Düsseldorf VersR 2003, 114; OLG Oldenburg VersR 1993, 1235; OLG Köln VersR 1990, 1244.
2138 BGH NJW 1997, 796.
2139 OLG Stuttgart VersR 1999, 582.
2140 OLG Frankfurt VersR 1996, 584; OLG München VersR 1996, 63.
2141 OLG Düsseldorf VersR 2003, 114; 2005, 654; OLG Hamm VersR 386.
2142 Hierzu OLG Schleswig VersR 1997, 831; OLG Köln VersR 1988, 1185.
2143 OLG Schleswig VersR 2000, 238; OLG Stuttgart VersR 1989, 519; OLG Hamm VersR 2001, 189.
2144 BGH NJW 1997, 798.
2145 OLG München VersR 1991, 586; 1996, 63; OLG Oldenburg VersR 1992, 453; OLG Frankfurt VersR 1996, 584.
2146 OLG Hamm VersR 1996, 1371.
2147 OLG Oldenburg VersR 1994, 178.
2148 OLG Koblenz NJW 2005, 1200.
2149 OLG Hamm VersR 2004, 516.
2150 OLG Köln VersR 1997, 748.
2151 OLG Stuttgart VersR 1988, 856.
2152 OLG München VersR 1994, 1113.
2153 BGH NJW 1996, 2949.

(3) Operationstechnik und Operationsfehler

In diesem Bereich sind besonders viele Entscheidungen zu verzeichnen. Dabei ist die Rechtsprechung hinsichtlich konkreter Vorgaben für Operationsmethoden o. ä. äußerst zurückhaltend und muss deren Beurteilung regelmäßig dem Sachverständigen überlassen. Zudem hängt im Einzelfall viel von der Geschicklichkeit und Methodensicherheit des Arztes ab.[2154] Jedenfalls sind bereits entschiedene Beispielsfälle für die Beurteilung von neuen Fällen aus der Praxis nur von begrenztem Wert, zumal die Begutachtung durch einen anderen Sachverständigen und in einem anderen Fall anders ausfallen kann. Auch erscheint im Hinblick auf die Vielfalt chirurgischer Eingriffe keine Typisierung möglich, so dass hier nur einige **Beispielsfälle** herausgegriffen werden:[2155]

1573

- Operation eines Trümmerbruchs[2156]
- Elektrokoagulation[2157]
- Magenoperation[2158]
- Operationsalternativen zu Fußgelenksversteifung[2159]
- Gefäßprothese bei Aneurysma[2160]
- Fehler bei einer Operation zur Wirbelsäulenstreckung[2161]
- Verkennung eines Drehfehlers[2162]
- fehlerhafte Venendurchtrennung[2163]
- Uterusentfernung[2164]
- Spickdrahtosteosynthese[2165]
- Kürschnerdrähte statt Plattenosteosythese[2166]
- Adduktionsosteotomie als nicht allgemein übliche Methode.[2167]

1574

dd) Fehler bei Anwendung neuer Methoden

Behandlungsfehler/Aufklärungsfehler: Die Anwendung neuer Methoden ist derzeit ein Schwerpunktthema. Hier ergeben sich beim Behandlungsfehler Probleme sowohl hinsichtlich des medizinischen Standards als auch

1575

2154 Beispiele oben Rdn. 1480.
2155 Weitere Nachweise bei Geiß/Greiner Arzthaftpflichtrecht 6. Aufl. B Rn. 41, 80, 81.
2156 BGH NJW 1982, 2121.
2157 BGH NJW 1988, 763.
2158 BGH NJW 1988, 1516.
2159 BGH NJW 1988, 1514.
2160 BGH NJW 1998, 2735.
2161 BGH NJW 1997, 803; 2007, 217.
2162 BGH NJW 1991, 748; 1997, 802.
2163 BGH NJWE-VHR 1997, 150.
2164 BGH NJW-RR 2003, 203.
2165 BGH NJW 2004, 2825.
2166 BGH NJW 1988, 2302.
2167 BGH NJW 1985, 2650.

Müller

spezielle Aufklärungsprobleme. Beim Behandlungsfehler besteht die Problematik im Wesentlichen darin, dass es noch keinen Standard für die neue Methode gibt. Gleichwohl kann eine neue, klinisch noch nicht erprobte Therapie vertretbar sein, wenn die Standardmethode im konkreten Fall wenig Erfolgsaussicht bietet und die Prognose der Alternative deutlich günstiger und das Risiko eines Fehlschlags geringer als das der Heilung ist. Jedenfalls verpflichtet ein solcher Versuch zu umfassender **Aufklärung**, bei der sowohl auf den Versuchscharakter hinzuweisen ist als auch dem Patienten ein Vergleich von Chancen und Risiken der alten und der neuen Methode ermöglicht werden muss.[2168] Bezogen auf den **Behandlungsfehler** verpflichtet die Anwendung einer neuen Methode den Arzt zu einer über das normale Maß hinausgehenden **Vorsicht**, um eine Schädigung des Patienten zu vermeiden.[2169] Das wird nachstehend an drei exemplarischen Fällen aus der neuesten Rechtsprechung erläutert.

1576 ► **Musterfall**: Ein bekannter Fall betrifft die Verwendung des sog. Robodoc[2170] bei einer computergestützten Operation zum Einsatz einer Totalendoprothese des Hüftgelenks, wobei der Nervus ischiadicus der Patientin geschädigt wurde. Diese machte Ansprüche wegen fehlerhafter Behandlung und mangelnder Aufklärung geltend, im Ergebnis ohne Erfolg. Eine fehlerhafte Behandlung war jedoch nicht festzustellen. Zudem hatte sich mit der Nervschädigung ein Risiko verwirklicht, das auch für die gängige Operationstechnik typisch und über das die Klägerin aufgeklärt worden war. Bei dieser Sachlage konnte der BGH lediglich klar stellen, dass bei Anwendung neuer Methoden neben einer besonders intensiven Aufklärung jedenfalls so lange erhöhte Vorsicht bei der Behandlung geboten ist, als sie noch nicht dem Standard entsprechen. Was damit gemeint ist, hat der BGH beim nächsten Fall näher erläutert.

1577 ► **Musterfall**: Ein noch nicht zugelassenes Medikament[2171] wurde dem Kläger verabreicht, der an Epilepsie litt. Diese besserte sich durch das Medikament, das jedoch beim Kläger eine schwere Augenschädigung verursachte. Hier bestanden entgegen der Auffassung des Berufungsgerichts sowohl Anhaltspunkte für einen groben Behandlungsfehler als auch für ein Aufklärungsversäumnis, weil das Berufungsgericht unter beiden Aspekten die erhöhten Pflichten des Arztes im Hinblick auf den Einsatz eines noch nicht zugelassenen Medikaments nicht beachtet hatte. Hier machte die Erhöhung der Sorgfaltspflicht u.a. eine Sicherung des derzeitigen Sehstatus sowie dessen fortlaufende Kontrolle erforderlich, zumal

---

2168 Steffen/Pauge Arzthaftungsrecht 10. Aufl. Rn. 177.
2169 Oben Rdn. 1442.
2170 BGH NJW 2006, 2477.
2171 BGH NJW 2007, 2767.

Müller

der im Lauf der Behandlung ergangene Zulassungsbescheid Hinweise auf eine mögliche Sehschädigung enthalten hatte.

▶ **Musterfall:** Zur Behandlung einer Herzarrythmie wurde ein probeweiser Medikamentenwechsel[2172] vorgenommen, wobei das neue Medikament bei der Klägerin – die über den Medikamentenwechsel nicht aufgeklärt worden war – zu einem Herzstillstand mit schweren bleibenden Schäden führte. Der Ablauf des Falles zeigt mit Deutlichkeit, wie verfehlt die Auffassung des Berufungsgericht war, dass der Einsatz eines neuen Medikaments auch ohne Einwilligung des Patienten vorübergehend zulässig sei, wenn zunächst ermittelt werden sollte, ob es überhaupt anschlage. Erforderlich ist vielmehr, dass der Patient bereits vor dem ersten Einsatz des Medikaments über dessen Risiken aufgeklärt wird, damit er entscheiden kann, ob er in dessen Erprobung überhaupt einwilligen oder wegen der möglichen Nebenwirkungen hierauf verzichten will.

1578

ee) Koordinierungsfehler

Begriff: Hierunter fallen Fehler, die sich aus dem **Zusammenwirken** (oder dessen Unterlassen) mit anderen Ärzten oder Behandlungseinrichtungen ergeben.[2173] Auch wenn solche Fehler wohl nicht als Behandlungsfehler im engeren Sinn anzusehen sind, können sie doch eine Haftung von Arzt oder Krankenhaus nach sich ziehen. Zu erwähnen sind als **Beispiele:**

1579

unterlassene Überweisung an einen Arzt mit besserer Kompetenz oder ins Krankenhaus, ggf. eines der höheren Versorgungsstufe, bei eigenen unzulänglichen Fähigkeiten oder unzulänglicher apparativer oder personeller Ausstattung[2174]
– **Unterlassene Hinzuziehung** oder **Unterrichtung** eines Konsiliararztes[2175] oder eines Spezialisten[2176]
– **Unterlassener Hinweis** auf drohende Gefahr durch den Konsiliararzt[2177]
– **Verstoß gegen Mitteilungspflichten** (Arztbrief mit Befund) im Fall einer Überweisung des Patienten.[2178]

1580

Wichtig ist auch hier der **Vertrauensgrundsatz:** zwar gibt es bei der sog. **horizontalen Arbeitsteilung** – also dem Zusammenwirken von Ärzten verschiedener Fachrichtungen – keine allgemeine gegenseitige Überwachungs-

1581

2172 BGH NJW 2007, 2771.
2173 Hierzu ausführlich Geiß/Greiner Arzthaftpflichtrecht 6. Aufl. B Rn. 115 – 137.
2174 BGH VersR 2008, 221; OLG Saarbrücken VersR 2001, 2141 (Allgemeinarzt – Endokarditis-Diagnostik).
2175 OLG Hamm VersR 1996, 756; OLG Celle VersR 1997, 365.
2176 OLG Hamm VersR 2001, 723; OLG Düsseldorf VersR 2002, 856; 2004, 1563.
2177 BGH NJW 1994, 797; OLG Hamm VersR 2002, 98.
2178 BGH NJW 1981, 2513; 1987, 2927.

Müller

pflicht. Vielmehr darf jeder Arzt so lange auf die Ordnungsmäßigkeit der Tätigkeit des anderen vertrauen, als sich ihm keine Zweifel aufdrängen müssen.[2179]

1582 **Einschränkung:** Der Vertrauensgrundsatz kann jedoch nicht gelten, wenn sich die Gefährdung des Patienten gerade aus der **Unverträglichkeit** der von den unterschiedlichen Fachrichtungen eingesetzten **Methoden** ergibt. Deshalb sind in solchen Fällen die beteiligten Ärzte verpflichtet, durch hinreichende gegenseitige Information und Abstimmung vermeidbare Risiken für den Patienten auszuschließen. Auch wenn der Richter sich hinsichtlich des medizinischen Standards mangels eigener Fachkenntnis gewöhnlich zurückhält, kann es doch im Einzelfällen geboten sein, zur Gewährleistung der erforderlichen Sicherheit des Patienten Maßstäbe für die ärztliche Zusammenarbeit aufzustellen und damit den medizinischen Standard durch rechtliche Aspekte zu ergänzen.

1583 ▶ **Musterfall:** Bei einer Schieloperation wurde vom Augenarzt zum Stillen von Blutungen ein Thermokauter eingesetzt, der sich nicht mit der vom Anästhesisten für die Narkose eingesetzten Ketanest-Methode vertrug, bei der dem Patienten über einen Schlauch hochkonzentrierter Sauerstoff zugeführt wird. Dieser entzündete sich durch die vom Thermokauter ausgehende Hitze, was zu schweren Brandverletzungen des Patienten führte.[2180] Im Prozess beriefen sich Augenarzt und Anästhesist darauf, jeweils nur für den eigenen Fachbereich verantwortlich zu sein. Dem konnte der BGH nicht folgen, weil es zum Schutz des Patienten einer vorherigen Absprache bedurft hätte, die die Unverträglichkeit der eingesetzten Methoden ergeben und zur Vermeidung der Schädigung geführt hätte.

1584 **Weitere Pflichten:** Auch ist sicher zu stellen, dass bei zeitgleicher **Kooperation** mehrerer Ärzte der Patient nicht durch unklare Kompetenzen beeinträchtigt wird.[2181] Ebenso muss der Arzt grundsätzlich die spezifischen **Gefahren der Spezialisierung** und Arbeitsteilung im Auge behalten und darf nicht unbegrenzt auf die Erkenntnisse der vorbehandelnden Ärzte vertrauen.[2182] Er muss auch in Betracht ziehen, dass die beteiligten Spezialisten keinen Überblick über das Gesamtgeschehen haben. Deshalb sollte bei komplizierten Vorgängen ein behandlungsführender Arzt bestellt werden, der Koordination, Kommunikationsfluss und die Entscheidung von Kompetenzkonflikten sicherstellt. Für Über- oder Unterbehandlung aufgrund solcher Versäumnisse haften die beteiligten Fachgebiete gesamtschuldne-

---

2179 Vgl. oben Rn. 1561, 1562.
2180 BGH NJW 1999, 1770; hierzu Katzenmeier MedR 2004, 34, 35.
2181 BGH NJW 1999, 1996, 1597; 1999, 1779.
2182 BGH NJW 1992, 2962.

risch und müssen sich von einer Verschuldensvermutung entlasten, wenn die Schadensursache aus dem Kommunikationsbereich stammt.[2183] Wesentlich ist immer der konkrete Verlauf, der oft nur mit Hilfe eines Sachverständigen zu klären ist.

ff) Organisations- und Qualitätsmängel

Begriff: Mit diesem Begriff werden weitere Tatbestände zusammengefasst, die ebenfalls eine Haftung von Arzt oder Krankenhaus nach sich ziehen, ohne im engeren Sinn einen Behandlungsfehler darzustellen. Solche Mängel können **zum Beispiel** vorliegen: **1585**

(1) beim Krankenhaus, wenn   **1586**
– der zu fordernde Standard der **anästhesiologischen Leistungen** nicht durch klare Anweisungen an die Ärzte gewährleistet ist[2184]
– der **hygienische** Standard nicht eingehalten wird[2185]
– ebenso bei Unzulänglichkeit des **apparativen** Standards[2186]
– oder des **personellen** Standards[2187]
– oder wenn ein **Medikament** mit erheblich niedrigerem Risiko nicht rechtzeitig vor der Operation zur Verfügung steht[2188]
– bei Verstoß gegen die **Überwachungspflicht**, z.B. bei einem sedierten Patienten[2189]
– kann der **Standard** nicht eingehalten werden, so muss die **Verlegung** des Patienten erfolgen.[2190]

▶ **Musterfall**: bei der Betreiberin eines Geburtshauses hat der BGH eine   **1587**
haftungsbegründende Pflichtverletzung bejaht,[2191] weil sie zwar als Hebamme den Weisungen des (extrem fehlerhaft) entbindenden Arztes unterworfen war, in ihrer Eigenschaft als Betreiberin des Geburtshauses und Vertragspartnerin der Schwangeren jedoch einschreiten und die fachgerechte Behandlung der Patientin durch Verlegung in ein Krankenhaus sicher stellen musste.

(2) beim Arzt   **1588**
Übertragung **ärztlicher Aufgaben** auf **nicht ärztliches Personal**, z.B.

2183 BGH NJW 1984, 1403; 1990, 2929; 2000, 2741; vgl. auch Katzenmeier MedR 2004, 34, 36.
2184 BGH NJW 1985, 2189.
2185 BGH NJW 1991, 1948; 1992, 743.
2186 BGH NJW 1991, 2960; 1992, 754; 1998, 2321.
2187 BGH NJW 1996, 2429; 1998, 2736.
2188 BGH NJW 1991, 1543.
2189 BGH NJW 2003, 2309.
2190 BGH NJW 2005, 888.
2191 BGH VersR 2005, 794.

Müller

- intravenöse Injektion durch eine Pflegehelferin[2192] oder durch eine Krankenschwester[2193]
- Eingangsuntersuchung einer Schwangeren durch die Sprechstundenhilfe[2194]
- Überwachung des CTG durch die Nachtschwester, was zugleich einen schweren Organisationsfehler des Krankenhauses darstellen kann[2195]
- Entfernung der Nachgeburt durch die Krankenschwester[2196]
- **Ungeprüftes Unterzeichnen** der vom Personal ausgefüllte **Rezepte** durch den Arzt, was sogar einen groben Behandlungsfehler darstellen kann[2197]
- **Verstöße** gegen eine zweckmäßige **Sprechstundenorganisation.** Diese erfordert **Vorlassen** bzw. **Einbestellung** des Patienten in dringenden Fällen – allerdings trägt dieser die Beweislast dafür, dass er dem Personal die Dringlichkeit ausreichend geschildert hat.[2198] Bei Undurchführbarkeit einer dringend gebotenen Untersuchung muss der Arzt unter Hinweis auf die Dringlichkeit für die sofortige **Wiedereinbestellung** des Patienten sorgen,[2199] bei Kindern ggf. mit Begleitperson.

gg) Fehler bei der Familienplanung

(1) Grundsätze

1589 **Familienplanung:** Bei dieser Fehlergruppe geht es um Fälle, in denen es durch einen Fehler des Arztes zur Geburt eines Kindes kommt, die durch seine Tätigkeit hätte vermieden werden sollen und in denen die Eltern deshalb Schadensersatz verlangen. Anders als sonst bei der Arzthaftung beruht bei dieser besonderen Fallgruppe die Haftung des Arztes auf dem Grundsatz, dass der Schuldner für einen bestimmten Erfolg einstehen muss, wenn er sich zu dessen Herbeiführung verpflichtet hat. Zwar schuldet der Arzt im Allgemeinen keinen bestimmten Erfolg wie etwa die Wiederherstellung der Gesundheit. Wenn er sich aber zu einer bestimmten Tätigkeit verpflichtet, z.B. zu einer Sterilisation zum Zweck der Unfruchtbarmachung des Patienten und dieses Behandlungsziel schuldhaft verfehlt, so muss er sich am **Unterhalt für das »unplanmäßige« Kind** beteiligen. Das bejaht der BGH in ständiger Rechtsprechung, die auf das Jahr 1980 zurückgeht und anlässlich eines Falles der fehlgeschlagenen Sterilisation entwickelt wurde.[2200]

2192 BGH NJW 1979, 1935.
2193 BGH NJW 1981, 628.
2194 OLG Stuttgart VersR 1988, 856.
2195 BGH NJW 1996, 2429.
2196 OLG München VersR 1994, 1113.
2197 OLG Karlsruhe 7 U 194/93 v. 12.10.1995 mit NAB BGH VI ZR 340/96 v. 16.04.1996.
2198 BGH NJW 1999, 862; vgl. auch VersR 1996, 547.
2199 OLG Hamm 1996, 756.
2200 BGH NJW 1980, 1450; zur Entwicklung dieser Rechtsprechung Müller NJW 2003, 697 ff.

Elterliche Entscheidung: Die immer wieder geäußerte Kritik an dieser Rechtsprechung gibt Anlass zur Klarstellung, dass die dem ärztlichen Eingriff vorangehende **Entscheidung der Eltern** für oder gegen ein Kind von ihnen in eigener Verantwortung getroffen wird. Für ideologische oder moralische Überlegungen, die sie in dieser Entscheidung einschränken könnten, ist das Haftungsrecht nicht zuständig. Dieses hat sich entsprechend seiner allgemeinen Aufgabenstellung nur mit der Frage zu befassen, ob die Eltern vom Arzt Schadensersatz verlangen können, wenn sie im Rahmen zulässiger **Familienplanung** eine **Entscheidung** getroffen haben und der Arzt bei Durchführung der hierfür erforderlichen Maßnahmen einen Fehler gemacht hat. Das wird vom BGH in ständiger Rechtsprechung im Grundsatz bejaht.

1590

Verfassungsrecht: Zwar hat der erste Senat des BVerfG dem BGH im Jahr 1993 anlässlich der Überprüfung der Neuregelung der Vorschriften über den Schwangerschaftsabbruch die Überprüfung dieser Rechtsprechung aufgegeben,[2201] weil das Dasein eines Kindes von Verfassungs wegen keine Schadensquelle sein könne. Der BGH hat jedoch an seiner Rechtsauffassung festgehalten.[2202] Er vermochte in der Übernahme der Unterhaltslast durch den Arzt **keine Missachtung** des Lebensrechts und der Menschenwürde des betreffenden Kindes zu erkennen, sondern sah darin im Gegenteil einen **wirtschaftlichen Vorteil** für das Kind, der geeignet sei, dessen Akzeptanz durch die Eltern zu erhöhen.[2203] Das gilt insbesondere dann, wenn die Eltern durch den Vertrag mit dem Arzt gerade diese Belastung hatten vermeiden wollen.

1591

Haftungsrecht: Auch wenn diese **zivilrechtliche Betrachtungsweise** allein auf die finanzielle Lage des Unterhaltspflichtigen mit und ohne Kind abstellt und dabei zwangsläufig die menschliche Bereicherung durch ein Kind außer Betracht lässt, ist sie doch nicht nur für das Haftungsrecht, sondern für das gesamte Vertragsrecht typisch. Zudem ist in der Rechtsordnung auch anderweitig anerkannt, dass Unterhaltspflicht und Elternschaft auseinanderfallen können.[2204] Mittlerweile hat das BVerfG diese Rechtsprechung jedenfalls für die Fälle der Sterilisation ausdrücklich gebilligt[2205] und sie ist unentbehrlich, um auch im Bereich der Familienplanung den Standard zu garantieren und der Einhaltung der ärztlichen Sorgfalt den erforderlichen Nachdruck durch das Haftungsrecht zu verleihen.

1592

2201 BVerfG NJW 1993, 1751, 1754; hierzu näher unter Rdn. 1605.
2202 BGH NJW 1994, 788.
2203 BGH NJW 1994, 788.
2204 BVerfG NJW 1998, 519, 522 m. Hinw. auf BGH NJW 1979, 418; 1995, 2028 und BGH NJW-RR 1987, 898.
2205 BVerfG NJW 1998, 519.

Müller

> ❗ Im Schadensersatzprozess geht es nicht um das Leben oder den menschlichen Wert eines Kindes, sondern um die fehlerfreie Durchführung des dem Arzt erteilten Auftrags zur Durchführung der Familienplanung.

1593 **Schutzzweckzusammenhang:** Neben der Rechtmäßigkeit des ärztlichen Handelns ist weitere Voraussetzung für den Ersatz der Unterhaltsaufwendungen, dass der **Schutz vor solchen Belastungen** Gegenstand des jeweiligen Behandlungs- oder Beratungsvertrages war, ohne dass dies im Vordergrund stehen muss.[2206] Eine solche am Schutzzweck des Vertrags ausgerichtete Haftung hat der BGH **bejaht** bei der Sterilisation zum Zweck der Familienplanung,[2207] bei fehlerhafter Beratung betreffend die empfängnisverhütende Wirkung eines Hormonpräparats,[2208] bei genetischer Falschberatung vor Zeugung eines Kindes,[2209] wegen eines Fehlers bei Implantation eines empfängnisverhütenden Mittels[2210] sowie beim Fehlschlagen eines rechtlich zulässigen Schwangerschaftsabbruchs.[2211]

1594 **Verneint** wurde der erforderliche Schutzzweckzusammenhang in einem Fall, in dem bei der Vorbereitung zu einer Operation eine bestehende Schwangerschaft der Patientin übersehen worden war.[2212] Im Übrigen hat der Arzt keineswegs für alle Schäden aus der Geburt des Kindes einzustehen, sondern nur bis zu einer gewissen Altersgrenze einen **Unterhaltsbeitrag** zu leisten, der dem gesetzlichen Regelunterhalt entspricht.[2213]

> ❗ Es bedeutet grundsätzlich keinen Unterschied, ob das unerwünschte Kind gesund oder behindert ist. Eine etwaige Behinderung hat nur die zusätzliche Folge, dass auch die durch sie verursachten Mehraufwendungen zu erstatten sind.

1595 **Anspruchsberechtigter:** Wichtig ist ferner, dass in solchen Fällen anders als etwa bei Schäden infolge fehlerhafter Geburtsleitung **kein eigener Schadensersatzanspruch des Kindes** besteht. Hierzu hat der BGH klargestellt, dass der Mensch grundsätzlich sein Leben so hinzunehmen habe, wie es von der Natur gestaltet sei und ihm kein Anspruch auf seine eigene Verhütung oder Vernichtung zustehe.[2214] Ein Schadensersatzanspruch steht also nur

2206 BGH NJW 2007, 989, 990 m.w.N.
2207 BGH NJW 1980, 1450; 1452; NJW 1981, 630; 2003; 1984, 2625; 1992, 2961; 1995, 2407; 1997, 1638; 2000, 1782; VersR 2008, 1265.
2208 BGH NJW 1998, 155.
2209 BGH NJW 1994, 788.
2210 BGH NJW 2007, 989.
2211 Hierzu unten Rdn. 1601 ff.
2212 BGH NJW 2000, 1782.
2213 Hierzu BGH NJW 2007, 989 sowie Müller, in: FS für Erich Steffen (1995) 355, 370 ff. sowie NJW 2003, 697, 705 ff. und unten Rdn. 1617–1619.
2214 BGHZ 86, 240 = NJW 1983, 1371 – »wrongful life« – hierzu unten Rdn. 1603.

den Eltern zu, wobei je nach Lage des Falles auch der nicht eheliche Vater einbezogen sein kann.[2215]

(2) Die einzelnen Fallgruppen

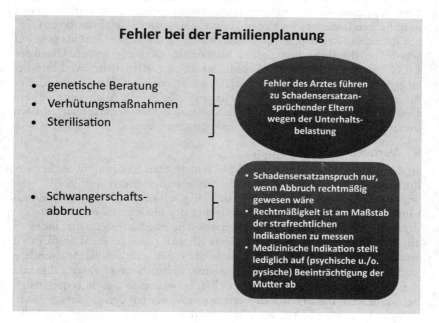

Fehler bei der Familienplanung

- genetische Beratung
- Verhütungsmaßnahmen
- Sterilisation

Fehler des Arztes führen zu Schadensersatzansprüchender Eltern wegen der Unterhaltsbelastung

- Schwangerschaftsabbruch

- Schadensersatzanspruch nur, wenn Abbruch rechtmäßig gewesen wäre
- Rechtmäßigkeit ist am Maßstab der strafrechtlichen Indikationen zu messen
- Medizinische Indikation stellt lediglich auf (psychische u./o. pysische) Beeinträchtigung der Mutter ab

– Genetische Beratung

▶ **Musterfall:** Exemplarisch ist ein Fall,[2216] in dem die Eltern bereits ein Kind mit schweren Behinderungen hatten, dies jedoch bei einem zweite Kind ausschließen wollten und sich deshalb vor dessen Zeugung genetisch beraten ließen. Weil der beratende Arzt bei seinen Untersuchungen ein bestimmtes Anzeichen übersah, das auf eine bestimmte genetische Belastung eines Elternteils schließen ließ, erklärte er – zu Unrecht – das Vorhaben der Eltern für unbedenklich. Als das im Vertrauen auf die Zuverlässigkeit der ärztlichen Beratung gezeugte zweite Kind die gleichen Behinderungen aufwies wie das erste, verlangten die Eltern Schadensersatz für die Unterhaltsaufwendungen, da sie andernfalls von einem zweiten Kind abgesehen hätten. Dieser Schadensersatz wurde ihnen nach einem umfangreichen Prozess zuerkannt, wobei nach Lage des Falles neben dem üblichen Unterhalt auch die behinderungsbedingten Mehraufwendungen zu berücksichtigen waren.

1596

2215 BGH NJW 2001, 3115; 2002, 1489; 2007, 989.
2216 BGH NJW 1994, 788.

1597 Anhand dieses Falles hat der BGH seinerzeit die ihm vom BVerfG gebotene **verfassungsrechtliche Überprüfung** seiner Rechtsprechung vorgenommen und hat an dieser festgehalten. Hierfür war der Fall besonders geeignet, weil der Wunsch der Eltern nach genetischer Beratung erkennbar von großem elterlichen Verantwortungsbewusstsein geprägt war und nicht einmal moralischen Bedenken begegnen konnte. Das spätere Urteil des BVerfG,[2217] mit dem diese Rechtsprechung vom zweiten Senat dieses Gerichts gebilligt wurde, betrifft die Verfassungsbeschwerde eines Arztes gegen ein Urteil des OLG München, das ihn zu Schadensersatz verurteilt hatte, weil ihm bei einer Sterilisation ein Fehler unterlaufen war, der zur Geburt eines Kindes führte. Die Verfassungsbeschwerde hatte keinen Erfolg. Auch wenn sie kein Urteil des BGH betraf, ist doch die Kritik an dessen Rechtsprechung nach dieser Entscheidung des BVerfG merklich abgeklungen.

– Verhütungsmaßnahmen

1598 In diesem Bereich gibt es Urteile zur fehlerhaften Beratung über die Wirkung eines empfängnisverhütenden Hormonpräparats (»Pille«)[2218] sowie zur fehlerhaften Einsetzung des lang wirkenden Verhütungsmittels »Implanon«,[2219] das nach der Beurteilung des medizinischen Sachverständigen völlige Sicherheit der Empfängnisverhütung bedeutet hätte, indessen aus nicht mehr aufklärbaren Gründen fehlerhaft (oder gar nicht) implantiert worden war. In diesem Fall hatte nicht nur die Mutter des Kindes, sondern auch der mit dieser nicht verheiratete **unterhaltspflichtige Vater** auf Ersatz des Unterhalts geklagt und zwar mit Erfolg, weil nach diesem Urteil in den **Schutzbereich des ärztlichen Vertrags** nicht nur auf den eheliche,[2220] sondern auch der jeweilige nichteheliche Partner einbezogen ist, der vom Fehlschlagen der Verhütung betroffen ist. Inwieweit das eine gewisse Dauer der Beziehung voraussetzt, ist eine Frage des Einzelfalls.

– Sterilisation

1599 Ebenso wie bei den vorgenannten Fällen steht auch bei der Sterilisation die Rechtmäßigkeit des ärztlichen Handelns außer Zweifel[2221] und ist in der erwähnten Entscheidung des BVerfG auch ausdrücklich bestätigt worden.[2222] Insbesondere bedarf es für die Rechtmäßigkeit des Eingriffs keiner besonderen Indikation. Vielmehr ist allein der Wille des Patienten maßgeblich, der den Arzt mit seiner Unfruchtbarmachung beauftragt. Ihm schuldet der Arzt den entsprechenden Erfolg, wenn er diesen Auftrag annimmt. In diesen Fäl-

2217 BVerfG NJW 1998, 519.
2218 BGH NJW 1998, 155.
2219 BGH NJW 2007, 989.
2220 Zur Einbeziehung des Ehepartners BGH NJW 1983, 1371; 1984, 658; 2002, 2636.
2221 BGH NJW 1980, 1452; 1981, 630; 2002; 1984, 2625; 1995, 2407.
2222 BVerfG NJW 1998, 519.

len kann es zur Haftung kommen, wenn dem Arzt ein Behandlungsfehler unterläuft, z.B. bei einer Frau eine Tubensterilisation mittels Tubenligatur und einer Elektrokoagulation, deren (ordentliche) Durchführung freilich streitig war, vorgenommen wird und erfolglos bleibt[2223] oder der männliche Patient nicht hinreichend über das Versagerrisiko, die Möglichkeit einer Refertilisation oder die Notwendigkeit von Kontrolluntersuchungen (etwa durch ein Spermiogramm) aufgeklärt wird.[2224] Ob der Rückgang der einschlägigen Fälle damit zu erklären ist, dass hier weniger Behandlungsfehler unterlaufen oder ob die Ärzte mit zunehmendem Erfolg über das Versagerrisiko aufklären, kann hier nicht beurteilt werden.

Eine **unerwünschte Mehrlingsgeburt** nach erfolgter Hormonbehandlung war für die Eltern Anlass, Ersatz des Unterhalts für die »überzähligen« Kinder – also für mehr als ein Kind – zu verlangen. Damit hatten sie keinen Erfolg, weil das OLG Hamm eine Erstreckung der Haftung nach den für die Sterilisation geltenden Grundsätzen mit einer vom BGH gebilligten Entscheidung abgelehnt hat.[2225] **1600**

– Schwangerschaftsabbruch

Ausgangspunkt: Wesentlich komplizierter ist die Rechtslage beim fehlgeschlagenen[2226] bzw. unterbliebenen Schwangerschaftsabbruch. Die 1980 entwickelten Grundsätze für Schadensersatz wegen fehlgeschlagener Sterilisation hat der Bundesgerichtshof in einer Entscheidung aus dem Jahr 1983 erstmals auf einen Fall erstreckt, in dem aufgrund eines ärztlichen Fehlers ein Schwangerschaftsabbruch unterblieben war.[2227] **1601**

▶ **Musterfall:** In jenem Fall hatte die Mutter den Arzt aufgesucht, um sich wegen einer von ihr befürchteten Rötelnerkrankung untersuchen und im Hinblick auf einen etwaigen Schwangerschaftsabbruch beraten zu lassen. Sie hatte tatsächlich Röteln, was der Arzt jedoch fehlerhaft nicht erkannt hat, so dass das Kind mit schweren Behinderungen zur Welt kam. Der Bundesgerichtshof hat den Eltern des Kindes den durch die Behinderung verursachten Mehraufwand (der volle Unterhaltsbedarf war nicht geltend gemacht, obwohl dies möglich gewesen wäre) als Schadensersatz zuerkannt, weil er zur Überzeugung kam, dass die Schwangerschaft bei pflichtgemäßem Verhalten des Arztes abgebrochen worden wäre. **1602**

Kein Anspruch des Kindes: Die besondere Bedeutung dieses Urteils besteht darin, dass neben dem Schadensersatzanspruch der Eltern ein eigener **1603**

2223 BGH VersR 2008, 1265.
2224 BGH VersR 1980, 558; NJW 1981, 2002; 1984, 2625; 1995, 2407.
2225 OLG Hamm VersR 1993, 1273.
2226 Zu derartigen Fällen BGH NJW 1985, 671; 2749.
2227 BGH NJW 1983, 1371.

Müller

Entschädigungsanspruch des behinderten **Kindes** geltend gemacht worden war und zwar mit der Begründung, dass dieses Kind besser nicht geboren worden wäre. Diese Entscheidung des BGH ist unter dem Stichwort **»wrongful life«** bekannt geworden. Mit ihr hat der VI. Zivilsenat einen eigenen Schadensersatzanspruch des Kindes abgelehnt, weil zum einen dem Beratungsvertrag zwischen Arzt und Patientin die erforderliche Schutzwirkung für Dritte (nämlich das ungeborene Kind) nicht zu entnehmen sei; denn das geltende Recht gewähre der Mutter die **rechtfertigende Erlaubnis** zum Schwangerschaftsabbruch ausdrücklich nur in ihrem eigenen Interesse. Vor allem aber sei in diesem Bereich eine rechtliche Regelung der Verantwortung für weitgehend schicksalhafte und naturbedingte Verläufe nicht mehr sinnvoll und tragbar, weil der Mensch grundsätzlich sein Leben so hinzunehmen habe, wie es von Natur gestaltet sei, und ihm kein Anspruch auf seine Verhütung oder Vernichtung zustehe. Das ist der tragende Gedanke, der auch etwaige Ansprüche des Kindes gegen seine eigenen Eltern ausschließt, wie sie gelegentlich erwogen werden.

> ❗ Es steht lediglich den Eltern ein Anspruch auf Ersatz des Unterhalts zu und dies nur dann, wenn der Abbruch rechtmäßig gewesen wäre.

1604   **Erlaubter Eingriff:** Mithin kommt ein von der Rechtsordnung missbilligter Abbruch als Ansatz für ärztliche Haftung nicht in Betracht. Weil eine den strafrechtlichen Vorschriften entsprechende Indikation gegeben sein muss, wenn aus der Unterlassung oder dem Fehlschlagen des Abbruchs ein Schadensersatzanspruch hergeleitet werden soll, haben diese Vorschriften unmittelbaren Einfluss auf die zivilrechtliche Rechtsprechung und müssen deshalb kurz skizziert werden,[2228] zumal sie seit Beginn der einschlägigen Rechtsprechung im Jahr 1983 mehrfach geändert worden sind.

1605   **Frühere Rechtslage:** Damals gab es folgende **Indikationen** für einen Schwangerschaftsabbruch nach § 218 a StGB a.F.:
– die **medizinische** Indikation[2229] bei ärztlicher Erkenntnis einer Gefahr für das Leben oder einer schwerwiegenden Beeinträchtigung des körperlichen oder seelischen Gesundheitszustandes der Schwangeren (Abs.1 Nr. 2)
– die **embryopathische** Indikation[2230] bei dringenden Gründen für die Annahme, dass das Kind infolge einer Erbanlage oder schädlicher Einflüsse vor der Geburt an einer nicht behebbaren Schädigung seines Gesundheitszustandes leiden würde, die so schwer wiege, dass von der Schwangeren die Fortsetzung der Schwangerschaft nicht verlangt werden könne (Abs. 2 Nr. 1)

2228 Hierzu ausführlich Müller NJW 2003, 697 ff.
2229 Hierzu BGH NJW 1985, 2749; vgl. auch NJW 2000, 1782; 2002, 886 und 2636.
2230 Hierzu BGH NJW 1983, 1371; 1984, 658;1987, 2923 ff.; 1989, 1536; 1997, 1638; 1999, 2731; vgl. auch NJW 2002, 886 und 2636.

– die **kriminologische** Indikation[2231] nach Abs. 2 Nr. 2 und
– die **Notlagenindikation**[2232] nach Abs. 2 Nr. 3, bei der die Notlage so
schwer wiegen musste, dass die Fortsetzung der Schwangerschaft nicht
verlangt werden konnte und die ferner voraussetzte, dass die Notlage
nicht auf andere Weise abgewendet werden konnte.

Nach Abs. 3 galt für die embryopathische Indikation eine **Frist** von zwei-
undzwanzig, für die kriminologische und die Notlagenindikation eine solche von zwölf Wochen. All diese Indikationen wurden aus strafrechtlicher
Sicht[2233] als **Rechtfertigungsgründe** angesehen, und deshalb hat die zivilrechtliche Rechtsprechung hierauf gestützte Schwangerschaftsabbrüche
als rechtmäßig betrachtet, so dass sie bei Unterlassen oder Fehlschlagen
des Eingriffs Grundlage für einen Schadensersatzanspruch sein konnten.[2234]

Reformversuch: Diese Rechtslage war für das Schadensersatzrecht **1606**
maßgeblich, bis sich der Gesetzgeber nach der Wiedervereinigung die Diskussion im Hinblick auf die großzügigere Regelung in der früheren DDR
zu einer Neuregelung der §§ 218 ff. StGB entschloss. Das geschah durch
das Schwangeren- und Familienhilfegesetz vom 27.06.1992,[2235] dessen
Kernstück eine **Fristenlösung** war. Danach sollte ein Schwangerschaftsabbruch nicht rechtswidrig sein, wenn er innerhalb von zwölf Wochen
erfolgte und die Schwangere sich hatte beraten lassen, wobei die Beratung
mit einem Klammerzusatz als »in einer Not- und Konfliktlage« gekennzeichnet war.

Korrektur durch BVerfG: Diese Regelung ist jedoch nicht in Kraft getre- **1607**
ten. Das BVerfG hat sie zunächst vorläufig ausgesetzt und mit Urteil vom
28. Mai 1993[2236] endgültig für **verfassungswidrig** erklärt, weil das vorgesehene Beratungskonzept entgegen dem Schutzauftrag der Verfassung keine
positiven Voraussetzungen für ein Handeln der Frau zugunsten des ungeborenen Lebens schaffe.[2237] Weiter hat es gravierende Bedenken gegen die
Notlagenindikation erhoben, die nur bei schwersten, der medizinischen
und embryopathischen Indikation vergleichbaren Konfliktlagen als Grund
für einen Schwangerschaftsabbruch in Betracht kommen könne. Damit

---

2231 Hierzu gibt es keine Entscheidung des BGH; vgl. aber BSG NJW 2002, 3123.
2232 Hierzu BGH NJW 1985, 671; 2752;1992, 1556; vgl. auch BGH NJW 1985,
 2749 ff. sowie BGH NJW 1995, 1609.
2233 Vgl. Dreher/Maassen StGB, 18 Aufl. (1989) Anm. 1 a aa.
2234 Deshalb liegt nach BGH NJW 1985, 2752 die Beweislast beim Arzt, wenn er
 sich darauf beruft, tatsächlich habe für den (fehlgeschlagenen) Eingriff keine
 Indikation vorgelegen.
2235 BGBl. I 1398 ff.
2236 BVerfG NJW 1993, 1751 ff.
2237 Mit diesem Urteil hat das BVerfG – obiter dictum – auch dem BGH die Überprüfung seiner Rechtsprechung aufgegeben, vgl. oben Rdn. 1597.

Müller

war die Notlagenindikation faktisch außer Kraft.[2238] Folglich galten vom 16.06.1993 bis 30.09.1995 nur die Vorschriften über die medizinische, die embryopathische und die kriminologische Indikation.

1608 **Embryopathische Indikation:** Obwohl das BVerfG gegen diese Indikation keine Bedenken erhoben hatte, ist auch sie mit der Neuregelung im Jahr 1995 abgeschafft worden. Weil nicht anzunehmen ist, dass noch Haftungsfälle aus dieser Indikation hergeleitet werden, kann hier der Hinweis ausreichen, dass ein Abbruch aus dieser Indikation seinerzeit für rechtmäßig erachtet wurde und dass mehrere hierauf gestützte Klagen vor dem BGH Erfolg hatten, weil infolge des ärztlichen Fehlers eine nicht behebbare Schädigung des ungeborenen Kindes verkannt worden war, z.B. durch Verkennung einer Rötelninfektion der Mutter[2239] oder Unterlassung einer Amniozentese, die zur Erkennung des Down-Syndroms bei dem Kind geführt hätte.[2240] Der letzte vom BGH im Dezember 2001 zu dieser Indikation entschiedene Fall betraf die voraussehbare Behinderung eines Zwillingskindes,[2241] die unter Abwägung aller Umstände – darunter die Möglichkeit, dass auch das zweite Kind durch einen Abbruch der Schwangerschaft hätte betroffen werden können – nicht für so schwerwiegend gehalten wurde, als dass sie einen rechtmäßigen Abbruch hätte rechtfertigen können. Deshalb blieb die Klage ohne Erfolg.

1609 **Die neue Fristenlösung:** Derzeit gilt § 218a StGB in der Fassung des Schwangeren- und Familienhilfegesetzes vom 21.08.1995.[2242] Danach ist der Tatbestand des § 218 StGB, also ein strafbarer Schwangerschaftsabbruch, nicht verwirklicht, wenn die Schwangere sich hat beraten lassen, der Eingriff von einem Arzt vorgenommen wird und innerhalb von zwölf Wochen nach der Empfängnis erfolgt. Das bedeutet im Ergebnis wiederum eine **Fristenlösung mit Beratungspflicht**, allerdings mit beträchtlichem Unterschied zu der vom BVerfG verworfenen Regelung. Zum einen ist die Beratung durch begleitende Vorschriften im Sinn der Vorgaben des Urteils vom 28.05.1993 geregelt worden, zum anderen hat sich der Gesetzgeber der umstrittenen Frage, ob ein unter Beachtung dieser Vorschriften erfolgter Abbruch rechtswidrig sei, durch die Formulierung entzogen, dass in diesem Fall **kein strafbarer Schwangerschaftsabbruch** im Sinn des § 218 StGB vorliege. Die strafrechtliche Literatur spricht insoweit von einem Tatbestandsausschluss und dem Fehlen strafrechtlichen Unrechts,[2243] was für das

---

2238 Sie spielt inzwischen keine Rolle mehr und wird deshalb hier nicht näher dargestellt.
2239 BGH NJW 1983, 1371.
2240 BGH NJW 1983, 1371. BGH NJW 1984, 658.
2241 BGH NJW 2002, 886.
2242 BGBl. I 1050.
2243 Z.B. Schönke/Schröder/Eser StGB 25. Aufl. (1997) § 218a Rn. 13 ff.; kritisch Tröndle NJW 1995, 3009, 3011.

Zivilrecht wenig hilfreich ist. Indessen dürfte sich aus den beiden einschlägigen Urteilen des BVerfG[2244] ergeben, dass solche Schwangerschaftsabbrüche nicht als rechtmäßig bezeichnet werden können. Der BGH konnte diese Frage in einem Fall offen lassen, wo eine Röteln-Infektion der unerkannt schwangeren Mutter nicht entdeckt worden war und ein Schadensersatzanspruch bereits an der Beschränkung des Behandlungsauftrags scheiterte.[2245] In einem anderen Fall, der ebenfalls nach der neuen Rechtslage zu beurteilen war, musste er sich zur Frage der Rechtmäßigkeit äußern.

▶ **Musterfall:** Der 15-jährige Kläger hatte mit einem 12-jährigen Mädchen ein Kind gezeugt und nahm die Gynäkologin, von der sich das (bereits unerkannt schwangere) Mädchen die »Pille« hatte verschreiben lassen, auf Freistellung von seiner Unterhaltspflicht in Anspruch. Er meinte, bei einer gründlichen Untersuchung wäre die Schwangerschaft festgestellt worden, was zu deren Abbruch geführt hätte. Die Klage wurde in sämtlichen Instanzen abgewiesen.[2246] Zum einen war aus rechtlichen Gründen eine Einbeziehung des Klägers in den Vertrag mit der Ärztin nach den Grundsätzen über Verträge mit Schutzwirkung zugunsten Dritter zu verneinen. Zum Zweiten hatte der Kläger seinen Anspruch darauf gestützt, dass ein Schwangerschaftsabbruch nach der Beratungslösung des § 218a Abs.1 StGB erfolgt wäre. Das aber wäre, wie der BGH betont hat, kein von der Rechtsordnung gebilligter Vorgang gewesen, so dass es an der Rechtmäßigkeit des unterbliebenen Eingriffs fehlte.[2247] Schließlich gab es auch keinerlei Anhaltspunkte für eine medizinische Indikation nach § 218a Abs. 2 StGB. Deshalb bedurfte es keiner Entscheidung, ob der geltend gemachte Anspruch nur einem Ehemann[2248] oder dem Partner einer auf Dauer angelegten Lebensgemeinschaft hätte zustehen können und ob der Schutzzweck des Vertrages die Belastung mit dem Unterhalt des Kindes erfassen konnte.

1610

Die medizinische Indikation: Rechtmäßig ist aufgrund der ausdrücklichen Wertung des Gesetzgebers neben der kriminologischen Indikation nach § 218a Abs. 3 StGB (die bei den einschlägigen Haftungsfällen allerdings bisher keine Rolle gespielt hat) die **medizinische Indikation** nach § 218a Abs. 2

1611

2244 BVerfG NJW 1975, 573 ff. und 1993, 1751 ff.
2245 BGH NJW 2005, 891; Rechtmäßigkeit des Eingriffs setzt BGH 2002, 1489 voraus.
2246 BGH NJW 2002, 1489.
2247 Wolf MedR 2002, 464, 465 weist zutreffend darauf hin, dass in solchen Fällen der Beweggrund der Schwangeren nicht rechtlich nachgeprüft werden könne und deshalb auch der Schutzzweck des Behandlungsvertrages – anders als in den Indikationsfällen – nicht objektiv überprüfbar sei.
2248 So wohl noch BVerfG NJW 1998, 519, 520; anders inzwischen BGH NJW 2001, 3115; 2002, 1489; 2007, 989; vgl. auch unten Rdn. 1622.

Müller

StGB, die durch die Neuregelung des § 218a StGB im Jahr 1995 und vor allem durch den Wegfall der früheren embryopathischen Indikation eine wesentlich größere praktische Bedeutung als früher erlangt hat, zumal sie auch als medizinisch-soziale Indikation verstanden wird. Sie ist jedoch nicht dazu bestimmt und auch nicht geeignet, die embryopathische Indikation zu ersetzen. Denn nach § 218a Abs. 2 StGB ist ein Abbruch der Schwangerschaft nur gerechtfertigt, um eine Gefahr für das Leben oder die körperliche oder seelische **Gesundheit der Schwangeren** abzuwenden, so dass die Behinderung des Kindes für sich genommen einen Abbruch nicht rechtfertigt. Das stellt eine Kompromisslösung dar, die einerseits dem mittlerweile in Art. 3 GG aufgenommenen Lebensrecht von Behinderten Rechnung trägt, andererseits aber in vielen Fällen den betroffenen Frauen und den sie beratenden Ärzte nur schwer verständlich sein dürfte, zumal sich die neue Regelung in der Praxis erst mit beträchtlicher Verzögerung herum gesprochen hat.

1612 **Diese Einschränkung** hat der BGH inzwischen mit mehreren zivilrechtlichen Entscheidungen klargestellt,[2249] während es für das Strafrecht keine neueren höchstrichterlichen Entscheidungen gibt. Im Hinblick auf den eindeutigen Wortlaut des Gesetzes sah sich der BGH außerstande, im Grundsatz die Entscheidung des Gesetzgebers zu korrigieren, wonach es auf die **gesundheitliche Beeinträchtigung der Mutter** ankommt. Diese kann allenfalls mittelbar durch voraussehbare Behinderungen des Kindes verursacht werden, wenn hierdurch eine Gesundheitsgefährdung für die Mutter eintritt, die in den meisten Fällen psychisch vermittelt wird.

1613 **Behinderungen des Kindes** sind mithin nicht ausschlaggebend, auch wenn ihre voraussichtliche Schwere sicherlich bei der Einwirkung auf die psychische Verfassung der Mutter eine Rolle spielen kann. Jedenfalls ist unabweislich, dass sich die medizinische Indikation ausschließlich an der Gefährdung der Mutter orientiert. Da dieser jedoch nach § 218 Abs. 2 StGB die Entscheidung zusteht, ob sie bei Vorliegen einer medizinischen Indikation für den Schwangerschaftsabbruch das Kind austragen will, müssen ihr die **Ergebnisse der pränatalen Diagnostik** mitgeteilt werden. Deshalb ist das Vorbringen eines Arztes, er habe die Fehlbildung zwar erkannt, der Mutter jedoch nicht mitgeteilt, um einen Abbruch der Schwangerschaft zu vermeiden,[2250] schon im Ansatz nicht geeignet, seine Haftung auszuschließen. Er haftet vielmehr, wenn er der werdenden Mutter nicht die erforderlichen Informationen erteilt hat. Hierzu ist er verpflichtet. Hingegen obliegt ihm nicht die Beurteilung, ob diese Mitteilung bei der Mutter zu schweren Beeinträchtigungen im Sinn einer medizinischen Indikation geführt hätte, und erst recht nicht die Verpflichtung, auf einen hiernach indizierten Schwangerschaftsabbruch hinzuwirken oder diesen womöglich selbst durchzuführen.

2249 BGH NJW 2002, 2636; 2003, 3411; 2006, 1660.
2250 So der Vortrag des beklagten Arztes im Fall BGH NJW 2002, 2636.

Müller

Im Prozess muss die Mutter beweisen, dass bei fehlerfreier Diagnose die Voraussetzungen für einen rechtmäßigen Schwangerschaftsabbruch vorgelegen hätten. Hierfür bedarf es einer nachträglichen, auf den Zeitpunkt des denkbaren Abbruchs bezogenen **Prognose**,[2251] für die es regelmäßig eines Sachverständigengutachtens bedarf. Für diese Prognose ist darauf abzustellen, ob von einer Gefahr für das Leben oder einer schwerwiegenden Beeinträchtigung des körperlichen oder seelischen Gesundheitszustandes der Mutter auszugehen war, wobei an eine solche Prognose keine überzogenen Anforderungen gestellt werden dürfen.[2252] Daneben ist von Bedeutung, ob aus damaliger Sicht diese Gefahr auf eine andere, für die Mutter zumutbare Weise hätte abgewendet werden könne. Der BGH hat klargestellt,[2253] dass die Gesetzeslage keine zusätzliche Abwägung erfordert bzw. erlaubt, die an der Grad der (zu erwartenden) Behinderung des Kindes und dessen Entwicklung nach der Geburt anknüpft, sondern dass der Gesetzgeber den Abbruch bereits dann (und nur dann) erlaubt, wenn andernfalls schwerwiegende Beeinträchtigungen der Mutter zu besorgen sind.

1614

▶ **Musterfall**: Ein Kind wurde mit kaum entwickelten Extremitäten geboren, was der Arzt bei einer sorgfältigen pränatalen Untersuchung hätte erkennen können.[2254] Die Voraussetzungen einer medizinischen Indikation waren zu bejahen, weil nach dem Gutachten des medizinischen Sachverständigen bei einer auf den Zeitpunkt des hypothetischen Entschlusses der Mutter bezogenen Prognose die voraussichtlichen schweren Behinderungen des Kindes sowohl die Gefahr eines Suizidversuchs als auch einer schwerwiegenden Beeinträchtigung der seelischen Gesundheit der Mutter erwarten ließen. Diese Prognose wurde dadurch gestützt, dass bei der Mutter nach der Geburt tatsächlich Depressionen mit deutlichem Krankheitswert auftraten und eine latente Selbstmordgefahr gegeben war. Angesichts dieser Prognose konnte angenommen werden, dass sie sich bei Kenntnis der voraussichtlichen Behinderungen des Kindes zu einem – rechtmäßigen – Abbruch entschlossen hätte. Der Arzt wurde deshalb zum Schadensersatz verurteilt, weil durch sein Verschulden der Abbruch der Schwangerschaft unterblieben war.

1615

Problematisch bleibt, dass die Möglichkeiten der Früherkennung von Missbildungen immer besser werden, die hierbei gewonnenen Erkenntnisse jedoch aus rechtlicher Sicht immer weniger Einfluss auf die Fortsetzung der Schwangerschaft haben können. Es steht zu vermuten, dass von den betroffenen Frauen viele Entscheidungen in einer Grauzone getroffen werden, die

1616

2251 BGH NJW 2002, 2636; 2003, 3411.
2252 BGH NJW 2993, 3411; 2006, 1660.
2253 BGH NJW 2006, 1660.
2254 BGH NJW 2002, 2636.

erst im Schadensersatzprozess rechtlich relevant wird, weil es dann auf die Rechtmäßigkeit des ärztlichen Handelns ankommt. Jedenfalls ist zu konstatieren, dass infolge der neuen restriktiven Rechtslage Fehler bei der pränatalen Diagnostik häufig ohne Sanktion durch das Haftungsrecht bleiben.[2255]

1617 ▶ **Beispiele:** Eine Indikation zum Schwangerschaftsabbruch nach neuem Recht wurde verneint in einem Fall, in welchem dem Kind eine Hand und die Hälfte des linken Unterarms fehlten. Die Eltern machten geltend, dass das Kind bei rechtzeitiger Erkenntnis dieser Missbildung abgetrieben worden wäre und wiesen u.a. auf ihre mit der Pflegebedürftigkeit verbundene Freizeiteinschränkung hin. Die Vorinstanzen hielten dies nicht für ausreichend im Sinn einer Indikation zum Schwangerschaftsabbruch und wiesen die Klage ab.[2256] Das hat der BGH durch Nichtannahme der Revision gebilligt. In einem anderen Fall wurde ein türkisches Mädchen mit einem Bauchwandschaden geboren, der sogleich ordnungsgemäß operativ versorgt wurde. Dennoch machten die Eltern mit einer Schadensersatzklage geltend, sie hätten das Kind bei früherer Kenntnis von diesem »Defekt« abgetrieben, weil es möglicherweise später keine Kinder bekommen könne und dies nach türkischen Maßstäben ein schwerwiegender Mangel sei. Auch diese Klage blieb ohne Erfolg.[2257]

1618 Die **Problematik der Spätabtreibung** ergibt sich daraus, dass die medizinische Indikation nicht an eine Frist gebunden ist. Das ist im Prinzip folgerichtig, weil diese Indikation von ihrer Konzeption her am Befinden der Schwangeren ausgerichtet ist und deren Schutz gegen gesundheitliche Gefahren durch die Schwangerschaft grundsätzlich keiner zeitlichen Beschränkung unterliegt. Demgegenüber durfte nach der früheren embryopathischen Indikation ein Schwangerschaftsabbruch nur innerhalb von 22 Wochen erfolgen, weil man davon ausging, dass schwere Behinderungen des Kindes bis zu diesem Zeitpunkt erkannt werden konnten. Die an der Lebensfähigkeit des Kindes orientierte Frist ist jedoch mit der Streichung dieser Indikation weggefallen. Der BGH hat diese Problematik in einem Urteil aus dem Jahr 2002[2258] aufgezeigt, wo es allerdings nicht darauf ankam, weil nach den tatsächlichen Feststellungen ein Abbruch der Schwangerschaft noch innerhalb der früher geltenden Frist hätte erfolgen können. Der BGH hat hierzu erwogen, dass im Rahmen der für die Rechtmäßigkeit eines Schwangerschaftsabbruchs erforderlichen Güterabwägung auch die Dauer der Schwangerschaft und die

---

2255 Anders der (Zwillings-)Fall BGH NJW 2002, 886, für den noch die embryopathische Indikation galt.
2256 OLG Hamm NJW 2002, 2649.
2257 OLG Hamm Urt. v. 06.03.2002 – 3 U 134/01 – rechtskräftig nach Versagung von Prozesskostenhilfe durch den BGH mit Beschl. v. 23.07.2002 – VI ZA 7/02.
2258 BGH NJW 2002, 2636.

Müller

daraus resultierende besondere Situation für Mutter und Kind Berücksichtigung finden könne. Vielleicht wäre dieser Ansatz einer erneuten Änderung der strafrechtlichen Vorschriften vorzuziehen.

Die Höhe des Unterhaltsanspruchs kann von einer etwaigen Behinderung des Kindes abhängen. Bei behindert geborenen Kindern erstreckt sich der Schadensersatzanspruch gegen den Arzt nach dem Schutzzweck des Beratungsvertrags grundsätzlich auf die gesamte Unterhaltsbelastung, die sich die Eltern durch ihre Vorsorge ersparen wollten, weil nach Auffassung des BGH der Aufwand für die Existenzsicherung aus rechtlicher Sicht unteilbar ist. Deshalb sind die Eltern vom gesamten Unterhaltsbedarf freizustellen, wenn nicht ausdrücklich nur der schädigungsbedingte Mehrbedarf beantragt wird,[2259] was den Eltern natürlich frei steht. Bei behinderungsbedingtem Sonderbedarf ist der Anspruch naturgemäß höher als bei einem gesunden Kind.[2260]

1619

Schadensersatzrechtliche Betrachtungsweise: Wenn wirtschaftlich günstig gestellte Eltern gegenüber dem Kind familienrechtlich zu überdurchschnittlich hohen Unterhaltszahlungen verpflichtet sind, wirkt sich das nicht auf ihren Anspruch gegen den Arzt aus. Nach der Rechtsprechung des BGH[2261] muss die Ersatzpflicht des für die Geburt verantwortlichen Dritten auf einen Betrag beschränkt werden, der nach **durchschnittlichen Anforderungen** für das Auskommen des Kindes erforderlich ist. Als Anhalt für den geldlichen Aufwand für ein im elterlichen Haushalt gepflegtes Kind hat der BGH[2262] früher die Sätze des Regelunterhalts für nichteheliche Kinder (§ 1615 f BGB a.F.) herangezogen. Nachdem diese Vorschrift infolge der Vereinheitlichung des Unterhaltsrechts für eheliche und nichteheliche Kinder durch das Gesetz vom 06.04.1998[2263] weggefallen ist, dürften künftig als Bemessungsgrundlage nach § 1615, 1612a BGB n.F. die Sätze der **Regelbetrags**VO vom 06.04.1998[2264] heranzuziehen sein, die an die Renten aus der gesetzlichen Rentenversicherung gekoppelt sind.[2265] Der hiernach ermittelte Betrag kann sich erhöhen durch einen vom Tatrichter zu bemessenden angemessenen Zuschlag, der den Wert der pflegerischen Dienstleistungen ausgleicht, die dem Kind zusätzlich zugute kommen. Daneben kann sich der Unterhaltsaufwand und mit ihm die Schadensersatzpflicht auch auf **höhere Leistungen** erstrecken, wenn besondere Umstände, etwa nachhaltiges Siechtum des Kindes, **besondere Aufwendung**en erfordern.[2266]

1620

2259 So der Fall BGH NJW 1983, 1371.
2260 BGH NJW 1984, 658; vgl. auch BGH NJW 1994, 788.
2261 BGH NJW 1980, 1452.
2262 BGH NJW 1980, 1452.
2263 BGBl. I 666.
2264 BGBl. I 668.
2265 Vgl. OLG Hamm NJW 1999, 1787.
2266 BGH NJW 1980, 1452.

1621 **Einzelheiten:** Abzuziehen ist nach allgemeinen schadensrechtlichen Grundsätzen unter dem Blickpunkt des Vorteilsausgleichs derjenige **Kindergeldbetrag**, der gerade durch die Geburt des ungewollten Kindes ausgelöst worden ist. Keine Anrechnung finden der kindbezogene Anteil des beamtenrechtlichen Ortszuschlags oder kindbezogene Steuervorteile.[2267] Bei Zuerkennung des Schadensersatzanspruchs ist nach allgemeinen schadensersatzrechtlichen Grundsätzen eine zeitliche Begrenzung erforderlich,[2268] nämlich bis zur Vollendung des 18. Lebensjahres. Für die Zeit danach kann zunächst grundsätzlich nur auf Feststellung geklagt werden.[2269]

1622 **Aktivlegitimation:** Der Anspruch auf Ersatz des unterhaltsbedingten Vermögensschadens steht **beiden Eltern** zu,[2270] also im Fall der Sterilisation oder der fehlerhaften Schwangerschaftsberatung nicht nur dem Patienten, sondern auch dessen Ehegatten und ggf. dem nicht ehelichen Vater.[2271] **Nicht erstattungsfähig** ist nach der Rechtsprechung des BGH[2272] der **Verdienstausfall**, der den Eltern durch die Betreuung des Kindes entsteht. Damit soll einer Ausuferung der ärztlichen Ersatzpflicht vorgebeugt werden. Auch die Beerdigungskosten, die durch das Austragen eines nicht lebensfähigen Kindes entstanden sind, werden nicht vom Schutzzweck des Behandlungsvertrags erfasst.[2273]

1623 **Weitere Ansprüche:** Im Fall einer durch ärztlichen Fehler misslungenen Sterilisation kann die Herbeiführung einer ungewollten Schwangerschaft selbst dann, wenn sie ohne pathologische Begleiterscheinungen verläuft, einen **Schmerzensgeldanspruch** der Frau gegen den Arzt auslösen.[2274] Hingegen hat der BGH bei unterbliebenem[2275] oder fehlgeschlagenem[2276] Schwangerschaftsabbruch Schmerzensgeld nur gewährt, wenn und soweit die Beschwerden der Mutter diejenigen einer natürlichen, komplikationslosen Geburt übersteigen. Das leuchtet ein, weil in diesen Fällen der Eintritt der Schwangerschaft unabhängig von einem ärztlichen Versehen erfolgt war.

Zusammenfassung zum Familienplanungsschaden

1. Im Schadensersatzprozess geht es nicht um das Leben oder den menschlichen Wert eines Kindes, sondern um die fehlerfreie Durch-

---

2267 BGHR § 249 Unterhaltsaufwand 1.
2268 BGH NJW 1980, 1452.
2269 BGH VersR 1980, 558.
2270 BGH NJW 1980, 1452.
2271 BGH NJW 2001, 3115; 2002, 1489; 2007, 989.
2272 BGH NJW 1997, 1638; VersR 1981, 278.
2273 OLG Düsseldorf VersR 1996, 711.
2274 BGH NJW 1980, 1452; VersR 2008, 1265.
2275 BGH NJW 1983, 1371.
2276 BGH NJW 1985, 671; 2749.

Müller

führung des dem Arzt erteilten Auftrags zur Durchführung der Familienplanung.

2. Der Behandlungsvertrag muss den Schutz vor Unterhaltsbelastungen umfassen, auch wenn das nicht im Vordergrund stehen muss.

3. Es bedeutet grundsätzlich keinen Unterschied, ob das unerwünschte Kind gesund oder behindert ist. Eine etwaige Behinderung hat die zusätzliche Folge, dass auch die durch sie verursachten Mehraufwendungen zu erstatten sind.

4. Das »unplanmäßige« Kind hat keinen eigenen Schadensersatzanspruch aus fehlgeschlagener Familienplanung gegen den Arzt.

5. Es steht lediglich den Eltern ein Anspruch auf Ersatz des Unterhalts zu und dies nur dann, wenn der Abbruch rechtmäßig gewesen wäre.

6. Deshalb sind bei fehlgeschlagenem oder unterbliebenem Schwangerschaftsabbruch die strafrechtlichen Indikationen zu beachten.

7. Nach Wegfall der embryopathischen Indikation stellt die medizinische Indikation allein auf gesundheitliche Beeinträchtigungen der Mutter ab, die durch voraussichtliche schwere Behinderungen des Kindes nur mittelbar (psychisch) verursacht werden können.

8. Für eine derartige gesundheitliche Beeinträchtigung der Mutter bedarf es einer nachträglichen, auf den Zeitpunkt des denkbaren Abbruchs bezogenen Prognose.

9. Der Schadensersatzanspruch gegen den Arzt richtet sich nach dem Regelunterhalt.

10. Er kann auch dem nicht ehelichen Vater zustehen, der Unterhaltspflichten erfüllt.

11. Bei ungewollter Schwangerschaft nach misslungener Sterilisation kommt auch ein Schmerzensgeldanspruch der Mutter gegen den Arzt in Betracht.

h) Bedeutung und Umfang der Dokumentationspflicht

aa) Bedeutung

Therapeutische Belange: Die Dokumentationspflicht stellt eine Nebenpflicht aus dem Behandlungsvertrag dar.[2277] Von ihrem Zweck her dient sie in erster Linie therapeutischen Belangen, weil sie durch das Festhalten wesentlicher medizinischer Daten und Fakten des Behandlungsgeschehens die **Sicherheit des Patienten** bei der Weiterbehandlung – ggf. durch andere Ärzte – und Pflege gewährleisten soll.[2278] Von daher ist sie nicht zur Sicherung von Beweisen für einen späteren Prozess bestimmt. Andererseits

1624

2277 BGH NJW 1978, 2337.
2278 BGH NJW 1983, 983; 1988, 762.

Müller

bedeutet eine korrekte Dokumentation durchaus eine Absicherung für den Arzt selbst, die ggf. sein Prozessrisiko verringern kann. So hat der BGH[2279] entschieden, dass der Tatrichter einer ordnungsgemäßen und daher vertrauenswürdigen Dokumentation bis zum Beweis ihrer Unrichtigkeit – der dem Patienten obliegt – Glauben schenken darf.

1625   **Prozessuale Bedeutung:** Die Bedeutung der Dokumentationspflicht für den Arzthaftungsprozess wird häufig überschätzt, insbesondere im Hinblick auf Beweiserleichterungen, die sich aus Dokumentationsmängeln ergeben sollen. Das wird vom Patienten bzw. seinem Anwalt oft geltend gemacht, hat aber nur selten Erfolg. Zwar kann das Nichtdokumentieren einer ärztlich gebotenen Maßnahme indizieren, dass diese unterblieben ist. Voraussetzung ist aber, dass die Aufzeichnung **medizinisch geboten** war, um Ärzte oder Pflegepersonal über den Verlauf der Krankheit und die bisherige Behandlung für ihre künftigen Entscheidungen ausreichend zu informieren. Deshalb führt allein die Unterlassung einer **medizinisch nicht gebotenen** Dokumentation nicht zu beweisrechtlichen Folgen.[2280]

❗ Ist eine Dokumentation medizinisch nicht erforderlich, so ist sie auch aus Rechtsgründen nicht geboten.[2281]

1626   **Medizinisch gebotene Dokumentation:** Ist jedoch eine medizinisch gebotene Dokumentation unzulänglich, gilt bis zum Beweis des Gegenteils die Vermutung, dass die erforderliche ärztliche Anordnung unterblieben ist.[2282] Diese Vermutung kann der Arzt noch im Prozess entkräften.[2283] Ausnahmsweise kann ein **Dokumentationsmangel** auch bedeutsam für den **Kausalitätsnachweis** sein, wenn nämlich der wegen Fehlens der gebotenen Aufzeichnung indizierte Behandlungsfehler als grob zu bewerten wäre oder sich als Verstoß des Arztes gegen eine besondere Befundsicherungspflicht darstellen müsste – etwa bei Fehlen einer Dokumentation über zweifelsfrei gebotene Blutdruckmessungen – und aus diesem Grund dem Patienten Beweiserleichterungen zugute kommen müssen.[2284]

2279 BGH NJW 1978, 1681; vgl. auch Steffen/Pauge Arzthaftungsrecht 10. Aufl. Rn. 472.
2280 BGH NJW 1988, 2949; 1993, 2375.
2281 BGH NJW 1989, 2330; 1993, 2375.
2282 BGH VersR 1989, 80 sowie NJW 1999, 863.
2283 BGH NJW 1984, 1408.
2284 BGH NJW 1989, 2330; 1993, 2375.

Müller

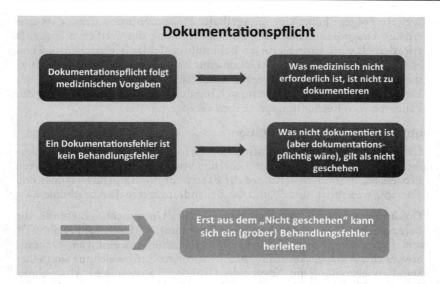

Im Prozess hat das Gericht etwaigen Widersprüchen in der Dokumentation nachzugehen.[2285] Bei fehlender Dokumentation hat es mit dem Sachverständigen zu klären, was im Einzelnen hätte geschehen und dokumentiert werden müssen. Ist nichts dokumentiert, gilt die Vermutung, dass die Maßnahme unterblieben ist, was sodann haftungsrechtlich zu würdigen ist.[2286] So reicht z.B. bei einem Fall der Schulterdystokie die Dokumentation »erschwerte Entwicklung« nicht aus, sondern begründet die Vermutung, dass gebotene Maßnahmen unterblieben sind.[2287] Radierungen oder Veränderungen können wie eine fehlende Dokumentation ebenfalls eine solche Vermutung begründen.[2288] Im Übrigen entfällt die indizielle Bedeutung der Nichtdokumentation nicht schon deshalb, weil die Dokumentationspflicht in der Praxis häufig nicht ausreichend beobachtet wird.[2289]

1627

❗ Eine unterlassene oder lückenhafte Dokumentation bildet keine eigenständige Anspruchsgrundlage und führt deshalb auch nicht unmittelbar zu einer Beweislastumkehr hinsichtlich des Ursachenzusammenhangs. Dazu kommt es nur, wenn die Dokumentationslücke einen groben Behandlungsfehler indiziert, der als solcher die Grundlage für eine Beweislastumkehr bildet.[2290]

2285 BGH NJW 1998, 2736.
2286 BGH NJW 1993, 2375; 1995, 1611.
2287 OLG Stuttgart VersR 1999, 582; OLG Koblenz OLG Report 2002, 303.
2288 BGH VersR 1992, 578.
2289 BGH NJW 1995, 1611.
2290 BGH NJW 1993, 2375; 1995, 779; 1609.

Müller

1628 Weitere Folgen: Führt eine **mangelhafte Dokumentation** dazu, dass eine erneute Diagnoseuntersuchung als Wiederholung des ärztlichen Eingriffs erforderlich wird, kann hierin ein **Behandlungsfehler** liegen, ebenso, wenn es wegen einer lückenhaften Dokumentation zu einer Über- oder Unter-therapie kommt.[2291] Dokumentationslücken können auch den Beginn der Verjährung hinausschieben, wenn sich hierdurch die Kenntniserlangung des Patienten vom Behandlungsgeschehen verzögert.[2292]

bb) Umfang der Dokumentation

1629 **Gegenstand der Dokumentation:** Der erforderliche Umfang der Doku-mentation hängt nicht von der Sicherung von Beweisen für einen späteren Prozess ab,[2293] sondern dafür, welche Fakten für die ärztliche Diagnose und Therapie wesentlich sind[2294] und das Behandlungsgeschehen bestimmen.

1630 **Dokumentationspflichtig** sind **zum Beispiel** Untersuchungsbefunde, die Befunderhebung vor einer Operation (Anamnese),[2295] Diagnostik, Labor-[2296] und Funktionsbefunde,[2297] Medikation, ärztliche Anweisungen, Operati-onsbericht, Anfängerkontrolle, Narkoseprotokoll, Abweichung von einer Standardbehandlung mit Angabe der Gründe,[2298] anatomische Abweichun-gen, Komplikationen, besondere Pflegemaßnahmen etwa gegen Dekubi-tus.[2299] Der Aufzeichnung bedarf auch ein Verhalten des Patienten, der sich einer Therapie oder ärztlichem Rat widersetzt,[2300] eigenmächtig das Kran-kenhaus verlässt[2301] oder sich weigert, eine für die Diagnose erforderliche Untersuchung durchführen zu lassen.[2302] Dokumentationspflichtig ist auch eine im Einzelfall erforderliche **Sicherheitsaufklärung**, weil sie therapeu-tischen Zwecken bzw. der Sicherung des Heilerfolgs dient (und deshalb als Behandlungsfehler gilt), während dies bei der Risikoaufklärung nicht der Fall ist und sie deshalb nicht der Dokumentationspflicht unterliegt, auch wenn der Arzt sie schon im eigenen Interesse dokumentieren sollte.

1631 **Art und Umfang:** Ob die ärztliche Dokumentation im Einzelfall **ausrei-chend** war, um ihrem medizinischen Zweck zu genügen, hat im Zweifelsfall der medizinische Sachverständige zu beurteilen. Er ist auch zu befragen, ob die gewählten Formulierungen und Abkürzungen – etwa »o.B.« für ohne

---

2291 Steffen/Pauge Arzthaftungsrecht 10. Aufl. Rn. 462.
2292 BGH NJW 1984, 2194.
2293 BGH NJW 1989, 2330; 1993, 2375.
2294 BGH VersR 1984, 386.
2295 BGH NJW 1999, 3408.
2296 BGH NJW 1988, 2298.
2297 BGH NJW 1987, 1492.
2298 BGH NJW 1989, 2330.
2299 BGH NJW 1986, 2365; 1988, 762.
2300 BGH NJW 1987, 1482; OLG Bamberg VersR 2005, 1292.
2301 BGH NJW 1987, 2300.
2302 BGH NJW 1987, 1482.

Befund – für den Fachmann verständlich[2303] und im konkreten Fall hinreichend aussagekräftig waren, um die **erforderliche Information** der am Behandlungsgeschehen beteiligten Personen sicherzustellen.[2304] Aufzuzeichnen sind nur die für Diagnose und Therapie wesentlichen Fakten – etwa das Auftreten besonderer Komplikationen und Vorkommnisse, nicht aber deren Fehlen. Ebenso müssen normalerweise Details der Behandlung oder Routinevorgänge wie etwa die Kontrolle der richtigen Lagerung während der Operation nicht festgehalten werden.[2305]

Anfängerbehandlung: Das gilt allerdings nicht bei der Behandlung durch einen Anfänger.[2306] Hier ist zum Schutz des Patienten insbesondere der Verlauf einer von einem solchen Arzt selbständig durchgeführten Operation auch insoweit zu dokumentieren, als es sich um Routineeingriffe handelt, weil die Beherrschung der richtigen Technik bei einem Berufsanfänger nicht als selbstverständlich vorausgesetzt werden kann. Es ist auch zu dokumentieren, wenn der Auszubildende etwa auftretende Komplikationen nicht beobachtet hat.[2307] In diesen Fällen erleichtert mithin die Dokumentationspflicht dem Patienten den ihm obliegenden Nachweis, dass der Eingriff für seine Schädigung kausal geworden ist. **1632**

Beweiswert: Die Dokumentation ist **zeitnah** mit dem betreffenden Behandlungsgeschehen vorzunehmen[2308] und muss sich für die Archivierung eignen. Von zunehmender Bedeutung ist die **EDV-Dokumentation**, die grundsätzlich zulässig ist[2309] und wie andere elektronische Dokumente nach § 371 Abs. 1 S. 2 ZPO dem Augenscheinsbeweis unterliegt. Zur Verbesserung des Beweiswerts empfiehlt es sich, eine solche Dokumentation in manipulationssicherer Weise anzufertigen, um eine nachträgliche Veränderung auszuschließen. Ist sie nicht in dieser Weise geschützt, kann sie trotzdem den Beweiswert einer handschriftlichen Dokumentation haben, wenn der Arzt nachvollziehbar darlegt, dass er keine nachträglichen Veränderungen vorgenommen hat und die Dokumentation medizinisch plausibel ist.[2310] **1633**

Der **Aufbewahrungszeitraum** beträgt nach § 10 Abs. 3 der Musterberufsordnung der deutschen Ärzte (MBO) in der Regel 10 Jahre, während § 42 Abs. 5 StrahlenschutzVO und § 28 Abs. 4 Nr. 1 RöntgenVO 30 Jahre vorsehen. Maßgeblich dürfte indes nicht die verjährungsrechtliche, sondern die medizinische Relevanz der Daten sein.[2311] Wird der Aufbewahrungspflicht **1634**

2303 BGH NJW 1992, 1560; 1993, 2375; 1998, 2330.
2304 BGH NJW 1984, 1403; 1993, 2375.
2305 BGH NJW 1984, 1403.
2306 BGH NJW 1985, 2193 sowie oben Rdn. 1449.
2307 BGH NJW 1985, 2193.
2308 OLG Zweibrücken VersR 1999, 1546.
2309 OLG Hamm ArztR 2006, 50; vgl. auch BGH NJW 1998, 2736.
2310 OLG Hamm VersR 2006, 842; Muschner VersR 2006, 621, 623 ff.
2311 Steffen/Pauge Arzthaftungsrecht 10. Aufl. Rn. 462.

Müller

nicht genügt, können sich die gleichen Folgen wie bei einer unterlassenen Dokumentation ergeben.[2312]

1635   Das **Einsichtsrecht** des Patienten ergibt sich aus seinem Recht auf Selbstbestimmung und besteht deshalb grundsätzlich auch außerhalb eines Rechtsstreits,[2313] ohne dass der Patient ein besonderes rechtliches Interesse darlegen muss.[2314] Allerdings hat der Patient keinen Anspruch darauf, dass der Arzt die Vollständigkeit der Behandlungsunterlagen an Eides statt versichert[2315] oder ihm über die Einsichtsgewährung hinaus Auskünfte erteilt, die der Vorbereitung eines gegen ihn gerichteten Prozesses dienen sollen.[2316] Dem Patienten steht grundsätzlich das Recht zur Einsicht in die **Originalunterlagen** zu. Inwieweit diese ihm zeitweise überlassen werden müssen, ist eine Frage des Einzelfalls.[2317] Ein Anspruch auf Herausgabe zum dauernden Verbleib dürfte dem Patienten jedenfalls nicht zustehen. Der Arzt hat ihm jedoch Ablichtungen zu überlassen, wenn der Patient dies – natürlich auf eigene Kosten – verlangt.

1636   **Umfang des Einsichtsrechts:** Das Einsichtsrecht erstreckt sich grundsätzlich auf **alle Krankenunterlagen**. Indes können aus gewichtigen Gründen, die das Interesse des Patienten an der Einsichtnahme überwiegen müssen, sog. »heikle« Aufzeichnungen zurückgehalten werden, die z.B. persönliche Eindrücke des Arztes, die erste, später nicht bestätigte Verdachtsdiagnosen und Ähnliches betreffen.[2318] Das kann auch bei psychiatrischer Behandlung gelten, wenn dem Patienten in seinem eigenen Interesse gewisse Erkenntnisse vorbehalten bleiben sollen und deshalb therapeutische Erwägungen seinem Recht auf Einsichtnahme entgegenstehen.[2319]

1637   Auch **Erben** des Patienten haben ein Einsichtsrecht, wenn sie ein vermögensrechtliches Interesse daran haben und die Einsichtnahme nicht dem geäußerten oder mutmaßlichen Willen des Patienten widerspricht, was ggf. der Arzt wenigstens in den Grundzügen darzulegen hat.[2320]

2312 W. Groß, in: FS für Gerda Müller (2009) S. 227, 228.
2313 BGH NJW 1983, 328; 330.
2314 BGH NJW 1983, 328; 834; 1989, 764; BVerfG NJW 1999, 1777.
2315 OLG München MedR 2007, 47.
2316 OLG Koblenz MedR 2004, 388.
2317 Hierzu LG München I MedR 2001, 524.
2318 BGH NJW 1989, 764; Steffen/Pauge Arzthaftungsrecht 10. Aufl. Rn. 475.
2319 BGH NJW 1983, 330; 1985, 674; 1989, 764; vgl. aber auch BVerfG NJW 2006, 1116.
2320 BGH NJW 1983, 2627.

i) Alternativmodelle und Kodifikationsbestrebungen
aa) Proportionalhaftung

Zielsetzung: Dieses Haftungsmodell soll eine der hauptsächlichen Schwierigkeiten des Arzthaftungsprozesses beseitigen, das im Nachweis des Ursachenzusammenhangs zwischen Behandlungsfehler und Gesundheitsschaden besteht. Während die Rechtsprechung hier mit Beweiserleichterungen und insbesondere mit der Beweislastumkehr beim groben Behandlungsfehler hilft,[2321] soll bei der Proportionalhaftung der Arzt grundsätzlich für jeden in seine Verantwortung fallenden Behandlungsfehler einstehen, allerdings nur in Höhe derjenigen Quote, die der Wahrscheinlichkeit entspricht, mit welcher der Patient bei ordnungsgemäßer Behandlung gesund geworden wäre.[2322] Ob das eine Verbesserung des Schadensausgleichs bedeutet, erscheint bei näherer Betrachtung äußerst problematisch.

1638

Verlust der Heilungschance: Schon vom Ansatz her stellt dieser Vorschlag die Arzthaftung auf den Kopf, weil er an den **Verlust der Heilungschance** anknüpft. In der Tat ist dieses Haftungsmodell in der Rechtslehre aus dem Gedanken der verlorenen Chance entwickelt worden.[2323] Die »lost chances«-Lehre des amerikanischen oder die »perte d'une chance«-Doktrin des französischen Rechts sind jedoch für die Arzthaftung nach deutschem Verständnis ungeeignet. Denn der Arzt schuldet – wie oben dargelegt[2324] – gar nicht den Heilerfolg, sondern nur eine fehlerfreie ärztliche Behandlung nach dem geltenden ärztlichen Standard. Ob er diese Leistung erbracht hat, ist eine der Kernfragen des herkömmlichen Arzthaftungsprozesses und das mit Recht. Nach dem neuen Modell käme es hierauf jedoch gar nicht mehr an, weil die Proportionalhaftung der Sache nach nur auf die Statistik und den Durchschnittspatienten abstellt, so dass für die Bewertung des ärztlichen Fehlverhaltens einerseits und der konkreten Gegebenheiten beim Patienten andererseits kein Raum bleibt.

1639

Schadenshöhe: Auch bekäme nach diesem Haftungsmodell ein Patient selbst bei einem denkbar groben Verstoß des Arztes gegen elementare Regeln der ärztlichen Kunst keinen oder nur geringen Schadensersatz, wenn der medizinische Sachverständige meint, auch ohne den Behandlungsfehler sei eine vollständige Heilung nicht so wahrscheinlich gewesen. Das ist jedoch im Hinblick auf die körpereigenen Besonderheiten des Patienten gerade der Punkt, der ihm den Kausalitätsnachweis erschwert und der beim groben Behandlungsfehler durch die Beweislastumkehr überbrückt wird.

1640

2321 Hierzu oben Rdn. 1520 ff.
2322 Hierzu Wagner, in: MünchKomm BGB 5. Aufl. § 823 Rn. 815 m.w.N. in Fn. 3578.
2323 Hierzu Katzenmeier ZZP 2004, 187, 207 f.; Wagner Verh. 66. DJT (2006) Bd. I Gutachten A S. 57. ff.
2324 Vgl. oben Rdn. 1410.

Demgegenüber würde bei der Proportionalhaftung der im Arzthaftungsprozess ohnehin enorme **Einfluss der medizinischen Sachverständigen** noch wachsen, weil sie dann nicht nur die Beurteilung der Kausalität, sondern zusätzlich noch die Schadenshöhe beeinflussen könnten.

1641   **Gerechtigkeitsproblem:** Deshalb wäre zu befürchten, dass eine Vielzahl von Schadensfällen, die auf ein grobes Fehlverhalten der Behandlungsseite zurückgehen, mit Teilbeträgen reguliert würde, die der Sachverständige durch Angabe einer Quote für die Wahrscheinlichkeit einer vollständigen Heilung ohne den Behandlungsfehler letztlich mehr oder weniger frei schätzen könnte bzw. müsste. Dadurch entstünde ein beträchtliches Gerechtigkeitsproblem.[2325] Es widerspräche dem geltenden Prinzip der Verschuldenshaftung und könnte den Patienten nicht zufriedenstellen, wenn aus der Schwere des ärztlichen Fehlverhaltens gar keine oder nur geringfügige Konsequenzen mehr hergeleitet würden. Andererseits wäre es aber auch für Ärzte kaum einzusehen, weshalb sie Schadensersatz – und sei es nur teilweise – leisten sollen, wenn sich der Verdacht, dass sie einen Gesundheitsschaden des Patienten verursacht haben, nicht weiter aufklären lässt.

1642   **Praktikabilität:** Auch ist der Vorschlag nicht praktikabel, weil sich die medizinischen Sachverständigen nur höchst selten auf bestimmte Prozentsätze festlegen wollen und vielleicht auch nicht genauer festlegen können,[2326] wenn es um die Bestimmung von Ursachenanteilen geht. Das dürfte bei der Wahrscheinlichkeit der Heilung nicht anders sein. Tatsächlich hat die Rechtspraxis unter dem Aspekt der Teilkausalität[2327] schon seit langem – meist vergeblich – versucht, eine nur anteilige Haftung des Arztes für diejeninigen Fälle zu erreichen, in denen außer dem Behandlungsfehler noch eine andere, dem Arzt nicht zurechenbare Schadensursache am Gesamtschaden mitgewirkt hat. Dafür ist es jedoch erforderlich, dass sich der Schadensbeitrag des Behandlungsfehlers einwandfrei gegenüber dem anderen Schadensbeitrag – etwa einer Vorschädigung des Patienten – abgrenzen und damit der Haftungsanteil des Arztes bestimmen lässt,[2328] wobei nicht etwa eine Schätzung nach § 287 ZPO ausreicht, sondern der Tatrichter sich nach dem strengen Beweismaß des § 286 ZPO die volle Überzeugung von der Ursächlichkeit bilden muss.

1643   **Dogmatische Bedenken:** Aus dogmatischer Sicht spricht gegen dieses Haftungsmodell, dass nicht nur die Alleinursächlichkeit, sondern bereits eine bloße Mitursächlichkeit seines Fehlverhaltens den Schädiger zu vollem

2325 Vgl. Katzenmeier ZZP 2004, 197, 211; Zoll, in: FS für Gerda Müller (2009) S. 365, 377.
2326 Zu einem der seltenen Fälle OLG Hamm VersR 1996, 1371.
2327 Hierzu oben Rdn. 1538; vgl. auch Müller VersR 2005, 1461,1467.
2328 Geiß/Greiner Arzthaftpflichtrecht 6. Aufl. B Rn. 217 m.w.N.; Müller NJW 1997, 3049, 3052; DRiZ 2000, 259, 266.

Schadensersatz verpflichtet. Dieser Grundsatz ist im Schrifttum[2329] und der Rechtsprechung[2330] völlig unbestritten und für das Haftungsrecht unentbehrlich. Hiernach reicht auch im Arzthaftungsprozess die Mitursächlichkeit des Behandlungsfehlers aus, um die volle Ersatzpflicht auszulösen.[2331] Auch ist Folgendes zu bedenken: während im sonstigen Haftungsrecht meist durch Anwendung von § 254 BGB eine sachgerechte Abwägung der Verursachungsbeiträge erfolgen kann, wird man im Bereich der Arzthaftung dem Geschädigten seine Konstitution schwerlich nach dieser Vorschrift schadensmindernd zurechnen können, so dass nicht ersichtlich ist, auf welcher rechtlichen Grundlage sich eine Kürzung seines Schadensersatzanspruchs ergeben könnte.

Schließlich wäre die Einführung einer solchen Haftungsform ein vollständiger **Systemwechsel** mit enormen Auswirkungen auf die Rechtspraxis und verbunden mit großer Rechtsunsicherheit für die rechtsuchenden Patienten, bis die Gerichte und die medizinischen Sachverständigen mit den neuen Kategorien vertraut wären. Als Experimentierfeld ist jedoch gerade dieser äußerst sensible Sektor des Haftungsrechts nicht geeignet, zumal eine strukturelle Verbesserung des Schadensausgleichs zwischen Arzt und Patient auf diese Weise schwerlich zu erreichen ist. **1644**

bb) Kodifikationsbestrebungen

(1) Die fehlende Kodifikation des Arzthaftungsrechts bringt Vor- und Nachteile mit sich. Einerseits ermöglicht sie eine flexible Handhabung unter Berücksichtigung der neuesten Entwicklungen, andererseits wird immer wieder die Zulässigkeit eines so weitgehenden Richterrechts angezweifelt. Über die Notwendigkeit einer Kodifikation kann man sicher streiten. Fraglich ist vor allem, ob sie etwas an der hauptsächlichen Schwierigkeit im Arzthaftungsprozess ändern könnte, nämlich dem Kausalitätsproblem, das sich bei diesen Haftungsfällen mit besonderer Schärfe – und einer daraus folgenden Härte für den klagenden Patienten – stellt.[2332] **1645**

(2) Das Dokument »Patientenrechte in Deutschland« kann vielleicht als Vorläufer einer Kodifikation anzusehen werden.[2333] Es enthält wichtige Grundsätze zu Behandlungsverhältnis, Einwilligung, Selbstbestimmung am Ende des Lebens (nunmehr gesetzlich geregelt), Aufklärung und Information des Patienten, Versuchsbehandlungen, Dokumentation, Einsichtsrecht in die Behandlungsunterlagen und zum Vorgehen im Schadensfall. Über das Zustandekommen dieser »Behelfskodifizierung« ist al- **1646**

2329 Grüneberg, in: Palandt BGB 69. Aufl. vor § 249 Rn. 33; Oetker, in: Münch-Komm BGB 4. Aufl. § 249 Rn. 129.
2330 BGH VersR 1997, 455; 796; 1999, 862; 1998, 200; 2000, 1282; 2002, 202; 2708.
2331 Steffen/Pauge Arzthaftungsrecht 10. Aufl. Rn. 513 a.
2332 Vgl. hierzu oben Rdn. 1514, 1515.
2333 Bundesanzeiger Nr. 240b v. 24.12.2002.

lerdings zu wenig bekannt, als dass ihre rechtliche Bedeutung bewertet werden könnte.

1647 (3) Der Entwurf für ein **Patientenrechtegesetz** ist in der letzten Legislaturperiode von einer Arbeitsgruppe der SPD-Bundestagsfraktion erarbeitet worden, wobei dieses Gesetz nach einer Verlautbarung des Patientenbeauftragten der Bundesregierung für das Jahr 2011 zu erwarten ist.[2334] Dem Entwurf sind ausführliche Anhörungen von Wissenschaftlern und Praktikern der Arzthaftung vorangegangen, während über die Beteiligung von Ärzten bisher nichts bekannt ist. Hier sollen die wichtigsten Eckpunkte dieses Entwurfs vorgestellt werden:

1648 1. **Regelung der Rechte und Pflichten aus dem Behandlungsvertrag:**
– Achtung des **Selbstbestimmungsrechts** des Patienten
– Recht auf fachgerechte **Behandlung** nach dem wissenschaftlich anerkannten und gesicherten Qualitätsstandard
– Recht auf rechtzeitige, umfassende und verständliche **Aufklärung**
– Recht auf **Dokumentation** nebst Einsichtsrecht und Recht auf Kopien
– **Koordinierung** mit den Regelungen des **Sozialrechts**

1649 2. **Risiko- und Fehlermanagement:**
– Überprüfung und Erfassung von Fehlern
– Information und Schulung
– flachere Hierarchien, eindeutigere Regelungen von Verantwortlichkeiten und klarere Strukturierung von Behandlungsabläufen im Klinikalltag

1650 3. **Behandlungsfehler:**
– **Hinweispflicht** des Behandlers gegenüber dem Patienten auf einen (möglichen) Behandlungsfehler
– **Weitere Beweiserleichterungen** über den groben Behandlungsfehler hinaus, z.B. Absenkung des Beweismaßes auf die **überwiegende Wahrscheinlichkeit** und die Einführung einer **Proportionalhaftung**
– Kodifizierung von Beweiserleichterungen bei **Dokumentationsmängeln** bis hin zur **Beweislastumkehr,** wenn die Dokumentation nicht oder nicht vollständig herausgegeben wird.

1651 **Zielsetzung:** Zum Behandlungsfehler enthält der Entwurf noch weitere Anregungen zur Verbesserung und Beschleunigung des Arzthaftungsprozesses, die hier außer Betracht bleiben sollen. Insgesamt zielen die Vorschläge auf eine Verbesserung der Beweislage des Patienten ab und sind insofern vom zeitgemäßen Bestreben nach **besserem Verbraucherschutz** geprägt. Dass sie inhaltlich noch wenig ausgereift sind, ist angesichts der Schwierigkeit der Materie und der starken Interessengegensätze verständlich. Unter diesem Aspekt ist auch zu erwarten, dass die gebotene Beteiligung der **ärztlichen Berufsverbände** beträchtliche Änderungswünsche zur Folge haben wird.

2334 SZ vom 16.02.2010 S. 5.

Problematik: Neu ist jedenfalls die **Hinweispflicht des Behandlers** auf ei-   **1652**
nen (auch nur möglichen) Fehler. Dass die Rechtsprechung bisher keine solche Pflicht angenommen hat, dürfte darauf beruhen, dass aus ihrer Verletzung bisher keine Schäden hergeleitet worden sind und muss deshalb nicht
grundsätzlich gegen die Einführung einer solchen Pflicht sprechen. Diese
könnte unter dem Aspekt einer »neuen Fehlerkultur«, wie sie der Patientenbeauftragte der Bundesregierung fordert,[2335] dazu dienen, einen offenen
und damit besseren Umgang mit Behandlungsfehlern zu erreichen und hierdurch das bisher eher latente, inzwischen aber immer deutlicher artikulierte
Misstrauen des Patienten gegen seinen Arzt zu verringern. Dass der Präsident der Bundesärztekammer nach dem gleichen Zeitungsbericht einer solchen Pflicht ablehnend gegenüber steht, eine freiwillige Fehlermeldung der
Ärzte für ausreichend hält und auf die erfolgreiche Tätigkeit der bereits eingerichteten Gutachterkommissionen und Schlichtungsstellen[2336] verweist,
bei denen es bereits bewährte Systeme zur Registrierung und Auswertung
von Behandlungsfehler gebe, lässt schon jetzt ahnen, welches enorme **Konfliktpotential** der Entwurf in sich trägt.

Beweiserleichterungen: Völlig unklar ist derzeit der Stellenwert des **gro-**   **1653**
ben Behandlungsfehlers im Gefüge der Beweiserleichterungen, zumal er
sich mit der ebenfalls erwogenen **Proportionalhaftung** inhaltlich durchaus nicht verträgt.[2337] Vielleicht werden diese Möglichkeiten auch nur als
Alternativen angesehen. Ob für die Arzthaftung die im Schrifttum[2338] derzeit diskutierte **Absenkung des Beweismaßes** des § 286 ZPO auf die überwiegende Wahrscheinlichkeit im Sinn des § 287 ZPO[2339] sachgerecht wäre,
muss angesichts der damit verbundenen Problematik und der noch nicht
abgeschlossenen Diskussion hier offen bleiben. Möglich wäre das wohl nur
im Rahmen einer ausdrücklichen Änderung des Gesetzes. Deren Folgen
sollten jedoch gründlich überdacht werden, zumal es eine gravierende Ausnahme von allgemeinen haftungsrechtlichen Grundsätzen bedeuten würde,
wenn für die haftungsbegründende Kausalität die erleichterte Beweisführung nach § 287 ZPO ausreichend wäre, weil das im Ergebnis auf eine bloße
Schätzung hinauslaufen könnte.

Extrempositionen: Beruhigend ist immerhin, dass die im Verlauf des An-   **1654**
hörungsverfahrens von Patientenvertretern mehrfach geäußerte Forderung
nach einer **Umkehr der Beweislast** bereits beim **einfachen Behandlungsfehler** keine Berücksichtigung gefunden hat. Eine solche Regelung ließe das
Augenmaß vermissen, um das sich die Rechtsprechung von jeher bemüht

---

2335 Vgl. SZ vom 16.02.2010 S. 5.
2336 Siehe Rdn. 2866.
2337 Hierzu oben Rdn. 1635.
2338 Vgl. Katzenmeier ZZP 2004, 187 ff.; Wagner, in. MünchKomm 5. Aufl. § 823
      Rn. 813.
2339 Hierzu oben Rdn. 1418.

Müller

hat. Es würde die Ärzte viel zu stark belasten und hätte zur Folge, dass ihr Berufsrisiko kaum noch zu erträglichen Bedingungen versichert werden könnte – auch das ist ein Punkt von allgemeinem Interesse. Letztlich erscheint diese Forderung ebenso überzogen wie der Wunsch mancher Ärztevertreter, eine Haftung des Arztes nur bei **grober Fahrlässigkeit** eintreten zu lassen. Welche Folgen eine derartige Beschränkung der Haftung für den ärztlichen Standard hätte, liegt auf der Hand.

1655 **Ausblick:** Die Erfolgsaussichten dieses Entwurfs können hier nicht beurteilt werden. Unklar ist auch, inwieweit er dazu dienen soll und kann, entsprechenden Vorhaben zur Kodifizierung bzw. Vereinheitlichung der Arzthaftung auf **europäischer Ebene,** etwa hier nämlich im Rahmen von Dienstleistungs-Richtlinien ein nationales Gesetz entgegen zu halten.[2340] Hier muss auch offen bleiben, ob eine solche Regelung überhaupt in die **Zuständigkeit des europäischen Gesetzgebers** fällt. Inhaltlich dürfte eine solche Harmonisierung größten Schwierigkeiten begegnen, sowohl wegen der unterschiedlichen rechtlichen Einordnung der Arzthaftung und insbesondere der Haftung für Aufklärungsfehler als auch wegen des unterschiedlichen medizinischen **Standards in den europäischen Mitgliedsstaaten.** Dennoch wird man nicht ausschließen können, dass sich der europäische Gesetzgeber in absehbarer Zeit auch dieser Materie bemächtigt. Ob er sie bewältigt, ist eine andere Frage.

2. Der Aufklärungsfehler

a) Rechtliche Grundlagen

1656 **Dienstvertrag:** Wie bereits mehrfach erwähnt (Rdn. 20, 1408), ist der Arztvertrag ein Dienstvertrag, d.h. der Arzt schuldet nicht den Heilungserfolg, sondern eine Behandlung nach dem **Facharztstandard.** Einen Teil der standardgemäßen Behandlung stellt die ärztliche Beratung über therapierichtiges Verhalten zur Sicherung des Heilerfolgs dar (sog. **Sicherheits- bzw. Therapieaufklärung,** dazu gleich Rdn. 1664), wozu auch die Aufklärung über die Erfolgschancen eines bestimmten Eingriffs – etwa zur Sterilisation – gehören kann.[2341] Ärztliche Fehler in diesem Bereich stellen nach der Rechtsprechung des BGH Verstöße gegen die Pflicht des Arztes zur Gefahrabwendung und mithin Behandlungsfehler dar,[2342] so dass sie ohne weiteres den von der Rechtsprechung hierzu entwickelten Regeln, die bereits oben (Rdn. 1411 ff.) dargestellt wurden, folgen.

2340 Hierzu Wagner, in: FS für Gerda Müller (2009) S. 335, 339 ff.
2341 Näher hierzu Steffen/Pauge, Arzthaftungsrecht, Rn. 325, 327.
2342 Geiß/Greiner, Arzthaftpflichtrecht, Rn. B 95 ff.

Simmler

Arzt schuldet

Behandlung nach dem
Facharztstandard

nicht den Heilungserfolg

Körperverletzungsdoktrin: Gleichfalls ist schon mehrfach (Rdn. 1407) ausgeführt worden, dass ein (auch fehlerfreier und erfolgreicher[!]) ärztlicher Heileingriff von der Rechtsprechung (und ihr nachfolgend der herrschenden Lehre) tatbestandlich als Körperverletzung qualifiziert wird,[2343] zu deren Rechtfertigung der Arzt die wirksame Einwilligung des Patienten benötigt. Trotz nicht endender Angriffe meist arztgeneigter Literatur, diese rechtliche Grundeinordnung stelle den Chirurgen einem Messerstecher gleich[2344] und verkenne grundlegend, was ein Arzt tue (nämlich nach bestem Wissen und Gewissen dem Patienten zu helfen[2345]), hält die herrschende Meinung und die Rechtsprechung an dieser Einordnung fest. Zu Recht – denn beste Absichten des Handelnden haben bei einer Rechtsgutsverletzung im Rahmen des § 823 BGB noch nirgends die Tatbestandsmäßigkeit entfallen lassen, warum sollte hier für den Arzt eine Ausnahme gemacht werden[2346]?

1657

2343 Grundsatzentscheidung in Strafsachen: RGSt 25, 375, 378f.
2344 Laufs/Uhlenbruck-Ulsenheimer, Handbuch des Arztrechts, § 138 Rn. 5.
2345 Den Diskussionsstand zusammenfassend Katzenmeier, Arzthaftungsrecht, 114-127, der die »Körperverletzungsdoktrin« selbst für »wirklichkeitsfremd« hält und einen »persönlichkeitsrechtlichen Ansatz« vertritt, nach dem der »eigenmächtige« Heileingriff (d.h. der ohne Einwilligung, also nach fehlender oder unzureichender Aufklärung, erfolgt) als Verletzung des Selbstbestimmungsrechts angesehen wird.
2346 MüKo-Wagner, § 823, Rn. 727: »Der nicht von der Zustimmung des Betroffenen gedeckte Eingriff in absolute Rechte und Rechtsgüter verletzt diese Interessen, nicht aber ein davon separiertes Selbstbestimmungsrecht des Rechtsgutsträgers.«

Simmler

Körperverletzungsdoktrin

Heileingriff ist tatbestandlich
Körperverletzung

Rechtfertigungsgrund:
<u>informierte</u> Einwilligung des Patienten

<u>Aufklärung</u> führt die Information herbei

1658　Aus rechtlicher Sicht war zudem die Bewertung als Körperverletzung jedenfalls bis zur Änderung des Schadensersatzrechts im Jahr 2002 unverzichtbar, weil es andernfalls keine Anspruchsgrundlage für das Schmerzensgeld gegeben hätte, das im Arzthaftungsprozess des Patienten wegen des
Ausgleichs vieler materieller Schäden durch gesetzliche Sozialsysteme und
private Versicherungsleistungen (Krankenkassen, Krankenversicherungen,
Lohnfortzahlungen etc.) häufig das einzige Klageziel darstellt.[2347] Doch
auch nachdem der frühere deliktische Anspruch aus § 847 BGB a. F. durch
die Neuregelung des § 253 Abs. 2 BGB ersetzt worden ist und nunmehr
auch aus vertraglicher Haftung Schmerzensgeld verlangt werden kann, besteht für die Rechtsprechung kein Anlass, von der bisherigen Betrachtungsweise abzugehen.[2348] Die ärztliche Behandlung betrifft den Körper oder die
Gesundheit des Patienten und stellt damit einen Eingriff in ein höchst persönliches Rechtsgut dar, der auch strafrechtliche Konsequenzen nach sich
ziehen kann. Wegen des erforderlichen Gleichklangs ist die strafrechtliche
Rechtsprechung auch bei der zivilrechtlichen Haftung zu beachten, etwa bei
der Frage, ob eine nicht indizierte Röntgenaufnahme eine Körperverletzung
darstellt.[2349] Auch soll nicht unerwähnt bleiben, dass der Autorin bei interdisziplinären Veranstaltungen Chefärzte gesagt haben, dass sich nach ihrer
Einschätzung ohne den durch die Körperverletzungsdoktrin aufrechterhal-

---

2347　Zu den entsprechenden Ausgleichs- und Regressansprüchen siehe unten Kapi-
　　　tel 5.
2348　Zur neueren Diskussion im Schrifttum vgl. Schmidt MedR 2007, 693 ff.; 2008,
　　　408 ff.; Gödicke MedR 2008, 405 ff.
2349　Ausdrücklich bejaht von einem Strafsenat, BGH VersR 1998, 319.

Simmler

tenen Druck auf die Ärzteschaft eine Durchsetzung der hohen Standards der Aufklärung kaum erreichen ließe.

Einwilligung: Angesichts dieser deliktsrechtlichen Einordnung des Heileingriffs, die dessen Rechtswidrigkeit grundsätzlich indiziert, stellt die Einwilligung des Patienten den **Rechtfertigungsgrund** für den Arzt dar. Jedoch ist eine Einwilligung nur dann wirksam erteilt, wenn der Patient weiß, worin er einwilligt. Daher obliegt es dem Arzt, dem Patienten die notwendige Kenntnis von den mit dem Eingriff verbundenen Risiken zu vermitteln, damit der Patient informiert einwilligen kann (informed consent). Da es sich bei der Einwilligung um einen Rechtfertigungsgrund handelt, muss der Behandler als der Täter, der sich zu rechtfertigen hat, die Einwilligung vortragen und notfalls beweisen. Damit ist zwangsläufig verbunden, dass der Arzt die Voraussetzungen einer wirksamen Einwilligung, nämlich die Aufklärung des Patienten, darlegt und beweist. **1659**

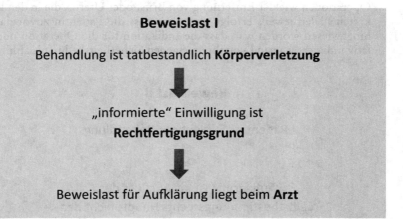

Beweislast I

Behandlung ist tatbestandlich **Körperverletzung**

⬇

„informierte" Einwilligung ist **Rechtfertigungsgrund**

⬇

Beweislast für Aufklärung liegt beim **Arzt**

Selbstbestimmungsrecht: Die Konstruktion der Aufklärung als Voraussetzung einer wirksamen Einwilligung bzw. Rechtfertigung ist allerdings in erster Linie beim deliktischen Anspruch am Platz, während beim vertraglichen Anspruch das Selbstbestimmungsrecht des Patienten im Vordergrund steht.[2350] Der BGH vertritt mit Nachdruck die Auffassung, dass das durch die grundrechtliche Wertung geprägte Persönlichkeitsrecht des Patienten und seine personale Würde es verbieten, ihm im Rahmen der Behandlung die Rolle eines bloßen Objekts zuzuweisen.[2351] Der Patient hat einen Anspruch darauf, nicht Objekt, sondern Subjekt der Behandlung zu sein, er ist Partner im Ringen um den Behandlungserfolg (**Partnerschaftsmodell**), so dass ein ordnungsgemäßer Behandlungsvertrag seine Einwilligung vor- **1660**

2350 BVerfGE 53, 131, 167; Geiß/Greiner, Arzthaftpflichtrecht, Rn. C 1.
2351 Vgl. BGH, NJW 1983, 328, 329 m. Hinw. auf BVerfG NJW 1979, 1925, 1929.

Simmler

aussetzt. Diese kann grundsätzlich wirksam nur dann erteilt werden, wenn er die erforderliche Aufklärung über den beabsichtigten Eingriff erhalten hat und auf dieser Grundlage sein Selbstbestimmungsrecht sinnvoll – nämlich nach hinreichender Information über Nutzen und Risiken – ausüben kann.[2352] Die Aufklärung stellt damit **eine vertragliche Hauptpflicht** des Arztes dar.[2353] Deshalb ist grundsätzlich daran zu denken, bei Verletzungen der Aufklärungspflicht nicht nur eine Beeinträchtigung der körperlichen Integrität, sondern auch des Persönlichkeitsrechts des in seinem Selbstbestimmungsrecht verletzten Patienten anzunehmen,[2354] die im Einzelfall als Übergehen des berechtigten Aufklärungsverlangens eines mündigen Patienten sogar schwerer wiegen mag als die Körperverletzung durch einen an sich beanstandungsfreien ärztlichen Heileingriff.[2355]

1661   ▶ **Musterfall:** Insoweit finden sich in der Rechtsprechung des BGH[2356] eindrucksvolle Beispiele bei besonders beeinträchtigenden gynäkologischen Operationen wie der Entfernung von Brust oder Uterus, die in den konkreten Fällen jeweils erfolgt war, ohne dass die Patientin zuvor darauf hingewiesen worden war, dass die Indikation für die Operation nur relativ indiziert war und von ihrem eigenen Sicherheitsbedürfnis abhing.

Beweislast II

Patient ist Subjekt der Behandlung

Aufklärung ist als Ausfluss des Selbstbestimmungsrechts Hauptpflicht des Behandlungsvertrages

Beweislast für Aufklärung liegt beim Arzt

2352 Der oben genannte »informed consent«, vgl. Steffen/Pauge, Arzthaftungsrecht, Rn. 366.
2353 BGH NJW 1984, 1807.
2354 Zum Selbstbestimmungsrecht vgl. BGH, NJW 1987, 2291, 2292 und 1992, 2351 f. m.w.N.
2355 Zur Frage der Notwendigkeit eines auch körperlichen Schadens siehe jedoch unten Rdn. 1687.
2356 BGH, NJW 1992, 2354 ff.; NJW 1997, 1637 f.; NJW 1998, 1784 ff.

Grenzziehung durch den medizinischen Standard: Beiden Herleitungen **1662**
der Aufklärungspflicht, sowohl der deliktischen als auch der vertraglichen,
ist jedoch immanent, dass der Wille des aufgeklärten Patienten zwar den
Eingriff rechtfertigt, den Arzt aber nicht automatisch von der Haftung freistellt. Auch mit Einwilligung des Patienten stellt ein nicht indizierter Eingriff einen Standardverstoß und damit einen Behandlungsfehler dar: Grenze
für den Arzt ist somit nicht ausschließlich der Patientenwille im Sinne eines »des Menschen Wille ist sein Himmelreich«, sondern der medizinische
Standard. Auch mit ausdrücklicher wirksamer Einwilligung ist eine medizinisch völlig sinnlose und schadende oder sogar kontraindizierte Behandlung[2357] behandlungsfehlerhaft und führt zur Haftung.

▶ **Musterfall:** Ein Strafsenat des Bundesgerichtshofs hat in einem Fall, in **1663**
dem ein Patient – in den Worten des Gerichts – »in laienhaftem Un-
verstand aufgrund einer unsinnigen selbstgestellten Diagnose von einem Zahnarzt eine umfassende Extraktion seiner Zähne wünscht[e]«
– den die Extraktion ausführenden Zahnarzt wegen Körperverletzung
verurteilt:[2358]

❗ Auch auf ausdrücklichen Wunsch des Patienten hin darf der Arzt keine medizinisch völlig sinnlosen oder kontraindizierten Behandlungen
durchführen – der Arzt muss es besser wissen!

Beweislast: Beim **Behandlungsfehler** trifft grundsätzlich den Patienten die **1664**
Beweislast,[2359] dem es oft schwer fällt, den Ursachenzusammenhang zwischen dem ärztlichen Fehler und seinem konkreten Gesundheitsschaden
nachzuweisen. Diesen Nachweis kann er in der Regel nur durch das Gutachten eines medizinischen Sachverständigen führen, das oft prozessentscheidend ist.[2360] Freilich können sich auch nach Erstattung eines solchen
Gutachtens noch Beweisschwierigkeiten für den Patienten ergeben. Diesen
Schwierigkeiten trägt die Rechtsprechung durch ein differenziertes System
von Beweiserleichterungen Rechnung, die in Betracht kommen, wenn dem
Arzt ein grobes Fehlverhalten (grober Behandlungsfehler, unterlassene Befunderhebung etc., dazu ausführlich oben Rdn. 1495 ff.) zur Last fällt.

2357 OLG Karlsruhe VersR 2004, 244.
2358 BGH; NJW 1978, 1206.
2359 Dazu eingehend oben Rdn. 1411 ff.
2360 Vgl. Müller, NJW 1997, 3049, 3054 f.

Simmler

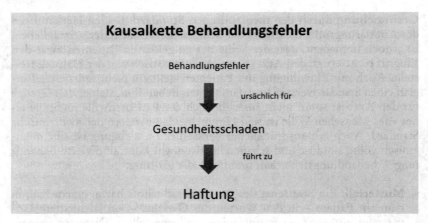

Kausalkette Behandlungsfehler

Behandlungsfehler

ursächlich für

Gesundheitsschaden

führt zu

Haftung

1665   **Kein grober Aufklärungsfehler:** Nach dieser auf den Grundsätzen der Risikoverteilung und Billigkeit beruhenden Konzeption existieren beim (Eingriffs-)**Aufklärungsfehler** (anders bei fehlerhafter Therapieaufklärung, dazu gleich Rdn. 1664) keine Beweiserleichterungen, obwohl auch hier eine Unterscheidung zwischen leichten und groben Fehlern unschwer denkbar ist und vielleicht auch sinnvoll wäre. Indessen besteht in diesem Bereich für Beweiserleichterungen zugunsten des Patienten schon vom Ansatz her kein Bedarf, weil hier die Beweislast grundsätzlich beim Arzt liegt.[2361] Der BGH hat die Zuweisung der Beweislast für die Aufklärung an den Arzt in einer grundlegenden Entscheidung[2362] damit begründet, dass aus vertraglicher Sicht die Aufklärungspflicht keine Nebenpflicht sei, also der Schuldner ihre Erfüllung beweisen müsse, und dass im Rahmen der Deliktshaftung derjenige beweispflichtig sei, der sich auf einen Rechtfertigungsgrund berufe. Deshalb muss die Behandlungsseite die Einwilligung des Patienten beweisen, die ihrerseits eine wirksame Aufklärung voraussetzt. Insofern ist also die Beweissituation für den Patienten beim Aufklärungsfehler in der Ausgangslage unverkennbar günstiger als beim Behandlungsfehler.

2361   Steffen/Pauge, Arzthaftungsrecht, Rn. 693 ff.; Müller, NJW 1997, 3049, 3051.
2362   BGH, NJW 1984, 1807, 1809.

Simmler

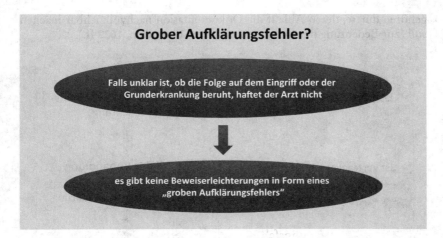

Grober Aufklärungsfehler?

Falls unklar ist, ob die Folge auf dem Eingriff oder der Grunderkrankung beruht, haftet der Arzt nicht

es gibt keine Beweiserleichterungen in Form eines „groben Aufklärungsfehlers"

Therapie-/Sicherheitsaufklärung: Anders als bei der Risikoaufklärung ist die Beweislage bei Verstößen gegen die Pflicht zur sog. Sicherheitsaufklärung. Weil Fehler in diesem Bereich von der Rechtsprechung als Behandlungsfehler angesehen werden, trifft insoweit die Beweislast den Patienten. Die schon eingangs erwähnte Unterscheidung zwischen Verstößen gegen die Pflicht zur Sicherheitsaufklärung und solchen gegen die zur Eingriffsaufklärung wird hier besonders augenfällig, weil die Sicherheitsaufklärung den Beweislastregeln für den Behandlungsfehler folgt, den der Patient als Grundlage für seinen Anspruch zu beweisen hat.[2363] Diese Beweisführung kann bei der Sicherheitsaufklärung im Einzelfall für den Patienten sehr schwierig sein, weil er regelmäßig dem Arzt bei dem betreffenden Gespräch allein bzw. ohne Zeugen aus seiner eigenen Sphäre gegenübergestanden hat und er sich – anders als beim Behandlungsfehler – auch nicht auf das Gutachten eines Sachverständigen berufen kann, wenn es etwa um die Frage geht, ob der Arzt ihm bestimmte Hinweise gegeben hat oder nicht. Diese Konsequenz muss aber wohl hingenommen werden, zumal sich bei der Risikoaufklärung umgekehrt beträchtliche Beweisschwierigkeiten für den Arzt ergeben können, weil hier ihm der Nachweis obliegt, ob und in welchem Umfang er den Patienten über Risiken des Eingriffs aufgeklärt hat. Insgesamt wird man von einem für die verschiedenen Ausprägungen der Aufklärungspflicht ausgewogenen Beweislast-System sprechen können. Zudem können dem Patienten hier u.U. **Dokumentationspflichten** des Arztes zur Seite stehen: Denn es wird sich die Frage stellen, ob es zu einer ordnungsgemäßen Patientendokumentation gehört, das Erfolgen von Therapiehinweisen zu dokumentieren, da dies zu einer ordnungsgemäßen Behandlung

1666

2363 Beispiele bei Steffen/Pauge, Arzthaftungsrecht, Rn. 706 ff. und Müller, NJW 1997, 3049, 3051.

gehören dürfte, deren Ablauf die Dokumentation nachvollziehbar machen soll (zur Bedeutung der Dokumentation vgl. oben Rdn. 1622 ff.).

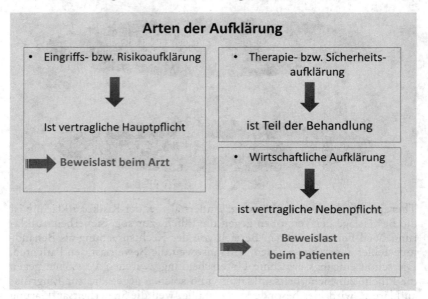

1667   **Prozessuales:** Die eben angesprochene Frage der Dokumentationspflicht leitet über zu der Frage, wie der jeweilige Inhalt der Aufklärungspflicht zu ermitteln ist. Hier zeigt sich erneut die überragende Bedeutung, die der **medizinische Sachverständige** im Arzthaftungsprozess inne hat. Denn die Frage, welche Risiken einem Eingriff anhaften, bzw. welche Hinweise zur Therapiesicherung einem Patienten gegeben werden müssen,[2364] kann der Tatrichter ohne sachverständige Hilfe nicht aus eigener Kenntnis beantworten. Dabei ist es Aufgabe des Richters, an die Ausführungen des Sachverständigen mit kritischer Wertung heranzugehen und nicht argumentativ in schematische Abläufe zu verfallen derart, wenn die eingetretene Folge auch die Verwirklichung einer aufklärungspflichtigen Komplikation darstellen könne, sei ein Behandlungsfehler immer nicht nachgewiesen.

1668   ▶ **Beispielsfall:** Der gerichtlich bestellte Sachverständige hatte eine laparoskopische [d.h. in Schlüssellochchirurgie vorgenommene] Gallenblasenentfernung zu begutachten, bei der nicht nur der die Gallenblase mit dem Hauptgallengang verbindende Gallengangast (ductus cysticus), sondern unbemerkt auch der Hauptgallengang (ductus hepaticus) durchtrennt worden war. Nach seinen Ausführungen stellt dies eine bekannte,

---

2364 Zu Gegenstand und Inhalt der Aufklärung im Folgenden Rdn. 1748 ff.

aber seltene Komplikation dar, die Patientin war über dieses Risiko auch aufgeklärt worden. Das erstinstanzliche Gericht kam zu dem – auf den ersten Blick naheliegenden – Schluss, hier habe sich eine Komplikation verwirklicht, eine behandlungsfehlerhafte Durchführung der Operation liege nicht vor. In zweiter Instanz wurde der Sachverständige gebeten zu erläutern, unter welchen Umständen es denn zu so einer unbemerkten Durchtrennung kommen könne, da auffällig war, dass der Operateur die gesamte Operation im Operationsbericht als völlig unkompliziert beschrieben hatte. Hierauf erfuhren die Prozessbeteiligten, dass solche unbemerkten Gallengangsdurchtrennungen nur dann eine Komplikation darstellten, wenn es aufgrund anatomischer Besonderheiten nicht möglich sei, den Gallengangast (ductus cysticus) sicher zu identifizieren. Da Anhaltspunkte für eine solche anatomische Besonderheit der Patientin nicht ansatzweise bestanden, musste von einem Augenblicksversagen des Operateurs, d.h. einem Behandlungsfehler, ausgegangen werden – der Fall endete mit einem Vergleich.

Dies zeigt eines der Hauptprobleme, mit denen der Haftungsrechtler konfrontiert ist: Die Ermittlung der bestehenden Eingriffsrisiken durch die medizinische Qualitätskontrolle ist durchaus fragwürdig. Aufklärungspflichtig ist nach einer **Faustregel** ein Risiko, das sich verwirklichen kann, obwohl der Behandler alles richtig gemacht hat. Angesichts der bislang oft fehlenden Offenheit unter Medizinern im Umgang mit eigenen Fehlern[2365] muss allerdings befürchtet werden, dass sich in den zugänglichen Risikostatistiken für die unterschiedlichen Eingriffe eine erkleckliche Anzahl an Fällen verbergen, in denen die eingetretene Schädigung Folge eines unerkannten oder verschwiegenen Behandlungsfehlers war. Nun wird es dem haftungsrechtlich tätigen Anwalt oder Richter nicht möglich sein, dies nachzuweisen. Jedoch sollte der Haftungsrechtler dieses Problem beim konkreten Haftungsfall vor Augen haben und entsprechende Erläuterungen vom Sachverständigen dahingehend verlangen, unter welchen Umständen es sich beim eingetretenen Schaden um eine Komplikation handeln kann und ob diese konkreten Umstände tatsächlich beim Patienten vorgelegen haben.

1669

❗ Der Patientenanwalt muss – wenn das Gericht dies nicht von selbst tut – darauf hinwirken, dass der/die Sachverständige in Zweifelsfällen erläutert, ob der eingetretene Schaden in jedem Fall die Verwirklichung eines Eingriffsrisikos darstellt, oder ob dieses Risiko nur unter bestimmten Voraussetzungen (Konstitution der Patienten, anatomische Besonderheiten etc.) besteht.

2365 Vgl. Heier, »In Kittel und Asche«, Frankfurter Allgemeine Sonntagszeitung v. 4. April 2010, S. 53.

Simmler

1670 Trotz dieser grundlegenden Bedenken gegen die statistische Grundlage der Ermittlung der Eingriffsrisiken, die in den letzten Jahren zu einer stärkeren Betonung von Instrumenten der Qualitätssicherung und Fehlerkontrolle in der Ärzteschaft geführt hat,[2366] bleibt die Frage, welche Risiken mit einem Eingriff verbunden sind, eine medizinische, die entsprechend dem fortschreitenden medizinischen Erkenntnisgewinn und damit auch Wandel unterworfen ist. Schon angesichts dieser zeitlichen Komponente, viel mehr aber wegen der fehlenden Kompetenz gerichtlicher Spruchkörper auf medizinischem Gebiet, ist es verfehlt, frühere – auch höchstrichterliche – Entscheidungen als Beleg dafür herbeizuziehen, dass ein Risiko einer Behandlung anhaftet. Denn jeder Spruchkörper urteilt über einen konkreten Einzelfall auf der Grundlage von dessen konkreter Begutachtung durch einen Sachverständigen. Zwar lesen sich gelegentlich manche Entscheidungen in der veröffentlichen Form so, als stellten sie medizinische Grundsätze auf:

▶ **Beispiel:** Orientierungssatz 1 des Urteils des OLG Köln vom 04.08.1999 – 5 U 19/99 in juris: »Das Auftreten von Druckgeschwüren im Falle der stationären Krankenhausbehandlung eines schwerstkranken Patienten ist nicht auf dessen schlechten Gesundheitszustand zurückzuführen, sondern läßt regelmäßig auf schwere ärztliche Behandlungsfehler und grobe Pflege- sowie Lagerungsmängel schließen«.
Noch plakativer die Titelzeile derselben Entscheidung in OLGR Köln 2000, 149:
»Dekubitus auch bei schwerstkranken Patienten immer vermeidbar«

Bereits wenn man mehr als nur die Orientierungssätze liest, fällt auf, dass die hier so schlagwortartig verdichteten angeblichen medizinischen Grundsätze, die von Patientenanwälten in anderen Verfahren dann als schlagendes Argument zitiert werden, in der Entscheidung so gar nicht getroffen werden.[2367] Unabhängig davon stellt jede Gerichtsentscheidung nur eine Momentaufnahme der medizinischen Entwicklung dar und ersetzt eine sachverständige Begutachtung des konkret zur Entscheidung vorliegenden Einzelfalles nicht. Erfahrene Patientenanwälte ziehen solche Entscheidungen daher maximal als Hilfsargumente heran und sind sich bewusst, dass ihr Einzelfall durchaus anders entschieden werden kann.

❗ Frühere Entscheidungen (auch von Obergerichten) sind für die Beantwortung der **medizinischen** Fragen des eigenen Gerichtsfalls ohne

---

2366 Vgl. Heier, »In Kittel und Asche«, Frankfurter Allgemeine Sonntagszeitung v. 4. April 2010, S. 53.
2367 Vgl. relativierend Ziff. 4 der Entscheidung nach der Nummerierung in juris: »Nach seinen [d.i.der Sachverständige] Ausführungen sind auch bei Schwerstkrankheitsfällen Dekubiti – **jedenfalls aber solche des vorliegenden Ausmaßes** – ohne weiteres vermeidbar.«.

Simmler

Wert. Das Herumreiten auf ihnen bindet unnötig argumentative Kapazitäten und führt auf Seiten der Richter arzthaftungsrechtlicher Spezialkammern eher zu Unmut – weniger ist hier mehr!

b) Der Aufklärungsfehler als Anspruchsgrundlage
aa) Eigenständige Anspruchsgrundlage

Die Verletzung der Aufklärungspflicht stellt eine **eigenständige Anspruchsgrundlage** dar, die den Arzt ebenso wie ein Behandlungsfehler – also ein Verstoß gegen die Regeln der ärztlichen Kunst bzw. den medizinischen Standard – zum Schadensersatz verpflichten kann. Behandlungsfehler und Aufklärungsfehler sind damit die beiden tragenden Säulen der Arzthaftung und die beiden möglichen Ausprägungen einer deliktischen Haftung nach § 823 Abs. 1 BGB oder einer vertraglichen Haftung entsprechend § 280 Abs. 1 BGB. Das entspricht einer seit langem gefestigten Rechtsprechung und wird auch im Schrifttum durchweg akzeptiert.

1671

Die Säulen der Arzthaftung

Behandlung-
fehler

Aufklärungs-
fehler

Allerdings stößt diese Rechtsprechung vielfach auf den Unwillen der betroffenen Ärzte, die sich hier häufig von den Juristen bevormundet fühlen und wohl auch meinen, dass eine detaillierte Aufklärung den Patienten überfordere und außerdem zu viel Zeit in Anspruch nehme, die für eigentliche ärztliche Aufgaben gebraucht werde. Darin spiegelt sich u.U. auch noch ein überkommenen Rollenbildern verhaftetes, paternalistisches Verständnis der Arzt-Patienten-Beziehung.[2368]

1672

▶ **Beispielsfall**: So wurde die Autorin in einer Fortbildung von einem Kardiologen empört gefragt, warum er denn seine Patienten über die Risiken einer Herzkatheteruntersuchung aufklären solle, sie hätten doch gar keine andere Wahl und würden sich dann nur fürchten und verkrampfen.

1673

2368 Vgl. dazu oben Kapitel 1 Rdn. 8 ff.

Seine Patienten könnten schon darauf vertrauen, dass er das Richtige für sie tun werde.

1674 Für jeden, der sich näher mit der Arzthaftung befasst, ist es zudem ein Erfahrungswert, dass ein Aufklärungsfehler im Arzthaftungsprozess oft erst dann geltend gemacht wird, wenn sich im Verlauf der Beweisaufnahme anhand der medizinischen Begutachtung abzeichnet, dass dem Arzt ein Behandlungsfehler nicht nachzuweisen sein wird. Wird der Vorwurf ärztlicher Eigenmacht erst derart spät in den Arzthaftungsprozess eingeführt, kann Anlass bestehen, dieses neue Vorbringen kritisch zu würdigen[2369] und können ggf. sogar die Verspätungsvorschriften der ZPO eingreifen.[2370] Letzteres ist dann nicht der Fall, wenn das »Nachschieben« des Vorwurfs unzureichender Aufklärung aus dem bisherigen Prozessverlauf nachvollziehbar ist, weil z.B. sich erst durch das medizinische Gutachten herausstellt, dass sich eine aufklärungspflichtige Komplikation verwirklicht hat.

1675 ▶ **Beispielsfall:** Eine Patientin klagt gegen einen Arzt gestützt auf den Vorwurf der behandlungsfehlerhaften Durchführung einer Unterspritzung von Hämorrhoiden, die zu schweren Schleimhautreaktionen geführt hatte. Der Arzt verteidigt sich damit, die Verletzungen müssten andere Ursachen haben, solche Reaktionen riefe das verwendete Mittel nicht hervor. Der medizinische Sachverständige erläutert, dass es sich dabei um eine sehr seltene, aber in Lehrbüchern beschriebene Reaktion auf das Spritzmittel handele; die Unterspritzung selber sei ordnungsgemäß durchgeführt worden, das Auftreten der Schleimhautverätzungen lasse keinen Rückschluss auf eine fehlerhafte Anwendung zu. Daraufhin erhebt die Klägerin die Aufklärungsrüge und gibt an, hätte der Arzt sie auf die Gefahr hingewiesen, solche Verätzungen zu erleiden, hätte sie sich jedenfalls nicht sofort behandeln lassen.

bb) Blickpunkt Patientenanwalt : Prozessplanung

1676 Abgesehen von derartigen Fällen wie dem eben geschilderten ist der Patientenanwalt gut beraten, will er einen Aufklärungsfehler erheben, diesen gleichzeitig mit dem Behandlungsfehler in der Klageschrift anzusprechen, um dem Vorwurf zu begegnen, der Aufklärungsfehler werde – quasi unter Ausnutzung der für ihn günstigeren Beweislastverteilung – nachgeschoben, wenn der Behandlungsfehler sich als nicht belegbar erweist. Auch wenn Verspätungsvorschriften im Einzelfall nicht anwendbar sind, erzeugt dieses Vorgehen beim Gericht voraussichtlich einen gewissen Unmut, der für den Erfolg des Prozesses jedenfalls unterschwellig durchaus schädlich sein kann. Dabei sollte es eine Selbstverständlichkeit sein, die Frage der Aufklärung

---

2369 BGH, NJW 1984, 1807, 1809.
2370 KG, VersR 1993, 189, 190.

mit dem Patienten vor Klagerhebung zu besprechen und nicht ohne Rücksprache mit dem Patienten, auch wenn die vorgelegten Unterlagen keinen Hinweis zur Aufklärung enthalten, die Aufklärungsrüge zu erheben.

▶ **Beispielsfall**: Einer der krassesten Fälle dieser Art bot sich der Autorin erstinstanzlich durch eine (in Arzthaftungssachen durchaus erfahrene) Prozessbevollmächtigte: In der Klageschrift wurde neben der Rüge der fehlerhaften Operationsdurchführung die Aufklärungsrüge erhoben und eine Aufklärung wegen fehlenden perimed-Bogens vollständig in Abrede gestellt. Nachdem die Beklagtenseite die Patientenunterlagen eingereicht und auf den (unterschriebenen!) perimed-Bogen bzgl. der streitgegenständlichen Operation verwiesen hatte, argumentierte die Klägerseite, der Bogen lasse aber nicht erkennen, dass genau über das Risiko, das sich verwirklicht hatte, gesprochen worden sei. In der mündlichen Verhandlung erklärte die persönlich angehörte Klägerin freimütig zur Überraschung wohl aller Prozessbeteiligten, natürlich sei sie umfassend aufgeklärt worden, über das eingetretene Risiko sei anhand des Bogens gesprochen worden. Auf den konsternierten Vorhalt des Vorsitzenden an die Prozessbevollmächtigte, wie sie es denn mit der Wahrheitspflicht halte, erklärte diese – sich offensichtlich keiner Schuld bewusst – es handele sich bei dem sich insoweit ändernden Prozessvortrag zur Aufklärung doch lediglich um eine »Verfeinerung« des Vortrages! Wenn derartiges Prozessverhalten erstinstanzlich häufiger vorkommt, darf eine gewisse Zurückhaltung der Tatrichter gegenüber Aufklärungsfehlervorwürfen die Anwaltschaft nicht wirklich überraschen.

1677

Von daher ist eine gewisse **faktische Subsidiarität** des Aufklärungsfehlers unverkennbar. Gleichwohl stellt der Aufklärungsfehler nach der grundsätzlichen Konzeption der Rechtsprechung im Vergleich zum Behandlungsfehler keine Anspruchsgrundlage »zweiter Klasse« dar. Ein solcher ist er schon deshalb nicht, weil er die Pflicht zu vollem Schadensersatz auch dann nach sich ziehen kann, wenn dem Arzt kein Behandlungsfehler zur Last fällt.[2371] Ein zusätzlicher Behandlungsfehler kann sich unter Umständen aber auf die Höhe des Schmerzensgeldes auswirken, so dass es auch bei einem Erfolg der Aufklärungsrüge noch eine Rolle spielen kann, ob die Behandlung fehlerhaft war.[2372]

1678

Rechtsmittelinstanzen: Die Eigenständigkeit des Aufklärungsfehlers als Anspruchsgrundlage ist daneben von prozessualer Bedeutung: Ist eine auf Behandlungsfehler und auf Aufklärungsfehler gestützte Klage unter beiden Gesichtspunkten abgewiesen worden, so muss die Berufungsbegründung

1679

2371 BGHZ 106, 153, 165 ff.; BGH NJW 1997, 1637 f.
2372 OLG Oldenburg VersR 1998, 854; Geiß/Greiner, Arzthaftpflichtrecht, Rn. C3.

Simmler

erkennen lassen, ob das Urteil hinsichtlich beider Fehler angegriffen wird.[2373] Das gilt auch für das Revisionsverfahren.[2374] Der BGH hat sich bisher noch nicht eindeutig dazu positioniert, ob Aufklärungsfehler und Behandlungsfehler zwei unterschiedliche prozessuale Streitgegenstände darstellen, auch wenn seine Ausführungen zu den Berufungsangriffen[2375] dies nahelegen.

cc) Aufklärungsfehler als eigener Streitgegenstand?

1680 Es sprechen die besseren Argumente für die Annahme von zwei prozessualen Ansprüchen, d.h. **zwei Streitgegenständen.**[2376] So können sich Aufklärungs- und Behandlungsfehler gegen ganz unterschiedliche Personen richten, wenn die Aufklärungspflicht von einem anderen Arzt übernommen wurde und der Behandler auf dessen kunstgerechtes Aufklärungsverhalten vertrauen durfte. Auch kann nach der Rechtsprechung des BGH[2377] die Verjährung für einen Aufklärungsfehlervorwurf zu einem anderen Zeitpunkt zu laufen beginnen als die für den Behandlungsfehler (zB. – wie im obigen Beispielsfall – weil der Patient erst durch das Gutachten im Behandlungsfehlerprozess erfährt, dass sich bei ihm ein aufklärungspflichtiges Risiko verwirklicht hat, was er vorher – mangels Aufklärung – nicht wissen konnte). Wenn es sich bei Behandlungs- und Aufklärungsfehler um denselben Streitgegenstand handeln würde, wäre diese Frage hinfällig, weil mit der Zustellung der Behandlungsfehlerklage der Anspruch aus Aufklärungsfehler gehemmt würde (§ 204 Abs. 1 Nr. 1 BGB).[2378] Auch die Rechtsprechung dahin, neben dem Aufklärungsfehlervorwurf dürfe der Behandlungsfehlervorwurf nicht dahingestellt bleiben, da bei einem Zusammentreffen sich das Schmerzensgeld erhöhen könne,[2379] setzt denklogisch zwei Streitgegenstände voraus: Bei einem einheitlichen Lebenssachverhalt dürfte sonst kein unterschiedlich hohes Schmerzensgeld zugesprochen werden, je nachdem, ob nur ein Aufklärungsfehler oder ein Aufklärungsfehler und ein Behandlungsfehler vorliegen.[2380]

1681 Soweit in der OLG-Rechtsprechung angenommen wurde, nach rechtskräftiger Abweisung eines auf einen Behandlungsfehlervorwurf gestützten Prozesses könne der Patient einen neuen Prozess nicht auf einen anderen Behandlungsfehler stützen, weil der **Behandlungsvorgang** einen einheitlichen

---

2373 BGH VersR 2007, 414.
2374 BGH VersR 2008, 490.
2375 S. BGH VersR 2008, 490.
2376 MüKo-Wagner, § 823 Rn. 831; Tempel, NJW 1980, 609, 617: »wesensverschieden und nicht austauschbar«; s.a. Gehrlein, Leitfaden zur Arzthaftpflicht, Rn. C 1; wohl auch Frahm/Nixdorf/Walter, Arzthaftungsrecht, Rn. 168.
2377 BGH NJW 2007, 217.
2378 Vgl. MüKo-Wagner, § 823 Rn. 831.
2379 OLG Oldenburg, VersR 1998, 854; Geiß/Greiner, Arzthaftpflichtrecht, Rn. C3.
2380 Vgl. BGH VersR 1979, 720.

Lebenssachverhalt darstelle,[2381] wird man dem nur insoweit folgen können, als diese mehreren Behandlungsfehler denselben Gesundheitsschaden hervorgerufen haben.[2382] Wenn verschiedene Behandlungsfehler verschiedene Gesundheitsschäden hervorrufen, liegen verschieden Kausalketten und damit verschiedene Lebenssachverhalte vor, die man nicht durch den Oberbegriff »Behandlungsvorgang« zusammenfassen darf. Das widerspräche auch der Handhabung in anderen Rechtsgebieten, wo mehrere Mängel eines Bauwerkes[2383] oder mehrere Pflichtverletzungen eines Anwalts[2384] jeweils als verschiedene Streitgegenstände gewertet wurden.

Soweit in der Literatur statt dessen für einen das gesamte Patienten-/Arzt-Verhältnis (den »Behandlungsvorgang«) **umfassenden Streitgegenstandsbegriff** plädiert wird, der Behandlungsfehler, Aufklärungsfehler und alle sonstig denkbaren Fehler wie Organisationspflichtverletzungen in einen Lebenssachverhalt und damit einen Streitgegenstand einschließt,[2385] überzeugt dies nicht. Mit dieser Konstruktion soll einer »künstlichen Auffächerung der Streitgegenstände« und damit einem Unterlaufen der engen prozessualen Präklusionsvorschriften entgegengewirkt und die Rechtskraftwirkung des durchgeführten Arzthaftungsprozesses gestärkt werden, indem wegen entgegenstehender Rechtskraft kein »Nachschieben« von Prozessen wegen Aufklärungsfehler oder Organisationsverschulden mehr möglich ist. Das erscheint aus der Sicht des Praktikers schon deswegen ein wenig blauäugig, weil gerade Aufklärungsfehler- oder Organisationsfehlervorwürfe sich gegen andere Parteien als den tatsächlich behandelnden/operierenden Arzt richten können, so dass solchen Prozessen mangels subjektiver Einbeziehung der Gegner in die Rechtskraftwirkung des »Vorprozesses« § 322 ZPO gar nicht entgegensteht. Auch angesichts der schlicht praktischen Gründen geschuldeten Dauer von Arzthaftungsprozessen über mehrere Instanzen – mehr oder weniger zwingend zu erhebender Sachverständigenbeweis, verstärkte Ermittlungspflichten des Richters etc. – dürfte es bei der nach der Schuldrechtsreform insgesamt eher verkürzten Verjährungsfrist nach Ablauf eines mehrjährigen Prozesses schon aufgrund des Verjährungseinwandes unpraktisch sein, das Ganze erneut unter anderem Blickwinkel (Aufklärung, Organisationsverschulden) loszutreten.

1682

2381 OLG Saarbrücken, VersR 2002, 193, 195),.
2382 So MüKo-Wagner, § 823, Rn. 831.
2383 BGH, NJW 1998, 1140.
2384 BGH, NJW 1999, 2118, 2119; BGH, NJW 1992, 3243, 3244; OLG Hamm VersR 2002, 366, 367.
2385 Sörgel/Spickhoff, § 823 Anh I, Rn. 102; ähnlich Staudinger/Hager, § 823 Rn. I 79.

Simmler

Aufklärungsfehler eigener Streitgegenstand?

Argumente pro	Argumente contra
• unterschiedliche Beklagte möglich • unterschiedlicher Verjährungsbeginn möglich • Schmerzensgelderhöhung bei Zusammentreffen von Aufklärungs- und Behandlungsfehler • Rechtskraftsperre bei unterschiedlichen Beklagten nicht möglich	• „Künstliche" Auffächerung von Streitgegenständen (Aufklärung, Organisation, Behandlungsfehler) • Behandlung (Arzt-Patienten-Verhältnis) **ein** „Behandlungsvorgang" • Prozessökonomie: Ausschluss von Folgeprozessen

❗ Nach des bisherigen Rechtsprechung enthält ein »Behandlungsvorgang« mehrere mögliche prozessuale Streitgegenstände. Es obliegt dem Patientenanwalt, im Rahmen der Prozessplanung abzuwägen, welche Streitgegenstände er in die Klage einbeziehen möchte. Aus Kostengründen (Beweisaufnahme) und wegen drohender Verjährung nicht anhängiger Ansprüche bei langer Prozessdauer bietet sich jedoch wohl eine möglichst umfassende Aufarbeitung des Behandlungsgeschehens in **einem** Prozess an.

dd) Schaden

1683 **Gesundheitsschaden:** Auch wenn durch die Aufklärungspflicht das Selbstbestimmungsrecht des Patienten gesichert wird, führt ein Verstoß nicht zur Haftung allein wegen Verletzung des Persönlichkeitsrechts. Vielmehr setzt die Haftung voraus, dass durch den – mangels Aufklärung rechtswidrigen – ärztlichen Eingriff ein **Gesundheitsschaden** des Patienten entstanden ist.[2386] Der BGH hat damit der gegenteiligen Auffassung des OLG Jena[2387] eine klare Absage erteilt, allein wegen der Verletzung des Persönlichkeitsrechts auch dann Schadensersatz zuzubilligen, wenn der eigenmächtige fehlerfreie Heileingriff gar keinen Körperschaden zur

---

2386 BGHZ 176, 342.
2387 VersR 1998, 586.

Simmler

Folge hat, sondern die Rechtsbeeinträchtigung des Patienten allein in der Verletzung seines Selbstbestimmungsrechts besteht, da dies zu einer unvertretbaren Ausdehnung der Haftung führen würde.

▶ **Musterfall** (Entscheidung des OLG Jena): Während einer gynäkologischen Operation zur Ausräumung einer Fehlgeburt wurde aus medizinischen Gründen eine Erweiterung des Eingriffs erforderlich, die es mit sich brachte, daß die Patientin die Fähigkeit zu weiteren Schwangerschaften verlor. Nach der Beurteilung des medizinischen Sachverständigen war diese Erweiterung der Operation unvermeidlich, um das Leben der Patientin zu retten. Deshalb hätte man wohl von der hypothetischen Einwilligung der Patientin ausgehen oder – falls sie einen Entscheidungskonflikt geltend gemacht hätte – diesen Konflikt für nicht plausibel erachten können. Das OLG Jena hat nun keineswegs übersehen, dass es zu der lebensrettenden Operation keine Alternative gab, gleichwohl aber der Patientin ein Schmerzensgeld von 15.000 DM zuerkannt, und zwar »wegen dieser Verletzung der Rechte auf Wahrung der körperlichen Integrität und der Persönlichkeit als solcher«. **1684**

Angesichts der letztgenannten Begründung, die sich auch im Leitsatz findet, könnte man vielleicht noch annehmen, dass das OLG Jena von einer Kombination aus Körperverletzung und Persönlichkeitsrechtsverletzung ausging. In den Entscheidungsgründen wird jedoch deutlich, dass die Zuerkennung von Schmerzensgeld bei Verletzung der ärztlichen Aufklärungspflicht allein von der Verletzung des Persönlichkeitsrechts getragen werden soll. Dem ist der BGH nun entgegengetreten, da diese Auffassung nicht nur eine kaum noch zu überblickende **Ausuferung des Persönlichkeitsrechts** bedeuten, sondern sich vor allem weit von dem bisherigen Verständnis des Aufklärungsfehlers als Grundlage der Arzthaftung entfernen würde. Die Auffassung, die eine Haftung bereits aus der bloßen Verletzung der Aufklärungspflicht herleitet, auch wenn kein Gesundheitsschaden eintritt, würde zu einer uferlosen Haftung der Ärzte führen, die auch bei der gebotenen Berücksichtigung der Interessen der Patienten nicht vertretbar wäre. **1685**

▶ **Musterfall** (»Lugano-Entscheidung« des BGH): Der Kläger verlangt Schadensersatz und Schmerzensgeld wegen eines Körperschadens, den er durch die ärztliche Behandlung des Beklagten erlitten habe, weil die von diesem (in der Schweiz) verordneten Medikamente (nach der Einnahme in Deutschland) zu starken Nebenwirkungen und gesundheitlichen Beeinträchtigungen geführt hätten. Dabei moniert er eine unzureichende ärztliche Aufklärung. Der BGH war zu Ausführungen zum Schaden gehalten, da der Kläger in Deutschland (am Ort des Schadenseintritts) klagte, der Beklagte, der seine Praxis in der Schweiz hatte, jedoch argumentierte, bei Verletzung der ärztlichen Aufklärungspflicht sei Erfolgsort **1686**

Simmler

nicht der Ort, an dem die Gesundheitsschäden eingetreten sind, sondern der Ort, an dem der Patient sich befand, als die Aufklärungspflicht verletzt wurde; die »Primärverletzung« sei in einem Eingriff in das Selbstbestimmungsrecht bzw. die Entscheidungsfreiheit des Patienten zu sehen. Der BGH bekräftigte dem gegenüber seine st. Rspr., dass ein die Haftung auslösender Schaden bei einer Verletzung der ärztlichen Aufklärungspflicht erst dann eintritt, wenn die Behandlung zu einer Beeinträchtigung der Gesundheit führt.[2388]

1687   Damit ist klargestellt, dass es für einen Schadensersatzanspruch aus Aufklärungsfehler ebenso wie bei der Haftung für einen Behandlungsfehler eines **Körper- oder Gesundheitsschadens** bedarf, für den die unterlassene oder mangelhafte Aufklärung ursächlich ist. Ein Eingriff in das Persönlichkeitsrecht allein genügt nicht, auch wenn dieses durch eine unzulängliche Aufklärung zweifellos tangiert ist. Obwohl bei einem Aufklärungsfehler der Arzt dem Patienten grundsätzlich ohne Rücksicht darauf, ob ihm ein Behandlungsfehler zur Last fällt, Schadensersatz zu leisten hat,[2389] setzt die Schadensersatzpflicht demnach voraus, dass durch den eigenmächtigen Eingriff des Arztes ein **körperlicher** Schaden entstanden ist. Dabei reicht der auf dem rechtswidrigen Eingriff beruhende Schaden, den der behandlungsfehlerfreie Eingriff gesetzt hat: so z.B. die durch den Operationsschnitt gesetzte Körperverletzung. Auch wenn der Patient hinterher geheilt ist, stellen die zum späteren Heilerfolg führenden (mangels Aufklärung rechtswidrigen) Eingriffe in den Körper einen ersatzfähigen Schaden dar, bei dem die Heilung allerdings im Rahmen der Genugtuungsfunktion eines Schmerzensgeldanspruchs berücksichtigt werden müsste.

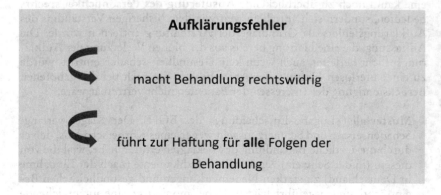

Aufklärungsfehler

macht Behandlung rechtswidrig

führt zur Haftung für **alle** Folgen der Behandlung

2388 Siehe zuvor BGHZ 162, 320, 323 f.; BGHZ 172, 1 ff.
2389 BGHZ 106, 153, 165 ff.; BGH, NJW 1992, 2351 und 2354.

❗ Bei fehlender Aufklärung haftet der Arzt für den **gesamten** körperlichen Schaden, der auf den Eingriff zurückzuführen ist, auch für die behandlungsfehlerfreien Eingriffe in den Körper des Patienten!

ee) Kausalität

Der Patient muss jedoch – ebenso wie beim Behandlungsfehler – die **Kausalität** zwischen der Schadensfolge, für die er Ersatz begehrt, und dem Eingriff des Arztes beweisen. Insoweit können sich beim Aufklärungsfehler andere Kausalitätsprobleme als beim Behandlungsfehler ergeben. **1688**

Kausalität

- Arzt haftet für **alle** auf dem rechtswidrigen Eingriff beruhenden Folgen

  - auch für den Eingriff selber, auch wenn dieser kunstgerecht war

- Arzt haftet **nicht** für Folgen, die auf der Grunderkrankung beruhen

---

Abgrenzung zum Behandlungsfehler: Während beim Behandlungsfehler **1689** das Hauptproblem des Prozesses häufig im Nachweis der Kausalität des Behandlungsfehlers für den eingetretenen Schaden liegt, da oft nicht ausgeschlossen werden kann, dass sich ein dem Eingriff immanent anhaftendes Risiko verwirklicht hat (dazu eingehend oben Rdn. 1413), stellt sich diese Frage bei der Haftung aus Aufklärungsfehler nicht: Denn da mangels Aufklärung der Eingriff ohne den erforderlichen Rechtfertigungsgrund vorgenommen wurde, haftet der Arzt für alle auf dem Eingriff beruhenden Schäden, d.h. auch für die Verwirklichung von dem Eingriff anhaftenden Komplikationen.

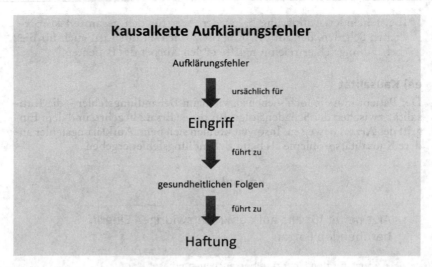

Kausalkette Aufklärungsfehler

Aufklärungsfehler

⬇ ursächlich für

Eingriff

⬇ führt zu

gesundheitlichen Folgen

⬇ führt zu

Haftung

1690   Beim Aufklärungsfehler stellen sich Kausalitätsprobleme lediglich bei Schäden, bei denen unklar ist, ob sie überhaupt auf dem Eingriff beruhen. Beruhen die Schäden möglicherweise auf anderen Ursachen, z.B. der **Grunderkrankung**, entfällt eine Haftung.

1691   ▶ **Musterfall:**[2390] Der Kläger verlangt von den Beklagten Schadensersatz wegen einer nach seiner Ansicht fehlerhaften und mangels hinreichender Aufklärung durch seine Einwilligung nicht gedeckten Strahlenbehandlung einer krebsartigen Lymphdrüsenerkrankung (morbus Hodgkin). Es hatten sich zeitlich nach der Bestrahlung u.a. Rezidive im rechten Axillarbereich gebildet. Der Kläger führte dies auf die angewandte Bestrahlung in Mehrfeldtechnik, die notwendig zu Bestrahlungslücken führen musste, zurück. Er meinte, er hätte diese Bestrahlung nicht durchführen lassen, wäre er über die Lücken aufgeklärt worden. Die Beweisaufnahme ergab jedoch keinen Anhaltspunkt dafür, dass das Rezidiv auf der Bestrahlung mit der Mehrfeldtechnik und der dadurch eingetretenen Bestrahlungslücke beruhte. Das Gericht vermochte im Rahmen der Beweisaufnahme nicht festzustellen, dass sich das Rezidiv in dem Bereich gebildet hatte, der von der Bestrahlung nicht erfasst war. Es war die Möglichkeit nicht auszuschließen, dass es – ebenso wie die Rezidive auf der anderen Körperseite – in der bestrahlten Region entstanden ist.

1692   **Reserveursache (I):** Ein besonderes Kausalitätsproblem entsteht, wenn der Schaden zwar auf der Behandlung beruht, nachweisbar aber **auch ohne** den

---

2390   BGH NJW 1992, 754.

Simmler

Eingriff in **Ausprägung und Zeit gleichermaßen** aus der Grunderkrankung eingetreten wäre. Da der Arzt nicht den Heilungserfolg schuldet, kann ihm auch bei Aufklärungsfehlern nicht das grundsätzliche Gesundheitsrisiko des Patienten aufgebürdet werden. Dafür, dass derselbe Schaden (vielleicht nur später) ohne die Behandlung auch eingetreten wäre, ist jedoch der Arzt voll beweisbelastet; dieser Beweis ist angesichts der medizinischen (Un-)Wägbarkeiten denkbar schwer zu führen.

▶ **Musterfall:**[2391] Beim Kläger wird eine Glaskörperabsaugung durchgeführt, die mit dem Risiko der Erblindung belastet ist, über das er nicht aufgeklärt wird. Postoperativ erblindet der Kläger aufgrund des Eingriffs. Der Arzt kann durch Sachverständigengutachten nachweisen, dass der Patient aufgrund seiner Grunderkrankung zwei Jahre später ohne die Behandlung ebenfalls erblindet wäre. Damit stehen dem Kläger nur Ansprüche für die »verfrühte« Erblindung, also den Zeitraum von 2 Jahren, zu.   **1693**

Reserveursache (II): Ebenso problematisch kann sich die Kausalität darstellen, wenn der Schaden zwar auf der Behandlung beruht, diese jedoch mehrgliedrig ist, der Schaden allen Teilen als Komplikationsrisiko anhaftet und ein Aufklärungsfehler nur für einen der Teile vorliegt. Auch hier geht – anders als beim Behandlungsfehler – eine Unaufklärbarkeit dahin, auf welchem Operationsteil der Schaden beruht, zu Lasten des Arztes.   **1694**

▶ **Musterfall:** Die Klägerin wurde vor einer als Teilresektion geplanten Schilddrüsenoperation nicht darüber aufgeklärt, dass u.U. intraoperativ auf eine Vollresektion umgestiegen werden muss, die ein erhöhtes Blutungsrisiko in sich trägt, obwohl eine Erweiterung der Operation präoperativ nicht unwahrscheinlich war. Postoperativ stellte sich bei der Klägerin eine Stimmbandlähmung ein, die auf eine Nachblutung zurückzuführen war. Es war nicht zu klären, ob die Nachblutung auf die Vollresektion zurückzuführen war oder auch bei Teilresektion hätte auftreten können. Da der Arzt für alle Folgen des wegen Aufklärungsfehlers rechtswidrigen Eingriffs haftet, ging diese Unaufklärbarkeit zu seinen Lasten, da er hätte beweisen müssen, dass der Schaden nicht auf dem rechtswidrigen Eingriff beruhte[2392].   **1695**

Mitursächlichkeit: Es sei abschließend betont, dass sämtliche Kausalitätsprobleme bei der Aufklärung – wie parallel beim Behandlungsfehler – nur dann auftreten, wenn der Schaden wenigstens durch den Eingriff **mitverursacht** ist. Mitursächlichkeit genügt auch bei Aufklärungsfehlern zur Haftungsbegründung.   **1696**

2391 Vgl. BGH NJW 1959, 2299; BGH NJW 1985, 676.
2392 BGH NJW 2005, 2072.

Simmler

Kausalitätsprobleme

Behandlungsfehler	Aufklärungsfehler
• Kausalität zwischen Fehler und Schaden - > evtl. nur Verwirklichung eingriffsimmanenter Komplikation?	• Kausalität zwischen Eingriff und Schaden -> evtl. nur Folge der Grunderkrankung? -> Schaden dieser Art beim Eingriff nicht möglich/nicht nachweisbar? -> Reserveursache: Schaden wäre (wegen der Grunderkrankung) ohne den rechtswidrigen Eingriff ebenso eingetreten

ff) Zurechnungsfragen

1697 **Beweislastverteilung:** Bereits oben (Rdn. 1655) wurde dargelegt, dass bei der **Eingriffsaufklärung** der Arzt die Beweislast für die Ordnungsgemäßheit der Aufklärung trägt, während es sich bei der **Sicherheitsaufklärung** (therapeutischen Aufklärung) um eine Frage der standardgerechten ärztlichen Behandlung handelt, bei der den Patienten die Beweislast für etwaige Fehler trifft. Für den Fall der Eingriffsaufklärung ist demnach auch kein Raum für Beweiserleichterungen des Patienten im Rahmen eines »groben« Aufklärungsfehlers.[2393]

1698 **Zurechnung:** Abgesehen von dieser Grundverteilung der Beweislast hat die Rechtsprechung jedoch auch im Aufklärungsrecht ein recht diffiziles und im strengen dogmatischen Sinne durchaus angreifbares Netz von Zurechnungskonstellationen entwickelt, die sich um verschiedene Fallgestaltungen von Aufklärungsfehlern drapieren. Ist dem Patienten der Nachweis des Ursachenzusammenhangs zwischen ärztlichem Eingriff und Gesundheitsschaden gelungen, so können sich beim Aufklärungsfehler demnach besondere Zurechnungsprobleme stellen, die jedenfalls in dieser Form beim Behandlungsfehler nicht auftreten. Während dort regelmäßig der Arzt für einen Schaden einzustehen hat, der durch seine fehlerhafte Behandlung verursacht worden ist, kann es beim Aufklärungsfehler zweifelhaft sein, ob der infolge des Eingriffs eingetretene Gesundheitsschaden dem Arzt haftungsbegründend **zuzurechnen** ist. All den hierzu angestellten Überlegungen ist der

---

2393   BGH NJW 1986, 1541; OLG Hamburg VersR 2000, 190.

Simmler

Versuch immanent, dem Aufklärungsfehler seinen »Totschlagscharakter« zu nehmen und die im Einzelfall als unbillig angesehene Haftung des Arztes für alle Eingriffsfolgen einzuschränken.

Zurechnungsprobleme bei Aufklärungsfehlern

- hypothetische Einwilligung (bei fehlender bzw. unzureichender Aufklärung)
- Verwirklichung des aufgeklärten Risikos (bei unzureichender Aufklärung)
- Verwirklichung eines nicht aufklärungspflichtigen Risikos (bei fehlender oder unzureichender Aufklärung)

---

hypothetische Einwilligung: Ein Zurechnungsproblem stellt sich im Rahmen der sog. hypothetischen Einwilligung. Diese Figur erfasst – unabhängig von ihrer dogmatischen Einordnung[2394] – die Fälle, in denen feststeht, dass die Aufklärung fehlerhaft war, eine Haftung aber ausscheidet, weil davon auszugehen ist, dass der Aufklärungsfehler nicht ursächlich für den eingetretenen Schaden war, da der Patient sich auch bei ordnungsgemäßer Aufklärung wie geschehen hätte behandeln lassen. Nach der gefestigten Rechtsprechung des BGH scheidet jedenfalls dann eine Haftung des Arztes aus, wenn das Gericht zum Ergebnis kommt, dass der Patient bei ordnungsgemäßer Aufklärung in die Vornahme des Eingriffs eingewilligt hätte. Auch hierfür trifft die **Beweislast** grundsätzlich den **Arzt.** Bevor sich die Behandlungsseite nicht auf die hypothetische Einwilligung des Patienten beruft, hat dieser übrigens keine Veranlassung, seine Gründe für eine Weigerung darzutun.[2395] Dann allerdings muss er plausibel darlegen, dass er sich im Fall ordnungsgemäßer Aufklärung in einem Entscheidungskonflikt befunden hätte.[2396] Zu beachten ist hier, dass der Richter jeweils die **konkrete** Entscheidungssituation des **konkreten Patienten** zu bedenken hat und nicht durch überzogene oder zu sehr an einem durchschnittlich »verständigen« Patienten orientierte Anforderungen den Sinn der Aufklärung verfehlen darf, die individuelle Entscheidungsfreiheit sicherzustellen.[2397]

1699

Eine andere Frage ist jedoch, ob der Tatrichter dem Patienten den von diesem vorgebrachten Entscheidungskonflikt glaubt. Nochmals zu betonen ist,

1700

2394 Hierzu ausführlich Nüßgens, FS Nirk (1992), 745 ff.
2395 BGH, NJW 1994, 799, 801; NJW 1996, 3073, 3074.
2396 BGH, NJW 1993, 2378, 2379; NJW 1994, 799, 801.
2397 BGH, NJW 1991, 2344, 2345 m.w.N.

Simmler

dass der Patient nur vorzutragen braucht, dass er bei einer ordnungsgemäßen Aufklärung vor einem **Entscheidungskonflikt** gestanden hätte. Dass und weshalb er sich gegen den Eingriff entschieden hätte, braucht er nicht darzulegen. Hier wird auch von den Instanzgerichten oft übersehen, dass maßgeblich nicht der »vernünftige« Patient ist, sondern der konkrete Patient und seine Situation. Was aus ärztlicher Sicht sinnvoll und erforderlich gewesen wäre, ist deshalb grundsätzlich nicht entscheidend.

1701 ▶ **Beispielsfall:** Eine ältere Dame war einem schweren chirurgischen Eingriff unterzogen worden, der mit dem hohen Risiko einer inkompletten Querschnittslähmung belastet war, das sich hier als Folge der Operation verwirklichte. Der Operateur hatte die Patientin nicht verunsichern wollen und über das Risiko nicht aufgeklärt. Er berief sich auf die hypothetische Einwilligung mit dem – richtigen – medizinischen Hinweis, ohne die Operation wäre die Patientin bald verstorben. In der Anhörung erläuterte die Patientin, die vor der Operation ihren eigenen Haushalt hatte führen können und keinerlei Angehörige mehr hatte: Wäre sie über das hohe Eingriffsrisiko aufgeklärt worden, hätte sie »ihren Frieden mit dem lieben Gott gemacht« und der Krankheit ihren Lauf gelassen. Sie sei schon so alt geworden und hätte alle ihre Lieben überlebt und hätte das hohe Risiko, wie geschehen zum Pflegefall zu werden, nicht tragen wollen. Dies war so überzeugend vorgetragen, dass die Kammer einen plausiblen Entscheidungskonflikt annahm.

1702 In diesem Zusammenhang soll betont werden, dass diese Einzelfallprüfung des Entscheidungskonflikts das Tatgericht vor durchaus schwierige Aufgaben stellt, bei denen dem Richter – und natürlich auch dem prozessführenden Rechtsanwalt – der **gesunde Menschenverstand** zu Hilfe kommen kann. Das Gericht ist berechtigt, aber auch verpflichtet, die Plausibilität des Entscheidungskonflikts im Einzelfall auch durch Ausleuchten der persönlichen Umstände und der Behandlungsgeschichte des Patienten abzuklopfen und sich nicht mit Formeln, wie sie der Patient, entsprechend von seinem Anwalt beraten, abgibt (»Dann hätte ich mir eine zweite Meinung eingeholt/noch einmal meinen Hausarzt gefragt,« etc.), abspeisen zu lassen. Dazu mag zur Erläuterung ein Fall aus der erstinstanzlichen Praxis der Autorin dienen:

1703 ▶ **Beispielsfall:** Beim Kläger, einem bereits mehrfach wegen verschiedener Krebserkrankungen voroperierten Mann, war ein Sigmakarzinom (Dickdarmkrebs) diagnostiziert worden. Bei der (fachgerechten) Operation des Karzinoms kam es zu lebensgefährlichen Komplikationen, die eine Sepsis zur Folge hatten. Der Patient wurde lange intensivmedizinisch betreut, die Sepsis konnte überwunden werden, es blieben jedoch geringe neurologische Ausfälle zurück. Die Behandlerseite konnte nicht nach

Simmler

weisen, dass der Patient über das dieser Operation spezifisch anhaftende Sepsisrisiko aufgeklärt worden war. Sie berief sich darauf, dass der Kläger sich »so oder so« hätte behandeln lassen, da es – was der medizinische Sachverständige bestätigte – keine Behandlungsalternative zur Operation gab und bei der Art des gefundenen Karzinoms ohne Behandlung mit dem Eintritt des Todes spätestens binnen Jahresfrist hätte gerechnet werden müssen. Daraufhin erklärte der Kläger der Kammer, wenn man ihm das Sepsisrisiko mitgeteilt hätte, hätte er auf die Selbstheilungskräfte seines Körpers vertraut und die Operation abgelehnt. Das nahm ihm die Kammer nach intensiven Nachfragen insbesondere deshalb nicht ab, weil der Kläger sich bereits vorab bei Krebserkrankungen immer hatte operieren lassen und nie auch nur ansatzweise eine Tendenz dahin hatte erkennen lassen, auf seine Selbstheilungskräfte zu vertrauen.

Wenn der Patient dem Tatrichter einen Entscheidungskonflikt plausibel gemacht hat, muss der Arzt beweisen, dass der Patient auch bei ordnungsgemäßer Aufklärung in die Entscheidung eingewilligt hätte. Diese Beweisführung ist gewiss nicht einfach, andererseits aber auch nicht unmöglich.

1704

▶ **Musterfall:**[2398] Der Klägerin wurde nach unvollständigem Abort (Teile der Fehlgeburt waren im Uterus verblieben) einem operativen Eingriff zur Entfernung des fötalen Materials unterzogen. Dass dabei die Gefahr von Uterusrissen mit nachfolgender Notwendigkeit der Uterusentfernung bestand, war ihr nicht mitgeteilt worden. Auf die Aufklärungsrüge nach erfolgtem Uterusverlust führt das OLG Celle aus: »Der Eingriff war, ... , unbedingt erforderlich. Die in der Gebärmutter damals noch vorhandenen Reste des Schwangerschaftsmaterials hätten dort nicht bleiben können, wenn das Leben der Klägerin nicht aufs Spiel gesetzt werden sollte; die Ärzte hätten ihr daher im Aufklärungsgespräch den Eingriff dringend anraten müssen. In dieser Situation hätte sich die Klägerin – davon ist der Senat überzeugt – mit der Vornahme des Eingriffs einverstanden erklärt, weil es eine vernünftige Alternative nicht gab. Daß sie sich dafür entschieden hätte, notfalls lieber zu sterben denn als unfruchtbare Frau weiterzuleben, ist unter den hier gegebenen Umständen als ausgeschlossen anzusehen, zumal die Ärzte sie – ... – auch darüber hätten belehren müssen, daß im Rahmen der Sepsis, zu der das Zurücklassen der Schwangerschaftsreste im Uterus hätte führen können, auch die Eileiter hätten geschädigt werden und die Kl. dann erst recht nicht mehr hätte empfangen können. Die Klägerin hat denn auch auf die Frage des Senats, wozu sie sich in dieser Situation entschlossen hätte, nicht etwa behauptet, sie hätte sich gegen den Eingriff entschieden, sondern schlicht geschwiegen.«

1705

2398 Vgl. OLG Celle, VersR 1984, 444, 445 ff.

Simmler

1706 persönliche Anhörung: Im übrigen gilt der Grundsatz, dass der Tatrichter die konkrete Entscheidungssituation des Patienten regelmäßig nur dann beurteilen kann, wenn er ihn persönlich angehört hat. Das sollte sich von selbst verstehen, auch wenn den Gerichten hierbei immer wieder Fehler unterlaufen.[2399] Von der Anhörung kann nur abgesehen werden, wenn die unstreitigen äußeren Umstände eine sichere Beurteilung der hypothetischen Entscheidungssituation erlauben.[2400] Problematisch kann es hier werden, wenn der Patient inzwischen verstorben ist und nicht mehr angehört werden kann. In solchen Fällen muss sich der Tatrichter bemühen, aufgrund anderer Anhaltspunkte zu ermitteln, ob für den Patienten ein Entscheidungskonflikt vorgelegen hat.[2401] Bei der Befragung nahestehender Personen ist zu beachten, dass sie nicht Zeugnisträger, sondern eben nur Auskunftspersonen sind und ihre Angaben tatrichterlicher Würdigung unterliegen.[2402] Die **Beweislast** liegt auch hier grundsätzlich beim Arzt.

Hypothetische Einwilligung

Prüfungsschema:

- Aufklärungsfehler steht fest

- Arzt erhebt den Einwand hypothetischer Einwilligung [keine Prüfung vom Amts wegen!]

- Patient muss konkret darlegen, dass er sich bei korrekter Aufklärung in einem Entscheidungskonflikt befunden hätte

- Gericht prüft konkreten Entscheidungskonflikt im konkreten Einzelfall auf Plausibilität

---

1707 ❢ Für den die Behandlerseite vertretenden Anwalt ist wichtig, den Einwand hypothetischer Einwilligung schon in der **ersten Instanz** zu bringen. Wird der Einwand der hypothetischen Einwilligung erst im zweiten Rechtszug erhoben, handelt es sich grundsätzlich um ein neues Verteidigungsmittel im Sinne des § 531 Abs. 2 ZPO, das nicht mehr berücksichtigt wird.[2403]

2399 BGH, NJW 1994, 3009, 3011; NJW 1995, 2410, 2411.
2400 BGH, NJW 1990, 2928, 2929 ; NJW 1993, 2378, 2379.
2401 BGH NJW 2007, 2771.
2402 BGH NJW 1987, 2291.
2403 BGH VersR 2009, 257.

Reserveursache bei hypothetischer Einwilligung (I): Wenn der Patient einen Entscheidungskonflikt plausibel macht und etwa ausführt, bei richtiger Aufklärung hatte er sich **an anderer Stelle** operieren lassen, kann der Arzt der Haftung aus Aufklärungsfehler bei (ohne Behandlungsfehler) misslungenem Eingriff nicht dadurch entgehen, dass er behauptet, der Eingriff wäre beim anderen Operateur ebenso misslungen. Diese Behauptung eines **hypothetischen Ursachenzusammenhangs**, die zur vollen Beweislast (§ 286 ZPO) des Arztes steht, kann das Gericht im Zweifel sogar ohne sachverständige Hilfe zurückweisen: Denn selbst bei ordnungsgemäß durchgeführter Operation können die Auswirkungen des Eingriffs auf den Patienten aufgrund unterschiedlicher Übung und Fähigkeiten der Ärzte sowie unterschiedlicher sachlicher Ausstattung der Klinik unterschiedlich ausfallen.[2404] Solange nicht nachvollziehbar dargetan ist, dass bei gleicher Vorgehensweise ein Eingriff stets zum selben Ergebnis führt [was schon nach allgemeiner Lebenserfahrung kaum möglich sein dürfte], kann nicht davon ausgegangen werden, dass der Eingriff, den der beklagte Arzt beim Patienten durchgeführt hat, auch einem anderen Arzt in gleicher Weise mißlungen wäre.

1708

Reserveursache bei hypothetischer Einwilligung (II): Macht der Patient im Rahmen des Entscheidungskonflikts geltend, er hätte bei ordnungsgemäßer Aufklärung eine **andere Behandlungsmethode** gewählt, steht es dem Arzt frei einzuwenden, der eingetretene Schaden hätte sich dann in gleicher Ausprägung eingestellt – auch hierbei handelt es sich um ein Geltendmachen hypothetischer Kausalverläufe, die zur vollen Beweislast des Arztes stehen.[2405] Nur dann, wenn dieser Verlauf feststeht, kann die Haftung des Arztes für die Folgen seiner mangels Aufklärung rechtswidrigen Vorgehensweise verneint werden. Der Arzt muss dementsprechend nicht nur die Möglichkeit eines solchen Verlaufs, sondern zudem beweisen, dass derselbe Mißerfolg auch nach Wahl der anderen Behandlungsmethode eingetreten wäre.

1709

▶ **Musterfall:** Die Klägerin hatte sich das rechte Handgelenk gebrochen. Sie wurde konservativ behandelt, was standardgerecht war. Als sich der Bruch verschob, wurde sie vom Arzt, der dies bemerkt hatte, weiter konservativ behandelt, obwohl eine operative Reposition alternativ als Behandlungsmöglichkeit im Raum stand. Als der Bruch in Fehlstellung verheilte, rügte die Klägerin die unterlassene Aufklärung über die nach der Verschiebung bestehenden Behandlungsalternativen. Der Arzt wandte ein, auch bei Operation sei unsicher, ob die Verschiebung zu beseitigen sei, das Ergebnis müsse bei Operation nicht besser sein. Der BGH wies den Fall an das Berufungsgericht zurück und stellte klar, dass die Frage, ob eine Operation zu einem besseren Ergebnis geführt hätte, nicht

1710

2404 BGH, NJW 1996, 3073; BGH NJW 1989, 1541.
2405 BGH NJW 2005, 1718.

die Kausalität der tatsächlich durchgeführten [nach Aufklärungsfehler rechtswidrigen Fortsetzung der] konservativen Behandlung für den eingetretenen Schaden, sondern einen hypothetischen Kausalverlauf im Falle des rechtmäßigen Alternativverhaltens betrifft, für den der Beklagte beweispflichtig ist.[2406]

Hypothetische Einwilligung und Reserveursache

Patient hätte sich woanders operieren lassen

Patient hätte andere Behandlung gewählt

Arzt muss beweisen, dass der Schaden auch dann eingetreten wäre

1711 **Risikoverwirklichung:** Zurechnungsfragen stellen sich nach der Konzeption des BGH auch dann, wenn die Aufklärung zwar unzureichend war, sich aber nach dem anschließenden Eingriff »nur« ein Risiko verwirklicht hat, über welches aufgeklärt wurde.[2407]

2406 BGH NJW 2005, 1718.
2407 BGH, NJW 2000, 1784; NJW 2001, 2798.

Simmler

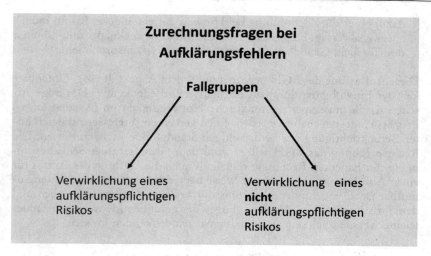

Zurechnungsfragen bei Aufklärungsfehlern

Fallgruppen

Verwirklichung eines aufklärungspflichtigen Risikos

Verwirklichung eines **nicht** aufklärungspflichtigen Risikos

Hier hat sich der BGH auf folgenden **Grundsatz** festgelegt: Hat sich in einem solchen Fall gerade und nur dasjenige Risiko verwirklicht, über das aufgeklärt werden musste und tatsächlich auch aufgeklärt worden ist, so spielt es regelmäßig keine Rolle, ob bei der Aufklärung auch andere Risiken der Erwähnung bedurft hätten. Vielmehr kann aus dem Eingriff keine Haftung wegen eines Aufklärungsversäumnisses hergeleitet werden, wenn sich nur das Risiko verwirklicht hat, über das aufgeklärt worden ist und mithin der Patient in Kenntnis des konkreten Risikos seine Einwilligung erteilt hat. In einem solchen Fall den Arzt auf Schadensersatz haften zu lassen, wenn er fehlerfrei behandelt hat, erschien dem BGH nicht tragbar, weil ihm bei einer solchen Konstellation die Haftung schlechterdings nicht zugemutet werden könne,[2408] zumal es insbesondere an der für seine Haftung erforderlichen Zurechenbarkeit fehlt, wenn dem Patienten das tatsächlich verwirklichte Risiko bekannt war und er es in Kauf genommen hat. Dann aber ist es völlig spekulativ und unbeachtlich, wie sich der Patient entschieden hätte, wenn er noch auf ein zusätzliches Risiko hingewiesen worden wäre, das tatsächlich gar nicht eingetreten ist.

▶ **Musterfall:** Der Patient wurde vor einer Schluckimpfung darüber aufgeklärt, dass die Gefahr von Lähmungen als Impffolge besteht. Diese trat auch ein. Der Patient rügte, ihm sei verschwiegen worden, dass auch die Gefahr von Krampfanfällen oder Hirnhautentzündungen bestanden habe. Der BGH hat hier betont, dass der Patient in Kenntnis des verwirklichten Risikos seine Einwilligung gegeben habe, so dass von daher aus dem Eingriff keine Haftung hergeleitet werden könne. Überlegungen

1712

2408 Vgl. zu dieser Problematik auch Katzenmeier, Arzthaftung, S. 353.

Simmler

dazu, ob er die Zustimmung bei Hinweis auf ein anderes Risiko möglicherweise versagt hätte, seien notwendigerweise spekulativ und könnten deshalb nicht Grundlage für einen Schadensersatzanspruch sein.[2409]

1713 Diese Auffassung des BGH begegnet unter dem Aspekt der sog. Unteilbarkeit der Einwilligung durchaus dogmatischen Bedenken.[2410] Der dogmatischen Kritik muss aber die praktische Notwendigkeit im (Arzthaftungs-) Prozess entgegengehalten werden, einen gerechten Interessenausgleich unter Berücksichtigung der beiderseitigen Standpunkte herbeizuführen. Die Rechtsprechung des BGH will sowohl dem Grundsatz der Selbstbestimmung des Patienten Rechnung tragen als auch die Haftung des Arztes für einen Aufklärungsfehler in einer Weise begrenzen, die für beide Seiten zumutbar ist. Das gefundene Ergebnis dürfte dabei dem medizinischen und dem juristischen Laien aus Erwägungen des gesunden Menschenverstandes leichter verständlich sein als dem dogmatisch denkenden Juristen.

Verwirklichung eines aufklärungspflichtigen Risikos

Haftung	Keine Haftung
wenn sich ein aufklärungspflichtiges, aber nicht aufgeklärtes Risiko verwirklicht	wenn sich ein aufklärungspflichtiges Risiko verwirklicht, über das aufgeklärt ist

=

„klassischer" Aufklärungsfehler

Auch wenn die Aufklärung ansonsten an Fehlern leidet!

❗ Die arzthaftungsrechtliche Rechtsprechung des BGH ist durchaus stark von Billigkeitsgesichtspunkten geprägt und neigt gelegentlich dazu, dogmatische Bedenken zugunsten pragmatischer Lösungen zurückzustellen.

2409 BGH NJW 2000, 1784.
2410 Gehrlein, VersR 2002, 593; vgl. auch Katzenmeier, Arzthaftung, S. 345 f.

Grundaufklärung: Weitere Zurechnungsfragen ergeben sich im Zusammenhang mit der Rechtsfigur der in der Literatur häufig so genannten »Grundaufklärung«. Auch hier versucht die Rechtsprechung, angeführt vom BGH, den gerade angesprochenen Interessenausgleich in den Fällen durchzuführen, in denen die Aufklärung zwar fehlerhaft war, sich beim damit rechtswidrigen Eingriff aber »nur« ein Risiko verwirklicht hat, über das – bei ordnungsgemäßer Aufklärung – gar nicht hätte aufgeklärt werden müssen. Unter Grundaufklärung versteht der BGH dabei eine Art Basisaufklärung über Art und Schwere des Eingriffs unter Einschluss jedenfalls des jeweils schwersten Risikos.[2411] Ist eine solche Grundaufklärung erteilt worden und verwirklicht sich ein völlig ungewöhnliches, also nicht aufklärungspflichtiges, Risiko, scheidet eine Haftung des Arztes für dieses (nicht aber für die sonstigen Eingriffsfolgen!) aus.

1714

Konzept der „Grundaufklärung"

Aufklärung ist fehlerhaft

Aber:

Basisaufklärung über Art und Schwere des Eingriffs unter Einschluss des jeweils schwersten Risikos ist erfolgt

---

fehlende Grundaufklärung: Ist dagegen noch nicht einmal eine Grundaufklärung erteilt, kann niemals eine Haftungswegfall in Frage kommen. Denn fehlt es an einer Grundaufklärung, hat der Arzt dem Patienten die Möglichkeit genommen, sich auch gegen den Eingriff zu entscheiden und dessen Folgen zu vermeiden. Der Arzt muss nach Sinn und Zweck der verletzten Verhaltensnorm dann für alle Schäden aus dem Eingriff haften, auch wenn sich dabei ein äußerst seltenes, nicht aufklärungspflichtiges Risiko verwirklicht hat.[2412]

1715

2411 BGH NJW 1989, 1533; NJW 1991, 2346; vgl. hierzu Müller, FS Geiß, 461, 469 ff.
2412 BGH NJW 1989, 1533.

Simmler

Verwirklichung eines <u>nicht</u> aufklärungspflichtigen Risikos

Keine Haftung	Haftung
• Wenn Patient ordnungsgemäß aufgeklärt wurde • Wenn der Patient zumindest eine **Grundaufklärung** erhalten hat	• Wenn der Patient keine (ausreichende) **Grundaufklärung** erhalten hat • Wenn das verwirklichte Risiko den Rahmen der **Grundaufklärung** überschreitet

■ das verwirklichte Risiko hält sich nicht innerhalb des mit der Grundaufklärung vermittelten Eindrucks von der Schwere des Eingriffs und der Art der Belastung in Gewicht und Schädigungsfolge

1716 **unzureichende Grundaufklärung:** Sind dem Patienten zwar ansatzweise Risiken mitgeteilt worden, ist dies jedoch auch als Grundaufklärung unvollständig, weil das schwerste Eingriffsrisiko nicht benannt wird, enthält die Grundaufklärung also erhebliche Mängel oder Lücken, entspricht es den gerade dargelegten Grundsätzen der Rechtsprechung, den Arzt auch dann für die Verwirklichung eines nicht aufklärungspflichtigen Risikos haften zu lassen. Denn eine derart unzureichende Grundaufklärung beeinträchtigt die Entscheidungsfreiheit des Patienten vergleichbar wie eine vollständig fehlende Aufklärung.

1717 ▶ **Musterfall:** Der Patient erhielt wegen Schulterschmerzen eine intraartikuläre Injektion in die Schulter mit einem kortisonhaltigen Präparat. Seltene Komplikation ist die Versteifung der Schulter aufgrund einer Gelenkinfektion, die u.U. nicht mehr beherrscht werden kann. Der Arzt hatte nur über ein Infektionsrisiko aufgeklärt und nichts zur Schultersteife gesagt. Der Patient erlitt aufgrund der Injektion eine Gelenkinfektion, diese weitete sich zur Sepsis aus, der Patient verstarb. Der Tod infolge Sepsis war eine medizinische Rarität und als solche nicht aufklärungspflichtig. Der BGH führte hierzu aus: »Das [d i. e. der Tod] ist zwar eine vom Beklagten nicht vorauszusehende und von ihm in seine ärztlichen Überlegungen auch nicht einzubeziehende Schadensfolge. Für sie hat er aber, wie auch sonst im Haftungsrecht, ohne Rücksicht darauf einzustehen. Dieser Schaden, der Tod des Patienten, gehört nicht einem anderen, mit dem allgemeinen Eingriffsrisiko nicht zusammenhängenden Bereich an, sondern ist im Gegenteil gerade Ausfluß des bei der Aufklärung im großen und ganzen anzusprechenden, unter Umständen folgenschweren Infektionsrisikos. Er fällt deshalb nicht aus dem Schutzbereich der vom Beklagten verletzten Verhaltensnorm heraus und ist deshalb von ihm zu ersetzen.«[2413]

Eine **lückenhafte Grundaufklärung** kann daher nur dann einen Haftungszusammenhang entfallen lassen, wenn es sich bei der »Lücke« um einen **Detailaspekt** handelt[2414] und wenn sich das verwirklichte Risiko innerhalb des mit der Grundaufklärung zu vermittelnden Eindrucks von der Schwere des Eingriffs und der Art der Belastungen in Gewicht und Schädigungsfolgen hält. Allgemein sind derartige Fälle, in denen aus Schutzzweckerwägungen eine Haftung des Arztes trotz unvollständiger Aufklärung entfällt, dadurch gekennzeichnet, dass es an einer sachlichen Rechtfertigung dafür fehlt, dem Patienten seinen Schaden nur wegen des in eine ganz andere Richtung zielenden Aufklärungsdefizits vom Arzt abnehmen zu lassen. Hierbei handelt es sich um nicht verallgemeinerbare **Einzelfallentscheidungen**; grundsätzlich wird die Entlastung von der Haftung eher die Ausnahme bleiben müssen, will man das Selbstbestimmungsrecht des Patienten nicht »durch die kalte Küche« aushebeln. **1718**

▶ **Musterfall:** Der Kläger wurde einer Darmspiegelung unterzogen. Er wusste, dass diese unangenehm werden könnte; dass sie vorübergehend sehr schmerzhaft werden könnte, hatte der Arzt nicht mitgeteilt. Während der Durchführung kam es zur Perforation des Darms, einer Komplikation, die nach damaligem medizinischen Kenntnisstand unerwartet und damit nicht aufklärungsbedürftig war. Der BGH verneinte eine Haftung des Arztes für die Perforation (nicht aber für die erlittenen Schmerzen).[2415] **1719**

❗ In Einzelfällen kann aus Gründen des Zurechnungszusammenhangs bei lediglich in Details fehlerhafter Aufklärung eine Haftung des Arztes für die Verwirklichung eines nicht aufklärungspflichtigen Risikos entfallen. Die Rechtsprechung ist hier sehr zurückhaltend.

c) Die Sicherheitsaufklärung

Wie bereits oben (Rdn. 1664) ausgeführt, ist die Sicherheits- oder therapeutische Aufklärung insoweit ein Fremdkörper im Bereich der Aufklärung, als sie Fehler bei der ärztlich geschuldeten **Sicherstellung des Therapieerfolges** **1720**

2413 BGH NJW 1989, 1533.
2414 Vgl. hierzu Müller, FS Geiß, 461, 471ff.
2415 BGH NJW 1984, 1395.

durch unzureichende Einbeziehung des Patienten beschreibt. Hierbei handelt es sich um Fragen der Gefahrsicherung und damit der richtigen **Durchführung der medizinischen Behandlung,** nicht um Fragen der Selbstbestimmung des Patienten. Entsprechend unterfallen Fehler in diesem Bereich dem Behandlungsfehlerregime der Arzthaftung. Betroffen sein kann eine Aufklärung über therapierichtiges Verhalten zur Sicherung des Heilerfolges, zum Schutz vor Unverträglichkeitsrisiken, vor Nachteilen der Überschätzung einer Therapie sowie die Unterrichtung nachbehandelnder Ärzte oder des Patienten selber über die erhobenen Befunde und erfolgte Zwischenfälle zur rechtzeitigen Einleitung bzw. Sicherung einer sachgerechten Nachbehandlung.[2416]

1721   Dabei muss der Patient sowohl darlegen und beweisen, dass eine Sicherheitsaufklärung **medizinisch geboten** war, als auch, dass sie unterblieben ist oder unzureichend war. Der Maßstab ist dabei ein medizinischer, da es um die Frage der Behandlung geht; anders als bei der Risikoaufklärung ist nicht der Arzt dafür beweisbelastet, dass der Patient die medizinisch gebotenen Aufklärung verstanden hat.

1722   ▶ **Musterfall:** Ein Patient fiel angetrunken vom Hochbett. Er wurde stationär aufgenommen wegen starker Schmerzen und Hämatomen im Brustbereich und geröngt. Ein Rippenbruch konnte röntgenologisch nicht festgestellt werden – das war nach den Aussagen des Sachverständigen bei nicht verschobenen Rippenbrüchen auch nicht zu erwarten. Eine weitere diagnostische Abklärung (etwa durch CT/MRT) war nach Aussage des Sachverständigen nicht nötig, da unverschobene Rippenbrüche nicht anders behandelt werden als Rippenprellungen: mit Ruhe und Schmerzmitteln – diese Behandlung bekam der Patient stationär. Er wurde nach einigen Tagen entlassen mit der Auflage, sich ambulant einem Arzt zur Verlaufskontrolle vorzustellen. Er erhielt einen Entlassungsbrief, der ausführte, ein Rippenbruch sei röntgenologisch nicht nachgewiesen worden. Der Patient verstand dies dahin, er habe keinen Rippenbruch und stellte sich nicht mehr beim Arzt vor, obwohl seine Schmerzen nachfolgend zunahmen. Tage später wurde er mit akuter Atemnot in die Notaufnahme eingeliefert: Es hatte sich aus dem unverschobenen Bruch ein Hämatothorax gebildet (Blutungen, die auf die Lunge drückten). Der Patient rügte fehlende Sicherheitsaufklärung, man hätte ihn ausdrücklich darauf hinweisen müssen, er könne einen Rippenbruch haben. Nach den Ausführungen des Sachverständigen war es aus medizinischer Sicht lediglich erforderlich, den Patienten zur Vorstellung beim niedergelassenen Arzt anzuhalten und durch den Entlassungsbrief für den Nachbehandler deutlich zu machen, dass der Verdacht des Rippenbruchs noch ungeklärt im Raum stand. Da der Patient nicht vorgetragen hatte, dass die Kran-

---

2416 Steffen/Pauge, Arzthaftungsrecht, Rn. 370 mit Beispielen aus der Rspr.

Simmler

kenhausärzte wussten oder erkennen konnten, dass er sich wegen einer Fehlvorstellung über die Schwere seiner Verletzung nicht zur Nachbehandlung vorstellen werde, hat das LG Berlin seine Klage abgewiesen.

Aufklärungsrichtiges Verhalten: Anders als bei der Risikoaufklärung obliegt bei der Sicherheitsaufklärung der Beweis für aufklärungsrichtiges Verhalten dem Patienten, nicht dem Arzt. Der Patient muss also darlegen und ggfls. beweisen, wie er sich nach erfolgter Sicherheitsaufklärung verhalten hätte. Dabei mag im Einzelfall ein Anschein für aufklärungsrichtiges Verhalten sprechen; jedoch gilt der auf dem Schutzzweck der Aufklärungspflicht beruhende Grundsatz der höchstrichterlichen Rechtsprechung, dass derjenige, der vertragliche Aufklärungspflichten verletzt, die Darlegungs- und Beweislast dafür trägt, dass der Schaden auch bei pflichtgemäßem Verhalten eingetreten wäre, der Geschädigte sich also nicht »aufklärungsrichtig« verhalten hätte,[2417] nur eingeschränkt, nämlich nur für die Fälle, in denen es um den auf eine bestimmte Verhaltensweise ausgerichteten Rat oder Hinweis geht. Fälle, in denen der Hinweis dem Patienten die Entscheidungsgrundlage dafür liefern soll, welche von mehreren möglichen Behandlungswegen er einschlägt, sind nicht erfasst.[2418]

1723

▶ **Musterfall:**[2419] Die Klägerin (selbst rhesus-negativ) wurde von einem rhesus-positiven Kind entbunden. Eine zweite Schwangerschaft endete mit dem Tod des Kindes wegen einer Unverträglichkeitsreaktion. Die Klägerin rügte, sie sei nicht über die Risiken einer weiteren Schwangerschaft aufgeklärt worden. Der BGH führte hierzu aus: »[D]ie von den Beklagten im Streitfall geschuldete Aufklärung ... hätte der Klägerin eine Grundlage für die Entscheidung liefern sollen, ob sie sich einer Nachuntersuchung auf Antikörper unterziehen oder stattdessen darauf vertrauen wollte, daß sie nicht zu der Risikogruppe von 1,6 bis 5% der Frauen gehörte, bei denen sich trotz einer Immunglobulin-Gabe Rhesus-Antikörper bilden. Und auch wenn die Klägerin eine solche Kontrolle hätte durchführen lassen und diese die Bildung von Antikörpern ergeben hätte, wäre es immer noch nicht als unvernünftige Mißachtung des Hinweises zu bezeichnen, wenn die Klägerin keine Vorkehrungen gegen eine erneute Schwangerschaft getroffen, sondern sich darauf verlassen hätte, zu der 80% betragenden Gruppe von Fällen zu gehören, bei denen trotz solcher Antikörper eine weitere Schwangerschaft zur Geburt eines gesunden Kindes führt. Mit anderen Worten: Weder schuldeten die Beklagten der Klägerin einen konkreten Rat dahin, eine erneute Schwangerschaft zu vermeiden, noch gab es für die Klägerin nur eine bestimmte Möglich-

1724

2417 BGHZ 61, 118, 121ff; BGHZ 89, 95, 103.
2418 BGH NJW 1989, 2320.
2419 BGH NJW 1989, 2320.

keit, sich aufgrund der ihr von den Beklagten geschuldeten Information »aufklärungsrichtig« zu verhalten. Deshalb muß es im Streitfall ebenso wie in den vom Senat bereits entschiedenen Fällen einer mißlungenen Sterilisation bei der allgemeinen Regel verbleiben, daß der Klägerin die Darlegungs- und Beweislast für ihre Behauptung obliegt, sie hätte nach erfolgter Aufklärung seitens der Beklagten durch geeignete Maßnahmen eine erneute Schwangerschaft verhindert.«

Sicherheitsaufklärung

Patient	Arzt
trägt grundsätzlich die **Beweislast** für aufklärungsrichtiges Verhalten	muss Anscheinsvermutung für aufklärungsrichtiges Verhalten **nur dann** erschüttern, wenn es **nur eine** mögliche aufklärungsrichtige Verhaltensweise gibt

1725 Aus **prozessualer Sicht** ist zu beachten, dass ein pauschaler Vortrag zum aufklärungsrichtigen Verhalten in einem solchen Fall die Klage nicht unschlüssig macht. Stattdessen muss dieser Vortrag nach § 286 ZPO dahin gewürdigt werden, ob dem Patienten zu glauben ist.

1726 ▶ **Musterfall:** Im gerade angesprochenen BGH-Fall[2420] hatte die Klägerin vorgetragen, bei Erteilung der Aufklärung hätte sie sich gleich nach dem ersten Kind sterilisieren lassen. Das Berufungsgericht hatte dies für unsubstantiiert erachtet; der BGH hob das Berufungsurteil auf und wies die Sache mit folgender Segelanweisung zurück: »Einer näheren Angabe der Gründe, warum sich die Klägerin in der von ihr behaupteten Weise verhalten hätte, bedurfte es für die Schlüssigkeit des Klagevortrags nicht. Deshalb waren auch nicht schon im Rahmen der Schlüssigkeitsprüfung die vom Berufungsgericht vorgenommenen Plausibilitätserwägungen an-

---

2420 BGH NJW 1989, 2320.

zustellen. Ob die Angaben der Klägerin plausibel waren und ob auf ihrer Grundlage das Berufungsgericht zu der Überzeugung gelangte, daß die Behauptung der Klägerin über das von ihr bei entsprechendem Hinweis gezeigte Verhalten für wahr zu erachten sei, war vielmehr, wie es das Gesetz in § 286 Abs. 1 ZPO vorsieht, im Rahmen einer Gesamtwürdigung zu entscheiden. Diese hatte hier jedenfalls auf der Grundlage einer Vernehmung des von der Klägerin für ihr Vorbringen als Zeugen benannten Ehemannes zu erfolgen; sie wird in Fällen der vorliegenden Art regelmäßig auch kaum ohne Anhörung der von dem unterlassenen Hinweis betroffenen Partei selbst sachgerecht vorgenommen werden können.«

Kausalität: Da der Patient im Behandlungsfehlerregime auch für die Kausalität zwischen Behandlungsfehler und Schaden beweisbelastet ist, gehen Zweifel dahin, ob bei aufklärungsrichtigem Verhalten die Schädigung vermieden worden wäre, zu seinen Lasten. Letzteres kann nur in den Fällen anders sein, in denen der Fehler in der Sicherheitsaufklärung nach dem Maßstäben der Rechtsprechung zum Behandlungsfehler grob war, so dass dem Patienten eine Beweislastumkehr zur Seite steht. Nur an dieser Stelle hat das Schlagwort vom »**groben Aufklärungsfehler**« Berechtigung.

1727

▶ **Musterfall:**[2421] Der Kläger, der abends Lichtblitze in seinem linken Auge bemerkt hatte, begab sich noch am selben Tag in den augenärztlichen Bereitschaftsdienst, den die Beklagte wahrnahm. Gesichtsfeldmessungen und Messungen des Augeninnendrucks ergaben keinen auffälligen Befund. Auch bei einer Untersuchung des Augenhintergrundes nach Erweiterung der Pupille stellte die Beklagte keine pathologischen Veränderungen fest. Fünf Tage später trat beim Kläger eine massive Ablösung der Netzhaut im linken Auge auf. Trotz zweier Operationen in der Universitätsklinik, bei denen die Netzhaut angelegt und stabilisiert wurde, ist die Sehfähigkeit des Klägers beeinträchtigt. Es ist unklar, ob frühere Nachuntersuchungen vor der Ablösung daran etwas geändert hätten. Aber: Beim Kläger lag bei seiner Vorstellung bei der Beklagten eine beginnende Glaskörper-Abhebung als Vorstufe einer Netzhautablösung nahe und die Beklagte hatte dies erkannt. Sie war infolgedessen verpflichtet, dem Kläger ihre Erkenntnisse ebenso wie ihren Verdacht bekannt zu geben (Diagnoseaufklärung). Dementsprechend hatte sie den Kläger im Rahmen der ihr obliegenden therapeutischen Aufklärungspflicht darauf hinzuweisen, er müsse bei fortschreitenden Symptomen sofort einen Augenarzt einschalten und im übrigen alsbald den Befund überprüfen lassen, damit er mögliche Heilungschancen wahrnehmen konnte. Das Versäumnis war angesichts der eindeutigen Befundlage als grob zu werten mit der Folge, dass die Kausalitätsprobleme zu Lasten der Ärztin gingen.

1728

2421 BGH NJW 2005, 427.

d) Unterrichtungspflichten über Befunde etc.

1729 **Diagnoseaufklärung:** Wenn jedoch **keinerlei** Fragen der Sicherheitsaufklärung (oder anderweitige Behandlungsfragen) mit der Diagnose verbunden sind, hat der Behandler den Befund dem Patienten isoliert nur mitzuteilen, wenn der Patient ausdrücklich danach fragt oder erkennbar Zukunftsentscheidungen des Patienten (Berufswahl, Eheschließung, Mutterschaft etc.) von der Kenntnis seines Zustandes und der voraussichtlichen Entwicklung abhängen. Dabei ist bei schweren Erkrankungen auf eine schonende Mitteilung Wert zu legen. Die **isolierte Befundmitteilung** stellt lediglich eine vertragliche Nebenpflicht dar; sie kann eine Grundlage auch im deliktischen Persönlichkeitsschutz finden.[2422] Derartige Unterrichtungspflichten sind auch – auf Nachfrage – vorstellbar betreffend Prognosen oder das tägliche Programm an Behandlung und Tests im Krankenhaus oder die voraussichtliche Verweildauer. Als Haftungsfolge ist lediglich ein Schadensersatzanspruch wegen Mehrkosten für den Behandlerwechsel denkbar.

1730 ▶ **Musterfall:** Ein junger Mann stellte sich wegen Abgeschlagenheit und Antriebsschwäche bei einer Neurologin vor. Diese hatte den Verdacht auf Multiple Sklerose und klärte diesen diagnostisch ab. Den Patienten, der ausdrücklich Angst vor einer MS-Diagnose gezeigt hatte, ließ sie über die Sicherheit der Diagnose im unklaren und bestellte ihn – fachgerecht – zu weiteren Überwachungsterminen ein. Dies zog sich über Jahre hin, in denen der körperliche Zustand des Patienten sich schleichend verschlechterte. Behandlungsmöglichkeiten gab es für diese spezielle Form der MS nicht. Das Landgericht Berlin hat in diesem Fall das Vorliegen eines Aufklärungsfehlers in Form der Diagnoseaufklärung verneint.

e) Eingriffs- oder Risikoaufklärung

1731 Die sog. **Eingriffs- oder Risikoaufklärung,** die der Unterrichtung des Patienten über das Risiko des beabsichtigten ärztlichen Vorgehens dient, stellt zweifellos das Hauptkontingent der Aufklärungsfehler dar, die vor Gericht geltend gemacht werden. Wie bereits oben ausgeführt ist ihr Zweck, dem Patienten eine reale Einschätzung über die mit der Behandlung verbundenen Risiken zu erlauben und ihm somit eine informierte Einwilligung in die Behandlung zu ermöglichen. Eine solche informierte Einwilligung setzt voraus, dass der Patient über sein Krankheitsrisiko informiert ist (was habe ich und wie wird sich das ggfls. weiter fortsetzen) und ihm klar gemacht wird, gegen welche behandlungsimmanente Risiken (was kann bei der Behandlung alles passieren) er dieses Krankheitsrisiko austauscht (Austauschrisiko).

2422 Steffen/Pauge, Arzthaftungsrecht, Rn. 368, 369.

aa) Form der Aufklärung:

Für die Aufklärung ist das **Aufklärungsgespäch** von besonderer Bedeutung. Der Arzt schuldet dem Patienten in einem persönlichen Gespräch, das im Einzelfall auch telefonisch geführt werden kann,[2423] die Darstellung der Eingriffsrisiken; dass ein solches Gespräch erfolgt ist, muss der Arzt beweisen. Das Vorliegen einer schriftlichen Einwilligungserklärung hat hierfür grundsätzlich nur Indizwirkung,[2424] sie beweist auch nicht, dass der Patient den Risikobogen gelesen und verstanden hat.

1732

▶ **Musterfall**: Macht der Patient geltend, im Aufklärungsgespräch nur auf das Risiko vorübergehender Lähmungen hingewiesen worden zu sein, während im Aufklärungsbogen allgemein von »Lähmung« die Rede ist, reicht die Indizwirkung dieses Schriftstücks zum Nachweis des Umfangs der Aufklärung nicht aus.[2425]

1733

Ausnahme für Routineeingriffe? Im Anschluss an eine vereinzelt gebliebene, allerdings in die amtliche Sammlung (BGHZ 144, 1) aufgenommene, Entscheidung des BGH ist eine Aufweichung der Gesprächspflicht diskutiert worden. So hat der BGH entschieden,[2426] bei einer Routineimpfung sei nicht in jedem Fall eine mündliche Erläuterung geboten. Hier könne

1734

2423 BGH, NJW 2010, 2430.
2424 BGH, NJW 1999, 863.
2425 BGH, NJW 1999, 863.
2426 BGH, NJW 2000, 1784.

es ausreichen, wenn dem Patienten nach schriftlicher Aufklärung Gelegenheit zu weiterer Information durch ein Gespräch mit dem Arzt gegeben werde. Diese Entscheidung ist unter dem Gesichtspunkt der Aufklärungsform bedenklich, da sie Ärzte dazu bewegen könnte, eine Aufklärung derart, dass Aufklärungsbögen verteilt werden und danach gefragt wird, ob noch Fragen bestehen, für ausreichend zu erachten. Unabhängig von der forensischen Erkenntnis im Arzthaftungsprozess, dass gerade viele niedergelassene Ärzte, aber auch viele Krankenhäuser genau so verfahren, ist daran festzuhalten, dass ein Aufklärungsgespräch, also eine **mündliche Erläuterung** der Risiken durch den Arzt, zur Risikoaufklärung erforderlich ist. Denn wie sonst will sich der Arzt vergewissern, dass der Patient den Inhalt des Aufklärungsbogens tatsächlich verstanden hat? Einer etwaigen Ausweitung der Impf-Entscheidung auf andere »Routine-Eingriffe« hat der BGH bereits mit der (ebenfalls in BGHZ aufgenommenen – BGHZ 166, 336) »Blutspende«-Entscheidung[2427] einen Riegel vorgeschoben, in der anklingt, dass die Impfentscheidung eine sehr spezifische Risikoabwägung vorausgesetzt hat, die sich nicht verallgemeinern lässt.[2428]

❗ Die Ausnahme des BGH von der Gesprächspflicht bei Standard-Impfungen ist nicht auf andere »Routine-Eingriffe« verallgemeinerbar.

1735 **Beweislast:** Die Durchführung und den Inhalt des Aufklärungsgesprächs hat der Arzt zu beweisen. Dabei trägt die Rechtsprechung der Tatsache Rechnung, dass der Arzt die Aufklärung oft in einer 4-Augen-Situation mit dem Patienten durchführt und demzufolge vor Beweisprobleme gestellt ist. Ebenso ist zu berücksichtigen, dass ein Arzt ggfls. eine Vielzahl von Patienten im Laufe seiner beruflichen Tätigkeit aufgeklärt hat und eine konkrete Erinnerung (insbesondere zum Zeitpunkt eines oft erst Jahre später stattfindenden Haftungsprozesses) an den einen Patienten nur in seltenen Fällen haben wird. Auch angesichts der nur indiziellen Bedeutung von Aufklärungsbögen sind an die Beweisführung des Arztes keine überzogenen Anforderungen zu stellen.[2429] Ausreichend ist es etwa, wenn der Arzt in den Krankenunterlagen dokumentiert, dass, wann und worüber aufgeklärt worden ist und die ständige Handhabung der Aufklärung als Indiz für den konkreten Vorgang z.B. in das Zeugnis von Sprechstundenpersonal u.ä. gestellt

---

2427 BGH, NJW 2006, 2108.
2428 »Die Notwendigkeit einer solchen Impfung war in der Bevölkerung seit langem allgemein anerkannt und wurde von den Eltern bei ihren Kindern zur Vermeidung der gefürchteten Kinderlähmung auf breiter Ebene veranlasst. Damit ist der vorliegende Fall einer Blutspende aber schon deshalb nicht vergleichbar, weil ein Unterlassen des Eingriffs für den Spender selbst kein Risiko darstellt und deshalb eine der Polio-Schluckimpfung vergleichbare Risikoabwägung von vornherein ausscheidet«.
2429 BGH, NJW 1985, 1399.

Simmler

wird.[2430] Ggfls. ist die Parteivernehmung des Arztes erforderlich.[2431] Selbst wenn der Arzt gar nichts dokumentiert hat, ist ihm der Nachweis durch andere Beweismittel[2432] nicht abgeschnitten.[2433] Hier ist es besondere Aufgabe des Tatrichters, durch Anhörung beider Parteien und Erhebung der angebotenen Beweise die Aufklärungssituation nachzuvollziehen. Eine schematische Behandlung verbietet sich insoweit.

❗ Ein Anwalt, der einen Arzt vertritt, sollte gerade beim Beweisangebot von Sprechstundenhilfen vorsichtig sein. Werden diese zum Beweis des tatsächlichen Geschehens (und nicht nur zur ständigen Handhabung) angeboten, ist die Wahrscheinlichkeit, dass sie sich an einen unauffälligen Durchschnittspatienten erinnern, nicht sehr groß. Zudem besteht die Gefahr von offensichtlichen Gefälligkeitsaussagen, womit die (beruflich abhängigen) Zeugen in die Falschaussage getrieben werden. Erfahrene Arzthaftungsrichter sehen derartige Beweisantritte deshalb immer ungern und neigen dazu, hier tiefer zu bohren. Das Beweisangebot auf die ständige Handhabung zu beschränken, dürfte daher erfolgversprechender sein.

1736

bb) Verschulden

Das Verschulden beim Aufklärungsfehler ist ein Gesichtspunkt, dem häufig wenig Beachtung geschenkt wird. Dass die Haftung des Arztes aus einem Aufklärungsversäumnis eine schuldhafte Pflichtverletzung – nämlich der Aufklärungspflicht – voraussetzt,[2434] kann vom Ansatz her nicht zweifelhaft sein, auch wenn die bisher entschiedenen Fallkonstellationen wenig Anlass zur Problematisierung des Verschuldens geboten haben. Bereits der objektive Verstoß gegen die Berufspflicht – also die Einhaltung des medizinischen Standards beim Behandlungsfehler bzw. die Erfüllung der dem Arzt obliegenden Aufklärungspflicht beim Aufklärungsfehler – wird regelmäßig auf einen subjektiven Verstoß gegen die erforderliche Sorgfalt (§ 276 BGB) und damit auf das für die Haftung grundsätzlich erforderliche Verschulden schließen lassen. Das Verschulden ist weitgehend objektiviert, so dass es nur ausnahmsweise zu verneinen sein wird.[2435] Insoweit besteht kein Unterschied zu anderen Gruppen der Berufshaftung wie etwa der Anwaltshaftung, bei der ebenfalls aus der Pflichtwidrigkeit in der Regel das Verschulden folgt.[2436] Da das Verschulden beim Aufklärungsfehler des

1737

2430 BGH, NJW 1985, 1399; NJW 1986, 2885.
2431 BGH NJW-RR 2001, 1431.
2432 Vgl. BGH NJW-RR 2001, 1431.
2433 OLG München VersR 1991, 189.
2434 BGHZ 106, 391, 399; NJW 1991, 2346.
2435 BGH NJW 2001, 2786.
2436 Beispielhaft BGH, NJW 1999, 1391 f.

Simmler

Arztes in der Unterlassung der Aufklärung in Kenntnis oder fahrlässiger Unkenntnis der Aufklärungspflicht besteht, liegt Verschulden jedoch nur dann vor, wenn der Arzt nach dem Stand der medizinischen Erkenntnis **im Zeitpunkt der Behandlung** das **Risiko kennen muss**, weil es in der medizinischen Wissenschaft bereits ernsthaft diskutiert wird.[2437] Dabei ist zu berücksichtigen, dass der Arzt die Diskussion in anderen Spezialgebieten der medizinischen Wissenschaft als dem eigenen grundsätzlich nicht zur Kenntnis nehmen muss.[2438] Anders dürfte dies jedoch sein, wenn es sich um ein verwandtes Spezialgebiet handelt und Überschneidungen zur eigenen Tätigkeit bestehen. Entsprechendes – d.h. kein Verschulden – gilt, wenn das Aufklärungsversäumnis auf einem unverschuldeten Diagnoseirrtum beruht.[2439] Problematisch kann es werden, wenn ein Gericht erst im Prozess neue Anforderungen entwickelt. Ob man in einem solchen Fall bereits von einer Erosion des Culpa-Prinzips sprechen muss,[2440] erscheint zweifelhaft. Jedenfalls ist zu beachten, dass die Grenze zur Gefährdungshaftung nicht überschritten werden darf, weil für die gesamte Arzthaftung einschließlich der Haftung für Aufklärungsfehler das Verschuldensprinzip gilt.

1738   ❗ Sachverständige Ausführungen zu bekannten (und damit aufklärungspflichtigen) Risiken sind im Haftungsprozess immer auf ihre zeitliche Einordnung abzuklopfen: Häufig hat der medizinische Erkenntnisgewinn den Behandlungsfall zum Prozesszeitpunkt schon längst überrollt; dessen muss sich der Sachverständige bei der Beantwortung der Fragen auch zu den Eingriffsrisiken bewusst sein.

1739   **Verschulden und Delegation der Aufklärung:** Zu beachten ist, dass die Delegation der Aufklärungspflicht an einen anderen Arzt das Aufklärungsverschulden nur entfallen lässt, wenn der behandelnde Arzt entschuldbar eine wirksame Einwilligung des Patienten angenommen hat. Voraussetzung dafür ist, dass der Irrtum des Behandlers nicht auf Fahrlässigkeit (§ 276 Abs. 2 BGB) beruht. Diese wird bei einer Übertragung der Aufklärung auf einen anderen Arzt jedenfalls bei einem Chefarzt nur dann zu verneinen sein, wenn der nicht selbst aufklärende Arzt durch geeignete organisatorische Maßnahmen und Kontrollen sichergestellt hat, dass eine ordnungsgemäße Aufklärung durch den damit betrauten Arzt gewährleistet ist.[2441] Ob diese Grundsätze auch für den dem aufklärenden Arzt gegenüber nicht weisungsbefugten operierenden Kollegen gelten, ist fraglich (vgl. hierzu unten Rdn. 1831).

2437 Steffen/Pauge, Arzthaftungsrecht, Rn. 460 m.w.N.
2438 Geiß/Greiner, Arzthaftpflichtrecht, Rn. C 46.
2439 Steffen/ Pauge, Arzthaftungsrecht, Rn. 461; OLG Köln, NJW 1998, 3422.
2440 So Katzenmeier, Arzthaftung, S. 355.
2441 BGH NJW-RR 2007, 310.

❗ Die Delegation der Aufklärungspflicht entlässt den operierenden Arzt nur in Ausnahmefällen aus der Aufklärungshaftung.

Grad des Verschuldens: Es ist zu vermuten, dass **Vorsatzkonstellationen** beim Aufklärungsfehler häufiger sein könnten als beim Behandlungsfehler, ohne dass es hierfür Nachweise aus der Rechtsprechung gäbe. Während beim Behandlungsfehler die Unterscheidung zwischen leichten und groben Verstößen im Vordergrund steht, weil die letzteren Beweiserleichterungen zur Folge haben können,[2442] dürfte Vorsatz hier nur selten in Betracht kommen. Beim Aufklärungsfehler hingegen entspricht es der eigenen Erfahrung vieler fachkundiger Juristen, dass sie vor ärztlichen Eingriffen keine (oder eine evident unzureichende) Aufklärung erhalten haben, obwohl unzweifelhaft eine Aufklärungspflicht bestand.

1740

▶ **Beispielsfall:** Die Autorin musste sich nach Bruch eines Mittelhandknochens einer Operation unterziehen. Diese war in einem Universitätsklinikum angesetzt. Kurz vor der Operation huschte eine verschreckte Assistenzärztin in den Raum und erklärte: »Sie wollen das bestimmt gar nicht wissen: Bei dieser Operation können passieren Nervenschäden, Sehnenschäden, Bänderschäden. Unterschreiben Sie hier.« Es soll nicht verschwiegen werden, dass vor der ein Jahr später in einer anderen Einrichtung (aber unter demselben Chefarzt) angesetzten operativen Materialentfernung sich die Aufklärung dahin gestaltete: »Sie sind doch Jurist und wissen, dass Sie zur Eingriffsgenehmigung was unterschreiben müssen. Da steht zwar was von Risiken, aber das passiert bei uns nicht.«

1741

Auch wenn solches Verhalten nicht immer auf Vorsatz schließen lässt, so sind doch Fälle bekannt, in denen angesehene Spezialisten im Vertrauen auf ihr fachliches Können und ihre langjährige Übung bewusst davon absehen, auf bestimmte Risiken (wie etwa das Perforationsrisiko bei einer Darmspiegelung) hinzuweisen, um den Patienten nicht unnötig zu verängstigen und von einem aus ihrer Sicht notwendigen Eingriff abzuhalten. Ob solche Ärzte, wenn sich das Risiko dann doch einmal verwirklicht, im Hinblick auf die bewusst unterlassene Aufklärung eine vorsätzliche Körperverletzung zu verantworten haben, kann schon zivilrechtlich jedenfalls im Hinblick auf die **Höhe eines etwaigen Schmerzensgeldes** von Bedeutung sein, würde sich aber vor allem bei einer strafrechtlichen Beurteilung gravierend auswirken. Auch wenn diese von den Ärzten durchweg viel mehr gefürchtet wird als die – ja regelmäßig durch Versicherungsschutz abgedeckte – zivilrechtliche Haftung, wird diese Konsequenz von ihnen wohl nicht immer hinreichend bedacht.

1742

2442 Hierzu oben Rdn. 1518.

Simmler

1743 **Leichte Fahrlässigkeit ausreichend:** Andererseits sind gerade beim Aufklärungsversäumnis auch leichteste Pflichtverletzungen denkbar, wenn etwa bei der Mitteilung zahlreicher Risiken ein Risiko vergessen oder nicht hinreichend verdeutlicht wird. Auch können sich hier eher als beim Behandlungsfehler Grenz- und Zweifelsfälle ergeben, ob ein bestimmtes Risiko aufklärungspflichtig ist, zumal sich der Umfang der dem Patienten geschuldeten Aufklärung im Arzthaftungsprozeß häufig erst durch Befragung des medizinischen Sachverständigen ergibt und sie – insoweit ein gewichtiger Unterschied zu dem für den Behandlungsfehler bedeutsamen medizinischen Standard – nicht immer hinreichend durch die medizinische Aus- und Weiterbildung vermittelt wird. Hier kann für den Richter eine besonders schwierige ex-post-Beurteilung erforderlich werden. Muss auch bei Berücksichtigung dieser Besonderheiten eine schuldhafte Pflichtverletzung bejaht werden, so ist jedenfalls beim materiellen Schadensersatz auch bei leichtester Fahrlässigkeit grundsätzlich kein Spielraum für eine Differenzierung im Haftungsumfang, da nach allgemeinen Grundsätzen **ohne Rücksicht auf den Grad des Verschuldens in vollem Umfang** gehaftet wird, also auch dann, wenn die Behandlung fachgerecht erfolgt ist, gleichwohl aber einen Körperschaden verursacht hat und die Verletzung der Aufklärungspflicht als leicht zu bewerten ist. Ob es in solchen Fällen gerechtfertigt ist, den Arzt für einen wenig gravierenden Körperschäden haften zu lassen, wird man vielleicht bezweifeln können, wenn bei Unterlassung der Behandlung ebenfalls ein – womöglich weitaus schwererer – Körperschaden zu erwarten war.[2443] Dieser Gesichtspunkt des »Tauschrisikos« wird allerdings nach geltendem Recht wohl nur dann zur Versagung materiellen Schadensersatzes führen können, wenn sich das Schadensersatzbegehren des Patienten insgesamt als **rechtsmißbräuchlich** darstellt.[2444] Vielleicht könnte dieser Aspekt auch zu beachten sein, wenn das Arzthaftungsrecht im Zuge einer vielfach für erforderlich gehaltenen Reform aus dem Deliktsrecht herausgelöst und der Regelung durch ein zeit- und sachgemäßes Berufshaftungsrecht zugeführt werden sollte.

1744 **Verschulden und Schmerzensgeldhöhe:** Beim immateriellen Schaden (=Schmerzensgeld) kann sich das Ausmaß des Verschuldens bereits de lege lata auf die Höhe des Schmerzensgeldes auswirken.[2445] Hier ist zum einen denkbar, dass das Aufklärungsversäumnis als solches besonders schwer wiegt, weil etwa ein schwerer und entstellender Eingriff wie eine Brustamputation ohne die erforderliche Einwilligung der Patientin erfolgt war. Es kann sich aber auch auf die Höhe des Schmerzensgeldes auswirken, ob da-

---

2443 Sehr zurückhaltend insoweit BGH, VersR 1967, 495, 496 (nur bei Bemessung des Schmerzensgeldes); zum »Tauschrisiko« vgl. auch Steffen/Pauge, Arzthaftungsrecht, Rn. 531, 152.
2444 Vgl. hierzu Steffen/ Pauge, Arzthaftungsrecht, Rn. 518, 533.
2445 Vgl. Müller, VersR 1993, 909, 914 m.w.N.

neben auch die Behandlung fehlerhaft war.[2446] War dies nicht der Fall und ist der körperliche Schaden als leicht anzusehen, so könnte sich im Einzelfall sogar die Frage stellen, ob bei einem nur leichten Aufklärungsfehler gänzlich von der Zuerkennung immateriellen Schadensersatzes abgesehen werden kann.[2447] Angesichts dessen, dass das zweite Schadensrechtsänderungsgesetz keine Bagatellgrenze festgeschrieben hat, wird eine solche Argumentation sich aber maximal bei Fällen des Missbrauchs der Aufklärungsrüge anbieten.

cc) Rechtfertigung

Nachträgliche Rechtfertigung bei Aufklärungsfehlern? Ergeben erst nachträgliche Befunde eine Indikation für einen medizinischen Eingriff, der ohne wirksame Einwilligung vorgenommen wurde und deshalb rechtswidrig ist, so rechtfertigt dieser Umstand regelmäßig den Eingriff nicht. Nachträgliche Erkenntnisse können den Eingriff behandlungsfehlerfrei (weil nun doch indiziert) machen, jedoch nicht den Aufklärungsfehler entfallen lassen. Dies verbietet die Wahrung der persönlichen Entscheidungsfreiheit des Patienten, die nicht begrenzt werden darf durch das, was aus ärztlicher Sicht oder objektiv erforderlich und sinnvoll wäre. Der Behandlerseite bliebe bei solchen nachfolgenden medizinischen Erkenntnissen ggfls. die Möglichkeit, den Einwand hypothetischer Einwilligung derart zu erheben, dass behauptet wird, wenn man dem Patienten auf dieser (neuen) Faktenlage richtig aufgeklärt hätte, hätte er sich für den durchgeführten Eingriff entschieden.

1745

▶ **Musterfall:**[2448] Der Klägerin wurde bei starken vaginalen Blutungen der Uterus entfernt, weil der Beklagte ihr (aufgrund der erhobenen Befundlage fehlerhaft) dies als Mittel der Wahl darstellte (aufgrund der Befundlage wäre ein anderes Vorgehen – Verödung der Blutungsherde – alternativ möglich gewesen). Erst bei der histologischen Untersuchung ergab sich, dass der Eingriff aus nachträglicher Sicht doch indiziert war. Der Eingriff blieb rechtswidrig, weil die Klägerin nicht ausreichend aufgeklärt worden war. Den Einwand, bei Kenntnis der nachfolgenden Befunde und ordnungsgemäßer Aufklärung hätte sich die Klägerin gleichwohl operieren lassen, erhob die Behandlerseite nicht.

1746

Grundsätzlich denkbar erscheint zudem die Fallkonstellation, dass der medizinische Erkenntnisfortschritt dazu führt, dass ein Risiko, das zum Aufklärungszeitpunkt als mit dem Eingriff verbunden angesehen wurde, sich – zB. durch evidenzbasierte Studien – als dem Eingriff tatsächlich nicht anhaftend erweist. Angesichts der Grundsätze, die der oben (Rdn. 1714) dar-

1747

2446 Geiß/Greiner, Arzthaftpflichtrecht, Rn. C 3.
2447 Frahm/Nixdorf, Arzthaftungsrecht, 2. Auflage, Rn. 199 (seither aufgegeben).
2448 BGH, VersR 2003, 858.

Simmler

gestellten Rechtsprechung zur Grundaufklärung und zur Haftung bei Verwirklichung des aufgeklärten Risikos innewohnen, ist zu erwarten, dass der BGH in einer solchen Konstellation eine Haftung aus Aufklärungsfehler entfallen ließe, weil es unbillig erschiene, den Arzt hier haften zu lassen, auch wenn die persönliche Entscheidungsfreiheit des Patienten zum Aufklärungszeitpunkt vom Arzt nicht gewahrt wurde.

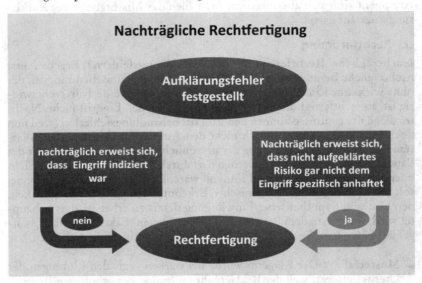

dd) Umfang der Risikoaufklärung

1748   Der **Aufklärungsumfang** bietet im Streitfall ein weites (Streit-)Feld, bei dem sich einige Unklarheiten daraus ergeben haben, dass hier – vor allem im Schrifttum – Begriffe wie »Grundaufklärung« oder »Basisaufklärung« mit unterschiedlicher Bedeutung verwendet werden.[2449] Der BGH hat den Begriff »**Grundaufklärung**« bisher nur für eine ganz besondere Fallgruppe verwendet, und zwar dann, wenn sich ein Risiko verwirklicht hat, das nicht aufklärungspflichtig war, so dass von daher keine Haftung gegeben wäre, jedoch dem Patienten nicht einmal eine »Grundaufklärung« erteilt worden ist, die ihm die Gefahren des Eingriffs verdeutlicht und damit die sinnvolle Ausübung seines Selbstbestimmungsrecht ermöglicht hätte (vgl. dazu oben Rdn. 1714).

1749   Das Selbstbestimmungsrecht des Patienten ist Dreh- und Angelpunkt der Aufklärungspflicht. Gegenstand der Risikoaufklärung ist grundsätzlich nur eine **Aufklärung im »Großen und Ganzen«** über die dem Eingriff spezi-

2449 Vgl. Geiß/Greiner, Arzthaftpflichtrecht, Rn. C 156; Steffen/Pauge, Arzthaftungsrecht, Rn. 534; Frahm/Nixdorf/Walter, Arzthaftungsrecht, Rn. 204.

fisch anhaftenden Risiken. Der Schutz des Patienten, der sich der ärztlichen Behandlung im Vertrauen auf Besserung oder Linderung seiner Krankheit unterwirft, gebietet in jedem Fall eine Aufklärung über **Verlauf, Chancen und Risiken** der Behandlung »im Großen und Ganzen«. Ihm muss als medizinischem Laien eine zutreffende Vorstellung darüber vermittelt werden, wie ihm nach medizinischer Erfahrung durch Diagnosemaßnahmen und Therapie geholfen werden kann (**Indikation**, ggfls. **Dringlichkeit** der Maßnahme), aber auch, welchen Gefahren er sich dabei aussetzt. Dazu müssen ihm nicht alle denkbaren Risiken des Eingriffs medizinisch exakt beschrieben werden. Es genügt, dass der Patient einen zutreffenden Eindruck erhält von der Schwere des Eingriffs, und dass er erfährt, welche Art von Belastungen für seine Integrität und Lebensführung auf ihn zukommen kann. Auch diese Risiken müssen nur angesprochen werden, wenn der Patient sie nicht ohnehin mit Art und Umfang des Eingriffs verbindet. Er muss dann nach seinen eigenen Maßstäben, nicht nach denen eines »vernünftigen« Durchschnittspatienten, entscheiden, ob er die ihm angebotenen ärztlichen Maßnahmen auf sich nehmen will oder nicht.[2450]

Umfang der Eingriffsaufklärung

Überblick über **Verlauf** der Behandlung

Überblick über **Chancen** der Behandlung (Erfolg, Misserfolg)

Aufklärung „im Großen und Ganzen" = Vermittlung zutreffender Vorstellung über die Behandlung

Überblick über **Risiken** der Behandlung, d.h.: - **Schwere** und - **Art** der möglicherweise eintretenden Belastungen

Die Notwendigkeit einer **Detailaufklärung** hängt vom Aufklärungswunsch und etwaigen Nachfragen des Patienten ab. Diese Faustregel ist dahin zu verdeutlichen, dass der Zweck der Aufklärung den Arzt zwingt, diejenigen medizinischen und situationsbezogenen Gesichtspunkte zur Sprache zu bringen, die gerade für die Entscheidung dieses einzelnen Patienten in seiner **konkreten Lage** von Bedeutung sind.[2451] Dabei ist die Erwartung des Patienten ebenso zu berücksichtigen wie der mögliche Eingriff in dessen Lebensqualität durch die Verwirklichung eines Risikos. Der Arzt darf hier

1750

2450 So grundlegend BGHZ 29, 176, 179f.; BGHZ 106, 391, 398.
2451 Vgl. Lepa, r+s 2001, 441.

Simmler

etwaige Risiken nicht verharmlosen, aber auf ihre Seltenheit hinweisen. Er darf die **Dringlichkeit** eines Eingriffs nicht dramatisieren, muss aber (was im Einzelfall eher eine Frage der therapeutischen Aufklärung darstellen dürfte, wenn der Patient zögernd erscheint[2452]) darauf hinweisen, wenn ein Eingriff dringlich ist. Hinsichtlich der Detailliertheit der Risikodarstellung wird sich der Arzt von der Erfahrung leiten lassen dürfen, dass ungünstige Nebenwirkungen einer Behandlung für den Patienten weniger wichtig sind, je schwerer die **Folgen einer Nichtbehandlung** wären,[2453] dagegen eine Risikoabwägung bei fraglichem oder nur vorübergehenden Erfolg der vorgeschlagenen Behandlung patientenseits besonders detailreich erfolgen wird. Auch und gerade wenn man von diesem Grundsatz ausgeht, liegt es auf der Hand bzw. in der Natur der Sache, dass der Umfang der Aufklärungspflicht nicht generell und abstrakt bestimmt werden kann, sondern sich nach dem Einzelfall richtet.[2454] Von dessen Umständen hängt sie weitgehend ab, so dass der Richter auch hier oft auf die Hilfe eines medizinischen Sachverständigen angewiesen sein wird. Im Lauf der Jahrzehnte ist hier durch die Rechtsprechung eine umfangreiche Kasuistik entstanden, die in ausführlichen Einzeldarstellungen im Fachschrifttum[2455] aufgearbeitet ist, die Prozessparteien im Streitfall jedoch – wie bereits oben ausgeführt (Rdn. 1665) nicht davon entbinden, die Aufklärungspflichten im konkreten Einzelfall sachverständig ermitteln zu lassen.

1751   Aufklärungspflichtig sind grundsätzlich Risiken, die »**eingriffsspezifisch**« sind, also dem Eingriff typischerweise anhaften. Hierfür spielt die statistische Wahrscheinlichkeit keine ausschlaggebende Rolle, auch wenn sie im Einzelfall von Interesse sein kann. Es ist einzuräumen, dass das Kriterium »eingriffsspezifisch« nicht unproblematisch ist, weil es einen weiten Beurteilungsspielraum läßt und den Richter auch in diesem Punkt abhängig von der Beurteilung des Sachverständigen macht. Ein besseres und griffigeres Kriterium ist jedoch nicht ersichtlich, so dass die Prozessbeteiligten des Haftungsprozesses mit ihm auskommen müssen.

1752   Gegenstand der Risikoaufklärung sind generell alle **behandlungstypischen** Risiken, deren Kenntnis beim Laien nicht vorausgesetzt werden kann, die aber für die Entscheidung des Patienten über die Zustimmung zur Behandlung ernsthaft ins Gewicht fallen. Auch über ein gegenüber dem Hauptrisiko weniger schweres Risiko ist deshalb aufzuklären, wenn dieses dem Eingriff spezifisch anhaftet, es für den Laien überraschend ist und durch die

---

2452   BGH NJW 2009, 2820.
2453   Steffen/Pauge, Arzthaftungsrecht, Rn.469.
2454   So auch Katzenmeier, Arzthaftung, S. 327.
2455   Geiß/Greiner, Arzthaftpflichtecht, Rn. C 18-95; Steffen/Pauge, Arzthaftungsrecht, Rn. 381–430.

Simmler

Verwirklichung des Risikos die Lebensführung des Patienten schwer belastet würde.[2456]

▶ **Musterfall:**[2457] Ein Mädchen litt an einer Adoleszenzskoliose, die zu einer starken Verkrümmung des Rückgrates führte. Nach Ausschöpfung der konservativen Behandlungsmöglichkeiten wurde ärzteseits eine Operation vorgeschlagen. Diese war nur relativ indiziert und sehr risikobelastet. Schwerstes Risiko war eine Querschnittslähmung; wegen des notwendigen operativen Zugangs durch den Brustkorb bestanden weiterhin Risiken einer Falschgelenkbildung (Pseudarthrose) und sowie von Verwachsungen im Brustraum und Rippeninstabilitäten. Über die mit dem Operationszugang verbundenen Risiken (die eintraten) wurde nicht aufgeklärt, jedoch über das Risiko der Querschnittslähmung (das auch eintrat). Hierzu führt der BGH aus: »Der Hinweis auf das Risiko der Querschnittlähmung, das überdies von den beteiligten Ärzten als äußerst gering dargestellt worden war, vermochte kein realistisches Bild davon zu vermitteln, welche sonstigen Folgen die Verwirklichung der weiteren Risiken der Operation für die künftige Lebensgestaltung der Klägerin mit sich bringen konnte. Bei dieser Sachlage führt die fehlerhafte Aufklärung grundsätzlich zur Haftung des Beklagten für die Folgen des ohne wirksame Einwilligung durchgeführten Eingriffs«.

1753

ee) Intensität der Aufklärung

Daneben sind für den Umfang der erforderlichen Aufklärung natürlich auch die konkreten Umstände des Falles zu berücksichtigen. Als **Faustregel** kann insoweit angenommen werden, dass der Umfang und die Genauigkeit der Aufklärung umgekehrt proportional zur Dringlichkeit und zu den Erfolgsaussichten des Eingriffs sind. Die Aufklärungspflichten nehmen in dem Maße zu, in dem der Dringlichkeitsgrad des Heileingriffs und seine Erfolgsaussichten abnehmen und umgekehrt.[2458] So sind beispielsweise an die Aufklärung in einer Notsituation schon zwangsläufig inhaltlich wesentlich geringere Anforderungen zu stellen als bei weniger dringlichen oder gar nur kosmetischen Eingriffen[2459] oder womöglich bei einem objektiv unvernünftigen Eingriff, auf dem der Patient jedoch besteht. In einem solchen Sonderfall ist sicherlich eine besonders eindringliche Aufklärung unter Herausstellung des konkreten Risikos geboten.

1754

2456 BGH NJW 2007, 217.
2457 BGH NJW 2007, 217.
2458 Geiß/Greiner, Arzthaftpflichtrecht, Rn. C 8.
2459 BGH VersR 1992, 237, 238.

Besonders intensive Aufklärung

- bei Verwendung neuer Methoden, für die es noch keinen medizinischen Standard gibt
- bei Heilversuch außerhalb des medizinischen Standards
- bei Außenseitermethoden
- bei Einsatz eines noch nicht zugelassenen, noch in der Erprobung befindlichen Medikaments
- bei altruistischen Eingriffen (Blutspenden)
- bei Schönheitsoperationen
- bei elektiven Eingriffen

Im Einzelnen ist besonders in folgenden Fällen eine **besonders intensive Aufklärung** zu verlangen:

1755 **«echte« Schönheitsoperation**: Unter einer »echten« Schönheitsoperation soll hier der Fall verstanden werden, in dem rein aus ästhetischen Gründen operiert wird, ohne dass sich eine medizinische Begründung hierfür findet. Solche Operationen dürften wohl die einzigen ärztlichen Eingriffe darstellen, bei denen das Fehlen einer medizinischen Indikation diesen nicht gleich behandlungsfehlerhaft macht. Aber auch hier ist Vorsicht geboten: Ob eine Schönheitsoperation medizinisch geboten ist, müsste im Zweifel ein Sachverständiger entscheiden. Es gibt Fälle, in denen Patienten psychisch so unter ihrem (nach dem Urteil des Betrachters unauffälligen) Aussehen leiden, dass dies Krankheitswert hat. Gelegentlich ist dies jedenfalls präoperativ behauptet worden, um eine Übernahme der Kosten durch eine gesetzliche Kasse zu erreichen. Hier ist es Aufgabe des Tatrichters, den Einzelfall im Auge zu behalten und nicht in Schemata (Schönheitsoperation = immer erhöhte Aufklärungspflicht) zu verfallen.

1756 Für **rein kosmetische** Eingriffe hat der BGH den Grundsatz aufgestellt, dass ein Patient umso ausführlicher und eindrücklicher über Erfolgsaussichten und etwaige schädliche Folgen eines ärztlichen Eingriffs zu informieren ist, je weniger dieser medizinisch geboten ist, also nicht oder jedenfalls nicht in erster Linie der Heilung eines körperlichen Leides dient, sondern eher einem psychischen und ästhetischen Bedürfnis.[2460] Die Anforderungen an die Aufklärung sind in solchen Fällen sehr streng: Der Patient muss darüber unterrichtet werden, welche Verbesserungen er günstigenfalls erwarten

---

2460 BGH NJW 2006, 2108.

Simmler

kann, und ihm müssen etwaige Risiken deutlich vor Augen geführt werden, damit er genau abwägen kann, ob er einen etwaigen Misserfolg des ihn immerhin belastenden Eingriffs oder sogar gesundheitliche Beeinträchtigungen in Kauf nehmen will, selbst wenn diese auch nur entfernt als Folge des Eingriffs in Betracht kommen.[2461] Es liegt auf der Hand, dass der plastische Chirurg eine solche fast geschäftsschädigende »Horroraufklärung« mit deutlichem Hinweis auf das Risiko des Fehlschlagens des Eingriffs oder der möglichen Verschlechterung des präoperativen Zustandes ungern vornehmen wird.

▶ **Beispielsfall:** Hier besteht nach der forensischen Erfahrung der Autorin eine erhebliche Haftungsfalle für den reinen Schönheitschirurg, da dieser üblicherweise zu verharmlosenden Äußerungen neigt: »Ich habe der Patientin schon gesagt, das Ergebnis könne suboptimal sein« wurde z.B. von Arztseite für ausreichend hinsichtlich der Risiken einer Fettabsaugung gehalten. **1757**

altruistische Blutspende: In entsprechender Anwendung dieser Grundsätze zur Aufklärung bei kosmetischen Operation hat der BGH bei einer fremdnützigen Blutspende, die für den Spender noch nicht einmal mit einer Verbesserung seines Zustandes verbunden ist, sondern allein zugunsten der Allgemeinheit erfolgt, erhöhte Aufklärungspflichten statuiert:[2462] Auch hier gehört es zu der besonderen Verantwortung des Arztes, seinem Patienten das Für und Wider mit allen Konsequenzen vor Augen zu stellen, damit der Spender voll informiert entscheiden kann, ob er zum Wohle der Allgemeinheit bereit ist, das – wenn auch seltene – Risiko bleibender Schäden für seine Gesundheit auf sich zu nehmen.[2463] **1758**

elektiver Eingriff: Besondere Aufklärung ist ebenfalls geboten, wenn die Operation nur **relativ indiziert** ist und wesentlich vom Sicherheitsbedürfnis des Patienten abhängt. Hier ist nicht nur darüber aufzuklären, welche eingriffsspezifischen Risiken bestehen, sondern auch darüber, dass und mit welchem Risiko auch ein Aufschieben oder gänzliches Unterlassen der Operation möglich ist.[2464] Relativ indiziert kann ein Eingriff auch dann sein, wenn eine andere (z.B. konservative) Behandlungsmöglichkeit besteht[2465] (zur dann geschuldeten **Alternativaufklärung** gleich unten Rdn. 1773). **1759**

rein diagnostischer Eingriff: Hat ein Eingriff ein rein diagnostisches Ziel, ohne dass ihm ein therapeutischer Eigenwert zukommt, sind die mit ihm **1760**

2461 BGH NJW 2006, 2108.
2462 BGH NJW 2006, 2108.
2463 So auch Deutsch/Bender/Eckstein/Zimmermann, Transfusionsrecht, Rn. 193, 196.
2464 BGH NJW 1997, 1637.
2465 BGH NJW 2000, 1788.

Simmler

verbundenen Risiken dem Patienten gesteigert deutlich zu machen. Hier hat der Arzt dem Patienten selbst entfernt liegende Komplikationsmöglichkeiten in angemessener Weise darzutun. Dieser hohe Grad der Aufklärungspflicht ergibt sich daraus, dass jedes dem Patienten zugemutete Eingriffsrisiko seiner Rechtfertigung durch die von dem Eingriff erhofften Vorteile bedarf.[2466] Liegt dieser Vorteil allein in der Diagnosestellung bzgl. eines nicht vital oder absolut indizierten Eingriffs, muss der Patient über die Eingriffsrisiken umfassend aufgeklärt sein, um selbstbestimmt entscheiden zu können, ob er bereit ist, sich schlicht für den Erkenntnisgewinn diesen Risiken auszusetzen.

1761   **Außenseitermethode:** Die Anwendung einer sogenannten »Außenseitermethode« erfordert zur Wahrung des Selbstbestimmungsrechts des Patienten dessen Aufklärung über das Für und Wider dieser Methode. Einem Patienten müssen nicht nur die Risiken und die Gefahr eines Misserfolges des Eingriffs erläutert werden, sondern er ist auch darüber aufzuklären, dass der geplante Eingriff (noch) nicht medizinischer Standard ist und seine Wirksamkeit statistisch (noch) nicht abgesichert ist. Der Patient muss wissen, auf was er sich einlässt, um abwägen zu können, ob er die Risiken einer (eventuell nur relativ indizierten) Behandlung und deren Erfolgsaussichten im Hinblick auf seine Befindlichkeit vor dem Eingriff eingehen will.[2467]

1762   ▶ **Musterfall:**[2468] Die Klägerin litt an einem Bandscheibenvorfall. Der Behandler legte ihr einen Racz-Katheter, durch den ein Medikamentencocktail in den Spinalkanal injiziert wurde. Über das Risiko einer Querschnittslähmung mit Blasen- und Mastdarmstörung wurde sie aufgeklärt; dies trat auch ein. Der BGH bejahte dennoch einen Aufklärungsfehler mit der Begründung, die Aufklärung der Klägerin sei nicht ausreichend gewesen, weil sie eine unrichtige Vorstellung von der Schaden-Nutzen-Relation vermittelte. Die Klägerin war unstreitig nicht darüber belehrt worden, dass es sich bei der Methode Racz um eine neuartige, wissenschaftlich umstrittene Art der Schmerztherapie handelte, die (noch) nicht medizinischer Standard, deren Wirksamkeit statistisch nicht abgesichert war und die der Sachverständige als »klinisch-experimentell« bezeichnet hat.

1763   **Neulandmethode:** Der vorige Musterfall zeigt, dass die Grenze zwischen Außenseiter- und Neulandmethode hinsichtlich der Aufklärungsanforderungen fließend ist. Sowohl die Außenseiter-Methode als auch die Neuland-Methode stellen **Abweichungen vom Standard** dar, die besondere Aufklärungspflichten begründen. Will der Arzt keine allseits anerkannte Standardmethode, sondern eine relativ neue und noch nicht allgemein ein-

---

2466   OLG Koblenz NJW-RR 2002, 816.
2467   BGH NJW 2007, 38.
2468   BGH NJW 2007, 2774.

geführte Methode mit neuen, noch nicht abschließend geklärten Risiken anwenden, so hat er den Patienten auch darüber aufzuklären und darauf hinzuweisen, dass unbekannte Risiken derzeit nicht auszuschließen sind.[2469] Dagegen sind bei standardgemäßer Behandlung allgemeine Überlegungen dazu, dass der Eintritt bislang unbekannter Komplikationen in der Medizin nie ganz auszuschließen ist, nach Auffassung des BGH für die Entscheidungsfindung des Patienten nicht von Bedeutung und würden ihn im Einzelfall sogar nur unnötig verwirren und beunruhigen.[2470]

▶ **Musterfall**[2471] (»Robodoc«): Der Klägerin wurde mit Hilfe eines computerunterstützten Fräsverfahrens (Robodoc) eine zementfreie Hüftgelenksendoprothese in einer 5½ stündigen Operation exakt implantiert. Bei der Operation wurde ein Nerv der Klägerin geschädigt. Sie leidet seither unter Beeinträchtigungen der Bein- und Fußfunktion und machte Aufklärungsfehler geltend. Der BGH nutzte den Fall, um die oben genannten Grundregeln zum Aufklärungsumfang bei Neulandmethoden darzulegen; die Klägerin verlor jedoch, da sich bei ihr nur ein Risiko (Nervschaden) verwirklicht hatte, über das sie aufgeklärt worden war (vgl. oben Rdn. 1711).   **1764**

Dagegen **nicht aufklärungspflichtig** ist, dass es neben der Standardmethode noch eine Neulandmethode gibt, wenn der Arzt die Standardmethode anwenden will (zur Alternativaufklärung vgl. unten Rdn. 1773).

Heilversuch: Im Behandlungsfehlerrecht ist der Heilversuch eine eigene Kategorie, an die besondere Abwägungspflichten des Arztes gekoppelt sind.[2472] Für die Aufklärungspflichten stellt sich der Heilversuch jedoch nur als eine weitere Ausprägung der **Abweichung vom Standard** dar, so dass die Anforderungen an den Umfang der Aufklärung denen von Außenseitermethode und Neulandmethode vergleichbar sind.   **1765**

▶ **Musterfall:**[2473] Der an Epilepsie leidende Kläger nahm ein noch in der Zulassung befindliches Medikament gegen seine Erkrankung ein. Er erblindete plötzlich, was ein damals noch nicht bekanntes Einnahmerisiko darstellte. Er war weder über die fehlende Zulassung noch über die Möglichkeit unbekannter Risiken aufgeklärt worden. Der BGH führte hierzu aus, dass der Arzt, der eine neue und noch nicht allgemein eingeführte Behandlung mit einem neuen, noch nicht zugelassenen Medikament mit ungeklärten Risiken anwenden wolle, den Patienten nicht nur über die noch fehlende Zulassung, sondern auch darüber aufzuklären habe, dass   **1766**

2469 BGH NJW 2006, 2477.
2470 BGH NJW 1990, 1528.
2471 BGH NJW 2006, 2477.
2472 BGH NJW 2007, 2767.
2473 BGH NJW 2007, 2767.

unbekannte Risiken derzeit nicht auszuschließen sind. Dies sei erforderlich, um den Patienten in die Lage zu versetzen, für sich sorgfältig abzuwägen, ob er sich nach der herkömmlichen Methode mit bekannten Risiken behandeln lassen möchte oder nach der neuen Methode unter besonderer Berücksichtigung der in Aussicht gestellten Vorteile und der noch nicht in jeder Hinsicht bekannten Gefahren.

Inhalt der Eingriffsaufklärung

bei standardgerechten Eingriffen	— bei nicht vom Standard erfassten Eingriffen — bei medizinisch nicht erforderlichen Eingriffen — bei elektiven Eingriffen
• über bekannte Risiken „im Großen und Ganzen"	• über bekannte Risiken „im Großen und Ganzen" • über alle nicht völlig unerheblichen Risiken • über Mißlingensgefahr • darüber, dass unbekannte Risiken auftreten können

ff) Verminderte Aufklärungspflicht

1767 **Notfall**: Eine **weniger intensive Aufklärung** kann dagegen in Notfällen ausreichend sein.[2474] Hier ist jedoch auf eine genaue Unterscheidung zu achten: Planbare, aber alternativlose Eingriffe sind keine Notfälle! Notfälle zeichnen sich dadurch aus, dass sofort gehandelt werden muss und nicht zugewartet werden kann.

1768 ▶ **Musterfall:**[2475] Der Kläger wurde mit schwersten Schmerzzuständen und Verdacht auf Magendurchbruch in die Klinik eingeliefert. Es war unklar, ob der Zustand lebensbedrohlich war. Das OLG war der Auffassung, zur Aufklärung eines mit schweren Schmerzzuständen und einem sogenannten akuten Bauch als Notfall eingelieferten Patienten reiche es aus, wenn ihm verdeutlicht werde, dass je nach dem Befund bei der Operation der Magen genäht oder teilweise entfernt werde.

2474 BGH NJW 1982, 2121; OLG Saarbrücken, VersR 1988, 95.
2475 OLG Saarbrücken, VersR 1988, 95.

Wenn zugewartet werden kann, ist es aufklärungsfehlerhaft, den Patienten **1769** durch das Vorspiegeln einer besonderen Dringlichkeit unter Druck zu setzen; der Arzt kann sich in solchen Fällen nicht auf eine verminderte Aufklärungspflicht berufen. Bei der hierzu veröffentlichten Rechtsprechung ist allerdings zu berücksichtigen, dass sie zT sehr alt ist, damit zwangsläufig spätere Verfeinerungen zum Aufklärungsrecht nicht enthalten kann und sehr zweifelhaft ist, ob entsprechende Aussagen heute vom BGH wiederholt würden.

▶ **Musterfall:**[2476] Der Kläger wurde nach einem Verkehrsunfall schwer ver- **1770** letzt mit dem Rettungswagen in das nächstgelegene Kreiskrankenhaus gebracht. Ein Oberschenkeltrümmerbruch wurde sofort operativ versorgt. Es kam zu bleibenden Schäden am betroffenen Bein. Der Kläger – der sich später in ein anderes Krankenhaus hatte verlegen lassen – rügte, er sei u.a. nicht ausreichend über Risiken aufgeklärt worden. Der BGH führt hierzu aus: »Eine Aufklärung durch den Beklagten über Risiken dieser Operation war nach Lage der Sache entbehrlich. Der Kläger wußte, daß er einen sehr komplexen Bruch erlitten hatte und daß der Beklagte den Versuch machen würde, diesen Bruch einzurichten und zu fixieren, um eine möglichst komplikationslose Heilung zu erzielen. .... . Jedenfalls war der Kläger einverstanden mit einem Eingriff nicht nur an der Kniescheibe, sondern auch am Oberschenkel. Eine konservative Behandlung der Fraktur kam ohnehin nicht in Betracht, so daß eine Aufklärungspflicht über die Notwendigkeit der Operation überhaupt entfiel. Allgemeine Risiken, die jeder Operation anhaften, waren nicht zu besprechen, weil der Kläger sie offensichtlich in Kauf nehmen wollte. Erörterungen darüber, welche Erfolgschancen die Operation habe, ob es insbesondere möglich sein werde, eine glatte Heilung des Bruches ohne nachfolgende Gehstörungen zu erzielen, erübrigten sich. Eine Erfolgsgarantie konnte und wollte der Beklagte nicht übernehmen, und der Kläger hat so etwas ernstlich auch nicht erwartet. Zwischen ihm und dem Beklagten war klar, daß dieser unter Einsatz seiner Kenntnisse und Fähigkeiten als Chirurg nunmehr versuchen würde, den durch den vorangegangenen Verkehrsunfall erlittenen Schaden so gut es ging zu beheben. Es ist in diesem Zusammenhang auch ohne Belang, ob die ... operative Versorgung des Oberschenkeltrümmerbruches aus ärztlicher Sicht dringend war, d.h. im Interesse des Patienten möglichst bald und zweckmäßigerweise im Zusammenhang mit der Versorgung des offenen Kniescheibentrümmerbruches zu erfolgen hatte, oder ob ein Zuwarten möglich und sinnvoll gewesen wäre. Aus der Sicht des Beklagten gab es keine Umstände, die ein solches Zuwarten hätten nahelegen können. Ein Interesse des Klägers an einer Aufschiebung der Operation war nicht erkennbar. Deshalb

---

2476 BGH NJW 1982, 2121.

> brauchte der Beklagte ihm auch nicht ungefragt darzulegen, weshalb er
> den Oberschenkelbruch sofort operieren wollte.«

1771 Auch wenn der Eingriff zur Lebensrettung erforderlich ist (**vitale Indikation**) oder alternativlos ist (**absolute Indikation**), entbindet dies den Arzt nicht gänzlich von der Aufklärungspflicht,[2477] da der Patient ein Recht zur »Unvernunft« besitzt und sich nicht behandeln lassen muss.[2478] Der Arzt darf sich lediglich nach der oben (Rdn. 1754) genannten Faustregel auf eine weniger genaue und intensive Aufklärung beschränken. Im übrigen liegt in solchen Fällen der Einwand der hypothetischen Einwilligung (dazu bereits oben Rdn. 1699 auf eine Aufklärungsrüge nahe).

> ❗ Umfang und die Genauigkeit der Aufklärung verhalten sich umgekehrt proportional zur Dringlichkeit und zu den Erfolgsaussichten des Eingriffs. Die Aufklärungspflichten nehmen in dem Maße zu, in dem der Dringlichkeitsgrad des Heileingriffs und seine Erfolgsaussichten abnehmen und umgekehrt.

f) Aufklärung über Alternativen (Behandlungsaufklärung)
aa) Verlaufsaufklärung

1772 Der Arzt schuldet dem Patienten neben dem Überblick über die Risiken der Behandlung auch eine Aufklärung über den **Verlauf der Behandlung**. Dabei hat der Arzt die Tragweite des Eingriffs zu erläutern (was passiert, was für Folgen treten sicher ein), aber auch, was für Operationserweiterungen oder Folgeoperationen vorhersehbar oder typischerweise zu erwarten sind. Denn der Patient hat in Ausübung seines Selbstbestimmungsrechts zu entscheiden, ob er diese Risiken eingehen möchte.[2479] Unter dem Schlagwort »Verlaufsaufklärung« werden z.B. die Fälle erfasst, bei denen eine Untersuchungsmethode – neben den Eingriffsrisiken – bekanntermaßen unvermeidlich mit erheblichen Schmerzen für den Patienten verbunden ist. Ist insoweit eine Schmerzaufklärung nicht erfolgt, ist die gesamte Einwilligung – auch bei sonst korrekter Eingriffsaufklärung – wegen der Unteilbarkeit der Zustimmung insgesamt unwirksam.[2480] Die Rechtsprechung hilft bei als unbillig empfundener Haftung des Arztes insoweit mit Zurechnungsüberlegungen (vgl. dazu oben Rdn. 1698).

2477 Geiß/Greiner, Arzthaftpflichtrecht, Rn. C 11.
2478 BGH NJW 1984, 1397.
2479 BGH NJW 1996, 779; BGH NJW 1996, 3073.
2480 BGH NJW 1984, 1395 (vgl. oben Musterfall Rdn. 1719); Geiß/Greiner, Arzthaftpflichtrecht, Rn. C84.

bb) Alternativaufklärung:

1773 Ein im Prozess häufig diskutierter Bereich der Behandlungsaufklärung ist die **Alternativaufklärung**. Hier stellt sich die Frage nach der Abgrenzung zwischen der Therapiefreiheit des Arztes, der grundsätzlich in der Wahl der Behandlungsmethode frei ist, und dem Selbstbestimmungsrecht des Patienten. Die Rechtsprechung hat dies abstrakt dahin gelöst, dass der Patient aufgeklärt werden muss, wenn es **mehrere** medizinisch indizierte und übliche Behandlungsmethoden gibt, die wesentlich unterschiedliche Risiken oder Erfolgschancen haben (**echte Behandlungsalternative**). Denn in so gelagerten Fällen besteht eine echte Wahlmöglichkeit für den Patienten, so dass dieser zur Wahrung seines Selbstbestimmungsrechts durch die gebotene vollständige ärztliche Belehrung in die Lage versetzt werden muss, eigenständig zu entscheiden, auf welchem Weg die Behandlung erfolgen soll und in welchem Zeitpunkt er sich auf welches Risiko einlassen will.[2481] Dabei müssen die Unterschiede zwischen den Behandlungsalternativen von erheblichem Gewicht sein; dies ist eine Wertungsfrage, die sich danach beurteilt, wie sich die Änderung auf die Lebensführung des Patienten auswirkt.[2482] Hier sind im wesentlichen dieselben Maßstäbe anzulegen wie bei der Frage, welche Risiken aufklärungspflichtig sind.

Aufklärung über Behandlungsalternativen

Erforderlich	Nicht erforderlich
• Alternativen führen zu jeweils wesentlich unterschiedlichen *Belastungen* • Alternativen führen zu wesentlich unterschiedlichen *Risiken* • Alternativen führen zu wesentlich unterschiedlichen *Erfolgschancen*	• bei geringfügig niedrigerer Komplikationsrate • bei fehlender „ernsthafter" Diskussion der Alternative in der Medizin

1774 **Standardbehandlung:** Dabei ist nicht erforderlich, dass die medizinische Diskussion über Chancen und Risiken einer Behandlungsalternative schon

---

2481 BGH NJW 2005, 1718; BGH NJW 1989, 1533.
2482 Geiß/Greiner, Arzthaftpflichtrecht, Rn. C 24.

abgeschlossen ist, um sie in die Aufklärungspflicht einzubeziehen. Es ist jedoch zwingend erforderlich, dass es sich bei der Behandlungsalternative bereits um eine dem **medizinischen Standard** entsprechende Behandlung handelt. Alternativ müssen dem Patienten also nur übliche Behandlungsmethoden mit unterschiedlichen Risiken/Erfolgsaussichten gegenübergestellt werden, er ist nur über Behandlungsalternativen aufzuklären, wenn sie ernsthaft in der medizinischen Diskussion sind.[2483] Nicht dagegen ist aufzuklären über neue (diagnostische oder therapeutische) Verfahren, die sich erst in der Erprobung befinden und sich noch nicht durchgesetzt haben. Herrscht zwischen den Parteien insoweit Streit, muss ggfls. der medizinische Sachverständige im Prozess Klarheit darüber herstellen, welche Methode anerkannt ist und welche nicht.

1775   **Ausnahme?** In einer älteren Entscheidung hat der BGH ausgesprochen, dass dies anders sein kann, wenn ein Verfahren erst in wenigen Spezialkliniken erprobt wird und der Arzt weiß oder wissen muss, dass der Patient mit seinem speziellen Leiden zweckmäßiger und besser in einer Spezialklinik untersucht und behandelt wird.[2484] Im entschiedenen Fall (nächster Musterfall) lag dies nicht vor; weitere Entscheidungen hierzu gibt es nicht, so dass die Bedeutung dieser etwaigen Ausnahme von der Beschränkung der Alternativaufklärung auf medizinisch etablierte (Standard-)Behandlungen gering erscheint.

1776   ▶ **Musterfall:**[2485] Die Ehefrau des Klägers wurde im August 1975 durch ihren Hausarzt in die Universitätsnervenklinik überwiesen, um die Ursache für ein bei ihr seit 1962 bestehendes Anfallsleiden zu klären. Nachdem mehrere Untersuchungen keinen Aufschluss ergeben hatten, führte der Beklagte bei der Patientin eine Pneumencephalographie (PEG) durch, bei der nach Entnahme von Liquor durch Lumbalpunktion und Einführung eines Luftgasgemisches versucht wurde, etwaige hirnorganische Veränderungen röntgenologisch zu erfassen. Die Untersuchung musste abgebrochen werden, weil das Röntgengerät infolge eines Defektes versagte. Drei Stunden nach der Untersuchung verschlechterte sich das Befinden der Patientin rapide; sie wurde bewusstlos. Sofort eingeleitete ärztliche Gegenmaßnahmen blieben ohne Erfolg. Sie verstarb drei Tage später. Der Kläger rügte, seine Frau hätte über die Möglichkeit einer CT-Untersuchung aufgeklärt werden müssen. Dies wurde verneint, da diese Untersuchungsmethode damals nur bei 3 oder 4 Spezialkliniken erprobt wurde. Die geringe Anzahl der bereitstehenden Geräte zwang zu einer Auswahl der Patienten, an denen eine CTG vorgenommen werden konnte. Der Fall der Ehefrau des Klägers war nicht so dringlich, dass für

2483   BGH, NJW 1993, 1524; 1996, 776.
2484   BGH NJW 1984, 1810.
2485   BGH NJW 1984, 1810.

sie – vor allem noch bevor bei ihr eine PEG als damals zur Verfügung stehende Methode der Wahl durchgeführt worden war – die reale Möglichkeit bestand, als Patientin in eine der mit Tomographen ausgerüsteten Kliniken aufgenommen zu werden. Demzufolge musste sie auch nicht auf die abstrakte Möglichkeit eines CTs hingewiesen werden.

relative Indikation: Besondere Aufmerksamkeit verdient die Aufklärungspflicht über eine nur relative Indikation, die bereits oben (Rdn. 1759) angesprochen wurde. Bei relativer Indikation besteht die Möglichkeit, die Behandlung zu unterlassen, als echte Behandlungsalternative. So ist eine ausdrückliche Aufklärung geboten, wenn die Operation nur relativ indiziert ist und wesentlich vom Sicherheitsbedürfnis des Patienten abhängt, so etwa bei gynäkologischen Operationen wegen Krebsverdachts. In solchen Fällen muss die Patientin darauf hingewiesen werden, dass und mit welchem Risiko ein Aufschieben oder gänzliches Unterlassen der Operation möglich ist.[2486] Ebenso muss ein Patient ggf. auch darüber aufgeklärt werden, dass die Möglichkeit besteht, eine Operation durch konservative Behandlung zu vermeiden und die Operation aus diesem Grund nur relativ indiziert ist.[2487]

1777

Dies stellt in der Praxis einen Hauptanwendungsfall der Aufklärung über Behandlungsalternativen dar: Ist der Bruch alternativ konservativ oder operativ standardgerecht zu behandeln, oder nur konservativ, oder nur operativ? Hier wird gerade nach Problemen aufgrund der operativen Behandlung gerne in den Raum geführt, man hätte darüber aufgeklärt werden müssen, dass die Operation auch hätte unterbleiben können. Hier ist zunächst durch den Sachverständigen aufzuklären, ob tatsächlich beide Behandlungsformen standardgerecht sind. Denn häufig ist die medizinische Antwort eindeutig: »Derartige Brüche müssen operativ versorgt werden«, oder: »Hier ist die konservative Behandlung eingeführter Standard«. Nur wenn die Antwort lautet »kann man beides machen«, ist zu fragen, ob die Behandlungsalternativen mit unterschiedlichen Belastungen, Risiken und Erfolgschancen von erheblichem Gewicht verbunden sind. Und erst wenn dies bejaht wird, besteht eine Aufklärungspflicht.

1778

2486 BGH, NJW 1997, 1637; NJW 1998, 1784.
2487 BGH, NJW 2000, 1788.

Simmler

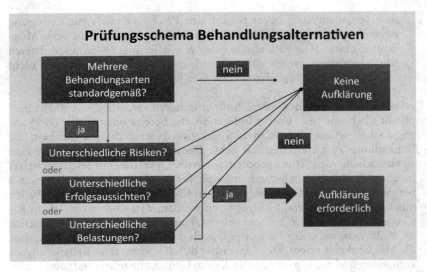

Prüfungsschema Behandlungsalternativen

1779   **Methodenwahl:** Die Wahl der Behandlungsmethode steht demnach grundsätzlich dem Arzt frei. So muss er bei einer Leistenbruchoperation ohne
Netzeinlage nicht mit dem Patienten erörtern, welche von diversen etablier-
ten operativen Standardverfahren er wählen möchte, sofern diese alle im wesentlichen dieselbe Risiko- und Chancenlage haben. Es liegt insoweit auch
im Interesse des Patienten, dass der Operateur sich der Operationsmethode
bedient, die er am besten beherrscht. Der Arzt ist auch nicht verpflichtet,
von zwei bestehenden Standardverfahren den abstrakt »sicheren Weg« zu
wählen. Denn was »sicherer« ist, ist durchaus eine Einzelfallfrage, die auch
auf das Können des Operateurs abstellt. Welches Interesse sollte ein Patient
daran haben, dass einem Operateur auf diese Weise eine abstrakt »sicherer« erscheinende Methode aufgedrängt wird, die er aber gar nicht oder nur
schlechter beherrscht? Auch ist die Frage, was »sicherer« ist, häufig von der
ex post-Sicht des geschädigten Patienten geprägt:

1780   ▶ **Musterfall:** Eine Patientin litt an einer enormen Zyste an den Bronchi-
en. Diese konnte man auf zwei etablierte Wege operieren: mit antero-
lateralem Zugang, der muskelschonender war, oder mit posterolateralem
Zugang, der bessere Übersicht über das Operationsgebiet bot. Ansonsten
waren die Operationsrisiken im wesentlichen gleich. Die Patientin erlitt
eine Plexusparese. Die Klägerin (die gesetzliche Krankenkasse der Patientin) meinte, diese hätte hierüber aufgeklärt werden müssen und selbst
entscheiden dürfen, welchen Zugang der Operateur wähle. Jedenfalls
hätte die Methode mit mehr Übersicht als »sicherer« gewählt werden
müssen. Das KG war der Ansicht, es handele sich angesichts der nicht
wesentlich unterschiedlichen Risiken um eine nicht aufklärungsbedürfti-

ge Frage der Methodenwahl. Dass die weniger muskelschonendere Methode »sicherer« sein sollte, wurde von der Klägerin (ersichtlich aus der ex post-Sicht) damit begründet, bei besserer Übersicht wäre das Risiko der plexus-Schädigung geringer gewesen (was nach den Ausführungen des Sachverständigen schon sehr zweifelhaft war). Die mit der stärkeren Muskelzerteilung verbundene Rekonvaleszenzverlängerung sei hinzunehmen – man kann sich unschwer vorstellen, was passiert wäre, wenn keine Plexusparese, dafür aber Probleme wegen der Heilungsverzögerung eingetreten wären: Die Krankenkasse hätte höchstwahrscheinlich argumentiert, die muskelschonendere Methode wäre als der »sichere Weg« vorzugswürdig gewesen.

«Behandlungstechnik« nicht aufklärungspflichtig? Der obige Musterfall zeigt, dass entscheidendes Kriterium dafür, ob über unterschiedliche Operationstechniken etc. aufzuklären ist, die Frage sein muss, ob die unterschiedlichen Techniken mit **wesentlich unterschiedlichen Risiken bzw. Erfolgschancen belastet** sind. Ist dies der Fall, verlangt es die Achtung vor dem Selbstbestimmungsrecht des Patienten, diesen über die Alternativen aufzuklären, auch wenn dies bedeuten mag, dass sich der Patient in einer anderen Einrichtung behandeln lässt, weil z.B. die alternative Operationstechnik beim Behandler gar nicht zur Verfügung steht. Die Einordnung eines Behandlungsteils als »Operationsschritt« oder »Behandlungstechnik« mit der Aussage, über diese sei nicht aufzuklären,[2488] führt insofern nicht weiter und ist eine Kategorisierung ohne haftungsrechtliche Bedeutung. Dabei muss es der tatrichterlichen Entscheidung im Einzelfall überlassen bleiben, welche Gesamtabwägung dazu führt, ein Risiko als wesentlich unterschiedlich von einem anderen anzusehen.[2489] Auch die Einstufung einer Technik als »Goldstandard«, wie sie in der medizinischen Darstellung häufig erfolgt, begründet nicht zwangsläufig eine Pflicht, über diese Methode als Alternative aufzuklären, wenn der Arzt davon abweichen möchte. Entscheidend ist die wesentlich unterschiedliche Risiko-/Erfolgsbelastung; darüber sagt das medizinische Schlagwort »Goldstandard« erst einmal nichts aus.

1781

❗ Alternativaufklärung ist erforderlich über echte Behandlungsalternativen mit wesentlich unterschiedlichen Risiken und/oder Erfolgschancen.

cc) Apparative Ausstattung

Vergleichbar ist die Linie der Rechtsprechung hinsichtlich der Pflicht, über die Alternative der Behandlung in einer besser ausgestatteten Einrichtung aufzuklären.

1782

2488 Vgl. die Beispiele in Geiß/Greiner, Arzthaftpflichtrecht, Rn. C 24.
2489 Geiß/Greiner, Arzthaftpflichtrecht, Rn. C 24.

Simmler

Im Hinblick auf die Frage, wann eine Behandlung mit älterer Ausstattung **behandlungsfehlerhaft** ist, hat der BGH deutlich gemacht, dass die Tatsache, dass der Arzt seinem Patienten neben einer sorgfältigen Diagnose die Anwendung einer Therapie schuldet, die dem jeweiligen Stand der Medizin entspricht, nicht bedeutet, dass jeweils das neueste Therapiekonzept verfolgt werden muss, wozu dann auch eine stets auf den neuesten Stand gebrachte apparative Ausstattung gehören müsste.[2490] Da aber schon aus Kostengründen nicht sofort jede technische Neuerung, die den Behandlungsstandard verbessern kann, von den Kliniken angeschafft werden kann, hält der BGH es für eine gewisse Übergangszeit für gestattet, nach älteren, bis dahin bewährten Methoden zu behandeln, sofern das nicht schon wegen der Möglichkeit, den Patienten an eine besser ausgestattete Klinik zu überweisen, unverantwortlich erscheine.[2491] Der rasche Fortschritt in der medizinischen Technik und die damit einhergehende Gewinnung immer neuer Erfahrungen und Erkenntnisse bringt es mit sich, dass es zwangsläufig zu Qualitätsunterschieden in der Behandlung von Patienten kommt, je nachdem, ob sie sich etwa in eine größere Universitätsklinik oder eine personell und apparativ besonders gut ausgestattete Spezialklinik oder aber in ein Krankenhaus der Allgemeinversorgung begeben. In Grenzen ist deshalb nach der Auffassung des BGH der **zu fordernde medizinische Standard je nach den personellen und sachlichen Möglichkeiten verschieden.** Er kann in einem mittleren oder kleineren Krankenhaus gewahrt sein, wenn jedenfalls die Grundausstattung modernen medizinischen Anforderungen entspricht. Erst eine deutliche Unterausstattung führt zur Haftung, wenn es deswegen zu vermeidbaren Schädigungen der Patienten kommt. Diese Standardabsenkung kompensiert der BGH mit der Pflicht, den Patienten, dessen Krankheit der Behandlung durch Ärzte mit besonderen medizinischen Kenntnissen und Erfahrungen bedarf, in eine dazu geeignete Spezialklinik weiterzuverweisen.[2492]

1783 **Standardabsenkung und Alternativaufklärung:** Die Standardabsenkung hat dann keine Auswirkungen auf die Pflicht zur Alternativaufklärung, wenn der Patient, mit dem Verlauf und Risiken des geplanten, dem im jeweiligen Krankenhaus zu erwartenden medizinischen Standard entsprechenden Eingriffs zutreffend erörtert worden sind, damit im allgemeinen eine ausreichende Entscheidungsgrundlage besitzt, um eine wirksame Einwilligung nach Abwägung des Für und Wider abzugeben.[2493] Haben sich jedoch neue Verfahren bzw. technische Ausstattungen bereits weitgehend durchgesetzt und bieten sie **entscheidende** Vorteile, muss auch ein Patient, der die **noch** dem Standard entsprechende medizinische (Grund-)Versor-

---

2490 BGH NJW 1988, 763.
2491 BGH NJW 1988, 763.
2492 BGH NJW 1988, 763.
2493 BGH NJW 1988, 763.

gung in Anspruch nimmt, durch eine Alternativaufklärung davon erfahren, um für sich entscheiden zu können, ob er sich um die Behandlung nach dem neuesten Stand bemühen oder, sofern das möglich ist, mit der Behandlung abwarten will, bis auch der von ihm aufgesuchte Arzt oder seine Klinik über solche Therapiemöglichkeiten verfügen.[2494]

▶ **Musterfall:**[2495] Die Klägerin ließ Anfang 1980 medizinisch indiziert eine Schwangerschaft abbrechen und wollte gleichzeitig eine Sterilisierung durch Tubenkoagulation durchführen. Das Krankenhaus hatte hierfür nur ein Gerät mit sogenanntem monopolarem Hochfrequenzstrom zur Verfügung. Auf die Möglichkeit der Verwendung bipolaren Hochfrequenzstromes und die dabei geringere Gefahr von Darmverletzungen wurde die Klägerin nicht hingewiesen. Das Krankenhaus erhielt ein entsprechendes Gerät erst Ende 1980. Angesichts der nur geringen Verringerung der Komplikationsrate hielt der BGH die Alternative für nicht aufklärungspflichtig. **1784**

Kritik: Das dürfte im Hinblick auf die Elektivität des Eingriffs und dessen unproblematische Aufschiebbarkeit eine grenzwertige Entscheidung darstellen, insbesondere da der BGH anzudeuten scheint, die Patientin hätte ja nach Alternativen fragen können, dann hätte man sie jedenfalls entsprechend aufklären müssen.[2496] Zwar ist es allgemein bekannt, dass es häufig personell und apparativ besser ausgestattete Kliniken gibt, dass der medizinische Fortschritt sich zunächst in der Hand von Spezialisten und anfangs nur in wenigen Kliniken entwickelt und durchsetzt, bevor gesicherte medizinische Erkenntnisse und Erfahrungen die neuen Therapiemöglichkeiten zum medizinischen Standard werden lassen. Auch ist es selbstverständlich, dass nicht jederzeit jedem Patienten eine Behandlung nach den neuesten Erkenntnissen, mit den modernsten Apparaten und durch ausgesuchte Spezialisten geboten werden kann und dass etwaige überzogene Erwartungshaltungen im medizinischen Alltag nicht befriedigt werden können und ihnen nicht durch Hinweise auf andernorts gebotene, vielleicht dann bessere und risikoärmere Therapiemöglichkeiten entgegengekommen werden muss. Dennoch sollte gerade bei nur relativ indizierten Eingriffen das Selbstbestimmungsrecht des Patienten höher angesetzt werden als wirtschaftliche Interessen des Behandlers. **1785**

2494   BGH NJW 1988, 763.
2495   BGH NJW 1988, 763.
2496   BGH NJW 1988, 763.

Alternativaufklärung hinsichtlich:

- Behandlungsmethode
- Behandlungstechnik
  („Behandlungsschritt")
- apparativer Ausstattung

IMMER

 wenn <u>erheblich</u> unterschiedliche Risiken oder Erfolgsaussichten bzw. Belastungen im Raume stehen

bei jeweils dem medizinischen Standard
entsprechendem Vorgehen

! Der zu fordernde medizinische Standard kann je nach den personellen und sachlichen Möglichkeiten der behandelnden Einrichtung durchaus verschieden sein, solange die Grundausstattung modernen medizinischen Anforderungen entspricht.

dd) Ausbildungsstand

1786   Die oben ausgeführten Grundsätze zur möglichen Alternativaufklärungspflicht betreffend die sachliche und personelle Ausstattung des Behandlers sind nach der Linie des BGH jedoch **nicht** dahingehend zu verstehen, dass der Patient ein Recht dazu hätte, über den Ausbildungsstand der konkreten Behandlungsperson aufgeklärt zu werden.[2497] Der BGH hat – wie bereits oben (Rdn. 1447) ausgeführt – den Einsatz eines nicht ausreichend ausgebildeten Arztes dem Behandlungsfehlerbereich zugeordnet (Stichwort **Anfängeroperation**). Da der Sinn der Selbstbestimmungsaufklärung ist, dem Patienten die Entscheidung darüber zu ermöglichen, ob er bereit ist, die mit einem ordnungsgemäß vorgenommenen Eingriff verbundene Risiken auf sich zu nehmen, ist die Möglichkeit, dass Behandlungsfehler geschehen können, nicht aufklärungspflichtig.[2498]

1787   **Zusammenfassend** wird man festhalten können, dass eine Alternativaufklärung über das Bestehen von »Spezialmethoden« in Spezialkliniken dann nicht erforderlich ist, wenn die eigene Ausstattung ausreichend ist, um eine standardgerechte Versorgung des Patienten sicherzustellen. Eine Aufklä-

---

2497   BGH NJW 1984, 655.
2498   BGH NJW 2005, 888.

rungspflicht erwächst dann, wenn die standardgerechte Versorgung nicht (mehr) gewährt werden kann oder der Patient fragt.

! Wenn der Patient konkret nach Behandlungsalternativen fragt, muss er immer umfassend und wahrheitsgemäß aufgeklärt werden, auch über andernfalls nicht aufklärungsbedürftige Alternativen!

g) Wirtschaftliche Aufklärung

Der Behandlungsvertrag schützt wirtschaftliche Interessen des Patienten nur in einem engen Rahmen; der deliktische Schutz erfasst Vermögensinteressen außerhalb des Integritätsinteresses nicht.[2499] Damit schuldet der Arzt auf vertraglicher Grundlage als **Nebenpflicht** einen Schutz des Patienten vor finanziellen Überraschungen.[2500] Hiervon erfasst sind im Wesentlichen die Fälle, in denen der Arzt eine Behandlung durchführen möchte, die nicht vom Leistungskanon der gesetzlichen Krankenkassen gedeckt ist, oder bei der die Erstattung durch die private Krankenversicherung des Patienten unsicher ist. Allerdings verlangt letzteres keine detaillierte Auskunft von Seiten des Arztes, da er hierzu mangels genauer Kenntnis von den Versicherungsbedingungen des Patienten gar nicht in der Lage sein wird. Ein Hinweis darauf, dass – soweit dies für den Arzt erkennbar ist – eine Kostenübernahme zweifelhaft sein könnte und sich der Patient insoweit rückversichern solle, genügt der ärztlichen Verpflichtung.[2501] Der Arzt kann nicht erwarten, dass der Patient von sich aus die Frage der Kostentragung durch die Versicherung anschneidet, da ihm dafür die Übersicht über die medizinischen Sachverhalte fehlen dürften. Eine entsprechende Erkundigungspflicht von Patientenseite wird man nur annehmen können, wenn der Patient eine besonders ungewöhnliche Versicherungssituation hat, mit der wiederum der Arzt nicht rechnen konnte.

1788

Ein Hauptanwendungsfall der wirtschaftlichen Aufklärung des **gesetzlich versicherten** Patienten ist die Aufklärung durch den Zahnarzt über die auf den Patienten zukommende Eigenbeteiligung. Hierbei genügt der Zahnarzt seiner Aufklärungspflicht, wenn er vor Beginn der Behandlung mit der Erstellung des Heil- und Kostenplans den voraussichtlichen Eigenanteil des Patienten ausrechnet. Angesichts der vergleichsweise unübersichtlichen sozialrechtlichen Regelungen zum Kostenzuschuss bei prothetischer Versorgung (§ 55 SBG V) wird man vom Zahnarzt ein Mehr an Kostenberatung kaum verlangen können. Hier liegt ein rechtlicher Fallstrick für den Zahnarzt eher in der kaum bekannten Norm des § 4 Abs. 5 Bundesmantelvertrag – Zahnärzte (BMV-Z), nach der Voraussetzung einer privatrechtlichen

1789

2499 Geiß/Greiner, Arzthaftpflichtrecht, Rn. A 96.
2500 Steffen/Pauge, Arzthaftungsrecht, Rn. 376.
2501 BGH NJW 1983, 2630.

Simmler

(nach GOZ abrechenbaren) Vergütungsforderung des Kassenzahnarztes gegen den Patienten ist, dass eine schriftliche Vereinbarung beider Beteiligter hierüber vor Behandlungsbeginn geschlossen wird. Dies wird angesichts der Rechtsprechung des BGH zu § 22 BPflV a.F., jetzt § 17 KHEntgG[2502] als Schriftformerfordernis nach §§ 126,127 BGB verstanden werden müssen.[2503]

h) Sonderproblem Aufklärung über sozialversicherungsrechtliche Zwänge

1790 Nicht in das herkömmliche Gebiet der Arzthaftung fallen Überlegungen, wie der Arzt darauf reagieren müsste, wenn die bereits mehrfach angesprochene (oben Rdn. 75, 119, 1486) Ressourcenknappheit im System der staatlichen Gesundheitsvorsorge dazu führen würde, dass eine standardgerechte Behandlung innerhalb des von den gesetzlichen Krankenkassen gewährten finanziellen Rahmens nicht mehr möglich ist. Unabhängig davon, wie das Haftungsrecht generell mit den Auswirkungen des Sozialrechts auf die Bestimmung des medizinischen Standards umgehen muss (dazu oben Rdn. 19, 1486 ff.), dürfte sich in solchen Konstellationen eine weitere Aufklärungspflicht des Arztes ergeben im Sinne einer Aufklärung des Patienten über das Bestehen einer Ressourcenknappheit wie auch über finanzielle Folgen, die sich für ihn aus der Behandlung ergeben können. Derartige Fälle sind in der Haftungsrechtsprechung derzeit noch nicht entschieden, jedenfalls nicht veröffentlicht, stellen jedoch ein beliebtes Gedankenspiel auch von Praktikern in der Literatur dar.[2504]

1791 Wenn das Versicherungssystem einmal nicht mehr verpflichtet oder fähig sein sollte, bestimmte Leistungen bereit zu stellen, so dürfte der Arzt verpflichtet sein, dem Patienten wegen seines verfassungsrechtlich garantierten Selbstbestimmungsrechts und des Rechts auf Gesundheit über die Aufklärung die Möglichkeit zu eröffnen, diese Leistungen selbst zu finanzieren. Ob sich hier ein Ansatz für eine generelle Aufklärungs**pflicht** gegenüber dem gesetzlich versicherten Patienten in Richtung dahin ergibt, dass er bei eigener Kostenbeteiligung eine bessere medizinische Versorgung erhalten kann, erscheint jedoch zweifelhaft.[2505] Auch wenn in den letzten Jahren in den Arztpraxen die Anzahl der Informationsblätter mit dem Hinweis, diese oder jene Behandlung sei doch (präventiv) sinnvoll, werde aber von der Kasse nicht bezahlt, ständig zunimmt,[2506] wird man den Arzt solange nicht als zur Aufklärung verpflichtet ansehen, als die nicht von der Kasse bezahlten Leistungen nicht erforderlich sind, um eine

---

2502 BGH NJW 1998, 1778, BGH NJW 2002, 3772.
2503 A.a. wohl LG Saarbrücken 16 S 11/04 (zit. nach juris).
2504 Vgl. Rumler-Detzel VersR 1998, 546, 549.
2505 Vgl. Steffen/Pauge, Arzthaftungsrecht, Rn. 376.
2506 Vgl. den Katalog der IgeL (Individuellen Gesundheitsleistungen) auf www.e-bis.de.

Simmler

standardgerechte Behandlung zu gewährleisten. Dass viele Ärzte aus eigenem Kosteninteresse für die individuellen Gesundheitsleistungen werben, steht auf einem anderen Blatt.

> ❗ Wirtschaftliche Aufklärung schuldet der Arzt nur als Nebenpflicht und nur in einem inhaltlich sehr beschränkten Umfang.

i) Zeitpunkt der Aufklärung
aa) Wirtschaftliche Aufklärung

Zu einer ordnungsgemäßen Aufklärung gehört, dass sie zum richtigen Zeitpunkt erfolgt. So ist eine **wirtschaftliche Aufklärung** vor dem Auslösen der kostenträchtigen Maßnahmen erforderlich, was eigentlich eine Selbstverständlichkeit darstellen sollte, gerade aber im Bereich der zahnärztlichen Versorgung nach der forensischen Erfahrung der Autorin mitnichten immer der Fall ist. **1792**

bb) Therapeutische Aufklärung

Eine **therapeutische** bzw. **Sicherheitsaufklärung** hat, da es sich bei ihr um einen Teil der Behandlung handelt, zu dem Zeitpunkt zu erfolgen, wo dies nach dem medizinischen Standard erforderlich ist, um den Behandlungserfolg zu sichern. Dies stellt einen der seltenen Fälle dar, wo der richtige Aufklärungszeitpunkt unter Sachverständigenbeweis gestellt werden kann, weil es sich hierbei um eine medizinische Fragestellung handelt. **1793**

nachträgliche Sicherheitsaufklärung: In seltenen Fällen, in denen eine rechtzeitige Risikoaufklärung nicht erfolgen kann und das Risiko nach dem Eingriff als (lebens-)gefährliche Bedrohung weiterwirken kann, wandelt sich die Pflicht zur Eingriffsaufklärung in eine Pflicht zur nachträglichen Sicherheitsaufklärung. Diese Pflicht dürfte insbesondere in den Fällen bestehen, in denen die Körperverletzung des Patienten durch den Eingriff auf der Basis mutmaßlicher Einwilligung (dazu unten Rdn. 1818 ff.) gerechtfertigt war. **1794**

▶ **Musterfall:**[2507] Der Patient war lebensgefährlich durch einen Motorradunfall verletzt worden und bedurfte dringend der Bluttransfusion. Eine Aufklärung über HIV-Risiken war wegen Bewusstlosigkeit nicht durchführbar, die Transfusionen waren zur Lebensrettung nicht aufschiebbar. Der BGH hat darauf hingewiesen, dass sich die Aufklärungsverpflichtung des Arztes über die Gefahren der Verabreichung von Blutprodukten gegenüber dem Patienten jedenfalls bei für den Patienten und dessen Kontaktpersonen lebensgefährlichen Risiken zu einer Pflicht zur alsbaldigen nachträglichen Selbstbestimmungs- und Sicherungsaufklärung wandelt, **1795**

2507 BGH NJW 2005, 2614.

wenn eine präoperative Aufklärung wegen der Notfallbehandlung oder Unansprechbarkeit des schwer verunfallten Patienten nicht möglich ist. Dies liegt in der in ständiger Rechtsprechung angenommenen Pflicht von Ärzten und Krankenhausträgern begründet, die höchstmögliche Sorgfalt anzuwenden, damit der Patient durch eine Behandlung nicht geschädigt wird. Vorliegend kam die Pflicht hinzu, dafür Sorge zu tragen, dass sich eine gefährliche Infektion nicht verbreite.

cc) Eingriffs-/Risikoaufklärung

1796　In der Praxis oft heftig umstritten ist der richtige Zeitpunkt der **Selbstbestimmungsaufklärung**, d.h. der Eingriffs- bzw. Risikoaufklärung. Dass diese **vor** der medizinischen Behandlung zu erfolgen hat, ist eine (ebenfalls gerade bei Zahnarztbehandlungen nach forensischer Erfahrung erstaunlich häufig missachtete) Selbstverständlichkeit. Auch dass die Aufklärung nicht erst »auf der Bahre« erfolgen darf, hat sich inzwischen in Ärztekreisen wohl herumgesprochen. Wann konkret vor dem Eingriff die Aufklärung zu erfolgen hat, ist jedoch nicht für alle Fälle einheitlich abstrakt zu bestimmen.

1797　**Rechtzeitigkeit:** Grundsätzlich muss die inhaltlich zutreffende Aufklärung rechtzeitig erfolgen, d.h. zu einem Zeitpunkt, in dem sie dem Patienten noch die Ausübung seines Selbstbestimmungsrechts erlaubt. Dies gilt auch für diagnostische[2508] und ambulante[2509] Eingriffe. Die Gewährleistung des Selbstbestimmungsrechts des Patienten als Dreh- und Angelpunkt des Aufklärungsrechts ist also auch für die Rechtzeitigkeit der Aufklärung maßgeblich. Der BGH hat die Rechtzeitigkeit überwiegend negativ abgegrenzt und abstrakt formuliert den Grundsatz aufgestellt, dass die Aufklärung dann nicht mehr rechtzeitig ist, wenn sie in einem Zeitpunkt erfolgt, in dem der Patient vom Ablauf der Geschehnisse überrollt wird und den Eindruck hat, sich nicht mehr aus dem Geschehensablauf lösen zu können. Hierzu muss der Patient konkrete Anhaltspunkte vortragen, die der Arzt dann zu widerlegen hat.

1798　▶ **Musterfall:**[2510] Die Patientin unterzeichnete die ihr schon mehrere Tage vor der Operation (Mastektomie = Brustentfernung wegen Krebsverdachts) überlassene Einwilligungserklärung erst auf dem Weg zum OP nach Verabreichung einer Beruhigungsspritze und dem Hinweis des Arztes, dass man die Operation andernfalls auch unterlassen könne. Anhaltspunkte dafür, dass die Patientin vorher über Risiken aufgeklärt worden war, so dass es auf den Zeitpunkt der Unterschrift nicht angekommen wäre, bestanden nicht.

2508 BGH, NJW 1996, 777.
2509 BGH, NJW 1994, 3009.
2510 BGH NJW 1998, 1784.

Notfall: Was rechtzeitig ist, hängt von der Art des Eingriffs ab. Bei einem **1799**
Notfalleingriff ist eine Risikoaufklärung zu dem Zeitpunkt, wo die Notfallsituation auftritt, rechtzeitig. Falls der Patient zu diesem Zeitpunkt keine
Einwilligung mehr erteilen kann, weil er – in den Worten des BGH – unter
einer schweren psychischen und physischen Belastung steht und zudem erheblich sediert ist, so dass er kaum in der Lage ist, in einem Aufklärungsgespräch das Für und Wider des weiteren ärztlichen Vorgehens zu erfassen
und dann eine eigenverantwortliche Entscheidung zu treffen,[2511] wird man
über eine mutmaßliche Einwilligung nachdenken müssen (dazu gleich unter Rdn. 1818). Hier ist jedoch genau zu prüfen, ob es sich um einen **echten Notfall** handelt, der Patient z.B. schwer verletzt mit dem Rettungswagen angeliefert wird und dringend behandlungsbedürftig ist, oder ob der
Notfall »vorhersehbar« war. Letzteres ist dann der Fall, wenn der Eintritt
der Situation, auf die notfallmäßig reagiert werden musste, nach medizinischer Kenntnis mit gewisser Wahrscheinlichkeit zu erwarten war. In solchen Fällen verletzt der Arzt schuldhaft seine Aufklärungspflicht, wenn er
den Eintritt der Notfallsituation abwartet und dann erst eine Aufklärung
durchführt, oder sich gar wegen der Unansprechbarkeit des Patienten in
der Notfallsituation auf die mutmaßliche Einwilligung beruft. Denn er hat
das Selbstbestimmungsrecht des Patienten dadurch verletzt, dass er nicht zu
einem Zeitpunkt, wo der Eintritt des Notfalls nicht nur eine theoretische
Möglichkeit war, sondern nach medizinischer Sicht erwartet werden konnte, den Patienten aufgeklärt hat. Ein ärztliches Vertrauen darauf, »es wird
schon gutgehen« iSv der Notfall wird sich vermeiden lassen, stellt insoweit
mindestens eine fahrlässige Verletzung der Aufklärungspflichten dar.

Notsectio: Für die Fälle der Geburtsleitung hat der BGH deutlich gemacht, **1800**
dass eine vorgezogene Aufklärung über die unterschiedlichen Risiken der
verschiedenen Entbindungsmethoden nicht bei jeder Geburt und auch dann
noch nicht erforderlich ist, wenn nur die theoretische Möglichkeit besteht,
dass im weiteren Verlauf eine Konstellation eintreten kann, die als relative
Indikation für eine Schnittentbindung zu werten ist. Eine solche Aufkla-
rung ist jedoch immer dann erforderlich und muss dann bereits zu einem
Zeitpunkt vorgenommen werden, zu dem die Patientin sich noch in einem
Zustand befindet, in dem diese Problematik mit ihr besprochen werden
kann, wenn deutliche Anzeichen dafür bestehen, dass sich der Geburtsvorgang in Richtung auf eine solche Entscheidungssituation entwickeln kann,
in der die Schnittentbindung notwendig oder zumindest zu einer echten Alternative zur vaginalen Entbindung wird. Das ist etwa dann der Fall, wenn
es sich bei einer Risikogeburt konkret abzeichnet, dass sich die Risiken in
Richtung auf die **Notwendigkeit oder die relative Indikation** einer Schnittentbindung entwickeln können.[2512]

2511 BGH NJW 1993, 2372.
2512 BGH NJW 1993, 2372.

1801   **Chirurgische Notfälle:** Bei chirurgischen Eingriffen, bei denen der Arzt die ernsthafte Möglichkeit einer Operationserweiterung oder den Wechsel in eine andere Operationsmethode in Betracht ziehen muss, ist der Patient **vor** der Operation entsprechend aufzuklären.[2513] Hat der Arzt vor der Operation Hinweise auf eine möglicherweise erforderlich werdende Operationserweiterung unterlassen und zeigt sich intraoperativ die Notwendigkeit zu einem weiteren Eingriff, dann kann und muss er, soweit dies möglich ist, die Operation beenden und den Patienten nach Abklingen der Narkoseeinwirkungen entsprechend aufklären und seine Einwilligung in den zusätzlichen Eingriff einholen.[2514] Ist dies nicht möglich, kann er sich jedenfalls nicht auf die mutmaßliche Einwilligung berufen, da er die fehlende Entscheidungsmöglichkeit des Patienten in der Notfallsituation selbst schuldhaft herbeigeführt hat.[2515]

1802   **Planbare Eingriffe:** Nach ständiger Rechtsprechung des BGH muss der Patient vor dem beabsichtigten Eingriff so rechtzeitig aufgeklärt werden, dass er durch hinreichende Abwägung der für und gegen den Eingriff sprechenden Gründe seine Entscheidungsfreiheit und damit sein Selbstbestimmungsrecht in angemessener Weise wahren kann.[2516] Zum Schutz des Selbstbestimmungsrechtes erfordert dies grundsätzlich, dass ein Arzt, der einem Patienten eine Entscheidung über die Duldung eines operativen Eingriffs abverlangt und für diesen Eingriff bereits einen Termin bestimmt, ihm schon in diesem Zeitpunkt auch die Risiken aufzeigt, die mit diesem Eingriff verbunden sind. Damit lässt sich die **Faustregel** verbinden: Bei im Voraus geplanten Operationen hat die Risikoaufklärung grundsätzlich schon **bei der Festlegung des Operationstermins** zu erfolgen.[2517]

2513 BGH NJW 1993, 2372 m.w.N.
2514 BGH NJW 1993, 2372.
2515 Geiß/Greiner, Arzthaftpflichtrecht, Rn. C 104.
2516 BGH NJW 2003, 2012.
2517 BGH NJW 1993, 2372; BGH VersR 1992, 960.

Zeitpunkt der Aufklärung

Rechtzeitig

➡ Wahrung des Selbstbestimmungsrechts des Patienten durch hinreichende Abwägung der für/gegen den Eingriff sprechenden Gründe

➡ bei geplanten Eingriffen an dem Tag, an dem der Eingriffstermin bestimmt wird (d.h. schon bei der Voruntersuchung!)

➡ verspätete Aufklärung schadet nicht, wenn Selbstbestimmungsrecht/Entscheidungsfreiheit in der konkreten Situation gewahrt bleibt

Ausnahmen? Allerdings ist nach der Rechtsprechung des BGH eine erst später erfolgte Aufklärung nicht in jedem Fall verspätet. Vielmehr hängt die Wirksamkeit einer hierauf erfolgten Einwilligung davon ab, ob unter den jeweils gegebenen Umständen der Patient noch ausreichend Gelegenheit hat, sich innerlich frei zu entscheiden. Je nach den Vorkenntnissen des Patienten von dem bevorstehenden Eingriff kann bei stationärer Behandlung eine **Aufklärung im Verlaufe des Vortages** grundsätzlich genügen, wenn sie zu einer Zeit erfolgt, zu der sie dem Patienten die Wahrung seines Selbstbestimmungsrechts erlaubt. Dies dürfte besonders bei einfachen Eingriffen sowie bei solchen mit geringeren bzw. weniger einschneidenden Risiken der Fall sein.[2518] Jedoch wird ein Patient bei **Aufklärung am Vorabend** einer Operation in der Regel mit der Verarbeitung der ihm mitgeteilten Fakten und der von ihm zu treffenden Entscheidung überfordert sein, wenn er – für ihn überraschend – erstmals aus dem späten Aufklärungsgespräch von gravierenden Risiken des Eingriffs erfährt, die seine persönliche zukünftige Lebensführung entscheidend beeinträchtigen können.[2519]

1803

Hinsichtlich der **Darlegungs- und Beweislast im Prozess** verhält sich diese ähnlich wie bei der hypothetischen Einwilligung (vgl. dazu bereits oben Rdn. 1699): Der verspätet aufgeklärte Patient muss darlegen, dass ihn die späte Aufklärung in der Ausübung seines Selbstbestimmungsrechts, d.h. in seiner Entscheidungsfreiheit, beeinträchtigte. Gelingt dies dem Patienten

1804

2518 BGH NJW 1994, 3009.
2519 BGH NJW 2003, 2012.

Simmler

substantiiert, muss der Arzt dies im Rahmen seiner Beweislast für eine ordnungsgemäße Aufklärung widerlegen. Dem Patienten kann aber je nach den Umständen des Einzelfalles zugute kommen, dass schon die Lebenserfahrung nahe legt, dass es durch die Verspätung zu einer Beeinträchtigung der Entscheidungsfreiheit gekommen ist.[2520]

Prüfungsschema Verspätung der Aufklärung

- **Aufklärung rechtzeitig?**
  - bei geplanten Eingriffen schon bei Terminanberaumung
  - bei echten Notfällen direkt vor dem Eingriff
- **Wenn nein:**
  - hat Patient Beeinträchtigung der Entscheidungsfreiheit substantiiert dargetan?

  oder
  - legt schon die Lebenserfahrung eine Beeinträchtigung der Entscheidungsfreiheit nahe?

  wenn ja:

   Aufklärung fehlerhaft

1805 **ambulante und diagnostische Eingriffe:** Die gerade genannten Grundsätze sind für Eingriffe im Rahmen eines stationären Krankenhausaufenthalts entwickelt worden, bei welchen sich u.a. der Umstand auswirken kann, dass Patienten schon deshalb, weil sie durch die stationäre Aufnahme in den Krankenhausbetrieb eingegliedert worden sind, Hemmungen haben, sich noch gegen den Eingriff zu entscheiden. Hingegen reicht es bei normalen ambulanten und diagnostischen Eingriffen grundsätzlich aus, wenn die Aufklärung am Tag des Eingriffs erfolgt.[2521] Auch in solchen Fällen muss jedoch dem Patienten bei der Aufklärung über die Art des Eingriffs und seine Risiken verdeutlicht werden, dass ihm eine eigenständige Entscheidung darüber, ob er den Eingriff durchführen lassen will, überlassen bleibt.

1806 ▶ **Musterfall:**[2522] Die Klägerin kam zu einer ambulanten operativen Behandlung wegen eines Karpaltunnelsyndroms in das Krankenhaus der Beklagten. Die (inhaltlich ausreichende) Risikoaufklärung erteilte ihr

---

2520 Geiß/Greiner, Arzthaftpflichtrecht, Rn. C 101 m.w.N. aus der Rspr.
2521 BGH NJW 2003, 2012; BGH NJW 1994, 3009.
2522 BGH NJW 1994, 3009.

Simmler

ein Arzt direkt vor dem Operationssaal auf dem Gang. Hierzu führt der BGH aus: » ... reicht es bei normalen ambulanten Eingriffen wie dem vorliegenden grundsätzlich aus, wenn die Aufklärung am Tag des Eingriffs erfolgt. Das trägt auch den organisatorischen Möglichkeiten des Krankenhausbetriebs Rechnung. In solchen Fällen muß jedoch dem Patienten durch die Art und Weise der Aufklärung verdeutlicht werden, daß ihm nicht nur der Eingriff und seine Risiken beschrieben werden, sondern daß die Aufklärung ihm die eigenständige Entscheidung ermöglichen soll, ob er den Eingriff durchführen lassen will. Für diese Überlegung und Entscheidung muß dem Patienten ausreichend Gelegenheit gegeben werden. Das ist aber nicht der Fall, wenn die Aufklärung erst vor der Tür des Operationssaals dergestalt erfolgt, daß der Patient schon während der Aufklärung mit der anschließenden Durchführung des Eingriffs rechnen muß und deshalb unter dem Eindruck stehen kann, sich nicht mehr aus einem bereits in Gang gesetzten Geschehensablauf lösen zu können. Nach diesen Grundsätzen kann im Streitfall die Aufklärung nicht mehr für rechtzeitig erachtet werden. Der Klägerin hätte gerade unter dem Blickpunkt, daß die Operation infolge Narbenbildung zu stärkeren Schmerzen führen und sich damit aus ihrer Sicht nicht nur als nutzlos, sondern als ein ihre Beschwerden verschlimmernder Eingriff erweisen konnte, durch die Art und Weise einer auch von der operativen Phase für die Patientin deutlich abgesetzten Aufklärung Gelegenheit zu ruhigem Abwägen des Für und Wider gegeben werden müssen.«

»größere« ambulante Eingriffe: Dass der Begriff »normal« insoweit unscharf ist und eigentlich »einfach und nur mit geringen Risiken belastet«[2523] meint, ergibt sich daraus, dass der BGH bei größeren ambulanten Eingriffen mit beträchtlichen Risiken eine Aufklärung erst am Tag des Eingriffs nicht mehr für rechtzeitig hält.[2524] Hier trägt die Rechtsprechung dem medizinischen Fortschritt Rechnung: Da die Fortschritte der Operationstechnik in zunehmendem Maß ambulante Eingriffe ermöglichen, ist nicht generell davon auszugehen, dass solche Eingriffe stets einfach und nur mit geringen Risiken behaftet sind. Ermöglicht der medizinische Fortschritt, dass Operationen, die früher geplant stationär durchgeführt wurden, nunmehr geplant ambulant erfolgen, darf dies die im stationären Bereich entwickelten Standards und Anforderungen an die Rechtzeitigkeit der Aufklärung nicht senken. Bei ambulanten Operationen dieser Art dürfte eine Aufklärung erst am Tag des Eingriffs nicht mehr rechtzeitig sein; dies belastet den ambulanten Operationsbetrieb auch nicht untragbar, da derartigen Operationen gewöhnlich (wie früher im stationären Bereich) Untersuchungen vorange-

1807

2523 BGH NJW 1994, 3009.
2524 BGH NJW 2003, 2012.

Simmler

hen, in deren Rahmen die erforderliche Aufklärung bereits erteilt werden kann.[2525] Dies muss auch für belastende diagnostische Eingriffe gelten.[2526]

> ❗ Für geplante Eingriffe ist die Risikoaufklärung grundsätzlich bereits am Tag der Operationsterminierung durchzuführen, egal, ob der Eingriff ambulant oder stationär durchgeführt wird. Bei verspäteter Aufklärung muss der Patient deutlich machen, dass er in seiner Entscheidungsfreiheit beschränkt wurde, wenn dies nicht nach der Lebenserfahrung nahe liegt.

j) Begrenzung der Aufklärungspflicht?

1808 **Subjektive Faktoren:** Selbstverständlich erscheint, dass ein Patient nicht mehr aufgeklärt werden muss, wenn er das notwendige Wissen über die Eingriffsrisiken oder Behandlungsalternativen schon besitzt. Der Umfang der Aufklärungspflicht richtet sich insoweit nach dem Kenntnisstand des Patienten, seiner **konkreten Aufklärungsbedürftigkeit**.

1809 **Allgemeinwissen:** Ein solcher Kenntnisstand kann sich einmal aus dem Allgemeinwissen ergeben: So sieht die Rechtsprechung grundsätzlich die Kenntnis der allgemeinen Risiken operativer Eingriffe als bekannt an.[2527] Es handelt sich hier um die Risiken, die mit jeder größeren, unter Narkose vorgenommenen Operation verbunden sind und mit denen ein Patient im allgemeinen rechnet, z.B. Wundinfektionen, Narbenbrüche, Embolien. Der Arzt kann im allgemeinen (wenn nicht Anhaltspunkte für das Gegenteil bestehen) davon ausgehen, dass auch sein Patient – ebenso wie die Allgemeinheit – dieses medizinische Basiswissen besitzt. Einzelhinweise sind danach gegenüber einem Patienten, dem diese allgemeinen Risiken nicht verborgen sind, nur erforderlich, soweit sich Komplikationen in eine Richtung entwickeln können, die für ihn als Laien überraschend sein muss, und auch da nur, wo sie zu Ausfällen führen können, die in seinen besonderen Lebensverhältnissen erkennbar besonders schwerwiegend wären.[2528]

1810 ▶ **Musterfall:**[2529] Die Klägerin wurde nach einer Drehverletzung des Knies vom beklagten Arzt an diesem punktiert, ohne dass sie über die Risiken einer Kniegelenkpunktion aufgeklärt worden war. Als die Klägerin am darauffolgenden Tag zusätzliche Schmerzen im Kniegelenk verspürte, eine Schwellung und Erwärmung bemerkte und erhöhte Temperatur hatte, suchte sie ein Krankenhaus auf. Die durchgeführte Behandlung blieb erfolglos. Es kam zu einer fast völligen Einsteifung des Knies. Dies be-

---

2525 BGH NJW 1994, 3009.
2526 Geiß/Greiner, Arzthaftpflichtrecht, Rn. C 97.
2527 BGH NJW 1992, 743.
2528 BGH NJW 1992, 743.
2529 BGH NJW 1994, 2414.

ruhte auf einer Infektion des Kniegelenks, die durch die Punktion durch den Arzt eingetreten ist. Der BGH bejahte eine Haftung aus Aufklärungsfehler und führte aus, zwar brauche der Arzt über das allgemeine Risiko einer Wundinfektion nach Operationen, das zu den allgemeinen Gefahren gehört, mit denen der Patient rechnet, nicht aufzuklären. Ein solches allgemeines Gefahrenbewußtsein könne der Arzt bei seinem Patienten aber nicht voraussetzen, wenn er eine Injektion oder Punktion setze. Gerade weil es sich hierbei um einen ärztlichen Routineeingriff handele, sehe ihn der Patient im allgemeinen als ungefährlich an. Jedenfalls dann, wenn der Injektion oder Punktion ein spezifisches Infektionsrisiko mit möglichen schweren Folgen anhafte, das dem Patienten verborgen sei und mit dem er nicht rechne, habe er ein Anrecht darauf, darüber informiert zu werden, um selbst abwägen zu können, ob er sich dem Eingriff unterziehen will.

Ob die Wertung der Rechtsprechung über den medizinischen Kenntnisstand der Allgemeinheit der gegenwärtigen Patientenwirklichkeit tatsächlich gerecht wird, mag gerade in der heutigen Zeit des übersteigerten Vertrauens in die Allheilmacht der Medizin (dazu Kapitel 1, Rdn. 39) bezweifelt werden, stellt jedoch ein grundsätzlich anerkennenswertes Vehikel dafür da, die nach forensischer Erfahrung durchaus nicht selten vorkommenden Klagen aus Aufklärungspflichtverletzung, in denen der Patient sich nicht als selbstbestimmtes Individuum, sondern als schlicht ahnungsloses Etwas darstellt, einzugrenzen.[2530] **1811**

Voraufklärung: Eine Aufklärungspflicht entfällt auch dann, wenn der Patient von dritter Seite (etwa vom überweisenden Arzt) bereits ausreichend aufgeklärt wurde. Angesichts der Grundregel, dass jeder Arzt verpflichtet ist, die Aufklärung für seinen Behandlungsteil zu übernehmen (dazu gleich Rdn. 1825), darf der behandelnde Arzt jedoch auf eine Voraufklärung nicht vertrauen; im Streitfall muss er beweisen, dass eine solche Voraufklärung erfolgt ist.[2531] **1812**

Kenntnis aus Vorbehandlung: Der Patient ist auch dann nicht aufklärungsbedürftig, wenn ihm aus der Risikoaufklärung für einen zeitnah zuvor durchgeführten Eingriff die Eingriffsrisiken bekannt sind.[2532] Dabei gilt dies selbstverständlich nur, wenn die Eingriffsaufklärung vor dem früheren Eingriff ihrerseits ausreichend war, um dem Patienten die spezifischen Eingriffsrisiken zu vermitteln.[2533] Auch darf der Voreingriff nicht zu lange zurückliegen: Denn zum einen ist das menschliche Gedächtnis fehlerhaft, **1813**

2530 Vgl. dazu Giesen, Arzthaftungsrecht, Rn. 308.
2531 BGH NJW 1984, 1807.
2532 BGH NJW 2003, 2012.
2533 BGH NJW 2006, 2108.

so dass bei länger zurückliegenden Eingriffen nicht davon ausgegangen werden kann, der Patient habe einen ausreichenden Eindruck von den spezifischen Risiken behalten; außerdem entwickelt sich die Medizin rasant, so dass eine vor längerer Zeit noch ausreichende Risikoaufklärung angesichts des medizinischen Erkenntnisgewinns das Risikospektrum nun vielleicht nicht mehr ausreichend wiedergibt.

1814 **Medizinische Qualifikation:** Eine eigene medizinische Qualifikation des Patienten (als Arzt, Krankenschwester etc.) begrenzt die Aufklärungspflicht ebenfalls,[2534] jedoch nur soweit, wie diese Qualifikation geht. Da ein Arzt nur den Standard seines Fachgebietes zu wahren hat, kann er die Risiken anderer Fachgebiete nicht überblicken und ist insoweit ebenfalls aufklärungsbedürftig; dies gilt jedoch nicht für allgemeine medizinische Erkenntnisse.[2535]

1815 ▶ **Musterfall:** Eine Ärztin für Allgemeinmedizin ließ sich im Robodoc-Verfahren (computergesteuerte Hüftgelenksimplantation) behandeln. Hinterher machte sie Aufklärungsfehler geltend, da sie kein orthopädisches Fachwissen habe. Das KG sah eine (allein noch im Raum stehende) Aufklärungspflicht über unbekannte Risiken bei Neulandmethoden gegenüber einer Ärztin als nicht erforderlich an, da dies zum medizinischen Allgemeinwissen gehöre.

1816 **Verzicht:** Ein Patient ist dann nicht aufklärungsbedürftig, wenn er ausdrücklich aus eine Aufklärung verzichtet.[2536] Dabei ist jedoch zu berücksichtigen, welcher Rahmen der Behandlung für den Patienten absehbar war, weil sich ein Aufklärungsverzicht nur darauf beziehen kann.[2537] Eine Verlaufsaufklärung (was passiert in etwa) schuldet der Arzt also dennoch, es sei denn, der Patient verzichtet ausdrücklich auch hierauf.[2538]

1817 **Objektive Faktoren:** Gelegentlich wird von Arztseite in den Raum gestellt, eine Aufklärung sei geradezu medizinisch kontraindiziert gewesen, weil sie nach Einschätzung des Behandlers aufgrund der Persönlichkeitsstruktur des Patienten den Heilungserfolg gefährden würde.[2539] Dies kursiert in der Literatur unter dem Schlagwort **»therapeutisches Privileg«.** Der BGH hat diese Argumentation bislang in keinem Fall zugelassen.[2540] Vielmehr hat der

---

2534 Geiß/Greiner, Arzthaftpflichtrecht, Rn. C. 459.
2535 OLG Hamm VersR 1998, 322.
2536 Steffen/Pauge, Arzthaftungsrecht, Rn. 390.
2537 BGHZ 29, 46 (»2. Elektroschock-Urteil«); BGH NJW 1973, 556.
2538 Geiß/Greiner, Arzthaftpflichtrecht, Rn. C 16.
2539 Vgl. die Widergabe der vorprozessualen Stellungnahme des Arztes in BGH NJW 1994, 2414: »eine Risikoaufklärung [hätte] »zu einer weiteren Verunsicherung der psychisch labilen Patientin« geführt«.
2540 Steffen/Pauge, Arzthaftungsrecht, Rn. 458.

Arzt hier die Aufklärung schonend und dem konkreten Patienten angemessen zu gestalten;[2541] eine »Horroraufklärung« kann – außer in den Fällen der Schönheitsoperation (dazu oben Rdn. 1756) sogar einen Behandlungsfehler darstellen.[2542] In extremen Ausnahmefällen kann aus therapeutischer Rücksicht eine Aufklärungspflicht sogar entfallen: Dabei sind an die therapeutische Unzumutbarkeit einer Aufklärung strenge Anforderungen zu stellen; Fälle, in denen eine Aufklärung unterbleiben kann, weil sie den Patienten einer therapeutisch nicht zu verantwortenden Belastung aussetzen würde, müssen die Ausnahme bleiben, damit das durch die Aufklärung zu wahrende Selbstbestimmungsrecht des Patienten nicht unterlaufen wird.[2543]

Begrenzung der Aufklärungspflicht

Subjektive Faktoren	Objektive Faktoren

• Patient <u>kennt</u> Risiken
  – wg. allgemein bekannter Eingriffsrisiken
  – wg. Voraufklärung von dritter Seite (z.B. durch überweisenden Arzt)
  – wg. bereits erfolgter ausreichender Risikoaufklärung bei zeitnah früherer Behandlung
  – wg. eigener medizinischer Qualifikation
• Patient <u>verzichtet</u> auf Aufklärung
	• <u>kein</u> „therapeutisches Privileg" des Arztes, ob aufgeklärt wird
	• Aufklärungsanpassung aus therapeutischen Rücksichten nicht grds. ausgeschlossen, sogar verlangt
	  „Horroraufklärung"
	  ist Behandlungsfehler !

k) Mutmaßliche Einwilligung

Die **mutmaßliche Einwilligung** des Patienten, auf die im Rahmen der Rechtzeitigkeit der Aufklärung bei Notsituationen (oben Rdn. 1799) bereits abgestellt wurde, beschränkt sich auf die Zwangslagen, in denen der Patient (oder sein gesetzlicher Vertreter, zum Aufklärungsadressaten vgl. unten Rdn. 1833 ff.) für eine Aufklärung und Einwilligungserklärung aus objektiven Gründen nicht zur Verfügung steht, sei es, dass er als bewusstloser Notfallpatient eingeliefert wird, oder dass die Unwägbarkeiten des menschlichen Organismus es mit sich bringen, dass sich bei einer Operati-

1818

2541 BGHZ 29, 176.
2542 BGH NJW 1984, 1397.
2543 BGH NJW 1984, 1397.

Simmler

on die Frage nach einer unvorhersehbaren Änderung oder gar Erweiterung des Eingriffs stellt (zur Frage der vorhersehbaren Erweiterung siehe bereits oben Rdn. 1789). Im Rahmen der mutmaßlichen Einwilligung wird darauf abgestellt, ob ein verständiger Patient in der konkret angetroffenen Lage dem Eingriff zustimmen würde.[2544]

1819 **Spezialfall Patientenverfügung:** Jedoch ist das Abstellen auf den »verständigen Patienten«, der sonst im Aufklärungsrecht wegen des Rechtes des Patienten zur Unvernunft keinen Platz hat, dann zu beschränken, wenn der Arzt aus früheren Äußerungen des Patienten auf dessen Willen rückschließen kann; ggfls. kann dies über Auskunft bei Angehörigen ermittelbar sein, wenn dazu genug Zeit bleibt.[2545] In diesem Rahmen ist das neue Recht zur Patientenverfügung (§ 1901 a BGB) angesiedelt: Die neue gesetzliche Regelung der Patientenverfügung sieht vor, dass in ihr getroffene Festlegungen für bestimmte ärztliche Maßnahmen verbindlich sind, wenn durch diese Festlegungen der Wille des Patienten **für eine konkrete Lebens- und Behandlungssituation** eindeutig und sicher festgestellt werden kann. Die Ärztin oder der Arzt muss eine derart verbindliche Patientenverfügung beachten,[2546] hier ist für einen Rückgriff auf die mutmaßliche Einwilligung kein Raum. Anders ist dies, wenn der Wille nicht eindeutig und sicher oder nicht für die konkret vorliegende Situation geäußert worden ist. Hier steht dem Arzt beim nicht mehr ansprechbaren Patienten das Instrument der mutmaßlichen Einwilligung zur Seite. Hinsichtlich der Behandlung des **Abbruchs lebenserhaltender Maßnahmen** unter dem Aspekt mutmaßlicher Einwilligung darf auf die strafrechtliche Bearbeitung (Kapitel 3) verwiesen werden; zivilrechtliche Arzthaftungsfälle sind hierzu nicht aktenkundig. Wegen des erforderlichen Gleichklangs ist die strafrechtliche Rechtsprechung jedoch auch bei eventueller zivilrechtlicher Haftung zu beachten (s. bereits oben Rdn. 1656).

1820 **bei vitaler Indikation:** Darf mangels anderer Anhaltspunkte auf die Sicht eines verständigen Patienten abgestellt werden, ist eine mutmaßliche Einwilligung umso eher anzunehmen, wenn aufgrund dringender medizinischer Indikation ein Therapieaufschub nicht möglich ist, z.B. bei vitaler (lebensbedrohlicher) Indikation, oder bei zeitlich dringender absoluter Indikation, wenn ein Aufschub der Behandlung bis zur Wiederherstellung der Einwilligungsfähigkeit des Patienten medizinisch nicht vertretbar wäre.[2547]

1821 ▶ **Musterfall:**[2548] Die Klägerin wurde wegen eines Tumors am Eierstock operiert. Während der Operation entstand – nicht behandlungsfehlerhaft

---

2544 Geiß/Greiner, Arzthaftpflichtrecht, Rn. C 102.
2545 Steffen/Pauge, Arzthaftungsrecht, Rn. 497.
2546 S. BMJ online-Broschüre zur Patientenverfügung, Patientenverfuegung_Broschuere_Januar2010_barrierefrei-1.pdf.
2547 Geiß/Greiner, Arzthaftpflichtrecht, Rn. C 103.
2548 OLG Zweibrücken, NJW-RR 2000, 27.

– bei der Ablösung der Verwachsungen eine blutende Wunde am Uterus, die trotz mehrerer fachgerechter Versuche nicht gestillt werden konnte. Aufgrund der lebensbedrohlichen Situation wurde der Uterus entfernt (Hysterektomie). Das OLG nahm angesichts der vitalen Bedrohung eine mutmaßliche Einwilligung an; interessanterweise war auch der Einwand der hypothetischen Einwilligung erhoben worden, von der das OLG jedoch wegen eines plausibel geschilderten Entscheidungskonflikts nicht ausging.

Bei einer nicht vorhersehbaren Notwendigkeit der Änderung oder gar Erweiterung des Eingriffs stellt sich daher stets die Frage nach der Erforderlichkeit einer **intraoperativen Aufklärung.** Dabei ist dieses Schlagwort denkbar ungünstig gewählt, da ein Fall tatsächlicher intraoperativer Aufklärung medizinisch kaum denkbar ist. Gemeint ist hier, dass sich für den Arzt intraoperativ die Frage stellt, muss ich den Patienten wecken und weiter aufklären, oder kann ich weitermachen? Der Arzt muss hier regelmäßig zwischen dem Selbstbestimmungsrecht des Patienten einerseits und etwaigen gesundheitlichen Nachteilen durch eine Unterbrechung der Operation abwägen. Sind die gesundheitlichen Nachteile gravierend, dürfte der mutmaßliche Wille des Patienten für eine Fortsetzung der Operation anzunehmen sein.[2549] Hier ist jedoch starke Zurückhaltung angebracht, damit nicht der Arzt das Selbstbestimmungsrecht des Patienten unzulässig verkürzt. Ist es medizinisch vertretbar und ohne Gefährdung des Patienten möglich, den Eingriff zu unterbrechen, die aufgetretene Situation mit dem Patienten zu besprechen und dessen Entscheidung über ein Für und Wider der Operationserweiterung einzuholen, gebietet das Selbstbestimmungsrecht des Patienten eine Unterbrechung der Operation.[2550] Allein aus der (physischen wie psychischen) Belastung, die eine erneute Operationseinleitung bei Zustimmung zur OP-Erweiterung für den Patienten bedeuten würde, lässt sich kein Argument für einen Rückgriff auf die mutmaßliche Einwilligung herleiten.[2551]

1822

▶ **Musterfall:**[2552] Einen besonders krassen Fall von ärztlichem Hinwegsetzen über den (geäußerten!) Patientenwillen hatte der BGH aus strafrechtlicher Sicht zu entscheiden: Die Angeklagten arbeiteten als Fachärzte für Gynäkologie in einer Klinik, in die die Patientin zur Entbindung ihres Kindes eingewiesen wurde. Während des Geburtsverlaufs verhielt sich die Patientin unkooperativ und verweigerte schließlich eine aktive Mitwirkung bei der Geburt. Als durch falsche Atmung der werdenden Mut-

1823

2549   OLG Koblenz, NJW-RR 1994, 1370.
2550   Geiß/Greiner, Arzthaftpflichtrecht, Rn. C 105.
2551   BGH (5. Strafsenat) NJW 2000, 885.
2552   BGH (5. Strafsenat) NJW 2000, 885; anders noch BGH (2. Strafsenat) NJW 1988, 2310.

ter die Gesundheit des Kindes zunehmend in Gefahr geriet, entschlossen sich die Angeklagten, die Entbindung mittels Kaiserschnittes durchzuführen. Nachdem sie erfolglos versucht hatten, die Patientin über die geplante Kaiserschnittoperation aufzuklären, besprachen sie die Situation mit deren Ehemann, der der Operation zustimmte. Bevor die Narkose eingeleitet wurde, stellten die Angeklagten der schon im Operationssaal befindlichen Patientin angesichts der unmittelbar bevorstehenden Kaiserschnittoperation die Frage:»Sie wollen doch sicher keine Kinder mehr haben, wir wollen Sie gleich mit sterilisieren?« Die Patientin lehnte dies jedoch ab. Daraufhin nahmen die Angeklagten von ihrem Vorhaben, sie zu sterilisieren, zunächst Abstand. Während der Operation bildeten sich Risse in der Gebärmutter der Patientin. Es kam zu heftigen Blutungen, die jedoch alsbald zum Stillstand gebracht werden konnten. Aufgrund dieser Komplikationen führten die Angeklagten nunmehr einverständlich bei der Patientin eine Tubensterilisation durch. Mit dieser Maßnahme wollten sie eine erneute Schwangerschaft bei der sie das Risiko eines Gebärmutterrisses mit lebensgefährlichen Folgen für Mutter und Kind befürchteten, sicher vermeiden. Die Patientin, die sich insgesamt drei Kinder gewünscht hatte, war mit der von den Angeklagten durchgeführten Sterilisation nicht einverstanden. Der BGH hat die Verurteilung der Ärzte wegen (fahrlässiger) Körperverletzung bestätigt.

1824 **Abgrenzung zur hypothetischen Einwilligung:** Auch wenn das OLG Zweibrücken im oben genannten Musterfall die hypothetische neben der mutmaßlichen Einwilligung prüfte und der 5. Strafsenat das Wort »hypothetisch« im Rahmen des Rechtfertigungskonzepts der mutmaßlichen Einwilligung verwandte,[2553] handelt es sich dabei jedoch um zwei unterschiedliche Figuren, die voneinander getrennt zu prüfen sind. Während der Einwand der **hypothetischen Einwilligung** nur dort Platz greift, wo fehlerhaft nicht (oder nicht zureichend) aufgeklärt wurde, ein Aufklärungsfehler also bereits fest steht, betrifft die **mutmaßliche Einwilligung** die Fälle, in denen eine ordnungsgemäße Aufklärung wegen des Zustandes des Patienten (bewusstlos, sediert, in Narkose, oder in einem die Willensbildung ausschließenden Zustand von Schmerz oder Schock) bereits nicht möglich ist, das Unterlassen der Aufklärung also gerade nicht fehlerhaft war. Dennoch kann es – siehe OLG Zweibrücken (Rdn. 1821) – angesichts des häufig streitigen Sachvortrags zur Aufklärung vorkommen, dass in einem Haftungsfall beide Instrumente zu prüfen sind. Gerade dann ist es von besonderer Bedeutung, sie in ihren Voraussetzungen und der dogmatischen Einordnung sauber zu trennen.

2553 BGH NJW 2000, 885.

Hypothetische – mutmaßliche Einwilligung

Hypothetische Einwilligung	Mutmaßliche Einwilligung
• Aufklärung wäre möglich gewesen • Aufklärung ist aber nicht (zureichend) erfolgt • Vom Arzt als Einwand in erster Instanz anzubringen	• Aufklärung war objektiv nicht möglich (Patient nicht ansprechbar) • vom Gericht bei entsprechendem Sachverhalt von Amts wegen zu berücksichtigen

❗ Eine Berufung auf die mutmaßliche Einwilligung setzt voraus, dass eine Aufklärung objektiv nicht möglich war.

I) Aufklärungspflichtiger

Wie bereits mehrfach dargestellt (Rdn. 1857 ff.), stellt die Aufklärungspflicht eine vertragliche Hauptpflicht und einen deliktischen Rechtfertigungsgrund des Arztes dar. Damit ist klar, dass jeden **Arzt** die Aufklärungspflicht für von ihm durchgeführte Behandlungsmaßnahme trifft: Für den **niedergelassenen Arzt** bedeutet das, da bei ihm üblicherweise das Behandlungsgeschehen in einer Hand liegt, dass er den Patienten umfassend ordnungsgemäß aufzuklären hat. Überweist er ihn jedoch zum Spezialisten, für eine Behandlung oder Diagnostik, oder ins Krankenhaus zu einer stationären Behandlung, ist der die Behandlung übernehmende Arzt für seinen Behandlungsteil aufklärungsverpflichtet. Er darf nicht darauf vertrauen, dass der überweisende Arzt bereits eine Risikoaufklärung vorgenommen hat.[2554] Hat der überweisende Arzt jedoch mehr geleistet, indem er eine Therapieepfehlung abgibt und bereits über Art und Umfang des Eingriffs und mit ihm verbundene Risiken unterrichtet, übernimmt er eine Mitverantwortung für die weiterführende Behandlung und haftet aus Aufklärungsverschulden, wenn die von ihm geleistete Aufklärung unzureichend war.[2555] Der überweisende Arzt tut deshalb gut daran, dem Patienten deutlich zu machen, dass

1825

2554 Geiß/Greiner, Arzthaftpflichtrecht, Rn. C 428.
2555 OLG Oldenburg NJW-RR 1999,390.

Simmler

er hinsichtlich der Tätigkeit des Spezialisten noch keine abschließenden Erläuterungen geben kann.

1826   ▶ **Musterfall:**[2556] Die Klägerin wurde vom Beklagten zu 1) wegen Verdachts auf Morbus Raynaud zum Beklagten zu 2) überwiesen, der eine Sympathicusblockade durchführte. Seither beklagt die Klägerin anhaltende Beschwerden im rechten Bein. Der Beklagte zu 2) hatte nicht aufgeklärt. Der von dem Beklagten zu 1) erfolgte Hinweis, dass unter Umständen »brennende Schmerzen« zurückbleiben können ohne Erwähnung von evtl. Nervenschäden, war nicht geeignet, einer Patientin Umfang und Ausmaß möglicher Dauerbeschwerden, wie sie jetzt von der Klägerin beklagt werden, deutlich zu machen. Das OLG sah den Beklagten zu 1) als aufklärungspflichtig, weil er die Therapieentscheidung mitgetragen habe. Die Pflicht zur umfassenden Risikoaufklärung werde schon dadurch begründet, dass ein Arzt einen Teil der Behandlung mit übernimmt, indem er – wie hier nach dem Ergebnis der Parteivernehmung geschehen – eine Therapieempfehlung abgibt und dabei auch über Art und Umfang des Eingriffs und mit ihm verbundenen Risiken unterrichtet. Diese Behandlungsbeteiligung bedinge die Mitverantwortlichkeit des Beklagten zu 1) bei unvollständiger Aufklärung, wenn andere Ärzte die Klägerin dann ohne wirksame Einwilligung operieren, weil er mittelbar die rechtswidrige Körperverletzung mitverursacht habe.

1827   Für den **Krankenhausbereich** gilt dieser Grundsatz entsprechend: Wenn ein Krankenhaus mit einer Spezialklinik derart zusammenarbeitet; dass alle Voruntersuchungen und die stationäre Nachsorge vom Krankenhaus, die Operation von der Spezialklinik zu leisten ist, ist die Risikoaufklärung vom überweisenden Krankenhaus zu erbringen. Je nach Gestaltung der Zusammenarbeit kann es sogar sein, dass die Spezialklinik keine umfassende Risikoaufklärung mehr erbringen muss.[2557]

1828   **Ärztliche Arbeitsteilung:** Die fachliche ärztliche Arbeitsteilung bringt es mit sich, dass ggfls. Ärzte diverser Fachrichtungen an einer Behandlung beteiligt sind. Hier ist, wie oben (Rdn. 1812) ausgeführt, jeder Arzt für **seinen Behandlungsteil aufklärungspflichtig,** was bedeutet, dass die Teilnahme an der Behandlung für jeden Arzt gerechtfertigt ist, der die Aufklärungspflichten für seinen Behandlungteil wahrgenommen hat. Dass ein anderer behandelnder Arzt seinen Aufklärungspflichten nicht nachgekommen ist, schlägt insoweit nicht auf die ganze Behandlung durch.

1829   ▶ **Beispielsfall:** Ein Anästhesist, der über die Narkoserisiken ordnungsgemäß aufgeklärt hat, haftet nicht, wenn er die Narkose einer Operation

---

2556   OLG Oldenburg NJW-RR 1999,390.
2557   BGH NJW 1990, 2929.

leitet, die mangels ordnungsgemäßer chirurgischer Risikoaufklärung rechtswidrig ist.[2558]

Delegation: Der aufklärungspflichtige Behandler kann die Aufklärung an einen **anderen Arzt** übertragen; ebenso ist es zulässig (und im stationären Bereich absoluter Usus), dass ein Krankenhausträger die Aufklärungspflichten einem anderen Arzt zuweist. Dadurch gewinnt der Patient im Regelfall einen weiteren Haftungsschuldner, weil der (nur) aufklärende Arzt – wenn zu ihm persönlich kein Vertragsverhältnis besteht – jedenfalls aus Delikt für die beim Patienten eintretenden Körperschäden haftet, wenn er den Patienten nicht ausreichend über die Risiken der geplanten Operation aufgeklärt hat. Er ist für die durch keine wirksame Einwilligung des Patienten gedeckte Körperverletzung bei der Operation verantwortlich, da der Arzt, der seinem Patienten zur Operation rät und ihn im Verlauf eines solchen Gespräches über Art und Umfang sowie mögliche Risiken dieser Operation aufklärt, damit einen Teil der ärztlichen Behandlung dieses Patienten übernimmt.[2559]

1830

Die Delegation entlässt den behandelnden (operierenden) Arzt jedoch nicht aus der Verantwortung für Aufklärungsfehler. Zwar ist der Arzt, der die Aufklärung übernimmt, **mitverantwortlich** dafür, dass die Einwilligung des Patienten in die Operation wirksam ist. Jedoch bleiben daneben die Ärzte verantwortlich, die den Eingriff vorgenommen haben. Für den selbstliquidierenden Arzt, den Vertragspartner des Patienten, ergibt sich dies schon daraus, das der Aufklärer sein vertraglicher Erfüllungsgehilfe ist.[2560] Der operierende Arzt, der selbst nicht Vertragspartner des Patienten ist (wie dies im Klinikalltag häufig vorkommen dürfte), haftet ebenfalls deliktisch, da er eine mangels ausreichender Einwilligung nicht gerechtfertigte Körperverletzung begeht. Ausnahmsweise kann der operierende Arzt entschuldigt sein (vgl. bereits oben Rdn. 1739), wenn er ohne Verschulden eine wirksame Einwilligung des Patienten annimmt. Dabei darf er sich aber nicht auf die schlichte Unterschrift des Patienten im Aufklärungsbogen verlassen; sein Irrtum beruht nur dann nicht auf Fahrlässigkeit, wenn klare, stichprobenweise kontrollierte Organisationsanweisungen bestehen und auch kein Anlass zu Zweifeln an der Qualifikation des für die Aufklärung bestellten Arztes auftreten.[2561]

1831

2558 Geiß/Greiner, Arzthaftpflichtrecht, Rn. C 107.
2559 BGH NJW 1980, 1905.
2560 Steffen/Pauge, Arzthaftungsrecht, Rn. 510.
2561 OLG Karlsruhe VersR 1998, 718.

Simmler

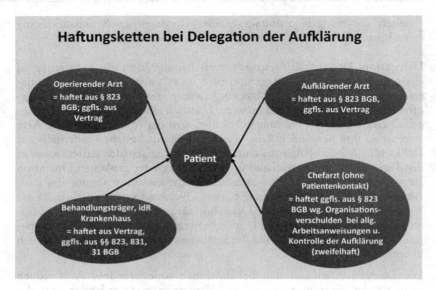

Haftungsketten bei Delegation der Aufklärung

Operierender Arzt
= haftet aus § 823 BGB; ggfls. aus Vertrag

Aufklärender Arzt
= haftet aus § 823 BGB, ggfls. aus Vertrag

Patient

Behandlungsträger, idR Krankenhaus
= haftet aus Vertrag, ggfls. aus §§ 823, 831, 31 BGB

Chefarzt (ohne Patientenkontakt)
= haftet ggfls. aus § 823 BGB wg. Organisationsverschulden bei allg. Arbeitsanweisungen u. Kontrolle der Aufklärung (zweifelhaft)

1832   **Delegation auf nichtärztliches Personal:** Eine Delegation der Aufklärung darf grundsätzlich nur auf einen anderen Arzt erfolgen. Eine Delegation auf nicht-ärztliches Personal erachtet die Rechtsprechung grundsätzlich für unwirksam, da die Aufklärung im Aufklärungsgespräch zu erfolgen hat und nur der ausgebildete Arzt Sicherheit dafür bietet, dass die Rückfragen des Patienten qualifiziert beantwortet werden können.[2562] Nicht entschieden hat der BGH bisher, ob eine durch nicht-ärztliches Personal erteilte Aufklärung **per se unwirksam** ist,[2563] oder ob Hilfspersonal, das im konkreten Fall über ein einem Arzt vergleichbares Fachwissen verfügt, grundsätzlich wirksam aufklären kann.[2564] Nach der Linie der Rechtsprechung zum Facharztstandard der Behandlung (dazu oben Rdn. 1426) dürfte ein solcher Fall wie folgt zu lösen sein: Sollte der aufklärende nicht-ärztliche Mitarbeiter im Einzelfall über eine zureichende Ausbildung und/oder Erfahrung verfügen, um eine ärztlichem Standard genügende Aufklärung durchzuführen, dürfte eine durch ihn erfolgte Aufklärung als wirksam erachtet werden, wobei die Darlegungs- und Beweislast dafür, dass dies dem Aufklärer trotz fehlender formaler ärztlicher Qualifikation im Einzelfall möglich war, beim Behandler, der die Aufklärung delegiert hatte, liegen dürfte. Darlegungslast bedeutet hier, dass im Prozess der Behandler von sich aus dazu vortragen müsste, warum ausnahmsweise durch nicht-ärztliches Personal aufgeklärt werden durfte; einer vorangehenden Rüge des Patienten – der noch dazu nicht im-

---

2562 OLG Jena GesR 2005, 556.
2563 Vgl. BGH VersR 1974, 486.
2564 Vgl. OLG Jena GesR 2005, 556.

Simmler

mer wird unterscheiden können, ob der ihm gegenüber sitzende »weiße Kittel« ein Arzt ist oder nicht – wird es insoweit wohl nicht bedürfen.

❢ Die Aufklärungspflicht ist nur auf Ärzte delegierbar; diese haften dem Patienten dann aufgrund der Mitübernahme eines Behandlungsteils.

m) Adressat der Aufklärung

Der **ansprechbare Patient** selber ist als Träger der Entscheidungsbefugnis aus dem Selbstbestimmungsrecht der natürliche Adressat der Aufklärung. Der Arzt darf auch nicht aus falsch verstandener Rücksicht bei einer möglicherweise infausten Diagnose über den Kopf des Patienten hinweg mit dessen Angehörigen über weitere therapeutische oder diagnostische Maßnahmen sprechen.[2565] Hier ist die Aufklärung dem konkreten Zustand des Patienten anzupassen und ggfls. schonend anzubringen (vgl. oben Rdn. 1817).

1833

willensfähiger Patient: Die Rechtswirksamkeit der Einwilligung setzt jedoch (wie oben bei den Fällen der Notsectio bereits angesprochen, Rdn. 1800) voraus, dass der Patient voll willensfähig ist, also zum Zeitpunkt der Einwilligungserklärung **rechtlich und/oder tatsächlich zur Einwilligung fähig** ist. Ist ein Patient in einer Notsituation wegen starker Schmerzen und entsprechender Medikation nicht in der Lage, in einem Aufklärungsgespräch das Für und Wider des weiteren ärztlichen Vorgehens zu erfassen und dann eine eigenverantwortliche Entscheidung zu treffen,[2566] kann es geboten sein, mit dem Instrument der mutmaßlichen Einwilligung zu arbeiten (vgl. dazu oben Rdn. 1818)

1834

▶ **Beispielsfall**: Krümmt sich ein Patient mit akutem Darmverschluss vor Schmerzen auf der Trage, ist es ein Zeichen von falsch verstandener Aufklärungsverpflichtung, wenn der Operateur seelenruhig die Risikoaufklärung vornimmt und nur zwischendurch, wenn die Krämpfe zu stark sind, in seinen Ausführungen pausiert – so die lebhafte Schilderung aus eigener Erfahrung eines Vorsitzenden eines OLG-Arzthaftungssenats in einer Fortbildung.

1835

rechtliche Einwilligungsfähigkeit: Problematisch stellt sich die Einwilligungsfähigkeit bei Minderjährigen und bei Patienten, die aufgrund einer (meist psychischen) Erkrankung nicht willensfähig sind. Die Einwilligung ist keine Willenserklärung, sondern ein Realakt, für deren Auslegung die Grundsätze der Auslegung von Willenserklärungen entsprechend gilt;[2567]

1836

2565 BGH NJW 1989, 2318; eindringlich hierzu Giesen, Arzthaftungsrecht, Rn. 249.
2566 BGH NJW 1993, 2372.
2567 BGH NJW 1992, 1558; BGH NJW 1980, 1903.

dementsprechend kommt es bei Minderjährigen nicht darauf an, dass sie nicht (oder nur eingeschränkt) geschäftsfähig sind.

1837 **Minderjährige:** Da es bei der Einwilligungsfähigkeit um die natürliche Einsichts- und Urteilsfähigkeit des Patienten geht, kann sie beim Heranwachsenden vorliegen; dann wird er jedenfalls **neben** den Eltern als den gesetzlichen Vertretern Träger der Einwilligungsbefugnis.[2568] Jedoch dürfte eine Aufklärung und Einwilligung der Eltern auch bei älteren Minderjährigen, die kurz vor der Volljährigkeit stehen, noch geboten sein, weil das Sorgerecht solange noch bei ihnen liegt; lediglich in Ausnahmefällen ist die Einwilligung des Minderjährigen alleine ausreichend, wenn die Einwilligung der Eltern nicht erreichbar ist.[2569]

1838 ▶ **Musterfall:**[2570] Der am 30. April 1929 geborene Kläger begab sich Anfang Januar 1950 [Volljährigkeit mit 21!] wegen einer Schilddrüsenerkrankung, an der er bereits seit längerer Zeit litt, als Privatpatient in die Behandlung des Beklagten. Am 14. Januar 1950 nahm der mit Einwilligung des Klägers eine Schilddrüsenoperation vor. Der Beklagte hatte auf Bitten des Klägers davon Abstand genommen, den operativen Eingriff von der Einwilligung des gesetzlichen Vertreters abhängig zu machen, da der Kläger erklärte, seine in der sowjetisch besetzten Zone lebenden Eltern könnten schweren Belästigungen ausgesetzt werden, wenn man dort Kenntnis davon erlange, daß er in die Bundesrepublik geflüchtet sei.

1839 **Einsichtsfähigkeit von Minderjährigen?** Der BGH hat in einer Folgeentscheidung[2571] zum oben genannten Musterfall betont, dass zwischen Minderjährigen im 21. Lebensjahr und Minderjährigen im 17. Lebensjahr im Bezug auf die geistige Entwicklung und sittliche Reife im Regelfall erhebliche Unterschiede bestünden und letztere auch außerhalb des rechtsgeschäftlichen Bereichs der Hilfe und Unterstützung durch ihre Eltern bzw. gesetzlichen Vertreter bedürften. Angesichts der zeitlich danach erfolgten Herabsetzung des Volljährigkeitsalters bestehen begründete Zweifel, dass die höchstrichterliche Rechtsprechung in Zukunft dafür entscheiden würde, dass Jugendliche bis zum Eintritt der Volljährigkeit allein eine rechtswirksame Einwilligung zu einer Heilbehandlung erteilen können.[2572]

1840 **Kollision zwischen Einwilligung der Eltern und des Minderjährigen:** Höchst problematisch ist die Situation, wenn der oder die einsichtsfähige

---

2568 BGH NJW 1991, 2344; grundlegend BGHZ 29, 33.
2569 BGHZ 29, 33.
2570 BGHZ 29, 33.
2571 BGH NJW 1972, 335.
2572 Noch weitergehend wohl OLG Hamm NJW 1998, 3424: »… wird ein Jugendlicher bis zum Eintritt der Volljährigkeit grundsätzlich keine rechtswirksame Einwilligung zu einer Heilbehandlung erteilen können.«

Minderjährige einen Eingriff wünscht, den die Eltern ablehnen, oder umgekehrt. Solange es sich um relativ indizierte Eingriffe handelt, die aufgeschoben werden können, bis der Minderjährige Volljährigkeit erlangt, oder die zu erheblichen Risiken in seiner weiteren Lebensführung führen, dürfte bei einer Abwägung zwischen Selbstbestimmungsrecht des Kindes über seinen Körper und dem Personensorgerecht der Eltern das Selbstbestimmungsrecht überwiegen. Dem Minderjährigen steht insoweit bei Eingriffen, die die Eltern wünschen, ein **Vetorecht** zu.[2573] Um von diesem Vetorecht Gebrauch machen zu können, sind auch minderjährige Patienten entsprechend aufzuklären, wobei allerdings der Arzt im Allgemeinen darauf vertrauen kann, dass die Aufklärung und Einwilligung der Eltern genügt.[2574] Vergleichbar sind aufschiebbare Eingriffe, die der Minderjährige wünscht, die Eltern aber ablehnen, bis zur Volljährigkeit aufzuschieben, da hier das Personensorgerecht der Eltern überwiegen dürfte. Für die anscheinend häufiger virulenten Fälle des **Schwangerschaftsabbruchs bei Minderjährigen** – der zwangsläufig nicht unbegrenzt aufgeschoben werden kann – ist nach der Rechtsprechung stets die Zustimmung des gesetzlichen Vertreters erforderlich; allerdings kann diese im Einzelfall nach § 1666 Abs. 3 BGB ersetzt werden.[2575] Das wird für andere nicht aufschiebbare medizinische Eingriffe, die der Minderjährige wünscht, die Eltern aber ablehnen, nicht anders beurteilt werden können.

Aufklärung beider Elternteile? Zwar tragen in der Regel beide Eltern das Sorgerecht, doch ist es üblich, dass diese sich (ausdrücklich oder stillschweigend) ermächtigen, für den anderen Elternteil mitzuentscheiden. Die Rechtsprechung hat hier für das Vertrauen des Arztes darauf, ein Elternteil dürfe die Einwilligung erteilen, folgenden Rahmen gebildet:[2576] Erscheint bei alltäglichen, leichteren Verletzungen oder Routineeingriffen (**Alltagsfälle**) nur ein Elternteil beim Arzt oder im Krankenhaus, darf der Arzt ohne Rückfrage auf dessen Entscheidungsermächtigung vertrauen. Bei erheblicheren Erkrankungen oder Verletzungen muss der Arzt beim erschienenen Elternteil nachfragen, ob der andere Sorgeberechtigte einverstanden ist, und darf auf die dann erhaltenen Auskunft auch vertrauen. Bei schweren Erkrankungen, deren Therapie schwierig und mit Risiken belastet ist, die die Lebensführung des Minderjährigen schwer beeinträchtigen können, muss jedoch auch der andere Elternteil aufgeklärt werden.

1841

2573 BGH NJW 2007, 217; Steffen/Pauge, Arzthaftungsrecht, Rn. 512.
2574 BGH NJW 2007, 217.
2575 OLG Hamm NJW 1998, 3424.
2576 BGH NJW 1988, 2946; NJW 2010, 243.

Simmler

Aufklärung von Minderjährigen

Aufklärung des Minderjährigen	Aufklärung der Eltern
• **genügt** bei einsichtsfähigen Minderjährigen **nur**, wenn die Eltern nicht erreichbar sind • **erforderlich** bei einsichtsfähigen Minderjährigen, da ihnen ein **Vetorecht** zusteht; Arzt darf aber grds. darauf vertrauen, dass die Aufklärung der Eltern genügt	• grds. beider Elternteile, zwingend bei schweren, potentiell belastenden Eingriffen • bei Alltagsfällen genügt Aufklärung des erschienenen Elternteils • bei mittelschweren Fällen Nachfrage beim erschienene Elternteil erforderlich, ob anderer einverstanden ist

1842 **Unbeachtlichkeit des elterlichen Willens:** In Ausnahmefällen kann der elterliche Wille nach der Rechtsprechung jedoch unbeachtlich sein, insbesondere, wenn trotz absoluter Indikation aus weltanschaulichen oder religiösen Gründen eine Behandlung abgelehnt wird oder eine objektiv verfehlte Behandlungsmethode gewünscht wird. Die Freiheit zu einer – wenn auch möglicherweise unvernünftigen – eigenen Entschließung steht den Eltern eines minderjährigen Kindes, die als gesetzliche Vertreter über seine Behandlung zu entscheiden haben, nicht im gleichen Umfang zu wie einem nur sich selbst verantwortlichen volljährigen Patienten, da Eltern verpflichtet sind , ihre Entscheidung in erster Linie am Wohl des Kindes auszurichten.[2577] In solchen Fällen darf der Arzt auch gegen den Willen der Eltern behandeln, ohne Haftungsansprüchen aus Aufklärungsverschulden ausgesetzt zu sein. Begründbar wird dies nur unter Gesichtspunkten des Mißbrauchs der Aufklärungsrüge sein.

1843 **Betreute:** Beim **willensunfähigen** Patienten tritt der Betreuer an die Stelle des Patienten als Aufklärungsadressat. In allen anderen Fällen ist der Betreuer, wenn seine Aufgabe die Gesundheitsfürsorge mitumfasst, gem. §1904 BGB zwar auch in Fragen der ärztlichen Heilbehandlung des Betreuten zuständig, jedoch gilt für die Einwilligung der **grundsätzliche Willensvorrang des Betreuten.**[2578] Aufgrund des Grundsatzes des Willensvorrangs des Betreuten ist eine durch den Betreuer für den Betreuten gegen dessen Willen abgegebene Einwilligung unwirksam; es ist auch nicht nötig, dass

2577 OLG Stuttgart, VersR 1987, 515.
2578 Palandt-Diederichsen, § 1904 BGB, Rn. 2.

der Betreuer neben dem Patienten aufgeklärt wird und einwilligt.[2579] Für den behandelnden Arzt und auch für den Betreuer können sich hieraus Schwierigkeiten ergeben, da sie ermitteln müssen, wann die Einwilligung des Betreuten ausreichend ist oder ob eine solche überhaupt vorliegt, eingeholt werden kann oder ob ein früher geäußerter Wille jetzt noch in Betracht zu ziehen ist.

Psychisch Kranke: Ob ein psychisch Kranker ohne bestellten Betreuer willensfähig ist, kann im Zweifel nur ein Sachverständiger entscheiden.[2580] Hier stellt sich gerade bei der Behandlung von älteren Patienten unter dem Stichwort **Altersdemenz** für die behandelnden Ärzte die Frage, ob der Patient noch einwilligungsfähig ist. Sind sie im Zweifel, müssen sie für die Einrichtung einer Betreuung Sorge tragen; bei vital indizierten und nicht aufschiebbaren absolut indizierten Eingriffen steht ihnen das Instrument der mutmaßlichen Einwilligung zur Seite, wenn es nicht auf ihr Verschulden zurückzuführen ist, dass keine Betreuung besteht, z.B. weil einem Verdacht auf Demenz bzw. Einwilligungsunfähigkeit schlicht nicht nachgegangen wurde.

▶ **Beispielsfall:** Vor dem Landgericht Berlin machte ein Krankenhaus Entgelte für Eingriffe an einer (privat versicherten) älteren Dame geltend, die bereits mehrere Wochen stationär aufgenommen war; in den Krankenunterlagen fand sich frühzeitig ein Hinweis »Verdacht auf Demenz abklären«. Dies war vor Einleitung der invasiven Maßnahmen, die zu einem Schaden geführt hatten, nicht geschehen. Das Landgericht ließ gutachterlich abklären, ob die Patientin noch einwilligungsfähig war.

Na citurus: Für das werdende Kind in der Geburt ist Aufklärungsadressat allein die Mutter (nicht der Vater!), auch wenn es um Risiken für das Kind geht.[2581] Über die Wahl zwischen echten Entbindungsalternativen entscheidet die Mutter also alleine, was im Hinblick darauf, dass ihre körperliche Unversehrtheit im Raume steht, auch nur angemessen ist.

Verständnis: Der Arzt muss sicherstellen, dass der Patient als Träger der Einwilligungsbefugnis die ihm erteilte Aufklärung auch versteht. Dafür trägt er die Darlegungs und Beweislast.[2582] Dabei ist erforderlich, dass die Aufklärung sich dem **konkreten Verständnisniveau** des Patienten **anpasst**, also nicht als Fachchinesisch über den Kopf des Patienten hinweg erteilt wird, sondern ggfls. in leicht verständlicher Umgangssprache erfolgt.[2583]

Bei **ausländischen** Patienten muss der Arzt einen **Sprachmittler** hinzuzie-

1844

1845

1846

1847

1848

2579 Giesen, Arzthaftungsrecht, Rn. 254; Palandt-Diederichsen, § 1904 BGB, Rn. 2.
2580 Giesen, Arzthaftungsrecht, Rn. 255.
2581 BGH NJW 1989, 1538.
2582 KG VersR 2008, 1649 m.w.N.
2583 OLG Saarbrücken VersR 1994,1427.

hen, wenn er nicht sicher ist, dass der Patient der deutschen Sprache gut genug folgen kann, um die ärztlichen Erläuterungen zu verstehen.[2584] Dabei genügt es, einen sprachkundigen eigenen Beschäftigten (Pfleger, Krankenschwester[2585]) zur Sprachmittlung einzuschalten, wenn sichergestellt ist, dass dieser eine reine Dolmetschertätigkeit ausübt und nicht tatsächlich die Aufklärung übernimmt.[2586] Werden Verwandte des Patienten als Sprachmittler eingesetzt, muss sichergestellt sein, dass der Verwandte auch den Aufklärungsinhalt übermittelt, der Arzt darf sich insoweit nicht mit dem Eindruck begnügen, der Verwandte habe die Risikoaufklärung verstanden.[2587]

> ❗ Der aufklärende Arzt hat sicherzustellen und ggfls. zu beweisen, dass der Patient der Aufklärung inhaltlich (Sprachniveau, Fremdsprachenkenntnis) folgen konnte.

n) Dokumentation der Aufklärung

1849 Da die Rechtsprechung zur ordnungsgemäßen Aufklärung ein Aufklärungsgespräch fordert (dazu oben Rdn. 1732), sind die Anforderungen an die Dokumentation der Aufklärung nicht zu hoch anzusetzen. Es ist ausreichend, wenn der Arzt in den Krankenunterlagen den Zeitpunkt der Aufklärung und den Inhalt stichpunktartig vermerkt; auch unterschriebene Aufklärungsbögen sind nur ein Indiz dafür, das ein Gespräch stattgefunden hat, geben aber keinen Beweis für seinen Inhalt.[2588] Der Arzt kann den Beweis der Aufklärung aber auch ohne Dokumentation durch andere Beweismittel,[2589] etwa Zeugenbeweis, führen (dazu bereits oben Rdn. 1735). Häufig dürfte ein Aufklärungsbogen seine wichtigste Funktion als Gedächtnisstütze des Zeugen für die Aufklärung haben.

> ❗ Die Dokumentation der Aufklärung hat prozessual nur Indizwirkung, dem Arzt stehen alle prozessual zulässigen Beweismittel zum Beweis der ordnungsgemäßen Aufklärung zur Verfügung.

II.   Krankenhaushaftung – materielle Voraussetzungen

1. Deliktische Haftung

1850 Wie bei der Behandlung durch den niedergelassenen (Zahn-)Arzt kommt auch im Bereich der Krankenhausbehandlung neben der vertraglichen Haf-

---

2584 KG VersR 2008, 1649.
2585 OLG München VersR 1993, 1488.
2586 OLG Karlsruhe VersR 1998, 718.
2587 OLG Karlsruhe VersR 1998, 718.
2588 BGH NJW 1985, 1399.
2589 BGH NJW 1983, 333.

tung eine deliktische Haftung in Betracht. Die deliktische Haftung des Krankenhausträgers gliedert sich in eine Haftung für eigenes Verschulden (§§ 823 ff. BGB), für das widerrechtliche Verhalten seiner Verrichtungsgehilfen (§ 831 BGB) und für schädigende Handlungen seiner Organe (§ 31 BGB). Für beamtete Ärzte haftet der Krankenhausträger gegebenenfalls nach § 839 Abs. 1 S. 1 BGB. Neben dem Krankenhausträger haben grundsätzlich auch die Krankenhausärzte und das nichtärztliche Personal für ihre Fehler deliktisch nach § 823 BGB einzustehen. Hiervon ausgenommen sind im Blick auf das Verweisungsprivileg aus § 839 Abs. 1 Satz 2 BGB lediglich beamtete Ärzte.[2590]

a) Originäre Organisationshaftung des Krankenhausträgers

Für Organisationsmängel haftet der Krankenhausträger deliktisch aus 1851 eigenem Verschulden nach § 823 BGB.[2591] Ihn trifft eine primäre Sorgfaltspflicht dahingehend, eine an den Aufgaben orientierte, zweckmäßige Organisation der Klinik zu schaffen.[2592] Der Krankenhausträger muss also zunächst eine Organisation aufbauen und sodann für ihr Funktionieren durch ausreichende Organisationsanweisungen Sorge tragen, indem er beispielsweise sicherstellt, dass

– ein Haushalts- oder Wirtschaftsplan erstellt wird,
– ausreichend Ärzte zur Verfügung stehen,
– fachlich einwandfrei arbeitende Ärzte und ärztliches Hilfspersonal eingestellt werden,
– Einsatzpläne erstellt und überwacht werden,
– medizinische Geräte angeschafft und Wartungsverträge abgeschlossen werden,
– Zuständigkeitsregelungen klar getroffen werden usw..[2593]

Auswahl-, Überwachungs- und Anleitungspflichten bilden zusammen mit 1852 der Pflicht zur Ausstattung des ärztlichen und pflegerischen Personals mit adäquaten technischen Hilfsmitteln einen umfangreichen Pflichtenkatalog des Krankenhausträgers.[2594] Die Organisationspflicht reicht dabei bis weit in die ärztliche Tätigkeit hinein.[2595] Die **Rechtsprechung ordnet Qualitätsmängel in der Organisation haftungsrechtlich ein,** so dass die Qualität und nicht die persönliche Schuld zum Anknüpfungspunkt der Haftung wird. Das bewirkt insgesamt eine Ausdehnung der Anforderung an die Behandlerseite und damit eine Verstärkung der Haftung des Kranken-

---

2590 Dazu Rdn. 768, 781 ff.
2591 Laufs/Kern in: Laufs/Kern, § 101 Rn. 48.
2592 Deutsch/Spickhoff Rn. 378.
2593 Meyer zfs 2003, 49, 50.
2594 Einbecker-Empfehlungen der DGMR e.V., MedR 2006, 127.
2595 Deutsch/Spickhoff Rn. 379.

haustägers.[2596] Es ist für jeden Einzelfall kritisch zu prüfen, welchen Sorgfaltsmaßstab der Patient im geltenden System der Krankenversorgung erwarten darf. Bleibt die Realität hierhinter zurück, haftet das Krankenhaus ohne Rücksicht darauf, dass personale oder sachliche Engpässe bisweilen eine ordnungsgemäße Organisation verhindern, fehlende Ausbildung und Erfahrung nun einmal Fehler produzieren und dass nicht nur dem besten Arzt, sondern auch dem besten Verwaltungsleiter Fehler passieren können.[2597] Damit ist ein **wesentlicher Schritt hin zu einer verschuldensunabhängigen Haftung getan.**[2598]

1853 Wo Organisationsmaßnahmen notwendig sind, jedoch nicht getroffen wurden, geht die Rechtsprechung von einem schuldhaften Fehlverhalten des Krankenhausträgers aus. Haftungsbegründend wirkt aber nicht nur das gänzliche Fehlen, sondern auch das Fehlgehen der Organisation, weil es Gegenstand der erforderlichen Sorgfalt ist, dass die notwendigen Organisationsanweisungen auch sachlich zutreffend sind, so dass fehlerhafte Organisationsanweisungen nicht gegeben werden dürfen und solche, die sich später als unrichtig herausstellen, zurückgenommen werden müssen.[2599] Der Klinikträger ist daher verpflichtet, seine Organisation ständig zu überwachen und ggf. zu korrigieren, so sie sich als unrichtig erweist; er haftet auch für ein Versagen seiner Organisation.[2600]

1854 Das Organisationsverschulden bildet den Haftungsgrund; weitere Voraussetzung für die Annahme einer Ersatzpflicht ist allerdings das Bestehen eines **haftungsrechtlichen Zurechnungszusammenhangs:** Der Patient hat – sofern nicht ausnahmsweise Beweiserleichterungen greifen – darzutun, dass der schlechte Ausgang auf das Organisationsverschulden zurückzuführen ist.[2601] Dafür kann im Einzelfall bereits der **Anschein** sprechen, wenn etwa einem überarbeiteten Arzt Fehler bei einer Routinebehandlung oder -diagnose unterlaufen.[2602]

1855 Die **Anforderungen**, die an die Organisation des Krankenhauses gestellt werden dürfen, **sind abhängig von Größe, Charakter und Ausstattung der betreffenden Einrichtung.** Dies verbietet es, etwa an ein kleines Städtisches Krankenhaus die gleichen Organisationsanforderungen zu stellen, wie an eine Universitätsklinik.[2603] Auch wenn die Anforderungen an die Organisationspflichten von Größe und Ausstattung des Krankenhauses abhängig sind, gibt es allerdings eine unverzichtbare Basisschwelle, deren Qualität

---

2596   Laufs/Kern in: Laufs/Kern, § 101 Rn. 8.
2597   Bergmann VersR 1996, 810, 812; ders., Die Arzthaftung, S. 8.
2598   Laufs/Kern in: Laufs/Kern, § 101 Rn. 8.
2599   Deutsch/Spickhoff Rn. 385.
2600   Meyer zfs 2003, 49, 50.
2601   Deutsch/Spickhoff Rn. 391.
2602   Deutsch/Spickhoff Rn. 379 und 391.
2603   Laufs/Kern in: Laufs/Kern, § 101 Rn. 4; Bergmann, Die Arzthaftung, S. 9.

nicht unterschritten werden darf.[2604] Im Grundsatz gilt: Je mehr Personen in die Behandlung des Patienten involviert sind, je komplizierter und gefährlicher die apparativen und medikamentösen Mittel und je komplexer das arbeitsteilige medizinische Geschehen ist, umso mehr Umsicht und Einsatz erfordern die Planung, die Koordination und die Kontrolle der klinischen Abläufe.[2605] Neben dem Krankenhausträger bleibt der Leitungsfunktionen ausübende Arzt für eine sachgerechte Organisation des Umgangs mit dem Patienten verantwortlich.[2606]

Die Gefahren, die dem Patienten aus einer mangelnden Qualifikation des ärztlichen und nicht ärztlichen Personals, aus unzulänglicher Kommunikation und Koordination sowie aus Verfahrensweisen erwachsen, die wegen Fehlens von Kontrollen die gebotenen Standards nicht gewährleisten, sind beträchtlich.[2607] Zu Recht stellen daher die Gerichte **hohe Anforderungen an die organisatorischen Sorgfaltspflichten des Krankenhausträgers.**[2608] Die Organisationsverantwortung des Klinikträgers ist umfassend und beinhaltet die Einhaltung aller Sorgfaltspflichten, die für einen ordnungsgemäßen Krankenhausbetrieb zur Vermeidung von Fehlern erforderlich sind.[2609] **1856**

Der **Krankenhausträger hat die Organisation selbst durchzuführen** und kann sie grundsätzlich nicht auf einen anderen verlagern.[2610] Eine Ausnahme bildet das Belegarztsystem, in dem eine Aufteilung der Organisationspflichten immanent ist.[2611] Aber selbst hier kann im Einzelfall eine Haftung des Klinikträgers über §§ 31, 89 BGB aus Organisationsverschulden in Betracht kommen, wenn der Belegarzt zugleich Repräsentant des Krankenhauses ist.[2612] Das OLG Frankfurt hat dies für einen Fall angenommen, in dem der Belegarzt auch Geschäftsführer der Klinik war und der Pflichtverstoß zugleich seinen Wirkungskreis als Geschäftsführer tangierte.[2613] **1857**

❗ **Die Rechtsprechung nimmt keine Rücksicht** auf
  – sachliche oder personelle Engpässe
  – fehlende Ausbildung oder Erfahrung
  – Eil- oder Notfälle
  – Vermeidbarkeit der Fehler **1858**

2604 Bergmann VersR 1996, 810, 812.
2605 Laufs/Kern in: Laufs/Kern, § 101 Rn. 1; Einbecker-Empfehlungen der DGMR e.V., MedR 2006, 127.
2606 Deutsch NJW 2000, 1745; Kern MedR 2000, 347.
2607 Laufs/Kern in: Laufs/Kern, § 101 Rn. 47.
2608 Bergmann VersR 1996, 810, 812.
2609 Meyer zfs 2003, 49, 50.
2610 Deutsch/Spickhoff Rn. 390.
2611 Siehe oben Rdn. 731 ff.
2612 Deutsch/Spickhoff Rn. 390.
2613 OLG Frankfurt MedR 2006, 294, 296.

Mennemeyer

⇒ Haftung (+), sobald notwendige Organisationsmaßnahmen fehlen.

Anforderungen an die Organisation

– abhängig von Größe, Charakter und Ausstattung des Krankenhauses

Haftung greift nicht nur bei Fehlen, sondern auch bei Fehlgehen der Organisation

– fehlerhafte Organisationsanweisungen dürfen nicht getroffen werden
– klinische Abläufe sind ständig zu überwachen
– Anweisungen, die sich als unrichtig erweisen, müssen zurückgenommen werden.

Organisationsverantwortung des Klinikträgers ist umfassend

– beinhaltet die Einhaltung aller Sorgfaltspflichten, die für einen ordnungsgemäßen Krankenhausbetrieb zur Vermeidung von Fehlern erforderlich sind.

1859 Im Einzelnen treffen den Krankenhausträger folgende Organisationspflichten:

aa) Bereitstellung/Überwachung des Personals

1860 Der Krankenhausträger hat die Dienstaufgaben des Chefarztes eindeutig festzulegen und die Kompetenzen abzugrenzen.[2614] Die Rechtsprechung verpflichtet den Krankenhausträger den Chefarzt zu überwachen und dabei zu überprüfen, ob dieser die ihm übertragene Organisation fachgerecht wahrnimmt.[2615] Der Chefarzt wiederum hat die Assistenzärzte nicht nur allgemein durch Visiten zu überwachen, sondern gezielte Kontrollen selbst und durch seine Oberärzte durchzuführen.[2616] Dies beinhaltet etwa eine Überprüfung der (bildgebenden) Befunde sowie die Besprechung anstehender Fälle im Konsilium.[2617] Gelockerte Anforderungen können jedoch gelten, sofern sich der Assistenzarzt bereits in mehrjähriger Arbeit bewährt und entsprechende Erfahrungen gesammelt hat.[2618] Auch das Pflegepersonal hat der Arzt fachgerecht anzuweisen und die Ausführung seiner Anordnungen zu überwachen.[2619] Die Kontrolle der – sorgfältig ausgewählten – Oberärzte wird demgegenüber nur bei begründeten Anlässen erforderlich sein.[2620]

2614 Laufs/Kern in: Laufs/Kern, § 101 Rn. 30.
2615 BGH VersR 1979, 844.
2616 Bergmann VersR 1996, 810, 812.
2617 Gehrlein Kap. B Rn. 40; Martis/Winkhart Rn. B 134.
2618 BGH NJW 1989, 769, 771.
2619 Bergmann VersR 1996, 810, 812.
2620 Laufs/Kern in: Laufs/Kern, § 101 Rn. 34.

Der Krankenhausträger hat **in jeder Behandlungsphase einen qualifizier- | 1861
ten Arzt** bereitzustellen, um die notwendigen Anweisungen zu geben und
zu überwachen.[2621] Dies gilt bei einer operativen Intervention nicht nur für
den Eingriff selbst, sondern auch für die postoperative Phase.[2622] Auch die
ausreichende Verfügbarkeit einwandfrei arbeitender nichtärztlicher Mitarbeiter hat der Träger der Klinik sicherzustellen.[2623] Er ist zum Schutz der
Patienten verpflichtet, durch geeignete Organisationsmaßnahmen sicherzustellen, dass keine durch einen anstrengenden Nachtdienst übermüdeten
Ärzte zu Operationen eingeteilt werden;[2624] er muss also das zur Gewährleistung des notwendigen Standards erforderliche Personal bereitstellen.

Eine personelle ärztliche Unterversorgung, die den erreichbaren medizini- | 1862
schen Standard einer sorgfältigen und optimalen Behandlung des Patienten gefährdet, führt bei Verwirklichung dieser Gefahr zu einer Haftung des
Krankenhausträgers.[2625] »Der Krankenhausträger muss organisatorisch gewährleisten, dass er mit dem vorhandenen ärztlichen Personal seine Aufgaben auch erfüllen kann. Dazu gehört die Sicherstellung eines operativen
Eingriffs durch ausreichend erfahrene und geübte Operateure, und selbstverständlich muß auch sichergestellt sein, daß die behandelnden Ärzte körperlich und geistig in der Lage sind, mit der im Einzelfall erforderlichen
Konzentration und Sorgfalt zu operieren«.[2626] Auch wenn das Arbeitszeit-
gesetz im Allgemeinen nicht als Schutzgesetz zugunsten des Patienten im
Sinne von § 823 Abs. 2 BGB angesehen wird, sondern nur zugunsten der
Mitarbeiter des Krankenhauses, indiziert seine Verletzung zumindest ein
Organisationsverschulden des Krankenhauses, dem hierdurch die Möglichkeit einer Exkulpation nach § 831 Abs. 1 S. 2 BGB regelmäßig abgeschnitten
ist.[2627]

Die Aus- und Weiterbildung junger (Fach-)Ärzte ist unumgänglich. Da im- | 1863
mer der Facharztstandard gewährleistet sein muss, dürfen Ärzte, die sich
noch in der Facharztausbildung befinden jedoch nur unter unmittelbarer
Aufsicht eines erfahrenen Facharztes tätig werden, der die Behandlung
durch den **Berufsanfänger** beobachtend verfolgt und jederzeit korrigierend
einzugreifen vermag.[2628] **Nur ein Facharzt kann die Gewähr übernehmen,
dass der in der Ausbildung befindliche Arzt richtig angeleitet und überwacht wird,** und nur er hat die erforderliche Autorität gegenüber einem

---

2621 BGH NJW 1992, 1560, 1561; Bergmann, Die Arzthaftung, S. 9.
2622 BGH NJW 1984, 1400, 1402.
2623 Martis/Winkhart Rn. B 130.
2624 BGH NJW 1986, 776.
2625 BGH NJW 1986, 776.
2626 BGH NJW 1986, 776.
2627 Deutsch/Spickhoff Rn. 379.
2628 BGH NJW 1992, 1560, 1561; Gehrlein Kap. B Rn. 42.

Mennemeyer

Berufsanfänger, um erforderlichenfalls eingreifen zu können.[2629] Anders als in der Chirurgie ist auf dem Gebiet der Anästhesie am jeweiligen Operationstisch nur der Einsatz eines einzelnen Arztes erforderlich, weil es keiner Assistenz bedarf. Dieser Besonderheit Rechnung tragend genügt es nach der Rechtsprechung bei der **Anfängernarkose**, wenn zwischen Anfänger und dem im benachbarten Operationssaal tätigen Facharzt Ruf- und/oder wenigstens Blickkontakt besteht.[2630]

1864 ▶ **Beispiele:** Als Verstöße gegen die Organisationspflicht in diesem Sinne hat die Rechtsprechung etwa angesehen
  – die Durchführung von drei Parallelnarkosen bei einer bekannten Unterversorgung der Klinik mit Anästhesisten,[2631]
  – die Übertragung einer selbstständig auszuführenden Operation auf einen dafür fachlich noch nicht ausreichend qualifizierten Assistenzarzt,[2632]
  – die Überwachung eines Berufsanfängers durch einen seinerseits noch in der Facharztausbildung befindlichen Arzt,[2633]
  – die Übertragung der Assistenz bei einem operativen Eingriff auf einen Studierenden im praktischen Jahr,[2634]
  – den Einsatz eines Berufsanfängers im 2. Weiterbildungsjahr im allgemeinen Nachtdienst einer geburtshilflichen Abteilung, wenn nicht gewährleistet ist, dass bei unerwarteten Problemfällen sofort ein erfahrener Facharzt hinzugezogen werden und sich unverzüglich einfinden kann,[2635]
  – die Übertragung der postoperativen Überwachung an einen Anästhesiepfleger, trotz Auftretens von Atemstörungen,[2636]
  – eine Personalauswahl, bei der nicht auf die fachliche Qualifikation und die persönliche und charakterliche Befähigung abgestellt wird[2637] oder
  – die Duldung der Delegation ärztlicher Aufgaben durch den Belegarzt an das Pflegepersonal.[2638]

2629 BGH NJW 1992, 1560, 1561; a.A. Deutsch/Spickhoff Rn. 387: Es sei nicht auf die formelle Facharztanerkennung abzustellen, sondern es genüge die faktische Beherrschung des Fachs, wie sie bei einem Facharzt erwartet werde; einzuhalten sei der objektiv-typisierte Facharztstandard.
2630 BGH NJW 1993, 2989, 2991 m.w.N.
2631 BGH NJW 1985, 2189, 2191.
2632 BGH NJW 1985, 2193; NJW 1984, 655; der operierende Arzt haftet daneben möglicherweise wegen Übernahmeverschuldens.
2633 BGH NJW 1992, 1560, 1561.
2634 OLG Köln VersR 1992, 452.
2635 BGH NJW 1998, 2736, 2737.
2636 OLG Düsseldorf VersR 1987, 489.
2637 BGH NJW 1984, 655 f.; NJW 1978, 1681.
2638 BGH NJW 1996, 2429.

bb) Klare Regelung der Zuständigkeiten

Auch die gebotene Sicherheit des Behandlungsablaufs ist durch eine allen **1865**
Anforderungen genügende Organisation sicherzustellen. Es muss jederzeit
eindeutig feststellbar sein, wer für die Behandlungs- und Kontrollführung,
die Dokumentation und Patientenaufklärung zuständig sowie zur fachärztlichen Bereitschaft im Bedarfsfall eingeteilt ist.[2639] Durch Einsatzpläne
und Vertreterregelungen sind die Zuständigkeiten deutlich abzugrenzen
und insbesondere auch Sonntags-, Nacht- und Bereitschaftsdienste zu sichern.[2640] Grundsätzlich kann die Regelung der Zuständigkeiten sowohl
in den Pflichtenkreis der leitenden Ärzte als auch in denjenigen des Krankenhausträgers fallen; das von ihr Veranlasste hat die Krankenhausverwaltung selbst zu dokumentieren. Da die umfassende Versorgung der Patienten
nur durch ein präzise abgestimmtes Zusammenwirken von ärztlichem und
nichtärztlichem Personal gewährleistet werden kann, bildet die Arbeitsteilung einen wesentlichen Gegenstand der Organisation.[2641] Die hierfür maßgeblichen Grundsätze werden wegen ihrer haftungsrechtlichen Bedeutung
später noch gesondert erörtert.[2642]

cc) Patientensicherheit

Der Krankenhausträger trägt außerdem die Verantwortung für die Sicher- **1866**
heit der Patienten, insbesondere wenn es sich dabei um **Kinder** oder ver-
letzungs- oder suizidgefährdete **psychisch Kranke** handelt. Das Krankenhaus trifft die Pflicht, durch eine Überwachung und Sicherung im Rahmen
des Erforderlichen sowie des dem Personal und dem Patienten Zumutbaren
alle Gefahren von dem psychisch kranken Patienten fernzuhalten, die ihm
durch sich selbst drohen.[2643]

Eine lückenlose Überwachung und Sicherung, die jede noch so fernliegen- **1867**
de Gefahrenquelle ausschalten könnte, erscheint allerdings nicht denkbar,
so dass sich ein Suizid während des Aufenthalts in einem Psychiatrischen
Krankenhaus niemals mit absoluter Sicherheit ausschließen lässt, gleich, ob
die Behandlung auf einer offenen oder auf einer geschlossenen Station unter Beachtung aller realisierbaren Überwachungsmöglichkeiten durchgeführt
wird.[2644] Andererseits ist zu bedenken, dass entwürdigende Überwachungs-
und Sicherungsmaßnahmen, soweit sie überhaupt zulässig sind, nach heutiger medizinischer Erkenntnis eine erfolgversprechende Therapie gefährden
können.[2645] Die zu fordernden **Schutzmaßnahmen müssen** aber **therapeu-**

2639 Laufs/Kern in: Laufs/Kern, § 101 Rn. 36.
2640 Gehrlein Kap. A Rn. 40.
2641 Laufs/Kern in: Laufs/Kern, § 101 Rn. 35.
2642 Siehe unten Rdn. 1948, 768 ff.
2643 BGH NJW 2000, 3425; NJW 1994, 794 f. m.w.N.
2644 BGH NJW 1994, 794, 795.
2645 BGH NJW 1994, 794, 795.

Mennemeyer

tisch vertretbar sein und dürfen die Therapie des Patienten nur dann beeinträchtigen, wenn dies zum Wohl des Patienten erforderlich ist.[2646] Aus Rechtsgründen kann in einer offenen Station ohne besondere Umstände daher nicht generell verlangt werden, alle Türen und Fenster verschlossen zu halten.[2647] Etwas anderes gilt demgegenüber bezüglich der Fenster in einem Beruhigungsraum, weil dorthin vorwiegend »unruhige« Patienten gebracht werden, bei denen mit unvorhergesehenen Handlungen auch im Sinne der Selbstgefährdung zu rechnen ist.[2648] Der Träger eines allgemeinen Krankenhauses ist aber nicht verpflichtet, auf einer internistischen Station ein solches gesichertes Krankenzimmer zur Verfügung zu stellen, weil es nicht zur Ausstattung einer internistischen Normalstation gehört und auch nicht zu fordern ist, um die Unterbringung eines als Notfall eingelieferten akut-psychotischen Patienten zu gewährleisten.[2649] Auch eine 1:1-Überwachung eines solchen Patienten ist auf einer internistischen Allgemeinstation nicht zu leisten, zumal eine solche Maßnahme angesichts der großen Energien und Kräften, die akut-psychotische Patienten plötzlich freisetzen, um ihre Suizidabsicht zu verwirklichen, auch von zweifelhaftem Erfolg wäre.[2650] Ohne konkrete Hinweise auf eine Suizidgefahr müssen auch keine Maßnahmen ergriffen werden, um eine Einnahme giftiger Reinigungs- und Desinfektionsmittel zu verhindern. »Solche Dinge stehen üblicherweise in Haushalten frei herum und sind in Krankenhäusern gebräuchliche Mittel, ohne daß sie verschlossen aufbewahrt werden. Da sie laufend gebraucht werden, würde es die Sorgfaltspflichten eines Krankenhauses auch überspannen, sie immer wieder einzuschließen. Ein Vergleich mit Medikamenten ist nicht möglich. Diese werden vor dem Zugriff der Patienten geschützt, um Suchtgefahren und Verwechslungen vorzubeugen. Daß damit zugleich Suizidversuche verhindert oder erschwert werden, ist lediglich eine Nebenwirkung«.[2651] **Welche Vorkehrungen zum Schutze vor Selbstgefährdungen in einer psychiatrischen Klinik getroffen werden müssen, ist jeweils** unter Berücksichtigung des aus ärztlicher Sicht für eine Behandlung des Patienten Gebotenen – in der Regel nach sachverständiger Beratung – **für den konkreten Einzelfall zu entscheiden.**[2652]

1868 Strenge Anforderungen gelten auch im Hinblick auf die **Verkehrssicherungspflichten** im Krankenhaus. Insoweit kann zunächst auf die entsprechend geltenden Ausführungen zu den Verkehrssicherungspflichten des

---

2646 BGH NJW 2000, 3425, 3426; OLG Frankfurt a.M. GesR 2010, 68.
2647 BGH NJW 2000, 3425, 3426.
2648 BGH VersR 1987, 985.
2649 OLG Frankfurt a.M. GesR 2010, 68.
2650 OLG Frankfurt a.M. GesR 2010, 68.
2651 OLG Hamm VersR 1986, 171: die vorübergehend im Badezimmer untergebrachte Patientin hatte das dort verwahrte aggressive Desinfektionsmittel in Selbstmordabsicht getrunken.
2652 OLG Zweibrücken Urt.v. 22.12.2009 – 5 U 5/07 – veröffentlicht bei juris, Rn. 40.

Mennemeyer

niedergelassenen Arztes verwiesen werden.[2653] Auch im Krankenhaus müssen Wege, Zugänge und Einrichtungsgegenstände für den zumeist beeinträchtigten Patienten weitestgehend gefahrlos passierbar sein.[2654] So hat der BGH beispielsweise eine Verpflichtung angenommen, durch organisatorische Maßnahmen sicherzustellen, dass bei Wärmflaschen aus Gummi, die zur Verwendung in Inkubatoren bestimmt sind, zumindest das Anschaffungsdatum erfasst wird, dass sie vor jedem Einsatz äußerlich geprüft und nach vergleichsweise kurzer Gebrauchsdauer ausgesondert werden.[2655] In dem entschiedenen Fall war es zu einer Verbrühung eines frühgeborenen Kindes durch eine undichte Wärmflasche gekommen.

Es ist weiter Bestandteil des Behandlungsvertrages und damit Teil der Verpflichtung des Krankenhausträgers zu sachgerechter pflegerischer Betreuung, dafür Sorge zu tragen, dass Transporte innerhalb der Klinik in einer Weise bewerkstelligt werden, die einen Sturz ausschließt.[2656] Dies gilt auch, wenn zum Transport ein **Rollstuhl** eingesetzt wird.[2657] Kommt es gleichwohl aus ungeklärten Gründen zu einem Sturz des Patienten, so greift zugunsten des Patienten eine **Beweislastumkehr** und es ist es Sache des Krankenhausträgers, aufzuzeigen und nachzuweisen, dass der Vorfall nicht auf einem pflichtwidrigen Verhalten der Pflegekraft beruht.[2658] Denn es geht insoweit nicht um den nur begrenzt steuerbaren Kernbereich ärztlichen Handelns, sondern um Risiken insbesondere aus dem Krankenhausbetrieb, die von dem Träger der Klinik und dem dort tätigen Personal voll beherrscht werden können.[2659] Ist dem Krankenhauspersonal die besondere Kippgefahr eines zum Einsatz gebrachten **Duschstuhls** bekannt, ist der Patient deutlich und eindringlich auf diese Gefahr hinzuweisen und aufzufordern, sich absolut ruhig zu verhalten.[2660] In ähnlicher Weise ist dafür zu sorgen, dass der durch die Behandlung oder aus anderen Gründen beeinträchtigte Patient angewiesen wird, auf der **Untersuchungsliege** liegenzubleiben oder dass ihm beim Aufstehen geholfen wird, damit er nicht zu Fall kommt.[2661]

1869

Auf Stürze aus dem Bett sind diese rechtlichen Erwägungen hingegen grundsätzlich nicht übertragbar, insbesondere besteht nur unter engen Voraussetzungen eine Verpflichtung zur Anbringung von **Bettgittern**. Das OLG Bremen hat entschieden, dass hierüber »aufgrund der konkreten

1870

2653 Dazu oben Rdn. 406.
2654 Geiß/Greiner Kap. A Rn. 56.
2655 BGH NJW 1994, 1594.
2656 BGH NJW 1991, 2960; NJW 1991, 1540, 1541.
2657 KG VersR 2006, 1366.
2658 BGH NJW 1991, 1540, 1541.
2659 BGH NJW 1991, 1540, 1541; zu den voll beherrschbaren Risiken noch unten Rdn. 1497, 1877.
2660 BGH NJW 1991, 2960.
2661 OLG Köln VersR 1990, 1240; LG Kassel VersR 2008, 405.

Mennemeyer

Umstände in jedem Einzelfall gesondert zu entscheiden [ist]. Denn die Anbringung eines Bettgitters an einem Krankenhausbett stellt eine freiheitsbeschränkende Maßnahme dar, die in die verfassungsrechtlich geschützte Bewegungs- und Entschließungsfreiheit des jeweiligen Patienten eingreift. Sie ist daher grundsätzlich nur mit seiner Einwilligung möglich, bei fehlender Einwilligungsfähigkeit bedarf es der Genehmigung des Vormundschaftsgerichts (§ 1906 Abs. 4 BGB). Angesichts der Schwere des Eingriffs in die Rechte des Patienten darf von der Möglichkeit der Anbringung von Bettgittern nur dann Gebrauch gemacht werden, wenn konkrete Anhaltspunkte dafür vorliegen, dass eine Eigen- bzw. Fremdgefährdung durch den Patienten besteht. Eine präventive Anordnung eines Bettgitters verbietet sich«.[2662] Erst recht gilt dies für die **Fixierung** des Patienten im Bett.[2663] Der Patient trägt daher regelmäßig die volle Darlegungs- und Beweislast für die Umstände, aufgrund derer im konkreten Einzelfall die Anbringung von Bettgittern oder gar eine Fixierung indiziert gewesen wäre.[2664] Der Einsatz von Bettgittern kann aber angezeigt sein, wenn der Ehepartner des Patienten das Krankenhauspersonal alsbald nach der stationären Aufnahme mehrfach auf dessen unruhigen Schlaf und das dadurch – zu Hause langjährig umgesetzte – Erfordernis einer seitlichen Sicherung des Bettes hingewiesen hat.[2665]

1871 Zu den Pflichten des Krankenhauses kann es auch gehören, einen Patienten, dessen Krankheit der Behandlung durch Ärzte mit besonderen medizinischen Kenntnissen und Erfahrungen oder entsprechender technischer Vorhaltungen bedarf, in eine dazu geeignete **Spezialklinik** zu überweisen.[2666] Selbst wenn der medizinische Standard noch gewahrt, jedoch die apparative Ausstattung für die kontrollierte Therapieführung von besonderem Gewicht ist, muss der Patient über die Möglichkeit, ein besser ausgestattetes Krankenhaus aufzusuchen, unterrichtet werden.[2667]

dd) Medizinische Geräte

1872 Hohe Anforderungen an die Organisationspflichten des Krankenhausträgers stellt die Rechtsprechung auch bzgl. der Bereitstellung medizinischer Geräte. Hier hat der Krankenhausträger dafür Sorge zu tragen, dass die für Diagnose, Therapie und Operation nach dem jeweiligen Stand naturwissenschaftlicher Erkenntnisse benötigten medizinischen Geräte nicht nur bereitgestellt, sondern durch regelmäßige Wartung auch funktionstüchtig gehalten werden.[2668] Bei hochentwickelten technischen Geräten ist hierzu

---

2662 OLG Bremen GesR 2010, 25.
2663 OLG Düsseldorf VersR 2002, 984.
2664 OLG Bremen GesR 2010, 25.
2665 OLG Koblenz VersR 2009, 365.
2666 BGH NJW 1988, 763, 765; Gehrlein Kap. B Rn. 34.
2667 BGH 1989, 2321, 2322.
2668 BGH NJW 1991, 1540, 1541; Martis/Winkhart Rn. B 142.

speziell geschultes technisches Personal hinzuzuziehen.[2669] Welche medizinischen Geräte im Einzelnen vom Krankenhausträger vorgehalten werden müssen, lässt sich nur unter Berücksichtigung der konkreten Umstände des jeweiligen Einzelfalls beantworten, weil es einer Differenzierung sowohl nach der Größe der Klinik (Krankenhaus der Grundversorgung – Uniklinik) als auch nach der Ausrichtung des Hauses (Allgemeinkrankenhaus – Spezialklinik) bedarf.[2670]

Darüber hinaus hat der Krankenhausträger dafür zu sorgen, dass das Personal mit der Bedienung der Geräte ausreichend vertraut ist und hierzu erforderlichenfalls regelmäßige Schulungen sicherzustellen.[2671] Der Patient kann verlangen, dass der Arzt die modernsten vorhandenen Geräte einsetzt, wenn dadurch die Heilungschancen verbessert und unerwünschte Nebenwirkungen erkannt und abgewendet werden können.[2672] Handelt es sich um ein neues Gerät, so muss sich der Arzt vor der Inbetriebnahme mit der Funktionsweise und Bedienung vertraut machen und bei Schwierigkeiten über den Träger den Hersteller um Hilfe bitten.[2673] Die zunehmende Technisierung der modernen Medizin bringt es mit sich, dass der Arzt nicht mehr alle technischen Einzelheiten der ihm verfügbaren Geräte zur erfassen und gegenwärtig zu haben vermag, was ihn jedoch nicht von der Pflicht befreit, sich mit der Funktionsweise von Gerätschaften, deren Einsatz für den Patienten vitale Bedeutung hat, wenigstens insoweit vertraut zu machen, wie dies einem naturwissenschaftlich und technisch aufgeschlossenen Menschen möglich und zumutbar ist.[2674] **Es kann einen groben Behandlungsfehler darstellen, wenn vorhandene medizinische Geräte für die Therapie nicht eingesetzt werden.**[2675] Andererseits hat der Patient selbst in einer Universitätsklinik keinen Anspruch darauf, immer mit der denkbar besten Ausstattung behandelt zu werden, wenn die Behandlung im Übrigen gutem ärztlichen Qualitätsstandard genügt.[2676]

1873

ee) Operationsräume

Operationsräume hat der Klinikträger zugänglich zu halten, und zwar auch für Notoperationen. Falls diese überhaupt verschlossen werden dürfen,[2677] ist jedenfalls organisatorisch sicherzustellen, dass sowohl das ärztliche wie auch das nichtärztliche Personal über den Aufbewahrungsort der Schlüssel informiert sind. Das OLG Stuttgart hat in einem Fall, in dem anlässlich ei-

1874

2669 BGH NJW 1975, 2245, 2246; Gehrlein Kap. B Rn. 39.
2670 Bergmann VersR 1996, 810, 812.
2671 Bergmann, Die Arzthaftung, S. 11.
2672 BGH NJW 1989, 2321, 2322.
2673 Bergmann VersR 1996, 810, 813; Laufs/Kern in: Laufs/Kern, § 101 Rn. 16.
2674 BGH NJW 1978, 584, 585; OLG Saarbrücken NJW-RR 1999, 749.
2675 BGH NJW 1989, 2321, 2322.
2676 OLG Köln VersR 1999, 847; Laufs/Kern in: Laufs/Kern, § 101 Rn. 18.
2677 Zweifelnd Laufs/Kern in: Laufs/Kern, § 101 Rn. 38.

Mennemeyer

ner Notfallsectio die E-E-Zeit wegen einer Verriegelung des OP-Saals um 6 Minuten verlängert wurde, ausgeführt: »Ein organisatorischer Fehler besteht darin, daß die ärztlichen Mitglieder des OP-Teams, d.h. der jeweils zuständige Belegarzt und der Anästhesist keinen Schlüssel für den OP-Raum hatten und nicht zuverlässig darüber unterrichtet waren, wo der Generalschlüssel deponiert war. Zwar mag es angehen, daß der für eine Notsectio eingerichtete und vorbereitete OP-Saal nächtens verschlossen wird und nur die nichtärztlichen Mitglieder des OP-Teams einen Schlüssel zur Öffnung des OP-Saals haben. Ferner mag als Reserve genügen, daß ein Generalschlüssel an allgemein zugänglicher Stelle bereitliegt, um bei Bedarf die Öffnung des OP-Saals zu ermöglichen. Diese Regelung setzt aber voraus, daß der diensttuende Belegarzt und der diensthabende Anästhesist sowie die Hebammen zuverlässig darüber instruiert sind, wo im Bedarfsfall der Generalschlüssel aufbewahrt wird«.[2678] Das OLG Stuttgart hat in der Nichtbeachtung dieser Vorgaben einen groben Organisationsfehler gesehen und ist infolgedessen zugunsten des Klägers von einer Beweislastumkehr im Blick auf die haftungsbegründende Kausalität ausgegangen.[2679]

ff) Medikamentöse Versorgung/Einsatz von Blutkonserven

1875 Das Krankenhaus ist zu einer gewissen Vorratshaltung von Medikamenten verpflichtet und muss diese in ausreichendem Umfang vorhalten.[2680] Von mehreren vorgehaltenen Präparaten ist stets das sicherere einzusetzen. Ist ein bestimmtes Medikament nicht vorzuhalten, so kann nach der Rechtsprechung des BGH gleichwohl ein Organisationsverschulden des Krankenhausträgers darin liegen, dass es nicht wenigstens rechtzeitig vor der Operation zur Verfügung steht, wenn es gegenüber anderen Präparaten mit erheblich niedrigeren Risiken für den Patienten einhergeht.[2681]

1876 Blutkonserven dürfen nur von Herstellern bezogen werden, bei den gewährleistet ist, dass die nach den Richtlinien zur Vermeidung verseuchter Blutkonserven erforderlichen Untersuchungen durchgeführt worden sind.[2682] Auf diesem Wege bezogene Blutkonserven muss die Klinik vor der Verwendung nicht zusätzlich durch ihr eigenes Laborpersonal auf etwaige Verseuchungen untersuchen lassen.[2683] Gewinnt die Klinik Blutkonserven hingegen durch von ihr selbst abgenommene Blutspenden, unterliegt dies strengen Sorgfaltsanforderungen, um die Infektionsgefahren (v.a. HIV und Hepatitis) auf das unvermeidbare Restrisiko zu beschränken.[2684]

2678 OLG Stuttgart VersR 2000, 1108, 1109.
2679 OLG Stuttgart VersR 2000, 1108, 1109.
2680 Bergmann VersR 1996, 810, 813; Laufs/Kern in: Laufs/Kern, § 101 Rn. 17.
2681 BGH NJW 1991, 1543, 1544.
2682 BGH NJW 1992, 743.
2683 Gehrlein Kap. B Rn. 38.
2684 Gehrlein Kap. B Rn. 38.

gg) Hygiene

Auch die Krankenhaushygiene erfordert organisatorische Anstrengungen. Der Klinikbetrieb darf Infektionsketten nicht verlängern, sondern hat sie möglichst zu unterbrechen.[2685] Der Krankenhausträger muss u.a. sicherstellen, dass keine verkeimten Desinfektionsmittel zum Einsatz kommen und Durchstechflaschen mit Injektionssubstanzen nicht über mehrere Tage hinweg Verwendung finden.[2686] Auch dürfen bei Infusionen keine unsterilen Infusionsflüssigkeiten verwendet werden.[2687] Es darf im Krankenhaus nicht vorkommen und ist durch geeignete organisatorische Maßnahmen des Krankhausträgers zu verhindern, dass zur Krankenbehandlung bestimmte Chemikalien »zufällig« mit anderen, sie zersetzenden Stoffen vermischt werden.[2688] Aufgrund der **vollen Beherrschung des Organisationsbereiches**, in dem solche Verunreinigungen entstehen, ist des dem Krankenhausträger durchweg eher als dem geschädigten Patienten zuzumuten, die Vorgänge, die zu dem schädigenden Geschehen geführt haben, aufzuklären. Der geschädigte Patient ist demgegenüber dazu in der Regel nicht in der Lage. Es wäre nach Auffassung des BGH daher unbillig, den Patienten, der aufgrund eines objektiven Fehlers im Bereich des Krankenhauses bei der Heilbehandlung zu Schaden gekommen ist, in seiner praktisch nicht behebbaren Beweisnot zu belassen.[2689] Kommt es etwa zur Ausbildung eines Spritzenabszesses, weil eine nichtärztliche Mitarbeiterin Trägerin des Bakteriums Staphylokokkus aureus war und dieses Bakterium – auf welchem Weg auch immer – mittels einer Injektion auf den Patienten übertragen werden konnte, handelt es sich um eine Verwirklichung von Risiken, die nicht vorrangig aus den Eigenheiten des menschlichen Organismus erwachsen, sondern durch den Klinikbetrieb (oder die Arztpraxis) gesetzt und durch sachgerechte Organisation und Koordinierung des Behandlungsgeschehens objektiv voll beherrscht werden können; daher kommt der Rechtsgedanke des § 280 Abs. 1 S. 2 BGB zum Tragen, wonach die **Darlegungs- und Beweislast für Verschuldensfreiheit bei der Behandlungsseite** liegt.[2690] Der Klinikträger kann sich dann nur durch den Nachweis entlasten, dass ihn an der Nichtbeachtung der Hygieneerfordernisse kein Verschulden trifft, indem er beweist, dass alle organisatorischen und technischen Vorkehrungen gegen von dem Personal ausgehende vermeidbare Keimübertragungen getroffen waren[2691]

1877

Andererseits stellt sich die Infizierung einer Operationswunde durch von einem Mitglied des Operationsteams ausgegangene Keime bei wertender Be-

1878

2685 Laufs/Kern in: Laufs/Kern, § 101 Rn. 39.
2686 BGH NJW 2007, 1682, 1683.
2687 BGH NJW 1982, 699.
2688 BGH NJW 1978, 1683.
2689 BGH BGH NJW 1991, 1541, 1542; NJW 1982, 699.
2690 BGH NJW 2007, 1682 f.
2691 BGH NJW 1991, 1541, 1542.

Mennemeyer

trachtung von vornherein nicht als haftungsrechtlich relevanter Vorgang dar, wenn die Keimübertragung auch bei Beachtung der gebotenen hygienischen Vorsorge nicht vermeidbar war.[2692] »Absolute Keimfreiheit der Ärzte und der weiteren Operationsbeteiligten ist nicht erreichbar, und die Wege, auf denen sich die ihnen unvermeidlich anhaftenden Keime verbreiten können, sind im einzelnen nicht kontrollierbar. Keimübertragungen, die sich aus solchen – nicht beherrschbaren – Gründen und trotz Einhaltung der gebotenen hygienischen Vorkehrungen ereignen, gehören zum entschädigungslos bleibenden Krankheitsrisiko des Patienten. Soweit sich dieses verwirklicht, kann von einer vertrags- oder rechtswidrigen Gesundheitsverletzung nicht gesprochen werden. Eine Haftung des Krankenhausträgers für die Infizierung der Operationswunde durch von einem Mitglied des Operationsteams ausgegangene Keime kommt hiernach nur in Betracht, wenn die Keimübertragung durch die gebotene hygienische Vorsorge hätte verhindert werden können«.[2693]

hh) Aufklärung

1879 Was die Patientenaufklärung anbelangt, so hat der Krankenhausträger die ärztlichen Mitarbeiter darauf hinzuweisen, dass die üblichen **Aufklärungsbögen nur als Merkblatt** zur Vorbereitung oder Ergänzung des eigentlichen Aufklärungsgespräches benutzt werden dürfen und dass aufklärungspflichtige Risiken über den Wortlaut des Formulars hinaus in einer besonderen Rubrik handschriftlich vermerkt werden sollten.[2694] Es gereicht dem Träger zum Organisationsverschulden, wenn er den Ärzten überlässt, die Aufklärung in eigener Verantwortung durchzuführen und ihnen hierbei insbesondere auch die Entscheidung überlässt, ob ein einheitliches Aufklärungsformblatt zu schaffen oder zu verwenden ist.[2695] Im Hinblick auf die Bedeutung der Aufklärungspflicht ist es sogar Teil der dem Krankenhausträger obliegenden Fürsorgepflicht, klare Anweisungen hinsichtlich der Verwendung von Aufklärungsformularen und der notwendigen Inhalte des Aufklärungsgespräches zu erteilen.[2696]

1880 Besondere Probleme – dies zeigt die forensische Praxis immer wieder – bereitet daneben auch die **Wahl des richtigen Aufklärungszeitpunkts**. Es ist daher Aufgabe des verantwortlichen Klinikträgers zu gewährleisten, dass die Ärzte nicht nur im Blick auf die Inhalte, sondern auch hinsichtlich der rechtlichen Vorgaben in Bezug auf den Zeitpunkt und den Umfang des Aufklärungsgespräches hinreichend instruiert sind.[2697] Auch hierzu sollte der Klinikträger daher eine Dienstanweisung erlassen.

2692 BGH NJW 1991, 1541, 1542.
2693 BGH NJW 1991, 1541, 1542.
2694 Bergmann VersR 1996, 810, 813.
2695 KG VersR 1979, 260.
2696 Moskopp BADK-Inf 1991, 19.
2697 Bergmann VersR 1996, 810, 813.

Wie der Klinikträger die notwendige Aufklärung zu organisieren kann, lässt **1881** sich beispielhaft aus den »Empfehlungen zur Aufklärung der Krankenhauspatienten über vorgesehene ärztliche Maßnahmen«[2698] der Deutschen Krankenhausgesellschaft e.V. ersehen. Darin werden folgende Grundsätze aufgestellt:[2699]

> »1. Der Krankenhausträger hat als Vertragspartner des Patienten für die Erfüllung der Aufklärungspflichten einzustehen. Er muss die leitenden Ärzte über Zeit, Umfang und Inhalt der Aufklärung unterrichten. Zur Sicherstellung einer ordnungsgemäßen Aufklärung muss der Krankenhausträger detailliert Anweisungen, Informationen und Kontrollen vornehmen und dokumentieren, um eine ausreichende Aufklärung des Patienten zu gewährleisten.
>
> 2. Zur Vermeidung eines Organisationsverschuldens sollte der Krankenhausträger eine Dienstanweisung über die bei der Durchführung einer Aufklärung zu beachtenden Grundsätze erlassen. Die Erstellung der Dienstanweisung kann sich an den unter Teil II im Fettdruck hervorgehobenen Leitsätzen zum Aufklärungsgespräch orientieren.
>
> 3. Bei Erlass einer Dienstanweisung zur Durchführung der ärztlichen Aufklärung hat der Krankenhausträger auch die Befolgung der Dienstanweisung zu überwachen und in regelmäßigen Abständen zu überprüfen.
>
> 4. Der ärztliche Leiter ist dem Krankenhausträger gegenüber verantwortlich, dass in Zusammenarbeit mit den leitenden Ärzten (Chefärzte und Belegärzte) des Krankenhauses sichergestellt wird, dass alle im Krankenhaus tätigen Ärzte über die ihnen im Zusammenhang mit der Aufklärung auferlegten Pflichten unterrichtet sind.
>
> 5. Der ärztliche Leiter hat zusammen mit den leitenden Ärzten der Krankenhausabteilungen festzulegen, in welcher Abteilung die Aufklärung über Untersuchungs- und Behandlungsmaßnahmen durchzuführen ist, wenn sich ein Patient gleichzeitig oder nacheinander in der Behandlung mehrerer Abteilungen befindet, sofern nicht ohnehin in jedem Fach eine gesonderte Aufklärung erfolgen muss.
>
> 6. Die Sicherstellung der organisatorischen Umsetzung und ordnungsgemäßen Durchführung der Aufklärung in den einzelnen Abteilungen obliegt dem leitenden Abteilungsarzt. Dieser hat insbesondere festzulegen, welcher Arzt die Aufklärung durchzuführen hat.

2698 Ursprünglich »Richtlinien zur Aufklärung der Krankenhauspatienten über vorgesehene ärztliche Maßnahmen«; seit der 4. Auflage trägt das Muster der Tatsache Rechnung, dass »Richtlinien« im medizinrechtlichen Sprachgebrauch als »von einer autorisierten Institution herausgegebene verbindliche Festlegungen« verstanden werden, um die es sich hier gerade nicht handelt.
2699 Teil III, S. 37 f., 5. Aufl. 2008.

Mennemeyer

7. Unabhängig von den Ziffern 5 und 6 hat sich jeder Arzt, der nicht selbst aufklärt, davon zu überzeugen, dass eine ordnungsgemäße Aufklärung stattgefunden hat.

8. Der leitende Abteilungsarzt hat sicherzustellen, dass die Tatsache der Aufklärung, ihr Zeitpunkt sowie der wesentliche Inhalt des Aufklärungsgesprächs ordnungsgemäß dokumentiert und in der Krankengeschichte vermerkt sind. Die Dokumentation ist vom jeweils aufklärenden Arzt zu datieren und (ggf. auch elektronisch) zu unterzeichnen.

9. Hinsichtlich der Dokumentation einer Aufklärung genügt nicht der Vermerk, dass diese stattgefunden hat, vielmehr muss sie auch den wesentlichen Inhalt der Aufklärung, die dabei gegebenen Hinweise, Ratschläge und die anschließende Entscheidung des Patienten umfassen.

10. Der Patient muss in einer schriftlichen Erklärung durch Unterschrift die erfolgte Aufklärung und den wesentlichen Inhalt der Aufklärung bestätigen. Das Aufklärungsgespräch kann nicht durch eine formularmäßige Einwilligungserklärung des Patienten ersetzt werden.

11. Ist eine präoperative Aufklärung wegen der Notfallbehandlung oder Unansprechbarkeit des schwer verunfallten Patienten nicht möglich, wandelt sich die Aufklärungsverpflichtung des Arztes gegenüber dem Patienten jedenfalls bei für den Patienten und dessen Kontaktpersonen lebensgefährlichen Risiken (z.B. Möglichkeit einer HIV-Infektion) zu einer Pflicht zur alsbaldigen nachträglichen Selbstbestimmungs- und Sicherungsaufklärung. Auch der Ehepartner oder der ständige Lebensgefährte des Patienten ist in den Schutzbereich der Pflicht zur nachträglichen Sicherungsaufklärung über die Gefahr einer transfusionsassoziierten HIV-Infektion einbezogen.«

ii) Dokumentation

1882   Auch die ärztliche Dokumentation bedarf der Organisation durch den Krankenhausträger.[2700] Die Entscheidung darüber, wie und was zu dokumentieren ist, fällt zwar grundsätzlich in die Kompetenz der leitenden Abteilungsärzte, da es sich in erster Linie um eine medizinische Frage handelt; andererseits ist auch der Krankenhausträger verpflichtet, ggf. durch Dienstanweisung auf die strenge Rechtsprechung zu den Dokumentationspflichten hinzuweisen und die Ärzte zur Erfüllung ihrer Dokumentationspflicht zu veranlassen.[2701] Es gehört zu seinen Aufgaben, Unterlagen, die Auskunft über das Behandlungsgeschehen geben, zu sichern und dafür Sorge zu tragen, dass über den Verbleib der Krankenunterlagen jederzeit Klarheit be-

---

2700 Eingehend zur Dokumentationspflicht Rdn. 1288 ff.
2701 Bergmann VersR 1996, 810, 815; Laufs/Kern in: Laufs/Kern, § 101 Rn. 19.

steht.[2702] Außerdem gehört die Beachtung der berufsrechtlichen Aufbewahrungspflichten zu den Organisationsaufgaben des Krankenhauses. Gemäß § 10 Abs. 3 MBO-Ä bzw. § 57 Abs. 3 BMV-Ä sind ärztliche Aufzeichnungen für die Dauer von 10 Jahren nach Abschluss der Behandlung aufzubewahren, soweit nicht nach gesetzlichen Vorschriften (insbesondere § 28 Abs. 3 RöV) eine längere Aufbewahrungspflicht besteht. Zulässig ist die Mikroverfilmung[2703] oder anderweitige elektronische Archivierung der Krankenunterlagen, sofern diese vollständig erfolgt und sichergestellt ist, dass diese jederzeit rückkopierbar sind.

jj) Termine

Den Klinikträger trifft ferner ein Organisationsverschulden, wenn mit einem Patienten, dessen Behandlung noch nicht abgeschlossen ist, bei der Entlassung kein Termin für die weitere Behandlung vereinbart wird und der Patient – nachdem aus seinem Fernbleiben geschlossen werden muss, dass er den Belehrungen bezüglich der Notwendigkeit der Weiterbehandlung nicht die erforderliche Beachtung schenkte – später nicht zu einem neuen Termin geladen wird.[2704] Erhält der behandelnde Arzt einen Arztbericht, in dem für die Weiterberatung und -behandlung des Patienten neue und bedeutsame Untersuchungsergebnisse enthalten sind, die eine alsbaldige Vorstellung des Patienten bei dem Arzt unumgänglich machen, so hat er den Patienten auch dann unter kurzer Mitteilung des neuen Sachverhalts einzubestellen, wenn er ihm aus anderen Gründen die Wahrnehmung eines Arzttermins bereits angeraten hatte.[2705] Der BGH hat es als schweren ärztlichen Behandlungsfehler angesehen, wenn der Patient über einen bedrohlichen Befund, der Anlass zu umgehenden und umfassenden ärztlichen Maßnahmen gibt, nicht informiert und ihm infolgedessen die erforderliche ärztliche Beratung versagt wird.[2706]

1883

kk) Sicherung des Patienteneigentums

Schließlich ist auch die Sicherung des Patienteneigentums Organisationsaufgabe des Krankenhausträgers. Er hat hierzu geeignete Verwahrungsmöglichkeiten zu schaffen, wobei es der pflichtgemäßen Bestimmung des Krankenhausträgers unter Abwägung des Sicherungsbedürfnisses gegenüber den vorrangigen Belangen der ärztlichen und pflegerischen Versorgung der Patienten unterliegt, welche Art der Verwahrung im Einzelfall in Betracht kommt. Die Möglichkeit der Verwahrung der Wertsachen von Patienten bei der Krankenhausverwaltung ist regelmäßig als ausreichend anzusehen.[2707] Das

1884

2702 BGH NJW 1996, 779, 780.
2703 Bergmann VersR 1996, 810, 815.
2704 OLG Frankfurt MedR 1987, 187.
2705 BGH NJW 1985, 2749.
2706 BGH NJW 1989, 2318.
2707 OLG Karlsruhe NJW 1975, 597.

Krankenhauspersonal kann verpflichtet sein, den Patienten unaufgefordert auf das Bestehen einer solchen Verwahrungsmöglichkeit hinzuweisen, wenn offenkundig ist, dass dem Patienten diese Möglichkeit und der dringende Anlass, von ihr Gebrauch zu machen, nicht bewusst sind.[2708] Für Wertsachen von Besuchern einschließlich ihrer Garderobe muss der Krankenhausträger hingegen keine Aufbewahrungsmöglichkeit schaffen, weil ihm dies unter Berücksichtigung der Verkehrserwartung unzumutbar wäre.[2709]

b) Haftung bei Arbeitsteilung

1885 Die Arbeitsteilung ist aus der modernen Medizin nicht mehr wegzudenken. Die Fortschritte der Medizin gründen maßgeblich auf den Prinzipien der Arbeitsteilung und Spezialisierung.[2710] Für die stationäre Behandlung eines Patienten ist heute regelmäßig die Zusammenarbeit mehrerer Fachleute unterschiedlicher Disziplinen erforderlich.[2711] Hierdurch wird der Anspruch an gehörige Koordinierung und Abstimmung der ärztlichen Gesamtbehandlung zu einer zentralen Qualitätsanforderung, die Koordination und Kommunikation der beteiligten Behandler unabdingbar macht.[2712] Eine erfolgreiche ärztliche Zusammenarbeit gebietet eine häufig nur durch Absprachen zu realisierende klare Abgrenzung der Zuständigkeiten als Fundament auch des Vertrauensgrundsatzes.[2713]

1886 Es wird unterschieden zwischen der **horizontalen Arbeitsteilung** einerseits und der **vertikalen Arbeitsteilung** andererseits. Während erstere die gleichrangige und weisungsfreie kollegiale Zusammenarbeit verschiedener Fachgebiete (z.B. Chirurgie, Anästhesie, Pathologie etc.) betrifft, bezieht sich letztere auf die fachliche Über- und Unterordnung innerhalb eines Aufgabengebietes (z.B. Ärztlicher Direktor, Chefarzt, Oberarzt, Assistenzarzt, Pfleger).[2714]

2708 OLG Hamburg VersR 1989, 1268: Beobachtung einer Patientin bei der Deponierung von Schmuckstücken, zu deren Ablegung das Personal diese zuvor aufgefordert hatte, in der unverschließbaren Nachttischschublade.
2709 Bergmann VersR 1996, 810, 816.
2710 Gehrlein Kap. A Rn. 54; Lauf/Kern in: Laufs/Kern § 100 Rn. 1.
2711 Deutsch/Spickhoff Rn. 381.
2712 Geiß/Greiner Kap. B Rn. 115; zur daraus folgenden Organisationspflicht des Krankenhausträgers oben Rdn. 772, 1851.
2713 Laufs/Kern in: Laufs/Kern § 100 Rn. 1.
2714 Laufs/Kern in: Laufs/Kern § 100 Rn. 3.

Horizontale und vertikale Arbeitsteilung

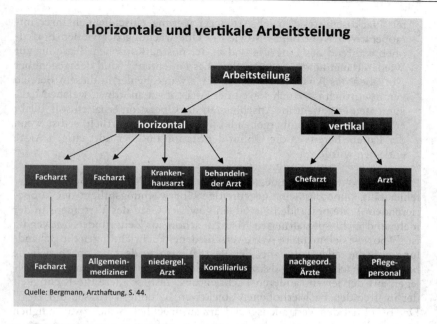

Quelle: Bergmann, Arzthaftung, S. 44.

aa) Horizontale Arbeitsteilung

Die an der Behandlung beteiligten Ärzte verschiedener Fachrichtungen werden grundsätzlich als gleichberechtigt und eigenverantwortlich angesehen.[2715] Die haftungsrechtliche Verantwortlichkeit der beteiligten Ärzte knüpft an die jeweilige Behandlungsaufgabe an, sofern hierzu keine individuellen oder berufsständischen Vereinbarungen[2716] getroffen wurden.[2717] Die horizontale Arbeitsteilung betrifft zum einen das Zusammenwirken der einzelnen Fachabteilungen eines Krankenhauses, zum anderen aber auch die Zusammenarbeit zwischen dem niedergelassenen Arzt und dem Krankenhaus oder dem Allgemeinmediziner und dem Spezialisten.

1887

▶ **Beispiel:** Bei operativen Eingriffen haftet der **Chirurg** für den operativen Eingriff und die sich daraus unmittelbar ergebenden Risiken sowie für die der Vorbereitung der Operation dienenden diagnostischen und therapeutischen Maßnahmen. Die Beurteilung der Narkosefähigkeit des Patienten vor der Operation,[2718] die Wahl und Dosierung des geeigne-

---

2715 Deutsch/Spickhoff Rn. 381.
2716 Z.B. Vereinbarung zur Zusammenarbeit zwischen Chirurg und Anästhesist bei der operativen Patientenversorgung, MedR 1983, 21.
2717 Gehrlein Kap. B Rn. 55; Geiß/Greiner Kap. B Rn. 116.
2718 OLG Düsseldorf VersR 1993, 885.

Mennemeyer

ten Narkosemittels,[2719] der Art der Lagerung einschließlich ihrer intraoperativen Kontrolle[2720] sowie die Überwachung der vitalen Funktionen während des Eingriffs und in der postnarkotischen Phase bis zur Wiedererlangung der Schutzreflexe des Patienten[2721] sind demgegenüber Aufgaben des **Anästhesisten**, der für etwaige Fehler in diesem Bereich verantwortlich ist. Auch soweit der Anästhesist anordnet, welche Medikamente der Patient im Anschluss an die Operation erhalten soll, bleibt er für die hiermit einhergehenden Risiken verantwortlich, selbst wenn der Patient bereits in die Obhut der Station und der dort tätigen Ärzte entlassen wurde.[2722]

1888   Es haftet also der Arzt, in dessen fachliche Zuständigkeit der Behandlungsfehler fällt, ohne dass eine gegenseitige Überwachungspflicht der kooperierenden Ärzte bestünde,[2723] weil ein gewisser Grad des Vertrauens in der mehr und mehr spezialisierten Medizin schon aus Zeitgründen notwendig ist.[2724] Soweit sich mehrere Ärzte verschiedener Fachrichtungen die Behandlungsaufgabe teilen, gilt daher der **Vertrauensgrundsatz**, wonach sich die beteiligten Fachärzte grundsätzlich auf die fehlerfreie Mitwirkung der Kollegen aus der jeweils anderen Fachrichtung, insbesondere die Richtigkeit der im fremden Fach erhobenen objektiven Befunde, verlassen dürfen.[2725] Der BGH hat den Vertrauensgrundsatz ausdrücklich bisher zwar lediglich bei koordinierter Tätigkeit zur Begrenzung strafrechtlicher Verantwortung anerkannt,[2726] die obergerichtliche Rechtsprechung geht jedoch einhellig davon aus, dass er auch auf die zivilrechtliche Haftung anzuwenden ist.[2727]

1889   Auch bei der **Hinzuziehung eines spezialisierten Arztes oder Krankenhauses** im Wege der Überweisung kann sich der hinzugezogene Arzt im Allgemeinen darauf verlassen, dass der überweisende Arzt den Patienten

---

2719   OLG Naumburg VersR 2005, 1401; Gehrlein Kap. B Rn. 58.
2720   Vgl. zur Lagerung BGH NJW 1984, 1403.
2721   OLG Düsseldorf MedR 2009, 285; BGH NJW 1990, 759.
2722   BGH NJW 1991, 1539, 1540.
2723   OLG Naumburg VersR 2005, 1401; BGH NJW 1991, 1539; Deutsch/Spickhoff Rn. 381.
2724   Deutsch VersR 2007, 40.
2725   Gehrlein Kap. B Rn. 55; Laufs/Kern in: Laufs/Kern § 100 Rn. 4; Martis/Winkhart Rn. A 253; Ehlers in Ehlers/Broglie Kap. 7 Rn. 759.
2726   BGH NJW 1980, 649 und 650;.
2727   OLG Köln, Urt. v. 17.03.2010 – 5 U 51/09 – veröffentlicht bei juris; OLG Düsseldorf MedR 2009, 285; OLG Jena VersR 2008, 401; OLG Hamm OLGR 2004, 131. Steffen/Pauge Rn. 221 weisen demgegenüber darauf hin, das der BGH den Vertrauensgrundsatz für die zivilrechtliche Haftung bisher nur zurückhaltend eingesetzt habe; ihrer Auffassung nach entspreche dem Normzweck der Berufshaftung eher die Ausgrenzung der Haftungsbereiche nach dem medizinischen Einflussbereich und den medizinischen Kontrollmöglichkeiten der beanspruchten medizinischen Expertenstellung.

Mennemeyer

entsprechend dem Standard seines Fachgebietes ordnungsgemäß untersucht und behandelt sowie die Indikation für die Durchführung der erbetenen Untersuchung bzw. Behandlung richtig gestellt hat.[2728]

Der **Vertrauensgrundsatz gilt indes nicht unbegrenzt.** Seine Reichweite **1890** endet, wo sich dem Mitbehandler Zweifel an der Qualifikation oder fachlichen Leistung des Kollegen aufdrängen müssen, etwa der Hausarzt auf Grund der bei ihm vorauszusetzenden Kenntnisse und Erfahrungen erkennt oder erkennen muss, dass ernste Zweifel an der Richtigkeit der Krankenhausbehandlung und der dort seinem Patienten gegebenen ärztlichen Ratschläge bestehen.[2729] Denn der Schutz des dem Arzt anvertrauten Patienten gebietet, dass kein Arzt, der es besser weiß, sehenden Auges eine Gefährdung seines Patienten hinnimmt, wenn ein anderer Arzt seiner Ansicht nach etwas falsch gemacht hat oder er jedenfalls den dringenden Verdacht haben muss, es könne ein Fehler vorgekommen sein.[2730] Hat der hinzugezogene Arzt aufgrund bestimmter Anhaltspunkte Zweifel an der Richtigkeit der ihm übermittelten Diagnose, dann muss er diesen Zweifeln nachgehen und darf sie nicht auf sich beruhen lassen.[2731] Dies gilt auch dann, wenn sich (erst) intraoperativ ein Befund zeigt, der durchgreifende Zweifel an der Richtigkeit der Operationsindikation und/oder der Aufklärung weckt; der Operateur muss hier den Eingriff zur Behebung der Zweifel jedenfalls dann abbrechen, wenn durch dessen Fortführung nicht rückgängig zu machende schwerwiegende körperliche Veränderungen bewirkt werden.[2732] Ergeben sich bezüglich der erhobenen Befunde Zweifel, weil diese etwa nicht zum Krankheitsbild des Patienten passen oder verfügt die Klinik über bessere technische Möglichkeiten mit der Aussicht auf zuverlässige Ergebnisse, wird der Krankenhausarzt zusätzlich eigene Befunde zu erheben haben.[2733]

Der Vertrauensgrundsatz findet auch dort keine Anwendung wo der Patient **1891** **nacheinander durch zwei Ärzte des gleichen Fachgebiets** behandelt wird, weil dies keinen Fall der horizontalen Arbeitsteilung darstellt; vielmehr ist der Nachbehandler hier gehalten, sich von der Richtigkeit der Diagnose und Therapiewahl des Vorbehandlers selbst zu überzeugen.[2734]

Den aus der horizontalen Arbeitsteilung folgenden spezifischen Gefahren **1892**

2728 OLG Hamm MedR 2005, 471; BGH NJW 1994, 797, 798 m.w.N.
2729 BGH NJW 2002, 2944; NJW 1989, 1536, 1538.
2730 BGH NJW 2002, 2944.
2731 BGH NJW 1994, 797, 798.
2732 OLG Köln NJW-RR 2009, 960: Die Patientin war von dem Direktor einer Universitätsklinik zur Entfernung eines Testovars (männliche Geschlechtsorgane) überwiesen worden; intraoperativ zeigten sich statt eines Testovars komplette weibliche Geschlechtsorgane, die von dem operierenden Urologen gleichwohl vollständig entfernt wurden.
2733 Laufs/Kern in: Laufs/Kern § 100 Rn. 10; Bergmann, Die Arzthaftung, S. 45.
2734 KG GesR 2004, 136, 137 m.w.N.; Martis/Winkhart Rn. A 255.

Mennemeyer

müssen die beteiligten Ärzte gezielt entgegenwirken.[2735] So bedarf es zum Schutz des Patienten beispielsweise einer **Koordination der beabsichtigten Maßnahmen**, um Risiken auszuschließen, die sich aus der Unverträglichkeit der von den beteiligten Fachrichtungen vorgesehenen Methoden oder Instrumente ergeben könnten.[2736] Kompetenzabgrenzungen müssen einen negativen Kompetenzkonflikt und daraus resultierende Haftungslücken ausschließen. Misslingt dies, haften die beteiligten Fachgebiete gesamtschuldnerisch und müssen sich von einer Verschuldensvermutung entlasten[2737]

1893 Auch kann es im Einzelfall geboten sein, bei der arbeitsteiligen Zusammenarbeit auf psychische Gegebenheiten des Patienten Rücksicht zu nehmen, so dass es nicht ohne weiteres fehlerhaft ist, wenn ein Radiologe den ungesicherten Verdacht einer schwerwiegenden Erkrankung nur dem überweisenden Arzt mitteilt und diesem im Vertrauen darauf, dass er die gebotenen Kontrolluntersuchungen veranlassen wird, die Information des Patienten überlässt.[2738] Anders ist die Sachlage indes zu beurteilen, wenn es sich um eine bereits gesicherte Diagnose oder eine besonders bösartige Erkrankung handelt. Es bedarf folglich einer Prüfung anhand der konkreten Umstände des jeweiligen Einzelfalls, ob den hinzugezogenen Arzt eigene Informationspflichten treffen; einer verallgemeinernden Lösung lassen sich derartige Konstellationen nicht zuführen.

bb) Vertikale Arbeitsteilung

1894 Die vertikale Arbeitsteilung ist durch das hierarchische Prinzip gekennzeichnet und betrifft das Verhältnis von Vorgesetzten und nachgeordnetem Personal bis hin zur Delegation. Sie ist im Interesse des reibungslosen Funktionierens der Krankenhausversorgung erforderlich, dient aber vor allem auch dem Schutz des Patienten.[2739] In diesem Bereich ist durch die Wertung des § 831 BGB vorgegeben, dass die Gefahrenabwendung nicht nur Sache des Gehilfen, sondern auch des behandlungsführenden Arztes bzw. Krankenhauses ist.[2740] Es ist Aufgabe des leitenden Krankenhausarztes, dem Risiko von Kommunikations- und Koordinationsmängeln vorzubeugen und die erforderlichen klinischen Kontrollmechanismen einzurichten und zu gebrauchen.[2741] Nichtsdestotrotz bewirkt die hierarchische Rollenverteilung in Grenzen auch eine Verteilung der Haftungszuständigkeiten, wenn etwa die Führungsrolle des Chefarztes oder Oberarztes den Assistenzarzt

---

2735 Laufs/Kern in: Laufs/Kern § 100 Rn. 12.
2736 BGH NJW 1999, 1797.
2737 Steffen/Pauge Rn. 240a; Laufs/Kern in: Laufs/Kern § 100 Rn. 12.
2738 OLG Hamm MedR 2005, 471, 472;.
2739 Deutsch/Spickhoff Rn. 383.
2740 Steffen/Pauge Rn. 223.
2741 Laufs/Kern in: Laufs/Kern § 100 Rn. 18.

von einer eigenverantwortlichen Überprüfung der Operationsindikation entlastet (wenn sich ihm nach den bei ihm vorauszusetzen Fähigkeiten und Kenntnissen nicht Bedenken gegen die Sachgemäßheit des angeordneten Vorgehens aufdrängen müssen)[2742] oder die Haftung des behandelnden Arztes dort endet, wo er die weitere Betreuung des Patienten ohne Defizite für ihn in die Hände des nichtärztlichen Personals legen darf.[2743]

Die in die Zuständigkeit des Pflegepersonals fallende **Grund- und Funktionspflege** erfüllt keine aus dem ärztlichen Tätigkeitsbereich abgeleiteten Aufgaben, so dass Krankenschwester, Pfleger und Krankenpflegegehilfen insoweit nicht als Erfüllungsgehilfen des Arztes angesehen werden können, sondern allein unter Weisungs- und Überwachungsverantwortung der Pflegedienstleitung und des Krankenhausträgers steht.[2744] Fehler in diesem Bereich vermögen daher keine (Mit-)Haftung des Arztes zu begründen. Demgegenüber verlangt die **Behandlungspflege** die ärztliche Beurteilung und Anordnung, weil es um Maßnahmen geht, die wegen ihrer Stellenwertes im Diagnose- und Therapiekonzept ärztlicher Legitimation bedürfen. In diesem Bereich ist der Arzt dem Pflegepersonal gegenüber weisungsbefugt, welches seine Anordnungen grundsätzlich nicht hinterfragen muss. Auch das Pflegepersonal ist allerdings verpflichtet, den Arzt auf Grenzen und Unvereinbarkeit der angestrebten ärztlichen Behandlung aus der pflegerischen Situation hinzuweisen.[2745] Befolgt das Pflegepersonal beispielsweise telefonische Anweisungen des Arztes, obwohl es erkennen kann, dass sie therapeutisch nicht geboten sind, so haftet es neben dem anweisenden Arzt selbst.[2746] Auch hat das Pflegepersonal, will es eine eigene Haftung vermeiden, die Grundregeln der Zusammenarbeit zwischen Arzt und Pflegepersonal einzuhalten, indem etwa beim Eintreten von Komplikationen der zuständige Arzt verständigt wird und bis zu seinem Eintreffen eigene weitere Bemühungen eingestellt werden, wenn der Patient nicht akut gefährdet ist.[2747] Verstoßen Angehörige des nichtärztlichen Pflegepersonals gegen diese Regel der Zusammenarbeit, kann ihr Verhalten als grober Behandlungsfehler mit allen beweisrechtlichen Konsequenzen angesehen werden.[2748] Eine deliktische Eigenhaftung der nichtärztlichen Assistenz kommt ferner dort in Betracht, wo ärztliche Anweisungen nachgewiesenermaßen grob fehlerhaft missachtet und/oder gegen eherne Standards des jeweiligen Zuständigkeitsbereiches verstoßen wird.[2749]

1895

2742 OLG Brandenburg VersR 2010, 1601, 1602, Rn. 21; OLG Düsseldorf VersR 2005, 230; Steffen/Pauge Rn. 223.
2743 Steffen/Pauge Rn. 223 f.
2744 Steffen/Pauge Rn. 224.
2745 Steffen/Pauge Rn. 226.
2746 OLG Frankfurt a.M. VersR 1991, 929.
2747 Laufs/Kern in: Laufs/Kern § 100 Rn. 16.
2748 LG Dortmund MedR 1985, 291, 292.
2749 Schlund ArztuR 2005, 1, 4.

Mennemeyer

1896 Eine **Delegation** von Aufgaben an nichtärztliche Mitarbeiter darf grundsätzlich nur dort erfolgen, wo die Aufgabe nicht dem Arzt vorbehalten ist, wie dies z.B. für die Aufklärung der Fall ist. Denn die **Aufklärung** ist eine ärztliche Aufgabe, die der Arzt selbst dann nicht an nichtärztliche MitarbeiterInnen delegieren darf, wenn er sich während des Aufklärungsgespräches im selben Raum aufhält und für etwaige Rückfragen zur Verfügung steht.[2750] Die Delegation der Aufklärung an nachgeordnete Ärzte ist zwar grundsätzlich möglich, jedoch muss der delegierende Chefarzt ggf. darlegen, welche organisatorischen Maßnahmen er ergriffen hat, um eine ordnungsgemäße Aufklärung durch den nichtoperierenden Arzt sicherzustellen und zu kontrollieren.[2751] Das OLG Dresden hat es als zulässig angesehen, einer erfahrenen und fachgerecht ausgebildeten medizinisch technischen Assistentin für Radiologie **intravenöse Injektionen** zur Vorbereitung von Diagnosemaßnahmen zu übertragen, sofern für eine regelmäßige Kontrolle und Überwachung durch den Arzt Sorge getragen wird. Zwar stellt eine derartige Injektion einen Eingriff dar, der zum Verantwortungsbereich des Arztes gehört. Es handelt sich hierbei aber nicht um eine Tätigkeit, die aufgrund ihrer Schwierigkeit, Gefährlichkeit oder Unvorhersehbarkeit zwingend von einem Arzt erbracht werden muss.[2752] Regelmäßig ist eine **Delegation ausgeschlossen**, wo die Leistungen wegen ihrer Schwierigkeiten, ihrer Gefährlichkeit oder wegen der Unvorhersehbarkeit etwaiger Reaktionen ärztliches Fachwissen voraussetzen und deshalb vom Arzt persönlich durchzuführen sind.[2753] Die Übertragung einer generell oder im Einzelfall nicht delegierbaren Aufgabe auf nichtärztliches Personal stellt einen **Behandlungsfehler** dar.[2754] Für einen solchen Fehler haften der delegierende Arzt und der Krankenhausträger deliktisch in jedem Fall (§§ 823 Abs. 1, 831 Abs. 1, 31 BGB) und bei entsprechender Vertragsgestaltung[2755] auch vertraglich (§§ 280 Abs. 1, 31 BGB) gesamtschuldnerisch. Das pflegerische Personal haftet deliktisch selbst, wenn es die übertragene Aufgabe trotz Zweifeln an der Ordnungsgemäßheit der Übertragung ausführt, ohne seine Bedenken weiterzutragen.[2756]

1897 ❗ – Bei der deliktischen Haftung des Krankenhausträgers steht die Organisationshaftung im Vordergrund: Die Rechtsprechung ordnet Qualitätsmängel in der Organisation haftungsrechtlich ein, wodurch die Qualität und nicht persönliche Schuld zum Anknüpfungspunkt der Haftung wird. Damit ist ein wesentlicher Schritt in Richtung einer verschuldensunabhängigen Haftung getan, weshalb sich der Pa-

---

2750 OLG Brandenburg VersR 2010, 1601.
2751 BGH NJW-RR 2007, 310.
2752 OLG Dresden MedR 2009, 410.
2753 Kunte SGb 2009, 689, 690 m.w.N.
2754 Laufs/Kern in: Laufs/Kern § 100 Rn. 17.
2755 Totaler Krankenhausvertrag mit Arztzusatzvertrag; siehe oben Rdn. 743 ff.
2756 Laufs/Kern in: Laufs/Kern § 100 Rn. 17.

tientenanwalt bemühen sollte, Mängel in der Organisation aufzudecken.

– In die Krankenhausbehandlung sind regelmäßig mehrere Behandler
verschiedener Fachrichtungen einschließlich ihrer nachgeordneten
ärztlichen und nichtärztlichen Mitarbeiter beteiligt. Es gelten insoweit die Grundsätze der horizontalen und vertikalen Arbeitsteilung.
Danach kann jeder, der in die Behandlung involviert ist, grundsätzlich auf die fehlerfreie Mitwirkung fachfremder Kollegen und die
Richtigkeit etwaiger Weisungen seiner Vorgesetzten vertrauen (Vertrauensgrundsatz).

– Dieses Vertrauen endet allerdings dort, wo sich Zweifel an der fachlichen Qualifikation oder Leistung des Kollegen oder Vorgesetzen
aufdrängen müssen.

– Die Delegation ärztlicher Aufgaben auf nichtärztliches Personal darf
nur dann erfolgen, wenn die Aufgabe nicht dem Arzt vorbehalten
ist, wie dies insbesondere bei der Aufklärung der Fall ist. Bei der
Delegation der Aufklärung an nachgeordnete Ärzte hat der delegierende Arzt ggf. darzulegen, welche Maßnahmen organisatorischer
Art er getroffen hat, um eine ordnungsgemäße Aufklärung durch
den nichtoperierenden Arzt sicherzustellen und welche Maßnahmen
er ergriffen hat, um die ordnungsgemäße Umsetzung der von ihm
erteilten Aufklärungsanweisungen zu überwachen.

III. Haftung für Behandlungsfehler im MVZ

1. Vertragliche Haftung

a) Behandlungsvertrag

Der Behandlungsvertrag[2757] kommt stets mit dem MVZ-Träger einerseits **1898**
und dem Patienten andererseits zustande.

Wird das MVZ in der Rechtsform einer **juristischen Person** des Privat- **1899**
rechts, z.B. einer GmbH, betrieben, wird die GmbH Vertragspartnerin. Die
maßgeblichen Daten für die Geltendmachung von zivilrechtlichen Ansprüchen ergeben sich regelmäßig aus dem Briefbogen oder sind im Wege einer
Handelsregisterauskunft leicht zu beschaffen. Die Möglichkeit, die Gesellschafter neben der Gesellschaft quasi im Rahmen einer Durchgriffshaftung
für Behandlungsfehler in Anspruch zu nehmen, besteht nicht. Eine Haftung
kann sich allenfalls aus Delikt ergeben.

Ist eine **BGB-Gesellschaft** Trägerin eines MVZ, kommt der Behandlungs- **1900**
vertrag zwischen der Gesellschaft und dem Patienten zustande. Mangels der
Existenz eines Registers für BGB-Gesellschaften wird es nicht immer leicht

---

2757 Speziell zur Haftung auch im MVZ Steffen, MedR 2006, 75.

Möller

feststellbar sein, wer deren Gesellschafter sind. Sollte eine Anfrage an den Zulassungsausschuss erfolglos sein, kann es sich anbieten, dass der Patient die Informationen durch Einschaltung seiner gesetzlichen Krankenversicherung beschafft.

1901 Bei einer **Partnerschaftsgesellschaft** sind die für die Geltendmachung von Ansprüchen benötigten Angaben – sofern sich diese nicht auf dem Briefbogen befinden – durch Einsichtnahme in das Partnerschaftsregister zu ermitteln.

Haftung MVZ

Träger GmbH
- GmbH haftet

Träger BGB-Gesellschaft
- BGB-Gesellschaft haftet

Träger Partnerschaftsgesellschaft
- PartG haftet

Träger Einzelperson
- Einzelperson haftet

1902 Auch eine einzelne **natürliche Person** kommt als Gründer eines MVZ und damit als Partei des Behandlungsvertrages in Betracht, sofern die Errichtungsvoraussetzungen im Übrigen erfüllt sind. Ob dies auch für einen Nicht-Arzt gilt, ist umstritten. Teilweise wird dies – zu Unrecht – damit verneint, dass ein Nicht-Arzt nicht persönlich für die Erfüllung des Behandlungsvertrages einstehen könne.[2758] Insofern wird übersehen, dass die Leistungserbringung im MVZ durch angestellte Ärzte erfolgen kann.

1903 Der MVZ-Träger haftet für hinzugezogene Leistungserbringer – z.B. Konsiliarärzte – über § 278 BGB ohne Exkulpationsmöglichkeit.[2759] Erbringt das MVZ nichtärztliche Leistungen – z.B. Physiotherapie durch angestellte Physiotherapeuten – werden diese ebenso wenig Partner des Behandlungsvertrages wie die im MVZ angestellten Ärzte. Für ihre Behandlungsfehler ist der MVZ-Träger ebenfalls gemäß § 278 BGB verantwortlich.

2758 Schirmer, Kap. I 3.1.1 (S. 307).
2759 Ratzel in Dahm/Möller/Ratzel, Kap. XI Rn. 15.

b) MVZ als Institution des Sozialrechts

Das Recht des Kassenpatienten auf freie Wahl der zur vertragsärztlichen **1904** Versorgung zugelassenen Leistungserbringer erstreckt sich ausdrücklich auch auf MVZ (§ 76 Abs. 1 S. 1 SGB V). MVZ sind primär vertragsärztliche Leistungserbringer. Die für Vertragsärzte geltenden Rechte und Pflichten bestimmen den Rahmen auch der MVZ-Tätigkeit (§ 95 Abs. 3 S. 3 SGB V, § 1 Abs. 3 Ärzte-ZV)! Dies ist haftungsrechtlich insofern relevant, als die vertragsarztrechtlichen Qualitätssicherungsvorgaben vollumfänglich auch von den MVZ-Ärzten zu beachten sind.

Die Einbindung des MVZ in die Koordinaten des sozialrechtlichen Leis- **1905** tungserbringerrechts ändert nichts an der zivilrechtlichen Natur des Behandlungsverhältnisses (§§ 69, 76 Abs. 4 SGB V).[2760] Gegenüber Kassenpatient und Privatversichertem sind grundsätzlich die gleichen medizinischen Standards einzuhalten.[2761]

2. Deliktische Haftung

Die im MVZ tätigen Ärzte, seien sie angestellt[2762] oder als Vertragsärzte ein- **1906** gebunden, haften deliktisch. Zudem wird ihr Handeln gemäß § 831 BGB dem MVZ-Träger zugerechnet, wobei sich dieser gemäß § 831 Abs. 1 S. 2 BGB entlasten kann. Die Beweislast dafür, dass die notwendige Sorgfalt bei der Auswahl der angestellten Ärzte beachtet wurde, hat der MVZ-Träger; dies gilt auch für den Nachweis der fehlenden Kausalität.

IV. Haftung in der Pflege

1. Einführung

Die gesamten Bereiche des Gesundheitswesens müssen sich seit geraumer **1907** Zeit mit einem signifikanten Anstieg von Klagen auseinandersetzen. Wenngleich in Deutschland keine einheitliche, zusammenfassende Darstellung der Zahl vermuteter oder tatsächlich nachgewiesener medizinischer und pflegerischer Behandlungsfehler existiert, steigen die gegen Ärzte, Pflegende und Einrichtungsträger geltend gemachten Schadensersatzansprüche nach übereinstimmender Auskunft der ambulanten und stationären Haftpflichtversicherer stetig an.[2763] Während Haftpflichtfälle in Pflegeeinrichtungen in früheren Jahren eher die Ausnahme waren, sind auch hier gravierende

---

2760 BGH, Urt. v. 29.6.1999 – VI ZR 24/98, NJW 1999, 2731; Urt. v. 9.12.2008 – VI ZR 277/07, NJW 2009, 993; Steffen/Pauge, Rn. 6, 58 f.
2761 Steffen, MedR 2006, 75; Steffen/Pauge, Rn. 60.
2762 Hierzu Martis/Winkhart, Rn. G 15.
2763 Großkopf/Schanz, RDG 2004, 44 ff.; Ehlers/Broglie, Arzthaftungsrecht, Rn. 22 ff.; Katzenmeier/Brennecke, in: Wenzel, Kap. 5 Rn. 86 ff.

Großkopf

Veränderungen festzustellen. Der wirtschaftliche Aufwand zur Abwicklung der Schadensersatzansprüche ist nach Angaben von Haftpflichtversicherern sprunghaft gestiegen. In den letzten Jahren soll sich die Zahl von Schadensfällen je Pflegeheim zum Teil vervierfacht haben.[2764]

1908 Die Behandlungsseite muss sich demnach vermehrt auf berechtigte, wie unberechtigte Haftpflichtansprüche einstellen. Gründe hierfür dürften in der erhöhten Sensibilisierung der Patienten[2765] und deren Angehörigen durch die Medien, stetig wachsenden Anforderungen an den Umfang der pflegerischen Tätigkeit, dem Problem qualifiziertes Personal zu finden sowie dem Voranschreiten des medizinisch-pflegerischen Wissens- und Entwicklungsstands zu suchen sein. Falls einem Patienten im Zusammenhang mit der Pflege ein Schaden entsteht, ist zu prüfen, ob daraus Schadensersatzansprüche resultieren und gegen welchen Anspruchsgegner sie aufgrund welcher Anspruchsgrundlage durchsetzbar sind.

2. Abgrenzung vertragliche/deliktische Haftung

1909 Die für Schadensersatzansprüche zur Verfügung stehenden Rechtsgrundlagen sind aus Vertrag und/oder Delikt herleitbar; **aus Sicht des klägerischen Anwaltes** stellt sich als Vorüberlegung zunächst die grundsätzliche Frage, wie ein Schadensersatzanspruch am **schnellsten** und **leichtesten** durchsetzbar ist.

a) Ansprüche aus Vertrag

1910 Verträge schließt der Patient regelmäßig nur mit dem Krankenhaus bzw. der Pflegeeinrichtung und nicht mit dem dort tätigen Personal (Ärzte, Pflegende), so dass eine unmittelbare vertragliche Haftung Letztgenannter nicht in Frage kommt. Nur im belegärztlichen Bereich kann ausnahmsweise eine direkte Haftung in Betracht gezogen werden, wenn zusätzlich zu dem Heim-/Krankenhausaufnahmevertrag ein Belegarztvertrag vereinbart worden ist und der Patient von dem Belegarzt selbst, oder von einem seiner Erfüllungsgehilfen geschädigt wird. Die vertragliche Haftung für eigenes Verschulden folgt aus § 280 BGB; gemäß § 278 BGB muss der Vertragspartner auch für schuldhaftes und schädigendes fremdes Verhalten dritter Personen, die zur Erfüllung der vertraglich geschuldeten Pflichten eingesetzt wurden – die sog. »Erfüllungsgehilfen« – haften.

b) Ansprüche aus Delikt

1911 Neben der Inanspruchnahme aus Vertrag kommt eine Schadensersatzhaftung der unmittelbar handelnden Personen (Arzt/Pflegende) aus unerlaub-

---

2764 Tacke/Sittaro, Dtsch Arztebl 2003, 100 (8).
2765 Im Folgenden sind, sofern sich aus dem Kontext nichts anderes ergibt, mit dem Begriff »Patient« auch Bewohner bzw. Klienten von Pflegeeinrichtungen gemeint.

ter Handlung gem. § 823 BGB und/oder des Trägers einer Gesundheitseinrichtung gem. § 831 BGB in Betracht. In Abgrenzung zur vertraglichen Haftung, bei der eigenes und fremdes Verschulden zu vertreten ist, setzt die deliktische Haftung immer eigenes Verschulden des Anspruchgegners voraus: Ansprüche aus § 823 BGB sind mithin bei vorsätzlicher oder fahrlässiger Verletzung der Rechte des Patienten durch den Handelnden denkbar. Für eine deliktische Haftung des Trägers einer Einrichtung gem. § 831 BGB muss der Einrichtung vom Kläger zudem ein eigenes Verschulden bei der Auswahl und/oder Überwachung (sog. **Organisationsverschulden**) seiner Verrichtungsgehilfen nachgewiesen werden. Gemäß § 831 Abs. 1 S. 2 BGB besteht für den Einrichtungsträger jedoch die Möglichkeit der Exkulpation, wenn er sorgfältigste Auswahl bzw. Überwachung des eingesetzten Personals und der eingesetzten Hilfsmittel nachweisen kann. Im Ergebnis bedeutet dies für den klägerischen Anwalt, dass er nicht nur der handelnden Person, sondern auch der Einrichtung deren eigenes schuldhaftes Verhalten nachweisen muss, wodurch die deliktische Haftung gegenüber der Einrichtung im Verhältnis zur vertraglichen ungleich schwerer durchzusetzen ist und daher in der forensischen Praxis zunehmend an Bedeutung verliert. Im Folgenden wird deshalb nur die vertragliche Haftung beleuchtet, da sie nach der Schadensersatzreform[2766] im Jahr 2002 die maßgebliche Anspruchsgrundlage im gesamten Problemfeld der Schadensersatzhaftung in der Pflege darstellt.

> ❗ Ansprüche aus vertraglicher Haftung sind für den geschädigten Patienten (Kläger) deutlich einfacher durchsetzbar als Ansprüche aus deliktischer Haftung, da bei der vertraglichen Haftung die in Anspruch genommene Gesundheitseinrichtung sowohl eigenes, als auch fremdes Verschulden zu vertreten hat.

2766 Durch das Zweite Gesetz zur Änderung schadensersatzrechtlicher Vorschriften vom 19.07.2002 (BGBl. I, 2034), in Kraft getreten am 01.08.2002.

Großkopf

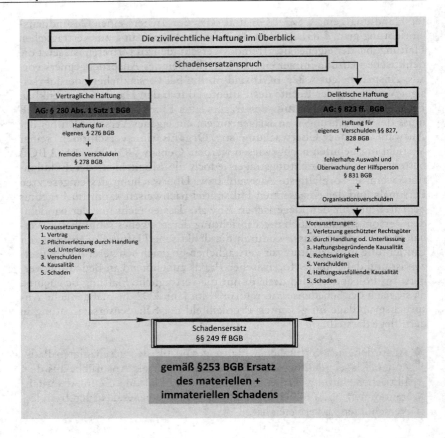

3.   Anspruchsvoraussetzungen der vertraglichen Haftung

1912   Die Anspruchsvoraussetzungen des § 280 BGB – Schadensersatz wegen
Pflichtverletzung – gliedern sich wie folgt:
- Schaden: Ein materieller oder immaterieller Schaden muss eingetreten
  sei. (Kein Schadensersatz ohne Schaden)
- Vertrag: Zum Zeitpunkt der Pflichtverletzung muss zwischen Anspruch-
  steller und Schuldner ein vertragliches Schuldverhältnis bestehen.
- Behandlungsfehler/Sorgfaltspflichtverletzung: Eine aus dem Vertrag
  resultierende Haupt- und/oder Nebenleistungspflicht muss durch den
  Schuldner verletzt worden sein.
- Verschulden: Gemäß § 276 BGB muss der Schuldner vorsätzlich oder
  fahrlässig gehandelt haben.
- Kausalität: Zwischen dem entstandenen Schaden und der Pflichtverlet-
  zung muss ein Kausalzusammenhang bestehen.

Großkopf

Blickwinkel Patient – Beweisverteilung

Der klägerische Anwalt muss alle zuvor genannten anspruchsbegründenden Voraussetzungen beweisen. Diese Beweislastregelung ist Ausfluss des Beibringungsgrundsatzes im Zivilprozess;[2767] im Falle der Nichtbeweisbarkeit droht das Risiko des Prozessverlustes.[2768]

1913

Blickwinkel Gesundheitseinrichtung – Beweisverteilung

Die Gesundheitseinrichtung muss dafür Sorge tragen, dass die ursprüngliche Beweisverteilung nicht gefährdet wird. Mithin muss aus Sicht der Einrichtung eine Beweiserleichterung zu Gunsten des klagenden Patienten zwingend vermieden werden. In der weiteren Darstellung werden die Anspruchsvoraussetzungen des § 280 BGB abgearbeitet und die in der Pflege regelmäßig vorkommenden Sonderprobleme im Zusammenhang mit den verschiedenen Formen der Beweiserleichterung dargestellt.

1914

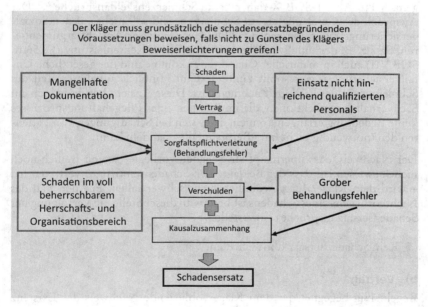

a) Schaden

Dem Patienten muss ein nachweisbarer Schaden entstanden sein. Hier ist bezüglich des Klagebegehrens zu unterscheiden.

1915

2767 BVerfG 52, 145; BGH VersR 85, 545.
2768 Baumbach/Lauterbach, § 286 Rn. 2.

Großkopf

Blickwinkel Patient – Schaden

1916   Geschädigte Patienten klagen zumeist auf Ersatz des immateriellen Schadens in Form eines Schmerzensgeldes gem. § 253 Abs. 2 BGB.

Blickwinkel Sozialversicherungsträger – Schaden

1917   Sozialversicherungsträger/Krankenkassen verlangen – nach Forderungsübergang gem. § 116 SGB X – regelmäßig den Ersatz des materiellen Schadens in Form von Verdienstausfall/Behandlungskosten. Ist wegen einer Verletzung des Körpers oder der Gesundheit gem. § 253 Abs. 2 BGB Schmerzensgeld zu zahlen, steht dieser immaterielle Haftungsmaßstab in Geld in keiner sachlichen Kongruenz zu den vom Sozialversicherungsträger zu erbringenden Leistungen,[2769] denn auf der sozialversicherungsrechtlichen Ebene werden lediglich materielle Schäden ausgeglichen.[2770] Nach herrschender Meinung[2771] erfasst der gesetzliche Forderungsübergang gem. § 116 Abs. 1 SGB X daher keine Schmerzensgeldansprüche.[2772] Der Anspruch des Geschädigten auf Schmerzensgeld soll nicht auf den Sozialversicherungsträger übergehen.[2773] Die Gegner dieser Ansicht argumentieren, dass z. B. der unfallversicherungsrechtlichen Rentenleistung (§§ 56 ff. SGB VII) auch immaterieller Charakter zukomme und der gesetzliche Unfallversicherungsträger somit zumindest im Hinblick auf diesen Teil des Schmerzensgeldes Rückgriff nehmen darf. Diese Ansicht beruht jedoch auf Sachverhaltskonstruktionen, die im Rahmen eines Pflegehaftungsprozesses keine Bedeutung erlangen können, da es sich bei Schädigungen von Patienten denknotwendig nicht um »Berufsunfälle« handeln kann.

1918   Der Nachweis, dass überhaupt ein Schaden vorliegt – womit freilich noch nicht bewiesen ist, dass der Beklagte den Schadenseintritt zu vertreten hat – wird dem Kläger für gewöhnlich nicht schwer fallen. Für den Fall des Nichtvorliegens eines Schadens ist bereits an dieser Stelle die Verfolgung des Schadensersatzanspruches einzustellen.

❗ Kein Schadensersatz ohne Schaden!

b) Vertrag

1919   Regelmäßig begegnet der dem Kläger obliegende Nachweis der Existenz eines Vertrages, aus welchem im Bereich der Pflege Schadensersatzansprüche hergeleitet werden können, keinen besonderen Schwierigkeiten. Unabhängig von dem kranken- und pflegeversicherungsrechtlichen Status des Patienten wird der Umfang der pflegerischen Leistung in Heimverträgen,

2769   Palandt/Grüneberg, § 253 Rn. 22.
2770   BGHZ 153, 113 (122 f.).
2771   BGH VersR 70, 1054.
2772   Von Koppenfels-Spies, Die cesso legis, 244.
2773   Palandt/Grüneberg, Vorb. v. § 249 Rn. 117.

Großkopf

ambulanten Behandlungsverträgen bzw. Krankenhausaufnahmeverträgen schriftlich fixiert.

Anders verhält sich die Situation hingegen bei medizinischen **Notfallbe-** **1920** **handlungen,** die ohne konkludente oder ausdrückliche Willenserklärung zustande kommen. Der Patient kann infolge seines Gesundheitszustandes den Behandlungsvertrag nicht selbst abschließen, gleichwohl müssen die medizinisch-pflegerischen Leistungen unverzüglich in seinem mutmaßlichen Interesse erbracht werden. Der Fremdgeschäftsführungswille wird in einer medizinischen Notfallsituation nach herrschender Lehre regelmäßig vermutet.[2774] Bei fehlerhaft durchgeführten **Notfallmaßnahmen** muss mangels vorheriger Fixierung vertraglicher Vereinbarungen zur Geltendmachung von Schadensersatzansprüchen auf das Rechtsinstitut der Geschäftsführung ohne Auftrag (**GoA**) gem. §§ 677 ff. BGB zurückgegriffen werden. Eine medizinische Notfallsituation liegt vor, wenn sich der Patient in einer akuten Lebensgefahr befindet bzw. sie ihm unmittelbar droht oder, falls für ihn die Gefahr schwerer, irreparabler Gesundheitsschäden besteht, wenn er nicht unverzüglich die erforderliche medizinische Versorgung erhält.[2775]

Blickwinkel Patient – Vertrag
Die zufällige Übernahme von Erste-Hilfe-Leistungen erfolgt in der Regel **1921** aufgrund eines unentgeltlichen Auftrags (§ 662 BGB) und nicht aufgrund eines Behandlungsvertrages (§ 611 BGB). Im Rahmen eines unentgeltlichen Auftragsverhältnisses gilt grundsätzlich das Haftungsprivileg des § 680 BGB, nach dem vom Nothelfer nur Vorsatz und grobe Fahrlässigkeit zu vertreten ist. Nach einer Entscheidung des OLG München[2776] wegen einer fahrlässigen, sorgfaltswidrigen Notfallbehandlung sprechen allerdings gute Gründe dafür, dem professionellen notfallmedizinischen Helfer diese Privilegierung zu versagen, d.h. für den Haftungsmaßstab von nothelfenden Pflegekräften können sämtliche Ausprägungen der Fahrlässigkeit (leichte, mittlere und grobe) herangezogen werden. Diese Haftungsmaßstäbe gelten selbstverständlich auch für die entgeltliche Geschäftsführung ohne Auftrag, welche im institutionalisierten Bereich einer Gesundheitseinrichtung im Rahmen einer Nothilfesituation erbracht werden.

c) Sorgfaltspflichtverletzung

Unter der Anspruchsvoraussetzung »Sorgfaltspflichtverletzung« wird ge- **1922** prüft, ob die am Patienten vollzogene pflegerische Maßnahme fehlerhaft gewesen ist.

2774 BGH NJW 1963, 1825.
2775 Killinger, Die Besonderheiten der Arzthaftung im medizinischen Notfall, 2009, 51 Rn 94.
2776 OLG München RDG 2006, 156.

Großkopf

Blickwinkel Patient – Sorgfaltspflichtverletzung

1923 Aus der Sicht des klagenden Patienten ist der erforderliche Beweis der fehlerhaften Behandlung häufig mit Problemen behaftet: In den pflegerischen Aufgabenfeldern werden zumeist Maßnahmen erbracht, die in die biologisch-physiologischen Abläufe des menschlichen Organismus eingreifen. Diese Reaktionsabläufe sind auch bei sorgfältigster Pflege und Behandlung nicht stets voll beherrschbar sowie oft unberechenbar, so dass negative Begleiterscheinungen schicksalhaft eintreten können.[2777]

1924 ▶ **Beispiel:** Ein Spritzenabszess stellt nicht zwingend einen Behandlungsfehler dar, weil ein solches Abszess auch entstehen kann, wenn Pflegende vorschriftsmäßig gehandelt haben. Ein Urteil des OLG Köln[2778] zeigt in diesem Zusammenhang auf, dass ein Spritzenabszess auch dann entstehen kann, wenn die örtliche Hautdesinfektion vorschriftsmäßig durchgeführt und ein steriles Injektionsinstrumentarium verwendet worden ist. Nach gutachterlicher Einschätzung, der sich das Gericht angeschlossen hat, kann die Entstehung eines Abszesses durchaus schicksalhaft bedingt sein, da beim Einstich der Kanüle winzige Hautpartikel mit an ihnen haftenden Keimen in die Tiefe des Gewebes gepresst werden können. Gleichwohl gilt zu beachten, dass die Desinfektionsstelle sach- und fachgerecht desinfiziert werden muss.[2779] Der Eintritt eines Gesundheitsschadens nach einer medizinischen oder pflegerischen Behandlung/Maßnahme indiziert daher nicht notwendigerweise ein ärztliches oder pflegerisches Fehlverhalten.[2780]

1925 Mithin bedeutet dies für den klagenden Patienten, dass in einem Pflegehaftungsprozess aus dem Vorhandensein des Schadens nicht notwendigerweise zugleich auch der Beweis einer schuldhaften Sorgfaltspflichtverletzung des handelnden Pflegenden resultiert. Der klagende Patient wird deshalb mit den Mitteln der Zivilprozessordnung den Beweis erbringen müssen, dass der eingetretene Schaden auf einen Behandlungsfehler des handelnden Pflegenden zurückzuführen ist.

2777 BGH NJW 1978, 1681.
2778 OLG Köln VersR 1988, 44.
2779 OLG Naumburg RDG 2009, 132.
2780 Vgl. BGH NJW 1991, 1540.

Großkopf

aa) Problemstellung Beweismittel

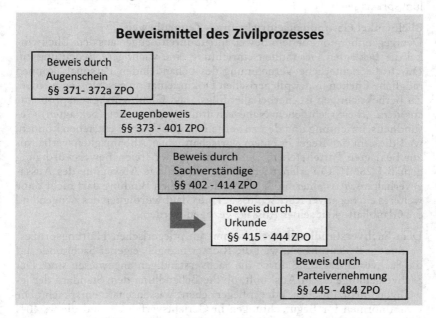

Beweismittel des Zivilprozesses

Beweis durch Augenschein §§ 371- 372a ZPO

Zeugenbeweis §§ 373 - 401 ZPO

Beweis durch Sachverständige §§ 402 - 414 ZPO

Beweis durch Urkunde §§ 415 - 444 ZPO

Beweis durch Parteivernehmung §§ 445 - 484 ZPO

Der **Augenscheinsbeweis** gemäß § 371 ZPO, stellt ein Beweismittel dar, bei welchem das Gericht sich von einer Tatsache durch unmittelbare Wahrnehmung überzeugt. Die richterliche Überzeugung beruht auf sinnlichen Wahrnehmungen wie z.B. dem Sehen, Riechen, Hören, Tasten oder Schmecken. Im pflegerischen Haftungsprozess kommt dem Augenscheinsbeweis in der Regel nur im Zusammenhang mit der Beweiskraft von EDV-gestützen Dokumentationen Bedeutung zu. Zu beachten ist hierbei, dass die (einfache) elektronische Dokumentation im Sinne des Beweisrechts keine Urkunde darstellt, weil sie nicht in verkörperter Form vorliegt und nicht ohne technische Hilfsmittel gelesen werden kann. Die Pflegedokumentation wird daher gemäß § 371 Abs. 1 S. 2 ZPO als Gegenstand des Augenscheins in den Haftungsprozess eingeführt. In diesem Fall hat das Gericht nach dem Grundsatz der freien Beweiswürdigung (§ 286 ZPO) zu entscheiden, ob die Inhalte für wahr oder für nicht wahr zu erachten sind. Eine Ausnahme besteht gemäß § 371a ZPO für qualifiziert-signierte elektronische Dokumente. Diese sind gemäß § 371a ZPO dem Urkundenbeweis gleichgestellt.

1926

Blickwinkel Patient – Zeugenbeweis
Der **Zeugenbeweis** gemäß §§ 373-401 ZPO ist regelmäßig für den klagenden Patienten von untergeordneter Bedeutung, da dieses Beweismittel voraussetzen würde, dass ein Zeuge ständig und bei jeder Behandlungsmaßnahme anwesend gewesen sein muss und die fehlerhafte Behandlung mit

1927

Großkopf

eigenen Augen gesehen hat. Eine solche Situation kommt in der Behandlungspraxis selten vor.

Blickwinkel Gesundheitseinrichtung – Zeugenbeweis

1928 Demgegenüber kommt dem Beweisantritt durch Zeugen aus dem Blickwinkel der beklagten Gesundheitseinrichtung eine wichtigere Bedeutung zu. Durch die richterliche Vernehmung des behandelnden Personals können mögliche Lücken in der pflegerischen Dokumentation geschlossen werden. Zu berücksichtigen ist hierbei allerdings, dass Glaubwürdigkeitsprobleme aus dem arbeitsrechtlichen Näheverhältnis zwischen der (beklagten) Gesundheitseinrichtung und den zu vernehmenden Zeugen entstehen können, weil diese in der Regel in einem wirtschaftlichen Abhängigkeitsverhältnis zur beklagten Partei stehen. Der Grundsatz der freien Beweiswürdigung gemäß § 286 ZPO verlangt jedoch eine sorgfältige Abwägung des Aussageverhaltens. Aus einer bloßen arbeitsrechtlichen Bindung darf nicht ohne weiteres ein negativer Rückschluss auf die Glaubwürdigkeit des Zeugen und die Glaubhaftigkeit seiner Aussage gezogen werden.

1929 Dem **Sachverständigenbeweis** kommt im pflegerischen Haftungsprozess besondere Bedeutung zu, weil die Richter mangels eigener Sachkunde auf die Sachverhaltsklärung durch die Sachverständigen angewiesen sind. Der Sachverständige erteilt Auskunft, ob die Behandlung dem Standard der jeweiligen medizinischen oder pflegerischen Wissenschaft entsprach. Die Grundnormen für Begutachtungen in Gerichtsverfahren sind die §§ 404-411 ZPO. Auf diese Vorschriften wird von der Mehrzahl der Prozess- und Verwaltungsverfahrensordnungen Bezug genommen (z.B. §§ 108 ff. SGG, § 21 SGB X). Die Auswahl des Sachverständigen liegt in der Entscheidung des Gerichts. Oft weiß der Richter auf Grund seiner Erfahrung aus früheren Prozessen, wer als Sachverständiger für die spezifisch zu beurteilende pflegerische Frage geeignet ist. Ansonsten kann er in die Sachverständigenverzeichnisse der Gerichte einsehen. Öffentlich bestellte Sachverständige sind nach § 404 Abs. 2 ZPO bevorzugt heranzuziehen. Gerichtliche Sachverständige können wegen der Besorgnis der Befangenheit innerhalb von zwei Wochen nach Verkündung bzw. Zustellung des Beschlusses über die Ernennung des Sachverständigen abgelehnt werden (§ 406 Abs. 2 ZPO). An die Einigung der Parteien über eine bestimmte Person als Sachverständiger ist das Gericht demgegenüber gebunden (§ 404 Abs. 4 ZPO). Für den Aufbau und den Inhalt des Sachverständigengutachtens gibt es keine gesetzlichen Vorgaben. Grundsätzlich kann das Gericht gemäß § 411 ZPO eine mündliche oder schriftliche Begutachtung anordnen. Oberstes Prinzip ist die Wissensvermittlung. In dem Gutachten des Sachverständigen sind diejenigen Teile des speziellen Fachwissens aufzunehmen, die zum Ausgleich des Wissensdefizites beim Gericht erforderlich sind. Gefordert wird eine medizinisch-pflegerische-/naturwissenschaftliche Argumentation. Im medizinisch-pflegerischen Haftpflichtbereich kommt es nach einer Entscheidung des OLG

Großkopf

Karlsruhe einem Verfahrensfehler nahe, ein Sachverständigengutachten nur mündlich erstatten zu lassen.[2781] Über dieses richterrechtlich geprägte Erfordernis der Schriftlichkeit von Gutachten belegt die zivilprozessuale Praxis zudem, dass die zusätzliche mündliche Erörterung zwischen Richter und Sachverständigen das Verständnis zwischen den Disziplinen begünstigt.

Der **Urkundenbeweis** zeichnet sich im Zivilprozess durch einen hohen Beweiswert aus, denn die spätere beweiskräftige Verwendung ist den festgelegten Informationen wesensimmanent. Die Rekonstruktion des Behandlungsgeschehens und der Abgleich des Behandlungsfehlers mit der geforderten Behandlungsqualität durch den Sachverständigen können in der Regel nur auf der Basis der Dokumentation erfolgen. Überdies unterfällt die Pflegedokumentation auch der Definition des Tatbestandsmerkmals der »Urkunde« gemäß § 267 StGB, d.h. die Pflegedokumentation ist der Sicherheit und Zuverlässigkeit des Beweisverkehrs insgesamt gewidmet. Die strafrechtliche Bedeutung wird daher auch von der Zivilprozessordnung widergespiegelt. Neben der Wahrnehmung der Aufklärungsobliegenheiten durch die Zuziehung von Sachverständigen nimmt das Zivilgericht seine Prozessführungspflicht regelmäßig durch die Beiziehung der Krankenunterlagen wahr.[2782] Urkunden im Sinne der §§ 415 ff. ZPO sind durch Niederschrift verkörperte Gedankenerklärungen, die geeignet sind, Beweis für streitiges Parteivorbringen zu erbringen.

1930

bb) Problemstellung Pflegedokumentation

Aufgrund des Vorgesagten kommt der Pflegedokumentation im Pflegehaftungsprozess eine überragende Bedeutung zu. Im Folgenden wird auf die spezifischen Fragestellungen der pflegerischen Dokumentation einzugehen sein.

1931

Blickwinkel Patient – Pflegedokumentation

Zum Beweis der (fehlerhaft) durchgeführten Maßnahme ist der klagende Patient – meist mangels anderweitiger Beweismöglichkeiten – darauf angewiesen, auf die pflegerische Dokumentation zurückzugreifen. Nach ständiger Rechtsprechung[2783] gewähren die Gerichte etwa bei mangelhafter (unvollständige, lückenhafte widersprüchlich oder gar manipulierte) Dokumentation dem klagenden Patienten Beweiserleichterungen, die sich bis hin zu einer Beweislastumkehr zu Lasten der beklagten Einrichtung verdichten können.

1932

Blickwinkel Gesundheitseinrichtung – Pflegedokumentation

Für die Inhalte der Pflegedokumentation gilt aufgrund ihres Urkundencharakters eine Wahrhaftigkeitsvermutung. Mithin ist die lückenlose und voll-

1933

2781 OLG Karlsruhe VersR 1989, 810.
2782 BGH VersR 1982, 168; OLG Köln VersR 1987, 164; KG Berlin VersR 1986, 769.
2783 BGH NJW 1983, 2935; 1986, 2365; 1988, 762; 1989, 2330.

Großkopf

ständige Pflegedokumentation für die Gesundheitseinrichtung meist prozessentscheidend. Nachfolgend werden die wesentlichen Grundsätze zur Führung einer ordnungsgemäßen Dokumentation dargstellt.

(1) Verpflichtung zur Dokumentation

1934 Sowohl Pflegenden, als auch Ärzten obliegt die Pflicht zur Dokumentation, die aus gesetzlicher, vertraglicher oder anderer Grundlage abgeleitet werden kann. Die pflegerischen Dokumentationspflichten sind gesetzlich im Krankenpflegegesetz (§ 3 Abs. 2 KrPflG) i.V.m. der Ausbildungs- und Prüfungsverordnung für die Berufe in der Krankenpflege (KrPflAPrV) und im Altenpflegegesetz (§ 3 Abs. 1 AltPflG) i.V.m. der Ausbildungs- und Prüfungsverordnung für den Beruf der Altenpflegerin und des Altenpflegers (AltPflAPrV) geregelt. Nach diesen Vorschriften müssen Gesundheits- und Krankenpfleger sowie Altenpfleger dazu befähigt sein, eigenverantwortlich die Durchführung und Dokumentation der Pflege auszuführen, bzw. diejenigen Verwaltungsarbeiten zu erledigen, die in unmittelbarem Zusammenhang mit ihren Aufgaben stehen. Daneben folgt als Nebenleistungspflicht aus dem Vertragsrecht in Gestalt des Behandlungsvertrags oder Krankenhausaufnahmevertrages eine Pflicht die erbrachten Leistungen im erforderlichen Umfang zu dokumentieren. Die Dokumentationspflicht ist daher auch eine dem Patienten dienstvertraglich geschuldete Nebenpflicht[2784] und kann darüber hinaus aus dem Persönlichkeitsrecht des Patienten hergeleitet werden.[2785]

1935 Daneben bestehen sozialgesetzliche Dokumentationsverpflichtungen. Werden Leistungen erbracht, die nach dem Recht der gesetzlichen Krankenversicherung abrechnungsfähig sind, müssen diese aufgezeichnet und den mit der Datenverarbeitung beauftragten Stelle mitgeteilt werden (§§ 294, 302 SGB V). Im sozialen Pflegeversicherungsrecht ergibt sich die Aufzeichnungspflicht aus den Qualitätsgrundsätzen nach § 113 SGB XI und ist auf Länderebene in den jeweiligen Rahmenvereinbarungen niedergelegt (§ 75 SGB XI). Darüber hinaus ist die Dokumentation als Instrument im Pflegesatzverfahren gemäß § 85 SGB XI zu berücksichtigen und kann vom Einrichtungsträger zum Nachweis seiner Leistungserbringung genutzt werden (§§ 104, 105 SGB XI). Zudem sind die Heimträger nach den heimrechtlichen Regelungen zu umfangreichen Aufzeichnungen verpflichtet. Nach dem Heimgesetz in der Fassung der Bekanntmachung vom 05.11.2001,[2786]

2784 BGHZ 72, 132 (137).
2785 BGHZ 99, 391 (397).
2786 In diesem Zusammenhang ist zu beachten, dass durch das im Rahmen der Föderalismusreform II erlassene Gesetz zur Änderung des Grundgesetzes (Artikel 22, 23, 33, 52, 72, 73, 74, 74a, 75, 84, 85, 87c, 91a, 91b, 93, 98, 104a, 104b, 105, 107, 109, 125a, 125b, 125c, 143c) vom 28.8.2006 (BGBl. I, 2034) die Gesetzgebungskompetenz zum Heimrecht vom Bund auf die Länder verlagert wurde. Die bisherigen bundeseinheitlichen Regelungen gelten dabei gem. Art. 125a

Großkopf

welches zurzeit in manchen Bundesländern noch Anwendung findet, sind die Stammdaten der Bewohner zu erheben (§ 13 Abs. 1 Nr. 4 HeimG), die Verabreichung von Medikamenten (§ 13 Abs. 1 Nr. 5 HeimG) und die Pflegeplanungen und Pflegeverläufe aufzuzeichnen (§ 13 Abs. 1 Nr. 6 HeimG).

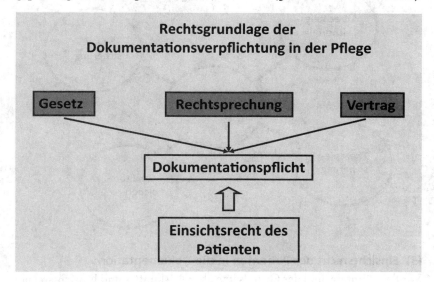

(2) Ziel der Dokumentation

Die Pflegedokumentation soll die Sicherheit des Patienten gewährleisten[2787] **1936** und zwar indem durch sie Doppeluntersuchungen und Komplikationen vermieden und Therapiesicherheit erreicht wird. Wegen des arbeitsteiligen Behandlungsablaufs in den Einrichtungen des Gesundheitswesens muss das übernehmende Personal anhand der Dokumentation alle notwendigen Einzelheiten der bisherigen Behandlung erfahren können. Insoweit dient die Pflegedokumentation dem ärztlichen und nichtärztlichen Personal auch als Arbeitsmittel im Sinne einer Gedächtnisstütze. Neben dem therapie- und qualitätssichernden Charakter wird die Pflegedokumentation auch im Rahmen der Kostenübernahme/-erstattung als Instrument der Abrechnungssicherung herangezogen. Die Nutzung der gesammelten Daten zur Beweissicherung ist mithin nicht das primäre Ziel der Pflegedokumentation, aber für den klagenden Patienten häufig das einzige Mittel die Behandlungsmaßname zu verifizieren.

GG so lange fort, bis sie durch landesspezifische Regelungen zur Versorgung von pflegebedürftigen Personen ersetzt werden, was derzeit sukzessive erfolgt.
2787   BGH NJW 1986, 2365.

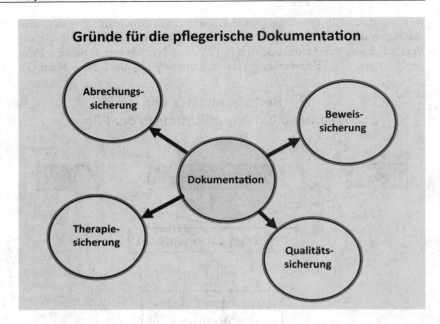

Gründe für die pflegerische Dokumentation

Abrechungs-sicherung

Beweis-sicherung

Dokumentation

Therapie-sicherung

Qualitäts-sicherung

(3) Einsichtsrecht des Patienten in die Dokumentation

1937 Vor dem Hintergrund der Grundsätze über Auskunfts- und Einsichtsrechte im Anwendungsbereich des BGB können prozessvorbereitende Auskunfts- oder Einsichtsbegehren an das Krankenhaus oder den Pflegeeinrichtungs-träger nicht als unangemessenes oder jeder Rechtsgrundlage entbehrendes Ansinnen angesehen werden.

1938 Nach einer alten Auffassung waren die ärztlichen Aufzeichnungen lediglich als Gedächtnisstütze bestimmt, weshalb für die Annahme eines Einsichts-rechtes für den Patienten kein Raum vorhanden war. Teilweise wurde sogar ein Urheber- und Eigentumsrecht des Arztes befürwortet und dem Patien-ten sollte wegen mangelnder Fachkunde die Einsicht vorenthalten bleiben. Nach heutiger Ansicht besteht kein Zweifel, dass dem Patienten grundsätz-lich das Recht zusteht, in die über ihn angefertigten ärztlichen und pflegeri-schen Dokumentationen Einsicht zu nehmen. Diese Auffassung entspricht einem Verständnis, den Patienten als eigenverantwortlichem Menschen mit verfassungsrechtlich verankertem Selbstbestimmungsrecht wahrzunehmen. Der Patient erscheint heute im medizinischen Bereich nicht als bloßes Ob-jekt ärztlicher Heilung und Fürsorge; zu seiner Würde gehört vielmehr un-trennbar die freiverantwortliche Entscheidung über sich selbst sowie die Möglichkeit, die ärztliche Behandlung selbständig und kritisch überprüfen zu können. Hierzu gehört notwendigerweise die Kenntnis seines Krank-heitsbildes und dem ärztlichen Behandlungsablauf. Nach einer Entscheidung des LG Kiel[2788] sind dem Patienten sogar die ihn betreffenden **Originalbehandlungsunterlagen** vorzulegen. Nach Auffassung des Gerichts kann der Patient nur durch die Einsichtnahme in die Originalbehandlungsunterlagen seinen Kontrollanspruch in ausreichendem Umfang ausüben. Der Anspruch auf Herausgabe von Kopien ersetzt mithin nicht das Einsichtsrecht in die Originalbehandlungsunterlagen. Eine längere und zeitaufwendigere Suche nach den Behandlungsunterlagen ist der Gesundheitseinrichtung nach Ansicht des Landgerichtes insbesondere dann zumutbar, wenn die mit dem Auffinden der Unterlagen verbundenen Schwierigkeiten von dem Krankenhausträger selbst zu vertreten sind. Gestaltet sich die Herausgabe der Behandlungsunterlagen schwierig, erkennt die Gerichtsbarkeit ausnahmsweise den Anspruch auf Einsichtnahme aber auch schon dann als erfüllt an, wenn dem Herausgabeverlangen durch die Zurverfügungstellung von Kopien genügt wird. Immerhin erhält der Patient hierdurch die Möglichkeit des dauerhaften Zugriffs auf die pflegerische Dokumentation. Werden Kopien von der Pflegedokumentation gefertigt, ist es allgemein üblich, den Umfang der Kostenerstattung nach den Vorgaben des Gerichtskostengesetzes zu bestimmen. Demnach können für die ersten 50 Seiten je Seite 0,50 €, für jede weitere Seite 0,15 € angesetzt werden.

❗ Die folgende Aufstellung gibt einen **Überblick** über die Rechtsgrundlagen nach denen der Patient in seine Behandlungsunterlagen einsehen kann. Dieses Recht ergibt sich aus:

– § 810 BGB (Einsicht in Urkunden);[2789]
– einer Nebenpflicht aus dem Behandlungsvertrag;
– einem Urteil des Bundesverfassungsgerichtes bezügliches des Rechtes auf informelle Selbstbestimmung und der personalen Würde des Patienten;[2790]
– §§ 422 f. ZPO, die eine Verpflichtung zur Vorlage der Patientenunterlagen an das Gericht vorsehen.

(4) Inhalt und Umfang der Dokumentation

Inhalt und Umfang der Dokumentation wird nicht bestimmt durch deren beweissichernden Charakter, sondern die Dokumentation hat sich an dem Informationsgehalt, der für die Qualitäts- und Therapiesicherung erforderlich ist, zu orientieren. Es sind nur solche Maßnahmen in die Krankenunterlagen aufzunehmen, die notwendig sind, um Ärzte und Pflegepersonal über den Verlauf der Krankheit und die bisherige Behandlung im Hinblick auf künftige medizinische Entscheidungen ausreichend zu informieren.[2791]

1939

2788 LG Kiel RDG 2008, 200.
2789 Vgl. Palandt/Sprau, § 810 Rn. 5.
2790 BVerfG NJW 2006, 1116.
2791 OLG Oldenburg RDG 2008, 242 ff.   .

Großkopf

Blickwinkel Gesundheitseinrichtung – Inhalt und Umfang der Dokumentation

1940   Das bloße Auftreten einzelner Lücken in der Dokumentation stellt für sich alleine noch keinen eigenständigen Haftungsgrund dar.[2792] Selbstverständlichkeiten,[2793] oder Aufzeichnungen von Maßnahmen, die nicht geboten waren,[2794] sind nicht dokumentationspflichtig. Aus Sicht des Pflegenden sind nur die pflegerisch und die medizinisch relevanten Wahrnehmungen, sowie atypische Verläufe und Geschehnisse zu dokumentieren. Eine kontinuierliche Dokumentation sollte alle beobachteten, kommunizierten oder auf andere Weise erfassten Merkmale beinhalten, aus denen sich vergangene und zukünftig zu erbringende Leistungen für den Pflegebedürftigen ableiten lassen. Aufgrund der arbeitsteiligen Behandlungsabläufe muss das übernehmende Personal im Rahmen der horizontalen Arbeitsteilung (Arzt/Arzt, Pflegende/Pflegende) sowie das anweisende Personal im Rahmen der vertikalen Arbeitsteilung (Arzt/Pflegende, Pflegende/Hilfskraft) jederzeit in der Lage sein durch die Dokumentation alle notwendigen Einzelheiten der bisherigen Behandlung erfassen zu können. Weiter sind alle ärztlichen, bzw. pflegerischen Anordnungen sowie alle relevanten Aspekte in der Pflegeanamnese, Pflegediagnostik und Pflegetherapie unter Angabe der genauen Uhrzeit, bzw. des zeitlichen Ablaufs schriftlich festzuhalten. Bei der Aufnahme des Patienten ist dessen Pflegestatus genauestens zu dokumentieren, um eventuelle spätere Veränderungen belegen zu können. Bei der weiteren pflegerischen Versorgung des Patienten sind die Maßnahmen aufzuzeichnen, die im Rahmen der Grund- und Behandlungspflege erbracht wurden.

2792 BGH NJW 1995, 1611.
2793 OLG Köln NJW-RR 1999, 1790.
2794 BGH NJW 1999, 3408.

Großkopf

Wesentliche Inhalte der pflegerischen Dokumentation

- Pflegeanamnese

- Pflegeplanung

- Pflegebericht

- Angaben über Pflegehilfsmittel

- Angaben über durchgeführte
  Pflegeleistungen (Leistungsnachweis)

Geeignet	Sachgerecht	Kontinuierlich

Blickwinkel Patient – Inhalt und Umfang der Dokumentation

Aus Sicht des klagenden Patienten ist unter Zuhilfenahme eines Sachverständigen zu überprüfen, ob die pflegerische Dokumentation geeignet, sachgerecht, widerspruchsfrei und lückenlos geführt ist. Der Sachverständige sollte in diesem Zusammenhang darlegen, inwiefern Mängel in der Dokumentation einen Behandlungsfehler begründen können. Eine Ausdehnung dieser Beweiserleichterung wegen eines Dokumentationsmangels auf den Kausalitätsnachweis ist jedoch nur dann anzunehmen, wenn der durch die mangelhafte Dokumentation als erwiesen angesehene Behandlungsfehler durch einen Sachverständigen als ein grobes Fehlverhalten – **grober Behandlungsfehler** – bewertet wurde.[2795]

1941

▶ **Beispiel fehlerhafter Dokumentation:** Beim bettlägrigen Patienten liegt ein Dekubitusgeschwür vor und der Sachverständige stellt fest, dass zur sach- und fachgerechten Behandlung der Patient alle zwei Stunden druckentlastend umgelagert hätte werden müssen. Der Dokumentation ist nicht zu entnehmen, dass in den erforderlichen Zeitintervallen eine derartige Maßnahme durchgeführt wurde. Aus diesem Grund wird zu Lasten des Dokumentationspflichtigen – widerlegbar – vermutet, dass eine Umlagerung oder andere Form der Mobilisierung in den erforderlichen zeitlichen Intervallen nicht stattfand! Kann die beklagte Gesundheitseinrichtung die vermutete Unterlassung der Lagerung durch z. B. Heranziehung von Zeugen nicht widerlegen, wird damit die Sorgfaltspflichtverlet-

1942

2795 OLG Jena RDG 2009, 82 f.

Großkopf

zung als gegeben angenommen. Der Kläger hat nunmehr nur noch den Kausalitätsbeweis zu führen!

❗ 1. Maßnahmen, die nicht dokumentiert sind, werden als nicht durchgeführt unterstellt.
   2. Aber: Diese Vermutung ist durch den Behandelnden widerlegbar, indem er zum Beispiel durch Hinzuziehung von Zeugen beweisen kann, dass die Maßnahme trotz unterlassener Dokumentation gleichwohl erfolgt ist.[2796]
   3. Ein nicht »widerlegter Dokumentationsmangel« wirkt sich in der Regel nur beweiserleichternd auf die klägerseitig zu beweisende Sorgfaltspflichtverletzung aus.
   4. Eine Auswirkung des Dokumentationsmangels auf den Kausalitätsbeweis ist nur gegeben, wenn die durch die mangelhafte Dokumentation als erwiesen angesehene Sorgfaltspflichtverletzung durch einen Sachverständigen als ein grobes Fehlverhalten – grober Behandlungsfehler – bewertet wurde.

(5) Form der Dokumentation

1943 Die Aufzeichnungen sind so abzufassen, dass der Aufzeichnende selbst und die übrigen mit der Versorgung, Pflege und Behandlung befassten Personen diese Dokumentation verstehen können. Patienten und Juristen müssen sich ggf. durch das Fachwissen von Sachverständigen kundig machen. Die Darstellung sollte kurz und prägnant im Dokumentationsstil mit einem dokumentenechten Schreibgerät (kein Bleistift oder Tinte!) abgefasst sein. Es sollten keine Radierungen vorgenommen oder Tipp-Ex benutzt werden, so dass Eintragungsfehler als solche erkennbar bleiben. Diese sind mit einem waagerechten Strich durchzustreichen, damit der durchgestrichene Text sichtbar bleibt. Der Aussteller jedes Dokumentationseintrags muss erkennbar sein. Zur Vermeidung übertragungstechnischer und beweisrechtlicher Nachteile sollte eine zeitnahe Dokumentation erfolgen, so dass eine nachgeholte Eintragung als solche mit entsprechender Zeitangabe sowie Handzeichen gekennzeichnet werden muss. Grundsätzlich muss auch bei der digitalen Dokumentation der Aussteller erkennbar sein. Zurzeit vollzieht sich in den meisten Fachbereichen moderner Pflegeeinrichtungen/Krankenhäusern ein Übergang von der papierbasierten zur elektronischen Dokumentation. Die juristische Akzeptanz von EDV-gestützten Dokumentationen, bildgebenden Verfahren und virtuellen Aufzeichnungen ist nach den wenigen bisherigen Entscheidungen anzunehmen.[2797] Voraussetzung für die juristische Akzeptanz digitaler Dokumentationen ist, dass in dem angewendeten EDV-

---

2796 BGH NJW 1984, 1408.
2797 Vgl. dazu OLG Hamm VersR 2006, 842.

Großkopf

System besondere Sicherungsmaßnahmen existieren, die geeignet sind nachträgliche Manipulationen zu verhindern.[2798] Die Integrität elektronischer Daten kann beispielsweise durch besondere Datenträger oder durch programmtechnische Mechanismen gewährleistet werden. Unter anderem versprechen die digitale Signatur, ein Zeitstempel sowie eine revisionssichere Archivierung Sicherheit vor nachträglichen Manipulationen. Die kumulative Anwendung dieser Systeme kann eine nachträgliche Datenveränderung nahezu verhindern, bzw. eine Veränderung/Manipulation nachvollziehbar werden lassen. Kann der Nachweis von Integrität und Authentizität, eventuell durch ein zertifiziertes System, erbracht werden, spricht nichts gegen die Verwendung digitaler Dokumentation im Zivilprozess.[2799] Grundsätzlich unterliegen elektronische Dokumente zunächst gemäß § 371 Abs. 1 S. 2 ZPO dem **Augenscheinsbeweis** und damit freier richterlicher Beweiswürdigung gemäß § 286 ZPO. Auf elektronische Dokumente, die mit qualifizierter elektronischer Signatur versehen sind, finden jedoch gemäß § 371a ZPO die Vorschriften bzgl. des Beweiswertes privater Urkunden Anwendung. Voraussetzung für die Anwendung von § 371a ZPO ist, dass das elektronische Dokument den Anforderungen des Signaturgesetzes (SigG) standhält.

Weiterhin sind ein Verweis sowie die Einbeziehung von **einrichtungsinternen Standards** in die Dokumentation möglich. Ein solcher Verweis innerhalb der Dokumentation auf einrichtungsinterne Standards reduziert in erheblichem Maße den einzelnen Dokumentationsaufwand und spart damit Zeitressourcen, die der eigentlichen Hauptaufgabe der Pflegenden – der Behandlung und Pflege von Patienten – zugeführt werden können. Darüber hinaus trägt die Integration von Standards zur Vereinheitlichung der Dokumentation bei und stellt ein wesentliches Instrument der Qualitätssicherung dar. Soweit hauseigene Standards in der Einrichtung vorliegen und Maßstäbe für die Pflegequalität definieren, muss in der Dokumentation eine entsprechende Bezugnahme erfolgen. Soweit vom Standard abgewichen wird, muss die individuelle Begründung hierfür ebenfalls plausibel verschriftlicht werden.

1944

Ein hauseigener Standard kann allerdings nicht die auf den Patienten bezogene individualisierte Pflegeplanung ersetzen. Ferner sind die auf der Pflegeplanung basierenden durchgeführten Leistungen in der Dokumentation zu vermerken. In einem verwaltungsgerichtlichen Rechtsstreit sind die vorgenannten Kriterien Gegenstand der Auseinandersetzung gewesen. Der VGH Baden-Württemberg[2800] hat einen sofortigen Aufnahmestopp von Bewohnern für rechtmäßig befunden, weil die Pflegeplanung und Dokumentation in der Einrichtung von der Heimaufsicht im Zuge einer Heimnachschau als

1945

2798 Vgl. Huneke/Hanzelmann, RDG 2009, 256.
2799 Huneke/Hanzelmann, RDG 2009, 256.
2800 VGH Baden-Württemberg RDG 2004, 91 f.

Großkopf

mangelhaft ermittelt worden ist. So war u.a. bei einem Bewohner von den Prüfern ein Dekubitus zweiten Grades an der linken Ferse festgestellt worden, ohne dass hierfür eine individuelle, kontinuierlich aktualisierte Pflegeplanung existierte. Ferner enthielt das Berichteblatt keine Angaben über den Einsatz von Pflegehilfsmitteln und die durchgeführten Pflegeleistungen. In der Auffassung des Heimbetreibers, dass Dekubitus-Standardbehandlungen eine Dokumentation überflüssig machten, erkannten die Richter einen Verstoß gegen die Pflichten aus § 11 Abs. 1 Nr. 7 HeimG. Hiernach muss sichergestellt sein, dass für jeden pflegebedürftigen Bewohner eine Pflegeplanung erstellt und deren Umsetzung individuell aufgezeichnet wird.

Die wichtigsten Fragen zur pflegerischen Dokumentation auf einen Blick

- Warum:
  Qualitätssicherung, Therapiesicherung, Beweissicherung, Abrechnungssicherung (Dokumentation = Urkunde § 267 StGB)

- Wer:
  Jeder, der medizinische Maßnahmen am Patienten vornimmt, hat die Pflicht, diese zu dokumentieren

- Wann:
  Die Dokumentation hat zeitnah zu erfolgen

- Wie:
  Die Dokumentation muss lesbar und verständlich sein

- Was:
  - Diagnose
  - Therapie
  - Prophylaxen
  - Veränderungen
  - atypische Verläufe
  - Anordnungen

cc) Problemstellung Personaleinsatz (Delegation)

1946   Neben der ordnungsgemäßen Pflegedokumentation ist der sach- und fachgerechte Personaleinsatz regelmäßig Gegenstand der gerichtlichen Auseinandersetzung in einem Pflegehaftungsprozess. Außer der Fehlerträchtigkeit der Aufgabenwahrnehmung durch nicht geeignet ausgebildete Mitarbeiter der Pflegeeinrichtung ist dies aus prozessualer Sicht vor allem dadurch begründet, dass eine Delegation von ärztlichen bzw. pflegerischen Aufgaben auf nicht hinreichend qualifiziertes Personal eine Beweiserleichterung hinsichtlich der zu beweisenden Sorgfaltspflichtverletzung zur Folge haben kann. Mit dem Begriff der »Delegation« ist die Übertragung von Aufgaben auf zumeist »nachrangiges« Personal gemeint.

(1) Überblick

In den Einrichtungen des Gesundheitswesens, seien es Krankenhäuser, Pflege- und Altenheime oder ambulante Pflegedienste, findet seit geraumer Zeit eine umfangreiche Verschiebung von Aufgabenfeldern statt. Diese Aufgabenverschiebung kann auf verschiedene Ursachen zurückzuführen sein. Die wichtigsten werden hier im Überblick dargestellt. **1947**

Übersicht

– **Personalmangel:** Im gesamten pflegerischen/ärztlichen Bereich herrscht erheblicher Mangel an qualifiziertem Personal. So zeichnet sich bereits jetzt in einigen strukturschwachen Regionen ein Defizit an Hausärzten ab.[2801] Aus diesem Grund sollen die neuen §§ 63 Abs. 3b und 3c SGB V die Möglichkeit schaffen, dass speziell geschulte Pflegefachkräfte im Rahmen von GKV-Modellvorhaben zur häuslichen Krankenpflege einzelne, bisher allein von Ärzten zu verordnende Leistungen selbst verordnen und inhaltlich ausgestalten dürfen.[2802]

– **Effizienz:** Eine Aufgabenverlagerungen vom ärztlichen auf pflegerisches Personal und von diesem wiederum auf Hilfspersonal resultiert häufig aus dem Bemühen der Personalverantwortlichen, Personalkosten zu sparen. Die kostenintensivere ärztliche Arbeitszeit wird durch die kostengünstigere pflegerische, diese wiederum durch die noch preiswertere Arbeitszeit der Hilfskräfte ersetzt.

– **Akute Personalnot:** Es steht in der konkreten Behandlungssituation kein Arzt oder keine Pflegekraft zur Verfügung, weshalb unaufschiebbare Aufgaben, die unverzüglich zu erledigen sind oftmals von niederqualifiziertem Personal wahrgenommen werden müssen.

– **Fehlen gesetzlicher Bestimmungen:** Es gibt in Deutschland zudem nur wenige gesetzliche Bestimmungen nach denen die Wahrnehmung von Gesundheitsdienstleistungen speziellen Berufsgruppen zugewiesen wird. Vorschriften zur eindeutigen Ableitung von Kompetenzbereichen finden sich nur im Heilpraktikergesetz, Hebammengesetz, Transfusionsgesetz, Transplantationsgesetz und dem Infektionsschutzgesetz.

Die Übertragung von Aufgaben kann dabei auf zwei Ebenen erfolgen, der sog. »vertikalen« und der sog. »horizontalen« Arbeitsteilung: **1948**

2801 Di Bella, Delegation der Behandlungspflege, 83.
2802 Vgl. amtliche Begründung zu § 63 SGB V in BT-Drucks. 16/7439, 42 und 96.

Großkopf

- **Vertikale Arbeitsteilung**

  Grundsätzlich werden im Verhältnis Arzt/Pflegende die anfallenden Arbeiten auf vertikaler Ebene verteilt. Diese ist durch ein Unter- und Überordnungsverhältnis zwischen dem Pflegepersonal und dem Arzt gekennzeichnet, welches auf der jeweiligen Fachqualifikation und/oder Weisungsgebundenheit der angewiesenen Person beruht. Hierunter fallen in Bezug auf die Pflegekraft zahlreiche medizinische Behandlungsmaßnahmen (z.B. subkutane Injektionen, das Wechseln eines Wundverbandes oder die Gabe von Medikamenten), die nicht direkt von Ärzten, sondern im Rahmen der vertikalen Arbeitsteilung durch nichtärztliches Personal erbracht werden.

- **Horizontale Arbeitsteilung**

  Hiervon zu unterscheiden ist die horizontale Arbeitsteilung zwischen den Angehörigen des gleichen Berufsstandes. Im arbeitsteiligen horizontalen Zusammenwirken herrscht innerhalb der jeweiligen Profession eine partnerschaftliche Gleichberechtigung.

(2) Sonderproblem »Delegation«

1949 Wie bereits ausgeführt ist die gesetzliche Zuweisung von Aufgaben an bestimmte Berufsgruppen im Gesundheitswesen nur rudimentär ausgestaltet. Da die gesetzlich geregelte Differenzierung somit vorliegend nicht zu einem befriedigenden Ergebnis – im Sinne von Rechtssicherheit – führt, muss auf weitere Merkmale abgestellt werden. Anhaltspunkte zur Definition der Kompetenzbereiche können deshalb nur der juristischen Literatur, den Stellungnahmen der Berufs- und Fachverbände und insbesondere der Rechtsprechung entnommen werden. Die Rechtsprechung hat in diesem Zusammenhang Kriterien herausgearbeitet, die bei einer Übertragung von Aufgaben zwingend berücksichtigt werden müssen.

Im Rahmen der Durchführung von Modellvorhaben im Sinne von § 63 Abs. 3b und 3c SGB V wurde vom Gemeinsamen Bundesausschuss ein Katalog von 40 ärztlichen Tätigkeiten ausgearbeitet, die auf Angehörige der Pflegeberufe zur selbstständigen Ausübung der Heilkunde übertragen werden können (»Heilkundeübertragungsrichtlinie«).

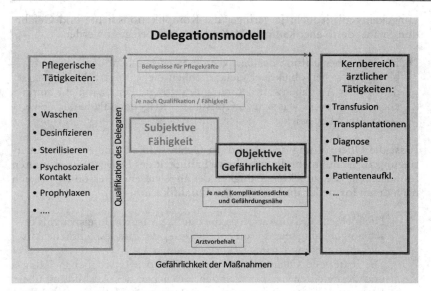

Vor der Aufgabenübertragung muss zunächst überprüft werden, ob die **1950** objektive Gefährlichkeit der angewiesenen Maßnahme einen Aufgabentransfer auf niederqualifiziertes Personal überhaupt zulässt. Diese Prüfung beinhaltet etwa den Risikograd des Eingriffs, die Häufigkeit der möglicherweise auftretenden Komplikationen, die Gefährdungsnähe der angewandten Technik usw.

Blickwinkel Patient – Sonderproblem »Delegation«
Bei der Delegation ärztlicher Aufgaben ist aus der Sicht des klagenden Pati-   **1951**
enten zu überprüfen, ob mit der Maßnahme eine derart hohe **Komplikationsdichte** des Geschehensablaufes und eine gesteigerte **Gefährdungsnähe** für den Patienten verbunden ist, dass diese nur durch ärztliches Fachwissen und -können beherrscht werden kann. Mithin muss seitens des Sachverständigen geprüft werden, ob die übertragene Aufgabe zum Kernbereich ärztlichen Handelns gehört und damit einer Übertragung auf nichtärztliches Personal entgegensteht.

▶ **Beispiele:** Transplantation, ärztliche Untersuchungen und Beratungen, Aufklärungsgespräche, invasive Diagnostik, Therapieentscheidungen, Psychotherapie, endoskopische und sonographische Untersuchungen, Punktionen zur Materialentnahme, Anlegen und Wechseln von Blutkonserven.[2803]

2803 Tönnies, Pflege aktuell 2, 290.

Großkopf

Umgekehrt gilt jedoch: Je geringer die Komplikationsdichte und Gefähr-dungsnähe, desto eher kann die Maßnahme auch delegiert werden.

> ❗ Hat die Überprüfung des Sachverständigen ergeben, dass die Aufga-be bereits wegen objektiver Gefährlichkeit nicht übertragbar ist, so ist das mit der Aufgabenwahrnehmung beauftragte Personal nicht hinrei-chend qualifiziert, was sich zu Gunsten des klagenden Patienten bewei-serleichternd auswirkt.

1952 Lässt die Überprüfung der objektiven Gefährlichkeit eine Aufgabenüber-tragung zu, ist nunmehr die **subjektive Fähigkeit** des Delegationsadressaten festzustellen. Die subjektive Fähigkeit der angewiesenen Person richtet sich nach deren **formeller und materieller Qualifikation**.

> ❗ – Die formelle Qualifikation ist die durch ein Ausbildungszeugnis be-scheinigte Fähigkeit, die auf eine landes- oder bundesrechtliche Aus-bildungsregelung zurückgeführt werden kann.
> – Die materielle Qualifikation besteht aus den tatsächlichen Fähig- und Fertigkeiten des Handelnden, die neben der Ausbildung über Fort- und Weiterbildungen sowie die Berufserfahrung erworben wurden.

Blickwinkel Gesundheitseinrichtung – Sonderproblem »Delegation«

1953 Aus Sicht der Gesundheitseinrichtung ist es häufig prozessentscheidend, dass das eingesetzte Personal in einem Haftungsprozess als hinreichend qualifiziert eingestuft wird. Insbesondere ist es erforderlich, die materielle Qualifikation des zum Einsatz gebrachten Personals gerichtsfest darstellen zu können. Die tatsächlichen Fähigkeiten des eingesetzten Personals soll-ten insoweit durch strukturierte Ausbildungspläne und entsprechende Be-fähigungsnachweise transparent und nachvollziehbar sein. Nur so kann der Gefahr begegnet werden, das gerichtlicherseits die materielle Qualifikation verneint wird (siehe hierzu: SG Speyer Rdn. 1908).

Schließlich ist als dritter Prüfungspunkt vor einer Aufgabenübertragung die Nähe des Arztes zum Delegaten festzustellen. Hierbei wird überprüft, in welchem Zeitfenster der Arzt bei Komplikationen unterstützend eingreifen kann. Die ärztliche Dichte spielte bei einer Entscheidung des OLG Dresden (Rdn. 1955) eine nicht unerhebliche Rolle.

1954 Zur Verdeutlichung des Problemfeldes Delegation werden nachfolgend zwei wertsetzende Entscheidungen der jüngeren Vergangenheit skizziert. Die Entscheidung des SG Speyer beschäftigt sich mit dem erforderlichen Qualifikationsprofil des Delegationsempfängers. Ein Urteil des OLG Dres-den veranschaulicht darüber hinaus die Maßstäbe an die gerichtliche Über-prüfung der objektiven Gefährlichkeit.

Großkopf

Zunächst wird das Urteil des **OLG Dresden**[2804] dargestellt, in dem die Delegation einer intravenösen Injektion streitgegenständlich war: Eine Patientin hatte die Ärzte einer radiologischen Gemeinschaftspraxis als Gesamtschuldner auf Schmerzensgeld und Feststellung der Ersatzpflicht für die Folgen der Injektion einer Technetium-Lösung in die Vene ihrer rechten Ellenbeuge in Anspruch genommen. Die Injektion führte zu einer Nervenschädigung. Die Injektion wurde von der leitenden medizinisch-technischen Radiologieassistentin (MTA) vorgenommen. Die Patientin behauptete u.a., dass diese nicht über das erforderliche Qualifikationsprofil verfüge und derartige Injektionen generell dem Arzt vorbehalten seien. Das LG Dresden hat die Klage abgewiesen. Auch die Berufung der Patientin war nicht erfolgreich. Zum einen können die behaupteten Irritationen (Verletzung der Arteria brachialis mit Ausbildung eines Hämatoms in der Ellenbogenbeuge) auch bei größter Sorgfalt nicht immer vermieden werden. Zum anderen war die eingesetzte MTA für die übertragene Aufgabe hinreichend qualifiziert. Das OLG Dresden hat in seiner Entscheidung auf die Grundsätze zur Delegation, welche in Literatur und Rechtsprechung erarbeitet wurden, zurückgegriffen und diese ausdrücklich bestätigt. Hiernach sind die **objektive Gefährlichkeit** der zu delegierenden Maßnahme unter Berücksichtigung der Patientensicherheit zu evaluieren und die **subjektive Fähigkeit** des ausführenden Personals sicherzustellen. Das Gericht führte aus, dass es einen **Kernbereich ärztlichen Handelns gibt, der einer Delegation nicht zugänglich ist.** Dieser Bereich ist durch hohe Risiken, hohe Schwierigkeiten und die Unvorhersehbarkeit etwaiger Reaktion gekennzeichnet. Ein solcher Kernbereich war im vorliegenden Fall aber nicht tangiert. Darüber hinaus war die handelnde MTA aufgrund ihrer Ausbildung formell qualifiziert, denn im Rahmen der Berufausbildung zur MTA werden gemäß § 3 Nr. 2 MTAG die erforderlichen medizinischen Grundlagenkenntnisse zur Verabreichung einer Injektion vermittelt. Außerdem war sie auch aufgrund ihrer tatsächlichen Fähigkeiten (materielle Qualifikation) in der Lage, die übertragene Maßnahme sach- und fachgerecht auszuführen. Schließlich sprach für die Rechtmäßigkeit der Delegation, dass bei einem möglichen Zwischenfall ärztlicherseits unmittelbar hätte eingegriffen werden konnte. Unter dem Kriterium der **ärztlichen Dichte** hat das Gericht diese Delegationsvoraussetzung hervorgehoben und entscheidungserheblich berücksichtigt.

1955

Impulse für die Beantwortung der Fragestellung nach der Reichweite der Delegation von Maßnahmen an pflegerische Hilfskräfte und angelernte Kräfte folgen aus einer Entscheidung des SG Speyer.[2805] Das Sozialgericht stellt fest, dass eine Delegation von qualifizierten Pflegetätigkeiten auf Hilfs- und angelernte Kräfte weitgehend gegen die Qualitätsmaßstäbe des

1956

2804 OLG Dresden RDG 2008, 240.
2805 SG Speyer RDG 2006, 177.

Großkopf

SGB XI verstößt. In der Entscheidung wird ausgeführt, dass die Delegationsfähigkeit in der stationären Pflege nicht grenzenlos bestehen kann. Die Schranke bildet auch hier das Kriterium der »**Eignung**«. Danach ist eine Person für die Übernahme einer angewiesenen Maßnahme (hier: Medikamentenverabreichung, Verbandswechsel bei PEG-Sonde und suprapubischem Dauerkatheter, Einbringen von Augensalben und -tropfen) als geeignet anzusehen, wenn sie nicht nur die jeweilige Durchführungstechnik beherrscht, sondern auch von sich aus in der Lage ist, medizinische Zusammenhänge zu erkennen. Diese Fähigkeiten sind in stationären Pflegeeinrichtungen besonders bedeutsam, weil dort überwiegend schwerkranke oder ältere Personen gepflegt werden, deren Gesundheit häufig gefährdet ist, so dass im Falle einer Komplikation schnelle Gegenmaßnahmen eingeleitet werden müssen. Dies setzt nach Ansicht des Gerichts voraus, dass in diesen Bereichen ausschließlich Personal mit **formeller Qualifikation** zum Einsatz kommt. Dementsprechend ist bei einer Delegation von behandlungspflegerischen Maßnahmen auf Hilfs- und angelernte Kräfte eine Risikoerhöhung für den Bewohner anzunehmen, was wiederum den verbindlichen Anforderungen an die Leistungsqualität der Vereinbarungen nach § 113 SGB XI und damit auch den durch § 11 Abs. 1 S. 1 SGB XI vorgegebenen Pflichten der Pflegeeinrichtungen widerspricht. Das SG Speyer urteilt, das die Delegation auf nicht hinreichend qualifiziertes Personal einen Qualitätsmangel i.S.d. § 115 Abs. 2 SGB XI darstellt. Allein auf die **materielle Qualifikation** könne nicht rekurriert werden, da dies sämtliche pflegerischen Ausbildungsberufe sowie Regelungen zur Berufsausübung unnötig machen würde. Nur die formelle Qualifikation verspricht im Regelfall einen ausreichenden Rückschluss auf die fachliche Qualität des Handelnden. Im Übrigen muss eine Unterscheidung zwischen den Hilfskräften und den angelernten Kräften getroffen werden. Da Hilfskräfte über eine **formale Qualifikation** im medizinisch-pflegerischen Bereich verfügen, die zwar hinter derjenigen der Fachkräfte zurückbleibt, können ihnen auch in gewissem Umfang Maßnahmen der Behandlungspflege übertragen werden. Die Übertragung derartiger Tätigkeiten auf nur angelernte Kräfte ist demgegenüber unzulässig.

❗ In seiner Entscheidung legt das SG Speyer großes Gewicht auf das Kriterium der »Eignung« bezüglich der Delegierbarkeit.[2806] Die bevorzugte Berücksichtigung der formellen Qualifikation macht es für die Anerkennung der Rechtmäßigkeit der Übernahme von behandlungspflegerischen Maßnahmen durch das Pflegepersonal unerlässlich, dass das angewiesene Personal über einen berufsqualifizierenden Abschluss einer staatlich anerkannten pflegerischen Ausbildung verfügt.

2806 Im Einzelnen: Di Bella, Delegation der Behandlungspflege, 62 ff.

Großkopf

Die beiden Urteile verdeutlichen anschaulich die Grundsätze, die bei einer Aufgabenübertragung zwingend berücksichtigt werden müssen. Offenbart sich bei dieser Prüfung, dass Aufgaben an nicht hinreichend qualifiziertes Personal delegiert worden sind, führt dies zu einer Beweiserleichterung hinsichtlich der zu beweisenden Sorgfaltspflichtverletzung.

Checkliste Delegation

- Übertragbarkeit der Aufgabe
  (objektive Gefährlichkeit)
  - Gehört die Aufgabe zum Kernbereich ärztlichem Handelns?
  - Der Kernbereich ärztlichen Handelns liegt vor bei:
    - Hoher Schwierigkeit
    - Hohem Risiko
    - Unvorhersehbarkeit etwaiger Reaktionen
- Beherrschung durch den Delegaten
  (subjektive Fähigkeit)
  - Formelle Qualifikation (Ausbildung des Delegaten, die auf eine bundes- oder landesrechtliche Ausbildungsregelung zurückzuführen ist)
  - Materielle Qualifikation (Fähigkeiten und Fertigkeiten, die über die Ausbildungsinhalte im Laufe der beruflichen Tätigkeit sowie durch Fort- und Weiterbildungen erworben wurden)
- Ärztliche Dichte
  - In welchem Zeitfenster kann ein Arzt bei Komplikationen unterstützend eingreifen

(3) Sonderproblem »Telefonische Anordnung«

Der Arzt ist für die ordnungsgemäße Anordnung von Maßnahmen an das Pflegepersonal und die Auswahl des richtigen Anordnungsadressaten verantwortlich. Dies ergibt sich aus der ihm obliegenden **Anordnungsverantwortung**. Die ärztliche Anordnung an das Pflegepersonal sollte regelmäßig schriftlich erstellt werden und mit der Unterschrift des anordnenden Arztes versehen sein. Gleichwohl ergeben sich in der pflegerischen Praxis der ambulanten und stationären Versorgung oftmals Situationen, in denen die ärztliche Anordnung telefonisch erfolgen muss. Diese Form der Anordnung darf nur dann gewählt werden, wenn die zeitgerechte Herbeiziehung des Arztes nicht möglich ist. Die Rechtmäßigkeit solcher Anordnungen muss in jedem Einzelfall überprüft werden. Grundsätzlich wohnt jeder telefonischen Anordnung die Gefahr von Hör- und Übermittlungsfehlern inne. Falls durch einen Übermittlungsfehler beim Adressaten ein Missverständnis hervorgerufen und hierdurch beim Patienten ein Schaden verursacht wird, liegt die Verantwortung zunächst in der ärztlichen Risikosphäre, da der Arzt für die Wahl des Übertragungsmediums verantwortlich ist.

1957

Großkopf

Blickwinkel Gesundheitseinrichtung – Sonderproblem »telefonische Anordnung«

1958 Zur Minimierung von Übertragungs-/Übermittlungsfehlern sind von ärztlicher und von pflegerischer Seite einige grundlegende Formanforderungen zu beachten: Aus Sicht des Pflegepersonals ist es aus Gründen der Therapie- und Beweissicherung bedeutsam, dass die ärztliche Anordnung sofort schriftlich fixiert und während des Telefonates gegenüber dem Arzt zur Sicherheit wörtlich wiederholt wird. Treten hierbei Unklarheiten, Unsicherheiten oder sonstige Verständigungsprobleme auf, muss die Pflegekraft nachfragen. Sollten grundsätzliche Fragen ungeklärt bleiben oder die angeordnete Maßnahme als falsch erkannt werden, muss die Durchführung verweigert werden. (**Remonstrationsrecht** des Angewiesenen). In jedem Fall ist die telefonische ärztliche Anordnung in die Dokumentation aufzunehmen und als solche verifizierbar zu machen (z.B. durch das Kürzel »TA«). Bei der Dokumentation von Telefonaten mit medizinisch-pflegerischem Anweisungsgehalt sollte die sog. »6-R-Regel« beachtet werden:

> ❗ Danach sind sicherzustellen:
> 1. Richtiger Patient
> 2. Richtiges Medikament
> 3. Richtige Dosierung
> 4. Richtige Applikationsform
> 5. Richtiger Zeitpunkt
> 6. Richtige Vitalzeichen – Eckwerte

1959 Die Behandlung und Pflege von Patienten wird in den ambulanten, stationären und rehabilitativen Sektoren des Gesundheitswesens zukünftig noch mehr übergreifen (vgl. z. B. das geforderte Versorgungsmanagement gemäß § 11 Abs. 4 SGB V). Das erfordert Kommunikationsstrukturen, die verhindern, dass bei einer sektorenübergreifenden Behandlung eine Gefahr für den Patienten entsteht. Übergabesituationen zwischen den verschiedenen Sektoren, so genannte Schnittstellen, dürfen für den Patienten keine zusätzlichen, nicht durch die Behandlung selbst bedingten Risiken verursachen und der Behandlungsnutzen darf durch die notwendigen Übergaben nicht beeinträchtigt werden. Daraus erwachsen erhebliche Anforderungen an die Übergabekommunikation und deren Organisation.

Blickwinkel Patient – Sonderproblem »telefonische Anordnung«

1960 Soweit die internen und externen Kommunikationsstrukturen einer Einrichtung standardisiert sind und ein Schadensereignis auf einem verbalen Kommunikationsfehler beruht, empfiehlt sich für den klagenden Patienten die Beiziehung des Kommunikationsstandards, um die geforderten Maßstäbe mit dem tatsächlichen Geschehensablauf abzugleichen.

dd) Problemstellung voll beherrschbarer Herrschafts- und Organisationsbereich

Die sachgerechte Organisation und Koordination des gesamten Geschehensablaufs rund um die Behandlung zählt zum strengen Pflichtenprogramm von jedem Organisationsverantwortlichen in einer Gesundheitseinrichtung. Steht fest, dass das Schadensereignis aus einem Bereich stammt, dessen Gefahren von der Behandlungsseite voll beherrscht werden können und dass die Vertragspflichten der Gesundheitseinrichtung darin bestehen, den Patienten gerade vor einem solchen Schaden zu bewahren, hat dieser Umstand Beweiserleichterungen für den klagenden Patienten zur Folge. Die Sachverhalte die dem voll beherrschbaren Herrschafts- und Organisationsbereich zuzuordnen sind, werden durch die Rechtsprechung konkretisiert. Regelmäßig wird das Behandlungsrisiko etwa in den folgenden Aufgabengebieten als voll beherrschbar angesehen:

1961

Beispiele aus der Rechtsprechung für die Annahme eines voll beherrschbaren Herrschafts- und Organisationsbereiches in der Pflege:
- Verrichtungssicherheit des Personals (Transportschäden),
- Gerätesicherheit,
- Lagerungsschäden,
- Funktionstüchtige Medizinprodukte,
- Hygiene,
- Gebäudesicherheit.

1962

Die Schädigung eines Patienten im voll beherrschbaren Herrschafts- und Organisationsbereich führt nach ständiger Rechtsprechung des BGH[2807] zu einer Beweiserleichterung bezüglich des klägerseitig geschuldeten Nachweises der schuldhaften Sorgfaltspflichtverletzung. Diese Beweiserleichterung ist nicht ohne weiteres auf den Kausalitätsbeweis ausdehnbar.[2808] Anderes gilt nur ganz ausnahmsweise bei groben Organisationspflichtverletzungen.[2809]

1963

❗ Entsteht dem Patienten im voll beherrschbaren Herrschafts- und Organisationsbereich ein Schaden, hat die Behandlungsseite die objektive Pflichtverletzung zu widerlegen.

(1) Sonderproblem Sturz

Im Bereich der Pflege ist der Sturz eines Patienten der mit großem Abstand häufigste Klagegrund. Schadensereignisse in diesem Bereich unterfallen häufig dem voll beherrschbaren Herrschafts- und Organisationsbereich, da

1964

2807 BGH NJW 2007, 1682; VersR 2007, 1416.
2808 Katzenmeier, in: Laufs/Katzenmeier/Lipp, Arztrecht, 410, Rn. 109.
2809 BGH NJW 1994, 1594.

Großkopf

sich Stürze in der Regel bei **Transfer- und Transportmaßnahmen** ereignen. Hierbei handelt es sich um Behandlungssituationen die in keiner Abhängigkeit zu den unwägbaren biologisch-physiologischen Prozessen des menschlichen Organismus stehen. Darüber hinaus liegt bei Transfer- und Transportmaßnahmen in der Regel eine konkrete Gefahrensituation für den Patienten vor, die eine gesteigerte Obhutspflicht des eingesetzten Personals auslöst. Daher kann eine Abwehr der Beweislastverschiebung zu Lasten der beklagten Einrichtung und/oder des beklagten Personals in Haftpflichtprozessen wegen Sturzschäden regelmäßig nicht durch den Hinweis auf die individuellen biologisch-physiologischen Besonderheiten des Geschädigten abgewendet werden.

1965 ▶ **Beispiel:** Anhand eines richtungweisenden Urteils des OLG München[2810] werden nachfolgend Umfang und abstrakter Prüfungsaufbau des voll beherrschbaren Herrschafts- und Organisationsbereichs dargestellt:

1966 Die klagende Krankenkasse macht die Erstattung von Heilbehandlungskosten wegen eines Sturzereignisses in der stationären Pflegeeinrichtung der Beklagten geltend. Die 1920 geborene Patientin ist bei der Klägerin krankenversichert und seit längerer Zeit in der beklagten Pflegeeinrichtung untergebracht. Die Patientin, bei der Schwerstpflegebedürftigkeit nach der Stufe III besteht, stürzte im Aufenthaltsraum des Pflegeheimes beim Aufstehen aus ihrem Rollstuhl und erlitt einen Oberschenkelhalsbruch. Die Klägerin ist der Ansicht, dass das Pflegeheim die ihm obliegenden Sorgfaltspflichten schuldhaft verletzt habe, weil die Heimbewohnerin am Schadenstag unbeaufsichtigt und ohne weitere Vorkehrungen in den Rollstuhl gesetzt worden sei. Hinsichtlich der konkreten Umstände müsse sich die Beklagte als Inhaberin des Gefahrenbereichs entlasten. Diese Vorwürfe hat die Pflegeeinrichtung zurückgewiesen. Es sei bekannt gewesen, dass die Heimbewohnerin nicht mehr alleine habe aufstehen und gehen können. Sie sei daher bei jeder notwendigen Verrichtung vom Pflegepersonal begleitet worden. Vor dem Unfallereignis habe es keinerlei Anzeichen einer Befindlichkeitsstörung gegeben. Die Heimbewohnerin sei zuvor nie alleine aus dem Rollstuhl aufgestanden. Außerdem habe es keine Anzeichen dafür gegeben, dass ein solches Verhalten bevorstehe. Eine generelle Überwachung sei aufgrund ihres problemlosen Verhaltens nicht erforderlich und mit zumutbarem finanziellem und persönlichem Aufwand auch nicht erreichbar gewesen. Mit dem Sturz habe sich ein Risiko aus dem alltäglichen Gefahrenbereich eines älteren und kranken Menschen verwirklicht, weshalb die Klägerin darlegungs- und beweispflichtig für die Pflichtverletzung sei. Das OLG entschied, dass der Klägerin der Beweis einer schuldhaften Pflichtverletzung durch die beklagte Pflegeeinrichtung nicht gelungen und die Pflichtverletzung

---

2810 OLG München RDG 2009, 129.

Großkopf

nicht indiziert gewesen sei. Allein aus der Tatsache, dass der Sturz und die Verletzung sich im Bereich des Pflegeheims ereignet habe, könne nicht auf eine schuldhafte Pflichtverletzung des Pflegepersonals geschlossen werden. Darlegungs- und beweispflichtig sei daher vielmehr die Klägerin als Anspruchstellerin. Eine Beweislastumkehr hinsichtlich des Pflichtenverstoßes zugunsten der klagenden Patientin lasse sich auch nicht aus den Grundsätzen des voll beherrschbaren Herrschafts- und Organisationsbereichs herleiten. Nach Ansicht des erkennenden Senates befand sich die Patientin nicht in einer konkreten Gefahrensituation, die gesteigerte Obhutspflichten auslöste und deren Beherrschung einer speziell dafür eingesetzten Pflegekraft anvertraut werden musste. Vielmehr ging es hier (lediglich) um den normalen, alltäglichen Gefahrenbereich, der grundsätzlich in der eigenverantwortlichen Risikosphäre der Geschädigten verbleibt. Unstreitig ist, dass sich aus Heimverträgen Obhutpflichten zum Schutz der Heimbewohner sowie eine inhaltsgleiche allgemeine Verkehrssicherungspflicht zum Schutze der Bewohner vor Schädigungen ergeben, die diesen aufgrund Krankheit oder einer sonstigen körperlichen oder geistigen Einschränkung durch sie selbst oder durch die Einrichtung und bauliche Gestaltung des Altenheims drohen. In Übereinstimmung mit der Rechtsprechung des BGH[2811] geht der Senat jedoch davon aus, dass diese Pflichten auf jene in Pflegeheimen üblichen Maßnahmen begrenzt sind, die mit einem vernünftigen finanziellen und personellen Aufwand realisiert werden können. Maßstab ist das Erforderliche und das für die Heimbewohner und das Pflegepersonal Zumutbare. Bei der Beurteilung kann nicht generell, sondern nur aufgrund einer sorgfältigen Abwägung sämtlicher Umstände des jeweiligen Einzelfalls entschieden werden. Einerseits seien die Menschenwürde und das Freiheitsrecht eines alten und kranken Menschen zu achten, andererseits müsse sein Leben und seine körperliche Unversehrtheit geschützt werden. Im vorliegenden Fall gehe es (lediglich) um den normalen, alltäglichen Gefahrenbereich, der grundsätzlich in der eigenverantwortlichen Risikosphäre der Geschädigten verblieb. Es steht fest, dass die Heimbewohnerin täglich im Rollstuhl in den Aufenthaltsraum gefahren wurde und dort unauffällig den ganzen Tag über verblieb. Angesichts dieser Sachlage brauchte die Beklagte nicht damit zu rechnen und auch keine Vorsorge dagegen zu treffen, dass die Heimbewohnerin plötzlich aufstehen würde und stürzen könnte. Dies gelte trotz des Umstandes, dass das Gutachten zur Feststellung der Pflegebedürftigkeit Unsicherheit, Fallneigung und Gleichgewichtsstörungen mit Sturzgefahr sowie eine höhere Pflegebedürftigkeit attestierte. Die Beklagte habe die dort aufgezeigten Gefahrenmomente gemessen an der konkreten Situation der Heimbewohnerin beachtet und diesen im erforderlichen Umfang Rechnung getragen. Sie konnte und

---

2811 BGH RDG 2005, 89.

Großkopf

brauchte bei der gegebenen Sachlage nicht damit zu rechnen, dass die Bewohnerin aus dem Rollstuhl aufstehen oder aus diesem fallen würde. Eine konkrete, einzelfallbezogene Gefahrensituation, die besondere pflegerische oder freiheitsbeschränkende Maßnahmen gefordert hätte, liegt daher nicht vor. Die im »Expertenstandard Sturzprophylaxe in der Pflege« getroffene Aussage: »Jeder Patient/Bewohner mit einem erhöhten Sturzrisiko erhält eine Sturzprophylaxe, die Stürze verhindert oder Sturzfolgen minimiert«[2812] ändert daran nichts. Der Expertenstandard enthalte im Wesentlichen nur Selbstverständlichkeiten, die mit den von der Rechtsprechung entwickelten Grundsätzen in Einklang stünden und auf den jeweiligen Einzelfall angewendet werden müssten. Der Gefahr, dass die Bewohnerin wegen ihrer Schwäche und ihrer Sturzneigung beim Gehen stürzen könne, sei die Beklagte dadurch entgegen getreten, dass die Bewohnerin unstreitig nie alleine, sondern immer nur in Begleitung von zwei Pflegenden aufgestanden und gegangen ist oder gestanden habe.

1967   In seiner Entscheidung hat das OLG München veranschaulicht, dass nicht jeder Sturz, der sich in einer Pflegeeinrichtung ereignet, automatisch dem voll beherrschbaren Bereich zugewiesen werden kann und damit der klagenden Partei eine Beweiserleichterung hinsichtlich des Nachweises der Sorgfaltspflichtverletzung eröffnet. Zusammengefasst müssen folgende Voraussetzungen zur Begründung des voll beherrschbaren Herrschafts- und Organisationsbereichs vorliegen:

Dreistufigkeit des voll beherrschbaren Herrschafts- und Organisationsbereichs im Bereich des Problemfeldes „Sturz"

- **Konkrete Gefahrensituation (Anamnese – Risikoermittlung)**
  - Kenntnis von der Gefahrensituation
  - Grobfahrlässige Nichtkenntnis

- **Sich aus der Gefahrensituation ergebende gesteigerte Sicherungs-, Schutz- und Obhutspflichten**
  - Gefahrensituation gehört nicht zur eigenverantwortlichen Risikosphäre des Geschädigten (Abwägung zw. Intimbereich und Gefahrenabwehr bzw. Gefahrenvermeidung)

- **Volle Beherrschbarkeit der Gefahrensituation möglich**
  - Durch personelle Organisation, Arbeitssicherheit, Gerätesicherheit

---

2812 DNQP, Expertenstandard Sturzprophylaxe in der Pflege, 27.

Großkopf

❗ Nur wenn alle drei Voraussetzungen kumulativ vorliegen, ist das Schadensgeschehen dem voll beherrschbaren Herrschafts- und Organisationsbereich zuzurechen, woraus sich aus Sicht des klägerischen Anwalts Beweiserleichterungen hinsichtlich des Beweises der schuldhaften Sorgfaltspflichtverletzung ergeben. Handelt es sich hingegen um eine abstrakte Gefahrensituation oder um einen Vorfall der in die eigenverantwortliche Risikosphäre des Geschädigten fällt, tritt eine Beweiserleichterung nicht ein.

Neben den Auswirkungen der sachlich-räumlichen Verortung eines Sturzereignisses auf die Beweislastkonsequenzen im Bereich des »voll beherrschbaren Herrschafts- und Organisationsbereichs von Gesundheitseinrichtungen«, erlangen die Anforderungen an die sach- und fachgerechte Kompensation des Sturzrisikos eine wesentliche Rolle in der gerichtlichen Auseinandersetzung. **1968**

Blickwinkel Patient – Sonderproblem »Sturz«

Eine klagende Partei sollte demzufolge retrospektiv prüfen, ob hinsichtlich des Sturzunfalls sturzkompensatorische Maßnahmen hätten ergriffen werden müssen. Dies ist immer dann der Fall, wenn die Sturzgefahr hinreichend konkret war und diese seitens der Gesundheitseinrichtung **antizipiert werden konnte**, so dass mit geeigneten sturzpräventiven Maßnahmen, wie etwa Kraft-Balance-Training, Stoppersocken, bodennaher Pflege, erhöhter Personaleinsatz oder sogar – als ultima ratio – mit freiheitsentziehenden Maßnahmen, die Sturzgefahr hätte kompensiert werden können. **1969**

Blickwinkel Gesundheitseinrichtung – Sonderproblem »Sturz«

Grundsätzlich muss bei einem Sturzunfall aus Sicht der Einrichtung geprüft werden, ob die Gefahrensituation, in der sich der Patient befand, so hinreichend konkret war, dass hier entsprechende Maßnahmen zum Einsatz gebracht werden mussten, um die Sturzneigung des Pflegebedürftigen zu kompensieren. Die Gesundheitseinrichtung muss darlegen, dass nur eine abstrakte Sturzgefahr bestand, die keine gesteigerten Fürsorge- und Obhutspflichten erforderten oder dass die ergriffenen sturzprophylaktischen Maßnahmen sach- und fachgerecht waren. Um nicht dem Vorwurf einer schuldhaften Sorgfaltspflichtverstoßes ausgesetzt zu sein, ist es aus Sicht der Einrichtung von großer praktischer und juristischer Relevanz, dass sich das Handeln des eingesetzten Personals am anerkannten und gesicherten Qualitätsstandard der Wissenschaft und Forschung orientiert. In der hausärztlichen Versorgung bietet die Leitlinie der Arbeitsgemeinschaft der Wissenschaftlichen Medizinischen Fachgesellschaften (AWMF) aus dem Jahre 2004[2813] den dort tätigen Ärzten eine Vielzahl von Entscheidungshilfen für den Umgang mit sturzgefährdeten Patienten. Im Bereich der Pflege wird **1970**

2813 AWMF-Leitlinien-Register Nr. 53/004.

Großkopf

die anzuwendende fachgerechte Sorgfalt im Umgang mit sturzgefährdeten Personen seit dem Jahr 2005 durch den »Expertenstandard Sturzprophylaxe in der Pflege« des Deutschen Netzwerks für Qualitätsentwicklung in der Pflege (DNQP) repräsentiert. Beide Regelwerke bieten dem Verwender eine Vielzahl von Entscheidungshilfen an. Die gefährdeten Personen sind zunächst einem systematischen Sturzassessment zuzuführen, in dessen Verlauf die medizinischen, psychischen, sozialen und funktionellen Einschränkungen und Ressourcen des künftigen Patienten erfasst und protokolliert werden. Neben der Bewertung der verhaltensbedingten (intrinsischen) und umgebungsbezogenen (extrinsischen) Sturzrisikofaktoren ist es für die Verwender des Standards (oder der Leitlinie) wesentlich, welche Ansatzpunkte für Präventionsmaßnahmen ergriffen werden können. Die Bandbreite der Interventionsangebote bewegt sich zwischen der Beseitigung von Stolperfallen, der Wahl des richtigen Schuhwerks, des Muskelaufbaus durch Training bis hin zur Anpassung der Ernährung oder Medikation.

1971   In den gerichtlichen Auseinandersetzungen um den Ersatz der Sturzschäden werfen die Vertreter der Krankenkassen den Trägern von stationären Pflegeeinrichtungen immer wieder die unterlassene Anregung des Betreuungsgerichts auf Anordnung von freiheitsentziehenden Maßnahmen (Bettgitter, Bettgurt) und/oder den fehlenden Einsatz von sturzprophylaktischen Hilfsmitteln oder Warnsystemen vor. Hierzu zählen neben dem klassischen Sturzprotektor und der Gehhilfe Meldesysteme wie Lichtschranken, Sensormatten oder Sturzdetektoren. Ungeachtet der Frage, welchen Beitrag die aufgezeigten Hilfsmittel zur Sturzvermeidung leisten, verteidigen sich die Pflegeeinrichtungen mit der Erwiderung, dass (manche) Hilfsmittel nicht vom Erstattungskatalog der Krankenkassen erfasst und deshalb nicht vorgehalten werden können, bzw. nicht vorgehalten werden müssen. In diesem Zusammenhang weist der BGH[2814] darauf hin, dass sich die Obhutspflichten einer Einrichtung auf realisierbare Maßnahmen beschränken, die im Rahmen eines vernünftigen finanziellen und personellen Aufwandes erbracht werden können. Wenngleich bei der Auswahl der sturzprophylaktischen Hilfsmittel wirtschaftliche Aspekte einzubeziehen sind, tolerieren die obersten Zivilrichter keine Sparentscheidung auf dem Rücken der Patienten.[2815] Vielmehr gilt an den Schnittstellen des zivilen Haftungsrechts und des sozialen Erstattungsrechts, dass das Verhältnis zwischen Sozialleistungsträger und Pflegeeinrichtung keine Bindungswirkung für die Beantwortung der Frage entfaltet, welche sturzprophylaktischen Interventionsmaßnahmen der in einer Gesundheitseinrichtung untergebrachte Patient erwarten darf.[2816]

2814   BGH RDG 2005, 89.
2815   OLG Düsseldorf RDG 2005, 61.
2816   Siehe dazu auch Großkopf/Schanz, RDG 2006, 2.

Großkopf

❗ Die Einrichtung kann sich nicht mit dem Hinweis exkulpieren, dass ein Sozialleistungsträger die Kostenerstattung für eine aus medizinischer bzw. pflegerischer Sicht erforderliche Sturzprophylaxemaßnahme versagt.

Wird ein bestimmtes Hilfsmittel als sturzverhinderndes Mittel der Wahl angesehen, besteht unabhängig von der Erstattungssituation die Verpflichtung zur Bereitstellung. Durch die rechtzeitig eingeleitete systematische Risikoeinschätzung, eine konsequente Sturzerfassung, Information und Beratung von Patienten, sowie deren Angehörigen und der Beteiligung weiterer medizinischer Berufsgruppen (Bewegungstherapeut, Krankengymnast) kann die sichere Mobilität der Betroffenen gefördert und Stürze und Sturzfolgen reduziert werden. Bei der Anwendung der einzusetzenden Prophylaxemaßnahmen ist eine Abwägung zwischen der Menschenwürde, dem Selbstbestimmungsrecht und dem Anspruch des Patienten auf körperliche Unversehrtheit vorzunehmen. Welches Recht letztlich überwiegt, hängt insbesondere von der Vorhersehbarkeit eines Sturzes in der konkreten individualisierten Lebenssituation des Betroffenen ab.

1972

Blickwinkel Gesundheitseinrichtung – Sonderproblem »Sturz«
Insbesondere bei freiheitsentziehenden sturzprophylaktischen Maßnahmen, wie z. B. Bettseitenteilen, Fixierungen ist zu beachten, dass diese beim einsichtsfähigen Patienten nur zulässig sind, wenn dieser der vorzunehmenden freiheitsentziehenden Maßnahme zustimmt. Im Falle der Verweigerung ist der Patient über Risiken und Nebenwirkungen, die durch die Nichtsicherung hervorgerufen werden, aufzuklären (therapeutische Sicherungsaufklärung). Dieses Aufklärungsgespräch sollte zur Beweissicherung dokumentiert werden. Eine erneute Information muss dann erfolgen, wenn der Patient abermals gestürzt ist oder andere gravierende Veränderungen eingetreten sind. Zur Unterstützung der Aufklärung kann ein Aufklärungsbogen mit entsprechender Bebilderung dem Patienten ausgehändigt werden. Zu beachten ist hierbei jedoch, dass die Verwendung eines solchen Aufklärungsbogens das persönliche Gespräch mit dem Patienten nicht ersetzen kann. Bei minderjährigen Patienten oder Patienten, die unter Betreuung stehen, ist die Einwilligung des gesetzlichen Vertreters einzuholen. Bei unter Betreuung stehenden Patienten ist der § 1906 Abs. 4 BGB zu beachten.

1973

❗ – Der Sturz eines Patienten in einer Gesundheitseinrichtung begründet für sich alleine noch keine Beweiserleichterung zu Gunsten des Klägers. Die klagende Partei muss das Fehlverhalten des Personals, welches für den eingetretenen Sturz ursächlich gewesen ist, darlegen und beweisen.
  – Nur für den Fall, dass der Sturz des Patienten sich im voll beherrschbaren Herrschafts- und Organisationsbereich der Einrichtung ereig-

Großkopf

net hat, kehrt sich die Beweislast für die Sorgfaltspflichtverletzung zu Gunsten der Klägerseite um.

(2) Sonderproblem »Dekubitus«

1974 Die Prävention und Versorgung von Dekubiti (Druck- bzw. Durchliegegeschwüren) stellt eine große Herausforderung an das gesamte medizinische Personal dar. Eine konsequente, fachgerechte Dekubitusprophylaxe oder -therapie ist ohne die reibungslose Zusammenarbeit zwischen Ärzten und Pflegenden nicht denkbar. Die Prophylaxe- und Behandlungsmaßnahmen werden weitgehend im pflegerischen Bereich erbracht, so dass die Haftungsproblematik »Dekubitus« unter dem Stichwort der Durchführungsverantwortung für die Pflegenden besonders zu beachten ist. Wenngleich die Problematik der Verhinderung von Dekubiti stärker in das öffentliche Bewusstsein gerückt ist, scheinen in der Prävention und Versorgung von Druckgeschwüren noch immer Defizite zu bestehen. Nach einer Untersuchung des Medizinischen Dienstes der Krankenversicherung (MDK) Schleswig-Holstein berücksichtigte nur jede zweite, von insgesamt 554 analysierten Altenpflegeeinrichtungen die Dekubitusgefährdung der Bewohner in der Pflegeplanung. Die Prüfer stellten eine breite Palette fehlerhafter Behandlungsmaßnahmen fest. Getragen wird dieses Ergebnis von der nahezu zeitgleich vorgenommenen Studie des Rechtsmediziners Joachim Eidam aus Hannover. Bei über 14,4 % von 12.000 untersuchten verstorbenen Menschen stellte er Druckgeschwüre der unterschiedlichsten Ausprägungsgrade fest. Vor dem Hintergrund beider Statistiken und der begründeten Erwartung, dass zukünftig im Kranken- und Altenpflegebereich mehr Risikopatienten behandelt werden müssen, scheint sich die Dekubitusgefahr in den Krankenhäusern und Altenheimen zu potenzieren. Wahrscheinlich ist daher mit einer Zunahme der Haftungsfälle in diesem Bereich zu rechnen. Neben der Inanspruchnahme auf Schmerzensgeldzahlung kommt vor allen Dingen die Erstattung der (hohen) Behandlungskosten in Betracht. Um dieser Situation begegnen zu können, ist die Vergegenwärtigung der Prozesssituation unerlässlich.

1975 Das Auftreten einer Dekubitalulzeration stellt sowohl Verantwortliche als auch Beschäftigte von Gesundheitseinrichtungen vor erhebliche haftungsrechtliche Risiken. Zurückzuführen ist dies auf Entscheidungen des OLG Köln und des OLG Oldenburg. Unabhängig voneinander qualifizierten die Richter das Vorhandensein eines Druckgeschwürs als groben Pflegefehler, der gemäß den jeweiligen Sachverständigengutachten bei einer fachgerechten Behandlung regelmäßig hätte vermieden werden können. Entsprechend wurde die Entstehung beider Dekubiti dem **voll beherrschbaren Risikobereich** der Gesundheitseinrichtungen zugewiesen.[2817] Nach den zuvor genannten Beweisregeln folgt daraus, dass bei einem eingetretenen Dekubitus

---

2817 OLG Oldenburg und OLG Köln, jeweils RDG-UK 06/2004.

Großkopf

der Behandlungsfehler vermutet wird und nur durch substanzielle Widerlegung seitens der Gesundheitseinrichtung entkräftet werden kann.

Die Annahme der Vermeidbarkeit von Druckgeschwüren und der damit zusammenhängende Rückschluss auf grobe Pflegemängel, sind in Fachkreisen der Ärzteschaft und der Pflegenden nicht unumstritten. Entgegen der gerichtlichen Sachverständigengutachten wird die Ansicht vertreten, dass bei Hochrisikokranken Druckgeschwüre selbst durch umsichtigste und sorgfältigste Pflege nicht immer zu verhindern sind. Nach pflegerischer und ärztlicher Erfahrung sei die Annahme der Vermeidbarkeit von Dekubiti fernab jeglicher medizinischer Realität.[2818] Die Dekubitusleitlinie der Deutschen Gesellschaft für Physikalische Medizin und Rehabilitation weist in diesem Zusammenhang auf eine beträchtliche Senkung des Dekubitusrisikos durch Prophylaxemaßnahmen hin, allerdings könne nicht von einer vollständigen Risikobeseitigung ausgegangen werden.[2819] Auch im DNQP-Expertenstandard »Dekubitusprophylaxe in der Pflege« wird ausgeführt, dass ein Entstehungsrisiko nur zu vermindern, jedoch nicht vollständig auszuschließen ist.[2820]

1976

In jüngeren Entscheidungen, wie z.B. die des OLG Düsseldorf,[2821] scheinen die erkennenden Richter dazu überzugehen, dieser Sichtweise den Vorzug zu geben und die Dekubitusvermeidung nicht mehr dem voll zu beherrschenden Risiko- und Gefahrenbereich zuzuordnen.

1977

Dies hatte zur Folge, dass die Auffassung zur Beweiserleichterung bezüglich des voll beherrschbaren Organisations- und Herrschaftsbereiches in dem sensiblen Feld der Dekubitusprophylaxe nicht mehr vertreten wird. In einer neueren Entscheidung wird diese Auffassung vom OLG Braunschweig bestätigt,[2822] indem das Gericht ausführt, dass das Risiko des Auftretens von Druckgeschwüren nicht zu einem Bereich gehöre, der von dem Träger eines Pflegeheimes oder eines Krankenhauses und dem dort tätigen Personal tatsächlich voll beherrscht werden kann. Begründet wird diese Auffassung damit, dass es sich bei der Entstehung und Entwicklung eines Druckgeschwürs um Vorgänge im lebenden Organismus handelt. Solche Vorgänge könnten nicht in ausnahmslos allen Fällen so beherrscht werden, dass bereits der ausbleibende Erfolg auf ein Verschulden bei der Behandlung bzw. Pflege des Betroffenen hindeutet. Der Heilungserfolg als solcher könne schon deshalb nicht garantiert werden, weil die Genesung des Patienten nicht nur von der medizinisch-pflegerischen Tätigkeit abhängt, sondern an viele weitere Faktoren geknüpft sei, die auch bei optimalen Bedingungen und maximalem Aufwand nur zum Teil beherrschbar sind. Im Übrigen

---

2818 Werdan, Ist ein Dekubitus immer vermeidbar? Der Internist 2002, 14.
2819 AWMF-Leitlinien-Register Nr. 036/005.
2820 DNQP, Expertenstandard Dekubitusprophylaxe in der Pflege, 43.
2821 OLG Düsseldorf RDG 2006, 61 f.
2822 OLG Braunschweig RDG 2009, 124.

Großkopf

habe auch der Bundesgerichtshof zur Haftung eines Krankenhausträgers betreffend Behandlungsfehler im Rahmen der Dekubitusprophylaxe keine schlechthin erfolgsbezogene Pflicht mit der Folge der Umkehrung der Beweislast beim Auftreten eines Druckgeschwürs angenommen.

> ❗ Zusammenfassend bleibt festzuhalten, dass das Ergebnis der beweisrechtlichen Auseinandersetzung in den Entscheidungen des OLG Düsseldorfs und des OLG Braunschweig zu einer deutlichen Entspannung in diesem haftungsträchtigen Aufgabengebiet geführt haben. Das ursprüngliche Prozessrisiko im Rahmen einer haftungsrechtlichen Auseinandersetzung bezüglich eines Dekubitus verbleibt auf der Klägerseite, so dass die Glaubhaftmachung der Behauptung eines Behandlungsfehlers eine schwer zu nehmende Hürde für den Kläger darstellt.

1978 Die Dokumentation ist mithin im Rahmen der gerichtlichen Auseinandersetzung bei Druckgeschwüren von besonderer Bedeutung. Nur unter Heranziehung der Dokumentation ist es dem Kläger in der Regel möglich einen Behandlungsfehler im Rahmen der Dekubitusprophylaxe und -behandlung zu beweisen. In diesem Zusammenhang ist vom Sachverständigen zu überprüfen, ob die notwendigen Prophylaxe- und Behandlungsmaßnahmen durchgeführt wurden und sich am aktuellen Stand der pflegerischen Wissenschaft und Forschung orientiert haben. Mithin ist es seitens der Gesundheitseinrichtung von ausschlaggebender Bedeutung, den vom DNQP entwickelten Expertenstandard zur Dekubitusprophylaxe als Grundlage des hausinternen Qualitätsmanagements eingebunden zu haben.
Nachdem sich in den folgenden Jahren keine Hinweise auf die Aktualisierung des Expertenstandards ergaben und das DNQP im Jahr 2004 auf eine Überarbeitung verzichtete, wurde erst im Rahmen des regulären 5-Jahres-Tournus im Jahr 2009 mit der vollständigen Aktualisierung begonnen. Wenngleich die Expertenarbeitsgruppe zu dem Ergebnis gelangt ist, dass es im Aktualisierungszeitraum zwar keine grundlegenden neuen Erkenntnisse aus der Forschung zu den Kriterienebenen des bisherigen Expertenstandards gibt[2823] wurden die einzelnen Standardkriterien auf den Prüfstand gestellt. Die Überarbeitung berücksichtigt vor allem die bessere Evidenz zu den Themen »Risikoeinschätzung« und »weitere Interventionen zur Erhaltung und Förderung der Gewebetoleranz«.
Gemäß der jüngsten Fassung ist nun eine systematische Einschätzung des Dekubitusrisikos durch Pflegekräfte notwendig. Neben dem Wegfall der früheren Kriterienebene 4, in welcher der Ernährungszustand und die Anwendung von Hautpflegemittel diskutiert wurden, stellen die neu gefassten Ausführungen zur Risikoeinschätzung in der Kriterienebene 1 die signifi-

---

2823 DNQP, Expertenstandard Dekubitusprophylaxe in der Pflege, 1. Aktualisierung 2010, S. 11.

Großkopf

kantesten Änderungen des Expertenstandards dar. Die Auswertung von ca. 150 Studien ergab, dass im Rahmen der Risikoeinschätzung ein alleiniges Abstellen auf die bekannten Dekubitusskalen (z.B. Norton-, Braden- oder Waterlow-Skala) nicht ausreichend ist.[2824]

Vielmehr soll jetzt durch ein zweistufiges Verfahren ein mögliches Dekubitusrisiko erkannt oder ausgeschlossen werden. In einem ersten Schritt gilt es zu evaluieren, ob Hinweise auf ein Dekubitusrisiko bestehen oder ob ein solches Risiko grundsätzlich ausgeschlossen werden kann (initialer Ausschluss). Kann das Dekubitusrisiko in dieser Prüfungsstufe nicht ausgeschlossen werden, ist in einem zweiten Schritt eine differenzierte Risikoeinschätzung vorzunehmen. Maßgeblich ist hierbei, dass diese zielgerichtet ist und unter Hinzuziehung des aktuellen Standes der Wissenschaft und Forschung erfolgt.[2825]

Die Informationsbeschaffung kann dabei aus den unterschiedlichsten Quellen gespeist werden. Neben der Patientenbeobachtung zählen hierzu die ausführlich geführten und dokumentierten ärztlichen und pflegerischen Anamnesegespräche. Auch sonstige medizinische und pflegerische Unterlagen sowie der Hautzustand sind in die Beurteilung einzubeziehen.

Aus der haftungsrechtlichen Perspektive spricht allerdings nichts dagegen, dass im Rahmen der Informationsbeschaffung auch auf Dekubitusrisikoskalen zurückgegriffen wird. Dies sollte jedoch nur ergänzend geschehen. Ein alleiniges Abstellen auf Risikoskalen als Ersatz einer individuellen und umfassenden Gefärdungseinschätzung des Patienten könnte in einem Schadensfall als schuldhafte Sorgfaltspflichtverletzung gewertet werden, da diese Vorgehensweise im Widerspruch zu den Aussagen im aktualisierten Expertenstandard stehen.

Aus dem Vorgenannten wird deutlich, dass die sach- und fachgerechte Risikoeinschätzung sowie deren Dokumentation ein zwingender Baustein zur Abwehr einer haftungsrechtlichen Inanspruchnahme ist.[2826]

Blickwinkel Patient – Sonderproblem »Dekubitus«

Da mittlerweile nach ständiger Rechtsprechung die Entstehung eines Druckgeschwürs nicht dem voll beherrschbaren Herrschafts- und Organisationsbereich zugewiesen worden ist, sollte der klagende Patient sich vornehmlich auf die Inhalte der Pflegedokumentation beziehen. Hierüber kann festgestellt werden, ob die erforderlichen prophylaktischen Maßnahmen ergriffen und die notwendigen Behandlungsmaßnahmen durchgeführt worden sind.

1979

Blickwinkel Gesundheitseinrichtung – Sonderproblem »Dekubitus«

Auch aus Sicht der Gesundheitseinrichtung ist im Zusammenhang mit dem Entstehen eines Druckgeschwürs prozessentscheidend, ob die am Patienten

1980

2824 Vgl. Balzer/Feuchtinger/Tannen/Kottner, Die klinische Einschätzung ist das Maß der Dinge. Pflegezeitschrift 2011, S. 148.
2825 Vgl. ebd.
2826 Siehe dazu auch Großkopf, Haftungsrisiko »Dekubitus« – Vermeidung der Inanspruchnahme durch strategische Interventionen. RDG 2011, S. 116 ff.

Großkopf

vollzogenen Maßnahmen zur Vermeidung sowie die erforderlichen durchgeführten Behandlungsmaßnahmen eines entstandenen Druckgeschwürs dokumentiert worden sind. Zur Vermeidung des Haftungsrisikos bedeutet dies, dass das Dekubitusrisiko bei neu aufgenommenen Patienten zunächst einmal routinemäßig gemäß den Vorgaben des aktualisierten Expertenstandards »Dekubitusprophylaxe in der Pflege« des DNQP abgeschätzt und entsprechend dokumentiert werden sollte. Wird ein Dekubitusrisiko erkannt, sind in der Pflegeplanung die zu ergreifenden prophylaktischen Maßnahmen aufzuzeigen. Bereits vorhandene Dekubiti müssen ebenfalls in der Dokumentation verzeichnet sein. Da die Betreuung von dekubitusgefährdeten Patienten besonders pflegeintensiv ist und damit zwangsläufig ein hoher Dokumentationsaufwand einhergeht, ist es nach ständiger Rechtsprechung möglich, im Rahmen der Pflegeplanung auf vorhandene hausinterne Pflegestandards zu verweisen, sofern aus diesen die anzuwendenden Handlungsszenarien hervorgehen. Die Verweisung auf solche hausinterne Standardisierungen ersetzt allerdings nicht die Dokumentation der tatsächlich am Patienten vollzogenen Maßnahmen.

Fehlerquellen Dekubitsulzerationen

- Bei Risikopatienten ist die drohende Dekubitusgefahr nicht von Beginn an in den Patientenunterlagen vermerkt
- Eine differenzierte Risikoeinschätzung unter Berücksichtigung klinischer Parameter ist nicht erfolgt
- Aufzeichnung der ersten Feststellung und / oder Verlaufsdokumentation eines Dekubitus fehlen
- Durchgeführte Maßnahmen sind nicht vermerkt (auch kein Verweis auf einen existierenden hausinternen Standard)
- Die Dokumentation ist nicht zeitnah erfolgt
- Abweichungen vom gültigen Pflegestandard sind im Einzelfall nicht nachvollziehbar begründet
- Notwendige Informationen an den behandelnden Arzt aus der Dokumentation sind nicht ersichtlich

d) Verschulden

1981 Der Kläger hat grundsätzlich auch das Verschulden des Beklagten zu beweisen. Als Ausnahme von diesem Grundsatz sind die Fälle anzusehen, in denen das Vertretenmüssen des Schuldners (widerlegbar) vermutet wird oder

Fälle in denen zu Gunsten der klagenden Partei eine Beweislastumkehr – wie z. B. beim groben Behandlungsfehler – greift. Das Ausmaß des Verschuldens ergibt sich aus § 276 BGB, wonach vom Schuldner Vorsatz und Fahrlässigkeit zu vertreten sind. Die Beweisbarkeit des Verschuldens stellt auf klägerischer Seite kein Problem dar, weil in der Regel eine Sorgfaltspflichtverletzung schuldhaft begangen wird. Mit anderen Worten: Ein Behandlungsfehler, bei welchem die im Verkehr erforderliche Sorgfalt nicht außer Acht gelassen wurde, ist schwer vorstellbar. Mithin wird das Verschulden überwiegend im Zusammenhang mit der Sorgfaltspflichtverletzung geprüft. Im pflegerischen Haftungsprozess fließt über den § 276 Abs. 2 BGB ein, ob die am Patienten vollzogenen pflegerischen Maßnahmen sich am aktuellen Stand der pflegerischen Wissenschaft und Forschung orientiert haben. Der aktuelle Stand der Wissenschaft und Forschung wird im Bereich der Pflege insbesondere durch die vom DNQP entwickelten Expertenstandards bestimmt. Die Expertenstandards sind Instrumente der Qualitätsentwicklung auf nationaler Ebene. Hierbei handelt es sich um regelmäßig aktualisierte Handlungskorridore für das einrichtungsinterne Qualitätsmanagement, die auf wissenschaftlicher Grundlage systematisch entwickelt wurden und über deren Inhalte und Aussagen ein Konsens erzielt werden konnte.

Blickwinkel Patient – Verschulden

Der klagende Patient sollte im Rahmen der Behandlungsfehlerdarlegung überprüfen, ob die an ihm vollzogene Behandlung sich am aktuellen Stand der pflegerischen Wissenschaft und Forschung orientiert hat. Mithin sollte festgestellt werden, ob ein Expertenstandard für das streitgegenständliche Behandlungsszenario existiert und ob dieser von der Gesundheitseinrichtung implementiert wurde und das pflegerische Handeln sich daran orientiert hat.

1982

Blickwinkel Gesundheitseinrichtung – Verschulden

Die Gesundheitseinrichtung sollte dafür Sorge tragen, dass dem pflegerischen Handeln die Expertenstandards zu Grunde liegen. Für den Fall, dass ausnahmsweise ein Expertenstandard nicht berücksichtigt wurde, sollte aus Sicht der beklagten Einrichtung argumentiert werden, dass die Individualität der spezifischen Pflegesituation eine Anwendung des Expertenstandards nicht zuließ.

1983

> **❗** – Die pflegerischen Expertenstandards stellen den aktuellen Stand der Pflegewissenschaft und -forschung dar.
> – Um der im Verkehr erforderlichen Sorgfalt zu genügen, sollte das pflegerische Handeln sich an den aktuellen Expertenstandards orientieren.
> – Eine Abweichung vom Expertenstandard bedarf einer ausdrücklichen Begründung in der pflegerischen Dokumentation.

Großkopf

e) Kausalität
aa) Überblick

1984 Auch die Kausalität muss grundsätzlich vom Kläger bewiesen werden, d.h. er hat zur Überzeugung des Gerichts darzulegen, dass die Sorgfaltspflichtverletzung des Handelnden ursächlich für den am Patienten eingetretenen Schaden ist. Dieser Nachweis birgt für den Kläger Probleme, da auf der Ebene des nachzuweisenden Ursachenzusammenhangs zwischen fehlerhafter pflegerischer Tätigkeit und Schadenseintritt in der Regel die oben dargestellten unbeeinflussbaren, unabwägbaren und letztlich unvorhersehbaren Abläufe im menschlichen Organismus angesiedelt sind. Bietet der Geschehensablauf Anhaltspunkte die kausalen Zusammenhänge zwischen der Sorgfaltspflichtverletzung und dem Schaden in Frage zu stellen, richtet sich die Prozessführung des Klägers darauf aus, für diese Anspruchsvoraussetzung eine Beweiserleichterung geltend zu machen.

bb) Problemstellung grober Behandlungsfehler

1985 Nach gefestigter Rechtsprechung des BGH[2827] kehrt sich bei einem groben Behandlungsfehler die Beweislast bzgl. des Kausalitätsbeweises zu Gunsten der klagenden Partei um. Beim festgestellten Vorliegen eines groben Behandlungsfehlers liegt damit die Beweislast nunmehr im Sinne einer Beweislastumkehr gemäß § 280 Abs. 1 S. 2 BGB bei der behandelnden Gesundheitseinrichtung. Mithin muss nicht mehr der Patient beweisen, dass der Schaden bei ordnungsgemäßem Verhalten unterblieben wäre, sondern die beklagte Einrichtung muss den Nachweis erbringen, dass der Schaden auch ohne schuldhafte Sorgfaltspflichtverletzung des Pflegenden eingetreten wäre.[2828] Es muss also seitens der Gesundheitseinrichtung der Beweis erbracht werden, dass der grobe Fehler für die Schädigung nicht ursächlich geworden ist. Dies ist unter anderem dann der Fall, wenn z. B. wegen der körperlichen Konstitution des Patienten der Schaden auch bei fehlerfreier Behandlung aufgetreten wäre:[2829] Letztgenannte Exkulpationsalternative verlangt der Gesundheitseinrichtung folglich den Beweis ab, dass der beim Patienten eingetretene Schaden nur mit unvorhersehbaren Geschehnissen/ Abläufen innerhalb seines Körpers begründbar ist, was ihr in der Regel nicht gelingen dürfte. Die Klägerseite ist daher bestrebt den Behandlungsfehler als »grob« bewerten zu lassen. Die Beweislast für die Feststellung eines solchen groben Behandlungsfehlers verbleibt jedoch beim Kläger.[2830]

1986 Hinsichtlich der zuvor beschriebenen Dokumentationsmängel wirken sich diese nur dann beweiserleichternd auf die Prüfung der Kausalität aus, wenn

---

2827 BGH NJW 1987, 1482; 1988, 2611.
2828 Vgl. BGH JZ 2004, 909.
2829 König-Ouvrier, Grober Behandlungsfehler und Aufklärungspflicht, Hess Ärztbl 2003, 197.
2830 BGH NJW 1987, 2291.

der Kläger beweisen kann, dass der nicht dokumentierte Befund mit hinreichender Wahrscheinlichkeit ein reaktionspflichtiges Ergebnis gehabt hätte und dass das Unterbleiben der Behandlung sich nach allgemeinen Regeln als fundamentaler Diagnosefehler oder grober Behandlungsfehler darstellen würde.[2831]

Die Definition des »groben Behandlungsfehler« ist von der Judikative vorgenommen worden. An dieser Stelle ist darauf hinzuweisen, dass die Rechtsprechung sich nahezu ausnahmslos mit dem »medizinischen Standardfall« des groben Behandlungsfehlers eines Arztes beschäftigt, so dass es bei der Übertragung, der Rechtsprechung auf die pflegerechtliche Fallgestaltung einer gewissen Analogie bedarf. Nach ständiger Rechtsprechung liegt dann ein grober Behandlungsfehler vor, wenn ein Arzt gegen elementare Behandlungsregeln oder Erkenntnisse der Medizin verstößt.[2832] Maßgeblich ist der medizinische Standard, der im konkreten Fall vom Patienten erwartet werden kann. Das medizinische Fehlverhalten des Arztes ist dabei aus objektiver ärztlicher Sicht bei Anlegung des für einen Arzt geltenden Ausbildungs- und Wissensmaßstabes nicht mehr verständlich und verantwortbar.[2833] Ein grober Behandlungsfehler kann aber auch bei einer besonders schwerwiegenden Organisationspflichtverletzung[2834] angenommen werden.

1987

▶ **Beispiel:**
Das **OLG Hamm**[2835] bewertete die drastische Unterbesetzung einer Station als grobe Organisationspflichtverletzung, die zu einer Beweiserleichterung für den Kläger hinsichtlich des ihm obliegenden Kausalitätsbeweises geführt hat. In dem der Entscheidung zugrunde liegenden Sachverhalt sprang ein bekanntermaßen suizidal, paranoider Patient aus dem Fenster einer psychiatrischen Einrichtung und verletzte sich schwer. Die ca. 450 qm große winkelförmige Station, in welcher psychisch kranke Patienten behandelt, gepflegt und überwacht wurden, ist normalerweise in der fraglichen Zeit mit drei Pflegenden, einem Arzt und einem Psychologen besetzt. Urlaubs- und krankheitsbedingt wurde die gesamte Station jedoch nur von einer Pflegenden betreut. Der erkennende Senat stellte fest, dass der Umfang der Unterschreitung der Personaldecke als grobes Organisationsverschulden bezeichnet werden kann. Der Senat führte aus, dass der Sprung des Patienten bei einem ordnungsgemäßen Personalstand hätte verhindert werden können. Angesichts der Zahl der psychisch kranken Patienten sei eine mögliche Gefährdung des Einzelnen bei dieser drastischen Unterbesetzung dem Zufall vorbehalten ge-

1988

2831 LG Osnabrück, Urteil vom 29.3.2006 (Az.: 2 O 518/05).
2832 BGH NJW 2001, 2792.
2833 BGH NJW 2001, 2792.
2834 BGH NJW 1994, 1594.
2835 OLG Hamm RDG-UK 04/2004.

wesen. Die Einrichtung hätte durch organisatorische Maßnahmen dafür
Sorge tragen müssen, dass eine solche Personalsituation vermieden worden wäre. Unabhängig von finanziellen Zwängen hat der Patient Anspruch auf die Wahrung essentieller Grundvoraussetzungen für seine Sicherheit. Durch die Schwere des Organisationsverschuldens kehrte sich
die Beweislast des Ursachenzusammenhangs zu Lasten der Einrichtung
um. Der Entlastungsbeweis, dass es auch bei normaler Besetzung der Station zu dem Sprung des Patienten gekommen wäre, ist der beklagten Einrichtung nicht gelungen.

❗ Im pflegerischen Haftpflichtprozess ist insbesondere im Bereich der
personellen Besetzung zu prüfen, ob diese – bezogen auf die zu betreuenden Patienten – ausreichend war. Eine drastische Unterbesetzung
wird als grobes Organisationsverschulden bewertet, welches zu einer
Beweislastumkehr bzgl. des Kausalitätsnachweises führen kann, wenn
die Unterbesetzung grundsätzlich dazu geeignet war, den am Patienten
entstandenen Schaden herbeizuführen.

4. Entscheidungssammlung zu typischen Problemstellungen und Sonderproblemen im Bereich der Pflege

a) Dokumentation[2836]

Entscheidung	Aktenzeichen	Fundort	Leitsatz
OLG München vom 30.4.2009	1 U 4265/08	RDG-UK 01/2010	Durch die exakte Dokumentation aller Maß-nahmen und verwendeten Materialien zur Versorgung eines Druckgeschwürs kann der gerichtsfeste Nachweis der sach- und fachge-rechten Behandlung erbracht werden.
OLG Hamm vom 26.1.2005	3 U 161/04	RDG-UK 06/2009	EDV-Dokumentationen sind zulässig und seit langem üblich. Dieser Einschätzung steht auch nicht entgegen, dass im Streitfall kein EDV-Programm benutzt worden ist, das gegen nachträgliche Veränderung gesichert war. Die Rechtsprechung hat bisher keine grundsätzlichen Bedenken gegen die Verän-derbarkeit geäußert.
BGH vom 18.3.1986	VI ZR 215/84	RDG-UK 01/2010	Im Krankenblatt eines Klinikpatienten, bei dem die ernste Gefahr eines Durchliegege-schwürs (Dekubitus) besteht, sind sowohl die Gefahrenlage als auch die ärztlich angeordne-ten Vorbeugungsmaßnahmen zu dokumen-tieren.

2836 Hierbei handelt es sich jeweils um Leitsätze der Redaktion der »Rechtsdepesche für das Gesundheitswesen«.

Großkopf

Entscheidung	Aktenzeichen	Fundort	Leitsatz
LG Hagen vom 8.11.2000	2 O 134/98	RDG-UK 03/2011	Die Lagerung des Patienten auf einer Antidekubitusmatte zählt zu den routinemäßigen Standards und muss nicht notwendigerweise in den OP-Bericht aufgenommen werden. Grundsätzlich ist nicht die Regel, sondern die Ausnahme zu dokumentieren.
LG Hagen vom 11.8.2010	2 O 170/10	RDG 2011, 136	Zur Begründung des Anspruchs auf Herausgabe von Krankenunterlagen muss der Patient beweisen, dass der Arzt überhaupt im Besitz solcher Unterlagen ist. Gelingt ihm dies nicht, ist der Anspruch unbegründet.
OLG Naumburg vom 13.3.2008	1 U 83/07	RDG 2008, 199	Eine Ausdehnung der ärztlichen und pflegerischen Dokumentationspflicht, um den Patienten die Beweisführung bzw. dem Gericht die Sachaufklärung in einem Haftungsprozess zu erleichtern, besteht nicht.
OLG Oldenburg vom 14.10.1999	1 U 121/98	RDG-UK 06/2004	Der Träger einer Einrichtung hat das Verschulden des Pflegepersonals in gleichem Umfang zu vertreten wie eigenes Verschulden. Die Regeln der Beweislastverteilung in Bezug auf den ärztlichen Behandlungsfehler gelten auch für den Pflegefehler. Erschwert eine lückenhafte Pflegedokumentation die Sachverhaltsaufklärung, kann dies zu einer Beweislastumkehr führen.
OLG Köln vom 4.8.1999	5 U 19/99	RDG-UK 06/2004	Das Auftreten eines Dekubitus 4. Grades lässt regelmäßig auch bei Schwerstkranken auf grobe Pflege- und/oder Lagerungsmängel schließen. Der pauschale Vortrag, ein Patient sei häufiger gepflegt und gewendet worden, als sich dies aus den Pflegeberichten erschließt, reicht nicht aus, um eine Beweisaufnahme zu veranlassen. Hält eine pflegerische Einrichtung Dokumentationsformulare vor, so gehört die sach- und fachgerechte Dokumentation zum pflegerischen Standard.
OLG Zweibrücken vom 13.5.1997	5 U 7/95	RDG-UK 02/2006	Die Dokumentation eines einzelnen Behandlungsschritts ist nur dann erforderlich, wenn aus der Behandlungssituation heraus von der medizinisch gebotenen Regel abgewichen werden musste. Grundsätzlich ist nicht die Regel, sondern die Ausnahme zu dokumentieren.
OLG Frankfurt vom 28.6.1994	14 U 155/91	RDG-UK 02/2006	Inhalt und Umfang der Dokumentation ist einzelfallbezogen. Bei einem desorientierten Patienten ist es nach einem Sturz nicht zwingend geboten, dessen – ausnahmsweise – vorliegende Orientiertheit zu dokumentieren.
LG Kiel vom 4.4.2008	8 O 50/07	RDG 2008, 200	Eine längere Suchaktion nach Behandlungsunterlagen ist zumutbar, wenn die mit dem Auffinden der Behandlungsunterlagen verbundenen Schwierigkeiten vom Krankenhausträger zu rechtfertigen bzw. zu begründen sind.

Großkopf

Entscheidung	Aktenzeichen	Fundort	Leitsatz
VGH Baden-Württemberg vom 8.6.2004	6 S 22/04	RDG 2004, 91	Für jeden Bewohner einer vollstationären Pflegeeinrichtung ist eine individuelle Pflegeplanung zu erstellen, die kontinuierlich aktualisiert werden müsse.
BSG vom 23.7.2002	B 3 KR 64/01 R	RDG-UK 05/2009	Die Krankenkassen haben kein Recht auf Einsicht in die Behandlungsunterlagen. Bei Zweifeln an der sachlichen Richtigkeit einer Krankenhausbehandlung kann die Krankenkasse eine gutachterliche Stellungnahme des Medizinischen Dienstes einholen.

b) Personaleinsatz

Entscheidung	Aktenzeichen	Fundort	Leitsatz
OLG Hamm vom 27.10.2009	26 U 44/08	RDG 2010, 78	Von einer ausgebildeten Krankenschwester kann auch ohne entsprechende Anweisung erwartet werden, dass sie im Falle einer respiratorischen Insuffizienz den diensthabenden Arzt herbeiruft, damit dieser Maßnahmen zur Behebung der Atemnot einleiten kann.
OLG Dresden vom 24.7.2008	4 U 1857/07	RDG 2008, 240	Die Delegation einer intravenösen Injektion zur Vorbereitung von Diagnosemaßnahmen auf eine erfahrene und fachgerecht ausgebildete medizinisch-technische Assistentin für Radiologie stellt keinen Behandlungsfehler dar, sofern für eine regelmäßige Kontrolle und Überwachung durch den Arzt Sorge getragen wird. Der Patient ist vor der intravenösen Injektion in die Ellenbogenbeuge über das Risiko von Nervenirritationen aufzuklären.
OLG Oldenburg vom 30.1.2008	5 U 92/06	RDG 2008, 242	Maßnahmen sind nur dann in den Krankenunterlagen zu dokumentieren, wenn dies erforderlich ist, um Ärzte und Pflegepersonal über den Verlauf der Krankheit und die bisherige Behandlung im Hinblick auf künftige medizinische Entscheidungen ausreichend zu informieren.
OLG Düsseldorf vom 26.4.2007	I-8 U 37/05	RDG 2008, 71	Im Falle einer Verweigerung der Patienten von geburtshilflichen Maßnahmen trifft den Arzt die Pflicht, die Risiken der Nichtbehandlung sehr deutlich zu machen und dafür offensiv bis zum Eklat auf den Patienten einzugehen.
OLG Stuttgart vom 21.4.2004	4 U 54/93	RDG-UK 01/2003	Die Delegation einer intravenösen Injektion oder Punktion auf eine Arzthelferin ist dann unbedenklich, wenn sie zur technischen Durchführung der ihr übertragenen Aufgaben hinreichend qualifiziert ist.

Großkopf

Entscheidung	Aktenzeichen	Fundort	Leitsatz
OLG Köln vom 18.12.1995	5 U 183/94	RDG-UK 05/2004	Besteht nach einer Operation erkennbar ein erhöhtes Infektionsrisiko, darf der behandelnde Arzt den Verbandswechsel nicht einer Krankenschwester überlassen. Die Wundrevision gehört in diesen Fällen zu den ärztlichen Sorgfaltspflichten, deren Verletzung als grober Behandlungsfehler zu werten ist.
OLG Hamm vom 16.9.1992	3 M 283/91	RDG-UK 04/2004	Der Patient hat Anspruch auf die Wahrung essentieller Grundbedingungen für seine Sicherheit. Der Träger einer Klinik hat für eine angemessene Personalbesetzung zu sorgen. Kommt es bei Unterbesetzung zu einer Patientenschädigung, muss der Klinikträger beweisen, dass der Schaden bei ausreichendem Personaleinsatz nicht eingetreten wäre.
OLG Stuttgart vom 20.8.1992	14 U 3/92	RDG-UK 04/2004	Die Besetzung mit lediglich zwei Nachtschwestern für 88 Betten in drei Abteilungen verstößt gegen die Pflicht eines Krankenhausträgers, in ausreichendem Maße für fachkundiges nichtmedizinisches Personal zu sorgen. Der Krankenhausträger hat zu gewährleisten, dass auf Belegabteilungen genügend pflegerisches Personal vorhanden ist. Steht der Arzt erst nach 20 bis 25 Minuten zur Verfügung, entspricht dies nicht dem medizinischen Standard.
LG Waldshut-Tiengen vom 23.3.2004	2 Ns 13 Js 1059/99	RDG 2005, 59	Auch wenn das Setzen von Insulinspritzen durch Laien nicht generell bedenklich ist, kann dies nicht in einem institutionellen Rahmen zugelassen werden, geht es doch hier um das Selbstbestimmungsrecht und letztlich um die Menschenwürde der Patienten.
SG Speyer vom 27.7.2005	S 3 P 122/03	RDG 2006, 177	Die Delegierung von Maßnahmen der Behandlungspflege – hier: Gabe von Medikamenten, Verbandwechsel bei enteraler Nahrungsversorgung per Sonde und subrapubischen Dauerkatheter, Einbringung von Augentropfen – darf nicht (nur) an angelernte Kräfte erfolgen.
ArbG Koblenz vom 24.8.1993	3 Ca 713/93	RDG-UK 01/2008	Eine im OP-Bereich beschäftigte Pflegekraft ist nicht verpflichtet, bei Operationen Tätigkeiten eines Assistenzarztes auszuüben.
VG Saarlouis vom 19.5.2010	9 K 338/10	RDG 2011, 28	Die Übertragung ärztlicher Tätigkeiten auf Pflegekräfte in einem Pilotprojekt unterfällt der eingeschränkten Mitbestimmung des Personalrates.

Großkopf

c) Sturz

Entscheidung	Aktenzeichen	Fundort	Leitsatz
BGH vom 1.10.2008	IV ZR 285/06	RDG 2009, 34	Bei einem Sturz pflegebedürftiger Heimbewohner verwirklicht sich das typische Haftungsrisiko eines Heimträgers.
BGH vom 14.7.2005	III ZR 391/04	RDG 2005, 123	Pflegeheime müssen im Normalfall keine die Würde und Selbständigkeit eines sturzgefährdeten Bewohners einschränkende Schutzmaßnahme ergreifen, wenn er diese ablehnt.
BGH vom 28.4.2005	III ZR 399/04	RDG 2005, 89	Die Pflichten zum Schutz der Bewohner vor Schädigungen sind begrenzt auf die in Pflegeheimen üblichen Maßnahmen, die mit einem vernünftigen finanziellen und personellen Aufwand realisierbar sind. Maßstab hierfür müssen das Erforderliche und das für die Heimbewohner und das Pflegepersonal Zumutbare sein.
OLG Koblenz vom 21.7.2010	5 U 761/10	RDG 2011, 33	Muss eine erwachsene und orientierte Patientin für eine Untersuchung aus dem Rollstuhl auf eine Liege gebracht werden, darf sie den Umstand, dass der Arzt den Rollstuhl nach der Untersuchung an die Liege schiebt, nicht als Aufforderung verstehen, sich nunmehr ohne fremde Hilfe wieder in den Rollstuhl zu setzen. Das Klinikpersonal darf auf die Einhaltung der Anweisung, dass die Patientin nicht aufstehen dürfe, vertrauen.
OLG Düsseldorf vom 13.7.2010	I_24 U 16/10	RDG 2011, 84	Eine ständige Fixierung zur Sturzprävention verbietet sich in nicht gefahrenträchtigen Situationen, da das Recht auf Selbstbestimmung und die Selbstverantwortung der Patienten beeinträchtigt werden.
OLG Bremen vom 22.10.2009	5 U 25/09	RDG 2010, 132	Ein Kläger, der das Krankenhaus wegen eines Sturzes aus dem Bett auf Schmerzensgeld in Anspruch nimmt, trägt im Regelfall die volle Darlegungs- und Beweislast für die konkreten Umstände, aufgrund derer die Anbringung von Bettgittern indiziert gewesen wäre.
OLG Oldenburg vom 13.2.2009	6 U 212/08	RDG 2009, 273	Da eine Verkehrssicherung, die jeden Unfall ausschließt, nicht erreichbar ist, muss nicht für alle denkbaren, auch entfernten Möglichkeiten eines Schadenseintritts Vorsorge getroffen werden.

Entscheidung	Aktenzeichen	Fundort	Leitsatz
OLG Düsseldorf vom 11.11.2008	I-24 U 165/07	RDG 2009, 221	Der Toilettengang einer nicht mehr standsicheren Heimbewohnerin führt zu einer Steigerung der Obhutspflichten – mit der Folge, dass der Toilettengang dem voll beherrschbaren Herrschafts- und Organisationsbereich zuzurechnen ist. Dies führt im Schadensfalle zur Umkehr der Beweislast.
OLG München vom 12.6.2008	20 U 3322/08	RDG 2009, 129	Es ist nicht generell damit zu rechnen und daher keine Vorsorge dagegen zu treffen, dass ein Heimbewohner plötzlich aus dem Rollstuhl aufsteht und stürzt, wenn keine konkreten Anzeichen für eine Sturzneigung vorliegen.
OLG Koblenz vom 28.5.2008	5 U 280/08	RDG 2009, 178	Der Krankenhausaufnahmevertrag verpflichtet das Klinikpersonal, einen unruhig schlafenden Patienten im Rahmen des Möglichen und Zumutbaren auch vor der Gefahr zu schützen, sich bei einem Sturz aus dem Bett zu verletzen. Gleichwohl muss trotz einer bestehenden Indikation zum Anbringen von Bettgittern davon abgesehen werden, wenn der bewusstseinsklare Patient eine derartige Sicherungsmaßnahme ablehnt. Die Beachtlichkeit von dessen Willenserklärung setzt ferner voraus, dass eine Aufklärung über die mit den Risiken verbundene Verweigerung erfolgt ist.
OLG Saarbrücken vom 29.1.2008	4 U 318/07-115	RDG 2008, 113	Hat sich das Pflegepersonal davon überzeugt, dass ein halbseitig gelähmter Heimbewohner noch dazu in der Lage ist, sich im Außengelände ohne fremde Hilfe aktiv im Rollstuhl fortzubewegen, besteht keine Veranlassung für ein Verbot, das Heim mit dem Rollstuhl unbegleitet zu verlassen; auch ist die Heimleitung nicht verpflichtet, den Bewohner beim oder nach dem Verlassen des Gebäudes ständig zu beobachten.
OLG Zweibrücken vom 1.6.2006	4 U 68/05	RDG 2006, 193	Kommt eine Patientin eines Altenpflegeheims, die aufgrund verschiedener Erkrankungen ein »fast maximales Sturzrisiko« aufweist, am Ende einer Mobilisierungsmaßnahme in ihrem Zimmer in Gegenwart einer Pflegerin zu Fall, hat diese auch dann den Sturz fahrlässig verursacht, wenn sie die Patientin nur für einen kurzen Moment aus den Augen gelassen hat.

Großkopf

Entscheidung	Aktenzeichen	Fundort	Leitsatz
OLG Düsseldorf vom 2.3.2006	I-8 U 163/04	RDG 2006, 124	Auch ein Patient, der demenzbedingt zum eigenständigen Gehen nicht mehr in der Lage ist (Pflegestufe III), muss nicht permanent fixiert und beaufsichtigt werden. Besondere pflegerische Maßnahmen wie Fixierungen sind durch einen Arzt zu klären und anzuordnen.
OLG München vom 28.2.2006	20 U 4636/05	RDG 2006, 158	Ist ein sturzgefährdeter Heimbewohner beim Toilettengang einer eigens dafür eingesetzten Pflegekraft anvertraut worden, liegt eine konkrete Gefahrensituation vor, die gesteigerte Obhutspflichten beinhaltet. In einer solchen Gefahrenlage trägt das Pflegeheim die Beweislast für sorgfaltsgerechtes Verhalten.
OLG Frankfurt vom 19.1.2006	1 U 102/04	RDG 2006, 83	Die prognostische Entwicklung über den Einsatz von Schutzmaßnahmen bedarf einer Gefährdungsbeurteilung, bei der zu berücksichtigen ist, ob und ggf. welche Schutzmaßnahmen der MDK für erforderlich gehalten hat.
OLG München vom 29.7.2005	33 Wx 115/05	RDG 2006, 17	Je nach den Umständen des konkreten Einzelfalls können freiheitsentziehende Maßnahmen, die zur Vermeidung von Sturzgefahren für den Betroffenen während der Nacht vorgesehen sind (z.B. Bettgitter, Bettgurt), unverhältnismäßig und damit nicht genehmigungsfähig sein, wenn er auch in einem sog. Bettnest (Matratze am Boden, umgeben von zusätzlichen Polstern) schlafen kann.
OLG Naumburg vom 26.4.2005	12 U 170/04	RDG 2005, 151	Erleidet ein Heimbewohner in seinem privaten Wohnbereich innerhalb des Heims einen Gesundheitsschaden, kommen ihm im Klageverfahren nur dann Beweiserleichterung zugute, wenn der Schaden sich im voll beherrschbaren Organisationsbereich des Heims ereignet hat.
OLG Köln vom 15.1.2004	12 U 66/03	RDG-UK 01/2006	Der in einer Pflegeeinrichtung untergebrachte Geschädigte trägt bei einer Verletzung durch einen Sturz die Beweislast dafür, dass er beim Gehen ständiger Beaufsichtigung und Stütze bedarf.
OLG Hamm vom 30.4.2002	24 U 87/01	RDG 2003, 9	Es gehört nicht »zum kleinen Einmaleins der Pflege« einen Altenheimbewohner bei bei einem Toilettengang derart zu beaufsichtigen, dass dem Pflegepersonal ein sofortiger Zugriff ständig möglich ist.

Großkopf

Entscheidung	Aktenzeichen	Fundort	Leitsatz
KG Berlin vom 20.1.2005	20 U 401/01	RDG 2006, 13	Es ist Bestandteil des Behandlungsvertrages und der sachgerechten pflegerischen Betreuung zuzurechnen, dass der Sturz eines Patienten bei Bewegungs- und Transportmaßnahmen ausgeschlossen ist. Zur Sicherung eines unruhigen Patienten muss der verwendete Rollstuhl technisch geeignet sein.
LG Berlin vom 22.3.2007	52 S 159/06	RDG 2007/239	Gegen unvorhersehbare Bewegungen beim Umsetzen eines schwerbehinderten Heimbewohners mittels Patientenlifters muss der Heimträger geeignete Sicherungsvorkehrungen treffen. Die Wahl dieser Maßnahmen obliegt dem Heimträger.
LG Koblenz vom 9.7.2004	10 O 169/03	RDG 2004, 120	Während einer in Sitzposition durchgeführten Anästhesie muss der Patient bis zur Rückverlagerung in eine stabile Lage ununterbrochen von einem Pfleger gestützt werden.
LG Münster vom 3.5.2004	11 O 477/02	RDG-UK 05/2005	Zur Selbstbestimmung fähige Heimbewohner dürfen in ihrem Bewegungsdrang nicht vollständig eingeschränkt werden, um auf diese Wese ihre Sicherheit zu gewährleisten. Eine dauerhafte Vollfixierung gegen den Willen des Betroffenen kann zudem das Grundrecht der Menschenwürde und der persönlichen Freiheit verletzen.
LG Mönchengladbach vom 24.10.2003	2 S 81/03	RDG-UK 01/2006	Der Betreiber eines Pflegeheimes ist bei bekannter Sturzneigung eines Bewohners verpflichtet, besondere Vorsorgemaßnahmen zu treffen, die verhindern, dass der Bewohner nachts das Bett unbeaufsichtigt verlässt.

d) Dekubitus

Entscheidung	Aktenzeichen	Fundort	Leitsatz
OLG Hamm vom 21.4.2009	26 U 151/08	RDG 2009, 174	Steht aus medizinischer Sicht fest, dass sich ein Dekubitus schicksalhaft entwickelt hat und alle notwendigen Maßnahmen zur Verhinderung und Unterbrechung des zu seiner Ausbildung führenden Krankheitsverlaufes getroffen worden sind, so kann sich die Unterlassung zusätzlicher pflegerischer Maßnahmen nicht mehr in einer zum Schadensersatz verpflichtenden Weise auf den sich daran erst anschließenden medizinischen Geschehensablauf auswirken.

Großkopf

Entscheidung	Aktenzeichen	Fundort	Leitsatz
OLG Braunschweig vom 7.10.2008	1 U 93/07	RDG 2009, 124	Das Risiko des Auftretens von Druckgeschwüren gehört nicht zu einem Bereich, der von dem Träger eines Pflegeheimes oder Krankenhauses und dem dort tätigen Personal tatsächlich voll beherrscht werden kann.
OLG Düsseldorf vom 16.6.2004	I-15 U 160/03	RDG 2005, 61	Die »Ressourcendiskussion« könnte nur dann als ein den Sorgfaltsmaßstab beeinflussendes Kriterium berücksichtigt werden, wenn sich in diesem Zusammenhang bereits eine Verkehrsauffassung gebildet hätte, die darauf hinausliefe, dass gerade auch die Betroffenen (Pflegebedürftige) selbst ihre eigenen Interessen der knappen Ressource Gesundheitsvorsorge angepasst hätten. Es hat den Anschein, dass solche Überlegungen auf Dauer unvermeidlich sind.
OLG Karlsruhe vom 6.9.2004	1 Ss 84/04	RDG 2004, 118	Wird infolge fehlerhafter Pflege die Entstehung und Entwicklung eines Dekubitus verursacht, kann dies den Tatbestand der fahrlässigen Körperverletzung im Rahmen des Organisationsverschuldens erfüllen.

V.   Haftung für fehlerhafte Medizinprodukte und Arzneimittel

1.   Allgemeiner Überblick zur Arzneimittel- und Medizinprodukthaftung

a)   Einführung

1989   Hersteller von Arzneimitteln und Medizinprodukten unterliegen der Herstellerhaftung, die auch als Produkthaftung bezeichnet wird. Während für Arzneimittel im Arzneimittelgesetz Sondervorschriften für die Produkthaftung bei Arzneimitteln vorgesehen sind, enthält das Medizinproduktgesetz keine produktspezifischen Haftungsnormen.

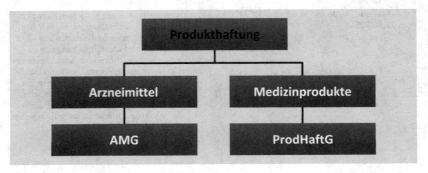

Der Arzt als Anwender von Arzneimitteln oder Medizinprodukten unter- **1990**
liegt keiner Produkthaftung, da er nicht Hersteller von zugelassenen Fer-
tigarzneimitteln oder Medizinprodukten ist, sondern nur deren Anwender.
Er bringt sie nicht verantwortlich erstmals in Verkehr. Jedoch kann er bei
fehlerhafter Anwendung einer Anwenderhaftung unterliegen (dazu vgl.
Rdn. 1984 f.).

Produkthaftung	= Herstellerhaftung
	≠ Anwenderhaftung
	= verschuldensunabhängig
Anwenderhaftung	= Haftung für falsche
	Produktanwendung;
	verschuldensabhängig

b) Haftung für fehlerhafte Arzneimittel

aa) Überblick

Die Haftungsvorschriften der §§ 84 ff. AMG regeln einen besonderen Fall **1991**
der Produkthaftung. § 15 Abs. 1 ProdHaftG schließt insofern die Anwendung des ProdHaftG aus und verweist auf die Haftungsbestimmungen des
AMG. § 84 normiert, wie bereits die Überschrift zeigt, einen **Gefährdungshaftungstatbestand,** der nach den Contergan-Fällen 1973 mit dem 2. Änderungsgesetz eingeführt wurde. Die Haftung ist **verschuldensunabhängig**
und setzt voraus, dass (1) das Arzneimittel bei **bestimmungsgemäßem Gebrauch schädliche Wirkungen** hat, die über **ein nach den Erkenntnissen
der medizinischen Wissenschaft vertretbares Maß** hinausgehen, (2) ihre
Ursache im Bereich der **Entwicklung** oder **Herstellung** oder in einer nicht
den Erkenntnissen der medizinischen Wissenschaft entsprechenden **Kennzeichnung, Fachinformation oder Gebrauchsinformation** haben und (3)
hierdurch **ein Mensch** getötet oder in seiner Gesundheit **nicht unerheblich**
verletzt wird.

Rehmann

§ 84 AMG   =>   Verschuldensunabhängige
Herstellerhaftung für
Arzneimittel

Herstellerhaftung für:

= > schädliche Wirkungen des AM bei
bestimmungsgemäßem Gebrauch, die
- beruhen auf einen Herstellungs-,
Entwicklungs- oder Kennzeichnungsfehler
und
- zu einem Gesundheitsschaden oder Tod
geführt haben

1992 Welcher Gebrauch bestimmungsgemäß ist, richtet sich nach der Arzneimittelzulassung und den hierauf beruhenden Angaben des pharmazeutischen Unternehmers zur Indikation und sicheren Anwendung des Produktes auf der Verpackung, Gebrauchs- und Fachinformation.

1993 Ein Off-Label-Use (vgl. Rdn. 1988, 2001) ist i.d.R. nicht bestimmungsgemäß. Allerdings zählt zum bestimmungsgemäßen Gebrauch jede Verwendung des Arzneimittels, die auf wissenschaftlich allgemein anerkannten Therapiegewohnheiten beruht und welche der pharmazeutische Unternehmer kannte oder hätte kennen müssen. Ein solcher Off-Label-Use ist bestimmungsgemäß, wenn der pharmazeutische Unternehmer ihn nicht ausdrücklich ausschließt.[2837]

2837 Vgl. auch Büchner/Jäkel, Off-Label-Use von Arzneimitteln in der gesetzlichen Krankenversicherung – neue Regelungen durch das GKV-Modernisierungsgesetz, PharmR 2003, 433 f., 436; Krüger, Haftung des pharmazeutischen Unternehmers bei Off-Label-Use, PharmR 2004, 52 ff.; Saalfrank, Arzneimittelhaftung – Aufbruch zu neuen Ufern, A&R 2007, 60, anders Hasskarl, Rechtsfragen bei der Anwendung eines nicht zugelassenen Arzneimittels, PharmR 2010, 444 ff., 449, der nur von einer Warnpflicht des pharmazeutischen Unternehmers ausgeht zu Risiken bei einem ihm bekanntgewordenen Off-Label-Use.

Bestimmungsgemäßer Gebrauch
= Gebrauch im Rahmen der Gebrauchs- und
Fachinformation; nur für die angegebene
Indikation

Off-Label-Use
= nicht bestimmungsgemäß
=> keine Gefährdungshaftung des Herstellers

Ausnahme:
Off-Label-Use ist dem Hersteller bekannt und
wird vom Hersteller geduldet

Gehaftet wird für **Entwicklungs-, Herstellungs- und Instruktionsfehler.** **1994**
Maßstab für die Beantwortung der Frage, ob im Einzelfall ein entsprechender
Fehler vorliegt, sind die Erkenntnisse der medizinischen Wissenschaft. Die
Beweislast für die Anspruchsvoraussetzungen trägt der **Verletzte.** An seine
Substantiierungslast dürfen jedoch nur maßvolle Anforderungen gestellt wer-
den.[2838] Mit dem 2. Schadensrechtsänder-ungsG wurden Beweiserleichterun-
gen eingeführt (sowie Auskunftsansprüche des Geschädigten (vgl. § 84 a).

Beweislast:
Die Geschädigte hat zu beweisen

- die schädliche Wirkung der Arzneimittel
  trotz bestimmungsgemäßen Gebrauchs
- das Vorliegen eines Schadens

Aber:
Beweiserleichterung = > Ziffer 5.1.2.6

Wie das ProdHaftG enthalten auch die Haftungsregelungen des AMG **Haf-** **1995**
tungshöchstgrenzen (vgl. § 88). § 91 stellt demgegenüber klar, dass eine

---

[2838] BGH NJW 1991, 2351; vgl. auch Deutsch, Medizinrecht Rdnr. 896.

Rehmann

weitergehende Haftung nach den allgemeinen Bestimmungen, insbesondere den von der Rechtsprechung zu § 823 BGB entwickelten Grundsätzen über die **verschuldensabhängige** Produkthaftung, unberührt bleibt. Gelingt es dem Geschädigten oder hinterbliebenen Anspruchsberechtigten ein Verschulden nachzuweisen, ist die Haftung unbegrenzt.

bb) Haftender

1996   Verantwortlich für den durch einen Entwicklungs-, Herstellungs- oder Instruktionsfehler entstehenden Schaden ist der **pharmazeutische Unternehmer. Dies ist d**erjenige, der ein Arzneimittel unter seinem Namen in Verkehr bringt.[2839] Es ist also nicht erforderlich, dass der pharmazeutische Unternehmer, das Arzneimittel selbst hergestellt hat.[2840] Wie in § 4 Abs. 1 Satz 2 ProdHaftG reicht die Kennzeichnung des Arzneimittels mit seinem Namen (vgl. dazu § 9) aus. Hat ein anderer das Arzneimittel entwickelt oder hergestellt, so kann dieser neben dem pharmazeutischen Unternehmer im Außenverhältnis nach den allgemeinen Bestimmungen der §§ 823 ff. BGB haften.

> **Produkthaftung bei Arzneimitteln:**
>
> - Pharmazeutischer Unternehmer
>   **=> AMG**
>
> - Körperlicher Hersteller soweit nicht mit dem pharmazeutischen Unternehmer identisch
>   **=> ProdHaftG**

1997   Sind **mehrere pharmazeutische Unternehmer** auf der Arzneimittelverpackung oder der Packungsbeilage (z. B. in Fällen des Mitvertriebes) angegeben, so haften sie im Außenverhältnis als **Gesamtschuldner.** Sonderfall: Patientenindividuelle Verblisterung (sog. Multidose Bilster). Apotheken oder Hersteller, die eine industrielle Herstellung sogenannter Multi-Dose-Blister gemäß § 21 Abs. 1 b AMG vornehmen, haften nicht nach § 84, wohl aber findet das ProdHaftG Anwendung.[2841]

2839 Vgl. § 4 Abs. 18 AMG; Rehmann AMG 3. Auflage, § 4 Rdnr. 20.
2840 Vgl. i.e. auch Jänisch, Zur Produkthaftungsproblematik beim Vertrieb von Arzneimitteln durch den Lizenznehmer, PharmR 2004, 107 f.
2841 Vgl. Voit, Haftungsrechtliche Fragen der Auseinzelung und Neuverblisterung zulassungspflichtiger Fertigarzneimittel; PharmR 2007, 1 ff.

Rehmann

cc) Produkt

Gehaftet wird nur für Schäden, die durch ein **Arzneimittel** hervorgerufen werden, das zum **Gebrauch bei Menschen** bestimmt ist. Die Haftungsbestimmung gilt also nicht für **Tierarzneimittel**. Hier gelten die Bestimmungen des ProdHaftG, da § 15 Abs. 1 ProdHaftG die Anwendbarkeit nur in Bezug auf den Sonderhaftungstatbestand des § 84 ausschließt.

1998

> ## Arzneimittelrechtliche Produkthaftung gilt nur für Humanarzneimittel

Die Haftung setzt die bestimmungsgemäße Anwendung bei Menschen, also am oder im menschlichen Körper voraus. Diagnostika, die mit dem menschlichen Körper nicht in Berührung kommen, unterfallen dieser Bestimmung nicht. Das Arzneimittel muss **im Geltungsbereich dieses Gesetzes** an den Verbraucher abgegeben worden sein. Für vom Verbraucher selbst nach § 73 Abs. 2 Nr. 6, 6 a AMG eingeführte Arzneimittel gilt § 84 AMG daher nicht. Für Arzneimittel, die nach § 73 Abs. 3 AMG über die inländische Apotheke bestellt und im Inland abgegeben werden, gilt § 84 AMG ebenfalls nicht, denn auch diese wurden nicht vom pharmazeutischen Unternehmer hier in Verkehr gebracht. § 73 Abs. 4 AMG stellt überdies sowohl für die nach § 73 Abs. 2 AMG als auch nach Abs. 3 AMG **eingeführten Arzneimittel** ausdrücklich klar, dass die Bestimmungen des AMG auf diese Arzneimittel, mit Ausnahme der genannten Vorschriften, keine Anwendung finden. Damit ist auch die Anwendung von § 84 AMG ausgeschlossen.

1999

> ## Haftung des pharmazeutischen Unternehmers nach § 84 AMG nur für von ihm oder mit seiner Zustimmung im Inland in Verkehr gebrachte Arzneimittel
>
> => Parallelimporteur haftet als pharmazeutischer Unternehmer für von ihm importierte und vertriebene Arzneimittel nach § 84 AMG
>
> => **Aber:** Keine Haftung nach § 84 AMG für von Apotheken einzelimportierte Arzneimittel

Wurde das Arzneimittel in Deutschland hergestellt, also reimportiert, so haftet der deutsche Hersteller nach den Bestimmungen des ProdHaftG,

2000

Rehmann

denn auch in diesem Fall greift der Ausschlusstatbestand in § 15 Abs. 1 ProdHaftG nicht, da das Arzneimittel nicht im Geltungsbereich des AMG in Verkehr gebracht wurde. Das gleiche gilt für nach den zuvor genannten Bestimmungen importierte, im Ausland hergestellte Arzneimittel. **Zentral zugelassene Arzneimittel** unterfallen der Haftungsregelung des § 84, wenn sie vom pharmazeutischen Unternehmer, also des Zulassungsinhabers, im Geltungsbereich des AMG in Verkehr gebracht wurden. Das Arzneimittel muss allerdings mit seinem Wissen und Wollen im Geltungsbereich des AMG in Verkehr gebracht worden sein. Davon ist auszugehen, wenn er das Präparat in einem Mitgliedstaat der Europäischen Union in einer Kennzeichnung und Aufmachung in Verkehr gebracht hat, die es in Deutschland verkehrsfähig macht. Nach ihrer Bestimmung sind zentral zugelassene Arzneimittel in der EU frei verkehrsfähig und somit zum Vertrieb in jedem Mitgliedstaat in Verkehr gebracht, in dessen Landessprache das Arzneimittel gekennzeichnet ist. Ein auch deutschsprachig gekennzeichnetes zentral zugelassenes Arzneimittel gelangt somit nach dem Willen der zum Inverkehrbringen berechtigten Person hier in den Handel, mit der Folge, dass die Haftungsregelungen der §§ 84 ff. AMG greifen.

> **Alle im Inland mit Willen des pharmazeutischen Unternehmers in Verkehr gebrachten Arzneimittel unterliegen der Haftung nach § 84 AMG, unabhängig ob sie zentral oder dezentral zugelassen sind.**

2001 Das Arzneimittel muss **zulassungspflichtig** oder **von der Zulassungspflicht durch RechtsVO befreit** sein. **Homöopathische Arzneimittel,** die lediglich nach § 38 registriert sind, unterliegen nach § 38 Abs. 1 Satz 2 AMG keiner Zulassungspflicht. § 84 AMG findet daher keine Anwendung; sie unterliegen der Herstellerhaftung nach dem ProdHaftG.

> Zulassungspflichtige Arzneimittel
>
> unterliegen § 84 AMG
>
> Für homöopathische Arzneimittel
>
> => ProdHaftG

dd) Personenschaden

Der pharmazeutische Unternehmer haftet nur für durch das Arzneimittel **2002** verursachte Eingriffe in die körperliche Unversehrtheit, also die Körperverletzung oder den Tod eines Menschen, sofern diese unter Berücksichtigung eines bestimmungsgemäßen Gebrauchs und des Therapiezweckes über ein wissenschaftlich vertretbares Maß hinausgehen. Geschützt ist der Mensch unabhängig von seiner Rechtsfähigkeit (§ 1 BGB), somit auch das noch ungeborene Leben.[2842]

> • **Gehaftet wird für Personen – nicht für**
>
>   **Vermögensschäden!**
> • **Ungeborenes Leben ist vom Schutz**
>
>   **umfasst.**
> • **Schmerzensgeld kann verlangt werden.**

Der zu leistende Schadensersatz wird durch §§ 86 bis 88 AMG begrenzt. **2003** **Schmerzensgeld**, d. h. der Ersatz des immateriellen Schadens, war nach §§ 84 ff. AMG bis zum Inkrafttreten des 2. Schadensrechtsänderungsgesetzes nicht zu bezahlen. Der Anspruch auf Ersatz dieses Schadens fand nach Deliktsrecht, also verschuldensabhängig statt. Dies wurde mit dem 2. Schadensrechtsänderungsgesetz geändert; auch für Gefährdungshaftungstatbestände sieht dieses die Verpflichtung zum Ersatz des immateriellen Schadens vor. Der reine **Vermögensschaden** wird nach §§ 84 ff. **nicht** ersetzt.[2843]

2842 Vgl. Palandt/Heinrichs, § 1 BGB Rdnr. 6 m.w.N.
2843 Vgl. OLG Frankfurt, NJW 1993, 2388.

Rehmann

ee) Haftungsgründe
(1) Fehlerhafte Entwicklung oder Herstellung

2004 Der pharmazeutische Unternehmer haftet für ein fehlerhaft entwickeltes oder hergestelltes Arzneimittel. Dies wird durch § 84 Abs. 3 AMG klargestellt. Es muss sich aus den Umständen ergeben, dass die aufgetretenen schädlichen Wirkungen ihre Ursache nicht im Bereich der Entwicklung und Herstellung haben. Die Regelung führt zu einer Beweislastumkehr. Der dem pharmazeutischen Unternehmer obliegende Entlastungsbeweis gelingt, wenn nach den Umständen nicht von einen Herstellungs- und Entwicklungsfehler auszugehen ist. Eine überwiegende Wahrscheinlichkeit hierfür genügt.[2844]

- Schädliche Wirkung

  => Produktfehler wird vermutet

- Vermutungswirkung entfällt, wenn

  pharmazeutischer Unternehmer

  Entlastungsbeweis führt

2005 § 84 AMG schließt also das Entwicklungsrisiko ein (vgl. *Larenz/Canaris*, VI § 84, 649). Wann ein entsprechender **Entwicklungs- oder Herstellungsfehler** vorliegt, definiert Nr. 1. Es müssen **schädliche Wirkungen** auftreten, die **über ein nach den Erkenntnissen der medizinischen Wissenschaft vertretbares Maß hinausgehen** und die ihre **Ursache** in der Entwicklung oder Herstellung haben. Die schädlichen Wirkungen dürfen also nicht auf Umständen beruhen, die erst nach dem Inverkehrbringen eingetreten sind. Die vorgenannte Definition berücksichtigt, dass Arzneimittel Nebenwirkungen haben können, auf die in der Gebrauchs- und Fachinformation hinzuweisen ist. Nachdem bei der Zulassung bestimmte Nebenwirkungen als hinnehmbar angesehen werden und solche Arzneimittel somit zulässigerweise in Verkehr gebracht werden dürfen, kann der Eintritt tolerierter Nebenwirkungen zu keiner Haftung des pharmazeutischen Unternehmers führen.[2845] Nebenwirkungen, welche die Unbedenklichkeit des Arzneimittels unberührt lassen, führen nicht zu einer Haftung nach § 84 AMG.

2844 Wagner, Das 2. Schadensrechtsänderungsgesetz, NJW 2002, 2050.
2845 Vgl. auch Kullmann, Produzentenhaftung Bd. I, 26; Deutsch/Spickhoff, Medizinrecht 1492.

Nebenwirkungen:

- Schädliche Wirkungen, die bei bestimmungsgemäßer Verwendung auftreten, aber tolerabel sind, führen zu keiner Haftung nach § 84 AMG.

Die Beurteilung, wann schädliche Wirkungen eines Arzneimittels ein nach den Erkenntnissen der medizinischen Wissenschaft hinausgehendes Maß überschreiten und deshalb nicht entschädigungslos hinzunehmen sind, richtet sich nach einer vorzunehmenden **Risiko-Nutzenabwägung.** Entscheidend ist der therapeutische Nutzen des Präparates, insbesondere der Grad der Wirksamkeit des Arzneimittels.[2846] Je ausgeprägter die Wirksamkeit des Präparates ist, je gravierender die Indikation und je geringer die Möglichkeiten einer anderen Therapierung sind, desto schwerere unerwünschte Wirkungen können hingenommen werden.[2847]

2006

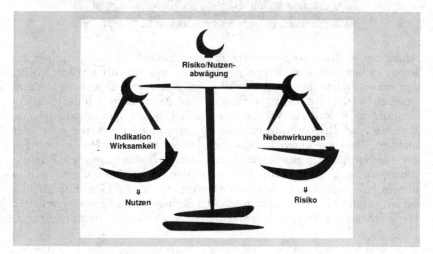

Ist ein Arzneimittel für verschiedene Indikationen bestimmt, so ist für jede einzelne Indikation die entsprechende Abwägung vorzunehmen. Auf wel-

2007

2846 Hielscher, PharmR 1984, 4; Lewandowski, PharmR 1983, 193.
2847 Ausführlich Kullmann, Produzentenhaftung Bd. I, 27, 28 m.w.N.

Rehmann

chen **Zeitpunkt** zur Vornahme der Abwägung abzustellen ist, ist streitig.[2848] Überwiegend wird auf den Zeitpunkt des Inverkehrbringens des Präparates abgehoben.[2849] Anders als § 1 Abs. 2 ProdHaftG enthält das AMG keine Regelung, die den Zeitpunkt bestimmt, auf den das Urteil über den Mangel zu beziehen ist.[2850] Die Auffassung, dass auf den Zeitpunkt der Geltendmachung des Anspruchs abzustellen sei[2851] verdient im Grundsatz Zustimmung. § 84 AMG normiert einen Gefährdungshaftungstatbestand, der den pharmazeutischen Unternehmer verpflichtet, für ein einmal von ihm in Verkehr gebrachtes Arzneimittel einzustehen und zwar unabhängig von seinem Kenntnisstand im Zeitpunkt des Inverkehrbringens, denn seine Haftung soll ja verschuldensunabhängig sein.[2852] Ob das Arzneimittel unbedenklich ist, ist also für den Zeitpunkt der Geltendmachung des Anspruchs nach den dann vorliegenden Erkenntnissen zu bestimmen.

> **Zeitpunkt der Risiko-Nutzenanalyse:**
>
> Medizinischer Erkenntnisstand zum
> Zeitpunkt des konkreten Inverkehrbringens
> des schadensverursachenden Arzneimittels

2008   Allerdings ist dieser so gewonnene Erkenntnisstand auf den Zeitpunkt des Inverkehrbringens zurückzuprojizieren. Es muss geprüft werden, ob bei den nunmehr bestehenden Erkenntnissen, wenn sie auch damals bekannt gewesen wären, ein Inverkehrbringen des Arzneimittels unter Berücksichtigung der damals zur Verfügung stehenden Behandlungsalternativen im Rahmen einer Risiko-Nutzenabwägung gerechtfertigt gewesen wäre oder nicht.[2853] Liegt ein Entwicklungsfehler vor, so haftet der Produktmangel, der zur Haftung des pharmazeutischen Unternehmers führt, dem Produkt prinzipiell an. Es hätte nicht zulassen werden dürfen. Die Zulassung ist in diesem Fall zurückzunehmen oder zu widerrufen. Der Herstellungsfehler beruht auf der Verwendung mangelhafter Rohstoffe oder eines fehlerhaften Herstellungsprozesses. Er haftet nur einer konkreten Charge des Arznei-

---

2848 Zum Meinungsstand vgl. Kullmann, Produzentenhaftung Bd. I, 33 m.w.N..; Deutsch, Medizinrecht Rdnr. 1494.

2849 Sander, § 84 Anm. 14; Weitnauer, Pharm. Ind. 40, 425, 427; a. A. Deutsch/ Spickhoff, Medizinrecht 1494; Larenz/Canaris, VI 84, 649.

2850 Larenz/Canaris VI 84, 649.

2851 Larenz/Canaris, a.a.O.; Deutsch/Spickhoff, a.a.O.

2852 So auch Deutsch, Medizinrecht Rdnr. 1494.

2853 Vgl. Kullmann, a.a.O., 33 m.w.N.

mittels an. Für wirkungslose Arzneimittel wird nicht nach § 84 Satz 2 Nr. 1 AMG gehaftet, denn die »Unterlassungswirkung« eines Arzneimittels fällt nicht unter den Gefährdungshaftungstatbestand;[2854] anderes gilt für die fehlerhafte Instruktion (vgl. Rdnr. 1947). Unbeschadet der insofern nach § 84 AMG bestehenden Haftung des Unternehmers für durch Herstellungsfehler verursachte Personenschäden, hat er die fehlerhafte Charge zurückzurufen.[2855] Der unterlassene Produktrückruf ist strafrechtlich relevant (BGH, a.a.O.).

(2) Instruktionsfehler

Der pharmazeutische Unternehmer ist für eine ordnungsgemäße Kennzeichnung des von ihm in Verkehr gebrachten Arzneimittels sowie die Verwendung zutreffender und dem wissenschaftlichen Erkenntnisstand entsprechender Fach- und Gebrauchsinformationen verantwortlich.

2009

> ### Haftung für falsche oder nicht ausreichende Angaben in Fach- und Gebrauchsinformationen

Nur falsche oder nicht ausreichende Angaben in diesen Unterlagen können zu einer Haftung nach § 84 AMG führen, nicht aber unzutreffende Auskünfte des pharmazeutischen Unternehmers bei anderer Gelegenheit. Unterlässt er nach dem Erkenntnisstand gebotene Hinweise auf Nebenwirkungen, Wechselwirkungen oder mögliche Folgen einer (nicht fern liegenden) missbräuchlichen Anwendung, so haftet er für hierdurch eintretende Gesundheitsschäden. Ob das **Fehlen von Hinweisen** auf Gefahren, die im Rahmen der Risiko-Nutzenabwägung hinzunehmen wären, nicht zu einer Haftung nach § 84 AMG führt, denn unter diesem besonderen Umstand wäre auch bei zutreffender Aufklärung der Schadenseintritt nicht zu vermeiden gewesen, ist streitig.[2856] Der Wortlaut von § 84 Satz 2 Nr. 2 AMG ist eindeutig und begründet eine Haftung des pharmazeutischen Unternehmers auch in diesen Fällen, denn der fehlende Hinweis führt dazu, dass die Kennzeichnung oder Gebrauchsinformation nicht den Erkenntnissen der medizinischen Wissenschaft entspricht. Diese Frage gewinnt bei der haftungsausfüllenden Kausalität jedoch Bedeutung. Die Hinweise in den Fach- und Gebrauchsinformationen haben nach dem jeweils aktuellen Stand medizinischer Erkenntnisse so zu erfolgen, dass bei ihrer Beachtung keine unvertretbare Beeinträchtigung des Gesundheitszustandes des Patienten

2010

2854 Vgl. Kullmann, a.a.O., 33; Deutsch, VersR 1979, 685.
2855 BGH NJW 1990, 2560.
2856 Vgl. BGH NJW 1989, 1542; Kullmann, a.a.O., 37.

Rehmann

eintreten kann. Maßgeblich ist insofern der Stand der Erkenntnisse bei Inverkehrbringen des Arzneimittels.[2857] Erhält der pharmazeutische Unternehmer aber nach dem Inverkehrbringen Hinweise oder neue Erkenntnisse auf bislang nicht bekannte Nebenwirkungen oder Wechselwirkungen des Arzneimittels oder sonstige mögliche durch das Arzneimittel hervorgerufene Gesundheitsgefahren, hat er hierauf zu reagieren und ggf. die Verkehrskreise zu warnen und für einen Rückruf der Produkte zu sorgen, die noch keine entsprechenden Warnhinweise tragen.

> **Neue Erkenntnisse führen zu besonderen Warn-,**
>
> **Hinweis- und ggf. Rückrufspflichten.**

2011 Eine Missachtung dieser Warn- und Rückrufpflichten begründet eine Haftung des pharmazeutischen Unternehmers nach allgemeinen Grundsätzen, denn er handelt in diesem Fall schuldhaft.

2012 Die Verletzung der Instruktionspflichten führt nur dann zu einer Haftung nach § 84 AMG, wenn sie für den Schadenseintritt **kausal** war.

> **Haftungsausfüllende Kausalität =**
>
> **Ursachenzusammenhang zwischen fehlerhafter**
>
> **Information und Schadenseintritt**

2013 Es muss ein Ursachenzusammenhang zwischen der fehlerhaften Information des Patienten oder des Arztes und dem Schadenseintritt bestehen. Davon ist nicht auszugehen, wenn das Präparat auch bei zutreffender Aufklärung verwendet worden wäre oder wenn feststeht, dass der Patient oder der Arzt einen entsprechenden zutreffenden Hinweis in der Instruktion nicht zur Kenntnis genommen hätten.[2858] Falsche Angaben in der Kennzeichnung oder der Gebrauchs- oder Fachinformation, die Auswirkungen auf die Wirksamkeit des Arzneimittels haben, führen anders als nach § 84 Satz 2 Nr. 1 AMG im Fall des § 84 Satz 2 Nr. 2 AMG zu einer Haftung des pharmazeutischen Unternehmers.

2857 H. M., Deutsch, VersR 1979, 688; Medizinrecht Deutsch/ Spickhoff Rdnr. 1507; Sander, § 40 Anm. 17; kritisch Larenz/Canaris, VII § 84, 650.
2858 Vgl. Kullmann, PharmR 1983, 196, 200.

ff) Kausalitätsvermutung

Ist das angewendete Arzneimittel nach den Gegebenheiten des Einzelfalles **2014** geeignet, den entstandenen Schaden zu verursachen, so wird vermutet, dass das Arzneimittel auch den konkreten Schaden beim Anwender verursacht hat. Der pharmazeutische Unternehmer hat dann diese Vermutung zu widerlegen.[2859]

Voraussetzung für den Eintritt der gesetzlichen Vermutung ist die Geeignet- **2015** heit des Arzneimittels, den Schaden hervorzurufen. Diese Eignung muss auf Grund der konkreten Umstände des jeweiligen Einzelfalles festgestellt werden. Die Vortragungs- und Beweislast hierzu trifft den Geschädigten. Das Gesetz nennt in § 84 Abs. 2 S. 2 AMG die Kriterien, die für die Beurteilung der Geeignetheit heranzuziehen sind. Es handelt sich um eine beispielhafte, also nicht abschließende Aufzählung. Alle sonstigen Gegebenheiten, die im Einzelfall für oder gegen die Geeignetheit des Arzneimittels zur Schadensverursachung sprechen, sind ergänzend heranzuziehen. Ausreichend ist der Nachweis der Möglichkeit der Schadensverursachung durch das Arzneimittel, nicht erforderlich ist also ein Vollbeweis.

Geeignetheit des Arzneimittels zur
Schadensherbeiführung; § 84 Abs. 2 S. 2 AMG

= Nachweis der Geeignetheit anhand konkreter
Umstände durch den Geschädigten

=> Beweislastumkehr:
Kausalität wird unterstellt; pharmazeutischer
Unternehmer muss Gegenbeweis führen.

Mit diesem Nachweis tritt eine Beweislastumkehr zu Lasten des pharma- **2016** zeutischen Unternehmers ein, der dann nachzuweisen hat, dass im konkreten Fall der Schadenseintritt gerade nicht durch das Arzneimittel verursacht wurde oder bereits die Kausalitätsvermutung im konkreten Fall nicht greift. Zur Herbeiführung dieser Beweislastumkehr genügt allerdings nicht die ab-

---

2859 Vgl. auch Wagner, Das Zweite Schadensersatzrechtsänderungsgesetz, NJW 2002, 2049.

Rehmann

strakt generelle Eignung des Arzneimittels, den Schaden herbeiführen zu können, vielmehr ist die konkrete Eignung anhand der Umstände durch den Geschädigten vorzutragen und zu beweisen.[2860]

2017 Die Kausalitätsvermutung ist widerleglich. Der pharmazeutische Unternehmer kann sich gegen die Vermutung verteidigen, in dem er darlegt und beweist, dass nach den konkreten Umständen des Einzelfalles auch ein anderer Umstand geeignet ist, den Schaden herbeizuführen. In diesem Fall greift die Vermutung des Satzes 1 nicht ein. Er kann die Vermutungswirkung ferner dadurch entkräften, dass er im Wege des Vollbeweises nachweist, dass im konkreten Fall der Schaden nicht auf das Arzneimittel zurückzuführen ist. Damit trifft den Geschädigten wieder die volle Darlegungs- und Beweislast. Satz 3 schränkt diese Verteidigungsmöglichkeiten des pharmazeutischen Unternehmers jedoch dadurch entscheidend ein, dass ihm die Entkräftung der Vermutungswirkung des Satzes 1 allein mit dem Hinweis, der Geschädigte habe auch noch andere Arzneimittel zu sich genommen, die zur Herbeiführung des Schadens geeignet seien, versagt ist. Das gilt jedoch nicht, wenn dem Geschädigten wegen der Verwendung dieser Arzneimittel aus nicht in einer fehlenden Kausalität liegenden Gründen Schadensersatzansprüche nicht zustehen können. Der in Anspruch genommene pharmazeutische Unternehmer kann sich also durchaus zur Entkräftung der Vermutungswirkung des Satzes 1 auf die Einnahme anderer Arzneimittel durch den Geschädigten berufen, sofern deren Einnahme zu dem Schaden geführt haben kann, aber selbst im Falle einer entsprechenden Kausalität, der Hersteller und Inverkehrbringer dieses Arzneimittels nicht auf Schadensersatz haften würde, etwa weil dieses Arzneimittel unsachgemäß verwendet wurde. Abs. 2 Satz 3 und Satz 4 wollen sicherstellen, dass die pharmazeutischen Unternehmer nicht dadurch der Kausalitätsvermutung entgehen, dass sie sich wechselseitig die Verantwortung zuschieben.

2860 Vgl. auch Karcewski, Der Referentenentwurf eines zweiten Gesetzes zur Änderung schadensersatzrechtlicher Vorschriften, VersR 2001, 1077.

Rehmann

> Hinweis, dass der Geschädigte weitere Arzneimittel eingenommen hat, steht der Kausalitätsvermutung nicht entgegen. Es bleibt bei der Beweislastumkehr.
>
> Aber: Beweislastumkehr entfällt, wenn einer der pharmazeutischen Unternehmer aus einem anderen Grund als der fehlenden Kausalität in jedem Fall nicht haftet.

Diese Regelung greift den Rechtsgedanken der §§ 830 Abs. 1 Satz 2, 840 BGB sowie des § 93 AMG auf. Ebenso wie dort eine Haftung für alle potentiellen Schadensverursacher entfällt, wenn auch nur einer von ihnen – abgesehen von der Kausalität – nicht einstandspflichtig ist,[2861] bestimmt Satz 4, dass die Kausalitätsvermutung ausnahmsweise nicht eingreift, wenn der Hersteller des anderen Arzneimittels, das zur Schadensherbeiführung ebenso geeignet ist, aus anderen Gründen nicht haften würde, etwa weil in diesem Fall ein Risiko-/Nutzenabwägung zur Vertretbarkeit des eingetretenen Schadens führte oder aber eine unsachgemäße nicht bestimmungsgemäße Verwendung erfolgt ist. Sind mehrere Arzneimittel im Einzelfall für die Schadensverursachung geeignet und wird nur ein pharmazeutischer Unternehmer in Anspruch genommen, kann dieser im Innenverhältnis Rückgriff nach § 93 AMG nehmen. Auch in diesem internen Rückgriffsverhältnis sind die Ursachenvermutungen des § 84 AMG zu beachten. Im Prozess wird sich eine Streitverkündung des in Anspruch genommenen pharmazeutischen Unternehmers gegenüber den in Betracht kommenden Mithaftenden empfehlen.

2018

gg) Auskunftsanspruch

Die mit dem 2. Schadensrechtsänderungsgesetz v. 19. Juli 2002 (BGBl. I S. 2674) eingeführte Bestimmung räumt dem Betroffenen einen Auskunftsanspruch gegen den pharmazeutischen Unternehmer sowie gegen die Arzneimittelüberwachungsbehörden ein. Die Bestimmung ergänzt § 84 Abs. 2 AMG. Sie soll es dem Anspruchsteller, der die Details zur Entwicklung, klinischen Prüfung, Herstellung und Kontrolle des betroffenen Arzneimit-

2019

2861 BGH NJW 1994, 932; vgl. auch Begr. zum Gesetzentwurf BT-Drucks. 14/7752, 7.12.2001, S. 19

Rehmann

tels nicht kennt, ermöglichen, die für die Anspruchsdurchsetzung erforderlichen Tatsachen in Erfahrung zu bringen.[2862] § 84 a AMG erlaubt jedoch nicht die Ausforschung. Der Auskunftserteilungsanspruch setzt voraus, dass konkrete Tatsachen für die Verursachung eines Schadens durch ein Arzneimittel vorliegen.

> **Entstehen des Auskunftsanspruches**
>
> => **konkrete Tatsachen, die für eine Verursachung**
>
>   **eines Schadens durch das Arzneimittel sprechen –**
>
>   **ein unbestimmter Verdacht genügt nicht**
>
> => **schlüssiger Vortrag, der eine Plausibilitätsprüfung**
>
>   **ermöglicht, reicht aus**

2020   Ein unbestimmter Verdacht genügt also nicht. Andererseits dürfen die Anforderungen an die schlüssige Darlegung zur Schadensverursachung nicht überspannt werden. Da es Zweck des Auskunftsanspruches ist, dem Geschädigten, die erforderlichen Erkenntnisse zu verschaffen, dürfen für die Begründetheit des Auskunftserteilungsanspruches keine Tatsachen verlangt werden, die erst umfängliche sachverständige Stellungnahmen oder Sachverständigenbeweis verlangen.[2863] Ein schlüssiger Sachvortrag zu einem begründeten Schadensverdacht, die dem Richter eine Plausibilitätsprüfung ermöglicht, wird im Regelfall genügen.[2864] Der pharmazeutische Unternehmer hat die von ihm gemachten Angaben durch Dokumente zu belegen und ggf. ihre Richtigkeit auf Verlangen eidesstattlich zu versichern (§ 259 BGB). Die Form der Auskunftserteilung wird im Gesetz nicht näher bestimmt. Es können die zum Umwelthaftungsrecht entwickelten Grundsätze herangezogen werden. Es handelt sich um eine Wissenserklärung,[2865] die schriftlich zu erfolgen hat. Der pharmazeutische Unternehmer hat die Auskünfte so zu erteilen, dass sie für den durchschnittlich informierten Fachmann verständlich sind. Die Auskünfte sind durch Dokumente zu belegen[2866] und, wenn

---

2862 Vgl. auch Wagner, Das 2. Schadensänderungsgesetz, NJW 2002, 2052.

2863 Vgl. Karczwewski, VersR 2001, 1077; OLG Brandenburg, Urteil vom 11.11.2009, Az. 13 U 73/07; Rdnr. 22 – juris.

2864 Vgl. auch Kleveman, Das neue Recht der Arzneimittelhaftung, PharmR 2002, 393 f.; Hieke, Die Auskunftspflicht des pharmazeutischen Unternehmers nach § 84 a Abs. 1 AMG, PharmR 2005, 35 f.

2865 Vgl. Staudinger/Kohler, § 8 UmweltHG, Rz. 26.

2866 Str. a.A. Hieke a.a.O.., PharmR 2005, 44

der Verdacht besteht, dass die Auskünfte nicht mit der notwendigen Sorgfalt erteilt wurden, ist ihre Richtigkeit und Vollständigkeit ggf. eidesstattlich zu versichern.

> **Art und Umfang der Auskunftserteilung:**
> - in für den durchschnittlich informierten Fachmann verständlichen Form
> - unter Beifügung von Belegen
> - ggf. eidesstattliche Versicherung der Richtigkeit und Vollständigkeit

Die in der Literatur z. T. vertretene Auffassung,[2867] § 84 a AMG verpflichte nicht zur Vorlage von Belegen, sondern begründe nur eine allgemeine Auskunftserteilungspflicht, überzeugt nicht. Hintergrund der Regelung ist die Erkenntnis, dass der Geschädigte in aller Regel den Weg des angewandten Arzneimittels von der ersten Forschung über die Erprobung bis zu dessen konkreten Herstellungsprozess nicht überschauen kann, während die pharmazeutischen Unternehmen den jeweiligen Erkenntnisstand dokumentiert zur Verfügung haben. In der Begründung zum Regierungsentwurf heißt es deshalb, dass es im Interesse einer prozessualen Chancengleichheit angebracht sei, dem Anspruchsteller die zur Geltendmachung der ihm zustehenden Tatsachen zugänglich zu machen. §§ 63 b, c AMG legen den pharmazeutischen Unternehmer umfassende Dokumentations- und Meldepflichten auf. Im Rahmen dieser Dokumentationspflichten ist er nach § 84 a AMG durchaus verpflichtet, die entsprechende Dokumentation als Bestandteil der Auskunft vorzulegen. Dies ergibt sich unter Berücksichtigung allgemeiner zivilprozessrechtlicher Grundsätze. Die Rechtsprechung verteilt nach praktischen Gründen der Billigkeit und Gerechtigkeit und eines gerechten Interessenausgleichs die Beweislast. Danach hat derjenige die maßgebenden Tatsachen zu beweisen, in dessen ausschließlicher Einflusssphäre sie sich abgespielt haben. In ärztlichen Haftungsfällen hat der Arzt dem Patienten Auskunft über sein Vorgehen in dem Umfang zu geben, wie dies ohne weiteres möglich ist. Dazu gehört das Recht des Patienten, Einblick in die Krankenunterlagen zu nehmen.[2868]

2021

2867 Vgl. Hieke a.a.O.
2868 Vgl. Thomas/Putzo, 28. Aufl. ZPO, vor § 284 Rdnr. 26, 30 m.w.N.w.

Rehmann

> Umfang des Auskunftsanspruchs
>
> => pharmazeutischer Unternehmer hat Unterlagen
>   vorzulegen
>
> Grenze:
>
> begehrte Auskunft ist zur Anspruchsdurchsetzung
> nicht erforderlich

2022 Diese Grundsätze lassen sich auf die Geltendmachung von arzneimittelrechtlichen Produkthaftungsansprüchen übertragen. Eine Vorlage der vom pharmazeutischen Unternehmer geführten Dokumentationen ist ihm im Rahmen eines vorzunehmenden, angemessenen Interessensausgleichs zuzumuten. Ein Auskunftserteilungsanspruch besteht allerdings nur, soweit die begehrte Auskunft für die Beurteilung eines Haftungsanspruches erforderlich ist.[2869] Die Auskunftspflicht des Unternehmers erstreckt sich auf solche Verdachtsfälle, die in ihrem Verlauf oder deren Schadensbild mit der bei dem Anspruchsteller eingetretenen Gesundheitsbeeinträchtigung vergleichbar sind. Erfasst werden alle Fälle, die dem Unternehmer im Zeitpunkt der Stellung des Auskunftserteilungsanspruches bekannt sind. Die Bestimmungen der §§ 63 b, c AMG gewinnen in diesem Zusammenhang besondere Bedeutung (vgl. dort). Der Auskunftserteilungsanspruch besteht nicht, wenn oder soweit seine Durchsetzung zur Feststellung eines Schadensersatzanspruches nicht erforderlich ist. Letzteres ist der Fall, wenn der pharmazeutische Unternehmer dem Grunde nach den Anspruch nicht bestreitet. Der Umfang des Auskunftserteilungsanspruches wird in Satz 2 umrissen. Abs. 2 macht deutlich, dass er sich auch gegen die Überwachungsbehörden richten kann, denen entsprechende Kenntnisse und Informationen über das Arzneimittel aus dem Zulassungsverfahren sowie aus der nachfolgenden Arzneimittelüberwachung (vgl. dort) vorliegen. Für Auskunftsklagen gegen das BfArM ist der Verwaltungsrechtsweg eröffnet. Die örtliche Zuständigkeit folgt § 52 Nr. 5 VwGO.

2023 Der Auskunftserteilungsanspruch besteht nicht, wenn die Angaben auf Grund gesetzlicher Vorschriften geheim zu halten sind oder wenn der pharmazeutische Unternehmer ein überwiegendes Interesse an ihrer Geheimhaltung geltend macht. Dieses Interesse hat er unter Beweis zu stellen. In Betracht kommen insoweit Produktions- oder Betriebsgeheimnisse, nicht aber etwa das Interesse des Unternehmers, einer Haftung zu entgehen.

2869 Vgl. Hieke a.a.O., PharmR 2005, 38.

hh) Deckungsvorsorge

Jeder **pharmazeutische Unternehmer** hat sicherzustellen, dass er zur Erfüllung der ihn nach der in § 84 AMG normierten Gefährdungshaftung treffenden Ansprüche in der Lage ist. § 94 AMG dient dem Verbraucherschutz, indem verhindert werden soll, dass pharmazeutische Unternehmer mit nicht ausreichender Kapitalausstattung Arzneimittel in Verkehr bringen und im Haftungsfall zur Erfüllung der gesetzlichen Schadensersatzansprüche nicht in der Lage sind.

2024

Die **Höhe** der zu leistenden Deckungsvorsorge richtet sich nach § 88 Satz 1 AMG. Sie kann erbracht werden durch den Abschluss einer **Haftpflichtversicherung** bei einem zum Geschäftsbetrieb in Deutschland befugten Versicherungsunternehmen oder durch die **Freistellungs- oder Gewährleistungsverpflichtung einer Bank** mit Sitz in Deutschland oder der EU oder des EWR. Praktische Bedeutung hat nur die erste Alternative, der Abschluss einer Haftpflichtversicherung. Diese muss bei einem Versicherungsunternehmen abgeschlossen werden, das zur Ausübung seiner Tätigkeit in Deutschland befugt ist. Dazu gehören auch Versicherungsunternehmen aus anderen Mitgliedstaaten der EU, wie sich aus Art. 28 der Dritten Koordinierungs-Richtlinie Schadensversicherung (RiL 92/49/EWG) ergibt.

2025

c) Haftung für fehlerhafte Medizinprodukte
aa) Haftungsumfang

Anders als das AMG enthält das MPG keine produktspezifische Haftungsnorm. § 6 Abs. 4 MPG stellt lediglich klar, dass die Durchführung von Konformitätsbewertungsverfahren die zivilrechtliche und strafrechtliche Verantwortlichkeit der für das Inverkehrbringen verantwortlichen Person unberührt lässt. Die haftungsrechtliche Ausgangssituation unterscheidet sich damit nicht von der für den Vertrieb von Arzneimitteln maßgeblichen. Auch die Zulassung eines Arzneimittels führt nicht dazu, dass der verantwortliche pharmazeutische Unternehmer von einer Haftung für durch das Arzneimittel verursachte Schäden freigestellt wird. Er haftet vielmehr unabhängig hiervon nach dem arzneimittelrechtlichen Gefährdungstatbestand und ggf. gemäß §§ 823 ff. BGB.[2870] Für das Inverkehrbringen von Medizinprodukten gelten die allgemeinen zivilrechtlichen Haftungsnormen, nachdem das MPG keinen besonderen Gefährdungshaftungstatbestand normiert.[2871]

2026

Die Produkthaftung richtet sich nach dem Produkthaftungsgesetz. Gehaftet wird für Konstruktions-, Fabrikations- und Instruktionsfehler.[2872]

2027

2870 Vgl. Rehmann, 3. Auflage AMG, § 84 Rdnr. 1.
2871 Vgl. auch Deutsch/Spickhoff, Medizinrecht, Rdnr. 1671.
2872 Vgl. Thomas, in: Palandt, § 3 ProdHaftG, Rdnr. 2 bis 5.

> **Haftung nach dem ProdHaftG für**
>
> • Konstruktionsfehler
>
> • Fabrikationsfehler
>
> • Instruktionsfehler

2028   Ein Konstruktionsfehler liegt vor, wenn das Produkt trotz den Herstellungsvorgaben entsprechender Herstellung bei einer bestimmungsgemäßen Verwendung gefährlich ist. Davon ist auszugehen, wenn es dem Stand der Wissenschaft und Technik nicht entspricht. Ein Fabrikationsfehler liegt vor, wenn die Herstellung des Produktes selbst fehlerhaft erfolgte, obgleich die Herstellungsangaben und Konstruktionsvorgaben fehlerfrei sind und die Herstellung eines fehlerfreien Produktes zulassen. Ein Instruktionsfehler liegt insbesondere bei einer fehlerhaften Produktkennzeichnung, einer falschen oder unvollständigen Gebrauchsanweisung vor. Haftende sind der Hersteller des Produktes, der Quasihersteller[2873] sowie der Importeur, der das Medizinprodukt in den Bereich der Europäischen Union einführt.[2874] Daneben treffen den Hersteller Produktbeobachtungspflichten, deren Verletzung ebenfalls zu einer Haftung führen kann.[2875]

> **Das Medizinprodukterechtnormiert**
>
> **besondere Produktbeobachtungspflichten!**

2029   Die Verpflichtung des Herstellers zur Bestellung eines Sicherheitsbeauftragten sowie zur Sammlung und Auswertung eingegangener Meldungen über Produktrisiken konkretisiert die nach allgemeinen Regeln bestehende Produktbeobachtungspflicht. Die Nichteinhaltung der von § 31 aufgestellten Regeln ist somit haftungsrechtlich relevant. Aber auch eine Betreiberhaftung aus § 823 BGB kommt in Betracht.[2876]

2873 Thomas, in: Palandt, a.a.O., § 4 ProdHaftG, Rdnr. 6.
2874 Thomas, in: Palandt, a.a.O., § 4 ProdHaftG, Rdnr. 7.
2875 Zum Umgang mit Reklamationen vgl. auch Hauschka/Klindt, Eine Rechtspflicht zur Compliance im Reklamationsmanagement?, NJW 2007, 2726 ff.
2876 Vgl. Heil, in: Anhalt/Dieners, Hdb. des Medizinprodukterechts, § 22 Rdnr. 83 ff.; siehe auch Hilger, Medizinprodukte im Schadensfall, DS 2006, 103 ff. und 136 ff.

Der Haftungsumfang richtet sich nach den §§ 6 ff. ProdHaftG oder nach **2030**
allgemeinem Deliktsrecht. Für Personenschäden sieht § 10 ProdHaftG eine
Haftungshöchstgrenze von 85 Mio. Euro vor. Aus der Verkehrssicherungspflicht des Herstellers folgt ferner im Fall des Vorliegens eines Produktfeh-
lers insbesondere in Form eines Konstruktionsfehlers oder eines Instruk-
tionsfehlers in einer dem Produkt beigefügten Gebrauchsinformation die
Verpflichtung zum Produktrückruf. Die Unterlassung eines Produktrück-
rufes kann haftungsrechtliche und strafrechtliche Konsequenzen haben.[2877]

d) Bedeutung für die ärztliche Praxis

Für die ärztliche Praxis bleibt festzuhalten, dass der Arzt ohne das Hinzu- **2031**
treten weiterer Umstände, die zu einem Behandlungsfehler führen, für die
Anwendung fehlerhafter Arzneimittel oder Medizinprodukte nicht haftet.
Der Arzt entscheidet im Rahmen der ihm zukommenden Therapiefreiheit,
ob und welche Arzneimittel oder Medizinprodukte er zur Behandlung eines Patienten verschreibt, einsetzt oder anwendet, dazu gehört auch seine
Entscheidung für welche Indikation er ein Arzneimittel einsetzt. Maßgebend für eine mögliche Haftung des Arztes ist hierbei allein der allgemein
anerkannte medizinische Standard.

> **Haftung des Arztes**
>
> - **wenn Verordnung oder Anwendung oder deren Unterlassen ein Behandlungsfehler darstellt**
> - **im Fall unzureichender Aufklärung durch den Arzt über**
>   - mögliche Nebenwirkungen
>   - alternative Arzneimittel oder Medizinprodukte

Eine Haftung des Arztes kommt in Betracht, wenn die Verordnung oder **2032**
Anwendung eines Arzneimittels oder Medizinproduktes durch den Arzt
oder das Unterlassen der Verordnung oder Anwendung einen Behandlungsfehler darstellen oder wenn der Arzt seinen Patienten nicht ausrei-

---

2877 Vgl. auch Heil, a.a.O. Rdnr. 95 ff.

chend nicht aufgeklärt hat über die zur Verfügung stehenden Behandlungsalternativen, mögliche Nebenwirkungen oder alternative Arzneimittel oder
Medizinprodukte (vgl. dazu im Einzelnen unten Rdn. 1986 f.).

2. Haftung des Arztes für Behandlungsfehler im Zusammenhang mit Arzneimittel- und Medizinprodukten

a) Bei Arzneimitteln

2033   Eine zivilrechtliche Haftung des Arztes im Zusammenhang mit der medikamentösen Behandlung eines Patienten kann sich sowohl aus dem Behandlungsvertrag (§ 611 BGB) als auch aus unerlaubter Handlung (§ 823 ff.
BGB) ergeben.

> **Haftung des Arztes aus**
>
> - **Behandlungsvertrag (§ 611 BGB)**
> - **Unerlaubter Handlung (§ 823 BGB)**

2034   Verletzt der Arzt schuldhaft seine Pflicht, eine medizinische erforderliche
oder den Regeln der ärztlichen Kunst entsprechende Behandlung zu erbringen und führt dies zu einem Schaden, kann der Arzt zum Schadensersatz
verpflichtet sein.[2878] Die Haftungsvoraussetzungen, also die Pflichtverletzung, den Schaden und die Kausalität, hat grundsätzlich der Patient zu beweisen. Jedoch die Rechtssprechung in einer reichhaltigen Kasuistik Beweiserleichterung für den Patienten entwickelt (vgl. dazu Kapitel C. I.).

2035   Die Haftung des Arztes ist abhängig von der konkreten Ausübung seiner
Therapiefreiheit und den die konkrete Behandlungsleistung bestimmenden
Begleitumständen. Sie ist deshalb für die einzelnen denkbaren Fallgestaltungen gesondert zu untersuchen. Zu unterscheiden sind insbesondere die
indikationsgerechte und der Zulassung entsprechende Verordnung oder
Anwendung eines Arzneimittels (In-Label-Use), die Anwendung oder Verordnung eines Arzneimittels außerhalb der in der Zulassung beschriebenen
Indikations- und Verwendungsvorschriften (Off-Label-Use), der Heilversuch, die klinische Prüfung, der Compassionate Use sowie Fälle der Arzneimittelsubstitution (Aut-Idem), die sich aus sozialversicherungsrechtlichen
Vorgaben ergeben können.

2878 Vgl. Wemhöner/Frehse, Haftungsrechtliche Aspekte bei der ärztlichen Arzneimittelverordnung und Arzneimittelanwendung, Haftungsrechtliche Aspekte bei der ärztlichen Arzneimittelversorgung und Arzneimittel, PharmR 2004,
432 ff.

aa) In-Label-Use

In Betracht kommt eine Haftung des Arztes wegen einer falschen Arznei- **2036**
mitteltherapie, also eines Auswahlverschuldens, einer nicht ausreichenden
Sicherungsaufklärung des Patienten oder eine unzureichende Aufklärung
über die in Betracht kommenden Behandlungsalternativen.

> **Haftungsgründe:**
>
> • **Auswahlverschulden**
>
> • **Unzureichende Sicherungsaufklärung**
>
> • **Unzureichende Aufklärung über**
>
> **Behandlungsalternativen**

(1) Auswahlverschulden

Im Rahmen der dem Arzt zustehenden Therapiefreiheit steht diesem un- **2037**
ter Berücksichtigung des anerkannten medizinischen Standards ein Ermessensspielraum zu.[2879] Auf der Grundlage einer ihm übrigen zutreffend
erstellten Diagnose kann der Arzt dabei grundsätzlich zwischen mehreren zur Behandlung der festgestellten Erkrankung zur Verfügung stehenden Arzneimitteln auswählen. Allerdings hat der Arzt bei der Auswahl des
Medikamentes darauf zu achten, dass das Arzneimittel hinsichtlich seiner
Gefährlichkeit nicht außer Verhältnis zum Behandlungsziel steht.[2880] Um
den Patienten keinen vermeidbaren Risiken auszusetzen, ist die insgesamt
risikoärmere Alternative zu wählen. Vor Beginn der Therapie hat der behandelnde Arzt eine auf den individuellen Patienten bezogen Nutzen-Risiko-Abwägung vorzunehmen. Hinsichtlich des Nebenwirkungs- und Wech-
selwirkungspotenzials darf er sich hierbei auf die Angaben des Herstellers
in den dem Arzt zugänglichen Fach- und Gebrauchsinformationen verlassen. In Bezug auf alternative Arzneimitteltherapien hat sich der Arzt nur
in Fällen, in denen die zur Verfügung stehenden Behandlungsalternativen
keine gravierenden Unterschiede in der Heilungsprognose aufweisen für die
sicherere Methode zu entscheiden.[2881] Zwischen mehreren bewährten Arzneimitteltherapien kann der Arzt frei wählen.

2879 Siehe auch Martis, Arzthaftungsrecht, A 526, 527, m.w.N.
2880 Vgl. OLG Bamberg, NJW E 1997, 206 ff.; BGH VersR 1970, 344, 325.
2881 Vgl. Wemhörner/Frehse, Haftungsrechtliche Aspekte bei der ärztlichen Arz-
      neimittelverordnung und Arzneimittelanwendung, PharmR 2004, 432 ff.

> **Auswahlparameter für den Arzt**
>
> **Grundsatz:**
>
> • **Im Rahmen des anerkannten medizinischen Standards weites Ermessen**
> • **Im Einzelfall:**
>   • Vornahme Nutzen-Risiko-Abwägung
>   • zwischen mehreren bewährten Behandlungsmethoden kann der Arzt frei wählen.

2038 Von besonderer Bedeutung ist in diesem Zusammenhang § 129 Abs. 1 lit. b SGB V. Dieser verpflichtet den Apotheker zur Abgabe eines wirkstoffgleichen Fertigarzneimittels soweit dieses preiswerter als das verordnete ist und der Arzt die Substitution des von ihm verordneten Arzneimittels gegen das preiswertere Alternativpräparat nicht ausgeschlossen hat. In der Literatur wird zum Teil vertreten, dass der Arzt, soweit nach sorgfältiger Abwägung Zweifel an der Substituierbarkeit des von ihm verordneten Arzneimittels bestehen, eine solche Substitution ausschließen soll.[2882] Die Regelung zu § 129 SGB V greift in das bis dahin bestehende Substituierungsverbot, das den Apotheker fest an die ärztliche Verordnung band, ein.

> **Aut-Idem**
>
> • **Voraussetzungen von § 129 SGB V müssen erfüllt sein**
> • **Sonst Verstoß des Apothekers gegen § 48 AMG**

2039 Die Abgabe eines Arzneimittels außerhalb der ärztlichen Verordnung und der von § 129 SGB V vorgesehene Substituierungsmöglichkeit ist dem Apothe-

---

2882 Vgl. Wemhörner/Frehse, a.a.O.

Rehmann

ker gemäß § 48 AMG jedoch nach wie vor nicht erlaubt.[2883] Dem Apotheker ist deshalb auch eine Substitution nur innerhalb zugelassener Indikationen erlaubt.[2884] In der Literatur wird unabhängig hiervon kritisiert, dass die durch die Substitutionsmöglichkeit in § 129 SGB V geschaffene Möglichkeit des Apothekers, von der ärztlichen Verordnung abzuweichen, die alleinige Verantwortung des Arztes für die Verordnung eines Arzneimittels unterlaufen werde.[2885] Soweit damit haftungsrechtliche Bedenken in Bezug auf eine mögliche Inanspruchnahme des Arztes im Fall des unterlassenden Ausschlusses eine Substitution verbunden werden, überzeugen diese allerdings nicht. § 129 SGB V lässt eine Substitution nur bei wirkstoffgleichen Arzneimitteln zu, wobei das Arzneimittel in der Wirkstärke und Packungsgröße mit dem verordneten identisch zu sein hat, für die gleiche Indikation zugelassen sein und die gleiche oder eine austauschbare Darreichungsform besitzen muss.[2886]

Aut-Idem setzt voraus:

- **wirkstoffgleiches Arzneimittel**
- **identische Wirkstoffe**
- **identische Packungsgröße**
- **Zulassung für die gleiche Indikation**
- **gleiche oder austauschbare Darreichungsform**

2040

Es handelt sich also typischerweise um Generika, die einer Substitution unterliegen oder gegen die ein verordnetes Markenarzneimittel substituiert werden kann. Das ein solches zur Substitution gegen das verordnete Arzneimittel zur Verfügung stehende Generikum ein höheres Gefährdungspotenzial hat, als das verordnete Arzneimittel ist im Regelfall auszuschließen. Gerade die von § 129 SGB V aufgestellten Voraussetzungen für eine Substitution, die letztendlich auf die Zulassungsvorschriften über Generika in § 24 b AMG[2887] rekurrieren, bestimmen, dass sich das ausgetauschte Arzneimittel und das

---

2883 Vgl. Beyerlein, Arzneimittelsubstitution und der Verstoß gegen Aut-Idem Ausschluss – Ein Fall der Arzneimittelsicherheit, PharmR 2006, 18 ff.
2884 Vgl. hierzu Wille, Bedeutung der zugelassenen Indikation eines Arzneimittels im Sozial-, Arzneimittel- und Wettbewerbsrecht, PharmR 2009, 365 ff.
2885 Vgl. Wigge, Arzneimittelverordnung durch den Arzt oder Apotheker, Rechtsfragen der Aut-Idem Regelung, PharmR 2002, 2 ff.
2886 Vgl. hierzu OLG Frankfurt, Urteil vom 11.03.2010, Az. 6 U 198/09.
2887 Vgl. i. e. Rehmann, 3. Aufl., AMG, § 24 b Rdnr. 2–6.

Rehmann

verordnete Arzneimittel entsprechen müssen. Im Regelfall werden Nebenwirkungs- und Wechselwirkungspotenzial jedenfalls für den Arzt feststellbare Unterschiede nicht aufweisen. In Einzelfällen ist allerdings eine unterschiedliche Zusammensetzung bei den nicht wirksamen Bestandteilen denkbar, die von therapeutischer Relevanz sein kann, beispielsweise bei Hilfsstoffen mit allergenem Potential. Allerdings ist es dem Arzt kaum möglich, sich einen vollständigen Überblick über alle theoretisch zur Substitution am Markt zur Verfügung stehenden Arzneimittel im Fall einer bestimmten Verordnung eines Arzneimittel zu verschaffen und hieraus die Erkenntnis zu ziehen, dass eines oder mehrere, der zur Substitution in Betracht kommenden Präparate auszuschließen sind. Nur im Fall einer positiven Kenntnis oder zumindest einer ihn treffenden grob fahrlässigen Unkenntnis wäre ihm ein ausreichender Verschuldensvorwurf zu machen. Im Regelfall kommt eine Haftung des Arztes wegen eines unterlassenen Substituierungsverbotes daher nicht in Betracht. Dies ist nur dann anders zu sehen, wenn die konkreten Umstände des Einzelfalles einen Substituierungsausschluss nahe gelegt hätten.

(2) Unzureichende Sicherheitsaufklärung

2041 Neben einer denkbaren Haftung des Arztes wegen eines Behandlungsfehlers in Form der Auswahl eines im konkreten Fall nicht passenden Arzneimittels schuldet der Arzt dem Patienten eine medizinisch fachgerechte Aufklärung sowohl zum Gefährdungspotenzial, das mit der Einnahme oder Anwendung des Arzneimittels verbunden ist, als auch die zu den Grundlagen der von ihm vorgenommen Verordnung des Arzneimittels.

Aufklärung des Patienten zu
- Gefährdungspotenzial
- Gebrauchsvorschriften

2042 Es ist anerkannter Grundsatz, dass es einen dem Arzt vorzuwerfenden Behandlungsfehler darstellt, wenn er den Patienten über den Gebrauch des Arzneimittels und hierbei zu beachtende Sicherheitsmaßnahmen nicht ausreichend aufklärt. Der Arzt ist insbesondere verpflichtet, den Patienten über die Dosierung, Unverträglichkeiten, Höchstanwendungsdauer und Nebenwirkungen aufzuklären. In der Regel darf er sich hierbei auf die Angaben des Herstellers, insbesondere in der von diesem Fachkreise bestimmten Fachinformation nach § 11 a AMG verlassen. Ein Hinweis allein auf die dem Arzneimittel vom Hersteller beigefügte Gebrauchsinformation ist allerdings nicht ausreichend.[2888]

2888 Wemhöner/Frehse, a.a.O., S. 435, m.w.N.

> Verordnung gefährlicher Arzneimittel
>
> => besondere Hinweis-und
>
>   Belehrungspflichten
>
> => ggf. ärztliche Therapieüberwachung

Verschreibt der Arzt ein in der Anwendung nicht ungefährliches Arznei- **2043**
mittel, so muss er den Patienten hierüber aufklären und zusätzlich durch
geeignete Maßnahmen sicherstellen, gegebenenfalls durch eine ärztliche
Überwachung, dass die Anwendung des Arzneimittels den Patienten keinen unnötigen Gefahren und Risiken aussetzt.[2889] Bei möglichen schwerwiegenden Nebenwirkungen eines Medikamentes ist neben dem Hinweis in
der Gebrauchsinformation des Herstellers auch eine Aufklärung durch den
verschreibenden Arzt erforderlich.[2890] Hierbei hat der Arzt den Patienten in
seiner konkreten Lebenssituation aufzuklären. Allerdings ist in Fällen, in
denen der Patient die Hinweise des Herstellers in Beipackzetteln unbeachtet
lässt und hierdurch der Schaden zumindest mitverursacht wird, ein Mitverschulden des Patienten zu prüfen.[2891]

Der Umfang der Instruktionspflicht des Arztes richtet sich im Einzelfall **2044**
nach der Gefährlichkeit des Arzneimittels und der individuellen Situation
des Patienten. Ersichtlich unerfahrene Anwender sind eingehender aufzuklären als erfahrene und einsichtige.

(3) Risikoaufklärung und alternative Behandlungsmethoden

Neben der Aufklärung des Patienten über mit der Arzneimitteltthera- **2045**
pie verbundene Risiken und zu treffende Vorkehrungen im Fall des Auftretens unerwünschter Nebenwirkungen hat der Arzt den Patienten auch
über alternative Behandlungsmethoden zu informieren. Die Risikoaufklärung umfasst mögliche, dauernde oder vorübergehende Nebenwirkungen.
Aufzuklären ist über Risiken, die der Arzneimitteltherapie typischerweise
anhaften und die bei einer Verwirklichung die Lebensführung des Patienten besonders belasten.[2892] Dies gilt nach Auffassung des BGH auch für öf-

---

2889 Vgl. BGH, NJW 1970, 511 ff., zur Anwendung eines Warzenmittels bei einem
Minderjährigen.
2890 Vgl. BGH, MedR 2001, 42 f.; BGH, NJW 2005, 1716.
2891 So zutreffend Kern, Besprechung der Entscheidung des BGH vom 15.03.2005,
IV ZR 289/03; NJW 2005, 1716; Beck, LMK 2005, 154726.
2892 BGH, VersR 1996, 330, 331.

fentlich empfohlene Impfungen.[2893] Die Aufklärung hat im Regelfall mündlich zu erfolgen. Die Rechtssprechung des BGH setzt ein vertrauensvolles
Gespräch zwischen Arzt und Patient voraus.[2894] Dies schließt allerdings die
Verwendung von Merkblättern nicht aus, die aber das erforderliche Arztgespräch nicht ersetzen können. Bei therapeutischen Maßnahmen mit Routi-
necharakter, wie z. B. Schutzimpfungen, kann es ausreichen, wenn dem Patienten nach schriftlicher Aufklärung Gelegenheit zur weiteren Aufklärung
durch ein Gespräch mit dem Arzt gegeben wird.[2895]

> **Hinweis:**
>
> **Patientenaufklärung sollte in den**
>
> **Krankenunterlagen dokumentiert**
>
> **werden**

2046   Zum Nachweis der erfolgten Patientenaufklärung sollte dieser in den Krankenunterlagen des Patienten dokumentiert werden. Kann der Arzt eine
wirksame Einwilligung des Patienten in der Therapie nicht nachweisen,
kann er sich einer Haftung gleichwohl entziehen, wenn der Patient bei ordnungsgemäßer Aufklärung in die Behandlung eingewilligt haben würde.[2896]
In jedem Fall hat der Patient zu beweisen, dass er in Folge nicht von einer
wirksamen Einwilligung gedeckten Behandlung den behaupteten Gesundheitsschaden erlitten hat.[2897]

> **Stehen mehrere Behandlungsmethoden zur Auswahl**
>
> **=> Aufklärung über Alternativen**

2047   Unabhängig von der Risikoaufklärung muss der Arzt seinen Patienten auch
über Behandlungsalternativen aufklären. Sind mit mehreren Behandlungsmethoden unterschiedliche Belastungen, Risiken oder Erfolgsaussichten

---

2893   BGH, MedR 2001, 43.
2894   BGH, VersR 1985, 361, 362.
2895   Vgl. BGH, a.a.O., MedR 2001, 45.
2896   BGH NJW 1998, 2734.
2897   BGH, NJW 1992, 754.

verbunden, so ist der Patient darüber aufzuklären.[2898] Allerdings muss der Arzt nicht zu allen gleichwertig erfolgversprechenden Behandlungsmethoden berichten.

bb) Off-Label-Use

Die arzneimittelrechtliche Zulassung dient der Dokumentation, dass die im öffentlichen Interesse liegende Prüfung des Arzneimittels vor seinem Inverkehrbringen stattgefunden hat. Sie gewährt dem Zulassungsinhaber das Recht, das zugelassene Arzneimittel mit der zugelassenen Indikation in Verkehr zu bringen.

2048

> **Off-Label = Verwendung eines Arzneimittels außerhalb der zugelassenen Indikation**

Eine Verwendung des Arzneimittels außerhalb der zugelassenen Indikation stellt einen sogenannten Off-Label-Use dar. Dieser zulassungsüberschreitende Einsatz eines Arzneimittels ist nur dem Arzt im Rahmen seiner Therapiefreiheit gestattet.[2899] Beim Off-Label-Use bestehen besondere Aufklärungspflichten des Arztes wie beim Heilversuch (siehe dort).

2049

cc) Heilversuch

Der Heilversuch ist abzugrenzen von der klinischen Prüfung. Als klinische Prüfung ist jeder Arzneimitteltest am Menschen anzusehen, gleichgültig ob er in der Klinik oder aber beim niedergelassenen Arzt durchgeführt wird, um Erkenntnisse über das getestete Arzneimittel zu gewinnen. Zweck der Prüfung ist es, über die Behandlung des Einzelfalles hinaus nach einer wissenschaftlichen Methode Erkenntnisse über den therapeutischen Wert des Arzneimittels, seine Wirksamkeit und Verträglichkeit zu sammeln. Art. 2 der RiL 2001/20/EG definiert die klinische Prüfung als jede am Menschen durchgeführte Untersuchung, um klinische, pharmakologische und/oder sonstige pharmakodynamische Wirkungen von Prüfpräparaten zu erforschen oder nachzuweisen und/oder jede Nebenwirkung von Prüfpräparaten festzustellen und/oder die Resorption, die Verteilung, den Stoffwechsel und die Ausscheidung von Prüfpräparaten zu untersuchen, mit dem Ziel, sich von der Unbedenklichkeit und/oder Wirksamkeit zu überzeugen.

2050

[2898] BGH, VersR 2002, 120.
[2899] Allg. hierzu Engelmann/Meurer/Verhasselt, Lösungsansätze für die Problematik der Off-Label-Therapie, NZS 2003, 70 ff.

Rehmann

Klinische Prüfung	=> Erprobung eines Arzneimittels
Heilversuch	=> gezielter Therapieversuch

2051 Bei einem **Heilversuch** kommt es dem Arzt demgegenüber nicht in erster Linie auf die Sammlung von Erkenntnissen über die Wirkungsweise des Medikaments an, sondern mit einem gezielten Therapieversuch will er einen konkreten Therapieerfolg erzielen.[2900] Im Rahmen seiner Therapiefreiheit ist der Arzt zur Durchführung eines solches Heilversuches berechtigt. Er unterliegt nicht den Beschränkungen der §§ 41, 42 AMG. **Heilversuche, die in Versuchsreihen** durchgeführt werden, unterliegen ebenso nicht den Regelungen der §§ 40 f. AMG solange der Behandlungszweck im Vordergrund steht. Diese müssen allerdings einer Ethik-Kommission vorgelegt werden.[2901] Bender[2902] vertritt die Auffassung, dass bei der Durchführung einer Behandlung von mehr als 10 Patienten mit dem noch nicht zugelassenen Arzneimittel nicht mehr von einem Heilversuch auszugehen sei, mit der Folge, dass die tragenden Prinzipien des AMG, also der §§ 40 f. AMG, anzuwenden seien. Allein, auf eine bestimmte Anzahl von Patienten, die höchstens im Heilversuch therapiert werden dürfen, kann es nicht ankommen. Die Auffassung übersieht schon, dass es wohl auch auf den Zeitraum ankommen dürfte, binnen dessen die Versuche durchgeführt werden. Richtig erscheint es, auf den Zweck der durchgeführten therapeutischen Maßnahme abzustellen. Dient diese in erster Linie der Behandlung des Patienten, so handelt es sich um einen Heilversuch. Eine Sicherheitslücke entsteht in diesen Fällen nicht, da auch hier eine sachgerechte Aufklärung durch den Arzt und die Einwilligung des Patienten erforderlich sind. Zuzustimmen ist Bender (a.a.O.), dass von einem Heilversuch nicht mehr ausgegangen werden kann, wenn die Auswahl und Erfassung der Patienten für die Arzneimittelerprobung nach einheitlichen Standards erfolgt und auch eine entsprechende standardisierte Auswertung der im Zuge der Erprobung gewonnenen Erkenntnisse erfolgt, erst recht, wenn dies zum Zweck der Überlassung an Dritte geschieht. Unabhängig davon, dass in solchen Fällen eine Zustimmung des Patienten u.a. zur Datenerfassung und -überlassung erforderlich wäre, macht eine solche Vorgehensweise deutlich, dass der therapeutische Zweck hinter dem Erprobungszweck zurücktritt und damit der Anwendungsbereich der §§ 40 f. AMG eröffnet ist.

2900 Vgl. auch Holzhauer, NJW 1992, 2326; Deutsch, Medizinrecht Rdnr. 528 m.w.N.; Helle, Frölich, Haindl, NJW 2002, 857; Bender, MedR 2005, 511 f.
2901 Kollhosser/Krefft, MedR 1993, 96; Deutsch, Medizinrecht Rdnr. 539.
2902 Bender, MedR 2005, 511 f.

> **Anwendungsbeobachtung =>**
> **Erkenntnisgewinn bei der Anwendung zugelassener**
> **Arzneimittel**

Von der klinischen Prüfung ist ferner die Anwendungsbeobachtung gemäß § 67 Abs. 6 AMG zu unterscheiden. Dies dient lediglich dem Erkenntnisgewinn bei der Anwendung zugelassener oder registrierter Arzneimittel. **2052**

> **Heilversuch — es bestehen besondere**
> **Aufklärungspflichten**

Bei der Anwendung noch nicht klinisch erprobter, zertifizierter Medizinprodukte oder von Arzneimitteln im Rahmen eines Heilversuches treffen den Arzt besondere Sorgfalts- und Aufklärungspflichten.[2903] Die Aufklärung muss insbesondere den Hinweis beinhalten, dass es sich um einen Heilversuch und nicht um die Anwendung einer Standardtherapie handelt. Die geplante Behandlung muss für den Patienten vernünftigerweise einen Vorteil erwarten lassen. Der Arzt hat eine sorgfältige Risiko- und Nutzenabwägung zu treffen.[2904] Maßgebend sind die Schwere der Krankheit und die Heilungsaussichten. Leichte Krankheiten oder solche, die sich mit bereits vorhandenen Mitteln erfolgversprechend behandeln lassen, erlauben nicht das Eingehen eines größeren Risikos. Der Heilversuch ist abzubrechen, wenn sich im Laufe seiner Durchführung herausstellt, dass die Risiken größer und unter Berücksichtigung des erwarteten Behandlungserfolges unverhältnismäßig sind. **2053**

dd) Klinische Prüfung
(1) Allgemeines zur Durchführung

Die näheren Einzelheiten zur Durchführung klinischer Prüfungen sind in der Verordnung über die Anwendung der guten klinischen Praxis bei der Durchführung klinischer Prüfungen mit Arzneimitteln zur Anwendung am **2054**

2903 Vgl. auch BGH, NJW 2006, 2477 – Robodoc.
2904 Vgl. Hart, MedR 1994, 96; Deutsch Medizinrecht Rdnr. 540 m.w.N..; Helle, Frölich, Haindl, Heilversuch oder klinische Prüfung, a.a.O., ausführlich auch Vogeler, Die Haftung des Arztes bei der Anwendung unnötiger und umstrittener Heilmethoden nach der neuen Rechtssprechung des BGH, MedR 2008, 697 ff.

Menschen (GCP-V) geregelt. Die Regelungen der Verordnung richten sich an alle Personen, die klinische Prüfungen vornehmen. Die klinische Prüfung wird allgemein in verschiedene **Phasen** untergliedert.

> **Phasen der klinischen Prüfung:**
>
> - Verträglichkeitsprüfung (Phase 1)
> - Prüfung der pharmakologischen Wirkung (Phase 2)
> - Erweiterte klinische Untersuchung (Phase 3)

2055　　Diese Phasen sind durch die Internationale Conference on Harmonisation (ICH) definiert. In der **Phase I,** die sich an den tierexperimentellen Teil anschließt, erfolgt eine **Verträglichkeitsprüfung** an ca. 10 bis 50 gesunden Probanden. Hierbei wird gleichzeitig die Pharmakokinetik und -dynamik geprüft. In der **Phase II** wird die **pharmakologische Wirkung** in einer kontrollierten Studie von bis zu 200 Probanden geprüft. Hieran schließt sich die **Phase III** an, in welcher in einer **erweiterten klinischen Untersuchung** das Arzneimittel an einer großen Zahl von Patienten geprüft wird. In dieser Phase werden insbesondere nochmals die auftretenden Nebenwirkungen untersucht. Die Klinische Prüfung, welche Grundlage der mit dem Zulassungsantrag vorzulegenden Dokumentation ist, ist mit dieser Phase abgeschlossen. Die weitere **Phase IV** der klinischen Prüfung betrifft die aufmerksame und kritische Überwachung des zugelassenen Arzneimittels und seine weitere Prüfung. Die Beobachtung des bereits zugelassenen Arzneimittels gehört zu den Sorgfaltspflichten des pharmazeutischen Unternehmers. So ist u. a. auch mit dem nach § 31 AMG zu stellenden Verlängerungsantrag ein Bericht vorzulegen, der Angaben darüber enthält, ob und in welchem Umfang sich die Beurteilungsmerkmale des Arzneimittels innerhalb der letzten fünf Jahre vor dem Verlängerungsantrag geändert haben. Ob auf die Prüfung der Phase IV die Bestimmungen der §§ 40, 41 AMG anwendbar sind, war umstritten. Da das der Prüfung unterliegende Arzneimittel bereits zugelassen ist, kommt eine sinngemäße Anwendung in Betracht.[2905] Eine reine Anwendungsbeobachtung nach § 67 Abs. 6 AMG fällt nicht hierunter. Dass §§ 40, 41 AMG auch auf die Durchführung mit zugelassenen Arzneimitteln Anwendung finden, ist durch § 42 Satz 2 AMG klargestellt, der insofern lediglich § 40 Abs. 1 Nr. 5 und 6 AMG für unanwendbar erklärt. Die klinischen

---

2905　Vgl. auch Granitza/Kleist, PharmR 1987, 95; Sander, § 40 Anm. 2 AMG.

Prüfungen der Phasen I bis III werden i. d. R. als **Blindprüfungen** durchgeführt.

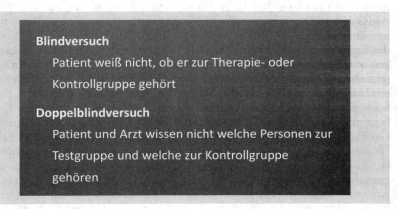

Blindversuch

Patient weiß nicht, ob er zur Therapie- oder Kontrollgruppe gehört

Doppelblindversuch

Patient und Arzt wissen nicht welche Personen zur Testgruppe und welche zur Kontrollgruppe gehören

Ein Blindversuch ist eine klinische Prüfung, in der die Patienten nicht wissen, ob sie zur Therapie- oder zur Kontrollgruppe gehören. Um einen **Doppelblindversuch** handelt es sich, wenn sowohl die behandelnden Ärzte als auch die Patienten darüber im Unklaren gelassen werden, welche Personen zur Testgruppe und welche zur Kontrollgruppe gehören.[2906] **2056**

Arzneimittel, die zur klinischen Prüfung eingesetzt werden, sind nicht zulassungspflichtig, sind jedoch entsprechend zu **kennzeichnen**.[2907] Die Herstellung und Einfuhr von Prüfpräparaten regelt die Arzneimittel- und WirkstoffherstellungsVO vom 3. November 2006 (AMWHV BGBl. I 2006, S. 2523). **2057**

Voraussetzung für die Durchführung einer klinischen Studie:

- **Positives Votum der Ethikkommission**
- **Zustimmung der zuständigen Bundesbehörde**

2906 Zur rechtlichen und ethischen Zulässigkeit vgl. Deutsch, JZ 1980, 289 ff. zur medizinischen Versorgung des Probanden vgl. auch Rehmann, Kommentar zum AMG, 3. Auflage, § 40 Rdnr. 10 AMG.
2907 Vgl. Rehmann, Kommentar zum AMG, 3. Auflage, § 10 Rdnr. 31 sowie § 5 GCP-V.

Rehmann

2058 Die Durchführung der klinischen Prüfung setzt neben der Beachtung der vorstehend geschilderten Grundsätze und der Vorgaben der GCP-V insbesondere ein positives Votum der Ethik-Kommission nach § 40 Abs. 1 S. 2 AMG voraus. Das Verfahren zur Erlangung dieser zustimmenden Bewertung ist nunmehr in § 42 AMG geregelt (vgl. dort). Neben dem positiven Votum der Ethik-Kommission bedarf es weiterhin der Genehmigung der zuständigen Bundesoberbehörde zur Durchführung der Prüfung. Das Verfahren richtet sich nach § 42 Abs. 2 AMG (vgl. dort). § 42 Abs. 2 AMG stellt ein Verbot zur Durchführung klinischer Prüfungen mit Genehmigungsvorbehalt auf. Bei Vorliegen der gesetzlichen Voraussetzungen besteht ein Anspruch auf Erteilung der Genehmigung. Das Gesetz enthält eine Genehmigungsfiktion. Die Genehmigung gilt als erteilt, wenn die zuständige Bundesoberbehörde dem Sponsor innerhalb von höchstens 30 Tagen nach Eingang der Antragsunterlagen keine mit Gründen versehenen Einwände übermittelt. Diese Genehmigungsfiktion gilt allerdings nicht für die in § 42 Abs. 2 S. 7 AMG aufgeführten Arzneimittel. Zur Durchführung einer klinischen Prüfung mit diesen Arzneimitteln bedarf es einer schriftlichen Genehmigung der zuständigen Behörde, die nach dem in § 42 Abs. 2 AMG beschriebenen Verfahren zu erteilen ist (vgl. dort). Die Rücknahme, der Widerruf und das Ruhen der Genehmigung nach § 42 Abs. 2 AMG richten sich nach § 42 a AMG (vgl. dort).

(2) Ethik-Kommission

2059 Vor Durchführung einer klinischen Studie ist deren Prüfung und Bewertung durch eine Ethik-Kommission zwingend vorgeschrieben.[2908] Die **Bildung** der Kommission richtet sich nach dem jeweiligen Recht des Bundeslandes, in dem die Prüfung durchgeführt werden soll. Die von den Ethik-Kommissionen einzuhaltenden Verfahrensvorschriften hat der jeweilige Landesgesetzgeber zu gestalten.[2909] Die Ethik-Kommissionen müssen unabhängig sein.[2910]

2060 Nur dann, wenn die Ethik-Kommission der Prüfung zugestimmt hat, darf mit dieser begonnen werden, es sei denn die Kommission entscheidet nicht über den Antrag und die zuständige Bundesoberbehörde widerspricht der Durchführung der Prüfung nicht innerhalb von 60 Tagen nach Einreichung der Unterlagen. Nach § 40 Abs. 1 AMG ist das Votum der für den Leiter der klinischen Prüfung zuständigen Ethik-Kommission entscheidend. Dies ist für multizentrische Studien bedeutsam.[2911] Für multizentrische klinische Prüfung ist die für den Leiter der Prüfung zuständige Kommission die Masterkommission.

2908 Zur Entwicklung der Ethik-Kommissionen vgl. Arndt, PharmR 1996, 72 ff. (73); Deutsch, NJW 2001, 3364; vgl. auch Art. 6 RiL 2001/20/EG.
2909 Vgl. auch Classen, MedR 1995, 148 –151.
2910 Vgl. auch Art. 2 k RiL 2001/20/EG.
2911 Vgl. auch Deutsch, § 40 AMG, die EU-Richtlinie über die Prüfung von Arzneimitteln und die neue Deklaration von Helsinki, PharmR 2001, 204.

Entscheidung der Ethikkommission

= Verwaltungsakt

Nach altem Recht war umstritten, ob die Entscheidung der Ethik-Kommis- **2061**
sion selbst den Weg für die Prüfung freimacht oder nicht, sie also unmittelbare Außenwirkung hat oder ob ihr nur der Charakter einer Empfehlung
für die im Übrigen zuständige Behörde zukommt.[2912] Dies ist auch bedeutsam für die Beantwortung der Frage, ob die Entscheidung der Kommission selbständig angreifbar ist.[2913] Richtigerweise war bereits nach früherer
Rechtslage davon auszugehen, dass die Entscheidungen der Ethik-Kommission nicht lediglich den Charakter einer **Empfehlung** für die zuständigen
Behörden haben, die Prüfung zu untersagen oder zu gestatten. Dies ergibt
sich nach neuer Rechtslage nunmehr eindeutig, denn das positive Votum der
Ethik-Kommission ist neben der nunmehr erforderlichen Behördengeneh-
migung Voraussetzung für die Zulässigkeit der Prüfung.[2914] Ist das Votum
negativ, darf mit der Prüfung nicht begonnen werden.

Votum der Ethikkommission

• **Positiv – vorbehaltlich der Genehmigung durch**

   die zuständige Bundesbehörde darf mit der

   Prüfung genommen werden

• **Negativ – die Prüfung darf nicht stattfinden**

   => Rücknahme des positiven Votums

   => die Prüfung ist einzustellen

Rechtsmittel gegen negatives Votum

   => Verpflichtungs-/ Verbescheidungsklage

2912 So Schorn zu § 17 MPG Rdnr. 35.
2913 Vgl. Deutsch, § 40 AMG, die EU-Richtlinie über die Prüfung von Arzneimit-
      teln und die neue Deklaration von Helsinki, VersR 1995, 212; Classen, MedR
      1995, 148.
2914 Im Ergebnis auch Meuser/Platter, Die Bewertung der klinischen Prüfung von
      Arzneimitteln durch die Ethikkommission – eine Verwaltungsentscheidung
      besonderer Art, PharmR 2005, 395 f.

Rehmann

2062 Die Entscheidung der Kommission stellt damit selbst hoheitliches Handeln mit unmittelbarer Außenwirkung dar, denn sie führt zu unmittelbaren Rechtswirkungen.[2915] Grundlage der Prüfung und Entscheidung der Kommission ist der in § 42 AMG aufgestellte Katalog. Der Prüfrahmen ist damit vom Gesetzgeber abschließend vorgegeben. Die Ethik-Kommission darf ihre Zustimmung nicht von weiteren Voraussetzungen abhängig machen. Ferner regelt § 42 AMG (vgl. dort), das von der Kommission einzuhaltende Verfahren. Auch dies spricht für die Wahrnehmung öffentlich-rechtlicher Aufgaben.

> **Haftung**
>
> - des Trägers der Ethikkommission aus Verkehrssicherungspflichten.
> - der Mitglieder der Kommission nach § 839 BGB i. V. m. Art. 34 GG oder § 823 BGB.

2063 Der jeweilige Träger der Ethik-Kommission **haftet** nach den Grundsätzen über die schuldhafte **Verletzung von Verkehrssicherungspflichten** für Dritten durch Pflichtverletzungen der Kommission entstandene Schäden.[2916] Die Mitglieder der Kommission haften nach Art. 34 GG, § 839 BGB, sofern die entsprechende Kommission öffentlich-rechtlich organisiert ist. Ist der Träger nicht öffentlich-rechtlich organisiert, haften die Mitglieder der Kommission nach § 823 BGB.[2917] Der Träger selbst wird im Regelfall nur für ein Organisations- und Überwachungsverschulden herangezogen werden können.[2918]

> **Sponsor hat Ethikkommission von Vorkommnissen zu unterrichten.**

2064 Der Ethik-Kommission ist von schwerwiegenden und unerwarteten unerwünschten Ereignissen, die während der Studie auftreten und die sicher-

---

2915 Wie hier Deutsch, VersR 1995, 124; ders., Medizinrecht Rdnr. 639.

2916 Zur Haftung öffentlich-rechtlicher Ethik-Kommissionen vgl. ausführlich Deutsch, Medizinrecht Rdnr. 641, 642; v. Bar/Fischer, NJW 1980, 2734.

2917 Ausführlich zur Staatshaftung von Ethik-Kommissionen und gesetzlichen Beschränkungsmöglichkeiten, vgl. auch Gödicke, MedR 2004, 481 ff.

2918 Vgl. v. Bar/Fischer, a.a.O., 2739.

heitsrelevant sind, zu berichten. Nicht geregelt sind die Befugnisse und Pflichten der Kommission bei Bekanntwerden gravierender Sicherheitsrisiken. Konsequenterweise wird man die Kommission als berechtigt ansehen müssen, ihr zustimmendes Votum zurückzunehmen und die nach § 77 AMG zuständige Behörde sowie das die Studie durchführende Unternehmen hiervon zu unterrichten. Diese ist dann ggf. gehalten, die weitere Durchführung der Studie einzustellen.

(3) Der Sponsor

Der Begriff des Sponsors ist in § 4 Abs. 24 AMG (vgl. dort) definiert. Er **2065** ist die Person, welche die Gesamtverantwortung für eine klinische Prüfung übernimmt. Die vom Gesetz in Umsetzung gemeinschaftsrechtlicher Vorgaben gewählte Begriffsbestimmung unterscheidet sich somit vom üblichen Sprachgebrauch, der mit dem Begriff des Sponsorings im Regelfall nur die finanzielle Unterstützung eines Vorhabens verbindet. Auch der in Abs. 25 genannte Prüfer, Hauptprüfer oder Leiter der klinischen Prüfung kann Sponsor sein. Als Sponsor kommen grds. Pharmaunternehmen, Ärzte oder Kliniken in Betracht, aber auch Patientenorganisationen oder Fachgesellschaften. Der Sponsor hat die Finanzierung sicher zu stellen, ist für den Prüfplan und die weitere Organisation der Prüfung, insbesondere die Einholung des Votums der Ethik-Kommission, die Patientenversicherung und die Beschaffung der Prüfpräparate verantwortlich.[2919] Er schließt die erforderlichen Verträge mit den klinischen Prüfeinrichtungen sowie den Prüfärzten ab.[2920]

(4) Der Prüfer

Der Begriff des Prüfers ist in § 4 Abs. 25 AMG (vgl. dort) definiert. In Ab- **2066** hängigkeit von Studiendesign und Prüfpräparat können nicht nur Ärzte, sondern auch Angehörige anderer Berufe als Prüfer in Betracht kommen, sofern der Beruf durch einen entsprechenden wissenschaftlichen Hintergrund geprägt ist und die Betreuung von Patienten einschließt.

2919 Vgl. auch Art. 7 RiL 2005/28/EG; im einzelnen auch Hasskarl/Ziegler, Pflichten und Aufgaben des Sponsors nach neuem Recht, PharmR 2005, 56 f.
2920 Zu Publikationsklauseln in klinischen Prüf- und Forschungsverträgen vgl. Pramann, MedR Schriftenreihe.

Rehmann

> **Prüfer können sein:**
>
> - Ärzte
>
> - Angehörige anderer Berufe mit wissenschaftlichem Hintergrund und Befugnis zur Betreuung von Patienten (aber nicht Heilpraktiker)

2067   In der Gesetzesbegründung zur 12. AMG-Novelle wird beispielhaft der physiologische Psychotherapeut genannt. Die Ausübung des Heilpraktikers hingegen berechtigt nicht zur Tätigkeit als klinischer Prüfer, weil es an einer hinreichenden wissenschaftlichen Ausbildung fehlt. Soweit die Prüfprodukte in der Zahnmedizin eingesetzt werden sollen, können Zahnärzte Prüfer sein. Die Durchführung der klinischen Prüfung unter der Leitung eines Prüfers erfolgt zum Schutz der Probanten. Der Prüfleiter muss auf dem entsprechenden Gebiet über eine mindestens zweijährige Erfahrung verfügen. Das Gesetz unterscheidet den Leiter der klinischen Prüfung von den Prüfärzten. Wer für die Leitung der klinischen Prüfung verantwortlich sein soll, ist zu Beginn der klinischen Prüfung festzulegen und gemäß § 67 Abs. 1 S. 1 und 5 AMG der zuständigen Behörde anzuzeigen. Die Aufgaben des Leiters der klinischen Prüfung werdend durch eine Mitteilung der Arzneimittelkommission der deutschen Ärzteschaft konkretisiert.

> **Prüfleiter ist verantwortlich für**
>
> - Beurteilung der ärztlichen Vertretbarkeit
>
> - Beginn, Fortführung und Abbruch der Studie
>
> - Überwachung eingeschalteter Prüfärzte

2068   Der Leiter ist verantwortlich über die ärztliche Vertretbarkeit, über Beginn, Fortführung und Abbruch der Studie im Fall auftretender Risiken für Probanten zu entscheiden und trägt die Verantwortung für die Durchführung der Studie gemäß Prüfplan. Er überwacht insofern die Tätigkeit eingeschalteter weiterer Prüfärzte und ist verantwortlich für die Abgabe des abschließenden Prüfberichtes sowie ggf. vorgesehener Zwischenberichte an den Sponsor. Die einzelnen Pflichten hierzu werden sowohl für den Leiter der Prüfung als auch die übrigen Prüfärzte in den Prüfarztverträgen festgelegt.[2921]

(5) Haftung

Der **Gefährdungshaftungstatbestand** des § 84 AMG gilt nicht für in der klinischen Prüfung eingesetzte Arzneimittel.

2069

> **Haftung**
>
> => § 84 AMG gilt nicht für zur klinischen
> Prüfung eingesetzte Arzneimittel
>
> => verschuldensabhängige Haftung aus § 823
> Abs. 1 + Abs. 2 i. V. m. §§ 223 ff. StGB
>
> => Probandenversicherung stellt
> verschuldensunabhängige Eintrittspflicht
> eines Versicherers sicher.

Die Haftung der für die Durchführung der Prüfung Verantwortlichen richtet sich daher nach den allgemeinen Bestimmungen des § 823 Abs. 1 und 2 BGB i. V. m. §§ 223 ff. StGB.[2922] Aus diesem Grund ist zum Schutze des Probanden eine **Versicherung** abzuschließen. Diese Versicherung muss verschuldensunabhängig für eine dem Probanden zugefügte Körperverletzung oder Gesundheitsbeeinträchtigung eintreten.[2923] Die Probandenversicherung muss in einem angemessenen Verhältnis zu den mit der klinischen Prüfung verbundenen Risiken stehen und für den Fall des Todes oder der dauernden Erwerbsunfähigkeit Leistungen in Höhe von mindestens 500 000 Euro vorsehen. Die näheren Einzelheiten zum Versicherungsverhältnis ergeben sich aus den Allgemeinen Versicherungsbedingungen zur Probandenversicherung.

2070

(6) Ethische und rechtliche Besonderheiten

Bei einzelnen Personengruppen und bestimmten Arzneimitteln gelten aus ethischen und rechtlichen Gründen Besonderheiten. Dies gilt insbesonde-

2071

2921 Vgl. dazu auch Wille/Kleinke, Klinische Prüfung an der deutschen Hochschule, PharmR 2004, 300 f.
2922 Vgl. Trockel, NJW 1979, 2330, 2333 ff.; v. Bar/Fischer, NJW 1980, 2734 ff.; Kloesel/Cyran, § 40 Anm. 4 c, 4 d.
2923 Zur Probandenversicherung vgl. auch Deutsch, Medizinrecht Rdnr. 1339 ff.

re für schwangere und stillende Frauen, Kinder (vgl. Abs. 4), Krebskranke oder andere lebensbedrohlich Erkrankte (z. B. HIV-Infizierte). Die jeweilige besondere Lebenssituation macht es hier erforderlich, im Einzelfall zu prüfen, ob und inwieweit eine Einbeziehung dieser Personen in die Probandengruppe in Betracht kommt. Bei der klinischen Erprobung von Radiopharmaka ist § 41 StrlSchV zu beachten.[2924]

ff) Compassionate Use

2072   Gemäß Art. 6 der RiL 2001/83/EG dürfen grundsätzlich nur zugelassene Arzneimittel in Verkehr gebracht werden. Gemäß dem Erwägungsgrund 33 der VO (EG) Nr. 726/2004 sollen für Arzneimittel von hohem therapeutischen Interesse beschleunigte Zulassungsverfahren eingeführt, aber auch die Möglichkeit zeitlich begrenzter Genehmigungen mit entsprechend kurzen Überprüfungsintervallen ermöglicht werden. Ferner soll für neue Arzneimittel bei Bestehen eines entsprechenden therapeutischen Bedarfs nach einheitlichen Kriterien auch ein Compassionate Use ermöglicht werden. Dieser verschafft schwer erkrankten Patienten im Rahmen eines entsprechenden Compassionate Use-Programms Zugang zu neuen, vielversprechenden Arzneimitteln, die sich noch in der Erprobung befinden. Art. 83 Abs. 1 der VO (EG) Nr. 726/2004 schafft die Rahmenbedingungen für einen solchen Compassionate Use, von denen die Mitgliedstaaten als Option Gebrauch machen können.

> **CompassionateUse**
> Programm bei dem ein noch nicht zugelassenes Arzneimittel Patienten zur Verfügung gestellt wird.
> **Voraussetzung:**
> - schwere, lebensbedrohliche oder zur Invalidität führende Erkrankung
> - keine angemessene andere Behandlungsmethode

2073   Die Durchführung eines Compassionate Use-Programms setzt voraus, dass ein entsprechendes Arzneimittel aus humanen Gründen einer Gruppe von

---

2924 Vgl. auch Kloesel/Cyran, § 40 Anm. 2 a.

Patienten zur Verfügung gestellt wird, die an einer schweren, lebensbedrohlichen oder zur Invalidität führenden Erkrankung leiden und für die andere angemessene Behandlungsmethoden nicht zur Verfügung stehen. Der Compassionate Use stellt also eine Alternative zu einem etwa in Betracht kommenden, individuellen Heilversuch dar.[2925] Der Compassionate Use dient der Behandlung, nicht der klinischen Prüfung. Er kommt daher nur ausnahmsweise in Betracht und ist entsprechend zu reglementieren und zu überwachen. Die EMEA hat in ihrer Guideline of Compassionate Use of Medicinal Products, die auf ihrer Homepage veröffentlicht ist, hierzu nähere Einzelheiten bekannt gegeben. Die Durchführung eine Compassionate Use-Programms in einem Mitgliedstaat ist der EMEA von der dort zuständigen Behörde anzuzeigen, soweit es sich um ein Arzneimittel handelt, das zwingend den zentralen Zulassungsvoraussetzungen unterliegt. In anderen Fällen empfiehlt die EMEA die Anzeige. Das Ziel der Anzeige und der ggf. erfolgenden Einschaltung des Ausschusses für Humanarzneimittel ist eine harmonisierte Anwendung der Kriterien im Rahmen der Einführung eines entsprechenden Programms ggf. in mehreren Mitgliedstaaten sowie einer Nutzung des in den Fachgremien vorhandenen Know-how im Rahmen einer vorzunehmenden Risiko-Nutzenanalyse. Mit dem 14. Änderungsgesetz zum AMG wurde der Compassionate Use in § 21 Abs. 2 Nr. 6 AMG aufgenommen. Der Gesetzgeber hat hierzu jüngst dem Entwurf einer Ausführungsverordnung (Arzneimittelhärtefallverordnung – AMHV) vorgelegt, die das Nähere regeln wird.

b) Bei Medizinprodukten
aa) Bestimmungsgemäße Anwendung

Die zivilrechtliche Haftung des Arztes im Zusammenhang mit dem Einsatz oder der Anwendung von Medizinprodukten bei einem Patienten kann sich, wie bei der Anwendung von Arzneimitteln, sowohl aus dem Behandlungsvertrag (§ 611 BGB) als auch aus unerlaubter Handlung (§ 823 ff. BGB) ergeben. **2074**

> **Haftung des Arztes aus**
> - **Behandlungsvertrag (§ 611 BGB)**
> - **Unerlaubter Handlung (§ 823 BGB)**

Die Haftung des Arztes ist abhängig von den konkreten Umständen des Einzelfalles und der Art und Weise der Ausübung seiner Therapiefreiheit. Bei den Medizinprodukten wird im Regelfall nur eine den Angaben des Medi- **2075**

2925 Zu haftungsrechtlichen Fragen vgl. auch Gründel in PharmR 2001, 106 f.

Rehmann

zinprodukteherstellers entsprechende Verwendung von Medizinprodukten in Betracht kommen, wenngleich der Arzt im Rahmen seiner Therapiefreiheit grundsätzlich aus außerhalb des vom Hersteller angegebenen Bestimmungszweckes und der damit verbundenen Gebrauchs- und Anwendungsvorschriften Medizinprodukte einsetzen kann. In solchen Fällen treffen ihn aber wie beim Off-Label-Use von Arzneimitteln besondere Sorgfalts- und Aufklärungspflichten. Bei den möglichen Haftungsrisiken des Arztes im Zusammenhang mit der Verordnung und der Verwendung von Medizinprodukten stehen im Vordergrund ein mögliches Auswahlverschulden, eine unzureichende Patientenaufklärung, eine nicht spezifikationsgerechte Verwendung sowie eine ungenügende Anleitung und Überwachung des Praxis- oder Klinikpersonals beim Umgang mit Medizinprodukten.

> **Haftungsrisiken für den Arzt beim Einsatz von Medizinprodukten**
>
> - Auswahlverschulden
> - unzureichende Patientenaufklärung
> - nicht spezifikationsgerechte Verwendung
> - ungenügende Anleitung oder Überwachung des Praxis- oder Klinikpersonals

(1) Auswahlverschulden

2076 Zum Auswahlverschulden gelten die gleichen Grundsätze wie bei der Anwendung von Arzneimitteln. Dem Arzt steht im Rahmen seiner Therapiefreiheit ein Ermessensspielraum zu, aus den Produkten, die ihm nach dem anerkannten medizinischen Standard für den konkreten Fall geeignet erscheinen, auszuwählen. Auf mögliche Behandlungsalternativen muss der Arzt nur dann hinweisen, wenn im konkreten Fall für eine medizinische sinnvolle indizierte Therapie mehrere Behandlungsmethoden zur Verfügung stehen, die zu jeweils unterschiedlichen Belastungen des Patienten führen oder unterschiedliche Risiken und Erfolgschancen bieten. Es muss sich jeweils aber um Unterschiede von Gewicht handeln.[2926] Grundsätzlich ist die Wahl der Behandlungsmethode Sache des Arztes.[2927]

2926 Vgl. dazu Martis, Arzthaftungsrecht, A 526.
2927 Dazu Martis, a.a.O., A 527 m.w.N.

Auswahlparameter für den Arzt

Grundsatz:

Im Rahmen des anerkannten medizinischen Standards weites Ermessen

Im Einzelfall:

- Vornahme Nutzen-Risiko-Abwägung
- zwischen mehreren bewährten Behandlungsmethoden kann der Arzt frei wählen.

Der Arzt hat seine Auswahlentscheidung unter Zugrundelegung des aktuellen Standes der medizinischen Wissenschaft und Technik zu treffen. Daraus folgt nicht in jedem Fall die Verpflichtung zur Verwendung jeweils neuester Medizinprodukte. Ob und inwieweit die Behandlung eines Patienten mit Produkten, die nicht mehr dem aktuellen Stand der Wissenschaft und Technik entsprechen, im Schadensfall zu einer Haftung des Arztes führen, hängt von den konkreten Umständen des Einzelfalles ab. Von einem Behandlungsfehler ist dann auszugehen, wenn trotz eindeutiger Überlegenheit die neue, fortschrittlichere Behandlungsmethode nicht angewandt wurde.[2928] Unter Berücksichtigung wirtschaftlicher, personeller und sachlicher Gesichtspunkte erlaubt die Rechtssprechung Kliniken und Krankenhäusern im Einzelfall ein Unterschreiten des zu fordernden Ausstattungsstandards.[2929] Einem kleinen oder mittleren Krankenhaus ist nicht die gleiche umfassend und aufwändig technische und operative Ausstattung einer großen Universitätsklinik zuzumuten. Entsprechendes gilt für die Arztpraxis. Erst eine deutliche Unterausstattung ist haftungsrelevant.[2930] Hierbei ist zusätzlich eine Übergangsphase zur Einführung neuer Techniken und einer neuen Ausstattung zu berücksichtigen (BGH, a.a.O.). Allerdings werden Arzt und Krankenhaus abhängig vom Krankheitsbild die Überweisung des Patienten in eine andere Praxis oder Behandlungseinrichtung in Erwägung zu ziehen haben, wenn dort eine deutlich bessere Behandlung des Patienten erwartet werden darf.[2931]

2077

2928 Francke/Hart, Ärztliche Verantwortung und Patienteninformation, Stuttgart 1987, S. 39.
2929 OLG Köln, VersR 1999, 847
2930 Im einzelnen vgl. Hoxhaj, Quo vadis Medizintechnikhaftung, Recht & Medizin, Frankfurt a. Main 2007, 97 m.w.N.; BGH, NJW 1988, 763 (764).
2931 Hoxhaj, a.a.O., S. 98, 99 m.w.N.

Rehmann

(2) Patientenaufklärung

2078 Auch hier gelten die gleichen Grundsätze wie bei der Verordnung und Anwendung von Arzneimitteln. Allerdings hat bei Medizinprodukten die Sicherungsaufklärung einen anderen Schwerpunkt als bei Arzneimitteln, denn gerade Medizinprodukte mit einem besonderen Gefährdungspotenzial werden in der Regel nicht durch den Patienten selbst angewendet oder verwendet, sondern durch den Arzt oder das nicht ärztliche Pflegepersonal.

> **Primär Aufklärung des Patienten über**
>
> - **Gefährdungspotenzial**
> - **Verhaltensvorschriften**

2079 Eine Aufklärung des Patienten über die Gebrauchsvorschriften steht hier nicht im Vordergrund, wohl aber über ein Gefährdungspotenzial sowie über Verhaltensvorschriften, die der Patient zu beachten hat. Zweck der Aufklärung ist es, dem Patienten einen Überblick über die Risiken des Eingriffs, dessen Art und Schwere zu verschaffen.[2932] Hierbei genügt es, wenn die Aufklärung so erfolgt, dass sich der Patient ein allgemeines Bild von der Schwere und Richtung des Risikobereiches machen kann. Medizinprodukte müssen im Regelfall mit einer Gebrauchsinformation versehen und in für den Anwender verständlicher Weise mit den sicherheitsrelevanten Informationen gemäß § 11 Abs. 2 MPG gekennzeichnet sein.

> **Besondere Aufklärungspflichten des Arztes bei**
>
> **aktiven Medizinprodukten.**

2080 Die entsprechenden Informationen müssen eine sichere Anwendung des Medizinproduktes gewährleisten. Ist das Medizinprodukt zu warten, haben Kontrolluntersuchungen in bestimmten Intervallen zu seiner einwandfreien Funktionsweise, wie etwa bei Herzschrittmachern oder Defibrilatoren stattzufinden oder sind sonstige Sicherheitschecks durchzuführen, so ist hierauf seitens des Herstellers hinzuweisen und der Arzt hat seinen Patienten entsprechend aufzuklären und durch geeignete organisatorische Maß-

---

2932 OLG Düsseldorf, Urteil vom 25.4.2002, Az. U 5/01 – www.justiz.nrw.de – zu einer Herzkatheteruntersuchung.

Rehmann

nahmen sicherzustellen, dass der Patient an die Durchführung der Funktionskontrollen erinnert wird. Gemäß § 10 MPBetreibVO hat der Arzt als für die Implantation eines aktiven Medizinproduktes verantwortliche Person dem Patienten nach Abschluss der Implantation eine schriftliche Information auszuhändigen, in der die für die Sicherheit des Patienten notwendigen Verhaltensanweisungen in allgemein verständlicher Weise enthalten sind.

> **Arzt hat den Patienten Verhaltensempfehlungen bei auftretenden Vorkommnissen zu geben.**

Zusätzlich ist der Patient darüber aufzuklären, wie er sich bei Vorkommnissen zu verhalten hat, insbesondere welche Vorsichtsmaßnahmen zu treffen sind und wann er den Arzt aufzusuchen hat. Den Arzt treffen hierzu die sich aus § 10 Abs. 2 MPBetreibVO ergebenden Dokumentationspflichten. **2081**

(3) Spezifikationsgerechte Verwendung

Neben einer ordnungsgemäßen Aufklärung hat der behandelnde Arzt eine spezifikationsgerechte Verwendung des Medizinproduktes sicherzustellen. **2082**

> **Beachtung der Gebrauchsvorschriften des Herstellers.**

Hierzu hat er die Gebrauchsanweisungen des Herstellers zu beachten. Die Verwendung eines Medizinproduktes unter Missachtung der Gebrauchsvorschriften stellt in der Regel einen ärztlichen Kunstfehler dar. Dies gilt auch für die vom Hersteller angegebenen Verfalldaten. Es stellt einen groben Behandlungsfehler dar, wenn ein Arzt bei der Behandlung eines Patienten Medizinprodukte verwendet, deren Verfalldatum deutlich abgelaufen ist. Die Angabe des Verfalldatums dient der Sicherstellung der einwandfreien Qualität des Medizinproduktes, insbesondere gegebenenfalls seiner Sterilität sowie einen Schutz vor Materialermüdung. Die Annahme eines groben Behandlungsfehlers führt dazu, dass der Arzt die Beweislast dafür trägt, dass seine Pflichtverletzung nicht zu dem vom Patienten geltend gemachten Schaden geführt hat. Gelingt ihm dieser Entlastungsbeweis nicht, haftet er.[2933] **2083**

2933 Vgl. OLG Köln, Urteil vom 30.1.2002, Az. 5 U 106/01 – www.justiz.nrw.de.

Rehmann

**Keine Wiederaufbereitung von
Einmalprodukten**

2084 Ein besonderes Problem liegt in der Verwendung von wiederaufbereiteten Einmalprodukten. Die Verwendung wieder aufbereiteter Einmalprodukte ist nicht spezifikationsgerecht, da solche Produkte vom Hersteller nicht zu Wiederaufbereitung bestimmt sind. Bezüglich der **Zweckbestimmung** eines Produktes kommt es maßgeblich auf die Herstellerangaben an.[2934] Die jeweils vom Hersteller angegebene Zweckbestimmung muss dem durchgeführten Konformitätsbewertungsverfahren entsprechen. Ob ein Medizinprodukt zur einmaligen oder mehrfachen Verwendung bestimmt ist, gehört ebenfalls hierzu.[2935] Auf Zweckbestimmungen, die nicht geprüft wurden, bezieht sich die Feststellung der Benannten Stelle, die das Konformitätsbewertungsverfahren durchgeführt hat, nicht. Streitig ist, ob die Zweckbestimmung des Herstellers alle Verwendungsangaben einschließt und beispielsweise bei zur einmaligen Verwendung bestimmten Produkten (Einmalprodukte) deren Aufbereitung und Wiederverwendung ausschließt.[2936] Nach a. A. ist die Bezeichnung eines Produktes als zur einmaligen Verwendung bestimmt, keine Zweckbestimmung i. S. d. § 3, da diese nur den Anwendungsbereich, nicht aber die Häufigkeit der Verwendung betreffe.[2937] Das OLG Koblenz folgert dies aus Nebenbestimmungen zu § 3 Nr. 10 MPG, insbesondere §§ 2 Abs. 1, 4 MPBetreibV, die als Auslegungshilfe für den aus sich heraus nicht eindeutigen Wortlaut von § 3 Nr. 10 MPG heranzuziehen seien. Dem ist entgegenzuhalten, dass § 2 Abs. 1 MPBetreibV eine allein ihrer Zweckbestimmung entsprechende Verwendung von Medizinprodukten erlaubt. Die Aufbereitung eines Medizinproduktes wird in § 4 Abs. 1 MPBetreibV als Instandhaltungsmaßnahme bezeichnet und insofern wohl als zulässig angesehen. Dem unterfällt eine Aufbereitung zum anschließenden erneuten Inverkehrbringen jedoch nicht.[2938] Die dem Medizinprodukt gegebene Zweckbestimmung ist maßgeblich für die Geeignetheits- und Sicherheitsprüfung im Konformitätsbewertungsverfahren. Diese Prüfung hat bei einem Einmalprodukt mithin seine Geeignetheit zu einer einmaligen Verwendung und seine Un-

---

2934 Vgl. auch Rehmann/Wagner, 2. Auflage, Kommentar zum MPG, § 3 Rdnr. 1.
2935 Vgl. Rehmann/Wagner, 2. Auflage, Kommentar zum MPG, § 4 Rdnr. 33.
2936 So Hill/Schmidt, Kommentar zum MPG, § 3 Rdnr. 54, 55.
2937 Vgl. OLG Koblenz, Urteil vom 30.8.2005 – 4 U 244/05, OLG Report Koblenz 2006, 172, kritisch Rehmann/Wagner, 2. Auflage, Kommentar zum MPG, § 4 Rdnr. 32, 33 m.w.N.
2938 Vgl. auch Gassner, NJW 2002, 863 ff.; Schneider, MedR 2002, 453 ff.

bedenklichkeit zum Gegenstand und lässt damit anzulegende Prüfungs-maßstäbe, die für eine mehrfache Verwendung heranzuziehen wären, außer Betracht. Der Arzt sollte die Einmalprodukte weder wiederaufbe-reiten noch solche wiederaufbereiteten Einmalprodukte verwenden, will er sich keinen Haftungsrisiken aussetzen.

(4) Anleitung und Überwachung des Praxis- oder Klinikpersonals

Die Medizinproduktebetreiberverordnung (MPBetreibV) legt dem Betrei-ber von Medizinprodukten insbesondere Verpflichtungen zur Instandhal-tung zum Betreiben und Anwenden, sicherheitstechnischen Kontrollen, Pa-tienteninformationen und messtechnische Kontrollen auf. § 2 MPBetreibV nennt die allgemeinen Anforderungen, die zu beachten sind, nämlich die Verpflichtung zur Zweck entsprechenden Verwendung, zur Beachtung der Arbeitsschutz- und Unfallverhütungsvorschriften, zum Einsatz ausgebilde-ten und ausreichend qualifizierten Personals beim Betrieb und der Anwen-dung von Medizinprodukten sowie zur Einhaltung der sonstigen sicher-heitstechnischen Anforderungen. Anwender eines Medizinproduktes sind alle Personen, die über die Anwendung eigenverantwortlich entscheiden können und die das Medizinprodukt professionell anwenden und betreiben, also nicht Patienten oder Familienangehörige, beispielsweise im Bereich der Homecare.[2939]

2085

In der ärztlichen Praxis sowie im Krankenhaus ist die Einhaltung der sicher-heitsrelevanten Bestimmungen und Anforderungen sicherzustellen.

2086

> **Nichteinhaltung sicherheitsrelevanter Bestimmungen**
>
> => Haftung aus Behandlungsfehler oder
> => Organisationsfehlerhaftung

Die Haftung des Arztes kann sich aus einem Behandlungsfehler ergeben, wenn die sicherheitstechnischen Anforderungen und Vorgaben des Herstel-lers nicht beachtet und hierdurch ein Patient zu Schaden kommt oder aus einer Organisationshaftung, die bei Organisationsfehlern eintritt. Organi-sationsfehler sind Verletzungen der haftungsrechtlichen Pflicht zur guten Organisation von medizinischen Behandlungsabläufen in Behandlungsins-titutionen durch die Institution selbst (Unternehmenshaftung) sowie durch die Organisationsverantwortlichen (Praxisleiter, Krankenhausträge, ärztli-che Direktoren, Abteilungs- oder Klinikleiter, Chefärzte etc.). Der Organi-

2087

2939 Rehmann/Wagner, MPG Kommentar, 2. Auflage, § 4 Rdnr. 14 m.w.N.

Rehmann

sationsfehler stellt neben dem Behandlungsfehler einen eigenständigen und vom Behandlungsfehler zu trennenden Haftungsgrund dar.[2940]

> **Organisationsfehlerhaftung**
>   => mangelnde organisatorische
>   Vorgaben
>   => mangelnde Überwachung der
>   Einhaltung oder Vorgaben

2088   Die Organisationsfehlerhaftung schließt insbesondere die Überwachung und Einhaltung der Organisationsanordnungen ein. Daraus folgt, dass in Praxis und Klinik durch entsprechende organisatorische Vorgaben die Einhaltung der durch die Herstellervorschriften sowie durch die MPBetreibV gemachten Vorgaben an den sicheren Betrieb und sichere Anwendung des jeweiligen Medizinproduktes sichergestellt sein muss und ferner die Einhaltung der Vorgaben zu überwachen und zu dokumentieren ist. Für das Anwenden und Betreiben von Medizinprodukten in der ärztlichen Praxis oder Klinik bedeutet dies, dass die Organisation der Praxis oder Klinik so zu gestalten ist, dass sie die Einhaltung der sicherheitsrelevanten Vorgaben sicherstellt, ferner die Organisation geeigneter Überwachungsmechanismen vorsieht, die eine kontinuierliche Prüfung und Dokumentation der selbem gewährleisten und schließlich ein Risikomanagement eingerichtet ist, dass das Aufspüren, die Bewertung und die Behebung von Sicherheitsrisiken ermöglicht (zum Risikomanagement siehe *Hart*, a.a.O.).

2940 Vgl. hierzu zum Einzelnen Hart, Patientensicherheit, Arzneimittelhaftung und Arzthaftungsrecht, MedR 2007, 383 ff., (389).

> **Drei Säulen ordnungsgemäßer Organisation:**
> 1. Regeln für Compliance im Bereich Instandhaltung, Schulung, Ausbildung, Sicherheitsprüfung, Unfallverhütung.
> 2. Überwachung der Einhaltung der Vorschriften und Dokumentation.
> 3. Risikomanagement = laufende Prüfung der Organisation auf Sicherheitslücken

Die Organisation muss also zunächst Regelungen zur Compliance im Bereich **2089** der Instandhaltung, Schulung, Ausbildung, Sicherheitsprüfung und Unfallverhütung gemäß den gesetzlichen Vorgaben sowie den Vorgaben des Herstellers zum jeweiligen Produkt vorsehen. Weiterhin sind Regelungen zur Überwachung der Einhaltung dieser Vorschriften erforderlich und schließlich ist ein Risikomanagement für eine fehlerfreie Organisation wesentlich. Das insofern vorzusehende Sicherheitskonzept ruht also auf diesen drei Säulen.

bb) Heilversuch

Für die Durchführung von Heilversuchen mit Medizinprodukten gelten die **2090** gleichen Grundsätze wie für Arzneimittel. Auf die diesbezüglichen Ausführungen kann verwiesen werden.

cc) Klinische Prüfung

Die Durchführung der klinischen Prüfung setzt nach der mit dem 4. MPG- **2091** ÄndG eingeführten Neuregelung nunmehr ebenso wie bei der klinischen Prüfung von Arzneimitteln ein positives Votum der Ethik-Kommission nach § 20 Abs. 1 S. 1 MPG voraus. Das Verfahren zur Erlangung dieser zustimmenden Bewertung ist in § 22 MPG geregelt (vgl. dort). Neben dem positiven Votum der Ethik-Kommission bedarf es weiterhin der Genehmigung der zuständigen Bundesoberbehörde zur Durchführung der Prüfung. Das Verfahren richtet sich nach § 22a MPG (vgl. dort). § 22a MPG stellt ein Verbot zur Durchführung klinischer Prüfungen mit Genehmigungsvorbehalt auf. Bei Vorliegen der gesetzlichen Voraussetzungen besteht ein Anspruch auf Erteilung der Genehmigung. Das Gesetz enthält eine Genehmigungsfiktion. Die Genehmigung gilt als erteilt, wenn die zuständige Bundesoberbehörde dem Sponsor innerhalb von höchstens 30 Tagen nach Eingang der Antragsunterlagen keine mit Gründen versehenen Einwände übermittelt.

Die Rücknahme, der Widerruf und das Ruhen der Genehmigung nach § 22a richten sich nach § 22b (vgl. dort). Zu den haftungsrechtlichen Fragen kann auf die Ausführungen zur Durchführung klinischer Prüfungen bei Arzneimitteln verwiesen werden.

3. Zusammenfassung

2092   Der Arzt haftet für eine dem Stand der medizinischen Erkenntnisse entsprechende Auswahl von Arzneimitteln und Medizinprodukten, eine sachgerechte Aufklärung des Patienten sowohl über die ausgewählte therapeutische Maßnahme als auch die damit verbundenen Risiken sowie die vom Patienten zu beachtenden Verhaltensmaßregeln. Schließlich hat der Arzt durch eine entsprechende Organisation seiner Praxis oder der Organisationseinheit, der er vorsteht, sicherzustellen, dass die jeweils produktspezifisch zu beachtenden Vorschriften für einen sicheren Umgang mit dem Produkt und seine sichere Anwendung eingehalten werden. Hingegen ergeben sich Haftungsrisiken für den Arzt aus der Fehlerhaftigkeit eingesetzter Medizinprodukte oder Arzneimittel nicht, es sei denn, die Fehlerhaftigkeit war für ihn erkennbar oder beruht auf einer Missachtung sicherheitsrelevanter Vorschriften durch den Arzt, wie z. B. die Missachtung von Aufbahrungs- oder Anwendungsvorschriften.

VI.   Haftungsumfang – Der Medizinschaden

1.   Materielle Schäden

a)   Einleitung

aa) Allgemeine Grundsätze

2093   Ist ein zum Schadensersatz verpflichtender Sachverhalt bewiesen, stellt sich die Frage nach dem Umfang des zu ersetzenden Schadens. Insoweit gelten die §§ 249 ff. BGB, welche durch die speziellen Vorschriften der §§ 842 ff. BGB ergänzt werden. Im Wesentlichen geht es um den Ausgleich des immateriellen Schadens durch die Leistung von Schmerzensgeld (§ 253 BGB) und um den Ausgleich der Vermögensfolgeschäden, deren Umfang sich aus den §§ 842 ff. BGB erschließt. Hinsichtlich des Anspruchsumfangs ist zu unterscheiden, ob der durch die ärztliche Fehlbehandlung oder infolge der Verletzung der ärztlichen Aufklärungspflicht geschädigte Patient Schadensersatzansprüche geltend macht oder ob ein Dritter, insbesondere die durch den Tod des Patienten geschädigten Hinterbliebenen, Ansprüche geltend machen. Letzteres ist nur in eingeschränktem Umfang möglich, weil nach deutschem Recht die Schäden mittelbar geschädigter Dritter im Prinzip nicht ersetzt werden. Eine Ausnahme bildet § 844 BGB, wonach die Beerdigungskosten und Unterhaltsschäden der gesetzlich Unterhaltsberechtigten zu ersetzen sind.

Zoll

bb) Schadensarten

Der vom Patienten beauftragte Anwalt hat zur Vorbereitung der Regulie-   **2094**
rungsverhandlungen festzustellen, welche konkreten Schäden entstanden
sind. Da die Entwicklung vielfach bei Aufnahme der Verhandlungen noch
nicht abgeschlossen ist, ist der Mandant auf die Notwendigkeit hinzuweisen, hinzukommende Schadensfolgen alsbald anzuzeigen, damit sie in die
Regulierung eingebracht bzw. in einen bereits anhängigen Rechtsstreit eingeführt werden können. Für den geschädigten Patienten kommen folgende
Schadensarten in Betracht:

> Heilungs- und Pflegekosten
> Aufwendungen infolge vermehrter Bedürfnisse
> Erwerbs- und Fortkommensschäden
> Haushaltsführungsschaden
> Immaterieller Schaden
> Sachschäden

Bei vereitelter Familienplanung besteht kein Unterhaltsanspruch des Kin-   **2095**
des. Die Eltern haben evtl. Anspruch auf

> Unterhalt für das Kind
> Evtl. Schmerzensgeldanspruch der Mutter

Stirbt der Patient aufgrund der ärztlichen Fehlbehandlung, ist zu differen-   **2096**
zieren.

> Sofern der Patient zunächst überlebt, kann er zu Lebzeiten Ansprüche auf
> Ersatz der oben aufgeführten Positionen erwerben. Diese gehen dann mit
> seinem Tod auf die Erben über (§ 1922 BGB).

Davon zu unterscheiden sind die Schäden, die Dritten, insbesondere den
Hinterbliebenen, entstehen. Insoweit kommen folgende Schadenspositionen in Betracht:

> Beerdigungskosten
> Unterhaltsschäden
> Schäden durch entgangene Dienste
> Schockschäden

cc) Anspruchsübergänge auf Drittleistungsträger

Wird der Rechtsanwalt für den Geschädigten tätig, ist zunächst zu prüfen,   **2097**

Zoll

ob und inwieweit dem Geschädigten Ansprüche überhaupt zustehen. Vielfach gehen Ansprüche des Geschädigten auf Dritte über: auf Sozialversicherungsträger (§§ 116, 119 SGB X), auf private Versicherer (§ 67 VVG a.F. bzw. § 86 VVG n.F.), auf den Arbeitgeber (§ 6 Entgeltfortzahlungsgesetz – EFZG). Im Bereich der Sozialleistungen erfolgt der Anspruchsübergang meist im Zeitpunkt der schädigenden Handlung (§§ 116, 119 SGB X), z.T. aber auch erst im Zeitpunkt der Erkennbarkeit der Eintrittspflicht (z.B. beim Sozialhilfeträger und bei der Arbeitsverwaltung). In den Fällen des § 6 EFZG und des § 86 VVG n.F. (§ 67 VVG a.F.) erfolgt der Übergang im Zeitpunkt der Leistung, bei Abtretung mit der privatrechtlichen Vereinbarung. Der Zeitpunkt des Übergangs ist wichtig für die Möglichkeit vergleichsweiser Regelungen.

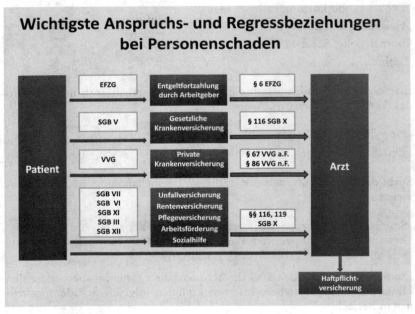

2098 Der Übergang der Schadensersatzansprüche nach § 116 Abs. 1 SGB X erfolgt dem Grunde nach bereits im Augenblick des schadensstiftenden Ereignisses, wenn eine Leistungspflicht des Versicherungsträgers gegenüber dem Verletzten irgendwie in Betracht kommt, also nicht völlig unwahrscheinlich ist.[2941] Es muss also die Möglichkeit bestehen, dass der Sozialversicherungsträger dem Geschädigten nach den Umständen des Schadensfalles möglicherweise in Zukunft Leistungen zu erbringen hat, welche sachlich und zeitlich mit den Ersatzansprüchen des Geschädigten kongruent sind.

2941 BGH VersR 2003, 1174 = BGHZ 155, 342.

Zoll

Für den Anspruchsübergang kommt es nur auf die Leistungsverpflichtung und nicht darauf an, ob er die Zahlungen tatsächlich erbracht hat.[2942] Wird die Leistungspflicht des Sozialversicherungsträgers jedoch erst später durch eine Änderung des bisherigen Leistungssystems neu begründet, vollzieht sich der Forderungsübergang erst bei Inkrafttreten der neuen Regelung.[2943] Von einer solchen Systemänderung sind Gesetzesänderungen zu unterscheiden, die eine Erhöhung oder Modifizierung bereits gegebener Ansprüche regeln.[2944]

2099 Ist der Schadensersatzanspruch durch ein mitwirkendes Verschulden oder eine mitwirkende Verantwortlichkeit des Geschädigten begrenzt ist, gilt § 116 Abs. 3 S.1 SGB X. Danach trifft sowohl den Geschädigten als auch den Sozialversicherungsträger der Nachteil der quotenmäßigen Beschränkung des Ersatzanspruches (»relative Theorie«). Von dem bei unbegrenzter Haftung übergehenden Ersatzanspruch geht auf den Sozialversicherungsträger nur der Anteil über, welcher dem Vomhundertsatz entspricht, für den der Schädiger ersatzpflichtig ist. Der Rückgriffsanspruch des Sozialversicherungsträgers gegenüber dem Schädiger beschränkt sich damit auf den Prozentsatz der von ihm erbrachten Sozialleistung, welcher der Haftungsquote des Schädigers entspricht. Bei dem Geschädigten verbleibt der Teil des Schadensersatzanspruches, der dem Verhältnis seines von der Sozialleistung nicht ausgeglichenen Restschadens zum Gesamtschaden entspricht.[2945]

2100 Konkrete Ansprüche stehen dem Drittleistungsträger nur zu, soweit seine Leistungen zu den Ansprüchen des Geschädigten sachlich und zeitlich kongruent sind. Damit ist gesagt, dass die Leistung des Drittleistungsträgers denselben Zwecken dienen und sich auch auf dieselben Zeiträume beziehen muss wie der von dem Schädiger zu leistende Schadenersatz.[2946] Der Versicherer kann also nur wegen solcher Versicherungsleistungen beim Schädiger Rückgriff nehmen, die zeitlich und sachlich in einem inneren Zusammenhang zu dem Schaden stehen, den der Schädiger dem Geschädigten zu ersetzen hat.[2947] Die für den Regress des Sozialversicherungsträgers erforderliche sachliche Kongruenz von Versicherungsleistung und Schadenersatzanspruch wird schon dann bejaht, wenn beide derselben Schadengruppe dienen, ohne dass der Sozialversicherungsträger die Deckung des konkreten Schadenpostens durch seine Leistung nachweisen muss (»Gruppentheorie«).[2948] Schuldet ein Sozialleistungsträger eine Sachleistung, wie die gesetzliche Krankenkasse, kann er im Fall des Anspruchsübergangs vom Schädiger deren

---

2942 BGH VersR 2009, 368.
2943 VersR 1997, 723 = BGHZ 134, 381; BGH VersR 2003, 267; 2006, 1383.
2944 BGH VersR 2006, 1383; VersR 2011, 775.
2945 BGH VersR 1989, 648 = BGHZ 106, 381.
2946 BGH VersR 1973, 436; 2010, 270; 2010, 1103.
2947 BGH VersR 1979, 640.
2948 BGH VersR 1981, 477.

Wert ersetzt verlangen; in diesem Zusammenhang ist auch der Investitionszuschlag nach Art. 14 des Gesundheitssicherungsgesetzes sachlich kongruent.[2949] Für die wichtigsten Fallgruppen ergibt sich folgendes Bild:

Leistung des Versicherers	Kongruent zu
ambulante/stationäre Behandlung Heil- und Hilfsmittel	Heilbehandlungskosten
Häusliche und stationäre Krankenpflege Pflegegeld Umbau eines Kfz oder Hauses Kleidermehrverschleiß Haushaltshilfe	Vermehrte Bedürfnisse
Krankengeld Verletztengeld; Verletztenrente Erwerbsunfähigkeitsrente bzw. jetzt Erwerbsminderungsrente Arbeitslosengeld I, II Umschulung; Belastungserprobungen REHA; Übergangsgeld Haushaltshilfe	Erwerbsschaden
Sterbegeld Überführungs- und Beerdigungskosten Witwen- und Waisenrente	Ersatzansprüche Dritter bei Tötung
Keine kongruente Leistung vorhanden	Schmerzensgeld

2101 Ein Anspruchsübergang findet nur statt, soweit – ungeachtet des Anspruchsübergangs – ein Anspruch des vermeintlich Geschädigten gegen den vermeintlichen Schädiger tatsächlich zu bejahen ist. Der Forderungsübergang verändert nicht den ursprünglich dem Betroffenen zustehenden Anspruch.[2950] Hat bereits derjenige, der seine Rechte im Wege des gesetzlichen Forderungsübergangs verliert, keinen Anspruch, so kann der Abtretungsempfänger, der nur Rechtsnachfolger ist, seinerseits keine besseren Rechte haben.

2102 Der nach § 6 EFZG zur Entgeltfortzahlung verpflichtete Arbeitgeber hat deshalb nur dann Anspruch auf Ersatz des auf ihn übergegangenen Verdienstausfallschadens des Arbeitnehmers aus einem Schadensfall, wenn er den Vollbeweis dafür erbringt, dass die behaupteten Verletzungen darauf beruhen.[2951] Beweiserleichterungen kommen ihm insofern nicht zugute.

2949 BGH, Urteil vom 3.5.2011 – VI ZR 61/10, Juris.
2950 BGH VersR 2010, 550.
2951 LG Bremen Schaden-Praxis 2009, 363, dazu Jahnke, jurisPR-VerkR 5/2010 Anm. 4.

Auf die Richtigkeit der Arbeitsunfähigkeitsbescheinigungen der (zunächst) tätigen Ärzte kann sich der Arbeitgeber nicht verlassen.[2952] Der vereinzelt abweichenden Entscheidung des BGH[2953] ist nicht zu folgen.[2954] Der Umfang des Anspruchsübergangs wird von § 6 Entgeltfortzahlungsgesetz begrenzt auf dasjenige, was aufgrund des Entgeltfortzahlungsgesetzes gezahlt worden ist.[2955]

Ein Regress des Arbeitgebers gegen den Schädiger ist allerdings auch dann möglich, wenn die Voraussetzungen des § 6 EFZG nicht vorliegen, der Arbeitgeber aber aufgrund seiner Verpflichtungen aus dem Arbeitsvertrag Leistungen erbracht hat und der Geschädigte seine Schadensersatzansprüche an den Arbeitgeber abtritt.[2956] Solchen Leistungen kommt keine schadensrechtliche Ausgleichsfunktion zu; durch ihre Berücksichtigung werden weder der Geschädigte und der leistende Dritte unzumutbar belastet noch der Schädiger unbillig begünstigt.[2957] Entsprechendes gilt, wenn Beschäftigte, die nicht in den Anwendungsbereich des EFZG fallen, vertragsgemäß Entgeltleistungen ihres Arbeitgebers erhalten, etwa der Gesellschafter-Geschäftsführer einer GmbH.[2958]

2103

Insoweit besteht eine Verpflichtung zur Abtretung, damit zum einen eine Doppelzahlung an den Geschädigten (Gehaltsfortzahlung und Schadensersatz) vermieden wird und zum anderen der Arbeitgeber gegen den Schädiger regressieren kann. Sofern eine Pflicht zur Abtretung nicht tarifvertraglich oder einzelvertraglich vereinbart ist, folgt dies aus einer entsprechenden Anwendung von § 255 BGB oder § 285 BGB. Die Abtretung verschafft dem Arbeitgeber nicht die gleiche Position wie der Rechtsübergang nach § 6 EFZG. Die Abtretung kann nur umfassen, was dem Geschädigten an Schadensersatzansprüchen selbst zusteht. Das ist z.B. hinsichtlich der Arbeitgeberanteile zur Sozialversicherung nicht der Fall. Insoweit verbleibt beim Arbeitgeber ein nicht ersatzfähiger Drittschaden. Nicht ersatzfähige Aufwendungen einer GmbH können allerdings einen eigenen Schaden des Gesellschaftergeschäftsführers zur Folge haben, wenn sich dadurch sein Gesellschaftergewinn mindert, was allerdings bilanzmäßig vorgetragen und bewiesen werden muss.

2104

Leistungen aus privaten Versicherungen sind nicht anzurechnen, soweit es sich um Summenversicherungen handelt. § 86 VVG (§ 67 VVG a.F.)

2105

2952 OLG Oldenburg DAR 2001, 313; LG Bremen Schaden-Praxis 2009, 363, dazu Jahnke, jurisPR-VerkR 5/2010 Anm. 4.
2953 BGH VersR 2001, 1521 = r+s 02, 63 m. abl. Anm. Lemcke.
2954 Vgl. auch BGH VersR 2008, 1133.
2955 OLG Köln Schaden-Praxis 2007, 427.
2956 Vgl. BGH VersR 1998, 1253.
2957 Vgl. BGH VersR 2001, 196.
2958 OLG Schleswig OLGR 2009, 509; dazu Wenker jurisPR-VerkR 17/2009 Anm. 3.

Zoll

gilt nur bei der Schadenversicherung. Bei Summenversicherungen findet eine Anrechnung nicht statt. Private Unfallversicherer sind deshalb nicht regressberechtigt;[2959] eine Anrechnung ihrer Leistungen findet ebenfalls nicht statt. Krankenhaustagegeldversicherungen und Krankentagegeldversicherungen sind Summenversicherungen, falls sie nicht als Schadenversicherung ausgestaltet sind, was zulässig ist.[2960] Ist eine Ausgestaltung i.S.d. § 86 VVG erfolgt ist, werden Leistungen aus der Krankentagegeldversicherung auf den Verdienstausfallschaden angerechnet, Leistungen aus der Krankenhaustagegeldversicherung zusätzlich auf Heilungskosten und Kosten für vermehrte Bedürfnisse (z.B. Besuchskosten).[2961]

2106   Der Anspruchsübergang ist ausgeschlossen, wenn der Schaden durch einen mit in häuslicher Gemeinschaft lebenden Familienangehörigen ohne Vorsatz verursacht wurde. Dies gilt für Sozialversicherungsträger gemäß § 116 Abs. 6 SGB X. In der Privatversicherung galt bisher eine entsprechende Regelung (§ 67 Abs.2 VVG a.F.), die auch auf die nichteheliche Lebensgemeinschaft anzuwenden ist.[2962] Nach § 86 Abs. 3 VVG n.F. kann der Übergang bei nicht vorsätzlichem Handeln nicht geltend gemacht werden wegen des Ersatzanspruchs des Versicherungsnehmers gegen eine Person, mit der er bei Eintritt des Schadens in häuslicher Gemeinschaft lebt. Es spricht viel dafür, auch § 116 Abs. 6 SGB X nicht nur auf Familienangehörige zu beschränken. Die Vorschriften des VVG sind auf den Anspruch aus § 6 EFZG entsprechend anwendbar.[2963] In Arzthaftungssachen spielt das Familienprivileg keine praktische Rolle.

dd) Leistungen Dritter

2107   Nach §§ 843 Abs. 4 BGB wird ein Schadensersatzanspruch nicht dadurch ausgeschlossen, dass ein anderer dem Verletzten Unterhalt zu gewähren hat. Diese Regel ist Ausdruck eines über den unmittelbar geregelten Fall hinausgehenden Rechtsgedankens. Der Schädiger darf nicht deshalb entlastet werden, weil ein anderer den Unterhalt des Geschädigten sichert.[2964] Deshalb kann sich der Schädiger z.B. nicht mit Erfolg darauf berufen, dass Angehörige aus Anlass des Schadensfalls unentgeltlich Leistungen erbringen.[2965] Die Differenzbilanz wird korrigiert, wenn die Vermögenseinbuße durch überpflichtige Leistungen des Geschädigten oder durch Leistungen von Dritten,

---

2959   OLG Düsseldorf VersR 1996, 480.

2960   BGH VersR 2001, 1100.

2961   BGH VersR 1984, 690, auch zur Ersatzfähigkeit und rechtlichen Bedeutung eines Risikozuschlags.

2962   BGH VersR 2009, 813; vgl. dazu etwa Heß/Burmann NJW-Spezial 2009, 312; Lang jurisPR-VerkR 11/2009 Anm. 3; ders. NZV 2009, 425; Geisler jurisPR-BGHZivilR 12/2009 Anm. 2; Günther VersR 2009, 816.

2963   OLG Dresden VersR 2001, 1035.

2964   BGHZ 9, 179; 13, 360; 21, 112; 22, 72.

2965   BGH VersR 1970, 41.

Zoll

die den Schädiger nicht entlasten sollen, rechnerisch ausgeglichen wird.[2966] Auch Leistungen die erbracht werden, weil ein anderer Unterhaltspflichtiger im Zeitpunkt des Schadensfalls bereits vorhanden ist oder – unabhängig von dem Schadenereignis – später hinzutritt und nunmehr aus Anlass des Schadensfalls die Unterhaltspflicht erfüllt, sind nicht anzurechnen.[2967]

Drittleistungen mindern den Schadensersatzanspruch des Geschädigten in den Fällen, in denen sich dies aus dem Gesetz ergibt, weil etwa ein Anspruchsübergang auf den Drittleistenden angeordnet ist (z.B. § 116 SGB X, § 86 VVG, § 6 EFZG), oder in denen aufgrund einer vertraglichen Verpflichtung Leistungen erbracht werden, denen keine schadensrechtliche Ausgleichsfunktion zukommt, und der Geschädigte seinen Schadensersatzanspruch insoweit an den Drittleistenden abtritt.[2968]   **2108**

ee) Darlegungs- und Beweisfragen

Der Patient hat grundsätzlich den Ursachenzusammenhang zwischen dem Behandlungsfehler und dem geltend gemachten Gesundheitsschaden nachzuweisen. Dabei ist zwischen der haftungsbegründenden und der haftungsausfüllenden Kausalität zu unterscheiden. Erstere betrifft die Ursächlichkeit des Behandlungsfehlers für die Rechtsgutverletzung als solche, also für den Primärschaden des Patienten im Sinne einer Belastung seiner gesundheitlichen Befindlichkeit. Insoweit gilt das strenge Beweismaß des § 286 ZPO, das einen für das praktische Leben brauchbaren Grad von Gewissheit verlangt.[2969] Die Feststellung der haftungsausfüllenden Kausalität und damit der Ursächlichkeit des Behandlungsfehlers für alle weiteren (Folge-) Schäden einschließlich der Frage einer fehlerbedingten Verschlimmerung von Vorschäden richtet sich hingegen nach § 287 ZPO; hier kann zur Überzeugungsbildung eine überwiegende Wahrscheinlichkeit genügen.[2970] Primärschaden ist die durch den Behandlungsfehler im Sinne haftungsbegründender Kausalität hervorgerufene Körperverletzung. Alle weiteren Folgen betreffen die haftungsausfüllende Kausalität. Allerdings muss eine Primärverletzung feststehen. Erster Verletzungserfolg ist nicht lediglich eine von ihren Symptomen abstrahierte Schädigung, sondern ein Schadensbefund in seiner konkreten Ausprägung.[2971]   **2109**

2966 BGH VersR 2001, 196.
2967 BGH VersR 1970, 522; 1974, 966.
2968 Vgl. BGH VersR 1998, 1253; 2001, 196.
2969 BGH VersR 2004, 118; 2008, 644.
2970 BGH VersR 2004, 118; 2008, 644.
2971 BGH VersR 1989, 145; 1998, 1153; 2005, 228.

Primärschaden	Sekundär- / Folgeschaden
Unmittelbar durch die Rechtsgutsverletzung entstanden (Körperverletzung/Gesundheitsschaden)	Als Folge der Primärverletzung entstandener Schaden
Beweismaß des § 286 ZPO	Beweismaß des § 287 ZPO

2110 Die Differenzierung zwischen Primär- und Folgeverletzung mit den verschiedenen Beweismaßen ist nicht nur von Interesse für das entscheidende Gericht, sondern auch für die an der Schadensregulierung Beteiligten, weil sich danach Art und Umfang des Vortrags bestimmen.

▶ **Beispielsfall:**[2972] A verletzt sich mit einem Hammer an einem Finger. Der Arzt B erkennt auf der Röntgenaufnahme nicht, dass der Finger gebrochen ist und versorgt A daher falsch. Später schlägt A mit demselben Finger gegen eine Wand. Jetzt erkennt ein anderer Arzt den Bruch. Nachfolgend tritt eine Sudecksche Heilentgleisung ein. A ist seitdem arbeitsunfähig. Er behauptet, der Sudeck sei wegen des von B unrichtig versorgten Bruchs entstanden.

Lösung: Primärschaden ist die gesundheitliche Befindlichkeit des Klägers, die durch die unsachgemäße Behandlung der Fraktur durch den Arzt B eingetreten ist. Für den Nachweis des Ursachenzusammenhangs zwischen der Fehlbehandlung und dem Morbus Sudeck und damit der Arbeitsunfähigkeit gilt der Maßstab des § 287 ZPO.

❗ Die Anwendung des § 287 Abs. 1 ZPO ist nicht auf Folgeschäden einer Verletzung beschränkt, sondern umfasst neben einer festgestellten oder unstreitigen Verletzung des Körpers i. S. d. § 823 Abs. 1 BGB entstehende weitere Körperschäden aus derselben Schädigungsursache.[2973]

▶ **Beispiel:** Der Sachverständige führt aus, es könne nicht differenziert werden, ob etwaige schmerzhafte Veränderungen im Bereich des operierten Knies der Geschädigten allein anlagebedingt oder Folge einer im Jugendalter erlittenen Fraktur oder aber Folge des nach der behandlungsfehlerhaften Osteotomie verbliebenen O- Beins seien. Hier ist der Kausalzusammenhang zwischen dem Operationsfehler und den Beschwerden der Geschädigten nach dem Beweismaß des § 287 ZPO zu beurteilen.

2972 BGH VersR 2008, 644.
2973 BGH VersR 2009, 69.

Zoll

Die Grundsätze über die Beweislastumkehr für den Kausalitätsbeweis bei groben Behandlungsfehlern[2974] finden grundsätzlich nur Anwendung, soweit durch den Fehler des Arztes unmittelbar verursachte haftungsbegründende Gesundheitsbeschädigungen infrage stehen. Für den Kausalitätsnachweis für Folgeschäden (Sekundärschäden), die erst durch den infolge des Behandlungsfehlers eingetretenen Gesundheitsschaden entstanden sein sollen, gelten sie nur dann, wenn der Sekundärschaden eine typische Folge der Primärverletzung ist.[2975]

2111

Es kommt nicht darauf an, ob der Behandlungsfehler die ausschließliche oder alleinige Ursache einer Gesundheitsbeeinträchtigung ist. Eine Mitursächlichkeit steht einer Alleinursächlichkeit in vollem Umfang gleich, selbst wenn sie nur ein Auslöser neben erheblichen anderen Umständen ist. Es kann also die Mitverursachung einer Verschlechterung im Befinden ausreichen, um die volle Haftung auszulösen. Im zivilen Haftungsrecht darf im Rahmen der haftungsausfüllenden Kausalität deshalb nicht auf die Feststellung einer richtungsgebenden Veränderung abgestellt werden.[2976] Die Kausalitätslehre von der wesentlichen Bedingung wird auf dem Gebiet der Sozialversicherung, insbesondere der Unfallversicherung,[2977] aber auch in der Krankenversicherung[2978] und Rentenversicherung,[2979] im Recht der sozialen Entschädigung[2980] und im Arbeitsförderungsrecht[2981] angewandt. Als Ursachen dürfen danach unter Abwägung ihres verschiedenen Wertes nur die (naturwissenschaftlich wirksam gewordenen) Bedingungen angesehen werden, die wegen ihrer besonderen Beziehungen zu dem Erfolg zu dessen Eintritt wesentlich mitgewirkt haben.[2982]

2112

❗ In medizinischen Gutachten, die erstellt wurden, um sozialversicherungsrechtliche Fragen zu klären, legen die Sachverständigen regelmäßig den sozialrechtlichen Kausalitätsbegriff zugrunde. Auch in Gutachten für den Arzthaftungsprozess gehen die medizinischen Sachverständigen häufig von diesem Kausalitätsbegriff aus. Für die zivilrechtliche Beurteilung ist dann unbedingt auf eine Begutachtung nach Maßgabe des zivilrechtlichen Kausalitätsbegriffs zu drängen.

Der Schädiger kann sich nicht darauf berufen, dass der Schaden nur deshalb eingetreten sei oder ein besonderes Ausmaß erlangt habe, weil der Verletzte

2113

2974 BGH VersR 2004, 909 = BGHZ 159, 48.
2975 BGH VersR 2005, 228; 2008, 644.
2976 BGH VersR 2005, 945.
2977 BSGE 45, 176, 178 = SozR 2200 §, 548 Nr. 37.
2978 BSGE 33, 202, 204 = SozR Nr. 48 zu § 182.
2979 BSGE 30, 167, 178 = SozR Nr. 79 zu § 1246 RVO.
2980 BSGE 79, 87, 88 = SozR 3-3800 § 2 Nr. 5.
2981 BSGE 69, 108, 110 ff. = SozR 3-4100 § 119 Nr. 6.
2982 BSGE 1, 72; 150, 268.

infolge bereits vorhandener Beeinträchtigungen und Vorschäden besonders anfällig zur erneuten Beeinträchtigung gewesen sei. Wer einen gesundheitlich schon geschwächten Menschen verletzt, kann nicht verlangen so gestellt zu werden, als wenn der Betroffene gesund gewesen wäre. Die volle Haftung ist auch dann zu bejahen, wenn der Schaden auf einem Zusammenwirken körperlicher Vorschäden und den schadensbedingten Verletzungen beruht, ohne dass die Vorschäden »richtunggebend« verstärkt werden.[2983]

ff) Verjährung

2114 Die Verjährung richtet sich nach § 852 Abs. 1 BGB a.F. bzw. § 199 Abs. 1 Nr. 2 BGB n.F. Die Verjährung richtet sich gemäß Art. 229 § 6 Abs. 1 Satz 1 EGBGB ab dem 01.01.2002 nach dem ab dann geltenden neuen Verjährungsrecht, wenn die Ansprüche zu diesem Zeitpunkt noch nicht verjährt waren. Die neue Frist ist hinsichtlich des vertraglichen Anspruchs kürzer als die alte Regelverjährung von 30 Jahren und eröffnet für die Verjährung deliktischer Ansprüche mit der Gleichstellung von Kenntnis und grob fahrlässiger Unkenntnis einen zusätzlichen Anwendungsfall. Bei Vorliegen der subjektiven Voraussetzungen von § 199 Abs. 1 Nr. 2 BGB schon vor dem 1.01.2002 ist die neue Verjährungsfrist zum 31.12.2004 abgelaufen; vertragliche und deliktische Ansprüche konnten zu diesem Zeitpunkt verjähren.[2984]

2115 Die nach neuem wie altem Recht erforderliche Kenntnis vom Schaden kann nicht schon dann bejaht werden, wenn dem Patienten lediglich der negative Ausgang der ärztlichen Behandlung bekannt ist. Die Verjährungsfrist beginnt nicht zu laufen, bevor nicht der Patient als medizinischer Laie Kenntnis von Tatsachen erlangt hatte, aus denen sich ergab, dass der Arzt von dem üblichen ärztlichen Vorgehen abgewichen war oder Maßnahmen nicht getroffen hatte, die nach ärztlichem Standard zur Vermeidung oder Beherrschung von Komplikationen erforderlich gewesen wären. Diese Kenntnis ist erst vorhanden, wenn die dem Anspruchsteller bekannten Tatsachen ausreichen, um den Schluss auf ein schuldhaftes Fehlverhalten des Anspruchsgegners und auf die Ursache dieses Verhaltens für den Schaden bzw. die erforderliche Folgeoperation als naheliegend erscheinen zu lassen. Denn nur dann ist dem Geschädigten die Erhebung einer Schadensersatzklage, sei es auch nur in Form der Feststellungsklage, Erfolg versprechend, wenn auch nicht risikolos, möglich.[2985]

2116 Nach der Rechtsprechung des BGH zum alten Verjährungsrecht steht der vom Gesetz geforderten positiven Kenntnis gleich, wenn der Geschädigte diese Kenntnis nur deswegen nicht besitzt, weil er vor einer sich ihm ohne

---

2983 BGH VersR 2005, 945.
2984 BGH VersR 2007, 1090 = BGHZ 171, 1; BGH VersR 2008, 1121; NJW 2008, 2427; 2008, 2576; VersR 2010, 214.
2985 BGH VersR 2010, 214.

Zoll

Weiteres anbietenden, gleichsam auf der Hand liegenden Erkenntnismöglichkeit, die weder besondere Kosten noch nennenswerte Mühe verursacht, die Augen verschlossen hat Diese Rechtsprechung betrifft aber nur Fälle, in denen letztlich das Sichberufen auf die Unkenntnis als Förmelei erscheint, weil jeder andere in der Lage des Geschädigten unter denselben konkreten Umständen die Kenntnis gehabt hätte.[2986] In diesem Fall gelten die maßgebenden Umstände in dem Augenblick als bekannt, in dem der Geschädigte auf die entsprechende Erkundigung hin die Kenntnis erhalten hätte. Ein Anwendungsfall dieser Rechtsprechung liegt insbesondere dann nicht vor, wenn der Geschädigte besondere Recherchen hinsichtlich der Schadensursache durchführen müsste. Allein aus den erheblichen Schadensfolgen muss der Geschädigte nicht auf einen Behandlungsfehler schließen.[2987]

Nach § 199 Abs. 1 Nr. 2 BGB n.F. reicht es aus, dass die Unkenntnis des Geschädigten von den Anspruch begründenden Umständen auf grober Fahrlässigkeit beruht. In Arzthaftungssachen ist bei der Prüfung, ob grobe Fahrlässigkeit vorliegt, zugunsten des Patienten zu berücksichtigen, dass dieser nicht ohne weiteres aus einer Verletzungshandlung, die zu einem Schaden geführt hat, auf einen schuldhaften Behandlungs- oder Aufklärungsfehler zu schließen braucht. Deshalb führt allein der negative Ausgang einer Behandlung ohne weitere sich aufdrängende Anhaltspunkte für ein behandlungsfehlerhaftes Geschehen nicht dazu, dass der Patient zur Vermeidung der Verjährung seiner Ansprüche Initiative zur Aufklärung des Behandlungsgeschehens entfalten müsste.[2988] Das Unterlassen einer Nachfrage ist nur dann als grob fahrlässig einzustufen, wenn weitere Umstände hinzutreten, die das Unterlassen aus der Sicht eines verständigen und auf seine Interessen bedachten Geschädigten als unverständlich erscheinen lassen.

2117

Schadensersatzansprüche auf wiederkehrende Leistungen unterlagen vor dem 01.01.2002 gemäß § 197 BGB a. F. einer vierjährigen Verjährungsfrist. Diese Frist begann jeweils am Schluss des Jahres, in dem der Schaden entstanden ist, und galt unabhängig vom Anspruchsgrund.[2989] Seit dem 01.01.2002 verjähren diese Schadensersatzansprüche nach § 195 BGB n. F. in drei Jahren, beginnend am Ende des Jahres, in dem der Anspruch entstanden ist und der Geschädigte hiervon Kenntnis erlangt hat (§ 199 Abs. 1 BGB n. F.). Die Verjährung von bis Ende 2001 entstandenen Ansprüchen richtet sich nach Art. 229 § 6 Abs. 4 EGBGB.

2118

2986 BGH VersR 1996, 1258 = BGHZ 133, 192; VersR 2002, 869 = BGHZ 150, 94; BGH VersR 2010, 214.
2987 BGH VersR 2010, 214.
2988 BGH VersR 2010, 214.
2989 BGH VersR 2000, 1116; VersR 2002, 996.

Zoll

2119 Der Ablauf der Verjährung ist gemäß Art. 229 § 6 Abs. 1 S. 2 EGBGB i. V. m. § 852 Abs. 2 BGB a. F. bzw. ab dem 01.01.2002 gemäß § 203 BGB n. F. gehemmt, wenn zwischen den Parteien Verhandlungen über den zu leistenden Schadensersatz schweben. Dabei beziehen sich die Hemmungstatbestände nicht nur auf Schadensersatzansprüche aus unerlaubter Handlung, sondern auch auf die vertraglichen Ansprüche.[2990] Das für den Beginn der Verjährungshemmung maßgebliche »Verhandeln« ist weit zu verstehen. Dafür genügt dafür jeder Meinungsaustausch über den Schadensfall zwischen dem Berechtigten und dem Verpflichteten, sofern nicht sofort und eindeutig jeder Ersatz abgelehnt wird. Verhandlungen schweben daher schon dann, wenn der in Anspruch Genommene Erklärungen abgibt, die dem Geschädigten die Annahme gestatten, der Verpflichtete lasse sich auf Erörterungen über die Berechtigung von Schadensersatzansprüchen ein. Nicht erforderlich ist, dass dabei eine Vergleichsbereitschaft oder eine Bereitschaft zum Entgegenkommen signalisiert wird.[2991] Die Hemmung der Verjährung wegen schwebender Verhandlungen zwischen den Parteien wird durch die Erklärung, bis zu einem bestimmten Zeitpunkt auf die Erhebung der Einrede der Verjährung zu verzichten, grundsätzlich nicht berührt.[2992]

> ❗ Bei den Regulierungsverhandlungen sollte der Anwalt des geschädigten Patienten alle in Betracht kommenden Schadenspositionen ansprechen. Denn die Verjährungshemmung gilt für einen abtrennbaren Teil der gesamten Ansprüche nicht, wenn die Parteien nur über einen anderen Teil verhandeln.[2993] Dies ist zwar eine Ausnahme. Im Allgemeinen kann der Berechtigte davon ausgehen, dass Verhandlungen sämtliche Einzelansprüche zum Gegenstand haben sollen, falls sich nicht eindeutig ein abweichender Wille der Parteien ergibt.[2994] Auf evtl. Unklarheiten sollte man es aber nicht ankommen lassen.

2120 Ein Anerkenntnisurteil gemäß § 307 ZPO kann nicht ergehen, wenn der Schädiger im Rechtsstreit den Feststellungsantrag nur anerkennt, soweit die Ansprüche zum Zeitpunkt der Rechtshängigkeit noch nicht verjährt waren.[2995] Der Durchführung eines selbstständigen Beweisverfahrens, die in Arzthaftungssachen grundsätzlich möglich ist,[2996] kann nicht allein durch den Einwand der Verjährung der Boden entzogen werden.[2997]

2990 BGH VersR 1998, 377.
2991 BGH VersR 2007, 76.
2992 BGH VersR 2004, 656.
2993 Vgl. etwa OLG Frankfurt VersR 2000, 853.
2994 BGH VersR 1998, 377; OLG Stuttgart MedR 2010, 114.
2995 OLG Stuttgart MedR 2010, 114.
2996 BGH VersR 2003, 794 = BGHZ 153, 302.
2997 OLG Brandenburg, Beschluss vom 12.11.2009 – 12 W 33/09 – Juris.

gg) Steuerliche Fragen

Bei den Regulierungsverhandlungen sollte auf die steuerlichen Auswirkungen geachtet werden. Hat der Geschädigte die Schadenersatzrenten als Einkommen zu versteuern, so muss der Schädiger ihm diese Steuer ersetzen. Zu ersetzen ist allerdings nur die (anteilige) Mehrsteuer, die auf den erstatteten Betrag entfällt, und nicht die gesamte Steuerlast. Zu ersetzen ist grundsätzlich nur derjenige Steuerbetrag, der sich ergäbe, würde der Verletzte allein steuerlich veranlagt. Nach §§ 2 I, 24 Nr. 1 lit. a EStG unterliegen (nur) »Entschädigungen, die gewährt worden sind als Ersatz für entgangene oder entgehende Einnahmen«, der Steuerpflicht. Entschädigungen als Ersatz in diesem Sinne können bei allen Einkunftsarten in Betracht kommen und erfassen auch die Leistungen aufgrund haftpflichtrechtlicher Bestimmungen. Soweit dem Geschädigten Verdienstausfall ersetzt wird, sind diese Einkünfte also zu versteuern. Anderes gilt allerdings für den Haushaltsführungsschaden. Fällt ein Verletzter im Haushalt aus, sind hierauf gerichtete Ersatzleistungen nicht zu versteuern, da die Haushaltsführung in der Familie kein steuerbarer Einkommenstatbestand ist.[2998] Eine Schadensersatzrente nach § 844 Abs. 2 BGB, die den durch den Tod des Ehegatten eingetretenen materiellen Unterhaltsschaden ausgleicht, unterliegt ebenfalls nicht der Einkommensteuerpflicht nach § 22 Nr. 1 EStG.[2999] Nicht zu versteuern sind auch Mehrbedarfsrenten.[3000]

2121

b) Heilbehandlungskosten

aa) Allgemeines

Notwendige Heilbehandlungskosten hat der Schädiger grundsätzlich zu ersetzten. Da die Kosten der Heilbehandlung vielfach durch gesetzliche oder private Versicherungen abgedeckt werden, sind Klagen des Geschädigten insoweit eher selten. Meist geht es um den Regress aufgrund übergegangener Ansprüche (§ 116 SGB X, § 67 VVG a.F. bzw. § 89 VVG n.F.) oder um den Ausgleich unter verschiedenen Kostenträgern.[3001] Bei Sozialversicherten reichen die von den Sozialversicherern getragenen Sozialleistungen allerdings zunehmend nicht mehr aus, um den erforderlichen Heilbehandlungsaufwand zu decken. So werden etwa durch die Einführung der Praxisgebühr, den grundsätzlichen Entfall des Leistungsanspruchs für Sehhilfen und Zuzahlungen beim Bezug von Medikamenten oder anlässlich einer stationären Behandlung dem Patienten erhebliche Eigenleistungen abverlangt. Als Geschädigter hat er einen Anspruch auf Ersatz dieses Mehraufwands. Ganz

2122

2998 BFH, NJW 2009, 1229, dazu Jahnke jurisPR-VerkR 4/2009 Anm. 1; Heß/Burmann NJW-Spezial 2009, 171; Steinhauff jurisPR-SteuerR 37/2009 Anm. 6.

2999 BFH, NJW 2009, 1229, dazu Jahnke jurisPR-VerkR 4/2009 Anm. 1; Heß/Burmann NJW-Spezial 2009, 171; Steinhauff jurisPR-SteuerR 37/2009 Anm. 6.

3000 BFH VersR 1995, 856 = NJW 1995, 1238.

3001 Vgl. etwa OLG Hamm NJW-RR 2009, 1034.

allgemein kann der verletzte Kassenpatient, soweit dies nicht als unverhältnismäßig erscheint, die Kosten von Heilbehandlungsmaßnahmen ersetzt
verlangen, die die gesetzliche Krankenversicherung nicht übernimmt.[3002]

2123 Bietet das Leistungssystem der gesetzlichen Krankenversicherung dem Geschädigten nur unzureichende Möglichkeiten zur Schadensbeseitigung oder
ist die Inanspruchnahme dem Geschädigten aufgrund besonderer Umstände ausnahmsweise nicht zuzumuten, kann die Haftpflicht des Schädigers
auch die Übernahme der Kosten einer privatärztlichen Behandlung umfassen, etwa wenn die Folgen einer ärztlichen Fehlbehandlung nur durch eine
Privatbehandlung ausreichend beseitigt werden können.[3003] Primär muss der
Kassenpatient allerdings die Möglichkeiten der Schadensbehebung mit Hilfe der gesetzlichen Krankenkasse nutzen.[3004]

2124 Bei Angehörigen des öffentlichen Diensts kommt eine Bezahlung der Heilbehandlungsmaßnahmen durch den Dienstherrn, etwa durch die Gewährung
von Beihilfe oder durch sonstige Leistungen in Betracht.[3005] Diese sind vorrangig in Anspruch zu nehmen. Ob sich der Schädiger auf eine Verletzung
der Schadensminderungspflicht berufen kann, wenn der Geschädigte vom
Dienstherrn abgelehnte Leistungen nicht klageweise durchzusetzen versucht,
ist eine Frage des Einzelfalls. Soweit der Dienstherr Leistungen kürzt, wie
etwa bei der Kürzung der Beihilfe um die sogenannte Praxisgebühr[3006] oder
mit dem Ausschluss nicht verschreibungspflichtiger Medikamente von der
Beihilfefähigkeit[3007] oder der Begrenzung der Beihilfefähigkeit von Aufwendungen für Heilpraktikerbehandlungen,[3008] sind die vom Geschädigten deshalb selbst zu tragenden erforderlichen Kosten ersatzfähig.

bb) Keine fiktiven Kosten

2125 Anders als im Sachschadenrecht werden im Personenschadenrecht keine fiktiven Kosten ersetzt. Eine Ausnahme gilt nur für den Haushaltsführungsschaden. Der Verletzte kann Zahlung der für eine Heilbehandlungsmaßnahme, z.B. Operation, erforderlichen Kosten nur verlangen, wenn er
die feste Absicht hat, die Operation durchführen zu lassen und dies erforderlichenfalls auch nachweist.[3009] Die Absicht zur Durchführung einer Behandlung kann sich aus der Behandlungsbedürftigkeit einer Verletzung und

---

3002 OLG Jena NJW-RR 2008, 831.
3003 BGH VersR 2004, 1180 = BGHZ 160, 26; OLG München, Urteil vom
26.03.2009 – 1 U 4878/07 – Juris.
3004 OLG Düsseldorf NJW-RR 1991, 1308; OLG Köln VersR 2000, 1021.
3005 Vgl. z.B. OVG Münster, Urteil vom 02.07.2007 – 1 A 5162/05 – Juris.
3006 Vgl. dazu BVerwG NVwZ 2009, 1037.
3007 Vgl. dazu OVG Münster DÖD 2010, 17.
3008 Vgl. dazu OVG Münster DÖD 2009, 95.
3009 BGH VersR 1986, 550 = BGHZ 97, 14; OLG Hamburg MDR 2006, 873; OLG
Köln VersR 2000, 1021.

den zu ihrer Behandlung getroffenen Maßnahmen ergeben. Hat der Patient irgendwelche Maßnahmen zur Nachbehandlung nicht durchführen lassen, obwohl die mangelhafte Behandlung mehr als zwei Jahre zurückliegt, spricht dies gegen die Absicht, die Behandlung auch tatsächlich durchführen zu lassen.[3010] Solange sich der Geschädigte zur Durchführung der Maßnahme (noch) nicht entschließen kann, ist die Klage als derzeit unbegründet abzuweisen.[3011] Eine Vorschussklage, etwa auf der Grundlage eines ärztlichen Kostenvoranschlags, scheidet aus;[3012] allenfalls kommt eine Feststellungs- oder Freistellungsklage in Betracht.[3013]

cc) Erforderliche Kosten

Der Geschädigte kann den zur Wiederherstellung seiner Gesundheit, erforderlichen Geldbetrag verlangen. Der Schädiger hat alle Aufwendungen zu ersetzen hat, die vom Standpunkt eines verständigen Menschen aus bei der gegebenen Sachlage zweckmäßig und angemessen erscheinen, wobei neben der Art der Verletzung auch die gesamten sonstigen Umstände des Falles zu berücksichtigen sind.[3014] Zu ersetzen sind also nur die für die Heilung erforderlichen Kosten. Die Erforderlichkeit ist im Einzelnen substantiiert darzulegen, insbesondere wenn sie nicht auf der Hand liegt, etwa bei der Mitgliedschaft in einem Fitness-Studio.[3015] Von entscheidender Bedeutung ist vielfach, ob der Verletzte die Kosten auch dann auf sich genommen hätte, wenn kein Ersatzpflichtiger vorhanden wäre.[3016] Es ist keinem Verletzten zuzumuten, sich zur Entlastung des Schädigers und dessen Haftpflichtversicherers anders behandeln zu lassen, als er dies normalerweise getan hätte.[3017]

2126

Das Maß des vom Schädiger zu ersetzenden Heilungsaufwandes bestimmt sich nach dem medizinisch Gebotenen. Im Rechtsstreit wird dies nur durch einen Sachverständigen zu klären sein, da das Gericht kaum je eigene Sachkunde wird darlegen können.[3018] Erforderlich können im Einzelfall auch auf Heilung oder Linderung abzielende Mittel sein, deren generelle Wirksamkeit nicht nachgewiesen ist, die jedoch mangels wirksamer Behandlungsmöglichkeiten nach medizinisch-wissenschaftlicher Erkenntnis nicht ohne jede Erfolgsaussicht sind.[3019] Dem Verletzten sind jedoch besonders teure

2127

3010 OLG München, Beschluss vom 27.12.2005 – 1 U 4756/05 – Juris.
3011 BGH VersR 1986, 550 = BGHZ 97, 14.
3012 Vgl. auch OLG Koblenz VersR 2009, 1542 hinsichtlich einer beabsichtigten Revisionsbehandlung.
3013 OLG Köln VersR 2000, 1021; OLGR Köln 2005, 159.
3014 BGH VersR 1970, 129.
3015 OLG Stuttgart, Schaden-Praxis 2010, 150.
3016 BGH VersR 1970, 129.
3017 BGH VersR 1970, 129.
3018 Vgl. auch LG Saarbrücken, Urteil vom 07.07.2009 – 14 S 2/07 – Juris, in einer Versicherungssache.
3019 BSG NJW 1989, 2349.

Heilmittel für Außenseitermethoden o.ä. nicht zu ersetzen, wenn – wissenschaftlich betrachtet – keine realistische Chance eines Heilungserfolges, einer Linderung oder auch nur einer Verhinderung weiterer Verschlechterung besteht bzw. wenn sie gegenüber bestehenden ersatzfähigen Behandlungsmöglichkeiten keinen höheren medizinischen Nutzeffekt bieten.[3020] Wird eine im Ausland durchgeführte Therapie, die für die Heilung erforderlich erscheint, von Behandlungszentren in Deutschland nicht angeboten, können die Kosten der Behandlung im Ausland einschließlich der Fahrtkosten erstattungsfähig sein.[3021] Ebenso kann die Konsultierung einer ärztlichen Kapazität im Ausland ersatzfähig sein.[3022]

2128   Zu den grundsätzlich zu erstattenden Heilungskosten gehören auch die Fahrtkosten für notwendige Fahrten zum Arzt.[3023] Es muss nicht die zum Wohnsitz des Klägers nächstgelegene Praxis aufgesucht werden. Dem Geschädigten ist das Recht auf freie Arztwahl zuzubilligen, soweit sich dies in einem vernünftigen Rahmen bewegt und der Geschädigte die Aufwendungen auch ohne eine Regressmöglichkeit getätigt hätte. Unter diesen Voraussetzungen kann im Einzelfall auch eine für den Arztbesuch zurückgelegte Fahrtstrecke von insgesamt 250 km noch angemessen sein.[3024] Unter Umständen kann der Patient aber verpflichtet sein, sich über nahe gelegene Behandlungsmöglichkeiten zu informieren, bevor er zu weiter entfernt gelegenen Behandlungsorten reist, ohne dass sich dort erkennbare Vorteile ergeben.[3025]

dd) Übernahme durch Krankenversicherung oder sonstige Dritte

2129   Besteht eine gesetzliche Krankenversicherung, ist der Geschädigte, soweit diese kongruente Leistungen erbringt, nicht aktivlegitimiert (§ 116 SGB X). Entsprechendes gilt, wenn die Heilungskosten von einer privaten Krankenversicherung übernommen werden (§ 67 VVG a.F. bzw. § 86 VVG n.F.). Der Geschädigte ist aber nicht verpflichtet, die private Versicherung in Anspruch zu nehmen. Tut er dies nicht, etwa um sich eine vereinbarte Prämienrückzahlung zu sichern, kann er den Schädiger in Anspruch nehmen. Dies gilt auch, wenn der Schädiger voll haftet und daher im Hinblick auf die Regressmöglichkeit des Krankenversicherers dessen Aufwendungen nur ein durchlaufender Posten sind, der zu keinem Rabattverlust führt. Darlegungs- und beweispflichtig dafür, dass eine private Krankenversicherung in Anspruch genommen wurde, ist der Schädiger.[3026] Doch sollte zur Streitvermeidung eine vom Haftpflichtversicherer angeforderte Bescheinigung

---

3020 OLG Hamm Beschluss vom 03.07.2006 – 3 U 61/06 – Juris.
3021 OLG Brandenburg VersR 2010, 1601.
3022 OLG Hamburg VersR 1988, 858.
3023 OLG Nürnberg VersR 2002, 245; OLG Oldenburg VersR 2009, 797.
3024 OLG Oldenburg VersR 2009, 797.
3025 OLG Brandenburg VersR 2010, 1601.
3026 LG Saarbrücken, Urteil vom 12.02.2010 – 13 S 221/09 – Juris.

beigebracht werden, zumal den Geschädigten je nach den Umständen eine
sekundäre Darlegungslast treffen kann.

Übernehmen sonstige Dritte, etwa Verwandte, die Heilbehandlungskosten, steht dies gemäß dem aus § 843 Abs. 4 BGB abgeleiteten allgemeinen
Grundsatz einer Inanspruchnahme des Schädigers durch den Geschädigten
nicht entgegen.

2130

ee) Kostenbeteiligung

Die Praxisgebühr, Eigenleistungen für Sehhilfen und Zuzahlungen beim Bezug von Medikamenten oder anlässlich einer stationären Behandlung sind
dem Geschädigten, sofern sie durch den Schadensfall veranlasst sind, zu ersetzen. Der verletzte Kassenpatient kann, soweit dies nicht als unverhältnismäßig erscheint, die Heilbehandlungskosten ersetzt verlangen, die die
gesetzliche Krankenversicherung nicht übernimmt.[3027] Entsprechendes gilt
bei Angehörigen des öffentlichen Dienstes, soweit der Dienstherr Leistungen
kürzt, wie etwa bei der Kürzung der Beihilfe um die sogenannte Praxisgebühr[3028] oder mit dem Ausschluss nicht verschreibungspflichtiger Medikamente von der Beihilfefähigkeit[3029] oder der Begrenzung der Beihilfefähigkeit von Aufwendungen für Heilpraktikerbehandlungen.[3030]

2131

ff) Besuchskosten

Die Kosten von Besuchen naher Angehöriger (Fahrtkosten, Verdienstausfall) bei stationären Krankenhausaufenthalten des Verletzten sind den zu
ersetzenden Heilungskosten zuzuordnen und zu ersetzen, wenn die Besuche medizinisch notwendig und die Aufwendungen unvermeidbar sind.[3031]
Insbesondere gehören Fahrtkosten der Eltern eines verletzten minderjährigen Kindes für Krankenhausbesuche zu den Heilungskosten.[3032] Erstattungsfähig können auch für die Zeit der Krankenhausbesuche anfallende
Babysitterkosten sein.[3033] Vermehrte elterliche Zuwendung ist aber auch
dann, wenn sie mit erheblichem Zeitaufwand verbunden ist, als solche nicht
ersatzfähig.[3034]
Auch die Kosten für Besuche in einem Pflegeheim sind ersatzfähig, wenn
die Unterbringung dort auch zu medizinischen Zwecken erfolgt und einen
Heilungsprozess im Sinne einer Verbesserung des aktuellen Gesundheitszustandes bewirken soll.[3035]

2132

3027 OLG Thüringen NJW-RR 2008, 831.
3028 Vgl. dazu BVerwG NVwZ 2009, 1037.
3029 Vgl. dazu OVG Münster DÖD 2010, 17.
3030 Vgl. dazu OVG Münster DÖD 2009, 95.
3031 BGH VersR 1989, 188 = BGHZ 106, 28; NJW 1991, 2340.
3032 OLG Schleswig VersR 2008, 80.
3033 BGH VersR 1989, 1308.
3034 BGH VersR 1989, 188; 1999, 1156.
3035 KG Schaden-Praxis 2010, 147.

Zoll

2133 Der Begriff der nächsten Angehörigen, deren Kosten für Besuchsfahrten dem materiellen Schaden eines Verletzten zugerechnet werden können, sollte nicht zu eng gesehen werden. Dazu kann auch der Lebensgefährte zählen, und zwar auch dann, wenn die Partner nicht ständig zusammen wohnen; erforderlich ist nur, dass die Besuche medizinisch notwendig und die Aufwendungen unvermeidbar sind.[3036]

2134 Wie bei allen Heilbehandlungsmaßnahmen kommt es für die Ersatzfähigkeit der Besuchskosten nicht auf einen eingetretenen Erfolg an, sondern auf die Eignung der Besuche zur Herbeiführung einer Verbesserung des Gesundheitszustandes.[3037]

2135 Der Höhe nach sind die für die Besuche erforderlichen Aufwendungen bei der Benutzung eines privaten PKW nur in Höhe der Betriebskosten unter Ausschluss der Vorhaltekosten und der Abnutzungskosten ersatzfähig. Als angemessen anzusehen waren bisher Sätze von ca. 0,20 € pro gefahrenen Kilometer;[3038] nunmehr sind 0,25 € pro gefahrenen Kilometer anzusetzen.[3039] Insoweit kann in der Regel auf die Sätze des ZSEG bzw. des ab 01.07.2004 geltenden JVEG abgestellt werden; eine Beweiserhebung über die konkret angefallenen Kosten ist nicht erforderlich.[3040]

Sofern die Fahrkosten steuermindernd geltend gemacht werden können (etwa als außergewöhnliche Belastungen i.S.v. § 33 EStG), ist der Steuervorteil im Wege des Vorteilsausgleichs anzurechnen. Wird die außergewöhnliche Belastung von den Angehörigen des Geschädigten, um deren Aufwendungen es letztlich geht, nicht geltend gemacht, obwohl dies erfolgreich möglich gewesen wäre, liegt ein Verstoß gegen die Schadensminderungspflicht vor.[3041] Kosten, die durch die Benutzung eines Taxis oder öffentlicher Verkehrsmittel entstanden sind, sind konkret darzulegen und zu belegen. Evtl. Verdienstausfallschäden müssen konkret abgerechnet werden und zwar nach den Grundsätzen, die für den Verdienstausfallschaden gelten.

gg) Familienpflege

2136 Wird für die Heilbehandlung im eigenen Haushalt eine entsprechende Fachkraft eingestellt, hat der Schädiger die dafür aufgewendeten Kosten, soweit sie notwendig sind, brutto zu erstatten.

3036 KG Schaden-Praxis 2010, 147.
3037 KG Schaden-Praxis 2010, 147.
3038 OLG Stuttgart MDR 2007, 400 und KG Schaden-Praxis 2010, 147: 0,21 €; OLG Schleswig VersR 2008, 80 und OLG Thüringen NJW-RR 2008, 831: 0,20 €; jeweils unter Hinweis auf das ZSEG.
3039 Vgl. OLG Frankfurt Schaden-Praxis 2010, 220 unter Hinweis auf § 5 Abs. 1 Nr. 1 JVEG.
3040 BGH VersR 2010, 268.
3041 OLG Hamm r+s 1993, 20; LG Stralsund Schaden-Praxis 2007, 389.

Übernehmen Familienangehörige oder sonstige Dritte kostenlos Leistungen, die der Heilbehandlung des Geschädigten zuzurechnen sind, kann insoweit ein Ersatzanspruch des Geschädigten bestehen. Insoweit kann auf die entsprechende Problematik im Bereich der vermehrten Bedürfnisse verwiesen werden.[3042]

2137

hh) Sonstige Kosten

Zu den zu ersetzenden Kosten gehören auch Nebenkosten, bei einem Krankenhausaufenthalt beispielsweise besondere Telefonkosten.[3043] Auch die Kosten notwendiger Fahrten zu Heilbehandlungsmaßnahmen sind zu erstatten. Insoweit werden zum Teil in Anlehnung an die steuerlich maßgeblichen Beträge auf 0,30 € pro Kilometer zugebilligt.[3044] Richtiger dürfte es sein, wie bei den Besuchskosten Angehöriger auf die Sätze des ZSEG bzw. JVEG abzustellen.[3045]

2138

Anzurechnende Ersparnisse

Häusliche Ersparnisse, insbesondere ersparte Verpflegungskosten bei stationärer Behandlung, sind anzurechnen, soweit sie während einer stationären Krankenhausunterbringung zur Behandlung der durch den Schadensfall verursachten Beschwerden entstehen.[3046] Zu berücksichtigen sind aber die vom Geschädigten zu tragenden Eigenanteile (§ 39 Abs. 4, § 40 Abs. 6 SGB V: täglich 10 € für längstens 28 Tage innerhalb eines Kalenderjahrs für über 18-jährige), die den anzurechnenden Betrag kürzen. Anzusetzen sind je nach den Umständen 10 € bis 20 € täglich,[3047] bei Kindern evtl. weniger.[3048] Der Verletzte kann nur die Mehrkosten der Krankenhauspflege verlangen.[3049] Ob im Falle der Lohnfortzahlung nach dem EFZG der Arbeitgeber evtl. entsprechende Kürzungen hinnehmen muss,[3050] erscheint zweifelhaft, weil die Lohnfortzahlung des Arbeitgebers nicht kongruent zu den Heilungskosten ist.

2139

3042 Nachfolgend Rdn. 2141 ff.
3043 BGH VersR 1970, 129.
3044 OLG Karlsruhe VersR 2006, 515.
3045 Vgl. BGH VersR 2010, 268; OLG Brandenburg VersR 2010, 1601 0,20 €.
3046 BGH VersR 1971, 127; VersR 1984, 583; OLG Karlsruhe NJW-RR 2009, 882.
3047 Vgl. Jahnke, Der Verdienstausfall im Schadenersatzrecht, 3. Aufl. 2009, Kap. 8 Rn. 12.
3048 OLG München, OLGR München 1993, 58.
3049 BGH VersR 1984, 583.
3050 OLG Hamm NJW-RR 2001, 456.

Zoll

2140 Checkliste Heilbehandlungskosten

Gesetzliche Kranken-versicherung?	Ersatzanspruch des Geschädigten nur, soweit keine kongruenten Leistungen erbracht werden (insoweit Anspruchsübergang nach § 116 SGB X), insbesondere: – Praxisgebühr (§ 28 Abs. 4 SGB VII – derzeit 10 € vierteljährlich) – Eigenbeteiligung (§ 39 Abs. 4 SGB V – derzeit 10 € täglich)
	– Zuzahlungen für Arzneien und Verbandmittel (§ 31 Abs. 3, 4 SGB V) – Zuzahlungen für Heilmittel, wie Massagen, Bäder, Heilgymnastik u.a. (§ 32 Abs. 2 SGB V) – Zuzahlungen für Stationäre Rehabilitation (§ 40 Abs. 5 SGB V) – Andere nicht erstattungspflichtige medizinisch notwendige Aufwendungen (z.B. rezeptfreie Medikamente, Fahrtkosten, Brillen u.a.) – Privatärztliche Leistungen, soweit neben KK-Leistungen erforderlich – Besuchskosten Angehöriger
Private Kranken-versicherung?	Soll die Versicherung in Anspruch genommen werden? (evtl. droht Rabattverlust!) Bei Inanspruchnahme Anspruchsübergang beachten! (§ 67 VVG a.F. – § 86 VVG n.F.) (Verbleibende) Kosten: – Krankenhauskosten – Arzthonorare – Kosten für Heilpraktiker, Krankengymnastik, Massagen pp. – Kosten für Medikamente und Hilfsmittel – Fahrtkosten zum Arzt und sonstigen Maßnahmen (evtl. auch für Hilfspersonen) – Besuchskosten Angehöriger – Ersatzanspruch für (unentgeltliche) Pflege durch Angehörige (insoweit evtl. Mehrbedarfskosten!) – Kosten für alternative Heilmethoden (Ersatzfähigkeit kann fraglich sein!)

Abzugspositionen	Ersparte Aufwendungen, insb. Verpflegungskosten
	Steuerliche Abzugsfähigkeit (evtl. zur Vermeidung des Mitverschuldenseinwands geltend zu machen!)

c) Vermehrte Bedürfnisse
aa) Allgemeines

Mehraufwendungen sind zu erstatten, wenn infolge der Schädigung gesteigerte Bedürfnisse des Geschädigten bestehen, er z.b. besondere Pflege oder besondere Hilfsmittel benötigt oder sein Umfeld auf die neue Situation eingerichtet werden muss, etwa durch Umbauten an Immobilien oder Fahrzeugen wegen einer bestehenden Behinderung. Zu ersetzen sind die erforderlichen Aufwendungen. Der Pflegebedarf bestimmt sich nach den Dispositionen, die ein verständiger Geschädigter in seiner besonderen Lage getroffen hätte.[3051] Der Ersatz hat je nach den Umständen durch Zahlung einer Rente oder eines einmaligen Geldbetrages zu erfolgen. Zu ersetzen ist nur der tatsächliche Aufwand. Eine fiktive Abrechnung ist unzulässig.[3052] Für die Berechnung der Mehrbedarfsrente spielen abstrakte Beeinträchtigungssätze (etwa die Minderung der Erwerbsfähigkeit – MdE) keine Rolle.[3053]

2141

Ersatzpflichtig sind alle durch den Schadensfall bedingten Mehraufwendungen für die persönliche Lebensführung, die nicht der Wiederherstellung der Gesundheit oder der Erwerbsfähigkeit dienen, sondern den Zweck haben, diejenigen Nachteile auszugleichen, die dem Verletzten infolge eines erlittenen körperlichen Dauerschadens entstehen, und die bestimmt und geeignet sind, die jetzige durch den Schadensfall beeinträchtigte Lebensführung des Geschädigten wieder der früheren anzunähern. Es muss sich grundsätzlich um Mehraufwendungen handeln, die dauernd und regelmäßig erforderlich sind und die zudem nicht – wie etwa Heilungskosten – der Wiederherstellung der Gesundheit dienen. Zudem umfasst der Begriff »vermehrte Bedürfnisse« in § 843 Abs. 1 Alt. 2 BGB nur solche Mehraufwendungen, die dem Geschädigten im Vergleich zu einem gesunden Menschen erwachsen und sich daher von den allgemeinen Lebenshaltungskosten unterscheiden, welche in gleicher Weise vor und nach einem Schadensfall anfallen.[3054] Als ersatzpflichtige Kosten kommen danach z.B. erhöhte Ausgaben für Verpflegung und Ernährung (Diät), Aufwendungen für Kuren und orthopädische Hilfsmittel sowie Pflegekosten und Kosten für Haushaltshilfen in

2142

3051 BGH VersR 1978, 149.
3052 OLG Hamm NZV 2003, 192.
3053 OLG Oldenburg VersR 1998, 1380.
3054 BGH VersR 1992, 1235; 2004, 482.

Zoll

Betracht.[3055] Kommen zum Ausgleich der Pflegebedürftigkeit verschiedene Möglichkeiten mit unterschiedlichem Kostenaufwand in Betracht (z.b. Einstellung einer fremden Pflegekraft, Unterbringung in einem Pflegeheim oder Versorgung durch einen Familienangehörigen), so bestimmt sich die Höhe des Anspruchs wegen vermehrter Bedürfnisse danach, wie der Bedarf in der vom Geschädigten zumutbarerweise gewählten Lebensgestaltung tatsächlich anfällt.[3056]

bb) Fallgruppen

2143 Zum Mehrbedarf gehören neben den oben bereits genannten Fällen z.B. die Kosten orthopädischer Hilfsmittel, einer Pflegekraft, einer Haushaltshilfe, von Stärkungs- und Pflegemitteln oder für regelmäßige Kuraufenthalte zur Linderung des Leidens,[3057] ferner die Anschaffung eines Rollstuhls für einen Gehunfähigen oder einer elektronischen Schreibhilfe für einen Querschnittsgelähmten.[3058] Zu erstatten sind auch schadensbedingt höhere Kosten einer privaten Krankenversicherung[3059] oder schadensbedingte Risikozuschläge für eine Lebensversicherung.[3060] Auch Besuchskosten können als vermehrte Bedürfnisse ersatzpflichtig sein, z.B. Besuche der Eltern zur Betreuung und Versorgung eines Kindes in einem Pflegeheim.[3061] In diese Schadensgruppe gehören auch Mehraufwendungen für den behindertengerechten Aus- und Umbau von Wohnraum[3062] und des Arbeitsplatzes,[3063] unter Umständen sogar für den Neubau eines behindertengerechten Hauses und für den Umzug dorthin,[3064] für die behindertengerechte Ausstattung eines Kfz[3065] nebst Kosten für die Fahrschule und einen neuen Führerschein,[3066] für den Ausfall bei Reparatur- und Pflegearbeiten sowie für erhöhte Benzinkosten,[3067] für den Ausfall von Eigenleistungen beim Hausbau, selbst wenn das Bauvorhaben verletzungsbedingt nicht verwirklicht wird,[3068] ferner die Kosten für die notwendige Unterbringung eines schwerst behinderten Kindes in einem

---

3055 BGH VersR 2004, 482.
3056 BGH VersR 1978, 149.
3057 Ausführlich Drees VersR 1988, 784.
3058 BGH VersR 2004, 482.
3059 OLG Karlsruhe VersR 1994, 1250, rechtskräftig durch BGH, Beschluss vom 15.3.1994 – VI ZR 160/93.
3060 OLG Zweibrücken VersR 1996, 864.
3061 OLG Bremen VersR 2001, 595.
3062 BGH VersR 1982, 238; 2005, 1559, dazu Huber, NZV 2005, 620 (Umbau des Erst- und Zweitwohnsitzes).
3063 OLG Hamm VersR 2000, 600.
3064 OLG München VersR 2003, 518.
3065 BGH VersR 2004, 482.
3066 OLG Hamm VersR 2000, 600.
3067 BGH VersR 1992, 618.
3068 BGH VersR 1989, 857; OLG Köln VersR 1991, 111; OLG Hamm NZV 1989, 72; NJW-RR 1996, 170; OLG Zweibrücken VersR 1996, 864.

Wohnheim.[3069] Ein Schwerstgeschädigter kann die Kosten einer angemessenen häuslichen Pflege verlangen und muss sich nicht auf die Möglichkeit der Pflege in einer stationären Einrichtung verweisen lassen, selbst wenn dies kostengünstiger wäre; nicht zu ersetzen sind aber Kosten, die in keinem vertretbaren Verhältnis mehr zur Qualität der Versorgung des Geschädigten stehen.[3070]

cc) Pflege zu Hause, Familienhilfe

Wird für die Pflege im eigenen Haushalt eine Pflegekraft eingestellt, hat der Schädiger die dafür aufgewendeten Kosten brutto zu erstatten.   **2144**

Auch der Betreuungsaufwand naher Angehöriger ist ersatzpflichtig. Bei   **2145**
verletzungsbedingter Pflegebedürftigkeit sind als Teil des Anspruchs des Verletzten auf Ersatz eines Mehrbedarfs vom Schädiger die Pflegedienste auch dann angemessen abzugelten, wenn sie statt von fremden Pflegekräften dem Verletzten von Angehörigen unentgeltlich erbracht werden.[3071] Voraussetzung für die Erstattungsfähigkeit von Betreuungsaufwendungen naher Angehöriger ist jedoch, dass sie in einem Bereich liegen, der über die üblicherweise im Krankheitsfall zu erwartende persönliche Zuwendung innerhalb der Familie hinausgehen, so dass nicht nur theoretisch, sondern als praktische Alternative ein vergleichbarer Einsatz fremder Hilfskräfte in Betracht kommt.[3072] Der für die von dem Angehörigen geleistete Pflege zu zahlende Ersatzbetrag sollte sich in der Regel am Nettolohn einer professionellen Hilfskraft orientieren,[3073] wobei aber besonders anfallende Kostenpositionen, etwa aufgrund einer bestehenden gesetzlichen Versicherungspflicht (§ 3 Satz 1 Nr. 1a SGB VI) ebenfalls ersatzpflichtig sind.[3074] In der Praxis sind die zuerkannten Stundensätze sehr unterschiedlich.[3075] Hinsichtlich der Notwendigkeit des zeitlichen Aufwands können die Feststellungen der Pflegekasse (§ 18 Abs. 1 SGB XI) zugrunde gelegt werden.[3076] Diese können jedenfalls als Indiz herangezogen werden, um den Umfang der erforderlichen Aufwendungen unter Berücksichtigung der nachvollziehbaren Angaben der mit der Betreuung befassten Angehörigen und unter Zugrun-

---

3069 OLG München OLGR München 2009, 354.
3070 OLG Bremen VersR 1999, 1030; OLG Koblenz VersR 2002, 244.
3071 BGH VersR 1989, 188 = BGHZ 106, 28; VersR 1999, 252 = BGHZ 140, 39; VersR 1999, 1156.
3072 BGH VersR 1989, 188 = BGHZ 106, 28; VersR 1999, 1156; OLG Oldenburg VersR 2009, 797.
3073 Vgl. BGH VersR 1983, 458 = BGHZ 86, 372; VersR 1986, 59; VersR 1989, 188 = BGHZ 106, 28; VersR 1999, 252 = BGHZ 140, 39; OLG Düsseldorf VersR 2003, 1407; OLG Karlsruhe VersR 2006, 515.
3074 Vgl. BGH VersR 1999, 252 = BGHZ 140, 39.
3075 OLG Karlsruhe VersR 2006, 515: 7,20 €; OLG Zweibrücken MedR 2009, 88: 10,23 €.
3076 OLG Brandenburg VersR 2010, 1601.

delegung von Erfahrungswerten zu schätzen.[3077] Möglich ist auch die Schätzung mit Hilfe eines Sachverständigen.[3078]

2146 Wird ein schwer verletztes Kind wegen der fortdauernden körperlichen und geistigen Behinderungen in seiner natürlichen Entwicklung massiv gehemmt, kann ausnahmsweise ein Ersatzanspruch hinsichtlich der vom Vater des verletzten Kindes nach Kündigung seines Arbeitsverhältnisses fortlaufend persönlich durchgeführten Intensivfördermaßnahmen in Höhe des Verdienstausfalls des Vaters, allerdings vermindert um den Lohnsteuerabzugsbetrag bestehen.[3079] Die von der unterhaltspflichtigen Mutter erbrachten Pflegeleistungen für ein durch einen Schadensfall geschädigtes Kind lassen dessen Anspruch gegen den Schädiger wegen vermehrter Bedürfnisse auch dann unberührt, wenn bei dem Schadensfall eine Verletzung der Obhutspflicht durch die Mutter mitgewirkt hat; ein evtl. Schadensersatzanspruch gegen diese ist aus Gründen der familienrechtlichen Verbundenheit nicht durchsetzbar.[3080]

dd) Kausalität

2147 Der Mehrbedarf ist nur so lange zu ersetzen, wie er noch als durch den Schadensfall bedingt angesehen werden kann. Ob etwa im Fall von Pflegeleistungen die Pflege aufgrund des fortschreitenden Alters des Geschädigten ohnehin erforderlich geworden wäre, ist unter Hinzuziehung eines medizinischen Sachverständigen zu klären. Bleibt dies offen, trifft der Nachteil der Unaufklärbarkeit dieser Frage den Schädiger, da es nicht zum gewöhnlichen Lauf der Dinge gehört, dass sich alte Menschen von einem bestimmten Alter an in eine Heimbetreuung begeben müssen.[3081] Unter Umständen ist der mit fortschreitendem Alter bestehende nicht schadensbedingte Pflegebedarf zu schätzen und der ersatzpflichtige Pflegemehrbedarf entsprechend zu kürzen.[3082]

ee) Drittleistungen

2148 Auf die Schadensersatzrente aus § 843 Abs. 1 BGB wegen vermehrter Bedürfnisse ist eine Verletztenrente (§§ 580, 581 RVO, 56 SGB VII) nicht anzurechnen. Diese ist nur zum Erwerbsschaden kongruent und zwar auch dann, wenn angesichts des Alters des Geschädigten im fraglichen Zeitraum ohne den Schadensfall voraussichtlich kein Arbeitseinkommen erzielt worden wäre.[3083]

3077 OLG Schleswig OLGR 2008, 9.
3078 OLG Düsseldorf NJW-RR 2003, 90.
3079 OLG Bamberg VersR 2005, 1593.
3080 BGH VersR 2004, 1147 = BGHZ 159, 318.
3081 BGH VersR 1995, 681.
3082 OLG Hamm Schaden-Praxis 2000, 411.
3083 BGH VersR 2003, 390 = BGHZ 153, 113; VersR 2004, 1147.

Checkliste Mehrbedarf **2149**

Drittleistungen	Soweit kongruente Drittleistungen erbracht werden, besteht keine Aktivlegitimation des Geschädigten
Personalaufwand	Haushaltshilfe, Pflegekraft, Begleitperson, sonstiges Hilfspersonal, kostenlose häusliche Pflege durch Angehörige
Sachaufwand	Mehrkosten für Kleidung, orthopädische Schuhe, Körperersatzstücke, Brille, Hörgerät, Lese- und Schreibhilfen, Rollstuhl, Blindenhund
Unterbringung	Kosten für Pflegeheim, behindertengerechter Umbau des Eigenheims (ausnahmsweise Neubau) bzw. der Mietwohnung, Umzugskosten, erhöhte Nebenkosten
Mobilität	Behindertengerechter Umbau von Kfz oder Motorrad, Anschaffung eines behindertengerechten Fahrzeugs, Mehrkosten für den Betrieb des Fahrzeugs, Mehrkosten für die Inanspruchnahme öffentlicher Verkehrsmittel
Nahrungs- und Stärkungsmittel	Verordnete oder sonst notwendige Mittel, besondere Kosten einer Diät oder Sonderernährung
Sonstiges	Massagen, Krankengymnastik, Kuren, Pflegemittel, medizinische Dauerbehandlung (wegen des evtl. Anspruchsübergangs auf unterschiedliche Drittleistungsträger abzugrenzen gegen Heilbehandlungskosten)

d) Erwerbs- und Fortkommensschäden
aa) Allgemeines

Erwerbsschaden ist nicht der Verlust oder die Minderung der Erwerbsfähigkeit, sondern erst die dadurch evtl. eintretende konkrete Vermögenseinbuße.[3084] Der Erwerbsschaden umfasst nicht nur die Einkommensverluste, sondern alle sonstigen wirtschaftlichen Nachteile, die der Geschädigte dadurch erleidet, dass er seine Arbeitskraft nicht mehr oder jedenfalls nicht mehr voll verwerten kann, weil er z.B. gesundheitsbedingt nicht mehr bei der Hausarbeit helfen kann, geplante Reparatur- und Erhaltungsarbeiten im häuslichen Bereich nicht mehr selbst durchführen kann. Auch der mit dem Verlust des Arbeitsplatzes verbundene Verlust einer billigen Werkswohnung oder der privaten Nutzung eines Dienstwagens stellen Erwerbsschäden dar. Da der Geschädigte wirtschaftlich so gestellt werden muss, wie er

2150

3084 BGH VersR 1984, 639 = BGHZ 90, 334; VersR 1995, 422; 2001, 730; 2010, 550.

ohne den Schadensfall stünde; muss seine dadurch bedingte Vermögenslage mit derjenigen verglichen werden, die ohne den Schadensfall mutmaßlich bestünde, wobei ersparte Aufwendungen abzusetzen sind (Vorteilsausgleichung). Hinsichtlich der mutmaßlichen Vermögenslage ohne Schadensfall ist eine Erwerbsprognose anzustellen. Der Erwerbsschaden ergibt sich als Differenz beider Vermögenslagen (Differenzhypothese).

2151 Zunächst muss nachgewiesen werden, dass der der Anspruchsteller durch das schädigende Verhalten des in Anspruch Genommenen eine Körper- oder Gesundheitsverletzung erlitten hat (Primärverletzung, haftungsbegründende Kausalität). Insoweit gilt das hohe Beweismaß des § 286 ZPO. Der Schadensfall muss nicht die alleinige Ursache für die Verletzung sein. Bei einer Vorschädigung reicht es aus, wenn der Schadensfall mitursächlich geworden ist.[3085] Es muss aber feststehen, dass die Verletzung ohne den Schadensfall nicht eingetreten wäre.[3086] Ist eine Primärverletzung nachgewiesen, gilt für alle weiteren Folgen (die haftungsausfüllende Kausalität) das (geringere) Beweismaß des § 287 ZPO. Insoweit gelten auch für den Erwerbsschaden die eingangs dargestellten allgemeinen Grundsätze.

2152 Ein Erwerbsschaden kann auch dann gegeben sein, wenn der Geschädigte, obwohl er arbeitsunfähig ist, weiterarbeitet und auf diese Weise mehr leistet, als er unter Beachtung des Gebots, den Schaden gering zu halten, zu leisten verpflichtet ist; überobligationsmäßige Leistungen des Geschädigten dürfen nicht zur Entlastung des Schädigers angerechnet werden.[3087] Diese Voraussetzungen liegen häufig bei selbstständig Tätigen vor, etwa wenn der verletzte Anwalt bereits vom Krankenhaus aus wieder einen Teil seiner Arbeit erledigt. Es ist unzumutbar und damit überobligationsmäßig, vom Krankenhaus aus mehr als die allgemeine Leitungsfunktion auszuüben. Der Anwalt kann auch hier verlangen, so gestellt zu werden, als ob er einen bezahlten Anwaltsvertreter für die übrige vom Krankenhaus aus erledigte Arbeit beschäftigt hätte. Entsprechendes gilt, wenn der Arzt die unterbliebene Behandlung von Patienten außerhalb der Behandlungszeiten nachholt. Dies ist jedenfalls dann überobligationsmäßig, wenn die Praxis ansonsten ausgelastet ist.[3088] Oft spricht allerdings in den Fällen, in denen der Geschädigte weiterhin seiner beruflichen Beschäftigung nachgeht, eine tatsächliche Vermutung dafür, dass ihm die unverminderte Arbeitstätigkeit auch zumutbar ist. Wer sich auf überobligatorische Anstrengungen beruft, hat konkret darzutun, aus welchen Gründen im Einzelnen die von ihm erbrachten Leistungen als über seine Schadensminderungspflicht hinausgehend und deshalb nicht mehr zumutbar anzusehen sind. Eine geringfügig erhöhte Anstren-

---

3085 BGH VersR 2005, 945.
3086 BGH VersR 2004, 118.
3087 BGH VersR 1994, 186.
3088 OLG Saarbrücken VersR 2009, 63 im Fall einer Betriebsunterbrechungsversicherung.

gung oder – bei Selbstständigen – eine maßvolle Verlängerung der täglichen Arbeitszeit sollen dafür noch nicht genügen.[3089]

bb) Schadensminderungspflicht

Es obliegt dem Verletzten im Verhältnis zum Schädiger, seine verbliebene **2153** Arbeitskraft in den Grenzen des Zumutbaren so nutzbringend wie möglich zu verwerten.[3090] Diese Verpflichtung setzt aber voraus, dass der Geschädigte überhaupt die Möglichkeit hat, seine verbliebene Arbeitskraft nutzbringend einzusetzen.[3091] Ist er wegen seines schadensbedingten körperlichen Zustandes nicht mehr vermittlungsfähig, so dass Bemühungen um eine anderweitige Tätigkeit von vornherein aussichtslos sind, kann insoweit keine Eigeninitiative erwartet werden.[3092] Auch fehlende Ausbildung, fortgeschrittenes Alter und weitere in der Person des Geschädigten liegende Gründe können der Annahme entgegen stehen, dass die Aufnahme einer Erwerbsfähigkeit in Betracht gekommen wäre.[3093] Unter Umständen ist die Aufnahme einer Halbtagsbeschäftigung in Betracht zu ziehen.[3094] Der Geschädigte kann gehalten sein, sich ein Kfz anzuschaffen, wenn er einen ihm angebotenen Arbeitsplatz nur bei Benutzung eines Kfz unter zumutbaren Bedingungen erreichen kann.[3095] Kann ein Geschädigter allein wegen eines durch einen Arztfehler verursachten Anfallsleidens nicht als Arzt approbiert werden, verstößt er nicht gegen seine Schadensminderungspflicht, wenn er ein rechtswissenschaftliches Studium beginnt, statt sich um eine auch ohne Approbation zugängliche Arbeitsmöglichkeit zu bemühen.[3096]

Ein Beamter, der wegen eines fremdverschuldeten Schadens zur Ruhe ge- **2154** setzt worden ist, setzt sich dem Schädiger gegenüber dem Einwand der unterlassenen Schadenminderung aus, soweit es unterlässt, seine verbliebene Arbeitskraft durch Übernahme einer zumutbaren anderweiten Tätigkeit zu verwerten; die Anspruchsminderung wirkt sich aber zunächst zu Lasten des Dienstherrn aus, auf den die Ersatzansprüche teilweise übergegangen sind.[3097] Dies ergibt sich aus dem sog. Quotenvorrecht des Beamten:[3098] Nach § 87a Satz 2 BBG a.F., § 76 BBG n.F. und den entsprechenden Landesvorschriften kann der Übergang des Anspruchs auf den Dienstherrn nicht zum Nachteil des Verletzten oder der Hinterbliebenen geltend gemacht

---

3089 OLG Oldenburg VersR 2009, 797.
3090 BGH VersR 1983, 488; 1991, 437; 1992, 886.
3091 BGH VersR 1984, 936 = BGHZ 91, 357; VersR 1991, 437; 1996, 332.
3092 BGH VersR 1991, 437.
3093 BGH VersR 1996, 332.
3094 BGH VersR 1992, 886.
3095 BGH VersR 1998, 1428.
3096 OLG Nürnberg VersR 2009, 1079.
3097 BGH VersR 1983, 488.
3098 Dazu Küppersbusch, Ersatzansprüche bei Personenschaden, 10. Aufl. 2010, Rn. 748 ff.

werden. Das bedeutet, dass der Beamte aus dem Anspruch gegen den Schädiger zunächst seinen nach Zahlung der Pension verbleibenden Schaden decken darf.

2155 Einer Lehrerin kann nach schadensbedingter Pensionierung vom Schädiger nicht ohne weiteres ein Mitverschulden deshalb entgegengehalten werden, weil sie ihre Restarbeitskraft nicht verwertet habe.[3099] Hat die Entwicklung einer Beinvenenthrombose zu einer vorzeitigen Versetzung eines Beamten in den Ruhestand geführt, dann führt eine erhaltene und nicht eingesetzte Restarbeitskraft des Pensionärs nicht zur Anspruchsminderung wegen Verletzung der Erwerbsobliegenheit.[3100] Die Feststellung der Dienstunfähigkeit, die vom Dienstherrn als der hierfür zuständigen Behörde im Verwaltungsweg zu treffen ist, ist von den ordentlichen Gerichten nicht nachzuprüfen; sie sind an diese Entscheidung gebunden.[3101] Ein Mitverschulden des Beamten deshalb, weil er den die Zurruhesetzung begründenden Verwaltungsakt nicht angefochten hat, kann allenfalls angenommen werden, wenn der Beamte Anlass zu der Annahme haben musste, der Bescheid sei rechtswidrig und könnte im Rahmen eines Rechtsmittelverfahrens aufgehoben werden.[3102] Im Fall des gesetzlichen Forderungsübergangs kann die Obliegenheit zur Schadensminderung in entsprechender Anwendung des § 254 Abs. 2 BGB ausnahmsweise den Zessionar treffen, wenn er den rechtlichen und tatsächlichen Einfluss auf die Schadensentwicklung in der Weise erlangt hat, dass die Zuständigkeit für die Schadensminderung weitgehend auf ihn verlagert ist und die Eigenverantwortung des Geschädigten entsprechend gemindert erscheint, z.B. beim verzögerten Einsatz eines geschädigten Polizeibeamten im Innendienst mangels Außendiensttauglichkeit.[3103]

cc) Vorteilsausgleichung

2156 Ersparte Kosten, also solche, die bei weiterer Berufsausübung angefallen wären, schadensbedingt aber (zeitweise) nicht mehr anfallen, sind im Wege der Vorteilsausgleichung abzusetzen. Die Schätzung ersparter berufsbedingter Aufwendungen sollte aufgrund der konkreten Umstände des Einzelfalls erfolgen. Zwar kann ein bestimmter Prozentsatz des Nettoeinkommens angesetzt werden. Dieser Prozentsatz lässt sich aber nicht generell festlegen, sondern ist vom jeweiligen Fall abhängig.[3104] Er muss höher sein, wenn z.B. eine lange Fahrt zum Arbeitsplatz und besondere Arbeitsklei-

---

3099 OLG Karlsruhe VersR 1998, 1115.
3100 OLG Düsseldorf VersR 2009, 403.
3101 BGH VersR 1983, 488; OLG Celle OLGR 2007, 131; OLG Düsseldorf VersR 2009, 403.
3102 OLG Düsseldorf VersR 2009, 403.
3103 BGH VersR 2010, 270; dazu Jahnke jurisPR-VerkR 2/2010 Anm. 2.
3104 OLG Celle Schaden-Praxis 2008, 176.

dung notwendig waren. Die Gerichte setzen z.T. pauschalisierend Sätze von 5%[3105] bis 10%[3106] an.[3107]

dd) Berechnungsprobleme

Die Berechnung des Erwerbsschadens hängt von der Art der Tätigkeit ab, die der Geschädigte vor dem Schadensfall ausgeübt hat oder die er ohne den Schadensfall hätte ausüben können. Bei abhängiger und selbstständiger Tätigkeit ergeben sich unterschiedliche Probleme. Die Berechnung bei einer sozialversicherungspflichtigen Tätigkeit ist anders als die bei einer Tätigkeit als Beamter. Je nach den Umständen kann brutto oder netto gerechnet werden. Sowohl die modifizierte Bruttolohnmethode als auch die modifizierte Nettolohnmethode stellen einen geeigneten Weg dar, den dem Geschädigten tatsächlich entstandenen Schaden zutreffend zu ermitteln, weil es sich nur um die Art und Weise der Berechnung ohne eigenständige normative Aussage handelt.[3108] Brutto- und Nettolohnmethode sollen bei der Berechnung des Schadens des Verletzten die steuerlichen Auswirkungen angemessen berücksichtigen. Bei der Bruttolohnmethode ist vom fiktiven Bruttoverdienst auszugehen, sodann sind als Abzugsposten die Anspruchsübergänge nach §116, § 119 SGB X zu berücksichtigen, ferner die Steuerersparnisse, insbesondere die, die eintreten, soweit Versicherungs- und Sozialleistungen steuerfrei sind; diese werden im Wege der Vorteilsausgleichung abgezogen. Bei der Nettolohnmethode ist vom fiktiven Nettoverdienst auszugehen; zusätzlich kann der Geschädigte letztlich noch anfallenden Steuern ersetzt verlangen.

2157

Im Ergebnis geht es bei beiden Methoden um die Ausgrenzung solcher Steuern, die schadensbedingt nicht mehr anfallen. Denn schadensbedingte Steuerersparnisse des Geschädigten sind anspruchsmindernd zu berücksichtigen; sie kommen grundsätzlich dem Schädiger zugute..[3109] Das gilt dann nicht, wenn gerade der Zweck der Steuervergünstigung solcher Entlastung entgegensteht,[3110] was bei Sozialleistungen, die nicht der Einkommenssteuer unterliegen (§ 3 EStG), in der Regel nicht der Fall ist. Zu berücksichtigen ist auch, dass in dem Bruttolohn Beträge enthalten sind, die an Sozialversicherungsträger abgeführt werden müssen und die der Geschädigte nicht für sich vereinnahmen kann. Beiträge zur Rentenversicherung kann nur der Rentenversicherer vom Schädiger verlangen (§ 119 SGB X), soweit der Krankenversicherungsträger vom Krankengeld gemäß §§ 3 Nr. 3, 166 Abs. 1 Nr. 2, 176 Abs. 1 SGB VI Pflichtbeiträge zur Rentenversicherung

2158

3105 OLG Frankfurt Schaden-Praxis 2005, 338; OLG Koblenz NJW-RR 2008, 1097; OLG Schleswig OLGR 2009, 509.
3106 OLG Naumburg Schaden-Praxis 1999, 90.
3107 Vgl. Wenker jurisPR-VerkR 17/2009 Anm. 3.
3108 BGH VersR 1995, 104 = BGHZ 127, 391; VersR 2000, 65.
3109 BGH VersR 1986, 162; VersR 1995, 104; VersR 2000, 65; eingehend Jahnke r+s 1996, 205 ff.
3110 BGH VersR 1992, 886; VersR 1994, 733.

zahlt, kommt ein Anspruchsübergang nach § 116 Abs. 1 SGB X in Betracht. Letztlich sollte die Anwendung beider Methoden zum selben Ergebnis führen. Dies ist in der Praxis allerdings oft nicht der Fall. Die Bruttolohnmethode führt insbesondere bei sozialversicherungspflichtigen Arbeitnehmern zu verzerrten Ergebnissen, die durch einen Abgleich mit der modifizierten Nettolohnmethode zu bereinigen sind.[3111]

2159 Verallgemeinernd lässt sich sagen, dass die Berechnung wie folgt vorgenommen werden sollte:

Entgeltfortzahlung des Arbeitgebers	Brutto
Verdienstausfall des unselbstständigen Arbeitnehmers	Netto
Beamte	Brutto beim Regressanspruch des Dienstherrn
	Netto, soweit der Beamte selbst einen Minderverdienst geltend macht
Selbstständige	Brutto (i.d.R. praktikabler) oder netto (aber systemkonform)

2160 Zwar obliegt bei der modifizierten Bruttolohnmethode grundsätzlich dem Schädiger die Darlegung, welche Vorteile sich der Geschädigte anrechnen lassen muss. Es genügt jedoch, wenn der Schädiger auf die Ersparnisse des Geschädigten hinweist und deren Abzug verlangt. Dann ist es Sache des Geschädigten, die steuerlichen und sozialversicherungsrechtlichen Auswirkungen auf seinen Anspruch darzutun, weil insoweit die Beweismöglichkeiten in seiner Sphäre liegen.[3112]

ee) Abhängig Beschäftigte
(1) Allgemeines
2161 Bei einem Arbeitnehmer besteht der zu ersetzende Erwerbsschaden in dem Betrag, um den sein tatsächlicher Verdienst (tatsächlicher Verlauf = Ist-Verlauf) hinter dem zurückbleibt, den er ohne den Schadensfall voraussichtlich erzielt hätte (hypothetischer Verlauf = Soll-Verlauf). Im Ergebnis soll er wieder den Nettobetrag zur Verfügung haben, den er ohne den Schadensfall zur Verfügung hätte.

2162 Auszugehen ist von dem tatsächlichen Verdienst im Zeitpunkt des Schadensfalls. Um die Geldrente für die Zeit danach festlegen zu können, ist

---

3111 BGH VersR 2000, 65; 2011, 229; ausführlich Langenick NZV 2009, 257 ff., 318 ff.
3112 BGH VersR 1995, 104 = BGHZ 127, 391. VersR 2000, 65.

Zoll

eine Zukunftsprognose zum Sollverlauf erforderlich, also dazu, wie sich das Erwerbsleben des Betroffenen in Zukunft ohne den Schadensfall entwickelt hätte.

Ausgangspunkt	Tatsächliches Einkommen bei Schadensfall
Prognose Sollverlauf	Einkommensentwicklung ohne Schadensfall
Prognose Istverlauf	Einkommensentwicklung aufgrund des Schadensfalls
Differenz	Schaden des Verletzten

Dem geschädigten Arbeitnehmer kommen die Beweiserleichterungen des § 287 ZPO, wonach eine erhebliche Wahrscheinlichkeit ausreicht, und für den entgangenen Gewinn und damit für die Erwerbseinbuße des § 252 BGB zugute.[3113] Nach § 252 S.2 BGB gilt der Gewinn als entgangen, der nach dem gewöhnlichen Verlauf der Dinge oder nach den besonderen Umständen mit Wahrscheinlichkeit erwartet werden konnte. Die Beweiserleichterungen kommen nur dem in Beweisnot befindlichen Geschädigten zugute, der das ihm Mögliche zur Aufklärung des Schadensumfangs beiträgt; der Geschädigte, der Tatsachen zurückhält oder zu täuschen versucht, kann sie verlieren..[3114]   **2163**

(2) Zukunftsprognose

Stand der Geschädigte in einem festen Arbeitsverhältnis, kann i.d.R. davon ausgegangen werden, dass dieses ohne den Schadensfall in Zukunft fortgesetzt worden wäre. Allgemeine Lohnerhöhungen und evtl. auch Aufstiegsmöglichkeiten sind zu berücksichtigen. Für Aufstiegsmöglichkeiten ist aber konkreter Vortrag und z.B. der Verweis auf Vergleichspersonen nebst geeignetem Beweisantritt notwendig. Andererseits sind individuelle und allgemeine Arbeitsplatzrisiken zu berücksichtigen (z.B. Insolvenz des Arbeitgebers, Kurzarbeit, Entlassungen) sowie sonstige Umstände, die sich ungünstig auf die Einkommensentwicklung hätten auswirken können (z.B. unabhängig vom Schadensfall bestehende Erkrankung).   **2164**

Probleme ergeben sich insoweit häufig bei einem zurückliegend unstrukturierten Erwerbsleben. Auch dann dürfen keine zu hohen Anforderungen an den Vortrag gestellt werden. Ein Geschädigter, der im Zeitpunkt des Schadensfalls nicht in einem festen Arbeitsverhältnis stand, sich seinen Lebens-   **2165**

3113 BGH VersR 1995, 422; 1995, 469; 1998, 772; Jahnke, Der Verdienstausfall im Schadensersatzrecht, 3. Aufl. 2009, Kap. 11 Rn. 40 ff.
3114 BGH VersR 1981, 464; OLG Hamm OLGR 1993, 257; OLG Köln VersR 1999, 865.

Zoll

unterhalt vielmehr in wechselnden, auch vorübergehenden Beschäftigungs-
verhältnissen zu sichern suchte oder in Bemühungen um eine Weiterbildung
befand, ist mit der vom Schädiger verursachten Schwierigkeit belastet, Tatsachen für eine einigermaßen verlässliche Prognose für die Fortentwicklung
seines zur Zeit des Schadensereignisses noch wenig strukturierten Erwerbslebens vorzutragen. [3115] Vor allem bei einem noch jungen Menschen kann
ohne konkrete Anhaltspunkte nicht angenommen werden, dass er auf Dauer die ihm zu Gebote stehenden Möglichkeiten für eine gewinnbringende
Erwerbstätigkeit nicht nutzen und ohne Einkünfte bleiben werde.[3116] Auch
bei einer Person, die nach Abschluss einer Lehre mehr als 10 Jahre lang
nicht berufstätig war, später aber kleinere Nebentätigkeiten ausübt und an
einer Ausbildung zur Schwesternhelferin teilnimmt, kommt eine positive
Prognose in Betracht.[3117] Ein 36 Jahre alter gelernter Bäcker, der zunächst
in diesem, anschließend jahrelang in einem anderen Beruf gearbeitet hat,
hat schon hierdurch gezeigt, dass er auch über die ursprünglich ausgeübte
Tätigkeit als Bäcker hinaus arbeitswillig und arbeitsfähig war; eine anschließende siebenjährige Arbeitslosigkeit steht einer positiven Erwerbsprognose
nicht entgegen.[3118]

2166   Für die Prognose ist nicht auf den Zeitpunkt des Schadensfalls, sondern auf
den Zeitpunkt der letzten mündlichen Verhandlung abzustellen; nachträgliche Entwicklungen müssen berücksichtigt werden.[3119] Muss der Geschädigte schadensbedingt in einen anderen Beruf wechseln, in dem er über viele
Jahre tätig ist und mehr verdient als früher, und wechselt er dann, um sich
weiter zu verbessern, erneut den Beruf, kann es an einem haftungsrechtlichen Zusammenhang mit dem Schadensereignis fehlen, wenn er nunmehr
berufliche Fehlschläge mit Einkommenseinbußen erleidet.[3120]

2167   Erscheint eine (weitere) Erwerbstätigkeit als ausreichend wahrscheinlich,
kann beim Fehlen entgegenstehender Anhaltspunkte zumindest von einem
durchschnittlichen Erfolg des Geschädigten in seiner bisherigen Tätigkeit
ausgegangen werden.[3121] Verbleibende Risiken und Unsicherheiten bei der
Beurteilung der beruflichen Entwicklung des Geschädigten können mit einem gewissen (prozentualen) Abschlag aufgefangen werden.[3122] Auch wegen einer ungünstigen wirtschaftlichen Lage kann ein prozentualer Risiko-

---

3115   BGH VersR 1995, 422.
3116   BGH VersR 1997, 366; OLG Celle OLGR 2009, 468.
3117   BGH VersR 2000, 233.
3118   OLG Celle OLGR 2009, 468.
3119   BGH VersR 1999, 106; 2010, 1607.
3120   BGH VersR 1991, 1293.
3121   BGH NJW 2001,1640.
3122   BGH VersR 1995, 422; NJW 2001,1640; VersR 2010, 1607; 2011, 229.

abschlag vorzunehmen sein,[3123] der nach je den Umständen des Einzelfalls 10%.,[3124] aber auch 33%[3125] oder 40%[3126] betragen kann.

(3) Schadensberechnung

Das zu berücksichtigende Einkommen im Zeitpunkt des Schadensfalls umfasst neben dem monatlichen Arbeitslohn oder Gehalt auch das anteilige Urlaubs- und Weihnachtsgeld,[3127] Überstundenvergütungen, sonstige Nebeneinkünfte wie z.b. Trinkgelder und auch sonstige Vorteile aus dem Arbeitsverhältnis (günstigere Miete, freie Kost, Zuschüsse, Mitarbeiterrabatte, Spesen, denen kein realer Aufwand gegenübersteht)..[3128] Auch Rückstellungen des Arbeitgebers für eine betriebliche Versorgungszusage sind Bestandteil der Arbeitsvergütung und deshalb ersatzpflichtig.[3129]

2168

Nicht zu ersetzen sind gesetzwidrige Einkünfte, insbesondere Einkünfte aus verbotener Schwarzarbeit.[3130] Anderes gilt, wenn lediglich Sozialbeiträge pflichtwidrig nicht abgeführt wurden, die Tätigkeit als solche aber nicht gesetzwidrig ist, wie etwa bei einer in mehreren Privathaushalten als Putzhilfe beschäftigten Verletzten.[3131]

2169

Vom (hypothetischen) Bruttoeinkommen sind die darauf entfallenden Arbeitnehmerbeiträge zur Sozialversicherung abzuziehen, also zur Rentenversicherung, Krankenversicherung, Arbeitslosenversicherung und Pflegeversicherung. Für die Arbeitslosen- und die Rentenversicherung sind bundeseinheitlich gleiche Beiträge zu entrichten. Für die Krankenversicherung galten bis zum 31.12.2008 unterschiedliche Beiträge der jeweiligen Kassen. Nach Einführung des Gesundheitsfonds zum 01.01.2009 gilt ein bundeseinheitlicher Beitragssatz (§ 241 SGB V), wobei sich je nach Kasse Abweichungen ergeben können (§ 242 SGB V). Der Arbeitnehmerbeitrag ist seit 01.07.2005 um einen Sonderbeitrag von 0,9% erhöht (§ 249a Abs. 1 SGB V). Für die Pflegeversicherung gelten die §§ 55 ff. SGB XI.[3132]

2170

Vom hypothetischen Bruttoeinkommen sind ferner die darauf entfallenden Steuern abzuziehen (Einkommenssteuer, Kirchensteuer, Solidarzuschlag).[3133]

2171

3123 Vgl. BGH VersR 1995, 422; 1998, 770; 2000, 233; 2000, 1521; NZV 2002, 268.
3124 OLG Hamm DAR 2000, 264.
3125 KG NZV 2005, 148.
3126 OLG Hamm VersR 2002, 732.
3127 BGH VersR 1996, 1117.
3128 Jahnke , Der Verdienstausfall im Schadensersatzrecht, 3. Aufl. 2009, Kap. 3 Rn. 132 ff.
3129 BGH VersR 1998, 1253.
3130 BGH VersR 1974, 968; OLG Karlsruhe ZfS 1993, 223; OLG Köln VersR 2004, 1587.
3131 BGH VersR 1994, 355.
3132 Vgl. auch BVerfGE 103, 197 ff., 225 ff., 242 ff., 271 ff.
3133 BGH VersR 2006, 413.

Bei Anwendung der modifizierten Bruttolohnmethode können unter Umständen die steuerrechtlichen Vor- und Nachteile des Geschädigten, der zwar einerseits aufgrund seiner schadensbedingten Einkommensverluste ein geringeres zu versteuerndes Einkommen und damit eine geringere Steuerlast hat, andererseits aber auch die Schadensersatzleistungen für Einkommensverluste als Einkommen versteuern muss, gegeneinander aufgehoben werden, so dass diese Beträge nicht im Einzelnen errechnet werden müssen.[3134] Diese vereinfachte Handhabung ist jedoch nicht möglich, wenn der Geschädigte schadensbedingt weiter gehende steuerliche Vorteile erlangt. Insoweit sind Steuervorteile grundsätzlich schadensmindernd anzurechnen, soweit nicht der Zweck der Steuervergünstigung einer solchen Entlastung des Schädigers entgegensteht.[3135] Zu den anrechenbaren Steuerersparnissen gehören vor allem diejenigen, die eintreten, wenn der Geschädigte neben der steuerpflichtigen Schadensersatzleistung auch Leistungen aus einer Sozialversicherung erhält, die gemäß § 3 EStG steuerfrei sind. In diesem Fall würde eine Außerachtlassung der steuerrechtlichen Vor- und Nachteile den Schädiger verpflichten, die erwartete Steuerbelastung nach der Höhe des Gesamtbetrags der Einkünfte zu erstatten, obwohl nur ein Teilbetrag steuerpflichtig ist.[3136] Der als Schadensersatzbetrag errechnete monatliche Nettobetrag darf zusammen mit den Sozialleistungen das Nettogehalt nicht übersteigen, das der Geschädigte ohne den Schadensfall erzielt hätte.

2172 Bei Beamten und Privatversicherten sind die Beiträge zur privaten Kranken- und Pflegeversicherung abzusetzen. Kommt es zu einer Zurruhesetzung, fallen evtl. geringere Beiträge an, was bei der Schadensberechnung zu berücksichtigen ist.

2173 Soweit der Geschädigte von Sozialversicherern Entgeltersatzleistungen erhält, muss er sich diese anrechnen lassen; insoweit ist der Ersatzanspruch gemäß § 116 SGB X auf die SVT übergegangen. Der abhängig Beschäftigte erhält evtl. für maximal 6 Wochen Entgeltfortzahlung nach dem EFZG, daran anschließend Krankengeld, welches für den Fall der Arbeitsunfähigkeit wegen derselben Krankheit für längstens achtundsiebzig Wochen innerhalb von je drei Jahren gezahlt wird (§ 48 SGB V). Durch Individualarbeitsvertrag oder durch Tarifvertrag können weitere Leistungen vereinbart sein. So wird nach § 22 Abs. 2, 3 TVöD ein Krankengeldzuschuss gezahlt. Soweit insoweit keine Legalzession angeordnet ist, ist ein Regress des Arbeitgebers aufgrund einer Abtretung möglich, zu der der Geschädigte aufgrund individualvertraglicher oder tarifvertraglicher Vereinbarung oder in entsprechender Anwendung der §§ 255, 285 BGB verpflichtet sein kann.

3134 BGH VersR 2000, 65.
3135 BGH VersR 2000, 65.
3136 BGH VersR 2000, 65; ausführlich Langenick NZV 2009, 257 ff., 318 ff.

Zoll

Die Drittleistungen sind jedoch nur netto, also mit dem Betrag, der dem **2174** Geschädigten ausbezahlt wird, anzusetzen. So werden vom Krankengeld, das 70% der Bemessungsgröße beträgt, Beiträge zur Rentenversicherung, zur Arbeitslosenversicherung und zur Pflegeversicherung, berechnet nach 80% der Bezugsgröße, einbehalten. Bei der Schadensregulierung für den Geschädigten kann der Auszahlungsbetrag ohne weiteres den Bescheiden der Krankenkasse entnommen werden. Mögliche weitere Leistungen sind das Verletztengeld nach §§ 45 ff. SGB VII, das Übergangsgeld nach § 46 SGB IX, und das Versorgungskrankengeld nach §§ 16 ff. BVG.

Beamte und andere Personen in öffentlich-rechtlichen Dienstverhältnissen **2175** (Richter, Soldaten) erhalten bei Dienstunfähigkeit ihre ungekürzten Bezüge sowie die Beihilfeleistungen bis zur Pensionierung weiter. Häufig wird bei schadensbedingter Dienstunfähigkeit eines Beamten daher nur der aufgrund Legalzession auf den Dienstherrn übergegangene Regressanspruch in Frage stehen. Aufgrund der Föderalismusreform gilt § 87a BBG a.F. nur noch, soweit das betroffene Land keine eigenständige Regelung getroffen hat (Art. 125a Abs. 1 GG). Für Bundesbeamte gilt § 76 BBG n.F. Ein vom Geschädigten selbst geltend zu machender Schaden besteht, wenn aufgrund schadensbedingt unterbliebener Beförderung oder Frühpensionierung[3137] Erwerbseinbußen entstehen.

Da die Bruttolohnmethode[3138] bei abhängig Beschäftigten in der Regel zu **2176** falschen Ergebnissen führt, sollte hier stets nach der modifizierten Nettolohnmethode gerechnet werden.[3139] Der Rechnungsweg stellt sich schematisch wie folgt dar:

3137 OLG Schleswig VersR 2006, 938.
3138 Dazu oben Rdn. 2168 ff.
3139 BGH VersR 2011, 229; ausführlich Langenick NZV 2009, 257 ff., 318 ff.

Zoll

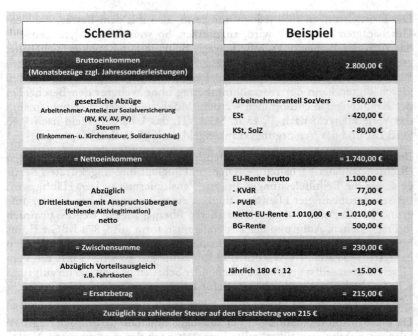

Das Beispiel zeigt, dass wegen der oft erheblichen Drittleistungen für den Geschädigten selbst vielfach ein nur geringfügiger Spitzenbetrag verbleibt.

2177 Checkliste Erwerbsschaden eines abhängig Beschäftigten

Art der Beschäftigung	Arbeitnehmer Geringfügige Beschäftigung (§ 8 SGB IV, § 7 SGB V, § 20 SGB XI, § 5 Abs. 2 SGB VI, § 27 Abs. 2 SGB III) Midi-Job (§ 20 SGB IV) Beamte, Richter auf Lebenszeit, auf Zeit oder auf Probe, Berufssoldaten und Soldaten auf Zeit, Beamte auf Widerruf im Vorbereitungsdienst und sonstige von der Rentenversicherungspflicht befreite Tätigkeiten (§ 5 SGB VI)
Höhe des Einkommens	Erzieltes Monatseinkommen Zu erwartendes Monatseinkommen Zuzusetzende Monatsbeträge der Jahressonderleistungen

	Weitere Sonderleistungen (z.B. Dienstwagen, Dienstwohnung, nicht zweckgebundene Spesen, Trinkgelder) Nebentätigkeiten Anfallende Steuern und Versicherungen Häusliche Ersparnisse
Drittleistungen	Entgeltfortzahlung Krankengeld Sonstige Lohnersatzleistungen der Sozialversicherungsträger (Übergangsgelder, Verletztengeld, Verletztenrente, Arbeitslosengeld, Kurzarbeitergeld, Insolvenzgeld) Im öffentlichen Dienst Fortbezahlung der Bezüge
Geltend zu machen	Bei kongruenten Drittleistungen nur der verbleibende Spitzenbetrag Verluste aus Nebentätigkeiten Verluste aus unterbliebener Beförderung pp. Verluste aus verfrühter Zurruhesetzung Einbußen in der betrieblichen Altersversorgung Einbußen durch Nichtabführung von Sozialversicherungsbeiträgen (bei der Rentenversicherung § 119 SGB X beachten!) Haushaltsführungsschaden
Schadensminderung	Konkrete Feststellung erforderlich Maßnahmen der Schadensminderung (z.B. REHA, Umschulung, Weiterbildung, Arbeitsuche) sollten ausreichend dokumentiert werden, damit auf den Einwand einer Verletzung der Schadensminderungspflicht durch die Schädigerseite substantiiert vorgetragen werden kann
Endzeitpunkt einer Rentenzahlung	Bei abhängig Beschäftigten sind konkrete Feststellungen aus Sicht des Geschädigten erforderlich, wenn – etwa aufgrund der neuen gesetzlichen Regelungen – über die Vollendung des 65. Lebensjahrs hinaus gearbeitet werden muss oder wenn der Schädiger eine

Zoll

	frühere Beendigung des Erwerbslebens behauptet Anhaltspunkt können tarif-/arbeitsvertragliche Regelungen sein Ansonsten kann evtl. auf branchenbezogene statistische Daten zurückgegriffen werden*
Beizubringende Unterlagen	Gehaltsbescheinigungen (Jahresbescheinigungen!) Bescheinigungen betreffend die Drittleistungen Unterlagen betr. Ersparnisse Evtl. Unterlagen betr. Lebensarbeitszeit (z.B. Arbeitsvertrag, Tarifvertrag, Statistiken) Evtl. Steuerunterlagen Evtl. Versicherungsunterlagen Evtl. Unterlagen betr. Nebentätigkeiten

* Etwa aus den Datenreporten und den Statistischen Jahrbüchern des Statistischen Bundesamts, Kapitel Arbeitsmarkt, und aus den Arbeitsmarktberichten der Bundesagentur für Arbeit.

ff) Selbstständige
(1) Allgemeines

2178 Auch bei einem Selbstständigen kommt es nicht auf den Ausfall oder die Beeinträchtigung der Arbeitskraft an, sondern auf die konkrete Vermögenseinbuße durch die Folgen des Schadensereignisses; der Unternehmer kann seinen Schaden deshalb nicht abstrakt in Höhe des Gehalts einer gleichwertigen Ersatzkraft geltend machen.[3140] Die Beurteilung ist häufig schwierig. Die negative Einkommensentwicklung nach dem Schadensereignis ist möglicherweise (auch) durch schadensunabhängige innerbetriebliche oder außerbetriebliche Umstände verursacht. Behauptet wird oft, dass (auch ohne Gewinnminderung) ein Erwerbsschaden eingetreten sei, weil ohne den Schadensfall zu erwartende Gewinnsteigerungen ausgeblieben seien. Der Erwerbsschaden kann auch zeitlich nach Wiederherstellung der Arbeitskraft eingetreten sein, etwa wenn ein Anwalt während der Arbeitsunfähigkeit Mandanten verloren hat. All dies ist konkret darzulegen und ggfls. zu beweisen; erforderlich ist die schlüssige Darlegung von Ausgangs- bzw. Anknüpfungstatsachen.[3141] Es bedarf also der Darlegung konkreter Anhaltspunkte für die Schadensermittlung, um eine ausreichende Grundlage für die sachlich-rechtliche Wahrscheinlichkeitsprognose des § 252 BGB und in der Folge für eine gerichtliche Schadensschätzung nach § 287 ZPO zu haben,

---

3140 BGH VersR 2004, 874; Vorinstanz OLG Bremen r+s 2003, 477.
3141 BGH VersR 2004, 874.

Zoll

weil sich der Ausfall oder die Beeinträchtigung der Arbeitsfähigkeit sichtbar im Erwerbsergebnis konkret ausgewirkt haben muss.[3142] Trotz der erleichterten Darlegung und Beweisführung durch § 287 ZPO, § 252 BGB und der Tatsache, dass an die schwierige Darlegung der hypothetischen Entwicklung des Geschäftsbetriebs eines Selbstständigen keine zu strengen Maßstäbe angelegt werden dürfen,[3143] ist es nicht ungewöhnlich, wenn die Klage eines Selbstständigen wegen unzureichender Darlegung oder Beweisführung abgewiesen wird.[3144] Denn die genannten Vorschriften lassen eine völlig abstrakte Berechnung eines Erwerbsschadens, auch in Form der Schätzung eines »Mindestschadens« nicht zu.[3145]

Der Versuch, den Darlegungsschwierigkeiten durch Einholung eines Gutachtens im selbstständigen Beweisverfahren zu entgehen, hilft allenfalls bedingt. Zwar ist es nach einem Personenschaden grundsätzlich zulässig, den entgangenen Gewinn gemäß § 485 Abs. 2 Satz 1 Nr. 3 ZPO festzustellen. Doch müssen auch im selbstständigen Beweisverfahren für die Schätzung des Erwerbsschadens eines Verletzten hinreichende Anknüpfungstatsachen dargelegt werden, wie sich der Ausfall oder die Beeinträchtigung der Arbeitsfähigkeit sichtbar im Erwerbsergebnis konkret ausgewirkt hat.[3146]

2179

Wegen der unterschiedlichen steuerlichen, sozialversicherungsrechtlichen und sonstigen Modalitäten kann es für die Berechnung des Erwerbsschadens auf die Art der Selbstständigkeit ankommen. Unter den Begriff des Selbstständigen fallen Gewerbetreibende (selbstständige Handwerker, Kaufleute, Gastwirte, Handelsvertreter) und Freiberufler (Anwälte, Ärzte, Steuerberater, Ingenieure, Sachverständige, Künstler, Journalisten), ferner Landwirte. Gewerbetreibende erzielen steuerlich Einkünfte aus Gewerbebetrieb (§ 15 EStG), es ist eine Gewerbeanmeldung erforderlich, sie unterliegen der Gewerbesteuer, es besteht eine Buchführungs- und Aufzeichnungspflicht (§§ 140 ff. AO). Für Landwirte gelten (ab einer bestimmten Größe) ähnliche Regelungen. Freiberufler erzielen steuerlich Einkünfte aus selbstständiger bzw. freiberuflicher Tätigkeit (§ 18 EStG), es ist keine Gewerbeanmeldung erforderlich, sie sind nicht gewerbesteuerpflichtig, sie sind auch nicht buchführungspflichtig. Möglich ist der Betrieb als Einzelunternehmen aber auch in Form einer Gesellschaft bürgerlichen Rechts (GbR) oder einer Handelsgesellschaft (OHG, KG) oder auch einer GmbH, wobei zu unterscheiden ist zwischen den (ersatzpflichtigen) Schäden des Verletzten und den (nicht ersatzpflichtigen) Schäden der Gesellschaft und der übrigen Gesellschafter, wofür es unter Umständen auf die Beteiligungsverhältnisse ankommt.

2180

3142 BGH VersR 2010, 550.
3143 BGH VersR 2004, 874; 2010, 550.
3144 Vgl. etwa BGH VersR 2004, 874.
3145 BGH VersR 2004, 874.
3146 BGH VersR 2010, 133.

2181 Für die Prognose ist – wie beim abhängig Tätigen – nicht auf den Schadenszeitpunkt, sondern auf den Entscheidungszeitpunkt abzustellen; nachträgliche Entwicklungen – z.B. des Unternehmens, der Konjunktur – in der Zeit nach dem Schadensereignis müssen berücksichtigt werden..[3147]

(2) Abrechnung bei Kleinunternehmern

2182 Bei einem Kleinunternehmer ist zu prüfen, ob er nicht tatsächlich Scheinselbstständiger ist. Scheinselbstständige sind rechtlich Arbeitnehmer. Sie sind deshalb sozialversicherungspflichtig. Bei einem Personenschaden erwerben sie einerseits Leistungsansprüche aus der Sozialversicherung, andererseits gehen etwa bestehende Ersatzansprüche gemäß § 116 SGB X auf die Sozialversicherer über. Ihr Erwerbsschaden berechnet sich nach den Grundsätzen, die für anhängig Beschäftigte gelten.

2183 Die Kriterien für eine Scheinselbstständigkeit ergaben sich aus § 7 Abs.4 SGB IV a.F., der allerdings lediglich die Grundsätze wiedergab, die in der Rechtsprechung entwickelt worden waren. Danach ist für die Wertung einer Beschäftigung als abhängig ausschlaggebend, dass sie in persönlicher Abhängigkeit verrichtet wird, die sich regelmäßig in der Eingliederung des Beschäftigten in einen fremden Betrieb äußert, sei es, dass er umfassend einem Zeit, Dauer und Ort der Arbeit betreffendem Weisungsrecht des Arbeitgebers unterliegt, sei es auch nur, insbesondere bei Diensten höherer Art, dass er funktionsgerecht dienend am Arbeitsprozess des Arbeitgebers teilhat; demgegenüber kennzeichnen eine selbstständige Tätigkeit das eigene Unternehmerrisiko, die Verfügungsfreiheit über die eigene Arbeitskraft sowie die im Wesentlichen frei gestaltete Tätigkeit und Arbeitszeit.[3148] Weist eine Tätigkeit sowohl Merkmale der Abhängigkeit wie der Selbstständigkeit auf, so kommt es bei der Beurteilung des Gesamtbildes darauf an, welche Merkmale überwiegen, wobei Grundlage der Beurteilung die tatsächlichen Verhältnisse sind, während die in einer vertraglichen Vereinbarung gewählte Bezeichnung oder rechtliche Einordnung einer Tätigkeit nicht maßgebend ist.[3149] Unerheblich ist, ob der Geschädigte fälschlich zur Einkommens- und Gewerbesteuer veranlagt wurde, von ihm keine Sozialabgaben verlangt wurden oder er gelegentlich auch für andere Firmen tätig wurde.[3150] Arbeitnehmerähnliche Selbstständige i.S. des § 2 Nr.9 SGB VI unterliegen Rentenversicherungspflicht, können aber rechtlich als Selbstständige zu behandeln sein.

2184 Zu prüfen ist insbesondere bei Kleinunternehmern, ob sie ihre Einkünfte ganz oder teilweise aus Schwarzarbeit beziehen; Einkünfte aus verbotener

---

3147 BGH VersR 1999, 106.
3148 BSG VersR 2000, 649.
3149 BSG VersR 2000, 649.
3150 BGH NJW 2001, 1640.

Schwarzarbeit sind nicht zu ersetzen.[3151] Anderes gilt etwa, wenn lediglich Sozialbeiträge pflichtwidrig nicht abgeführt worden sind, die Tätigkeit als solche aber nicht gesetzwidrig ist.[3152]

Bei Kleinunternehmern mit nachweisbaren regelmäßigen Einkünften ist oft eine vereinfachte Berechnung möglich.   **2185**

▶ **Beispielsfall:** Ein Taxiunternehmer ohne angestellte Fahrer wird zeitweise durch ein Schadensereignis arbeitsunfähig. Er stellt keinen Ersatzfahrer ein.

Lösung: Der ersatzfähige Verdienstausfallschaden des Taxiunternehmers ist ausgehend von seinem (hinreichend, etwa durch Steuerberaterbescheinigung, für die Zeit von 3 Monaten belegten) Tagesbruttoumsatz zu berechnen. Von dem Tagesbruttobetrag ist zunächst die Mehrwertsteuer abzuziehen. Alsdann ist der verbleibende Restbetrag um die ersparten Betriebskosten zu bereinigen, die mit 30% zu bemessen sind. Der so ermittelte Betrag ist für die tatsächliche Ausfallzeit hochzurechnen.[3153] Die Umsätze in den letzten (mindestens drei) Monaten vor dem Schadensfall müssen konkret belegt werden; der Verweis auf Durchschnittsumsätze reicht nicht aus.[3154]

Wird ein Ersatzfahrer eingestellt (oder arbeitet vorhandenes Personal mehr), liegt ein erstattungsfähiger Erwerbsschaden vor, wenn dadurch ein Betriebsergebnis erzielt wurde, das jedenfalls nicht höher lag, als es ohne das Schadensereignis durch den Unternehmer selbst hätte voraussichtlich erreicht werden können.[3155] In aller Regel darf nicht davon ausgegangen werden, dass die Unternehmensergebnisse, wäre der verletzte Unternehmer selbst weiterhin einsatzfähig gewesen, schlechter ausgefallen wären, als sie ohne diesen tatsächlich erreicht worden sind.[3156]

❗ Wird der Fahrer eines Taxiunternehmers verletzt, stellt dieser Ausfall für den Unternehmer einen nicht ersatzfähigen Drittschaden dar. Ersatzfähig ist aus übergegangenem Recht (§ 6 EFZG) nur eine evtl. Entgeltsfortzahlung.[3157]

3151 BGH VersR 1994, 355; OLG Karlsruhe r+s 1993, 181.
3152 BGH VersR 1994, 355.
3153 So KG Berlin vom 10.04.1997 – 12 U 279/96, Juris und LG Lübeck, Schaden-Praxis 2002, 305 bei Ausfall eines Taxis.
3154 OLG Köln Schaden-Praxis 2004, 128.
3155 BGH VersR 1997, 453.
3156 BGH VersR 1997, 453.
3157 Vgl. BGH VersR 2008, 1697.

(3) Schadensberechnung auf Basis einzelner Geschäfte

2186 Wird – wie insbesondere häufig bei Freiberuflern – geltend gemacht, dass schadensbedingt bestimmte Aufträge nicht ausgeführt und auch später nicht nachgeholt werden konnten mit der Folge, dass der daraus zu erwartende Gewinn entgangen ist, ist § 252 BGB nicht anwendbar. Der entgangene Gewinn muss konkret nachgewiesen werden. Zwar gilt auch insoweit § 287 ZPO. Doch sind an den Nachweis, dass einzelne Aufträge schadensbedingt entgangen sind, hohe Beweisanforderungen zu stellen, weil hier die Gefahr der Manipulation durch Vorlage irgendwelcher Gefälligkeitsbescheinigungen groß ist..[3158] Nachzuweisen ist, dass ein bestimmter Auftrag erteilt wurde oder ohne den Schadensfall erteilt worden wäre, ferner, dass er schadensbedingt nicht ausgeführt und auch später nicht nachgeholt werden konnte.

2187 Kann der Auftrag später nachgeholt werden, ist der Geschädigte dazu zur Schadensgeringhaltung verpflichtet. Holt er ihn nach, entfällt der Schaden. Anders ist es ggfls., wenn die Nachholung überobligationsmäßig war (z.B. Nachholung durch Überstunden und Sonn- und Feiertagsarbeit).[3159] Unzumutbar ist eine tatsächlich erbrachte Arbeitsleistung nicht schon dann, wenn sich in gleicher Situation ein Arbeitnehmer hätte krankschreiben lassen.[3160] Sind Auftragserteilung und schadensbedingte Nichterfüllung bewiesen, ist der Gewinnentgang nach § 287 ZPO zu ermitteln, notfalls durch Schätzung.[3161] Ersparte Kosten des Auftrags sind abzusetzen. Eine Kompensation des Gewinnentgangs durch freie Kapazitäten nach Wiedererlangung der Arbeitsfähigkeit sind evtl. im Wege der Vorteilsausgleichung anzurechnen.

(4) Schadensberechnung auf der Basis einer Gewinn-/Verlustrechnung

2188 Bei der Ermittlung schadensbedingter Erwerbsschäden anhand der Betriebsergebnisse ergibt sich der Schaden aus einer Gegenüberstellung des hypothetischen Gewinns ohne das Schadensereignis mit dem danach tatsächlich erzielten Gewinn. Der Erwerbsschaden ist ggfls. getrennt nach Zeitabschnitten zu ermitteln. I.d.R. sind die jeweiligen Jahresbetriebsergebnisse gegenüberzustellen..[3162] Für die Prognose ist i.d.R. der Gewinnverlauf in den letzten 3 bis 5 Jahren vor dem Schadensereignis heranzuziehen. Die Vergleichsbasis ergibt sich aus dem tatsächlichen Gewinnverlauf in der Zeit nach dem Schadensfall bis zum Beurteilungszeitpunkt. Zu berücksichtigen sind auch erhöhte Ausgaben, z.B. infolge schadensbedingter Beschäftigung von Ersatzkräften oder erhöhten Einsatzes des vorhandenen Personals, und schadensbedingte Umsatzrückgänge bzw. ausbleibenden Umsatzsteigerungen

---

3158 Vgl. z.B. BGH VersR 1996, 380.
3159 BGH VersR 1971, 544.
3160 OLG Stuttgart VersR 1981, 290.
3161 OLG Hamm NZV 1995, 316; LG Saarbrücken ZfS 2001, 108.
3162 BGH VersR 1997, 453.

(5) Aufwendungen für erhöhten Personaleinsatz

Aufwendungen für Ersatzarbeitskräfte oder für erhöhten Einsatz vorhandenen Personals stellen regelmäßig einen erstattungsfähigen Erwerbsschaden dar, jedenfalls dann, wenn das tatsächlich erzielte Betriebsergebnis nicht höher ist als das hypothetisch erzielte..[3163] Zu rechnen ist brutto. Soweit die erhöhten Personalkosten zu einer Steuerminderung führen; ist dies zugunsten des Schädigers rechnerisch zu berücksichtigen.

2189

Erbringen eigene Mitarbeiter unentgeltlich Mehrarbeit, um die schadensbedingten Ausfälle aufzufangen, können die fiktiven Netto-Mehrkosten für den Einsatz von Ersatzkräften angesetzt werden..[3164] Bei kleineren Unternehmen, in denen der geschädigte Unternehmer in vollem Umfang mitarbeitet, ist i.d.R. davon auszugehen, dass sein Ausfall nur durch erhöhten Einsatz der Mitarbeiter ausgeglichen werden konnte.

2190

(6) Gewinnentgang durch Umsatzbeeinträchtigung

Ob der Gewinn des Unternehmers infolge schadensbedingter Umsatzrückgänge, gemindert wurde, ist konkret festzustellen. Sofern der Umsatzrückgang auf anderen Gründen, z.B. auf konjunkturellen Entwicklungen oder auf branchenbedingten Besonderheiten, beruht, besteht kein Ersatzanspruch.

2191

Wird ein Gewinnentgang infolge schandensbedingt ausbleibender Umsatzsteigerungen geltend gemacht, etwa bei einem jungen Unternehmen in der Aufbauphase, dürfen die Anforderungen an die Darstellung der hypothetischen Entwicklung nicht überspannt werden.[3165] In Betracht zu ziehen ist auch die allgemeine Gewinnentwicklung, aber auch die evtl. besondere Gewinnentwicklung bei Neugründungen in der einschlägigen Branche. Bei einer Unternehmensneugründung sind die damit verbundenen Risiken bei der Prognose zu berücksichtigen.

2192

(7) Darlegung und Beweisführung

Der Beweis des Erwerbsschadens kann mit allen zulässigen Beweismitteln geführt werden. Besonders aussagekräftig sind i.d.R. schriftliche Unterlagen. Bei der Bewertung von Zeugenaussagen, etwa zu in Aussicht genommenen Geschäften, wird vielfach Zurückhaltung angebracht sein. Personen, die der Schweigepflicht unterliegen, etwa Steuerberater sind von der Schweigepflicht zu entbinden.

2193

Wichtige Unterlagen sind die Bilanzen mit Gewinn- und Verlustrechnung, Steuererklärungen und Steuerbescheide zur Umsatz- und Einkommens-

2194

3163 BGH VersR 1997, 453; OLG Celle OLGR 2000, 254; OLG Düsseldorf VersR 2003, 870; OLG Hamburg VersR 1997, 248.
3164 OLG Oldenburg NJW-RR 1993, 798.
3165 BGH VersR 1993, 1284; OLG Celle r+s 2006, 42; KG VersR 1995, 878.

Zoll

steuer sowie evtl. zur Gewerbe- und Körperschaftssteuer aus den letzten (möglichst 3 – 5) Jahren vor dem Schadensfall und aus der Zeit danach. Der aus den Steuerunterlagen ersichtliche Gewinn ist im Zweifel ein Mindestgewinn. Häufig ist der tatsächliche Gewinn höher, da evtl. steuerlich bedingte Kürzungen durch Abschreibungen, Sonderausgaben und außergewöhnliche Belastungen herauszurechnen sind.[3166]

> Die (Steuer-) Bilanzen werden oft mit erheblicher zeitlicher Verzögerung erstellt. Der geschädigte Mandant sollte angehalten werden, bei den meist eingeschalteten Buchführungsunternehmen und Steuerberatern auf einen baldigen Abschluss der einschlägigen Jahre zu dringen, bzw. diesen selbst vorzunehmen.

Neben den Bilanzen und Gewinn- und Verlustrechnungen können für die Berechnung des Schadens Umsatzsteuervoranmeldungen, Summen- und Saldenlisten, Betriebswirtschaftliche Auswertungen, Gewinnermittlungen nach § 4 Abs.3 EStG, Jahreslohnkonten der einzelnen Mitarbeiter, aber auch eine Gewerbeanmeldung, eine Anzeige der Betriebsaufnahme nach § 138 AO oder ein Nachweis über die Aufnahme der freiberuflichen Tätigkeit sowie bei Gesellschaftern der Gesellschaftsvertrag und bei Geschäftsführern der Geschäftsführervertrag von Bedeutung sein.

2195   Aus den Unterlagen über die Betriebsergebnisse in der Zeit nach dem Schadensfall ergibt sich i.d.R. auch, ob außer dem Schadensfall auch andere Umstände den Gewinn geschmälert haben, etwa nicht betriebsbedingt erforderliche besondere Anschaffungen oder erhöhte Materialeinkäufe,[3167] die allerdings evtl. die schadensbedingten Mindergewinne ausgleichen sollen. Einkünfte aus Kapitalvermögen und aus Vermietung und Verpachtung bleiben unberücksichtigt, weil es um den Erwerbsschaden infolge Minderung der Erwerbsfähigkeit geht.

2196   Festzustellen ist die Umsatzentwicklung in der Zeit vor und nach dem Schadensfall und die Entwicklung des Rohgewinns unter Berücksichtigung der fixen und variablen Kosten. Von Bedeutung sind die funktionelle und organisatorische Eingliederung des Geschädigten in den Betrieb und die Auswirkung des schadensbedingten Ausfalls.

2197   Ein Gutachten zum behaupteten Gewinnentgang ist nur einzuholen, wenn der geschädigte Unternehmer ausreichende Ausgangs- und Anknüpfungstatsachen dargelegt hat. Die Ausgangstatsachen können nach dem Beweismaß des § 287 ZPO insbesondere durch Geschäftsunterlagen, evtl. aber auch durch Zeugen bewiesen werden.

3166   KG NZV 2005, 148.
3167   KG NZV 2005, 148.

Zoll

Der Sachverständige sollte betriebswirtschaftliche und steuerliche Kennt- **2198**
nisse und Erfahrungen haben. Er ist bei der Auftragserteilung darauf hinzuweisen, dass es um eine Prognose geht, bei der die Beweiserleichterungen
von § 287 ZPO, § 252 BGB zu beachten sind. Hinsichtlich der Ausgangstatsachen darf der Sachverständige nicht selbstständig Beweis erheben. Er darf
seinem Gutachten nur unstreitige oder bewiesene Anknüpfungstatsachen
zugrunde legen. Fehlen ihm Unterlagen oder sonstige Informationen, hat
er sich mit dem Gericht abzustimmen. Evtl. ist für die Begutachtung von
Alternativverläufen auszugehen. Werden die haftungsrechtlichen Fragestellungen und die Beweisanforderungen vom beauftragten Sachverständigen
nicht richtig erkannt und nicht ausreichend beachtet, kann sich die zumeist
teure Begutachtung als unbrauchbar erweisen.

Die dem Sachverständigen vorgelegten oder vorzulegenden Unterlagen **2199**
müssen auch dem Gegner zur Kenntnis gebracht werden; ist der Kläger damit nicht einverstanden, dürfen sie vom Sachverständigen nicht verwertet
werden.[3168]

(8) Schadensbedingte Unternehmensaufgabe

Hat der Unternehmer sein Unternehmen aus gesundheitlichen Gründen **2200**
aufgegeben, muss er nachweisen, dass die Weiterführung schadensbedingt
nicht möglich war und dass er ohne die Folgen des Schadensfalls sein Unternehmen erfolgreich weitergeführt hätte, wobei ihm die Beweiserleichterungen von § 252 BGB, § 287 ZPO zugutekommen.[3169]

(9) Schadensminderungspflicht

Der Unternehmer muss dann versuchen, seine Arbeitskraft anderweitig zu **2201**
verwerten, notfalls auch als Arbeitnehmer. Nimmt er nach der schadensbedingten Unternehmensaufgabe eine abhängige Tätigkeit auf, besteht sein
Erwerbsschaden in der Differenz zwischen seinem jetzigen Einkommen aus
abhängiger Tätigkeit und seinem mutmaßlichen Einkommen als Unternehmer.[3170] Nimmt er keine anderweitige Tätigkeit auf, muss er darlegen, welche zumutbaren Bemühungen er unternommen hat, um die ihm verbliebene
Arbeitskraft anderweitig zu verwenden.

3168 BGH VersR 1988, 637.
3169 BGH VersR 1998, 772; NZV 2001, 210; OLG Köln VersR 2000, 237.
3170 BGH NZV 2001, 210.

Zoll

2202 Checkliste Erwerbsschaden eines Selbstständigen

Art der Selbst-ständigkeit	Gewerbebetrieb (§ 15 EStG, §§ 140 ff. AO) Freiberufler (§ 18 EStG) Landwirt (evtl. §§ 4 Abs. 3, 13a EStG) Einzelunternehmen, GbR, oHG, KG, GmbH Scheinselbstständigkeit (vgl. § 7 Abs. 4 SGB IV a.F.; dann liegt rechtlich eine abhängige Beschäftigung vor) Selbstständiger i.S. von § 2 SGB VI Geringfügige selbstständige Beschäftigung (§ 8 Abs. 3 SGB IV) »Ich-AG«, Existenzgründungszuschuss (§ 421l SGB III), Gründungszuschuss (§ 57SGB III)
Arbeitsleistung/ Stellung im Unter-nehmen	Konkrete Feststellung erforderlich (Verlust der Arbeitskraft als solcher ist kein Schaden)
Einkommens-/ Gewinnverhältnisse	Konkrete Feststellung erforderlich Möglichst den Gewinnverlauf in den letzten 3 bis 5 Jahren vor dem Schadensfall ermitteln Tatsächlichen Gewinnverlauf ab dem Schadensfall bis zum Beurteilungszeitpunkt ermitteln: – Erhöhte Ausgaben, z.B. infolge durch den Scha-densfall bedingter Beschäftigung von Ersatz-kräften oder erhöhtem Einsatz des vorhandenen Personals – durch den Schadensfall bedingte Umsatzrück-gänge bzw. ausbleibende Umsatzsteigerungen – Konkret entgangene Geschäfte Konjunkturelle und branchentypische Entwick-lungen
Schadensminderung	Konkrete Feststellung erforderlich Maßnahmen der Schadensminderung sollten ausreichend dokumentiert werden, damit auf den Einwand einer Verletzung der Schadensminde-rungspflicht durch die Schädigerseite substantiiert vorgetragen werden kann

Endzeitpunkt einer Rentenzahlung	Bei Selbstständigen sind konkrete Feststellungen erforderlich Anhaltspunkt können konkrete Maßnahmen der Altersvorsorge sein Ansonsten kann evtl. auf branchenbezogene statistische Daten zurückgegriffen werden
Erforderliche Unterlagen	Bilanzen, Gewinn- und Verlustrechnungen Einkommenssteuer- und sonstige Steuererklärungen oder -bescheide Gewinnermittlungen nach § 4 Abs.3 EStG Umsatzsteuervoranmeldungen Summen- und Saldenlisten Betriebswirtschaftliche Auswertungen Jahreslohnkonten der einzelnen Mitarbeiter Unterlagen über die Einstellung und Bezahlung von Ersatzkräften Unterlagen über den Ausfall konkreter Geschäfte Sonstige Unterlagen über den Geschäftsverlauf vor dem Schadensfall und danach Gewerbeanmeldung Anzeige der Betriebsaufnahme Nachweis über die Aufnahme der freiberuflichen Tätigkeit Geschäftsführervertrag Gesellschaftsvertrag
Gerichtliches Vorgehen	Entbindung des Steuerberaters von der Schweigepflicht Evtl. selbstständiges Beweisverfahren

gg) Kinder, Jugendliche, Lernende

Bei Kindern und noch in der Ausbildung Befindlichen, die schadensbedingt **2203** zeitlich in ihrer Ausbildung zurückgeworfen werden oder sogar wegen eines erheblichen Dauerschadens die Ausbildung abbrechen müssen oder erst gar keine Ausbildung aufnehmen können, ist die Prognose hinsichtlich ihrer beruflichen Entwicklung ohne den Schadensfall besonders schwierig. Das gilt vor allem bei Schäden anlässlich der Geburt und dann, wenn kleine Kinder einen schwere Gesundheitsschäden erleiden. Mit fortschreitendem Alter wird die Prognose einfacher, weil zumindest Entwicklungsdaten aus Kindergarten, Schule, Berufsausbildung, Universität und dergl. vorliegen. Dennoch ist auch dann meist eine gewisse Großzügigkeit der Beurteilung erforderlich, um den vom Schädiger zu verantwortenden Beweisschwierigkeiten des Geschädigten angemessen Rechnung zu tragen. § 287 ZPO und

Zoll

§ 252 BGB bilden für eine großzügige Prognose eine ausreichende gesetzliche Grundlage.

2204   Ein Erwerbsschaden kann sich insbesondere ergeben aus der schadensbedingten Unmöglichkeit der Aufnahme einer Erwerbstätigkeit und der Verzögerung der Ausbildung mit der Folge eines verspäteten Eintritts in das Erwerbsleben.

2205   Ist bereits ein bestimmter Ausbildungsgang in Aussicht genommen, so ist, soweit nichts dagegen spricht, davon auszugehen, dass die Ausbildung in der üblichen Zeit mit durchschnittlichem Erfolg – abgeschlossen worden wäre.[3171] Von dem Geschädigten zu verantwortende Verzögerungen sind nicht zu Lasten des Schädigers zu berücksichtigen.[3172]

2206   Ist der Schaden bereits im Kleinkindalter eingetreten, etwa durch fehlerhafte ärztliche Behandlung anlässlich der Geburt, kann für die Prognose nur auf Umstände aus dem familiären und sozialen Umfeld abgestellt werden. Dabei kann die berufliche und gesellschaftliche Stellung der Eltern, aber auch die Entwicklung von Geschwistern ein Hinweis auf die mutmaßliche Entwicklung ohne den Schadensfall sein.[3173] Ist mit dem Geschädigten ein gesunder Zwillingsbruder geboren, kann für den Verdienstausfallschaden von dessen Ausbildungsgang (Hauptschulabschluss, Bäckerlehre) und Verdienst ausgegangen werden.[3174]

2207   Nicht ausreichend wahrscheinliche Kausalverläufe sind auszuschließen. Dass ein Geschädigter, der im Zeitpunkt des Schadensfalls 17 Jahre alt war und die 11. Klasse des Gymnasiums besuchte, ohne den Schadensfall nach dem Abitur zur Ausbildung zum Piloten als Offizier der Luftwaffe mit Studium der Betriebswirtschaftslehre an der Bundeswehrhochschule zugelassen worden wäre, ist nicht zu prognostizieren, wenn nur ein verschwindend geringer Anteil der Teilnehmer des Eignungsfeststellungsverfahrens (0,48%) tatsächlich eingestellt wurde.[3175] Bestanden bei einem im Zeitpunkt des Schadensereignisses 19-jährigen Geschädigten, der über keinen Schulabschluss verfügte und mehrere Nachholversuche ebenso wie mehrere Lehren abgebrochen hatte, bereits vor dem Schadensereignis Prodromalsymptome der endogenen paranoid-halluzinatorischen Psychose, welche die schulische und berufliche Leistungsfähigkeit erheblich behinderten, kann nicht davon ausgegangen werden, er hätte ohne den Schadensfall erfolgreich eine Ausbildung zum Landwirtschaftshelfer absolviert und anschließend

---

3171   BGH VersR 2000, 1521; OLG München, Urteil vom 29.12.2006 – 10 U 3815/04 – Juris.
3172   BGH VersR 2000, 1521.
3173   BGH VersR 2010, 1607.
3174   OLG Schleswig OLGR 2009, 305.
3175   OLG Celle VersR 2008, 82; der BGH hat die Nichtzulassungsbeschwerde zurückgewiesen, Beschluss vom 03.07.2007 -VI ZR 40/07.

Zoll

eine Anstellung in diesem Beruf gefunden.[3176] Anhaltspunkte aufgrund der tatsächlichen Entwicklung des Kindes sind zu berücksichtigen.[3177]

Checkliste Kinder, Jugendliche, Lernende   **2208**

Bisheriger Lebensweg	Je nach Alter im Zeitpunkt der Schädigung: Familienumfeld (Beruf/soziale Stellung von Eltern und Geschwistern) Entwicklung im Kindergarten Schulausbildung, Art, Leistungsniveau, Abschlüsse Berufsausbildung, Art, Leistungsniveau, Abschlüsse Studium, Art, Leistungsniveau, Abschlüsse
Berufsziel	Gewünschtes Berufsziel Ausbildungs- und leistungsmäßig erreichbares Berufsziel unter Berücksichtigung des Arbeitsmarkts Schadensbedingt tatsächlich erreichtes Berufsziel
Einkommen	Erzielbares Einkommen im gewünschten bzw. ohne Schädigung erreichbaren Beruf Schadensbedingt erzieltes geringeres Einkommen
Schadensminderung	Maßnahmen der Schadensminderung sollten konkret vorgetragen werden (z.B. rechtzeitige Fortsetzung einer unterbrochenen Ausbildung; zumutbare Maßnahmen, das angestrebte Berufsziel doch noch zu erreichen; Umschulung; Weiterbildung; Arbeitssuche)

hh) Sonstige Personengruppen
(1) Beamte

Beamte und andere Personen in öffentlich-rechtlichen Dienstverhältnissen   **2209**
(Richter, Soldaten) erhalten bei Dienstunfähigkeit ihre ungekürzten Bezüge sowie die Beihilfeleistungen bis zur Pensionierung weiter. Häufig wird bei schadensbedingter Dienstunfähigkeit eines Beamten daher nur der aufgrund Legalzession auf den Dienstherrn übergegangene Regressanspruch in Frage stehen. Dies gilt insbesondere, wenn Zusatzleistungen erfolgen, weil es sich um einen Dienstunfall handelt, z.B. ein neben den Dienstbezügen oder dem Ruhegehalt gezahlter nach § 3 Nrn. 1b, 6 EStG steuerfreier Unfallausgleich in Höhe der Grundrente nach § 35 Abs. 1 Satz 2 BeamtVG i.V.m. § 31 Abs. 1-4 BVG; dieser ist allerdings nicht zum Erwerbsschaden, sondern zu den vermehrten Bedürfnissen kongruent.[3178]

3176   OLG Saabrücken Schaden-Praxis 2008, 364.
3177   BGH VersR 2010, 1607.
3178   BGH VersR 2010, 270; a.A. KG VersR 2002, 1429.

(2) Arbeitslose

2210 Kann mit Wahrscheinlichkeit (§ 252 BGB) davon ausgegangen werden, dass der verletzte Arbeitslose ohne den Schadensfall bald wieder Arbeit gefunden und aufgenommen hätte, ist auch dieser Erwerbsschaden zu ersetzen.[3179] Eine ungünstige Arbeitsmarktlage muss bei der Prognose berücksichtigt werden.[3180] Bei häufigem Arbeitsplatzwechsel mit zeitweiliger Arbeitslosigkeit ist aber auch für die Zukunft mit entsprechenden Pausen zu rechnen.[3181]

2211 Hat der Verletzte vor dem Schadensfall jeweils nur wenige Monate im Jahr gearbeitet und muss davon ausgegangen werden, dass er ohne den Schadensfall auch in der Zeit danach so verfahren wäre, ist hinsichtlich der zeitlichen Kongruenz zwischen Erwerbsschaden und Sozialleistung zu unterscheiden:[3182] Hätte er ohne den Schadensfall den gesamten Jahresunterhalt in wenigen Monaten verdient (z.B. als Saisonarbeiter), besteht zeitliche Kongruenz zu den sachlich kongruenten Sozialleistungen für das ganze Jahr; hätte er ohne den Schadensfall seinen Lebensunterhalt jeweils nur für einige Monate im Jahr verdienen können, besteht zeitliche Kongruenz nur für den Zeitraum, in dem er ohne Schadensfall tatsächlich gearbeitet hätte.

2212 Ein von der Beklagten zu ersetzender Vermögensschaden kann auch darin liegen, dass ein bis dahin Arbeitsloser aufgrund eines Schadensfalls arbeitsunfähig geworden ist und dadurch seinen Anspruch auf Arbeitslosengeld verloren hat.[3183] Steht ein Arbeitslosengeldempfänger schadensbedingt dem Arbeitsmarkt nicht mehr zur Verfügung und bezieht er statt des Arbeitslosengeldes i.S.d. §§ 117 ff. SGB III a.F. »Leistungsfortzahlung bei Arbeitsunfähigkeit« i.S.d. § 126 Abs. 1 S. 1 SGB III, so entsteht ihm wegen des Wegfalls seines bisherigen Anspruchs bei normativer Betrachtungsweise ein Erwerbsschaden. In entsprechendem Umfang geht sein Schadensersatzanspruch gegen den Schädiger gemäß § 116 Abs. 1 S. 1, Abs. 10 SGB X auf die Bundesagentur für Arbeit über.[3184] Der Verlust eines Anspruchs auf Arbeitslosengeld II soll – im Gegensatz zum Arbeitslosengeld und der Arbeitslosenhilfe nach dem bis zum 31.12.2004 geltenden Recht – keinen Erwerbsschaden im Sinne von § 842 BGB darstellen; ein Erwerbsschaden könne nur beim Verlust solcher Leistungen bejaht werden, die Lohnersatzfunktion haben, was auf das nach dem Bedürftigkeitsprinzip gewährte Arbeitslosengeld II nicht zutreffe.[3185]

3179 BGH VersR 1990, 284; 1991, 703; auch VersR 1997, 366.
3180 OLG Hamm r+s 1998, 465.
3181 BGH VersR 1991, 703; OLG Hamm r+s 1995, 256.
3182 BGH VersR 1997, 751.
3183 BGH VersR 1984, 639 = BGHZ 90, 334.
3184 BGH VersR 2008, 824 = BGHZ 176, 109.
3185 OLG Köln r+s 2009, 435.

e) Haushaltsführungsschaden
aa) Allgemeines

Ein Haushaltsführungsschaden ist gegeben, wenn der Verletzte – Hausfrau, **2213** Hausmann oder nur mithelfender Ehepartner – die Führung des Haushalts ganz oder jedenfalls teilweise übernommen hatte und infolge des Schadensfalls entweder vorübergehend oder auf Dauer den Haushalt nicht mehr oder jedenfalls nicht mehr in dem Umfang wie früher führen kann. Bei nicht unerheblichen Gesundheitsschäden kann die Geltendmachung des Haushaltsführungsschadens zu erheblichen Schadensersatzleistungen führen. Der Haushaltsführungsschaden war Gegenstand des Arbeitskreises IV des 48. Deutschen Verkehrsgerichtstags 2010 in Goslar. Von den dortigen Empfehlungen ist erwähnenswert, dass für die Schätzung des Haushaltsführungsschadens kein allgemein gültiges Höchstalter zu Grunde gelegt werden könne.

Der Haushaltsführungsschaden kann nicht nur bei einer verletzten Haus- **2214** frau, sondern auch bei dem (berufstätigen) Ehemann oder männlichen Lebensgefährten entstehen.[3186] Entscheidend ist, ob er bei der Haushaltsführung mitarbeitet; ob die Ehefrau oder Lebensgefährtin erwerbstätig ist, ist unerheblich. Allerdings ist es einem Geschädigten zuzumuten, seinen Haushalt so umzuorganisieren, dass er diejenigen Tätigkeiten übernimmt, zu denen er trotz seiner schadensbedingten Behinderung in der Lage ist.[3187] Dies ist vielfach insbesondere dann möglich, wenn einer der Partner berufstätig und in nur geringerem Umfang an der Haushaltsführung beteiligt ist. Ein Anspruch auf Schadensersatz wegen entgangener Haushaltstätigkeit besteht grundsätzlich auch dann, wenn die Ehegatten den Haushalt zu gleichen Teilen besorgt haben.[3188]

Zur Haushaltsführung gehören nicht nur die Haushaltstätigkeiten im enge- **2215** ren Sinne wie Kochen, Spülen, Abwaschen und Putzen, sondern auch technische Arbeiten, wie Reparaturen in der Wohnung, Herrichtung von Möbeln, Pflege des Pkw u.ä.[3189]

Soweit wegen der Beeinträchtigung der Fähigkeit zur Haushaltsführung **2216** eine Rente für die Zukunft gezahlt wird, sollten im Hinblick auf evtl. künftige Änderungen die tatsächlichen Grundlagen der Schadensbemessung, insbesondere Umfang der Verletzung und Grad der Beeinträchtigung, Größe des Haushalts nach Wohnraum und Personenanzahl sowie die Höhe des zugrunde gelegten Stundensatzes schriftlich festgehalten werden.[3190]

3186 KG VersR 2005, 237; OLG Düsseldorf VersR 2004, 120; OLG Koblenz VersR 2004, 1011;.
3187 KG VersR 2005, 237.
3188 BGH VersR 1988, 490.
3189 BGH VersR 1988, 490.
3190 48. Deutscher Verkehrsgerichtstag, Arbeitskreis IV (Haushaltsführungsschaden), Empfehlung 3.

bb) Anspruchsübergang

2217 Zu unterscheiden sind die beiden Fallgruppen des Ausfalls oder der Minderung der Fähigkeit zur Führung des eigenen Haushalts und der Haushaltsführung für Dritte. Der Unterschied wirkt sich bei der Schadensberechnung nicht aus, hat aber Bedeutung für den Anspruchsübergang auf Leistungsträger, die Ersatzleistungen erbringen (z.B. § 116 SGB X; § 67 VVG a.F. bzw. § 86 VVG n.F.). Die erste Fallgruppe gehört zum Bereich der vermehrten Bedürfnisse, die zweite zum Bereich des Erwerbsschadens. Werden insoweit kongruente Leistungen, etwa von einem Sozialversicherungsträger, erbracht, ist der Geschädigte selbst wegen des Anspruchsübergangs möglicherweise nicht oder nur in eingeschränktem Umfang zur Geltendmachung des Haushaltsführungsschadens aktivlegitimiert. Bezieht der Haushaltsführende etwa Krankengeld, Verletztengeld oder eine Erwerbsunfähigkeits- oder Verletztenrente, geht Ersatzanspruch wegen des Erwerbsschadens (Haushaltsführung für Dritte) in dieser Höhe vorrangig auf den leistenden Sozialversicherungsträger über. Wird ein Pflegegeld gezahlt, geht der Schadensersatzanspruch wegen vermehrter Bedürfnisse (eigene Haushaltsführung) vorrangig auf den das Pflegegeld leistenden Sozialversicherungsträger über. Dabei ist die Abgrenzung des Erwerbsschadensanteils von dem auf vermehrte Bedürfnisse entfallenden Anteil des Haushaltsführungsaufwands nach der Anzahl der zum Haushalt gehörenden Personen zu gleichen Kopfteilen vorzunehmen.[3191] Beruft sich der Kläger z.B. auf eine unfallbedingt reduzierte Fähigkeit, im (nur) mit seiner Ehefrau gemeinsam genutzten Haushalt und Garten die gewohnten Arbeiten zu erbringen, ist es gerechtfertigt, 50% der kongruenten Sozialleistungen anzurechnen.[3192] In einem 6-Personen-Haushalt entfallen 5/6 des Aufwands auf den Erwerbsschaden, 1/6 auf vermehrte Bedürfnisse.[3193]

cc) Die Ermittlung des Schadens

(1) Allgemeines

2218 Im Fall der Verletzung kommt es nicht auf den gesetzlich geschuldeten, sondern auf den vor dem Schadensfall tatsächlich erbrachten Umfang der Arbeitsleistung im Haushalt an[3194] (anders bei § 844 BGB im Falle der Tötung). Der Schadensersatz bemisst sich nach dem erforderlichen Kostenaufwand für die Beschäftigung einer gleichwertigen Ersatzkraft, gleichgültig, ob sie tatsächlich eingestellt worden ist oder nicht. Bei Einstellung einer Ersatzkraft ist der tatsächlich gezahlte Bruttolohn, sonst der Nettolohn einer fiktiven Ersatzkraft maßgebend.[3195]

3191 BGH VersR 1985, 356; VersR 1996, 1565; OLG Bamberg OLGR 2005, 68.
3192 KG KGR Berlin 2008; 860; dazu Lang, jurisPR-VerkR 2/2009 Anm. 2.
3193 OLG Bamberg OLGR 2005, 68.
3194 BGH VersR 1996, 1565; OLG Oldenburg VersR 1993, 1491.
3195 BGH VersR 1989, 857; OLG Schleswig ZfS 1995, 10.

Zoll

Um die Lohnkosten zu ermitteln, muss zunächst der Stundenaufwand ermit- **2219**
telt werden, der für die Führung des konkreten Haushalts des Geschädigten
erforderlich ist. Man kann darüber streiten, inwieweit auf den tatsächlichen
Aufwand abzustellen ist, der i.d.R. höher sein wird als der Aufwand, den
eine Fachkraft für dieselbe Arbeit benötigt, was aus den Tabellen 1 und 8 bei
Schulz-Borck/Hofmann deutlich wird. Sodann ist festzustellen, inwieweit
der Geschädigte durch den Schadensfall in der Fähigkeit, den Haushalt zu
führen (MdH), behindert ist und welcher Aufwand erforderlich ist, um den
Ausfall zu kompensieren. Zu ermitteln ist also in 4 Schritten

1. der Arbeitszeitaufwand des Verletzten vor dem Schadensfall
2. die schadensbedingte Minderung der Fähigkeit zur Haushaltsführung
   (MdH) evtl. getrennt nach Zeitabschnitten
3. der ausgleichspflichtige Zeitaufwand
4. der Ersatzbetrag

(2) Die Ermittlung der Beeinträchtigung

Für die Schätzung des durch gesundheitliche Beeinträchtigungen bei der **2220**
Haushaltsführung gegebenen Schadens kann auf anerkannte Tabellenwerke
oder EDV-gestützte Ermittlungsmethoden zurückgegriffen werden; deren
Werte sind anhand fallbezogener Feststellungen zu prüfen und erforderlichenfalls zu korrigieren.[3196] Tabellen wie von Schulz-Borck/Hofmann[3197]
sind Hilfsmittel zur Schätzung des Schadens nach § 252 BGB, § 287 ZPO.[3198]
Für einen schlüssigen Vortrag reicht es nicht aus, sich nur auf Werte daraus
zu beziehen, oder einen solchen zunächst abstrakt vorzutragen und dann
später mit einzelnen Tätigkeiten aufzufüllen. Die Heranziehung von Ta-
bellenwerken entbindet den Verletzten bzw. seinen Anwalt also nicht davon, den Schaden konkret zu schildern und ggf. zu beweisen.[3199] Zunächst
müssen konkrete Anknüpfungstatsachen vorgetragen werden, die erst die
Anwendung solcher Tabellen ermöglichen. Die daraus entnommenen Werte
sind zudem regelmäßig im Hinblick auf die Besonderheiten des Einzelfalles
zu plausibilisieren.[3200] Das gilt auch hinsichtlich der haushaltsspezifischen

---

3196 48. Deutscher Verkehrsgerichtstag, Arbeitskreis IV (Haushaltsführungsschaden), Empfehlung 1.
3197 Schulz-Borck/Hofmann, Schadenersatz bei Ausfall von Hausfrauen und Müttern im Haushalt, 6. aktualisierte Aufl. 2000.
3198 BGH VersR 2009, 515; vgl. auch KG DAR 2008, 520; OLG Celle Schaden-
Praxis 2008, 7.
3199 Vgl. OLG Brandenburg Schaden-Praxis 2008, 46; NZV 2010, 154 = Juris
Rn. 32; OLG Celle SVR 2007, 147; OLG Celle Schaden-Praxis 2008, 7; KG
KGR Berlin 2008 , 860; OLG München, Urteil vom 25.09.2009 – 10 U 5684/08
– Juris Rn. 36 ff.; LG Köln DAR 2008, 388.
3200 Küppersbusch, Ersatzansprüche bei Personenschaden, 10. Aufl. 2010, Rn. 194.

Minderung der Fähigkeit zur Arbeit im Haushalt (MdH). Hierzu reicht ein Hinweis auf – evtl. bereits in einem ärztlichen Gutachten genannte – MdE-Sätze nicht aus.[3201]

2221 In der Praxis wurde bisher weitgehend mit den Tabellen von Schulz-Borck/ Hofmann in der 6. Auflage gearbeitet. Der BGH hat diese als Schätzungs-grundlage anerkannt.[3202] Die Anwendung dieser Tabellen ist auch künftig möglich. Die Tabellen der 7. Auflage[3203] führen zu einer deutlichen Ver-komplizierung der Berechnung, die für eine gerechte Schätzung des Haus-haltsführungsschadens nach § 287 ZPO nicht unbedingt als erforderlich er-scheint.[3204]

2222 Der Arbeitszeitaufwand des Geschädigten vor dem Schadensfall wird be-stimmt durch die Anzahl der Familienmitglieder, das Alter der Kinder, die Größe und Ausstattung der Wohnung und den allgemeinen Lebens-zuschnitt. Dazu ist konkret vorzutragen. Das gilt auch hinsichtlich der Frage, in welchem Umfang der Verletzte die Hausarbeit tatsächlich selbst geleistet hat. Wenn zu den konkreten Verhältnissen ausreichend vorgetra-gen ist, kann zur Schätzung auf die Tabellen zurückgegriffen werden. Die tatsächlichen Verhältnisse können von den Tabellenwerten nach oben oder unten abweichen. Bei der Berechnung des Haushaltsführungsschadens nach Schulz-Borck/Hofmann wird darüber gestritten, ob für die Schätzung des erforderlichen Aufwands für die Haushaltsführung richtigerweise Tabelle 1 oder Tabelle 8 heranzuziehen ist. In der Praxis sollte auf Mischformen zwischen den Tabellen 1 und 8 zurückgegriffen werden.[3205] Die Werte der Tabelle 1 sind ohnehin evtl. durch erhebliche Zuschläge nach Tabelle 2 zu erhöhen, z.B. wegen vorhandener Kleinkinder oder wegen eines Gartens. Der BGH hat den Meinungsstreit, ob Tabelle 1 oder Tabelle 8 in Verletzten-fällen anzuwenden ist, nicht entschieden.[3206]

2223 Bei der schadensbedingten prozentualen Minderung der Fähigkeit zur Haushaltsführung (MdH) geht es um das Ausmaß der schadensbeding-ten körperlichen Beeinträchtigung des verletzten Haushaltsführenden und um die dadurch bedingte konkrete Behinderung bei der Haushaltsführung (MdH). Die MdH kann nicht mit der MdE gleichgesetzt werden. Die MdH

3201 Vgl. OLG Hamm VersR 2002, 1430; OLG Koblenz VersR 2004, 1011; OLG München, Urteil vom 09.10.2009 – 10 U 2309/09 – Juris Rn. 30; Jahnke, juris-PR-VerkR 20/2009 Anm. 3; Geigel/Pardey, Der Haftpflichtprozess, 26. Aufl. 2011, Kap. 4, Rn. 144; Balke, SVR 2009, 223, 224.

3202 BGH VersR 2009, 515.

3203 Schulz-Borck/Pardey, Der Haushaltsführungsschaden, 7. Aufl. 2009.

3204 Vgl. Lang jurisPR-VerkR 2/2009 Anm. 2; jurisPR-VerkR 5/2010 Anm. 1.

3205 Vgl. Lang jurisPR-VerkR 2/2009 Anm. 2.

3206 A.A. Schah-Sedi/Schah-Sedi ZfS 2009, 610; vgl. dazu näher Küppersbusch, Er-satzansprüche bei Personenschaden, 10. Aufl. 2010, Rn. 180 ff.; Jahnke, Der Verdienstausfall im Schadensersatzrecht, 3. Aufl. 2009, S. 447.

Zoll

ist in der Regel geringer als die MdE, wird teilweise mit 50% der MdE bewertet.[3207] Es kommt aber auf die Umstände an. Bestimmte Verletzungs-
formen können bei der Hausarbeit mehr behindern als im Erwerbsleben.
Insoweit kann – vor allem bei Dauerschäden – auf die Tabellen 6 und 6a
von Schulz-Borck/Hofmann[3208] zurückgegriffen werden.[3209] Notfalls muss
Sachverständigenbeweis erhoben werden. Zu berücksichtigen ist allerdings,
dass eine Beeinträchtigung der Haushaltstätigkeit durch Einsatz technischer Hilfsmittel und gegebenenfalls durch eine Umverteilung der Arbeit
im Haushalt aufgefangen werden kann.[3210] Geringe Beeinträchtigungen von
bis zu 20% bleiben zum Teil unberücksichtigt.[3211]

Der ausgleichspflichtige Zeitaufwand ist nicht gleichzusetzen mit der Zahl **2224**
der tatsächlichen Ausfallstunden. Auch bei fiktiver Abrechnung kommt es
auf den erforderlichen Aufwand an. Dieser richtet sich danach, welchen
Aufwand eine (fiktive) Ersatzkraft zur Haushaltsführung benötigt.

Während der Zeit einer stationären Behandlung ist der Haushaltsführungs- **2225**
schaden in einem Einpersonenhaushalt naturgemäß deutlich reduziert und
beschränkt sich im Allgemeinen auf notwendige Erhaltungsmaßnahmen.[3212]
Positionen wie Gartenarbeit, Haushaltsführung und Organisation, häusliche Kleinarbeiten und Pflege und Betreuung von Personen fallen bei vollständiger Abwesenheit nicht in vollem Umfang an; die Position Reinigungs-
bedarf ist auf ein Minimum reduziert; die Position Ernährung entfällt.[3213]
In diesem Fall bedarf es nicht der Einstellung einer qualifizierten Ersatzkraft.[3214]

(3) Die Ermittlung des Ersatzbetrags

Wird eine Ersatzkraft eingestellt, ist grundsätzlich das gezahlte Bruttoent- **2226**
gelt zuzüglich der Beiträge zur Sozialversicherung zu erstatten.[3215] Zu achten ist darauf, dass die eingestellte Ersatzkraft nicht überqualifiziert ist. Die
zu fordernde Qualifikation ist abhängig vom Zuschnitt des Haushalts, insbesondere davon, ob von ihr Kinder zu betreuen und versorgen sind und
wie alt sie sind.

3207 OLG Nürnberg DAR 2001, 366; OLG Hamm VersR 2002, 1430.
3208 Die von Reichenbach/Vogel begründete Tabelle des Münchner Modells; vgl.
   dazu Küppersbusch, Ersatzansprüche bei Personenschaden, 10. Aufl. 2010,
   Rn. 196.
3209 Vgl. KG DAR 2008, 860; OLG Düsseldorf VersR 2004, 120; OLG Köln Schaden-Praxis 2000, 306.
3210 KG VersR 2005, 237; OLG Hamm VersR 2002, 1430; OLG Köln Schaden-
   Praxis 2000, 336.
3211 Z.B. KG VersR 2005, 237; OLG Oldenburg VersR 1993, 1491.
3212 BGH VersR 2009, 515; OLG Hamm NZV 2004, 631.
3213 BGH VersR 2009, 515.
3214 BGH VersR 2009, 515.
3215 BGH VersR 1983, 458.

Zoll

2227 Wird keine Ersatzkraft eingestellt, weil z.b. die übrigen Familienmitglieder behelfsweise die Hausarbeit verrichten, ist dem verletzten Haushaltsführenden der fiktive Nettolohn einer erforderlichen und geeigneten Hilfskraft zu ersetzen.[3216] Die zu fordernde Qualifikation der erforderlichen fiktiven Ersatzkraft ist ebenfalls abhängig vom Zuschnitt des Haushalts, insbesondere davon, ob von ihr Kinder zu betreuen und versorgen sind und wie alt sie sind. Die Stundensätze werden zum Teil frei geschätzt, wobei erhebliche Unterschiede bestehen.[3217] Einer freien Schätzung ist die Heranziehung von Tarifverträgen vorzuziehen.[3218] Der bisher üblicherweise herangezogene Bundesangestelltentarif (BAT) ist ab 01.10.2005 für den Bund durch den Tarifvertrag öffentlicher Dienst (TVöD) und ab 01.11.2006 für die Länder durch den Tarifvertrag öffentlicher Dienst – Länderbereich (TV-L) ersetzt. Die Heranziehung der dort vereinbarten Entgelte für die Schadensschätzung ist nicht zu beanstanden, mögen insoweit auch Schwierigkeiten bestehen.[3219] Die Heranziehung des TVöD ist allerdings nicht zwingend. In den Bundesländern gibt es Tarifverträge für den Bereich der hauswirtschaftlichen Tätigkeit,[3220] deren Heranziehung zunehmend befürwortet wird.[3221] Maßgeblich sind die Beträge für eine Ersatzkraft, die nach dem Anforderungsprofil der jeweiligen Vergütungsgruppe für die erforderliche Haushaltsführung einzustellen wäre.

2228 Wird die Hausarbeit von Verwandten und Bekannten erledigt und verlangt der Geschädigte Ersatz für die von diesen geleistete Arbeit, soll es angemessen sein, einen geringeren Betrag als das Nettotarifentgelt zuzuerkennen, weil diese in der Regel keine ausgebildete Fachkraft sind und die Hausarbeit rationeller (mit weniger Zeitaufwand) gestalten können.[3222] Dies erscheint zumindest dann zweifelhaft, wenn fiktiv abgerechnet wird; denn dann kommt es nicht darauf an, wie sich der Geschädigte beholfen hat.

2229 Wäre der Geschädigte auch ohne den Schadensfall in seiner Fähigkeit zur Haushaltsführung beeinträchtigt gewesen oder ist eine solche Beeinträch-

---

3216 OLG Brandenburg Schaden-Praxis 2008, 46.

3217 8 €: OLG Celle OLGR 2005, 781; NJW-RR 2004, 1673; OLG Köln OLGR 2006, 36; OLG München, Urteil vom 18.02.2010 – 1 U 3871/09 – Juris; 10 €: LG Berlin NZV 2005, 92; LG München Schaden-Praxis 2005, 52; LG Bochum, Urteil vom 18.02.2010 – 6 O 368/07 – Juris; weitere Nachweise bei Nickel/Schwab, SVR 2009, 286 f.

3218 48. Deutscher Verkehrsgerichtstag, Arbeitskreis IV (Haushaltsführungsschaden), Empfehlung 2.

3219 Vgl Pardey, DAR 2006, 671, 677; Schulz-Borck/Pardey, Haushaltsführungsschaden, 7. Aufl. 2009, geht von der Anwendung des TVöD aus.

3220 Tarifverträge des Deutschen Hausfrauenbundes mit der Gewerkschaft Nahrung – Genuss – Gaststätten.

3221 Vgl. Nickel/Schwab SVR 2007, 17; SVR 2009, 286; SVR 2010, 11; OLG Dresden Schaden-Praxis 2008, 292; OLG Frankfurt Schaden-Praxis 2009, 217.

3222 OLG Dresden Schaden-Praxis 2008, 292: 5 € pro Stunde.

tigung zu erwarten, etwa wegen einer bestehenden Erkrankung oder aus Altersgründen, kann es angemessen sein, den Ersatzbetrag zu reduzieren.[3223]

(4) Zeitliche Grenzen

2230

Bei einer vorübergehenden Beeinträchtigung der Fähigkeit zur Haushaltsführung muss der Haushaltsführungsschaden gestaffelt nach Zeiträumen ermittelt werden, wenn die Beeinträchtigung mit dem Heilungsfortschritt abnimmt, der Haushalt also ab einem bestimmten Zeitpunkt in einem bestimmten Umfang wieder geführt werden kann. Entsprechendes gilt bei einem Dauerschaden, wenn das Maß der endgültigen Beeinträchtigung stufenweise erst nach einiger Zeit erreicht wird. Bei vorübergehenden Beeinträchtigungen kann evtl. ab einem bestimmten Zeitpunkt die Beeinträchtigung der Haushaltstätigkeit durch Einsatz technischer Hilfsmittel und gegebenenfalls durch eine Umverteilung der Arbeit im Haushalt aufgefangen werden.[3224] Allgemein lässt sich sagen, dass geringe Beeinträchtigungen von bis zu 20% oft unberücksichtigt bleiben können,[3225] so dass mit dem Erreichen dieser Grenze die Ersatzpflicht des Schädigers endet.

2231

Für die Schätzung des Haushaltsführungsschadens kann kein allgemein gültiges Höchstalter zu Grunde gelegt werden.[3226] Die Rechtsprechung entscheidet insoweit bisher meist anders und begrenzt die Ersatzpflicht z.B. auf die Vollendung des 70.[3227] oder 75.[3228] Lebensjahrs. Eine solche Schätzung ist auch ohne Beweisaufnahme vom Schätzungsermessen des § 287 ZPO gedeckt.[3229] Der Gesichtspunkt, dass die Arbeitskraft älter werdender Menschen, somit auch der Hausfrauen, ab einem gewissen Lebensalter naturgemäß nachlässt, insbesondere soweit es sich um schwere körperliche Arbeit handelt,[3230] spielt mit zunehmender Technisierung der Haushalte oft nur noch eine untergeordnete Rolle. Soweit dem Bedeutung zugemessen wird, kann dem dadurch Rechnung getragen werden, dass ab einem bestimmten Alter ein Abzug auf den errechneten Betrag vorgenommen wird.[3231]

> ❗ Da das Gericht den Anspruch wegen des Haushaltsführungsschadens möglicherweise auf ein Höchstalter begrenzt, muss der Anspruch für

---

3223 LG Bochum, Urteil vom 18.02.2010 – 6 O 368/07 – Juris.
3224 KG VersR 2005, 237; OLG Hamm VersR 2002, 1430; OLG Köln Schaden-Praxis 2000, 336.
3225 Z.B. KG VersR 2005, 237; OLG Oldenburg VersR 1993, 1491.
3226 48. Deutscher Verkehrsgerichtstag, Arbeitskreis IV (Haushaltsführungsschaden), Empfehlung 4.
3227 OLG Schleswig OLGR 2005, 311.
3228 OLG Celle, Urteil vom 28.09.2000 – 14 U 215/99 – Juris.
3229 BGH VersR 1974, 1016.
3230 BGH VersR 1974, 1016.
3231 So etwa OLG Zweibrücken VersR 1978, 356.

Zoll

die danach verbleibende Lebenszeit durch ein Feststellungsurteil gegen Verjährung geschützt werden.

dd) Nichteheliche Lebensgemeinschaft

2232 Soweit der Haushaltsführende schadensbedingt nicht mehr in der Lage ist, sich selbst zu versorgen, erleidet er einen Schaden, der vom Schädiger gemäß § 843 Abs.1 BGB im Hinblick auf die Vermehrung der Bedürfnisse auszugleichen ist. Die Berechnung erfolgt konkret auf der Basis tatsächlich entstandener Kosten für eine Ersatzkraft oder fiktiv (netto) auf der Basis erforderlicher Kosten für eine Ersatzkraft. Insoweit ergibt sich kein Unterschied zu einem Alleinlebenden im Falle der Verletzung. Eventuell wirkt sich die nichteheliche Lebensgemeinschaft insoweit für den Schädiger günstig aus, weil sich beim Zusammenleben der Partner Rationalisierungseffekte ergeben.

2233 Ob beim Ausfall der Fähigkeit zur Haushaltsführung für den Lebenspartner der Haushaltsführungsschaden zu ersetzen ist, ist umstritten. Vielfach wird vertreten, ein Ersatzanspruch könne nur bei Bestehen der gesetzlichen Unterhaltpflicht gegeben sein.[3232] Das ist nicht überzeugend. Die §§ 842, 843 BGB setzen – anders als § 844 Abs. 2 BGB – keine gesetzliche Unterhaltspflicht voraus, sondern knüpfen an die Vereitelung der Entgeltaussicht an.[3233]

2234 Im Ergebnis zuzustimmen ist der Ansicht, es komme im Falle der Verletzung des Haushaltsführenden in einer nichtehelichen Lebensgemeinschaft entscheidend darauf an, ob die Haushaltsführung für die Gemeinschaft aufgrund entsprechender Absprache zum Ausgleich wirtschaftlicher Gegenleistungen erfolge.[3234] Allerdings darf die Forderung nach einer »Absprache« nicht zu eng gesehen werden. Eine solche liegt auch dann vor, wenn das Zusammenleben einverständlich so gehandhabt wird. Wenn die Lebensgemeinschaft aus einer Wirtschaftsgemeinschaft besteht, zu der aufgrund entsprechender Absprache oder faktischer Handhabung jeder einen Unterhaltsbeitrag leistet, ist in der Haushaltsführung für den Partner für die Dauer des Bestehens der Lebensgemeinschaft eine geldwerte Verwendung der

---

3232 OLG Celle Schaden-Praxis 2009, 288, dazu Jahnke jurisPR-VerkR 19/2009 Anm. 2; OLG Düsseldorf VersR 1992, 1418; NZV 2007, 40; Urteil vom 27.04.2009 – I-1 U 95/08 – Juris Rn. 10 f.; dazu Jahnke, jurisPR-VerkR 20/2009 Anm. 3; OLG Nürnberg VersR 2007, 248; LG Hildesheim VersR 2002, 1431; Jahnke, NZV 2007, 329; Jagow/Burmann/Hess, Straßenverkehrsrecht, 20. Aufl. 2008, § 842 BGB Rn. 62.

3233 Vgl. Staudinger/Vieweg, 2007, § 842 Rn. 133; Röthel NZV 2001, 329.

3234 Dahin gehend OLG Düsseldorf NJW-RR 2006, 1535; Geigel/Pardey, Der Haftpflichtprozess, 26. Aufl. 2011, Kap. 4 Rn. 149; im Prinzip wohl auch Jahnke jurisPR-VerkR 19/2009 Anm. 2 und jurisPR-VerkR 20/2009 Anm. 3; vgl. auch OLG Nürnberg VersR 2007, 248.

Zoll

Arbeitskraft zu sehen, die im Falle der Beeinträchtigung im Rahmen eines fremdverschuldeten Schadensfalls zu einem Erwerbsschaden führt und einen Schadensersatzanspruch rechtfertigt.

Dabei kann es nicht darauf ankommen, ob und welche persönlichen Beziehungen zwischen den Mitgliedern dieser Wirtschaftsgemeinschaft bestehen und ob sie aus zwei oder mehr Personen besteht. Mitglieder können z.B. auch Angehörige (z.B. Mutter und erwachsener Sohn oder mehrere Geschwister) sein.[3235] Entscheidend ist, dass die Leistungen des jeweiligen Partners als Äquivalent für die Gegenleistungen des anderen Partners erscheinen. Eine rein freiwillige unentgeltliche Arbeitsleistung für die anderen Mitglieder der Gemeinschaft aus Gefälligkeit reicht aber in der Regel nicht aus; dann entsteht mit dem Ausfall der Arbeitsleistung nur den anderen ein Schaden, der als Drittschaden nicht zu ersetzen ist. Keine Ersatzpflicht besteht auch, wenn sich jeder Partner letztlich selbst versorgt und nur die wirtschaftlichen Rationalisierungseffekte des Zusammenlebens ausgenutzt werden. Vielfach, insbesondere bei reinen Wohngemeinschaften oder einem nur ein lockeren Zusammenleben, scheidet danach ein Anspruch auf Ersatz des Haushaltsführungsschadens aus. Ein Anspruch besteht aber auf jeden Fall bei Lebensgemeinschaften, die in wirtschaftlicher Hinsicht einer Ehe stark angenähert sind, insbesondere wenn es sich um eine gefestigte Gemeinschaft, evtl. sogar mit gemeinsamen Kindern, handelt.

2235

Checkliste Haushaltsführungsschaden

2236

Art der Lebensgemeinschaft	Ehe, nichteheliche Lebensgemeinschaft o.ä.
Möglicher Anspruchsübergang auf Drittleistungsträger	Evtl. keine Aktivlegitimation des Geschädigten Differenzierung zwischen Haushaltsführung für den Geschädigten selbst (vermehrte Bedürfnisse) und Haushaltsführung für Dritte (Erwerbsschaden)
Zuschnitt des Haushalts	Konkrete Angaben erforderlich
Beteiligung des Geschädigten an der Haushaltsführung vor der Schädigung	Konkrete Angaben erforderlich

---

3235 Vgl. OLG Düsseldorf VersR 1992, 1418: Haushaltsführung der Mutter für den erwachsenen Sohn.

Zoll

Einschränkung der Fähigkeit zur Haushaltsführung durch das Schadensereignis (MdH)	Konkrete Angaben erforderlich Abgleich mit evtl. vorliegender Feststellung der MdE und/oder mit den Tabellen bei Schulz-Borck/ Hofmann Darauf achten, inwieweit zeitliche Änderungen, etwa mit fortlaufendem Heilungsprozess, vorliegen
Einschränkung der Haushaltsführung aufgrund der MdH	Konkrete Angaben erforderlich, auch zur möglichen Umverteilung der Arbeit und zur Arbeit durch andere Haushaltsangehörige
Berechnung bei Einstellung einer Ersatzkraft	Bruttoabrechnung
Fiktive Berechnung	Rückgriff auf einschlägige Tarifverträge, evtl. auf im OLG-Bezirk akzeptierte Vergütungssätze

f) Rentenschaden

2237 Die Beiträge zur gesetzlichen Rentenversicherung sind regelmäßig Gegenstand eines Regresses nach § 119 SGB X (für Schadensereignisse ab dem 01.07.1983). Der Schädiger hat deshalb während der von ihm zu vertretenden Arbeitsunfähigkeit des Versicherten auch für diese Beiträge als dessen Verdienstausfallschaden aufzukommen, wenn und soweit sie in dieser Zeit fortzuentrichten sind. Ferner hat der Schädiger, wenn infolge des Verlustes der versicherungspflichtigen Beschäftigung die Beitragspflicht entfällt, grundsätzlich die Nachteile zu ersetzen, die dem Versicherten durch diese Störung seines Versicherungsverhältnisses entstehen. Als Erwerbs- und Fortkommensschaden sind auch die Nachteile auszugleichen, die dem Verletzten durch eine Unterbrechung in der Abführung von Sozialversicherungsbeiträgen entstehen. Insoweit hat der Schädiger prinzipiell schon bei Entstehung der Beitragslücken dafür zu sorgen, dass eine schadensbedingte Verkürzung späterer Versicherungsleistungen von vornherein ausgeschlossen wird, wobei die Ersatzpflicht nicht voraussetzt, dass eine nachteilige Beeinflussung der (späteren) Rente bereits feststeht, vielmehr schon die Möglichkeit einer Rentenverkürzung ausreicht, um vom Schädiger den Ersatz der Beiträge zur Fortsetzung der sozialen Vorsorge verlangen zu können.[3236]

[3236] BGH VersR 2008, 513.

Zoll

Die in § 119 Abs. 1 SGB X angeordnete Legalzession stellt sicher, dass der **2238** Schaden des Verletzten ausgeglichen wird, ohne dass es einer Geltendmachung und anschließenden Abführung durch den Versicherten selbst bedarf.[3237] Dem Versicherten ist bei fremdverschuldeter Arbeitsunfähigkeit die Aktivlegitimation für den Anspruch auf Ersatz seines Beitragsschadens entzogen und auf den Rentenversicherungsträger als Treuhänder übertragen, der die nunmehr zweckgebundenen Schadensersatzleistungen einzuziehen und zugunsten des Versicherten gemäß § 119 Abs. 3 SGB X als Pflichtbeiträge in der Rentenversicherung zu verbuchen hat.[3238]

Der Forderungsübergang auf den Rentenversicherungsträger vollzieht **2239** sich jedenfalls dann schon im Zeitpunkt des haftungsbegründenden Schadensereignisses, wenn die Möglichkeit einer schadensbedingten Erwerbsunfähigkeit des – rentenversicherten – Geschädigten in Betracht kommt.[3239] Der Forderungsübergang auf den Rentenversicherer erfolgt allerdings erst mit der Abführung des ersten Rentenpflichtversicherungsbeitrags.[3240] Bis dahin bleibt der unmittelbar Verletzte, etwa das noch nicht rentenversicherte Kind, Anspruchsinhaber hinsichtlich des Rentenminderungsschadens, so dass er sich vom Schädiger abfinden lassen kann. Eine solche Abfindung schließt den Regress des Rentenversicherers auch hinsichtlich künftiger Ansprüche auf Ersatz von Rentenversicherungsbeiträgen aus.[3241] Es kommt auf den tatsächlichen Buchungstag der Beiträge an und nicht auf den Beginn des Zeitraumes, für den gebucht wird (z.B. rückwirkende Beitragsleistungen für ausscheidende und nachzuversichernde Beamte, siehe § 8 I 2 SGB VI, § 185 II SGB VI).[3242]

Der Geschädigte ist weder aus eigenem Recht noch in gewillkürter Prozess- **2240** standschaft des Rentenversicherungsträgers zur Geltendmachung der auf diesen nach § 119 SGB X übergegangenen Ansprüche vor den Zivilgerichten prozessführungsbefugt.[3243] Wenn der Rentenversicherungsträger wegen des Beitragsausfalls gegen den Schädiger nicht oder nur unzureichend vorgeht, also seinen Aufgaben als Treuhänder des Geschädigten nicht nachkommt, steht dem Geschädigten gegen ihn ein Schadensersatzanspruch zu, welchen er vor den Sozialgerichten geltend machen kann; den Anspruch

---

3237 BGH VersR 1989, 492 = BGHZ 106, 284; VersR 2000, 471 = BGHZ 143, 344; VersR 2008, 513.

3238 BGH VersR 1986, 592 = BGHZ 97, 330; VersR 2004, 492; VersR 2008, 513.

3239 BGH VersR 2004, 492; VersR 2008, 513.

3240 Jahnke, Der Verdienstausfall im Schadensersatzrecht, 3. Aufl. 2009, Kap. 3 Rn. 1014 ff.

3241 LG Gera r+s 2008, 400; dazu Jahnke r+s 2008, 400 und jurisPR-VerkR 16/2008 Anm. 5.

3242 Näher Jahnke, Der Verdienstausfall im Schadensersatzrecht, 3. Aufl. 2009, Kap. 3 Rn. 846 ff.; ders. r+s 2008, 400 und jurisPR-VerkR 16/2008 Anm. 5.

3243 BGH VersR 2004, 492.

wegen eines etwa verbleibenden Schadens kann der Geschädigte durch ein Feststellungsurteil gegen Verjährung sichern.[3244]

g) Befristung des Schadensersatzes

2241 Eine Verdienstausfallrente auf die voraussichtliche Dauer der Erwerbstätigkeit des Verletzten, wie sie sich ohne den Schadensfall gestaltet hätte, zu begrenzen. Dabei ist nach der bisherigen Rechtsprechung des BGH[3245] grundsätzlich bei einem nicht selbstständig Tätigen auf den gesetzlich mit Vollendung des 65. Lebensjahres vorgesehenen Eintritt in den Ruhestand abzustellen. Zu beachten ist aber, dass die Arbeitsaltersgrenze gegenwärtig ab dem Geburtsjahrgang 1947 schrittweise auf 67 Jahre erhöht wird.[3246] Künftig wird also bei den Regulierungsverhandlungen bzw. bei der gerichtlichen Auseinandersetzung der Geburtsjahrgang des Geschädigten eine Rolle spielen, wenn das Lebensarbeitszeitende ermittelt werden muss. Festzustellen ist auch, dass bestimmte Berufsgruppen (z.B. Polizeibeamte, Soldaten) schon aufgrund entsprechender gesetzlicher Regelungen andere Berufsgruppen (z.B. Lehrer) üblicherweise tatsächlich allgemein früher aus dem Erwerbsleben ausscheiden.[3247] Gleichwohl sollte nicht das übliche Ausscheiden innerhalb der vergleichbaren Beschäftigtengruppe (z.B. Bergarbeiter, Grundschullehrer) für die Prognose herangezogen werden. Die Anlehnung an gesetzliche Vorgaben erscheint klarer und einfacher als die Heranziehung statistischer Werte. Eine abweichende Handhabung liegt im Rahmen des durch § 287 ZPO und § 252 BGB eingeräumten Schätzungsermessens. Allerdings ist darauf zu achten, dass die richtige Vergleichsgruppe herangezogen wird. So können etwa für die Beamten der einzelnen Bundesländer erhebliche Unterschiede bestehen. Erwägenswert erscheint eine Umkehr der Beweislast zulasten desjenigen, der eine längere Lebensarbeitszeit behauptet, als sie in der vergleichbaren Gruppe üblich ist.[3248]

2242 Für Selbstständige lässt sich kein allgemeines Alter der Zurruhesetzung angeben. Hier ist auf die Umstände des Einzelfalls abzustellen. Bestimmte gesetzliche Vorgaben können ein Anhaltspunkt sein. So endete die Kas-

---

3244 BGH VersR 2004, 492.

3245 BGH VersR 1995, 1321; 1995, 1447; VersR 2004, 653 = r+s 2004, 342 m. Anm. Lemcke; VersR 2011, 229.

3246 Vgl. § 235 SGB VI, abgedr. u.a. bei Jahnke, Der Verdienstausfall im Schadensersatzrecht, 3. Aufl. 2009, Kap. 3 Rn. 202; ders. Rn. 237 zur entsprechenden beamtenrechtlichen Regelung.

3247 Zur Problematik vgl. Lemcke, r+s 2004, 343 und r+s 1995, 384; Küppersbusch, aaO, Rn. 860 ff.; Jahnke, Abfindung von Personenschadenansprüchen, 2. Aufl. 2008, § 6 Rn. 103 ff.; Jahnke, Der Verdienstausfall im Schadensersatzrecht, 3. Aufl. 2009, Kap. 3 Rn. 197; vgl. auch OLG Stuttgart VersR 2000, 630; OLG Schleswig OLGR 2005, 303.

3248 So Jahnke, Der Verdienstausfall im Schadensersatzrecht, 3. Aufl. 2009, Kap. 3 Rn. 197.

senarztzulassung gemäß § 95 Abs. 7 SGB V a.F. bisher mit der Vollendung des 68. Lebensjahrs. Die Notartätigkeit endet gemäß §§ 47, 48a BNotO mit der Vollendung des 70. Lebensjahrs. Der Anwalt sollte den Mandanten befragen, wie er für das Alter vorgesorgt hat. Daraus können sich Argumente für einen bestimmten Zeitpunkt der Zurruhesetzung ergeben. Ansonsten kann evtl. auf branchenbezogene statistische Daten zurückgegriffen werden.[3249]

In einem Urteil, das eine Erwerbsschadensrente zuspricht, muss – auch bei Selbstständigen – immer der Zeitpunkt für die Beendigung der Rentenzahlung, soweit sie auf der Basis von beruflichen Einkünften errechnet ist, festgelegt werden.[3250] Dies sollte auch in einem Rentenvergleich erfolgen. Hat das Gericht den Endzeitpunkt festgelegt und ändern sich nachträglich die Verhältnisse, z.B. bei Beamten durch Anhebung des allgemeinen Pensionsalters, kann eine Abänderungsklage gemäß § 323 ZPO erhoben werden. **2243**

h) Familienplanungsschaden[3251]

Nach ständiger Rechtsprechung des BGH sind die mit der Geburt eines nicht gewollten Kindes für die Eltern verbundenen wirtschaftlichen Belastungen, insbesondere die Aufwendungen für dessen Unterhalt, als ersatzpflichtiger Schaden auszugleichen, wenn der Schutz vor solchen Belastungen Gegenstand des Behandlungs- oder Beratungsvertrags war. Diese – am Vertragszweck ausgerichtete – Haftung des Arztes wurde insbesondere bejaht für Fälle fehlgeschlagener Sterilisation aus Gründen der Familienplanung,[3252] bei fehlerhafter Behandlung mit einem empfängnisverhütenden Mittel,[3253] bei fehlerhafter Beratung über die Sicherheit der empfängnisverhütenden Wirkungen eines vom Arzt verordneten Hormonpräparats[3254] sowie für Fälle fehlerhafter genetischer Beratung vor Zeugung eines genetisch behinderten Kindes.[3255] Diese Rechtsprechung hat das BVerfG als verfassungsrechtlich unbedenklich erachtet.[3256] In derartigen Fällen geht es lediglich darum, dass eine von den Eltern nicht gewünschte Belastung der wirtschaftlichen Verhältnisse durch die Vertragsverletzung des Arztes herbeigeführt wird und dieser zuzurechnen ist. Der Arzt, der einen vom Patienten gewünsch- **2244**

3249 Etwa aus den Datenreporten und den Statistischen Jahrbüchern des Statistischen Bundesamts, Kapitel Arbeitsmarkt, oder auch aus den Arbeitsmarktberichten der Bundesagentur für Arbeit.
3250 BGH VersR 2004, 653; 2011, 229.
3251 Wegen der Einzelheiten wird auf die Ausführungen von Müller, Kap. 2, Rdn. 1589 verwiesen.
3252 BGH VersR 1980, 555 = BGHZ 76, 249; VersR 1980, 558 = BGHZ 76, 259; VersR 1981, 278; 1981, 730; 1984, 864; 1995, 1099; 2008, 1265.
3253 BGH VersR 2007, 109.
3254 BGH VersR 1997, 1422.
3255 BGH VersR 1994, 425 = BGHZ 124, 128.
3256 BVerfG VersR 1998, 190 = BVerfGE 96, 375.

ten Erfolg verspricht, diesen aber durch fehlerhafte Behandlung vereitelt, soll für die dadurch verursachte wirtschaftliche Belastung haften.

2245 Der Anspruch setzt nicht voraus, dass eine gegen Kinder gerichtete Lebensplanung über einen Zeitraum von 18 Jahren vorgetragen wird, dahin gehend, dass die Eltern während dieses Zeitraums keinen Kinderwunsch gehegt hätten, das Kind mithin nicht dazu gedient hätte/dienen würde, diesen Kinderwunsch zu befriedigen. Selbst wenn sich bei den Eltern in Zukunft ein Kinderwunsch eingestellt haben würde, bezöge sich dieser auf den dann maßgeblichen Zeitpunkt und die anschließende Lebensphase, so dass die von dem in Anspruch genommenen Arzt verursachte Unterhaltsbelastung bestehen bleibt.[3257]

2246 Die Haftung des Arztes entfällt, wenn im Einzelfall der innere Grund der haftungsrechtlichen Zurechnung, nämlich die Störung der Familienplanung, nachträglich weggefallen ist.[3258]

2247 Der eheliche Vater ist in den Schutzbereich des von der Mutter geschlossenen Arztvertrags einbezogen.[3259] Dies gilt auch für Partner einer nichtehelichen Lebensgemeinschaft oder Partnerschaft, die bei Durchführung der Behandlung besteht und deren auch wirtschaftlichem Schutz die Behandlung gerade dienen sollte.[3260] Nähere Informationen zur Person des Lebenspartners und Kindesvaters muss die Mutter dem Arzt nicht vermitteln.[3261] Ob der Kindesvater auch dann in den Schutzbereich des Arztvertrages einbezogen ist, wenn es sich um eine kurzfristige Zufallsbekanntschaft handelt, erscheint zweifelhaft.

2248 Betreffend den Barunterhaltsschaden hat der Arzt von den wirtschaftlichen Belastungen, die aus der von ihm zu verantwortenden Geburt eines Kindes hergeleitet werden, nur denjenigen Teil zu übernehmen, der für die Existenzsicherung des Kindes erforderlich ist.[3262] Dem wird ein Betrag in Höhe von 135% des Satzes der Regelbetrag-Verordnung gerecht. Frühere Entscheidungen, wonach auf den einfachen Satz der Regelbetrag-Verordnung abgestellt werden kann,[3263] entsprechen nicht den geänderten rechtlichen Vorgaben. Nach der Streichung des § 1615 f BGB a. F. ist für den Unterhalt eines minderjährigen Kindes auf einen Vomhundertsatz des jeweiligen Regelbetrags der Regelbetrag-Verordnung (vom 06.04.1998) abzustellen. Als Existenzminimum des Kindes sind 135% des Regelbetrags anzusehen.[3264]

3257 BGH VersR 2008, 1265.
3258 BGH VersR 1984, 864; 2008, 1265.
3259 BGH VersR 1983, 396 = BGHZ 86, 240; VersR 1989, 95; VersR 2002, 1148 = BGHZ 151, 133.
3260 BGH VersR 2007, 109.
3261 BGH VersR 2007, 109.
3262 BGH VersR 1997, 698; 2007, 109.
3263 Vgl. BGH VersR 1997, 698; 2007, 109.
3264 BGH NJW 2003, 1112; OLG Oldenburg VersR 2004, 654; vgl. auch § 1612b Abs. 5 BGB.

Hinsichtlich des Werts der Betreuungsleistungen hat der BGH es nicht beanstandet, dass ein Zuschlag in Höhe des Barunterhalts zuerkannt wird. Der Zuschlag muss die Höhe des Barunterhalts nicht erreichen, kann dies aber.[3265] Dass sich der Betreuungsaufwand bei zunehmendem Alter des Kindes verringern und deshalb ein Betrag in Höhe von 135% schadensrechtlich als überhöht erscheinen kann,[3266] steht dem nicht entgegen. Ein Zuschlag in Höhe von 135% des Regelsatzes darf bei der Bemessung des Betreuungsunterhaltsschadens als angemessener Ausgleich angesehen werden, sofern nicht die Umstände des Falls eine abweichende Bewertung nahelegen; denn dieser Betrag ist nur auf die Existenzsicherung des Kindes abgestellt und gegebenenfalls auch bei einer Mangelverteilung anzusetzen, so dass er auch bei einer Betrachtung über 18 Jahre vielfach den Betrag, der durchschnittlich für die Betreuung eines Kindes erforderlich ist, nicht wesentlich überschreiten wird.[3267]

2249

Beim fehlgeschlagenen bzw. unterbliebenen Schwangerschaftsabbruch besteht kein Ersatzanspruch des Kindes gegen den Arzt; vielmehr haftet dieser den Eltern jedenfalls auf Ersatz der durch die Behinderung bedingten Mehraufwendungen.[3268] Darüber hinaus hat der Arzt den gesamten Unterhaltsbedarf für das geschädigte Kind zu ersetzen;[3269] der Unterhaltsaufwand lässt sich nicht aufteilen in solchen, der für ein hypothetisch gesundes Kind von den Eltern familienrechtlich geschuldet wird, und einen solchen, der durch den Gesundheitsschaden des Kindes zusätzlich bedingt ist.[3270] Eine auf der Verletzung des Behandlungsvertrags beruhende Vereitelung eines möglichen Schwangerschaftsabbruchs kann allerdings nur dann Ansatz dafür sein, die Eltern im Rahmen eines vertraglichen Schadensersatzanspruchs gegen den Arzt auf der vermögensmäßigen Ebene von der Unterhaltsbelastung durch das Kind freizustellen, wenn der Abbruch rechtmäßig gewesen wäre, also der Rechtsordnung entsprochen hätte und von ihr nicht missbilligt worden wäre.[3271] Insbesondere dann, wenn die Voraussetzungen der Indikation des § 218a Abs. 2 StGB vorgelegen hätten, erfasst die Schadensersatzpflicht des haftenden Arztes auch den Unterhaltsbedarf des Kindes.[3272]

2250

3265 BGH VersR 1980, 558 = BGHZ 76, 259; VersR 1997, 698; 2007, 109.
3266 Vgl. OLG Oldenburg VersR 2004, 654.
3267 BGH VersR 2007, 109.
3268 BGH VersR 1983, 396 = BGHZ 96, 240 »wrongful life«.
3269 BGH VersR 1984, 186 = BGHZ 89, 95; VersR 1984, 186 = BGHZ 89, 95; VersR 1988, 155; 1994, 425 = BGHZ 124, 128; VersR 1995, 1099; VersR 1997, 698; VersR 2002, 1148 = BGHZ 151, 133; VersR 2003, 1541.
3270 BGH VersR 1984, 186 = BGHZ 89, 95.
3271 BGH VersR 1995, 964 = BGHZ 129, 178; VersR 2002, 233; 2002, 767; VersR 2002, 1148 = BGHZ 151, 133.
3272 BGH VersR 2002, 1148 = BGHZ 151, 133.

Zoll

2251 Die auf der Verletzung des Behandlungsvertrags beruhende Vereitelung eines möglichen Schwangerschaftsabbruchs kann es rechtfertigen, der Mutter ein Schmerzensgeld zuzuerkennen, wenn der Abbruch rechtmäßig gewesen wäre.[3273]

i) Ersatzansprüche Dritter

aa) Allgemeines

2252 Schadensersatzansprüche auf Grund einer Gesundheitsverletzung hat nur der unmittelbar Verletzte. Schäden mittelbar geschädigter Dritter werden grundsätzlich nicht ersetzt (Ausnahme: §§ 844, 845 BGB). Wird z.B. der Partner eines Eiskunstlaufpaares verletzt oder getötet, hat der durch den Schadensfall nur mittelbar betroffene Partner trotz erheblicher Einnahmeausfälle keinen Schadensersatzanspruch gegen den Schädiger.[3274] Gleiches gilt, wenn ein Vater, der seinem Sohn unentgeltlich beim Hausbau hilft, verletzt oder getötet wird, hinsichtlich des dem Sohn entstandenen Schadens, der als mittelbarer Schaden nicht ersatzfähig ist.[3275] Macht ein Unternehmen wegen der Verletzung eines seiner Fahrer keinen nach dem Entgeltfortzahlungsgesetz übergegangenen Anspruch des verletzten Fahrers auf Ersatz von dessen Verdienstausfallschaden geltend, sondern einen eigenen Schadensersatzanspruch wegen der ihm für den Einsatz eines Ersatzfahrers entstandenen Kosten, scheidet eine eigene Rechtsgutsverletzung, die Voraussetzung eines Schadensersatzanspruchs sein könnte, grundsätzlich aus.[3276] Ein Eingriff in den eingerichteten und ausgeübten Gewerbebetrieb kommt in solchen Fällen wegen des Fehlens eines betriebsbezogenen Eingriffs regelmäßig nicht in Betracht.[3277] Überträgt ein Landwirtsehepaar seinen Hof auf seinen Sohn, der ihnen dafür Versorgungsleistungen zusagt, die durch ein Leibgeding dinglich abgesichert werden, so steht den Eltern als nur mittelbar Geschädigten beim Tod des Sohnes gegen den dafür verantwortlichen Schädiger kein Anspruch wegen Einnahmeverlusten, Wertverlusten und nutzlosen Aufwendungen zu, weil sie den Hof nicht fortführen können und mit Verlust veräußern müssen.[3278]

2253 Bei Schadensfällen mit Todesfolge fallen das schädigende Ereignis und der Tod des Geschädigten oft zeitlich auseinander. Es muss dann unterschieden werden zwischen den eigenen Schadensersatzansprüchen des Verletzten (Heilungskosten, vermehrte Bedürfnisse, Verdienstausfall, Schmerzensgeld, Sachschäden), die dieser bis zu seinem Tod noch selbst erwirbt

---

3273 BGH VersR 1983, 396 = BGHZ 86, 240; VersR 1985, 240; 1995, 1099; VersR 2002, 1148 = BGHZ 151, 133; VersR 2003, 1541.

3274 BGH VersR 2003, 466.

3275 OLG Köln VersR 1994, 356.

3276 BGH VersR 2008, 1697.

3277 BGH VersR 2003, 466; 2008, 1697.

3278 BGH VersR 2001, 648.

Zoll

und die dann, soweit noch nicht reguliert, mit seinem Tod auf seine Erben übergehen (§ 1922 BGB), und den Ansprüchen, die aufgrund des Todes des unterhaltspflichtigen Verletzten gemäß den §§ 844 Abs. 2, 845 BGB bei unterhaltsgeschädigten Dritten entstehen.[3279] Erben und Unterhaltsgeschädigte sind nicht notwendig personengleich. Die jeweiligen Ansprüche haben unterschiedliche rechtliche Voraussetzungen und einen unterschiedlichen Inhalt. Die Ersatzpflicht für die Beerdigungskosten ist in § 844 Abs. 1 BGB geregelt, kann sich aber auch aus Geschäftsführung ohne Auftrag (§§ 683, 677 BGB) ergeben. Daneben kann sich ein Schadensersatzanspruch Dritter ergeben, wenn er aufgrund einer schweren gesundheitlichen Schädigung und schließlich des Todes des unmittelbar Verletzten in haftungsrelevanter Weise in seiner eigenen Gesundheit geschädigt wird (Schockschaden).

bb) Vom unmittelbar Geschädigten geerbte Ansprüche

Hinsichtlich der vom unmittelbar Geschädigten geerbten Ansprüche ergeben sich keine Besonderheiten. Insoweit ist zu prüfen, ob und inwieweit dem Geschädigten Ansprüche auf Ersatz von Heilungskosten, vermehrten Bedürfnissen, Verdienstausfall, Schmerzensgeld und Sachschäden entstanden sind und ob der oder die dritten Anspruchsteller diese Ansprüche geerbt haben.

2254

cc) Schockschäden

Aufgrund des durch die fehlerhafte Behandlung eingetretenen Todesfalls können sich außerhalb des Anwendungsbereichs des § 844 BGB eigene Ansprüche Dritter aus § 823 Abs. 1 BGB ergeben, wenn der Tod eines Unfallopfers zu einer Gesundheitsschädigung des Dritten führt (Schockschaden). Die seelische Erschütterung durch die Nachricht vom Tod eines Angehörigen begründet einen Schadensersatzanspruch gegen den Verursacher des Schadensfalls allerdings nicht schon dann, wenn sie zwar medizinisch erfassbare Auswirkungen hat, diese aber nicht über die gesundheitlichen Beeinträchtigungen hinausgehen, denen nahe Angehörige bei Todesnachrichten erfahrungsgemäß ausgesetzt sind; der Schutzzweck des § 823 Abs. 1 BGB deckt aber Gesundheitsbeschädigungen, die nach Art und Schwere diesen Rahmen überschreiten.[3280] Nahe Angehörige des Getöteten können einen eigenen Schmerzensgeldanspruch[3281] und einen Anspruch auf Ersatz materieller Personenschäden[3282] erwerben. Voraussetzung ist, dass bei den Angehörigen durch den Tod eine (psychische) Erkrankung ausgelöst worden ist; Trauer, Kummer und seelischer Schmerz reichen allein nicht aus, sie gehören zum allgemeinen Lebensrisiko.[3283]

2255

3279 Vgl. dazu Jahnke, Unfalltod und Schadenersatz, 2007, Kap. 2, Rn. 53 ff.
3280 BGH VersR 1971, 305 = BGHZ 56, 163.
3281 Vgl. z.B. BVerfG VersR 2000, 897; OLG Frankfurt ZfS 2004, 452.
3282 BGH VersR 1989, 853.
3283 BGH VersR 1989, 853; KG NZV 2005, 315; OLG Hamm VersR 2004, 1618; OLG Düsseldorf ZfS 1996, 116.

2256 Dies ist etwa der Fall, wenn eine Mutter seit dem Tod ihres Sohnes unter einer schweren depressiven Störung leidet[3284] oder wenn die Eltern und Brüder eines tödlich verunglückten Kindes durch den Tod unter psychisch vermittelten seelischen Beeinträchtigungen leiden, die Krankheitswert haben, also pathologisch fassbar sind.[3285]

2257 Nicht nur Angehörigen, sondern auch sonstigen Dritten können Ansprüche aufgrund psychischer Erkrankungen durch das Miterleben von Todesfällen zustehen, so wenn ein Kraftfahrer in einen Unfall verwickelt wird und durch das Miterleben des Todes eines Unfallbeteiligten psychisch erkrankt.[3286] Wird eine psychische Gesundheitsbeeinträchtigung auf das Miterleben eines schweren Unfalls zurückgeführt, so kommt eine Haftung des Schädigers allerdings regelmäßig nicht in Betracht, wenn der Geschädigte nicht selbst unmittelbar an dem Unfall beteiligt war; ein solcher Vorgang gehört zum allgemeinen Lebensrisiko.[3287]

dd) Beerdigungskosten

2258 Nach § 844 Abs.1 BGB sind die Beerdigungskosten von dem zu ersetzen, der verpflichtet ist, diese Kosten zu tragen. Das sind die Erben (§ 1968 BGB), hilfsweise diejenigen, die dem Getöteten unterhaltspflichtig waren (§§ 1615 Abs. 2, 1615m, 1360a Abs. 3, 1361 Abs. 4 S. 4 BGB). Hat jemand die Beerdigungskosten getragen, ohne verpflichtet zu sein, z.B. der mit dem Getöteten in einer nichtehelichen Lebensgemeinschaft lebende Partner, hat er einen Erstattungsanspruch gegen den Schädiger aus Geschäftsführung ohne Auftrag gemäß §§ 683, 677 BGB.[3288] Der Anspruch besteht nicht, wenn der Getötete, hätte er den Schadensfall überlebt, keinen Ersatzanspruch hätte, z.B. deshalb nicht, weil die Haftung nach §§ 636 f. RVO bzw. jetzt nach §§ 104 ff. SGB VII ausgeschlossen ist.[3289] Er besteht nur quotenmäßig, wenn die Haftung wegen Mitverschuldens des Geschädigten quotenmäßig beschränkt ist (§§ 844, 846, 254 BGB).

2259 Zu ersetzen sind die Kosten einer standesgemäßen Beerdigung (§ 1968 BGB); das sind diejenigen, die nach den in den Kreisen des Erblassers herrschenden Auffassungen und Gebräuchen mit einer würdigen und angemessenen Bestattung verbunden sind. Für die Frage, welcher Betrag dem einer standesgemäßen Beerdigung entspricht, kommt es nicht auf die Angemessenheit einzelner Positionen, sondern auf die Gesamtschau sämtlicher Aufwendungen an. Die zugesprochenen Beträge differieren erheblich (OLG

3284 BGH VersR 2007, 803.
3285 BGH VersR 2006, 1653.
3286 BGH VersR 1986, 240.
3287 BGH VersR 2007, 1093.
3288 KG OLGZ 1979, 428; OLG Saarbrücken VersR 1964, 1257; LG Mannheim NZV 2007, 367; LG Bonn, Beschluss vom 02.07.2009 – 8 S 122/09 – Juris.
3289 BAG NJW 1989, 2838.

Hamm: 15.000 DM,[3290] KG: 10.000 DM ,[3291] OLG Köln: 9.600 €,[3292] OLG
Brandenburg: 6.400 €[3293]).

Dazu zählen nicht nur die eigentlichen Beerdigungskosten (Bestatter, Grab, **2260**
Sarg und Ausschmückung), sondern auch die Kosten einer üblichen kirchlichen und bürgerlichen Feier nebst Kosten für Kränze, Blumen und Bewir-
tung der Trauergäste, die Kosten des Grabsteins (aber nicht der Aufwand
für eine teure Bronzefigur.[3294] sowie der Erstanlage der Grabstätte, ferner
die Ausgaben für Trauerkleidung, für Todesanzeigen, Danksagungen, Verdienstausfall etc.[3295] Stammte der Verstorbene von weiter her, etwa aus dem
Ausland, ist nichts dagegen einzuwenden, dass er in seiner Heimat bestattet
wird; dann gehören auch die nicht unerheblichen Kosten der Beförderung
der Leiche zum Bestattungsort zu den zu ersetzenden Kosten der Beerdigung.[3296] Ebenso können die Reisekosten von Eltern und Geschwistern zu
der Beerdigung im Ausland zu erstatten sein.[3297] Bei der Trauerkleidung
können Abzüge für ersparte Aufwendungen gerechtfertigt sein, wenn die
Kleidung auch anderweit getragen werden kann.[3298] Im Regelfall tritt aber
bei den trauernden Hinterbliebenen durch die Anschaffung von Trauerkleidung eine messbare Eigenersparnis nicht ein.[3299]

Nicht erstattungsfähig sind u.a. die Mehraufwendungen für ein Doppel- **2261**
grab,[3300] die Aufwendungen für die weitere Grabpflege,[3301] i.d.R. auch nicht
Anreisekosten und Verdienstausfälle und die Kosten einer wegen der Beerdigung ausgefallenen Urlaubsreise.[3302] .Die Aufwendungen für einen Fami-
liengrabstein sind nur anteilig zu ersetzen.[3303]

Erhalten die Hinterbliebenen ein Sterbegeld von einem Sozialversiche- **2262**
rungsträger (z.B. bei einem Arbeitsunfall von einem Unfallversicherer nach
§§ 63, 64 SGB VII) oder von dem Dienstherrn des Getöteten, ist der Anspruchsübergang nach § 116 Abs.1 SGB X bzw. nach den beamtenrechtlichen Übergangsregelungen zu beachten.[3304]

3290 OLG Hamm NJW-RR 1994,155.
3291 KG VersR 1999,504.
3292 OLG Köln Schaden-Praxis 2009, 100.
3293 OLG Brandenburg NJW-Spezial 2008, 618.
3294 OLG Düsseldorf VersR 1995, 1195.
3295 OLG Bremen NJW-RR 2008, 765; Wenker VersR 1998, 557.
3296 OLG Bremen NJW-RR 2008, 765; OLG Frankfurt ZfS 2004, 452 m. Anm. Diehl.
3297 LG Darmstadt ZfS 1990, 6.
3298 OLG Hamm VersR 1982, 961.
3299 OLG Hamm VersR 1977, 1110; OLG Stuttgart ZfS 1983, 325; LG Münster
      DAR 1986, 121.
3300 LG Aurich DAR 2001, 368; LG Essen PVR 2003, 335.
3301 OLG Düsseldorf r+s 1997, 159; OLG Schleswig SchlHA 2010, 85.
3302 BGH VersR 1989, 853.
3303 OLG Celle NZV 1997, 232.
3304 OLG Celle OLGR 2001, 227; OLG Köln OLGR 1995, 21.

2263 Checkliste Beerdigungskosten

Möglicher Anspruchsübergang auf Drittleistungsträger	Bei Sterbegeldzahlung u.ä. evtl. keine Aktivlegitimation des Zahlenden
Verhältnis des Zahlenden zum Getöteten	Evtl. Anspruch aus GoA
Standesgemäßheit	Verhältnisse des Getöteten
Kostenpositionen	Konkrete Angaben erforderlich Bestatter, Grab, Sarg und Ausschmückung Kränze, Blumen und Bewirtung der Trauergäste Erstanlage der Grabstätte Grabstein Trauerkleidung Todesanzeigen, Danksagungen Beförderung der Leiche zum Bestattungsort Reisekosten Verdienstausfall

ee) Unterhaltsschaden (§ 844 Abs. 2 BGB)

(1) Allgemeines

2264 Der Anspruch aus § 844 Abs. 2 BGB ist ein eigenständiger Ersatzanspruch der Unterhaltsgeschädigten. Er besteht aber nur, wenn der Getötete im Überlebensfall einen vertraglichen oder deliktischen Ersatzanspruch gehabt hätte. Im Rechtsstreit der Unterhaltsgeschädigten gegen die Behandlungsseite ist also im Streitfall zunächst zu klären, ob die Haftung wegen eines Behandlungs- oder Aufklärungsfehlers zu bejahen ist. Die auch in Arzthaftungssachen in Betracht kommende Mitverantwortung des Getöteten und/oder der Unterhaltsgeschädigten richtet sich nach den §§ 254, 846 BGB. Der Anspruch auf Ersatz des Unterhaltsschadens wegen Tötung des Unterhaltspflichtigen umfasst nicht die Unterhaltsrückstände.[3305]

2265 Ersatzberechtigt sind diejenigen Personen, denen der Getötete zum Schadenszeitpunkt kraft Gesetzes unterhaltspflichtig war oder im Falle seines Fortlebens hätte unterhaltspflichtig werden können. Dazu gehören der Ehepartner, auch bei Getrenntleben und im begrenzten Umfang auch noch nach der Scheidung (§§ 1360 f., 1570 ff. BGB), die ehelichen Kinder (§§ 1601 ff. BGB), auch die noch nicht geborenen, aber schon gezeugten (§ 844 Abs. 2 S.2 BGB) sowie die nichtehelichen, für ehelich erklärten und adoptierten

---

3305 BGH VersR 1973, 620; 1974, 906.

Kinder (§§ 1601 ff., 1615a ff., 1736, 1754 BGB), in begrenztem Umfang auch die Mutter eines nichtehelichen Kindes (§§ 16151 ff. BGB), die übrigen in gerader Linie Verwandten (§§ 1601 ff. BGB), der Partner einer eingetragenen gleichgeschlechtlichen Lebensgemeinschaft (§ 5 LPartG in der seit 01.01.2005 geltenden Fassung: aus der Verweisung auf § 1360 S.2 BGB folgt, dass die wechselseitige Unterhaltspflicht sowohl den Bar- als auch den Naturalunterhalt umfasst; zuvor bestand nur eine Barunterhaltspflicht).

Nicht dazu gehören z.B. Stiefkinder und Geschwister. Keinen Ersatzanspruch hat auch der Partner einer nichtehelichen Lebensgemeinschaft. Unerheblich ist, ob ihm vom Getöteten vertraglich Unterhaltsansprüche eingeräumt worden sind; denn § 844 Abs. 2 BGB verlangt ausdrücklich das Bestehen einer gesetzlichen Unterhaltspflicht.[3306] Diese besteht gegenüber einem aus der Lebensgemeinschaft hervorgegangenen Kind, und zwar der getöteten nichtehelichen Mutter aus §§ 1705 Abs.1, 1606 Abs.3 S.2 BGB, des getöteten nichtehelichen Vaters aus §§ 1615a ff. BGB; auch gegenüber der Mutter des Kindes besteht eine zeitlich begrenzte gesetzliche Unterhaltspflicht aus § 16151 BGB.[3307]

2266

Der Ersatzanspruch aus § 844 BGB entsteht schon mit der zum Schadensersatz verpflichtenden Verletzung, nicht erst mit dem Tod.[3308] Deshalb muss das familienrechtliche Verhältnis, aus dem sich die Unterhaltspflicht ergibt, bereits zur Zeit der Verletzung bestanden haben; es reicht nicht aus, wenn es zum Zeitpunkt des Todes besteht. Dementsprechend geht auch der Schadensersatzanspruch aus § 844 Abs. 2 BGB bereits mit der Verletzung des Unterhaltspflichtigen auf Sozialversicherungsträger über, auf den Sozialhilfeträger, wenn schon zu dieser Zeit mit dessen Leistungspflicht gegenüber dem Unterhaltsberechtigten ernsthaft zu rechnen ist.[3309] Die Witwe, die ihren später aufgrund der Unfallverletzungen verstorbenen Ehemann erst nach dem Unfall geheiratet hat, hat also keinen Anspruch auf Ersatz des Unterhaltsschadens, auch nicht das Kind, das erst in der Zeit zwischen Unfall und unfallbedingtem Tod gezeugt wurde.[3310] Weil der Tod als Schadensfolge zunächst noch ungewiss ist, beginnt die Verjährung des Ersatzanspruchs aus § 844 BGB aber erst mit dem Tod zu laufen.[3311]

2267

Ein Ersatzanspruch aus § 844 BGB besteht nicht, wenn der Getötete nicht leistungsfähig gewesen oder wenn die Ansprüche gegen ihn jedenfalls nicht durchsetzbar gewesen wären; der Unterhaltsberechtigte erleidet, wenn

2268

3306 BGH VersR 2006, 1081; Jahnke NZV 2007, 329 ff.
3307 BGH NJW 2008, 3125 = BGHZ 177, 272; näher Jahnke, NZV 2007, 329 ff., 331.
3308 BGH VersR 1996, 649.
3309 BGH VersR 1996, 649.
3310 OLG Hamm r+s 1997, 65.
3311 BGH VersR 1986, 391; 1996, 649.

er auch zu Lebzeiten des Getöteten keinen Unterhalt erhalten hätte, keinen Schaden.[3312] War der Getötete zwar zum Todeszeitpunkt (z.B. infolge Krankheit oder Arbeitslosigkeit) nicht leistungsfähig, wäre er es aber ohne den Unfall später geworden, besteht der Ersatzanspruch ab diesem Zeitpunkt. War der Getötete zwar zum Todeszeitpunkt leistungsfähig, wäre seine Leistungsfähigkeit aber ohne den Unfall später ganz oder teilweise entfallen (z.B. durch Krankheit oder Verlust des Arbeitsplatzes), entfällt der Ersatzanspruch ab diesem Zeitpunkt, entweder ganz oder jedenfalls teilweise. Insoweit ist eine Prognose erforderlich, wie sich die Leistungsfähigkeit des Verletzten im Fall seines Weiterlebens entwickelt hätte.

(2) Umfang der Unterhaltspflicht

2269 Der Umfang der gesetzlichen Unterhaltspflicht bestimmt sich nicht nach § 844 Abs. 2 BGB, sondern nach den unterhaltsrechtlichen Vorschriften, also den §§ 1356 ff. und die §§ 1601 ff. BGB. Den danach geschuldeten Unterhalt setzt § 844 Abs. 2 BGB voraus.[3313] Für die Höhe des Anspruchs aus § 844 Abs. 2 BGB kommt es allein auf den gesetzlich geschuldeten und nicht auf den tatsächlich gewährten Unterhalt des Getöteten an.[3314]

2270 Nach § 1360 Abs.1 BGB sind Ehegatten einander verpflichtet, sich angemessen zu unterhalten. Es ist den in häuslicher Gemeinschaft lebenden Eheleuten überlassen, wie sie ihre Lebensgemeinschaft gestalten (z.B. Haushaltsführungsehe, Doppelverdienerehe, Zuverdienerehe). Nach dem modernen Verständnis einer Ehe als einer Lebensgemeinschaft gleichberechtigter Partner können die Ehegatten frei vereinbaren, wer und in welchem Umfang durch eine Erwerbstätigkeit den materiellen Unterhalt der Familie sicherstellt, und wer und in welchem Umfang den Haushalt führt. Dabei sind auch Mischformen möglich und üblich. Aus der tatsächlichen Handhabung der Haushaltsführung kann auf eine entsprechende einvernehmliche Regelung der Ehepartner geschlossen werden.[3315] Maßgebend für die Ersatzverpflichtung sind die tatsächlichen Verhältnisse vor dem Unfall. Getroffene Vereinbarungen sind nicht nur unterhaltsrechtlich, sondern auch haftungsrechtlich verbindlich.[3316] Eine Einvernehmensregelung der Eheleute ist jedenfalls haftungsrechtlich nur insoweit nicht anzuerkennen, als sie – bei Berücksichtigung des den Ehegatten eingeräumten weiten Gestaltungsspielraums – nicht mehr mit dem Grundsatz der Angemessenheit (s. § 1360 S. 1 BGB) in Einklang gebracht werden kann.[3317]

3312 BGH VersR 1974, 906; OLG Bremen FamRZ 1990,403; vgl. auch OLG Hamm NZV 2006,85; OLG Stuttgart FamRZ 1996, 1177.
3313 BGH VersR 2004, 75; 2006, 1081.
3314 BGH VersR 1988, 1166.
3315 OLG Oldenburg NZV 2010, 156.
3316 OLG Oldenburg NZV 2010, 156.
3317 BGH VersR 1988, 490.

Derjenige Ehegatte, dem die Haushaltsführung überlassen ist, erfüllt die **2271**
Unterhaltspflicht nach § 1360 Abs. 2 BGB i.d.R. durch die Führung des
Haushalts; wer ein minderjähriges unverheiratetes Kind betreut, erfüllt seine Verpflichtung, zum Unterhalt des Kindes beizutragen, durch die Pflege und Erziehung des Kindes. Der angemessene Unterhalt umfasst nach
§ 1360a Abs.1 BGB alles, was nach den Verhältnissen der Ehegatten erforderlich ist, um die Kosten des Haushalts zu bestreiten und die persönlichen
Bedürfnisse der Ehegatten und den Lebensbedarf der unterhaltsberechtigten Kinder zu befriedigen. Er umfasst die Barleistungen (Barunterhalt) und
die Haushaltsführung einschließlich Betreuung und Versorgung (Natural-
oder Betreuungsunterhalt). Für den Anspruch eines Ehegatten auf den Familienunterhalt nach den §§ 1360, 1360a BGB ist dessen Bedürftigkeit nicht
Voraussetzung. Der Anspruch der Ehegatten untereinander auf Leistung eines Unterhaltsbeitrags wird also nicht dadurch berührt, dass das eigene Einkommen zum eigenen Unterhalt ausreichen würde; evtl. beschränkt sich die
Unterhaltspflicht dann auf die Verpflichtung zum Naturalunterhalt.[3318] Der
Umfang eines zu leistenden Barunterhalts bestimmt sich bei einer intakten
Ehe grundsätzlich nach dem gesamten Einkommen beider Ehegatten und
dem dadurch geprägten Lebensstil.[3319] Ist die Ehefrau eines Körperbehinderten getötet worden, kann sich der Schadensersatzanspruch des Ehemannes gegen den Schädiger auf den Aufwand für die erforderliche besondere
Pflege und Betreuung erstrecken, die die Ehefrau ihrem behinderten Ehemann bisher unentgeltlich geleistet hatte; derartige Pflege- und Betreuungsleistungen können im Rahmen der einvernehmlich geregelten Lebensgestaltung der Eheleute einen Teil des gesetzlich geschuldeten Beitrags der nicht
erwerbstätigen Ehefrau zum Familienunterhalt darstellen.[3320]

Ansonsten setzt die gesetzliche Unterhaltspflicht die Bedürftigkeit des Un-   **2272**
terhaltsberechtigten voraus (§ 1602 BGB). Kann sich z.B. ein minderjähriges Kind aus eigenem Vermögen (z.B. aufgrund einer Erbschaft seitens
der Großeltern) selbst unterhalten, schulden Eltern ihnen nur den Natu-
ral- (Betreuungs-) Unterhalt, nicht den Barunterhalt (§ 1602 Abs.2 BGB).
Der Anspruch der Kinder auf den Barunterhalt kann weit über das 18. Lebensjahr hinaus bestehen, evtl. bis zum Abschluss der Ausbildung oder des
Studiums. Dagegen besteht der Anspruch auf den Naturalunterhalt regelmäßig nur bis zur Volljährigkeit.[3321] Zu diesem Zeitpunkt endet die Pflicht
zur Betreuung und Versorgung des Kindes. Doch kann im Ausnahmefall
ein gesetzlich geschuldeter Unterhalt i.S.d. § 844 Abs. 2 BGB auch bei Gewährung des Unterhalts als Naturalunterhalt nach § 1612 Abs. 1 S. 2, Abs. 2
BGB vorliegen, etwa wenn das unterhaltsberechtigte pflegebedürftige Kind

---

3318 BGH VersR 1971, 1065.
3319 BGH VersR 1983, 365; OLG Oldenburg NZV 2010, 156.
3320 BGH VersR 1993, 56.
3321 BGH NJW 2002, 2026; OLG Oldenburg NZV 2010, 156.

mit seinen Eltern vereinbart hat, dass diese es bis an sein Lebensende pflegen.[3322]

2273   Die gesetzliche Unterhaltspflicht des Getöteten gegenüber einem in gerader Linie Verwandten, z.B. seiner Mutter, bestimmt sich nicht nur nach deren Unterhaltsbedürftigkeit (§ 1602 BGB) und seiner eigenen Leistungsfähigkeit (§ 1603 BGB), sondern auch danach, ob neben ihm noch andere unterhaltspflichtig sind (z.B. ein geschiedener Ehemann oder Geschwister). Im Fall ihrer Unterhaltspflicht hätte der Getötete nach Maßgabe der Erwerbs- und Vermögensverhältnisse der Unterhaltspflichtigen nur anteilig für den Unterhalt des Verwandten aufkommen müssen (§ 1606 Abs. 3 BGB).[3323]

2274   Beim Ausfall des Barunterhalts bemisst sich die Höhe des Schadens danach, welche Beträge seines Einkommens der getötete Unterhaltspflichtige, wäre er am Leben geblieben, hätte aufwenden müssen, um dem Unterhaltsberechtigten denjenigen Lebensstandard zu verschaffen, auf den er nach den familienrechtlichen Vorschriften des Unterhaltsrechts Anspruch gehabt hätte.[3324] Beim Ausfall des Naturalunterhalts ist der Unterhaltsberechtigte vom Schädiger finanziell in die Lage zu versetzen, sich in der im Leben üblichen Weise wirtschaftlich gleichwertige Dienste zu verschaffen. Der Unterhaltsbedarf der Kinder richtet sich zwar auch nach der Lebensstellung der Eltern.[3325] Die Kinder haben aber nur Anspruch auf Deckung des notwendigen Lebensbedarfs.

2275   Der Ersatzpflichtige hat so viel zu leisten, wie die Unterhaltsberechtigten von dem Getöteten an Unterhalt hätten beanspruchen können; es ist also insoweit beim Tod des Barunterhaltspflichtigen im Rahmen des Schadensersatzprozesses ein fiktiver Unterhaltsprozess zu entscheiden.[3326] Allerdings geht es im Unterhaltsprozess i.d.R. um den Unterhalt nach gescheiterter Ehe und räumlicher Trennung mit doppelter Haushaltsführung. Im Haftpflichtprozess geht es dagegen um den Unterhalt einer intakten Familie, aus der der Barunterhaltspflichtige durch Tod herausgerissen worden ist. Deshalb können z.B. die für den Unterhaltsprozess entwickelten Tabellen, z.B. die Düsseldorfer Tabelle, nicht ohne weiteres auch im Haftpflichtprozess angewendet werden; i.d.R. ist beim Tod des Barunterhaltspflichtigen die Schadensrente höher als die Unterhaltsrente, weil die doppelte Haushaltsführung entfällt. Für die Schadensrente beim Tod des Naturalunterhaltspflichtigen gilt das nicht, weil der Geschädigte sich die durch den Tod des Ehepartners eintretenden Ersparnisse anspruchskürzend zurechnen lassen muss. Bei der Regulierung

---

3322   BGH VersR 2006, 1081 = r+s 2006, 519 m. abl. Anm. Bliesener.
3323   BGH VersR 1988, 1166.
3324   OLG Koblenz NJW-RR 2008, 1097; dazu Jahnke, jurisPR-VerkR 11/2008 Anm. 2.
3325   OLG Koblenz NJW-RR 2008, 1097; dazu Jahnke, jurisPR-VerkR 11/2008 Anm. 2.
3326   BGH VersR 1987, 1243.

der Haftpflichtansprüche der Unterhaltsberechtigten kann großzügiger verfahren und pauschaliert werden als bei familienrechtlicher Beurteilung; andererseits muss ein familienrechtlicher Abgleich erfolgen.[3327]

Mehrere Ersatzberechtigte sind nicht Gesamt-, sondern Teilgläubiger. Jeder hat einen selbstständigen Ersatzanspruch, jeder Anspruch ist nach Höhe und Dauer selbstständig zu bemessen. Der Unterhaltsbedarf muss getrennt für jeden Unterhaltsberechtigten errechnet werden. Allerdings sind die Ansprüche der Höhe nach meist voneinander abhängig, weil bei der Verteilung des gesamten Einkommens die Herabsetzung eines Anspruchs zugleich die Anhebung der anderen zur Folge haben kann und umgekehrt. Beim Naturalunterhalt gilt das Gleiche. Wenn auch Kinder anspruchsberechtigt sind, wird es oft angebracht sein, die Schadensrenten insgesamt auf den Zeitpunkt der Volljährigkeit des ältesten Kindes zu begrenzen und die Ansprüche für die Zeit danach zunächst durch Feststellungsklage zu sichern,[3328] um den Unterhaltsschaden alsdann neu zu berechnen.

(3) Drittleistungen

Auch im Falle der Tötung ist zu prüfen, ob und inwieweit der Unterhaltsgeschädigte aktivlegitimiert ist. Ersatzansprüche können auch hier auf Drittleistende übergehen, die kongruente Leistungen erbringen. Auf die Ausführungen oben zu 1 a) cc)[3329] kann zunächst verwiesen werden. Sachliche Kongruenz zum Anspruch aus § 844 Abs. 2 BGB besteht insbesondere zu Witwen- und Waisenrenten, die ein Sozialversicherer oder der Dienstherr erbringt.[3330] § 116 SGB X gilt nicht, soweit ein Rentenversicherer Leistungen nicht als Versicherungsträger i.S. dieser Vorschrift, sondern in seiner Eigenschaft als Träger der Zusatzversorgung erbringt; ein Verlust der Aktivlegitimation kommt allerdings in Betracht, sofern der Geschädigte zur Abtretung seiner Ansprüche an den Versicherer verpflichtet ist.[3331] Wird ein Beamter durch ein Schadensereignis getötet und erhält die Witwe kongruente beamtenrechtliche Versorgungsbezüge, so hat der Schädiger der Witwe die auf den entsprechenden Teil des Witwengeldes entfallende Einkommen- und Kirchensteuer als weiteren Schadensposten zu ersetzen; vom Rechtsübergang auf den Versorgungsträger wird dagegen der auf Ersatz des Unterhaltsschadens gerichtete Anspruch als solcher in Höhe des entsprechenden (an die Witwe ausgezahlten sowie an das Finanzamt abgeführten) Teils des Witwengeldes erfasst.[3332]

2276

2277

3327 Vgl. Macke NZV 1989, 249; Scheffen VersR 1990, 926.
3328 OLG Hamm OLGR 1995, 67; vgl. auch BGH VersR 1983, 688.
3329 Rdn. 2097 ff.
3330 BGH VersR 1982, 291; 1987, 1092; 1997, 1161 = BGHZ 136, 78; VersR 2010, 642.
3331 BGH VersR 1989, 648 = BGHZ 106, 381; VersR 2010, 642.
3332 BGH VersR 1998, 333.

❗ Auch der Haushaltsführungsschaden, z.B. der Anspruch der Witwe gegen den Schädiger auf Ersatz für die zum Familienunterhalt geleistete Mitarbeit ihres getöteten Ehemannes im Haushalt, ist mit der Witwenrente sachlich kongruent und kann deshalb von dem Rententräger gemäß § 116 SGB X zum Regress herangezogen werden.[3333]

2278 Sachliche Kongruenz besteht zwischen den Beerdigungskosten und vom Sozialversicherungsträger oder vom Dienstherrn gezahltem Sterbegeld. Der Anspruchsübergang erfolgt auch in den Fällen, in denen der Unterhaltspflichtige erst längere Zeit nach dem Unfall verstirbt, bereits im Zeitpunkt des schädigenden Ereignisses, wenn mit einer Leistungspflicht ernsthaft zu rechnen ist.[3334]

(4) Baruntershaltsschaden (Tod des Alleinverdieners)

2279 Wird der allein verdienende Ehemann durch Fremdverschulden getötet, wird der zu ersetzende Baruntershaltsschaden der Unterhaltsberechtigten jedenfalls in der Rechtsprechung grundsätzlich in vier Schritten nach folgender Methode ermittelt:[3335]

1. Bestimmung des für Unterhaltszwecke verfügbaren fiktiven Nettoeinkommens des Getöteten, unter Abzug der evtl. Aufwendungen für Vermögensbildung
2. Aussonderung der fixen Kosten
3. Verteilung des verbleibenden Einkommens auf den Getöteten und die unterhaltsberechtigten Hinterbliebenen nach Quoten
4. Erhöhung der danach auf die unterhaltsberechtigten Hinterbliebenen entfallenden Beträge um die nur unter ihnen aufzuteilenden fixen Kosten

– Einkommen

2280 Auszugehen ist von dem tatsächlichen Nettoeinkommen des Getöteten zum Unfallzeitpunkt; für die Zukunft ist, evtl. getrennt nach Zeitabschnitten, eine Erwerbsprognose erforderlich. Zu berücksichtigen sind sämtliche Einkünfte aus selbstständiger oder abhängiger Tätigkeit, bei abhängig Tätigen alle Lohn- oder Gehaltsbestandteile (z.B. Überstundenvergütung, Urlaubs-, Weihnachtsgeld) und Nebenverdienste, Renten, soweit diese grundsätzlich der Befriedigung des Unterhaltsbedarfs dienen, z.B. auch die Verletztenrente und die Grundrente, Erwerbsersatzeinkommen (z.B. Krankengeld,

---

3333 BGH VersR 1982, 291.
3334 BGH VersR 1986, 649.
3335 Vgl. z.B. BGH VersR 1983, 726; NZV 1994, 475; OLG Koblenz NJW-RR 2008, 1097; Jahnke jurisPR-VerkR 11/2008 Anm. 2.

Arbeitslosengeld und -hilfe, Versorgungsbezüge), Vermögenserträgnisse, soweit sie zum Familienunterhalt verwendet wurden, öffentlich-rechtliche Leistungen, wobei nicht ohne weiteres deren sozialpolitische Zweckbestimmung maßgebend ist; ausschlaggebend ist vielmehr, ob die Einkünfte tatsächlich zur (teilweisen) Deckung des Lebensbedarfs zur Verfügung stehen (z.B. Eigenheimzulagen und Kinderzulagen).[3336]

Nicht zu berücksichtigen sind Aufwandsentschädigungen und Spesen (soweit nicht verschleiertes Einkommen), Einkünfte aus verbotener Schwarzarbeit,[3337] Wert der Eigenleistungen für einen Hausbau,[3338] Kindergeld.[3339]   **2281**

Abzuziehen sind Steuern und Sozialversicherungsbeiträge, freiwillige Beiträge zu Versicherungen (z.B. Lebens-, Krankenzusatz-, Unfallversicherung),[3340] Rücklagen für die Alterssicherung,[3341] Aufwendungen zur Vermögensbildung,[3342] Werbungskosten, insbesondere Fahrtkosten zur Arbeitsstätte. Es muss haftungsrechtlich hingenommen werden, wenn Eheleute sich entschlossen hatten, ihre Einkünfte jeweils voll für den Lebensunterhalt auszugeben. Bei der im Rahmen des § 844 Abs. 2 BGB vom unterhaltsrechtlich relevanten Nettoeinkommen abzusetzenden Tilgung eines auf das Familieneigenheim aufgenommenen Darlehens kann bei einem Annuitätendarlehen mit regulärer dreißigjähriger Laufzeit eine gleichmäßige Tilgung von 3,33% pro Jahr angesetzt werden.[3343]   **2282**

– Fixe Kosten

Zu den fixen Kosten gehören alle nicht personengebundenen Ausgaben, die weitgehend unabhängig vom Wegfall eines Familienmitglieds als feste Kosten des Haushalts weiterlaufen und deren Finanzierung der Getötete unterhaltsrechtlich geschuldet hätte.[3344] Die fixen Kosten müssen den unterhaltsgeschädigten Familienangehörigen vorweg zugebilligt werden. Das geschieht rechnerisch dadurch, dass sie zunächst vom Nettoeinkommen abgezogen und dann dem Anteil der Unterhaltsgeschädigten wieder zugeschlagen werden.[3345]   **2283**

3336 BGH VersR 2004, 75 = r+s 2004, 342 m. Anm. Lemcke S. 343.
3337 BGH VersR 1994, 355.
3338 BGH VersR 1984, 961.
3339 BGH VersR 1979, 1029; OLG Saarbrücken OLGR 2005, 79.
3340 Vgl. aber OLG Zweibrücken VersR 1994, 613.
3341 Vgl. aber OLG Zweibrücken VersR 1994, 613.
3342 Vgl. z.B. OLG Nürnberg NZV 1997, 439.
3343 OLG Hamm NZV 2008, 570 (LS) = Volltext in Juris.
3344 BGH VersR 1988, 954; OLG Koblenz NJW-RR 2008, 1097; Checkliste bei Schulz-Borck/Hofmann, Schadenersatz bei Ausfall von Hausfrauen und Müttern im Haushalt, 6. Aufl. 2000, S. 35 (Tabelle 4c).
3345 BGH VersR 1986, 39.

Zoll

2284 Zu den Fixkosten gehören insbesondere[3346] Miete und Mietnebenkosten einschließlich der Energiekosten, beim Wohnen im eigenen Haus dessen Kosten und Lasten einschließlich der Schuldzinsen, aber nur bis zur Höhe der fiktiven Miete für eine angemessene Wohnung;[3347] Rücklagen für Schönheitsreparaturen, Rücklagen für Reparatur und Ersatzbeschaffung der Wohnungseinrichtung,[3348] Kosten für Telefon, Zeitung, Fernsehen, Radio,[3349] Kosten für Versicherungen, die den Schutz der Familie sicherstellen sollen (z.B Hausrat-, Wohngebäude-, Haftpflicht-, Rechtsschutzversicherung),[3350] Kosten der Pkw-Haltung[3351] (ohne die variablen Betriebskosten[3352]), Kosten für Kindergarten.[3353] Im Rahmen anzusetzender Wohnkosten ist zwar auf eine gedachte Mietwohnung abzustellen, die hinsichtlich Lage, Zuschnitt und Bequemlichkeit den Wohnverhältnissen vor dem Unfalltod des Opfers entspricht, falls diese nicht oberhalb des unterhaltsrechtlich geschuldeten Standards lagen; die Hinterbliebenen sind aber nicht gehalten, zur Entlastung des Schädigers zuvor vorhandene gehobene Wohnverhältnisse, wie sie etwa im Vorhalten eines Gästezimmers und eines zweiten Bades zum Ausdruck kommen, durch einen insgesamt einfacheren Wohnstandard – ohne die genannten Zimmer – zu ersetzen.[3354] Von einem Selbstständigen bzw. dem Gesellschaftergeschäftsführer einer Einmann-GmbH aufgewendete Prämien für (Kapital-) Lebensversicherungen dienen sowohl der Eigen- bzw. Altersvorsorge als auch der Absicherung der Unterhaltsberechtigten; diese Zahlungen sind damit zu einem Teil als Vermögensbildung anzusehen, zum anderen Teil als eine besondere Form des Unterhalts, so dass sie bei der Bemessung der Rentenhöhe nach § 844 Abs. 2 BGB zur Hälfte vom unterhaltsrechtlich relevanten Nettoeinkommen abzuziehen sind.[3355]

2285 Keine Fixkosten sind Aufwendungen des täglichen Lebens (Essen, Trinken, Kleidung), Aufwendungen zur Vermögensbildung, z.B. Prämienzahlungen für Kapitallebensversicherungen,[3356] wobei der Schädiger beweispflichtig da-

---

3346 BGH VersR 1988, 954; 1998, 333; OLG Koblenz NJW-RR 2008, 1097.
3347 OLG Koblenz NJW-RR 2008, 1097; dazu Jahnke, jurisPR-VerkR 11/2008 Anm. 2.
3348 BGH VersR 1998, 333; OLG Hamm VersR 1983, 927.
3349 OLG Koblenz NJW-RR 2008, 1097; dazu Jahnke, jurisPR-VerkR 11/2008 Anm. 2.
3350 OLG Hamm NZV 2008, 570 (LS) = Volltext in Juris.
3351 OLG Koblenz NJW-RR 2008, 1097; dazu Jahnke, jurisPR-VerkR 11/2008 Anm. 2.
3352 OLG Karlsruhe Schaden-PraxisP 2006, 271. 276.
3353 BGH VersR 1998, 333.
3354 OLG Hamm NZV 2008, 570 (LS) = Volltext in Juris.
3355 OLG Hamm NZV 2008, 570 (LS) = Volltext in Juris; OLG Zweibrücken VersR 1994, 613.
3356 OLG Koblenz NJW-RR 2008, 1097; dazu Jahnke, jurisPR-VerkR 11/2008 Anm. 2.

für ist, dass Vermögensbildung betrieben und das Geld nicht verlebt wurde,[3357] Aufwendungen für den Erwerb eines Eigenheims einschließlich der Tilgungsbeiträge für Kredite, Lasten eines vorhandenen Eigenheims, soweit sie die Mietkosten einer angemessenen Wohnung übersteigen,[3358] personengebundene Kosten, die nicht als zur Organisation der gemeinsamen Lebenshaltung der Familie gehörig anzusehen sind,[3359] z.b. Mitgliedsbeiträge für ADAC und Turnverein, Prämien für eine Unfallversicherung.[3360] Fiktive Mietkosten sind nicht zu berücksichtigen, wenn die Witwe im eigenen Haus wohnt.[3361]

Die Fixkosten können sich infolge des Todes des Unterhaltspflichtigen verringern (z.b. durch Umzug in eine kleinere Wohnung, durch geringere Energie- oder Pkw-Kosten oder die Ersparnis berufsbedingter Aufwendungen. Für die Ersparnis berufsbedingter Aufwendungen auch bei Berücksichtigung der Steuervorteile durch den Werbungskostenpauschalbetrag für Arbeitnehmer kann ein pauschaler Abzug von 5% vom Nettoeinkommen des Getöteten gerechtfertigt sein.[3362] Sie können sich aber auch erhöhen (z.b. durch den Verlust einer billigen Werkswohnung, Verlust der Möglichkeit, einen Firmenwagen privat zu nutzen). Dann sind zunächst die ursprünglichen Fixkosten vom Nettoeinkommen abzuziehen und anschließend die veränderten Fixkosten dem Anteil der Unterhaltsgeschädigten zuzuschlagen.

2286

Die fixen Kosten müssen konkret dargelegt werden. Auf der Grundlage eines konkreten Vortrags kann hinsichtlich einzelner Positionen geschätzt werden (§ 287 ZPO).[3363] Eine hundertprozentig genaue Feststellung wird bei vielen Positionen ohnehin nicht möglich sein, etwa bei zu erwartenden Rücklagen oder Kosten einer vergleichbaren Wohnung. Eine Schätzung der gesamten Fixkosten mit einem Bruchteil des Nettoeinkommens[3364] erscheint allerdings als bedenklich. Im Rahmen außergerichtlicher Verhandlungen kann sich eine nähere Auseinandersetzung mit den Fixkosten erübrigen, wenn einverständlich ein maßvoller pauschaler Ansatz, der im Mittel bei 30% des verteilbaren Nettoeinkommens liegen kann, erfolgt. Möglich ist auch ohne Fixkosten mit angehobenen Unterhaltsquoten zu rechnen.[3365]

2287

3357 OLG Bremen NJW-RR 2008, 765.
3358 BGH VersR 1998, 333.
3359 BGH VersR 1998, 333.
3360 OLG Karlsruhe Schaden-Praxis 2006, 271.
3361 OLG Nürnberg NZV 1997, 439.
3362 OLG Koblenz NJW-RR 2008, 1097, dazu Jahnke, jurisPR-VerkR 11/2008 Anm. 2; OLG Frankfurt Schaden-Praxis 2005, 338, 339 f.
3363 Vgl. BGH VersR 1988, 954; enger z.B. Küppersbusch, Ersatzansprüche bei Personenschaden, 10. Aufl. 2010, Rn. 337.
3364 Vgl. OLG Frankfurt VersR 1991, 595; OLG Zweibrücken VersR 1994, 613;. Schulz-Borck/Hofmann, Schadenersatz bei Ausfall von Hausfrauen und Müttern im Haushalt, 6. aktualisierte Aufl. 2000, S. 16.
3365 Vgl. Küppersbusch, Ersatzansprüche bei Personenschaden, 10. Aufl. 2010, Rn. 351.

Zoll

– Anteil der Hinterbliebenen am verteilbaren Nettoeinkommen

2288   Unter Eheleuten gilt der Grundsatz der gleichmäßigen Teilhabe am Familieneinkommen.[3366] Eine Abweichung hiervon ist nur gerechtfertigt zugunsten des Alleinverdieners wegen berufsbedingter Mehraufwendungen. Bei Kindern ist das Alter zu berücksichtigen. In der Praxis wird insoweit nach Quoten gerechnet. Diese werden etwa wie folgt angenommen:[3367]

Getöteter, Witwe:	55% :	45%	
Getöteter, Witwe, 1 Kind:	45% :	35%	: 20%
Getöteter, Witwe, 2 Kinder:	40% :	30%	: je 15%
Getöteter, Witwe, 3 Kinder:	34% :	27%	: je 13%

Verbindliche Vorgaben für eine Schätzung nach § 287 ZPO bestehen insoweit nicht. Gut vertretbar wären auch Quoten, die z.B. den Anteil des Getöteten niedriger ansetzen.

2289   Bei erheblichem Altersunterschied der Kinder ist eine unterschiedliche Quotierung geboten.[3368] Bei einem hohen Einkommen des getöteten Alleinverdieners können die sonst für Waisen üblichen Quoten mit Rücksicht auf den tatsächlichen Bedarf evtl. unterschritten werden.

– Anteile der Unterhaltsberechtigten an den Fixkosten

2290   Die Anteile der Witwe und der Waisen am verteilungsfähigen Nettoeinkommen des Getöteten sind um die Fixkosten zu erhöhen, die zunächst herausgerechnet wurden und die, weil sie trotz des Wegfalls des Getöteten unverändert anfallen, ihren Anteilen zuzuschlagen sind. In welchem Umfang die Fixkosten den Unterhaltsgeschädigten zuzuschlagen sind, hängt von den Umständen ab. Der Anteil für den Ehegatten ist i.d.R. höher anzusetzen als der Anteil für die Waisen. Auch hier wird in der Praxis mit Quoten gerechnet, die beispielsweise wie folgt angenommen werden:[3369]

Witwe ohne Kinder:	100%		
Witwe, ein Kind:	66,7%	zu	33,3%*
Witwe, zwei Kinder:	50%	zu	je 25%
Witwe, drei Kinder:	40%	zu	je 20%

*   Vgl. auch BGH VersR 1988, 954; VersR 2007, 263.

3366   BGH NJW 1982, 41.
3367   Küppersbusch, Ersatzansprüche bei Personenschaden, 10. Aufl. 2010, Rn. 351; Jahnke, Der Verdienstausfall im Schadensersatzrecht, 3. Aufl. 2009, Kap. 6, Rn. 216; vgl. auch BGH VersR 1987, 507; VersR 1988, 954 = NZV 1988, 136 m. Anm. Nehls.
3368   BGH VersR 1987, 1243 FamRZ 1988, 37 m. Anm. Nehls.
3369   Jahnke, Unfalltod und Schadenersatz, 2007, Kap. 6 Rn. 208.

Der Verteilungsschlüssel für die fixen Kosten muss bei sich ändernden Lebensverhältnissen geändert werden, wenn z.B. ein Kind ist nicht mehr unterhaltsbedürftig ist oder ein auswärtiges Studium aufnimmt.

Beispiel einer Schadensabrechnung: **2291**

(1)	Nettoeinkommen des Getöteten	2.000 €
(2)	./. Fixkosten (angenommen: 40% von 1)	800 €
(3)	verteilbares Nettoeinkommen	1.200 €

(4)	Einkommensanteil		
	des Getöteten (45% von 3)	540 €	
	der Witwe (40% von 3)		480 €
	des Sohnes (15% von 3)		180 €
(5)	Fixkostenanteil		
	der Witwe (60% von 2)		480 €
	des Sohnes (40% von 2)		320 €
(6)	**Barunterhaltsschaden**		
	der Witwe (4+5)		960 €
	des Sohnes (4+5)		500 €

– Sonstiges

Erzielt die Witwe eigene Einkünfte, sind die für die Doppel- oder Zuverdienerehe geltenden Abrechnungsgrundsätze anzuwenden. Eigene Einkünfte von Kindern sind anspruchsmindernd zu berücksichtigen, weil es auf ihre Bedürftigkeit ankommt; die Anrechnung entfällt nur dann, wenn die Einkünfte so gering sind, dass dem Kind nur ein den wirtschaftlichen Verhältnissen der Familie entsprechendes angemessenes Taschengeld verbleibt.[3370] Bei Arbeitseinkünften oder Ausbildungsvergütungen muss dem Kind ein Teil zur Abdeckung der berufsbedingten Aufwendungen verbleiben. Die restlichen Nettoeinkünfte mindern sowohl den Anspruch gegen den Vater auf den Barunterhalt als auch den Anspruch gegen die Mutter auf den Betreuungsunterhalt. Deshalb sind die anzurechnenden Einkünfte hier nur zur Hälfte anspruchskürzend abzusetzen; dadurch erhöht sich aber andererseits den Anteil der Mutter aus dem Einkommen des getöteten Ehemannes.[3371]   **2292**

Sind mit dem Tod des Unterhaltspflichtigen wirtschaftliche Vorteile verbunden, findet ein Vorteilsausgleich nur statt, wenn Vor- und Nachteile miteinander korrespondieren, d.h. in einem so engen Zusammenhang stehen, dass beide Positionen zu einer Rechnungseinheit verbunden sind; da der Schaden in dem Verlust des Unterhaltsanspruchs besteht, muss sich der Vorteil gerade darauf beziehen.[3372] Ist der unterhaltsgeschädigte Ehepart-   **2293**

3370 BGH VersR 1972, 948.
3371 Küppersbusch, Ersatzansprüche bei Personenschaden, 10.Aufl. 2010, Rn. 352 f.
3372 BGH VersR 1984, 936.

ner gleichzeitig Erbe, muss er sich das ererbte Vermögen bzw. dessen Erträgnisse grundsätzlich nicht schadensmindernd anrechnen lassen. Anderes gilt, wenn und soweit schon der Getötete das Vermögen zur Bestreitung des Familienunterhalts eingesetzt hatte oder es ohne den Unfall irgendwann eingesetzt hätte (Quellentheorie).[3373] Nicht anspruchsmindernd zu berücksichtigen sind durch Prämienzahlungen des Getöteten erlangte Leistungen privater Versicherer, z.B. Leistungen aus einer Unfallversicherung, einer kapitalbildenden Lebensversicherung oder einer Risikolebensversicherung.[3374]

2294   Nicht anspruchsmindernd zu berücksichtigen ist, dass ein Dritter anstelle des Getöteten Unterhalt zu gewähren hat (§§ 844 Abs. 2 S. 1, 843 Abs. 4 BGB). Soweit im Falle der Wiederheirat der neue Ehepartner tatsächlich Bar- oder Naturalunterhalt gewährt, sind dessen Leistungen allerdings schadensmindernd anzurechnen.[3375] Bei Gründung einer nichtehelichen Lebensgemeinschaft sollen die Leistungen des Partners nicht anzurechnen sein.[3376] Zu prüfen ist, ob die Witwe ihre Arbeitspflicht verletzt, wenn sie sich darauf beschränkt, in der neuen Lebensgemeinschaft den gemeinsamen Haushalt zu führen.[3377]

2295   Hat der Getötete den Eintritt des Schadens mitverschuldet, ist dies den Unterhaltsgeschädigten zuzurechnen (§ 846 BGB). Der Unterhaltsschaden der Witwe und der Waisen wird dann zunächst ermittelt, anschließend wird der so ermittelte Betrag entsprechend der Haftungsquote gekürzt. Setzt die Witwe ihre freigewordene Arbeitskraft zur Bestreitung ihres Lebensunterhalts ein und erzielt sie selbst Einkünfte, kann sie diese vorrangig auf den nicht vom Schädiger zu ersetzenden Schadensanteil verrechnen (Quotenvorrecht).[3378]

– Naturalunterhaltsschaden

2296   Wird infolge der Tötung der Hausfrau der Anspruch auf Unterhaltsleistung durch Haushaltsführung sowie Betreuung und Versorgung entzogen, hat der Haftpflichtige den Geschädigten die Geldmittel zur Verfügung zu stellen, die erforderlich sind, um den Ausfall auszugleichen, d.h. um sich wirtschaftlich gleichwertige Dienste zu verschaffen.

2297   Wird eine Ersatzkraft beschäftigt, ist bei der Schadensermittlung von dem gezahlten Bruttolohn auszugehen, einschließlich der anfallenden Steuern und Sozialbeiträge.

3373 BGH VersR 1974, 700; VersR 1979, 323 = BGHZ 73, 109; OLG Frankfurt
       VersR 1991, 595; OLG Oldenburg NJOZ 2002, 276.
3374 BGH VersR 1979, 323 = BGHZ 73, 109; VersR 1984, 961.
3375 BGH VersR 1979, 55.
3376 BGH VersR 1984, 936 = BGHZ 91, 357.
3377 Küppersbusch, Ersatzansprüche bei Personenschaden, 10.Aufl. 2010, Rn. 434.
3378 BGH VersR 1976, 877; 1983, 726.

Wird keine Ersatzkraft beschäftigt, wird der Ersatzbetrag fiktiv berechnet nach den Grundsätzen, die für die Bestimmung des Haushaltsführungsschadens gelten. Insoweit kann grundsätzlich auf die Ausführungen oben zu 1 e) verwiesen werden.[3379] Allerdings sind einige Besonderheiten zu beachten. **2298**

In Tötungsfällen kommt es auf den gesetzlich geschuldeten Unterhalt, nicht auf die tatsächliche Arbeitsleistung des Haushaltsführenden an. Grundlage der Schadensermittlung ist deshalb nicht der tatsächliche Arbeitsaufwand, den die getötete Hausfrau hatte, sondern der Arbeitszeitbedarf, der zur Erfüllung der rechtlich geschuldeten Haushaltsführung erforderlich ist. Absprachen der Eheleute hinsichtlich der Aufteilung der Hausarbeit sind aber schadensrechtlich beachtlich, solange dies nicht zu einem offensichtlichen Missverhältnis führt.[3380] So wäre z.B. die Absprache, dass die Ehefrau trotz beiderseitiger Berufstätigkeit die gesamte Haushaltstätigkeit nebst Kinderbetreuung allein bewältigt, i.d.R. schadensrechtlich nicht akzeptabel. **2299**

Es ist immer zu prüfen, ob und in welchem Umfang die übrigen Familienmitglieder ohne den Tod der Hausfrau eine Mitarbeitspflicht getroffen hätte. Für Kinder ergibt sich die Mithilfepflicht aus § 1619 BGB. Sie sind ab etwa 12 bis 14 Jahren[3381] zur Mithilfe verpflichtet. Angesetzt werden kann unabhängig von Haushaltsgröße und Anspruchsstufe eine Stunde täglich bzw. 7 Stunden wöchentlich je Kind.[3382] Abweichungen können sich z.B. dann ergeben, wenn das Kind bereits anderweitig durch Ausbildung oder sonstige Betätigungen (etwa Sport, Musikunterricht usw.) besonders belastet ist. **2300**

Vielfach ist davon auszugehen, dass ohne den Schadensfall auch den überlebenden Ehepartner eine Mithilfepflicht getroffen hätte. Insoweit kommt es aber auf die Umstände an, insbesondere darauf, ob und in welchem Beruf die Partner tätig sind, welchen Zeitaufwand die Berufsausübung erfordert (z.B. Teilzeitbeschäftigung, auswärtige Tätigkeit), sowie ob und wie viele Kinder in welchem Alter zum Haushalt gehören. So kann jedenfalls dann, wenn Kinder vorhanden sind, eine Mithilfepflicht des allein erwerbstätigen Ehemanns in der Größenordnung von 20 bis 25% zu bejahen sein.[3383] Anders kann es sein, wenn der der Getötete vollzeitbeschäftigt war und einen langen Weg zur Arbeitsstelle zurückzulegen hatte, während die Ehefrau nur geringfügig beschäftigt war und die beiden Kinder als Heranwachsende auch zu Haushaltsarbeiten heranzuziehen waren.[3384] **2301**

3379 Rdn. 2213 ff.
3380 BGH VersR 1983, 688; 1984, 79.
3381 BGH VersR 1990, 907; OLG Naumburg OLGR 2005, 269; OLG Stuttgart VersR 1993, 1536.
3382 OLG Stuttgart VersR 1993, 1536.
3383 OLG Stuttgart VersR 1993, 1536.
3384 OLG Koblenz NJW-RR 2008, 1097; dazu Jahnke jurisPR-VerkR 11/2008 Anm. 2.

2302 Der zeitliche Aufwand für die Haushaltsführung ist in dem um eine Person reduzierten Haushalt geringer als vorher. Eine Aufteilung nach Kopfteilen wäre nicht angemessen, weil die Hausarbeit sich wegen der Rationalisierungseffekte in einem mehrköpfigen Haushalt bei der Reduzierung um eine Person nicht entsprechend verringert. Eine angemessene Differenzierung enthält z.B. Tabelle 1 bei Schulz-Borck/Hofmann.[3385]

2303 Die Ermittlung des Schadens erfolgt in folgenden Schritten:[3386]

1. Ermittlung des wöchentlichen Zeitbedarfs für die gesetzlich geschuldete Haushaltsführung vor dem Schadensfall

2. Ermittlung des wöchentlichen Zeitbedarfs für die Haushaltsführung in dem um die getötete Hausfrau reduzierten Haushalt

3. Abzüge wegen der Mithilfepflicht der hinterbliebenen Unterhaltsgeschädigten

4. Bewertung der Arbeit und Ermittlung des monatlichen Ersatzbetrages

5 Aufteilung des Ersatzbetrages auf die Unterhaltsgeschädigten (Teilgläubiger)

2304 Durch das Schadensereignis wird der Ehemann von der Unterhaltspflicht gegenüber seiner getöteten Ehefrau frei. Diese Ersparnis muss er sich im Wege der Vorteilsausgleichung schadensmindernd anrechnen lassen, soweit dies im Einzelfall nach dem Sinn und Zweck des Schadensersatzrechts unter Beachtung der gesamten Interessenlage der Beteiligten nach Treu und Glauben zumutbar ist.[3387] Dies ist i.d.R. der Fall, kann aber z.B. anders sein, wenn der getötete Haushaltsführende neben den Unterhaltsberechtigten auch noch andere Familienangehörige versorgt hatte.[3388] Die Unterhaltsersparnis des Witwers entspricht dem Anteil der getöteten Hausfrau am verfügbaren Netto-Haushaltseinkommen des Witwers. Es ist daher der Betrag zu ermitteln und abzusetzen, den die getötete Hausfrau zu ihren Lebzeiten nach Abzug der Fixkosten aus dem verteilbaren Netto-Einkommen des Witwers für sich beanspruchen konnte.

– **Unterhaltsschaden bei Doppel- oder Zuverdienerehe**

2305 Sind beide Ehepartner ganz oder teilweise berufstätig, sind sie grundsätzlich beide verpflichtet, nicht nur anteilmäßig (im Verhältnis ihrer beiderseitigen Einkünfte) zum Barunterhalt beizutragen, sondern auch verpflichtet sich anteilig an der Haushaltsführung zu beteiligen. Dementsprechend haben

---

3385 Schulz-Borck/Hofmann, Schadenersatz bei Ausfall von Hausfrauen und Müttern im Haushalt, 6. Aufl. 2000.
3386 Vgl. z.B. OLG Oldenburg NZV 2010, 156.
3387 BGH VersR 1984, 79; 1984, 189.
3388 BGH VersR 1984, 189.

die Kinder gegen beide einen Anspruch auf anteiligen Bar- und Naturalunterhalt. Barunterhaltsschaden und Haushaltsführungsschaden sind also hier miteinander verwoben.[3389] Hier sind die Grundsätze der Schadenabrechnung des Barunterhalts und der Naturalunterhalts in Kombination anzuwenden.[3390] Bei einer Doppelverdienerehe mit Kindern ist die Abrechnung noch komplizierter.[3391] Soweit der Witwer und die Halbwaisen Versorgungsleistungen erhalten, ist der Anspruchsübergang auf die Versorgungsträger zu beachten.[3392]

– Sonstige Fallgestaltungen

Wird der erwerbstätige Ehemann getötet und hat dieser im Haushalt mitgeholfen, haben die Unterhaltsgeschädigten (Witwe und Kinder), soweit der Getötete familienrechtlich zur Mitarbeit im Haushalt verpflichtet war, nicht nur wegen des entgangenen Barunterhalts, sondern auch wegen des entgangen Betreuungsunterhalts einen Ersatzanspruch aus § 844 Abs. 2 BGB.[3393]   **2306**

Werden nach Tötung der haushaltsführenden Ehefrau und Mutter die Halbwaisen in einer anderen Familie (z.B. bei Verwandten) untergebracht, muss der Haushaltsführungsschaden getrennt abgeschätzt werden. Der Witwer ist wie ein Alleinstehender zu behandeln, seine Ansprüche können jedenfalls bei Fortführung eines eigenen Haushalts nach den Grundsätzen ermittelt werden, die für den reduzierten 2-Personen-Haushalt gelten. Der Haushaltsführungsschaden der in einer Pflegefamilie untergebrachten Halbwaisen lässt sich in der Weise ermitteln, dass unter Heranziehung der Tabellen 1 und 8 der erhöhte Arbeitszeitbedarf, der in der Pflegefamilie durch die Erhöhung der Personenzahl anfällt, der Schadensberechnung zugrunde gelegt wird.[3394] Werden die Kinder in einem Heim untergebracht, sind die hierfür entstehenden Kosten zu ersetzen abzüglich ersparter Barunterhaltsanteile. Die Ansprüche der Kinder laufen so lange weiter, wie die Halbwaisen gegen ihre Mutter Anspruch auf Naturalunterhalt gehabt hätten, also evtl. bis zum Abschluss der Ausbildung,[3395] aber nicht über den Zeitpunkt der Volljährigkeit hinaus.   **2307**

Ist beim Tod der allein erziehenden Mutter ein barunterhaltspflichtiger Vater vorhanden und war die Mutter lediglich naturalunterhaltspflichtig, ist der Betreuungsschaden auszugleichen. War allein die Mutter bar- und natu-   **2308**

3389 Vgl. etwa BGH VersR 1983, 726; VersR 1988, 490 = BGHZ 104, 113; NZV 1994, 475.
3390 Berechnungsbeispiele bei Küppersbusch, Ersatzansprüche bei Personenschaden, 10.Aufl. 2010, Rn. 409 ff.
3391 Vgl. etwa BGH VersR 1990, 317; 1998, 333.
3392 Vgl. z.B. OLG Brandenburg NZV 2001, 213.
3393 BGH VersR 1998, 333.
3394 BGH VersR 1985, 365; OLG Naumburg OLGR 2005, 269.
3395 BGH VersR 1973, 84.

Zoll

ralunterhaltspflichtig, hat der Schädiger den gesamten Bar- und Naturalunterhaltsschaden zu ersetzen. Der Schädiger hat das Kind so zu stellen, wie es ohne Unfall stehen würde. War die Mutter nur eingeschränkt leistungsfähig, ist dies auch bei der Schadensberechnung zu berücksichtigen.

2309 Aus geäußerten Scheidungsabsichten kann noch nicht geschlossen werden, dass die Ehe ohne den Unfalltod tatsächlich geschieden worden wäre. Lebten die Eheleute schon getrennt oder war die Scheidungsklage bereits anhängig, kann evtl. nur noch Schadensersatz wegen Verlusts des Anspruchs auf den nachehelichen Unterhalt verlangt werden.[3396] Bestehen hinreichend konkrete Anhaltspunkte dafür, dass die Eheleute sich versöhnt hätten, ist vom Fortbestand der Ehe ohne den Schadensfall auszugehen.[3397]

2310 Bei einer Wiederverheiratung des Überlebenden muss dieser sich gegen den neuen Ehepartner bestehende gesetzliche Unterhaltsansprüche, soweit sie durchsetzbar sind und soweit die Durchsetzung auch zuzumuten ist, als Vorteil anrechnen lassen.[3398] Im Falle der Scheidung dieser Ehe lebt der Unterhaltsersatzanspruch aufgrund des Todes des vorherigen Ehepartners wieder auf.[3399] Für diese Ersatzansprüche beginnt mit der Auflösung der zweiten Ehe die Verjährungsfrist neu zu laufen.[3400] Die Kinder müssen sich im Fall der Wiederheirat des überlebenden Elternteils weder den Barunterhalt noch die Betreuung und Versorgung durch die Stiefmutter oder den Stiefvater anspruchsmindernd anrechnen zu lassen.[3401] Der Schadenersatzanspruch von Unfallwaisen wegen Entziehung des Unterhalts wird nicht dadurch gemindert, dass die Unfallwaisen an Kindes Statt angenommen werden.[3402]

– Schadensminderungspflicht

Im Rahmen der dem unterhaltsberechtigten Geschädigten gemäß § 254 Abs. 2 S. 1 BGB obliegenden Schadensminderungspflicht ist dieser grundsätzlich gehalten, sich um eine Erwerbstätigkeit zu bemühen. Die erzielbaren (fiktiven) Einkünfte sind auf den Schaden anzurechnen.[3403]

2311 Einer jungen, kinderlosen, arbeitsfähigen Witwe kann im Regelfall zugemutet werden, einer Erwerbstätigkeit nachzugehen. Unterlässt sie dies, kann der Schädiger ihr einen Verstoß gegen Treu und Glauben entgegenhalten.[3404] Ein Verstoß gegen die Schadensminderungspflicht kann auch dann zu beja-

---

3396 BGH VersR 1974, 700.
3397 OLG Hamm VersR 1992, 511.
3398 BGH VersR 1970, 522; VersR 1979, 55.
3399 BGH VersR 1979, 55.
3400 BGH VersR 1979, 55.
3401 BGH VersR 1969, 998; OLG Hamm VersR 1978, 64; OLG Stuttgart VersR 1993, 1536.
3402 BGH VersR 1971, 1051.
3403 BGH VersR 1984, 936 = BGHZ 91, 357; VersR 2007, 76.
3404 BGH VersR 1984, 936 = BGHZ 91, 357; VersR 2007, 76.

hen sein, wenn die Witwe sich nicht in zumutbarer Weise um eine Arbeitsstelle bemüht und nach Lage der Dinge anzunehmen ist, dass sie bei hinrei-
chendem Bemühen eine Arbeitsstelle gefunden hätte.[3405] Einer Mutter von
einem oder mehreren älteren und gesunden Kindern, kann je nach den Umständen des Einzelfalls die Pflicht zur Aufnahme einer Berufstätigkeit, vor
allem einer Teilzeitarbeit, zuzumuten sein, sobald die Notwendigkeit der
Kinderbetreuung entfällt..[3406] Bei einem oder gar mehreren Kleinkindern,
die einer intensiven Betreuung und ständigen Bereitschaft der Mutter bedürfen, ist dies im Regelfall zu verneinen.[3407] Schon familienrechtlich ist ein
während der ersten drei Lebensjahre des Kindes erzieltes Einkommen stets
überobligatorisch.[3408] Ob die seit Januar 2008 geltenden geänderten familienrechtlichen Grundsätze zur Arbeitspflicht von Ehefrauen und Müttern[3409]
ohne weiteres auf das Schadensrecht übertragen werden können, erscheint
zweifelhaft. Das neue Familienrecht ist geprägt von Billigkeitserwägungen
und der Notwendigkeit, Mangelsituationen auszugleichen. Darum geht es
im Schadensrecht nicht.

Geht eine Witwe nach dem Unfalltod ihres Ehemannes eine eheähnliche
Lebensgemeinschaft ein, so ist der Wert der dem Partner erbrachten Haushaltsführung als solcher auf ihren Unterhaltsschaden nicht anzurechnen.
Vielmehr sind in diesem Fall unter dem Gesichtspunkt einer Erwerbsobliegenheit Einkünfte aus einer der Witwe zumutbaren und möglichen Arbeitsleistung schadenmindernd zu berücksichtigen.[3410]   **2312**

Grundsätzlich ist der Schädiger für das Vorliegen eines Mitverschuldens
und eines Verstoßes gegen die Schadensminderungspflicht darlegungs- und
beweispflichtig; der Geschädigte muss aber, soweit es um Umstände aus seiner Sphäre geht, an der Sachaufklärung mitwirken und erforderlichenfalls
darlegen, was er zur Schadensminderung unternommen hat.[3411]   **2313**

Im Verhältnis der Ehegatten zueinander muss eine mitverdienende Ehefrau
auch dann, wenn sie nach dem Gesetz neben ihrer Arbeit im Haushalt zur
Aufnahme einer weiteren Arbeit nicht verpflichtet war, aus ihrem Arbeitseinkommen einen angemessenen Beitrag zum Unterhalt der Familie leisten,
wodurch sich dementsprechend der Barunterhaltsanspruch der Frau gegen
ihren Ehemann mindert. Arbeitet sie nach dem Schadensfall nur darum weiter, weil sie sich durch den Tod ihres Ehemannes in schlechterer finanzieller
Situation befindet, handelt es sich um eine überobligationsmäßige Leistung,   **2314**

3405 BGH VersR 2007, 76.
3406 OLG Hamm NZV 2008, 570 (LS) = Volltext in Juris.
3407 BGH VersR 1987, 156.
3408 BGH NJW 2009, 1876 = BGHZ 180, 170.
3409 Dazu BGH NJW 2008, 3125 = BGHZ 177, 272; NJW 2009, 1876 = BGHZ 180,
      170; NJW 2009, 2592; BVerfG NJW 2011, 836.
3410 BGH VersR 1984, 936 = BGHZ 91, 357.
3411 BGH VersR 2007, 76.

die dem Schädiger nicht zugute kommt.[3412] Der Verdienst ist dann nicht oder nur teilweise anzurechnen.[3413]

– Befristung des Schadensersatzes

2315   Für die Höhe der Geldrente aus § 844 Abs. 2 BGB ist das fiktive Nettoeinkommen des Getöteten nur bis zu seinem voraussichtlichen Ausscheiden aus dem Erwerbsleben maßgeblich; die für die zeitliche Begrenzung der Geldrente maßgebliche mutmaßliche Lebensdauer des Getöteten ist im Urteil kalendermäßig anzugeben.[3414] Das Ausscheiden aus dem Erwerbsleben nimmt die Rechtsprechung bei einem nicht selbstständig Tätigen grundsätzlich mit Vollendung des 65. Lebensjahres an.[3415] Insoweit kann auf die Ausführungen oben zu 1 g) verwiesen werden.[3416] Können die Rentenerwartungen des Verstorbenen anhand der bislang erreichten Anwartschaften sowie auf Grundlage des letzten erzielten Einkommens unter Berücksichtigung der voraussichtlichen Fortentwicklung der Renten anhand der Steigerungsraten in der Vergangenheit dargetan werden, kann auf dieser Grundlage eine Schadensschätzung auch für die Zeit nach dem fiktiven Eintritt des Getöteten in das Rentenalter erfolgen.[3417]

– Ansprüche aus § 844 BGB und Verjährung

2316   Die Ansprüche aus § 844 BGB und etwa bestehende Ausgleichsansprüche von Gesamtschuldnern verjährten früher in 30 Jahren, seit dem 01.01.2002 besteht auch für Altfälle die dreijährige Verjährungsfrist mit der Folge, dass evtl. am 31.12.2004 Gesamtschuldnerausgleichsansprüche verjährt sind, wenn nicht vorher für Verjährungsschutz gesorgt wurde (Art. 229 § 6 EGBGB).

2317   Die Verjährung der Ersatzansprüche aus § 844 BGB beginnt mit Kenntnis des Unterhaltsgeschädigten von Schaden und Schädiger am 1. Januar des Folgejahres; es schadet auch grob fahrlässige Unkenntnis (§ 199 Abs.1 BGB). Bei Kindern kommt es auf die Kenntnis des gesetzlichen Vertreters an.[3418] Die Kenntnis des Anwalts müssen sich die Unterhaltsgeschädigten zurechnen lassen.[3419] Bei einem unehelichen Kind kommt es auf die Kenntnis von der rechtskräftigen gerichtlichen Anerkennung der Vaterschaft an.[3420]

3412 BGH VersR 1987, 156.
3413 OLG Köln NZV 1997, 439.
3414 BGH VersR 2004, 653.
3415 BGH VersR 2004, 653.
3416 Rdn. 2241, 2336 ff.
3417 Vgl. OLG Brandenburg, Urteil vom 17.07.2008 – 12 U 46/07 – Juris, aufgehoben aus anderen Gründen durch BGH VersR 2010, 642.
3418 BGH VersR 1998, 1295.
3419 OLG Düsseldorf VersR 1999, 893; OLG München r+s 1999, 414; OLG Hamburg MDR 2001, 215.
3420 OLG Karlsruhe OLGR 2005, 376.

Für den Beginn der Verjährung kommt es bei Behörden und juristischen **2318**
Personen des öffentlichen Rechts nicht auf die Kenntnis der Leistungsabteilung an, sondern auf die Kenntnis des Bediensteten, der mit der Verfolgung der Regressforderung betraut ist.[3421] Hier kann sich grob fahrlässige
Unkenntnis z.B. aus einem groben Organisationsverschulden ergeben.[3422]

Beim zeitlichen Auseinanderfallen von Unfall und Tod beginnt der Lauf der **2319**
Verjährungsfrist erst mit dem Tod,[3423] auch wenn der Anspruch aus § 844
BGB auch dann, wenn das Unfallopfer zunächst noch lebt, dem Grunde
nach schon im Zeitpunkt des Schadensfalls auf den SVT übergeht.[3424]

Die Hemmung der Verjährung der Ansprüche nach § 203 BGB beginnt erst **2320**
mit der Aufnahme der Verhandlungen. Der in Anspruch Genommene muss
irgendwie seine Verhandlungsbereitschaft erkennen lassen. Die Hemmung
endet, wenn die Fortsetzung der Verhandlungen verweigert wird. Die Verjährung tritt aber erst frühestens drei Monate danach ein. Die Hemmung kann
auch durch »Einschlafenlassen« der Verhandlungen enden; die Verjährung
beginnt dann zu dem Zeitpunkt zu laufen, zu dem der Versicherer eine Antwort auf sein letztes Schreiben erwarten konnte.[3425] Der Berechtigte hat allerdings keinen Anlass zu einer weiteren Äußerung, wenn für die Regulierung
des Schadens eine Verhandlungspause vereinbart wird; dann ist es grundsätzlich Sache des Verhandlungspartners auf Seiten des Schädigers, die Initiative
wegen einer Wiederaufnahme der Verhandlungen zu ergreifen, wenn er die
Hemmung einer Verjährung der Ersatzansprüche beenden will.[3426]

Wird ein Abfindungsvergleich mit Vorbehalt geschlossen, endet die Hem- **2321**
mung. Die Verjährung beginnt hinsichtlich der vorbehaltenen Ansprüche
sofort nach Vergleichsabschluss wieder neu zu laufen.[3427] Das gilt selbst
dann, wenn schon bei Vergleichsabschluss damit zu rechnen ist, dass weitere Unfallfolgen erst nach mehr als drei Jahren auftreten können.[3428]

Ersatzansprüche können durch ein Feststellungsurteil oder durch ein sog. **2322**
titelersetzendes Anerkenntnis des Haftpflichtversicherers langfristig gegen
Verjährung geschützt werden. Ein titelersetzendes Anerkenntnis ist nach
der Rechtsprechung des BGH anzunehmen, wenn der Schädiger oder sein
Haftpflichtversicherer den Geschädigten klaglos stellen.[3429] Bei Renten-

---

3421 BGH VersR 1996, 1126 = BGHZ 133, 129; VersR 1997, 635 = BGHZ 134, 343;
       VersR 2007, 513.
3422 OLG Saarbrücken, Urteil vom 31.8.2010 – 4 U 550/09 – Juris.
3423 BGH NJW 1986 984.
3424 BGH VersR 1996, 649.
3425 BGH VersR 1990, 755; 2003, 99; 2005, 699; 2009, 945.
3426 BGH VersR 2005, 699.
3427 BGH VersR 2003,452; 2002,474; 1999, 382.
3428 BGH VersR 1992, 1091.
3429 BGH VersR 2002, 474; 2003, 452; OLG Karlsruhe VersR 2006, 251.

ansprüchen ist aber nur das Stammrecht langfristig gegen Verjährung geschützt. Rückständige Rentenbeträge verjährten gemäß § 196 BGB a.F. in vier Jahren.[3430] Nach § 199 BGB n.F. verjähren sie in drei Jahren. Allerdings können Zahlungen des Haftpflichtversicherers an den Geschädigten als Anerkenntnisse zu werten sein, die zu einer Unterbrechung (§ 208 BGB a.F.; Art. 229 § 6 Abs. 1 Satz 2 EGBGB) bzw. zum Neubeginn der Verjährung (§ 212 BGB n.F.) auch hinsichtlich des Gesamtanspruchs führten bzw. führen, so dass die Verjährung mit jeder Zahlung neu zu laufen beginnt.[3431] Ein den Anspruch auf Ersatz des (Gesamt-) Schadens insgesamt umfassendes Anerkenntnis liegt regelmäßig auch dann vor, wenn sich der Schaden aus mehreren Schadensarten (z.B. Heilungskosten, Erwerbsschaden, Mehrbedarf) zusammensetzt, der Geschädigte bzw. sein Rechtsnachfolger nur einzelne dieser Schadensteile geltend macht und der Schädiger allein hierauf zahlt; erfüllt der Schädiger Einzelansprüche des Geschädigten, so liegt darin eine Leistung auf den Gesamtanspruch, durch die dessen Verjährung unterbrochen bzw. neu begonnen wird, denn über den Einzelansprüchen steht der Gesamtanspruch, aus dem diese fließen (Grundsatz der Schadenseinheit).[3432]

– Rentenanspruch

2323 Sind im Falle der Tötung des Unterhaltsverpflichteten mehrere Ersatzberechtigte vorhanden, sind sie Teilgläubiger, d.h. jeder von ihnen hat einen selbstständigen Ersatzanspruch gemäß § 844 Abs. 2 BGB gegen den Schädiger. Schadensersatz ist in Form einer Rente zu zahlen, und zwar nach §§ 843 Abs. 2, 760 BGB für drei Monate im Voraus. In der Praxis wird häufig monatliche Zahlung beantragt. Daran ist das Gericht dann gebunden (§ 308 Abs. 1 ZPO).

2324 Die Rente muss für jeden Unterhaltsgeschädigten getrennt errechnet werden, und zwar für die Zukunft in unterschiedlicher Höhe, soweit sich Veränderungen jetzt schon beurteilen lassen;[3433] ferner ist jeder Rentenanspruch in der Zukunft zeitlich kalendermäßig zu begrenzen auf den mutmaßlichen Endzeitpunkt der Leistungspflicht des Schädigers.[3434]

2325 Bei dem Anspruch auf Entrichtung einer Geldrente wegen der Tötung eines Dritten ist zu berücksichtigen, dass sich die Höhe des Unterhaltsanspruchs mit dem voraussichtlichen Ausscheiden des Getöteten aus dem Erwerbsleben verändert und der Schadensersatzrente ab diesem Zeitpunkt nicht mehr das zuletzt erzielte Nettoeinkommen des Getöteten zugrunde gelegt werden kann. Außerdem muss die Geldrente auf die Zeit begrenzt werden, in der der Getötete während der mutmaßlichen Dauer seines Lebens unter-

---

3430 BGH VersR 2000, 1116; 1985, 62.
3431 BGH VersR 2009, 230; dazu Lang, jurisPR-VerkR 4/2009 Anm. 2.
3432 BGH VersR 2009, 230; dazu Lang, jurisPR-VerkR 4/2009 Anm. 2.
3433 BGH VersR 1990, 907.
3434 BGH VersR 2004, 653 = r+s 2004, 342 m. Anm. Lemcke.

Zoll

haltspflichtig gewesen wäre. Diese mutmaßliche Lebenserwartung ist gemäß § 287 ZPO unter Würdigung aller Umstände des Einzelfalls zu schätzen, wobei insbesondere die allgemeine Lebenserwartung der durch das Lebensalter gekennzeichneten Personengruppe, der der Betroffene angehört, und dessen besondere Lebens- und Gesundheitsverhältnisse zu berücksichtigen sind. Beim Fehlen individueller Anhaltspunkte kann auf die vom statistischen Bundesamt herausgegebene zeitnächste »Sterbetafel« oder anderes möglichst zeitnah zum Todeszeitpunkt erhobenes statistisches Material abgestellt werden. Der geschätzte Zeitpunkt der mutmaßlichen Lebenserwartung und die dementsprechende zeitliche Begrenzung der Leistungsverpflichtung der Beklagten ist im Urteil kalendermäßig anzugeben.[3435] Das ist auch bei außergerichtlichen Rentenvergleichen zu beachten; fehlt die zeitliche Begrenzung, wird sie durch das Gesetz bestimmt.[3436]

Die Unterhaltsgeschädigten müssen ihre Einzelansprüche beziffern. I.d.R. sind die Ansprüche mehrerer Berechtigter der Höhe nach voneinander abhängig. Die Herabsetzung einer Rente bedingt dann automatisch die Anhebung der anderen. Die Ersatzberechtigten können sich deshalb im Prozess hilfsweise mit einer anderen Aufteilung im Rahmen des von ihnen insgesamt geltend gemachten Betrages einverstanden erklären.[3437] **2326**

Der Unterhaltsgeschädigte muss im Prozess den Ersatzanspruch aus § 844 BGB näher darlegen. Kommt er der Pflicht zur näheren Darlegung trotz Aufforderung nicht nach, kann die Klageabweisung gerechtfertigt sein.[3438] **2327**

Für die Zukunft ist das Gericht bei Rentenansprüchen aus § 844 BGB zu der Prognose gezwungen, wie sich die Unterhaltsbeziehungen zwischen den Unterhaltsberechtigten und dem Unterhaltsverpflichteten bei Unterstellung seines Fortlebens in Zukunft entwickelt haben würden. Alle voraussehbaren Veränderungen für die Bemessung der in Zukunft zu zahlenden Rente sind in die Prognose einzubeziehen. Insoweit gilt der Beweismaßstab des § 287 ZPO.[3439] Bei der Bemessung der Unterhaltsschadensrente im Falle der Tötung sind insbesondere hinreichend wahrscheinliche Veränderungen der Bedürftigkeit der unterhaltsberechtigten Kinder und der Leistungsfähigkeit des Unterhaltspflichtigen zu berücksichtigen. Der getötete Barunterhaltspflichtige (z.B. ein Vater im fortgeschrittenen Alter) kann evtl. noch während des Bestehens der Unterhaltspflicht aus dem Erwerbsleben ausscheiden. Der Anspruch des barunterhaltsberechtigten Ehepartners kann steigen, z.B. durch den Wegfall eines Kindes, aber auch fallen, z.B. durch Aufnahme von Arbeit. Die Leistungsfähigkeit des getöteten Naturalunterhaltspflich- **2328**

3435 BGH VersR 2004, 653 = r+s 2004, 342 m. Anm. Lemcke.
3436 KG r+s 1997 461.
3437 BGH VersR 1972, 948.
3438 OLG Karlsruhe VersR 1991, 1190.
3439 BGH VersR 1990, 907.

tigen kann voraussichtlich während des Bestehens der Unterhaltspflicht sinken oder enden. Der zeitliche Arbeitsaufwand im Haushalt kann sich verändern, z.B. durch eine Verkleinerung des Haushalts beim Wegzug eines Kindes. Bei aufwachsenden Kindern sinkt der Betreuungsbedarf, während der Barunterhaltsbedarf steigt. Ab einem Alter von ca. 12 Jahren besteht eine Mitarbeitspflicht im Haushalt. Mit 18 Jahren endet der Naturalunterhaltsanspruch, irgendwann auch der Barunterhaltsanspruch.

2329   Soweit in der Zukunft liegende Faktoren noch nicht hinreichend sicher zu beurteilen sind, ist allerdings die Beschränkung auf ein Feststellungsurteil möglich. Wird zur Zahlung verurteilt, ist bei späteren wesentlichen Veränderungen die Abänderungsklage gemäß § 323 ZPO möglich.

> ❗ Die Abänderungsklage ist nur hinsichtlich solcher nachträglichen Änderungen möglich, die im Vorprozess noch unbekannt waren und schon deshalb in dem Rentenurteil nicht berücksichtigt werden konnten oder die noch nicht hinreichend wahrscheinlich waren und deshalb damals ausgeklammert wurden.[3440]
>
> Soweit bestimmte Faktoren noch nicht berücksichtigt werden sollen, muss der Anwalt darauf hinwirken, dass dies in dem Rentenurteil deutlich zum Ausdruck gebracht wird.

2330   Die Abänderungsklage kann auch vom zur Zahlung verurteilten Schädiger erhoben werden.[3441] Eine Abänderung kommt evtl. auch im Hinblick auf den gestiegenen Lebenshaltungskostenindex in Betracht.[3442]

2331   Für die aufgrund der wesentlichen Veränderung der Verhältnisse entstehenden Ansprüche auf Rentenerhöhung läuft ab Kenntnis von diesem Sachverhalt eine neue Verjährungsfrist.[3443] Wird die Rente zwischen den Parteien durch einen Rentenvergleich festgelegt, kann ebenfalls eine Abänderung und Anpassung an veränderte Verhältnisse verlangt und ggf. klageweise durchgesetzt werden; das gilt nicht, wenn die Anpassung in dem Rentenvergleich ausdrücklich ausgeschlossen worden ist.

> ❗ Bei Rentenvergleichen muss bedacht werden, ob künftige Abänderungen nach oben oder unten möglich sein sollen oder nicht. Falls der Rentenvergleich insoweit keine Regelung enthält, ist beim Prozessvergleich und beim Anwaltsvergleich, sofern dieser für vollstreckbar erklärt ist (§§ 756c ZPO), beiderseits eine Abänderungsklage möglich (§ 323 Abs. 4 ZPO a.F., § 323a ZPO n.F.), wobei der Vergleich grundsätz-

---

3440   BGH VersR 1990, 907.
3441   OLG Hamm r+s 1997, 199.
3442   BGH VersR 1989, 154; 2007, 961 zur Schmerzensgeldrente.
3443   BGH VersR 1979, 55.

lich auch für die Zeit bis zur Erhebung der Klage abgeändert werden kann.[3444]

Bei außergerichtlichen Rentenvergleichen kann eine Anpassung vereinbart werden, ist aber auch nach §§ 242, 313 BGB möglich.[3445] Es empfiehlt sich, in dem Vergleich die Geschäftsgrundlage festzulegen, um Schwierigkeiten auszuschließen, die sich bei der Beurteilung ergeben, ob und inwieweit sich die Verhältnisse bei Erhebung der Abänderungsklage geändert haben.[3446]

Soll eine Anpassung ausgeschlossen werden, muss dies eindeutig vereinbart werden.[3447]

Bei Abfindungsvergleichen ist eine Abänderung nur möglich, wenn und soweit diese ausdrücklich vorbehalten worden ist.

Darüber hinaus besteht eine Änderungsmöglichkeit, wenn der Betroffene, der trotz der von ihm übernommenen Prognoserisiken von einem umfassenden Abfindungsvergleich abweichen will, dartun kann, dass ihm ein Festhalten am Vergleich nach Treu und Glauben nicht zumutbar ist, weil entweder die Geschäftsgrundlage für den Vergleich weggefallen ist oder sich geändert hat, so dass eine Anpassung an die veränderten Umstände erforderlich erscheint, oder weil nachträglich erhebliche Äquivalenzstörungen in den Leistungen der Parteien eingetreten sind, die für den Betroffenen nach den gesamten Umständen des Falls eine ungewöhnliche Härte bedeuten würden.[3448]

Wegen der gegenseitigen Abhängigkeit der Ansprüche der verschiedenen Unterhaltsberechtigten kann es zweckmäßig sein, die Schadensrenten insgesamt auf den Zeitpunkt der Volljährigkeit des ältesten Kindes zu begrenzen und die Ansprüche für die Zeit danach durch Feststellungsklage gegen Verjährung zu sichern.[3449] Eine Feststellungsklage ist auch möglich, wenn zunächst, etwa wegen Leistungsunfähigkeit des Getöteten im Todesfall und/oder fehlender Unterhaltsbedürftigkeit des Angehörigen, kein Anspruch aus § 844 BGB besteht, ein solcher aber künftig möglich erscheint.[3450] **2332**

Für die Vergangenheit ist die Rente in Kapitalform zuzusprechen. Die künftig zu zahlende Monatsrente muss evtl. jeweils für bestimmte Zeiträume unterschiedlich bemessen werden.[3451] **2333**

3444 BGH VersR 1983, 147.
3445 Vgl. Jahnke VersR 1995, 1145; 1996, 924.
3446 Vgl. BGH NJW 2010, 119.
3447 Vgl. BGH VersR 1989, 154 = BGHZ 105, 243.
3448 BGH VersR 2008, 686; 2008, 1648.
3449 OLG Hamm NJW-RR 1996, 1221.
3450 OLG Schleswig FamRZ 2008, 990.
3451 BGH VersR 1979, 55; Pardey/Schulz-Borck, DAR 2002, 289, 297 ff.

Zoll

2334   Jedes Rentenurteil muss eine kalendermäßig festgelegte zeitliche Begrenzung enthalten.[3452] Die Unterhaltsschadensrente nach § 844 Abs.2 BGB endet spätestens mit dem mutmaßlichen Lebensende des Unterhaltsverpflichteten, im Falle des Fortlebens evtl. schon früher mit dem Wegfall der Bedürftigkeit des Unterhaltsberechtigten bzw. mit dem Wegfall seiner Leistungsfähigkeit des Verpflichteten. Über den mutmaßlichen Todeszeitpunkt hinaus können Unterhaltsersatzansprüche nur ausnahmsweise bestehen.[3453]

2335   Die Barunterhaltspflicht des getöteten Unterhaltspflichtigen ohne Unfalltod endet spätestens mit seinem mutmaßlichen Tod. Die mutmaßliche Lebenserwartung ist gemäß § 287 ZPO unter Würdigung aller Lebensumstände zu schätzen; beim Fehlen individueller Anhaltspunkte ist auf die zum Todeszeitpunkt zeitnächste Sterbetafel zurückzugreifen.[3454] Da sich die Barunterhaltspflicht schon mit dem mutmaßlichen Ausscheiden aus dem Erwerbsleben zumindest entscheidend verringert, ist ein Rentenurteil ist i.d.R. auf diesen Zeitpunkt zu begrenzen; danach evtl. noch bestehende Unterhaltsersatzansprüche können durch Feststellungsurteil gegen Verjährung zu gesichert und später beziffert geltend gemacht werden.

2336   Bei einem nicht selbstständig Tätigen ist nach der bisherigen Rechtsprechung vom Eintritt in den Ruhestand mit 65 Jahren auszugehen.[3455] Diese Grenze wird sich aufgrund der Gesetzesänderungen bei den betroffenen Altersgruppen auf 67 Jahre erhöhen. Tatsächlich scheiden zahlreiche abhängig Tätige bereits früher aus dem Erwerbsleben aus.[3456] Gleichwohl ist eine Orientierung an den gesetzlichen Vorgaben einer solchen an statistischen Durchschnittswerten vorzuziehen.

2337   Selbstständige (z.B. Anwälte, Ärzte) scheiden vielfach erst nach Vollendung des 65. Lebensjahres aus dem Erwerbsleben aus.[3457] Dies beruht z.T. auf gesetzlichen Vorgaben (vgl. etwa § 95 Abs. 7 SGB V a.F. zur Beendigung der Kassenarztzulassung mit dem 68. Lebensjahr und §§ 47, 48a BNotO zur Beendigung der Notartätigkeit mit Vollendung des 70. Lebensjahrs). Im Einzelfall ist allerdings konkret vorzutragen.

2338   Die Pflicht zur Haushaltsführung geht i.d.R. weit über über das 65. Lebensjahr hinaus. Beim Haushaltsführungsschaden wird sie teilweise auf die Vollendung des 75. Lebensjahres begrenzt.[3458] Dies dürfte aber nicht mehr dem

---

3452   BGH VersR 2004, 653 = r+s 2004, 342 m. Anm. Lemcke.
3453   OLG Stuttgart VersR 2002, 1520.
3454   BGH VersR 2004, 653 = r+s 2004, 342 m. Anm. Lemcke.
3455   BGH VersR 2004, 653 = r+s 2004, 342 m. Anm. Lemcke.
3456   Vgl. dazu schon oben Rdn. 22325.
3457   Vgl. Jahnke, Der Verdienstausfall im Schadensersatz, 3. Aufl. 2009, Kap. 4 Rn. 93.
3458   OLG Celle ZfS 1983, 291; OLG Frankfurt VersR 1982, 981; OLG Hamm NJW-RR 1995, 599; vgl. auch BGH VersR 1974,1016.

gewöhnlichen Verlauf der Dinge entsprechen. Der Verkehrsgerichtstag 2010 in Goslar hat deshalb zu Recht empfohlen, von einer Altersbegrenzung abzusehen. Zu diskutieren sind Abschläge wegen abnehmender Leistungsfähigkeit im hohen Alter.[3459]

Der Ersatzanspruch des überlebenden Ehepartners endet i.d.R. im Falle der **2339** Wiederheirat; er muss sich nämlich den Unterhaltsanspruch gegen den neuen Ehepartner anspruchsmindernd zurechnen lassen, auch dann, wenn der neue Ehepartner anders als der Getötete statt zum Barunterhalt zum Naturalunterhalt verpflichtet ist oder umgekehrt Wird die neue Ehe aufgelöst, ist der Schadensersatzanspruch gegen den Schädiger wieder in dem ursprünglichen Umfang gegeben; einer Absicherung durch Feststellungsklage bedarf es nicht, weil die Verjährung mit der Auflösung der neuen Ehe neu zu laufen beginnt.[3460] Der Ersatzanspruch der Kinder entfällt dagegen nicht dadurch, dass sie im Falle der Wiederheirat von dem neuen Ehepartner (z.B. von der Stiefmutter) betreut und versorgt werden; es handelt sich um freiwillige Leistungen eines Dritten, die den Schädiger nicht entlasten. Selbst im Falle der Adoption besteht nur eine sekundäre Leistungspflicht der Stiefmutter.

Checkliste Unterhaltsschaden **2340**

Anspruchsübergang auf Drittleistungsträger	Evtl. keine Aktivlegitimation des Geschädigten
Gesetzlicher Unterhaltsanspruch	Verhältnis der Anspruchsteller zum Getöteten (Ehegatte, Kind usw.) Anzahl der Unterhaltsberechtigten
Für Unterhaltszwecke verfügbares fiktives Nettoeinkommens des Getöteten	Einkommen vor dem Schadensfall Absprachen der Eheleute zur Einkommenverwendung Zukunftsprognose
Bemessungsfaktoren	Alter des Getöteten (Endzeitpunkt der Unterhaltsleistung aus Berufseinkommen; Vortrag zum Unterhalt aus der Altersversorgung) Alter der Unterhaltsberechtigten (z.B. unterschiedliche Höhe des Anspruchs nach Zeitabschnitten, Wegfall des Unterhaltsanspruchs der Kinder)

3459 Vgl. Küppersbusch, Ersatzansprüche bei Personenschäden, 10. Aufl. 2010, Rn. 210 und 391 f.
3460 BGH VersR 1979, 55.

Fixe Kosten	Miete und Mietnebenkosten Beim Wohnen im eigenen Haus dessen Kosten und Lasten einschließlich der Schuldzinsen, aber nur bis zur Höhe der fiktiven Miete für eine angemessene Wohnung Rücklagen für Schönheitsreparaturen Rücklagen für Reparatur und Ersatzbeschaffung der Wohnungseinrichtung Telefon, Zeitung, Fernsehen, Radio Versicherungen Kosten der Pkw-Haltung Kosten für Kindergarten Sonstiges
Auswirkung des Todes auf Fixkosten	Umzug geringere Energiekosten geringere Pkw-Kosten Ersparnis berufsbedingter Aufwendungen Verlust einer billigen Werkswohnung Verlust der Privatnutzung eines Firmenwagens Sonstiges
Anteile der Hinterbliebenen am verteilbaren Nettoeinkommen und an den fixen Kosten	In Rspr. und Literatur verwendete Quoten heranziehen
Einkommen der Unterhaltsberechtigten	Vor dem Schadensfall Nach dem Schadensfall
Vorteilsausgleichung	Erbschaft (nur wenn Vermögen vor dem Tod Quelle des Unterhalts) Keine Anrechnung von Leistungen privater Versicherer Keine Anrechnung von Unterhaltsleistungen Dritter
Schadenswegfall	Anstehende Scheidung Unterhaltsanspruch des Ehegatten aus Wiederverheiratung Wegfall der Bedürftigkeit bei Kindern und anderen Berechtigten

Zoll

Naturalunterhaltsschaden	Umstände der Haushaltsführung, insb. auch Absprachen der Eheleute Zeitbedarf vorher und nachher Mithilfepflicht der Überlebenden Erforderliche Aufwendungen für tatsächlich eingestellte oder fiktive Ersatzkraft Aufteilung auf Teilgläubiger nach Quoten
Schadensminderung	Zumutbarkeit einer Erwerbstätigkeit (insb. Dauer der Ehe, Kinderbetreuung) Bemühungen um zumutbare Erwerbstätigkeit
Verjährung	Beginn erst mit dem Tod, auch bei längerem Überleben Hemmung durch Verhandlungen

ff) Entgangene Dienste (§ 845 BGB)

§ 845 BGB findet im Rahmen der Verschuldenshaftung sowohl im Falle der Verletzung als auch im Falle der Tötung Anwendung. Die Vorschrift erfasst die gesetzliche Pflicht des Kindes, den Eltern in deren Hausstand und Geschäfte Dienste zu leisten (§ 1619 BGB). Der Schädiger hat dem Dienstleistungsberechtigten für die entgehenden Dienste Ersatz zu leisten. Die familienrechtliche Pflicht des Kindes, in Haus und Geschäft Dienstleistungen zu erbringen, besteht, solange das Kind dem elterlichen Hausstand angehört und von den Eltern erzogen oder unterhalten wird. Nach älterer Rechtsprechung ist dies selbst dann nicht von vornherein ausgeschlossen, wenn ein Kind, obwohl bereits volljährig und verheiratet, noch im landwirtschaftlichen Betrieb der Eltern mitarbeitet.[3461] Die Dienstleistungspflicht endet, wenn das Kind aus dem besonderen Abhängigkeitsverhältnis ausscheidet, insbesondere seine volle Arbeitskraft für eine anderweitige entgeltliche Erwerbstätigkeit einsetzt,[3462] oder wenn seine Mitarbeit nach dem Willen der Beteiligten auf eine eigene Rechtsgrundlage gestellt wird, insbesondere auf eine arbeits- oder gesellschaftsvertragliche Grundlage.[3463] War das verletzte oder getötete Kind seinen Eltern dienst- oder arbeitsvertraglich zur Leistung von Diensten verpflichtet, erleidet es einen eigenen Verdienstausfallschaden; im Falle der Tötung des Kindes kommen allenfalls Ansprüche der Eltern aus § 844 BGB in Betracht.[3464] Kein Anspruch aus § 845 BGB besteht z.B. auch, wenn die erwachsene Tochter zwar ihren Eltern täglich im Haushalt hilft, gelegentlich

2341

3461 BGH NJW 1958, 706; VersR 1972, 301.
3462 BGH VersR 1998, 466 = BGHZ 137, 1.
3463 BGH VersR 2001, 648; OLG Jena ZfS 2010, 79.
3464 OLG Köln VersR 1991, 1292.

auch noch Zuhause übernachtet und die Eltern ihr gelegentlich Geld zuwenden, wenn sie aber bereits ausgezogen ist und ihren Lebensunterhalt im Wesentlichen selbst bestreitet.[3465]

2342 Die Vorschrift findet heute schon deshalb nur noch selten Anwendung, weil Eltern i.d.R. schon im Hinblick auf die soziale Absicherung einen Dienst- oder Arbeitsvertrag schließen, wenn ihre Kinder im elterlichen Betrieb mitarbeiten. Gelegentlich hat sie aber bis heute in der Landwirtschaft Bedeutung.[3466] Eine Vermutung dafür, dass die Mitarbeit auf dem elterlichen Hof auf familienrechtlicher Basis geschehe, besteht allerdings heute nicht mehr.[3467] Setzt ein Bauernsohn unter Verzicht auf eine andere Erwerbsmöglichkeit seine ganze Arbeitskraft auf dem Hof ein in der Erwartung, den Hof später zu übernehmen, kann nach dem Willen der Beteiligten die Dienstleistung familienrechtlicher Art sein.[3468] Dies ist nicht der Fall, wenn der auf dem Hof lebende und als Erbe vorgesehene Bauernsohn anderweitig einer Ganztagsbeschäftigung nachgeht und nur in seiner Freizeit auf dem elterlichen Hof mitarbeitet.[3469]

2343 Der Schaden bemisst sich nach dem Wert der Dienste, der auf der Basis der erforderlichen Aufwendungen für eine gleichwertige Ersatzkraft zu berechnen ist, ohne Rücksicht darauf, ob sie tatsächlich eingestellt wird; abzusetzen ist der ersparte Unterhaltsaufwand, insbesondere für die Verpflegung des Kindes.[3470]

2344 Bei der Bestimmung der Rentendauer ist zu berücksichtigen, dass das volljährige Kind die familiäre Dienstleistung jederzeit beenden kann, indem es aus dem elterlichen Haushalt ausscheidet und eine selbstständige Lebensstellung begründet[3471] oder mit den Eltern einen Dienstvertrag schließt.[3472]

2345 Besteht die ernsthafte Gefahr, dass die Eltern in Zukunft bedürftig werden, kann der Anspruch durch Feststellungsklage gesichert werden.[3473] Dies ist konkret vorzutragen. Die rein theoretische Möglichkeit reicht nicht aus.[3474]

3465 OLG Nürnberg VersR 1992, 188; siehe aber auch OLG Saarbrücken NZV 1989, 25.
3466 OLG Jena ZfS 2010, 79.
3467 BGH VersR 1991, 428.
3468 BGH VersR 1991, 428.
3469 BGH VersR 1998, 466 = BGHZ 137, 1.
3470 OLG Schleswig VersR 1999, 632.
3471 BGH VersR 1991, 428.
3472 OLG Celle VersR 1991, 1291.
3473 OLG Koblenz NJW 2003, 521; OLG Celle NJW-RR 1988, 990; LG Mühlhausen DAR 2006, 217.
3474 LG Rostock Schaden-Praxis 2001, 302.

2. Der Schmerzensgeldanspruch im Gefüge des Arzthaftungsrechts

a) Materielle Grundlagen der Arzthaftung im Überblick
aa) Struktur

Das Arzthaftungsrecht ist der wohl am weitesten entwickelte und strukturierte Bereich des zivilen Berufsrechts der Dienstleistungen. **2346**

(1) Dualistischer Aufbau – Delikt/Vertrag

Das arzthaftungsrechtliche **Pflichtengefüge** ist bezogen auf die Haftungsbegründung **dualistisch** aufgebaut. **2347**

Es geht zum einem um die **Selbstbindung** durch Vertrag und zum anderen um die **Fremdbindung** durch Deliktsrecht.[3475] **2348**

Im Mittelpunkt der Vertragshaftung steht seit der Schuldrechtsreform die Vorschrift des § 280 BGB, die deliktische Haftung bestimmt sich unverändert nach §§ 823 ff BGB. **2349**

Ärztliche Pflichtverletzungen sind einerseits mit Blick auf den konkreten vertraglichen Behandlungsinhalt zu bewerten, andererseits vor dem Hintergrund der von dem Arzt faktisch übernommenen Garantenstellung, § 823 BGB.[3476] **2350**

Ein Arzt schuldet dem Patienten die im Verkehr erforderliche Sorgfalt, die sich nach dem **medizinischen Standard** des jeweiligen Fachgebietes ergibt (§ 276 BGB). **2351**

Auf **Vertragsebene** bedeutet die Verletzung dieser Sorgfaltspflichten einen Verstoß gegen **Berufspflichten**. **2352**

Im **Deliktsrecht** sind diese Sorgfaltspflichten auf den Schutz der in § 823 Abs. 1 BGB aufgeführten **Rechtsgüter** ausgerichtet. Dies gilt insbesondere im Rahmen des **Integritätsinteresses** für Körper und Gesundheit des Patienten.[3477] **2353**

Inhaltlich sind die einen Arzt treffenden **Sorgfaltspflichten** auf Vertragsebene und Deliktsebene **deckungsgleich**.[3478] **2354**

Vertragliche und deliktische Ansprüche stehen in **freier Anspruchskonkurrenz**. **2355**

Die Arzthaftung knüpft an zwei haftungsauslösende Verhaltensweisen an, nämlich an die **2356**

3475 Hart JURA 2000, 14 ff.
3476 Wenzel, Kap. 4 Rn. 2 ff.
3477 Geigel/Wellner Kap. 14 Rn. 211.
3478 BGH VersR 1988,1273.

- Verletzung der ärztlichen Kunst (Behandlungsfehler),
- Missachtung des Selbstbestimmungsrechts des Patienten wegen eigenmächtigen Verhaltens des Arztes (Aufklärungsfehler).

2357   Das behandlungsfehlerhafte »Handeln« unterliegt vertraglich und deliktisch **gleichen Anforderungen**.

2358   Dies gilt ebenso für die Aufklärungspflichten.

2359   In der Rechtsprechung wird die von dem Arzt vertraglich geschuldete Pflicht identisch ausgelegt wie die ihm im Rahmen des § 823 Abs. 1 BGB abverlangte Pflicht.

(2) Annäherung der Haftungssysteme

2360   Im Mittelpunkt des Arzthaftungsprozesses stand bis zur Schuldrechtsreform überwiegend der deliktische Anspruch, weil das Klagbegehren des Patienten sehr häufig auf Zahlung von Schmerzensgeld zielt. Dafür war bisher § 847 BGB maßgebend, jedoch nicht als eigenständige Anspruchsgrundlage, sondern als den Haftungsumfang bestimmende Norm. Gleiches gilt jetzt auch für § 253 Abs. 2 BGB. Das wird durch dessen Wortlaut und Stellung im Gesetz bei den §§ 249 ff. BGB als haftungsausfüllende Regelungen hervorgehoben.[3479]

2361   Die Neuregelung des § 253 Abs. 2 BGB, geschaffen durch das Zweite Gesetz zur Änderung schadensersatzrechtlicher Vorschriften vom 19.07.2002 (BGBl. I 2674), hat mit dem Inkrafttreten am 01.08.2002 den Weg zum Schmerzensgeld auch bei **vertraglichen** Ansprüchen sowie für Ansprüche aus **Gefährdungshaftung** geöffnet.

2362   Vertragliche und deliktische **Haftungssysteme** haben sich nunmehr auch auf der Rechtsfolgenseite **weiter angenähert**.[3480]

2363   Dem § 278 BGB kommt im Rahmen des § 280 BGB im Arzthaftungsrecht eine zentrale Rolle zu, weil für den Arzt bzw. den Krankenhausträger die **Exkulpationsmöglichkeit** nach § 831 BGB praktisch **entfällt**.

2364   Ob sich aus § 280 Abs. 1 S. 2 BGB tatsächlich eine **generelle Beweislastumkehr** zu Lasten des Arztes ableitet, was den Gleichlauf des vertraglichen und des deliktsrechtlichen Haftungssystems praktisch wieder aufheben würde, wird in der **Literatur** unterschiedlich beurteilt.

2365   Nach § 280 Abs. 1 S. 2 BGB scheint der Arzt generell mit dem Beweis belastet zu sein, dass er fachgerecht gehandelt habe. Dadurch könnte eine erhebliche Haftungsausweitung drohen. Nach den Gesetzesmaterialien war dies jedoch

---

3479 Bamberger/Roth/Spindler § 253 Rn. 7.
3480 Wagner NJW 2002, 2049, 2055.

nicht gewollt. An der überkommenen Verteilung der Darlegungs- und Beweislast wollte die Schuldrechtskommission nichts ändern.[3481]

In der Literatur wird teilweise gefordert, die vertragliche Arzthaftung im Wege der teleologischen Reduktion von der Vorschrift des § 280 Abs. 1 S. 2 BGB auszunehmen. Dem wird entgegen gehalten, dass es eines solchen »Kunstgriffes« gar nicht bedarf: Da der Arzt gerade **keinen Erfolg** schulde, könne in einem ausgebliebenen Heilerfolg noch keine Pflichtwidrigkeit im Sinne des § 280 Abs. 1 S. 1 BGB gesehen werden. Erst aber wenn ein Behandlungsfehler tatbestandsmäßig feststehe, greife die Beweislastumkehr des § 280 Abs. 1 S. 2 BGB ein. **2366**

Soll heißen: Während im Deliktsrecht die Verletzung des ärztlichen Standards im Rahmen des Verschuldens zu prüfen ist, geschieht dies bei der Vertragshaftung im Bereich der Pflichtverletzung. Die **Beweislast** für die ärztliche Pflichtverletzung trifft damit **in beiden Haftungssystemen** grundsätzlich den **Patienten**. Dass bei einer dann festgestellten vertraglichen Pflichtverletzung das Verschulden fehlt, ist nur in Ausnahmefällen denkbar. **2367**

Weitere Stimmen im Schrifttum bestreiten, dass es angesichts des zivilrechtlichen auch im Arzthaftungsrecht geltenden **objektivierten Fahrlässigkeitsbegriffs** überhaupt noch Elemente gibt, die ein Verschulden subjektiv begründen. Denn die Verletzung der äußeren (objektiven) Sorgfalt indiziere den Verstoß gegen die innere (subjektive) Sorgfalt.[3482] **2368**

Im Ergebnis zeichnet sich ab, dass § 280 Abs. 1 S. 2 BGB im Arzthaftungsrecht praktisch »leer läuft«.[3483] **2369**

Damit werden sich unter der **neuen Gesetzeslage** die Gewichte zugleich von der deliktischen zur vertraglichen Haftung **verlagern**.[3484] **2370**

3481 Abschlussbericht der Kommission zur Überarbeitung des Schuldrechts 1992, S. 130.
3482 Zum Ganzen: Spickhoff NJW 2002, 2530; Katzenmeier VersR 2002, 1066; Weidinger VersR 2004, 35; Spindler JuS 2004, 272; Schmidt MedR 2007, 293; 2008 408; Martis/Winkhart AHR S.384; Gödicke MedR 2008, 405.
3483 Frahm/Nixdorf AHR Rn. 129.
3484 Wenzel, Kap. 4 Rn. 2 ff.

Hensen

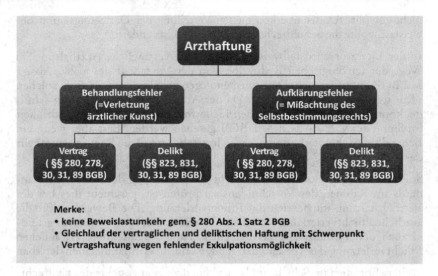

Merke:
- keine Beweislastumkehr gem. § 280 Abs. 1 Satz 2 BGB
- Gleichlauf der vertraglichen und deliktischen Haftung mit Schwerpunkt Vertragshaftung wegen fehlender Exkulpationsmöglichkeit

bb) Altfälle – § 847 BGB

2371 § 847 BGB ist für Schadensereignisse, die bis zum 31.07.2002 eingetreten sind, weiterhin anzuwenden (Art. 229 § 8 Abs. 1 Nr. 2 EGBGB).

2372 «Schädigendes Ereignis« im Sinne dieser **Übergangsvorschrift** ist die zum Schadensersatz verpflichtende **Handlung**, also das haftungsbegründende Tun oder Unterlassen, nicht der Schadenseintritt. § 847 BGB gilt fort, wenn weitere Schäden aus Heileingriffen sich erst später verwirklichen.[3485]

2373 Der genaue **Zeitpunkt** des misslungenen oder mangels Aufklärung rechtswidrigen Heileingriffs kann entscheidend sein:

2374 ❗ Lag das schädigende Ereignis vor dem 01.08.2002, haftet der Krankenhausträger als im Regelfall alleiniger Vertragspartner noch nicht nach § 278 BGB für seine Erfüllungsgehilfen ohne Entlastungsmöglichkeit, sondern über § 831 Abs. 1 S. 2 BGB bzw. §§ 30,31, 89 BGB.

2375 Bei Behandlungen von längerer Dauer kommt es für den Zeitpunkt des Schadensereignisses darauf an, welches konkrete Tun oder Unterlassen, ggf. welcher Teilakt schadensursächlich war. Bleibt dieser **Zeitpunkt unaufklärbar**, geht dies zu Lasten des Patienten, weil es sich um ein anspruchsbegründendes Merkmal handelt.[3486]

3485 Palandt/Heinrichs Art. 229 § 8 EGBGB Rn. 2.
3486 Rosenberger in Terbille Medizinrecht § 11 Rn. 26; Wagner NJW 2002, 2049, 2064.

Hensen

Das OLG Oldenburg hat daher zutreffend bei einer ohne Einwilligung der **2376** Patientin erfolgten Sterilisation im Jahre 1996, von der die Patientin erstmals im November 2002 erfahren hatte, § 847 BGB i.V.m. Art. 229 § 8 EGBGB angewendet. Maßgebend war die schädigende Handlung im Jahre 1996.[3487]

cc) Anwendungsbereich des § 253 Abs. 2 BGB

Der am 01.08.2002 in Kraft getretene § 253 Abs. 2 BGB stellt die wichtigste **2377** Rechtsgrundlage für den Geldersatz wegen immaterieller Schäden für Neufälle dar. Diese Vorschrift ist aber – wie zuvor § 847 BGB – **keine eigenständige Anspruchsgrundlage**.[3488]

(1) Haftung des Arztes

Schmerzensgeld kann im Arzthaftungsprozess nur gefordert werden, wenn **2378** dem Arzt haftungsbegründendes Verschulden angelastet werden kann
– aus Vertrag (§ 611 BGB)
– aus Delikt (§ 823 BGB)
– aus Geschäftsführung ohne Auftrag (§§ 677 ff. BGB)
– aus öffentlich-rechtlichem Behandlungsverhältnis (§ 839 BGB i.V.m. Art. 34 GG)
und der Arzt durch Tun oder Unterlassen
– eine Körperverletzung oder
– eine Gesundheitsverletzung oder
– eine Freiheitsverletzung
verursacht hat.

(2) Haftung des Vertreibers von Medizinprodukten

Neben dem Arzt kann im Medizinschadensrecht auch ein **Vertreiber von** **2379** **Medizinprodukten** (z.B. Kontaktlinsen) Schmerzensgeld schulden, wenn es infolge einer kontaktlinsenindizierten Entzündung der Hornhaut zur Erblindung auf einem Auge kommt.[3489]

(3) Gefährdungshaftung

§ 253 Abs. 2 BGB öffnet nunmehr auch den Weg zu einem Schmerzensgeld- **2380** anspruch bei Gefährdungshaftung.

Bezogen auf den Bereich des Medizinrechts gründet sich eine solche ver- **2381** schuldensunabhängige Haftung insbesondere auf **§ 84 AMG**.[3490]

3487 OLG Oldenburg NJW-RR 2007 1468; dazu auch OLG Karlsruhe VersR 2008 545.
3488 Geigel/Pardey Kap. 7 Rn. 13; MüKo/Oetker § 253 Rn. 15 ff; Bamberger/Roth/ Spindler § 253 Rn.7.
3489 OLG Brandenburg GesR 2007, 181 in Abgrenzung zur Produkthaftung.
3490 Näher Rosenberger § 11Rn. 27.

2382   Nach dieser Vorschrift ist ein pharmazeutischer Unternehmer, der ein Arzneimittel in Deutschland in den Verkehr bringt, zum Ersatz verpflichtet, wenn das Arzneimittel schädliche Wirkungen aufweist.[3491]

2383   Ob auch einem Teilnehmer der klinischen Prüfung eines Arzneimittels ein Schmerzensgeldanspruch aus § 84 AMG i.V.m. § 253 Abs. 2 BGB zusteht, sofern er durch eine Prüfsubstanz geschädigt wird, ist bisher nicht entschieden.[3492]

Beachte § 84 AMG (Gefährdungshaftung für Medizinprodukte)

b)   Schutzgüter
aa) Körper/Gesundheit/Freiheit

2384   Schutzgüter im Sinne des § 253 Abs. 2 BGB, die bei einem ärztlichen Eingriff beeinträchtigt sein können, sind
   – Körper
   – Gesundheit
   – Freiheit

2385   Hinsichtlich dieser Schutzgüter stimmen die Voraussetzungen mit § 823 Abs. 1 BGB überein.[3493] Wegen dieser Übereinstimmung mit den Anspruchsgrundlagen des Deliktsrechts müssen neben Ansprüchen aus § 280 BGB Deliktsansprüche nicht mehr eigens geprüft werden, soweit es um Schmerzensgeld geht.[3494]

2386   Bei einer **Heilbehandlung** erfolgt aus der Natur der Sache ein **gezielter Eingriff** in die körperliche und sonstige gesundheitliche Integrität (Befindlichkeit) des Patienten.

3491   Dazu Wenzel/Jaeger/Luckey Kap. 7 Rn. 497 ff.
3492   Dazu Gödicke MedR 2007, 139; Palandt/Grüneberg § 253 Rn. 7.
3493   Staudinger/Schiemann § 253 Rn. 21.
3494   PWW/Medicus § 253 Rn. 9.

bb) Körperverletzung
(1) Tun/Unterlassen

Eine Körperverletzung setzt die **Beeinträchtigung** der körperlichen **Integrität** durch **Tun oder Unterlassen** voraus.   **2387**

Aktiv wird ein Arzt tätig etwa bei jeder Art eines operativen Eingriffs, einer Injektion, einer Zahnextraktion oder ähnlichem.   **2388**

Unterlässt er eine Röntgendiagnostik und übersieht deshalb eine Fraktur mit der Folge eines Körperschadens des Patienten, so ist von einer Körperverletzung durch Unterlassen auszugehen.   **2389**

(2) Ungewollte Schwangerschaft

Aber auch körperliche **natürliche Zustände** können unter besonderen Umständen eine Körperverletzung darstellen. So sieht der Bundesgerichtshof in der Herbeiführung einer **Schwangerschaft** gegen den Willen der Frau (nach behandlungsfehlerhaft misslungener Sterilisation) und der dadurch ausgelösten Geburt eines Kindes eine schmerzensgeldbewehrte Körperverletzung. Dies auch dann, wenn die Geburt ohne Komplikationen verlaufen ist.[3495] Denn andernfalls werde das Recht am eigenen Körper als gesetzlich ausgeformter Teil des allgemeinen Persönlichkeitsrechts nicht angemessen geschützt.[3496]   **2390**

Ein Schmerzensgeldanspruch wegen einer Körperverletzung wird auch bei rechtmäßigem aber pflichtwidrig misslungenem **Schwangerschaftsabbruch** bejaht, sofern die Beschwerden über die bei normaler komplikationsloser Schwangerschaft jeweils typischen körperlichen oder psychischen Beeinträchtigungen hinausgehen.[3497]   **2391**

Ob in diesem Fall (nur) eine Körperverletzung vorliegt oder (zugleich) eine Verletzung der Gesundheit, ist fraglich, letztlich unerheblich. Denn **Körperverletzung und Gesundheitsverletzung gehen regelmäßig ineinander über.**[3498]   **2392**

Die ausgleichspflichtigen Beeinträchtigungen sind aber mit der Geburt abgeschlossen. Für spätere Belastungen hat mangels Zurechnungszusammenhangs der Arzt grundsätzlich nicht einzustehen.[3499] Jedoch ist dem Arzt ein durch die Schwangerschaft hervorgerufenes Überlastungssyndrom mit Krankheitswert zuzurechnen.[3500]   **2393**

3495 BGH NJW 1980, 1452; NJW 1995, 2407, 2408.
3496 BGHZ 124, 52.
3497 BGH NJW 1983, 1371; NJW 1985, 671, 673; Frahm/Nixdorf AHR Rn. 182; weitergehend Bamberger/Roth/Spindler § 253 Rn. 23.
3498 Palandt/Sprau § 823 Rn. 4; MüKo/Wagner § 823 Rn. 71 ff.
3499 BGH NJW 1995, 2412, 2413.
3500 MüKo/Oetker § 253 Rn. 22; AnwKBGB/Huber § 253 Rn. 45.

Hensen

(3) Entnommene Körperteile

2394 Dem Schutz der körperlichen Integrität in Wahrung des Selbstbestimmungsrechtes des Patienten unterliegen auch entnommene Körperteile, die später
wieder eingegliedert werden sollen. Dazu zählen zur Eigentransplantation
bestimmte Haut oder Knochenteile, etwa Knochenspäne aus dem Becken-
kamm zum Kieferaufbau, zur Befruchtung entnommene Eizellen, Sperma
oder Eigenblut.[3501]

(4) Absterben der Leibesfrucht

2395 Das Absterben der Leibesfrucht wird überwiegend als Körperverletzung
der Mutter eingeordnet.[3502]

2396 Die Geburt eines **pränatal geschädigten** Kindes stellt eine Körperverletzung zu dessen Lasten dar.[3503]

(5) Tod des Patienten

2397 Tritt infolge des ärztlichen Eingriffs der **sofortige** Tod des Patienten ein, ist
das Leben, nicht aber der Körper im Rechtssinne verletzt.

cc) Gesundheitsverletzung
(1) Begriff

2398 Eine Gesundheitsverletzung wird als **Störung** der körperlichen, geistigen
oder psychischen Lebensvorgänge des Menschen begriffen. Eine solche Störung ist jedes Hervorrufen oder Steigern eines von den normalen körperlichen Funktionen nachteilig abweichenden Zustandes, auch ohne Schmerzen oder tiefgreifende Veränderung der Befindlichkeit.[3504]

2399 So stellt eine durch **Bluttransfusion** verursachte **HIV-Infektion** eine Gesundheitsbeschädigung dar, ohne dass es zum Ausbruch von Aids gekom-
men ist.[3505]

2400 Im Unterschied zur Körperverletzung ist ein Gesundheitsschaden die Störung der inneren Lebensvorgänge.

2401 Eine **klare Abgrenzung** der Rechtsgüter Körper und Gesundheit ist vielfach schwierig, rechtlich auch **nicht notwendig**, weil praktisch bedeutungslos.[3506]

3501 BGHZ 124, 52; Huber § 253 Rn. 46; Bamberger/Roth/Spindler § 253 Rn. 23.

3502 Rosenberger § 11 Rn. 39; OLG Koblenz NJW 1988, 2959; OLG Oldenburg
NJW 1991, 2355; a.M. OLG Düsseldorf NJW 1988, 777; Geigel/Pardey Kap. 7,
Rn. 73.

3503 BGH NJW 1989, 1538.

3504 BGH NJW 2005, 2614; Palandt/Sprau § 823 Rn. 4; Rosenberger § 11 Rn. 42;
Wenzel/Jaeger/Luckey, Kap. 7 Rn. 586.

3505 BGH NJW 1991, 1948, 1949; NJW 2005, 2614.

3506 MüKo/Wagner § 823 Rn. 71.

Hensen

Weder die Haftungsvoraussetzungen noch der Haftungsumfang unterscheiden sich, zumal Körperverletzung und Gesundheitsverletzung ineinander übergehen (können). **2402**

(2) Psychische Störungen

Während bei durch einen Arzt schuldhaft verursachte physische Störungen unschwer Gesundheitsbeeinträchtigungen vorliegen, ist die Einstandspflicht für allein psychische Beeinträchtigungen, die sich organisch also nicht erklären lassen, problematisch. **2403**

Grundsätzlich gilt: Für **seelisch bedingte Folgeschäden** hat der Arzt, auch wenn diese Schäden auf einer psychischen Prädisposition des Patienten oder sonstwie auf einer neurotischen Fehlverarbeitung beruhen, haftungsrechtlich im Regelfall **einzustehen**.[3507] **2404**

Der Arzt hat den Patienten »**so zu nehmen, wie er ihn vorfindet**«.[3508] Er kann sich also nicht auf dessen besondere Schadensanfälligkeit berufen, weder im Rahmen der Haftungsbegründung noch bei der Haftungsausfüllung, also bei psychischen Leiden, die ihrerseits durch eine physische Primärverletzung (Behandlungsfehler) ausgelöst worden sind.[3509] **2405**

Für psychische Beeinträchtigungen soll eine Einstandspflicht des Arztes aber nur bestehen, wenn das psychische Leiden eine **Fehlverarbeitung gravierender Ereignisse** bedeutet und nicht mehr als normale dem allgemeinen Lebensrisiko zuzurechnende Reaktion gewertet werden kann. **2406**

Das ist problematisch etwa bei einer verzögerten Diagnose mit dem zufolge ungünstiger Zukunftsprognose und darauf beruhenden psychischen Belastungen des Patienten.[3510] **2407**

Ob die Beeinträchtigung des Patienten in diesem Sinne **Krankheitswert** erreicht, wird der **Tatrichter** nur nach Hinzuziehung eines **Sachverständigen** entscheiden können.[3511] **2408**

So fehlt der haftungsrechtliche Zurechnungszusammenhang, wenn die Primärverletzung zu der abnormen psychischen Reaktion des Geschädigten in einem **groben Missverhältnis** steht, weil es sich nur um eine **Bagatelle** handelt.[3512] **2409**

3507 BGH NJW 1996, 2425, 2426 bei unfallbedingter Wesensveränderung, gleiches muss auch für eine behandlungsbedingte und damit iatrogen ausgelöste Fehlverarbeitung gelten.
3508 BGH aaO.
3509 MüKo/Wagner § 823 Rn. 71 f m.w.N.
3510 OLG Köln VersR 2001, 66.
3511 So auch OLG Koblenz VersR 2005, 1401.
3512 BGH VersR 1997, 752; MüKo/Wagner Rn. 77.

2410   Dabei liegt die **Beweislast** für den fehlenden Zurechnungszusammenhang bei dem Schädiger.[3513]

2411   Der Zurechnungszusammenhang fehlt auch, wenn der Geschädigte eine **Begehrensneurose** entwickelt, mithin ein bewusstes neurotisches Streben nach Versorgung und Sicherheit erkennbar und die Primärschädigung (Behandlungsfehler) nur zum Anlass genommen wird, z.B. den Schwierigkeiten und Belastungen des Erwerbslebens auszuweichen.[3514]

2412   Auch diese Frage kann der Tatrichter unter Würdigung der Persönlichkeit im Regelfall nur sachverständig beraten beantworten.[3515]

2413   Im Bereich des Arzthaftungsrechts wird aber nach aller Erfahrung der Beweis für den fehlenden Zurechnungszusammenhang nur schwer zu führen sein.[3516]

(3) Fehlreaktion eines Dritten

2414   Eine **fehlgesteuerte** psychische **Reaktion eines Dritten** auf den Tod oder eine schwere Verletzung eines Patienten nach einem Behandlungsfehler kann einen Schmerzensgeldanspruch auslösen, wenn
– es sich bei dem Dritten um einen nahen Angehörigen handelt und
– dessen psychische Beeinträchtigung eigenen Krankheitswert erreicht.

2415   Wo die Grenze einer solchen personalen Sonderbeziehung liegt, lässt sich nicht exakt bestimmen.[3517] Auf das Bestehen einer Hausgemeinschaft wird es nicht ankommen.

2416   Ob der psychischen Beeinträchtigung Krankheitswert zukommt, ist ebenfalls eine Frage, die durch **Sachverständigengutachten** zu klären und nicht mit der Verkehrsanschauung zu beantworten ist.[3518]

dd) Verletzung der Freiheit

2417   Freiheitsverletzung bedeutet die Freiheitsentziehung durch **Einsperren**.

2418   Ein durch einen Körperschaden bedingter Krankenhausaufenthalt kann Freiheitsentziehung sein und einen Schmerzensgeldanspruch auslösen, wenn der Patient ohne oder infolge falscher medizinischer Indikation **fixiert** wird.[3519]

3513 Geigel/Knerr Kap. 1 Rn. 25 bei Unfallschädigungen; Huber § 253 Rn. 40.
3514 BGH NJW 1996, 2425, 2426; 1998, 201, 202; 2004, 1945; Geigel/Knerr a.a.O.; Geigel/Plagemann Kap. 6 Rn. 6.
3515 BGH VersR 1997, 752, 753.
3516 Dazu Huber § 253 Rn. 41 f.
3517 Dazu Huber § 253 Rn. 55; Geigel/Pardey, Kap. 7 Rn. 16; Bamberger/Roth/Spindler § 253 Rn. 12.
3518 Ebenso OLG Koblenz VersR 2005, 1401; wohl auch Wenzel/Jaeger/Luckey Kap. 7 Rn. 588; differenzierend MüKo/Wagner Rn. 81.
3519 BGH NJW 1993, 2927.

Hensen

Gleiches gilt für einen Patienten, der aufgrund eines fehlerhaften Sachver-   **2419**
ständigengutachtens widerrechtlich in einer **geschlossenen** psychiatrischen
Fachklinik untergebracht ist.[3520]

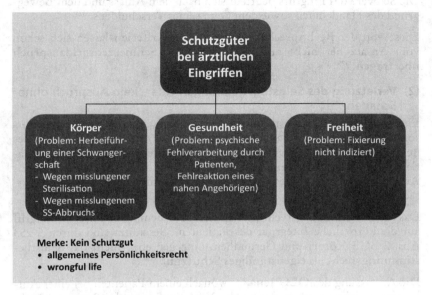

ee) Allgemeines Persönlichkeitsrecht – kein Schutzgut

(1) Anspruch eigener Art

Ein Anspruch auf Ersatz ideellen Schadens kann bei einer Beeinträchtigung   **2420**
des allgemeinen Persönlichkeitsrechts bestehen. Der Bundesgerichtshof hat
anfänglich diesen Anspruch auf eine Analogie zu § 847 BGB gestützt. In
jetziger ständiger Rechtsprechung leitet er den Ersatzanspruch aus § 823
Abs. 1 BGB i.V.m. Art. 1 und Art. 2 GG her.[3521]

Das allgemeine Persönlichkeitsrecht ist daher **nicht Schutzgut** des § 253   **2421**
Abs. 2 BGB geworden.[3522]

Eine Verletzung des allgemeinen Persönlichkeitsrechts kann zu einem An-   **2422**
spruch auf Immaterialschadensersatz eigener Art führen, vorausgesetzt
– es liegt ein schwerwiegender Eingriff in das Persönlichkeitsrecht vor
– es fehlt eine anderweitige Ausgleichsmöglichkeit, wie etwa Widerruf
  oder Richtigstellung oder diese Ausgleichsmöglichkeit reicht nicht zur
  Genugtuung des Geschädigten.

3520 OLG Nürnberg NJW-RR 1988, 791.
3521 BGH NJW 1995, 861; 2000, 2195; 2005, 215.
3522 Palandt/Grüneberg, § 253 Rn. 10 m.w.N.

Hensen

2423 Denn mit der Entschädigung soll dem Betroffenen **Genugtuung** für die Rechtsverletzung verschafft werden.[3523]

2424 Die Schwere des Eingriffs beurteilt sich nach dem Anlass und dem Beweggrund des Handelnden sowie dem Grad seines Verschuldens.[3524]

2425 Diese von der Rechtsprechung entwickelten **Kriterien** lassen sich schon vom Ansatz her **nicht auf** den eigentlichen **Schmerzensgeldanspruch übertragen.**[3525]

(2) Verletzung des Selbstbestimmungsrechts – kein Anspruch ohne Schaden

2426 Eine Verletzung des Selbstbestimmungsrechts als Teil des allgemeinen Persönlichkeitsrechts führt daher bei **unterbliebener** oder trotz des Einwandes der hypothetischen Einwilligung **unzureichender Aufklärung** eines Patienten nur dann zu einem Schmerzensgeldanspruch, soweit der mangels Aufklärung rechtswidrige Eingriff bei dem Patienten einen **Schaden** verursacht hat.

2427 Das Selbstbestimmungsrecht bezieht sich bei einem medizinischen Eingriff auf die körperliche Integrität des Patienten. Geschützt sind durch § 253 Abs. 2 BGB Körper und Gesundheit, hingegen eben **nicht** das **Selbstbestimmungsrecht** als **eigenständiges Schutzgut.**[3526]

2428 Die Auffassung des **OLG Jena**,[3527] wonach einem Patienten bei einer Aufklärungspflichtverletzung wegen des Verstoßes gegen das Recht auf Wahrung der körperlichen Integrität und der Persönlichkeit als solcher ein Anspruch auf Schmerzensgeld auch dann zusteht, wenn die Aufklärungspflichtverletzung **nicht schadenskausal** geworden ist, ist einhellig **abgelehnt** worden.[3528]

2429 Das **Kammergericht Berlin** hat in seinem Urteil vom 27.01.2003 zutreffend darauf hingewiesen, dass die ärztliche Pflicht zur Aufklärung wegen des Selbstbestimmungsrechts des Patienten eine vertragliche Pflicht des Arztes darstelle, die aber keinen Anknüpfungspunkt für eine selbständige Haftung begründe.[3529]

3523 Müller VersR 2005, 1461, 1470; VersR 2008, 1151.

3524 Wenzel/Jaeger/Luckey Kap. 7 Rn. 591 m.w.N.

3525 Schellenberg VersR 2006, 879 f.

3526 Wenzel, Kap. 4 Rn. 192; OLG Dresden NJW 2004, 298; Rosenberger § 11, Rn. 30.

3527 OLG Jena VersR 1998, 586 f.

3528 Terbille VersR 1999, 235 in Anmerkung zu OLG Jena; Kullmann VersR 1999, 1190.

3529 KG VersR 2004, 1321.

Hensen

Der **Bundesgerichtshof** hat in seinem auf die Nichtzulassungsbeschwerde gegen dieses Urteil ergangenen Beschluss vom 23.09.2003 (VI ZR 82/03) den gegenteiligen Standpunkt des OLG Jena als »mit Recht vereinzelt geblieben« bezeichnet.[3530]   **2430**

In der **Lugano-Entscheidung**[3531] hat der Bundesgerichtshof noch einmal die Auffassung des OLG Jena und zwischenzeitlich gleichlautender Stimmen in der Literatur ausdrücklich abgelehnt. Denn »diese Auffassung würde zu einer **uferlosen Haftung der Ärzte** führen, die auch bei der gebotenen Berücksichtigung der Interessen der Parteien nicht vertretbar wäre«.   **2431**

Mit diesen deutlichen Worten dürfte diese Streitfrage hiermit höchstrichterlich abschließend und auch aus Sicht des Verfassers zutreffend beantwortet sein.   **2432**

ff) Wrongful life

Dem bereits **vor der Geburt** (etwa durch eine Infektion der Mutter) **geschädigten** und behindert zur Welt gekommenen **Kind** steht gegen den Arzt kein Schadensersatzanspruch und damit auch kein Schmerzensgeldanspruch zu, weder aus Vertrag noch aus Delikt.   **2433**

Die Behinderung des Kindes ist weder durch Tun noch Unterlassen des Arztes verursacht worden.   **2434**

Eine **deliktsrechtliche Einstandspflicht** des Arztes scheidet aus, weil durch die Nichtverhinderung von Leben kein durch § 253 Abs. 2 BGB geschütztes Rechtsgut verletzt wird.   **2435**

Der Beitrag des Arztes besteht lediglich darin, dass das Kind möglicherweise infolge eines Fehlers bei der genetischen Beratung überhaupt geboren wurde.[3532]   **2436**

Einen Anspruch auf Nichtexistenz gibt es nicht. Ein behindertes Leben stellt sich gegenüber dem Nichtleben nicht als (immaterieller) Schaden dar.   **2437**

Damit ist auch eine haftungsbegründende Verletzung **vertraglicher** Schutzpflichten durch den Arzt gegenüber dem Kind zu verneinen.[3533]   **2438**

In Fällen eines aus ärztlichem Verschulden nicht verhinderten Schwangerschaftsabbruchs haftet der Arzt den **Eltern** auf Ersatz der durch die Behinderung bedingten Mehraufwendungen.[3534]   **2439**

3530 Auszugsweise abgedruckt VersR 2004, 1321.
3531 BGH NJW 2008, 2344.
3532 BGH NJW 1983, 1371.
3533 Frahm/Nixdorf Rn. 183; Rosenberger § 11 Rn. 49.
3534 BGHZ 124, 128; BVerfGE 96, 375; OLG Zweibrücken NJW-RR 2000, 235; weitergehend Bamberger/Roth/Spindler § 253 Rn. 23: das Kind könne nicht als immaterieller Vorteil mit den Schäden verrechnet werden.

2440 Ein Schmerzensgeldanspruch der **Kindesmutter** kommt ausnahmsweise in Betracht, sofern ihre nachgeburtliche Beeinträchtigung aufgrund der ungewollten oder fehlerhaft nicht abgebrochenen Schwangerschaft Krankheitswert hat.[3535]

2441 Jedoch: Gegenüber dem **Kind** schuldet der Arzt Schadensersatz, wenn er ihm Schädigungen (etwa im Rahmen eines fehlerhaft misslungenen Schwangerschaftsabbruchs) zugefügt hat, obwohl es im Zeitpunkt der Schädigungshandlung noch nicht rechtsfähig war.[3536]

c) Aufgabe des Schmerzensgeldes
aa) Grundsätze

2442 Die Geldentschädigung im Sinne des § 253 Abs. 2 BGB (bzw. vormals § 847 BGB) soll nach objektivem Maßstab, nämlich dem Empfinden aller billig und gerecht Denkenden, eine angemessene Entschädigung wegen des immateriellen Schadens eines Patienten bewirken.

(1) Rechtsnatur

2443 Der **Große Zivilsenat des Bundesgerichtshofs** hat in der Leitentscheidung vom 06.07.1955[3537] die Rechtsnatur des Schmerzensgeldanspruchs definiert und zusammengefasst hervorgehoben:

– Der Anspruch auf Schmerzensgeld ist ein **Schadensersatzanspruch eigener Art mit doppelter Funktion.** Er soll dem Geschädigten einen angemessenen **Ausgleich** für diejenigen Schäden bieten, die nicht vermögensrechtlicher Art sind. Der Verletzte soll einen Ausgleich für erlittene Schmerzen und Leiden erhalten. Das Schmerzensgeld soll ihm ermöglichen, sich Erleichterungen und Annehmlichkeiten zu verschaffen, die die erlittenen Beeinträchtigungen jedenfalls teilweise ausgleichen.

– Die **Besonderheit** dieses Anspruchs zeigt sich darin, dass der Geschädigte mit der Entschädigung zugleich **Genugtuung** erfahren soll für das, was der Schädiger ihm angetan hat.

(2) Einheitlicher Anspruch

2444 Bei der Festsetzung der Entschädigung als einheitlichem Anspruch dürfen und müssen grundsätzlich alle in Betracht kommenden Umstände des jeweiligen Schadensfalles berücksichtigt werden.

2445 Als maßgeblich gelten gemeinhin alle Umstände, die dem **Schadensfall sein besonderes Gepräge** gegeben haben.[3538]

3535 BGH NJW 1985, 671, 673; VersR 2008, 1265, 1266; OLG Saarbrücken, OLGR 2005, 5.
3536 BGHZ 106, 153; OLG Karlsruhe OLGR 2003, 439; Frahm/Nixdorf Rn. 184.
3537 BGHZ 18, 149 ff.
3538 BGH VersR 1955, 615, 617; Müller VersR 1993, 913.

Bei der Bemessung des Schmerzensgeldes ist eine **ganzheitliche Beurteilung** geboten, bei der vornehmlich auf die Situation auf Seiten des Verletzten abzustellen ist. | **2446**

Der Haftungsgrund (Vertrag, Delikt bzw. Gefährdungshaftung) ist nicht erheblich.[3539] | **2447**

bb) Genugtuungsfunktion

(1) Zweck

Dabei wirkt indessen die Entschädigung – soll die Genugtuungsfunktion eine Berechtigung haben – **über** den unter dem Blickwinkel des Ausgleichsgedankens zu schaffenden **Ausgleich hinaus**.[3540] Die Genugtuungsfunktion verändert folglich vom Ansatz her das auszugleichende Gewicht der Beeinträchtigung bei der Bemessung der einheitlichen billigen Entschädigung.[3541] Dabei ist aber eine Aufspaltung in einen Grundbetrag für die immateriellen Schäden und einen »Genugtuungszuschlag« nicht zulässig. Das Schmerzensgeld ist vielmehr als einheitlicher Betrag auszuweisen.[3542] | **2448**

Wie hoch die Genugtuungsfunktion tatsächlich zu veranschlagen ist, lässt sich schwer ermitteln, weil sie nicht getrennt ausgewiesen wird. | **2449**

Die Rechtsprechung lasse sich nicht »in die Karten blicken«, sondern verschanze sich hinter dem Vorwand, dass es sich um einen einheitlichen Anspruch handele, wie Huber nicht zu Unrecht anmerkt.[3543] Ihm ist auch in seiner Feststellung zu folgen, dass je weiter die Ausgleichsfunktion gefasst wird, desto entbehrlicher die Genugtuungskomponente ist. | **2450**

Nach **zeitgemäßer Betrachtung** steht jedenfalls der **Ausgleich** der erlittenen Beeinträchtigungen **im Vordergrund**.[3544] § 253 Abs. 2 BGB erwähnt denn auch nur ausdrücklich die sogenannte Ausgleichsfunktion (»Entschädigung in Geld wegen eines Schadens, der nicht Vermögensschaden ist«). | **2451**

Ob die **Genugtuungsfunktion im allgemeinen Schadensrecht** ihre Berechtigung hat, ist weiterhin umstritten.[3545] | **2452**

3539 Geigel/Pardey Kap. 7 Rn. 35.
3540 Schellenberg VersR 2006, 879 m.w.N.
3541 Geigel/Pardey Kap. 7 Rn. 35.
3542 BGHZ 128,117; Bamberger/Roth/Spindler § 253 Rn. 13.
3543 Huber § 253Rn. 27.
3544 BGH VersR 1993, 327; Bamberger/Roth/Spindler § 253 Rn. 14; Müller VersR 1993, 912.
3545 Grundsätzlich bejahend Deutsch/Spickhoff Medizinrecht Rn. 423; kritisch PWW/Medicus § 253 Rn. 13; Palandt/Grüneberg § 253 Rn. 4 m.w.N.;Staudinger/Schiemann § 253 Rn. 30; Bamberger/Roth/Spindler § 253 Rn. 16:Genugtuungsfunktion führe zu einer »emotionalen Differenzhypothese«, sollte zurückgedrängt werden)

Hensen

(2) Berechtigung der Genugtuungsfunktion im Arzthaftungsrecht ?

2453   Ob im **Arzthaftungsrecht** die **Genugtuungsfunktion** neben der **Ausgleichsfunktion** des Schmerzensgeldes ihre Berechtigung behalten hat oder jemals hatte, erscheint zweifelhaft:

– Sühnegedanke

2454   Die Genugtuungsfunktion enthält Elemente der Sühne. Grundsätzlich ist sie daher so zu verstehen, dass auf Seiten des Verletzten durch die Schmerzensgeldzahlung **eine innere Befriedigung für erlittenes Unrecht geschaffen werden soll und der Schädiger dies auch zu spüren bekommt.**

2455   Gerade unter diesem Blickwinkel ist die Genugtuungsfunktion **im Arzthaftungsrecht** zu hinterfragen:

– Rechtsprechung

2456   Selbst in der jüngeren Rechtsprechung der Obergerichte lässt sich eine klare Linie nicht ausmachen. So haben das Oberlandesgericht Koblenz[3546] und das Oberlandesgericht Nürnberg[3547] betont, dass die Genugtuungsfunktion bei Arzthaftpflichtschäden nicht zum Tragen komme, weil der **Arzt geleitet gewesen sei zu helfen.**

2457   Andere Obergerichte haben die Genugtuungsfunktion des Schmerzensgeldes hingegen hervorgehoben, weil sich der Arzt leichtfertig etwa bei einer Differenzialdiagnostik verhalten habe.[3548]

2458   Das Oberlandesgericht Oldenburg[3549] hat die Genugtuungsfunktion zur Begründung herangezogen, da der Patient dem Pflegepersonal vertraut habe und in seinem Vertrauen enttäuscht worden sei.

2459   Die Genugtuungsfunktion wird auch bemüht, um das Schmerzensgeld wegen der uneinsichtigen Haltung des Versicherers deutlich zu er-höhen.[3550]

2460   Überzeugen können solche Begründungen nicht. Sie vermitteln vielmehr den Eindruck, als nutze man die Genugtuungsfunktion pauschal und unreflektiert zur Auffüllung des insgesamt für angemessen erachteten Schmerzensgeldes, **ohne darzulegen**, weshalb eigentlich die Genugtuungsfunktion im Arzthaftungsrecht und gerade im jeweiligen Fall als **Begründungselement** trägt.

– Prinzip der Gruppenfahrlässigkeit

2461   Im Arzthaftungsrecht kommt die Zahlung eines Schmerzensgeldes zum einen bei einem einfachen oder groben **Behandlungsfehler** in Betracht. Zum

---

3546 VersR 2007, 797.
3547 MedR 2008, 674, 676.
3548 OLG Köln VersR 2003, 861.
3549 OLG Oldenburg NJW-RR 2000, 762.
3550 Zuletzt LG Gera VersR 2009, 1232 siehe Tabelle »Geburtshilfe«.

anderen kann dem Patienten ein Schmerzensgeld bei einer schadenskausal gewordenen **Verletzung der Aufklärungspflicht** zustehen.

Der **Sorgfaltsmaßstab** ist bezogen auf das Vorliegen eines Behandlungsfehlers **objektiv typisierend**, nicht subjektiv individuell zu verstehen.[3551] **2462**

Zur Haftung für einen Behandlungsfehler bedarf es nicht der Feststellung eines persönlichen Vorwurfs. Das folgt aus dem hier geltenden **Prinzip der Gruppenfahrlässigkeit**,[3552] dem auch die Einordnung als einfacher oder grober Behandlungsfehler unterliegt. **2463**

Demgemäß wird regelmäßig die Höhe des Schmerzensgeldes nicht davon beeinflusst, ob der Arzt wegen eines vorwerfbaren Behandlungsfehlers oder aus dem Gesichtspunkt der eigenmächtigen Behandlung wegen eines Aufklärungsversäumnisses und daraus folgender Unwirksamkeit der Einwilligung haftet. Auch indiziert die Feststellung eines groben Fehlers nicht den Vorwurf eines grob fahrlässigen Pflichtenverstoßes, weil eben auch der grobe Behandlungsfehler nach objektiven Maßstäben zu bestimmen ist.[3553] **2464**

Schon aufgrund dieser objektiv angelegten Komponente ergibt sich für den Bereich des Arzthaftungsrechts im Grundsatz keine Berechtigung für die »subjektiv gefärbte« Genugtuungsfunktion. **2465**

– Wandel des Schmerzensgeldanspruchs zu einem neutralen Anspruch

Wie der Große Senat des Bundesgerichtshofs im Jahre 1955 ausgeführt hat, bringt die Genugtuungsfunktion eine gewisse durch den Schadensfall hervorgerufene **persönliche Beziehung** zwischen Schädiger und Geschädigtem zum Ausdruck, die aus der Natur der Sache heraus bei der Bestimmung der Leistung die Berücksichtigung aller Umstände des Falles gebiete. Das komme – so der BGH – auch in der besonderen Bestimmung zum Ausdruck, dass dieser **Anspruch nicht vererblich und nicht übertragbar** ist. **2466**

Da nunmehr aber der Schmerzensgeldanspruch vererblich, übertragbar und auch pfändbar ist, ihm gegenüber ebenso aufgerechnet werden kann, hat der Schmerzensgeldanspruch nach seiner Funktion einen generellen **Wandel hin zu einem objektiven wertneutralen** und damit auf billigen Ausgleich gerichteten **Anspruch** erfahren. Dafür spricht auch die Aufnahme der Gefährdungshaftung in die Vorschrift des § 253 Abs. 2 BGB. **2467**

– Ausnahmen

Relevanz dürfte ausnahmsweise der Genugtuungsfunktion im Arzthaftungsrecht nur zukommen, sofern etwa ein plastischer Chirurg aus **purem** **2468**

3551 BGH NJW 2001, 2795; VersR 2003, 1128.
3552 Wenzel, Kap. 4 Rn. 218.
3553 Rosenberger § 11 Rn. 52; Wenzel/Jaeger/Luckey Kap. 7 Rn. 489.

Gewinnstreben Eingriffe vornimmt, bei denen von vornherein ein medizinisch tragbares Ergebnis ausgeschlossen erscheint.[3554] Hier erscheint es – wie bei **Ignoranz und Gleichgültigkeit** – sachgerecht, das unter dem Blickwinkel der Ausgleichsfunktion angemessene Schmerzensgeld zu erhöhen.[3555]

2469 Denn ein solches ärztliches Verhalten liegt qualitativ auf der Linie einer Vorsatztat.

– Regulierungsverhalten des Haftpflichtversicherers

2470 Ob die Genugtuungsfunktion tatsächlich der richtige »Aufhänger« ist, um ein krass verzögertes Regulierungsverhalten des Haftpflichtversicherers eines Arztes zu sanktionieren, erscheint erst recht problematisch.[3556] Denn die Genugtuung bezieht sich insoweit nicht auf das im Rahmen des Behandlungsgeschehens erlittene Unrecht. Vielmehr geht es um Genugtuung für das anschließend verzögerte Regulierungsverhalten. Daher wird eine Regulierungsverzögerung für die Bemessung des Schmerzensgeldes nur dann maßgeblich unter dem Blickwinkel der Genugtuungsfunktion zu einer Erhöhung führen können, wenn die behandlungsbedingten **Verletzungsfolgen gerade aufgrund der Regulierungsverzögerung andauern oder verstärkt** werden.[3557]

2471 Dies wird sich zum einen in der Praxis schwer beweisen lassen, auch wenn § 287 ZPO Hilfestellung bietet.

2472 Um das Regulierungsverhalten des Versicherers zu sanktionieren, ist die Genugtuungsfunktion aber zum anderen deshalb ein untaugliches Mittel im Arzthaftungsrecht, weil die große Mehrzahl der Haftungsfälle über Versicherer abgewickelt wird, so dass der Arzt das höhere Schmerzensgeld gar nicht zu spüren bekommt.[3558]

(3) Zusammenfassung

2473 – Die **Genugtuungsfunktion** ist bei Arzthaftpflichtschäden im Regelfall **kein tragfähiges Begründungselement** für die Bemessung des Schmerzensgeldes unter der Geltung des § 253 Abs. 2 BGB.[3559]
  – Der der Genugtuungsfunktion immanente Gedanke der Sühne lässt sich mit dem generellen Bestreben des Arztes, dem Patienten zu helfen und

---

3554 So auch Rosenberger § 11 Rn. 35.
3555 Palandt/Grüneberg § 253 Rn. 4.
3556 So aber LG Gera VersR 2009, 1232 mit kritischer Anmerkung Jaeger aaO, 1233.
3557 Zutreffend Schellenberg VersR 2006, 878.
3558 Zutreffend PWW/Medicus § 253 Rn. 13; gegen den Präventionsgedanken bei der Schadensregulierung überhaupt Staudinger/Schiemann § 253 Rn. 33 m.w.N.: willkürliche Erteilung eines Denkzettels für den Haftpflichtversicherer.
3559 So auch Jaeger/Luckey Schmerzensgeld Rn. 945: »Auslaufmodell«.

Hensen

ihn von seinen Beschwerden zu befreien, grundsätzlich nicht in Einklang bringen. Etwas anderes kann nur bei ärztlichem Verhalten gelten, dass von reinem verantwortungslosen Gewinnstreben, Ignoranz oder Gleichgültigkeit bestimmt ist.

– Im Regelfall ist die **Rechtsnatur** des Schmerzensgeldanspruchs im Arzthaftungsrecht **wertneutral**.

– Die Qualifizierung des **Behandlungsfehlers** als »grob« rechtfertigt nicht zwingend eine Erhöhung des Schmerzensgeldes,[3560] sondern kann in erster Linie zu einer **Umkehr der Beweislast** führen.

– Ungebührliche Regulierungsverzögerungen des Haftpflichtversicherers sind überhaupt nicht unter dem Aspekt des Genugtuungsgedankens, sondern als ein Faktor im Rahmen der Ausgleichsfunktion bei der Bemessung der billigen Entschädigung zu bewerten.

– »Befreit« man den Arzthaftungsprozess im Zusammenhang des Schmerzensgeldanspruchs von dem **Element der Genugtuung**, wird dies auch zu einer **Versachlichung** der gerichtlichen Auseinandersetzung zwischen Arzt und Patienten beitragen vor dem Hintergrund der wertneutralen Ausgleichsfunktion des Schmerzensgeldanspruchs.

– Zudem hat die verfassungskonform auszulegende **Ausgleichsfunktion** eine **neue Qualität** erhalten durch die Rechtsprechung des Bundesgerichtshofs zum Schmerzensgeldanspruch bei der **Zerstörung der Persönlichkeit** des Verletzten. Da dieser seine Beeinträchtigungen nicht empfinden und erfahren kann, dient der Schmerzensgeldanspruch in diesen Fällen nicht der inneren Befriedigung für erlittenes Unrecht.[3561]

d) Bemessungsfaktoren

aa) Grundsatz

Da die Höhe des Schmerzensgeldes der Billigkeit zu entsprechen hat, sind in die Gesamtbetrachtung Umstände auf Seiten des Patienten und – aber nachrangig – auf Seiten des Arztes einzubeziehen. **2474**

Für die Höhe des Schmerzensgeldes gelten nach wie vor die Kriterien der Entscheidung des Großen Zivilsenats des Bundesgerichtshofes[3562] also im Wesentlichen **2475**

– Art und Schwere des Körperschadens
– das schadensbedingte Leiden
– dessen Dauer
– das Ausmaß der Wahrnehmung
– der Grad des Verschuldens

3560 OLG Düsseldorf NJW-RR 2003, 87; Palandt/Grüneberg § 253 Rn. 4.
3561 Palandt/Grüneberg § 253 Rn. 19; weiter dazu unter Rn. 2544 ff.
3562 BGHZ 18, 149 ff.

Hensen

2476 Allerdings ist bei der Anwendung der Bemessungskriterien den **Besonder-heiten des Arzthaftungsrechtes** Rechnung zu tragen:

bb) Umstände auf Seiten des Patienten

(1) Art und Schwere des Körperschadens-Leiden, schadensbeding-tes Leiden und dessen Dauer

2477 Bei der Bewertung von Art und Schwere des Körperschadens kommt es auf das **Ausmaß des Eingriffs** an.[3563] Es ist ein Unterschied, ob sich die Rechtsgutverletzung auf den Eingriff selber beschränkt oder dieser mit dauerhaften Folgen (etwa Narben) verbunden ist. Bleiben **Dauerfolgen** aus, sind die Intensität des Eingriffs, die allein damit verbundenen kör-perlichen und/oder seelischen Schmerzempfindungen und Ängste zu be-werten. Ein höheres Schmerzensgeld ist regelmäßig bei Dauerfolgen zu-zuerkennen.

2478 Revisionsoperationen sind nach Zahl und Umfang schmerzensgelderhö-hend zu berücksichtigen.

2479 Dauerfolgen oder Langzeitfolgen wiegen schwerer als Verletzungen, die ausgeheilt sind oder ausheilen werden. Erheblich soll auch sein, ob sie in-folge gewisser Gewöhnung im Laufe der Zeit nicht mehr so stark wie an-fänglich empfunden werden oder ob das körperliche und seelische Wohl-befinden gleichbleibend gestört ist. Bleibende **Narben** können sich, wenn sie etwa wegen Schmerzen oder Entstellungen den geschädigten Patienten unverändert belasten, schmerzensgelderhöhend auswirken und zwar auch **unabhängig vom Geschlecht**.[3564]

2480 Ein hohes Schmerzensgeld ist angemessen, sofern es infolge des Eingriffs zu völliger oder teilweiser **Funktionsunfähigkeit von Organen und Glied-maßen** gekommen ist oder zu dauerhaften **psychischen Beeinträchtigun-gen**.[3565] Ein besonders hohes Schmerzensgeld ist zuzubilligen, sofern die **Sinneswahrnehmung beeinträchtigt** ist, die geistigen Funktionen gestört sind oder es zum Verlust der Potenz-, Zeugungs-, Gebär- oder Orgasmus-fähigkeit gekommen ist.[3566]

(2) Lebensalter

2481 Gerade in dieser Hinsicht gewinnt das Alter des geschädigten Patienten be-sondere Bedeutung. Diesem Bemessungsfaktor wird in manchen Entschei-dungen nicht ausreichend Rechnung getragen.

3563 Bamberger/Roth/Spindler § 253 Rn. 29.
3564 Geigel/Pardey Kap. 7 Rn. 38; Bamberger/Roth/Spindler § 253 Rn. 53; differen-zierend Huber § 253 Rn. 77; anders Staudinger/Schiemann § 253 Rn. 53.
3565 Wenzel/Jaeger/Luckey Kap. 7 Rn. 685 f.
3566 Rosenberger § 11 Rn. 53.

Hensen

Grundsätzlich wird einem **dauergeschädigten jüngeren** Menschen wegen des prognostisch länger zu ertragenden Leidens ein deutlich höherer Ausgleich zuzusprechen sein als einem älteren Menschen. Zweifelhaft ist aber, ob es »folgerichtig« und billig ist, bei höherem Lebensalter des Geschädigten die Entschädigung zu mindern.[3567]

2482

(3) Ausmaß der Wahrnehmung

Zum Ausmaß der Wahrnehmung durch den Patienten gehören Veränderungen der **Lebenserwartung** und/oder **Persönlichkeitsstruktur.** Dazu zählen außerdem Auswirkungen der Schädigung auf das **Berufsleben** und das **soziale Umfeld** des Geschädigten. Gemeint sind damit schädigungsbedingte Veränderungen in der Lebensplanung und Lebensführung, also etwa ein Berufs- oder Arbeitsplatzwechsel, eine Umschulung, Erschwernisse oder Behinderungen in der körperlichen Betätigung und Entfaltung während der Freizeit bei Spiel und Sport. Dazu zählen ebenso der Verzicht des Geschädigten auf Erholungsurlaub, Einschränkungen gesellschaftlicher Kontakte, Einbußen der Eltern an Freizeit zugunsten eines dauerhaft etwa geburtsbedingt geschädigten Kindes, Verlust an Normalität des Familien- und Geschlechtlebens, Zerrüttung oder Scheitern einer Ehe oder Lebensgemeinschaft.[3568]

2483

(4) Vorschäden

Bei Vorschäden ist zu unterscheiden: Sind behandlungsbedingte Beeinträchtigungen auch Auswirkungen einer **gesteigerten Schadensanfälligkeit,** kann das Schmerzensgeld zu mindern sein.[3569]

2484

Dies gilt auch für die **psychische Veranlagung** des geschädigten Patienten und die auf ihr beruhenden Risiken.[3570] Wegen eines Vorschadens ist das Schmerzensgeld aber nicht herabzusetzen, wenn der später geschädigte Patient vor dem haftungsbegründenden Ereignis beschwerdefrei war.[3571]

2485

Schmerzensgelderhöhend kann sich auswirken der behandlungsbedingte Verlust von Gliedmaßen bei einem ohnehin **körperbehinderten** Patienten.[3572]

2486

3567 So aber OLG Hamm VersR 2003, 780; Rosenberger Rn. 55.

3568 Geigel/Pardey Kap. 7 Rn. 37; Rosenberger § 11 Rn. 55 – Bamberger/Roth/ Spindler § 253 Rn. 34 f.; Staudinger/Schiemann § 253 Rn. 37 zur Problematik der Empfindungsunfähigkeit und **Zerstörung der Persönlichkeit** insbesondere infolge von Geburtsschäden als **Fallgruppe eigener Art** näher unter Rn. 2544 ff.

3569 OLG Köln VersR 2002, 1424; OLG Schleswig NJW-RR 2004, 238; Bamberger/Roth/Spindler § 253 Rn. 36; Staudinger/Schiemann § 253 Rn. 39.

3570 BGH NJW 1998, 810, 813.

3571 BGH NJW 1997, 455.

3572 Rosenberger § 11 Rn. 56.

Hensen

(5) Lebensstandard

2487 Zu berücksichtigen ist der Lebensstandard des Geschädigten soweit sich in ihm **immateriell** die **Veränderung** seiner **persönlichen Lebensplanung** und Lebensperspektive widerspiegeln kann.

2488 Hingegen sind seine materiellen Lebensumstände grundsätzlich kein Be-messungsfaktor.[3573] Besonders gute oder schlechte **wirtschaftliche Verhältnisse** dürfen daher zu keiner Erhöhung bzw. Herabsetzung des sonst üblichen Schmerzensgeldes führen. Anderenfalls wäre nicht berücksichtigt, dass alle Menschen ein Recht auf Leben und körperliche Unversehrtheit haben.[3574]

2489 Demgemäß steht **Kindern** gemessen an dem Schadensbild und seinen Folgen kein niedrigeres Schmerzensgeld zu als (erwerbstätigen) **Erwachsenen**.

2490 **Ausländer** werden nicht anders entschädigt, wenn sie im Inland leben. Indessen kann ein Ausländer, wenn sein Lebensmittelpunkt in einem Land mit geringerer Wirtschaftskraft liegt, nur ein diesen wirtschaftlichen Verhältnissen angemessenes Schmerzensgeld beanspruchen. Jedoch steht einem in Deutschland lebenden US-Amerikaner kein in Amerika übliches (weil höheres) Schmerzensgeld zu.[3575]

(6) Mitverschulden des Patienten

2491 Bei der Bemessung des Schmerzensgeldes im Arzthaftungsrecht kann ein Verstoß des Patienten gegen seine **Schadensminderungspflicht** aus § 254 Abs. 2 BGB relevant sein.

2492 Dies ist z.B. anzunehmen, wenn eine schwangere Patientin den ärztlichen Hinweis, unbedingt eine Fruchtwasseruntersuchung durchführen zu lassen, nicht befolgt und das Kind behindert geboren wird.[3576]

2493 Voraussetzung ist grundsätzlich, dass der Patient ihm **zumutbare Maßnahmen** (z.B. Operationen oder sonstige Behandlungen) zur Besserung und Linderung der aufgrund des Arztfehlers entstandenen Schäden ablehnt. Diese Maßnahmen dürfen aber, selbst wenn sie medizinisch indiziert sind, prognostisch die Beschwerden nicht verstärken können. Ebenso ist kein Mitverschulden des Patienten anzunehmen, sofern er eine nicht ganz risikolose Operation, durch die seine Beschwerden allenfalls gebessert werden können, verweigert.[3577]

2494 Nur wenn eine Operation einfach und ungefährlich und nicht mit besonderen (Folge-)Schmerzen verbunden und nach dem gewöhnlichen Lauf der

---

3573 Staudinger/Schiemann § 253 Rn. 43.
3574 Geigel/Pardey Kap. 7 Rn. 39; OLG Schleswig NJW-RR 1990, 470.
3575 OLG Koblenz NJW-RR 2002, 1030.
3576 OLG Bamberg OLGR 2002,184.
3577 Geigel/Pardey Kap. 7 Rn. 47; OLG Koblenz VersR 1989, 629.

Dinge sichere Aussicht auf Heilung oder wesentliche Besserung bietet, kann der Mitverschuldenseinwand begründet sein.[3578]

Freilich ist zu erwägen, ob die »Eintrittsschwelle« für den Einwand des Mitverschuldens nicht doch niedriger anzusetzen ist im Hinblick auf die großen Fortschritte in der Medizin, iatrogene Schäden zu beseitigen. Kommt es etwa nach einer Kataraktoperation zu störenden Blendwirkungen, lassen sich diese vielfach und schmerzfrei sowie folgenlos durch eine Laserbehandlung beseitigen. Ein solcher Revisionseingriff wird im Regelfall einem Patienten zuzumuten sein.   **2495**

Zur prozessualen Behandlung des Mitverschuldenseinwandes unter Rn. 2691.   **2496**

(7) Vorteilsausgleichung

Ob dem Patienten der Gedanke der Vorteilsausgleichung im Rahmen des Schmerzensgeldanspruchs entgegengehalten werden kann, ist streitig. Teilweise wird im Hinblick auf den **Zweck** des Schmerzensgeldes als billige Entschädigung eine Vorteilsausgleichung schlicht abgelehnt.[3579]   **2497**

Diskutiert wird auch, ob der Grundsatz nicht jedenfalls dann greift, wenn schadensunabhängige Leiden mitbehoben oder gemildert worden oder durch ersparte Operationen auch Leiden nicht angefallen sind.[3580]   **2498**

In der **Praxis** des Arzthaftungsprozesses kommt jedenfalls der Vorteilsausgleichung bei der Bemessung des Schmerzensgeldes **keine Relevanz** zu.   **2499**

cc) Umstände auf Seiten des Arztes

(1) Verschulden

Auf Seiten des Schädigers hat die Rechtsprechung gerade bei Straßenverkehrsunfällen stets dessen Verschulden bzw. den Grad seines Verschuldens als einen maßgeblichen Bemessungsfaktor betont und in die Billigkeitserwägungen einbezogen.   **2500**

Im Arzthaftungsrecht kann dem Verschuldensgesichtspunkt – wenn überhaupt – **nur** eine **untergeordnete** Bedeutung zukommen. Der Grad des Verschuldens fällt daher regelmäßig nicht entscheidend ins Gewicht.[3581] Denn es geht – wie ausgeführt – **nicht um persönliche Schuld**. Für die schuldhafte Vertragsverletzung gilt ein objektiver Verschuldensmaßstab. Auch ein grober Behandlungsfehler wird daher aufgrund **objektiver Umstände** ermittelt,[3582] insbesondere nach dem Ausmaß und der Schwere des Behandlungsdefizits.   **2501**

3578   BGH NJW 1994, 1592; OLG Nürnberg, OLGR 2000, 171; Huber § 253 Rn. 34.
3579   Palandt/Heinrichs vor § 249 Rn. 19, § 253 Rn. 18.
3580   Huber § 253 Rn. 100; Wenzel/Jaeger/Luckey Kap. 7 Rn. 515.
3581   OLG Bremen VersR 2003, 779.
3582   Müller DRiZ 2000, 259, 261.

Hensen

2502 Ein grober Behandlungsfehler rechtfertigt indes nicht zwingend eine Erhöhung des Schmerzensgeldes.[3583]

2503 Auch wenn ein solcher Fehler feststeht, bedarf es in subjektiver Hinsicht noch besonderer Feststellungen.[3584]

2504 Ein nicht nur objektives, sondern auch subjektives Versagen des Arztes wird sich nur selten feststellen lassen. Dazu äußern sich medizinische Sachverständige auch vielfach nicht, weil sich die Beweisfragen auf die Einstufung des Fehlers als einfacher oder grober Behandlungsfehler gemessen am jeweiligen objektiven medizinischen Standard konzentrieren und beschränken.

2505 Zu Recht hat die Rechtsprechung deshalb das Verschulden bei der Bemessung des Schmerzensgeldes als allenfalls nachrangig behandelt.

(2) Wirtschaftliche Verhältnisse des Arztes

2506 Im Arzthaftungsrecht sind die wirtschaftlichen Verhältnisse des Arztes für die Bemessung des Schmerzensgeldes meist bedeutungslos, weil regelmäßig ein **Berufshaftpflichtversicherer** hinter ihm steht. Dies rechtfertigt indessen auch keine generelle Erhöhung per se.[3585]

2507 Andererseits darf es sich unter Billigkeitsgesichtspunkten nicht zu Lasten des Patienten auswirken, sollte der Arzt seinen Haftpflichtversicherungsschutz durch schuldhaftes Verhalten verloren haben.[3586]

(3) Regulierungsverhalten des Haftpflichtversicherers

2508 Auch wenn dieser Umstand im Arzthaftungsrecht nach hier vertretener Ansicht **nicht** der **Genugtuungsfunktion** zuzuordnen ist,[3587] kann für einen Zuschlag wegen ungebührlicher Regulierungsverzögerung bei der Bemessung des Schmerzensgeldes Raum sein.

2509 Voraussetzung ist, dass es zum einen an einem anerkennenswerten Interesse des Arztes oder des hinter ihm stehenden Versicherers fehlt, die Entschädigungspflicht zu bestreiten. Denn grundsätzlich ist es gutes durch die Zivilprozessordnung geschütztes Recht einer jeden Partei, den geltend gemachten Anspruch nach Grund und Höhe in Abrede zu nehmen. Daher kommt ein **Ausgleichszuschlag** zum anderen nur in Betracht, soweit das Gericht ein **schützenswertes Interesse** an der prozessualen Haltung der beklagten Partei verneint, weil die Rechtslage eindeutig ist, der Schädiger also **grund-**

3583 OLG Düsseldorf NJW-RR 2003, 87.

3584 Müller VersR 1993, 909, 915; OLG Schleswig, OLGR 2003, 430; OLG Düsseldorf VersR 2004, 120; Wenzel/Jaeger/Luckey Kap. 7 Rn. 488.

3585 Anders OLG Hamm VersR 2002, 1163 bei einem groben Behandlungsfehler; kritisch Bamberger/Roth/Spindler § 253 Rn. 43.

3586 BGH VersR 1997, 671; Geigel/Pardey Rn. 51.

3587 Siehe oben Rn. 2453.

los die Entschädigungszahlung **verzögert** und davon auszugehen ist, dass durch das Regulierungsverhalten das Leid des geschädigten Patienten in der Gesamtschau erhöht und deshalb ein zusätzlicher Ausgleich zu gewähren ist.[3588]

Jedoch verbietet sich unter dem Blickwinkel des § 287 ZPO eine **schematische Erhöhung.** Maßgebend sind die Umstände eines jeden Einzelfalls (z.B. Ausnutzung der wirtschaftlichen Position durch den Haftpflichtversicherer in eindeutigen Fällen; offensichtlicher Zeitgewinn, um den Patienten zu einem sachlich nicht gerechtfertigten Nachgeben zu bewegen; Nichtbeachtung der durch die Schädigung ausgelösten wirtschaftlichen Lage des Geschädigten).

2510

Ob ein verzögerliches Regulierungsverhalten zu einer Erhöhung des Schmerzensgeldes führen kann, ist vom Bundesgerichtshof bisher nicht ausdrücklich entschieden worden.[3589]

2511

e) Ermittlung der angemessenen Entschädigung
aa) Maßstab

Der Bundesgerichtshof hat in der Entscheidung des Großen Senats[3590] herausgestellt, dass es eine »an sich« angemessene Entschädigung für immaterielle Nachteile nicht gibt.[3591]

2512

Der Maßstab für die billige Entschädigung muss daher – praktisch im **Annäherungsverfahren** – für jeden einzelnen Fall durch Würdigung und Wägung aller ihn prägenden Umstände neu gewonnen werden. Aus dem Spannungsverhältnis zwischen den Interessen des geschädigten Patienten und dem für den Arzt wirtschaftlich Zumutbaren ist die billige Entschädigung anhand der den Einzelfall treffenden Bemessungsfaktoren unter dem Blickwinkel des § 287 ZPO abzuleiten und zu entwickeln. Dabei muss der Tatrichter zu erkennen geben, dass er sich um eine gerade **diesem Schadensfall gerecht werdende Entschädigung** bemüht hat. Er hat also alle für die Höhe des Schmerzensgeldes im konkreten Fall maßgebenden Umstände vollständig zu berücksichtigen. Bei seiner Abwägung darf er nicht gegen Rechtssätze, Denkgesetze und Erfahrungssätze verstoßen.[3592]

2513

3588 Geigel/Pardey Kap. 7 Rn. 51; Wenzel/Jaeger/Luckey Kap. 7 Rn. 693; OLG Naumburg VersR 2002, 1295: »Unakzeptables verzögerliches Regulierungsverhalten«.
3589 Dazu BGH VersR 2005, 1559.
3590 BGHZ 18, 149, 156, 164.
3591 So auch BGH VersR 1976, 967, 968.
3592 BGH aaO.

Hensen

bb) Ermessenausübung

(1) Angemessenes Verhältnis

2514 Insbesondere muss der Tatrichter **darlegen**, dass er sich bei der Ausübung seines Ermessens um ein angemessenes Verhältnis der Entschädigung zu Art und Dauer der Verletzung bemüht hat.[3593]

(2) Schmerzensgeldtabellen

2515 Schmerzensgeldtabellen dienen als **Wegweiser**, ein Präjudiz aufzufinden und bieten damit einen Orientierungsrahmen.[3594]

2516 Schmerzensgeldtabellen legen aber **keine obere oder untere Grenze** der Entschädigung fest, begrenzen also nicht das richterliche Ermessen. Will der Tatrichter allerdings von den üblichen Sätzen, soweit sie sich durch Rechtsprechung verfestigt haben, abweichen, hat er dies näher zu begründen.[3595]

(3) Gewichtung

2517 Von der Gewichtung her stehen – praktisch in einem **ersten** Bewertungsschritt – die mit der Verletzung verbundenen Lebensbeeinträchtigungen im Verhältnis zu den anderen zu berücksichtigenden Umständen stets an der Spitze. Denn **Größe, Heftigkeit, Dauer der Schmerzen, Leiden und Entstellungen bilden den ausschlaggebenden und damit prägenden Moment** für den entstandenen immateriellen Schaden.[3596]

2518 Nach dieser Grobjustierung haben die weiteren Faktoren, die den jeweiligen Fall mitprägen, sodann in die Bemessung einzufließen.

3593 BGH VersR 1991, 350, 351; VersR 1998, 1034, 1035; Bamberger/Roth/Spindler § 253 Rn. 65.

3594 **Tabellenübersichten speziell für Arzthaftpflichtschäden** ab Rdn. 2750; bei Rosenberger § 11 Rn. 86-94; Geigel/Pardey Kap. 7 Rn. 84-86; Wenzel/Jaeger/ Luckey Rn. 705-766; ansonsten allgemeine Übersichten bei Jaeger/ Luckey Schmerzensgeld; Slizyk Becksche Schmerzensgeldtabelle ; Hacks/Ring/Böhm Schmerzensgeldbeträge – ADAC-Tabelle –.

3595 BGH VersR 1976, 968; KG KGR 2003, 140, 142; Wenzel/Jaeger/Luckey Rn. 639; Huber § 253 Rn. 66.

3596 BGH NJW 2004, 1243; OLG Köln VersR 2003, 603: »Beeinträchtigungen und körperliche und seelische Leiden, die schon für sich genommen ein Schmerzensgeld im oberen Bereich des durch die Rechtsprechung geprägten üblichen Rahmen rechtfertigen«.

Hensen

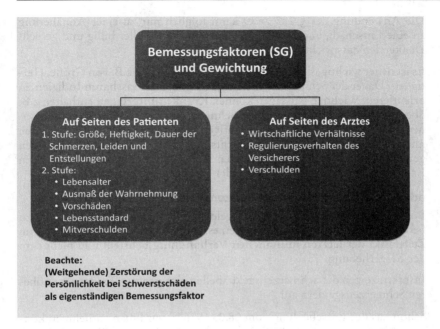

(4) Begründungsdefizit

Es ist ein Defizit der richterlichen Entscheidungsfindung, wenn die Begründung der Höhe des Schmerzensgeldes nicht zu erkennen gibt, ob diese Gewichtung bedacht ist und woran sich der Tatrichter bei der jeweiligen Entschädigung orientiert hat. Nicht selten werden sämtliche **Bemessungsfaktoren** trotz unterschiedlicher Wertigkeit **pauschal verklammert**; alsdann wird »unter Berücksichtigung der Gesamtumstände« ein Betrag ausgeworfen, der »angemessen erscheint«.[3597]

2519

Hier werden Begründungsmängel sichtbar, die auch zu erfolgreichen Berufungen oder Revisionen geführt haben.[3598]

2520

cc) Objektive Anhaltspunkte für die Bemessung

Immaterieller Schaden ist objektiv nicht messbar. Schmerzen und Leid eines geschädigten Patienten sind von Dritten und damit auch von dem Richter nicht selbst erfahrbar. Dabei können von jedem Geschädigten Beeinträchtigungen anders empfunden werden.[3599]

2521

3597 Dazu Wenzel/Jaeger/Luckey, Rn. 645.
3598 Praxisgerecht z.B. OLG Brandenburg VersR 2004, 1050; OLG Nürnberg MedR 2006, 178.
3599 Rosenberger § 11 Rn. 82.

Hensen

2522 Die Anwendung des § 287 ZPO kann folglich nur zu einer Annäherung an eine Entschädigung führen, die dem Empfinden aller billig und gerecht Denkenden entspricht.

2523 Es ist daher wichtig, sich bei der konkreten Bewertung z.B. von Größe, Heftigkeit, Dauer der Schmerzen und Leiden an **objektiv fassbaren Indizien** zu orientieren. Wichtige Aussagen können **Krankenunterlagen** enthalten z.B. über den Einsatz und Umfang von Schmerzmitteln oder über Komplikationen in der operativen bzw. postoperativen Phase. Hieraus lassen sich für den mit der Materie des Arzthaftungsrechts befassten Richter wertvolle Fakten gewinnen, die es ihm ermöglichen, den Sachverhalt mit bereits vorliegenden Entscheidungen auf Unterschiede oder Parallelen abzugleichen.

dd) Tendenz zu höherem Schmerzensgeld ?

2524 Bei der **Bemessung** des Schmerzensgeldes ist im Rahmen des § 287 ZPO zu berücksichtigen, dass sich die Angemessenheit nach den Verhältnissen im **Zeitpunkt der letzten mündlichen Verhandlung** beurteilt und nicht dem der Klagerhebung.[3600]

2525 Insofern zeigen die Schmerzensgeldtabellen eine gewisse Tendenz zu höheren Schmerzensgeldern auf.

2526 Schon aus der Entscheidung vom 08.06.1976[3601] wird man entnehmen können, dass der Bundesgerichtshof eine solche **Tendenz** zu höherem Schmerzensgeld **gebilligt** hat, auch wenn er damals noch vor einer Aufblähung des allgemeinen Schmerzensgeldes zu Lasten der Versichertengemeinschaft gewarnt hatte.

2527 Wie den gängigen Schmerzensgeldtabellen zu erschließen ist, hat sich das Schmerzensgeldgefüge, auf das Ganze betrachtet, keineswegs dramatisch nach oben entwickelt. Sichtbar geworden ist im Wesentlichen nur, dass zum einen die Gerichte die **Geldentwertung** berücksichtigt haben und zum anderen bei **schweren und dauerhaften** Schäden höhere Schmerzensgelder ausgeworfen werden. Diese Tendenz hat der Bundesgerichtshof durch **Aufgabe seiner »Symbolrechtsprechung«** bei Schwerstschäden, insbesondere Geburtsschäden deutlich mit beeinflusst.[3602]

2528 Die Zusammenstellung dieser Entscheidungen zu **Schwerstschäden** aus den letzten 10 Jahren in der **nachfolgenden Tabelle** (s. Rdn. 2750) zeigt, dass die Obergerichte bei solchen Schäden zu einer **recht einheitlichen Bemessung** des Schmerzensgeldes gefunden haben. Diese Erkenntnis ist bei den Berufshaftpflichtversicherern der Ärzte erfahrungsgemäß durchweg »angekommen«. Zu einer übermäßigen Belastung der Haftpflicht-

---

3600 Frahm/Nixdorf Rn. 263.
3601 BGH VersR 1976, 967 f.
3602 BGH VersR 1993, 327 – näher dazu unter Rdn. 2529 ff.

versicherungswirtschaft haben diese Urteile nicht geführt, weil es sich erkennbar um Einzelfälle handelt.[3603]

f) Aufgabe der Symbol-Rechtsprechung
aa) Grundsatzentscheidung

Mit seiner **Grundsatzentscheidung** vom 13.10.1992[3604] hat der Bundesgerichtshof seine bisherige **Symbol-Rechtsprechung** bei Schadensfällen, in denen es zur Zerstörung der Persönlichkeit gekommen war, **aufgegeben.**   **2529**

Bis dahin hatte er in Fällen, in denen der Verletzte die erlittenen Beeinträchtigungen und die Geldentschädigung als Ausgleich und Genugtuung nicht empfindet und wahrnimmt, nur eine symbolische Wiedergutmachung als **»zeichenhafte Sühne«** zugebilligt.   **2530**

Der Bundesgerichtshof hat sodann die symbolhafte Entschädigung für nicht mehr gerechtfertigt erachtet, weil sie der nahezu vollständigen Zerstörung der Persönlichkeit des Verletzten in Fällen schwerer Hirnschädigung nicht gerecht werde[3605] Beeinträchtigungen von solchem Ausmaß verlangten mit Blick auf die **verfassungsrechtliche Wertentscheidung** in Art. 1 GG eine stärkere Gewichtung und verböten eine lediglich symbolhafte Bewertung.   **2531**

Der Bundesgerichtshof hat für solche Schadensfälle, bei der die Zerstörung der Persönlichkeit durch den Fortfall der Empfindungsfähigkeit geradezu im Mittelpunkt steht, eine **eigene Fallgruppe** gebildet.[3606]   **2532**

In diesen Fällen stellt die Einbuße der Persönlichkeit, der **Verlust an personaler Qualität** in Folge schwerer Hirnschädigung schon für sich einen auszugleichenden Schaden dar, **unabhängig davon, ob der Betroffene die Beeinträchtigung empfindet.**[3607]   **2533**

Der Bundesgerichtshof hat mithin bei Schwerstschäden die (weitgehende) Zerstörung der Persönlichkeit als eigenständigen Bemessungsfaktor nicht der Genugtuungsfunktion, weil von dem Geschädigten gar nicht erfahrbar, sondern der **Ausgleichsfunktion** des Schmerzensgeldes zugeordnet.[3608]   **2534**

Der Bundesgerichtshof hat aber ausdrücklich darauf hingewiesen, dass der Richter nach dem Ausmaß der jeweiligen Beeinträchtigung und dem Grad der verbliebenen Erlebnis- und Empfindungsfähigkeit Abstufungen vornehmen könne, um den Besonderheiten der jeweiligen Fallgestaltung Rechnung zu tragen. Es sei ihm – so der Bundesgerichtshof weiter – **nicht**   **2535**

3603 Huber § 253 Rn. 69.
3604 BGH VersR 1993, 327.
3605 Zustimmend PWW/Medicus § 253 Rn. 16.
3606 BGH VersR 1993, 585; dazu auch Bamberger/Roth/Spindler § 253 Rn. 32; Huber § 253 Rn. 91.
3607 Dazu Diederichsen VersR 2005, 433, 438.
3608 Zutreffend Staudinger/Schiemann § 253 Rn. 36.

Hensen

erlaubt, ein nur **gedachtes Schadensbild,** das von einer ungeschmälerten Empfindungs- und Leidensfähigkeit gekennzeichnet sei, zugrunde zu legen und sodann mit Rücksicht auf den vollständigen oder weitgehenden Wegfall der Empfindungsfähigkeit Abstriche vorzunehmen.

2536   An diese »**Leitlinien**« des Bundesgerichtshofes bei der Bemessung des Schmerzensgeldes in **Schwerstfällen** haben sich – soweit erkennbar – die mit Arzthaftungssachen befassten Instanzgerichte gehalten.

bb) Bemessung bei Geburtsschadensfällen

2537   Gerade in Geburtsschadensfällen, bei denen es aufgrund von Behandlungsfehlern zu schwersten Hirnschäden gekommen ist, ist eine **Tendenz zu** Schmerzensgeldern in der Größenordnung von **insgesamt 500.000,00 bis zuletzt 600.000 Euro** erkennbar, teilweise aufgespalten in Kapital und Schmerzensgeldrente.[3609]

2538   Zutreffend ist daher die Feststellung des OLG Köln aaO: »Hier ist ein Höchstbetrag zugrunde zu legen, wie er in der **neueren Rechtsprechung allgemein** und zu Recht als angemessen und erforderlich erachtet wird bei schwerstgeschädigten Menschen«; ebenso OLG Jena aaO:«herausragende Entschädigung«.

2539   Problematisch bei der Bemessung können Fälle sein, in denen ein schwersthirngeschädigt geborenes Kind noch **gewisse Empfindungen und Reaktion**en zeigt. Es wäre nicht angemessen, hier das Schmerzensgeld verglichen mit einem Kind ohne Empfindungs- und Reaktionsfähigkeit »herabzustufen« und deutlich niedriger anzusetzen, weil Restkontakte zur Umwelt erhalten geblieben sind. Steht nämlich die **verbliebene Empfindungs- und Wahrnehmungsfähigkeit in einem krassen Kontrast zum Ausmaß der geburtsbedingten Schäden** eines Kindes – gerade darin zeigt sich besonders seine Tragik – so wird das Schmerzensgeld sogar **höher** zu bemessen sein.[3610]

3609   OLG Hamm VersR 2002, 1163; VerS 2004, 386; LG Berlin VersR 2005, 1247; LG Kleve zfs 2005, 235; OLG Köln VersR 2007, 219; OLG Celle VersR 2009, 500; OLG Stuttgart VersR 2009, 80; LG Gera VersR 2009, 1232: 600.000 Euro-Erhöhung wegen der Haltung des Versicherers bestätigt durch OLG Jena VersR 2009,1676 : 600.000 **Euro** schon allein wegen des Beschwerdebildes.

3610   Wenzel/Jaeger/Luckey Kap. 7 Rn. 603; OLG Schleswig OLGR 2003, 264: »Ein derartiger Kontrast zwischen der schweren motorischen und sprachlichen Behinderung einerseits und der emotionalen, psychointellektuellen Auffassungsgabe andererseits wird erfahrungsgemäß von Kindern mit dem Eintritt in das Jugend- und Erwachsenenalter als besonders schwerwiegend und bedrückend und manchmal als ein kaum noch zu ertragendes Schicksal empfunden«; ebenso LG Berlin VersR 2005, 1247 mit Anmerkung Jaeger: »Es ist nämlich nicht überzeugend, empfundenes Leid bei weitgehend zerstörter Persönlichkeit geringer zu bewerten als die nahezu völlige Zerstörung der Persönlichkeit, die keine oder nahezu keine Empfindung mehr zulässt. Vergleichbar sind die

Hensen

Eine Erhöhung des Schmerzensgeldes bei einem solchen kontrastierenden **2540** Krankheitsbild erscheint konsequent, weil nach der Rechtsprechung des BGH bei **völliger** Zerstörung der Persönlichkeit und völligem Mangel an Empfindungsfähigkeit die Höhe gemindert sein kann.[3611]

g) Grenzen des Schmerzensgeldanspruchs
aa) Tod des Patienten

Tritt als **unmittelbare Folge** eines Behandlungsfehlers oder des ärztlichen **2541** Eingriffs überhaupt – letzteres relevant bei Verletzung der Aufklärungspflicht – der Tod des Patienten ein, ohne dass er das Bewusstsein noch erlangt hat, schuldet der Arzt kein Schmerzensgeld. Denn der Patient erleidet selbst keinen ersatzfähigen Schaden. Weder § 847 BGB noch § 253 Abs. 2 BGB gewähren nach der Wertung des Gesetzgebers ein Schmerzensgeld für den Tod noch für die Verkürzung der Lebenserwartung.[3612]

Allerdings muss der Sterbevorgang unmittelbar nach dem Eingriff einsetzen **2542** und nach kurzer Zeit beendet sein. Unter dieser Voraussetzung erscheint ein immaterieller Ausgleich nicht billig, weil gegenüber dem alsbald eintretenden Tod ein in Geld fassbarer Zeitraum nicht abgrenzbar ist.

Hingegen ist ein Schmerzensgeld begründet, sofern der Patient jedenfalls **2543** noch kurze Zeit – wenn auch nur Stunden – nach dem Behandlungsgeschehen weiterlebt.[3613]

bb) Kein Schmerzensgeld bei Bagatellen

Einer billigen Entschädigung bedarf es nach einem ärztlichen Eingriff nicht, **2544** wenn die körperliche Befindlichkeit, die Gesundheit oder Freiheit nach objektiven Maßstäben nur unerheblich betroffen ist. Das Wohlbefinden muss also nur **ganz vorübergehend und in ganz unbedeutendem Umfang beeinträchtigt** sein.[3614]

So wird ein oberflächliches, nicht schmerzendes Hämatom nach intramus- **2545** kulärer Injektion oder eine folgenlos bleibende betäubungsbedingte eingeschränkte Sprechmöglichkeit nach Leitungsanästhesie die Bagatellgrenze

---

Fälle hoher Querschnittslähmung, bei denen der Verletzte meist ebenfalls ein beschwerdefreies Leben kennengelernt hat und nun bei Verlust der meisten körperlichen Funktionen, aber bei intaktem Verstand weiterlebt, weiterleben muss«; ähnlich OLG Bremen GesR 2003, 270, aber Herabsetzung des Schmerzensgeldes von 300.000,00 Euro auf 250.000,00 Euro.

3611 BGH VersR 1998, 1034, 1036; Huber Rn. 93 m.w.N.
3612 BGH VersR 1998, 1034, 1036.
3613 Dazu auch OLG Bremen VersR 2003, 779 – drei Tage nach Geburtsfehler –; OLG Schleswig VersR 1999, 632 – 8-tägiges Koma nach Unfall; Palandt/ Grüneberg § 253 Rn. 19; Huber Rn. 96 f; Beispiele bei Wenzel/Jaeger/Luckey Kap. 7 Rn. 625.
3614 BGH NJW 1992, 1043; NJW 1993, 2173.

Hensen

nicht überschreiten. Eine vom Gesetzgeber im Zuge des Zweiten Schadensersatzrechtsänderungsgesetzes vorgesehene Bagatellschwelle ist mit der Begründung gestrichen worden, dass es eines Eingreifens des Gesetzgebers nicht bedürfe und es der Rechtsprechung überantwortet werden solle, die Erheblichkeitsschwelle bei Bedarf anzupassen.[3615]

2546   Grundsätzlich schuldet freilich bei **Vorsatztaten** der Täter wegen der Genugtuungsfunktion auch Schmerzensgeld, wenn die Beeinträchtigung unerheblich sind. Im Privatrecht erfordert der Vorsatz aber das Bewusstsein der Rechtswidrigkeit. Derlei Fälle scheiden im Arzthaftungsrecht indessen aufgrund der Ausrichtung des Arztes auf Heilung des Patienten aus. Das Bewusstsein der Rechtswidrigkeit wird dem Arzt regelmäßig fehlen.[3616]

h) Form der Entschädigung – Kapital / Rente
aa) Grundsatz

2547   § 253 Abs. 2 BGB besagt nicht, in welcher Form der immaterielle Schadensausgleich in Geld zu erfolgen hat.

2548   **Grundsätzlich** wird Schmerzensgeld als **Kapital** geschuldet.

bb) Rente

2549   Eine **Schmerzensgeldrente** wird neben einem Schmerzensgeldkapital nur bei einem entsprechenden **Antrag** zugesprochen.[3617]
Zulässig, aber in der Praxis ungewöhnlich, ist die Entschädigung in Form einer alleinigen Rente, wiederum nur auf Antrag.

(1) Voraussetzungen

2550   Die Zubilligung einer Schmerzensgeldrente setzt im Arzthaftungsrecht materiell-rechtlich **massive Dauerschäden** voraus, deren sich der Patient immer wieder neu und schmerzlich bewusst wird und die **in Zukunft das körperliche und seelische Wohlbefinden oder die Lebensfreude beeinträchtigen.**[3618]

2551   Demgemäß werden bei schweren Geburtsschäden auf Antrag häufig neben dem Kapitalbetrag Geldrenten zuerkannt.

2552   Insoweit wird auf die **Zusammenstellung von Schmerzensgeldern bei Schwerstschäden** in der **Tabelle** [s. Rdn. 2750] verwiesen.

3615   Huber Rn. 63 m.w.N.;Bamberger/Roth/Spindler § 253 Rn. 48; Staudinger/
        Schiemann § 253 Rn. 23.
3616   Palandt/Grüneberg § 253 Rn. 14.
3617   Geigel/Pardey Kap. 7 Rn. 19, 26; Huber § 253 Rn. 109; Bamberger/Roth/Spindler § 253 Rn. 67; offen Staudinger/Schiemann § 253 Rn. 46; dazu auch unter
        Rn. 2710.
3618   Geigel/Pardey Kap. 7 Rn. 19; OLG Stuttgart VersR 2001, 1560; OLG Hamm
        zfs 2005, 122.

Aber auch bei Verlust oder besonders starker Beeinträchtigung eines Glie- **2553**
des oder Sinnesorgans kommt eine Rente in Betracht. Dies wird anzunehmen sein bei einer lebenslangen inoperablen Einschränkung eines Armes
etwa nach einer Schultersdystokie. Denkbar ist auch die Gewährung einer
Rente bei deutlich entstellenden Narben.[3619]

Nach Geigel/Pardey[3620] soll die Gewährung einer Rente erst bei einer rechne- **2554**
rischen **Kapitalisierung auf einen Betrag von 100.**000,00 Euro als gewisse
»Richtgröße« oder bei einer dauerhaften Minderung der Erwerbsfähigkeit
um mindestens 40% zu erwägen sein. Das erscheint **zu hoch** gegriffen.[3621]

(2) Verhältnis Kapital / Rente

Der Tatrichter muss **darlegen**, dass und warum Kapitalbetrag und Rente **2555**
in einem **ausgewogenen Verhältnis** zueinander stehen.[3622] Zur Kontrolle
und Transparenz der Begründung bedarf es der Kapitalisierung der Rente. Dies geschieht in der Praxis anhand der einschlägigen **Sterbetafel Stand
2003/2005.**[3623]

▶ **Berechnungsbeispiel:**
  Rente 350 € x 12 Monate
  × Altersfaktor (geschlechtsbezogen) bei Rentenbeginn aus aktueller
  Sterbetafel
  = kapitalisierter Rentenanteil

Sodann ist der errechnete und offen zu legende Betrag zum vorgesehenen **2556**
Kapital zu addieren.

Ob das Verhältnis stimmig ist bei einer Aufteilung von etwa 1/3 Kapital und **2557**
etwa 2/3 Rente,[3624] wird unterschiedlich beurteilt.[3625]

So sei ein höherer Kapitalbetrag wirtschaftlich wertvoller, weil der Geschä- **2558**
digte in die Lage versetzt werde, diesen Betrag seinen Wünschen und Interessen entsprechend zu verwenden.[3626]

Hingegen hat das OLG Stuttgart[3627] bei einem Geburtsschadensfall ei- **2559**
nen Kapitalbetrag von 200.000,00 DM und eine monatliche Rente von

---

3619 Zu den einzelnen Fallgruppen Notthoff VersR 2003, 966 f; OLG Düsseldorf
      VersR 2003, 114; OLG Karlsruhe VersR 2006, 515.
3620 Geigel/Pardey Kap. 7 Rn. 20.
3621 Kritisch auch Huber § 253 Rn. 113.
3622 OLG Brandenburg, r+s 2006, 260.
3623 Dazu Wenzel/Jaeger/Luckey Kap. 7 Rn. 573 m.w.N; Geigel/Schlegelmilch
      Anh. I »Kapitalisierungstabellen«.
3624 So Faustformel des OLG Köln VersR 1998, 244.
3625 Huber § 253 Rn. 117.
3626 OLG Jena zfs 1999, 419: Kapital 145.000,00 DM zu 35.000,00 DM Rente.
3627 VersR 2001, 1560.

Hensen

700,00 DM zuerkannt, was – verglichen mit dem OLG Köln – dem umgekehrten Verhältnis von 2:1 entspricht.[3628]

2560 Ob überhaupt eine Rente bei ungewiss verkürzter Lebensdauer eines nach Behandlungsfehler Schwersthirngeschädigten sachgerecht ist, ist streitig.[3629]

2561 Vertreten wird auch, eine hohe Rente und einen niedrigen Kapitalbetrag zuzuerkennen, wenn etwa die Lebenserwartung eines nach Geburtsfehler hirngeschädigten Kindes nicht abschätzbar ist.[3630]

2562 Hier nutzen die Gerichte den weiten **Spielraum des § 287 ZPO. Entscheidend** ist:
- **Kapital und Rente** müssen (kapitalisiert und addiert) auf etwa den Betrag hinauslaufen, der bei alleiniger Zuerkennung eines Kapitalbetrages als billige Entschädigung für den **insgesamt erlittenen Schaden angemessen** erscheint.[3631]
- dabei dürfte richtig sein, bei der insgesamt billigen Entschädigung die **Ungewissheit der Lebenserwartung** gerade bei aufgrund von Geburtsfehlern schwerstbehinderten Kindern als **Bemessungsfaktor** zu berücksichtigen. Bei der Kapitalisierung der Rente ist daher – insofern zugunsten des verletzten Kindes – nicht auf dessen normale Lebenserwartung nach der Statistik der Sterbetafeln abzustellen, sondern auf die angesichts der schweren körperlichen und meist geistigen Behinderungen eingeschränkte Lebenserwartung.

2563
- Diese wird sich prognostisch nur nach **sachverständiger** Beratung einschätzen lassen. Würde hingegen auf die normale Lebenserwartung abgestellt, würde bei der Kapitalisierung ein zu hoher Rentenanteil rechnerisch als Einsatzbetrag ermittelt mit der Folge eines zu »niedrigen« Kapitalbetrages.[3632]
- Monatliche Renten bis 50,00 Euro widersprechen eindeutig ihrer Zielsetzung. Renten unter 100,00 Euro sollten nicht zugesprochen werden.[3633]

2564 Schmerzensgeld kann grundsätzlich für einen Zeitabschnitt als Kapital und für einen weiteren als Rente festgesetzt werden, wenn Nachteile für Vergangenheit und für Zukunft zu trennen sind. Allerdings dürfte dies bei einem behandlungsbedingten Dauerschaden in der Praxis kaum in Betracht kom-

---

3628 Ebenso LG München VersR 2007, 1139: Kapital 350.000,00 Euro- Rente 500,00 Euro; OLG Düsseldorf VersR 2008, 537: Kapital 300.000,00 Euro- Rente 300,00 Euro; OLG Nürnberg MedR 2008, 674: Kapital 300.000,00 Euro-Rente 600,00 Euro.
3629 Dazu Geigel/Pardey Kap. 7 Rn. 19; LG Berlin VersR 2005, 1247; Jaeger VersR 2005, 1249.
3630 Palandt/Heinrichs § 253 Rn. 21; zum Ganzen Jahnke r+s 2006, 228, 229 Fn. 9.
3631 Huber § 253 Rn. 115.
3632 So zutreffend Jaeger a.a.O.
3633 Geigel/Pardey Kap. 7 Rn. 20; Jahnke a.a.O.

Hensen

men. Zulässig ist es auch, die Rente selbst auf Lebenszeit oder zeitlich begrenzt mit Zuschlägen oder Abschlägen entsprechend der Entwicklung des Beschwerdebildes zuzusprechen.[3634]

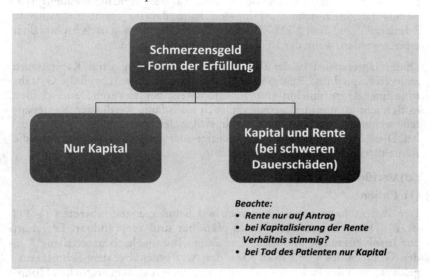

Schmerzensgeld – Form der Erfüllung

Nur Kapital

Kapital und Rente (bei schweren Dauerschäden)

Beachte:
- *Rente nur auf Antrag*
- *bei Kapitalisierung der Rente Verhältnis stimmig?*
- *bei Tod des Patienten nur Kapital*

cc) Dynamische Rente

Die Zubilligung einer **von vornherein dynamischen Rente**, z.B. durch Koppelung an den amtlichen Lebenshaltungskostenindex **lehnt der Bundesgerichtshof grundsätzlich ab.**[3635] **2565**

Allerdings hat der Bundesgerichtshof in seinem Urteil vom 15.05.2007[3636] ausgeführt, dass die Erwägungen, die für die Ablehnung einer von vornherein dynamisierten Schmerzensgeldrente sprechen, sich nicht unmittelbar übertragen ließen, wenn sich die Frage stelle, ob eine **wesentliche Veränderung der Lebenshaltungskosten**, die der Rentenzahlung zugedachte Funktion wesentlich entwerten und deshalb eine Anpassung der Rente geradezu fordern könne. **2566**

Mit anderen Worten: Die grundsätzlich nicht dynamisierbare Rente kann in den engen Grenzen des § 323 ZPO ihre Eigendynamik entwickeln (näher dazu unter Rdn. 2737). **2567**

3634 Staudinger/Schiemann § 253 Rn. 46.
3635 BGH VersR 1973, 1067; ebenso Notthoff VersR 2003, 966, 969; offen gelassen BGH NJW-RR 2007, 2475; a.M. Wenzel/Jaeger/Luckey Kap. 7 Rn. 562 ff.: »Weil die Argumente des BGH heute nicht mehr überzeugen«; so wohl auch Huber § 253 Rn. 120.
3636 BGH NJW-RR 2007, 2475.

Hensen

2568   Von daher scheint zugleich der **Grundsatz der Einheitlichkeit des Schmer-zensgeldes** als gewissermaßen »feste Größe« **nicht unumstößlich** zu sein:

2569   Die etwaige Geldentwertung des Kapitals hat der geschädigte Patient nach Rechtskraft hinzunehmen. Hingegen kann das insgesamt zu zahlende Schmerzensgeld über § 323 ZPO im Ergebnis dem Betrag nach nachträglich erhöht werden, wenn der Rentenanteil abgeändert wird.[3637]

2570   Dieser Unterschied beider Fallgestaltungen (zum einen nur Kapital-zum anderen Kapital und Rente) wird aber hinzunehmen sein, weil die Gewäh-rung einer Rente ohnehin – nur ausnahmsweise bei schweren Dauerschäden in Betracht kommt und gerade die auch noch fällig werdenden Rentenan-teile weiterhin ihre Funktion als billiger Ausgleich wertmäßig behalten sol-len. Diese Funktion würde beeinträchtigt oder ginge gar verloren, wenn die Rente ihren Geldwert deutlich einbüßte.

dd) Verfügungsbefugnis
(1) Patient

2571   Der Patient kann seinen Anspruch auf Schmerzengeld **abtreten** (§ 398 BGB). Dieser ist uneingeschränkt **pfändbar und verpfändbar.** Er gehört zur **Insolvenzmasse** und kann dem **Zugewinnausgleich** unterfallen.[3638] In den Grenzen des § 393 BGB kann der Arzt gegenüber dem Schmerzens-geldanspruch des Patienten **aufrechnen**, etwa mit seinem ärztlichen Hono-raranspruch.

2572   **Mangels** sachlicher **Kongruenz** findet ein Übergang des Schmerzensgeld-anspruchs auf den Sozialhilfeleistungsträger nach § 116 SGB X oder auf den Dienstherrn nicht statt.[3639]

(2) Erben

2573   Stirbt der Patient während des Prozesses, verbietet sich die Zahlung einer Rente an die Erben. Ihnen steht **nur** noch ein **Kapitalbetrag** zu, weil die Leidensentwicklung durch den Tod des Verletzten abgeschlossen ist.[3640]

2574   Der Kapitalanspruch geht auf die Erben kraft Gesetzes oder letztwilliger Verfügung über und kann von diesen gerichtlich geltend gemacht werden. Der gesetzliche Übergang setzt keine Willensäußerung des Verletzten zu seinen Lebzeiten voraus, ein Schmerzensgeld (gerichtlich) geltend machen zu wollen.[3641]

3637   Dazu Wenzel/Jaeger/Luckey Rn. 559 ff.; Notthoff VersR 2003, 966, 970.
3638   Geigel/Pardey Kap. 7 Rn. 3; Staudinger/Schiemann § 253 Rn. 48.
3639   BGH VersR 1970, 1054; Huber § 253 Rn. 123.
3640   OLG Köln VersR 2003, 602.
3641   Wenzel/Jaeger/Luckey Kap. 7 Rn. 576.

Hensen

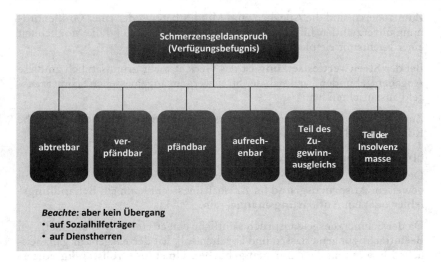

Beachte: aber kein Übergang
- auf Sozialhilfeträger
- auf Dienstherren

3. Prozessuale Fragen

a) Klage auf Zahlung von Schmerzensgeld

aa) Klageschrift-Klageantrag

§ 253 Abs. 2 Nr. 2 ZPO verlangt für die Klageschrift einen bestimmten Antrag. Bei einem unbezifferten Schmerzensgeldantrag – die Höhe des Schmerzensgeldes wird in das Ermessen des Gerichts gestellt – ist dem **Bestimmtheitserfordernis** – in Einschränkung des § 253 Abs. 2 ZPO – entsprochen, sofern der anspruchsbegründende Sachverhalt in der Klagschrift hinreichend genau geschildert wird. **2575**

Ein **Mindestbetrag** muss nicht (mehr) benannt werden, ist aber praxisgerecht.[3642] Zumindest bedarf es – so präzise wie möglich – der Angaben zur Größenordnung des geltend gemachten Betrages.[3643] **2576**

Dadurch kann der Kläger zum einen Art und Ausmaß der erlittenen Beeinträchtigungen umreißen und damit den Prozessrahmen abstecken. [3644] Mit der Angabe eines Mindestbetrages begrenzt der Kläger freilich das **Ermessen** des Gerichts nur nach unten, **nach oben** ist es **nicht gebunden**.[3645] **2577**

3642 Von Gerlach VersR 2000, 525, 529.
3643 Bamberger/Roth/Spindler § 253 Rn. 70; Staudinger/Schiemann § 253 Rn. 49.
3644 Vgl. Geigel/Pardey Kap. 7 Rn. 25.
3645 Diederichsen VersR 2005, 433, 439

Hensen

2578 Zum anderen sind die Angaben zum Mindestbetrag oder einer Größenordnung unverzichtbar für die Bestimmung der **Beschwer** und die Möglichkeit einer Rechtsmitteleinlegung. [3646]

2579 Bei der **Streitwertfestsetzung** ist das Gericht nicht grundsätzlich an diese Angaben gebunden, weil sich der Streitwert am angemessenen Schmerzensgeld auszurichten hat.[3647]

2580 Zur Notwendigkeit eines Antrages auf **Schmerzensgeldrente** siehe Rdn. 2695 und Rdn. 2549.

bb) Darlegungs- und Beweislast

2581 Der Kläger muss den Grund des Schmerzensgeldanspruches darlegen und beweisen. **Anspruchsgrund** im Arzthaftungsrecht kann ein **Behandlungsfehler** oder ein **Aufklärungsmangel** sein.

2582 Da der Schmerzensgeldanspruch sämtliche eingetretenen und andauernden Beeinträchtigungen erfassen und abgelten soll, hat der Kläger zur ganzheitlichen Bewertung die dafür **maßgeblichen Umstände vollständig vorzutragen**. Daneben muss der Kläger unter Beweisantritt begründen, in **welchen iatrogenen Beeinträchtigungen** sein immaterieller Schaden besteht.

2583 Es bedarf also aus der jeweiligen Lebenssituation des geschädigten Patienten heraus **zur Vorbereitung der Klage genauer Schilderung**
– des Behandlungsverlaufs,
– der Dauer eines etwaigen Krankenhausaufenthaltes,
– der Art und Heftigkeit sowie Dauer von Schmerzen,
– der Darstellung und Folgen physischer oder psychischer Dauerschäden und ihrer Auswirkungen im Privat- und Berufsbereich,
– der Angaben zur Beeinträchtigung der Persönlichkeit, des Verlustes an personaler Qualität,
– des Verhaltens des Arztes bzw. seines Haftpflichtversicherers,
– eines etwaigen Mitverschuldens, sofern es auch aus Sicht des Patienten offen zu legen ist.

2584 ❗ Hier bietet es sich **nach Klagerhebung** zudem regelmäßig an, den klagenden **Patienten** gemäß § 141 ZPO **anzuhören**, um sich ggf. in Gegenwart eines Sachverständigen ein eigenes Bild insbesondere von dem Ausmaß des Schadens und der Befindlichkeit des Patienten zu machen. Vielfach öffnet sich nach einer solchen Anhörung die Tür zu Vergleichsverhandlungen.

3646 Von Gerlach VersR 2000,525, 527; dazu unter Rdn. 2713.
3647 BGHZ 132, 341, 352; Diederichsen VersR 2005,433, 439; differenzierend von Gerlach VersR 2000,525, 528.

Hensen

cc) Ganzheitlichkeit des Schmerzensgeldanspruches

(1) »Zerlegungs«-verbot

Der Kläger darf seinen Anspruch nicht auf Ausgleich wegen Beeinträchtigung bestimmter Körperteile beschränken,[3648] was ohnehin praxisfremd ist. **2585**

Der klagende Patient darf aber ebensowenig seine Entschädigungsforderung willkürlich **in Zeitabschnitte »zerlegen«**.[3649] **2586**

Derartige »Versuche«, ein Teilschmerzensgeld zu erwirken, sind immer wieder von den Obergerichten als unzulässig zurückgewiesen worden, weil die angemessene Entschädigung aus der **Gesamtschau** zu ermitteln ist.[3650] **2587**

❗ Es gibt im Ausgangspunkt **keinen zeitbezogenen Stichtag**, sondern nur das zeitlich unbegrenzte Schmerzensgeld für Vergangenheit und sicher zu beurteilende Zukunft. **2588**

(2) Vorhersehbarkeit von Verletzungsfolgen

Damit erfasst das unbeschränkte **Schmerzensgeldbegehren** nicht nur alle immateriellen Verletzungsfolgen, die im Zeitpunkt der letzten mündlichen Verhandlung bereits eingetreten waren, sondern auch **alle erkennbaren und objektiv vorhersehbaren Verletzungsfolgen**.[3651] **2589**

Vorhersehbar sind sie schon dann, wenn sie nicht auszuschließen sind.[3652] **2590**

Für diese Beurteilung kommt es nicht auf die Sicht des Patienten, sondern die **Beurteilung eines medizinischen Sachverständigen** an.[3653] **2591**

Ob von einem Schaden auszugehen ist, mit dem ärztlich zu rechnen bzw. der auch medizinisch naheliegend ist, beurteilt sich letztlich allein nach § 287 ZPO. Die Rechtsprechung ist aber streng.[3654] So wird als naheliegend noch eine Verschlechterung angesehen, die mit einer ca. 35%-igen Wahrscheinlichkeit zu erwarten ist.[3655] **2592**

Solche Zukunftsschäden sind mit dem ausgeurteilten Schmerzensgeldbetrag **abgegolten**. **2593**

Folglich fließt die künftige Entwicklung des Schadensbildes in die Bemessung des Schmerzensgeldes ein. **2594**

3648 Diederichsen VersR 2005, 433, 440.
3649 Rosenberger § 11 Rn. 68.
3650 OLG Hamm NJW-RR 2000, 1623; OLG Celle VersR 2002, 1558, 1562.
3651 BGH NJW 2004, 1243, 1244.
3652 BGH VersR 1995, 471; von Gerlach VersR 2000,525, 530.
3653 BGH VersR 1997, 1111; von Gerlach VersR 2000,525, 529; Bussmann MDR 2007, 446.
3654 Wenzel/Jaeger/Luckey Kap. 7 Rn. 543.
3655 BGH VersR 1988, 929, 930; Terbille VersR 2005, 37, 39.

Hensen

2595   Wegen des Grundsatzes der Einheitlichkeit des Schmerzensgeldes werden auch diese Zukunftsschäden **zugleich von der Rechtskraft umfasst.**

2596   Die inhaltliche gegenständliche Bemessung des Schmerzensgeldes korrespondiert also mit der Rechtskraft.

2597   Verwirklichen sich (nach sachverständiger Beurteilung erwartungsgemäß) diese Zukunftsschäden, so sind Nachforderungen aus Gründen der Rechtskraft ausgeschlossen.[3656]

(3) Nicht vorhersehbare Spätschäden

2598   Demgemäß können andererseits **Verletzungsfolge**n, die zum Zeitpunkt der mündlichen Verhandlung noch nicht eingetreten, objektiv nicht erkennbar und deren Eintritt noch nicht vorhersehbar waren, mit denen also **objektiv nicht gerechnet werden musste** und die das Gericht bei der Bemessung des Schmerzensgeldes demgemäß auch nicht berücksichtigen konnte, Grundlage für einen **Anspruch auf weiteres Schmerzensgeld** sein.[3657]

2599   Unter dieser Prämisse steht die Rechtskraft früher zuerkannten Schmerzensgeldes aufgrund des anderen Streit- und Entscheidungsgegenstandes des vorangegangenen Schmerzensgeldprozesses einer Nachforderung nicht entgegen.

dd) Prozesstaktische Überlegungen

2600   Aus diesen Grundsätzen lassen sich verschiedene **Folgerungen für die Praxis** ableiten:

2601   Begehrt der Kläger ein beziffertes Schmerzensgeld und macht er geltend, dass er wegen der ungewissen weiteren Verletzungsfolgen ein Gesamtschmerzensgeld (gerade noch nicht) einklagen könne und wolle, so kann der Anwalt **zwei Wege** einschlagen:

(1) Offene Teilklage

2602   Er kann eine offene Teilklage erheben. Der Grundsatz der Einheitlichkeit des Schmerzensgeldes hindert diese nicht, weil wegen des Begehrens, nur die **bisher eingetretenen Verletzungsfolgen** zu berücksichtigen, eine **hinreichende Individualisierbarkeit** des streitgegenständlichen Teilanspruches gewährleistet ist.[3658]

2603   In der Klagbegründung ist die Klage **als offene Teilklage zu kennzeichnen.**

3656 OLG Hamm r+s 1998, 418; Laufs/Ulsenheimer Arztrecht § 114 Rn. 13; von GerlachVersR 2000,525 530.
3657 BGH VersR 2006, 1090; Wenzel, Kap. 7 Rn. 297.
3658 BGH NJW 2004, 1243.

Dieser Weg ist aber **nicht frei von Risiken.** Die offene Teilklage hemmt die Verjährung (§ 204 BGB) nur in Höhe des eingeklagten Betrages,[3659] auch wenn sich der Kläger die Geltendmachung des Restes vorbehält.[3660]   **2604**

Maßgebend ist eben der Streitgegenstand.   **2605**

An einer über den bezifferten Antrag hinausgehenden umfassenden Entscheidung ist das Gericht durch § 308 Abs. 1 ZPO gehindert.   **2606**

Lässt sich **nicht endgültig** beurteilen, welche **Änderungen** des gesundheitlichen Zustandes noch eintreten können, so ist es zulässig, den Betrag des Schmerzensgeldes zuzusprechen, der dem Kläger zum Zeitpunkt der Entscheidung **mindestens** zusteht.   **2607**

Erschöpft der geltend gemachte Betrag nach Ansicht des Gerichtes die Höhe des Schmerzensgeldanspruchs insgesamt, so darf es die Klage nicht deshalb abweisen, weil der Kläger ausdrücklich die Forderung als »Teil-Schmerzensgeld« beansprucht. Ob der Schmerzensgeldanspruch tatsächlich insgesamt höher ist, ist in einem Folgeprozess zu klären.[3661]   **2608**

❗ Der vorgezeichnete Weg der offenen Teilklage ist riskant, weil der Schmerzensgeldanspruch dadurch **nicht insgesamt verjährungssicher** ist.   **2609**

Der BGH hat eine derartige offene Teilklage zwar für zulässig angesehen.[3662] Zugleich hat er aber unmissverständlich betont, dass es der offenen Teilklage nicht bedarf, um sich Ansprüche wegen der künftigen Entwicklung zu sichern.   **2610**

(2) Feststellungsklage

Vielmehr hätte sich der Kläger auch durch einen **Antrag auf Feststellung** der Ersatzpflicht des Beklagten für zukünftige immaterielle Schäden seine Ansprüche sichern können.[3663]   **2611**

In der Praxis wird diese Alternative als der »normale«, nämlich auch verjährungssichere Weg angesehen. Der Anwalt sollte daher zur Vermeidung praktischer und prozessualer Hindernisse, Missverständnissen und Abgrenzungsschwierigkeiten **von derartigen (isolierten) Teilklagen absehen.**[3664]   **2612**

3659 BGH NJW 2002, 3769.
3660 Palandt/Heinrichs § 204 Rn. 16.
3661 Diederichsen VersR 2005, 433, 440.
3662 Dazu PWW/Medicus § 253 Rn. 23.
3663 Wenzel, Kap.7 Rn. 299; Bamberger/Roth/Spindler;Rosenberger Rn. 69; Diederichsen VersR 2005 433, 440).
3664 Differenzierend Terbille VersR 2005, 37 in Anmerkung zu BGH NJW 2004, 1243; Bussmann MDR 2007, 446, 448.

Hensen

2613 ❢ Vielmehr wird der Anwalt – bestärkt durch den BGH – den umfassenden und unbefristeten **Schmerzensgeldantrag** zu stellen haben **verbunden mit dem Feststellungsantrag** hinsichtlich der immateriellen Zukunftsschäden. Damit sind **sämtliche Risiken abgedeckt.** Es besteht auch nicht die Gefahr, dass der Beginn der Verjährungsfrist für Spätschäden unterschiedlich beurteilt wird. Vielmehr befindet sich der Kläger »auf der sicheren Seite«. Zur Einrede der Verjährung unter Rdn. 2660 f.

2614 Das Kostenrisiko ist dabei gering, weil Feststellungsanträge erfahrungsgemäß den Gesamtstreitwert nicht wesentlich erhöhen und diese Erhöhung vom Kläger in Kauf genommen werden sollte.

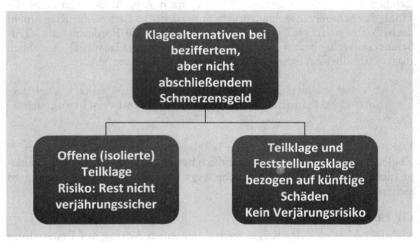

(3) Abgeltung ungewisser Spätschäden

2615 Erstrebt der Kläger anstelle des immateriellen Vorbehalts ausdrücklich auch die Abgeltung ungewisser Spätschäden, auf die sich grundsätzlich die Rechtskraft nicht erstrecken würde, stellt sich die Frage eines **Risikozuschlages** im Rahmen einer **Totalabgeltung.**[3665]

2616 § 308 ZPO stünde zwar nicht entgegen. Problematisch ist aber der Geldwert eines solchen Risikozuschlages, sofern er in die Bemessung des Schmerzensgeldes als Faktor einfließen kann.

2617 Zweifelhaft erscheint, ob sich dieser »Zukunftsfaktor« in **Prozentsätzen** ausdrücken lässt[3666] oder ob es auf den **individuellen Wahrscheinlichkeits-**

3665 Dazu Huber § 253 Rn. 133; Wenzel, Kap. 7 Rn. 300.
3666 So offenbar OLG Köln VersR 1992, 975: 25%.

grad für den Eintritt von Spätschäden ankommt.[3667] Dieser Wahrscheinlichkeitsgrad müsste folgerichtig wiederum durch medizinische **Sachverständige** eingeschätzt werden, wird sich aber verlässlich ebensowenig in Prozentsätzen ausdrücken lassen.

Es erscheint vielmehr praxisgerecht, sachverständig beraten zu prüfen, ob und inwieweit dem jeweiligen **Krankheitsbild** nach Art und Schwere das **Risiko von Spätschäden immanent** ist. Diese jeweilige Beurteilung hat dann in die Gesamtbemessung des Schmerzensgeldes einzugehen. **2618**

Ein pauschaler Zuschlag für etwaige Spätschäden dürfte bei streitiger Entscheidung § 287 ZPO widersprechen. **2619**

Im Übrigen wird zweifelhaft sein, ob ein Anwalt seiner **Beratungspflicht** genügt, wenn er im Rahmen eines streitigen Verfahrens eine derartige Totalabgeltung dem Patienten als Mandanten empfiehlt. Denn bei Risikoeintritt kann dieser wegen der entgegenstehenden Rechtskraft keine Nachforderungen stellen. Das ist besonders nachteilig, wenn etwaige Spätschäden in dem bereits zugesprochenen Schmerzensgeld nicht oder nur unzureichend berücksichtigt sind.[3668] **2620**

Indessen kann ein solcher pauschaler Risikozuschlag bei Verhandlungen über einen **Abfindungsvergleich** (also unter Einbeziehung ungewisser Spätschäden) seinen Standort haben.[3669] **2621**

b) Feststellungsklage
aa) Zulässigkeit
(1) Möglichkeit eines Schadenseintritts

Der Antrag auf Feststellung der Verpflichtung eines beklagten Arztes zum Ersatz künftiger Schäden ist zulässig, wenn die **Möglichkeit** eines Schadenseintritts besteht. **2622**

Ein Feststellungsinteresse ist nur zu verneinen, soweit aus der Sicht des Klägers bei verständiger Würdigung kein Grund besteht, mit dem Eintritt eines Schadens wenigstens zu rechnen.[3670] **2623**

Ob mit dieser Möglichkeit zu rechnen ist, kann sich aus Art und Schwere der Verletzung ergeben. Bei gravierenden Gesundheitsverletzungen wird der Fest-stellungsanspruch nur ganz ausnahmsweise zu verneinen sein.[3671] **2624**

3667 So von Gerlach VersR 2000, 525, 530.
3668 BussmannMDR 2007, 446.,447; kritisch auch Huber § 253 Rn. 133.
3669 Zutreffend Wenzel, Kap. 7 Rn. 302.
3670 BGH GesR 2007, 165.
3671 BGH NJW 2001, 1431; Wenzel, Kap. 7 Rn. 291.

Hensen

(2) Möglichkeit eines Spätschadens

2625   Die Feststellungsklage ist ebenso zulässig, sofern die **spätere Verwirkli-chung** eines weiteren Schadens nach Art der Verletzung **möglich** erscheint und **Verjährung droht.**[3672]

2626   Diese Gefahr besteht besonders, weil der Schmerzensgeldanspruch als Einheit begriffen wird.

2627   Eine solche Feststellungsklage ist nur dann nicht anzuerkennen, sofern aus der Sicht des Klägers bei verständiger Würdigung kein Grund gegeben sein kann, mit dem Eintritt von Spätschäden zu rechnen.[3673]

2628   Besteht hingegen die Möglichkeit des Eintritts weiterer Verletzungsfolgen, kann ein rechtliches Interesse an der Feststellung der Ersatzpflicht auch dann anzunehmen sein, wenn der Schmerzensgeldanspruch bereits **dem Grunde nach** für gerechtfertigt erklärt worden ist. Dies gilt, sofern sich das Grundurteil und das anschließende Betragsverfahren nur auf die eingetretenen und objektiv vorhersehbaren Verletzungsfolgen, nicht jedoch auf die unvorhersehbaren Spätschäden bezieht. Ein Kläger kann nämlich ein **schützenswertes Interesse** daran haben, eine rechtskräftige Entscheidung über den Haftungsgrund (insgesamt) herbeizuführen, um ihn für die Zukunft dem Streit der Parteien zu entziehen.[3674]

(3) Keine Aufspaltung in Leistungs- und Feststellungsklage

2629   Ist bei Klagerhebung ein Teil des Schadens schon eingetreten, die Entstehung weiterer Schäden vorhersehbar, so muss der Kläger sein Begehren nicht in eine Leistungs- und Feststellungsklage aufspalten, sondern kann es **bei der Feststellungsklage belassen.**[3675]

2630   Hat der Kläger eine Feststellungsklage erhoben und wird der Schmerzensgeldanspruch bezifferbar, weil sich die Schadensentwicklung inzwischen absehen lässt, ändert sich nichts an der Zulässigkeit der Feststellungsklage. Auch dann muss der Kläger nicht auf eine Leistungsklage übergehen.[3676]

2631   Ein aber dahingehender **richterlicher Hinweis** an die klagende Partei wäre sachlich falsch.

2632   Ein Feststellungsinteresse fehlt indessen, sofern sich die Klage ausschließlich auf vorhersehbare Schäden bezieht, mit deren Eintritt also zu rechnen

---

3672 Von Gerlach VersR 2000, 525, 531.
3673 BGH VersR 1991, 704, 705.
3674 BGH NJW 2001, 3414, 3415.
3675 OLG Düsseldorf VersR 2006, 841, 842.
3676 BGH NJW 2003, 2827; OLG Brandenburg NJW-RR 2003, 1383,1384; Martis/ Winkhart S.877.

war.[3677] Hier muss von vornherein auf Leistung geklagt werden, weil der Schmerzensgeldanspruch diese vorhersehbaren Schäden umfasst.

(4) Antragsauslegung

Der **Antrag** des Klägers **auf Leistung** eines angemessenen Schmerzensgeldes zur Abgeltung der bereits erlittenen und in Zukunft zu erwartenden immateriellen Schäden lässt sich **verständlich** dahin **auslegen,** dass bezüglich des vergangenen und gegenwärtigen Schadens Leistung, bezüglich der künftigen immateriellen Schäden Feststellung begehrt wird.[3678]

2633

bb) Begründetheit

Bisher ist nicht abschließend geklärt, ob es für die Begründetheit einer Feststellungsklage grundsätzlich zusätzlich einer **hinreichenden Wahrscheinlichkeit** des Schadenseintritts bedarf, die Möglichkeit eines künftigen Schadeneintritts insofern nicht ausreicht.

2634

Dieses strengere Merkmal der »hinreichenden Schadenswahrscheinlichkeit« ist jedenfalls nicht notwendig für die Begründetheit, soweit es um Fälle von Spätschäden geht. Hier ist begriffsnotwendig ein (Grund-)Schaden bereits entstanden.

2635

Anderenfalls würde dem Kläger, was ihm bei den Zulässigkeitsvoraussetzungen »großzügig« gegeben wird, bei der Frage der Begründetheit wegen dort strengerer Anforderungen wieder genommen.[3679]

2636

Mit anderen Worten: Ist das Interesse gegeben, bedarf es keiner Begründetheitsprüfung mehr, sofern der Anspruch dem Grunde nach besteht.[3680]

2637

cc) Zusammenfassung

Objektiv vorhersehbare Folgeschäden
- werden vom beantragten Schmerzensgeld miterfasst
- unterliegen (wegen des Gleichlaufs mit dem Streitgegenstand) der Rechtskraft des ausgeurteilten Schmerzensgeldes.

2638

Nicht vorhersehbare Folgeschäden
- werden vom ausgeurteilten Schmerzensgeld nicht erfasst
- unterliegen nicht der Rechtskraft dieses Urteils
- unterliegen aber der Verjährung ab allgemeiner Kenntnis vom Schaden, sofern dieser Schaden für die Fachkreise als »möglich voraussehbar« ist, deshalb bedarf es des Feststellungsantrages, dieser bewirkt

2639

3677 Geigel/Pardey Kap. 7 Rn. 27.
3678 Geigel/Pardey Kap. 7 Rn.27.
3679 BGH NJW 2001, 1431; NJW-RR 2007, 601; OLG Nürnberg NJW-RR 2004, 1543; von Gerlach VersR 2000,525, 532; Wenzel, Kap. 7 Rn. 291.
3680 BGH NJW 2001, 3414, 3415; Rosenberger § 11 Rn. 75.

Hensen

– Schutz vor Verjährung und
– umfassenden Ausschluss sämtlicher Einwendungen zum Haftungsgrund.

c) Rechtskraft

2640   Kommt es wegen Spätschäden zu einem Schmerzensgeld-Folgeprozess, stellt sich regelmäßig die Frage der Rechtskraftwirkung des Vorprozesses.

2641   Der Umfang der materiellen Rechtskraft wird durch den Streitgegenstand bestimmt (§ 322 Abs. 1 ZPO).

2642   Streitgegenstand ist der gesamte Behandlungsablauf, **unabhängig davon, ob er in allen Einzelheiten als zugrunde liegender Lebenssachverhalt vorgetragen ist.**[3681]

2643   Die oben behandelten Fälle der zulässigen Schmerzensgeldteilklage ausgenommen, erstreckt sich entsprechend dem Streitgegenstand die Rechtskraft auf sämtliche im Zeitpunkt der letzten mündlichen Verhandlung **aus Sicht eines medizinischen Sachverständigen vorhersehbaren und berücksichtigungsfähigen** Umstände.[3682] Inwieweit diese Umstände tatsächlich berücksichtigt worden sind, ist für die Rechtskraftwirkung unerheblich, ebenso ob die Nichtberücksichtigung auf mangelndem Vortrag des Klägers beruhte.

2644   Nur Schäden, die selbst für Fachkreise nicht vorhersehbar waren und die das erkennende Gericht auch nicht bedenken konnte, verbleiben als Gegenstand einer späteren Klage.[3683]

d) Einrede der Verjährung
aa) Verjährungsbeginn
(1) Voraussetzungen

2645   Im Arzthaftungsprozess kommt der **Einrede** der Verjährung bei der Abwehr von Schmerzensgeldansprüchen eine nicht unbedeutende Rolle zu. Allerdings wird dieser Einrede fälschlich häufiger entsprochen als die Rechtslage es bei richtiger Anwendung der Verjährungsregelungen zulässt.

2646   Ansprüche auf Schmerzensgeld verjähren innerhalb von 3 Jahren nach § 195 BGB n.F. Diese regelmäßige Verjährungsfrist gilt nunmehr für vertragliche und deliktische Ansprüche gleichermaßen.

2647   ❗ Das neue Verjährungsrecht ist damit **an die bisherige Verjährungsregelung** für deliktische Ansprüche nach § 852 BGB a.F. **angeglichen** worden.

3681 OLG Hamm NJW-RR 1999, 1589; OLG Saarbrücken MDR 2000, 1317; Laufs/Ulsenheimer § 114 Rn. 13.
3682 BGH VersR 2006, 1090; Geigel/Pardey Kap. 7 Rn. 30; Rosenberger § 11 Rn. 72.
3683 OLG Schleswig MDR 2002, 1068.

Im Grundsatz ist das **neue Verjährungsrecht auf alle zum 01.01.2002 bestehenden, aber noch nicht verjährten Ansprüche anzuwenden** (Art. 229 § 6 Abs. 1 Satz 1 EGBGB). **2648**

Bis zu diesem Stichtag sind Hemmung und Neubeginn nach altem Recht, seither nach neuem Recht zu beurteilen (Art. 229 § 6 Abs. 1 Satz 2 und 3, Abs. 3 EGBGB). **2649**

Die **Verjährungsfrist beginnt** nach § 199 BGB n.F. **mit dem Schluss des Jahres,** **2650**
– in dem der Anspruch auf Schmerzensgeld entstanden ist
– der Patient Kenntnis hatte oder ohne grobe Fahrlässigkeit hätte haben müssen;
– von den anspruchsbegründenden Umständen (Behandlungsfehler, Aufklärungsmangel)
– und der Person des Schuldners

Das Kriterium des »jeweiligen Erkenntnisstandes« des Patienten knüpft daher weitgehend an § 852 BGB und die dazu ergangene Rechtsprechung an.[3684] **2651**

(2) Verjährungsbeginn bei Behandlungsfehlern

Wird der Anspruch auf Schmerzensgeld auf einen **Behandlungsfehler** gestützt, beginnt die Verjährungsfrist, wenn der Patient aufgrund der ihm bekannten Tatsachen gegen eine bestimmte Person eine Klage, und sei es auch nur in Gestalt einer Feststellungsklage, mit einigermaßen sicherer Aussicht auf Erfolg erheben kann.[3685] Entscheidend ist die **Kenntnis oder grob fahrlässige Unkenntnis der anspruchsbegründenden Tatsachen, nicht deren zutreffende rechtliche Würdigung.**[3686] **2652**

Dem Patienten müssen diejenigen Behandlungstatsachen positiv bekannt sein, die ein ärztliches Fehlverhalten und eine ursächliche Verknüpfung der Schadensfolge mit dem Behandlungsfehler bei objektiver Betrachtung nahe legen.[3687] **2653**

Der Patient muss also **laienhaft erkannt haben, dass der Schaden auf einem Fehler der Behandlerseite beruht.**[3688] **2654**

Dafür muss der Patient ein **Grundwissen** von den wesentlichen Umständen des konkreten Behandlungsablaufs haben. Es muss ihm z.B. bekannt oder grob fahrlässig unbekannt sein, dass und warum es zu Komplikationen bei einem Eingriff gekommen war und welche Maßnahmen zu deren **2655**

3684 BGH VersR 2008, 1121; Frahm/Nixdorf Rn. 252.
3685 BGH VersR 1999, 1149.
3686 Martis/Winkhart S. 854.
3687 Geiß/Greiner, Arzthaftpflichtrecht Abschnitt D Rn. 4.
3688 Frahm/Nixdorf Rn. 239.

Hensen

Beherrschung getroffen oder unterlassen worden sind. Dem Patienten muss mithin der Stellenwert des ärztlichen Vorgehens für den Behandlungserfolg bewusst sein.Die maßgebliche Kenntnis ist erst dann vorhanden, wenn die dem Anspruchsteller bekannten **Tatsachen ausreichen,** um den **Schluss auf ein Fehlverhalten** der Behandlerseite und auf die **Ursache dieses Verhaltens** für den Schaden (auch eine etwaige Folgeoperation) als naheliegend erscheinen lassen.[3689]

2656   Für diese Kenntnis von Schädigungshandlung und Schädigung ist auf die **Kenntnis der Eltern** als gesetzliche Vertreter abzustellen, wurde ein **minderjähriger** Patient geschädigt.[3690]

2657   Hingegen kommt es für die Kenntnis als Kriterium des Verjährungsbeginns nicht auch noch darauf an, ob der Patient aus seinem Behandlungsgrundwissen **medizinisch und rechtlich** zutreffende Schlüsse, insbesondere auch bezogen auf den Kausalverlauf gezogen hat.

2658   Die Kriterien für den Beginn der Verjährungsfrist sind also **bewusst objektivierbare Anknüpfungspunkte.** Die subjektiv-persönliche Wertungsebene ist nicht maßgeblich.[3691]

(3) Verjährungsbeginn bei Aufklärungsfehlern

2659   Macht der Patient einen Schmerzensgeldanspruch wegen Verletzung der ärztlichen **Aufklärungspflicht** geltend, so muss er nicht nur Kenntnis von der durch die Behandlung eingetretenen Schädigung haben. Vielmehr muss er auch die **Tatsachen** kennen, aus denen sich der **Aufklärungsmangel** ergibt.

2660   Ist er überhaupt nicht aufgeklärt worden, ist das dem Patienten von Anfang an bekannt. Weiß er, dass die eingetretenen Komplikationen ein Risiko des Eingriffs sind, beginnt die Verjährungsfrist.[3692]

2661   Ist bei der Aufklärung ein bestimmtes aufklärungspflichtiges Risiko verschwiegen oder verharmlost worden und erlangt er davon Kenntnis, läuft von diesem Zeitpunkt an die Verjährungsfrist.[3693]

2662   Problematisch ist jedenfalls unter dem Blickwinkel des Verjährungsbeginns, ob dem Patienten vorgehalten werden kann, er habe es **unterlassen,** sich darüber **zu informieren, auf welche Risiken sich die Aufklärung hätte erstrecken müssen.**.[3694]

3689 BGH VersR 2010, 214, 215.
3690 BGH VersR 2007,66, 69.
3691 Geiß/Greiner Abschnitt D Rn. 5.
3692 Geiß/Greiner Abschnitt D Rn. 14.
3693 Frahm/Nixdorf Rn. 238.
3694 So aber OLG München, VersR 2006, 705 m.w.N.;Martis/Winkhart S. 864.

Hensen

Die Nachfragepflicht des Patienten als Laien wird von der Art und Üblich- **2663**
keit des Eingriffs und seiner jeweiligen Risikodichte abhängig zu machen
sein. Für einen Laien schwer oder gar nicht zu übersehende spezifische Risiken, die im Prozess erst aufgrund von Ausführungen eines Sachverständigen transparent werden, müssen von einem Patienten mit Blick auf § 199
BGB nicht nachgefragt werden.

Der gegenteilige Standpunkt unterläuft im Ergebnis die begrenzte Substan- **2664**
tiierungslast des Patienten im Arzthaftungsprozess.

(4) Keine allgemeine Informationspflicht

§ 199 BGB stellt Kennen müssen bei grober Fahrlässigkeit der Kenntnis **2665**
gleich. Daraus lässt sich eine allgemeine Informationspflicht des Patienten
jedoch nicht ableiten. Vielmehr muss sich der Patient rechtsmissbräuchlich
ihm ohne weiteres zugänglicher Erkenntnisquellen verschließen. Das wird
sich nur in Ausnahmefällen objektiv feststellen lassen. Insbesondere ist ihm
eine Überprüfung etwaiger **Krankenunterlagen** nach Treu und Glauben
nicht abzuverlangen. Er muss sich auch nicht, um dem Vorwurf grober
Fahrlässigkeit zu entgehen, **medizinisches Fachwissen** aneignen.[3695]

Geht es nur (noch) um die Person des »richtigen« Ersatzpflichtigen, so wird **2666**
ihm allerdings eine einfache Nachfrage etwa bei der Krankenhausverwaltung grundsätzlich zuzumuten sein.

❗ Ansprüche auf Schmerzensgeld aus Behandlungsfehlern und/oder we- **2667**
gen Aufklärungsmängeln unterliegen **nicht notwendig gleichen Ver-**
jährungsfristen.[3696]

```
                    ┌─────────────────────┐
                    │  Verjährungsbeginn  │
                    └──────────┬──────────┘
              ┌────────────────┴────────────────┐
┌─────────────────────────────┐  ┌─────────────────────────────┐
│ Behandlungsfehler           │  │ Aufklärungsfehler           │
│ • Laienhafte Kenntnis, dass │  │ Zusätzlich:                 │
│   Schaden auf einem Fehler  │  │ Kenntnis der Tatsachen, aus │
│   der Behandlerseite beruht │  │ denen sich der Aufklärungs- │
│ • Grundwissen der           │  │ mangel ergibt               │
│   wesentlichen Umstände     │  │                             │
│   des Behandlungsverlaufs   │  │                             │
│ • Feststellungsklage muss   │  │                             │
│   möglich sein              │  │                             │
└─────────────────────────────┘  └─────────────────────────────┘
```

3695 BGH VersR 2007,66,69.
3696 Steffen/Pauge Arzthaftungsrecht Rn. 487; OLG Hamm MedR 2010, 563, 565.

Hensen

bb) Kenntnisträger

2668   In personeller Hinsicht gilt:
Auf Seiten des **Patienten** muss Kenntnis haben
– der gesetzliche Vertreter bei Geschäftsunfähigen und Minderjährigen
– der Anwalt bei Vertretung des Patienten
– bei Tod der Rechtsnachfolger des Patienten, sofern der Patient nicht
  selbst schon Kenntnis hatte.

cc) Ersatzpflichtige Person

2669   Kann ein Behandlungsfehler kumulativ **mehreren Behandlern** zuzurechnen sein, beginnt die Verjährungsfrist hinsichtlich jeden einzelnen Arztes
(§ 425 Abs. 2 BGB) erst, wenn **begründete Zweifel über die Person des
einzelnen Ersatzpflichtigen nicht mehr bestehen.** Hier sind Probleme für
den Patienten augenscheinlich, weil es klinischem Alltag entspricht, dass der
aufklärende Arzt nicht der behandelnde ist. Können mehrere Behandler alternativ haften, läuft die Frist erst, sobald die Person des »richtigen« Ersatzpflichtigen außer Zweifel steht.[3697]

dd) Hemmung der Verjährung
(1) Verhandlungen

2670   Dem Hemmungstatbestand kommt bei Ansprüchen auf Zahlung von
Schmerzensgeld besondere Bedeutung zu, sofern **Verhandlungen schweben** (§ 203 BGB).

2671   Der Zeitpunkt der Verhandlungen wird in die Verjährungsfrist nicht eingerechnet (§ 209 BGB).

2672   Der **Beginn von Verhandlungen** lässt sich zeitlich oft klar festmachen, sobald nämlich der Patient Ansprüche stellt und die Behandlerseite sich darauf
einlässt.

2673   So stellt ein von dem Patienten eingeleitetes Verfahren z.B. vor der **Schlichtungsstelle der Norddeutschen Ärztekammern** in diesem Sinne ein Verhandeln dar, weil die Schlichtungsstelle nur tätig wird, sofern der Arzt dem
Verfahren zustimmt.[3698]

2674   Im Übrigen genügt für Verhandlungen auch nach der Neufassung jeder
Meinungsaustausch über den Schadensfall, sofern nicht jeder Ersatz sofort
und eindeutig abgelehnt wird. Es muss nicht unbedingt eine Bereitschaft
zum Entgegenkommen erkennbar sein. Die Verhandlungen müssen auch
nicht zwingend vom geschädigten Patienten ausgehen, was in Arzthaftungsfällen gar nicht mal selten ist.

3697 BGH VersR 2001,381; 2001,1255; Martis/Winkhart S. 858.
3698 Geiß/Greiner Abschnitt D Rn. 11; Martis/Winkhart S.872.

(2) Ende der Verhandlungen

Das Ende der Verhandlungen ist gesetzlich bestimmt durch eine Verweigerung ihrer Fortsetzung. Dieser Zeitpunkt wird freilich erfahrungsgemäß von den Verhandlungspartnern vielfach unterschiedlich beurteilt. Er setzt voraus, dass die Verhandlungen **unmissverständlich von einer Partei für beendet erklärt** sind. **2675**

Ein Ende der Verhandlungen ist anzunehmen bei Zahlung des Haftpflichtversicherers »aus Kulanz« unter Ablehnung weiterer Ansprüche.[3699] **2676**

Schlafen die Verhandlungen ein, enden sie mit dem Zeitpunkt, in dem der nächste Schritt nach Treu und Glauben zu erwarten gewesen wäre.[3700] **2677**

Die durch Einreichung eines Antrages bei der Gutachterkommission oder der Schlichtungsstelle der Ärztekammern bewirkte Hemmung der Verjährung endet mit der **Bekanntgabe des abschließenden Bescheides**.[3701] **2678**

Die Vorschrift des § 203 S. 2 BGB bewirkt – und das ist gegenüber § 852 BGB neu – dass die Verjährung frühestens drei Monate nach dem Ende der Hemmung eintritt. **2679**

❗ – **Haftpflichtversicherer** sollten bei Verhandlungen deutlich machen, dass diese zugleich für einen über die Klinik **mitversicherten Arzt** geführt werden, um keine Zweifel hinsichtlich der Hemmung der Verjährung insoweit aufkommen zu lassen.[3702] **2680**
   – Die unbezifferte Schmerzensgeldklage hemmt die Verjährung in vollem Umfang, wenn in der Klageschrift die für die Höhe maßgeblichen Eckdaten und Umstände genau bezeichnet sind.[3703]
   – Ein **Verzicht** auf die Einrede der Verjährung ist aufgrund des § 202 Abs. 1 BGB n.F. **nunmehr wirksam**.[3704]
   – Ein solcher Verzicht des Haftpflichtversicherers ist im Arzthaftungsprozess nicht selten. Durch den Verzicht wird der Schmerzensgeldanspruch aber nicht unverjährbar. Vielmehr beginnt – wie nach einem Anerkenntnis gemäß § 212 BGB – eine neue Verjährungsfrist zu laufen.[3705]
   – Die **Einrede** der Verjährung ist **nicht verspätet** im Sinne des § 531 ZPO, wenn sie erstmals im Berufungsrechtszug erhoben wird und

---

3699 OLG Düsseldorf NJW-RR 2005, 819.
3700 Palandt/Heinrichs § 203 Rn. 4 m.w.N.; Martis/Winkhart S. 874.
3701 OLG Zweibrücken NJW-RR 2001, 667,670.
3702 BGH VersR 1999, 1228; Geiß/Greiner Abschnitt D Rn. 11.
3703 Geigel/Pardey Kap. 7 Rn. 29.
3704 Geiß/Greiner Abschnitt D Rn. 12;zur vertraglichen Vereinbarung des Verzichts auf die Verjährungseinrede nach Eintritt der Verjährung Laufs/Ulsenheimer § 114 Rn. 11.
3705 Palandt/Heinrichs § 202 Rn. 7.

Hensen

die den Verjährungseintritt begründenden Umstände unstreitig sind.[3706]

ee) Beweislast

2681   Die **Behandlerseite** muss belegen, seit welchem Zeitpunkt bei dem Patienten die subjektiven Voraussetzungen des § 852 Abs. 1 BGB a.F. bzw. 199 Abs. 1 Nr. 2 BGB n.F. gegeben sind.

2682   Für den **Eintritt** der **Hemmung** ist der **Patient beweispflichtig.** Kann er Verhandlungen beweisen, so trägt für deren Ende und damit das **Ende** der Hemmung die **Behandlerseite** die Beweislast.[3707]

2683   Das **Einschlafen von Verhandlungen** kann beweisrechtlich zu Lasten des Arztes gehen.

e) Haftung als Gesamtschuldner

2684   Mitglieder einer **Gemeinschaftspraxis** haften als Gesamtschuldner auf Schmerzensgeld.

2685   ❗ Dies ist im Urteil auch dann auszusprechen, wenn ein ausdrücklicher Antrag fehlt, sofern sich die gesamtschuldnerische Haftung aus der Klagbegründung ergibt.[3708]

2686   Gesamtschuldnerisch können Ärzte besonders bei **horizontaler Arbeitsteilung** haften, weil hier vielfach eine klare Abgrenzung der Verantwortungsbereiche fehlt[3709] wie etwa bei Fehlern im Geburtsmanagement.

2687   In Betracht kommen kann eine gesamtschuldnerische Haftung von **Krankenhausträger** und **Belegarzt,** sofern das nichtärztliche Personal bei einer Operation Erfüllungsgehilfe des Belegarztes ist oder es sich um organisatorische Fehlleistungen im Leistungsbereich des Krankenhausträgers und des Belegarztes handelt.[3710]

2688   ❗ Eine nur **teilweise bestehende Gesamtschuld,** die im Arzthaftungsrecht allerdings selten ist, muss im **Tenor** zum Ausdruck kommen.[3711]

3706   BGH VersR 2008, 1708.
3707   Frahm/Nixdorf Rn. 234.
3708   Zöller/Vollkommer § 308 Rn. 3.
3709   Geiß/Greiner, Abschnitt B Rn. 117.
3710   Geiß/Greiner, Abschnitt A Rn. 45, 47.
3711   Rosenberger § 11 Rn. 73.

f) Grundurteil

aa) Voraussetzungen

Bei dem der Höhe nach **in das Ermessen des Gerichts** gestellten Schmerzensgeldanspruch gehört der Betrag zum Streitgegenstand. **2689**

Daher kann durch Grundurteil entschieden werden.[3712] **2690**

bb) Mitverschulden

> ❗ Da ein Mitverschulden des Patienten **nicht zu einer quotenmäßigen** **2691**
> **Begrenzung** der Höhe des Schmerzensgeldanspruches führt,[3713] ist in
> einem Grundurteil auszusprechen, dass der Anspruch unter Berücksichtigung eines bestimmten Mithaftungsanteils des Patienten dem
> Grunde nach gerechtfertigt ist.[3714]

Der Mitverschuldenseinwand ist im Prozess nicht mehr zu berücksichtigen, **2692**
wenn die Haftung von dem beklagten Arzt vorprozessual uneingeschränkt
anerkannt worden ist.[3715]

g) Anträge, Beschwer, Kosten

aa) Titulierung

Kapital und Rente sind Erfüllungsformen der billigen Entschädigung. **2693**

Grundsätzlich ist das Schmerzensgeld in Kapitalform zu titulieren, auch bei **2694**
Schwerstschäden.

Ob Schmerzensgeld als Kapital oder als Rente oder beides nebeneinander zu **2695**
leisten ist, liegt im **Ermessen des Tatrichters**. Die Zuerkennung von Rente
setzt in der Rechtspraxis einen dahingehenden Antrag voraus.[3716] Um sicher
zu gehen sollte der Anwalt jedenfalls durch einen ausdrücklichen Rentenantrag das Gericht gemäß § 308 ZPO binden.[3717] Denn:
- Qualitativ ist die **Rente gegenüber dem Kapital ein aliud**.[3718]
- Das Berufungsgericht darf daher auch **nicht von sich aus** einen Schmerzensgeldbetrag, der dem Kläger in I. Instanz zugesprochen worden ist, **in
  Kapital und Rente aufteilen**.[3719]

3712 BGH NJW 2006, 2110; Geigel/Pardey Kap. 7 Rn. 25.
3713 Staudinger/Schiemann § 253 Rn. 40.
3714 BGH WM 1991, 1776; Palandt/Grüneberg § 253 Rn. 25;Bamberger/Roth/
      Spindler § 253 Rn. 61; Staudinger/Schiemann § 253 Rn. 50.
3715 Geigel/Pardey Kap. 7 Rn. 47 unter Hinweis auf LG Oldenburg, VersR 1995,
      1495.
3716 OLG München VersR 2005, 657; Geigel/Pardey Kap. 7 Rn. 19, 26; wohl ebenso Huber § 253 Rn. 109; siehe oben Rdn. 2564.
3717 Rosenberger § 11 Rn. 71.
3718 BGH NJW 1998, 3411; Staudinger/Schiemann § 253 Rn. 46.
3719 Zöller/Vollkommer § 308 Rn. 3.

Hensen

– Unzulässig ist es ebenso ,abweichend vom Klageantrag statt eines Kapitalbetrages eine Schmerzensgeldrente zuzusprechen.[3720]

2696   ❗ Sollte sich aus der Verhandlung ergeben, dass das Gericht im Falle eines geburtsbedingten Schwerstschadens entgegen den Ausführungen unter Rdn. 2577 die beantragte Rente nach der normalen Lebenserwartung und damit **fehlerhaft kapitalisieren** will, muss der Anwalt zur Vermeidung einer dem Patienten ungünstigen Entscheidung den Rentenantrag (neben dem Schmerzensgeldkapital) fallen lassen.

2697   Denn **gegen den Willen des Klägers** darf das Gericht **keine Rente** zuerkennen. In diesem Fall bekommt der Kläger das volle Schmerzensgeld als Kapital zugesprochen.[3721]

bb) Beschwer

2698   ❗ Die von dem Kläger genannte Größenordnung des Schmerzengeldbetrages ist für das Gericht **keine bindende Obergrenze**.[3722]

2699   Sie begrenzt aber die Beschwer des Klägers.[3723]

2700   Hat der Kläger ein angemessenes Schmerzensgeld unter Angabe einer Betragsvorstellung verlangt und hat das Gericht ihm ein Schmerzensgeld in eben dieser Höhe zuerkannt, so kann er das Urteil **mangels Beschwer** nicht mit dem alleinigen Ziel eines höheren Schmerzensgeldes anfechten.[3724]

2701   Wird der Mindestbetrag nicht unterschritten, reicht die Bejahung eines Mitverschuldens des Klägers durch das Gericht entgegen dem Klägervortrag ebenfalls nicht für eine Beschwer.[3725]

2702   Will sich der Kläger die Möglichkeit eines Rechtsmittels offen halten, muss er den Betrag nennen, den er auf jeden Fall zugesprochen haben möchte und bei dessen Unterschreitung er sich als nicht befriedigt ansehen würde.[3726]

2703   Ohne eigene Beschwer ist dem Kläger dann nur die Möglichkeit der **Anschlussberufung** eröffnet, die eine Klagerweiterung bedeutet.[3727]

2704   Verlangt der Kläger in erster Linie Rente und hilfsweise Kapital und gibt das Gericht nur dem Hilfsantrag statt, leitet sich die Beschwer aus dem Hauptantrag ab. Da die Rente abänderbar wäre, besteht bei Zuerkennung von Ka-

---

3720   OLG Koblenz VersR 2010,1452.
3721   Zutreffend Jaeger VersR 2005, 1249.
3722   BGH NJW 1996, 2425.
3723   Staudinger/Schiemann § 253 Rn. 49; PWW/Medicus § 253 Rn. 22.
3724   Bamberger/Roth/Spindler § 253 Rn. 71.
3725   BGH NJW 2002, 212; Staudinger/Schiemann § 253 Rn. 49.
3726   BGH MDR 1999, 545; NJW-RR 2004, 102, 863.
3727   Rosenberger § 11 Rn. 77.

pital im Vergleich zur Rente eine unterschiedliche prozessuale Rechtskraftwirkung.[3728]

cc) Kosten

Wird dem Kläger ein **geringeres Schmerzensgeld** als der von ihm angegebene Mindestbetrag zugesprochen, so ist er in **Höhe der Differenz beschwert**, da die Klage mit entsprechender Kostenquote **teilweise abzuweisen** wäre.[3729]

2705

Allerdings kann trotz Zuvielforderung Raum für § 92 Abs. 2 ZPO sein, wenn sich die vom Kläger geäußerten Vorstellungen in **vertretbaren Grenzen** halten.[3730]

2706

h) Prüfungskompetenz des Berufungsgerichts

§ 287 ZPO stellt den Tatrichter bei der Bemessung des Schmerzensgeldes besonders frei. Die Grenzen sind bereits oben markiert worden.

2707

Daraus hat sich die Frage abgeleitet, inwieweit das Berufungsgericht **nach der Neuregelung des Rechtmittelrechts** die Bemessung des Schmerzensgeldes durch die Vorinstanz überprüfen darf.

2708

Gegen eine **breite Rechtssprechung der Obergerichte**[3731] hat der **Bundesgerichtshof** entschieden, dass das **Berufungsgericht ohne Bindung an die Ermessensausübung** des erstinstanzlichen Gerichts **selbst** gemäß §§ 513 Abs. 1, 546 ZPO **über die Angemessenheit** des Schmerzensgeldes **zu befinden** habe. Dabei sei es nur an die Tatsachenfeststellungen der I. Instanz gemäß § 529 Abs. 1 ZPO gebunden.[3732]

2709

Hält das Berufungsgericht die erstinstanzliche Schmerzensgeldbemessung für nur vertretbar, unter Berücksichtigung aller Gesichtspunkte nicht für sachlich überzeugend, so darf und muss es nach eigenem Ermessen einen eigenen dem Einzelfall angemessenen Schmerzensgeldbetrag finden. Das Berufungsgericht darf also nicht nur prüfen, ob die Bemessung Rechtsfehler enthält, ob das erstinstanzliche Gericht sich mit allen maßgeblichen Umständen ausreichend auseinandergesetzt und um eine angemessene Beziehung der Entschädigung zu Art und Dauer der Verletzung bemüht hat.

2710

3728 BGH VersR 1984, 739; Geigel/Pardey Kap. 7 Rn. 26.

3729 OLG Köln VersR 1995, 358; Rosenberger § 111 Rn. 70; a.M. OLG Koblenz VersR 1990, 402.

3730 Geigel/Pardey Kap. 7 Rn. 33 a.E; Huber § 253 Rn. 124.

3731 OLG Braunschweig VersR 2004, 924, 925; OLG Hamm VersR 2004, 757; VersR 2006, 134, 135; OLG München NJW 2004, 959; OLG Karlsruhe OLGR 2004, 398, 399.

3732 BGH NJW 2006, 1589, 1592; ebenso OLG Brandenburg VersR 2005, 953, 954; Geigel/Pardey Kap. 7 Rn. 26.

2711   ❗ Das Berufungsgericht muß eigenständig über die Angemessenheit des Schmerzensgeldes entscheiden.

2712   An dieser **bisherigen Rechtsprechung** des BGH[3733] hat sich **nach der Reform** des Rechtsmittelrechts mithin **nichts geändert**.[3734]

i) Weiteres Schmerzensgeld
aa) Spätschäden

2713   Weiteres Schmerzensgeld kann der Patient verlangen, sobald Spätschäden entgegen der Prognose eines medizinischen Sachverständigen aufgetreten sind.

2714   Diese sind von einem rechtskräftigen Urteil nicht erfasst.

bb) Abfindungsvergleich

2715   Auch nach einem Abfindungsvergleich kommt unter **sehr engen Voraussetzungen** ein weiteres Schmerzensgeld in Betracht.

(1) Anpassung

2716   Enthält der Vergleich **keinen Zukunftsvorbehalt**, kann er unter Umständen gemäß § 157 BGB dennoch so auszulegen sein, dass sich der im Vergleich enthaltene Verzicht nicht auf Spätschäden erstreckt.[3735]

2717   Aber selbst bei einer **umfassenden Abgeltung** aller Ansprüche kommt eine Anpassung des Vergleichs in Betracht, sofern **wegen krassen Missverhältnisses** zwischen Vergleichssumme und Schaden die **Geschäftsgrundlage gestört** ist, § 313 BGB.[3736]

2718   Der Abfindungsvergleich kann auch dem **Einwand der unzulässigen Rechtsausübung ausgesetzt sein**.[3737]

(2) Nachforderung

2719   Die Nachforderung beschränkt sich auf den Betrag, der **zum Ausgleich des krassen Missverhältnisses** erforderlich ist.[3738] Es verbietet sich jedoch unter Wertungsgesichtspunkten eine von den Vergleichsgrundlagen losgelöste Neufestsetzung des Schmerzensgeldes.

3733   BGH VersR 1998, 1034, 1035.
3734   Zutreffend KG VersR 2007, 1708; unrichtig OLG Naumburg VersR 2008, 415 mit zutreffender Anmerkung Jaeger; zur beschränkten Nachprüfung durch das Revisionsgericht Bamberger/Roth/Spindler § 253 Rn. 72
3735   BGH VersR 2008, 376; Frahm/Nixdorf Rn. 292 mit umfangreichen Rechtsprechungsnachweisen.
3736   Huber § 253 Rn. 137; Geigel/Pardey Kap. 7 Rn. 30; Bamberger/Roth/Spindler § 253 Rn. 74.
3737   BGH VersR 2008, 1648; NJW-RR 2008, 649.
3738   Geigel/Pardey Kap. 7 Rn. 30.

Bei der Bemessung der Nachforderung sind nur solche nicht vorausgesehenen Spätfolgen zu berücksichtigen, die bereits tatsächlich eingetreten sind.[3739] **2720**

Weitere Risiken (etwa die erhöhte Karzinomgefahr oder mögliche weitere Gliedmaßenamputationen nach Strahlenschäden), die mit einer starken psychischen Belastung wegen der Ungewissheit der weiteren Entwicklung verbunden sind, können aber einen **zusätzlichen Bemessungsfaktor** für die Höhe der Nachforderung darstellen.[3740] **2721**

j) Abänderungsklage
aa) Wesentliche Änderung

Eine Abänderungsklage bezieht sich nicht auf das Kapital, sondern nur auf die rechtskräftig **zuerkannte Rente.** Diese Klage dient der Beseitigung der Rechtskraft. Voraussetzung ist eine **wesentliche Änderung** der im Zeitpunkt der letzten mündlichen Verhandlung objektiv vorhandenen Bemessungsumstände. **2722**

Die Änderung muss so erheblich sein, dass die Höhe der Rente ihrer Aufgabe als billige Entschädigung nicht mehr genügt. **2723**

Die Abänderungsklage ermöglicht **keine freie** von der bisherigen Höhe unabhängige **Neufestsetzung,** sondern nur eine den zwischenzeitlich eingetretenen veränderten Verhältnissen »entsprechende« (§ 323 Abs. 1 ZPO a.E.) Anpassung des Titels.[3741] **2724**

Die Grundlagen des rechtskräftigen Ersturteils müssen gewahrt bleiben. **2725**

Eine wesentliche Veränderung kann sich in einer **massiven Verschlechterung** der vorhersehbaren und damit dem Schmerzensgeld im Ersturteil zugrunde gelegten Verletzungsfolgen zeigen. **2726**

Auch eine **bedeutsame Verbesserung** der wirtschaftlichen Verhältnisse auf Seiten des Arztes oder des Patienten kann unter Umständen eine wesentliche Veränderung im Sinne des § 323 ZPO begründen.[3742] **2727**

bb) Änderung der Lebenshaltungskosten

Eine deutliche Erhöhung der Lebenshaltungskosten wird im Grundsatz als wesentliche Veränderung eingestuft. **2728**

Allerdings hat der Bundesgerichtshof an eine solche Veränderung **hohe Anforderungen** gestellt. So soll ein Anstieg der Lebenshaltungskosten von bis **2729**

3739 OLG Schleswig VersR 2001, 983, 984.
3740 OLG Schleswig a.a.O.
3741 Zöller/Vollkommer § 323 Rn. 41.
3742 Geigel/Pardey Kap. 7 Rn. 22.

Hensen

zu 25% **ohne Vorliegen besonderer** zusätzlicher **Umstände** nicht ausreichen.[3743]

2730 Dabei ist nach dem Bundesgerichtshof die Höhe des Kapitalwerts der Rente und die Summe der gezahlten Rentenbeträge grundsätzlich unerheblich.[3744]

cc) Konsequenz für die Praxis

2731 Für die Praxis bedeutet dies, dass von einer Abänderungsklage, die **allein mit gestiegenen** Lebenshaltungskosten begründet wird, **regelmäßig abzuraten** ist.

2732 Allerdings bleibt fraglich, ob die 25%-Grenze in die Systematik des § 323 ZPO passt.

2733 So wird bei **Unterhaltsleistungen** eine wesentliche Veränderung bereits bei einer Änderung der zugrunde gelegten Verhältnisse um mehr als 10% angenommen. Diese Grenze wird sich auf die Veränderung der Lebenshaltungskosten unter dem Blickwinkel des billigen Ausgleichs nach § 253 Abs. 2 BGB nicht ohne weiteres übertragen lassen.[3745]

2734 Andererseits wird eine wesentliche Veränderung des Krankheitsbildes oder der wirtschaftlichen Verhältnisse einer der Parteien nicht erst anzunehmen sein, wenn sich das Schadensbild oder die wirtschaftlichen Verhältnisse einer Größenordnung von quantitativ 25% entsprechend verändert haben.

2735 Die oben genannte Entscheidung des Bundesgerichtshofes dürfte Veranlassung geben, diese die wesentlichen Veränderungen ausmachenden Umstände im Sinne des § 323 ZPO in einen stimmigen Kontext im Rahmen des § 253 Abs. 2 BGB zu bringen.

3743 BGH NJW 2007, 2475, 2476; Geigel/Pardey Kap. 7 Rn. 22; PWW/Medicus § 253 Rn. 23a.
3744 Dazu Jaeger/Luckey Schmerzensgeld Rn. 135 ff.
3745 Teichmann NJW 2007, 2476.

k) Zinsanspruch

Der Schmerzensgeldanspruch entsteht einheitlich im Moment des zum Schadensersatz verpflichtenden Ereignisses.

2736

Auch **unbezifferte Schmerzensgeldforderungen** – wenn also die Höhe in das Ermessen des Gerichts gestellt wird – sind bei einem entsprechenden Antrag ab Rechtshängigkeit mit 5 Prozentpunkten über dem Basiszinssatz **zu verzinsen.**

2737

Verzugszinsen sind nur geschuldet, sofern der Schmerzensgeldbetrag realistisch und nicht (erheblich) überzogen ist.[3746]

2738

Die Zinspflicht gilt für das gesamte Schmerzensgeld auch, sofern das Gericht über den in sein Ermessen gestellten Mindestbetrag hinausgeht.

2739

Der Zinsanspruch steht ebenfalls dem Rechtsnachfolger zu.[3747]

2740

❗ Stellt der Kläger einen **Antrag** auf beziffertes Schmerzensgeld **ohne die Zinsen** zu berücksichtigen, darf das Gericht **keinen Hinweis** geben, gleich wie hoch wegen der Dauer des Rechtsstreits der Zinsrückstand bereits angewachsen ist.[3748]

2741

3746 Wenzel/Jaeger/Luckey Kap. 7 Rn. 578.
3747 OLG Köln NJW 1997, 3099.
3748 Geigel/Pardey Kap. 7 Rn. 28; offen Huber § 253 Rn. 126.

Hensen

l)   Prozesskostenhilfe

2742 Bei der Prüfung des Prozesskostenhilfeantrages für eine weitere Schmer-
zensgeldklage wegen »Spätschäden« ist zweifelhaft, ob das **bisher zuer-
kannte Schmerzensgeld für Verfahrenskosten** eingesetzt werden muss.
Dies wird nur ausnahmsweise in Betracht kommen, soweit durch die
Zahlung der Verfahrenskosten die im Einzelfall vorrangige Funktion des
Schmerzensgeldes nicht wesentlich beeinträchtigt wird.[3749]

2743 Dies wird hingegen anzunehmen sein, sollten die Verfahrenskosten einen
verhältnis-mäßig geringen Teil des bislang gezahlten Schmerzensgeldes ausmachen.[3750]

2744 Sofern jedoch die Entschädigung zum Ausgleich ganz erheblicher Dauerfolgen zuerkannt worden ist, erscheint der Einsatz von Schmerzensgeld zur
Finanzierung der Folgeprozesse nicht zumutbar.[3751]

m) Streitwert

2745 Der Streitwert des beanspruchten **Kapitalbetrages** orientiert sich mindestens an der von dem Kläger in der Klagschrift angegebenen Größenordnung
und sonst an dem ausgeurteilten Schmerzensgeld.[3752]

2746 Für den Streitwert der **Schmerzensgeldrente** gilt § 42 Abs. 2 GKG. Danach
bemisst sich dieser nach dem fünffachen Betrag des einjährigen Bezuges,
wenn nicht der Gesamtbetrag der geforderten Leistung geringer ist.

n) Besteuerung

2747 **Schmerzensgeld** ist **kein Einkommen**, unabhängig davon, ob es als Kapital oder Rente gezahlt wird und damit auch nicht steuerpflichtig. Es gehört
nicht zu den Einkommensarten des § 2 Abs. 1 EStG[3753]

2748 **Zinsen**, die auf den Schmerzensgeldbetrag gezahlt werden, unterliegen der
Kapitalertragssteuer (25%), ebenso wie aus dem Schmerzensgeldkapital
laufend erwirtschaftete Zinsen.[3754]

4.   Vorbemerkungen zur Schmerzensgeldtabelle

2749 – Schmerzensgeldtabellen dienen in Ausfüllung des § 287 ZPO den **Grundsätzen der Gleichheit und Rechtssicherheit.**

3749 OLG Jena MDR 2000, 852; generell gegen eine Berücksichtigung Bamberger/
Roth/Spindler § 253 Rn. 73.
3750 Geigel/Pardey Kap. 7 Rn. 32.
3751 OLG Zweibrücken VersR 2003, 526.
3752 Von Gerlach VersR 2000, 525, 528; Geigel/Pardey Kap. 7 Rn. 33.
3753 Geigel/Haag Kap. 5 Rn. 3; Staudinger/Schiemann § 253 Rn. 45.
3754 Wenzel/Jaeger/Luckey Kap. 7 Rn. 579.

Sie sollen eine vergleichende Beurteilung ähnlich gelagerter Fälle ermöglichen.

– Schmerzensgeldtabellen sind **Wegweiser**, um ein Präjudiz aufzufinden und bedeuten damit Orientierungshilfen, ein den Gesamtumständen des Einzelfalls angemessenes Schmerzensgeldes zuzuerkennen.

– In die nachfolgende Schmerzensgeldtabelle sind bewusst nur Entscheidungen aufgenommen, die **im Regelfall nicht älter als 10 Jahre** sind, weil sich zum einen die Angemessenheit des Schmerzensgeldes nach dem Zeitpunkt der letzten mündlichen Verhandlung richtet und weil die Rechtsprechung eine gewisse Tendenz zu höheren Schmerzensgeldbeträgen besonders im Bereich von Geburtsschäden oder anderen Schwerstschäden erkennen lässt.[3755]

– Die Tabelle ist nicht **gegliedert** nach den einzelnen Schadensbildern oder nach den betroffenen Gliedmaßen, sondern **nach dem jeweiligen Fachgebiet**, in dem der Arzt tätig war.

Damit soll gerade dem Anwalt, der Ärzte und Berufshaftpflichtversicherer vertritt, ein schnellerer Überblick für das Mandantengespräch und etwaige Vergleichsverhandlungen geboten werden. Zugleich soll die **Schadensträchtigkeit der jeweiligen Fachdisziplin transparent** werden.

– Zudem wird zusätzlich der jeweilige Haftungsgrund (Behandlungsfehler oder Aufklärungsmangel) mitgeteilt, wobei grobe Behandlungsfehler besonders markiert sind.

Dieser **ganzheitliche Ansatz** soll die **spezifischen Risiken** und **möglichen Defizite** der jeweiligen ärztlichen Behandlung in der maßgebenden Fachdisziplin hervorheben und in der Gesamtschau mit dem verursachten Schadensverlauf das zum Ausgleich zuerkannnte Schmerzensgeld deutlicher nachvollziehbar machen.

Dabei wird die Einstufung des Behandlungsfehlers als grober Fehler erwähnt, weil in vielen Entscheidungen überhaupt erst über die **Umkehr der Beweislast** die Ursächlichkeit des Behandlungsfehlers für das das Schmerzensgeld auslösende Schadensbild festgemacht ist.

Mit der Hervorhebung des Behandlungsfehlers als »grob« wird zugleich das Ausmaß und die Schwere des Behandlungsdefizits besonders herausgestellt.

– Die Entscheidungen zu **Schwerstschäden**, in denen es zu einer Zerstörung der Persönlichkeit gekommen ist, sind in der Tabelle noch einmal gesondert **disziplinübergreifend** zusammengestellt, um die Entwicklung der Rechtsprechung auf diesem Gebiet besser transparent zu machen

– Verhältnismäßig breiten Raum nehmen Entscheidungen zur **Zahnmedizin** ein gemessen an den ausgeurteilten Schmerzensgeldern.

3755 Frahm/Nixdorf Rn. 263.

Hensen

– Zahnarztprozesse sind recht häufig, offenbar weil die Rechtsschutzversicherungen auf diesem Gebiet mit ihren Deckungszusagen nicht kleinlich sind.
Die Rechtsprechung ist aber bei der Bemessung der Schmerzensgelder in diesen Fällen zurecht zurückhaltend. Zwar wird die **Aufklärungspflicht** nach aller Erfahrung häufiger vernachlässigt. Das Schadensbild ist aber vielfach nach der (folglich dann rechtswidrigen) Behandlung rückläufig oder nicht von Dauer. Gerade diesen Entscheidungen auf dem Gebiet der Zahnmedizin lässt sich eine dramatische Tendenz zu höheren Schmerzensgeldern insgesamt nicht ablesen.

– Die zuerkannten **Beträge** sind unabhängig vom Datum der Entscheidung **sämtlich in Euro** nach dem Verhältnis 2:1 wiedergegeben.

2750 ## 5. Schmerzensgeldtabelle – Übersicht

Gericht und Fundstelle	Haftungsgrund und Schadensverlauf	Betrag
Allgemeinmedizin/Bereitschaftsdienst		
OLG Naumburg Urteil vom 20.08.2009 – 1 U 86/08 VersR 2010, 216	Grob fehlerhaft unterlassene Hygienemaßnahmen vor Injektion in den Schulter/Armbereich (»Quaddeln«). MRSA-Infektion, Blutvergiftung, künstliches Koma, nekrotisierende Fasziitis beider Unterarme, operative Wundbehandlung, Verwachsungen.	10.000,00 €
OLG Bamberg Urteil vom 04.07.2005 – 4 U 126/03 VersR 2005, 1292 mit Anm. Jaeger = NJW-RR 2005, 1266	Fehlerhaft verspätete, nicht notfallmäßige Einweisung zur Herzkatheteruntersuchung bei koronar vorerkranktem Patienten. Herzinfarkt hätte vermieden werden können. Stationärer Aufenthalt mit Komplikationen. Angst vor neuem Infarkt, eingeschränkte Lebensqualität.	7.000,00 €
LG München Urteil vom 28.05.2003 – 9 O 14993/99 VersR 2004, 649 = NJW-RR 2003, 1179	Grob fehlerhaft unterlassene Diagnostik zum Ausschluss eines Herzinfarktes bei 34-jährigem Patienten. Hypoxischer Hirnschaden wegen verspäteter Reanimation nach Herzinfarkt. Apallisches Syndrom, Tetraparese, schwerstbehindert, vollständig pflegebedürftig.	200.000,00 € + 150,00 € Rente
OLG Zweibrücken Urteil vom 20.08.2002 – 5 U 25/01 OLG R 2003, 92	Grob fehlerhaft nicht erkannte Meningoencephalitis, stattdessen Grippe mit Verwirrtheitszustand diagnostiziert. Stationärer Aufenthalt in Neurologie, Lähmungssymptome, Sprachschwierigkeiten.	8.000,00 €

Hensen

Gericht und Fundstelle	Haftungsgrund und Schadensverlauf	Betrag
OLG Saarbrücken Urteil vom 21.07.1999 – 1 U 926/98 -168 VersR 2000, 1241	Grob fehlerhafte Diagnose einer Mononukleose statt bakterieller Superinfektion. Verspätete Behandlung einer Endokarditis mit irreversibler Schädigung der Aortenklappe, Klappenersatz, erhebliche Einschränkung der Lebensqualität.	30.000,00 €
OLG Oldenburg Urteil vom 20.04.1999 – 5 U 188/98 = NJW-RR 2000, 403	Fehlerhaftes Unterlassen weiterer Diagnostik bei Erkennen eines auffallend großen Kopfumfanges im Rahmen der U5 und U6 eines Kleinkindes. Irreversible Hirnschädigung wegen Hydrocephalus, verspätete Shuntimplantation, motorische und geistige Entwicklungsstörung.	80.000,00 €

Anästhesiologie/Schmerzmedizin

OLG Frankfurt Urteil vom 10.03.2009 – 8 U 253/07 GesR 2009, 575	Fehlerhafte Befüllung einer subkutanen »Schmerzmittelpumpe«, bei der die Silikonschicht des Einfüllseptums beschädigt war. Schwindel, Kreislaufprobleme, Übelkeit, Erbrechen, Schweißausbrüche, intensivmedizinische Betreuung.	6.000,00 €
OLG Naumburg Urteil vom 14.09.2004 – 1 U 97/03 VersR 2005, 1401	Fehlerhaft überdosierte Allgemeinnarkose und unzureichende postoperative Überwachung der Vitalfunktionen bei Phimose-Operation eines 5 ½-jährigen Kindes. Atem- und Kreislaufstillstand, irreversibler Hirnschaden, Tetraparese, lebenslange körperliche und geistige Behinderung, Schwerstschäden.	150.000,00 € + 255,00 € Rente
OLG Düsseldorf Urteil vom 19.10.2000 – 8 U 183/99 VersR 2002, 1151	Unzureichende anästhesiologische Überwachung nach Durchtrennung der Arteria epigastrica superficialis dextra nach gynäkologischer Routineoperation, Notoperation, hypoxische Hirnschädigung (Haftung mit Gynäkologen – sh. dort).	50.000,00 €

Augenheilkunde

OLG Köln Beschluss vom 10.02.2010 – 5 U 120/09 VersR 2011, 226	Unzureichende Aufklärung eines 21jährigen Patienten über gesteigertes Risiko der Blendempfindlichkeit als Folge einer Laseroperation zur Behebung starker Kurzsichtigkeit (LASIK). Patient kann wegen der erhöhten Blendempfindlichkeit ein Kfz. nicht mehr führen, insbesondere bei Dunkelheit.	10.000,00 €

Hensen

Gericht und Fundstelle	Haftungsgrund und Schadensverlauf	Betrag
OLG Köln Beschluss vom 12.08.2009 – 5 U 47/09 MedR 2010, 716	Unzureichende Aufklärung einer auf einem Auge bereits erblindeten 65jährigen Patienten vor einer Laser-Operation (LASIK) zur Beseitigung normaler Kurzsichtigkeit (bisher 0,8 p). Nachoperative Sehschärfe verschlechtert (0,2 p).	40.000,00 €
OLG Brandenburg Urteil vom 13.12.2006 – 13 U 156/05 GesR 2007, 181	Fehlerhafte Instruktion des Vertreibers von Kontaktlinsen über die erhöhte Gefahr von Hornhautentzündungen beim Tragen von weichen Kontaktlinsen. Patient ist auf einem Auge erblindet.	20.000,00 €
OLG Koblenz Urteil vom 02.03.2006 – 5 U 1052/04 VersR 2006, 978	Absolut kontraindizierte LASIK-Operation an beiden Augen bei Patienten mit Hornhautschwäche in Form eines Keratokonus. Astigmatismus nahm zu. Sehhilfe führte nur zu eingeschränkter Besserung. Hornhauttransplantation, Schadensentwicklung nicht abgeschlossen.	40.000,00 €
OLG Karlsruhe Urteil vom 11.09.2002 – 7 U 102/01 VersR 2004, 244	Keine ausreichende Aufklärung über noch in der Erprobung befindliche Laserbehandlung zur Korrektur der Weitsichtigkeit. Grob fehlerhafte Wiederholung der Behandlung beider Augen. Stark verschlechterte Sehfähigkeit, durch Sehhilfe nicht verbesserbar.	25.000,00 €
OLG Düsseldorf Urteil vom 21.03.2002 – 8 U 117/01 VersR 2004, 386 (ebenso OLG Bremen Urteil vom 04.03.2003 – 3 U 65/02 OLG R 2003, 335: Schmerzensgeld dem Grunde nach)	Unzureichende Aufklärung über Risiken einer photorefraktiven Keratektomie mittels Excimer-Laser. Verfahren wissenschaftlich nicht anerkannt. Nur vorübergehende Besserung des Sehvermögens. Dauernd erhöhte Blendempfindlichkeit.	3.000,00 €
OLG Düsseldorf Urteil vom 11.11.1999 – 8 U 184/98 NJW 2001, 900 = VersR 2001, 374	Keine ausreichende Aufklärung über Risiken einer Excimer-Laser-Keratektomie zur Behebung von Weitsichtigkeit. Fehlerhafte Operation führte zu einer Dezentrierung und unregelmäßigen Ablation des Hornhautgewebes. Massive Verschlechterung des Sehvermögens. Keine Verkehrstauglichkeit mehr.	20.000,00 €

Gericht und Fundstelle	Haftungsgrund und Schadensverlauf	Betrag
Blutspendedienst		
BGH Urteil vom 14.03.2006 – VI ZR 279/04 NJW 2006, 2108 = VersR 2006, 838 (Vorinstanz OLG Zwei- brücken Urteil vom 19.10.2004- 5 U 6/04 MedR 2005, 240) Dazu Teichner GesR 2007, 510; Strücker-Pitz VersR 2008,752	Unzureichende Aufklärung eines fremdnützigen Spenders durch Arzt des Blutspendedienstes. Allgemeiner Hinweis auf Nervschädigung nicht ausreichend. Durch Einführen der Kanüle für die Blutab- nahme Hautnerv verletzt mit Entwicklung eines Neuroms. Zweimalige operative Revision, Schmerzen im Unterarm, ständige Schmerzmedi- kation, eingeschränkte Berufsfähigkeit.	15.000,00 €
Chiropraktik		
OLG Oldenburg Urteil vom 25.06.2008 – 5 U 10/08 VersR 2008, 1496	Keine Aufklärung vor chiropraktischer Manipu- lation im Halsbereich (Einrenken bei Blockaden der Halswirbel) über Risiko der Verletzung der Arteria vertebralis. Vertebralisdissektion. Schwerste Kopfschmerzen, Sehstörungen. Übelkeit, Taubheit der Finger. Sechsmonatige Marcumar-Behandlung.	7.500,00 €
OLG Hamm Urteil vom 24.10.2001– 3 U 123/00 OLG R 2002, 286 = VersR 2003, 1132	Grob fehlerhafte chirotherapeutische Manipu- lation ohne Abklärung eines vorbestehenden Bandscheibenprolaps. Zustand verschlechtert. Bandscheibenoperation. Konservative Behandlung jetzt ausgeschlossen.	25.000,00 €
Chirurgie/Orthopädie		
OLG Koblenz Urteil vom 29.10.2009 – 5 U 55/09 VersR 2010, 480	Grob fehlerhafte Verletzung der Dura bei Band- scheibenoperation L3-L4. Nichtentfernung von Bandscheibenteilen, die wahrnehmbar in den Spinalkanal eingedrungen sind. Lähmungen der unteren Körperteile mit Sexual- störungen und depressiven Verstimmungen.	180.000,00 €
OLG Frankfurt Urteil vom 24.02.2009 – 8 U 103/08 Nicht veröffentlicht (www. meyer-koering.de aktuell)	Verspätete Aufklärung bei nicht akut indizierter Herzoperation eines Minderjährigen zur Korrek- tur eines Herzfehlers am Vorabend der Operati- on nach umfangreicher Vorbereitung. Schwere Hirnschäden.	125,000,00 €

Hensen

Gericht und Fundstelle	Haftungsgrund und Schadensverlauf	Betrag
OLG Brandenburg Urteil vom 13.11.2008 – 12 U 104/08 VersR 2009, 1230	Unzureichende Aufklärung über das Risiko einer Infektion sowie über die Wahl der Operationsmethode mittels Laser bei Resektion eines »Hammerzehs«. Knochenentzündung. Nachsorgebehandlungen. Patientin muss weite Schuhe tragen.	5.000,00 €
OLG Köln Urteil vom 25.08.2008 – 5 U 28/08 VersR 2009, 785	Von Einwilligung nicht gedeckte Reosteotomie und Plattenosteosynthese, weil anderer Orthopäde als vereinbart operiert hat. Komplette Parese des Nervus peronaeus. Instabilität des Knies, Fußheberschwäche, Behinderung im Stehen und Gehen.	30.000,00 €
OLG Koblenz Urteil vom 24.04.2008 – 5 U 1236/07 VersR 2008, 1071	Fehlerhaft unterlassene Diagnostik bei LWS-Verletzung nach Verkehrsunfall mit schwersten Verletzungen im Rahmen der unfallchirurgischen Notfallversorgung. Verzögerung der Behandlung und damit Verlängerung der Schmerzen um zwei Monate.	3.000,00 €
OLG Köln Urteil vom 14.04.2008 – 5 U 135/07 VersR 2009, 261	Keine Aufklärung über erhöhtes Risiko einer Nervenverletzung bei beidseitiger Rezidiv strumektomie. Schädigung der Stimmbandnerven mit bleibender Stimmbandlähmung.	40.000,00 €
OLG Düsseldorf Urteil vom 21.02.2008 – I-8 U 82/06 VersR 2009, 404	Grob fehlerhafte unterlassene Thromboseprophylaxe durch Orthopäden bei Ruhigstellung des Unterschenkels durch Gipsverband bei 55jährigem Patienten. Mehrere Venenthrombosen mit multiplen Lungenembolien. Schmerzen. Marcumar-Behandlung. Stützstrümpfe.	Teilschmerzensgeld (bis zur mündlichen Verhandlung) 15.000,00 €
OLG Koblenz Beschluss vom 10.01.2008 – 5 U 1508/07 VersR 2008, 923	Unterlassene Befunderhebung in der postoperativen Phase nach Bypassoperation. Durchgebrochenes Magengeschwür von Herzchirurg nicht erkannt. Todesangst und Erstickungsgefühle von Ärzten nicht ernst genommen, nach 8 Tagen verstorben.	15.000,00 €
OLG Naumburg Urteil vom 01.11.2007 – 1 U 59/07 VersR 2008, 415 mit Anm. Jaeger aaO, 416	Fehlerhafte unfallchirurgische Plattenversorgung einer Unterschenkelschafttrümmerfraktur. Um 21 Monate verzögerte Wundheilung. Revisionsoperation, Falschgelenk, psychische Belastungen.	10.000,00 €

Gericht und Fundstelle	Haftungsgrund und Schadensverlauf	Betrag
OLG Naumburg Urteil vom 15.10.2007 – 1 U 46/07 VersR 2008, 652	Unzureichende Aufklärung vor Implantation eines intrathekalen Katheters zur rückenmarks-nahen Morphinapplikaton (Morphinpumpe). Subarachnoidale Blutung im Brustwirbelsäulen-bereich. Dauerhafte Harninkontinenz, Impotenz, schwere Gangstörung.	50.000,00 €
LG Freiburg Urteil v. 09.10.2006 – 6 O 489/04 VersR 2007, 654	Fehlerhafter Einsatz eines Desinfektionsmittels und eines Elektrokauters bei Oberschenkel-frakturreposition und Osteosynthese durch Chirurgen. Verbrennungen und Verätzungen im Damm-bereich. Massive Superinfektion. Schmerzen und Narben.	5.000,00 €
OLG Koblenz Urteil vom 17.03.2006 – 5 U 17/06 MedR 2007, 251	Fehlerhaft kurzzeitig verzögerte Revisionsope-ration durch Orthopäden (Fehlplazierung eines Spans bei Radikulolyse und Narbenabtragung L5). Sehr starke Schmerzen.	3.000,00 €
OLG Koblenz Urteil vom 31.08.2006 – 5 U 588/06 VersR 2007, 1547 mit Anm. Jaeger aaO 1548 = NJW-RR 2006, 1612	Fehlerhaft um vier Monate durch Unfallchir-urgen verzögerte operative Versorgung nach Fingerfraktur. Operative Gelenkversteifung. Anhaltende Schmerzen, dauerhafte Behinderung im häusli-chen und beruflichen Bereich.	3.000,00 €
OLG Koblenz Urteil vom 22.06.2006 – 5 U 1711/05 NJW-RR 2006, 1401	Spritzenabszess nach Injektion in den Nacken in orthopädischer Praxis mit Keimträger. Mehrfache stationäre Aufenthalte. Dauerhafte Kopf- und Nackenschmerzen, Schlafstörungen, Depressivität.	25.000,00 €
OLG Koblenz Urteil vom 15.12.2005 – 5 U 676/05 MDR 2006, 992	Verspätete Aufklärung bei nicht dringlicher Leis-tenbruchoperation. Postoperativ ischämische Orchitis mit Hoden-nekrose bei 35jährigem Patienten. Anlage einer Prothese, Impotenz.	20.000,00 €
OLG Koblenz Urteil vom 20.10.2005 – 5 U 1330/04 VersR 2006, 704	Unterlassene Röntgenuntersuchung nach Schnittverletzung. Schädigung des Nervus ulnaris durch Glassplitter von Unfallchirurgen übersehen. Sieben Wochen andauernde Schmerzen.	1.000,00 €

Hensen

Gericht und Fundstelle	Haftungsgrund und Schadensverlauf	Betrag
OLG Hamburg Urteil vom 05.08.2005 – 1 U 184/04 OLG R 2006, 199	Unzureichende orthopädische Aufklärung über gesteigerte Risikoerhöhung für eine Nervschädigung bei Beinlängenausgleich um 4,5 cm eines voroperierten Hüftgelenks. Dauerhafter Nervenschaden.	15.000,00 €
KG Berlin Urteil vom 07.03.2005 – 20 U 398/01 OLG R 2006, 12	Grob fehlerhaft unterlassene Röntgendiagnostik zur Abklärung eines Kahnbeinbruches (rechtes Handgelenk) nach Sturz durch Unfallchirurgen. Kahnbeinpseudarthrose, deutliche Funktionseinschränkung.	17.895,00 €
OLG Hamm Urteil vom 07.07.2004 – 3 U 264/03 VersR 2005, 943	Fehlerhafte, nicht indizierte operative Anhebung des Rückenmarks, unzureichende Aufklärung einer 37-jährigen Patientin. Querschnittslähmung, rollstuhlpflichtig, schwerbehindert.	220.000,00 €
OLG Hamburg Urteil vom 23.01.2004 – 1 U 24/00 OLG R 2004, 324	Unterbliebene Aufklärung über erhöhtes Infektionsrisiko bei wiederholter Verabreichung kortisonhaltiger Spritzen bei wirbelsäulennaher Behandlung (Facetteninfiltration). Abszess, Narbenbildung L5/S1, Nervirritation.	12.500,00 €
OLG Hamm Urteil vom 01.12.2003 – 3 U 128/03 OLG R 2004, 131	Keine Aufklärung über konservative Versorgungsalternative bei Achillessehnenruptur. Überflüssige Operation. Verlust von Zähnen bei/infolge Anästhesie.	2.000,00 €
KG Berlin Urteil vom 13.11.2003 – 20 U 111/02 GesR 2004, 136	Fehlerhaft diagnostizierte Stauchung der HWS statt Fraktur des Zahnfortsatzes (Densfraktur) am 2. Halswirbel nach Reitunfall. Unzureichende Befunderhebung durch Unfallchirurgen. Wochenlange gleichbleibende Hals- und Kopfschmerzen bei Instabilität der HWS.	8.000,00 €
OLG Koblenz Urteil vom 25.07.2003 – 8 U 1275/02 OLG R 2003, 447	Behandlungsfehlerhaft zu kurze Antibiose auf neurochirurgischer Station nach Infektion mit MRSA-Hospitalkeim. Schwere chronische Knocheninfektion mit Unterschenkelamputation.	40.000,00 €
OLG Schleswig Urteil vom 11.04.2003 – 4 U 160/01 OLG R 2003, 430	Grob fehlerhaft unterlassene Befunderhebung durch Orthopäden bei juvenilem Hüftkopfgleiten eines 14jährigen Patienten. Partielle Hüftkopfnekrose und Einsteifung der Hüfte mit Reitsitz, fortschreitender Verschleiß. Schmerzen beim Gehen, keine sportlichen Aktivitäten.	30.000,00 €

Gericht und Fundstelle	Haftungsgrund und Schadensverlauf	Betrag
OLG Düsseldorf Urteil vom 13.02.2003 – 8 U 41/02 VersR 2005, 230	Konservative Reposition einer dislozierten Radiusbasisfraktur (Handgelenk) ohne Betäubung durch Unfallchirurgen.	250,00 €
OLG Frankfurt Urteil vom 14.01.2003 – 8 U 135/01 VersR 2004, 1053 = NJW-RR 2003, 745	Keine Aufklärung über zweizeitige operative Alternativ-Methode bei Rezidivstrumektomie durch Chirurgen. Tracheotomie, Sprechkanüle in Luftröhre, Lähmung der Stimmbandnerven, Stimmverlust, Atemnot, Erstickungsanfälle.	50.000,0 €
OLG Köln Urteil vom 16.12.2002 – 5 U 166/01 NJW-RR 2003, 1031	Fehlerhaft unterlassene Diagnostik (CT) bei bewusstlosem Patienten mit Krampfanfällen nach Sportunfall. Gutartiger Gehirntumor erst 1 ½ Jahre später erkannt. Anfälle wären bei rechtzeitiger Operation vermieden worden. (Haftung mit Neurologen, sh. dort).	10.000,00 €
OLG Hamm Urteil vom 28.10.2002 – 3 U 200/01 VersR 2004, 200	Fehlerhafte Verwendung von Wasserstoffsuperoxyd bei Nabelabszess eines 3 Wochen alten Säuglings. Schwere arterielle Durchblutungsstörung. Ischämische Nekrose der Weichteile, Haut und des Knochenmarks. Amputation eines Beines. Möglichkeit der prothetischen Versorgung bei Höhe des Schmerzensgeldes einbezogen, nicht etwaige Rollstuhlpflichtigkeit.	125.000,00 €
OLG Düsseldorf Urteil vom 29.08.2002 – 8 U 190/01 VersR 2004, 120 = NJW-RR 2003, 87	Behandlungsfehlerhafte intraartikuläre Injektion in das Kniegelenk, Empyem durch MRSA-Keim. Bewegungseinschränkung des durch Verschleiß vorgeschädigten 65jährigen Patienten wird zur Totalendoprothese führen.	10.000,00 €
OLG Köln Urteil vom 05.06.2002 – 5 U 226/01 VersR 2004, 794	Fersenbeinfraktur (Fußgelenk) nach Treppensturz von Orthopäden nicht erkannt. Zu späte operative Versorgung. Dauerhafte Behinderungen beim Gehen und im Haushalt.	15.000,00 €
OLG Stuttgart Urteil vom 04.06.2002 – 14 U 86/01 VersR 2003, 253	Behandlungsfehlerhaft durch Orthopäden zu weite ventrale Positionierung der Kreuzbandersatzplastik. Transplantatversagen. Instabilität des Knies. Weitere Operationen erforderlich.	8.000,00 €

Gericht und Fundstelle	Haftungsgrund und Schadensverlauf	Betrag
OLG Stuttgart Urteil vom 09.04.2002 – 1 (14) U 84/01 VersR 2002, 1563	Fehlerhaft von Unfallchirurgen Riss der Beuge- sehne nach Schnittverletzung am Grundgelenk des linken Mittelfingers übersehen. Tenodese. Gesamtbeweglichkeit nicht mehr herzustellen.	5.000,00 €
OLG Dresden Urteil vom 28.02.2002 – 4 U 2811/00 VersR 2003, 1257	Keine Aufklärung bei nur relativ indizierter Bandscheibenoperation. Spondylodiszitis. Folgeoperation mit Fixateur externe. Komplikation durch Infektion. Schmer- zen beim Liegen.	10.000,0 €
OLG Hamburg Urteil vom 25.01.2002 – 1 U 4/01 OLG R 2002, 232	Fehlerhafte nicht indizierte Ringbandspaltung. Verwechselung von Mittel- und Ringfinger. Entzündliche Vernarbung mit Revisionsopera- tion.	5.000,00 €
OLG München Urteil vom 10.01.2002 – 1 U 2373/01 VersR 2002, 985	Fehlerhaft Bohrerspitze im Schienbeinknochen bei postoperativer Röntgenaufnahme übersehen. Mehrmonatige Schmerzen.	2.000,00 €
OLG Köln Urteil vom 09.01.2002 – 5 U 91/01 VersR 2003, 602 = NJW 2003, 308	Darmverschluss nach Notfallaufnahme bei sechs- jährigem Kind übersehen. Fast vollständige Entfernung von Dick- und Dünndarm. Parenterale Ernährung über implan- tierten Dauerkatheter. 20 Krankenhausaufenthal- te. Große Narben. Tod nach vier Jahren wegen innerer Vergiftung.	150.000,00 €
OLG Köln Urteil vom 21.11.2001 – 5 U 34/01 OLG R 2002, 74	Unzureichende Aufklärung über Risiko der Nervschädigung vor operativer Narbenrevision im Unterbauch. Intraoperative Druckschädigung des Nervus femoralis. Schmerzhaftigkeit eines Beines, Weg- knicken des Knies.	17.500,00 €
OLG Brandenburg Urteil vom 14.11.2001 – 1 U 12/01 VersR 2002, 313	Grob fehlerhaft unfallchirurgisch unterlassene sofortige Freilegung eines Hodens bei Schwel- lung und Druckempfindlichkeit nach Tritt in den Unterleib beim Sport. 13jähriger Patient. Verlust eines Hodens. Psychische Belastungen.	13.850,00 €
LG Nürnberg Urteil vom 29.03.2001 – 4 O 4382/99 VersR 2002, 100	Nicht indizierte Laparaskopie zur Bridenlösung bei Verwachsungsbauch. Peritonitis nach Darmverletzung durch Ther- mokauter. Verspätete Revisionsoperation mit Entfernung von Darmteilen. Abdominaler Dau- erschmerz.	20.000,00 €

Gericht und Fundstelle	Haftungsgrund und Schadensverlauf	Betrag
BGH Urteil vom 20.01.2001 – VI ZR 353/99 VersR 2001, 592 mit Anm. Gehrlein aaO, 593	Keine Aufklärung über Risiko der Impotenz bei Bandscheibenoperation. Impotenz eingetreten.	20.000,00 €
OLG Düsseldorf Urteil vom 16.11.2000 – 8 U 101/99 VersR 2002, 611	Behandlungsfehlerhafte kontraindizierte intra- artikuläre Injektion in Hüftgelenk durch Ortho- päden bei Marcumar-Patienten. Keine Aufklä- rung. Großflächiges Hämatom. Vorübergehende Fe- moralisparese.	5.000,00 €
AG Geilenkirchen Urteil vom 15.06.2000 – 2 C 136/98 VersR 2001, 768	Keine Aufklärung einer 20jährigen Patientin über Schnittführung bei Blinddarmoperation (para- rektal statt Wechselschnitt). Erhebliche Narben.	1.500,00 €
OLG Hamm Urteil vom 15.03.2000 – 3 U 1/99 VersR 2001, 65	Behandlungsfehlerhafte Durchtrennung des Ductus choledochus bei Gallenoperation. Verlän- gerter Krankenhausaufenthalt. Psychische Belas- tungen wegen Gefahr einer Leberzirrhose.	35.000,00 €
OLG Bremen Urteil vom 07.03.2000 – 3 U 73/99 OLG R 2000, 236	Grober Behandlungsfehler wegen ungezielter, diagnostisch nicht abgesicherter Antibiose nach Kniegelenkoperation. Verspätete Revisionsope- ration. 30 Folgeoperationen. Oberschenkelamputati- on. Exartikulation des Hüftgelenks. Ständige Schmerzmittel. Phantom-, Stumpf- und Narben- schmerzen.	75.000,00 €
OLG Bremen Urteil vom 21.12.1999 – 3 U 42/99 VersR 2001, 340	Keine Grundaufklärung durch Neurochirurgen vor Bandscheibenoperation LWS. Inkomplettes Kaudasyndrom. Verbliebene Sensibilitätsstörung auch im Geni- talbereich.	20.000,00 €
OLG Brandenburg Urteil vom 01.09.1999 – 1 U 3/99 VersR 2000, 1283 = NJW-RR 2000, 398	Keine Grundaufklärung durch Neurochirurgen vor Myelographie. Komplette Blasenlähmung. Störungen der Mastdarmfunktion. Dauerkatheter. Häu- fige Harnwegsinfektionen mit hohen Fieberschüben,erhebliche Schmerzsymptomatik.	25.000,00 + 150,00 € Rente

Hensen

Gericht und Fundstelle	Haftungsgrund und Schadensverlauf	Betrag
OLG Brandenburg Urteil vom 10.03.1999 – 1 U 54/98 VersR 2000, 489	Grob fehlerhaftes Unterlassen einer Cholangiographie bei unklarem Verlauf der Gallenwege nach Übergang auf Laparatomie zur Entfernung der Gallenblase. Durchtrennung des Ductus choledochus. Mehrfacher Wechsel der Endoprothese. Bakterielle Infektion. Schlafstörungen, Erwerbsunfähigkeit, depressive Verstimmung, Gewichtsabnahme, Ikterus.	15.000,00 €

Geburtshilfe

Gericht und Fundstelle	Haftungsgrund und Schadensverlauf	Betrag
OLG Jena Beschluss vom 14.08.2009 – 4 U 459/09 VersR 2009, 1676 (Rechtsmittelentscheidung zu LG Gera VersR 2009, 1232)	Grob fehlerhaftes Geburtsmanagement Schon vom LG Gera dargestelltes Beschwerdebild verlangt herausragende Entschädigung.	600.000,00 €
LG Gera Urteil vom 06.05.2009 – 2 O 15/05 VersR 2009, 1232 m. Anm. Jaeger aaO, 1233	Grob fehlerhaft wegen Organisationsdefiziten verzögerte Notsectio (30 Minuten) in einem Perinatalzentrum (1993). Hypoxisch-ischämische Enzephalopathie. Cerebralparesen. Schwere spastische Tetraplegie. Schwerste geistige Behinderung. Schwere statomotorische Retardierung. Pseudobulbäre Parese oropharyngeal und BNS-Krämpfe. Massives Hirnödem, Hirninfarkt. Wachkoma, blind, bettlägerig. An ein Atemüberwachungsgerät angeschlossen, rund um die Uhr auf Fremdhilfe angewiesen. Gravierendere Beeinträchtigungen kaum vorstellbar. Zerstörung der Persönlichkeit. Erhöhung des Schmerzensgeldes wegen Regulierungsverhaltens des Haftpflichtversicherers.	600.000,00 €
OLG Koblenz Urteil vom 26.02.2009 – 5 U 1212/07 VersR 2010, 1452	Grob fehlerhaft verzögerte Notsectio nach gescheiterter Vakuumextraktion. Hirnschädigung, die freies Sitzen, Stehen, Fortbewegung und Greifen unmöglich macht. Schwerer Entwicklungsrückstand mit geistiger Behinderung, fehlendes Sprachvermögen und dauerhafte Pflegebedürftigkeit. Wegen Verzögerung der Notsectio Schmerzensgeld für Kindesmutter.	350.000,00 € 500,00 €

Hensen

Gericht und Fundstelle	Haftungsgrund und Schadensverlauf	Betrag
OLG Stuttgart Urteil vom 09.09.2008 – 1 U 152/07 GesR 2008, 633 = VersR 2009, 80	Grobe Fehler im Geburtsmanagement. Schwere spastische Tetraparese sowie therapie- resistente Epilepsie mit bis zu 15 epileptischen Anfällen täglich. Hirnorganische Blindheit. Geis- tig schwerstbehindert. Nur zu Schmerzbekun- dungen in der Lage, sonst keine Kommunikation, kein Lachen oder Weinen, pflege- und fütte- rungspflichtig. Keine Basis für die Entwicklung einer eigenen Persönlichkeit. Wesentlich schwe- rere Schädigung nicht vorstellbar.	500.000,00 €
OLG Nürnberg Urteil vom 15.02.2008 – 5 U 103/07 MedR 2008, 674 mit Anm. Jaeger aaO, 676 = VersR 2009, 71	Keine Aufklärung einer Zweitgebärenden über echte Alternative (Sectio) bei Beckenendlage. Halsmarkläsion durch Überdehnung der Hals- wirbelsäule. Ab Halswirbelsäule weitestgehend querschnittsgelähmt. Kann nur Arme bewegen, keine Feinmotorik. Künstliche Hilfe zur Darm- und Blasenentleerung.	300.000,00 € + 600,00 € Rente (Kapitalwert 160.000,00 €)
OLG Oldenburg Urteil vom 06.02.2008 – 5 U 30/07 VersR 2008, 924	Grob fehlerhaft unterbliebene Verlegung der Kindesmutter in ein Perinatalzentrum bei zu er- wartender Risikogeburt (vor der 28. SSW). Nach Frühgeburt nicht erkannte Hypothermie mit Gefahr einer Hirnschädigung. Schwere und ausgedehnte Hirnsubstanzstörung mit Hirnsubstanzverlust. Spastische Hemiplegie. Sprachliche und psychointellektuelle Entwick- lung verzögert.	70.000,00 €
OLG Celle Urteil vom 22.10.2007 – 1 U 24/06 VersR 2009, 500	Fehlerhaft unterlassene engmaschige Blut- druckmessungen bei klaren Anzeichen für eine Präklampsie der Kindesmutter. Unterlassene sofortige Einweisung. Schwere Cerebralparese (Tetraparese mit Epi- lepsie). Extreme Mikrozephalie. Schwerere körperliche, psychische und intellek- tuelle Beeinträchtigung kaum vorstellbar. Zerstö- rung der Persönlichkeit.	500.000,00 €
OLG Düsseldorf Urteil vom 26.04.2007 – I – 8 U 37/05 VersR 2008, 534	Fehlerhaft verzögerte Reaktion auf Sauerstoffun- terversorgung bei hochpathologischem CTG und Geburtsstillstand. Cerebralparese mit psychomotorischer Retar- dierung, Tetraspastik. Nahezu blind, kann sich nicht artikulieren. Therapiefraktäre Epilepsie, dauerhaft pflegepflichtig.	300.000,00 € + 300,00 € Rente

Hensen

Gericht und Fundstelle	Haftungsgrund und Schadensverlauf	Betrag
OLG Köln Urteil vom 20.12.2006 – 5 U 130/01 VersR 2007, 219 = MedR 2007, 297	Fehlerhafte Überwachung und Geburtsleitung. Schwerste tetraspastische dystone Bewegungs- störung, verursacht durch schwere hypoxische Hirnschädigung mit sekundärer Mikrozephalie. Epilepsie. Maximale irreversible Behinderung. Keine Kommunikation möglich, lebenslang pflegepflichtig.	500.000,00 €
LG München Urteil vom 08.03.2006 – 9 O 12986/04 VersR 2007, 1139	Behandlungsfehlerhaft Mikroblutuntersuchung unterlassen. Hirnschädigung infolge Sauerstoffmangels. Neurologisches Durchgangssyndrom. Dauerhaft pflegepflichtig.	350.000,00 € + 500,00 € Rente
OLG Celle Urteil vom 27.02.2006 – 1 U 68/05 VersR 2007, 543	Grob fehlerhaft verzögerte Einleitung der Sectio bei Frühgeburt. Schweres Residualsyndrom durch Sauerstoff- unterversorgung mit spastischer Tetraparese und schwerer psychomotorischer und mentaler Retardierung. Sehfähigkeit bei 20 %. Fütterungs- pflichtig.	300.000,00 €
OLG München Urteil vom 19.09.2005 – 1 U 2640/05 OLG R 2006, 92	Behandlungsfehlerhafte Gabe eines Schmerzmit- tels kurz vor der Geburt an allergische Mutter. Durch Kreislaufschock ausgelöste schwere peri- natale Hirnschädigung. Dystone Tetraparese mit Dyskinesiemerkmalen. Schwere Entwicklungs- störung. Krampfleiden, Stuhl- und Harninkonti- nenz. Dauerhaft pflegepflichtig.	350.000,00 € + 500,00 € Rente
OLG Hamm Urteil vom 30.05.2005 – 3 U 297/04 GesR 2005, 462	Grober Organisationsfehler, weil auf Notsectio in Praxis nicht vorbereitet. Hirnschädigung durch Sauerstoffmangel wegen vorzeitiger Plazentaablösung oder Zerreissung der Nabelschnur. Mehrfache Behinderung.	200.000,00 €
LG Kleve Urteil vom 09.02.2005 – 2 O 370/01 ZfS 2005, 235	Fehlerhaft zu spät eingeleitete Geburt nach pa- thologischem CTG. Schwere hypoxisch-ischämische Enzephalopa- thie. Cerebralparese mit ausgeprägter psychomo- torischer Retardierung. Kann nicht sitzen oder sich fortbewegen. Keine aktive, nur sehr einge- schränkte passive Kommunikationsfähigkeit.	400.000,00 € + 500,00 € Rente

Gericht und Fundstelle	Haftungsgrund und Schadensverlauf	Betrag
OLG Karlsruhe Urteil vom 22.12.2004 – 7 U 4/03 VersR 2006, 515	Keine vorgeburtliche Aufklärung über Alternative der Sectio bei sonographischem Hinweis auf makrosomes Kind. Plexusparese rechter Arm durch Schädigung der Armnervenwurzeln. Leichtgradige Einschränkungen im Alltag.	25.000,00 €
BGH Urteil vom 14.09.2004 – VI ZR 186/03 VersR 2005, 227	Keine Aufklärung über primäre Schnittentbindung bei Risiken einer Zwillingsschwangerschaft (Totgeburt eines Zwillings). Asphyxie und Anämie. Schwere cerebrale Bewegungsstörung. Fast blind. Epilepsie. Mentale Entwicklungsstörung. Hirnödem mit Hirnsubstanzverlust. Dauerhaft pflegepflichtig.	LG: 150.000,00 € OLG: 0,00 € BGH: Schmerzensgeld dem Grunde nach.
OLG Koblenz Urteil vom 05.07.2004 – 12 U 572/97 NJW 2005, 1200 = VersR 2005, 738 = MedR 2005, 601	Grob fehlerhaftes Unterlassen der Verlegung von Zwillingen bei Risiko einer Hypoglykämie in pädiatrische Abteilung. Keine Blutzuckerkontrolle. Schwere symptomatische und protrahierte Hypoglykämie. Schwerste psychomotorische Retardierung mit Tetraspastik. Kommunikation sehr reduziert. Dauerhaft pflegebedürftig.	300.000,00 €
OLG Schleswig Urteil vom 10.09.2004 – 4 U 31/97 OLG R 2005, 273	Grobe Fehler im Geburtsmanagement bei Frühgeburt. Verspätete Sectio bei hochpathologischem CTG. Keine Mikroblutuntersuchung. Shuntpflichtiger Hydrocephalus. Schwere Cerebralparese. Allgemeiner Entwicklungsrückstand. Schwere Sehbehinderung. Kein vollständiger Verlust der Wahrnehmungs- und Empfindungsfähigkeit.	179.000,00 €
OLG Hamm Urteil vom 21.05.2003 – 3 U 122/02 VersR 2004, 387	Fehlerhaft verspätet eingeleitete Sectio. Falscher Einsatz der Kristeller-Hilfe. Verspätete Information der Kinderärzte. Uterusruptur. Schwerste hypoxisch-ischämische Enzephalopathie. Grad II bis III. Therapieresistente cerebrale Krampfanfälle. Praktisch keine Entwicklung des Gehirns. Schwerstes neurologisches Residualsyndrom. Schwerste Tetraspastik mit multiplen Gelenkkontrakten. Ernährung über PEG-Sonde. Teilweise taub. Funktionale Blindheit. Schlechterer Zustand praktisch nicht vorstellbar. Zerstörung der Persönlichkeit.	500.000,00 €
OLG Düsseldorf Urteil vom 30.01.2003 – 8 U 49/02 VersR 2005, 654	Grob fehlerhafte Anwendung der Kristeller-Hilfe zur Schulterentwicklung bei Schulterdystokie. Komplexe Plexusparese mit Hornersyndrom.	50.000,00 €

Hensen

Gericht und Fundstelle	Haftungsgrund und Schadensverlauf	Betrag
OLG Frankfurt Urteil vom 11.12.2002 – 13 U 199/98 OLG R 2003, 55	Grobes Organisationsverschulden des Trägers eines Belegkrankenhauses. Keine Eingangsuntersuchung. Sonographie hätte makrosomes Kind ergeben. Keine Aufklärung über Sectio-Indikation. Erbsche Lähmung rechter Arm nach schwerer Schulterdystokie bei Wirbelsäulenskoliose.	50.000,00 €
OLG Bremen Urteil vom 26.11.2002 – 3 U 23/02 NJW-RR 2003, 1255 = GesR 2003, 270	Fehlerhaft verzögerte Entbindung durch Sectio nach pathologischem CTG. Hypoxisch-ischämische Hirnschädigung. Extrem schweres psychoneurales Restschadensyndrom. Deutlich retardiert. Dauerhaft pflegepflichtig.	250.000,00 €.
OLG Brandenburg Urteil vom 09.10.2002 – 1 U 7/02 VersR 2004, 199	Fehlerhaft verzögert eingeleitete Notsectio bei Risikopatientin. Apnoen und schwere Muskelanomalien. Rezidivierende Krampfanfälle. Keine Kommunikation. Ernährung über Sonde. Harn- und Stuhlinkontinenz. Dauerhaft pflegepflichtig.	230.000,00 € + 360,00 € Rente
OLG München Urteil vom 20.06.2002 – 1 U 3930/96 OLG R 2003, 269	Grobe Fehler im Geburtsmanagement. Kein CTG, keine Abklärung des Uterustonus bei Erbrechen und Dauerschmerzen im Bauchbereich. Risikoschwangerschaft. Multiorganversagen. Schwerste körperliche und geistige Behinderung. Partielle Empfindungs- und Erlebnisfähigkeit.	350.000,00 €
OLG Hamm Urteil vom 24.04.2002 – 3 U 8/01 OLG R 2003, 72 = VersR 2003, 1312	Keine Aufklärung über Alternative der Sectio trotz pathologischem CTG. Sectio fehlerhaft unterlassen. Schulterdystokie bei vaginaler Entbindung. Armplexusparese.	62.500,00 €
OLG Koblenz Urteil vom 17.04.2002 – 7 U 893/98 OLG R 2002, 303	Nach Dokumentation fehlerhafte Lösung der Schulterdystokie. Geburtstraumatische Halsmarkläsion C6/C7. Querschnittslähmung. Tetraparese unterhalb C6, Tetraplegie unterhalb C8. Motorik und Kommunikationsfähigkeit sehr eingeschränkt. Keine Blasen- und Darmkontrolle. Dauerhaft pflegepflichtig.	142.500,00 €
OLG Bremen Urteil vom 26.03.2002 – 3 U 84/01 VersR 2003, 779	Fehlerhafte Geburtsleitung. Volumenmangelschock. Schwerste Herzmuskel- und Gehirnschäden. Säugling nach 3 Tagen verstorben.	5.000,00 €

Hensen

Gericht und Fundstelle	Haftungsgrund und Schadensverlauf	Betrag
OLG Düsseldorf Urteil vom 10.01.2002 – 8 U 49/01 VersR 2003, 114	Grob fehlerhafte kontraindizierte Reaktion auf Schulterdystokie. Obere Plexusparese linker Arm. Assymetrische Körperfehlhaltung. Schule für Körperbehinderte.	13.000,00 € + 100,00 € Rente
OLG Hamm Urteil vom 16.01.2002 – 3 U 156/00 VersR 2002, 1163 = NJW-RR 2002, 1604	Grob fehlerhafte Geburtsleitung. Schweres Hirnödem. Schweres neurologisches Durchgangssyndrom. Schwerste sekundäre Mikrozephalie. Schwerste Tetraspastik. Blind. Ernährung über Sonde. Täglich tonische Anfälle. Lebenslang pflegepflichtig. Weitgehende Zerstörung der Persönlichkeit.	500.000,00 €
OLG Naumburg Urteil vom 28.11.2001 – 1 U 161/99 VersR 2002, 1295	Grob fehlerhaftes Geburtsmanagement. Kleinhirnatrophie. Spastische Diplegie der Beine. Stuhl- und Harninkontinenz. Dauerhaft pflege- pflichtig. Erhöhung wegen hartnäckiger Haltung des Ver- sicherers (Genugtuungsfunktion).	250.000,00 € + 300,00 € Rente
OLG Saarbrücken Urteil vom 21.03.2001 – 1 U 653/98-119 OLG R 2001, 240	Grob fehlerhafte vorzeitige Einleitung der Ge- burt in 32. SSW. Plazentainsuffienz. Cerebrale Bewegungsstörungen, beinbetonte Tetraspastik und Spitzfüße. Geistig behindert. Blasen- und Darmkontrolle eingeschränkt. Dau- erhaft pflegebedürftig.	150.000,00 €
OLG München Urteil vom 25.01.2001 – 24 U 170/98 OLG R 2001, 109	Grob fehlerhaft unterlassene pränatale Wachs- tumskontrollen bei Risikopatientin (Nikotin- und Alkoholabusus). Hirnschädigung infolge intrauteriner Mangelver- sorgung. Schwerste spastische dystone Tetraparese. Cere- brales Anfallsleiden.	87.500,00 €
OLG Stuttgart Urteil vom 19.09.2000 – 14 U 65/99 MedR 2001, 311	Grob fehlerhaft von Hebamme verzögerte Sectio bei pathologischem CTG. Mehrfache Nabel- schnurumschlingung, Asphyxie. Hypotone und spastische Tetraparese. Verzögerte motorische und sprachliche Entwicklung. Stuhl- und Darminkontinenz. Dauerhaft pflegepflichtig.	125.000,00 €

Hensen

Gericht und Fundstelle	Haftungsgrund und Schadensverlauf	Betrag
OLG Stuttgart Urteil vom 04.01.2000 – 14 U 31/98 VersR 2001, 1560	Grobe Versäumnisse einer Geburtsklinik bei neonatalogischem Notfall (Verdacht auf Neugeboreneninfektion mit Sepsis und Lungenbeteiligung). Schwere Cerebralparese mit hypotonem Muskeltonus und leichter Spastik. Schwerhörigkeit, Dystrophie. Fünfeinhalbjähriges Kind mit Entwicklungsstand eines sechs bis acht Monate alten Säuglings. Dauerhaft pflegepflichtig.	100.000,00 € + 350,00 € Rente
OLG Stuttgart Urteil vom 13.04.1999 – 14 U 17/98 VersR 2000, 1108	Grober Organisationsfehler mit der Folge verzögerter Notsectio. Hypoxisch ausgelöste multifokale Hirnnekrose. Cerebralparese. Rezidivierende Pneumonien. Sonderernährung, kann nur mit Hilfe gelagert werden. Kommunikationsfähig.	100.000,00 € + 350,00 € Rente
Gynäkologie		
OLG Köln Urteil vom 17.03.2010 – 5 U 51/09 VersR 2011, 81	Unzureichende Indikationsaufklärung durch Ärzte eines Brustzentrums vor elektiver prophylaktischer beidseitiger Mastektomie (unbegründete Krebsangst) bei 52jähriger Patientin. Missglückte Rekonstruktion beider Brüste, seelische Beeinträchtigungen.	60.000,00 €
LG Berlin Urteil vom 08.10.2009 – 6 O 568/04 VersR 2010, 482	Nicht indizierte Entfernung der Gebärmutter bei Myomen. Keine ausreichende Aufklärung. Narben durch Laparatomie.	25.000,00 €
OLG München Urteil vom 12.03.2009 – 1 U 2709/07 VersR 2009, 1408	Grob fehlerhafte unzureichende Antibiose gegen postnatale Infektion der Kindesmutter und mangelhafte Diagnostik. Infektionsbedingter Verlust der Gebärmutter. Bauchfellentzündung, Laparatomie und Adhäsiolyse/Lavage.	40.000,00 €
OLG Braunschweig Urteil vom 26.06.2007 – 1 U 11/07 MedR 2008, 372	Fehlerhaft Schwangerschaftstest bei Menstruationsunregelmässigkeiten unterlassen. Schwangerschaft abgebrochen wegen kontraindizierter Medikamente. Körperliche und psychische therapiepflichtige Beeinträchtigung.	9.000,00 €

Hensen

Gericht und Fundstelle	Haftungsgrund und Schadensverlauf	Betrag
OLG Köln Urteil vom 25.04.2007 – 5 U 180/05 VersR 2008, 1072	Keine Aufklärung über (seltenes) Risiko eines Asherman-Syndroms bei Ausschabung der Gebärmutterhöhle mit der Folge der Unfruchtbarkeit. Risiko hat sich verwirklicht. Psychische Belastungen einer 28-jährigen Patientin.	40.000,00 €
OLG Jena Urteil vom 23.05.2007 – 4 U 437/05 MedR 2008, 520 mit Anm. Jaeger aaO, 524	Grober Behandlungsfehler durch Unterlassen histologischer Abklärung eines wachsenden Mammakarzinoms. Fernmetastasierung. Prognoseverschlechterung. Patientin verstorben. Keine Begründung zur Herabsetzung des Schmerzensgeldes von 200.000,00 € (so Landgericht) auf 100.000,00 €.	100.000,00 €
OLG Köln Urteil vom 29.01.2007 – 5 U 85/06 MedR 2007, 599	Keine Aufklärung vor relativ indizierter vollständiger Entfernung einer Ovarialzyste und von Endometrioseherden. Intraoperative Verletzung des Harnleiters. Operative Neueinpflanzung des Harnleiters. Unterleibsschmerzen und Blasenstörungen.	10.000,00 €
OLG Oldenburg Urteil vom 02.08.2006 – 5 U 16/06 NJW-RR 2007, 1468	Ohne Einwilligung vorgenommene Sterilisation anlässlich einer Kaiserschnitt-Entbindung. Künstliche Befruchtung mehrfach fehlgeschlagen. Starke psychische Belastungen.	40.000,00 €
OLG Koblenz Urteil vom 13.07.2006 – 5 U 290/06 VersR 2007, 797	Ohne Einwilligung vorgenommene Sterilisation im Rahmen einer Sectio. Selbstbestimmungsrecht und Selbstwertgefühl der 22-jährigen Patientin beeinträchtigt.	15.000,00 €
OLG Karlsruhe Urteil vom 24.05.2006 – 7 U 242/05 OLG R 2006, 617	Fehlerhafte 2 Tage zu spät erkannte Perforation des Dünndarms mit Peritonitis nach Laparaskopie zur Überprüfung der Durchgängigkeit der Eileiter. Schmerzen und Todesangst.	3.000,00 €
OLG Koblenz Urteil vom 14.04.2005 – 5 U 667/03 VersR 2005, 1588 = NJW-RR 2005, 815	Keine Aufklärung über Risiko des Misslingens der Drahtmarkierung bei Brustkrebsoperation. Über Gefahr, dass verdächtiges Gewebe verfehlt und gesundes Gewebe entnommen wurde, nicht informiert. Notwendigkeit einer Zweitoperation nach Durchführung einer Drahtmarkierung.	6.000,00 €

Hensen

Gericht und Fundstelle	Haftungsgrund und Schadensverlauf	Betrag
OLG Saarbrücken Urteil vom 30.06.2004 – 1 U 386/02-92 OLG R 2005, 5	Fehlerhaft unzureichende Rücklaufkontrolle eines zytogenetischen Untersuchungsbefundes. Seelische Belastungen der Kindesmutter von Krankheitswert eines schwerst behinderten Kindes. Persönlichkeitsveränderung mit phasenweise stärkerer Depressivität.	10.000,00 €
LG Braunschweig Urteil vom 03.03.2004 – 4 O 2339/02 NJW-RR 2005, 28	Behandlungsfehlerhaft 13 cm langes Tuchband bei Sterilisation vergessen. Verwachsungen im Narbenbereich. Bauch und Unterleibsschmerzen sowie Übelkeit über 17 Jahre lang, nur mit Schmerzmittel beherrschbar.	8.000,00 €
OLG Köln Urteil vom 19.03.2003 – 5 U 192/02 VersR 2004, 926	Fehlerhafte Diagnose eines Uterusmyoms. Nicht indizierte laparoskopische Entfernung des Uterus bei 38jähriger Patientin. Verletzung des Selbstbestimmungsrechts.	25.000,00 €
OLG Düsseldorf Urteil vom 06.03.2003 – 8 U 22/02 VersR 2003, 1310	Behandlungsfehlerhaft unterlassene Mammakarzinom-Diagnostik. Keine Befundkontrolle. Behandlungsverzögerung. Einseitige Brustentfernung. Strahlen– und Chemo-Therapie. Psychiatrische Behandlung.	18.000,00 €
OLG München Urteil vom 14.02.2002 – 1 U 3495/01 VersR 2002, 717 mit Anm. Jaeger aaO, 719: (Schmerzensgeld zu niedrig)	Unzureichende Aufklärung einer türkischen Patientin mit fehlenden Sprachkenntnissen vor einer Sterilisation im Rahmen der Entbindung.	7.500,00 €
OLG Hamm Urteil vom 28.11.2001 – 3 U 59/01 OLG R 2003, 74 = VersR 2002, 1259	Fehlerhaft verspätete Diagnose eines multifokalen Mammakarzinoms mit Lymphknotenmetastasierung. Entfernung einer Brust. Strahlen- und Chemo-Therapie. Patientin verstorben.	70.000,00 €
OLG Naumburg Urteil vom 14.08.2001 – 1 U 106/00 OLG R 2002, 16	Fehlerhaft Reste eines Intrauterinpessars bei Ausschabung der Gebärmutter übersehen. Entzündliche Prozessse. Bildung eines (nicht bösartigen) schmerzhaften Konglomerattumors mit Beteiligung des Dickdarms. Nachoperation mit Lebensgefahr. Intensivmedizinische Betreuung erforderlich.	25.000,00 €

Hensen

Gericht und Fundstelle	Haftungsgrund und Schadensverlauf	Betrag
OLG Düsseldorf Urteil vom 19.10.2000 – 8 U 183/99 VersR 2002, 1151	Fehlerhafte Laparaskopie zur Fertilisationsdiagnostik. Durchtrennung einer Arterie. 4 Liter Blut im Bauchraum. Unzureichende Überwachung. Notoperation. Intensive monatelange stationäre Versorgung. Hypoxische Hirnschädigung. (Haftung des Gynäkologen und des Anästhesisten, sh. dort).	50.000,00 €
OLG Düsseldorf Urteil vom 28.09.2000 – 8 U 114/99 VersR 2002, 856	Unterlassene Diagnostik vor Hysterektomie und Kolporrhaphie wegen Gebärmuttersenkung. Operation nicht indiziert. Irreversible Blasenatomie. Katheterisierung erforderlich.	25.000,00 €
OLG Hamm Urteil vom 14.06.2000 – 3 U 244/99 VersR 2001, 461	Fehlerhafte Hysterektomie. Keine medizinische Indikation, nur leichte Gebärmuttersenkung. Keine ausreichende vorherige Abklärung der Blutungsstörung durch Hysterokopie oder Abrasio.	10.000,00 €
OLG Braunschweig Urteil vom 04.11.1999 – 1 U 8/99 OLG R 2000, 165	Unterlassene Aufklärung über verwirklichtes Risiko der Harnleiterverletzung bei Gebärmutteroperation. Operative Neueinpflanzung eines Harnleiters. Nierenbeckenentzündung, Unterleibsschmerzen.	7.500,00 €
OLG Köln Urteil vom 04.08.1999 – 5 U 9/98 NJW-RR 2001, 92 = VersR 2001, 66	Behandlungsfehlerhaft unterbliebener Hinweis auf notwendige Probe-Exzision bei genetisch vorbelasteter Patientin. 1 ½ Jahre verzögerte Entfernung von malignen Lymphknoten. Chemo- und Strahlentherapie. Deutlich verschlechterte Zukunftsprognose.	7.500,00 €

Hals/Nasen/Ohrenheilkunde

OLG Köln Urteil vom 01.06.2005 – 5 U 91/03 VersR 2006, 124	Keine Aufklärung über operative Behandlungsalternative eines im Halsbereich liegenden supraklavikulären Tumors unklarer Dignität. Nervendurchtrennung mit rückläufiger Plexuslähmung. Mehrfache Nachbehandlungen (Nervenplastik).	15.000,00 €

Hensen

Gericht und Fundstelle	Haftungsgrund und Schadensverlauf	Betrag
OLG Celle Urteil vom 07.05.2001 – 1 U 15/00 VersR 2002, 1558	Insgesamt grob fehlerhaftes Unterlassen engmaschiger Kontrollen der Laborwerte nach Mandeloperation. Unterlassen eines venösen Zugangs. Starke Nachblutungen. Herzstillstand durch Aspiration arteriellen Blutes. Spastische Tetraplegie. Ernährung über Magensonde. Schwerstpflegebedürftig.	OLG: Schmerzensgeld dem Grunde nach. (LG hat 250.000,00 € als Teilschmerzensgeld – unzulässig – zuerkannt).
OLG Düsseldorf Urteil vom 02.11.2000 – 8 U 125/99 VersR 2001, 647	Fehlerhaft nicht diagnostizierte Mittelohrentzündung. Keine engmaschigen Kontrollen bei Vorwölbung des Trommelfells mit äußerer Ohrenentzündung. Linksseitige periphere Fazialparese, zweimalige Mastoidektomie. Geringe Schwerhörigkeit mit Tinnitus. Geringe Einschränkung des Gesichtsnerven.	5.000,00 €
OLG Stuttgart Urteil vom 30.05.2000 – 14 U 71/99 VersR 2001, 766	Grob fehlerhaft unterlassene engmaschige klinische Verlaufskontrolle bei Lymphadenitis. Gefahr einer Weiterentwicklung zu einer Mediastinitis. Operationen im Halsbereich führten zu einer Schädigung des Nervus axillaris und des Plexus cervicalis. Einschränkung der Beweglichkeit eines Armes, deutlicher Schultertiefstand. Kosmetische Operationen.	Höhe des zuerkannten Schmerzensgeldes im veröffentlichen Teil der Entscheidung nicht mitgeteilt.

Heilpraktiker

OLG Bamberg Urteil vom 27.11.2000 – 4 U 106/99 VersR 2002, 323	Behandlungsfehlerhafte nicht indizierte intramuskuläre Vitamininjektion. Großflächiger Spritzenabszess. Streptokokkensepsis mit septischem Schock. Multiorgandysfunktionssyndrom. Fünf Wochen akute Lebensgefahr.	50.000,00 €

Innere Medizin

OLG Oldenburg Urteil vom 27.05.2009 – 5 U 43/08 VersR 2010, 1221 = MedR 2010, 570	Ungenügende Aufklärung vor Koloskopie. Kolonperforation. Diffuse Peritonitis. Sigmaresektion. Revisionsoperationen. Künstlicher Darmausgang.	70.000,00 €

Gericht und Fundstelle	Haftungsgrund und Schadensverlauf	Betrag
OLG Nürnberg Urteil vom 12.12.2008 – 5 U 953/04 VersR 2009, 1079 m. Anm. Jaeger aaO, 1084	Fehlerhafte Kortison-Behandlung eines Morbus Farquhar (sehr seltene genetische Erkrankung) bei einem 14jährigen Patienten Verspätete Auf- klärung – Patient war 24 Jahre alt – über die Möglichkeit einer Knochenmarktransplantation. Cerebrale Hirnschädigung und Hirnleistungs- minderung. Schwerste Art der Epilepsie. Funkti- onsstörungen der Augen. Impotenz. Chronische Nervenschmerzen, Koordinationsstörungen, Dysarthrophonie. Jahrelange Schmerzen als Folge einer Gürtelrose und Todesangst nach Gehirnblutungen. Patient musste Medizinstudium mit Hoch- begabtenstipendium abbrechen. Jurastudium aufgenommen.	100.000,00 € + 375,00 € Rente
OLG Koblenz Urteil vom 26.08.2003 – 3 U 1840/00 NJW-RR 2004, 106	Grob unzulängliche Diagnostik bei ungeklär- ter Blasenentleerungsstörung eines 75jährigen Patienten. Rückenmarkskarzinom. Querschnittslähmung ab BWK 12/LWK 1. Paraparese der Beine. Lähmung der Schließmus- kel von Darm und Blase. Depression, Dekubitus, Hauttransplantationen.	20.000,00 €
OLG Düsseldorf Urteil vom 10.04.2003 – I-8 U 38/02 VersR 2005, 117	Unterlassene Diagnostik bei Schmerzen im Brustbereich. Fehlerhafte Diagnose einer Bronchopneumonie statt eines infiltrativen Prozesses BWK 5/6 mit intraspinaler Ausdehnung. Vermeidbare Paraplegie beider Beine. Irreversible Beeinträchtigung der Blasen- und Darmfunktion. Dauerhaft pflegebedürftig.	50.000,00 € + 150,00 € Rente
OLG Düsseldorf Urteil vom 06.03.2003 – 8 U 105/02 VersR 2004, 1563	Fehlerhaft unterlassene Hinzuziehung eines Chirurgen wegen möglicher Symptome einer Blinddarmentzündung. Bei rechtzeitiger Operation hätte Durchbruch des Blinddarms vermieden werden können. Diffuse Peritonitis. Abszess im Douglas.	3.100,00 €
OLG Köln Urteil vom 23.01.2002 – 5 U 85/01 VersR 2003, 860	Fehlerhaft unterlassene sofortige Weiterüberwei- sung eines 15jährigen Patienten bei differenzial- diagnostischem Verdacht auf Hodentorsion. Verlust eines Hodens.	18.000,00 €

Gericht und Fundstelle	Haftungsgrund und Schadensverlauf	Betrag
OLG Hamm Urteil vom 06.11.2002 – 3 U 50/02 VersR 2004, 1321	Unterlassene Abklärung pathologischer Leber- werte auf Vorliegen einer Hepatitis B – Infektion. Leberzirrhose mit rapidem Krankheitsverlauf und Todesfolge.	40.000,00 €
OLG Düsseldorf Urteil vom 01.08.2002 – 8 U 198/01 VersR 2003, 601	Fehlerhafte Schluckschalluntersuchung (TEE). Operative Versorgung der verletzten Speiseröhre. Zeitweilige Schluckbeschwerden, Gefühlsstö- rungen.	7.500,00 €
LG Berlin Urteil vom 04.12.2000 – 6 O 385/99 VersR 2002, 1029	Fehlerhaft unterlassene Differenzialdiagnostik bei Brustschmerzen eines 30jährigen Patienten. Statt Herzinfarkt Schulter-Armsyndrom diag- nostiziert. Unterlassen eines EKG und der Infarktblutwer- te. Bei Lyse-Therapie günstigerer Verlauf. Erwerbsunfähig, psychische Probleme.	37.500,00 €
OLG Stuttgart Urteil vom 24.08.1999 – 14 U 11/99 VersR 2001, 190	Grob fehlerhaft unterlassene Sonographie und Phlebographie bei Verdacht auf Beinvenen- thrombose. Ausbildung eines Kollateralkreislaufs. Verlän- gerter Heilungsverlauf. Postthrombotisches Syndrom. Notwendigkeit einer »Marcumar«- Behandlung.	10.000,00 €
OLG Koblenz Urteil vom 24.08.1999 – 3 U 1078/95 VersR 2001, 111	Unterlassene posttherapeutische Aufklärung nach komplizierter Polypektomie. Darmperforation nur durch mehrfache Revisi- onsoperationen saniert.	5.000,00 €
OLG Köln Urteil vom 28.04.1999 – 5 U 15/99 VersR 2000, 974	Defektes Hämofiltrations-Gerät zur Blutwäsche bei Niereninsuffienz. Entblutungsschock mit mehrtägigem Koma und Todesfolge.	5.000,00 €
OLG Hamm Urteil vom 14.02.1998 – 3 U 143/97 VersR 1999, 622	Grob fehlerhaft unterlassene Kontrolle der Ge- rinnungsparameter bei Heparininfusion wegen Beinvenenthrombose. Verspätete Weiterüberweisung nach Sehstörun- gen in Neurochirurgie. CT ergab Hypophysentumor. Erblindung auf beiden Augen.	50.000,00 €

Labormedizin/Pathologie

OLG Bamberg Urteil vom 24.03.2003 – 4 U 172/02 VersR 2004, 198	Fehlerhaft verwechselte Gewebeproben mit der Diagnose Hodenkrebs. Unzureichende Kontrolle. Patient 1 Monat in Todesangst.	2.500,00 €

Hensen

Gericht und Fundstelle	Haftungsgrund und Schadensverlauf	Betrag
OLG Bamberg Urteil vom 18.02.2002 – 4 U 126/01 OLG R 2002, 184	Fehlerhafte Auskunft eines Laborarztes gegenüber Hausarzt zum Ergebnis eines Triple-Testes zur Frage eines erhöhten Trisomie 21-Risikos. Gesundheitliche Beeinträchtigungen wegen nicht abgebrochener Schwangerschaft (Frühgeburt eines behinderten Kindes). Mitverschulden der Mutter. Hinweis auf Notwendigkeit einer Fruchtwasseruntersuchung nicht beachtet.	1.500,00 €
OLG Celle Urteil vom 09.07.2001 – 1 U 64/00 Beck-online.de	Fehlerhafte histopathologische Diagnose eines Drüsenkarzinoms der Prostata. Nicht indizierte radikale Prostatektomie. Harninkontinenz. Erektions- und Ejakulationsunfähigkeit. Von Versicherung verzögerte Regulierung.	50.000,00 €
Neurologie/Psychiatrie		
OLG Frankfurt Urteil vom 23.12.2008 – 8 U 146/06 GesR 2009, 270	Fehlerhaft überdosierte Medikamente mit Neuroleptika, Antidepressiva sowie intravenöse Medikation. Unzutreffend Hebephrenie angenommen statt Reifungskrise. Motorische Fehlfunktionen (Dyskinesien).	20.000,00 €
OLG München Urteil vom 03.06.2004 – 1 U 5250/03 VersR 2005, 657	Grob fehlerhafte Befundung einer komplizierten Migräne. Unterlassen der Klinikeinweisung bei Verdachtsdiagnose einer transitorischen ischämischen Attacke. Schlaganfall durch Carotisdissektion verursacht. Fazialparese, armbetonte Hemiparese mit schwerer Störung der Feinmotorik. Neurophysiologische Ausfälle sowie Sprechapraxie. Berufsunfähigkeit. 39jähriger Patient.	100.000,00 € + 100,00 € Rente
OLG Köln Urteil vom 16.12.2002 – 5 U 166/01 NJW-RR 2003, 1031	Fehlerhaft unterlassene Diagnostik als Konsiliar bei bewusstlosem Patienten mit Krampfanfällen nach Sportunfall. Gutartiger Gehirntumor erst 1 ½ Jahre später erkannt. Anfälle wären bei rechtzeitiger Operation vermeidbar gewesen.	10.000,00 €

Hensen

Gericht und Fundstelle	Haftungsgrund und Schadensverlauf	Betrag
OLG Stuttgart Urteil vom 27.06.2000 – 14 U 8/00 OLG R 2002, 116	Wegen fehlerhaft unzureichender Diagnostik Sinusvenenthrombose nach Sectio bei anamnestisch vorbekannter Beinvenenthrombose und EPH-Gestose nicht erkannt. Verspätete Angiographie ergab Verschluss sämtlicher Hirnvenensinus. Hirnorganisches Psychosyndrom. Leichte Halbseitensymptomatik. Tätigkeit als Lehrerin nicht wieder aufgenommen.	40.000,00 €

Pädiatrie/Neonatologie

Gericht und Fundstelle	Haftungsgrund und Schadensverlauf	Betrag
OLG Karlsruhe Urteil vom 14.11.2007 – 7 U 251/06 VersR 2008, 545 m. Anm. Jaeger aaO, 548	Grob fehlerhaft bei U5 eines Kleinkindes unterlassene sofortige Überweisung an Augenarzt zur Abklärung der Ursache des Schielens. Schielen als Leitsymptom für vorhandene Retinoblastome (Netzhauttumore) nicht berücksichtigt. Fundamentaler Diagnoseirrtum. Vollständige Erblindung beider Augen wäre vermeidbar gewesen. Regulierung vom Versicherer verweigert.	90.000,00 € + 260,00 € Rente
OLG Bremen Urteil vom 13.01.2006 – 4 U 23/05 OLG R 2006, 745 = MedR 2007, 660	Behandlungsfehler bei Neugeborenen-Hypoglykämie. Schweres Organisationsverschulden in Kinderklinik der Maximalversorgung. Keine Sicherstellung, dass Gesundheitszustand eines Neugeborenen ohne Einlieferungsschein in angemessener Zeit überprüft wird. Hypoxie. Restschadensyndrom.	100.000,00 €
KG Berlin Beschluss v. 11.04.2005 – 20 U 23/04 GesR 2005, 499 Vorinstanz: LG Berlin Urteil vom 20.11.2003 – 6 O 272/01 VersR 2005, 1247 m. Anm. Jaeger aaO, 1249: (Hohe Rente neben gemindertem Kapital »gerechter«)	Grob fehlerhafte Behandlung eines Diabetes mellitus bei sechsjährigem Jungen mit der Folge eines Hirnödems. Schwere Schädigung des Mittelhirns. Wachkoma über fast zwei Jahre. Geistig und körperlich schwerstbehindert. Spastische Krämpfe, linker Arm Dauerspasmus. Sitzschale mit Kopfstütze. Zunehmendes Sprachverständnis und physische Weiterentwicklung. Schule für geistig Behinderte, Einzelbetreuung. Leidet unter der Behinderung.	500.000,00 €

Hensen

Gericht und Fundstelle	Haftungsgrund und Schadensverlauf	Betrag
OLG Braunschweig Urteil vom 22.04.2004 – 1 U 55/03 VersR 2004, 924 = GesR 2004, 282 m. Anm. Jorzig	Fehlerhaft unterlassene Ultraschalluntersuchung eines Neugeborenen mit schwerem Atemnotsyndrom. Pneumothorax. Schwere Hirnblutung. Shuntpflichtiger Hydrocephalus. Nahezu blind. Keine Kommunikatonsfähigkeit, dauerhaft pflegebedürftig.	350.000,00 €
OLG Brandenburg Urteil vom 08.04.2003 – 1 U 26/00 VersR 2004, 1050 = MedR 2004, 226	Grob fehlerhafte Abschlussuntersuchung (U2) eines Neugeborenen aus Beckenendlage nach Sectio mit »straffen Hüften« durch niedergelassene Kinderärztin als Erfüllungsgehilfin der Kinderklinik. Auf Notwendigkeit sonographischer Untersuchung nicht hingewiesen. Hüftdysplasie. Mehrfache operative Revisionen.	25.000,00 €
OLG Düsseldorf Urteil vom 21.11.2002 – 8 U 155/00 VersR 2003, 1407	Grob fehlerhaft Schädelfraktur mit nachhaltiger Verletzung der Hirnsubstanz nach Zangengeburt nicht erkannt. Keine operative Versorgung. Hirnödem, dauernd geistig behindert. Entwicklungsstand mit 11 Jahren entspricht einem 6-jährigem Kind. Dauerhaft betreuungsbedürftig.	70.000,00 € + 200,00 € Rente
OLG Stuttgart Urteil vom 11.06.2002 – 14 U 83/01 VersR 2003, 376 = GesR 2003, 123	Grob fehlerhafte extreme Überbeatmung eines asphyktischen Neugeborenen. Hypoxische Hirnschädigung. Enzephalopathie. Hirnatrophie. Schwere Myelinisierungstörung, West-Syndrom. Spastische Tetraparese. Schwerste geistige Behinderung mit fehlender Kommunikationsfähigkeit. Dauerhaft schwerst pflegebedürftig.	150.000,00 €
OLG Stuttgart Urteil vom 04.01.2000 – 14 U 31/98 VersR 2001, 1560	Fehlerhaft unzureichende Kontrolle eines Neugeborenen mit Atemstörungen. Unterlassene Intubation und verspätete Verlegung bei Verdacht auf Neugeborenensepsis und Lungenbeteiligung. Cerebralparese mit hypotonem Muskeltonus und leichter muskulärer Spastik. Motorisch und sprachlich erheblich gestört.	100.000,00 € + 350,00 € Rente
OLG Schleswig Urteil vom 21.04.1999 – 4 U 30/95 OLG R 1999, 273	Grob fehlerhaft gezielte spinale Diagnostik bei 3-jährigem Kind mit Schmerzen, Gang- und Blasenentleerungsstörungen unterlassen. Tumor im Rückenmark nicht erkannt. Dauerhafte Gehbehinderung.	75.000,00 € + 250,00 € Rente

Hensen

Gericht und Fundstelle	Haftungsgrund und Schadensverlauf	Betrag
OLG Karlsruhe Urteil vom 11.03.1998 – 7 U 214/96 VersR 2000, 229	Grob fehlerhaft Messung des arteriellen Sauer- stoffpartialdruckes und der Regelung der Sauer- stoffzufuhr bei Frühgeborenem unterlassen. Frühgeborenenretinopathie mit Erblindung eines Auges und verminderter Sehkraft auf dem anderen Auge.	60.000,00 €

Pflege

Gericht und Fundstelle	Haftungsgrund und Schadensverlauf	Betrag
OLG Zweibrücken Urteil vom 01.06.2006 – 4 U 68/05 NJW-RR 2006, 1254	Fehlerhaft unzureichende Beaufsichtigung einer extrem sturzgefährdeten Patientin. Oberarmfraktur und Kopfverletzung. Lungen- entzündung mit Todesfolge.	8.000,00 €
KG Berlin Urteil vom 20.01.2005 – 20 U 401/01 MedR 2006, 182	Fehlerhaft unzureichende Sicherungsmaßnah- men des Pflegepersonals einer Klinik gegen Sturz einer Patientin aus einem Rollstuhl. Kopfverletzung mit schwerer Gehirnblutung.	50.000,00 €
OLG Oldenburg Urteil vom 14.10.1999 – 1 U 121/98 NJW-RR 2000, 762	Behandlungsfehlerhaft Dekubitusprophylaxe unterlassen. Dekubitus 4. Grades. Sechswöchiger Kranken- hausaufenthalt. Operative Entfernung der Ne- krosen. Künstlicher Darmausgang.	17.500,00 €
OLG Köln Urteil vom 04.08.1999 – 5 U 19/99 NJW-RR 2000, 1267 = VersR 2000, 767	Durch grobe Pflegefehler auf Intensivstation sa- kraler Dekubitus 4. Grades entstanden (Wirbel- säule teilweise freiliegend). Langwierige Ausheilung. Schmerzen beim Sitzen und Gehen eines 70jährigen Patienten.	12.500,00 €

Plastische Chirurgie/Ästhetische Chirurgie

Gericht und Fundstelle	Haftungsgrund und Schadensverlauf	Betrag
OLG Köln Urteil vom 21.12.2009 – 5 U 52/09 MedR 2011, 49	Mangelhafte Aufklärung vor Fettabsaugung bei 54jähriger Patientin mit Fettgewebsschürze (Li- posuktion aus kosmetischen Gründen). Hautfaltenüberschüsse, Dellen, Furchen und unregelmäßige Faltenbildung der Haut.	4.000,00 €
OLG Nürnberg Urteil vom 25.07.2008 – 5 U 124/08 VersR 2009, 786	Behandlungsfehlerhaft durchgeführte Brustope- ration unter vorsätzlicher Täuschung der Patien- tin über die Qualifikation des Operateurs. Beschwerden nach Erstoperation. Fehlerhafte Nachoperation. Psychische Beeinträchtigungen.	5.000,00 €

Gericht und Fundstelle	Haftungsgrund und Schadensverlauf	Betrag
OLG Koblenz Urteil vom 14.06.2007 – 5 U 1370/06 GesR 2007, 488 = MedR 2008, 161	Fehlerhafte Diagnose eines Exophthalmus. (pathologisches Hervortreten des Augapfels aus der Augenhöhle) mit Oberlidretraktion. Intra- operative Verletzung des Nervus supraorbitalis. Taubheitsgefühl, Schmerzen am Kopf, insbe- sondere im Gesicht. Verringerung der Mimik. Schwere seelische Belastungen.	30.000,00 €
OLG Hamm Urteil vom 29.03.2006 – 3 U 263/05 VersR 2006, 1511	Fehlerhafte Aufklärung vor Brustvergrößerung und Bruststraffung bei 36jähriger Patientin. Breite Narben rund um die asymmetrisch ausge- bildeten Brustwarzenhöfe. Double-Bubble-Phä- nomen. Stechende Schmerzen bei Belastungen des Brustmuskels. Seelische Beeinträchtigungen.	10.000,00 €
OLG Hamm Beschluss vom 01.02.2006 – 3 U 250/05 VersR 2006, 1509 mit Anm. Jaeger aaO. 1510	Behandlungsfehlerhafte Fettabsaugung nach un- zureichender Aufklärung. Beeinträchtigungen im Bereich der Knie-Innen- seiten, der Oberschenkel, des Bauchs, der Taille und der Flanken. Dauerschaden. Patientin ist im Fitnessbereich tätig.	8.000,00 €
OLG Frankfurt Urteil vom 11.10.2005 – 8 U 47/04 MedR 2006, 294	Verspätete Aufklärung vor Bauchdeckenstraffung zur Beseitigung vorbestehender Unterbauchnar- ben. Narben vergrößert. Spannungsgefühle. Sen- sibilitätsstörungen. Wundheilungsstörungen. Intraoperativ verursachte Verbrennungen im Steißbereich.	7.000,00 €
OLG Düsseldorf Urteil vom 20.03.2003 – 8 U 18/02 GesR 2003, 236 = VersR 2003, 1579	Fehlerhafte Aufklärung vor Fettabsaugung. Unregelmäßige Konturen und starke Hauteindel- lungen im Rücken-, Flanken- und Hüftbereich. Dauerschaden.	4.000,00 €
OLG Hamburg Urteil vom 22.12.2000 – 1 U 41/00 OLG R 2001, 179	Fehlerhafte Nasolabial- und Mundfaltenopera- tion sowie Ober- und Unterlidblepharoplastik sowie Fettabsaugung am Kinn und Hals. Narbenbildung. Nasolabiale Verhärtung mit übermäßiger Asym- metrie, Wulstbildung. Eklatante Abweichung von den Inzisionslinien. Entstellende Dellenbil- dung bei Fettabsaugung.	7.500,00 €

Hensen

Gericht und Fundstelle	Haftungsgrund und Schadensverlauf	Betrag
OLG Hamm Urteil vom 04.12.2000 – 3 U 97/00 VersR 2003, 599	Implantation einer Expander-Prothese mit Silikon, die mit einer Kochsalzlösung aufzufüllen war, als Prothese nach Ablatio einer Brust. Kapselnekrose. Kein Behandlungsfehler. Kein Aufklärungsfehler, weil es keine medizinisch-wissenschaftlichen Erkenntnisse über die körperlich schädliche Wirkung von Silikon gibt.	0,00 €
OLG Düsseldorf Urteil vom 19.10.2000 – 8 U 116/99 VersR 2001, 1380	Fehlerhafte Nasenoperation bei aus kosmetischen Gründen vielfach voroperiertem Sportler. Deformierung eines Ohres, aus dem für die Nasenoperation Knorpelgewebe entnommen ist.	1.500,00 €
LG Köln Urteil vom 11.10.2000 – 25 U 63/00 VersR 2001, 1382	Fehlerhafte, weil verspätete Aufklärung vor Entfernung von Bein- und Armhaaren mit Laserbehandlung bei 32-jähriger Patientin. Dauerhaft verbleibende Vielzahl kleiner Narben.	4.000,00 €
OLG Oldenburg Urteil vom 30.05.2000 – 5 U 218/99 VersR 2001, 1381	Unterlassene Aufklärung vor Bauchdeckenplastik mit Fettabsaugung bei stark adipöser 26jähriger Patientin. Postoperative Lungenembolie. Hypoxischer Hirnschaden. Schwerste physische und psychische Schäden. Patientin leidet unter der Situation.	200.000,00 €
KG Berlin Urteil vom 13.03.2000 – 20 U 1186/98 KG R 2001, 142	Fehlerhafte Aufklärung vor Penisverlängerung und Penisverstärkung. Operatives Ergebnis wegen Schrumpfung durch Narbenretraktion unbrauchbar. Abszess.	20.000,00 €
OLG Oldenburg Urteil vom 11.11.1997 – 5 U 47/97 VersR 1998, 1421	Behandlungsfehlerhafte Brustoperation zur Beseitigung einer Ptose. Unzureichende Aufklärung. Erhebliche Beeinträchtigung des körperlichen Erscheinungsbildes der Patientin, psychische Beeinträchtigungen. Drei Nachoperationen.	12.500,00 €
Radiologie		
OLG Koblenz Urteil vom 29.11.2001 – 5 U 1382/00 VersR 2003, 1313 = NJW-RR 2002, 816	Unzureichende Risiko- und Verlaufsaufklärung vor dreistufigem diagnostischem Eingriff (Angiographie, Embolisation und Okklusionstest) bei Glomustumor im Bereich der Arteria carotis. Halbseitige Lähmung und Aphasie. Rückläufige Ausfallerscheinungen.	25.000,00 €

Gericht und Fundstelle	Haftungsgrund und Schadensverlauf	Betrag
OLG Hamm Urteil vom 02.04.2001 – 3 U 160/00 VersR 2002, 578	Grob fehlerhafte Diagnose eines pleuropneu- monischen Restinfiltrats mit Ausbildung einer Rundatelektase statt eines weit fortgeschrittenen Lungenkarzinoms. Bei rechtzeitig eingeleiteter Chemotherapie hätte prognostisch gleichwohl nur eine Chance auf geringe Lebensverlängerung bestanden.	10.000,00 €

Urologie

LG Regensburg Urteil vom 23.07.2007 – 4 O 2167/06 VersR 2007, 1709	Grob fehlerhaft nicht erkannte Hodentorsion bei 14-jährigem Patienten. Verlust eines Hodens.	15.000,00 €
OLG Koblenz Beschluss v. 14.04.2005 – 5 U 1610/04 VersR 2006, 123	Unterbliebene Aufklärung über Risiko einer Darmperforation bei Legen eines suprapubischen Blasenkatheters. Darmperforation führte zu einer Bauchfellent- zündung mit Todesfolge.	20.000,00 €
OLG Bremen Urteil vom 12.03.2004 – 4 U 3/04 OLG R 2004, 320	Keine Aufklärung über Außenseitermethode (zweizeitiges Prostata-Laserverfahren statt tran- surethraler Resektion der Prostata-TURP-). Wiederholtes Harnverhalten. Revisionsoperati- on. Dauerhafte Stress-Harninkontinenz.	18.000,00 €
OLG Hamburg Urteil vom 30.01.2004 – 1 U 25/03 OLG R 2004, 444	Implantation einer Penisprothese. Penisverlänge- rung mit kontraindizierten Silikonschläuchen bei 28-jährigem Patienten. Fehlstellung des Penis. Irreversibler Verlust der Erektionsfähigkeit. Schmerzensgeld wegen Mit- verschulden gemindert.	18.000,00 €
OLG Köln Urteil vom 30.01.2002 – 5 U 106/01 VersR 2003, 1444	Grob fehlerhafte Anlage eines suprapubischen Katheters nach Ablauf des Verfalldatums bei 84-jährigem Patienten. Harnwegsinfekt mit schwerer Sepsis.	7.500,00 €
OLG Celle Urteil vom 09.07.2001 – 1 U 64/00 OLG R 2001, 250	Durch Fehldiagnose veranlasste radikale Prosta- tektomie. Inkontinenz, Verlust der Erektions- und Ejaku- lationsfähigkeit.	35.000,00 €

Zahn/Mund/Kieferheilkunde

OLG Naumburg Urteil vom 25.06.2009 – 1 U 27/09 VersR 2010, 73	Fehlerhafte prothetische Planung zur Beseitigung eines Zahnengstandes. Optische Störung des Gesamteindruckes durch Verschiebung der Zahnmittellinie.	1.000,00 €

Hensen

Gericht und Fundstelle	Haftungsgrund und Schadensverlauf	Betrag
OLG Brandenburg Urteil vom 29.05.2008 – 12 U 41/07 Nachweis bei juris	Keine Aufklärung über Risiken der Abstoßung des Implantats. Entzündungsbedingte operative Entfernung des Implantats.	2.000,00 €
OLG Dresden Beschluss v. 21.01.2008 – 4 W 28/08 GesR 2008, 362	Behandlungsfehlerhafte Zahnprothetik. Optische und psychische Beeinträchtigung.	2.000,00 €
OLG Koblenz Urteil vom 06.12.2007 – 5 U 709/07 GesR 2008, 537	Fehlerhafte Röntgendiagnostik vor Weisheitszahnextraktion und mangelnde Nachsorge. Irreversible Schädigung des Nervus alveolaris.	6.000,00 €
OLG Oldenburg Urteil vom 04.07.2007 – 5 U 31/05 olg-ol-niedersachsen.de	Grob fehlerhafte Versorgung mit palladiumhaltigen Brücken bei Palladium-Allergie. Zweiwöchige Beschwerden infolge Lokalreaktionen. Schmerzen bei Brückenentfernung.	1.000,00 €
OLG Koblenz Beschluss v. 19.06.2007 – 5 U 467/07 VersR 2008, 537	Fehlerhafte herausnehmbare Teilprothetik in Unterkiefer und Oberkiefer. Kronen mit überstehenden Rändern, Prothesen ohne festen Sitz. Sprach-Biß-Kauprobleme. Zahnfleischentzündung, Neuversorgung.	6.000,00 €
OLG Köln Urteil vom 01.03.2007 – 5 U 148/04 www.zahn-online.de	Behandlungsfehlerhafte Reaktion des Zahnarztes auf Schmerzzustände des Patienten nach Wurzelbehandlung. Unterlassen der Röntgenkontrolle. Verlust von zwei Zähnen.	1.500,00 €
OLG Koblenz Urteil vom 25.11.2006 – 5 U 1591/05 OLG R 2006, 951 = GesR 2007, 18	Fehlerhafte Überkronung und Verblockung der Oberkieferzähne. Mangelnde Passgenauigkeit. Fehlerhafte Okklusion. Lang andauernde Schmerzen. Totalerneuerung.	7.000,00 €
OLG Köln Urteil vom 23.08.2006 – 5 U 22/04 MedR 2008, 46	Grob fehlerhafte unterlassene Funktionsprüfung der Kiefergelenke vor restaurativer Therapie. Irreparable Bissfehlstellung.	15.000,00 €
OLG Koblenz Urteil vom 20.07.2006 – 5 U 180/06 VersR 2007, 651	Keine Aufklärung über Alternative einer prothetischen Vollversorgung (statt Teilversorgung), Entzündung bei Eingliederung der Prothese. Neuversorgung. Verlust sämtlicher Oberkieferzähne infolge apikaler Ostitis.	6.000,00 €

Gericht und Fundstelle	Haftungsgrund und Schadensverlauf	Betrag
OLG Hamburg Urteil vom 25.11.2005 – 1 U 6/05 OLG R 206, 128	Fehlerhafte funktionsunfähige teleskopierende Prothese mit Keramik statt Goldkappen. Kein ausreichender Halt des Obturators. Schmerzen beim Kauen. Neuversorgung.	6.000,00 €
OLG Stuttgart Urteil vom 12.07.2005 – 1 U 25/05 NJW-RR 2005, 1389	Keine Aufklärung über Verwendung von autologem Knochenmaterial statt Knochenersatzmaterial aus Rinderknochen (»Bio-Oss«) vor implantologischer fehlgeschlagener Versorgung. Um 13 Monate verzögerte Sanierung.	5.000,00 €
OLG Köln Urteil vom 12.01.2005 – 5 U 96/03 OLG R 2005, 159	Grob fehlerhaftes Einbringen parapulpärer Stifte zur Verankerung von Kunststofffüllungen. Verlust von vier Zähnen.	3.500,00 €
OLG Koblenz Urteil vom 13.05.2004 – 5 U 41/03 NJW-RR 2004, 1026 = MedR 2004, 502 = VersR 2005, 118	Keine Aufklärung über Risiko einer dauerhaften Schädigung des Nervus lingualis durch Leitungsanästhesie. Dauerhafte Beschwerden und Ausfälle im Bereich der Injektionsstelle und rechten Zungenhälfte. Sprachbehinderung eines Verkaufsleiters.	6.000,00 €
OLG Naumburg Urteil vom 05.04.2004 – 1 U 105/03 GesR 2004, 332 = VersR 2004, 1460	Keine Aufklärung über mehrere Alternativen des Zahnersatzes (mehrgliedrige, bogenförmige Brücke; implantatgetragene Einzelbrücken oder herausnehmbare Prothese) statt eingebauter festsitzender Brücke bei Versorgung einer Zahnlücke.	2.000,00 €
OLG Zweibrücken Urteil vom 02.12.2003 – 5 U 23/02 OLG R 2004, 148	Grob fehlerhafte Diagnostik durch bioenergetische Testung, von Schulmedizin nicht anerkannt. Knochenausfräsung angeblich infizierter Knochenareale (Neuralgia Inducing Cavitational Osteonecrosis)-Außenseitermethode. Nachoperation	7.500,00 €
OLG Köln Urteil vom 12.03.2003 – 5 U 52/02 NJW-RR 2003, 1606 = VersR 2005, 795	Keine Aufklärung über Risiko einer Osteomyelitis vor Weisheitszahnextraktion. Entzündung nach einigen Wochen ausgeheilt.	1.500,00 €

Gericht und Fundstelle	Haftungsgrund und Schadensverlauf	Betrag
OLG Köln Urteil vom 11.09.2002 – 5 U 230/00 VersR 2004, 1055	Fehlerhafte Implantatversorgung. Generalisierte Entzündung der Schleimhäute, Parandontitis marginalis mit Dauerschmerzen. Implantatentfernung und Verlust von vier Zähnen. Neuversorgung mit Vollprothese des Oberkiefers.	15.000,00 €
OLG Oldenburg Urteil vom 14.08.2001 – 5 U 36/01 VersR 2003, 375	Fehlerhafte Eingliederung von Oberkieferersatz und verplombten Kronen. Keine korrekte Okklusion. Keramikverblendung durch Einschleifen beschädigt. Nachbehandlung.	1.500,00 €
OLG Stuttgart Urteil vom 17.04.2001 – 14 U 74/00 VersR 2002, 1286	Keine Aufklärung über alternative Methode der Implantat-Versorgung. Chronische Entzündung. Beeinträchtigungen durch verspätete Neuversorgung.	7.500,00 €
OLG Hamm Urteil vom 24.01.2001 – 3 U 107/00 OLG R 2001, 142 = VersR 2001, 1244	Fehlerhafte Extraktion von acht erhaltungswürdigen Zähnen bei 16-jährigem Patienten. Keine ausreichende Motivation des Zahnarztes, den Patienten zur Mund- und Zahnhygiene anzuhalten. Psychische Beeinträchtigungen des Jugendlichen wegen herausnehmbarer Oberkieferprothese.	15.000,00 €
OLG Koblenz Urteil vom 04.04.2000 – 1 U 1295/98 OLG R 2000, 529	Keine Aufklärung über (konservative) Trepanation des Zahnes mit Wurzelkanalbehandlung statt chirurgischer Wurzelspitzenresektion. Durchtrennung des Nervus trigeminus. Gesichtshälfte nahezu taub und empfindungslos.	25.000,00 €
OLG Düsseldorf Urteil vom 30.09.1999 – 8 U 146/98 OLG R 2000, 327	Fehlerhafte Implantatversorgung mangels Knochensubstanz ohne vorherige Paradontosebehandlung. Narkosezwischenfall. Schmerzhafte Entfernung der Implantate. Weitere Auflösung der Knochensubstanz beeinträchtigt Neuversorgung.	7.500,00 €
OLG Köln Urteil vom 16.06.1999 – 5 U 160/97 VersR 2000, 1150 = NJW-RR 2001, 91	Fehlerhaft unterlassene Überprüfung der Vollständigkeit und Unversehrtheit der bei Wurzelbehandlung verwendeten Instrumente. Schmerzen durch im Wurzelkanal verbliebenes Instrumententeil.	750,00 €

Hensen

Gericht und Fundstelle	Haftungsgrund und Schadensverlauf	Betrag
OLG Stuttgart Urteil vom 10.11.1998 – 14 U 34/98 VersR 1999, 1018	Fehlerhafte Schädigung des Nervus lingualis durch rotierendes Instrument bei Weisheitszahn- extraktion. Dauerhafte Geschmacks- und Gefühlsstörungen (2/3 der linken Zungenhälfte).	7.500,00 €
OLG Köln Urteil vom 25.02.1998 – 5 U 157/97 NJW-RR 1999, 388	Fehlerbedingter Kieferknochenschwund und irreversible Protheseninstabilität nach Implantat- versorgung. Mangelnde Kaufähigkeit und Schluckbeschwer- den, Würgereiz. Psychische Beschwerden. Ent- fernung der Implantate und Neuversorgung.	12.500,00 €
OLG Köln Urteil vom 03.11.1997 – 5 U 137/97 VersR 1999, 100	Fehlerhafte Kieferoperation. Inkomplette Schädigung des Nervus infraorbi- talis. Sensibilitätsstörungen und chronische Dauer- schmerzen sowie Schmerzattacken bei 35-jähri- gem Patienten.	20.000,00 €

Zusammenfassung Schwerstschäden/Zerstörung der Persönlichkeit (geordnet nach Fachbereichen)

Gericht und Fundstelle	Haftungsgrund und Schadensverlauf	Betrag
Allgemeinmedizin/Bereitschaftdienst		
LG München Urteil vom 28.05.2003 – 9 O 14993/99 VersR 2004, 649 = NJW-RR 2003, 1179	Grob fehlerhaft unterlassene Diagnostik zum Ausschluss eines Herzinfarktes bei 34-jährigem Patienten. Hypoxischer Hirnschaden wegen verspäteter Reanimation nach Herzinfarkt. Apallisches Syndrom, Tetraparese, schwerstbehindert, vollständig pflegebedürftig.	200.000,00 € + 150,00 € Rente
Anästhesiologie/Schmerzmedizin		
OLG Naumburg Urteil vom 14.09.2004 – 1 U 97/03 VersR 2005, 1401	Fehlerhaft überdosierte Allgemeinnarkose und unzureichende postoperative Überwachung der Vitalfunktionen bei Phimose-Operation eines 5 ½-jährigen Kindes. Atem- und Kreislaufstillstand, irreversibler Hirnschaden, Tetraparese, lebenslange körperliche und geistige Behinderung, Schwerstschäden.	150.000,00 € + 255,00 € Rente
Geburtshilfe		
OLG Jena Beschluss vom 14.08.2009 – 4 U 459/09 VersR 2009, 1676 (Rechtsmittelentscheidung zu LG Gera) VersR 2009, 1232	Grob fehlerhaftes Geburtsmanagement. Schon vom LG Gera dargestelltes Beschwerdebild verlangt »herausragende« Entschädigung.	600.000,00 €
LG Gera Urteil vom 06.05.2009 – 2 O 15/05 VersR 2009, 1232 m. Anm. Jaeger aaO, 1233	Grob fehlerhaft wegen Organisationsdefiziten verzögerte Notsectio (30 Minuten) in einem Perinatalzentrum (1993). Hypoxisch-ischämische Enzephalopathie.	600.000,00 €
Noch zu: LG Gera Urteil vom 06.05.2009 – 2 O 15/05 VersR 2009, 1232 m. Anm. Jaeger aaO, 1233	Cerebralparesen. Schwere spastische Tetraplegie. Schwere geistige Behinderung. Schwere statomotorische Retardierung. Pseudobulbäre Parese oropharyngeal und BNS-Krämpfe. Massives Hirnödem, Hirninfarkt. Wachkoma, blind, bettlägerig. An ein Atemüberwachungsgerät angeschlossen, rund um die Uhr auf Fremdhilfe angewiesen. Gravierendere Beeinträchtigungen kaum vorstellbar. Zerstörung der Persönlichkeit. Erhöhung des Schmerzensgeldes wegen Regulierungsverhaltens des Haftpflichtversicherers.	

Hensen

Gericht und Fundstelle	Haftungsgrund und Schadensverlauf	Betrag
OLG Stuttgart Urteil vom 09.09.2008 – 1 U 152/07 GesR 2008, 633 = VersR 2009, 80	Grobe Fehler im Geburtsmanagement. Schwere spastische Tetraparese sowie therapie- resistente Epilepsie mit bis zu 15 epileptischen Anfällen täglich. Hirnorganische Blindheit. Geis- tig schwerstbehindert. Nur zu Schmerzbekun- dungen in der Lage, sonst keine Kommunikation, kein Lachen oder Weinen, pflege– und fütte- rungspflichtig. Keine Basis für die Entwicklung einer eigenen Persönlichkeit. Wesentlich schwe- rere Schädigung nicht vorstellbar.	500.000,00 €
OLG Nürnberg Urteil vom 15.02.2008 – 5 U 103/07 MedR 2008, 674 mit Anm. Jaeger aaO, 676 = VersR 2009, 71	Keine Aufklärung einer Zweitgebärenden über echte Alternative (Sectio) bei Beckenendlage. Halsmarkläsion durch Überdehnung der Hals- wirbelsäule. Ab Halswirbelsäule weitestgehend querschnittsgelähmt. Kann nur Arme bewegen, keine Feinmotorik. Künstliche Hilfe zur Darm- und Blasenentleerung.	300.000,00 € + 600,00 € Rente (Kapitalwert 160.000,00 €)
OLG Celle Urteil vom 22.10.2007 – 1 U 24/06 VersR 2009, 500	Fehlerhaft unterlassene engmaschige Blut- druckmessungen bei klaren Anzeichen für eine Präklampsie der Kindesmutter. Unterlassene sofortige Einweisung. Schwere Cerebralparese (Tetraparese mit Epi- lepsie). Extreme Mikrozephalie. Schwerere körperliche, psychische und intellek- tuelle Beeinträchtigung kaum vorstellbar. Zerstö- rung der Persönlichkeit.	500.000,00 €
OLG Düsseldorf Urteil vom 26.04.2007 – I – 8 U 37/05 VersR 2008, 534	Fehlerhaft verzögerte Reaktion auf Sauerstoffun- terversorgung bei hochpathologischem CTG und Geburtsstillstand. Cerebralparese mit psychomotorischer Retar- dierung, Tetraspastik. Nahezu blind, kann sich nicht artikulieren. Therapiefraktäre Epilepsie, dauerhaft pflegepflichtig.	300.000,00 € + 300,00 € Rente
OLG Köln Urteil vom 20.12.2006 – 5 U 130/01 VersR 2007, 219 = MedR 2007, 297	Fehlerhafte Überwachung und Geburtsleitung. Schwerste tetraspastische dystone Bewegungs- störung, verursacht durch schwere hypoxische Hirnschädigung mit sekundärer Mikrozephalie. Epilepsie. Maximale irreversible Behinderung. Keine Kommunikation möglich, lebenslang pflegepflichtig.	500.000,00 €

Hensen

Gericht und Fundstelle	Haftungsgrund und Schadensverlauf	Betrag
LG München Urteil vom 08.03.2006 – 9 O 12986/04 VersR 2007, 1139	Behandlungsfehlerhaft Mikroblutuntersuchung unterlassen. Hirnschädigung infolge Sauerstoffmangels. Neurologisches Durchgangssyndrom. Dauerhaft pflegepflichtig.	350.000,00 € + 500,00 € Rente
OLG Celle Urteil vom 27.02.2006 – 1 U 68/05 VersR 2007, 543	Grob fehlerhaft verzögerte Einleitung der Sectio bei Frühgeburt. Schweres Residualsyndrom durch Sauerstoffunterversorgung mit spastischer Tetraparese und schwerer psychomotorischer und mentaler Retardierung. Sehfähigkeit bei 20 %. Fütterungspflichtig.	300.000,00 €
OLG München Urteil vom 19.09.2005 – 1 U 2640/05 OLG R 2006, 92	Behandlungsfehlerhafte Gabe eines Schmerzmittels kurz vor der Geburt an allergische Mutter. Durch Kreislaufschock ausgelöste schwere perinatale Hirnschädigung. Dystone Tetraparese mit Dyskinesiemerkmalen. Schwere Entwicklungsstörung. Krampfleiden, Stuhl- und Harninkontinenz. Dauerhaft pflegepflichtig.	350.000,00 € + 500,00 € Rente
LG Kleve Urteil vom 09.02.2005 – 2 O 370/01 ZfS 2005, 235	Fehlerhaft zu spät eingeleitete Geburt nach pathologischem CTG. Schwere hypoxisch-ischämische Enzephalopathie. Cerebralparese mit ausgeprägter psychomotorischer Retardierung. Kann nicht sitzen oder sich fortbewegen. Keine aktive, nur sehr eingeschränkte passive Kommunikatiosfähigkeit.	400.000,00 € + 500,00 € Rente.
OLG Koblenz Urteil vom 05.07.2004 – 12 U 572/97 NJW 2005, 1200 = VersR 2005, 738 = MedR 2005, 601	Grob fehlerhaftes Unterlassen der Verlegung von Zwillingen bei Risiko einer Hypoglykämie in pädiatrische Abteilung. Keine Blutzuckerkontrolle. Schwere symptomatische und protrahierte Hypoglykämie. Schwerste psychomotorische Retardierung mit Tetraspastik. Kommunikation sehr reduziert. Dauerhaft pflegebedürftig.	300.000,00 €

Gericht und Fundstelle	Haftungsgrund und Schadensverlauf	Betrag
OLG Hamm Urteil vom 21.05.2003 – 3 U 122/02 VersR 2004, 387	Fehlerhaft verspätet eingeleitete Sectio. Falscher Einsatz der Kristeller-Hilfe. Verspätete Information der Kinderärzte. Uterusruptur. Schwerste hypoxisch-ischämische Enzephalopathie. Grad II bis III. Therapieresistente cerebrale Krampfanfälle. Praktisch keine Entwicklung des Gehirns. Schwerstes neurologisches Residualsyndrom. Schwerste Tetraspastik mit multiplen Gelenkkontrakten. Ernährung über PEG-Sonde. Teilweise taub. Funktionale Blindheit. Schlechterer Zustand praktisch nicht vorstellbar. Zerstörung der Persönlichkeit.	500.000,00 €
OLG Brandenburg Urteil vom 09.10.2002 – 1 U 7/02 VersR 2004, 199	Fehlerhaft verzögert eingeleitete Notsectio bei Risikopatientin. Apnoen und schwere Muskelanomalien. Rezidivierende Krampfanfälle. Keine Kommunikation. Ernährung über Sonde. Harn- und Stuhlinkontinenz. Dauerhaft pflegepflichtig.	230.000,00 € + 360,00 € Rente
OLG München Urteil vom 20.06.2002 – 1 U 3930/96 OLG R 2003, 269	Grobe Fehler im Geburtsmanagement. Kein CTG, keine Abklärung des Uterustonus bei Erbrechen und Dauerschmerzen im Bauchbereich. Risikoschwangerschaft. Multiorganversagen. Schwerste körperliche und geistige Behinderung. Partielle Empfindungs- und Erlebnisfähigkeit.	350.000,00 €
OLG Hamm Urteil vom 16.01.2002 – 3 U 156/00 VersR 2002, 1163 = NJW-RR 2002, 1604	Grob fehlerhafte Geburtsleitung. Schweres Hirnödem. Schweres neurologisches Durchgangssyndrom. Schwerste sekundäre Mikrozephalie. Schwerste Tetraspastik. Blind. Ernährung über Sonde. Täglich tonische Anfälle. Lebenslang pflegepflichtig. Weitgehende Zerstörung der Persönlichkeit.	500.000,00 €

Gericht und Fundstelle	Haftungsgrund und Schadensverlauf	Betrag
Pädiatrie/Neonatologie		
KG Berlin Beschluss v. 11.04.2005 – 20 U 23/04 GesR 2005, 499 Vorinstanz: LG Berlin Urteil vom 20.11.2003 – 6 O 272/01 VersR 2005, 1247 m. Anm. Jaeger aaO, 1249: (Hohe Rente neben gemindertem Kapital »gerechter«)	Grob fehlerhafte Behandlung eines Diabetes mellitus bei sechsjährigem Jungen mit der Folge eines Hirnödems. Schwere Schädigung des Mit- telhirns. Wachkoma über fast zwei Jahre. Geistig und körperlich schwerstbehindert. Spastische Krämpfe, linker Arm Dauerspasmus. Sitzschale mit Kopfstütze. Zunehmendes Sprachverständnis und physische Weiterentwicklung. Schule für geistig Behinderte, Einzelbetreuung. Leidet unter der Behinderung.	500.000,00 €
OLG Braunschweig Urteil vom 22.04.2004 – 1 U 55/03 VersR 2004, 924 = GesR 2004, 282 m. Anm. Jorzig	Fehlerhaft unterlassene Ultraschalluntersuchung eines Neugeborenen mit schwerem Atemnot- syndrom. Pneumothorax. Schwere Hirnblutung. Shunt- pflichtiger Hydrocephalus. Nahezu blind. Keine Kommunikatonsfähigkeit, dauerhaft pflegebe- dürftig.	350.000,00 €
Plastische Chirurgie/Ästhetische Chirurgie		
OLG Oldenburg Urteil vom 30.05.2000 – 5 U 218/99 VersR 2001, 1381	Unterlassene Aufklärung vor Bauchdeckenpla- stik mit Fettabsaugung bei stark adipöser 26jähri- ger Patientin. Postoperative Lungenembolie. Hypoxischer Hirnschaden. Schwerste physische und psychische Schäden. Patientin leidet unter der Situation.	200.000,00 €

D. Der Haftungsfall in der Praxis – 1. Teil: Stadium der außergerichtlichen Anspruchsprüfung

I. Der Patient als Mandant

Nach wie vor gilt: Eine Vielzahl von Arzthaftungsfällen kann **außerge-** **richtlich** reguliert werden. Auch eine solche außergerichtliche Schadenre-gulierung setzt an den vertretenden Rechtsanwalt ein Höchstmaß an Sach-kunde, Kompetenz und medizinischem Wissen voraus. Man hüte sich vor der Einschätzung, dass die außergerichtliche Regulierung eines Medizin-schadens auf Patientenseite »der leichte« Weg sei: Nicht selten fehlen auf Pa-tientenseite die finanziellen Möglichkeiten der Einholung eines oder meh-rerer Privatgutachten zur Begründung des eigenen Standpunktes. In dieser Situation bedarf es der fachkundigen Beratung durch einen erfahrenen Pa-tientenanwalt.

2751

1. Sachverhaltsermittlung

a) Anwaltliche Anamnese

aa) Erstkontakt mit dem Mandanten

Der einen Patienten vertretende Rechtsanwalt sieht sich anlässlich eines Erstgespräches einer Vielzahl von Informationen ausgesetzt. Nicht selten stellt sich im Nachhinein heraus, dass entscheidende Kernpunkte fehlten. Genau diese gilt es im Rahmen der Mandatsbearbeitung aber herauszuar-beiten. Die Komplexität arzthaftungsrechtlicher Schadenersatzansprüche gebietet es, im Interesse des Patienten vor Anspruchsanmeldung zunächst eine sorgfältige Sachverhaltsermittlung durchzuführen, in die der Mandant eingebunden sein muss. Information und gute Vorbereitung ist (fast) alles. Der Patient/Mandant soll ein Gedächtnisprotokoll, alle, ihm vorliegenden medizinischen Berichte, ggf. schon Zeugenberichte, mitbringen.

2752

Tipps vor dem ersten persönlichen Mandantengespräch:
– Schon mit dem Erstgespräch am Telefon oder der ersten schriftlichen Anfrage beginnt die Informationseinholung, der Mandant wird gebeten alle Unterlagen mitzubringen. Welche das im einzelnen sind, muss dem Mandanten erläutert werden (Gedächtnisprotokoll, Zeugenberichte, evtl. vorhandene Arztberichte).

❗ Der Mandant sollte sich auch auf das Gespräch, bei dem er das erste Mal seinen Anwalt sieht, vorbereiten können.

bb) Mandantengespräch

Gerade wegen der Komplexität arzthaftungsrechtlicher Mandate wird das, was der Mandant für sich unabdingbar bereits als Fehlbehandlung des Arztes

2753

ansieht, im Ergebnis aus den verschiedensten Gründen oftmals keine Bestätigung finden. Dass der Arzt seinem Patienten keinen Behandlungserfolg schuldet, sondern »nur« eine dem fachärztlichen Standard genügende Behandlung, gilt es dem Mandanten als erstes klar zu machen. Denn häufig kann der Mandant nicht nachvollziehen, dass der von ihm beklagte Gesundheitsschaden nicht zwangsläufig auf einen Behandlungsfehler zurückzuführen sein muss.
Bereits im ersten Mandantengespräch sollte der Anwalt gemeinsam mit dem Mandanten herausarbeiten, worin das beanstandete Behandlungsgeschehen liegt. Das setzt voraus, dass der Anwalt dem Mandanten in groben Zügen, und in einer für einen juristischen Laien verständlichen Form darlegt, unter welchen Voraussetzungen mit hinreichender Erfolgsaussicht Arzthaftungsansprüche geltend gemacht werden können. Eine umfassende anwaltliche Beratung in dieser Situation – mit nachfolgender schriftlicher Bestätigung – kann im weiteren Verlauf der Mandatsbearbeitung sehr hilfreich sein. Der Mandant ist in groben Zügen über die verschiedenen Anspruchsgrundlagen möglicher Arzthaftungsansprüche[3756] aufzuklären, als da der **Behandlungsfehler** und der **Aufklärungsfehler** zu nennen sind.

2754 Behandlungsfehler werden in
– **Diagnosefehler**, ggf. aufgrund unterlassener Befunderhebung,
– **Therapiefehler** sowie
– **generalisierte Qualitätsmängel (Organisationsmängel)**, wie zum Beispiel Fehler im Bereich der Organisation mit Verletzung von Hygienevorschriften, Geräte- und Medikamentenbevorratung, Gerätewartung und medizinisches Management im Bereich der horizontalen und vertikalen Arbeitsteilung,
unterteilt. Der Anwalt sollte gemeinsam mit dem Mandanten besprechen, wo genau der Schwerpunkt seiner Behandlungsfehlervorwürfe liegt.

2755 Rügt ein Mandant, unzureichend aufgeklärt worden zu sein, müssen Anwalt und Mandant gemeinsam genauestens klären, ob und ggf. wie das Aufklärungsgespräch verlaufen ist. Sofern bereits vorhanden, sollte in dieser Situation mit dem Mandanten das Einwilligungsformular, das er unterzeichnet hat, besprochen werden.

2756 Eine unzureichende Aufklärung führt nämlich dann nicht zur Arzthaftung, wenn der Arzt darlegen und beweisen kann, dass der Patient auch bei ordnungsgemäßer Aufklärung den konkreten Eingriff hätte durchführen lassen, d.h. eingewilligt hätte.
Hätte der Patient den Eingriff bei ordnungsgemäßer Aufklärung durchführen lassen, allerdings zu einem anderen Zeitpunkt, ggf. unter günstigeren Bedingungen oder in einer anderen Klinik, obliegt dem Arzt der Beweis dafür, dass es gleichermaßen zu dem jetzt vorliegenden Gesundheitsschaden gekommen wäre.

3756 Näheres dazu: Müller, Kapitel 2 C, Rdn. 1407 ff

Der Arzt muss also beweisen, dass der bei dem unzureichend aufgeklärten Patienten durchgeführte Eingriff in einer anderen Klinik zu einem anderen Zeitpunkt denselben Verlauf genommen hätte. Dieser Beweis wird in den allermeisten Fällen nicht gelingen.

Ausgehend von diesen Gegebenheiten sind bei dem Mandanten im Rahmen der Sachverhaltsermittlung diejenigen Anknüpfungstatsachen zu erfragen, um die es tatsächlich geht.   **2757**

Insoweit gilt es zum Zwecke der Sicherung und des erfolgreichen Aufarbeitens der gesammelten Informationen

– um die Erfassung der wesentlichen Eckdaten im Rahmen einer Checkliste mit den Angaben zur Person, des Versicherungsstatus, der Behandlungschronologie, des eigentlichen Vorwurfes, des Schadens und der schon beim Mandanten vorhandenen Krankenunterlagen und das
– Sichern der Informationen in Form eines Gedächtnisprotokolles und durch Zeugenberichte.

Es ist (nicht nur) zur Sachverhaltsermittlung unabdingbar, den Patienten zur Fertigung eines ausführlichen **Gedächtnisprotokolles** und zur Nennung möglicher Zeugen aufzufordern. Auch zum Schutz des Anwaltes vor eventuellen Anwaltshaftungsansprüchen gilt: Nur mittels eines schriftlichen Gedächtnisprotokolles kann der Anwalt nachweisen, was er von dem Mandanten erfahren hat. Der Vorwurf unzureichender, fehlerhafter anwaltlicher Beratung fällt Mandanten nicht selten ein, wenn die Schadenregulierung nicht den gewünschten Erfolg hat.   **2758**

> ❗ Zum Schutz vor Anwaltshaftungsansprüchen sollte im Rahmen der Mandatsbearbeitung Wesentliches in jedem Fall dokumentiert und von dem Mandanten schriftlich bestätigt werden.

Patienten haben häufig Probleme, ein Gedächtnisprotokoll zu fertigen. Sie glauben, dass sie entsprechende Gedächtnisprotokolle nicht »druckreif« verfassen können. Dabei sollte man dem Patienten verdeutlichen, dass es nicht um die Abfassung eines »druckreifen« Gedächtnisprotokolles, sondern lediglich um eine, im Verhältnis Rechtsanwalt-Mandant, interne Berichterstattung geht. Nicht selten sind es im Verlauf einer medico-legalen Auseinandersetzung kleine, auf den ersten Blick völlig unwichtige Details, die noch eine entscheidende Wende herbeiführen können. Der Patient als medizinischer Laie und sein Rechtsanwalt (ebenfalls medizinischer Laie), können dies beide zunächst nicht wissen.   **2759**

Wichtig ist ein derartiges Gedächtnisprotokoll auch deswegen, weil vielfach Erinnerungen im Laufe der Jahre verblassen. Fragt man einen Patienten zwei Jahre nach dem Erstgespräch, dann stellt man fest, wie viele Details nicht mehr in Erinnerung sind.

2760 Es ist wichtig zu wissen, für welche Fakten, die in den Krankenunterlagen nicht dokumentiert sind, **Zeugen** zur Verfügung stehen. Anhörungen von Zeugen, die in der forensischen Auseinandersetzung häufig viele Jahre nach dem fraglichen Ereignis stattfinden, sind nicht unproblematisch:
Auch ein potentieller Zeuge weiß nach geraumer Zeit keine Details mehr, leider häufig gerade die Details nicht, auf die es ankommt. Zeugen sollten zur Fertigung von Berichten aufgefordert werden.

> ❗Zeugenberichte, die zeitnah gefertigt werden, können sehr hilfreich sein.

2761 Weiter sollte man Folgendes bedenken:
Zeugenaussagen vor Gericht sind nicht prognostizierbar.
Gerade Zeugen ohne jede Gerichtserfahrung stehen bei der eigentlichen Zeugenvernehmung oft unter Stress, der das Erinnerungsvermögen zusätzlich beeinträchtigt.
Umso wichtiger sind zeitnahe Zeugenberichte, die dem Zeugen ggf. vorgehalten werden können. Sinnvoll sind sie allemal, weil sich aus diesen Zeugenberichten Hinweise auf mögliche weitere Komplikationen ergeben können.

b) Behandlungsunterlagen

aa) Dokumentation und Einsichtsrecht

2762 Der Mandant muss wissen, dass er einen Anspruch auf Herausgabe lesbarer Fotokopien bezüglich derjenigen Aufzeichnungen, die objektive physische Befunde und Berichte über Behandlungsmaßnahmen (Medikation, Operation etc.) betreffen, hat.[3757] Naturwissenschaftlich objektivierbare Befunde sind herauszugeben. Subjektive Meinungen/Beurteilungen des behandelnden Arztes können abgedeckt werden. Dies gilt insbesondere bei psychiatrischen Behandlungsunterlagen.
Für die Zurverfügungstellung der fotokopierten Behandlungsdokumentation werden dem Mandanten die Fotokopiekosten in Rechnung gestellt werden. Für DIN-A4-Seiten sind dies in Regel 0,50 € pro Fotokopie, es zeichnet sich aber eine Tendenz zur Erhöhung dieser Fotokopiekosten ab.

2763 Seit der Entscheidung des BGH aus dem Jahre 1982 gibt es nur noch sehr selten Schwierigkeiten, das Einsichtsrecht des Patienten durchzusetzen. Allerdings ist gleichermaßen eine Tendenz zu erkennen, dass insbesondere Krankenhausverwaltungen den Patienten/Mandanten auf die Einsichtnahme vor Ort, d. h. im Krankenhaus, verweisen oder die Einsicht nur durch einen Anwalt gestatten. Darauf muss sich der Patient nicht einlassen.
Liegt die Krankenblattdokumentation vor, gilt es diese auszuwerten. Voraussetzung ist, dass dem Anwalt bekannt ist, was Inhalt dieser Behandlungsdokumentation sein muss. Es liegt auf der Hand, dass es keine ein-

---

3757 BGH, NJW 1983, 328

heitliche, bundesweit standardisierte Behandlungsdokumentation gibt. Die Praxis zeigt, dass es individuell unterschiedliche Dokumentationsmethoden gibt. Da aber die Behandlungsdokumentation das zentrale Beweismittel im Arzthaftungsprozess und als Urkundsbeweis anerkannt ist, bedeutet dies für den Anwalt, dass er Inhalt und Umfang ärztlicher Dokumentationspflicht genauestens kennen muss, damit er diese sachkundig überprüfen kann. Die ärztliche Dokumentationspflicht beschränkt sich auf das »medizinisch Notwendige«.[3758]

Grundsätzlich gilt folgendes: **2764**
Der Arzt hat über die in Ausübung seines Berufes gemachten Feststellungen und getroffenen Maßnahmen »die erforderlichen Aufzeichnungen« zu machen. Auch landesrechtlichen Vorschriften, wie z.B. § 30 Nr. 3 des Nordrhein-Westfälischen Heilberufsgesetzes[3759], legen die ärztliche Dokumentationspflicht fest. Auch aus den Krankenhausgesetzen der Länder ergibt sich zum Teil die Dokumentationspflicht des behandelnden Arztes und darüber hinaus des verantwortlichen Pflegepersonals. Weiterhin lassen sich aus den vertragsarztrechtlichen Vorschriften Pflichten zur Dokumentation ableiten. § 57 Abs.1 BMV-Ä bestimmt, dass der Vertragsarzt die Befunde, die Behandlungsmaßnahmen sowie die veranlassten Leistungen einschließlich der Behandlungstermine in geeigneter Weise zu dokumentieren hat.
Zwischenfälle sind dann zu dokumentieren, wenn sie für die weitere Behandlung des Patienten von Bedeutung sein können.

Die Dokumentation soll zeitnah erfolgen. Bei Notfallbehandlungen, bei denen sofort gehandelt und behandelt werden muss, kann die Dokumentation nachträglich gemacht werden, allerdings mit dem Vermerk, wann genau dies erfolgt ist. Ob die Dokumentation tatsächlich zeitnah erfolgt ist, kann häufig leider nicht sicher festgestellt werden, insbesondere dann, wenn eine EDV-Dokumentation vorgelegt wird.   **2765**
Zwar muss der Arzt bei Einsatz einer EDV-Dokumentation Auskunft darüber geben, welche Sicherungs- und Schutzmaßnahmen er zum Schutz vor nachträglichen Veränderungen eingesetzt hat (§ 10 Abs. 5, MBO der Ärzte)[3760], was er aber nur ungern macht. Ist der Arzt der ihm berufsrechtlich auferlegten Verpflichtung zur Sicherung seiner Aufzeichnungen vor nachträglichen Veränderungen nicht nachgekommen, relativiert sich deren Beweiswert.

Die unzureichende, fehlerhafte Dokumentation einer **dokumentations-   2766
pflichtigen Maßnahme** kann haftungsrechtliche Relevanz haben.[3761] Die

---

3758   Steffen/Pauge, Arzthaftungsrecht, 11. Aufl., S. 207 ff
3759   Vom 24.4.1994, GV NRW S. 204; eine Synopse der landesrechtlichen Vorschriften aller Bundesländer findet sich bei Uhlenbruck, in: Laufs/Uhlenbruck, § 59, Fn. 8
3760   OLG Hamm, VersR 2006, 842
3761   Näheres dazu: Müller, Kapitel 2 C, Rdn. 1624 ff

Dokumentation hat keinen Selbstzweck, schon gar nicht dient sie der Beweissicherung für eine forensische Auseinandersetzung, sie dient in erster Linie der Sicherheit des Patienten.[3762]

> ❗ Dokumentationsmängel geben keine eigenständige Anspruchsgrundlage.[3763] Dokumentationsmängel und -lücken haben beweisrechtliche Konsequenzen.

2767 Das sollte dem Mandanten verdeutlicht werden.
Zu dokumentieren sind die wichtigsten diagnostischen und therapeutischen Maßnahmen:
- die Anamnese,
- sämtliche erhobenen Befunde,
- ärztliche Anordnungen und Verordnungen sowie Anweisungen an die Funktions- und Behandlungspflege,
- die Verlaufsdaten (Operationsbericht, Narkoseprotokoll).[3764]

Wegen der eventuell damit verbundenen haftungsrechtlichen Konsequenzen wird in forensischen Auseinandersetzungen immer wieder darüber gestritten, ob Befunde mit negativem Ergebnis zwingend zu dokumentieren sind, d.h. dokumentationspflichtig sind. Die Rechtsprechung bejaht dies überwiegend.

2768 Fallbeispiele, in denen die Rechtsprechung eine Dokumentationspflicht bejaht hat:
- Unterlassene Schulterentwicklung durch den Geburtshelfer mit nachfolgender Armplexusparese (OLG Köln, VersR 1994, 1424 und OLG Saarbrücken, VersR 1988, 916: »sehr schwere Schulterentwicklung« genügt nicht)
- Keine schriftliche Bestätigung des vom Arzt gegebenen Hinweises auf eine Versagerquote bei einer Sterilisation aus Gründen der Familienpla-

---

3762 BGH, NJW 1978, 2337 = VersR 1978, 1002; BGH, VersR 1983, 983; BGH, NJW 1986, 2365 = VersR 1986, 788

3763 BGH, NJW 1988, 2949; BGH, NJW 1993, 2375

3764 BGH, NJW 1993, 2375 = VersR 1993, 836 – Routinekontrolle auf Sudeck o.B.; OLG Oldenburg, VersR 2008, 691 – keine Aufzeichnung medizinisch unwesentlicher Zwischenschritte; BGH, NJW 1985, 2194 = VersR 1985, 740, 741; KG, VersR 2000, 89 – bei Zweifeln über Anerkennung der Behandlung durch Krankenversicherer erhöhte Pflicht zur Dokumentation der med. Notwendigkeit; OLG Düsseldorf, NJW 2001, 900 = VersR 2001, 1516 – das genaue Vorgehen bei der Excimer- Laserbehandlung zur Hyperopiekorrektur lediglich aus kosmetischen Gründen; OLG Schleswig, VersR 2001, 1516 und OLG Düsseldorf, VersR 2003, 1310 – Behandlungsverweigerung des Patienten; OLG Hamm, VersR 2005, 412 – Geburtsprotokoll; CTG-Aufzeichnungen unter der Geburt; OLG Bamberg, VersR 2005, 1244 – Schulterdystokie; OLG Koblenz, VersR 2007, 544 – Operationsbericht dazu ausführlich: Martis/Winkhart, Arzthaftungsrecht, 3. Aufl. 2010 m.z.w.N., S. 260 ff

nung (OLG Braunschweig, NJW-RR 2000, 235, 236: Beweisanzeichen für die Nichterfüllung einer Nebenpflicht; OLG Oldenburg, NJW-RR 2000, 240, 241: Beweislast für unterlassene Sicherheitsaufklärung liegt jedoch beim Patienten)
– Gründe für das Abweichen von einer herkömmlichen Operationsmethode (BGH, NJW 1989, 2330; Gehrlein, Rdn. B 123)
– Durchführung differentialdiagnostischer Maßnahmen zur Klärung der Möglichkeit eines Gefäßverschlusses mit nachfolgender Beinamputation (BGH, VersR 1983, 983)
– Verlassen der Klinik entgegen dem Patienten erteilten medizinischen Rat (BGH, NJW 1987, 2300; OLG Düsseldorf, VersR 1997, 1402 bei psychisch auffälligem Patienten)
– Durchführung von Tests und deren Ergebnisse, die zum Ausschluss einer Meningitis (Hirnhautentzündung) durchgeführt worden sind (OLG Stuttgart, VersR 1994, 313) m.w.N. bei Martis/Winkhart, Arzthaftungsrecht).

bb) Unterlagen des behandelnden Arztes

Wichtige Bestandteile einer Behandlungsdokumentation sind bei stationärer Behandlung:
– Einweisungsdiagnose
– Eigen- und Familienanamnese
– bisherige diagnostische und therapeutische Maßnahmen
– Einwilligungserklärungen sowohl für invasive Diagnostik als auch für operative Eingriffe
– jedwede technische Aufzeichnung, z.B. EKG, EEG, CTG, röntgenologische Befunde (§ 29 RöntgenVO, § 43 StrahlenschutzVO), CT
bei Operationen:
– anästhesiologische Anamnese und Befunderhebung
– Einwilligungserklärung zu dem vorgeschlagenen Anästhesieverfahren/Operation
– Narkoseprotokoll
– Operationsbericht
– Konsiliarschein und konsiliarische Befundberichte
– postoperativer Überwachungsbogen
– Laboraufkleber
– Antibiogramme – mikrobiologische Befundberichte
– histo-pathologische Befundberichte
– Pflegeberichte, sog. Fieberkurven (mit Blutdruck, Puls, Stuhlgang, Miktion, Medikation, Verbandwechsel sowie besondere Vorkommnisse bei der Beobachtung etc.)
– Entlassungsbericht
– Angabe des behandelnden Arztes mit therapeutischen Anordnungen
bei ambulanter Behandlung:

2769

Dautert

- Ambulanzkarte mit entsprechenden Angaben
- sämtliche Arzt- und Krankenhausberichte
- Laborbefunde

cc) Unterlagen der vor- und nachbehandelnden Ärzte

2770   Zur umfassenden Sachverhaltsermittlung im Rahmen der Prüfung möglicher Schadenersatzansprüche gehören die gesamten Unterlagen der vor- und nachbehandelnden Ärzte. Aus diesen Unterlagen lassen sich nicht selten sehr wertvolle Hinweise gewinnen, die haftungsrechtlich von Bedeutung sein könnten.

Unabhängig davon aber lassen sich mittels Einsichtnahme in die Behandlungsdokumentationen der vor- und nachbehandelnden Ärzte »Gedächtnislücken« des Patienten schließen, insbesondere lassen sich evtl. Vorschäden/Vorerkrankungen feststellen.

Der Patient ist in der Regel medizinischer Laie, vergisst evtl. Details aus seiner Krankengeschichte, die für die haftungsrechtliche Bewertung von Bedeutung sein könnten.

> ❗ Die gesamten Krankenunterlagen sind auf ihre Vollständigkeit hin zu überprüfen. Verweigert ein Mandant die Einsichtnahme in die Behandlungsdokumentation der vor- und nachbehandelnde Ärzte, empfiehlt es sich die Mandatsbearbeitung abzulehnen.

dd) Recht auf Einsichtsgewährung

2771   Ärzte und Krankenhäuser sind heute vielfach dazu übergegangen, die Krankenblätter durch gewerbliche Institutionen archivieren oder aber mikroverfilmen zu lassen, was allein schon unter datenschutzrechtlichen Gesichtspunkten bedenklich erscheint. Lassen sich mikroverfilmte Krankenunterlagen nicht mehr einwandfrei reproduzieren, gehen eventuelle Beweisschwierigkeiten ausschließlich zu Lasten des Arztes oder Krankenhausträgers.

Werden Krankenblattunterlagen an weiterbehandelnde Ärzte herausgegeben, so muss der Arzt für die Rückführung der Krankenunterlagen Sorge tragen. Geschieht dies nicht, so treffen ihn im Arzthaftungsprozess ggf. beweisrechtliche Konsequenzen. Häufig genügt schon ein entsprechender Hinweis an den Arzt, der angeblich keine Unterlagen mehr hat, damit für entsprechende Rückführung Sorge getragen wird.

2772   Der Patient hat das Recht, die ihn betreffenden Krankenunterlagen einzusehen und sich ggf. auf seine Kosten Fotokopien fertigen zu lassen. Alternativ kann dem Patienten/Anwalt Einsicht in die Originale der Dokumentation vor Ort gewährt werden. Die Behandlungsunterlagen selbst sind Eigentum des Arztes/Krankenhausträgers.

Ein besonders schutzwürdiges Interesse an der Einsichtnahme braucht der Patient grundsätzlich nicht darzulegen.[3765]

Der BGH hat das Einsichtsrecht des Patienten in die ihn betreffenden Krankenunterlagen eingeschränkt, und zwar zum einen, wenn »**therapeutische Rücksichten**« dem entgegenstehen. Eine solche Einschränkung des Einsichtsrechtes indes bedarf der substantiierten Begründung[3766], die häufig ärztlicherseits nicht gegeben werden kann. **2773**

Für die **Einsichtnahme in psychiatrische Dokumentationen** hat der BGH zum anderen unter eng begrenzten Voraussetzungen das Einsichtsrecht des Patienten ebenfalls beschnitten, da dieser ggf. durch die Einsichtnahme in die ihn betreffenden Unterlagen zusätzlichen Schaden an seiner Gesundheit nehmen könnte.[3767]

Den Erben eines verstorbenen Patienten steht i.d.R. wegen eines der fortbestehenden grundsätzlichen Schweigepflicht übergeordneten Interesses ein Einsichtsrecht in die Behandlungsunterlagen zu, es sei denn, dem Arzt ist aus der Behandlung bekannt, dass der verstorbene Patient dies nicht gewollt hätte. Hier muss der Arzt aber wichtige Gründe vortragen. **2774**

❗ Bevor der Anwalt auf die vollständige Herausgabe von psychiatrischen Dokumentationen verzichtet, sollte die Herausgabe an einen vom Patienten benannten Arzt seines Vertrauens verlangt werden. Dieser kann prüfen und klären, ob der Patient durch die Kenntnis der Dokumentation zusätzlichen Schaden nehmen könnte.

Festzuhalten bleibt: **2775**
– Behandlungsunterlagen sind Kernstück für die Beurteilung eines Behandlungsgeschehens. Es gilt daher:
  – für eine vollständige Zurverfügungstellung der Behandlungsdokumentation über das Einsichtsrecht des Patienten zu sorgen,
  – das Einsichtsgesuch mit einer Fristsetzung zu verbinden und für einen Nachweis des Zuganges zu sorgen, um den Klageanspruch auf Einsichtsgewährung bei Verzug durchsetzen zu können,
  – bei langen Krankheitsverläufen auf die bestehenden Auskunftspflicht der Krankenkasse zur Komplettierung des Behandlungsgeschehens zurückzugreifen.

3765 BGH, VersR 1984, 1171; BGH, NJW 1989, 764 = VersR 1989, 252
3766 BGH, NJW 1985, 674 = VersR 1984, 1171; BGH, BGHZ 106, 146 = NJW 1989, 764 = VersR 1989, 252
3767 BGH, VersR 2009, 982

Dautert

2776 Anforderung der Krankenblattdokumentation

Herausgabe der Krankenunterlagen betreffend die Behandlung (...)

Sehr geehrte Damen und Herren,

Ihr(e) im Betreff näher bezeichnete(r) Patient(in) hat uns in einer Arzthaftpflichtangelegenheit mit der Vertretung seiner/ihrer rechtlichen Interessen beauftragt und angegeben, dass er/sie bei Ihnen stationär/ambulant behandelt worden ist.

Wir bitten Sie, uns Fotokopien der **gesamten** bei Ihnen gefertigten Krankenunterlagen zu übersenden, da diese für unsere Überprüfung benötigt werden.

Unser(e) Mandant(in) hat Sie von der ärztlichen Schweigepflicht entbunden und ist ebenfalls mit der vollständigen Weitergabe der Ihnen vorliegenden Unterlagen von anderen Ärzten bzw. anderen Stellen einverstanden. Unser(e) Mandant(in) hat gem. § 810 BGB einen Rechtsanspruch auf Einsichtnahme in die ihn(sie) betreffenden Krankenunterlagen. Nach der höchstrichterlichen Rechtsprechung umfasst dieser Anspruch auch die Herausgabe von Fotokopien gegen angemessene Kostenerstattung.

Wir bitten um Übersendung der Unterlagen bis zum (...).

Mit freundlichen Grüßen
RAe (...)

Herausgabeklage

An das
Landgericht   (...)

Klage
der Frau/des Herrn   – Kläger(in) –
Prozessbevollmächtigte: (...)

gegen
Frau/Herrn   – Beklagte(r) –

wegen: Herausgabe von Fotokopien der kompletten Ambulanzaufzeichnungen betreffend die hausärztliche Behandlung in der Zeit vom (...) bis (...)
Namens und in Vollmacht des Klägers erheben wir Klage gegen die Beklagte und beantragen, wie folgt zu erkennen:
1. Die Beklagte wird verurteilt, an den Kläger Ablichtungen ihrer kompletten Ambulanzaufzeichnungen Zug um Zug gegen Kostenerstattung herauszugeben;
2. die Beklagte trägt die Kosten des Verfahrens.

Begründung:

I.

Mit vorliegender Klage macht der /die Kläger(in) sein/ihr Recht auf Einsichtnahme in die ihn persönlich betreffende Patientendokumentation durch Herausgabe entsprechender Fotokopien geltend.

Der/die Kläger(in) benötigt diese Dokumentation zur Überprüfung möglicher Schadenersatzansprüche u. a. wegen fehlerhafter hausärztlicher Behandlung in (..Jahr..) gegenüber der Beklagten.

Der /die Kläger(in) befand sich in langjähriger hausärztlicher Betreuung bei der Beklagten.

Der /die Kläger(in) ist der Auffassung, (...) (*Behandlungsfehlervorwurf knapp formulieren*).

Die Beklagte ist wiederholt, zuletzt mit Fristsetzung bis zum (...), zur Herausgabe aufgefordert worden.

Beweis: anwaltliches Schreiben vom (...)

Bis heute sind die Unterlagen nicht eingegangen.

Herausgabeklage ist demnach geboten.

II.

Zur Rechtsgrundlage (...)

RAe (...)

ee) Auskunftsansprüche des Patienten

Der Patient hat das Recht, Auskunft über das beteiligte Personal zu bekommen, also welcher Arzt, welche Krankenschwester während des Behandlungszeitraumes wann genau für die Behandlung verantwortlich war. **2777**

Häufig ist dem Patienten nicht einmal bekannt, wer ihn behandelt hat. Der Krankenhausträger ist verpflichtet, Namen und ladungsfähige Anschriften sowie genaue Dienstzeiten des von ihm bei der Erfüllung seiner vertraglichen Pflichten gegenüber dem Patienten eingesetzten, diesem unbekannten ärztlichen und nicht-ärztlichen Personals mitzuteilen. Wird dieser Verpflichtung nicht nachgekommen, kann Auskunftsklage erhoben werden.

Der Patient hat darüber hinaus gegenüber dem Krankenhausträger/Arzt **keine weitergehenden Ansprüche auf Auskunft**. Etwas anderes gilt, wenn er darlegen kann, dass gerade diese im Rahmen seines Anspruchsbegehrens wegen eines Behandlungs- oder Aufklärungsfehlers oder als Zeugen in Betracht kommen.[3768] Sofern diese Ärzte und Pfleger aus der Krankenblattdokumentation ohne weiteres zu entnehmen sind, scheidet ein entsprechendes **2778**

3768 OLG Frankfurt, VersR 2006, 81

Anspruchsbegehren aus.[3769] Ein Anspruch auf Mitteilung der Privatadresse des behandelnden Arztes und sonstiger an der Behandlung beteiligter Personen, scheidet jedenfalls solange aus, wie diese noch dort tätig sind.[3770] Darüber hinaus gibt es keine allgemeine umfassende Auskunftpflicht, auch dann nicht, wenn Dokumentationsmängel vorliegen.[3771] Der Auskunftsanspruch reicht nicht weiter als das Einsichtsrecht des Patienten, auch dann nicht, wenn er der Vorbereitung eines Arzthaftungsprozesses dienen soll.

❗ Der Patient hat keinen Anspruch auf
- Bekanntgabe der Haftpflichtversicherung sowie der Versicherungsscheinnummer[3772]
- eine Bestätigung der Richtigkeit und Vollständigkeit der Krankenunterlagen[3773] oder
- Abgabe einer eidesstattlichen Versicherung, dass die vorgelegten Behandlungsunterlagen authentisch und vollständig sind[3774]
- Informationen, die über das Einsichtsrecht hinausgehen (z.B. apparativ-technischen Ausstattung eines Notfallkoffers)[3775]

Auskunftsklage

An das
Landgericht (...)

Klage
der Frau/des Herrn   – Kläger(in) –
Prozessbevollmächtigte: (...)
gegen
die Kliniken (...)-GmbH, ...   – Beklagte –

wegen: Auskunft aus Behandlungsvertrag.

Namens und in Vollmacht des Klägers erheben wir Klage gegen den Beklagten und werden im Termin zur mündlichen Verhandlung beantragen, wie folgt zu erkennen:
  Der Beklagte wird verurteilt, die Namen und ladungsfähigen Anschriften derjenigen Ärzte mitzuteilen, die in der Zeit von (...) bis (...) Herrn P verantwortlich versorgt haben.
  der Beklagte trägt die Kosten des Verfahrens.

3769 OLG Düsseldorf, GesR 2003, 273; OLG Hamm, NJW RR 2001, 236
3770 OLG Frankfurt, VersR 2006, 82; Rehborn, MDR 2001, 1148f
3771 OLG Koblenz, GesR 2004, 100f
3772 AG Dorsten, MedR 2005, 102
3773 LG Düsseldorf, GesR 2007, 18
3774 OLG München, GesR 2007, 115
3775 OLG Koblenz, MedR 2004, 388

Dautert

Begründung:

I.

Der/die Kläger(in) befand sich von (...) bis (...) bei der Beklagten in stationärer Behandlung. Nach der Operation kam es zu einer schweren Bauchfellentzündung, die zu spät erkannt und behandelt worden ist.

Der/die Kläger(in) hat einen schweren, dauerhaften Gesundheitsschaden davongetragen.

Zur Durchsetzung seiner /ihrer Schadenersatzansprüche benötigt der /die Kläger(in) dringend die erbetenen Auskünfte.

Die Auskunftsverpflichtung resultiert aus der, der Beklagten obliegenden, Nebenpflicht des Arzt-Patienten-Vertrages, der bekanntermaßen ein Dienstvertrag ist.

Die Beklagte ist wiederholt unter Fristsetzung zur Auskunftserteilung aufgefordert worden.

Beweis: (...)

Bis heute liegen die Auskünfte nicht vor, so dass nunmehr Klage geboten ist.

Die Auskunft hat innerhalb angemessener Frist zu erfolgen. Ein weiteres Zuwarten ist dem Kläger nicht zuzumuten. Klage ist nach alledem geboten.

Wir bitten um gerichtliche Streitwertfestsetzung.

RAe (...)

c) Prüfung eventueller Verjährung von Schadenersatzansprüchen

Die Prüfung der Verjährung hat seit Inkrafttreten des Schuldrechtsmodernisierungsgesetzes am 01.01.2002 im Arzthaftungsrecht an Bedeutung zugenommen: Während nach altem Recht vertragliche und deliktische Ansprüche unterschiedlichen Verjährungsregelungen unterlagen, hat jetzt eine Angleichung stattgefunden: Grundsätzlich gilt die einheitliche Verjährungsregelung von drei Jahren gemäß den Vorschriften der §§ 195, 199 BGB. Seither wird in der forensischen Auseinandersetzung immer häufiger um die Frage der Verjährung gestritten. **2779**

Im Gegensatz zum früheren Verjährungsrecht vor dem 01.01.2002 sind die Anforderungen für den Patienten deutlich »verschärft« worden. Ein Patient muss heute nach Ablauf der gesetzlichen Verjährungsfrist nachweisen, ohne »grobe Fahrlässigkeit« erst zu einem erheblich späteren Zeitpunkt von dem Schadenfall und vor allen Dingen von dem Behandlungsfehler Kenntnis erlangt zu haben. Der Anwalt ist gut beraten, sich sämtliche Unterlagen äußerst genau anzusehen. Häufig vergessen Mandanten, dass sie noch im Krankenhaus gedroht haben, zu einem Anwalt gehen zu wollen, was dokumentiert wurde.

❗ Bei Schadensfällen, die länger zurückliegen, ist nach der Beschaffung sämtlicher relevanter Unterlagen die Frage der Verjährung zu klären.

Dautert

> Mit dem Mandanten muss geklärt werden, wie und wann er erstmals
> Kenntnis von dem Behandlungsfehler erlangt hat.

2.   Verfahrensoptionen zur Sachverhaltsbewertung

2780   Ist die »Stoffsammlung« abgeschlossen, gilt es zu prüfen, ob der behandelnde Arzt tatsächlich einen Fehler begangen hat, der zu einem konkreten Gesundheitsschaden geführt hat, es folgt die **Sachverhaltsbewertung**.

Am Anfang steht die Sichtung der gesamten Behandlungsdokumentation,
die nicht selten äußerst umfangreich ist. Nicht nur die Behandlungsdokumentation des Arztes, gegen den sich die Arzthaftungsansprüche richten
sollen, sondern auch die Behandlungsdokumentationen der vor- und nachbehandelnden Ärzte sind durchzusehen. Nur so kann der Anwalt sich einen
Einblick in das Behandlungsgeschehen verschaffen. Die Behandlungsdokumentation eines Krankenhauses enthält in der Regel folgende Unterlagen:
  – Einweisungsdiagnose (Verdachtsdiagnose)
  – Eigen- und Familienanamnese
  – bisherige diagnostische und therapeutische Maßnahmen
  – Einwilligungserklärungen sowohl für invasive Diagnostik als auch für
    operative Eingriffe
  – jedwede technische Aufzeichnung, z.B. EKG, EEG, CTG, röntgenolo-
    gische Befunde (§ 29 RöntgenVO, § 43 StrahlenschutzVO), CT, MRT,
    Sonographien

2781   Im Zusammenhang mit Operationen finden sich weitere Unterlagen:
  – anästhesiologische Anamnese und Befunderhebung
  – Einwilligungserklärung zu dem vorgeschlagenen Anästhesieverfahren/
    der Operation
  – Narkoseprotokoll
  – Operationsbericht
  – Konsiliarschein und konsiliarische Befundberichte
  – postoperativer Überwachungsbogen
  – Laboraufkleber
  – Antibiogramme – mikrobiologische Befundberichte
  – histo-pathologische Befundberichte
  – Pflegeberichte, sog. Fieberkurven (mit Blutdruck, Puls, Stuhlgang, Mik-
    tion, Medikation, Verbandwechsel sowie besondere Vorkommnisse bei
    der Beobachtung etc.)
  – Angaben des behandelnden Arztes mit therapeutischen Anordnungen
  – Entlassungsbericht

2782   Bei ambulanter Behandlung eines niedergelassenen Arztes:
  – Ambulanzkarte mit entsprechenden Angaben (ggf. eine EDV-Dokumen-
    tation)

- Arzt- und Krankenhausberichte
- Laborbefunde
- Röntgenbilder
- Sonographien
- Technische Aufzeichnungen, wie EKG, EEG, CTG

In den Behandlungsunterlagen finden sich Diagnose-, Operations- und Prozedurenschlüssel. Erste Hinweise und Hilfe bei dem Entschlüsseln von Diagnosen erhält man unter anderem von dem Deutschen Institut für Medizinische Dokumentation und Information, kurz DIMDI, im Internet abrufbar unter www.dimdi.de; hilfreich sind ferner die Deutschen Kodierrichtlinien für die Verschlüsselung von Krankheiten und Prozeduren des Institutes für Entgeltsysteme in Krankenhäusern, im Internet abrufbar unter www.g-drg.de.

2783

Wenn es um die Sachverhaltsbewertung geht, gibt es verschiedene Möglichkeiten der Vorgehensweise:
- Ärztliche Beratung / Medizinische Fachliteratur/Empfehlungen, Leitlinien, Richtlinien – Arzthaftungsrechtsprechung –
- Inanspruchnahme wissenschaftlicher Dienststellen
- Privatgutachten
- Einschaltung der eigenen Krankenkasse
- Einschaltung der Gutachter- und Schlichtungsstellen der Ärztekammern
- Strafverfahren.

a) Ärztliche Beratung / Medizinische Fachliteratur

Jeder medizinisch noch so vorgebildete Rechtsanwalt bedarf der **ärztlichen Beratung**: Die Praxis im Arztalltag sieht häufig sehr viel differenzierter aus als es der Patient und sein Rechtsanwalt als medizinische Laien es sich vorstellen können. Der Einsatz eines medizinischen Beraters verhindert die ausschließlich lehrbuchmäßige Aufarbeitung des Sachverhaltes. Nur so lässt sich in der Regel forensisch Bedeutendes von Unbedeutendem trennen. Die Entscheidung zur Durchführung des Verfahrens kann hierdurch maßgeblich bestimmt werden.

2784

❗ Wichtig ist es für den Anwalt, sich einen medizinischen Beraterstab aufzubauen, wobei er bei der Auswahl unbedingt auf Fachkompetenz, Objektivität und Neutralität achten sollte.

Neben der Beiziehung einschlägiger **medizinischer Fachliteratur** ist die Rechtsprechung auf ähnlich oder gleich gelagerte Fälle hin zu überprüfen. Es empfiehlt sich z.B. ein Blick in die Sammlung zur Arzthaftpflichtrechtsprechung (AHRS), die, mittlerweile bereits mehrbändig geführt, eine Vielzahl von, in einzelne Fachbereiche aufgeteilte, Rechtsprechungsnachweisen enthält.

2785

Dautert

Interessant ist es auch zu wissen, ob es **Leitlinien/Empfehlungen medizinischer Fachgremien** zu dem zur Beurteilung anstehenden Behandlungskomplex gibt.

Leitlinien sind abrufbar bei der Arbeitsgemeinschaft der Wissenschaftlichen Medizinischen Fachgesellschaften unter www.awmf-leitlinien.de.

b) Kontaktaufnahme mit wissenschaftlichen Dienststellen

2786   Anfragen/Nachfragen z.B.
- beim Bundesinstitut für Arzneimittel und Medizinprodukte in Bonn,
- bei der Arzneimittelkommission der Deutschen Ärztekammer,
- bei den Kassenärztlichen Vereinigungen, wenn es um konkrete vertragsarztrechtliche Problemstellungen geht,
- oder aber Nachfragen bei Arzneimittelherstellern direkt,

können häufig ergänzende, unschätzbar wertvolle Informationen bringen.

> ❗ Wissenschaftliche Dienststellen können, bei richtiger Fragestellung, Informationen von einschätzbarem Wert geben.

c) Einschaltung der Krankenkasse

2787   Nach § 66 SGB V sollen gesetzliche Krankenkassen ihren Mitgliedern bei der Überprüfung und Durchsetzung möglicher Schadensersatzansprüche gegenüber dem Arzt behilflich sein. Während Krankenkassen noch vor einigen Jahren eher zurückhaltend in der Unterstützung ihrer Mitglieder waren, d.h. sie warteten zunächst ab, ob der Patient Schadensersatzansprüche durchsetzen konnte, sind sie mittlerweile in diesem Bereich aktiv geworden. Nicht selten ist es die Krankenkasse, die ihre Mitglieder auf mögliche Behandlungsfehler aufmerksam macht. Dann bieten sie dem Patienten an, die Krankenunterlagen durch den Medizinischen Dienst der Krankenversicherung auf mögliche Behandlungsfehler überprüfen zu lassen. Dort gibt es ein Behandlungsfehlerreferat, in dem Mediziner aller Fachrichtungen Behandlungsunterlagen auf mögliche Behandlungsfehler überprüfen. Die Qualität dieser MDK-Gutachten ist sehr unterschiedlich. Ob ein MDK-Gutachten für die Schadensregulierung hilfreich sein wird, ist im Vorfeld nicht zu beurteilen, muss von Fall zu Fall entschieden werden. Aber: Wie bei einem Privatgutachten wird die Haftpflichtversicherung niemals auf der Grundlage eines MDK-Gutachtens regulieren, sondern immer noch auf der Einholung eines weiteren Gutachtens bestehen. MDK-Gutachten werden von Haftpflichtversicherern gerne als einseitige, ergebnisorientierte Parteigutachten abgetan. Für den Mandanten sind die MDK-Gutachten oft die einzig kostenneutrale Möglichkeit eine erste medizinische Bewertung zu erhalten.

● Die Einholung eines Gutachtens durch den MDK ist ein gangbarer Weg und hat den Vorteil der Kostenfreiheit für den Mandanten. Ein wesentlicher Nachteil liegt darin, dass neben der eigentlichen Prüfung eines Behandlungsfehlers keine Schadensermittlung erfolgt. Auf einen in der Regulierung erfahrenen Anwalt muss in jedem Fall zurückgegriffen werden.

Unterstützungsantrag nach § 66 SGB V

An die
...-Krankenkasse

Betreff: Ihr Mitglied (Vorname, Nachname, Adresse)
Mitglieds-Nr.: (...)

Unterstützung nach § 66 SGB V

Sehr geehrte Damen und Herren,

Ihr im Betreff näher bezeichnetes Mitglied hat uns in einer Arzthaftungsangelegenheit mit der Vertretung seiner rechtlichen Interessen beauftragt.

Unser(e) Mandant(in) ist der Auffassung, dass anlässlich seiner/ihrer ärztlichen Behandlung bei (...) gegen die Regeln der ärztlichen Kunst verstoßen wurde; hierauf führt er/sie seine heutigen Gesundheitsbeeinträchtigungen zurück. (...) (*Es folgen Angaben zur Erkrankung und zum Behandlungsfehlervorwurf.*)

Wir bitten Sie unter Hinweis auf § 66 SGB V, Ihr Mitglied in seinem Bestreben um Abklärung möglicher Schadenersatzansprüche zu unterstützen, sei es durch Vorlage der Angelegenheit beim Medizinischen Dienst oder durch Übernahme eines noch in Auftrag zu gebenden Privatgutachtens.

Auch in Ihrem eigenen Interesse bitten wir um kurzfristige Stellungnahme.

Mit freundlichen Grüßen
RAe (...)

d) Privatgutachten

Der Anwalt muss mit dem Mandanten die Möglichkeit der Einholung eines Privatgutachtens besprechen. Denn, auch wenn der mit medizinischen Kenntnissen ausgestattete Rechtsanwalt den Behandlungsverlauf in groben Zügen bewerten/beurteilen kann, wird er gleichwohl nicht um die Einholung einer privaten medizinischen Stellungnahme umhin kommen. Hier gilt es:

2788

Dautert

- zielorientierte Fragestellungen,
- an einen auserwählten Gutachter aus dem relevanten Fachgebiet,
- der nicht einschlägig bekannt ist als Patientengutachter (z. B. durch Tätigkeiten bei einem Geschädigtenverband)

auszuarbeiten.

2789 Wichtig ist es, den Mandanten darüber aufzuklären, dass ein Privatgutachten im Prozess nur qualifizierter Parteivortrag ist und dass auch bei bestehender Rechtsschutzversicherung die **Kosten** eines derartigen Privatgutachtens selbst zu tragen hat . Für viele ist dies nicht möglich, weil Privatgutachten häufig teuer sind, nicht selten kosten sie mehrere Tausend Euro. Auch muss der Mandant wissen, dass ein positives Gutachten keine Garantie für eine erfolgreiche Durchsetzung von Schadensersatzansprüchen gibt, zumal dringend von der Einholung von Gefälligkeitsgutachten gewarnt werden muss. Im Prozess wird die Behandlerseite im Zweifel mit eigenen Privatgutachten aufwarten, die der Bewertung des eigenen Privatgutachters diametral entgegenstehen. Das Gericht muss sich zwar mit widerstreitenden Gutachten auseinandersetzen, selbständig auf die Aufklärung von Widersprüchen, gerade auch zum Gerichtsgutachten hinwirken, was leider aber nicht immer geschieht. Es ist oft schwierig dem Mandanten verständlich zu machen, dass »sein« positives Gutachten ihm nicht zwingend Erfolg, also eine angemessene außergerichtliche Schadensregulierung, bringt, obwohl er hierfür viel Geld gezahlt hat. Umso wichtiger ist entsprechende anwaltliche Beratung in diesem Punkt, anderenfalls läuft der Anwalt am Schluss Gefahr, noch für die unnötigen Kosten des Privatgutachtens haftbar gemacht zu werden.

2790 Fachkompetente Privatgutachter sind nicht einfach zu finden. Es gibt mittlerweile eine Vielzahl von Instituten, die über das Internet mit der kompetenten medizinischen Begutachtung von Medizinschadensfällen werben. Die Kosten für derartige Begutachtungen sind sehr unterschiedlich, richten sich häufig danach, welche Qualifikation von dem Gutachter gefordert wird (Begutachtung durch einen Assistenzarzt ist kostengünstiger als die Begutachtung durch einen erfahrenen Facharzt). Von der Suche nach dem richtigen Gutachter über das Internet allein ist abzuraten. Die Qualität dieser Gutachten ist nicht zu prognostizieren, nicht selten werden diese von Medizinern verfasst, die auf Arzt- und Haftpflichtversichererseite tätig sind. Ist dies nicht bekannt, dann muss der Mandant viel Geld für ein wertloses, weil nicht neutrales, Gutachten zahlen. Ein gut funktionierendes Netzwerk unter erfahrenen Medizinrechtlern bietet die Gewähr für das Auffinden des richtigen Gutachters.

e) Gutachterkommissionen/Schlichtungsstellen der Ärztekammern

2791 Eine weitere Möglichkeit ist die Anrufung der sog. Gutachterkommissionen/Schlichtungsstellen der einzelnen Landesärztekammern. Die Gutachterkommissionen und Schlichtungsstellen sind ein Gremium aus medizinischen und juristischen Fachleuten in einem nicht justizförmigen Verfahren, nur ihrem Gewissen verpflichtet, d.h. nicht weisungsgebunden. Patientenorganisationen, Verbraucherschutzeinrichtungen, Krankenkassen oder Rentenversicherungsträger als involvierte Leistungsträger sind nicht vertreten. Das Verfahren ist kostenfrei, d.h. die **Kosten** für die gutachterliche Überprüfung des Behandlungsgeschehens auf mögliche Behandlungsfehler übernimmt die Kommission. Dem Vorteil der Kostenfreiheit steht auch hier der nicht zu verkennende Nachteil gegenüber, dass auch hier – wie bei der Unterstützung durch den MDK der Krankenkasse – keine Schadensbezifferung und demgemäß auch keine Schadenregulierung stattfindet. Es ist **kein Schiedsverfahren**, d.h. dass Gutachterkommissionen/Schlichtungsstellen keine Befugnisse für eine verbindliche Entscheidung haben, sondern lediglich eine Empfehlung aussprechen.

Die Aufgabe ist es, eine gütliche Einigung zwischen den Parteien zu erwirken. Der ordentliche Rechtsweg ist damit nicht ausgeschlossen. Die Beteiligten dieses Schlichtungsverfahrens unterwerfen sich freiwillig. Stimmt der Arzt nicht zu, gibt es kein Schlichtungsverfahren. Beteiligte können, je nach Statut, von Bundesland zu Bundesland unterschiedlich, Ärzte und Krankenhausträger sein. Nicht beteiligt werden das nicht-ärztliche Personal, wie z.B. Hebammen, Krankenschwestern, Anästhesiepfleger usw. **2792**

> ❗ Es ist unabdingbar, die Statuten der jeweiligen Schlichtungsstellen und Gutachterkommissionen einzusehen. Denn insbesondere in Bezug auf die Frage nach der Hemmung der Verjährung etwaiger Haftungsansprüche erlangt die Frage danach, wer denn Beteiligter des Verfahrens war/ist, besondere Bedeutung und wird für den Anwalt schnell zur Haftungsfalle.

Nicht alle medizinischen Sachverhalte eignen sich für ein Verfahren vor den Gutachterkommissionen/Schlichtungsstellen. **2793**
- In den Fällen, in denen **Krankenunterlagen lückenhaft**, unvollständig usw. sind, macht es keinen Sinn, ein Schlichtungsverfahren anzustrengen: Die Gutachterkommissionen schließen solche Lücken gerne auf der Grundlage der ärztlichen Stellungnahme, was patientenseits nicht zu Unrecht den Eindruck erweckt, dass es an der gebotenen Objektivität und Unparteilichkeit fehlt.
- Die Frage, ob eine nicht ausreichend dokumentierte Aufklärung tatsächlich erfolgt ist, lässt sich letztlich nur durch Anhörung, Parteivernehmung etc. im Rahmen eines Zivilprozesses klären. **Aufklärungs- und Organisationsrügen** sowie die von der Rechtsprechung entwickelten Beweisregeln bleiben in der Regel unberücksichtigt. Häufig wird maßgeblich auf den medizinisch-naturwissenschaftlichen Sachverhalt abgestellt. Lücken werden mit Angaben des Arztes gefüllt, materielle und formelle Rechts-

regeln bleiben unberücksichtigt und dies, obwohl die Kommissionen in der Regel einen Vorsitzenden haben, der über die Befähigung zum Richteramt verfügt.

f) Strafverfahren

2794 Eine sehr häufig gestellte Frage im Rahmen eines ersten Beratungsgespräches ist die Frage nach der Möglichkeit der Erstattung einer Strafanzeige. Erfahrungsgemäß ist den meisten Patienten jedoch der Unterschied zwischen Straf- und Zivilverfahren überhaupt nicht klar. Insbesondere wird häufig angenommen, man könne durch eine Strafanzeige zu Schmerzensgeld (Schadenersatz) kommen. Unabhängig davon aber wird das im Ermittlungsverfahren zu erwartende, und von der Staatsanwaltschaft in Auftrag gegebene kostenlose medizinische Gutachten, im Ergebnis »teuer bezahlt«: Ermittlungsverfahren gegen Ärzte haben eine **überdurchschnittlich hohe Einstellungsquote**, die bei über 90 % liegen dürfte.

Strafverfahren dauern lange, häufig viele Jahre. In dieser Zeit lehnen Haftpflichtversicherer jegliche Verhandlungen mit dem Patienten und seinem Vertreter ab. Außerdem muss der Patient in der Regel für die Kosten seines Anwalts selbst aufkommen. Selbst einem Schlichtungsverfahren ist durch ein Ermittlungsverfahren der Staatsanwaltschaft der Weg versperrt. Der Anwalt ist aber verpflichtet, dem Mandanten den schnellsten, sichersten und preisgünstigsten Weg vorzuschlagen, wozu das strafrechtliche Ermittlungsverfahren gerade nicht zählt.

❗ Die Erstattung einer Strafanzeige ist dem Patienten grundsätzlich nicht zu empfehlen, insbesondere dann nicht, wenn
  – ein großes Schadensvolumen vorliegt,
  – ein unklarer Behandlungsfehler und
  – ein erhebliches Kausalitätsproblem erkennbar ist.

II. Sachverhaltsbewertung im Detail

1. Haftungsgrundlagen

2795 Zur Klärung der Frage, ob der behandelnde Arzt tatsächlich einen Fehler begangen hat, der zu einem konkreten Gesundheitsschaden geführt hat oder nicht, folgt nach Vervollständigung der Unterlagen die **Sachverhaltsbewertung:** Es gilt nun das Behandlungsgeschehen, d.h. den Tatsachenstoff, hinsichtlich seiner arzthaftungsrechtlichen Relevanz zu bewerten.

Nach der Rechtsprechung sind weder der Patient noch sein Anwalt zur Vorbereitung oder im Prozess verpflichtet, sich zur ordnungsgemäßen Prozessführung medizinisches Wissen anzueignen.[3776] Konsequent angewandt,

---

3776 BGH, NJW 2004, 2825

führt diese Rechtsprechung dazu, dass Arzthaftungsprozesse in die Hände der medizinischen Sachverständigen gelegt werden. Ohne eigene medizinische Fachkenntnisse kann ein Anwalt auf Patientenseite dem medizinischen Sachverständigen keine sachlichen Vorhalte machen, diesen nicht qualifiziert befragen und hat damit kaum Möglichkeiten, das Prozessergebnis zugunsten seines Mandanten zu beeinflussen.

❗ Nur mit fundierten medizinischen Fachkenntnissen kann der Anwalt hochkomplexe Medizinschadensfälle zum Erfolg führen.

Zunächst gilt es aber, die **Aktiv- und Passivlegitimation** zu klären. Denn: Während der außergerichtlichen Verhandlungen ist die Verjährung nur zwischen tatsächlichem Anspruchsinhaber und Schuldner gehemmt.

Vertragliche Haftung		Deliktische Haftung
Altfälle über pVV (bis 31.12.2001)	→ § 280 Abs. 1 BGB n.F. i.V.m. § 611 BGB (seit dem 01.01.2002)	
↓	↓	↓
nur materielle Schäden	materielle und immaterielle Schäden	materielle und immaterielle Schäden §§ 823 ff BGB i.V.m. §§ 249 ff BGB

Man unterscheidet im Wesentlichen folgende Vertragstypen[3777]: **2796**
- ambulanter Behandlungsvertrag
- totaler Krankenhausaufnahmevertrag
- totaler Krankenhausaufnahmevertrag mit Arztzusatzvertrag
- gespaltener Krankenhausaufnahmevertrag

Im ambulanten Bereich werden in der Regel keine schriftlichen Behandlungsverträge abgeschlossen. Bei der Behandlung durch einen niedergelassenen Arzt, sei er in einer Einzelpraxis oder in einer Gemeinschaftspraxis tätig, haftet der behandelnde Arzt aus Vertrag und aus Delikt. Bei Gemeinschaftspraxen haften die Gemeinschaftspraxispartner gesamtschuldnerisch aus Vertrag, der behandelnde Arzt selbst zusätzlich aus Delikt. Bei einer

---

[3777] Näheres dazu: Mennemeyer/Hugemann, Kapitel 2 A, Rdn. 723 ff

Dautert

Behandlung in einem MVZ haftet dessen Rechtsträger vertraglich, der Behandler selbst nur deliktisch.

❗ Genau zu unterscheiden ist, ob es sich um eine Gemeinschaftspraxis oder aber um eine Praxisgemeinschaft handelt: Bei letzterer haftet nur der behandelnde Arzt selbst aus Vertrag und Delikt. Eine Ausnahme bildet bei der Haftung der Praxisgemeinschaft die sogenannte Rechtscheinshaftung. Bei einem Medizinischen Versorgungszentrum (MVZ) haftet grundsätzlich der Träger des MVZ, angestellte Ärzte allerdings nur deliktisch, da es an vertraglichen Beziehungen zu dem Patienten fehlt.

2797 Bei stationärer Behandlung eines gesetzlich versicherten Patienten wird regelmäßig ein **totaler Krankenhausaufnahmevertrag** geschlossen, vertraglich haftet der Krankenhausträger.

Wünscht ein Patient die ärztlichen Leistungen des Chefarztes, wird er in der Regel einen sog. **Arztzusatzvertrag zum totalen Krankenhausaufnahmevertrag** abschließen. In diesem Fall haften vertraglich sowohl der Krankenhausträger als auch der selbstliquidierende Chefarzt.

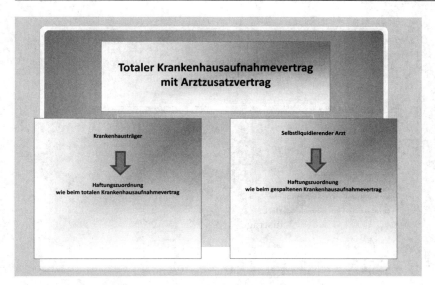

Beim sog. **gespaltenen Krankenhausaufnahmevertrag** tritt der Patient **2798** wegen der von ihm gewünschten ärztlichen Leistungen nur in vertragliche Beziehungen zu dem selbstliquidierenden Chefarzt und bei dieser Fallkonstellation haftet der Krankenhausträger nicht für Behandlungsfehler des Arztes. Typische Konstellation eines derartigen gespaltenen Krankenhausaufnahmevertrages ist der sog. Belegvertrag.

Derjenige, der die Behandlungsaufgabe vertraglich übernommen hat, haftet also für eventuelle Behandlungsfehler.

2799 Liegt zusätzlich ein privater Arzt-Zusatzvertrag zum Krankenhausaufnahmevertrag über ärztliche Leistungen des Chefarztes vor, bestehen vertragliche Ansprüche auch zwischen dem Patienten und dem selbstliquidierenden Arzt.

Gleiches gilt, wenn der Patient im Rahmen eines sog. gespaltenen Krankenhausaufnahmevertrag stationär aufgenommen wird: Dort tritt der Patient in vertragliche Beziehungen zu dem Belegarzt hinsichtlich dessen ärztlicher Leistungen. Das Krankenhaus bzw. der Krankenhausträger als sog. Belegkrankenhaus haftet nicht für die Fehler des Belegarztes, jedenfalls nicht grundsätzlich. Die Erbringung von ärztlichen Leistungen gehört nämlich regelhaft nicht zu den vertraglich übernommenen Aufgaben eines Belegkrankenhauses. Anderes gilt für die Unterbringung, Verpflegung und Bereitstellung von Pflegepersonal und Gestellung von ärztlicher Assistenz aus anderen Fachbereichen. Außer der vertraglichen Haftung gibt es noch die deliktische Haftung - für eigene Behandlungsfehler des Arztes.

Gespaltener Krankenhausaufnahmevertrag
Selbstliquidierender Arzt

Vertragliche Haftung aus:

Vertrag über Wahlleistungen
für eigenes Verschulden im Wahlleistungsbereich

Haftungszuweisung für

nachgeordneten Arzt des Faches
(§ 278 BGB)

Weisungspersonal (§ 278 BGB)
- im Wahlleistungsbereich -

Deliktische Haftung aus:

eigenem Verschulden
– nicht verbeamtet – (§ 823 BGB)

eigenem Verschulden – verbeamtet – (§ 839 BGB)
= keine Verweisung auf Klinikträger

Haftungszuweisung für

nachgeordneten Arzt des Faches
(§§ 823, 839, 831 BGB)
- im Wahlleistungsbereich -

Weisungspersonal (§§ 823, 831 BGB)
- im Wahlleistungsbereich -

❗ Zur Feststellung der Passivlegitimation müssen die vertraglichen Vereinbarungen eingesehen werden, die der Patient unterzeichnet hat.[3778]

2. Haftungstatbestände

a) Grundsätzliches zum ärztlichen Sorgfaltsmaßstab

Die Haftung des Arztes setzt stets das Vorliegen eines Behandlungsfehlers voraus. Es gibt keine klar definierten gesetzlichen Vorgaben für den Begriff des Behandlungsfehlers, was einem Mandanten häufig nur schwer verständlich zu machen ist.
Der zwischen Arzt und Patient geschlossene Behandlungsvertrag ist Dienstvertrag. Damit finden die Vorschriften des Bürgerlichen Gesetzbuches über den Dienstvertrag Anwendung. Der Arzt schuldet danach dem Patienten **keinen** Behandlungs- oder Heilerfolg.[3779] **2800**

Behandlungsfehlerhaft ist all das, was zum Zeitpunkt der Behandlung nicht dem anerkannten und gesicherten Standard der medizinischen Wissenschaft entsprach. Wichtig bei der Bewertung des Behandlungsgeschehens ist, dass der Anwalt sich immer wieder vergegenwärtigt, dass es auf das Behandlungsjahr ankommt. Es kommt ferner aber auch darauf an, in welchem Krankenhaus der behandelnde Arzt tätig war, also ob er in einem Kran- **2801**

3778 Näheres dazu: Ratzel, Kapitel 2 F, Der Haftungsfall, Rdn. 3406 f.
3779 Z.B. OLG Karlsruhe, VersR 1996, 6; OLG Hamburg, MDR 2006, 873; OLG Koblenz, VersR 1993, 1486; OLG Oldenburg, NJW-RR 1996, 1267, 1268.

Dautert

kenhaus der Grund- und Regelversorgung, einem Schwerpunktkrankenhaus oder in einem Krankenhaus der Maximalversorgung tätig war. Je nach Versorgungsstruktur sind unterschiedliche Maßstäbe an den medizinischen Standard anzulegen. Letztlich aber ist der einen Patienten vertretende Anwalt darauf angewiesen, dass er bezüglich dieser Beurteilung medizinischen Sachverstand, ggf. in Form eines Privatgutachtens, anfordert.

> ❗ Der Anwalt sollte dem Mandanten in jedem Fall folgendes verdeutlichen:
> Der Arzt ist dem Patienten »nur«
> – zur ordnungsgemäßen Behandlung, d.h. zur fachgerechten, dem wissenschaftlichen Stand entsprechenden Behandlung (als Dienstleistung),
> – zur sachgerechten Aufklärung und
> – Organisation der arbeitsbeteiligten Abläufe im Krankenhaus zum Wohle des Patienten
> verpflichtet.

Eine derartige »anwaltliche« Aufklärung kann im Verlauf der Mandatsbearbeitung Missverständnisse zwischen Anwalt und Mandant vermeiden helfen.

2802   Fehlende persönliche Kenntnisse und Fertigkeiten eines Assistenzarztes, lassen die Haftung nicht entfallen,[3780] gefordert ist der sog. gute Facharztstandard. Fehlt es dem Behandler in der konkreten Situation an entsprechenden Kenntnissen und Fertigkeiten, so hat er fachärztliche Hilfe anzufordern, ansonsten trifft ihn der Vorwurf des sog. Übernahmeverschuldens.[3781]
Was aber tun, um die persönliche Qualifikation eines Assistenzarztes zu erfahren?
Man kann den Krankenhausträger auffordern, zum Ausbildungsstand des mit der Behandlung beauftragten Assistenzarztes Stellung zu nehmen. In den seltensten Fällen wird man hier eine erschöpfende Antwort nebst etwaiger Nachweise erhalten. In einem solchen Fall bleibt dann nur die Möglichkeit, im Prozess die Unerfahrenheit des Assistenten einfach zu behaupten. Die Passivseite wird im Zweifel »gesprächig« werden, um diese Behauptung zu widerlegen. Denn der Einsatz eines unzureichend qualifizierten Assistenzarztes kann zur Haftung unter dem Gesichtspunkt des Organisationsverschuldens führen.

2803   Geht es um die Behandlung durch einen **Spezialisten** kann sich dieser seiner haftungsrechtlichen Verantwortung in Schadensfall nicht mit der Einwendung entziehen, der allgemeine Facharztstandard sei erheblich niedriger.[3782]

3780 BGH, MDR 2001, S. 565 f.
3781 Z.B. OLG Stuttgart, VersR 2001, 1560 ff.
3782 BGH, NJW 1997, 3090, BGH, NJW 1987, 1479; OLG Düsseldorf, VersR 1992, 494; OLG Düsseldorf, VersR 1989, 402.

Wirbt ein Arzt mit besseren und moderneren **technischen Apparaten** oder einer neuen Operationstechnik, die grundsätzlich noch nicht zum Standard gehören und hat sich der Patient/Mandant gerade deswegen für ihn entschieden, dann müssen diese auch zum Einsatz kommen.[3783]
Zu einer aufklärungspflichtigen Alternative (echte Alternative) kann eine neue Behandlungsmethode dann werden, wenn sie sich etabliert hat.

❗ Nicht stets kann der Patient optimale Behandlungsbedingungen und nach den neuesten Methoden arbeitende Ärzte oder die modernsten Apparate erwarten.[3784]

Anderes gilt, wenn dies zur Grundlage des zwischen Arzt und Patient geschlossenen Behandlungsvertrages geworden ist. Dies muss gemeinsam mit dem Mandanten geklärt werden.

2804

Bei **fehlender arzneimittelrechtlicher Zulassung** eines Medikamentes für einen bestimmten Anwendungsbereich bei ärztlicher Verordnung einer medikamentösen Therapie, sog. **Off-label-use,** können zur Klärung der Frage eines möglichen Behandlungsfehler Informationen bei den Arzneimittelherstellern eingeholt werden. Auch ein Blick in die AWMF-Leitlinien kann hilfreich sein.

2805

Welcher Qualitätsstandard (Soll-Standard) bei der ärztlichen Behandlung einzuhalten ist, ist eine von einem medizinischen Sachverständigen zu beurteilende Frage.[3785]
Die von den Bundesausschüssen für Ärzte-/Zahnärzte und Krankenkassen gemäß § 92 Abs. 1 SGB V aufgestellten Richtlinien über die ärztliche, zahnärztliche Versorgung der Kassenpatienten wirken auf den ärztlichen Soll-Standard ein. Der Anwalt sollte die Richtlinien unbedingt kennen. Dabei handelt es sich um Regelungen, die über das Satzungsrecht der einzelnen Landesärztekammern verbindliches Berufsrecht geworden sind.[3786] Sofern eine Behandlung nach diesen Richtlinien nicht oder nur eingeschränkt abrechenbar ist[3787], wird sie auch nicht zum Standard bestimmt werden können. Dies gilt auch für privatversicherte Patienten.

2806

3783 BGH, NJW 1989, 2321, z.B. bei Radiumeinlage unter Anwendung eines Dosisleistungsmessinstrumentes; BGH, NJW 1997, 3090 = VersR 1997, 1357; OLG Stuttgart, VersR 2000, 1108.
3784 Steffen/Pauge, Arzthaftungsrecht, S. 55 ff. m.z.w.N.
3785 BGH, NJW 2004, 2011 = GesR 2004, 290; BGH, NJW 2002, 2944 = MDR 2002, 1120; BGH, NJW 2001, 2794, 2795; OLG Naumburg, GesR 2004, 225; OLG Saarbrücken, NJW-RR 2001, 671, 672
3786 Vgl. u. a. Ratzel, in: Schriftenreihe der Arbeitsgemeinschaft Medizinrecht im DAV Bd. 1, 1999, S. 13 f.
3787 Vgl. § 135 SGB V; vgl. auch Steffen/Pauge, Arzthaftungsrecht, S. 61 ff

Dautert

2807 Leitlinien[3788]/Empfehlungen und Rahmenvereinbarungen[3789] von ärztlichen Fachgremien[3790] oder Verbänden bestimmen den Standard maßgeblich mit, ohne unbesehen als Maßstab übernommen werden zu können. Ohne absolute Verbindlichkeit zu haben, dürfte ein Unterschreiten des dort festgelegten Standards nur schwerlich haftungsrechtlich zu entschuldigen sein. Die Rechtsprechung fordert von der Behandlerseite eine detaillierte Begründung dafür, warum von den Leitlinien/Empfehlungen abgewichen wurde, sowie entsprechende Dokumentation.

> ❗ – Leitlinien/Empfehlungen der medizinischen Fachgesellschaften setzen nicht per se medizinische Standards.
> – Leitlinien können sich beizeiten zum medizinischen Standard entwickeln.
> – Stimmen Leitlinien/Empfehlungen der einzelnen Fachgesellschaften mit dem medizinischen Standard des Behandlungsjahres überein, dann kann sich der Arzt für sein Abweichen von den Leitlinien nur dadurch entlasten, dass er eine Rechtfertigung für sein, nicht leitliniengerechtes Verhalten vorträgt.
> – In jedem Fall ist genau zu prüfen, ob die Leitlinien für das Behandlungsjahr anwendbar sind.

2808 Gerne argumentiert die Behandlerseite, aber auch nicht selten ein medizinischer Sachverständiger dahingehend, dass es zum Zeitpunkt der Behandlung Leitlinien gab, die entsprechendes, von der Patientenseite gefordertes Verhalten noch nicht empfohlen hätten. Leitlinien und Empfehlungen werden z. T. nur in sehr großen Zeitabständen überarbeitet. Damit sind sie häufig nicht mehr aktuell für den zu behandelnden Schadenfall. Wichtig ist, dass der Anwalt dies im Vorfeld im Einzelnen prüft.

> ❗ Es gibt eine Vielzahl typischer Maßnahmen in Richt- und Leitlinien oder Empfehlungen der Bundesärztekammer oder aber auch von den Berufsverbänden einzelner Facharztgruppen. Es lohnt sich in jedem Fall hineinzuschauen. Eine Übersicht findet man bei der Arbeitsgemeinschaft der Wissenschaftlichen Medizinischen Fachgesellschaften.[3791]

b) Diagnosefehler

2809 Ein Diagnosefehler liegt dann vor, wenn erhobene medizinische Befunde vom Arzt fehlinterpretiert werden. Die Rechtsprechung wertet die **Fehlin-**

3788 Vgl. §§ 135 ff. SGB V.
3789 Vgl. §§ 135 ff. SGB V.
3790 AWMF-Geschäftsstelle, Moorenstraße 5, Gebäude 15.12 (Heinrich-Heine-Universität), 40225 Düsseldorf
3791 AWMF, im Internet abrufbar unter www.awmf-leitlinien.de.

terpretation erhobener medizinischer Befunde nur sehr zurückhaltend als haftungsbegründenden Behandlungsfehler.[3792] Es gilt daher, zwischen einem bloßen Diagnoseirrtum und einem (relevanten) Diagnosefehler zu differenzieren.

Das ist für den Anwalt eine schwierige Aufgabe, zu der er der medizinischen Beratung bedarf: Denn solange ein Irrtum in Form einer - objektiv gesehen - falschen Diagnose noch begründbar, noch nachvollziehbar ist, liegt **kein vorwerfbarer Behandlungsfehler** vor. Liegt also eine Fehldiagnose vor, muss anwaltlicherseits zunächst geprüft werden, ob überhaupt ein Behandlungsfehler in Form eines vorwerfbaren Diagnosefehlers vorliegt oder »nur« ein verständlicher, auch für einen in Diagnose und Therapie erfahrenen Arzt noch nachvollziehbarer Irrtum.

[3792] BGH, NJW 2001, 1787 = VersR 2001, 783 nach Schwellung des rechten Handgelenks keine Abklärung des Verdachts einer entzündeten Schürfwunde; BGH, NJW 2003, 2827 = VersR 2003, 1256 – Nichterkennen des Bruchs eines Brustwirbelkörpers; BGH, VersR 2007, 541 – fehlerhafte Beurteilung eines malignen Melanoms als gutartig ohne Einholung einer Zweitmeinung: offen ob fehlerhaft; OLG Brandenburg, VersR 2002, 313; OLG Köln, VersR 2003, 860 – kein sofortiges Freilegen des Hodens bei Verdacht auf Hodentorsion; OLG Köln, VersR 2004, 1459 – vor Reanimation bei Zweifeln am Vorliegen von Kammerflimmern oder Asystolie des Herzens keine Abklärung durch EKG; OLG Düsseldorf, VersR 2005, 117 – keine differentialdiagnostische Abklärung des auf mehrere Krankheitsbilder hindeutenden ausgeprägten Schmerzbildes im Brustbereich; BGH, NJW 1999, 23 = VersR 1999, 496 – bei Subarachnoidalblutung keine computertomographische Abklärung; OLG Köln, VersR 2002, 42 – keine Abklärung des Verdachts eines arteriovenösen Angioms im kranialen CT durch eine Kernspintomographie; OLG Hamm, VersR 2002, 98 und OLG Düsseldorf, VersR 2003, 1310 – keine Biopsie der Brust trotz Verdachts eines malignen Geschehens; OLG Stuttgart, VersR 2007, 1417 – bei vorzeitigem Blasensprung: Unterlassen einer Sonographie kein Befunderhebungsfehler, wenn innerhalb einiger Stunden die Wehen einsetzten; OLG Celle, VersR 2009, 500 – zu spät Wiedervorstellungstermin trotz Risiko einer Präeklampsie: statt spätestens nach 3 Tagen erst nach 1 Woche; OLG München, VersR 2009, 1408 – Nichterkennen eines Gebärmutterinfektes wegen zu langem Festhalten an dem erfolglosen Behandlungskonzept; OLG Hamm, VersR 2002, 613 – falsche Bewertung von Symptomen einer bakteriellen Infektion; OLG Köln, VersR 2005, 1740 – falsche Einordnung der Malignität eines Unterleibkrebses; OLG Koblenz, VersR 2006, 704 – nach Glassplitterverletzung der Hand bei unauffälliger sensorischer und motorischer Prüfung Nichterkennen einer Durchtrennung des Nervus ulnaris; OLG Koblenz, VersR 2008, 492 – Diagnose Exophtelmus trotz Fehlens auch nur annähernd typischer Symptome; OLG Naumburg, VersR 2008, 1073 – zum Ausschluss einer tiefen Beinvenenthrombose keine Ergänzung der Duplexschall-Untersuchung durch eine Phlebographie erforderlich; OLG Koblenz, VersR 2009, 70 – Fehleinschätzung des Geburtsweges bei übergroßem Kinde kein Behandlungsfehler, wenn die vorgeburtlichen Parameter richtig gedeutet wurden.

Dautert

❗ Ob am Anfang einer Behandlung ein haftungsbegründender Diagnosefehler stand, lässt sich häufig auf der Grundlage der weiteren Behandlung ermitteln: Die initial gestellte Diagnose wird im weiteren Behandlungsverlauf revidiert. Kommt man bei dieser Prüfung zu dem Ergebnis, dass ein Diagnosefehler bejaht werden muss, dann stellt sich, wie bei anderen Behandlungsfehlern, die Frage, ob ein »einfacher« oder sogar ein »grober« Behandlungsfehler vorliegt.

2810   Da der Arzt im Rahmen der Diagnosestellung einen **Beurteilungsspielraum** hat, ist dies in der Praxis für die rechtliche Bewertung häufig nicht einfach:

Für einen gewissenhaften Arzt der gleichen Facharztgruppe ist nämlich eine nicht mehr vertretbare Diagnose »einfacher« Behandlungsfehler, eine unverständliche, schlechterdings nicht mehr nachvollziehbare Diagnose hingegen ist ein **fundamentaler Irrtum**, ein »grober« Behandlungsfehler.

In der anwaltlichen, aber auch in der medizinischen Sachverhaltsbewertung bietet diese (notwendige) Differenzierung im Bereich der Diagnose ganz erhebliche Schwierigkeiten. Der Anwalt bedarf insoweit dringend der medizinischen Beratung.

❗ Die richtige Diagnose ist der schwierigste Teil der Behandlung.

2811   Weniger zurückhaltend ist die Rechtsprechung in den Fällen, in denen eine medizinisch gebotene **Befunderhebung/Verlaufskontrolle** unterlassen wird und aufgrund dieser Tatsache dringend erforderliche Therapiemaßnahmen nicht ergriffen werden konnten.

Ein Befunderhebungsfehler mit der Folge einer Beweislastumkehr zugunsten des Patienten liegt vor, wenn

– die Befunderhebung in der konkreten Situation medizinisch zweifelsfrei geboten,
– bei deren tatsächlicher Durchführung ein reaktionsbedürftiges Befundergebnis hinreichend wahrscheinlich vorgelegen hätte,
– ein Nichtreagieren auf diesen Befund schlechterdings nicht mehr nachvollziehbar wäre und nicht zuletzt
– zwischen der unterlassenen, medizinisch zwingend erforderlichen Befunderhebung und dem späteren Gesundheitsschaden zumindest ein »nicht gänzlich unwahrscheinlicher« **Kausalzusammenhang** besteht.[3793]

3793 Vgl. auch Steffen/Pauge, Arzthaftungsrecht, S. 65 ff; Martis/Winkhart, Arzthaftungsrecht, S. 1076 ff.

Dautert

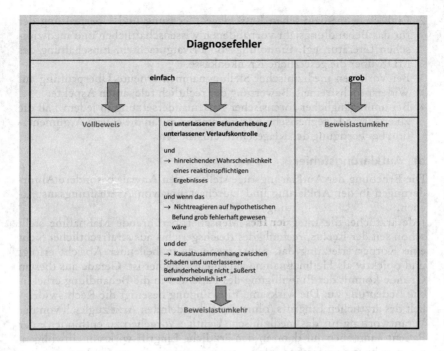

c) Therapiefehler

Therapiefehler sind so vielfältig wie es Behandlungen gibt. Der Arzt trifft **2812** im Rahmen der Therapiefreiheit die Entscheidung zur Wahl der Therapie an sich. Der Arzt hat ein weites **Beurteilungsermessen**. Anhand der vorgegebenen, konkreten Befunde des Einzelfalles kann und darf der Arzt - entsprechend seiner eigenen Erfahrungen - ein eigenes Behandlungskonzept entwickeln, das er natürlich mit dem Patienten besprechen muss.

Unter verschiedenen Therapiemethoden ist der Arzt grundsätzlich frei in der Auswahl, entsprechend seinen eigenen Erfahrungen und Kenntnissen, entsprechend natürlich auch den geltenden Erkenntnissen medizinischer Wissenschaft.[3794] Die Überprüfung ist für den Anwalt nur mit sachverständiger Unterstützung möglich.

Angesichts der Vielfalt von möglichen Behandlungsfehlern ist im Vorfeld von Regulierungsbehandlungen anwaltlicherseits sorgfältig folgendes zu überprüfen:

1. Sorgfältige Sichtung, Überprüfung und Bewertung der gesamten Krankenblattdokumentation, inkl. der Behandlungsdokumentation der vor- und nachbehandelnden Ärzte über mindestens fünf Jahre.

3794 Martis/Winkhart, Arzthaftungsrecht, S. 99 ff m.z.w.N.

Dautert

2. Einholung medizinischen Ratschlages, Sichtung und Überprüfung der für das Behandlungsjahr vorhandenen wissenschaftlichen und medizinischen Literatur, ggf. Einholung von Privatgutachten, Einschaltung des MDK über die gesetzliche Krankenkasse.

3. Bei Vorliegen medizinischer Stellungnahmen erneute Überprüfung auf Widerspruchsfreiheit, Bewertung der rechtlich relevanten Aspekte.

4. Bei unumgänglicher forensischer Auseinandersetzung in jedem Fall die zu erwartende gegnerische Argumentation mit in die eigene Argumentation bei Fertigung der Klageschrift einarbeiten.

d) Aufklärungsfehler

2813   Die Erhebung der Aufklärungsrüge stellt an den Anwalt besondere Anforderungen in der Abklärung und Durchsetzung von Arzthaftungsansprüchen.

Jede ärztliche, die Integrität des Menschen berührende Maßnahme stellt schon seit der Rechtsprechung des Reichsgerichts aus strafrechtlicher Sicht eine Körperverletzung dar, selbst wenn sie in heilender Absicht erfolgt und objektiv als Heilmaßnahme allgemein geeignet ist. Gerade aus diesem Grunde kommt der Einwilligung des Patienten in die Behandlung erhebliche Bedeutung zu: Die wirksame Einwilligung beseitigt die Rechtswidrigkeit des ärztlichen Eingriffs (ohne den behandelnden Arzt zugleich von der Verantwortung für das medizinische richtige Vorgehen zu entbinden); der Patient kann aber nur dann in den ärztliche Eingriff wirksam einwilligen, wenn er hierzu umfassend informiert, also aufgeklärt wurde. Insbesondere das in Art. 1 Abs. S. 1 und Art. 2 Abs. 2 S. 1 des Grundgesetzes normierte Selbstbestimmungsrecht des Patienten verlangt, dass der ärztliche Heileingriff von einer nach jeweils ausreichender Aufklärung erklärten Einwilligung getragen sein muss. Der Patient muss also – wie die Rechtsprechung es sagt – »im Großen und Ganzen« wissen, worauf er sich einlässt (sog. informed consent): Fehlt es an einer derartigen **Einwilligung** des Patienten bzw. ist diese Einwilligung nicht rechtswirksam, dann liegt darin eine Verletzung des Behandlungsvertrages und begründet sowohl aus § 280 Abs. 1 BGB als auch aus den §§ 823 Abs. 1, Abs. 2, 839 Abs. 1 BGB die Haftung des Arztes.[3795]

2814   Man unterscheidet im Wesentlichen zwischen der **Eingriffs-/Verlaufsaufklärung**, der **Diagnoseaufklärung** sowie der **Aufklärung über wirtschaftliche Folgen** der Behandlung.

3795 Steffen/Pauge, Arzthaftungsrecht, S. 146 f.

Dautert

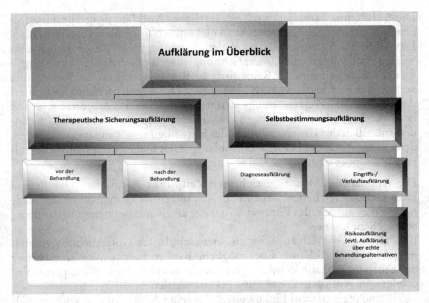

Mit dem Mandanten ist im Detail das Aufklärungsgespräch zu rekonstruieren, Widersprüche zur Krankenblattdokumentation sind zu klären. Problematisch kann die Rekonstruktion des Aufklärungsgespräches werden, wenn bereits längere Zeit verstrichen ist. Der Patient/Mandant hat im Krankenhaus so viele Ärzte in den verschiedensten Behandlungssituationen erlebt, so dass er sich häufig nicht mehr genau an Einzelheiten erinnern kann. Für den Fall, dass das Gericht die Parteivernehmung anordnet, ist deren Ergebnis anwaltlicherseits kaum zu prognostizieren.

Die **Aufklärung** muss **durch einen Arzt** durchgeführt werden. Eigentlich **2815** müsste jeder Arzt über den von ihm durchzuführenden Behandlungsschritt selber aufklären, darf sich nicht auf die Aufklärung anderer verlassen. Im heutigen, arbeitsteiligen Klinikbetrieb ist es allerdings häufig unumgänglich, die Aufklärung auf einen nachgeordneten Arzt zu übertragen. Entscheidend ist dabei, dass der aufklärende Arzt weiß, worüber er den Patienten aufklären muss. Häufig wird die Aufklärung auf noch sehr unerfahrene Assistenzärzte delegiert. Die fachliche Kompetenz des aufklärenden Arztes muss also immer dann hinterfragt, wenn Zweifel daran aufkommen.

Aufklärungsadressat ist der Patient, der die Einwilligung in die Behand- **2816** lung zu erklären hat. Abzustellen ist hierzu aber nicht auf die Geschäftsfähigkeit; maßgeblich ist vielmehr die Einwilligungsfähigkeit bzw. Einsichts- und Willensfähigkeit. Einwilligungsfähig und einwilligungsberechtigt ist daher der volljährige Patient, bei minderjährigen oder willensunfähigen Patienten sind es dessen gesetzlichen Vertreter (Eltern, Betreuer, Pfleger).

Dautert

2817 Die Aufklärung kann nur durch ein **ärztliches Aufklärungsgespräch** erfolgen. Das persönliche Gespräch kann nicht durch Formulare ersetzt werden. Der klinische Alltag zeigt, dass Patienten häufig vom Pflegepersonal Einwilligungsformulare zur Unterzeichnung vorgelegt werden. Einwilligungsformulare enthalten in der Regel auch die Bestätigung, dass der Patient alles verstanden und keine weitere Fragen hat. Die Rechtsprechung akzeptiert diese Form der »Freizeichnung« so ohne Weiteres nicht. Aus diesem Grund ist es von besonderer Relevanz, den Mandanten ausführlich zu den Umständen anlässlich der Unterzeichnung des Einwilligungsformulars zu befragen, denn allein das abgezeichnete Formular spiegelt nicht zwangsläufig dasjenige wieder, über das gesprochen wurde.

2818 Die Aufklärung muss zum **richtigen Zeitpunkt** stattfinden. Der Patient muss Gelegenheit haben, ohne Zeitdruck, sofern die Dringlichkeit der Maßnahme dies zulässt, das Für und Wider der ärztlich angeratenen Behandlung abwägen zu können.[3796]
Bei Patienten, die sich zunächst zu einer ambulanten Untersuchung vorstellen, muss die Aufklärung über mögliche Risiken bereits mit Vereinbarung des genauen Aufnahme- und Operationstermins erfolgen. Wann genau also erfolgte die Aufklärung, das muss geklärt werden.
Der Mandant ist darauf hinzuweisen, dass eine Aufklärung in seltenen Fällen **entbehrlich** gewesen sein kann, und zwar dann, wenn er bereits aus vorangegangenen Eingriffen ausreichend aufgeklärt war. In diesen Fällen muss dringend geklärt werden, ob die vorangegangene Aufklärung adäquat war und/oder ob sich die gesundheitliche Situation zwischenzeitlich geändert hat.

2819 Eine unzureichende Aufklärung führt dann nicht zur Arzthaftung, wenn der Arzt darlegen und beweisen kann, dass der Patient auch bei ordnungsgemäßer Aufklärung den konkreten Eingriff hätte durchführen lassen, d.h. eingewilligt hätte[3797].
Die Anforderungen an den Beweis der hypothetischen Einwilligung auf Arztseite sind sehr hoch angesiedelt.
Gleichwohl sollte der Anwalt schon im Vorbereitungsstadium diese Frage mit dem Mandanten erörtern. Es geht wesentlich darum, die Erfolgsaussichten der Aufklärungsrüge im Vorfeld eines Prozesses realistisch einschätzen zu können. Maßgeblich wird dabei die Glaubwürdigkeit des Mandanten sein.

3796 Geiß/Greiner, Arzthaftpflichtrecht, S. 205 ff.
3797 Vgl. u.a. BGH, VersR 1991, 547 f.; NJW 1996, 3073 f.; OLG Koblenz, NJW-RR 2002 310 f.

Dautert

Wer muss wen, wie ... aufklären?

Aufklärung	Wer?	Wen?	Wie?	Wann?	Worüber?
Arzt	■ Arzt ■ nachgeordneter Arzt		■ Arzt-Patienten-Gespräch ■ keine Formularaufklärung ■ Vier-Augen-Gespräch	■ bei ambulanten Operationen, z.Zt. der Eingriffs-entscheidung ■ rechtzeitig, i.d.R. am Vorabend des Eingriffes ■ bei gegebener Risiko-konstellation **vor** Auftreten der befürchteten Komplikation (z.B.: Geburtsrisiko Schulterdystokie)	■ Aufklärung im „Großen und Ganzen", inkl. Diagnose-aufklärung bei malignen Prozessen, soweit gewünscht
Patient		■ Patient ■ bei Minderjährigen i.d.R. die gesetzlichen Vertreter ■ bei nicht Einwilligungsfähigen gilt deren mutmaßlicher Wille			

- Soll im konkreten Schadensfall die Aufklärungsrüge erhoben werden, so muss diese äußerst sorgfältig vorbereitet werden. Es genügt nicht, wie man so häufig in Klageschriften liest, lapidar vorzutragen, dass »im Übrigen der Kläger/die Klägerin die Aufklärungsrüge erhebt«.
- Erforderlich ist eine ausführliche Mandantenexploration. Der Patientenanwalt ist gut beraten, wenn er der Erstinformation des Patienten/seines Mandanten nicht ungeprüft Glauben schenkt.
- Die »aufklärungspflichtigen« Umstände eines Aufklärungsgespräches sind ggf. sachverständigenseits zu klären. Die Aufklärungsformulare enthalten Ausführungen zum Umfang und Ausmaß des geplanten operativen Eingriffes, zu den Komplikationen und Nebenwirkungen. Für persönliche Anmerkungen anlässlich des Arzt-Patienten-Gespräches gibt es eine Extrarubrik. Diese Unterlagen müssen mit dem Mandanten ausführlich erörtert werden.
- Diese Aufklärungsformulare/Einwilligungsformulare sind anwaltlicherseits sorgfältig zu studieren und zwar unabhängig von dem, was der Patient/Mandant mitteilt. Wichtig ist, dass man den Mandanten unter Vorlage des Einwilligungsformulares fragt, ob er die dort evtl. vorhandenen handschriftlichen Ergänzungen, Zeichnungen des aufklärenden Arztes kennt.
- Häufig wird der Mandant vieles aus dieser Einwilligungserklärung nicht verstanden haben. Die bloße Unterschrift des Patienten auf

Dautert

dem Einwilligungsformular hilft dem aufklärenden Arzt nicht weiter. Denn das Aufklärungsgespräch muss so geführt werden, dass der Patient es versteht.

e) Organisationspflichtverletzungen

2820 Organisationspflichtverletzungen[3798] im Haftpflichtprozess nehmen immer mehr an Bedeutung zu: Während in der Vergangenheit die persönliche Haftung des behandelnden Arztes im Vordergrund stand, tritt in den letzten Jahren zunehmend die Haftung des Krankenhausträgers in den Vordergrund. Der Krankenhausträger haftet entweder für Versäumnisse des behandelnden Arztes oder für eigene Versäumnisse. Im letzteren Fall spricht man von einer Haftung für Organisationsverschulden. Eine Verletzung von Organisationspflichten des Krankenhausträgers führt zu einer Haftung aus Organisationsverschulden.[3799]

2821 Die Einhaltung von Qualitätsstandards auf der Grundlage anerkannter medizinischer Erkenntnisse erfordert ein hohes Maß an sachgerechter Organisation und Koordination von Behandlungsabläufen in einem arbeitsteiligen Krankenhausbetrieb. Der Anwalt auf Patientenseite muss also im Falle einer evtl. Organisationspflichtverletzung detailliert mit seinem Mandanten die Geschehnisse im Krankenhaus besprechen. Nur so können Organisationsmängel aufgedeckt, ggf. beim Krankenhausträger hinterfragt werden.

❗Je detaillierter der Anwalt bei seinem Mandanten hinterfragt, wo er evtl. Missstände sieht, desto genauer kann die Überprüfung und ggf. Anspruchserhebung erfolgen.

3. Darlegungs- und Beweislasten

2822 Der Patient trägt als Anspruchsinhaber im Arzthaftungsprozess die Beweislast
– für den schuldhaft herbeigeführten Behandlungsfehler,
– für den Schaden, sowie dann noch

3798 BGH, BGHZ 106, 146f; MüKo BGB, § 810, Rn.16; zur Hygiene; BGH, NJW 1991, 1948 = VersR 1991, 816; von Fremdbluttransfusionen und Erregersicherheit; BGH, NJW 1991, 1541 = VersR 1991, 467; zur Keimübertragung durch Operationsteam; BGH, NJW 1982, 699 = VersR 1982, 161; zur Verwendung einer unsterilen Infusionsflüssigkeit; OLG Oldenburg, VersR 1991, 1378; zur Isolierung von Hepatitis-B-Kranken weitere Nachweise bei; Geiß/Greiner, Arzthaftpflichtrecht, S. 50; Martis/Winkhart, Arzthaftungsrecht, S. 326 ff, 606 ff; zum apparativen Soll-Standard; OLG Oldenburg, VersR 1991, 820; betreffend ein Bestrahlungsgerät; OLG Frankfurt, VersR 1991, 185; Standards der Medikamentenvorhaltung; OLG Köln, VersR 1991, 186
3799 Näheres dazu: Mennemayer/Hugemann, Kapitel 2 A, Rdn. 390; Müller, Kapitel 2 C, Rdn.1851.

– für deren Ursachenzusammenhang. Der Mandant kann häufig nicht verstehen, warum er – obwohl er einen Schaden davongetragen hat – die Beweislast für einen Fehler trägt. Der Eintritt des Schadens scheint ihm Beweis genug für den Arztfehler zu sein.

❗ Der Mandant sollte von Anfang an auf die Problematik der Beweislast hingewiesen werden.

Der Mandant muss wissen, dass der Nachweis des Kausalzusammenhangs **2823** die größten Schwierigkeiten in sich birgt.
Anderes gilt, wenn ein grober Behandlungsfehler vorliegt: Unterläuft dem Arzt ein Fehler, der aus objektiver ärztlicher Sicht nicht mehr verständlich erscheint, weil er einem Arzt schlechterdings nicht unterlaufen darf, [3800]/[3801] wird ihm der Entlastungsbeweis hinsichtlich der haftungsbegründenden Kausalität auferlegt.[3802] Kann der Arzt den fehlenden Kausalzusammenhang nicht mit der erforderlichen Sicherheit darlegen und beweisen, so haftet er dem Patienten auf Schadenersatz.
Der Mandant muss dennoch wissen, dass die Hürde des »groben« Behandlungsfehlers hoch ist. Den »groben« Behandlungsfehler muss der Patient beweisen.

Das **Nichterheben medizinisch gebotener Befunde** kann zu einer Beweis- **2824** lastumkehr zugunsten des Patienten führen.
Wenn nach allgemeiner Lebenserfahrung ein typischer Geschehensablauf vorliegt, ein Behandlungsfehler also typischerweise zu der eingetretenen Gesundheitsschädigung führt, greifen für den Patienten die Grundsätze des **Anscheinsbeweis**. Der Arzt muss die Typizität des Geschehensablaufes widerlegen. Ob ein typischer Geschehensablauf vorliegt, muss anwaltlicherseits aber erst herausgearbeitet werden. Medizinische Beratung ist hierfür notwendig.
Bei Vorliegen einer **Dokumentationspflichtverletzung** wird zu Gunsten des Klägers vermutet, dass die nicht dokumentierte Maßnahme auch nicht durchgeführt wurde.[3803] Der Arzt muss das Gegenteil beweisen.[3804] Gelingt

---

3800 BGH NJW 1983, 2080 (2081); OLG Stuttgart, GesR 2003, 123 ff; BGH GesR 2004, 290 ff.
3801 BGH, NJW 1983, 2080 (2081).
3802 Die Beweislast des Patienten im Hinblick auf den groben Behandlungsfehler ist ständige Rechtsprechung, siehe nur BGH, NJW 1999, 863 (664); Palandt/ Sprau, § 823, Rn. 161; ebenso ganz herrschende Meinung in der Literatur: Giesen, Arzthaftungsrecht, Rn. 357; Neufeind, Arzthaftungsrecht, S. 103; Schmid, NJW 1994, 767 (771); Baumgärtel/Wittmann, JA 1979, 113 (114); Pelz, DRiZ 1998, 473 (480); Saenger, VersR 1991, 743 (745).
3803 BGH, NJW 1995, 1611 (1612); BGH, VersR 1999, 190 (191); OLG Hamburg, MDR 2002, 1315.
3804 BGH, NJW 1986, 2365; OLG München, VersR 1991, 190.

ihm dies nicht, können Beweiserleichterungen hinsichtlich des Zurechnungszusammenhanges zu Gunsten des Patienten greifen, z.B., wenn das Unterlassen der nicht dokumentierten Maßnahme ein grober Fehler ist.

4. Schaden

2825 Die durch einen Behandlungsfehler verursachte Beeinträchtigung der Gesundheit, der körperlichen und/oder seelischen Integrität ist immaterieller Schaden und gibt dem Patienten den Anspruch auf ein angemessenes Schmerzensgeld.

Regelmäßig werden dabei gleichzeitig auch materielle – Vermögensschäden – in dergestalt von zusätzlichen, schadensbedingten Aufwendungen entstehen. Solche Aufwendungen, die erforderlich sind, um die Gesundheit wiederherzustellen oder aber die Schadensfolgen abzumildern, wie z.B. vermehrte Bedürfnisse, der Verdienstausfallschaden, der Verlust eines Unterhaltsrechtes, Beerdigungskosten usw. sind erstattungsfähig. Man spricht von einem sog. Personenschaden, der sämtliche Einbußen an den erwähnten Lebensgütern, aber auch die daraus resultierenden Vermögensschäden beinhaltet.

Für die Schadenregulierung in der Arzthaftung gelten im Vergleich zur allgemeinen Schadenregulierung, z. B. im Krafthaftpflichtschadensbereich, keine Besonderheiten[3805].

5. Durchsetzung von Arzthaftungsansprüchen

2826 Hat die Überprüfung der gesamte Krankenblattunterlagen ergeben, dass Arzthaftungsansprüche mit hinreichender Aussicht auf Erfolg durchgesetzt werden können, dann gilt es mit dem Mandanten zu besprechen, wie weiter vorzugehen ist. Der Mandant ist auf alle Vor- und Nachteile der einzelnen Verfahrensoptionen hinzuweisen.

2827 In jedem Fall muss die Frage der Kosten besprochen werden. Es empfiehlt sich dem Mandanten dann über diese anwaltliche Beratung eine schriftliche Bestätigung zu übersenden. Mit Blick auf ein mögliches Klageverfahren sollte der Mandant nochmals, jetzt nach erfolgter Auswertung der gesamten Krankenunterlagen, auf die prozessualen Besonderheiten einer Arzthaftungsklage - in Grundzügen - hingewiesen werden.

Exkurs: Prozessuale Besonderheiten

2828 Durch das Inkrafttreten des Gesetzes zur Reform des Zivilprozesses vom 27.07.2001 am 01.01.2002 sind grundlegende Einschnitte/Erneuerungen des Zivilprozessrechtes normiert worden, weitere Darlegungen sind auf die Bereiche beschränkt, die für den Arzthaftungsprozess von Relevanz sind. Die

---

3805   Näheres dazu: Zoll, Kapitel 2 C, Rdn. 2093 ff.

Rechtsprechung fordert prozessuale Waffengleichheit zwischen den Parteien, der Tatrichter müsse den medizinischen Sachverhalt von Amts wegen aufklären (sog. Amtsermittlungsgrundsatz).[3806]

Heute gibt es die **originäre Einzelrichterzuständigkeit**, die auch im Berufungsverfahren möglich ist (§ 523 Abs. 1 ZPO). Im Berufungsverfahren wird von dieser Möglichkeit kaum Gebrauch gemacht. **2829**
Die Praxis lehrt aber, dass Gerichte immer wieder, auch Fachkammern für Arzthaftungsrecht, diesen höchstrichterlichen Anforderungen zur Aufklärung des medizinischen Sachverhaltes nicht ausreichend nachkommen.

Bei immer mehr Gerichten sind in den vergangenen Jahren Fachkammern bzw. Fachsenate für Arzthaftungsprozesse gebildet worden. Für den Arzthaftungsprozess scheidet gem. § 348 Abs. 1 Nr. 2 e ZPO der originäre Einzelrichter aus, wenn der Geschäftsverteilungsplan des Gerichtes eine Fachkammer für Arzthaftung bestimmt. Etwas anderes gilt, wenn es entsprechende Fachkammern nicht gibt, allerdings mit der Einschränkung, dass eine Übertragung auf den obligatorischen Einzelrichter nach § 348 a Abs. 1 ZPO nur dann überhaupt in Betracht kommt, wenn die zur Entscheidung anstehende Sache keine besonderen Schwierigkeiten bietet. In Arzthaftungsprozessen aber, in denen es regelmäßig über eine hochkomplexe Materie zu entscheiden gilt, dürfte dies in der Regel nicht bejahen seien. Aber auch der Einzelrichter ist grundsätzlich verpflichtet, für sich selber sorgfältig zu prüfen, ob er nicht gem. § 348 Abs. 3 ZPO den Rechtsstreit der Kammer, gerade im Hinblick auf die besonderen Schwierigkeiten tatsächlicher und rechtlicher Natur, zur Übernahme vorzulegen hat.

Der Tatrichter ist zur **Sachverhaltsaufklärung im Arzthaftungsprozess** verpflichtet. Dem Kläger sind maßvolle und verständige Substantiierungspflichten auferlegt.[3807] Medizinisches Fachwissen müssen sich weder Patient noch sein Prozessbevollmächtigter zur ordnungsgemäßen Prozessführung aneignen.[3808] **2830**
Der Patient muss nur in groben Zügen vortragen, welches ärztliche Verhalten fehlerhaft gewesen sein soll und welchen Schaden er dadurch erlitten hat.[3809] Ist das Klagevorbringen des Patienten lückenhaft, kann dies diesem bzw. seinem Prozessbevollmächtigten nicht angelastet werden.[3810] Als »zugestanden« im Sinne des § 288 ZPO kann der Vortrag nur dann angesehen werden, wenn er sich auf den Vortrag des Arztes stützt.[3811]

3806 OLG Oldenburg, NJW-RR 1999, 1153; ausführlich dazu Jorzig, Arzthaftungsprozess, 2002, Der Amtsermittlungsgrundsatz.
3807 BGH, VersR 1981, 752; OLG Oldenburg, VersR 1998, 1156, VersR 1999, 848; OLG Dresden, VersR 2003, 1257.
3808 BGH, VersR 2004, 1177.
3809 OLG Düsseldorf, VersR 2005, 1737.
3810 BGH, VersR 1981, 278; OLG Stuttgart, VersR 1991, 229.
3811 OLG Oldenburg, VersR 1998, 1381.

Der Patient ist nicht verpflichtet, vor Klageerhebung die Gutachterkommissionen und Schlichtungsstellen der Landesärztekammern anzurufen.[3812]

2831 Im Arzthaftungsprozess sind **sämtliche Beweismittel der Zivilprozessordnung** zugelassen. Hier gibt es im Wesentlichen keine Besonderheiten.
Der **Sachverständigenbeweis** ist im Arzthaftpflichtprozess das entscheidende Beweismittel.[3813] Den Gerichten – und dies gilt auch für Gerichte mit Spezialzuständigkeit – die nicht über die ausreichende Fachkunde verfügen, ist eine Entscheidung nicht ohne Beauftragung eines oder erforderlichenfalls auch mehrerer Sachverständigengutachten gemäß den Vorschriften der § 402 ff ZPO möglich.[3814]
Zwar ist es dem Gericht nicht verwehrt, eigene Kenntnisse in die Beurteilung mit einfließen zu lassen. Die Rechtsprechung verlangt sogar von dem Tatrichter, dass er sich im Rahmen seiner Möglichkeiten sachkundig macht.

2832 Das Gericht hat dem Sachverständigen den zur Beurteilung anstehenden Sachverhalt sowie die Anknüpfungstatsachen zur Beurteilung vorzulegen. Steht am Anfang nicht fest, von welchen Anknüpfungstatsachen auszugehen ist, dann muss das Gericht den Sachverständigen zur Beurteilung der einzelnen Fallvarianten auffordern.

> ❗ Der Anwalt sollte unbedingt darauf achten, dass das Gericht bei streitigen Tatsachen entweder Ausführungstatsachen oder aber alternative Sachverhaltsvarianten vorgibt.

2833 Das Gericht kann grundsätzlich in seiner Beurteilung von den Feststellungen des Sachverständigen nur dann abweichen, wenn es seine andere richterliche Überzeugung im Detail begründen kann und diese (andere Beurteilung) nicht erkennbar auf unzureichende Sachkunde zurückzuführen ist.[3815]
Jeder approbierte Arzt kommt als **Sachverständiger in einem Arzthaftpflichtprozess** in Betracht. Für die Gerichte ist es gleichwohl – angesichts der steigenden Zahl der Arzthaftungsprozesse - nicht immer einfach, einen qualifizierten Sachverständigen zu finden.
Der Sachverständige muss in dem Fachbereich über besondere Qualifikationen verfügen, in dem der zu beurteilende Behandlungsfehler liegt.
Handelt es sich um einen Behandlungsfehlervorwurf, der in mehrere Fachgebiete reicht, müssen ggf. mehrere medizinische Sachverständige unterschiedlicher Fachgebiete beauftragt werden.

3812 OLG Köln, VersR 1985; LG Aurich, VersR 1986, 558.
3813 Näheres dazu: Frahm, Kapitel 2 G, Rdn. 3762 ff; Teichmann, Kapitel 2 G, Rdn. 3921 ff.
3814 BGH, AHRS, 3060/2; 6180/3; OLG Stuttgart VersR 1991, 229; OLG Bremen, GesR 2003, 86.
3815 BGH, MedR 1989, 240; BGH, VersR 2001, 1030.

Dautert

Regelmäßig ist der Sachverständige auch aufzufordern darzulegen, ob die ihm gestellten Beweisfragen in sein Fachgebiet fallen.[3816]

❗ Nicht jeder gute Arzt ist auch ein guter Sachverständiger.

Grundsätzlich obliegt die Auswahl eines geeigneten Sachverständigen dem **2834** Gericht (§ 404 Abs. 1 ZPO).[3817]

❗ Die Parteien können sich gem. § 404 Abs. 4 ZPO von vornherein auf einen gemeinsamen Gutachter einigen, das Gericht ist hieran gebunden. In der Praxis findet eine derartige Einigung auf einen gemeinsamen Gutachter zwischen den Parteien selten statt. Nichtsdestotrotz sollte man von Fall zu Fall prüfen, ob nicht die Einigung auf einen gemeinsamen Gutachter im konkreten Fall sinnvoll wäre.

Ein Sachverständiger kann aus denselben Gründen wie ein Richter wegen **2835** Besorgnis der Befangenheit abgelehnt werden, vgl. §§ 406 I, 42 II ZPO.
Der Sachverständige muss evtl. berufliche und/oder **persönliche Beziehungen** zu dem beklagten Arzt offenbaren. Gleiches gilt für eine Vorbefassung ggf. im vorprozessualen Bereich. Bei der Einschaltung von Hochschullehrern als Sachverständigen kann dies gelegentlich Schwierigkeiten bereiten, da sich diese innerhalb eines Fachgebietes häufig persönlich gut kennen. Hier gilt es von Fall zu Fall abzuwägen, ob diese Beziehungen eine Beauftragung ausschließen.

Grundsätzlich hat der Sachverständige sein **Gutachten persönlich** zu erstellen (§ 407 a Abs. 2 ZPO). Er kann sich allerdings seiner wissenschaftlichen Mitarbeiter bedienen, muss dies jedoch gegenüber dem Gericht ausdrücklich klarstellen. Entscheidend ist, dass der Sachverständige die letztendliche Verantwortung für das Ergebnis der Begutachtung übernimmt.
Wird das Sachverständigengutachten von einem anderen, als dem im Beweisbeschluss beauftragten Sachverständigen erstellt, dann ist dieses als Beweismittel verwertbar, wenn die Parteien sich hierzu im Termin rügelos zur Sache einlassen. Gemäß § 295 Abs. 1 ZPO gilt dieser Verfahrensfehler dann als geheilt.[3818] Das Gericht kann die anderweitige Begutachtung gem. § 360 Satz 2 ZPO im Nachhinein billigen.

Außer **einfachen medizinischen Untersuchungen** muss der einen Arzthaftpflichtprozess führende Patient keine Untersuchungen dulden. Insbesondere muss er nicht in invasive Untersuchungsmaßnahmen oder gar in

---

3816 Vgl. § 407 a Abs. 1 S. 1 ZPO.
3817 OLG Koblenz, VersR 1998, 897.
3818 OLG Zweibrücken, NJW – RR 1999, 1368.

eine weitere Operation einwilligen, die ggf. Aufschluss über das Vorliegen eines Behandlungsfehlers geben könnte.[3819]

2838 Nicht selten geht einem Arzthaftpflichtprozess ein **Schlichtungsverfahren oder aber ein strafrechtliches Ermittlungsverfahren voraus.** In beiden Fällen werden medizinische Sachverständigengutachten eingeholt, die grundsätzlich im Wege des Urkundsbeweises in dem sich daran anschließenden Arzthaftpflichtprozess Verwertung finden können. Voraussetzung hierfür aber ist, dass sich beide Parteien des Arzthaftpflichtprozesses mit dieser Verwertung einverstanden erklären. Hier zeigt die Praxis, dass dies regelmäßig nicht erfolgt, denn andernfalls würde es nicht zu dem Prozess gekommen sein.

2839 Die Fälle, in denen auf der Grundlage bereits **vorprozessual eingeholter Sachverständigengutachten** eine Entscheidung gefällt wird, sind in der Praxis äußerst selten. Gleichwohl ist es sinnvoll, dass sich insbesondere die klagende Partei, die gegen ein ihr nicht genehmes, vorprozessuales Gutachten Einwendungen hat, diese auch ausführlich darlegt und begründet, damit dem Gericht von vornherein verdeutlicht wird, dass dieses Gutachten eben nicht ausreichend, nicht erschöpfend oder nicht in sich widerspruchsfrei ist.[3820]

2840 Privatgutachten einer Partei sind (nur) als **urkundlich belegter Parteivortrag** zu bewerten, das muss dem Mandanten unbedingt verdeutlicht werden. Grundsätzlich kann ein solches Privatgutachten wie ein gerichtlich bestelltes Sachverständigengutachten verwertet werden. Dies ist aber nur dann möglich, wenn beide Parteien damit einverstanden sind, was in der Praxis kaum vorkommt.[3821]

2841 Unabhängig davon aber, ob die Parteien einvernehmlich mit einer Verwertung eines Privatgutachtens einverstanden sind, haben Privatgutachten im Arzthaftpflichtprozess die gleiche Bedeutung wie Gerichtsgutachten. Widersprüche zwischen einem Gerichtsgutachten und einem Privatgutachten hat das Gericht aufzulösen. Das Gericht darf es sich nicht auf den Standpunkt stellen, dass der Gerichtsgutachter sachkompetenter sei als der Privatgutachter, zumindest solange nicht, bis dies bewiesen ist.[3822]
In diesem Zusammenhang hat das Gericht auch von Amts wegen auf die Aufklärung von Widersprüchen ein und desselben Sachverständigen hinzuwirken.[3823]

3819 OLG Düsseldorf, VersR 2001, 959, VersR 1985, 457, vgl. auch Stegers, VersR 2000, 419, 421.
3820 OLG Köln, NJW – RR 1999, 675.
3821 OLG Naumburg, OLGR 2001, 249.
3822 OLG Celle, VersR 2002, 1560, so auch schon: BGH, VersR 1986, 467, 468.
3823 OLG Karlsruhe, OLGR 2002, 403; OLG Saarbrücken, MedR 1999, 222, 223; OLG Celle, VersR 2002, 1558, 1560; BGH VersR 1997, 191; BGH VersR 2001, 646; BGH VersR 2001,859; BGH NJW 2008, 2849.

Ohne konkrete Feststellungen eines medizinischen Sachverständigen darf **2842** das Gericht die Rechtsfrage, ob ein sog. »grober« Behandlungsfehler vorliegt, nicht aus eigener Sachkunde und Beurteilung bejahen.[3824]
Bei der Beantwortung der Frage, ob ein Fehler vorliegt, der einem sorgfältig arbeitenden und gewissenhaften Arzt schlechterdings nicht unterlaufen darf, tun sich viele Sachverständige sehr schwer. Es ist Aufgabe des Gerichtes, durch gezieltes, notfalls sich wiederholendes intensives Befragen für eine klare Beantwortung zu sorgen, der Anwalt ist hier gleichermaßen gefordert. Gelingt dies nicht, wird das Gericht im Zweifel einen weiteren Sachverständigen beauftragen müssen.[3825]

Mit der Beauftragung eines weiteren Gutachters gem. § 412 Abs. 1 ZPO **2843** sind die Gerichte erfahrungsgemäß sehr zurückhaltend.
Allerdings ist die Einholung eines oder mehrerer weiterer Gutachten nach der höchstrichterlichen Rechtsprechung nur dann geboten, wenn das Gutachten lückenhaft oder in sich nicht widerspruchsfrei ist.[3826] Sofern die mündliche Anhörung des Sachverständigen im Vergleich zu seinen schriftlichen Ausführungen weiterer Klärung bedarf, ist ebenfalls ein weiteres Gutachten gem. § 412 Abs. 1 ZPO einzuholen.[3827]
Selbstverständlich muss in diesen Fällen den Parteien ausreichend Gelegenheit zur ergänzenden Stellungnahme gegeben werden.[3828]

Auf einen Antrag auf Anhörung des Sachverständigen im Termin zur **2844** mündlichen Verhandlung gem. § 411 Abs. 3 ZPO sollte auf Patientenseite regelmäßig nicht verzichtet werden, es sei denn, es lassen sich keinerlei Einwendungen gegen das Gutachten vortragen. Die Praxis lehrt, dass durch die mündliche Anhörung eines Sachverständigen nicht selten völlig neue Aspekte herausgearbeitet werden können, die bislang gar nicht, oder möglicherweise nur völlig unzureichend Berücksichtigung gefunden haben.

Beantragt eine Partei die **mündliche Anhörung des Sachverständigen** un- **2845** ter Darlegung von Einwendungen, dann ist das Gericht grundsätzlich zur Ladung verpflichtet. Nur dann, wenn dieser Antrag verspätet oder rechtsmissbräuchlich ist, dann entfällt die Verpflichtung zur Ladung des Sachverständigen zum Termin. Ein Rechtsmissbrauch kann ein entsprechender Antrag nur dann sein, wenn nicht gleichzeitig substantiierte Einwendungen, Vorhalte oder Fragen gegenüber dem Sachverständigen formuliert werden, die es im Termin zu erörtern gilt.[3829]

3824 BGH, NJW 2002, 2944, NJW 2001, 2795, 2796.
3825 BGH, MDR 2001, 750.
3826 BGH, VersR 1999, 716; BGH, VersR 2008, 1216.
3827 BGH, NJW 1984, 1823.
3828 BGH, NJW 1988, 2302; OLG Oldenburg, VersR 1991, 229.
3829 OLG München, OLGR 1998, 109.

Dautert

2846   Ein Sachverständiger kann aus demselben Grund abgelehnt werden, wie ein Richter (§ 406 Abs. 1 ZPO; § 41, Nr. 1 bis 4 ZPO).[3830]
Nicht offenbarte berufliche oder persönliche Kontakte zu einer der beiden Parteien, Vorbefassung oder aber erkennbares Außerachtlassen von substantiiertem Parteivortrag können daher eine Ablehnung des Sachverständigen rechtfertigen.[3831]
Ablehnungsgesuche gegen Sachverständige haben in der Praxis nur selten Erfolg.
Der Ablehnungsantrag ist innerhalb der Frist des § 406 Abs. 2 ZPO, d.h. also innerhalb von 2 Wochen nach Ernennung des Sachverständigen, bzw. ab Kenntnis des Ablehnungsgrundes zu stellen.[3832] Wenn sich eine Partei zur Begründung der Ablehnung mit dem Gutachten auseinandersetzen muss, dann läuft die Frist zur Ablehnung gleichzeitig mit der vom Gericht gesetzten Frist zur Stellungnahme nach § 411 Abs.4 ZPO ab.[3833]

III.   Arztseite: Abstimmung Arzt, Versicherer, Arztanwalt

1.   Reaktion auf Einsichtsverlangen

2847   Patienten können sich für die Einsicht von der Praxis oder dem Krankenhaus einen Termin geben lassen, müssen aber auf die betrieblichen Belange Rücksicht nehmen (also nicht zur Unzeit). Dies ist jedoch die Ausnahme. Krankenunterlagen einschl. der dazugehörigen Bildaufnahmen stehen grundsätzlich im Eigentum des behandelnden Arztes (Praxisinhabers bzw. Krankenhauses). Der Einsichtsanspruch des Patienten beschränkt sich daher in der Regel auf die Ausfolgung von Kopien (auch Bildkopien), deren Anfertigung kostenmäßig zu seinen Lasten geht.[3834] Eine Herausgabe der Originale an sich kann er normalerweise nicht verlangen, da sich diese im Eigentum des Arztes bzw. Krankenhauses befinden.

2848   In der Regel verlangen die Patienten oder ihre Bevollmächtigten die Zusendung von Kopien. Liegt keine Kostenübernahmezusage vor, wird die Auffassung vertreten, der Arzt müsse die Kopien nur zur Abholung bereithalten.[3835] Zum Teil wird sogar die Auffassung vertreten, der Arzt könne das

---

3830   OLG Oldenburg, MedR 2007, 716; OLG München, MedR 2007, 359.
3831   Vgl. z B.: OLG München, OLGR 1989, 397; OLG Hamm, MDR 2000, 49; OLG München, MDR 2002, 291; OLG Naumburg, MedR 1999, 183; OLG Köln, MDR 1990, 1121; OLG Frankfurt a. M., GesR 2006,217; OLG Saarbrücken, GesR 2005, 207.
3832   OLG Brandenburg, NJW – RR 2001, 1433; OLG Koblenz, NJW-RR 1999, 72, 73.
3833   BGH, GesR 2005, 327.
3834   OLG Köln Urt. v. 12.11.1981 NJW 1982, 704.
3835   LG Dortmund NJW 2001, 2806.

Zusenden so lange verweigern, bis der Patient die Kosten vorschießt.[3836] Ob man an diesem Punkt manchmal schon die Fronten verhärten will, kann sicherlich nur von Fall zu Fall entschieden werden. In der Regel sollte man sich an dieser Stelle grundsätzlich kooperativ zeigen.

Eine Herausgabe von Originalunterlagen kann der Patient normalerweise **2849** nicht verlangen.[3837] Die Rechtsprechung macht in den letzten Jahren eine Einschränkung für den Fall, dass z.B. ein Anwalt eines Patienten die Originalröntgen- oder Kernspinaufnahmen verlangt, um sie einem Experten zur Befundung vorzulegen.[3838] Die Herausgabe erfolgt in diesen Fällen aber nur vorübergehend und nur zu treuen Händen. Vor Versendung an den Anwalt sollte eine entsprechende Garantieerklärung verlangt werden.

▶ **Beispiel:**
Garantieerklärung
Ich, Rechtsanwalt ......, erkläre als Bevollmächtigter von ...., dass ich die mir zu übergebenden Original-Ultraschallaufnahmen nur vorübergehend zu treuen Händen für .... verwahre und sie spätestens wieder bis zum .... an .... zurücksende. Ich übernehme die Verantwortung für die ordnungsgemäße Verwahrung sowie Versendung der Original-Aufnahmen. Die Kostenübernahme versichere ich anwaltlich. Sollten die Aufnahmen trotz ordnungsgemäßer Versendung auf dem Transportwege verloren gehen, versichere ich im Namen meiner Mandantin, deswegen auf die Geltendmachung von Beweisvorteilen im Rahmen einer gegebenenfalls zu führenden Auseinandersetzung zu verzichten.
.........., den ....
....
Rechtsanwalt

Allerdings ist der Arzt auf jeden Fall verpflichtet, einem vor-, nach- oder **2850** mitbehandelnden Arzt auf Verlangen (bei Überweisungen, Krankenhauseinweisungen und -entlassungen auch ohne ausdrückliches Verlangen, es sei denn der Patient widerspricht) die erhobenen Befunde zu übermitteln und über die vorgenommene Behandlung zu informieren. Zu diesem Zweck kann der Patient auch die Herausgabe von Krankenunterlagen im Original an den anderen Arzt verlangen; sie dürfen ihm zu diesem Zweck auch selbst mitgegeben werden. Positiv-rechtlich war dies schon viele Jahre in § 28 RöV geregelt. Auch Gerichte verlangen zunehmend die Originalun-

---

3836 Gehrlein NJW 2001, 2774.
3837 LG Berlin Beschl.v. 2.9.2009, 13 O 19/09 ZMGR 2009, 397.
3838 OLG München Urt.v. 19.4.2001, 1 U 6107/00, NJW 2001, 2806; LG Kiel Urt.v.30.3.2007, 8 O 5/06, GesR 2007, 318; LG Flensburg Urt.v. 22.6.2007, 1 S 16/07, GesR 2007, 576.

terlagen (§ 415ff. ZPO[3839]). Allerdings kann es sich dabei stets nur um eine vorübergehende Überlassung handeln, da der die Dokumentation erstellende Arzt bzw. das Krankenhaus nach wie vor Eigentümer[3840] der Dokumentation und letztlich Aufbewahrungspflichtiger bleibt. Schließlich sollte man nicht vergessen, dass dem Arzt in aller Regel das Urheberrecht an der von ihm stammenden Dokumentation zusteht.[3841]

2851   Ist die Dokumentation objektiv unleserlich, kann der Patient eine sog. »Leseabschrift« also getippt oder in Druckbuchstaben verlangen. Die Dokumentation muss aber nicht laienverständlich sein. Arzttypische Kürzel müssen nicht erläutert werden.

2852   Wie viel Zeit darf verstreichen, bis der Arzt dem Patienten die Unterlagen zuschickt? Es liegen unterschiedliche Entscheidungen vor. Während das AG Dortmund[3842] dem Arzt bis zu einem Monat einräumt, vertreten andere Gerichte, so das AG Hamm,[3843] die Auffassung, vierzehn Tage seien ausreichend. Konsequenz ist, dass ein Arzt nach 14 Tagen eine Herausgabeklage mit entsprechenden Kosten riskiert, weil er sich dann möglicherweise schon im Verzuge befindet. Da in aller Regel noch ein Schriftwechsel mit dem Versicherer oder dem Makler geführt wird, kann dies manchmal ziemlich knapp werden. Deshalb sollte man nach Kräften versuchen, an diesem formalen Punkt möglichst keine Angriffsflächen zu bieten. Der Streitwert einer Auskunfts- und Herausgabeklage beträgt 25 % des Hauptanspruchs.[3844]

2853   Das Recht auf Einsichtnahme erstreckt sich nach der Rechtsprechung[3845] nur auf objektivierbare Wahrnehmungen und Befunde.[3846] Subjektive Einschätzungen, etwa im Hinblick auf den Charakter des Patienten, können abgedeckt werden. Es muss dann allerdings kenntlich gemacht werden, wo dies geschehen ist. Der zum Teil gemachte Vorschlag, die Dokumentation grundsätzlich in objektivierbare Befunde und subjektive Einschätzungen zu trennen (»doppelte Buchführung«) ist nicht nur unpraktisch, sondern wür-

---

3839   OLG Hamm Beschl. v. 30.8.2006, 3 W 38/06, GesR 2006, 569, beigezogene Krankenakten gehören nicht zur Gerichtsakte, daher kein Anspruch auf Kopien.

3840   Die Frage, ob der dokumentierende Arzt im Krankenhaus gem. § 950 BGB Eigentümer der Unterlagen wird und das Krankenhaus lediglich einen Anspruch auf Überlassung hat, kann hier offen bleiben; dazu näher Lippert MedR 1994, 135.

3841   Lippert, Zum Urheberrecht an Krankenunterlagen DMW, 1990, 1119.

3842   AG Dortmund Beschl. v. 12.8.1998, Az. 120 C 6046/98.

3843   AG Hamm Urt. v. 15. 6. 2004, Az. 16 C 105/04.

3844   OLG Saarbrücken Beschl. v. 8.1.2007, 1 W 301/06-65, MedR 2007, 164.

3845   BGH Urt. v. 6.7.1999 – VI ZR 290/98, NJW 1999, 3408, 3409.

3846   LG Bonn Urt. v. 2.9.2009, 5 S 19/09, ZMGR 2009, 391, kein Einsichtsrecht in Unfallbericht, den Krankenhaus zur Information über ein Schadensereignis an seine Haftpflichtversicherung erstellt.

Ratzel

de auch eine Quelle ständigen Misstrauens sein. Einen vorprozessualen Anspruch auf Nennung an der Behandlung beteiligter Dritter (Arzte oder Pflegepersonal) gibt es normalerweise nicht.[3847] Dies gilt erst recht, wenn sich der Name aus der Dokumentation selbst ergibt.[3848] Anderes kommt dann in Betracht, wenn der Arzt oder das Personal in Anspruch genommen werden soll.[3849] Gleiches wird für die Nennung des im OP anwesenden Personals angenommen, wenn ansonsten ein zulässiger Beweisantritt nicht möglich ist.[3850] Einen Anspruch auf Nennung der Privatanschrift gibt es aber dann nicht, wenn die betreffende Person noch in der Klinik tätig ist.[3851] Ist dies nicht mehr der Fall, genügt es, die letzte bekannte Privatanschrift mitzuteilen. Ein Anspruch auf Mitteilung des Namens von Mitpatienten gibt es nicht.[3852]

Stirbt der Patient, geht das Einsichtsrecht nicht uneingeschränkt auf die Erben und/oder Angehörigen über. Vielmehr gilt die Schweigepflicht des Arztes auch über den Tod hinaus. Der Arzt ist dabei Sachwalter der Interessen des verstorbenen Patienten. Wollen die Erben z.B. gewisse Einzelheiten aus den Krankenakten wissen, (im Rahmen der Erbauseinandersetzung oder bezüglich Fragen der Testierfähigkeit), muss sich der Arzt stets fragen, ob der Patient, wäre er noch am Leben, seine Einwilligung zur Offenbarung geben würde. Stehen demnach schutzwürdige Interessen des Verstorbenen, die auch in der Wahrung seines Andenkens bestehen können (Geschlechtskrankheit), einer Offenbarung entgegen, kann die Einsichtnahme verweigert werden. Die Gründe für eine Verweigerung sollten in allgemeiner Form dargelegt werden, so dass (ohne Offenbarung von Details) nachvollzogen werden kann, warum sich der Arzt durch seine gegenüber dem Verstorbenen fortbestehende Schweigepflicht gebunden fühlt.[3853] Im Regelfall, bei »normalen« Krankheiten, wird man hingegen ein überwiegendes Interesse der Erben an der Einsichtnahme annehmen können. Die Angst vor Entdeckung eines Behandlungsfehlers rechtfertigt die Verweigerung der Einsichtnahme nicht.[3854]

2854

Bei psychiatrischer Behandlung galt das Einsichtsrecht des Patienten nach früherer Auffassung des BGH[3855] nur eingeschränkt, wenn zu befürchten ist, dass die Offenbarung den Gesundheitszustand des Patienten gefähr-

2855

3847 OLG Koblenz Urt. v. 15.1.2004, 5 U 1145/03, MedR 2004, 388, keine Beantwortung eines Fragenkatalogs.
3848 OLG Düsseldorf Urt. v. 30.1.2003, 8 U 62/02, GesR 2003, 273.
3849 OLG Frankfurt Urt. v. 23.9.2004, 8 U 67/04, VersR 2006, 81.
3850 OLG München Beschl. v. 30.7.2008, 1 W 1646/08.
3851 OLG Frankfurt Urt. v. 23.9.2004, 8 U 67/04, VersR 2006, 81.
3852 OLG Karlsruhe Urt. v. 11.8.2006, 14 U 45/04, MedR 2007, 253.
3853 OLG München Urt. v. 9.10.2008 – 1 U 2500/08, ZMGR 2009, 395.
3854 BGH Urt. v. 31.5.1983 – VI ZR 259/81, NJW 1983, 2627.
3855 BGH Urt. v. 6.12.1988 – VI ZR 76/88, MedR 1989, 145.

Ratzel

den könnte. Das BVerwG[3856] hält demgegenüber eine stärkere Berücksichtigung der Patientenautonomie auch bei diesem Personenkreis für gerechtfertigt, und will den bloßen Verweis auf mögliche gesundheitliche Gefahren für eine Verweigerung der Einsichtnahme nicht ausreichen lassen; eine Entscheidung, die grundsätzlich Zustimmung verdient.[3857] Auch ein im Maßregelvollzug Untergebrachter hat Anspruch auf Einsichtnahme.[3858]

2856   Ob der Patient verlangen kann, dass der Arzt versichert, die überlassenen Unterlagen seien vollständig und würden die gesamte Dokumentation widerspiegeln ist umstritten.[3859] Nach h.M.[3860] ist dies zu verneinen.

2. Reaktion auf Anspruchserhebung

2857   Das Schadensereignis, das Haftpflichtansprüche begründen könnte, ist dem Versicherer unverzüglich, spätestens innerhalb einer Woche schriftlich anzuzeigen (§ 104 VVG). Dabei besteht die Anzeigepflicht nicht erst, wenn konkret Schadensersatzansprüche erhoben werden, sondern bereits dann, wenn der versicherte Arzt Kenntnis von Umständen erlangt, die geeignet sind, Haftpflichtansprüche gegen ihn auszulösen (Ziff. 25.1 AHB). Auch wenn ein Ermittlungsverfahren gegen den Versicherungsnehmer eingeleitet wird, muss der Haftpflichtversicherer umgehend informiert werden (Ziff. 25.3 AHB). Dies gilt auch dann, wenn er bereits über die zivilrechtliche Geltendmachung Kenntnis hat. Es liegt auf der Hand, dass es bei derartigen Konstellationen zu einem Spannungsverhältnis zwischen dem Grundsatz der Selbstbelastungsfreiheit im Strafverfahren und der Verpflichtung, im Binnenverhältnis zur Haftpflichtversicherung wahrheitsgemäße Angaben zu machen, kommen kann,[3861] denn die Staatsanwaltschaft

---

3856   BVerwG Urt.v. 27.4.1989, 3 C 4.86, BVerwGE 82, 45ff.; hierzu auch Bay. VerfGH Beschl. v. 17.6.1994, Vf.92 – VI – 93, NJW 1995, 1608; LG Bremen, Urt. v. 25.7.2008, 3 O 2011/07, ZMGR 2009, 392, Abwägung erforderlich.

3857   Zum Einsichtsrecht in Versicherungsgutachten siehe § 202 VVG.

3858   BVerfG Beschl. v. 09.01.2006, 2 BvR 443, 02, MedR 2006, 41=GesR 2006, 326.

3859   Bejahend AG Hagen NJW-RR 1998, 262). In einem Urteil des AG Hamm vom 15.06.2004 (Az. 16 C 105/04) wird dieser Auffassung –zurecht- widersprochen. Ein Anspruch auf Abgabe einer derartigen Erklärung bestehe jedenfalls dann nicht, wenn nicht aus der Art der Dokumentation Zweifel an deren Vollständigkeit begründet seien (im Ergebnis ähnlich BGH NJW 1985, 674, 676).

3860   OLG München Beschl.v. 16.11.2006, 1 W 2713/06, MedR 2007, 47, kein Anspruch auf eidesstattliche Versicherung der Vollständigkeit; LG Düsseldorf Urt.v. 28.9.2006, 3 O 106/06, GesR 2007, 18, kein Anspruch auf Bestätigung der Richtigkeit, kein Anspruch auf beglaubigte Kopien.

3861   Siehe aber auch BVerfG Beschl.v. 13.1.1981 – 1 BvR 116/77, BVerfGE 56, 37ff. »Gemeinschuldnerbeschluss«: Offenbarungspflicht in § 97 Abs. 1 S. 2 und 3 InsO gebilligt, auch wenn sich Gemeinschuldner dadurch Gefahr läuft, wegen einer Ordnungswidrigkeit oder Straftat verfolgt zu werden; BVerfG Beschl.v.

Ratzel

ist grundsätzlich nicht gehindert, die Schadenakte beim Versicherer zu beschlagnahmen. Herrmann[3862] hält es in diesen Fällen mit dem Grundsatz »nemo tenetur« nicht für vereinbar, den Arzt an seinen »normalen« Offenbarungspflichten gegenüber dem Versicherer festzuhalten. Dies scheint aus Sicht des Versicherers aber sicherlich dann problematisch, wenn es sich um eine Information handelt, die für die Regulierungsentscheidung maßgeblich ist. Warum sollte der Versicherer finanzielle Risiken schultern, wenn diese auf einem strafbaren Verhalten des Versicherungsnehmers beruhen, das einzig in seiner Risikosphäre begründet ist. Eine Lösung könnte darin bestehen, die fragliche Information einem ebenfalls zur Berufsverschwiegenheit verpflichteten Dritten zukommen zulassen, der seinerseits vom Versicherer über dessen Kenntnisstand informiert wird und dann prüft, inwieweit die fragliche Information deckungs- und regulierungsrelevant ist. Trifft dies zu, hat der Versicherer Anspruch auf Information.[3863] Grundsätzlich bleibt es dabei: Im Rahmen der Sachbearbeitung hat der Versicherungsnehmer Mitwirkungspflichten. Hierzu gehört dem Versicherer alle Unterlagen, Informationen und Auskünfte zu übermitteln, die dieser zur Anspruchsprüfung benötigt. Eine Bindung an die Schweigepflicht besteht insoweit nicht. Dennoch verlangen viele Versicherer im Rahmen der Anspruchsprüfung vorsorglich eine entsprechende Erklärung des Patienten. Gerade wenn Informationen oder Unterlagen von dritter Seite eingeholt werden müssen (z.B. Vor- oder Nachbehandler) ist die Vorlage einer entsprechenden Erklärung ohnehin unentbehrlich. Die Verletzung der Obliegenheit zur rechtzeitigen Meldung des Schadensereignisses kann erhebliche negative Auswirkungen haben. Der Versicherer ist nämlich leistungsfrei, wenn er konkretisieren kann, dass ihm durch die verspätete Schadensmeldung Möglichkeiten zur Feststellung des Versicherungsfalles oder zur Minderung des Schadens durch eigene Verhandlungen mit dem Geschädigten entgangen sind.[3864] Dieselbe Leistungsfreiheit kann bei mangelnder Mitwirkung des Versicherungsnehmers im Verlauf der Schadensbearbeitung eintreten. Verweigert z.B. der Versicherungsnehmer trotz wiederholter Mahnung seines Haftpflichtversicherers und trotz Hinweises auf die Gefahr der Versagung des Deckungsschutzes die Mitwirkung an der Abwehr von Haftpflichtansprüchen, in dem er Fragen

---

31.3. 2008 – 2 BvR 467/08, WM 2008, 989, Fortführung für den Fall der Abgabe einer eidesstattlichen Versicherung nach § 807 ZPO. BGH Beschl.v. 5.2.2009 – IX 85/08, MedR 2009, 531 m. Anm. Bullmann (Zugriff des Insolvenzverwalters auf die abrechnungsrelevanten Daten auch bei Facharzt für Psychiatrie, Psychotherapie und Psychoanalyse)

3862 Herrmann Referat auf der Herbsttagung 2009 der AG Medizinrecht im DAV.
3863 BGH Urt.v. 5.12.2001 – IV ZR 225/00, wenn die Obliegenheitsverletzung noch keine Konsequenzen hatte, kann sich er Versicherer nicht auf Leistungsfreiheit berufen.
3864 OLG München Urt.v. 5.8.1981, 3 U 3919/80, VersR 1982, 1089.

Ratzel

des Versicherers nicht beantwortet, so verstößt er vorsätzlich gegen die in Ziff. 25 AHB festgelegten Obliegenheiten.[3865] Sein Schweigen ist dann ebenso geeignet, das Aufklärungsinteresse des Versicherers zu gefährden, wie die unrichtige Beantwortung von Fragen.[3866] Gegen Mahnbescheide muss der Versicherte auch ohne ausdrückliche Weisung des Versicherers Widerspruch einlegen (25.4 AHB). Die Rechtsfolgen der Verletzung von Obliegenheiten sind in Ziff. 26 AHB aufgeführt. Sie reichen vom vollständigen bis zum teilweisen Verlust des Versicherungsschutzes. Weist der Versicherungsnehmer nach, dass die Obliegenheitsverletzung nur auf einfacher Fahrlässigkeit beruht oder keine Kausalität für den Eintritt und die Feststellung des Versicherungsfalles vorliegt, behält er seinen Versicherungsschutz.

3. Informationsaustausch mit dem Versicherer/Regulierungshoheit des Versicherers

2858   Der Versicherer hat sowohl außergerichtlich als auch während des Prozesses gemäß Ziff. 5.2 i.V.m. 25.5 AHB (2008) die Regulierungsvollmacht und Regulierungshoheit.[3867] Dies bringt es mit sich, dass der Versicherte ohne Zustimmung des Versicherers keinen Anwalt mit der Abwehr der Ansprüche betrauen könnte, da dieser keine Erklärungen zur Abwehr abgeben dürfte, die dem Versicherer vorbehalten sind. Vielmehr muss der Versicherte im Falle einer gerichtlichen Geltendmachung des Haftpflichtanspruchs den vom Versicherer benannten Rechtsanwalt bevollmächtigen, ihm alle erforderlichen Auskünfte erteilen und angeforderten Unterlagen überlassen (25.5 AHB). Verstößt der Versicherungsnehmer gegen diese Obliegenheit, ist der Versicherer nicht verpflichtet, die zusätzlichen Kosten dieses »auf eigene Faust« mandatierten Anwalts zu übernehmen. Ein häufiges Missverständnis bestand allerdings schon bislang hinsichtlich der Frage, ob der Versicherte nach einem Schadensfall mit dem Patienten oder seinen Angehörigen sprechen und welche Erklärungen er abgeben darf. Dieses vermeintliche »Äußerungsverbot« kann nicht selten zu einer Zuspitzung der Situation führen, weil der Patient befürchtet, es werde »gemauert«. Dem Arzt ist es nicht verwehrt, mit dem Patienten oder seinen Bevollmächtigten den Geschehensablauf durchzugehen. Es ist ihm auch nicht verwehrt, einen Fehler zuzugeben, wenn er es mit der Bemerkung verknüpft, dass damit noch nichts über die Berechtigung des geltend gemachten Anspruchs verknüpft ist (z.B. Kausalität). Eindeutig untersagt war ihm nach alter Rechtslage (vor der VVG-Reform 2008) nur die Ankündigung, der Anspruch werde anerkannt oder es

3865   OLG Saarbrücken Urt.v. 31.5.2006, 5 U 165/05-14, GesR 2006, 565.
3866   OLG München Urt.v. 30.11.1979, 19 U 2334/79, VersR 1980, 570.
3867   Wussow VersR 1994, 1014 ff.; BGH Urt.v. 11.10.2006 – IV ZR 329/05, VersR 2006, 1676.

Ratzel

werde gezahlt. Derartige Erklärungen waren ausschließlich dem Versicherer vorbehalten. Gab sie der Versicherte dennoch ab, ohne sich deswegen zuvor das Einverständnis seines Versicherers vorlegen zu lassen, konnte er seinen Versicherungsschutz gefährden. Der Versicherungsnehmer war gemäß § 5 Ziff. V S. 1 AHB a.F. nicht berechtigt, ohne vorherige Zustimmung des Versicherers ganz oder teilweise anzuerkennen oder zu befriedigen. Dies hat sich durch die VVG-Reform 2008 geändert; entsprechend wurde Ziff. 5.5. AHB a.F. ersatzlos gestrichen. Gemäß § 105 VVG ist eine Vereinbarung, wonach der Versicherer nicht zur Leistung verpflichtet ist, wenn der Versicherungsnehmer ohne seine Einwilligung den Dritten befriedigt oder den Anspruch anerkennt, unwirksam. Allerdings bestimmt § 5 Abs. 1 AHB n.F., dass ein solches ohne Zustimmung des Versicherers abgegebenes Anerkenntnis oder Vergleich den Versicherer nur bindet, soweit der Anspruch ohne Anerkenntnis oder Vergleich auch bestanden hätte.[3868] Ein vorsichtiger und richtig beratener Versicherungsnehmer wird sich daher auch in Zukunft mit seinem Versicherer abstimmen.

3868 OLG Köln Urt. v. 20.12.2005, 9 U 99/05 zu § 5 Abs. 5 AHB a.F. Verstoß des Insolvenzverwalters durch widerspruchslose Feststellung einer Haftpflichtforderung zur Insolvenztabelle.

Ratzel

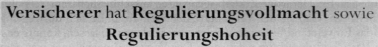

Versicherer hat **Regulierungsvollmacht** sowie **Regulierungshoheit**

Im Falle gerichtlicher Geltendmachung des Haftpflichtanspruchs, **stehen** dem **vom Versicherer benannten Rechtsanwalt alle erforderlichen Unterlagen zu**

Keine Leistungsverpflichtung des Versicherers

Ohne Zustimmung des Versicherers abgegebene **Anerkenntnis/ Vergleich bindet nur, wenn Leistungsanspruch auch ohne dies bestanden hätte**

Kommunikation zwischen Versicherungsnehmer und Versicherer **ratsam**

Ratzel

Mitwirkungspflicht des Versicherungsnehmers
Übermittlung sämtlicher Informationen an den Versicherer, in der Regel ohne Bindung an die Schweigepflicht

- verspätete Schadensmeldung
- mangelnde Mitwirkung
- sämtliche Obliegenheitsverletzungen des Versicherungsnehmers

Teilweiser bis vollständiger Verlust des Versicherungsschutzes möglich

Anders als im Rahmen der Kfz-Pflichtversicherung ist der Berufshaftpflichtversicherer allerdings nicht passiv legitimiert und kann daher im Haftungsprozess (Aktivprozess) nicht als Partei verklagt werden. Hiervon kann es künftig Ausnahmen geben, wenn der VN gemäß § 108 VVG seinen Freistellungsanspruch gegen den Versicherer mit befreiender Wirkung an den Dritten abtritt. Diese Abtretung hat gegenüber dem Anspruchsteller Erfüllungswirkung, unabhängig davon, ob der Anspruch wirklich besteht. Der Versicherer ist im Übrigen bei dieser Variante nicht gehindert, dem Anspruchsteller sämtliche Einwendungen entgegenzuhalten, die auch der Versicherte selbst hätte erheben können. Ob § 108 VVG daher in der Praxis der Heilwesenversicherung eine größere Rolle spielen wird, dürfte eher zu-

2859

Ratzel

rückhaltend bewertet werden. Der Anspruchsteller hat (außer im Falle der Abtretung natürlich) keinen Anspruch auf Nennung der Berufshaftpflichtversicherung des Arztes.[3869] Dies ist deshalb wichtig, weil es durchaus Konstellationen geben kann, in denen ein Arzt ein Interesse haben kann, einen erkennbar unbegründeten Anspruch selbst abzuwehren, ohne seine Berufshaftpflichtversicherung zu involvieren, um dieser nicht die Möglichkeit einer Vertragskündigung oder Prämienanpassung zu verschaffen.

4.   Sichtung der Dokumentation/förmliche Vorprüfung

2860   Zuständigkeit: Fällt der Eintritt des Schadensereignisses in den geschützten Versicherungszeitraum? Gemäß § 100 VVG ist der Versicherer verpflichtet, dem Versicherungsnehmer die Leistung zu ersetzen, die dieser aufgrund seiner Verantwortlichkeit für eine während der Versicherungszeit eintretende Tatsache an einen Dritten zu bewirken hat. Gemäß Ziff. 8 AHB beginnt der Versicherungsschutz zu dem im Versicherungsschein angegebenen Zeitpunkt. Gemäß Ziff. 9 AHB wird die Prämie unverzüglich nach Ablauf von zwei Wochen nach Zugang des Versicherungsscheins fällig. Bei nicht rechtzeitiger Zahlung besteht Versicherungsschutz erst nach Eingang der Prämie. Dies gilt nicht, wenn der Versicherungsnehmer nachweist, dass er die Nichtzahlung nicht zu vertreten hat (Ziff. 9.2 AHB. Für Versicherungsfälle, die bis zur Zahlung des Beitrags eintreten, ist der Versicherer nur dann nicht zur Leistung verpflichtet, wenn er den Versicherungsnehmer durch gesonderte Mitteilung in Textform oder durch einen auffallenden Hinweis im Versicherungsschein auf diese Rechtsfolge der Nichtzahlung des Beitrags aufmerksam gemacht hat (Ziff. 9.2 AHB). Versicherungsschutz besteht zunächst für die im Versicherungsvertrag vereinbarte Zeitdauer. Beträgt diese mindestens ein Jahr, verlängert sich der Vertrag jeweils um ein weiteres Jahr, wenn er nicht spätestens drei Monate vor dem Ablauf des Versicherungsjahres rechtswirksam gekündigt wurde (Ziff. 16.2 AHB). Versicherungsschutz besteht für die während der Versicherungszeit »eintretenden« Tatsachen. Darunter versteht man nach überwiegender Auffassung[3870] das sog. »Schadensereignis bzw. die Folgenereignistheorie«. Dies ist umstritten, nachdem der BGH[3871] Anfang der achtziger Jahre auf den Zeitpunkt des Verstoßes – unabhängig vom Schadenseintritt – abstellte. Dieses Urteil hat jedoch insoweit keine weitreichende Bedeutung mehr, als die AHB mit Unterstüt-

---

3869 AG Dorsten Urt. v. 2.10.2002, 3 C 70/02, MedR 2005, 102.

3870 A.A. OLG Nürnberg Urt.v. 29.6.2000, 8 U 4755/99, VersR 2000, 1490, das Urteil betraf zwar eine Klausel aus den AHBStr (und nicht aus den AHB), in der noch von »Ereignis« und nicht von »Schadensereignis« die Rede war; insofern kam es nicht auf die Änderung des BAV aus dem Jahre 1982 an. Das OLG hatte aber ohnehin Bedenken, ob diese Neuformulierung die Kausalereignistheorie zu Gunsten der Folgeereignistheorie verdrängen könne.

3871 BGH Urt. v. 4.12.1980 – I ZR 32/80, BGHZ 79, 76.

zung des BAV 1982 entsprechend präzisiert und die Schadensereignistheorie in den Bedingungen festgeschrieben wurde. Nach einer Entscheidung des OLG Nürnberg[3872] kommt dieser Änderung der AHB jedoch keine entscheidende Bedeutung zu. Maßgeblich sei, wie ein durchschnittlicher Versicherungsnehmer derartige Klauseln verstehe. Gerade ein Arzt gehe beim Abschluss einer Berufshaftpflichtversicherung davon aus, dass sie diejenigen Schäden abdecke, für die er während des Versicherungszeitraums die Ursache gesetzt habe (Kausalereignistheorie im Gegensatz zur Folgeereignistheorie). Für eine Notwendigkeit zum Abschluss einer sog. Nachhaftungsversicherung (dazu unten) bleibt nach dem Urteil des OLG Nürnberg daher i.d.R. kein Raum. Da dieses Urteil aber einen Strahlenschaden und damit die damals anders gefassten AHBStr betraf, ist eine zu unkritische Übernahme für die geänderten AHB problematisch. Für den Versicherungsnehmer kann jede der beiden Theorien Vor- und Nachteile haben.[3873] Im konkreten Fall (Strahlenschaden) war die Entscheidung des OLG Nürnberg für den versicherten Arzt vorteilhaft (er hatte entgegen der Auffassung seiner Berufshaftpflichtversicherung doch Versicherungsschutz). Die Folgeereignistheorie kann aber z.B. dann vorteilhaft sein, wenn sich seit dem maßgeblichen Kausalereignis und dem Schadenseintritt die Deckungssummen zugunsten des Arztes verbessert haben. Fallen Verstoß und Schadenseintritt zusammen, ist diese ganze Diskussion überflüssig. Gerade im Bereich des Heilwesens ist es jedoch gar nicht so selten, dass die später einen Schaden auslösende Ursache zu einem Zeitpunkt gesetzt wird, in dem man noch nicht von einem Schadenseintritt sprechen kann. Typisches Beispiel ist die unzureichende durchgeführte Sterilisation bzw. Konzeptionsberatung. Verstoß ist die fehlerhafter Operation bzw. Beratung, Schadenseintritt aber erst die später stattfindende Geburt des familienplanungswidrig gezeugten Kindes. Ähnliche Beispiele lassen sich im Bereich der Dauer- und/oder Fehlmedikation oder auch im Rahmen der Strahlentherapie bilden (siehe Rdn ###). Das Schadensereignis ist aber nicht erst dann eingetreten, wenn sich der Schaden »fulminant« im Körper des Patienten manifestiert, sondern bereits bei den ersten Merkmalen.[3874] Mit der Änderung der AHB 2004 wird die Folgenereignistheorie nach Auffassung der Versicherungswirtschaft klar definiert (Versicherungsfall = Schadensereignis).

2861 Scheidet der niedergelassene Arzt aus dem Berufsleben aus, so können gegen ihn auch nach diesem Zeitpunkt noch Haftpflichtansprüche geltend ge-

---

3872 OLG Nürnberg Urt. v. 29.6.2000, 8 U 4755/99, VersR 2000, 1490.
3873 Zu den Nachteilen der Claims-Made-Regelung siehe Hartmann, in: van Bühren (Hrsg.) § 10, Rdnr. 183.40.
3874 Siehe hierzu die »Erste-Tropfen-Theorie« des BGH; OLG Saarbrücken Beschl. v. 19.11.1992, 5 W 96/92, VersR 1993, 876; BGH Urt. v. 13.3.1974 – IV ZR 36/73, VersR 1974, 741; BGH Urt. v. 22.2.1984 – IVa ZR 63/82, VersR 1984, 630.

Ratzel

macht werden. Ist der Schaden noch während des versicherten Zeitraums eingetreten, aber erst nach Beginn des Ruhestands geltend gemacht worden, ist eine Deckung unproblematisch. Da es bei bestimmten Konstellationen jedoch vorkommen kann, dass der Schaden erst geraume Zeit nach dem Verstoß bzw. der schädigenden Handlung eintritt (s.o.), empfiehlt die Versicherungswirtschaft den Abschluss einer sog. Nachhaftungsversicherung, die normalerweise von dem Versicherer angeboten wird, bei dem der Arzt zuletzt versichert war. Nach der oben dargestellten Entscheidung des OLG Nürnberg[3875] kann dies überflüssig sein. In diesem Zusammenhang ist auf die Problematik unterschiedlicher Haftpflichtversicherungssysteme in Europa hinzuweisen. Während die deutschen AHB auf den Schadenseintritt als maßgebliches Kriterium abstellen, ist es bei vielen angelsächsischen Versicherungen der Zeitpunkt der Geltendmachung[3876] (»claims-made«). Dies muss sich ein Arzt, der die neuen Möglichkeiten des liberalisierten Versicherungsmarktes nutzen will, gut überlegen. Angenommen er will später von seinem englischen Versicherer wieder zu einem deutschen Versicherer wechseln, kann nämlich eine nicht mehr schließbare Deckungslücke eintreten. Wird er nach dem Versicherungswechsel zu dem deutschen Unternehmen mit einem Anspruch konfrontiert, dessen Grund während seiner Versicherungszeit bei dem englischen Versicherer eingetreten ist, wird dieser sich darauf berufen, die Geltendmachung sei nach Vertragsende erfolgt. Der deutsche Versicherer wird einwenden, der Schadenseintritt falle in den Vorversicherungszeitraum.

2862   Betrifft der geltend gemachte Anspruch das versicherte Risiko? Versicherungsschutz besteht nur für das versicherte Risiko, also z.B. ob der Arzt ambulant operiert, belegärztlich tätig ist oder z.B. Geburtshilfe ausübt. Dabei sind besondere Definitionen zu beachten. Nicht jeder Hautschnitt ist gleichzeitig eine ambulante Operation. Operative Eingriffe sind diagnostische und/oder therapeutische Maßnahmen, die sowohl durch konventionelle schnittchirurgische Verfahren als auch minimalinvasive Techniken durchgeführt werden. Nach den Hinweisen großer Haftpflichtversicherer zu den Versicherungsbedingungen zählen nicht als operative Eingriffe:

- das Abnehmen von Blut zu Untersuchungszwecken,
- das Setzen von Spritzen als Therapie,
- Warzenentfernung,
- Entfernen von Fuß- und Fingernägeln,
- Wundversorgung,
- Abszessbehandlung,
- Abstriche.

3875 OLG Nürnberg Urt. v. 29.6.2000, 8 U 4755/99, VersR 2000, 1490.
3876 Siehe hierzu Flatten VersR 1994, 1019 ff.

Ratzel

Der Einsatz von Röntgen- und Laserstrahlen ist heutzutage üblicherwei- **2863**
se mit versichert. Angesichts neuer Kooperationsformen zwischen Klinik
und Praxis (Stichwort: »Vernetzung« oder »Verzahnung«) stellen sich neue
Fragen. Angenommen, ein in eigener Praxis tätiger Radiologe oder Pathologe schließt mit einem Krankenhaus einen Kooperationsvertrag, wonach
er sämtliche Patienten des Krankenhauses – also auch die stationären Fälle
– betreut, mag es zweifelhaft sein, ob diese Tätigkeit noch von seiner Haftpflichtversicherung für ärztliche Tätigkeit in eigener – ambulanter – Praxis
umfasst ist. Manche sehen ein wesentliches Kriterium darin, wo der Ort der
Leistungserbringung ist und welche Regeln der Kooperationsvertrag enthält.[3877] Gliedert ein Krankenhaus eine bisherige stationäre Funktionsein-
heit – in zulässiger Art und Weise – aus, wobei der Aufgabenbereich im Wesentlichen unverändert bleibt, dürfte kaum ein Zweifel daran erlaubt sein,
dass auch die stationäre Tätigkeit mitzuversichern ist. Gleiches gilt dann,
wenn der niedergelassene Arzt für und im Krankenhaus tätig ist. In jedem
Falle sollte der Arzt seinem Versicherer den Abschluss des Kooperations-
vertrages unter Vorlage der Einzelheiten anzeigen, um seinen Informations-
und Mitwirkungspflichten zu genügen.

Übernimmt der Arzt im Rahmen des Behandlungsvertrages oder eines in- **2864**
tegrierten Versorgungskonzepts Garantieleistungen, wird die Versicherung
von ihrer Leistungspflicht befreit.[3878] Der Leistungsausschluss betrifft dabei
nicht nur die eigentliche Garantieleistung, sondern den gesamten Behandlungsfall einschließlich ggf. notwendig werdender Revisionsoperationen.

Wer macht Ansprüche geltend? Ist die Anspruchsinhaberschaft schlüssig **2865**
nachgewiesen, ggfls. durch schriftliche Vollmacht? Liegt eine wirksame
Schweigepflichtentbindungserklärung vor? Macht eine Kranken- oder Pflegekasse Ansprüche geltend, ist die Frage eines Teilungsabkommens zu prüfen. Werden SVT-Ansprüche geltend gemacht, sollte vorsorglich die Höhe
ggfls. zu berücksichtigender Direktansprüche geprüft werden, um deren
vorrangige Bedienung zu gewährleisten. Sind die geltend gemachten Ansprüche durch Nachweise belegt? Ist die Stellungnahme des VN/Mandan-
ten überzeugend? Werden Fehler eingeräumt? Reicht die Stellungnahme
des VN für eine erste orientierende Bewertung oder sollte vorsorglich der
Fachberater hinzugezogen werden? Ist der Fall so gelagert, dass durch eine
schnelle unbürokratische Regulierung viel Zeit und Geld gespart werden
kann? Ist der gemeldete Schaden publicityträchtig? Muss besondere Rücksicht auf »sonstige übergeordnete« Interessen genommen werden? Enthält
der Fall bei mehreren Beteiligten eine Kollisionsproblematik? Soll der Fall
zunächst innerhalb der Schadensabteilung bearbeitet oder gleich extern an

---

3877 Hufnagl/Cramer Der Radiologe 2001, 84 ff., Abgrenzung ambulanter und sta-
       tionärer Tätigkeiten von Radiologen.
3878 Ziff. 7.3 AHB 2008.

Ratzel

den kooperierenden Anwalt vergeben werden? Sollte hinsichtlich dieser Fragen noch Klärungsbedarf bestehen, wird man mit vorschnellen Festlegungen eher zurückhaltend sein, und der Anspruchstellerseite abwartend antworten. Dies ist allemal besser als Tatsachenbehauptungen und Wertungen nach außen zu geben, die noch nicht auf ihre Belastbarkeit geprüft sind. Dabei ist insbesondere die Stellungnahme des eigenen VN/Mandanten selbstkritisch zu hinterfragen, ob sie nicht aus einer sehr subjektiven Sicht zu optimistisch geraten ist.

IV. Ärztliche Gutachterkommissionen und Schlichtungsstellen

1. Einleitung

2866 Mit der Zunahme der Diskussionen um angeblichen »Ärztepfusch« in den ausgehenden 60iger und 70iger Jahren rückten die Möglichkeiten einer außergerichtlichen Streitbeilegung in den Blickpunkt des Interesses nicht nur der Öffentlichkeit, sondern auch der Ärzteschaft. Dies umso mehr, als seinerzeit von Seiten der Patienten, aber auch der sie betreuenden Anwälte häufig der problematische Umweg über die Strafanzeige gegen den betroffenen Arzt gewählt wurde, um letztlich die Geltendmachung zivilrechtlicher Schadenersatzansprüche vorzubereiten. Dieser Weg mochte der anwaltlichen Arbeitserleichterung dienen, er war (und ist) indessen schon wegen der unterschiedlichen Rahmenbedingungen beider Rechtsgebiete dem eigentlichen Begehren des Patienten selten förderlich, lässt doch ein strafrechtliches Ermittlungsverfahren für den Arzt eine stigmatisierende Wirkung unabhängig vom Ergebnis befürchten, was die Vergleichsbereitschaft im Haftungsbereich eher negativ beeinflusst.

2867 1975 gründete die Landesärztekammer Bayern die erste Schlichtungsstelle, kurze Zeit später rief die Ärztekammer Nordrhein ihre Gutachterkommission für ärztliche Behandlungsfehler ins Leben. Im Folgejahr errichteten dann die norddeutschen Ärztekammern eine gemeinsame Schlichtungsstelle für Arzthaftpflichtfragen mit Sitz in Hannover. Es folgten die Gutachterkommission für ärztliche Haftpflichtfragen bei der Ärztekammer Westfalen-Lippe (1977) sowie entsprechende Einrichtungen an den sonstigen – westdeutschen – Ärztekammern. Die Gutachterkommission im Saarland hat dabei ausdrücklich auch zahnärztliche Behandlungsfehler in ihre Entscheidungszuständigkeit einbezogen, allerdings begrenzt auf Fälle, in denen der Fehler des Zahnarztes einen »über das zahnärztliche Fachgebiet hinausgehenden Gesundheitsschaden verursacht haben soll«.[3879] Nach der Wiedervereinigung 1990 gründete die

---

[3879] § 1 Abs. 1 der Satzung der Gutachterkommission für Fragen ärztlicher Haftpflicht bei der Ärztekammer des Saarlandes (Fassung August 2007); an den Zahnärztekammern zumindest der Flächenländer existieren allerdings vergleichbare Einrichtungen.

Gaidzik

sächsische Ärztekammer eine eigene Schlichtungsstelle, während die Ärztekammern der übrigen Bundesländer sich entschlossen, der bereits kammerbe-
zirksübergreifenden Einrichtung in Hannover beizutreten.

Handelte es sich ursprünglich bei diesen Stellen um freiwillige Einrichtun- **2868**
gen der verfassten Ärzteschaft, so finden sich mittlerweile in allen Heilberufsgesetzen der Länder Bestimmungen, die die Einrichtung von Gutachterkommissionen bzw. Schlichtungsstellen den Ärztekammern als Pflicht
auferlegen. Rechtlich handelt es sich um – unselbstständige – Einrichtungen
der jeweiligen (Landes-)Ärztekammer, die aber organisatorisch getrennt
sind und selbstredend auch keinen inhaltlichen Weisungen in ihrer Arbeit
unterliegen (dürfen).[3880]

Die unterschiedlichen Bezeichnungen als Gutachterkommission bzw. **2869**
Schlichtungsstelle haben mittlerweile nur noch terminologische Bedeutung.
Zwar wird bei den Schlichtungsstellen im Ergebnis ein Regulierungsvor-
schlag unterbreitet, der sich aber ausschließlich auf den Anspruchsgrund
bezieht und keine Vorschläge zur Höhe enthält. Demgegenüber beschrän-
ken sich die Gutachterkommissionen auf die bloße Feststellung eines Be-
handlungs- bzw. Aufklärungsfehlers. Letzteres macht deutlich, dass die
Gütestellen im Unterschied zu ihrer ursprünglichen Intention für sich in
Anspruch nehmen, auch mögliche haftungsbegründende Aufklärungsdefi-
zite zu prüfen, allerdings – wie noch näher darzustellen sein wird – in der
Regel nur auf eine entsprechende Rüge des Patienten hin und nur unter
Auswertung der schriftlichen Behandlungsdokumentation.

Die Heilberufsgesetze der Länder regeln zwar die Einrichtung der Gütestel- **2870**
len bei den jeweiligen Ärztekammern, nicht jedoch die Einzelheiten ihres
Verfahrens. Diese finden sich in den je nach Kammerbezirk Statut, Satzung
oder Verfahrensordnung genannten Regularien, die von der Kammerver-
sammlung als dem parlamentarischen Gremium der jeweiligen Ärztekammer verabschiedet werden. Zum wechselseitigen Erfahrungsaustausch existiert darüber hinaus eine bei der Bundesärztekammer angesiedelt: »Ständige
Konferenz der Gutachterkommissionen und Schlichtungsstellen«. Als Einrichtungen der Ärztekammern als Körperschaften des Öffentlichen Rechts
besteht die Pflicht zur Vorlage jährlicher Tätigkeitsberichte. Seit 1979 werden die statistischen Daten der Gütestellen bundesweit zusammengeführt, allerdings erst seit 2006 in einem einheitlichen EDV-System. Dies ermöglicht
seither eine Vergleichbarkeit der Daten und deren Auswertung mit Hilfe des
Medical Error Reporting Systems (MERS), womit die Gütestellen nunmehr
auch wichtige Daten zur Patientensicherheit liefern können, was bislang eher
verdienstvollen Einzelinitiativen vorbehalten war, insbesondere der Gutach-

---

3880 Näher dazu Laum, Außergerichtliche Streitbeilegung durch ärztliche Gütestellen, in: Wenzel, Handbuch des Fachanwalts – Medizinrecht, 2. Aufl., Köln
2009, S. 614 f., Rn. 9.

Gaidzik

terkommission Nordrhein. 2008[3881] wurden danach bundesweit insgesamt gut 13.000 Vorwürfe erhoben. Bei knapp über 7.000 Sachentscheidungen wurden in rund 2.000 Fällen Behandlungsfehler und/oder Aufklärungsmängel bejaht. Trotz vorhandener regionaler Unterschiede unterscheidet sich die aus Patientensicht gegebene »Erfolgsquote« nicht auffällig von der Quote ganz oder teilweise erfolgreicher Arzthaftungsklagen vor den Zivilgerichten, wobei man insoweit allerdings mangels bundeseinheitlicher Statistik auf diverse Hochrechnungen aus Statistiken einzelner Obergerichte oder Haftpflichtversicherer angewiesen ist. Der noch immer anzutreffenden Kritik einer angeblichen Parteilichkeit fehlt damit jede Evidenz. Andererseits signalisieren die Anerkennungsquoten auch keine besondere »Patientennähe« wie zuweilen im Vergleich mit den Zahlen des Medizinischen Dienstes der Krankenkassen angedeutet.[3882] Der MDK prüft im Auftrag der Krankenkassen ebenfalls Vorwürfe im Zusammenhang mit ärztlichen Behandlungen, die damit neben der Abklärung eigner Ansprüche aus übergegangenem Recht (§ 116 SGB X) ihrer gesetzlichen Pflicht aus § 66 SGB V nachkommen, die Versicherten bei der Verfolgung von Schadensersatzansprüchen zu unterstützen. Zwar wird nach den publizierten Zahlen durch den MDK tendenziell seltener ein Behandlungsfehler bestätigt,[3883] was allerdings eher in dem dort breiteren Spektrum (auch Fehler – nur – des pflegerischen Personals oder sonstiger Heilberufe) und dem informellen Zugang mit bloßer Benachrichtigung der Krankenkassen über einen »Fehlerverdacht« ohne weitere inhaltliche Beteiligungsnotwendigkeit begründet liegen dürfte.

2. Verfahrensordnung

2871   Da die Gütestellen ursprünglich eine Schöpfung einzelner Ärztekammern waren, wenngleich zunächst in Zusammenarbeit mit dem Haftpflicht-, Unfall- und Kraftfahrtversicherer-Verband (HUK-Verband), der im Übrigen bis heute in der Verfahrensordnung der Schlichtungsstelle der norddeutschen Ärztekammern Erwähnung findet, wenngleich er schon 1996 im Gesamtverband der deutschen Versicherungswirtschaft (GDV) aufging, erscheint nachvollziehbar, dass sich auch die Entwicklung der Verfahrensordnungen unabhängig voneinander auf der Ebene der einzelnen Landesärztekammer vollzog. Überraschen muss allerdings, dass selbst noch 30 Jahre später trotz der unbestreitbaren qualitativen wie quantitativen Bedeutung dieser Einrichtungen für die außergerichtliche Klärung arzthaftungsrecht-

---

3881 Statistische Erhebung der Gutachterkommissionen und Schlichtungsstellen – Statistikjahr 2008, abrufbar unter http://www.bundesaerztekammer.de/downloads/Behandlungsfehler_Gesamtstatistik_Stand_110609.pdf.
3882 So wohl Laum/Smentkowski, S. 12 f.
3883 Vgl. Kirchner, R., Lemke, R, Behandlungsfehlerbegutachtung beim MDK Niedersachsen, Zeitschrift für Evidenz, Fortbildung und Qualität im Gesundheitswesen 2009, 555-557.

licher Ansprüche bislang keine Musterverfahrensordnung vorhanden ist, ähnlich etwa der Musterberufsordnung des Deutschen Ärztetages als Vorbild der berufsrechtlichen Regelungen auf Kammerebene, trotz mehrfacher diesbezüglicher Vorstöße im (berufs-) politischen Raum.[3884] So existieren weiterhin für die Gütestellen inhaltlich nicht aufeinander abgestimmte Verfahrensordnungen, die zwar zum Teil gemeinsame Strukturprinzipien aufweisen, zum Teil aber für ihre Funktion durchaus relevante Abweichungen enthalten, die nicht allein dem unterschiedlichen Arbeitsumfang oder sonstigen regionalen Besonderheiten geschuldet sein können.

Gemeinsam ist den Einrichtungen neben ihrer medizinisch-juristischen Interdisziplinarität (s.u.) das Freiwilligkeitsprinzip, d. h. ein Verfahren setzt das Einverständnis der Beteiligten voraus und entfaltet auch nach dem Abschluss grundsätzlich keine Präjudizialität für eine nachfolgende zivilgerichtliche Auseinandersetzung. **2872**

❗ Verfahren vor den Gütestellen sind für die Beteiligten freiwillig. Die Entscheidungen entfalten für eine nachfolgende gerichtliche Auseinandersetzung keine bindende Wirkung, allerdings können die Gutachten vom Gericht im Wege des Urkundsbeweises verwertet werden, sofern keine der Parteien dem Gutachten z.B. mit der Rüge mangelnder Sachkunde entgegentritt oder aus sonstigen Gründen die weitere Aufklärung des Behandlungsgeschehens die Bestellung eines gerichtlichen Sachverständigen erforderlich macht.[3885]

Versuche von Gerichten, die Gewährung von Prozesskostenhilfe generell von der vorangegangenen Einschaltung der Gütestellen abhängig zu machen,[3886] oder von Rechtschutzversicherern, vor Deckungszusage für die erste Instanz den Versicherungsnehmer oder seinen Anwalt auf die Möglichkeit dieses Verfahrens zu verweisen, sind zu Recht gescheitert. Bei einem für die Antragstellerseite negativen Ergebnis werden jedoch auch weiterhin substantiierte Angriffe gegen die Richtigkeit des Gutachtens/der Entscheidung zur Bejahung »hinreichender Erfolgsaussichten« für die Deckungszusage oder zur Bewilligung von Prozesskostenhilfe erwartet.[3887] **2873**

3884 Vgl. Rieser, S., Gutachterkommissionen und Schlichtungsstellen: Vorsichtige Öffnung hin zu mehr Transparenz, Dtsch Arztebl 2001; 98: A-3424.
3885 Vgl. BGH, Urt. v. 19.05.1987 – VI ZR 147/86, AHRS, Rn. 7210/16; ebenso OLG Düsseldorf, Urt. v. 02.10.1997 – 8 U 198/96, AHRS Rn. 2620/166, zu diesem Problemkreis auch Stegers, in Stegers/Hansis/Alberts/Scheuch, Der Sachverständigenbeweis im Arzthaftungsrecht, 2. Aufl., Heidelberg 2008, Rn. 854f, 877.
3886 Z.B. OLG Oldenburg, Beschl. v. 04.09.1984 – 6 W 81/84, AHRS, Rn. 7400/2, anders und zutreffend z.B. OLG Hamm, Beschl. V. 06.09.1989 – 3 W 45/89, AHRS, Rn. 7400/8.
3887 OLG Oldenburg, Beschl. v. 27.01.1998 – 5 W 9/98, AHRS, Rn. 7400/100.

Gaidzik

2874   Weit überwiegend gilt ferner in den Gütestellen das Prinzip des Ehrenamtes, was einerseits sicherlich geeignet ist, die Kosten der Einrichtungen zu senken, andererseits aber die Professionalität der Bearbeitung vom altruistischen Engagement des einzelnen Mitglieds abhängig macht. Lediglich die Verfahrensordnung der Schlichtungsstelle der norddeutschen Ärztekammer enthält hierauf keinen Hinweis, erlaubt mithin die Bestellung hauptamtlicher Mitglieder, wovon im juristischen Bereich auch Gebrauch gemacht wurde.

2875   Weitere Gemeinsamkeiten sind die geringen Anforderungen an Form und Inhalt der Antragstellung[3888] und nicht zuletzt die Kostenfreiheit für die beteiligten Patienten und Ärzte. Hier kommt die ursprüngliche Motivation der Gütestellen zum Tragen, ein möglichst niedrigschwelliges Angebot der außergerichtlichen Streitbeilegung im Arzt-Patient-Verhältnis bereit zu stellen. Nur an wenigen Stellen wird dieser Grundsatz durchbrochen:

2876   Ist kein Haftpflichtversicherer beteiligt, sieht das Statut in Sachsen vor, dass die Gutachterstelle angerufen werden kann, sofern die Parteien »verbindlich (...) erklären, wer die Kosten für die Erstellung des Gutachtens übernimmt«, wobei die Gutachterstelle auch einen Kostenvorschuss verlangen kann.[3889] In Baden-Württemberg ist eine Kostentragungspflicht des Antragstellers für den Fall vorgesehen, dass von ihm die Einholung eines Sachverständigengutachtens beantragt wird.,[3890] was allerdings wohl nur den Fall betreffen soll, in dem die Aufklärung des Sachverhaltes nicht bereits durch die Mitglieder der Gutachterkommission erfolgen kann. Die Verfahrensordnung in Hessen enthält eine ausdrückliche Befugnis zur Umlage von Kosten auf die Beteiligten, die von Dritten für das Zurverfügungstellen von Krankenunterlagen, Röntgenbildern oder ähnlichem verlangt und gefordert werden darf.[3891]

3888   Die Gutachterkommission Westfalen-Lippe fordert allerdings aus Gründen der verwaltungstechnischen Bearbeitung zwingend das vollständige Ausfüllen eines vorgefertigten Fragebogens – einschließlich eines Abschnitts zur Konkretisierung des Vorwurfs –, was bei anwaltlicher Vertretung des Antragstellers mit umfassendem schriftsätzlichen Vortrag auf Unverständnis stoßen muss und im Übrigen auch keine Grundlage in den Statuten dieser Kommission findet.

3889   § 3 Abs. 2 der »Verfahrensordnung der Gutachterstelle für Arzthaftungsfragen der Sächsischen Landesärztekammer« vom 19.06.2002 in der Fassung vom 16.11.2004.

3890   § 8 Abs. 1 des »Statuts der Gutachterkommission für Fragen ärztlicher Haftpflicht im Bereich der Landesärztekammer Baden-Württemberg« vom 10.08.2005.

3891   § 9 der »Satzung der Gutachter- und Schlichtungsstelle für ärztliche Behandlungen im Bereich der Landesärztekammer Hessen« vom 02.05.1995 in der Fassung vom 07.12.2004.

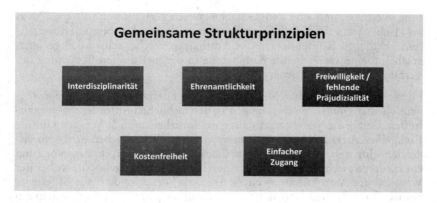

Trotz dieser Parallelen finden sich nicht zu vernachlässigende Differenzen in der Besetzung, im Kreis der möglichen Beteiligten, in Art und Zahl etwaiger Verfahrenshindernisse und nicht zuletzt in der Ausgestaltung des Verfahrensablaufs.

2877

a) Besetzung

Die Gütestellen sind sämtlich interdisziplinär mit Juristen und Medizinern besetzt, wobei der Vorsitz überwiegend einem (Voll-) Juristen obliegt. In Bayern sowie in der Schlichtungsstelle für Arzthaftpflichtfragen der norddeutschen Ärztekammern bleibt der Vorsitz zwingend einem Arzt vorbehalten, während die Verfahrensordnung der sächsischen Landesärztekammer eine solche Besetzung wenigstens als Sollvorschrift vorsieht. Hessen beschränkt sich auf die Festlegung, dass der Vorsitz durch das Präsidium aus dem geschäftsführenden Vorstand bestimmt wird, dem einer der Juristen sowie zwei Ärzte angehören müssen.

2878

Für die – wie gezeigt zumeist ehrenamtlich tätigen – Juristen werden außer der Befähigung zum Richteramt keine weiteren Qualifikationsanforderungen gestellt, was in der Praxis dazu führt, dass die Ärztekammern häufig auf Richterinnen und Richter im Ruhestand zurückgreifen, die zwar teils aus den Spezialkammern und –senaten der Land- und Oberlandesgerichte stammen, teils aber auch in ihrer aktiven Dienstzeit keine Erfahrungen im Arzthaftungsrecht sammeln konnten oder sogar einer anderen Gerichtsbarkeit angehörten. Lediglich der Schlichtungsausschuss Rheinland-Pfalz verlangt explizit von dem – juristischen – Vorsitzenden »ausreichende Erfahrungen im Arzthaftungsrecht«.[3892] Ansonsten finden sich allenfalls allgemeine Umschreibungen, wonach (alle) Mitglieder über »langjährige Erfah-

2879

3892 § 2 des »Statuts des Schlichtungsausschusses zur Begutachtung ärztlicher Behandlungen bei der Landesärztekammer Rheinland-Pfalz« vom 6.5.1995 in der Fassung vom 17.11.2001.

rung« verfügen und »mit dem Gutachterwesen vertraut sein sollen«,[3893] was im Hinblick auf die Komplexität der materiellen und insbesondere verfahrensrechtlichen Komponenten des Arzthaftungsrechts schwerlich geeignet erscheint, eine ausreichende Kompetenz in der juristischen Begleitung des Verfahrens strukturell sicherzustellen.

2880 Hinsichtlich der ärztlichen Mitglieder sind über derartige Allgemeinplätze hinaus ebenfalls nur selten Regelungen zu den fachlichen Anforderungen anzutreffen. Einzig die Verfahrensordnung in Nordrhein enthält Vorgaben für die Fachgebietszugehörigkeit der Kommissionsmitglieder. Neben dem – vorsitzenden – Juristen müssen danach ein Chirurg, ein Internist, ein Pathologe und ein niedergelassener Allgemeinarzt der Kommission angehören, wobei der Vorstand der Ärztekammer weitere Ärzte als korrespondierende Mitglieder berufen kann.[3894] In Rheinland-Pfalz findet sich unmittelbar in den Statuten verankert, dass ein Arzt/eine Ärztin mit dem Fachgebiet des vom Verfahren betroffenen Arztes der Kommission angehören muss.[3895] Dort wird überdies von den ärztlichen Mitgliedern eine »langjährige Berufserfahrung, insbesondere auch in der Erstattung wissenschaftlicher und forensischer Gutachten« verlangt[3896] und allein die Gutachter- und Schlichtungsstelle der Landesärztekammer Hessen setzt bei ihren ärztlichen Mitgliedern ausdrücklich voraus, dass diese »auf dem Gebiet des Arzthaftungsrechts besonders erfahren sein sollen«, was beides über den o.g. wenig konkreten Programmsatz in Westfalen-Lippe hinausgeht, sofern man eine entsprechende Kontrolle bei der Berufung der Mitglieder seitens der Kammer unterstellen darf und die notwendigen Erfahrungen nicht etwa allein aus dem Umstand einer Abteilungs- bzw. Klinikleitung abgeleitet werden. Sicherlich müssen lückenhafte oder fehlende Regelungen in der Verfahrensordnung nicht zwangsläufig einer eben doch an Qualitätskriterien, insbesondere der gutachtlichen Erfahrung ausgerichteten Berufungspraxis entgegenstehen. Es erhöht aber die Intransparenz in der Außenperspektive. Eventuelle Probleme in der Bereitschaft zur qualifizierten Mitarbeit in den Gütestellen wird man anders als in den Anfangszeiten heute nicht mehr befürchten müssen, haben doch viele Fachgesellschaften mittlerweile Untergruppierungen, die sich speziell mit gutachtlichen Fragestellungen auseinandersetzen.

2881 Eine Besonderheit in der Besetzung findet sich beim Schlichtungsausschuss zur Begutachtung ärztlicher Behandlungen bei der Landesärztekammer Rheinland-Pfalz, dem seit dem Jahr 2002 auch zwei Patientenvertreter als Mitglieder angehören müssen. Ähnliche Forderungen waren schon zuvor von

---

3893 So § 5 Abs. 2 des »Statuts der Gutachterkommission für ärztliche Haftpflichtfragen bei der Ärztekammer Westfalen-Lippe« vom 27.11.2004.
3894 § 4 Abs. 2 des Statuts der Gutachterkommission für ärztliche Behandlungsfehler bei der Ärztekammer Nordrhein vom 22.11.1975 in der Fassung 1.2.1981.
3895 So § 2 Statut Rheinland-Pfalz.
3896 § 3 Statut Rheinland-Pfalz.

Gaidzik

der Politik[3897] sowie seitens des Sachverständigenrates (»stärker partizipative Ausgestaltung«[3898]) erhoben worden und auch das Schrifttum weist zahlreiche Befürworter eines solchen »Schöffengedankens« aus.[3899] Die Mehrheit insbesondere unter den Gütestellen blieb freilich skeptisch, so dass das »Rheinland-Pfälzer-Modell« bislang keine Verbreitung über die Landesgrenzen hinaus erfahren hat. Eine Beteiligung von »Verbandsvertretern der Patienten« könne, so das zentrale Argument der Gegner, »die Befriedungserfolge der ärztlichen Gütestellen gefährden«, weil diese den Vorwurf eines Behandlungsfehlers »allein sachverständig beurteilten«.[3900] Freilich bieten die veröffentlichten Erfahrungen der Gütestellen keinen empirisch gesicherten Hinweis darauf, dass sich aus der spezifischen Besetzung in Rheinland-Pfalz ein sachfremdes, die Arbeit dieser Gütestelle gefährdendes Konfliktpotential ergeben haben könnte und/oder die Qualität bzw. Akzeptanz der so getroffenen Entscheidungen im Vergleich zu anderen Gütestellen geringer ausfiele. Auch für Ethikkommissionen als einem sachverständigen Gremium zur Genehmigung klinischer Prüfungen hat der Gesetzgeber des Landes Nordrhein-Westfalen seit dem Jahr 2005 die Aufnahme von Patientenvertretern vorgeschrieben, ohne dass dies bislang erkennbar den Voten der Ethikkommissionen des Landes NRW qualitativen Abbruch getan hätte.

Im Übrigen gehört es zur Natur interdisziplinärer Gremien, dass deren **2882** Mitglieder im Bereich des jeweils anderen Fachgebietes mehr oder minder als »Laien« zu gelten haben, was in der Entscheidungsfindung im Wege des kritischen Diskurses auszugleichen ist, andererseits aber auch im Interesse der konsentierten »besten« Lösung bereichernd wirken soll. Für einen »Patientenvertreter« würde insoweit nichts prinzipiell anderes gelten, zumal durchaus auch dort – man denke etwa an die Verbraucherberaterstellen – professioneller medizinischer oder juristischer Sachverstand anzutreffen ist. Die von den Kritikern angesprochene Befriedungsfunktion wäre mit einer personellen Verankerung der Patientenseite mithin nicht, zumindest nicht nachweisbar gefährdet, sondern könnte sogar eher verstärkt werden, wird doch den Gütestellen als einer von den Haftpflichtversicherungen (mit-) finanzierten Einrichtungen der Ärzteschaft – um die Schlussbetrachtung in diesem Punkt vorweg zu nehmen – zu Unrecht mangelnde Objektivität im Sinne der »Krähentheorie« vorgehalten.

3897 So auf der Sonderkonferenz der für das Gesundheitswesen zuständigen Ministerinnen und Minister, Senatorinnen und Senatoren der Länder 1996, Ergebnisniederschrift auszugsweise abgedruckt in MedR 1997, 460.
3898 Gutachten des Sachverständigenrates für die Konzertierte Aktion im Gesundheitswesen 2003, Bundestagsdrucksache 15/530, S. 155.
3899 Nachweise bei Meurer, S. 116, Fn. 604.
3900 Laum/Smentkowski, S. 10.

b) Beteiligte

2883 Beteiligte des Verfahrens sind der betroffene Patient sowie der Arzt, dessen Behandlung zur Überprüfung gestellt wird. Im stationären Bereich richtet sich das Verfahren zumeist auch gegen den verantwortlichen Chefarzt der jeweiligen Abteilung, selbst wenn dieser persönlich nicht in die Behandlung involviert war. In aller Regel sind es die Patienten, die das Verfahren durch einen entsprechenden Antrag einleiten. Dass auch der Arzt die Initiative ergreifen kann, um mögliche Schadensersatzansprüche des Patienten abzuwehren, sehen einige Statuten ausdrücklich vor, eine zahlenmäßig relevante Bedeutung kommt einer solchen »Selbstanzeige« aber offenbar nicht zu.

2884 Manche Statuten verweisen ausdrücklich auf die Möglichkeit einer Vertretung im Verfahren, zuweilen unter entsprechender Anwendung von § 157 ZPO, was aber den Kreis der Vertretungsberechtigten auch bei diesen Kommissionen nicht etwa auf Rechtsanwälte bzw. (Rechts-) Beistände im formellen Sinn beschränken soll.[3901]

2885 Unterschiedliche Regelungen finden sich hingegen dazu, ob und auf wen das Antragsrecht im Falle des Todes eines Beteiligten übergeht und ob über den bereits erwähnten Ausnahmefall des leitenden Arztes hinaus weitere Personen am Verfahren beteiligt werden können.

aa) Rechtsnachfolge

2886 Spezielle Regelungen zur Rechtsnachfolge auf der Arztseite fehlen selbst dort, wo dem Arzt ein ausdrückliches Antragsrecht eingeräumt ist.[3902] Dies erscheint wenig befriedigend, da entsprechende Ansprüche des Patienten sich gegen die Erbmasse richten, mithin auch gegen die Erben des verstorbenen Arztes geltend gemacht werden können. Dann aber wäre nur konsequent, eine rasche außergerichtliche Klärung von Behandlungsfehlervorwürfen auch in solchen Konstellationen zu ermöglichen. Weitaus differenzierter stellt sich die Situation auf der Patientenseite dar. Einige Verfahrensordnungen schweigen insoweit völlig,[3903] andere verknüpfen das Antragsrecht im Versterbensfall mit der Erbenstellung,[3904] wieder andere

---

3901 Laum/Smentkowski, S. 48.

3902 Anders nur § 1 Abs. 2 S. 2 Statut Hessen sowie § 6 S. 6 des Statuts Rheinland-Pfalz mit der gleichlautend generellen Regelung: »Beim Tode eines Beteiligten können dessen Erben an seine Stelle treten«, ähnlich § 2 Abs. 2 S. 2 Statut Nordrhein mit Bezug allerdings zur Angehörigeneigenschaft, was für die Arztseite freilich wenig plausibel ist.

3903 Z. B. die »Verfahrensordnung der Gutachterstellung für Arzthaftpflichtfragen bei der Bayerischen Landesärztekammer« in der Fassung vom 25.10.2000.

3904 Z.B. § 4 Abs. 1 S. 3 Statut Westfalen-Lippe: »Erben«,.

kumulativ zusätzlich[3905] oder isoliert[3906] mit der Eigenschaft des »nahen Angehörigen«.

Die Anbindung des Antragsrechts an die Erbenstellung erscheint auf den ersten Blick plausibel, soll doch das Verfahren vor den Gütestellen der Abklärung und der »Durchsetzung begründeter Ansprüche« dienen, womit letztlich zivilrechtliche Schadensersatzansprüche gemeint sind, die, sofern sie ursprünglich dem Patienten zustanden, im Fall seines Todes im Rahmen der Gesamtrechtsnachfolge auf den oder die Erben übergehen bzw. im Todeszeitpunkt übergegangen sind. Dennoch begegnet diese Konstruktion in ihrer Ausschließlichkeit sowohl praktischen wie auch rechtlichen Bedenken. Da im Falle mehrerer Erben Schadensersatzansprüche des Erblassers »gemeinschaftliches Vermögen« werden (§ 2032 BGB) und der einzelne Miterbe zwar über seinen Erbanteil, nicht jedoch über den einzelnen Nachlassgegenstand, also auch die einzelne Forderung, verfügen kann, müsste die Antragstellung vom Willen aller Miterben getragen sein, was auch der Verwaltungspraxis der entsprechenden Kommissionen entspricht. Dass dies bei größeren Erbengemeinschaften erhebliche Probleme bereiten kann, dürfte unmittelbar einsichtig sein. Andererseits muss etwa der Ersatzberechtigte für die Beerdigungskosten gemäß § 844 Abs. 1 BGB keineswegs immer dem Kreis der Erbberechtigten entstammen und auch Ersatzansprüche wegen entgangenen Unterhalts (§ 844 Abs. 2 BGB), oder entgangener Dienste (§ 845 BGB) stehen von vornherein außerhalb der Gesamtrechtsnachfolge.

2887

Eine Beschränkung auf die Erbenstellung wird sonach weder dem weitaus differenzierteren System »begründeter Ansprüche« im Falle tödlicher Behandlungsfehler gerecht, noch kann die explizit als Verfahrensziel genannte »Befriedungsfunktion« erreicht werden, wenn man einerseits einen gemeinsamen Antrag einer Erbengemeinschaft noch dazu unter »Nachweis«[3907] oder wenigstens »Glaubhaftmachung«[3908] ihrer Erbenstellung verlangt, die Strafrechtsordnung hingegen im Falle des Todes des Patienten den Strafantrag nur eines nahen Angehörigen (Ehegatte, Kinder, subsidiär Eltern oder Geschwister und Enkel) ausreichen lässt, um ein Ermittlungsverfahren wegen fahrlässiger Körperverletzung einzuleiten (§ 77 Abs. 1 u. 4 StGB). Diesem Gedanken werden eher diejenigen Statuten gerecht, die unabhängig von der Erbenstellung das Antragsrecht an die Eigenschaft des »nahen Angehörigen« anknüpfen, wobei die neue Praxis im Kammerbezirk Nordrhein offenbar erweiternd auch einen Antrag von Lebensgefährten akzeptiert, freilich hier – unter pragmatischem Aspekt verständlich, jedoch systemwidrig

2888

3905 § 3 Abs. 3 S. 2 Satzung Saarland: »hinterbliebene nächste erb- oder pflichtteilsberechtigte Angehörige«.
3906 § 2 Abs. 2 S. 2 Statut Nordrhein, ebenso § 3 Abs. 1 S. 3 und 4 Statut Baden-Württemberg: »Ehegatte und Kinder«, subsidiär die Eltern.
3907 § 1 Abs. 1 S. 2 Satzung Hessen.
3908 § 4 Abs. 1 S. 4 Statut Westfalen-Lippe.

Gaidzik

– mit dem zusätzlichen Erfordernis der Erbeinsetzung.[3909] Hier wie auch sonst bleibt unbeantwortet, ob in solchen Fällen die Antragstellung eines einzelnen Angehörigen ausreicht oder ein gemeinsames Handeln des insoweit antragsberechtigten Personenkreises vorausgesetzt wird.

2889   Von dem Gedanken ausgehend, dass es im Verfahren vor den Gütestellen auch, aber nicht nur um Anspruchsberechtigung geht, sondern mit Blick auf die schon erwähnte »Befriedungsfunktion« in einem allgemeineren Sinn erweiternd um Überprüfung des »Vorwurfs fehlerhafter Behandlung«[3910] erscheint letztlich wohl allein sachgerecht, alternativ – und nicht wie in Kammerbereich des Saarlandes kumulativ – die Angehörigen- oder (Mit-) Erbeneigenschaft für die Antragsbefugnis ausreichen zu lassen, ergänzt eventuell noch um die gemäß §§ 844, 845 BGB Berechtigten.

bb) Einbeziehung Dritter

2890   Ähnlich unterschiedlich sind die Regelungen zur möglichen Einbeziehung Dritter in das Verfahren. Vereinzelt erlauben die Statuten die Beteiligung des Klinikträgers, sofern (auch) ihn die geltend gemachten Ansprüche aus Arzthaftung treffen.[3911] Dies erleichtert die andernfalls problematische Frage, ob nur für den betreffenden Arzt das Verfahren vor der Gütestelle als verjährungshemmende »Verhandlung« gilt oder sich die Hemmungswirkung auch auf den Klinikträger erstreckt.[3912]

2891   Während einige Verfahrensordnungen ausdrücklich die »jeweilige Haftpflichtversicherung«[3913] bzw. – terminologisch präziser – »den Haftpflichtversicherer des Arztes oder des Krankenhauses oder den Träger der Eigenversicherung des Krankenhauses«[3914] einbeziehen, findet sich das Zustimmungserfordernis des Haftpflichtversicherers in anderen Verfahrensordnungen nur implizit bei der Frage einer – freiwilligen – Kostenbeteiligung.[3915] Eine ausdrückliche Beteiligung diente aber ebenfalls der Transparenz des Verfahrens und ist auch deshalb vorzugswürdig, weil aus dienst- und versicherungsvertraglichen Gründen die Einschaltung der Gütestelle auf der »Passivseite« keineswegs nur vom Entschluss der betroffenen Ärzte, sondern nicht zuletzt von der Zustimmung seines Klinikträgers bzw. Haftpflichtversicherers abhängen dürfte.

3909   Laum/Smentkowski, S 48.
3910   So § 1 Verfahrensordnung Sachsen.
3911   § 7 Satzung Hessen; ähnlich § 2 Abs. 2 c Verfahrensordnung der norddeutschen Schlichtungsstelle sowie § 4 Abs. 3 Verfahrensordnung Bayern.
3912   So OLG Düsseldorf, Urt. v. 31.10.1984 – 8 U 66/82, AHRS, Rn. 0600/19; Deutsch/Spickhoff, Medizinrecht, 6. Aufl., Rn. 583.
3913   § 4 Abs. 3 Verfahrensordnung Bayern, ebenso § 3 Abs. 1 der Verfahrensordnung Sachsen.
3914   § 2 Abs. 2 d Verfahrensordnung der norddeutschen Schlichtungsstelle.
3915   Vgl. etwa § 9 Abs. 5 Statut Westfalen-Lippe.

Ein unmittelbares Antragsrecht der gesetzlichen Krankenversicherung und/ **2892**
oder des privaten Krankenversicherers ist hingegen in keiner der Verfahrensordnungen vorgesehen, obwohl nach den im Schrifttum kolportier-
ten Zahlen in immerhin 35 % der Fälle Anträge von dieser Seite initiiert
oder zumindest unterstützt werden.[3916] Die Ablehnung wird zum einen
damit begründet, dass der Grundsatz der Freiwilligkeit des Verfahrens gefährdet werden könne, wenn auf den Patienten, der eigentlich nicht an der
Durchführung des Verfahrens interessiert ist, von Seiten der Krankenkassen
Druck ausgeübt werde.[3917] Zum anderen ginge es bei dem außergerichtlichen Schlichtungsverfahren um die Beilegung des Konflikts zwischen Arzt
und Patient und nicht um die Unterstützung der Regressnahme der Krankenkassen, was deren Einbeziehung nicht sachdienlich erscheinen lasse.[3918]
Zudem stünde hier eine eigene Institution in Gestalt des medizinischen
Dienstes der Krankenversicherung zur Begutachtung von Arzthaftungsfällen zur Verfügung.[3919] Durchschlagend ist freilich keines dieser Argumente.

Die Gefahr einer »Instrumentalisierung« des Verfahrens durch den am Re- **2893**
gress interessierten (Sozial-) Versicherungsträger ist zwar – wenigstens in
der Theorie – nicht von der Hand zu weisen, allerdings mutmaßlich nicht
größer als auf der Gegenseite, wo es dem Arzt ebenso schwerfallen dürfte,
seine »freiwillige« Entscheidung für oder gegen ein Verfahren vor den Gütestellen gegen die gegenläufige Position seines Dienstvorgesetzten, seines
Klinikträgers oder und insbesondere seines Haftpflichtversicherers durchzusetzen.

Sowohl die gesetzlichen wie die privaten Krankenversicherungen sind an **2894**
den Folgen von Behandlungsfehlern kostenmäßig notwendigerweise beteiligt, wenn und soweit Folgebehandlungen erforderlich werden und vergütet
werden müssen. Aus diesem Grund hat der Gesetzgeber ausdrücklich in
§ 116 SGB X bzw. § 86 VVG den Übergang von Schadensersatzansprüchen im Umfang dieser notwendigen Behandlungsaufwendungen angeordnet, womit der Regress wohl schwerlich ein von vornherein außerhalb der
Zweckbestimmung der Gütestellen liegendes aliud darstellt. § 66 SGB V
hat den gesetzlichen Krankenkassen darüber hinaus die ausdrückliche Verpflichtung auferlegt, ihre Versicherten »bei der Verfolgung von Schadenersatzansprüchen, die bei der Inanspruchnahme von Versicherungsleistungen
aus Behandlungsfehlern entstanden sind« auch dann zu unterstützen, »wenn
diese Ansprüche nicht nach § 116 SGB X übergegangen sind«. Sicherlich
dient das Verfahren vor den Gütestellen der Beilegung des »Konfliktes zwischen Arzt und Patienten«, was aber auf der Seite der Anspruchsgegner die

---

3916 Gutachten des Sachverständigenrates (Fn. 18), S. 138.
3917 Weizel, Gutachterkommissionen und Schlichtungsstellen für Arzthaftpflicht-
      fragen, Hamburg 1999, S. 56.
3918 Weizel, S. 54 f.
3919 Meurer, S. 38.

Gaidzik

unmittelbare oder – über die Kostenbeteiligung – mittelbare Beteiligung des Haftpflichtversicherers zu Recht nicht hindert, muss doch letztlich dieser wirtschaftlich die Folgen der für begründet erachteten Ansprüche einstehen. Dann aber erscheint umgekehrt kaum plausibel, der Krankenversicherungsseite eine Beteiligung zu versagen, die über die Behandlungskosten ebenfalls finanziell an den Folgen ärztlicher Fehlleistungen beteiligt sind. Hier wie dort sind unter wirtschaftlicher Betrachtungsweise die Kosten letztlich von der jeweiligen Versichertengemeinschaft zu finanzieren.

2895 Bliebe schließlich noch das Argument der doch stets möglichen Begutachtung durch den MDK, was die Beteiligung an den Verfahren vor den Gütestellen entbehrlich mache. Abgesehen davon, dass dieses Instrument allein den gesetzlichen Krankenversicherungen, nicht jedoch den Privatversicherern offen steht, wird den Gutachten des MDK üblicherweise von Seiten der Haftpflichtversicherer entgegengehalten, dass es sich hierbei (1.) um eine zumindest den Krankenkassen näher stehende, mithin keineswegs unabhängige Institution handele und (2.) die MDK-Gutachter zur Beurteilung des fachmedizinischen Standards aufgrund ihrer Tätigkeit außerhalb von Klinik und Praxis die notwendige fachliche Kompetenz fehle. Nimmt man diese Einwände ernst, liegt eine Antragsbefugnis der Krankenversicherungsseite doch erst recht nahe, allerdings schon aus schweigepflicht- bzw. datenschutzrechtlichen Erwägungen nicht ohne entsprechende Zustimmung des Versicherten bzw. des Versicherungsnehmers.

c) Örtliche und sachliche Zuständigkeit sowie sonstige Verfahrenshindernisse

2896 Der betroffene Arzt bzw. die jeweilige Klinik müssen ihren Dienstsitz im Bezirk der jeweiligen Ärztekammer haben, um als Antragsgegner in einem Verfahren vor der dortigen Gütestelle in Betracht zu kommen. Die sachliche Beurteilungskompetenz beschränkt sich auf das Behandlungsgeschehen. Die ausdrückliche Ausnahme für Schäden im Zusammenhang mit der ärztlichen Gutachtentätigkeit in einigen Verfahrensordnungen[3920] hat daher wohl nur deklaratorische Bedeutung. Gleiches gilt für die zuweilen ausdrücklich ausgeschlossenen Ansprüche aus »Amtshaftung«.[3921] Innerhalb hoheitlichen Handelns dürfte das Verfahren vor einer Gütestelle schon an der Beteiligtenfähigkeit der dann allein passiv legitimierten Anstellungs- oder Funktionskörperschaft scheitern. Unklar ist demgegenüber, ob auch die Eigenhaftung eines Beamten im statusrechtlichen Sinn im privatrechtlichen Bereich in Baden-Württemberg bzw. Westfalen-Lippe das Tätigwerden der Gutachterkommission hindern soll. Dafür könnte sprechen, dass

---

3920 Vgl. § 3 Abs. 2e Statut Baden-Württemberg; § 4 Abs. 1 Verfahrensordnung Bayern; § 3 Abs. 5 lit. d Satzung Saarland; § 4 Abs. 4 lit. d Statut Westfalen-Lippe.

3921 § 3 Abs. 2 lit. f Statut Baden-Württemberg § 4 Abs. 4 lit. e.

Gaidzik

beamtete Ärzte aufgrund ihres eigenständigen Disziplinarrechts außerhalb der berufsrechtlichen Aufsicht der Ärztekammer stehen, andererseits haften solche Ärzte in der Regel nicht nur aus § 839 BGB, sondern – aufgrund eigener vertraglicher Beziehungen zum Patienten – zumindest auch aus Vertrag.

Ungeachtet dieser aus der örtlichen und sachlichen Zuständigkeit der Gütestellen folgenden Begrenzungen enthalten sämtliche Verfahrensordnungen noch weitere Verfahrenshindernisse.

2897

aa) Zivilgerichtsverfahren

So wird ein Verfahren nicht durchgeführt, wenn und solange ein zivilgerichtliches Verfahren wegen derselben »Tatsache«[3922] bzw. »desselben Behandlungsvorgangs«[3923] anhängig ist oder über den Vorwurf eines Behandlungsfehlers rechtskräftig durch Urteil entschieden wurde,[3924] wobei einige Verfahrensordnungen die Sperrwirkung ausdrücklich auch auf die Erledigung durch Vergleich erstrecken.[3925] Vor dem Hintergrund der Zielsetzung, berechtigte (Schadensersatz-) Ansprüche des Patienten außergerichtlich prüfen zu wollen, erscheint diese Grenzziehung nur konsequent, wobei das Statut der Norddeutschen Ärztekammer sogar die Möglichkeit der Verfahrensdurchführung eröffnet, wenn und solange das Gericht gemäß den §§ 251, 278 ZPO das Ruhen des Rechtsstreits angeordnet hat.[3926]

2898

bb) Staatsanwaltschaftliches Ermittlungsverfahren

Weniger einzuleuchten vermag die gleichfalls in allen Verfahrensordnungen als Hinderungsgrund anzutreffende Einleitung eines staatsanwaltschaftlichen Ermittlungsverfahrens. Zwar ließe sich zur Begründung anführen, dass es eines Instruments der außergerichtlichen Streitbeilegung nicht bedarf, wenn und soweit der Patient den Behandlungsfehler zum Anlass nimmt oder bereits genommen hat, den betroffenen Arzt mit einem Ermittlungsverfahren zu überziehen. Jedoch ist der Behandlungsfehler als »fahrlässige Körperverletzung« gemäß § 229 StGB lediglich fakultativ dem Antragserfordernis unterworfen. Nach Maßgabe von § 230 StGB können die Strafverfolgungsbehörden ein Ermittlungsverfahren auch ohne – rechtzeitigen – Strafantrag des Verletzten eröffnen, sofern sie dies aus Gründen eines »besonderen persönlichen Interesses an der Strafverfolgung« für geboten erachten. Darüber hinaus muss beim – nicht behandlungsfehlerbedingten –

2899

3922 § 2 Abs. 3 lit. a Verfahrensordnung Norddeutsche Ärztekammern.
3923 § 3 Abs. 2 lit. b Statut Baden-Württemberg.
3924 § 3 Abs. 5 lit. a Satzung Saarland, § 2 Abs. 3 lit. b Verfahrensordnung Norddeutsche Ärztekammern; § Abs. 4 lit. a Statut Nordrhein spricht von »Abschluss«.
3925 So § 3 Abs. 5 lit. a Satzung Saarland und § 2 Abs. 3 lit. b Verfahrensordnung Norddeutsche Ärztekammern, § 3 Abs. 2 lit. a Statut Baden-Württemberg, ebenso für den außergerichtlichen Vergleich § Abs. 4 lit. b Statut Nordrhein.
3926 § 2 Abs. 3 lit. a.

Tod des Verletzten das Strafantragsrecht der Angehörigen, wie oben aufgezeigt, keineswegs mit dem Antragsrecht bei den Gütestellen korrespondieren und bei tödlichem Ausgang erzwingt § 222 StGB (Fahrlässige Tötung) als Offizialdelikt ein Tätigwerden der Strafverfolgungsbehörden. Schon die Tatsache einer möglicherweise iatrogenen Verursachung des Todes im Sinne eines »nicht natürlichen Todes«, zumindest aber das Vorliegen auch nur »entfernter konkreter Anhaltspunkte für ein Verschulden des behandelnden Personals« führt zur Einleitung eines sogenannten Todesermittlungsverfahren im Sinne der §§ 159, 160 StPO und – im Falle eines Anfangsverdachts – zur Einleitung eines Ermittlungsverfahrens, ohne dass zwingend eine Strafanzeige oder ein Strafantrag der Angehörigen vorausgegangen sein müsste. Diesem Umstand tragen allerdings nur die – wenigen – Statuten Rechnung, die nicht an das Ermittlungsverfahren als solches, sondern an dessen Einleitung durch Strafanzeige bzw. Starfantrag seitens des Patienten anknüpfen.[3927]

2900 Daneben bestehen aber auch prinzipielle Einwände gegen ein solches Verfahrenshindernis. Die von den Statuten als Ziel vorgegebene Prüfung der »Anspruchsberechtigung« impliziert die Übernahme des zivilistischen Regelwerks in materiell- wie prozessrechtlicher Hinsicht. Das Strafrecht sowie der Strafprozess unterliegen aber anderen, in vielfacher Hinsicht engeren gesetzlichen Vorgaben. So ist ein strafrechtlicher Vorwurf schon dann nicht zu erheben, wenn dem betroffenen Arzt aufgrund persönlicher Erfahrungs- bzw. Kenntnisdefizite die Einhaltung der erforderlichen Sorgfalt nicht möglich gewesen sein sollte (subjektive Fahrlässigkeit als Schulderfordernis). Hingegen kommt es zivilrechtlich wegen der dort herrschenden objektiv-typisierenden Betrachtungsweise auf in der Person des Handelnden begründete Mängel gerade nicht an, vielmehr liefert allein der in den jeweiligen Fachkreisen anerkannte »gebotene Standard« den entscheidenden Maßstab für die haftungsrechtliche Einstandspflicht. Ebenso ist dem Strafprozess das filigrane, im Wesentlichen richterrechtlich entwickelte System von Erleichterungen im Beweismaß und in der Beweislast gänzlich fremd. Sämtliche strafbarkeitsbegründende Umstände sind für die Überzeugungsbidlung des Gerichts im Sinne von § 261 StPO jenseits begründeter Zweifel nachzuweisen. Die Einstellung des Verfahrens nach Einholung eines rechtsmedizinischen Gutachtens mit dem Ergebnis, dass nicht mit den im Strafprozess notwendigen hohen Wahrscheinlichkeit von der Vermeidbarkeit des Todes ausgegangen werden könne, gibt für die Beurteilung möglicher Schadensersatzansprüche unter zivilrechtlichen bzw. – prozessualen Aspekten sonach nichts her. Dann aber erscheint alles andere als plausibel, wenn ohne inhaltliche Differenzierung die Einstellung des womöglich noch nicht einmal vom Patienten bzw. seinen Hinterbliebenen betriebenen staatsan-

---

3927 § 2 Abs. 3 lit. c Verfahrensordnung norddeutsche Ärztekammern; § 3 Abs. 4 lit. c Statut Nordrhein.

Gaidzik

waltschaftlichen Ermittlungsverfahrens einer nachgeschaltete Überprüfung des Behandlungsgeschehens durch die Gütestelle entgegenstehen soll.

cc) Sonstige Gerichtsverfahren

Den gleichen Bedenken begegnet die Einleitung eines berufsgerichtlichen Verfahrens als Verfahrenshindernis, teils ausdrücklich erwähnt,[3928] teils aber auch mit umfasst, wenn allgemein von einem anhängigen »gerichtlichen Verfahren« gesprochen wird,[3929] was dann wohl auch approbationsrechtliche Maßnahmen und deren gerichtliche Überprüfung mit einschließen dürfte. Die berufsrechtliche Kontrolle der »gewissenhaften Berufsausübung« eines Arztes im Sinne der Generalklausel des § 2 Abs. 2 MBO-Ärzte wird ebenso wenig wie die verwaltungsrechtliche Überprüfung der Unzuverlässigkeit bzw. Unwürdigkeit einer weiteren Berufsausübung nach Maßgabe von § 5 Abs. 2 i.V.m. § 3 Abs. 1 Nr. 2 BÄO unmittelbar verwertbare Erkenntnisse für die zivilrechtlichen Ansprüche des Patienten gewinnen lassen.

2901

dd) Weitere, insbesondere zeitliche Beschränkungen

Nachvollziehbarer ist hingegen die in einigen Verfahrensordnungen anzutreffende Einschränkung, dass der zu erwartende Bearbeitungsaufwand zur Beeinträchtigung des Patienten nicht außer Verhältnis stehen darf [3930] oder das die Gütestelle nicht oder nur ausnahmsweise tätig wird, wenn das Behandlungsgeschehen länger als vier[3931] bzw. fünf Jahre[3932] zurückliegt. Zur Begründung der zeitlichen Limitierung führt das Schrifttum die ansonsten gefährdete Funktionsfähigkeit der Gutachterkommission an, da die Aufklärung lang zurückliegender Sachverhalte einen unverhältnismäßig hohen zeitlichen Aufwand erfordere, wodurch eine Belastung der Kommission zu Ungunsten der rechtzeitig gestellten Anträge einträte.[3933] Ob für eine derartige Korrelation zwischen Arbeitsaufwand und verstrichener Zeit tatsächlich belastbare Daten vorliegen, muss freilich offen bleiben, zumal die Sachverhaltsermittlungen der Gütestellen sich in erster Linie auf die Behandlungsdokumentation stützen, die aber aus berufsrechtlichen Gründen – mindestens – zehn Jahre aufzubewahren sind. Immerhin lassen die Statuten in Nordrhein (»in der Regel«), in Bayern (»kann«) und in Hessen (»bei

2902

3928 § 2 Abs. 2 a. E. Satzung Hessen.
3929 Z.B. in § 3 Abs. 2 b) Statut Baden-Württemberg.
3930 § 4 Abs. 1 S. 4 Verfahrensordnung Bayern; § 2 Abs. 6 Satzung Hessen;; § 3 Abs. 5 Satzung Saarland; § 4 Abs. 5 Verfahrensordnung Sachsen; § 7 S. 1 g) Statut Rheinland-Pfalz (schon bei geringfügigem gesundheitlichen Schaden ohne Bezug zum Bearbeitungsaufwand).
3931 § 7 S. 1 f) Statut Rheinland-Pfalz.
3932 § 3 Abs. 2 c) Statut Baden-Württemberg; § 4 Abs. 1 S. 1 Verfahrensordnung Bayern; § 2 Abs. 5 Satzung Hessen; § 3 Abs. 5 Statut Nordrhein; § 3 Abs. 5 c) Satzung Saarland; § 4 Abs. 4 b) Statut Westfalen-Lippe.
3933 Laum/Smentkowski, S. 120.

Einverständnis der Beteiligten«) Ausnahmen zu, und die Statuten in Sachsen sowie im Bereich der Norddeutschen Ärztekammern enthalten keine zeitliche Beschränkung. Die noch kürzeren Ausschlussfristen einiger zahnärztlicher Gütestellen einer nicht länger als drei[3934] oder gar nur zwei Jahre[3935] zurückliegenden Behandlung ist selbst unter Berücksichtigung der Besonderheiten dieses Fachgebiets schwerlich zu rechtfertigen und konterkarieren angesichts der längeren gesetzlichen Verjährungsfristen die Zielrichtung der Gütestellen und letztlich auch den Willen des (Landes-) Gesetzgebers, mit solchen Einrichtungen ein effektives Instrument zur Entlastung der Zivilgerichte bereitzustellen.

d) Verfahrensablauf

2903 Mag man dies alles noch als unbedeutende Abweichungen in Details qualifizieren, sind doch auch in der eigentlichen Kernaufgabe der Gütestellen, nämlich der inhaltlichen Überprüfung des Behandlungsgeschehens erhebliche Differenzen in der Ausgestaltung des Verfahrens auszumachen. Alle Statuten sehen zwingend oder zumindest fakultativ die Einholung eines oder mehrerer Gutachten vor. Letzteres dürfte die Beauftragung externer Gutachter betreffen, wenn also nicht schon durch die Mitglieder der Kommission selbst die erforderliche fachmedizinische Expertise zur Verfügung steht.

aa) Auswahl des Sachverständigen

2904 Lediglich in Bayern und über die ad hoc Zusammensetzung der Kommission in Westfalen-Lippe gibt es die unmittelbar normativ verankerte Vorgabe, dass der bzw. die Gutachter dem Fachgebiet des angeschuldigten Arztes entstammen müssen. Erfahrungsgemäß folgen aber die anderen Gütestellen ebenfalls dieser auch im Zivilprozess gültigen Regel, wonach das Fachgebiet des Sachverständigen dem des betroffenen Arztes zu folgen hat, muss doch der Standard des jeweiligen Fachs beurteilt werden. Hier wie dort birgt dieser zunächst einleuchtende Grundsatz Probleme in den Schnittbereichen medizinischer Versorgung oder bei komplexeren Fragestellungen. So kann der Vorwurf, Warnhinweise einer sich entwickelnden Wundinfektion bei einem zunächst kardiochirurgisch behandelten Patienten in der – kardiologisch-internistischen – Rehabilitationsbehandlung übersehen zu haben, kaum sachgerecht durch einen Internisten bewertet werden. Auch mögliche Alternativursachen für die primäre Gesundheitsschädigung, die aber einem anderen Fachgebiet zugehören, müssen Schwierigkeiten bereiten, man denke etwa an eine neurologische Störung im Anschluss an eine – orthopädische – Bandscheibenoperation. Besonders problematisch wirkt

---

3934 Gutachterkommission für Fragen zahnärztlicher Haftung der Landeszahnärztekammer Baden-Württemberg.
3935 Amtliche Begutachtungsstelle der Zahnärztekammer Westfalen-Lippe.

Gaidzik

sich dies bei diagnostischen Fächern aus. Hat etwa, wie jüngst in einem Fall der Gutachterkommission Westfalen-Lippe, ein Röntgenologe fehlerhaft eine zunächst nicht verschobene Oberschenkelhalsfraktur übersehen, die sodann als bloße »schwere Hüftprellung« einer intensiven Physiotherapie unterzogen wurde, jedoch schließlich – nach Dislokation und Diagnosestellung – die Implantation einer Endoprothese erforderlich machte, war dem Antragsteller nur wenig mit der Feststellung im verfahrensbeendenden Bescheid geholfen, zwei Fachärzte für diagnostische Radiologie hätten zwar übereinstimmend einen Diagnosefehler bestätigt, allerdings müsse offenbleiben, ob sich diese Fehlleistung auf die weitere Behandlung negativ ausgewirkt habe, da die Statuten nur die Hinzuziehung von Ärzten aus dem Fachgebiet des Antragsgegners erlaubten, diese Frage indes in das chirurgische Fachgebiet falle. Damit konnte die Kommission entgegen ihrer Zielsetzung mögliche Ansprüche des Patienten mangels nachgewiesener Primärschädigung nicht einmal in Bezug auf den Haftungsgrund abschließend prüfen. Illustrierend dazu auch die Regelung in Baden-Württemberg, die ein Tätigwerden der Gutachterkommission von vornherein verneint, wenn »sich die im Rahmen einer als fehlerhaft bezeichneten Behandlung erhobenen Vorwürfe gegen Ärzte richten, die mehr als zwei verschiedenen Fachrichtungen angehören und das Gutachtenverfahren nach diesem Statut aus diesem Grunde nach übereinstimmender Auffassung des Vorsitzenden und des ärztlichen Mitglieds … nicht geeignet ist, dass mit der Errichtung der Gutachterkommission verfolgte Ziel zu erreichen«.[3936] Ganz allgemein lässt sich das Zusammenwirken unterschiedlicher Disziplinen nur unvollkommen in der Begutachtungssituation abbilden und selbst innerhalb nur eines beteiligten Fachgebietes sind Beeinflussungen des Ergebnisses denkbar, wenn etwa der Kliniker eines Hauses der Maximalversorgung das Therapieregime eines Kollegen in einem Haus der Grund- und Regelversorgung oder gar in niedergelassener Praxis beurteilen soll.

Die Beteiligten haben nur in sehr begrenztem Umfang Einfluss auf die Gutachterauswahl. In der Vergangenheit blieben die Gutachter bei den meisten Gütestellen sogar anonym, um einer sonst offenbar befürchteten allzu große kollegialen Rücksichtnahme vorzubeugen. Augenscheinlich erst ein im Kammerbezirk Westfalen-Lippe über zwei Instanzen geführter und im Ergebnis für die betroffene Ärztekammer verloren gegangener Rechtsstreit[3937] führte hier zu einem Umdenken, sodass die Beteiligten nunmehr in allen Verfahrensordnungen vor Beauftragung eines Gutachters die Möglichkeit haben, etwaige Bedenken etwa im Hinblick auf eine mögliche Befangenheit bzw. sonstige Einwände vorzubringen.

2905

3936 § 3 Abs. 2 g) Statut Baden-Württemberg.
3937 VG Minden, Urt. v. 20.3.1996 – 4 K 1191/95, MedR 1996, 469 f.; OVG Nordrh.-Westf., Urt. v. 13.8.1998 – 13 A 2118/96, MedR 1998, 575 f.

Gaidzik

bb) Grundlagen der Begutachtung, persönliche Anhörung

2906 Grundlage der Begutachtung sind stets und in erster Linie die Behandlungsunterlagen des betroffenen Arztes, ergänzt durch Unterlagen vor- bzw. nachbehandelnder Ärzte und Kliniken, die von den Gütestellen von Amts wegen hinzugezogen werden, mithin nicht vom Antragsteller beizubringen sind. Für dessen körperliche Untersuchung im Rahmen einer Begutachtung enthalten die Verfahrensordnungen keine Regelungen, eine persönliche Anhörung der Beteiligten ist zumindest in Ausnahmefällen vorgesehen.[3938] In der Praxis findet eine gutachtliche Untersuchung nur gelegentlich, eine Anhörung der hingegen – zumindest bei den größeren Gutachterstellen – selten bis nie statt. Ersteres ist ohne weiteres plausibel, da klinische oder bildgebende Befunde zum Begutachtungszeitpunkt häufig keine über die primäre Dokumentation hinausgehenden Erkenntnisse über ein mögliches Fehlverhalten zum Zeitpunkt der Behandlung oder möglicher Ursachenzusammenhänge vermitteln können. Allenfalls zur Klärung eventueller anatomischer Varianten oder zur Vorbereitung eines der tatsächlichen Schadenssituation Rechnung tragenden Schlichtungsvorschlags dürften daher eigene Untersuchungen des Gutachters erforderlich sein.

2907 Der insbesondere im juristischen Schrifttum häufig kritisierte Verzicht auf die persönliche Anhörung vermag hingegen nicht ohne weiteres zu überzeugen. Gerade im Interesse der ausdrücklich gewünschten »Konfliktbeilegung« innerhalb der Arzt-Patient-Beziehung könnte sich ein solches Verfahrenselement positiv auswirken. Auch entspricht es anwaltlicher Erfahrung, dass schriftliche Stellungnahmen im mündlichen Diskurs nicht selten eine streitentscheidende Änderung erfahren.[3939] Andererseits ist der damit verbundene zeitliche und organisatorische Aufwand sicherlich erheblich und die daraus resultierenden Kosten dürften sich im jetzigen Finanzierungssystem der Gütestellen kaum abbilden lassen. Abgesehen von solchen verfahrensökonomischen Einwänden ist zudem nicht von der Hand zu weisen, dass auch im Zivilprozess die vollständige und in sich schlüssige Behandlungsdokumentation in aller Regel die maßgebliche Grundlage für die gutachtliche Einschätzung und damit den Ausgang des Rechtsstreits liefert. Schließlich wird ebenso zutreffen, dass es sich gerade für den Antragsteller als einem medizinischen Laien vorteilhaft auswirken

---

3938 Als »Soll-Vorschriften« § 6 Abs. 2 Statut Baden-Württemberg, § 6 Abs. 2 Satzung Saarland (»soweit erforderlich«) und § 6 S. 4 Statut Rheinland-Pfalz (auf Antrag eines Beteiligten) ; als »Kann-Vorschrift« § 5 Abs. 1 S. 2 Verfahrensordnung norddeutsche Ärztekammern und § 9 Abs. 1 S. 2 Statut Nordrhein.

3939 In dem Zusammenhang bemerkenswert: Während in einigen Gütestellen eine mündliche Erörterung des Falles auch unter Einbeziehung des Fachgutachters bei der Entscheidungsfindung üblich ist, vollzieht sich dieser Kontakt andernorts offenbar rein schriftlich.

Gaidzik

dürfte, dass er nicht unmittelbar in einer mündlichen Verhandlung, sondern im Rahmen einer vorbereiteten schriftlichen Stellungnahme seine Argumente vorbringen kann.[3940] Allerdings müssen die Verfahrensordnungen es dann ermöglichen, dass Antragsteller oder Antragsgegner nicht nur zu Beginn, sondern auch im Laufe des Verfahrens mit ihren Argumenten ausreichend Gehör finden können, was jedoch keineswegs selbstverständlich ist.

Zwar erfolgt, soweit ersichtlich, stets ein Austausch der wechselseitigen Stellungnahmen mit der Möglichkeit einer Erwiderung des jeweils anderen Beteiligten, wobei allerdings wiederum als Folge des schriftlichen Verfahrens und der fehlenden Möglichkeit der Zeugenvernehmung letztlich nur unstrittiger Vortrag der Beteiligten der Entscheidung zu Grunde gelegt werden kann. Darüber hinaus sieht aber nur die Gutachterstelle bei der Bayerischen Landesärztekammer[3941] zwingend vor, dass die eingeholten Gutachten vor der abschließenden Entscheidung den Beteiligten zur Kenntnis gegeben werden müssen. Die Verfahrensordnung der Schlichtungsstelle der norddeutschen Ärztekammern[3942] sowie das Statut der Gutachterkommission bei der Landesärztekammer Baden-Württemberg[3943] enthalten zumindest entsprechende »Soll-Vorschriften«.

2908

Nur fünf Verfahrensordnungen enthalten Instrumente einer »Ergebniskontrolle«. Die Schlichtungsstelle der norddeutschen Ärztekammern ermöglicht es den Beteiligten, durch Vortrag »neuer Tatsachen« binnen Monatsfrist[3944] eine Entscheidung darüber herbeizuführen, ob erneut in die gutachtliche Überprüfung einzutreten ist. Dabei weist der Begriff einer »neuen Tatsache« sicherlich Unschärfen auf, zumal es in der Regel eher um Wertungsdivergenzen bereits vorliegender Befund/ sonstiger Tatsachen, denn um sensu strictu »neuen« Sachvortrag der Beteiligten gehen dürfte. In Hessen wird das eingeholte Gutachten selbst als »Bescheid« den Beteiligten zugestellt, wogegen die Beteiligten binnen Monatsfrist unter Angabe der sie »beschwerenden« Punkte die Gesamtkommission anrufen können.[3945] Zweistufig auch die Verfahrensgestaltung im Saarland sowie in Baden-Württemberg und Nordrhein: Hält dort der Vorsitzende[3946] bzw. das geschäftsführende Kommissionsmitglied[3947] eine förmliche Beschlussfassung der Gutachterkommission nicht für notwendig, wird den Beteiligten die nach Einholung des Gutachtens gewonnene Auffassung in einem begründeten (Vor-) Be-

2909

3940 Laum/Smentkowski, Seite 143 f.
3941 § 4 Abs. 7.
3942 § 5 Abs. 2 S. 4.
3943 § 6 Abs. 3 S. 2.
3944 § 5 Abs. 4 S. 3.
3945 § 6 Abs. 1 und 2.
3946 § 5 Abs. 4 Statut Baden-Württemberg; 3 % Abs. 4 Satzung Saarland.
3947 § 5 Abs. 4 Statut Nordrhein.

Gaidzik

scheid mitgeteilt, was jedenfalls in Nordrhein den Regelfall darstellt.[3948] Der hierdurch »Belastete« kann dann innerhalb eines Monats nach Zustellung des Bescheids beantragen, eine Entscheidung durch die Gutachterkommission, also das Kollegialorgan, herbeizuführen, womit gewissermaßen ein »Rechtsmittelzug« eröffnet wird, mit einer freilich nur selten im Ergebnis abweichenden Entscheidung.[3949]

2910 Bei den übrigen Gütestellen ist eine inhaltliche Reaktion der Beteiligten auf das Gutachten innerhalb des jeweiligen Verfahrens nicht vorgesehen, was sowohl der Überzeugungskraft wie auch der Ergebnisqualität des Verfahrens abträglich sein muss. Dies sei am Beispiel des Statuts der Gutachterkommission bei der Ärztekammer Westfalen-Lippe demonstriert:

2911 Dort setzt sich die mit der Entscheidung beauftragte Gutachterkommission neben dem Juristen als Vorsitzenden aus zwei Ärzten aus dem Fachgebiet des betroffenen Arztes zusammen, jeweils ausgewählt aus einem »Kreis der ärztlichen Mitglieder«.[3950] Nachdem das erste ärztliche Mitglied seine Stellungnahme abgegeben hat, wird diese gemeinsam mit den Unterlagen dem zweiten ärztlichen Mitglied übersandt. Die Begutachtungen erfolgen mithin nicht unabhängig voneinander, sondern durch den Zweitgutachter in Kenntnis der Stellungnahme seines Fachkollegen.

2912 Ein solcher Verfahrensablauf birgt einerseits die Gefahr eines arbeitserleichternden »Abschreibens« des Zweitgutachters und eröffnet andererseits die Möglichkeit divergierender Stellungnahmen. Mangels expliziter Regelung eines solchen Konfliktfalls fällt die Spruchpraxis der Kommission unterschiedlich aus In manchen Fällen wird ein weiteres Gutachten eingeholt, dem man dann im abschließenden Bescheid in der Regel folgt. Ob es sich hierbei um eine bloße Mehrheitsentscheidung handelt oder ob und welche inhaltlichen Kriterien in einem solchen Fall an die Entscheidungsfindung (des juristischen Vorsitzenden?) angelegt werden, lässt zumindest die Verfahrensordnung offen. Noch unerfreulicher für die Beteiligten ist allerdings der zweite, ebenfalls nicht selten in Entscheidungen dieser Kommission anzutreffende Weg, nämlich bei sich widersprechenden Fachgutachten im unmittelbar verfahrensbeendenden (!) Bescheid lapidar festzustellen, dass aufgrund dieser Divergenzen ein »Behandlungsfehler nicht festgestellt werden könne«. Dass die Gutachterkommission damit weder ihrem Prüfungsauftrag, noch und erst recht ihrer Befriedungsfunktion gerecht werden kann, bedarf keiner näheren Erörterung.

3948 Laum, Außergerichtliche Streitbeilegung durch ärztliche Gütestellen, in: Wenzel, Handbuch des Fachanwalts – Medizinrecht, 2. Aufl., Köln 2009, S. 629, Rn. 58.

3949 Nach Maurer, S. 59, Tabelle 7, in Nordrhein seit 1975 bis 2006 im Durchschnitt in nur 6,4 % der Fälle,.

3950 § 6 Abs. 1 Statut Westfalen-Lippe.

Gaidzik

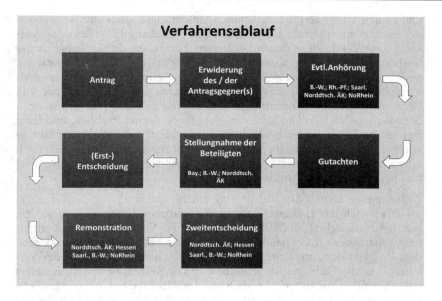

Verfahrensablauf

Antrag → Erwiderung des / der Antragsgegner(s) → Evtl. Anhörung (B.-W.; Rh.-Pf.; Saarl. Norddtsch. ÄK; NoRhein)

Gutachten → Stellungnahme der Beteiligten (Bay.; B.-W.; Norddtsch. ÄK) → (Erst-) Entscheidung

Remonstration (Norddtsch. ÄK; Hessen Saarl., B.-W.; NoRhein) → Zweitentscheidung (Norddtsch. ÄK; Hessen Saarl., B.-W.; NoRhein)

cc) Sachentscheidungskompetenz

Die Frage, ob, in welchem Verfahrensabschnitt und in welchem Umfang Stellungnahmen der Beteiligten abgegeben und Reaktionsmöglichkeiten vorhanden sein müssen, hängt eng mit der Frage zusammen, was den eigentlichen Gegenstand der gutachtlichen Überprüfung und damit letztlich der Entscheidung der Gütestelle bilden soll. Dies erscheint auf den ersten Blick trivial, enthalten doch alle Verfahrensordnungen an herausgehobener Stelle die Aufgabenbeschreibung, den »Vorwurf fehlerhafter ärztlicher Behandlung« oder »haftungsbegründende Behandlungsfehler des Arztes/der Ärztin«, die »zu einem gesundheitlichen Schaden geführt haben oder voraussichtlich führen werden« einer »objektiven Begutachtung« zu unterwerfen. Gegenstand des Verfahrens vor den Gütestellen ist sonach die Klärung eines möglichen Behandlungsfehlers, einschließlich der Frage, ob und gegebenenfalls welche (Gesundheits-) Schäden dieser Fehler verursacht hat. Mit letzterem stoßen die Gutachterstellen aber bereits an die Grenze ihrer Aufklärungsmöglichkeiten in einem, wie schon dargelegt, in aller Regel rein schriftlichen Verfahren. So werden beispielsweise Alternativursachen der Schadensentstehung, soweit diese sich nicht in den Behandlungsunterlagen niedergeschlagen haben, sondern nur im Wege einer weiterführenden gutachterlichen Diagnostik identifiziert werden könnten, in der Regel unentdeckt bleiben.

2913

(1) Aufklärungsrüge

Ob eine präoperative Aufklärung erfolgt ist, ob diese rechtzeitig und inhaltlich korrekt war, lässt sich allein aufgrund der üblicherweise verwandten

2914

und in den Unterlagen befindlichen »Aufklärungsbögen« nur unvollständig nachzeichnen. Rechtlich entscheidend ist bekanntlich allein das Aufklärungsgespräch, die sattsam bekannten Formulare dienen lediglich der Vorbereitung und – in gewissen Grenzen – der beweiskräftigen Bestätigung eines stattgefundenen Gesprächs. Verständigungsprobleme zwischen Aufklärendem und Aufklärungsadressat, angesichts wachsender Anteile von Personen mit Migrationshintergrund nicht nur in der Bevölkerung, sondern auch in den Kliniken keineswegs ein theoretisches Problem, sind einer Bewertung durch die Gütestelle bei unterbliebener persönlicher Anhörung von vornherein nicht zugänglich. Gleiches gilt für die im Zivilprozess nicht selten streitentscheidende Frage eines »plausiblen Entscheidungskonfliktes« bei sachgerechter Aufklärung.

2915   Bedenkt man ferner, dass Inhalt und Reichweite ärztlicher Aufklärungspflichten nach der tradierter Dogmatik juristische Kategorien darstellen, leuchtet unmittelbar ein, dass der langjährige Vorsitzende des Arzthaftungssenates des OLG Hamm in einem Referat 2003 apodiktisch feststellte, dass Problem der Aufklärung sei »bekanntlich nicht Gegenstand des Verfahrens vor der Gutachterkommission«.[3951] Die Realität sieht freilich anders aus. Zumindest auf entsprechende Rüge des Patienten hin, gehen sämtliche Gütestellen trotz aller Kritik im Schrifttum[3952] der Frage eines »haftungsbegründenden« Aufklärungsmangels nach. In den Handlungsanweisungen an die Mitglieder der Gutachterkommissionen und Schlichtungsstellen findet sich dann zwar die Einschränkung, der Gutachter habe »ausschließlich medizinische Fakten (z. B. Typizität des verwirklichten Risikos, Risikorate, Behandlungsalternativen nebst deren Risikospektren und Erfolgsaussichten im Vergleich zu der durchgeführten Behandlung) darzustellen, um eine rechtliche Beurteilung zu ermöglichen«,[3953] jedoch wird zum einen eine solche rudimentäre Umschreibung der komplexen Aufklärungsrechtsprechung allenfalls schlagwortartig und damit nur unvollständig gerecht, zum anderen ist zu fragen, ob den Gütestellen als zwar mit juristischem Sachverstand ausgestatte, primär aber fachmedizinische Einrichtungen eine dergestalt rechtliche Beurteilung überhaupt zukommen kann.

(2) Beweisrecht des Arzthaftungsprozesses

2916   Obschon verschiedentlich betont wird, die Gütestellen wollten und sollten nicht die gerichtliche Auseinandersetzung ersetzen und sich daher

---

3951 Pelz, Berichte aus der Arbeit der Gutachter- und Schlichtungsstellen – aus der Sicht eines Zivilrichters, http://www.uni-duesseldorf.de/awmf/pdf/aej03-2.pdf.

3952 Nachweise bei Meurer, S. 131 f., Fn. 700.

3953 Vgl. den auf Konsensuskonferenzen der »Ständigen Konferenz der Gutachterkommissionen und Schlichtungsstellen« erarbeiteten »Leitfaden für medizinische Gutachten in Arzthaftungssachen vor den Gutachterkommissionen und Schlichtungsstellen«, Stand 01.11.2007.

Gaidzik

auch nicht gewissermaßen »gewaltsam« den zivilprozessualen Regularien unterwerfen,[3954] wird doch in praxi das System von Beweismaß- und Beweislastregeln in seiner filigranen Ausgestaltung durch die zivilrechtliche Judikatur von den Gütestellen adaptiert, freilich zwangsläufig wiederum nur holzschnittartig. So vermisst der Arzthaftungsrechtler in dem schon erwähnten Leitfaden unter dem Stichwort »Dokumentation« die eigentliche entscheidende und allein vom Gutachter zu beantwortende Frage, ob ein bestimmter Umstand aus medizinischen Gründen dokumentationspflichtig war. Stattdessen wird der Gutachter mit der schon sprachlich schwer verständlichen Aufgabe konfrontiert, er habe »detailliert dazu Stellung zu nehmen, ob konkrete Anhaltspunkte für Behandlungsfehler vorliegen, die bei vollständiger ärztlicher Dokumentation hätten aufgedeckt werden können (was nunmehr aber aufgrund der Dokumentationsmängel nicht mehr möglich ist)«. Letzteres ist deshalb missverständlich, weil eine haftungsrechtlich relevante Dokumentationslücke, z. B. im Wege des Zeugenbeweises geschlossen werden könnte, was der Gütestelle jedoch aufgrund ihrer Verfahrensprinzipien verwehrt ist. Die Handreichungen für die Gutachter in Bezug auf den »groben Sorgfaltspflichtverstoß« beschränken sich auf den »schweren Behandlungsfehler« und dabei auf die Wiedergabe der – wenig hilfreichen – Rechtsprechungsdefinition, der Problemkreis der »vollständig beherrschbaren Risikosphäre« fehlt völlig. Ob der im Regelfall die Entscheidung der Gütestellen vorbereitende Jurist, aus all den gutachtlichen Feststellungen die materiell- und verfahrensrechtlich zutreffenden Schlüsse zieht, hängt wiederum von dessen Kenntnissen und Erfahrungen im Arzthaftungsprozess ab. In diesem Zusammenhang sei erneut auf die mahnenden Worte von Pelz verwiesen:

2917

»*Aber auch rechtliche Ausführungen in den Bescheiden, die ja im Regelfall von Juristen erstellt werden oder bei deren Erstellung jedenfalls Juristen beteiligt sind, sind nicht bedenkenfrei. Die Aufgaben der Kommissionen ist nicht die Feststellung, dass Schadenersatz geschuldet wird, sondern die, ob ein Behandlungsfehler vorliegt oder nicht. ... Soweit aber nur das ärztliche Vorgehen zu beurteilen ist, sollten rechtliche Ausführungen unterbleiben. Die Fehlerquote ist zu hoch. Es ist nichts gewonnen, wenn dem Antragsteller mitgeteilt wird, er habe den Behandlungsfehler und die Kausalität des Fehlers für den eingetretenen Schaden zu beweisen. Sinnvoll wären nur Ausführungen, die den konkreten Fall betreffen. Und bei dessen Beurteilung lauern Fallstricke. Ist eine Kommission wirklich in der Lage, Probleme des Anscheinsbeweises, von Beweiserleichterungen bei Dokumentationsmängeln, Probleme der Beweislastumkehr bei groben Behandlungsfehlern oder voll beherrschbaren Risiken zu lösen? Ich käme darauf nicht zu sprechen, hätte ich dies nicht alles schon in Gutachten gefunden. Sehr problematisch sind auch Gutachten, die sich nur auf die ärztlichen Unterlagen stützen kön-*

3954 Meurer, S. 104 ff. m.w.N.

Gaidzik

nen. Wenn es darauf ankommt, ob der Patient über erhebliche Schmerzen geklagt hat, verwirrt war oder erbrochen hat, ist in Gutachten oft zu lesen, die – wie es dann oft auch noch heißt – »gut geführten Krankenunterlagen« gäben keinen Hinweis auf die entsprechenden Behauptungen des Patienten. Dies ist sicher zutreffend, gilt aber nicht für den folgenden Schluss, Feststellungen ließen sich insoweit nicht treffen, deshalb sei von den Behandlungsunterlagen auszugehen. In solchen Fällen wird der Patient in aller Regel für die Richtigkeit seiner Angaben Zeugenbeweis anbieten, den zu erheben der Gutachter oder die Kommission nicht befugt ist. Es wäre hilfreich, wenn in diesen Fällen von Anfang an dem Gutachter aufgeben würde, ein alternatives Gutachten unter Zugrundelegung der Angaben des Patienten zu erstellen. Dieser Mangel findet sich häufig bei solchen Gutachten, die der Antragsteller erst mit dem Bescheid zu Gesicht bekommt. Er hat dann keine Möglichkeit der Gegenvorstellung mehr.«[3955]

3. Fazit

2918 Den Gütestellen kommt unbestreitbar das Verdienst zu, eine kostengünstige und im Vergleich zum Zivilprozess häufig raschere kompetente Überprüfung potenzieller medizinischer Fehlbehandlungen zu ermöglichen. Die damit verbundene Entlastung der Justiz ist evident.

2919 Ob tatsächlich die Gütestellen kostengünstiger arbeiten als andere Formen der außergerichtlichen gutachterlichen Überprüfung ärztlicher Behandlung, etwa durch den MDK,[3956] kann an dieser Stelle nicht entschieden werden. Zwar arbeiten die Mitglieder der Gütestellen überwiegend ehrenamtlich, andererseits handelt es sich bei dem Medizinischen Dienst der Krankenkassen um eine Körperschaft des öffentlichen Rechts, die unabhängig vom einzelnen Gutachten im Umlageverfahren finanziert wird.

2920 Es erscheint auch durchaus überlegenswert, ob es bei der ehrenamtlichen Tätigkeit in ihrer jetzigen Ausprägung bleiben soll. Gerade wenn im verfahrensökonomischen Interesse die Arbeit der Gutachterkommissionen zu stärken ist und diese sich daher entgegen den kritischen Anmerkungen von Pelz sinnvollerweise nicht auf die Prüfung des Behandlungsfehlers im engeren Sinn beschränken können, um über eine umfassenden Prüfung aller Haftungsgründe zu einer endgültigen Streitbeilegung zu gelangen,[3957] muss man die Forderung nach einer durchgehenden Professionalisierung auf medizinischer, insbesondere aber auf juristischer Seite stellen. Es kann nicht der Initiative des einzelnen Gutachters oder des ehrenamtlich tätigen Juristen

---

3955 Siehe Fn. 3951.
3956 So jedenfalls Laum/Smentkowski, S. 12.
3957 Zutreffend Laum, Außergerichtliche Streitbeilegung durch ärztliche Gütestellen, in: Wenzel, Handbuch des Fachanwalts – Medizinrecht, 2. Aufl., Köln 2009, S. 629, Rn. 56.

Gaidzik

überlassen sein, ob und mit welcher Gründlichkeit diese sich die methodischen Spezifika bzw. die materiell- und prozessrechtlichen Grundlagen der Arzthaftung aneignen. Nicht jeder gute Arzt bzw. Kliniker ist gleichzeitig ein qualifizierter Gutachter, geschweige denn in dieser »Königsdisziplin«, und nicht jeder Jurist »mit der Befähigung zum Richteramt« vermag – noch dazu ohne unmittelbaren mündlichen Diskurs wenn schon nicht mit den Beteiligten, so doch wenigstens mit dem bzw. den Gutachtern – die rechtlich korrekten Schlüsse aus den medizinischen Erörterungen zu ziehen.

Qualitative Mängel in der medizinischen und/oder der juristischen Aufbereitung des Sachverhalts müssen sich besonders dort negativ auswirken, wo – wie leider überwiegend – keine Überprüfungsmöglichkeiten der einmal getroffenen Entscheidung vorgesehen ist oder sogar die Beteiligten nicht einmal die Möglichkeit erhalten, auf das bzw. die eingeholten Gutachten vor Abschluss des Verfahrens inhaltlich zu reagieren. Schon die allein zu diesem Aspekt vielfach und zu Recht geäußerte Kritik im Schrifttum sollte die Bundesärztekammer veranlassen, ähnlich der Musterberufsordnung für Ärzte eine »Musterverfahrensordnung« zu verfassen, die dann auch den sonstigen vorstehend aufgezeigten Schwachpunkten des Verfahrens vor den Gütestellen Rechnung tragen kann. Ein solches »Muster« ändert weder etwas an der Kompetenz des Landesgesetzgebers, noch an der Autonomie der einzelnen Kammer Abweichungen im Prozedere zuzulassen, wo diese über die bloße pauschale Behauptung hinaus tatsächlich mit regionalen Besonderheiten gerechtfertigt werden können. Auf diese Weise wird es den Gütestellen sicherlich noch mehr als bisher gelingen, durch eine unabhängige, objektive und fachlich qualifizierte Begutachtung außerhalb eines langwierigen und – für wen auch immer – kostspieligen Haftungsprozesses eine Befriedung des Arzt-Patient-Verhältnisses zu erreichen. **2921**

Bis dahin wird man dem Anwalt der Patientenseite diesen Weg empfehlen können, wenn die zunächst anzustrebende unmittelbare Korrespondenz mit dem Haftpflichtversicherer ggfls. nach Begutachtung durch den MDK und/oder einvernehmlicher Beauftragung eines Sachverständigen zu keinem befriedigenden Ergebnis geführt hat und medizinische Fragen im Vordergrund der Auseinandersetzung stehen. Erlauben die jeweiligen Statuten keinerlei Inhaltskontrolle der erstatteten Gutachten vor Verfahrensabschluss, sind eher Rechtsfragen strittig, kommt es auf differenzierte beweisrechtliche Würdigungen an oder ist gar die Notwendigkeit von Zeugenvernehmungen absehbar, wird man hingegen von der Einschaltung der Gütestellen tendenziell eher abraten müssen. Dies hat in gleicher Weise für den – bislang freilich eher seltenen Fall – einer anwaltlichen Vertretung auf Arzt-/Klinikseite zu gelten. Eine eigenständige Durchdringung des medizinischen Sachverhalts ist für die Entscheidung unabdingbar, was der Vertretung des bzw. der Antragsgegner naturgemäß leichter fällt. Gleichwohl ist auch für den Anwalt der Patientenseite der Gang zur Gütestelle, ohne wenigstens zuvor **2922**

Gaidzik

die Behandlungsdokumentation angefordert (und inhaltlich geprüft!) zu haben, bestenfalls ein »Ritt über den Bodensee« mit unsicherem Ausgang, schlimmstenfalls ein »anwaltlicher Kunstfehler« bei negativem Ergebnis mit Verlust jeglicher Chance auf eine außergerichtliche Regulierung.[3958]

> ❗ Der Weg zu den Gütestellen ist angezeigt, wenn und soweit medizinisch-tatsächliche Fragen in der Bewertung des Behandlungsgeschehens im Vordergrund stehen. Kommt es hingegen entscheidend auf materiell- oder prozessrechtliche Fragen an, ist die Notwendigkeit von Zeugenaussagen absehbar oder erlauben die Statuten der konkret zuständigen Gütestellen keine inhaltliche Kontrolle der Gutachten innerhalb des (Abhilfe-) Verfahrens, ist trotz der kostenmäßigen und zeitlichen Vorteile Vorsicht geboten.

3958 Zutreffend daher Stegers a.a.O. (Fn. 7) , Rn. 845, wenn er für diesen Fall von einem »faktischen Präjudiz« spricht.

Gaidzik

E. Regulierung und Abfindungsvergleich

I. Einleitung

»Unfälle« sind zeitlich begrenzte, von außen auf den Körper einwirkende Ereignisse (siehe auch § 8 I 2 SGB VII), die zu einem Gesundheitsschaden oder zum Tod führen, im Haftungsrecht damit jegliche Art von Haftungsgeschehen (Behandlungsfehler, Pflegefehler, Verkehrsunfall, Verletzung von Verkehrssicherungspflichten). Zwar unterscheiden sich vielfach die Anspruchsbegründungen[3959] bei Arzthaftpflicht, Produkthaftpflicht, Kfz-Haftpflicht pp., teilweise differiert auch die Verteilung von Darlegungs- und Beweislast; sobald aber die Ansprüche der Höhe nach zu bestimmen sind, laufen die Probleme und Aspekte bei der Abwicklung von Haftpflichtfällen weitgehend parallel. Unterschiede gibt es aber im Bereich des Versicherungsschutzes, geprägt durch fehlende Vorleistungspflicht (wie bei der Kfz-Haftpflichtversicherung) und häufiger begrenzte Deckungssummen bei Großschäden. Die Begriffe »Verletzungshandlung«, »Haftungsgeschehen« und »Unfall« werden daher synonym verwandt.

2923

Die abschließende Regulierung eines Haftpflichtschadens gliedert sich in drei **Phasen**: Vorbereitungsphase, Abschlussphase und Korrekturphase (Reuephase).

2924

II. Vor dem Vergleich

1. Aktive Schadenregulierung

Gerade bei der Abwicklung von schwerwiegenden Schadenfällen von Kindern und Jugendlichen kommt der »aktiven Schadenregulierung« – gegebenenfalls auch unter Einschaltung von Rehabilitationsdiensten – besondere Bedeutung zu, vor allem durch:
- Schaffung und Erhaltung eines vernunftgeprägten Regulierungsklimas,
- Beratung und Mitwirkung bei der Gestaltung des häuslichen Umfeldes bei Haushaltsschaden und Pflege (u.U. auch mithilfe eines Reha-Dienstes),
- Empfehlung von medizinischen Maßnahmen, (Kinder-)Pflegeinstitutionen und spezialisierten (Kinder-)Rehabilitationsstätten,
- Mitwirkung bei Eingliederung / Reintegration in das Arbeitsleben.

2925

2. Schadenabwicklung

Während der Regulierung und vor einem Abfindungsvergleich ist festzustellen,

2926

3959 Siehe Rdn. 2987.

- welche Ansprüche
    - dem unmittelbar Verletzten (bei Tötung seinen Hinterbliebenen) oder
    - einem anderem Forderungsberechtigten, der seine Rechte von diesem ableitet,
- in welcher Höhe und
- für welchen Zeitraum zustehen.

2927 Die Abwicklung eines Schadenfalles erfolgt regelmäßig in folgenden Schritten:

2928 – Im **ersten Schritt** wird festgestellt, **in welcher Höhe** der Schadenersatzpflichtige Leistungen zu erbringen hat. Einwendungen aus dem Schadenersatzverhältnis zwischen dem verletzten Ersatzberechtigten und dem Ersatzpflichtigen zum Haftungsgrund und zur Schadenhöhe prägen diesen Prüfungsschritt.

2929 – Im **Zwischenschritt** ist zu klären, ob die zur Verfügung stehende **Versicherungssumme** ausreicht, den festgestellten Schaden zu befriedigen. Sollte dieses nicht der Fall sein, kann eine ungleiche Verteilung zwischen unmittelbar geschädigter Person und Drittleistungsträgern in Betracht kommen.[3960] Auch die Aufwandsminderung wegen eines greifenden Angehörigenprivileges (§ 116 VI SGB X, § 86 III VVG / § 67 II VVG aF) ist bei der Ermittlung einer nur begrenzt zur Verfügung stehenden Geldmenge zu berücksichtigen.

2930 Während der Schädiger in seiner Person regelmäßig unbegrenzt haftet, gelten Abweichungen, wenn und soweit ein Haftpflichtversicherer in Anspruch genommen wird, der nur unvollkommen Deckung aufgrund eines Versicherungsvertrages zu gewähren hat.

2931 – Im **zweiten Schritt** wird sodann ermittelt, **wem** (unmittelbar verletzte Person, Drittleistungsträger, Abtretungsgläubiger) die zuvor bestimmten Leistungen ganz oder teilweise zustehen. Forderungsübergänge, Kongruenzen und Quotenvorrechte sind zu beachten.

2932 Bei der Abwicklung von Arzthaftpflichtansprüchen stehen nicht Sachschäden, sondern Ansprüche wegen Personenschaden im Vordergrund. Diese Ansprüche sind im 1. Schritt zusammenzustellen und im 2. Schritt daraufhin zu überprüfen, wem der Anspruch (u.U. nur anteilig) (noch) zusteht. Wenn im Tagesgeschäft häufig von »Anrechnung der Drittleistung« die Rede ist, ist dieses juristisch betrachtet unzutreffend: Die Anrechnung (z.B.

3960 Zum Thema: Deichl/Küppersbusch/Schneider, Kürzungs- und Verteilungsverfahren nach §§ 155 Abs. 1 und 156 Abs. 3 VVG in der Kfz-Haftpflichtversicherung, 1985, Konradi »Das Kürzungs- und Verteilungsverfahren gem. §§ 155, 156 Abs. 3 VVG a.F. bzw. § 109 VVG« VersR 2009, 321, Küppersbusch »Das Kürzungs- und Verteilungsverfahren bei Überschreitung der Versicherungssumme in der Haftpflichtversicherung« in Neminem laedere – Aspekte des Haftungsrechts – Festschrift für Gerda Müller zum 65. Geburtstag am 26.6.2009, S. 65, Stiefel-Maier, § 109 VVG Rn. 33 ff mwH.

eines Vorteiles) mindert bereits den Schaden (Bestandteil des 1. Schrittes), während der Forderungsübergang den Forderungsbestand unangetastet lässt, die Forderung aber einem anderen zuweist (2. Schritt).

Gerade mit Blick auf die vielfältigen Drittleistungen ist bei der Regulierung **2933** und Abwicklung von Personenschadenansprüchen stets – und mit Fortschreiten der Regulierung immer wieder neu – zu **überprüfen**, ob der jeweils Fordernde (unmittelbar Verletzter, Drittleistungsträger) im Zeitpunkt seines Forderns auch tatsächlich schon, immer noch oder schon wieder Inhaber der für sich reklamierten Forderung ist. Bei der Geltendmachung seiner Ersatzansprüchen hat der Fordernde alle anspruchsbegründenden Voraussetzungen zu beweisen, dazu gehört vor allem auch seine **aktuelle Aktivlegitimation.**[3961]

3. Vorläufige Leistungen

Werden vor abschließender Klärung der Sach- und Rechtslage Vorschuss- **2934** zahlungen »unter Rückforderungsvorbehalt« erbracht, richtet sich deren **Rückforderung** an § 812 BGB aus;[3962] Schwierigkeiten bereitet in diesem Zusammenhang dann § 814 BGB.[3963] Auch ohne ausdrücklichen Vorbehalt späterer Rückforderungen kann im Einzelfall der Ersatzpflichtige nach weiterer Sachaufklärung Rückzahlung verlangen, wenn er aufgrund »einstweiliger« Abrechnung und »ohne Präjudiz« zahlte.[3964] Bei **Rechenfehlern** kann die Überzahlung zurückgefordert werden.[3965]

Bei unklarer Ersatzlage, gerade wenn es um schnelle Hilfe geht, kann sich **2935** anbieten, mit dem Verletzten, gegebenenfalls vertreten durch seinen Anwalt, einen **Darlehensvertrag** (ohne Zinsen) zu schließen, um einerseits einer Notlage abzuhelfen und andererseits einer Verschlechterung der Beweislage bei Rückforderung der bereits gezahlten Beträge (Vorschüsse) zu entgehen.

Schadensersatzrenten nach §§ 842 ff. BGB können nur dann durch **einst-** **2936** **weilige Verfügung** sichergestellt werden, wenn dies zur Abwendung exis-

---

3961 BGH v. 1.12.2009 – VI ZR 221/08 – jurisPR-VerkR 11/2010 Anm. 1 (Anm. Jahnke) = MDR 2010, 381 = VersR 2010, 642.

3962 Siehe ergänzend Rdn. 3249 ff.

3963 Siehe dazu OLG Saarbrücken v. 19.8.2003 – 3 U 109/03 – 10 – zfs 2003, 586 (Anm. Diehl).

3964 OLG Saarbrücken v. 3.2.1984 – 3 U 141/82 – VersR 1984, 766.

3965 OLG Hamm v. 28.9.2000 – 6 U 187/99 – r+s 2001, 235 (Doppelt gezahlter Ersatzbetrag bei 50%-Haftung); LG Kassel v. 11.8.2000 – 10 S 134/00 – r+s 2001, 325 (Schreibfehler); AG Frankfurt v. 23.3.2004 – 30 C 188/03 – SP 2004, 303 (»Den o.g. Schaden regulieren wir wie folgt« ist eine Standardformulierung, die allenfalls die Wirkung einer Beweiserleichterung hat. Konkret Rückforderung bei Betrug.).

tenzgefährdender Nachteile für den Verletzten erforderlich ist.[3966] Ähnlich den Fällen des Notunterhaltes ist eine Leistungsverfügung zur Abwendung wesentlicher Nachteile iSv § 940 ZPO dann erforderlich, wenn ein Geschädigter wegen des Schadenfalles (und nicht aufgrund anderer Umstände) verletzungsbedingt die Grundlage seiner persönlichen und wirtschaftlichen Existenz nicht aufrechterhalten kann, er also in eine Notlage geraten ist, sodass er dringend auf die sofortige Erfüllung seines Leistungsanspruches angewiesen ist.[3967] Der Verfügungsgrund fehlt, wenn die Notlage vom Geschädigten dadurch mitverursacht wurde, dass er schuldhaft die rechtzeitige Verfolgung von Ansprüchen im Wege eines Klageverfahrens absäumte.[3968]

4. Prüfungsschema

2937   Die Ausgangsfrage vor einer Entscheidung über eine Ersatzleistung an den Fordernden lautet regelmäßig:

2938

WER will WAS von WEM WARUM WORAUS?	
WER	**Fordernder** (Anspruchsteller, Abtretungsgläubiger oder Ersatzempfänger [z.B. Sozialversicherungsträger])
WAS	**(Geld-)Forderung**, regelmäßig aus diversen Einzelpositionen bestehend
WEM	**Ersatzverpflichteter** bzw. hinter ihm stehender (Haftpflicht-)**Versicherer**
WARUM	Tatsächlicher **Lebenssachverhalt**
WORAUS	Rechtsgrundlage (Anspruchsgrundlage) (aus WELCHEM Rechtsgrund)
	– **Haftungsnorm** (Rechtsgrund: **Ob** überhaupt etwas zu bezahlen ist)
	– **Schadenersatznorm** (Rechtsfolge: **Was** im Einzelnen zu bezahlen ist)

3966 OLG Celle v. 23.2.1989 – 5 U 312/86 – VersR 1990, 212, OLG Düsseldorf v. 13.10.1986 – 1 U 119/86 – VersR 1988, 803, OLG Frankfurt v. 11.10.2006 – 19 W 51/06 – NJW 2007, 851, OLG Saarbrücken v. 9.11.1999 – 4 U 489/99 – 181 – OLGR 2000, 244; LG Frankfurt v. 17.8.2009 – 2-23 O 140/09 – .

3967 OLG Düsseldorf v. 13.10.1986 – 1 U 119/86 – VersR 1988, 803, OLG Frankfurt v. 11.10.2006 – 19 W 51/06 – NJW 2007, 851.

3968 OLG Frankfurt v. 11.10.2006 – 19 W 51/06 – NJW 2007, 851.

Jahnke

Prüfungsschema (»*Wer will was von wem warum woraus ?*«) **2939**

---

schadenstiftendes Ereignis
↓

Rechtsgrund

↓

durch Rechtsnorm geschütztes **Rechtsgut** des Geschädigten **verletzt**[1]
↓

haftungs**begründende Kausalität**[2]
↓

Forderungsberechtigung („**Aktivlegitimation**") des Anspruchstellers
↓

Kein Haftungs- oder Forderungs**ausschluss**[3]
(bei Verantwortungsmehrheit: u.U. gestörte Gesamtschuld)
↓

zivilrechtliche **Verantwortlichkeit** der in Anspruch genommenen Person („Schädiger")
↓

Verschuldenshaftung	verschuldensunabhängige Haftung („**Gefährdungshaftung**")
↓	↓

Beitrag des Geschädigten zum schadenstiftenden Ereignis
im Sinne einer **Mitverursachung** des Schadens dem **Grunde** nach
↓

*(rechte Randbeschriftung: **Haftung**)*

Rechtsfolge „Verpflichtung des In-Anspruch-Genommenen zum Schadenersatz"

bei Mitverursachung dem Grunde nach: Ersatz nur entsprechend der **Haftungsquote**
↓

haftungs**ausfüllende Kausalität**[4]
↓

materieller Schaden	immaterieller Schaden
↓	↓

Beitrag des Geschädigten[5] zur Höhe des geltend gemachten Schadens
im Sinne einer **Mitverursachung** des Schadens der **Höhe** nach
↓

Beachtung von **Bevorrechtigungen** (z.B. Quotenvorrecht)
↓

Ersatz des dem Anspruchsteller zustehenden **Schadens**

gekürzt entsprechend der Haftungsquote zum Grund	→	gekürzt entsprechend der Mitverursachung zur Höhe

*(rechte Randbeschriftung: **Schadenersatz**)*

---

1 Abgrenzung u.a. zum mittelbaren Schaden.
2 Rechtsgutverletzung durch das schädigende Ereignis.
3 Z.B. Arbeitsunfall, wirksamer Anspruchsverzicht.
4 Schaden beim Anspruchsteller aufgrund der Rechtsgutverletzung.
5 U.U. auch eigener Beitrag des Rechtsnachfolgers (dazu Jahnke jurisPR-VerkR 2/2010 Anm. 2 [Anm. zu BGH v. 17.11.2009 – VI ZR 58/08 – VersR 2010, 270] mwH).

5. Scheitern von Vergleichsverhandlungen

2940 Äußerungen zu Bestand und Höhe eines Anspruches, die im Rahmen von Vergleichsverhandlungen abgegeben werden, binden den Erklärenden bei Scheitern der Vergleichsverhandlungen regelmäßig nicht.[3969] Scheitert die Regulierung, können für den Bereich der außergerichtlichen Verhandlungen zunächst unstreitig gestellte Verhandlungspositionen (zum Grund und zur Höhe des Anspruches) nachfolgend dann durchaus prozessual streitig gestellt werden.

2941 Stellt jemand die Behauptung auf, physisch oder psychisch beeinträchtigt / verletzt worden zu sein, folgt nicht bereits aus dem **außergerichtlichen Regulierungsverhalten** des Schadensersatzpflichtigen (oder seines Haftpflichtversicherers) zwingend ein Anerkenntnis oder Geständnis (§ 288 ZPO).[3970] Auch die haftungsbegründende Kausalität einer zunächst in der Korrespondenz nicht ausdrücklich streitig gestellten »Grundverletzung« kann durchaus in einem anschließenden Prozess dann in die Beweislast des eine Verletzung Behauptenden gestellt werden.[3971] Das OLG Hamm[3972] betont, dass bei Erschöpfung der zur Verfügung stehenden Erkenntnismöglichkeiten nach der allgemeinen Beweislastregel Zweifel zulasten des beweispflichtigen Geschädigten gehen.

3969 BGH v. 9.10.1997 – IX ZR 269/96 – NJW 1998, 306; KG v. 11.4.2011 – 22 U 1/10.

3970 KG v. 11.4.2011 – 22 U 1/10; siehe auch BGH v. 14.4.1999 – IV ZR 289/97 – VersR 1999, 838 (Ein schriftsätzliches Geständnis erlangt mit stillschweigender Bezugnahme auf vorbereitende Schriftsätze in der mündlichen Verhandlung Wirksamkeit), BGH v. 7.12.1998 – II ZR 266/97 – NJW 1999, 579 (Gerichtliches Geständnis kann sich auch aus dem Prozessvortrag ergeben).

3971 BGH v. 22.5.2001 – VI ZR 74/00 – NJW 2001, 2550; KG v. 11.4.2011 – 22 U 1/10.

3972 OLG Hamm v. 2.7.2001 – 13 U 224/00 – SP 2002, 11. Ähnlich OLG Karlsruhe v. 24.9.1999 – 10 U 85/99 – NZV 2001, 511 (BGH hat die Revision nicht angenommen, Beschl. v. 8.5.2001 – VI ZR 314/00 –).

Jahnke

6. Ersatzansprüche und Forderungsberechtigung

a) Anspruchsberechtigte Person (»WER«)

aa) Verletzung – Tötung

Anspruch auf	Anspruchsnorm	anspruchsberechtigte Person	
Sachschaden	§§ 249, 251 BGB		
Schmerzensgeld	§ 253 BGB		
vermehrte Bedürfnisse	§ 843 I BGB	verletzte Person	nach dem Tode des unmittelbar Verletzten dessen Erbe[3940]
Heilbehandlung	§ 249 BGB		
Verdienstausfall	§§ 842, 843 I 1. Alt. BGB		
Haushaltsführungsschaden	§§ 842, 843 I 2. Alt. BGB		
entgangene Dienste	§ 845 BGB	dienstberechtigte Person	
Unterhaltsschaden	§ 844 II BGB	familienrechtlich unterhaltsberechtigte Person	
Beerdigungskosten	§ 844 I BGB	Erbe	
	GoA	tatsächlicher Kostenträger	

2942

Rechtsnachfolger leiten ihre Rechte von der jeweiligen ursprünglich anspruchsberechtigten Person (Verletzter, Hinterbliebener, Erbe) ab. Somit gelten für den Rechtsnachfolger auch diejenigen Darlegungs- und Beweisregeln des unmittelbar Betroffenen, von dem sie ihre Rechte ableiten.[3974]

2943

3973 Erblasser der materiellen und immateriellen (Sach- und) Personenschadenansprüche ist der unfallkausal Verletzte. Seine Ansprüche stehen im Wege der Erbfolge nach seinem Tod (unabhängig, ob unfallkausal oder unfallfremd) sodann seinen Erben zu.

3974 LG Bremen v. 23.4.2009 – 7 S 196/07 – jurisPR-VerkR 5/2010 Anm. 4 (Anm. Jahnke) = SP 2009, 363.

bb) Forderungsberechtigung

(1) System

2944

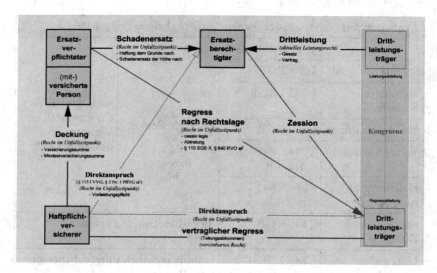

(2) Verletzte Person, Hinterbliebene

2945 Der in seinen Rechten (Körper, Gesundheit, Eigentum, Besitz) unmittelbar Geschädigte erhält – im Rahmen der Verantwortlichkeit des Schädigers – vom für das schadenstiftende Ereignis Verantwortlichen (Schädiger) seinen Schaden ersetzt.

(3) Dritte

2946 Anlässlich des Schadenfalles erbringen häufig auch Dritte Leistungen, die ihrerseits anschließend dann den Schädiger wegen ihrer Leistungen aufgrund übergegangenen Rechts in Regress nehmen (wollen).

2947 Bei Forderungen des Direktgeschädigten ist stets – vorab – zu prüfen, ob der Geschädigte überhaupt noch hinsichtlich jeder einzelnen Forderungsposition, die er selbst und unmittelbar vom Schädiger einfordert, noch forderungsberechtigt (**aktivlegitimiert**) ist. Häufig ist der geltend gemachte Schaden nicht mehr vom Direktgeschädigten geltend zu machen, weil bereits vorher die zugrundeliegende Forderung auf einen Drittleistenden übergegangen ist.

2948 Schwebt ein **Rechtsstreit** zwischen dem Verletzten und dem Sozialversicherungsträger (z.B. über dessen Eintrittspflicht, den Anspruch auf Gewährung oder die Höhe einer Sozialleistung), ist ein Zivilrechtsstreit des Verletzten bis zum rechtskräftigen Abschluss des Sozialrechtsstreits nach § 148 ZPO auszusetzen.[3975]

Die Einbeziehung von Drittleistungen erfolgt nicht im Wege des **Vorteilsausgleiches**. Wegen der Forderungsübergänge auf die Drittleistungsträger entfällt vielmehr bereits die Aktivlegitimation des unmittelbar anspruchsberechtigten Geschädigten.[3976] Für die Höhe des Vorteilsausgleiches ist grundsätzlich der Schadenersatzpflichtige darlegungs- und **beweisbelastet**, für das Bestehen einer behaupteten Rechtsinhaberschaft (Forderungsberechtigung, Aktivlegitimation) der Anspruchsteller (unmittelbar verletzte Person, Rechtsnachfolger). **2949**

Dritte können zwar auch erhebliche Vermögensschäden wegen der Verletzten des unmittelbar Verletzten haben, haben aber nur in wenigen Ausnahmefällen einen **eigenen Anspruch** wegen der ihnen anlässlich eines Haftpflichtgeschehens entstandenen Aufwendungen; greifen diese Ausnahmen (§ 110 SGB VII, Teilungsabkommen) nicht, bleibt der Drittleistungsträger – als nur mittelbar Geschädigter – auf seinem Schaden sitzen.[3977] **Bereicherungsrechtliche** Ansprüche des zuständigen Drittleistungsträgers wegen des ihm entstandenen Aufwands entfallen.[3978] Seinen Ersatzanspruch kann der Drittleistungsträger nicht auf eigene **Geschäftsführung ohne Auftrag** stützen.[3979] Es findet bereits keine zufällige Schadensverlagerung statt, sodass der Drittleistungsträger (insbesondere Arbeitgeber) auf die Rechtsfigur der **Drittschadensliquidation** keine Ansprüche stützen kann.[3980] Der Aspekt des **Eingriffs in den eingerichteten und ausgeübten Gewerbebetrieb** gibt dem Arbeitgeber oder Unternehmer keinen Ersatzanspruch, da der Betrieb durch das Schadenereignis nur mittelbar und nicht gezielt beeinträchtigt wird. Die Schädigung einer zum Betrieb gehörenden Person stellt keinen betriebsbezogenen Eingriff dar.[3981] **2950**

3975 LG Stuttgart v. 24.11.2006 – 2 O 57/06 – .
3976 BGH v. 1.12.2009 – VI ZR 221/08 – jurisPR-VerkR 11/2010 Anm. 1 (Anm. Jahnke) = MDR 2010, 381 = VersR 2010, 642 mwN.
3977 Jahnke, Der Verdienstausfall im Schadensersatzrecht, Kap 2 Rn. 91 ff, 229 ff, Kap 4 Rn. 153 ff.
3978 Jahnke VersR 1998, 739 (Anm. zu LG Münster v. 6.11.1997 – 15 O 379/97 – VersR 1998, 739). Siehe auch OLG Köln v. 29.5.1996 – 27 U 6/96 – VersR 1997, 225 (226 re. Sp., zu I. 2.).
3979 Burmann / Heß / Jahnke / Janker, § 16 StVG Rn. 16.
3980 OLG Köln v. 6.3.2007 – 3 U 188/06 – SP 2007, 427, OLG Thüringen v. 10.2.2010 – 4 U 353/09 – .
3981 BGH v. 14.10.2008 – VI ZR 36/08 – jurisPR-VerkR 1/2009 Anm. 2 (Anm. Lang) = VersR 2008, 1697, BGH v. 10.12.2002 – VI ZR 171/02 – VersR 2003, 466, BGH v. 21.11.2000 – VI ZR 231/99 – VersR 2001, 648, BGH v. 18.1.1983 – VI ZR 270/80 – VersR 1983, 346, BGH v. 21.6.1977 – VI ZR 58/76 – VersR 1977, 965.

Jahnke

2951   Ersatzberechtigt ist (nur) der in seinen Rechten **unmittelbar Beeinträchtigte** (Verletzter, Hinterbliebener). Von diesem (dem Geschädigten) leiten dann die Drittleistenden (Sozialversicherungsträger, Arbeitgeber u.a.) ihre Forderungsrechte erst ab. Daraus folgt, dass – denkt man die Leistungen Dritter hinweg – der an den unmittelbar Geschädigten zu leistende Schadenersatz die Obergrenze der Verpflichtung des Schadenersatzverpflichteten darstellt. Es kommt also nicht darauf an, ob der Dritte seinerseits zu Leistungen irgendwelcher Art wegen des Verletzungsgeschehens verpflichtet ist, sondern vielmehr darauf, ob der unmittelbar Geschädigte einen solchen Schadenersatzanspruch gegen den Ersatzverpflichteten hat.[3982] Der Regress ist beschränkt durch die Verantwortlichkeit des Schädigers zum Grund und zur Höhe gegenüber dem unmittelbar Geschädigten (Verletzter, Getöteter); zur Höhe findet der Forderungsübergang seine Grenze zudem in der zeitlichen und sachlichen Kongruenz.

2952   Der **Forderungsübergang** vollzieht sich nicht bei allen Drittleistungsträger zum selben Zeitpunkt, nicht in gleicher Art und Weise sowie nicht in gleichmäßigen Umfang. Das Zessionssystem ist nicht einheitlich gestaltet, sondern mit vielen Besonderheiten u.a. in Abhängigkeit vom Schadenzeitpunkt, dem Zeitpunkt des Forderungsüberganges, der Person des Anspruchsberechtigten, aber auch der Person des Schädigers und der Haftung versehen. Der Forderungsübergang erfolgt zu verschiedenen Zeitpunkten, teilweise verbunden mit ungleicher Bevorzugung des unmittelbar Geschädigten oder anderer Drittleistungsträger; zum Teil wechselt die Forderung automatisch, manchmal sind auch Aktivitäten des unmittelbar Verletzten (Abtretung) gefragt.

2953   Während sich der Anspruch des unmittelbar Betroffenen auf Leistungen aus dem Drittleistungssystem nach dem jeweils aktuell geltenden und sich – unter Beachtung der jeweiligen Überleitungsvorschriften – immer häufiger verändernden Recht (z.B. EFZG, SGB, Beamtenversorgungsrecht) richtet, orientiert sich der Forderungswechsel während der gesamten Zeit der Abwicklung bis hin zur endgültigen Erledigung ausschließlich an dem im **Zeitpunkt des Schadenfalles** geltenden, den Forderungswechsel herbeiführenden Recht.[3983] Das gilt auch dann, wenn zu weit späteren Zeitpunkten Schäden aus dem Haftpflichtgeschehen erst entstehen. Auch für die Beurteilung des Versicherungsschutzes ist auf das am Schadentag geltende Versicherungsvertragsrecht (VVG) abzustellen.[3984]

3982 BGH v. 23.2.2010 – VI ZR 331/08 – jurisPR-VerkR 14/2010 Anm. 2 (Anm. Lang) = VersR 2010, 550.

3983 BGH v. 13.7.2004 – VI ZR 273/03 – VersR 2004, 126, BGH v. 13.2.1996 – VI ZR 318/94 – VersR 1996, 649.

3984 Antwort des Parlamentarischen Staatssekretärs Alfred Hartenbach v. 11.5.2009, BT-Drs 16/13061 v. 11.5.2009, S 18.

Jahnke

cc) Künftige Leistung – künftige Forderung

Zugleich mit der Prognose, welche Einbußen in der Zukunft noch eintreten (oder eintreten könnten), ist zu überschlagen, welche Leistungen von dritter Seite in Betracht kommen und inwieweit Forderungsübergänge greifen bzw. ob und welche Forderungsübergänge durch eine Abfindung ausgeschlossen sind.

2954

dd) Hinweispflicht

Den Anspruchsberechtigten treffen im Rahmen der Schadenabwicklung Aufklärungs- und Hinweispflichten. Der Geschädigte hat die **originäre Verpflichtung,** unaufgefordert die Aufnahme bzw. Wiederaufnahme einer Erwerbstätigkeit, wesentliche Genesungsfortschritte, tatsächlich erzieltes Einkommen[3985] sowie Leistungen von dritter Seite[3986] offen zu legen und gegenzurechnen.[3987]

2955

Auf bei Drittleistungsträgern (insbesondere Sozialversicherungsträgern) gestellte Anträge (auf Anerkennung der grundsätzlichen Eintrittspflicht oder Leistung) ist unaufgefordert hinzuweisen.[3988] Sind **Anträge** und **Anerkennungsverfahren** bei Drittleistungsträgern (z.B. Rentenversicherung, vor allem aber Unfallversicherung) noch nicht endgültig beschieden oder laufen Sozialgerichtsverfahren, besteht hierzu ebenfalls eine unaufgeforderte Erklärungsverpflichtung.[3989]

2956

3985 Vgl. OLG Hamm v. 26.11.1997 – 13 U 92/96 – VersR 2000, 234 (BGH hat die Revision nicht angenommen, Beschl. v. 29.9.1998 – VI ZR 364/97 –). Siehe auch BAG v. 8.5.2007 – 9 AZR 527/06 – NJW 2007, 3594.

3986 OLG Hamm v. 3.4.2001 – 27 U 199/00 – VersR 2002, 483 (Ein Geschädigter, der eine Unfallrente des GUV erhalten hat, kann in Höhe dieser Leistungen den dem Grunde nach zum Schadenersatz verpflichteten Versicherer nicht aus einem zum Vergleich des Verdienstausfallschadens geschlossenen Abfindungsvergleich in Anspruch nehmen, wenn er den Versicherer vor Vergleichsabschluss pflichtwidrig nicht auf die in jenem Zeitpunkt bereits anerkannte Leistungspflicht des Sozialversicherers hingewiesen hat). Siehe zur Rückabwicklung der an die Krankenkasse gezahlten Beträge und dem Forderungsübergang auf gesetzliche Unfallversicherung BGH v. 8.7.2003 – VI ZR 274/02 – NJW 2003, 3193 (Berufung zu OLG Hamm v. 18.6.2002 – 29 U 81/01 – r+s 2002, 460).

3987 OLG Hamm v. 26.11.1997 – 13 U 92/96 – VersR 2000, 234 (BGH hat die Revision nicht angenommen, Beschl. v. 29.9.1998 – VI ZR 364/97 –).

3988 OLG Hamm v. 3.4.2001 – 27 U 199/00 – VersR 2002, 483 (Verschweigen, dass der Unfall nach vorangegangener Ablehnung seitens des Unfallversicherers dann doch als Arbeitsunfall anerkannt wurde und eine Verletztenrente gewährt wird).

3989 OLG Hamm v. 3.4.2001 – 27 U 199/00 – VersR 2002, 483 (Verschweigen, dass der Unfall als Arbeitsunfall anerkannt wurde und eine Verletztenrente gewährt wird). Die Schwierigkeit einer Rückabwicklung mit der Sozialversicherung zeigt BGH v. 8.7.2003 – VI ZR 274/02 – NJW 2003, 3193 = VersR 2003, 1174 (Berufung zu OLG Hamm v. 18.6.2002 – 29 U 81/01 – r+s 2002, 460) (Rückabwicklung der an die Krankenkasse gezahlten Beträge wegen späterer Zustän-

2957   Soweit Dritte (z.B. Eltern, Ehegatten; u.U. auch Sozialleistungsträger) für den unmittelbar Verletzten gehandelt haben, trifft den Verletzten bzw. seinen **Vertreter** (Anwalt, Vormund, Pfleger, Eltern) eine Nachforschungs- und Erkundigungspflicht.

b) Schadenersatz (»WAS«)

aa) Kongruenz

(1) Sachliche Kongruenz

2958   Die Differenzierung nach schadenkongruenten Forderungen hat Bedeutung für etwaige Forderungsübergänge auf Drittleistungsträger, aber auch bei unzureichender Deckungssumme oder unzureichendem Vermögen des Schädigers – für quotenbevorrechtigte Forderungen des unmittelbar Verletzten.

2959   Die sachliche Kongruenz von Versicherungsleistung einerseits und Schadensersatzanspruch andererseits wird dann bejaht, wenn beide derselben Schadensart zuzuordnen sind.[3990] Es werden die folgenden **Schadenarten** unterschieden:

2960   Schadenpositionen einer geschädigten Person

Gesamtheit der Schadenpositionen der anspruchsberechtigten Person							
materieller Schaden							imma-terieller Schaden
Sachschaden		Körperschaden					
sonstiger Schaden[3958]	Eigentums-störung[3959]	Heilbe-handlung	Erwerbs-schaden	Unterhalts-schaden	Beerdi-gungskos-ten	vermehrte Bedürf-nisse	Schmer-zensgeld

(2) Zeitliche Kongruenz

2961   Der Forderungsübergang folgt in zeitlicher Hinsicht der Drittleistung (zeitliche Kongruenz »**pro rata temporis**«). Die Leistungen des Drittleistungsträgers müssen sich auf denselben Zeitraum beziehen, für den Ersatzansprüche bestehen.[3993] Gegebenenfalls muss eine Leistung aufgeteilt werden, wenn nur zu einem bestimmten Zeitraum ein kongruenter Schaden entsteht.[3994]

---

digkeitsbegründung – und damit einhergehendem Forderungsübergang – der gesetzlichen Unfallversicherung [GUV]).

3990 BGH v. 24.2.1981 – VI ZR 154/79 – VersR 1981, 477, BGH v. 10.4.1979 – VI ZR 268/76 – NJW 1979, 2313 = VersR 1979, 640.

3991 Insbesondere sonstige Vermögensschäden, Rechtsverfolgungskosten.

3992 Sachschaden an orthopädischen Hilfsmitteln: § 8 III SGB VII weist die prothetische Versorgung der »Heilbehandlung« zu.

3993 BGH v. 13.3.1973 – VI ZR 129/71 – MDR 1973, 575 = VersR 1973, 436.

3994 BGH v. 4.3.1997 – VI ZR 243/95 – NJW 1997, 2943 = VersR 1997, 751.

bb) Mögliche Ersatzansprüche

Verletzung		Tötung		2962
		ererbte Ansprüche[3962]		
		eigene Ansprüche nur bei Schockschaden		
Sachschaden	§§ 249, 251 BGB			
Schmerzensgeld	§ 253 BGB			
vermehrte Bedürfnisse	§ 843 BGB			
Heilbehandlung	§ 249 BGB			
Verdienstausfall	§ 842 BGB	Unterhaltsschaden (Barunterhalt)	§ 844 BGB	
Haushaltsführungsschaden	§§ 842, 843 BGB	Unterhaltsschaden (Naturalunterhalt)		
entgangene Dienste	§ 845 BGB	entgangene Dienste	§ 845 BGB	
		Beerdigungskosten	§ 844 BGB	

c) Schadenersatzschuldner (»von WEM«)
aa) Unmittelbare Verantwortlichkeit

Als Anspruchsverpflichtete kommen neben dem handelnden Schädiger selbst u.a. auch für ein schadhaftes Produkt (z.B. Blutkonserve, Röntgengerät) Verantwortliche in Betracht.   **2963**

Der für das Schadenereignis unmittelbar Verantwortliche haftet der Höhe nach unbeschränkt, sofern er nicht bereits im Haftungsverhältnis seine Verantwortung privatrechtlich wirksam beschränkte oder gesetzliche Normen (z.B. § 88 AMG, § 33 GenTG, § 10 ProdHaftG, § 12 StVG) eine Haftungshöchstsumme vorsehen.   **2964**

bb) Haftpflichtversicherer
(1) Direktklage

Die Direktklage (§ 115 I VVG) besteht ausnahmsweise, wenn über das Vermögen des Versicherungsnehmers das Insolvenzverfahren eröffnet, der Eröffnungsantrag mangels Masse abgewiesen oder ein vorläufiger Insol-   **2965**

3995 Erblasser der materiellen Sach- und Personenschadenansprüche ist der unfallkausal Verletzte. Seine Ansprüche stehen im Wege der Erbfolge dann seinen Erben zu (und zwar unabhängig von der Frage, ob der Tod unfallkausal oder unfallfremd war).

Jahnke

venzverwalter bestellt worden (Nr. 2) bzw. der Aufenthalt des Versicherungsnehmers unbekannt (Nr. 3) ist. Ansonsten bleibt bei gerichtlicher
Auseinandersetzung nur der Weg der Pfändung und Überweisung des De-
ckungsanspruches.

2966 Kraft positiver Gesetzesvorschrift hat der Haftpflichtversicherer nur Ersatz
in Geld zu leisten (§ 115 I 3 VVG), ein Anspruch auf Naturalrestitution
(§ 249 I BGB) ist ausgeschlossen. Für Sozialversicherer gilt demgegenüber
teilweise das Sachleistungsprinzip (siehe § 2 II SGB V, § 18 I 1 BVG).

(2) Deckungssumme

2967 Während Personenschaden und Personenfolgeschaden bei Verschuldenshaftung grundsätzlich **ohne Begrenzung der Schadenhöhe** vom Schadensersatzpflichtigen zu ersetzen sind, ist der hinter einem schadenrechtlich
Verantwortlichen stehende Haftpflichtversicherer auf seine versicherungsvertragliche Leistung beschränkt. Wird die Versicherungssumme überschritten, sind die §§ 107, 109 VVG zu bedenken.

cc) Gesamtschuld

2968 Bei gesamtschuldnerischer Verantwortung (z.B. bei Behandlung eines Ver-
kehrsunfallopfers, Versorgung eines auf einer Baustelle Verunglückten) ist die
Tilgungswirkung bei Leistung durch einen Gesamtschuldner zu beachten.[3996]

d) Sachverhalt (»WARUM«)
aa) Schadenaufnahme

2969 Die Schadenbearbeitung wird sachlich zunächst durch das Zusammentra-
gen der erforderlichen Informationen zu Haftungsgrund und Anspruchs-
volumen und weniger durch die Beantwortung von Rechtsfragen bestimmt.

2970 Ärztliche Aufklärungsgespräche sind bei minderjährigen Patienten mit den
Erziehungsberechtigten zu führen;[3997] begleitet allerdings von einem Vetorecht des Kindes, wenn dieses bereits ausreichende Urteilsfähigkeit besitzt.[3998]

3996 Siehe dazu Jahnke, Abfindung von Personenschadenansprüchen, § 2 Rn. 246 ff.
3997 BGH v. 15.6.2010 – VI ZR 204/09 – NJW 2010, 2430 = VersR 2010, 1183 (Steht
die elterliche Sorge beiden Eltern gemeinsam zu, bedarf es zu einem ärztlichen
Heileingriff bei einem minderjährigen Kind der Einwilligung beider Elternteile. Jedoch wird man jedenfalls in Routinefällen davon ausgehen können, dass
der mit dem Kind beim Arzt erscheinende Elternteil ermächtigt ist, die Einwilligung in die ärztliche Behandlung für den abwesenden Elternteil mitzuertei-
len, worauf der Arzt in Grenzen vertrauen darf, solange ihm keine entgegenstehenden Umstände bekannt sind.), BGH v. 10.10.2006 – VI ZR 74/05 – NJW
2007, 217 = VersR 2007, 66 (Arzt kann darauf vertrauen, dass Aufklärung und
Einwilligung der Eltern genügt), BGH v. 16.4.1991 – VI ZR 176/90 – VersR
1991, 812, BGH v. 22.6.1971 – VI ZR 230/69 – VersR 1971, 929.
3998 BGH v. 10.10.2006 – VI ZR 74/05 – NJW 2007, 217 = VersR 2007, 66.

Jahnke

Informationen zu	Aspekte im	
	Verletzungsfall	Tötungsfall
Schadenhergang	– Haftung und etwaige Mitverantwortung – weitere Haftpflichtige – Information, ob der Verletzte / Getötete gesetzlichen Unfallversicherungsschutz genießt[3966]	

Persönliche Verhältnisse	– **Verletzte** Person:
	  – Alter (Geburtsdatum)
	  – Beruf (beruflicher Vorlauf)
	  – Familienstand (verheiratet, ledig; getrennt lebend; geschieden)
	  – Kinder
	  – Haushaltsumfang
		– **Verstorbene** Person:
		  – Alter (Geburtsdatum),
		  – Beruf (beruflicher Vorlauf)
		  – Familienstand (verheiratet, ledig; getrennt lebend; geschieden)
		  – Kinder
		  – Haushaltsumfang

	– **familiäres Umfeld**, soweit zum Schadenvolumen erforderlich	– hinterbliebener **Partner** (Witwe, Witwer, eingetragener Partner):
		  – Geburtsdatum,
		  – Beruf
		– etwaige **Kinder**:
		  – Geburtsdatum,
		  – Beruf bzw. Ausbildungsstand,
		  – Familienstand
		– weitere unterhaltsberechtigte Personen (z.B. **geschiedene** Ehegatten)
		  – Geburtsdatum, Beruf, Familienstand

Gesundheitliche Verhältnisse	– schädigungskausale Verletzungen – Vorerkrankungen	– kausaler Todesfall – Vorerkrankungen
Wirtschaftliche Verhältnisse	– Zur Berechnung des Verdienstausfalles sollten **Einkommenssteuerbescheide** bzw. **Gehaltsbescheinigungen** des Verletzten für einen Zeitraum von 3 – 5 Jahren vor dem Schadenfall beigezogen werden.	– Zur Berechnung des Barunterhalt empfiehlt es sich, wie bei der Verdienstausfallberechnung **Einkommenssteuerbescheide** bzw. **Gehaltsbescheinigungen** des Getöteten für einen Zeitraum von 3 – 5 Jahren vor dem Schadenfall beizuziehen.

Informationen zu	Aspekte im	
	Verletzungsfall	**Tötungsfall**
	– Für künftige Ansprüche (z.B. bei Verletzung von Kindern) sind Tatsachen zur Prognosebildung beizubringen.	– Einkommensnachweise der Unterhaltsberechtigten sind beizubringen.
Versorgungsträger, Drittleistungsträger	– Von wem werden aufgrund des Schadenfalles (Verletzung, Sterbefall) **Leistungen** erbracht? – Sind bereits **Anträge** gestellt worden? – Ist hierüber bereits (rechtskräftig) entschieden? – Insbesondere bei **Ausländern** (auch Aussiedlern/Umsiedlern z.B. aus Osteuropa) ist Nachfrage nach früherer Mitgliedschaft in einer – ausländischen – sozialversicherungsähnlichen – Versorgung zu halten. – Die vollständigen **Renten-** und **Leistungsbescheide** sämtlicher Drittleistungsträger sind vorzulegen.	
Rechtsnachfolge	– (regelmäßig wiederkehrende) Prüfung der Aktivlegitimation	– Soweit Ansprüche mit den **Erben** abzuwickeln sind, kann im Einzelfall geboten sein, den **Erbschein**[3967] einzusehen.[3968]

bb) Haftungsbegründende und -ausfüllende Kausalität

2972 Die Nachweispflicht eines Verletzten (und damit auch die eines jeden seiner Rechtsnachfolger) erstreckt sich auf Eintritt und Höhe des Schadens.[4002] Wer Ersatz für Personenschaden verlangt, muss zunächst den ursächlichen Zusammenhang (**haftungsbegründende Kausalität**) zwischen schädigendem Verhalten (Rechtsgutverletzung dem Grunde nach) und der eingetretenen Rechtsgutverletzung (Körperverletzung) (»*überhaupt verletzt*«) nach

---

3999 Dazu Jahnke, Der Verdienstausfall im Schadensersatzrecht, Kap 3 Rn. 573.

4000 BGH v. 7.6.2005 – XI ZR 311/04 – WM 2005, 1432 und BGH v. 10.12.2004 – V ZR 120/04 – FamRZ 2005, 515 (Der Erbe ist nicht verpflichtet, sein Erbrecht durch einen Erbschein nachzuweisen, sondern kann den Nachweis auch in anderer Form – z.B. durch ein eröffnetes öffentliches Testament – erbringen).

4001 Erbscheinkosten sind nicht zu ersetzen, solange der Erbschein nicht grundlos angefordert wurde. Im übrigen dürfte gerade bei größeren Erbmassen sowieso ein Erbschein ausgefertigt werden, so dass für den Schadenbereich keine weitergehenden Kosten entstehen oder beziffert werden könnten: OLG Köln v. 24.10.1980 – 20 U 42/80 – VersR 1982, 558; LG Nürnberg v. 20.10.1983 – 4 O 1735/83 – VersR 1984, 196.

4002 BGH v. 30.6.1970 – VI ZR 71/69 – VersR 1970, 903.

§ 286 ZPO (Strengbeweis) – und nicht unter den Beweiserleichterungen des § 287 ZPO – darlegen und beweisen.[4003]

Erst wenn der erste Verletzungserfolg feststeht, kommt für die Weiterentwicklung und Höhe (haftungsausfüllende Kausalität) des Schadens dem Verletzten (und damit auch seinen Rechtsnachfolgern, z.B. SVT) die Beweiserleichterung des § 287 I ZPO zugute, wobei je nach Lage des Falles eine höhere oder auch deutlich höhere Wahrscheinlichkeit genügt.[4004] **2973**

cc) Schadennachweis

Bei der Schadenfeststellung hat der Geschädigte Rücksichtspflichten, deren Verletzung ihn zum Ersatz von **Mehrkosten** der Schadenregulierung verpflichten können.[4005] **2974**

(1) Darlegung

Zwar kommen einem Geschädigten die Darlegungs- und Beweiserleichterungen der § 252 BGB, § 287 ZPO zugute. Dieses ändert aber nichts daran, dass es zur Ermittlung des Schadens konkreter Anknüpfungstatsachen bedarf, die der Geschädigte **substantiiert** darlegen und nachweisen muss.[4006] Beweisan- **2975**

4003 BGH v. 12.2.2008 – VI ZR 221/06 – VersR 2008, 644, BGH v. 4.11.2003 – VI ZR 28/03 – NJW 2004, 777 = VersR 2004, 118 (Zeitliche Nähe zwischen Unfall und Morbus-Sudeck-Erkrankung reicht zum Nachweis nicht aus); KG v. 9.5.2005 – 12 U 14/04 – DAR 2005, 621, KG v. 10.6.2004 – 12 U 315/02 – DAR 2005, 25, KG v. 21.10.1999 – 12 U 8303/95 – VersR 2001, 595 (BGH hat Revision nicht angenommen, Beschl. v. 23.5.2000 – VI ZR 376/99 –), OLG Hamm v. 2.7.2001 – 13 U 224/00 – SP 2002, 11; LG München I v. 25.1.2001 – 19 O 13145/99 – SP 2002, 15. Jahnke, Der Verdienstausfall im Schadensersatzrecht, Kap 2 Rn. 32 f.

4004 BGH v. 21.7.2005 – IX ZR 49/02 – MDR 2006, 177 = NJW 2005, 3275, BGH v. 28.6.2005 – VI ZR 108/04 – MDR 2005, 1363 = VersR 2005, 1159; OLG Hamm v. 2.7.2001 – 13 U 224/00 – SP 2002, 11 mwN. OLG München v. 15.9.2006 – 10 U 3622/99 – r+s 2006, 474 (Anm. Lemcke).

4005 BGH v. 11.10.1983 – VI ZR 251/81 – VersR 1984, 79, jurisPR-VerkR 14/2010 Anm. 2 (Anm. Lang) (Anm. zu BGH v. 23.2.2010 – VI ZR 331/08 – VersR 2010, 550).

4006 BGH v. 5.4.2005 – VI ZR 21/03 – (Trotz mehrfacher Aufforderung durch das OLG hatte ein selbständiger Bauunternehmer seinen Steuerberater nicht von der Schweigepflicht entbunden, sondern wollte stattdessen seinen Verdienstausfall abstrakt berechnen), BGH v. 3.3.1998 – VI ZR 385/96 – NJW 1998, 1634; OLG Frankfurt v. 11.3.2004 – 26 U 28/98 – zfs 2004, 452 (Anm. Diehl), OLG München v. 15.9.2006 – 10 U 3622/99 – r+s 2006, 474 (Anm. Lemcke).

Jahnke

tritt durch »Einvernahme des Steuerberaters« oder »Einholung eines Sachverständigengutachtens« ersetzt nicht substantiiertes Vorbringen.[4007]

2976 Zum verfolgten Schadenersatzanspruch muss der Anwalt eigenverantwortlich vortragen. Bedient er sich dabei fremder Hilfe (z.B. eines Sachverständigen für Haushaltshaltsführungsschäden), ist dieser Aufwand vom Schädiger nicht zu ersetzen. Es obliegt dem Anwalt, zum Schadengrund und zu Schadenhöhe zu ermitteln und vorzutragen; sein Aufwand ist mit den zu erstattenden Anwaltskosten abgegolten. OLG Celle[4008] und OLG Hamm[4009] lehnen die Erstattung von Gutachterkosten für die Bezifferung von Verdienstausfallansprüchen und Haushaltsführungsschäden ab.

2977 Die Rechtskraft eines vorausgegangenen Feststellungsurteils betreffend die Ersatzpflicht sämtlicher materieller Schäden aus dem Schadenereignis erfasst nicht die Frage, ob und in welcher Höhe für einen bestimmten Zeitraum ein Schaden eingetreten ist.[4010]

(2) Belege

2978 Belege sind beizubringen, soweit deren Beschaffung dem Dritten billigerweise zugemutet werden kann (siehe auch §§ 119 III 2, 120 VVG). Die Rechnungslegung (vgl. § 259 BGB) hat der hierzu Verpflichtete – wie auch die Auskunftserteilung – grundsätzlich auf eigene[4011] Kosten zu erbringen. Regelmäßig reicht aus, dass der Geschädigte Fotokopien der Schadenbelege (das gilt nicht für Gutachten) übersendet; bei Zweifeln hat der Ersatzpflichtige allerdings ein Recht auf Einsicht in Originalunterlagen.[4012]

2979 Werden keine Belege beigebracht, muss der Anspruchsteller (Direktgeschädigter, Drittleistungsträger) nachvollziehbar darlegen und beschreiben, warum und worauf sich seine Forderung gründet.

(3) Gutachten

2980 Der Verletzte muss aussagekräftige **ärztliche Unterlagen** zur Prüfung des Verletzungsumfanges beibringen[4013] bzw. dem Versicherer Schweigepflicht-

---

4007 OLG Karlsruhe v. 14.7.2004 – 7 U 18/03 – VersR 2005, 420; AG Düsseldorf v. 18.2.2004 – 22 C 15432/03 – SP 2004, 262.

4008 OLG Celle .v. 26.11.2009 – 5 W 67/09 –; AG Stadthagen v. 17.11.2010 – 41 C 66/10 (VII).

4009 OLG Hamm v. 6.12.2010 – 13 U 172/09 – MDR 2011, 424.

4010 BGH v. 28.6.2005 – VI ZR 108/04 – MDR 2005, 1363 = VersR 2005, 1159 (Bestätigung von BGH v. 24.1.1995 – VI ZR 354/93 – NJW 1995, 2227 = VersR 1995, 469).

4011 Burmann/Heß/Jahnke/Janker, § 249 BGB Rn. 271, Lang jurisPR-VerkR 14/2010 Anm. 2 (Anm. zu BGH v. 23.2.2010 – VI ZR 331/08 – VersR 2010, 550).

4012 OLG Hamburg v. 17.5.1990 – 3 W 29/90 – NJW-RR 1990, 1181.

4013 OLG Hamm v. 8.6.1994 – 32 U 166/90 – zfs 1996, 11, KG v. 26.10.2006 – 12 U 62/06 – NZV 2007, 308; AG Beckum v. 15.7.1997 – 7 C 89/97 – r+s 1997, 458 (Anm. Lemcke insbesondere zum HWS-Schaden).

entbindungserklärungen[4014] zur Verfügung stellen. Lehnt ein Verletzter medizinische Begutachtungen ab, geht dies im Prozessfall zu seinen Lasten.[4015]

Nicht jede vom Verletzten selbst von Dritten eingeholte Stellungnahme **2981** (z.B. eines Steuerberaters oder Arztes) ist ihm zu erstatten. Erforderlichkeit und Brauchbarkeit dieser Aussagen unterliegen mit Blick auf das Vorantreiben der außergerichtlichen Regulierung strenger Prüfung.[4016] Kosten beispielsweise für Steuerberater[4017] oder Rentenberatung anlässlich der Schadenabwicklung sind regelmäßig nicht erforderlich im Sinne von § 249 BGB und daher nicht zu erstatten.

Die Feststellung der Verletzungen im gerichtlichen **Beweissicherungsver- 2982 fahren** ist regelmäßig nicht erforderlich; die damit verbundenen erhöhten Aufwendungen (insbesondere für Anwalt und Gericht) sind vom Schädiger nicht zu tragen.[4018]

Wird der Schaden durch **Sachverständige** ermittelt, hat der Ersatzpflichti- **2983** ge (Schädiger bzw. Haftpflichtversicherer) Anspruch darauf, dass ihm alle Angaben, die der Geschädigte dem Sachverständigen zur Gutachtenerstellung gemacht oder durch Einblick in Geschäftsunterlagen vermittelt hat, zur Kenntnis gebracht werden, soweit sie zur Schadenberechnung von Bedeutung sind.[4019] Eingeholte Gutachten sind dem Ersatzpflichtigen im Original zuzuleiten.[4020]

Es kann eine Verpflichtung bestehen, **Einkommensteuererklärungen** und **2984** -bescheide für vor dem Schadenfall liegende Jahre vorzulegen.[4021] Wenn das

4014 BGH v. 11.10.1983 – VI ZR 251/81 – VersR 1984, 79. Siehe auch OLG Stuttgart v. 17.9.1993 – 2 W 26/93 – SP 1994, 227 (Recht auf Einsicht in Originalunterlagen).

4015 OLG Koblenz v. 14.11.1994 – 12 U 1830/93 – r+s 1996, 403 (BGH hat die Revision nicht angenommen, Beschl. v. 7.11.1995 – VI ZR 393/94 – (Absehen von weiterer Gutachteneinholung und Rückgriff auf anderweitige Sozialgerichtsakten, als Verletzter die Begutachtung durch Gerichtsgutachter ablehnte).

4016 LG Bochum v. 16.5.1988 – 8 O 134/88 – zfs 1988, 383, 386 (Verletzung der Schadenminderungspflicht, wenn Verletzter selbst ein ärztliches Attest einfordert, obwohl der Haftpflichtversicherer dieses bereits veranlasst); AG Langenfeld v. 12.5.1999 – 31 C 134/98 – SP 1999, 342 (Keine Erstattung der Attestkosten bei fehlerhafter Diagnose), AG Garmisch-Partenkirchen v. 24.4.1990 – 7 C 196/90 – zfs 1990, 339.

4017 OLG Celle v. 15.5.2007 – 14 U 56/06 – OLGR Celle 2007, 505 = SVR 2008, 219 (Anm. Jokisch), OLG Nürnberg, Verfügung v. 6.7.2004 – 2 U 1260/04 – NZV 2008, 349 (Anm. Küppersbusch).

4018 Siehe OLG Düsseldorf v. 24.11.1981 – 4 U 105/81 – VersR 1982, 1147.

4019 BGH v. 15.3.1988 – VI ZR 81/87 – NJW 1988, 3016 = VersR 1988, 837; OLG Karlsruhe v. 25.3.1988 – 10 U 128/87 – VersR 1988, 1164.

4020 OLG Stuttgart v. 17.9.1993 – 2 W 26/93 – SP 1994, 227.

4021 OLG Karlsruhe v. 25.3.1988 – 10 U 128/87 – VersR 1988, 1164 (Bei gemeinsamer Steuerveranlagung mit dem Ehegatten können dessen Einnahmen verdeckt werden). Siehe auch BGH v. 13.4.1983 – IVb ZR 374/81 – FamRZ 1983, 680.

Jahnke

nicht ohne Aufdecken des Steuergeheimnisses des Geschädigten möglich ist, hat er diesen Nachteil auch im Rahmen des § 252 BGB hinzunehmen.[4022]

(4) Drittleistungsträger

2985 Drittleistungsträger (z.B. Arbeitgeber, SVT) haben prüfbare und nachvollziehbare **Abrechnungsunterlagen** zu überreichen (siehe auch § 119 III 2 VVG). Dem Verlangen ordnungsgemäßer und inhaltlich überprüfbarer Belege steht § 418 ZPO nicht entgegen.[4023] Der BGH[4024] unterstreicht, dass die Vorlage von EDV-Ausdrucken allenfalls belegt, dass die Leistungen vom Sozialversicherer in der Höhe erbracht worden sind. Der Drittleistungsträger hat den Schadengrund zu beweisen. Dazu gehört neben der Haftung dem Grunde nach auch der Umstand, dass überhaupt (und gegebenenfalls in welchem Umfang) eine Rechtsgutverletzung eingetreten ist.[4025] Darüber hinaus muss der Drittleistungsträger einen konkreten ersatzfähigen Schaden des Geschädigten belegen.[4026]

2986 Kostenersatz für vom Drittleistungsträger zu fertigende Kopien der Rechnungsbelege stehen diesem, da es sich um Verwaltungskosten – und damit mittelbaren Schaden – handelt, nicht zu.

e) Anspruchsgrundlage (»WORAUS«)

aa) Haftungsnorm – Schadenersatznorm

2987 Aus welchem Rechtsgrund heraus die begehrte Zahlung zu erfolgen hat, beurteilt sich
- einerseits nach einer den Ersatzpflichtigen zum Schadenersatz grundsätzlich verpflichtenden Haftungsnorm,
- andererseits nach den einen konkreten Schadenersatzanspruch der Höhe nach rechtfertigende Schadenersatznormen.

4022 BGH v. 15.3.1988 – VI ZR 81/87 – VersR 1988, 837. Vgl. auch BGH v. 19.6.1951 – I ZR 118/50 – BGHZ 2, 310.

4023 BGH v. 13.7.1962 – IV ZR 21/62 – MDR 1962, 893 = NJW 1962, 1770; Lang jurisPR-VerkR 14/2010 Anm. 2 (Anm. zu BGH v. 23.2.2010 – VI ZR 331/08 – VersR 2010, 550), Stiefel/Maier, § 119 VVG Rn. 43 ff. Siehe auch BGH v. 28.11.1990 – IV ZR 233/89 – VersR 1991, 172.

4024 BGH v. 23.2.2010 – VI ZR 331/08 – jurisPR-VerkR 14/2010, Anm. 2 (Anm. Lang) = NJW 2010, 1532 = VersR 2010, 550; ebenso OLG Frankfurt v. 4.11.2008 – 8 U 158/08 – GesR 2009, 196 = OLGR 2009, 641 (Berufung zu LG Frankfurt v. 18.3.2008 – 2-18 O 239/06 –).

4025 Jahnke jurisPR-VerkR 5/2010 Anm. 4 (zu LG Bremen, Urt. v. 23.4.2009 – 7 S 196/07 – SP 2009, 363). mwN.

4026 KG v. 26.7.2001 – 12 U 1529/00 – (Macht der Arbeitgeber den Verdienstausfallschaden seines Arbeitnehmers geltend, der aufgrund seiner Lohnfortzahlung gemäß § 6 I EFZG auf ihn übergegangen ist, muss er nicht nur darlegen, in welchem Umfang er Leistungen an den Arbeitnehmer erbracht hat, sondern auch zu den Voraussetzungen des übergegangenen Schadensersatzanspruchs vortragen).

Haftungsnormen sind diejenigen Normen, nach denen festgestellt wird, **2988** ob der Schädiger dem Geschädigten überhaupt zum Ersatz des Schadens verpflichtet ist (sog. Haftung dem Grunde nach). In Betracht kommen neben Ansprüchen aus Delikts- und Gefährdungshaftung auch solche aus vertraglicher Beziehung. Gegenüber dem Schadenersatzanspruch dem Grunde nach ist haftungsrechtlich einwendbar, der Geschädigte habe die Rechtsgutverletzung mitverursacht bzw. selbst für eine Gefährdung (»Betriebsgefahr«) einzustehen. Ein fehlbehandelnder Arzt kann sich gegenüber seinem Patienten allerdings nicht darauf berufen, dieser habe sich aufgrund eines eigen- oder mitverschuldeten Vorfalles in seine Behandlung begeben.[4027]

Schadenersatznormen bestimmen, welcher Schaden – der Höhe nach – **2989** dem Geschädigten vom Schädiger zu ersetzen ist. Anspruchsmindernd kann zur Höhe des geltend gemachten Anspruches eingewendet werden, der Geschädigte habe die Kostenhöhe einzelner Schadenpositionen (z.B. Nicht-Verwertung der verbliebenen Arbeitskraft, unzureichende Beachtung ärztlicher Anweisungen) unangemessen beeinflusst. Dabei kann dem Verletzten auch das Verhalten Dritter (z.B. Eltern) zuzurechnen sein.[4028] Drittleistungsträgern kann bei eigenem Fehlverhalten der Regress verwehrt sein.[4029]

bb) Teilungsabkommen

Ein Schaden-Teilungsabkommen (z.B. zwischen einem hinter einem poten- **2990** tiell als Schadenersatzverpflichteten in Betracht kommenden Schädiger stehenden Haftpflichtversicherer und einem Sozialversicherer) begründet eine originäre **vertragliche Verpflichtung** des Abkommenspartners zur Leistung.[4030] Es handelt sich nicht um einen Forderungsübergang.

Im Bereich der Arzthaftpflicht haben Teilungsabkommen nur noch eine un- **2991** tergeordnete Bedeutung.

cc) Verzug

Nur im Einzelfall hat auch der Drittleistende eigene Rechte als Verzugsscha- **2992** den (Rechtsverfolgungskosten, Zinsen) anlässlich der Schadenabwicklung seiner ihm bereits zuvor zugewiesenen Ansprüche. Die Verantwortlichkeit resultiert dann nicht aus dem Haftpflichtgeschehen selbst (als vom unmittelbar Verletzten bzw. dessen Hinterbliebenen abgeleiteter Anspruch); es handelt sich vielmehr um einen unmittelbaren Anspruch des Fordernden, dem gegenüber der Schadenersatzschuldner vorwerfbar verzögert leistet.

4027 Siehe allerdings auch OLG Köln v. 18.4.1996 – 18 U 101/95 – VersR 1997, 1367.
4028 Burmann/Heß/Jahnke/Janker, § 254 BGB Rn. 107 ff.
4029 BGH v. 17.11.2009 – VI ZR 58/08 – jurisPR-VerkR 2/2010 Anm. 2 (Anm. Jahnke) = VersR 2010, 270, BGH v. 16.12.1980 – VI ZR 92/79 – VersR 1981, 347; OLG Düsseldorf v. 24.9.2003 – 15 U 188/02 – VersR 2004, 65.
4030 Zu Einzelheiten Stiefel-Maier, § 116 VVG Rn. 107 ff.

Jahnke

2993 Eigener Aufwand, der nicht erst als **Folge verzögerter Leistung** des Ersatz-
schuldners (somit als Verzugsschaden) zu erstatten ist, bleibt als mittelbarer
Schaden nicht ersatzfähig.

dd) Gestörte Gesamtschuld

(1) Begrifflichkeit und Inhalt[4031]

2994 Sind mehrere für das Schadenereignis verantwortlich, können die Grundsätze der »gestörten Gesamtschuld« zur Anwendung kommen, die sich mindernd – entsprechend dem zu kürzenden Anspruch des unmittelbar Beteili-
ligten – auf die Entschädigungsleistung auswirken. Zu einer diese Aspekte
berücksichtigenden Schadenabwicklung kommt es, wenn einer von mehreren Gesamtschuldnern sich gegenüber dem Verletzten auf einen **Leistungsausschluss** (Arbeitsunfall, Verwandtenprivileg, vertraglicher Haftungsausschluss, u.U. auch Verjährung u.ä.) berufen kann. Dieser privilegierte
Schuldner ist also von der Leistung frei, so dass sich der Geschädigte an
den Zweit-(Gesamt)Schuldner wendet, dem ein solches Verweigerungsrecht
nicht zusteht.

(2) Fallgestaltungen

2995 Haften mehrere Ersatzpflichtige für den Schaden als Gesamtschuldner
und kann sich einer der Ersatzpflichtigen dem Verletzten gegenüber auf
den **Haftungsausschluss** nach §§ 104 – 107 SGB VII berufen, so ist bereits der Ersatzanspruch des Geschädigten auf diejenige Haftungsquote begrenzt, die dem Anteil des nicht privilegierten Zweitschädigers am Unfall
entspricht.[4032] Die Anspruchsminderung gilt dabei nicht nur für eine Mitverursachung durch den Unternehmer, sondern auch für diejenige durch
Arbeitskollegen.[4033]

2996 Entsprechendes gilt darüber hinaus beim Regress des Drittleistungsträgers
für Störungen des Forderungsüberganges durch das **Verwandtenprivileg**.

2997 Bei einem Haftungsausschluss zugunsten des Erstschädigers und des Dienstherrn kann der verletzte **Beamte** einen Zweitschädiger ebenfalls nur beschränkt in Anspruch nehmen, und zwar in Anwendung der Grundsätze

---

4031 Zu Einzelheiten siehe Lemcke »Die gestörte Gesamtschuld in der Personenschadenregulierung« r+s 2006, 52.

4032 Letztlich ist es unbeachtlich, ob die Haftung des einzelnen Schädigers aus Vertrag oder Delikt herzuleiten ist, das Ergebnis bleibt dasselbe: BGH v. 12.6.1973
– VI ZR 163/71 – VersR 1973, 836; BGH v. 10.11.1970 – VI ZR 104/69 – VersR
1971, 223.

4033 BGH v. 16.2.1972 – VI ZR 111/70 – VersR 1972, 559; OLG Jena v. 5.8.1997 – 3
U 1489/96 – (16) – VersR 1998, 990 (Gesamtschuldnerregress gegenüber Mitgliedern einer Haftungseinheit, von denen eines gemäß § 636 RVO privilegiert
haftet).

der gestörten Gesamtschuld[4034]. Für die Ausgleichung der Ansprüche des Geschädigten (unmittelbar Verletzte, Hinterbliebene) anlässlich eines Dienstunfalls gelten ähnliche Regulierungsgrundsätze wie beim Arbeitsunfall.

(3) Konsequenzen

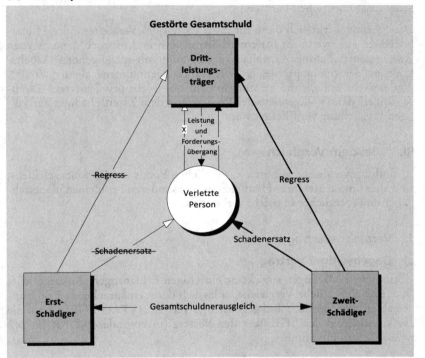

2998

Die Anwendung der Grundsätze von der sog. »gestörten Gesamtschuld« führt zu einer **Beschränkung der Ansprüche** eines Verletzten (bei Tötung dessen Hinterbliebenen) und/oder dessen Rechtsnachfolger(n) gegenüber den gesamtschuldnerisch Haftenden, obwohl diese dem Anspruchsberechtigten (Verletzter, Hinterbliebener eines Getöteten, Drittleistungsträger) gegenüber (von einer eigenen Mitverantwortlichkeit des Unfallbeteiligten einmal abgesehen) uneingeschränkt verantwortlich sind (und somit haften) und daher eigentlich gesamtschuldnerisch vollen Ersatz zu schulden hätten.

2999

Der **nicht-privilegierte Schuldner** müsste nach der gesetzlichen Regelung zunächst voll und uneingeschränkt leisten, danach hätte er den Gesamtschuldnerausgleich im Innenverhältnis zum anderen Gesamtschuldner

3000

4034 BGH v. 23.4.1985 – VI ZR 91/83 – VersR 1985, 763.

durchzuführen. Da über den Weg des Gesamtschuldnerausgleiches aber die
Leistungsstörung im Verhältnis zum Geschädigten nicht umgangen werden
darf[4035] (dieses würde eine rechtlich unzulässige Belastung des Dritten bedeuten), kann sich der privilegierte Gesamtschuldner auch dem regressie-
renden Zweitschädiger gegenüber im Gesamtschuldnerinnenverhältnis auf
seine Leistungsfreiheit berufen.

3001 Die Störung wirkt sich dann nicht zu Lasten des Verletzten oder Hinterbliebenen aus, wenn im **Innenverhältnis** vom in Anspruch genommenen
Zweitgesamtschuldner (Zweitschädiger) zum mit-schädigenden Arbeitskollegen der (nicht privilegierte) Inanspruchgenommene allein haftet[4036].
Andererseits entfällt die Leistungspflicht des (nicht privilegierten) Zweitschädigers dann völlig, wenn der Privilegierte dem Zweitschädiger zur völligen Freistellung verpflichtet wäre[4037].

III. Bei dem Vergleich

3002 Abfindungsvergleiche gehören zur täglichen Praxis des Personenschadens,
sind aber ungeachtet ihrer Häufigkeit mit besonderen Problemen in tatsächlicher und rechtlicher Hinsicht verbunden.

1. Vergleichsvertrag

a) Gegenseitiger Vertrag

3003 Abfindungserklärungen sind keine einseitigen Erklärungen. Außergerichtliche und gerichtliche Vergleiche, anlässlich derer entsprechende Erklärungen abgegeben werden, sind gegenseitige Verträge (§ 779 I BGB),[4038] auf die
die Vorschriften des BGB über den Vertrag (insbesondere §§ 104 ff., 242
BGB) Anwendung finden.

3004 Nichtig ist u.a. ein mit einem **Geschäftsunfähigen** (§ 104 BGB) bzw. bei
nur vorübergehender Störung der Geistestätigkeit (§ 105 II BGB) geschlossener Vergleich.

3005 Für die **Abänderung** eines Vergleiches gelten die allgemeinen Grundsätze.[4039]

4035 BGH v. 10.1.1967 – VI ZR 77/65 – VersR 1967, 250.
4036 BGH v. 14.6.1976 – VI ZR 178/74 – VersR 1976, 991.
4037 BGH v. 20.5.1980 – VI ZR 185/78 – VersR 1980, 938; OLG Hamm v. 6.6.1989 –
         9 U 45/88 – VersR 1989, 1054, OLG Nürnberg v. 27.1.1994 – 8 U 2278/93 – r+s
         1994, 257.
4038 OLG Saarbrücken v. 21.3.2006 – 4 U 24/05 – SP 2006, 233.
4039 Zur Abänderung siehe Rdn. 3154 ff.

b) Wechselseitiges Nachgeben

Vergleich bedeutet die Beseitigung eines Streites oder der Ungewissheit der Parteien über ein Rechtsverhältnis im Wege wechselseitigen Nachgebens (§ 779 I BGB) im Gegensatz zur **Abrechnung**, bei der ein Schadenersatzverpflichteter den von ihm für richtig erachteten Betrag an den Ersatzberechtigten auskehrt.[4040] **3006**

Die **Abgrenzung** zwischen Abrechnung und Vergleich hat Bedeutung nicht nur für das Entstehen von Anwaltsgebühren (siehe Nr. 1000 VV-RVG). Auch für die Frage der Erledigung der Angelegenheit kann es auf die Unterscheidung ankommen: Bei einer Abrechnung können weitergehende Ansprüche verfolgt werden, es läuft dann nur eine Verjährungsfrist an oder weiter, während demgegenüber bei einem Vergleich der verglichene Teil erledigt ist und weitergehende Forderungen – unabhängig von einer Verjährung – ausgeschlossen sind. **3007**

c) Vertragsabschluss

aa) Form

Der Abschluss eines Vergleiches ist grundsätzlich **formlos** möglich; insbesondere ist eine Schriftform gesetzlich nicht vorgeschrieben.[4041] Regelmäßig wird in der Praxis der Personenschadenregulierung eine (schriftliche) Abfindungserklärung unterzeichnet. Ebenso formal ausreichend ist die schriftliche Gegenbestätigung des Anspruchsberechtigten / Geschädigten bzw. des von diesem Beauftragten (insbesondere Rechtsanwalt) in einem Anschreiben, dass die Ansprüche erledigt seien.[4042] **3008**

Da sich die gesundheitliche Beeinträchtigung und die daran anknüpfende Anspruchsabwicklung gerade im Personenschadenbereich über einen langen Zeitraum erstrecken kann, empfiehlt sich jedenfalls zur Beweissicherung die **schriftliche Fixierung** von Abreden, insbesondere bei ganzer oder teilweiser Erledigung von Ansprüchen. **3009**

bb) Invitatio ad offerendum

Der für den Versicherer handelnde Schadensachbearbeiter / Regulierer unterbreitet in aller Regel kein eigenes Angebot, sondern nur eine invitatio ad **3010**

4040 BGH v.10.10.2006 – VI ZR 280/05 – MDR 2007, 492 = VersR 2007, 810, BGH v. 1.3.2005 – VIII ZB 54/04 – SP 2005, 176 (nur Ls.) (Vergleich auch dann, wenn in einem gerichtlichen Vergleich die Parteien hinsichtlich der unbestrittenen Klageforderung Ratenzahlung vereinbaren), BGH v. 13.4.1970 – III ZR 75/69 – NJW 1970, 1122, 1456 = VersR 1970, 573.

4041 BGH v. 13.4.2007 – II ZB 10/06 – NJW 2007, 2187 = zfs 2007, 469 (Anm. Hansens), BGH v. 10.10.2006 – VI ZR 280/05 – MDR 2007, 492 = VersR 2007, 810; OLG Saarbrücken v. 21.3.2006 – 4 U 24/05 – SP 2006, 233.

4042 OLG Koblenz v. 29.9.2003 – 12 U 854/02 – NZV 2004, 197.

Jahnke

offerendum[4043] (Einladung zum Angebot), was häufig zusätzlich durch die Erklärung »*Direktionsgenehmigung vorbehalten*« klargestellt ist: Das Abfindungsangebot unterbreitet der **Anspruchsberechtigte** und der Versicherer kann dieses Angebot innerhalb einer ihm vom Anspruchsteller (regelmäßig auf dem Abfindungsformular enthaltenen) gesetzten Bindungsfrist dann akzeptieren. Der Erklärende ist bis zur Entscheidung des Ersatzpflichtigen an sein Angebot gebunden und kann nicht widerrufen, §§ 145, 130 BGB.

3011 Dass der Regulierungsbeauftragte des **Schädigers** oder dessen Versicherers Erklärungen handschriftlich in ein Abfindungsformular aufnimmt (dies gilt auch für etwaige Vorbehalte), ändert nichts an der Person des Erklärenden. Für den Erklärungsinhalt eines Abgeltungsvergleiches ist es gleichgültig, wer den Vorbehalt in den Vergleichstext geschrieben hat.[4044]

3012 Wird allerdings schriftlich in der **Schadenkorrespondenz** ein »Angebot« vom Versicherer unterbreitet, handelt es sich, solange kein entsprechender Vorbehalt deutlich gemacht ist oder sich aus den Begleitumständen ergibt, nicht um eine invitatio, sondern um ein bindendes Angebot (und zwar auch bei fehlender Vollmacht des Sachbearbeiters des Versicherers [Anscheinsvollmacht]).

cc) Scheckeinlösung und Vertragsschluss

3013 Hat der den Abschluss eines Abfindungsvertrages Anbietende einen Scheck mit der **Bestimmung** übergeben, dass dieser nur bei Annahme des Vergleichsangebotes eingelöst werden darf und wurde gleichzeitig auf eine Annahmeerklärung der Gegenseite verzichtet, ist bereits in der widerspruchslos erfolgenden Einlösung des Schecks die Annahme des Vertragsangebots zu sehen.[4045]

3014 Die **Einlösung** des Schecks, verbunden mit dem Hinweis an den Scheckversender, man »*löse ihn als Vorschuss*« ein, verhindert nicht den Vertragsschluss, da die Einlösung des Schecks an die Bedingung geknüpft ist, den Fall damit abzuschließen. Soll das Angebot nicht angenommen werden, darf der Scheck überhaupt nicht – auch nicht mit entsprechender Erklärung an den Scheckabsender (vorwiegend aus der Motivation heraus »Was man hat, das hat man«) – eingelöst werden.[4046]

4043 LG Karlsruhe v. 18.12.1981 – 6 O 405/81 – zfs 1982, 226. Siehe allerdings auch AG Augsburg v. 18.6.1982 – 1 C 1530/82 – r+s 1982, 189 (Annahme durch konkludente Handlung) sowie LG Hildesheim v. 26.2.1980 – 3 O 479/79 – zfs 1980, 330.

4044 OLG Thüringen v. 24.11.2004 – 4 U 399/04 – SVR 2005, 383 (Anm. Nehls).

4045 BGH v. 6.2.1990 – X ZR 39/89 – NJW 1990, 1656, BGH v. 18.12.1985 – VIII ZR 297/84 – MDR 1986, 576; Siehe ausführlich Jahnke, Abfindung von Personenschadenansprüchen, § 2 Rn. 24 ff.

4046 OLG Frankfurt v. 10.5.1990 – 3 U 33/89 – (Einlösung des Schecks ist auch dann Vergleichsannahme, wenn der Einlösende dabei tatsächlich den inneren Willen

Eine Annahme des Angebotes (§ 151 BGB) liegt allerdings dann nicht vor, **3015** wenn besondere Umstände (§ **242 BGB**) das Fehlen des wirklichen Annahmewillens ergeben.[4047] Empfangsbedürftige Willenserklärungen sind nach beiden Seiten hin interessengerecht auszulegen.[4048]

2. Vertragsparteien; Vollmacht

a) Schadenersatzschuldner (»Schädiger«)

aa) Haftpflichtversicherung

Der Haftpflichtversicherer handelt bei Vergleichsabschluss als **Bevollmäch-** **3016** **tigter** seiner (mit-)versicherten Personen unter Hinweis auf die sich aus den Versicherungsbedingungen ergebenden Vollmacht (und zwar u.U. auch über die Deckungssumme[4049] hinaus und auch bei eventuellem Selbstbehalt des Versicherungsnehmers[4050]). Der Versicherer kann in einer dem Dritten deutlich erkennbaren Art und Weise von seiner Vollmacht nur eingeschränkt Gebrauch machen, z.B. namens des Versicherten nur bis zur Höhe der Deckungssumme über einen Vergleich verhandeln.[4051]

Im eigenen Namen handelt er nur, soweit er selbst unmittelbar Ersatz **3017** (ausnahmsweise bestehender Direktanspruch nach § 115 I VVG; Verzug-

---

hatte, das Angebot gleichwohl nicht anzunehmen, sondern den Scheck als a-conto-Zahlung zu betrachten).

4047 BGH v. 13.9.2007 – I ZR 155/04 – MDR 2008, 274 = VersR 2008, 1090, BGH v. 10.5.2001 – XII ZR 60/99 – NJW 2001, 2324, BGH v. 15.7.1997 – VI ZR 142/95 – VersR 1998, 122, BGH v. 28.3.1990 – VIII ZR 258/89 – NJW 1990, 1655 (Ablehnungsschreiben vor Scheckeinzug); OLG Thüringen v. 12.7.2000 – 7 U 1249/99 – VersR 2001, 980 (Methodisches Vorgehen des Schuldners), OLG Koblenz v. 21.11.2002 – 5 U 1035/02 – NJW 2003, 758 (Ein Verzicht auf den Zugang der Annahmeerklärung kann nicht allein in einem Vergleichsangebot gesehen werden, das mit einer als Schlusszahlung bezeichneten Teilleistung verbunden ist. Zugrunde lag eine titulierte Forderung, auf die rd. 10% gezahlt wurde.).

4048 BGH v. 7.3.2006 – VI ZR 54/05 – NJW 2006, 1511 = VersR 2006, 659.

4049 BGH v. 11.10.2006 – IV ZR 329/05 – NJW 2007, 69 = VersR 2006, 1676, BGH v. 11.10.2006 – IV ZR 329/05 – NJW 2007, 69 = VersR 2006, 1676 (Erkennt der Versicherer unter diesen Voraussetzungen den Haftpflichtanspruch des Geschädigten gemäß § 208 BGB aF an, wird die Verjährung auch zulasten des versicherten Schädigers unterbrochen, und zwar auch insoweit, als der Versicherer wegen eines Selbstbehaltes oder Überschreitung der Deckungssumme den Schaden nicht selbst reguliert. Will der Versicherer von seiner Vollmacht nur eingeschränkt Gebrauch machen, muss er dies dem Geschädigten gegenüber ausdrücklich klarstellen.), BGH v. 22.7.2004 – IX ZR 482/00 – MDR 2005, 90 = VersR 2004, 1278, BGH v. 19.12.1989 – VI ZR 57/89 – MDR 1990, 613 = VersR 1990, 497, BGH v. 22.11.1988 – VI ZR 20/88 – MDR 1989, 345 = VersR 1989, 138.

4050 OLG Düsseldorf v. 29.6.1978 – 18 U 27/78 – VersR 1979, 151.

4051 BGH v. 12.12.1978 – VI ZR 159/77 – NJW 1979, 866 = VersR 1979, 284.

Jahnke

schaden; Teilungsabkommen) schuldet. Die **Kündigung** des Versicherungsvertrages beendet die Regulierungsvollmacht des Haftpflichtversicherers
nicht.[4052]

3018 Der von seinem alleinigen Prozessführungsrecht Gebrauch machende Versicherer muss die **Interessen** seines Versicherten im Haftpflichtprozess –
orientiert an den Maßstäben eines vom Versicherungsnehmer beauftragten
Anwaltes – **wahren.**[4053]

bb) Insolvenz

(1) Versicherte Person[4054]

3019 Bei Insolvenz des Versicherungsnehmers gibt § 110 VVG dem geschädigten
Anspruchsteller wegen des ihm gegen den Versicherungsnehmer zustehenden Anspruchs ein Recht auf **abgesonderte Befriedigung.**

3020 Dazu muss der Haftpflichtanspruch des Geschädigten gemäß § 106 VVG
(§ 154 I VVG aF) festgestellt worden sein.[4055] Für die **Feststellung** reicht
das Anerkenntnis einer Schadenersatzforderung durch den Konkurs- oder
Insolvenzverwalter.[4056]

3021 Bei **Privatinsolvenz** werden nach § 302 Nr. 1 InsO von der Restschuldbe-
freiung Verbindlichkeiten des Schuldners aus einer vorsätzlich[4057] begangenen unerlaubten Handlung nicht berührt, sofern der Gläubiger die entsprechende Forderung unter Angabe dieses Rechtsgrundes nach § 174 II InsO
angemeldet hatte.

(2) Versicherer

3022 Bei Insolvenz des Versicherers bleibt die unmittelbare Einstandspflicht des
Schädigers und der weiteren Eintrittspflichtigen (im Einzelfall z.B. Anstellungskörperschaft, weiterer Gesamtschuldner) bestehen.

4052 BGH v. 3.6.1987 – IVa ZR 292/85 – NJW 1987, 2586 = VersR 1987, 924.
4053 BGH v. 18.7.2001 – IV ZR 24/00 – VersR 2001, 1150 (Der die Führung des
Haftpflichtprozesses übernehmende Privat-Haftpflichtversicherer verletzt seine Interessenwahrungsverpflichtung, wenn er einen dem Versicherungsnehmer
günstigen Vergleich widerruft, obwohl er beabsichtigt, die Deckung zu verweigern), BGH v. 30.9.1992 – IV ZR 314/91 – NJW 1993, 68 = VersR 1992, 1504.
4054 Zum Thema: Thume »Entschädigungsansprüche bei Insolvenz des haftpflichtversicherten Schädigers« VersR 2006, 1318.
4055 BGH v. 17.3.2004 – IV ZR 268/03 – MDR 2004, 1057 = VersR 2004, 634.
4056 LG Köln v. 5.5.2004 – 20 O 690/03 – IVH 2004, 173.
4057 BGH v. 21.6.2007 – IX ZR 29/06 – NJW 2007, 2854 (Tätervorsatz ist allenfalls
auf die Übertretung von Verkehrsverboten oder die Nichtbefolgung des Gebots gerichtet, nicht jedoch auf die Schädigung desjenigen, der möglicherweise
bei der Zuwiderhandlung zu Schaden gekommen ist).

(3) Anspruchsteller

Wird der Verletzte (Anspruchsberechtigte, aber auch Drittleistungsträger, siehe § 171b SGB V) insolvent, geht mit Eröffnung des Insolvenzverfahrens die Verwaltungs- und Verfügungsbefugnis über die Insolvenzmasse auf den Insolvenzverwalter über (§ 80 I InsO), der das zur Masse gehörende Vermögen (dazu gehören auch Schadenersatzforderungen) sofort in Besitz nimmt (§ 148 I InsO). Nach der Eröffnung des Insolvenzverfahrens sind Vermögensverschiebungen des Insolvenzschuldners grundsätzlich unwirksam. Nicht gerechtfertigte Vermögensverschiebungen vor der Eröffnung des Insolvenzverfahrens können durch Insolvenzanfechtung (§§ 129 ff. InsO) korrigiert werden.

3023

Grundsätzlich trifft den Schuldner die Darlegungs- und Beweislast dafür, dass er die Eröffnung des Insolvenzverfahrens **nicht gekannt** hat, wenn er seine Leistungshandlung (z.B. Überweisung oder Übersendung eines Schecks) nach der öffentlichen Bekanntmachung der Verfahrenseröffnung vorgenommen hat.[4058] Maßgeblich für den Übergang der Beweislast ist der Zeitpunkt, an dem die Bekanntmachung nach § 9 I 3 InsO als bewirkt gilt; das kann auch im Internet (www.insolvenzbekanntmachungen.de) geschehen.[4059] Der durch § 82 S. 1 InsO den Drittschuldnern eingeräumte Gutglaubensschutz enthält weitergehende Obliegenheiten als § 407 BGB, die auch für Versicherungsunternehmen gelten; bei der Abwicklung im Massengeschäft kann aber Leistungsfreiheit zugunsten des leistenden Versicherers in Betracht kommen.[4060]

3024

b) Schadenersatzberechtigter (»Geschädigter«)

aa) Ehegatten

Die Eheschließung führt (siehe u.a. §§ 1429, 1454 BGB) nicht zu einer allgemeinen gegenseitigen **Vertretungsbefugnis** der Ehegatten. Nach § 1357 BGB, § 8 II LPartG kann ein Ehegatte bzw. eingetragener Lebenspartners den anderen Partner nur für Geschäfte zur angemessenen Deckung des Lebensbedarfes mitverpflichten. Außerhalb der Geschäfte des angemessenen Lebensbedarfes ist eine Vollmacht des zu vertretenden Ehegatten erforder-

3025

4058 BGH v. 15.4.2010 – IX ZR 62/09 – NJW 2010, 1806.
4059 BGH v. 16.7.2009 – IX ZR 118/08 – ZIP 2009, 1726; OLG Rostock v. 19.6.2006 – 3 U 6/06 – OLGR 2006, 868 (Erstmalige Einstellung in das Internet).
4060 BGH v. 15.4.2010 – IX ZR 62/09 – NJW 2010, 1806 (Haben Unternehmen mit umfangreichem Zahlungsverkehr zur Erfüllung einer Verbindlichkeit an einen Insolvenzschuldner geleistet, ohne dass sie die Eröffnung des Insolvenzverfahrens kannten, hindert sie die Möglichkeit, diese Information durch eine Einzelabfrage aus dem Internet unter www.insolvenzbekanntmachungen.de zu gewinnen, nach Treu und Glauben nicht daran, sich auf ihre Unkenntnis zu berufen. Sie sind auch nicht gehalten, sich wegen der Möglichkeit der Internetabfrage beweismäßig für sämtliche Mitarbeiter zu entlasten.).

Jahnke

lich. Die Erteilung einer auch für die Geltendmachung von Haftpflichtansprüchen und Anwaltsbeauftragung gültigen **Vorsorgevollmacht** macht damit durchaus nicht nur für nicht-eheliche Partnerschaften Sinn.

3026 Beim gesetzlichen Güterstand (**Zugewinngemeinschaft**) verwaltet jeder Ehegatte sein Vermögen selbständig, § 1364 BGB (Ausnahme: § 1365 BGB). Einer Zustimmung des anderen (nicht verletzten) Ehegatten zum Abfindungsvergleich bedarf es nicht.

3027 Bei vertraglich vereinbarter **Gütergemeinschaft** (§ 1415 BGB) kommt es darauf an, ob die Schadenersatzansprüche zum Gesamtgut (§ 1416 BGB) oder zum Sondergut (§ 1417 BGB) gehören. Schadenersatzforderungen (einschließlich des Schmerzensgeldes) gehören zum Gesamtgut. Während der verletzte Ehegatte Ansprüche, die zum Sondergut gehören, eigenständig ohne erforderliche Zustimmung seines Ehegatten abfinden kann, müssen bei zum Gesamtgut gehörenden Ansprüchen beide Ehegatten dem Vergleich zustimmen, wenn sie gemeinsam das Gesamtgut verwalten (§ 1421 BGB). Verwaltet ein Ehegatte das Gesamtgut, ist nur er (ohne Zustimmung des anderen) zum Vergleichsabschluss berechtigt (§ 1422 BGB).

bb) Minderjährige

(1) Elterliche Sorge

3028 Eltern haben nach § 1626 I BGB nicht nur das Recht, sondern auch die Pflicht, für die Person des minderjährigen Kindes (**Personensorge**) und dessen Vermögen (**Vermögenssorge**) zu sorgen. Der eingeschaltete Anwalt muss sich vergegenwärtigen, dass das Mandat zum Kind und nicht zu dessen Eltern besteht.

3029 Grundsätzlich hat der Inhaber der elterlichen Sorge bei Verfügungen über den Ersatzanspruch (insbesondere Abschluss eines Abfindungsvergleiches) nicht eine **vormundschaftsgerichtliche Genehmigung** einzuholen.[4061] Eltern sind in § 1643 BGB eben freier als ein Vormund gestellt.

3030 Die Praxis kennt Veruntreuungen der Abfindungszahlungen nicht nur durch Anwälte, sondern auch den Verbrauch des Geldes durch Eltern.[4062] Wird ein Abfindungsvergleich von den Eltern oder anderen verantwortlichen Personen – mit oder ohne vormundschaftsgerichtliche Genehmigung – für ihr verletztes Kind akzeptiert, besteht kein Rechtsanspruch darauf, dass der zu zahlende Abfindungsbetrag **mündelsicher** angelegt wird (vgl. § 1642 BGB). Manchmal besteht Bereitschaft, die Zahlungen festzulegen und nur die jeweils fällig werdenden Zinsen den Eltern zum Verbrauch für das Kind zu überlassen. Die Möglichkeit, bei einer Lebensversicherung ei-

---

4061 Geigel-Bacher, Kap 40 Rn. 78, Jahnke, Abfindung von Personenschadenansprüchen, § 2 Rn. 70, Küpperbusch Rn. 826, Palandt-Diederichsen, § 1643 Rn. 1.
4062 Vgl. BGH v. 7.4.1993 – XII ZR 266/91 – NJW 1993, 2305.

nen Einmalbetrag mit der Möglichkeit späterer Rentenauszahlung einzuzahlen, sollte erwogen werden.

Wird das Wohl des Kindes oder sein Vermögen durch missbräuchliche Ausübung der elterlichen Sorge gefährdet, kann das **Familiengericht** zwar tätig werden (siehe §§ 1666, 1666a, 1667 BGB, § 50 FGG), hat aber nur sehr beschränkte Möglichkeiten (u.a. Anlegung eines Vermögensverzeichnisses, Rechnungslegung).

3031

(2) Einschränkung der Sorge

Die elterliche Vermögenssorge kann durch die Existenz eines **Pflegers** eingeschränkt sein (§ 1630 I BGB, § 50 FGG), so dass u.U. das Familiengericht nach § 1630 II BGB entscheiden muss.

3032

Lebt das verletzte Kind für längere Zeit in **Familienpflege** (§ 1630 II BGB), gilt § 1688 BGB.

3033

(3) Gefährdung der Kindesinteressen

Zu beachten sind (wegen möglicher Gefährdung der Kindesinteressen) die Beschränkungen nach §§ 1629 II 1, 1795 BGB u.a. dann, wenn die Eltern eines verletzten Kindes an der Schadenentstehung (z.B. durch schuldhafte Verletzung ihrer Aufsichtspflicht) beteiligt waren.[4063] Zu beachten ist auch § 181 BGB, auf den § 1795 II BGB verweist. Es wird zwar die Auffassung vertreten,[4064] dass ein Vormund und dementsprechend auch ein Elternteil nur bei einem Rechtsstreit, nicht aber schon bei der außergerichtlichen Geltendmachung von Ansprüchen von der Vertretung ausgeschlossen sei. Es ist aber jedenfalls zweifelhaft, ob zwischen gerichtlichem und außergerichtlichem Geltendmachen unterschieden werden kann; m.E. sollte jedenfalls rein vorsorglich die vormundschaftsgerichtliche Genehmigung oder aber ein Negativattest des Vormundschaftsgerichtes eingeholt werden.

3034

Ist ein Elternteil von der Vertretung ausgeschlossen, ist es auch der andere;[4065] und zwar unabhängig davon, ob § 1795 BGB auf ihn ebenfalls zutrifft oder nicht. In diesen Fällen ist dann das Vormundschaftsgericht einzuschalten, §§ 1909 II, 1693 BGB. Es wird sodann regelmäßig ein Pfleger bestellt.

3035

Ein Interessenkonflikt kann wegen des Gesamtschuldnerinnenausgleiches auch dann bestehen, wenn der Arzt Unfallfolgen einer von der Eltern mit-

3036

4063 LG Düsseldorf v. 1.9.1983 – 19 T 292/83 – zfs 1984, 195.

4064 Staudinger-Engler, § 1795 Rn. 31.

4065 BGH v. 14.6.1972 – IV ZR 53/71 – MDR 1972, 936 = NJW 1972, 1708; OLG Zweibrücken v. 6.3.1980 – 6 U 45/79 – FamRZ 1980, 911. Palandt-Diederichsen, § 1629 Rn. 20. Siehe auch BGH v. 23.10.1963 – V ZR 146/57 – MDR 1964, 134 = NJW 1964, 203 (Das Rechtsmittel eines unrichtigen gesetzlichen Vertreters einer prozessunfähigen Partei ist mit dem Ziel zulässig, die Klärung der Vertretungsmacht herbeizuführen).

Jahnke

verantworteten Erstschädigung fehlbehandelt und daher mit den Eltern dem Verletzten gegenüber letztlich gesamtschuldnerisch haftet, soweit er den ursprünglich Schaden vergrößert.[4066]

3037   Auf die Rechts- und Haftungsänderungen durch das 2. Schadenrechtsänderungsgesetz ist hinzuweisen. Nach Art. 229 § 5 I EGBGB sind die geänderten Vorschriften allerdings nicht anzuwenden, soweit das schädigende Ereignis vor dem Zeitpunkt des Inkrafttretens am 1.8.2002 eingetreten ist.[4067] Altfälle sind weiter nach dem im Schadenzeitpunkt geltenden Recht abzuwickeln.

(4) Zeichnungsberechtigung

3038   Angesichts der gesellschaftlichen Entwicklung kann kein Anwalt mehr sicher sein, dass bei Vertretung von Kindern die für das Kind erscheinenden Personen auch die familienrechtlich Vertretungsberechtigten sind. Nachfrage und **Aufklärung** ist häufig geboten.

3039   Bei Minderjährigen ist der Vergleich von beiden **Erziehungsberechtigten** zu genehmigen (§ 1629 I 2 BGB), bei Halbwaisen vom überlebenden Elternteil (§§ 1680 I, 1681 BGB), bei Geschiedenen bzw. getrennt Lebenden (§ 1672 BGB) vom nach dem Spruch des Familiengerichtes Sorgeberechtigten (§ 1671 BGB). Ist einem Elternteil die Sorge allein übertragen (auch nach § 1628 BGB), vertritt es allein das Kind (§ 1629 I 3 BGB).

3040   Vater und Mutter sind nur gemeinsam vertretungsberechtigt (Gesamtvertretung, § 1629 I 2, 1. Alt. BGB), das Gesetz lässt im Einzelfall allerdings Einzelvertretung zu.[4068] Ist ein **Elternteil** tatsächlich (und nicht rechtlich) verhindert, die elterliche Sorge auszuüben (§ 1678 I BGB), übt der andere Elternteil die elterliche Sorge allein aus (§ 1678 I 1. Alt. BGB).[4069] Stand dem geschäftsunfähigen Elternteil die Sorge allein nach §§ 1626a II, 1671, 1672 II BGB zu, wird ein Vormund (auf Initiative oder mit Unterstützung des Jugendamtes, § 50 SGB VIII) durch das Familiengericht eingesetzt (§ 51 FGG).

3041   Sind die Eltern bei der Geburt des Kindes nicht miteinander verheiratet, steht ihnen die elterliche Sorge dann gemeinsam zu, wenn sie durch wirksame Sorgerechtserklärung (§§ 1626b ff. BGB) kund tun, die Sorge gemeinsam übernehmen zu wollen (§ 1626a I Nr. 1 BGB) oder einander heiraten (§ 1626a I Nr. 2 BGB). Bei **nichtehelichen Kindern** ist ansonsten (nur) die Mutter zuständig (§ 1626a II BGB).

4066   Siehe zur Problematik Rdn. 2995 ff.
4067   Siehe BGH v. 14.6.2005 – VI ZR 181/04 – VersR 2005, 1154, BGH v. 18.1.2005
        – VI ZR 115/04 – MDR 2005, 684 = VersR 2005, 566.
4068   Dazu Palandt-Diederichsen, § 1629 Rn. 12 ff.
4069   AG Holzminden v. 10.11.2001 – 12 F 382/01 – FamRZ 2002, 560 (Übertragung
        des Aufenthaltsbestimmungsrechts auf einen Elternteil für die Zeit der Heilbehandlung des anderen Elternteils).

Jahnke

Bei **Tod eines Elternteils** oder **Entziehung des Sorgerechts** sind die Vorgaben des § 1680 BGB zu beachten. **3042**

(5) Ausländische Elternteile

Bei Verletzten mit nicht-deutschen Elternteilen ist für die Bestimmung der gesetzlichen Vertretung das internationale Privatrecht (**IPR**) mit heranzuziehen[4070] und bei Verfahren **von Amts wegen** anzuwenden.[4071] **3043**

Welches Recht auf die Rechtsbeziehungen zwischen Parteien, von denen zumindest eine Partei eine ausländische Staatsangehörigkeit besitzt, anzuwenden ist, richtet sich nach dem Einführungsgesetz zum Bürgerlichen Gesetzbuch (**EGBGB**) bzw. den **zwischenstaatlichen Vereinbarungen** (Art. 3 II 1 EGBGB). Regelungen in völkerrechtlichen Vereinbarungen gehen, soweit sie unmittelbar anwendbares innerstaatliches Recht geworden sind, den Regelungen des EGBGB vor; ebenso bleiben Regelungen in Rechtsakten der Europäischen Gemeinschaften unberührt (Art. 3 II EGBGB). **3044**

Die **Volljährigkeit** von Verletzten und Hinterbliebenen richtet sich nach deren Heimatrecht, Art. 7 EGBGB.[4072] Ob u.a. der Vergleichsabschluss mit einem – gleich, ob ehelichen oder nichtehelichen – Minderjährigen der **vormundschaftsgerichtlichen Genehmigung** bedarf, regelt nach Art. 21 EGBGB das Recht desjenigen Staates, in dem das Kind seinen gewöhnlichen Aufenthalt hat. **3045**

(6) Volljährigkeit

Mit Erreichen seiner Volljährigkeit (§ 2 I BGB) trifft das verletzte Kind seine Entscheidungen selbst, soweit keine die Geschäftsfähigkeit einschränkenden Umstände (§§ 104 Nr. 2, 105 BGB) vorliegen. **3046**

Die Abwicklung von Personenschäden nimmt nicht selten einen längeren Zeitraum in Anspruch. Wenn zwischendurch Volljährigkeit eintritt, muss die etwaige Vertretung des Verletzten (nicht nur bei Verdacht auf fehlende Geschäftsfähigkeit) neu geprüft werden. Der Verletzte muss nun selbst tätig werden, Aktivitäten der zuvor für ihn Handelnden sind jetzt nicht mehr ohne Weiteres gültig.[4073] **3047**

Da die gesetzliche elterliche Sorge nur gegenüber minderjährigen Kindern gilt (§ 1626 I BGB), ist bei volljährigen, in der Geschäftsfähigkeit aber eingeschränkten Personen für eine **Betreuung** (§§ 1896 – 1908k BGB) oder **Pflegschaft** (§§ 1909 – 1921 BGB) zu sorgen. **3048**

4070 Zu Einzelheiten siehe BGH v. 7.4.1993 – XII ZR 266/91 – NJW 1993, 2305.
4071 BGH v. 7.4.1993 – XII ZR 266/91 – NJW 1999, 2305.
4072 Küppersbusch Rn. 479.
4073 Siehe auch Rdn. 3076 ff.

Jahnke

cc) Schwerverletzung

3049 Der Umstand, dass für einen erwachsenen Verletzten keine Pflegschaft oder Betreuung bestellt ist, bedeutet nicht zugleich, dass der Verletzte auch uneingeschränkt geschäftsfähig ist. Bei Schwerverletzten (insbesondere mit Hirnschädigung) muss bei der Regulierung die Gefahr einer – u.U. latenten – **Geschäftsunfähigkeit** nach §§ 104 Nr. 2, 105 BGB vor allem aber bei Abschluss eines Vergleiches bedacht und gegebenenfalls auf Pflegschaftsbestellung oder Betreuung hingewirkt werden. Prozessual ist die **Prozessfähigkeit** (§ 52 ZPO) von Amts wegen zu beachten. Vorsicht ist auch bei **Abtretung** von Schadenersatzforderungen (z.B. an Eltern) angesagt; es handelt sich um einen Vertrag, der bei Geschäftsunfähigkeit einer Partei nichtig ist. Bestehen hinsichtlich der Geschäftsfähigkeit Bedenken, sollte ein ärztliches (u.U. amtsärztliches) Gutachten eingeholt und die Erforderlichkeit einer Pflegschaft oder Betreuung geprüft werden.

3050 Ein mit einem – zumeist unbemerkt – geschäftsunfähig gewordenen Verletzten geschlossener Vergleich ist **nichtig**. Die Rückabwicklung des Vergleichsvertrages erfolgt nach § 812 BGB mit den daraus folgenden Nachteilen für denjenigen, der an den Geschäftsunfähigen leistete (u.a. Wegfall der Bereicherung, beschränkte Rückzahlungsfähigkeit, eingeschränkte Aufrechnungsmöglichkeit; siehe §§ 818 III,[4074] 394 BGB, § 850b ZPO).[4075]

3051 Im Zweifel ist auch die dem **Anwalt** erteilte Vollmacht nichtig. Als problematisch kann sich dann auch mit Blick auf die Verjährung eine wirksame Anmeldung und auch Ablehnung des Schadenersatzanspruches erweisen: Die **Anmeldung von Ersatzansprüchen** ist eine rechtsgeschäftliche Handlung und nicht nur rein tatsächliches Verhalten. Auch wenn nur geringe Anforderungen an eine Anmeldung von Schadenersatzansprüchen – und damit die Aufnahme von Verhandlungen (§ 203 BGB) – zu stellen sind, muss der Geschädigte seinen Willen zum Ausdruck bringen, er fordere aus einem bestimmten Ereignis ernsthaft Schadenersatz;[4076] ein solcher Wille setzt – nicht zuletzt auch wegen der möglicherweise mit dem Begehren entstehenden Kosten – Geschäftsfähigkeit voraus.

3052 Im Zweifel sollte eine Abfindungserklärung vom Bevollmächtigten (Rechtsanwalt) mitunterzeichnet werden, da dessen Vollmacht zu einem anderem als dem Unterzeichnungszeitpunkt rechtlich wirksam zustande gekommen sein kann (z.B. aus dem Aspekt des lucidum intervallum).

4074 Siehe Rdn. 3256 f.
4075 Geigel-Bacher, Kap 40 Rn. 77.
4076 BGH v. 7.4.1987 – VI ZR 55/86 – MDR 1987, 925 = VersR 1987, 937, BGH v. 25.6.1985 – VI ZR 60/84 – VersR 1985, 1141, BGH v. 12.6.1979 – VI ZR 80/78 – NJW 1979, 2155= VersR 1979, 1104.

c) Vormundschaft, Pflegschaft, Betreuung
aa) Differenzierung

Das Vormundschaftsrecht umfasst verschieden ausgestaltete Bereiche. **3053**

		Mündel	Inhalt
Minderjährige	Vormundschaft (§§ 1773 – 1895 BGB)	Kinder und Jugendliche, die nicht unter elterlicher Sorge stehen	auf Dauer ausgerichtete erzieherische Personensorge und Vermögensfürsorge
	Ergänzungspflegschaft	Minderjährige und Nasciturus (§§ 1909, 1912 BGB)	Hilfe für Personen unter elterlicher Sorge oder Vormundschaft für Angelegenheiten, an deren Besorgung Eltern oder Vormund rechtlich oder tatsächlich, aber auch aufgrund von Interessenskonflikten verhindert sind
Erwachsene	Betreuung (§§ 1896 – 1908k BGB)	geistig oder körperlich behinderte Erwachsene	Tätigkeiten, die erforderlich sind, um die Angelegenheiten des Betreuten rechtlich zu besorgen
	Pflegschaft (§§ 1909 – 1921 BGB)	Erwachsene, für die ein Fürsorgebedürfnis durch gesetzliche Vertretung nicht allgemein, sondern nur für bestimmte personen- und sachbezogene Angelegenheiten besteht	Hilfe bei der Besorgung einzelner Angelegenheiten bzw. eines Kreises von Angelegenheiten
	Beistandsbestellung (§§ 1712 – 1717 BGB)		besonders ausgestaltete Art der Pflegschaft (bei Abwicklung von Schadenersatzansprüchen bedeutungslos)

Jahnke

bb) Erforderlichkeit der vormundschaftsgerichtlichen Genehmigung (Übersicht)

3054

	erforderliche Einschaltung des Vormundschaftsgerichts	keine Einschaltung des Vormundschaftsgerichts
Gegenstandswert		Gegenstandswert übersteigt nicht 3.000 €
Gerichtsverfahren		Vergleichsabschluss »auf Vorschlag des Gerichtes«
Anspruchsteller ist minderjährig	Der Gegenstandswert übersteigt 3.000 € und ...<hr>– Anspruchsteller steht unter **Vormundschaft** oder **Ergänzungspflegschaft**<hr>– Eltern (erziehungsberechtigte Person) sind am Haftpflichtgeschehen beteiligt<hr>Anm.: Wird ein Kind im **Verlaufe der Regulierung** volljährig, ist es aber nicht uneingeschränkt geschäftsfähig, muss u.U. eine Pflegschaft oder Betreuung angeordnet werden.	**Eltern** vertreten ihre Kinder vollumfänglich
Anspruchsteller ist Erwachsener	Der Gegenstandswert übersteigt 3.000 € und ...<hr>– Anspruchsteller steht unter **Pflegschaft**<hr>– Anspruchsteller steht unter **Betreuung**	Anspruchsteller ist geschäftsfähig

cc) Vergleich mit Personen unter Vormundschaft, Betreuung oder Pflegschaft[4077]

3055 Für **Minderjährige** kann – u.U. auch, wenn die Eltern noch leben (vgl. § 1630 II BGB) – ein Vormund oder Ergänzungspfleger eingeschaltet sein. Für Vergleiche gilt dann, dass bei einem **Wert von mehr als 3.000 €** (für die Wertberechnung gelten §§ 3 ff. ZPO)[4078] zwingend die vormundschaftsgerichtliche Genehmigung eingeholt werden muss, § 1822 Nr. 12 BGB.

4077 Zum Thema: Meiendresch/Heinke »Der Abfindungsvergleich mit einem Betreuten« r+s 1998, 485.
4078 Palandt-Diederichsen, § 1822 Rn. 25.

Jahnke

Bei **erwachsenen Personen** kann ein Betreuer oder Pfleger bestellt sein. **3056**
Dann gilt die Regelung des Vormundschaftsrechtes (Erfordernis der vormundschaftsgerichtlichen Genehmigung bei einem Wert von mehr als 3.000 €) in § 1822 Nr. 12 BGB entsprechend für Betreuer (§ 1908i I 1 BGB) und Pfleger (§ 1915 I BGB).

Der Vormund, Betreuer bzw. Pfleger hat sich bei seiner Entscheidung vom **3057**
wohlverstandenen Interesse seines Mündels leiten zu lassen, hat aber dessen Wünsche durchaus zu respektieren. Das Selbstbestimmungsrecht des Mündels endet nicht zwingend an dem Umstand, dass sein Wunsch seinen objektiven Interessen zuwiderläuft.[4079]

Wird unmittelbar nach dem Schadenereignis ein Pfleger/Vormund pp. be **3058**
stellt, wird manchmal vergessen, wenn im Verlaufe der Regulierung der Verletzte seine Geschäftsfähigkeit objektiv zurückerlangt, die Pflegschaft / Vormundschaft zu beenden. Es kommt für die Wirksamkeit von die Regulierung abschließenden Entscheidungen aber nicht auf die objektiv bestehende Geschäftsfähigkeit des Verletzten an, sondern nur auf den formalen Fortbestand der zuvor angeordneten und nicht beendeten Pflegschaft / Vormundschaft pp.. Das Erfordernis des Fortbestandes einer Pflegschaft pp. ist im Verlaufe der Regulierung regelmäßig zu überprüfen, jedenfalls ist aber der Umstand einer früheren Bestellung vor Abschluss oder Teilabschluss der Regulierung deutlich in den jeweiligen Regulierungsunterlagen zu vermerken und später zu bedenken.

dd) Außergerichtlicher Bereich

Ist ein Vormund oder Pfleger bestellt, ist für einen (nicht von einem Gericht **3059**
vorgeschlagenen) Vergleich **jenseits** von 3.000 € die vormundschaftsgerichtliche Genehmigung erforderlich (§§ 1915 I, 1630 II, 1822 Nr. 12 BGB). Gleiches gilt für den Betreuer (§§ 1902, 1908i I 1, 1822 Nr. 12 BGB).

Nicht selten kennen Anwälte und Gerichte die Beschränkungen und For **3060**
malien nicht. Für die **nachträgliche Genehmigung** eines Vergleiches – das ist in Praxis der Regelfall – durch das Vormundschaftsgericht ist der gesetzlich vorgeschriebene **Verfahrensgang** zu beachten (§§ 1828, 1829 BGB):

4079 BGH v. 22.7.2009 – XII ZR 77/06 – MDR 2009, 1226 = NJW 2009, 2814.

Jahnke

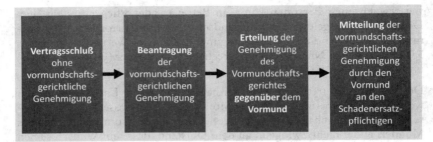

Schließt der Vormund (Gleiches gilt für Betreuer und Pfleger) einen Abfindungsvergleich oder einen die weitere Abwicklung regelnden Vertrag (z.B. Vereinbarung einer Haftungsquote, Rentenvergleich) ohne die erforderliche Genehmigung des Vormundschaftsgerichts, bedarf der Vertrag zu seiner Wirksamkeit der nachträglichen Genehmigung des Vormundschaftsgerichts (§ 1829 I 1 BGB). Seine Genehmigung kann das Vormundschaftsgericht ausschließlich dem Vormund gegenüber erklären (§ 1828 BGB). Der Vormund muss dem Schadenersatzschuldner (Haftpflichtversicherer) die ihm (dem Vormund) erteilte Genehmigung des Vormundschaftsgerichtes sodann (formlos) mitteilen (§ 1829 I 2 BGB) und dadurch verdeutlichen, dass er die Entscheidung des Vormundschaftsgerichtes als endgültig erachtet; diese Mitteilung nach § 1829 BGB ist unverzichtbar und Wirksamkeitsbestandteil.[4080] Die ursprüngliche, mangels gerichtlicher Genehmigung aber unwirksame Erklärung wird mit der Zustimmung des Vormundschaftsgerichtes nicht nachträglich wirksam, sondern bleibt ungültig; der Vormund muss daher erneut nach Zustimmung des Vormundschaftsgerichtes verdeutlichen, dass auch er dem Vergleich zustimmt.

3061 Die **Volljährigkeit des Mündels** (auch im Verlaufe eines Rechtsstreites) macht die Genehmigung überflüssig, § 1829 III BGB. Allerdings setzt dies Geschäftsfähigkeit des Mündels voraus.

3062 Weiterer Beendigungsgrund für die Vormundschaft ist der **Tod des Mündels**. Endet die Vormundschaft durch den Eintritt des Todes, geht das Recht zur Genehmigung (oder der Verweigerung der Genehmigung) entsprechend § 1829 III BGB auf die Erben über.[4081] § 1829 III BGB findet aber nur dann Anwendung, wenn die Genehmigung vor dem Tod des Betroffenen noch nicht erteilt oder zumindest noch nicht wirksam gewor-

4080 Zu Einzelheiten ist auf die Kommentierung bei Palandt-Diederichsen, § 1829, insbesondere Rn. 4 zu verweisen.
4081 BayObLG v. 27.10.1964 – BReg 1a Z 110/64 – FamRZ 1965, 101 = NJW 1965, 397, KG v. 5.4.1902 OLGE 4, 416, OLG Schleswig v. 25.4.2001 – 2 W 12/01 – NJWE-FER 2001, 258 = OLGR 2001, 409 = RPfleger 2001, 416. Palandt-Diederichsen, § 1829 Rn. 7.

den ist.[4082] Bis zur Kenntnis des Vormunds vom Todeseintritt kommt eine Fortführung der Vormundschaft nach §§ 1893 I, 1698a I BGB in Betracht.

ee) Gerichtlicher Bereich

Die vormundschaftsgerichtliche Genehmigung ist nicht erforderlich, wenn der Vergleich einem schriftlichen oder protokollierten **gerichtlichen Vergleichsvorschlag** entspricht, § 1822 Nr. 12, 2. Alt. BGB. Das Genehmigungserfordernis entfällt auch in denjenigen Fällen, in denen grundsätzlich das Vormundschaftsgericht einzuschalten wäre. Der Vorschlag des Vorsitzenden oder Beisitzers reicht aus.[4083] **3063**

! Das Vergleichsprotokoll sollte stets mit der klarstellenden Formulierung »*auf Vorschlag des Gerichtes schlossen die Parteien folgenden Vergleich: …*« eingeleitet sein. **3064**

Ein **ohne richterliche Einflussnahme** zustande gekommener Vergleich bleibt auch dann genehmigungspflichtig, wenn er vor Gericht protokolliert wird.[4084] **3065**

ff) Befreite Vormundschaft / Pflegschaft

Zu unterscheiden von der Genehmigung des Vergleiches (geregelt in § 1822 Nr. 12 BGB) ist die Befreiung des Vormunds (§§ 1852 – 1857a BGB) oder Pflegers (§ 1915 II BGB) von einer Genehmigung hinsichtlich der Annahme und Verwendung des dann ausgezahlten Vergleichsbetrages. Die »befreite Vormundschaft« ist nicht relevant für den Abschluss des Vergleiches, wohl aber für die **Verwaltung** des gezahlten **Abfindungsbetrages**. Dieser Unterschied wird in der Praxis nicht immer gesehen; die in diesem Zusammenhang geforderte saubere Differenzierung ist gerade bei der Korrespondenz mit dem Vormundschaftsgericht zu beachten. **3066**

gg) Kosten

Rechtsverfolgungskosten können ersatzfähig sein, wenn sie adäquat kausal auf dem Schadenereignis beruhen und die Inanspruchnahme anwaltlicher Hilfe unter den Umständen des Falles erforderlich war.[4085] Die Kosten für die Einholung der **vormundschaftsgerichtlichen Genehmigung** sind als Schadenersatzposition im Rahmen der Haftung zu erstatten.[4086] **3067**

4082 OLG Schleswig v. 25.4.2001 – 2 W 12/01 – NJWE-FER 2001, 258 = OLGR 2001, 409 = RPfleger 2001, 416.
4083 Palandt-Diederichsen, § 1822 Rn. 25.
4084 Siehe auch Rdn. 3312 ff.
4085 BGH v. 10.1.2006 – VI ZR 43/05 – NJW 2006, 1065 = VersR 2006, 1065, BGH v. 18.1.2005 – VI ZR 73/04 – NJW 2005, 1112 = VersR 2005, 558.
4086 LG Hanau v. 11.7.2003 – 2 S 50/2003 – zfs 2004, 35 (Anm. Madert) (Prozess gegen Rechtschutzversicherung) (Vorinstanz AG Hanau v. 30.1.2003 – 36 C 1960/02-16 – zfs 2003, 309 [Anm. Madert]).

Jahnke

3068 Die **Kosten des Pflegers** sind regelmäßig als Schadenposition mit zu übernehmen.[4087]

d) Drittleistungsträger

3069 Drittleistungsträger können die auf sie übergegangenen Ansprüche durch Abfindungsvergleiche ebenso regeln wie der unmittelbar Verletzte selbst. Dieses gilt auch für den Regress nach § 119 SGB X (§ 119 IV SGB X).[4088]

3070 Drittleistungsträger (insbesondere Sozialversicherungsträger) führen die Regulierung selbständig mit dem Ersatzpflichtigen und sind an Vereinbarungen und Feststellungen im Verhältnis zum unmittelbar Verletzten oder einem anderen Drittleistungsträger nicht gebunden (zu Einzelheiten und Ausnahmen siehe Rdn. 3247 ff.).

e) Rechtsanwalt

aa) Erteilung der Vollmacht

3071 Das Mandatsverhältnis ist – jedenfalls bei der Abwicklung von Schadenersatzansprüchen aus Haftpflichtereignissen – ein **Geschäftsbesorgungsvertrag** (§ 675 BGB).[4089]

3072 Eine **Vollmachtsurkunde** ist zwar nicht vorgeschrieben, jedoch sinnvoller Nachweis für den Umstand der Beauftragung. Dies gilt vor allem für die Inkassoberechtigung. Anwaltliche Versicherung einer Bevollmächtigung ersetzt nicht deren Nachweis.

3073 Erfolgt eine **Bevollmächtigung durch Dritte,** sind nahe Verwandte im Rahmen einer berechtigten Geschäftsführung ohne Auftrag (GoA) zur Mandatierung befugt. Der Verletzte kann die Mandatierung ex nunc oder ex tunc später anfechten, kündigen oder widerrufen.

3074 Bei **Minderjährigen** erstreckt sich die Vermögenssorge (§§ 1626 I, 1629 BGB) der Eltern (für nicht miteinander verheiratete Eltern ist § 1626a BGB zu bedenken) auch auf die Erteilung von Vollmachten für die gerichtliche und außergerichtliche Schadensregulierung. Mandant ist das Kind (und

---

4087 OLG Frankfurt v. 13.10.2003 – 20 W 300/03 – (Überlässt eine zur Berufsbetreuerin bestellte Anwältin ihrem mit ihr in Kanzleigemeinschaft tätigen Ehemann alle nach außen gerichteten Tätigkeiten durch die eigenverantwortliche Unterzeichnung sämtlicher Schriftsätze und die Wahrnehmung aller Besprechungstermine, handelt es sich um eine mit dem Grundsatz der persönlichen Betreuung nicht vereinbare Delegation der Betreuungsaufgaben. Der im Rahmen dieser unzulässigen Arbeitsteilung entfaltete Arbeitsaufwand ist nicht vergütungsfähig.) Zu Einzelheiten siehe Jahnke, Abfindung von Personenschadenansprüchen, § 2 Rn. 142 f.

4088 LSG NRW v. 17.06.2005 – L 13 RA 44/04 – Breith 2005, 939, LSG BW v. 20.03.2007 – L 9 R 917/05 –.

4089 Palandt-Weidenkaff, Einf v § 611 Rn. 20, Palandt-Sprau, § 675 Rn. 23 »Rechtsanwalt«.

nicht dessen Erziehungsberechtigter).

Bei **Pflegschaft** pp. sind die Beschränkungen u.a. aus § 1822 Nr. 12 BGB zu beachten. **3075**

bb) Erlöschen der Vollmacht

Die dem Anwalt erteilte Vollmacht erlischt mit der **Beendigung** des Mandates. **3076**

Verstirbt der Mandant (Vollmachtgeber), führt sein **Tod** nicht zwingend zum Erlöschen der Vollmacht (§§ 672, 675, 1922 BGB).[4090] Nach dem Tode vertritt der Anwalt dann die Erben, beschränkt auf den Nachlass.[4091] Jeder Erbe kann die Vollmacht für sich widerrufen.[4092] **3077**

Die von einem gesetzlichen Vertreter erteilte Vollmacht endet nicht automatisch mit der Beendigung der gesetzlichen Vertretung (§§ 672, 675 BGB).[4093] Dies gilt für juristische Personen (z.B. bei Wechsel in der Person des Geschäftsführers), aber auch für Kinder, die bis zu ihrer **Volljährigkeit** von ihren Eltern vertreten werden (zur Haftung aus den eingegangenen Verbindlichkeiten – z.B. Gebührenforderung – siehe § 1629a BGB). **3078**

Bei über die Volljährigkeit hinaus andauernder **Geschäftsunfähigkeit** erlischt im Zweifel die vorherige Beauftragung nicht, § 672 S. 1 2. Alt. BGB. **3079**

cc) Gebühren

Dem Anwalt schuldet sein Mandant aus dem Mandatsvertrag die gesetzlichen oder wirksam vereinbarten Gebühren. **3080**

Der Rechtsanwalt kann in eigenem Namen aus eigenem Recht die Gebühren zwar gegenüber seinem Mandanten verfolgen, nicht aber beim Schadenersatzverpflichteten einklagen. Soweit die **Klage in eigenem Namen** auf eine in einer Prozessvollmacht formularmäßig enthaltene Abtretung etwaiger Kostenerstattungsansprüche gestützt wird, bestehen berechtigte Bedenken hinsichtlich der Wirksamkeit dieser Abtretung unter dem Gesichtspunkt von § 305c I BGB.[4094] **3081**

Wird die **Freistellung** des Mandanten von der Gebührenforderung verlangt, setzt der Freistellungsanspruch u.a. die Fälligkeit der Schuld, von der **3082**

4090   OLG Zweibrücken v. 1.3.1982 – 3 W 12/82 – RPfleger 1982, 216. Palandt-Edenhofer, § 1922 Rn. 34.
4091   BGH v. 23.2.1983 – IVa ZR 186/81 – MDR 1983, 472 = NJW 1983, 1487.
4092   BGH v. 30.10.1974 – IV ZR 172/73 – MDR 1975, 301 = NJW 1975, 382.
4093   BayObLG v. 28.8.1959 – BReg 2 Z 114/59, BReg 2 Z 115/59 – MDR 1960, 59 = NJW 1959, 2119. Palandt-Heinrichs, § 168 Rn. 4, Palandt-Sprau, § 672 Rn. 3.
4094   Nach OVG Münster v. 23.2.1987 – 11 B 43/87 – NJW 1987, 3029 ist die in einer Prozessvollmacht formularmäßig enthaltene Vorausabtretung unwirksam.

Jahnke

Befreiung verlangt wird, voraus;[4095] dabei gilt, dass solange eine anwaltliche Honorarnote nicht erstellt ist, sie auch nicht fällig ist (§ 10 I RVG).[4096]

dd) Vertragsschluss

3083   Ein Rechtsanwalt darf einen (im Außenverhältnis) **bindenden Abfindungs-vergleich** mit nicht unerheblicher Tragweite regelmäßig nur dann abschlie-ßen, wenn sein Mandant (im Innenverhältnis) hierüber belehrt ist und zu-gestimmt hat.[4097] Das Einverständnis des Mandanten zu einem Vergleich hat der Anwalt und nicht der Mandant zu beweisen.[4098] Besteht die Möglichkeit, dass der Mandant sich nicht im Klaren darüber ist, seine Äußerungen könn-ten als bindendes Vergleichsangebot verstanden werden, hat der Anwalt ihn auch darüber zu belehren.[4099] Wie sich der Mandant nach vollständiger Be-lehrung über die Folgen seiner Entscheidung verhalten hätte, hat ein Ge-richt nach § 287 ZPO zu beurteilen; dazu sind die Handlungsalternativen aufzuzeigen.[4100]

3084   Den beim Vergleichsabschluss mitwirkenden Anwalt trifft eine **Beratungs-pflicht,**[4101] die ihm auch vom Gericht nicht abgenommen wird.[4102] Der An-walt muss einerseits seinem Mandanten von einem schlechten Vergleich

---

4095   BGH v. 7.11. 1985 – III ZR 142/84 – NJW 1986, 978 = VersR 1986, 170; LG Berlin v. 17.4.2000 – 58 S 428/99 – VersR 2002, 333.

4096   LG Aachen v. 13.11.2009 – 6 S 122/09 – SP 2010, 113, LG Bonn v. 21.3.2005 – 1 O 484/04 – NJW 2005, 1873. Siehe auch BGH v. 25.1.2006 – IV ZR 207/04 – NJW 2006, 1281 = VersR 2006, 404.

4097   BGH v. 15.1.2009 – IX ZR 166/07 – NJW 2009, 1589 = VersR 2009, 1499, BGH v. 21.4.1994 – IX ZR 123/93 – NJW 1994, 2085 = VersR 1994, 1298, BGH v. 14.1.1993 – IX ZR 76/92 – NJW 1993, 1325 = VersR 1993, 1109; OLG Saarbrü-cken v. 18.7.2001 – 1 U 795/00-175 – VersR 2002, 1378.

4098   Siehe auch OLG Oldenburg v. 23.1.1998 – 6 U 236/97 – VersR 1999, 622 (Aus-nahme, wenn der Vergleich die einzige ersichtliche Möglichkeit ist, Vermö-gensschaden vom Mandanten abzuwenden).

4099   BGH v. 17.1.2002 – IX ZR 182/00 – NJW 2002, 1048 (Anm. Zugehör NJW 2003, 3225) = VersR 2002, 887 (BVerfG v. 12.8.2002 – 1 BvR 399/02 – MDR 2002, 1339 = NJW 2002, 2937 hat Verfassungsbeschwerde nicht angenommen), BGH v. 13.4.2000 – IX ZR 372/98 – VersR 2001, 641.

4100   BGH v. 21.7.2005 – IX ZR 49/02 – MDR 2006, 177 = NJW 2005, 3275, .

4101   BGH v. 8.11.2001 – IX ZR 64/01 – NJW 2002, 292, BGH v. 13.4.2000 – IX ZR 372/98 – VersR 2001, 641, BGH v. 16.11.1982 – VI ZR 58/82 – VersR 1983, 86 (Vorinstanz: OLG Koblenz v. 29.1.1982 – 8 U 408/81 – VersR 1983, 450); OLG Nürnberg v. 1.7.1999 – 2 U 531/99 – VersR 2001, 982 (BGH hat Revision nicht angenommen, Beschl. v. 11.4.2000 – VI ZR 427/99 –).

4102   BGH v. 13.3.2003 – IX ZR 181/99 – MDR 2003, 742 (Betreibt ein Rechtsan-walt eine Ehescheidungsklage für einen Mandanten, obwohl dieser erkennbar keine wirksame Ehe geschlossen hatte, wird die Haftung des Anwalts für die Schäden, die dem Mandanten aus der Scheidung erwachsen, regelmäßig nicht allein dadurch ausgeschlossen, dass auch das Familiengericht das Vorliegen ei-ner Nichtehe hätte erkennen und deswegen die Scheidungsklage hätte abweisen müssen); OLG Düsseldorf v. 27.11.1991 – 15 U 191/90 – zfs 1992, 334, OLG

abraten, andererseits darf er ein vorteilhaftes Vergleichsangebot nicht ohne ausreichende Beratung seines Mandanten ablehnen.[4103]

Die Anforderungen an die Beratungspflicht dürfen nicht überspannt werden, **3085** da dieses praktisch das Ende der Vergleichspraxis bedeuten würde.[4104] Der Anwalt ist verpflichtet, über den Inhalt und die Tragweite des Abfindungsvergleiches aufzuklären und darüber zu belehren, dass Fehleinschätzungen über die künftige Entwicklung der Körperschäden zu den vom Mandanten zu übernehmenden Risiken gehören. Die Belehrungspflicht ist regelmäßig erfüllt, wenn der Mandant, der Art, Umfang und Zukunftsprognose hinsichtlich seiner Körperschäden kennt, sich darüber im Klaren ist, dass mit dem Vergleich alles abgegolten sein soll; denn dann ist ihm bekannt, dass die Ungewissheit hinsichtlich der künftigen Entwicklung seiner körperlichen Beeinträchtigungen zu den von ihm zu tragenden Risiken gehört.[4105]

Ist der Geschädigte anwaltlich vertreten, ist dieses letztlich zulasten des **3086** Geschädigten im Verhältnis zum Haftpflichtversicherer des Schädigers zu berücksichtigen:[4106] Ein den Schaden regulierender Haftpflichtversicherer ist – jedenfalls einem anwaltlich vertretenen – Verletzten gegenüber nicht zur Aufklärung und Beratung verpflichtet.[4107] **Anwaltliche Fehler** berechtigen weder zur Anfechtung noch zum Rücktritt vom Vergleichsver-

---

Frankfurt v. 12.1.1988 – 14 U 178/86 – NJW 1988, 3269, OLG Saarbrücken v. 18.7.2001 – 1 U 795/00-175 – VersR 2002, 1378.

4103 OLG Düsseldorf v. 22.5.2001 – 24 U 157/00 – VersR 2002, 1377 Diehl zfs 2005, 339.

4104 OLG Karlsruhe v. 9.6.2004 – 10 U 236/03 – VersR 2006, 251, OLG Saarbrücken v. 18.7.2001 – 1 U 795/00-175 – VersR 2002, 1378.

4105 OLG Karlsruhe v. 31.10.2000 – 7 U 269/96 – OLGR 2001, 445.

4106 OLG Nürnberg v. 1.7.1999 – 2 U 531/99 – VersR 2001, 982 (BGH hat Revision nicht angenommen, Beschl. v. 11.4.2000 – VI ZR 427/99 –), OLG Karlsruhe v. 9.6.2004 – 10 U 236/03 – VersR 2006, 251, OLG Thüringen v. 9.8.2006 – 7 U 289/06 – r+s 2006, 527 (BGH v. 12.6.2007 – VI ZR 196/06 – hat das OLG-Urteil aufgehoben und zurückverwiesen, da ehen nicht unstreitig sei, dass die Verletzungsfolgen objektiv vorhersehbar gewesen seien [Gehörsrüge]).

4107 OLG Hamm v. 23.10.1995 – 6 U 57/95 – r+s 1996, 58, OLG Karlsruhe v. 9.6.2004 – 10 U 236/03 – VersR 2006, 251, OLG Thüringen v. 24.11.2004 – 4 U 399/04 – SVR 2005, 383 (Anm. Nehls) (Die Qualität des damaligen anwaltlichen Vertreters des Klägers kann keine besondere Pflichtenlage beim beklagten Krafthaftpflichtversicherer schaffen. Im Übrigen hat der BGH v. 8.12.1998 [gemeint ist wohl – VI ZR 318/97 – VersR 1999, 382] sogar eine vollständig fehlende anwaltliche Vertretung für unbedenklich gehalten.) (Anm.: Die vom OLG Thüringen aufgehobene Entscheidung der ersten Instanz [LG Erfurt v. 13.4.2004 – 9 O 736/03 –] folgerte aus dem Umstand, dass »ein Verletzter von einem »jungen und unerfahrenen Rechtsanwalt vertreten« wurde, einen Verstoß gegen Treu und Glauben hinsichtlich der vom Haftpflichtversicherer erhobenen Verjährungseinrede). Siehe auch: OLG Düsseldorf v. 11.5.2000 – 8 U 105/99 – VersR 2002, 54 (BGH hat Revision nicht angenommen, Beschl. v. 13.2.2001 – VI ZR 236/00 –), OLG Saarbrücken v. 9.7.1998 – 3 U 854/97 – 63 – SP 1999, 49 (S. 51 a.E.), OLG

Jahnke

trag.[4108] Erteilt ein Rechtsanwalt im Rahmen seiner Beratungstätigkeit eine falsche Auskunft (z.B. zu Haftung oder Höhe der Ansprüche) und führt dieses zu Angstzuständen beim Mandanten, hat letzterer keinen Schmerzensgeldanspruch gegen seinen Berater.[4109]

ee) Parteiverrat

3087 Gerade bei Vertretung von Kindern, aber auch bei Insassen von Fahrzeugen (vor allem Verkehrsunfällen nach dem 31.7.2002), kann sich die Frage der Interessenkollision (siehe auch § 3 BORA[4110]) und der Strafbarkeit iSv § 356 StGB (Parteiverrat)[4111] stellen.

3088 Ein Anwalt dient dann pflichtwidrig, wenn er einer Partei Rat und Beistand leistet, nachdem er einer anderen Partei in der selben Sache bereits Rat und Beistand geleistet hat. »Rechtssache« kann jede rechtliche Angelegenheit sein, die zwischen mehreren Beteiligten mit jedenfalls möglicherweise entgegenstehenden Interessen nach Rechtsgrundsätzen behandelt und erledigt werden soll.[4112] Haften sowohl Eltern (z.B. bei elterlicher Verletzung der Aufsichtspflicht oder nach §§ 7, 18 StVG) zusammen mit dem Arzt dem Kind gegenüber gesamtschuldnerisch,[4113] kann eine Interessenkollision vorliegen.

3089 Auf Einhaltung des Verbotes, widerstreitende Interessen zu vertreten (§ 43a BRAO), kann ein Mandant grundsätzlich nicht verzichten.[4114] Der strafrechtliche Aspekt führt aber nicht stets zu einer Unwirksamkeit der erteilten zivilrechtlichen Vollmacht (§ 134 BGB iVm § 43a IV

Nürnberg v. 1.7.1999 – 2 U 531/99 – VersR 2001, 982 (BGH hat Revision nicht angenommen, Beschl. v. 11.4.2000 – VI ZR 427/99 –).

4108 Siehe Rdn. 3258.

4109 BGH v. 9.7.2009 – IX ZR 88/08 – NJW 2009, 30258 (Vorinstanz OLG Frankfurt v. 30.4.2008 – 4 U 176/07 – VersR 2008, 1396).

4110 Begründung abgedruckt BRAK-Mitt 2006, 213 ff.

4111 Zu den Anforderungen des § 356 StGB siehe BGH v. 25.6.2008 – 5 StR 109/07 – NStZ 2008, 627; BayObLG v. 29.9.1994 – 5 St RR 60/94 – NJW 1995, 606 = VersR 1995, 215, OLG Düsseldorf v. 5.11.2002 – 2a Ss 167/02 – 57/02 II – NZV 2003, 297; Höfle »Die Interessenkollision im Verkehrsrecht und Versicherungsrecht« zfs 2002, 413, Kääb NZV 2003, 121, Kilger »Freie Rechtsberatung in Verkehrssachen?« zfs 2005, 216, von Lewinski »Grundriss des anwaltlichen Berufsrechts« (2005), S. 48, Peitscher »Interessenkollision bei der Vertretung von Kfz-Insassen« ZAP 2004 Fach 23, 647, Wirsching »Vertretung von Fahrer und Beifahrer – ein Fall der Interessenkollision« DAR 2004, 173.

4112 BGH v. 25.6.2008 – 5 StR 109/07 – NStZ 2008, 627.

4113 Siehe Beispiel 1 (Rdn. 3104).

4114 BVerfG v. 3.7.2003 – 1 BvR 238/01 – MDR 2003, 1081 (Anm. Römermann) = NJW 2003, 2520 (Anm. Westerwelle NJW 2003, 2958; Anm. Hartung NJW 2006, 2721), BGH v. 8.11.2007 – IX ZR 5/06 – NJW 2008, 1307 (Anm. Henssler NJW 2008, 1275).

Jahnke

BRAO).[4115] Auch eine Prozessvollmacht ist unabhängig vom zugrunde liegenden Geschäftsbesorgungsvertrag zu sehen.[4116] Ein mit dem Mandanten geschlossener Abfindungsvergleich, an dessen Zustandekommen der Anwalt mitgewirkt hat, wird jedenfalls nicht dadurch unwirksam, dass die Bevollmächtigung des Rechtsvertreters unwirksam ist. Die Wirksamkeit von Rechtshandlungen eines Anwaltes wird nicht durch einen Verstoß gegen berufsrechtliches Tätigkeitsverbot berührt, nicht zuletzt zum Schutze der Beteiligten im Interesse der Rechtssicherheit.[4117]

f) Zurechnung

Grundsätzlich ist auf die **Erklärungen** und **Kenntnisse** des direkt und unmittelbar in seinen Rechten Betroffenen (d.h. des unmittelbar Verletzten bzw. Hinterbliebenen) abzustellen.   **3090**

Soweit dieser (Betroffene) einen **Vertreter** mit der Verfolgung seiner Rechte beauftragt hat (z.B. **Anwalt**, siehe auch §§ 85 II,[4118] 233 ZPO[4119]), kommt es im Verhältnis zum Schadenersatzpflichtigen (auch) auf dessen Erklärungen und Kenntnisse an[4120] (§ 164 BGB).   **3091**

Bei in der Geschäftsfähigkeit Beschränkten (insbesondere Minderjährigen) und Geschäftsunfähigen ist auf die Kenntnis des **gesetzlichen Vertreters** abzustellen.[4121]   **3092**

4115 BGH v. 14.5.2009 – IX ZR 60/69 – VersR 2010, 670, BGH v. 23.4.2009 – IX
      ZR 167/07 – NJW 2009, 3297 = VersR 2010, 667, BGH v. 23.10.2003 – IX ZR
      270/02 – VersR 2005, 651.
4116 BGH v. 14.5.2009 – IX ZR 60/08 – MDR 2009, 996 = VersR 2010, 670.
4117 BGH v. 14.5.2009 – IX ZR 60/08 – MDR 2009, 996 = VersR 2010, 670, BGH v.
      19.3.1993 – V ZR 36/92 – NJW 1993, 1926 = VersR 1993, 1170, .
4118 BGH v. 12.6.2001 – XI ZR 161/01 – VersR 2001, 1305 (Versäumnisse ihres Anwaltes müssen sich Mandanten sowohl im Prozesskostenhilfeverfahren wie auch
      im Verfahren über den Antrag auf Wiedereinsetzung in den vorherigen Stand
      zurechnen lassen. § 85 II ZPO ist mit einem umfassenden Geltungsanspruch versehen.); OLG Köln v. 4.6.2003 – 26 WF 121/03 – OLGR 2003, 315 (Mandant
      muss sich Fehler seines Anwaltes auch im PKH-Verfahren zurechnen lassen).
4119 BGH v. 8.6.1999 – VI ZB 14/99 – VersR 1999, 1228.
4120 BGH v. 31.10.1989 – VI ZR 84/89 – MDR 1990, 532 = VersR 1990, 167, BGH
      v. 19.3.1985 – VI ZR 190/83 – NJW 1985, 2583 = VersR 1985, 735, BGH
      v. 22.11.1983 – VI ZR 36/82 – MDR 1984, 479 = VersR 1984, 160, BGH v.
      29.1.1968 – III ZR 118/67 – NJW 1968, 988 = VersR 1968, 453; KG v. 5.10.2001
      – 6 U 7340/99 – NVersZ 2002, 457, OLG Hamm v. 4.12.1997 – 6 U 118/97 –
      r+s 1998, 107. Siehe auch OLG Hamm v. 12.5.1995 – 20 U 37/95 – VersR 1996,
      878 (Kenntniszurechnung im Rahmen von § 814 BGB: Entscheidend ist das
      Wissen des die Leistung bewirkenden Mitarbeiters der juristischen Person; die
      Kenntnis einer anderen [konkret: Vertrags-]Abteilung wird nicht zugerechnet),
      OLG Nürnberg v. 1.7.1999 – 2 U 531/99 – VersR 2001, 982 (BGH hat Revision
      nicht angenommen, Beschl. v. 11.4.2000 – VI ZR 427/99 –).
4121 BGH v. 20.1.1976 – VI ZR 15/74 – NJW 1976, 2344 = VersR 1976, 565, BGH
      v. 15.11.1973 – III ZR 42/72 – VersR 1974, 358, BGH v. 8.7.1969 – VI ZR

3. Drittbeteiligung

a) Einbindung Dritter

3093 Auf Seiten des Anspruchsberechtigten müssen u.U. Dritte mit einbezogen werden, insbesondere dann, wenn **eheliche Gütergemeinschaft** (manche Haftpflichtversicherer berücksichtigen dieses bereits in ihren Abfindungsformularen) besteht oder mögliche **Unterhaltsansprüche** in Betracht kommen. Es kann sich hier aus reiner Vorsorge empfehlen, auch den Ehegatten eine Abfindungserklärung mitunterzeichnen zu lassen.

3094 Weitere **Gesamtschuldner** sind regelmäßig nicht in die Vergleichsurkunde mit aufzunehmen. Eine Klarstellung kann sich aber im Einzelfall empfehlen.

b) Verkehrsunfall, anderweitiger Haftpflichtfall und Arztfehler

aa) Gesamtschuld

3095 Hat ein Versicherer federführend die Schadenabwicklung übernommen, sollte vor Vergleichsabschluss geklärt sein, wie sich der Vergleich auf die anderen involvierten Schadenersatzpflichtigen (Gesamtschuldner) auswirkt.[4122]

3096 Für den ausgleichsberechtigten Gesamtschuldner kommen folgende Anspruchsgrundlagen in Betracht:[4123]

3097 – Regressanspruch aus § 426 I 1 BGB, der gleichzeitig mit der Gesamtschuld entsteht,

3098 – zur Bestärkung des Regressrechts des Ausgleichsberechtigten kraft Gesetzes übergehender Anspruch des Gläubigers gegen die anderen Gesamtschuldner nach § 426 II BGB;

3099 – außerhalb der Gesamtschuld stehende vertragliche oder gesetzliche Ansprüche (z.B. aus GoA oder Bereicherung zwischen dem ausgleichsberechtigten und den anderen Gesamtschuldnern).

Diese außerhalb der Gesamtschuld stehenden Ansprüche können in Anspruchskonkurrenz zu § 426 I BGB und dem nach § 426 II BGB übergegangenen Anspruch eine dritte Anspruchsgrundlage bilden. Ihnen

---

260/67 – VersR 1969, 906 (Partielle Geschäftsfähigkeit des Berechtigten), BGH v. 23.10.1962 – VI ZR 245/61 – VersR 1963, 161; OLG Frankfurt v. 15.11.1990 – 1 U 294/88 – VersR 1992, 708 (nur Ls.), OLG München v. 30.9.1997 – 1 W 2044/97 – NJW-RR 1998, 462, OLG Nürnberg v. 28.2.1986 – 1 U 2681/85 – VersR 1987, 1149; LG Schwerin v. 28.8.2003 – 2 S 55/03 – DAR 2004, 98 (Rückabwicklung eines mit Minderjährigem abgeschlossenem Kaufvertrag mit Haftung auf Nutzungsausfall; verschärfte Haftung des Minderjährigen ab dem Zeitpunkt der Verweigerung der Genehmigung seitens der Eltern).

4122 Siehe OLG Hamm v. 13.6.1997 – 20 U 74/96 – VersR 1998,1440 (Schließt ein Anwalt für einen führenden Versicherer einen Vergleich und ist dem Anwalt dabei nicht bekannt, dass der Vergleich auch verbindliche Wirkungen für die anderen Versicherer hat, kann der Vergleich nicht wirksam angefochten werden, da nur ein Rechtsfolgenirrtum vorliegt).

4123 BGH v. 6.10.2009 –VI ZR 24/09 – MDR 2010, 41 = VersR 2009, 1688.

Jahnke

kommt vor allem die Wirkung zu, das Maß der offenen Regel des § 426 I 1 BGB abweichend von der kopfteiligen Haftung zu bestimmen.[4124]

Der gemäß § 426 II BGB übergegangene Anspruch und der selbständige Regressanspruch aus § 426 I BGB wie auch der unter Umständen hinzutretende dritte Anspruch aus eigenem Recht sind selbständige Ansprüche, die auf unterschiedlichen Rechtsgründen beruhen, verschiedene Voraussetzungen haben und in Anspruchskonkurrenz zueinander stehen. Unabhängig davon können sich die konkurrierenden Regressansprüche gegenseitig beeinflussen. So wird zwar in der Regel der Anspruch aus § 426 I BGB von den Einreden und Einwendungen gegen den übergegangenen Anspruch nicht berührt.[4125] Jedoch geht der Anspruch aus fremdem Recht nur insoweit über als der Ausgleichsberechtigte gemäß § 426 I 1 Regress verlangen kann, womit die Höhe der Ansprüche aneinander angepasst wird.

3100

bb) Abfindungswirkung für Dritte

In Abfindungserklärungen wird häufig klargestellt, dass Schadenersatzansprüche gegen Dritte mit der Abfindung insoweit ausgeschlossen sind, als die in Anspruch genommenen Dritten ihrerseits Ausgleichsansprüche gegen den Haftpflichtversicherer und die bei ihm versicherten Personen geltend machen können. Die Abfindungserklärung umfasst grundsätzlich auch einen Verzicht auf alle Ansprüche gegen jeden weiteren (gesamtschuldnerisch) haftenden **Dritten**, § 422 BGB.[4126] Dieser regelmäßig formularmäßige

3101

4124 BGH v. 15.1.1988 – V ZR 183/86 – MDR 1988, 569 = NJW 1988, 1375.
4125 BGH v. 9.7.2009 – VII ZR 109/08 – NJW 2010, 62 = VersR 2010, 396 (Der Ausgleichsanspruch des Gesamtschuldners, der den Anspruch des Gläubigers erfüllt hat, wird grundsätzlich nicht davon berührt, dass der Anspruch des Gläubigers gegen den anderen Gesamtschuldner verjährt ist).
4126 Siehe ergänzend: BGH v. 21.3.2000 – IX ZR 39/99 – MDR 2000, 943 = NJW 2000, 1942 (Wirkung einer vergleichsweisen Erledigungserklärung [Prozessvergleich] einer Forderung gegenüber einem Gesamtschuldner. Im Zweifel hat ein Erlass – § 423 BGB - nur Einzelwirkung), BGH v. 25.10.1984 – VII ZR 95/83 – NJW 1985, 970 = VersR 1985, 165, BGH v. 18.9.1957 – V ZR 209/55 – BB 1957, 1245 (Generalverzicht bedeutet keinen Erlassvertrag zugunsten Dritter. Aber durch Vertrag zwischen dem Gläubiger und einem anderen kann für den Schuldner als Dritten ein Anspruch gegen den Gläubiger begründet werden, dass dieser seine Forderung nicht geltend mache – pactum de non petendo – [vgl. RG v. 27.1.1930 – VI 267/29 – RGZ 127, 126]); OLG Celle v. 27.11.2001 – 11 U 101/01 – OLGR 2002, 84 (Nach § 423 BGB wirkt sich eine gegenüber einem Gesamtschuldner vorgenommene Erlasshandlung nur dann zugunsten der übrigen Gesamtschuldner aus, wenn das Rechtsgeschäft dahin auszulegen ist, dass das gesamte Schuldverhältnis aufgehoben werden soll), OLG Düsseldorf v. 11.5.2000 – 8 U 105/99 – VersR 2002, 54 (BGH hat Revision nicht angenommen, Beschl. v. 13.2.2001 – VI ZR 236/00 –) (Ein Abfindungsvergleich zwischen der Kfz-Haftpflichtversicherung eines Unfallschädigers und dem Unfallverletzten, in dem sich der Verletzte auch hinsichtlich seines Anspruchs gegenüber etwaigen weiteren Gesamtschuldnern umfassend

Jahnke

als abgefunden erklärt, umfasst auch Ersatzansprüche gegen den behandelnden Arzt, demgegenüber ein Arzthaftungsanspruch besteht [konkret: Arztfehler durch Zurücklassen einer Mullkompresse in einer Operationswunde]. Der Umstand, dass ein solcher Anspruch nicht Gegenstand der Vergleichsverhandlungen war und sich der Arzt bzw. die hinter ihm stehende Versicherung an solchen Verhandlungen auch nicht beteiligte, ist unerheblich.), OLG Frankfurt v. 29.4.2002 – 1 U 173/01 – VersR 2003, 204 (Gesamtschuld bei Verkehrssicherungspflichtverletzung sowohl eines privaten Grundstückeigentümer wie auch der Gemeinde), OLG Hamm v. 28.12.2001 – 6 W 59/01 – VersR 2003, 472 (Etwaigen Teilleistungen eines Gesamtschuldners auf den Schadenersatzbetrag kommt Gesamtwirkung zu, sofern sie auf die Gesamtschuld erbracht werden. Jedoch muss die Frage, ob ein Vergleich mit einem Gesamtschuldner unbeschränkte oder beschränkte Gesamtwirkung oder nur Einzelwirkung hat, durch Auslegung ermittelt werden. Im Zweifel entfaltet der Vergleich nur Einzelwirkung.), OLG Hamm v. 1.9.1994 – 6 U 71/94 – NJW 1996, 789 = VersR 1996, 585 (BGH hat Revision nicht angenommen, Beschl. v. 11.7.1995 – VI ZR 337/94 –) (Zum Gesamtschuldnerausgleich zwischen Unfallverursacher und den Verletzten falsch behandelndem Arzt), OLG Karlsruhe v. 6.10.2004 – 7 U 143/03 – VersR 2006, 130, OLG Köln v. 17.12.1993 – 19 U 135/93 – VersR 1994, 991 (Wirkung des Erlasses gegenüber einem Gesamtschuldner für die Mit-Gesamtschuldner), OLG München v. 19.12.2003 – 10 U 2660/03 – IVH 2004, 39 (Erleidet jemand in nahem zeitlichem Zusammenhang zwei verschiedene Unfälle mit unterschiedlichen Unfallverursachern, kann der Abschluss eines Vergleiches mit dem Haftpflichtversicherer eines der Unfallverursacher – konkret: Zweitschädiger – Erfüllungswirkung auch für die Unfallregulierung bezüglich des zweiten Unfallereignisses haben; dem steht nicht entgegen, dass der Vergleich nicht auch im Namen des weiteren Schädigers geschlossen wurde. Dies ist dann der Fall, wenn die Verletzungen sich nicht mehr einem bestimmten Unfallereignis zuordnen lassen und daher die jeweiligen Schädiger und deren Haftpflichtversicherer als Gesamtschuldner für die Schäden einzustehen haben.); LG Koblenz v. 3.3.1994 – 1 O 208/93 – VersR 1995, 577 (Bestimmt ein Abfindungsvergleich, mit dem Schadenersatzansprüche eines an der sogenannten Bluterkrankheit leidenden Geschädigten wegen seiner Aids-Infektion durch Verabreichung eines verseuchten Blutgerinnungspräparats abgegolten werden und der zwischen dem Geschädigten und der Haftpflichtversicherung des betreffenden Pharmaherstellers geschlossen worden ist, dass mit diesem Vergleich auch Ersatzansprüche gegen gesamtschuldnerisch haftende Dritte abgegolten sein sollen, erstreckt sich diese Verzichtserklärung auch auf Amtshaftungsansprüche des Geschädigten), LG Heidelberg v. 2.9.1994 – 2 O 168/94 – VersR 1995, 575, LG München I v. 14.6.1978 – 17 O 13387/77 – VersR 1983, 27; AG Aschaffenburg v. 9.5.1984 – C 158/84 – zfs 1984, 161. Siehe auch BGH v. 9.1.2003 – IX ZR 353/99 – MDR 2003, 455 = NJW 2003, 1036 (Hat ein Gläubiger mehrere Gesamtschuldner umfassend in Anspruch genommen und schließt er mit einem von ihnen – der seine Zahlungsverpflichtung insgesamt leugnet – zum Ausgleich aller gegenseitigen Forderungen einen Vergleich, in dem dieser Schuldner sich zur Zahlung eines Teiles des ursprünglich geforderten Betrages verpflichtet, ist ohne besondere Umstände nicht anzunehmen, dass der Gläubiger wegen weitergehender Ansprüche gegen andere Gesamtschuldner Vorrang im Verhältnis zu dem am Vergleich beteiligten Gesamtschuldner haben soll, nachdem dieser den vereinbarten voll bezahlt hat).

Jahnke

Verzicht verstößt dabei nicht gegen das AGBG bzw. die das AGBG ablösenden Vorschriften des BGB (§§ 305 ff. BGB).[4127] Zweck dieser Regelung ist es, auch formal zu verhindern, dass der Haftpflichtversicherer nach Zahlung der Abfindungssumme mit Ausgleichsansprüchen Dritter konfrontiert wird.[4128] Sollte – was zwar außergewöhnlich wäre, aber nicht zwingend auszuschließen ist[4129] – hiervon im Einzelfall **abgewichen** worden sein, ist dieses **zur Klarstellung schriftlich** festzuhalten.

Für den Fall, dass keine Erklärungen hinsichtlich weiterer Gesamtschuldner festgehalten sind, gilt nach § 422 BGB, dass die Erfüllung durch einen Gesamtschuldner auch die Schuld der anderen Gesamtschuldner tilgt.[4130] Die Tilgungswirkung erstreckt sich nur auf denjenigen Anteil der Schadenersatzforderung, für die eine Gesamtschuld und nicht nur eine Teilschuld besteht; hier sind entsprechende Feststellungen zu treffen. Soweit keine Gesamtschuld besteht, erfolgt auch keine Erledigung. Schwierig wird es bei einem Risikovergleich zum Grund und gleichzeitig zur Höhe des verfolgten Anspruches (wenn nicht eine Haftung fixiert wurde). **3102**

Beispiel 1:	**1. Unfall 1:** **3103**
	Auf einer Straßenkreuzung wird dem A von X die Vorfahrt genommen. Da A zu schnell fuhr, trifft ihn ein Mitverschulden in Höhe von 30% am Zustandekommen des Unfalles.
	X haftet ihm auf materiellen und immateriellen Schadenersatz nach einer Haftungsquote von 70%.
	2. Unfall 2:
	Auf dem Krankentransport kommt es zu einem weiteren Unfall zwischen dem Krankenwagenfahrer Y und dem Z. Die Verursachungsanteile liegen zu 1/3 bei Y und zu 2/3 bei Z.
	Y und Z haften gegenüber A gesamtschuldnerisch zu 100%, da A selbst nicht zu seinen weiteren, auf dem Transportweg erlittenen, Verletzungen beigetragen hatte.

4127 Rdn. 3118.
4128 Siehe ergänzend Geigel-Bacher, Kap 40 Rn. 23, 30.
4129 Z.B. bei ärztlichem Kunstfehler nach einem Verkehrsunfall, den ein PKW-Fahrer im Verhältnis zum Geschädigten nur teilweise mit zu verantworten hat.
4130 OLG Bamberg v. 6.10.2008 – 3 U 258/07 – (Vorinstanz LG Bamberg v. 21.9.2007 – 1 O 722/03 –).

	3. Unfall 3: Im Krankenhaus K kommt es zu einer Patientenverwechselung. A wird aufgrund dessen zum Pflegefall. Sowohl die Verletzungen aus dem Unfall 1 als auch diejenigen aus dem Unfall 2 hätten jeweils für sich allein die stationäre Versorgung (anlässlich derer es zur Verwechselung kam) bedingt.
Bemerkung	A wird durch jedes weitere Unfallgeschehen erneut verletzt. Praktische Probleme wirft die Abgrenzung der jeweiligen Verletzungsfolgen auf. Für die Regulierung ist die Unterscheidung wichtig, ob die Kausalkette vom ersten bis zum dritten Unfall nicht unterbrochen wird und inwieweit die Verursacher gesamtschuldnerisch haften. Je früher ein Gesamtschuldner in die Verantwortlichkeit einsteigt, desto geringer ist die Schwierigkeit für A, Unfallfolgen rechtlich und tatsächlich einem bestimmten Geschehen (Unfall 1, Unfall 2 oder Unfall 3) zuzuordnen. Andererseits ist auch die Reichweite etwaiger Abfindungen seitens eines Beteiligten zu bedenken, da hieraus Befreiungswirkungen für andere Gesamtschuldner folgen können.
Ergebnis	**1. X** (Vorfahrtsverletzung) X haftet für alle Komplikationen, die aus der von ihm gesetzten Ursache (Unfall 1) resultieren, aber nur mit einer Quote von 70%. Für Folgen, die ausschließlich aus dem Unfall 2 resultieren (dazu gehört auch die Fehlleistung des Krankenhauses [Unfall 3]) haften mit ihm Y und Z (nicht aber, da erst später hinzutretend, mit K) gesamtschuldnerisch. Die Gesamtschuld ist beschränkt – entsprechend der Haftung dem Grunde nach – auf 70% der Forderungen. Für Folgen, die nur aus dem Unfall 3 resultieren, haften Y, Z und K gesamtschuldnerisch mit X, aber nur in Höhe von 70%. **2. Y und Z** (Krankentransport) Die Beteiligten des 2. Unfalles (Y, Z) haften dem A gesamtschuldnerisch auf vollen Ersatz (100%) der aus dem Unfall 2 und Unfall 3 resultierenden Folgen und zusammen mit K gesamtschuldnerisch auf vollen Ersatz (100%) der aus dem Unfall 3 resultierenden Folgen.

Jahnke

Mit X besteht gesamtschuldnerische Haftung in Höhe von 70% der aus dem Unfall 2 und Unfall 3 resultierenden Folgen.

3. **K** (Behandlungsfehler)

K haftet für die Fehler im Krankenhaus (Unfall 3) gesamtschuldnerisch mit Y und Z zu 100%, mit X nur zu 70%.

Abfindungswirkung (Konsequenzen je nachdem, wer als Erster die Ansprüche des A ohne ausdrückliche Regelung hinsichtlich der gesamtschuldnerischen Haftung reguliert)

3104

Regulierung erfolgt durch	erledigte Ansprüche	Nach Abfindung **noch offene** – von A weiterhin einforderbare – materielle und immaterielle **Ansprüche** gegen X, Y, Z und K aus den Schadenursachen (Unfällen) 1, 2 und 3			
		gegen X	**gegen Y**	**gegen Z**	**gegen K**
X	70% aller materiellen und immateriellen Ansprüche gegen X, Y, Z und K aus den Unfällen 1, 2 und 3.	—	Weitere 30% aller materiellen und immateriellen Ansprüche aus den **Unfällen 2 und 3**. Kein Anspruch hinsichtlich der ersten 70%, da A zu 70% für sämtliche Folgen **Unfällen 1, 2 und 3** als Gesamtschuldner einzutreten hatte und diese Ersatzansprüche durch seine Leistung mit Tilgungswirkung für die anderen Gesamtschuldner erfüllte.		Weitere 30% aller materiellen und immateriellen Ansprüche aus dem **Unfall 3**.
Y Z	100% aller materiellen und immateriellen Ansprüche gegen Y, Z und K aus den Unfällen 2 und 3.	70% aller ausschließlich aus dem **Unfall 1** resultierenden materiellen und immateriellen Ansprüche. Kein weiterer Anspruch für Folgen aus den **Unfällen 2 und 3**, da Y und Z hierfür zu mehr als 70% die gesamtschuldnerische Regulierung übernahmen.	— Kein weiterer Anspruch, da Z zu 100 % für sämtliche Folgen aus den **Unfällen 2 und 3** als Gesamtschuldner einzutreten hatte und diese Forderung durch seine Leistung vollständig ausglich.	Kein weiterer Anspruch, da Y zu 100% für sämtliche Folgen aus den **Unfällen 2 und 3** als Gesamtschuldner einzutreten hatte und diese Forderung durch seine Leistung vollständig ausglich. — Kein weiterer Anspruch, da Z zu 100 % für sämtliche Folgen aus den **Unfällen 2 und 3** als Gesamtschuldner eingetreten ist.	
K	100% aller materiellen und immateriellen Ansprüche gegen K aus der Unfall 3.	70% aller ausschließlich aus den **Unfällen 1 und 2** resultierenden materiellen und immateriellen Ansprüche. Kein weitergehender Anspruch für Folgen aus dem **Unfall 3**, da K hierfür zu 100% (also mit mehr als 70%) bereits gesamtschuldnerisch eingetreten ist.	100% aller ausschließlich aus dem **Unfall 2** resultierenden materiellen und immateriellen Ansprüche. Kein weiterer Anspruch für Folgen aus dem **Unfall 3**, da K hierfür zu 100% als Gesamtschuldner eingetreten ist.	—	

Der selbständige Ausgleichsanspruch nach § 426 I 1 BGB entsteht nicht erst mit der Befriedung des Gläubigers, sondern (als Befreiungsanspruch) schon

3105

Jahnke

mit der Entstehung des Gesamtschuldverhältnisses.[4131] Ist die Schuld fällig, kann der mithaftende Gesamtschuldner bereits vor Erbringung seiner eigenen Leistung von seinen Mitschuldnern verlangen, dass diese entsprechend ihren Anteilen an der Befriedigung des Gläubigers mitzuwirken und ihn von einer Inanspruchnahme durch den Gläubiger freizustellen.[4132]

3106 Kompliziert wird der Gesamtschuldnerinnenausgleich, wenn einer der Schuldner wegen finanziell unzureichender Mittel ganz oder teilweise ausfällt.[4133] Das Ausfallrisiko trifft den Geschädigten A aber solange nicht, wie ihm ein solventer Gesamtschuldner noch zur Verfügung steht; allerdings muss man manchmal schon genauer hinsehen, wieweit überhaupt die Gesamtschuld reicht (würden im Beispiel 1 Ansprüche gegen Y, Z und K nicht durchsetzbar sein, erhielte A trotz deren grundsätzlicher Gesamtschuldnereigenschaft nur 70% seiner Schäden ersetzt, da die gesamtschuldnerische Haftung des A eben nur in Höhe von 70% besteht; über diese 70% hinaus bestehen Einzelschulden bzw. anderweitige Gesamtschulden ohne Mitgliedschaft des A).

cc) Verweisungsprivileg

3107 Bei fehlendem Versicherungsschutz kann der Pflichtversicherer andere Gesamtschuldner verweisen (§ 117 III VVG),[4134] soweit diese eintrittspflichtig sind.

4. Abfindungsvergleich

a) Abfindung

aa) Erfüllung

3108 Bei der Erfüllung der Abfindungsforderung ist vom Ersatzpflichtigen zu beachten, dass er die richtige Leistung erbringt.

3109 Die dem Haftpflichtversicherer gemäß § 366 I BGB zustehende Tilgungsbestimmung kann konkludent ausgeübt werden.[4135]

4131 BGH v. 15.10.2007 – II ZR 136/06 – MDR 2008, 92, BGH v. 20.7.2006 – IX ZR 44/05 – MDR 2007, 300 (nur Ls.), BGH v. 21.3.1991 – IX ZR 286/90 – MDR 1991, 963 = NJW 1991, 1733, BGH v. 7.11.1985 – III ZR 142/84 – NJW 1986, 978 = VersR 1986, 170.

4132 BGH v. 15.10.2007 – II ZR 136/06 – MDR 2008, 92, BGH v. 5.3.1981 – III ZR 115/80 – MDR 1981, 913 = NJW 1981, 1666.

4133 Siehe Stiefel/Maier, § 115 VVG Rn. 229 ff.

4134 Siehe ergänzend Stiefel/Maier, § 117 VVG Rn. 97 ff.

4135 OLG Düsseldorf v. 23.2.2001 – 22 U 114/00 – VersR 2001, 619 (Zahlung des genauen Betrages einer Schadenposition).

Jahnke

(1) Abfindungsbetrag

Manchmal enthält das Anschreiben der vom Verletzten beauftragten An- **3110**
wälte den Zusatz, dass der Abfindungsbetrag vom Mandanten (= Verletzten) »*nur dann akzeptiert werde, wenn die beigefügte* **Anwaltskostennote**
zusätzlich übernommen« werde. Unproblematisch ist dieses solange, wie
diese Kosten dem rechtlich geschuldeten Maß entsprechen. Ist die Gebüh-
renrechnung überhöht und zahlt der Ersatzpflichtige nur den nach seiner
Ansicht geschuldeten Betrag, ist der Vergleich nicht erfüllt: Aufgrund der
Verknüpfung von Abfindungsbetrag und Kostennote hätte der Ersatzpflichtige die Kostennote ungekürzt neben dem Abfindungsbetrag auszu-
kehren gehabt, um seine vertragliche Gegenleistung zu erbringen.

(2) Scheckzahlung

Die Scheckzahlung erfolgt **erfüllungshalber**; Erfüllung tritt mit Einlösung **3111**
ein (vgl. § 364 II BGB). Erfüllt der Schuldner eine Zahlungsverpflichtung
mittels Scheck, ist für die Frage der Rechtzeitigkeit der Leistung nicht auf
den Zeitpunkt des Leistungserfolges, sondern auf den der Leistungshandlung abzustellen.[4136]

Leistungsort bleibt der Wohnsitz des Schuldners (§§ 270 IV, 269 I BGB). **3112**
Die ihm obliegende Leistungshandlung erbringt der Schuldner mit dem
Einwurf des Schecks in den Briefkasten des Gläubigers; auf den Zeitpunkt
der Gutschrift auf dem Gläubigerkonto kommt es nicht mehr an.[4137]

(3) Zahlungsweg

Problematisch kann die Erfüllung sein, wenn der vom Anspruchsberechtig- **3113**
ten vorgegebene Zahlungsweg nicht eingehalten wird, obwohl hierauf **erkennbar** Wert gelegt wurde.[4138]

4136 BGH v. 7.3.2002 – IX ZR 293/00 – NJW 2002, 1788.
4137 BGH v. 7.3.2002 – IX ZR 293/00 – NJW 2002, 1788.
4138 OLG Frankfurt v. 10.12.2003 – 7 U 44/03 – VersR 2005, 673 (Überweisung – an-
      stelle Scheckzahlung – einer Lebensversicherungsleistung entgegen der Weisung
      des Versicherungsnehmers auf ein im Debet befindliches Konto. Versicherer
      kann aber im Wege der Widerklage Bereicherungsansprüche gegen den Versi-
      cherungsnehmer verfolgen.), OLG Karlsruhe v. 19.12.1996 – 9 U 140/96 – NJW
      1997, 1587 = VersR 1997, 301 (Überweisung einer Schadenersatzforderung auf
      Konto eines inkassobevollmächtigten – im späteren Verlauf dann allerdings zah-
      lungsunfähigen – Anwaltes, obwohl dieser ausdrücklich den Versicherer ange-
      wiesen hatte, den geschuldeten Betrag unmittelbar auf ein benanntes Konto des
      Geschädigten zu überweisen), OLG Köln v. 5.4.1990 – 6 U 205/89 – NJW-RR
      1991, 50 (Keine Erfüllung bei eigenmächtiger Zahlung der Geldschuld auf ein
      nicht benanntes Konto des Gläubigers); LG Wuppertal v. 30.6.1994 – 17 O 57/94
      – NJW-RR 1995, 178 (Hatten die Parteien eines Kaufvertrages ausdrücklich ver-
      einbart, dass der Restkaufpreis per Scheck zu zahlen sei, erlischt die Kaufpreis-
      forderung nicht dadurch, dass der Käufer den entsprechenden Geldbetrag auf
      ein – dem Verkäufer nicht genehmes – Girokonto überweist).

Jahnke

3114   Überweisungen sind Leistungen **an Erfüllung statt** und bedürfen von daher der Annahme des Gläubigers oder ansonsten Verfügungsberechtigten.[4139] Das Einverständnis gilt, solange es nicht dem anderen gegenüber wirksam widerrufen wird.[4140] Die Annahme wird durch Angabe einer Kontoverbindung im Voraus erklärt.[4141]

3115   Legt ein Anwalt eine **Formularvollmacht** vor, enthält diese regelmäßig auch eine Geldempfangsbevollmächtigung. Bei Zahlung unmittelbar an den Mandanten sollte der Anwalt jedenfalls hierüber unterrichtet sein. Zur Empfangnahme von Leistungen berechtigt eine Prozessvollmacht (§ 81 ZPO) nur, wenn sich die Vollmacht hierauf ausdrücklich erstreckt.[4142] Der Haftpflichtversicherer gerät bei fehlender Inkassoermächtigung des Geschädigtenanwaltes solange nicht in Verzug, wie die Geldempfangsvollmacht nicht vorlegt wird oder ein anderer Zahlungsweg (z.B. Kontoverbindung des Mandanten) gestattet ist.[4143]

3116   Nach Nr. 1009 RVG-VV erhält der Anwalt eine **Hebegebühr**, wenn er für seinen Mandanten Zahlungen vereinnahmt und diese dann an ihn oder Zessionare weiterleitet. Nimmt ein Anwalt einen größeren Geldbetrag auf ein Anderkonto, um diesen später entsprechend der Weisung seines Mandanten zu verwenden, fällt keine Hebegebühr an.[4144] Gibt ein Anwalt auf seinem Briefkopf Bankkonten an und unterlässt er gegenüber dem Ersatzleistenden den Hinweis, dass bei Zahlung an ihn die Hebegebühr anfällt, ist die Gebühr nicht zu erstatten.[4145] Zahlt der Schadenersatzpflichtige allerdings weisungswidrig an den Anwalt, ist, sofern im Mandatsverhältnis deswegen überhaupt eine Hebegebühr anfällt, dieser als adäquater Folgeschaden zu ersetzen.[4146]

3117   Heißt es in einem gerichtlichen Vergleich, eine Zahlung sei bis zu einem bestimmten Tage »an den Kläger« zu leisten, erfüllt der Schuldner seine Verpflichtung, wenn der Betrag rechtzeitig auf dem **Konto des Prozessbevollmächtigten** der Klägerin eingeht.[4147]

4139 OLG Hamm v. 5.7.2006 – 20 U 17/06 – VersR 2007, 485. Rixecker zfs 2006, 574 unter Hinweis auf BGH NJW 1953, 897 und BGH NJW 1999, 210).

4140 OLG Hamm v. 5.7.2006 – 20 U 17/06 – VersR 2007, 485.

4141 Zu den Problemstellungen siehe ergänzend Rixecker zfs 2006, 574.

4142 AG Brake v. 14.1.1994 – 6 M 3626/93 – DGVZ 1994, 77 (Erteilte Geldempfangsbefugnis erstreckt sich auch auf das Zwangsvollstreckungsverfahren).

4143 OLG Bremen v. 22.3.2007 – 3 W 35/06 – SP 2007, 444.

4144 OLG Frankfurt v. 16.1.2002 – 7 U 97/2001 – zfs 2002, 247 (Verlangt werden kann die für die Aufbewahrung und Weiterleitung des Geldbetrags »übliche« Vergütung iSv § 632 II BGB).

4145 LG Köln v. 23.11.2000 – 24 O 403/99 – SP 2001, 107.

4146 OLG Düsseldorf v. 9.1.1985 – 15 U 83/84 – VersR 1986, 243 (nur Ls.) = zfs 1986, 142, OLG Frankfurt v. 15.4.1981 – 20 W 593/80 – zfs 1981, 337, LG Hagen v. 6.1.1982 – 17 S 118/81 – zfs 1982, 333, AG Rostock v. 14.10.1996 – 43 C 155/96 – r+s 1997, 88.

4147 OLG Dresden v. 11.7.2000 – 15 U 1001/00 – MDR 2000, 1306.

Jahnke

bb) Abfindungsformular

(1) AGB

Die im Abfindungsformular enthaltenen Regelungen unterliegen als Allgemeine Geschäftsbedingungen der Inhaltskontrolle nach §§ 305 ff. BGB.[4148]   **3118**

Wenn sich der Verzicht des Anspruchstellers auf weitergehende Ansprüche nur auf gegen den Versicherer, den Versicherungsnehmer und eventuelle weitere Gesamtschuldner erstreckt, nicht jedoch auf beliebige weitere Dritte, ist die Klausel nicht zu beanstanden.[4149]   **3119**

(2) Vertragsurkunde und Korrespondenz[4150]

Wer eine Willenserklärung in **fremder Sprache** unterzeichnet, die er im Detail nicht versteht, trägt das entsprechende Risiko grundsätzlich selbst und kann aus diesem Grunde nicht (z.B. wegen Irrtums) anfechten.[4151]   **3120**

Als Vertragsurkunde hat die Abfindungserklärung zunächst die **Vermutung** der **Vollständigkeit und Richtigkeit** für sich.[4152] Darlegungs- und beweisbelastet für vom schriftlich Fixierten abweichende Abreden zwischen den Parteien ist derjenige, der hieraus für sich einen Vorteil herleiten möchte.[4153]   **3121**

4148 BGH v. 17.12.1985 – VI ZR 192/84 – VersR 1986, 467, BGH v. 25.10.1984 – VII ZR 95/83 – NJW 1985, 970 = VersR 1985, 165 befasste sich mit einer weitergehenden Klausel in einer Abfindungserklärung, wonach sich der Verzicht des Geschädigten uneingeschränkt auf »jeden Dritten« erstreckte und nicht nur auf solche Schadenersatzansprüche gegen Dritte, »soweit diese ihrerseits Ausgleichsansprüche gegen den regulierenden Schädiger geltend machen können«; OLG Düsseldorf v. 11.5.2000 – 8 U 105/99 – VersR 2002, 54 (BGH hat Revision nicht angenommen, Beschl. v. 13.2.2001 – VI ZR 236/00 –), OLG Frankfurt v. 29.4.2002 – 1 U 173/01 – VersR 2003, 204; LG Heidelberg v. 2.9.1994 – 2 O 168/94 – VersR 1995, 575, LG Koblenz v. 3.3.1994 – 1 O 208/93 – VersR 1995, 577.

4149 OLG Saarbrücken v. 21.3.2006 – 4 U 24/05 – SP 2006, 233.

4150 Siehe auch Rdn. 3110 f.

4151 LG Limburg v. 21.12.2005 – 1 O 160/03 – SP 2006, 313 (Nur ausnahmsweise Nichtigkeit oder Teilnichtigkeit wegen § 138 BGB).

4152 BGH v. 5.7.2002 – V ZR 143/01 – MDR 2002, 1361 = NJW 2002, 3164, BGH v. 5.2.1999 – V ZR 353/97 – VersR 1999, 1373, BGH v. 2.3.1970 – II ZR 59/69 – BB 1970, 685; KG v. 22.12.1998 – 6 U 307/97 – VersR 2000, 1145, OLG Hamburg v. 7.4.2000 – 14 U 263/99 – SP 2001, 86, OLG Koblenz v. 18.2.1991 – 12 U 1646/89 – VersR 1996, 232, OLG München v. 6.8.2004 – 10 U 2004/04 – VersR 2005, 1150 (BGH hat Revision nicht angenommen, Beschl. v. 12.7.2005 – VI ZR 228/04 –) (Wird der Verdienstausfall in einem Vergleich nach der modifizierten Nettolohntheorie berechnet, sind idR Beiträge zur Kranken- und Pflegeversicherung ohne entsprechenden Vorbehalt nicht mehr gesondert zu erstatten), OLG Saarbrücken v. 21.3.2006 – 4 U 24/05 – SP 2006, 233.

4153 BGH v. 5.7.2002 – V ZR 143/01 – MDR 2002, 1361 = NJW 2002, 3164 (Die Vermutung der Vollständigkeit und Richtigkeit einer Urkunde ist begründet, wenn der Urkundstext nach Wortlaut und innerem Zusammenhang unter Berücksichtigung der Verkehrssitte einen bestimmten Geschäftsinhalt zum Ausdruck bringt. Zur Widerlegung der Vermutung kann auf außerhalb der Urkun-

Jahnke

3122   Ein beim Vergleichsabschluss mitwirkender Anwalt hat bei der Abfassung des Vergleichstextes für eine vollständige und richtige Niederlegung des Mandantenwillens und für einen **möglichst eindeutigen** und nicht erst der Auslegung bedürftigen Wortlaut zu sorgen.[4154]

3123   Der Umfang der Abfindung wird nicht allein durch den Inhalt des Abfindungsformulars bestimmt, sondern auch durch die **begleitende Korrespondenz.**[4155] Bei Widersprüchlichkeiten zwischen Abfindungsformular und Begleitschreiben einer am Abfindungsvergleich beteiligten Partei dürfte regelmäßig dem auf den Einzelfall abgestellten Text des Schreiben der Vorrang für die Ermittlung des Parteiwillens zukommen.[4156]

cc) Nebenabreden

3124   Wenn der unmittelbar Verletzte in seiner Abfindung darauf verzichtet, künftig Sozialleistungen in Anspruch zu nehmen (z.B. Kurmaßnahme, Umschulung, aber auch Erwerbsminderungsrente oder Hinterbliebenenrente), ist zu beachten, dass der Geschädigte zwar auf seine Ansprüche gegenüber dem Sozialversicherungsträger verzichten kann (§ 46 SGB I), dieser Verzicht für die Zukunft allerdings widerruflich ist (§ 46 I SGB I).

3125   Wirksam kann zwar eine Sanktionsklausel (»*Für den Fall, dass eine Umschulung durch einen SVT gewährt wird, erstattet der Verletzte einen Betrag von … €*«) im Abfindungsvergleich vereinbart werden, die Durchsetzung einer entsprechenden Rückforderung kann dann aber auf praktische Schwierigkeiten stoßen. Die gegenüber dem Schadenersatzpflichtigen abgegebene Erklärung ist hinsichtlich der Leistungspflicht des SVT letztlich nur eine unbeachtliche Absichtserklärung.

3126   Stehen die Leistungen des Sozialversicherers noch nicht fest und werden daher besondere Abreden (insbesondere Abtretungen) mit in die Abfindung einbezogen, sind die für Sozialversicherungsleistungen geltenden **Beschränkungen** nach §§ 32, 53 SGB I (Verbot nachteiliger Vereinbarungen, eingeschränkte Übertragung/Verpfändung) zu beachten.

3127   Ansprüche auf Geldleistungen können abgetreten und verpfändet werden (§ 53 II SGB I) zur Erfüllung oder Sicherung von Ansprüchen auf Rückzahlung von Darlehen und auf Erstattung von Aufwendungen, die im Vorgriff auf fällig gewordene Sozialleistungen zu einer angemessenen Lebens-

---

de liegende Mittel der Auslegung [Begleitumstände des Geschäfts, Äußerungen der Parteien außerhalb der Urkunde u.a.] zurückgegriffen werden.).
4154   BGH v. 17.1.2002 – IX ZR 182/00 – NJW 2002, 1048 = VersR 2002, 887.
4155   BSG v. 8.2.2001 – B 11 AL 21/00 R – SGb 2001, 381 (Wer einen behördlichen Bescheid erhält, muss diesen auch lesen und dabei Unrichtigkeiten zur Kenntnis nehmen, die – auch ihm – ins Auge springen müssen), BSG v. 26.8.1987 – 11a RA 30/86 – BSGE 62, 103.
4156   KG v. 23.10.1969 – 12 W 6556/69 – VersR 1970, 350 (Anm. Sack VersR 1970, 746), KG v. 30.8.1966 – 12 W 2005/66 – VersR 1966, 1165.

führung gegeben oder gemacht worden sind. Bei **Abtretungen** gerade von **Sozialleistungen** ist das Bestimmtheitserfordernis[4157] zu beachten.

b) Abfindung aller Ansprüche

Zumeist werden durch den Abfindungsvergleich »alle Ansprüche aus Vergangenheit, Gegenwart und Zukunft« aus dem Haftpflichtgeschehen (Unfall) abgegolten.[4158] Eine Nachforderung oder Abänderung ist nur im Ausnahmefall möglich.[4159]

3128

c) Teilvergleich

Soll die Abfindung nicht alle Ansprüche erfassen, sondern der Schadenersatz lediglich für bestimmte Zeiträume oder einzelne Schadenpositionen abgeschlossen und andere Teile der weiteren Regulierung vorbehalten werden, sind für einen solchen Vorbehaltsvergleich folgende Aspekte zu beachten.

3129

aa) Vorbehalt

Für den Erklärungsinhalt eines Abgeltungsvergleiches ist es gleichgültig, wer (Anspruchsteller selbst, sein Anwalt oder der Regulierungsbeauftragte des Ersatzpflichtigen) den Vorbehalt in den Vergleichstext geschrieben hat.[4160]

3130

Ein Vorbehalt muss **möglichst exakt** umschrieben sein.[4161] Formulierungen wie »*bei erheblicher Verschlechterung*«, »*bei Verschlimmerung*« u.ä. verursachen regelmäßig Probleme bei einer späteren Regulierung und sollten daher nicht verwendet werden.

3131

Es empfiehlt sich eine **klare Beschreibung**, z.B.

3132

❗ – »Vorbehalten bleibt der Anspruch auf Ersatz künftigen Verdienstausfallschadens[4162] ab 1.10.2010.«

4157 BSG v. 19.3.1992 – 7 RAr 26/91 – BSGE 70, 186 (Erst zukünftig entstehende Ansprüche eines Arbeitslosen gegen das Arbeitsamt sind nach § 53 SGB I nur dann wirksam abgetreten, wenn sie nach ihrer konkreten Bezeichnung ausreichend bestimmt sind. Eine Erklärung, wonach »hiermit meine Ansprüche gegenüber dem Arbeitsamt ... in Höhe der mir zu gewährenden Leistungen nach dem AFG« abgetreten werden, genügt diesen Anforderungen nicht.).

4158 OLG Frankfurt v. 6.2.1992 – 15 U 223/90 – VersR 1993,1147 (BGH hat Revision nicht angenommen, Beschl. v. 20.10.1992 – VI ZR 77/92 –) (Die Formulierung »ein für allemal abgefunden wegen aller Schadenersatzansprüche« erfasst auch die Abfindung etwaiger Zukunftsschäden und auch aufgrund unerwarteter und unvorhergesehener Entwicklungen).

4159 Siehe Rdn. 3154 ff.

4160 OLG Thüringen v. 24.11.2004 – 4 U 399/04 – SVR 2005, 383 (Anm. Nehls).

4161 Zur Auslegung eines Vorbehaltsvergleiches siehe u.a. OLG Hamm v. 25.4.1994 – 6 U 82/93 – NJW 1995, 790.

4162 LG Aurich v. 4.4.1979 – 4 O 53/79 – zfs 1980, 7 (Sind in einer Abfindungserklärung »Verdienstausfallansprüche« offengeblieben, fallen z.B. Fahrtkosten zur Arbeitsstelle als vermehrte Bedürfnisse nicht darunter).

- »Vorbehalten bleibt der Anspruch auf Ersatz künftigen Verdienstausfallschadens für den Fall, dass die unfallbedingte MdE[4163] nach SGB VI / SGB VII dauerhaft[4164] 50% übersteigt.«[4165]
- »Vorbehalten bleibt der Anspruch auf Ersatz künftigen Verdienstausfallschadens für den Fall, dass die MdE nach SGB VI / SGB VII unfallbedingt dauerhaft 50% übersteigt,[4166] und zwar soweit kein Forderungsübergang auf Drittleistungsträger stattgefunden hat oder haben wird.«
- »... für den Fall der Amputation des linken Fußes.«

3133 Ein Vorbehalt kann auch **zeitlich befristet** sein, z.B.

- »... für noch 2 Jahre ab 1.8.2011.«
- »... bis zum 31.12.2018.«

bb) Vorbehalt in der Abfindungserklärung[4167]

3134 Ist ein (formularmäßiger) Abfindungsvergleich für »*Ansprüche gleich welcher Art für Vergangenheit und Zukunft*« geschlossen, hat der Verletzte die Darlegungs- und Beweislast für seine Behauptung, der Vergleich solle entgegen seinem Wortlaut nur beschränkte Wirkung haben.[4168]

4163 Der Grad der MdE (Minderung der Erwerbsfähigkeit) richtet sich nach dem Umfang der gesundheitlich verminderten Arbeitsmöglichkeiten auf dem gesamten Gebiet des Erwerbslebens aus (§ 56 II SGB VII). Der Grad der Schädigungsfolgen (GdS) (§ 30 BVG) hat die MdE in etlichen Rechtsgebieten abgelöst. Grad der Behinderung (GdB) und GdS sind ein Maß für die körperlichen, geistigen, seelischen und sozialen Auswirkungen einer Funktionsbeeinträchtigung aufgrund eines Gesundheitsschadens. Der GdS bezieht sich nur auf Schädigungsfolgen, der GdB hingegen bezieht sich auf alle Gesundheitsstörungen, unabhängig von ihrer Ursache.

4164 Und nicht nur kurzfristig, z.B. für den Zeitraum einer Materialentfernung.

4165 Bei diesem Vorbehalt sind neue Verhandlungen erst dann geboten, wenn die beim Verletzten festgestellte MdE nur wegen der Unfallfolgen 50% übersteigt. Die hiervon vielleicht abweichende Gesamt-MdE des Verletzten ist dabei unbeachtlich.

4166 Bei diesem Vorbehalt sind neue Verhandlungen bereits dann geboten, wenn die Gesamt-MdE des Verletzten (und zwar auch unter Einschließung unfallfremder Ursachen) 50% übersteigt.

4167 Siehe Rdn. 3400 ff.

4168 OLG Frankfurt v. 3.3.1993 – 19 U 222/91 – OLGR 1993, 245, OLG Frankfurt v. 6.2.1992 – 15 U 223/90 – VersR 1993, 1147 (BGH hat Revision nicht angenommen, Beschl. v. 20.10.1992 – VI ZR 77/92 –) (Die Formulierung »ein für allemal abgefunden wegen aller Schadenersatzansprüche« erfasst auch die Abfindung etwaiger Zukunftsschäden und auch aufgrund unerwarteter und unvorhergesehener Entwicklungen), OLG Hamburg v. 7.4.2000 – 14 U 263/99 – SP 2001, 86.

Werden »*materielle und/oder immaterielle Ansprüche nach BGH-Recht-* **3135**
sprechung«[4169] vorbehalten, beinhaltet dieser Vorbehalt nur unvorhergesehene und unvorsehbare Spätfolgen.[4170] Eine Abänderung des Vergleiches ist
nur ausnahmsweise möglich.[4171] Bei Abschluss des Vergleiches bereits absehbare Schäden erfasst der Vorbehalt nicht; diese sind abgegolten.[4172]

Die Formulierung »*kraft Gesetzes auf Sozialversicherungsträger und sons-* **3136**
tige Dritte übergegangene Ansprüche« in Abfindungsvergleichen bei Personenschäden umfasst nicht durch Verwaltungsakt übergegangene Ansprüche.[4173] Durch Überleitungsanzeige (Verwaltungsakt) übergegangene
Ansprüche werden von einer solchen Öffnungsklausel nicht erfasst, da sich
diese auf kraft Legalzession übergegangene Ansprüche beschränkt. Der
Übergang durch Verwaltungsakt steht dem Übergang kraft Gesetzes nicht
gleich; Dasselbe gilt unbestritten für Forderungsübergänge kraft Privatakt
(Abtretungsvertrag).[4174]

4169 Häufig ist wohl BGH v. 8.7.1980 – VI ZR 72/79 – MDR 1981, 42 = VersR 1980,
975 gemeint (vgl. OLG Oldenburg v. 28.2.2003 – 6 U 231/01 – VersR 2004, 64,
BGH hat Nichtzulassungsbeschwerde zurückgewiesen, Beschl. v. 30.9.2003 –
VI ZR 90/03 –); ähnlich auch BGH v. 24.5.1988 – VI ZR 326/87 – NJW 1988,
2300 = VersR 1988, 929, BGH v. 7.2.1995 – VI ZR 201/94 – NJW 1995, 1614 =
VersR 1995, 471; OLG Thüringen v. 9.8.2006 – 7 U 289/06 – r+s 2006, 527.
4170 BGH v. 8.7.1980 – VI ZR 72/79 – MDR 1981, 42 = VersR 1980, 975 führt aus,
dass weiteres Schmerzensgeld nur für solche Verletzungsfolgen verlangt werden könne, die bei der ursprünglichen Bemessung des immateriellen Schadens
noch nicht eingetreten waren oder mit deren Eintritt nicht oder nicht ernstlich
zu rechnen war. Nur wenn es sich um Verletzungsfolgen handelt, an die auch
ein mit der Beurteilung des Ausmaßes und der voraussichtlichen weiteren Entwicklung eines unfallursächlichen Körperschadens des Verletzten beauftragter Sachverständiger nicht zu denken brauchte, die aber entgegen aller Wahrscheinlichkeit schließlich doch eingetreten sind, darf angenommen werden,
dass sie vom Streit- und Entscheidungsgegenstand eines vorausgegangenen
Schmerzensgeldprozesses nicht erfasst sind, ihrer Geltendmachung daher die
Rechtskraft nicht entgegensteht. Siehe ferner: OLG Hamm v. 18.10.2000 – 13
U 115/00 – r+s 2001, 505, OLG Thüringen v. 9.8.2006 – 7 U 289/06 – r+s 2006,
527 (BGH v. 12.6.2007 – VI ZR 196/06 – hat das OLG-Urteil aufgehoben und
zurückverwiesen, da eben nicht unstreitig sei, dass die Verletzungsfolgen objektiv vorhersehbar gewesen seien [Gehörsrüge]); LG Hannover v. 10.12.2001
– 20 O 2450/01 – SP 2002, 126 (Eingeschränkte Reichweite eines »immateriellen Vorbehaltes«: Kein weiteres Schmerzensgeld für beim Vergleichsabschluss
eingetretene oder bereits absehbare Verletzungsfolgen.).
4171 Dazu Rdn. 3154 ff.
4172 OLG Hamm v. 18.10.2000 – 13 U 115/00 – r+s 2001, 505, OLG Oldenburg v.
28.2.2003 – 6 U 231/01 – VersR 2004, 64 (BGH hat Nichtzulassungsbeschwerde zurückgewiesen, Beschl. v. 30.9.2003 – VI ZR 90/03 –) (Anpassung nach
Hüftkopfnekrose).
4173 LG Hagen v. 8.4.2008 – 9 O 497/06 – (Konkret Überleitungsanzeige des Sozialhilfeträgers bei Unfalltag vor dem 30.6.1983, Stichtagsregel des § 120 I SGB X).
4174 Dazu Rdn. 2952.

Jahnke

cc) Verjährung

3137 Der Abfindungsvergleich beendet (spätestens) die Verjährungshemmung. Im Anschluss an einen Vorbehaltsvergleich kann die 3-jährige Verjährungsfrist der §§ 195, 199 BGB erneut zu laufen beginnen, der Schadenersatzanspruch kann also **3 Jahre nach Zahlung** des Vergleichsbetrages trotz der Vorbehaltsabfindungserklärung verjähren.[4175]

3138 Zum Verjährungsverzicht siehe Rdn. 3364 ff

dd) Vertragliche Ersetzung eines Urteiles
(1) Allgemeines[4176]

3139 Erfordert der konkrete Fall eine Sicherung der noch nicht abgewickelten, zukünftig aber befürchteten Ansprüche, kann der Schadenersatzverpflichtete zur Vermeidung der prozessualen Absicherung mittels Feststellungsurteils entweder durch vertragliche Vereinbarung oder einseitige Erklärung den Ersatzberechtigten so stellen, als habe dieser ein Feststellungsurteil erhalten. Dieses Ziel, dem Anspruchsberechtigten eine Feststellungsklage zu ersparen, muss deutlich werden.[4177] Dem Ersatzberechtigten fehlt dann für ein prozessuales Vorgehen das Rechtsschutzbedürfnis.[4178]

3140 Es handelt sich bei der vertraglichen Ersetzung nicht um ein konstitutives Anerkenntnis im Sinne der Schaffung eines eigenständigen, neben den eigentlichen Grund (Unfallereignis) tretenden Schuldgrundes.[4179]

4175 Rdn. 3374 ff.

4176 Zum Thema: Jahnke »Die vergleichsweise Regulierung von Schadensfällen« VersR 1995, 1145 (1148 f.), Jahnke »Verjährung und Verwirkung im Schadenersatzrecht« VersR 1998, 1343, 1473 (1478 f.).

4177 OLG Karlsruhe v. 10.3.2000 – 10 U 271/99 – VersR 2001, 1175, OLG Saarbrücken v. 14.11.2006 – 4 U 227/06 – 68 – SP 2007, 392; LG Köln v. 30.11.2005 – 13 S 221/05 – VersR 2006, 965 (Feststellungsklage ist zulässig, wenn Versicherer durch nachgeschobenen Formulierung den Eindruck vermittelt, er könne sich von einer zurückliegenden Erklärung einseitig lösen), LG Wiesbaden v. 19.8.2003 – 7 O 114/03 – und OLG Frankfurt v. 27.4.2004 – 7 U 192/03 – zfs 2005, 334 (Anm. Diehl) (Fordert der Verletzte die Haftpflichtversicherung auf, »zur Vermeidung eines unnötigen Prozesses eine Erklärung zum Haftungsgrund abzugeben«, liegt in der Antwort des Versicherers, dass wunschgemäß »zum Haftungsgrund des Unfalls Einwendungen nicht vorgetragen werden«, ein titelersetzendes Anerkenntnis).

4178 BGH v. 23.10.1984 – VI ZR 30/83 – NJW 1985, 791 = VersR 1985, 62, BGH v. 26.5.1992 – VI ZR 253/91 – NJW 1992, 2228 = VersR 1992, 1091; OLG Karlsruhe v. 10.3.2000 – 10 U 271/99 – DAR 2000, 267, OLG Karlsruhe v. 20.7.1990 – 14 U 172/89 – r+s 1991, 252, OLG Hamm v. 11.2.2000 – 9 U 204/99 – SP 2000, 413.

4179 Siehe OLG Saarbrücken v. 21.5.1993 – 4 U 79/92 – VersR 1995, 831 (BGH hat Revision nicht angenommen, Beschl. v. 14.6.1994 – VI ZR 202/93 –).

(2) Feststellungsinteresse

Die Feststellungsklage hinsichtlich weiterer Schäden ist zulässig, wenn aus der Sicht des Verletzten bei verständiger Würdigung Grund besteht, mit Spätfolgen zu rechnen,[4180] wobei eine später gewonnene Erkenntnis, dass Folgeschäden nicht mehr zu gewärtigen sind, nicht zur rückwirkenden Unzulässigkeit der Feststellungsklage führt.[4181]

3141

Das Rechtsschutzinteresse für eine Feststellungsklage fehlt zwar nicht, weil der Ersatzpflichtige für längere Zeit einen **Verzicht** auf die Einrede der **Verjährung** abgegeben hat.[4182] Das Feststellungsinteresse entfällt jedoch, wenn die mit einer Feststellungsklage erzielbaren Rechtswirkungen auch durch ein **außergerichtliches Anerkenntnis** des Ersatzpflichtigen herbeigeführt werden.[4183] Mit einem Anerkenntnis, das die Wirkung eines Feststellungsurteils nur teilweise erreicht (»Hinsichtlich der Verjährung[4184] wird der Verletzte so gestellt, als habe er heute ein rechtskräftiges Feststellungsurteil erstritten.«), muss sich ein Ersatzberechtigter dagegen nicht zufrieden geben.[4185]

3142

4180 BGH v. 16.1.2001 – VI ZR 381/99 – VersR 2001, 874 (Die Möglichkeit eines Schadenseintritt kann nur verneint werden, wenn aus Sicht des Klägers bei verständiger Würdigung kein Grund besteht, mit dem Eintritt eines Schadens wenigstens zu rechnen), BGH v. 15.7.1997 – VI ZR 184/96 – NJW 1998, 160 (Nur geringe Anforderungen); OLG Düsseldorf v. 23.7.1999 – 22 U 27/99 – VersR 2001, 250 (nur Ls.) (Kein Feststellungsinteresse bei seit 1½ Jahren abgeschlossenem unkompliziertem Unterschenkelbruch, wenn nach fachärztlicher Beurteilung ein Folgeschaden nur noch theoretischer Natur ist); LG Flensburg v. 10.9.1999 – 7 S 41/99 – SP 2000, 159 (Allein die Qualifizierung »schwere Verletzung« reicht nicht aus, von einer Wahrscheinlichkeit für den Eintritt künftiger Schäden auszugehen).
4181 BGH v. 11.5.1993 – VI ZR 243/92 – NJW 1993, 2382 = VersR 1993, 899, BGH v. 25.1.1972 – VI ZR 20/71 – VersR 1972, 459.
4182 OLG Hamm v. 10.2.2000 – 6 U 208/99 – r+s 2000, 194 (Verjährungsverzicht vom 20.3.1991 »bis zum 31.12.2019« beseitigt nicht Feststellungsinteresse), OLG Hamm v. 2.12.1997 – 27 U 106/97 – NJW-RR 1998, 751 (Verjährungsverzicht für 10 Jahre beseitigt nicht Feststellungsinteresse). Heß »Zum Beschluß des OLG Hamm v. 14.4.2000 – NZV 2000, 375, 376« ags 2000, 121.
4183 OLG Celle v. 14.8.1987 – 5 W 38/87 – VersR 1989, 102, OLG Hamm v. 11.2.2000 – 9 U 204/99 – SP 2000, 413, OLG Karlsruhe v. 20.7.1990 – 14 U 172/89 – r+s 1991, 252.
4184 Offen bleibt u.a. die Frage der Haftung oder des Mitverschuldens.
4185 OLG Karlsruhe v. 13.7.2001 – 10 U 45/01 – VersR 2002, 729 (Unzureichend ist ein nur auf die Verjährungswirkungen eines Feststellungsurteils beschränktes Anerkenntnis), OLG Nürnberg v. 21.11.2000 – 1 U 2923/00 – VersR 2002, 499 (Verpflichtung »über ein zusätzliches Schmerzensgeld zu verhandeln« ist zwar auslegungsfähig. Ein Anerkenntnis muss allerdings eindeutig formuliert sein. Mögliche Schwierigkeiten einer Auslegung dürfen nicht zulasten des Geschädigten gehen.).

Jahnke

(3) Formulierungsvorschlag

3143 Als prozessvermeidende Erklärung kann beispielsweise folgender Text Verwendung finden (Die *Variablen* sind in Klammer < ... > gesetzt):

> ❗ **Vertragliche Ersetzung eines Feststellungsurteils**
>
> »Mit der Wirkung eines am <*1. Oktober 2010*[4186]> rechtskräftigen[4187] Feststellungsurteils wird (nur soweit der Anspruch gegen den Versicherer gerichtet ist: im Rahmen der vereinbarten *Deckungssumme*[4188]) anerkannt, <*Herrn Alfons Maier*> den unfallbedingten zukünftigen <*materiellen / immateriellen Schaden/Verdienstausfall*[4189]> ab dem <*1. Oktober 2010*[4190]> aus dem <*Haftpflichtgeschehen*[4191]> vom <*16. Juni 2009*> unter Zugrundelegung einer vereinbarten Haftungsquote von <*60% BGB*> zu erstatten, soweit ein Forderungsübergang auf Drittleistungsträger nicht stattgefunden hat oder haben wird. Der Schaden aus jedweder[4192] ... <*Verzögerung der Ausbildung*[4193]> ... ist allerdings abgegolten.«

4186 Stichtagsregelung. Eine auf ein anderes als das Datum der Rechtskraft abstellende Stichtagsregelung ist nicht eindeutig definiert. Man wird daher eine solche ungenaue Bestimmung um die Monatsfrist des Rechtsmittels verlängern müssen.

4187 Die Verjährung von Ansprüchen aus Titeln nach § 197 I BGB beginnt mit der Rechtskraft des Urteils. Zur Vermeidung von Unklarheiten darf daher nicht auf das »Verkündungsdatum«, sondern nur auf das Datum der Rechtskraft abgestellt werden. Die Rechtskraft eines Urteiles kann zu unterschiedlichen Zeitpunkten nach dem Tag der Verkündung eintreten.

4188 Bei Vorleistungspflicht trotz Versagung des Versicherungsschutzes muss es dann konsequenterweise heißen: »im Rahmen der gesetzlichen Mindestversicherungssumme«.

4189 Die vorbehaltene Schadenersatzposition sollte konkretisiert sein.

4190 Stichtagsregelung.

4191 Zur Klarstellung sollte das Haftpflichtereignis eindeutig umschrieben sein.

4192 Die Formulierung »Der Schaden aus einer Verzögerung der Ausbildung ist allerdings abgegolten« meint zwar nicht, dass damit nur eine einzelne / einzige Verzögerung erledigt sein solle, zweite und dritte Verzögerungen dann allerdings wieder zu ersetzen seien. Es ist allerdings nicht auszuschließen, dass manch Spitzfindige solch Wortklauberei betreiben (siehe AG Vechta v. 20.8.2008 – 11 C 645/08 – : Die Klägerin unterzeichnete am 25.1.1990 eine Abfindungserklärung, wonach sie nach Zahlung von 365.000 DM mit »1.) dem Schmerzensgeldanspruch, 2.) den Kosten einer behindertengerechten Wohnung, 3.) dem Anspruch wegen verminderter Renten/Pensionen, 4.) Fahrtkosten und Kfz'en, 5.) Zuschüsse bis zum 18. Lebensjahr für jetzt und die Zukunft vorbehaltlos ... endgültig abgefunden« wurde. Die Formulierung »Kosten einer behindertengerechten Wohnung« beschränkt die Abfindungsvereinbarung nicht auf eine einzige behindertengerechte Wohnung. Die Bezeichnung »einer« ist nicht als numerische Anzahl zu verstehen. Die Formulierung dient lediglich der Bezeichnung von bestimmten Schadenspositionen.).

4193 Wurden Teilpositionen eines ansonsten vorbehaltenen Schadenersatzbereiches bereits abgefunden, sollte dieses idR auch festgehalten werden. Nicht selten wechseln die einen Teilabfindungsvergleich verhandelnden Personen im Laufe

Sollten bereits **Teilbereiche** abgefunden sein, empfiehlt es sich regelmäßig, dieses auch schriftlich noch einmal klar herauszustellen.

3144

Die **Verjährung** richtet sich nach denselben Bedingungen wie ein Feststellungsurteil iSv § 204 I Nr. 1 BGB.[4194] Neben der vertraglichen Ersetzung eines Feststellungsurteils erübrigt sich ein **Verjährungsverzicht**.[4195]

3145

d) Rentenvergleich[4196]
aa) Abschluss

Die Abwicklung künftig regelmäßig anfallender Ersatzansprüche kann grundsätzlich auch durch einen Rentenvergleich kanalisiert werden, z.B. durch die Anwendungserklärung bestimmter Einstufungen in Anlehnung an den Bundesangestelltentarifvertrag (BAT), dessen Nachfolger TVöD, beamtenrechtliche Besoldungsregeln oder eine ähnlich im allgemeinen Zugriff stehende, dynamische Einkommensgestaltung.[4197]

3146

Zukünftige Änderungen in der Höhe des Rentenanspruches (beispielsweise mit Erreichen der Altersgrenze der Erwerbstätigkeit) sind, wenn und soweit sie voraussehbar sind (§ 252 BGB, § 287 ZPO), bereits bei der Festsetzung der Rente vom erkennenden Gericht zu berücksichtigen. Dieses gilt selbstverständlich auch für die außergerichtliche Regulierung.

3147

Die Rente ist der Höhe nach zu staffeln und in **einzelne Zeitabschnitte** zu unterteilen, wenn sich im Zeitpunkt der letzten mündlichen Verhandlung künftige Änderungen bereits absehen lassen (z.B. Erreichen des Rentenalters,[4198] Bestehen einer künftigen Schadenminderungspflicht, altersbedingtes Nachlassen der Arbeitskraft [auch im Bereich der Haushaltsführung], Verringerung der Mithilfepflicht eines Kindes wegen Besuchs einer höheren Schule, Wegfall der Erwerbstätigkeit nach Verheiratung, Fortfall weiterer Ersatzberechtigter). Bei einem Rentenurteil (gleiches gilt für eine außergerichtliche Verständigung) ist darauf zu achten, dass ein Endzeitpunkt für die Rentenzahlung (wenn schon nicht im Urteilstenor, dann wenigsten den Urteilsgründen entnehmbar) aufgenommen ist. In einem Urteil ist für die Rente eine zeitliche Grenze auf ei-

3148

---

der weiteren Schadenbearbeitung. Die auf beiden Seiten dann u.U. nachfolgenden Sachbearbeiter wissen aber nicht immer zwingend um eventuell die (früheren) Verhandlungen begleitende Abreden.

4194 BGH v. 30.5.2000 – VI ZR 300/99 – VersR 2000, 1116, BGH v. 6.3.1990 – VI ZR 44/89 – MDR 1990, 809 = VersR 1990, 755.

4195 Rdn. 3364.

4196 Jahnke, Abfindung von Personenschadenansprüchen, § 2 Rn. 296 ff., 384 ff.

4197 Jahnke, Abfindung von Personenschadenansprüchen, § 2 Rn. 296.

4198 BGH v. 27.1.2004 – VI ZR 342/02 – VersR 2004, 653 (Für die Höhe der Geldrente aus § 844 II BGB ist das fiktive Nettoeinkommen des Getöteten nur bis zu seinem voraussichtlichen Ausscheiden aus dem Erwerbsleben – bei einem nicht selbständig Tätigen im Ausgangspunkt bis um 65. Lebensjahres – maßgeblich).

nen bestimmten Kalendertag festzusetzen.[4199] Ist in einem Feststellungsurteil die zeitliche Begrenzung unterblieben, kann dieses durch eine Abänderungsklage auch noch zu einem späteren Zeitpunkt repariert werden.[4200]

bb) Wertsicherung

3149 Wertsicherungsklauseln unterlagen bis 1998[4201] der Genehmigungspflicht[4202] durch die Deutsche Bundesbank nach § 3 S. 2 **Währungsgesetz**, § 49 II Außenwirtschaftsgesetz.[4203]

§ 3 Währungsgesetz wurde durch das EuroEG aufgehoben und durch § 2 des **Preisangaben- und Preisklauselgesetzes** (PaPkG) ersetzt[4204]. § 2 PaPkG regulierte bis zum 13.9.2007 das Indexierungsverbot. Weder die Verurteilung in eine dynamische Rente noch deren außergerichtliche Vereinbarung war zulässig (§ 2 PaPkG iVm PrKV). Wertsichernde Gleitklauseln unterlagen der währungsrechtlich bestimmten Genehmigungspflicht. Nicht genehmigte Klauseln waren schwebend unwirksam, die im Währungsrecht vorgesehenen Ausnahmen (§ 2 II PaPkG iVm PrKV) galten nicht im Schadenersatzrecht[4205]. Soweit für Preisklauseln bis zum 13.9.2007 ein Genehmigungsantrag gestellt wurde oder Genehmigungen erteilt wurden, ist auf diese das PaPkG weiterhin anzuwenden (§ 9 PrKG). Ist kein Genehmigungsantrag gestellt, gilt das PrKG[4206].

4199 RG v. 20.4.1931 – 492/30 VI – JW 1932, 787.

4200 LG Aurich v. 28.11.2008 – 5 O 938/08 – (Schadenersatzpflichtiger war zur Zahlung einer Verdienstausfallrente ohne zeitliche Begrenzung verurteilt worden. Der von ihm erhobenen Abänderungsklage steht § 323 II ZPO nicht entgegen, da maßgeblich der Zeitpunkt der Entstehung der Abänderungstatsache [tatsächlicher Bezug der Regelaltersrente mit dem 65. Geburtstag des Verletzten] ist. Die Voraussehbarkeit der später eintretenden Abänderungstatsachen schließt eine Abänderungsklage nicht aus [vgl. BGH NJW 1992, 364]).

4201 § 3 Währungsgesetz wurde gestrichen durch Art. 9, § 1 des Gesetzes zur Einführung des Euro (Euro-Einführungsgesetz – EuroEG) v. 9.6.1998, BGBl I 1998, 1253.

4202 Zur Genehmigungspflicht Palandt-Heinrichs (65. Aufl. 2006), § 245 Rn. 24 ff.

4203 Zu Detailfragen siehe die Richtlinien der Deutschen Bundesbank über die Genehmigung von Wertsicherungsklauseln (Mitteilung der Deutschen Bundesbank Nr. 1015/78 v. 9.6.1978, abgedruckt im Bundesanzeiger Nr. 109 v. 15.6.1978).

4204 Preisangaben- und Preisklauselgesetz (PaPkG) v. 3.12.1984, BGBl I 1984, 1429; Art. 9, § 4 des Gesetzes zur Einführung des Euro (Euro-Einführungsgesetz – EuroEG) v. 9.6.1998, BGBl I 1998, 1253, dazu ergänzend gilt die Preisklauselverordnung (PrKV) v. 23.9.1998, BGBl I 1998, 3043 / BGBl III 1998, 720-17-2. Der Text ist auszugsweise wiedergegeben bei Palandt-Heinrichs (65. Aufl. 2006), § 245 Rn. 24 ff. sowie Jahnke, Der Verdienstausfall im Schadensersatzrecht, Kap 14 Rn. 57. Zu Einzelheiten Jahnke, Abfindung von Personenschadenansprüchen, § 2 Rn. 300 ff.

4205 Zu Einzelheiten Jahnke, Abfindung von Personenschadenansprüchen, § 2 Rn. 300 ff.

4206 OLG Celle v. 20.12.2007 – 4 W 220/07 – NJW-RR 2008, 896 = OLGR Celle 2008, 302; OLG Brandenburg v. 19.8.2009 – 3 U 135/08 – NJW 2010, 876.

Seit 14.9.2007 gilt das **Preisklauselgesetz** (PrKG)[4207], das in §§ 2, 3 PrKG das frühere Genehmigungsverfahren durch Legalausnahmen ersetzt. Die bisher in der Preisklauselverordnung (PrKV) geregelten Ausnahmen vom Indexierungsverbot wurden direkt in das PrKG übernommen. **3150**

Wertsichernde **Gleitklauseln** (d.h. Vereinbarungen, die die Höhe der Geldschuld an eine wertfremde Bezugsgröße, z.B. Lebenshaltungskosten- oder Preisindex, binden und bei Änderung dieser Bezugsgröße eine automatische Anpassung vorsehen) sind auch im Geltungsbereich des PrKG grundsätzlich schwebend unwirksam (§§ 1 I, 8 PrKG). **3151**

Erlaubt sind Klauseln, die eine **Anpassung** z.B. »bei wesentlicher Veränderung der Verhältnisse« (das kann der Fall sein, wenn sich der Lebenshaltungsindex um 10% – 20% verändert)[4208] vorsehen (Leistungsvorbehaltsklausel, § 1 I Nr. 1 PrKG). Erlaubt ist auch die Koppelung an tarifvertragliche Entwicklungen[4209]. **3152**

Wertsicherungsklauseln bei Zahlungen auf Lebenszeit eines Beteiligten sind teilweise zulässig (siehe u.a. § 3 I Nr. 1 lit a), c) PrKG).Die Verurteilung in eine **dynamische Rente** bzw. deren außergerichtliche Vereinbarung ist eingeschränkt möglich nach Maßgabe der §§ 2 I, 3 PrKG. **3153**

cc) Abänderung

Eine künftige Rente ist schon bei der richterlichen Entscheidung nach verschiedenen Zeiträumen unterschiedlich zu bemessen.[4210] Haben die Parteien keine **Laufzeit** festgelegt, kann diese durch ein Gericht auch noch nachträglich bestimmt werden.[4211] Ist der Endzeitpunkt der Rente nicht festgelegt, wird dieser im Zweifel durch das Gesetz bestimmt.[4212] **3154**

4207 Gesetz über das Verbot der Verwendung von Preisklauseln bei der Bestimmung von Geldschulden (Preisklauselgesetz – PrKG) v. 7.9.2007, BGBl I 2007, 2246; BGBl III 720-18 (eingeführt durch Art. 2 des Zweiten Gesetzes zum Abbau bürokratischer Hemmnisse insbesondere in der mittelständischen Wirtschaft). Siehe zu Einzelheiten Palandt-Grüneberg Anh zu § 245 (PrKlG). Siehe zur Gesetzesbegründung BR-Drs 68/07 v. 26.12007, S. 67 ff, BT-DrS 16/4391 v. 27.2.2007, S. 21, 26 ff.

4208 BGH v. 3.2.1995 – V ZR 222/93 – MDR 1995, 686 = NJW 1995, 1360, BGH v. 24.4.1992 – V ZR 52/91 – MDR 1992, 872 = NJW 1992, 2088.

4209 Palandt-Grüneberg, Anh zu § 245 (PrKlG), § 1 PrKlG Rn. 4.

4210 BGH v. 9.11.2010 – VI ZR 300/08 – NJW 2011, 1146 = VersR 2011, 229 (Der Anspruch eines abhängig Beschäftigten auf Ersatz des Erwerbsschadens ist auf die voraussichtliche Lebensarbeitszeit zu begrenzen), BGH v. 24.4.1990 – VI ZR 183/89 – MDR 1990, 809 = VersR 1990, 907.

4211 KG v. 29.11.1996 – 9 U 2238/95 – r+s 1997, 461 (BGH hat die Revision nicht angenommen, Beschl. v. 8.7.1997 – VI ZR 39/97 –).

4212 KG v. 29.11.1996 – 9 U 2238/95 – r+s 1997, 461 (BGH hat die Revision nicht angenommen, Beschl. v. 8.7.1997 – VI ZR 39/97 –).

Jahnke

Ein Gericht darf eine Unterhaltsrente nicht ohne zeitliche Befristung festsetzen.[4213]

3155   Soweit die künftige Entwicklung noch nicht ausreichend vorhersehbar ist, ist der Rentenzahlung die vorhersehbare Entwicklung zugrunde zu legen. Bei Veränderung der Verhältnisse erfolgen auf Parteiinitiative (auch der Schadenersatzpflichtige kann die Abänderung verlangen)[4214] Anpassungen durch Abänderungsklage (§ 323 ZPO) oder außergerichtliche vertragliche Abänderung des Vergleiches,[4215] wenn aufgrund nachträglicher Veränderungen die (gerichtliche) Prognose sich geändert hat.[4216] Die Abänderung kann einerseits **nach oben** (regelmäßig auf Veranlassung des Ersatzberechtigten), andererseits aber ebenso auch **nach unten** (idR auf Verlangen des Ersatzpflichtigen) erfolgen.

3156   Der Prozessvergleich über eine Rente kann nach § 323 IV ZPO mit der Abänderungsklage angepasst werden, wobei auch eine Abänderung für die Vergangenheit möglich ist.[4217] Im Rahmen außergerichtlicher Rentenvergleiche gilt **§ 323 ZPO** nur bei ausdrücklicher Vereinbarung, möglich ist aber eine Anpassung nach § 242 BGB bei wesentlicher Veränderung der wirtschaftlichen Verhältnisse. Eine Rentenanpassung kann zwar ausdrücklich ausgeschlossen werden, allein schon aus dem Fehlen einer Gleitklausel ist dieser Parteiwille allerdings noch nicht zu entnehmen.[4218]

3157   Auch Rentenvergleiche sind grundsätzlich wegen Wegfalles der Geschäftsgrundlage einer Anpassung zugänglich.[4219] Auch die Kündigung ist möglich.[4220]

4213 BGH v. 27.1.2004 – VI ZR 342/02 – VersR 2004, 653 (Bei einem Nicht-Selbständigen ist wie beim Erwerbsschaden die Unterhaltsrente betragsmäßig auf das 65. Lebensjahr festzusetzen).

4214 OLG Hamm v. 13.5.1996 – 6 U 92/94 – r+s 1997, 199 (BGH v. 18.2.1997 – VI ZR 236/96 –) (Abänderungsklage auf Wegfall einer unfallkausalen Verdienstausfallrente).

4215 OLG Karlsruhe v. 7.5.1969 – 4 U 51/68 – VersR 1969, 1123. Siehe auch BGH v. 3.7.1973 – VI ZR 60/72 – NJW 1973, 1653 = VersR 1973, 1067.

4216 BGH v. 24.4.1990 – VI ZR 183/89 – MDR 1990, 809 = VersR 1990, 907.

4217 BGH v. 4.10.1982 – GSZ 1/82 – NJW 1983, 228 = VersR 1983, 147 (Prozessvergleich über künftig fällig werdende wiederkehrende Leistungen).

4218 BGH v. 4.10.1988 – VI ZR 46/88 – NJW 1989, 289 = VersR 1989, 154.

4219 BGH v. 4.10.1988 – VI ZR 46/88 – NJW 1989, 289 = VersR 1989, 154 (Anpassung einer Unterhaltsrente, die ihren Versorgungszweck nicht mehr erfüllte); OLG Saarbrücken v. 20.12.1996 – 3 U 439/95 – NZV 1997, 271 (Neuregelung der Pflegeversicherung).

4220 OLG Hamm v. 14.12.2004 – 9 U 129/04 – DAR 2005, 339 (Leistet der Schädiger Zahlungen zum Ausgleich unfallbedingter Beeinträchtigungen und stellt er diese Zahlungen im Zusammenhang mit der Erhebung der Feststellungsklage auf Nichtbestehen einer Zahlungspflicht ein, ist dieses als Kündigung der ursprünglichen Vereinbarung über ein Rentenversprechen anzusehen).

Im Rahmen einer späteren Abänderungsklage finden nur solche Änderun- **3158**
gen Berücksichtigung, die zuvor entweder unbekannt oder noch nicht hinreichend wahrscheinlich waren und von daher ausgeklammert wurden.[4221]
Es muss sich um eine **wesentliche Veränderung** handelt, die zur Abweichung von mindestens 10% führt.[4222]

Ändert sich die Höhe wiederkehrender Leistungen wegen äußerer Umstän- **3159**
de, die unabhängig vom Schadenereignis und seiner Folgen eintreten (z.B.
Einkommenssteigerungen, Auflösung einer zweiten Ehe), beginnt für den
zusätzlichen Teil des Schadenersatzes eine neue Verjährungsfrist.[4223] Die
Verjährung läuft erst ab Kenntnis oder grob fahrlässiger Unkenntnis des
Anspruchsberechtigten vom abgeänderten Sachverhalt.

IV. Ersatzansprüche und Steuer

1. Steuertatbestand

Der Umstand einer periodischen Zahlungsweise (siehe § 22 Nr. 1 EStG) be- **3160**
stimmt nicht bereits die steuerliche Behandlung einer Zahlung. Es kommt
vielmehr nur darauf an, die Schadenrente einer bestimmten Einkunftsart
des EStG zuzuordnen. Ist eine Leistung als Einmalzahlung nicht steuer-
bar, wird sie es auch nicht dadurch, dass sie als zeitlich gestreckt vereinbart
wird.[4224] Der Besteuerungstatbestand des § 22 Nr. 1 EStG ist nur dann erfüllt, wenn die Leistungen andere steuerbare Einnahmen ersetzen; letztlich
unterliegt allein der Ersatz von reinem Erwerbsschaden der Versteuerung.

4221 BGH v. 24.4.1990 – VI ZR 183/89 – MDR 1990, 809 = VersR 1990, 907.
4222 Zöller-Vollkommer § 323 Rn. 33 weist darauf hin, dass eine 10 %-Schwelle von
der Rechtsprechung nicht schematisch angewandt werde. Siehe auch BGH v.
15.5.2007 – VI ZR 150/06 – NJW 2007, 2475 (Anm. Teichmann) = VersR 2007,
961 (Abänderung einer Schmerzensgeldrente, die anders als Verdienstausfall
und Unterhaltsrente nicht der Deckung des täglichen Lebensbedarfes dient,
jedenfalls nicht unter 25%iger Steigerung der Lebenshaltungskostenindex).
4223 BGH v. 17.10.1978 – VI ZR 213/77 – VersR 1979, 55, BGH v. 12.7.1960 – VI
ZR 73/59 – VersR 1960, 947; KG v. 30.10.1980 – 12 U 1229/80 – VersR 1981,
1080.
4224 BFH v. 26.11.2008 – X R 31/07 – jurisPR-VerkR 4/2009 Anm. 1 (Anm. Jahnke)
= NJW 2009, 1229, BFH v. 31.7.2002 – X R 39/01 – HFR 2002, 1082, BFH v.
25.10.1994 – VIII R 79/91 – NJW 1995, 1238 = VersR 1995, 856.

Jahnke

3161

Versteuerung	keine Versteuerung (unabhängig ob Rentenzahlung oder Kapitalabfindung)
– Verdienstausfallrente – Verdienstausfallkapitalbetrag	– Haushaltsführungsschaden[4225] – entgangene Dienste[4226] – Heilbehandlungskosten[4227] – vermehrte Bedürfnisse[4228] – Schmerzensgeld[4229] – Beerdigungskosten[4230] – Unterhaltsschaden[14231]

2. Obliegenheit

3162   Wird der Geschädigte vom Finanzamt auch hinsichtlich solcher Einnahmen zur Steuer veranlagt, die steuerfrei sind, muss er **Rechtsmittel** einlegen. Werden Rechtsmittelfristen versäumt, kann der Verletzte vom für den ursprünglichen Schaden verantwortlichen Schädiger (bzw. dessen Haftpflichtversicherer) keine Freistellung wegen der ihn treffenden Steuerbelastung verlangen. Hat der Verletzte einen Vertreter (vor allem Eltern, Vormund, Anwalt), gehen dessen Versäumnisse zu seinen Lasten (§§ 254 II 2, 278 BGB); es bestehen aber möglicherweise Schadenersatzansprüche gegenüber diesem Vertreter.

3163   Da die Steuerlast Jahr für Jahr neu bestimmt wird, ist auch in alten Schadenfällen die steuerrechtliche Veranlagung abzuändern, soweit hier noch keine Rechtskraft eingetreten ist.

4225 BFH v. 26.11.2008 – X R 31/07 – jurisPR-VerkR 4/2009 Anm. 1 (Anm. Jahnke) = NJW 2009, 1229; Jahnke, Abfindung von Personenschadenansprüchen, 2. Aufl. 2008, § 4 Rn. 24, 29 mwN.

4226 BMF v. 15.7.2009 – IV C 3 -S 2255/08/10012 – BStBl I 2009, 836 = DB 2009, 1733 (inhaltlich gleichlautend Bayerisches Landesamt für Steuern v. 4.9.2009 – S 2255.1.1-6/2 ST32/St33 –).

4227 Jahnke, Abfindung von Personenschadenansprüchen, § 4 Rn. 27, 29.

4228 BFH v. 14.12.1994 – X R 106/92 – BFHE 176, 402, BFH v. 25.10.1994 – VIII R 79/91 – NJW 1995, 1238 = VersR 1995, 856 (klarstellend gegenüber BFH v. 19.10.1978 – VIII R 9/77 – r+s 1980, 20). Ebenso: Anordnung des Bundesministers der Finanzen mit Schr. v. 8.11.1995 (IV B 3 – S 2255 – 22/95) NZV 1996, 140. A.A. vor Änderung der BFH-Rechtsprechung: BGH v. 23.5.1985 – III ZR 69/84 – NJW 1985, 3011 = VersR 1985, 859.

4229 BFH v. 25.10.1994 – VIII R 79/91 – NJW 1995, 1238 = VersR 1995, 856. Ebenso: Erlass des Finanzministers Brandenburg v. 3.4.1995 (– 34 – S 2255 – 2/95) SP 1995, 236 und die Anordnung des Bundesministers der Finanzen mit Schr. v. 8.11.1995 (IV B 3 – S 2255 – 22/95) NZV 1996, 140.

4230 BFH v. 25.10.1994 – VIII R 79/91 – NJW 1995, 1238 = VersR 1995, 856.

4231 BFH v. 26.11.2008 – X R 31/07 – jurisPR-VerkR 4/2009 Anm. 1 (Anm. Jahnke) = NJW 2009, 1229; OLG Brandenburg v. 20.12.2000 – 14 U 84/99 – NZV 2001, 213, OLG Nürnberg v. 9.4.1997 – 4 U 1841/96 – NZV 1997, 439.

3. Verdienstausfall

Ersatz für Verdienstausfallschaden ist zu versteuern. Die hierbei auftau- **3164**
chenden steuerrechtlichen Probleme (erwähnt sei nur die Abrechnung auf
Brutto- oder Nettobasis[4232]) sind im Bereich der zivilrechtlichen Schadenabwicklung zu klären. Nach §§ 2 I, 24 Nr. 1 lit. a EStG unterliegen (nur)
als Ersatz für entgangene oder entgehende Einnahmen gewährte Entschädigungen der Steuerpflicht. Entschädigungen in diesem Sinne können bei allen Einkunftsarten in Betracht kommen[4233] und erfassen auch die Leistungen
aufgrund haftpflichtrechtlicher Bestimmungen.

a) Berechnung

Das hypothetische Bruttoeinkommen ist um die Steuerbelastung (Einkom- **3165**
mensteuer, Kirchensteuer, Solidarzuschlag) zu kürzen.[4234]

Bei der Schadenberechnung sind steuerliche Vergünstigungen (wie Pro- **3166**
gressionsdifferenz, **Steuerbegünstigung** von Sozialleistungen [ua. Krankengeld, Erwerbsminderungsrente] etc.) zugunsten des Schädigers zu berücksichtigen. Der Schädiger genügt seiner Substantiierungspflicht, wenn
er darlegt, bei welchen Steuerpositionen der Geschädigte schadenbedingt
Steuervorteile erlangt. Zahlenangaben braucht er dabei nicht zu machen,
denn die Tatbestände der steuerlichen Auswirkungen ergeben sich aus den
entsprechenden Gesetzen. Allein schon wegen der Nähe zu den in seiner
Sphäre liegenden Umständen hat der Geschädigte die Darlegungs- und Beweislast.[4235]

Unzulässig und falsch ist, die ersparte Steuer auf den entgangenen Lohn **3167**
mit der Steuer auf den Schadensersatz gleichzusetzen;[4236] die Steuer auf den
Schadensersatz ist regelmäßig (nicht zuletzt wegen der Steuerbegünstigung
der Sozialleistungen) deutlich geringer.

4232 Im Detail dazu Jahnke, Der Verdienstausfall im Schadensersatzrecht, Kap 3
Rn. 261 ff., ferner BGH v. 9.11.2010 – VI ZR 300/08 – NJW 2011, 1146 = VersR
2011, 229.
4233 BFH v. 26.5.1965 – I 84/63 U – BStBl III 1965, 480, BFH v. 17.12.1959 – IV
223/58 U – BStBl III 1960, 72.
4234 BGH v. 17.11.2005 – III ZR 350/04 – NJW 2006, 499 = VersR 2006, 413; OLG
Hamm v. 26.3.1998 – 6 U 214/95 – r+s 1999, 372 (Zusammenveranlagung von
Ehegatten).
4235 BGH v. 10.2.1987 – VI ZR 17/86 – NJW 1987, 1814 = VersR 1987, 668. Siehe
auch BGH v. 28.9.1999 – VI ZR 165/98 – VersR 2000, 65.
4236 Langenick »Probleme bei der Ermittlung des Erwerbsschadens, insbesondere
der Nachweis der Unpraktikabilität der Bruttolohnmethode auch bei sozialversicherten Geschädigten« NZV 2009, 257, 318. Siehe auch BGH v. 9.11.2010
– VI ZR 300/08 – NJW 2011, 1146 = VersR 2011, 229.

b)   Ersatz von Mehrsteuer

3168   Nur soweit der Geschädigte die ermittelte und vom Schädiger zu erstattende Schadensersatzrente als Einkommen zu versteuern hat, muss ihm der Schädiger auch denjenigen Steuerbetrag erstatten, mit dem die Finanzverwaltung den Geschädigten belastet, nachdem letzterem der zu versteuernde Teil des Nettoverdienstausfallschadens ersetzt wurde.[4237] Zu ersetzen ist nur die (anteilige) **Mehrsteuer**, die auf den erstatteten Betrag entfällt, nicht jedoch die gesamte Steuerlast.[4238]

3169   Steuern sind **nicht fiktiv** zu ersetzen, sondern nur soweit ihr Anfall konkret nachgewiesen ist.[4239] Die Erstattung von Steuerbeträgen kann vom Schädiger erst verlangt werden, wenn die Steuerveranlagung des Geschädigten durchgeführt ist.[4240]

3170   Soweit Lohn-/Einkommensteuer zu erstatten ist, ist auch der **Solidaritätszuschlag** sowie eine etwaige **Kirchensteuer** anteilig zu ersetzen.

c)   Drittleistungen

3171   Drittleistungen sind mit ihrem Nettobetrag gegenzurechnen.

4.   Haushaltsführungsschaden

3172   Der Ausfall eines **Verletzten** im Haushalt ist, soweit die Haushaltsführung zugunsten der Familienangehörigen erfolgt, rechtlich zwar als »Erwerbstätigkeit« (§ 842 BGB) zu qualifizieren; diese zivilrechtliche Einordnung

---

4237   BFH v. 25.10.1994 – VIII R 79/91 – NJW 1995, 1238 = VersR 1995, 856; BGH v. 17.11.2005 – III ZR 350/04 – NJW 2006, 499 = VersR 2006, 413, BGH v. 2.12.1997 – VI ZR 142/96 – NJW 1998, 985 = VersR 1998, 333, BGH v. 10.4.1979 – VI ZR 151/75 – NJW 1979, 1501 = VersR 1979, 670, BGH v. 19.3.1974 – VI ZR 19/73 – VersR 1974, 700; OLG Oldenburg v. 13.2.1991 – 4 U 83/90 – r+s 1992, 414.

4238   BGH v. 2.12.1997 – VI ZR 142/96 – NJW 1998, 985 = VersR 1998, 333, BGH v. 10.4.1979 – VI ZR 151/75 – NJW 1979, 1501 = VersR 1979, 670; KG v. 17.6.1999 – 12 U 2463/98 – KGR 2000, 239 (BGH hat die Revision nicht angenommen, Beschl. v. 9.5.2000 – VI ZR 293/99 –), OLG Oldenburg v. 13.2.1991 – 4 U 83/90 – r+s 1992, 414.

4239   BGH v. 2.12.1997 – VI ZR 142/96 – NJW 1998, 985 = VersR 1998, 333; OLG Celle v. 15.5.2007 – 14 U 56/06 – OLGR 2007, 505, OLG München v. 18.9.1998 – 10 U 5352/97 – r+s 1999, 417 (Anm. Lemcke) (BGH hat die Revision nicht angenommen, Beschl. v. 6.7.1999 – VI ZR 352/98 –), OLG Nürnberg v. 9.4.1997 – 4 U 1841/96 – NZV 1997, 439(490).

4240   BGH v. 10.12.1992 – IX ZR 54/92 – NJW 1993, 1137 = VersR 1993, 446 (Rechtskraft des Bescheides ist abzuwarten), BGH v. 3.12.1992 – IX ZR 61/92 – NJW 1993, 1139 = VersR 1993, 443 (Nicht vor Erlass des Steuerbescheides); OLG Celle v. 15.5.2007 – 14 U 56/06 – OLGR 2007, 505, OLG München v. 28.8.1980 – 10 U 1469/80 – VersR 1981, 169, OLG Oldenburg v. 13.2.1991 – 4 U 83/90 – r+s 1992, 414.

führt aber nicht zur Anwendung von § 22 EStG. Da die Haushaltsführung in der Familie kein steuerbarer Einkommenstatbestand ist, sind Ersatzleistungen wegen Haushaltsführungsschadens nicht zu versteuern.[4241]

Im Falle der **Tötung** sind Barunterhalt und Naturalunterhalt nur zwei Seiten des entzogenen Unterhalts iSv § 844 BGB. Ein steuerbarer Tatbestand entfällt.[4242]   **3173**

5. Entgangene Dienste

Soweit nach § 845 BGB Ersatz zu leisten ist, unterliegt diese Zahlung nicht der Versteuerung.[4243]   **3174**

6. Steuerfreie Einnahmen

Anlässlich einer Schadenregulierung erbringt nicht nur der Schadenersatzpflichtige Barleistungen, Geschädigte erhalten auch von dritter Seite Leistungen. Die Steuerfreiheit dieser Leistungen ist zugunsten des ersatzpflichtigen Schuldners zu berücksichtigen, wobei teilweise der steuerrechtliche Progressionsvorbehalt zu beachten ist.[4244]   **3175**

Hervorzuheben ist für Selbständige, dass Beiträge zur gesetzlichen Unfallversicherung einerseits zwar Betriebsausgaben sind, andererseits die Versicherungsleistungen trotzdem steuerfrei bleiben.[4245]   **3176**

V. Technik und Aspekte der Kapitalisierung

1. Faktoren der Kapitalabfindung

Die Berechnung des Kapitalbetrages wird durch folgende **Faktoren** wesentlich bestimmt: **3177**

- **Laufzeit** des Schadensersatzes,
- **Zahlungsweise** der Rente,

4241 BFH v. 26.11.2008 – X R 31/07 – jurisPR-VerkR 4/2009 Anm. 1 (Anm. Jahnke) = NJW 2009, 1229; Jahnke, Abfindung von Personenschadensansprüchen, 2. Aufl. 2008, § 4 Rn. 24, 29 mwN.

4242 BFH v. 26.11.2008 – X R 31/07 – jurisPR-VerkR 4/2009 Anm. 1 (Anm. Jahnke) = NJW 2009, 1229; Jahnke, Unfalltod und Schadenersatz, Kap 7 Rn. 63.

4243 BMF v. 15.7.2009 – IV C 3 -S 2255/08/10012 – BStBl I 2009, 836 = DB 2009, 1733 (inhaltlich gleichlautend Bayerisches Landesamt für Steuern v. 4.9.2009 – S 2255.1.1-6/2 ST32/St33 –).

4244 Zu Einzelheiten Jahnke, Der Verdienstausfall im Schadensersatzrecht, Kap 16 Rn. 84 ff.

4245 OFD Magdeburg, Verfügung v. 9.7.2004 – S 2144 – 33 – St 211 – DB 2004, 2191.

Jahnke

– rechnerischer **Zinsfuß,**
– voraussichtliche **Änderungen der Rentenhöhe,**
– voraussichtliches **Ende der Rentenhöhe.**

3178 Die einzelnen Berechnungsfaktoren sind je nach den Besonderheiten des Falles zu schätzen, wobei Prognosen zur künftigen Entwicklung der Lebensumstände des Verletzten / Getöteten und der wirtschaftlichen Daten zu treffen sind.[4246]

a) Zeitraum[4247]

3179

Schadenersatz-leistung	Zeitraum	wichtige Veränderungen
Heilbehandlung vermehrte Bedürfnisse	Dauer der gesundheitlichen Beeinträchtigung (u.U. lebenslang)	– Verbesserung / Verschlechterung im gesundheitlichen Status – Wechsel in der Art der Versorgung (stationär, ambulant) – verletzungsfremde Erkrankung
Erwerbsschaden	Ende des voraussichtlichen Erwerbslebens	– Veränderungen im hypothetischen Weg des Arbeitslebens
Beitragsregress (§ 119 SGB X)	Dauer der rentenversicherungspflichtigen Tätigkeit	– Veränderung in der Art der versicherungsrechtlich relevanten Tätigkeit
Haushalts-führung (Verletzung)	tendenziell bis 75. Lebensjahr (bei langfristiger Betrachtung)	– Veränderungen im familiären Zuschnitt
Haushalts-führung (Tod)	– bis 75. Lebensjahr (hypothetisch) des Verstorbenen – Wegfall/Verringerung der Unterhaltspflichtung aus familienrechtlichen Gründen – Lebensende des Unterhaltsberechtigten	– Veränderungen im familiären Zuschnitt – Veränderungen in der hypothetischen Leistungsfähigkeit des Getöteten – hypothetischer Tod des Unterhaltsberechtigten – Vollendung des 18. Lebensjahres bei unterhaltsberechtigten Kindern

---

4246 BGH v. 8.1.1981 – VI ZR 128/79 – NJW 1981, 818 = VersR 1981, 283 (Anm. Nehls), BGH v. 24.4.1990 – VI ZR 183/89 – MDR 1990, 809 = VersR 1990, 907.
4247 Siehe ausführlich Jahnke, Abfindung von Personenschadenansprüchen, § 1 Rn. 165 ff.

Jahnke

entgangene Dienste	Ende der familienrechtlichen Dienstpflicht	– Begründung eines Arbeitsverhältnisses – Auszug (auch hypothetischer) aus der elterlichen Wohnung
Unterhalt	– mutmaßliches Lebensende des getöteten Unterhaltsverpflichteten – Wegfall/Verringerung der Unterhaltspflichtung aus familienrechtlichen Gründen – Lebensende des Unterhaltsberechtigten	– Veränderungen im hypothetischen Einkommen des Getöteten – Veränderungen im familiären Zuschnitt – Veränderung der Einkommensverhältnisse beim Unterhaltsberechtigten
Schmerzensgeldrente	lebenslang	Abänderung nur ausnahmsweise

Weitere Veränderungen ergeben sich beispielsweise unter den Aspekten der **überholenden Kausalität** (u.a. anderweitige Erkrankung oder Pflegebedürftigkeit), aber auch der **verkürzten Lebenserwartung** (unabhängig von der Frage, ob diese auf dem Haftungsfall beruht oder hiervon fremd ist). **3180**

Übernehmen Eltern oder Geschwister die Pflege eines schwer verletzten Kindes, ist zu sehen, dass deren Kräfte nicht unerschöpflich sind. Häufig werden gerade die **psychischen Belastungen** unterschätzt. Älterwerden und Erschöpfung der (pflegerischen) Kräfte der betreuenden Familienangehörigen müssen gesehen werden, um die daran anknüpfende Frage zu beantworten, was nach dem Fortfall der familiären Pflege passieren wird. **3181**

b) Zahlungsweise der Rente

Nach §§ 843 II, 760 BGB sind Schadenersatzrenten (auf Verlangen des Ersatzberechtigten) drei Monate im Voraus zu zahlen. **3182**

c) Zinsfuß

Es ist ein realistischer[4248] Zinsfuß zugrunde zu legen, der der Effektivverzinsung entspricht, die auf dem Kapitalmarkt für Rentenwerte von vergleichbarer Laufzeit erzielt wird. Nicht abzustellen ist etwa auf die im Schadenzeitpunkt üblichen Zinssätze, sachgerechter ist vielmehr die Abstellung auf einen langfristigen Durchschnittssatz.[4249] Abzustellen ist nicht auf Sparbuchzinsen, sondern auf den Geld- und Wertpapiermarkt auch außerhalb mündelsicherer Anlagen. **3183**

4248 BGH v. 22.1.1986 – IVa ZR 65/84 – VersR 1986, 552 (Ergänzung der Urteilsgründe der zuvor bereits unvollständig abgedruckten Entscheidung in VersR 1986, 392).
4249 BGH v. 22.1.1986 – IVa ZR 65/84 – VersR 1986, 392, 552.

Jahnke

3184   Die Steuergesetzgebung geht bei der Umstellung der Pensionsrückstellung von einer Mindest-Renditeerwartung von **6%** aus (§ 6a III, letzter Satz EStG). Der gesetzliche Zinsfuß beträgt zwar nach § 246 BGB 4%, nach §§ 288 I, 291 BGB wird der Basiszinssatz um weitere 5 Prozentpunkte aufgestockt.

3185   Ein Zinsfuß von **5,5 – 6%** wird vom Gesetzgeber (z.B. bei Haftungshöchstsummen[4250]) und den Finanzverwaltungen als Ausgangspunkt der Berechnung von Kapitalwerten angenommen.[4251]

3186   Die Praxis (Rechtsprechung[4252] und Literatur[4253]) legt regelmäßig einen Zinsfuß von **5 – 5,5 %** zugrunde. Dieses gilt auch für die Gerichte bei der Abwägung u.a. von Schmerzensgeldgeldrenten.

4250   Siehe § 117 BBergG; §§ 9, 10 HaftpflG; § 37 LuftVG; § 10 ProdHG, § 12 I StVG aF, § 15 UmweltHG.

4251   § 19 des Gesetzes zur Verbesserung der betrieblichen Altersversorgung v. 19.12.1974 (BGBl I 1974, 3610 ff.) fasste § 6a III 3 EStG dahingehend, dass bei der Berechnung des Teilwertes der Pensionsverpflichtungen ein Rechnungszinsfuß von 5,5% anzuwenden ist (BGBl I 1974, 3620). Durch das 2. Haushaltsstrukturgesetz v. 22.12.1981 (BGBl I 1982, 235 ff.) wurde dieser Rechnungszinsfuß dann auf 6% erhöht (zum zeitlichen Geltungsbereich siehe § 52 VIII EStG). Dieser Zinsfuß gilt unverändert (§ 6a III Nr. 2 S. 2 EStG). § 13 III BewertungsG (zuletzt geändert durch Gesetz zur Änderung steuerlicher Vorschriften [Steueränderungsgesetz 2001 – StÄndG 2001] v. 20.12.2001, BGBl I 2001, 3794, 3807) sieht für den Kapitalwert wiederkehrender Nutzungen und Leistungen ebenfalls 5,5% als Zinssatz vor.

4252   BFH v. 30.7.2003 – X R 12/01 – NJW 2004, 1756; BGH v. 8.1.1981 – VI ZR 128/79 – VersR 1981, 283 (285 re. Sp.); KG v. 2.9.2002 – 12 U 1969/00 – NZV 2003, 416, OLG Brandenburg v. 9.2.2006 – 12 U 116/05 – r+s 2006, 260, OLG Brandenburg v. 10.9.2002 – 11 U 24/98 – VersR 2004, 382 (BGH hat Revision nicht angenommen, Beschl. v. 3.2.2003 – VI ZR 341/02 –), OLG Celle v. 14.7.2005 – 14 U 17/05 – VersR 2006, 1085, OLG Celle v. 7.10.2004 – 14 U 27/04 – NZV 2006, 95 (BGH hat Revision nicht angenommen, Beschl. v. 15.3.2005 – VI ZR 278/04), OLG Hamm v. 12.9.2003 – 9 U 50/99 – zfs 2005, 1223 (Anm. Diehl), OLG Hamm v. 12.2.2001 – 13 U 147/00 – SP 2001, 267, OLG Thüringen v.12.8.1999 – 1 U 1622/98 – zfs 1999, 419, OLG Naumburg v. 28.11.2001 – 1 U 161/99 – VersR 2002, 1295, OLG Nürnberg, Verfügung v. 6.7.2004 – 2 U 1260/04 – NZV 2008, 349 (Anm. Küppersbusch) (zu 2.d.), OLG Oldenburg v. 7.5.2001 – 15 U 6/01 – SP 2002, 56, OLG Stuttgart v. 4.1.2000 – 14 U 31/98 – VersR 2001, 1560 (BGH hat Revision nicht angenommen, Beschl. v. 6.3.2001 – VI ZR 51/00 –), OLG Stuttgart v. 30.1.1997 – 14 U 45/95 – VersR 1998, 366 (BGH hat Revision nicht angenommen, Beschl. v. 14.10.1997 – VI ZR 62/97 –).

4253   Burmann/Heß/Jahnke/Janker, § 843 BGB Rn. 47, Jahnke »Schadenrechtliche Aspekte der Schmerzensgeldrente – zugleich Anmerkung zu OLG Brandenburg, Urteil v. 9.2.2006 – 12 U 116/05 –« r+s 2006, 228, Küppersbusch Rn. 869, Lang »Der Abfindungsvergleich beim Personenschaden« VersR 2005, 894, Langenick/Vatter »Aus der Praxis für die Praxis: Die aufgeschobene Leibrente – ein Buch mit sieben Siegeln ?« NZV 2005, 10 (zu II.2).

Jahnke

d) Änderungen der Rentenhöhe

Nachgewiesene (§ 252 BGB, § 287 ZPO) zukünftige **positive** (insbeson- **3187**
dere berufliche) **Weiterentwicklungen** (z.b. Beförderung, Alters- und Er-
fahrungsstufen, beruflicher Aufstieg; tarifliche Gehaltssteigerungen nur
soweit, wie nicht durch den Kapitalisierungsfaktor bereits ausreichend
kompensiert), aber auch **Verringerungen** (z.B. mit hypothetischem Eintritt in den Ruhestand; Mitarbeitspflicht im Haushalt nach Pensionierung;
vorzeitiges Ausscheiden aus dem Beruf) oder **Wegfall** des Einkommens
(wegen überholender Kausalität) sind wie eine aufgeschobene Rente ab
dem jeweiligen Zeitpunkt der Änderung zu kapitalisieren (Berechnung mit
Differenzfaktor).[4254]

Gleiches gilt für bereits eingetretene, aber auch absehbare (unfallkausale **3188**
oder unfallfremde) Veränderungen im **gesundheitlichen Status**.

Auch veränderte Einkommensverhältnisse des Ehegatten sind zu berück- **3189**
sichtigen. So verändert beispielsweise der Wegfall des Einkommens des
Partners einerseits die Steuerbelastung, andererseits verkürzt dessen eigene
Altersrente aufgrund früherer Tätigkeit den Unterhaltsschaden.

2. Tabellen

a) Einleitung

Der Ermittlung des Multiplikators des Jahresschadenbetrages (= Kapitali- **3190**
sierungsfaktor) dienen sog. Kapitalisierungstabellen, die die mathematische
Grundlage der Kapitalisierung bilden. Diese Tabellen berücksichtigen rein
mathematisch-statistisch Laufzeit, Höhe der zwischenzeitlichen Verzinsung und die allgemeine (nicht aber individuelle) Versterblichkeit des Verletzten bzw. im Todesfall in speziellen Tabellen (»verbundene Leben«) zusätzlich die getrennt zu sehende Versterblichkeit des anspruchsberechtigten
Hinterbliebenen. Andere Faktoren (z.B. der überholenden Kausalität oder
Vorversterblichkeit) müssen zusätzlich individuell berücksichtigt werden.

Ist der zu kapitalisierende Betrag höhenmäßig nicht gleichbleibend (z.B. bei **3191**
Unterhaltsschaden mehrerer Berechtigter,[4255] Verdienstausfall und Rentenminderungsschaden[4256]), bedingt dieses eine entsprechend differenzierte Berechnung.

b) Feste Laufzeit

Verständigt man sich im Rahmen der Regulierung auf eine feste Restlaufzeit **3192**
(z.B. noch 10 Jahre) ohne anderweitige Einflussfaktoren (wie zwischenzeit-

---

4254 Siehe Beispiel 4 (Rdn. 3226).
4255 Siehe Beispiel 8 (Rdn. 3240).
4256 Zur Berechnungsmethodik siehe Beispiel 4 (Rdn. 3226).

Jahnke

liche allgemeine Vorversterblichkeit), findet die Zeitrententabelle Anwendung.

3193 Die Zeitrententabelle ermittelt ausschließlich aufgrund mathematischer Formel den Multiplikator (Kapitalisierungsfaktor), ohne dass auf zwischenzeitliche Versterblichkeiten oder anderweitige – die Laufzeit beeinflussende – Faktoren (wie z.B. schadenfremde Erkrankungen oder Arbeitsplatzgefährdungen) Rücksicht genommen wird.

3194 **Kapitalisierung (Formel)**

> **Jahresbetrag × Kapitalisierungsfaktor = Auszahlungsbetrag**

3195 Bei der Berechnung mit Differenzfaktoren ist die Zeittabelle hilfreich, auch wenn damit die mathematische Exaktheit durchbrochen wird.

aa) Zeitrententabelle

3196 Die nachstehende Zeitrententabelle enthält Kapitalisierungsfaktoren bei einer Abzinsung (Anlagezins 4% – 8%) über einen Zeitraum von < y > Jahren.

3197 Die Berechnung des Kapitalbetrages ist wie folgt vorzunehmen: Nachdem Monatsbetrag und Laufzeit (z.B. die restliche Lebenserwartung oder ein fester Kapitalisierungszeitraum) feststehen, wird der dem Zinssatz zugehörige Kapitalisierungsfaktor (KF) herausgesucht.

3198

Beispiel 2:	Monatlicher Zahlbetrag 400,00 €. Die restliche Lebenserwartung wird konkret mit noch 25 Jahren, der Zinssatz mit 5% angenommen.

Ergebnis: 400,00 € / Monat × 12 Monate × KF 14,09394 = 67.648,77 €

3199 Zeitrententabelle

y Jahre	Zins					
	4%	5%	5,5%	6%	7%	8%
1	0,96154	0,95238	0,94787	0,94340	0,93458	0,92593
2	1,87869	1,85941	1,84632	1,83339	1,80802	1,78326
3	2,77509	2,72325	2,69793	2,67301	2,62432	2,57710
4	3,62990	3,54595	3,50515	3,46511	3,38721	3,31213
5	4,45182	4,32948	4,27028	4,21236	4,10020	3,99271
6	5,24214	5,07569	4,99553	4,91732	4,76654	4,62288
7	6,00205	5,78637	5,68297	5,58238	5,38929	5,20637
8	6,73274	6,46321	6,33457	6,20979	5,97130	5,74664
9	7,43533	7,10782	6,95220	6,80169	6,51523	6,24689
10	8,11090	7,72173	7,53763	7,36009	7,02336	6,71008

Jahnke

y Jahre	Zins					
	4%	5%	5,5%	6%	7%	8%
11	8,76048	8,30641	8,09254	7,88687	7,49867	7,13896
12	9,38507	8,86325	8,61852	8,38384	7,94269	7,53608
13	9,98565	9,39357	9,11708	8,85268	8,35765	7,90378
14	10,56312	9,89864	9,58965	9,29498	8,74547	8,24424
15	11,11839	10,37966	10,03758	9,71225	9,10791	8,55948
16	11,65230	10,83777	10,46216	10,10590	9,44665	8,85137
17	12,16567	11,27407	10,86461	10,47726	9,76322	9,12164
18	12,65930	11,68959	11,24607	10,82760	10,05909	9,37189
19	13,13394	12,08532	11,60765	11,15812	10,33560	9,60360
20	13,59033	12,46221	11,95038	11,46992	10,59401	9,81815
21	14,02916	12,82115	12,27524	11,76408	10,83553	10,01680
22	14,45112	13,16300	12,58317	12,04158	11,06124	10,20074
23	14,85684	13,48857	12,87504	12,30338	11,27219	10,37108
24	15,24696	13,79864	13,15170	12,55036	11,46933	10,52876
25	15,62208	14,09394	13,41393	12,78336	11,65358	10,67478
26	15,98277	14,37519	13,66250	13,00317	11,82578	10,80998
27	16,32959	14,64303	13,89810	13,21053	11,98671	10,93516
28	16,66306	14,89813	14,12142	13,40618	12,13711	11,05108
29	16,98371	15,14107	14,33310	13,59072	12,27767	11,15841
30	17,29203	15,37245	14,53375	13,76483	12,40904	11,25778
31	17,58849	15,59281	14,72393	13,92909	12,53181	11,34980
32	17,87355	15,80268	14,90420	14,08404	12,64656	11,43500
33	18,14765	16,00255	15,07507	14,23023	12,75379	11,51389
34	18,41120	16,19290	15,23703	14,36814	12,85401	11,58693
35	18,66461	16,37419	15,39055	14,49825	12,94767	11,65457
36	18,90828	16,54685	15,53607	14,62099	13,03521	11,71719
37	19,14258	16,71129	15,67400	14,73678	13,11742	11,77518
38	19,36786	16,86789	15,80474	14,84602	13,19347	11,82887
39	19,58448	17,01704	15,92866	14,94907	13,26493	11,87858
40	19,79277	17,15909	16,04612	15,04630	13,33171	11,92461
41	19,99305	17,29437	16,15746	15,13802	13,39412	11,96723
42	20,18563	17,42321	16,26300	15,22454	13,45245	12,00670
43	20,37079	17,54591	16,36303	15,30617	13,50696	12,04324
44	20,54884	17,66277	16,45785	15,38318	13,55791	12,07707
45	20,72004	17,77407	16,54773	15,45583	13,60552	12,10840
46	20,88465	17,88007	16,63292	15,52437	13,65002	12,13741
47	21,04294	17,98102	16,71366	15,58903	13,69161	12,16427
48	21,19513	18,07716	16,79020	15,65003	13,73047	12,18914
49	21,34147	18,16872	16,86275	15,70757	13,76680	12,21216
50	21,48218	18,25593	16,93152	15,76186	13,80075	12,23348

Jahnke

bb) Abzinsungstabelle

3200   Will man erst in ‹n› Jahren fällige Beträge bereits zu einem vorgezogenen Zeitpunkt (also »heute«) auskehren, müssen die Zinsen bis zum in der Zukunft liegenden Fälligkeitstermin berücksichtigt werden. Der heutige Barwert einer erst zukünftig fällig werdenden Einmalzahlung bestimmt sich wie folgt:

3201   **Abzinsung (Formel)**

> **Zukünftiger** (erst in **n** Jahren fälliger) **Einmalbetrag × Abzinsungsfaktor = heutiger Barwert**

3202   Die Berechnung des »heute« zu zahlenden Kapitalbetrages ergibt sich danach wie folgt: Nachdem der in Zukunft (d.h. in ‹ n › Jahren) fällige Einmalbetrag feststeht, wird der dem Zinssatz zugehörige Abzinsungsfaktor der Abzinsungstabelle (Rdn. 3197) entnommen und der Zukunftsbetrag entsprechend reduziert:

Beispiel 3:	Erst in 10 Jahren soll ein Betrag von 100.000 € ausgezahlt werden. Wenn dieser Betrag bereits heute ausgekehrt werden soll, ist bei einem Zinsfuß von 5% wie folgt zu rechnen:
Ergebnis:	**100.000 € × Abzinsungsfaktor 0,614 = 61.400 €** »Heute« wäre damit ein Betrag von 61.400 € zu zahlen.

3203   **Abzinsungstabelle**

n Jahre	Zinsfuß						
	3,0	3,5	4,0	4,5	5,0	5,5	6,0
1	0,971	0,966	0,962	0,957	0,952	0,948	0,943
2	0,943	0,934	0,925	0,916	0,907	0,898	0,890
3	0,915	0,902	0,889	0,876	0,864	0,852	0,840
4	0,888	0,871	0,855	0,839	0,823	0,807	0,792
5	0,863	0,842	0,822	0,802	0,784	0,765	0,747
6	0,837	0,814	0,790	0,768	0,746	0,725	0,705
7	0,813	0,786	0,760	0,735	0,711	0,687	0,665
8	0,789	0,759	0,731	0,703	0,677	0,652	0,627
9	0,766	0,734	0,703	0,673	0,645	0,618	0,592
10	0,744	0,709	0,676	0,644	0,614	0,585	0,558
11	0,722	0,685	0,650	0,616	0,585	0,555	0,527
12	0,701	0,662	0,625	0,590	0,557	0,526	0,497
13	0,681	0,639	0,601	0,564	0,530	0,499	0,469
14	0,661	0,618	0,577	0,540	0,505	0,473	0,442
15	0,642	0,597	0,555	0,517	0,481	0,448	0,417
16	0,623	0,577	0,534	0,494	0,458	0,425	0,394
17	0,605	0,557	0,513	0,473	0,436	0,402	0,371
18	0,587	0,538	0,494	0,453	0,416	0,381	0,350

n Jahre	Zinsfuß						
	3,0	3,5	4,0	4,5	5,0	5,5	6,0
19	0,570	0,520	0,475	0,433	0,396	0,362	0,331
20	0,554	0,503	0,456	0,415	0,377	0,343	0,312
21	0,538	0,486	0,439	0,397	0,359	0,325	0,294
22	0,522	0,469	0,422	0,380	0,342	0,308	0,278
23	0,507	0,453	0,406	0,363	0,326	0,292	0,262
24	0,492	0,438	0,390	0,348	0,310	0,277	0,247
25	0,478	0,423	0,375	0,333	0,295	0,262	0,233
26	0,464	0,409	0,361	0,318	0,281	0,249	0,220
27	0,450	0,395	0,347	0,305	0,268	0,236	0,207
28	0,437	0,382	0,333	0,292	0,255	0,223	0,196
29	0,424	0,369	0,321	0,279	0,243	0,212	0,185
30	0,412	0,356	0,308	0,267	0,231	0,201	0,174
31	0,400	0,344	0,296	0,256	0,220	0,190	0,164
32	0,388	0,333	0,285	0,244	0,210	0,180	0,155
33	0,377	0,321	0,274	0,234	0,200	0,171	0,146
34	0,366	0,310	0,264	0,224	0,190	0,162	0,138
35	0,355	0,300	0,253	0,214	0,181	0,154	0,130
36	0,345	0,290	0,244	0,205	0,173	0,146	0,123
37	0,335	0,280	0,234	0,196	0,164	0,138	0,116
38	0,325	0,271	0,225	0,188	0,157	0,131	0,109
39	0,316	0,261	0,217	0,180	0,149	0,124	0,103
40	0,307	0,253	0,208	0,172	0,142	0,117	0,097
41	0,298	0,244	0,200	0,165	0,135	0,111	0,092
42	0,289	0,236	0,193	0,157	0,129	0,106	0,087
43	0,281	0,228	0,185	0,151	0,123	0,100	0,082
44	0,272	0,220	0,178	0,144	0,117	0,095	0,077
45	0,264	0,213	0,171	0,138	0,111	0,090	0,073
46	0,257	0,205	0,165	0,132	0,106	0,085	0,069
47	0,249	0,199	0,158	0,126	0,101	0,081	0,065
48	0,242	0,192	0,152	0,121	0,096	0,077	0,061
49	0,235	0,185	0,146	0,116	0,092	0,073	0,058
50	0,228	0,179	0,141	0,111	0,087	0,069	0,054

c) Variable Laufzeit

aa) Verletztenbezogene Eckpunkte

Die Rechtslage gibt teilweise feste **Eckpunkte** für die Laufzeit von Scha- **3204**
denrenten vor, die neben einer **Versterblichkeit** zu beachten sind:[4257] Der
Verdienstausfallschaden eines nicht-selbständig Tätigen ist im Ausgangspunkt bis zur Regelaltersrente (die je nach Geburtsjahr[4258] und Berufs-

---

4257 Siehe auch Rdn. 3179 ff.
4258 Jahnke, Der Verdienstausfall im Schadensersatzrecht, Kap 3 Rn. 202 ff.

Jahnke

gruppe[4259] stark differiert) abzuwickeln, es sei denn, eine kürzere Laufzeit wird nachgewiesen; der Haushaltsführungsschaden/Naturalunterhalt ist regelmäßig bis längstens dem 75. Lebensjahr zu berücksichtigen. Demgegenüber ist die Erstattung von Heilbehandlungskosten, vermehrten Bedürfnissen, aber auch Schmerzensgeldrenten häufig durch den hypothetischen Tod begrenzt. Unterhaltsschäden finden ihre Grenze in mindestens zwei Eckdaten (Tod des Unterhaltsberechtigten, hypothetischer Tod des Unterhaltsverpflichteten).

3205 Soweit sich der Betrag der Höhe nach auch in der Zukunft verändern kann (beispielsweise Einstieg in Rentenalter, teilweiser Wegfall von Unterhaltsverpflichtungen), ist dem durch **Differenzfaktoren** oder eine adäquate anderweitige Möglichkeit (Abzinsung, aber auch pauschale Risikoabgeltung) Rechnung zu tragen.

3206 Auch wenn der künftige Endzeitpunkt der Schadenzahlung in Jahren festzumachen ist (z.B. 60., 63. Lebensjahr des Anspruchstellers), kann doch der Regulierung nicht die reine Zeittabelle zugrunde gelegt werden, da hierin die **Vorversterblichkeit** vor dem angenommenen Fixpunkt (z.B. dem 63. Lebensjahr) ohne Berücksichtigung bliebe. Aus diesem Grunde sind in die gängigen Regulierungstabellen auch die Versterblichkeiten vor Erreichen des 60., 63. … Lebensjahres eingeflossen und reduzieren zutreffend (allerdings nur geringfügig) den Kapitalisierungsfaktor gegenüber der reinen Zeittabelle.

bb) Sterbetafel

3207 Zu berücksichtigen ist im Ausgangspunkt die allgemeine Lebenserwartung der durch das Lebensalter gekennzeichneten **Personengruppe**, der die verletzte/verstorbene Person angehörte und deren besondere Lebens- und Gesundheitsverhältnisse zu berücksichtigen sind.[4260]

3208 Muss die künftige Forderung bis zum hypothetischen Lebensende des Verletzten kapitalisiert werden, ist die Laufzeit der Sterbetafel zu entnehmen.[4261] Vom Statistischen Bundesamt[4262] werden in Deutschland in regelmäßigen Abständen sog. »Allgemeine Sterbetafeln für die Bundesrepublik Deutschland« ermittelt und veröffentlicht. Diese berücksichtigen die gesamte **deutsche Bevölkerung** der Bundesrepublik, und zwar alle Bevölkerungsgruppen ohne irgendwelche Differenzierungen (beispielsweise nach

---

4259 Jahnke, Der Verdienstausfall im Schadensersatzrecht, Kap 3 Rn. 180 ff, 244 ff, Küppersbusch Rn. 862.

4260 BGH v. 27.1.2004 – VI ZR 342/02 – VersR 2004, 653, BGH v. 25.4.1972 – VI ZR 134/71 – MDR 1972, 769 = VersR 1972, 834; OLG Hamm v. 8.9.1998 – 9 U 86/98 – MDR 1998, 1414.

4261 BGH v. 27.1.2004 – VI ZR 342/02 – VersR 2004, 653 (Die für die zeitliche Begrenzung der Geldrente maßgebliche mutmaßliche Lebensdauer des Getöteten ist im Urteil kalendermäßig anzugeben).

4262 Http://www.destatis.de.

Jahnke

Beruf, Wohnort und Familienstand, Gesundheitszustand). Unterschieden wird ausschließlich nach dem Geschlecht.

Die Sterbetafeln erfassen nur deutche Staatsangehörige.[4263] Für **Staatsangehörige anderer Länder** ist hervorzuheben, dass nicht die allgemeinen deutschen Sterbetafeln der Kapitalisierung zugrunde gelegt werden können, sondern vielmehr auf das Geburtsland und die dortige Lebenserwartung abzustellen ist.[4264] Sterbetafeln europäischer Länder und für das außereuropäisches Ausland finden sich in den statistischen Jahrbüchern für das Ausland des Statistischen Bundesamtes, gestützt auf internationale Quellen.[4265] Für **Gastarbeiter** und **Umsiedler** ab der 2. / 3. Generation in Deutschland können die deutschen Sterbetafeln zugrundegelegt werden.[4266]

3209

Die mutmaßliche Lebensdauer eines **getöteten** Unterhaltspflichtigen ist beim Fehlen individueller Anhaltspunkte (z.B. schadenfremde Erkrankung) anhand derjenigen Sterbetafel zu ermitteln, deren Erhebungsjahr dem Todestag zeitlich am nächsten ist.[4267]

3210

Sterbetafel 2006/2008 (Deutschland)[4268] [4269]

3211

durchschnittliche Restlebenserwartung im Alter x (in Jahren)					
vollendetes Alter x	männlich	weiblich	vollendetes Alter x	männlich	weiblich
0	77,17	82,40	50	29,27	33,71
1	76,49	81,67	51	28,39	32,79
2	75,51	80,70	52	27,53	31,87
3	74,53	79,71	53	26,68	30,96
4	73,54	78,72	54	25,83	30,05
5	72,55	77,73	55	24,99	29,15
6	71,56	76,74	56	24,17	28,25
7	70,56	75,74	57	23,35	27,36
8	69,57	74,75	58	22,53	26,47

4263 BGH v. 8.11.2001 – IX ZR 404/99 – NZV 2002, 268.
4264 BGH v. 8.11.2001 – IX ZR 404/99 – NZV 2002, 268. Küppersbusch Rn. 490.
4265 Internationale Sterbetafeln sind bei Jahnke, Abfindung von Personenschadenansprüchen, § 6 Rn. 73 ff wiedergegeben. Siehe auch http://www.destatis.de/jetspeed/portal/cms/Sites/destatis/Internet/DE/Content/Statistiken/Internationales/InternationaleStatistik/Thema/BevoelkerungArbeitSoziales/Demografie/Demografie,templateId=renderPrint.psml.
4266 Jahnke, Abfindung von Personenschadenansprüchen, § 1 Rn. 356, 358, Küppersbusch, Rn. 490.
4267 BGH v. 27.1.2004 – VI ZR 342/02 – VersR 2004, 653; OLG Hamm v. 8.9.1998 – 9 U 86/98 – MDR 1998, 1414. Jahnke, Unfalltod und Schadenersatz, Kap 7 Rn. 107, 136.
4268 © 2009 Statistisches Bundesamt, Wiesbaden.
4269 Ab dem Alter von 94 Jahren handelt es sich bei der Sterbewahrscheinlichkeit um geschätzte Werte.

durchschnittliche Restlebenserwartung im Alter x (in Jahren)					
vollendetes Alter x	männlich	weiblich	vollendetes Alter x	männlich	weiblich
9	68,58	73,75	59	21,73	25,59
10	67,58	72,76	60	20,93	24,71
11	66,59	71,76	61	20,15	23,84
12	65,60	70,77	62	19,38	22,98
13	64,60	69,78	63	18,61	22,12
14	63,61	68,78	64	17,86	21,27
15	62,62	67,79	65	17,11	20,41
16	61,63	66,80	66	16,38	19,57
17	60,65	65,81	67	15,65	18,72
18	59,67	64,82	68	14,93	17,89
19	58,71	63,84	69	14,23	17,06
20	57,74	62,85	70	13,54	16,25
21	56,78	61,86	71	12,86	15,44
22	55,81	60,88	72	12,20	14,65
23	54,84	59,89	73	11,56	13,88
24	53,87	58,91	74	10,94	13,12
25	52,91	57,92	75	10,34	12,38
26	51,94	56,93	76	9,76	11,66
27	50,97	55,94	77	9,21	10,95
28	50,00	54,96	78	8,67	10,27
29	49,03	53,97	79	8,16	9,61
30	48,06	52,99	80	7,65	8,97
31	47,09	52,00	81	7,17	8,36
32	46,13	51,02	82	6,71	7,78
33	45,16	50,04	83	6,27	7,22
34	44,19	49,05	84	5,86	6,69
35	43,23	48,07	85	5,46	6,19
36	42,27	47,10	86	5,10	5,72
37	41,30	46,12	87	4,78	5,30
38	40,35	45,14	88	4,46	4,90
39	39,39	44,17	89	4,16	4,53
40	38,44	43,20	90	3,84	4,15
41	37,49	42,23	91	3,56	3,80
42	36,55	41,27	92	3,32	3,51
43	35,61	40,31	93	3,10	3,26
44	34,68	39,35	94	2,90	3,06
45	33,76	38,40	95	2,71	2,88
46	32,84	37,45	96	2,54	2,72
47	31,93	36,51	97	2,38	2,54
48	31,04	35,57	98	2,24	2,38

Jahnke

durchschnittliche Restlebenserwartung im Alter x (in Jahren)					
vollendetes Alter x	männlich	weiblich	vollendetes Alter x	männlich	weiblich
49	30,15	34,64	99	2,10	2,23
			100	1,98	2,10

Die Kapitalisierungstabellen berücksichtigen nur die **durchschnittliche** und nicht die individuelle **Lebenserwartung**. Weiteren Einflussfaktoren (vor allem einer **individuellen Vorversterblichkeit** des Verletzten) ist durch Kürzung des Kapitalisierungsfaktors zusätzlich Rechnung zu tragen. Diese individuelle Vorversterblichkeit kann sowohl aus den schadenkausalen Verletzungen resultieren wie auch auf verletzungsfremden Anlageerkranklungen (z.B. Krebserkrankung) oder künftig zu erwartenden Beeinträchtigungen beruhen (z.B. Berufskrankheit) beruhen. Bei **Risikoarbeitsgruppen** (z.B. Schwerarbeit, Untertagetätigkeit) ist die verkürzte Lebensarbeitszeit mit zu berücksichtigen. **3212**

cc) Kapitalisierung bis 60. / 67. Lebensjahr

Bei bis zum 60. ... 67. Lebensjahr befristeten Laufzeiten spielen die Unterschiede in den auf unterschiedliche Sterbetafeln abstellende Kapitalisierungstabellen keine allzu große Rolle.[4270] Da aber gerade der Verdienstausfallschaden, für den diese befristeten Tabellen Anwendung finden, auch anderweitigen Einflussfaktoren unterliegt (z.B. schadenfremde Krankheiten, wirtschaftliche Verschlechterungen), sind die Abweichungen in den Sterbetafeln von nicht erheblicher Bedeutung für die Schadenregulierung. **3213**

dd) Kapitalisierung bis zum Lebensende
(1) Berechnung bei Verletzung – Leibrententabelle

Kombinierte Kapitalisierungstabellen verbinden die Zeittabelle mit einer Sterbetafel und ermitteln aus der Kombination dieser beiden Aspekte und Faktoren dann den Kapitalisierungsfaktor. **3214**

Die Leibrententabellen berücksichtigen nur das allgemeine Vorversterbensrisiko des Verletzten, anderen, insbesondere gesundheitlichen und beruflichen, Faktoren ist zusätzlich Rechnung zu tragen. **3215**

(2) Berechnung im Todesfall – Tabellen »verbundene Leben«

Unterhaltsschäden finden ihre Grenze in u.a. zwei Eckdaten (Tod des Unterhaltsberechtigten, hypothetischer Tod des Unterhaltsverpflichteten), die beide in die Einschätzung der Restlaufzeit von Renten einfließen müssen.[4271] **3216**

4270 Jahnke, Abfindung von Personenschadenansprüchen, § 6 Rn. 55 ff.
4271 OLG Nürnberg, Verfügung v. 6.7.2004 – 2 U 1260/04 – NZV 2008, 349 (Anm. Küppersbusch) (zu 2.c.).

Jahnke

3217 Die (für Verletzungsfälle geltenden) **Leibrententabellen** berücksichtigen nicht das Vorversterbensrisiko der Unterhaltsberechtigten. Sie können daher grundsätzlich nicht der Berechnung zugrunde gelegt werden.

3218 Die **Tabellen »verbundene Leben«** berücksichtigen, ausgehend vom Alter des Mannes und dem Altersunterschied zur Ehefrau, in doppelter Limitierung eine Unterhaltszahlung längstens bis zum mutmaßlichen Lebensende des Getöteten (statistische Lebenserwartung im Todeszeitpunkt) und weiter längstens bis zum Tod des Berechtigten (statistische Lebenserwartung im Kapitalisierungszeitpunkt). Es ist nicht die im Zeitpunkt der Kapitalisierung aktuellste **Sterbetafel** zu verwenden, sondern diejenige, deren **Erhebungsjahr** dem Todestag zeitlich am nächsten ist.[4272]

3219 Spezielle Tabellen, die auf demselben Prinzip aufbauen, existieren für die Kapitalisierung von **Waise**nansprüchen.[4273]

3220 Weitere **individuelle Faktoren** in der Person von Verpflichteten und Berechtigten sind darüber hinaus mit einzubeziehen.

d) Aufgeschobene Zahlungen

3221 Sind Einmalzahlungen (z.B. Kur, Prothese) oder kapitalisierte Forderungen (z.B. Vorverrentungsschaden) erst zu einem in der Zukunft liegenden Zeitpunkt – auch kapitalisiert (doppelte Abzinsung) – fällig, kann der »heute« zu zahlende Betrag (Barwert einer künftigen Forderung) mithilfe von **Abzinsungsfaktoren** (Tabelle Rdn. 3197) gefunden werden.[4274]

3222 Alternativ besteht die Berechnung mit **Differenzfaktoren.**[4275]

3. Aufgeschobene Rente und Differenzberechnung

3223 Ist der zu kapitalisierende Betrag höhenmäßig nicht gleichbleibend (Differenzberechnung) oder beginnt der Schaden erst in späterer Zukunft (aufgeschobene Rente), bedingt dieses eine unterschiedliche Berechnung.

a) Aufgeschobene Rente

3224 Bei einer aufgeschobenen Rente fließen bis zur ersten Fälligkeit der in Zukunft entstehenden Ersatzansprüche die zwischenzeitlichen Zinserträge

---

4272 BGH v. 27.1.2004 – VI ZR 342/02 – VersR 2004, 653; OLG Hamm v. 8.9.1998 – 9 U 86/98 – MDR 1998, 1414.
4273 Z.B. Kerpen VersR 2004, 1533 ff., Küppersbusch, Tabellen III/20 – III/29 (S. 301 ff.).
4274 Zum Thema: Langenick/Vatter »Aus der Praxis für die Praxis: Die aufgeschobene Leibrente – ein Buch mit sieben Siegeln?« NZV 2005, 10 (Korrekturen NZV 2005, 406). Zur Berechnung mit Differenzfaktoren siehe Beispiel 6 (Rdn. 3227).
4275 Zur Berechnung mit Differenzfaktoren siehe u.a. Beispiel 4 (Rdn. 3221).

Jahnke

vollständig dem bereits vor Fälligkeit (»heute«) ausbezahlten Kapital zu und erhöhen diesen Betrag bis zum Fälligkeitstermin.

Unmittelbar einsetzende Rente – Aufgeschobene Rente   **3225**

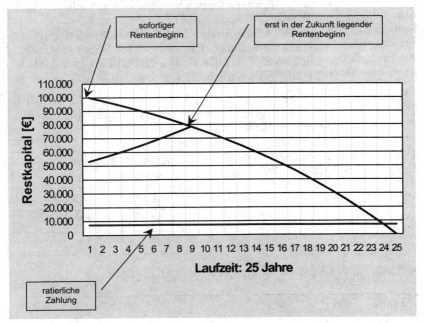

b) Differenzberechnung

Bleibt der für die Zukunft der Kapitalisierung zugrunde zu legende Betrag   **3226**
nicht gleich (z.B. bei einem Unterhaltsschaden mehrerer Berechtigter, Verdienstausfall und daraus resultierendem Rentenminderungsschaden, berufliche Veränderungen), ist diesen Veränderungen durch Differenzfaktoren bei der Kapitalisierung Rechnung zu tragen: Der gesamte Zeitraum, der in die Kapitalisierung einfließen soll, wird daher in entsprechende **Teil-Zeiträume** zerlegt und für jeden Teil-Zeitraum sodann eine eigenständige Berechnung vorgenommen.

c) Vermehrte Bedürfnisse, Verdienstausfall

3227

> **Beispiel 4:** An den Verletzten V sollen **von heute**[4244] an für einen Zeitraum von **4 Jahren** Renten in Höhe von monatlich **1.000 €** gezahlt werden.
> Nach dem 4. (also **ab dem 5.**) **Jahr** sind monatlich nur noch 500 € bis zum 20. Jahr zu berücksichtigen.
> Nach dem 20. Jahr (also **ab dem 21.**) **Jahr** sind für dann noch 5 Jahre monatlich 100 € zu zahlen.
>
> **Bemerkung:** Der Berechnung wird zur Vereinfachung nur die Zeittabelle zugrunde gelegt. Korrekturen insbesondere für vorzeitige Versterblichkeit bleiben damit unberücksichtigt.

3228 Die Kapitalisierungsfaktoren (KF) betragen (Zeittabelle, Zinsfuß 5,0%):[4277]

Jahre ab heute	Kapitalisierungs-faktor
4	3,54595
20	12,46221
25	14,09394

3229 **Berechnung:** (mit auf 2 Kommastellen gerundeten Faktoren)

Laufzeit	↙ Heute	↙ 4		↙ 20	↙ 25
[Jahre]	<4 Jahre>	<16 Jahre>		<5 Jahre>	
KF:	14,09				
KF:	3,55				
KF:	3,55	(12,46[4245] – 3,55 =) 8,91			
KF:	3,55	8,91		(14,09[4246] – 3,55 – 8,91 =) 1,63	

4276 »Heute« bedeutet im Folgenden den Tag, an dem die Abfindungssumme verhandelt und die Kapitalisierung vorgenommen wird.

4277 Zeitrententabelle (Rdn. 3193); Jahnke, Abfindung von Personenschadenansprüchen, § 6 Rn. 12 (S. 357 f.).

4278 Kapitalisierungsfaktor für den gesamten Zeitraum von »heute« bis zum Ende des 20. Jahres.

4279 Kapitalisierungsfaktor für den gesamten Zeitraum von »heute« bis zum Ende des 25. Jahres.

1. Für den **ersten Zeitraum** von 4 Jahren gilt ein Kapitalisierungsfaktor von **3,55**:
   12 Monate × 1.000 € × KF 3,55 = 42.600,00 €

2. Der **zweite Zeitraum** bis zum 20. Jahr setzt sich aus zwei Zeiträumen zusammen: Zuerst der Zeitraum bis zum Ende des 4. Jahres, der bereits im Schritt 1. abgerechnet wurde und anschließend der Differenzzeitraum bis zum Ende des 20. Jahres.
   Es wird zunächst der Faktor für den Zeitraum bis zum Ende des 20. Jahres der Zeitrententabelle entnommen (= 12,46) und dann um die Wertigkeit des bereits berücksichtigten Zeitraumes von 4 Jahren (ab heute) (= 3,55) gekürzt. Der so ermittelte Differenzfaktor für die Zeit nach dem 4. Jahr bis zum vollendeten 20. Jahr von (12,46 – 3,55 =) 8,91 ergibt den für den Differenzzeitraum gültigen Multiplikator (= Differenzfaktor):
   12 Monate × 500 € × KF 8,91 = 53.460,00 €

3. Wie im Schritt 2. wird der Differenzfaktor für den **dritten Zeitraum** bis zum Ende des 25. Jahres bestimmt. Die Zeiten bis zum Ende des 20. Jahres sind bereits im Schritt 1. und 2. berücksichtigt.
   Bis zum Ende des 25. Jahres gilt von heute an ein Faktor von 14,09, herauszunehmen sind die bereits abgerechneten Zeiträume bis zum Ende des 20. Jahres mit einer Wertigkeit von (3,55 + 8,91 =) 12,46, die Differenz beträgt also (14,09 – 12,46 =) **1,63**. Für den letzten Zeitraum errechnet sich der Betrag wie folgt:
   12 Monate × 100 € × KF 1,63 = 1.956,00 €

4. Insgesamt ist damit für den **Gesamtzeitraum** von 25 Jahren zu zahlen:
   42.600,00 € + 53.460,00 € + 1.956,00 € = 98.016,00 €

4. Berechnungsbeispiele

a) Verdienstausfall

Beispiel 5:	Der »heute« 35 Jahre alter männliche Verletzte V hat unter Berücksichtigung der anzurechnenden Drittleistungen (z.B. der Sozialversicherungsträger) bis zu seiner hypothetischen Verrentung wegen Alters einen **monatlichen** Erwerbsschaden von **1.000 €** (Rentenminderung entfällt wegen § 119 SGB X).

3230

3231 Der Kapitalisierungsfaktor (KF) beträgt (Mann, 35 Jahre, Zinsfuß 5,0%):[4280]

Laufzeit	Kapitalisierungsfaktor
bis 60. Lebensjahr	14,152
bis 63. Lebensjahr	14,887
bis 65. Lebensjahr	15,308

3232 **Berechnung:**
Je nachdem, auf welches Alter man das hypothetische Ende des Erwerbslebens des Verletzten (V) prognostiziert, ergibt sich folgender Kapitalbetrag zur Abfindung:

1. Arbeitsendalter: **60.** Lebensjahr
   12 Monate × 1.000 € × KF 14,152 = 169.824,00 €

2. Arbeitsendalter: **63.** Lebensjahr
   12 Monate × 1.000 € × KF 14,887 = 178.644,00 €

3. Arbeitsendalter: **65.** Lebensjahr
   12 Monate × 1.000 € × KF 15,308 = 183.696,00 €

b) Heilbehandlung, vermehrte Bedürfnisse

3233

> **Beispiel 6:** Die **Krankenkasse** KK erbringt regelmäßige Leistungen an die Verletzte Frau F (»heute« 35 Jahre alt, keine verkürzte Lebenserwartung), und zwar
> – voraussichtlich lebenslang monatlich Medikamente und Hilfsmittel in Höhe von 50 €,
>   – alle 2 Jahre orthopädisches Schuhwerk (nach Abzug der Eigenbeteiligung) in Höhe von 300 €.
>   – Ferner wird in 10 Jahren eine weitere operative Maßnahme erfolgen, deren Kostenvolumen mit dann 10.000 € bewertet wird.
> Die **Pflegekasse** PK wird in 25 Jahren (gerechnet ab »heute«) Leistungen der Pflegestufe I für selbstbeschaffte Pflegehilfen bis zum Lebensende erbringen.

4280 Küppersbusch, Tabellen I/2 – I/4 (S. 277 – 280).

Jahnke

Faktoren (Frau, 35 Jahre, Zinsfuß 5,0%)	Jahre ab heute	Rechenfaktor	**3234**
	lebenslang[4281]	18,145	
Kapitalisierungsfaktor (KF)	25 Jahre[4282]	14,094	
Abzinsungsfaktor[4281]	10 Jahre[4283]	0,614	

Berechnung: **3235**

I. Krankenkasse

1. Lebenslang gilt ein KF von **18,145**, der Aufwand für Medikamente und Hilfsmittel beträgt im monatlichen Schnitt 50 €:
   12 Monate × 50 € × KF 18,145   =   10.887,00 €

2. Es gilt derselbe KF wie zuvor, da das Schuhwerk ebenfalls lebenslang anfallen wird. Da es aber nur im 2-Jahres-Rhythmus gewährt wird, fließt vereinfachend (leicht ungenau) der halbe Betrag (300 € / 2 = 150 € pro Jahr) in die Berechnung (als Jahresbetrag) ein.
   (300 € / 2 =) 150 € × KF 18,145   =   2.721,75 €

3. Die erst in 10 Jahren anfallende Maßnahme mit dann 10.000 € Kosten ist abzuzinsen:
   10.000 € × Abzinsungsfaktor 0,614   =   6.140,00 €

4. Summe Krankenversicherung   **19.748,75 €**

II. Pflegekasse

Lebenslang gilt ein KF von **18,145**, für 25 Zeitjahre beträgt der KF 14,094, der Differenzfaktor (18,145 – 14,094 =) 4,051. Der monatliche Aufwand in der Pflegestufe I beträgt 235 €:
12 Monate × 235 € × KF 4,051   =   11.423,82 €

4281 Dabei bleibt an dieser Stelle die bis zum ersten Fälligkeitstermin in 25 Jahren zwischenzeitlich mögliche statistische Vorversterblichkeit (die von unfallkausal verkürzter Lebenserwartung zu unterscheiden ist) des heute erst 35-jährigen Verletzten zur Vereinfachung der Darstellung außer Betracht (dazu Langenick/Vatter »Aus der Praxis für die Praxis: Die aufgeschobene Leibrente – ein Buch mit sieben Siegeln?« NZV 2005, 10 [Korrekturen NZV 2005, 406] und Küppersbusch Rn. 879 f.). Siehe ergänzend Jahnke, Abfindung von Personenschadenansprüchen, § 6 Rn. 14 ff.

4282 Küppersbusch Tabelle I/8 (S. 284) (Frau, lebenslang, 5 %).

4283 Reiner Zeitfaktor (auf 3 Stellen gerundet): 10 Zeitjahre, Verzinsung 5 % (Zeitrententabelle Rdn. 3193, Jahnke, Abfindung von Personenschadenansprüchen, § 6 Rn. 12).

4284 Vorfälligkeitszeitraum n = 10 Jahre, Zinsfuß 5 % (Abzinsungstabelle Rdn. 3197; Jahnke, Abfindung von Personenschadenansprüchen, § 6 Rn. 27).

Jahnke

c) Kinderunfall, hinausgeschobene Leibrente

3236

Beispiel 7:		Ein zum Zeitpunkt der Abfindung (also heute[4253]) 8-jähriges Mädchen ist durch ein Haftpflichtgeschehen verletzt und wird zukünftig entweder als Hausfrau oder aber in ihren Erwerbseinkünften[4254] beeinträchtigt sein.
		Die Parteien verständigen sich – mit Blick auf die endgültige Erledigung der Schadenregulierung im Rahmen eines Abfindungsvergleiches – auf einen Monatsschadenbetrag von **500 €** ab dem **20. Lebensjahr** bis zum **Lebensende**.
Bemerkung:		Eine etwaig verkürzte Lebenserwartung bleibt (zur Vereinfachung der Beispielsrechnung) unberücksichtigt.

3237   Ausgangspunkt ist das Lebensalter im Abfindungszeitraum. Die Restlebenserwartung einer »heute« 8-jährigen Frau beträgt nach der Sterbetafel 2006/2008[4287] noch 74,75 Jahre.

Die Kapitalisierungsfaktoren (KF) betragen (Frau, 8 Jahre, Zinsfuß 5,0 %):[4290]

Jahre ab heute	Kapitalisierungsfaktor
lebenslang[4256]	19,842
25 Jahre[4257]	8,863

3238   Berechnung:

Laufzeit	✔ Heute	✔ 20. Lebensjahr	✔ Tod
[Jahre]	<12 Jahre>		
KF:		19,842	
KF:	8,863		
KF:		(19,842 – 8,863 =) 10,979	

4285 »Heute« bedeutet entspricht demjenigen Tag, an dem die Abfindung berechnet wird.

4286 §§ 119, 120 SGB X bleiben im Beispiel vollkommen außer Betracht. Ansonsten müsste in die Betrachtung der zukünftigen Entwicklung die Wahrscheinlichkeit mit einbezogen werden, ob eine Rentenpflichtversicherung (u.U. auch durch Unterbringung in einer Behindertenwerkstatt) entstehen wird.

4287 Sterbetafel 2006/2008, Rdn. 3205.

4288 Küppersbusch, Tabelle I/8 (S. 284) (Frau, lebenslang, 5 %).

4289 Reiner Zeitfaktor: 12 Zeitjahre, Verzinsung 5 % (Zeitrententabelle Rdn. 3193, Jahnke, Abfindung von Personenschadenansprüchen, § 6 Rn. 12).

4290 Küppersbusch, Tabellen I/2 – I/4 (S. 277 – 280).

Jahnke

1. Ausgangspunkt ist das aktuelle Lebensalter (8 Jahre) und die davon abhängige Restlebenserwartung (74,75 Jahre) zum Zeitpunkt der Abfindung.
Der Kapitalisierungsfaktor ist einer Kapitalisierungstabelle zu entnehmen, die neben dem reinen Zeitfaktor auch die Versterblichkeit mitberücksichtigt. Alternativ kann man die Restlebenserwartung einer Sterbetafel entnehmen und dann den Zeitfaktor ermitteln.
Konkret wird der Kapitalisierungsfaktor mit **19,842** berücksichtigt.

2. Da die Rente erst mit Erreichen des 20. Lebensjahres (also in 12 Jahren, gerechnet vom »heutigen« Abfindungstermin) beginnt, ist dieser Zeitraum aus der Kapitalisierung heraus zu nehmen.
Unter Außerachtlassung einer vorzeitigen Versterblichkeit der Verletzten kann (zu deren Gunsten) mit einem reinen Zeitfaktor von **8,863** (12 Zeitjahre, Verzinsung 5,0 %) gerechnet werden.

3. Die Differenzberechnung ergibt sich danach wie folgt:

Maximalzeitraum	– fehlende Fälligkeit	= Differenz-kapitalisierungsfaktor
KF 19,842	– KF 8,863	= KF 10,979

Danach ergibt sich der Abfindungsbetrag entsprechend der Formel:

$$\text{12 Monate} \times \text{Monatsbetrag} \times \text{Differenz-kapitalisierungs-faktor}^{4291} = \text{Ergebnis}$$

wie folgt:

$$\text{12 Monate} \times 500 \, \text{€} \times \text{KF 10,979} = 65.874 \, \text{€}$$

d) Differenzberechnung bei Mehrheit von Anspruchsberechtigten

Sind z.B. die Ansprüche mehrerer Hinterbliebener zu kapitalisieren, ist mit Differenzfaktoren den veränderten Unterhaltsverpflichtungen Rechnung zu tragen (sog. »Schadenharfe«). **3239**

4291 Faktor ab heute (= Tag der Abfindung) abzüglich der Zeitdifferenz bis zum Beginn der Fälligkeit der zu kapitalisierenden Leistung (im Beispiel: 20. Lebensjahr).

Jahnke

3240

Beispiel 8:	Der aufgrund eines Schadenereignisses verstorbene Ehegatte V (45 Jahre, Nettoeinkommen 2.500 €) hinterlässt die Witwe F (40 Jahre, ohne eigenes Einkommen) sowie zwei Kinder (Sohn S, 10 Jahre, und Tochter T, 15 Jahre alt). Leistungen von Sozialversicherern sind nicht vorhanden. F hat keine eigenen Einkünfte und auch keinen eigenen Altersrentenanspruch erwirtschaftet. Für S wird sein Studienende mit dem 26. Lebensjahr angenommen, für T ein Ende der Lehrzeit mit dem 20. Lebensjahr.
Bemerkung:	Beispiel mit stark vereinfachter Berechnung, u.a. wurden Unterhaltsquoten und -beträge nicht, wie vielleicht geboten,[4260] korrigiert.[4261]

3241 auf 2 Kommastellen gerundete
Kapitalisierungsfaktoren (KF)
(Zinsfuß 5,0%)

Zeittabelle[4294]

Leibrententabelle (Mann, 45 Jahre)[4295]

Tabelle verbundene Leben
(Mann 45 Jahre, Ehefrau 5 Jahre jünger)[4296]

Jahre ab heute	Rechenfaktor
5 Jahre	4,329
16 Jahre	10,838
Mann bis 65 Jahre	13,268
Mann lebenslang	15,176

3242 **Berechnung:** (mit auf 2 Kommastellen gerundeten Faktoren)
Da sich die Werte mit Ausscheiden einzelner Unterhaltsberechtigter verändern, muss der gesamte Zeitraum in Teil-Zeiträume mit den dann jeweils zugehörigen Kapitalisierungsfaktoren zerlegt werden. Falsch wäre es, einfach nur die Teil-Kapitalisierungsfaktoren für jede Person zu addieren und damit dann einen herausgegriffenen Wert für den gesamten Zeitraum zu multiplizieren.

4292 Siehe dazu Jahnke, Unfalltod und Schadenersatz, Kap 6 Rn. 209 ff., Küppersbusch Rn. 343 ff.
4293 Bei langen Zeiträumen kann man zur Vereinfachung der Berechnung einen (über den zu kapitalisierenden Zeitraum) gemittelten Betrag zugrunde legen.
4294 Reine Zeitfaktoren: 5 bzw. 16 Jahre, Verzinsung 5 % (Zeitrententabelle Rdn. 3199, Jahnke, Abfindung von Personenschadenansprüchen, § 6 Rn. 12).
4295 Küppersbusch, Tabelle I/4 (S. 280 (Mann, 45 Jahre, bis 65. Lebensjahr, 5 %).
4296 Küppersbusch Tabelle II/18 (S. 297) (Mann 45 Jahre, Ehefrau 5 Jahre jünger, lebenslang, 5 %).

Jahnke

		Unfall ↙	»heute« ↙	Tochter T		
T	erledigt	4,33	↙	Sohn S		
S	erledigt	4,33	(10,84 – 4,33) 6,51	↙		
F	erledigt	4,33	6,51	(12,27 – 10,84 =) 1,43 ↙	Pensionierung des V ↙	Tod V bzw. F
F	erledigt	4,33	6,51	1,17	(15,18 – 12,27 =) 2,91 ↙	
				15,18		↙
		↖	↖	↖	↖	↖
Jahre		0	5	16	20	lebens-lang

Für eine Abfindung ergeben sich nach einer Zerlegung in vier Zeitabschnitte die nachfolgenden Beträge:

1. Bis zum Ende der **Unterhaltspflicht** des V gegenüber seiner **Tochter T** (Ende der Lehre mit 20. Lebensjahr):
   noch 5 Jahre ab heute[4297]
   (Zeittabelle:[4298] 5 Jahre, 5,0%):
   - Witwe F: 35% von 2.500 € × 12 × KF 4,33   = 45.465,00 €
   - Sohn S: 15% von 2.500 € × 12 × KF 4,33   = 19.485,00 €
   - Tochter T: 15% von 2.500 € × 12 × KF 4,33   = 19.485,00 €

2. Bis Ende der **Unterhaltspflicht** gegenüber **Sohn S** (Ende des Studiums mit 26 Jahren):
   noch 16 Jahre ab heute
   (Zeittabelle: 16 Jahre, 5,0%, allerdings zu kürzen um die bereits zu 1. be-rücksichtigten ersten 5 Jahre (Differenzfaktor):
   - Witwe F: 40% von 2.500 € × 12 × KF (10,84 – 4,33) 6,51
          = 78.120,00 €
   - Sohn S: 20% von 2.500 € × 12 × KF (10,84 – 4,33) 6,51
          = 39.060,00 €

3. Bis zum Ende der **Unterhaltsberechtigung** der **Witwe F** (Berechnung zur Vereinfachung ohne Wiederverheiratung und Mitarbeitspflicht)

4297 »Heute« ist gleichbedeutend mit dem »Tag der Abfindung«.
4298 Bei korrekter Betrachtung müsste man eine Kapitalisierungstabelle nehmen, welche die Vorversterblichkeit der T mitberücksichtigt (z.B. Küppersbusch, Tabellen III/20 – III/29, S. 301 – 310). Dieses kann aber bei den hier in Rede stehenden relativ kurzen Zeiträumen in der Praxis missachtet werden, da sich die Differenzen nur in Nachkommastellen unterscheiden.

Jahnke

a. zunächst bis zum **Ende des Erwerbslebens**[4299] des Unterhaltsverpflichteten V
(Leibrententabelle bis 65. Lebensjahr, 5,0%; gekürzt um die zu 1. und 2. bereits berücksichtigten Zeiträume):
– Witwe F: 50% von 2.500 € × 12 × KF (12,27 – 10,84) 1,43

$$= 21.450,00 €$$

b. Nach Veränderung der Einkommensverhältnisse mit dem Eintritt ins Pensionsalter (Nettoeinkommen: 1.200 €; F hat keine eigene eigenen Renteneinkünfte) bis zum **Tod des V** (fiktiv) bzw. der **F**
(Tabelle verbundene Leben, Mann 45 Jahre, Frau 5 Jahre jünger), gekürzt um die zu 1., 2. und 3.a. bereits berücksichtigten Zeiträume:
– Witwe F: 50% von 1.200 € × 12 × KF (15,18 – 12,27) 2,91

$$= 20.952,00 €$$

Es erhalten damit:

Witwe F:	45.465,00 €	Sohn S:	19.485,00 €	Tochter T:	19.485,00 €
	78.120,00 €		39.060,00 €		
	21.450,00 €				
	20.952,00 €				
Summe:	**165.987,00 €**		**58.545,00 €**		**19.485,00 €**

VI. Nach dem Vergleich

1. Abfindung und Scheidung

3243   Ein an einen Ehegatten gezahltes Schmerzensgeld fließt vorbehaltlich der Härteregelung des § 1381 BGB in den **Zugewinn** ein[4300] und gehört zum Gesamtgut einer **Gütergemeinschaft** (§ 1416 I BGB).

2. Wirkung gegenüber Rechtsnachfolgern

a) Grundsatz

3244   Grundsätzlich wirkt eine Vereinbarung zur Haftungsquote oder Regulierungsquote (z.B. wegen zweifelhafter Kausalität) nur zwischen den Vertragsparteien.[4301] Der Drittleistungsträger (insbesondere Sozialversicherungsträger) kann die Regulierungsquote **selbständig** (besser oder schlechter) mit dem Ersatzpflichtigen vereinbaren und ist an die Feststel-

---

4299 Unterstellt wird ein Ruhestand mit dem 65. Lebensjahr (Küppersbusch, Tabelle I/4, S. 280).

4300 BGH v. 27.5.1981 – IVb ZR 577/80 – NJW 1981, 1836 = VersR 1981, 838; OLG Stuttgart v. 29.3.2001 – 11 UF 331/00 – FamRZ 2002, 99; AG Hersbruck v. 23.1.2002 – 2 F 1082/01 – FamRZ 2002, 1476.

4301 BGH v. 13.2.1996 – VI ZR 318/94 – NJW 1996, 1674 = VersR 1996, 649; OLG Hamm v. 24.10.2001 – 13 U 85/01 – VersR 2003, 1595.

lungen im Verhältnis zum unmittelbar Verletzten (Direktgeschädigten)[4302] oder einem anderen Drittleistungsträger[4303] nicht gebunden; insbesondere erstreckt sich die Rechtskraft von Urteilen des unmittelbar Verletzten nicht auf den Drittleistungsanspruch. Dies gilt auch für § 119 SGB X. Allerdings geht von der Direktregulierung eine **Indizwirkung** aus.

Eine Ausnahme gilt für die **Sozialhilfe**, zu deren Gunsten – aber auch zu deren Lasten – ein rechtskräftiges, vom Geschädigten erstrittenes Feststellungsurteil ebenso wie ein titelersetzendes Anerkenntnis wirken kann.[4304] **3245**

Ist mit dem Rechtsvorgänger eine Quote vereinbart, bindet dieses auch **Rechtsnachfolger.** Rechtsvorgänger kann zum einen ein anderer Drittleistungsträger sein, zum anderen aber auch der Verletzte selbst, wenn der Forderungsübergang nicht im Unfallzeitpunkt erfolgt, sondern später (z.B. Arbeitgeber, private Krankenversicherung, aber auch bei erst später begründetem Sozialversicherungsverhältnis). **3246**

b) Drittleistungsträger

Erwirbt der Zessionar die Forderung **im Unfallzeitpunkt** (z.B. § 116 SGB X), erfassen Abfindungsvergleiche und Regulierungsvereinbarungen zwischen Geschädigtem und Ersatzverpflichteten diese Drittansprüche nicht. **3247**

Erwirbt ein Zessionar ausnahmsweise die Forderung nicht im Unfallzeitpunkt, aber **vor** dem Zeitpunkt des **Abfindungsvergleiches**, ist der Vergleich im Verhältnis zum Drittleistenden u.U. dann unwirksam, wenn der Schadenersatzpflichtige Kenntnis von der Zession hatte (§ 407 BGB).[4305] **3248**

Erfolgt der Forderungsübergang **nicht im Unfallzeitpunkt**, sondern später (z.B. Abtretung; § 90 BSHG,[4306] § 6 EFZG, § 86 VVG), kann der Geschädigte vor einem Übergang wirksam über seine gesamten Ansprüche zu Lasten des **3249**

4302 OLG Celle v. 20.4.1989 – 5 U 26/88 – VersR 1990, 911. Vgl. OLG Hamm v. 24.10.2001 – 13 U 85/01 – VersR 2003, 1595.
4303 BGH v. 4.3.1986 – VI ZR 234/84 – NJW 1986, 1861 = VersR 1986, 810 (Die Vereinbarung einer Haftungsquote mit einem Gesamtgläubiger bindet nicht die weiteren Gesamtgläubiger).
4304 BGH v. 5.3.2002 – VI ZR 442/00 – NJW 2002, 1877 = VersR 2002, 869 (Vorinstanz OLG Hamm v. 16.10.2000 – 13 U 89/00 – r+s 2002, 156).
4305 BGH v. 4.10.1983 – VI ZR 44/82 – NJW 1984, 607 = VersR 1984, 35 (Gesetzliche Neuregelung des Leistungsumfanges), BGH v. 7.5.1968 – VI ZR 179/66 – VersR 1968, 771 (Haftpflichtversicherer war Sozialversicherungsverhältnis nicht bekannt). Siehe auch LG Bamberg v. 28.9.1995 – 1 O 531/92 – SP 1996, 10 (Sozialversicherer muss Abfindung der Direktansprüche gegen sich gelten lassen, wenn im Zeitpunkt der Abfindung ernsthaft nicht damit zu rechnen war, dass der Verletzte in das Erwerbsleben wieder eingegliedert werden und Erwerbsunfähigkeitsrentenansprüche erwerben könne).
4306 Siehe zu § 90 BSHG aF: BGH v. 13.2.1996 – VI ZR 318/94 – BGHZ 132, 39.

Jahnke

künftigen Zessionars verfügen. Sicherungsmechanismen (wie Feststellungsklage, urteilsersetzende Anerkenntnisse oder Verjährungsverzichte) können
mangels Aktivlegitimation nicht wirken:[4307] Derjenige Drittleistungsträger,
der erst mit seiner jeweiligen Leistung die Schadenersatzforderung erwirbt
(privater Kranken- und Pflegeversicherer, Arbeitgeber), ist für eine **Feststellungsklage** oder ein Verjährungsverzichtsbegehren nicht aktivlegitimiert.[4308] Unterzeichnet der unmittelbar Verletzte eine vorbehaltlose **Abfindungserklärung**, ist ab diesem Zeitpunkt ein Forderungsübergang weder
nach § 86 VVG (z.B. auf einen privaten Krankenversicherer[4309]) noch nach
§ 6 EFZG[4310] auf den Arbeitgeber weiter möglich. Dies kann dann u.U. zu
Rechtsverlusten des Geschädigten gegenüber diesen Dritten führen (konkrete **Sanktionen** sehen z.B. § 7 I Nr. 2 EFZG,[4311] § 86 II 2 VVG[4312]) vor. Soweit der Geschädigte daraufhin Vermögenseinbußen (Mindereinkommen,
Fortfall privatärztlicher Versorgung) erleidet, ist ein Schadenersatzanspruch
gegenüber seinem Rechtsberater wegen Verletzung der Beratungspflichten
(positive Vertragsverletzung des Mandatsvertrages) denkbar.

4307   Dazu Burmann/Heß/Jahnke/Janker, § 86 VVG Rn. 43, Jahnke, Der Verdienst-
       ausfall im Schadensersatzrecht, Kap 11 Rn. 5 ff, Jahnke, Abfindung von Per-
       sonenschadenansprüchen, § 2 Rn. 329 ff, § 5 Rn. 543 ff. Siehe auch BGH v.
       12.4.2011 – VI ZR 158/10 –.
4308   AG Bad Homburg v. 18.3.1999 – 2 C 5105/98 (10) – VersR 2000, 844.
4309   KG v. 5.10.2001 – 6 U 7340/99 – NVersZ 2002, 457 (Prozessvergleich zwischen
       Schädiger und Geschädigten schließt Ansprüche der privaten Kranken-Voll-
       versicherung aus), OLG Hamm v. 25.9.1992 – 20 U 340/91 – (Private Kranken-
       Zusatz-Versicherung neben weiter bestehendem Krankenversicherungsschutz
       in einer AOK. Das OLG Hamm stellte entscheidend auf ein [konkret nicht an-
       genommenes] Missverhältnis zwischen Schaden und Abfindungssumme ab.);
       LG Bayreuth v. 26.6.1992 – 2 O 230/92 – r+s 1993, 178 = r+s 1994, 159.
4310   BAG v. 7.12.1988 – 5 AZR 757/87 – MDR 1989, 569; OLG Köln v. 11.11.1992
       – 2 U 57/92 – r+s 1993, 419, OLG München v. 17.9.1987 – 24 U 657/88 – zfs
       1987, 364, OLG Saarbrücken v. 16.3.1984 – 3 U 17/83 – VersR 1985, 298.
4311   Zu den Anforderungen an den Arbeitnehmer siehe BAG v. 7.12.1988 – 5 AZR
       757/87 – MDR 1989, 569 = NJW 1989, 1302.
4312   Zu den Rückgriffsmöglichkeiten des privaten Krankenversicherers und den
       Einschränkungen siehe KG v. 5.10.2001 – 6 U 7340/99 – NVersZ 2002, 457.

Jahnke

Forderungsberechtigung der Drittleistungsträger 3250

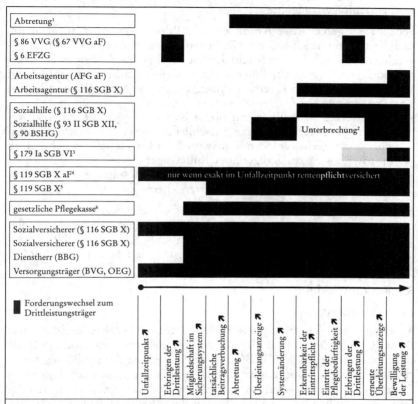

	Abtretung[1]
	§ 86 VVG (§ 67 VVG aF)
	§ 6 EFZG
	Arbeitsagentur (AFG aF)
	Arbeitsagentur (§ 116 SGB X)
	Sozialhilfe (§ 116 SGB X)
	Sozialhilfe (§ 93 II SGB XII, § 90 BSHG)
	§ 179 Ia SGB VI[3]
	§ 119 SGB X aF[4]
	§ 119 SGB X[5]
	gesetzliche Pflegekasse[6]
	Sozialversicherer (§ 116 SGB X)
	Sozialversicherer (§ 116 SGB X)
	Dienstherr (BBG)
	Versorgungsträger (BVG, OEG)

Unterbrechung[2]

nur wenn exakt im Unfallzeitpunkt rentenpflichtversichert

■ Forderungswechsel zum Drittleistungsträger

Unfallzeitpunkt ↗ · Erbringen der Drittleistung ↗ · Mitgliedschaft im Sicherungssystem ↗ · tatsächliche Beitragsverbuchung ↗ · Abtretung ↗ · Überleitungsanzeige ↗ · Systemänderung ↗ · Erkennbarkeit der Eintrittspflicht ↗ · Eintritt der Pflegebedürftigkeit ↗ · Erbringen der Drittleistung ↗ · erneute Überleitungsanzeige ↗ · Bewilligung der Leistung ↗

1   Zu beachten ist der Zeitpunkt (war der Abtretende überhaupt noch insoweit Forderungsinhaber) und Umfang (z.B. nur Verdienstausfall), der wirksam abgetreten wurde (siehe ergänzend Stiefel/Maier vor § 113 VVG Rn. 39 ff).
2   Die schriftliche Anzeige bewirkt nach § 93 II SGB XII (ähnlich § 90 II BSHG aF) den Übergang des Anspruchs nur für die Zeit, für die dem Hilfeempfänger die Hilfe ohne Unterbrechung gewährt wird; als Unterbrechung gilt ein Zeitraum von mehr als 2 Monaten. Wird z.B. für einen längeren Zeitraum (mehr als 2 Monate) nicht gewährt, ist eine erneute Überleitungsanzeige für den Forderungswechsel vonnöten.
3   Jahnke, Der Verdienstausfall im Schadensersatzrecht, Kap 3 Rn. 1116.
4   Jahnke, Der Verdienstausfall im Schadensersatzrecht, Kap 3 Rn. 861 ff., 1022 ff.
5   Jahnke, Der Verdienstausfall im Schadensersatzrecht, Kap 3 Rn. 866 ff., 1014 ff.
6   Zum Zeitpunkt des Forderungsübergangs auf die gesetzliche Pflegeversicherung nach § 116 SGB X siehe BGH v. 23.4.2011 – VI ZR 158/10 –. Der Forderungsübergang auf die private Pflegeversicherung erfolgt (in Abhängigkeit vom Unfalltag) nach § 67 VVG aF bzw. 86 VVG.

c) Rechtsnachfolge

3251   Hat ein Drittleistungsträger mit dem Ersatzpflichtigen einen Abfindungsvergleich geschlossen, muss er einen ihm nachfolgenden Leistungsträger nicht am erzielten Abfindungsbetrag **beteiligen** (Beispiel:

Krankenkassenwechsel).[4313] Der Anspruch ist auch mit Wirkung gegen Rechtsnachfolger endgültig erledigt.

3252 Schließt ein **gesetzlicher Kranken-** oder **Pflegeversicherer** mit dem Ersatzpflichtigen hinsichtlich der Heilbehandlungskosten einen Abfindungsvergleich und scheidet hernach der Geschädigte aus dem gesetzlichen Krankenversicherungsverhältnis aus (z.B. Erwerb einer Beamtenstellung, Überschreiten der Pflichtversicherungsgrenzen und Wechsel zum privaten Krankenversicherer, Sozialhilfe), kann

3253 – der **Verletzte** selbst[4314] (wenn beispielsweise der private Krankenversicherer die Vorerkrankungen ausschließt), ferner der vom Verletzten selbst seine Rechte ableitende **private Krankenversicherer**, aber auch ein später etwaig zuständiger **Sozialhilfeträger**,

3254 – **nicht** aber der **Dienstherr** (als Beihilfeträger), der unmittelbarer Rechtsnachfolger der gesetzlichen Krankenversicherung wird,[4315]

3255 Regress wegen der nunmehr weiter anfallenden Heilbehandlungs- und Pflegekosten nehmen, soweit die schadenkausalen Heilbehandlungs- und Pflegekosten vom Leistungsspektrum der gesetzlichen Kranken- und Pflegeversicherung (SGB V, SGB XI) ansonsten erfasst worden wären.

3. Rückabwicklung

a) Entreicherung

3256 Muss der Vergleichsvertrag aus Rechtsgründen rückabgewickelt werden, ist im Rahmen des § 812 BGB auch der Entreicherungseinwand (§ 818 III BGB) zu beachten. § 818 III BGB dient dem Schutz des gutgläubig Bereicherten, der das rechtsgrundlos Empfangene im Vertrauen auf das (Fort-) Bestehen des Rechtsgrundes verbraucht hat und daher nicht über den Betrag einer wirklich bestehen gebliebenen Bereicherung hinaus zur Herausgabe oder zum Wertersatz verpflichtet werden soll.[4316] Beruft sich ein Ge-

---

4313 BGH v. 9.7.1985 – VI ZR 219/83 – NJW 1985, 2756 = VersR 1985, 1083.

4314 BGH v. 8.12.1998 – VI ZR 318/97 – MDR 1999, 353 (Die auf den gesetzlichen Krankenversicherungsträger auflösend bedingt übergegangenen Schadensersatzansprüche fallen bei Beendigung der Mitgliedschaft des Unfallverletzten auf diesen zurück. Ein Abfindungsvergleich zwischen SVT und Haftpflichtversicherer ist gegenüber dem Verletzten unwirksam, soweit dessen Rechte dadurch beeinträchtigt werden. Allerdings läuft die Verjährung zu Lasten des unmittelbar Verletzten ab dem Zeitpunkt des Abfindungsvergleiches mit der Krankenkasse.). Siehe auch BGH v. 3.12.2002 – VI ZR 142/02 – NJW 2003, 1455.

4315 BGH v. 7.12.1982 – VI ZR 9/81 – MDR 1983, 570 (Geht die Leistungspflicht vom SVT auf einen öffentlichen Dienstherrn über, erwirbt letzterer vom SVT die zunächst auf diesen übergegangenen Schadensersatzansprüche des Verletzten). Küppersbusch Rn. 667.

4316 BAG v. 25.4.2001 – 5 AZR 497/99 – MDR 2001, 1302; BGH v. 17.6.1992 – XII ZR 119/91 – MDR 1992, 1060.

schäftsunfähiger auf den Bereicherungswegfall, obliegt ihm – nicht anders als einem Geschäftsfähigen – die Darlegungs- und Beweislast hinsichtlich der den Wegfall der Bereicherung begründenden Umstände.[4317]

Der Verbrauch von Geld zur Bestreitung des allgemeinen Lebensbedarfes kann zwar zum Wegfall der Bereicherung führen. Voraussetzung ist aber stets, dass das empfangene Geld restlos für die Lebensbedürfnisse aufgewendet wurde und nicht in anderer Form (z.B. durch Bildung von Ersparnissen, durch Anschaffungen oder durch Schuldentilgung)[4318] noch im Vermögen vorhanden ist. Die rechtsgrundlose Zahlung muss ursächlich für die Vermögensvorteile gewesen sein.[4319]   **3257**

b) Verjährung

Bereicherungsansprüche verjähren in der 3-Jahresfrist des § 195 BGB, beginnend mit Jahresultimo (§ 199 BGB).[4320]   **3258**

4. Abänderung

a) Allgemeine Vertragsgrundsätze

Ein Vergleich kann wegen **Irrtums** (§ 119 BGB) bzw. **arglistiger Täuschung** (§ 123 BGB) angefochten oder nach den Grundsätzen des **Wegfalles der Geschäftsgrundlage** (§ 313 BGB), u.U. auch nach den Regeln der **ergänzenden Vertragsauslegung**, angepasst und / oder abgeändert werden.[4321]   **3259**

Ist eine Vertragspartei zum Zeitpunkt des Vertragsschlusses geschäftsunfähig, ist der Abfindungsvergleich nichtig, §§ 104 Nr. 2, 105 II BGB.[4322] Reine Willensschwäche (§ 138 II BGB) ist der **Geschäftsunfähigkeit** nicht gleichzusetzen.[4323]   **3260**

4317 BAG v. 25.4.2001 – 5 AZR 497/99 – MDR 2001, 1302; BGH v. 17.1.2003 – V ZR 235/02 – MDR 2003, 570, BGH v. 17.2.1999 – VIII ZR 314/97 – NJW 1999, 1181, BGH v. 19.3.1958 – V ZR 62/57 – NJW 1958, 1725.

4318 BAG v. 25.4.2001 – 5 AZR 497/99 – MDR 2001, 1302; BGH v. 17.1.2003 – V ZR 235/02 – MDR 2003, 570, BGH v. 17.6.1992 – XII ZR 119/91 – MDR 1992, 1060, BGH v. 9.5.1984 – IVb ZR 7/83 – MDR 1985, 32 = NJW 1984, 2095, BGH v. 17.6.1992 – XII ZR 119/91 – MDR 1992, 1060.

4319 BAG v. 25.4.2001 – 5 AZR 497/99 – MDR 2001, 1302.

4320 BGH v. 15.6.2010 – XI ZR 309/09 – MDR 2010, 1067 = NJW-RR 2010, 1574 (Ein Gläubiger, der einen Bereicherungsanspruch aus § 812 I 1 Alt. 1 BGB verfolgt, hat Kenntnis von den anspruchsbegründenden Umständen, wenn er von der Leistung und den Tatsachen weiß, aus denen sich das Fehlen des Rechtsgrundes ergibt).

4321 Jahnke, Abfindung von Personenschadenansprüchen, 2. Aufl. 2008, § 2 Rn. 348 mwN.

4322 OLG Celle v. 10.6.1999 – 14 U 82/98 – NZV 2000, 505 (BGH hat Revision nicht angenommen, Beschl. v. 14.3.2000 – VI ZR 240/99 –).

4323 OLG Celle v. 10.6.1999 – 14 U 82/98 – NZV 2000, 505 (BGH hat Revision nicht angenommen, Beschl. v. 14.3.2000 – VI ZR 240/99 –).

3261   Als »Irrtumsanfechtung« (§ 119 BGB) bezeichnete Anfechtungserklärungen erweisen sich in der Praxis häufig als rechtlich unbeachtlicher **Motiv-** oder **Kalkulationsirrtum.**[4324] Ein Kalkulationsirrtum berechtigt grundsätzlich selbst dann nicht zur Anfechtung, wenn der Erklärungsempfänger diesen erkannt hat; allerdings kann aus Treu und Glauben bzw. culpa in contrahendo der Erklärungsempfänger zum Hinweis auf den Kalkulationsfehler verpflichtet sein.[4325]

3262   Nach § 779 I BGB ist ein Vergleich unwirksam, wenn beide Parteien übereinstimmend einen Sachverhalt zugrunde legten, der tatsächlich nicht vorlag, und wenn sie bei Kenntnis der Sachlage den Vergleich nicht abgeschlossen hätten. Dieses betrifft in der Praxis vor allem den **gemeinsamen Tatsachenirrtum.**[4326] § 779 I BGB setzt voraus, dass sich die Parteien über tatsächliche Gegebenheiten irrten, die sich außerhalb des Streites bzw. der Ungewissheit befanden; ein Irrtum über Umstände, die der Vergleich gerade beheben soll, die mithin Gegenstand des Vergleichs sein sollen, führt nicht zur Anwendung des § 779 I BGB.[4327] Anlässlich einer Schadenregulierung wird Unwirksamkeit nach § 779 I BGB nur selten vorkommen, da der festliegende Sachverhalt hinsichtlich etwaiger Verletzungen und sich auf Verdienst und Schmerzensgeld auswirkender Beeinträchtigung durch ärztliche Feststellungen gesichert ist, der Regelungsgehalt des Vergleichs auf ihnen aufbaut und Fehlvorstellungen über die geregelten Folgen gerade nicht die Rechtsfolge des § 779 BGB auslösen.[4328]

3263   Für streitige oder ungewisse Umstände, deren Bedeutung und Folgen die Beteiligten zur Streitbeilegung im Vergleich regeln, die in Wahrheit aber von den angenommenen Größen abweichen, übernehmen die Parteien selbst das Risiko.[4329] Gerade auch für Erwartungen über **künftige Entwicklun-**

4324   BGH v. 23.10.1998 – BLw 20/98 – NJ 1999, 147, BGH v. 7.7.1998 – X ZR 17/97 – MDR 1999, 216 = NJW 1998, 3192; OLG Hamm v. 21.2.2005 – 13 U 25/04 – VersR 2006, 562 (Erledigung eines Rechtsstreites durch auf fehlerhaftem Sachverständigengutachten beruhendem Vergleich); Geigel-Bacher Kap 40 Rn. 10.

4325   BGH v. 7.7.1998 – X ZR 17/97 – MDR 1999, 216 = NJW 1998, 3192 (Eine Verpflichtung zur Überprüfung auf Kalkulationsfehler kann allenfalls dann bestehen, wenn sich der Tatbestand eines Kalkulationsirrtums und seiner unzumutbaren Folgen für den Bieter aus dessen Angebot oder dem Auftraggeber bekannten sonstigen Umständen geradezu aufdrängt).

4326   BGH v. 16.9.2008 – VI ZR 296/07 – jurisPR-VerkR 25/2008 Anm. 1 (Anm. Lang) = VersR 2008, 1648 (BG hatte aufgrund falscher Arbeitgeberauskunft die Verletztenrente falsch berechnet und aufgrund dieser unzutreffenden Basis den Regressanspruch kapitalisiert).

4327   BGH v. 21.12.2006 – VII ZR 275/05 – NJW 2007, 838 = VersR 2007, 410 mwN.

4328   Diehl zfs 2007, 382.

4329   OLG München v. 17.4.2006 – 10 U 4632/05 – NZV 2007, 423 (BGH hat Revision nicht angenommen, Beschl. v. 13.2.2007 – VI ZR 190/06 –), .

gen und entsprechende Enttäuschungen trifft die Parteien das Risiko für die ihnen ungünstige Abweichung, ohne dass dieses zur Unwirksamkeit nach § 779 I BGB führt.[4330] Der Fall des § 779 I BGB betrifft einen beiderseitigen Irrtum über einen Umstand, der außerhalb des Streits der Parteien liegt.[4331]

b) Fehler beteiligter Personen

Fehler eines eingeschalteten **Sachverständigen**, dessen falsche Berechnungen maßgeblich für die Höhe eines Abfindungsbetrages waren, berechtigen zwar nicht zur Anfechtung des Abfindungsvergleiches; es sind aber die Grundsätze des Wegfalles der Geschäftsgrundlage in Betracht zu ziehen.[4332]

3264

Folgen einer **anwaltlichen Schlechtberatung** (z.B. zu geringe Forderungen trotz Kenntnis der Folgen) gehören zum Risiko des Verletzten (der aber Ansprüche aus Vertragsverletzung im Mandatsverhältnis haben kann). Beratungsfehler des beteiligten Rechtsanwaltes berühren nicht die Wirksamkeit des Abfindungsvertrages zwischen Ersatzberechtigtem und Ersatzschuldner und führen daher weder zur Abänderung von Vergleichen noch berechtigen sie zur Anfechtung oder zum Rücktritt vom Vertrag.[4333] Ist der Geschädigte anwaltlich vertreten, ist dieses letztlich zulasten des Geschädigten im Verhältnis zum Haftpflichtversicherer des Schädigers zu berücksichtigen:[4334] Ein den Schaden regulierender Haftpflichtversicherer ist – jedenfalls einem anwaltlich vertretenen – Verletzten gegenüber nicht

3265

4330 OLG München v. 17.4.2006 – 10 U 4632/05 – NZV 2007, 423 (BGH hat Revision nicht angenommen, Beschl. v. 13.2.2007 – VI ZR 190/06 –), .

4331 OLG Hamm v. 21.2.2005 – 13 U 25/04 – VersR 2006, 562, OLG München v. 17.4.2006 – 10 U 4632/05 – NZV 2007, 423 (BGH hat Revision nicht angenommen, Beschl. v. 13.2.2007 – VI ZR 190/06 –).

4332 OLG Hamm v. 21.2.2005 – 13 U 25/04 – VersR 2006, 562 (Fehler des [konkret: Verdienstausfall-]Sachverständigen, dessen – falsche – Berechnungen maßgeblich für die Höhe eines Abfindungsbetrages waren, berechtigen nicht zur Anfechtung des Abfindungsvergleiches. Soweit beide Parteien von einer falschen Grundlage ausgegangen sind, kommen nur die Regelungen des Wegfalles der Geschäftsgrundlage zur Anwendung, die aber nicht im Rahmen der Fortsetzung des alten Streitverhältnisses, sondern in einem gesonderten Rechtsstreit zu entscheiden sind.).

4333 OLG Nürnberg v. 1.7.1999 – 2 U 531/99 – VersR 2001, 982 (BGH hat Revision nicht angenommen, Beschl. v. 11.4.2000 – VI ZR 427/99 –), OLG Thüringen v. 24.11.2004 – 4 U 399/04 – SVR 2005, 383 (Anm. Nehls). Siehe auch LG Kaiserslautern v. 21.1.2005 – 2 O 233/02 – zfs 2005, 336.

4334 OLG Nürnberg v. 1.7.1999 – 2 U 531/99 – VersR 2001, 982 (BGH hat Revision nicht angenommen, Beschl. v. 11.4.2000 – VI ZR 427/99 –), OLG Karlsruhe v. 9.6.2004 – 10 U 236/03 – VersR 2006, 251, OLG Thüringen v. 9.8.2006 – 7 U 289/06 – r+s 2006, 527 (BGH v. 12.6.2007 – VI ZR 196/06 – hat das OLG-Urteil aufgehoben und zurückverwiesen, da eben nicht unstreitig sei, dass die Verletzungsfolgen objektiv vorhersehbar gewesen seien [Gehörsrüge]).

Jahnke

zur Aufklärung und Beratung verpflichtet.[4335] Anwaltliche Fehler berechtigen weder zur Anfechtung noch zum Rücktritt vom Vergleichsvertrag.[4336]

3266   Der Verletzte ist auch dann an die Verzichtserklärung gebunden, wenn die vor Abgabe einer Abfindungserklärung eingeholte **ärztliche Auskunft** unrichtig ist.[4337]

c) Wegfall der Geschäftsgrundlage (§ 313 BGB)

3267   Nach § 313 I BGB kann die Anpassung des Vergleiches verlangt werden, wenn Umstände sich erst nach[4338] Vertragsschluss schwerwiegend (entscheidend) verändert haben. Gleiches gilt, wenn sich wesentliche Vorstellungen,[4339] die zur Grundlage des Vertrages geworden sind, als falsch herausstellen (§ 313 II BGB).[4340] Die Parteien würden, hätten sie diese Ände-

---

4335   OLG Hamm v. 23.10.1995 – 6 U 57/95 – r+s 1996, 58, OLG Karlsruhe v. 9.6.2004 – 10 U 236/03 – VersR 2006, 251, OLG Thüringen v. 24.11.2004 – 4 U 399/04 – SVR 2005, 383 (Anm. Nehls) (Die Qualität des damaligen anwaltlichen Vertreters des Klägers kann keine besondere Pflichtenlage beim beklagten Krafthaftpflichtversicherer schaffen. Im Übrigen hat der BGH v. 8.12.1998 [gemeint ist wohl – VI ZR 318/97 – VersR 1999, 382] sogar eine vollständig fehlende anwaltliche Vertretung für unbedenklich gehalten.) (Anm.: Die vom OLG Thüringen aufgehobene Entscheidung der ersten Instanz [LG Erfurt v. 13.4.2004 – 9 O 736/03 –] folgerte aus dem Umstand, dass ein Verletzter von einem »jungen und unerfahrenen Rechtsanwalt vertreten« wurde, einen Verstoß gegen Treu und Glauben hinsichtlich der vom Haftpflichtversicherer erhobenen Verjährungseinrede.). Siehe auch: OLG Düsseldorf v. 11.5.2000 – 8 U 105/99 – VersR 2002, 54 (BGH hat Revision nicht angenommen, Beschl. v. 13.2.2001 – VI ZR 236/00 –), OLG Saarbrücken v. 9.7.1998 – 3 U 854/97 – 63 – SP 1999, 49 (S. 51 a.E.), OLG Nürnberg v. 1.7.1999 – 2 U 531/99 – VersR 2001, 982 (BGH hat Revision nicht angenommen, Beschl. v. 11.4.2000 – VI ZR 427/99 –). Geigel-Bacher Kap 40 Rn. 5.

4336   OLG Nürnberg v. 1.7.1999 – 2 U 531/99 – VersR 2001, 982 (BGH hat Revision nicht angenommen, Beschl. v. 11.4.2000 – VI ZR 427/99 –), OLG Thüringen v. 24.11.2004 – 4 U 399/04 – SVR 2005, 383 (Anm. Nehls). Siehe auch LG Kaiserslautern v. 21.1.2005 – 2 O 233/02 – zfs 2005, 336.

4337   OLG Hamm v. 20.2.1997 – 27 U 216/96 – VersR 1998, 631 (Nachträgliche dauerhafte Knieinstabilität mit einer Funktionsbeeinträchtigung von 40% nach Entfernung einer Kniebandplastik. Die frühere ärztliche Auskunft besagte, das Knie sei dauerhaft geheilt.).

4338   OLG Koblenz v. 29.9.2003 – 12 U 854/02 – NZV 2004, 197 (Vor Vergleichsschluss absehbare Verschlechterungen sind für die Prüfung eines Wegfalls der Geschäftsgrundlage unbeachtlich). Siehe auch: BGH v. 12.7.1983 – VI ZR 176/81 – NJW 1984, 115 = VersR 1983, 1034, BGH v. 19.6.1990 – VI ZR 255/89 – NJW 1991, 1535 = VersR 1990, 984.

4339   § 313 II BGB betrifft das ursprüngliche Fehlen der subjektiven Geschäftsgrundlage. Gemeint sind Fälle des gemeinschaftlichen Motivirrtums sowie solche Fälle, in denen sich nur eine Partei falsche Vorstellungen macht, die andere Partei diesen Irrtum aber ohne eigene Vorstellungen hingenommen hat (BT-DrS 14/6040, S. 176).

4340   BGH v. 16.9.2008 – VI ZR 296/07 – jurisPR-VerkR 25/2008 Anm. 1 (Anm. Lang) = VersR 2008, 1648.

rung denn vorausgesehen, den Vergleich nicht oder nicht so (also mit einem anderem Inhalt) geschlossen haben. (Mindestens) Einem der Vertragspartner darf unter Berücksichtigung aller Umstände des Einzelfalles (insbesondere der vertraglichen oder gesetzlichen Risikoverteilung) das Festhalten am unveränderten Vertrag nicht zugemutet werden.[4341]

Liegen die vorgenannten Voraussetzungen vor, kann grundsätzlich nur eine **Vertragsanpassung** verlangt werden (§ 313 I BGB). Erst wenn die Anpassung des Vertrags (und damit des Vergleiches) nicht möglich oder einem Teil nicht zumutbar ist, kann – also nur subsidiär – der benachteiligte Teil vom Vertrag **zurücktreten** (§ 313 III BGB); notwendig für eine Auflösung des Vertrags ist dann eine Rücktrittserklärung der benachteiligten Partei. **3268**

d) Anpassung, Zweckverfehlung

Nur unter besonderen Umständen kommt eine Abänderung (§§ 157, 242 BGB) in Betracht, wenn dieses erforderlich ist, um die von den Parteien gewollten und verfolgten Zwecke zu erreichen:[4342] **3269**

> ❗ – Abänderung bei Vergleich über regelmäßige Zahlungen (**Rentenvergleich**).
> – Krasses **Missverhältnis** zwischen Abfindungsbetrag und Schaden.
> – Unvorhergesehene **Spätschäden**.
> – Unvorhergesehene **Rechtsänderung**.

Soweit eingetretene Veränderungen in den Risikobereich fallen, für den der Verletzte sich für abgefunden erklärte, muss dieser grundsätzlich auch bei erheblichen Opfern, die sich später herausstellen, die Folgen tragen.[4343] **3270**

Die Anpassung ist nur möglich für noch nicht abgewickelte Rechtsverhältnisse, also nur für noch weiter laufende Schadenersatzansprüche. Die Anpassung erfolgt idR **ex nunc** (d.h. ohne Rückwirkung[4344]). **3271**

aa) Rentenurteil, Rentenvergleich

Siehe zu Rentenurteil und -vergleich Rdn. 3146 ff. **3272**

bb) Missverhältnis

Nur ausnahmsweise führt ein Missverhältnis zwischen Abfindungsbetrag und eingetretenem Schaden zu einer Vergleichsanpassung. Es handelt **3273**

4341 OLG München v. 17.4.2006 – 10 U 4632/05 – NZV 2007, 423 (BGH hat Revision nicht angenommen, Beschl. v. 13.2.2007 – VI ZR 190/06 –).
4342 Jahnke, Abfindung von Personenschadenansprüchen, § 2 Rn. 359 ff.
4343 Siehe Rdn. 3283 ff.
4344 Siehe allerdings zur Abänderung von Prozessvergleichen: BGH v. 4.10.1982 – GSZ 1/82 – NJW 1983, 228 = VersR 1983, 147.

Jahnke

sich um ein Problem der spät erkannten oder eingetretenen Schäden (siehe Rdn. 3274 ff).

cc) Spätschaden

3274 Siehe zu Spätschäden Rdn. 3283 ff.

dd) Rechtsänderungen

(1) Leistungskürzung

3275 Änderungen im Umfang insbesondere des gesetzlichen Krankenversicherungsschutzes, aber auch anderer Sozialleistungen sind weder außergewöhnlich noch überraschend und führen daher nicht zur Anpassung eines vorbehaltlosen Abfindungsvergleiches.[4345] Hinzu kommt, dass die Sozialgesetze idR auch durch Härtefallregelungen dafür Sorge tragen, dass der Einzelne gegen unzumutbare Belastungen im Zusammenhang mit medizinischen Heilbehandlungsmaßnahmen geschützt ist (siehe z.B. §§ 61, 62 SGB V). Wenn ein Verletzter trotz dieser gesetzlichen Regelungen keinen Erstattungsanspruch gegenüber seiner Krankenkasse hat, liegt das regelmäßig daran, dass die Belastungen noch zumutbar sind.[4346]

3276 Änderungen in der Gewährung von Blindengeld berechtigen nicht zur Abänderung von Abfindungsvergleichen.[4347] Dass der Ersatzpflichtige an einen Drittleistungsträger Leistungen nicht mehr oder in geringerem Umfang erstatten muss, spielt für den Bestand des Vergleiches keine Rolle; diese Entlastung ist nur ein unbeabsichtigter Nebeneffekt, der für den Wegfall der Geschäftsgrundlage des Abfindungsvergleiches ohne Belang ist.[4348] Gleiches muss, solange nicht von einem Doppelirrtum auszugehen ist,[4349] auch für andere Barleistungen wie Verletztenrente oder Erwerbsminderungsrente gelten.

4345 BGH v. 12.2.2008 – VI ZR 154/07 – MDR 2008, 563 (Wegfall von Blindengeld); OLG Koblenz v. 18.2.1991 – 12 U 1646/89 – VersR 1996, 232 (Krankenversicherung), OLG Oldenburg v. 22.5.2007 – 9 U 49/06 – r+s 2007, 522 (Vorinstanz zu BGH v. 12.2.2008 – VI ZR 154/07 – MDR 2008, 563) (Wegfall von Blindengeld), OLG Oldenburg v. 30.6.2006 – 6 U 38/06 – MDR 2007, 273 = NJW 2006, 3152 (Wegfall von Blindengeld). Gerner »Zur Bedeutung sozialgesetzlicher Anspruchskürzungen für bestehende Abfindungsvergleiche über Unfallfolgen« VersR 1996, 1080.

4346 OLG Koblenz v. 18.2.1991 – 12 U 1646/89 – VersR 1996, 232.

4347 BGH v. 12.2.2008 – VI ZR 154/07 – MDR 2008, 563; OLG Oldenburg v. 22.5.2007 – 9 U 49/06 – r+s 2007, 522 (Vorinstanz zu BGH v. 12.2.2008 – VI ZR 154/07 – r+s 2008, 354), OLG Oldenburg v. 30.6.2006 – 6 U 38/06 – MDR 2007, 273 = NJW 2006, 3152.

4348 OLG Oldenburg v. 22.5.2007 – 9 U 49/06 – r+s 2007, 522 (Vorinstanz zu BGH v. 12.2.2008 – VI ZR 154/07 – MDR 2008, 563), OLG Oldenburg v. 30.6.2006 – 6 U 38/06 – MDR 2007, 273 = NJW 2006, 3152.

4349 BGH v. 16.9.2008 – VI ZR 296/07 – jurisPR-VerkR 25/2008 Anm. 1 (Anm. Lang) = VersR 2008, 1648.

Werden wegen Veränderungen im gesundheitlichen Zustand Barleistungen **3277**
(z.b. Veränderung der für die Verletztenrente maßgeblichen MdE) gekürzt
oder erhöht, gehört dieses zu den Abwägungen vor Abschluss des Vergleiches und führt nicht zu einer Anpassung des Vergleichsbetrages.

Liegt ein gemeinsamer Irrtum des Geschädigten und des Haftpflichtversi- **3278**
cherers vor, kann eine Anpassung einer umfassenden Abfindungsvereinbarung möglich sein.[4350]

(2) Leistungserweiterung

Werden neue gesetzliche Ansprüche (wie z.b. mit der Einführung von Pfle- **3279**
geleistungen mit dem SGB V und SGB XI) begründet und waren diese bei
Vergleichsschluss nicht bedacht, wird gerade in Fällen sog. Systemänderun-
gen[4351] eine Anpassung notwendig.[4352]

(3) Leistungsstrukturen

Änderungen der wirtschaftlichen Rahmenbedingungen und Leistungsstruk- **3280**
turen, in die der Geschädigte im Verhältnis zu Dritten (Besoldungsstruk-
turen,[4353] Leistungsumfang der Krankenkasse,[4354] Sozialleistungen,[4355] Lohn-
fortzahlungsansprüche im Krankheitsfall etc.) gehören zum Risikokreis der
Abfindungsverhandlungen.[4356] Sind diese Leistungsverhältnisse bei Vergleichsabschluss nur als Positionen gesehen worden, kommt es nicht darauf
an, ob die beteiligten Parteien mögliche Änderungen in ihre Vorstellungen
mit einbezogen haben; entscheidend ist vielmehr, ob es sich um Änderungen
handelt, die so überraschend sind, dass sie von den Parteien bei Vergleichsschluss weder ihrer Art noch ihrem Umfang nach als möglich hätten erwartet werden können.[4357]

4350 BGH v. 16.9.2008 – VI ZR 296/07 – jurisPR-VerkR 25/2008 Anm. 1 (Anm.
Lang) = VersR 2008, 1648.
4351 Dazu BGH v. 12.4.2011 – VI ZR 158/10 –.
4352 OLG Saarbrücken v. 20.12.1996 – 3 U 439/95 – NZV 1997, 271 (Neuregelung
der Pflegeversicherung).
4353 BGH v. 12.7.1983 – VI ZR 176/81 – NJW 1984, 115 = VersR 1983, 1034 (Zum
vom Beamten übernommenen Risiko in einem Abfindungsvergleich, der den
Erwerbsschaden endgültig erledigen soll, gehören auch unvorhergesehene
strukturelle Besoldungsverbesserungen).
4354 OLG Koblenz v. 18.2.1991 – 12 U 1646/89 – VersR 1996, 232 (Keine Anpassung eines vorbehaltlosen Abfindungsvergleiches, weil der Verletzte aufgrund
einer Sozialrechtsreform nunmehr mit Eigenanteilen im Rahmen der gesetzlichen Krankenversicherung belastet ist).
4355 OLG Oldenburg v. 30.6.2006 – 6 U 38/06 – NJW 2006, 3152 (Landesblindengeld).
4356 OLG Oldenburg v. 22.5.2007 – 9 U 49/06 – r+s 2007, 522 (Vorinstanz zu BGH
v. 12.2.2008 – VI ZR 154/07 – MDR 2008, 563), OLG Oldenburg v. 30.6.2006
– 6 U 38/06 – NJW 2006, 3152.
4357 OLG Oldenburg v. 22.5.2007 – 9 U 49/06 – r+s 2007, 522 (Vorinstanz zu BGH
v. 12.2.2008 – VI ZR 154/07 – MDR 2008, 563) (Wegfall von Blindengeld war

(4) Rechtsirrtum

3281 Ein bloßer Rechtsirrtum (z.B. über die Anspruchsgrundlage, spätere Gesetzgebung[4358] oder die zu erwartende künftige Entwicklung) reicht für eine Abänderung nicht;[4359] nur im Ausnahmefall greifen die Grundsätze über den Wegfall der Geschäftsgrundlage.

ee) Veränderte Regulierungspraxis

3282 Veränderte Regulierungspraxis[4360] oder Rechtsprechung[4361] reichen nicht, die Anpassung eines Abfindungsvergleiches zu verlangen.[4362]

5. Spätschaden[4363]

a) Grundsatz

3283 Ist die Möglichkeit von Spätschäden bei Vergleichsabschluss bedacht worden, entfällt eine Nachbesserung.[4364] Hierin liegt gerade die Natur des Abfindungsvergleiches.

---

nicht völlig überraschend), OLG Oldenburg v. 30.6.2006 – 6 U 38/06 – MDR 2007, 273 = NJW 2006, 3152 (Wegfall von Blindengeld war nicht völlig überraschend. Veränderungen im Landesblindenrecht waren aufgrund der haushaltsrechtlichen Lage und fiskalischen Zwänge schon früh absehbar.).

4358 Chomse »Abfindungsvergleiche und Sozialversicherungsanpassungsgesetz (SVAG)« VersR 1951, 233.

4359 BGH v. 21.12.2006 – VII ZR 275/05 – NJW 2007, 838 = VersR 2007, 410, BGH v. 7.6.1961 – VIII ZR 69/60 – NJW 1961, 1460, BGH v. 24.9.1959 – VIII ZR 189/58 – NJW 1959, 2109; BVerwG v. 26.11.1973 – VI B 36.73 – DVBl 1974, 353.

4360 OLG Frankfurt v. 14.8.2003 – 1 W 52/03 – zfs 2004, 16; LG Heidelberg v. 2.9.1994 – 2 O 168/94 – VersR 1995, 575 (Stehen einem Aids-Infizierten wegen seiner Aids-Infektion durch verseuchtes Blutplasma Schadenersatzansprüche zu, die durch einen Abfindungsvergleich [mit dem Versicherer des betreffenden Blutplasma-Herstellers] abgegolten worden sind, wobei gleichzeitig ein Verzicht auf weitergehende Ansprüche gegen den Vergleichsschließenden und gesamtschuldnerisch haftende Dritte [konkret: unter anderem die Bundesrepublik Deutschland aus Amtshaftung] vereinbart worden ist, wird dieser Vergleich nicht dadurch gemäß § 779 I BGB unwirksam, weil sich nachträglich die Regulierungspraxis gegenüber HIV-Infizierten dergestalt geändert hat, dass mittlerweile von den betreffenden Pharmaherstellern höhere Abfindungsbeträge gezahlt werden. Gerade die Erwartungen des Geschädigten über die Höhe zukünftiger Abfindungen gehörten nämlich zu dem Streit der Parteien, der durch den Vergleich gerade beseitigt werden sollte.).

4361 BGH v. 13.3.2007 – XI ZR 327/05, 328/05, 329/05 –.

4362 BGH v. 21.12.2006 – VII ZR 275/05 – NJW 2007, 838 = VersR 2007, 410, BGH v. 7.6.1961 – VIII ZR 69/60 – NJW 1961, 1460, BGH v. 24.9.1959 – VIII ZR 189/58 – NJW 1959, 2109; BVerwG v. 26.11.1973 – VI B 36.73 – DVBl 1974, 353.

4363 Zum Thema: Jahnke, Abfindung von Personenschadenansprüchen, § 2 Rn. 254 ff., 399 ff., § 5 Rn. 347 ff, Müller »Spätschäden im Haftpflichtrecht« VersR 1998, 129.

4364 BGH v. 11.7.1967 – VI ZR 115/66 – VersR 1967, 1092; OLG Düsseldorf v. 19.9.1994 – 1 U 93/93 – VersR 1996, 642 (BGH hat Revision nicht angenom-

Treten nach einer Abfindung Schäden auf, mit denen der unmittelbar Geschädigte nicht gerechnet hatte, besteht grundsätzlich ebenfalls kein Anspruch auf weiteren Schadenersatz.[4365] Der Ersatzverpflichtete soll sich darauf verlassen dürfen, dass die Angelegenheit für ihn mit dem Abfindungsvertrag endgültig erledigt ist.[4366]

3284

Nur unter besonderen Umständen kommt eine Abänderung (§§ 157, 242, 313 BGB) in Betracht, wenn dieses erforderlich ist, um die von den Parteien gewollten und verfolgten Zwecke zu erreichen.[4367] Abweichend vom Grundsatz, dass ein Vergleich auch dann Bestand hat, wenn sich der Gesundheitszustand des Verletzten bessert oder verschlechtert, kann der Verletzte (nicht jedoch unter denselben Voraussetzungen ein Drittleistungsträger) dann Aufhebung des Vergleiches verlangen, wenn nach Abschluss des Vergleiches Umstände auftreten, die außerhalb menschlicher Erkenntnis und Voraussicht liegen. Dabei muss sich nach dem Auftreten von nicht voraussehbaren Spätfolgen ein so krasses, nicht mehr hinzunehmendes Missverhältnis zwischen Vergleichssumme und Schaden ergeben, dass die Versagung weiterer Schadenersatzansprüche für den Geschädigten eine außergewöhnliche Härte darstellt, welche die zumutbare **Opfergrenze** überschreitet.

3285

---

men, Beschl. v. 2.5.1995 – VI ZR 339/94 –), OLG Düsseldorf v. 22.4.1985 – 1 U 75/84 – zfs 1986, 69, OLG Hamm v. 5.8.1999 – 23 U 16/99 – NZV 2000, 127 (Auftreten einer schizoaffektiven Psychose), OLG Hamm v. 20.2.1997 – 27 U 216/96 – VersR 1998, 631 (Knieinstabilität), OLG Nürnberg v. 1.7.1999 – 2 U 531/99 – VersR 2001, 982 (BGH hat Revision nicht angenommen, Beschl. v. 11.4.2000 – VI ZR 427/99 –), OLG Nürnberg v. 17.1.1985 – 5 U 3680/84 – zfs 1985, 65 mwN, OLG Schleswig v. 30.8.2000 – 4 U 158/98 – VersR 2001, 983; LG Kaiserslautern v. 21.1.2005 – 2 O 233/02 – zfs 2005, 336 (Zur Verrentung führende Krampfanfälle).

4365 BGH v. 12.7.1983 – VI ZR 176/81 – NJW 1984, 115 = VersR 1983, 1034 (Zum vom Beamten übernommenen Risiko in einem Abfindungsvergleich, der den Erwerbsschaden endgültig erledigen soll, gehören auch unvorhergesehene strukturelle Besoldungsverbesserungen); OLG Düsseldorf v. 19.9.1994 – 1 U 93/93 – VersR 1996, 642 (BGH hat Revision nicht angenommen, Beschl. v. 2.5.1995 – VI ZR 339/94 –).

4366 BGH v. 12.7.1983 – VI ZR 176/81 – NJW 1984, 115 = VersR 1983, 1034; OLG Düsseldorf v. 19.9.1994 – 1 U 93/93 – VersR 1996, 642 (BGH hat Revision nicht angenommen, Beschl. v. 2.5.1995 – VI ZR 339/94 –), OLG Koblenz v. 29.9.2003 – 12 U 854/02 – NZV 2004, 197, OLG Koblenz v. 18.2.1991 – 12 U 1646/89 – VersR 1996, 232, OLG Thüringen v. 9.8.2006 – 7 U 289/06 – r+s 2006, 527 (BGH v. 12.6.2007 – VI ZR 196/06 – hat das OLG-Urteil aufgehoben und zurückverwiesen, da einem nicht unstreitig sei, dass die Verletzungsfolgen objektiv vorhersehbar gewesen seien [Gehörsrüge]).

4367 Siehe BGH v. 15.5.2007 – VI ZR 150/06 – NJW 2007, 2475 (Anm. Teichmann) = VersR 2007, 961; OLG Oldenburg v. 22.5.2007 – 9 U 49/06 – r+s 2007, 522 (Vorinstanz zu BGH v. 12.2.2008 – VI ZR 154/07 – MDR 2008, 563, OLG Oldenburg v. 30.6.2006 – 6 U 38/06 – MDR 2007, 273 = NJW 2006, 3152.

Jahnke

b) Bestand eines Abfindungsvergleiches

3286   Nur wenn zum einen ein unzumutbares Missverhältnis zwischen unvorhergesehenem Spätschaden und Abfindungsbetrag besteht, und zum anderen die eingetretenen Veränderungen nicht in den Risikobereich des Geschädigten fallen, kann im Ausnahmefall eine Anpassung des Vergleiches in Betracht kommen.

3287   Anhand einer **Vorprüfung** zeigt sich manchmal recht schnell, ob – abgesehen insbesondere vom Kausalitätsnachweis – überhaupt noch ein Anspruch in Frage kommen kann:

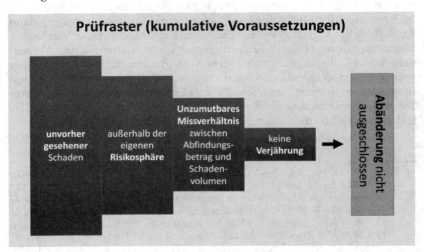

Prüfraster (kumulative Voraussetzungen)

unvorhergesehener Schaden — außerhalb der eigenen **Risikosphäre** — **Unzumutbares Missverhältnis** zwischen Abfindungsbetrag und Schadenvolumen — keine **Verjährung** → **Abänderung nicht ausgeschlossen**

aa) Unvorhergesehener Schaden

3288   Ist die Möglichkeit von Spätschäden schon bei Vergleichsabschluss bedacht worden, entfällt bereits von daher eine Nachbesserung;[4368] es realisiert sich schlicht das Risiko.

3289   Abweichend vom Grundsatz, dass ein Vergleich auch dann Bestand hat, wenn sich der Gesundheitszustand des Verletzten bessert oder verschlech-

---

4368   BGH v. 11.7.1967 – VI ZR 115/66 – VersR 1967, 1092; OLG Düsseldorf v. 19.9.1994 – 1 U 93/93 – VersR 1996, 642 (BGH hat Revision nicht angenommen, Beschl. v. 2.5.1995 – VI ZR 339/94 –), OLG Düsseldorf v. 22.4.1985 – 1 U 75/84 – zfs 1986, 69, OLG Hamm v. 5.8.1999 – 23 U 16/99 – NZV 2000, 127 (Auftreten einer schizoaffektiven Psychose), OLG Hamm v. 20.2.1997 – 27 U 216/96 – VersR 1998, 631 (Knieinstabilität), OLG Nürnberg v. 1.7.1999 – 2 U 531/99 – VersR 2001, 982 (BGH hat Revision nicht angenommen, Beschl. v. 11.4.2000 – VI ZR 427/99 –), OLG Nürnberg v. 17.1.1985 – 5 U 3680/84 – zfs 1985, 65 mwN, OLG Saarbrücken v. 21.3.2006 – 4 U 24/05 – SP 2006, 233, OLG Schleswig v. 30.8.2000 – 4 U 158/98 – VersR 2001, 983.

tert, kann der Verletzte dann Aufhebung des Vergleiches verlangen, wenn nach Abschluss des Vergleiches Umstände auftreten, die außerhalb menschlicher Erkenntnis und Voraussicht liegen.[4369]

Nur für Spätfolgen, die nicht voraussehbar waren, weil sie nach anscheinend leichten Verletzungen später unerwartet auftreten, kann überhaupt eine Nachbesserung in Betracht kommen. Häufig enthalten frühere, vor Vergleichsabschluss eingeholte Arztberichte und Gutachten Hinweise auf später mögliche Folgen und Beschwerden.   **3290**

Für die Vorhersehbarkeit kommt es nicht auf die Kenntnis des Verletzten, sondern auf die Kenntnis der Fachkreise an. Der BGH[4370] lässt die Nachforderung nur für solche Verletzungsfolgen zu, die bei der ursprünglichen Bemessung des Schadens noch nicht eingetreten waren, mit deren Eintritt ein mit der Beurteilung des Ausmaßes und der voraussichtlichen weiteren Entwicklung eines unfallursächlichen Körperschadens beauftragter Sachverständiger nicht zu rechnen brauchte, die aber entgegen aller Wahrscheinlichkeit schließlich doch eingetreten sind.   **3291**

bb) Risikosphäre

Soweit eingetretene Veränderungen in den Risikobereich fallen, für den der Verletzte sich für abgefunden erklärte, muss dieser grundsätzlich auch bei erheblichen Opfern, die sich später herausstellen, die Folgen tragen.[4371] Nur   **3292**

4369 BGH v. 19.6.1990 – VI ZR 255/89 – NJW 1991, 1535 = VersR 1990, 984, BGH v. 21.12.1965 – VI ZR 168/64 – DAR 1966, 130; OLG Hamm v. 26.6.1985 – 13 U 27/84 – VersR 1987, 509.

4370 BGH v. 14.2.2006 – VI ZR 322/04 – MDR 2006, 987 = VersR 2006, 1090 (Rechtskraft eines früheren Urteiles, welches einen künftigen immateriellen Feststellungsanspruch ablehnte, muss nicht einer aus einem Spätschaden resultierenden Schmerzensgeldforderung entgegenstehen, wenn erst nach dem Zeitpunkt der letzten mündlichen Verhandlung neue Tatsachen entstanden sind), BGH v. 8.7.1980 – VI ZR 72/79 – MDR 1981, 42 = VersR 1980, 975.

4371 BGH v. 8.11.2001 – IX ZR 404/99 – NZV 2002, 268, BGH v. 19.6.1990 – VI ZR 255/89 – NJW 1991, 1535 = VersR 1990, 984; BGH v. 21.12.1965 – VI ZR 168/64 – DAR 1966, 130; OLG Celle v. 10.6.1999 – 14 U 82/98 – NZV 2000, 505 (BGH hat Revision nicht angenommen, Beschl. v. 14.3.2000 – VI ZR 240/99 –), OLG Düsseldorf v. 22.1.2007 – I-1 U 166/06 – NZV 2008, 151 (BGH hat Revision nicht angenommen, Beschl. v. 18.12.2007 – VI ZR 59/07 –), OLG Frankfurt v. 14.8.2003 – 1 W 52/03 – zfs 2004, 16, OLG Hamm v. 20.2.1997 – 27 U 216/96 – VersR 1998, 631, OLG Hamm v. 26.6.1985 – 13 U 27/84 – VersR 1987, 509, OLG Koblenz v. 29.9.2003 – 12 U 854/02 – NZV 2004, 197, OLG Koblenz v. 18.2.1991 – 12 U 1646/89 – VersR 1996, 232, OLG München v. 17.4.2006 – 10 U 4632/05 – NZV 2007, 423 (BGH hat Revision nicht angenommen, Beschl. v. 13.2.2007 – VI ZR 190/06 –), OLG Oldenburg v. 22.5.2007 – 9 U 49/06 – r+s 2007, 522 (Vorinstanz zu BGH v. 12.2.2008 – VI ZR 154/07 – MDR 2008, 563), OLG Oldenburg v. 28.2.2003 – 6 U 231/01 – VersR 2004, 64 (BGH hat Nichtzulassungsbeschwerde zurückgewiesen, Be-

wenn die eingetretenen Veränderungen nicht in den Risikobereich des eine Anpassung verlangenden Vertragspartners (Geschädigter, Ersatzschuldner) fallen, kann im Ausnahmefall eine Anpassung des Vergleiches in Betracht kommen.

3293   Der Abfindungsvergleich wird nicht dadurch hinfällig, dass sich der Gesundheitszustand des Geschädigten zum Positiven oder Negativen verändert. Auch Fehleinschätzungen für die Zukunft gehören zur Natur eines Risikovergleiches. Ebenso wenig wie bei Verbesserung gegenüber seiner eingeschätzten Situation der Geschädigte an den Ersatzleistenden nichts zurückzahlen muss, hat der Ersatzpflichtige nachzulegen, wenn sich die künftige Entwicklung schlechter darstellt als vom Geschädigten erwartet. Enthält eine Abfindungserklärung eine umfassende Abgeltungsklausel, ist grundsätzlich jede Nachforderung auch für unvorhergesehene Schäden ausgeschlossen.[4372]

3294   Es entspricht dem Wesen eines Abfindungsvergleiches, dass bei ihm Leistung und Gegenleistung nicht in einem Gegenseitigkeitsverhältnis (wie z.B. bei einem Kauf oder der Miete) stehen; daher können **Äquivalenzstörungen** nicht (jedenfalls nicht ohne weiteres) die Abänderung des Vergleiches rechtfertigen.[4373]

3295   Dass zu späteren Zeitpunkten **höhere Entschädigungen** als im damaligen Abfindungszeitpunkt gezahlt werden, reicht für die Annahme einer erheb-

---

schl. v. 30.9.2003 – VI ZR 90/03 –) (Anpassung nach Hüftkopfnekrose), OLG Schleswig v. 30.8.2000 – 4 U 158/98 – VersR 2001, 983, OLG Thüringen v. 9.8.2006 – 7 U 289/06 – r+s 2006, 527 (BGH v. 12.6.2007 – VI ZR 196/06 – hat das OLG-Urteil aufgehoben und zurückverwiesen, da eben nicht unstreitig sei, dass die Verletzungsfolgen objektiv vorhersehbar gewesen seien [Gehörsrüge]), OLG Zweibrücken v. 9.6.1999 – 1 U 103/98 – SP 2000, 231 (BGH hat Revision nicht angenommen, Beschl. v. 8.2.2000 – VI ZR 221/99 –); LG Kaiserslautern v. 21.1.2005 – 2 O 233/02 – zfs 2005, 336.

4372   OLG Düsseldorf v. 22.1.2007 – I-1 U 166/06 – NZV 2008, 151 (BGH hat Revision nicht angenommen, Beschl. v. 18.12.2007 – VI ZR 59/07 –); LG Münster v. 13.11.1997 – 2 O 309/97 – (»Die Klägerin, eine erwachsene und mündige Bürgerin, hat erklärt, dass sie auch für unvorhersehbare und unerwartete Folgen in Zukunft nichts mehr geltend machen würde. Das Gericht kann nicht erkennen, weshalb sie an dieser Erklärung nicht soll festgehalten werden.«). Palandt-Sprau, § 779 Rn. 12.

4373   BGH v. 16.9.2008 – VI ZR 296/07 – jurisPR-VerkR 25/2008 Anm. 1 (Anm. Lang) = VersR 2008, 1648; BGH v. 12.2.2008 – VI ZR 154/07 – MDR 2008, 563, OLG Koblenz v. 29.9.2003 – 12 U 854/02 – NZV 2004, 197. OLG Oldenburg v. 22.5.2007 – 9 U 49/06 – r+s 2007, 522, OLG Oldenburg v. 30.6.2006 – 6 U 38/06 – MDR 2007, 273 = NJW 2006, 3152, OLG München v. 17.4.2006 – 10 U 4632/05 – NZV 2007, 423 (BGH hat Revision nicht angenommen, Beschl. v. 13.2.2007 – VI ZR 190/06 –). OLG Saarbrücken v. 21.3.2006 – 4 U 24/05 – SP 2006, 233.

Jahnke

lichen Äquivalenzstörung nicht aus; dieses gehört zum vom Anspruchsberechtigten übernommenen Risiko bei Abschluss eines Vergleiches.[4374]

cc) Opfergrenze und Missverhältnis

Auf ein Missverhältnis kann sich der Verletzte dann nicht berufen, wenn die eingetretenen Veränderungen in seinen Risikobereich fallen. Ist die Möglichkeit von Spätschäden bei Vergleichsabschluss bedacht worden, entfällt eine Nachbesserung.[4375] **3296**

Treten nach einer Abfindung Schäden auf, mit denen der Geschädigte nicht gerechnet hatte, besteht grundsätzlich kein Anspruch auf weiteren Schadenersatz;[4376] der Ersatzverpflichtete soll sich darauf verlassen dürfen, dass die Angelegenheit für ihn endgültig erledigt ist.[4377] Abweichend vom Grundsatz, dass ein Vergleich auch dann Bestand hat, wenn sich der Gesundheitszustand des Verletzten bessert oder verschlechtert, kann der Verletzte dann Aufhebung des Vergleiches verlangen, wenn nach Abschluss des Vergleiches Umstände auftreten, die außerhalb menschlicher Erkenntnis und Voraussicht liegen. Treten unerwartet Spätschäden auf und besteht ein krasses und unzumutbares Missverhältnis zwischen Schaden und Abfindungsbetrag, kann, wenn dadurch für den Geschädigten eine die zumutbare Opfergrenze überschreitende Härte eintritt, § 242 BGB die Anpassung des Vergleiches gebieten.[4378] **3297**

Die Versagung weiterer Schadenersatzansprüche muss für den Geschädigten eine außergewöhnliche Härte darstellt, welche die zumutbare **Op-** **3298**

4374 OLG Frankfurt v. 14.8.2003 – 1 W 52/03 – zfs 2004, 16; LG Heidelberg v. 2.9.1994 – 2 O 168/94 – VersR 1995, 575.

4375 BGH v. 11.7.1967 – VI ZR 115/66 – VersR 1967, 1092; OLG Düsseldorf v. 19.9.1994 – 1 U 93/93 – VersR 1996, 642 (BGH hat Revision nicht angenommen, Beschl. v. 2.5.1995 – VI ZR 339/94 –), OLG Düsseldorf v. 22.4.1985 – 1 U 75/84 – zfs 1986, 69, OLG Hamm v. 5.8.1999 – 23 U 16/99 – NZV 2000, 127, OLG Nürnberg v. 1.7.1999 – 2 U 531/99 – VersR 2001, 982 (BGH hat Revision nicht angenommen, Beschl. v. 11.4.2000 – VI ZR 427/99 –), OLG Nürnberg v. 17.1.1985 – 5 U 3680/84 – zfs 1985, 65 m. w. H.

4376 BGH v. 12.7.1983 – VI ZR 176/81 – VersR 1983, 1034; OLG Düsseldorf v. 19.9.1994 – 1 U 93/93 – VersR 1996, 642 (BGH hat Revision nicht angenommen, Beschl. v. 2.5.1995 – VI ZR 339/94 –).

4377 BGH v. 12.2.2008 – VI ZR 154/07 – MDR 2008, 563, BGH v. 12.7.1983 – VI ZR 176/81 – VersR 1983, 1034; OLG Koblenz v. 18.2.1991 – 12 U 1646/89 – VersR 1996, 232.

4378 BGH v. 19.6.1990 – VI ZR 255/89 – VersR 1990, 984, BGH v. 21.12.1965 – VI ZR 168/64 – DAR 1966, 130; OLG Hamm v. 26.6.1985 – 13 U 27/84 – VersR 1987, 509, OLG Köln v. 3.6.1987 – 13 U 230/86 – VersR 1988, 520, OLG Nürnberg v. 1.7.1999 – 2 U 531/99 – VersR 2001, 982 (BGH hat Revision nicht angenommen, Beschl. v. 11.4.2000 – VI ZR 427/99 –), OLG Zweibrücken v. 9.6.1999 – 1 U 103/98 – SP 2000, 231 (BGH hat Revision nicht angenommen, Beschl. v. 8.2.2000 – VI ZR 221/99 –).

fergrenze überschreitet.[4379] Es gilt dabei allerdings auch, dass je höher der Abfindungsbetrag, desto geringer die Chance einer Angreifbarkeit des Vergleiches.[4380] Für die Vergleichsbetrachtung kann auch beachtlich sein, dass in der Vergangenheit angerechnete Leistungen erhöht wurden, ohne dass dieses bei der Abfindungsverhandlung berücksichtigt war.[4381]

dd) Verjährung

3299 Bei der Spätschadenbetrachtung ist stets auch die Möglichkeit einer Verjährung zu bedenken.

(1) Schadenseinheit

3300 In die Verjährungsfrist des § 197 I Nr. 3 BGB sind bei einem Feststellungsurteil die während des Laufs der Verjährung bezifferbaren Spätfolgeschäden eingeschlossen. Der Ersatzpflichtige kann auf Schadenersatz für Spätfolgen nur innerhalb dieser Frist von 30 Jahren in Anspruch genommen werden.[4382]

3301 Die volle Übersehbarkeit des Umfanges und der Höhe des Schadens ist, da der Schaden eine Einheit darstellt, für den Verjährungsbeginn nicht erforderlich. Die Frist beginnt mit der Kenntnis des Schadens im allgemeinen und umfasst alle – auch künftigen – Beeinträchtigungen und Schadenfolgen, deren Eintritt im Zeitpunkt der allgemeinen Schadenkenntnis nur als möglich voraussehbar waren.[4383] Bei späten Schadenfolgen, die durch eine ab-

---

4379 BGH v. 19.6.1990 – VI ZR 255/89 – NJW 1991, 1535 = VersR 1990, 984; OLG Düsseldorf v. 22.1.2007 – I-1 U 166/06 – NZV 2008, 151 (BGH hat Revision nicht angenommen, Beschl. v. 18.12.2007 – VI ZR 59/07 –), OLG Frankfurt v. 14.8.2003 – 1 W 52/03 – zfs 2004, 16 (Krasse Störung um den Faktor 10 wie im Fall des BGH VersR 1966, 243 war konkret nicht gegeben), OLG Koblenz v. 29.9.2003 – 12 U 854/02 – NZV 2004, 197, OLG Köln v. 3.6.1987 – 13 U 230/86 – MDR 1988, 230 = VersR 1988, 520, OLG Nürnberg v. 1.7.1999 – 2 U 531/99 – VersR 2001, 982 (BGH hat Revision nicht angenommen, Beschl. v. 11.4.2000 – VI ZR 427/99 –), OLG Oldenburg v. 28.2.2003 – 6 U 231/01 – VersR 2004, 64 (BGH hat Nichtzulassungsbeschwerde zurückgewiesen, Beschl. v. 30.9.2003 – VI ZR 90/03 –), OLG Schleswig v. 30.8.2000 – 4 U 158/98 – VersR 2001, 983, OLG Zweibrücken v. 9.6.1999 – 1 U 103/98 – SP 2000, 231 (BGH hat Revision nicht angenommen, Beschl. v. 8.2.2000 – VI ZR 221/99 –); LG Kaiserslautern v. 21.1.2005 – 2 O 233/02 – zfs 2005, 336, LG Münster v. 13.11.1997 – 2 O 309/97 – (Von einem nicht erträglichen Missverhältnis kann keine Rede sein, wenn die neue Schmerzensgeldvorstellung der Verletzten nur auf etwa das 3-fache des bereits gezahlten Betrages geht).

4380 Vgl. BGH v. 12.2.2008 – VI ZR 154/07 – MDR 2008, 563.

4381 OLG Oldenburg v. 30.6.2006 – 6 U 38/06 – MDR 2007, 273 = NJW 2006, 3152.

4382 OLG Düsseldorf v. 23.6.1994 – 18 U 241/93 – MDR 1995, 160.

4383 BGH v. 16.11.1999 – VI ZR 37/99 – NJW 2000, 861 = VersR 2000, 331, BGH v. 3.6.1997 – VI ZR 71/96 – NJW 1997, 2448 = VersR 1997, 1111, BGH v. 20.4.1982 – VI ZR 197/80 – VersR 1982, 703, BGH v. 10.7.1979 – VI ZR 24/77 – VersR 1979, 1106, BGH v. 30.1.1973 – VI ZR 4/72 – NJW 1973, 702 = VersR 1973, 371; OLG Hamm v. 30.11.1992 – 8 U 785/92 – VRS 86, 359 (BGH hat

geschlossene unerlaubte Handlung entstehen, beginnt die Verjährungsfrist auch für nachträglich auftretende Verschlimmerungen, die im Zeitpunkt der Kenntnis vom Schaden als möglich vorhersehbar waren, mit diesem Zeitpunkt.[4384]

Nur für Spätfolgen, die auch für Fachkreise **nicht voraussehbar** waren, weil sie – nicht selten nach anscheinend leichten Verletzungen – später unerwartet auftreten, läuft seit ihrem Bekanntwerden und der Kenntnis des Kausalzusammenhanges mit dem Schadenereignis eine besondere Verjährungsfrist,[4385] gerechnet ab dem Tag der tatsächlichen Kenntnis oder des Kennenmüssens. Der Grund für diese Sonderstellung eines Geschädigten liegt darin, dass er nach dem sich ihm zunächst zeigenden Schadenbild keine naheliegende Veranlassung hatte, sich über etwaig später eintretende Schäden von einem Fachkundigen beraten zu lassen oder zur Abwehr der Verjährung eine Feststellungsklage zu erheben.[4386]   **3302**

(2) Außerhalb Schadenseinheit

Für Schadenfolgen, die außerhalb einer Schadenseinheit liegen, verbleibt es bei § 199 I Nr. 2 BGB: Für den Beginn der Verjährung eines Anspruches auf Ersatz solcher Schäden ist der Kenntnisstand des Geschädigten selbst maßgeblich.[4387] Das gilt bei mehreren, zeitlich auseinander fallenden Spätfolgen auch hinsichtlich der zuletzt eingetretenen selbst dann, wenn diese letzte Folge für Fachkreise aufgrund der vorausgegangenen Spätschäden voraussehbar gewesen wäre.[4388]   **3303**

Revision nicht angenommen, Beschl. v. 5.10.1993 – VI ZR 39/93 –) (Arthroserisiko), OLG Köln v. 16.9.1996 – 12 U 41/6 – SP 1996, 411.

4384 BGH v. 16.11.1999 – VI ZR 37/99 – NJW 2000, 861 = VersR 2000, 331; OLG Brandenburg v. 29.11.2006 – 7 U 3/06 – NZV 2008, 155 (BGH hat Revision nicht angenommen, Beschl. v. 10.7.2007 – VI ZR 275/06 –).

4385 BGH v. 16.11.1999 – VI ZR 37/99 – NJW 2000, 861 = VersR 2000, 331, BGH v. 3.6.1997 – VI ZR 71/96 – NJW 1997, 2448 = VersR 1997, 1111 (Spätfolgen nach Wirbelsäulenverletzung u.a. im HWS-Bereich), BGH v. 27.11.1990 – VI ZR 2/90 – NJW 1991, 973 = VersR 1991, 115 (Berufung auf Verjährung verstößt gegen Treu und Glauben bei später eingetretener außergewöhnlich schwerer und existenzbedrohender Gesundheitsbeschädigung [Querschnittlähmung]), BGH v. 30.1.1973 – VI ZR 4/72 – NJW 1973, 702 = VersR 1973, 371; OLG Brandenburg v. 29.11.2006 – 7 U 3/06 – NZV 2008, 155 (BGH hat Revision nicht angenommen, Beschl. v. 10.7.2007 – VI ZR 275/06 –), OLG Hamm v. 30.11.1992 – 6 U 85/92 – r+s 1993, 459 (mit Anm. Lemcke) (BGH hat Revision nicht angenommen, Beschl. v. 5.10.1993 – VI ZR 39/93 –).

4386 BGH v. 3.6.1997 – VI ZR 71/96 – NJW 1997, 2448 = VersR 1997, 1111.

4387 BGH v. 3.6.1997 – VI ZR 71/96 – NJW 1997, 2448 = VersR 1997, 1111; OLG Zweibrücken v. 21.10.1997 – 5 U 56/95 – VersR 1998, 1286.

4388 BGH v. 16.11.1999 – VI ZR 37/99 – NJW 2000, 861 = VersR 2000, 331 (Klägerin erlitt am 22.9.1984 Unter- oder Oberschenkelfrakturen des rechten Beines. Seit 20.4.1990 bestanden Beschwerden [Gonarthrose] im rechten Knie, deren Unfallsächlichkeit nach einer Arthroskopie am 31.1.1994 ärztlicherseits für

Jahnke

(3) Kein Ultimobeginn

3304   Für das Schadenersatzrecht setzt nicht das Schadenereignis bzw. der Tag, an dem die erforderliche Kenntnis erlangt wird, den Startpunkt, sondern grundsätzlich das Jahresende.

3305   Existiert eine Grunderkrankung, die erst später zu weiteren Schäden führt, beginnt die Verjährung ab dem Tag der tatsächlichen Kenntnis (bzw. Kennenmüssen) und nicht erst ab Jahresultimo des Jahres der Erkenntnis.[4389] Es besteht kein Anlass, den Fristbeginn auf das Jahresende zu verschieben; anderes kann allenfalls dann gelten, wenn aus einem Ereignis erst spät erstmals überhaupt Körperschäden resultieren.

VII.   Klageverfahren

1.   Da mihi facta, dabo tibi ius

3306   Im Zivilprozess soll es in Fortgeltung römischer Rechtsregeln[4390] (siehe auch § 138 ZPO) genügen, vor Gericht (nur) den Sachverhalt darzustellen (Grundsatz der richterlichen Rechtsanwendung). Erläuterungen zu juristischen Auslegungen, der Mitteilung von Rechtsansichten oder zur Rechtsanwendung bedarf es theoretisch danach nicht. Das angerufene Gericht muss anhand des dargelegten und festgestellten Sachverhaltes (theoretisch) eigenständig das entsprechende Recht auf diesen Sachverhalt anwenden.

3307   Der Anwalt haftet für jeden Fehler, auch bei leichter Fahrlässigkeit, mit der Beweislastumkehr des § 280 I 2 BGB für fehlendes Verschulden. Ein Anwalt hat alle Gesetze und Vorschriften bis ins Detail zu kennen oder zu ermitteln; das gilt auch für neueste Gesetze und Entscheidungen.[4391] Auch fehlerhafte Rechtsansichten von Gerichten[4392] hat er u.U. mitzuverantworten.[4393] Nach § 137 II, 2. Halbs. ZPO haben die Vorträge der Parteien das Streitverhältnis

---

möglich erachtet wurde. Eine am 22.1.1997 durchgeführte Arthroskopie des rechtes oberen Sprunggelenkes bestätigte eine dort bestehende unfallkausale Sekundärarthrose. Es wurde am 30.10.1997 Feststellungsklage im Hinblick auf die Knie- und Sprunggelenksbeschweren erhoben, die Revision beschränkte sich dann letztlich nur noch auf die Arthrose im Sprunggelenk.).

4389   Jahnke, Abfindung von Personenschadenansprüchen, § 2 Rn. 428 f, Burmann/Heß/Jahnke/Janker, § 14 StVG Rn. 11.

4390   Da mihi facta, dabo tibi ius (Gib mir die Tatsachen, ich werde dir das – daraus folgende – Recht geben) und iura novit curia (Das Gericht kennt das Recht).

4391   BGH v. 20.4.1959 – III ZR 141/57 – VersR 1959, 638.

4392   Eine gesamtschuldnerische Haftung mit fehlerhaft erkennenden Richtern entfällt wegen des Spruchrichterprivileges, da § 839 II BGB die Richterverantwortlichkeit vor allem auf Rechtsbeugung (§ 339 StGB) beschränkt.

4393   BGH v. 17.1.2002 – IX ZR 182/00 – NJW 2002, 1048 (Anm. Zugehör NJW 2003, 3225) = VersR 2002, 887, BGH v. 25.6.1974 – VI ZR 18/73 – NJW 1974, 1865. Siehe auch BVerfG v. 12.8.2002 – 1 BvR 399/02 – MDR 2002, 1339 = NJW 2002, 2937.

auch in rechtlicher Beziehung zu umfassen. Der mit der Prozessführung betraute Rechtsanwalt ist seinem Mandanten gegenüber verpflichtet, dafür einzutreten, dass die zugunsten des Mandanten sprechenden tatsächlichen und rechtlichen Gesichtspunkte so umfassend wie möglich ermittelt und bei der Entscheidung des Gerichts berücksichtigt werden.[4394] Die anwaltliche Tätigkeit beschränkt sich nicht nur auf die Beibringung des Tatsachenmaterials; der Möglichkeit, auf die rechtliche Beurteilung des Gerichts Einfluss zu nehmen, entspricht im Verhältnis zum Mandanten die Pflicht, diese Möglichkeit auch zu nutzen,[4395] um bestmöglich dem Aufkommen von Irrtümern und Versehen des Gerichts entgegenzuwirken.[4396]

2. Sofortiges Anerkenntnis, § 93 ZPO

Bei einem schriftlichen Vorverfahren kann der Beklagte jedenfalls, wenn er innerhalb der Frist nach § 276 I 1 ZPO seine Verteidigungsbereitschaft ohne einen auf Abweisung der Klage gerichteten Sachantrag anzeigt, noch innerhalb der Frist zur Klageerwiderung »sofort« iSv § 93 ZPO anerkennen.[4397] Die bloße, formularmäßig verfasste Verteidigungsanzeige steht einem sofortigen Anerkenntnis nicht entgegen.

3308

3. Prozesskostenhilfe

Zum Unterhaltsanspruch der Kinder gegenüber ihren Eltern gehört grundsätzlich auch ein Anspruch auf Prozesskostenvorschuss; das gilt im Einzelfall sogar für volljährige Kinder.[4398]

3309

Schmerzensgeld ist analog § 83 II SGB XII nicht einzusetzendes Vermögen.[4399] Etwas anderes kann gelten, wenn die Verfahrenskosten nur einen ge-

3310

4394 BGH v. 18.12.2008 – IX ZR 179/07 – MDR 2009, 473 = NJW 2009, 987 (BVerfG v. 22.4.2009 – 1 BvR 386/09 – NJW 2009, 2945 hat die Verfassungsbeschwerde nicht angenommen), BGH v. 19.6.2008 – IX ZR 111/05 – ZMR 2008, 602, BGH v. 24.5.2007 – IX ZR 142/05 – WM 2007, 1425, BGH v. 4.6.1996 – IX ZR 51/95 – NJW 1996, 2648, BGH v. 24.3.1988 – IX ZR 114/87 – NJW 1988, 3013.

4395 BGH v. 18.12.2008 – IX ZR 179/07 – MDR 2009, 473 = NJW 2009, 987 (BVerfG v. 22.4.2009 – 1 BvR 386/09 – NJW 2009, 2945 hat die Verfassungsbeschwerde nicht angenommen). BGH v. 4.6.1996 – IX ZR 51/95 – NJW 1996, 2648. .

4396 BGH v. 18.12.2008 – IX ZR 179/07 – MDR 2009, 473 = NJW 2009, 987 (BVerfG v. 22.4.2009 – 1 BvR 386/09 – NJW 2009, 2945 hat die Verfassungsbeschwerde nicht angenommen). BGH v. BGHZ 174, 205, BGH v. 25.6.1974 – VI ZR 18/73 – NJW 1974, 1865.

4397 BGH v. 30.5.2006 – VI ZB 64/05 – NJW 2006, 2490 = VersR 2006, 1380.

4398 OLG Hamm v. 15.4.1998 – 5 UF 22/98 – NJW-RR 1998, 1376.

4399 OLG Düsseldorf v. 17.5.1991 – 1 W 18/91 – VersR 1992, 514, OLG Koblenz v. 10.2.1999 – 12 W 64/99 – NJW-RR 1999, 1228, OLG Köln v. 8.11.1993 – 27 W 20/93 – MDR 1994, 406, OLG Nürnberg v. 18.2.1992 – 9 W 332/92 – JurBüro

ringen Teil des bislang gezahlten Schmerzensgeldes ausmachen[4400] oder die Umstände des Einzelfalles den Geldeinsatz (z.B. bei Zahlung eines hohen Schmerzensgeldbetrages[4401]) als zumutbar erscheinen lassen.[4402]

3311 Im Rahmen der auch nach § 115 ZPO gebotenen Abwägung zwischen Interessen des Antragstellers und denen der Allgemeinheit ist die Zumutbarkeit einer Eigenvorsorge vor der Antragstellung bedeutsam. **Selbständige und Gewerbetreibende** müssen für das Risiko der Notwendigkeit gerichtlicher Durchsetzung von Ansprüchen oder die Verteidigung gegen gerichtliche Inanspruchnahme in geschäftlichen Angelegenheiten Vorsorge treffen. Im Prozesskostenhilfeverfahren müssen sie dartun, dass sie zu aktiver Zeit Rücklagen in ausreichender Höhe gebildet hatten und dass und wofür diese Rücklagen später verbraucht worden sind.[4403]

4. Prozessvergleich

a) Doppelfunktion

3312 Für den Prozessvergleich gelten zunächst dieselben Aspekte wie für den außergerichtlichen Vergleich. Prozessuale Vorgaben sind ergänzend zu beachten.

3313 Den Prozessvergleich (§ 794 I Nr. 1 ZPO) zeichnet eine Doppelfunktion aus: Er ist zum einen der Form nach **Prozesshandlung**, deren Wirksamkeit sich nach Verfahrensrecht bestimmt, zum anderen dem Inhalt nach ein **materiell-rechtlicher Vertrag** iSd § 779 BGB, auf den die privatrechtlichen Bestimmungen anzuwenden sind.[4404]

1992, 756, OLG Stuttgart v. 18.6.2007 – 18 WF 112/07 – OLGR 2008, 664; Bayerisches LSG v. 30.09.2008 – L 13 B 657/08 R – Breith 2009, 84.

4400 OLG Hamm v. 16.6.1987 – 10 WF 278/87 – FamRZ 1987, 1283, OLG Oldenburg v. 27.1.1995 – 8 W 10/95 – zfs 1995, 332, OLG Thüringen v. 29.2.2000 – 4 W 81/00 – MDR 2000, 852.

4401 OLG Oldenburg v. 1.7.1996 – 5 W 109/96 – NdsRpfl 1996, 251.

4402 OLG Zweibrücken v. 30.12.1997 – 2 WF 139/97 – NJW-RR 1998, 1616.

4403 OLG Celle v. 4.8.2005 – 9 W 81/05 – OLGR 2006, 151 (Rücksichtnahme auf erheblich überschuldete Länderhaushalte). Im Einzelfall kann auch Schmerzensgeld als zur Prozessführung einzusetzendes Vermögen angesehen werden: BGH v. 10.1.2006 – VI ZB 26/05 – NJW 2006, 1068 = VersR 2006, 673 (Zahlung wegen Persönlichkeitsverletzung kann im Rahmen der PKH-Prüfung einsetzbares Vermögen sein); BVerwG v. 18.5.1995 – 5 C 22/93 – MDR 1996, 864 = NJW 1995, 3001.

4404 BGH v. 30.9.2005 – V ZR 275/04 – DAR 2006, 16; OLG Hamm v. 18.10.2000 – 13 U 115/00 – r+s 2001, 505.

Der Prozessvergleich beendet gleichzeitig mit dem materiellen Parteienstreit auch den Prozess.[4405] Mangels anderweitiger Vereinbarungen ist der titulierte Anspruch sofort **fällig**.[4406]

3314

b) Formalien
aa) Prozessvergleich

Ein Prozessvergleich, der zugleich Vollstreckungstitel ist (§ 794 I Nr. 1 ZPO), bedarf zu seiner Wirksamkeit der Einhaltung der Form: Er muss vor Gericht (oder entsprechend § 278 VI ZPO) in Anwesenheit der Parteien oder deren Vertreter geschlossen und ordnungsgemäß beurkundet sein (§§ 159 ff. ZPO). Werden die Formalien nicht beachtet, kann der Vergleich nicht zum Vollstreckungstitel i. S. d. § 794 I Nr. 1 ZPO werden.[4407]

3315

bb) § 278 VI ZPO

Die Voraussetzungen des § 278 VI ZPO sind auch dann gegeben, wenn die Parteien des Rechtsstreites zwar den Vorschlag des Gerichtes modifizieren, aber beide den abweichenden Vergleichstext unterzeichnen.[4408]

3316

Wenn auf gerichtlichen Vorschlag hin ein Vergleich geschlossen wird, entfällt, soweit ansonsten das **Vormundschaftsgericht** einzuschalten wäre, das Genehmigungserfordernis.[4409] Ein ohne richterliche Einflussnahme zustande gekommener Vergleich bleibt auch dann genehmigungspflichtig, wenn er vor Gericht protokolliert wird. Das Vergleichsprotokoll sollte daher stets mit der klarstellenden Formulierung »**auf Vorschlag des Gerichtes** *schlossen die Parteien folgenden Vergleich: … .*« eingeleitet sein. Problematisch ist in diesen Fällen das in § 278 VI 1. Alt. ZPO vorgesehene Verfahren, da der gerichtliche Vorschlag bei einem außergerichtlich ausgehandelten Vergleich fehlt, mit der Folge, dass mangels Genehmigung des Vormundschaftsgerichtes der Vergleich nicht wirksam ist.

3317

cc) Widerruf

Bei Widerrufsvergleichen ist die Wirksamkeit des Vergleiches aufschiebend bedingt.[4410] Die zwischen den Parteien getroffene Regelung soll erst dann gelten, wenn die vereinbarte Frist abgelaufen ist, ohne dass bei Gericht eine Widerrufserklärung eingegangen ist. Dass die **Bedingung** (kein Wider-

3318

4405 BGH v. 3.12.1980 – VIII ZR 274/79 – BGHZ 79, 74; OLG Koblenz v. 5.11.1992 – 6 U 1590/90 – MDR 1993, 687 (Auch ungeachtet eines nachträglich vereinbarten Widerrufsvorbehaltes).
4406 OLG Köln v. 26.10.1995 – 2 W 172/92 – JurBüro 1996, 213.
4407 OLG Köln v. 18.8.1992 – 25 WF 125/92 – FamRZ 1994, 1048.
4408 OLG Naumburg v. 26.5.2002 – 1 U 13/02 – NJW 2002, 3786.
4409 Siehe Rdn. 3054 ff.
4410 BAG v. 5.11.2003 – 10 AZB 38/03 – NJW 2004, 701; BGH v. 27.10.1983 – IX ZR 68/83 – NJW 1984, 312.

ruf der Parteien) eingetreten ist, hat diejenige Partei zu beweisen, die sich auf den mangels Widerruf wirksam gewordenen Vergleich beruft.[4411] Das Nicht-Ausnutzen einer Widerrufsmöglichkeit ist **keine Willenserklärung** und damit auch nicht anfechtbar.[4412]

3319 Die in einem Prozessvergleich bestimmte **Widerrufsfrist** ist keine Notfrist.[4413] Bei Fristversäumung ist eine Wiedereinsetzung nicht zulässig.[4414] Eine Wiedereinsetzung in den vorigen Stand analog § 230 ZPO entfällt bei Versäumung eines Vergleichswiderrufes.[4415]

3320 Der **Fristenlauf** beginnt am Tage nach dem Vergleichsabschluss (§ 187 I BGB) und nicht erst mit Zugang des Protokolls.[4416] Fällt der Fristablauf auf einen Samstag, endet die Frist im Zweifel erst am nächsten Werktag (§ 193 BGB).[4417] Die in einem Prozessvergleich vereinbarte Widerrufsfrist kann durch eine außergerichtliche Vereinbarung verlängert werden, wenn die Fristverlängerung innerhalb der Widerrufsfrist dem Gericht gegenüber angezeigt wird.[4418]

3321 Der Widerruf kann wirksam sowohl gegenüber dem Gericht wie auch der anderen Vergleichspartei gegenüber erklärt werden, sofern die Parteien nichts Abweichendes vereinbart haben.[4419] Bei der Ausübung des vorbehaltenen Widerrufs hat ein Rechtsanwalt idR für den rechtzeitigen und **formgerechten** Eingang bei der zuständigen Stelle in beweisbarer Form zu sorgen.[4420] Haben

4411 BAG v. 5.11.2003 – 10 AZB 38/03 – NJW 2004, 701 (Erteilung der Vollstreckungsklausel).
4412 OLG Celle v. 16.9.1969 – 12 W 69/69 – VersR 1969, 930.
4413 BGH v. 1.12.1994 – IX ZR 131/94 – VersR 1995, 297; LAG Düsseldorf v. 24.2.2004 – 8 Sa 1806/03 – BRAK-Mitt 2004, 160 (nur Ls.).
4414 BAG v. 22.1.1998 – 2 AZR 367/97 – MDR 1998, 794 = NJW 1998, 2844; LAG Düsseldorf v. 24.2.2004 – 8 Sa 1806/03 – BRAK-Mitt 2004, 160 (nur Ls.); BGH v. 1.12.1994 – IX ZR 131/94 – VersR 1995, 297.
4415 OLG Hamm v. 9.7.1991 – 20 W 25/91 – VersR 1992, 983.
4416 OLG Schleswig v. 18.12.1986 – 7 U 178/86 – NJW-RR 1987, 1022.
4417 BGH v. 6.12.2007 – III ZR 146/07 – MDR 2008, 375, BGH v. 21.6.1978 – VIII ZR 127/76 – MDR 1979, 49. BGH v. 1.2.2007 – III ZR 159/06 – NJW 2007, 1581 = VersR 2007, 806 (§ 193 BGB schützt Sonn- und Feiertage und nimmt Rücksicht auf das allgemeine Ruhen der bürgerlichen Geschäfte an diesen Tagen). Siehe auch BGH v. 13.7.2010 – VIII ZR 129/09 – MDR 2010, 1040 = NJW 2010, 2879 und BGH v. 13.7.2010 – VIII ZR 291/09 – NJW 2010, 2882 (zum Mietrecht).
4418 OLG Hamm v. 14.11.2000 – 24 U 39/00 – BauR 2001, 833.
4419 BGH v. 30.9.2005 – V ZR 275/04 – DAR 2006, 16 (Das gilt jedenfalls für nach dem 1.1.2002 geschlossene Prozessvergleiche); OLG Naumburg v. 16.11.2004 – 11 U 44/04 – BRAK-Mitt 2005, 20 (Ist in einem widerruflich abgeschlossenen Vergleich offen gelassen, an welchen Adressaten der Widerruf zu richten ist, genügt ein rechtzeitiger Widerruf gegenüber dem Gericht).
4420 BGH v. 1.12.1994 – IX ZR 131/94 – VersR 1995, 297; LAG Düsseldorf v. 24.2.2004 – 8 Sa 1806/03 – BRAK-Mitt 2004, 160 (nur Ls.) (Ein durch Telefax

die Parteien ausdrücklich oder konkludent vereinbart, dass der Widerruf gegenüber dem Gericht[4421] binnen einer bestimmten Frist zu erfolgen hat, reicht eine nur der anderen Partei fristgemäß zugesandte Widerrufserklärung nicht aus, die Widerrufsfrist zu wahren; geht bei Gericht der Widerruf nicht fristgerecht ein, wird der Vergleich rechtsgültig.[4422] Die Widerrufsfrist wird gewahrt, wenn der Schriftsatz vor Fristablauf in die Verfügungsgewalt des Gerichts gelangt, auch wenn im Vergleich »*Anzeige zu den Gerichtsakten*« oder »*Einreichung zur Geschäftsstelle*« vereinbart ist.[4423] Für die Rechtzeitigkeit darf es nicht auf interne gerichtliche Geschäftsabläufe und die Mitwirkung von Justizbediensteten ankommen.[4424]

Wurde ein Widerrufsvergleich **nur** von **einer Partei** (wirksam) widerrufen, ist ein Feststellungsantrag des Klägers hinsichtlich der Wirksamkeit des Vergleichs gegenüber den übrigen Beklagten zulässig, wenn diese die Fortsetzung des Rechtsstreites in der Meinung beantragt haben, der Vergleich sei aufgrund des Widerrufs insgesamt hinfällig.[4425]

3322

Hat der Verletzte mit allen ihm haftenden Personen (**Gesamtschuldner**) einen bedingten Vergleich geschlossen, kann er u.U. trotz Erhalts der Vergleichssumme gegenüber demjenigen Schädiger, der den Vergleich widerruft, seinen vollen Schaden – unter Anrechnung des gezahlten Vergleichsbetrages – weiterfolgen.[4426]

3323

Soll die Zahlung zu einem bestimmten Tage »*an den Kläger*« geleistet werden, **erfüllt**[4427] der Schuldner seine Verpflichtung, wenn der Betrag rechtzeitig auf dem Konto des Prozessbevollmächtigten des Klägers eingeht.[4428]

3324

übermitteltes Schreiben ist bei Gericht erst eingegangen, wenn es vom Empfängergerät ausgedruckt ist. Der OK-Vermerk beim Absendegerät genügt nicht.). Zu Einzelheiten siehe Geigel-Bacher, Kap 40 Rn. 43 ff.

4421 LG Hagen v. 21.4.2004 – 8 O 232/99 – BRAK-Mitt 2004., 160 (nur Ls.) (Anm. Jungk) (Hat ein Vergleichswiderruf »durch schriftliche Anzeige zur Gerichtsakte« zu erfolgen, wahrt der Eingang im Gerichtsbriefkasten die Widerrufsfrist nicht).

4422 BAG v. 22.1.1998 – 2 AZR 367/97 – NJW 1998, 2844 (Es ist dem Vergleichspartner nicht nach Treu und Glauben verwehrt, sich auf die Bestandskraft des Vergleiches zu berufen). Siehe auch OLG Düsseldorf v. 26.9.2001 – 8 UF 87/01 – BRAK-Mitt 2002, 24 (nur Ls.) (Anm. Jungk mit Hinweisen auf OLG Düsseldorf NJW-RR 1987, 255 und OLG Koblenz MDR 1997, 883) (Widerruf eines gerichtlichen Vergleiches ist empfangsbedürftig und daher gegenüber dem Vertragsgegner abzugeben. Bei einem durch Vermittlung des Gerichts geschlossenen Vergleich ist aber davon auszugehen, dass die Parteien stillschweigend vereinbart haben, der Widerruf sei gegenüber dem Gericht zu erklären.).

4423 OLG Hamm v. 6.12.2004 – 3 U 183/04 – MDR 2005, 1071.

4424 OLG Hamm v. 6.12.2004 – 3 U 183/04 – MDR 2005, 1071.

4425 OLG Brandenburg v. 20.12.2000 – 14 U 84/99 – NZV 2001, 213.

4426 OLG München v. 9.2.1995 – 24 U 194/93 – VersR 1995, 1499.

4427 Ergänzend Rdn. 3109 ff.

4428 OLG Dresden v. 11.7.2000 – 15 U 1001/00 – MDR 2000, 1306.

Jahnke

3325   Bis zur Erklärung des Widerrufs ist der Verjährungslauf gehemmt.[4429]

dd) Wirksamkeit

3326   Ein **formnichtiger Prozessvergleich** kann als formfreier und damit wirksamer außergerichtlicher Vergleich zu werten sein (§ 140 BGB), wenn dieses dem mutmaßlichen Parteiwillen entspricht.[4430] Ein außergerichtlicher Vergleich beendet, anders als der Prozessvergleich, einen anhängigen Rechtsstreit nicht unmittelbar, führt aber zu einer prozesshindernden Einrede.[4431]

3327   Eine **vormundschaftsgerichtliche Genehmigung** ist grundsätzlich nicht (also auch jenseits eines Wertes von 3.000 €) erforderlich, wenn der Vergleich einem schriftlichen oder protokollierten gerichtlichen Vergleichsvorschlag entspricht, § 1822 Nr. 12, 2. Alt. BGB.[4432]

c)   Begleitaspekte
aa) Auslegung

3328   Die Doppelfunktion des Prozessvergleiches (einerseits Vollstreckungstitel, andererseits materiell-rechtliche Vereinbarung der Parteien) führt zu unterschiedlichen **Auslegungskriterien:** Während der Vergleich als Vollstreckungstitel einer Auslegung nach den für die Urteilsauslegung geltenden Grundsätzen zugänglich ist,[4433] gelten für ihn als privatrechtlichem Vertrag die materiell-rechtlichen Regeln.[4434] Inhalt und Umfang der materiell-rechtlichen Vereinbarung einerseits und des prozessualen Vertrages als Vollstreckungstitel andererseits können dabei durchaus auseinander fallen.[4435]

3329   Die einen allgemeinen Rechtsgedanken beinhaltende Bestimmung des § 319 ZPO (**Urteilsberichtigung**) ist zwar auf den Prozessvergleich anwendbar.[4436] Ist allerdings ein Vergleich im Protokoll so niedergelegt wie ihn die Parteien nach Vorlesen genehmigt haben, entfällt eine Berichtigung auch bei Rechenfehlern.[4437]

4429   BGH v. 4.5.2005 – VIII ZR 93/04 – MDR 2005, 1153 = NJW 2005, 2004.
4430   BGH v. 24.10.1984 – IVb ZR 35/83 – MDR 1985, 392 = NJW 1985, 1962; Geigel-Bacher, Kap 40 Rn. 42, Zöller-Stöber, § 794 Rn. 15 mwN.
4431   BGH v. 7.3.2002 – III ZR 73/01 – NJW 2002, 1503.
4432   Siehe Rdn. 3054 ff.
4433   OLG Hamm v. 18.10.2000 – 13 U 115/00 – r+s 2001, 505.
4434   BGH v. 19.5.1982 – IVb ZR 705/80 – MDR 1982, 1005 = NJW 1982, 2072; OLG Hamm v. 21.2.2005 – 13 U 25/04 – VersR 2006, 562, OLG Hamm v. 18.10.2000 – 13 U 115/00 – r+s 2001, 505.
4435   BGH v. 31.3.1993 – XII ZR 234/91 – NJW 1993, 1995; OLG Hamm v. 18.10.2000 – 13 U 115/00 – r+s 2001, 505.
4436   Geigel-Bacher, Kap 40 Rn. 60. A.A.: Zöller-Vollkommer, § 319 Rn. 3, der allenfalls eine Protokollberichtigung (§ 164 ZPO) in Betracht zieht.
4437   OLG Frankfurt v. 13.5.1985 – 3 W 12/85 – MDR 1986, 152.

Jahnke

Vom eindeutigen Wortlaut einer Vereinbarung kann im Wege der Auslegung nur abgewichen werden, wenn die Parteien **übereinstimmend** etwas anderes vereinbaren wollten.[4438]

3330

Für die Auslegung eines gerichtlichen Vergleiches gelten zunächst die Auslegungsregeln für privatrechtliche Verträge;[4439] maßgebend ist aber letztlich allein auf den **protokollierten Inhalt** abzustellen, ohne dass auf die Prozessakten, die zuvor gestellten Anträge und ihre Begründung zurückgegriffen werden darf.[4440] Anders als bei einem streitigen Urteil, zu dessen Auslegung der Tatbestand und die Entscheidungsgründe herangezogen werden können,[4441] lassen nämlich bei einem Vergleich außerhalb seines Wortlautes liegende Umstände keinen hinreichend sicheren Schluss darauf zu, welche Ansprüche die Parteien einvernehmlich hatten erledigen wollen.[4442] Die Erledigungserklärung kann auch beiden Parteien bekannte Ansprüche umfassen, über deren Erlöschen vor und bei Vergleichsabschluss nicht ausdrücklich gesprochen wurde.[4443]

3331

4438 BGH v. 14.10.1982 – III ZR 145/81 – VersR 1983, 38; OLG Hamburg v. 20.11.1973 – 7 U 71/73 – VersR 1974, 595 (Gehen beim Vergleichsabschluss beide Parteien davon aus, dass sich der Verletzte sämtliche Sozialversicherungsleistungen auf seine Schadenersatzforderung anrechnen lassen muss, ist, wenn diese Leistungen im Vergleich ziffernmäßig zu niedrig angesetzt wurden, der Vergleich im Wege der Auslegung an die richtige Berechnung anzupassen).

4439 BGH v. 31.3.1993 – XII ZR 234/91 – NJW 1993, 1995; OLG Hamm v. 18.10.2000 – 13 U 115/00 – r+s 2001, 505, OLG Karlsruhe v. 19.4.2001 – 19 U 201/00 – VersR 2002, 1113.

4440 KG v. 29.7.1988 – 1 W 2199/88 – NJW-RR 1988, 1406, OLG Frankfurt v. 22.9.1994 – 1 U 57/93 – VersR 1995, 1061 mwN; Geigel-Bacher, Kap 40 Rn. 57, 60. Siehe auch OLG München v. 8.3.2002 – 10 U 4648/01 – VersR 2003, 1591 (BGH hat Revision nicht angenommen, Beschl. v. 26.11.2002 – VI ZR 185/02 –) (Ein Vergleich kann nicht losgelöst vom zugrundeliegenden Rechtsstreit und Klagevortrag ausgelegt werden). Siehe zur Auslegung einer Abgeltungsklausel: BGH v. 11.5.1995 – VII ZR 116/94 – VersR 1995, 1465; OLG Hamm v. 29.12.1997 – 6 U 80/97 – r+s 1998, 193, OLG Hamm v. 13.6.1997 – 20 U 74/96 – VersR 1998, 1440 (Auch zur Abgrenzung zum Rechtsfolgenirrtum eines Anwaltes), OLG Köln v. 9.12.2003 – 9 U 215/02 – r+s 2006, 106 (Wird im Haftpflichtprozess ein Vergleich geschlossen, fehlt es an bindenden Feststellungen für den Deckungsprozess, wie sie bei einem Urteil vorliegen. Es muss auf das Parteivorbringen im Haftpflichtprozess zurückgegriffen werden.).

4441 BGH v. 24.5.1988 – VI ZR 326/87 – NJW 1988, 2300 = VersR 1988, 929; OLG Frankfurt v. 22.9.1994 – 1 U 57/93 – VersR 1995, 1061 mwN.

4442 OLG Frankfurt v. 22.9.1994 – 1 U 57/93 – VersR 1995, 1061 mwN.

4443 BGH v. 14.10.1982 – III ZR 145/81 – VersR 1983, 38.

Jahnke

bb) Sorgfaltspflicht der Prozessvertreter[4444]

3332 Die Anwaltshaftung für Falschberatung entfällt nicht dadurch, dass der Anwalt der (rechtlich oder tatsächlich falschen) **Empfehlung** des angerufenen **Gerichtes** folgt.[4445]

3333 Hat ein Versicherer federführend die Schadenabwicklung übernommen, sollte vor Vergleichsabschluss geklärt sein, wie sich der Vergleich auf die **anderen** involvierten **Schadenersatzpflichtigen** (Gesamtschuldner) auswirkt.[4446] Gleiches kann bei Gesamtgläubigerschaft gelten.

3334 Der die Führung des Haftpflichtprozesses übernehmende Privat-Haftpflichtversicherer verletzt seine **Interessenwahrungsverpflichtung,** wenn er einen dem Versicherungsnehmer günstigen Vergleich widerruft, obwohl er beabsichtigt, die Deckung zu verweigern.[4447]

cc) Drittbeteiligte

3335 Die Auswirkungen des Vergleiches auf etwaige Gesamtschuldner und Gesamtgläubiger ist grundsätzlich zu beachten.

3336 Schließen die Prozessparteien einen Vergleich, kann ein **Streithelfer** keinen davon abweichenden Kostenantrag stellen.[4448] Der Streithelfer kann sich mit seinen Verfahrenshandlungen nicht in Widerspruch zu den Handlungen der von ihm unterstützten Hauptpartei setzen (§ 67 ZPO). Der Nebenintervenient darf Prozesshandlungen nur solange vornehmen, wie sich ein ausdrücklich erklärter oder aus dem Gesamtverhalten im Verfahren zu entnehmender Wille der Hauptpartei nicht feststellen lässt.[4449]

4444 Siehe auch Rdn. 3296 ff. Diehl zfs 2005, 339.
4445 OLG Köln v. 3.3.1995 – 19 U 119/94 – NJW-RR 1995, 1401. Siehe auch BGH v. 13.11.1997 – IX ZR 37/97 – VersR 1998, 455 (Zu den Voraussetzungen, unter denen der Anscheinsbeweis dafür spricht, dass der Mandant sich beratungsgemäß verhalten hätte, wenn er vom Anwalt zutreffend über die Rechtslage belehrt worden wäre) (Revisionsentscheidung zu OLG Köln v. 13.12.1996 – 19 U 114/96 – VersR 1997, 697). Diehl zfs 2005, 339.
4446 Siehe OLG Hamm v. 13.6.1997 – 20 U 74/96 – VersR 1998, 1440 (Schließt ein Anwalt für einen führenden Versicherer einen Vergleich und ist dem Anwalt dabei nicht bekannt, dass der Vergleich auch verbindliche Wirkungen für die anderen Versicherer hat, kann der Vergleich nicht wirksam angefochten werden, da nur ein Rechtsfolgenirrtum vorliegt).
4447 BGH v. 18.7.2001 – IV ZR 24/00 – VersR 2001, 1150.
4448 BGH v. 27.9.2007 – VII ZB 85/06 – MDR 2007, 1442. Siehe auch Rdn. 3332 ff.
4449 BGH v. 27.9.2007 – VII ZB 85/06 – MDR 2007, 1442, BGH v. 10.1.2006 – VIII ZB 82/05 – MDR 2006, 826 = NJW 2006, 773 (Anm. Seggewiße NJW 2006, 3037), .

dd) Berechnungsfehler bei Prozessvergleich

Ein Fehler des Sachverständigen, dessen Berechnungen maßgeblich für die Höhe eines Abfindungsbetrages waren, berechtigt nicht zur Anfechtung des Abfindungsvergleiches.[4450]

3337

d) Kostenregelung

Die Kostenregelung in einem Vergleich geht der gesetzlichen Regelung des § 269 III 2 ZPO vor.[4451] Wird im gerichtlichen Vergleich ausdrücklich festgehalten, dass die »**Kosten gegeneinander aufgehoben**« werden (oder aber gelten gemäß § 98 S. 1 ZPO die Kosten als gegeneinander aufgehoben), bedeutet dieses gemäß § 92 I 2 ZPO, dass

3338

- zum einen jede Prozesspartei ihre eigenen **außergerichtlichen Kosten** (insbesondere Anwaltskosten) selbst trägt,
- dem **Nebenintervenienten** gegen den Gegner der von ihm unterstützten Hauptpartei kein Anspruch auf Kostenerstattung zusteht (siehe § 101 ZPO),[4452]
- zum anderen die **Gerichtskosten** (einschließlich der Kosten für eventuelle Beweisaufnahmen, z.B. für Sachverständige und Zeugen) hälftig geteilt werden.

Wird der Rechtsstreit in der Berufung verglichen und werden die »*Kosten des Rechtsstreites*« gegeneinander aufgehoben, sind darunter die Kosten beider Instanzen zu verstehen, wenn nicht ausdrücklich etwas anderes im Vergleich fixiert wird.[4453]

3339

Wird die Kostenentscheidung dem Gericht überlassen, entspricht es der Üblichkeit und Billigkeit, wenn der Prozessausgang offen ist, diejenigen Kosten, die sich auf noch nicht entscheidungsreife Ansprüche beziehen, gegeneinander aufzuheben.[4454]

3340

4450 OLG Hamm v. 21.2.2005 – 13 U 25/04 – NJW-RR 2006, 65.
4451 BGH v. 27.9.2007 – VII ZB 85/06 – MDR 2007, 1442, BGH v. 24.6.2004 – VII ZB 4/04 – NJW-RR 2004, 1506.
4452 BGH v. 27.9.2007 – VII ZB 85/06 – MDR 2007, 1442 (Antrag des Streithelfers, dem Antragsteller die Kosten eines selbständigen Beweisverfahrens aufzuerlegen, ist unwirksam, wenn die vom Streithelfer unterstützte Partei diesem Antrag widerspricht), BGH v. 5.9.2006 – VI ZB 65/05 – NJW 2006, 3498 = VersR 2007, 84. Siehe auch OLG Hamm v. 19.7.2000 – 20 U 53/99 – r+s 2001, 304 (§ 101 ZPO gilt auch, wenn ein Prozess durch gerichtlichen Vergleich – auch ohne Mitwirkung des Nebenintervenienten – beendet wird. Die Prozessparteien können den Kostenanspruch nicht beschneiden.).
4453 Geigel-Bacher, Kap 40 Rn. 63. Siehe auch BGH v. 22.2.2007 – VII ZB 101/06 – MDR 2007, 917 (Auch die Terminsgebühr zählt zu den »Kosten des Rechtsstreites« und ist daher aufgrund der Kostenverteilung im Vergleich zu erstatten).
4454 LG Erfurt v. 16.9.2003 – 3 O 565/02 – zfs 2004, 14 mwN.

Jahnke

3341 Ein – konkludenter – **Rechtsmittelverzicht** der Parteien ergibt sich nicht schon daraus, dass bei Abschluss eines Vergleiches auf eine Begründung der dem Gericht überlassenen Kostenentscheidung verzichtet wird.[4455]

5. Klagerücknahme und Kostenantrag

3342 Ein im Verlaufe eines Rechtsstreites zwischen dem Haftpflichtversicherer und dem Anspruchsteller geschlossener Vergleich, der bezüglich der Verfahrenskosten beinhaltet, dass nach Klagerücknahme **keine Kostenanträge** gestellt werden, kann sich u.U. als ein – unwirksamer – Vertrag zulasten einer mitverklagten versicherten Person darstellen.[4456]

3343 Bei Rücknahme der Klage nach einem Vergleich geht die im Vergleich getroffene Kostenregelung der gesetzlichen Regelung des § 269 III 2 ZPO vor.[4457] Dies gilt auch im Verhältnis zum **Streithelfer.**[4458]

3344 Verpflichtet sich ein Haftpflichtversicherer in einem **außergerichtlichen Vergleich**, im Falle der Klagerücknahme keinen Kostenantrag zu stellen, hat diese Erklärung für die verklagte versicherte Person im Außenverhältnis zum klagenden Geschädigten bindende Wirkung. Dasselbe gilt für den Versicherten, wenn in einem laufenden **Prozess** der Haftpflichtversicherer erklärt, bei Klagerücknahme keinen Kostenantrag zu stellen.[4459] Ein Kostenbeschluss gegen den Geschädigten darf mangels Rechtsschutzbedürfnis nicht ergehen.[4460] Da diese Rechtssituation nicht allgemein – insbesondere bei Gericht – bekannt zu sein scheint, sollte ein entsprechender Hinweis erfolgen, der auch beim Landgericht von einer dort nicht postulationsfähigen Partei durch formloses Schreiben erfolgen kann.

4455 BGH v. 5.9.2006 – VI ZB 65/05 – NJW 2006, 3498 = VersR 2007, 84 mwN.

4456 OLG Frankfurt v. 1.2.1995 – 18 W 101/94 – VersR 1996, 387.

4457 BGH v. 24.6.2004 – VII ZB 4/04 – MDR 2004,1251, BGH v. 13.6.1972 – X ZR 45/69 – MDR 1972,945, BGH v. 11.11.1960 – V ZR 47/55 – NJW 1961,460.

4458 BGH v. 24.6.2004 – VII ZB 4/04 – MDR 2004,1251, BGH v. 3.4.2003 – V ZB 44/02 – NJW 2003, 1948 = VersR 2004, 531, BGH v. 14.7.2003 – II ZB 15/02 – NJW 2003,3354.

4459 OLG Schleswig v. 23.1.2003 – 7 W 38/02 – r+s 2004,54.

4460 BGH v. 13.6.1972 – X ZR 45/69 – NJW 1972,1716 = VersR 1972,1046; KG v. 14.6.1993 – 12 W 3057/93 – VersR 1994,1491, OLG Frankfurt v. 12.5.1986 – 17 W 11/86 – MDR 1986,765, OLG München v. 21.6.1990 – Beschw.Reg. 10 W 1710/90 – DAR 1990,437; LG Aachen v. 5.3.1996 – 7 T 27/96 – zfs 1997,179, LG Bielefeld v. 7.11.1990 – 3 T 806/90 – zfs 1991,17, LG Bochum v. 5.6.1991 – 11 T 44/91 – r+s 1991,363, LG Karlsruhe v. 29.10.1984 – 11 T 318/84 – zfs 1984,367; AG Waldshut-Tiengen v. 2.1.1984 – 3 C 453/83 – VersR 1984,256.

Jahnke

VIII. Verjährung[4461]

Die Verjährung von Schadenersatzansprüchen richtet sich nach §§ 194 ff BGB, und zwar auch für Schadenfälle vor dem 31.12.2001 (Art. 229 § 6 EGBGB).[4462]

3345

1. Verjährungswirkung

Die Verjährungseinrede führt nicht zum Erlöschen des Anspruches, sondern begründet nur ein (dauerhaftes) Leistungsverweigerungsrecht (§ 214 I BGB). Zahlungen nach Verjährungseintritt können zwar nicht zurückgefordert werden (§ 214 II BGB), führen aber nicht zu einer Hemmung oder Unterbrechung des bereits verjährten Anspruches; der Anspruch bleibt einredebehaftet.[4463] Auch ein Anerkenntnis oder Verhandlungen nach abgelaufener Verjährungsfrist beseitigen die Verjährung nicht.[4464]

3346

2. Prozessuales

a) Einrede

Die **Erhebung** der Verjährungseinrede steht zur alleinigen Disposition der berechtigten Partei, ohne dass eine Verpflichtung zum unverzüglichen Geltendmachen besteht.[4465] Ob ein Ersatzschuldner die Verjährungseinrede erheben muss, ist eine Frage des Einzelfalls; die Zumutbarkeit der Einredeerhebung orientiert sich vor allem daran, ob sich die Einrede als treuwidrig darstellt.[4466] Die Frage stellt sich insbesondere bei

3347

4461 Jahnke, Abfindung von Personenschadenansprüchen, § 5.

4462 BGH v. 15.6.2010 – XI ZR 309/09 – MDR 2010, 1067 = NJW-RR 2010, 1574.

4463 BGH v. 28.1.2003 – VI ZR 263/02 – NJW 2003, 1524 = VersR 2003, 452.

4464 BGH v. 25.5.1988 – IVa ZR 14/87 – VersR 1988, 953, BGH v. 23.10.1984 – VI ZR 30/83 – NJW 1985, 791 = VersR 1985, 62.

4465 BGH v. 19.10.2005 – IV ZR 89/05 – zfs 2006, 153, BGH v. 25.8.1988 – IVa ZR 14/87 – VersR 1988, 953.

4466 OLG Hamburg v. 24.2.2000 – 6 U 213/98 – VersR 2001, 1430 (Anm. Kraft/ Giermann VersR 2001, 1475) (BGH hat Revision nicht angenommen, Beschl. v. 26.10.2000 – I ZR 84/00 –) (Es ist im Rahmen vertraglicher Beziehungen allein Entscheidung des Vertragspartners, sich gegenüber dem anderen auf Verjährung zu berufen), OLG Hamm v. 24.5.1995 – 12 U 159/94 – NJW-RR 1996, 1338; LG Stuttgart v. 6.4.1979 – 6 S 227/78 – MDR 1979, 756 = VersR 1979, 1021; LG Würzburg v. 14.5.1997 – 42 S 75/97 – NJW 1997, 2606 (Pflicht zur Schadenminderung durch Erhebung der Verjährungseinrede gegenüber Autovermietung). Fuchs-Wissemann »Mitverschulden durch Unterlassen einer schadensaufhebenden Verjährungseinrede gegenüber Dritten« VersR 1997, 427, Protzen »Nichterheben der Verjährungseinrede gegenüber Drittem als Obliegenheitsverletzung?« NJW 1998, 1920.

Jahnke

Überschreiten der Versicherungssumme sowie beim Gesamtschuldner-ausgleich.[4467]

3348 Die Einrede kann bis zum **Schluss der mündlichen Verhandlung**, nur ausnahmsweise (wenn die Erhebung der Verjährungseinrede und die den Verjährungseintritt begründenden tatsächlichen Umstände zwischen den Prozessparteien unstreitig sind) noch in der **Berufungsinstanz**,[4468] nicht aber mehr in der **Revision**,[4469] erhoben werden. Es reicht aus, die Verjährungseinrede einmal zu erheben; einer ausdrücklichen Wiederholung in der nächsten Instanz bedarf es nicht.[4470]

3349 Der Verjährungseinwand ist als Einrede in einem Prozess **nicht von Amts wegen** zu beachten.[4471] Ein Versäumnisurteil gegen den ausgebliebenen Beklagten (§ 331 II ZPO) ist möglich, selbst wenn die klagende Partei vorträgt, der Gegner berufe sich bereits vorprozessual (zutreffend) auf Verjährung.[4472]

b) Beweislast

3350 Der **Schadenersatzschuldner** hat Beginn und Ablauf der Verjährungsfrist darzulegen und zu beweisen,[4473] der **Geschädigte** (ebenso seine Rechtsnach-

---

4467 BGH v. 25.11.2009 – IV ZR 70/05 – NJW 2010, 435 = VersR 2010, 397 (Ein auf Ausgleich nach § 426 I 1 BGB in Anspruch genommener Gesamtschuldner kann dem nicht entgegenhalten, der ausgleichsberechtigte Gesamtschuldner hätte mit Erfolg die Einrede der Verjährung gegenüber dem Gläubiger erheben können).

4468 BGH v. 16.10.2008 – IX ZR 135/07 – NJW 2009, 685 = VersR 2010, 86 (Sind die die Erhebung der Verjährungseinrede und den Verjährungseintritt begründenden tatsächlichen Umstände unstreitig, ist die erstmals in der Berufungsinstanz eines Anwaltshaftungsprozesses erhobene Verjährungseinrede auch dann zuzulassen, wenn zur Frage der Sekundärhaftung weitere Feststellungen erforderlich sind), BGH v. 23.6.2008 – GSZ 1/08 – NJW 2008, 3434 = VersR 2008, 1708 (Die erstmals im Berufungsrechtszug erhobene Verjährungseinrede ist unabhängig von den Voraussetzungen des § 531 II 1 Nr. 1 – 3 ZPO zuzulassen, wenn die Erhebung der Verjährungseinrede und die den Verjährungseintritt begründenden tatsächlichen Umstände zwischen den Prozessparteien unstreitig sind), BGH v. 19.1.2006 – III ZR 105/05 – MDR 2006, 822 = VersR 2006, 546 (Die erstmals in der Berufungsinstanz erhobene Verjährungseinrede ist ohne Rücksicht auf die besonderen Voraussetzungen in § 531 II ZPO zuzulassen, wenn sie auf Grundlage unstreitigen Tatsachenvorbringens zu beurteilen ist).

4469 BGH v. 1.3.1951 – III ZR 205/50 – BGHZ 1, 234.

4470 BGH v. 15.12.1988 – IX ZR 33/88 – MDR 1989, 445 = VersR 1989, 286.

4471 BGH v. 19.10.2005 – IV ZR 89/05 – zfs 2006, 153.

4472 BGH v. 2.10.2003 – V ZB 22/03 – BB 2003, 2595.

4473 BGH v. 10.4.2008 – VII ZR 58/07 – NJW 2008, 2429 = VersR 2008, 1075, BGH v. 23.1.2007 – XI ZR 44/06 – NJW 2007, 1584 (Anm. Witt) = VersR 2007, 1090, BGH v. 19.1.2006 – III ZR 105/05 – MDR 2006, 822 = VersR 2006, 546 (Nach allgemeinen Beweislastgrundsätzen ist derjenige, der sich auf die Verjährung beruft, darlegungs- und beweispflichtig dafür, dass die Voraussetzungen der

folger wie z.B. Sozialversicherer oder andere Drittleistungsträger) die Voraussetzungen von Hemmung und Neubeginn (Unterbrechung).

c) Urteilswirkung

Die Verjährungsfrist für vollstreckbare Titel (auch Feststellungsurteile, gerichtliche Vergleiche [§ 794 I Nr. 1 ZPO]) beträgt gemäß § 197 I Nrn. 3, 4 BGB 30 Jahre ab Rechtskraft des zugrundeliegenden Titels und gilt auch für Ansprüche aus vertraglicher Ersetzung eines rechtskräftigen Feststellungsurteils. Will der Verletzte **über** den **30-Jahreszeitraum** hinaus Ersatz weiterer Spätfolgen beanspruchen, muss er rechtzeitig einen Verjährungsverzicht erwirken oder erneut Feststellungsklage erheben,[4474] die zur Verhinderung des Verjährungseintritts auch unerlässlich und zulässig gewesen wäre.[4475] Wenn der Schuldner den Anspruch durch Abschlagszahlung oder in anderer Weise anerkennt, beginnt die Verjährung gemäß § 212 I Nr. 1 BGB neu zu laufen; die vorbehaltlose Erfüllung von Einzelansprüchen eines Schadensersatzberechtigten unterbricht die Verjährung des rechtskräftig festgestellten Gesamtanspruchs.[4476] Bestätigende Wirkung iSv § 212 I Nr. 1 BGB kann nur einer freiwilligen Zahlung zukommen, ein verurteilter (Renten- oder Feststellungstitel) Schädiger zahlt aber nicht freiwillig, sondern beugt sich mit seiner Zahlung nur der Verurteilung zur Vermeidung einer Zwangsvollstreckung. Wird aber nur einem Urteil im vorerwähnten Sinne Folge geleistet, kann darin kein stetiges neues Anerkenntnis gesehen werden.[4477] Das OLG Celle[4478] bejaht bei unkommentierter Zahlung allerdings ein die Verjährung beeinflussendes Anerkenntnis: Soll der stete Neubeginn der Verjährung vermieden werden, muss bei jeder Zahlung jeweils ausdrücklich erklärt werden, mit der Zahlung sei ein Anerkenntnis nicht verbunden.[4479]

3351

---

von ihm in Anspruch genommenen Norm vorliegen – konkret spezielle Verjährungsvorschrift im Wertpapierrecht), BGH v. 30.1.1980 – VIII ZR 237/78 – WM 1980, 534 (zu II.3.a.).

4474 LG Oldenburg v. 15.12.2004 – 9 O 3000/04 – .

4475 BGH v. 7.5.2003 – IV ZR 121/02 – MDR 2003, 1067 = VersR 2003, 1323.

4476 BGH v. 2.12.2008 – VI ZR 312/07 – jurisPR-VerkR 4/2009 Anm. 2 (Anm. Lang) = VersR 2009, 230, BGH v. 3.10.1967 – VI ZR 7/66 – MDR 1968, 37 = NJW 1967, 2353; OLG Celle v. 22.08.2007 – 14 U 182/06 – NJW 2008, 1088; OLG Koblenz, v. 7.10.1993 – 5 W 521/93 – VersR 1994, 1438.

4477 LG Oldenburg v. 15.12.2004 – 9 O 3000/04 – ; Lang jurisPR-VerkR 4/2009 Anm. 2 (Anm. zu BGH v. 2.12.2008 – VI ZR 312/07 – VersR 2009, 230). Lemcke »Der Direktanspruch gegen den KH-Versicherer, alte Probleme in neuem Gewand« in Versicherung, Recht und Schaden, Festschrift für Johannes Wälder zum 75. Geburtstag, 2009, S. 179 ff., Stiefel/Maier § 115 VVG Rn. 375.

4478 OLG Celle v. 22.8.2007 – 14 U 182/06 – NJW 2008, 1088.

4479 Lemcke »Der Direktanspruch gegen den KH-Versicherer, alte Probleme in neuem Gewand« in Versicherung, Recht und Schaden, Festschrift für Johannes Wälder zum 75. Geburtstag, 2009, S. 179 ff, Stiefel/Maier § 115 VVG Rn. 375.

Jahnke

3352 In die Verjährungsfrist des § 197 I Nr. 3 BGB sind bei einem Feststellungsurteil die während des Laufs der Verjährung bezifferbaren **Spätfolgeschäden** eingeschlossen; der Ersatzpflichtige kann auf Schadenersatz für Spätfolgen nur innerhalb dieser Frist von 30 Jahren in Anspruch genommen werden.[4480]

3353 Bei einem Feststellungsurteil über **regelmäßig wiederkehrende Leistungen**, das ganz allgemein die Ersatzpflicht des Schädigers ausspricht, unterliegen

3354 – der 30-jährigen Verjährung des § 197 I Nr. 3 BGB alle Ansprüche, die bis zum Eintritt der Rechtskraft fällig geworden und tituliert sind,

3355 – einer kürzeren 3-jährigen Verjährung demgegenüber die erst nach Rechtskraft fällig gewordenen bzw. werdenden Ansprüche (§ 197 II BGB).[4481]

3. Fristenlauf

3356 Der Zeitpunkt des Fristbeginns, die Fristdauer (und damit ihr Ende) sowie deren Ablauf hemmende oder unterbrechende Umstände bestimmen die Verjährung.

a) Verjährungsfrist

3357 Ersatzansprüche (aus unerlaubter Handlung, Gefährdungshaftung und Verletzung einer Pflicht aus einem Schuldverhältnis) verjähren in einer Frist von **3 Jahren** ab Kenntnis bzw. Kennenmüssen von Schaden und Schädiger (§§ 195, 199 I BGB) mit einem auf den Ablauf des jeweiligen 31.12. (Jahresultimo) des laufenden Jahres verschobenen Fristbeginn.

3358 Unabhängig von einer Kenntnis und ohne Rücksicht auf Fälligkeit verjähren Ersatzansprüche wegen Verletzung von Körper, Gesundheit und Leben in **30 Jahren**, gerechnet ab Schädigungstag (§ 199 II BGB). Sind Ansprüche bereits geltend gemacht, kann der Fristenlauf beeinträchtigt sein.

3359 Für die Verjährung des Anspruchs auf rückständige Rentenleistungen ist entscheidend, ob das **Stammrecht** verjährt ist.[4482] Ist das Stammrecht verjährt, sind es auch die aus dem Stammrecht fließenden weiteren **regelmäßig wiederkehrenden Ansprüche** (z.B. Verdienstausfallschäden, vermehrte Bedürfnisse).[4483] Die 3-jährige Verjährungsfrist des § 195 BGB gilt nur für das Stammrecht, nicht dagegen für die aus dem Stammrecht fließenden weiteren Ansprüche wie z.B. auf Ersatz des Verdienstausfallschadens; auf diese Ansprüche ist die Frist des § 197 II BGB anzuwenden.[4484]

4480 OLG Düsseldorf v. 23.6.1994 – 18 U 241/93 – MDR 1995, 160.
4481 BGH v. 30.5.2000 – VI ZR 300/99 – VersR 2000, 1116, BGH v. 23.6.1998 – VI ZR 327/97 – VersR 1998, 1387.
4482 BGH v. 3.7.1973 – VI ZR 38/72 – VersR 1973, 1066.
4483 BGH v. 18.12.2005 – VI ZR 312/04 – VersR 2006, 132. Siehe Jahnke »Beitragsregress nach § 179 Abs. 1a SGB VI« VersR 2005, 1203 (zu D.II).
4484 BGH v. 28.1.2003 – VI ZR 263/02 – NJW 2003, 1524 = VersR 2003, 452, BGH v. 26.2.2002 – VI ZR 288/00 – NJW 2002, 1791 = VersR 2002, 996.

Die Fristen nach § 195 BGB und § 197 II BGB können unterschiedlich laufen.

b) Anspruchskonkurrenz

Treffen Ansprüche aus Vertrag (einschließlich der Verletzung von Neben- **3360**
pflichten) und Delikt zusammen, verbleibt es grundsätzlich bei einer getrennten Betrachtung der jeweils geltenden Verjährungsfrist,[4485] auch wenn
im Regelfall die 3-Jahresfrist des § 195 BGB gilt.

Hemmung und Unterbrechung erstrecken sich grundsätzlich auf den An- **3361**
spruch im prozessrechtlichen Sinne unabhängig davon, ob er aus einer oder
mehreren Anspruchsgrundlagen des materiellen Rechts hergeleitet wird.[4486]
§ 213 BGB harmonisiert die hemmenden und unterbrechenden Momente,
soweit es um Ansprüche gegen denselben Schuldner geht, die letztlich auf
das gleiche Interesse gerichtet sind,[4487] und erweitert die hemmende und unterbrechende Wirkung auch auf Ansprüche, die wahlweise neben den Anspruch getreten sind oder auf die an seiner Statt übergegangen werden kann.

Die wegen einer Pflichtverletzung erhobene Klage hemmt nicht die Verjäh- **3362**
rung wegen einer anderen Pflichtverletzung.[4488] Bei Schadenersatzansprüchen erstreckt sich die Hemmung zudem nicht auf andere, nicht eingeklagte
Schadensfolgen.[4489]

c) Ablaufbeeinträchtigung

Das Verjährungsrecht berücksichtigt den Ablauf einer Verjährungsfrist be- **3363**
einflussende Umstände und Ereignisse durch
- **Hemmung** (Nichteinrechnung bestimmter Zeiten in die Verjährungsfrist, §§ 203 – 209 BGB),
- **Ablaufhemmung** (Verjährungsfrist läuft frühestens eine bestimmte Zeit
  nach Wegfall von Gründen ab, die der Geltendmachung des Anspruchs
  entgegenstehen, §§ 210, 211 BGB) oder
- Neubeginn (**Unterbrechung**) der Verjährung (§ 212 BGB).

d) Verjährungsverzicht

Auf die Abgabe eines Verjährungsverzichtes besteht **kein Rechtsanspruch.** **3364**
Ansprüche müssen andernfalls durch Leistungs- oder Feststellungsklage
bzw. klageersetzende vertragliche Erklärungen gesichert werden.

4485 BGH v. 23.6.1998 – VI ZR 162/97 – VersR 1998, 1163.
4486 BGH v. 4.5.2005 – VIII ZR 93/04 – MDR 2005, 1153 = NJW 2005, 2004. Pa-
       landt-Ellenberger, § 204 Rn. 13.
4487 BT-Drs 14/6040, S. 96, 121.
4488 BGH v. 21.3.2000 – IX ZR 183/98 – NJW 2000, 2678 = VersR 2001, 199; OLG
       Düsseldorf v. 20.9.2007 – 6 U 122/06 – WM 2008, 66.
4489 OLG Düsseldorf v. 20.9.2007 – 6 U 122/06 – WM 2008, 66.

Jahnke

3365 Wird ein Verjährungsverzicht abgegeben, sollte diese Erklärung allerdings auch nicht weitergehen als der Verletzte mit einem **Feststellungsurteil** erreichen würde. Beispielsweise gilt für regelmäßig wiederkehrende, erst künftig fällig werdende Leistungen (u.a. Verdienstausfall) auch nach einem Feststellungsurteil eine 3-jährige Verjährungsfrist ab jeweiliger Fälligkeit. Ein **unbegrenzter** Verjährungsverzicht verbietet sich rechtlich und sollte weder verlangt noch abgegeben werden, da ein solcher Verzicht in einem Gerichtsverfahren nicht zu erhalten wäre und dem Fordernden mehr gäbe als ein Urteil (siehe § 197 II BGB). § 202 II BGB zieht bei »unbegrenzten« Verzichten eine absolute Grenze mit 30 Jahren ab dem gesetzlichen Verjährungsbeginn.

3366 **Bis zum 31.12.2001** individuell oder global erklärte Verjährungsverzichte sind unwirksam[4490] und nur nach Treu und Glauben zu beachten. Der geschaffene Vertrauenstatbestand kann jederzeit beseitigt werden, woraufhin dem Erklärungsempfänger nur eine kurze Überlegungsfrist (maximal 1 Monat) zur Klageerhebung zusteht.[4491]

3367 Erst **nach dem 31.12.2001** abgegebene Verzichte sind wirksam (§ 202 BGB) und bindend; die Erklärungen sind nicht formgebunden. Für vor dem 1.1.2002 abgegebene Erklärungen bleibt es bei der alten Rechtslage (§ 242 BGB und kurze Frist bei Berufung auf Verjährung), die Unwirksamkeit wurde nicht durch die Schuldrechtsreform geheilt.[4492]

e) Gesamtschuldnerinnenausgleich

3368 Bei längerdauernder Fallabwicklung sollte der regulierende Schädiger oder Versicherer die Sicherung der Ausgleichsansprüche durch Feststellungsklage betreiben oder ein titelersetzendes Anerkenntnis verlangen. Im Einzelfall kann dem Sicherungsinteresse auch durch Verjährungsverzicht Genüge getan werden.

3369 Die allgemeine Regelung des § 195 BGB gilt für den Gesamtschuldnerausgleich nach § 426 I und § 426 II BGB gleichermaßen. Die Verjährungsfrist beträgt 3 Jahre.

3370 Die Verjährung beginnt sowohl für den originären Regressanspruch aus § 426 I BGB wie auch für den Rechtsübergang aus § 426 II BGB mit Ultimo desjenigen Jahres, in dem der Anspruch des Dritten erfüllt (d.h. an diesen die Schadenersatzleistung erbracht) wurde.

4490 BGH v. 4.11.1997 – VI ZR 375/96 – NJW 1998, 902 = VersR 1998, 124.
4491 BGH v. 4.11.1997 – VI ZR 375/96 – NJW 1998, 902 = VersR 1998, 124.
4492 Heß »Neuregelungen des Verjährungsrechtes: Auswirkungen auf das Verkehrszivilrecht« NZV 2002, 65 (zu 4.).

Jahnke

4. Beginn der Verjährungsfrist

a) Allgemeiner Fristbeginn

Ob ein Anspruch letztlich noch durchgesetzt werden kann, wird neben der Länge der Verjährungsfrist entscheidend durch deren Beginn bestimmt. Kurze Fristen, anknüpfend an **subjektive Faktoren** (z.B. Kenntnis von den anspruchsbegründenden Fakten), können letztlich zeitlich später zur Rechtsbeeinträchtigung führen als lange Fristen, die nur auf **objektive Kriterien** (wie beispielsweise den Tag des Schadensereignis) abstellen, ohne dass gleichzeitig der Gläubiger um seine gegen eine bestimmte Person gerichteten Forderungen weiß. **3371**

Während bis zum 31.12.2001 die Verjährungsfrist nur mit **positiver Kenntnis** von den anspruchsbegründenden Umständen und der Person des Schädigers begann und grob fahrlässige Unkenntnis ohne Belang war,[4493] knüpft seit dem 1.1.2002 die Verjährung (§ 199 I Nr. 2 BGB) erweiternd auch am Kennenmüssen der den Anspruch begründenden Umstände und der Person des Schuldners an, d.h. auch **grob fahrlässige Unkenntnis** von Schaden und Schädiger setzt die Verjährung in Lauf. **3372**

Das neue Verjährungsrecht gilt (unter Beachtung der Übergangsvorschriften, u.a. Art. 229 § 6 IV EGBGB) auch für Schadenfälle, die sich vor dem 1.1.2002 ereigneten (**Altfälle**).[4494] Wenn der Ersatzgläubiger bereits vor dem 1.1.2002 gemäß § 199 I Nr. 2 BGB Kenntnis nur infolge grober Fahrlässigkeit nicht hatte, ist die 3-Jahresfrist (§ 195 BGB) zwar erst ab dem 1.1.2002 zu berechnen,[4495] eine zeitliche Grenze war dann aber spätestens mit dem 31.12.2004 (3 Jahre ab 1.1.2002) gezogen. Ist erst ein späteres (nach 31.12.2001) Fehlverhalten als grob fahrlässig zu werten, beginnt die Verjährung in Altfällen dann mit dem Ende (Jahresultimo) desjenigen Jahres, in welches dieses Fehlverhalten fällt.[4496] **3373**

b) Neubeginn nach Unterbrechung oder Hemmung

War die Verjährung unterbrochen oder gehemmt, läuft die Frist unmittelbar am folgenden Tag und nicht erst nach Jahresultimo weiter.[4497] **3374**

4493 BGH v. 18.1.2000 – VI ZR 375/98 – NJW 2000, 953 = VersR 2000, 503, BGH v. 9.7.1996 – VI ZR 5/95 – NJW 1996, 2933 = VersR 1996, 1258 (Anm. Rischar VersR 1998, 27).

4494 Im Detail Jahnke, Abfindung von Personenschadenansprüchen, § 5 Rn. 34 ff.

4495 BGH v. 15.6.2010 – XI ZR 309/09 – MDR 2010, 1067 = NJW-RR 2010, 1574, BGH v. 19.3.2008 – III ZR 220/07 – MDR 2008, 615 = VersR 2008, 1121, BGH v. 9.11.2007 – V ZR 25/07 – MDR 2008, 191 = NJW 2008, 506, BGH v. 23.1.2007 – XI ZR 44/06 – NJW 2007, 1584 (Anm. Witt) = VersR 2007, 1090 mwH.

4496 BGH v. 23.1.2007 – XI ZR 44/06 – NJW 2007, 1584 (Anm. Witt) = VersR 2007, 1090.

4497 Zur Unterbrechung: BAG v. 18.3.1997 – 9 AZR 130/96 – NJW 1997, 3461, BAG v. 29.3.1990 – 2 AZR 520/89 – NJW 1990, 2578; BGH v. 6.3.1990 – VI ZR

c) Kenntnis

aa) Kenntnis (§ 199 I Nr. 2, 2. Alt. BGB)

3375 Für die Kenntnis vom Schaden und der Person des Ersatzpflichtigen reicht aus, wenn der Geschädigte auf Grundlage der ihm bekannten anspruchsbegründenden Tatsachen zumindest eine aussichtsreiche, wenn auch nicht risikolose, Feststellungsklage erheben kann.[4498] Zweifel an der Beweisbarkeit des Sachverhaltes schließen den Verjährungsbeginn nicht aus.[4499]

3376 Bei **mehreren möglichen Schädigern** beginnt die Verjährung zu verschiedenen Zeiten, wenn der Verletzte von den (mehreren) Haftpflichtigen nicht zu gleicher Zeit Kenntnis erhält.[4500] Ist unklar, wer der Schädiger ist und kann sich der Verletzte nicht entschließen, mehrere oder alle gleichzeitig zu verklagen, wird die Verjährung nur im Verhältnis zum jeweils Inanspruchgenommenen unterbrochen.

bb) Grob fahrlässige Unkenntnis (§ 199 I Nr. 2, 2. Alt. BGB)

3377 Auch grob fahrlässige Unkenntnis von Schaden und Schädiger setzt die Verjährung in Lauf, d.h. der Geschädigte (wie sein Rechtsnachfolger) hat sich verschärft um die Verfolgung der Ansprüche zu kümmern. Grobe Fahrlässigkeit bedeutet eine objektiv schwere, ungewöhnlich krasse Verletzung der im Verkehr erforderlichen Sorgfalt, also ein Fehlverhalten, das auch subjektiv nicht entschuldbar ist und den gewöhnlichen Umfang erheblich übersteigt.[4501] Die **inhaltlichen Anforderungen** orientieren sich an dem Rechtsumfeld, für das der Vorwurf geprüft wird.[4502]

3378 Grob fahrlässige Unkenntnis schadet auch **Drittleistungsträgern** (z.B. Sozialversicherung, Sozialhilfeträger, beamtenrechtlicher Dienstherr). Zu berücksichtigen sind grob fahrlässiges Verhalten der Regressabteilung, des dort zuständigen Sachbearbeiters, aber auch der Verwaltung insgesamt (z.B. in der Form des Organisationsverschuldens oder der unzureichenden Schulung bzw. Unterrichtung von Sachbearbeitern der Leistungsabteilungen).[4503]

44/89 – VersR 1990, 755. Zur Hemmung: BGH v. 9.12.1982 – III ZR 182/91– MDR 1983, 471, BGH v. 18.5.1977 – III ZR 116/74 – WM 1977, 895, RG v. 8.6.1928 – III 426/27 – RGZ 120, 355; OLG Hamm v. 31.5.1995 – 20 U 24/95 – OLGR 1995, 183. Jahnke, Abfindung von Personenschadenansprüchen, § 5 Rn. 399, 432 mwH.

4498 BGH v. 15.6.2010 – XI ZR 309/09 – MDR 2010, 1067 = NJW-RR 2010, 1574, BGH v. 12.5.2009 – VI ZR 294/08 – MDR 2009, 926 = VersR 2009, 989, BGH v. 14.10.2003 – VI ZR 379/02 – NJW 2004, 510 = VersR 2004, 123.

4499 BGH v. 31.10.2000 – VI ZR 198/99 – r+s 2002, 40.

4500 BGH v. 8.5.2001 – VI ZR 208/00 – VersR 2001, 1255.

4501 BT-Drs 14/6040, S. 108 mwH.

4502 BGH v. 28.2.1978 – VI ZR 91/77 – VersR 1978, 441.

4503 BGH v. 12.5.2009 – VI ZR 294/08 – MDR 2009, 926 = VersR 2009, 989; AG Bersenbrück v. 22.7.2009 – 11 C 1336/08 (IIIb) – r+s 2009, 482 (Anm. Jahnke); Jahnke, Abfindung von Personenschadenansprüchen, § 5 Rn. 332 ff, 376; Jahn-

Nachdem in der Gesetzesbegründung auch das Vertrauen in das Nicht-verfolgen von Ansprüchen und die Dispositionsfreiheit des Schaden-ersatzschuldners als schützenswertes Gut des Schadenersatzschuldners ausdrücklich herausgestellt werden,[4504] müssen auch verwaltungsinterne In-formationsdefizite und Versäumnisse zulasten des Gläubigers bereits unter Aspekt der groben Fahrlässigkeit durchschlagen, ohne dass im Einzelfall auf § 242 BGB (z.B. unter dem Aspekt der Verwirkung) zuzugreifen wäre.

cc) Kenntnis des Vertreters

Den (ihm möglichen) Wissensstand seines Anwaltes oder seines gesetzli-chen Vertreters muss sich der Anspruchsberechtigte zurechnen lassen (**Wis-sensvertretung**).   **3379**

d) Rechtsübergang

Bei Forderungswechsel auf Sozialversicherer und andere Drittversorgungs-träger ist, wenn der Anspruch bereits **im Schadenzeitpunkt** übergeht (z.B. § 116 SGB X, Beamtenrecht), für den Fristenlauf auf die Kenntnis des für den Regress zuständigen Sachbearbeiters abzustellen.[4505]   **3380**

Erfolgt der Forderungsübergang erst zeitlich **nach dem Haftpflichtgesche-hen** (spätere Begründung des Sozialversicherungs- oder Beamtenverhältnis-ses, § 6 EFZG, § 86 VVG, Abtretung), ist der Drittleistungsträger Rechts-nachfolger des Verletzten, dessen Kenntnis er sich dann zurechnen lassen muss, ohne dass es auf die Sachbearbeiterkenntnis beim Drittleistungsträger noch ankommt.[4506] Es gilt hier dasselbe wie bei Rechtsnachfolge unter Dritt-leistungsträgern.   **3381**

e) Spätschäden

Siehe zur Spätschadenproblematik zusammenfassend Rdn. 3274 ff.   **3382**

5. Neubeginn (Unterbrechung)

a) Wirkung

Neubeginn (früher Unterbrechung) bewirkt, dass der bis zum unterbre-chenden Anlass verstrichene Zeitraum außer Betracht bleibt und nach sei-   **3383**

---

ke, Der Verdienstausfall im Schadensersatzrecht, Kap 12 Rn. 43, Küppersbusch Rn. 792, Lemcke r+s 2007, 124. Palandt-Ellenberger, § 199 Rn. 40.

4504 OLG Naumburg v. 8.11.2007 – 1 U 81/07 – MDR 2008, 450 = VersR 2008, 775, BT-Drs 14/6040, S. 96, 100.

4505 BGH v. 12.5.2009 – VI ZR 294/08 – MDR 2009, 926 = VersR 2009, 989, BGH v. 9.1.2007 – VI ZR 139/06 – MDR 2007, 583 = VersR 2007, 371, BGH v. 28.11.2006 – VI ZR 196/05 – NJW 2007, 834 = VersR 2007, 513.

4506 BGH v. 12.4.2011 – VI ZR 158/10 –.

ner Beendigung die volle (bei Haftpflichtfällen regelmäßig 3-jährige) Frist jeweils neu zu laufen beginnt (§ 212 I BGB).

b) Unterbrechungstatbestände

3384 Hemmung und Unterbrechung schließen sich nicht wechselseitig aus, vielmehr kann die Verjährung gleichzeitig gehemmt und unterbrochen sein.[4507]

3385 Zum Neubeginn (Unterbrechung) der Verjährungsfrist führen
– **Anerkenntnis** des Leistungsverpflichteten (§ 212 I Nr. 1 BGB) und
– **Vollstreckungshandlung** des Gläubigers (§ 212 I Nr. 2 BGB).

3386 Als **Anerkenntnis** iSv § 212 BGB gilt jede Handlung oder Äußerung gegenüber dem Berechtigten, aus der sich das Bewusstsein des Verpflichteten vom Bestehen des Anspruchs eindeutig ergibt. Auch wenn der Schädiger nur Einzelansprüche des Geschädigten erfüllt, liegt darin eine Leistung auf den Gesamtanspruch, durch die auch dessen Verjährung neu beginnt.[4508] Die vorbehaltlose Erfüllung von Einzelansprüchen, aber auch eine Abschlagszahlung des Ersatzverpflichteten, unterbricht die Verjährung des Gesamtanspruches; es sei denn, aus den Umständen ergibt sich, dass die Reichweite des Anerkenntnisses eingeschränkt sein soll.[4509] Die Zahlung des Haftpflichtversicherers unterbricht grundsätzlich die Verjährung gegen den Versicherten auch für denjenigen Teil der Ansprüche, für den der Versicherer nicht einzustehen hat, weil er die Deckungssumme übersteigt.[4510] Anders liegt es dann, wenn der Versicherer erkennbar zum Ausdruck bringt, dass er die über die **Deckungssumme** hinausgehenden Ansprüche aus unerlaubter Handlung nicht anerkennen wolle.[4511]

6. Hemmung

a) Wirkung

3387 Der Zeitraum, während dessen die Verjährung gehemmt ist, wird in die Verjährungsfrist nicht eingerechnet (§ 205 BGB); die Verjährungsfrist ist um die Hemmungszeit zu verlängern.[4512]

4507 BGH v. 2.6.1999 – VIII ZR 322/98 – MDR 1999, 1186 = NJW 1999, 2961, BGH v. 23.11.1989 – VII ZR 313/88 – MDR 1990, 328 = NJW 1990, 826.

4508 BGH v. 2.12.2008 – VI ZR 312/07 – jurisPR-VerkR 4/2009 Anm. 2 (Anm. Lang) = VersR 2009, 230; OLG Celle v. 22.8.2007 – 14 U 182/06 – NJW 2008, 1088.

4509 BGH v. 2.12.2008 – VI ZR 312/07 – jurisPR-VerkR 4/2009 Anm. 2 (Anm. Lang) = VersR 2009, 230; OLG Celle v. 22.8.2007 – 14 U 182/06 – NJW 2008, 1088, OLG Koblenz v. 27.11.2006 – 12 U 867/05 – NZV 2007, 198. Siehe auch Rdn. 3341.

4510 BGH v. 22.7.2004 – IX ZR 482/00 – MDR 2005, 90 = VersR 2004, 1278, BGH v. 17.3.1970 – VI ZR 148/68 – NJW 1970, 1119 = VersR 1970, 549, BGH v. 22.11.1988 – VI ZR 20/88 – MDR 1989, 345 = VersR 1989, 138.

4511 BGH v. 11.10.2006 – IV ZR 329/05 – NJW 2007, 69 = VersR 2006, 1676, BGH v. 12.12.1978 – VI ZR 159/77 – NJW 1979, 866 = VersR 1979, 284.

4512 OLG Hamm v. 4.12.1997 – 6 U 118/97 – r+s 1998, 107.

b) Hemmungstatbestände

aa) Verhandlungen (§ 203 BGB)

Schweben zwischen Ersatzberechtigten und Ersatzpflichtigen Verhandlungen über den zu leistenden Schadenersatz, ist die Verjährung gehemmt, bis eine der verhandelnden Parteien die Fortsetzung der Verhandlung ablehnt (§ 203 BGB).

3388

(1) Anmeldung

Verhandlung setzt voraus, dass zuvor Ansprüche angemeldet wurden. Es bedarf der Anmeldung durch den Geschädigten, der zum Ausdruck bringt, er fordere aus einem bestimmten Ereignis Schadenersatz. Die Meldung des Versicherungsnehmers ist keine Anmeldung,[4513] da dieser damit nur seinen eigenen Pflichten aus § 104 I VVG nachkommt.[4514] Die Anmeldung erfasst nicht die Ansprüche eines anderen Geschädigten.[4515]

3389

(2) Umfang der Hemmung

Regelmäßig will ein Geschädigter seine Anmeldung nicht auf einzelne Ansprüche **beschränken**.[4516] Die Anmeldung bezieht sich auf alle in Betracht kommenden Ersatzansprüche und regelmäßig die Verjährung sämtlicher Ersatzansprüche, auch wenn nur über einen von mehreren Ansprüchen (z.B. Schmerzensgeld) verhandelt wird,[4517] sofern keine Anhaltspunkte für einen anderen Erklärungswillen bestehen.[4518] Beschränkt sich die Erhebung von Ansprüchen auf einzelne Anspruchssegmente, wirkt die Hemmung nur für diesen Bereich.[4519]

3390

4513 OLG München v. 16.9.1974 – 24 U 783/84 – VersR 1975, 511; AG Burgwedel v. 8.4.2004 – 75 C 90/03 – zfs 2004, 366. Zu § 12 II VVG aF siehe OLG Düsseldorf v. 31.3.1998 – 4 U 78/97 – r+s 1999, 397 (BGH hat die Revision nicht angenommen, Beschl. v. 16.12.1998 – IV ZR 101/98 –). Pohlmann/Schwarz in Looschelders/Pohlmann, § 115 VVG Rn. 27.

4514 Pohlmann/Schwarz in Looschelders/Pohlmann, § 115 VVG Rn. 27.

4515 BGH v. 12.6.1979 – VI ZR 192/78 – NJW 1979, 2155 = VersR 1979, 915, BGH v. 20.1.1955 – II ZR 108/54 – MDR 1955, 221 = VersR 1955, 97.

4516 BGH v. 20.4.1982 – VI ZR 311/79 – NJW 1982, 2001 = VersR 1982, 674.

4517 BGH v. 28.1.1992 – VI ZR 114/91 – MDR 1992, 1038 = VersR 1992, 604, BGH v. 25.6.1985 – VI ZR 60/84 – VersR 1985, 1141; OLG München v. 6.10.2000 – 21 U 3623/00 – VersR 2001, 230, OLG München v. 28.11.1995 – 5 U 4769/95 – r+s 1997, 48 (BGH hat die Revision nicht angenommen, Beschl. v. 29.10.1996 – VI ZR 92/96 –).

4518 OLG München v. 28.11.1995 – 5 U 4769/95 – r+s 1997, 48 (BGH hat die Revision nicht angenommen, Beschl. v. 29.10.1996 – VI ZR 92/96 –) (Beschränkung auf bestimmte einzelne Ansprüche nur, wenn sich dieses eindeutig aus der Anmeldung ergeben sollte); LG Wuppertal v. 18.8.1999 – 4 O 181/99 – SP 2001, 69.

4519 BGH v. 25.6.1985 – VI ZR 60/84 – VersR 1985, 1141, BGH v. 7.4.1987 – VI ZR 55/86 – MDR 1987, 925 = VersR 1987, 937, BGH v. 20.4.1982 – VI ZR 311/79 – NJW 1982, 2001 = VersR 1982, 674, OLG Frankfurt v. 30.3.1999 – 8

Jahnke

3391   Bei **Unterhaltsansprüchen** nach § 844 II BGB reicht zu Gunsten der hinterbliebenen minderjährigen Waisen idR die Anmeldung und Verhandlung seitens des hinterbliebenen Ehegatten aus, ohne dass dieser explizit zusätzlich als gesetzlicher Vertreter Ansprüche der Kinder anmelden und mitverhandeln muss.[4520]

(3) Einschlafen der Verhandlung

3392   Schlafen Verhandlungen ein oder werden sie verschleppt, entfällt die Hemmung zu demjenigen Zeitpunkt, zu dem eine Antwort des Ersatzberechtigten auf die letzte Äußerung des Ersatzpflichtigen spätestens zu erwarten gewesen wäre.[4521] Eine Verhandlungspause, z.b. weil die weitere gesundheitliche Entwicklung abgewartet werden soll, beendet nicht die Verhandlung.

3393   Führt ein für alle Beteiligten eintrittspflichtiger Haftpflichtversicherer mit dem Verletzten Regulierungsverhandlungen, ist der Lauf der Verjährung regelmäßig gegen alle versicherten Personen, die Ansprüchen ausgesetzt sein können, gehemmt; und zwar auch – mangels entgegenstehender ausdrücklicher Erklärung – über die Deckungssumme hinaus.[4522]

(4) Wiedereintritt in Verhandlungen

3394   Werden die Verhandlungen nach einer zunächstigen schriftlichen Ablehnung (z.B. sofortiges Ablehnungsschreiben vor Austausch von Argumenten) erneut aufgenommen, entfällt die Beendigungswirkung.[4523] Es bleibt beim Ende der Hemmung, wenn der Schädiger bzw. sein Versicherer aufgrund des bisher ihm bekannten Sachverhalts die Leistung ablehnt und zur abschließenden Klärung einen Restaktenauszug erbittet.[4524] Allein die Erklärung des Ersatzpflichtigen, die Angelegenheit nochmals zu prüfen,

---

U 219/98 – VersR 2000, 853 (BGH hat die Revision nicht angenommen, Beschl. v. 15.2.2000 – VI ZR 183/98 –) (Da nur »entgangene Dienste im Haushalt gemäß § 845 BGB [unrichtige Vorschrift] dem Grunde nach« geltend gemacht wurden, beschränkt sich die Hemmung auf den Haushaltsführungsschaden).
4520 Vgl. BGH v. 12.6.1979 – VI ZR 192/78 – NJW 1979, 2155 = VersR 1979, 915.
4521 BGH v. 6.11.2008 – IX ZR 158/07 – NJW 2009, 1806 = VersR 2009, 945, BGH v. 5.11.2002 – VI ZR 416/01 – NJW 2003, 895 = VersR 2003, 99.
4522 BGH v. 22.7.2004 – IX ZR 482/00 – VersR 2004, 1278.
4523 OLG Hamm v. 19.3.1997 – 13 U 190/96 – NZV 1998, 24 (Verjährungshemmung wirkt zurück auf den Zeitpunkt der Geltendmachung der Ansprüche des Berechtigten), OLG Düsseldorf v. 29.10.2001 – 1 U 39/01 – SP 2002, 284, OLG Düsseldorf v. 31.3.1998 – 4 U 78/97 – r+s 1999, 397 (BGH hat die Revision nicht angenommen, Beschl. v. 16.12.1998 – IV ZR 101/98 –) (zu § 12 II VVG aF), OLG Köln v. 8.4.2003 – 9 U 123/02 – VersR 2004, 49. Siehe auch BGH v. 13.5.1997 – VI ZR 181/96 – NZV 1997, 396 sowie OLG Düsseldorf v. 11.7.2000 – 4 U 80/99 – r+s 2001, 99 (Klagefrist nach § 12 VVG aF), OLG Jena v. 3.3.1999 – 4 U 1417/97 – VersR 2001, 358 (Klagefrist nach § 12 VVG aF). Jacobsen in Feyock/Jacobsen/Lemor, 3. Aufl. 2009, § 115 Rn. 24.
4524 LG Fulda v. 8.12.1995 – 1 S 112/95 – NJW-RR 1996, 1435.

führt nicht dazu, eine bereits abgelaufene Verjährung erneut in Gang zu setzen.[4525]

Gespräche über den Schadenfall stellen dann keine (hemmende) Verhandlung dar, wenn der Ersatzpflichtige erkennbar nicht mehr weiterverhandeln will.[4526] Wird lediglich auf Gegenvorstellungen des Anspruchsstellers seitens des Ersatzpflichtigen erwidert, ist auch dann keine Abkehr von der früheren Ablehnung anzunehmen, wenn dieser sich nochmals mit Fragen seiner Leistungspflicht befasst.[4527]

3395

bb) Familie (§ 207 BGB)

Innerhalb der Familie besteht für die Dauer des gemeinsamen Zusammenlebens Hemmung nach § 207 BGB.[4528] Relevanz kommt diesem Umstand u.a. beim Gesamtschuldnerausgleich zu.

3396

Die Hemmung endet bei **Übertragung der Forderung** an einen Dritten (Abtretungsvertrag, cessio legis).[4529] Die Hemmung beginnt erneut bei Rückübertragung auf das Familienmitglied.[4530]

3397

cc) Hemmung durch rechtsverfolgende Maßnahmen (§ 204 BGB)

Prozessuale Maßnahmen (u.a. Klage, Mahnbescheid, Streitverkündung, Beweissicherungsverfahren Prozesskostenhilfeantrag) hemmen die Verjährung (§ 204 BGB), das Ruhen des Verfahrens beseitigt die Hemmung dann wieder.

3398

dd) Gutachterausschuss

Verfahren vor einer ärztlichen Gutachter- und Schlichtungsstelle hemmen wie Verhandlungen iSd § 203 BGB den Verjährungslauf.[4531]

3399

4525 BGH v. 28.1.2003 – VI ZR 263/02 – NJW 2003, 1524 = VersR 2003, 452.

4526 BGH v. 30.6.1998 – VI ZR 260/97 – VersR 1998, 1295; OLG Karlsruhe v. 1.10.1998 – 12 U 112/98 – r+s 2002, 469, OLG Köln v. 14.3.1995 – 22 U 202/94 – VersR 1997, 497 (BGH hat die Revision nicht angenommen, Beschl. v. 18.9.1995 – XII ZR 98/5 –), OLG Düsseldorf v. 3.8.1999 – 4 U 175/98 – r+s 2000, 93 (zu § 12 II VVG aF).

4527 OLG Karlsruhe v. 1.10.1998 – 12 U 112/98 – r+s 2002, 469 (zu § 12 VVG aF).

4528 BGH v. 25.11.1986 – VI ZR 148/86 – VersR 1987, 56.

4529 OLG Düsseldorf v. 27.11.1980 – 4 UF 94/80 – FamRZ 1981, 308 (Überleitung des Unterhaltsanspruchs der Kinder gegen den Vater nach §§ 90, 91 BSHG), ähnlich BGH v. 27.2.1980 – IV ZR 125/78 – NJW 1980, 1517 (Verjährung von Unterhaltsansprüchen nichtehelicher Kinder) und BGH v. 12.4.2011 – VI ZR 158/10.

4530 AG Hamburg v. 10.9.1978 – 14 C 1026/72 – DAVorm 1973, 621; Palandt-Ellenberger, § 207 Rn. 1.

4531 BGH v. 10.5.1983 – VI ZR 173/81 – NJW 1983, 2075; OLG Düsseldorf v. 31.10.1984 – 8 U 66/82 – VersR 1985, 744.

c) Vorbehalt in der Abfindungserklärung

3400 Enthält eine Abfindungserklärung einen Vorbehalt, droht Verjährung nach Ablauf von 3 Jahren seit Vergleichsschluss. Akzeptiert der Haftpflichtversicherer des Schädigers in einer Abfindungserklärung des Geschädigten einen auf den materiellen Zukunftsschaden gerichteten Vorbehalt, liegt darin allein auch dann keine konstitutive Befreiung von der Verjährungseinrede, wenn damit zu rechnen ist, dass weitere Verletzungsfolgen erst nach mehr als 3 Jahren auftreten können.[4532]

3401 Die Teilabfindung stellt lediglich ein Anerkenntnis iSv § 212 I Nr. 1 BGB dar, sodass die Verjährungsfrist nach Ende der Hemmung unterbrochen wird und eine neue 3-jährige Frist ab Vergleichsschluss[4533] zu laufen beginnt. Der Verletzte muss, will er einen langfristigen Ausschluss der Verjährungsrede erreichen, Feststellungsklage erheben oder ausdrücklich eine adäquate Erklärung des Anspruchsgegners einfordern.[4534]

3402 Für eine an § 242 BGB ausgerichtete Auslegung der wechselseitigen Erklärungen, es sei ein Verjährungsverzicht konkludent vereinbart, reicht nicht, dass ein solcher Verzicht auf die Verjährungseinrede sinnvoll gewesen wäre.[4535] Die Grundsätze von **Treu und Glauben** stehen der Einrede nur dann entgegen, wenn der Ersatzverpflichtete beim Schadenersatzgläubiger das Vertrauen erweckt, dass er dessen Anspruch mit materiellen Einwendungen

---

4532 BGH v. 28.1.2003 – VI ZR 263/02 – NJW 2003, 1524 = VersR 2003, 452, BGH v. 29.1.2002 – VI ZR 230/01 – NJW 2002, 1878 = VersR 2002, 474, BGH v. 8.12.1998 – VI ZR 318/97 – NJW 1999, 1782 = VersR 1999, 382, BGH v. 26.5.1992 – VI ZR 253/91 – NJW 1992, 2228 = VersR 1992, 1091; KG v. 22.12.1998 – 6 U 307/97 – VersR 2000, 1145, OLG Frankfurt v. 14.6.2006 – 17 U 39/06 –, OLG Hamburg v. 7.4.2000 – 14 U 263/99 – SP 2001, 86, OLG Hamm v. 6.9.2000 – 13 U 175/99 – SP 2001, 53, OLG Karlsruhe v. 26.10.2007 – 14 U 230/06 – jurisPR-VerkR 7/2008 Anm. 1 (Anm. Lang) = VRS 113, 321, OLG Karlsruhe v. 9.6.2004 – 10 U 236/03 – VersR 2006, 251, OLG München v. 10.6.1994 – 10 U 7067/93 – SP 1994, 410, OLG Jena v. 24.11.2004 – 4 U 399/04 – SVR 2005, 383 (Anm. Nehls), OLG Zweibrücken v. 5.4.1994 – 1 U 252/92 – VersR 1994, 1439. Jahnke, Abfindung von Personenschadenansprüchen, § 5 Rn. 664 mwH.

4533 BGH v. 29.1.2002 – VI ZR 230/01 – NJW 2002, 1878 = VersR 2002, 474; OLG Hamm v. 6.9.2000 – 13 U 175/99 – SP 2001, 53, OLG Hamm v. 30.11.1992 – 6 U 85/92 – r+s 1993, 459 (mit Anm. Lemcke) (BGH hat Revision nicht angenommen, Beschl. v. 5.10.1993 – VI ZR 39/93 –).

4534 BGH v. 29.1.2002 – VI ZR 230/01 – NJW 2002, 1878 = VersR 2002, 474 (Dass der Kläger bei Abschluss des Vergleiches anwaltlich vertreten war und deshalb eine Feststellungsklage näher gelegen haben mag, genügt nicht). Siehe auch BGH v. 26.5.1992 – VI ZR 253/91 – NJW 1992, 2228 = VersR 1992, 1091.

4535 BGH v. 29.1.2002 – VI ZR 230/01 – NJW 2002, 1878 = VersR 2002, 474; KG v. 22.12.1998 – 6 U 307/97 – VersR 2000, 1145, OLG Zweibrücken v. 5.4.1994 – 1 U 252/92 – VersR 1994, 1439.

Jahnke

bekämpfen werde, so dass es nicht der gerichtlichen Geltendmachung vor Eintritt der Verjährung bedürfe.[4536]

Ist der Geschädigte **anwaltlich vertreten**, ist dieses letztlich zulasten des Geschädigten im Verhältnis zum Haftpflichtversicherer des Schädigers zu berücksichtigen: Der Haftpflichtversicherer des Schädigers ist dem anwaltlich vertretenen Geschädigten gegenüber nicht zur Aufklärung und Beratung verpflichtet.[4537]

3403

7. Verwirkung

Verwirkung und Verjährung stehen nebeneinander. Von der Verjährung unterscheidet sich die Verwirkung dadurch, dass sie **von Amts wegen**, die Verjährung aber nur auf die ausdrücklich erhobene (Partei)Einrede zu berücksichtigen ist.[4538]

3404

Verwirkung setzt voraus, dass der Berechtigte ein Recht längere Zeit nicht geltend macht (**Zeitmoment**), obwohl er dazu in der Lage wäre, und der Verpflichtete sich mit Rücksicht auf das gesamte Verhalten des Berechtigte darauf einrichten durfte und eingerichtet hat (Treu und Glauben), dass dieser sein Recht auch in Zukunft nicht geltend machen werde (**Umstandsmoment**).[4539]

3405

4536 BGH v. 23.10.1984 – VI ZR 30/83 – NJW 1985, 791 = VersR 1985, 62; OLG Zweibrücken v. 5.4.1994 – 1 U 252/92 – VersR 1994, 1439.

4537 OLG Frankfurt v. 14.6.2006 – 17 U 39/06 –, OLG Hamm v. 23.10.1995 – 6 U 57/95 – r+s 1996, 58; LG Stendal v. 3.12.2007 – 23 O 285/07 – SP 2008, 290. Siehe auch: BGH v. 29.1.2002 – VI ZR 230/01 – NJW 2002, 1878 = VersR 2002, 474; OLG Saarbrücken v. 9.7.1998 – 3 U 854/97 (63) – SP 1999, 49 (S. 51 a.E.), OLG Nürnberg v. 1.7.1999 – 2 U 531/99 – VersR 2001, 982 (BGH hat Revision nicht angenommen, Beschl. v. 11.4.2000 – VI ZR 427/99 –).

4538 Palandt-Heinrichs, § 242 Rn. 90.

4539 BAG v. 25.4.2001 – 5 AZR 497/99 – MDR 2001, 1302 (Wer keine Kenntnis vom möglichen Anspruch eines Dritten hat, kann auf das Ausbleiben einer entsprechenden Forderung allenfalls allgemein, nicht aber konkret hinsichtlich eines bestimmten Anspruches vertrauen); BGH v. 22.11.2006 – XII ZR 152/04 – MDR 2007, 661 = NJW 2007, 1273, BGH v. 14.11.2002 – VII ZR 23/02 – MDR 2003, 207 = NJW 2003, 824, BGH v. 18.10.2001 – I ZR 91/99 – NJW 2002, 669 (Keine Verwirkung bei nicht zeitnah ausgeübtem Rücktrittsrecht); BSG v. 20.5.1958 – 2 RU 285/56 – JR 1959, 356 (Keine Verwirkung, wenn der Berechtigte sich zunächst bemüht, von einem anderen außerhalb der Sozialversicherung Stehenden Leistungen zu erhalten); BVerwG v. 12.1.2004 – 3 B 101/03 – NVwZ-RR 2004, 314; OLG Hamm v. 10.9.2001 – 13 U 30/00 – VersR 2002, 565 (Fehlende Bildung von Rückstellung durch den Versicherer stellt für sich noch keine Härte dar), OLG Köln v. 15.9.1995 – 20 U 206/94 – VersR 1996, 239.

Jahnke

3406 Verwirkung kann schon **vor** der **Verjährung** des Anspruches eintreten,[4540] gerade hierin liegt die besondere Bedeutung in der Praxis. Vor Ablauf der 3-jährigen Verjährung tritt eine Verwirkung i.d.R. nicht ein;[4541] es gilt die allgemeine Regel, dass um so seltener Raum für eine Verwirkung ist, je kürzer die Verjährungsfrist ist.[4542]

4540 BGH v. 11.2.1992 – VI ZR 133/91 – NJW 1992, 1755 = VersR 1992, 627, BGH v. 29.2.1984 – VIII ZR 310/82 – NJW 1984, 1684.

4541 BGH v. 11.2.1992 – VI ZR 133/91 – NJW 1992, 1755 = VersR 1992, 627, BGH v. 6.12.1988 – XI ZR 19/88 – MDR 1989, 448.

4542 BGH v. 11.2.1992 – VI ZR 133/91 – NJW 1992, 1755 = VersR 1992, 627.

F. Der Haftungsfall in der Praxis –
3. Teil: Prozessvorbereitung

I. Verjährung

Eine erfolgreiche Verjährungseinrede ist die ökonomischste Waffe auf Passivseite, um ein Verfahren erfolgreich zu beenden. Umgekehrt fürchtet ein Bevollmächtigter auf Aktivseite nichts mehr als dieses; wird in derartigen Fällen doch meist der Vorwurf gegen ihn laut, dies nicht rechtzeitig verhindert zu haben. Zeichnet sich eine derartige Situation ab, wird häufig die Versicherung des Arztes/Krankenhauses gebeten, auf die Einrede der Verjährung bis zu einem bestimmten Zeitpunkt zu verzichten. Von Versichererseite wird im positiven Fall eine Erklärung des Inhalts abgegeben, auf die Einrede der Verjährung bis zu einem bestimmten Zeitpunkt zu verzichten, soweit nicht bereits im Zeitpunkt der Abgabe der Erklärung Verjährung eingetreten sein sollte. Derartige Erklärungen wirken immer nur zwischen den jeweiligen Adressaten, nicht gegenüber Dritten. Bei mehreren Beteiligten auf Passivseite, zwischen denen möglicherweise Ausgleichsansprüche bestehen, ist daher tunlichst darauf zu achten, dass auch im Binnenverhältnis auf Passivseite rechtswahrende Erklärungen zu erhalten.

3407

Seit dem 1.1.2002 verjähren Ansprüche wegen Aufklärungs- und Behandlungsfehlern nach drei Jahren[4543] (§ 195 BGB) unabhängig davon, ob sie auf Delikt oder Vertrag beruhen. Gemäß § 199 Abs. 1 BGB beginnt die Verjährungsfrist mit dem Schluss des Jahres (31.12.), in dem der Anspruch entstanden ist und der Gläubiger von den, den Anspruch begründenden Umständen und der Person des Schuldners Kenntnis erlangt oder ohne grobe Fahrlässigkeit erlangen müsste. Der Patient muss daher in seiner Laiensphäre eine Vorstellung entwickeln können, dass der Arzt eine Standardabweichung begangen oder gebotene Maßnahmen unterlassen hat. Bei Ansprüchen wegen fehlerhafter Aufklärung beginnt die Verjährungsfrist mit Kenntnis bzw. grob fahrlässiger Unkenntnis, dass die eingetretene Komplikation ein typisches Risiko gerade dieses Eingriffs gewesen ist. Nach der Rechtsprechung ist dieses Maß an Kenntnis anzunehmen, wenn der Patient eine Feststellungsklage, wenn auch mit gewissen Prozessrisiken, erheben könnte.[4544] Das Maß von Kenntnis für eine erfolgreiche Feststellungsklage kann hingegen nicht verlangt werden.[4545] Die bloße Kenntnis vom negativen Ausgang einer Behandlung reicht nicht aus.[4546] Grob fahrlässige Unkenntnis liegt dann

3408

4543 Auf die am 1.1.2002 bestehenden, aber noch nicht verjährten Ansprüche findet das neue Verjährungsrecht mit den in Art. 229 § 6 EGBGB geregelten Modifikationen Anwendung.

4544 BGH Urt. v. 3.2.1998 – VI ZR 356/96, VersR 1998, 634; Geiß/Greiner D I Rn. 7.

4545 Geiß/Greiner D I Rdnr. 7.

4546 BGH Urt. v. 10.11.2009 – VI ZR 247/08, VersR 2010, 214=GesR 2010, 133.

vor, wenn der Geschädigte von den wahren Umständen quasi die Augen verschließt, die Standardabweichung und ihre Ursächlichkeit für den negativen Ausgang sich im gewissermaßen aufdrängen müsste.[4547] Ihm muss mithin persönlich ein schwerer Obliegenheitsverstoß in seiner eigenen Angelegenheit der Anspruchsverfolgung vorgeworfen werden können.[4548] Dies ist i.d.R. nicht alleine schon dann anzunehmen, wenn der Geschädigte keine eigenen Nachforschungen veranlasst. Er hat grundsätzlich keine aktive Ermittlungspflicht. Das Unterlassen eigener Nachforschungen ist erst dann grob fahrlässig i.S.d. § 199 Abs. 1 Nr. 2 BGB, wenn weitere Umstände hinzutreten, die das Unterlassen aus Sicht eines bedachten Geschädigten als unverständlich erscheinen lassen.[4549] Bei Minderjährigen oder geistig Behinderten kommt es auf die Kenntnis oder grob fahrlässige Unkenntnis des gesetzlichen Vertreters an. Bei gemäß § 116 SGB X übergehenden SVT-Ansprüchen kommt es auf die Kenntnis oder grob fahrlässigen Unkenntnis des in der Regressabteilung zuständigen Mitarbeiters an. Geht der Anspruch erst später über, kommt es auf die Kenntnis des Patienten an, wenn diese bereits vorlag.

3409　Nach dem Grundsatz der Schadeneinheit beginnt die Verjährung auch für solche Spätfolgen, die sich zunächst noch nicht abzeichneten, wenn ein Teilschaden aber bereits entstanden ist und die Möglichkeit weiterer Schäden nicht völlig fern liegt.[4550] Bei unvorhersehbaren Folgen beginnt hingegen eine neue Verjährungsfrist, sobald sie vorhersehbar geworden sind.[4551] Wird nur ein Teil der möglichen Ansprüche geltend gemacht (z.B. Schmerzensgeld) und die Verjährung durch Klage gehemmt, läuft die Verjährung für andere abtrennbare Ansprüche (z.B. Haushaltsführungsschaden) weiter, es sei denn es wäre ein Feststellungsantrag gestellt oder rechtswahrende Erklärungen des Versicherers lägen vor.[4552]

3410　Verhandlungen über den Schaden hemmen die Verjährung (§ 203 BGB). Dies gilt auch für Verfahren vor den Schlichtungsstellen der Ärztekammern (§ 204 Abs. 1 Nr. 8 BGB). Die Hemmung gilt jedoch grundsätzlich nur zwischen den konkret beteiligten Parteien bzw. Verhandlern. Gegenüber Nichtbeteiligten, z.B. ein Krankenhaus oder eine Hebamme, die sich nicht an einem Verfahren vor den Schlichtungsstellen beteiligen, tritt keine Hemmung ein. Die Hemmung dauert so lange an, bis eine Seite die Verhandlung

---

4547　BGH Urt. v. 8.10.2002 – VI ZR 182/01, VersR 2003, 75.
4548　BGH Urt. v. 10.11.2009 – VI ZR 247/08, VersR 2010, 214; BGH Urt. v. 23.9.2008 – VI ZR 253/07, VersR 2010, , 125.
4549　BGH Urt. v. 10.11.2009 – VI ZR 247/08, VersR 2010, 214=GesR 2010, 133; BGH Urt. v.23.9.2008 – XI ZR 253/07, MDR 2009, 14.
4550　BGH Urt. v. 15.10.1992 – IX ZR 43/92.
4551　BGH Urt. v. 23.3.1987 – II ZR 190/86.
4552　BGH Urt. v. 25.6.1985 – VI ZR 60/84, VersR 1985, 1141; BGH Urt. v. 19.11.1997 – VI ZR 357/96, NJW 1998, 1142.

abbricht oder nach Lage der Dinge nicht mehr mit einer Entscheidung in der Sache zu rechnen ist.[4553] Die Hemmung der Verjährung wegen schwebender Verhandlungen wird durch die Erklärung, bis zu einem bestimmten Zeitpunkt auf die Erhebung der Einrede der Verjährung zu verzichten, grundsätzlich nicht berührt. Allerdings müssen Verhandlungen tatsächlich noch schweben.[4554] Die bloße Anmeldung von Ansprüchen begründet auch dann keine Verhandlungen, wenn der Verpflichtete entsprechend dem Wunsch des Berechtigten mit einem Verjährungsverzicht reagiert, weil allein hieraus noch keine Erwartungen folgen können, der Verpflichtete lasse sich auf Erörterungen über die Berechtigung von Schadensersatzansprüchen ein.[4555]

II. Bewertung der Erfolgsaussichten (insbesondere Beweislage)

Auf Aktivseite wird selten originäres medizinisches Fachwissen zur Bewertung der Erfolgsaussichten vorhanden sein, es sei denn, es würde sich um Standardkonstellationen oder eine Problematik aus dem Bereich der Struktur- und Prozessqualität handeln. Im Idealfall hat man auf Aktivseite den Fall durch eine eigens in Auftrag gegebene sachverständige Bewertung abklären lassen oder kann auf ein Gutachten des MDK oder einer Schlichtungsstelle zurückgreifen. Daneben ist in den letzten Jahren gerade auf Aktivseite eine verstärkte Instrumentalisierung der Leitlinien zu beobachten. Die Frage der Verbindlichkeit von Leitlinien ist in der Literatur umstritten.[4556] Während Geiß/Greiner[4557] darauf verweisen, dass Leitlinien nicht unbesehen mit Standard gleichgesetzt werden können, hält Hart[4558] Leitlinien unter Bezug auf die Definition der Zentralstelle der deutschen Ärzteschaft zur Qualitätssicherung in der Medizin für verbindlich. Leitlinien sind nach Hart mehr als »Empfehlungen«. Er setzt Leitlinien mit Standards gleich. Damit befindet er sich in Einklang mit der internationalen Diskussion um guidelines, da die im deutschen Sprachraum getroffene Unterscheidung zwischen »Leitlinie« und »Richtlinie« im anglo-amerikanischen Raum unbekannt ist und eine Differenzierung hinsichtlich ihrer Verbindlichkeit nicht vorgenommen wird. Ob dieser Verzicht auf Differenzierung – entgegen dem Willen der »Schöpfer von Leitlinien« – trägt, muss an dieser Stelle

3411

4553 OLG Karlsruhe Urt. v. 16.1.2006, 17 U 344/05, Verjährungseintritt drei Monate nach Weigerung, die Verhandlung fortzuführen (§ 203 BGB).

4554 BGH Urt. v. 17.2.2004 – VI ZR 429/02.

4555 OLG Düsseldorf Urt. v. 14.10.2003, 23 U 222/02, I-23 U 222/02; OLG Köln Beschl. v. 17.3.2008, 5 W 66/07, bloßer Verjährungsverzicht begründet keine Hemmung.

4556 Jorzig/Feifel GesR 2004, 310ff.; Bergmann GesR 2006, 337ff.

4557 Geiß/Greiner 6. Aufl. Rn. B 9 a.; so jetzt auch ausdrücklich BGH Beschl.v. 28.3.2008 – VI ZR 57/07, GesR 2008, 361.

4558 Hart MedR 1998, 8, 11.

nicht entschieden werden. Maßgeblich ist, welchen Einfluss Empfehlungen, Leitlinien und Richtlinien auf die im Verkehr erforderliche Sorgfalt gemäß § 276 BGB nehmen. Für diese Abgrenzung stehen bewährte juristische Werkzeuge zur Verfügung.

3412 Die Diskussion um den medizinischen Standard bzw. den »Stand der medizinischen Erkenntnis zur Zeit der Behandlung« ist keineswegs neu und auf das Gebiet des medizinischen Standards beschränkt.[4559] Im Baurecht kennt man den Begriff der »allgemein anerkannten Regeln der Baukunst«. Sie sollen die Summen der im Bauwesen anerkannten wissenschaftlichen, technischen und handwerklichen Erfahrungen darstellen, die durchweg bekannt und als richtig und notwendig anerkannt sind. Dem Juristen, insbesondere dem Anwalt bei der Beratung seines Mandanten, ist diese Problematik unter dem Stichwort »herrschende Meinung« vertraut. Den Mandanten wird es kaum befriedigen, dass ihn sein Rechtsberater mit den wissenschaftlich überlegenen und schlagkräftigen Argumenten eines oder mehrerer Hochschulprofessoren vertreten hat, wenn diese Argumente nicht von den Gerichten geteilt werden. Die Pflicht zur Beachtung derartigen Erfahrungswissens ist aber prinzipiell unabhängig davon, in welches »äußere Gewand« diese Erkenntnisse gekleidet sind. Dies ist durch die besondere Dynamik[4560] des »Standardbegriffs« bedingt, der eben gerade nicht statisch ist, sondern sich laufend verändert. Dies ist ein wichtiges Argument, Leitlinien nicht undifferenziert mit Standard gleichzusetzen. Folgerichtig findet die mancherorts in der Medizin anzutreffende Leitliniengläubigkeit in der aktuellen Rechtsprechung[4561] keinen Widerhall. Der BGH[4562] hat erst jüngst bekräftigt, dass Leitlinien nicht unbesehen mit dem medizinischen Standard gleichgesetzt werden dürfen und im Prozess regelmäßig kein Sachverständigengutachten ersetzen. Dies gilt erst recht, wenn Leitlinien für einen längeren Zeitraum nicht überarbeitet werden. Dem kann zwar durch eine verstärkte Implementierung der »Leitlinien für Leitlinien« entgegengewirkt werden. Die dort aufgestellten Grundsätze bürgen jedoch nur für eine formale Qualitätssicherung, nicht für ihre inhaltliche »Richtigkeit«. Im Übrigen muss man sich davor hüten, bei aller »Leitliniengläubigkeit« den konkreten personellen und sachlichen Rahmen eines ärztlichen Entscheidungsprozesses zu vernachlässigen. Die Rechtsprechung hat stets hervorgehoben, der Standard dürfe sich nicht nur an Universitätskliniken und Spe-

4559 Marburger, Die Regeln der Technik im Recht, 1979; v.Bar, Verkehrspflichten – Richterliche Gefahrsteuerungsgebote im deutschen Deliktsrecht, 1980.

4560 OLG Köln VersR 1991, 186 (Aciclovir).

4561 OLG Düsseldorf Urt. v. 25.1. 2007 – I-8 U116/05, GesR 2007, 110ff.; OLG Koblenz Urt. v. 24.5. 2007 – 5 U 1735/06; VersR 2008, 355: Die von der DGGG entwickelten Leitlinien für den zeitlichen Ablauf einer Schnittentbindung (E-E-Zeit) können nicht ohne weiteres auf eine Sectio übertragen werden, die nach einer häuslichen Uterusruptur notfallmäßig durchgeführt werden muss.

4562 BGH Beschl. v. 28.3. 2008 – VI ZR 57/07, GesR 2008, 361.

Ratzel

zialkrankenhäusern orientieren, sondern müsse die dem Patienten örtlich zur Verfügung stehenden Möglichkeiten mitberücksichtigen. Dies schließt ein, dass nicht jede apparative und methodische Neuerung umgehend nachvollzogen werden muss.

Aufgrund der vorstehenden Ausführungen den Schluss zu ziehen, Leitlinien seien rechtlich irrelevant, wäre allerdings völlig verfehlt. Über Leitlinien werden Erfahrungswissen und Strukturvorgaben transportiert. Leitlinien stellen daher ebenso wie Sachverständigengutachten, Empfehlungen oder Lehrbuchinhalte sachverständige Äußerungen dar, die ein Indiz dafür abgeben können, was unter der im Verkehr erforderlichen Sorgfalt verstanden werden kann. Diese Indizwirkung wird desto stärker, als es sich um typisierte Fallvarianten handelt. Sie wird umso schwächer, als die Besonderheiten des einzelnen Falles überwiegen. Dementsprechend werden Leitlinien zuallererst in denjenigen Bereichen Wirkung entfalten, in denen es weniger um die individuelle ärztliche Entscheidung als vielmehr um Strukturvorgaben geht. Dies betrifft z.B. interkollegiale Vereinbarungen über die Zusammenarbeit einzelner Berufsgruppen wie z.B. die Vereinbarung zwischen Chirurgen und Anästhesisten über die Verantwortung für die prä-, intra- und postoperative Lagerung, die Vereinbarung über die Zusammenarbeit bei der Bluttransfusion oder die Vereinbarung zwischen Anästhesisten und Frauenärzten über die Zusammenarbeit in der operativen Gynäkologie und Geburtshilfe. Derartige Vereinbarungen werden von der Rechtsprechung[4563] als Konkretisierung der im Verkehr erforderlichen Sorgfalt, d. h. als Verkehrsanschauung der betroffenen Fachkreise anerkannt. Dies ist nachvollziehbar, handelt es sich doch um die Absicherung allgemeingültiger Verfahrensabläufe, wie sie vorhersehbar in einer Vielzahl von Fällen – unabhängig von den Besonderheiten des einzelnen Krankheitsfalles – planbar sind. Im Übrigen darf an dieser Stelle der Einfluss wissenschaftlicher oder berufsständischer Empfehlungen nicht unterschätzt werden, Beispiele: Fachübergreifender Bereitschaftsdienst;[4564] E-E-Zeit,[4565] Personalschlüssel f. Intensivabteilungen.[4566]

3413

Leitlinien werden ihre normative Kraft in der Regel über Sachverständigengutachten entfalten. Denn der Sachverständige muss die einschlägigen Leitlinien kennen, die für die Bewertung der ihm gestellten Sachfrage von Bedeutung sein können. Er ist allerdings nicht verpflichtet, sie seiner Bewertung zugrunde zu legen. Vielmehr hat er stets zu überprüfen, ob der Inhalt

3414

4563 BGH MDR 1992, 160.
4564 Feifel Fachübergreifende Organisation und fachübergreifender Bereitschaftsdienst – haftungsrechtliche Aspekte GesR 2003, 259ff.
4565 Empfehlungen der DGGG, homepage DGGG.
4566 Recomandations on minimal requirements for intensive care departements, Intensive Care Med. 1997, 23: 226ff. ‚www.escim.org, library, guidelines and recommendations.

Ratzel

der Leitlinie sich mit seinem Erfahrungswissen deckt bzw. den Besonderheiten des konkreten Falles gerecht wird.[4567] Er darf sich weder durch eine schlichte Bezugnahme auf die Leitlinie einer eigenen Bewertung entziehen, noch darf er seine eigene Bewertung apodiktisch in den Raum stellen, ohne sich mit den Aussagen der Leitlinie kritisch auseinandergesetzt zu haben.

3415 Arzthaftung ist Verschuldenshaftung. Der Eintritt eines Schadens begründet grundsätzlich keinen Anschein sorgfaltswidrigen Verhaltens.[4568] Dies gilt mit Hinblick auf den Grundsatz der Methodenfreiheit normalerweise auch bei Abweichen von einer Leitlinie zur Diagnostik und Therapie bestimmter Krankheitsbilder.[4569] Die Frage der Beweislastumkehr stellt sich schon begrifflich dann nicht, so lange sich der Arzt noch in dem von der Leitlinie selbst vorgegebenen »Entscheidungskorridor« befindet. Verlässt er diesen Bereich, kommt es darauf an, welchem Regelungsbereich die Leitlinie zuzuordnen ist. Handelt es sich um eine Leitlinien mit Strukturkomponenten, wie dies bei den interprofessionellen Vereinbarungen unterschiedlicher Fachgebiete der Fall ist, kann die Nichtbeachtung einer Aufgabenzuweisung zur Beweislastumkehr zu Lasten des Arztes führen.[4570] Die Situation ist mit der Frage der Beweislast bei der Vermeidung beherrschbarer Risiken zu vergleichen,[4571] für die i.d.R. die Behandlerseite die Beweislast trägt.[4572] Betrifft die Leitlinie hingegen den Bereich der Diagnose- und Therapiewahl, begründet ein Abweichen – isoliert betrachtet – noch keine Beweislastumkehr. Vielmehr kommen dann die von der Rechtsprechung entwickelten Grundsätze zur Frage der Beweislastumkehr für den Fall des groben Behandlungsfehlers bzw. der Nichterhebung von Befunden zum Tragen.[4573]

3416 Beweis für eine ordnungsgemäße Aufklärung als Voraussetzung für eine wirksame Einwilligung obliegt der Behandlerseite. Der BGH betont in ständiger Rechtsprechung die Bedeutung des persönlichen Aufklärungsgesprächs gegenüber standardisierten Aufklärungsbögen einschlägig bekannter Verlage. Dennoch ist nicht von der Hand zu weisen, dass ein entsprechend sorgfältig ausgefüllter Bogen für die Frage des Nachweises einer ordnungsgemäß durchgeführten Aufklärung mehr »als die halbe Miete« ist.

4567 LG Saarbrücken Urt. v. 29.1. 2008 – 16 O 311/06.

4568 Zöller/Greger ZPO, 27. Aufl. 2009 vor § 284 Rn. 20 a;.

4569 BGH MDR 1991, 846; eingehend Weber NJW 1997, 761 ff.;.

4570 Vor einer unkritischen Anwendung des § 280 BGB analog, wie dies teilweise im Schrifttum vertreten wird, ist jedoch zu warnen, so jedenfalls Weber, NJW 1997, 761, 763, 766 als Richter am BGH a.D.; a.A. Schmidt, MedR 2007, 693ff.

4571 BGH VersR 1991, 467, 468; OLG Düsseldorf VersR 2000, 1019.

4572 BGH Urt. v. 8.1.2008 – VI ZR 118/06, VersR 2008, 490, Infektion nach intraartikulärer Injektion.

4573 Beachte insbesondere BGH Urt. v. 27.4.2004 – VI ZR 34/03, ZMGR 2004, 195, hierzu Katzenmeier ZMGR 2004, 221ff.; Zoll Verfahrensrechtliche Besonderheiten im Arzthaftungsprozess ZMGR 2009, 282ff.; BGH Beschl. v. 28.3.2008 – VI ZR 57/07, GesR 2008, 361ff.

Aber auch dann, wenn ein derartiger Bogen nicht vorliegt oder –was gar nicht so selten ist- einfach vergessen oder im Krankenhaus »irgendwo« untergegangen ist, ist noch nichts verloren. Denn anders als im therapeutischen Bereich gibt es bei der Aufklärung keinen Merksatz, nachdem das, was nicht dokumentiert ist, auch nicht geschehen ist. Im Gegenteil – kann die Behandlerseite darlegen, dass in einer derartigen Situation standardgemäß regelmäßig so aufgeklärt wird und kann dies ggfls. sogar noch vom Personal bestätigt werden, lässt die Rechtsprechung dies häufig genügen.[4574] Im Übrigen werden heutzutage die Parteien häufig informatorisch gehört. Kann der Arzt im Rahmen seiner Anhörung schlüssig darlegen, wie aufgeklärt wurde, kann dies durchaus ausreichend sein. Denn auch ein Arzt, der kein Formular benutzt oder unterzeichnen lässt, das nicht den gesamten Text des Aufklärungsgesprächs wiederspiegelt, und dem für den konkreten Einzelfall keine Zeugen zur Verfügung stehen, muss eine faire und reelle Chance haben, den ihm obliegenden Beweis für die Durchführung und den Inhalt des Aufklärungsgesprächs zu führen.[4575] Wenn auch diese Möglichkeit ausscheidet, bleibt noch die Frage einer hypothetischen Einwilligung oder des rechtmäßigen Alternativverhaltens zu prüfen. Die Hürden, die der BGH für die Annahme einer hypothetischen Einwilligung aufgestellt hat, sind hoch.[4576] Der Arzt muss nachvollziehbar behaupten und beweisen, dass der Patient den Eingriff auch bei ordnungsgemäßer Aufklärung bei ihm hätte durchführen lassen. In der Regel wird man z.B. auf einen besonderen Leidensdruck oder Vorkenntnisse bei vergleichbaren Eingriffen hinweisen. Das bloße Bestreiten dieser Behauptung kann den Einwand einer hypothetischen Einwilligung alleine nicht zu Fall bringen. Denn dann wäre dieser i.d.R. ex post aufgestellte Einwand stets geeignet, den Einwand der hypothetischen Einwilligung außer Kraft zu setzen. Vielmehr muss der Patient nach schlüssigem Vortrag der Behandlerseite seinerseits plausibel[4577] darlegen, in einen echten Entscheidungskonflikt geraten zu sein. Anders ausgedrückt kann es nicht darum gehen, ob der Patient die Behandlung abgelehnt hätte, sondern ob er einverstanden gewesen wäre. Denn gefragt ist nach einem Rechtfertigungsgrund, der die Einwilligung letztlich fingiert. Diese Einwilligung muss unterstellt werden, um die Rechtfertigung herbeizuführen, nicht aber die Ablehnung, um die Rechtfertigung scheitern zu lassen.[4578]

4574 BGH Urt. v. 14.9.2004 – VI ZR 186/03, VersR 2005, 227; OLG Hamm VersR 1995, 661; OLG Brandenburg VersR 2000, 1283; OLG Koblenz VersR 2005, 695.

4575 OLG München Urt. v. 24.4.2008, 1 U 4364/07; OLG Dresden Urt. v. 30.5.2002, 4 U 227/02.

4576 BGH Urt. v. 18.11.2008 – VI ZR 198/07; BGH Urt. v. 22.5.2007 – VI ZR 35/06, VersR 2007, 1273; BGH Urt. v. 17.4.2007 – VI ZR 108/06, VersR 2007, 999; BGH Urt. v. 27.3.2007 – VI ZR 55/05, VersR 2007, 995.

4577 BGH Urt. v. 1.2.2005 – VI ZR 174/03, NJW 2005, 1364.

4578 Schellenberg VersR 2008, 1298; ebenso Steffen/Pauge 10. Aufl. Rn. 568.

Ratzel

III. Passivlegitimation

3417 Den oder die richtigen Beklagten herauszufinden, ist für den Anwalt des Patienten von erheblicher Bedeutung. Vergisst er einen oder mehrere potentielle Schuldner, kann dies weitreichende Auswirkungen haben, wenn die Deckungssummen bei dem oder den in Anspruch genommenen erschöpft sind oder die hinter den Schuldnern stehenden Versicherungen sich auf Obliegenheitsverletzungen berufen können. Wird hingegen mit Schrot auf jeden geschossen, dessen Name auch nur am Rande in der Dokumentation auftaucht, kann der Erfolg gegen einen Schuldner durch nicht unerhebliche Kostentragungspflichten gegen mehrere andere Schuldner aufgezehrt werden. Auch nach der Harmonisierung der deliktsrechtlichen mit der vertraglichen Haftung wird man in aller Regel zunächst nach persönlich Verantwortlichen suchen, die über die §§ 823 ff. BGB in Anspruch genommen werden können. Dann wird man die Vertragsbeziehungen prüfen, z.B. zum Krankenhaus. Leitende Abteilungsärzte gelten als Organe des Krankenhausträgers gemäß §§ 31, 89 BGB. Ist der Arzt Beamter, ist § 839 BGB zu beachten. Manche Behandlungsverhältnisse sind öffentlich-rechtlich geprägt, z.B. bei einem Amtsarzt, im Rahmen der Unterbringung oder auch bei Behandlung durch einen Truppenarzt.[4579] Besonderheiten gelten schließlich im Rahmen von Arbeits- und/oder Wegeunfällen bei der Behandlung durch H-Ärzte und D-Ärzte. Sonderkonstellationen können in Vertretungsfällen zu prüfen sein.

3418 Bei Gemeinschaftspraxen ist die Rechtslage i.d.R. übersichtlich. Den Behandlungsvertrag schließt der Patient normalerweise mit allen in der Gemeinschaftspraxis vereinten Ärzten.[4580] Haftungsrechtlich hat dies die Folge, dass alle Ärzte einer Gemeinschaftspraxis gegenüber dem Patienten – jedenfalls bei sogenannten austauschbaren[4581] Leistungen, also solchen Leistungen, die von jedem der Partner erbracht werden könnten – auch gemeinsam haften.[4582] Demgegenüber werden in einer Praxisgemeinschaft normalerweise getrennte Behandlungsverträge geschlossen. Eine gemeinsame Haftung kann jedoch unter dem Gesichtspunkt der Rechtsscheinhaftung begründet werden, wenn die Praxisgemeinschaft aus Sicht des Patienten wie eine Gemeinschaftspraxis (Berufsausübungsgemeinschaft) firmiert. Eine gemeinsame vertragliche Haftung kann es auch bei gemeinsamer sonstiger Tätigkeit z.B. in einer Belegärztegemeinschaft geben.[4583]

4579 §§ 30, 31 SoldatenG, BGH NJW 1990, 760; 1996, 2431.
4580 BGH MedR 1986, 321; 1989, 2320; OLG Köln VersR 1992, 1231.
4581 Bei nicht austauschbaren Leistungen kann die gemeinsame Haftung je nach Konstellation entfallen, OLG Oldenburg VersR 1997, 1492; siehe auch BGH NJW 1999, 2731, 2734 a.E.
4582 BGH MedR 1986, 321, BGH NJW 1999, 2731; BGH NJW 2003, 1445.
4583 BGH Urt. v. 8.11.2005 – VI ZR 319/04; BGH Urt. v. 16.5.2000, NJW 2000, 2737; OLG Stuttgart 19.9.2000, VersR 2002, 235; siehe aber auch OLG München Urt. v. 4.6.2009, 24 U 230/08.

Ratzel

Sehr viel unübersichtlicher kann die Konstellation im Krankenhaus sein. **3419**
Ausgangspunkt ist bei gesetzlich krankenversicherten Patienten und stationärer Behandlung der sog. »Totale Krankenhausvertrag«, d.h. der Krankenhausträger wird alleiniger Vertragspartner für alle stationären Leistungen
einschl. der prästationären Diagnostik und poststationären Behandlung gemäß § 115a SGB V. Lange Zeit umstritten war die Frage, wie die vertraglichen
Beziehungen bei einer sog. Wahlarztvereinbarung (Chefarztbehandlung) zu
sehen sind. Dies ist mittlerweile geklärt. Auch die ärztliche Wahlleistung
ist Krankenhausleistung. Es handelt sich i.d.R. auch hier um einen totalen
Krankenhausaufnahmevertrag[4584] mit Arztzusatzvertrag. Grundsätzlich
geht der Patient davon aus, dass der »Wahlarzt« die fraglichen Leistungen
persönlich erbringt. Deshalb sind Vertretung und Delegation im Rahmen
wahlärztlicher Leistungen in § 4 Abs.2 GOÄ beschränkt. Wahlleistungsvereinbarungen sind schriftlich vor Leistungserbringung zu schließen. Auf
eine nachträgliche »Genehmigung« muss sich der Zahlungspflichtige nicht
einlassen.[4585] Sie bedarf der Annahme. Ein bloßer »Antrag auf Gewährung
von Wahlleistungen« genügt nicht.[4586] Gemäß § 17 KHEntgG (früher § 22
BPflVO) muss der Zahlungspflichtige vor Abschluss der Wahlleistungsvereinbarung über die Entgelte der Wahlleistungen und deren Inhalt im Einzelnen unterrichtet werden. Wie dies im einzelnen zu geschehen hat ist strittig.
Der BGH[4587] lässt es genügen, wenn die Art und Weise des Zustandekommens des Preises erläutert werde; der Endpreis brauche nicht genannt zu
werden. Ein bloßer Verweis auf die GOÄ reicht allerdings nicht aus. Auf
der anderen Seite muss die Darstellung der der Preisbildung nicht das Niveau erreichen, dass z.B. für die Bindungswirkung eines Kostenvoranschlages gemäß § 650 BGB verlangt wird.[4588] Vertretung und Delegation sind zu
unterscheiden. Eine Delegation bei den Kernleistungen scheidet im Regelfall aus.[4589] Die Sonderregelung in § 4 Abs.2 S. 3 GOÄ für den ständigen
ärztlichen Vertreter betrifft nur die Delegation, nicht die Vertretungsfrage.
Die Vertretung muss in einer Vereinbarung geregelt sein. Für den Fall vorhersehbarer Abwesenheit ist eine Vertretungsregelung in den Krankenhaus-

---

4584 »Belegärztliche« Wahlleistungen gibt es schon definitionsgemäß nicht.
4585 Dies wirft z.B in der Geburtshilfe oder bei bewusstlosen Unfallverletzten
      praktische Probleme auf. Zum Teil wird vorgeschlagen, dass ein Krankenhausmitarbeiter als vollmachtloser Vertreter unterzeichnet und der Patient diese
      Vereinbarung nach Wiedererlangung des Bewusstseins genehmigt. Diese Genehmigung wirkt dann gemäß § 184 BGB auf den Zeitpunkt der Unterzeichnung der Vereinbarung zurück.
4586 BGH Urt. v. 19.2.1998 – IV ZR 169/97, MedR 1998, 361.
4587 BGH Urt. v. 27.11.2003 – III ZR 37/03, NJW 2004, 684.
4588 BGH Urt. v. 8. 1.2004 – III ZR 375/02, NJW 2004, 686.
4589 OLG Köln Urt. v. 25.8.2008, 5 U 243/07, VersR 2009, 362, keine Abrechnung
      therapeutischer Wahlleistung bei vollständiger Delegation auf nichtärztliches
      Personal.

Ratzel

aufnahmebedingungen oder einer Wahlarztvereinbarung unwirksam.[4590] Nur der Fall der unvorhersehbaren Verhinderung z.B. Krankheit kann auf diese Art und Weise geregelt werden.[4591] Für den Fall der Urlaubsvertretung wird man wohl eine echte Individualvereinbarung voraussetzen müssen. Diese Individualvereinbarung als Teil des Arztzusatzvertrages bedarf keiner Form; Schriftform ist aus Nachweisgründen jedoch zu empfehlen. Eine unwirksame Wahlleistungsvereinbarung führt zur Unwirksamkeit des Arztzusatzvertrages[4592] mit der Folge, dass der Wahlarzt als vertraglicher Schuldner ausscheiden kann.

Behandelt ein Chefarzt in seiner Ambulanz Privat- und Kassenpatienten (im Rahmen einer Ermächtigung), bestehen vertragliche Beziehungen ausschließlich zwischen ihm und dem Patienten. Das Krankenhaus ist hier nicht Vertragspartner. Anderes gilt für Notfallpatienten, die auch dann vertraglich dem Krankenhausträger zugerechnet werden, wenn sie vom Chefarzt persönlich behandelt werden.[4593]

Beim beamteten Chefarzt ist § 839 BGB zu beachten, wobei das Verweisungsprivileg nur für deliktische Ansprüche gilt und deshalb seit der Harmonisierung von vertraglicher und deliktischer Haftung erheblich an Bedeutung verloren hat. Für die privatärztliche ambulante Behandlung galt es ohnehin nicht.

3420   Im Gegensatz zum totalen Krankenhausaufnahmevertrag spricht man bei Belegarztbehandlungsverhältnissen von einem gespaltenen Krankenhausaufnahmevertrag (§§ 2 Abs. 1 S. 2, 18 Abs. 1 KHEntgG). Der Belegarzt behandelt Patienten mit den vom Krankenhausträger bereitgestellten materiellen und personellen Ressourcen, ohne davon vom Träger eine Vergütung zu erhalten. Die medizinische Verantwortlichkeit liegt in aller Regel ausschließlich beim Belegarzt, nicht beim Träger, wobei sich die Verantwortungsbereiche an § 18 KHEntgG orientieren.[4594] Die Verantwortung des Trägers für Qualifikation und Fehlerfreiheit des zur Verfügung gestellten Personals und Materials bleibt unberührt.[4595] Von dem Belegarzt klassischer Prägung ist der neue »Honorarbelegarzt« gemäß § 18 Abs. 3 KHEntgG i.V.m. § 121 Abs. 5 SGB V zu unterscheiden, der mit dem Krankenhausfi-

---

4590   OLG Stuttgart Urt. v. 17.1.2002, 2 U 147/01, MedR 2002,411.

4591   BGH Urt. v. 20.12.2007 – III ZR 144/07, VersR 2008, 413, auch in diesem Fall soll ein Hinweis auf Verschiebung oder Behandlung durch den diensthabenden Arzt erfolgen.

4592   BGH Urt. v. 19.2.1998 – IV ZR 169/97, MedR 1998, 361; a.A. Bender HK-AKM Rn. 89.

4593   Rehborn in Vorwerk (Hrsg.) Arzthaftung, Rn. 123.

4594   BGH Urt. v. 8.11.2005 – VI ZR 319/04, VersR 2006, 361; BGH Urt. v. 16.5.2000 – VI ZR 321/98, VersR 2000, 1146; BGH Urt. v. 19.2.1995 – VI ZR 272/93, VersR 1995, 706.

4595   BGH Urt. v. 16.4.1996 – VI ZR 190/95, VersR 1996, 976.

nanzierungsreformgesetz[4596] im März 2009 eingeführt wurde. Dabei handelt es sich um einen Belegarzt, der allerdings nicht gegenüber der KV liquidiert, sondern intern vom Krankenhaus vergütet wird. Das Krankenhaus kann seinerseits 80 % der Hauptabteilungs-DRGs abrechnen. Wirtschaftlich ist dies in der Regel für die meisten Krankenhäuser unrealistisch, so dass diesem Modell derzeit wenige Zukunftschancen eingeräumt werden. Haftungsrechtlich wird diese Konstellation wie ein totaler Krankenhausaufnahmevertrag einzustufen sein, weil dieser Honorarbelegarzt nach außen nicht als Vertragspartner in Erscheinung tritt.

Besondere Beachtung verdienen Konsiliararztkonstellationen.[4597] Unter konsiliarärztlicher Tätigkeit in diesem Zusammenhang versteht man einen Beitrag des niedergelassenen Arztes zur Behandlung des stationär aufgenommenen Patienten, ohne die Behandlung selbst zu übernehmen (Abgrenzung zur Mit- und Weiterbehandlung). Wirtschaftlich gesehen kauft das Krankenhaus eine (Neben-)Leistung von einem externen Leistungserbringer ein, die es selbst nicht vorhält.[4598]

3421

▶ Fallbeispiel
Das Krankenhaus hat keine eigene Kardiologie. Patient wird zu niedergelassenem Kardiologen geschickt, damit dort die Belastungsfähigkeit für größeren operativen Eingriff geprüft wird. Der Kardiologe gibt »grünes Licht« und irrt sich dabei vermeidbar. Bei der Operation erleidet der Patient einen Herzstillstand mit irreparablen Folgeschäden. Wäre das kardiologisch bedingte Operationsrisiko bekannt gewesen, hätte man über (vorhandene) Behandlungsalternativen verstärkt nachdenken müssen. (Mit-) Verantwortung des Krankenhausträgers?

Im Fall des totalen Krankenhausvertrages (Regelfall) ist der externe Leistungserbringer Erfüllungsgehilfe des Krankenhausträgers, der dann für Fehler des externen Leistungserbringers über § 278 BGB vertraglich haftet. Der externe Leistungserbringer hat in diesen Fällen bei GKV-Patienten keine eigenen vertraglichen Beziehungen zum Patienten, sondern nur zum Krankenhausträger. Seine deliktische Verantwortung bleibt hingegen unberührt. Bei privatärztlicher Behandlung (wahlärztliche Behandlung) geht man heute in der Regel ebenfalls von einem totalen Krankenhausvertrag mit Arztzusatzvertrag aus. Deshalb verbleibt es bezüglich der vertraglichen Haftung des Krankenhausträgers bei den zuvor genannten Grundsätzen. Der Chefarzt haftet jedoch nicht für Fehler des hinzugezogenen externen Konsiliarius. Dieser bleibt auch bei wahlärztlicher Behandlung Erfüllungs-

---

4596 BGBl. I v. 24.3.2009 S. 534; hierzu Makoski GesR 2009 225ff.
4597 Zum »falschen« oder »schwarzen« Konsiliararzt, siehe Ratzel in Ratzel, Luxenburger § 19.
4598 Z.B. Labor, MRT, Kardiologie, Pathologie, kinderärztliche Leistungen.

Ratzel

gehilfe des Krankenhausträgers und wird nicht zum Erfüllungsgehilfen des selbst liquidierenden Chefarztes.[4599] Anderes gilt nur (Mithaftung), wenn der hinzuziehende Arzt erkennen musste, dass der vom externen Leistungserbringer erhobene Befund/Leistung nicht zum Behandlungsablauf/Beschwerdebild passt.[4600] Bei wahlärztlicher Behandlung bestehen auch beim totalen Krankenhausvertrag vertragliche Beziehungen des Patienten zum hinzugezogenen externen Leistungserbringer (Wahlarztkette, § 17 Abs. 3 Krankenhausentgeltgesetz).

Bei belegärztlicher Behandlung (gespaltener Arzt/Krankenhausvertrag) orientiert sich die haftungsrechtliche Zurechnung zwischen Belegarzt und externem Leistungserbringer nach § 18 Krankenhausentgeltgesetz. Gem. § 18 Abs. 1 Nr. 4 Krankenhausentgeltgesetz sind Leistungen des Belegarztes auch die von ihm veranlassten Leistungen von Ärzten und ärztlich geleiteten Einrichtungen außerhalb des Krankenhauses. Dementsprechend werden deren Fehler haftungsrechtlich dem Belegarzt zugerechnet. Bei privatärztlicher Behandlung bestehen eigene vertragliche Beziehungen zwischen externem hinzugezogenem Leistungserbringer und Patient.

Insbesondere an Universitätskliniken fand man für die wahlärztliche Behandlung auch eine weitere Variante des gespaltenen Arzt-/Krankenhausvertrages.[4601] Danach schuldete die Universität, ähnlich wie ein Beleghaus, nur Unterbringung und Pflege, während die gesamte ärztliche Verantwortung innerhalb der Wahlarztkette verblieb. Mit dem Inkrafttreten des KHEntG (hier § 2) dürfte diese Variante an Bedeutung verlieren.[4602]

3422 Wird der Arzt hoheitlich tätig, haftet er weder deliktisch noch vertraglich; vielmehr haftet die Anstellungskörperschaft nach Staatshaftungsgrundsätzen (Art. 34 GG i.V.m. § 839 BGB). Dies gilt u.a. für beamtete oder vertraglich beauftragte Ärzte von Gesundheitsämtern,[4603] Durchgangsärzte im Rahmen der Entscheidung, ob eine BG-Behandlung durchgeführt wird[4604] oder auch für den Notarzt im Rettungsdienst, wenn der Rettungsdienst nach landesrechtlichen Vorschriften hoheitlich ausgestaltet ist.[4605]

3423 Der in einer Praxis tätige Urlaubsvertreter begründet regelmäßig keine eigenen vertraglichen Beziehungen zum Patienten, sondern ist vielmehr Erfül

4599 BGH NJW 1999, 2731; OLG Hamm Urt. v. 26.05.2004 – 3 U 127/02, MedR 2005, 471.
4600 BGH VersR 1989, 186; OLG Naumburg Urt. v. 29.04.1997 – 9 U 266/96 – VersR 1998, 983; BGH NJW 1998, 1803.
4601 BGH VersR 1993, 481: kann in den Aufnahmebedingungen geregelt werden.
4602 Uleer Miebach, Patt, Abrechnung von Arzt- und Krankenhausleistungen, 3.Aufl. 2006, § 17 KH EntGG, Anm. 68.
4603 BGH Urt. v. 20.7.2000 – III ZR 64/99, VersR 2001, 1108.
4604 BGH Urt. v. 3.12.2008 – VI ZR 277/07 (nach Übernahme der Behandlung haften sie nach allgemeinen Grundsätzen).
4605 BGH Urt. v. 26.9.2007 – KZR 48/05, MedR 2008, 211 (Baden-Württemberg); BGH Urt. v. 16.9.2004 – III ZR 346/03, VersR 2005, 688 Bayern).

lungsgehilfe des urlaubenden Arztes. Anderes gilt jedoch, wenn Ärzte verschiedener Praxen verabreden, sich im Falle der Abwesenheit zu vertreten. Hier können durchaus unterschiedliche d.h. getrennte Behandlungsverträge geschlossen werden.[4606]

IV. PKH, Prozessfinanzierer, Rechtsschutzversicherung

Eine wichtige Frage im Rahmen von Arzthaftungsprozessen ist die Frage, wie der Prozess finanziert werden kann. In Anbetracht der oft erheblichen Schadenssummen mit entsprechend hohen Streitwerten und dementsprechend hohen Anwalts- und Gerichtskosten und der Tatsache, dass grundsätzlich kein Arzthaftungsprozess ohne Einholung eines kostspieligen gerichtlichen Sachverständigengutachtens geführt wird, muss diese Frage gut überlegt werden. Gerade im Arzthaftungsbereich ist eine Rechtsschutzversicherung daher von unschätzbarem Wert, insbesondere auch wegen des oft schwer prognostizierbaren Prozessausgangs. Für mittellose Mandanten kommt die Beantragung von Prozesskostenhilfe in Betracht, darüber hinaus besteht in bestimmten Fällen die Möglichkeit, einen Prozessfinanzierer einzuschalten.

3424

1. Prozesskostenhilfe

Sofern der Mandant nicht über die finanziellen Mittel verfügt, einen Rechtsstreit zu führen, ist die Möglichkeit von Prozesskostenhilfe zu prüfen. Prozesskostenhilfe ist zu gewähren, wenn der Antragsteller nach seinen wirtschaftlichen Verhältnissen außerstande ist, die Kosten der beabsichtigten Rechtsverfolgung aufzubringen und wenn die beabsichtigte Klage hinreichende Aussicht auf Erfolg hat und nicht mutwillig ist, § 114 ZPO.

3425

Bezüglich der wirtschaftlichen Verhältnisse ist darauf hinzuweisen, dass **Schmerzensgeld** nach h.M. nicht als Vermögen einzusetzen ist, da es sich um eine zweckgebundene Zahlung handelt.[4607]

3426

Voraussetzung für einen erfolgreichen PKH-Antrag im Hinblick auf die **Erfolgsaussichten** einer Klage ist, dass ein **schlüssiger Vortrag** im Hinblick auf ein mögliches ärztliches Fehlverhalten vorliegt. Aus dem Klagevortrag muss sich zumindest die Möglichkeit berechtigter Ansprüche und der Beweisführung ergeben. Problematisch kann dies sein, wenn außergerichtliche Gutachten vorliegen, die einen Behandlungsfehler verneinen, z.B. eine negative Entscheidung einer Gutachterkommission oder Schlichtungsstelle. Der-

3427

4606 OLG München Urt. v. 4.6.2009, 24 U 230/08.
4607 BVerwG, NJW 1995, 3001; OLG Frankfurt, NJW 1981, 2129;OLG Düsseldorf, NJW-RR 1992, 221; OLG Zweibrücken, VersR 2003, 526; Geimer in: Zöller-ZPO, 28. Aufl., § 115 Rn. 61 m.w.N.

Maß

artige Gutachten können als Urkundenbeweis im Prozess verwendet werden. In einem solchen Fall muss der Patientenanwalt daher die Richtigkeit des Gutachtens durch **substantiierte Einwendungen gegen dieses Gutachten** in Zweifel ziehen. Gelingt ihm dies nicht, wird das Gericht die Bewilligung von Prozesskostenhilfe versagen. Dabei kann vom Antragsteller nicht verlangt werden, das Gutachten durch ein Privatgutachten zu erschüttern, dessen Kosten er im Zweifel nicht aufbringen kann. Notwendig sind aber konkrete Angriffe gegen das Gutachten. Diese können dadurch begründet sein, dass die Feststellungen und Erkenntnisse im Gutachten nicht erschöpfend oder lückenhaft sind oder auf unrichtigen oder unvollständigen tatsächlichen Grundlagen beruhen. Darüber hinaus können Zweifel an der Sachkunde des Sachverständigen gerügt werden, soweit konkrete Anhaltspunkte dafür vorliegen. Dies kann z.B. der Fall sein, wenn der Sachverständige nicht dem zu begutachtenden Fachgebiet zugehörig ist oder wenn der konkrete Fall ganz besondere Kenntnisse verlangt, über die der Sachverständige ersichtlich nicht verfügt.

3428 Niedrig sind die Anforderungen an die Erfolgsaussichten, wenn ein **Aufklärungsmangel** gerügt wird. In Anbetracht der Tatsache, dass dem Arzt die Beweislast für eine ordnungsgemäße Aufklärung obliegt und einem vom Patienten unterschriebenen Aufklärungsformular nur Indizwert zukommt, genügt ein substantiierter Vortrag des Patienten dahingehend, die ihm erteilte Aufklärung stimme nicht mit dem allgemein gehaltenen Aufklärungsformular überein,[4608] sofern ein solches denn überhaupt vorliegt.

3429 In Bezug auf das **Schmerzensgeld** wird Prozesskostenhilfe für einen »angemessenen Betrag« gewährt. Dies ist bei der Angabe der Größenordnung des zu fordernden Schmerzensgeldes zu berücksichtigen. In Anbetracht des Kostenrisikos in Bezug auf die Kostenerstattungspflicht gegenüber dem Gegner muss auch das Gericht sich bemühen, eine realistische Größenordnung abzugrenzen und nur hierfür Prozesskostenhilfe zu bewilligen.[4609]

3430 Nicht notwendig ist es, dass vor Beantragung der Prozesskostenhilfe eine **Gutachterkommission** oder Schlichtungsstelle angerufen wird, insbesondere macht es die beabsichtigte Klage nicht mutwillig. In Anbetracht der eingeschränkten Verfahrensgarantien für eine umfassende Sachverhaltsaufklärung in Verfahren vor der Gutachterkommission und im Hinblick auf die Möglichkeit einer »reichen« Partei, bereits im Vorfeld eines Prozesses ein Privatgutachten einzuholen und so eine gewisse Waffengleichheit herzustellen, kann die Bewilligung von Prozesskostenhilfe nicht von der vorherigen Anrufung der Gutachterkommissionen/Schlichtungsstellen abhängig gemacht werden. Auch wenn diese Verfahren häufig zu einer außergericht-

---

4608 BGH, NJW 1999, 863; Saarländisches OLG, ArztR 2004, 264; Rosenberger in: Wenzel, Kap. 7, Rn. 439.
4609 Pardey, Berechnung von Personenschäden, Rn. 2890.

Maß

lichen Klärung führen, muss es dem Patienten überlassen bleiben, sofort die ordentlichen Gerichte anzurufen. Dies auch deshalb, weil das Verfahren vor den Gutachterkommissionen/Schlichtungsstellen die Parteien nicht bindet. Der Patient hat daher auch nach erfolgreicher Durchführung eines Schlichtungsverfahrens keinen vollstreckbaren Titel und auch nicht die Gewissheit, dass überhaupt eine außergerichtliche Regulierung erfolgt. Geht das Verfahren zu seinen Ungunsten aus, läuft er Gefahr, dass ihm Prozesskostenhilfe mangels Erfolgsaussicht verweigert wird. Einem Hilfsbedürftigen darf nicht verwehrt werden, den sichersten Weg oder weitestgehenden Rechtsschutz zu wählen. Aufgrund dieser Umstände ist es nicht mutwillig, wenn vor Beantragung von Prozesskostenhilfe die Gutachterkommissionen und Schlichtungsstellen nicht angerufen werden.[4610]

3431 Bestehen Zweifel, ob das Gericht die Prozesskostenhilfe bewilligen wird (weil es ggf. an der Bedürftigkeit fehlt), ist zu unterscheiden: Sofern keine Verjährung oder der Ablauf sonstiger Fristen droht und der Prozess nur bei Bewilligung von Prozesskostenhilfe durchgeführt werden soll, sollte zur Vermeidung unnötiger Kosten bei Versagung der Prozesskostenhilfe ein **isoliertes PKH-Verfahren** geführt werden. Droht hingegen Verjährung und/oder soll der Prozess auf jeden Fall, d.h. unabhängig davon, ob PKH gewährt wird oder nicht, geführt werden, kann die Klage unbedingt und unabhängig vom PKH-Gesuch eingereicht werden. Bei drohender Verjährung muss die Klage unbedingt eingereicht werden, denn die Verjährung wird nur dann rückwirkend auf den Zeitpunkt der Antragstellung im PKH-Verfahren gehemmt, wenn Prozesskostenhilfe auch gewährt wird, nicht hingegen bei einer ablehnenden Entscheidung.

3432 Ausnahmsweise kann bereits für das **PKH-Prüfungsverfahren** Prozesskostenhilfe bewilligt werden, wenn gemäß § 118 Abs. 2 S. 3 ZPO bereits im PKH-Prüfungsverfahren ein Sachverständigengutachten zur Klärung der Erfolgsaussichten eingeholt oder die Beantwortung schwieriger Rechts- und Tatsachenfragen in das Prüfungsverfahren verlagert wird.[4611] Dies wird aber eher die Ausnahme sein und sollte nach Möglichkeit vermieden werden.

3433 Prozesskostenhilfe kann auch für die Durchführung eines **selbständigen Beweisverfahrens** bewilligt werden, wobei hinsichtlich der zu prüfenden Erfolgsaussichten allein maßgebend ist, ob einem Antrag nach § 485 ZPO stattzugeben ist. Auf die Erfolgsaussichten eines späteren Klageverfahrens kommt es nicht an.[4612]

4610 OLG Hamm, VersR 2002, 1002, Geimer in: Zöller-ZPO, 28. Aufl., § 114 Rn. 33.
4611 OLG Bamberg, NJW-RR 2005, 652.
4612 OLG Koblenz, OLGR 2001, 214; Rosenberger in: Wenzel, Kap. 7 Rn. 441.

Maß

3434   Sofern beabsichtigt ist, den Prozess über Prozesskostenhilfe zu finanzieren, ist der Mandant unbedingt darauf hinzuweisen, dass er im Falle des Unterliegens nicht vor Kostenerstattungsansprüchen der Gegenseite geschützt ist. Viele Mandanten glauben, bei Bewilligung von Prozesskostenhilfe würde für sie überhaupt kein Kostenrisiko bestehen. Dieser weit verbreitete Irrtum ist unbedingt aufzuklären.

3435   Des Weiteren muss berücksichtigt werden, dass bei einer **wesentlichen Änderung der persönlichen und wirtschaftlichen Verhältnisse** des Mandanten gemäß § 120 Abs. 4 ZPO eine Änderung der zu leistenden Zahlungen angeordnet werden kann. Dies gilt auch für den Fall, dass ursprünglich Prozesskostenhilfe ohne Raten gewährt worden ist.[4613] Dem Mandanten können in diesem Fall nachträglich Ratenzahlungen auferlegt werden. In Betracht kommt dies bei Änderungen des Einkommens oder bei einem Vermögenserwerb. Ein zu berücksichtigender nachträglicher Vermögenserwerb liegt z.B. auch dann vor, wenn dem Mandanten aus dem Rechtsstreit – durch Vergleich oder Urteil – erhebliche Vermögenswerte zufließen. Grundsätzlich nicht zu berücksichtigen sind hier allerdings zweckgebundene Zuwendungen wie z.B. Schmerzensgeld.[4614]

2. Prozessfinanzierer

3436   Nicht selten kommt es vor, dass Mandanten weder über eine Rechtsschutzversicherung verfügen noch so bedürftig sind, dass sie Anspruch auf Prozesskostenhilfe haben. Bei Klagen mit hohen Streitwerten sollte in solchen Fällen die Möglichkeit der Inanspruchnahme eines Prozessfinanzierers in Betracht gezogen werden.[4615] Prozessfinanzierer übernehmen die gesamten Prozesskosten und werden im Gegenzug dazu im Erfolgsfall prozentual am Prozesserlös beteiligt. Diese Erfolgsbeteiligung variiert bei den verschiedenen Anbietern und in Abhängigkeit vom Streitwert und liegt zwischen 10 und 75%, in der Regel aber bei 20 bis 30%. Bei den meisten Anbietern ist Voraussetzung für eine Finanzierung, dass ein bestimmter **Mindeststreitwert** vorliegt, bei vielen Anbietern liegt dieser bei 50.000,00 €.

3437   Für den Mandanten stellt die Einschaltung eines Prozessfinanzierers eine Möglichkeit dar, das Prozesskostenrisiko zu minimieren, da selbst bei guten Erfolgsaussichten einer Klage immer ein Restrisiko verbleibt. Bei Einschaltung eines Prozessfinanzierers besteht für den Mandanten bezogen auf den Prozess keinerlei Kostenrisiko. Hinzuweisen ist der Mandant aber darauf, dass die Kosten erst ab Abschluss des Finanzierungsvertrages übernommen

---

4613   Geimer in: Zöller-ZPO, § 120 Rn. 20, 23.
4614   Geimer in: Zöller-ZPO, § 120 Rn. 21, § 115 Rn. 61.
4615   Buschbell nimmt sogar eine Pflicht des Anwalts an, auf die Möglichkeiten der Prozessfinanzierung hinzuweisen, vgl. Buschbell, AnwBl 2006, 825, 826.

Maß

werden, der Mandant also die Kosten für die Fallaufbereitung und den Klageentwurf selbst zu tragen hat, was im Falle einer Ablehnung der Finanzierung relevant wird.

Nachteil auf Seiten des Mandanten ist natürlich, dass ein bestimmter, teilweise nicht unerheblicher Prozentsatz dessen, was vor Gericht erstritten wird, an den Prozessfinanzierer abzuführen ist. Wenn die Konsequenz der Nichteinschaltung eines Prozessfinanzierers allerdings wäre, dass der Prozess aus wirtschaftlichen Gründen gar nicht geführt werden kann, spricht vieles für die Einschaltung eines Prozessfinanzierers. Es muss dann aus den inzwischen zahlreichen Anbietern[4616] nur sorgfältig derjenige ausgewählt werden, der den Interessen des Mandanten am ehesten gerecht wird und für den konkreten Fall in Betracht kommt.

3438

Aber auch für den Anwalt stellt die Einschaltung eines Prozessfinanzierers, wenn er sich mit dem Umstand arrangieren kann, dass er einer gewissen Kontrolle unterliegt und umfangreiche Mitteilungspflichten bestehen, die weit über das hinausgehen, was Rechtsschutzversicherungen verlangen, eine durchaus überlegenswerte Möglichkeit dar. So prüfen Prozessfinanzierer sehr genau – deutlich gründlicher als Rechtsschutzversicherungen dies tun – die Erfolgsaussichten der beabsichtigten Rechtsverfolgung. Das zwingt den Anwalt zum einen zu einem sorgfältigen Vortrag, hat aber den großen Vorteil, dass die Erfolgsaussichten noch einmal von dritter Seite geprüft werden. Ein solches 4-Augen-Prinzip hat durchaus Vorteile. So haben beispielsweise die AllianzProzessFinanz sowie die Roland Prozessfinanz AG die Möglichkeit der gutachtlichen Prüfung der ihnen unterbreiteten Fälle. Sie verfügen über medizinische Sachverständige, die einen Arzthaftungsfall auch noch einmal in medizinischer Hinsicht prüfen. Nachteilig für den Anwalt bei Einschaltung eines Prozessfinanzierers ist, dass ein teilweise erheblicher Mehraufwand anfällt, weil der Prozessfinanzierer lückenlos zu unterrichten ist. Als Ausgleich hierfür ist in den meisten Fällen allerdings eine gesonderte Zusatzgebühr vorgesehen.[4617]

3439

3. Regressfalle Rechtsschutzversicherung: Deckungssumme

Ist der Mandant rechtsschutzversichert, muss der Anwalt in Arzthaftungsprozessen mit hohen Streitwerten der **Deckungssumme** der Rechtsschutzversicherung besondere Beachtung schenken und dementsprechend beim Mandanten oder der Versicherung die Deckungssumme erfragen. Unter Berücksichtigung des Instanzenzuges kann es durchaus sein, dass die Deckungssumme der Rechtsschutzversicherung nicht ausreicht, um den

3440

4616 Eine Auflistung über die verschiedenen Anbieter und deren Konditionen ist zu finden bei Kallenbach, AnwBl 2010, 352 f.
4617 So bei der AllianzProzessFinanz eine 1,0-Profigebühr.

Maß

Prozess zu finanzieren. Insbesondere bei Altverträgen mit niedrigen Deckungssummen stellt sich ein solches Problem recht schnell. Hierauf ist der Mandant vor Klageerhebung hinzuweisen, da dem Anwalt andernfalls Regressforderungen drohen.[4618]

> ❗ **Möglichkeiten der Finanzierung eines Arzthaftungsprozesses im Überblick**
> – Rechtsschutzversicherung – Achtung: Deckungssumme!
> – Prozesskostenhilfe – Risiko bei Prozessverlust/Quote: Kosten der Gegenseite!
> – Prozessfinanzierer – Vorteil: kein Kostenrisiko, Nachteil: prozentuale Beteiligung des Prozessfinanzierers am Erfolg
> – auf eigene Kosten des Mandanten – hohes Kostenrisiko wegen meist hoher Streitwerte und Sachverständigenkosten – Aufklärung des Mandanten

V. Die Klageschrift

3441 Bei einem Arzthaftungsfall sind hinsichtlich der Klageschrift einige Besonderheiten zu beachten. So kommen dem Patienten bezüglich der Darlegungslast Beweiserleichterungen zugute, was den Vortrag zur fachlichen Bewertung des medizinischen Geschehens betrifft. Das entbindet den Kläger aber nicht von einer substantiierten Darlegung des Behandlungsgeschehens, soweit dafür kein medizinisches Fachwissen nötig ist. So muss der Kläger substantiiert zu Art, Zeit und Ort der Behandlung vortragen sowie Angaben zum Inhalt geführter Gespräche, zur tatsächlichen Durchführung von Untersuchungen oder Verabreichung von Medikamenten machen. Eine pauschale Bezugnahme auf die Krankenunterlagen genügt insoweit nicht.[4619]

3442 Als Klagearten kommen im Arzthaftungsfall die Leistungsklage und die Feststellungsklage in Betracht, die in der Regel kombiniert werden.

1. Leistungsklage

3443 Mit der Leistungsklage werden der Schmerzensgeldanspruch sowie die bezifferbaren materiellen Schäden geltend gemacht, wobei zu den bezifferbaren materiellen Schäden auch diejenigen Schäden gehören, die gemäß § 287 ZPO zu schätzen sind. Die Ansprüche werden grundsätzlich als Kapitalforderung geltend gemacht, sofern die Voraussetzungen vorliegen, kann aber sowohl hinsichtlich des Schmerzensgeldes als auch hinsichtlich materieller Schäden (z.B. zukünftiger Verdienstausfall, zukünftiger Haushaltsführungsschaden, zukünftiger Pflegemehrbedarf) eine Rente beantragt werden.

4618 Vgl. hierzu Wenzel in: Wenzel, Kap. 7, Rn. 256 f.
4619 Wenzel in: Wenzel, Kap. 7, Rn. 258.

a) Darlegung materieller (Vergangenheits-)Schäden

Der bezifferbare Vergangenheitsschaden kann mit einer Leistungsklage geltend gemacht werden. Bezüglich der Substantiierung gelten die allgemeinen Anforderungen. Die Beweiserleichterungen des § 252 BGB, § 287 ZPO entbinden den Kläger nicht von der Pflicht, konkrete **Anknüpfungstatsachen** vorzutragen und zur Überzeugung des Gerichts nachzuweisen, die es ermöglichen, den Schaden im Einzelfall zu schätzen.[4620]

3444

Häufig fehlt der Vortrag derartiger Anknüpfungstatsachen z.B. bei der Geltendmachung eines Haushaltsführungsschadens, dem im Hinblick auf den Schadensumfang eine erhebliche Bedeutung zukommt. So genügt es beim Haushaltsführungsschaden[4621] nicht, lediglich auf die einschlägigen Tabellenwerke[4622] Bezug zu nehmen, ohne tatsächliche Anhaltspunkte vorzutragen, welche die Anwendung dieser Tabellen im konkreten Fall erst möglich machen. Nach dem BGH ist der Umfang des Haushaltsführungsschadens allerdings gemäß § 287 ZPO mit einem Mindestbetrag zu schätzen, wenn der Geschädigte es versäumt, diejenigen Umstände vorzutragen, die seine Vorstellungen zur Schadenshöhe rechtfertigen, wobei eine Orientierung an den Tabellen von Schulz-Borck/Hofmann als zulässig erachtet wird.[4623] Zum substantiierten Vortrag beim Haushaltsführungsschaden gehört mindestens die konkrete Darlegung, welche Tätigkeiten im Haushalt vor dem schädigenden Ereignis ausgeübt wurden und welche nunmehr schadenbedingt nicht mehr ausgeübt werden können.[4624] Darüber hinaus sollten aber auch Angaben zur Größe der Wohnung und ggf. eines Gartens, der Anzahl der im Haushalt lebenden Personen mit Altersangaben sowie Angaben zu deren Berufstätigkeit (Vollzeit, Teilzeit) gemacht werden.

3445

b) Bezifferbare zukünftige materielle Schäden

Soweit zukünftige materielle Schäden zum Zeitpunkt der Klageerhebung bereits feststehen, können diese gemäß § 843 BGB in Form einer **Rente** geltend gemacht werden. Dies betrifft insbesondere zukünftigen Verdienstausfall, zukünftigen Haushaltsführungsschaden sowie zukünftigen Pflegemehrbedarf. Gemäß §§ 843 Abs. 2 S. 2, 760 Abs. 2 BGB ist die Rente jeweils für 3 Monate im Voraus zu zahlen und der Antrag dementsprechend zu stellen.

3446

Wegen der unterschiedlichen steuerlichen Behandlung der Schadensarten und in Anbetracht einer möglichen späteren Abänderungsklage nach § 323 ZPO sollten die verschiedenen Schadenspositionen in separaten Klagean-

3447

4620 BGH, VersR 1998, 772.
4621 Vgl. hierzu Pardey, Berechnung von Personenschäden, Rn. 2441 ff.
4622 Schulz-Borck/Hofmann, Schadensersatz beim Ausfall von Hausfrauen und Müttern im Haushalt.
4623 BGH, NJW-RR 2003, 87; ZMGR 2009, 249.
4624 BGH, NJW-RR 2003, 87; Pardey, Rn. 2470.

Maß

trägen geltend gemacht werden. Dies ist auch wegen der unterschiedlichen Laufzeiten der verschiedenen Renten geboten. Formuliert werden kann etwa so:

Klageanträge für Rente(n) bei materiellen Schäden

(1) Die Beklagte wird verurteilt, ab dem (…) bis einschließlich zum (… – in der Regel bis zum 65. Lebensjahr) an den Kläger eine monatliche **Verdienstausfallrente** in Höhe von (… €) zu zahlen, zahlbar jeweils für 3 Monate im Voraus, zuzüglich Zinsen in Höhe von 5 Prozentpunkten über dem Basiszinssatz seit Rechtshängigkeit.

(2) Die Beklagte wird verurteilt, ab dem (…) bis einschließlich zum (…) an den Kläger eine monatliche Rente auf den **Haushaltsführungsschaden** in Höhe von (… €) zu zahlen, zahlbar jeweils für 3 Monate im Voraus, zuzüglich Zinsen in Höhe von 5 Prozentpunkten über dem Basiszinssatz seit Rechtshängigkeit.

(3) Die Beklagte wird verurteilt, ab dem (…) an den Kläger eine monatliche Rente als Ersatz für den **Pflegeaufwand** in Höhe von (… €) zu zahlen, zahlbar jeweils für 3 Monate im Voraus, zuzüglich Zinsen in Höhe von 5 Prozentpunkten über dem Basiszinssatz seit Rechtshängigkeit.

---

c) Darlegung immaterieller Schäden

3448 Hinsichtlich der Geltendmachung immaterieller Schäden mit einer Leistungsklage besteht die Besonderheit, dass ein **unbezifferter Klageantrag** zulässig ist. Notwendig ist lediglich die Angabe eines Mindestbetrages oder einer Größenordnung, was nicht zwingend im Klageantrag erfolgen muss. Von der Möglichkeit eines unbezifferten Klageantrages sollte unbedingt Gebrauch gemacht werden, da es dem Gericht die Möglichkeit einräumt, das Schmerzensgeld – ggf. sogar erheblich – höher zu bemessen als vom Kläger größenordnungsmäßig angegeben. Darüber hinaus wird das Kostenrisiko gesenkt, weil im Fall einer unwesentlichen Unterschreitung der Schmerzensgeldvorstellungen durch das Gericht keine Kostenquote ausgeurteilt wird.

(unbezifferter) Klageantrag für Schmerzensgeldkapital

Der Beklagte wird verurteilt, an den Kläger ein angemessenes Schmerzensgeld, dessen Höhe in das pflichtgemäße Ermessen des Gerichts gestellt wird, zuzüglich Zinsen in Höhe von 5 Prozentpunkten über dem Basiszinssatz seit dem (…)/seit Rechtshängigkeit zu zahlen.

3449 Die Umstände für die Bemessung des Schmerzensgeldes müssen sich aus der Klagebegründung ergeben. Hier erfolgt auch die Angabe einer Größen-

Maß

ordnung des Schmerzensgeldes, da eine solche Angabe zur Ermittlung der Beschwer und zur Sicherung von Rechtsmittelmöglichkeiten unumgänglich ist.[4625]

Entscheidend für den Erfolg der Schmerzensgeldklage ist der Vortrag zu den Schmerzensgeldkriterien. Dieser sollte daher so substantiiert wie möglich erfolgen. Zu den Bemessungskriterien des Schmerzensgeldes im Einzelnen siehe C.VI.2. sowie D.II.1.a). Die Folgen des Behandlungsfehlers für den Mandanten sind so umfassend wie möglich darzustellen. Dabei ist die persönliche Lebenssituation des Geschädigten zu schildern, da diese bei der Bemessung des Schmerzensgeldes zu berücksichtigen ist und eine wichtige Rolle spielen kann. So ist beispielsweise der Verlust eines Fingers der linken Hand für einen Pianisten weit dramatischer als für einen Rechtshänder mit einer Bürotätigkeit. Ebenso stellt es für einen Jugendlichen eine weitaus größere immaterielle Beeinträchtigung dar, sich bei allen Verrichtungen der Körperpflege helfen zu lassen, als beispielsweise für ein Kind. Es ist daher immer darzulegen, warum gewisse Beeinträchtigungen im konkreten Fall ganz besonders ins Gewicht fallen. Hier ist eine gewisse Fantasie des Anwalts gefragt, die Beeinträchtigungen möglichst plastisch und für das Gericht nachvollziehbar darzustellen. **3450**

d) Schmerzensgeldrente

Bei schweren Dauerschäden kommt neben der Gewährung eines Schmerzensgeldkapitalbetrages auch die Gewährung einer Schmerzensgeldrente in Betracht. Eine solche wird nur auf **Antrag** gewährt, da das Schmerzensgeld grundsätzlich als Kapitalbetrag zu zahlen ist. Die Rechtsprechung lässt eine Schmerzensgeldrente nur bei schweren und **schwersten Dauerschäden** zu, wenn sich die Beeinträchtigungen des Geschädigten immer wieder erneuern, immer wieder schmerzlich empfunden werden und auch in Zukunft das körperliche und seelische Wohlbefinden oder die Lebensfreude beeinträchtigt werden.[4626] **3451**

Zu berücksichtigen ist, dass sich eine Rente auf die Höhe des daneben zu zahlenden Kapitalbetrages mindernd auswirkt. Kapital und der kapitalisierte Betrag der Rente müssen in einem ausgewogenen Verhältnis stehen und dürfen insgesamt den Betrag nicht übersteigen, der zum Ausgleich der immateriellen Schäden angemessen erscheint.[4627] Rechnerisch muss also die kapitalisierte Rente vom Gesamtschmerzensgeldbetrag abgezogen werden.[4628] **3452**

4625 BGH, NJW 1999, 1339.
4626 BGH, VersR 1955, 615; VersR 1976, 967; NJW 1994, 1592; Jaeger/Luckey, Schmerzensgeld, Rn. 124 ff.
4627 BGH, VersR 1976, 967, 969; VersR 1986, 59; VersR 2007, 961; Wenzel in: Wenzel, Kap. 7, Rn. 274; Jaeger/Luckey, Schmerzensgeld, Rn. 153.
4628 OLG Hamm, NZV 2003, 528; Wenzel in: Wenzel, Kap. 7, Rn. 274.

Maß

3453 Die Frage, wann ein schwerer Dauerschaden vorliegt, wird in der Rechtsprechung nicht einheitlich beantwortet. Als gewisse Richtgröße nehmen Pardey[4629] und ihm folgend Jaeger/Luckey[4630] einen Gesamtkapitalbetrag von 100.000,00 € oder eine dauerhafte MdE von 40% an. Jedenfalls die Gewährung einer monatlichen Rente bis 50,00 € wird dem Zweck einer Schmerzensgeldrente – spürbarer Ausgleich für entgangene Lebensfreude – nicht gerecht.

3454 Eine Schmerzensgeldrente sollte in Betracht gezogen werden, wenn Kinder schwerste Verletzungen erlitten haben. Bei einer Kapitalentschädigung ist nicht immer sichergestellt, dass die Eltern das Geld im Sinne des Kindes anlegen oder verwenden. Eine Rente kann dieses Risiko begrenzen. Mandant des Anwalts ist, jedenfalls soweit es um dessen originäre Schäden geht, was beim Schmerzensgeld der Fall ist, das Kind, vertreten durch die Eltern. Der Anwalt muss also die Interessen des Kindes wahren, was bedeutet, dass er ggf. darauf hinwirken muss, dass bei den in Frage kommenden Fällen – neben einem Kapitalbetrag – eine Schmerzensgeldrente beantragt wird.

3455 In Fällen, in denen für die Zukunft noch mit erheblichen Änderungen des Gesundheitszustandes zu rechnen ist, gibt eine Schmerzensgeldrente die Möglichkeit, diese Veränderungen über eine Abänderungsklage nach § 323 ZPO geltend zu machen. Wird keine Rente beantragt, müssen diese zukünftigen Schäden unbedingt über einen Feststellungsantrag/Immaterialvorbehalt abgesichert werden.

3456 Neben einer Veränderung des Gesundheitszustandes können auch eine wesentliche Verbesserung der wirtschaftlichen Verhältnisse des Schädigers[4631] oder gravierende Veränderungen des Lebenshaltungsindexes bei einer Schmerzensgeldrente im Wege der Abänderungsklage geltend gemacht werden.[4632] Dabei hält der BGH eine Abänderung der Schmerzensgeldrente für nicht gerechtfertigt, soweit die Steigerung des Lebenshaltungskostenindexes unter 25% liege.[4633] Aber auch oberhalb dieser Grenze kommt nicht automatisch eine Abänderung in Betracht, vielmehr muss eine Abwägung aller Umstände des Einzelfalles ergeben, dass die bisher gezahlte Rente ihrer Ausgleichsfunktion nicht mehr gerecht wird.[4634]

4629 Pardey in: Geigel, Der Haftpflichtprozess, Kapitel 7, Rn. 20.
4630 Jaeger/Luckey, Schmerzensgeld, Rn. 128.
4631 Soweit die wirtschaftliche Leistungsfähigkeit des Schädigers bei der Bemessung des Schmerzensgeldes berücksichtigt worden ist, was in Arzthaftungsfällen aufgrund des Eintritts einer Haftpflichtversicherung in der Regel nicht der Fall sein wird.
4632 Jaeger/Luckey, Schmerzensgeld, Rn. 133.
4633 BGH, VersR 2007, 961.
4634 BGH, VersR 2007, 961.

Eine Schmerzensgeldrente ist nicht steuerpflichtig.[4635]   **3457**

> **Klageantrag Schmerzensgeldrente**
>
> Der Beklagte wird verurteilt, an den Kläger eine monatliche Schmerzens-
> geldrente, deren Höhe in das pflichtgemäße Ermessen des Gerichts ge-
> stellt wird, zu zahlen, beginnend ab dem auf die Rechtskraft des Urteils
> folgenden Monat, jeweils für 3 Monate im Voraus.

2. Feststellungsklage

In allen Fällen, in denen mit **zukünftigen Schäden** zu rechnen ist, muss zur   **3458**
Sicherung dieser künftigen Ansprüche vor einer Verjährung Feststellungsklage erhoben werden. Das für eine Feststellungsklage notwendige Feststellungsinteresse ist immer dann gegeben, wenn der Anspruchsgegner seine
Einstandspflicht bestreitet, einer drohenden Verjährung entgegengewirkt
werden soll und der Eintritt zukünftiger Schäden nicht ausgeschlossen ist.
Auf eine darüber hinausgehende hinreichende Schadenswahrscheinlichkeit
kommt es – auch im Rahmen der Begründetheit der Feststellungsklage –
nicht an.[4636]

Ob die Möglichkeit künftiger Folgeschäden besteht, ergibt sich aus Art und   **3459**
Schwere der Verletzungen. Bei schwersten Verletzungen wird die Möglichkeit von Zukunftsschäden nur ausnahmsweise zu verneinen sein. Soweit Art
und Schwere der Verletzungen einen Zukunftsschaden nahe legen, genügt
daher ein kurzer Hinweis, rein vorsorglich sollte Sachverständigenbeweis
angeboten werden. Wird ein zukünftiger Schaden nicht schon durch Art
und Schwere der Verletzungen nahe gelegt, muss konkret zu möglichen
Spätfolgen vorgetragen werden, wobei dieser Vortrag naturgemäß nur spekulativ sein kann. Auch in diesem Fall sollte unbedingt Sachverständigenbeweis angeboten werden.

Höchstrichterlich geklärt ist, dass der Kläger nicht verpflichtet ist, seinen   **3460**
Klageantrag hinsichtlich materieller Schäden in einen Leistungs- und einen
Feststellungsantrag aufzuspalten, wenn mit dem Eintritt weiterer (materieller) Schäden in der Zukunft gerechnet werden kann. Eine Pflicht zur
Bezifferung des Vergangenheitsschadens besteht nur dann, wenn die Schadensentwicklung insgesamt abgeschlossen ist und nicht mehr mit Zukunftsschäden zu rechnen ist.[4637]

Sollen sowohl der materielle Vergangenheitsschaden als auch der materielle   **3461**
und immaterielle Zukunftsschaden mit einem Feststellungsantrag geltend

---

4635 BFH, NJW 1995, 1238.
4636 BGH, NJW 2001, 1431; VersR 2006, 1090.
4637 BGH, NJW 1978, 210.

Maß

gemacht werden, kann der Feststellungsantrag wie folgt formuliert werden:

> **Umfassender Feststellungsantrag**
>
> Es wird festgestellt, dass der Beklagte verpflichtet ist, dem Kläger den infolge der fehlerhaften ärztlichen Behandlung am/in der Zeit vom (... Datum bzw. Zeitraum der Behandlung) in der Vergangenheit entstandenen und künftig noch entstehenden materiellen sowie zukünftigen immateriellen Schaden zu ersetzen, soweit diese nicht von den Klageanträgen zu 1)- (...) umfasst und soweit die Ansprüche nicht auf Sozialversicherungsträger oder sonstige Dritte übergegangen sind bzw. übergehen werden.

3462   Begründet werden kann ein solcher umfassender Feststellungsantrag, dessen Zulässigkeit im Hinblick auf den Vergangenheitsschaden von Beklagtenseite immer noch regelmäßig bestritten wird, obwohl die Zulässigkeit seit langem höchstrichterlich geklärt ist, wie folgt:

> **Begründung für umfassenden Feststellungsantrag**
>
> Der Feststellungsantrag ist zulässig und begründet, da sich sowohl der materielle als auch der immaterielle Schaden des Klägers noch in der Entwicklung befinden, so dass noch keine abschließende Bezifferung des bisher nur teilweise entstandenen Schadens möglich ist. Insbesondere für die Zukunft ist nicht absehbar, welche krankheitsbedingten Mehraufwendungen, z.B. Hilfsmittel, Therapie- und Fahrtkosten, Zuzahlungen sowie Pflegekosten auf den Kläger zukommen. Aus diesen Gründen rechtfertigt sich der Feststellungsantrag sowohl für die Vergangenheit als auch für die Zukunft (vgl. hierzu BGH, JZ 1988, S. 877 ff.). Der Kläger ist nicht gehalten, seinen Vergangenheitsschaden zu beziffern und sein Begehren in einen Leistungs- und einen Feststellungsantrag aufzuspalten. Dies ist für Fälle, in denen bei Klageerhebung ein Teil des Schadens schon entstanden ist, die Entstehung weiteren Schadens aber noch zu erwarten ist, bereits mehrfach entschieden worden. Wir verweisen insoweit exemplarisch auf die Entscheidung des BGH vom 21.02.1991, VersR 1991, S. 788 ff., die mit Urteil vom 08.07.2003, VersR 2003, S. 1256, noch einmal bestätigt wurde. Auch das OLG Düsseldorf hat in seiner Entscheidung vom 26.06.1986, VersR 1988, S. 522 ff., ausgeführt, dass der Grundsatz, dass das Feststellungsinteresse bei einer möglichen Leistungsklage regelmäßig fehlt, nicht uneingeschränkt gilt. Gerade in Arzthaftungsprozessen entspreche es dem Grundsatz der Prozessökonomie, zunächst eine Einigung über den Grund der Haftung zu erzielen. Es kann dann erwartet werden, dass über die Höhe der Schadenersatzforderungen möglicherweise eine außergerichtliche Einigung erzielt werden kann (vgl. auch OLG Dresden, Urteil vom 28.02.2002, VersR 2003, S. 1257 f.). Dabei ist auch zu bedenken, dass dem Kläger eine Bezifferung seines Schadens ohnehin nur bis

zu einem bestimmten Zeitpunkt möglich wäre. Der zukünftige Schaden ist hinsichtlich Umfang und Höhe noch vollkommen ungewiss, so dass er nicht abschließend beziffert werden könnte. Selbst wenn also der Kläger seinen Vergangenheitsschaden beziffern und mit einem Leistungsantrag geltend machen würde, müsste hinsichtlich des Zukunftsschadens noch ein Feststellungsantrag gestellt werden. Im Falle eines Obsiegens müsste sodann möglicherweise trotzdem ein weiterer Prozess geführt werden, da die Höhe des Zukunftsschadens noch völlig ungeklärt ist. Es ist also nicht so, dass bei einer Aufspaltung des klägerischen Begehrens in einen Leistungs- und einen Feststellungsantrag zwangsläufig nur ein Prozess erforderlich wäre. Daher widerspricht es nicht dem Grundsatz der Prozessökonomie, zunächst über den gesamten materiellen Schaden, d.h. über den Vergangenheits- und Zukunftsschaden des Klägers im Rahmen eines einheitlichen Feststellungsantrages zu entscheiden.

Wird der Vergangenheitsschaden mit einem Leistungsantrag geltend gemacht, ist der Feststellungsantrag für künftige materielle und immaterielle Schäden wie folgt zu formulieren: 3463

Feststellungsantrag für künftige materielle und immaterielle Schäden

Es wird festgestellt, dass der Beklagte verpflichtet ist, dem Kläger den infolge der fehlerhaften ärztlichen Behandlung am/in der Zeit vom (... Datum bzw. Zeitraum der Behandlung) künftig noch entstehenden materiellen sowie zukünftigen immateriellen Schaden zu ersetzen, soweit diese nicht von den Klageanträgen zu 1)- (...) umfasst und soweit die Ansprüche nicht auf Sozialversicherungsträger oder sonstige Dritte übergegangen sind bzw. übergehen werden.

3. Teilklage

Fraglich ist, ob im Hinblick auf das Schmerzensgeld die Möglichkeit einer Teilklage besteht. Motivation hierfür könnte sein, das Prozesskostenrisiko zu begrenzen, indem der Streitwert niedrig gehalten wird.   3464

Der Grundsatz der **Einheitlichkeit des Schmerzensgeldes** gebietet es, die Höhe des dem Geschädigten zustehenden Schmerzensgeldes aufgrund einer ganzheitlichen Betrachtung der den Schadenfall prägenden Umstände unter Einbeziehung der absehbaren künftigen Entwicklung des Schadensbildes zu bemessen.[4638] Mit dem auf eine unbeschränkte Klage zuzuerkennenden Schmerzensgeld werden sowohl alle bereits eingetreten als auch alle erkennbaren und objektiv voraussehbaren künftigen Verletzungsfolgen abge-   3465

4638 BGH, VersR 1961, 164, 165; VersR 2001, 876.

Maß

golten.[4639] Nicht erfasst sind indes solche Verletzungsfolgen, die im Zeitpunkt der letzten mündlichen Verhandlung noch nicht eingetreten waren und deren Eintritt objektiv nicht vorhersehbar war, d.h. mit denen nicht oder nicht ernstlich zu rechnen war. Das zuzuerkennende Schmerzensgeld stellt sich damit gegenüber einer durch die weitere Entwicklung bedingten Schmerzensgeldforderung als Teilschmerzensgeld dar. Ein solches **Teilschmerzensgeld** kann nach dem Urteil des BGH vom 20.01.2004, VI ZR 70/03[4640] im Wege der »**offenen Teilklage**« geltend gemacht werden. Voraussetzung ist, dass der Kläger darlegt, dass mit dem Eintritt weiterer Schäden zu rechnen ist, die letztlich noch nicht absehbar sind, mit deren Eintritt bei verständiger Würdigung aber wenigstens zu rechnen ist. Es genügt die Möglichkeit eines weiteren Schadenseintritts. Sind diese Voraussetzungen erfüllt, kann der bis zum Zeitpunkt der letzten mündlichen Verhandlung eingetretene Schaden im Wege einer Teilklage geltend gemacht werden.

3466 Allerdings muss dabei bedacht werden, dass hierbei erhebliche Risiken bezüglich der Verjährung der nicht rechtshängigen zukünftigen Ansprüche bestehen. Eine Teilklage kommt daher nur dann in Betracht, wenn außergerichtlich ein Verjährungsverzicht erwirkt werden kann, was in einer Klagesituation regelmäßig nicht der Fall sein wird. Hinzu kommt die Gefahr der Präklusion künftiger Ansprüche wegen Rechtskraft, wenn nicht hinreichend deutlich gemacht wird, dass von dem Gesamtschmerzensgeld derzeit nur ein Teilschmerzensgeld geltend gemacht wird und die Geltendmachung weiterer immaterieller Schäden vorbehalten bleibt (versteckte Teilklage). Von einer Teilklage ist daher abzuraten.

3467 Zudem besteht auch keine Notwendigkeit einer Teilklage. Eine Teilschmerzensgeldklage ist unter den gleichen Voraussetzungen zulässig wie eine Feststellungsklage, mit der ein Immaterialvorbehalt geltend gemacht wird.[4641] Damit besteht kein Bedürfnis einer Teilklage, weil immer dann, wenn deren Zulässigkeitsvoraussetzungen wegen möglicher Spätfolgen vorliegen, auch eine Feststellungsklage zur Sicherung der Ansprüche auf Ersatz zukünftiger immaterieller Schäden zulässig ist. Eine solche Feststellungsklage hat den Vorteil, dass die zukünftigen Ansprüche damit rechtshängig und von der Rechtskraft des Urteils erfasst werden, so dass weder Verjährungs- noch Präklusionsprobleme bestehen. Der sorgfältige Anwalt, der den für seinen Mandanten sichersten Weg einzuschlagen hat, wird daher in Fällen, in denen die Möglichkeit zukünftiger Schadenfolgen besteht, neben einer Leistungsklage immer eine Feststellungsklage zum Immaterialvorbehalt erheben.

❗ Eine Feststellungsklage bezüglich zukünftiger immaterieller Schäden ist

---

4639 BGH, VersR 1980, 975; VersR 1995, 471, 472.
4640 BGH, NJW 2004, 1243.
4641 BGH, NJW 2004, 1243.

einer Teilschmerzensgeldklage vorzuziehen.

4. Abänderungsklage

Von nicht unwesentlicher Bedeutung kann in Arzthaftungsfällen auch die Abänderungsklage sein. Bei einem Urteil über **künftig fällig werdende wiederkehrende Leistungen** kann gemäß § 323 ZPO bei einer wesentlichen Veränderung der der Entscheidung zugrunde liegenden tatsächlichen oder rechtlichen Verhältnisse von jeder Partei die Abänderung beantragt werden. Es handelt sich um einen gesetzlich geregelten Fall des Wegfalls der Geschäftsgrundlage, der die Rechtskraft durchbricht. Nach § 323a ZPO gilt dies auch für Vergleiche gemäß 794 Abs. 1 Nr. 1 ZPO oder vollstreckbare Urkunden, soweit hierin eine Verpflichtung zu künftig fällig werdenden wiederkehrenden Leistungen enthalten ist. Außergerichtliche Vergleiche sind hingegen nur im Wege der ergänzenden Vertragsauslegung oder bei Störung/Wegfall der Geschäftsgrundlage abzuändern.

3468

Voraussetzung für eine Abänderung nach §§ 323, 323a ZPO ist, dass nachträglich, d.h. nach Schluss der letzten Tatsachenverhandlung, eine wesentliche Veränderung der für den Grund, den Betrag oder die Dauer der Leistung bedeutsamen, bei der früheren Verurteilung maßgebend gewesenen Verhältnisse eingetreten ist, wofür der Kläger die Beweislast trägt.

3469

Unter folgenden Gesichtspunkten kann eine **wesentliche Veränderung der Verhältnisse** eintreten:

3470

– Zunahme oder Reduzierung/Wegfall des Mehrbedarfs z.B. durch erhöhte oder verminderte Pflegebedürftigkeit
– Steigerung der Lebenshaltungskosten, Änderungen im Lohn-, Preis- oder Zinsniveau
– Verschlimmerung des Körper- oder Gesundheitsschadens
– erhöhter Unterhaltsbedarf infolge von Krankheit
– Gesetzesänderungen, Änderung der höchstrichterlichen Rechtsprechung, abweichende verfassungskonforme Auslegung einer Norm durch das BVerfG
– Wiederheirat des Unterhaltsberechtigten
– veränderte Haushaltssituation mit daraus resultierenden Änderungen der Haushaltsführungskosten

Ob eine wesentliche Veränderung vorliegt, ist anhand einer Gesamtbetrachtung aller Umstände zu ermitteln. Liegt die Veränderung unterhalb einer Größenordnung von 10%, wird in der Regel keine wesentliche Veränderung vorliegen.

3471

Eine Änderung der Beurteilung der maßgebend gewesenen Verhältnisse, die sich im tatsächlichen nicht verändert haben, wie z.B. eine veränderte An-

3472

Maß

schauung der Medizin über Unfallfolgen, begründet keinen Abänderungs-
anspruch.

3473 Da die Abänderungsklage kein Instrument der Fehlerkorrektur ist, dürfen
»Alttatsachen« nicht berücksichtigt werden. Das Gericht ist, soweit es die
unverändert gebliebenen Verhältnisse betrifft, an den ursprünglichen Titel
gebunden. Streitig ist, ob »Alttatsachen« im Wege der Anschlusskorrektur
mit berücksichtigt werden können, wenn die Abänderungsklage unabhängig von diesen wegen wesentlicher Veränderung der Verhältnisse zulässig
ist.[4642]

3474 Gemäß § 323 Abs. 3 ZPO ist die Abänderung von Urteilen nur zulässig
für die Zeit ab Rechtshängigkeit der Klage; § 323a ZPO sieht für Vergleiche oder vollstreckbare Urkunden keine derartige zeitliche Begrenzung vor,
maßgebend ist hier allein das materielle Recht.

**5.   Klagemuster unter Berücksichtigung der Besonderheiten des
      Arzthaftungsrechts**

3475 **a)   Ausführliche Musterklage: Aufklärungsfehler, grobe Behand-
      lungsfehler**

K L A G E

des Herrn A

– Kläger –

Prozessbevollmächtigte: Rechtsanwälte R

g e g e n

1. Herrn Dr. B, Orthopädische Gemeinschaftspraxis O

– Beklagter zu 1) –

2. Herrn Dr. C, Orthopädische Gemeinschaftspraxis O

– Beklagter zu 2) –

w e g e n : Schadensersatz und Feststellung aus Arzthaftung.

Vorläufiger Streitwert:

Klageantrag zu 1) mindestens: 100.000,00 €
Klageantrag zu 2):   (...) €
Klageantrag zu 4):   (...) €
Gesamt (mindestens):   (...) €

Namens und in Vollmacht des Klägers erheben wir Klage und werden **beantragen:**

1. Die Beklagten werden als Gesamtschuldner verurteilt, an den Kläger
   ein angemessenes Schmerzensgeld, dessen Höhe in das pflichtgemäße Ermessen des Gerichts gestellt wird, zuzüglich Zinsen in Höhe von

---

4642   BGH, NJW 1998, 162; MDR 1981, 1306; a.A. BGH FamRZ 2001, 906.

Maß

5 Prozentpunkten über dem Basiszinssatz, der Beklagte zu 1) seit dem 22.09.2009, der Beklagte zu 2) seit Rechtshängigkeit, zu zahlen.

2. Die Beklagten werden als Gesamtschuldner verurteilt, an den Kläger (…) € nebst Zinsen in Höhe von 5 Prozentpunkten über dem Basiszinssatz seit Rechtshängigkeit zu zahlen.

3. Die Beklagten werden als Gesamtschuldner verurteilt, an den Kläger (…) € außergerichtliche Rechtsverfolgungskosten nebst Zinsen in Höhe von 5 Prozentpunkten über dem Basiszinssatz seit Rechtshängigkeit zu zahlen.

4. Es wird festgestellt, dass die Beklagten als Gesamtschuldner verpflichtet sind, dem Kläger den infolge der eigenmächtigen und fehlerhaften ärztlichen Behandlung im Oktober 2008 in der Vergangenheit entstandenen und künftig noch entstehenden materiellen sowie zukünftigen immateriellen Schaden zu ersetzen, soweit die Ansprüche nicht von den Klageanträgen zu 1. und 2. erfasst und soweit die Ansprüche nicht auf Sozialversicherungsträger oder sonstige Dritte übergegangen sind bzw. übergehen werden.

Des Weiteren **beantragen** wir,

(*Verfahrensanträge*)

Begründung:

Der Kläger macht Schmerzensgeld und Ersatz seiner materiellen Schäden wegen ärztlicher Behandlungs- und Aufklärungsfehler geltend. Die Beklagten betreiben eine orthopädische Gemeinschaftspraxis. Durch Aufklärungsfehler der Beklagten zu 1) und 2) sowie Behandlungsfehler des Beklagten zu 1), welcher beim Kläger am 17.10.2008 eine Facettenkoagulation vornahm, kam es beim Kläger zu massiven Gesundheitsschäden.

I.

1. Wegen Schmerzen am Rücken, resultierend aus einem Bandscheibenvorfall, wurde der Kläger seit einigen Jahren in der Orthopädischen Gemeinschaftspraxis O vom Beklagten zu 2) behandelt. Dieser schlug dem Kläger im Juni 2008 eine (Schmerz-) Behandlung mittels Facettenkoagulation vor. Er informierte den Kläger über die Technik der Facettenkoagulation und darüber, dass es sich um eine reine Schmerzbehandlung handele und die Ursache – der Bandscheibenvorfall – bestehen bleibe. Auf die Frage, ob das Verfahren gefährlich sei und ob man auch den falschen Nerv treffen könne, antwortete der Beklagte zu 2), es handele sich um ein sicheres Verfahren, welches seit Jahren mit Erfolg in der Praxis durchgeführt werde. Das schlimmste, was passieren könne sei, dass die Behandlung nicht wirke. Der Kläger bekam daraufhin einen Termin zur Besprechung bei dem Beklagten zu 1), welcher die Facettenkoagulationen in der Gemeinschaftspraxis durchführt. Der Beklagte zu 1) erläuterte noch einmal das Verfahren und auf die erneute Frage des Klägers nach möglichen Komplikationen antwortete

Maß

er, dass das Verfahren sehr sicher sei, jeder Eingriff werde unter Röntgenkontrolle durchgeführt und Fehler seien nicht bekannt. Außerdem werde
zunächst eine »Test-Behandlung« durchgeführt und erst wenn diese ohne
Komplikationen verlaufe, werde die eigentliche Behandlung durchgeführt.
Beweis (unter Protest gegen die Beweislast):
      informatorische Anhörung des Klägers

2. Aufgrund dieser Aussagen überwand der Kläger seine dahingehenden
Zweifel, dass bei der Behandlung etwas »schief laufen« könne und entschloss sich – zunächst – für eine Testbehandlung, welche am 15.07.2008
vom Beklagten zu 1) durchgeführt wurde. Da die Testbehandlung erfolgreich war, vereinbarte der Kläger nunmehr Termine für die eigentliche Behandlung. Die erste Behandlung erfolgte komplikationslos am 10.10.2008
an der linken Rückenseite, so dass für den 17.10.2008 ein Termin zur Behandlung der rechten Seite vereinbart wurde.

Beweis: 1. Karteikarte der Beklagten
           2. OP-Bericht

3. Die Behandlung am 17.10.2008 begann gegen 16.40 Uhr mit einer lokalen Betäubung und einer ersten Laser-Strahlung. Der Kläger verspürte – im
Gegensatz zur ersten Behandlung – leichte Schmerzen und zeigte dies durch
eine Körperbewegung an. Auf Nachfrage des Beklagten zu 1) bestätigte der
Kläger die Schmerzen. Der Beklagte zu 1) verabreichte daraufhin eine zusätzliche Menge Betäubungsmittel und fuhr mit dem zweiten Laser-Eingriff
fort. Der Kläger spürte einen Strom-Impuls und dann sofort einen starken
Schmerz im Bauchbereich. Er schrie vor Schmerzen auf. Dann verspürte
der Kläger Schmerzen im Rücken. Er sprang von der Behandlungsliege auf
den Boden, konnte aber nicht stehen und sackte zu Boden. Er lag auf dem
Boden, krümmte sich vor Schmerzen, schrie und versuchte darzustellen,
wie sich der Schmerz über beide Beine wellenartig bis in die Zehenspitzen
ausbreitete. Der Kläger bekam Todesangst. Nach ca. 10 Minuten ließen die
Schmerzen nach.

Beweis: 1. Karteikarte der Beklagten
           2. OP-Bericht
           3. informatorische Anhörung des Klägers

Nachdem die Schmerzen nachgelassen hatten, setzte man den Kläger in einen Rollstuhl – zu diesem Zeitpunkt verspürte er noch leichte Bewegungen
in den Füßen – und fuhr ihn in einen separaten Raum, wo man ihn auf eine
Liege legte. Von dem Zeitpunkt an war er von der Gürtellinie bis zu den Zehenspitzen gelähmt. Es gab keine Anzeigen von Bewegung im rechten Fuß
und Bein und nur sehr schwache Bewegungen der linken Großzehe. Der
Beklagte zu 1) war der Ansicht, diese Lähmung sei nur vorübergehend und
wäre auf das Betäubungsmittel zurückzuführen.

Beweis: wie vor

Maß

4. Auf Verlangen des Klägers rief der Beklagte zu 1) die Ehefrau des Klägers an, die nach ihrem Eintreffen die sofortige Einweisung des Klägers ins Krankenhaus verlangte. Der Beklagte zu 1) telefonierte daraufhin gegen 21.00 Uhr (über 4 Stunden nach dem Vorfall!) mit dem Dienstarzt der Neurologie, wo man jedoch kein Bett frei hatte, so dass der Beklagte zu 1) den Kläger im X-Krankenhaus anmeldete, wo er gegen 21.45 Uhr in der unfallchirurgisch-orthopädische Ambulanz aufgenommen wurde.

Beweis: 1. Karteikarte der Beklagten
2. OP-Bericht
3. Entlassungsbrief des X-Krankenhauses
4. Zeugnis der Frau A. (Ehefrau des Klägers)
5. informatorische Anhörung des Klägers

Der Kläger war bei der Aufnahme im Krankenhaus nicht geh-, steh- oder sitzfähig. Die anfangs sehr ausgeprägte Parese beider Beine zeigte eine leicht rückläufige Tendenz dahingehend, dass der Kläger bei Aufnahme mit der linken Großzehe wackeln konnte. Der Untersuchungsbefund zeigte (…)

Beweis: Entlassungsbrief des X-Krankenhauses

Der Kläger wurde stationär zur neurologischen Überwachung bei Oberkörperhochlagerung aufgenommen. Es musste ein Blasenkatheter angelegt werden, der am 20.10.2008 entfernt werden konnte. Ab dem Moment kam es zu Harnblasenentleerungsstörungen, die bis zum heutigen Tage anhalten. Hinzu gekommen sind eine Erektionsstörung (Impotenz) sowie eine anale Schließmuskeldysfunktion. Eine konsiliarische Untersuchung durch den Neurochirurgen Herrn Dr. N bestätigte den Befund eines inkompletten Querschnitts ab L1 rechts > links mit Rückgang der Parese und neurogenen Blasenfunktionsstörungen. Die neurogenen Blasenfunktionsstörungen wurden durch ein urologisches Konsil des Dr. U bestätigt.

Beweis: 1. Entlassungsbrief des X-Krankenhauses
2. Befundbericht der Konsiliaruntersuchung Dr. N
3. Befundbericht der Konsiliaruntersuchung Dr. U

Eine am 20.10.2008 durchgeführte MRT-Untersuchung zeigte (…) Eine Folgeuntersuchung zur Verlaufskontrolle bestätigte den Befund der intramedulären Signalanhebung, zeigte aber keine Veränderung zu den Voraufnahmen.

Beweis: Entlassungsbrief des X-Krankenhauses

Eine am 24.10.2008 durchgeführte Lumbalpunktion zum Ausschluss einer Entzündung oder einer Multiplen Sklerose blieb ohne Befund.

Beweis: Virusdiagnostischer Befundbericht

Am 24.10.2008 wurde der Kläger aus der stationären Behandlung entlassen.

5. Nachdem – abgesehen von den Paresen der Beine – auch die Harnblasenstörungen weiter anhielten und es zu vermehrtem Harndrang, Kraftlosigkeit des rechten Beines und Schmerzen im LWS-Bereich kam, suchte der

Kläger am 30.10.2008 den Neurologen Herrn Dr. N auf. Dieser stellte fest, dass der PSR beidseits und der ASR rechts aufgehoben waren. Des Weiteren bestand eine Hüftbeuger-, Kniestrecker- und Unterschenkelbeugerparese rechts sowie eine Hypästhesie sub TH12, wobei die Hypästhesie ab L5/S1 beidseits zunahm.

Beweis: Arztbrief Dr. N

6. Vom 31.10. bis zum 12.11.2008 befand sich der Kläger zur Abklärung des Querschnittssyndroms in stationärer Behandlung im Y-Krankenhaus.

Beweis: Arztbrief des Y-Krankenhauses

Die Aufnahmeuntersuchung ergab folgende fallrelevante (neurologische) Befunde: (…)

Ein MRT der BWS/LWS vom 03.11.2008 zeigte im Vergleich zu den Voraufnahmen vom 20./21.10.2008 eine deutliche Rückbildung der vorbeschriebenen pathologischen Signalanhebungen. Es ließ sich lediglich noch eine residuale Schrankenstörung in Höhe der vorbeschriebenen Läsionen nachweisen. Eine erneute, diesmal sehr umfassende Liquordiagnostik vom 05.11.2008 konnte eine entzündliche Genese der Myelonveränderung wiederum ausschließen.

Beweis: Arztbrief des Y-Krankenhauses

7. Vom 24.11.2008 bis 03.01.2009 befand sich der Kläger in einer stationär-neurologischen Rehabilitationsbehandlung. Bei Aufnahme bestanden eine Hypästhesie sowie Hypalgesie sub L1, schlaffe, leicht- bis mittelgradige, rechts- und proximalbetonte Paraparesen der Beine, Harndrang mit häufiger Entleerung kleiner Harnmengen, eine erektile Dysfunktion, eine Dysästhesie in den Beinen sowie eine verminderte psycho-physische Belastbarkeit. Unter intensiven Rehabilitationsmaßnahmen kam es im Verlauf zu einer leichten Zunahme der Muskelkraft, einer leichten Verbesserung der Blasenfunktion sowie zu einer Steigerung der psychophysischen Belastbarkeit.

Beweis: Entlassungsbrief der Reha-Einrichtung

Von April bis Juni 2009 sowie im Oktober/November 2009 fanden ambulante Rehabilitationen statt.

8. Inzwischen stellt sich der Gesundheitszustand des Klägers wie folgt dar:

Abgesehen davon, dass die Schmerzen im Rücken, die Grund für die durchgeführte Facettenkoagulation waren, nach etwa einem Jahr wieder aufgetreten sind, ist dem Kläger das Gehen inzwischen zwar ohne Gehhilfen möglich, allerdings muss er nach maximal 15 Minuten eine Pause einlegen. Die Beine muss er beim Gehen bewusst kontrollieren, es läuft nicht mehr »automatisch« und von allein. Hinzu kommt, dass das rechte Bein sehr wackelig und schwach ist. Ab und zu entsteht das subjektive Gefühl, als ob beide Beine schwächer geworden sind als noch im Sommer. Dies löst beim Klä-

Maß

ger Zukunftsängste aus indem er sich fragt, was passiert, wenn er älter und schwächer wird, ob ihn seine Beine dann auch noch tragen werden.

Besonders das Treppensteigen gestaltet sich schwierig und ist nur mithilfe eines Handlaufs zu bewerkstelligen. Beim Gehen und anderen körperlichen Aktivitäten kommt der Kläger sehr schnell ins Schwitzen, weil auch die kleinste Bewegung (z.b. selbst ruhiges Gehen) sehr viel Energie – mehr als normalerweise – erfordert.

Beweis: 1. informatorische Anhörung des Klägers
2. Zeugnis der Frau A., b.b.
3. Sachverständigengutachten

Lasten kann der Kläger nur noch in geringem Maße heben (allerhöchstens 10 kg) und auch das nur auf gerader, ebener, kurzer Strecke. So wird bereits das Tragen eines Wasserkastens oder schwerer Einkaufstüten zur Schwierigkeit.

Des Weiteren leidet der Kläger im Unterkörperbereich unter Missempfindungen. Die Fußsohlen brennen 24 Stunden am Tag, wenn auch nicht mehr ganz so stark wie früher. Dieses Brennen zieht sich hoch bis zu den Knien, bei Überanstrengung auch bis zu den Oberschenkeln und bei langem Sitzen bis in das Gesäß. Außerdem verkrampfen sich die Zehen. Bei Entspannung kommt es hingegen zu unwillkürlichen spastischen Zuckungen der Beine. An den Füßen fehlt dem Kläger das Temperaturempfinden. Dies ist insofern gefährlich, als der Kläger weder bemerkt, wenn er sich z.B. beim Duschen die Füße verbrüht, noch, wenn er kalte Füße hat.

Beweis: 1. informatorische Anhörung des Klägers
2. Zeugnis der Frau A., b.b.
3. Sachverständigengutachten
4. sachverständiges Zeugnis des Herrn Dr. N

Eine weitere wesentliche Beeinträchtigung stellen die weiterhin vorhandenen Blasen- (Restharn) und Darmstörungen dar. Der Kläger hat kein Gefühl für seine Blase, was längere Unternehmungen oder Spaziergänge unmöglich macht. Hinzu kommt als sehr wesentliche Beeinträchtigung des glücklich verheirateten Klägers eine erektile Dysfunktion.

Beweis: 1. informatorische Anhörung des Klägers
2. Zeugnis der Frau A., b.b.
3. Sachverständigengutachten
4. sachverständiges Zeugnis des Herrn Prof. Dr. U

Aufgrund dieser Beeinträchtigungen ist die Lebensqualität des Klägers in erheblichem Maße eingeschränkt. So ist es dem Kläger nicht mehr möglich, wie früher mit seiner Frau zu tanzen, zu wandern, zu walken, zu schwimmen oder Rad zu fahren. Dies hat inzwischen auch zu einer durchaus nachvollziehbaren depressiven Verstimmung geführt.

Beweis für alle den Behandlungsverlauf und den Gesundheitsschaden

Maß

betreffenden Tatsachen:

> Behandlungsunterlagen, im Einzelnen
>
> (...)
>
> deren Beiziehung im Original unter Bezugnahme auf die beigefügte Entbindungserklärung von der ärztlichen Schweigepflicht hiermit **beantragt** wird.

II.

Den Beklagten zu 1) und 2) sind bei der Behandlung des Klägers Aufklärungs-, dem Beklagten zu 1) darüber hinaus auch Behandlungsfehler unterlaufen, die zu den unter I. dargestellten Gesundheitsschäden geführt haben. Dies ergibt sich aus dem als **Anlage** beigefügten fachorthopädischen Gutachten des Herrn Dr. Q vom 05.06.2009, welches wir – soweit es unseren Vortrag stützt – zum Gegenstand des klägerischen Vortrags machen.

1. Aufklärungsfehler

Zunächst ist den Beklagten zu 1) und 2) vorzuwerfen, dass sie den Kläger nicht ordnungsgemäß über die Risiken der geplanten und durchgeführten Behandlung – Facettenkoagulation – aufgeklärt haben.

Nach der nachvollziehbaren Aussage des Sachverständigen (GA S. 5 f.) wird der streitgegenständliche Eingriff in unmittelbarer Nähe des Spinalkanals durchgeführt, was allein aufgrund dieser räumlichen Nähe und der Tatsache, dass mit Strom und Wärme gearbeitet wird und daher die Reaktion des umliegenden Weichteilgewebes nicht mit Sicherheit in ihrer regionalen Ausdehnung beurteilt werden kann, das Risiko einer Verletzung des Rückenmarkkanals birgt.

Beweis: Sachverständigengutachten

Daher hätte der Kläger über dieses Risiko mit den sich daraus ergebenden Folgen – insbesondere das Risiko einer Lähmung oder Teillähmung – aufgeklärt werden müssen.

Beweis: Sachverständigengutachten

Eine solche Aufklärung ist nicht erfolgt. Vielmehr wurde dem Kläger suggeriert, der Eingriff sei völlig ungefährlich und könne allenfalls wirkungslos sein.

Beweis (unter Protest gegen die Beweislast):

> informatorische Anhörung des Klägers

In Anbetracht der unzureichenden Aufklärung war die Einwilligung des Klägers in den Eingriff unwirksam und der gesamte Eingriff damit rechtswidrig, so dass die Beklagten zu 1) und 2) für sämtliche Gesundheitsschäden haften, die aus diesem Eingriff resultieren.

Dabei oblag die Aufklärung nicht erst dem die Behandlung durchführenden Beklagten zu 1), sondern bereits dem Beklagten zu 2), welcher den Eingriff konkret vorgeschlagen und für den Kläger einen entsprechenden Termin beim Beklagten zu 1) vereinbart hatte. Damit haften die Beklagten zu 1) und 2) gesamtschuldnerisch. Im Übrigen sind die Beklagten zu 1) und 2) in einer Gemeinschaftspraxis verbunden, so dass sie auch aus diesem Grunde vertraglich gesamtschuldnerisch haften.

2. Behandlungsfehler

a) Darüber hinaus sind dem Beklagten zu 1) aber auch Behandlungsfehler unterlaufen. So lag schon keine Indikation für die Facettenkoagulation vor. Eine solche ist – nach Aussage des Sachverständigen (GA S. 7) – erst nach Ausschöpfung aller anderen konservativen Behandlungsmaßnahmen (ambulante/stationäre Rehabilitation, ambulante physikalische Maßnahmen, orale Medikationstherapie, Infiltrationstherapie) angezeigt.

Beweis: Sachverständigengutachten

Vorliegend waren konservative Behandlungsmaßnahmen nicht ausgereizt. (...)

Beweis: Sachverständigengutachten

Die nicht risikolose Behandlung wurde also ohne klare Indikation durchgeführt, was sich als Behandlungsfehler darstellt.

Beweis: Sachverständigengutachten

b) Darüber hinaus hätte die Behandlung sofort abgebrochen werden müssen, als der Kläger bei der Behandlung am 17.10.2008 über Schmerzen klagte.

Beweis: Sachverständigengutachten

c) Ebenfalls zu beanstanden ist die Versorgung des Klägers nach dem Zwischenfall. So hätte wegen der Gefahr aufsteigender neurologischer Schädigungen statt der normalen Rückenlagerung eine Oberkörperhochlagerung erfolgen müssen.

Beweis: Sachverständigengutachten

Auch dies wurde behandlungsfehlerhaft unterlassen. Stattdessen wurde der Kläger flach auf eine Liege gelegt.

d) Schlussendlich erfolgte die Verlegung des Klägers ins Krankenhaus viel zu spät. Die streitgegenständliche Behandlung fand gegen 16.40 Uhr statt und erst um 21.00 Uhr, also 4 Stunden und 20 Minuten später, telefonierte der Beklagte zu 1) erstmals mit dem Dienstarzt der Neurologie.

Beweis: Karteikarte der Beklagten

e) In der Fortsetzung der Behandlung, nachdem der Kläger Schmerzen geäußert hatte, ist ein grober Behandlungsfehler zu sehen. Ein **grober Behandlungsfehler** liegt vor, wenn ein eindeutiger Verstoß gegen die Regeln der ärztlichen Kunst oder gesicherte medizinische Erkenntnisse vorliegt. Es muss sich um einen Fehler handeln, der aus objektiver ärztlicher Sicht nicht mehr verständlich erscheint, weil er einem Arzt schlechterdings nicht unter-

Maß

laufen darf (BGH, VersR 2004, 909; VersR 2007, 995).

Aufgrund der Nähe zum Spinalkanal war die Schmerzäußerung des Klägers ein deutliches Warnsignal, welches zum sofortigen Behandlungsabbruch hätte führen müssen. Dass der Beklagte zu 1) die Behandlung dennoch fortgesetzt hat, ist aus objektiver ärztlicher Sicht nicht mehr verständlich.

Beweis: Sachverständigengutachten

f) Aber auch, wenn man hierin allein noch keinen groben Behandlungsfehler sehen wollte, ergäbe sich ein solcher jedenfalls aus der **Gesamtschau der Ereignisse.** Insoweit ist anerkannt, dass bei der Frage, ob ein grober Behandlungsfehler vorliegt, das Behandlungsgeschehen nicht in einzelne Abschnitte zerlegt werden darf, sondern eine Gesamtbetrachtung des Behandlungsgeschehens vorgenommen werden muss (BGH, VersR 2001, 1030; VersR 2000, 1146). Nimmt man daher die fehlende Indikation zu Behandlung, die nicht adäquate Reaktion auf die Schmerzäußerung des Klägers sowie die fehlerhafte Nachbehandlung – keine Oberkörperhochlagerung und zu späte Verlegung ins Krankenhaus – zusammen, so ergibt sich zumindest in einer Gesamtbetrachtung des Geschehens, dass es sich um Behandlungsfehler handelt, die in ihrer Gesamtheit aus medizinischer Sicht nicht mehr verständlich erscheinen und einem Facharzt für Orthopädie schlechterdings nicht unterlaufen dürfen.

Beweis: Sachverständigengutachten

Juristisch gesehen ist damit von einem groben Behandlungsfehler auszugehen.

3. Kausalität

a) Die soeben dargestellten Aufklärungs- und Behandlungsfehler sind auch kausal für die beim Kläger eingetretenen Gesundheitsschäden. So kommt der Sachverständige auf S. 8 seines Gutachtens zu dem Ergebnis, dass der Eingriff vom 17.10.2008 mit hoher Wahrscheinlichkeit zu einer Verletzung der Rückenmarkshäute und damit zu einer Irritation des Rückenmarks selbst geführt hat. Durch die MRT-Aufnahmen vom 20.10.2008, 21.10.2008 und 03.11.2008 rechtfertige sich die Annahme, dass die zur Thermokoagulation eingebrachte Sonde selbst einen direkten Einfluss auf das Rückenmark genommen hat. Hinzu kommt, dass ein unmittelbarer zeitlicher Zusammenhang zur streitgegenständlichen Behandlung besteht und dass durch die Liquoruntersuchungen vom 24.10. und 05.11.2008 eine entzündliche Genese der Gesundheitsstörung ausgeschlossen wurde.

Beweis: 1. Arztbrief des Y-Krankenhauses
2. Sachverständigengutachten

Danach besteht kein vernünftiger Zweifel daran, dass die Facettenkoagulation vom 17.10.2008 ursächlich für die beim Kläger eingetretenen Gesundheitsstörungen ist.

Maß

Beweis: Sachverständigengutachten

b) Damit sind die Aufklärungs- und Behandlungsfehler kausal für die gesundheitlichen Beeinträchtigungen des Klägers. Wäre der Kläger ordnungsgemäß aufgeklärt worden, hätte er sich zum damaligen Zeitpunkt gegen eine solche Behandlung entschieden, zumal alternative – deutlich risikoärmere – Behandlungsmethoden zur Auswahl standen und noch nicht ausgeschöpft waren.

Beweis: informatorische Anhörung des Klägers

Hierbei ist auch zu berücksichtigen, dass es sich um eine reine Schmerzbehandlung gehandelt hat, welche die Ursache der Beschwerden nicht beseitigt hätte und wo nach einiger Zeit die Schmerzen wieder aufgetreten wären.

c) Darüber hinaus war auch die fehlerhafte Indikationsstellung ursächlich für den Schaden. Wäre die Indikation richtigerweise verneint worden, wäre der Eingriff nicht durchgeführt worden und es wäre nicht zu den Gesundheitsstörungen gekommen.

d) Möglicherweise verbleibende Zweifel hinsichtlich der Kausalität gehen zu Lasten der Beklagten. Wie oben ausgeführt, sind die dem Beklagten zu 1) unterlaufenen Fehler als grobe Behandlungsfehler einzustufen, so dass es zu einer **Beweislastumkehr** hinsichtlich der Kausalität zwischen dem Behandlungsfehler und dem eingetretenen Schaden kommt. Danach genügt es für die Haftung bereits, dass die beanstandete Handlung grundsätzlich geeignet ist, eine Schädigung, wie sie bei dem Kläger vorliegt, hervorzurufen. Nahe legen oder wahrscheinlich machen, muss der grobe Behandlungsfehler den Schaden nicht (BGH, VersR 2004. 909, 911). Ist dies der Fall, obliegt es der Behandlungsseite nachzuweisen, dass der Behandlungsfehler nicht ursächlich für den eingetretenen Schaden ist, der Schaden also auch bei behandlungsfehlerfreiem Vorgehen eingetreten wäre.

Vorliegend waren die dem Beklagten zu 1) vorzuwerfenden Behandlungsfehler, welche sich der Beklagte zu 2) haftungsrechtlich zurechnen lassen muss, grundsätzlich geeignet, den beim Kläger eingetretenen Gesundheitsschaden hervorzurufen.

Beweis: wie vor

Den Beklagten obliegt daher der Nachweis, dass der Behandlungsfehler nicht ursächlich für den Gesundheitsschaden ist. Diesen Beweis können die Beklagten nicht erbringen.

III.

1. Nach dem Vorgenannten hat der Kläger Anspruch auf Schadensersatz. Dabei machen wir zunächst ein Schmerzensgeld geltend, welches einen Betrag von **100.000,00 €** nicht unterschreiten sollte. Ein darunter liegender Betrag würde den gesamten Umständen des Falles nicht gerecht werden.

a) Bezüglich der aktuellen gesundheitlichen Situation dürfen wir, um unnö-

Maß

tige Wiederholungen zu vermeiden, auf unsere ausführliche Schilderung unter I. verweisen. Dabei ist zu berücksichtigen, dass der Kläger vor der streitgegenständlichen Behandlung – abgesehen von seinen Rückenbeschwerden – ein gesunder, sportlicher Mann war. Inzwischen steht fest, dass sich einige der Gesundheitsschäden nicht völlig wieder zurückbilden werden, sondern es zu Dauerschäden gekommen ist,

Beweis: Sachverständigengutachten

welche die Lebensqualität des Klägers erheblich einschränken. Dies betrifft insbesondere die Gangstörungen, die Blasen- und Darmstörungen sowie die erektile Dysfunktion. Der Kläger ist durch die Gesundheitsschäden in allen Bereichen des Alltags und der Freizeitgestaltung erheblich eingeschränkt.

b) Aufgrund des Schadenereignisses waren verschiedene Krankenhausaufenthalte nötig. So befand sich der Kläger zunächst vom 17.10. bis 24.10.2008 stationär im X- Krankenhaus, vom 31.10. bis zum 12.11.2008 stationär im Y-Krankenhaus und vom 28.11.2008 bis 03.01.2009 stationär zur Rehabilitation. Damit befand sich der Kläger fast 2 Monate lang in stationärer Behandlung. Hinzu kommen die 3 mal wöchentlich durchgeführten ambulanten Rehabilitationsmaßnahmen vom 31.04. bis 12.06.2009 sowie im Oktober/November 2009.

Beweis: 1. Entlassungsbrief des X-Krankenhauses
2. Arztbrief des Y-Krankenhauses
3. Entlassungsbrief der Reha-Einrichtung

c) Zu berücksichtigen ist weiter, dass der Kläger inzwischen seit über einem Jahr arbeitsunfähig ist, was zum Verlust der Arbeitsstelle geführt hat. Ein Ende der Arbeitsunfähigkeit ist nicht absehbar.

Beweis: Kündigungsschreiben

Dabei ist dem Kläger sehr daran gelegen, wieder berufstätig sein zu können. So hat er im November einen Antrag bei der Deutschen Rentenversicherung auf Teilhabe am Arbeitsleben gestellt mit dem Zweck einer Umschulung oder Jobvermittlung. Für den 12.01.2010 hat der Kläger hier ein entsprechendes Beratungsgespräch.

Beweis: informatorische Anhörung des Klägers

d) Nach alledem halten wir – auch unter Berücksichtigung der ungebrochenen Tendenz der Rechtsprechung zur Ausurteilung höherer Schmerzensgelder gerade in Fällen mit gravierenden und dauerhaften Gesundheitsschäden – ein Schmerzensgeld in der angegebenen Größenordnung für notwendig und angemessen, um die immateriellen Beeinträchtigungen des Klägers auszugleichen.

e) Bezüglich vergleichbarer Schmerzensgeldentscheidungen verweisen wir auf zwei Entscheidungen aus der ADAC-Schmerzensgeldtabelle 2008:

OLG Frankfurt/M., 7 U 190/88, 21.06.1989

Maß

Betrag: 75.000,00 € und Immaterialvorbehalt
(Anmerkung: Eine Indexierung mit 3% ergäbe einen Betrag von 120.000,00 €)
Verletzter: Azubi

Verletzung: Luxationsfraktur des 12. BWK und des 1. LWK mit Berstungsfraktur des 1. LWK und inkompletter linksbetonter Cauda- Symptomatik mit distal betonter Paraparese; schweres Hirnsyndrom im Sinne einer Contusio cerebri

Dauer der Behandlung und Arbeitsunfähigkeit: 4 ½ Monate Krankenhaus mit umfangreichen operativen Eingriffen

Dauerschaden: Partielle Querschnittslähmung mit Funktionsstörung der Harnblase und des Mastdarms; Klägerin kann mithilfe von Stöcken laufen, aber sich nur watschelnd vorwärts bewegen. Ständige Rückenschmerzen

OLG Köln, 17.03.1995, r+s 1996, 310
Betrag: 175.000,00 €
(Anmerkung: Eine Indexierung mit 3% ergäbe einen Betrag von 248.500,00 €)
Verletzter: 21jähriger Student

Verletzung: Querschnittslähmung mittleren Schweregrades (Paraplegie sub D 6/7) mit Lähmung von beiden Beinen, Blase und Mastdarm

Besondere Umstände, die für die Entscheidung maßgebend waren: Genugtuungsfunktion fällt nicht ins Gewicht, da sehr geringes Verschulden. In der Rechtsprechung ist eine Aufwärtsentwicklung der bei Querschnittslähmungen zugesprochenen Schmerzensgelder zu verzeichnen. Eine weitere generelle Anhebung würde sich aber auch auf diejenigen für leichtere Verletzungen auswirken und im Endergebnis zu einer nicht mehr vertretbaren Belastung der Versichertengemeinschaft führen.

Beide Entscheidungen spiegeln – obwohl sie eigentlich schon wieder zu alt sind, um als Vergleich herangezogen zu werden – die Tendenz der Rechtsprechung zu hohen Schmerzensgeldern, insbesondere bei schweren Schädigungen, wieder. Diesem Umstand muss bei der Bemessung eines für den vorliegenden Fall angemessenen Schmerzensgeldes Rechnung getragen werden.

Abschließend sei auf die Entscheidung E 390 der Schmerzensgeldtabelle Jaeger/Luckey, 4. Auflage, hingewiesen:
OLG Celle, 1 U 64/00, 09.07.2001, OLGR 2001, 250
Betrag: 50.000,00 €

Falsche Prostatakrebsdiagnose – Impotenz und Harninkontinenz

Inkontinenz, Ejakulations- und Erektionsunfähigkeit unter völligem Verlust der sexuellen Aktivitäten

Hier hat das OLG Celle im Jahr 2001 (fast allein, jedenfalls war dies die Hauptbegründung für das hohe Schmerzensgeld) für Inkontinenz und Impotenz einen Betrag in Höhe von 50.000,00 € ausgeurteilt. Indexiert mit 3%

Maß

ergibt sich bis 2009 ein Betrag in Höhe von 62.000,00 €.

Nach alledem kann vorliegend für die Beeinträchtigungen, die der Kläger erlitten hat, nur ein Schmerzensgeld von mindestens 100.000,00 € in Betracht kommen. Jeder darunter liegende Betrag würde dem Verlauf und dem Schadensbild nicht gerecht werden.

2. Darüber hinaus ist dem Kläger ein erheblicher materieller Schaden entstanden, der – zunächst für den Zeitraum 17.10.2008 bis 31.12.2009 – wie folgt zu beziffern ist:

a) Verdienstausfall

Seit dem Schadenereignis vom 17.10.2008 ist der Kläger arbeitsunfähig erkrankt. Dadurch ist ihm bislang folgender Verdienstausfall entstanden:

Der Bruttoverdienst des Klägers vor dem Schadenereignis belief sich auf (...) € (... € Gehalt zuzüglich ... € private PKW-Nutzung). Nach Abzug von Steuern und Sozialversicherungsleistungen ergibt sich ein monatlicher Nettoverdienst von (...) €.

Beweis: Verdienstabrechnungen September, Oktober 2008

Für 6 Wochen, also bis zum 27.11.2008, zahlte der Arbeitgeber des Klägers Lohnfortzahlung. Für diesen Zeitraum ist kein Verdienstausfall entstanden.

Beweis: Verdienstabrechnung November 2008

Vom 28.11.2008 bis zum 03.01.2009 bezog der Kläger aufgrund der stationären Reha-Maßnahme von der Deutschen Rentenversicherung Übergangsgeld in Höhe von kalendertäglich (...) €.

Beweis: Leistungsbescheid der Rentenversicherung

Insgesamt wurde für 36 Tage (der Dezember zählt als ganzer Monat mit 30 Tagen) Übergangsgeld gezahlt, insgesamt mithin ein Betrag in Höhe von (...) €.

Seit dem 04.01.2009 zahlt die Krankenkasse des Klägers Krankengeld von kalendertäglich netto (...) €, wobei ganze Monate, in denen Krankengeld bezogen wird, bei der Berechnung mit 30 Kalendertagen in Ansatz gebracht werden.

Beweis: Schreiben der Krankenkasse vom (...)

Im Januar 2009 wurde damit eine Betrag von netto (...) € Krankengeld gezahlt (28 Tage x ... €), von Februar 2009 bis Oktober 2009 dann monatlich jeweils (...) € netto (30 Tage x ... €). Ab 01. November 2009 wurde das Krankengeld auf (...) € netto erhöht,

Beweis: Schreiben der Krankenkasse vom (...)

so dass für November und Dezember 2009 jeweils (...) € (30 Tage x ... €) gezahlt wurden.

Insgesamt erhielt der Kläger vom 04. Januar 2009 bis einschließlich Dezember 2009 damit Krankengeld in Höhe von (...) € netto.

Maß

Ohne das Schadenereignis hätte der Kläger von November 2008 bis einschließlich Dezember 2009 einen Nettoverdienst in Höhe von 14 Monate x (...) € = (...) € erzielt. Tatsächlich erhielt der Kläger von November bis einschließlich Dezember 2009 Lohnfortzahlung, Übergangsgeld und Krankengeld in Höhe von netto (...) €, so dass sich eine Differenz in Höhe von

$$(...) €$$

ergibt, welche als Verdienstausfall geltend gemacht wird.

b) Haushaltsführungsschaden

Neben dem Verdienstausfall ist dem Kläger auch ein Haushaltsführungsschaden entstanden. Vor dem Schadenereignis hat sich der Kläger in erheblichem Maße an der Hausarbeit beteiligt. Der Kläger lebt mit seiner im Schichtdienst voll berufstätigen Ehefrau in einer ca. 100 qm großen 3-Zimmer-Wohnung. Er war für das komplette Putzen der gesamten Wohnung zuständig, erledigte im Wesentlichen die Einkäufe, insbesondere die schweren, führte die üblichen im Haushalt anfallenden Kleinreparaturen durch, putzte die Fenster und beteiligte sich am Wäschewaschen. Insgesamt hat der Kläger vor dem Schadenereignis ca. 70% der Hausarbeit ausgeführt.

Beweis: Zeugnis der Frau A., b.b.

Diese Verteilung der Hausarbeit zu Lasten des Klägers beruhte auch darauf, dass die Ehefrau des Klägers im 3-Schicht-Dienst voll berufstätig war und ist, der Kläger sich seine Zeit hingegen trotz fester Anstellung freier einteilen konnte.

Beweis: Zeugnis der Frau A., b.b.

Bei der Berechnung des Haushaltsführungsschadens orientieren wir uns an den Tabellen von Schulz-Borck/Hofmann. Dabei ist zu differenzieren hinsichtlich der Zeiten, in denen der Kläger aufgrund von Krankenhaus- und Reha-Aufenthalten vollständig ausgefallen ist und der Zeiten, in denen aufgrund der gesundheitlichen Beeinträchtigungen nur noch eine eingeschränkte Mitarbeit im Haushalt möglich war bzw. ist.

Orientiert man sich an der Tabelle 8 von Schulz-Borck/Hoffmann, fällt im 2-Personen-Haushalt ein wöchentlicher Arbeitszeitaufwand von 43,7 Stunden an. Davon entfallen im konkreten Fall 70%, mithin 30,59 Stunden/Woche auf den Kläger. Dies ergibt einen durchschnittlichen täglichen Arbeitszeitbedarf von 4,37 Stunden.

Stationäre Krankenhaus- bzw. Reha-Aufenthalte fanden statt vom 17.10. – 24.10.2008, vom 31.10. – 12.11.2008 und vom 28.11.2008 – 03.01.2009 (= 58 Tage). Während der stationären Aufenthalte fiel der Kläger zu 100% bezüglich der Hausarbeit aus. Für diese 58 Tage ergibt sich ein Arbeitszeitbedarf von 58 Tage x 4,37 Stunden = 253,46 Stunden.

Dieser Arbeitszeitaufwand ist marktgerecht zu vergüten. Ausgangspunkt hierbei ist der fiktive Nettolohn einer erforderlichen Hilfskraft. Da wäh-

Maß

rend der Krankenhaus- und Reha-Aufenthalte auch keine Leitungsfunktion ausgeübt werden konnte, hat man sich insoweit an einer höherwertigen
Ersatzkraft zu orientieren. Wir gehen für eine derartige (qualifizierte) Ersatzkraft insoweit von einem Netto-Stundenlohn in Höhe von 11,00 € aus.
Damit ergibt sich für die Zeit der stationären Aufenthalte ein Haushaltsführungsschaden in Höhe von

(…) €.

Aufgrund der bis zur Reha noch vorhandenen gravierenden Gesundheitsbeeinträchtigungen war bis zum Ende der Reha am 03.01.2009 auch für die Tage,
die der Kläger zu Hause war, an eine Mitarbeit im Haushalt in keiner Weise
zu denken, so dass auch für diese Tage (25.10. – 30.10., 13.11. – 27.11.2008)
von einem Totalausfall auszugehen ist. Für diese 21 Tage ergibt sich, bei einem
reduzierten Nettostundenlohn einer fiktiven Ersatzkraft von 9,00 €, da nun
zumindest Leitungsfunktionen wahrgenommen werden konnten, ein Haushaltsführungsschaden in Höhe von 21 Tage x 4,37 Stunden x 9,00 € =

(…) €.

Aufgrund der auch nach der Reha noch anhaltenden und bis heute bestehenden gesundheitlichen Beeinträchtigungen ist der Kläger seit Januar 2009
bis heute (und wird es auch weiterhin sein) noch immer in erheblichem
Maße bei der Ausübung von Haushaltstätigkeiten beeinträchtigt. So können
z.B. keine Einkäufe mit dem Auto mehr erledigt werden, da der Kläger seit
dem Schadenereignis nicht mehr Auto fahren kann. Ob dies jemals wieder
möglich sein wird, bleibt abzuwarten. Einkäufe zu Fuß sind deshalb nicht
möglich, weil der Kläger keine schweren Lasten tragen kann. Nicht mehr
möglich sind auch sämtliche Tätigkeiten, welche die Benutzung einer Leiter
o.ä. erfordern (z.B. Lampen auswechseln, Fenster putzen). Nach alledem ist
von einer verletzungsbedingten konkreten Behinderung bei der Hausarbeit
in Höhe von 25% auszugehen.

Beweis: Sachverständigengutachten

Ausgehend von dem oben ermittelten wöchentlichen Arbeitszeitaufwand
von 30,59 Stunden sind vom 05.01. bis 31.12.2009 insgesamt 1.590,68 Stunden angefallen (52 Wochen x 30,59 Stunden). Hiervon konnten 25% =
397,67 Stunden behinderungsbedingt nicht erbracht werden. Bei einem fiktiven Nettostundenlohn von 9,00 € ergibt sich somit für die Zeit von Januar
bis Juli 2009 ein Haushaltsführungsschaden in Höhe von

(…) €.

c) Fahrtkosten

Vom 17.10. bis zum 24.10.2008 befand sich der Kläger stationär im X-Krankenhaus. Während dieses Krankenhausaufenthaltes wurde er täglich von
seiner Ehefrau besucht.

Beweis: Zeugnis der Frau A., b.b.

Maß

Die einfache Entfernung von der Wohnung der Familie A. zum X-Krankenhaus beträgt 7 km, so dass 8 Tage x 14 km =

$$112 \text{ km}$$

zurückgelegt wurden.

Vom 31.10. bis zum 12.11.2008 befand sich der Kläger sodann im Y-Krankenhaus. Auch hier besuchte ihn seine Ehefrau täglich.

Beweis: wie vor

(...)

Am 28.11.2008 schloss sich eine stationäre Rehabilitationsbehandlung an, die
bis zum 03.01.2009 andauerte. Die Ehefrau des Klägers besuchte diesen täglich

Beweis: wie vor

und legte hierfür (...)

Insgesamt wurden damit 676 km zurückgelegt. Da die Besuche der Ehefrau
des Klägers medizinisch sinnvoll waren, sind die hierfür angefallenen Kosten als Schadensposition zu erstatten. Bei einer km-Pauschale von 0,30 €
ergeben sich folgende Kosten:

(...)

d) Pflegekosten

Als weitere Schadensposition sind dem Kläger Pflegekosten entstanden. Der
Kläger war während des gesamten Krankenhausaufenthaltes vom 17.10. bis
24.10.2008 im X-Krankenhaus aufgrund der Lähmungen komplett auf fremde Hilfe angewiesen. Die Ehefrau des Klägers – selbst Krankenschwester –
befand sich von Morgens bis Abends im Krankenhaus und verrichtete während dieser Zeit sämtliche notwendigen pflegerischen Tätigkeiten. Sie gab z.B.
Hilfestellungen beim Waschen und Essen, führte Einreibungen, Massagen
und Gymnastikübungen mit den Beinen durch, mobilisierte den Kläger auf
der Bettkante und später im Zimmer und Flur, begleitete ihn zur Toilette etc.

Beweis: Zeugnis der Frau A., b.b.

Für die verrichteten Pflegetätigkeiten bringen wir einen Zeitaufwand von
täglich 5 Stunden in Ansatz,

Beweis: Sachverständigengutachten

für 8 Tage mithin 40 Stunden. Bei einer marktgerechten Vergütung von netto 10,00 € ergibt sich ein Pflegemehraufwand von

$$(...) \text{ €.}$$

e) Zuzahlungen zu Medikamenten, Heilmitteln, Hilfsmittel

Für diverse Zuzahlungen zahlte der Kläger im Zeitraum vom 17.10.2008
bis 31.12.2009 insgesamt (...) €. Der Betrag setzt sich wie folgt zusammen:

(...)

Die entsprechenden Belege fügen wir in Kopie bei (**Anlagenkonvolut**).

Maß

f) Kosten für Porto, Telefon

Durch die gesundheitliche Beeinträchtigung muss der Kläger regelmäßig Termine bei verschiedenen Ärzten (Neurologe, Urologe) und Krankengymnasten/Therapeuten vereinbaren. Hinzu kommen Telefonate/Briefwechsel mit der Krankenkasse und der Unterzeichnerin. Für diese Schadensposition machen wir für den Zeitraum 17.10.2008 – 31.12.2009 eine Pauschale in Höhe von

(…) €

geltend. Dabei ist zu berücksichtigen, dass besonders in der ersten Zeit nach dem Schadenereignis besonders viele Fragen zu klären waren, die zu erhöhten Telefon- und Portokosten geführt haben.

Insgesamt beläuft sich der bis zum 31.12.2009 bezifferbare Schaden damit auf

(…) €.

3. Mit dem Klageantrag zu 3) macht der Kläger Nebenkosten in Höhe von

(…) €

geltend. Bei diesen Nebenkosten handelt es sich um die Kosten der außergerichtlichen Rechtsverfolgung. (…)

4. Der Feststellungsantrag ist zulässig und begründet, da sich sowohl der materielle als auch der immaterielle Schaden noch in der Entwicklung befinden, so dass noch keine abschließende Bezifferung des bisher nur teilweise entstandenen Schadens möglich ist. Insbesondere für die Zukunft ist nicht absehbar, ob noch weitere krankheitsbedingte Mehraufwendungen (z.B. Heil- und Hilfsmittel, Medikamente, Fahrtkosten) auf den Kläger zukommen. Fest steht bereits, dass aufgrund der anhaltenden und aller Voraussicht nach dauerhaften Gesundheitsschäden weiterhin Verdienstausfall (der deutlich höher ausfallen wird, als noch zum jetzigen Zeitpunkt, wo noch Krankengeld gezahlt wird) und ein Haushaltsführungsschaden anfallen werden, wobei die Höhe des zukünftigen Verdienstausfalls nicht beziffert werden kann, da der Kläger nur noch bis April 2010 Krankengeld bezieht. Ob danach ein Rentenanspruch besteht, ist noch nicht geklärt.

Auch der immaterielle Schaden ist noch nicht abgeschlossen. Derzeit ist nicht auszuschließen, dass nicht noch weitere gesundheitliche Folgeschäden, wie z.B. eine Verschlimmerung der bereits bestehenden Beeinträchtigungen, eintreten.

Beweis: Sachverständigengutachten

Damit ist der Feststellungsantrag auch hinsichtlich der immateriellen Schäden gerechtfertigt.

Was den für den Feststellungsantrag in Ansatz gebrachten Streitwert betrifft, ist zu berücksichtigen, dass (…)

5. Mit Schreiben vom (…) wurde die Haftpflichtversicherung des Beklag-

ten zu 1) unter Fristsetzung zum 21.09.2009 aufgefordert, dem Kläger ein Schmerzensgeld sowie den bis zum 31.07.2009 entstandenen materiellen Schaden in Höhe von (...) € zu zahlen und im Übrigen ihre Einstandspflicht dem Grunde nach mit Wirkung eines rechtskräftigen Feststellungsurteils anzuerkennen. Mit Schreiben vom (...) lehnte die Haftpflichtversicherung die Regulierung ab, so dass Klage geboten ist.

Rechtsanwältin

b) Beispiel: Aufbau einer Klagebegründung bei unterlassener Befunderhebung　　　　　3476

(hier: unterlassene Mammographie im Rahmen der Brustkrebsvorsorge)

Begründung:

Die am 12.09.1951 geborene Klägerin macht Schmerzensgeld und Ersatz ihrer materiellen Schäden wegen ärztlicher Behandlungsfehler im Zusammenhang mit einer vorwerfbar verspäteten Brustkrebsdiagnose geltend.

I.

1. Die Klägerin stellte sich erstmalig am 15.05.2002 bei dem Beklagten, einem niedergelassenen Gynäkologen, zur Brustkrebsvorsorge vor. Die letzte Mammographie lag über 2 Jahre zurück.

Beweis:　　Karteikarte des Beklagten

2. Am 25.10.2002 diagnostizierte der Beklagte bei der Klägerin eine Mastodynie Grad 2-3. Weiter weist seine Karteikarte für diesen Tag den Eintrag: »Mammae: li flache Resistenz? US: unauff.« auf.

Beweis:　　Karteikarte des Beklagten

3. Am 04.09.2003 stellte sich die Klägerin in der Praxis des Beklagten vor, nachdem sie in ihrer linken Brust einen Knoten getastet hatte. Der Beklagte tastete die Brust ab und führte einen Ultraschall durch. Er beruhigte die Klägerin, sie habe keinen Tumor, sondern eine »knotige Brust«. Der Karteikarteneintrag lautet: »Drüsen fest, »körnig«. US: unauff.«

Beweis:　　1. Karteikarte des Beklagten
　　　　　　　2. informatorische Anhörung der Klägerin

4. Im Januar 2004 suchte die Klägerin den Beklagten erneut auf, da der Knoten immer noch zu tasten war. Der Beklagte tastete die Brust erneut ab und wollte die Klägerin wiederum beruhigen. Diese drängte jedoch auf eine Mammographie, woraufhin der Beklagte ihr eine Überweisung ausstellte.

Beweis:　　1. Karteikarte des Beklagten
　　　　　　　2. informatorische Anhörung der Klägerin

Die am 27.01.2004 in der Radiologischen Gemeinschaftspraxis R durchgeführte Mammographie ergab den dringenden Verdacht eines Mamma-Carzinoms links und rechts. Bei der klinischen Untersuchung tastete Dr. R (...). Eine Sonographie ergab (...).

Maß

Beweis: Untersuchungsbefund ...

5. Eine Stanzbiopsie aus der linken Brust vom 10.02.2004 ergab karzinom-
verdächtige Zellen, jedoch keine definitive Karzinomdiagnose. Ein daraufhin am 04.03.2004 angefertigtes MRT ergab ein multifokales bilaterales
Mamma-Carzinom.

Beweis: Untersuchungsbefunde ...

6. Am 17.03.2004 erfolgte im Krankenhaus K eine Tumorresektion beidseits und nach Vorlage des histologischen Ergebnisses am 23.03.2004 eine
Ablatio mammae mit Axilladissektion und subpektoralem Brustwiederauf-
bau mit Implantaten beidseits. Postoperativ kam es zu Komplikationen (...).
Der weitere Krankheitsverlauf gestaltete sich wie folgt: (...)

**Beweis für alle den Behandlungsfehler und den Gesundheitsschaden be-
treffenden Tatsachen:**

> Behandlungsunterlagen, im Einzelnen
>
> (...)
>
> deren Beiziehung im Original unter Bezugnahme auf die beige-
> fügte Entbindungserklärung von der Schweigepflicht **beantragt**
> wird.

II.
Dem Beklagten sind hinsichtlich der Behandlung der Klägerin grobe Behandlungsfehler vorzuwerfen. Er hat schuldhaft die Diagnose und damit die
Therapie des Mamma-Carzinoms verzögert. Die von ihm bei der Klägerin
durchgeführten Brustkrebsvorsorgeuntersuchungen entsprachen nicht dem
zum Zeitpunkt der Behandlung geltenden medizinischen Standard.

1. Nach der Stufe-3-Leitlinie zur Brustkrebs-Früherkennung in Deutschland der Dt. Gesellschaft für Senologie, der Dt. Krebsgesellschaft, der Dt.
Krebshilfe und der World Society for Breast Health (Stand März 2002) ist
die Mammographie zur Zeit die einzige für die Erkennung von Brustkrebs-
vorstufen oder frühen Tumorstadien allgemein als wirksam anerkannte Methode. Die Durchführung einer mammographischen Untersuchung ohne
Vorliegen von Symptomen erfolgt danach (...). Die Sonographie hingegen
ist eine Zusatzuntersuchung zur Abklärung unklarer Befunde. Als alleinige
Methode ist sie für die Früherkennung ungeeignet.

Beweis: 1. Kurzfassung AWMF-Leitlinie Brustkrebs-Früherkennung
             2. Sachverständigengutachten

Als die Klägerin den Beklagten im Mai 2002 erstmals aufsuchte, war sie über
50 Jahre alt und die letzte Mammographie lag über 2 Jahre zurück. Zu einer
dem medizinischen Standard entsprechenden Brustkrebsvorsorge hätte es
daher gehört, eine Mammographie zu veranlassen.

Beweis: Sachverständigengutachten

Dies hat der Beklagte nicht getan. Bereits hierin ist ein Verstoß gegen den

Maß

medizinischen Standard zu sehen.

Beweis: Sachverständigengutachten

2. Auch als der Beklagte im Oktober 2002 eine flache Resistenz in der linken Brust der Klägerin tastete, erfolgte lediglich eine Abklärung mittels Ultraschall, hingegen keine Überweisung zur Mammographie. Gemäß der oben zitierten Leitlinie war eine alleinige Ultraschalluntersuchung nicht ausreichend, der Beklagte hätte eine Mammographie veranlassen müssen.

Beweis: Sachverständigengutachten

3. Aus medizinischer Sicht völlig unverständlich ist es aber, dass der Beklagte nicht spätestens bei der Vorstellung der Klägerin am 04.09.2003 wegen des von ihr selbst getasteten Knotens in der linken Brust eine Mammographie veranlasst hat. Ein solcher Fehler darf einem Arzt schlechterdings nicht unterlaufen.

Beweis: Sachverständigengutachten

Rechtlich gesehen liegt damit ein grober Behandlungsfehler vor. Ein **grober Behandlungsfehler** liegt vor, wenn ein eindeutiger Verstoß gegen die Regeln der ärztlichen Kunst oder gesicherte medizinische Erkenntnisse vorliegt. Es muss sich um einen Fehler handeln, der aus objektiver ärztlicher Sicht nicht mehr verständlich erscheint, weil er einem Arzt schlechterdings nicht unterlaufen darf (BGH, VersR 2004, 909; VersR 2007, 995).

4. Selbst wenn man zu dem Ergebnis gelangen sollte, dass die einzelnen, dem Beklagten unterlaufenen und soeben aufgezeigten Behandlungsfehler für sich genommen nicht als grob zu bewerten sind, so ergibt sich zumindest in der **Gesamtbetrachtung des Geschehens** ein grober Behandlungsfehler. Insoweit verweisen wir auf die Entscheidung des BGH vom 16.05.2000, VersR 2000, S. 1146 ff. Danach ist für die Frage, ob ein grober Behandlungsfehler vorliegt, das Behandlungsgeschehen nicht in einzelne Zeitabschnitte zu zerlegen, sondern eine Gesamtbetrachtung des ärztlichen Vorgehens vorzunehmen, vgl. BGH, a.a.O., S. 1148. In der Gesamtheit stellt sich das Vorgehen des Beklagten seit Mai 2002, spätestens aber seit Oktober 2002, in jedem Fall als aus ärztlicher Sicht nicht mehr verständlich dar.

Beweis: Sachverständigengutachten

III.

1. Die dem Beklagten vorzuwerfenden Behandlungsfehler sind auch ursächlich für die Gesundheitsschäden der Klägerin. Wenn die Krebsvorsorgeuntersuchungen des Beklagten entsprechend dem medizinischen Standard durchgeführt worden wären, wären sowohl der linke als auch der rechte Tumor früher erkannt und behandelt worden. Dann wäre eine Brust erhaltende Operation ohne Axilladissektion möglich gewesen, was der Klägerin neben dem Verlust ihrer Brüste die Schmerzen und Sensibilitätsstörungen im Axilla-, Schulter- und Armbereich erspart hätte.

Maß

Beweis: Sachverständigengutachten

Zudem hätte eine rechtzeitige Diagnose und Therapie die Heilungschancen der Klägerin verbessert. (...).

Beweis: Sachverständigengutachten

2. Möglicherweise verbleibende Zweifel hinsichtlich der Kausalität gehen zu Lasten des Beklagten. Wie oben ausgeführt, sind die dem Beklagten unterlaufenen Fehler als grobe Behandlungsfehler einzustufen, die zu einer **Beweislastumkehr** hinsichtlich der Kausalität zwischen dem Behandlungsfehler und dem eingetretenen Schaden führen. Danach genügt es für die Haftung bereits, dass die beanstandete Handlung grundsätzlich geeignet ist, eine Schädigung, wie sie bei der Klägerin vorliegt, hervorzurufen. Nahe legen oder wahrscheinlich machen, muss der grobe Behandlungsfehler den Schaden nicht (BGH, VersR 2004. 909, 911). Ist dies der Fall, obliegt es der Behandlungsseite nachzuweisen, dass der Behandlungsfehler nicht ursächlich für den eingetretenen Schaden ist, der Schaden also auch bei behandlungsfehlerfreiem Vorgehen eingetreten wäre.

Vorliegend waren die dem Beklagten vorzuwerfenden Behandlungsfehler grundsätzlich geeignet, den bei der Klägerin eingetretenen Gesundheitsschaden hervorzurufen.

Beweis: Sachverständigengutachten

Dem Beklagten obliegt daher der Nachweis, dass der Behandlungsfehler nicht ursächlich für den Gesundheitsschaden ist. Diesen Beweis kann der Beklagte nicht erbringen.

3. Darüber hinaus kommen der Klägerin aber auch unter dem **Gesichtspunkt der unterlassenen Befunderhebungen** Beweiserleichterungen zugute. Insoweit verweisen wir auf die Entscheidung des BGH vom 06.10.1998, NJW 1999, Seite 860 ff. und vom 06.07.1999, NJW 1999, S. 3408 ff. Danach lässt ein Verstoß gegen Befunderhebungs- und Sicherungspflichten im Wege der Beweiserleichterung zwar zunächst nur auf ein reaktionspflichtiges positives Befundergebnis schließen, wenn ein solches hinreichend wahrscheinlich sei. Darüber hinaus erlangt ein solcher Verstoß aber auch für die Kausalitätsfrage beweiserleichternde Bedeutung, wenn im Einzelfall zugleich auf einen groben Behandlungsfehler zu schließen ist, weil sich, wäre der entsprechende Befund erhoben worden, mit hinreichender Wahrscheinlichkeit ein so deutlicher und gravierender Befund ergeben hätte, dass sich dessen Verkennung als fundamental fehlerhaft darstellen müsste.

So lag der Fall vorliegend. Der weitere Verlauf hat gezeigt, dass eine Befunderhebung zu einem früheren Zeitpunkt mit an Sicherheit grenzender Wahrscheinlichkeit ein reaktionspflichtiges positives Befundergebnis ergeben hätte, nämlich (...). Aufgrund (...) ist es sehr wahrscheinlich, dass eine Mammographie im Oktober 2002 bereits ein linksseitiges Mamma-Carcinom gezeigt hätte.

Maß

Beweis: Sachverständigengutachten

Die Verkennung eines solchermaßen zu unterstellenden Befundes bzw. die Nichtreaktion hierauf hätte sich als fundamental fehlerhaft dargestellt.

Beweis: Sachverständigengutachten

Damit kommen der Klägerin nach der ständigen Rechtsprechung des BGH auch aufgrund der unterlassenen Befunderhebungen Beweiserleichterungen hinsichtlich der Kausalität dergestalt zugute, dass sich die Beweislast hinsichtlich der Kausalität des Behandlungsfehlers für den eingetretenen Schaden umkehrt.

c) Beispiel: Aufbau einer Klagebegründung bei grobem Diagnosefehler

3477

(hier: Fehlinterpretation eines Röntgenbildes)

Begründung:

Die am 23.07.1970 geborene Klägerin verlangt Schmerzensgeld und Ersatz ihrer materiellen Schäden wegen ärztlicher Behandlungsfehler im Zusammenhang mit einer Untersuchung und Behandlung nach einem Sturz von einer Leiter.

I.

Im Einzelnen stellt sich der haftungsrelevante Sachverhalt wie folgt dar:
1. Am 21.08.2006 wurde die Klägerin mit Schmerzen im rechten Arm sowie im rechten Fuß nach einem Sturz von einer Speicherleiter mit dem Rettungswagen in die Notfallambulanz des X-Krankenhauses, dessen Trägerin die Beklagte ist, eingeliefert. Dort wurden Röntgenaufnahmen angefertigt und von dem Radiologen R wie folgt beurteilt: (…)

Beweis: Röntgen-Befund (…)

Tatsächlich vermittelt die Röntgenaufnahme folgendes Bild (…)

Beweis: 1. MDK-Gutachten vom (…)
               2. Stellungnahme Dr. C vom (…);
                   sachverständiges Zeugnis Dr. C
               3. Sachverständigengutachten

Der in der Notfallambulanz Dienst habende Arzt A stellte, unter Zugrundelegung des (falschen) Röntgen-Befundes von R, bezüglich des rechten Fußes folgende Diagnose: (…)

Beweis: 1. Notfall-/Vertretungsschein vom (…)
               2. Zeugnis des Herrn A. (Ehemann der Klägerin)

Er ordnete folgende Maßnahmen an/ erteilte der Klägerin folgende ärztliche Ratschläge/verordnete folgende Medikamente (…). Die Klägerin verhielt sich entsprechend.

Maß

Aufgrund des auf der Röntgenaufnahme abgebildeten Zustandes hätte es richtigerweise zu folgender Diagnosestellung kommen müssen: (...)

Beweis: 1. MDK-Gutachten vom (...)
2. Stellungnahme Dr. C vom (...);
   sachverständiges Zeugnis Dr. C
3. Sachverständigengutachten

Da die tatsächlich gestellte Diagnose fehlerhaft war, unterblieb die eigentlich gebotene Behandlung. Der Zustand der Klägerin verschlechterte sich: (...).

Seit dem 14.05.2007 ist die Klägerin bei Herrn Dr. C in orthopädischer Behandlung. Er erhob folgende Befunde: (...)

Beweis: Karteikartenauszug Dr. C

2. Trotz der Behandlung bei Herrn Dr. C leidet die Klägerin bis zum heutigen Tage, inzwischen also über eineinhalb Jahre lang, unter Schmerzen und Bewegungseinschränkungen des rechten Fußes und zwar konkret (...)

Beweis: 1. sachverständiges Zeugnis des Herrn Dr. C
2. Sachverständigengutachten

Beweis für alle den Behandlungsverlauf und den Gesundheitsschaden betreffenden Tatsachen:

Behandlungsunterlagen, im Einzelnen:

(...)

deren Beiziehung im Original unter Bezugnahme auf die beigefügte Entbindungserklärung von der ärztlichen Schweigepflicht hiermit **beantragt** wird.

II.

Den verantwortlichen Ärzten des Krankenhauses der Beklagten sind bei der Behandlung der Klägerin am 21.08.2006 vorwerfbare Behandlungsfehler unterlaufen.

Auf der am 21.08.2006 angefertigten Röntgenaufnahme war eindeutig folgender Zustand zu erkennen: (...)

Beweis: 1. MDK-Gutachten vom (...)
2. Stellungnahme Dr. C vom (...)
3. Sachverständigengutachten

Dies hätte der Radiologe R bei Anwendung der erforderlichen Sorgfalt bei der Auswertung des Röntgenbildes ohne weiteres erkennen müssen, ebenso wie der die unfallchirurgische Notfallambulanz an diesem Tag betreuende A.

Beweis: Sachverständigengutachten

Die Auswertung des Röntgenbildes oblag beiden Ärzten. Beide haben ihren Sorgfaltspflichten nicht genügt, insofern liegt ein vorwerfbarer Diagnosefehler vor, für den die Beklagte haftet.

Maß

Dieser Diagnosefehler stellt sich vorliegend als grober Behandlungsfehler dar.

Eine Fehldeutung des in Rede stehenden Röntgenbildes durfte einem Facharzt für Radiologie schlechterdings nicht passieren, ebenso wenig einem Facharzt für Orthopädie/Unfallchirurgie.

Beweis: Sachverständigengutachten

Dabei verkennt die Klägerin nicht, dass Diagnoseirrtümer von der Rechtsprechung nur mit Zurückhaltung als Behandlungsfehler gewertet werden. Ein Behandlungsfehler liegt dann vor, wenn für eine Krankheit kennzeichnende Symptome nicht ausreichend berücksichtigt werden. Ein grober Behandlungsfehler liegt vor, wenn das Verhalten aus medizinischer Sicht nicht mehr verständlich erscheint, weil es einem Facharzt der entsprechenden Fachrichtung schlechterdings nicht unterlaufen darf, bei Diagnosefehlern auch bei eindeutigen Fehldiagnosen.

Dies ist z.B. der Fall, wenn Krankheitserscheinungen in völlig unvertretbarer Weise gedeutet werden. Gerade im Bereich der Falschauswertung von Röntgenbildern kann durchaus schon dann ein schwerwiegender Diagnosefehler vorliegen, wenn Ärzte einer Röntgenabteilung einen auf den Röntgenbildern erkennbaren Bruch übersehen (vgl. OLG Hamm, Urteil vom 27.01.1982, 3 U 199/81, zitiert bei Laufs/Uhlenbruck, § 156 Rn. 12).

Die richtige Diagnose (…) war vorliegend keinesfalls eine ungewöhnliche, sondern im Gegenteil eine häufige und typische Sturzfolge. Das Röntgenbild, das ja gerade zum Ausschluss dieser Diagnose angefertigt wurde, hätte auf entsprechende Anzeichen geprüft werden müssen. Wäre das auch nur mit einem Mindestmaß an Sorgfalt geschehen, hätte auffallen müssen, dass (…). Dies ist typischer Hinweis auf (…).

Beweis: Sachverständigengutachten

Das Übersehen einer solchen Problematik birgt ein hohes Risiko für Dauerschäden, so dass hierauf besonderes Augenmerk gerichtet werden muss und bei unsicherer Befundung weitere Diagnostik hätte eingeleitet werden müssen. Darüber hinaus ruft auch der von der Klägerin ausführlich geschilderte konkrete Unfallhergang – Sturz von einer Leiter –typischerweise gerade die hier unentdeckt gebliebenen Verletzungen hervor und auch die klinischen Anzeichen sprachen dafür.

Beweis: Sachverständigengutachten

Damit sind eine Vielzahl auf die richtige Diagnose hindeutender Symptome/Elemente nicht erkannt bzw. in unvertretbarer Weise missdeutet worden.

Beweis: Sachverständigengutachten

Damit stellt die Fehldiagnose einen groben Behandlungsfehler dar.

Maß

III.

1. Die den verantwortlichen Ärzten unterlaufenen Behandlungsfehler sind auch ursächlich für die bei der Klägerin vorliegenden Gesundheitsschäden (...).

Aufgrund der falschen Diagnose wurde der rechte Fuß der Klägerin viel zu früh belastet, so dass es zu den nun eingetretenen Gesundheitsschäden gekommen ist. Wäre stattdessen unmittelbar am Unfalltag die zutreffende Diagnose gestellt worden, hätte eine adäquate, der Verletzung entsprechende Behandlung durchgeführt werden können und die nun eingetretenen Gesundheitsschäden, die aller Voraussicht nach dauerhafter Natur sind, wären ausgeblieben.

Beweis: Sachverständigengutachten

(...)

2. Möglicherweise verbleibende Zweifel hinsichtlich der Kausalität gehen zu Lasten der Beklagten. Wie unter II. ausgeführt, sind die den behandelnden Ärzten unterlaufenen Fehler als grobe Behandlungsfehler einzustufen, so dass sich die Beweislast hinsichtlich der Kausalität zwischen dem Behandlungsfehler und dem eingetretenen Schaden umkehrt. Danach genügt es für die Haftung bereits, dass die beanstandete Handlung – hier das Verkennen der Fraktur mit der Folge der fehlerhaften Behandlung – grundsätzlich geeignet ist, eine Schädigung, wie sie bei der Klägerin vorliegt, hervorzurufen. Nahe legen oder wahrscheinlich machen muss der grobe Behandlungsfehler den Schaden nicht (BGH, VersR 2004, 909, 911). Ist dies der Fall, obliegt es der Behandlungsseite nachzuweisen, dass der Behandlungsfehler nicht ursächlich für den eingetretenen Schaden ist, der Schaden also auch bei behandlungsfehlerfreiem Vorgehen eingetreten wäre.

Vorliegend waren das Verkennen der Fraktur und die dadurch fehlerhafte Behandlung des Bruches grundsätzlich geeignet, den bei der Klägerin eingetretenen Gesundheitsschaden hervorzurufen.

Beweis: wie vor

Der Beklagten obliegt daher der Nachweis, dass der Behandlungsfehler nicht ursächlich für den Gesundheitsschaden ist. Diesen Beweis kann die Beklagte nicht erbringen.

G. Der Haftungsfall in der Praxis –
4. Teil: Der Arzthaftungsprozess

I. Problemübersicht

Das komplizierte materielle Haftungsgefüge bei ärztlichen Pflichtverletzungen **3478**
wirkt auch auf die prozessuale Durchsetzbarkeit der Rechtsansprüche ein.
Das Prozessrecht muss in der Lage sein, dem materiellen Recht zur Geltung
zu verhelfen, so dass die Besonderheiten der arzthaftungsrechtlichen Lebenssachverhalte nicht nur materiell-rechtliche, sondern auch verfahrensgestalterische Spezialregeln erfordern. Dabei besteht zwischen materiellem
und prozessualem Recht eine Wechselbeziehung, d.h. das Verfahrensrecht
dient nicht nur der Durchsetzung des materiellen Rechts, sondern formt
dieses gleichzeitig mit.[4643]
Die Besonderheiten des arzthaftungsrechtlichen Zivilprozesses ergeben sich
entsprechend vor allem aus den folgenden, das Behandlungsverhältnis zwischen Arzt und Patient kennzeichnenden Spezifika:
- Wissensvorsprung des Arztes (»Ungleicher Zugang zum zu beurteilenden Sachverhalt und damit zum Prozessstoff«)
- Eigenarten der Heilbehandlung (»Unberechenbarkeit des menschlichen Organismus«, »Schicksalhaftigkeit« – Arzt schuldet keinen Heilungserfolg)
- Selbstbestimmungsrecht des Patienten (Kein zwingender Gleichlauf zwischen objektiv indizierter/sorgfaltsgemäßer Behandlung und einer das
individuelle Selbstbestimmungsrecht beachtenden Behandlung)

Die strukturell gleichen Problemlagen im Arzthaftungsprozess lassen sich **3479**
am Ende alle auf diese prägenden Merkmale des dem Streitgegenstand zugrundeliegenden Lebenssachverhalts zurückführen.

❗ Diese Problemlagen sind:
- Weder der Patient noch das Gericht haben das Fachwissen zur Bestimmung des medizinischen Facharztstandards, der den Sorgfaltsmaßstab bestimmt.
- Der Patient ist nur eingeschränkt in der Lage das Behandlungsgeschehen mit seinen Interdependenzen nachzuvollziehen.
- Die Überprüfung der Beachtung des Selbstbestimmungsrechts des Patienten zwingt zur Befassung mit einer inneren Motivationslage, die nur schwer »beweisbar« ist.
- Die »Unberechenbarkeit« des menschlichen Organismus (teilweise komplexe, multikausale, unvorhersehbare, unbeherrschbare und unaufklärbare biologische und physiologische Prozesse) erschwert vor allem den Kausalitätsnachweis des Fehlers für die gesundheitliche Folge.

4643 Katzenmeier, Arzthaftung 2002, S. 376.

> – Die beweisrechtliche Verwertbarkeit der Behandlungsdokumentation ist abhängig von der ordnungs- und wahrheitsgemäßen Aufzeichnung durch die Arztseite.

3480 Damit liegt auf der Hand: Im Arzthaftungsprozess verfügt der Arzt über den unmittelbareren Zugang zum Prozessstoff. Das bedeutet, dass der Arzt im zivilrechtlichen Erkenntnisverfahren, dessen Ausgestaltung die Beibringung des für die gerichtliche Entscheidung erheblichen Sachverhalts durch die Parteien selbst erfordert (Beibringungsgrundsatz), regelmäßig die prozessrechtlich günstigere Ausgangslage hat. Der Wissensvorsprung des Arztes wirkt sich somit schon im Bereich der Sachverhaltsaufbereitung, insbesondere aber auch bei der Beweisführung aus. Bei strenger Anwendung der zivilprozessualen Regeln zu Darlegungs- und Beweislast käme es in der Praxis regelmäßig zu einer »Überforderung« der Patientenseite. Den Nachteilen kann der Patient auch bei Ausnutzung aller materiell-rechtlichen Möglichkeiten wie weitreichender Auskunfts- und Einsichtsrechte sowie der Einholung medizinischer Privatgutachten nie wirklich kompensierend begegnen. Entsprechend hat die fachgerichtliche Rechtsprechung ein spezifisch arzthaftungsrechtliches zivilprozessuales Instrumentarium geschaffen, um die Gleichwertigkeit der prozessualen Stellung der Parteien wieder herzustellen.

3481 Dieses Vorgehen ist durch das Bundesverfassungsgericht ausdrücklich gebilligt und die, vor allem im Beweisrecht, entwickelten Modifikationen für die Ausgestaltung des Erkenntnisverfahrens im Arzthaftungsprozess als »in Rücksicht auf die vielschichtige Interessenlage, die erhebliche Gefahrneigung der ärztlichen Tätigkeit und die besondere, oft schwierige prozessuale Situation der geschädigten Patienten sachgerechte, dem Interessen- und Härteausgleich« dienend gewertet worden.[4644] Zusammen mit den allgemeinen Verfahrensvorschriften gewährleisten diese Modifikationen die Grundelemente des Rechtsstaates und der Rechtsstaatlichkeit einschließlich des Anspruchs der Beteiligten auf ein faires Verfahren auch im Arzthaftungsprozess.

3482 Die »Waffengleichheit« als Ausprägung dieser Rechtsstaatlichkeit und des allgemeinen Gleichheitssatzes, Art. 3 Abs. 1 i.V.m. Art. 20 Abs. 3 GG, sei im Zivilprozess »zu verstehen als die verfassungsrechtlich gewährleistete Gleichwertigkeit der prozessualen Stellung der Parteien vor dem Richter, der auch im Blick auf die grundrechtlich gesicherte Verfahrensgarantie aus Art. 103 Abs. 1 GG den Prozessparteien im Rahmen der Verfahrensordnung gleichermaßen die Möglichkeit einzuräumen hat, alles für die gerichtliche Entscheidung erhebliche vorzutragen und alle zur Abwehr des gegnerischen Angriffs erforderlichen prozessualen Verteidigungsmittel selbstständig geltend zu machen.«[4645]

4644 BVerfG VersR 1979, 907, 914.
4645 BVerfG VersR 1979, 907, 915 unter Hinweis auf BVerfGE 9, 124, 130f.; 26, 66, 71; 35, 348, 355; 38, 105, 111.

Hinsichtlich der sich aus der »Waffengleichheit« ergebenden Verpflichtungen des Gerichts waren sich die an der BVerfG-Entscheidung zum Arzthaftungsprozess beteiligten Verfassungsrichter uneinig. Gemeinsamer Ausgangspunkt ist, dass der Richter die Waffengleichheit durch eine »objektive, faire Verhandlungsführung, durch unvoreingenommene Bereitschaft zur Verwertung und Bewertung des gegenseitigen Vorbringens, durch unparteiische Rechtsanwendung und durch korrekte Erfüllung seiner sonstigen prozessualen Obliegenheiten gegenüber den Prozessbeteiligten« wahren muss. Darüberhinaus lassen sich nach dem die BVerfG-Entscheidung tragenden Votum für das zivilrechtliche Erkenntnisverfahren mit seiner von der jeweiligen Beweislage und den geltenden Beweisregeln abhängigen Verteilung des Risikos am Verfahrensausgang keine verfassungsrechtlichen Folgerungen herleiten. Die Beachtung der Verfahrensregeln sei eine Frage des einfachen Rechts.[4646] **3483**

Dagegen votieren vier Verfassungsrichter für die Ansicht, dass sich aus dem Gebot der Waffengleichheit unmittelbar die Pflicht des Richters ergebe, in jedem Einzelfall aufs Neue die Auswirkungen des Beweisrechts zu prüfen, um zu entscheiden, ob dem Patienten die »regelmäßige Beweislastverteilung noch zugemutet werden darf«.[4647] Diese Sichtweise hat sich auch in Lehre und Schrifttum nicht durchsetzen können. Die so mögliche regelmäßige Einflussnahme des Bundesverfassungsgerichts auf die Handhabung einfachen Rechts, hier der ZPO, durch den Richter wird überwiegend als zu weitgehend abgelehnt.[4648] **3484**

Zwar gehen auch im Schrifttum die Ansichten über die konkrete Ausformung des einheitlich anerkannten Grundsatzes der Waffengleichheit durchaus auseinander,[4649] jedoch ist das nachfolgend vorgestellte System der zivilprozessualen Modifikation der Prozessförderungs- und Fürsorgepflichten sowie Beweisregeln, welches der VI. Senat des BGH in jahrelanger Rechtsfortbildung zur Gewährleistung der Waffengleichheit im Arzthaftungsprozess konzipiert hat, längst anerkannte und gefestigte Rechtsprechung. Das Waffengleichheitsgebot wird dabei nicht als materiell-rechtlich wirkendes Korrektiv überspannt, sondern verhilft dem materiellen Recht zur Geltung, indem es dem entgegenstehende, unerfüllbare Anforderungen des Prozessrechts an die benachteiligte Prozesspartei überwinden hilft. **3485**

4646 Bestätigt erneut in BVerfG NJW 2009, 137, 138.
4647 BVerfG VersR 1979, 907, 910 (Votum der Richter Zeidler, Hirsch, Niebler und Steinberger).
4648 Siehe bei Katzenmeier, Arzthaftung 2002, S. 382.
4649 Zusammenfassend Katzenmeier, Arzthaftung 2002, S. 380ff.

Wenzel

II. Zivilprozessuale Modifikationen im Arzthaftungsprozess

1. Fürsorgepflichten des Gerichts

3486 Durch die ungleiche Verteilung des Zugangs der Parteien zum Prozessstoff kommt der richterlichen Prozessförderungspflicht im Arzthaftungsprozess bei der Gewährleistung der Waffengleichheit eine besondere Bedeutung zu. Die Schwierigkeiten des Patienten, das Behandlungsgeschehen im Einzelnen darzulegen und zu beweisen, muss zunächst Auswirkungen auf Interpretation und Handhabung des zivilprozessualen Beibringungsgrundsatzes haben. Teilweise wird formuliert, dass im Arzthaftungsprozess der für den Zivilprozess untypische Amtsermittlungsgrundsatz anzuwenden sei, da nur so gewährleistet werden könne, beiden Parteien gleichermaßen die Möglichkeit zu geben, das zur Entscheidung Erhebliche vorzutragen.[4650] Bei der Bestimmung der Reichweite dieser Amtsermittlung ist allerdings darauf zu achten, dass es nicht zur Aufgabe eines den Zivilprozess prägenden Grundprinzips wie der im Beibringungsgrundsatz zum Ausdruck kommenden Verhandlungsmaxime kommt und damit die aus dem Gedanken der Waffengleichheit notwendigen Modifikationen überspannt werden.[4651] Man schüttete das Kind mit dem Bade aus, wenn man die von Privatautonomie und Parteiverantwortung geprägte Stellung der Prozesspartei aufgegeben würde. Eine zu weite Interpretation birgt die Gefahr einer Loslösung des Richters von Parteiverhalten und damit in

---

4650 Krämer in: Festschrift für Günter Hirsch 2008, 387, 388; Geiß/Greiner, Arzthaftpflichtrecht, 6. A., E Rn. 6; Enders ZAP Fach 2, 591; Steffen/Pauge, S. 580ff.
4651 Katzenmeier, Arzthaftung 2002, S. 389f.

der Konsequenz der Verlust der Stellung der Prozesspartei als »mündiger Bürger«.[4652]
Der grundsätzlichen Wahrung der Verhandlungsmaxime tragen daher eher Ansätze Rechnung, die formulieren, dass der Richter im Arzthaftungsprozess »in besonderem Maße« an der Sachverhaltsaufklärung mitzuwirken hat und zu »gesteigerter Aufmerksamkeit« verpflichtet ist.[4653]
Die ZPO sieht zur Modifikation der Verhandlungsmaxime selbst Instrumentarien vor, die im Arzthaftungsprozess mit Blick auf die Waffengleichheit daher in besonderem Maße genutzt werden können.

a) Hinweis- und Fragepflichten nach § 139 ZPO

Die zentrale Vorschrift für die Umsetzung der Prozessförderungspflicht des Gerichts ist § 139 ZPO. **3487**
Danach soll das Gericht durch die materielle Prozessleitung die Parteien bei der Erfüllung dieser Prozessführungslast unterstützen und ihnen die effektive Nutzung ihrer Rechte ermöglichen.[4654] Diese effektive Nutzung verlangt von dem Richter in Arzthaftungsprozessen ein großzügigeres Eingreifen als in anderen Prozessen, bildet aber gleichzeitig auch die Grenze der möglichen materiellen Prozessleitung durch das Gericht. § 139 ZPO hilft bei der Durchsetzung der Waffengleichheit, soll aber gleichzeitig die Fairness des Verfahrens sichern, so dass sich der Richter in Ausübung seiner Pflichten aus § 139 ZPO keinesfalls auf die Seite der »schwächeren« Partei stellen darf, sondern innerhalb seiner Neutralität lediglich hinsichtlich der gegebenen Ungleichgewichtslage ausgleichend wirkt.[4655] Dabei ist die Verantwortung für den Prozessstoff jederzeit den Parteien zu überlassen, weshalb es immer nur um die Durchsetzung des erkennbaren Prozessziels gehen und daher nicht etwa auf den Austausch des Streitgegenstandes hingewirkt werden kann. Dass sich Maßnahmen der materiellen Prozessleitung zugunsten einer Partei auswirken, verletzt die Neutralitätspflicht nicht.

Die richterliche Frage- und Hinweispflicht nach § 139 ZPO konkretisiert **3488**
sich vornehmlich in drei Ausprägungen.[4656]
Zunächst muss das Gericht darauf hinwirken, dass der Sachvortrag der Parteien vollständig ist, d.h. es ist nachzuhaken, wenn Unklarheiten, Bedenken oder Widersprüche bestehen und die entsprechende Vervollständig der erheblichen Tatsachen ist anzuregen. Ferner ist das Gericht gehalten, auf sachdienliche Anträge der Parteien zu dringen. Schließlich muss der Sach- und Streitstand mit den Parteien erörtert werden. Diese müssen wissen, wel-

---

4652 Vgl. Katzenmeier, Arzthaftung 2002, S. 287ff.
4653 BGH NJW 1980, 2751.
4654 BGH NJW 1998, 156.
4655 Prütting/Gehrlein, § 139 Rn. 2; Katzenmeier, Arzthaftung 2002, S. 389f, 394.; vgl. auch BGH NJW 2004, 164.
4656 Mü/Ko-ZPO-Peters, § 139 Rn. 24ff.

Wenzel

che Tatsachen das Gericht als entscheidungserheblich ansieht, da die sog. Überraschungsentscheidung den Anspruch auf rechtliches Gehör verletzt und damit ein Verfahrensfehler wäre. Die letztendliche rechtliche Wertung braucht das Gereicht indes nicht vorab zu präsentieren.

Richterliche Frage- und Hinweispflichten nach § 139 ZPO

- Hinwirken auf vollständigen, widerspruchsfreien Vortrag
- Hinwirken auf sachgerechte Anträge
- Erörterung der Sach- und Rechtslage

Im Arzthaftungs- prozess

Großzügige Anwendung des Instrumentariums

Ausgleich der Vortragslücken, die auf den laienhaften Zugang des Patienten zum Prozessstoff zurückzuführen sind!

3489 Das Instrumentarium der richterlichen Hinweis- und Fragepflichten muss das Gericht im Arzthaftungsprozess somit besonders großzügig nutzen. Dies gilt vor allem für die Tatsachenermittlung und die medizinische Bewertung. Hier darf sich der Richter nicht darauf verlassen, dass alle entscheidungserhebliche Tatsachen im Vortrag oder im Sachverständigengutachten von der Patientenseite thematisiert werden, sondern es muss selbsttätig darauf achten, dass der Sachverhalt jederzeit von einem Laien durchdrungen werden kann und die entscheidungserheblichen Tatsachen von allen erkannt werden. So ist die Hinweispflicht immer dort in besonderem Maße auszuüben, wo Versäumnisse des Patientenvortrags auf seinen laienhaften Zugang zum Prozessstoff zurückgehen und dann ist insoweit auch keine sonst übliche Einschränkung der gerichtlichen Pflichten gegeben, wenn der Patient anwaltlich vertreten ist. Eine zentrale Rolle spielt die prozessleitende Aufgabe des Gerichts im Verfahren bei der Erhebung des Sachverständigenbeweises.[4657]

– Hinwirken auf vollständigen und widerspruchsfreien Sachvortrag

3490 Ergeben sich etwa durch Gegnervortrag oder ein Sachverständigengutach-

---

4657 Dazu näher unten Rdn. 3761–3931.

ten neue Ansatzpunkte für das klägerische Begehren, so muss das Gericht diese prüfen und erörtern, auch wenn sich die Patientenseite diese Ansatzpunkte noch nicht ausdrücklich zu Eigen gemacht hat.[4658] Liegen keine Anhaltspunkte für die gegenteilige Annahme vor, so ist immer davon auszugehen, dass sich die Gegenseite die für sie günstigen Tatsachen zumindest hilfsweise zu Eigen macht. Wird dieser Grundsatz verkannt, hat das Gericht entscheidungserhebliches Vorbringen übergangen und damit den verfassungsrechtlich gewährleisteten Anspruch auf rechtliches Gehör (Art. 103 Abs. 1 GG) verletzt.[4659]

Ähnlich liegt es, wenn das Gericht es versäumt, auf die Aufklärung des zwischen zwei sachverständigen Aussagen/Sachverständigengutachten bestehenden Widerspruchs hinzuwirken.[4660]

Weiter aufzuklären hat das Gericht auch dann, wenn das ärztliche Versäumnis, welches sich erst aus dem Sachverständigengutachten ergibt, weitere tatsächliche Begebenheiten voraussetzt, die **ebenfalls** klägerseits noch nicht vorgetragen sind. Auch dann hat das Gericht diesen Anhaltspunkten nachzugehen. Dabei sollte es zunächst dem Kläger Gelegenheit geben, sich auf diese Umstände zu berufen und diese ggf. unter Beweis zu stellen bevor die sich neu ergebenden Gesichtspunkte des Gutachtens durch eigene Fragen des Gerichts vertieft werden.[4661] Ergeben sich dadurch schließlich ein schlüssiges Klagevorbringen, ist die Beklagtenseite darauf besonders hinzuweisen.

3491

– Hinwirken auf sachdienliche Anträge

Das Gericht hat auf sachdienliche Anträge hinzuwirken. Auch diese Verpflichtung hat im Rahmen des Arzthaftungsprozesses besondere Bedeutung. Hier geht es häufig um die genaue Abgrenzung der Heilbehandlung, deretwegen Schadensersatz und/oder Schmerzensgeld begehrt wird. Zur Umgrenzung des Streitgegenstandes ist die sichere Bestimmbarkeit des behaupteten Schadensereignisses wegen des Umfangs der materiellen Rechtskraft notwendig.[4662]

3492

Um Rechtskraftfragen geht es u.a. auch bei der Wahl des richtigen Antrags für die Schmerzensgeldklage. Hier ergibt sich klar, welche Zeiträume abgedeckt sind. Typisch für den Arzthaftpflichtprozess sind Falllagen, bei denen die Schadensentwicklung noch nicht abgeschlossen ist:

3493

Wird für erlittene Körperverletzungen uneingeschränkt ein Schmerzensgeld verlangt, so werden durch den zuerkannten Betrag alle diejenigen Schadensfolgen abgegolten, die entweder bereits eingetreten und objektiv erkennbar

3494

4658 BGH v. 10.11.2009 – VI ZR 325/08 unter Verweis auf BGH NJW 1991, 1541.
4659 BGH v. 10.11.2009 – VI ZR 325/08.
4660 BGH VersR 2010, 72; NJW 2009, 2820; VersR 2009, 1267.
4661 Schmid, NJW 1994, 767, 771.
4662 Zum Streitgegenstandsbegriff unten Rn. 3676.

Wenzel

waren oder deren Eintritt jedenfalls vorhergesehen und bei der Entscheidung berücksichtigt werden konnte.[4663] Nicht erfasst werden solche Verletzungsfolgen, die im Zeitpunkt der letzten mündlichen Verhandlung noch nicht eingetreten waren und deren Eintritt objektiv nicht vorhersehbar war, d.h. mit denen nicht oder nicht ernstlich zu rechnen war.[4664] Diese (und **nur** diese) kann der Anspruchsberechtigte später geltend machen, ohne dass sie von der Rechtskraft des vorherigen Urteils erfasst sind oder er bindet sie in den Erstprozess ein, indem er einen entsprechenden Feststellungsantrag zur Ersatzpflicht auch dieser Schäden stellt.[4665] So ist für den Fall, dass mit dem Eintritt weiterer Schäden zu rechnen ist, die letztlich noch nicht absehbar sind, das nach § 256 ZPO erforderliche Feststellungsinteresse für die Feststellung der Ersatzpflicht zukünftiger immaterieller Schäden gegeben, wenn aus der Sicht des Geschädigten bei verständiger Würdigung Grund besteht, mit dem Eintritt eines weiteren Schadens wenigstens zu rechnen.[4666]

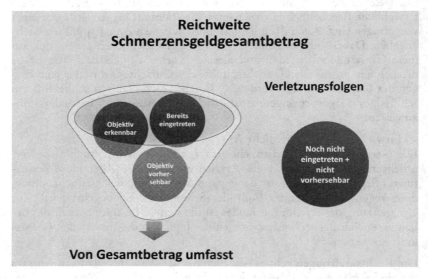

3495   Es ist daher auch zulässig, dass durch offene Teilklage nur ein Teilbetrag des Schmerzensgeldes geltend gemacht wird, indem der Patient bei der Bemessung der Anspruchshöhe nur die Berücksichtigung der Verletzungsfolgen, die bereits im Zeitpunkt der letzten mündlichen Verhandlung eingetreten

---

4663   Ständige Rechtsprechung seit BGH VersR 1963, 1048, 1049; vgl. auch BGH NJW 2004, 1243, 1244.
4664   BGH NJW 2004, 1243, 1244 mit Verweis auf BGH VersR 2001, 876, 877.
4665   Dazu BGH NJW 2004, 1243, 1244; siehe auch Gerlach VersR 2000, 525, 530f.
4666   BGH VersR 2001, 874ff. .

sind, verlangt. Dies ist kein Fall unzulässigen »Teilschmerzensgeldes«.[4667] Das Gericht muss hier aufklären, wo das Begehren des Klägers liegt, um dann dessen Zulässigkeit beurteilen und ggf. weitere Hinweise erteilen zu können.

Für den Antrag auf Zahlung eines angemessenen Schmerzensgeldes bedarf es anerkanntermaßen keiner genauen Bezifferung, sondern – neben der Darlegung der für die Ermittlung des angemessenen Schmerzengeldbetrages erforderlichen Tatsachen – lediglich der Angabe der ungefähren Größenordnung oder eines Mindestbetrages, um dem Bestimmtheitserfordernis nach § 253 Abs. 2 Nr. 2 ZPO zu genügen, ggf. ist ein Hinweis zu erteilen, dass ein Gesamtbetrag anzugeben ist.[4668]

3496

b) Sonstige prozessleitende Maßnahmen

Zur vollständigen Aufklärung des Sachverhalts tragen auch weitere prozessleitende Maßnahmen bei wie die Anordnung des persönlichen Erscheinens der Parteien, § 141 Abs. 1 ZPO, und die Anordnung zur Vorlage der ärztlichen Dokumentation und sonstiger die Behandlung betreffende Unterlagen nach § 142 Abs. 1 und 2 ZPO. Entsprechend kann das Gericht so auch ein versäumtes Beweisangebot kompensieren. Soweit es den nur auf Antrag durchzuführenden Zeugenbeweis betrifft, kann ein Hinweis darauf in Frage kommen.[4669]

3497

2. Anforderungen an den Sachvortrag

Der klagebegründende Sachvortrag muss schlüssig und so substantiiert sein, dass eine gerichtliche Überprüfung eines konkreten ärztlichen Fehlverhaltens möglich ist. An die Substantiierungslast der darlegungspflichtigen Partei dürfen aber keine überzogenen Anforderungen gestellt werden. Die Partei ist nicht verpflichtet, den streitigen Lebenssachverhalt in allen Einzelheiten darzustellen. Vielmehr genügt sie nach der ständigen Rechtsprechung des Bundesgerichtshofs ihrer Darlegungslast bereits dadurch, dass sie Tatsachen vorträgt, die in Verbindung mit einem Rechtssatz geeignet sind, die geltend gemachte Rechtslage als entstanden erscheinen zu lassen. Dabei muss das Gericht aufgrund dieser Darstellung beurteilen können, ob die gesetzlichen Voraussetzungen der an eine Behauptung geknüpften Rechtsfolge erfüllt sind.[4670] Hierbei ist auch zu berücksichtigen, welche Angaben einer Partei zumutbar und möglich sind. Falls sie keinen Einblick in die

3498

4667 Vgl. auch OLG Hamm v. 29.03.2006 – 3 U 263/05.
4668 BGHZ 132, 341, 350f.; NJW 1992, 311f; NJW 2002, 3769f.; Brandenburgisches OLG v. 05.04.2005 – 1 U 34/04; NJW-RR 2003, 1383, 1384; MedR 2004, 226, 228.
4669 Zöller-Greger, § 139 Rn. 7.
4670 Vgl. etwa BGH NJW 2007, 2043.

maßgeblichen Geschehensabläufe hat und die Darlegung und die Beweisführung deshalb erschwert sind, kann sie auch nur vermutete Tatsachen behaupten und unter Beweis stellen.

3499 Für den Arzthaftungsprozess ist daher anerkannt, dass an die Substantiierung aufgrund der dem Patienten allenfalls laienhaft möglichen Erfassung des Sachverhalts nur geringe Anforderungen zu stellen sind.[4671] Von dem Patienten kann regelmäßig keine genaue Kenntnis der medizinischen Vorgänge gefordert und erwartet werden. Die Partei darf sich vielmehr auf einen Vortrag beschränken, der die Vermutung eines fehlerhaften Verhaltens des Arztes auf Grund der Folgen für den Patienten gestattet. Außerdem sind weder der Patient noch sein Anwalt verpflichtet, sich zur ordnungsgemäßen Prozessführung medizinisches Fachwissen anzueignen. Es gibt keine Verpflichtung, sich bereits zur Substantiierung des patientenseitigen Klagevorbringens medizinischer Hilfe zu bedienen.[4672]

a) Behandlungsfehlerrüge

3500 Die beschränkte Darlegungslast (Substantiierungspflicht) des Patienten im Arzthaftungsprozess bewirkt, dass der Patient bezüglich der anspruchsbegründenden Tatsachen lediglich vortragen muss, aufgrund welcher Verdachtsgründe er wegen des Misslingens einer Heilbehandlung (also seinem Gesundheitsschaden, den er ja benennen kann) einen Fehler vermutet!

3501 Insoweit sind an die Darlegungslast des Patienten nur maßvolle und verständige Anforderungen zu stellen. Es genügt, wenn er den Ablauf der Behandlung in groben Zügen darstellt und angibt, dass sie misslungen ist, worin das Misslingen besteht sowie die Verdachtsgründe mitteilt, die eine vorwerfbare Fehlbehandlung wenigstens plausibel erscheinen lassen.

Eingeschränkte Substantiierungspflicht

Behandlungsgeschehen	→ Vortrag →	Darstellung in groben Zügen
Behandlungsfehler	→ Vortrag →	Misslungenes Ergebnis
Ursächlichkeit	→ Vortrag →	Konkrete Verdachtsgründe

4671 Etwa BGH NJW VersR 2007, 1122; BGH NJW 2004, 2825.
4672 BGH NJW 2004, 1825.

Wenzel

Die Zivilprozessrechtsreform, die zum 1.1.2002 in Kraft getreten ist, hat die **3502** Anforderungen an die Informations- und Substantiierungspflichten an die klagende Partei im Arzthaftungsprozess nicht verändert. Der BGH stellt ausdrücklich fest, dass der »dafür maßgebende Gesichtspunkt, die Waffengleichheit zwischen Arzt und Patient zu gewährleisten, weiter gilt«.[4673] Dabei bezieht sich die eingeschränkte Substantiierungslast nicht nur auf klagebegründenden Sachvortrag, sondern auf sämtlichen Vortrag, auf den sich der Gedanke des erschwerten Zugangs zum Sachverhalt anwenden lässt. Daher sind auch an gegen Sachverständigengutachten vorgebrachte Einwendungen der klagenden Partei nur maßvolle Anforderungen zu stellen. Hier gilt gleichermaßen, dass die Einwendungen sich nicht auf eingeholte Privatgutachten, sonstigen sachverständigen Rat oder selbst angestellte fachmedizinische Recherchen stützen müssen.[4674]

Beispiel für einen genügend substantiierten Vortrag trotz nur sehr grober Tatsachenschilderung (Brandenburgisches Oberlandesgericht v. 11.07.2001 – 1 U 4/01):

Behandlungsfehlervorwurf	
TATSACHEN	**VORTRAG**
Behandlungsgeschehen	**Darstellung in groben Zügen**
	4.2.:
	– morgens: ambulante Eileiterdiagnostik mittels Kontrastmittel und Ultraschall (Echovist-HSG-Verfahren = Behandlung)
	– abends: Schmerzen
	5.2.:
	Aufsuchen des Krankenhauses
	9.2
	– Diagnose: Eileiter- und Beckenbauchfellentzündung
	– Notwendigkeit einer Eileiterentfernung!
	– Vermutungsäußerungen durch Ärzte: Zusammenhang mit der morgendlichen Diagnostik
Behandlungsfehler	**Misslungenes Ergebnis**
	Eileiter- und Bauchfellentzündung Eileiterentfernung
	Dauerfolge: Empfängnisunfähigkeit, Narbe

4673 BGH MedR 2005, 37.
4674 BGH MedR 2005, 37.

Ursächlichkeit des Fehlers für den Schaden	Konkrete Verdachtsgründe – Enger zeitlicher Zusammenhang und – die Äußerungen der Ärzte sprechen für einen kausalen Zusammenhang zwischen der ambulanten diagnostischen Behandlung und der Eileiterentzündung!

Aus dem Urteil (Brandenburgisches Oberlandesgericht v. 11.07.2001 – 1 U 4/01):

[…] Das Landgericht hat mit seiner Annahme, dass die Klägerin für einen kausalen Behandlungsfehler, insbesondere für die haftungsbegründende Kausalität, keine genügenden Anhaltspunkte dargetan habe (…), die besonderen prozessualen Grundsätze für Arzthaftungssachen schwerwiegend verkannt. An die Darlegungs- und Substantiierungspflichten des klagenden Patienten sind im Arzthaftungsprozess nur maßvolle Anforderungen zu stellen, da ihm regelmäßig die genaue Einsicht in das Behandlungsgeschehen und das nötige medizinische Fachwissen zur Erfassung und Darstellung des Konfliktstoffes fehlen. […] Die Klägerin hat in ihrem Vortrag erkennen lassen, dass aus ihrer Sicht ernstliche Anhaltspunkte dafür bestehen, dass die Echovist-HSG-Untersuchung vom 4. Februar 1999 zum Eintritt einer Eileiter- und Beckenbauchfellentzündung, dem stationären Aufenthalt vom 5. bis 19. Februar 1999 und – vor allem – zur Operation vom 9. Februar 1999 sowie den daraus erwachsenen Dauerfolgen (Gebärunfähigkeit, Narbe) geführt habe; dies sei ihr bereits im Krankenhaus als möglich dargestellt worden. Weitergehenden Vortrag kann man von einem medizinischen Laien zur Frage der Kausalität nicht erwarten.

3503   Damit liegt unsubstantiierter Klagevortrag bei der Behauptung eines Behandlungsfehlers nur dann vor, wenn es nicht gelingt, zumindest plausible Verdachtsgründe für das Misslingen der ärztlichen Maßnahme darzulegen. Das Misslingen der Heilbehandlung allein ist nicht ausreichend für einen Fehlerverdacht. Ohne Darlegung der Verdachtsgründe ist eine sachverständige Befassung mit der Frage nach dem Vorliegen einer ärztlichen Sorgfaltspflichtverletzung nicht möglich. Gleiches gilt im Übrigen, wenn bereits der Vortrag zu den Schadensfolgen, also dem Misserfolg, unzureichend ist.[4675] Umgekehrt ist der Beklagtenseite eine nähere Auseinandersetzung mit dem Klägervortrag zu der vermuteten Fehlerhaftigkeit der Behandlung zumutbar. Hier ist einfaches Bestreiten der Verdachtsgründe nicht ausreichend.[4676]

4675 Vgl. Brandenburgisches OLG v. 21.6.2000 – 1 U 16/99 (keine fassbaren Schadensfolgen nach Lithiumverordnung).
4676 BGH NJW 1987, 1479.

Wenzel

b) Aufklärungsfehlerrüge

Die gegenüber den sonst geltenden Regeln des Zivilprozesses herabgesetzten Substantiierungspflichten gelten grundsätzlich auch für den Vortrag des Patienten zur Herleitung eines Anspruchs wegen eines Aufklärungsversäumnisses.

3504

Zunächst ist zu beachten: Der Vortrag mangelhafter Aufklärung zielt auf die Geltendmachung der Unwirksamkeit der für die Vornahme der Behandlungsmaßnahme erteilten Einwilligung. Für die Umstände der Einwilligung als Rechtfertigungsgrund für die durch die Behandlungsmaßnahme tatbestandlich verwirklichte Körperverletzung[4677] ist der Arzt darlegungs- und beweispflichtig.[4678]

Will der Patient dagegen geltend machen, dass er – trotz allgemeiner Einwilligung in eine Heilbehandlung – in eine konkrete Behandlungsmaßnahme jedenfalls nicht eingewilligt oder eine erteilte Einwilligung widerrufen hat, die Behandlungsmaßnahme also als solche und insgesamt, unabhängig von einer Risikoaufklärung, gegen seinen erklärten Willen erfolgte, so trägt er für dieses Vorbringen die Darlegungs- und Beweislast.[4679] Gleiches gilt, wenn der Patient behauptet, er habe weitergehende, über die Basisaufklärung hinausgehende, für seine Entscheidung erhebliche Fragen gestellt, die nicht ausreichend oder unrichtig beantwortet worden seien.[4680]

3505

In den Fällen des Aufklärungsversäumnisses liegt es so, dass die Einwilligung zwar erteilt wurde, aber eben ohne Kenntnis aller für die Entscheidung relevanten Umstände. Der Patient, der sich auf diesen Eingriff in sein Selbstbestimmungsrecht berufen will, muss spätestens auf die Behauptung des Arztes, es liege eine wirksame Einwilligung des Patienten nach ordnungsgemäßer Aufklärung vor, diesen Vortrag substantiiert angreifen und das Aufklärungsversäumnis näher benennen.

3506

4677 Näher Kapitel 2 C. I.
4678 BGH NJW 1996, 3074; 1994, 2414; NJW 1992, 2354.
4679 Ehlers/Broglie – von Strachwitz-Helmstatt Rn. 594.
4680 Frahm/Walter, Arzthaftungsrecht, Rn. 209. .

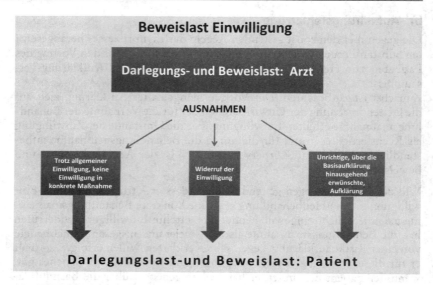

– Fehlerhafte Risikoaufklärung

3507   An die Substantiierung des Vortrags, worin das Aufklärungsversäumnis genau besteht, sind keine zu hohen Anforderungen zu stellen. Es ist ausreichend, wenn der Patient das Versäumnis dadurch spezifizieren kann, dass er es am ihn überraschend treffenden, misslungenen Ergebnis festmacht. In dem misslungenen Ergebnis manifestiert sich i.d.R. das Risiko, über dessen Auftreten der Patient sich im Unklaren befand. Das Risiko, mit dessen Realisierung er wegen der mangelhaften Aufklärung nicht rechnete, kann der Patient daher einigermaßen substantiiert, wenn auch nicht notwendigerweise mit den richtigen Fachbegriffen, beschreiben.

– Verspätete Aufklärung

3508   Behauptet der Patient eine verspätete Aufklärung, trifft ihn eine höhere Substantiierungslast. Die Verpflichtung zur rechtzeitigen Aufklärung ist wichtiger Bestandteil des Anforderungskatalogs an eine ordnungsgemäße Aufklärung, weil nur die rechtzeitige Aufklärung, also eine solche, die dem Patienten noch genügend Zeit für die Entscheidung über die Vornahme der vorgeschlagenen Behandlungsmaßnahme lässt, eine wirkliche Selbstbestimmung gewährleistet. Damit aber ist Schutzgut des Erfordernisses »Rechtzeitigkeit« die verkürzte Entscheidungsfreiheit des Patienten (»Entscheidungsdruck«). Entsprechend muss der Patient in den Fällen, in denen der Zeitpunkt der Aufklärung allein noch keine solche Einschränkung der Entscheidungsfreiheit als »auf der Hand liegend« offenbart, näher vortragen, woraus sich diese Einschränkung ergeben soll. Die Darlegungslast betrifft dann also das »Wann« und das »Warum« der Einschränkung der Entscheidungsfreiheit. Dies hat mit medizinischen Fragen nichts zu tun, sondern mit dem Willensbildungsprozess des Patienten. Die eingeschränkte Darlegungslast kann ihm daher hier nicht zugute kommen, da nicht der Arzt, sondern der Patient der Beweistatsache »näher steht«. Der Patient muss also zumindest in all jenen Fällen, in denen dies aufgrund der zeitlichen Abfolge noch nicht auf der Hand liegt, näher darlegen, weshalb der vorgetragene Zeitpunkt der Aufklärung sein Entscheidungsrecht verkürzt hat.[4681] Nur im Fall der evident verspäteten Aufklärung erübrigen sich Ausführungen zum Entscheidungskonflikt.[4682]

Zu beachten ist, dass – trotz der im Einzelfall den Patienten treffenden Darlegungslast bezüglich der Verkürzung der Entscheidungsfreiheit – für die Rechtzeitigkeit der Aufklärung der Arzt die Beweislast trägt: Ist die Verkürzung der Entscheidungsfreiheit für den vom Patienten behaupteten Aufklärungszeitpunkt plausibel und gelingt es dem Arzt nicht, den Nachweis eines anderen Zeitpunktes zu erbringen, so bleibt er hinsichtlich der Rechtzeitigkeit der Aufklärung beweisfällig; der vom Patienten vorgetragene Zeitpunkt muss nicht bewiesen sein.[4683]

3509

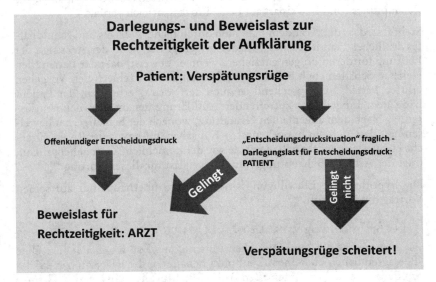

Darlegungs- und Beweislast zur Rechtzeitigkeit der Aufklärung

Patient: Verspätungsrüge

Offenkundiger Entscheidungsdruck

„Entscheidungsdrucksituation" fraglich - Darlegungslast für Entscheidungsdruck: PATIENT

Gelingt

Gelingt nicht

Beweislast für Rechtzeitigkeit: ARZT

Verspätungsrüge scheitert!

– Aufklärung über Behandlungsalternativen

Darlegungspflichtig, jedoch nur im Sinne der eingeschränkten Darlegungslast, ist der Patient auch, wenn er geltend machen will, über Behandlungsal-

3510

4681   BGH v. 15.09.2009 – VI ZR 8/09; dazu auch BGH VersR 1994, 1235; 1992, 960; OLG Köln v. 27.04.2005 – 5 U 254/02.
4682   BGH NJW 1995, 2410; OLG Saarbrücken v. 25.02.2004 – 1 U 422/03.
4683   OLG Koblenz v. 15.12.2005 – 5 U 676/05 (Kurzinformation in ArztR 2006, 333). .

ternativen nicht aufgeklärt worden zu sein. Die ihm nicht zur Wahl gestellte Behandlungsalternative muss er zumindest so benennen, dass ihre nähere Überprüfung möglich ist.

– Aufteilung der Behauptungs- und Beweislast bei hypothetischer Einwilligung

3511 Hat der Patient das aus seiner Sicht bestehende Aufklärungsversäumnis näher erläutert, muss der Arzt dem substantiiert entgegengetreten, ihm verbleibt nun die nähere Darlegung und der Beweis der Ordnungsgemäßheit der Aufklärung.

3512 Die Darlegungslast fällt aber teilweise an den Patienten zurück, wenn der Arzt sich im Rahmen des Streits um die ordnungsgemäße Aufklärung (zumindest hilfsweise) des Arguments des rechtmäßigen Alternativverhaltens bedient, also vorträgt, der Patient hätte auch bei ordnungsgemäßer Aufklärung in den Eingriff eingewilligt bzw. der Behandlungsmaßnahme zugestimmt. Nach ständiger Rechtsprechung des BGH ist in den Fällen, in denen der Patient aus einem Aufklärungsversäumnis des Arztes Ersatzansprüche ableitet, die Behauptungs- und Beweislast auf beide Prozessparteien verteilt.[4684]

3513 Steht fest, dass der Arzt dem Patienten durch rechtswidriges und schuldhaftes ärztliches Handeln einen Schaden zugefügt hat, kann der Arzt sich der Haftung für deren Folgen entziehen, wenn er beweist, dass der Patient den gleichen Schaden auch bei einem rechtmäßigen und fehlerfreien Vorgehen erlitten hätte.[4685] Entsprechend ist auch der Vortrag erheblich, der Patient hätte dem Eingriff bei zutreffender Aufklärung genauso vornehmen lassen.[4686] Nach dem allgemeinen Grundsatz, wonach der Schädiger zu beweisen hat, dass sich ein hypothetischer Kausalverlauf bzw. eine Reserveursache ebenso ausgewirkt haben würde wie der tatsächliche Geschehensablauf, trägt der Arzt die Behauptungs- und Beweislast für diesen Vortrag.[4687]

3514 Die hypothetische Einwilligungssituation wird überhaupt nur auf seinen Vortrag hin überprüft.[4688]

> **OLG Braunschweig v. 18.01.2007 – 1 U 24/06:**
>
> »Auf die Frage der hypothetischen Einwilligung kommt es nicht an. Die Beklagten haben zu keinem Zeitpunkt behauptet, die Klägerin hätte sich im Falle ihrer ordnungsgemäßen Aufklärung für die konservative Therapie entschieden. Es bedurfte deshalb auch nicht der Darlegung eines Entscheidungskonflikts durch die Klägerin.«

4684 BGH NJW 2005, 1718; siehe auch BGH NJW 2009, 1209 und Rdn. 1699.
4685 BGH VersR 1989, 289.
4686 BGH VersR 2009, 257; BGH VersR 2005, 942.
4687 BGH VersR 2005, 942; VersR 1993, 754, 755f.
4688 Siehe nachfolgend und Brandenburgisches OLG MDR 2010, 1324.

BGH NJW 2009, 1209:

Der erstinstanzliche Prozessvortrag der Beklagten, die Klägerin habe nach ordnungsgemäßer Aufklärung eingewilligt, erfasste entgegen der Ansicht der Revision das für die hypothetische Einwilligung erforderliche Vorbringen nicht. Er ließ es nicht, wie die Revision meint, »anklingen«, so dass sich der zweitinstanzliche Vortrag nur als Konkretisierung des erstinstanzlichen darstellen würde. Bei dem rechtmäßigen Alternativverhalten beruft sich der Schädiger nämlich darauf, dass im Falle seines rechtswidrigen Verhaltens der Schaden auch bei normgerechtem Verhalten eingetreten wäre [...]. Dem Beklagtenvortrag muss daher zu entnehmen sein, dass er sich nicht auf die behauptete ordnungsgemäße Aufklärung, sondern auf eine fiktive Einwilligungssituation bezieht.

Einen replizierenden Vortrag des Patienten zu seiner näheren Entscheidungssituation erzwingt der Arzt erst, wenn er substantiiert darlegen kann, warum der Patient bei ordnungsgemäßer Aufklärung gleichfalls in die Behandlungsmaßnahme eingewilligt hätte.[4689] Hierzu muss er nachvollziehbare Tatsachen vortragen, etwa die Schwere der Erkrankung und die angewendete, als Methode der Wahl anerkannte Therapie mit günstiger Erfolgsprognose bzw. in der Regel geringen Belastungen.[4690] An die Feststellung, der Patient würde eingewilligt haben, sind strenge Anforderungen zu stellen.[4691]   **3515**

Wird entsprechend vorgetragen, muss der Patient darauf erwidern. Hat sich die Behandlungsseite auf eine hypothetische Einwilligung berufen, ist es Aufgabe des Patienten, einen plausiblen Entscheidungskonflikt für den Fall ordnungsgemäßer Aufklärung darzulegen.[4692] Die Substantiierungspflicht des Patienten beschränkt sich somit auf die Darlegung des Entscheidungskonflikts, in den er bei erfolgter Aufklärung geraten wäre. Er braucht nicht etwa darzulegen, wie er sich tatsächlich entschieden hätte.[4693]   **3516**

Es ist also erforderlich und ausreichend, dass der Patient nachvollziehbar machen kann, dass ihn die vollständige Aufklärung ernsthaft vor die Frage gestellt hätte, ob er dem Eingriff zustimmt oder nicht.[4694] Der Patient muss demnach nicht etwa darlegen und beweisen, dass er sich dann anders entschieden hätte, sondern es genügt für die Feststellung der Verletzung des Selbstbestimmungsrechts, dass das hätte möglich sein können. Die Mög-   **3517**

4689 BGH NJW 2009, 1209.
4690 BGHZ 90, 96; NJW 1991, 2342; Brandenburgisches OLG v. 27.03.2008 – 12 U 239/06. .
4691 BGH NJW 1998, 2734; OLG Nürnberg NJW-RR 2004, 1543.
4692 BGH NJW 1994, 799.
4693 OLG Nürnberg NJW-RR 2004, 1543.
4694 BGH NJW 1991, 154 (»echter Entscheidungskonflikt«), ferner: BGH VersR 2009, 257; VersR 2007, 66; VersR 1996, 1239; VersR 1994, 682; Steffen/Pauge Rn. 444.

lichkeit der bei ordnungsgemäßer Aufklärung abweichenden Willensbildung muss der Patient schlüssig darlegen können. Der Entscheidungskonflikt betrifft also zwar subjektive Erwägungen, muss aber in sich plausibel sein. Der Maßstab für die Substantiierungspflicht korreliert hier mit der objektiven Nachvollziehbarkeit der Willensbildung. Materiell-rechtlich entscheidend ist letztlich lediglich die individuelle Willensbildung; die persönlichen Gründe des Patienten sind zu respektieren, d.h. der Patient darf auch »unvernünftige« Entscheidungen treffen. Für die Darlegung ist aber erforderlich, dass der Willensbildungsprozess des Patienten jedenfalls nachvollzogen werden kann. In allen Fällen, in denen die Gründe für eine Ablehnung der Behandlung daher nicht offen zutage liegen und jedem verständigen Menschen sofort einleuchten, müssen daher an die Substantiierung des Aufklärungsversäumnisses erhöhte Anforderungen gestellt werden. So liegt es etwa bei Ablehnung der Behandlung einer sehr schweren Erkrankung, für deren Behandlung eine als Methode der Wahl anerkannte Therapie mit einer günstigen Erfolgsprognose und im Regelfall verhältnismäßig geringen Belastungen gewählt wurde. Hier ist es geboten, dass der Patient plausibel darlegt, weshalb er bei Kenntnis der aufklärungsbedürftigen Umstände, die Behandlung gleichwohl abgelehnt hätte.[4695] Auch die Fälle der sog. alternativlosen Eingriffe erfordern eine erhöhte Darlegungslast zum Entscheidungskonflikt.[4696] Der Vortrag muss erkennen lassen, von welchen Motiven sich der Patient bei seiner Entscheidung hat leiten lassen und warum er sich bei Kenntnis aller relevanten Umstände zumindest in einem echten Entscheidungskonflikt befunden hätte.

3518   Beispiele zur Entscheidungskonfliktdarlegung

Entscheidungskonflikt plausibel	Entscheidungskonflikt nicht plausibel
Aufklärungsversäumnis: Risiko der Abstoßung eines Zahnimplantats *Vortrag:* Patientin wäre »ins Grübeln gekommen«, dann doch die Brückenlösung zu favorisieren OLG Oldenburg ZWD 2008, 2	*Aufklärungsversäumnis:* Risiko einer Querschnittslähmung durch Strahlentherapie *Fakten:* Ohne Strahlentherapie: höheres erkrankungsbedingtes Querschnittslähmungsrisiko BGH NJW 1984, 1397

4695   BGH NJW 1984, 1397; OLG Oldenburg NJW 1988, 1531.
4696   OLG Saarbrücken v. 25.02.2004 – 1 U 422/03.

Aufklärungsversäumnis: Lebensgefahr durch Darmperforation bei Koloskopie *Sonstige Umstände:* lediglich Kontrolleingriff; letzte Koloskopie erst 1 Jahr her; Krankengeschichte spricht gegen Indikation OLG Brandenburg v. 27.3.2008 – 12 U 239/06	*Aufklärungsversäumnis:* Risiko eines (reparablen) Refluxleidens *Sonstige Umstände:* Patient hatte andere erheblichere Risiken in Kauf genommen und gegen ärztlichen Rat ausdrücklich die insgesamt risikohaftere, aber raschere Methode gewählt OLG Saarbrücken v. 25.02.2004 – 1 U 422/03
Aufklärungsversäumnis: Wechselwirkung zwischen Medikament und Nikotin *Vortrag:* Patientin hätte vor Einnahme des Medikaments mit dem Rauchen aufgehört. BGH NJW 2005, 1716	*Aufklärungsversäumnis:* Infektionsgefahr mit anschließender Sudeck'schen Erkrankung *Sonstige Umstände:* alternativlose Meniskusoperation; ohne Operation: Gefahr der Zerstörung des Kniegelenks OLG Oldenburg NJW 1988, 1531

Gelingt dem Patienten der Vortrag eines plausiblen Entscheidungskonflikts, **3519** fällt dem Arzt die Beweislast zu.

> ❗ Gelingt dem Patienten die Darlegung eines plausiblen Entscheidungskonflikts, bleibt dem Arzt der Beweis der hypothetischen Einwilligung weiterhin möglich!

Er muss den Vortrag des Patienten angreifen, um dennoch den Beweis zu führen, dass der Patient auch bei ordnungsgemäßer Aufklärung in die medizinische Maßnahme eingewilligt hätte. So etwa, wenn der Arzt z.B. nachweisen kann, dass der Patient sich im Fall eines vergleichbaren Entscheidungskonflikts für die Inkaufnahme der Risiken entschieden hat oder etwa die infrage kommende Behandlungsalternative, über die er nicht aufgeklärt worden war, gegenüber anderen Ärzten schon einmal abgelehnt hat.[4697]

4697 Vgl. etwa OLG München v. 12.01.2006 – 1 U 3633/05.

3520 Feststellungen zum Entscheidungskonflikt darf das Gericht nicht ohne Anhörung des Patienten treffen.[4698]

3521 Überblick zur Aufklärungsrüge

Bezugstatsache	Darlegungs- und Beweislast
Aufklärungsversäumnis	Vortragslast des Patienten; eingeschränkte Darlegungslast: Vortrag der überraschenden Risikoverwirklichung
Vollständigkeit der Aufklärung	Arzt: Darlegungs- und Beweislast
Rechtzeitigkeit der Aufklärung	Patient: Darlegungslast für Verspätung (wann?) / Darlegungslast für Einschränkung der Entscheidungsfreiheit bei diese nicht evident einschränkender Verspätung Arzt: Beweislast für Rechtzeitigkeit

---

4698 BGH NJW 2005, 1718; VersR 1998, 766; näher unten Rn. 3673.

Hypothetische Einwilligung	Aufteilung der Behauptungs- und Beweislast: Arzt: Vortragslast bez. der Einwendung rechtmäßigen Alternativverhaltens; Beweislast für die fiktive Einwilligung des Patienten bei ordnungsgemäßer Aufklärung Patient: Darlegungslast Entscheidungskonflikt

3. Selbständiges Beweisverfahren

Das selbständige Beweisverfahren nach § 485ff. ZPO ermöglicht eine vorsorgliche Beweissicherung, die den Beweisführer vor dem Risiko einer tatsächlichen Beweisfälligkeit schützen will und außerdem auch der Prozessvermeidung bzw. -beschleunigung dienen soll. Das selbständige Beweisverfahren ist vom Gericht auf Antrag durchzuführen, wenn die Voraussetzungen vorliegen.
Ohne Zustimmung des Gegners muss nach § 485 Abs. 2 ZPO ein rechtliches Interesse an den begehrten Feststellungen vorliegen.

3522

a) Zulässigkeit des selbständigen Beweisverfahrens in Arzthaftungssachen

Die Zulässigkeit eines selbständigen Beweisverfahrens in Arzthaftungssachen war umstritten, da verbreitet[4699] die Auffassung anzutreffen war, es fehle in Arzthaftungssachen grundsätzlich ein rechtliches Interesse im Sinne des § 485 Abs. 2 ZPO an einer vorprozessualen Beweissicherung. So lasse sich ein Rechtsstreit nicht vermeiden, wenn nicht nur das Vorliegen eines Behandlungsfehlers, sondern auch die Kausalität der fehlerhaften Behandlung für die eingetretenen Gesundheitsschäden und das Ausmaß der Schäden streitig seien. Es fehle dem Gericht die Möglichkeit, den Sachverhalt den besonderen Erfordernissen des Arzthaftungsprozesses entsprechend unter weitgehender Geltung des Amtsermittlungsgrundsatzes aufzuklären. Einer sachgerechten Beweiserhebung müsse eine Schlüssigkeits- und Erheblichkeitsprüfung durch das Gericht vorhergehen. Da der Antragsteller im selbständigen Beweisverfahren die Beweisfragen vorgebe und der Gegner nur das Recht zur Stellung des Gegenantrages habe, könne von Seiten des Gerichts nicht auf eine Präzisierung der Beweisfragen hingewirkt werden.

3523

Der BGH[4700] hat in einem Urteil aus dem Jahr 2003 dieser, damals auch von der Vorinstanz vertretenen, Auffassung eine Absage erteilt und festgestellt, dass ein rechtliches Interesse an der Durchführung des selbständigen Be-

3524

4699 vgl. OLG Köln VersR 1998, 1420 ; OLG Nürnberg, MDR 1997, 501; Rehborn MDR 1998, 16 ff.; zur Zahnarzthaftung: Schinnenburg MedR 2000, 185, 187 f.
4700 BGH NJW 2003, 1741.

weisverfahrens nach § 485 Abs. 2 ZPO bei Arzthaftungsansprüchen nicht aus grundsätzlichen Erwägungen ohne Prüfung der Umstände des Einzelfalles verneint werden kann.[4701]

3525   Das rechtliche Interesse als Zulässigkeitsvoraussetzung nach § 485 Abs. 2 ZPO sei nach allgemeiner Auffassung generell weit auszulegen.[4702] Zwar seien die Feststellungen, die innerhalb des selbständigen Beweisverfahren möglich seien, i.d.R. darauf beschränkt, den Zustand der geschädigten Person, die hierfür maßgeblichen Gründe und die Wege zur Beseitigung des Schadens festzustellen und damit nicht ausreichend, um einen Arzthaftpflichtprozess endgültig zu entscheiden. Jedoch lasse sich auch dann, wenn Fragen des Verschuldens des Arztes und der Kausalität der Verletzung für den geltend gemachten Schaden noch ungeklärt blieben, an den Feststellungen zum Gesundheitsschaden und der hierfür maßgeblichen Gründe oftmals erkennen, ob und in welcher Schwere ein Behandlungsfehler gegeben ist. Insoweit sei der vorprozessualen Klärung eines Gesundheitsschadens und seiner Gründe eine grundsätzlich prozessökonomische Auswirkung nicht abzusprechen.

3526   Das Gericht habe auch im Rahmen des selbständigen Beweisverfahrens die Möglichkeit den Sachverhalt weiter aufzuklären und zu versuchen, die Parteien zu einer vergleichsweisen Einigung bzw. zu einem Absehen von einer Klageeinreichung zu raten. Auch wenn sich das Ergebnis eines selbständigen Beweisverfahrens in Arzthaftungssachen häufig als unzureichend oder gar unerheblich erweise, sei das Risiko, dass das Gutachten auf einer ungesicherten tatsächlichen Grundlage erstattet werde, vom Antragsteller zu tragen und über die Kostenfolge des § 96 ZPO zu regeln. Auch sei ein Vorrang anderer Schlichtungsverfahren nicht erkennbar.[4703] Das selbständige Beweisverfahren erfülle auch in Arzthaftungssachen seinen Sinn und Zweck, die Gerichte von Prozessen zu entlasten und die Parteien unter Vermeidung eines Rechtsstreits zu einer raschen und kostensparenden Einigung zu bringen. Letztlich gebe es daher keinen Ansatz für eine teleologische Reduktion des Gesetzeswortlauts in § 485 Abs. 2 ZPO. Weder die Entstehungsgeschichte noch sein Sinn und Zweck oder der Gesamtzusammenhang mit der Regelung in § 485 Abs. 1 ZPO sprächen gegen eine generelle Zulässigkeit des selbständigen Beweisverfahrens bei Arzthaftungsansprüchen. Der BGH verweist hierzu auch auf die Begründung des Entwurfs für das Rechtspflege-

---

4701 Siehe auch OLG Köln VersR 2009, 1515.

4702 MünchKomm/Schreiber, ZPO, § 485 Rn. 13; Reichold in Thomas/Putzo, § 485 Rn. 7; Musielak/Huber, § 485 Rdn. 13; Zöller/Herget, § 485 Rdn. 7a m. w. N. .

4703 Dazu auch OLG Koblenz MDR 2002, 352; OLG Saarbrücken VersR 2000, 891; OLG Düsseldorf NJW 2000, 3438; OLG Schleswig OLGR 2001, 279 f; Mohr, MedR 1996, 454 f. .

Wenzel

vereinfachungsgesetz, in welchem der Arzthaftungsprozess ausdrücklich im Zusammenhang mit dem selbständigen Beweisverfahren erwähnt wird.[4704]

b) Ablauf des selbständigen Beweisverfahrens

Die Einleitung des selbständigen Beweisverfahrens erfolgt nur auf Antrag. Sind die Voraussetzungen, die das Gericht nach der BGH-Grundsatzentscheidung zur Zulässigkeit nun streng einzelfallbezogen zu prüfen hat, gegeben, muss das Gericht das Verfahren durchführen; es besteht kein Ermessensspielraum, der es dem Gericht erlauben würde den Antrag, etwa wegen Unzweckmäßigkeit, abzulehnen.[4705]

3527

Die zulässigen Beweismittel im selbständigen Beweisverfahren sind beschränkt. Nach Absatz 1 sind richterlicher Augenschein, Zeugenbeweis und die mündliche bzw. schriftliche Anhörung des Sachverständigen möglich; eine Beweiserhebung nach Absatz 2 ist lediglich mittels Sachverständigengutachten erlaubt. Der Urkundsbeweis scheidet aus; auch Parteivernehmung ist nicht zulässig.

3528

Bei Arzthaftungsansprüchen setzt eine schriftliche Begutachtung durch einen Sachverständigen nach § 485 Abs. 2 ZPO voraus, dass der Antragsteller ein rechtliches Interesse daran hat

- den Zustand einer Person (Nr. 1),
- die Ursache eines Personenschadens (Nr. 2) oder
- den Aufwand für die Beseitigung eines Personenschadens (Nr. 3)

feststellen zu lassen.

4704 Entwurf für das Rechtspflegevereinfachungsgesetz BT-Drucks. 11/3621 vom 1. Dezember 1988, S. 23; »Insbesondere, wenn der Streit der Parteien nur von der Entscheidung tatsächlicher Fragen abhängt, wird die vor- oder außergerichtliche Beweisaufnahme als zweckmäßig angesehen; u. a. für Bauprozesse (Punktesachen), Kraftfahrzeug- und Arzthaftungsprozesse wird angenommen, dass die gesonderte Begutachtung durch einen Sachverständigen häufig zu einer die Parteien zufriedenstellenden Klärung und damit eher zum Vergleich als in einen Prozess führen würde. [. . .]. Der Entwurf [. . .] schlägt vor, das bisherige Beweissicherungsverfahren zu erweitern und auf den Sicherungszweck für das schriftliche Sachverständigengutachten ganz, im Übrigen bei Zustimmung des Gegners zu verzichten. Das Verfahren der §§ 485 ff. ZPO wird als selbständiges Beweisverfahren bezeichnet. «.
4705 OLG Nürnberg MedR 2009, 155.

Wenzel

aa) Rechtliches Interesse

3529 Entsprechend der weiten Auslegung des rechtlichen Interesses im Sinne des § 485 Abs. 2 Satz 2 ZPO ist dieses im Allgemeinen zu bejahen, wenn die begehrte Feststellung Grundlage für Ansprüche des Antragstellers oder für deren Verneinung sein kann.[4706] Es dient dann der Prozessökonomie, dass das Ergebnis des Verfahrens zur Abstandnahme von einer Klageerhebung veranlassen oder aber auch eine außergerichtliche Regelung in Bezug auf mögliche Schadensersatzforderungen herbeiführen kann. Das rechtliche Interesse kann dem Antragsteller nur abgesprochen werden, wenn evident ist, dass der behauptete Anspruch keinesfalls bestehen kann.[4707] Dann könnte das Beweisverfahren allenfalls dazu dienen, dem Antragsteller selbst die Aussichtslosigkeit einer Klage vor Augen zu führen – dazu ist das Verfahren aber nicht da.[4708]

bb) Zulässige Beweisfragen

3530 Seit die grundsätzliche Zulässigkeit des selbständigen Beweisverfahrens höchstrichterlich geklärt ist, liegen die Hauptprobleme in der Praxis bei der Bewertung der zulässigen Beweisfragen. Genau diejenigen Einwände, die gegen die Effizienz des selbständigen Beweisverfahrens angeführt worden

---

4706 OLG Düsseldorf v. 11.01.2010 – I-1 W 71/09; OLG Karlsruhe MDR 1999, 496.
4707 BGH NJW 2004, 3488; OLG Düsseldorf NJW-RR 2001, 1725.
4708 OLG Köln VersR 2008, 1340.

sind, nämlich dass die dort möglichen Feststellungen zur Beantwortung der Haftungsfrage nicht ausreichend sind, weil Fragen des Verschuldens und der Ursächlichkeit des Sorgfaltsverstoßes für die Folgen als Rechtsfragen nicht geklärt werden können, sind der Grund für Unsicherheiten über die Grenzen der zulässigen Beweisthemen. Der Streit über die grundsätzliche Zulässigkeit des selbständigen Beweisverfahrens in Arzthaftungssachen setzt sich nunmehr mit neuen Vorzeichen auf der Ebene der zulässigen Beweisfragen fort.

Selbstverständlich ist Hauptfrage eines jeden Arzthaftungsprozesses das Vorliegen eines vorwerfbaren, möglicherweise sogar groben, Behandlungsfehlers. Der Patient hat somit ein Interesse daran, diese Frage so weit wie möglich schon im selbständigen Beweisverfahren klären zu lassen. **3531**

Kernfrage ist es daher, ob eine Beweisfrage formuliert werden darf, die die abschließende Klärung der Behauptung, dass ein ärztlicher Behandlungsfehler vorliegt bzw. dass die Verletzung einer Person durch einen ärztlichen Behandlungsfehler verursacht worden ist, herbeiführen soll. Die instanzgerichtliche Rechtsprechung hierzu ist nicht einheitlich.[4709] **3532**
Dabei berufen sich sowohl die bejahende wie die ablehnende Auffassung auf eine Formulierung in der oben vorgestellten Grundsatzentscheidung:

> **BGH NJW 2003, 1741:**
> »Der Senat verkennt nicht, dass sich das selbständige Beweisverfahren bei der Verletzung einer Person, um die es regelmäßig in Arzthaftungsverfahren geht, darauf beschränkt, den Zustand dieser Person, die hierfür maßgeblichen Gründe und die Wege zur Beseitigung des Schadens festzustellen (§ 485 Abs. 2 ZPO). Deshalb ist es zwar richtig, dass sich mit den möglichen tatsächlichen Feststellungen ein Arzthaftpflichtprozess häufig nicht entscheiden lassen wird, weil damit noch nicht die rechtlichen Fragen des Verschuldens des Arztes und der Kausalität der Verletzung für den geltend gemachten Schaden geklärt sind. In der Rechtspraxis wird sich jedoch bei Feststellung des Gesundheitsschadens und der hierfür maßgeblichen Gründe nicht selten erkennen lassen, ob und in welcher Schwere ein Behandlungsfehler gegeben ist. Deshalb kann die vorprozessuale Klärung eines Gesundheitsschadens und seiner Gründe durchaus prozessökonomisch sein.«

Während hieraus einerseits abgeleitet wird, dass sich die Rechtsfrage, ob dem Arzt im Zusammenhang mit einer Patientenbehandlung ein Fehlver- **3533**

4709 Vgl. einerseits OLG Oldenburg, VersR 2009, 805; OLG Nürnberg MedR 2009, 155 mit abl. Anm v. Reiprich; andererseits OLG Düsseldorf v. 16.03.2009 – I-1 W 11/09, OLG Naumburg OLGR 2006, 255, OLG Köln MedR 2010, 107 unter ausdrücklicher Aufgabe früherer abweichender Rechtsprechung.

Wenzel

halten als Pflichtwidrigkeit anzulasten ist und die Tatsachenfrage, ob sich ein solches ursächlich für eine geltend gemachte Gesundheitsbeeinträchtigung ausgewirkt hat oder auswirkt, nicht Gegenstand eines selbständigen Beweisverfahrens sein kann,[4710] wird andersherum argumentiert, dass der BGH sich gerade nicht gehindert sah, ein rechtliches Interesse des Antragstellers an der Durchführung des selbständigen Beweisverfahrens für möglich zu halten, obwohl im konkreten Fall dessen Beweisfragen ebenfalls auf die Klärung der Frage abgezielt haben, ob eine Verletzung – nämlich eine Nervenverletzung – durch einen ärztlichen Behandlungsfehler herbeigeführt worden sei.[4711]

3534 Der BGH hat sich allerdings in seiner Grundsatzentscheidung mit nichts anderem als der Frage, ob ein rechtliches Interesse an der Durchführung des selbständigen Beweisverfahrens nach § 485 Abs. 2 ZPO bei Arzthaftungsansprüchen aus grundsätzlichen Erwägungen ohne Prüfung der Umstände des Einzelfalles verneint werden kann, beschäftigt. Die Vorinstanz war in weitere Prüfung aufgrund der Bejahung dieser Frage gar nicht erst eingetreten. Entsprechend gab der BGH nach Klärung der grundsätzlichen Zulässigkeit des selbständigen Beweisverfahrens dem Beschwerdegericht die Prüfung der näheren übrigen Voraussetzungen für die Anordnung der Begutachtung nach § 485 Abs. 2 ZPO auf. Über die Zulässigkeit der Beweisfrage, die auf die Nervverletzung aufgrund eines Behandlungsfehlers zielte, hat der BGH daher keine Entscheidung getroffen, sondern das Untergericht lediglich zum Einstieg in die Einzelfallprüfung angehalten.

3535 Der BGH hat gerade dadurch, dass er festhält, dass das Ergebnis eines selbständigen Beweisverfahrens nicht selten erkennen lassen wird, ob ein Behandlungsfehler vorliegt, deutlich gemacht, dass die Prüfung des Sorgfaltsverstoßes nicht Gegenstand des Verfahrens ist. Häufig wird sich aber durch die Feststellung, dass eine Gesundheitsverletzung durch eine bestimmte Handlung/Unterlassung hervorgerufen wurde, welches dem geltenden medizinischen Facharzt-Standard nicht entsprochen hat, die Frage nach dem Sorgfaltsverstoß wie von selbst beantworten.

4710 OLG Düsseldorf v. 16.03.2009 – I-1 W 11/09.
4711 OLG Oldenburg VersR 2009, 805.

Wenzel

Gegenstand des selbständigen Beweisverfahrens

- Verletzung des medizinischen Standards
- BEHANDLUNGS-MAßNAHME
- Körperschaden
- Ursächlichkeit der Maßnahme für Körperschaden

Zielgerichtet auf die sachverständige Feststellung des Sorgfaltsverstoßes, **3536** also die dem Gericht vorbehaltene Frage der schuldhaften Abweichung vom medizinischen Standard, darf das Beweisthema jedoch nicht formuliert und beantwortet werden.[4712] Ob eine ärztliche Behandlung als vorwerfbar fehlerfrei bzw. fehlerhaft zu qualifizieren ist, ist eine Rechtsfrage, die das Gericht mit Hilfe eines Sachverständigen zu beantworten hat. Das Gericht bedient sich zur Beantwortung der Rechtsfrage der fachlichen Einschätzung eines Sachverständigen, aber die Entscheidung über den Sorgfaltsvorstoß nach § 276 BGB bleibt normative Wertung des Gerichts. Entsprechend ist auch die Klärung der Ursächlichkeit von behaupteten Gesundheitsbeeinträchtigungen im Hinblick auf mögliche Aufklärungs- und/oder Behandlungsfehler dem Hauptprozess vorbehalten. Im selbständigen Beweisverfahren kann lediglich die Ursächlichkeit im Sinne der Äquivalenztheorie geklärt werden, nicht der Zusammenhang zwischen Sorgfaltsvorwurf und Folge. Genauso wenig kann hier die Frage nach der

---

4712   So im Ergebnis auch Rosenberger, in Wenzel »Handbuch des Fachanwalts Medizinrecht«, Kapitel 7 Rn. 458; Reiprich, MedR 2009, 157.

Haftung verschiedener Beteiligter und ihrer Verursachungsbeiträge geklärt werden.[4713]

3537 Auch im Übrigen unterliegt die antragstellende Seite vielfach der Versuchung Beweisfragen zu formulieren, die weit über die zulässigen tatsächlichen Feststellungen zu den drei Beweisthemen Zustand/Ursache/Beseitigungsaufwand hinausgehen. Ziel ist letztlich oftmals die Beschaffung eines Rechtsgutachtens für die Erfolgsaussichten des Arzthaftungsprozesses. Das jedoch kann und soll das selbständige Beweisverfahren nicht leisten. Welcher Nutzen am Ende aus dem Verfahren zu ziehen ist, ist davon abhängig, wo im konkreten Fall die besonderen (Beweis-)probleme liegen. Allgemein gilt: Je weniger das Behandlungsgeschehen als solches im Tatsächlichen aufgeklärt ist, desto weniger konkret lassen sich Beweisfragen fassen und es besteht die Gefahr, dass diese wegen unzulässiger Ausforschung abgewiesen werden. Völlig unstreitig ist es etwa nicht möglich, eine Beweisfrage ohne nähere Anhaltspunkte allgemein dahin zu formulieren, ob alle Maßnahmen innerhalb eines Behandlungsgeschehens (etwa »die Operation«) insgesamt lege artis vorgenommen worden seien.[4714]

3538 Die Grenze zwischen zulässiger und unzulässiger Beweisfrage verläuft schmal,[4715] lässt sich aber durchaus zuverlässig bestimmen, wenn man sich jeweils die Kontrollfrage stellt, ob die Beweisfrage bereits die Wertung als »Behandlungsfehler« verlangt oder lediglich Vorfrage bleibt, selbst wenn beim »Zusammenziehen« aller Feststellungen zur objektiven Verletzung des medizinischen Standards die normative Wertung zwingend erscheint.

4713 OLG Köln VersR 2009, 1515; siehe auch OLG Karlsruhe v. 03.11.2010 – 7 W 25/10. .
4714 Dazu etwa OLG Oldenburg, VersR 2009, 805.
4715 Vgl. eine vermittelnde Lösung in OLG Karlsruhe v. 03.11.2010 – 7 W 25/10.

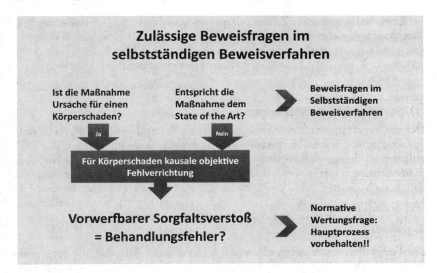

Zulässige Beweisfragen im selbstständigen Beweisverfahren

Ist die Maßnahme Ursache für einen Körperschaden? → **Ja**

Entspricht die Maßnahme dem State of the Art? → **Nein**

Beweisfragen im Selbstständigen Beweisverfahren

Für Körperschaden kausale objektive Fehlverrichtung

Vorwerfbarer Sorgfaltsverstoß = Behandlungsfehler?

Normative Wertungsfrage: Hauptprozess vorbehalten!!

Beispiel: OLG Brandenburg v. 12.11.2009 – 12 W 33/09   3539

Beweisfragen zur Klärung eines Behandlungsfehlers durch fehlerhafte Medikation mit der Folge einer Verschlechterung des Krankheitsbildes:

1. Ist das Arzneimittel Prednisolon (R) zur Behandlung einer Neurosarkoidose grundsätzlich zugelassen?

2. a) Entspricht es – nach dem medizinischen Standard im September des Jahres 2002 – einer ordnungsgemäßen Medikation, wenn nach der Diagnose einer Neurosarkoidose vier Wochen lang das Arzneimittel Prednisolon (R) mit einer täglichen Dosis von 100 mg verordnet wird, anschließend die Tagesdosis für drei Wochen auf 75 mg reduziert wird, danach vier Wochen lang auf 60 mg täglich, und im weiteren Verlauf im 4-Wochen-Rhythmus jeweils um weitere 20 mg bis auf 20 mg täglich reduziert wird.

b) Entspricht es – nach dem medizinischen Standard im September des Jahres 2002 – einer ordnungsgemäßen Medikation, wenn nach dem Abschluss einer Cortison-Hochdosistherapie, wie sie unter Ziffer 6 beschrieben wurde, täglich weiterhin 20 mg Prednisolon (R) verordnet werden.

3. Sofern es sich bei der Gabe des Arzneimittels Prednisolon (R) in der in Ziffer 2 genannten Dosierung für die Antragstellerin um eine Fehldosierung des Medikaments handelte, ist in diesem Fall anzunehmen, dass aufgrund dessen bei der Antragstellerin eine schubhafte Verschlechterung des Krankheitsbildes einsetzte, und dass es insbesondere zu einem vorzeitigen Mobilitätsverlust kam?

4. Unterstellt, die unter Ziffer 2 dargestellte medikamentöse Behandlung der Antragstellerin mit Prednisolon (R) sei fehlerhaft gewesen: Wie lange hätte nach ärztlicher Erfahrung der vollständige Mobilitätsverlust der Antragstellerin bei ordnungsgemäßer Therapie herausgezögert werden können?

cc) Sonstige Voraussetzungen

3540 Der Sachvortrag, den der Antragsteller im selbständigen Beweisverfahren zur Darlegung seines Hauptanspruches, dessen Geltendmachung die Begutachtung dienen soll, vorbringt, muss nicht auf seine Schlüssigkeit oder Erheblichkeit geprüft werden. Anspruchsbegründende Umstände müssen daher auch nicht gemäß § 487 Nr. 4 ZPO glaubhaft gemacht werden.[4716] Es kann auch streitiges – durch Zeugenvernehmung noch aufzuklärendes – Parteivorbringen einer Begutachtung durch Sachverständige zugrunde gelegt werden.[4717]

3541 Die Formulierung zulässiger Beweisfragen ist keine Aufgabe, die aufgrund des im Arzthaftungsprozess besonders zu beachtenden Waffengleichheitsgebots die Mitwirkungspflichten des Gerichts so weitgehend steigert, dass dieses gehalten wäre gestellte Beweisfragen unter Veränderung ihrer inhaltlichen Zielrichtung sachdienlich umzuformulieren und ggf. auf die zulässige Tatsachenaufklärung zu reduzieren.[4718]

3542 Der Umstand, dass sich der Antragsgegner auf Verjährung beruft, steht der Eignung der Durchführung des selbständigen Beweisverfahrens nicht prinzipiell entgegen.[4719] Der Verjährungseinwand kann zwar im Einzelfall ein Hinweis darauf sein, dass das selbständige Beweisverfahren eine außergerichtliche Einigung selbst bei Vorliegen eines Behandlungsfehlers nicht herbeiführen kann; davon kann ohne nähere Prüfung jedoch nicht ausgegangen werden. So ist der Antragsgegner für das Vorliegen der Voraussetzungen der Verjährung darlegungs- und beweisbelastet und seine Bereitschaft zur außergerichtlichen Einigung wird davon abhängig bleiben, für wie erfolgversprechend der (vorbehaltene) Verjährungseinwand letztlich gehalten wird.

dd) Wirkungen

3543 Die Einleitung eines selbständigen Beweisverfahrens hemmt die Verjährung nach § 204 Abs. 1 Nr. 7 BGB. Die Hemmungswirkung tritt mit Zustellung des Antrags auf Durchführung des Verfahrens ein, damit schon im Zeitpunkt des Antragseingangs, sofern die Zustellung »demnächst« erfolgt,

---

4716 BGH 2004, 3488; OLG Oldenburg GesR 2008, 421-422.
4717 OLG Schleswig v. 12.06.2009 – 16 W 65/09; vgl. auch OLG München v. 09.02.2005 – 1 W 805/06.
4718 OLG Düsseldorf v. 16.03.2009 – I-1 W 11/09.
4719 Brandenburgisches OLG v. 12.01.2009 – 12 W 33/09.

§ 167 ZPO. Zur Vermeidung einer nicht unüblichen nur formlosen Zustellung entgegen § 270 Satz 1 ZPO kann der Antragsteller die förmliche Zustellung ausdrücklich erbitten.

4. Prozesskostenhilfeverfahren

Die staatliche Prozesskostenhilfe beruht auf dem verfassungsrechtlich verankerten Gleichheits- und Sozialstaatsgebot. Der Zugang zu den Gerichten soll demjenigen, der die Verfahrenskosten nicht aus eigenen Geldmitteln aufbringen kann, ebenso offenstehen wie demjenigen, der die Verfahrenskosten selbst finanzieren kann.[4720]   **3544**

Für Arzthaftungsverfahren kann wie sonst auch Prozesskostenhilfe beantragt werden, sofern die beabsichtigte Rechtsverfolgung hinreichende Aussicht auf Erfolg bietet und nicht mutwillig i.S.v. § 114 ZPO erscheint. Zu beachten ist, dass grundsätzlich wegen der in Arzthaftungssachen regelmäßig bestehenden Schwierigkeiten sowohl in rechtlicher als auch tatsächlicher Hinsicht die Beweiserhebung und Entscheidung nicht durch den Einzelrichter, sondern durch das vollbesetzte Kollegium zu erfolgen hat[4721] und dies also auch für das Prozesskostenhilfeverfahren gelten muss.[4722]   **3545**

a) Erfolgsaussicht

Die Prüfung der Erfolgsaussicht ist im Prozesskostenhilfeverfahren nicht abschließend, sondern vorläufig vorzunehmen.[4723] Der Erfolg braucht daher keinesfalls gewiss sein, es muss jedoch eine gewisse, nicht überwiegende, Wahrscheinlichkeit dafür sprechen. Für die Erfolgsprognose der beabsichtigten Arzthaftungsklage ist deren Schlüssigkeit zu prüfen. Dabei kommt der klagenden Partei wie im Hautprozess die eingeschränkte Substantiierungslast zugute.[4724]   **3546**

An die Voraussetzung der hinreichenden Erfolgsaussicht sind keine überspannten Anforderungen zu stellen.[4725] Sie ist schon dann erfüllt, wenn der vom Kläger vorgebrachte Rechtsstandpunkt zumindest vertretbar erscheint und in tatsächlicher Hinsicht die Möglichkeit einer Beweisführung besteht.[4726] Bei der dahingehenden Prüfung ist, wenn auch nur in eng be-   **3547**

4720 Siehe Rdn. 3424 ff. und BGHZ 70, 235, 237.
4721 BGH NJW 1994, 801, 802; Brandenburgisches OLG OLG-NR 2001, 5, 6; OLG Karlsruhe NJW-RR 2006, 205, 206. .
4722 Brandenburgisches OLG v. 17.04.2007 – 12 W 1/07; vgl. auch OLG Frankfurt/Main GesR 2010, 365 für die Würdigung von Gutachten im Rahmen ausnahmsweise zulässiger vorweggenommener Beweiswürdigung.
4723 BVerfG NJW 2003, 3191.
4724 Vgl. etwa Brandenburgisches OLG v. 17.04.2007 – 12 W 1/07.
4725 BVerfG 81, 347, 356.
4726 BGH VersR 1987, 1186, 1187.

Wenzel

grenztem Rahmen, eine vorweggenommene Beweiswürdigung zulässig.[4727] Hält das Gericht aufgrund dieser Prüfung die Richtigkeit der unter Beweis gestellten Tatsache für sehr unwahrscheinlich, so kann Prozesskostenhilfe verweigert werden. Es spielt dann auch keine Rolle, ob im Hauptprozess einem Beweisantrag stattgegeben werden müsste, denn die Voraussetzungen für die Bewilligung von Prozesskostenhilfe sind nicht mit denen für eine Beweiserhebung identisch; insoweit kann der Begriff der hinreichenden Erfolgsaussicht enger verstanden werden als das Gebot zur Beweiserhebung.[4728]

3548 Grundsätzlich ist allerdings davon auszugehen, dass die Erfolgsaussicht der Rechtsverfolgung zwar nicht stets, aber doch im Allgemeinen hinreichend ist, sobald eine Beweisaufnahme zu einer Behauptung des Antragstellers ernsthaft in Betracht kommt und zwar auch bei Unwahrscheinlichkeit der Beweisbarkeit.[4729]

3549 Prozesskostenhilfe ist zu versagen, wenn die Gesamtwürdigung aller bereits feststehenden Umstände und Indizien eine positive Beweiswürdigung zugunsten des Hilfsbedürftigen als ausgeschlossen erscheinen lässt und eine vernünftige und wirtschaftlich denkende Partei wegen des absehbaren Misserfolges der Beweisaufnahme von einer entsprechenden Prozessführung absehen würde.[4730] Im Rahmen des Prozesskostenhilfeverfahrens ist grundsätzlich davon auszugehen, dass die vom Antragsteller benannten Beweismittel den unter Beweis gestellten Vortrag untermauern werden, es sei denn, die Gesamtwürdigung aller schon feststehenden Umstände und Indizien lässt eine positive Beweiswürdigung zugunsten des Hilfsbedürftigen als sehr unwahrscheinlich erscheinen.[4731]

3550 Insoweit gilt das grundsätzliche Verbot zur vorweggenommenen Beweiswürdigung nicht uneingeschränkt.[4732] Im Rahmen der Prüfung der Erfolgsaussicht i.S.v. § 114 ZPO sind auch mit der Klage vorgelegte vorgerichtliche Gutachten zu würdigen.[4733] Ob die grundsätzlich mögliche Berücksichtigung von Gutachten, etwa aus einem vorangegangenen Schlichtungsverfahren, sogleich eine Entscheidung über den Prozesskostenhilfe-Antrag ermöglicht, oder ob – von Amts wegen bzw. wegen Einwänden der Parteien gegen den Gutachter selbst oder gegen den sachlichen Gehalt des Gutachtens – ggf. Anlass zu weiterer Sachverhaltsaufklärung nach § 118 Abs. 2 ZPO besteht, ist eine Frage des Einzelfalls. Ausschlaggebend sind Schlüssig-

---

4727   BGH NJW 1994, 1660; VersR 1960, 62, 66.
4728   BVerfG NVwZ 1987, 786.
4729   BVerfG NJW 2003, 2976, 2977; OLG Karlsruhe NJW-RR 2006, 205.
4730   BGH NJW 1994, 1160.
4731   Zöller/Geimer, § 114 Rn. 19, 26.
4732   Brandenburgisches OLG v. 21.2.2008 – 12 W 28/07.
4733   Brandenburgisches OLG v. 17.4.2007 – 12 W 1/07; OLG Köln VersR 1990, 311.

Wenzel

keit und Überzeugungskraft des Gutachtens sowie das konkrete Vorbringen der Partei, die sich gegen die Verwertung des Gutachtens wendet und weitere Beweiserhebungen beantragt.[4734]

Zum Nachteil des Antragstellers ist eine Beweisantizipation nur dann zulässig, wenn konkrete und nachvollziehbare Anhaltspunkte vorliegen, dass die Beweisaufnahme mit großer Wahrscheinlichkeit zum Nachteil des Antragstellers ausgehen würde.[4735] Dies lässt sich insbesondere bei komplexeren Sachverhalten zumeist schwer sagen.
Insoweit ist das Gericht im Arzthaftungsprozess aufgerufen, sachverständige Stellungnahmen kritisch zu würdigen und etwaige Widersprüche zu klären. Die Notwendigkeit dieser Klärung begründet zwar nicht stets, aber doch im Allgemeinen die hinreichende Erfolgsaussicht der Rechtsverfolgung.[4736]

3551

Ergeben sich allerdings aus diesen Gutachten Unklarheiten, die die Schlüssigkeit der Klage deutlich ins Wanken bringen, muss der Antragsteller hierzu trotz der verminderten Substantiierungspflicht zumindest Stellung nehmen.

3552

Beweisantizipation im PKH-Verfahren

Beispiel Brandenburgisches Oberlandesgericht v. 17.04.2007 – 12 W 1/07

Der Antragsteller macht sich ein Gutachten zueigen, in welchem u.a. der Ursachenzusammenhang zwischen dem behaupteten (nicht groben) Be-

---

4734 OLG Frankfurt/Main GesR 2010, 365; OLG Oldenburg MedR 1998, 417, OLG Karlsruhe MDR 2006, 332.
4735 BVerfG NJW 2008, 1060.
4736 OLG Karlsruhe NJW-RR 2006, 205.

handlungsfehler und der Gesundheitsschädigung als nicht zweifelsfrei zu klären dargestellt wird. Die Einholung eines weiteren Sachverständigengutachtens zur Frage des Ursachenzusammenhangs käme demnach in einem Hauptsacheverfahren nur dann in Betracht, wenn substantiiert dargelegt wird, dass die Feststellungen und Erkenntnisse des Gutachtens hier nicht erschöpfend, lückenhaft oder aus sonstigen Gründen unrichtig oder unvollständig sind. Hierzu muss dann auch im Prozesskostenhilfeverfahren vorgetragen werden!

3553   Zeichnen sich besondere Beweisschwierigkeiten ab, so spielt auch die Prüfung, ob Beweiserleichterungen infrage kommen können, für die Erfolgsaussichten eine Rolle, sofern ohne sie die Beweisbarkeit ausgeschlossen ist.[4737]

b) Keine Mutwilligkeit

3554   Die beabsichtigte Rechtsverfolgung darf nicht mutwillig sein. Das Fehlen von Mutwilligkeit ist Voraussetzung für die Gewährung von Prozesskostenhilfe. Mutwillig handelt derjenige, der davon abweicht, was eine verständige, ausreichend bemittelte Partei in einem gleichliegenden Fall tun würde.[4738] Dabei kann in Arzthaftungssachen einer klagenden Partei nicht schon deshalb versagt werden, weil sie ein Verfahren vor einer ärztlichen Gutachterkommission oder Schlichtungsstelle ablehnt.[4739] Die Aufklärung und die Beurteilung des medizinischen Sachverhalts im Rahmen des angesprochenen Verfahrens haben keine unmittelbaren rechtlichen Auswirkungen auf einen nachfolgenden Rechtsstreit. Die bloße Möglichkeit der Vermeidung eines Rechtsstreits macht einen ausreichend bemittelten Kläger noch nicht unvernünftig, wenn er dennoch sogleich den Weg zu den Gerichten beschreitet, zumal er auch die bloße Verzögerung der Angelegenheit in Betracht ziehen muss. Die Nichtanrufung von Gutachter- und Schlichtungsstellen macht Rechtsverfolgung vor Gericht daher nicht mutwillig. Gleiches gilt für die Ablehnung der Begutachtung durch einen von der Haftpflichtversicherung beauftragten medizinischen Sachverständigen.[4740] Mutwillig kann es aber sein, ein bereits eingeleitetes Schlichtungsverfahren nicht mehr abzuwarten.[4741]

4737 Brandenburgisches OLG v. 21.2.2008 – 12 W 28/07.
4738 BVerfG RPfleger 2002, 213; KG VersR 2008, 1558.
4739 OLG Düsseldorf VersR 1989, 645; aM LG Dortmund JZ 1988, 255 mit abl. Anm. Giesen., Frahm/Walter, Arzthaftungsrecht, Rn. 259.
4740 KG MedR 2010, 179; siehe auch Diehl, ZfS 2010, 330.
4741 OLG Celle AHRS 7400/3. .

c) Prozesskostenhilfe für Prozesskostenhilfeverfahren/Berufung/ Revision

Für das Prozesskostenhilfeverfahren selbst wird Prozesskostenhilfe grund- **3555**
sätzlich nicht gewährt.[4742] Das gilt auch dann, wenn das Gericht die Parteien
gemäß § 118 Abs. 1 Satz 3 ZPO zur mündlichen Erörterung lädt, denn Gegenstand der Erörterung bleibt der Prozesskostenhilfeantrag, nicht der angekündigte Sachantrag. Hierzu, nämlich zur Prüfung der Erfolgsaussichten,
erfolgt auch die mögliche Vernehmung von Zeugen und Sachverständigen
gemäß § 118 Abs. 2 Satz 3 ZPO. Ausnahmsweise wird das Bewilligungsverfahren nur dann verlassen, wenn eine gütliche Einigung der Parteien möglich wird. § 118 Abs. 1 Satz 3 ZPO erlaubt aus Zweckmäßigkeitsgründen
den Abschluss eines Vergleichs über den Klageanspruch. Für diesen Vergleichabschluss besteht dann unter den Voraussetzungen von § 114 ZPO
ein Anspruch auf Prozesskostenhilfe ggf. beider Parteien. Der Anspruch
beschränkt sich aber auf den Vergleichabschluss.[4743]

> ❗ Nach der Rechtsprechung des BGH kann es für die PKH-begehrende
> antragstellende Partei günstiger sein, den Vergleich erst im Hauptsa-
> cheverfahren abzuschließen, weil die Gebühren aus dem vorangegan-
> genen PKH-Verfahren dann auf die vollen Gebühren (gemäß §§ 15 II,
> 16 Nr. 2 RVG) angerechnet werden und nunmehr von der Staatskasse
> zu zahlen wären.
>
> RISIKEN
> 1. Zustandekommen des Vergleichs zu einem späteren Zeitpunkt
> 2. Belastung mit außergerichtlichen Kosten des Gegners bei
>   Teil(Unterliegen) im Hauptsacheverfahren – Kostenrisiko
> ANWALT: Hinweispflicht!

Ob Prozesskostenhilfe ausnahmsweise im Prozesskostenhilfeverfahren **3556**
bewilligt werden kann, wenn im Bewilligungsverfahren bereits schwierige
Rechts- und Tatsachenfragen geklärt werden, ist streitig.[4744] Eine umfangreiche Beweisaufnahme im Bewilligungsverfahren ist zu vermeiden, kann
sich im Einzelfall aber noch innerhalb des pflichtgemäßen Ermessens halten, innerhalb dessen das Gericht selbst darüber entscheidet, wie weit es
bei der Beurteilung der Erfolgsaussicht gehen will. Hat eine umfangreiche
Beweisaufnahme stattgefunden, so wird dies teilweise als mit dem Fall eines

---

4742 BGH VersR 2005, 289; OLG Bamberg NJW-RR 2005, 652; Baumbach/Lauter-
bach/Albers/Hartmann § 114 Rn. 35.; a.A. Wax LMK 2004, 236.

4743 BGH VersR 2005, 289; sich dem BGH trotz einiger Bedenken ausdrücklich
anschließend OLG Hamm FamRZ 2009, 137; OLG München MDR 1987, 239;
OLG Bamberg JurBüro 1993; OLG Celle JurBüro 1997, 200; a. A. OLG Düsseldorf FamRZ 2001, 1155; OLG Nürnberg NJW-RR 1998, 864.

4744 Überblick bei Baumbach/Hartmann, § 114 Rn. 35.

Vergleichabschlusses vergleichbare Konstellation gesehen und eine Prozess-kostenhilfemöglichkeit bejaht.[4745] Die gegenteilige, engere Sichtweise liegt allerdings eher auf der Linie des BGH, der – wie in der Entscheidung zur Reichweite der Prozesskostenhilfe bei Vergleichsabschluss – streng zwischen Bewilligungs- und Hauptsacheverfahren unterscheidet.

3557   Für das Beschwerdeverfahren ist Prozesskostenhilfe nicht möglich;[4746] anders für die Rechtsbeschwerde nach § 574 ZPO.[4747]

3558   Soll für die Berufungsinstanz Prozesskostenhilfe beantragt werden, ist darauf zu achten, dass der mit der Berufungsschrift eingereichte Antrags-schriftsatz die Gewährung von Prozesskostenhilfe nicht zur Bedingung für die Einlegung der Berufung erhebt.[4748] Die bedingt eingelegte Berufung wäre unzulässig. Der PKH-Antrag sollte daher, wenn die Berufung bei Ab-lehnung nicht durchgeführt werden soll, isoliert und entsprechend weit vor dem Ablauf der Berufungsfrist eingereicht werden.

3559   Bei der Prüfung der Erfolgsaussicht der Rechtsverfolgung ist auch in der Rechtsmittelinstanz nicht allein auf das Rechtsmittel, sondern auf die Sache selbst abzustellen. Das Revisionsgericht kann eine hinreichende Aussicht auf Erfolg verneinen, wenn zwar das Berufungsurteil wegen eines Verfah-rensfehlers formell keinen Bestand haben kann, eine materielle Änderung des Ergebnisses in der Berufungsinstanz aber sehr unwahrscheinlich ist.[4749] Prozesskostenhilfe ist deshalb nicht immer schon dann zu bewilligen, wenn etwa das angefochtene Berufungsurteil wegen eines Verfahrensfehlers for-mell keinen Bestand haben kann, sich das materielle Ergebnis letztlich in der Berufungsinstanz jedoch voraussichtlich nicht ändern wird.[4750] Ein vernünf-tig denkender Bemittelter wird dann, wenn er voraussichtlich das von ihm erstrebte Ziel letztlich nicht wird erreichen können, einen Verfahrensfehler des Berufungsgerichts nicht zum Anlass nehmen, Kosten der Revisionsins-tanz und weitere Kosten der Berufungsinstanz entstehen zu lassen, die er im Ergebnis dann selbst tragen muss. So liegt es, wenn zwar wegen versäumter Sachaufklärung zurückverwiesen werden muss, der Kläger jedoch mit sei-nem Begehren wohl auch danach nicht durchdringen wird.

4745   OLG Bamberg NJW-RR 2005, 652.
4746   Baumbach/Hartmann § 127 Rn. 88; OLG Karlsruhe JurBüro 1994, 606.
4747   BGH NJW 2004, 2022.
4748   Dazu etwa BGH VersR 2007, 662.
4749   BGH NJW 1994, 1160.
4750   BGH ZIP 1993, 1729.

Wenzel

Prozesskostenhilfe für Behandlungsfehlerprozess

Erfolgsaussicht

Keine Mutwilligkeit

Schlüssige Klage?	Beweismöglichkeit?	Prüfung der Klageabwägungs-entscheidung!
-eingeschränkter Substantiierungs pflicht genügender Vortrag?	-Beweis ausgeschlossen? -möglich bei Beweislastumkehr?	-entspr. einer bemittelten, verständigen Partei? -während eines schwebenden Schlichtungsverfahrens?

III. Beweisgrundsätze im Arzthaftungsprozess

Kernstück des Arzthaftungsprozesses ist der Nachweis des ärztlichen Fehl-   **3560**
verhaltens. Mit der erfolgreichen Beweisführung steht und fällt der Prozess.

1. Behandlungsfehlerbeweis

Naturgemäß ist der Nachweis von zu Gesundheitsschädigungen führenden   **3561**
Behandlungsfehlern schwierig, da die Unberechenbarkeit des menschlichen
Körpers einer mathematisch-naturwissenschaftlichen Ursachen-Folge-Ket-
te entgegensteht. Jeder Krankheitsverlauf, Heilungsprozess und jede körperliche Reaktion auf eine Behandlungsmaßnahme wird beeinflusst von
unberechenbaren und auch unaufklärbaren physiologischen und biologi-
schen Prozessen. Dies ist der Grund dafür, dass ärztliche Behandlung keine Werkleistung ist, da der Erfolg nicht geschuldet ist und sein kann und
daraus folgt außerdem, dass der feststellbare Misserfolg der Behandlung
keinesfalls schon einen Behandlungsfehler offenbart, nicht einmal als Indiz
dafür taugt. Die Multikausalität physiologischer Abläufe führt daher sehr
häufig dazu, dass ein Behandlungsgeschehen in seinen Auswirkungen nicht
mehr lückenlos aufgeklärt werden kann. Somit stellt sich im Beweisrecht
des Arzthaftungsverfahrens die besondere Problematik, dass das »Risiko
der Unaufklärbarkeit« den verfassungsrechtlichen Vorgaben für ein faires
Verfahren folgend verteilt werden muss. Die Rechtsprechung hat hierzu ein
umfangreiches Spezial-Instrumentarium geschaffen, das zum Teil stark kri-

tisiert worden ist.[4751]

3562 Ausgangspunkt bilden die allgemeinen Beweislastregeln der Zivilprozessordnung. Diese werden jedoch durch unterschiedliche Methoden wie Anscheinsbeweis, großzügige Anwendung von § 287 ZPO sowie Beweislastumkehrregeln weitgehend durchbrochen. Das führt oftmals dazu, dass das System der Sonderregeln die Grundsätze derart überlagert, dass sie ganz aus dem Blickfeld geraten. Dann aber verselbstständigt sich das Beweisrechtsgefüge und es entstehen Unsicherheiten in der gerichtlichen Handhabe des Beweisrechts, die der BGH regelmäßig zurechtrücken muss. Trotz der weitreichenden Eingriffe in die grundsätzlich geltende Beweislastverteilung darf diese als Anknüpfung für die Beweiserleichterungen, die nur unter bestimmten Voraussetzungen greifen, nicht aus den Augen verloren werden. Dies gilt auch für die Grenzen der Beweiserleichterungen, damit die Prüfung, auf welche beweisbedürftige Tatsache sich die Beweiserleichterung bezieht und beschränkt. Die folgende Darstellung stellt die verschiedenen Beweiserleichterungen daher angeknüpft an die Beweissituation/-tatsache dar, also an den konkreten Beweis, der erleichtert möglich ist.

a) Grundsatz

3563 Die Darlegungs- und Beweislast für eine Pflichtverletzung des Arztes und deren Ursächlichkeit für den eingetretenen (Körper- bzw. Gesundheits-) Schaden trägt grundsätzlich der Geschädigte/Patient bzw. der Anspruchsteller.[4752] Der Patient muss also die Voraussetzungen eines Behandlungsfehlers darlegen und beweisen. Er hat ferner nachzuweisen, dass die Behandlung durch den Arzt nicht nur fehlerhaft, sondern auch schuldhaft, also mindestens fahrlässig erfolgte. Trotz der immer wieder geführten Diskussion um einen Übergang zu Gefährdungshaftung ist die Arzthaftung weiterhin Verschuldenshaftung.[4753]

4751 Ausführlich dazu Katzenmeier, Arzthaftung 2002, S. 423f.

4752 BGH MedR 2004, 541; MedR 2004, 107; NJW 1992, 2962; VersR 1991, 310; NJW 1988, 2949; Brandenburgisches OLG MedR 2000, 85 + 149; Müller MedR 2001, 487.

4753 Vgl. ausführlich Katzenmeier, Arzthaftung 2002, S. 150ff. (zum Verschuldensprinzip); S. 174.ff. (zur Gefährdungshaftung); siehe auch KG v. 15.12.2005 – 20 U 244/02 (»Ein Fehler, der unvermeidbar war, führt weder zur Haftung des Arztes noch, wie hier geltend gemacht, zur Haftung des Krankenhausträgers.«).

Wenzel

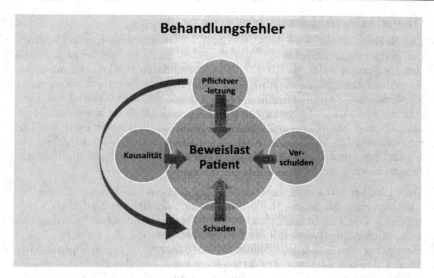

Die Zuweisung der Beweislast stellt sich für den Patienten strukturell als **3564** große prozessuale Hürde dar, da er dem Behandlungsgeschehen wesentlich ferner steht als der Arzt. Dies führt für sich genommen jedoch noch nicht zu »flächendeckenden« Beweiserleichterungen, sondern nur dort, wo sich unter dem Gesichtspunkt der gleichmäßigen Beweislastverteilung eine unzumutbare Belastung ergibt.[4754] Wo keine Beweiserleichterungen greifen, gilt das strenge Beweismaß des § 286 ZPO, das einen für das praktische Leben brauchbaren Grad von Gewissheit, der verbleibenden Zweifeln Schweigen gebietet, ohne sie völlig auszuschließen, aber keine »an Sicherheit grenzende Wahrscheinlichkeit« oder einen naturwissenschaftlichen Kausalitätsbeweis, verlangt.[4755]

b) Modifikationen
aa) Beweis von Pflichtverletzung und Verschulden
Die Anwendbarkeit der Verschuldensvermutung des § 280 Abs. 1 Satz 2 **3565** BGB auf den Arzt/Krankenhausvertrag wird überwiegend abgelehnt.[4756] Die Verletzung der äußeren Sorgfalt, also die Verletzung des medizinischen Facharztstandards, indiziert allerdings den inneren Sorgfaltsverstoß.[4757]

4754 BGH VersR 2009, 1668.
4755 BGH VersR 2011, 223; BGH NJW 2008, 1381, jeweils unter Hinweis auf BGHZ 53, 245; BGH VersR 1989, 758, 759; VersR 2000, 503, 505.
4756 Näher Katzenmeier, VersR 2002, 1066.
4757 BGH VersR 2003, 1128 (verschuldete Sorgfaltspflichtverletzung, einen Patienten der noch nicht »street ready« ist, nach einer ambulanten Operation ohne weiteres zu entlassen, auch wenn nicht bedacht wurde, dass der eigentlich über

(1) Voll beherrschbare Risiken[4758]

3566 Der Rechtsgedanke des § 280 Abs. 1 Satz 2 BGB greift unstreitig allerdings bei einer im Arzthaftungsrecht wichtigen Fallgruppe des Beweiserleichterungssystems Platz, den sog. voll beherrschbaren Risiken. So muss der Arzt/der Krankenhausbetreiber den Entlastungsbeweis führen, wenn es zur Verwirklichung von Risiken kommt, die durch den Klinikbetrieb oder die Arztpraxis in deren Sphäre gesetzt wurden und durch sachgerechte Organisation und Koordinierung des Behandlungsgeschehens objektiv voll beherrscht werden können. Wie bei § 280 Abs. 1 Satz 2 BGB wird hier die Darlegungs- und Beweislast für die Verschuldensfreiheit auf die Behandlungsseite verlagert.[4759]

3567 Dies gilt aber nur dann, wenn auch tatsächlich ein voll beherrschbares Risiko betroffen ist. Solche Risiken finden sich abseits des ärztlichen Kernbereichs. Die Pflicht zu gehöriger Organisation und Koordinierung des Behandlungsablaufs belastet die Behandlungsseite mit der Gewährleistung eines generellen Sicherheits-Standards der Behandlung gegen allgemein bekannte Risiken. Deren volle Vermeidung kann von der Behandlungsseite gefordert werden, weil sich in einer Verletzung dieser Pflichten nicht die dem menschlichen Körperorganismus innewohnenden und oft schwer oder gar nicht voraussehbaren Risiken verwirklichen, sondern es um den technisch überschaubaren und organisierbaren Behandlungsbereich des Arztes geht. Maßnahmen, deren Erfolg oder Misserfolg unabhängig von den Unwägbarkeiten des menschlichen Organismus sind, können von der Behandlerseite ganz anders beherrscht werden. Steht fest, dass der Primärschaden des Patienten im Gefahrbereich dieses voll beherrschbaren Risikos gesetzt worden ist, folgen hieraus Beweiserleichterungen auf der Ebene des Beweises der objektiven Fehlverrichtung und des Verschuldens.

Als Bereiche mit voll beherrschbaren Risiken gelten:
– Organisation und Koordination der Behandlungsabläufe (inklusive Personaleinsatz, Hygienemaßnahmen)
– Technisch apparativer Bereich (Gerätesicherheit, Bedienungssicherheit)
– Nicht-fachmedizinisch geprägte »Verrichtungen« am Patienten (»Verrichtungssicherheit«:[4760] Funktionspflege, Körperpflege, Mobilitätsunterstützungsleistungen, Überwachung nur eingeschränkt selbstän-

---

zu vermeidendes Verhalten kurz nach der OP aufgeklärte Patient aufgrund einer retrograden Amnesie sich gerade jetzt nicht daran erinnern wird).
4758 Siehe Rdn. 1497 ff. und zum Ganzen Wenzel in: Festschrift 25 Jahre Arbeitsgemeinschaft – 25 Jahre Arzthaftung der Arbeitsgemeinschaft Rechtsanwälte in Medizinrecht e.V., S. 325 ff.
4759 BGH NJW 2007, 1682 unter Hinweis auf die ständige Rechtsprechung: BGHZ 89, 263, 269; VersR 1978, 82, 83; VersR 1978, 764; VersR 1982, 161, 162; VersR 1991, 1058, 1059.
4760 Nach Geiß/Greiner, Arzthaftpflichtrecht, 6. A., B V. Rn. 242.

Wenzel

dig möglicher Verrichtungen des Patienten; Überwachung von technischen Anwendungen/Maßnahmen)

– Organisation/Koordination

Jedes Behandlungsgeschehen läuft innerhalb eines organisatorischen Rahmens ab. Die Behandlungsseite trifft die Pflicht den Behandlungsablauf so zu organisieren und zu koordinieren, dass dem Patienten hierdurch keine (Gesundheits-)Gefahren entstehen. Dieser materiellen Organisationspflicht entspricht beweisrechtlich die Beweisfigur des voll beherrschbaren Bereichs. Zum Organisations- und Koordinationsbereich gehört vor allem der sorgfaltsgemäße Einsatz der zur Behandlung notwendigen sächlichen und personellen Mittel.

3568

– Hygienemängel

Die Gewährleistung und Überwachung von Hygienevorschriften gehört zu den vordringlichsten Organisationsaufgaben in Klinik- und Praxisbetrieb. Diese Aufgabe betrifft das patientenunabhängige Behandlungsumfeld. Durch die Befolgung von Hygienevorschriften können Schäden durch bestimmte gesundheitsgefährdende Keime voll ausgeschlossen werden. Lässt sich demnach durch ein bestimmtes Hygieneverhalten etwa eine konkrete Infektion sicher verhindern, so geht es um ein voll beherrschbares Risiko.

3569

▶ Beispiele:
 – Reinheit des benutzten Desinfektionsmittels – BGH VersR 1978, 764
 – Sterilität der verabreichten Infusionsflüssigkeit – BGH VersR 1982, 161

Das gilt auch, wenn die Vermeidbarkeit des Risikos sich erst in der Rückschau ergibt.[4761]

Anders ist es, wenn das Risiko sich nie gänzlich ausschließen lässt. So rechtfertigen durch Keime ausgelöste Infektionen dann keine Beweiserleichterung, wenn das Infektionsrisiko der im konkreten Fall in Rede stehenden Infektion auch bei Einhaltung aller Hygienemaßnahmen nicht ausgeschlossen werden kann (unvermeidbare Infektionen)!

3570

▶ Beispiel:
 – Spondylodiszitis nach wirbelsäulennaher Injektion ohne Mundschutz – OLG Hamm MedR 2008, 217

❗ Ein Risiko ist voll beherrschbar, wenn es nach Erkennen mit Sicherheit ausgeschlossen werden könnte!

4761 Zum Einsatz infektiösen Personals »Keimträger« siehe nachfolgend.

Wenzel

– Personaleinsatz

3571 Die Auswahl und der Einsatz des Personals muss jederzeit die standardgemäße Behandlung gewährleisten. Das ist nicht der Fall, wenn (vom Krankenhausträger oder dem Praxisinhaber) nicht genügend qualifiziertes und überwachtes Personal eingesetzt wird oder von dem Personal selbst Gesundheitsgefahren ausgehen (Keimträgerfälle).

3572 So kann die Verhinderung des Einsatzes infektiösen Krankenhauspersonals in den voll beherrschbaren Organisationsbereich fallen. Steht außer Frage, dass es bei dem Patienten zu einem infektiösen Geschehen gekommen ist, weil an der Behandlung beteiligtes Personal infektiös war, so stammt das Risiko aus einem Bereich, dessen Gefahren ärztlicherseits objektiv voll ausgeschlossen werden können und müssen. Dies gilt eben ausdrücklich auch, wenn die Identifizierung des Keimträgers erst nachträglich erfolgt. Solange die Keimquelle jedoch unklar bleibt, verbleibt dem Patienten weiterhin der Beweis des haftungsrechtlichen Zurechnungszusammenhangs der Hygienemängel mit der Keimübertragung. Soweit es dann um ein trotz Einhaltung aller Hygienevorschriften nicht vermeidbares, zum allgemeinen Lebensrisiko rechnendes Infektionsrisiko geht, kann der Beweis dem Patienten nicht gelingen.[4762]

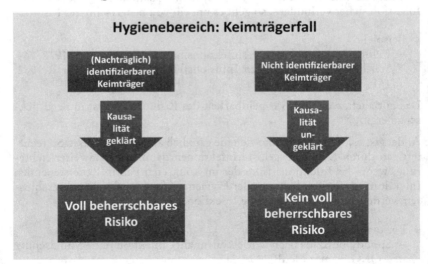

– »Verrichtungen« am Patienten – Lagerung/Bewegung/Transport

3573 Zu Beweiserleichterungen analog § 280 Abs. 1 Satz 2 BGB kommt es auch, wenn der Gesundheitsschaden des Patienten sich aus der Sphäre der Behandlungsseite deshalb ergibt, weil es um die ordnungsgemäße Lagerung

---

4762 KG. v. 15.12.2005 – 20 U 244/02; Geiß/Greiner, Arzthaftpflichtrecht, 6. A. ,B. Rn. 245.

des Patienten auf dem Operationstisch und deren Überprüfung während der Operation zur Vermeidung von sog. Lagerungsschäden geht.[4763] Die Beweislastumkehr bei Lagerungsschäden wird damit begründet, dass bei der Lagerung des Patienten während der Operation auch die Risikofaktoren, die sich etwa aus seiner körperlichen Konstitution ergeben, ärztlicherseits eingeplant und dementsprechend ausgeschaltet werden können und es deshalb Sache der Behandlungsseite ist, zu erklären, warum es gleichwohl zu einem Lagerungsschaden gekommen ist.

▶ Beispiele
  – Lagerungsfehler bei »Häschenstellung« – BGH VersR 1984, 386
  – Lagerungsfehler des Infusionsarms – OLG Hamm VersR 1998, 1243

Die Zuweisung des Entlastungsbeweises an die Behandlungsseite scheidet **3574** aus, sofern die Voraussetzung der Berechenbarkeit der Lagerungsproblematik entfällt, also etwa außergewöhnliche und nicht erkennbare anatomische Besonderheiten/Prädispositionen des Patienten die Schäden (mit-)verursacht haben können. Hier ist die Aufgabenstellung/Gefahrlage nicht mehr voll beherrschbar. Wäre die Besonderheit erkennbar gewesen, so wäre sie gleichwohl nicht voll beherrschbar gewesen, da mit der körperlichen Anomalie wieder der Unberechenbarkeitsfaktor Platz greift.

▶ Beispiel:
  – anatomische Prädisposition für Plexusparese BGH VersR 1995, 539

Der Fall einer Prädisposition für Lagerungsschäden zeigt, dass der Merk- **3575** satz »Die Lagerung des Patienten gehört zum voll beherrschbaren Bereich« problematisch ist. Auch die Lagerung eines Patienten auf dem Operationstisch ist durchaus und immer geprägt von der Unberechenbarkeit der »Arbeit« am lebenden Organismus.[4764] Dies mag folgendes verdeutlichen: Über die Lagerung des Patienten müssen sich Operateur und Anästhesie abstimmen. Beide Disziplinen wirken bei einer Operation unter Narkose zusammen und jede Disziplin hat ihre jeweilige Idealvorstellung, wie ihre Aufgabe am besten zu bewerkstelligen ist. Es ergeben sich genügend Fälle, in denen sich die beste Lagerung für den chirurgischen Eingriff und die beste Lagerung für die Durchführung der Anästhesie widersprechen. Der Lagerung des Patienten geht dann eine medizinische Entscheidung voraus und diese wirkt in die volle Beherrschbarkeit ein, so dass zu abstrahieren ist, ob die Lagerungsschäden mit dieser Entscheidung zusammenhängen oder nicht. Nur im letzteren Fall kann die Lagerung als voll beherrschbare »Verrichtung« im Gegensatz zur »Behandlung« angesehen werden.

4763 BGH VersR 1995, 539; OLG Köln VersR 1991, 695.
4764 Vgl. Heimbach/Weissauer Der Urologe 2004, 469; siehe auch Katzenmeier, in: Laufs/Katzenmeier/Lipp S. 412.

Wenzel

3576   Voll zu gewährleisten ist die allgemeine Aufenthaltssicherheit des Patienten, insbesondere die sichere Ausführung von Bewegungs- und Transportmaßnahmen von in ihrer Mobilität eingeschränkten Patienten. Die Beweislastumkehr umfasst die Risikosphäre des Pflegedienstes und ist insbesondere dort geboten, wo das Pflegepersonal in seinem eigentlichen Aufgabenbereich tätig wird und nicht etwa Hilfsdienste im Kernbereich des ärztlichen Handelns leistet.[4765]

Dies betrifft vor allem Sturzfälle unter Beteiligung von Pflegepersonal. Hier muss die Behandlungsseite darlegen und beweisen, dass der Vorfall nicht auf einem Fehlverhalten des Pflegepersonals beruht.[4766]

> ▶ Beispiele
> – Sturz im Pflegeheim – BGH NJW 2005, 1937 + 2613
> – Sturz von Behandlungsliege – OLG Köln VersR 1990, 1240
> – Verletzung bei Krankentransport auf Liege – OLG Hamm VersR 2007, 1525

3577   Die Darlegung des Patienten zum Fehler und Verschulden kann sich nach der Rechtsprechung in diesen Fällen darin erschöpfen bei einem Sturz im Gefahrenbereich des Krankenhauses/der Praxis unter Beteiligung von Mitarbeitern der Behandlungsseite zu Schaden gekommen sein.[4767] Fehler und Verschulden werden dann vermutet. Den Nachweis des trotz des Schadensfalls pflichtgemäßen Verhaltens aller Beteiligten und des eingesetzten Personals muss dann die Behandlungsseite führen. Problematisch kann dabei allerdings die Abgrenzung sein, inwieweit die zum Schaden führende Maßnahme tatsächlich auf ein Fehlverhalten des Pflegepersonals zurückgeht oder die Fehlerhaftigkeit ihre wahre Ursache bereits in der vom Personal lediglich umgesetzten medizinischen Fehlentscheidung hat und damit »normaler« Behandlungsfehler mit zwingender »Fehlverrichtungsfolge« ist.[4768] Ohne eine konkrete Gefahrensituation, die gesteigerte Obhutspflichten auslöst und deren Beherrschung einer speziell dafür eingesetzten Pflegekraft anvertraut ist, ist regelmäßig nur der normale, alltägliche Gefahrenbereich betroffen, wenn der Patient, etwa allein in seinem Zimmer, stürzt. Ein solcher Vorfall verlässt nicht die eigenverantwortliche Risikosphäre der Geschädigten und kann daher auch nicht von Behandlungsseite voll beherrschbar sein.[4769]

❗ Im Bereich von Lagerung/Transport/Bewegung ist nur die Verrichtung, also die Umsetzung/Durchführung der Maßnahme also solche,

---

4765   BGH NJW 1991, 1540.
4766   BGH NJW 1991, 1540; NJW 1991, 2960; KG MedR 2006, 182.
4767   KG GesR 2008, 425.
4768   Dazu KG MedR 2006, 182.
4769   BGH NJW 2005, 1937; NJW 2005, 2613.

voll beherrschbar. Die Berechenbarkeit entfällt, wenn der Misserfolg der Maßnahme nicht an die Korrektheit der Ausführung der Verrichtung anknüpft, sondern sich gerade das Risiko verwirklicht hat, dessen Beherrschung von der medizinisches Fachwissen voraussetzenden Entscheidung über »ob« und »wie« der Maßnahme abhing.

Voll beherrschbare Risiken bei Transportmaßnahmen

Bsp. Rollstuhlsturz

Medizinische Maßnahme:
Entscheidung über
Transportmaßnahme
Beurteilung der
Rollstuhlfähigkeit

Voll beherrschbares Risiko
Verrichtung der Transport-
maßnahme
(Hineinsetzen/Fixierung/
Manövriervorgang/Aufsicht)

– Technisch apparativer Bereich / sächliche Hilfsmittel

Nicht zum nur begrenzt steuerbaren Kernbereich ärztlichen Handelns, sondern unproblematisch zu Risiken, die voll beherrscht werden können, gehört der Zustand der zur Behandlung eingesetzten Geräte und Materialien. Die Behandlungsseite trägt die Gewähr für einen sachgemäßen und gefahrlosen Einsatz dieser sächlichen Hilfsmittel. Sie hat die geeigneten technischen Voraussetzungen für eine sachgemäße und gefahrlose Behandlung zu gewährleisten. Entsprechend fällt ihr die Beweislast für deren ordnungsgemäßen Zustand, die Funktiontüchtigkeit und den sachgerechten Umgang zu.[4770]

    3578

– Defektes Röntgengerät – OLG Jena VersR 2007, 69
– Erkennbarer Anschlussfehler eines Narkosegeräts – LG Bautzen v. 16.12.2009 – 2 O 662/08
– Ordnungsgemäßer Zustand eines verwendeten Tubus – BGH VersR 1975, 952, 954
– Funktionstüchtigkeit des eingesetzten Narkosegeräts – BGH VersR 1978, 82
– Funktionsfähigkeit eines Infusionssystems BGHZ 89, 263, 269

4770 OLG Jena VersR 2007, 69 (Nichtannahmebeschluss BGH VersR 2007, 1416). .

3579   Bei Bedienungsfehlern wird teilweise differenziert: Die Fehlbedienung von Medizintechnik, deren Einsatz dem Arzt vorbehalten sei, müsse diesem nach den allgemeinen Beweislastregeln nachgewiesen werden,[4771] da der Medizintechnik einsetzende Arzt in diesem Kernbereich ärztlicher Tätigkeit nicht anders zu behandeln sei als der Instrumente einsetzende Arzt. Die Trennlinie kann allerdings nicht entlang der Bedienungsperson verlaufen, sondern nur entlang der Art des Einsatzes. Geht es um ärztliche Ausbildung/Kenntnisse voraussetzende Anwendung, ist der Kernbereich ärztlichen Handelns betroffen, geht es um die technische Bedienung, so immer um einen Bereich, der erwartbar beherrscht werden kann. Auch bei dem Arzt vorbehaltenen Einsatz von Medizintechnik gibt es einen rein technischen, von medizinischen Fertigkeiten unabhängigen, Bereich, der voll beherrscht werden kann. Andersherum würde es wieder unbillig sein, dass der exakt gleiche Fehler (etwa Anwendung des Geräts über die maximale Einsatzdauer) bei einem nur vom Arzt zu benutzenden Gerät nachzuweisender Behandlungsfehler, bei einem Gerät, dessen Benutzung an nichtärztliches Personal delegierbar ist, aber ein den Entlastungsbeweis forderndes voll beherrschbares Risiko wäre.

(2) Entlastungsbeweis

3580   Die Verlagerung der Darlegungs- und Beweislast auf die Behandlungsseite fordert von der Behandlungsseite den Entlastungsbeweis. Sofern sich ein objektiv voll beherrschbares Risiko verwirklicht hat, obliegt dem Arzt/

4771 Kunz-Schmidt, MedR 2009, 517, 520.

Krankenhausträger hinsichtlich seines Verschuldens der Entlastungsbeweis. Dieser ist mit Blick auf das verwirklichte Risiko zu führen. Im Einzelnen bedeutet dies:

– Entlastungsbeweis bei Hygienemängeln

Der Entlastungsbeweis ist erst geführt, wenn die Behandlungsseite nachweist, dass sie an der objektiven Verletzung der Hygieneerfordernisse kein Verschulden trifft, also alle organisatorischen und technischen Vorkehrungen gegen von dem Personal der Klinik oder der Arztpraxis ausgehende vermeidbare Keimübertragungen getroffen waren. Auf die subjektive Erkennbarkeit der konkreten Gefahrensituation (keimtragende Helferin) kommt es daher nicht allein an, vielmehr erfordert der Entlastungsbeweis auch den Nachweis, dass im Übrigen die gebotene Sorgfalt gewahrt worden ist. Dies gelingt nicht, wenn sich ergibt, dass elementare Hygienegebote missachtet worden sind.[4772]

3581

– Entlastungsbeweis bei Lagerung/Bewegung/Transport

Der Entlastungsvortrag in den Verrichtungsfällen muss dahin gehen, dass alles getan wurde, was die Sicherheit des Patienten und den Ausschluss des sich durch die Maßnahme Lagerung/Bewegung/Transport ergebende Gefahr gewährleistet.

3582

▶ Bsp. Rollstuhlfahrt:
  – Gerät sicher und standfest
  – Geeignetheit des konkreten Geräts für den Zweck
  – Korrekte Platzierung (Sitzposition, Fixierung)
  – Ausreichende Überwachung

▶ Bsp. Einschieben eines auf einer Trage liegenden Patienten in ein Fahrzeug:
  – absolute Liegesicherheit
  – gefahrlose Handhabe des Liegetransports (Trage- und Einschiebevorgang)
  – Einrechnung aller patienteneigenen Bewegungen (auch plötzliches Aufrichten)

– Entlastungsbeweis bei fehlerhaftem Geräteeinsatz

Die Behandlungsseite muss die Vermutung der objektiven Pflichtverletzung bzw. des Verschuldens bei Gesundheitsschäden, die durch sächliche Behandlungsmittel verursacht wurden, widerlegen.

3583

War das eingesetzte Gerät (etwa ein Röntgengerät) defekt oder hat nicht mangel- bzw. störungsfrei gearbeitet, so ist der Nachweis zu führen, dass

3584

4772 BGH NJW 2007, 1682; Zu Hygienemängeln näher Anschlag, MedR 2009, 513, 514.

Wenzel

das Gerät sachgemäß gewartet worden ist, der Defekt nicht vorhersehbar oder erkennbar war und ein Bedienungsfehler ausgeschlossen ist.[4773] Für nicht erkennbare Produktmängel haftet allein der Hersteller nach den Grundsätzen des Produkthaftungsgesetzes.[4774]

3585 Der Arzt hat zu beweisen, dass der ordnungswidrige Gerätezustand nicht von ihm oder einem seiner Gehilfen verschuldet ist oder dass jedenfalls eine gebotene Überprüfung der Gerätes vor dem Einsatz stattgefunden hat. Auch im Arzthaftungsrecht gilt der objektivierte zivilrechtliche Fahrlässigkeitsbegriff im Sinne des § 276 Abs. 2 BGB.[4775] Nach dieser Vorschrift handelt fahrlässig, wer die im Verkehr erforderliche Sorgfalt außer Acht lässt. Fahrlässigkeit i. S. des § 276 Abs. 2 BGB setzt u.a. voraus, dass die Gefahr vorhersehbar bzw. erkennbar ist. Der Schuldner muss für mögliche Störungen (nicht alle abstrakt denkbaren, aber nicht ganz fernliegende Störungen) die notwendige Vorsorge treffen.

– Entlastungsbeweis bei ausgefallener Herz-Lungen-Maschine – KG v. 15.12.2005 – 20 U 244/02

ENTLASTUNGSBEWEIS BEI GERÄTEMANGEL

ENTSPRICHT DEM ERKENNTNISSTAND DER WISSENSCHAFT

WURDE LAUFEND FUNKTIONSÜBERWACHT

GERÄT

WURDE BESTIMMUNGSGEMÄß GEBRAUCHT

WURDE FEHELERFREI BEDIENT

WURDE ORDNUNGSGEMÄß DURCH FACHPERSONAL GEWARTET

4773 OLG Jena VersR 2007, 69 (Nichtannahmebeschluss BGH VersR 2007, 1416).
4774 Vgl. Kunz-Schmidt, MedR 2009, 517, 519.
4775 Palandt/Heinrichs, § 276 BGB Rn. 15.

Wenzel

(3) Anscheinsbeweis

Ein Rückschluss von der Gesundheitsschädigung auf ärztliches Verschul-   **3586**
den ist bei einem Ursachenverlauf möglich, der so sehr das Gepräge des Typischen und Gewöhnlichen hat, dass er regelmäßig auf einen Behandlungsfehler zurückzuführen ist.[4776] Eine solche Typizität ärztlicher Maßnahmen
ist allerdings selten und muss immer durch einen medizinisch-wissenschaftlichen Erfahrungssatz gestützt sein.

▶ Beispiele für gelungenen Anscheinsbeweis: **3587**
  – sofortige Schmerzen nach glutaeler Injektion eines Antirheumatikums
    in den Gesäßmuskel lassen auf falsche Spritztechnik schließen (OLG
    DUS VersR 1988, 38) genauso bei Eintritt einer ausgedehnten Gewe-
    benekrose nach intraglutaeler Injektion eines gefäßtoxischen Medika-
    ments (DUS Versr 1984, 241)
  – appalisches Syndrom nach Intubationsnarkose spricht für Fehler bei
    postoperativer Beatmung (OLG DUS NJW 1986, 1548), genauso An-
    ästhesiefehler bei Perforation der Dura bei Periduralanaesthesie (OLG
    Nürnberg AHRS Kza 6410/78)
  – Schädigung des nervus lingualis durch Rosenbohrer/Zahnfräse – OLG
    Stuttgart VersR 1999, 1018 (Verschuldensvermutung)
  – Praesakraler Decubitus IV lässt auf Pflegefehler schließen – OLG
    Köln NJW-RR 2000, 1267

▶ Beispiele für gescheiterten Anscheinsbeweis   **3588**
  – Schädigung des Nervus Ulnaris bei Bandscheibenoperation – BGH
    NJW 1985, 2192

4776 BGH NJW 2006, 2262; zum Anscheinsbeweis siehe auch Katzenmeier, Arzt-
    haftung 2002, S. 436f.; G. Müller, NJW 1997, 3049; Rehborn, 1999, 1169.

- Schädigung des Nervus femoralis bei Hüftgelenksoperation – OLG Karlsruhe VersR 1992, 1265
- Schädigung des Nervus lingualis bei Leitungsanästhesie – OLG Stuttgart VersR 1999, 1500
- Infektion nach Injektion – OLG München NJW 1985, 1403
- Schwangerschaft trotz Tubensterilisation (wegen der Regenerationsfähigkeit des Tubengewebes fehlt es an der Typizität) – OLG Oldenburg NJW-RR 2000, 240

3589   Der gelungene Anscheinsbeweis erleichtert nur die Beweisführung des Patienten, er kehrt die Beweislast nicht um, d.h. der Arzt muss keinen Gegenbeweis führen, sondern kann sich darauf beschränken, den Anschein, der für die Behauptung des Patienten spricht, zu erschüttern. Entsprechend muss er die Typizität angreifen, indem er entweder die behauptete Typizität generell bestreitet und nachweist, dass der behauptete Erfahrungssatz keine Geltung (mehr) beansprucht oder er akzeptiert die Typizität, behauptet aber einen eben atypischen Kausalverlauf.

Inhalt der Vermutung beim ANSCHEINSBEWEIS

BEHANDLUNGSFEHLER X

Rückschluss von Y auf X

TYPISCHE FOLGE

Entkräftung:
- Angriff der generellen Typizität /
- Vortrag eines atypischen Kausalverlaufs

GESUNDHEITSSCHADEN Y

(4) Gesetzliche Vermutung nach § 831 BGB

3590   Eine gesetzliche Beweislastregel bei vertikaler Arbeitsteilung findet sich in § 831 BGB. Steht danach ein Fehler des Verrichtungsgehilfen fest, wird ein eigenes Auswahl-, Überwachungs- oder Anleitungsverschulden des Geschäftsherrn vermutet. Dieser hat dann nach § 831 Abs. 1 Satz 2 BGB den Entlastungsbeweis zu führen.[4777]

4777   BGH VersR 1978, 542.

Die gesetzliche Vermutung greift nur, wenn die den Fehler verursachende **3591**
Person tatsächlich Verrichtungsgehilfe ist.[4778] Dafür genügt auch im Bereich
des Arztrechts jede entgeltliche oder unentgeltliche Tätigkeit, die in Abhängigkeit von einem anderen zu leisten ist.[4779] Rein tatsächliche Handlungen
gehören genauso dazu wie die Vornahme von Rechtsgeschäften. Das Weisungsrecht braucht nicht ins Einzelne zu gehen, so dass Verrichtungsgehilfe
auch jemand sein kann, der auf Grund eigener Sachkunde und Erfahrung
zu handeln hat, also auch ein anderer Arzt. Entscheidend ist nur, dass die
Tätigkeit in einer organisatorisch abhängigen Stellung vorgenommen wird.
Diese Stellung kann auch durch die nur vorübergehende Einbindung in einen fremden Organisationsbereich gegeben sein.[4780]

– Entlastungsbeweis bei Verrichtungsgehilfenfehler
Der Entlastungsbeweis ist schwierig zu führen, da die Anforderungen an **3592**
die Auswahl-, Überwachungs- und Anleitungspflichten gerade in der Arzt-
haftung sehr streng sind.[4781]
So ist die horizontale Arbeitsteilung im Bereich medizinischer Behandlung bereits durch zahlreiche Delegationsvorschriften gekennzeichnet.[4782]
Ist die Aufgabe zulässig an eine geeignete Person delegiert entscheiden die
Umstände des Einzelfalls über die weiteren Überwachung- und Kontrollpflichten. Diese Pflichten sind desto strenger, je unerfahrener das Personal, je gefahrgeneigter die konkrete Aufgabe ist und je folgenreicher ein
Fehler wäre.
Es ist immer erforderlich, dass der Geschäftsherr sich laufend von der ordnungsgemäßen Erledigung der übertragenden Aufgaben überzeugt. Die
Hilfskraft ist sorgfältig zu instruieren, zu überwachen und zu kontrollieren. Wo Einzelanweisungen ausscheiden, sind geeignete Dienstanweisungen
und Richtlinien in Kraft zu setzen und bekannt zu machen.

Zur Führung des Entlastungsbeweises ist daher die Erfüllung der folgenden **3593**
Pflichten vorzutragen:

4778 Zu beachten: Soweit Organhaftung gegeben ist, gilt ohnehin, dass einer in der
Rechtsform der juristischen Person betriebene Klinik/Arztpraxis die Handlungen ihrer Organe, zu denen die Rechtsprechung die leitenden Ärzte (ab-
teilungsleitende Chefärzte/Vertreter) zählt, zugerechnet werden, sofern sie in
Ausübung ihrer Organstellung handelten, vgl. etwa BGH NJW 1986, 776; näher Kapitel 2 A II. 4.
4779 BGH MedR 2009, 731.
4780 BGH MedR 2009, 731 (für Praxisvertreter/bei Notfallvertreter ist die Ge-
schäftsherreneigenschaft des Vertretenen abhängig von der konkreten Auswahl-
organisation des Vertreters durch die kassenärztliche Vereinigung.
4781 Vgl. bei Katzenmeier, in: Laufs/Katzenmeier/Lipp »Arztrecht«, Kapitel XI.
Rn. 22.; siehe auch OLG Oldenburg VersR 1998, 1380.
4782 Vgl. zur Delegation Andreas, ArztR 2008, 144; Spickhoff/Seibl, MedR 2008,
468.

– Erlaubte Delegation
– sorgfältige Auswahl des Gehilfen
– ausreichende Einweisung in die Aufgabe
– ausreichende Überwachung der Verrichtung
  – umgekehrt proportional zur Erfahrung des Gehilfen von stichproben-
    artiger Beobachtung bis zur Anwesenheit bei der Verrichtung
– gewissenhafte Kontrolle der Verrichtung (Überprüfung des Ergebnisses)

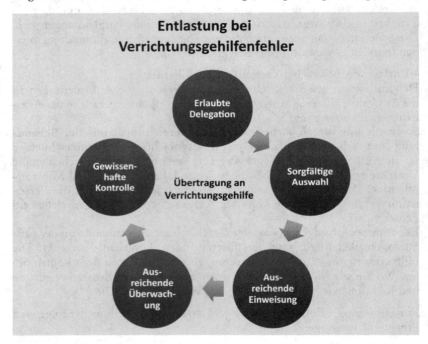

3594 Besonders strenge Anforderungen gelten bei der Entlastung bez. eines Aufklärungsversäumnisses im Rahmen horizontaler Arbeitsteilung. Die Aufklärung schuldet der behandelnde Arzt; es gilt der Arztvorbehalt. Die Delegation an einen Kollegen ist zulässig. Bei Versäumnissen kann sich der
delegierende Arzt nur exkulpieren, wenn er darlegt und beweist, dass er
ausreichende organisatorische Maßnahmen ergriffen hat, um die ordnungsgemäße Umsetzung der Aufklärung sicherzustellen (Aufklärungsanwei-
sungserteilung und Überwachung ihrer Einhaltung).[4783]

4783 BGH VersR 2007, 209.

(5) Beweisvereitelung

Bleibt die beweisbelastete Partei beweisfällig, weil der Gegner durch sein **3595** Verhalten die Unmöglichkeit der Beibringung des notwendigen Beweismittels zurechenbar verursacht hat, so kann dies nicht zu ihren Lasten gehen. Dies sind die Fälle der Beweisvereitelung, die für die beweisbelastete Partei in Anlehnung an §§ 427, 444 ZPO Beweiserleichterungen bis hin zur Beweislastumkehr bringen kann. Auf diese Beweislastregel kann nur dann zurückgegriffen werden, wenn der Beweisgegner die Beweisführung schuldhaft vereitelt hat. Dies sind im Arzthaftungsrecht vor allem diejenigen Fälle, in denen Beweismittel vernichtet, etwa weggeworfen oder zerstört worden sind.[4784] Der Schuldvorwurf, mindestens also Fahrlässigkeit, muss sich dabei sowohl auf die Vernichtung des Beweismittels wie auch seine Beweisfunktion beziehen.[4785] Entsprechend ist erforderlich, dass derjenige, der einen Gegenstand vernichtet oder vernichten lässt, der später als Beweismittel in Betracht kommt, bereits vor der Vernichtung erkennen kann, dass dieser einmal eine Beweisfunktion haben kann. Die Vernichtung muss dem Gegner des Beweisführers zurechenbar sein, d.h. jener muss es selbst gemacht, veranlasst bzw. nicht unterbunden haben oder die Vernichtung muss ihm, sofern er dazu gar keinen eigenen Beitrag geleistet hat, sonst wie zurechenbar sein (etwa über die Zurechnungsnormen für Gehilfen). So kann die Vernichtung eines defekten Hilfsmittels durch einen Krankenhausangestellten zwar dem Krankenhausträger, nicht aber dem Arzt, der davon nichts wusste und dazu keinen Beitrag geleistet hat, zugerechnet werden.[4786]

4784 Etwa BGH NJW 1994, 1594.
4785 BGH VersR 1975, 952, 954; NJW 1994, 1594.
4786 BGH NJW 1994, 1594 (Wegwerfen einer bei der StA sichergestellten Wärmflasche nachdem der Verwaltungsdirektor der Klinik die Nachfrage der StA, ob die Flasche zurückgegeben werden solle, verneinen ließ).

Wenzel

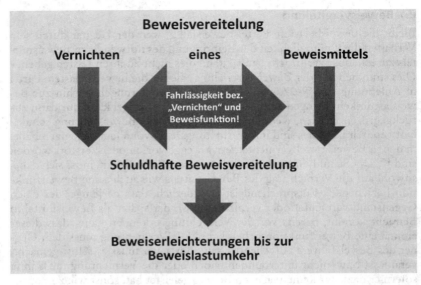

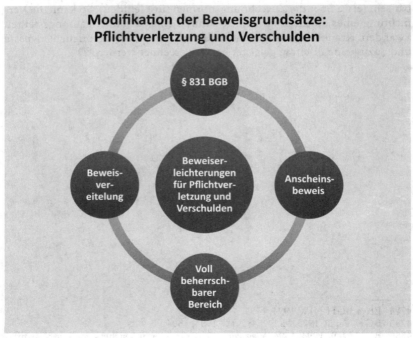

Wenzel

bb) Kausalitätsbeweis

(1) Anscheinsbeweis

Mittels Anscheinsbeweises kann in Ausnahmefällen auch der Kausalitäts- **3596**
beweis vereinfacht werden. Hier überwindet der Anscheinsbeweis die Frage, ob die Schädigung auf den verschuldeten Behandlungsfehler zurückzuführen ist. Hat der Arzt einen Behandlungsfehler verschuldet, der nach
Erfahrungssätzen der medizinischen Wissenschaft typischerweise die eingetretene Schädigung zur Folge hat, dann ist der Kausalitätsbeweis mittels
Anscheinsbeweis geführt. Zwar bedeutet Typizität nicht, dass die Ursächlichkeit eines bestimmten Fehlverhaltens für einen bestimmten Erfolg bei
allen Gesundheitsschädigungen notwendig immer vorhanden ist, sie muss
aber so häufig gegeben sein, dass die Wahrscheinlichkeit, einen solchen Fall
vor sich zu haben, sehr groß ist.[4787] Dies ist im medizinischen Bereich äußerst selten der Fall. Solche typischen Geschehensabläufe sind auch im Or-
ganisations- und Hygienebereich eher selten, ergeben sich zumeist erst bei
gravierenden Mängeln.[4788]
Der Anscheinsbeweis wird aber bei der AIDS-Infektion durch kontaminierte Blutprodukte angewendet: Ein typischer Geschehensablauf kann anzunehmen sein, wenn die Kontaminierung eines verwendeten Blutprodukts
feststeht und keine weiteren Ursachen außerhalb des Verantwortungsbe-
reichs der Behandlungsseite für die der Kontaminierung entsprechende Erkrankung ersichtlich sind.[4789]
Bei einer HIV-Infektion nach Bluttransfusion setzt das voraus, dass der Patient weder zu den HIV-gefährdeten Risikogruppen gehört noch durch die
Art seiner Lebensführung einer gesteigerten Infektionsgefahr ausgesetzt ist,
aber HIV-kontaminiertes Blut oder kontaminierte Blutprodukte erhalten
hat.[4790]

(2) Voll beherrschbare Risiken

Die Kausalität wird im Rahmen der Beweiserleichterung im voll beherrsch- **3597**
baren Bereich in der Regel nicht vermutet. Dies kann – wie sonst auch – nur
bei groben Fehlern in Frage kommen. Eine Ausnahme bildet in gewisser
Weise die Anfängeroperation.

– Sonderfall Personaleinsatz: »Anfängeroperation«

Der Arzt schuldet dem Patienten eine Behandlung nach Facharztstan- **3598**
dard.[4791] Andererseits müssen zu Ausbildungszwecken auch Berufsanfänger
eingesetzt werden, die diesen Standard allein noch nicht gewährleisten kön-

---

4787 BGH NJW 2006, 2262 (allgemein zum Anscheinsbeweis zur Überwindung der
      Kausalität).
4788 Vgl. Anschlag, MedR 2009, 513, 514.
4789 BGHZ 114, 290, VersR 1982, 972.
4790 BGH NJW 2005, 2614.
4791 BGH NJW 2000, 2737; siehe ausführlich in Kapitel 2 Rdn. 1407 f.

nen. Dies muss durch die Eingriffsbereitschaft eines Facharztes kompensiert werden.

Der Einsatz eines Berufsanfängers[4792] bedeutet für den Patienten eine Risikoerhöhung, die er nicht tragen muss.[4793] Die Risikoerhöhung stammt aus der Sphäre der Behandlungsseite. Sie muss nun alles tun, um das Risiko abzufangen und dennoch den Facharztstandard zu garantieren. Diesbezüglich ausreichende Maßnahmen zu treffen, sieht die Rechtsprechung als objektiv voll beherrschbaren Organisationsbereich an. Welche Maßnahmen zu treffen sind, richtet sich nach dem Einzelfall. Für den jungen Operateur und seine Ausbilder gilt: Es muss immer der Stand des theoretischen Wissens des Berufsanfängers bezüglich des konkreten Eingriffs überprüft werden und soweit diese einen Einsatz erlauben, dann anhand der praktischen Erfahrungen entschieden werden, wie eng die Anleitung, Überwachung und Eingriffsbereitschaft durch einen Facharzt gesteckt sein muss.[4794]

3599 Es ergibt sich im Falle des Einsatzes eines in der Aus- bzw. Weiterbildung befindlichen Arztes nach der Rechtsprechung nun folgende Beweiserleichterung für den Patienten: Soweit festgestellt werden kann, dass die Behandlungsseite, also sowohl der Anfänger, als auch die ihn einsetzenden Ärzte, nicht genügend getan haben, um den Facharztstandard trotz Einsatzes des Anfängers zu gewährleisten (Behandlungsfehler), wird vermutet, dass der Gesundheitsschaden gerade aufgrund der mangelnden Qualifikation des Anfängers eingetreten ist, der (Einsatz-)Fehler also kausal für die Schädigung war.[4795]

3600 Der »voll beherrschbare« Einsatz des Berufsanfängers führt also nach der Rechtsprechung dazu, dass die Kausalität des (den Facharztstandard wegen fehlerhafter Organisation nicht gewährleistenden) Anfängereinsatzes für den Schaden vermutet wird. Andernfalls müsste der Patient beweisen, dass sich in der fehlgeschlagenen Behandlung gerade dasjenige Risiko verwirklicht hat, welches durch den Einsatz des Berufsanfängers erhöht worden ist. Dieser Beweis ist nur schwer zu führen und belastet die Patientenseite unzumutbar.

3601 Der Entlastungsbeweis gelingt nur, wenn nachgewiesen werden kann, dass die Gesundheitsschädigung auch bei fehlerfreiem Einsatz des Anfängers eingetreten wäre.[4796]

4792 Hier ist nicht nur der junge Chirurg einbezogen, wie die Bezeichnung der Fallgruppe vermuten lassen könnte.
4793 Steffen/Pauge, Rn. 246ff.
4794 Vgl. dazu BGH 1992, 1560; NJW 1984, 655; NJW 1993, 2989.
4795 Siehe dazu Greiner, in: FS G. Müller S. 213, 219.
4796 BGH NJW 1993, 2989.

❗ Der fehlerhafte Einsatz eines Berufsanfängers belastet die Behandlungsseite mit dem Beweis der fehlenden Ursächlichkeit der mangelnden Qualifikation des Anfängers für den eingetretenen Gesundheitsschaden.

(3) Grobe Behandlungsfehler

Die wichtigste Fallgruppe der Beweiserleichterungen im Arzthaftungsprozess bilden die groben Behandlungsfehler. Eine unzumutbare Belastung durch die prozessualen Beweislastgrundsätze hält die Rechtsprechung vor allem im Fall eines grob fehlerhaften Behandlungsgeschehens für gegeben. Hier ist die nachträgliche Aufklärbarkeit des tatsächlichen Behandlungsgeschehens wegen des besonderen Gewichts des Behandlungsfehlers und seiner Bedeutung für die Behandlung in einer Weise erschwert, dass der Arzt nach Treu und Glauben – also aus Billigkeitsgründen – dem Patienten den vollen Kausalitätsnachweis nicht zumuten kann.[4797] Die Beweislastumkehr soll einen Ausgleich dafür bieten, dass das Spektrum der für die Schädigung in Betracht kommenden Ursachen gerade durch den Fehler besonders verbreitert oder verschoben worden ist.[4798]

3602

Ein grober Behandlungsfehler, der geeignet ist, einen Schaden der tatsächlich eingetretenen Art herbeizuführen, führt grundsätzlich zu einer Umkehr der objektiven Beweislast für den ursächlichen Zusammenhang zwischen dem Behandlungsfehler und dem Gesundheitsschaden. Dafür reicht aus, dass der grobe Behandlungsfehler geeignet ist, den eingetretenen Schaden zu verursachen; nahe legen oder wahrscheinlich machen muss der Fehler den Schaden nicht.[4799]

3603

Der BGH hat 2004[4800] seine bis dato missverständliche Formulierung der grobe Behandlungsfehler führe zu »Beweiserleichterungen bis hin zur Umkehr der Beweislast«[4801] dahin klargestellt, dass dem Begriff »Beweiserleichterungen« gegenüber der Beweislastumkehr keine eigenständige Bedeutung zukomme. Soweit es in einigen Entscheidungen[4802] heiße, dass das Ausmaß der dem Patienten zuzubilligenden Beweiserleichterungen im Einzelfall danach abzustufen sei, in welchem Maße wegen der besonderen Schadensnei-

3604

4797 Siehe ausführlich in Rdn. 1518 ff. und BGH VersR 2009, 1668 unter Hinweis auf Missinterpretationen der Instanzgerichte klarstellend, dass diese Beweiserleichterung nicht aus dem Waffengleichheitsgebot abgeleitet ist , sondern aus Billigkeitsgründen bei unzumutbarem Beweislastrisiko erfolgt.

4798 BGH NJW 2009, 2820.

4799 BGH NJW 2004, 2011. .

4800 BGH NJW 2004, 2011.

4801 Vgl. etwa BGHZ 72, 132, 133 f.; 85, 212, 215 f.; BGH VersR 1981, 954, 955; VersR 1983, 983, 984; VersR 1988, 721, 722; VersR 1989, 701 f.; VersR 1997, 362, 363.

4802 Vgl. etwa BGH VersR 1994, 52, 53; VersR 1995, 46, 47.

gung des Fehlers das Spektrum der für den Misserfolg in Betracht kommenden Ursachen verbreitert oder verschoben worden sei, betreffe dies die Schadensneigung des groben Behandlungsfehlers, also die Frage seiner Eignung, den Gesundheitsschaden des Patienten herbeizuführen. Hiermit sind also Bewertung und beweisrechtliche Konsequenzen eines groben Behandlungsfehlers im konkreten Einzelfall gemeint; an der Ausgangslage der Beweislastumkehr ändert das nichts. Liegt die Beweislast damit bei der Behandlungsseite, so scheidet diese nur dann aus, wenn der Ursachenzusammenhang zwischen grobem Behandlungsfehler und Schaden gänzlich bzw. äußerst unwahrscheinlich ist.[4803] Umgehrt ist es also für die Beweislastverschiebung ausreichend, wenn eine allgemeine Eignung des Fehlers für die Verursachung des Schadens vorliegt.

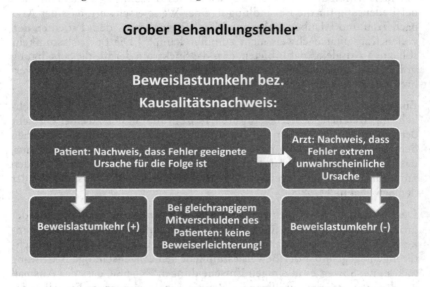

> ❗ Die Beweislastverschiebung ist nur ausnahmsweise ausgeschlossen, wenn jeglicher haftungsbegründende Ursachenzusammenhang äußerst unwahrscheinlich ist.

Dabei kann durchaus die alleinige Ursächlichkeit des Behandlungsfehlers für den Schaden äußerst unwahrscheinlich sein, denn es ist für die Beweislastumkehr ausreichend, dass dieser zusammen mit anderen Ursachen den Gesundheitsschaden herbeigeführt haben kann und eine solche Mitursächlichkeit nicht äußerst unwahrscheinlich ist.[4804] Denn die Mitursächlichkeit

---

4803 BGH VersR 2000, 1282; VersR 1998, 585; VersR 1997, 362; VersR 1996, 1535.
4804 BGH NJW 1997, 796.

Wenzel

genügt, um dem Schädiger den gesamten Schaden zuzurechnen, wenn nicht feststeht, dass sie nur zu einem abgrenzbaren Teil des Schadens geführt hat.

Allgemein können grobe Behandlungsfehler zur Umkehr der Beweislast **3605** auch dann führen, wenn sie die eingetretene Schädigung nur zusammen mit einer (eventuell sogar bereits vorhandenen) anderen, der Behandlungsseite nicht anzulastenden Ursache herbeizuführen geeignet sind. Die Beweispflicht der Behandlungsseite infolge eines groben Behandlungsfehlers ist der Ausgleich dafür, dass diese durch ihr fehlerhaftes Vorgehen das Spektrum der möglichen Schadensursachen erweitert und so eine Sachlage herbeigeführt hat, die nicht mehr erkennen lässt, ob das ärztliche Versagen oder eine andere Ursache den schädigenden Erfolg herbeigeführt hat. Die Aufklärung des Behandlungsgeschehens ist dann in besonderer Weise erschwert worden. In einem solchen Fall kann der Arzt nach Treu und Glauben dem Patienten den (vollen) Kausalitätsbeweis nicht mehr zumuten.

Das ist auch dann der Fall, wenn die Handlung des Schädigers den Schaden **3606** nicht abgrenzbar allein, sondern nur zusammen mit einer anderen Ursache herbeigeführt hat.[4805] In diesen Fällen nicht abgrenzbarer Ursachenzusammenhänge werden die allgemein für das Arzthaftungsrecht bei Vorliegen eines groben Behandlungsfehlers entwickelten Regeln angewendet.

Hat neben dem ärztlichen Versagen ein weiterer, der Behandlungsseite nicht **3607** zurechenbarer Schaden, zu einem abgrenzbaren Schaden (Teilkausalität) geführt, scheidet allerdings eine Haftung für den Gesamtschaden und eine Beweislastumkehr aus.[4806]

Außerhalb dessen scheidet eine Beweislastverschiebung aus, **3608**
– wenn sich nicht das Risiko verwirklicht hat, dessen Nichtbeachtung den Fehler als grob erscheinen lässt[4807] oder
– wenn der Patient durch sein Verhalten eine selbstständige Komponente für den Heilungserfolg vereitelt hat und dadurch in gleicher Weise wie der grobe Behandlungsfehler des Arztes dazu beigetragen hat, dass der Verlauf des Behandlungsgeschehens nicht mehr aufgeklärt werden kann.[4808] .
Das Vorliegen dieser Ausnahmetatbestände hat die Behandlungsseite zu beweisen.[4809]

4805 Zur Gesamtkausalität vgl. BGH NJW 1990, 2882, 2884.
4806 BGH NJW 1997, 796; zur Teilkausalität BGH VersR 1964, 49, 51.
4807 BGH NJW 2005, 427; VersR 1981, 954; OLG Stuttgart VersR 1991, 821.
4808 vgl. KG, VersR 1991, 928 mit Nichtannahmebeschluss BGH v. 19. Februar 1991 – VI ZR 224/90; OLG Braunschweig, VersR 1998, 459 mit Nichtannahmebeschluss BGH v. 20. Januar 1998 – VI ZR 161/97.
4809 BGH NJW 1988, 2949; Groß, in: Festschrift für Geiß, S. 429, 431.

3609 Die »Patientenfehler« müssen dem Patienten allerdings zurechenbar sein und sind dies selbstverständlich dann nicht, wenn das (mit)schädigende Verhalten des Patienten letztlich doch auf ein Versäumnis des Arztes wie etwa eine fehlerhafte oder unvollständige therapeutische Aufklärung zurückzuführen ist. So schließt z.B. die mangelnde Mitwirkung an der medizinisch gebotenen Behandlung, einen Behandlungsfehler nicht aus, wenn der Patient über das Risiko der Nichtbehandlung nicht ausreichend aufgeklärt worden ist.[4810] Entsprechend könnte ihm dann bei Vorliegen eines groben Behandlungsfehlers auch nicht die Beweislastumkehr genommen werden.

❗ Die grundsätzliche Beweislastumkehr ist beim groben Behandlungsfehler zwingend!

3610 Die Zuweisung des Risikos der Klärung eines entscheidungserheblichen Tatbestandsmerkmals und damit die Verteilung der objektiven Beweislast erfolgt nämlich in abstrakt-genereller Form, muss also vor dem Prozess grundsätzlich feststehen.[4811] Das Gericht kann sie nicht nach seinem Ermessen verändern, sondern eine flexible und angemessene Lösung ist im Arzthaftungsprozess dadurch gewährleistet, dass dem Tatrichter unter Berücksichtigung der sachverständigen Feststellungen die Wertung des Behandlungsgeschehens als grob fehlerhaft vorbehalten ist.[4812] Wann ein Fehler als grob zu werten ist, fasst die Rechtsprechung in ständiger Rechtsprechung formelhaft zusammen:[4813]

❗ Ein schwerer (»grober«) Behandlungsfehler ist ein eindeutiger, fundamentaler Verstoß gegen bewährte ärztliche Behandlungsregeln oder gesicherte medizinische Erkenntnisse, der nach den gesamten Umständen des konkreten Falles aus objektiver Sicht nicht mehr verständlich erscheint und einem Arzt schlechterdings nicht unterlaufen darf.

3611 Die Feststellung eines groben Behandlungsfehlers stellt eine auf tatsächliche Anhaltspunkte gestützte juristische Wertung dar, die auf Grundlage einer Gesamtbetrachtung des Behandlungsgeschehens unter Berücksichtigung seiner Würdigung durch einen medizinischen Sachverständigen anhand eines berufsspezifischen ärztlichen Sorgfaltsmaßstabs getroffen wird; es handelt sich um eine tatrichterliche Beurteilung, die allerdings nicht lediglich auf einer bloß eigenen Wertung des Tatrichters beruhen darf, sondern auf der Grundlage der vom medizinischen Sachverständigen mitgeteilten Fak-

---

4810 BGH NJW 2009, 2820.
4811 BVerfG NJW 19979, 1925; Laumen, NJW 2002, 3739.
4812 BGH NJW 2004, 2011.
4813 BGH NJW 2009, 2820; NJW 2001, 2792; NJW 1999, 860; NJW 1998, 814; NJW 1996, 1589; Brandenburgisches OLG v. 05.04.2005 – 1 U 34/04.

ten und fachmedizinischen Bewertung des Behandlungsablaufs geschehen muss.[4814]

Damit richtet sich die Einstufung eines ärztlichen Fehlverhaltens als einfacher oder grober Fehler nach den gesamten Umständen des Einzelfalls, deren Würdigung weitgehend im tatrichterlichen Bereich liegt; das Gericht hat aber die von ihm vorzunehmende Beurteilung anhand der vom Sachverständigen unterbreiteten Fakten zu treffen.[4815] Daher muss der medizinische Sachverständige vom Gericht auch »in dieser Richtung«, d. h. zur Qualität und »Schwere« des ärztlichen Kunstfehlers – aus medizinischer Sicht – befragt werden.[4816] Dabei ist streng darauf zu achten, dass der Sachverständige das zur Beurteilung notwendige Faktenwissen vermittelt und nicht bloß eine nicht näher begründete und durch Fakten unterlegte Wertung vorlegt. Diese dürfte das Gericht nicht übernehmen.[4817]

3612

Die Annahme eines groben Behandlungsfehlers setzt eine Gesamtbetrachtung des Behandlungsgeschehens unter Berücksichtigung der konkreten Umstände voraus.[4818] Diese Umstände können die Bewertung des Fehlers als »grob« erzwingen oder auch ausschließen. Auch eine Häufung der Fehler kann in der Gesamtbetrachtung die eine grob fehlerhafte Verletzung medizinischer Standards sein.[4819]

3613

– Diagnosefehler

Ein Fehler bei der Interpretation von Krankheitssymptomen kann nur dann einen schweren Verstoß gegen die Regeln der ärztlichen Kunst und damit einen »groben« Diagnosefehler darstellen, wenn es sich um einen fundamentalen Irrtum handelt.[4820] Wegen der bei Stellung einer Diagnose nicht seltenen Unsicherheiten muss die Schwelle, von der ab ein Diagnoseirrtum als schwerer Verstoß gegen die Regeln der ärztlichen Kunst zu beurteilen ist, der dann zu einer Belastung mit dem Risiko der Unaufklärbarkeit des weiteren Ursachenverlaufs führen kann, hoch angesetzt werden.

3614

– Therapiefehler

Fehler in der Therapie betreffen die Wahl der Behandlungsmethode, das nähere Behandlungsvorgehen, die Sicherungsaufklärung des Patienten und die Befunderhebung.

3615

4814 BGH NJW 2004, 2011; NJW 2001, 2791,.
4815 BGH VersR 1988, 293, 294; VersR 2001, 1030; VersR 2001, 1115f.; VersR 2002, 1026, 1027f.; NJW 2009, 2820.
4816 BGH NJW 2001, 2791; MedR 2003, 169, 170; Tombrink, Der schwere (»grobe«) medizinische Behandlungsfehler in der gerichtlichen Praxis, in: 10 Jahre Brandenburgisches Oberlandesgericht 2003, 181, 190, 193f.
4817 Vgl. u.a. BGH NJW 2009, 2820.
4818 BGH NJW 1988, 1511.
4819 OLG Köln VersR 2003, 1444.
4820 BGH NJW 2008, 1381 mwN.

Wenzel

Fehler bei der Vorgehensweise sind hier als grob zu werten, wenn grundlos gegen anerkannte Sollstandards verstoßen wird. Die therapeutische Sicherheitsaufklärung ist dann grob fehlerhaft, wenn durch die nicht nachvollziehbare Versäumung normalerweise völlig selbstverständlicher Hinweise gravierende Gesundheitsbeeinträchtigungen drohen.

– Organisationsfehler

3616 Beweiserleichterungen für den Kausalitätsbeweis können nicht nur bei groben Behandlungsfehlern, sondern in gleicher Weise bei Organisationsfehlern in Betracht kommen.[4821] Auch die Verletzung obliegender Organisationspflichten kann wie grobe Behandlungsfehler das Spektrum der Schadensursachen derart verbreitern oder verschieben, dass dem Patienten billigerweise die Beweisführung nicht mehr zugemutet werden kann. Das ist der Fall, wenn die Versäumnisse im Organisationsbereich derart schwerwiegend sind, dass sie schlechterdings nicht unterlaufen dürfen und die Aufklärung des Sachverhalts für den Patienten damit unzumutbar erschwert worden ist. Dies ist vor allem der Fall, wenn die Organisationspflichtverletzung eigentlich leicht vermeidbar war und ein erkennbar erhebliches Gefahrenpotential für den Patienten bedeutet.[4822]

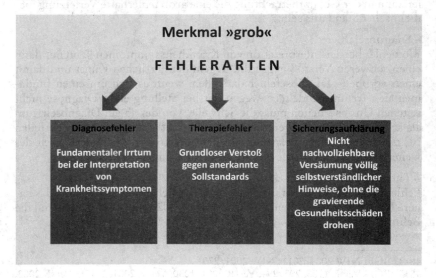

Merkmal »grob«

FEHLERARTEN

Diagnosefehler	Therapiefehler	Sicherungsaufklärung
Fundamentaler Irrtum bei der Interpretation von Krankheitssymptomen	Grundloser Verstoß gegen anerkannte Sollstandards	Nicht nachvollziehbare Versäumung völlig selbstverständlicher Hinweise, ohne die gravierende Gesundheitsschäden drohen

4821 BGH VersR 1994, 562; NJW 1996, 2429.
4822 BGH NJW 1996, 2429.

Wenzel

Grober Organisationsfehler

Organisationsfehler

Erkennbar erhebliches Gefahrenpotential

Grob!

Schwerwiegendes Versäumnis

Erschwert die Sachverhaltsaufklärung unzumutbar

Leicht vermeidbar

– Grober Behandlungsfehler trotz nur einfachen Befunderhebungsfehlers

Die dargestellten Grundsätze gelten nicht nur für den Nachweis des Kausalzusammenhangs zwischen einem groben Behandlungsfehler und dem eingetretenen Gesundheitsschaden, sie gelten entsprechend für den Nachweis des Kausalzusammenhangs bei einem einfachen Befunderhebungsfehler, wenn zugleich auf einen groben Behandlungsfehler zu schließen ist, weil sich bei der unterlassenen Abklärung mit hinreichender Wahrscheinlichkeit ein so deutlicher und gravierender Befund ergeben hätte, dass sich dessen Verkennung als fundamental oder die Nichtreaktion auf ihn als grob fehlerhaft darstellen würde.[4823]   **3617**

Die Aufklärungsschwierigkeiten hinsichtlich des Kausalverlaufs werden hier durch das nicht grob fehlerhafte Unterlassen der gebotenen Befunderhebung verursacht. Das Unterlassen verhindert die Entdeckung des wahrscheinlich gravierenden Befundes und eine entsprechende Reaktion darauf mit der Folge, dass hierdurch das Spektrum der für die Schädigung des Patienten in Betracht kommenden Ursachen besonders verbreitert oder ver-   **3618**

4823 BGH NJW 2004, 2011; NJW 1999, 3408; OLG Nürnberg MedR 2006, 178; dazu auch Nichtannahmebeschluss einer die Verfassungswidrigkeit der Beweislastumkehr beim einfachen Befunderhebungsfehler rügenden Verfassungsbeschwerde BVerfG v. 15.03.2004 – 1 BvR 1591/03.

schoben wird.[4824] Damit ist die Beweisführung des Patienten erschwert und vereitelt, indem der Arzt durch die Verletzung seiner Befunderhebungspflicht ihm die sonst als Beweismittel zur Verfügung stehenden Untersuchungsergebnisse entzieht.

3619 Für die Beweislastumkehr hinsichtlich des Ursachenzusammenhangs zwischen ärztlichem Fehler und Gesundheitsschaden reicht es aus, dass die Unterlassung einer aus medizinischer Sicht gebotenen Befunderhebung einen groben ärztlichen Fehler darstellt. Das Unterlassen der gebotenen Therapie ist im Falle der Nichterhebung medizinisch gebotener Befunde nicht Voraussetzung für die Annahme eines groben Behandlungsfehlers mit der Folge der Beweislastumkehr zugunsten des Patienten.[4825] Es ist nämlich nicht erforderlich, dass der grobe Behandlungsfehler die einzige Ursache für den Schaden ist. Wenn es genügt, dass der Behandlungsfehler generell geeignet ist, den eingetretenen Schaden zu verursachen[4826] und der Erfolg nicht wahrscheinlich sein muss, sondern nur nicht äußerst unwahrscheinlich sein darf, dann ist es unerheblich, ob Folge des groben Befunderhebungsfehlers auch das Unterlassen der medizinisch gebotenen Therapie war.

Zusammenfassung:[4827]

❗ Beweislastumkehr,
 – wenn der objektive Fehler der Behandlungsseite als grob zu werten ist.
 – wenn ein grober Fehler in der Befunderhebung vorliegt
 – wenn die Voraussetzungen für eine Beweislastumkehr bei einfachem Fehler bei der Befunderhebung oder der Befundsicherung gegeben sind.

4824 BGH NJW 2004, 2011.
4825 BGH MedR 2010, 494, klarstellend abgrenzend zu VersR 1989, 701, wo aufgrund der unterbliebenen Kontrolluntersuchung auch die gebotene Therapie unterlassen worden war.
4826 Dazu schon BGH NJW 1986, 1540.
4827 Vgl. als Überblick BGH MedR 2004, 107.

Beweiserleichterung Kausalitätsnachweis bei unterlassener Befunderhebung/-sicherung

Fallkonstellation 1

- Es ist bewiesen oder wird aufgrund mangelhafter Dokumentation vermutet, dass eine Erhebung und /oder Sicherung von Diagnose- und Kontrollbefunden schuldhaft unterblieben ist

  ✛

- das Unterlassen der Befunderhebung/-sicherung ist ein grober Behandlungsfehler

▸BEWEISERLEICHTERUNG ☑

Fallkonstellation 2

- Die unterlassene Befunderhebung/-sicherung ist einfacher Behandlungsfehler

  ✛

- der Befund hätte mit hinreichender Wahrscheinlichkeit ein reaktionspflichtiges Ergebnis gezeigt

  ✛

- das Unterlassen der Reaktion wäre ein grober Behandlungsfehler

▸BEWEISERLEICHTERUNG ☑

(4) Kausalitätsbeweis bei Sekundärschäden

Für den Nachweis des Ursachenzusammenhangs zwischen der Fehlbehandlung und den weiteren (Folge-)Schäden der Behandlung (Sekundärschäden) gilt der Maßstab des § 287 ZPO.   **3620**

Ausmaß der Beweislastumkehr bei grobem Behandlungsfehler

Primärschaden

- Beweismaßstab:

  Für den Nachweis der Kausalität zwischen Fehler und Gesundheitsschaden ist es ausreichend, dass der Patient die generelle Geeignetheit des Fehlers für die Folge nachweist
  → Beweislastumkehr ☑

Sekundärschaden

- Beweismaßstab:

- Grds. § 287 ZPO
  → Beweislastumkehr (−)
- Ausnahme:

  Sekundärschaden als typische Folge des durch den gB verursachten Primärschadens:

  ⬇ ⬇ ⬇

  Beweislastumkehr ☑

Wenzel

3621 Der Sekundärschaden betrifft die haftungsausfüllende Kausalität und ist daher abzugrenzen von der haftungsbegründenden Kausalität, die den Primärschaden betrifft. Die Beweislastumkehr beim groben Behandlungsfehler gilt für die haftungsbegründende Kausalität, also die Ursächlichkeit des Behandlungsfehlers für die Rechtsgutverletzung als solche, die unmittelbare Belastung der gesundheitlichen Befindlichkeit des Patienten. Außerhalb des groben Behandlungsfehlers gilt das strenge Beweismaß nach § 286 ZPO. Für die haftungsausfüllende Kausalität richtet sich das Beweismaß jedoch nach § 287 ZPO, wonach eine überwiegende Wahrscheinlichkeit zur Überzeugungsbildung des Gerichts ausreicht.[4828] Dadurch werden die allgemeinen Darlegungs- und Beweislastanforderungen hinsichtlich des Nachweises der aus der feststehenden Rechtsgutsverletzung weiter resultierenden Schäden gesenkt.[4829]

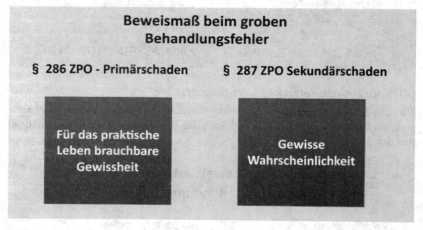

Beweismaß beim groben Behandlungsfehler

§ 286 ZPO - Primärschaden   § 287 ZPO Sekundärschaden

Für das praktische Leben brauchbare Gewissheit   Gewisse Wahrscheinlichkeit

Zusammenfassung Kausalitätsbeweis:
- Die Bewertung des Arztfehlers als grob ist eine tatrichterliche Ermessensfrage. Der Patient beweist hierzu diejenigen Tatsachen, aus denen sich der eindeutige, fundamentale Verstoß gegen bewährte ärztliche Behandlungsregeln oder gesicherte medizinische Erkenntnisse ergibt sowie diejenigen (weiteren) Umstände, die den Fehler aus objektiver Sicht nicht mehr verständlich erscheinen lassen.
- Liegt danach ein grober Behandlungsfehler vor, kann sich die weitere Beweisführung zum Ursachenzusammenhang darauf beschränken die Geeignetheit des Fehlers für die Folge zu beweisen.[4830]

4828 BGH VersR 1987, 310, VersR 1993, 55f., NJW 2008, 1381.
4829 Katzenmeier, in: Laufs/Katzenmeier/Lipp, Arztrecht 2009, S. 386.
4830 BGH VersR 2008, 490; VersR 2005, 228; NJW 2004, 2011; OLG Karlsruhe VersR 2000, 229.

Wenzel

- Dabei ist der Fehler schon dann geeignet, die Folge herbeizuführen, wenn ein Ursachenzusammenhang nicht ganz unwahrscheinlich ist. Hierzu sind Wahrscheinlichkeiten von 10% für ausreichend gehalten worden.[4831]
- Entsprechend ist für den Gegenbeweis der Behandlungsseite erforderlich, dass jeglicher haftungsbegründender Ursachenzusammenhang äußerst unwahrscheinlich wäre.

Geeignetheit des Fehlers für die Folge

Beweis: Ursachenzusammenhang nicht ganz unwahrscheinlich

Gegenbeweis: Jeglicher haftungsbegründender Ursachenzusammenhang äußerst unwahrscheinlich

Allgemeine Eignung

Generelle Möglichkeit des Schadens (>10%)

Fehler kommt als Ursache ernsthaft in Betracht

▶ **Beispiel:** BGH VersR 2005, 228

Grober Fehler: Unterlassener Hinweis auf Kontrolluntersuchung betr. Augenhintergrund

Gesundheitsschaden: Netzhautablösung

Gegenbeweis: Gelingt nicht

BGH VersR 2005, 228

Hiernach war es Sache der Beklagten darzulegen und zu beweisen, dass ein ordnungsgemäßer Hinweis an den Kläger, er solle bei Befundverschlechterung umgehend eine Kontrolluntersuchung durchführen lassen, eine Netzhautablösung mit den eingetretenen Folgen weder verhindert noch abgemildert hätte. Wie auch das Berufungsgericht nicht verkennt, war ein solcher Hinweis geeignet, den Kläger zu einer kurzfristigen Kontrolluntersuchung zu veranlassen; eine solche wäre geeignet gewesen, Anzeichen einer beginnenden Netzhautablösung erkennbar zu machen und frühzeitiger Behandlungsmaßnahmen durchzuführen, die ihrerseits die später eingetretene Netzhautablösung verhindern oder feststellbar hätten vermindern können.

4831 Brandenburgisches Oberlandesgericht VersR 2004, 1050.

Wenzel

3622 Nachdem danach die Geeignetheit des Fehlers (fehlerhafte Sicherungsaufklärung durch unterlassenen Hinweis auf dringende Untersuchung) bewiesen war, oblag der Behandlungsseite der Gegenbeweis. Dieser konnte nicht
geführt werden.
Dazu heißt es:

> Dass ein haftungsbegründender Ursachenzusammenhang äußerst un-
> wahrscheinlich wäre, hat das Berufungsgericht nicht feststellen können.
> Solches ergibt sich nicht aus den gutachtlichen Äußerungen des Sach-
> verständigen; das wird auch von der Revisionserwiderung nicht geltend
> gemacht. Soweit diese darauf abstellt, das Berufungsgericht habe keine
> Wahrscheinlichkeit für Anzeichen einer beginnenden Netzhautablösung
> feststellen können, ist das nicht gleichbedeutend damit, dass ein Ursa-
> chenzusammenhang zwischen der unterlassenen Aufklärung des Patien-
> ten und der Netzhautablösung äußerst unwahrscheinlich war.

3623 Dem Patienten verbleibt trotz Vorliegens eines groben Behandlungsfehlers
der Hauptbeweis zur Kausalität, wenn die Behandlungsseite nachweisen
kann, dass der Patient eine zurechenbare eigene Ursache für den Eintritt der
Gesundheitsbeeinträchtigung gesetzt hat. Ein Mitverschulden i.S.v. § 254
BGB ist hierfür nicht erforderlich.[4832]

Tabellarische Übersicht

Beweiserleichte-rung/TB-Merk-mal	Pflicht-verlet-zung	Verschul-den	Haftungsbe-gründende Kausalität	Schaden	Haftungsausfül-lende Kausalität
Grober Behand-lungs-Fehler			(+)		Nur, wenn ty-pische Folge des Primärschadens
Anscheinsbeweis	(+)	(+)	(+)		
Voll beherrsch-bare Risiken	(+)	(+)	(-) (+) nur bei gro-ben Pflichtver-letzungen / tw. Anfänger-OP		
§ 287 ZPO					(+) Sekundär-schaden

3624 Die Umkehrung der Beweislast beim groben Behandlungsfehler kommt
dem Patienten im Verfahren gegen alle gesamtschuldnerisch haftende Ver-

---

4832 BGH VersR 2005, 228; VersR 2002, 1026; KG VersR 1991, 928.

Wenzel

antwortliche zugute.[4833] Die Beweiserleichterung kommt auch den in den Schutzbereich des Behandlungsvertrages einbezogenen Nicht-Patienten zugute.[4834]

Die Anwendung der Umkehrung der Beweislast im Verfahren der Entschädiger um den Gesamtschuldnerausgleich untereinander muss für jeden Einzelfall entschieden werden.[4835]

BGH VersR 2009, 1668

Hier ist nicht zu entscheiden, ob die für die Arzthaftung anerkannte Umkehrung der Beweislast bei grobem Behandlungsfehler bei dem Gesamtschuldnerausgleich unter Entschädigern Platz greift. Unter den besonderen Umständen des Streitfalls hat das Berufungsgericht im Ergebnis mit Recht auch für den Ausgleichsanspruch nach § 426 Abs. 1 BGB die Beweislastumkehr zu Gunsten der Klägerin für die Schadensursächlichkeit eines groben Organisationsverschuldens der Insolvenzschuldnerin verneint. Die vom Berufungsgericht offen gelassene Frage, ob die Organisation des Bereitschaftsdienstes des Anästhesisten durch die Insolvenzschuldnerin grob fehlerhaft gewesen ist, bedarf deshalb keiner weiteren Klärung.

Wie gesehen knüpfen die beweisrechtlichen Konsequenzen aus einem grob fehlerhaften Behandlungsgeschehen an die durch den besonders gravierenden Behandlungsfehler erschwerte nachträgliche Aufklärbarkeit des tatsächlichen Behandlungsgeschehens an, so dass aus Billigkeitsgründen dem Patienten der volle Kausalitätsnachweis nicht zugemutet werden kann. Die Beweislastumkehr soll einen Ausgleich dafür bieten, dass das Spektrum der für die Schädigung in Betracht kommenden Ursachen gerade durch den Fehler besonders verbreitert oder verschoben worden ist. Im Rechtsstreit über den Gesamtschuldnerausgleich sind im Verhältnis zwischen mehreren Mitschädigern diese Gesichtspunkte gleichermaßen maßgebend, so dass zu berücksichtigen ist, inwieweit ein Mitschädiger durch sein Verhalten eine selbständige Komponente für die Verursachung des Gesundheitsschadens und der Unaufklärbarkeit der Kausalitätskette gesetzt hat.[4836]

3625

4833 BGH VersR 1982, 1141; VersR 2005, 228; Geiß/Greiner, Arzthaftpflichtrecht, 6. A., B. V. Rn. 256.
4834 Geiß/Greiner, Arzthaftpflichtrecht, 6. A., B. V. Rn. 256.
4835 BGH VersR 2009, 1668.
4836 BGH VersR 2009, 1668.

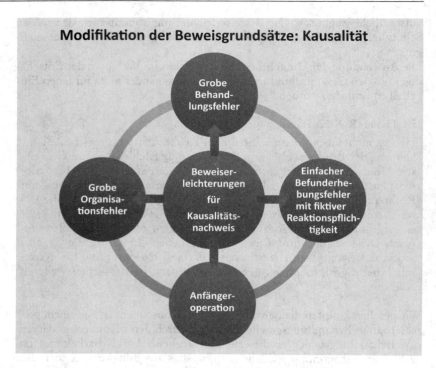

cc) Beweisrechtliche Auswirkungen von behandlungsbezogenen Dokumentationsmängeln

3626   Dokumentationsmängel können (verschiedene) beweisrechtliche Konsequenzen haben. Zwar dient die Dokumentationspflicht vorrangig therapeutischen Zwecken, eine unvollständige Dokumentation darf sich aber im Prozess nicht zum Vorteil des Arztes auswirken und den Patienten in Beweisschwierigkeiten bringen.

So bildet ein Dokumentationsmangel keine eigenständige Anspruchsgrundlage, kann aber dazu führen, dass dem Patienten zum Ausgleich der hierdurch eingetretenen Erschwernis, einen ärztlichen Behandlungsfehler nachzuweisen, eine entsprechende Beweiserleichterung zugute kommt, um auch für die Prozessführung eine gerechte Rollenverteilung im Arzt-Patienten-Verhältnis zu schaffen.[4837] Entsprechend knüpft die Rechtsprechung an die Verletzung der Dokumentationspflicht unter bestimmten Voraussetzungen Beweiserleichterungen für den Patienten.

Im ersten Schritt ist demnach zu prüfen, ob überhaupt Dokumentationspflichten verletzt wurden.

4837 BGHZ 72, 132, 136ff.; NJW 1995, 1611.

Wenzel

(1) Inhalt Dokumentationspflicht

Die Dokumentationspflicht erstreckt sich (grundsätzlich nur) auf Umstän-   **3627**
de, die für die Diagnose und Therapie nach medizinischem Standard wesentlich sind und deren Aufzeichnung und Aufbewahrung für die weitere
Behandlung medizinisch erforderlich ist.[4838] Routinemäßige Vorgehen sind
danach nicht aufzeichnungspflichtig.

Anders ist es, wenn zwar die Maßnahme »Routine« ist, im konkreten Fall   **3628**
jedoch für die ausführende Person als Anfänger noch keine solche sein
kann. Wie gesehen, muss im Fall der fehlgeschlagenen Behandlung durch
einen Berufsanfänger die Behandlungsseite beweisen, dass dieser Fehlschlag
nicht auf der mangelhaften Qualifikation beruht. Hierbei hilft ihr die Dokumentation nur dann, wenn sie gerade (auch) das routinemäßige Vorgehen abbildet. Während es für den erfahrenen Chirurgen genügt, dass er nur
die Art, die Tatsache der Durchführung und die Namen der Beteiligten an
der Operation vermerkt, sofern keine Komplikationen eingetreten sind (die
freilich stets zu dokumentieren wären), ist es für Anfänger nicht selbstverständlich, dass er von vornherein die medizinisch richtige und übliche
Operationstechnik anwendet und beherrscht. Um wenigstens eine gewisse
Kontrolle im Interesse seiner Ausbildung und vor allem auch im Interesse
des Patienten zu gewährleisten, muss von ihm verlangt werden, dass er sein
Vorgehen dichter dokumentiert als der erfahrene Kollege. Das Fehlen eines
genauen Operationsberichts über einen von einem Berufsanfänger selbständig durchgeführten Eingriff erschwert die Beweissituation des geschädigten
Patienten zusätzlich unbilligerweise, und zwar umso mehr, je schwieriger
und risikoreicher ein solcher Eingriff ist.[4839]

Ist die Notwendigkeit einer Dokumentation aus medizinischen Gründen   **3629**
streitig, so darf sie das Gericht nicht ohne Hinzuziehung eines medizinischen Sachverständigen beurteilen, da es um eine Frage des medizinischen
Standards geht.[4840]

4838 BGHZ 129, 6, 9; NJW 1989, 2330, 2331; NJW 1999, 3408, 3409; Brandenburgi-
      sches OLG v. 05.04.2005 – 1 U 34/04; näher Kapitel 2 C. I. 1. h).
4839 BGH NJW 1985, 2193.
4840 Brandenburgisches OLG v. 05.04.2005 – 1 U 34/04.

Wenzel

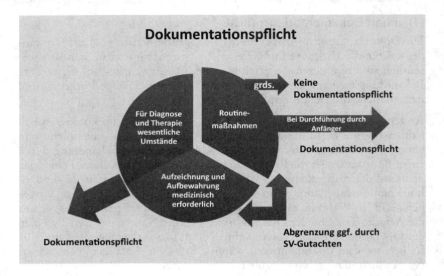

(2) Beweiswert der Dokumentation

3630   Der Beweiswert der Dokumentation richtet sich sodann nach der Sorgfalt und den konkreten Umständen ihrer Erstellung. Einer zeitnah im Anschluss an die getroffene Maßnahme niedergelegten, äußerlich vollständigen sowie insgesamt vertrauenswürdigen Dokumentation darf regelmäßig Glauben geschenkt werden, solange nicht das Gegenteil bewiesen ist.[4841]

3631   Häufig glaubt die Patientenseite eine ungenügende Dokumentation aus einer »verspäteten« Dokumentation herleiten zu können.

Hier ist zu unterscheiden: Ein fehlendes Datum begründet keine Vermutung für eine verspätete Erstellung der Dokumentation, entfaltet im Regelfall noch nicht einmal entsprechende Indizwirkung. Es ist auch nicht etwa aus Rechtsgründen zu fordern, dass eine Dokumentation, etwa ein Operationsbericht, den genauen Zeitpunkt der Erstellung ausweist.[4842] Eine solche »Dokumentation der Dokumentation« widerspräche dem Grundsatz, dass die Dokumentation rein medizinischen Zwecken dient und nicht juristischen.[4843]

Es genügt, wenn sich eine zeitliche Zuordnung aus dem Inhalt der Dokumentation ergibt und keine Anhaltspunkte für eine nicht zeitgerechte Erstellung vorliegen. Ist dies anders, so ist die »verspätete« Erstellung allein keine Verletzung der Dokumentationspflicht, sondern erschüttert zunächst nur die Glaubhaftigkeit. So insbesondere, wenn die Dokumentation erst im Zusammenhang mit der rechtlichen Auseinandersetzung »nachträglich« er-

---

4841   BGH NJW 1978, 2337; vgl. auch OLG Köln v. 27.04.2005 – 5 U 254/02.
4842   OLG Köln v. 27.04.2005 – 5 U 254/02.
4843   BGH NJW 1989, 2330; 1993, 2375; 1994, 799.

stellt wurde. Wird der Sachverhalt unter dem Eindruck der Auseinandersetzung verfasst, leidet deren Aussagekraft ganz unabhängig davon, dass keinesfalls ohne besondere weitere Anhaltspunkte unterstellt werden darf, dass die Dokumentation unrichtig verfasst wird. Finden sich allerdings solche Anhaltspunkte, so ergibt sich aus der Verspätung die Erschütterung der Richtigkeit der Dokumentation und erst daran knüpft sich dann ggf. die Beweiserleichterung.

Verbreitet ist auch der Irrtum, dass die Dokumentation vom behandelnden Arzt verfasst und unterzeichnet sein muss. Dokumentieren kann jeder, der dazu in der Lage ist.[4844] Das ist zunächst jeder, der eine bestimmte medizinische Maßnahme vorgenommen hat und diese verantwortet, also auch etwa nichtärztliches Personal im Hinblick auf den eigenen Aufgabenbereich. Bei einer Operation, an der mehrere Ärzte mitwirken, kann die Dokumentation durch jeden der beteiligten Ärzte geschehen.   **3632**

Es ist auch nicht zu fordern, dass regelmäßig der ranghöchste Arzt den Bericht abfasst oder durch Unterzeichnung billigt. Sinn und Anlass der Dokumentation ist die Sicherheit des Patienten. Durch das Festhalten der wichtigsten diagnostischen und therapeutischen Maßnahmen soll eine verlässliche Grundlage für die weitere Behandlung des Patienten geschaffen werden. Daraus lässt sich nur ableiten, dass die Richtigkeit und Vollständigkeit der Dokumentation gewährleistet sein muss; die Sicherstellung dessen verbleibt der Entscheidung der Mediziner vorbehalten.

Beweiserleichterungen knüpfen an die Verletzung all jener Dokumentationspflichten, deren Sinn und Zweck in erster Linie dem therapeutischen Interesse des Patienten, nämlich der Therapiesicherung der Weiterbehandlung, dienen.   **3633**

Auch die Aufzeichnungs- und Bewertungspflicht nach § 23 Abs. 1 IfSG, wonach Krankenhäuser bestimmte vom RKI festgelegte nosokomiale Infektionen aufzeichnen und bewerten müssen, soll als Anknüpfung für weitere Maßnahmen dienen. Aufgrund der vergleichbaren, wenn auch in einem weiteren Kontext gestellten, Interessenlage ist die Übertragung der Beweiserleichterungen bei Dokumentationsmängeln hierauf gerechtfertigt.[4845] Bei einer unterbliebenen Aufzeichnung und Bewertung i.S. des § 23 Abs. 1 IfSG muss daher vermutet werden, dass eine organisatorische Auswertung der nosokomialen Infektionen gemäß § 4 Abs. 2 Nr. 2b IfSG unterblieben ist. Dies wäre als Organisationspflichtverletzung des Trägers anzusehen, die, sofern sie als grob einzustufen ist, eine Beweislastumkehr hinsichtlich der Kausalität zu Folge hat.[4846]   **3634**

4844 OLG Köln v. 27.04.2005 – 5 U 254/02.
4845 So Anschlag, MedR 2009, 513.
4846 Vgl. für grobe Hygienefehler OLG Oldenburg VersR 2003, 1544. .

Wenzel

(3) Ungenügende Dokumentation

3635 Ist eine aus medizinischen Gründen erforderliche Dokumentation lücken- und/oder fehlerhaft, so ist dies beweisrelevant: Bei fehlender Dokumentation betreffend aus medizinischer Sicht aufzeichnungspflichtiger Maßnahmen wird bis zum Beweis des Gegenteils durch die Behandlungsseite vermutet, dass diese Maßnahmen unterblieben sind. Auch wird vermutet, dass sich der nicht dokumentierte, aber dokumentationspflichtige Umstand so ereignet hat, wie es vom Patienten glaubhaft angegeben wird.

3636 Eine Dokumentation, die medizinisch nicht erforderlich ist, kann auch aus Rechtsgründen nicht geboten sein, so dass in einem solchen Fall aus dem Unterbleiben von Aufzeichnungen keine beweisrechtlichen Folgerungen gezogen werden können.[4847]

3637 Problematisch kann die Wertung der Dokumentation sein. Kann der Sachverständige der Dokumentation keine Anhaltspunkte für einen Behandlungsfehler entnehmen, kann das Verschiedenes bedeuten:
1. Die Dokumentation bildet korrekt eine ordnungsgemäße Behandlung ab.
2. Die Dokumentation ist zwar vollständig, sagt jedoch nichts über einen (dennoch möglichen) Behandlungsfehler aus
3. Die Dokumentation ist unvollständig und daher nicht aussagekräftig.

3638 Ein Sachverständiger muss sich zu diesen unterschiedlichen Wertungsmöglichkeiten erklären und ggf. darauf vom Gericht angesprochen werden. Ein Unterlassen der entsprechenden Befragung verstößt gegen § 286

4847 BGH VersR 1993, 836, 837f.; NJW 1995, 1611; VersR 2009, 1406.

Abs. 1 ZPO, da der Tatrichter allen Unklarheiten, Zweifeln oder Widersprüchen von Amts wegen nachzugehen hat; insbesondere hat er Einwendungen einer Partei gegen das Gutachten eines gerichtlichen Sachverständigen zu berücksichtigen und die Pflicht, sich mit von der Partei vorgelegten Privatgutachten auseinander zu setzen und auf die weitere Aufklärung des Sachverhalts hinzuwirken, wenn sich ein Widerspruch zum Gerichtsgutachten ergibt.[4848]

Der Beweiswert einer Dokumentation kann nur unter Berücksichtigung ihres Zustandekommens bestimmt werden. So kann eine mechanische Aufzeichnung, die aufgrund von mündlichen Mitteilungen Dritter erstellt wird, nur unter Berücksichtigung der ihr eigenen Fehlerquelle bewertet werden. Hier spielen nicht nur technische Fehlerquellen eine Rolle, sondern auch Fehler bei der mündlichen Übermittlung einzutragender Daten müssen bedacht werden. Werden im Prozess von der mechanischen Aufzeichnung abweichende Tatsachen behauptet, kann die mechanische Aufzeichnung daher nur ein Indiz unter mehreren sein.[4849]   **3639**

❗ Die Vornahme einer dokumentationspflichtigen, aber nicht dokumentierten Maßnahme, muss der Arzt beweisen!

Eine Verspätung der Dokumentation ist nicht Anknüpfung für eine Beweiserleichterung, sondern nur deren Unrichtigkeit (für die die Verspätung Indiz sein kann).

Dokumentieren kann und darf jeder, der in der Lage ist, eine den Sinn und Zweck der Dokumentationspflicht erfüllende Dokumentation zu erstellen!

Die Dokumentation erbringt nur den Beweiswert, der ihr unter Berücksichtigung aller Umstände ihres Zustandekommens zukommen kann.

2. Aufklärungsfehlerbeweis

Wie oben zu den Substantiierungspflichten bereits ausgeführt, muss der Patient die Fehlerhaftigkeit der Aufklärung zwar behaupten und den konkreten Vorwurf näher substantiieren, die nähere Darlegung der ordnungsgemäßen Aufklärung und ihr Beweis obliegt aber nun dem Arzt.[4850]   **3640**

4848 BGH VersR 2009, 1406 unter Berufung auf (u.a.) BGH VersR 2001, 722, 723; VersR 2004, 790, 791; VersR 2008, 1265, 1266. .
4849 BGH NJW 1998, 2736.
4850 Siehe dazu etwa OLG Köln v. 04.02.1998 – 5 U 144/97.

Wenzel

a) Grundsatz

3641

❗ Im Einzelnen erstreckt sich die Beweislast des Arztes auf:
- Zeit, Ort, Mündlichkeit der Aufklärung
- Korrekte Risikodarstellung entsprechend »state of the art«
- Korrekte Darstellung der Dringlichkeit der Maßnahme
- Entscheidung des Patienten in Kenntnis aller Umstände
- Umstände einer behaupteten Entbehrlichkeit des Aufklärung (Bsp.: anderweitige Aufklärung durch überweisenden Kollegen/eigenes Fachwissen)

3642 Der Patient braucht daher nicht etwa Beweismittel für das Unterbleiben oder die Fehlerhaftigkeit der Aufklärung zu nennen,[4851] sondern es ist Aufgabe des Arztes, Beweismittel für die erfolgte und ordnungsgemäße Aufklärung beizubringen.

b) Modifikationen

3643 Die ordnungsgemäße Aufklärung hat immer mündlich zu erfolgen und kann durch Aufklärungsformulare allenfalls unterstützt werden. Es liegt daher auf der Hand, dass die Beweisführung hier für den Arzt schwierig werden kann. Die Rechtsprechung trägt dem Rechnung. An die Überzeugungsbildung des Gerichts nach § 286 ZPO werden keine allzu hohen Anforderungen gestellt. Insoweit hat der BGH[4852] vorgegeben, dass es ausreicht, wenn einiger Beweis für ein gewissenhaftes Aufklärungsgespräch erbracht ist, um auf die insgesamt ordnungsgemäße Aufklärung zu schließen.

aa) Beweiswert der Aufklärungsdokumentation (Aufklärungsformular)

3644 Liegen Aufzeichnungen vor, so kommt diesen ein indizieller Beweiswert für ein ordnungsgemäßes Aufklärungsgespräch zu.[4853] Kann durch die Behandlungsseite zusätzlich durch persönliche Anhörung oder Zeugenbeweis eine bestimmte routinemäßige Aufklärungspraxis nachgewiesen werden, mit der die Dokumentation übereinstimmt, so ist ein insgesamt allgemein gehaltener Gegenvortrag nicht geeignet, Zweifel an der ordnungsgemäßen Aufklärung zu begründen.[4854]

Die Reichweite des Beweiswerts kann im Einzelfall jedoch schwierig zu beurteilen sein. Dies gilt vor allem für eine Dokumentation, die lediglich das Stattfinden des Aufklärungsgesprächs als solches festhält. Hier kann die Vermutung der Richtigkeit und Vollständigkeit allenfalls noch dafür ausreichen, dass davon auszugehen ist, dass jedenfalls die typischen Risiken der

---

4851 OLG Düsseldorf v. 03.12.2008 – I-8 U 183/08. .
4852 Vgl. etwa BGH NJW 1981, 2002, 2003. .
4853 BGH NJW 1999, 863 unter Hinweis auf NJW VersR 1985, 361, 362.
4854 OLG Schleswig v. 29.10.2004 – 4 U 16/04.

ärztlichen Maßnahme angesprochen worden sind, soweit es sich dabei um eine von dem Arzt routinemäßig vorgenommene Behandlung handelt.

Weitergehend kann im Fall substantiierten Vorbringens des Patienten, auf spezifische Risiken nicht hingewiesen zu sein, der die Risiken nicht einzeln ansprechenden Dokumentation kein Beweiswert beigemessen werden. Desgleichen versagt der Beweiswert eines Formulars, das allein das Stattfinden eines Aufklärungsgesprächs durch Unterschrift des Patienten bestätigt, sofern der Patient das Arztgespräch bereits bestreitet und behauptet, das Formular lediglich von Mitarbeitern ohne jede Erläuterung erhalten zu haben. Die Feststellung, es habe ein Aufklärungsgespräch stattgefunden, stellt eine nach § 309 Nr. 12 b BGB unzulässige Beweislastverschiebung dar, sofern das Formular mit der Einwilligung in die Heilbehandlung im Sinne einer Vertragsbedingung nach § 305 BGB Verwendung gefunden hat.[4855]   **3645**

Für die Behauptung, ein von ihm unterzeichnetes Aufklärungsformular sei im Nachhinein vervollständigt worden, trägt der Patient nach §§ 416, 440 Abs. 2 ZPO die Beweislast. Der Patient kann die Vermutung der Richtigkeit und Vollständigkeit durch substantiierten von der Dokumentation abweichenden Sachvortrag erschüttern, etwa wenn er behauptet, die dokumentierte Risikobeschreibung habe der Arzt ihm missverständlich erläutert oder mündlich die Häufigkeit des Eintretens der Komplikation falsch dargestellt bzw. heruntergespielt.[4856]   **3646**

bb) Anforderungen an den Aufklärungsnachweis ohne Dokumentation

Dabei ist dem Arzt der Nachweis der Aufklärung nicht etwa verwehrt, wenn eine Dokumentation der Aufklärung ganz unterblieben ist.[4857] Zwar kann eine unterbliebene Dokumentation der Aufklärung Indiz für das Fehlen der Aufklärung sein,[4858] es verbleibt dem behandelnden Arzt aber grundsätzlich die Möglichkeit, den Beweis einer ordnungsgemäßen Aufklärung auf andere Weise, etwa durch Zeugenbeweis, zu führen.[4859]   **3647**

Es ist hierbei nicht immer notwendig, dass sich der Zeuge an den konkreten Aufklärungsfall erinnert, sondern in der Regel ausreichend, wenn durch ihn eine gewisse, den Erfordernissen genügende Aufklärungsroutine nachgewiesen werden kann und nichts dagegen spricht, dass dieser auch vorliegend gefolgt wurde.[4860] Schwieriger liegt es, je weniger routinemäßig, sondern fallspezifischer die Aufklärung sein musste.   **3648**

4855 Vgl. Erman/Roloff, § 305 BGB Rn. 6.
4856 Vgl. etwa BGH NJW 1999, 863 (Erläuterung des Risikos »Lähmung«).
4857 OLG Köln v. 04.02.1998 – 5 U 144/97.
4858 OLG Oldenburg MedR 200, 230.
4859 OLG Köln v. 04.02.1998 – 5 U 144/97; OLG Oldenburg MedR 2000, 230.
4860 Vgl. etwa OLG Düsseldorf GesR 2007, 110.

Wenzel

3649 Sind Zeugen nicht vorhanden und ist die ordnungsgemäße Aufklärung im Einzelnen streitig, ist die Anhörung des Arztes zur Aufklärung zumeist nicht ausreichend, sondern hier muss zur notwendigen Überzeugungsbildung des Gerichts nach § 286 ZPO Parteivernehmung nach § 448 ZPO hinzutreten.[4861]

c) Kausalitätsbeweis beim Aufklärungsfehler

3650 Der Patient bleibt beweisbelastet für die Kausalität der wegen der mangelhaften Aufklärung rechtswidrigen Behandlung für den Gesundheitsschaden.[4862] Den mit dem »groben« Behandlungsfehler beweisrechtlich korrespondierenden »groben« Aufklärungsfehler gibt es nicht.[4863]

3651 Für die Überzeugungsbildung des Gerichts über den Kausalzusammenhang zwischen der Behandlung und der negativen gesundheitlichen Folge gilt der Beweismaßstab des § 287 ZPO soweit Verschlechterungs- und Schmerzzustände als Sekundärfolgen in Rede stehen, da die Primärschädigung bei fehlerhafter Aufklärung bereits in dem mangels wirksamer Einwilligung per se rechtswidrigen Eingriff als solchem liegt.[4864]

4861 BGH NJW 1999, 863: [...]Unter diesen Umständen reichte die Indizwirkung der schriftlichen Einwilligungserklärung [...]nicht aus, den den Beklagten obliegenden Beweis einer ordnungsgemäßen Aufklärung[...]ohne weiteres (zum Beispiel ohne die in Betracht kommende Parteivernehmung des Beklagten zu 1. als geführt anzusehen).

4862 BGH NJW 1986, 1541; Katzenmeier »Arzthaftung« Rn. 496.

4863 BGH NJW 1986, 1541; 1992, 754.

4864 BGH VersR 2011, 223; VersR 2010, 115, VersR 2005, 836; Geiß/Greiner, Arzthaftpflichtrecht, 6. A., C. Rn.147.

Bei der Kausalitätsprüfung ist zu beachten, dass der Einwand des Arztes, diejenige Behandlungsalternative, die er nicht vorgestellt hatte (Aufklärungsfehler), hätte nicht zu einem besseren Ergebnis geführt, nicht die Kausalität der tatsächlich durchgeführten Behandlung für den eingetretenen Schaden betrifft, sondern den hypothetischen Kausalverlauf im Falle des rechtmäßigen Alternativverhaltens. Hierfür trägt der Arzt die Beweislast.[4865] Steht fest, dass der Arzt dem Patienten durch rechtswidriges und fehlerhaftes ärztliches Handeln einen Schaden zugefügt hat, so muss der Arzt beweisen, dass der Patient den gleichen Schaden auch bei einem rechtmäßigen und fehlerfreien ärztlichen Handeln erlitten hätte.[4866] **3652**

Dies betrifft genauso den allgemeinen Grundsatz, wonach der Schädiger zu beweisen hat, dass sich ein hypothetischer Kausalverlauf bzw. eine Reserveursache ebenso ausgewirkt haben würde wie der tatsächliche Geschehensablauf, wie die Frage, ob es zu einem schadensursächlichen Eingriff auch bei zutreffender Aufklärung des Patienten gekommen wäre.[4867] **3653**

Der dem Arzt obliegende Beweis dafür, dass auch bei rechtmäßigem Alternativverhalten derselbe Schaden eingetreten wäre, ist jedenfalls misslungen, wenn – sachverständig beraten – festzustellen ist, dass im Falle des rechtmäßigen Alternativverhaltens der Schaden mit einer Wahrscheinlichkeit von 10% vollständig ausgeblieben wäre.[4868] **3654**

IV. Typische verfahrensrechtliche Fragen des Arzthaftungsprozesses aus der Sicht der Prozessbeteiligten

Die prozessuale Handhabung des Arzthaftungsprozesses folgt wie gesehen oftmals besonderen Regeln. Auch soweit die allgemeinen Regeln der ZPO unmodifiziert angewendet werden, ergeben sich Anwendungsprobleme bei bestimmten typischerweise im Arzthaftungsprozess auftretende Falllagen und Fragestellungen, die nachfolgend näher vorgestellt werden. **3655**

1. Gerichtsstand

Im Arzthaftungsrecht spielen neben dem allgemeinen Gerichtsstand der natürlichen und juristischen Personen (§§ 12, 13, 17 ZPO) vor allem folgende Gerichtsstände eine Rolle: **3656**

– **§ 29 ZPO**
Gerichtsstand des Erfüllungsortes: Praxissitz.
Bei überörtlicher Gemeinschaftspraxis: Ort der Behandlung. **3657**

4865 BGH NJW 2005, 1718; 2072; OLG Braunschweig v. 18.01.2007 – 1 U 24/06.
4866 BGH NJW 2005, 2072.
4867 Zur hypothetischen Einwilligung bereits oben Rn. 3500 ff.
4868 OLG Braunschweig v. 18.01.2007 – 1 U 24/06.

Wenzel

– § 32 ZPO

3658 Für Klagen aus ärztlichen Behandlungs- bzw. Aufklärungsfehlern ist der besondere Gerichtsstand der unerlaubten Handlung nach § 32 ZPO gegeben. Hier kann nach der neueren Rechtsprechung auch über konkurrierende vertragliche Ansprüche entschieden werden.[4869] Ort der unerlaubten Handlung im Sinne des § 32 ZPO ist der Handlungsort oder der Ort, an dem der Verletzungserfolg eingetreten ist.[4870] Letzterer kann der Wohnort des Patienten sein, allerdings ist der Ort des Verletzungserfolges abzugrenzen zum bloßen Schadenseintrittsort als jener Ort, an dem, nachdem bereits der Tatbestand der unerlaubten Handlung vollendet ist, lediglich die Schadensfolgen in Erscheinung treten.[4871]

3659 Der Wohnort des Patienten kann daher nur dann Ort der unerlaubten Handlung sein, wenn die Gesundheitsschädigung erst dort eintrat, nicht wenn es lediglich um Auswirkungen der Gesundheitsbeschädigung geht.[4872] Fälle, in denen die Gesundheitsschädigung erst im häuslichen Bereich des Patienten eintritt, können etwa sein:
- Einnahme eines falsch verschriebenen Medikaments
- Unterlassen einer gebotenen oder Vornahme einer heilungsgefährdenden Maßnahme bei fehlerhafter Sicherungsaufklärung

Auch bei der Aufklärungspflichtverletzung ist Erfolgsort der Ort, an dem die Gesundheitsschäden eintreten und nicht der Ort, an dem die Aufklärungspflicht verletzt wurde.[4873]

– Mehrere Beklagte

3660 Bei einer Klage gegen eine Gemeinschaftspraxis in der Rechtsform der Gesellschaft bürgerlichen Rechts und gegen einzelne Gesellschafter gilt der Gerichtsstand der Gesellschaft wegen der Akzessorietät der Ansprüche gegen die Gesellschafter auch für diese.

– Zuständigkeitsbestimmung auf Antrag nach § 36 Abs. 1 Nr. 3 ZPO

3661 Einer Gerichtsstandsbestimmung steht entgegen, wenn für eine rechtshängig gemachte Klage anderenorts ein gemeinsamer besonderer Gerichtsstand gegeben gewesen wäre. Dies ist also besonders sorgfältig zu prüfen, wenn mehrere Ärzte/Krankenhausträger mit unterschiedlichen Praxissitzen verklagt sind.

Ferner kann die Zuständigkeit nicht mehr bestimmt werden, wenn sich die Klage gegen mehrere Streitgenossen richtet und das Gericht, an dem die

---

4869 BGH NJW 2003, 828; KG NJW-RR 2001, 62.
4870 BGH NJW 1990, 1533; KG NJW 2006, 2337.
4871 BGH NJW 1980, 1124, 1125; OLG Köln v. 26.05.2008 – 5 U 238/07.
4872 Zur Differenzierung und teilweise missverständlichen Kommentarliteratur vgl. OLG Köln NJW-RR 2009, 569; vgl. zur internationalen Zuständigkeit bei in der Schweiz verordneter und in Deutschland erfolgter Medikamenteneinnahme BGH NJW 2008, 2344, 2345.
4873 BGH NJW 2008, 2344, 2345.

Wenzel

Klage rechtshängig gemacht wurde, jedenfalls für einen der Streitgenossen zuständig ist.[4874]

2. Rubrum

– Gemeinschaftspraxis im Rubrum

Eine Gemeinschaftspraxis wird in der Regel als Gesellschaft bürgerlichen Rechts geführt. Diese ist aktiv und passiv partei- und prozessfähig und wird durch den oder die Geschäftsführer vertreten.[4875] Soweit die klagende Partei diesen nicht angeben kann, ist die Angabe von der Beklagtenseite einzufordern.

3662

Die Identität der Gesellschaft muss nach § 253 Abs. 2 Nr. 1 ZPO zweifelsfrei bezeichnet werden, so dass ggf. auf die Klarstellung hinzuwirken ist, dass die einzelnen Gesellschafter als GbR verklagt werden. Die namensführende GbR erscheint im Rubrum mit diesem Namen und dem auf die Gesellschaftsform hinweisenden Zusatz.

Bei Gesellschafterwechsel ist das Rubrum zu berichtigen.

3. Aussetzung/Unterbrechung des Arzthaftungsverfahrens

– Bei Tod des Patienten:
– ohne Prozessbevollmächtigung nach § 81 ZPO: Unterbrechung nach § 239 ZPO
– mit Prozessvollmacht nach § 81 ZPO: ggf. Aussetzung nach §§ 241, 246

– Bei Gesellschafterwechsel auf Beklagtenseite:
– ggf. Aussetzung nach §§ 241, 246

– Bei Ausscheiden des vorletzten Gesellschafters:
– Beendigung der Gesellschaft und daher Anwendung von §§ 239, 246 ZPO

– Aussetzung nach §149 ZPO wegen eines laufenden Straf- oder Ermittlungsverfahrens

Die Aussetzung eines Arzthaftungsprozesses im Hinblick auf ein wegen desselben Sachverhalts geführtes Ermittlungsverfahren der Staatsanwaltschaft ist in der Regel ermessensfehlerhaft, weil keine für die zivilrechtliche Haftungsfrage relevanten Erkenntnisse zu erwarten sind.[4876] So sind die aus einem begleitenden Strafverfahren gewonnen Erkenntnisse für das Zivilverfahren nur sehr eingeschränkt nutzbar, da unterschiedliche Verschuldens-

3663

4874 KG NJW 2006, 2336; KG KGR Berlin 2005, 1007.
4875 BGH NJW 2006, 2191.
4876 OLG Koblenz MedR 2006, 177; OLG Köln VersR 1989, 518 f.; OLG Köln VersR 1989, 1201; OLG Stuttgart, NJW 1991, 1556.

maßstäbe der zivil- und strafrechtlichen Haftung beachtet werden müssen und der Sachverhalt im Zivilprozess ein den zivilprozessualen Beweislastregeln unterliegender Streitstoff ist, hier also nach den besonderen arzthaftungsrechtlichen Beweislastregeln aufgeklärt wird. Daher wird insbesondere eine (weitere) Beweisaufnahme gerade nicht entbehrlich, zumal ein Anspruch der Zivilparteien auf die Durchführung einer den zivilprozessualen Regeln der Beweisaufnahme folgenden Regeln erfolgt, eben ggf. Sachverständige befragt und Zeugen gehört werden.[4877]

4. Einzelrichter

3664 Am Amtsgericht entscheidet der Zivilrichter; am Landgericht besteht eine Spezialzuweisung zur Kammer:

3665 Nach § 348 Abs. 1 Nr. 2e ZPO gilt für Ansprüche aus Heilbehandlungen die originäre Einzelrichterzuständigkeit nach § 348 Abs. 1 Satz 1 ZPO nicht. Die Kammer ist für alle Schadensersatzansprüche aus Heilbehandlungen, aber auch vertragliche Erfüllungsansprüche und Nebenansprüche zuständig.

3666 Für den Arzthaftungsprozess gilt ferner der Grundsatz, dass wegen der besonders schwierigen und verantwortungsvollen Aufgabe der Tatsachenfeststellung, der Beweiswürdigung und Rechtsanwendung die Entscheidung und Beweiserhebung nicht durch den Einzelrichter zu erfolgen hat, sodass eine Übertragung auf den obligatorischen Einzelrichter nach § 348 a Abs. 1 Nr. 1 ZPO ausscheidet[4878]

5. Nebenintervention

3667 Das rechtliche Interesse, das der einer Hauptpartei als Unterstützer beitretende Nebenintervenient am Ausgang des Verfahrens haben muss, ist weit auszulegen und es ist ausreichend, dass die Rechtsbeziehungen des Unterstützers zur Hauptpartei oder zum ganzen oder teilweisen Streitgegenstand durch ein für die Hauptpartei ungünstiges Urteil verändert werden.[4879] Insoweit ist trotz weiter Auslegung aber immer ein rechtliches Interesse notwendig. Bloße Zweckmäßigkeitserwägungen sind nicht ausreichend, so dass der Krankenversicherer dem Rechtsstreit des Patienten nicht mit dem Argument beitreten kann, die Intervention erleichtere ihm einen späteren eigenen Prozess und er könne medizinische Kenntnisse einbringen.[4880]

4877 Vgl. BGH NJW-RR 1997, 3096f.; NJW-RR 2002, 1653; NJW 2000, 3072, 3073.
4878 OLG Karlsruhe NJW-RR 2006, 205; VersR 1994, 860; Baumbach/Hartmann § 348 Rn. 7; Brandenburgisches OLG VersR 2008, 490, siehe auch BGH VersR 1993, 836, 838.
4879 Baumbach/Hartmann, § 66 Rn. 6.
4880 OLG Koblenz MDR 2009, 708.

Wenzel

6. Urkundsbeweis/Urkundenvorlage

Nach § 420 ZPO hat der Beweisführer für den Beweisantritt diejenigen Urkunden vorzulegen, auf die er sich bezieht. Der Gegner kann auf Antrag des Beweisführers nur zur Vorlage verpflichtet werden, wenn der Beweisführer materiellrechtlich die Vorlage oder Herausgabe der Urkunde verlangen kann, § 422 ZPO, oder der Gegner sich selbst auf die Urkunde (nicht bloß ihren Inhalt) bezogen hat, § 423 ZPO. Auf die Vorlage von zu den Behandlungsunterlagen gehörenden Urkunden hat der Patient regelmäßig ein Recht.

3668

Nach § 142 ZPO ist es dem Gericht ferner außerhalb des Beweisrechts möglich, die Vorlage von Urkunden von einer Partei oder Dritten zu verlangen, sofern sich eine Partei darauf bezogen hat. Unter diese Vorschrift fallen Krankenunterlagen, zu denen etwa auch Röntgenaufnahmen gehören können.[4881]

3669

Nachdem schon unter Geltung des früheren Rechts auf Antrag einer Partei Krankenunterlagen eines außerhalb des Rechtsstreits stehenden Arztes oder einer solchen Klinik beigezogen werden konnten,[4882] ist nun in § 142 Abs. 1 und Abs. 2 ZPO eine Vorlegungspflicht für Dritte statuiert, sofern eine schlüssige Klage vorliegt, ihnen eine Vorlegung unter Berücksichtigung ihrer berechtigten Interessen zumutbar ist und kein Zeugnisverweigerungsrecht besteht. Auf der Grundlage dieser Vorschrift können regelmäßig die Krankenunterlagen bei Dritten, am Rechtsstreit nicht beteiligten Ärzten oder Kliniken, angefordert werden. Einsichtsrechte in diese Unterlagen bestehen schon nach § 810 BGB. Der Partei kann die Beschaffung solcher Unterlagen nicht aufgegeben werden.[4883] Die Nichtbefassung mit einem Antrag auf Beiziehung solcher Unterlagen kann Verfahrensfehler sein.[4884]

3670

Wird die Vorlage von Urkunden, die sich im Besitz einer Partei befinden, dieser nach § 142 ZPO aufgegeben und kommt sie der Aufforderung nicht nach, kann dieses Verhalten nur dann beweisrechtliche Konsequenzen haben, wenn der Prozessgegner nach §§ 422, 243 ZPO zur Vorlage verpflichtet war. War er das nicht, besteht keine Sanktionsmöglichkeit, jedoch ist dieses Verhalten frei nach § 286 ZPO zu würdigen.[4885] Grenze ist aber eine unzulässige Beweisfiktion wie sie nur unter den Voraussetzungen nach §§ 427, 444 ZPO möglich ist.[4886]

3671

4881 OLG Saarbrücken MDR 2003, 1250; OLG Oldenburg NJW-RR 1997, 535.
4882 BGH NJW 1989, 1533.
4883 OLG Saarbrücken MDR 2003, 1250.
4884 OLG Saarbrücken MDR 2003, 1250.
4885 Zekoll/Bolt, NJW 2002, 3130.
4886 Prütting, Fachanwaltkommentar Medizinrecht, § 142 Rn. 4.

7. Zeugenbeweis

– Streitgenossen

3672 Gesellschafter einer Gemeinschaftspraxis sind einfache Streitgenossen und können nicht gegenseitig als Zeugen benannt werden.

– Schweigepflichtentbindung

3673 Nach § 383 Abs. 1 Nr. 6 ZPO können sich Geheimnisträger auf ein Zeugnisverweigerungsrecht berufen. Die ärztliche Schweigepflicht verpflichtet den Arzt über alles, was ihm in seiner Eigenschaft als Arzt über im Zusammenhang mit der Behandlung stehende Tatsachen über den Patienten bekannt geworden ist, Stillschweigen zu bewahren. Ein Verstoß ist in § 203 StGB sanktioniert. Außerhalb des Falles, dass sich der Arzt wegen der Verteidigung eigener berechtigter Interessen (eben z.B. gegen einen Behandlungsfehlervorwurf) nach § 193 StGB nicht an die Geheimhaltungspflicht halten muss, darf er nicht selbst abwägen, ob die Geheimhaltungspflicht zugunsten eines schützenswerteren Rechtsguts weichen muss.

Der Patient kann den Arzt von der Schweigepflicht entbinden. Auch der Prozessbevollmächtigte des Patienten als dessen Vertreter kann dies im Namen des Patienten tun, was in der Praxis jedoch selten vorkommt.

3674 Der Patient ist in seiner Entscheidung, ob er den Arzt von der Schweigepflicht entbindet frei, muss sich jedoch gefallen lassen, dass eine Weigerung der Schweigepflichtentbindung jedenfalls dann nach § 286 ZPO im Wege der freien Beweiswürdigung in ein Beweisergebnis mit einfließen kann, wenn die Umstände die Forderung einer Schweigepflichtentbindung rechtfertigen. So liegt es regelmäßig, wenn die Offenlegung gesundheitlicher Verhältnisse im konkreten Zusammenhang mit dem Streitgegenstand steht, etwa die Behandlungsseite für ihre Behauptungen stützende Tatsachen auf die Zeugenaussage von Kollegen angewiesen ist, in deren Behandlung sich der Patient (auch) befunden hat.

Spielen etwa streitige Äußerungen des Patienten gegenüber früheren behandelnden Ärzten für die Beurteilung eines ernsthaften Entscheidungskonflikts eine Rolle, ist die Forderung nach Entbindung dieser Ärzte von der Schweigepflicht grundsätzlich gerechtfertigt.[4887] In der Rechtsprechung ist bislang allerdings nicht abschließend geklärt, in welchem Umfang ein Patient gehalten ist, frühere Ärzte von der Schweigepflicht zu entbinden.

Die Geheimhaltungspflicht besteht über den Tod hinaus. Eine Schweigepflichtentbindungserklärung durch die Erben befreit nicht automatisch von der Pflicht. Wie schon zu Lebzeiten, gilt die Schweigepflicht nach dem Tode an sich auch gegenüber den hinterbliebenen nahen Angehörigen und eine Schweigepflichtenbindungserklärung durch den oder die Erben ist nur dann wirksam, wenn sie dem geäußerten oder mutmaßlichen Willen des verstorbenen Patienten entspricht.[4888] **3675**

8. Streitgegenstand

Der Streitgegenstandsbegriff bei Arzthaftungsklagen wirkt sich aus auf **3676**
– Rechtskrafterstreckung
– Verspätungsregeln
– Zulässigkeit der Berufung

– Behandlungsfehlerrüge

Nach der heute herrschenden prozessrechtlichen Auffassung vom Streitgegenstand im Zivilprozess wird mit der Klage ein eigenständiger prozessualer Anspruch geltend gemacht, der bestimmt wird durch den Klageantrag, in dem sich die vom Kläger in Anspruch genommene Rechtsfolge konkretisiert und den Lebenssachverhalt (Anspruchsgrund), aus dem der Kläger die begehrte Rechtsfolge herleitet. Der Streitgegenstand wird durch den prozessualen Anspruch und den ihm zugrunde liegenden Lebenssachverhalt bestimmt, unabhängig davon, ob einzelne Tatsachen dieses Lebenssachverhalts von den Parteien vorgetragen worden sind oder nicht.[4889] **3677**

Bei der Beanstandung einer ärztlichen Versorgung werden sämtliche in einem gewissen zeitlichen und räumlichen Zusammenhang stehende Behand- **3678**

4887 OLG München GesR 2006, 160 für den Fall einer Willenserklärung des Patienten gegenüber einem vorbehandelnden Kollegen, die gegen seine heutige Einlassung sprechen würde.
4888 Vgl. BGH NJW 1983, 2627; siehe zu vorstehendem Urteil auch BGH PflR 2010, 257.
4889 BGH NJW 1995, 1757.

Wenzel

lungsfehler Gegenstand des Rechtsstreits.[4890] Der gesamte einheitliche Behandlungsvorgang bildet den Streitgegenstand.

Das bedeutet:

– Die Ausschlusswirkung der Rechtskraft, § 322 ZPO, geht über die im ersten Prozess vorgetragenen Tatsachen hinaus und erfasst grundsätzlich auch nicht vorgetragene Tatsachen, sofern diese nicht erst nach Schluss der mündlichen Verhandlung im ersten Rechtsstreit entstanden sind. Maßgeblich ist insoweit das Ganze in einem Klageantrag zugrunde liegende tatsächliche Geschehen, das bei natürlicher Betrachtungsweise nach der Verkehrsauffassung zusammen gehört. Im neuen Prozess ausgeschlossen sind mithin sämtliche Tatsachen, die bei einer natürlichen, vom Standpunkt der Parteien ausgehenden Betrachtung zu dem durch ihren Sachvortrag zur Entscheidung gestellten Tatsachenkomplex gehört hätten.[4891]

– Wenn sich aus einem Sachverständigengutachten ergibt, dass ein anderer als der mit der Klage ursprünglich gerügte Behandlungsfehler vorliegt, kann der Kläger ohne Änderung des Streitgegenstands sein Klagebegehren auf diesen neuen Aspekt stützen.

– Die Rechtskraft eines Vorprozesses erfasst sämtliche dem Behandlungsgeschehen möglicherweise anhaftende Behandlungsfehler unabhängig davon, ob sie von dem Patienten im Einzelnen vorgetragen wurden und ob er sie im Vorprozess bereits kannte oder hätte kennen können.[4892]

_____

4890 Saarländisches Oberlandesgericht MDR 2000, 1317; LG Koblenz v. 18.2.2009 – 10 O 172/08; Irrgang, MedR 2010, 533, 535.
4891 BGH NJW-RR 1996, 826f.
4892 LG Koblenz v. 18.02.2009 – 10 O 172/08; vgl. auch BGHZ 62, 25f.

– Parallele Aufklärungs- und Behandlungsfehlerrüge

Der Behandlungs- und der Aufklärungsfehlerrüge liegen zwei selbständige Lebenssachverhalte zugrunde.[4893] Zwischen den Ansprüchen wegen unzureichender ärztlicher Aufklärung einerseits und wegen fehlerhafter Behandlung andererseits besteht zwar eine Verknüpfung, da es um ein Schadensersatzbegehren für dieselben gesundheitlichen Beeinträchtigungen geht, aber der Anknüpfungspunkt der Haftung betrifft räumlich und zeitlich verschieden gelagerte Sachverhalte, an denen sogar unterschiedliche Personen beteiligt sein können.[4894] Der Unterschiedlichkeit der Streitgegenstände muss insbesondere bei der Prüfung des Umfangs der Berufung Beachtung geschenkt werden.[4895]

3679

Ferner ist es nicht möglich, Behandlungsfehlervorwurf und Aufklärungsrüge beliebig auszutauschen und von einem Vortrag in den anderen hinüberzuwechseln. Erst recht ist es dem Gericht verwehrt, von Amts wegen bei einer auf einen Behandlungsfehler gestützten Klage auf einen Aufklärungsfehler zu erkennen.[4896]

3680

Wird die Aufklärungsrüge erst später, i.d.R. nach Erkennen einer bezüglich des Durchdringens mit dem Behandlungsfehlervorwurf ungünstigen Prozesslage, nachgeschoben, so sind die Verspätungsregeln, §§ 296, 525, 531 ZPO, anzuwenden.[4897]

3681

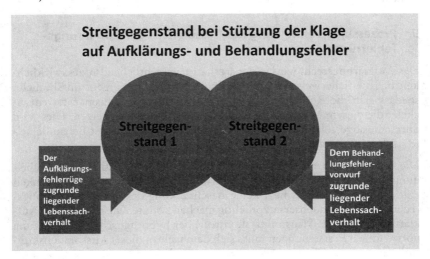

Streitgegenstand bei Stützung der Klage auf Aufklärungs- und Behandlungsfehler

Streitgegenstand 1

Streitgegenstand 2

Der Aufklärungsfehlerrüge zugrunde liegender Lebenssachverhalt

Dem Behandlungsfehlervorwurf zugrunde liegender Lebenssachverhalt

---

4893 Vgl. auch Rdn. 1680 und Geiß/Greiner, Arzthaftpflichtrecht, 6. A.; E. Rn. 26.
4894 BGH VersR 2007, 414 (Vorinstanz OLG Zweibrücken MedR 2006, 218).
4895 Dazu näher unter VI, Rdn. 3734.
4896 Katzenmeier, in: Laufs/Katzenmeier/Lipp, S. 419.
4897 Katzenmeier, in: Laufs/Katzenmeier/Lipp, S. 419.

– Feststellungsklage

3682 Im Falle eines Gesundheitsschadens bezieht sich ein Feststellungsurteil, das zum Ersatz »jeden weiteren Schadens« verpflichtet, auch auf immaterielle Schäden; anders ist es nur, wenn der Urteilstenor ausdrücklich Einschränkungen enthält oder sich sonst aus dem Parteivorbringen und dem Urteil eindeutige Hinweise auf eine von den Parteien und dem Gericht gewollte Beschränkung des Streitgegenstandes auf materielle Schäden ergibt.[4898]

– Gemeinschaftspraxis

3683 Eine Klage gegen alle Gesellschafter einer Gemeinschaftspraxis und gegen die Gemeinschaftspraxis als GbR hat nur einen Streitgegenstand.

Entsprechend kann in einem Folgeprozess nicht die Gesellschaft als solche verklagt werden, wenn zuvor die Klage mit identischem Klageantrag gegen alle einzelnen Gesellschafter abgewiesen wurde. Die Klage ist bei einer solchen einheitlichen Abweisung wegen entgegenstehender Rechtskraft unzulässig.[4899]

Umgekehrt bleibt zwar eine Klage gegen alle Gesellschafter trotz Abweisung der Klage gegen die Gesellschaft zulässig, allerdings wäre sie unbegründet, da das Nichtbestehen der Forderung gegen die Gesellschaft mit Bindungswirkung feststeht und die akzessorische Haftung damit gegenstandslos ist.[4900]

9. Prozessuale Vermeidung des Missbrauchs der Aufklärungsfehlerrüge

3684 Das Aufklärungsrecht wird in der arzthaftungsrechtlichen Prozesswirklichkeit bedauerlicherweise längst als reines Haftungsinstrument missbraucht, so dass sich die Rechtsprechung veranlasst sah, Mechanismen zu entwickeln, die diesem Missbrauch, auch prozessual, Grenzen setzen. Dies wird durch die abgestufte Darlegungslast im Fall der Berufung der Behandlerseite auf hypothetische Einwilligung erreicht.

3685 Die Darlegungslast des Patienten hinsichtlich des ernsthaften Entscheidungskonflikts dient hier als Korrektiv. Ohne mindestens die Möglichkeit eines solchen Konflikts liegt keine Beschränkung des Selbstbestimmungsrechts vor, die schadensersatzpflichtig machen könnte. Die prozessuale Aufklärung der für die Plausibilitätskontrolle der hypothetischen Einwilligung notwendigen Feststellungen muss sich demnach an dieser Missbrauchskontrolle ausrichten.[4901]

4898 BGH NJW 1985, 2022.
4899 OLG Hamm GesR 2010, 66.
4900 OLG Hamm GesR 2010, 66 m.w.N.
4901 Vgl. BGH MedR 2007, 718 m. Anm. Wenzel.

Wenzel

Zunächst darf der Tatrichter den Vortrag des Patienten zum Entscheidungs- **3686**
konflikt einer Plausibilitätskontrolle erst unterwerfen, wenn er den Patienten dazu persönlich angehört hat (§§ 139, 141 ZPO); seine eigene Beurteilung des Konflikts kann er nicht an die Stelle derjenigen des Patienten
setzen.[4902] Ziel muss es sein, in der persönlichen Befragung die besonderen
Lebensumstände des Patienten und seine konkrete persönliche Situation
im Entscheidungszeitpunkt zu erfassen und sich hierzu einen persönlichen
Eindruck von dem Patienten zu verschaffen. Dabei muss im Auge behalten
werden, dass an den Nachweis einer hypothetischen Einwilligung durch die
Behandlungsseite grundsätzlich strenge Anforderungen zu stellen sind, damit das Aufklärungsrecht des Patienten nicht auf diesem Wege unterlaufen
wird.[4903] Andererseits ist ein Missbrauch der Aufklärungsrüge zu verhindern.

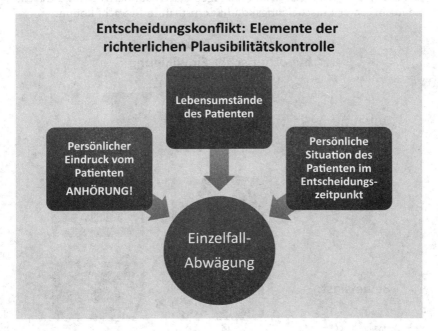

**Entscheidungskonflikt: Elemente der
richterlichen Plausibilitätskontrolle**

Lebensumstände
des Patienten

Persönlicher
Eindruck vom
Patienten
ANHÖRUNG!

Persönliche
Situation des
Patienten im
Entscheidungs-
zeitpunkt

Einzelfall-
Abwägung

Entsprechend scheidet auch eine schematische Beantwortung der Frage aus, **3687**
ob und in welcher Richtung sich die Unmöglichkeit der persönlichen Anhörung des Patienten auswirkt. Sofern aufgrund der objektiven Umstände
ein echter Entscheidungskonflikt eher fern, eine haftungsrechtliche Ausnutzung des Aufklärungsversäumnisses eher nahe liegt, darf der Tatrichter eine

4902   BGH NJW 2010, 3230; 2005, 527; VersR 1990, 1238; VersR 1995, 1055.
4903   BGH MedR 2007, 718.

Wenzel

hypothetische Einwilligung annehmen, obwohl der Patient dazu nicht persönlich angehört werden konnte. Ist indes nicht auszuschließen, dass sich der Patient unter Berücksichtigung des zu behandelnden Leidens und der Risiken, über die aufzuklären war, aus vielleicht nicht gerade »vernünftigen«, jedenfalls aber nachvollziehbaren Gründen, für eine Ablehnung der Behandlung entschieden haben könnte, kommt ein echter Entscheidungskonflikt in Betracht und dann darf der Tatrichter nicht alleine aufgrund der Unmöglichkeit der persönlichen Anhörung eine dem Patienten nachteilige Wertung vornehmen.[4904]

3688 Ob eine solche Plausibilität möglich erscheint, kann aber nur aufgrund einer umfassenden Abwägung der Umstände des jeweiligen Einzelfalls festgestellt werden.

Die Behandlungsseite hat dann die Folgen der Unaufklärbarkeit zu tragen, wenn ein echter Entscheidungskonflikt ernsthaft in Betracht kommt.

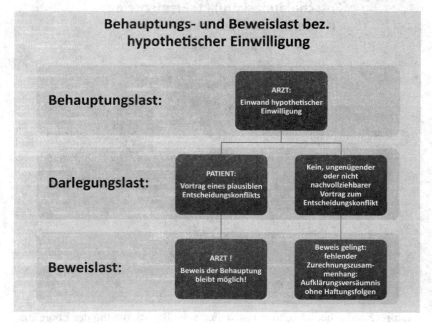

10. Teilurteil

3689 Der Erlass eines Teilurteils ist nach ständiger Rechtsprechung nur dann zulässig, wenn die Entscheidung über den Teil unabhängig davon ist, wie das Schlussurteil über den Rest des noch anhängigen Streitgegenstandes ausfällt.

4904 BGH MedR 2007, 718.

Es darf nicht die Gefahr bestehen, dass es im Teil- und Schlussurteil zu widersprüchlichen Entscheidungen kommt.[4905]
Es ist daher insbesondere bei noch ausstehender Beweisaufnahme nach dem Teilurteil Vorsicht geboten und sorgfältig zu prüfen, ob nicht ein Beweisergebnis möglich ist, das im Widerspruch zum Teilurteil steht.[4906]

Macht ein Patient im Arzthaftungsprozess sowohl einen Schmerzensgeld- als auch einen Feststellungsanspruch geltend, ist ein (Teil-)Grundurteil ausschließlich über den Schmerzensgeldanspruch unzulässig, denn die Gefahr widersprüchlicher Entscheidungen besteht insbesondere dann, wenn im Fall der objektiven Klagehäufung von Leistungs- und Feststellungsansprüchen, die aus demselben tatsächlichen Geschehen hergeleitet werden, durch Teilurteil gesondert über nur einen Teil der Ansprüche entschieden wird.[4907] Muss also für alle nebeneinander stehenden Ansprüche die Sorgfaltsgemäßheit der ärztlichen Behandlung beurteilt werden, scheidet ein Teilurteil aus.[4908] Dies gilt auch, wenn das Landgericht das Verfahren in der ersten Instanz erst nach Abschluss des Berufungsverfahrens weiterführt, denn das Landgericht müsste bei der Entscheidung über die noch anhängigen Ansprüche auch neue, später bekannt gewordene und in den Prozess eingeführte Tatsachen berücksichtigen, die zu einem von einem rechtskräftigen Urteil des Rechtsmittelgerichts abweichenden Ergebnis führen könnten. Eine Bindungswirkung besteht insoweit nicht. **3690**

Auch bei subjektiver Klagehäufung kann ein Teilurteil nicht etwa mit der Begründung erlassen werden, dass es nur einen von mehreren Streitgenossen betreffe. Auch hier ist die Widerspruchsfreiheit entscheidendes Kriterium.[4909] Im Arzthaftungsprozess bilden die behandelnden Ärzte oftmals Streitgenossen, auch der Krankenhausträger wird zumeist mitverklagt. Hier können die der jeweiligen Haftung zugrundeliegenden Sachverhalte nur selten so aufgespalten werden, dass eine getrennte Beurteilung möglich ist. Dies gilt insbesondere, wenn es gerade um die Zuordnung von Fehlverhalten zu verschiedenen Organisationsbereichen geht. **3691**

BGH VersR 2004, 645
Im vorliegenden Fall ist die Gefahr widersprüchlicher Entscheidungen nicht auszuschließen. Nach dem Vortrag des Klägers stehen die behaup-

---

4905 BGH VersR 2004, 645; BGHZ 107, 236, 242; 173, 238ff.; OLG Köln v. 23.09.2009 – 5 U 220/08.
4906 Vgl. OLG Köln v. 23.09.2009 – 5 U 220/08. (Teilurteil unterstellt Materialfehler eines in Prothese eingebauten Keramikkopfes; ausstehende Beweisaufnahme zum noch anhängigen Teil könnte andere Ursachen für das Zerbrechen des Keramikkopfes ergeben). .
4907 BGH NJW 2001, 155.
4908 OLG München GesR 2006, 160.
4909 BGH VersR 2004, 645.

tete unzureichende Organisation des Krankenhauses der Zweitbeklagten und die ebenfalls behauptete fehlerhafte Betreuung der Geburt durch den Erstbeklagten in einem unmittelbaren Zusammenhang. Es handelt sich um einen komplexen einheitlichen Lebenssachverhalt, der auch dadurch geprägt ist, dass die Tätigkeit der anwesenden Hebamme je nach Zeitabschnitt und rechtlicher Sicht dem Beklagten zu 1 oder dem Beklagten zu 2 zugeordnet werden kann. Da das Berufungsgericht ein – durch organisatorische Maßnahmen sicherzustellendes – ärztliches Tätigwerden im Vorfeld des Geburtsvorgangs für erforderlich hält, kann es für die Haftung beider Beklagter darauf ankommen, welche ärztlichen Maßnahmen situationsbedingt erforderlich waren. Dass hier eine ausreichend deutliche zeitliche oder sachbedingte Zäsur vorliegt, die eine widerspruchsfreie, völlig getrennte Beurteilung beider Verantwortungsbereiche ermöglicht, lässt sich auf Grund der bisher getroffenen Feststellungen nicht ausreichend sicher sagen.

11. Besorgnis der Befangenheit des Sachverständigen[4910]

3692   Häufig ist auf ein Ablehnungsgesuch einer Prozesspartei die Befangenheit des Sachverständigen durch das Gericht zu prüfen.

Gemäß §§ 406 Abs.1, 42 Abs.2 ZPO kann ein Sachverständiger abgelehnt werden, wenn ein Grund vorliegt, der geeignet ist, Misstrauen gegen die Unparteilichkeit des Sachverständigen zu rechtfertigen. Dabei geht es darum, zu prüfen, ob aufgrund der zum Anlass für den Befangenheitsantrag genommenen Tatsachen bei einer objektiven, ruhig und vernünftig urteilenden Partei der Eindruck entstehen kann, der Sachverständige stehe der anderen Partei näher und lasse sich davon möglicher Weise in seiner Beurteilung beeinflussen.[4911] Das Gericht sollte dabei den Anschein einer schematischen Betrachtung vermeiden und die Prüfung einzelfallbezogen treffen und begründen.

3693   Auch äußerlich ähnlich gelagerte Sachverhalte können entsprechend unterschiedliche Ergebnisse rechtfertigen. Aus bestehenden beruflichen oder persönlichen Beziehungen ergeben sich nie notwendigerweise Befangenheitsgründe, sondern immer nur dann, wenn diese eben so beschaffen sind, dass auch bei einer vernünftig urteilenden Partei der Eindruck der Parteilichkeit entstehen kann. Das Gericht muss also in die Rolle dieser »vernünftigen« Partei schlüpfen. Die Ablehnung eines gerichtlichen Sachverständigen wegen Besorgnis der Befangenheit gemäß §§ 406 Abs. 1, 42 Abs. 2 ZPO kann also nicht schematisch allein darauf gestützt werden, dass der Sachverständige und die Gegenpartei in beruflichen Beziehungen zu einem Dritten stehen.

4910   Zur Rolle des Sachverständigen näher Rdn. 3761 ff..
4911   BGH GRUR-RR 2008, 365, NJW 2005, 1869; NJW 1975, 1363; OLG Köln MDR 2002, 53; OLG Stuttgart v. 19.01.2010 – 1 W 5/10.

Wenzel

So sind Befangenheitsbedenken begründet, wenn als Sachverständiger der Chefarzt in einem akademischen Lehrkrankenhaus einer Partei des Rechtsstreits bestellt werden soll. Es ist hier nicht auszuschließen, dass aus der maßgeblichen Sicht der anderen Partei die Gefahr von Interessenkonflikten und Rücksichtnahmen besteht.[4912] Andererseits kann aber nicht davon ausgegangen werden, dass ein Sachverständiger, der in einem Akademischen Lehrkrankenhaus einer Universität tätig ist, allein deshalb in einem Prozess unter Beteiligung eines anderen Akademischen Lehrkrankenhauses derselben Universität einseitig agieren wird, weil insbesondere im Falle des Nachweises eines Behandlungsfehlers nicht der Ruf aller akademischen Lehrkrankenhäuser gefährdet ist, so dass es fern liegt, dass sich der Sachverständige durch derartige Überlegungen leiten lassen könnte.[4913]

3694

Die Befangenheit eines Sachverständigen kann sich daraus ergeben, dass er für eine Partei in derselben Sache bereits als Privatgutachter tätig war, in der Regel aber nicht aus dem Umstand, dass der Sachverständige bereits in einem früheren Verfahren ein für die Partei selbst nachteiliges Gutachten erstattet hat.[4914]

3695

Allein darin, dass der Sachverständige bereits in dem vorangegangenen Schlichtungsverfahren tätig gewesen ist, rechtfertigt auch nicht die generelle Annahme, dass der Sachverständige einseitig festgelegt sei oder er substantiierte Einwendungen gegen das von ihm in seinem Gutachten gefundene Ergebnis nicht unvoreingenommen zur Kenntnis nehmen wird.[4915]

3696

Die Tatsache, dass der Sachverständige seinerseits einem Arzthaftungsprozess ausgesetzt ist, kann Anlass zur Sorge geben, dass ihn dies dazu verleitet, besonderes Verständnis für den ebenfalls verklagten Kollegen aufzubringen und daher die Tendenz besteht, ihn möglichst zu schonen.[4916]

3697

Entsteht nach Rückverweisung durch ein Obergericht weiterer Aufklärungsbedarf, so muss nicht direkt ein weiteres Gutachten eingeholt werden, sondern das Gericht kann sich damit begnügen, wenn ihm dies zweckmäßiger erscheint, den in dem vorangegangenen Verfahren tätigen Sachverständigen zu einer Beantwortung der weiteren Fragen heranzuziehen.[4917]

3698

Häufig ergeben sich vermeintliche Ansatzpunkte für Befangenheitsrügen im Zusammenhang mit Ausführungen des Sachverständigen im Gutachten. Hierzu ist zunächst festzustellen, dass Missverständnisse oft daher rühren,

3699

4912 OLG Stuttgart GesR 2008, 424.
4913 OLG Stuttgart v. 19.01.2010 – 1 W 5/10.
4914 Brandenburgisches OLG ArztR 2010, 273.
4915 Brandenburgisches OLG ArztR 2010, 273.
4916 OLG Köln MedR 1992, 115.
4917 BGH VersR 2002, 911; Geiß/Greiner, Arzthaftpflichtrecht, 6. A., Rn. E 10, S. 330.

Wenzel

dass Sachverständige gelegentlich juristische Fachtermini unrichtig verwenden oder schlichtweg unglückliche Formulierungen (»Behauptung ist haltlos/völlig fehlgehend/absurd) verwenden, die bei der benachteiligten Partei den Eindruck mangelnder Unvoreingenommenheit erwecken. Ohne weitere Anhaltspunkte lässt sich solchen Formulierungen allein indes regelmäßig keine Parteilichkeit entnehmen.[4918]

3700   Anlass zur Diskussion besteht immer wieder, wenn sich der Sachverständige »ungefragt« zu anderen relevanten Tatsachen äußert. Wird etwa im Arzthaftungsprozess die Klage sowohl auf Behandlungsfehler als auch auf die Verletzung einer Aufklärungspflicht gestützt, kann die Besorgnis der Befangenheit eines Sachverständigen nicht daraus hergeleitet werden, dass dieser sich zur Wirksamkeit einer Aufklärung äußert, obwohl der zugrunde liegende Beweisbeschluss sich allein auf Behandlungsfehler bezieht.[4919] Im Einzelfall kann der Sachverständige sogar gehalten sein, das Gericht von sich aus darauf hinzuweisen, dass dessen Auffassung zur Frage der Aufklärung aus medizinischer Sicht Bedenken begegnet.

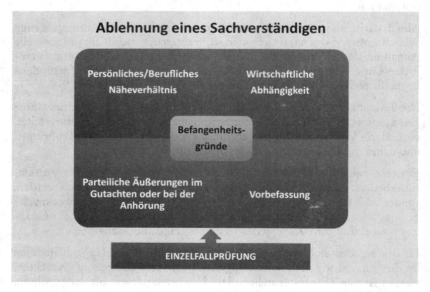

3701   Ein Ablehnungsgesuch ist nach § 406 Abs. 2 ZPO binnen zwei Wochen nach Zustellung des Beschlusses über die Ernennung eines Sachverständigen zu stellen. Zu einem späteren Zeitpunkt ist die Ablehnung nur zulässig, wenn der Antragsteller glaubhaft macht, dass er ohne sein Verschulden

---

4918   OLG Dresden MedR 2010, 314.
4919   OLG Dresden MedR 2010, 314.

verhindert war, den Ablehnungsgrund früher geltend zu machen. Während einige Oberlandesgerichte[4920] die Zwei-Wochen-Frist nach § 406 Abs. 2 Satz 1 ZPO grundsätzlich auch im Rahmen von § 406 Abs. 2 Satz 2 ZPO anwenden, ist nach anderer Auffassung jeweils im Rahmen einer Einzelfallprüfung darauf abzustellen, welche Zeit im konkreten Fall erforderlich sei, um den Ablehnungsgrund zu erkennen und unverzüglich geltend zu machen. Die Frist entspreche damit auch nicht der vom Gericht gemäß § 411 Abs. 4 ZPO gesetzten Frist zur Stellungnahme zum Inhalt des Gutachtens, da die Geltendmachung des Ablehnungsgrundes eine sachliche Auseinandersetzung mit dem Inhalt des Gutachtens gerade nicht erfordere.[4921]

Nach dem BGH[4922] laufen die Frist zur Einreichung des Befangenheitsantrags und die Stellungnahmefrist nach § 411 Abs. 4 ZPO gleich, soweit sich die Besorgnis der Befangenheit erst aus einer inhaltlichen Auseinandersetzung mit dem schriftlichen Gutachten ergibt. Ob Unstimmigkeiten eines Gutachtens auf Voreingenommenheit des Sachverständigen gegenüber einer Partei zurückzuführen sind kann nur gleichlaufend mit der inhaltlichen Überprüfung des Gutachtens festgestellt werden; eine beschleunigte Vorab-Prüfung auf fehlende Unparteilichkeit ist nicht zu leisten. Der Anspruch einer Prozesspartei auf einen aus ihrer Sicht unparteiischen Sachverständigen ist unmittelbarer Ausfluss des Rechtsstaatsprinzips und hier höher anzusetzen als der Zweck der Befristung des Ablehnungsrechts nach § 406 Abs. 2 ZPO, der Verzögerung von Prozessen durch verspätete Ablehnungsanträge entgegenzuwirken.[4923]

3702

Hinsichtlich der Rügefristen ist also in den Fällen, in denen sich die Besorgnis der Befangenheit (erst) aus den gutachterlichen Ausführungen herleitet, zu beachten, dass ein Befangenheitsantrag, der innerhalb der Stellungnahmefrist nach § 411 Abs. 4 ZPO eingeht, immer dann als rechtzeitig anzusehen ist, wenn sich die Besorgnis der Befangenheit erst aus einer inhaltlichen Auseinandersetzung mit dem schriftlichen Gutachten ergibt, da die Partei dann die Frage der Voreingenommenheit des Gutachters nicht losgelöst vom Gutachten selbst prüfen kann und muss.

3703

4920 OLG Koblenz OLGR Koblenz 1998, 470; OLG Köln OLGR Köln 1995, 147; OLG München OLGR München 2004, 117; 2003, 58.
4921 BayObLGZ 1994, 183; KG KGR Berlin 2001, 183; OLG Nürnberg VersR 2001, 391; OLG Frankfurt OLGR Frankfurt 1995, 139; OLG München OLGR München 1994, 237; OLG München OLGR München 2000, 211; Thüringer OLG OLGR Jena 2000, 113, 115 f.; Brandenburgisches OLG OLGR Brandenburg 2000, 275 und OLG-NL 2003, 92.
4922 BGH NJW 2005, 1869.
4923 BGH NJW 2005, 1869.

Wenzel

12. Beweiswürdigung

3704   Der beweiswürdigende Tatrichter muss sich, entsprechend dem Gebot des § 286 ZPO mit dem Prozessstoff und den Beweisergebnissen umfassend und widerspruchsfrei auseinandersetzen. Die Beweiswürdigung muss vollständig und rechtlich möglich sein und darf nicht gegen Denkgesetze und Erfahrungssätze verstoßen. In diesem Umfang ist sie durch das Rechtsmittelgericht überprüfbar.[4924] Beweiswürdigung im Arzthaftungsrecht konzentriert sich vornehmlich auf die erschöpfende Auseinandersetzung mit dem(n) medizinischen Gutachten.

3705   Der Tatrichter muss
- Widersprüchen, Unklarheiten und Zweifeln in einem Sachverständigengutachten oder zwischen mehreren Gutachten von Amts wegen nachgehen[4925]
- Einwendungen einer Partei gegen das Gutachten eines gerichtlichen Sachverständigen berücksichtigen
- sich mit von der Partei vorgelegten Privatgutachten auseinander setzen und auf die weitere Aufklärung des Sachverhalts hinwirken, wenn sich ein Widerspruch zum Gerichtsgutachten ergibt[4926]
- Äußerungen medizinischer Sachverständiger kritisch auf ihre Vollständigkeit und Widerspruchsfreiheit prüfen

> Widersprüche innerhalb eines Gutachtens: vgl. BGH VersR 1985, 1187, 1188; VersR 1992, 747, 748; VersR 1994, 480, 482!
>
> Widersprüche zwischen Äußerungen mehrerer Sachverständiger (auch Privatgutachter): vgl. BGH VersR 1994, 480, 482; VersR 1995, 195, 196; VersR 1996, 647; NJW 1998, 2735; VersR2001, 783; VersR 2009, 499!

- damit rechnen, dass manche Sachverständige Behandlungsfehler nur zurückhaltend ansprechen und dies zum Anlass nehmen, die Äußerungen des Sachverständigen kritisch zu hinterfragen und sowohl den für eine solche Behandlung geltenden Sorgfaltsmaßstab als auch den Begriff des Behandlungsfehlers mit dem Sachverständigen zu erörtern (bei unbefriedigendem Ergebnis ggf. weiteres Gutachten)[4927]
- bei der Bewertung des ärztlichen Vorgehens als grober Behandlungsfehler auseinanderhalten, ob der Sachverständige in seiner Würdigung einen Verstoß gegen elementare medizinische Erkenntnisse oder elementare Behandlungsstandards oder lediglich eine Fehlentscheidung in mehr oder weniger schwieriger Lage erkennt

---

4924 BGH VersR 2009, 1406; VersR 1997, 362; BGHZ 160, 308, 317; näher Kapitel 2 G. X.
4925 BGH VersR 2009, 1406.
4926 BGH VersR 1994, 480, 482; VersR 1996, 647, 648; VersR 2001, 525, 526; VersR 2001, 722, 723; VersR 2004, 790, 791; VersR 2008, 1265, 1266.
4927 BGH VersR 1978, 41, 42f.; VersR 1993, 835, 836; VersR 1994, 480, 482.

Der Tatrichter darf nicht   **3706**
- ein Behandlungsgeschehen entgegen den Ausführungen des Sachverständigen oder ohne jede Stütze durch das Sachverständigengutachten als grob fehlerhaft bewerten[4928]
- die Bewertung des Behandlungsgeschehens völlig dem Sachverständigen alleine überlassen
- Unklarheiten und Zweifel im Zusammenhang mit medizinischen Fragen durch eigene Interpretation des Gutachtens lösen (gezielte Befragung des Sachverständigen notwendig!)[4929]
- bei widersprüchlichen Gutachten durch eine eigene »Gesamtbetrachtung« einen medizinischen Standard bestimmen; lassen sich Widersprüche nicht aufklären, ist ein Obergutachten einzuholen.[4930]

BGH VersR 2004, 645

Das Berufungsgericht ist der Auffassung, der von ihm bejahte Organisationsfehler sei als grob zu bewerten. Insoweit verweist die Revision mit Recht darauf, dass das Berufungsgericht ausreichende tatsächliche Feststellungen, die diese Wertung tragen, nicht getroffen hat. [...] Es ist auch nicht ersichtlich, dass diese Frage Gegenstand der Befragung des Sachverständigen war. Der Senat hat aber bereits mehrfach darauf hingewiesen, dass der Tatrichter einen groben Behandlungsfehler nicht ohne ausreichende Grundlage in den medizinischen Darlegungen des Sachverständigen bejahen darf [...]. Entsprechendes kann auch für einen Organisationsfehler des Krankenhausträgers gelten, soweit es um die Anforderungen an die Organisation aus medizinischer Sicht geht.

---

13. Parteivernehmung

Im Arzthaftungsprozess kommt es häufig vor, dass wesentliche tatsächliche Umstände des Behandlungsgeschehens nur den Parteien bekannt sind. Aufzeichnungen sind selten erschöpfend und bei den meisten Behandlungsmaßnahmen sind keine Zeugen zugegen. Der Anhörung und Vernehmung der Parteien kommt daher eine besondere Bedeutung zu.   **3707**

– Parteianhörung

Das Gericht ordnet im Arzthaftungsprozess meistens das persönliche Erscheinen der Parteien nach § 141 ZPO an. Die Parteianhörung steht im Ermessen des Gerichts und kann von den Parteien nicht beantragt werden. Sie   **3708**

4928 VersR 2001, 1116, 117; VersR 2002, 1026, 1027; BGH VersR 2004, 645; VersR 2008, 644.
4929 BGH NJW 2010, 3230.
4930 BGH NJW 1995, 776.

dient der Aufklärung des Sachverhalts durch unmittelbares Gespräch mit der betroffenen Partei und bleibt ohne Beweiswert.

Die persönliche Anhörung gewinnt im Arzthaftungsprozess Bedeutung im Zusammenhang mit der bereits erörterten Problematik des Entscheidungskonflikts bei Aufklärungsrügen und daneben kann sich das Ermessen des Gerichts zur Anhörung auch dann verdichten, wenn nur so die Waffengleichheit zwischen den Parteien herzustellen ist.

3709   Es ist anerkannt, dass einer Partei, die im Unterschied zu ihrem Gegner keinen Zeugen für ein Vier-Augen-Gespräch hat, Gelegenheit gegeben werden muss, ihre Darstellung des Gesprächs in den Prozess persönlich einzubringen. Zu diesem Zweck ist die Partei gemäß § 448 ZPO zu vernehmen oder gemäß § 141 ZPO anzuhören[4931] Nach dem Grundsatz der prozessualen Waffengleichheit ist die persönliche Anhörung der in Beweisnot befindlichen Partei auch dann geboten, wenn das Gericht dem Gegner in einer anderen Frage eben diese Möglichkeit der Beweisführung eröffnet. Eine solche Konstellation wurde jüngst[4932] für den Fall angenommen, dass der beweisbelastete Beklagte zur Aufklärung angehört wurde und nun auch der Kläger die Möglichkeit zur persönlichen Anhörung zu Behauptungen im Zusammenhang mit dem Behandlungsfehler einzuräumen sei. Es ist allerdings mit Blick auf die herabgesetzten Anforderungen für den Vortrag zum Beweis der ordnungsgemäßen Aufklärung[4933] fraglich, ob das insoweit für die Aufklärungsrüge geltende Darlegungs- und Beweislastgefüge eine Rolle für dasjenige innerhalb der Behandlungsfehlerrüge spielen kann. Wie gesehen, handelt es sich um zwei unterschiedliche Streitgegenstände. Für die Beweisführung zur korrekten Aufklärung (allein) die Überzeugungsbildung des Gerichts aufgrund in sich schlüssiger und glaubhafter Angaben des Arztes genügen zu lassen, beabsichtigt ja gerade den Ausgleich des verfahrenrechtlichen Nachteils des Arztes wegen der Schwierigkeit der Beweisführung zum Aufklärungsgespräch. Damit wird Waffengleichheit erreicht und nicht in Schieflage gebracht.

– Vernehmung des Gegners als Partei

3710   Die Vernehmung des Gegners des Beweisführers als Partei, § 445 ZPO, ist verhältnismäßig einfach zu erreichen, da der Gegner der Vernehmung zwar zustimmen muss, im Fall einer Weigerung aber befürchten muss, dass das Gericht in freier Beweiswürdigung die behauptete Tatsache des Beweisführers als erwiesen ansieht, §§ 446, 453, 454 ZPO. Allerdings ist die Vernehmung des Gegners naturgemäß eine heikle Angelegenheit und jeweils prozesstaktisch zu entscheiden, ob die Vernehmung des Gegners von Nutzen sein kann. So etwa, wenn die Umstände erwarten lassen, dass der Gegner

4931   Etwa BGH NJW-RR 2006, 61, 63.
4932   OLG Karlsruhe MDR 2010, 1050.
4933   Siehe oben Rdn. 3643.

einige erhobene Behauptungen mündlich wahrscheinlich nicht derart unerschütterlich vertreten wird wie er sie schriftsätzlich durch den Anwalt hat vortragen wurden.

– Vernehmung des Beweisführers als Partei

Oftmals kann sich das Gericht im Arzthaftungsprozess einem streitigen Sachverhalt über den Zeugen-, Urkunds- und Sachverständigenbeweis lediglich annähern, ohne aber letztlich die notwendige Überzeugung von der Richtigkeit eines bestimmten Geschehensablaufs gewinnen zu können. Ohne Einverständnis der Gegenpartei kann eine Vernehmung des Beweisführers als Partei nach § 448 ZPO indes nur erfolgen, wenn das Ergebnis der Verhandlung und einer durchgeführten Beweisaufnahme zwar nicht ausreicht, die richterliche Überzeugung von der Richtigkeit der Darstellung der einen oder anderen Partei zu begründen, aber jedenfalls eine gewisse Wahrscheinlichkeit für die Richtigkeit der Behauptung besteht; es muss also für die zu beweisende Tatsache bereits »einiger Beweis« erbracht sein.[4934]

3711

Es darf daher nicht verwechselt werden: Ist das bisherige Beweisergebnis nicht ausreichend, weil die anderen Beweismittel eben gerade unergiebig sind oder gar eher für das Gegenteil sprechen, so scheidet Parteivernehmung aus, da eben nicht »einiger Beweis« für die nun durch Parteivernehmung zu beweisende Tatsache vorliegt. Parteivernehmung ist nur zulässig, soweit bereits vor der Parteivernehmung einiges für die zu beweisende Tatsache spricht.

3712

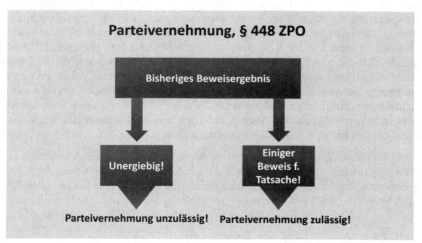

Parteivernehmung, § 448 ZPO

Bisheriges Beweisergebnis

Unergiebig! → Parteivernehmung unzulässig!

Einiger Beweis f. Tatsache! → Parteivernehmung zulässig!

4934 BGH v. 14.06.1994 – VI ZR 236/93; NJW 1989, 3222, 3223.

14. Kostenerstattung für vorprozessuales Privatgutachten

3713   Die Auslagen einer Partei für ein vor Prozessbeginn eingeholtes Privatgutachten sind nur dann nach § 91 Abs. 1 ZPO prozessnotwendig, wenn die
Tätigkeit des Sachverständigen in unmittelbarem Bezug zu einem konkreten
Rechtsstreit steht. Wird das Gutachten erstattet, bevor sich die gerichtliche
Auseinandersetzung der Parteien in irgendeiner Weise konkret abzeichnet,
sind die dadurch verursachten Kosten nicht erstattungsfähig.[4935] Es handelt
sich dann um prozessfremde Kosten, die nicht auf den Gegner abgewälzt
werden können. Grundsätzlich hat jede Partei ihre Einstandspflicht und ihre
Ersatzberechtigung in eigener Verantwortung zu prüfen und den dadurch
entstehenden Aufwand selbst zu tragen.[4936] Nur dann, wenn sich die gutachterlichen Aussagen auf den konkreten Rechtsstreit beziehen und gerade mit
Rücksicht auf diese konkrete gerichtliche Auseinandersetzung in Auftrag gegeben wurden, kann eine Erstattungsfähigkeit in Betracht kommen.[4937]

> ❗ Erstattungsfähigkeit eines vorprozessualen Gutachtens nur bei unmit-
> telbarem Bezug des Gutachterauftrags zum späteren Rechtsstreit!

15. Beteiligung des Haftpflichtversicherers

3714   Der Haftpflichtversicherer ist nicht Partei des Arzthaftungsprozesses. Allerdings liegt bei ihm das Regulierungs- und Prozessführungsrecht. Damit ist
der Versicherer der »unsichtbare Dritte« im Prozess, der letztlich alle Entscheidungen steuert, die der Versicherungsnehmer als Prozesspartei trifft. Er
verfügt über den Streitgegenstand. Der vom Versicherer ausgewählte Anwalt,
der den Prozess für den versicherten Arzt führt und dem dieser nach 25.5.
AHB 2008 die entsprechende Vollmacht zu erteilen hat, muss daher die Pro-
zessstrategie und entsprechende Prozesserklärungen mit dem Versicherer abstimmen. Entsprechend wird angenommen, dass der Anwaltsvertrag unbeschadet der Vollmachtserteilung nach 25.5. AHB 2008 mit dem Versicherer
zustande kommen muss.[4938] Auch unabhängig von der Eigenverpflichtung des
Versicherers haftet er jedenfalls mittelbar auf die Kosten, 5.2. AHB.

3715   Der Arzt kann grundsätzlich auf seine Kosten einen weiteren Anwalt seines
Vertrauens hinzuziehen, solange nicht Anhaltspunkte vorliegen, die die Res-
pektierung des Prozessführungsrechts durch den Versicherer in Frage stellen.[4939]
Das Verhalten des Versicherers bei der Prozessführung und der Regulierung

---

4935   OLG Hamm v. 19.06.2009 – 25 W 171/09.
4936   BGH Rpfleger 2009, 176.
4937   BGH VersR 2009, 280.
4938   BGH NJW 2007, 2258; Katzenmeier/Brennecke, in: Wenzel, Kap. 5, Rn. 82.
4939   Die Bestellung eines weiteren Anwalts ist für sich jedenfalls noch keine Obli-
           genheitsverletzung, arg ex BGH VersR 1981, 948, 949.

kann nicht nur im Versicherungsverhältnis von Bedeutung sein, sondern auch im Haftungsverhältnis Konsequenzen haben. So ist anerkannt, dass über die Genugtuungsfunktion des Schmerzensgeldes auch die Erwägung in seine Bemessung einfließen kann, dass der Haftpflichtversicherer sich einem berechtigten und nicht mehr streitigen Entschädigungsverlangen des Geschädigten in nicht mehr verständlicher und hohem Maße tadelnswerter Weise entgegen stellt. So etwa, wenn die Zahlung eines, letztlich keinesfalls besonders hohen, Schmerzensgeldes kategorisch von der Unterzeichnung einer abfindenden Verzichtserklärung abhängig gemacht wird. Hier kann die Verdopplung des ohne dieses Verhalten angemessenen Schmerzensgeldes vertretbar sein.[4940]

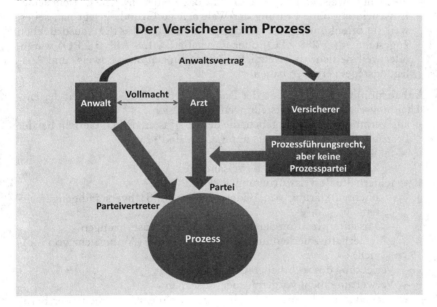

V.   Berufung

Die Berufungsinstanz ist seit der ZPO-Novelle aus dem Jahr 2001 keine zweite Tatsacheninstanz mehr, sondern nur noch Kontrollinstanz zur Feststellung von Fehlern des Erstgerichts bei der Tatsachenfeststellung. Die Novelle sollte zu einer verstärkten Funktionsdifferenzierung zwischen erster und zweiter Instanz führen und die Berufung in erster Linie ein Instrument zur Fehlerkontrolle und Fehlerbeseitigung werden.[4941]

3716

4940 OLG Frankfurt/Main NJW 1999, 2447.
4941 BGH v. 15.12.2009 – VI ZB 51/09.

3717   An die Feststellungen der ersten Instanz bleibt das Berufungsgericht nach § 529 Abs. 1 Nr. 1 ZPO in der Fassung des Zivilprozessreformgesetzes vom 27. Juli 2001 daher solange gebunden wie nicht konkrete Anhaltspunkte für Zweifel an der Richtigkeit oder Vollständigkeit der festgestellten Tatsachen nach § 529 Abs. 1 Nr. 1 Hs 2 ZPO erneute Feststellungen des Berufungsgerichts zu diesem Punkt erforderlich machen.[4942]

3718   Der Bindungswirkung unterliegen damit solche Tatsachen,
- für die das erstinstanzliche Gericht auf Grund einer freien Beweiswürdigung gemäß § 286 Abs. 1 ZPO die Entscheidung getroffen hat, dass sie wahr oder nicht wahr sind
- die nicht beweisbedürftig sind und die das erstinstanzliche Gericht seiner Entscheidung ohne Prüfung der Wahrheit zu Grunde gelegt hat, sei es, weil sie offenkundig oder gerichtsbekannt (§ 291 ZPO), ausdrücklich zugestanden (§ 288 ZPO) oder unstreitig (§ 138 Abs. 3 ZPO) waren, oder weil sie sich aus gesetzlichen Vermutungen oder Beweis- und Auslegungsregeln ergeben haben

3719   Anhaltspunkte für Zweifel an der Richtigkeit oder Vollständigkeit der entscheidungserheblichen Feststellungen können sich
- aus Verfahrensfehlern ergeben, die dem erstinstanzlichen Gericht bei der Feststellung des Sachverhalts unterlaufen sind[4943] wie
  - fehlerhafte Beweiserhebung
    - z.B. Übergehen eines Beweisantrages
  - fehlerhafte Beweiswürdigung, § 286 ZPO
    - Nichtaufklärung von Widersprüchen im Sachverständigengutachten
    - Missinterpretation der sachverständigen Ausführungen
    - fehlerhafte Zuerkennung von Indizwirkung (Ambivalenz von Indizien)
  - Verletzung des rechtlichen Gehörs
  - Verwertung nicht vorgetragener Tatsachen
- aus neuen Angriffs- und Verteidigungsmitteln ergeben, die in der Berufungsinstanz gemäß § 529 Abs. 1 Nr. 2 in Verbindung mit § 531 Abs. 2 ZPO zu berücksichtigen sind, weil ihre Geltendmachung in erster Instanz wegen eines von dem Gericht zu vertretenden Umstands (§ 531 Abs. 2 Satz 1 Nr. 1 und 2 ZPO) oder sonst ohne Verschulden der Partei (§ 531 Abs. 2 Satz 1 Nr. 3 ZPO) unterblieben ist.[4944]

4942   Grundlegend BGH NJW 2004, 2152.
4943   BT-Drs. 14/4722, S. 100; Rimmelspacher, NJW 2002, 1897, 1901; Stackmann, NJW 2003, 169, 171.
4944   BT-Drs. 14/4722, S. 101; Musielak/Ball, a.a.O., § 529 Rdn. 19; Rimmelspacher, NJW 2002, 1897, 1901; Schnauder, JuS 2002, 162; Crückeberg, MDR 2003, 10.

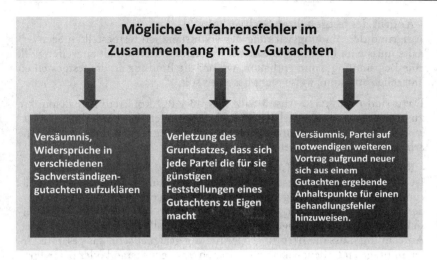

1. Berufungsbegründung

Nach § 520 Abs. 3 Satz 2 Nr. 2 ZPO muss die Berufungsbegründung die **3720** Umstände bezeichnen, aus denen sich nach Ansicht des Berufungsklägers die Rechtsverletzung und deren Erheblichkeit für die angefochtene Entscheidung ergibt.

Nach ständiger Rechtsprechung des Bundesgerichtshofs genügt eine Berufungsbegründung den Anforderungen nur dann, wenn sie erkennen lässt, in welchen Punkten tatsächlicher oder rechtlicher Art das angefochtene Urteil nach Ansicht des Berufungsklägers unrichtig ist und auf welchen Gründen diese Ansicht im Einzelnen beruht.[4945] Diese Anforderungen sind durch die Neufassung in § 520 Abs. 3 Satz 2 Nr. 2 bis 4 nicht verringert worden. Vielmehr dient diese Vorschrift dem Zweck, eine Klarstellung und Konzentration des Streitstoffs für die Berufungsinstanz zu erreichen. Deshalb muss der Berufungsführer mit der Berufungsbegründung klarstellen, in welchen Punkten und mit welcher Begründung er das Berufungsurteil angreift. Dazu gehört eine aus sich heraus verständliche Angabe, welche bestimmten Punkte des angefochtenen Urteils der Berufungskläger bekämpft, welche Gründe er ihnen entgegensetzt und welche Umstände das Urteil aus seiner Sicht fehlerhaft machen; eines insoweit schlüssigen Vortrags bedarf es für die Zulässigkeit nicht.[4946]

4945 BGH VersR 2002, 999 ff. m. w. N.; BGHZ 143, 169, 171; NJW-RR 1996, 572; NJW 1998, 1081, 1082; NJW 1998, 3126; VersR 2001, 1304, 1305.
4946 BGH v. 15.12.2009 – VI ZB 51/09 unter Verweis auf BGH VersR 2006, 285; BGHZ 162, 313, 317 f.; BGH NJW-RR 2008, 1308 .

– Angriff des festgestellten Sachverhalts

3721 Aufgrund der Bindungswirkung des erstinstanzlich festgestellten Sachverhalts muss eine Berufung, die den festgestellten Sachverhalt angreifen will, eine Begründung dahin enthalten, warum die Bindung an die festgestellten Tatsachen ausnahmsweise nicht bestehen soll.[4947]

3722 Dazu sind nach § 520 Abs. 3 Satz 2 Nr. 3 ZPO konkrete Anhaltspunkte zu bezeichnen, die Zweifel an der Richtigkeit oder Vollständigkeit der Tatsachenfeststellungen im angefochtenen Urteil begründen und deshalb eine erneute Feststellung gebieten.

– Reichweite des Angriffs

3723 Ist im Arzthaftungsprozess die auf einen Behandlungs- sowie einen Aufklärungsfehler gestützte Klage unter beiden Gesichtspunkten abgewiesen worden, so muss die Berufungsbegründung erkennen lassen, ob das Urteil hinsichtlich beider Fehler angegriffen wird.[4948] Im Falle der uneingeschränkten Anfechtung muss die Berufungsbegründung geeignet sein, das gesamte Urteil in Frage zu stellen; bei einem teilbaren Streitgegenstand oder bei mehreren Streitgegenständen muss sie sich grundsätzlich deshalb auf alle Teile des Urteils erstrecken, hinsichtlich derer eine Änderung beantragt wird. Denn wenn das Erstgericht die Abweisung der Klage hinsichtlich eines prozessualen Anspruchs auf mehrere voneinander unabhängige, selbständig tragende rechtliche Erwägungen gestützt hat, trägt jede der gleichwertigen Begründungen des Erstgerichts seine Entscheidung. Selbst wenn die gegen einen Grund vorgebrachten Angriffe durchgreifen, ändert sich nichts daran, dass die Klage aus dem anderen Grund weiterhin abweisungsreif ist.[4949]

3724 Auch wenn sich der Rechtsmittelführer nicht mit allen für ihn nachteilig beurteilten Punkten in seiner Berufungsbegründung auseinandersetzen muss, genügt es nicht, um das angefochtene Urteil insgesamt in Frage zu stellen, wenn er sich nur mit einem Berufungsgrund befasst, der nicht den ganzen Streitstoff betrifft.[4950]

4947 BGH v. 15.12.2009 – VI ZB 51/09.
4948 BGH VersR 2007, 414.
4949 BGH VersR 2006, 285.
4950 Vgl. BGH NJW 1990, 1184; BGH-Report 2001, 482.

Wenzel

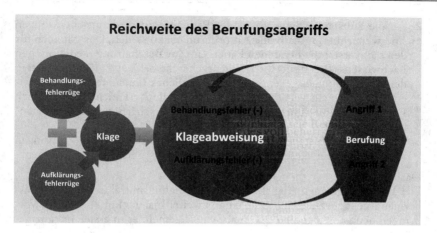

Reichweite des Berufungsangriffs

– Neue Angriffs- und Verteidigungsmittel

§ 531 Abs. 2 Satz 1 Nr. 1 ZPO gestattet neues, d. h. in erster Instanz noch nicht geltend gemachtes, Vorbringen zu tatsächlichen oder rechtlichen Gesichtspunkten, die von dem Standpunkt des Berufungsgerichts aus betrachtet entscheidungserheblich sind, von dem Eingangsgericht jedoch erkennbar übersehen oder für unerheblich gehalten wurden und aus einem von diesem mit zu verantwortenden Grund in erster Instanz nicht geltend gemacht worden ist. § 531 Abs. 2 Satz 1 Nr. 2 ZPO betrifft insbesondere den Fall, dass nach § 139 ZPO gebotene Hinweise des Eingangsgerichts unterblieben sind, die zu entsprechendem Vorbringen in erster Instanz Anlass gegeben hätten.[4951]

3725

Im Arzthaftungsrecht eröffnen sich für die Parteien aus dem erstinstanzlichen Urteil, vor allem der dortigen Beweiswürdigung des Sachverständigengutachtens, häufig neue Ansatzpunkte für eine bisher noch nicht vorgetragene Argumentation. Wird diese nun in der Berufungsschrift präsentiert, ergibt sich daher häufig die Problematik der Zulassung neuen Vorbringens. Das OLG Köln[4952] hatte sich unter Hinweis auf die Zielsetzungen der ZPO-Reform zu einer restriktiven Handhabung dieser Prozesssituation veranlasst gesehen. Das OLG Köln ließ eine erst in der Berufungsinstanz vorgetragene Begründung für eine Fehlbehandlung, es habe eine wirksamere Behandlungsalternative gegeben, als neues Angriffsmittel nicht mehr zu.

3726

Der BGH[4953] stellte 2004 jedoch im Wesentlichen folgendes klar:

1. Die besonderen Verfahrensgrundsätze für den Arzthaftungsprozess gelten nach der ZPO-Reform fort.

3727

4951 BGH NJW 2004, 2152 unter Hinweis auf BT-Drs. 14/4722, S. 101.
4952 JMBl. NRW 2004, 54f.
4953 BGH NJW 2004, 2825, 2827.

2. An die Substantiierungspflicht des Patienten zu medizinischen Fragen sind weiterhin nur maßvolle Anforderungen zu stellen. Das gilt auch für den sachverständig beratenen Patienten. Zur Beschaffung medizinischen Fachwissens (Privatgutachter, Eigenrecherche o.ä.), etwa für den Vortrag der Einwendungen gegen ein erstinstanzliches Gutachten, ist der Patient nämlich nicht verpflichtet. Verschafft sich der Patient hier dennoch Fachinformation, führt dies nicht zu einer Verschärfung seiner Substantiierungspflicht.

3. In der zweiten Instanz muss die Bewertung von verändertem Vorbringen als »neu« diese eingeschränkte Substantiierungspflicht berücksichtigen.

3728   Das heißt:

Der Begriff der neuen Angriffs- und Verteidigungsmittel ist nach dem bisherigen Recht auszulegen.[4954] Ob ein in zweiter Instanz konkretisiertes Vorbringen neu ist, hängt also davon ab, wie allgemein es in erster Instanz gehalten war.

> ❗ Neuer Vortrag,
> wenn ein sehr allgemein gehaltener Vortrag der ersten Instanz konkretisiert oder erstmals substantiiert wird!
>
> Kein neuer Vortrag,
> wenn ein bereits schlüssiges Vorbringen aus der ersten Instanz durch weitere Tatsachenbehauptungen zusätzlich konkretisiert, verdeutlicht oder erläutert wird!

3729   In dem der Entscheidung zugrundeliegenden Fall wertete der BGH den zweitinstanzlichen Vortrag, es habe eine echte und indizierte Behandlungsalternative gegeben als »eine weitere Verdeutlichung des schlüssigen Vorbringens einer fehlerhaften Behandlung« und damit nicht als »neu«.

3730   Dabei ist zu beachten, dass sich die Wertung von solchen Konkretisierungen als eben nicht »neu« allein auf solches Vorbringen bezieht, an welches der abgemilderte Substantiierungsmaßstab anzulegen ist. Es kann daher nur um Vorbringen gehen, in das medizinisches Fachwissen hineinspielt. Geht es um Vortrag, der Gegenstand eigener Wahrnehmung ist oder dessen Substantiierung mangels medizinischen »Einschlags« den normalen prozessualen Regeln unterliegt, so gilt auch kein modifizierter Maßstab für die Bewertung von Vorbringen als »neu«.[4955] Werden etwa bestimmte gesundheitliche Beeinträchtigungen erstmalig in der Berufungsinstanz vorgetragen, so hat dieses Vorbringen mit fehlendem medizinischen Fachwissen nichts zu tun,

---

4954 BGH NJW 2004, 2825 unter Hinweis auf Meyer-Seitz in Hannich/Meyer-Seitz, ZPO-Reform, 2002, § 531 Rdn. 8.
4955 Vgl. zusammenfassend Kothe-Pawel MedR 2010, 537, 538.

Wenzel

vielmehr geht es um von dem Patienten selbst empfundene Tatsachen.[4956] So liegt es etwa auch, wenn erstmals in der Berufungsinstanz psychische Beschwerden vorgetragen und unter Beweis gestellt werden.[4957] Ausnahmsweise kann hier die Einholung eines psychiatrischen Gutachtens nur dann nach § 531 Abs. 2 Nr.3 ZPO zugelassen werden, wenn der Patient tatsächlich erst durch Umstände (etwa medizinische Gutachten) nach Abschluss der ersten Instanz auf Kausalzusammenhänge aufmerksam wird.[4958]

Der strenge Maßstab der berufungsrechtlichen Präklusionsvorschriften gilt auch in den meisten Fällen der Aufklärungsrüge. Für die Aufklärungsrüge kann in Einzelfällen medizinisches Fachwissen erforderlich sein, zumeist geht es aber um Tatsachen eigener Wahrnehmung. So hatte eine klagende Patientin erstinstanzlich geltend gemacht, sie sei nicht darüber aufgeklärt worden, dass der vorgenommene Eingriff lediglich symptombezogenen Erfolg haben könne, eine Behandlungsalternative aber Heilung versprochen hätte. In der Berufungsinstanz hielt sie diesen Vortrag nicht mehr aufrecht und wollte die Aufklärungsrüge nun darauf stützen, sie hätte sich ohnehin gar keiner Operation unterzogen, wenn sie darüber aufgeklärt worden wäre, dass sich das Symptom auch auf konservative Weise hätte beseitigen lassen. Diesen Vortrag wertete das Gericht[4959] als »neu« und aus Nachlässigkeit zu spät vorgebracht. Es gehe hier um keine medizinische Frage, sondern einen völlig neu vorgetragenen Aspekt der Behandlung, über den die Patientin sich nicht erst Kenntnis habe verschaffen müssen.

3731

Die Rüge, dass eine Aufklärung nicht nur durch die ungeeignete Person und nicht nur inhaltlich unzureichend erfolgt sei, sondern auch noch zum falschen Zeitpunkt, ist keine Konkretisierung des bisherigen Vortrags, sondern gibt dem Angriff eine gänzlich neue Richtung.[4960]

3732

4956 Dazu etwa OLG Düsseldorf GesR 2005, 526 (der erstinstanzliche Vortrag über eine Gelbfärbung des Auges wurde in zweiter Instanz um den Vortrag einer Sehverschlechterung erweitert).
4957 KG VersR 2006, 661.
4958 Arg ex KG VersR 2006, 661.
4959 OLG Karlsruhe, GesR 2005, 361.
4960 OLG Köln v. 5 U 254/02 – 27.4.05.

Wenzel

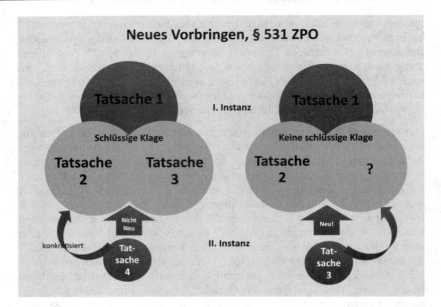

3733 Werden neue Angriffs- und Verteidigungsmittel vorgebracht, so können sie nur unter den in § 531 Abs. 2 ZPO aufgeführten Voraussetzungen in das Verfahren eingeführt werden. Insoweit ist vom Angriffsführer darzulegen, dass er infolge irgendeines Verhaltens des Erstgerichts oder sonst ohne Nachlässigkeit gehindert gewesen war, den neuen Einwand bereits im ersten Rechtszug zu bringen. Eine Partei muss schon im ersten Rechtszug die Angriffs- und Verteidigungsmittel vorbringen, deren Relevanz für den Rechtsstreit ihr bekannt ist oder bei Aufwendung der gebotenen Sorgfalt hätte bekannt sein müssen und zu deren Geltendmachung sie dort imstande ist.[4961]

3734 Wird der Einwand der hypothetischen Einwilligung erst im zweiten Rechtszug erhoben, handelt es sich grundsätzlich um ein neues Verteidigungsmittel im Sinne von § 531 Abs. 2 ZPO.[4962] Es ist zu prüfen, ob Anlass bestand, in Betracht zu ziehen, dass das Gericht dem Sachvortrag zur ordnungsgemäßen Aufklärung nicht folgen würde.[4963] Spätestens dann hätte sich die Behandlerseite schon in der ersten Instanz zumindest hilfsweise auf eine hypothetische Einwilligung berufen müssen. Eines besonderen Hinweises nach § 139 Abs. 2 Satz 1 ZPO bedarf es nicht. Sofern es Anlass zum Einwand des rechtmäßigen Alternativverhaltens gegeben hat, kann das neue Verteidi-

---

4961 BGH NJW 2009, 1209 unter Hinweis auf BGH BGHZ 159, 245; Rimmelspacher, NJW 2002, 1897, 1904; Gehrlein, MDR 2003, 421, 428; BT-Drs. 14/4722 S. 101 f.
4962 BGH NJW 2009, 1209.
4963 BGH NJW 2009, 1209.

Wenzel

gungsmittel in der Berufung jedenfalls dann nicht mehr zugelassen werden, wenn die der hypothetischen Einwilligung zugrunde liegenden Tatsachen zwischen den Parteien streitig sind. Der erst in zweiter Instanz erhobene Einwand der hypothetischen Einwilligung ist daher im Regelfall wegen Verletzung der Prozessförderungspflicht zurückzuweisen.

Im Übrigen sind auch bei der Prüfung der Nachlässigkeit die herabgesetzten Anforderungen an die Substantiierungspflicht im Arzthaftungsprozess zu berücksichtigen, sodass eine eher behutsame Auslegung des Nachlässigkeitsbegriffs geboten ist.[4964] **3735**

Lässt das Berufungsgericht Vorbringen fehlerhaft nicht zu, weil es dieses zu Unrecht für neu hält oder bei tatsächlich neuem Vorbringen fälschlicherweise Nachlässigkeit bejaht (§ 531 Abs. 2 Nr. 3 ZPO), entfällt die Bindung an die erstinstanzlich festgestellten Tatsachen, wenn die Berücksichtigung des Vorbringens zu Zweifeln im Sinne von § 529 Abs. 1 Nr. 1 ZPO hätte führen müssen.[4965] **3736**

– Klageänderung

Jedenfalls dann, wenn über einen in zweiter Instanz eingeführten neuen Streitgegenstand auf der Grundlage des nach §§ 529, 531 Abs. 2 ZPO n.F. zulässigen Prozessstoff dem Grunde nach verhandelt und – nämlich durch Klageabweisung – entschieden werden kann, ist eine Klageänderung entgegen des Wortlauts des § 533 ZPO n.F. zulässig, unabhängig davon, ob der Kläger seine geänderte Klage darüber hinaus auch auf neues Sachvorbringen zur Anspruchshöhe stützt, was nicht nach § 531 Abs. 2 ZPO n.F. zugelassen werden darf.[4966] **3737**

– Fehlerhaftes Teilurteil

Ergibt die Berufung den fehlerhaften Erlass eines Teilurteils durch das Erstgericht, so kann die Berufungsinstanz zur Vermeidung der Gefahr divergierender Entscheidungen den in der 1. Instanz anhängig gebliebenen Teil des Rechtsstreits an ausnahmsweise an sich ziehen, wenn etwa über die noch in 1. Instanz anhängigen Ansprüche ohne weitere Beweiserhebung entschieden werden könnte. Dies ist selten der Fall.[4967] **3738**

2. Berufungszurückweisung durch Beschluss gemäß § 522 Abs. 3 ZPO

Gestützt auf die Besonderheiten eines Arzthaftungsprozesses wird die Ansicht vertreten, es verstoße gegen das aus Art. 3 Abs. 1 i.V.m. Art. 20 **3739**

4964 Dieti, VersR 2005, 442, 446.
4965 BGH NJW 2004, 2825.
4966 OLG Naumburg v. 25.09.2003 – 1 U 29/03.
4967 Vgl. OLG München GesR 2006, 160.

Abs. 3 GG folgende Gebot der Rechtsschutzgleichheit, dass die Zurückweisung einer Berufung durch Beschluss gemäß § 522 Abs. 3 ZPO unanfechtbar ist, hingegen ein die Revision nicht zulassendes Urteil im Fall einer über 20.000 EUR hinausgehenden Beschwer (vgl. § 26 Nr. 8 EGZPO) im Wege einer erfolgreichen Nichtzulassungsbeschwerde angegriffen werden kann.[4968]

3740   Das BVerfG[4969] ist dieser Rechtsauffassung entgegengetreten und stellt fest, dass die in § 522 Abs. 2 ZPO vorgesehene Abgrenzung, die für die Zurückweisung einer Berufung durch einen unanfechtbaren Beschluss neben der fehlenden Erfolgsaussicht des Rechtsmittels (§ 522 Abs. 2 Satz 1 Nr. 1 ZPO) und dem Fehlen eines Bedürfnisses für revisionsrechtliche Klärung (§ 522 Abs. 2 Satz 1 Nr. 2 und 3 ZPO) die Einstimmigkeit des Spruchkörpers verlangt, in den Grenzen des Willkürverbotes sachgerecht sei und damit den sich aus dem Gleichheitssatz ergebenden Anforderungen an die Ausgestaltung des Instanzenzuges[4970] genüge. Die Differenzierung diene der Verfahrensbeschleunigung im Interesse der in erster Instanz erfolgreichen, berufungsbeklagten Partei und der effektiven Nutzung justizieller Ressourcen und sei daher nicht sachwidrig.

3741   Auch die Besonderheiten eines Arzthaftungsprozesses zwängen von Verfassungs wegen nicht dazu, von einer Zurückweisung der Berufung durch Beschluss Abstand zu nehmen. Der Ungleichgewichtslage zwischen den Parteien eines Arzthaftungsprozesses werde entsprechend dem Grundsatz der »Waffengleichheit« als Ausprägung der Rechtsstaatlichkeit und des allgemeinen Gleichheitssatzes im Zivilprozess durch die Fachgerichte mit den Mitteln des einfachen Rechts, eben etwa durch die besondere Verteilung von Darlegungs- und Beweislast, ausreichend Rechnung getragen. Weitergehende verfassungsrechtliche Vorgaben ergäben sich daraus nicht.

3.   Zurückverweisung nach § 538 Abs. 1 ZPO

3742   Der gegenüber § 538 Abs. 1 ZPO gesetzestechnisch als Ausnahmetatbestand gestaltete § 538 Abs. 2 Nr. 1 ZPO erlaubt auf Antrag einer Partei die Zurückverweisung an das Erstgericht bei Vorliegen eines wesentlichen Verfahrensmangels sowie dem Erfordernis einer umfangreichen oder aufwändigen Beweisaufnahme.

3743   In Arzthaftungsfällen ist zu beachten, dass es kein Verfahrensfehler ist, wenn das Berufungsgericht die Schlüssigkeit der Klage aufgrund herabge-

---

4968   Vgl. Krüger NJW 2008, 945; Lindner ZIP 2003, 192; zur Praxis seit der Reform der Berufungszurückweisung durch Beschluss siehe auch Wolf, BRAK 2010, 194ff.

4969   BVerfG NJW 2009, 137.

4970   Dazu BVerfG NJW-RR 2007, S. 1194, 1195.

Wenzel

setzter Substantiierungslast gegen die Wertung des Erstgerichts bejaht und daher eine Beweiserhebung für notwendig hält.[4971] Auch die Verkennung der Beweislast ist i.d.R. kein Verfahrensfehler, sondern eine Frage des materiellen Rechts.[4972] Ein Verfahrensfehler liegt aber etwa vor, wenn das Gericht dem Sachverständigen gestattet, das Gutachten ohne Berücksichtigung vorhandener Krankenunterlagen zu erstellen.

Konkrete Vorgaben zur Zahl der Beweismittel oder der beweisbedürftigen Tatsachen sind seitens des Gesetzgebers unterblieben. Bei der Betrachtung des Umfanges oder Aufwandes der erforderlichen Beweisaufnahme ist daher auch darauf abzustellen, ob es den Parteien zumutbar ist, auf eine (tatsächliche) Nachprüfungsinstanz zu verzichten.[4973] Im Arzthaftungsprozess sind diese Voraussetzungen regelmäßig anzunehmen, wenn eine Sachverständigenanhörung verfahrensfehlerhaft unterblieben ist, weil sich die Anhörung im Zweifel auf den vollen Umfang der Beweisfragen erstreckt und prognostisch die weitere Entwicklung sich anschließender Beweiserhebungen einzubeziehen ist.[4974] **3744**

VI.   Revision

Die Revision ist in § 542 ZPO als reine Zulassungsrevision ausgestaltet. Sie ist nur statthaft nach Zulassung durch das Berufungsgericht, § 543 Abs. 1 Nr. 1 ZPO, oder durch den BGH nach erfolgreicher Nichtzulassungsbeschwerde, § 543 Abs. 1 Nr. 2 i.V.m. § 544 Abs. 6 ZPO. **3745**

1.   Zulassung der Revision durch das Berufungsgericht

Die Revision ist nach § 543 Abs. 2 ZPO zuzulassen, wenn die Rechtssache grundsätzliche Bedeutung hat oder die Fortbildung des Rechts oder die Sicherung einer einheitlichen Rechtsprechung eine Entscheidung des Revisionsgerichts erfordert. An ein Zulassung der Revision ist der BGH gebunden, § 543 Abs. 2 Satz 2 ZPO. **3746**

Die Revision kann sich auf einen oder mehrere prozessuale Ansprüche beschränken. Eine solche Teilzulassung ist möglich und beschränkt die Überprüfung entsprechend. Die Teilzulassung muss sich auf einen selbständigen Teil des Streitstoffes beziehen und kann sich daher nicht auf einzelne Anspruchsgrundlagen, rechtliche oder tatsächliche Gesichtspunkte, wohl aber auf mehrere selbstständige Ansprüche und abtrennbare Teile eines prozessualen Anspruchs beschränken.[4975] **3747**

4971 BGH NJW 1997, 1447.
4972 BGH NJW-RR 1988, 831.
4973 KG GesR 2007, 544.
4974 KG GesR 2007, 544.
4975 BGH NJW 2003, 3703.

3748   In Arzthaftungssachen ist es dementsprechend etwa möglich, die Revision beschränkt auf den Behandlungsfehlervorwurf zuzulassen. Eine solche Eingrenzung muss eindeutig sein. Sie kann sich aus dem Entscheidungssatz, aber auch aus den Entscheidungsgründen ergeben.[4976] Hier kann es dann nur um einen selbständig abgrenzbaren Teil des Streitstoffes gehen. Das ist nicht der Fall, wenn zur Beurteilung der Frage des Streitgegenstandes der Berufung, wegen derer das Berufungsgericht die Revision zugelassen hat, der gesamte Streitstoff herangezogen werden muss, über den das Berufungsgericht entschieden hat.[4977]

2.   Zulassung der Revision auf Nichtzulassungsbeschwerde

3749   Die Nichtzulassung durch das Berufungsgericht kann mit der Nichtzulassungsbeschwerde angegriffen werden, § 544 ZPO. Diese ist erfolgreich, wenn die Revision trotz Vorliegen einer der Voraussetzungen nach § 543 Abs. 2 ZPO nicht zugelassen wurde. Die Zulassungsformel gilt also für die Entscheidung des Berufungsgerichts hinsichtlich der Zulassung der Revision und für die Prüfung der Begründetheit der Nichtzulassungsbeschwerde durch den BGH. Die Nichtzulassungsbeschwerde ist demnach begründet, wenn die Rechtssache grundsätzliche Bedeutung hat oder die Fortbildung des Rechts bzw. die Sicherung einer einheitlichen Rechtsprechung eine Entscheidung des Revisionsgerichts erfordert, § 543 Abs. 2 Satz 1 ZPO.

3750   Die Darlegung dieser Zulassungsgründe ist das Kernstück der immer zwingend zu begründenden Nichtzulassungsbeschwerde. Ferner ist die Entscheidungserheblichkeit der für den Zulassungsgrund relevanten Rechtsfragen darzustellen und darzulegen, dass eine Abänderung des Berufungsurteils über die Wertgrenze des § 26 Nr. 8 EGZPO (20.000,- €) hinaus begehrt wird.[4978]
Wird grundsätzliche Bedeutung der Rechtssache geltend gemacht, sind die Rechtsfrage und ihre Bedeutung für eine Vielzahl von Fällen zu erläutern. Ferner müssen ihre Entscheidungserheblichkeit und der Klärungsbedarf dargestellt werden.[4979]
Geht es um die Sicherung der Einheitlichkeit der Rechtsprechung ist in den Fällen echter Divergenz die Vorentscheidung mit dem abweichenden abstrakten Rechtssatz zu benennen. In den Fällen sonstiger Einheitlichkeitssicherung ist die Abweichung zu gleich- oder höherrangiger Rechtsprechung zu erläutern und zu begründen, warum zu befürchten ist, dass die Abweichung für eine Vielzahl weiterer Fälle Bedeutung haben und hierauf übertragen werden könnte.[4980]

4976   BGH NJW 1992, 1039; NJW-RR 2007, 414; NJW 2007, 2182.
4977   BGH VersR 2003, 1441, 1442, NJW-RR 2007, 414.
4978   BGH NJW 2002, 2720.
4979   Hk-ZPO/Kayser § 544 Rn. 17.
4980   Hk-ZPO/Kayser § 544 Rn. 19.

Sind verfassungsrechtlich relevante Versäumnisse Grundlage der Nichtzulassungsbeschwerde, müssen diese so aufbereitet werden wie innerhalb einer Verfassungsbeschwerde.

Relevanz hat in Arzthaftungssachen vor allem die Rüge mangelhaften recht-   **3751**
lichen Gehörs nach Art 103 GG. Hier muss der gesamte Vortrag, der im Falle der Gewährung ausreichenden Gehörs vorgebracht worden wäre, nachgeholt werden. Wird gerügt, dass Parteivorbringen übergangen wurde, muss deutlich werden, woran dies ersichtlich ist; bloß formelhafte Darlegungen genügen nicht.[4981] Der Gehörsverstoß muss entscheidungserheblich gewesen sein.[4982] Gehörsrügen betreffen häufig das Übergehen gutachterlicher Äußerungen.

So liegt etwa eine Verletzung des rechtlichen Gehörs vor, wenn entscheidungserhebliche Feststellungen in einem Sachverständigengutachten zu allgemeinen medizinischen Fragen mit dem Hinweis auf die fehlende einschlägige fachmedizinische Kompetenz des Gutachters unberücksichtigt bleiben.[4983] Auch das Übergehen privatgutachterlicher Äußerungen, die als Parteivortrag gelten, kann die Gehörsrüge rechtfertigen, wenn es etwa um Ausführungen geht, die für die Beurteilung des Fehlers als »grob« eine Rolle spielen.[4984] Durch Berufungsgerichte des öfteren fehlerhaft gehandhabt wird auch die Ladung des Sachverständigen zur Erläuterung seines Gutachtens. Für die Frage, ob die Ladung eines Sachverständigen zur mündlichen Erläuterung des von ihm erstatteten Gutachtens geboten ist, kommt es nicht darauf an, ob das Gericht noch Erläuterungsbedarf sieht oder ob ein solcher von einer Partei nachvollziehbar dargetan worden ist. Vielmehr hat die Partei zur Gewährleistung des rechtlichen Gehörs einen Anspruch darauf, dass sie dem Sachverständigen die Fragen, die sie zur Aufklärung der Sache für erforderlich hält, zur mündlichen Beantwortung vorlegen kann, ohne dass die Fragen, die sie an den Sachverständigen zu richten beabsichtigt, im Voraus konkret formulieren müsste.[4985] Es genügt, wenn allgemein angegeben wird, in welcher Richtung sie durch entscheidungserhebliche Fragen eine weitere Aufklärung herbeizuführen wünscht; dies kann z.B. die Beurteilung des Behandlungsfehler als »grob« betreffen.[4986] Da es auf den eigenen Erläuterungsbedarf des Gerichts nicht ankommt, muss das Berufungsgericht zumindest auf Antrag einer Partei auf Ladung des Gutachters nachkommen, wenn es diesen Gutachter neu bestellt hatte und sich unterschiedliche Wertungen zu einem erstinstanz-

---

4981 BGH NJW-RR 2007, 1435.
4982 Baumbach/Lauterbach/Albers/Hartmann, § 544 Rn. 9; Zuck NJW 2008, 2081.
4983 BGH VersR 2009, 1405.
4984 BGH VersR 2010, 72.
4985 BGH VersR 2007, 1697; BGH ZAP EN-Nr. 192/2011.
4986 BGH VersR 2007, 1697.

Wenzel

lichen Gutachten ergeben, auch wenn das Gericht selbst das zuletzt genannte Gutachten für überzeugend hält.[4987]

Unter dem Blickpunkt des rechtlichen Gehörs ist der Partei auch Gelegenheit zu erneuter Stellungnahme zu geben, wenn der medizinische Sachverständige in seinen mündlichen Ausführungen neue und ausführlichere Beurteilungen gegenüber dem bisherigen Gutachten abgibt und das Gericht diese für entscheidungserheblich hält. Es sind deshalb auch Ausführungen in einem nicht nachgelassenen Schriftsatz zur Kenntnis zu nehmen und soweit diese Anlass zu weiterer Tatsächlicher Aufklärung geben, muss die mündliche Verhandlung wiedereröffnet werden.[4988]

Eine Verletzung des rechtlichen Gehörs liegt auch vor, wenn das Berufungsgericht die beabsichtigte Auslegung eines Antrags nicht offen legt und die Partei daher im Urteil von der ihr nachteiligen Auslegung »überrascht« wird.[4989]

> ❗ Vortrag zur Gehörsrüge:
> – übergangenes Parteivorbringen
> – ggf. Nachholung eines mangels Hinweises nach § 139 ZPO unterbliebenen Vortrages
> – Darlegungen zum Übersteigen der Wertgrenze, § 26 Nr. 8 EGZPO
> – Entscheidungserheblichkeit des übergangenen Vortrags

3752   Geht das Berufungsgericht irrig von einer Modifizierung der höchstrichterlichen Rechtsprechung zu einer Rechtsfrage aus, so kann eine Nichtzulassungsbeschwerde dennoch nicht auf den Gesichtspunkt der Sicherung der einheitlichen Rechtsprechung und Art. 103 Abs. 1 GG gestützt werden, wenn die angegriffene Entscheidung letztlich auf dieser irrigen rechtlichen Würdigung nicht beruht.[4990]

> **Beispiele für erfolgreiche Nichtzulassungsbeschwerde wegen Verletzung von Art. 103 Abs. 1 GG**
>
> **BGH NJW-RR 2010, 1363 – Auslegung eines Feststellungsantrages**
>
> **– Amtlicher Leitsatz**
>
> Das Berufungsgericht verletzt den Anspruch der Partei auf rechtliches Gehör aus Art. 103 Abs. 1 GG in entscheidungserheblicher Weise, wenn

---

4987   BGH ZAP EN-Nr. 192/2011.
4988   BGH MDR 2011, 160.
4989   BGH NJW-RR 2010, 1363.
4990   Vgl. NA-Beschluss BGH v. 22.10.2009 – IX ZR 129/08 für den Fall der irrigen Annahme einer Modifizierung der höchstrichterlichen Rechtsprechung zur Beweislastumkehr beim groben Behandlungsfehler »zumindest in Nuancen« durch das Berufungsgericht.

es – ohne zuvor einen Hinweis nach § 139 ZPO auf die beabsichtigte Auslegung ihres Feststellungsantrags zu geben – diesen überraschend mit der
Begründung abweist, er beziehe sich entsprechend seinem Wortlaut nur
auf – nicht vorliegende – Behandlungsfehler im engeren Sinne, nicht jedoch auch auf – vorliegende – Aufklärungsfehler.

BGH VersR 2010, 497 – Nichtberücksichtigung zu Eigen gemachter Beweisergebnisse

– Amtlicher Leitsatz

Nach allgemeinem Grundsatz macht sich eine Partei die bei einer Beweisaufnahme zutage tretenden ihr günstigen Umstände regelmäßig zumindest hilfsweise zu Eigen. In der Nichtberücksichtigung eines Beweiser-
gebnisses, das sich eine Partei als für sie günstig zu Eigen gemacht, kann
eine Verletzung des Anspruchs auf rechtliches Gehör liegen.

BGH MedR 2009, 342 – Unzureichendes Sachverständigengutachten

– Amtlicher Leitsatz

Im Arzthaftungsprozess hat das Gericht zur Aufklärung des medizini-
schen Sachverhalts in der Regel einen Sachverständigen einzuschalten.
Ein gerichtliches Sachverständigengutachten muss der Tatrichter jeden-
falls dann einholen, wenn ein im Wege des Urkundsbeweises verwertetes
Gutachten (hier: aus einem vorangegangenen Verfahren einer ärztlichen
Schlichtungsstelle) nicht alle Fragen beantwortet.

Zu beachten ist, dass die Zulassung der Revision aufgrund einer erfolgreichen Nichtzulassungsbeschwerde nicht von dem Erfordernis der Fertigung
eines gesonderten Schriftsatzes zur Revisionsbegründung befreit. Das gilt
auch dann, wenn die Begründung der Nichtzulassungsbeschwerde bereits
alle für die Revisionsbegründung erforderlichen Elemente enthält;[4991] hier
sind Bezugnahmen möglich, § 551 Abs. 3 Satz 2 ZPO, und geboten.

3753

3. Aufhebung des Berufungsurteils und Zurückverweisung nach § 544 Abs. 7 ZPO

Bei erfolgreicher Nichtzulassungsbeschwerde wird ihr stattgegeben und
das Beschwerdeverfahren als Revisionsverfahren fortgesetzt, § 544 Abs. 6
Satz 1 ZPO. Für den Fall der erfolgreichen Gehörsrüge besteht für das
Gericht nach § 544 Abs. 7 ZPO die Möglichkeit, das Urteil des Berufungsgerichts in dem der Beschwerde stattgebenden Beschluss aufzuheben
und das Verfahren zur neuen Verhandlung und Entscheidung an das Berufungsgericht zurückzuverweisen. Das Berufungsgericht muss dann auch

3754

4991 BGH NJW 2008, 588.

das zur Gehörsrüge erfolgte weitere Vorbringen im Revisionsrechtszug berücksichtigen.[4992]

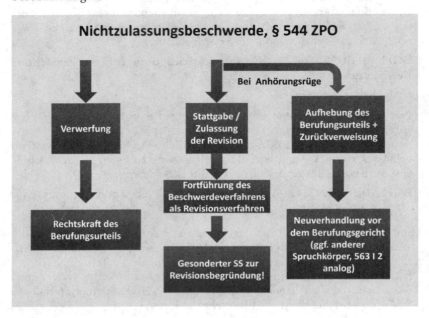

4. Zurückverweisung von Amts wegen bei fehlender revisions-rechtlicher Nachprüfbarkeit

3755   Findet gegen ein Berufungsurteil die Nichtzulassungsbeschwerde statt, muss aus dem Urteil zu ersehen sein, von welchem Sach- und Streitstand das Gericht ausgegangen ist, welches Rechtsmittelbegehren die Parteien verfolgt haben und welche tatsächlichen Feststellungen der Entscheidung zugrunde liegen.[4993]

3756   Nach § 540 Abs. 1 Satz 1 Nr. 1 und 2 ZPO enthält das Urteil an Stelle von Tatbestand und Entscheidungsgründen die Bezugnahme auf die tatsächlichen Feststellungen im angefochtenen Urteil mit Darstellung etwaiger Änderungen oder Ergänzungen und eine kurze Begründung für die Abänderung, Aufhebung oder Bestätigung der angefochtenen Entscheidung. Wird das Urteil in dem Termin, in dem die mündliche Verhandlung geschlossen wurde, verkündet, können gemäß § 540 Abs. 1 Satz 2 ZPO die nach § 540 Abs. 1 Satz 1 ZPO erforderlichen Darlegungen auch in das Protokoll aufgenommen werden. Auch wenn das neue Recht die Berufungsgerichte bei der

4992   BGH NJW-RR 2010, 1363; VersR 2007, 1697.
4993   BGH MedR 2005, 527; NJW 2004, 1666; NJW-RR 2004, 494.

Urteilsabfassung entlasten will, sind diese Mindestvoraussetzungen für den Inhalt eines Urteils nicht entbehrlich.

Dem entspricht es nicht, wenn etwa das Protokoll weder eine Bezugnahme auf die tatsächlichen Feststellungen im Urteil des Landgerichts noch die nach § 540 Abs. 1 Satz 1 Nr. 1 ZPO ebenfalls erforderliche Darstellung etwaiger Änderungen oder Ergänzungen des Parteivorbringens im Berufungsverfahren enthält.[4994] Das Berufungsurteil muss erkennen lassen, welches Rechtsbegehren der Klage zugrunde liegt und daher kann auch nach neuem Recht auf die Aufnahme der Berufungsanträge in das Urteil grundsätzlich nicht verzichtet werden.[4995] Zwar ist eine wörtliche Wiedergabe nicht unbedingt erforderlich, genügend kann sein, dass aus dem Zusammenhang der Ausführungen des Berufungsgerichts zu den einzelnen angegriffenen Positionen sinngemäß deutlich wird, was beide Parteien mit ihren wechselseitig eingelegten Rechtsmitteln erstrebt haben. Genügt das Berufungsurteil diesen Anforderungen an seine revisionsrechtliche Nachprüfbarkeit nicht, ist es von Amts wegen aufzuheben und die Sache zurückzuverweisen.[4996]

5. Streitstoff der Revision

Wie eine Berufungsbegründung muss auch die Begründung einer uneingeschränkt zugelassenen Revision klarstellen, in welchen Punkten und mit welchen Gründen der Rechtsmittelführer das Berufungsurteil angreift[4997] Erstreckt sich die Revisionsbegründung nicht auf die Frage der Haftung wegen eines Aufklärungsfehlers, sondern beschränkt sich auf die Haftung wegen eines Behandlungsfehlers, bleibt der Sachverhalt der Aufklärungsrüge unberücksichtigt. Beschränkten sich bereits die Angriffe in der Berufung auf entweder erstinstanzliche Feststellungen zum Behandlungsfehler oder zur Aufklärung, dann kann die Revision die Angriffe nicht erweitern. Zwar muss der Berufungskläger nicht zu allen vom Erstgericht zu seinem Nachteil beurteilten Streitpunkten in der Berufungsbegründung Stellung nehmen, doch gilt dies nur, soweit der zugrunde liegende Streitstoff aufgrund einer form- und fristgerecht eingelegten und begründeten Berufung Gegenstand des Berufungsverfahrens geworden ist.[4998]

3757

6. Revisionsrechtliche Überprüfung der Fehlerbewertung als »grob«

Soweit sich die Bewertung des Berufungsgerichts zur Einstufung des ärztlichen Behandlungsfehlers als »grob« im Rahmen des tatrichterlichen Ermes-

3758

4994 BGH NJW 2004, 1389.
4995 BGH NJW 2004, 1389, WM 2004, 50; NJW-RR 2003, 1290.
4996 BGH NJW 2004, 1389; WM 2004, 50; NJW-RR 2003, 1290.
4997 BGH VersR 2008, 490.
4998 BGH VersR 2007, 414.

sens hält, kann die Einstufung durch das Revisionsgericht nicht abgeändert werden.[4999] Revisionsrechtlich nachprüfbar ist lediglich, ob das Berufungsgericht den Begriff des groben Behandlungsfehlers verkannt und ob es bei der Gewichtung dieses Fehlers erheblichen Prozessstoff außer Betracht gelassen oder verfahrensfehlerhaft gewürdigt hat.[5000] Dabei wird durch das Revisionsgericht vor allem überprüft, ob das Beweisergebnis die Schlussfolgerungen trägt. Ergeben sich an der sachverständigen Bewertung des Behandlungsgeschehens als »grob« Zweifel, muss das Berufungsgericht diesen immer nachgehen und mit dem Sachverständigen den geltenden Sorgfaltsstandard und den Begriff des Behandlungsfehlers erörtern. Es hat zu berücksichtigen, dass der medizinische Sachverständige Behandlungsfehler oftmals nur zurückhaltend anspricht und bewertet.[5001]

7. Revisionsrechtliche Überprüfung der Aufklärungspflichtverletzung

3759 Grundsätzlich ist die Beweiswürdigung dem Tatrichter vorbehalten, an dessen Feststellungen das Revisionsgericht gemäß § 559 ZPO gebunden ist. Das Revisionsgericht kann lediglich nachprüfen, ob sich der Tatrichter entsprechend dem Gebot des § 286 ZPO mit dem Prozessstoff und den Beweisergebnissen umfassend und widerspruchsfrei auseinandergesetzt hat, die Beweiswürdigung also vollständig und rechtlich möglich ist und nicht gegen Denkgesetze und Erfahrungssätze verstößt.[5002] Auch die rechtliche Wertung, ob eine Aufklärungspflichtverletzung vorliegt, ist entsprechend Aufgabe des Richters.

3760 Im Arzthaftungsprozess ist jedoch zu beachten, dass sich das Gericht in allen Fragen, die medizinischen Sachverstand voraussetzen, nicht mit einer eigenen Interpretation über Widersprüche oder Unklarheiten in den Ausführungen des Sachverständigen hinwegsetzen darf. Mangels eigener Fachkenntnisse müssen Unklarheiten und Zweifel immer durch Nachfrage an den Sachverständigen geklärt werden. Andernfalls bietet der erhobene Sachverständigenbeweis keine ausreichende Grundlage für die tatrichterliche Überzeugungsbildung.[5003] Soweit daher etwa für die Frage, ob hinsichtlich eines Risikos im Zeitpunkt der Behandlung eine Aufklärungspflicht bestand, medizinische Einschätzungen relevant sind, kann das Gericht nicht eindeutige Aussagen eines Sachverständigen nicht eigenmächtig interpretieren, wenn eben mehrere Deutungen möglich sind.[5004]

4999 BGH NJW 1997, 2429.
5000 BGH NJW 2009, 2820; 2002, 2944.
5001 BGH VersR 2010, 72; BGHZ 172, 254, 259.
5002 BGH NJW 2010, 3230; VersR 2009, 1406.
5003 BGH NJW 2010, 3230; VersR 2001, 859, 860.
5004 BGH NJW 2010, 3230 (Bedeutung der Formulierung »theoretische Möglichkeit einer Querschnittslähmung im Kontext der weiteren Ausführungen des Sachverständigen«).

VII. Der Sachverständige im Arzthaftungsprozess – Verfahren in der ersten Instanz

1. Bedeutung des Sachverständigenbeweises im Arzthaftungsrecht

a) Erforderlichkeit der Beiziehung eines Sachverständigen

Im Arzthaftungsprozess ist wegen fehlenden Fachwissens des Gerichts die Einholung sachverständiger Beratung zur Klärung und Beurteilung **beweiserheblicher Tatsachen aus dem medizinischen Bereich** in der Regel unverzichtbar.[5005] So kann die für die Entscheidung des Rechtsstreits maßgebende Bestimmung des medizinischen Standards nur von einem Sachverständigen vorgenommen werden. Und auch im Bereich der Schadensfolgen (§ 287 ZPO) ist trotz des dort geringeren Beweismaßes die Einholung eines Sachverständigengutachtens mangels eigener Sachkunde des Gerichts unverzichtbar.[5006] Insgesamt vermittelt der Sachverständige dem Gericht Erkenntnisse der medizinischen Wissenschaft und der klinischen Praxis; nach den ihm vorgegebenen Anknüpfungstatsachen und den selbst erhobenen Befunden wendet er diese Erkenntnisse auf den zur Entscheidung stehenden Fall an und beantwortet damit die im Beweisbeschluss gestellten Fragen des Gerichts.[5007]

3761

Obwohl dem Gutachter eine erhebliche Verantwortung für das Verfahren und insbesondere die gerichtliche Entscheidung zukommt, bleibt das Gericht Herr des Verfahrens. Der Gutachter ist lediglich **Gehilfe des Gerichts**. Seine Tätigkeit ist von dem Gericht zu leiten, er ist anzuweisen und weisungsabhängig, § 404a ZPO. Das Gericht muss die Entscheidung über die Fragen, bei denen es sich sachverständiger Hilfe bedient, selbst erarbeiten und die Begründung selbst durchdenken, darf sich nicht ungeprüft auf die bloße Autorität des Sachverständigen verlassen.

3762

Eigene Sachkunde des Gerichts: Wenn auch das Gericht sich durch Selbststudium, Internetrecherche, Heranziehen eines in einem vergleichbaren Prozess verwendeten und überzeugenden Gutachtens oder Auswertung von im Prozess vorgelegter Fachliteratur mit den medizinischen Fragen näher befassen sollte,[5008] so reicht dies noch nicht für die Erlangung eigener Sachkunde aus, ersetzt insbesondere kein Sachverständigengutachten.[5009] So sind in Fachbüchern oder den Leitlinien umfassende Antworten auf den konkreten Fall nicht zu finden. Sollte ausnahmsweise das Gericht dennoch die Beant-

3763

5005 BGH VersR 2008, 1216 (Trümmerfraktur der Kniescheibe).
5006 BGH NJW 1995, 1619.
5007 Stegers/Hansis/Alberts/Scheuch, Sachverständigenbeweis im Arzthaftungsrecht, 2. Aufl. 2008, Rn. 8.
5008 Vgl. BGH NJW 1986, 1541: Das Lesen von Fachliteratur erleichtert die Befragung des Sachverständigen.
5009 BGH NJW 2001, 2796 (Nichtbeachtung eines Privatgutachtens).

wortung medizinischer Fragen allein auf eigene Sachkunde stützen, ist im Urteil überprüfbar darzulegen, worauf diese Sachkunde beruht. Denn nach § 286 Abs. 1 Satz 2 ZPO sind dort die Gründe anzugeben, welche für die Bildung der richterlichen Überzeugung entscheidend waren. Ein Hinweis auf Fachliteratur reicht dabei grundsätzlich nicht aus. Sie vermag die erforderliche Sachkunde des Gerichts nicht zu begründen, weil das Studium derartiger Literatur infolge der notwendigerweise generalisierenden Betrachtungsweise dem medizinischen Laien nur bruchstückhaft Kenntnisse vermitteln kann.[5010] Auch eine längere Tätigkeit im Spezialsenat oder in einer Spezialkammer verschafft nicht ohne weiteres zuverlässige Fachkenntnis.[5011] Auf keinen Fall ist es ausreichend, die eigene Sachkunde allein auf persönliche Erfahrungen zu stützen, wie z. B. aus der Gebärmutterentfernung bei der Ehefrau[5012] oder – so ein anderer Fall – aus der Schwangerschaft eines Kammermitglieds.[5013] Sollte dennoch die erforderliche eigene Sachkunde vorliegen, reicht es bei Kollegialgerichten aus, wenn einer der Richter diese aufweist.

> ❗ – Die Einholung eines Sachverständigengutachtens ist im Arzthaftungsprozess fast ausnahmslos unverzichtbar.
> – Das Gericht darf sich nicht auf Grund persönlicher Erfahrungen oder Studium von Fachliteratur eigene Sachkunde anmaßen.
> – Es soll sich aber durchaus mit den konkreten medizinischen Fragen durch Literatur-, Leitlinien- und Internetrecherche befassen.

b)   Antrag einer Partei

3764   Üblicherweise wird von den Parteien die Einholung eines Sachverständigengutachtens zu einzelnen Beweisfragen **beantragt**. Ist aber ein solcher Antrag nicht gestellt, kann das Gericht entweder einen entsprechenden Beweisantrag anregen (§ 139 ZPO) oder selbst ein Gutachten **von Amts wegen** nach § 144 ZPO einholen.[5014]

c)   Verwendung von bereits vorliegenden Gutachten

3765   Nicht selten haben sich mit dem konkreten Behandlungsgeschehen schon Sachverständige beschäftigt, sei es als Privatgutachter, als Gutachter der Schlichtungsstelle oder der Gutachterkommission, in einem vorab betriebenen staatsanwaltschaftlichen Ermittlungsverfahren oder auf Grund eines anderes Gerichtsverfahrens, z. B. wenn es um sozialrechtliche Fragen ging. Diese Gutachten können aus prozessökonomischen Gründen in das

---

5010   BGH NJW 1994, 2419.
5011   BGH NJW-RR 1997, 1108.
5012   So einmal ein Einzelrichter in S.-H., nicht veröff.
5013   OLG Naumburg NJW 2001, 3420: Dies ist für die Parteien weder zu bewerten noch einer Einlassung zugänglich.
5014   Schmidt NJW 1994, 768 f.; OLG München AHRS 6180/26 Urt. v. 26.11.1987 – 1 U 2987/87.

Arzthaftungsverfahren eingeführt werden und die Einholung eines weiteren Gutachtens ersetzen.

Im Wege des **Urkundsbeweises** (§§ 415 ff. ZPO) können bereits vorliegen- **3766**
de Sachverständigengutachten z. B. aus einem vorangegangenem **Schlich-**
tungsverfahren auch im Zivilprozess verwendet werden. Soll damit die
Einholung eines neuen Gutachtens ersetzt werden, muss das vorhandene
Gutachten aber inhaltlich ausreichen, um die hier entscheidenden Fragen
zu beantworten.[5015] Die Parteien können wie auch gegen gerichtlich eingeholte Gutachten gegen dieses Gutachten Einwände erheben (siehe unten
Rdn. 3843: Mängel oder Widersprüche im Gutachten, zweifelhafte Sachkunde des Gutachters, das Gutachten geht von falschen tatsächlichen Voraussetzungen aus, besonders schwierige medizinische Fragen, überlegene
Forschungsmittel eines anderen Sachverständigen). Ihnen steht dann das
Recht zu, eine unmittelbare Beweisaufnahme zu verlangen.[5016] Die ausschließlich urkundsbeweisliche Verwertung ist daher kaum praxisrelevant.
Erst recht scheidet eine solche Verwendung von **Privatgutachten** aus, denn
ihre Vorlage stellt nur qualifizierten Parteivortrag dar, der Prozessgegner
war nicht an der Auswahl dieses Gutachters beteiligt und das Privatgutachten bietet nicht von vornherein die erforderliche Gewähr für eine Unabhängigkeit seines Verfassers.[5017]

5015 BGH NJW 2002, 2324; BGH VersR 2008, 1216: Das Schlichtungsgutachten
      beantwortete nicht alle Fragen.
5016 BGH NJW 1987, 2300.
5017 Unzutreffend daher OLG Hamburg OLGR 2003, 235: Der Privatgutachter
      genoss das Vertrauen des Gerichts; er war in anderen Verfahren als Gerichts-
      gutachter tätig.

Frahm

3767 Anders ist es allerdings bei bereits **gerichtlich oder staatsanwaltschaftlich eingeholten Gutachten**; sie können unabhängig vom Einverständnis der Parteien nach § 411a ZPO[5018] verwertet werden, wenn sie einem an sich einzuholenden Gutachten gleichwertig sind. Eine Gleichwertigkeit ist aber wegen der folgenden Unterschiede in den verschiedenen Gerichtsbarkeiten nur selten der Fall:[5019] Im Zivilverfahren herrscht ein objektiver Fahrlässigkeitsbegriff, und Kausalitätsfragen und Beweisgrundsätze weisen zum Teil erhebliche Unterschiede auf. Werden also in dem bereits vorliegenden Gutachten maßgebende Fragen nicht vollständig beantwortet,[5020] bedarf es einer ergänzenden Begutachtung. Die Einholung eines neuen Gutachtens soll ebenfalls erforderlich sein, wenn eine[5021] oder beide Parteien,[5022] die wie bei der Bestellung eines neuen Sachverständigen auch zuvor anzuhören sind, darauf bestehen. Jedenfalls dürfte das gerichtliche Ermessen dann deutlich eingeschränkt sein. Es muss aber nicht unbedingt ein neuer Sachverständiger beauftragt werden. Jedoch ist zu bedenken, dass der bisherige und weiterhin tätige Sachverständige sich dann von den Grundlagen seiner bisherigen Begutachtung insoweit lösen müsste, als Zivilrecht und Zivilprozess ihre eigenen Regeln haben. Möglicherweise wird er nun von seinen bisherigen Wertungen Abstand nehmen müssen, was ihm schwer fallen dürfte. Reicht das Gutachten demgegenüber aus, um dem Gericht aus seiner Sicht die erforderliche Sachkunde zu verschaffen, muss der **Antrag einer Partei auf Einholung eines neuen Gutachtens** eine Begründung enthalten, um erfolgreich zu sein. Dies kann in den Einwänden bestehen, das Gutachten weise inhaltliche Mängel auf, es fehle an der erforderlichen Sachkunde des Gutachters[5023] oder es seien Tatsachen zu berücksichtigen, die noch nicht Gegenstand des bisherigen Gutachtens waren. Vor der Verwertung des Gutachtens aus einem anderen Verfahren sind die Parteien anzuhören. Sofern ihnen das Gutachten noch nicht vorliegt, sind ihnen Abschriften zur Kenntnis zu geben. Mit dem Verwertungsbeschluss des Gerichts ist der Sachverständige dann für dieses Verfahren bestellt (ohne Verpflichtung zur schriftlichen Erstattung eines Gutachtens). Der Beschluss ist daher auch ihm bekannt zu geben, zumal er der Verwertung auch – unter den Voraussetzungen des § 408 ZPO – widersprechen könnte[5024] und ihm das Urheberrecht aus §§ 17

5018 Für die nach dem 01.09.2004 anhängigen Verfahren; bei Gutachten aus staatsanwaltschaftlichen Verfahren ab 01.01.2007.
5019 Rath/Küppersbusch VersR 2005, 890.
5020 BGH VersR 2008, 1216: Das Schlichtungsgutachten beantwortete nicht alle Fragen; OLG Naumburg GesR 2010, 318: fachpsychologisches Gutachten aus dem Ermittlungsverfahren.
5021 So Rath/Küppersbusch VersR 2005, 890.
5022 Greger in Zöller § 411a Rn. 3: Parteimaxime; Katzenmeier in Prütting/Gehrlein, ZPO, § 411a Rn. 7; a. A. Leipold in Stein/Jonas ZPO § 411a Rn. 12.
5023 BGH NJW 1987, 2300: Schlichtungsgutachten nach missglückter Angiografie.
5024 Greger in Zöller § 411a Rn. 5.; einschränkend Katzenmeier in Prütting/Gehrlein, ZPO, § 411a Rn. 10: nur wenn die Konfliktsituation nach § 408 ZPO

Abs. 1, 35 UrhG zusteht.[5025] Er könnte das Gutachten insbesondere bei gewandelter Überzeugung nach § 42 UrhG zurückrufen bzw. ihm muss die Möglichkeit zustehen, bei inhaltlicher Wandelung dies dem Gericht erläuternd bzw. ergänzend mitteilen zu können. Kommt es demgegenüber nicht zu einer Verwendung nach § 411a ZPO, ist das Gutachten aber noch urkundsbeweislich verwertbar und bei der weiteren Beweiserhebung und Beweiswürdigung zu berücksichtigen, d. h. Gericht und neuer Sachverständiger müssen diesem Gutachten – wie bei Vorlage eines Privatgutachtens auch – Aufmerksamkeit schenken.

Privatgutachten, mit denen sich das Gericht und der gerichtlich bestellte Sachverständige eingehend zu befassen haben und denen daher im Prozess ein nicht unerhebliches Gewicht zukommt, sind dennoch nicht nach §§ 402 ff ZPO als Sachverständigenbeweis verwertbar. Obgleich auch sie nach § 25 MBO-Ä mit der notwendigen Sorgfalt und nach bestem Wissen ärztlicher Überzeugung zu erstellen sind, handelt es sich bei ihnen lediglich um **qualifizierten Parteivortrag.** Ihr Zweck besteht darin, über die Substanziierungspflicht hinaus den eigenen Standpunkt zu erhärten und entsprechende Sachkunde in den Prozess einzuführen, die Einholung eines Gerichtsgutachtens zu erreichen oder ein bereits vorliegendes Gutachten kritisch zu würdigen.[5026] Eine Ausnahme der Nichtverwertung soll aber dann gelten, wenn das Gericht das Privatgutachten für so substanziiert erachtet, dass es die Beweisfrage erschöpfend beantwortet und **wenn beide Parteien damit einverstanden sind,** dieses Gutachten wie ein gerichtlich eingeholtes Sachverständigengutachten zu behandeln.[5027] Eine solche Übereinstimmung wird es aber kaum geben. Widerspricht eine Partei der Verwertung des Privatgutachtens, kann sie damit die Einholung eines Gerichtsgutachtens bewirken, selbst wenn sie nicht Beweisführerin ist.[5028]

3768

Vergleichbar den Privatgutachten sind die von der Patientenseite eingereichten **MDK-Gutachten,** also solche des Medizinischen Dienstes der Krankenkassen. Diese werden zwecks Unterstützung der Patienten von den Krankenkassen nach §§ 66, 275 SGB V eingeholt. Im Prozess haben sich sowohl Gericht wie auch Gerichtssachverständiger sorgfältig mit ihnen zu befassen. Allerdings findet sich bei diesen Gutachten zum Teil eine erhebliche Qualitätsstreuung. Zum Einen fehlt es ihnen oft an der entscheiden-

3769

---

inzwischen entstanden ist; a. A. Zimmermann in MüKo-ZPO § 411a Rn. 12: kein Widerspruchsrecht mangels entsprechender Vorschrift.

5025 Zimmermann in MüKo-ZPO § 411a Rn. 15: auf das er sich aber wegen seiner auf Grund Ernennung bestehenden Gutachterpflicht (§ 407 ZPO) nicht berufen kann.

5026 Greger in Zöller § 402 Rn. 2.

5027 BGH NJW 1997, 3381: Privatgutachten über verletzungsbedingt eingeschränkte Arbeitsfähigkeit.

5028 Greger in Zöller § 420 Rn. 6c.

Frahm

den Tatsachengrundlage, weil z. B. nicht sämtliche Behandlungsunterlagen vorlagen. Zum Anderen sind sie häufig von Ärzten verfasst, die entweder in der täglichen Praxis nicht mehr anzutreffen sind oder denen teilweise die überlegene Sachkunde fehlt.[5029]

> **!** Bereits vorliegende Gutachten können nur selten die Einholung eines für den Arzthaftungsfall notwendigen Sachverständigengutachten ersetzen.

d) Gutachten im Prozesskostenhilfeverfahren

3770   Im Prozesskostenhilfeverfahren wird ein schon vorliegendes Sachverständigengutachten, z. B. der Schlichtungsstelle, ein sonstiges einvernehmlich eingeholtes Gutachten oder ein solches aus einem anderen Verfahren, regelmäßig von der Partei eingereicht, zu deren Gunsten es ausgefallen ist. Dieses Gutachten kann dann bereits – sofern nachvollziehbar und überzeugend – zu der gerichtlichen Annahme führen, es liege die erforderliche Erfolgsaussicht der beabsichtigten Klage (§ 114 ZPO) nicht vor und damit zur Ablehnung der begehrten Prozesskostenhilfe führen.

> **!** Es empfiehlt sich, der Zurückweisung des Prozesskostenhilfeantrags vorzubeugen, indem sich mit einem bereits vorliegenden, aber zu Ungunsten des Antragstellers ausgefallenen Gutachten schon in der Antragsschrift kritisch auseinander gesetzt wird.

3771   Unzulässig ist es, im Prozesskostenhilfeverfahren die Beweisaufnahme der Hauptsache vorwegzunehmen.[5030] Jedoch kann nach § 118 Abs. 2 Satz 3 ZPO schon in diesem Stadium ein Sachverständigengutachten eingeholt werden, wenn auf andere Weise nicht geklärt werden kann, ob die Rechtsverteidigung (oder Rechtsverfolgung) i.S.v. § 114 Satz 1 ZPO eine **hinreichende Aussicht auf Erfolg bietet und nicht mutwillig erscheint.** Für den Arzthaftungsprozess setzt dies voraus, dass der Vortrag des Patienten zwar formal schlüssig, aber selbst für eine in Arzthaftungssachen spezialzuständige Kammer nicht recht plausibel ist,[5031] z.B. wenn es keine ärztliche Äußerung über die behaupteten Behandlungsfehler gibt.[5032] Diese Verfahrensweise der Einholung eines Gutachtens schon im Prozesskostenhilfeverfahren kommt außerdem nur dann in Betracht, wenn der zeitliche und materielle Aufwand für die

---

5029   So auch Stegers/Hansis/Alberts/Scheuch, Sachverständigenbeweis im Arzthaftungsrecht, 2. Aufl. 2008, Rn. 830 ff.

5030   OLG Köln NJW-RR 1999, 580: hinrechende Erfolgsaussicht mit ärztlichem Attest belegt.

5031   Schneider SchlHAnz 2005, 402, 404 f. zur Praxis am Landgericht Lübeck.

5032   OLG München OLGR 1997, 34: Es kam hinzu, dass eine Widerklage von hohem Wert drohte.

Frahm

Erhebung des Sachverständigenbeweises gering, die hinreichende Erfolgsaussicht der beabsichtigten Klage zweifelhaft und der Streitwert hoch ist.[5033] Hintergrund dieser Überlegung ist, dass die Prozesskostenhilfe nicht dazu missbraucht werden darf, aussichtslose Klagen auf Kosten der Allgemeinheit (und des Gegners) zu führen.[5034] Die Beweiserhebung im Prozesskostenhilfeverfahren sollte dem Gesetzeszweck zufolge nur auf wenige Fälle beschränkt sein, zumal sie für die beteiligten Prozessbevollmächtigten unzumutbar hohe **Gebührennachteile** bedeuten kann; denn wird nach der (vorgezogenen) Beweisaufnahme Prozesskostenhilfe versagt, steht ihnen lediglich eine 1,0 Gebühr nach RVG VV Nr. 3335 zu,[5035] die auf Patientenseite häufig nicht zu realisieren ist. Bei einer von § 118 Abs. 2 Satz 3 ZPO nicht mehr gedeckten Beweisaufnahme wird man für dieses **Prozesskostenhilfeprüfungsverfahren** bereits Prozesskostenhilfe bewilligen müssen.[5036]

❗ Trotz der geringen Substanziierungspflicht des Patienten sollten der Klage oder dem Prozesskostenhilfeantrag aussagekräftige ärztliche Stellungnahmen beigefügt werden.

e) Sachverständlicher Zeuge

Im Gegensatz zum Sachverständigen bekundet der sachverständige Zeuge lediglich vergangene **Tatsachen oder Zustände, zu deren Wahrnehmung eine besondere Sachkunde erforderlich ist** (§ 414 ZPO), z. B. vor- bzw. nachbehandelnde Ärzte. Er kann als Zeuge vom Gericht nicht von Amts wegen, also nicht ohne Antrag einer der Parteien geladen (vgl. § 144 Abs. 1 ZPO) und nicht als befangen abgelehnt werden (vgl. § 406 ZPO). Die Vernehmung von sachverständigen Zeugen ersetzt nicht die von einer Partei beantragte Einholung eines Sachverständigengutachtens. Denn die Beweiskraft eines Gutachtens geht erheblich weiter; dem Sachverständigen sind aufgrund des Aktenstudiums in der Regel alle entscheidungserheblichen Details bekannt, und er bietet hinreichende Gewähr dafür, die medizinischen Gegebenheiten umfassend und sachgemäß auch in Details und

3772

5033 OLG Schleswig OLGR 2009, 72: Das Schlichtungsgutachten war schon zu Ungunsten des Patienten ausgegangen; OLG München, Beschl. v. 16.12.2005 – 1 W 2878/05 – zit. nach juris (Behauptung einer nicht erkannten Thrombose); OLG München OLGR 1997, 34: Es kam hinzu, dass eine Widerklage von hohem Wert drohte.

5034 OLG München, Beschl. v. 16.12.2005 – 1 W 2878/05 – zit. nach juris (Behauptung einer nicht erkannten Thrombose).

5035 Näher Geimer in Zöller § 118 Rn. 25 f.

5036 OLG Bamberg NJW-RR 2005, 652 (Das Gericht hatte ein Gutachten und zusätzlich ein Ergänzungsgutachten eingeholt); a. A. OLG Nürnberg FamRZ 2002, 758: jedenfalls wenn in der Hauptsache teilweise Prozesskostenhilfe bewilligt worden ist.

Frahm

Nuancen zu beurteilen, die sich einem Zeugen häufig nicht erschließen.[5037] Wird der sachverständige Zeuge aber dennoch nicht nur zu seinen Tatsachenkenntnissen vernommen, sondern darüber hinaus auf seiner Sachkunde beruhende Wertungen und Schlussfolgerungen abgefragt, gerät er in die **Position eines Sachverständigen**, ist zuvor entsprechend zu belehren[5038] und insoweit auch (besser) nach § 413 ZPO zu entschädigen. Wenn sich die Beweisaufnahme aber darin erschöpft, ist diese Verfahrensweise kritisch zu sehen. Denn insbesondere bei komplizierten medizinischen Sachverhalten wird es kaum ausreichen, allein einen sachverständigen Zeugen in der mündlichen Verhandlung zum Sachverständigen zu bestellen. Denn er wird – wie soeben ausgeführt – zumeist für die verlässliche Beantwortung der Beweisfragen nicht genügend vorbereitet sein. So fehlt es regelmäßig an der vorherigen Einsicht in die Gerichtsakten und Behandlungsunterlagen und an einer tiefer gehenden wissenschaftlichen Befassung mit den maßgebenden medizinischen Problembereichen.[5039]

> ❗ Das Gericht sollte davon absehen, einen sachverständigen Zeugen in der mündlichen Verhandlung zum Sachverständigen zu bestellen und sodann ohne weitere Beweisaufnahme Entscheidungsreife annehmen.

2. Verfahren der Sachverständigenbestellung

a) Auswahl des Sachverständigen

3773 **Anforderungen an die Qualifikation:** Sachverständig kann nur sein, wer objektiv, neutral, unbefangen und verantwortungsbewusst ist, das Gutachten zeitgerecht zu erstellen in der Lage ist und nach dem Verständnis des angesprochenen Personenkreises den erforderlichen Sachverstand besitzt, um kompetent und zutreffend die an ihn gerichteten Fragen beantworten zu können. Dazu gehört es, dass der Sachverständige nicht nur medizinisch-theoretisches Wissen aufweist, sondern er auch über Kenntnisse der alltäglichen Realität der ärztlichen Behandlung verfügt. Erst dann vermag er die Frage nach dem standardgerechten Vorgehen eines Arztes in der konkreten Behandlungssituation auf der maßgebenden Versorgungsstufe sachgerecht zu bewerten und zu beantworten.[5040] Das Hauptproblem ist dabei die Frage, ob z. B. ein leitender Arzt bzw. Chefarzt eines Universitätsklinikums, der zudem nur noch in geringem Umfang in der klinischen Praxis tätig ist oder sich gar seit mehreren Jahren im Ruhestand befindet, das Behandlungsgeschehen etwa in einem kleinen städtischen Krankenhaus oder in der Praxis

---

5037 OLG Koblenz MedR 2005, 473.
5038 OLG Celle VersR 2000, 58.
5039 Vgl. OLG Karlsruhe AHRS 6180/28 Urt. v. 30.12.1987 – 7 U 135/87.
5040 Stegers/Hansis/Alberts/Scheuch, Sachverständigenbeweis im Arzthaftungsrecht, 2. Aufl. 2008, Rn. 22 f.

eines niedergelassenen Kollegen in geeignetem Maße beurteilen kann. Beispielsweise wird er bei der hypothetischen Einwilligung und dem behaupteten echten Entscheidungskonflikt kaum dazu Stellung nehmen können,
wie Patienten in der konkreten Behandlungssituation erfahrungsgemäß auf
eine ordnungsgemäße Risikoaufklärung reagieren. Es gibt auch Fälle, in denen es wissenschaftlich gesicherte Erkenntnisse nicht gibt und es daher in
besonderem Maße auf die eigenen klinischen Erfahrungen des Sachverständigen ankommt.[5041] Insgesamt erscheint es sachgerechter, für die Bewertung
des Behandlungsgeschehens in dieser Versorgungsstufe in der klinischen
Praxis tätige Oberärzte oder niedergelassene Ärzte zum Sachverständigen
zu bestellen, die allerdings über wissenschaftliche Kenntnisse z. B. aus entsprechender Weiterbildung verfügen. Denn **die Sachkunde des Gutachters
muss überlegen sein**; von ihm wird also erwartet, dass er eine gegenüber
den Ärzten seiner Fachrichtung hinausgehende Qualifikation besitzt. Er
muss aber nicht öffentlich bestellt und vereidigt sein.[5042] Von Vorteil, aber
nicht Voraussetzung sind medizinrechtliches Grundwissen und forensische
Erfahrung; bestehen hier (noch) Defizite, gestaltet sich die Beweisaufnahme
erfahrungsgemäß schwierig, wenn es z. B. darum geht, bei einem festgestellten Behandlungsfehler tragende Fakten für die juristische Wertung als einfachem oder grobem Fehler zu erhalten. Bei **Begutachtungsinstituten** ist
dieses Grundwissen regelmäßig zu erwarten; es stellt sich dann aber die Frage, ob der dortige Sachverständige noch über einen ausreichenden Praxisbe-
zug verfügt,[5043] was nachzufragen wäre. **Rechtsmediziner** scheiden in der
Regel als Sachverständige im Arzthaftungsfall aus, weil ihnen zumeist die
praktische Erfahrung in dem konkret zu beurteilenden Fachbereich fehlt.[5044]
Letztendlich stehen bei der Auswahl eines geeigneten Sachverständigen erfahrungsgemäß die Ärztekammern hilfreich zur Verfügung, die eigene Gutachterlisten ihres Bereiches führen. Das Problem der Ortsnähe (siehe unten
Rdn. 3775) steht dem nicht entgegen, wenn bei einer entfernteren Ärztekammer Nachfrage gehalten wird.

Die Auswahl des Sachverständigen steht im **Ermessen des Gerichts**. Soweit es für diese Entscheidung eigener Sachkunde des Gerichts bedarf, hat
es sich diese selbst anzueignen; einen »Auswahlgutachter« einzusetzen, ist
dem Gericht versagt; es kann sich aber z. B. durch die Ärztekammern beraten lassen.[5045] Das Gericht kann zwar die Benennung eines Sachverständigen durch die Parteien gemäß § 404 Abs. 3 ZPO anregen, jedoch nicht

3774

5041 OLG Karlsruhe VersR 2005, 1246: Solche klinischen Erfahrungen können zur
      Überzeugungsbildung herangezogen werden.
5042 Bürger MedR 1999, 100, 102.
5043 Daher kritisch: Stegers/Hansis/Alberts/Scheuch, Sachverständigenbeweis im
      Arzthaftungsrecht, 2. Aufl. 2008, Rn. 44 f.
5044 Näher: Stegers/Hansis/Alberts/Scheuch, Sachverständigenbeweis im Arzthaf-
      tungsrecht, 2. Aufl. 2008, Rn. 76 ff.
5045 Katzenmeier in Prütting/Gehrlein, ZPO, § 404 Rn. 2.

erzwingen. **Sind sich die Parteien über die Person des Sachverständigen einig,** hat das Gericht dem Folge zu leisten, sein Ermessen reduziert sich auf Null (§ 404 Abs. 4 ZPO). Das setzt aber voraus, dass dies dem Gericht vor Ernennung des Sachverständigen mitgeteilt wird.[5046] Soweit teilweise eine Nachricht der Parteien bis zur Erstattung bzw. Fertigstellung des Gutachtens als noch ausreichend angesehen wird,[5047] ist dem entgegenzuhalten, dass dies dem im Verfahren zu beachtenden Beschleunigungsgrundsatz widerspricht und eine solche Verfahrensweise ärztlichen Sachverstand letztlich unnütz vereinnahmt, wenn die gutachterliche Tätigkeit schon vorangeschritten ist; außerdem stehen den Parteien nach Vorlage des Gutachtens in ausreichendem Maße Mittel zur Verfügung, sich mit dem Gutachten und auch dem Sachverständigen kritisch auseinander zu setzen (§§ 406, 411 Abs. 4, 412 ZPO). Für die Annahme einer Einigung über den Sachverständigen reicht es aus, dass nur eine Partei einen Gutachter vorschlägt und die andere Partei nicht widerspricht. Das Gericht könnte aber, da grundsätzlich ihm die Auswahl des Gutachters obliegt, neben der auf der Einigung der Parteien beruhenden Bestellung des Sachverständigen stets einen weiteren Gutachter beauftragen, vgl. § 412 Abs. 1 ZPO.[5048] Bei dieser eher rein theoretischen Möglichkeit entsteht für die Parteien insoweit keine Verpflichtung zu der nach §§ 402, 379 ZPO vorgesehenen Zahlung eines Auslagenvorschusses.[5049]

3775 Liegt eine Einigung der Parteien über den Sachverständigen nicht vor, hat das Gericht das Folgende zu beachten: Obwohl ein in **örtlicher Nähe** ansässiger Sachverständiger insbesondere für eventuelle Untersuchungen des klagenden Patienten und wegen zu erwartender mündlicher Erörterung seines Gutachtens von Vorteil ist, sollte er nicht aus enger räumlicher Umgebung zum beklagten Arzt ausgewählt werden. Denn dann besteht die Gefahr, dass man sich über das vertretbare Maß hinaus kennt oder man bereits **beruflich Kontakte,** etwa durch Patientenüberweisungen oder auf wissenschaftlichem Gebiet, hatte. Dies gilt erst recht, wenn beklagter Arzt und Sachverständiger eng zusammengearbeitet haben; die Befangenheit des Sachverständigen wäre begründet.[5050] Soweit diese berufliche Nähe aber nicht zu erwarten ist und daher Bedenken gegen die Unparteilichkeit des Sachverständigen nicht bestehen, ist dieser nicht von vornherein als Gerichtsgutachter ausgeschlossen.[5051]

5046 Katzenmeier in Prütting/Gehrlein, ZPO, § 404 Rn. 13.
5047 Vgl. Zimmermann in MüKo-ZPO § 404 Rn. 10.
5048 Bürger MedR 1999, 100, 102; a. A. Zimmermann in MüKo-ZPO § 404 Rn. 10: Vorrang der Verhandlungsmaxime.
5049 Greger in Zöller § 404 Rn. 4.
5050 OLG Oldenburg MDR 2008, 44: Der beklagte Arzt überwies fortlaufend Patienten an den Sachverständigen. Näher zur Befangenheit: siehe unten Rdn. 3786 ff.
5051 BGH NJW 1992, 1558: Beklagter Arzt und Sachverständiger sind Chefärzte katholischer Krankenhäuser in benachbarten Ortschaften mit derselben kirchlichen Aufsichtsbehörde.

Der Sachverständige ist aus dem im konkreten Fall in Frage stehenden **3776** **Fachgebiet** zu bestellen, ansonsten übt das Gericht sein Ermessen fehlerhaft aus. Soweit ein Eingriff andere Fachgebiete berührt oder wenn eine interdisziplinäre Behandlung vorgenommen worden ist, kommt es darauf an, welchem Fachbereich die konkrete Beweisfrage zuzuordnen ist. Dies ergibt sich im Zweifel aus den Weiterbildungsordnungen der Ärztekammern.[5052] Bei einer von einem Radiologen vorgenommenen Röntgenkontrastmitteluntersuchung kann das Gutachten eines Neurologen oder Neurochirurgen eingeholt werden, wenn es nicht um Fehler während der Untersuchung geht, sondern um Risiken, die mit dieser Angiographie verbunden sind.[5053] Wird der Sachverständige aus der falschen Fachrichtung gewählt, handelt es sich um einen Verfahrensfehlern, der durch rügeloses Verhandeln nicht geheilt wird (§ 295 Abs. 2 ZPO).[5054] Der Sachverständige muss aber nicht unbedingt auch aus der **Versorgungsstufe** kommen, deren Behandlungsgeschehen der gerichtlichen Prüfung unterzogen wird, d h. die Ordnungsmäßigkeit des Vorgehens eines niedergelassenen Arztes kann auch durch einen Klinikarzt begutachtet werden. Nur muss das Gericht im Rahmen der ihm durch § 404a ZPO auferlegten Anleitung des Gutachters darauf achten, dass dieser nicht seinen Klinikstandard zugrunde legt, sondern die unterschiedlichen diagnostischen und therapeutischen Möglichkeiten zwischen Klinik und niedergelassenem Arzt ebenso berücksichtigt wie im Übrigen auch das **zeitliche Moment**; auszugehen ist bei der Erstellung des Gutachtens nicht nur von dem dem beklagten Mediziner auferlegten Standard, sondern auch davon, welcher Standard im Zeitpunkt der (teilweise weit zurückreichenden) beanstandeten Behandlung herrschte.

Nach § 404 Abs. 2 ZPO soll ein **öffentlich bestellter Sachverständiger** vorgezogen werden. Dem liegt die Überlegung zugrunde, dass dieser Gutachter eine besondere Sachkunde aufweist, bereits forensisch erfahren ist und außerdem nach § 407 Abs. 1 ZPO nicht befugt ist, einen Gutachtenauftrag abzulehnen. Soweit das Gericht dem nicht folgt, bedeutet dies nicht zugleich einen Ermessensfehlgebrauch. Denn bei dieser Norm handelt es sich lediglich um eine reine Ordnungsvorschrift.[5055] **3777**

Vorschläge der Parteien: Wegen des großen Einflusses der Begutachtung **3778** auf die Meinungsbildung des Gerichts und dessen Entscheidung sollten die Parteien auch ohne gesetzliche Grundlage – so sieht § 404 ZPO eine Anhörungspflicht nicht vor[5056] – die Möglichkeit haben, vor der Bestellung

5052 OLG Naumburg OLGR 2003, 348 (Chirurgische Versorgung einer Erkrankung im Mundbereich: Fachgebiet HNO-Arzt und auch Mund-, Kiefer- und Gesichtschirurg).
5053 BGH VersR 2009, 257.
5054 Greger in Zöller § 404 Rn. 1.
5055 Vgl. Katzenmeier in Prütting/Gehrlein, ZPO, § 404 Rn. 11.
5056 BGH NJW 1996, 196.

des Sachverständigen von dessen Person Kenntnis zu erhalten. Diese Information benötigen sie, um sich über dessen Qualifikation zu informierten und darüber, ob er überhaupt dem maßgebenden Fachgebiet angehört, schließlich ob bei ihm Befangenheitsgründe vorliegen. Sie müssen auch die ihnen ansonsten versperrte Möglichkeit haben, ggf. einen aus ihrer Sicht geeigneteren Gutachter vorzuschlagen.[5057] Hier hat das Gericht **Anregungen der Parteien** nachzugehen, sofern diese bedenkenswert sind. Beachtet das Gericht dies nicht, kann es zur Folge haben, dass ein neues Gutachten einzuholen ist.[5058] Es besteht aber kein Anspruch einer Partei auf einen Sachverständigen, der einer bestimmten Schule angehört.[5059]

> ❗ Für die Auswahl des Sachverständigen ist dessen Sachkunde entscheidend und ob er aus dem in Frage stehenden Fachgebiet kommt.
>
> Sind sich die Parteien über die Person des Sachverständigen vorab einig, muss das Gericht diesen Gutachter bestellen.
>
> Beabsichtigt das Gericht von sich aus die Benennung eines Sachverständigen, sollten die Parteien zuvor Gelegenheit zur Stellungnahme erhalten.

b) Mündliches oder schriftliches Gutachten

3779 Ob ein Gutachten mündlich oder schriftlich eingeholt wird, steht im Ermessen des Gerichts; diese Entscheidung bedarf keiner Zustimmung der Parteien.

3780 Handelt es sich um einen einfach gelagerten Fall, kann es ausreichen, ein **mündlich** erstattetes Gutachten einzuholen. Dies hat übrigens den Vorteil, dass die Parteien durch den Sachverständigen frühzeitig persönlich befragt werden können und dann bereits eine Abschichtung der relevanten medizinischen Fragen erfolgen kann. Allerdings ist die bloße mündliche Gutachtenerstellung zumeist unzweckmäßig, denn die Bekundungen des Sachverständigen sind hier erfahrungsgemäß unzuverlässiger, insbesondere fehlt ihnen oft eine hinreichend sorgfältige Grundlagenermittlung, die aber üblicherweise erst die genaueren Probleme und Fragestellungen aufwirft. Im Übrigen erweist sich das richterliche Verhandlungsprotokoll gegenüber einem schriftlichen Gutachten als zu knapp, und es vermag die Darlegungen des Sachverständigen regelmäßig nicht inhaltsgetreu wiederzugeben. Wird das Gutachten dennoch nur mündlich erstattet, ist beiden Parteien, auch der sachkundigen, nach Erhalt des Verhandlungsprotokolls (§ 160 Abs. 3 Nr. 4 ZPO) Gelegenheit zur Stellungnahme zu geben, ggf. die Wiedereröffnung

---

5057 Greger in Zöller § 402 Rn. 6.
5058 BGH NJW 1996, 196.
5059 Martis/Winkhart Rn. S 16.

der Verhandlung nach § 156 ZPO anzuordnen,[5060] es sei denn die Sachlage ist so einfach, dass eine sofortige abschließende Erörterung in der Verhandlung möglich ist (§ 279 Abs. 3 ZPO).

> ❗ Wird das Sachverständigengutachten nur mündlich erstattet oder wird das schriftliche Gutachten im Verhandlungstermin mündlich ergänzt, muss den Parteien jedenfalls bei schwierigen medizinischen Fragen Gelegenheit gegeben werden, nach Vorliegen des Protokolls Stellung zu nehmen.[5061] Vorsorglich sollten sie unter Hinweis hierauf Schriftsatznachlass (§ 283 ZPO) beantragen, damit das Gericht nicht sogleich eine verfahrensabschließende Entscheidung trifft und die unterlegene Partei in das Rechtsmittel zwingt.

In den allermeisten Fällen kann auf **schriftliche** Ausführungen des Sachverständigen (§ 411 Abs. 1 ZPO) nicht verzichtet werden. Neben der gründlicheren Ausarbeitung und besseren Nachvollziehbarkeit durch ein schriftliches Gutachten sind die Parteien zumeist erst jetzt in der Lage, sich – ggf. nach ergänzender medizinischer Beratung von dritter Seite – zum Ergebnis der Beweisaufnahme zu erklären, Fragen zu formulieren oder Vorbringen zu präzisieren. Dies gilt umso mehr, als insbesondere dem klagenden Patienten regelmäßig nicht möglich ist, medizinisches Fachwissen vorzutragen oder darauf zielführend zu erwidern.

3781

Vorteile

Nur mündliches Gutachten	Schriftliches Gutachten
Verfahrensbeschleunigung • frühzeitige Terminierung • schon im ersten Termin werden die entscheidenden Weichen gestellt • oder das Verfahren wird dort schon durch Klagerücknahme, Anerkenntnis oder Vergleich erledigt	• zuverlässigere und sorgfältigere Befassung des Sachverständigen mit den Beweisfragen • bessere Grundlage für die Überprüfbarkeit des Gutachtens durch Gericht und Parteien, dort ggf. mithilfe von Privatgutachten

---

5060 Vgl. BGH VersR 2009, 1137 (Straßenverkehr: Unfallhergang).
5061 BGH VersR 2001, 722; BGH NJW 1984, 1823.

Frahm

c) Beweisbeschluss

3782 Vor dem Beweisbeschluss kann das Gericht gemäß § 404 Abs. 2 ZPO den Sachverständigen **hinzuziehen**, etwa um seine Sachkunde zu erfragen, noch erforderliche Anschlusstatsachen abzuklären, die Beweisfrage korrekt zu formulieren oder die Höhe des einzufordernden Auslagenvorschusses abzufragen. Dies kann auch **telefonisch** erfolgen, hat zudem den Vorteil, dass mit dem Sachverständigen zum Einen abgeklärt werden kann, ob zwischen ihm und den Parteien eine seine Neutralität berührende Nähe besteht und zum Anderen, mit welcher **Dauer bei der Erstellung** des Gutachtens zu rechnen ist und ob bei dessen Überlastung von der Beauftragung überhaupt abgesehen werden sollte. Einer Beteiligung der Parteien bedarf es zu alledem nicht.[5062] Ein Aktenvermerk sollte den Parteien aber aus Gründen des Anspruchs auf rechtliches Gehör (Art. 103 GG) und wegen des Grundsatzes der Parteiöffentlichkeit (§ 357 ZPO) zugänglich gemacht werden, wenn es bei der Anfrage um Entscheidungserhebliches ging, also z.B. um Anschlusstatsachen oder den sachlichen Inhalt des Beweisbeschlusses (vgl. § 404 Abs. 5 Satz 1 ZPO).

3783 Nicht erforderlich ist es nach § 404 Abs. 1 ZPO, dass der Sachverständige im Beschluss **namentlich genannt** wird. Ausreichend ist die Bezeichnung der Position des Sachverständigen, wie z.B. »ärztlicher Leiter der psychiatrischen Universitätsklinik X«. Obwohl § 404 Abs. 1 ZPO dem Gericht die Auswahl des Sachverständigen auferlegt, soll es auch zulässig sein, der im Beschluss genannten Einrichtung die personelle Entscheidung zu überlassen indem es etwa heißt: »... oder einen von dem ärztlichen Leiter zu bestellenden Vertreter«.[5063] Dem ist aber nicht zu folgen, weil es dann an der erforderlichen Bestimmbarkeit des Gutachters fehlt.[5064] Denn entscheidend für die Auswahl ist gerade dessen besondere Sachkunde auf seinem Fachgebiet; diese ist aber nicht mehr garantiert, wenn ohne gerichtliche Einflussnahme ein anderer Arzt den Gutachtenauftrag ausführt. Es kann dem Gericht durchaus abverlangt werden, bei der Einrichtung vor der Bestellung anzufragen, welche Person geeignet und verfügbar ist.

3784 Soweit nach § 404a Abs. 4 ZPO z. B. **Anschlusstatsachen** vom Sachverständigen zu ermitteln, Behandlungsunterlagen beizuziehen oder körperliche Untersuchungen des klagenden Patienten durchzuführen sind, ist dies in den Beweisbeschluss aufzunehmen. Spätestens jetzt sollte das Gericht von dem klagenden Patienten eine auch auf Vor- und Nachbehandler bezogene **Erklärung zur Entbindung von der Schweigepflicht** erfordern.

5062 Greger in Zöller § 404a Rn. 2.

5063 OLG Koblenz VersR 1998, 897 (Sprung aus dem Fenster bei Alkoholentzugserscheinungen).

5064 So OLG Frankfurt/M. zfs 2002, 133: Alternativauswahl ist unzulässig; BVerwG NJW 1984, 2645 unter Hinweis auf LSG Essen NJW 1983, 360 LS.

Diese wird dem Sachverständigen eine ihm aufgegebene Ermittlungstätigkeit erleichtern. Allerdings darf dem Sachverständigen nicht die vollständige Feststellung der tatsächlichen Umstände übertragen werden. Vielmehr hat das Gericht – ggf. unter Mithilfe des Sachverständigen – diese Feststellungen zunächst selbst zu treffen. Falsch ist es daher, den Gutachter die Parteien anhören zu lassen, damit er deren Angaben auf seine Weise deutet.[5065]

Der Beweisbeschluss ist grundsätzlich **nicht selbständig anfechtbar.** Denn **3785** es handelt sich bei ihm lediglich um eine prozessleitende Anordnung, die nur mit den gegen die Endentscheidung gegebenen Rechtsmitteln zur Überprüfung durch das Rechtsmittelgericht gestellt werden kann. Dies gilt erst recht für Anordnungen des Gerichts nach § 404a Abs. 4 ZPO.[5066] Im Falle einer Anfechtbarkeit würde die Beschwerdeinstanz unzulässig in die Sachentscheidungskompetenz des Prozessgerichts eingreifen.[5067] Allerdings wird im Einzelfall zu prüfen sein, ob der Beweisbeschluss praktisch einem über den normalen Zeitaufwand für die Einholung eines Gutachtens hinausgehenden Verfahrensstillstand gleichkommt und damit einer Aussetzung des Verfahrens; dann kommt eine Anfechtbarkeit nach § 252 ZPO in Betracht.[5068] Und auch wenn die Zwischenentscheidung vereinzelt für eine Partei bereits einen bleibenden rechtlichen Nachteil bedeutet, der sich nicht mehr (vollständig) beheben lässt, darf sie nicht auf die Einlegung eines Rechtsmittels gegen die Endentscheidung verwiesen werden.[5069]

Der Sachverständige ist mit dem Beweisbeschluss in die ihm übertragene **3786** Fragestellung in erforderlichem Maße einzuweisen. Insbesondere müssen ihm entweder die dem Gutachten zugrunde zu legenden **Anschlusstatsachen** vorgegeben werden, wenn diese zwischen den Parteien streitig sind und vorab nicht durch Beweiserhebung geklärt sind. Der Sachverständige kann aber auch ermächtigt werden, eigene Feststellungen zu treffen. Dies bietet sich im Arzthaftungsrecht regelmäßig an, so wenn es um die Auswertung der Behandlungsunterlagen oder die körperliche Untersuchung des klagenden Patienten geht, und es ist nach der im Arzthaftungsrecht statthaften Amtsermittlung auch zulässig. Es wird dem Sachverständigen sogar abverlangt, das nicht sachkundige Gericht darauf hinzuweisen, wenn es sich ihm bei zu enger Beweisfrage aufdrängt, dass die inkriminierte ärztliche Handlung schon an sich verfehlt oder bedenklich war.[5070] Außerdem bleibt noch die Möglichkeit, dem Sachverständigen eine **Alternativaufgabe**

5065 BGH VersR 1979, 939.
5066 BGH NJW-RR 2009, 995.
5067 BGH NJW-RR 2009, 995.
5068 Greger in Zöller § 252 Rn. 1a.
5069 BVerfG NVwZ 2005, 681: Bei Umsetzung des Beweisbeschlusses würde dies die Offenbarung der Homosexualität der Partei gegenüber einem nicht abgrenzbaren Kreis Dritter bedeuten.
5070 BGH VersR 1982, 168.

Frahm

zu stellen, sich also gutachterlich sowohl unter Zugrundelegung der Darstellung des Klägers wie auch der des Beklagten zu äußern. Oft kristallisiert allein aus den Alternativergebnissen schon heraus, von welchem Sachverhalt das Gericht in seiner Entscheidung am ehesten auszugehen haben wird; jedenfalls wird eine nun vorzunehmende Klärung der Tatsachengrundlage durch eine weitere gerichtliche Beweisaufnahme häufig erleichtert.

3787   Jedenfalls bei forensisch nicht erfahrenen Gutachtern sollte bereits im Beweisbeschluss darauf hingewiesen werden, dass es bei der **Kausalitätsbeurteilung** nicht um einen medizinisch-naturwissenschaftlichen Nachweis geht, und nicht um eine mathematische, jede Möglichkeit eines abweichenden Geschehensablaufs ausschließende, von niemandem anzuzweifelnde Gewissheit. Denn ausreichend ist vielmehr »ein Grad von Gewissheit, der Zweifeln eines besonnenen, gewissenhaften und lebenserfahrenen Beurteilers Schweigen gebietet« (§ 286 ZPO)[5071] bzw. »eine deutlich überwiegende, auf Tatsachengrundlage beruhende Wahrscheinlichkeit« (§ 287 ZPO). Zweifel, die sich auf lediglich theoretische Möglichkeiten gründen, für die tatsächliche Anhaltspunkte nicht bestehen, sind hierbei nicht von Bedeutung.[5072]

3788   Der Beweisbeschluss sollte – jedenfalls wenn hierfür Anhaltspunkte bestehen – so gefasst sein, dass der Sachverständige sich auch dazu erklärt, ob das ärztliche Vorgehen **unter einem anderen Gesichtspunkt** als fehlerhaft zu bewerten sein könnte.[5073] Dieser Überlegung liegt zugrunde, dass dem Sachverständigen über die genannten Beweisthemen hinaus Erweiterungen zwar abzuverlangen, aber selten und nicht immer zu erwarten sind[5074] und dass das Gericht – aufgrund der dem Patienten nur in geringem Maße abverlangten Substanziierungspflicht – an die von der klagenden Partei vorgebrachten Gründe für eine vermutete ärztliche Fehlerhaftigkeit nicht gebunden ist.[5075]

Übersicht Beweisbeschluss:
Der Beweisbeschluss des Gerichts über die Anordnung der Einholung eines Sachverständigengutachtens (§ 359 ZPO) enthält neben der Bezeichnung der Partei, die sich auf das Beweismittel berufen hat, im Einzelnen:

– Die zu beantwortenden Beweisfragen, z. B.: »Es soll durch Einholung eines Sachverständigengutachtens darüber Beweis erhoben werden, ob der Beklagte bei der Behandlung des Klägers in der Zeit vom ... bis zum ... diagnostische oder therapeutische Maßnahmen vorgenommen hat, die zum Zeitpunkt der Behandlung nicht dem damaligen, in diesem Fachkreis bestehenden medizinischen Standard entsprachen und ob der ge-

---

5071   BGH NJW 2008, 2846: Hinweispflicht des Sachverständigen.
5072   BGH NJW 2008, 2846.
5073   OLG Oldenburg VersR 2008, 1711.
5074   BGH VersR 1982, 168.
5075   OLG Oldenburg VersR 2008, 1711: Keine Befangenheit des den Beweisbeschluss weit fassenden Richters.

klagte Gesundheitszustand des Klägers hierauf beruht, und zwar im Einzelnen: ….«

– Die vom Sachverständigen der Beantwortung zugrunde zu legenden Anschlusstatsachen, also ob (zunächst) von der Richtigkeit des Vortrages des Klägers auszugehen ist oder ob beide Sachdarstellungen der Parteien alternativ berücksichtigt werden sollen.

– Vom Sachverständigen zu übernehmende Aufgaben (Behandlungsunterlagen beiziehen, körperliche Untersuchung des Patienten durchführen, vorliegende Röntgenaufnahmen zu berücksichtigen).

– Besondere Hinweise des Gerichts, z. B. das ärztliche Vorgehen auch auf eventuell noch nicht erhobene aber erwähnenswerte Beanstandungen hin zu prüfen oder die dem groben Behandlungsfehler zu Grunde liegende Definition für den Fall der Bejahung eines Behandlungsfehlers.

– Sofern ein Aufklärungsfehler gerügt ist: Mit welchen eingriffsspezifischen Risiken war die Behandlung verbunden; entspricht der allgemein akzeptierten ärztlichen Praxis, den Patienten hierüber vorab zu informieren?

– Ggf. erläuternde Hinweise zum Beweismaß (kein medizinisch-naturwissenschaftlicher Nachweis erforderlich).

– Hinweis auf die Pflichten des Sachverständigen nach § 407a ZPO, insbesondere zur persönlichen Erstellung des Gutachtens, und – jedenfalls bei forensisch nicht erfahrenen Gutachtern – auch auf die weiteren Pflichten (siehe unten Rdn. 3791 ff.).

– Fristsetzung für die Erstellung des Gutachtens (siehe unten Rdn. 3789).

– Auslagenvorschuss von den Parteien anfordern (siehe unten Rdn. 3810 ff.).

Außerdem kann der Beweisbeschluss z. B. enthalten:

– Bei Vorliegen eines Privatgutachtens das an den Sachverständigen gerichtete Verlangen, sich auch hiermit inhaltlich zu befassen,

– Anforderung von Behandlungsunterlagen, ggf. auch der Vor- und Nachbehandler,

– Anordnung der Einreichung einer Schweigepflichtentbindungserklärung,

– Hinweis auf die Frist nach § 2 Abs. 1 JVEG, wonach der Sachverständige seine Vergütung innerhalb von drei Monaten geltend machen muss.

d) Fristsetzung

Nach § 411 Abs. 1 ZPO soll das Gericht dem Sachverständigen für die Erstellung des schriftlichen Gutachtens eine Frist setzen. Ist diese nicht im Beweisbeschluss enthalten, sondern dem Sachverständigen lediglich im Anschreiben mitgeteilt, kommt ihr trotzdem Wirksamkeit zu, wenn die der Fristsetzung zugrunde liegende Verfügung als vorbereitende Maßnahme nach § 273 ZPO die volle Unterschrift des Vorsitzenden oder des von ihm bestimmten Mitglieds des Spruchkörpers trägt.[5076] Die Verhängung eines

3789

5076 Greger in Zöller § 411 Rn. 6, § 273 Rn. 5; a. A. Huber in Musielak § 411 Rn. 5 unter Hinweis auf OLG Neustadt/W. MDR 1956, 175.

Frahm

Ordnungsgeldes wegen **Fristversäumung** setzt nach § 411 Abs. 2 ZPO eine vorherige Androhung mit Nachfristsetzung voraus. Spätestens hierzu bedarf es eines gerichtlichen Beschlusses; allein die Verfügung des Vorsitzenden reicht nicht.[5077] Zulässig ist nach der Ordnungsgeldfestsetzung und erneuter Fristsetzung mit Androhung eine nochmalige Festsetzung, § 411 Abs. 2 Satz 3 ZPO. Ist auch diese fruchtlos, ist die Festsetzung eines dritten Ordnungsgeldes nicht zulässig,[5078] und es kann von einer **Gutachtenverweigerung** ausgegangen werden, der zufolge dem Sachverständigen – jedenfalls nach vorheriger Ankündigung – die durch sein Verhalten verursachten Kosten auferlegt und zusätzlich der Gutachtenauftrag entschädigungslos entzogen werden kann.[5079]

e) Beiziehung der Behandlungsunterlagen

3790 Die Behandlungsunterlagen sind von dem Gericht anzufordern, um diese dem Sachverständigen zur Auswertung zur Verfügung zu stellen. Der Sachverständige kann aber auch selbst zur Beiziehung der Behandlungsunterlagen beauftragt werden.[5080] Es besteht keine Verpflichtung des Gerichts, sich zunächst einmal anhand der Behandlungsunterlagen vorab, also vor Beauftragung des Sachverständigen, ein Bild von den Unterlagen zu machen.[5081] Schon wegen der erheblichen Wichtigkeit der Behandlungsunterlagen für die Bewertung des Falles sollten – sofern noch vorhanden und nicht microverfilmt – in jedem Fall die **Originale** angefordert werden. Sie leiden nicht unter einem durch das Kopieren verursachten Qualitätsverlust oder versehentlich vorkommende Auslassungen (Fehlblätter, Randnotizen fehlen); die Originale können z. B. auch bezogen auf Schriftfarbe etc. informativer sein.

> ❗ Die Behandlungsunterlagen sind oft der Schlüssel zur Lösung des Falles. Sie sollten also schon durch das erstinstanzliche Gericht unbedingt im Original beigezogen werden.

5077 OLG Köln OLGR 1996, 182; OLG München VersR 1980, 1078: beschwerdefähiger Beschluss; a. A. Greger in Zöller § 411 Rn. 6, 8 unter Hinweis auf die restriktive Regelung des neuen Beschwerderechts.

5078 Streitig, wie hier OLG Koblenz OLGR 2001, 369: »noch einmal« in § 411 Abs. 2 Satz 3 ZPO bedeutet insgesamt zweimal.

5079 Katzenmeier in Prütting/Gehrlein, ZPO, § 411 Rn. 15; siehe auch OLG Köln Beschl. v. 08.02.2010 – 17 W 20/10 – zit. nach juris – zu den dem Sachverständigen zusätzlich auferlegten Kosten: nicht ersichtlich, welche Kosten überhaupt in Frage kommen – dort jedenfalls nicht die Kosten des nachfolgend tätigen Gutachters.

5080 OLG Köln VersR 1987, 164: Das Gericht kann die Beiziehung auch selbst veranlassen oder diese den Parteien aufgeben.

5081 OLG Oldenburg OLGR 1996, 18.

Frahm

3. Erledigung des Gutachtenauftrags und mögliche Hindernisse

a) Pflichten des Sachverständigen

Das Gesetz sieht keine allgemeine Pflicht zur Erstattung von Gutachten vor, weil Sachverständige im Gegensatz zu Zeugen und sachverständigen Zeugen regelmäßig ersetzbar sind. Nur die in § 407 ZPO genannten Personen trifft eine solche Verpflichtung. Diese dient damit der Sicherstellung fachkundiger Hilfe für das Gericht. Es handelt sich bei den verpflichteten Personen um öffentlich bestellte Gutachter (§ 404 Abs. 2 ZPO) oder um Personen, die im maßgebenden Bereich eine Wissenschaft, Kunst oder ein Gewerbe (eine auf dauernden Erwerb gerichtete Tätigkeit) ausüben, die zur Ausübung öffentlich bestellt oder ermächtigt sind, also eine Zulassung für ihren Beruf benötigen (z. B. Ärzte), schließlich um Personen, die sich zur Erstattung von Gutachten bereit erklärt und den konkreten Auftrag nicht unverzüglich abgelehnt haben. Dem liegt – wie bei Zeugen, Dolmetschern und Übersetzern auch – die staatsbürgerliche Pflicht zugrunde, den Staat bei der Wahrheitsfindung in zumutbarem Rahmen zu unterstützen. Diese Ehrenpflicht geht sonstigen bürgerlichen Verpflichtungen vor, d. h. die Pflicht zur Erstattung eines Sachverständigengutachtens genießt Vorrang vor Berufspflichten, erst recht vor privaten Vorhaben. Erst die Zumutbarkeitsschwelle, z. B. gemessen an Art. 12 GG, setzt dem eine Grenze. | **3791**

Pflichten des Sachverständigen

Vor und zu Beginn der Beauftragung	Während der Gutachtenerstattung	Nach dem Gutachten
• Prüfung eigener Sachkunde • Prüfung von Inhalt und Umfang des Auftrags • Prüfung der voraussichtlichen Kosten • Mitteilung von Ablehnungsgründen	• persönliche Erstellung • Objektivität und Neutralität • ggf. Ermittlung der tatsächlichen Grundlagen • Wertungen, Schlussfolgerungen • Einhaltung vorgegebener Frist	• Bereitschaft zur Erläuterung und Ergänzung des Gutachtens • Herausgabe von Unterlagen • Schweigepflicht gegenüber Dritten

In § 407a ZPO sind die folgenden **Pflichten** des Sachverständigen geregelt, auf die er von Seiten des Gerichts hingewiesen werden soll (§§ 404a, 407a Abs. 5 ZPO), so etwa durch Übersendung eines Abdrucks des Gesetzestextes von § 407a ZPO: | **3792**

Frahm

– Der Sachverständige hat zunächst einmal unverzüglich seine **Sachkunde bezogen auf die Beweisfrage zu prüfen,** und ob weitere Gutachter hinzuzuziehen sind (§ 407a Abs. 1 ZPO).

– Er hat das Gutachten **persönlich zu erstatten** und darf den Auftrag nicht auf einen anderen übertragen. Mitarbeiter hat er namhaft zu machen und zugleich den Umfang ihrer Tätigkeit anzugeben, es sei denn, es handelt sich um bloße Hilfskräfte (§ 407a Abs. 2 ZPO), siehe hierzu näher unten Rdn. 3803 ff.

– **Zweifel an Inhalt und Umfang des Auftrags** sind dem Gericht unverzüglich mitzuteilen (§ 407a Abs. 3). Geht es z. B. auch um Fragen aus einem anderen Fachgebiet, hat das Gericht auf den gutachterlichen Hinweis hin rechtzeitig die Möglichkeit, einen anderen bzw. weiteren Sachverständigen zu bestellen.[5082] So ist neben dem orthopädischen Gutachten ein neurologisches Zusatzgutachten einzuholen, wenn es um den Ursachenzusammenhang zwischen dem Behandlungsfehler des Orthopäden und dem neurologischen Gesundheitsschaden geht.[5083]

– Auch hinsichtlich der **voraussichtlichen Kosten des Gutachtens** trifft den Sachverständigen eine Aufklärungspflicht, nämlich wenn sie im Verhältnis zum Streitgegenstand außer Verhältnis stehen oder den Auslagenvorschuss erheblich übersteigen werden (§ 407a Abs. 3 ZPO). Dies soll gelten, wenn der Vorschuss um 20 bis 25 % überschritten wird.[5084] Denn die Parteien (und auch die Staatskasse für den Fall der Nichteintreibbarkeit) sind vor unverhältnismäßig hohen Verfahrenskosten zu schützen.

– Schließlich trifft den Sachverständigen nach § 407a ZPO eine erzwingbare[5085] **Herausgabepflicht** bezogen auf seine Bearbeitungsunterlagen (siehe hierzu unten Rdn. 3819, 3842).

3793   Darüber hinaus muss der Sachverständige

– ihm bekannte **Ablehnungsgründe** (siehe dazu unten Rdn. 3797 ff.) dem Gericht mitteilen,

– prüfen, ob ihm **vollständige Sachverhaltsangaben** vorliegen und das Gericht ggf. benachrichtigen, insbesondere zu möglicherweise noch anzufordernden Behandlungsunterlagen, auch von Vor- und Nachbehandlern,

– einseitig Kontakte zu einer der beteiligten Seiten unterlassen, ausgenommen die für die Gutachtenerstellung erforderliche **Untersuchung des klagenden Patienten,** den er auch über die Vorgeschichte und den Her-

---

5082   Vgl. BGH VersR 2007, 376; siehe aber OLG Hamm VersR 1995, 967: Der Einholung eines pädiatrischen Gutachtens bedarf es zur Frage der Ursächlichkeit des Hirnschadens des Neugeborenen nicht, wenn der gerichtlich bestellte Gynäkologe die Behandlungsunterlagen vollständig ausgewertet und die Einschaltung eines pädiatrischen Sachverständigen wegen des klaren Sachverhalts als nicht erforderlich bezeichnet hat.

5083   OLG München OLGR 2006, 94.

5084   OLG Stuttgart MDR 2008, 652.

5085   Greger in Zöller § 407a Rn. 4.

gang der Behandlung zu befragen hat; im Gutachten ist dann dem Gericht mitzuteilen, woher die Auskünfte stammen,
- die ihm nach § 411 Abs. 1 ZPO für das schriftliche Gutachten gesetzte **Frist** einhalten (siehe dazu oben Rdn. 3789),
- **Verschwiegenheit** gegenüber Dritten wahren,
- bereit sein, auf Nachfrage das Gutachten mündlich oder schriftlich **zu ergänzen**.

Die Intensität der vorgenannten Verpflichtungen richtet sich nach den Umständen des Einzelfalls.

b) Gutachtenverweigerung

Der Sachverständige ist berechtigt, das Gutachten unter bestimmten Voraussetzungen abzulehnen. Hätte er als Zeuge die Aussage verweigern dürfen, muss er ein Gutachten in dieser Sache nicht erstellen, also wenn die sachverständige Tätigkeit mit einer **Amtsverschwiegenheit** kollidieren würde (§ 376 ZPO), **persönliche Gründe** entgegenstehen können (§ 383 ZPO) oder **sachliche Gründe** (§ 384 ZPO). Der Sachverständige ist dann zu entlassen und ein neuer Gutachter nach § 360 ZPO durch Änderung des Beweisbeschlusses zu bestellen. Den Parteien ist aus Gründen des Anspruchs auf rechtliches Gehör (Art. 103 GG) und wegen des Grundsatzes der Parteiöffentlichkeit (§ 357 ZPO) zuvor Gelegenheit zur Stellungnahme zu geben, zumal sie an sich die Möglichkeit haben, die Rechtmäßigkeit der Verweigerung durch Zwischenstreit nach §§ 402, 387 ff. ZPO klären zu lassen.

3794

> ❗ Das aufwändige und zeitraubende Verfahren über den Zwischenstreit nach §§ 402, 387 ff. ZPO kann das Gericht aber dadurch abwenden, dass es den Sachverständigen nach § 408 Abs. 1 Satz 2 ZPO »aus anderen Gründen« von der Verpflichtung zur Gutachtenerstattung entbindet und einen neuen Sachverständigen nach § 404 Abs. 1 Satz 3 bestellt.[5086] Die Parteien sind zuvor zu hören, §§ 360 Satz 4, 404 Abs. 4 ZPO.

Arbeitsüberlastung des Sachverständigen entbindet ihn nicht von der Verpflichtung zur Gutachtenerstattung. Einerseits muss man sie zwar bei der Auswahl des Sachverständigen und auch noch nach Bestellung respektieren, andererseits darf sie nicht dazu führen, dass dem Gericht die Hilfestellung durch den Gutachter damit letztlich versagt wird.[5087] Helfen kann das Gericht sich auch in diesen Fällen, in denen die Entbindung des Sachverständigen unvermeidlich erscheint, mit dem beschriebenen Vorgehen nach § 408 Abs. 1 Satz 2 ZPO.[5088]

3795

5086 Huber in Musielak, ZPO, § 408 Rn. 1.
5087 Baumbach/Lauterbach/Albers/Hartmann, ZPO, § 407 Rn. 2: Überlastung ist das Schicksal des Tüchtigen.
5088 Huber in Musielak, ZPO, § 408 Rn. 1.

Frahm

> ## Recht des gerichtlichen Sachverständigen zur Ablehnung des Auftrags
>
> - Persönliche Gründe, z.B. Verwandtschaftsverhältnis zu einer Partei, §§ 402, 383 ZPO
> - Sachliche Gründe, z.B. Pflicht zur Geheimhaltung, §§ 402, 384 ZPO
> - Kollision mit einer Amtsverschwiegenheit, §§ 402, 376 ZPO
> - Grundsätzlich nicht: Arbeitsüberlastung
> - Führt zur Nichterteilung des Auftrags: Befangenheitsgründe

3796 Erfolgt die Verweigerung ohne rechtfertigenden Grund oder sind vorgebrachte Weigerungsgründe rechtskräftig zurückgewiesen worden, steht gegen den sich weiterhin sperrenden Sachverständigen die **Verhängung von Ordnungsgeld** zur Verfügung, § 409 ZPO. Dies gilt auch, wenn der Sachverständige trotz ordnungsgemäßer Ladung zur Gutachtenerstattung oder mündlichen Erläuterung des Gutachtens nicht erscheint, es sei denn er hatte die Weigerung zuvor schriftlich oder zu Protokoll der Geschäftsstelle erklärt (§§ 402, 386 Abs. 3 ZPO) oder sich rechtzeitig entschuldigt (§§ 402, 381 ZPO). Auch eine Versäumung der Frist zur Erstattung des Gutachtens kann die Verhängung von Ordnungsgeld zur Folge haben, § 411 Abs. 2 ZPO.

c) Ablehnung wegen Besorgnis der Befangenheit

3797 Ein Sachverständiger (mangels gesetzlicher Grundlage aber nicht sein bloßer Gehilfe[5089]) kann ebenso wie ein Richter abgelehnt werden, § 406 ZPO, mithin wegen eigener **Prozessbeteiligung** (§ 41 Nr. 1 ZPO), **persönlichen Beziehungen** zu einer der Parteien (§ 41 Nr. 2 – 4 ZPO) und schließlich wegen der **Besorgnis der Befangenheit** (§ 42 ZPO). Bei letzterem müssen objektive Umstände vorliegen, die vom Standpunkt der ablehnenden Partei aus bei vernünftiger Betrachtungsweise geeignet sind, Misstrauen gegen die Unparteilichkeit und Unvoreingenommenheit des Sachverständigen zu rechtfertigen.

3798 **Befangenheitsgründe** können sich aus Folgendem ergeben:

5089 OLG Zweibrücken MDR 1986, 417.

- Der Sachverständige hat bereits zu diesem Behandlungsgeschehen für eine Partei oder einen mittelbar Beteiligten ein **Privatgutachten** erstattet.[5090]
- Er ist für den Haftpflichtversicherer oder für den anwaltlichen Vertreter einer der Parteien regelmäßig privatgutachterlich tätig, insbesondere wenn die Erteilung künftiger Aufträge für ihn einen bedeutsamen wirtschaftlichen Faktor darstellt, also davon auszugehen ist, dass eine **wirtschaftliche Abhängigkeit** besteht.[5091]
- Bei enger beruflicher[5092] oder wissenschaftlicher[5093] **Zusammenarbeit** zwischen beklagtem Arzt und Sachverständigem.
- Der Sachverständige ist Chefarzt eines akademischen **Lehrkrankenhauses** des beklagten Universitätsklinikums.[5094]
- Der Sachverständige weist ungefragt und ohne dass dies Gegenstand des Gutachtenauftrags war darauf hin, die Unterlagen ergäben keinen Hinweis auf eine **Operationsaufklärung**[5095] (siehe unten zur zulässigen Erweiterung des Gutachtens: Rdn. 3849).
- Er ermittelt Anknüpfungstatsachen durch Beschaffung von Unterlagen von einer Partei, ohne dies offenzulegen; die andere Partei kann dann zu Recht argwöhnen, es könnte dabei ein der Neutralität entgegenstehender **Informationsaustausch** stattgefunden haben.[5096]
- Es wurde in erheblichem Maße auf **mangelnde Sorgfalt** deutend fehlerhaft begutachtet,[5097] jedenfalls wenn die Unzulänglichkeit und Fehlerhaftigkeit auf einer unsachlichen Einstellung des Sachverständigen gegenüber einer Person oder auf Willkür beruht.[5098]
- Der Sachverständige bedient sich in Richtung der einen Partei einer **befremdlichen Wortwahl** (»unsinnige Frage«, »Schutzbehauptung«, »grotesk«, »keine Diskussion wert«) und dies kann als Ausdruck einer unsachlichen Grundhaltung gegenüber einer Partei gedeutet werden.[5099]

5090 OLG Frankfurt OLGR 2005, 551 (Schimmelpilzbelastung in Mieträumen); OLG Hamm VersR 2000, 998: Keine Befangenheit, wenn das Privatgutachten eine andere Anspruchsbeziehung betraf.

5091 Vgl. OLG München OLGR 2006, 315; OLG München MDR 1998, 858: wirtschaftliche Abhängigkeit des Sachverständigen.

5092 OLG Oldenburg MDR 2008, 44: Der beklagte Arzt überwies fortlaufend Patienten an den Sachverständigen.

5093 OLG Frankfurt OLGR 2008, 784: Mitautoren desselben Fachbuchs und zugleich gemeinsame Vortragstätigkeit.

5094 OLG Naumburg GesR 2010, 203; OLG Stuttgart GesR 2008, 424 (1 W 51/07); siehe aber unten Fn. 102.

5095 OLG München VersR 2008, 944; OLG Oldenburg MDR 2008, 101; LG Nürnberg-Fürth r+s 2011, 180.

5096 OLG Saarbrücken MDR 2005, 233; OLG Köln MDR 2011, 507.

5097 OLG Karlsruhe VersR 2010, 498.

5098 OLG Naumburg OLGR 2007, 376: ansonsten geht das Verfahrensinstrumentarium des § 412 ZPO vor.

5099 LG Nürnberg-Fürth GesR 2006, 252; OLG Nürnberg VersR 2001, 1569.

Frahm

- Er zeigt, dass er das Anliegen des Klägers nicht ernst nimmt und seine Gutachtertätigkeit nur als Belastung empfindet.[5100]
- Er bezeichnet das von einer Partei angekündigte Privatgutachten vorweg als **Gefälligkeitsgutachten**.[5101]
- Der Sachverständige zieht (gar noch unter Verstoß gegen die Mitteilungspflicht aus § 407 a Abs. 2 Satz 2 ZPO) einen **Mitarbeiter** zur Gutachtenerstellung bei, bei dem für den Gutachter erkennbar ein Ablehnungsgrund nach § 406 Abs. 1 ZPO vorliegt.[5102]
- Der Sachverständige formuliert die im Beweisbeschluss vorgegebenen Themen von sich aus um und lässt **substanziiertes Parteivorbringen** einer Partei völlig unbeachtet.[5103]
- Gegen den Sachverständigen läuft wegen des Vorwurfs eines ärztlichen Behandlungsfehlers derzeit ein **Schadensersatzanspruchsverfahren**, hier zudem von dem Prozessbevollmächtigten des jetzigen Klägers eingereicht.[5104]

3799 Als **nicht befangen** ist der Sachverständige aber in folgenden Fällen erachtet worden:
- Enge **berufliche Bekanntschaft** zwischen beklagtem Arzt und Sachverständigem.[5105]
- Der Sachverständige ist Chefarzt eines akademischen **Lehrkrankenhauses**, beklagt ist ein derselben Universität zugehöriges Lehrkrankenhaus.[5106]
- Zwischen dem Sachverständigen und dem beklagten Arzt besteht eine **persönliche Beziehung**, die nicht über jene Kontakte hinausgehen, die im wissenschaftlichen Bereich als selbstverständlich anzusehen sind, so wenn beide Mediziner Mitglieder der selben Fachgesellschaft sind und der Sachverständige auf einer vom beklagten Arzt geleiteten Tagung der Fachgesellschaft als Referent aufgetreten ist.[5107]

5100 LG Kleve GesR 2011, 32: Darüber hinaus hatte der Sachverständige den Kläger als »Prozesshansel« bezeichnet, dies aber dann zurückgenommen.

5101 OLG Zweibrücken NJW 1998, 912.

5102 OLG Jena MDR 2006, 1011; Schikora MDR 2002, 1033, 1034.

5103 OLG Bamberg MedR 1993, 351.

5104 BGH NJW 1992, 114: Es kann die Sorge bestehen, dass der Sachverständige in dieser Situation viel Verständnis für den beklagten Standeskollegen aufbringt.

5105 OLG Saarbrücken MDR 2008, 226.

5106 OLG Stuttgart GesR 2008, 424 (1 W 60/07), siehe auch oben Fn. 90: Es besteht (aus objektiver Sicht des Sachverständigen) nicht die Gefahr einer Rufschädigung aller akademischer Lehrkrankenhäuser einer Universität im Falle eines Behandlungsfehlers in einem dieser Krankenhäuser; vgl. auch BGH NJW 1992, 1558: Beklagter Arzt und Sachverständiger sind Chefärzte katholischer Krankenhäuser in benachbarten Ortschaften mit derselben kirchlichen Aufsichtsbehörde.

5107 OLG Düsseldorf MedR 2005, 42.

Frahm

– Er sieht davon ab, die Beklagtenseite von der **ärztlichen Untersuchung** des klagenden Patienten zu verständigen.[5108]

– Die Grenze zur beleidigenden **Herabsetzung einer Partei** durch den Sachverständigen ist noch nicht überschritten (hier: »kein seriöser Wirbelsäulenchirurg vertritt diese Auffassung«).[5109]

– Auf provozierende Angriffe einer Partei wird mit einer **entschiedenen Erwiderung** des Sachverständigen reagiert.[5110]

– Der Sachverständige fordert ohne Benachrichtigung der Gegenseite von einer Partei **Unterlagen zur Krankengeschichte** an, legt dies aber im Gutachten offen.[5111]

– Der Sachverständige äußert sich ungefragt zum **Aufklärungsfehler**; die Klage war aber auch hierauf gestützt.[5112]

– Er überträgt entgegen § 407a Abs. 2 Satz 1 ZPO den Gutachterauftrag **einem anderen Arzt** und teilt dies den Parteien nicht von sich aus mit.[5113]

– Der Sachverständige war bereits als **Privatgutachter** in anderen Angelegenheiten für den Haftpflichtversicherer der Beklagtenseite tätig.[5114]

– Er hatte in dieser Streitsache bereits für die **Schlichtungsstelle** bzw. Gutachterkommission ein Gutachten erstattet.[5115]

– Er hatte den Kläger anlässlich eines Krankenhausaufenthalts untersucht und seine Leistungen liquidiert; ein **besonderes Vertrauensverhältnis** zwischen Arzt und Patient war nicht zustande gekommen.[5116]

– Der in Anspruch genommene Arzt und der Sachverständige nehmen **nebenberuflich Lehraufträge** an derselben großen Universitätsklinik wahr.[5117]

Auch der **Untersachverständige** (Beirat des gerichtlichen Sachverständigen für Fragen aus einem anderen Fachgebiet) kann als befangen abgelehnt werden, wenn eine entsprechende Besorgnis besteht und der Gerichtssachverständige sich dessen Feststellungen nicht zu Eigen gemacht hat. Er ist zwar mangels Bestellung nicht gerichtlicher Sachverständiger; seine gutachterlichen Äußerungen dürfen aber dennoch entsprechend § 406 ZPO nicht

3800

5108 OLG München VersR 2006, 1709.
5109 OLG Saarbrücken MDR 2005, 648.
5110 OLG Düsseldorf BB 1975, 627.
5111 OLG Bamberg VersR 2009, 1427; OLG Zweibrücken NJW-RR 2001, 1149.
5112 OLG Dresden GesR 2010, 136.
5113 OLG Jena MDR 2006, 1011 und OLG Köln GesR 2010, 370: Beide Parteien sind dann gleichermaßen benachteiligt, sodass ein Misstrauen gegen die Unparteilichkeit nicht gerechtfertigt ist.
5114 OLG Celle NJW-RR 2003, 135: Gerade qualifizierte Sachverständige erstellen für die Versicherungswirtschaft Privatgutachten.
5115 OLG Frankfurt/M. MDR 2011, 126; OLG Brandenburg Urt. v. 5.2.2009 – 12 U 33/07 – zit. nach juris; kritisch dazu: Stegers/Hansis/Alberts/Scheuch, Sachverständigenbeweis im Arzthaftungsrecht, 2. Aufl. 2008, Rn. 106.
5116 OLG Köln VersR 1992, 517.
5117 OLG Oldenburg VersR 2009, 238.

verwertet werden.[5118] Die Ablehnung von **Hilfspersonen** im Sinn von § 407a Abs. 2 Satz 2 ZPO ist demgegenüber unzulässig, weil diese im Gesetz nicht vorgesehen ist.[5119]

3801 Der Befangenheitsantrag ist nach § 406 Abs. 2 Satz 1 ZPO binnen einer **Frist von zwei Wochen** nach Verkündung, Zustellung oder Zugang (§ 189 ZPO) des Beschlusses über die Ernennung des Sachverständigen zu stellen. Kann der Antragsteller glaubhaft machen, dass er **ohne sein Verschulden verhindert** war, den Ablehnungsgrund früher geltend zu machen, ist nach § 406 Abs. 2 Satz 2 ZPO auch zu einem späteren Zeitpunkt die Ablehnung zulässig. Ein klassischer Fall ist der, in dem sich der Ablehnungsgrund erst aus dem Gutachten ergibt (siehe dazu näher unten Rdn. 3834).

3802 Mit der Verhandlung zur Sache oder über das Beweisergebnis **verlieren** die Parteien entsprechend § 43 ZPO das Ablehnungsrecht über die bis dahin bekannten Gründe.[5120] Im Beschwerdeverfahren über den Ablehnungsantrag können keine neuen Ablehnungsgründe nachgeschoben werden.[5121] Wird innerhalb der Ablehnungsfrist des § 406 Abs. 2 ZPO in der Sache schon ein Urteil verkündet, kann der Ablehnungsantrag noch gestellt werden; eine erfolgreiche Ablehnung führt dann u. U. zur Aufhebung dieses Urteils in der Rechtsmittelinstanz.[5122]

3803 Die Ablehnungsgründe hat die Partei **glaubhaft** zu machen (§ 294 ZPO); jedoch reicht die eigene eidesstattliche Versicherung nicht aus, § 406 Abs. 3 ZPO.

3804 Über den Ablehnungsantrag muss das Gericht nicht mündlich verhandeln, § 128 Abs. 4 ZPO. Vor einer stattgebenden Entscheidung ist aber **der Gegner zu hören**. Zwar gibt es bei der Sachverständigenablehnung keine dem § 44 Abs. 3 ZPO entsprechende Bestimmung. Dennoch sollte **der Sachverständige** vor einer ablehnenden Entscheidung eine Gelegenheit zur Stellungnahme erhalten; dies ist jedenfalls dann geboten, wenn es zur Prüfung des Ablehnungsantrags erforderlich, sein Persönlichkeitsrecht oder seine berufliche Tätigkeit betroffen ist[5123] und wenn sogar sein Honoraranspruch (siehe hierzu unten Rdn. 3863 ff.) in Frage steht.[5124] Ein **Vergütungsanspruch** entsteht durch die Stellungnahme des Sachverständigen trotz des damit verbundenen Zeitaufwands nicht; Tätigkeiten, die lediglich das rechtliche Grundverhältnis zwischen dem Sachverständigen und dem Gericht

5118 OLG Düsseldorf MDR 2008, 104.
5119 OLG Zweibrücken MDR 1986, 417.
5120 OLG Düsseldorf MDR 1994, 620.
5121 OLG Bamberg VersR 2009, 1427.
5122 Greger in Zöller § 406 Rn. 12.
5123 Katzenmeier in Prütting/Gehrlein, ZPO, § 406 Rn. 22.
5124 Greger in Zöller § 406 Rn. 12a; a. A. Katzenmeier in Prütting/Gehrlein, ZPO, § 406 Rn. 22: Anhörung im Festsetzungsverfahren reicht.

Frahm

oder zu den Parteien betreffen, sind von den gesetzlichen Entschädigungs-
regelungen nicht mit umfasst.[5125]

Wird der Sachverständige erfolgreich abgelehnt kann er bei vorsätzlich oder **3805**
grob fahrlässig verursachter Ablehnung wegen Besorgnis der Befangenheit seinen Honoraranspruch verlieren (siehe unten Rdn. 3863 ff.). Es ist
ein **neuer Gutacher** zu bestellen, § 412 Abs. 2 ZPO. Entgegen dem Wortlaut dieser Vorschrift (»kann«) besteht dabei kein Ermessen des Gerichts[5126]
bzw. nur hinsichtlich der Frage, ob überhaupt noch ein Gutachten eingeholt
werden soll.[5127] Der bisherige Sachverständige kann nun zu der Frage, welche Feststellungen er bei Durchführung des erteilten Auftrags getroffen hat,
immer noch **als sachverständiger Zeuge** vernommen werden; so ist § 406
ZPO auf sachverständige Zeugen nicht anzuwenden. Diese Verfahrensweise ist aber nur dann gerechtfertigt, wenn ein neu zu bestellender Gutachter
nun die entsprechenden Feststellungen nicht mehr würde treffen können.
Im Übrigen sind die Ablehnungsgründe bei der Prüfung des Beweiswertes
seiner Aussage zu berücksichtigen.[5128]

Wird dem Sachverständigen während des laufenden Arzthaftungsverfah- **3806**
rens nach § 72 ZPO mit der Begründung, sein Gutachten sei grob fahrlässig falsch erstattet worden und deshalb stehe ihr, der Partei, gegen ihn ein
Schadensersatzanspruch nach § 839a BGB zu (siehe unten Rdn. 3918 ff.),
der Streit verkündet, würde dies sicher oft die Besorgnis der Befangenheit
auslösen. Jedoch hat der BGH die **Streitverkündung** während anhängi-
gem Rechtsstreit und bereits die Zustellung der Streitverkündungsschrift an
den Sachverständigen als unzulässig erachtet.[5129] Kam es aber dennoch zu
einer Streitverkündung und damit zu einer erfolgreichen Sachverständigenablehnung, ist das zu erstattende Gutachten nicht von vornherein unverwertbar.[5130] Kurz nach dieser Entscheidung ist der Gesetzgeber nachgezo-
gen und hat in § 72 Abs. 2 ZPO die Unzulässigkeit dieser Streitverkündung
festgeschrieben. Eine erfolgreiche Sachverständigenablehnung hat zwar
regelmäßig zur Folge, dass das Gutachten nicht mehr verwertet werden
darf. Eine Ausnahme dieses Grundsatzes besteht aber, wenn die Ablehnung
durch eine Partei **provoziert** worden war und kein Anlass zu der Besorgnis
besteht, dass im Zeitpunkt der Gutachtenerstellung die Unvoreingenommenheit schon beeinträchtigt war.[5131]

5125 OLG Köln VersR 1995, 1508.
5126 Greger in Zöller § 412 Rn. 4: Redaktionsfehler.
5127 Katzenmeier in Prütting/Gehrlein, ZPO, § 412 Rn. 2.
5128 BGH MDR 1974, 382.
5129 BGH NJW 2006, 3214: Der Sachverständige ist nicht Dritter i.S.v. § 72 ZPO;
     BGH NJW 2007, 919 (Mietrechtsstreit).
5130 BGH NJW-RR 2007, 1293 (Bauprozess).
5131 BGH NJW-RR 2007, 1293: Ablehnungsantrag nach unzulässiger Streitverkün-
     dung.

Frahm

3807 Ebenso unzulässig ist es, gegen den Sachverständigen wegen behaupteten Schadensersatzanspruches nach § 839a BGB[5132] zur Vorbereitung eines Haftpflichtprozesses ein **selbständiges Beweisverfahren** zu beantragen, solange der Vorprozess noch nicht abgeschlossen ist.[5133] Denn die Vorbereitung des Haftpflichtprozesses gegen den Sachverständigen widerspricht dem Ziel des selbständigen Beweisverfahrens nach § 485 Abs. 2 ZPO, der Entlastung der Gerichte von Prozessen, also der Prozessökonomie. Außerdem kann ein Schadensersatzanspruch gegen den Sachverständigen noch gar nicht entstanden sein, weil dieser voraussetzt, dass sein Gutachten in eine dann unrichtige gerichtliche Entscheidung Eingang gefunden und dadurch einen Schaden der Partei ausgelöst hat. Hier würde das selbständige Beweisverfahren dann dem Vorrang des Primärrechtsschutzes aus § 839 a Abs. 2 BGB i.V.m. § 839 Abs. 3 BGB widersprechen. Die Partei ist vielmehr gehalten, sich zunächst durch Hinweise auf die Unrichtigkeit des Gutachtens, den Antrag auf Ladung des Sachverständigen zur mündlichen Erläuterung des Gutachtens oder auf Einholung eines neuen (Ober-)Gutachtens zu behelfen.[5134] Mangels bereits entstandenen Schadens scheidet dann auch eine **eigenständige Haftungsklage gegen den Sachverständigen** aus. Ebenfalls mangels Rechtsschutzbedürfnisses soll eine während des laufenden Verfahrens erhobene Klage gegen den Sachverständigen ausscheiden, die auf Unterlassung oder auf Widerruf einer als ehrverletzend empfundenen Äußerung im Gutachten gerichtet ist.[5135]

3808 Ist der Sachverständige nicht abgelehnt worden oder ist das Ablehnungsgesuch verspätet (siehe unten Rdn. 3834) erhoben, sind eventuelle Befangenheitsgründe bei der **Würdigung** der Überzeugungskraft des Gutachtens zu berücksichtigen. Hatte das Ablehnungsgesuch aber wegen Verneinung der Besorgnis der Befangenheit keinen Erfolg, fließen die Ablehnungsgründe nicht in die Beweiswürdigung des Urteils ein.[5136]

3809 Nur gegen die Zurückweisung des Ablehnungsantrags ist die **sofortige Beschwerde** nach § 567 ZPO zulässig, nicht gegen eine stattgebende Entscheidung. Wird der Ablehnungsantrag in zweiter Instanz erhoben, ist die zurückweisende Entscheidung des Berufungsgerichts mit der Rechtsbeschwerde anfechtbar, wenn sie zugelassen wurde (§ 574 Abs. 1 Satz 1 Nr. 2 ZPO). Die Erinnerung nach § 573 ZPO kommt in Betracht, wenn ein mit der Beweisaufnahme nach § 405 ZPO betrauter Richter den Ablehnungsantrag zurückgewiesen hat. Ein Nachschieben von Ablehnungsgründen im Erinnerungs-/Beschwerdeverfahren ist nicht zulässig, da dies der zeitlichen Beschränkung des Ablehnungsrechts widersprechen würde.[5137] Auch neue

---

5132 Zu § 839a BGB siehe näher unten Rdn. 3918 ff.
5133 BGH NJW-RR 2006, 1454 (Bauprozess).
5134 BGH NJW-RR 2006, 1454 (Bauprozess).
5135 Thole GesR 2006, 154, 159.
5136 BGH NJW 1959, 434.
5137 OLG Düsseldorf NJW-RR 2001, 1434.

Frahm

Ablehnungsgründe können nicht Gegenstand dieses Verfahrens sein; sie sind mit einem weiteren Ablehnungsantrag geltend zu machen.[5138]

> ❗ Der häufigste Ablehnungsgrund gegen den Sachverständigen ist die Besorgnis der Befangenheit. Der Versuch, diese Besorgnis erst dadurch hervorzurufen, dass
> - dem Sachverständigen mit der Behauptung, der Partei stehe gegen ihn ein Schadensersatzanspruch nach § 839a BGB zu, der Streit verkündet wird oder
> - unter demselben Vorwand gegen ihn ein selbständiges Beweisverfahren eingeleitet wird,
>
> hat sich mittlerweile als untauglich erwiesen. Streitverkündung und selbständiges Beweisverfahren gegen den Sachverständigen sind während des laufenden Arzthaftungsprozesses unzulässig.

d) Auslagenvorschuss für das Gutachten

Eine Pflicht zur Zahlung des Auslagenvorschusses aus § 17 Abs. 1 GKG besteht für beide Parteien nicht, wenn der Kläger **Prozesskostenhilfe** erhalten hat (§ 122 Abs. 1 Nr. 1a, Abs. 2 ZPO). Handelt es sich um ein Gutachten, das von Amts wegen eingeholt wird (§ 144 ZPO), kann das Gericht nach § 17 Abs. 3 GKG einen Vorschuss erfordern, muss es aber nicht; jedenfalls darf es dann die Zahlung des Vorschusses nicht zur Bedingung der Einholung des Gutachtens machen.[5139]   **3810**

Erfolgt die Beweisaufnahme aber **auf Antrag einer Partei**, ist ein Auslagenvorschuss zu zahlen, wobei grundsätzlich der Beweisführer **vorschusspflichtig** ist. Dies ist derjenige, der die Einholung des Beweises beantragt hat. Nur wenn beide Parteien das Beweismittel beantragen, bestimmt sich die Vorschusspflicht nach der materiellen Beweislast.[5140] Zahlt nun der Beweisführer den Auslagenvorschuss (§§ 402, 379 ZPO) nicht oder versäumt er die Ausschlussfrist (§ 356 ZPO), hat das Gericht zu prüfen, ob von Amts wegen ein Sachverständigengutachten eingeholt werden soll,[5141] mit der Folge, dass die Einholung – wie oben in Rdn. 3799 dargelegt – nicht von der Vorschusszahlung abhängig gemacht werden kann. Nicht vorgesehen ist aber die Einholung des Gutachtens von Amts wegen nach § 144 ZPO, nur um die Problematik nicht eingezahlten Auslagenvorschusses zu umgehen.[5142] Holt das Gericht das Gutachten mangels Vorschussleistung nicht ein, muss es vor seiner instanzabschließenden Entscheidung versuchen, die   **3811**

5138 Vollkommer in Zöller § 46 Rn. 17.
5139 BGH MDR 1976, 396.
5140 BGH NJW 2000, 743.
5141 BGH MDR 1976, 396.
5142 Vgl. Prütting in Prütting/Gehrlein, ZPO, § 144 Rn. 3.

beweiserhebliche Frage in anderer Weise (Parteianhörung, andere verfügbare Beweismittel) zu klären, darf also die Partei nicht ohne weiteres als beweisfällig ansehen.[5143] Zu beachten ist, dass die ohne Angabe der Gründe erfolgte Nichtzahlung die Annahme rechtfertigen kann, dass die Partei von sich aus keinen Wert auf die Einholung eines Gutachtens legt.[5144]

> ❗ Sollte sich die Vorschusszahlung von Seiten der Partei verzögern, ist das Gericht hierauf hinzuweisen. Denn ansonsten droht die Annahme des Gerichts, es werde auf die Einholung des beantragten Gutachtens verzichtet.

3812 Im Beweisbeschluss sollte der Auslagenvorschuss (§§ 402, 379 ZPO) festgesetzt werden sowie eine Frist zur Einzahlung. Wird das Gutachten **ohne Vorschussleistung** eingeholt, kann das Gericht die Übersendung des Gutachtens an die vorschusspflichtige Partei nun nicht von der Zahlung abhängig machen. Denn aus § 379 ZPO folgt, dass Vorschüsse nur für die Beauftragung des Sachverständigen, für die Fortsetzung der begonnenen Begutachtung und für die Ladung des Sachverständigen zur mündlichen Verhandlung angefordert werden können, nicht für die Weiterleitung eines bereits eingeholten Gutachtens.[5145]

3813 Für die beantragte mündliche Ergänzung des Gutachtens ist nicht stets der Beweisführer vorschusspflichtig, sondern der **Antragsteller.**[5146] Ein verspäteter Eingang des Vorschusses hindert die Ladung des Sachverständigen nicht, wenn sie zu dem Verhandlungstermin noch möglich ist.[5147]

> ❗ Für die Einholung des Sachverständigengutachtens ist grundsätzlich derjenige vorschusspflichtig, der das Gutachten oder die mündliche Ergänzung beantragt hat. Nur wenn beide Parteien diesen Antrag stellen, entscheidet die Beweislast über die Vorschusspflicht.

e) Persönliche Erstellung des Gutachtens

3814 Der Sachverständige hat das Gutachten **selbst zu erstellen**, darf den Auftrag also nicht von sich aus an einen anderen Arzt übertragen, § 407 a Abs. 2 ZPO. Ebenso darf er nicht ohne ergänzende Beauftragung ein **Zusatzgutachten** eines anderen Mediziners einholen (zumal insoweit die Entschädigungsfähigkeit in Frage stünde),[5148] siehe § 407 a Abs. 1 Satz 1

5143 BGH NJW 2007, 2122 (Mietwagenkosten nach Verkehrsunfall).
5144 BGH MDR 1976, 396.
5145 OLG Frankfurt/M. MDR 2004, 1255.
5146 BGH NJW 1964, 658 LS.
5147 Greger in Zöller § 411 Rn. 5b.
5148 OLG München NJW 1974, 611: Gefahr der Überschreitung des Gutachtenauftrags.

ZPO. Ist für die Klärung einer Vorfrage oder eines Teilaspekts des Gutachtenauftrags die Hinzuziehung eines Spezialisten aus einer anderen Fachrichtung erforderlich (z. B. wenn der Chirurg einen Röntgenologen zur Erhebung erforderlicher Befunde beizieht), ist im Grunde nichts gegen diese Art der Delegation einzuwenden,[5149] jedoch nur mit Gestattung des Gerichts. Zumindest ist die Hinzuziehung und deren Art und Weise offenzulegen.[5150] Der Sachverständige muss außerdem in der Lage sein, die Ordnungsmäßigkeit der Arbeit des hinzugezogenen Mediziners zu überblicken, ansonsten liegt ein Verstoß gegen den Grundsatz der Beweisunmittelbarkeit (§ 355 Abs. 1 ZPO) nahe.[5151] Davon kann ausgegangen werden, wenn der Sachverständige sich lediglich auf beiläufig diskutierte Fachfragen oder eine nur telefonisch eingeholte Auskunft des anderen Fachmediziners verlässt.[5152]

Nur wenn derjenige, den das Gericht als Gutachter ausgewählt hat, selbst **3815** tätig wird, können Parteien und Gericht überprüfen, ob das Gutachten auf der Grundlage der erforderlichen **persönlichen und fachlichen Qualifikation** erstellt worden ist und schließlich auch, ob gegen den tatsächlichen Bearbeiter Ablehnungsgründe bestehen.[5153]

Persönliche Erstellung des Gutachtens

Übertragung auf einen Anderen	Mitarbeit Dritter	bloße Gehilfentätigkeit
⬇	⬇	⬇
unzulässig § 407a Abs. 1 BGB	beschränkt zulässig, anzeigepflichtig § 407a Abs. 2 Satz 2 BGB	zulässig § 407a Abs. 2 Satz 2 BGB

5149 OLG Frankfurt/M. MDR 1983, 849.
5150 BGH NJW-RR 2009, 409: Erst in der mündlichen Verhandlung stellte sich heraus, dass der Sachverständige telefonischen Rat eines Radiologen eingeholt hatte.
5151 Vgl. OLG Frankfurt/M. MDR 1983, 849.
5152 BGH NJW-RR 2009, 409: telefonischer Rat eines Radiologen.
5153 OLG Frankfurt/M. MDR 1983, 849.

Frahm

3816   Zulässig ist es demgegenüber, sich der Mitarbeit anderer Personen zu einzelnen Untersuchungen und Wertungen zu bedienen, wenn die Eignung und Zuverlässigkeit dieser Kräfte gewährleistet ist. Die **Mitwirkung dieses Personals** muss allerdings so gestaltet sein, dass sie die persönliche Verantwortung des Sachverständigen für das Gutachten nicht ausschließt. In diesen Grenzen ist die Art und Weise der Mitarbeit durch Dritte dem Ermessen des Sachverständigen überlassen,[5154] der aber weiterhin die Organisationsgewalt und fachliche Leitung bei der Gutachtenerstellung im Sinne einer Oberaufsicht innezuhaben hat.[5155] Diese Mitarbeiter muss der Sachverständige **namentlich benennen** und dem Gericht den Umfang ihrer Tätigkeit angeben, es sei denn es handelt sich lediglich um Hilfsdienste untergeordneter Bedeutung, § 407 a Abs. 2 Satz 2 ZPO. Die mitteilungspflichtige Mitarbeit soll z.B. in der Zusammenstellung erheblicher Informationen bestehen können, aber auch in der **körperlichen Untersuchung** des Klägers und der Anamneseerhebung.[5156] Dies ist aber zweifelhaft, weil es sich hierbei regelmäßig um wesentliche Teile der gutachterlichen Arbeit handelt.[5157] So ist die Grenze unerlaubter Mitarbeit jedenfalls dann überschritten, wenn der psychiatrische Sachverständige das explorierende Gespräch mit dem klagenden Patienten vollständig einem Mitarbeiter überträgt und damit den unverzichtbaren Kern der gutachterlichen Tätigkeit nicht selbst wahrnimmt.[5158] **Nicht anzeigepflichtige Tätigkeiten** sind demgegenüber z.B. reine Vorarbeiten, Assistenz, Handreichungen oder Schreibarbeiten.[5159]

3817   Entscheidend ist, dass der bestellte Gutachter weiterhin die **Gesamtverantwortung** trägt und dies damit wahrheitsgemäß dokumentiert, indem er angibt, er habe die Auswertung selbst und auch in Details nachvollzogen und sich zu Eigen gemacht.[5160] Dies kann er mit seiner Unterschriftleistung versichern, welche durch den Zusatz »**einverstanden auf Grund eigener Untersuchung und Beurteilung**« ergänzt wird.[5161] Bei Zweifeln ist der Sachverständige zu befragen, welche Anteile der Gutachtenerstellung auf den Mitarbeiter übertragen worden sind und worauf sich seine eigene Untersuchung und Beurteilung im Einzelnen bezieht.

5154   OLG München NJW 1974, 611.
5155   Laufs/Kern/Schlund, Handbuch des Arztrechts, 4. Aufl. 2010, § 122 Rn. 19.
5156   OLG München OLGR 2007, 208: Dort war der persönliche Eindruck vom Zustand des Klägers allerdings bereits durch Fotos dokumentiert, und die Hilfskraft, ein Privatdozent, bot Gewähr für eine verlässliche Zustandsbeschreibung.
5157   Diese Bedenken teilt auch Bürger MedR 1999, 100, 103. .
5158   OLG Köln GesR 2010, 370 (Befangenheitsantrag gegen den Sachverständigen).
5159   Schikora MDR 2002, 1033, 1034.
5160   Vgl. OLG München NJW 1974, 611; kritisch: Stegers/Hansis/Alberts/Scheuch, Sachverständigenbeweis im Arzthaftungsrecht, 2. Aufl. 2008, Rn. 31 ff.
5161   OLG Koblenz RuS 2001, 211: »Einverstanden« allein reicht nicht. Aber die Partei hätte die mündliche Anhörung des Sachverständigen hierzu beantragen können.

Stammt das Gutachten nicht oder im o. g. Sinne nicht vollständig von dem **3818** beauftragten Sachverständigen, ist es **zunächst nicht verwertbar.** Diese Situation liegt z. B. vor, wenn neben dem gerichtlich bestellten Sachverständigen ohne jeden erklärenden Zusatz weitere Ärzte das Gutachten unterschrieben haben.[5162] Das Gericht hat dann bei dem Sachverständigen Art und Umfang der Mitarbeit, sowie die Qualifikation der Gehilfen nachzufragen, außerdem ob er die Auswertung des Gutachtens selbst nachvollzogen hat und sich diese zu Eigen macht.[5163] Bejahendenfalls übernimmt er damit in ausreichendem Maße die Verantwortung für das Gutachten,[5164] und ein eventueller Verstoß gegen § 407a ZPO ist dann geheilt.[5165] Demgegenüber reicht es nicht aus, wenn er sich lediglich mit dem Arbeitsergebnis der Mitarbeiter einverstanden erklärt.[5166] Dadurch ist nicht genügend erkennbar, dass der Sachverständige die volle Verantwortung für das Gutachten auch tatsächlich übernommen hat und dazu nach seinem Kenntnisstand auch in der Lage war. Vielmehr klingt der Zusatz »**einverstanden**« nach einer bloßen Plausibilitätskontrolle.[5167] Unzureichend ist daher auch der Zusatz »**mit Befund und Beurteilung einverstanden**«.[5168] Großzügiger ist allerdings bei reinem »Aktengutachten« zu verfahren, bei dem für die Gutachtenerstellung lediglich der Akteninhalt ausgewertet und beurteilt wird. Hier kann der Unterschriftszusatz »einverstanden« oder »genehmigt« ausreichen, weil daraus folgt, dass der Gutachter sich auf Grund der Lektüre des von einem zuverlässigen und sachkundigen Mitarbeiter erstellten Beitrags hinreichend in Kenntnis gesetzt sieht und Schlussfolgerungen verantwortlich übernimmt.[5169]

Bestehen Zweifel an der tatsächlichen Urheberschaft des bestellten Sachver- **3819** ständigen, kann der Blick auf das Diktatzeichen des Gutachtens oder auf die in der Abrechnung angegebene Kontoverbindung hilfreich sein. Als weitere Aufklärungsmöglichkeit zu der Frage, inwieweit der Sachverständige das Gutachten eigenständig erstellt hat, kommt das gerichtliche Verlangen nach **Herausgabe der Unterlagen** des Gutachters nach § 407a Abs. 4 ZPO in Betracht. Anhand der Einsichtnahme in die Handakten des Sachverständigen

---

5162 KG GesR 2010, 608: Formaljuristisch spreche dies zunächst dafür, dass alle Unterzeichner die Gesamtverantwortlichkeit für das Gutachten übernommen haben.
5163 KG GesR 2010, 608: Mitarbeit einer Fachärztin für Herzchirurgie und Internsivmedizin.
5164 Vgl. OLG Zweibrücken VersR 2000, 605.
5165 OLG Frankfurt/M. VersR 2004, 1121.
5166 OLG Zweibrücken VersR 2000, 605.
5167 BVerwG NJW 1984, 2645 (Zivildienstfähigkeit und gesundheitliche Mindestanforderungen).
5168 A.A. BVerwG NJW 1969, 1591: gebräuchliche Formulierung, der zu entnehmen ist, dass der Erklärende insoweit die volle Verantwortung übernimmt.
5169 Dazu neigend BVerwG NJW 1984, 2645: »mag ausreichen«.

Frahm

dürften unschwer Schlüsse zu diesem Fragenkomplex gezogen werden können.[5170] Praktiziert wird dies jedoch aus zwei Gründen kaum. Zum Einen ist streitig, ob die kompletten Handakten des Sachverständigen überhaupt von § 407a Abs. 4 ZPO erfasst sind[5171] oder – dem Wortlaut zufolge – nur die Herausgabe der Gerichtsakten, Krankenunterlagen, Röntgenaufnahmen etc..[5172] Zum Anderen wird wegen des zugleich gezeigten Misstrauens der Sachverständige wenig geneigt sein, als Gutachter künftig zur Verfügung zu stehen. Erlässt das Gericht eine Herausgabeanordnung gegen den Sachverständigen, ist dieser Beschluss von den Parteien nicht anfechtbar.[5173]

3820 Behelfen kann sich das Gericht auch damit, indem es den **Beweisbeschluss** (stillschweigend, also formlos) gemäß §§ 360 Satz 2, 404 Abs. 1 Satz 3 ZPO **ändert** und entweder den Mitarbeiter als Mitsachverständigen beauftragt oder gar den Sachverständigen entlässt und dann den Mitarbeiter als Sachverständigen beauftragt (je nach dem ob der ursprüngliche Sachverständige zumindest zum Teil eigenverantwortlich tätig war[5174]), natürlich nur, wenn dieser Mitarbeiter auch hinreichend sachkundig ist.[5175] Damit kann das Gutachten dann doch verwendet werden.[5176] Voraussetzung ist aber, dass die Parteien darauf zuvor hingewiesen werden und sie dazu Stellung nehmen können.[5177]

3821 Wird in nicht zulässiger Weise das Gutachten eines anderen Sachverständigen vom Gericht verwertet, muss dies von Seiten einer Prozesspartei rechtzeitig **gerügt** werden; ansonsten kann sich auf den Verfahrensmangel nicht mehr berufen werden, § 295 Abs. 1 ZPO[5178] – natürlich nur, wenn die Partei zuvor auch tatsächlich Kenntnis von diesem Fehler erlangt hat.

> ❗ Bedient sich der Sachverständige der Mitarbeit weiterer Ärzte, reicht seine Unterzeichnung des Gutachtens mit dem bloßen Zusatz »einverstanden« oder »genehmigt« (abgesehen von reinen Aktengutachten) nicht aus, um davon ausgehen zu können, er habe das Gutachten per-

---

5170 Schikora MDR 2002, 1033, 1035.
5171 Dafür: Schikora MDR 2002, 1033, 1035: gesetzesgenetische und teleologische Auslegung.
5172 So Katzenmeier in Prütting/Gehrlein, ZPO, § 407a Rn. 12.
5173 OLG Karlsruhe NJW-RR 2006, 1655.
5174 Martis/Winkhart, Arzthaftungsrecht, 3. Aufl. 2010, Rn. S 21.
5175 BVerwG NJW 1984, 2645: nicht bei einem in der Weiterbildung zum Facharzt befindlichen Assistenzarzt. Bejaht bei einem Oberarzt: BGH, Beschl. v. 17.06.2008 – VI ZR 5/08 – zit. nach juris.
5176 OLG Zweibrücken VersR 2000, 605.
5177 BGH NJW 1985, 1399: Ohne gerichtlichen Hinweis auch keine Verwendung des Gutachtens als Urkundsbeweismittel.
5178 OLG Zweibrücken NJW-RR 1999, 1368; OLG Frankfurt/M. zfs 2002, 133: Die unterbliebene Rüge wirkt auch für den 2. Rechtszug. Gegen den Rügeverlust nach § 295 ZPO Schikora MDR 2002, 1033, 1034 Fn. 4: unverzichtbarer Verfahrensverstoß.

sönlich erstattet bzw. er trage die Gesamtverantwortung für den Inhalt. Der Zusatz »einverstanden auf Grund eigener Untersuchung und Beurteilung« lässt hingegen das Gutachten verwertbar erscheinen.

Seine Mitarbeiter hat der Sachverständige namentlich zu benennen und den Umfang ihrer Tätigkeit anzugeben, nicht aber bei Hilfsleistungen nur untergeordneter Bedeutung.

f) Aufbau und Inhalt des Gutachtens[5179]

Das Gutachten richtet sich inhaltlich grundsätzlich nach dem gerichtlichen Auftrag, also den vorgegebenen **Beweisfragen**. Regelmäßig hat sich der Sachverständige dann zunächst auf den ihm zugrunde liegenden Beweisbeschluss zu beziehen bzw. kann die Beweisfragen wiederholen. Sodann ist das **ausgewertete Material** darzulegen, bestehend u. a. aus dem Inhalt der Gerichtsakte, den dortigen Stellungnahmen der Parteien, den Behandlungsunterlagen, eventuellen Stellungnahmen von vor- oder nachbehandelnden Ärzten, eigenen Untersuchungsbefunden des Sachverständigen und Mitteilungen des Patienten bei dem Untersuchungstermin. Es schließt sich eine Wiedergabe des **Sachverhalts** an, von dem der Sachverständige auch aufgrund seiner eigenen Untersuchungen bei der Erstellung des Gutachtens ausgegangen ist. Nun kommt der Kernbereich des Gutachtens, die (im Einzelnen von den Beweisfragen abhängige) **Beurteilung**: die Prüfung auf **Behandlungs- und/oder Aufklärungsfehler** und ggf. des **Ursachenzusammenhangs** zwischen fehlerhafter ärztlicher Behandlung und dem geklagten Gesundheitsschaden. D.h. es ist der damals in dieser Versorgungsstufe maßgebende Standard mit dem Behandlungsgeschehen abzugleichen und für den medizinischen Laien verständlich und nachvollziehbar darzulegen. Dies gilt auch für die nachfolgende Darstellung des Ursachenzusammenhangs zwischen Arztfehler und Gesundheitsschaden, d. h. der Primärschaden muss auf die festgestellte Fehlbehandlung zurückzuführen sein, die standardgerechte Behandlung hätte den Eintritt des Schadens verhindert. Dabei muss dem Sachverständigen klar sein, dass es nicht etwa um einen andere Möglichkeiten ausschließenden Geschehensablauf geht, sondern ein geringerer Grad an Gewissheit ausreicht (siehe oben Rdn. 3787). Insbesondere kommt es bei der Kausalitätsfeststellung nicht auf den sozialrechtlichen Maßstab einer richtungsweisenden Verschlimmerung an. Hilfreich ist am Schluss des Gutachtens eine **zusammenfassende Stellungnahme**.

3822

Der Sachverständige hat sich – insbesondere wenn dies im Beweisbeschluss abgefordert ist (siehe oben Rdn. 3788) – auch dazu zu erklären, ob das ärztliche Vorgehen **unter einem anderen Gesichtspunkt** als fehlerhaft zu bewerten sein könnte.[5180] Das Gericht hat dem dann aufgrund der im Arzt-

3823

5179 Ausführlich Rumler-Detzel VersR 1999, 1209.
5180 Rehborn MDR 2000, 1319, 1321.

haftungsprozess geringen Substanziierungspflicht der Patientenseite und des hier geltenden Grundsatzes der Amtsermittlung nachzugehen, weil es an die von der klagenden Partei vorgebrachten Gründe für eine vermutete ärztliche Fehlerhaftigkeit nicht gebunden ist.[5181] Ergibt die Äußerung des Sachverständigen dann einen weiteren Behandlungsfehler des Arztes, ist davon auszugehen, dass sich der Kläger dies zumindest **hilfsweise zu Eigen macht**, selbst wenn er sich nicht ausdrücklich darauf beruft.[5182] Eine Befangenheit des Sachverständigen begründen entsprechende erweiternde Äußerungen des Gutachters nicht.

3824 Der Sachverständige hat das Gutachten entweder persönlich unterschrieben **schriftlich** oder als signiertes elektronisches Dokument gemäß § 130a ZPO dem Gericht zuzusenden.

> ❗ **Das Gutachten hat zu enthalten:**
> – Die Befunderhebung nach Aktenlage,
> – Feststellungen auf Grund eigener Untersuchung des Patienten,
> – Beurteilung der Feststellungen und kausaler Zusammenhänge,
> – Beantwortung der Beweisfragen,
> – Angabe der verwendeten Quellen.[5183]
>
> Es muss inhaltlich verständlich sein; medizinische Fachausdrücke sind zurückhaltend zu verwenden.

g) Körperliche Untersuchung

3825 Für die Erstellung eines Gutachtens kann es ausreichen, die Prozessakten einschließlich der Behandlungsunterlagen auszuwerten (»**Aktengutachten**«). Oftmals ist aber eine körperliche Untersuchung des klagenden Patienten erforderlich. Diese kann auch darin bestehen, dass körperliche Eingriffe erfolgen müssen, wie Blutentnahmen oder die Anfertigung von Röntgenbildern. Dabei hat der Patient ihm **zumutbare Eingriffe zu dulden**, nicht aber seine Gesundheit zu gefährden. Absichern kann sich der Sachverständige dennoch, indem er der zu untersuchenden Partei zuvor eine schriftliche Bestätigung der durch ihn erfolgten Risikoaufklärung abverlangt.[5184] Jedenfalls muss sich eine Partei nicht mit der Folge, dass sie ansonsten als beweisfällig zu behandeln ist, einer **Operation** unterziehen, zumal das Gericht auch nicht befugt ist, zu Beweiszwecken einen Sachverständigen zu einem Eingriff anzuweisen, der gar eine erhebliche Gefähr-

---

5181 OLG Oldenburg VersR 2008, 1711: Keine Befangenheit des den Beweisbeschluss weit fassenden Richters.
5182 BGH VersR 2010, 497: Dies gilt auch für den beklagten Arzt.
5183 Bürger MedR 1999, 100, 105.
5184 OLG Hamm MDR 2003, 1373.

dung der Partei bedeutet.[5185] Deshalb kommt es auch nicht darauf an, ob der klagende Patient sich zu dieser Operation sogar bereit erklärt, und zwar selbst dann nicht, wenn sie zugleich eine aussichtsreiche Heilbehandlung darstellt.[5186] Ebenso darf das Gericht der Partei noch nicht einmal freistellen, bis zu einem festzusetzenden Verhandlungstermin das Ergebnis einer bis dahin außerprozessual durchgeführten Operation vorzutragen; denn damit könnte auf die Partei ein unzulässiger Druck ausgeübt werden, den nicht ungefährlichen Eingriff an sich vornehmen zu lassen.[5187] Vermeiden lässt es sich aber natürlich nicht, wenn der klagende Patient auf eigene Initiative den Eingriff durchführen lässt und den Operateur als sachverständigen Zeugen benennt.[5188] Überhaupt können Erkenntnisse aus **nachfolgenden Operationen** im Prozess verwertet werden. So erwies sich in einer jüngeren Entscheidung des BGH nach gerügter Fehlerhaftigkeit einer Sterilisation die ärztliche Feststellung bei der nachfolgenden Kaiserschnittentbindung als überaus informativ.[5189]

Verweigert der Kläger, sich durch den Sachverständigen in zumutbarem Maße untersuchen zu lassen, erscheint er nicht zum ärztlichen Untersuchungstermin des Sachverständigen, lehnt er die schriftliche Bestätigung der vom Sachverständigen durchgeführten Risikoaufklärung ab[5190] oder widerruft er die Zustimmung zur Verwertung der gutachterlichen Feststellungen oder erhobener Befunde,[5191] bleibt er nach Ablauf der Beibringungsfrist des § 356 ZPO **beweisfällig** für seine damit in Zusammenhang stehenden Prozessbehauptungen, ist also mit dem Beweismittel des Sachverständigengutachtens ausgeschlossen, § 230 ZPO.[5192] Es bleibt dann – schon wegen seiner Beweislast zumeist mit für ihn nachteiligen Folgen – nur die Erstellung des **Gutachtens nach Aktenlage.**[5193] Ein Fall der **Beweisvereitelung** (entsprechend §§ 427, 444 ZPO) liegt demgegenüber vor, wenn der Patient die Untersuchung verweigert und der beklagte Arzt nun beweisfällig bliebe, z. B. wenn er die Beweislast für das Nichtvorliegen des Ursachenzusammenhangs zwischen grob fehlerhafter Behandlung und geklagtem Gesund-

3826

5185 OLG Düsseldorf NJW 1984, 2635: Laparotomie.
5186 Stegers/Hansis/Alberts/Scheuch, Sachverständigenbeweis im Arzthaftungsrecht, 2. Aufl. 2008, Rn. 925: Soll die Operation vom Sachverständigen auch noch im Rahmen seines Auftrags durchgeführt werden, spricht gegen eine solche Beweisanordnung schon die damit verbundene Kostentragungspflicht des Gerichts gegenüber dem Sachverständigen.
5187 OLG Düsseldorf NJW 1984, 2635.
5188 OLG Düsseldorf NJW-RR 2001, 959: Bauchspiegelung nach missglückter Sterilisation.
5189 BGH NJW 2008, 2846 (erfolglose Sterilisation infolge unterlassener Koagulation der Eileiter).
5190 OLG Hamm MDR 2003, 1373.
5191 BGH NJW 1981, 1319.
5192 OLG Köln AHRS 6445/8 Urt. v. 10.01.1983 – 7 U 163/81.
5193 OLG Hamm MDR 2003, 1373.

Frahm

heitsschaden trägt.[5194] Dazu bedarf es aber einer gewissen Vorwerfbarkeit auf Patientenseite, wiederum bemessen an der oben beschriebenen Zumutbarkeit.[5195] Eine Beweisvereitelung wird aber anzunehmen sein, wenn der Patient ohne nachvollziehbare Begründung prozesstaktisch missbräuchlich andere Ärzte nicht von der Verschwiegenheitspflicht entbindet, obwohl die Befragung z. B. des Nachbehandlers erforderlich ist.[5196]

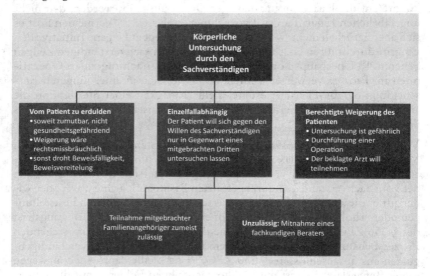

3827 Bei der körperlichen Untersuchung des klagenden Patienten ist der beklagte Arzt trotz des Grundsatzes der Parteiöffentlichkeit (§ 357 ZPO) nicht berechtigt, **anwesend** zu sein, weil ärztliche Untersuchungen in den Intimbereich des Untersuchten eingreifen und grundsätzlich in Abwesenheit dritter Personen stattzufinden haben.[5197] Er hat sich damit zu begnügen, dass das Gutachten das Ergebnis der Untersuchung beschreibt. Anderes gilt nur, wenn der klagende Patient sich ausdrücklich mit der Anwesenheit des Beklagten einverstanden erklärt hat.[5198]

3828 Im umgekehrten Fall, in dem der Patient sich nur untersuchen lassen will, wenn eine von ihm ausgewählte weitere Person teilnimmt (z. B. der Ehegatte als Zeuge wegen gegen den Sachverständigen bestehenden Misstrauens), soll dem Sachverständigen ein Ermessen zustehen, ob er diese Person zulässt und zwar nicht nur, wenn Persönlichkeit und Intimbereich des Patien-

5194 Bürger MedR 1999, 100, 104.
5195 Bürger MedR 1999, 100, 104 f.
5196 OLG Frankfurt/M. NJW 1980, 2758.
5197 OLG Hamm MedR 2004, 60: sogar bei der Begutachtung einer Gesichtsnarbe.
5198 OLG Köln NJW 1992, 1568.

Frahm

ten besonders betroffen sind, sondern auch, wenn es lediglich um implan-
tologische und prothetische Behandlungen geht.[5199] Dem liegt der Gedanke
zugrunde, dass bei dem Prozessgegner Zweifel an der Unbefangenheit des
Sachverständigen entstehen können, wenn dieser weitere Personen zulässt
und sich damit möglicherweise einer besonderen Beeinflussung aussetzt.
Dennoch wird man dem medizinischen Laien, also der dem Gutachter gegenüber insoweit unterlegenen Partei grundsätzlich nicht verwehren dürfen, eine **nahestehende Person des Vertrauens** an der Untersuchung teilnehmen zu lassen. Zwar mag dies z. B. dazu führen, dass später vor dem
Tatrichter umso eher über den Inhalt der gegenüber dem Sachverständigen
geäußerten Angaben der Partei gestritten wird. Der Ausschluss der naheste-
henden Begleitperson und damit das Ermessen des Sachverständigen sollte
aber auf die Fälle begrenzt sein, in denen nach dem Eindruck des Gutachters
die Teilnahme auf Druck dieser Begleitperson und im Grunde gegen den
Willen des Patienten geschieht oder wenn der Begleiter sich in die Untersuchung und das Gespräch einmischt, gar ein Streitgespräch beginnt und den
Sachverständigen in seiner Tätigkeit behindert.

Bisher nicht entschieden ist die Frage, ob der Patient wenigstens einen **fach-** **3829**
kundigen Berater bei der Untersuchung durch den Sachverständigen hinzuziehen darf. Außerhalb des Arzthaftungsrechts wird diese Frage unter
Hinweis auf den Grundsatz der Parteiöffentlichkeit (§ 357 ZPO, Art. 103
Abs. 1 GG) bejaht, denn die Partei soll sich sachkundig beraten lassen
können, um ihre Rechte bei der Feststellung und Bewertung des streitigen
Sachverhalts wahrnehmen zu können.[5200] Im Arzthaftungsprozess ist dies
abzulehnen. Hier ist der Grundsatz der Parteiöffentlichkeit ohnehin eingeschränkt, weil dem Prozessgegner die Teilnahme an der Untersuchung
verwehrt ist (siehe oben Rdn. 3827). Und gerade weil der Gegner ausgeschlossen ist, liegt aus dessen Sicht jedenfalls im Fall der Anwesenheit dieses fachkundigen Dritten umso eher die Befürchtung einer Beeinflussung
des Sachverständigen nahe. Einem Ablehnungsantrag nach § 406 ZPO wäre
dann regelmäßig stattzugeben.

> **!** Ist eine körperliche Untersuchung des klagenden Patienten durch den
> Sachverständigen erforderlich, hat er sie – soweit zumutbar – zu dulden.
>
> Eine Weigerung des Patienten, sich untersuchen zu lassen, kann zu sei-
> ner Beweisfälligkeit führen bzw. eine Beweisvereitelung darstellen.
>
> Der Beklagte hat kein Anwesenheitsrecht bei der körperlichen Unter-
> suchung des Patienten.

5199 OLG Köln MedR 2010, 879.
5200 OLG München NJW-RR 1988, 1534 (bei richterlicher Inaugenscheinnahme
    im Bauprozess); OLG Düsseldorf MDR 1979, 409 und BauR 1974, 72 (techni-
    scher Berater bei dem Ortstermin des Sachverständigen).

Frahm

> Die Zulassung der Anwesenheit eines vom Patienten mitgebrachten Dritten zur Untersuchung liegt grundsätzlich im Ermessen des Sachverständigen.

4. Verfahren nach Eingang des Gutachtens

a) Stellungnahmefrist der Parteien

3830 Den Parteien ist auf das Gutachten hin die Möglichkeit zur Stellungnahme einzuräumen. Diese wird regelmäßig mit einer **Fristsetzung** versehen, § 411 Abs. 2 Satz 2 ZPO. Die Partei kann dann bei Fristversäumung nach §§ 411 Abs. 4, 296 Abs. 1 ZPO von Einwendungen und Ergänzungsfragen ausgeschlossen sein. Dies setzt aber einen zuzustellenden unmissverständlichen Hinweis des Gerichts auf die Rechtsfolgen der Fristversäumung voraus, sodass bei der Partei keine Fehlvorstellung über diese Wirkung aufkommen kann.[5201] Dieser gerichtliche Hinweis muss – ausgenommen in Einzelrichtersachen – zudem durch die Kammer bzw. den Senat, nicht etwa nur durch den Vorsitzenden erfolgen.[5202]

3831 Erfolgt keine Stellungnahme oder ist sie verspätet, so entbindet dies das Gericht natürlich nicht von der Prüfung, ob der Streitstoff in dem Gutachten **vollständig, widerspruchsfrei und überzeugend** behandelt ist.[5203] Ergibt sich aber der Grund für die Erweiterung der Beweisaufnahme erst in der mündlichen Gutachtenerläuterung, weil neue und das Gutachten ergänzende Beurteilungen abgegeben werden oder Mängel im Gutachten erst jetzt zutage treten, ist den Parteien, also auch der sachkundigen Partei,[5204] nach Vorliegen des Verhandlungsprotokolls Gelegenheit zur Stellungnahme zu geben, ggf. die **Wiedereröffnung der Verhandlung** nach § 156 ZPO anzuordnen.[5205] Dies ist aber verzichtbar, wenn die Parteien noch in der mündlichen Verhandlung genügend Gelegenheit zur Stellungnahme haben, also wenn der Privatgutachter anwesend ist, von ihm erforderliche Informationen von der Partei sogleich abgefragt werden können, Privatgutachter und Gerichtsgutachter ebenbürtig erscheinen und nicht ersichtlich ist, dass es zu den medizinischen Gesichtspunkten noch einer außergerichtlichen Recherche bedarf.[5206]

5201 BGH NJW-RR 2006, 428 (Rechtsstreit über Grundwasserverunreinigung).

5202 BGH VersR 2002, 120: Präklusionsvorschriften haben strengen Ausnahmecharakter; KG NJW-RR 2008, 371: keine wirksame Ausschlussfrist gesetzt; offen gelassen BGH NJW-RR 2006, 428.

5203 Schmidt NJW 1994, 769 f.

5204 BGH NJW 2001, 2796: neuer medizinischer Gesichtspunkt erst in der mündlichen Verhandlung.

5205 BGH NJW-RR 2009, 409 mit Anm. Frahm/Walter MedR 2009, 662 (Verkehrsunfall); BGH VersR 2009, 1137: Sonst wird der Partei das rechtliche Gehör verkürzt; BGH NJW 2001, 2796: neuer medizinischer Gesichtspunkt erst in der mündlichen Verhandlung.

5206 OLG Hamm VersR 2004, 386.

Frahm

b) Einwendungen gegen das Gutachten

Bei Einwendungen einer der Parteien **gegen die Sachkunde** des Gutach- **3832**
ters, ist dem Sachverständigen Gelegenheit zur Stellungnahme zu geben,
um die Bedenken zu widerlegen. Ist danach tatsächlich vom Nichtvorliegen
hinreichender Sachkunde auszugehen, muss ein neues Gutachten durch einen anderen Sachverständigen eingeholt werden. Dies gilt auch, wenn das
Gutachten grobe Mängel aufweist oder es von unzutreffenden tatsächlichen
Voraussetzungen ausgeht; im letztgenannten Fall bedarf es aber nicht unbedingt eines anderen Sachverständigen.

Das Gericht hat dem Sachverständigen die **Einwendungen der Parteien** **3833**
vor dem Anhörungstermin zukommen zu lassen. Unterbleibt dies und kann
sich der Gutachter nun in der mündlichen Verhandlung damit nur unzureichend auseinandersetzen, darf das Gericht sein Urteil nicht auf die Ausführungen des Sachverständigen stützen.[5207]

Weist das Gutachten Gründe auf, die eine **Besorgnis der Befangenheit**[5208] **3834**
nahe legen, kann die Partei die ihr nach § 411 Abs. 4 ZPO gesetzte Frist zur
Stellungnahme zu dem Gutachten ausschöpfen und ist nicht an die **Zweiwochenfrist** des § 406 Abs. 2 ZPO gebunden. Dies gilt aber nur, wenn der Befangenheitsantrag eine Auseinandersetzung mit dem Inhalt des Gutachtens
erfordert.[5209] Eine Verlängerung der Stellungnahmefrist bedeutet auch nicht
stets eine damit verbundene Verlängerung der Ablehnungsfrist, nämlich
wenn davon auszugehen ist, dass die Partei binnen der ersten Frist bereits
den Ablehnungsgrund erkannte.[5210] Kann die Partei schon »mit einem Blick«
in das Gutachten den Befangenheitsgrund feststellen[5211] oder bedarf es keines
Rückgriffs auf die sachbezogenen Inhalte des Gutachtens,[5212] ist der Antrag
bereits nach Erhalt des Gutachtens unverzüglich im Sinne von § 121 BGB zu
stellen. Ein Antrag muss danach also nicht »sofort«, aber »ohne schuldhaftes
Zögern« gestellt werden, d. h. innerhalb einer angemessenen, den Umständen des Einzelfalls angepassten Prüfungs- und Überlegungsfrist. Nach einer
Entscheidung des OLG Schleswig bedeutet dies die Einhaltung einer Zweiwochenfrist nach Urlaubsrückkehr des Prozessbevollmächtigten.[5213] Wird die

---

5207 BGH VersR 2009, 499: Übergehen der Einwendungen des beklagten Arztes.
5208 Näher zur Befangenheit siehe oben Rdn. 3797 ff.
5209 BGH NJW 2005, 1869 (bis dahin hatten die Oberlandesgerichte diese Frage
uneinheitlich entschieden); OLG Köln GesR 2010, 370 (unterlassener Hinweis
auf Mitarbeit anderer Ärzte am Gutachten).
5210 OLG Koblenz NJW-RR 1999, 72.
5211 OLG Schleswig OLGR 2006, 920: Mit einem Blick war festzustellen, dass der
Prozessbevollmächtigte nicht zu einem gutachterlichen Besichtigungstermin
geladen war.
5212 OLG Bamberg VersR 2009, 1427.
5213 OLG Schleswig OLGR 2006, 920; siehe auch LG Nürnberg-Fürth r+s 2011,
180: drei Wochen nach Übersendung des Gutachtens.

Frahm

Frist versäumt, ist der Ablehnungsantrag unzulässig, § 230 ZPO. Die Wiedereinsetzung in den vorigen Stand ist nicht möglich, weil § 233 ZPO diesen Fall nicht erfasst.

> **❗** Für Befangenheitsanträge ist in erster Linie die Zweiwochenfrist des § 406 Abs. 2 ZPO maßgebend.
>
> Ergibt sich die Besorgnis der Befangenheit erst aus dem Gutachten, kann die vom Gericht gesetzte (zumeist längere) Stellungnahmefrist ausgeschöpft werden.
>
> Dies gilt aber nicht, wenn die Besorgnis bereits »auf einen Blick« in das Gutachten erkennbar ist. Es ist von Seiten der Parteien also tunlichst sogleich nach Eingang des Gutachtens eine erste Sichtung auf Befangenheitsgründe vorzunehmen. Ansonsten droht der Ausschluss des Ablehnungsrechts.

3835 Ist wie häufig eine ergänzende Stellungnahme durch den Sachverständigen erforderlich, so kann diese **schriftlich oder mündlich** eingeholt werden. Eine Entscheidung darüber ergeht nach richterlichem Ermessen, je nach dem, ob der Streitstoff bereits durch mündliche Ausführungen des Sachverständigen erschöpfend behandelt werden kann.

c) Mündliche Erläuterung des Gutachtens

3836 Die mündliche Erläuterung des Gutachtens hat den Vorteil, dass der Sachverständige das Gericht bei der Befragung der Parteien und auch von Zeugen unterstützen kann. Dem Sachverständigen sind zur **Vorbereitung des Termins** die zu seinem Gutachten erhobenen Einwendungen und die Stellungnahmen der Parteien ebenso rechtzeitig zur Kenntnis zu geben wie ein eventuell zwischenzeitlich eingereichtes Privatgutachten.

3837 Die Erläuterung hat durch den Gerichtssachverständigen zu erfolgen. Er darf die Mitwirkung an der Verhandlung nicht auf einen (an der Gutachtenerstellung möglicherweise beteiligten) **Mitarbeiter delegieren**. Lässt das Gericht dennoch den Mitarbeiter das Gutachten erläutern, ist die Verwertung an sich unzulässig, wenn nicht – so regelmäßig – dieser Mitarbeiter zugleich vom Gericht (stillschweigend, d.h. formlos) unter Entpflichtung des bisherigen Gutachters zum neuen Sachverständigen bestellt worden ist. Die Wirksamkeit der Bestellung setzt aber voraus, dass die Parteien zuvor hierauf hingewiesen wurden und Stellung nehmen konnten oder zur Sache rügelos verhandeln (§ 295 Abs. 1 ZPO).[5214]

3838 Von besonderer Bedeutung bei der mündlichen Befragung des Sachverständigen ist das Vorliegen eines **groben Behandlungsfehlers**. Hier kann ein gerichtlich nicht erfahrener Gutachter auf die ihm vorgehaltene Definiti-

---

5214 Martis/Winkhart Rn. S 23.

Frahm

on des groben Behandlungsfehlers häufig ohne weitere Unterstützung keine verlässlichen Angaben machen. Als hilfreicher Einstieg in die dann vom Gericht vorzunehmende juristische Wertung haben sich folgende **Fragen** erwiesen:

- Kann man für dieses Vorgehen irgendein Verständnis aufbringen?
- Wenn dies einem ihrer Ärzte passiert wäre: Hätten Sie dann dienstrechtliche Konsequenzen gezogen? Hätten Sie ihn aus Ihrer Abteilung verbannt? Hätten Sie ihm mal kräftig »die Ohren langgezogen«?
- Widersprach das ärztliche Vorgehen dem »Fettgedruckten« in der medizinischen Ausbildungsliteratur?
- War es ein schwerwiegender Fehler? (aber: der Sachverständige darf diese Frage nicht fälschlicherweise auf den eingetretenen Schaden beziehen)
- War es mit Händen zu greifen, dass das Vorgehen falsch war?
- Kann man da nur noch die Hände über dem Kopf zusammenschlagen?
- War es ein »dicker Hund«?
- War es unverzeihlich?
- Wurde hier gegen medizinisches Basiswissen verstoßen, das bereits jeder Examenskandidat besitzen muss?

Allerdings darf nicht verkannt werden, dass es hier um einen **objektiven Verstoß gegen den Facharztstandard** gehen muss, subjektive Gründe wie z.B. Unerfahrenheit oder Überforderung also auszuklammern sind.[5215]

3839 Die Ausführungen des Sachverständigen sind – von den Ausnahmen in § 161 ZPO abgesehen – nach § 160 Abs. 3 Nr. 4 ZPO zu protokollieren. Davon kann nur mit Einverständnis der Parteien abgesehen werden. Die **Protokollierung** des Ergebnisses der Beweisaufnahme muss dann aber durch eine Darstellung entweder im Urteil oder in einem hinreichend klaren und vollständig abgefassten **Berichterstattervermerk,** auf den im Urteil Bezug genommen wird, ersetzt werden.[5216] Handelt es sich um eine wiederholte Anhörung des Sachverständigen oder erläutert er sein schriftliches Gutachten und weicht er nun von früheren Aussagen ab, muss zumindest dies im Berichterstattervermerk bzw. im Verhandlungsprotokoll festgehalten werden.[5217] Der Nachteil eines Berichterstattervermerks besteht darin, dass Einwendungen der Parteien gegen die richterliche Darstellung der Äußerungen des Sachverständigen erst nachträglich erfolgen können und nicht schon in Gegenwart des Gutachters.

5215 BGH NJW 1983, 729: Erforderlich ist ein Fehlverhalten, das zwar nicht notwendig aus subjektiven, in der Person des Arztes liegenden Gründen, aber aus objektiver ärztlicher Sicht bei Anlegung des für einen Arzt geltenden Ausbildungs- und Wissensmaßstabs nicht mehr verständlich und verantwortbar erscheint.

5216 BGH NJW 1995, 779; BGH NJW 1991, 1547: Übersendung des Berichterstattervermerks erst nach Urteilsverkündung.

5217 BGH NJW 2003, 2311: erforderlich für die nachfolgende Instanz.

Frahm

> ❗ Weil die Parteien jedenfalls bei schwierigen medizinischen Fragen Gelegenheit zur Stellungnahme auf die gutachterlichen Äußerungen erhalten müssen,[5218] empfiehlt es sich, vorsorglich Schriftsatznachlass (§ 283 ZPO) zu beantragen. Anderenfalls droht die Urteilsverkündung noch am Tag der Beweisaufnahme.

d) Sachverständigenbelehrung und -beeidigung

3840 Die **Belehrung des Sachverständigen** ist in der ZPO nicht geregelt. Daher gelten insoweit gemäß § 402 ZPO die Vorschriften über den Beweis durch Zeugen entsprechend. Danach ist § 395 Abs. 1 ZPO anzuwenden, d. h. der Sachverständige ist an sich zur Wahrheit zu ermahnen und darauf hinzuweisen, dass er beeidigt werden kann. Anstelle der Wahrheitsermahnung geht die Belehrung aber entsprechend § 410 Abs. 1 ZPO dahin, das Gutachten unparteiisch und nach bestem Wissen und Gewissen zu erstatten.

3841 Verzichten die Parteien nicht nach §§ 402, 391 ZPO auf die **Beeidigung des Sachverständigen**, kann dieser vor oder nach der Erstattung des Gutachtens beeidigt werden; er muss es aber nicht, denn trotz des scheinbar eindeutigen Wortlauts des § 410 ZPO beschreibt diese Norm lediglich das Wie der Beeidigung.[5219] Ob eine Beeidigung dann durchgeführt wird, steht im Ermessen des Gerichts und wird regelmäßig nur in Frage kommen, wenn eine bewusst falsche Begutachtung zu besorgen ist.[5220] Ist der Sachverständige für Gutachten dieser Art allgemein beeidet, kann er sich nach dem – auch hier erforderlichen[5221] – Beeidigungsbeschluss des Gerichts auf diesen Eid berufen.

e) Herausgabe der Unterlagen durch den Sachverständigen

3842 Nach § 407a Abs. 4 ZPO hat der Sachverständige auf Verlangen des Gerichts Unterlagen einschließlich seiner Untersuchungsergebnisse herauszugeben oder mitzuteilen. Diese Verpflichtung kommt bei einem Wechsel des Sachverständigen gemäß § 404 Abs. 1 Satz 3 ZPO oder einer weiteren Begutachtung nach § 412 ZPO in Betracht. Dann kann der neue Sachverständige infolge des Zugriffs auf diese Unterlagen ohne Verzögerung mit seiner Tätigkeit beginnen.[5222] Die **Herausgabepflicht** spielt ebenso bei der Ermittlung einer eventuellen Befangenheit des Sachverständigen eine Rolle wie auch zu der Frage, ob er oder vielmehr ein Mitarbeiter der Urheber des Gutachtens ist (siehe oben Rn. 3819).

5218 BGH VersR 2001, 722; BGH NJW 1984, 1823.
5219 Greger in Zöller § 410 Rn. 1.
5220 Greger in Zöller § 410 Rn. 1.
5221 Näher Peters NJW 1990, 1832.
5222 Huber in Musielak, ZPO, § 407a Rn. 5.

f) Fragerecht der Parteien

Den Parteien steht nach §§ 402, 397, 411 Abs. 3 ZPO ein prozessuales Fragerecht zu, berechtigt sie also, die **ergänzende Erläuterung des Gutachtens** durch den Sachverständigen, also dessen Ladung oder die Einholung einer schriftlichen Ergänzung zu verlangen.[5223] Dies gilt auch dann, wenn das Gericht selbst keinen Erklärungsbedarf sieht und das Gutachten bereits für überzeugend hält.[5224] Denn maßgebend ist, um dem Anspruch der Parteien auf **Gewährung rechtlichen Gehörs** zu entsprechen, ob sie noch Klärungsbedarf haben. Dabei kann nicht von der Partei erwartet werden, dass sie die beabsichtigten Fragen an den Sachverständigen im Voraus konkret formuliert; es genügt, wenn sie allgemein angibt, in welcher Richtung sie durch entscheidungserhebliche Fragen eine weitere Aufklärung herbeizuführen wünscht.[5225] Dem Gericht steht es aber frei, zunächst eine schriftliche Ergänzung des Gutachtens einzuholen, um dann später vor dem Verhandlungstermin nachzufragen, ob der Antrag auf mündliche Ergänzung noch aufrecht erhalten bleibt.[5226]

3843

Ausgeschlossen ist das Fragerecht,
- wenn der Antrag verspätet gestellt wird, also erst nach dem Schluss der mündlichen Verhandlung oder außerhalb der nach § 411 Abs. 4 Satz 2 ZPO gesetzten Frist. Eine das Fragerecht ausschließende **Verspätung** liegt aber dann nicht vor, wenn der Antrag Klärungsbedarf bewirkt.[5227]
- wenn er zur Prozessverschleppung gestellt oder **rechtsmissbräuchlich** ist,[5228]
- wenn die Frage bereits vollständig und eindeutig **beantwortet** ist,[5229]
- schließlich wenn die Partei zuvor ihren Antrag **zurückgenommen** oder auf die Ladung des Sachverständigen verzichtet hat. Ein konkludenter Verzicht kann bereits darin gesehen werden, dass in der Verhandlung über das Beweisergebnis (§§ 285, 279 Abs. 3 ZPO) die unterbliebene Ladung nicht gerügt worden ist.[5230]
Ist der auf Antrag einer Partei geladene Sachverständige inzwischen ver-

3844

5223 Zum Fragerecht in 2. Instanz siehe unten Rdn. 3871 ff.

5224 BGH VersR 2005, 1555: Fragerecht zu medizinischen Problemen, die für die Entscheidung erheblich sind und für die Erläuterungsbedarf geltend gemacht wird.

5225 BGH VersR 2007, 1697.

5226 Stegers/Hansis/Alberts/Scheuch, Sachverständigenbeweis im Arzthaftungsrecht, 2. Aufl. 2008, Rn. 870.

5227 BGH NJW-RR 1998, 1527.

5228 BGH VersR 2002, 120; BGH WuM 2009, 539 (Rechtsstreit eines Maschinenversicherers gegen den Versicherungsnehmer).

5229 OLG Saarbrücken GesR 2004, 235: Die Partei muss schon angeben, warum weiterer Klärungs- und Erläuterungsbedarf besteht; OLG Oldenburg VersR 1998, 636: Erläuterungsbedarf war nicht nachvollziehbar geltend gemacht.

5230 So Greger in Zöller § 411 Rn. 5a.

storben, ist ein neuer Gutachter zu beauftragen; die Partei verliert ihr Anhörungsrecht also letztlich nicht.[5231]

3845 Für die **Ausübung des Fragerechts** reicht es aus, wenn allgemein angegeben wird, in welche Richtung die Partei eine weitere Aufklärung wünscht. Sie muss also nicht die an den Sachverständigen gerichteten Fragen konkret formulieren,[5232] erst recht nicht ein Privatgutachten einholen, um ihrer Substanziierungslast zu genügen.[5233] Soll der Sachverständige in derselben Instanz erneut angehört werden, ist diesem Antrag nur stattzugeben, wenn es auf Grund neuer sachlicher Einwendungen gegen die bisherigen schriftlichen oder mündlichen Ausführungen des Sachverständigen einer weiteren gutachterlichen Stellungnahme bedarf.[5234]

> ❗ Das Fragerecht der Parteien ist ein hohes Gut. Es endet nicht allein schon dann, wenn das Gericht für sich keinen Erläuterungsbedarf mehr sieht.

g) Ladung des Privatgutachters

3846 Die **Gegenwart des Privatgutachters** im Verhandlungstermin, in dem der Gerichtssachverständige sein Gutachten erstattet oder erläutert, ist generell von Vorteil, übrigens auch vom Grundsatz der Parteiöffentlichkeit (§ 357 ZPO) gedeckt. So wird der medizinisch nicht fachkundigen Partei eine sachgerechte Fragestellung ermöglicht, woraufhin es häufig nicht mehr nachgelassener Schriftsätze bedarf und das Verfahren beschleunigt werden kann.[5235] Der direkte fachliche Austausch zwischen Gerichtsgutachter und Privatsachverständigem bedeutet zudem für das Gericht regelmäßig einen erheblichen Erkenntnisgewinn, führt vereinzelt in Teilbereichen sogar zu einem gemeinsamen Ergebnis der beiden Sachverständigen. Also empfiehlt sich diese Vorgehensweise direkten Austausches. Trotz des engen Wortlauts des § 397 ZPO hat der BGH als Ausdruck des Fragerechts der Parteien eine **prozessrechtliche Verpflichtung** des Instanzgerichts bejaht, dem Privatgutachter die Ausführungen zu überlassen oder Fragen an den Gerichtsgutachter zu stellen, wenn die Partei ihm das Fragerecht überträgt.[5236] Dies gilt

---

5231 BGH NJW 1978, 1633 LS.
5232 BGH VersR 2005, 1555: Fragerecht zu medizinischen Frage, die für die Entscheidung erheblich sind und für die Erläuterungsbedarf geltend gemacht wird.
5233 BGH NJW 2003, 1400: Entbehrlichkeit eines Privatgutachtens im Prozess gegen die Unfallversicherung.
5234 BGH NJW 1986, 2886.
5235 Frahm/Nixdorf/Walter, Arzthaftungsrecht, 4. Aufl. 2009, Rn. 282.
5236 BGH VersR 2009, 69 (Verkehrsunfall); so auch OLG Karlsruhe VersR 2003, 977 (Lebensversicherung bei Selbsttötung); a. A. BGH VersR 1993, 1231: Das Gericht ist nicht verpflichtet, die Befragung durch den Privatgutachter zu gestatten.

Frahm

auch, wenn – so selten es auch vorkommt – dem Privatgutachter der Streit verkündet worden ist, er dem Rechtsstreit beitritt und damit als Nebenintervenient eigene Rechte ausübt.[5237]

Für die **Ladung des Privatgutachters** zum Verhandlungstermin fehlt es hingegen an einer gesetzlichen Grundlage.[5238] Denn er ist kein Beweismittel nach der ZPO, mithin kein Gerichtssachverständiger und an sich auch kein sachverständiger Zeuge. Nur in einem Fall kommt der Privatgutachter tatsächlich als sachverständiger Zeuge in Betracht: wenn es um die von ihm vorgenommene Befundung des Patienten geht.[5239]

3847

> **!** Das Gericht hat sich mit dem Privatgutachten genauso intensiv auseinanderzusetzen wie mit einem gerichtlich eingeholten Gutachten.
>
> Es fehlt an einer gesetzlichen Grundlage, den Privatsachverständigen zur mündlichen Verhandlung zu laden.
>
> Erscheint aber die Partei in Begleitung des Privatsachverständigen, ist ihm zu gestatten, Ausführungen zu machen und Fragen an den Gerichtssachverständigen zu stellen.

5. Gerichtliche Würdigung des Gutachtens

Das Gutachten unterliegt der **freien Beweiswürdigung** des Gerichts. Dazu muss der Richter das Gutachten kritisch würdigen und dahin kontrollieren, ob der Sachverständige die zu berücksichtigenden Tatsachen vollständig und korrekt erfasst hat, es widerspruchsfrei ist und keine Unklarheiten oder Lücken aufweist. Erst dann darf er es seiner Entscheidung zugrunde legen, die nachvollziehbar und vertretbar sein muss. Eine aufklärungsbedürftige Unklarheit besteht z. B., wenn der Sachverständige sich von dem ärztlichen Vorgehen deutlich distanziert, dieses dann aber als »keinen richtigen Behandlungsfehler« bezeichnet.[5240]

3848

a) Umgang mit neuen Haftungsgesichtspunkten im Gutachten

Ergeben sich aus dem Gutachten neue Haftungsgesichtspunkte, weil der Beweisbeschluss entsprechend weit gefasst ist[5241] oder der Sachverständige von sich aus zu dem Ergebnis gelangt, die ärztliche Handlung sei aus einem

3849

5237 BGH VersR 2009, 69 (Verkehrsunfall).
5238 BGH VersR 2009, 69 (Verkehrsunfall); OLG Karlsruhe VersR 2003, 977 (Lebensversicherung bei Selbsttötung).
5239 Frahm/Nixdorf/Walter, Arzthaftungsrecht, 4. Aufl. 2009, Rn. 282.
5240 BGH NJW 2007, 2774: Nun hätten der geltende Sorgfaltsmaßstab und der Begriff des Behandlungsfehlers mit dem Sachverständigen erörtert, ggf. ein anderes Gutachten eingeholt werden müssen.
5241 Zur Fassung des Beweisbeschlusses: siehe oben Rdn. 3782 ff.

anderen Grund zu beanstanden,[5242] hat das Gericht diesen aufgrund der im Arzthaftungsprozess gesteigerten Aufklärungspflicht nachzugehen. Dies gilt erst recht unter dem Gesichtspunkt, dass im Zweifel davon auszugehen ist, ein für eine Partei günstiges Ergebnis der Beweisaufnahme werde sich zu Eigen gemacht.[5243] Das Gericht darf diese **neuen Gesichtspunkte** jedenfalls nicht übergehen; es hat der Partei zumindest Gelegenheit zur Stellungnahme zu geben. Beabsichtigt das Gericht, seine Entscheidung auf die neuen Umstände zu stützen, ist zuvor die Gegenseite hierauf nach § 139 Abs. 2 ZPO hinzuweisen.[5244]

b) Widersprüche innerhalb des Gutachtens oder zu anderen gutachterlichen Äußerungen

3850   Soweit das Gutachten **Widersprüche** aufweist, oder nun Widersprüche zu eigenen vorherigen Äußerungen des Sachverständigen bestehen[5245] oder zu anderen Gutachten,[5246] z. B. dem vorgelegten Privatgutachten,[5247] muss das Gericht dem nachgehen und Aufklärung veranlassen und den Sachverständigen gezielt befragen.[5248] Dies kann mündlich oder durch Einholung eines schriftlichen Ergänzungsgutachtens geschehen oder aber durch Beauftragung eines neuen Gutachters nach § 412 ZPO[5249] (näher unten Rdn. 3854 ff.). Erst dann ist die Überzeugungsbildung des Gerichts sachgerecht möglich[5250] und die erforderliche Auseinandersetzung damit im Urteil. Bei verbleibenden Widersprüchen verschiedener Gutachter muss die Beweiswürdigung erkennen lassen, dass die einander widersprechenden Ansichten der Sachverständigen gegeneinander abgewogen worden sind und dass sich nach Herausarbeitung der abweichenden Standpunkte keine weiteren Aufklärungsmöglichkeiten ergeben haben.[5251] In den Instanzgerichten wird häufig übersehen, dass sich auch mit Privatgutachten sorgfältig auseinandergesetzt werden muss.

5242 Zu der damit verbundenen möglichen Befangenheit des Sachverständigen: siehe oben Rdn. 3797.

5243 BGH VersR 2010, 497 unter Hinweis auf BGH VersR 1991, 1541: Gerade im Arzthaftungsprozess liegt es wegen der anspruchsvollen Fragestellung nahe, dass die Partei ein günstiges Gutachtenergebnis auch ohne ausdrückliche Erklärung in ihren Vortrag aufnimmt.

5244 BGH AHRS 6180/31 Urt. v. 29.11.1988 – VI ZR 4/88.

5245 BGH NJW 2011, 375 (Flüssigkeitserguss im Gehirn nach Spinalanästhesie).

5246 BGH VersR 2009, 1405 (orthopädisch-chirurgisches Gutachten und toxikologisch-pharmakologisches Gutachten).

5247 BGH VersR 2010, 72 (sofortige Klinikeinweisung bei akutem Herzinfarkt); BGH VersR 2009, 1406 (unzureichende Sauerstoffsättigung des Neugeborenen); BGH NJW 2004, 1871 (verspäteter Austausch eines Herzschrittmachers).

5248 BGH VersR 2003, 1128 mit Anm. Walter (Uterus-Perforation nach versuchter Entfernung eines Pessars).

5249 BGH VersR 2009, 499: Einwendungen des beklagten Arztes.

5250 BGH NJW-RR 2000, 44 (Patentrechtsstreit: Knopflochnähmaschine).

5251 BGH VersR 2009, 518 (Invaliditätsentschädigung aus Unfallversicherung).

Will der Tatrichter von den Sachverständigenausführungen abweichen z. B. wegen Widersprüchen innerhalb des Gutachten oder im Verhältnis zu anderen Gutachten, weil er sich Fachwissen angelesen hat, das zu einem anderen Ergebnis führt, oder weil er sich nicht hat überzeugen lassen, hat er sich zunächst um **weitere Aufklärung** zu bemühen. Er hat also in erster Linie dem Sachverständigen die Widersprüche und Unklarheiten vorzuhalten. Aber auch wenn dieses Vorgehen fruchtlos bleibt, die gutachterlichen Erklärungen noch nicht zur Überzeugungsbildung ausreichen, darf der Richter sich im Urteil nicht eigene Sachkunde anmaßen. Gelangt er dennoch schon zu einem Urteil, muss es erkennen lassen, dass die Abweichung von der Beurteilung des Sachverständigen nicht auf einem richterlichen Mangel an Sachkunde beruht.[5252] Dies wird selbst in Spezialkammern bzw. Spezialsenaten der Gerichte aber kaum möglich sein. Der Mangel an Sachkunde liegt auch nahe, weil das Gericht ja gerade wegen nicht vorhandener Kenntnisse ein Gutachten eingeholt hatte. Der Tatrichter hat auch darauf zu achten und dies ggf. kritisch zu hinterfragen, wenn der Sachverständige das Gutachten nach den Parametern und Präferenzen seiner Schule erstattet und andere Behandlungsmethoden unberücksichtigt lässt. **3851**

Widersprüche des Sachverständigengutachtens

- innerhalb des Gutachtens
- gegenüber eigenen vorherigen Ausführungen des Sachverständigen
- zu anderen Gutachten
  - vorgerichtliche Gutachten
  - Gutachten aus anderen verfahren
  - Privat- und MDK-Gutachten
  - gerichtlich eingeholte Gutachten, z.B. aus einem anderen Fachbereich

Sind vom Gericht aufzuklären durch

→ ergänzende Sachverständigenanhörung

→ neues (Ober-) Gutachten

→ nicht: mittels angemaßter Sachkunde

In besonderem Maße ist das Gutachten darauf kritisch zu sichten, ob nicht z. B. die Behandlungsfehlerfrage nur zurückhaltend beantwortet wird. Ggf. ist der Sachverständige zur Ergänzung oder Klarstellung seines Gutachtens **3852**

5252 BGH NJW 1997, 1446 (Verkehrsunfallfolge: nervenärztliche Fragestellung).

Frahm

anzuhalten.[5253] Gerade in jüngster Zeit sah der BGH sich mehrfach veranlasst, darauf hinzuweisen, dass medizinische Sachverständige gelegentlich
eine **kollegenschützende Haltung** einnehmen.[5254] Jedenfalls wenn es um die
strafrechtliche Verantwortung des Arztes für sein Handeln geht, also um
einschneidende und spürbare Folgen für diesen Mediziner, sollte diese Erwägung nicht von vornherein außer acht gelassen werden.

3853   Im Urteil hat der Tatrichter darzulegen, aus welchen Gründen er den Ausführungen des Sachverständigen folgt. Es reicht nicht aus, lediglich das Ergebnis des Gutachtens mitzuteilen, ansonsten könnte angenommen werden,
die Entscheidung sei dem Sachverständigen überlassen worden, ohne sich
inhaltlich mit dem Gutachten auseinanderzusetzen. Falsch ist es insbesondere, dem Sachverständigen die **rechtliche Wertung** zu überlassen. Dies geschieht aber häufig bei der Frage, ob ein grober Behandlungsfehler vorliegt
(siehe oben Rdn. 3838).

c) Obergutachten

3854   Erachtet das Gericht das vorgelegte Gutachten als ungenügend, kann es eine
neue Begutachtung anordnen, § 412 ZPO[5255] Hierzu wird regelmäßig die
im Gesetz nicht enthaltene Bezeichnung eines **Obergutachtens** verwendet,
die übrigens nicht recht passt. Denn der »Obergutachter« ist nicht derjenige, der bereits vorliegende und sich widersprechende Gutachten bewertet
und die Entscheidung trifft, welcher Ansicht zu folgen ist. Vielmehr handelt
es sich um ein Gutachten, das allein wegen nicht ausreichender Überzeugungsbildung durch das zunächst eingeholte Gutachten nun erstattet werden soll. Dabei kommt ein solches neues Gutachten unter den folgenden
Voraussetzungen in Betracht:
- die bisherige Begutachtung weist **grobe Mängel** auf,
- das Gutachten enthält **Widersprüche**,
- es handelt sich um **besonders schwierige Fragen**,
- das Gutachten geht von **unzutreffenden tatsächlichen Voraussetzungen** aus (jedoch muss dann nicht stets ein neuer Sachverständiger bestellt
  werden),
- die **Sachkunde** des bisherigen Gutachters ist zweifelhaft oder
- ein neuer Gutachter verfügt über dem bisherigen Sachverständigen **überlegene Forschungsmittel**.

5253 BGH NJW 1999, 3408, 3410: Der Sachverständige wich erkennbar aus, so auch
in BGH NJW 1996, 1589, 1590.
5254 BGH VersR 2010, 72 (sofortige Klinikeinweisung bei akutem Herzinfarkt);
BGH NJW 2008, 2846 (missglückte Tubensterilisation).
5255 Nicht jedoch im selbständigen Beweisverfahren, BGH MDR 2010, 767.

Allerdings steht die Einholung eines weiteren Gutachtens grundsätzlich **3855** im pflichtgemäßen **Ermessen** des Tatrichters.[5256] Das bedeutet, dass ein neuer Gutachter nur dann zu bestellen ist, wenn mit dem bisherigen Gutachten trotz Ergänzung und Erläuterung keine sichere Überzeugung zur Beantwortung der Beweisfrage zu gewinnen ist. Jedoch soll unter Hinweis auf § 244 Abs. 4 Satz 2 StPO in den sechs vorgenannten Fällen für das Gericht demgegenüber eine **Pflicht zur Einholung eines neuen Gutachtens** bestehen.[5257] Dies ist aber zweifelhaft, wenn es sich um medizinisch besonders schwierige Fragen handelt; auch hier muss gelten, dass ein fundiertes, schlüssiges und nachvollziehbares Gutachten ausreicht.[5258] Bei dem letztgenannten Punkt (**überlegene Forschungsmittel**) könnte dem Erfordernis der Einholung eines weiteren Gutachtens entgegenzuhalten sein, dass es der mit der bisherigen Beweisaufnahme unzufriedenen Partei dann unter Verstoß gegen das Beschleunigungsgebot zu leicht gemacht würde, durch Benennung eines »ranghöheren« Spezialisten dem bisherigen und überzeugenden Gutachten die Kraft zu nehmen. Außerdem steht es der Justiz nicht zu, die Arbeitskraft der Spitzenkräfte der medizinischen Wissenschaft für sich allein zu binden. Diese Bedenken können aber vernachlässigt werden, denn es ist für die Frage der überlegenen Forschungsmittel gerade nicht maßgebend, ob der weitere Gutachter über größere Erfahrungen oder höhere Anerkennung in der Wissenschaft verfügt; entscheidend ist vielmehr, ob sich dieser Sachverständige für seine Begutachtung solcher Hilfsmittel und Verfahren bedient, die in entscheidungserheblicher Weise ein zuverlässigeres und überzeugenderes Ergebnis erwarten lassen.[5259] Richtig ist es daher, auch in den hier behandelten Fällen eine Verpflichtung des Gerichts zur Einholung eines neuen Gutachtens nur dann anzunehmen, wenn das bisherige Gutachten trotz Ergänzung und Anhörung des Sachverständigen eben noch keine sichere Überzeugung zu vermitteln vermag.[5260]

Vor Beauftragung eines neuen Sachverständigen ist es regelmäßig zweck- **3856** mäßig, von dem bisherigen Gutachter eine **schriftliche Ergänzung** einzuholen oder ihn das Gutachten **mündlich erläutern** zu lassen. Dem Gericht ist es aber nicht versagt, sogleich einen anderen Sachverständigen zu beauftragen, wenn eine weitere Anhörung des bisherigen Gutachters keinen Aufklärungserfolg verspricht. Dann hat das Gericht aber im Urteil nachvollziehbar darzulegen, aus welchem Grund das Gutachten nicht

---

5256 BGH MDR 2010, 767 unter Hinweis auf §§ 144, 411 Abs. 3, 412 ZPO: Bei der Ermessensausübung ist der Grundsatz der freien Beweiswürdigung zu beachten; enger BGH NJW 1999, 1778.
5257 BGH NJW 1999, 1778; BGHZ 53, 245, 259.
5258 OLG Brandenburg Urt. v. 8.11.2007 – 12 U 53/07 – zit. nach juris.
5259 Becker in Löwe-Rosenberg, StPO, 26. Aufl., § 422 Rn. 337.
5260 KG VersR 2004, 350, 351.

Frahm

überzeugte und eine Anhörung dieses Sachverständigen nicht Erfolg versprechend erschien.[5261]

> ❗ Die Behandlung des Sachverständigengutachtens durch die Gerichte ist sehr fehlerträchtig und führt in einer Vielzahl von Fällen zu Aufhebung und Zurückverweisung an die Vorinstanz.
>
> So werden häufig Widersprüche zu vorherigen Äußerungen des Sachverständigen oder zu bereits vorhandenen Gutachten sowie und insbesondere zu eingereichten privatgutachterlichen Äußerungen nicht hinreichend aufgeklärt.
>
> Ist mit dem Gutachten trotz Ergänzung keine sichere Überzeugung zu gewinnen, hat das Gericht einen anderen Sachverständigen zu bestellen, § 412 Abs. 1 ZPO (»Obergutachten«).

6. Sachverständigenvergütung

a) Die Vergütung des gerichtlichen Sachverständigen

3857   Die Vergütung des Sachverständigen richtet sich für nach dem 01.04.2004 erteilte Aufträge nach dem JVEG (§ 413 ZPO), für vorherige Aufträge nach dem ZuSEG. Diese öffentlich-rechtlichen Regelungen sind abschließend; darüber hinaus steht einem Sachverständigen gegenüber dem Staat oder den Parteien kein weiterer Vergütungsanspruch zu, § 1 Abs. 1 Satz 2 JVEG. Eine Ausnahme ist nur denkbar, wenn eine Partei dem Sachverständigen eine private Zusatzvergütung verspricht, etwa weil dieser nicht bereit ist, zu den Sätzen des JVEG gutachterlich tätig zu werden.[5262] Wegen der Pflicht zur Gutachtenerstattung (siehe oben Rdn. 3791) kommt dieser Fall aber kaum in Frage, begründet im Übrigen regelmäßig die Besorgnis der Befangenheit.[5263] Bei der an den Sachverständigen gezahlte Vergütung handelt es sich um Auslagen des Gerichts und damit um Gerichtskosten im Sinne von Nr. 9005 des Kostenverzeichnisses zum GKG, die nach § 9 Abs. 2 GKG der Kostenentscheidung des Gerichts folgend zu zahlen sind oder bereits im Vorschusswege nach § 17 Abs. 1 GKG erhoben werden.

3858   Das dem Sachverständigen zustehende Honorar stellt im Gegensatz zum Zeugen keine Entschädigung für eingetretenen Verdienstausfall dar, sondern es handelt sich um eine Leistungsvergütung. Die Honorarhöhe bemisst sich dabei nach § 8 Abs. 2 JVEG und damit nach der für die Erstellung **erforderlichen Zeit**. Dies bedeutet, dass nicht die individuell tatsächlich aufgewendete Zeit maßgebend ist, sondern wie viel Zeit durchschnittlich

---

5261 BGH NJW 2011, 852 (Bemessung des Wildschadens an Baumpflanzungen); BGH NJW 1992, 1459 (Verkehrsunfall: Verletzungsfolgen).
5262 Siehe auch die kaum praxisrelevante Regelung in § 13 JVEG.
5263 Hartmann, Kostengesetze, 39. Aufl. 2009, JVEG Grdz Rn. 7 f.

Frahm

und objektiv für die Gutachtenerstattung erforderlich ist.[5264] Allerdings ist grundsätzlich davon auszugehen, dass die von dem Sachverständigen angegebene Zeit auch erforderlich war; erst wenn die angegebenen Zeiten aus dem Rahmen fallen, wird von Seiten des Gerichts geprüft, ob Besonderheiten des Falles den Ansatz rechtfertigen.[5265] Voll vergütet werden nach § 8 Abs. 2 Satz 1 JVEG auch Reise- und Wartezeiten. § 9 JVEG legt in Arzthaftungsprozessen den **Honorarsatz** in den allermeisten Fällen auf M 3 (85 € je Stunde) fest. Bei den in § 10 JVEG aufgeführten besonderen Leistungen bemessen sich Honorar und Entschädigung allein nach der Anlage 2 zu § 10 Abs. 1 JVEG.

> ❗ Gutachtenerstattung ist Ehrenpflicht, besser gesagt Bürgerpflicht. Daher konnte der Gesetzgeber die Leistungsvergütung des gerichtlich bestellten Sachverständigen auf den Honorarsatz M3 begrenzen.
>
> Die Höhe des Honorars des Privatgutachters ist demgegenüber üblicherweise höher, da frei verhandelbar.
>
> Der niedrigeren Vergütung des Gerichtssachverständigen steht das geringere Haftungsrisiko gegenüber: Er hat bei einem unrichtigen Gutachten nur für Vorsatz und grobe Fahrlässigkeit einzustehen.

Ein Honoraranspruch steht dem Sachverständigen nicht für die **Vorprüfung** zu, ob er zur Erstattung des Gutachtens in der Lage ist, es sei denn die Beantwortung dieser Frage würde eine unzumutbare Belastung für ihn bedeuten; dies ist aber nicht der Fall, wenn die Vorprüfung ohne Schwierigkeiten und ohne nähere Untersuchung ihm bereits überlassener Unterlagen möglich ist.[5266] Entsprechendes gilt auch bei der gerichtlichen Anfrage nach den **voraussichtlichen Gutachtenkosten**.[5267] Ausgeschlossen ist eine Vergütung für die Stellungnahme zu einem Ablehnungsantrag (siehe oben Rdn. 3804) und im Zwischenstreit nach §§ 402, 387 ff. ZPO über die Frage der Rechtmäßigkeit der Verweigerung des Sachverständigen, denn dort ist er Partei.[5268]

3859

Der Vergütungsanspruch erlischt, wenn der Sachverständige nicht die **Ausschlussfrist** des § 2 Abs. 1 JVEG beachtet; er muss binnen drei Monaten (mit gerichtlicher Verlängerungsmöglichkeit auf näher begründeten Antrag des Sachverständigen, § 2 Abs. 2 JVEG) nach Eingang des Gutachtens, der schriftlichen Ergänzung oder nach der Vernehmung den Anspruch geltend

3860

5264 Hartmann, Kostengesetze, 39. Aufl., 2009, § 8 JVEG Rn. 35.
5265 LSG Schleswig MedR 2010, 522: sozialgerichtliches Gutachten.
5266 BGH NJW 2002, 2253.
5267 KG MDR 1988, 330: Ein Vergütungsanspruch besteht aber, wenn die Kostenschätzung einen nicht unerheblichen Arbeitsaufwand (hier etwa einen halben Arbeitstag) erfordert.
5268 Hartmann, Kostengesetze, 39. Aufl., 2009, § 1 JVEG Rn. 43.

machen. Dies hat jeweils gesondert zu geschehen, d. h. der Beginn der Frist für die Vergütung nach schriftlichem Gutachten wird nicht dadurch hinausgeschoben, dass das Gutachten noch ergänzt werden soll oder der Sachverständige irrig davon ausgeht. Ein solcher Rechtsirrtum rechtfertigt noch nicht einmal die Wiedereinsetzung in den vorigen Stand nach § 2 Abs. 2 JVEG.[5269]

> ❗ Der Vergütungsanspruch geht unwiederbringlich verloren, wenn der Sachverständige seinen Anspruch nicht innerhalb von drei Monaten gegenüber der Staatskasse geltend macht.

3861 Wird gemäß § 411a ZPO ein **Gutachten aus einem anderen Verfahren** verwendet, so entsteht kein weiterer Gebührenanspruch des Sachverständigen. Denn er wird nach Stundenaufwand bezahlt, der sich nicht erhöht. Erst eine in Auftrag gegebene Ergänzung des Gutachtens oder eine mündliche Erläuterung führt zu einer hierauf bezogenen Vergütung.[5270]

3862 Einen **Vorschuss** kann der Sachverständige nach § 3 JVEG zur Deckung seiner Auslagen geltend machen, z. B. für erhebliche Fahrtkosten oder wenn die zu erwartende Vergütung für bereits erbrachte Teilleistungen den Betrag von 2.000 € übersteigt, nicht jedoch für seinen Verdienstausfall.[5271] Ihm ist nicht gestattet, seine Tätigkeit von der Vorschusszahlung abhängig zu machen.

3863 Der Vergütungsanspruch des Sachverständigen besteht unabhängig davon, ob das Gutachten objektiv richtig ist und wie die Parteien oder das Gericht das Gutachten bewerten. Er kann aber nach allgemeinen Rechtsgrundsätzen **entfallen oder gekürzt werden**, jedoch nicht nach dem JVEG, das eine entsprechende Regelung nicht enthält, und nicht nach dem Leistungsstörungsrecht des BGB, weil zwischen dem Sachverständigen und dem Gericht kein privatrechtliches, sondern ein öffentlich-rechtliches Verhältnis besteht.[5272] Verlust oder Herabsetzung des Vergütungsanspruchs kommen in Betracht, wenn das Gutachten unverwertbar ist und der Sachverständige die Unverwertbarkeit verschuldet hat.[5273] **Unverwertbarkeit** liegt vor, wenn das Gutachten für die Beantwortung der Beweisfragen in keiner Weise eine Grundlage bilden kann oder wenn die Schlussfolgerungen des Sachverständigen auch von einem bemühten Auftraggeber nicht zu verstehen sind, sei es wegen Stil und Sprache der Darstellung oder wegen Fehlern in wesentlichen Gutachtenteilen. Allerdings führen sprachliche Unklarheiten für sich allein,

---

5269 OLG Koblenz MDR 2008, 173: Der Sachverständige war dann nicht ohne sein Verschulden an der Einhaltung der Frist gehindert.
5270 Leipold in Stein/Jonas § 411a Rn. 28.
5271 Hartmann, Kostengesetze, 39. Aufl., 2009, § 3 JVEG Rn. 7.
5272 Katzenmeier in Prütting/Gehrlein, ZPO, § 413 Rn. 4.
5273 OLG Schleswig OLGR 2006, 883.

methodische Unsicherheiten oder sonstige ausräumbare Mängel nicht zur Unverwertbarkeit; ansonsten wäre § 411 Abs. 3 ZPO, wonach die Gutachtenerläuterung vom Gericht angeordnet werden kann, überflüssig.[5274]

Bei dem Grad des **Verschuldens** ist zu unterscheiden: Beruht die Unverwertbarkeit auf einer Ablehnung des Sachverständigen wegen der Besorgnis einer Befangenheit (§ 406 ZPO), bedarf es eines **vorsätzlichen oder grob fahrlässigen Verhaltens** des Gutachters. Auch inhaltliche Mängel führen bei nur leichter Fahrlässigkeit nicht zum Entfallen des Anspruchs; erforderlich ist auch hier eine vorsätzliche oder grob fahrlässige Pflichtverletzung.[5275] Diese kann z. B. vorliegen, wenn der Sachverständige im Gutachten lediglich und in nicht nachprüfbarer Weise das Ergebnis seiner Untersuchungen mitteilt und dann zu einer Nachbesserung nicht in der Lage ist,[5276] wenn er sich der mündlichen Anhörung widersetzt und nicht schon von vornherein das Gericht darauf hingewiesen hatte, er werde ein Gutachten nicht mündlich erläutern[5277] und wenn er sich gegenüber einer Partei beleidigend äußert.[5278] **Leichte Fahrlässigkeit** genügt demgegenüber, wenn das Gutachten bzw. die Leistungen des Sachverständigen nicht verwertet werden können, weil er dem Gericht die fehlende Sachkunde (§ 407a Abs. 1 ZPO) oder einen Ablehnungsgrund nicht mitgeteilt hatte.[5279] Zumindest mindert sich der Vergütungsanspruch.[5280] Den Entschädigungsanspruch verliert der Sachverständige allerdings dann nicht, wenn der nachfolgende Gutachter **auf der bisherigen Leistung aufbaut** und feststeht, dass sich dies kostenmindern auswirkt oder wenn die Parteien sich das Gutachten zu Eigen machen, es z. B. dem dann geschlossenen Vergleich zugrunde legen.[5281] Die Überschreitung der durch den Auslagenvorschuss vorgegebenen **Höhe der Kosten** führt bereits bei leichter Fahrlässigkeit zum Verlust der die Vorgabe übersteigenden Vergütung, jedenfalls wenn die Mehrkosten auf einer Abweichung vom gerichtlichen Auftrag beruhen.[5282] Verstößt der Sachverständige gegen seine Hinweispflicht aus § 407a Abs. 3 ZPO, indem er nicht anzeigt, dass der Kostenvorschuss erheblich, also um mehr als 20 % überstiegen wird, verliert er den 120 % übersteigenden Betrag bei der Bemessung seiner Entschädigung, es sei denn die Begutachtung wäre auch im Falle einer Anzeige (weiter) durchgeführt worden; das Risiko der Unaufklärbarkeit trägt

3864

5274 LSG Schleswig MedR 2008, 576.
5275 OLG Jena MDR 2008, 1186.
5276 OLG Düsseldorf NJW-RR 1996, 189: 157-seitiges Gutachten mit nur drei Seiten nicht nachprüfbaren gutachterlichen Feststellungen.
5277 OLG Brandenburg VersR 2006, 1238.
5278 LG Kleve GesR 2011, 32: »Prozesshansel«.
5279 OLG Koblenz MDR 2002, 1152.
5280 Greger in Zöller § 413 Rn. 4.
5281 OLG München NJW-RR 1998, 1687.
5282 Greger in Zöller § 413 Rn. 6.

Frahm

dann allerdings der Sachverständige.[5283] Demgegenüber bleibt der Anspruch für die bereits erbrachen Leistungen bestehen, wenn der Sachverständige unverschuldet das Gutachten nicht (vollständig) erstatten kann, etwa weil er erkrankt oder das Gericht den Auftrag zurücknimmt.[5284]

3865 Der Sachverständige hat das Gutachten selbst zu erstellen, darf den Auftrag also **nicht von sich aus an einen anderen Arzt übertragen**, § 407 a Abs. 2 ZPO (siehe oben Rdn. 3814 ff.). Geschieht dies trotzdem, gerät der Honoraranspruch des Sachverständigen in Gefahr. Allein der Verstoß gegen die Mitteilungspflicht über eine anderweitige Mitarbeit an dem Gutachten nach § 407a Abs. 2 Satz 2 ZPO führt aber nicht automatisch zum Verlust des Vergütungsanspruchs, jedenfalls wenn das Gutachten verwertbar bleibt, weil die Gesamtverantwortlichkeit des Sachverständigen außer Frage steht,[5285] weil nach Änderung des Beweisbeschlusses der Mitarbeiter als Mitsachverständiger beauftragt wird oder weil die Parteien rügelos verhandelt haben (siehe oben Rdn. 3820 f.).

> ❗ Das dem Sachverständigen zustehende Honorar ist eine reine Leistungsvergütung.
>
> Sie wird aber nicht gewährt für die Vorprüfung, ob der Sachverständige zur Gutachtenerstattung in der Lage ist, für die Beantwortung der Frage nach voraussichtlichen Kosten des Gutachtens, für Stellungnahmen auf einen Ablehnungsantrag oder für die Beteiligung am Zwischenstreit über die Rechtmäßigkeit der Verweigerung des Sachverständigen.
>
> Verlust oder Herabsetzung des Vergütungsanspruchs droht bei vom Sachverständigen verschuldeter Unverwertbarkeit des Gutachtens.

b) Erstattungsfähigkeit der Kosten des Privatgutachtens

3866 Die unterlegene Partei hat dem Gegner nur die Kosten des Rechtsstreits zu erstatten, die zur **zweckentsprechenden Rechtsverfolgung** notwendig waren (§ 91 Abs. 1 Satz 1 ZPO). Ist nun **vorprozessual** ein Privatgutachten eingeholt worden, scheidet eine Erstattungsfähigkeit zumeist aus. Diese Kosten können – im Falle des Obsiegens – nur unter den folgenden Voraussetzungen dem Gegner auferlegt werden: Das Gutachten muss zunächst aus Sicht einer verständigen und vernünftig denkenden Partei als sachdienlich und geboten angesehen werden können; das ist der Fall, wenn eine Partei infolge fehlender Sachkenntnis nicht zu einem sachgerechten Vortrag in der Lage ist.[5286] Außerdem muss es sich auf den konkreten Rechtsstreit beziehen

5283 OLG Nürnberg NJW-RR 2003, 791: 93%ige Überschreitung des Vorschusses.
5284 Greger in Zöller § 413 Rn. 3.
5285 KG GesR 2010, 608: Mitarbeit einer Fachärztin für Herzchirurgie und Intensivmedizin.
5286 BGH NJW 2003, 1398.

und gerade mit Rücksicht auf diesen Prozess in Auftrag gegeben und in diesen eingeführt worden sein. Demgegenüber sind diejenigen Aufwendungen einer Partei, die veranlasst werden, bevor sich der Rechtsstreit einigermaßen konkret abzeichnet, nicht erstattungsfähig, weil allgemeine Kosten einer Partei grundsätzlich nicht auf den Gegner abgewälzt werden können sondern selbst zu tragen sind.[5287] So kann es an der Prozessbezogenheit fehlen, wenn ein enger zeitlicher Zusammenhang zwischen Einholung des Privatgutachtens und Prozess nicht besteht; dann spricht einiges dafür, dass das Gutachten in erster Linie der außergerichtlichen (eventuell auf eine gütliche Einigung ausgerichteten) Auseinandersetzung zwischen den Parteien dienen sollte.[5288]

Auch die Kosten für ein **im Laufe des Rechtsstreits** auf Veranlassung einer Partei erstelltes Privatgutachten sind nicht stets erstattungsfähig. Unter dem Gesichtspunkt der Waffengleichheit besteht aber dann ein Anspruch auf Kostenausgleichung, wenn einer Partei die fachlichen Kenntnisse fehlen und sie daher nicht in der Lage ist, ein vorliegendes privates oder gerichtliches Gutachten zu überprüfen, zu widerlegen oder dem gerichtlichen Sachverständigen bei der Erläuterung des Gutachtens sachdienliche Vorhalte zu machen.[5289] Dies berechtigt aber regelmäßig nicht, sich auf Kosten des Gegners im gesamten Prozess vom Privatgutachter begleiten zu lassen, der dann u. a. Besprechungs- und Gerichtstermine wahrnimmt und anwaltliche Schriftsätze mit vorbereitet (»Komplettberatung«). Denn erstattungsfähig sind nur die unabweisbar notwendigen Maßnahmen. Zu diesen kann es allerdings gehören, wenn der Privatgutachter am gerichtlichen Verhandlungstermin teilnimmt, jedoch nur, wenn dies notwendig war, um für die Partei ungünstige Feststellungen des Gerichtssachverständigen zu erschüttern.[5290]

3867

Sind die Kosten für das Privatgutachten erstattungsfähig, sind sie nicht etwa deshalb der **Höhe** nach zu begrenzen, weil die Partei ihrem Gegner den Kostenrahmen des Gutachtens vor dessen Einholung nicht (unter dem Gesichtspunkt der Schadensminderung, § 254 Abs. 2 Satz 1 BGB oder nach § 242 BGB) mitgeteilt hat. Denn erstattungsfähig sind von vornherein nur Kosten, die im o. g. Sinne notwendig waren.[5291] Die Erstattungsfähigkeit der

3868

5287   BGH NJW 2003, 1398.

5288   OLG München MDR 1992, 415; beachte aber OLG Hamburg MDR 1992, 194, wonach es auf das Zeitmoment nicht ankommt, wenn die Beklagtenseite das Privatgutachten einholt; denn sie hat den Zeitpunkt der Klagerhebung nicht in der Hand.

5289   OLG Köln NJW-RR 2010, 751; BVerfG NJW 2011, 1276: offengelassen, ob die Erstattungsfähigkeit auch eine Beeinflussung des Prozesses zu Gunsten der vorlegenden Partei voraussetzt.

5290   OLG Frankfurt/M. NJW-RR 2009, 1076.

5291   BGH NJW 2007, 1532 (Werklohnklage mit Kosten des gerichtlichen Gutachtens von 8.660 € und des Privatgutachtens von 47.062 €: Angemessenheit fraglich).

Frahm

Kosten richtet sich bezogen auf die Höhe nach der Vereinbarung zwischen der Partei und dem Privatgutachter, nicht und auch nicht entsprechend nach dem JVEG, weil nicht davon ausgegangen werden kann, dass eine Partei einen geeigneten Sachverständigen zu den Sätzen des JVEG zu gewinnen vermag. Weicht die dem Privatgutachter gezahlte Vergütung aber erheblich von der des JVEG und von ortsüblichen Honoraren ab, bedarf es der besonderen Darlegung ihrer Notwendigkeit.[5292]

3869 Zum Verhältnis zwischen Kostenerstattung im Festsetzungsverfahren nach §§ 103 ff. ZPO auf der einen Seite und **materiellem Erstattungsanspruch der Privatgutachterkosten** aus § 249 BGB auf der anderen Seite ist das Folgende zu berücksichtigen: Das Kostenfestsetzungsverfahren betrifft allein die Erstattungsfähigkeit als Folge der gerichtlichen Kostenentscheidung, eine Entscheidung über die Zuordnung der Verfahrenskosten nach prozessualen Maßstäben. Die Erstattungspflicht auf materiell-rechtlicher Grundlage bildet demgegenüber einen andersartigen Streitgegenstand, und zwar über die Verteilung von Kostenlasten in der außerprozessualen Rechtsbeziehung, die von anderen Voraussetzungen abhängt. Allerdings hat regelmäßig das Kostenfestsetzungsverfahren vorzugehen, weil der Weg über dieses Verfahren zumeist weniger aufwändig und damit für ein Vorgehen im Klagewege das Rechtsschutzinteresse zu verneinen ist.[5293] Soweit die Kosten des Privatgutachtens im Kostenfestsetzungsverfahren aber keine Berücksichtigung finden, ist ein materieller Kostenerstattungsanspruch nicht von vornherein ausgeschlossen.[5294] Entscheidend ist dann, ob die Begutachtung aus Sicht des Geschädigten zum Zeitpunkt der Beauftragung des Sachverständigen erforderlich und zweckmäßig war, ein verständig und wirtschaftlich denkender Geschädigter nach seinen Erkenntnissen und Möglichkeiten die Einschaltung eines Sachverständigen für geboten erachten durfte.[5295] Aber auch der umgekehrte Fall ist denkbar: Wird der materielle Schadensersatzanspruch bezogen auf Privatgutachterkosten abgewiesen, schließt dies die Berücksichtigung im Kostenfestsetzungsverfahren nicht aus.[5296]

> ❗ Die für den Privatsachverständigen aufgewendeten Kosten können, sofern sie zur zweckentsprechenden Rechtsverfolgung notwendig waren, zumeist im Rahmen des Kostenfestsetzungsverfahrens geltend gemacht werden.
>
> Dies kann ausnahmsweise auch für ein vorgerichtlich eingeholtes Gutachten gelten.

5292 BGH NJW 2007, 1532; OLG Frankfurt/M. NJW-RR 2009, 1076.
5293 BGH NJW 1990, 2060.
5294 Vgl. BGH NJW 2004, 444 (Detektivkosten).
5295 BGH NJW 2005, 356.
5296 BGH NJW 2002, 680; OLG Koblenz VersR 1975, 932.

Frahm

Jedenfalls bleibt ein materiell-rechtlicher Erstattungsanspruch, wenn die Einholung des Gutachtens zum Zeitpunkt der Beauftragung des Privatgutachters erforderlich und zweckmäßig war.

VIII. Der Sachverständige im Arzthaftungsprozess – Rechtsmittelinstanzen

1. Berufung

a) Altes und neues Prozessrecht

Für das Berufungsverfahren galt vor der Zivilprozessreform, also bis einschließlich 2001, dass es als **Tatsacheninstanz** ausgestaltet war. Es konnten in zweiter Instanz neue Tatsachen vorgetragen werden. Eine Beschränkung sah nur § 528 ZPO a. F. vor, nach dem neue Angriffs- und Verteidigungsmittel in wenigen Fällen ausgeschlossenen waren, z. B. nach zu Recht erfolgter Zurückweisung in erster Instanz. Nach neuem Recht dient das Berufungsverfahren nun in erster Linie der Kontrolle und Beseitigung erstinstanzlich unterlaufener Fehler des Gerichts. Das **Vorbringen neuer Angriffs- und Verteidigungsmittel** ist nur noch eingeschränkt möglich: § 513 ZPO sieht vor, dass die Berufung nur auf eine Rechtsverletzung gestützt werden kann oder aber die zugrunde gelegten Tatsachen eine andere Entscheidung gerechtfertigt hätten. Dabei gelten die vom erstinstanzlichen Gericht festgestellten Tatsachen grundsätzlich als feststehend. Eine Ausnahme ist aber dann anzunehmen, wenn die neue Tatsachenbehauptung zwischen den Parteien unstreitig ist; dann ist sie stets zu berücksichtigen, selbst wenn mit ihrer Berücksichtigung eine Beweisaufnahme vor dem Berufungsgericht erforderlich wird, und obwohl § 531 Abs. 2 ZPO diesen Zulassungsgrund nicht enthält.[5297] Gesetzlich geregelte Ausnahmen sind nur in geringem Umfang vorgesehen, so wenn Zweifel an der Richtigkeit oder Vollständigkeit dieser erstinstanzlichen Feststellungen begründet sind (§ 529 Abs. 1 Nr. 1 ZPO), wenn neue Tatsachen einen Gesichtspunkt betreffen, der von der ersten Instanz übersehen oder für unerheblich gehalten wurde (§§ 529 Abs. 1 Nr. 2, 531 Abs. 2 Satz 1 Nr. 1 ZPO), wenn die Nichtgeltendmachung auf einen Verfahrensfehler des Gerichts zurückzuführen ist (§§ 529 Abs. 1 Nr. 2, 531 Abs. 2 Satz 1 Nr. 2 ZPO) oder wenn das Unterlassen des Vorbringens in erster Instanz nicht auf Nachlässigkeit der Partei beruht (§§ 529 Abs. 1 Nr. 2, 531 Abs. 2 Satz 1 Nr. 3 ZPO).

3870

b) Erstinstanzliche Verfahrensfehler, neue Angriffs- und Verteidigungsmittel, Nachlässigkeit der Partei

Erstinstanzliche Verfahrensfehler, also wenn z. B. **Widersprüche innerhalb des Gutachtens des Sachverständigen oder zwischen mehreren Gutach-**

3871

5297 BGH NJW 2005, 291.

ten (auch im Verhältnis zum Privatgutachten) nicht aufgeklärt wurden, gebieten in zweiter Instanz eine erneute Tatsachenfeststellung (§ 529 Abs. 1 Nr. 1 ZPO), so auch wenn einem rechtzeitig gestellten **Antrag auf Ladung des Sachverständigen** zur mündlichen Erörterung seines schriftlichen Gutachtens verfahrensfehlerhaft nicht entsprochen wurde; hier muss das Berufungsgericht, wenn es nicht zurückverweist, dem im zweiten Rechtszug wiederholten Antrag stattgeben.[5298] Die entsprechende Rüge erledigt sich dann mit der Nachholung der ergänzenden Anhörung des Sachverständigen im Berufungsrechtszug.[5299] Weitere Verfahrensfehler, die eine erneute Tatsachenfeststellung erforderlich machen, sind in den folgenden Fällen anzunehmen: Es werden **Beweisantritte übergangen**, die sich auf die vom Sachverständigen für sein Gutachten zugrunde gelegten Anknüpfungstatsachen und damit auf das Gutachten insgesamt hätten auswirken können. Das Gericht ist neuen, über das Beweisthema hinausgehenden entscheidungserheblichen **Ausführungen des Sachverständigen nicht nachgegangen** (siehe oben Rdn. 3838). Das Urteil stützt sich auf Wertungen des Sachverständigen, obwohl er diese in einem für ihn **fachfremden Bereich** vorgenommen hat. Dem Sachverständigen wird im Beweisbeschluss für sein Gutachten das **falsche Beweismaß** vorgegeben, so bei Fragen zur haftungsausfüllenden Kausalität nach § 286 ZPO statt nach § 287 ZPO.[5300]

3872 Stellt eine Partei **erstmals in zweiter Instanz den Antrag auf Anhörung** des Sachverständigen nach §§ 402, 397 ZPO, muss das Berufungsgericht dem nachgehen, wenn der Antrag entscheidungserhebliche Gesichtspunkte betrifft, die das erstinstanzliche Gericht übersehen hat, wie sich aus § 531 Abs. 2 Satz 1 Nr. 1 ZPO ergibt.[5301] Denn das Berufungsgericht ist nach § 529 Abs. 1 Nr. 1 ZPO an die in erster Instanz getroffenen Feststellungen nicht gebunden, wenn konkrete und objektivierbare Anhaltspunkte Zweifel an der Richtigkeit oder Vollständigkeit entscheidungserheblicher Feststellungen begründen. Bloße subjektive Zweifel oder Vermutungen der Unrichtigkeit ohne greifbare Anhaltspunkte reichen demgegenüber nicht. Andererseits dürfen die Anforderungen nicht überspannt werden: Es genügt, wenn das Berufungsgericht auf Grund **konkreter Anhaltspunkte** nachvollziehbar zu Zweifeln kommt, die Bedenken also so gewichtig sind, dass sie nicht ohne weiteres von der Hand gewiesen werden können.[5302] Selbst wenn die

---

5298 BGH VersR 2005, 1555: Fragerecht zu medizinischen Fragen, die für die Entscheidung erheblich sind und für die Erläuterungsbedarf geltend gemacht wird.

5299 OLG Koblenz VersR 1998, 897 (Sprung aus dem Fenster bei Alkoholentzugserscheinungen).

5300 Stegers/Hansis/Alberts/Scheuch, Sachverständigenbeweis im Arzthaftungsrecht, 2. Aufl. 2008, Rn. 550, 557.

5301 BGH NJW 2004, 2828: Das Gutachten stellte entgegen dem dort zum Ursachenzusammenhang anzuwendenden § 287 ZPO auf eine naturwissenschaftliche Nachweisbarkeit ab.

5302 BGH NJW 2004, 2828.

Partei das Recht zur Anhörung des Sachverständigen im ersten Rechtszug durch grobe Nachlässigkeit i. S. v. § 296 Abs. 2 ZPO verloren hat, kann das Berufungsgericht gleichwohl verpflichtet sein, den Sachverständigen ergänzend zu hören; dies setzt aber voraus, dass nach bisheriger Sachlage Zweifel am erstinstanzlichen Gutachtens bestehen, oder es Unklarheiten enthält, die es aufzuklären gilt. Aufklärungsmöglichkeiten darf das Gericht nicht ungenutzt lassen; insoweit ist das nach § 411 Abs. 3 ZPO dem Tatrichter gegebene Ermessen gebunden.[5303]

Unterlässt eine Partei in erster Instanz einen bestimmten Tatsachenvortrag oder einen Beweisantritt, weil das Gericht **entgegen** § 139 ZPO einen gebotenen Hinweis unterlassen hat, liegt ein Verfahrensfehler vor, der nach §§ 529 Abs. 1 Nr. 2, 531 Abs. 2 Satz 1 Nr. 2 ZPO das hierauf bezogene neue Angriffs- bzw. Verteidigungsmittel für die Berufungsinstanz zulässt.[5304]   **3873**

Bei Einwendungen, die gegen das erstinstanzliche Gutachten erst im Berufungsrechtszug erhoben werden, kann die Partei hiervon allerdings nach §§ 529 Abs. 1 Nr. 2, 531 Abs. 2 Satz 1 Nr. 3 ZPO ausgeschlossen sein. Denn Beanstandungen gegen das eingeholte Gutachten, die bereits in erster Instanz hätten vorgebracht werden können, sind als neue Angriffs- bzw. Verteidigungsmittel regelmäßig nicht mehr zuzulassen.[5305] Das gilt aber nicht, wenn in erster Instanz bereits ein zu dem konkreten Arztfehler schlüssiges Vorbringen vorliegt, das nun in zweiter Instanz durch Angriffe gegen das Sachverständigengutachten nur **zusätzlich konkretisiert, verdeutlich oder erläutert** wird.[5306] Im Übrigen fehlt es hier auch an der für § 531 Abs. 2 Satz 1 Nr. 3 ZPO erforderlichen **Nachlässigkeit** der Partei, wenn die Einwendungen eine besondere Sachkunde erfordern und erfolgversprechend erst nach Einholung (privat-)sachverständigen Rates möglich sind. So ist die Prozesspartei nicht verpflichtet, bereits in erster Instanz einen privaten Sachverständigen zu beauftragen. Vielmehr ist sie berechtigt, ihre Einwendungen gegen ein gerichtliches Sachverständigengutachten zunächst ohne Hilfe eines Privatgutachters vorzubringen.[5307]   **3874**

Zu den Fällen, in denen das neue Angriffs- oder Verteidigungsmittel erstmals vorgetragen wird, ohne dass dies auf einer **Nachlässigkeit** der Partei beruht (§§ 529 Abs. 1 Nr. 2, 531 Abs. 2 Satz 1 Nr. 3 ZPO), zählt natürlich der Vortrag solcher neuen Tatsachen, die erst nach dem Schluss der mündlichen Verhandlung des erstinstanzlichen Gerichts entstanden sind. Gemeint   **3875**

5303 BGH NJW 1992, 1459.
5304 Stegers/Hansis/Alberts/Scheuch, Sachverständigenbeweis im Arzthaftungsrecht, 2. Aufl. 2008, Rn. 558.
5305 KG KGR 2008, 497 (Verkehrsunfall).
5306 BGH NJW 2007, 1531 (Bauprozess).
5307 BGH NJW 2008, 2846 (Arzthaftung); BGH NJW 2007, 1531 (Bauprozess).

Frahm

sind damit z. B. neue, auf diesen konkreten Fall und das vorliegende Sachverständigengutachten ausstrahlende medizinische Erkenntnisse.[5308]

c)   Besonderheiten beim Vorgehen des Berufungsgerichts

3876   Unterläuft dem Erstrichter ein Verfahrensfehler, kann das Berufungsgericht
nach § 538 Abs. 2 Nr. 1 ZPO die Sache zur erneuten Verhandlung **an die erste
Instanz zurückverweisen.** Dann bedarf es aber nicht nur der Antragstellung
einer der Parteien, sondern eines wesentlichen Verfahrensmangels, aufgrund
dessen eine umfangreiche oder aufwändige Beweisaufnahme des Berufungsgerichts erforderlich wäre. Ein wesentlicher Verfahrensmangel wird in den
oben genannten Fällen angenommen (Nichtaufklärung von Widersprüchen
in Gutachten, Verletzung des Fragerechts der Parteien) und überhaupt bei
Nichtgewährung des rechtlichen Gehörs und mangelbehafteter Tatsachenfeststellung.[5309] Das Erfordernis einer **umfangreichen und aufwändigen
Beweisaufnahme** ist im Arzthaftungsprozess regelmäßig gegeben, wenn es
noch der Einholung eines Sachverständigengutachtens bzw. der Anhörung
des Sachverständigen bedarf und es um mehrere noch zu klärende Beweisfragen geht. Es ist aber zu berücksichtigen, dass bei der Frage nach dem wesentlichen Verfahrensmangel der materiell-rechtliche Standpunkt der Vorinstanz
zugrunde zu legen ist, mag er auch verfehlt sein; war nämlich der Rechtsstreit unter Zugrundelegung dieser materiell-rechtlichen Bewertung des Er-
strichters entscheidungsreif, liegt in der Nichterhebung des Beweises gerade
kein Verfahrensmangel und eine Zurückverweisung ist unzulässig, d.h. das
Berufungsgericht muss den Rechtsstreit nach eigener Beweisaufnahme selbst
entscheiden.[5310] Wenngleich die Zurückverweisung nicht von vornherein nur
auf krasse Ausnahmefälle beschränkt ist und sie mit der den Parteien zu Unrecht genommene Überprüfungsmöglichkeit in einer zweiten Tatsacheninstanz gerechtfertigt wird,[5311] sollte davon im Interesse der Parteien wegen sich
erhöhenden Verfahrenskosten und der Verzögerung des Verfahrens aber nur
zurückhaltend Gebrauch gemacht werden.[5312]

> **❗** Im Kosten- und im Beschleunigungsinteresse der Parteien verweisen
> die Berufungsgerichte die Sache verhältnismäßig selten an die erste In-
> stanz zurück. Auch die Parteien tragen hierbei eine nicht unerhebliche
> Verantwortung: In den Fällen der Ziffern 1 bis 6 des § 538 Abs. 2 Satz
> 1 ZPO kann das Gericht nur entsprechend verfahren, wenn eine der
> beiden Parteien zuvor einen Zurückverweisungsantrag gestellt hat.

5308   Stegers/Hansis/Alberts/Scheuch, Sachverständigenbeweis im Arzthaftungs-
    recht, 2. Aufl. 2008, Rn. 559.
5309   Martis/Winkhart Rn. S 71.
5310   BGH VersR 2010, 1666.
5311   KG NJW-RR 2008, 371; a. A. BGH MDR 2005, 645 für den Bauprozess.
5312   Vgl. BGH MDR 2005, 645.

Berücksichtigt das Berufungsgericht entgegen §§ 529, 531 ZPO in unzulässiger Weise neuen Vortrag einer Partei, **unterliegt dies nicht der Prüfung des Revisionsgerichts,** insbesondere weil das prozessökonomische Ziel dieser Verfahrensvorschriften bei aufhebendem Revisionsurteil nicht mehr zu erreichen ist.[5313]

3877

❗ Selbst wenn neue Angriffs- und Verteidigungsmittel im Berufungsrechtszug grundsätzlich unzulässig sind, sollten sie von den Parteien nicht zurückgehalten werden. Denn zum Einen ist die Abgrenzung zwischen zulässigem von unzulässigem neuen Vortrag im Einzelfall problematisch, und zum Anderen ist das Berufungsgericht aus Sicht des BGH nicht gehindert, etwa aus Gerechtigkeitsgründen diesen Vortrag dann doch zu berücksichtigen.

Und auch das Vorliegen der sachlichen Voraussetzungen für die vom Berufungsgericht erfolgte **Beauftragung eines neuen Sachverständigen** nach § 412 ZPO unterliegt nicht der Überprüfung durch den BGH. Anders als in dem Fall des Unterbleibens der gebotenen Einholung eines weiteren Gutachtens wird hier die Erkenntnisgrundlage des Tatrichters erweitert und es werden Rechte der Prozessparteien gerade nicht beeinträchtigt. Dies setzt aber voraus, dass sich das Berufungsgericht auch mit dem erstinstanzlich eingeholten Gutachten in seiner Beweiswürdigung befasst.[5314] Es ist dann nicht verpflichtet, auf Antrag einer Partei den erstinstanzlichen Gutachter noch zur mündlichen Erläuterung zu laden. Denn das aus dem **Fragerecht** der Parteien herrührende Recht, die Ladung des Sachverständigen verlangen zu können (siehe oben Rdn. 3843), erstreckt sich nicht auf **frühere Sachverständige,** deren Gutachten durch den Tatrichter als ungenügend erachtet worden sind und die Anlass zur Einholung eines neuen Gutachtens nach § 412 ZPO gegeben haben. Der neue Sachverständige hat nun anstelle des bisherigen Gutachters die Stellung des sachverständigen Beraters eingenommen. Anderes gilt nur dann, wenn eine Anhörung des erstinstanzlichen Gutachters ausnahmsweise – etwa weil entsprechende tatsächliche Feststellungen im Streit sind – zur weiteren Sachaufklärung erforderlich ist.[5315]

3878

Das Berufungsgericht ist – wie bei dem Zeugenbeweis – auch verpflichtet, den Sachverständigen **erneut zu hören,** wenn es beabsichtigt, von der erstinstanzlichen Wertung des Gutachtens **abzuweichen.** Es darf sich auch

3879

5313 BGH NJW 2005, 1583 (Bierlieferungsvertrag); BGH NJW 2004, 1458 (Grundbuchberichtigungsanspruch).
5314 BGH NJW 2011, 852 (Bemessung des Wildschadens an Baumpflanzungen).
5315 BGH NJW 2011, 852 (Bemessung des Wildschadens an Baumpflanzungen); BGH NJW-RR 2011, 704 (Dieselmotor).

hier nicht in unzulässiger Weise eigene Sachkenntnis anmaßen.[5316] Hegt es gegen das Gutachten aus erster Instanz Zweifel, kann das Gericht – ohne sich damit in unzulässiger Weise medizinische Sachkunde anzumaßen – aber anstelle der Anhörung des bisherigen Sachverständigen auch einen neuen Gutachter beauftragen, um weitergehende und bessere Sachkunde vermittelt zu bekommen. Dann hat das Gericht aber im Urteil nachvollziehbar darzulegen, aus welchem Grund das erstinstanzliche Gutachten nicht überzeugte und eine Anhörung dieses Sachverständigen nicht Erfolg versprechend erschien.[5317]

> **!** Neues Vorbringen in der Berufungsinstanz ist nur noch eingeschränkt zulässig, und zwar wenn
>
> – die Tatsachenbehauptung unstreitig ist,
> – Zweifel an der Richtigkeit oder Vollständigkeit der erstinstanzlichen Feststellungen begründet sind,
> – neue Tatsachen einen Gesichtspunkt betreffen, den der Erstrichter übersehen oder für unerheblich gehalten hat,
> – die Nichtgeltendmachung der Tatsache in erster Instanz auf einen gerichtlichen Verfahrensfehler zurückzuführen ist oder
> – sie nicht auf einer Nachlässigkeit der Partei beruht.

d) Zurückweisung der Berufung nach § 522 Abs. 2 ZPO

3880   Nach § 522 Abs. 2 ZPO ist das Berufungsgericht verpflichtet, die Berufung ohne mündliche Verhandlung im Beschlusswege zurückzuweisen, **wenn die Berufung keine Aussicht auf Erfolg hat,** der Rechtssache keine grundsätzliche Bedeutung zukommt und die Rechtsfortbildung oder die Sicherung einer einheitlichen Rechtsprechung eine gerichtliche Entscheidung nicht erfordert. In komplexen Arzthaftungssachen werden diese Voraussetzungen weniger häufig erfüllt sein. Erst recht wenn erstinstanzlich eingeholte Gutachten unzureichend ausgewertet oder Privatgutachten nicht in erforderlichem Maße in die Beweiswürdigung eingebunden sind, ist der Berufung die Erfolgsaussicht nicht von vornherein zu versagen. Dies gilt auch, wenn zwischen den Instanzen ein plausibel begründetes, von den Ausführungen des Gerichtssachverständigen abweichendes Privatgutachten eingeholt und mit der Berufungsbegründung eingereicht wird. Die nun gebotene Auseinandersetzung damit verbietet sich im Beschlussverfahren nach § 522 Abs. 2 ZPO.[5318]

5316 BGH VersR 2001, 1547; BGH NJW 1994, 803 (sofortige neurologische Untersuchung bei Verdacht auf Schlaganfall).
5317 BGH NJW 2011, 852 (Bemessung des Wildschadens an Baumpflanzungen).
5318 Fischer SchlHAnz 2010, 301, 307.

2. Revision und Nichtzulassungsbeschwerde

a) Altes und neues Prozessrecht

Durch das Zivilprozessreformgesetz[5319] wurde der Zugang zur Revisions-
instanz grundsätzlich neu geregelt. Das bisherige Mischsystem von Zulas-
sungs- und Wertrevision ist durch die **generelle Zulassungsrevision** unter
Einführung des Rechtsmittels der Nichtzulassungsbeschwerde ersetzt worden.

3881

Abgesehen vom in der Praxis unbedeutenden Fall der Sprungrevision[5320] ist
die **Revision** gemäß § 542 Abs. 1 ZPO nur gegen in der Berufungsinstanz
erlassene Endurteile **eröffnet** und zwar dann, **wenn**
– das **Berufungsgericht** die **Revision** im Berufungsurteil **zulässt** (§ 543
  Abs. 1 Nr. 1 ZPO) **oder**
– das **Revisionsgericht** auf eine Beschwerde gegen die Nichtzulassung der
  Revision im Berufungsurteil die **Revision zulässt** (§ 543 Abs. 1 Nr. 2
  ZPO).

3882

Im Revisionsverfahren findet **keine Beweisaufnahme** statt. Beweisauf-
nahme und Beweiswürdigung sind dem Tatrichter vorbehalten, an dessen
Feststellungen das Revisionsgericht gemäß § 559 Abs. 2 ZPO gebunden ist.
Dies gilt insbesondere auch im Blick auf Sachverständigengutachten, deren
Bewertung der freien Beweiswürdigung durch den Tatrichter unterliegt.
Das **Revisionsgericht kann lediglich nachprüfen, ob** Beweisaufnahme und
Beweiswürdigung auf **entscheidungserheblichen**[5321] **Verfahrensfehler**n[5322]
beruhen und sich der Tatrichter entsprechend dem Gebot des § 286 ZPO
mit dem Prozessstoff und den Beweisergebnissen umfassend und widerspruchsfrei auseinandergesetzt hat, die **Beweiswürdigung** also **vollständig
und rechtlich möglich ist und nicht gegen Denkgesetze und Erfahrungssätze verstößt.**[5323]

3883

Die Nichtzulassung der Revision durch das Berufungsgericht unterliegt
nach § 544 Abs. 1 S. 1 ZPO der Beschwerde (Nichtzulassungsbeschwerde). Die **Beschwerde gegen die Nichtzulassung der Revision** muss gemäß
§ 544 Abs. 1 S. 2 ZPO innerhalb einer **Notfrist von einem Monat** nach Zustellung des in vollständiger Form abgefassten Berufungsurteils, spätestens
aber bis zum Ablauf von sechs Monaten nach der Verkündung des Beru-

3884

5319 ZPO-RG v. 27. 7. 2001 (BGBl I 1887).
5320 Vgl. § 566 ZPO.
5321 Die Entscheidung des Tatrichters beruht dann auf einem entscheidungserheb-
      lichen Verfahrensfehler, wenn nicht ausgeschlossen werden kann, dass das Be-
      rufungsgericht bei der gebotenen Berücksichtigung des Beweisergebnisses zu
      einer anderen dem Revisionskläger günstigeren Beurteilung gekommen wäre.
5322 Dazu unten Rdn. 3886 ff.
5323 Vgl. BGH VersR 2007, 1008 f., Rn. 3; VersR 2009, 1406, Rn. 5; NJW 2010,
      3230 ff., Rn. 14; NJW 2011, 375 ff., Rn. 10.

fungsurteils, durch einen beim Bundesgerichtshof zugelassenen Rechtsanwalt (§ 78 Abs. 1 S. 3 ZPO) eingelegt werden. Nach der Übergangsregelung des § 26 Nr. 8 S. 1 EGZPO[5324] findet die Nichtzulassungsbeschwerde dabei allerdings nur dann statt, wenn die angestrebte Revision auf die Beseitigung einer **Beschwer von mehr als 20.000,00 €** gerichtet ist.[5325]

3885   Nach § 543 Abs. 2 S. 1 ZPO hat der Bundesgerichtshof die Revision zuzulassen, wenn die Rechtssache **grundsätzliche Bedeutung** hat (Nr. 1) oder die **Fortbildung des Rechts** (Nr. 2 Alt. 1) bzw. die **Sicherung einer einheitlichen Rechtsprechung** (Nr. 2 Alt. 2) eine Entscheidung des Revisionsgerichts erfordert. Wird der Beschwerde gegen die Nichtzulassung der Revision stattgegeben, so wird das Beschwerdeverfahren nach § 544 Abs. 6 S. 1 ZPO als Revisionsverfahren fortgeführt. Hat das Berufungsgericht den Anspruch des Beschwerdeführers auf rechtliches Gehör in entscheidungserheblicher Weise verletzt, so kann das Revisionsgericht den Rechtsstreit auch sofort durch Beschluss unter Aufhebung des angefochtenen Urteils nach Maßgabe von § 544 Abs. 7 ZPO zur neuen Verhandlung und Entscheidung an das Berufungsgericht zurückverweisen.

b) Verfahrensfehler

3886   Die Parteien können die Tatsachenfeststellungen des Berufungsgerichts in der dritten Instanz[5326] mit **Verfahrensrügen** angreifen. Soweit diese Erfolg haben, ist der Bundesgerichtshof an die beanstandeten tatrichterlichen Feststellungen nicht gebunden.[5327]

3887   Typische Verfahrensfehler lassen sich tabellarisch wie folgt zusammenfassen:

> ❗ Ein **beachtlicher Verfahrensfehler** kann etwa vorliegen, wenn
> – der Tatrichter eine **antizipierte Beweiswürdigung** vornimmt,[5328]
> – der Tatrichter den Begriff des groben Behandlungsfehlers verkennt und bei der Gewichtung dieses Fehlers erheblichen **Prozessstoff außer Betracht lässt oder verfahrensfehlerhaft würdigt**,[5329]
> – der Tatrichter eine **eigene Sachkunde** in Anspruch nimmt, die er **nicht ausweist** und für die es keine Anhaltspunkte gibt,[5330]

5324 Durch das 2. JMG (BGBl 2006 I, 3014 (420)) zwischenzeitlich bis 31.12.2011 verlängert, wobei auch in Zukunft mit Verlängerungen zu rechnen ist.

5325 Dies gilt nur dann nicht, wenn das Berufungsgericht die Berufung als unzulässig verworfen hat (§ 26 Nr. 8 S. 2 EGZPO).

5326 Die nachfolgenden Ausführungen gelten gleichermaßen für Nichtzulassungsbeschwerde und Revision.

5327 Musielak/Ball ZPO § 559, Rn. 22; Hk-ZPO/Kayser § 559, Rn. 20.

5328 BGH NJW 2009, 2604 ff., Rn. 7.

5329 BGH BGHZ 172, 1 ff., Rn. 24; ständige Rechtsprechung, vgl. nur BGH NJW 2009, 2820 ff., Rn. 8 m.w.N.

5330 BGH VersR 2009, 1137 ff., Rn. 9; NJW 2009, 2820 ff., Rn. 16 aE.

- ein vom Tatrichter im Wege des Urkundsbeweises **verwertetes Gutachten** (hier: aus einem vorangegangenen Verfahren einer ärztlichen Schlichtungsstelle) **nicht alle entscheidungserheblichen Fragen beantwortet** und die Einholung eines gerichtlichen Sachverständigengutachtens trotzdem unterbleibt,[5331]
- die tatrichterliche Bewertung sich auf **nicht hinreichende medizinische Darlegungen des Sachverständigen** stützt,[5332]
- der Tatrichter den **maßgeblichen Fachbereich falsch beurteilt**, etwa verkennt in welchen ärztlichen Fachbereich die Auswertung einer zur Abklärung der Narkosefähigkeit eines Patienten angefertigte Röntgenaufnahme der Lunge (Anästhesie oder Radiologie) fällt,[5333]
- der Tatrichter einen **Sachverständigen aus einem falschen Sachgebiet** auswählt (§ 404 Abs. 1 S. 1 ZPO),[5334]
- **Widersprüche** zwischen einzelnen Erklärungen **desselben Sachverständigen** nicht aufgeklärt werden,[5335]
- **Widersprüche** zwischen Äußerungen **mehrerer Sachverständiger** nicht aufgeklärt werden,[5336]
- **Widersprüche** zwischen dem Gutachten eines gerichtlichen Sachverständigen und einem von der Partei vorgelegten **Privatgutachten** nicht aufgeklärt werden,[5337]
- der Tatrichter den Streit zwischen Sachverständigen dadurch entscheidet, dass er trotz **fehlender** einleuchtender und logisch **nachvollziehbarer Begründung** einem von ihnen den Vorzug gibt,[5338]
- verfahrensfehlerhaft von einer **mündlichen Befragung** des gerichtlichen Sachverständigen abgesehen wird,[5339]
- einer Partei nach Vorliegen des Protokolls über eine Anhörung des Sachverständigen **keine Gelegenheit** gegeben wird, **zum Beweisergebnis Stellung zu nehmen**[5340] oder
- sich **im Protokoll kein Hinweis** darauf findet, dass die Parteien **zum Beweisergebnis verhandelt** haben[5341] und zu einer von einer Partei nachgeschobenen Stellungnahme zu dieser Beweisaufnahme nicht

5331 BGH MedR 2009, 342 f., Rn. 6.
5332 BGH NJW 2008, 2846 ff., Rn. 16 und 19; NJW 2009, 2820 ff., Rn. 9 und 16.
5333 BGH VersR 2011, 400, 401 Rn. 15 sowie unten Rdn. 3902.
5334 BGH NJW 2009, 1209 ff., Rn. 18.
5335 BGH BGHZ 161, 255, 264, Rn. 29); VersR 2009, 499 f., Rn. 7.
5336 BGH VersR 2009, 1406 ff., Rn. 8 sowie VersR 2009, 1267, Rn. 9.
5337 BGH VersR 2009, 1406 ff., Rn. 5.
5338 BGH VersR 2009, 817 f.; NJW-RR 2009, 1192 f., Rn. 7.
5339 BGH VersR 2007, 1697 f., Rn. 2 ff.
5340 BGH NJW 2009, 2604 ff., Rn. 8.
5341 Gemäß §§ 165, 160 Abs. 2 ZPO steht damit ein Verfahrensfehler (Verstoß gegen §§ 285 Abs. 1. 279 Abs. 3 ZPO) fest.

Mennemeyer

> auszuschließen ist, dass die Stellungnahme zu einer für die Partei günstigeren Entscheidung hätte führen können.[5342]

3888 Nicht jede unterbliebene weitere Sachaufklärung stellt jedoch einen in der dritten Instanz beachtlichen Verfahrensfehler dar.

> ❗ Das vom Tatrichter zu verantwortende Beweisergebnis beruht auf **keinem Verfahrensfehler**, wenn
> – der Tatrichter bei der Befragung des gerichtlichen Sachverständigen bestimmte Sachverhaltsbereiche nicht aufgreift, da er zutreffend keinen weiteren Aufklärungsbedarf sieht,[5343]
> – der Tatrichter unnötiger Weise gemäß § 412 ZPO ein Obergutachten einholt[5344] oder
> – die Einholung eines weiteren Gutachtens gemäß § 412 ZPO unterbleibt, weil Mängel der vorhandenen Gutachten nicht dargelegt und überlegene Forschungsmittel eines Obergutachters nicht ersichtlich sind.[5345]

3889 Revision und Nichtzulassungsbeschwerde können nur darauf gestützt werden, dass das angefochten Berufungsurteil auf einer Verletzung des Rechts beruht (§§ 545 Abs. 1, 543 Abs. 2 ZPO). Das Tatbestandsmerkmal des **Beruhens** setzt voraus, dass sich zumindest nicht ausschließen lässt, dass das Berufungsgericht bei verfahrensfehlerfreier Entscheidung zu einer anderen Beurteilung des Falles gekommen wäre.[5346]

3890 Stehen **erstinstanzliche Rechts- oder Verfahrensverstöße** im Raum, sind diese **mit der Berufungsbegründung** zu **rügen**. Bezüglich derartiger Verstöße muss schon im Berufungsverfahren im Einzelnen dargelegt werden, aus welchen Gründen das angefochtene erstinstanzliche Urteil der Abänderung bedurfte (§ 520 Abs. 3 S. 2 Nr. 3 ZPO). Mit pauschalen Bezugnahmen auf erstinstanzlichen Vortrag und »die dem zugrunde liegenden Gutachten der privaten Sachverständigen« ist es nicht getan.[5347]

aa) Antizipierte Beweiswürdigung

3891 Von einer antizipierten Beweiswürdigung spricht man, wenn sich der Tatrichter ohne Beweiserhebung vom Vorliegen einer Tatsache überzeugt,

---

5342 Dieser Verfahrensfehler stellt zugleich eine Verletzung des Verfahrensgrundrechts auf rechtliches Gehör dar, wenn nicht auszuschließen ist, dass eine Stellungnahme einer Partei zum Beweisergebnis zu einer für sie günstigeren Entscheidung hätte führen können; vgl BGH ZMGR 2007, 141, Rn. 3.
5343 Vgl. BGH NJW-RR 2011, 475 Rn. 10.
5344 BGH MDR 2011, 64 f., Rn. 31.
5345 BGH VersR 2010, 1241 f., Rn. 8.
5346 Vgl. nur BGH VersR 2008, 376; VersR 2007, 376.
5347 BGH Beschl. v. 10. 7. 2008 – VI ZR 266/07 – veröffentlicht bei juris.

obwohl diese streitig und – etwa durch Einholung eines Sachverständigengutachtens gemäß § 403 ZPO – ordnungsgemäß unter Beweis gestellt war. So liegt etwa eine **unzulässige vorweggenommene Beweiswürdigung** vor, wenn das Prozessgericht ein Beweisangebot deshalb ablehnt, weil die unter Beweis gestellte Tatsachenbehauptung dem Gericht als unwahrscheinlich erscheint.[5348] Eine derartige Beweiswürdigung findet im Prozessrecht keine Stütze und verletzt gleichermaßen § 286 ZPO und Art. 103 Abs. 1 GG.[5349]

bb) Nicht dargelegte eigene Sachkunde

Setzt die Würdigung eines Sachverhalts spezielles Fachwissen voraus, hat der Tatrichter nachvollziehbar darzulegen, dass er über solche eigene Sachkunde verfügt. Das Berufungsgericht darf deshalb nicht von dem Gutachten eines erstinstanzlich beauftragten gerichtlichen Sachverständigen oder der Würdigung dieses Gutachtens durch das erstinstanzliche Gericht abweichen, ohne die hierzu erforderliche eigene Sachkunde darzulegen. Diese Sachkunde kann in der Regel nur durch entsprechende weitere sachverständige Beratung gewonnen werden.[5350]

3892

cc) Nicht aufgeklärte Widersprüche

Gerade in Arzthaftungsprozessen sind Äußerungen medizinischer Sachverständiger kritisch auf ihre Vollständigkeit und Widerspruchsfreiheit zu prüfen. Dies gilt sowohl für Widersprüche zwischen einzelnen Erklärungen desselben Sachverständigen als auch für Widersprüche zwischen Äußerungen mehrerer Sachverständiger, selbst wenn es dabei um Privatgutachten geht.[5351]

3893

(1) Widersprüche zwischen einzelnen Erklärungen des gerichtlichen Sachverständigen

Das Gericht darf sich nicht über Widersprüche oder Unklarheiten in den Ausführungen eines medizinischen Sachverständigen hinwegsetzen.[5352] **Unklarheiten und Zweifel** bei den Bekundungen des Sachverständigen muss es durch eine gezielte Befragung klären.[5353] Andernfalls bietet der erhobene Sachverständigenbeweis keine ausreichende Grundlage für die tatrichterliche Überzeugungsbildung.[5354]

3894

5348 BGH VersR 2008, 382, Rn. 1f. .
5349 BGH VersR 2010, 473 ff,. Rn. 17 m.w.N.
5350 BGH VersR 2007, 1008, Rn. 3; VersR 2008, 382, Rn. 2; NJW 2011, 852 ff.
5351 BGH VersR 2009, 499 f., Rn. 7.
5352 BGH VersR 1985, 1187,1188; VersR 1992, 747, 748 sowie VersR 1994, 480, 482.
5353 BGH NJW 2009, 2820 f., Rn. 8f.; NJW 2010, 3230 ff., Rn. 14 und 16.
5354 BGH VersR 2001, 859, 860; NJW 2008, 1381 ff., Rn. 16; NJW 2009, 2820 f.,
      Rn. 8f. sowie NJW 2011, 375 ff., Rn. 10.

(2) Widersprüche zwischen Äußerungen mehrerer Sachverständiger

3895   Die Notwendigkeit, Gutachten auf ihre **Vollständigkeit und Widerspruchsfreiheit** zu prüfen und insbesondere auf die Aufklärung von Widersprüchen hinzuwirken, gilt umso mehr, wenn sich Widersprüche zwischen Äußerungen mehrerer Sachverständiger ergeben.[5355] Bei widersprüchlicher Begutachtung fehlt es nämlich an einer ausreichenden Grundlage für die Überzeugungsbildung des Tatrichters.

3896   So ist im Berufungsrechtszug auf erkennbare Unterschiede zwischen einem erstinstanzlichen und einem zweitinstanzlichen Sachverständigengutachten einzugehen, wobei entscheidungserheblichen Widersprüchen bereits **von Amts wegen** nachgegangen werden muss.[5356] Erst wenn solche Aufklärungsbemühungen erfolglos geblieben sind, dürfen verbleibende Diskrepanzen vom Tatrichter frei gewürdigt werden, indem etwa einem Gutachten mit logisch nachvollziehbarer Begründung der Vorzug gegeben wird.[5357] In einem solchen Fall muss die Beweiswürdigung jedoch erkennen lassen, dass die einander widersprechenden Ansichten der Sachverständigen gegeneinander abgewogen worden sind und dass sich nach Herausarbeitung der abweichenden Standpunkte keine weiteren Aufklärungsmöglichkeiten ergeben haben.[5358]

3897   Liegen **Gutachten aus verschiedenen Sachgebieten** vor, kann sich ein Gehörsverstoß vor allem daraus ergeben, dass das Berufungsgericht in den entscheidungserheblichen Punkten allein die Angaben eines Gutachters (etwa des orthopädisch-chirurgischen Sachverständigen) für maßgeblich erachtet und im Rahmen seiner Würdigung die Ausführungen eines anderen (etwa des toxikologisch-pharmakologischen Sachverständigen) übergeht.[5359]

(3) Widersprüche zwischen Erklärungen des gerichtlichen Sachverständigen und Parteigutachten

3898   Legt eine Partei ein medizinisches **Parteigutachten** vor, das im Gegensatz zu den Erkenntnissen des gerichtlich bestellten Sachverständigen steht, so ist vom Tatrichter ebenfalls besondere Sorgfalt gefordert. Er darf in diesem Fall – wie auch im Fall sich widersprechender Gutachten zweier gerichtlich bestellter Sachverständiger – den Streit der Sachverständigen nicht dadurch entscheiden, dass er ohne einleuchtende und logisch nachvollziehbare Begründung einem von ihnen den Vorzug gibt.[5360] Einwände, die sich

---

5355   BGH VersR 1996, 647, 648; VersR 1996, 1535, 1536) NJW 1997, 1638 ff., Rn. 9.
5356   BGH VersR 2009, 518 ff., Rn. 8; NJW 1992, 2291 unter II 2 c.
5357   Vgl. BGH VersR 2001, 859 unter II.
5358   BGH NJW 1987, 442 unter II 2 a.
5359   BGH ZMGR 2009, 334 f., Rn. 2 ff.
5360   Ständige Rechtsprechung, vgl. BGH VersR 2009, 975 f., Rn. 7; VersR 2009, 817 f., Rn. 9;NJW 2010, 3657 ff., Rn. 27 sowie VersR 2011, 552 Rn. 5.

aus einem Privatgutachten gegen das Gutachten des gerichtlichen Sachverständigen ergeben, muss das Gericht ernst nehmen, ihnen nachgehen und den Sachverhalt weiter aufklären.[5361] Dazu kann es den Sachverständigen zu einer schriftlichen Ergänzung seines Gutachtens veranlassen. Insbesondere bietet sich die mündliche Anhörung des gerichtlichen Sachverständigen gemäß § 411 Abs. 3 ZPO an. Ein Antrag der beweispflichtigen Partei ist dazu nicht erforderlich.[5362] Gegebenenfalls hat das Gericht den Sachverständigen unter **Gegenüberstellung mit dem Privatgutachter** anzuhören, um dann entscheiden zu können, wieweit es den Ausführungen des Sachverständigen folgen will.[5363] Wenn der gerichtlich bestellte Sachverständige weder durch schriftliche Ergänzung seines Gutachtens noch im Rahmen seiner Anhörung die sich aus dem Privatgutachten ergebenden Einwendungen auszuräumen vermag, muss der Tatrichter im Rahmen seiner Verpflichtung zur Sachaufklärung gemäß § 412 ZPO ein weiteres Gutachten einholen.[5364]

Dabei enthebt selbst die **Anwesenheit eines Privatsachverständigen** in der mündlichen Verhandlung das Berufungsgericht nicht seiner Pflicht zur Aufklärung von Widersprüchen.[5365] Solange der Privatsachverständige nicht zum gerichtlichen Sachverständigen bestellt ist, agiert er lediglich zur Unterstützung der Partei und hat keine Mitwirkungsrechte (vgl. §§ 402, 397 Abs. 2 ZPO). **3899**

dd) Auswahl des Sachverständigen

In den Tatsacheninstanzen kommt der Auswahl von Sachverständigen immer wieder eine streitentscheidende Rolle zu. Die Auswahl der Sachverständigen steht im Ermessen des Gerichts. Es liegt jedoch eine fehlerhafte **Ermessensausübung** vor, wenn das Gericht einen Sachverständigen aus einem falschen Sachgebiet ausgewählt hat (§ 404 Abs. 1 S. 1 ZPO). **3900**

Für die Auswahl eines Sachverständigen ist auf die notwendige Sachkunde in dem medizinischen **Sachgebiet** abzustellen, in welches der Eingriff fällt. Hierfür können die fachärztlichen Weiterbildungsordnungen herangezogen werden.[5366] Soweit ein Eingriff mehrere Fachbereiche berührt, kommt es darauf an, welchem Fachbereich die konkrete Beweisfrage zuzuordnen ist.[5367] **3901**

Beispielhaft richtet sich die Frage, in welchen ärztlichen Fachbereich die Auswertung einer zur Abklärung der Narkosefähigkeit eines Patienten angefertigten Röntgenaufnahme der Lunge fällt (Anästhesie oder Radiologie), **3902**

5361 BGH NJW 2008, 2846 ff., Rn. 25; VersR 2009, 1406 ff., Rn. 5; VersR 2010, 72 f., Rn. 4 f.; VersR 2011, 552 Rn. 5.
5362 BGH VersR 2009, 975, Rn. 7.
5363 BGH VersR 1981, 576 unter II 1 b.
5364 BGH VersR 2009, 975, Rn. 7.
5365 BGH NJW 2008, 2846 ff., Rn. 26.
5366 Vgl. BGH VersR 1995, 659, 660; VersR 1999, 716, 717.
5367 BGH NJW 2009, 1209 ff., Rn. 18.

Mennemeyer

in erster Linie nach medizinischen Maßstäben, die der Tatrichter mit Hilfe eines medizinischen Sachverständigen zu ermitteln hat. Gleiches gilt für die Frage, ob eine dem medizinischen Standard entsprechend von einem Anästhesisten ausgewertete Röntgenaufnahme zusätzlich von dem Radiologen zu befunden ist, dem der Auftrag zur Anfertigung der Aufnahme erteilt worden ist.[5368]

3903 Im Einzelnen sei auf die nachfolgende Zusammenstellung der Zuständigkeiten der Sachverständigen verwiesen:

Beweisthema	gutachterliches Fachgebiet		
Durchführung einer digitalen Subtraktionsangiographie des Kopfes (DSA)[5324]	Facharzt Neurologie und Neurochirurgie	oder	Facharzt Radiologie
Handelns eines Gynäkologen auf dem Gebiet der Geburtshilfe[5325]	neonatologisches Sachverständigengutachten	oder	gynäkologisches Sachverständigengutachten
Auswertung einer zur Abklärung der Narkosefähigkeit eines Patienten angefertigten Röntgenaufnahme der Lunge[5326]	Facharzt Anästhesie	oder	Facharzt Radiologie
Degenerative Veränderungen[5327]	Facharzt Orthopädie	oder	Facharzt HNO

3904 Hat ein gerichtlicher (orthopädischer) Sachverständige in seinem Gutachten ausdrücklich darauf hingewiesen, dass auf seinem Fachgebiet keine unfallbedingte Beeinträchtigung vorliege, er aber keine Ausführungen dazu machen könne, inwieweit seine Einschätzung sich auf das Fachgebiet Hals-Nasen-Ohren auswirke, so muss das Gericht den HNO-Sachverständigen zu diesem Gutachten Stellung nehmen lassen.[5373]

ee) Beauftragung eines anderen Sachverständigen (§ 412 ZPO)

3905 Die Anordnung der Beauftragung eines anderen Sachverständigen (insbesondere für ein **Obergutachten**) steht gemäß § 412 Abs. 1 ZPO (i. V. m. § 144 Abs. 1 S. 1 und Abs. 3 ZPO) im pflichtgemäßen Ermessen des Tatrichters.[5374]

5368 BGH VersR 2011, 400, 401 Rn. 15.
5369 BGH VersR 2011, 400, 402 Rn. 18 ff.
5370 BGH Beschluss vom 16.3.2007 - VI ZR 42/06 – veröffentlicht bei juris, Rn. 3.
5371 BGH Urt. v. 21.12. 2010 – VI ZR 284/09 – veröffentlicht bei juris, Rn. 15.
5372 BGH VersR 2007, 376, Rn. 4 f.
5373 BGH VersR 2007, 376, Rn. 4 f.
5374 BGH NJW 1999, 1778 f., Rn. 8. .

(1) Unterlassene Beauftragung als Gehörsverstoß

Eine verfahrensrechtliche **Pflicht zur Einholung eines weiteren Gutachtens** ist im Hauptsacheverfahren gemäß § 412 ZPO **nur ausnahmsweise** gegeben, nämlich **bei besonders schwierigen Fragen,** bei **groben Mängeln der vorhandenen Gutachten** und dann, wenn ein neuer Gutachter über **überlegene Forschungsmittel** verfügt.[5375] Im Rahmen des dem Tatrichter bei der Frage, ob die Einholung eines weiteren Gutachtens geboten ist, eingeräumten Ermessensspielraums hat dieser die Grundsätze der freien Beweiswürdigung, die sachfremde Erwägungen verbieten (§ 286 ZPO), zu beachten.[5376]

3906

Gegen die Ablehnung der Einholung eines weiteren Gutachtens gemäß § 412 ZPO ist – auch im selbständigen Beweisverfahren[5377] – kein eigenes Rechtsmittel gegeben. Die verfahrensfehlerhaft **unterlassene Beauftragung** eines weiteren Gutachtens **kann** einen **Gehörsverstoß darstellen** und deshalb zu einer Sachbehandlung nach §§ 544 Abs. 7; 562 Abs. 2 ZPO und mithin zur Aufhebung des angefochtenen Berufungsurteils und zur Zurückweisung der Sache zur neuen Verhandlung und Entscheidung an das Berufungsgericht führen.

3907

(2) Beauftragung selbst nicht revisibel

Die Frage, ob das Berufungsgericht die sachlichen Voraussetzungen für die Beauftragung eines anderen Sachverständigen nach § 412 Abs. 1 ZPO zu Recht als gegeben angesehen hat, unterliegt nicht der Nachprüfung durch das Revisionsgericht.[5378] Durch eine solche Maßnahme wird die Erkenntnisgrundlage des Tatrichters erweitert und werden Verfahrensrechte der Prozessparteien nicht beeinträchtigt. Anders als das Unterbleiben der gebotenen Beauftragung eines anderen Sachverständigen[5379] stellt die etwa **unnötige Beauftragung** eines anderen Sachverständigen **keinen** mit der Revision rügefähigen **Verfahrensfehler** dar. Dies entspricht der Rechtsprechung des Bundesgerichtshofs, wonach im Revisionsverfahren nicht zu prüfen ist, ob das Berufungsgericht das Vorliegen der Voraussetzungen für eine erneute Tatsachenfeststellung nach § 529 Abs. 1 Nr. 1 ZPO zu Unrecht angenommen hat.[5380]

3908

5375 BGH VersR 1962, 231, 232; VersR 1971, 472, 473; VersR 1980, 533 f.; VersR 2010, 1241 f., Rn. 8; vgl. auch BGH VersR 1974, 804, 806 f.
5376 BGH VersR 1980, 533; VersR 2010, 1241 f., Rn. 8.
5377 BGH VersR 2010, 1241 f., Rn. 8.
5378 BGH MDR 2011, 64 f., Rn. 31.
5379 Vgl. dazu Zöller/Greger ZPO, § 412, Rn. 4; PG/Katzenmeier ZPO § 412, Rn. 6.
5380 BGH BGHZ 162, 313, 318 f.

ff) Anhörungsrecht nach §§ 397, 402 ZPO

3909 Zur Gewährleistung des rechtlichen Gehörs nach §§ 397, 402 ZPO hat die Partei einen Anspruch darauf, dass sie dem gerichtlichen Sachverständigen die Fragen, die sie zur Aufklärung der Sache für erforderlich hält, zur mündlichen Beantwortung vorlegen kann.[5381]

(1) Anhörung des gerichtlichen Sachverständigen

3910 Die **von einer Partei beantragte Ladung** des gerichtlichen Sachverständigen ist grundsätzlich **auch dann erforderlich, wenn** das **Gericht** das schriftliche Gutachten für überzeugend hält und **keinen** weiteren **Erläuterungsbedarf sieht.**[5382] Das Antragsrecht der Partei besteht nämlich unabhängig von der nach § 411 Abs. 3 ZPO im pflichtgemäßen Ermessen des Gerichts stehenden Möglichkeit, von Amts wegen das Erscheinen eines Sachverständigen zum Termin anzuordnen.[5383] Beschränkungen des Antragsrechts können sich allenfalls aus dem Gesichtspunkt des Rechtsmissbrauchs oder der Prozessverschleppung ergeben.[5384]

3911 Von der Partei, die einen Antrag auf Ladung eines Sachverständigen stellt, kann nicht verlangt werden, dass sie die Fragen, die sie an den Gutachter zu richten beabsichtigt, im Voraus konkret formuliert.[5385] Es ist auch nicht erforderlich, dass ein Erläuterungsbedarf von der Partei konkret dargetan wird. Vielmehr genügt es, wenn sie allgemein angibt, in welcher Richtung sie durch ihre Fragen eine weitere Aufklärung herbeizuführen wünscht.[5386] Dies gilt grundsätzlich auch dann, wenn ein Sachverständiger nicht als Erstgutachter eingeschaltet wurde, sondern ein weiteres Gutachten erstattet hat.[5387]

3912 Wenn das Berufungsgericht einem Antrag auf Anhörung des Sachverständigen verfahrensfehlerhaft nicht nachkommt, führt dies, wenn nicht ausgeschlossen werden kann, dass das Berufungsgericht bei der gebotenen Anhörung zu einer anderen Beurteilung des Falles gekommen wäre, gemäß § 544 Abs. 7 ZPO bzw. § 562 ZPO zur Aufhebung des angegriffenen Urteils und zur Zurückverweisung des Rechtsstreits an das Berufungsgericht. In einem derartigen Fall liegt nämlich ein entscheidungserheblicher Gehörsverstoß vor (Verletzung von Art. 103 Abs. 1 GG).

5381 St. Rspr., vgl. etwa BGH NJW 1998, 162 unter II 2 a; NJW-RR 2007, 1294, Rn. 3; NJW-RR 2009, 1361 f. Rn. 10.

5382 BGH NJW-RR 2011, 704 Rn. 9 m.w.N.

5383 St. Rspr., vgl. etwa BGH NJW-RR 2003, 208 f., Rn. 7; NJW-RR 2007, 212 f., Rn. 3; NJW-RR 2009, 1361 f., Rn. 10.

5384 BGH NJW-RR 2003, 208 f., Rn. 7.

5385 Vgl. etwa NJW-RR 2007, 212 f., Rn. 3 f.; , VersR 2007, 1697 f., Rn. 3 und 1713, Rn. 2 f.

5386 BGH NJW-RR 2007, 212 f., Rn. 3 f.; VersR 2007, 1713, Rn. 2f.

5387 Vgl. zum Fall eines Ergänzungsgutachtens BGH VersR 2007, 1713, Rn. 2 f.; zusammenfassend: BGH NJW-RR 2011, 704 Rn. 9 f.

(2) Anhörung früherer Sachverständiger

Die Pflicht zur Anhörung erstreckt sich jedoch nicht auf einen früheren **3913** Sachverständigen, dessen Gutachten der Tatrichter für ungenügend erachtet und deshalb zum Anlass genommen hat, gemäß § 412 Abs. 1 ZPO einen anderen Sachverständigen zu beauftragen.[5388] Das Recht der Partei auf Ladung und Befragung des Sachverständigen dient dem Zweck der Wahrung des Anspruchs auf Gewährung rechtlichen Gehörs in Bezug auf die sachverständige Beratung des Tatrichters als einer bedeutsamen Grundlage der richterlichen Sachentscheidung. Hat das Gericht gemäß § 412 Abs. 1 ZPO einen anderen Sachverständigen beauftragt, so nimmt dieser anstelle des bisherigen Sachverständigen die Stellung des sachverständigen Beraters ein; dementsprechend beziehen sich die Frage- und Anhörungsbefugnisse der Prozessparteien auch (nur) auf seine – des »neuen« Sachverständigen – Begutachtung. Die Parteien haben das Recht, die Ladung des nunmehr beauftragten, »neuen« Sachverständigen zu verlangen. In Bezug auf den früheren, gleichsam »abgelösten« Sachverständigen steht ihnen ein solcher Anspruch demgegenüber nicht zu, da dieser nicht mehr die Funktion eines sachverständigen Beraters des Gerichts innehat.[5389]

Etwas anderes gilt dann, wenn es zur Wahrung des rechtlichen Gehörs **3914** (Art. 103 Abs. 1 GG) erforderlich ist, auch eine Anhörung des in erster Instanz bestellten Sachverständigen vorzunehmen.[5390] Zwar erstreckt sich die Pflicht, auf Antrag der Prozessparteien den (gerichtlichen) Sachverständigen zur mündlichen Erläuterung seines Gutachtens zu laden, nicht auf einen früheren Sachverständigen, dessen Gutachten der Tatrichter für ungenügend erachtet und deshalb zum Anlass genommen hat, gemäß § 412 Abs. 1 ZPO einen anderen Sachverständigen zu beauftragen.[5391] **Der frühere Sachverständige ist** indes **zu laden, wenn** und soweit **dies** zur weiteren Sachaufklärung, insbesondere **zur Behebung von Lücken und Zweifeln, erforderlich ist.**[5392]

gg) Äußerungen eines Sachverständigen und Stellungnahmefrist

In Arzthaftungsprozessen ist es zur Wahrung des rechtlichen Gehörs **regel- 3915 mäßig geboten,** eine **Frist zur schriftlichen Stellungnahme** zu den mündlichen Äußerungen eines Sachverständigen **zu gewähren.**[5393] Es kann nämlich von einer Partei nicht verlangt werden, dass sie zu fachlichen Fragen vorträgt, ohne sich ihrerseits durch Befragen von Experten sachkundig zu machen. Wird also etwa ein Sachverständiger, ohne dass der Sachverständige

---

5388 BGH MDR 2011, 64 f., Rn. 29 ff.
5389 BGH MDR 2011, 64 f., Rn. 29 ff.
5390 Vgl. etwa BGH VersR 2007, 1713, Rn. 2 f. .
5391 BGH MDR 2011, 64, Rn. 36.
5392 BGH MDR 2011, 64, Rn. 37 und BGH NJW-RR 2011, 704 Rn. 6 ff.
5393 BGH NJW 1982, 1335 ff.; Rn. 1.

Mennemeyer

vorher ein den Parteien zur kritischen Würdigung zugängliches schriftliches Gutachten erstattet hat, in der mündlichen Verhandlung zu schwierigen Sachfragen ausführlich gehört, muss jeder Partei[5394] Gelegenheit gegeben werden, nach Vorliegen des Protokolls über die Beweisaufnahme zum Beweisergebnis Stellung zu nehmen. Gibt die Stellungnahme Anlass zur weiteren tatsächlichen Aufklärung, ist die mündliche Verhandlung wiederzueröffnen.[5395] Ein diese Grundsätze nicht beachtendes Vorgehen verletzt den Anspruch der dadurch benachteiligten Partei auf rechtliches Gehör aus Art. 103 Abs. 1 GG.

hh) Verhandlung zum Ergebnis der Beweisaufnahme

3916 Nach §§ 285 Abs. 1, 279 Abs. 3 ZPO ist über das Ergebnis der Beweisaufnahme zu verhandeln und der Sach- und Streitstand erneut mit den Parteien zu erörtern. Findet sich im Protokoll kein Hinweis darauf, dass die Parteien zum Beweisergebnis verhandelt haben, steht ein Verstoß gegen §§ 285 Abs. 1, 279 Abs. 3 ZPO fest (§§ 165, 160 Abs. 2 ZPO). Ein derartiger Verfahrensfehler stellt regelmäßig eine Gehörsverletzung dar.[5396] Lässt sich darlegen, dass im Falle einer Verhandlung zum Beweisergebnis auf Gesichtspunkte hingewiesen worden wäre, die möglicherweise zu einer anderen Bewertung geführt hätten, kommt ein Vorgehen nach § 544 Abs. 7 ZPO und eine Aufhebung des angegriffenen Urteils und Zurückverweisung an das Berufungsgericht wegen Verletzung des Anspruchs auf rechtliches Gehör aus Art. 103 Abs. 1 GG in Betracht.

IX. Die Haftung des Sachverständigen

1. Haftung für unrichtige Gutachten

a) Keine vertragliche, aber deliktische Haftung

3917 Eine vertragliche Haftung bei Fehlern des gerichtlich bestellten Sachverständigen kommt nicht in Betracht, weil es an einer vertraglichen Beziehung zwischen Gutachter und Gericht oder Parteien fehlt, vielmehr eine öffentlich-rechtliche Sonderverbindung besteht. Es bleibt aber eine **deliktische Haftung** nach §§ 823 ff. BGB. Sie trifft den Sachverständigen persönlich und nicht den Staat, weil der Sachverständige trotz gerichtlicher Beauftragung kein hoheitliches Amt ausübt,[5397] mithin als Anspruchsgrundlage der § 839 BGB von vornherein ausscheidet.[5398]

Ein deliktischer Anspruch aus § 823 Abs. 1 BGB kommt bei **Verletzung absoluter Rechte** in Betracht, so wenn der Sachverständige den Kläger bei

---

5394 Auch der Behandlerseite, vgl. BGH NJW-RR 2011, 76 Rn. 5.
5395 BGH NJW 2009, 2604 ff., Rn. 8.
5396 BGH ZMGR 2007, 141.
5397 BGH NJW 1973, 554.
5398 OLG Düsseldorf NJW 1986, 2891.

der körperlichen Untersuchung verletzt. Führt demgegenüber ein unrichtiges Gutachten zu einem Unterliegen im Prozess, ist nicht ein durch § 823 Abs. 1 BGB geschütztes absolutes Recht beeinträchtigt; es liegt dann lediglich ein **Vermögensschaden**, nicht etwa ein Gesundheitsschaden vor.[5399] Die Erstattung eines Vermögensschadens kommt dann zunächst einmal nur nach § 823 Abs. 2 BGB in Verbindung mit einem Schutzgesetz in Betracht. Dies betrifft u. a. die folgenden Fälle, in denen der Sachverständige sich nicht auf das Haftungsprivileg nach §§ 839a Abs. 2, 839 Abs. 3 BGB berufen kann: Wenn der Gutachter seiner Verschwiegenheitspflicht zuwider handelt (§ 823 Abs. 2 BGB i. V. m. § 203 Abs. 1 Nr. 1 StGB) oder wenn er im Zusammenhang mit dem unrichtigen Gutachten beeidigt worden ist, er sich auf einen früher geleisteten Eid bezogen hat oder vorsätzlich ein unrichtiges Gutachten erstattet hat (§ 823 Abs. 2 BGB i.V.m. §§ 153, 154, 161 StGB[5400]). Nicht ausreichend ist allerdings nur fahrlässige Fehlerhaftigkeit eines solchen Gutachtens, solange eine Beeidigung nicht erfolgt ist; denn § 410 ZPO ist kein Schutzgesetz im Sinne von § 823 Abs. 2 BGB, es regelt lediglich verfahrensrechtliche Tatbestände für den Fall, dass eine Vereidigung erfolgen soll.[5401] Auch scheidet ein deliktischer Anspruch nach § 823 Abs. 2 BGB aus, wenn der Sachverständige die Gutachtenerstattung übermäßig verzögert oder den vorgegebenen Kostenrahmen ohne vorherige Mitteilung unverhältnismäßig überschreitet. Denn die §§ 407a, 411 ZPO sind ebenfalls reine Ordnungsvorschriften und keine Schutznormen im Sinne von § 823 Abs. 2 BGB. Verletzungen dieser Pflichten werden an sich nur prozessrechtlich und entschädigungsrechtlich (z. B. durch Verlust des Honoraranspruchs) sanktioniert,[5402] siehe oben Rdn. 3852 ff. Jedoch kommt dann immer noch bei sittenwidriger vorsätzlicher Schädigung ein Schadensersatzanspruch nach § 826 BGB in Betracht.[5403]

b) Spezialnorm § 839a BGB

Nach § 839a BGB ist ein vom Gericht[5404] ernannter Sachverständiger, der vorsätzlich oder grob fahrlässig ein unrichtiges, also von der objektiven Sachlage abweichendes Gutachten erstattet, darüber hinaus zum Ersatz des Schadens – auch des Vermögensschadens – verpflichtet, der einer Verfahrenspartei durch die gerichtliche Entscheidung entsteht, die auf diesem Gut-

3918

5399 OLG Düsseldorf NJW 1986, 2891.
5400 Wird lediglich ein schriftliches Gutachten erstattet, ist schon zweifelhaft, ob überhaupt eine Aussage im Sinne von §§ 153 ff. StGB geleistet worden ist: verneinend OLG München MDR 1968, 939.
5401 OLG Düsseldorf NJW 1986, 2891, 2892.
5402 Knerr in Geigel, Der Haftpflichtprozess, 25. Aufl. 2008, Kap. 35 Rn. 16.
5403 Wagner in MüKo-BGB, § 839a, Rn. 26.
5404 OLG Hamm GesR 2011, 227: Wenn der Gutachter von sich aus einen weiteren Sachverständigen beizieht, haftet dieser mangels gerichtlicher Bestellung nicht.

Frahm

achten beruht. Ausweislich des Wortlauts dieser Vorschrift fallen staatsanwaltschaftlich eingeholte Gutachten nicht unter § 839a BGB.[5405]

3919   Vor Einführung des § 839a BGB, also bis zum 31.07.2002, haftete der Sachverständige bei inhaltlich unrichtigem Gutachten für Vermögensschäden nur
nach § 826 BGB. Dazu musste der Gutachter in sittenwidriger Weise einem
anderen vorsätzlich einen Schaden zugefügt haben. Dies ist der Fall, wenn
grob leichtfertig ein falsches Gutachten erstellt wird und der Sachverständige sich der möglichen Schadenszufügung bedingt vorsätzlich bewusst ist.[5406]
Diese Anforderungen waren so hoch, dass faktisch ein Anspruch gegen den
unrichtig arbeitenden gerichtlich bestellten Sachverständigen nicht bestand.

Sachverständigenhaftung, § 839a BGB

Voraussetzungen	Ausschluss

• unrichtiges Gutachten
 	
• Vorsatz, grobe Fahrlässigkeit
 	
• Auswirkung auf die gerichtliche
  Entscheidung
 	
• dadurch Schaden eines
  Beteiligten
	• schuldhaftes Versäumnis eines
	  Rechtsbehelfs
	
	• der Rechtsbehelf hätte den
	  Schaden verhindert

aa) Voraussetzungen

3920   Der weitergehende § 839a BGB erfordert ein vorsätzlich oder grob fahrlässig unrichtiges mündlich oder schriftlich erstattetes Gutachten, das Eingang
in eine gerichtliche Entscheidung gefunden hat, die ihrerseits einen Schaden
herbeiführt.[5407] **Unrichtig** im Sinne dieser Norm ist ein Gutachten, wenn
es nicht der objektiven Sachlage entspricht, sei es dass festgestellte Tatsa-

---

5405 Knerr in Geigel, Der Haftpflichtprozess, 25. Aufl. 2008, Kap. 35 Rn. 5; zwei-
      felnd Sprau in Palandt § 839a Rn. 2, aber: § 411a ZPO nennt seit 2007 aus-
      drücklich auch die staatsanwaltschaftlich eingeholten Gutachten; aus dem
      Fehlen eines solchen Zusatzes in § 839a BGB ist durchaus auf den Willen des
      Gesetzgebers zu schließen, dass hier nur gerichtliche Gutachten erfasst sein
      sollen.
5406 BGH NJW-RR 1986, 1150 (Tierarzt).
5407 BGH NJW 2006, 1733 (Wertgutachter im Zwangsversteigerungsverfahren).

chen falsch sind oder die berücksichtigten Lehr- oder Erfahrungssätze oder Schlussfolgerungen. Ist die im Gutachten geäußerte Meinung wissenschaftlich vertretbar, wird u. U. schon die Unrichtigkeit des Gutachtens, jedenfalls aber das **Verschulden** zu verneinen sein, jedenfalls wenn der Sachverständige auf die Gegenansicht hingewiesen und erklärt hat, warum er dieser nicht gefolgt ist.[5408] So sind unterschiedliche fachliche Auffassungen nicht ungewöhnlich und geben für sich gesehen regelmäßig noch keinen Grund zur Annahme, der Sachverständige habe grob fahrlässig ein unrichtiges Gutachten erstattet. Denn **grobe Fahrlässigkeit** setzt zunächst in objektiver Hinsicht voraus, dass die erforderliche Sorgfalt in besonders schwerem Maße verletzt worden ist, also ganz naheliegende Überlegungen nicht angestellt wurden und das außer acht gelassen worden ist, was im vorliegenden Fall jedem hätte einleuchten müssen. Und es müssen noch subjektive Momente hinzukommen, die eine gesteigerte Vorwerfbarkeit begründen.[5409] Ein schlüssiger Klagvortrag des Anspruchstellers setzt voraus, dass Umstände, die eine grobe Fahrlässigkeit des Gutachters begründen sollen, dargelegt und unter Beweis gestellt werden; allein das Berufen auf eine Abweichung des Privatgutachtens vom gerichtlichen Sachverständigengutachten reicht dafür nicht aus. Insbesondere kommt dem Kläger nicht wie im Arzthaftungsprozess eine Erleichterung in der **Substanziierungspflicht** zu, weil es im Regressprozess eben nicht um detaillierte Kenntnisse von medizinischen Vorgängen geht, sondern um Untersuchungsmethoden und Beurteilungskriterien, zu denen dem Kläger substanziierter Vortrag abverlangt werden kann.[5410]

Grob fahrlässiges Verhalten ist z. B. in den folgenden Fällen bejaht worden: Übernahme des Gutachtens, wenn dem Sachverständigen die erforderliche Sachkunde offenbar fehlt[5411] oder wenn der Fehler in einem Maße unverständlich ist, dass man – verglichen mit einem Behandlungsfehler – diesen als grob betrachten müsste,[5412] z. B. bei Unterlassen der erforderlichen Untersuchung des Klägers (ausgenommen bei reinen Aktengutachten).[5413] **3921**

Der Beschränkung auf Vorsatz und grobe Fahrlässigkeit liegt zugrunde, dass dem Sachverständigen für seine Tätigkeit **die nötige innere Freiheit** zuzubilligen ist und er nicht dem übermäßigen Druck einer möglichen Haftung ausgesetzt sein soll; außerdem ist er regelmäßig nach § 407 ZPO zur Übernahme des Auftrags verpflichtet, und sein Honorar – durch das JVEG begrenzt – kann nicht ein erhöhtes Haftungsrisiko abfedern.[5414] **3922**

5408 Knerr in Geigel, Der Haftpflichtprozess, 25. Aufl. 2008, Kap. 35 Rn. 6.
5409 OLG Nürnberg NJW-RR 1988, 791; LG Bochum MedR 2009, 95.
5410 So jedenfalls OLG Hamm VersR 2010, 222.
5411 Thole GesR 2006, 154, 157.
5412 Thole GesR 2006, 154, 157.
5413 OLG Nürnberg NJW-RR 1988, 791.
5414 Sprau in Palandt § 839 Rn. 3; Thole GesR 2006, 154, 155.

Frahm

3923 Das Fehlverhalten des Sachverständigen muss für den eingetretenen Schaden **kausal** sein, d. h. die gerichtliche Entscheidung muss auf dem inhaltlich
unrichtigen Gutachten beruhen, wobei Mitursächlichkeit ausreicht. Dies
ist der Fall, wenn das Gutachten als einer von mehreren Faktoren in die
Entscheidungsfindung und damit in das Urteil Eingang gefunden hat.[5415] Es
reicht auch eine bloße Kostenentscheidung nach § 91a ZPO.[5416] Der Sachverständige haftet demgegenüber nicht, wenn die Klage unter dem Eindruck
des Inhalts des Gutachtens zurückgenommen wird oder die Parteien einen
Vergleich geschlossen haben[5417] (der dann allerdings nach § 779 BGB unwirksam sein kann) oder sie den Rechtsstreit für erledigt erklären.

3924 Geschuldet ist nach § 839a BGB die Erstattung des bei dem geschädigten
Prozessbeteiligten durch das unrichtige Urteil und die darauf beruhende
gerichtliche Entscheidung entstandenen **Vermögensschadens** nach § 251
Abs. 1 BGB. Dazu zählen auch die ihm letztlich zu Unrecht auferlegten
Prozesskosten einschließlich der Kosten der Rechtsmittelinstanz.[5418] Erweist sich die gerichtliche Entscheidung allerdings aus anderen Gründen als
materiell-rechtlich zutreffend, liegt kein ersatzfähiger Schaden vor.[5419]

3925 **Anspruchsberechtigt** sind die Parteien, Nebenintervenienten, Streithelfer
und sonstige Betroffene wie der Rechtsinhaber bei der Prozessstandschaft
oder der Rechtsnachfolger. Wird das Gutachten aber in einem anderen Verfahren urkundsbeweislich verwertet, sind die dortigen Beteiligten nicht
durch § 839a BGB geschützt.[5420] Dasselbe gilt, wenn ein Gutachten nach
§ 411a ZPO aus einem anderen gerichtlichen oder staatsanwaltschaftlichen
Verfahren vom Gericht verwendet wird. Zwar wird der Sachverständige
mit dem entsprechenden Beweisbeschluss auch im weiteren Verfahren bestellt und ihm wird dieser Beschluss auch zur Kenntnis gegeben (siehe oben
Rdn. 3756). Aber er ist nicht in dem Maße in das Verfahren eingebunden,
als dass ihn nun auch – zumal ohne genaue Aktenkenntnis und ohne Wissen
um das weitere Geschehen bzw. den ergänzenden Vortrag der Parteien – in
diesem ihm an sich fremden Verfahren eine Haftungsverpflichtung trifft.[5421]
Verschulden und Zurechnungszusammenhang können demgegenüber aber
bejaht werden, wenn von vornherein für den Sachverständigen vorhersehbar war, dass sein Gutachten eine weitere Verwendung finden kann und
wenn zwischenzeitlich eine Veränderung der Sachlage nicht eingetreten ist
bzw. er ergänzend hat Stellung nehmen können.

5415 Thole GesR 2006, 154, 158.
5416 Martis/Winkhart Rn. S 178.
5417 Martis/Winkhart Rn. S 178.
5418 *Knerr* in Geigel, Der Haftpflichtprozess, 25. Aufl. 2008, Kap. 35 Rn. 10.
5419 Wagner in MüKo-BGB, § 839a Rn. 26.
5420 Greger in Zöller § 402 Rn. 10.
5421 Vgl. Katzenmeier in Prütting/Gehrlein, ZPO, § 411a Rn. 12.

bb) Ausschluss der Haftung

Gemäß § 839a Abs. 2 BGB i.V.m. § 839 Abs. 3 BGB scheidet eine Haftung **3926** des Sachverständigen auch dann aus, **wenn schuldhaft die Einlegung eines Rechtsmittels unterlassen wird.** Da der Begriff des Rechtmittels hier weit zu verstehen ist, sind davon auch Behelfe erfasst, die sich gegen das Gutachten selbst richten und bestimmt und geeignet sind, eine auf das Gutachten gestützte Entscheidung zu verhindern. D. h. die Partei muss bereits von vornherein zu verhindern suchen, dass das Gericht das Gutachten zur Entscheidungsgrundlage macht. Zum Haftungsausschluss führt es also, wenn schuldhaft versäumt wurde, nach § 411 Abs. 4 ZPO Einwendungen gegen das Gutachten zu erheben, nach § 412 ZPO einen formellen Beweisantrag auf Einholung eines neuen (Ober-)Gutachtens zu stellen oder das Frage-recht nach §§ 402, 397 ZPO auszuüben.[5422] Jedoch ist der Anspruch nicht ausgeschlossen, wenn die Partei davon absieht, ein Privatgutachten den Äußerungen des Gerichtssachverständigen entgegen zu setzen.[5423] Er ist auch nicht ausgeschlossen, wenn lediglich versäumt wurde, den Sachverständigen gemäß § 406 ZPO als befangen abzulehnen. Anderenfalls müssten Prozess-bevollmächtigte allein auf Grund anwaltlicher Sorgfalt Ablehnungen in ei-nem prozessual nicht mehr vertretbaren Maße sehr viel häufiger beantragen. Und im Übrigen würde sich der Sachverständige in dem ihn betreffenden Haftungsprozess möglicherweise dann auf eine damalige Befangenheit be-rufen, nur um den – den Ablehnungsantrag unterlassenden – Kläger auf den Haftungsausschluss zu verweisen.[5424] Unzulässig ist es – und dies schließt dann einen Haftungsausschluss von vornherein aus –, dem Sachverständi-gen im laufenden Prozess den Streit zu verkünden oder gegen ihn ein selb-ständiges Beweisverfahren einzuleiten (siehe oben Rdn. 3806 f.).

Für das Vorliegen des Schadensersatzanspruches nach § 839a BGB bedarf **3927** es eines Ursachenzusammenhangs zwischen dem unrichtigen Gutachten und dem eingetretenen Schaden (siehe oben Rdn. 3923). Und auch für den Ausschluss der Haftung ist eine Kausalität erforderlich, d. h. zwischen dem Unterlassen des Behelfs und dem Schaden muss noch ein **Ursachenzusam-menhang** bestehen. Dieser liegt vor, wenn bei Anwendung des Behelfs die Verwertung des unrichtigen Gutachtens nicht erfolgt wäre. Dies ist nicht der Fall, wenn ein entsprechendes Vorgehen von vornherein aussichtslos gewesen wäre.[5425] Hierbei ist zwar nicht stets zugrunde zu legen, wie vom Gericht richtig hätte entschieden werden müssen; aber dennoch wird die Frage nach der wirklichen Rechtslage eine erhebliche Rolle spielen. Z. B.

5422 BGH VersR 2007, 1379; OLG Hamm GesR 2011, 227: Antrag nach § 412 ZPO reichte nicht aus, es hätten Einwendungen nach § 411 Abs. 4 ZPO erhoben werden müssen.
5423 Thole GesR 2006, 154, 160.
5424 Thole GesR 2006, 154, 160; Greger in Zöller § 402 Rn. 10.
5425 BGH VersR 2007, 1379.

Frahm

kann regelmäßig nicht davon ausgegangen werden, dass die mündliche Befragung des Sachverständigen kein taugliches Mittel gewesen wäre, Mängel des Gutachtens zu beheben oder die Unbrauchbarkeit des Gutachtens zu offenbaren.[5426] Insgesamt reicht – im Gegensatz zur Kausalitätsfeststellung in der Haftungsprüfung – hier eine einfache Prognose dazu aus, wie entschieden worden wäre.[5427] Während der Geschädigte für die Voraussetzungen des Haftungstatbestands **beweisbelastet** ist, ist dies der Sachverständige für die Ausschlussgründe nach § 839a Abs. 2 BGB.

> ❗ Ein unrichtiges Gutachten kann nach § 839a BGB zur Haftung des gerichtlich bestellten Sachverständigen führen.
>
> Dies setzt bei ihm aber Vorsatz oder grobe Fahrlässigkeit voraus.
>
> Außerdem muss sein Fehlverhalten für den eingetretenen Schaden ursächlich sein.
>
> Hat der Geschädigte schuldhaft die Einlegung eines Rechtsmittels in weiterem Sinne unterlassen und hätte dieser Behelf die Verwendung des unrichtigen Gutachtens verhindert, ist der Schadensersatzanspruch ausgeschlossen.

3928   Mit der Begründung, gegen den gerichtlich bestellten Sachverständigen sei wegen grob fahrlässig oder vorsätzlich unrichtig erstatteten Gutachtens ein Schadensersatzanspruch nach § 839a BGB gegeben, kann gegen diesen Gutachter während des laufenden Ursprungsverfahrens weder eine **Streitverkündung** ausgebracht noch ein **selbständiges Beweisverfahren** beantragt werden (siehe oben Rdn. 3806 f.).

3929   Schadensersatzansprüche nach § 839a BGB **verjähren** nach drei Jahren (Regelverjährung gemäß § 195 BGB). Diese Verjährungsfrist beginnt gemäß § 199 BGB mit dem Schluss des Jahres, in dem der Anspruch entstanden ist und der Geschädigte von den anspruchsbegründenden Umständen, also auch von der Unrichtigkeit des Gutachtens Kenntnis erlangt hat oder ohne grobe Fahrlässigkeit hätte erlangen müssen. Zu beachten ist dabei, dass die Schadensentstehung bereits mit der ersten nachteiligen Gerichtsentscheidung vorliegt, weil sich schon in diesem Moment die Vermögenslage des Prozessbeteiligten verschlechtert. Das nachfolgende Rechtsmittelverfahren spielt bei dem Verjährungsfristbeginn keine Rolle, weil es dort nur noch um die Frage geht, ob der Schaden bestehen bleibt oder nicht.[5428] Bei der

---

5426   BGH VersR 2007, 1379.
5427   BGH VersR 2007, 1379.
5428   OLG Zweibrücken NJW-RR 2004, 27; siehe jedoch Spickhoff in Soergel, BGB, § 839a Rn. 51: Das Rechtsmittelverfahren nach §§ 839a Abs. 2, 839 Abs. 3 BGB hemmt die Verjährung gemäß § 204 Abs. 1 BGB. Denn sonst müsste gleichzeitig die Rechtsmittelinstanz angerufen und zusätzlich zur Verjährungshem-

für den Fristbeginn weiter erforderlichen Kenntnis des Geschädigten vom Schaden kommt es dementsprechend maßgebend auf die Zustellung der ersten nachteiligen Gerichtsentscheidung an, nicht etwa auf die Rechtskraft des Urteils.[5429]

> ❗ Es gilt die Regelverjährung des §§ 195, 199 BGB (drei Jahre ab Schluss des Jahres, in dem der Schaden eingetreten ist und der Geschädigte Kenntnis erlangt).
>
> Entscheidend ist dabei in erster Linie der Zeitpunkt der ersten nachteiligen Gerichtsentscheidung. Das nachfolgende Rechtsmittelverfahren spielt bei dem Verjährungsfristbeginn nach bisheriger Rechtsprechung keine Rolle.

2. Haftung des Privatgutachters

Zwischen dem Privatgutachter und seinem Auftraggeber besteht ein **Werkvertrag**, also haftet dieser Sachverständige bei einem unrichtigen Gutachten vertraglich nach §§ 633 ff. BGB. Ein Nacherfüllungsanspruch des Auftraggebers aus §§ 634 Nr. 1, 635 BGB kommt dabei regelmäßig nicht in Betracht, weil in dem Moment, in dem sich die Unrichtigkeit des Gutachtens erweist, es zumeist schon im Rechtsstreit eingeführt worden ist und gerade wegen der Erkenntnis der Unrichtigkeit der Auftraggeber nun kein Interesse mehr an einer Nachbesserung hat. Ein **Schadensersatzanspruch** steht dem Auftraggeber dann nach § 634 Nr. 4 BGB i. V. m. §§ 281 Abs 1, 2, 280 Abs. 1, 3 BGB bzw. nach §§ 323 Abs. 1, 2, 326 Abs. 5 BGB zu, wobei ein vorheriges Nacherfüllungsverlangen aus oben genannten Gründen entbehrlich ist.[5430] Es handelt sich dabei um eine Verschuldenshaftung, bei der im Gegensatz zum Gerichtssachverständigen leichte Fahrlässigkeit ausreicht.

3930

Dem Prozessgegner gegenüber haftet der Privatgutachter nicht, weil der Gegner in seinem Vertrauen auf die Richtigkeit des Gutachtens nicht schutzwürdig ist.[5431] Unter dem Gesichtspunkt des Vertrags mit Schutzwirkung zugunsten Dritter könnte zwar **im vorprozessualen Bereich** der Privatgutachter auch einem Dritten gegenüber haften. In der Arzthaftung wird dies aber regelmäßig nicht der Fall sein, denn bei der Haftung aus Schutzwirkungsgesichtspunkten wird vorausgesetzt, dass dem Auftraggeber gegenüber dem Dritten eine bestimmte Personensorge- oder Fürsorgepflicht be-

3931

---

mung gegen den Sachverständigen Klage erhoben werden, die sich im weiteren Ursprungsverfahren dann aber häufig erledigen dürfte.
5429 OLG Zweibrücken NJW-RR 2004, 27.
5430 Thole GesR 2006, 154.
5431 Thole GesR 2006, 154, 155.

steht. Dies ist z. B. bei einem vom Versicherer eingeholten Gutachten als Grundlage für die Entscheidung über die Eintrittsbereitschaft gegenüber dem Versicherungsnehmer denkbar. Hier kommt nach Ansicht des BGH eine Haftung des Privatgutachters aber nur in Frage, wenn es entweder um mehr als eine bloße Geldleistung geht, also etwa wenn Leben und Gesundheit des Versicherungsnehmers von der Einstandsbereitschaft des Krankenversicherers abhängt oder aber wenn die Stellungnahme des Privatgutachters auch aus dessen Sicht als Grundlage für Dispositionen des Dritten mit besonderen vermögensrechtlichen Folgen dient und der Dritte dann im Vertrauen auf das Gutachten solche Dispositionen getroffen hat.[5432]

> ❗ Der Privatgutachter haftet seinem Auftraggeber für ein unrichtiges Gutachten nach werkvertraglichen Regeln. Leichte Fahrlässigkeit reicht aus.
>
> Eine im Einzelfall zu bejahende Haftung des Privatgutachters gegenüber einem Dritten kommt im Arzthaftungsrecht praktisch nicht vor.

X. Der Sachverständige im Arzthaftungsprozess – Das medizinische Gutachten

1. Einführung

3932 Aufgabe des Sachverständigen im Arzthaftungs- und Strafprozess ist es, den medizinischen Sachverhalt für das Gericht aufzuarbeiten und darzulegen, sowie die gestellten Beweisfragen aus objektiver ärztlicher Sicht zu beantworten. Für das Arzthaftungsverfahren ist das medizinische Gutachten im Allgemeinen Prozess entscheidend, zumindest drängt sich immer wieder im konkreten Falle der Verdacht auf, dass im Gegensatz zur reinen Lehre der Verfahrensausgang in größerem Maße vom Urteil des Sachverständigen als von prozessualen und rechtlichen Faktoren bestimmt wird.

3933 Die Erörterung von Aufgaben und Position des Sachverständigen und der Kommunikation zwischen Arzt und Jurist bedarf daher einiger Vorbemerkungen, ohne die das Verständnis für die mitunter aufkommenden Verständigungsprobleme und deren Vermeidung kaum möglich ist.

3934 Juristisches Denken und Schließen spielt sich in einem hochkomplexen, dogmatischen System ab, welches von einer der Alltagssprache entrückten Semantik und einer besonders im Arztrecht sich fortentwickelnden Judikatur geprägt ist. Die ärztliche Ausbildung und Sozialisation hingegen vermitteln keinerlei Kenntnisse und Fähigkeiten, die intellektuelle Mechanik der Rechtsfindung auch nur annähernd zu begreifen, sondern basieren vielmehr zum einen auf naturwissenschaftlichen Fakten und Erkenntnissen, zum

---

5432 BGH NJW 2002, 3625.

anderen aber auf einer eher unbestimmten den Sozial- und Geisteswissenschaften entstammenden kognitiven Praxis. Damit mag es in bestimmtem Umfange möglich sein, zu vorgegebenen Fragen auf dem Boden objektiver **medizinischer** Kenntnis Stellung zu nehmen, die Forderung jedoch, Entscheidungen und Handlungen aus objektiver **ärztlicher** Sicht zu bewerten, stößt aufgrund der zutiefst persönlichkeitsdifferenten, damit subjektiven und interpersonellen Natur ärztlicher Entscheidungen an Grenzen und mag im Einzelfalle als gänzlich unerfüllbar erscheinen.

Daran ändert auch der Versuch wenig, medizinisches Wissen in Evidenz-   **3935** kategorien einzuteilen und damit die Reproduzierbarkeit und Verlässlichkeit von Aussagen zu klassifizieren. Die methodologischen Postulate einer evidenzbasierten Medizin machen diese allenfalls für einen Teil ärztlicher Entscheidungen und Handlungen als Beurteilungsgrundlage geeignet, vornehmlich dann, wenn es einfache Ursachen-Wirkungszusammenhänge statistisch wahrscheinlich zu machen gilt, so etwa die doppelblind randomisierte prospektive Medikamentenstudie oder die ebenfalls prospektiv und verblindet randomisiert durchgeführte, in ihrer Struktur jedoch standardisierbare und damit einfache chirurgische Prozedur. Komplexere Zusammenhänge sind diesem Zweig der medizinischen Erkenntnistheorie verschlossen, stellen jedoch das Gros ärztlicher Entscheidungen dar (Tab.1).

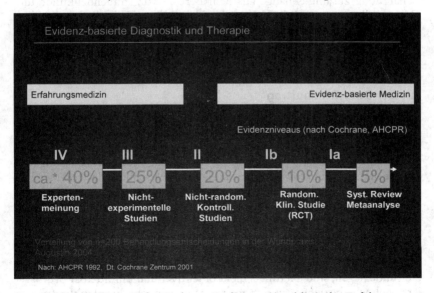

Damit wird die Person des Sachverständigen, seine klinische Erfahrung so-   **3936** wie zusätzlich zu seinem medizinischen Wissen auch sein auf praktischer Übung beruhendes Urteilsvermögen zu einem entscheidenden Faktor

Teichmann

rechtlicher Auseinandersetzungen, deren Chancen und Grenzen auch dem Juristen bewusst sein müssen, damit er dort, wo auch Subjektivität zum Urteilskriterium werden kann und muss, diese nicht durch die bereits zitierte Bedingung der objektiven ärztlichen Sicht gänzlich ausschließt.

3937   Es ist daher von großem Nutzen, wenn ein Sachverständiger nicht nur über eine weit überdurchschnittliche, klinisch praktische und wissenschaftliche Erfahrung verfügt, sondern darüber hinaus auch mit den Grundstrukturen der Übersetzung medizinsicher Sachverhalte in rechtliche Kategorien vertraut ist, ebenso wie es der gefestigten Erfahrung vieler Sachverständiger entspricht, dass in Medizinrechtsfragen erfahrene Gerichte über einen wohltuenden, medizinisch ärztlichen Sachverstand verfügen, der sowohl die Qualität der Beweisfragen bestimmt als auch die wichtigste Voraussetzung dafür bildet, als »Geburtshelfer« brauchbarer Aussagen und Feststellungen erfolgreich zu wirken.

3938   Im Folgenden soll aus der Sicht des ärztlichen Gutachters der Weg vom Eingang eines Gutachtenauftrages bei einem Sachverständigen erörtert und mit praktischen Ratschlägen dargelegt werden, bis hin zur Erstellung des Gutachtens selber und seiner Vertretung bzw. Ergänzung im Termin. Dabei mag es dem Autor nachgesehen werden, dass die verwendeten Beispiele und Behandlungszusammenhänge aus dem Bereich von Frauenheilkunde und Geburtshilfe stammen, ein Umstand, welcher insoweit auch als vorteilhaft betrachtet werden kann, als gemessen an seiner objektiven Inanspruchnahme der Frauenarzt und Geburtshelfer besonders häufig an Verfahren betätigt ist, die von eminenter Schadenshöhe gekennzeichnet sind.

2.   Der Gutachtenauftrag

3939   Die Beauftragung eines Sachverständigen erfolgt im Allgemeinen durch das Gericht, welches zumeist den Parteien eines Rechtsstreites Gelegenheit gibt, vor Bestellung des Gutachters Vorschläge zu machen oder Einwände zu formulieren. Anders als etwa im Kraftfahrzeug- oder Versicherungswesen ist der medizinische Sachverständige mit Ausnahme des forensischen Psychiaters im Allgemeinen nicht hauptberuflich mit der Erstellung von Gutachten befasst und als solcher generell vereidigt, sondern es handelt sich überwiegend um prominentere, häufig habilitierte Ärzte, die in leitender klinischer Funktion arbeiten und nach allgemeiner Anschauung über eine hinreichende theoretische wie praktische Expertise verfügen. Die Informationen, welche dieser Einschätzung des zu bestellenden Sachverständigen zugrunde liegen, sind allerdings nicht objektiver und unmittelbar prüfbarer Art, vielmehr beziehen sie sich meist auf persönliche Empfehlungen oder Listungen bei Landesärztekammern, wissenschaftlichen Fachgesellschaften, Chefarzt- und Berufsverbänden. Soweit dies Frauenheilkunde und Geburtshilfe exemplarisch, betrifft liegt allerdings auch diesen Gutachterlisten

Teichmann

keine objektive Prüfung der Qualifikation des zu bestellenden Sachverständigen zugrunde, so dass im späteren Verlauf sich als äußerst unangenehm herausstellende Fehleinschätzungen keineswegs ausgeschlossen sind, und eine extreme Varianz in der Qualität der erstellten Gutachten resultiert, die in Medizinrechtsfragen erfahrenen Juristen nicht immer in der erforderlichen Klarheit deutlich wird.

Es ist daher von besonderer Wichtigkeit, dass der den Gutachtenauftrag erhaltende Arzt zunächst einmal gewissenhaft prüft, ob er sich selbst für die im Beweisbeschluss formulierten Fragen überhaupt für hinreichend sachverständig hält und sich in der Lage sieht, den Gutachtenauftrag in der erforderlichen Qualität auch auszuführen. Dabei ist es zunächst hilfreich zu überprüfen, ob die an ihn gestellten Beweisfragen überhaupt Gegenstand seines Fachgebietes und in dessen Definition (Gebietsdefinition der jeweiligen Weiterbildungsordnung) abgebildet sind. Ungeachtet dessen, dass Überschneidungen möglich sind wie zum Beispiel im Fachgebiet der Urologie gegenüber der gynäkologischen Urologie oder der Radiologie gegenüber den fachgebundenen Radiologien entspricht es einer bewährten Übung, darauf zu achten, dass der Sachverständige der selben Disziplin angehört wie der beklagte Arzt, ein Grundsatz, von dem nur selten abgewichen werden muss, vor allem dann, wenn die Frage der Kausalität eines Behandlungsfehlers für einen behaupteten Schaden des Sachverstandes anderer Fächer bedarf. Häufig wird dies bei der Beurteilung von Geburtsschadensfällen der Fall sein, wenn es um die Auswirkungen eines geburtshilflichen Behandlungsfehlers auf klagegegenständliche kindliche Pathologie geht. **3940**

Hat der Sachverständige festgestellt, dass er sich sowohl aus objektiver wie aus subjektiver Sicht für die an ihn gestellten Fragen für zuständig und kompetent erachtet, sollte er sich darüber hinaus Rechenschaft darüber ablegen, ob im konkreten Falle seine persönliche ärztliche Praxis zur authentischen Beurteilung tatsächlich hinreichend ist. Immer wieder kommt es vor, dass beispielsweise komplexe chirurgische Prozeduren Gegenstand der Beurteilung durch dem Fache zwar angehörige Sachverständige werden, die selbst jedoch in den entsprechenden Verfahren gar nicht über hinreichende eigene Erfahrungen verfügen. Solche Begutachtungen durch Experten in der Theorie erfüllen selten die qualitativen Anforderungen, die an ein Sachverständigengutachten zu stellen sind. Gelegentlich finden sich Expertisen dieser Art in vorprozessualen Gutachten mitunter auch hauptamtlich tätiger Sachverständiger, etwa des Medizinischen Dienstes der Krankenkassen. **3941**

Ein Dilemma, dem Gerichte sehr häufig bei der Vergabe von Gutachtenaufträgen begegnen, besteht darin, dass nicht immer erkennbar ist, ob der zu beauftragende Sachverständige entweder noch über hinreichende Kenntnisse des aktuellen Behandlungsbetriebes verfügt, weil er schon längere Zeit nicht mehr praktisch tätig sein mag, ebenso wie die sachverständige Beurtei- **3942**

Teichmann

lung lange zurück liegender Behandlungsfälle stets eines Gutachters bedarf, der möglichst noch aktuelle Erinnerungen über den medizinischen Standard derjenigen Zeit verfügt, zu dem der zu begutachtende Schaden sich ereignet hat. Auch hier kann nur an den Sachverständigen selbst appelliert werden, Limitierungen der genannten Art frühzeitig dem Gericht zur Kenntnis zu bringen, um Fehlurteile oder auch die eigene Person betreffende spätere Offenbarungen in der prozessualen Öffentlichkeit zu vermeiden.

a) Befangenheit des Sachverständigen

3943   Die nächste Frage, die sich insbesondere aus dem Rubrum des Rechtsstreites ergibt, ist diejenige, ob Umstände vorliegen, die aus objektiver Sicht bei einer der Prozessparteien die Besorgnis hervorrufen könnten, dass der Sachverständige befangen sei. Selbstverständlich hat dieser sich der Frage zu widmen, ob eine solche Befangenheit tatsächlich besteht, ungeachtet dessen, dass Beteiligte an dem Rechtsstreit diese Sorge auch tatsächlich konkret äußern könnten. Leicht nachvollziehbar ist, dass persönliche Freundschaften, gemeinsame Weiterbildungszeit oder Arbeit, wirtschaftliche Interdependenzen oder andere persönliche Beziehungen, die einer unparteiischen Gutachtenerstattung entgegen stehen, dazu führen müssen, dass der Sachverständige mit der entsprechenden Begründung die Übernahme des Gutachtenauftrages ablehnt. Aber auch andere Gründe könnten der gebotenen Unbefangenheit entgegenstehen. Etwa ein Arzt-Patient-Verhältnis zu der klagenden Partei, die frühere Gutachtenerstattung in dem selben Schadensfall oder die eigene Befangenheit in einem mit ähnlichem Gegenstand befassten gerichtlichen Verfahren. Die nachfolgende Tabelle gibt eine Übersicht über Konstellationen, in denen Zweifel an der Objektivität des Sachverständigen gegeben sein können:

Umstände, welche die Besorgnis der Befangenheit begründen können
– Arzt-Patientenbeziehung zur Klagepartei – Privatgutachten im selben Schadensfall – Wissenschaftlich-publizistische Zusammenarbeit mit der Beklagtenpartei – Gemeinsames Studium, Weiterbildung oder Lehrer – Schülerverhältnis – Besuch eines Fortbildungskurses des Gutachters durch den Beklagten – Zuliefer-Verhältnis des Beklagten zum Sachverständigen – Persönliche Besprechung, »Duz-Verhältnis« zum Beklagten – Persönliche Befangenheit in einem analogen Verfahren
(mod. n. Empfehlung zur Abfassung von Gutachten in Arzthaftungsprozessen, AWMF-Leitlinie 015/026 (S1) 2010)

3944   Angesichts der Klagehäufigkeit in der Medizin namentlich in bestimmten Fächern, erscheint insbesondere der Hinweis auf eigene Rechtsstreite in

Arzthaftpflichtprozessen problematisch. Mit ansteigender Zahl von Arzt-haftpflichtprozessen und mitunter auch aus prozesstaktischen Gründen erstatteter Strafanzeigen sind insbesondere solche Sachverständige mit der Gefahr konfrontiert, von entsprechender Gutachtertätigkeit ausgeschlossen zu werden, die über eine umfangreiche klinische Praxis verfügen und im Allgemeinen als Leiter großer klinischer Institutionen nicht selten in das Verantwortungsgefüge eines Arzthaftungsprozesses einbezogen werden, ohne deshalb notwendig an der Behandlung eines Patienten unmittelbar be-teiligt gewesen zu sein. Hier sollte entsprechender Zweifel an der Befangen-heit des beauftragten Gutachters nur dann als begründet angesehen wer-den, wenn unverkennbare inhaltliche Parallelitäten zwischen dem eigenen und dem zu begutachtenden Schadensfall bestehen. Hielte man eine solche Einschränkung nicht für geboten, würde man einer Selektion von Sachver-ständigen Vorschub leisten, die entweder gar nicht praktisch tätig sind, oder deren klinische Tätigkeit viele Jahre zurück liegt. Damit würde sich eine Selbstbeschränkung ergeben, welche der zu fordernden Qualifikation des Sachverständigen in vielen Fällen entgegenstünde. Sollten Umstände vor-liegen, die dem Sachverständigen selbst zwar unproblematisch erscheinen, weil er sich in keiner Weise für befangen hält, die jedoch geeignet sind, die Besorgnis der Befangenheit bei einer der Prozessparteien hervorzurufen, dann ist dieser gut beraten, diese Umstände dem Gericht mitzuteilen, und festzustellen, dass er sich selbst zwar nicht für befangen halte, vorsorglich jedoch über die Tatsache informieren möchte, dass er z.B. den beklagten Arzt aus diesem oder jenem Zusammenhang heraus kenne. In der Regel wird eine solche Information nicht dazu führen, dass von der Beauftragung Abstand genommen wird.

b) Zeitrahmen von Gutachtenaufträgen

Ein häufig vernachlässigter Umstand bei der Überprüfung eines Gut-achtenauftrages ist die Abschätzung des für die Fertigstellung benötigten Zeitraumes. Arzthaftungsprozesse zeichnen sich oft durch eine überlange Verfahrensdauer aus und werden nicht selten durch monate- bis jahrelan-ge Bearbeitungszeiten von Sachverständigengutachten verschleppt. Auch wenn es wie überhaupt in der Gestaltung und Abfassung von Gutachten keine bindenden Vorschriften für die Bearbeitungsdauer gibt, sollte ein Zeit-raum von drei Monaten von Eingang des Gutachtenauftrages bis zu seiner Erledigung nur ausnahmsweise überschritten werden. Ungeachtet entspre-chender Fristsetzung durch das Gericht selbst, deren wiederholte Nicht-einhaltung nur selten zum Entzug des Gutachtenauftrages führt, ist es ein Gebot professioneller Fairness, insbesondere die allgemein wirtschaftlich schwächere Klägerpartei nicht durch unverhältnismäßige Bearbeitungszei-ten zu belasten. Ausnahmen können allenfalls sehr komplexe und umfang-reiche zu sichtende Materialien oder durchzuführende Untersuchungen sein, ebenso wie der Sachverständige die Unvollständigkeit der zur Beurtei-

3945

Teichmann

lung erforderlichen Unterlagen sich naturgemäß nicht persönlich zuschreiben lassen muss. Sollte vorhersehbar eine fristgerechte Gutachtenerstellung nicht möglich sein, ist dies dem Gericht mit Angabe des mutmaßlichen Fertigstellungsdatums mitzuteilen und in dessen Entscheidung zu stellen, ob gleichwohl an der Beauftragung festgehalten werden soll.

c)   Delegation des Gutachtenauftrages

3946   Eine Weitergabe des Gutachtenauftrages an andere Sachverständige oder Mitarbeiter ohne Zustimmung des Gerichtes ist nicht erlaubt. Sollte der beauftragte Sachverständige daher keine freien Valenzen für eine zeitnahe Gutachtenerstattung besitzen, ist dies dem Gericht mitzuteilen und ggf. dessen Einverständnis zur direkten Weitergabe des Auftrages an einen Oberarzt oder geeigneten Kollegen einzuholen.

3947   Möchte der Gutachter sich lediglich der Mithilfe eines Arztes seiner Klinik bedienen, so ist dies im Allgemeinen statthaft, sofern Art und Umfang der Tätigkeit des Mitarbeiters expliziert werden und der beauftragte Sachverständige die volle Verantwortung für das Gutachten übernimmt.

3948   Im Zweifel ist es stets angebracht, sich bei dem beauftragenden Gericht hinsichtlich der zulässigen Delegationsmöglichkeiten im konkreten Falle zu erkundigen.

3.   Aufbau und Struktur des Gutachtens

3949   Ein Sachverständigengutachten dient als Grundlage der Urteilsfindung des Gerichtes, aber auch der zumeist kontroversen Erörterung und Deutung durch die Parteien eines Rechtsstreites. Es muss daher sowohl hinsichtlich seiner tatsächlichen Grundlagen als auch der durch den Gutachter getroffenen Bewertungen aus sich heraus verständlich sein und hinreichende Anknüpfungspunkte für eine inhaltliche und rechtliche Diskussion bieten. Dabei ist es von entscheidender Bedeutung, die tatsächlichen Bedingungen der Beurteilung stets klar zu benennen und damit eine Nachprüfung der getroffenen Feststellungen, ggf. auch deren Korrektur zu ermöglichen.

3950   Dienststellung und Qualifikation des Sachverständigen gehen im Allgemeinen aus dem Briefkopf hervor und werden so zum Bestandteil des Gutachtens. Daneben empfiehlt es sich, auf den konkreten Rechtsstreit und die Beauftragung Bezug zu nehmen, sowie die zur Begutachtung herangezogenen Unterlagen, Untersuchungen der Klagepartei und sonstige Erkenntnisquellen explizit zu benennen. Beispielhaft könnte ein Sachverständigengutachten daher auf der ersten Seite wie folgt gestaltet werden:

Kopfzeilen des Gutachtens:

Prof. Dr. med. xxx
FA für xxx
Direktor der Klinik xxx
Strasse xxx
Ort xxx

An das Oberlandesgericht
Herrn Vorsitzenden Richter am OLG xxx
Strasse xxx
Ort xxx

Aktenzeichen ....
Rechtsstreit ..../.....................
Ihr Schreiben vom ....

Datum

Sehr geehrter Herr Vorsitzender,

im Folgenden erstatte ich das von Ihnen mit Schreiben vom ....
erbetene

Sachverständigengutachten

in oben genanntem Rechtsstreit, welches sich auf den Beweisbeschluss
des Gerichtes vom .... (Blatt............ D. A.) bezieht.

Dem Gutachten liegen zugrunde:
1. Die Gerichtsakte Blatt 1 – ....
2. Die originale Krankenakte aus der .... Klinik
3. Röntgenaufnahmen der Klägerin vom ....
4. Persönliche Untersuchung der Klägerin vom ....
5. Privatgutachten des Sachverständigen .... vom ....
   nebst ergänzender Stellungnahme vom ....

Ein ggf. notwendiges Literaturverzeichnis steht im Allgemeinen am Ende **3951**
des Gutachtens oder wird in den laufenden Text mit hinreichenden Angaben über die Fundstelle der zitierten Literatur aufgenommen.

Nach Darlegung der Grundlagen der Gutachtenerstattung folgt die aus- **3952**
führliche Erarbeitung des dem Rechtsstreit zugrunde liegenden Sachverhaltes. Hierbei sollte die Kenntnis des Inhaltes der Gerichtsakte, insbesondere aber auch des Parteienvortrages insbesondere dann beachtet werden,
wenn Zweifel an der Korrektheit der Eintragungen in der Krankenblattdokumentation vorgebracht wurden oder eine Verletzung der Dokumentationspflicht bereits in der Klageschrift bzw. den nachfolgenden Erörterungen
behauptet wurde. Dennoch ist es empfehlenswert zunächst einmal den In-

Teichmann

halt der Krankenunterlagen zum Gegenstand der Darstellung zu machen, in deren Anschluss von diesem abweichende Schilderungen des streitgegenständlichen Behandlungsablaufes etwa aus dem Vorbringen der Klagepartei unkommentiert wiedergegeben werden sollten.

3953 Nach erfolgter Sachverhaltsschilderung sollten die wesentlichen Positionen des Rechtsstreites einschließlich abweichender Tatsachenvorträge, wie sie initial in der Klage sowie auch der Klageerwiderung zum Ausdruck gekommen sind, ergänzt durch die im Laufe des Verfahrens gemachten weiteren Ausführungen kurz zusammengefasst werden. Weiterhin ist es empfehlenswert, im Anschluss hieran den wesentlichen Inhalt ggf. bereits erstellter Gutachten deskriptiv zusammenzufassen, ohne diese bereits zum Gegenstand einer Erörterung zu machen.

Aufbau des Sachverständigengutachtens I: Sachverhalt
Auswertung der Krankenunterlagen
Alternative Sachvorträge
Inhalt der Klage
Inhalt des Klageabweisungsantrages
Zusammenfassung bereits vorliegender Gutachten

3954 Sind auf diese Weise alle bis dahin bekannten medizinischen Tatsachen einschließlich alternativer Sachverhalte und der prozessuale Stand wiedergegeben, ist im Sinne von Diskussion und Überprüfung des Gutachtens für das Gericht und die Parteien des Rechtsstreites erkennbar offengelegt, inwieweit der Sachverständige Kenntnis vom Inhalt des prozessualen Vorgehens erlangt hat und von welchen Voraussetzungen er ausgeht. In der nun folgenden sachverständigen Beurteilung erfüllt der Gutachter den Kern seiner vom Gericht gestellten Aufgabe. Sind die von ihm genannten tatsächlichen Voraussetzungen unzutreffend, ergeben sich für juristische Beurteilungen hinreichende Anknüpfungspunkte hier Korrekturen oder Ergänzungen einzufordern und zu prüfen, ob und inwieweit der Sachverständige von zu treffenden Voraussetzungen bei der nun folgenden Beurteilung und Diskussion ausgeht. Sind die Prämissen falsch, können die Schlussfolgerungen nicht richtig sein, so dass ein wesentliches Element der Prüfung eines Sachverständigengutachtens durch dessen Leser die kritische Beurteilung der dem Gutachten zugrundeliegenden Tatsachen sein muss.

3955 Die gutachterliche Stellungnahme selbst erfolgt in einem zweiten Teil des Sachverständigengutachtens und sollte sich vorbehaltlich des Inhaltes der Beweisfragen an allgemeinen Grundsätzen orientieren. Hierzu gehört zum einen die Überprüfung der Vollständigkeit der Dokumentation und einer Aussage dahingehend, ob denn die vorliegenden Unterlagen eine für die Beurteilung der Beweisfragen hinreichende Rekonstruktion des streitgegenständlichen Sachverhaltes erlaube. Ist dies der Fall, sollten die einzelnen Behandlungsschritte auf dem Boden der gegebenen Sachverhaltsschilderung aus der strengen Sicht ex anteriore sachverständig kommentiert und bewertet werden. Im Allgemeinen werden Indikationsstellung zur ärztlichen Maßnahme, Aufklärung des Patienten, Befunderhebungspflichten, Durchführung der ärztlichen Maßnahme, die Übernahme der Behandlungsverantwortung und vor dem Hintergrund geltender Empfehlungen, des Standardwissens aus aktuellen Lehrbüchern und Publikationen, Leitlinien und verpflichtenden Richtlinien beurteilt. Werden Fehler in der Behandlung des Patienten festgestellt, so erfolgt die Überprüfung der haftungsbegründenden Kausalität des Behandlungsfehlers für den eingetretenen Schaden, wobei im Allgemeinen auch die haftungsausfüllende Kausalität etwaiger Folgeschäden zum Gegenstand von einschlägigen Beweisbeschlüssen gemacht wird. Im Falle strittiger Sachverhalte ist eine alternative Begutachtung hinsichtlich des Auftretens von Fehlern und ihrer mutmaßlichen Folgen durchzuführen. Die gutachterliche Beurteilung endet mit einer kurzen bewertenden Zusammenfassung im Anschluss an die Erörterung ggf. abweichender Interpretationen vorangegangener Gutachten. Damit ergibt sich für die Gliederung des zweiten wesentlichen Teils eines Sachverständigengutachtens das folgende Schema

---

Aufbau des Sachverständigengutachtens II: Gutachterliche Stellungnahme

Dokumentation
Indikationsstellung
Aufklärung
Befunderhebung
Behandlungsverlauf im Einzelnen
Feststellung von Behandlungsfehlern
Folgen der Behandlungsfehler (Kausalitätserörterung)
Alternativer Sachverhalt und seine Beurteilung
Auseinandersetzung mit vorhandenen Gutachten
Zusammenfassende Beurteilung

3956 Im Anschluss an die zusammenfassende Beurteilung erfolgt die Erörterung der Beweisfragen. Diese sollten um der besseren Lesbarkeit willen in den laufenden Text aufgenommen und anschließend in Übereinstimmung mit dem Inhalt des Kapitels »sachverständige Beurteilung« ausgeführt und erläutert werden. Dabei ist es sinnvoll, noch einmal zu überprüfen, ob ggf. vorab getroffene Bewertungen tatsächlich Gegenstand des Beweisbeschlusses gewesen sind. Dies wird zwar im Allgemeinen zu bejahen sein, im konkreten Falle kann jedoch die aus sachverständiger Sicht sinnvolle Erörterung des gesamten Behandlungsgeschehens in entscheidenden Punkten über den Beweisbeschluss hinausgehen und damit die Besorgnis der Befangenheit

Teichmann

bei einer der Prozessparteien auslösen. Insofern ist nochmals sicherzustellen, dass der Umfang der Begutachtung nicht denjenigen der Beweisfragen überschreitet. Sollte sich gleichwohl die Beantwortung weiterer vom Gericht nicht explizit gestellter Fragen gewissermaßen aufdrängen, ist schriftlich mit der Kammer oder dem Senat Kontakt aufzunehmen und anzuregen, eine entsprechende Ergänzung des Beweisbeschlusses vorzunehmen. Erst dann, wenn eine solche vorliegt, ist der Sachverständige berechtigt, im Rahmen der Ergänzung des Beweisbeschlusses über die ursprünglich gestellten Beweisfragen hinausgehend sein Gutachten zu erstatten. Im Allgemeinen wird erst zu diesem Zeitpunkt eine Bewertung von Behandlungsfehlern entsprechend den Vorgaben der Beweisfragen vorzunehmen sein.

Aufbau des Sachverständigengutachtens III: Beantwortung der Fragen des Beweisbeschlusses
Nochmalige Überprüfung des Umfanges des Beweisbeschlusses Ggf. Bewertung etwaiger Behandlungsfehler

a) Exemplarische Hinweise zur Gutachtenerstattung

3957   Die im Folgenden detaillierten Hinweise zur Gutachtenerstattung bedienen sich zwar eines Beispiels aus der Gutachtenpraxis in der Geburtshilfe, weisen jedoch über das gewählte Fachgebiet hinaus auf allgemein gültige Regeln und Empfehlungen hin. Die für den Sachverständigen relevanten Rechtsbegriffe werden aus der Sicht des Mediziners erläutert und exemplarisch unterlegt.

aa) Darstellung des Sachverhalts

3958   Insbesondere für die Aufarbeitung und Aufbereitung des streitgegenständlichen Sachverhaltes gilt es, bevor ein praktisches Beispiel erörtert werden soll, einige Regeln zu beachten, deren Vernachlässigung die Brauchbarkeit eines Sachverständigengutachtens durchaus infrage stellt. Die erste Regel betrifft die im gesamten Gutachten zu verwendende Sprache. Es kann davon ausgegangen werden, dass auch Juristen, insbesondere solche, die sich mit Medizinrecht befassen, ausgewiesene Medizinrechtskammern von Landgerichten und spezielle Senate an Oberlandesgerichten durchaus einschlägige Fachkenntnisse haben, dies mag jedoch im Einzelfall nicht gegeben sein, so dass eine allgemein verständliche Sprache, in der medizinische Fachbegriffe spezieller Art jeweils kurz erläutert oder gar ganz vermieden werden, angezeigt ist. Auch sollte der Sachverständige unbedingt wertende Kommentare zu den einzelnen wiedergegebenen Tatsachen aus Krankenakten oder Parteivorträgen vermeiden. Oberstes Gebot ist die Aufbereitung des Behandlungsverlaufes in einer Weise, die im Idealfalle die neuerliche Beiziehung von Krankenakten entbehrlich macht und alle relevanten Gesichtspunkte in einer Form enthält, die selbst eine eigenständige Beurteilung auch durch

Dritte möglich erscheinen lässt. Dies kann nicht geschehen, wenn der Sachverständige bereits das Ergebnis seiner Beurteilung zum Tatsachenvortrag macht, dessen Überprüfung eine neuerliche Einsicht in die originalen Unterlagen erforderte.

So ist beispielsweise die Aufnahme eines Kardiotokogrammes (Herztonwehenschreibung in der Schwangerschaft) rein deskriptiv vorzunehmen etwa in dem Sinne, dass nicht das Ergebnis einer qualitativen Beurteilung in Form eines der verschiedenen Bewertungsscores oder eine Einteilung in normal, suspekt oder pathologisch vorgenommen wird, sondern vielmehr die zur Beurteilung herangezogenen Bewertungskriterien im Einzelfalle Gegenstand einer Beschreibung werden, aus der sich eine entsprechende Bewertung nachvollziehbar ableiten lässt. **3959**

Verweise oder Kommentare auf die später vorzunehmende Beurteilung oder die Einlassung der Prozessparteien erscheinen ebenfalls in dieser ersten Phase der Gutachtenerstellung nicht hilfreich. Sie sind der späteren Erörterung des Behandlungsablaufes vorbehalten, ebenso wie eine klare Trennung zwischen Inhalt der Patientendokumentation und durch Zeugen oder Schriftsätze in das Verfahren eingeführte alternative Sachverhalte erfolgen soll, die am Ende dieses Kapitels darzulegen sind. **3960**

Da im Allgemeinen davon ausgegangen werden kann, dass auch Juristen ein Krankenblatt lesen können, erscheint es nicht sinnvoll, dass der Sachverständige das Krankenblatt lediglich abdiktiert, vielmehr sollte er aus den Krankenunterlagen diejenigen Fakten herausdestillieren, welche für die sachverständige Beurteilung maßgeblich sind. Die Auflistung für den Krankheitsverlauf irrelevanter Befunde und Maßnahmen aus Pflegebericht, Fieberkurve, Labor und Befundmitteilung ist dagegen entbehrlich. **3961**

Dort, wo insbesondere die ärztliche Dokumentation zentrale Inhalte der behaupteten oder tatsächlichen Fehlbehandlung wiedergibt, ist es dagegen angebracht und mitunter auch geboten, ein wörtliches Zitat, welches als solches gekennzeichnet ist, in die Aufarbeitung des Sachverhaltes zu übernehmen. Häufig betrifft dies Passagen aus Operationsberichten, in denen bestimmte Schritte beschrieben sind oder beispielsweise die im Zuge einer operativ-vaginalen Entbindung oder im Rahmen einer Schulterdystokie protokollierten Maßnahmen. Wo es darauf ankommt, auch den zeitlichen Ablauf als Kriterium des zugrunde zu legenden Behandlungsstandards einzubeziehen sind zusammenfassende Übersichten des Geschehensablaufes in zeitlicher Reihenfolge hilfreich, so wie dies regelhaft bei der Ermittlung der s. g. EE- (Entscheidungs-, Entbindungs-) Zeiten notfallmäßiger Entbindungen der Fall ist. **3962**

Der nachfolgende Auszug aus einem gerichtlich bereits entschiedenen Rechtsstreit macht dies anhand eines geburtshilflichen Haftungsverfahrens **3963**

Teichmann

deutlich. Es handelt sich um ein Sachverständigengutachten, welches in einem Berufungsverfahren vor einem OLG erstattet worden ist.

Sachverhalt

Die Mutter des Klägers befand sich seit 1994 in Behandlung des beklagten Frauenarztes Dr. med. C., welcher zugleich leitender Arzt der geburtshilflich-gynäkologischen Abteilung des Kreiskrankenhauses D. ist. Im Rahmen der ersten Schwangerschaft war es nach unauffälligem Verlauf stationärer Behandlung wegen vorzeitigen Blasensprunges in der 38. SSW zu einer plötzlichen Blutdruckerhöhung und Entwicklung einer Präeklampsie gekommen, derentwegen eine Schnittentbindung durchgeführt werden musste. Das reife Neugeborene erhielt die Apgar-Werte 10/10/10 bei einem pH-Wert von 7.30, es wies ein Gewicht von 2500 g und eine Länge von 45 cm auf.

Die streitgegenständliche Schwangerschaft wurde von dem Beklagten am 25.04.2000 festgestellt. Die Regel wurde mit Ende Februar von der Mutter des Klägers angegeben. Aufgrund früher Sonographie und der Anamnese wurde der mittlere Entbindungstermin auf den 13.12.2000 festgelegt (CRL 0,9 cm).

Der Beklagte führte die in den Mutterschaftsrichtlinien geforderten serologischen Untersuchungen vollständig durch. Pathologische Befunde wurden nicht erhoben. Eine Chorionzottenbiopsie mit anschließender human-genetischer Untersuchung ergab ebenfalls keinen pathologischen Befund.

Der Beklagte nahm 9 Untersuchungen zwischen der 13. und 35. Schwangerschaftswoche nach dem Mutterschaftsvorsorgerichtlinien vollständig vor, ebenso die Ultraschallscreeninguntersuchungen, ab der 17. SSW eine Dopplersonografie. Die fetometrischen Werte sind wie folgt notiert:

05.06.2000
SSW 13, CRL 7

29.06.2000
SSW 17, 3,7/3,4 Doppler

11.07.2000
SSW 18, 4,6/6,0 Doppler

22.08.2000
SSW 24, 5,9/5,4 Doppler

19.09.2000
SSW 28, 7,4/6,9 Doppler

05.10.2000
SSW 31, 8,2/7,8 Doppler

Teichmann

19.10.2000
SSW 33, 8,7/10,6/7,7/6,0 Doppler

02.11.2000
SSW 35, 9,0/8,6 Doppler o.B.

Zwischen dem 05.06.2000 und dem 06.11.2000 betrug die Gewichtszunahme der Mutter des Klägers insgesamt 21 kg, wobei bis zum 09.09. (28. SSW) lediglich 10 kg, am 19.09 auf den 15.09. 1 kg, vom 05.10. auf den 19.10.2000 3,4 kg und vom 19.10. auf den 02.11.2000 weitere 4,7 kg dazu kamen.

Die in der Schwangerschaft gemessenen Blutdruckwerte waren zunächst hypoton (102/51 mmHg / 105/62 mmHg / 117/68 mmHg / 116/58 mmHg / 115/60 mmHg / 120/63 mmHg / 115/65 mmHg) und wurde am 02.11.2000 mit 151/88 mmHg, am 06.11.2000 mit 167/104 bzw. 176/110 mmHg gemessen. Erstmalig am 02.11.2000 wurde auch eine 3-fach positive Eiweißausscheidung notiert.

Am 02.11.2000 wurde auch ein Kardiotokogramm über 18 Minuten geschrieben. Es zeigen sich regelmäßige Kontraktionen alle 3 bis 4 Minuten, die Basalfrequenz liegt zwischen 130 und 140 Schlägen pro Minute, die Bandbreite beträgt 10 Schläge pro Minute. Weiterhin finden sich mehr als 6 Nulldurchgänge pro Minute, Akzelerationen sind spärlich, Dezelerationen lediglich spikeförmig. Ein weiteres CTG vom 06.11.2000 zeigt bei einem vermehrten Grundtonus des Uterus einen silenten Verlauf einer Frequenz von 140 Schläge pro Minute, es fehlen Dezelerationen und Akzelerationen, die Mikrofluktuation ist erhalten. Ausdrucke von Doppleruntersuchungen vom 02.11. zeigen ein normales Flussprofil.

Aufgrund des letzten CTG's wurde eine sofortige Krankenhauseinweisung in die gynäkologisch-geburtshilfliche Abteilung vorgenommen. Dort traf die Mutter des Klägers um 10:20 Uhr ein, zuvor war aus der Praxis telefoniert worden, dass es sich um einen Notfall handele. Es wurde die Diagnosen einer Präeklampsie mit Kopfschmerzen, Ödemen, Proteinurie 3-fach positiv und einem Blutdruck on 190/105 mmHg gestellt. Ein Zugang wurde gelegt, 10 ml Magnesium 10%-ig i.v. gegeben sowie eine Magnesiuminfusion angesetzt. Das um 10:25 Uhr geschriebene CTG wurde als pathologisch beurteilt, in der Dopplermessung zeigte sich ein sogenannter Zero-Flow, so dass die Indikation zur Notsektio gestellt wurde. Um 10:30 Uhr wurde die Anästhesie benachrichtigt, und die Patientin in den OP gefahren.

Die Geburt des Klägers erfolgte um 10:46 Uhr aus 1. Schädellage, klinisch leblos, mit weißlich gräulichem Hautkolorit. Der Kläger wog 1.770 g und wurde durch den Anästhesisten Dr. E. durch Intubation, Absaugung, Herzmassage, Beatmung reanimiert. Nach 5 Minuten ergab sich eine Pulsfrequenz von 60, ein pH von 6,84 sowie nach anfänglicher Benotung mit Null ein Apgar von 3 Punkten, nach weiteren 5 Minuten ein Puls von 120 SpM sowie ein Apgar von 7 bei dann rosigem Hautkolorit, jedoch kaum erkennbarer Reflexerregbarkeit. Um 11:20 Uhr traf schließlich der Kinderarzt ein und fand ein rosiges, beatmetes Neugeborenes mit einem pH von 7,10 vor. Es erfolgte die Verlegung in die Kinderklinik. Die Mutter des Klägers wurde weiter intensivmedizinisch betreut.

Als histopathologisches Korrelat der offenkundigen Versorgungsstörung wurde eine vorzeitige Plazentareifung mit ausgedehnter Infarktbildung, Plazentitis und Amnionitis festgestellt.

3964 Sofern sich im Rahmen der Aufarbeitung des Sachverhaltes Lücken oder Widersprüche ergeben sind diese vom Sachverständigen zu benennen, so ist darauf aufmerksam zu machen, wenn unterschiedliche Zeitangaben für das selbe Ereignis vorliegen, oder Eintragungen unterschiedlicher Akteure (Pflegebericht versus Arzteintrag) nicht im Einklang zueinander stehen.

3965 Ohne dass der Sachverständige sich als Graphologe oder Forensiker betätigen sollte, ist es gleichwohl seine Aufgabe, auf Einträge bzw. Umstände hinzuweisen, die auf eine nachträgliche Korrektur der Krankenunterlagen hindeuten könnten. Dort wo Eintragungen nicht leserlich sind, und lediglich mutmaßliche Bedeutungen erschlossen werden können, hat der Sachverständige dies zu bemerken.

3966 Werden andere Behandlungsabläufe, Beschwerdekonstellationen von einer Prozesspartei behauptet als diejenigen, welche aus den Krankenunterlagen ersichtlich sind, so hat der Sachverständige die von dem referierten Vorgehen abweichenden Handlungsabläufe kurz darzustellen und sie kommentarlos den von ihm den Behandlungsunterlagen entnommenen entgegen zu setzen.

3967 Im Allgemeinen hat der Sachverständige davon auszugehen, dass dokumentationspflichtige Maßnahmen, welche in den Unterlagen nicht erwähnt sind, unterblieben sind, Spekulationen über das, was üblicher Weise anzunehmen ist, können Zweifel an der gebotenen Objektivität des Gutachters erregen. Unterstellungen oder Formulierungen wie »es sei unvorstellbar, dass dies oder jenes unterblieben sei«, sind unbedingt zu vermeiden, stattdessen ist in dem Abschnitt des Gutachtens, welcher die gutachterliche Würdigung enthält, der Frage explizit nachzugehen, welche Maßnahmen dokumentationspflichtig, und welche wie z. B. die Desinfektion vor i. m. Injektion als selbstverständlich und nicht dokumentationspflichtig anzusehen sind.

bb) Darstellung des Streitstands

3968 Im Anschluss an die Sachverhaltsschilderung sollte ebenfalls ohne eigene Bewertung der Grund des Rechtsstreites bzw. der Klage und die wesentlichen Argumente der Klageerwiderung wiedergegeben werden. Handelt es sich um einen Berufungsfall, so ist der Streitstand, soweit er für die Beantwortung der Beweisfragen von Bedeutung ist, in kurzer Form zu referieren, um zu dokumentieren, dass der Sachverständige sich auch des juristischen Kontextes und der Position der Prozessparteien bewusst ist, ohne deren genaue Kenntnis eine auf die Besonderheiten des Rechtsstreites eingehende Beantwortung der Beweisfragen hinter der erreichbaren Qualität zurück bliebe.

Aufgrund der schwersten Behinderungen des Klägers, welche auf eine hypoxische Hirnschädigung sub partu zurückgeführt werden konnte, wurde vor dem Landgericht F. gegen den betreuenden Frauenarzt C. Klage wegen fehlerhafter ärztlicher Behandlung erhoben. Begründet wurde der Haftungsanspruch im Wesentlichen damit, dass angesichts einer in der vorausgegangenen Schwangerschaft bestehenden Präeklampsie der Beklagte verpflichtet gewesen sei, die am 02.11.2000 erhobenen Befunde zum Anlass zu nehmen, eine sofortige Krankenhauseinweisung in die Wege zu leiten. Allenfalls sei eine engmaschige ambulante Kontrolle nach entsprechender Aufklärung vertretbar gewesen. Hätte der Beklagte entsprechend dem geltenden Behandlungsstandard gehandelt, so wären die gesundheitlichen Schädigungen des Klägers vermieden worden. Daneben wurden auch Ansprüche gegen die Ärzte des Kreiskrankenhauses D. geltend gemacht. Das Landgericht hat die Klage insgesamt abgewiesen, die Berufungsklage vor dem Oberlandesgericht G. richtet sich lediglich gegen den Erstbeklagten C. und nicht mehr gegen die im ursprünglichen Verfahren weiteren Beklagten.

Der Beklagte wendet sich gegen eine Abänderung des landgerichtlichen Urteils mit der Begründung, er habe zu jeder Zeit den in den Mutterschaftsrichtlinien zum Ausdruck kommenden Behandlungsstandard erfüllt. Fehler in der Betreuung seien nicht unterlaufen. Es habe keinen Anlass zu einer früheren Krankenhauseinweisung oder anderen als den von ihm getroffenen Maßnahmen bestanden. Eine Haftung sei daher abzulehnen.

3969

Die im vorliegenden, beispielhaft geschilderten Rechtsstreit bestehenden Ausgangspositionen sind relativ formal beschrieben und zunächst nicht substantiert vom Sachverständigen wiedergegeben, da in der Erörterung der bereits eingeholten Sachverständigengutachten die unterschiedlichen medizinischen Auffassungen, welche im Verlauf des Verfahrens von verschiedenen Sachverständigen geäußert wurden, Gegenstand der Erörterung werden. Zugleich hat der Sachverständige in dem von ihm wiedergegebenen Zusammenfassung deutlich gemacht, dass es hier wesentlich darauf ankommen wird zu klären, ob zu dem von der Klägerseite als entscheidend angesehenen Termin, dem 02.11.2000 andere als die gebotenen Maßnahmen hätten ergriffen werden müssen, etwa wie vorgetragen eine

Teichmann

Krankenhauseinweisung oder zumindest die Erhebung weiterer Befunde im Sinne einer Kontrolle des Zustandes der Patientin. Damit hat der Sachverständige dem Gericht auch Gelegenheit gegeben, etwaige Fehleinschätzungen der für die Urteilsfindung relevanten Umstände frühzeitig zu korrigieren und ggf. in einem Ergänzungsgutachten oder im Rahmen der mündlichen Anhörung zusätzliche rechtlich relevante Gesichtspunkte in das Blickfeld des Sachverständigen zu rücken. Auch hier wieder sollte ein Gutachten keine Wertung oder Kommentare hinsichtlich des Standpunktes der Prozessparteien bzw. des Urteils des erstinstanzlichen Gerichtes enthalten, vielmehr ist wie auch im Rahmen der gesamten Sachverhalts- und Streitstandsschilderung äußerste Sachlichkeit im Sinne reiner Deskription und Wiedergabe geboten, welche erkennen lässt, dass der dargelegte Behandlungsverlauf Gegenstand einer völlig ergebnisoffenen Bewertung sein wird.

3970 Zur Abrundung des Berichtsteiles des Gutachtens sollten die bisher erstatteten Gutachten einschließlich gutachterlicher Äußerungen im Rahmen gerichtlicher Anhörung in den wesentlichen Punkten referiert werden, um einerseits den Kenntnisstand der Verfahrensbeteiligten bis zur Gutachtenerstellung zu komplettieren, andererseits die Grundlage für eine später erfolgende, inhaltliche Auseinandersetzung mit dem Vorgutachten zu liefern. Grundlage der Darstellung sollte zunächst die Überprüfung der durch den jeweiligen Sachverständigen gegebenen Schilderung des Behandlungsverlaufes sein. Schon hier ergeben sich Ansatzpunkte für fehlerhafte oder häufig unvollständige Berichte, deren Abweichen von der durch den beauftragten Sachverständigen selbst gegebenen Schilderung erste Hinweise dafür sein können, dass unter Zugrundelegung eines anderen Tatsachenvortrages auch die gutachterliche Bewertung eine andere sein wird. Auch hier sind lediglich die für die streitgegenständliche Behandlung relevanten Umstände zu überprüfen. Das Fehlen insignifikanter Daten hat naturgemäß keine Bedeutung.

> Gutachten Prof. Dr. med. L. vom 07.01.2000 – im Auftrag der Schlichtungsstelle
>
> Der Sachverständige kommt zu dem Schluss, dass bis zur 33. SSW keine Auffälligkeiten festzustellen seien, die gewählten Kontrolltermine seien regelrecht, die durchgeführten Untersuchungen korrekt erbracht worden. Erstmalig am 02.11.2000 seien Befunde aufgetreten, welche für eine pathologische Entwicklung sprachen, nämlich Gewichtszunahme, Eiweißausscheidungen im Urin und der Blutdruckanstieg auf 151/88 mmHg. Die Blutdruckgrenze sei definiert mit 140/90 mmHg wobei eine Blutdruckerhöhung auch durch Stress und Aufregung erklärbar sei, zumindest jedoch müsste durch Kontrollen sichergestellt werden, dass es sich nicht um einen dauerhaft erhöhten Blutruck handelte. Im Übrigen sei es er-

forderlich gewesen, die positive Eiweißausscheidung im Urin durch eine quantitative Messung mittels 24 h Sammelurin näher zu bestimmen. Dies sei auch ambulant möglich, eine akute Mangelsituation habe allerdings zu diesem Termin noch nicht bestanden, da ein Überwachungsintervall von 7 Tagen trotz unauffälliger fetaler Parameter zu lang bemessen war. Man könne davon ausgehen, dass bei früherem Erkennen und korrekter Behandlung einer Präeklampsie eine derartige Exazerbation wie sie sich tatsächlich ereignet habe, hätte vermieden werden können.

Gutachten Prof. Dr. S. vom 26.10.2000 – im Auftrag des Landgerichtes

Nach im Wesentlich zutreffender Wiedergabe des Sachverhaltes kommt Herr Prof. S. zu dem Schluss, dass die Mutter des Klägers per definitionem am 02.11. nicht wie im Beweisbeschluss angegeben unter einer Präeklampsie gelitten habe. Von einer solchen auszugehen, hätte mehrmals hintereinander ein Blutdruck von mehr als 140/90 mmHg zusätzlich zu einer Proteinurie vorliegen müssen. Der systolische Blutdruck von 151 mmHg sei eher von geringer Bedeutung und könne durch Aufregung oder körperliche Anstrengung erklärt werden. Der Gewichtszunahme sei keine wesentliche Bedeutung zuzumessen. Ein Behandlungsfehler in der Betreuung durch den Beklagten sei daher zu verneinen.

Auch in seiner ergänzenden Stellungnahme vom 22.02.2005 kommt der Sachverständige zu der Auffassung, dass der durch eine mangelnde intrauterine Versorgung bedingte Schaden des Klägers erst wenige Stunden vor bzw. nach der Geburt entstanden sei. Zur Erstellung einer Diagnose Präeklampsie sei es erforderlich, wiederholte Messungen durchzuführen, im konkreten Falle sei die Diagnose jedoch sehr wahrscheinlich, da in der Anamnese eine Präeklampsie bereits bekannt gewesen sei und auch die Eiweißausscheidung in diese Richtung zeigte. In der mündlichen Anhörung vor der Zivilkammer des Landgerichts bekundete der Sachverständige, dass sich eine Präeklampsie innerhalb weniger Tage entwickeln könne. Man könne davon ausgehen, dass aus der Sicht ex posteriore eine stationäre Einweisung der sicherere Weg der Behandlung der Mutter des Klägers gewesen wäre.

Nochmals angehört im Berufungsverfahren vor dem Zivilsenat des OLG bekundete der Sachverständige, er gehe nun von einer Präeklampsie in der ersten Schwangerschaft aus, das Geburtsgewicht des Klägers von 1770 g sei vom Ergebnis her sicher als retardiert anzusehen, dies habe aber sonografisch nicht erkannt werden müssen. Angesichts der erhobenen Blutdruckwerte vom 02.11. sei gemessen an den Mutterschaftsrichtlinien ein standardwidriges Verhalten nicht festzustellen, allerdings sei es klar, dass gemessen an den Leitlinien eine Krankenhauseinweisung der Mutter des Klägers am 02.11. dringend notwendig gewesen wäre.

Teichmann

> Privatgutachten Prof. Dr. med. F. vom 25.05.2006 – im Auftrag des Klägers
>
> Nach zutreffender Sachverhaltsschilderung kommt Herr Prof. F. zu dem Schluss, dass die Betreuung der Mutter des Klägers in ihrer zweiten Schwangerschaft nicht dem geltenden Standard entsprochen habe. Es hätte am 02.11.2000 zu einer Krankenhauseinweisung kommen müssen, dort hätte der kindliche Zustand mehrfach täglich kontrolliert und darüber hinaus die Blutdrucksituation der Schwangeren weiter evaluiert werden müssen. Die Unterlassung der gebotenen Einweisung bzw. weiterer Untersuchungen stellten Fehler dar, welche aus objektiver Sicht nicht mehr verständlich erschienen, weil sie einem Arzt schlechterdings nicht unterlaufen dürften. Bei Einhaltung aller Standards wäre es keineswegs unwahrscheinlich gewesen, dass die Erkrankung des Klägers durch eine frühere Entbindung verhindert worden wäre.

3971 Die kurze Wiedergabe des wesentlichen Inhaltes der Äußerungen des im Verfahren tätigen Sachverständigen macht deutlich, dass zwar von allen Verfahrensbeteiligten der 02.11. als ein kritisches Datum einer erforderlichen Entscheidung angesehen wird, die Bewertung des tatsächlichen Vorgehens jedoch durchaus diskrepant erfolgt. Von standardgemäßer Behandlung bis hin zur Beschreibung eines groben Behandlungsfehlers erscheint den Sachverständigen nahezu jede Bewertung möglich, eine mit Blick auf die »Rechtsmechanik« klare Deklination der infrage kommenden Fehlerkategorien (Aufklärungs-, Befunderhebungs-, Diagnose-, Behandlungsfehler) wird jedoch nicht vorgenommen. Damit ist es für das Gericht auch nur unter Zuhilfenahme neuerlicher Anhörungen möglich, gewissermaßen die Übersetzung der medizinischen Bewertung in juristisch brauchbaren Kategorien vorzunehmen. Auch wird deutlich, wie inkonsistent die Beurteilungen des zweiten in der Sache tätig gewordenen Sachverständigen sind, welcher im Laufe seiner verschiedenen schriftlichen wie mündlichen Äußerungen einen geradezu verwirrenden Positionswechsel vorgenommen hat.

3972 Das Kernstück des Gutachtens, die sachverständige Stellungnahme baut konsequent auf den bis dahin referierten Tatsachen auf. Es sollten aus dem konkreten streitgegenständlichen Behandlungsablauf alle später für die Beurteilung der Beweisfrage verwendeten Details und Umstände enthalten sein. Als Regel gilt, dass der Sachverständige in seiner Bewertung nicht etwa Nachträge zum Sachverhalt hinzufügt oder von abweichenden Voraussetzungen über denjenigen hinaus ausgeht, die von ihm bisher explizit erwähnt oder in Form einer alternativen Darstellung verständlich gemacht worden sind.

b) Gutachterliche Stellungnahme

3973 Der Sachverständige, welcher nunmehr den Behandlungsablauf zu bewerten hat, muss zunächst sich dahingehend äußern, ob denn die ihm überlassenen

Teichmann

und zumeist als vollständig deklarierten Behandlungsunterlagen überhaupt geeignet sind, eine Rekonstruktion des streitgegenständlichen Sachverhaltes in einer Weise vorzunehmen, welche die Beantwortung der Beweisfragen ermöglicht. Fehlen z. B. wichtige Bestandteile einer ordnungsgemäßen Dokumentation oder ist das Krankenblatt erkennbar unvollständig, wird er dies dem Gericht zunächst mitteilen müssen und die Frage prüfen lassen, ob durch weitere Herbeiziehung von Unterlagen ein hinreichendes Bild des Behandlungsablaufes zu zeichnen ist. Erscheint dies nicht möglich, so bleibt ihm nichts anderes übrig, als mit den vorhandenen Informationen unter Berücksichtigung der geschuldeten **Dokumentation** sein Gutachten abzufassen.

Dabei hat der Sachverständige davon auszugehen, dass die Dokumentation als Nebenpflicht aus dem Behandlungsvertrag nicht etwa die Aufgabe hat, in einem späteren Verfahren Haftungsansprüche abzuwehren, sondern vielmehr in aller erster Linie medizinisch-ärztlichen Zwecken dient. Dies ist im Allgemeinen so zu verstehen, dass vor allem solche Umstände einer Behandlung Eingang in das Krankenblatt nehmen müssen, deren Kenntnis für die Weiterbehandlung eines Patienten und das Verständnis der zugrunde liegenden Pathologie erforderlich sind. Zwar ist ein so definiertes, relativ puristisches Verständnis der ärztlichen Dokumentationspflicht häufig für den behandelnden Arzt ein nicht zu unterschätzendes forensisches Risiko, eine insbesondere durch die Tätigkeit medizinischer Sachverständiger weit über den formulierten Grundsatz hinausgehende Verpflichtung zur Dokumentation birgt jedoch auch hinsichtlich des ärztlichen Selbstverständnisses und einer möglichen Haftung erhebliche Gefahren, deren Verwirklichung mitunter schon deutlich erkennbar ist. **3974**

Der Sachverständige möge sich daher seiner Verantwortung für die durch seine Beratung entstehende Judikatur stets bewusst sein, Maßstäbe zu setzen, die eben gerade nicht juristischer Natur sind sondern auf Frage des Juristen, welche Maßnahmen aus objektiver ärztlicher Sicht dokumentationspflichtig seien und in welchem Umfang diese Dokumentation zu erfolgen habe, ausschließlich durch den medizinischen Sachverständigen definiert werden. Damit sind die vielfach beklagten Anforderungen an die ärztliche Dokumentation, wie sie heute im Sinne des verbindlichen Standards Eingang in die Rechtssprechung gefunden haben, nicht etwa Folge einer Verrechtlichung der Medizin sondern ausschließlich durch den, man möchte fast sagen »vorauseilenden Gehorsam« medizinischer Sachverständiger entstanden. **3975**

Der Gutachter hat sich daher mit der Frage der gebotenen Dokumentation in der Weise auseinanderzusetzen, dass er von den Umständen des Rechtsstreites zunächst abstrahiert und unter dem Aspekt der Behandlungsrelevanz von Daten prüft, in wie weit diese Eingang in ein ordnungsgemäß **3976**

Teichmann

geführtes Krankenblatt zu finden haben. Dokumentation ist kein Selbstzweck, sie dient auch nicht literarischer Selbstverwirklichung, sie ist auch
nicht die Hauptpflicht des Arztes, welcher seine Bemühungen in erster Linie der Behandlung des Patienten zu widmen hat, sondern hat die Aufgabe,
wesentliche Umstände von Aufklärung, Diagnostik, Therapie und Nachsorge einer ex post Betrachtung mit dem Ziel der Fortsetzung der Behandlung zugänglich zu machen. Überzogene Formalismen, insbesondere im
Rahmen von Routinevorgängen zu fordern, ist nicht selten Ausdruck der
Praxisferne mancher medizinischer Sachverständiger.

3977   In diesem Kontext soll nicht verschwiegen werden, dass auch die Medizin
selbst und in ihr die Ärzteschaft ein »lernendes System« bilden, in dem die
Risiken sachverständiger und rechtlicher Prüfungen durchaus Verhaltensmuster zu ändern im Stande sind. So mag der forensisch erfahrene Arzt
durchaus sich der Bedeutung seiner Aufzeichnungen in einem Ausmaß bewusst sein, die im Einzelfall den Beweiswert des Krankenblattes zu relativieren vermag und sich an den nachfolgend tabellarisch (Tab. 7.) aufgeführten Möglichkeiten orientieren:

Bedeutung der Dokumentation für den Ausgang eines Rechtstreites		
Dokumentation	Behandlungsfehler	Haftung
Zutreffend	Nein	Nein
Unzutreffend	Nein	Ja
Zutreffend	Ja	Ja
Unzutreffend	Ja	Nein

3978   Wird daher die Dokumentation mit Blick auf die Möglichkeit der Haftung
so »gestaltet«, dass ein richtiges Vorgehen notiert, fachärztlich aber fehlerhaft gehandelt wurde, kommt es nicht zur Haftung, ebenso wie eine fehlende, fehlerhafte oder missverständliche Dokumentation zur Haftung führen
kann, auch wenn die medizinischen Maßnahmen selbst nicht fehlerhaft gewesen sind.

3979   In der nun folgenden konkreten Bewertung des ärztlichen und pflegerischen
Vorgehens ist der Sachverständige gehalten, nicht etwa in Kenntnis späterer
Entwicklungen, Diagnosen und Befunde die konkreten im Sachverhalt geschilderten Maßnahmen »ex posteriore« zu bewerten, sondern stets aus der
strengen Sicht ex anteriore. Wiewohl sich ein solches Postulat aus logischen
Gründen völlig zwanglos ergibt, wird häufig gegen diese Forderung verstoßen. Ein Sachverständigengutachten stellt keine im Nachhinein erfolgende
Exegese klinischer Pathologie dar, sondern hat vielmehr unter der Berücksichtigung der jeweiligen Gegenwart des Behandlungszeitpunktes in Un-

Teichmann

kenntnis dessen zu erfolgen, was später sich ereignen wird und möglicher Weise Gegenstand der Klage geworden ist. Dabei bezieht sich die Prüfung im Wesentlichen auf die Feststellung etwaiger Behandlungsfehler, als welche sowohl aktives Tun, passives Unterlassen aber auch verspätetes Tätigwerden bezeichnet werden können. Behandlungsfehler können in jeder Phase des Behandlungsverlaufes auftreten, bei der Erhebung der Anamnese, der Formulierung von Differentialdiagnosen, der Empfehlung oder Durchführung einer Prävention, der eigentlichen Therapie, der Nachsorge und der Rehabilitation. Die Verkennung anerkannter Regeln der Medizin begründet solche Behandlungsfehler wobei Maßstab für das richtige Vorgehen der s. g. ärztliche Standard ist.

Der Begriff des **Behandlungsstandards** bereitet den meisten Medizinern in der Rolle des Gutachters die größten Schwierigkeiten. Er ist im Übrigen auch nicht scharf definiert und bezieht sich nicht auf eindeutige Quellen. Er umfasst sowohl die in gewissen Grenzen bestehende Therapiefreiheit des Arztes, als auch den Umstand, dass er keineswegs stets das maximal Mögliche bezeichnet. Vielmehr ist der Standard derjenige Maßstab, den ein Arzt in einem konkreten Falle zu erfüllen hat und in dessen Definition auch konkrete Umstände Eingang finden. Zunächst einmal ist der Standard stets in der zeitlichen Dimension als relativ anzusehen und einer Veränderung mit zunehmendem Wissen in der Medizin und sich wandelnder medizinischer Praxis unterworfen. Wenn daher in einem Sachverständigengutachten der aktuelle Behandlungsstandard bestimmt wird, so kann es sich stets nur um den Standard desjenigen Zeitpunktes handeln, zu dem die das Gericht beschäftigende ärztliche Handlung stattgefunden hat. Daher muss bei der Bestimmung des gültigen Behandlungsstandards stets auf Literatur zurückgegriffen werden, die dem beklagten Arzt zum Zeitpunkt der Behandlung auch bekannt gewesen sein kann. Später veröffentlichte Leitlinien oder Handbuchartikel sind in diesem Sinne im Allgemeinen nicht aussagekräftig.

3980

Allerdings ergibt sich in dieser Hinsicht eine Ausnahme dann, wenn später publizierte Erkenntnisse entgegen der zum streitgegenständlichen Zeitpunkt geübten und wissenschaftlich begründeten Praxis sich in der Weise entwickelt haben, dass sie das Vorgehen des beklagten Arztes gewisser Maßen ex posteriore als richtig darstellen, wenngleich eine Überprüfung des zeitgenössischen Standards eine diesbezügliche Abweichung feststellen ließe. In diesem Falle kann nicht, was später sich als richtig herausstellen sollte, früher unter objektiver ärztlicher Sicht falsch gewesen sein.

3981

Häufig wird bei der Festlegung des Standards hinzugefügt, dass es sich um denjenigen eines erfahrenen Facharztes zu handeln habe. Auch diese Formulierung weist erhebliche Unschärfen auf, da der Standard eines erfahrenen Facharztes nicht etwa derjenige ist, welcher durch die Beschreibung der gesamten Inhalte der Weiterbildungsordnung sich festliegen ließe. Viel-

3982

Teichmann

mehr wird eine hinreichende berufliche Praxis und Übung vorausgesetzt, die gänzlich unabhängig von der tatsächlich erworbenen Facharztqualifikation bestehen kann und durch diese keineswegs belegt wird. So ist es denkbar, dass ein Arzt in einer bestimmten Maßnahme eine Qualifikation erlangt hat, die der eines erfahrenen Facharztes entspricht, ohne selbst Facharzt des entsprechenden Gebietes zu sein, ebenso wie auch ein langjähriger Facharzt diesen Maßstab de facto sehr wohl im Einzelfalle unterschreiten kann und damit den geforderten Standard nicht erfüllt.

3983 Der zu fordernde ärztliche Standard wird im Übrigen auch hinsichtlich der konkreten Umstände einer Behandlung zu relativieren sein. Die Anforderungen, welche an eine Behandlung in einer niedergelassenen Praxis zu stellen sind, werden sich von denen unterscheiden, die in einem Krankenhaus der Maximalversorgung oder einer Universitätsklinik gelten, ebenso wie im Rahmen unterschiedlicher Versorgungsstufen auch unterschiedliche Strukturqualitäten zu erwarten sind, die insbesondere beim Auftreten unerwarteter und komplexer Notfälle das maximal medizinisch Mögliche deutlich unterschreiten können. Gleichwohl ist stets zu prüfen, ob erkennbar war, dass die Strukturqualität der jeweiligen Einrichtung für die Beherrschung des schließlich eingetretenen Notfalles nicht ausreichen ,und dieser Notfall mit einer entscheidungsrelevanten Wahrscheinlichkeit auftreten würde. In diesem Falle könnte der Verzicht auf eine Einweisung bzw. die Verlegung eines Patienten in ein Krankenhaus höherer Versorgungsstufe Ausdruck einer pflichtwidrigen Übernahme einer Verantwortung sein, die am Ende als Behandlungsfehler zu werten sein wird.

3984 Der alles entscheidende ärztliche Standard ist auch nicht etwa allein durch Zitat einschlägiger Leitlinien und Empfehlungen zu definieren. Zwar haben solche von den Fachgesellschaften herausgegebene Entscheidungshilfen durchaus orientierenden und in weitestem Verständnis auch normativen Charakter, sie sind jedoch im Einzelfalle nicht bindend. Es handelt sich eben gerade nicht um Richtlinien, wie sie sich in der Medizin nur mit größter Zurückhaltung publiziert finden, vielmehr beschreiben Leitlinien einen jeweils für den Zeitpunkt ihrer Publikation vernünftig erscheinenden Entscheidungskorridor, innerhalb dessen sich zu bewegen stets ein wichtiges Indiz dafür darstellt, dass der behandelnde Arzt seinen Pflichten auch tatsächlich nachgekommen ist. Sie sind aber keineswegs bindend, so dass kurz nach Publikation einer Leitlinie erscheinende Veröffentlichungen oder auch die besonderen Umstände des Einzelfalles stets zu beachten sind, wenn die konkrete Handlung eines Arztes überprüft werden muss.

3985 Unbedingt sollten Leitlinien, sofern sie einschlägig sind, auch in einem Sachverständigengutachten zitiert werden. Allerdings ist es Aufgabe des Sachverständigen zu prüfen, ob die vorliegende Leitlinie den aktuellen Wissensstand und damit den zu Grunde zu legenden Behandlungsstandard tatsächlich zutreffend wiedergab und ob, sofern der besagte Arzt von den Empfehlungen der Leitlinie abgewichen ist, es nachvollziehbare oder vertretbare Gründe gibt, eine solche Abweichung als Ausdruck der Methodenfreiheit hinzunehmen. Schließlich gilt es zu prüfen, ob die Abweichung von in der Leitlinie empfohlenem Vorgehen der oder ein Grund für den Eintritt des prozessrelevanten Schadens ist.

Für den praktischen Gebrauch hat es sich bewährt von folgender Definition des Behandlungsstandards auszugehen:

3986

> ❗ Als verbindlicher Behandlungsstandard ist ein ärztliches Vorgehen zu bezeichnen, welches unter Berücksichtigung der konkreten Umstände des Einzelfalles zu dem aktuellen medizinischen Wissen und der in relevantem Umfang geübten ärztlichen Praxis in den verschiedenen Einrichtungen ärztlicher Tätigkeit entspricht.

aa) Überprüfung der standardgemäßen Behandlung

Die ärztliche Behandlung beginnt im Allgemeinen mit der Schilderung aktueller Beschwerden und dem Erheben einer Anamnese. Zwar ist der Arzt verpflichtet, durch geeignete Fragen sich möglichst umfassende Informationen über Symptomatik und Vorgeschichte zu verschaffen, Limitierungen ergeben allerdings durch Einsicht, Zustand des Patienten sowie dem am Ende resultierenden Umfang der Mitteilungen. So kann dem Arzt nicht zum Vorwurf gemacht werden, über Umstände nicht informiert worden zu sein, die weder vom Patienten selbst ggf. auch nicht bei Nachfragen, noch aus den ihm vorgelegten Dokumenten ersichtlich waren. Dies ist gelegentlich der Fall, wenn z. B. eine pathologische Glukosetoleranz im Mutterpass nicht notiert ist, die Patientin hierüber keine Auskunft geben konnte, und auch der die Schwangere betreuende Arzt keine Mitteilung an die Klinik gemacht hat, das Wissen jedoch um einen Gestationsdiabetes ein wichtiger Hinweis für Aufklärung und ärztliche Entscheidung hinsichtlich der weiteren Geburtsleitung ist.

3987

Der zweite Schritt besteht im Allgemeinen in der Erhebung relevanter Befunde. Hier hat der Sachverständige nicht nur die Aufgabe zu prüfen, ob ggf. pathologische Befunde erhoben wurden, sondern vor allem ob alle gebotenen Untersuchungen durchgeführt worden sind. Wie auch im weiteren Behandlungsverlauf kommt der Befunderhebungspflicht eine heute immer häufiger prozessentscheidende Bedeutung zu. Über lange Zeit spielte in der Begutachtung von Arzthaftpflichtangelegenheiten der eigentliche Behandlungsfehler die entscheidende Rolle, welcher früher mit dem heute nicht mehr verwendeten Begriff des »Kunstfehlers« gar nicht unzutreffend beschrieben worden ist. In der Folge ging es prozessentscheidend häufig um Versäumnisse bei der Aufklärung eines Patienten und dessen hypothetische

3988

Teichmann

Entscheidung, wenn eine solche Aufklärung ordnungsgemäß durchgeführt worden wäre. In den letzten Jahren hat sich ein weiteres Paradigma medizinischer und rechtlicher Bewertung etabliert, das im Allgemeinen als Verstoß gegen die Befunderhebungspflicht bezeichnet wird.

3989   Unterlässt ein Arzt die Erhebung eines Befundes, dessen Kenntnis entsprechend dem geltenden Standard zur Entscheidung weiterer therapeutischer Maßnahmen angezeigt wäre, so verstößt er gegen seine Behandlungspflichten. Dieser Verstoß kann im Einzelfalle als wenig gravierend angesehen werden, etwa im Sinne des einfachen Behandlungsfehlers (s.u.) gleichwohl ist zu prüfen, mit welcher Wahrscheinlichkeit bei pflichtgemäßem Erheben des in Rede stehenden Befundes welches Ergebnis zu erwarten gewesen wäre. Dieses hypothetische Resultat wird zur Grundlage einer hypothetischen weiteren Entscheidung gemacht, zu welcher der Sachverständige Stellung zu nehmen hat. So wird der Sachverständige gefragt werden, mit welcher Wahrscheinlichkeit bei Durchführung der gebotenen aber im konkreten Falle unterlassenen Untersuchung welches Ergebnis herausgekommen wäre und wie man denn auf dieses Ergebnis wiederum entsprechend dem geltenden Behandlungsstandard hätte in der Fortführung der Behandlung reagieren müssen. Dabei muss der Sachverständige wissen, dass in der Konstruktion des hypothetischen Behandlungsverlaufes es ganz entscheidend darauf ankommt, dass mit hinreichender Wahrscheinlichkeit ein bestimmtes Ergebnis zu erwarten gewesen wäre, wobei die hinreichende Wahrscheinlichkeit mit einem Ansatz von größer 50 % als gegeben anzusehen ist. Geht der Sachverständige davon aus, dass mit weniger als 50 % ein reaktionspflichtiges Ergebnis zu erwarten gewesen wäre, so bleibt die unterlassene Befunderhebung für den weiteren Verlauf des Verfahrens unerheblich, sofern er diese lediglich als einfachen Behandlungsfehler qualifiziert hatte. Handelt es sich um die Nichterhebung elementarer Befunde und damit um eine Unterlassung, die einem Arzt schlechterdings nicht unterlaufen darf, so ergeben sich naturgemäß andere Konsequenzen hinsichtlich der erforderlichen Wahrscheinlichkeit eines reaktionspflichtigen Ergebnisses. Geht man – wie dies zumeist der Fall ist – allerdings davon aus, dass es sich bei der unterlassenen Befunderhebung lediglich um ein einfaches Versäumnis des Arztes handelt, so muss der Sachverständige wissen, dass seine Aussage, dass sich mit 50 %iger und größerer Wahrscheinlichkeit ein Befund ergeben hätte, auf den medizinisch ärztlich zu reagieren gewesen wäre, eine Konstellation ergeben kann, in der im Ergebnis das Gericht nicht nur von einem einfachen Behandlungsfehler ausgeht, sondern sogar von einem solchen, der die medizinischen Kriterien eines so genannten »groben« Behandlungsfehlers impliziert, wenn die Nichtreaktion auf diesen hypothetischen Befund als ein Verstoß gegen elementare Kenntnisse in der Medizin anzusehen wäre. Die Folgen einer solchen Beurteilung eines hypothetischen Behandlungsfehlers rufen häufig bei medizinischen Sachverständigen Erstaunen und Ungläubigkeit hervor, ein gewichtiger Grund, sich auch als Arzt, der Gerichtsgutachten erstattet, mit den rechtlichen Folgen gutachterlicher Äußerungen zu befassen.

In der weiteren Folge der Begutachtung eines konkreten Sachverhaltes ist **3990** sodann zu prüfen, ob nach zutreffender oder vertretbarer Diagnosestellung die getroffene Therapieentscheidung sachgerecht war, und die einen körperlichen Eingriff legitimierende Einverständniserklärung des Patienten mit dem geplanten Vorgehen auf dem Boden einer hinreichenden Aufklärung erfolgte. Zwar ist die Entscheidung über die Aufklärungspflicht eine juristische und sollte nicht vom medizinischen Sachverständigen gefällt werden, jedoch ist es Aufgabe des Gutachters, diejenigen Umstände zu benennen, deren Kenntnis für einen Patienten gefordert werden müssen, um diesen als hinreichend informiert für die ihm obliegende Entscheidung ansehen zu können. Dabei ist davon auszugehen, dass ein Aufklärungsgespräch abgestuft situations- und persönlichkeitsgerecht zu erfolgen hat und der Patient im Großen und Ganzen über die Umstände seiner Erkrankung und die therapeutischen Optionen aufgeklärt werden muss. Insbesondere ist es Pflicht des Arztes über entscheidungsrelevante Risiken zu informieren, und diese vor allem nach ihrer Bedeutung und nicht allein nach der statistischen Eintrittswahrscheinlichkeit zum Gegenstand des Patientengespräches zu machen. Vielmehr sind es die eingriffsimmanenten Risiken und typischen Komplikationen, über die zu informieren ist. Als solche werden unerwünschte Folgen der Behandlung verstanden, die auch bei Einhaltung des gebotenen Standards nicht stets sicher zu vermeiden sind, und deren Eintritt für sich genommen noch keinen Behandlungsfehler indiziert. Dabei sind vorformulierte Aufklärungsschriften, wie sie heute für nahezu jede medizinische Maßnahme vorliegen, hilfreich, belegen jedoch allein durch die Unterschrift des Patienten keineswegs, dass dieser auch ordnungsgemäß aufgeklärt wurde. Vielmehr sind als wichtige Hinweise eines ausreichenden Aufklärungsgespräches handschriftliche Ergänzungen, Skizzen, Unterstreichungen auf dem Aufklärungsformular zu interpretieren. Dass die Aufklärung nicht notwendig der Schriftform bedarf, diese allerdings dem Arzt eine erhebliche Hilfe bei Zweifeln an einer zureichenden, den Eingriff legitimierenden Aufklärung darstellt, erschließt sich von selbst. Im Übrigen sei darauf hingewiesen, dass es sich für den Sachverständigen keineswegs empfiehlt, das Problem der Aufklärung auch dann zu erörtern, wenn im Beweisbeschluss hiernach überhaupt nicht gefragt worden ist. Würde der Sachverständige gleichwohl zu der Erkenntnis gelangen, dass eine hinreichende Information des Patienten nicht erfolgt sei, obwohl dies gar nicht Gegenstand des Rechtsstreites ist, könnte insbesondere bei der beklagten Partei der Eindruck und die Besorgnis der Befangenheit entstehen.

Bei der Prüfung der in der Folge durchgeführten Behandlung ist ebenso wie **3991** im Rahmen der Nachbehandlung jeweils auf typisches oder abweichendes

Teichmann

Vorgehen zu achten, die Befunderhebungspflichten sind im jeweiligen Stadium der Behandlung stets erneut zu prüfen, ebenso wie sich im Verlaufe auch Konstellationen ergeben können, in denen mehr als eine Handlungsoption gegeben sind und eine eindeutige Feststellung, welche der therapeutischen Möglichkeit gewählt werden muss, nicht ausschließlich nach medizinischen Kriterien gefällt werden kann. Im Falle solcher gleichwertiger Behandlungsalternativen hat neuerlich eine Information des Patienten mit dem Ziel zu erfolgen, diesem die Entscheidung über das durchzuführende Verfahren zu überlassen. Typischerweise ergeben sich solche Aufklärungspflichten dann, wenn z. B. in der Geburtshilfe eine Situation gegeben ist, in der sowohl eine vaginal operative Geburtsbeendigung als auch eine abdominale Schnittentbindung mit unterschiedlicher Risikoverteilung für Mutter und Kind möglich sind. Eine Aufklärung hat in einem solchen Falle bereits dann zu erfolgen, wenn erkennbar wird, dass eine solche Alternative der operativen Geburtsbeendigung nicht nur eine theoretische Möglichkeit ist, sondern sich konkrete Anhaltspunkte dafür ergeben, dass eine entsprechende Entscheidung im weiteren Verlauf zu fällen sein wird.

3992 Weitere Prüfungen durch den Sachverständigen müssen sich auch auf Art und Umfang jener Maßnahmen beziehen, die sich zum Abschluss z. B. einer stationären aber auch einer ambulanten Behandlungssequenz ergeben, deren Durchführung geboten ist, um den Behandlungserfolg zu sichern oder zu festigen (Sicherungsaufklärung), etwa in Gestalt eines Hinweises, wann in welchem Umfang körperliche Betätigung möglich sein wird, auf welche Symptomatik der Patient zu achten habe und wie eine ggf. notwendige Nachkontrolle sowie zu welchem Zeitpunkt durchzuführen sei.

bb) Die Kausalität des Behandlungsfehlers für den streitgegenständlichen Schaden

3993 Behandlungsfehler jedweder Art sind für sich genommen zwar vorwerfbar, begründen jedoch keine Haftung des Arztes, wenn sie nicht als ursächlich für den eingetretenen Schaden in der Regel durch Sachverständigen-Beweis anzusehen sind. Eine solche haftungsbegründende Kausalität liegt auf der Hand, wenn etwa eine durch den Sachverständigen als bei standardgerechtem Vorgehen vermeidbar eingestufte Darmläsion vorliegt und zu einer Peritonitis oder eine den Standard überschreitende Latenz einer Notfallreaktion etwa im Falle eines sekundären Kaiserschnittes zu einem Absterben des ungeborenen Kindes führen. Bei dem Sachverständigen ergeben sich häufig dann Probleme, wenn er in weniger eindeutigen Fällen den Grad der Gewissheit bestimmen soll, mit dem er den von ihm erkannten Behandlungsfehler auch für die Ursache des Schadens betrachtet, zumal insbesondere in der Medizin häufig komplexe Bedingungen an der Entstehung eines Schadens beteiligt und zu berücksichtigen sind, deren Gewichtung mitunter einer 100 %igen Gewissheit entgegensteht. Beispielsweise ist bekannt, dass im Falle eines hohen Schultergeradstandes (Schulterdystokie), bei dem die Schulter des ungeborenen Kindes rechtwinkelig auf der Symphyse arretiert ist und damit zwar der Kopf geboren werden kann, der Rumpf jedoch nicht folgt, die allein durch die Wehentätigkeit entstehenden Kraftvektoren ausreichen, um zu einer Lähmung des Armes durch Traumatisierung des Schulter-Arm-Plexus zu führen. Zusätzliche fehlerhafte Manöver, die eine über die natürliche Kraftentfaltung hinausgehende Dehnung des Schulter-Arm-Plexus bewirken, erhöhen die Wahrscheinlichkeit einer Plexusparese, und sind deshalb grundsätzlich als kausaler Faktor jedoch innerhalb eines ganzen Ursachenbündels zu betrachten. Der Eintritt einer Plexusparese als solcher ist allerdings nicht indikativ für ein fehlerhaftes Vorgehen, es handelt sich hier um die Verwirklichung eines so genannten »typischen« d. h. eingriffsimmanenten Risikos, welches auch dann vorkommen kann, wenn die ärztliche Behandlung entsprechend dem gebotenen Standard durchgeführt wird. In einem solchen Fall wird der Sachverständige die konkret beschriebenen Vorgehensweisen des beklagten Arztes eingehend zu werten haben und zu einer Entscheidung gelangen müssen, ob die getroffenen Maßnahmen in ihrer Durchführung ausreichen, um festzustellen, dass diese in einem »für das praktische Leben brauchbaren Grad von Gewissheit, der Zweifeln Schweigen gebietet, ohne sie völlig auszuschließen« (BGH NJW 1989, 2948) die entscheidende Ursache für die beklagte Verletzung gewesen sind.

Damit wird auch deutlich, dass der Sachverständige nicht gehalten ist, die Kausalität mit absoluter Gewissheit festzustellen, er muss jedoch davon überzeugt sein und diese Überzeugung dem Gericht nachvollziehbar darlegen, dass bei vernünftiger Betrachtung eben nur geringe Zweifel daran bestehen können, dass der beklagte Schaden nicht eingetreten wäre, wenn der festgestellte Behandlungsfehler sich nicht ereignet hätte. **3994**

Handelt es sich bei dem festgestellten Fehler allerdings um einen solchen, der so schwerwiegend ist, dass der Sachverständige ihn als einen Verstoß gegen elementare Behandlungsregeln qualifiziert und die Auffassung vertritt, ein solcher Fehler dürfe aus objektiver ärztlicher Sicht sich schlechterdings nicht ereignen, dann genügt zur Haftungsbegründung die Feststellung, dass die in Rede stehende Verletzung des Behandlungsstandards grundsätzlich geeignet ist, einen entsprechenden Schaden zu verursachen (Beweislast des Patienten) und die Ursächlichkeit des Behandlungsfehlers für den Gesundheitsschaden des Patienten im konkreten Fall nicht gänzlich bzw. äußerst unwahrscheinlich ist (Beweislast des Behandlers). Damit wird häufig eine Wahrscheinlichkeit bezeichnet, die das 10 % Niveau unterschreitet und damit sich gewissermaßen spiegelbildlich zu den Beweisanforderungen im Falle eines einfachen Behandlungsfehlers verhält. Erfahrungsgemäß sind es gerade diese semiquantitativen Festlegungen des Sachverständigen, die mangels geeigneter Daten aus der wissenschaftlich klinischen Literatur zu **3995**

Teichmann

längeren und schwierigen Meinungsbildungsprozessen im Dialog zwischen Gericht und Sachverständigen führen und bei denen nicht selten Sachverständige die juristischen Konsequenzen ihrer Festlegungen erst dann im vollen Umfange zur Kenntnis nehmen, wenn sie sich zu einer entsprechenden Aussage haben hinreißen lassen. Es ist daher von besonderer Wichtigkeit, wo immer dies möglich erscheint, die Bestimmung des Grades der Gewissheit mit Fakten und Überlegungen zu unterlegen, die es auch dem Juristen gestatten, durch eigene Einsicht unter Beratung durch den Sachverständigen die notwendigen Feststellungen zu treffen bzw. nach zu vollziehen.

3996 Für die lediglich haftungsausfüllende Kausalität bei Folgeschäden, die sich aus der Behandlung des Primärschadens oder weiterer hinzutretender Komplikationen ergibt, wie etwa das Ausmaß einer Peritonitis, nachfolgende Verwachsungen, Motilitätsstörungen des Darmes, Intensivbehandlungen und bleibende Morbidität nach operationsbedingter Verletzung des Darmes genügt lediglich ein Grad von Wahrscheinlichkeit, welcher denjenigen deutlich unterschreitet, der im Falle der Kausalitätsprüfung mit Blick auf den Primärschaden erforderlich ist.

cc) Schwere des Behandlungsfehlers

3997 Insoweit die Begriffe des einfachen und groben Behandlungsfehlers weiter oben bereits beschrieben worden sind, ohne die eine sinnvolle Erörterung der Begrifflichkeiten Behandlungsfehler und Kausalität nicht möglich ist, sei in aller Kürze auf die für den Sachverständigen wichtigen Zusammenhänge erläuternd hingewiesen. Während es im Allgemeinen noch akzeptiert wird, dass der Sachverständige von sich aus einen Behandlungsfehler als »einfach« im Sinne von leicht bezeichnet, ist die Wertung eines Behandlungsfehlers als »grob« dem Juristen vorbehalten, der aus den Äußerungen des Sachverständigen ableitet, ob ein Regelverstoß vorliegt, der aus **objektiver ärztlicher Sicht** sich schlechterdings nicht ereignen darf und damit als so schwerwiegend betrachtet wird, dass auch die Anforderungen an die haftungsbegründende Kausalität deutlich bis hin zur Beweislastumkehr erleichtert werden. Dabei muss es sich nicht einmal um einen einzigen Behandlungsfehler handeln, der aus der Sicht des Sachverständigen ein gänzlich unverständliches Abweichen von geltenden Regeln und Standards impliziert, es können auch weniger schwere Behandlungsfehler vorliegen, die allerdings in ihrer Kumulation das mit dem Falle befasste Gericht veranlassen, von einem Fehlverhalten des Arztes auszugehen, welches sozusagen das Maß des noch Hinnehmbaren überschreitet und damit dem Kläger Beweiserleichterungen zukommen zu lassen, die in der Regel dazu führen, dass die beklagte Seite den Versuch unternehmen muss, den Gegenbeweis zu führen in dem Sinne, dass der so qualifizierte grobe Behandlungsfehler unter gar keinen Umständen geeignet gewesen sein kann, den beklagten Schaden hervorzurufen. Dies wird in der Regel nicht gelingen. Da es sich mit der Feststellung eines groben Behandlungsfehlers um eine prozessentscheidende Qualifizierung des Gerichtes unter Mithilfe des Sachverständigen handelt, sind die diesbezüglichen dialogischen Bemühungen auch als entscheidende Phase eines Verfahrens anzusehen, in denen häufig genug Sachverständige sich zu Äußerungen oder Zustimmungen veranlasst sehen, deren Bedeutung sie nicht sogleich erahnen. Daher kommt es der Meinungsbildung des Gerichtes außerordentlich entgegen, wenn Gutachter sich dieser Problematik auch in der geeigneten formelartigen Wortwahl in der Weise bewusst sind, dass sie bereits in ihren schriftlichen sachverständigen Äußerungen andeuten, in welcher Weise sie den festgestellten Behandlungsfehler der beklagten Seite werten oder zu bewerten gedenken. Sind sie sich dessen nicht hinreichend bewusst, so werden sie leicht zu Opfern einer inquisitorischen Erörterung, deren Ergebnis sie aufgrund ihrer eigenen objektiven ärztlichen Sicht am Ende eines Verfahrens mittragen zu müssen nicht nur bedauern sondern im Einzelfalle auch für fehlerhaft halten könnten.

Dabei sollte der Sachverständige sich nicht von seiner objektiven Einschätzung und einem gewissen Verständnis für bestimmte Situationen und menschliche Verhaltensweisen leiten lassen, sondern das Fehlverhalten eben gerade unter dem Aspekt reproduzierbarer und gesicherter Standardmethoden und deren Hierarchie beurteilen. Umstände, die den Fehler zu mildern in der Lage sind, müssen aus dem Bereich objektiver Gegebenheiten stammen. Der Grad der subjektiven Vorwerfbarkeit gegenüber dem beklagten Arzt ist im Zivilprozess für die Einstufung des Behandlungsfehlers in der Regel irrelevant. **3998**

Für den medizinischen Sachverständigen wird es gelegentlich auch von Nöten sein, sich mit der Frage auseinander zu setzen, in wie weit ärztliche Tätigkeiten delegierbar sind, und die Tätigkeit nicht ärztlichen Personals der Aufsicht und Verantwortung des Arztes unterliegt. Dies spielt insbesondere dann eine Rolle, wenn Behandlungsfehler nicht durch den Arzt selbst, sondern durch Angehörige von Pflegeberufen, medizinischen Assistenzberufen und im Bereich der Frauenheilkunde und Geburtshilfe durch Hebammen begangen werden. In diesem Falle sind die entsprechenden Berufsordnungen und Unterstellungsverhältnisse genau zu prüfen, insbesondere dann, wenn Angehörige selbstständiger Heilberufe betroffen sind, die im Falle des Auftretens von Pathologie sich ärztlicher Hilfe versichern müssen und nach Eintreffen des Arztes zu dessen Erfüllungsgehilfen mutieren. Regelhaft ist dies in dem bereits erwähnten Hebammenberuf, dessen Ausgestaltung den in Nuancen unterschiedlichen Hebammen-Berufsordnungen der Länder unterliegt. Da häufig im Rahmen von Haftungsprozessen mehr als ein Haftpflichtversicherer betroffen ist, bedarf es einer genauen Zuordnung von Verantwortung mit Blick auf die beteiligten Personen. **3999**

Ähnliches gilt im Übrigen auch bei der horizontalen Arbeits- und Verantwortungsteilung zwischen Ärzten unterschiedlicher Fachrichtungen. Auch **4000**

Teichmann

hier bleibt es dem Sachverständigen nicht erspart, die zum Teil auch in einschlägigen Leitlinien ausgeführten Grundsätze und Abgrenzung der verschiedenen Tätigkeitsfelder zu berücksichtigen.

4001 Angewendet auf das konkrete Beispiel eines Geburtshilflichen Gutachtens
ergibt sich daher folgende sachverständige Stellungnahme

Hypertensive Erkrankungen in der Schwangerschaft treffen 5 bis 20 %
aller Schwangeren. Kam in der früheren Nomenklatur der so genannten
»EPH Gestose« zum Ausdruck, dass das Auftreten von Ödemen, Proteinurie und Bluthochdruck charakteristische Zeichen dieses pathologischen
Zustandes sind, stellt die neue Nomenklatur, welche von der International
Society for the Study of Hypertension Pregnancy (ISSHP) 1986 eingeführt wurde, das Auftreten des hohen Blutdruckes sowie den Eiweißver-
lust über die Niere in den Vordergrund und definiert die Präeklampsie
als gemeinsames Auftreten von Hpyertension und Proteinurie. Nach der
noch 1989 geltenden Definition lag eine Schwangerschaftshypertonie vor,
wenn bei einmaliger Messung der diastolische Wert von über 110 mm Hg
und bei zweimaliger Messung im Abstand von 4 – 6 Stunden im Vergleich
> 90 mm Hg betrug. Sowohl der systolische Blutdruck als auch der rela-
tive Blutdruckanstieg im Verlauf der Schwangerschaft blieben unberücksichtigt, da der systolische Blutdruck allein keine positive Korrelation
zur perinatalen Morbidität und Mortalität aufweist und im Allgemeinen
im ersten und zweiten Schwangerschaftsdrittel deutlich niedrigere Blutdruckwerte als am Ende sowie außerhalb der Schwangerschaft gemessen
werden (W. Rath, Mütterliche Erkrankungen in: Gerhard Martius, Werner Rath, Geburtshilfe und Perinatologie, Thieme Stuttgart 1998). Allerdings hat sich die Einschätzung gegenüber der ursprünglichen Festlegung
der ISSHP in den folgenden Jahren deutlich verschärft. So wird in der 19.
Auflage des geburtshilflichen Standardlehrbuches (erschienen 2001) von
Dudenhausen und Pschyrembel ein Blutdruck von >135/85 mm Hg als
pathologisch bezeichnet. Entsprechend den zum streitgegenständlichen
Zeitpunkt geltenden Mutterschaftsrichtlinien in der zuletzt geänderten
Fassung von 23.10.1998 ist für die damals noch geläufige Bezeichnung der
EPH-Gestose folgende Definition im Sinne einer Risikokennzeichnung
getroffen:

»Blutdruck 140/90 mm Hg oder mehr, Eiweißausscheidung 1 Promille
bzw. 1 g /24 Std. oder mehr, Ödeme oder Gewichtszunahme von mehr als
500 g je Woche im letzten Trimenon«.

Aus der Erkennung eines solchen Risikos können, so heißt es auch weiter in den Mutterschaftsrichtlinien, häufigere als 4-wöchige Untersuchungen bis zur 32. Woche bzw. häufigere als 2-wöchige Untersuchungen in
den letzten 8 Schwangerschaftswochen angezeigt sein. Es können auch
weitere Befunderhebungen erforderlich werden, wobei hier auf die Mög-

lichkeiten der weiterführenden Diagnostik in der Praxis des betreuenden Arztes oder einer Krankenhausabteilung abgehoben wird.

Mit dieser Festlegung hat der Bundesausschuss der Ärzte und Krankenkassen über die ärztliche Betreuung während der Schwangerschaft und nach der Entbindung Festlegungen getroffen, die für den Kassenarzt als verpflichtend anzusehen sind und daher sowohl einen Grenzwert wie auch den systolischen Blutdruck definiert haben, der in Übereinstimmung mit dem im Jahre 2000 Leitlinien der Deutschen Gesellschaft für Gynäkologie und Geburtshilfe steht. Auch hier wird, ebenso wie in den Mutterschaftsrichtlinien ausgeführt, dass eine hypertensive Schwangerschaftserkrankung in der vorangegangenen Gravidität als anamnestischer Risikofaktor zu werten ist, und die Messung im Übrigen nach einer 2 – 3 minütigen Ruhepause bei der sitzenden Patientin zu erfolgen habe, wobei an beiden Armen später bei geringen Differenzen am rechten Arm gemessen werden sollte. Zur weiteren Abklärung wird eine 24 Stunden Blutdruckmessung empfohlen, ebenso wie bei Nachweis von mehr als einer Spur Eiweiß im Urin (Schnelltest auf Eiweiß +), die Messung der quantitativen Eiweißausscheidung notwendig ist. Werte von mehr als 300 mg in 24 Stunden gelten als pathologisch. Auch hinsichtlich der Wassereinlagerung gilt insbesondere die rasche Ödementstehung, d. h. Gewichtszunahme von mehr als 1 kg pro Woche in Verbindung mit einer Proteinurie als Risikofaktor einer Präeklampsie auch ohne dass eine Blutdruckerhöhung zu verzeichnen ist.

Daneben müssen die ermittelten Blutdruckwerte und auch dies ist Gegenstand des aktuellen Lehrbuchwissens des Jahres 2000 vor dem Hintergrund des Ausgangsblutdrucks interpretiert werden. Auf diese Weise ist das Ausmaß des Blutdruckanstieges nicht nur anhand des aktuellen Blutdruckwertes, sondern vor allem als relativer Anstieg im Vergleich zu den Vorwerten einzustufen.

4002

In der zitierten Passage hat der Sachverständige zunächst das für den Behandlungszeitraum geltende Wissen und seine Entwicklung zusammengefasst, er hat Empfehlungen von Fachgesellschaften sowie die Verordnungslage wiedergegeben und entsprechend den unterschiedlichen Verpflichtungsgraden damit auch den Behandlungsstandard im Hinblick auf alle in der Sachverhaltsschilderung aufgeführten Bedingungen dargelegt. Diese Darlegung ist literarisch belegt und auch für den Juristen als Grundlage der im Folgenden im Einzelfall zugewandten Beurteilung verständlich.

Fasst man daher geschuldetes Fachwissen, Empfehlungen der Fachgesellschaften und einschlägige Richtlinien des Bundesausschusses zusammen, so musste der Beklagte anamnestisch eine sich rasch entwickelnde Präeklampsie im Rahmen der letzten Schwangerschaft konstatieren, eine über

Teichmann

den angegebenen Grenzwert hinausgehende kurzfristige Blutdruckerhöhung, eine Wassereinlagerung abzulesen an der Gewichtszunahme sowie eine +++ Eiweißausscheidung. Bei eher hypotonen Blutdruckwerten im gesamten Schwangerschaftsverlauf war im Rahmen der Messung am 02.11.2000 der diastolische Grenzwert von 90 mmHg eben gerade noch nicht erreicht, der systolische mit 151 mmHg jedoch eindeutig überschritten. Damit besteht überhaupt kein Zweifel daran, dass der Beklagte zumindest das besondere Risiko einer erneuten Präeklampsie ernsthaft in Betracht ziehen musste und gehalten war, weitere Untersuchungen durchzuführen, um einer auch kurzfristig sich möglicherweise ereignenden Exazerbation des schwangerschaftsbedingten Krankheitsbildes Rechnung zu tragen.

Zu den erforderlichen Maßnahmen hätte gehört, dass er unter Einhaltung der definitorisch erforderlichen Ruhebedingung eine zweite Messung noch am selben Tage durchgeführt hätte, mindestens jedoch eine kurzfristige Blutdruckkontrolle, besser jedoch eine 24 Std. Blutdruckmessung hätte veranlassen müssen, ebenso wie es geboten war, die Quantität der Eiweißausscheidung über 24 Std. im Urin zu objektivieren. Die ebenfalls gebotenen zusätzlichen Untersuchungen CTG und Ultraschall zum Ausschluss einer akuten Versorgungseinschränkung des ungeborenen Kindes hat der Beklagte pflichtgemäß durchgeführt, nachvollziehbar mit dem Ergebnis, dass eine solche aktuelle Mangelversorgung nicht gegeben war. Auch in der sonografischen Fetometrie waren zum Untersuchungszeitpunkt des 02.11.2000 lediglich Hinweise auf eine geringgradige 1 bis 2 wöchige Retardierung vorhanden, so dass sich aus diesen Daten keine weiter erhöhte Dringlichkeit der Veranlassung zusätzlicher Maßnahmen ergab, als derjenigen, welche oben aufgeführt worden sind.

Die aus der vom Beklagten festgestellten klinischen Situation der Mutter zu ziehenden Konsequenzen wären damit entweder eine Kontrolle des Blutdruckes noch am selben Tage, spätestens jedoch am Folgetage, gewesen, kurzfristig d. h. innerhalb von maximal 2 -3 Tagen hätte nach den üblichen im Jahre 2000 geltenden Gepflogenheiten die 24 Std. Bestimmung von Blutdruck und Eiweißausscheidung erfolgen müssen. Die gemessenen Werte und erhobenen Befunde mussten zur Verdachtsdiagnose einer Präeklampsie führen. Diese Verdachtsdiagnose wäre, hätte man innerhalb der gebotenen Zeit die weiteren Untersuchungen des Blutdruckes und der Eiweißausscheidung durchgeführt, mit mindestens 50 %iger Wahrscheinlichkeit erhärtet worden, indem weiterhin pathologische Blutdruckwerte gemessen worden wären. In diesem Falle wäre eine Krankenhauseinweisung erforderlich geworden, wenn diese nicht schon vorgenommen worden wäre um die o. g. weiteren Befunde zu erheben.

Hätte sich die Mutter des Klägers somit spätestens am 3. Tage, dem 05.11.2000, in stationärer Behandlung befunden, so wären angesichts der üblichen engmaschigen Blutdruck- und CTG-Kontrollen die akute Entwicklung einer schweren Präeklampsie bis Eklampsie wiederum mit mindestens 50 %iger Wahrscheinlichkeit zu einem früheren Zeitpunkt diagnostiziert worden, als dies tatsächlich der Fall war. Es ist davon auszugehen, dass ebenfalls mit Wahrscheinlichkeit sich bereits kardiotokographische oder Änderungen des Blutdrucks ergeben hätten, bevor es zur Ausbildung einer klinischen Symtomatik bei der Schwangeren kam. In diesem Falle hätten Maßnahmen zur Senkung des Blutdruckes ergriffen werden können, wie auch eine vorzeitige Entbindung in die Wege zu leiten gewesen wäre.

Mit der zitierten Beurteilung hat der Sachverständige die Befunderhebungspflichten des Beklagten mit Blick auf konkret gegebene Risikosituationen aus Anamnese und aktuell erhobenen Daten resümiert und Beziehung zu dem weiter oben definierten Behandlungsstandard gesetzt. Das Ergebnis ist eindeutig, Anamnese und aktuelle Befunde hätten dazu führen müssen, dass weitere Untersuchungen vorgenommen worden wären, deren mutmaßliches Ergebnis mit mindestens 50 %iger Wahrscheinlichkeit reaktionspflichtig gewesen wäre. Der sodann zu erörternde hypothetische weitere Behandlungsverlauf mündet in einer Fortsetzung der Befunderhebungspflichten mit dem jeweils weiteren hinreichend wahrscheinlichen Ergebnis, dass reaktionspflichtige Befunde aufgetreten wären, auf die hin eine vorzeitige Entbindung erforderlich gewesen wäre. In der Folge geht es um die Auswirkungen des so beschriebenen hypothetischen Behandlungsverlaufes auch auf den Primärschaden beim Kläger. **4003**

Die in der unmittelbaren Zeit vor der Entbindung eingetretene Sauerstoffunterversorgung wäre in einem solchen Falle mit hinreichender Wahrscheinlichkeit (>50 %) vermieden worden. Sollte daher aus neonatologischer Sicht ein unmittelbar vor der Geburt stattgehabter respiratorischer Mangelzustand als Ursache für die haftungsbegründenden Gesundheitseinschränkungen des Klägers anzusehen sein, ist festzustellen, dass der zunächst als einfach anzusehende in einer unterlassenen Befunderhebung bestehende Behandlungsfehler des Beklagten im konkreten Falle mit mehr als 50 %iger Wahrscheinlichkeit ursächlich für den klinischen Schaden geworden ist.

Hier weist der Sachverständige zurecht darauf hin, dass die Beurteilung des kindlichen Gesamtschadens und damit vor allem der haftungsausfüllenden Kausalität des Behandlungsfehlers für Folgeschäden naturgemäß nicht mehr in das Fachgebiet des gynäkologisch-geburtshilflichen Sachverständigen fällt, und eine Klärung der Frage, ob eine unmittelbare peripartale Asphyxie, wie sie vorliegend aus den Zustandwerten des Klägers unmittelbar nach der Geburt abzulesen ist, und welche im Übrigen auch mit hinreichender **4004**

Teichmann

Wahrscheinlichkeit durch eine früher stattgehabte Entbindung vermieden worden wäre, für die im Wesentlichen klagerelevanten Folgeschäden verantwortlich zu machen ist. Hier muss auf ein neonatologisch / neuropädiatrisches Gutachten zurückgegriffen werden.

4005 Die nun folgende Auseinandersetzung mit den bereits erstatteten Sachverständigengutachten schließt die freie gutachterliche Stellungnahme ab.

> Die vorliegenden Sachverständigengutachten der Herren Professoren L., S. und F. stimmen in den wesentlichen Bewertungen der Behandlung der Mutter des Klägers durch den Beklagten überein und widersprechen den vorliegend getroffenen Festlegungen nicht. Das Sachverständigengutachten des Herrn Professor S. und seines Oberarztes Dr. M. ist dagegen in sich widersprüchlich, geht es doch in der ersten schriftlichen Stellungnahme davon aus, dass die Patientin nicht unter einer Präeklampsie gelitten habe, da der mit 151 mmHg gemessene systolische Blutdruck eher von geringer Bedeutung sei. In den weiteren Anhörungen wird diese Feststellung deutlich relativiert, insbesondere wurde vor dem Senat eingeräumt, dass Blutdruckwerte von 151/88 mmHg bei zuvor eher hypotonen Werten sowie die pathologische Gewichtszunahme von 3,4 kg zwischen dem 05. und 09.10.2000 wie auch 4,7 kg zwischen dem 19.10. und 02.11.2000 zusätzlich zur signifikanten Proteinurie hätten berücksichtigt werden müssen. Die Definition der Präeklampsie sei nach den Mutterschaftsrichtlinien bei Blutdruckwerten von über 140/90 mmHg erfüllt gewesen. Unverständlich ist allerdings die Aussage, dass gemessen an den Mutterschaftsrichtlinien sich ein standardwidriges Verhalten des Beklagten nicht feststellen ließe, das Gegenteil ist wie ausgeführt der Fall. Die Ausführungen zu den Leitlinien und deren Bedeutung für die Behandlung erscheinen schlechterdings unzutreffend.

4006 Im letzten Teil des Gutachtens setzt sich der Sachverständige konkret mit den vom Senat gestellten Beweisfragen auseinander und beantwortet sie wie folgt:

> **Es können daher die Fragen des Beweisbeschlusses wie folgt beantwortet werden:**
> I. Es soll Beweis erhoben werden über die Behauptung des Klägers, dass dem Beklagten im Rahmen der Schwangerschaftsbetreuung der Mutter des Klägers am 02.11.2000 ein Behandlungsfehler unterlaufen ist, durch Einholung eines neuen gynäkologischen Gutachtens (§ 412 ZPO)
>
> 1. Dabei soll der Sachverständige zunächst dazu Stellung nehmen, welche anamnestischen und gesundheitlichen Anknüpfungstatsachen bei der Mutter des Klägers am 02.11.2000 vorhanden waren, die für ihre weitere Behandlung maßgeblich gewesen sind. Ist es richtig, dass insbesondere folgende Faktoren zu berücksichtigen gewesen sind?

a) Präeklampsie bei der vorangegangenen Schwangerschaft der Mutter des Klägers, wie im damaligen Entlassungsbericht und Mutterpass für das erste Kind (vgl. Kopie auf Bl. 87 d. A.) vermerkt,

b) retardiertes Wachstum des ersten Kindes aus der vorangegangenen Schwangerschaft,

c) retardiertes Wachstum des Klägers selbst auf der Grundlage des ultrasonographischen Befundes vom 02.11.2000, insbesondere des mit 86 mm gemessenen abdominalen-Transversal-Durchmessers,

d) erhebliche Proteinurie (+++) bei der Mutter des Klägers,

e) Bluthochdruck von 151/88 bei zunächst eher hypotonen Werten,

f) Pathologische Gewichtszunahme bei der Mutter des Klägers (3,4 kg zwischen dem 5. und 19.10.2000 sowie 4,7 kg zwischen dem 19.10. und 02.11.2000).

Entsprechend der dem Beklagten durch die selbst vorgenommene Betreuung der ersten Schwangerschaft der Mutter des Klägers zugänglichen Information musste dieser davon ausgehen, dass bei der vorangegangenen Schwangerschaft der Mutter des Klägers eine Präeklampsie vorgelegen hat. Damit war ein wichtiger anamnestischer Risikofaktor, insbesondere in Gestalt eines sich plötzlich ereignenden Blutdruckanstieges gegeben, aus dem Schlussfolgerungen auf die bestehende Schwangerschaft zu ziehen waren. Diese hätten ein erhöhtes Maß an Aufmerksamkeit für die Prodromalsymptome einer solchen Präeklampsie erfordert. Auch das retardierte Wachstum des ersten Kindes aus der vorausgegangenen Schwangerschaft war, wenn auch kein wichtiger Hinweis darauf, dass sich wie dies beim Kläger übrigens in Gestalt einer 4- bis 5-wöchigen Retardierung ex post festzustellen war, auch eine nutritive Plazentainsuffizienz mit der schwangerschaftsinduzierten Hypertonie eingestellt hatte. Auf der Grundlage des ultrasonographischen Befundes vom 02.11.2000 musste ein Verdacht auf eine relevante Retardierung nicht ausgesprochen werden, wenngleich davon auszugehen ist, dass eine solche bestanden hat. Die mit 15 bis 20% nach oben und unten vom tatsächlichen Kindsgewicht abweichenden fetometrischen Gewichtsbestimmungen lassen das tatsächliche Gewicht des Klägers noch als in der methodebedingten Fehlerbreite gelegen erscheinen. Die erhebliche Proteinurie der Mutter des Klägers, sowie der eindeutig erhöhte Blutdruck, ebenso wie die erhebliche und in kurzer Zeit statthabende pathologische Gewichtszunahme waren klare Anzeichen für die Entwicklung einer Präeklampsie. Eine Bestätigung des erhöhten Blutdruckwertes, und zwar sowohl des diastolischen als auch des systolischen Blutdruckes waren ausreichend, die Diagnose der Präeklampsie sicher zu stellen. Wenn der Beklagte darauf verzichtete, durch eine weitere Kontrolle der Blutdrucke noch am selben, spätestens jedoch innerhalb der nächsten 1 – 3 Tage diese Diagnose fest zu etablieren, so ist in dieser Unterlassung ein fehlerhaftes Verhalten zu sehen.

Teichmann

2. Wo bzw. wodurch ist der medizinische Standard definiert, nach dem ein durchschnittlicher Facharzt sich bei der Behandlung der Mutter des Klägers am 02.11.2000 zu richten hatte? Sind nur die Mutterschaftsrichtlinien medizinische Standard im konkreten Fall auch aus den vorgelegten Leitlinien der DGGG für »Blutdruck in der Schwangerschaft« (vgl. Bl. 403 ff. d.A.)?

Der Standard, nach dem ein durchschnittlicher Facharzt sich bei der Behandlung der Mutter des Klägers am 02.11.2000 zu richten hatte, ist durch die Mutterschaftsrichtlinien in ihrer gültigen Fassung, die Leitlinien der Deutschen Gesellschaft für Gynäkologie und Geburtshilfe sowie durch den aktuellen Stand des Lehr- und Handbuchwissens definiert. Alle genannten Quellen waren geeignet, den Beklagten zu veranlassen, kurzfristig, das heißt innerhalb von ein bis spätestens drei Tagen nach Ausschluss einer akuten Mangelversorgung eine weitere Abklärung, sei es ambulant oder stationär zu veranlassen. Zusätzlich war es auch geboten, die Patientin, die ja bereits über Erfahrungen in der ersten Schwangerschaft verfügte, im therapeutischen Sinne aufzuklären und für das Auftreten typischer Symptome zu sensibilisieren.

3. Hat der Beklagte gegen den hier anzuwendenden medizinischen Standard für einen durchschnittlichen Facharzt verstoßen, insbesondere weil:
   a) schon am 02.11.2000 eine sofortige Klinikeinweisung der Mutter des Klägers veranlasst war, wegen
   - Präeklampsie. Also Hypertonie und Proteinurie und/oder
   - Proteinurie und Gewichtszunahme (mehr als 1 kg pro Woche) und/oder
   - fetaler Wachstumsretardierung bei Hypertonie und/oder Proteinurie
   b) sofern keine sofortige stationäre Unterbringung des Mutter des Klägers veranlasst war, er jedenfalls indizierte engmaschige Kontrollmaßnahmen unterlassen hat, wie insbesondere
   - eine 24-Stunden-Blutdruckmessung und/oder
   - eine Messung der 24-stündigen Eiweißausscheidung bei der Mutter der Klägerin,
   und hat stattdessen einen Wiedervorstellungstermin innerhalb einer Woche vereinbart hat.

Ein Wiedervorstellungstermin innerhalb einer Woche muss unter den gegebenen Bedingungen als zu spät beurteilt werden. Vielmehr war der Beklagte veranlasst, entweder eine 24-Stunden-Blutdruckmessung spätestens innerhalb eines 3-Tage-Zeitraumes zusammen mit einer 24-stündigen quantitativen Bestimmung der Eiweißausscheidung im Urin vorzunehmen oder dies unter stationären Bedingungen, einschließlich der gebotenen CTG- und Laborkontrollen zu veranlassen.

Teichmann

4. Falls ein Behandlungsfehler des Beklagten vorliegt: Ist dieser ursächlich bzw. zumindest mitursächlich geworden für die bei dem Kläger aufgetretene schwere Gesundheitsschädigung?

Der vorliegende Behandlungsfehler besteht wie ausgeführt in einer unterlassenen Erhebung gebotener Befunde, insbesondere einer entsprechend engmaschigen Etablierung der Blutdruckmessung bis hin zum 24-stündigen Monitoring des mütterlichen Blutdruckes. Hätte der Beklagte diese Untersuchungen selbst vorgenommen, so wäre mit hinreichender Wahrscheinlichkeit ein sich erhöhender systolischer, aber auch diastolischer Blutdruck festzustellen gewesen, ebenso wie die Eiweißausscheidung in eindeutig pathologischen Bereich zu quantifizieren gewesen wäre. Hieraus hätte die unverzügliche stationäre Einweisung mit der Folge entsprechend engmaschiger Kontrollen sowohl des Blutdruckes als auch des kindlichen Befindens resultieren müssen. Wäre dies wie geboten geschehen, so hätten mit ebenfalls hinreichender Wahrscheinlichkeit die sich anbahnende schwere Präeklampsie bis Eklampsie früher erkannt und auch die Entbindung des Klägers zu einem früheren Zeitpunkt vorgenommen werden können. Wäre dies geschehen, und geht der Senat aufgrund der sachverständigen Stellungnahme des Neonatologen davon aus, dass sich die schwere Asphyxie unmittelbar in der letzten Phase der Geburt ereignet hat, so wäre bei ordnungsgemäßer Befunderhebung und der pflichtgemäßen Reaktion auf die mit Wahrscheinlichkeit erhobenen Befunde die schwere Asphyxie des Klägers verhindert worden.

5. Liegt ein grober Behandlungsfehler vor, also ein Verstoß gegen bewährte elementare Behandlungsregeln, gegen gesicherte grundlegende Erkenntnisse der Medizin, ein Fehler, der aus objektiver Sicht nicht mehr verständlich ist, wie er einem Arzt schlechterdings nicht unterlaufen darf?

Die unterlassene Befunderhebung selbst ist angesichts der geringen Blutdruckerhöhung vom 02.11.2000 lediglich als einfacher Behandlungsfehler einzustufen, insbesondere mit Blick auf die im Grundsatz richtige jedoch zu langfristig ausgesprochene Kontrollempfehlung nach einer Woche. Die fehlende Reaktion allerdings auf den mit Wahrscheinlichkeit zu erwartenden Blutdruckbefund vor dem Hintergrund der beschriebenen klinischen Situation wäre als ein Fehler anzusehen, welcher gegen elementare Regeln des Faches verstößt und einem gewissenhaft arbeitenden Frauenarzt schlechterdings nicht unterlaufen darf.

6. Hat der Beklagte es, insbesondere wegen der nicht veranlassten sofortigen Klinikeinweisung der Mutter des Klägers am 02.11.2000 oder wegen der unterbliebenen Anordnung weiterer Kontrollmaßnahmen (24-Stunden Blutdruckmessung und/oder 24-Stunden Sammelurin)

Teichmann

trotz Indikation, schuldhaft unterlassen, medizinisch zweifelsfrei gebotene Befunde zu erheben und zu sichern?

Unterstellt, es liegt ein Befunderhebungsfehler des Beklagten vor:

a) Wäre zumindest mit hinreichender Wahrscheinlichkeit ein reaktionspflichtiges positives Befundergebnis zu erwarten gewesen?

b) Stellt sich die unterlassene Befunderhebung als grober Behandlungsfehler dar, weil mit hinreichender Wahrscheinlichkeit ein so deutlicher und gravierender Befund zu erwarten gewesen wäre, dass eine Verkennung sich als fundamental fehlerhaft darstellen müsste?

Der Sachverständige soll sich bei seiner Begutachtung mit den gynäkologischen Gutachten von Prof. Dr. Sp. aus dem Schlichtungsverfahren (Ausgangsgutachten vom 07.01.2002, Bl. 8 ff. d.A. und ergänzende Stellungnahme vom 04.01.2005, Bl. 215 d.A.), den gerichtlichen Gutachten von Prof. Dr. S. (Dr. M. vom 26.10.2004 (Bl. 156 ff.d.A.), vom 22.02.2005 (Bl. 209 ff.d.A.), deren mündliche Erläuterung in der Sitzung vor dem Landgericht vom 02.02.2006 (Bl. 318 f.d.A.) und in der Sitzung vor dem Senat vom 12.02.2007 (siehe Berichterstattervermerk von diesem Tage) sowie auch dem vom Kläger vorgelegten Privatgutachten von Prof. Dr. F. vom 25.05.2006 (Bl. 393 ff.d.A.) auseinander setzen.

Eine Auseinandersetzung mit den vorliegenden sachverständigen Stellungnahmen ist weiter oben erfolgt. Zusammenfassend sind die im Gutachten getroffenen Feststellungen weitgehend in Übereinstimmung zu sehen mit denjenigen, welche von den sachverständigen Professoren Drs. Sp. und F. formuliert worden sind. Auch das Gutachten von Herrn Professor S. und dem von ihm in die Begutachtung einbezogenen Oberarzt Dr. M. wurden im Rahmen der Anhörung vor dem Senat deutlich relativiert und sind im übrigen auch nicht widerspruchsfrei, so dass die Übereinstimmung mit diesen beiden Fachkollegen als eher gering anzusehen ist. Gründe hierfür sind weiter oben ausführlich expliziert.

Entscheidung des Senates:

Der Senat hat nach Anhörung des neuen Sachverständigen (Obergutachter) unter Abänderung des klageabweisenden landgerichtlichen Urteils der Klage stattgegeben. Er hat zunächst die Berufung als zulässig angesehen, da das angefochtene Urteil auf einer unzureichenden Tatsachenfeststellung beruhe. Es stand zur Überzeugung des Senats aufgrund des gynäkologischen Obergutachtens fest, dass dem Beklagten im Rahmen der Schwangerschaftsbetreuung der Mutter des Klägers ein Behandlungsfehler unterlaufen sei, weil er medizinisch zweifelsfrei zu erhebende Befunde nicht erhoben habe. Der vom Senat beauftragte Sachverständige habe mit ausführlicher Begründung und inhaltlich überzeugend festgestellt, dass der nach der Untersuchung der Mutter des Klägers am 02.11.2000

Teichmann

vom Beklagten vorgegebene Wiedervorstellungstermin innerhalb einer Woche unter den gegebenen Bedingungen als zu spät beurteilt werden müsse. Vielmehr habe der Beklagte aufgrund der vorliegenden Untersuchungsergebnisse und der ihm bekannten Risikofaktoren entweder eine 24 Stunden Blutdruckmessung spätestens innerhalb eines 3-Tages-Zeitraumes zusammen mit einer 24stündigen quantitativen Bestimmung der Eiweißausscheidung im Urin bei der Kindsmutter vornehmen oder dies unter stationären Bedingungen einschließlich der gebotenen CTG- und Laborkontrollen veranlassen müssen. Es bestehe keinerlei Zweifel dahingehend, dass bei der Mutter des Klägers sowohl in ihrer ersten wie in ihrer hier streitgegenständlichen Schwangerschaft eine so genannte Präeklampsie vorgelegen habe. Die erhebliche 3-fach positive Proteinurie der Mutter des Klägers sowie der eindeutig erhöhte Blutdruck ebenso wie die erhebliche und in kurzer Zeit statthabende pathologische Gewichtszunahme seien klare Anzeichen für die Entwicklung einer solchen Präeklampsie gewesen. Auch das retardierte Wachstum des 1. Kindes aus der vorausgegangenen Schwangerschaft sei zu berücksichtigen gewesen. Ein wichtiger anamnestischer Risikofaktor sei insbesondere der sich plötzlich ereignende Blutdruckanstieg nach zuvor zunächst hypotonen Blutdruckwerten gewesen. Im Gegensatz zur Bewertung durch den Sachverständigen des Senates hätte der Sachverständige des Landgerichtes keine umfassende Bewertung vorgenommen und unzulässigerweise nur einzelne Aspekte herausgegriffen. Zudem seien die Bewertungen des Sachverständigen widersprüchlich und inhaltlich unzutreffend. Im Gutachten finde eine vertiefte und nachvollziehbare Auseinandersetzung mit den bei der Mutter des Klägers im Rahmen der Untersuchungen erhobenen Befunden und den dem Beklagten bekannten Risikofaktoren kaum statt. Auch werde der durchschnittliche medizinische Facharztstandard, der in einer solchen Behandlungssituation gelte, nicht herausgearbeitet. Zudem fehle dem Gutachten jegliche Auseinandersetzung mit den inhaltlich fundierten und wissenschaftlich belegten Aussagen in dem gynäkologischen Gutachten aus dem Schlichtungsverfahren. Wissenschaftliche Belege und / oder vertiefte Begründungen für die eigene, abweichende Beurteilung der Behandlungssituation würden in der insgesamt recht oberflächlichen Bewertung des Behandlungsgeschehens nicht gegeben. Der Bitte des Senats vom 04.07.2006, ein weiteres schriftliches ergänzendes Gutachten zu erstellen und dort im Einzelnen auf die Ausführungen des Schlichtungsgutachtens Professor S. sowie auch des Gutachtens Professor F. einzugehen sei Professor S. nur recht eingeschränkt nachgekommen, indem eine gerade 1 ½ seitige schriftliche Ergänzung der Stellungnahme unter dem 06.09.2006 eingereicht worden sei. Bei der mündlichen Erläuterung des Gutachtens sei der ursprünglich vom Landgericht beauftragte Sachverständige nicht in der Lage gewesen, sich schlüssig und nachvollziehbar gegenüber dem Senat und den Verfahrensbeteiligten zu erklären. Zudem

Teichmann

seien Widersprüche in den bisherigen Feststellungen in den schriftlichen Gutachten aufgetreten bzw. haben sich noch verstärkt. Da der gerichtliche Sachverständige mit der Beantwortung der ihm gestellten Fragen offensichtlich überfordert gewesen sei und eine inhaltlich fundierte und nachvollziehbare Stellungnahme zu der Bewertung des Behandlungsgeschehens nicht abgegeben habe, sei ein Obergutachten eingeholt worden. Aufgrund dieses Obergutachtens in Zusammenhang mit dem Pädiatrischen-Neuropädiatrischen Gutachten spräche vieles dafür, dass die erforderliche Kausalität zwischen dem Behandlungsfehler des Beklagten und der Gesundheitsschädigung des Klägers anzunehmen sei. Wäre der Beklagte seinen Befunderhebungspflichten nachgekommen, so hätten mindestens mit Wahrscheinlichkeit die sich anbahnende Eklampsie früher erkannt, und auch die Entbindung des Klägers zu einem früheren Zeitpunkt vorgenommen werden können. Wäre dies geschehen, und gehe der Senat aufgrund der sachverständigen Stellungnahme des Neonatologen davon aus, dass sich die schwere Asphyxie unmittelbar in der letzten Phase der Geburt ereignet habe, so wäre bei ordnungsgemäßer Reaktion auf die mit Wahrscheinlichkeit erhobenen Befunde eine schwere Asphyxie des Klägers verhindert worden. Die hinreichende Wahrscheinlichkeit für ein reaktionspflichtiges Ergebnis weiterer Befunderhebungen durch den Beklagten sei schlüssig und überzeugend von dem Obergutachter dargelegt, indem er erläutert habe, dass die Wahrscheinlichkeit, dass die weitere Befunderhebung ein reaktionspflichtiges Ergebnis gezeigt hätte, ebenso groß sei, wie diejenige, dass eben dies nicht der Fall gewesen sei. Mithin sei eine mindestens 50 %ige Wahrscheinlichkeit gegeben. Auch der vom Landgericht bestellte Gutachter habe schließlich eingeräumt, dass eine reaktionspflichtige Diagnose im Falle wiederholter Blutdruckmessungen »sehr wahrscheinlich« gewesen sei. Nach überzeugender Auffassung des Obergutachters wäre eine Nicht-Reaktion auf einen solchen Blutdruckanstieg als ein solcher Fehler anzusehen, der gegen Elementarregeln des Faches verstoße und einen gewissenhaft arbeitenden Frauenarzt schlechterdings nicht unterlaufen dürfe.

4007   Die Bewertung des Gutachtens durch den Senat macht deutlich, wie wichtig Struktur der medizinischen Aufarbeitung mit Blick auf rechtliche Kategorien und Konsistenz von Gutachten, Ergänzungen und Anhörungen sind, wie entscheidend aber auch medizinische und im vorliegenden Falle geburtshilfliche Grundkenntnis des Gerichtes ist, um Inkonsistenz und Widersprüche zu erkennen und aufgrund der Ausführungen des Sachverständigen zu einer eigenen Bewertung zu gelangen. Im vorliegenden Falle wurde aufgrund der schwersten Mehrfachbehinderung und der lebenslangen Erwerbsunfähigkeit des Klägers ein Schmerzensgeld von 500 000 Euro wie ein auf die spezifischen Bedürfnisse des Klägers berechneter Unterhaltsanspruch ausgeurteilt.

Teichmann

4. Anhörung des Sachverständigen vor Gericht

Wie auch im Rahmen der Erstattung eines schriftlichen Gutachtens, sollte **4008**
sich der Sachverständige in seiner mündlichen Anhörung einer verständlichen Sprache bedienen und Formulierungen vermeiden, die jenseits des Bereiches reiner Deskription und maßvoller Bewertung anzusiedeln sind. Zur Alltagssprache gehörende Attribute, entrüstende oder abwertende Kommentare sind ebenso wenig angezeigt wie die unverstandene Verwendung juristischer Begriffe wie Fahrlässigkeit, Schuld etc. Der Sachverständige tut gut daran, die ihm verstehbare, einfache juristische Terminologie des Zivilverfahrens zu verwenden (Kläger, Beklagter, Behandlungsfehler, Befunderhebungsfehler, Reaktionspflicht, Kausalität, typisches Risiko bzw. typische Komplikationen etc.). Soweit er nicht explizit vom Gericht dazu aufgefordert wurde, sollte er ausschweifende Erläuterungen vermeiden und präzise auf die an ihn gestellten Fragen antworten, ungeachtet dessen, ob diese vom Gericht oder von einer der Prozessparteien stammen. Weiterhin empfiehlt sich eine aufmerksame Prüfung des vom Vorsitzenden verfassten Protokolls seiner Aussage, dessen Korrektur sofern sie unvollständig oder unzutreffend ist sogleich in angemessener Form erfolgen sollte. Dabei mag der Sachverständige weniger auf sprachliche Eleganz sein Augenmerk richten als vielmehr darauf, dass im Ergebnis das festgehaltene Diktat inhaltlich seiner sachverständigen Auffassung entspricht.

Nicht unvorbereitet sollte der ärztliche Gutachter vor Gericht darauf sein, **4009**
dass mitunter Prozessparteien versuchen, durch provokante Fragen und Kommentare ihn gleichsam aus der Reserve zu locken und zu Aussagen verleiten, die nach Art und Inhalt die Besorgnis der Befangenheit begründen und damit seinen Verbleib im Verfahren infrage stellen könnten. Er sollte nicht unbedingt damit rechnen, dass der Vorsitzende Richter ihn im gewünschten Umfange vor solchen Attacken bewahren und den Vertreter der jeweiligen Partei zur Mäßigung ermahnen wird. Gut beraten ist der Sachverständige, wenn er entsprechend provozierende Äußerungen einer Prozesspartei entweder schlechterdings ignoriert oder allein unter Bezugnahme auf sachliche, seinem Fachgebiet zugehörige Argumente repliziert.

Vor Eröffnung der Verhandlung, in Gerichtspausen oder nach Abschluss **4010**
der Anhörung sollte der Sachverständige – wie auch zu jedem anderen Zeitpunkt – in mündlicher oder schriftlicher Form es tunlichst vermeiden, Kontakt zu einer der Prozessparteien aufzunehmen oder sich in ein Gespräch außerhalb der öffentlichen Verhandlung verwickeln zu lassen. Selbst wenn der aktuelle Rechtsstreit nicht Gegenstand einer wie auch immer gearteten Kommunikation sein sollte, ist auch hier nicht auszuschließen, dass eine Partei zu der Befürchtung bzw. Vermutung gelangt, der Sachverständige könnte den notwendigen Abstand zu dem Prozessgegner vermissen lassen und so die Besorgnis der Befangenheit begründen.

Teichmann

4011   Je mehr der Sachverständige in seinen Ausführungen die im Arzthaftpflicht-prozess geltenden formalen wie inhaltlichen prozessualen Regeln kennt und beachtet, wird er für Gericht und Parteien zu einer unverzichtbaren Er-kenntnisquelle, deren Qualität entscheidenden Einfluss auf das Urteil hat. Das Risiko, in Kenntnis juristischer Begrifflichkeit und Denkweise sich gleichsam grenzüberschreitend auf das Terrain der Juristen zu begeben und damit entsprechende Rügen zu erfahren, ist gegenüber den aus Unkenntnis dieser Regeln resultierenden Missverständnissen und Fehlern nahezu ver-nachlässigbar.

4012   Insbesondere sollte sich der Sachverständige regelmäßig enthalten, einen Behandlungsfehler als grob zu qualifizieren, und über die strenge medizi-nische Betrachtungsweise Aussagen über Zumutbarkeit und Verhältnismä-ßigkeit zu machen, sowie sich zur Aufklärungspflicht als solcher zu äußern. Dagegen ist er verpflichtet, diejenigen medizinischen Tatsachen bei Gericht zu vermitteln, die einer entsprechenden Qualifizierung durch rechtliche Festlegung zugrunde liegen müssen, etwa zwei Behandlungsalternativen als medizinisch gleichwertig zu klassifizieren mit der Folge, dass der Jurist aus der Gleichwertigkeit die Aufklärungspflicht ableiten wird, ebenso wie entsprechende Beschreibungen der Qualität eines Behandlungsfehlers dazu führen werden, dass ein Gericht diesen als einfachen bzw. als groben Fehler ansehen wird.

5. Der Sachverständige im Strafverfahren

4013   Anders als im Zivilverfahren, welches sich mit einer fehlerhaften Behand-lung als Haftungsgrund beschäftigt, ist für das Strafrecht der subjektive Fahrlässigkeitsbegriff entscheidend. Damit hat sich der Sachverständige in einem Ermittlungsverfahren bzw. einem Strafprozess damit auseinander zu setzen, welche persönlichen Qualifikationen der beschuldigte Arzte auf-weist und wie der ihm zur Last gelegte Behandlungsfehler vor dem Hinter-grund seiner subjektiven Möglichkeiten einzuordnen ist. Anders als die für die Haftung entscheidende objektive ärztliche Sicht ist im Strafverfahren auch auf subjektive Situationen des Beschuldigten abzustellen.

4014   Die Bewertung der in der Ermittlungsakte enthaltenen Tatsachen insbeson-dere der Zeugenaussagen obliegt nicht dem Sachverständigen. Hier ist es ggf. angebracht, dem Gericht aufzugeben, festzulegen, von welchen Ermitt-lungstatsachen bei der ärztlichen Begutachtung auszugehen ist. Eine eigene Beweiswürdigung durch den Sachverständigen kommt hier noch weniger als in Zivilverfahren in Betracht. Auch die eine zentrale Rolle im Arzthaf-tungsverfahren spielenden Wahrscheinlichkeitsrelationen hinsichtlich der Schwere von Behandlungsfehlern und Kausalitäten gelten für das Strafver-fahren nicht. Hier ist allein zu prüfen, ob der Schaden (Verletzung oder Tod eines Patienten) **mit an Sicherheit grenzender Wahrscheinlichkeit** auch dann eingetreten wäre, wenn der dem Arzt zur Last gelegte Fehler nicht begangen worden wäre. Besteht die Möglichkeit, dass auch bei pflichtgemäßem Handeln des Arztes gleichwohl der Patient zu Schaden gekommen wäre, ist dies im Gutachten klar heraus zu stellen mit der rechtlichen Folge, dass die Verurteilungswahrscheinlichkeit deutlich sinkt. In Analogie zu der haftungsbegründenden Kausalität ist von einer mit an Sicherheit grenzenden Wahrscheinlichkeit dann zu reden, wenn vernünftige Zweifel ausgeschlossen erscheinen. Auch hier ist die Brauchbarkeit des Sachverständigengutachtens wesentlich davon abhängig, dass insbesondere der so zu definierende Anspruch an den Grad der Gewissheit der Kausalbeziehung zwischen ärztlicher Handlung und Verletzungserfolg beachtet wird.

6. Gutachten zum Schlichtungsverfahren sowie Parteigutachten

Der ärztliche Sachverständige ist gehalten auch dann mit derselben Sorgfalt **4015** und Objektivität vorzugehen und in gleicher Weise wie im Auftrage eines Gerichtes ein Gutachten zu erarbeiten und zu erstatten, wenn es sich um einen Auftrag handelt, der von Schlichtungsstellen der Landesärztekammern oder von einer bereits im Prozess begriffenen oder in Vorbereitung eines Verfahrens sich befindenden Partei erteilt wird. Zwar gelten hinsichtlich des Umganges mit den Beweisfragen nicht die strengen Regeln welche der Gerichtssachverständige zu beachten hat, im Prinzip unterscheiden sich jedoch die von einer Partei in Auftrag gegebenen Sachverständigengutachten nicht von gerichtlichen. Diese Forderung begründet im Übrigen auch den Umstand, dass in einem Verfahren das Parteigutachten in gleicher Weise wie das Gutachten des gerichtlich bestellten Sachverständigen zu verwerten ist und nicht etwa von vorne herein der Vermutung unterliegt, es handele sich dabei auch um ein parteiliches Gutachten. Die den Sachverständigen insgesamt in seiner Tätigkeit verpflichtende Objektivität und Unparteilichkeit ist auch im Falle eines parteizugehörigen Auftraggebers strikt zu bewahren.

7. Schlussbemerkung

Die Rolle des Sachverständigen in Arzthaftungs- und Strafverfahren ist ge- **4016** prägt von einem hohen Maß an Verantwortung, die ohne kritische Selbstreflexion und Überprüfung des eigenen Standpunktes nicht in der gebotenen Weise wahrgenommen werden kann. Dabei sind die zivilrechtliche Haftung des Gutachters oder gar seine strafrechtliche Inanspruchnahme eher theoretische Risiken, welche gleichwohl die Überlegung rechtfertigen, ob ein für Vermögensschäden ausreichender Versicherungsschutz besteht oder durch eine zusätzliche Haftpflichtpolice abgedeckt werden sollte. Viel entscheidender ist bei der Erstattung von Gutachten, stets aufs Neue zu prüfen, ob die sachverständige Bewertung der zu beurteilenden Behandlungssituation tatsächlich gerecht wird, oder aber der Sachverständige der Versuchung

Teichmann

erliegt, in Kenntnis des weiteren Behandlungsverlaufes und unter Berücksichtigung neuer klinisch-wissenschaftlicher Kenntnisse sowie den Gepflogenheiten in seiner eigenen möglicherweise privilegierten Berufspraxis
Maßstäbe anzusetzen, die im konkreten Fall überzogen sein mögen. Damit
wird die Bestimmung des verbindlichen Standards zur zentralen Frage an
den Sachverständigen, der sich stets auch Gedanken darüber machen sollte,
was eine solche Definition für die Judikatur und damit auch die Zukunft
anderer Rechtstreite bedeuten kann.

4017 Die häufig geführte Klage über eine fortschreitende Verrechtlichung der
Medizin und Einengung der Therapiefreiheit durch Gerichtsentscheidungen sowie die überbordende Pflicht zur Dokumentation ist nicht zuletzt
ein von Ärzten selbst geschaffenes Problem, bei dessen Entstehung Juristen
allenfalls Beihilfe geleistet haben. Insofern kommt dem Sachverständigen
zwar eine wichtige Rolle in der Fortentwicklung von Qualität in der klinischen Medizin zu, indem er das Maß der geschuldeten Sorgfalt gewissenhaft
definiert, gleichzeitig aber sich davor hüten sollte, den unter den konkreten
Bedingungen von Klinik und Praxis tätigen Arzt aus einer mitunter recht
kommoden theoretischen Perspektive zu überfordern. Der Grundsatz des
»ultra posse nemo obligatur« mag nicht zuletzt auch für ihn selbst gelten.

Kapitel 3
Arzthaftung – Der Strafprozess

A. Materielles Arztstrafrecht

I. Einleitende Vorbemerkung: der Arzt und das Strafrecht

Die **Expansion des Strafrechts** – eine Entwicklungslinie der modernen Kriminalpolitik – wertet dieses Rechtsgebiet zu einem sozialen Regelungsinstrument um. Es liegt in der Natur dieses expansiven Charakters, dass inzwischen kaum mehr ein Lebensbereich existiert, in dem es nicht auch strafbewehrtes Verhalten geben kann. Das gilt im staatlichen Gesundheitssystem im Allgemeinen und für dessen eigentlichen Hauptakteur – den Arzt – im Besonderen. **1**

❗ Die Gesamtheit der Straftatbestände, die im Rahmen ärztlicher Handlungen verwirklicht werden können, bilden das Arztstrafrecht im materiellen Sinne.

Dabei handelt es sich nicht etwa – von wenigen Ausnahmen abgesehen – um Sonderdelikte, deren tauglicher Täter u.a. nur ein Arzt sein kann (z.B. §§ 174c, 203 f., 218b Abs. 1 Satz 2, 278 StGB); vielmehr sind es sogenannte »Jedermannsdelikte«, deren Täter kein Arzt sein muss, deren Verwirklichung aber durch einen Arzt im Zusammenhang und im Rahmen seiner ärztlichen Tätigkeit erfolgen kann. **2**

Lange Zeit betraf das Arztstrafrecht nur den eigentlichen Kernbereich ärztlichen Tuns, nämlich das **Arzt-Patienten-Verhältnis** und dort die Frage nach der Strafbarkeit des ärztlichen Heileingriffs. Die Grundsatzentscheidungen, Literaturauffassungen und Meinungsstreitigkeiten zu den ausdifferenzierten Fragestellungen dieses Themenbereichs sind im Wortsinne Legion. Jenseits dessen ist aber auch das Arztstrafrecht begrifflich expandiert. Berufsbezogen tritt der Arzt in **unterschiedlichen Rollen** jenseits der Patientenbeziehung auf: gegenüber der Krankenkasse, mit der er einerseits seine ärztlichen Leistungen abrechnet, andererseits agiert er zugleich als deren Vertreter, wenn er »an ihrer Stelle das Rahmenrecht des einzelnen Versicherten auf medizinische Versorgung konkretisiert«;[1] gegenüber der Pharmaindustrie, für deren Produkte er bewusst oder unbewusst eine Mittlerfunktion einnimmt; gegenüber der (Universitäts-)Klinik, als deren Angestellter bzw. Bediensteter er tätig wird. Diese Rollenverschiedenheit bringt – strafrecht- **3**

---

1 BGHSt 49, 17 (24) – dazu noch näher unten Rn. 312 und 316 zur Vertragsarztuntreue.

lich gesehen – Berührungspunkte mit Rechtsgütern jenseits der körperlichen Integrität des Patienten, seien sie konkret und individuell ausgestaltet (wie das Vermögen der Krankenkasse), seien sie abstrakt und überindividuell bestimmt (wie das öffentliche Vertrauen in die Lauterkeit der hoheitlichen Verwaltung, zu deren ausführenden Organen auch der Arzt in einem städtischen Klinikum zählen kann).

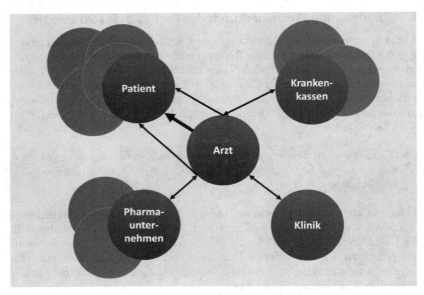

4   Expansiv ist in diesen Fällen weniger die Strafgesetzgebung als die **Praxis der Strafverfolgungsbehörden,** die in den vergangenen 25 Jahren zunehmend auch die strafrechtliche Verantwortlichkeit des Arztes jenseits der klassischen Patientenbeziehung zu hinterfragen begonnen und ins Blickfeld genommen haben. Diese Entwicklung polemisch zugespitzt als »Kriminalisierung ärztlichen Handelns« zu bezeichnen, wäre übertrieben, unsachlich und mit der allgemeinen Geltung des Legalitätsprinzips schlechterdings unvereinbar: Wenn es allgemein unter Strafe gestellt ist, fremdes Vermögen durch täuschungsbedingte Irrtumserregung zum eigenen Nutzen zu schädigen, so ist kein Grund ersichtlich, warum etwa nicht auch ein Arzt, der vorsätzlich falsch gegenüber der Krankenkasse tatsächlich nicht erbrachte Leistungen abrechnet, wegen Betruges strafbar sein soll. **Problematisch** an dieser Entwicklung ist weniger die generelle Strafbarkeit als die generelle Unsicherheit hinsichtlich eines möglichen Strafbarkeitsrisikos. Arztsein bedeutet im Rechtssinne einen »**gefahrgeneigten Beruf**« ausüben. Unwägbarkeiten entstehen zudem dadurch, dass das Arztstrafrecht, wie bereits gesagt, keine gesetzliche Sondermaterie darstellt, sondern weitestgehend

Norouzi

durch die Auslegung und Anwendung der Straftatbestände seitens der Gerichte bestimmt wird. Es ist **Richterrecht** und bildet sich wie jedes Richterrecht kasuistisch in Einzelfallentscheidungen, die nicht immer Leitsatzcharakter haben müssen, fort. Problematisch wird es, wenn die verständliche ärztliche Forderung nach klaren rechtlichen Rahmenbedingungen zu Vertrauensverlusten dort führt, wo der Arzt eigentlich seine Hauptaufgabe hat: beim Patienten. Die Klage über die Folgewirkungen einer defensiven Medizin, die das Arzt-Patient-Verhältnis auf eine juristische Vertragsbeziehung herunterdekliniert, ist so wenig neu, wie in der Plausibilität ihrer Analyse von der Hand zu weisen.[2] Diese Fernwirkungen einer expansiven Praxis des Arztstrafrechts müssen sich alle professionellen juristischen Akteure stets in Erinnerung rufen, auch – oder gerade – wenn sie sich mit scheinbar wertneutralen dogmatischen Auslegungsfragen nach der strafrechtlichen Verantwortlichkeit des Arztes befassen. So lässt sich vielleicht vermeiden, dass das Strafrecht als eigentliche ultima ratio zur Vermeidung und Ahndung sozialschädlichen Verhaltens jenes Gut bedroht, das es zu schützen vorgibt.

❗ Während das zivile Deliktsrecht auf die Haftung für verursachte Schäden ausgerichtet ist, geht das Strafrecht vom Konzept der individuellen Schuld aus und fragt stets auch nach der individuellen Vorwerfbarkeit des Fehlverhaltens gegenüber dem Einzelnen.

Hinzu kommen die prozessualen Unterschiede: stehen hier Beweislastverteilungen zum Nachteil des Arztes, geht das Strafrecht im Sinne der Unschuldsvermutung vom Zweifelsatz aus. Gelingt es ihm in der Hauptverhandlung darzutun, warum er sich nicht falsch verhalten hat, so führt dies regelmäßig dazu, dass er im Prozess nicht verurteilt werden kann. Diese genuinen Unterschiede gilt es im Auge zu behalten, wenn Judikate aus dem zivilen Arzthaftungsrecht (sie sind im nachfolgenden entsprechend gekennzeichnet) zitiert werden. **5**

II. Das »klassische Arztstrafrecht«: Straftaten gegen die körperliche Unversehrtheit und gegen das Leben

Die nachfolgende Darstellung des materiellen Arztstrafrechts nimmt die Unterscheidung zwischen den klassischen Fragestellungen im Patientenverhältnis und jenen, die unter einen erweiterten Begriff des Arztstrafrechts fallen, auf. Für den klassischen Bereich des Arztstrafrechts (II.), das die Delikte gegen Leib und Leben betrifft, die in ihrer tatbestandlichen Struktur – von Ausnahmen abgesehen – einfach ausgestaltete Erfolgsdelikte sind, bietet sich eine deliktübergreifende und problembezogene Darstellung an. **6**

---

2 Dazu prägnant Ulsenheimer Rn. 1b f. m.w.N.

Norouzi

1. Fahrlässigkeitsstrafbarkeit durch Behandlungsfehler

a) Struktur des Fahrlässigkeitstatbestands

7 Die empirisch verbreiteteste Form strafbaren ärztlichen Handelns findet ihren rechtlichen Niederschlag in der Form des Fahrlässigkeitsdelikts. Fahrlässigkeitsdelikte sind nicht nur **Jedermannsdelikte**, sie sind auch »Alltagsstrafrecht«. »Niemand ist perfekt« und »Jeder macht Fehler« sind Lebensweisheiten, die zum Ausdruck bringen, dass sich menschliches Handeln selten an fiktiven Idealtypen messen lässt. Dennoch gibt es Lebensbereiche, in denen die allgemeine Erwartung an die Einhaltung idealtypischer Verhaltensregeln, auch durch das Strafrecht geschützt wird. Wer diese Regeln nicht einhält, kann sich seiner strafrechtlichen Verantwortlichkeit nicht dadurch entziehen, dass er erklärt, ihm sei – ohne böse Absicht – ein Fehler unterlaufen, der »jedermann passieren kann«. Wegen des Alltagscharakters der Fahrlässigkeit liegt es auf der Hand, dass das scharfe Schwert des Strafrechts sie nicht allumfassend sanktionieren kann, sondern nur dort, wo es der Schutz bestimmter Rechtsgüter erfordert. Normativ kommt das in § 15 StGB zum Ausdruck. Nur dort wo das Gesetz eine fahrlässige Begehungsweise ausdrücklich unter Strafe stellt, ist sie strafbewehrt. Im Arztstrafrecht gilt dies gleichermaßen für die maßgeblichen Straftatbestände der fahrlässigen Tötung (§ 222 StGB) und der fahrlässigen Körperverletzung (§ 229 StGB).

8 Ihrer Struktur nach handelt es sich jeweils um **Erfolgsdelikte**, bei denen durch ein menschliches Handeln (sei es durch aktives Tun, sei es durch Unterlassen [dazu unten Rdn. 75 ff.]) der tatbestandsmäßige Todes- bzw. Körperverletzungserfolg hervorgerufen worden ist. Diese Handlung muss ihrerseits fahrlässig begangen (bzw. unterlassen) worden sein. Wann fahrlässiges Verhalten vorliegt, bestimmt sich wiederum nach den Regeln, die der Rechtsverkehr für eine objektive Maßfigur gelten lässt.

> ❗ Den Kern des Fahrlässigkeitsvorwurfs bildet somit die Verletzung einer objektiven Sorgfaltspflicht, die objektiv vorhersehbar den Erfolgseintritt bewirkt.

9 Fahrlässig verantwortlich für diesen Erfolg ist nur der, der gegen Sorgfaltsregeln verstößt, die gerade der Vermeidung des konkreten tatbestandlichen Erfolges dienen. Dieser Schutzzweckzusammenhang muss verwirklicht sein, ehe fahrlässiges Handeln mit Strafe bedroht werden kann. Dabei ist zu beachten: Das Recht fordert zwar von Jedermann die Einhaltung der objektiven Sorgfaltspflicht; wer gegen sie verstößt handelt gleichermaßen tatbestandsmäßig und rechtswidrig fahrlässig; anders als das Zivilrecht und dort auch das Arzthaftungsrecht im Allgemeinen und das Arzthaftungsrecht im Besonderen kennt das Arztstrafrecht aber **keine objektive Haftung**, sondern setzt für die Bejahung der individuellen Schuld voraus, dass dem Betroffenen die Einhaltung der Sorgfaltspflicht im Einzelfall möglich und der Erfolgseintritt subjektiv vorhersehbar war (unten Rdn. 33).

Die Struktur des Fahrlässigkeitsstraftatbestands zeigt das folgende Schaubild: **10**

Das Fahrlässigkeitsdelikt

I. Tatbestand
1) Tathandlung
2) Taterfolg und Kausalität
3) Objektive Sorgfaltspflichtverletzung
4) Objektiver Zurechnungszusammenhang (Pflichtwidrigkeits- und Schutzzweckzusammenhang) bei objektiver Voraussehbarkeit und Vermeidbarkeit des Erfolgs (Adäquanzzusammenhang)

II. Rechtswidrigkeit (nach allg. Grundsätzen)

III. Schuld
1) insbesondere subjektive Sorgfaltspflichtverletzung bei subjektiver Vorhersehbarkeit und Vermeidbarkeit des Erfolgs
2) insbesondere neben den allgemeinen Entschuldigungsgründen Unzumutbarkeit sorgfaltsgemäßen Verhaltens

---

b) Behandlungsfehler als Pflichtverletzung

Der Fahrlässigkeitsstraftatbestand beginnt dort, wo der tragische Schick- **11** salsschlag endet. Die negative Folge (in der dogmatischen Terminologie wertungsneutral als »Erfolg« bezeichnet) der Rechtsgutsverletzung ist Ergebnis menschlichen – und zwar vorwerfbar sorgfaltswidrigen – Handelns. Darum ist die **Bestimmung des Sorgfaltspflichtverstoßes** zugleich die Weichenstellung für die Frage, ob die strafrechtliche Verantwortlichkeit des Einzelnen gegeben ist. Im Arztstrafrecht bildet den – entscheidenden – Anfang die Frage, ob die Rechtsgutsverletzung auf einem Behandlungsfehler beruht. Bei seiner Bestimmung und seinem Nachweis liegt zugleich der Schwerpunkt der forensischen Auseinandersetzung im Strafverfahren. Terminologisch ist dagegen die Bezeichnung des Sorgfaltspflichtsverstoßes als »**Kunstfehler**« abzulehnen, weil sie erstens eine verharmlosende Wertung beinhaltet und zweitens von einem Verständnis ärztlichen Handelns als gleichsam »künstlerische Tätigkeit« getragen ist, das der modernen Medizintechnik nicht mehr gerecht wird, bei der sich die richtige Diagnose weniger nach dem Talent des Diagnostikers als nach der richtigen technisch-apparativen Untersuchung bestimmt.[3]

---

3 Dazu Geilen, in: Wenzel, Kap. 4 Rn. 460.

Norouzi

> ❗ Unter einem Behandlungsfehler ist jede medizinische (sei sie diagnos-
> tisch, sei sie therapeutisch) Maßnahme zu verstehen, die nach dem zum
> Zeitpunkt der Behandlungsmaßnahme vorherrschenden Stand der Me-
> dizin im Hinblick auf das mit ihr verbundene Risiko nicht vertretbar
> ist.

12   **Maßgeblich** ist damit eine **ex-ante**-Betrachtung. Spätere Erkenntnisse der
medizinischen Wissenschaft, die zum Behandlungszeitpunkt eine Korrek-
tur der Maßgabe erforderlich gemacht hätten, spielen keine Rolle. Der kasu-
istischen Natur des Arztstrafrechtes entspricht es, wenn sich die einzelnen
Behandlungsfehler in bestimmte Fallgruppen einteilen lassen (bb), jedoch
setzt diese Zuteilung voraus, dass man sich über das Ausmaß der im Einzelfall erforderlichen Sorgfalt Klarheit verschafft hat (aa).

aa) Bestimmung der erforderlichen Sorgfaltspflicht

13   Es gibt nicht *die* ärztliche Sorgfaltspflicht. Was dem individuellen Patienten
in seiner spezifischen Lage geschuldet ist, hängt von Faktoren ab, bei denen
sowohl die **konkrete Situation** des behandelnden Arztes als auch sein **be-
rufstypischer Kenntnis- und Ausbildungsstand** eine Rolle spielen. So wenig man Äpfel mit Birnen vergleichen kann, kann man dem Hausarzt in der
Oberpfalz vorwerfen, nicht über die Kenntnisse und Fertigkeiten des hochspezialisierten Professors an einem internationalen Forschungsinstitut einer
Universitätsklinik zu verfügen. Vgl. aber unten Rdn. 29 (Übernahmefehler).

14   Bei der inhaltlichen Bestimmung der ärztlichen Sorgfaltspflicht hat sich als
Maßstab der (begrifflich irreführende) **Facharztstandard** durchgesetzt.[4]

> ❗ Die Bezeichnung »Facharztstandard« meint nicht mehr, als dass jeder
> Patient Anspruch auf eine ärztliche Behandlung haben soll, die dem
> Standard eines erfahrenen Facharztes im jeweiligen Behandlungsfeld
> entspricht.

15   Dabei ist nicht an die formale Qualifizierung, sondern an die **tatsächliche
Qualität** der Behandlung anzuknüpfen. Der Facharztstandard ist nicht
schon dann verletzt, wenn – formal – kein verbriefter Facharzttitelträger
gehandelt hat, sondern wenn – sachlich – die objektiven Anforderungen an
fachärztliches Handeln nicht gewahrt worden sind. Dabei wird faktisch der
jeweilige Erfahrungsstand des handelnden Arztes eine entscheidende Rolle spielen. Umgekehrt ist die erforderliche Sachkunde nicht bereits mit der
Erlangung einer bestimmten fachärztlichen Qualifizierung erfüllt. Auch die
Schulmedizin ist – wie jede Wissenschaft – dem Eingeständnis von Fehl-
erkenntnissen zugänglich. Was heute richtig und verbreitet ist, kann mor-

---

4   BGHSt 43, 306 (311); BGH(Z) NJW 1996, 779 (780); BGH NJW 2000, 2754
(2758); Ulsenheimer Rn. 20.

gen überholt und fehlerhaft sein. Darum muss eine ärztliche **Fortbildungs-pflicht** die fortlaufende Aktualisierung des jeweiligen Facharztstandards gewährleisten.

Freilich darf nicht verschwiegen werden, dass die **empirische Frage** dessen, was »Standard« ist, voraussetzt, dass eine herrschende Auffassung vom »richtigen« ärztlichen Handeln feststellbar ist. An dieser Stelle ergeben sich im Arztstrafprozess – gerade dann, wenn es um neuere und von der Fortbildungspflicht erfasste Methoden geht – **schwierige Beweisfragen**, deren Lösbarkeit von Sachverständigengutachten nur selten befriedigend erwartet werden kann, vielleicht sogar häufig verschlechtert, weil verkompliziert wird. **16**

Die verschiedentlich von ärztlichen Standesgesellschaften und Behörden herausgegebenen »**Leitlinien**« ersetzen und kodifizieren die Sorgfaltspflicht nicht, sie geben aber wichtige Indizien bei ihrer Bestimmung.[5] Größeres Gewicht scheinen dagegen – legt man wiederum die zivilrechtliche Haftungsrechtsprechung zugrunde – die **Richtlinien** des Bundesausschusses der gesetzlichen Krankenversicherungen haben.[6] **17**

Für die Bejahung der Fahrlässigkeitstrafbarkeit ist es **unerheblich**, ob es sich um einen **groben Behandlungsfehler gehandelt hat.** Dies liefe der Natur des Fahrlässigkeitsstraftatbestands, der dort, wo das Strafgesetz nicht explizit »Leichtfertigkeit« verlangt, bei der Frage, *ob* ein Behandlungsfehler vorliegt, nicht danach unterscheidet, *wie* schwerwiegend er ist. Das »Maß der Pflichtwidrigkeit« ist vielmehr im Rahmen der Strafzumessung im engeren Sinne (nach § 46 Abs. 2 Satz 2 StGB) bei der Bestimmung der schuldangemessenen Strafe zu berücksichtigen und kann (prozessual) ausschlaggebend sein, wenn es um eine Verfahrenseinstellung nach §§ 153, 153a StPO (dort verlangt das Gesetz eine hypothetisch geringe Schuld) geht. Alles andere liefe auf ein Arztprivileg hinaus, das mit dem »Jedermannscharakter« der betroffenen Fahrlässigkeitsstraftatbestände schlechterdings nicht vereinbar wäre. **18**

bb) Verstoß gegen die erforderliche Sorgfalt durch Behandlungs-fehler

Es gibt verschiedene Möglichkeiten, etwas falsch zu machen. Beim ärztlichen Behandlungsfehler haben sich die nachfolgenden Fallgruppen in der systematischen Aufarbeitung und Kategorisierung bewährt: **19**

---

5 Näher dazu mit Nachweisen aus der durchweg zivilrechtlichen Rechtsprechung Erlinger, in: MAH Strafverteidigung § 49 Rn. 20.
6 Vgl. BGH(Z) GesR 2004, 132; KG(Z) VersR 1996, 332 zu den Mutterschaftsrichtlinien.

(1) Diagnosefehler

20 Wenn ganz zu Beginn die Weichen in die falsche Richtung gestellt worden sind, nimmt in der Regel die gesamte medizinische Behandlung einen falschen Verlauf. Vor der Therapie erfolgt die Diagnose auf der Basis einer vollständigen Anamnese. Führt der Arzt letztere nicht ordnungsgemäß durch, weil er es etwa unterlässt, die für die Beurteilung notwendigen klinischen oder radiologischen Befunde einzuholen, so kann dies regelmäßig bereits die Fahrlässigkeitsstrafbarkeit begründen. Ebenso kann aber auch ein Diagnosefehler darin bestehen, dass zwar die Anamnese schulmäßig und vollständig durchgeführt worden ist, der Arzt aber (möglicherweise mangels der erforderlichen Sachkunde) aus den ihm bekannten Tatsachen die falschen Schlüsse zieht. Dabei lassen sich aber anhand der Rechtsprechung **unterschiedliche Fahrlässigkeitsmaßstäbe** ablesen. Während die **unzureichende Befundermittlung** – die sich an einer gedanklichen Checkliste zu orientieren hat – **strengeren Maßstäben** ausgesetzt ist,[7] lässt die Rechtsprechung bei der von der individuellen Sachkunde im Einzelfall abhängigen zutreffenden **Diagnose** tendenziell Zurückhaltung mit einem strafrechtlichen Schuldvorwurf walten. Weil sie nie mit mathematischer Genauigkeit getroffen werden kann – da sich Krankheitsbilder häufig überschneiden – überlässt die Rechtsprechung dem Arzt, hat er einmal die notwendigen Befundtatsachen vollständig gesammelt, einen **Beurteilungsspielraum** und ist bei der Bejahung fahrlässigen Handelns weitaus zurückhaltender.[8] Anders gesprochen: Nicht jede Fehldiagnose begründet bereits einen strafrechtlich relevanten Diagnosefehler.

(2) Therapiefehler

21 Hat der Arzt die richtige Diagnose getroffen, so stellt ihn dies nicht von einer strafrechtlichen Verantwortlichkeit frei, wenn er sich für die falsche Therapie entscheidet. Auch wenn man anerkennt, dass in der Schulmedizin denknotwendig dem jeweiligen Arzt eine **Methodenwahlfreiheit** zusteht, kann grob gesprochen die **Faustformel** gelten: Je weiter sich die eingeschlagene Therapie vom medizinischen Konsens entfernt, je risikobehafteter sie für den Patienten ist, je eher er sich vom »Prinzip des sichersten Weges« entfernt, desto eher wird sich ein Behandlungsfehler bejahen lassen.

22 Die möglichen Fehler, die der Arzt bei der Durchführung der Therapie machen kann, sind unterschiedlich, sie können plump sein, wie das für den medizinischen Außenseiter in der Praxis erschreckend häufige **Zurückbleiben von Fremdkörpern** (wie Tüchern, Kompressen oder Mullbinden) **im Operati-**

---

7 Vgl. dazu BGHSt 3, 91.
8 BGH(Z) NJW 1995, 776 = MedR 1995, 70; Geilen, in: Wenzel, Kap. 4 Rn. 467 m.w.N.

onsgebiet. Die Rechtsprechung ist hier[9] vergleichsweise milde und bewertet den Sorgfaltspflichtverstoß weniger nach der Art und Größe des zurückgebliebenen Gegenstandes, sondern eher anhand der möglichen und gebotenen Sicherungsvorkehrungen, die getroffen werden müssen, um eben solche Missgeschicke zu verhindern. Der Sorgfaltspflichtverstoß knüpft damit an die unterbliebene Präventionsmaßnahme an, was die Frage aufwirft, ob es sich dann der Sache nach noch um einen Therapie- oder nicht schon um einen Organisationsfehler handelt.[10] Ähnlich sind auch jene Behandlungsfehler, die etwa in einer **fehlerhaften Medikation** – weil etwa die nach Alter, Gewicht und Erkrankung gebräuchliche Dosierung – über- oder unterschritten worden ist. Ebenso stellt es einen Behandlungsfehler dar, wenn sich der Arzt beim Ausstellen eines Rezeptes verschreibt und dies durch eine sorgsame Kontrolle hätte bemerken können und müssen. Und natürlich stellt eine **Personenverwechslung** oder die Verwechslung des zu operierenden Körperteils (linkes anstelle des rechten Beins) eine sorgfaltswidrige Behandlung dar.

(3) Organisationsfehler

Normalerweise arbeitet kein Arzt heutzutage alleine. Die medizinische Grundversorgung wird vielmehr (gerade in einer Klinik) »im Team« erbracht. In der Organisation, also Zusammenstellung, Auswahl, Einteilung und Kontrolle dieser Teamarbeit können Fehler passieren. Für die Fahrlässigkeitsstrafbarkeit hat sich dabei folgende **Unterscheidung nach der Art der Arbeitsteilung** bewährt: **23**

Die ärztliche **Arbeitsteilung** kann **horizontal** gestaltet sein. Zwischen den behandelnden Ärzten besteht dann kein Über-/Unterordnungsverhältnis, vielmehr arbeiten sie gemeinsam »auf Augenhöhe«, weil jeder einen anderen Schwerpunktbereich behandelt und über Spezialwissen verfügt, das dem anderen fehlt. Das Paradebeispiel hierfür ist das Verhältnis zwischen Chirurg und Anästhesist im Operationssaal. Tatsächlich ist hier mangels vergleichbarer Sachkunde eine Kontrolle des Anderen kaum möglich – gerade deshalb ist er auf die Zusammenarbeit mit dem Anderen auch angewiesen und muss sich darauf verlassen können, dass sein Partner seine Sache richtig macht.   **24**

Ähnlich wie im Straßenverkehr hängt hier die Funktionstüchtigkeit eines Systems der horizontalen Arbeitsteilung davon ab, dass sich jeder Akteur auf das regelkonforme Verhalten des Anderen verlassen kann. Die dogmatische Figur, die hier entstehende Fragen der Zurechnung angemessen löst, ist der **Vertrauensgrundsatz**.[11]   **25**

---

9   Grundlegend RGZ 97, 4; sowie BGH(Z) VersR 1981, 462; vgl. weiter zu den »Fremdkörperfällen« OLG(Z) Brandenburg, OLG-NL 2001, 107; OLG(Z) Celle VersR 1990, 50; OLG(Z) Köln VersR 1988, 140; OLG(Z) München VersR 1994, 54.
10 Näher zu dieser Fallgruppe Ulsenheimer Rn. 42.
11 Roxin, Strafrecht – Allgemeiner Teil I, 4. Aufl., § 24 Rn. 25; Schönke/Schröder/ Sternberg-Lieben, 28. Aufl., § 15 Rn. 147 ff.

> ❗ Der Vertrauensgrundsatz besagt nichts anderes, als dass in einem System der horizontalen Arbeitsteilung jeder der handelnden Ärzte darauf vertrauen können muss und darauf vertrauen darf, dass sein Partner sein Spezialgebiet ordnungsgemäß beherrscht und seinen Beitrag vereinbarungsgemäß leistet, *solange* keine konkreten Anhaltspunkte und Zweifel an der Qualifikation und fehlerfreien Mitarbeit des Kollegen bestehen.[12]

26   Erst dort, **wo die Vertrauensgrundlage wegbricht, beginnt die Einschreite- und Kontrollpflicht des jeweils anderen Arztes**, auch und gerade dann, wenn es sich um ein Fachgebiet handelt, das nicht zu seinem Spezialwissen zählt. So intuitiv einleuchtend die dogmatische Herleitung des Vertrauensgrundsatzes ist, so schwierig gestaltet sich seine praktische Handhabung und Abgrenzung im Einzelfall, etwa wenn es um die einzelnen Phasen vor, während und nach der Operation geht. Ebenso ist das Maß des Vertrauens von Variablen abhängig, wie das (zeitliche) Maß der Kenntnis der einzelnen Ärzte voneinander, die Häufigkeit der Zusammenarbeit, die formale Qualifikation des Anderen und das tatsächliche Ausmaß einer möglichen Gegenkontrolle. Für schematische Lösungsmodelle gibt der Vertrauensgrundsatz nichts her.

27   Die Arbeitsteilung im Krankenhaus kann auch **vertikal** geregelt sein: Der Chefarzt wählt seine Mitarbeiter aus, überwacht ihr Handeln, leitet sie im Einzelfall an und sorgt für ihre kontinuierliche Weiterbildung, während er Aufgaben auf sie delegiert. In all diesen Abschnitten, die aus dem Über-/ **Unterordnungsverhältnis** resultieren, können Fehler für die fahrlässige Verantwortung des höher gestellten Arztes entstehen. Zwar würde der Zweck der vertikalen Arbeitsteilung in sein Gegenteil verkehrt, würde man die Kontroll- und Überwachungspflichten so verstehen, dass der delegierende Arzt sich nicht mehr auf die Einhaltung seiner Vorgaben verlassen können darf, sondern zur permanenten »Totalkontrolle« seiner Mitarbeiter berufen ist. Auch er muss sich im Grundsatz auf sie verlassen können dürfen. Doch gilt hier der **Vertrauensgrundsatz** nur **sehr eingeschränkt**, weil dem Chefarzt das erforderliche Wissen zugänglich ist, und er nach außen hin die Verantwortung für seinen Stab zu tragen hat. Paradigmatisch kommt das in der »**Allzuständigkeit des Chefarztes**« zum Ausdruck, der in seiner Abteilung die umfassende Kompetenz zur Durchführung und Organisation aller ärztlichen Aufgaben in seinem Zuständigkeitsbereich hat. Dies schlägt sich in folgenden Pflichten nieder:[13]
– durch entsprechende **Dienstanweisungen** ist sicherzustellen, dass die ärztlichen **Aufklärungs- und Dokumentationspflichten** eingehalten werden;

---

12 BGHSt 43, 306 (310); vgl. auch 47, 224 (231); grundlegend Stratenwerth, in: FS Eb. Schmidt (1961), S. 385 ff.
13 Näher dazu Ulsenheimer Rn. 169 ff.

– durch einen verantwortungsgemäßen Umgang mit den Personalressourcen ist für eine sachgerechte Einteilung der Mitarbeiter zur **Rufbereitschaft** bzw. zum **Bereitschaftsdienst** und eine ausreichende **personelle Besetzung der Abteilung** Sorge zu tragen;

– durch vom Chefarzt zu erstellende **Operationspläne** sind die Mitarbeiter ausreichend (auch hinsichtlich der vorzunehmenden Medikation) zu instruieren;

– das Personal ist **nach objektiven Kriterien** der fachlichen und persönlichen **Qualifikation auszuwählen** und auch bei der Durchführung seiner Aufgaben wenigstens in **Stichproben zu kontrollieren.**

Schließlich ist bei der vertikalen Arbeitsteilung zwischen der **Anordnungs-** und der **Durchführungsebene** zu differenzieren. So bleibt die Anordnung diagnostischer und therapeutischer Maßnahmen ureigene Aufgabe der ärztlichen Mitarbeiter. Eine Delegierung der Entscheidungsbefugnis hierüber ist nicht statthaft. Dagegen kann die Durchführung – soweit dafür die fachliche und persönliche Qualifikation vorhanden ist – an nicht-ärztliches Hilfspersonal statthaft sein, wenn die einzelne Maßnahme nach Art und Gefährlichkeit nicht die Vornahme durch einen Arzt verlangt. An den Leitungs- und Überwachungspflichten des Arztes ändert sich nach Maßgabe dieser Unterscheidung nichts. **28**

(4) Übernahmefehler

Im Zusammenhang mit allen unter (1) bis (3) genannten Fallgruppen kann der Sorgfaltspflichtverstoß beim behandelnden Arzt aber auch darin bestehen, dass ihm zwar nicht konkret-individuell eine Verletzung der jeweiligen Sorgfaltspflicht unterlaufen ist, weil er etwa nach seinen subjektiven Möglichkeiten nicht in der Lage war, die richtige Diagnose zu ziehen oder die erforderliche Therapie durchzuführen; jedoch ist dann immer zu prüfen (und nicht selten zu bejahen), dass der behandelnde Arzt es unterlassen hat, einen entsprechend qualifizierten Kollegen hinzuzuziehen, obwohl er hätte erkennen können, dass ihm die erforderliche Sachkunde fehlte. Diese **Selbstüberschätzung** (oder neutraler formuliert: -verkennung) begründet für sich den Fahrlässigkeitsvorwurf.[14] **29**

---

14 RGSt 67, 12 (23) (nichtapprobierter Heilbehandler); BGHSt 43, 306 (311) (Urlaubsvertreter); BGH JR 1986, 248 (Geburtshilfe) m. Anm. Ulsenheimer; BGH(Z) 88, 248 (unerfahrener Assistenzarzt).

Norouzi

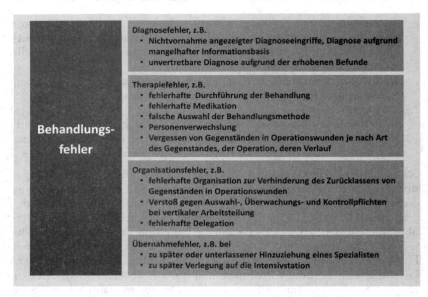

c) Fahrlässigkeitszurechnung und Schutzzweckzusammenhang

30 Das deutsche Strafrecht kennt **keine objektive Haftung.** Für die strafrecht-liche Verantwortlichkeit reicht es deshalb nicht aus, dass es beim Patienten zu einer Gesundheitsverletzung bzw. zum Tod gekommen ist und dem Arzt ein Sorgfaltspflichtverstoß nachgewiesen werden kann. Denn: Wer gegen eine Sorgfaltspflicht verstößt, haftet nicht für alle negativen Folgen, die im Zusammenhang mit ihr entstanden sind (anders die überkommene Lehre von der versari in re illicita).[15] Vielmehr muss der tatbestandliche Erfolg – wie es auch das Gesetz formuliert – **durch** Fahrlässigkeit verursacht worden sein.[16] Hier verdienen insbesondere zwei Problembereiche der Erwähnung:

31 Der so bezeichnete **Pflichtwidrigkeitszusammenhang** wird bei der fahr-lässigen Tötung durch Unterlassen in der Rechtsprechung dadurch »aus-gehöhlt«, dass der Bundesgerichtshof bereits eine Strafbarkeit dann bejaht, wenn der Patient bei Vornahme des erforderlichen Eingriffs mit Sicherheit eine (und sei sie auch noch so kurz) längere Zeitspanne überlebt hätte. For-mal wird dies damit begründet, dass es auf die Zurechnung des konkreten Erfolges ankomme.[17] Diese Auffassung mag praktischen Beweisschwierig-

---

15 Duttge, in: Münchener Kommentar zum StGB, 1. Aufl., § 15 Rn. 50 ff.
16 Fischer, 58. Aufl., § 15 Rn. 16c; Schönke/Schröder/Sternberg-Lieben, 28. Aufl., § 15 Rn. 156 ff.
17 Vgl. BGH NStZ 1981, 218; 1985, 26 (27); Jähnke, in: Leipziger Kommentar, 11. Aufl., § 12 Rn. 4; Schönke/Schröder/Lenckner/Eisele, 28. Aufl., Vorbemer-kungen zu den §§ 13 ff. Rn. 79.

keiten geschuldet sein, sie bleibt aber dogmatisch (Umformung des fahrlässigen Erfolgsdelikts in einen Gefährdungstatbestand) und kriminalpolitisch (Umkehr der Beweislast) angreifbar.[18]

Der **Schutzzweckzusammenhang** beschreibt, dass der Täter sich mit seinem Pflichtverstoß über eine Sorgfaltsnorm hinweggesetzt hat, die gerade der Vermeidung der eingetretenen Rechtsgutsverletzung diente. Anders gesprochen: Der Erfolgseintritt hätte bei verkehrsgerechtem Verhalten ausbleiben müssen. Lautet der Sorgfaltspflichtverstoß etwa, dass es der Arzt unterlassen hat, bei einem bestimmten Risikopatienten eine zusätzliche fachärztliche Untersuchung vor Vornahme des operativen Eingriffs durchzuführen, so begründet es keine fahrlässige Verantwortlichkeit für den eingetretenen Todeserfolg, wenn dieser durch die zusätzliche fachärztliche Untersuchung nur zeitlich aufgeschoben, aber nicht sicher vermieden worden wäre, weil nicht feststellbar ist, dass auch dieser Facharzt zu einer anderen Risikobeurteilung gekommen wäre.[19]

32

d) Subjektiver Fahrlässigkeitsvorwurf

Im Unterschied zur zivilrechtlichen Haftungslehre – und dies ist bei der Übernahme von Präzedenzentscheidungen aus dem Arzthaftungsrecht stets zu bedenken – setzt die fahrlässige Verantwortlichkeit im Strafrecht auch den subjektiven Fahrlässigkeitsschuldvorwurf voraus. Dem einzelnen Arzt muss individuell vorgeworfen werden können, dass er die im Verkehr erforderliche Sorgfalt außer Acht gelassen hat – war er dazu subjektiv nicht in der Lage und fehlte ihm auch die Erkenntnis, sein Unvermögen zu sehen – so kann er dafür strafrechtlich nicht zur Verantwortung gezogen werden. Ebenso muss der Eintritt des negativen Erfolges für ihn subjektiv vorhersehbar gewesen und normgemäßes Verhalten muss ihm im konkreten Fall auch möglich und zumutbar gewesen sein.

33

2. Rechtfertigung des Heileingriffs

a) Heileingriff als Körperverletzung

Wie heißt es doch: »Die Karawane zieht weiter«. Trotz zahlreicher, nicht verstummter und auch bedenkenswerter Kritik im Schrifttum,[20] hält die Rechtsprechung an ihrem Konzept fest, wenn es um die rechtliche Bewertung des ärztlichen Eingriffs in die körperliche Integrität des Patienten geht:

34

❗ Für die arztstrafrechtliche Praxis bleibt **jeder ärztliche Heileingriff** – mag er **auch kunstgerecht** durchgeführt worden sein und im Hei-

---

18 Dazu grundlegend Ulsenheimer Rn. 219 ff.; weiter Ranft JZ 1987, 863.
19 BGHSt 21, 59 (Zahnarzt).
20 Lackner/Kühl, 26. Aufl., § 223 Rn. 8; Eser, in: Schönke/Schröder, 28. Aufl., § 223 Rn. 32; Ulsenheimer Rn. 56 jew. m.w.N.

> lungsverlauf zu optimalen Ergebnissen geführt haben – eine **tatbe-
> standliche Körperverletzung,** deren Unrechtsgehalt allein durch die
> wirksame Einwilligung des Patienten neutralisiert wird.[21]

35 Im Mittelpunkt der rechtlichen Auseinandersetzungen stehen daher Fragen
der Rechtfertigung im Rahmen des gewohnheitsrechtlich anerkannten Ein-
willigungstatbestandes.

b) Einwilligung

36 Anders als die klassischen Rechtfertigungsgründe der Notwehr (§ 32 StGB)
oder der Nothilfe (§ 34 StGB) ist die Einwilligung – sieht man von Sonderregelungen (z.B. in § 8 Abs. 2 TPG, § 2 KastrG) ab – **nicht kodifiziert,**
aber unbestritten anerkannt und ergibt sich implizit aus § 228 StGB, der
die Grenzen der Einwilligung bestimmt (unten Rdn. 63 ff.). Als Ausdruck
eines überlieferten Rechtsprinzips (»volenti non fit iniuria«) überträgt sie
das durch Art. 1 Abs. 1 GG, Art. 2 Abs. 1 GG mit »verfassungsrechtlichen
Weihen« versehene **Autonomieprinzip** in das allgemeine Strafrecht. Der
Gedanke der Selbstbestimmung ist es, der dem Patienten die Entscheidung
darüber lässt, welche körperlichen Eingriffe er zulassen, erdulden und ertra-
gen möchte. Es steht damit in seiner Macht der an sich tatbestandsmäßigen
Körperverletzung den Unrechtsgehalt zu nehmen. Dem entspricht es, wenn
er sich mit seiner Einwilligung **nicht bindend verpflichten** kann; sie bleibt
jederzeit widerrufbar und muss zum Zeitpunkt des Heileingriffs vorliegen
(tut sie es nicht, kommt möglicherweise eine Straffreistellung wegen eines
Erlaubnistatumstandsirrtums in Betracht).[22] Für den Arzt ergeben sich hieraus nicht selten komplizierte Kontroll- und Vergewisserungspflichten, die
nach einer gründlichen **Dokumentation** verlangen.

37 Selbstbestimmung setzt Wissen voraus. Darum steht im Zentrum der arzt-
strafrechtlichen Einwilligungsdogmatik **die sachgemäße und umfassende
Aufklärung** über den Heileingriff (bb). Die Einhaltung der Aufklärungspflichten ist für die strafrechtliche Beurteilung des ärztlichen Verhaltens
maßgebend. Am Anfang steht indes die Einwilligungsfähigkeit (aa).

aa) Einwilligungsfähigkeit: Wer kann zustimmen?

> ❗ Grundsätzlich liegt die **Einwilligungshoheit beim Träger** des betrof-
> fenen Rechtsguts, also beim Patienten und ist – da es sich um einen
> höchstpersönlichen Eingriff handelt – **nicht delegierbar.**

---

21 Grundlegend RGSt 25, 35; BGHSt 11, 111 (Myom); BGH NStZ 2008, 464 (»Tur-
boentzug« unter Narkose).
22 Fischer, 58. Aufl., § 228 Rn. 18.

Norouzi

Es gibt aber Fälle, in denen der Patient alters- oder verstandesmäßig nicht in der Lage ist, eine autonome Entscheidung zu treffen. **38**

(1) Minderjährige

Der ärztliche Heileingriff betrifft regelmäßig höchstpersönliche Interessen **39**
des Patienten und zur Wahrung auch des allgemeinen Persönlichkeitsrechts
minderjähriger Patienten ist sowohl in straf- als auch in zivilrechtlicher
höchstrichterlicher Rechtsprechung anerkannt, dass es bei der Einwilligung
des minderjährigen Patienten in einen ärztlichen Heileingriff **nicht auf Geschäftsfähigkeit** i.S.d. bürgerlichen Rechts ankommen kann; die §§ 104 ff.
BGB finden keine Anwendung. Entscheidend ist vielmehr die Einsichts-
und Urteilsfähigkeit des Minderjährigen, der »Bedeutung und Tragweite
des Eingriffs« sowie der Einwilligung ermessen können muss. Das gilt für
das Strafrecht im Allgemeinen, nichts anderes kann für die Einwilligung
in einen ärztlichen Heileingriff gelten.[23] Auf der anderen Seite ist nicht zu
übersehen, dass Kinder und Jugendliche – noch viel weniger als Erwachsene – sich dem Ansinnen und Anraten einer ärztlichen Autoritätsperson
entziehen können. Ihrer Zustimmung mit Misstrauen und größter Zurückhaltung zu begegnen, ist kein Paternalismus, sondern dient vielmehr der
Realisierung des Autonomieprinzips. Auch deshalb bleibt fraglich, ob die
im Schrifttum verbreitete **Altersgrenze von 14 Jahren,**[24] bei der eine Ver-
mutungsumkehr stattfinden soll, einen verlässlichen Indikator darstellt. Um
sicher zu gehen, sollte der Arzt in Zweifelsfällen stets auf eine Einbeziehung der Eltern als gesetzliche Vertreter achten. Soweit die Einwilligungsfähigkeit des Minderjährigen bejaht werden kann, ist für die Zustimmung
der gesetzlichen Vertreter kein Raum. Umgekehrt sind aber auch **Grenz-
fälle** denkbar, in denen zwar noch keine vollständige Einwilligungsfähigkeit
beim Minderjährigen vorliegt, er aber nicht gegen seinen erklärten Willen
zum Objekt der Fremdbestimmung seiner Eltern gemacht werden kann.
Das gilt gerade dann, wenn es um aufschiebbare Eingriffe geht, bei denen
der Minderjährige erklärt hat, dass er sie nicht wünscht. Es entspricht der
Natur des Selbstbestimmungsprinzips, wenn solche Eingriffe so lange aufgeschoben werden, bis eine eigenständige Entscheidung des minderjährigen
Patienten möglich ist.[25]

> ❗ Grundsätzlich sind beide Eltern (wenn sie unverheiratet sind: bei ge-
> meinschaftlichem Sorgerecht) gesetzliche Vertreter. Folglich müssen
> auch beide zustimmen.

---

23 RGSt 41, 392 (394); BGHSt 5, 362; 12, 379 (382).
24 Geilen, in: Wenzel, Kap. 4 Rn. 430 m.w.N. in Fn. 759.
25 Vgl. BGH(Z) NJW 2008, 217 (218).

Norouzi

40 Daraus können **praktische Probleme** resultieren, wenn nur ein Elternteil (was die Regel ist) den Minderjährigen beim Arztbesuch begleitet. Zur Behebung dessen hat der Bundesgerichtshof eine **Dreistufenlösung** entwickelt:[26] Auf der **ersten** Stufe stehen die allgemeinen Routineeingriffe; hier kann der Arzt von der zusätzlichen Einwilligung des abwesenden Elternteils ausgehen und diese stillschweigend voraussetzen – solange ihm nichts Gegenteiliges angedeutet wird. Handelt es sich dagegen um einen schweren Eingriff (**zweite** Stufe), der mit nicht unbedeutenden Risiken verbunden ist, so hat der Arzt grundsätzlich die Pflicht zu klären, ob der erschienene Elternteil insoweit auch ermächtigt ist, für den Abwesenden zu sprechen. Er muss den Abwesenden aber nicht sprechen. Geht es schließlich um Operationen mit möglicherweise weit reichenden Konsequenzen und erheblichen Risiken für das Kind (**dritte** Stufe), muss sich der Arzt Gewissheit über die Zustimmung beider Elternteile verschaffen. Diese Differenzierung ist plausibel und sachgerecht, jedoch setzt sie den Arzt vor nicht unerhebliche Schwierigkeiten, weil es eine Wertungsfrage bleibt, wann ein Eingriff noch der zweiten oder bereits der dritten Stufe zuzuschreiben ist und wie weit im Einzelfall seine Ermittlungs- und Vergewisserungspflicht reicht.

> **Dreistufenlösung des BGH – Heileingriff an Minderjährigen:**
>
> **1. Stufe:** Bei allgemeinen **Routineeingriffen** darf der Arzt von der zusätzlichen Einwilligung des abwesenden Elternteils ausgehen.
>
> **2. Stufe:** Bei schweren Eingriffen mit **nicht unbedeutenden Risiken** muss der Arzt klären, ob der erschienene Elternteil ermächtigt ist, in der Frage für den abwesenden Elternteil zu sprechen.
>
> **3. Stufe:** Bei Eingriffen mit möglicherweise weit reichenden Konsequenzen und **erheblichen Risiken** muss sich der Arzt Gewissheit über die Zustimmung beider Elternteile verschaffen.

41 Die **Vertretungsbefugnis** der Eltern bedeutet nicht, dass diese autonom anstelle des Kindes, sondern im Interesse und für das Kind entscheiden müssen. Ihre Vertretungsbefugnis kennt **normative Grenzen**. Dies bringt § 1666 BGB zum Ausdruck. Eine Zustimmung zu Eingriffen, die medizinisch nicht vertretbar sind, kann auch durch die elterliche Einwilligung nicht legitimiert werden. Aktuell befindet sich etwa die Rechtmäßigkeit der (kulturell oder religiös motivierten) Beschneidung von minderjährigen Jungen in der Diskussion.[27] Spiegelbildlich dürfen die Eltern ihre Zustimmung nicht verweigern, wenn ansonsten Leben und Gesundheit des Kindes ge-

---

26 Grundlegend: BGH(Z) NJW 1988, 2946 ff.; bestätigt durch BGH(Z) NJW 2000, 1784 (1785) (Polioschutzimpfung); zuletzt BGH(Z) NJW 2010, 2430 (2431).
27 Vgl. nur Herzberg JZ 2009, 332; Jerouschek NStZ 2008, 313; K.-A. Schwarz JZ 2008, 1125 je m.w.N. Aus der Rspr. vgl. OLG(Z) Frankfurt a.M. NJW 2007, 3580 m. Anm. Putzke NJW 2008, 1568; LG(Z) Frankenthal, MedR 2005, 243.

fährdet werden würden (Stichwort: verweigerte Bluttransfusion aus religiösen oder Gewissensgründen).[28] Der Arzt kann dem nicht passiv beiwohnen. Wenn es ihm nicht gelingt, die Eltern umzustimmen, ist er dazu aufgefordert, über das gerichtliche Verfahren eine Zustimmung des Familiengerichts herbeizuführen.[29] Wenn dies (etwa aus Zeitgründen) nicht möglich sein sollte, stehen dem Arzt die allgemeinen Rechtfertigungsgründe für solche Notstandssituationen zur Verfügung.

(2) Betreuer als gesetzliche Vertreter

Auch beim Erwachsenen, der verstandesmäßig nicht in der Lage ist, eine **42** eigenständige Entscheidung über den ärztlichen Eingriff zu treffen, ist eine rechtliche Vertretung statthaft und im Zivilrecht durch das Institut der **Betreuung** (§§ 1896 ff. BGB) vorgesehen. Wenn das Betreuungsgericht auf Antrag des Betroffenen oder von Amts wegen einen Betreuer bestellt hat, weil der Volljährige infolge einer psychischen Krankheit oder einer körperlichen, geistigen oder seelischen Behinderung nicht in der Lage ist, seine persönlichen Angelegenheiten ganz oder teilweise selbst zu besorgen (§ 1896 BGB), trifft der Betreuer die erforderliche Entscheidung über die Einwilligung in den ärztlichen Heileingriff.

§ 1904 BGB regelt den Fall, dass die Vornahme (oder das Unterlassen) ei- **43** ner **Heilbehandlung die Gefahr des Todes** oder eines schweren und länger andauernden Gesundheitsschadens begründet. Dann ist zusätzlich zur Zustimmung (oder zur Verweigerung oder des Widerrufs der Zustimmung) des Betreuers auch die Einholung einer betreuungsgerichtlichen Genehmigung erforderlich. § 1904 BGB umfasst dabei nicht nur gefährliche operative Eingriffe, sondern sämtliche – auch medikamentöse – Behandlungsmaßnahmen. Speziell zu der Frage des Abbruchs lebenserhaltender medizinischer Behandlungen, der auch zum Tod des Patienten führen kann und des Regelungsbereichs des Patientenverfügungsgesetzes s. unten Rdn. 112 ff. und 121 ff.

bb) Aufklärung

Während in der allgemeinen Einwilligungsdogmatik die Aufklärung über **44** den Rechtsgutseingriff des Rechtsgutsträgers nur eine Rolle spielt, soweit sie zum Ausschluss von etwaigen Irrtümern und Willensmängeln notwendig ist, steht sie im Mittelpunkt des ärztlichen Heileingriffs. Hier treffen den Arzt gewichtige Pflichten, hier entscheidet sich regelmäßig, ob der Heileingriff rechtmäßig war oder eine strafbare Körperverletzung darstellt.

❗ Zweck der Aufklärung ist es, im wissensasymmetrischen Arzt-Patienten-Verhältnis dem Patienten (als medizinischen Laien) wenigstens in

---

28 Dazu prägnant Ulsenheimer Rn. 91 ff.
29 Vgl. OLG Celle NJW 1995, 792; OLG Hamm NJW 1968, 212; AG Nordenham MedR 2008, 225; Geilen: in: Wenzel, Kap. 4 Rn. 431.

> groben Zügen den Kenntnisstand zu verschaffen, der es ihm ermöglicht, eigenständig pro und contra der Maßnahme zu bewerten.

45 Schließlich bleibt er derjenige, der die (möglichen) negativen Folgen und Begleiterscheinungen des Eingriffs tragen muss. Dann muss er genau und vollständig wissen, worauf er sich einlässt.

(1) Inhalt der Aufklärungspflicht: Worüber ist aufzuklären?

– Diagnoseaufklärung

46 Grundsätzlich entspricht es dem Selbstbestimmungsprinzip, wenn vor jeder Eingriffsmaßnahme der Patient darüber informiert wird, welche Krankheit bei ihm diagnostiziert worden ist bzw. wie der medizinische Befund lautet. Die Rechtsprechung betont die ärztliche Pflicht, den Patienten **vollständig und wahrheitsgemäß** über seine **Diagnose** zu informieren.[30] Denn nur dann ist sichergestellt, dass er sich über die Notwendigkeit des Heileingriffs und der damit verbundenen Behandlung ein eigenes Urteil verschaffen kann. Freilich schafft diese strikte Haltung in der Praxis, gerade wenn es um schwerwiegende Erkrankungen und infauste Prognosen geht, für den behandelnden Arzt **schwierige Konfliktsituationen**. Er sieht sich im Widerstreit, einerseits im Sinne der ärztlichen Grundpflicht alles zu tun, was den Gesundheitszustand (auch des tödlich erkrankten) verbessert, andererseits im Sinne der Selbstbestimmung des Patienten, diesen darüber aufzuklären, dass für ihn keine längerfristige Heilungsaussicht besteht. Das juristische Schrifttum hat daher im Einklang mit den kritischen Stimmen von ärztlicher Seite der Rechtsprechung vorgehalten, sie verkenne die tatsächlichen Zustände »am Krankenbett«.[31] Dazu folgendes: Es ist anzuerkennen, dass alles, was der Arzt sagt, wahr sein muss. Daraus folgt nicht die Pflicht dem Patienten die ganze Wahrheit mitzuteilen. Wo die Diagnose seine Psyche beeinträchtigt, weil er – etwa mit einem infausten Krebsleiden konfrontiert – nicht mehr die Kraft und Zuversicht aufbringen kann, eine anstrengende und belastende Bestrahlungstherapie durchzustehen, sollte dem Arzt ein strategischer Umgang mit der Wahrheit nicht zur Last gelegt werden. Leider ist die Rechtsprechung hier weniger nachsichtig und lässt dies bei der Diagnoseaufklärung nur in Ausnahmefällen zu, etwa wenn die Reaktion

---

30 RGSt 66, 181 (182 f.); BGHZ 29, 176 (185 f.) (Strahlenurteil); BGH(Z) NJW 2005, 427 (428); NJW 2005, 1718 (1719); vgl. auch OLG(Z) Hamm NJW 2002, 307 f.; zur verfassungsrechtlichen Verankerung des Anspruchs auch auf eine Unterrichtung über die gestellte Diagnose BVerfG NJW 2005, 1103 f.

31 Ulsenheimer Rn. 63 ff., insbes. Rn. 63b; Eser/Sternberg-Lieben, in: Schönke/ Schröder, 28. Aufl., § 223 Rn. 41d f.; Hirsch, in: Leipziger Kommentar zum StGB, 11. Aufl., § 228 Rn. 25; speziell zur Aufklärung von Krebspatienten und sonst unheilbar Kranken K. H. Bauer, FS Bockelmann, 1979, 497 ff.; Carstensen, FS Schreiber, 2003, 627 ff.; krit. auch Geilen, in: Wenzel, Kap. 4 Rn. 439 a.E., 448; jew. m.w.N.

des Patienten auf die wahrheitsgemäße Aufklärung auch von einem verständigen Empfängerhorizont als »überängstlich« bewertet werden muss und zugleich die gebotene Maßnahme dringlich und risikoarm erscheint. Nur dann, wenn die Aufklärung aus therapeutischer Sicht evident unzumutbar ist, können Aspekte der ärztlichen Fürsorge über das Selbstbestimmungsrecht des Patienten hinausgehen.[32]

– Behandlungsaufklärung

Wer weiß, was er hat, muss wissen, was nun mit ihm geschehen soll und **47** welche medizinischen Schritte als nächstes angezeigt sind. Dies nennt man Behandlungsaufklärung (oder auch Verlaufsaufklärung). Dass sie zu erfolgen hat, ist unbestritten, wie weit sie geht und was ihr Gegenstand ist, bleibt im Einzelfall fraglich. Gesichert ist: Der Patient muss wissen, ob er eine Spritze erhält, operiert wird oder sich einer Strahlentherapie zu unterziehen hat. Damit verbunden ist das **Wissen über das konkrete Ausmaß des Eingriffs und seiner unmittelbaren Folgen,** wie etwa mögliche Operationserweiterungen aufzuklären, wenn deren Notwendigkeit bereits im Vorfeld absehbar und nahe liegend ist.[33] Ebenso muss der Patient darüber informiert werden, inwiefern es sich um eine **Routinemaßnahme** oder um einen noch wenig erforschten Behandlungsschritt handelt oder ob **Alternativen,** die zu einem ähnlichen Heilungserfolg führen können, vorhanden sind.[34] Auf Letzteres ist insbesondere dann Acht zu geben, wenn der Arzt beabsichtigt, vom »schulmedizinischen Standard« abzuweichen und eine **Außenseitermethode** bevorzugt.

Doch gibt es **Grenzen:** Der Arzt muss nicht über jede eventuell angezeigte **48** Maßnahme, die etwa bei einer schwerwiegenden Verschlechterung des erhofften Heilungsverlaufs angezeigt sein kann, aufklären – sofern nicht feststeht, dass in diesem Eventualfall der Patient zu einer Einwilligung nicht mehr in der Lage wäre. Insoweit sind die einzelnen Behandlungsmaßnahmen zu trennen und einer separaten Einwilligung zugänglich, aber auch bedürftig. Dies gilt schon deshalb, um die »Informationslawine«, der sich der regelmäßig medizinisch ungebildete Patient ausgesetzt sieht, maßvoll zu drosseln.

– Risikoaufklärung

Meist entsteht dann Streit über die Rechtmäßigkeit des Heileingriffs und **49** speziell über die Pflichtgemäßheit der erfolgten Aufklärung, wenn sich

---

32 Vgl. BGH(Z) 29, 176 (183 ff.) (Strahlenurteil); BGH(Z) NJW 1956, 1106 (1107); OLG(Z) Köln NJW 1987, 2936.
33 OLG(Z) Brandenburg GesR 2007, 575; OLG(Z) Naumburg NJW-RR 2004, 315 f.; vgl. auch BGH(Z) VersR 1985, 1187; BGH(Z) NJW 2005, 2072, 2073.
34 BGH(Z) NJW 2005, 1718 f.; NJW 2006, 2477 (2478) (»Robodoc«); Geilen, in: Wenzel, Kap. 4 Rn. 434; Geiß/Greiner C/Rn. 21 jew. m.w.N.

durch den Heileingriff Risiken verwirklicht haben, deren Eintritt niemand wünschte. Beim Patienten (bzw. dessen Angehörigen) steigt der Hang, den Arzt nicht nur zur zivilrechtlichen Haftung, sondern auch strafrechtlich zur Rechenschaft zu ziehen, je gravierender die erlittenen Nachteile sind. **Forensisch** stellt daher die Aufklärung über die mit dem Eingriff verbundenen Risiken die **wichtigste Fallgruppe** in diesem Themenkomplex dar. Die Einsicht, dass eine medizinische Behandlung niemals mit einer mathematisch exakten Formelberechnung verglichen werden darf, deren Ergebnis von vornherein feststeht, bringt es mit sich, dass die den Arzt treffende Pflicht zur Risikoaufklärung von bestimmten **Einzelfallfaktoren** abhängig ist, die in einen **Abwägungsprozess**, wieviel dem Patienten mitzuteilen ist, einfließen. Nach Geilen[35] lassen sich die Faktoren zum Umfang der Aufklärung wie folgt unterscheiden:

Risikoaufklärung

Strenge Anforderungen an die Aufklärungspflicht:	Geringere Anforderungen an die Aufklärungspflicht:
• bzgl. eingriffsspezifischer Risiken • bzgl. für den Patienten schwerer drohender Schäden • bei fehlender oder nur relativer medizinischer Indikation (z.B. kosmetische Eingriffe, Doping)	• bzgl. allgemein bekannten Risiken (Aufklärungspflicht kann entfallen) • je dringlicher – zeitlich und medizinisch – die Maßnahme geboten ist • je wahrscheinlicher der Heilerfolg ist

Allgemeine Risiken:
Anforderungen an die Aufklärungspflicht
hängen von Komplikationsdichte ab

50   Diese Faktoren stehen in einem **Proportionalverhältnis** (»Je ... desto ...«). Während bei einem dringlichen Eingriff, dessen medizinische Notwendigkeit unbestritten und Erfolgsaussichten sehr wahrscheinlich sind, eine Pflicht zur Aufklärung über minderschwere und erfahrungsgemäß eher seltene Risiken verneint werden kann, steigert sich die Aufklärungspflicht spiegelbildlich, je wahrscheinlicher die Gefahren und je schwerwiegender die Folgen im Falle des Risikoseintritts sind. Dies gilt erst recht, wenn es sich um einen Eingriff handelt, der weder dringend geboten, medizinisch notwendig noch eine verlässliche Aussicht auf einen Heilungserfolg bietet. Gerade bei Eingriffen, die aus außerhalb eines Heileingriffs liegenden Moti-

---

35 Geilen, in: Wenzel, Kap. 4 Rn. 435.

Norouzi

ven vorgenommen werden (wie es etwa bei kosmetischen Operationen der Fall ist) und ohne therapeutischen Gehalt sind, muss der Patient vollumfänglich wissen, worauf er sich einlässt. Wie schwerwiegend das Risiko ist, hängt von der individuellen Ausprägung des jeweiligen Patienten ab: Bei einem Leistungssportler sind andere Körperfunktionen von Bedeutung als bei einem Hochschullehrer.

Ferner hat es sich bewährt zwischen Risiken zu unterscheiden, die jedermann bekannt sind, solchen, die dem Eingriff typischerweise innewohnen und denen, die allgemein bei einem Heileingriff bestehen. Auch hier trägt der Gedanke der Informationsminimierung zum Zwecke der Gewährleistung einer autonomen Entscheidung des Patienten. Er muss nicht über alle **allgemeinen** Risiken en détail in Kenntnis gesetzt werden, wenn deren Komplikationsdichte gering und ihr Eintritt eher fern liegend ist.[36] Erst recht trifft den Arzt – solange er keine Anzeichen für das Gegenteil hat – nicht die Pflicht, über **allgemein bekannte Risiken** (wie etwa das Thromboserisiko) aufzuklären, deren Kenntnis vorausgesetzt werden darf.[37] Umgekehrt bedarf es aber einer Aufklärung über die Gefahren, die der Behandlung **eingriffspezifisch** anhaften und typischerweise mit ihr verbunden sind. Die Rechtsprechung ist hier streng und differenziert nicht nach der Häufigkeit und Wahrscheinlichkeit des Risikoseintritts, sondern stellt maßgeblich auf seine Schwere ab, da dies bei der Entscheidungsfindung des Patienten bedeutsam ist.[38] Gleiches gilt für das Risiko von Nachoperationen.[39]

51

– Exkurs: Sicherungs- und therapeutische Aufklärung

Daneben – mit der Rechtmäßigkeit des ärztlichen Heileingriffs hat dies nichts unmittelbar zu tun – steht jene Aufklärung, die den **optimalen Heilungsverlauf** sicherstellen soll, weil der Patient über bestimmte Gefahren, die etwa mit der Einnahme eines bestimmten Medikaments (»nicht mehr als drei Tabletten am Tag«) oder mit einer bestimmten Lebensweise (»kein Alkohol«) verbunden sind oder die Infektionsgefahr einer bei ihm festgestellten Krankheit betreffen (»kein ungeschützter Geschlechtsverkehr«), gewarnt werden soll. Man nennt dies die Sicherungs- oder Therapieaufklärung.[40] Nachlässigkeiten in diesem Bereich können einen **Behandlungsfehler** des Arztes begründen und zu einer Strafbarkeit wegen fahrlässigen Handelns führen (oben Rdn. **11 ff.**).

52

---

36 BGH(Z) NJW 1980, 1905 (1907); 1994, 793; Geilen, in: Wenzel, Kap. 4 Rn. 436; Ulsenheimer Rn. 66 jew. m.w.N.
37 BGH(Z) 29, 46 (58); 29, 176 (181); BGH(Z) NJW 1971, 1887 f.; 1980, 633 (635) (Appendektomie); 1986, 780 (Embolierisiko); 2007, 217 (218).
38 BGH(Z) NJW 1994, 793 f.; 3012 f.; 1996, 779 (781); 2000, 1784 (1785); 2005, 1716 (1717); 2007, 217 (218); Geilen, in: Wenzel, Kap. 4 Rn. 436 m.w.N.
39 BGH(Z) NJW 1996, 3073, 3074; vgl. auch BGH(Z) NJW 1996, 779, 781.
40 Dazu: z.B. BGH(Z) NJW 2005, 1716 ff.; 2614 (2617 f.); GesR 2005, 21 (22); MedR 1995, 25, 26 f.; Ulsenheimer Rn. 62 m.w.N.

Norouzi

(2) Persönlicher Anwendungsbereich: Wer hat aufzuklären und wer ist aufzuklären?

> ❗ Grundsätzlich ist auf ärztlicher Seite stets der Arzt für die Durchführung der Aufklärung zuständig, der die Maßnahme vornehmen wird.

53   Das bedeutet aber nicht, dass er selbst auch den Patienten aufzuklären hat. Er muss nur sicherstellen, dass eine entsprechende Aufklärung stattfindet. Eine **Delegation der Aufklärungspflicht** ist daher rechtlich möglich und faktisch in Anbetracht der medizinischen Arbeitsteilung gerade in Krankenhäusern üblich (oben Rdn. 23 ff.). Voraussetzung: Der beauftragte Arzt verfügt über die notwendige Aufklärungskompetenz (schon um eventuelle Fragen des Patienten sachgemäß beantworten zu können). Da die Aufklärung der Autonomiewahrung des Patienten dient, ändern **unzulässige Übertragungen** (etwa auf eine Krankenschwester) nichts an der Wirksamkeit der Einwilligung, wenn die Aufklärung in der Sache ordnungsgemäß, vollständig und wahrheitsgemäß erfolgt ist. Der **Irrtum** des Patienten über die Rolle desjenigen, der ihn aufklärt, ändert nichts daran, dass diese Aufklärung »im Ergebnis« ihren Zweck erfüllt und seine Informationsbasis sichergestellt hat. Unter den behandelnden Ärzten ist bei einer (gleich ob horizontalen oder vertikalen) **Arbeitsteilung** stets jeder Einzelne insoweit für die Sicherstellung der notwendigen Aufklärung zuständig, als es sein Aufgabengebiet betrifft und er Anlass hat, darauf zu vertrauen, dass seine Kollegen ihre Pflicht ordnungsgemäß erfüllen werden. **Adressat** der Aufklärung ist der **Patient** bzw. wenn er vertreten wird, sein gesetzlicher Vertreter, der schon weil er für einen Dritten entscheiden muss, nicht weniger umfassend und sorgsam aufzuklären ist als der Patient selbst. Handelt es sich um einen jener Fälle, in denen dem minderjährigen Patienten ein »Vetorecht« eingeräumt werden muss (Rdn. 39), ist auch er aufzuklären.

(3) Zeitpunkt und Form der Aufklärung: Wann und wie ist aufzuklären?

54   Nach allgemeinen Grundsätzen muss der Rechtfertigungstatbestand (also die Einwilligung) zu dem Zeitpunkt erfüllt sein, in dem die Rechtsgutsverletzung (also der Heileingriff) geschieht. Daraus folgt zwingend:

> ❗ Die Aufklärung muss **vor** der Heilbehandlung stattfinden.

55   In der Theorie wäre dies auch kurz vor der Eingriffsmaßnahme noch möglich. Das bedeutet aber nicht, dass eine Aufklärung, die noch kurzfristig eingeschoben wird, ausreichend ist. Weil ihr Zweck darin besteht, für eine ausreichende Informationsgrundlage beim Patienten Sorge zu tragen, damit er seine Zustimmung eigenverantwortlich abgeben kann, muss ihm **genügend Überlegungszeit** bleiben, um autonom und ohne äußeren Druck das pro und contra des Heileingriffs abzuwägen und sich mit den ihm vertrauten Personen beraten zu können.[41] So gibt es keine starren Zeitvorgaben. Vielmehr ist es eine Frage des Einzelfalls, welcher Zeitraum zwischen Aufklärung und Einwilligung verstreichen darf und muss. Je weniger dringlich die Operation ist, desto länger darf und soll die Bedenkzeit sein. Für den Arzt empfiehlt es sich, den **Aufklärungszeitpunkt möglichst weit vorzuverlagern**. Zugleich sollte er sich vergewissern und dokumentieren, dass sich an der Einwilligung des Patienten in der Zwischenzeit nichts geändert hat und er stets in seiner Urteils- und Einsichtsfähigkeit nicht beeinträchtigt war.

Sofern kein gesetzlicher Ausnahmetatbestand anderes verlangt, ist die Aufklärung **formfrei**. Die in der Praxis üblichen schriftlichen – für den Laien nicht selten schwer verständlichen – Aufklärungsbögen bezwecken die Absicherung in etwaigen Haftungsprozessen, werden aber – allein betrachtet – diesem Ziel in Anbetracht der dort geltenden Beweislast nur unzureichend gerecht und laufen Gefahr, den Zweck der Aufklärung zu verfehlen. Letztere muss daher im Rahmen eines (zusätzlichen) **mündlichen Gespräches** erfolgen, bei dem sich Arzt und Patient gegenübersitzen. Das Aufklärungs*gespräch* ist (wie sich schon aus dem Wort ergibt) ein kommunikativer Akt. Im direkten mündlichen Dialog kann der Arzt feststellen und beurteilen, ob das, was er sagt, von seinem Gegenüber auch verstanden wird. Verständnisschwierigkeiten, seien sie intellektueller, seien sie sprachlicher Art, hat der Arzt angemessen zu berücksichtigen, indem er auf den Empfängerhorizont eingeht und gegebenenfalls Hilfspersonen (als Dolmetscher) hinzuzieht. Das gilt auch und erst recht, wo die Aufklärung mittels schriftlicher Formularbögen erfolgt. Allerdings gilt im Strafrecht – anders als im bürgerlichen Arzthaftungsrecht – keine Beweislast des Arztes. Der Zweifelssatz streitet daher für ihn und gebietet die Annahme einer vom Patienten verstandenen Aufklärung, wenn tragfähige Anhaltspunkte hierfür vorliegen.

56

In der Praxis bewährt hat sich das Modell der »**Stufenaufklärung**«,[42] bei der zunächst dem Patienten die Informationsblätter ausgehändigt werden, damit eine standardisierte Basisinformation sichergestellt ist. Anschließend wird der Patient im Rahmen des persönlichen Gespräches nochmals eingehend über die Besonderheiten seines Falles aufgeklärt unter der Gelegenheit, offene Fragen zu vertiefen. Abschließend bestätigt er die Durchführung dieses Gespräches und dass er keine Fragen mehr hat, mit seiner Unterschrift. Wenn man auf die **Beweiszwecke** abstellt, so wäre es gewiss **besser**, das Aufklärungsgespräch, so der Patient einverstanden und es die Situation nicht belastet, **audiovisuell zu dokumentieren**.

57

---

41 BGH(Z) NJW 1987, 2293; OLG(Z) Stuttgart VersR 2002, 1428.
42 Näher Ulsenheimer Rn. 121.

Norouzi

(4) Ausnahmsweise: Wegfall der Aufklärungspflicht
– Verzicht

58 Weil die Aufklärung der Information des Patienten dient, steht es grundsätzlich auch in seiner Macht, auf sie zu verzichten. Auch wenn die herrschende Meinung einen **konkludenten** Verzicht anerkennt, wenn der Patient zu
erkennen gibt, dass er sich vertrauensvoll in die Hände des Arztes begibt,[43]
sollte –zu Beweiszwecken – der Verzicht stets ausdrücklich erfolgen; eine
entsprechende Nachfrage wird dem Arzt leicht möglich sein, schon um sich
selbst zu vergewissern. Ob ein Totalverzicht auf die Aufklärung statthaft
sein kann oder nur auf vertiefende und konkretisierende Ausführungen abgesehen werden darf, wenn der Patient kein Interesse an ihrer Erläuterung
hat, wird unterschiedlich gesehen. Dem Autonomiegedanken entspräche es,
es der Informationsbereitschaft des Patienten zu überlassen, wie genau er
unterrichtet werden will. Andererseits entspricht es der ärztlichen Fürsorge,
wenn sichergestellt ist, dass der Patient zumindest rudimentär über Art und
Ablauf des ärztlichen Heileingriffs in Kenntnis gesetzt wird.[44]

– Risikovermeidung beim Patienten

59 In – wenigen – Ausnahmefällen wird auch von einer Aufklärung abgesehen werden können, weil der Patient in der akuten Situation überfordert
ist, die ihm überbrachten Informationen sinnvoll aufzunehmen und ihm
im Falle einer Aufklärung ein Schaden droht. Dann ist sie **kontraindiziert**.
Einzelheiten sind umstritten. Einvernehmen besteht nur beim Moribunden,
dem nicht mehr geholfen werden kann. Ihm muss nicht die Informations-
last über die Nebenwirkungen eines Schmerzmittels aufgebürdet werden,
das seine letzten Leiden mindern soll. Ansonsten ist die Rechtsprechung
hier aber sehr restriktiv,[45] um einer Bevormundung des Patienten durch den
behandelnden Arzt vorzubeugen. Es muss indes bezweifelt werden, ob diese Alles-oder-Nichts-Lösung der Situation des Arztes gerecht wird, der im
Gespräch menschlich einfühlsam ergründen muss, wie umfänglich die Aufklärung tatsächlich geboten und weiterführend ist oder ob sie nicht darauf
hinausläuft, das zu gefährden, was sie schützen soll. Besser wäre es, dem
Arzt einen Beurteilungsspielraum zuzubilligen, dessen Ausfüllung im Detail der rechtlichen Überprüfung entzogen bleibt, wenn eindeutige Anhaltspunkte für eine kontraindizierte Aufklärung vorliegen.

---

43 Vgl. BGH(Z) NJW 1959, 811 (813); 1973, 556 (558); 1976, 363 (364).
44 Ulsenheimer Rn. 126.
45 Vgl. BGHZ 29, 46 (57); OLG München VersR 1961, 1036 (1037).

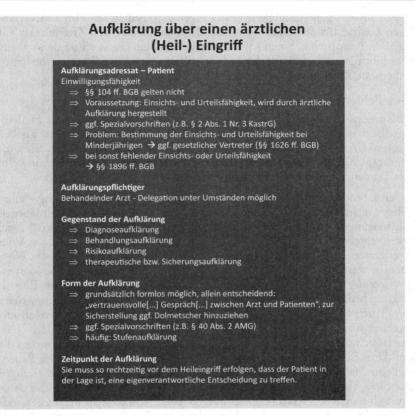

Aufklärung über einen ärztlichen (Heil-) Eingriff

Aufklärungsadressat – Patient
Einwilligungsfähigkeit
- ⇒ §§ 104 ff. BGB gelten nicht
- ⇒ Voraussetzung: Einsichts- und Urteilsfähigkeit, wird durch ärztliche Aufklärung hergestellt
- ⇒ ggf. Spezialvorschriften (z.B. § 2 Abs. 1 Nr. 3 KastrG)
- ⇒ Problem: Bestimmung der Einsichts- und Urteilsfähigkeit bei Minderjährigen → ggf. gesetzlicher Vertreter (§§ 1626 ff. BGB)
- ⇒ bei sonst fehlender Einsichts- oder Urteilsfähigkeit → §§ 1896 ff. BGB

Aufklärungspflichtiger
Behandelnder Arzt - Delegation unter Umständen möglich

Gegenstand der Aufklärung
- ⇒ Diagnoseaufklärung
- ⇒ Behandlungsaufklärung
- ⇒ Risikoaufklärung
- ⇒ therapeutische bzw. Sicherungsaufklärung

Form der Aufklärung
- ⇒ grundsätzlich formlos möglich, allein entscheidend: „vertrauensvolle[...] Gespräch[...] zwischen Arzt und Patienten", zur Sicherstellung ggf. Dolmetscher hinzuziehen
- ⇒ ggf. Spezialvorschriften (z.B. § 40 Abs. 2 AMG)
- ⇒ häufig: Stufenaufklärung

Zeitpunkt der Aufklärung
Sie muss so rechtzeitig vor dem Heileingriff erfolgen, dass der Patient in der Lage ist, eine eigenverantwortliche Entscheidung zu treffen.

(5) Rechtfertigung trotz Aufklärungsmängel?
– Hypothetische Einwilligung

Mit der ansonsten von der Rechtsprechung vertretenen Verabsolutierung **60** des Selbstbestimmungsrechts nur schwer in Einklang zu bringen, im Ergebnis aber vernünftig ist es, im Falle einer zwar falschen – im vom Bundesgerichtshof entschiedenen Falle sogar bewusst wahrheitswidrigen – Aufklärung eine Rechtfertigung dann zu bejahen, wenn **hypothetisch** davon auszugehen ist, dass der Patient bei einer ordnungsgemäßen und vollständigen Aufklärung gleichwohl in den Heileingriff **eingewilligt hätte**.[46] Inwieweit sich diese Figur mit der allgemeinen Einwilligungsdogmatik vereinbaren lässt, ist im Schrifttum **umstritten**.[47] Vordergründig scheint sie von

---

46 BGH NStZ-RR 2004, 16 = JZ 2004, 801 m. Anm. Rönnau.
47 Zustimmend Mitsch, JZ 2005, 279 (285); Rönnau JZ 2004, 801 ff.; ablehnend Paeffgen, in: Nomos-Kommentar zum StGB, 2. Aufl. § 228 Rn. 162; ders., in: FS Rudolphi, 187, 208 f.; Puppe GA 2003, 767 ff. jew. m.w.N.

ergebnisbezogenen Billigkeitserwägungen getragen zu sein. Im Strafverfahren kommt für den Arzt erleichternd hinzu, dass er den **Zweifelssatz** für sich in Anspruch nehmen kann und sein Handeln somit schon dann, wenn vernünftige und nicht aus der Luft gegriffene Anhaltspunkte für eine hypothetische Zustimmung gegeben sind, gerechtfertigt ist.

– Fehlender Schutzzweckzusammenhang

61 Bislang **noch ungeklärt** ist, wie es sich auf die Rechtfertigung des Heileingriffs auswirkt, wenn der Arzt es versäumt hat, über bestimmte Risiken aufzuklären, sich aber letztlich nur Risiken realisiert haben, über die ordnungsgemäß aufgeklärt wurde. In der zivilrechtlichen Rechtsprechung gibt es Tendenzen, von einer Haftungsfreistellung des Arztes auszugehen.[48]

62 Der 4. Strafsenat des Bundesgerichtshofs hat sich dieser Überlegung – allerdings nicht tragend (sie finden sich in den ergänzenden Hinweisen [»Segelanweisungen«] an den neuen Tatrichter) – tendenziell angeschlossen.[49] Dem wird entgegengehalten, dass die Differenzierung nach dem Schutzzweck der verletzten Aufklärungspflicht schlechterdings nicht auf das Strafrecht übertragen werden könne.[50] Wenn jeder Heileingriff tatbestandlich eine Körperverletzung verwirkliche und ihrer Rechtfertigung einer wirksamen Einwilligung bedürfe, wenn weiter die Einwilligung nur dann wirksam sei, wenn der Patient vollständig über die mit der Maßnahme verbundenen Risiken aufgeklärt wurde, dann mache der Verstoß gegen die Aufklärungspflicht – mag sich auch das betreffende Risiko nicht realisiert haben – im Ergebnis stets die erklärte Einwilligung unwirksam. Fest stehe dann nämlich, dass der Patient in eine Maßnahme eingewilligt habe, über deren (potentielle) Auswirkungen er nicht hinreichend Bescheid wusste. Die Heilbehandlung, nicht das theoretisch mögliche, tatsächlich aber ausgebliebene Risiko stelle den tatbestandlichen Erfolg dar. Das trifft zwar aus der Perspektive eines streng am Selbstbestimmungsrecht des Patienten orientierten Verständnisses des ärztlichen Heileingriffs zu, wie es der Rechtsprechung zugrunde liegt. Andererseits: Gerade im Fall der hypothetischen Einwilligung lässt die Rechtsprechung der Sache nach eine Durchbrechung dieses Konzepts zu. Es ist kein Grund ersichtlich, warum nicht wenigstens auch bei den geschilderten Aufklärungsmängeln die hypothetische Frage nach deren Ursächlichkeit für die erteilte Einwilligung zugelassen (und in der Regel verneint) werden sollte.

cc) Grenzen der Einwilligung (§ 228 StGB und Spezialvorschriften)

63 Auch für die ärztliche Einwilligung gilt die Einwilligungsschranke des § 228 StGB. Der »Verstoß gegen die guten Sitten« nivelliert die autonome Zustimmung des Patienten. Für das Arztstrafrecht spielt die Vorschrift in der

---

48 BGHZ 144, 1 = NJW 2000, 1784.
49 BGH NStZ 1996, 34 (36); dazu Ulsenheimer Rn. 131.
50 Geilen, in: Wenzel, Kap. 4 Rn. 453

praktischen Anwendung keine gewichtige Rolle,[51] weil medizinethisch problematische Bereiche (etwa im AMG, TPG oder KastrG) gesondert geregelt sind (sogleich Rdn. 66) und weil dann, wenn der Eingriff medizinisch
indiziert ist, ein Verstoß gegen die guten Sitten wertungsmäßig ausscheidet.

> ❗ Nur dort, wo vom Arzt Maßnahmen gefordert werden, die überhaupt
> keinem therapeutischen Zweck dienen, kann § 228 StGB eingreifen.

Dabei ist zu berücksichtigen, dass die Rechtsprechung inzwischen den paternalistischen Gehalt der Norm, über deren Bestimmbarkeit, weil sie diffu-
sen und empirisch selten belegbaren moralischen Wertungsmaßstäben Tür
und Tor öffnet, gestritten werden darf, auf ein verträgliches Minimum reduziert hat: **64**

> ❗ Was sittenwidrig ist, bestimmt sich weniger am Zweck der Körperver-
> letzung als an den mit ihr verbundenen Gefahren.[52]

Erst dann, wenn der Einzelne vor sich selbst geschützt werden muss, greift **65**
§ 228 StGB ein. Der Zweck der Maßnahme kann nur ein relevantes Unwert-
urteil begründen, wenn er in einem Gesetzesverstoß mündet. Demgemäß
folgt die Sittenwidrigkeit von ärztlichen Maßnahmen zum Zwecke des **Do-
ping**[53] nicht schon daraus, dass sie gegen sportethische Grundsätze (deren
Geltung nicht zuletzt durch die grenzenlosen Kommerzialisierungstenden-
zen des Profisports untergraben wird) verstoßen, sondern häufig mit erheblichen Gesundheitsrisiken[54] verbunden sind und, wo dies nicht der Fall ist,
ein Verstoß gegen § 6a Abs. 1 AMG zu bejahen ist.

Die **medizinethisch sensiblen Bereiche** kennen Sonderregelungen, die der **66**
Autonomie des Einzelnen (zum Teil mit über § 228 StGB hinausgehender
paternalistischer Tendenz)[55] Grenzen setzen. So folgt aus § 8 Abs. 1 TPG
die Unzulässigkeit der **Lebendorganspende**, wenn Anzeichen vorliegen,
dass sie zu einem kommerziellen Zweck (verbotenes Handeltreiben nach
§ 18 TPG!) erfolgt. Auch schränkt die Norm die Übertragung von nicht
regenerierungsfähigen Organen auf den engsten Verwandtenkreis bzw. auf
dem Spender offenkundig besonders persönlich verbundene Personen ein.
Kastrationen sind nach § 2 KastrG etwa nur zulässig, wenn sie medizinisch indiziert sind, um – im Sinne des Betroffenen – pathologische Leiden aufgrund eines »abnormen Geschlechtstriebs« zu verbessern (Abs. 1)

---

51 S. aber die Beispielsfälle bei Ulsenheimer Rn. 234.
52 BGHSt 49, 166 (169) (»SM-Praktiken«); tendenziell anders BGHSt 49, 34 (43 f.).
53 Dazu Fischer, 58. Aufl. § 228 Rn. 23; Ulsenheimer Rn. 234b, jew. m.w.N.
54 Skeptisch Fischer, 58. Aufl., § 228 Rn. 23.
55 Zur Kritik s. nur Paeffgen, in: Nomos-Kommentar zum StGB, 2. Aufl., § 228
Rn. 94.

Norouzi

oder – zum Schutz der Allgemeinheit – der triebbedingten Begehung schwerwiegender Straftaten (Abs. 2) vorzubeugen, und keine, gemessen am Zweck der Maßnahme, unverhältnismäßigen Nachteile zu befürchten sind.

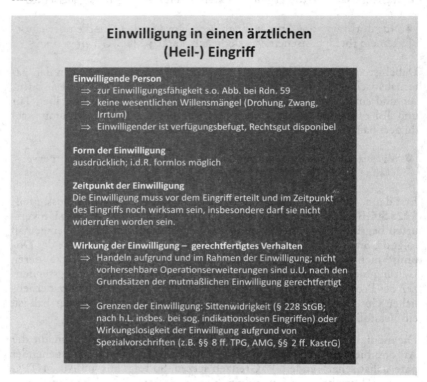

c) Mutmaßliche Einwilligung

67 Auch dort, wo es an einer aktuellen Einwilligungserklärung fehlt, kann der Arzt gerechtfertigt sein, wenn die Voraussetzungen der mutmaßlichen Einwilligung gegeben sind. Danach kann die Rechtsgutverletzung auch erfolgen, weil etwa kein schützenswertes Interesse des Rechtsgutträgers an der Bewahrung des Rechtsguts anzuerkennen ist oder sie **in seinem überragenden Interesse** liegt. Letzteres spielt insbesondere in der Fallgruppe der **Operationserweiterung** eine Rolle. Danach ist der Arzt, wenn sich im Laufe einer Operation eine **akute Lebensgefährdung** des Patienten zeigt, die nur durch eine Maßnahme abgewendet werden kann, über die der Patient zuvor nicht aufgeklärt worden ist, nicht nur berechtigt, sondern sogar **verpflichtet**, diese Maßnahme durchzuführen, **wenn keine Anhaltspunkte für einen entgegenstehenden Willen** des Patienten zur Operationserweiterung bestehen.[56] Gleiches gilt, wenn zwar keine vitale Indikation zu bejahen ist, aber ohne den sofortigen oder im Falle eines Operationsabbruchs später vorzunehmenden Eingriff »eine erhebliche Gefahr für Leben oder Gesundheit des Patienten besteht«.[57] Demgegenüber muss der Arzt die Operation abbrechen und die erforderliche Einwilligung einholen, wenn dies ohne Gefährdung des Patienten möglich ist und keine Klarheit besteht, ob er mit der Operationserweiterung einverstanden sein würde.

d) Sonstige Rechtfertigungsgründe?

Gerade weil das Konzept des Heileingriffs als Körperverletzung auf dem Autonomiegedanken des Patienten beruht, kann sich der Arzt **schwerlich** auf andere Rechtfertigungsgründe berufen, wenn er entgegen des erklärten oder mutmaßlichen Patientenwillens tätig wird. Insbesondere für die Güterabwägung im Rahmen eines Notstandes nach § 34 StGB ist in der Regel kein Raum. Es bleibt jedem Patienten vorbehalten, sich gegen die ärztliche Vernunft zu entscheiden. Er kann nicht gegen seinen Willen »zu seinem Besten« gezwungen werden. Nur wo sich das Gesetz aus übergeordneten Motiven die Zulässigkeit **zwangsweiser** Eingriffsmaßnahmen in die körperliche Integrität vorbehält (wie in §§ 81a ff. StPO), ist eine Rechtfertigung ohne Zustimmung des Betroffenen möglich.[58]

68

e) Einzelfragen zu Qualifikationstatbeständen der Körperverletzung

Wenn jeder Heileingriff eine Körperverletzung darstellt, folgt daraus zugleich die Verwirklichung des Grundtatbestands bei rechtswidrigen, nicht durch eine Einwilligung gedeckten Eingriffen als Anknüpfungspunkt für die Qualifikationstatbestände zu den Körperverletzungsdelikten. Die Annahme, diese seien nur in Ausnahmefällen relevant, weil sie vorsätzliches Handeln des Arztes voraussetzen, berücksichtigt nicht genügend, dass der Vorsatz hinsichtlich des Heileingriffs unstrittig ist, im Falle des § 224 StGB Tatumstandskenntnis bezüglich der Begehungsweise ausreicht und in den Fällen der §§ 226, 227 StGB es sich um Erfolgsqualifikationen handelt, die fahrlässig herbeigeführt werden können. Eher scheint die gerichtliche Praxis hier im Hinblick auf die grundsätzlichen Probleme der Finalisierung des ärztlichen Heileingriffs mit Augenmaß und Zurückhaltung die Rechtsanwendung zu betreiben.

69

---

56 OLG(Z) Frankfurt NJW 1981, 1322 (1323); vgl. auch BGHSt 35, 246.
57 BGHSt 45, 219 (223); tendenziell weiter noch BGHSt 35, 246 ff.: »Risiko einer neuen, unter Umständen mit größeren Gefahren verbundenen, jedenfalls aber weitere körperliche und seelische Beeinträchtigungen mit sich bringenden Operation.«
58 Weitere Nachw. bei Geilen, in: Wenzel, Kap. 4 Rn. 456 a.E.

Norouzi

aa) Gefährliche Körperverletzung (§ 224 StGB)

70 Polemisch wird gegen das Konzept der Rechtsprechung angeführt, ihr Verständnis des ärztlichen Heileingriffs setze den Arzt, der zur Operation mit einem Skalpell ansetzt, normativ dem »Messerstecher in der Straßengasse« gleich. Ein Blick in die Judikatur zu § 224 StGB belegt, dass dieses (fraglos plastische) Bild indes der Rechtswirklichkeit nicht entspricht. Mithilfe einer **teleologischen Reduktion** anhand des besonderen Schutzzwecks der Norm, besonders gefährliche Begehungsweisen zu sanktionieren, gelangt die Rechtsprechung zu dem folgerichtigen Ergebnis, dass dieser Strafschärfungsgrund dort verneint werden kann, wo eine solche Gefährdung verneint werden muss. Auch wenn das methodisch nicht überzeugt, weil nach der herkömmlichen Auslegung auf die abstrakte Gefährdung abzustellen ist, wird die Ergebnisrichtigkeit dieses Ansatzes nicht in Zweifel gezogen werden können.

> ❗ Jede Tatbestandsalternative muss teleologisch im Licht der spezifischen abstrakten Rechtsgutsgefährdung, die durch sie geschaffen wird, gelesen werden.

71 So ist das ärztliche Instrument, sofern es fachgerecht in den Händen eines sachkundigen Arztes – und nicht durch einen Hochstapler – zu Heilungszwecken geführt wird, **kein gefährliches Werkzeug**.[59] Teilweise werden **Medikamente** wie andere Stoffe gänzlich aus dem Anwendungsbereich des **gesundheitsschädlichen Stoffes** genommen, teilweise wird für § 224 Abs. 1 Nr. 1 StGB die konkrete Gefahr einer erheblichen Gesundheitsschädigung gefordert, die in einem solchen Fall i.d.R. fehlen dürfte.[60] Da ärztliches Handeln gerade in Kliniken im Rahmen »vertikaler Arbeitsteilung« erfolgt, widerspricht es schon dem Rechtsgefühl, die Operationen im Beisein und mit Unterstützung eines Assistenzarztes oder einer nichtärztlichen Hilfsperson als »mit einem **anderen Beteiligten gemeinschaftlich**« verwirklichte Körperverletzung (§ 224 Abs. 1 Nr. 4 StGB) zu verstehen. Die Arbeitsteilung bewirkt ja gerade die Entlastung des Einzelnen zur Optimierung des Arbeitsablaufs und will Gefahren verringern.[61] Und schließlich kommt es für die (abstrakt zu bestimmende, also von der Eingriffshandlung ausgehende) **lebensgefährdende Behandlung** (§ 224 Abs. 1 Nr. 5 StGB) darauf an, ob diese Behandlung medizinisch indiziert war oder nicht (folgerichtig bejaht BGH NJW 1998, 833 [836] [Lebensgefährlichkeit exzessiver Röntgenstrahlung]).

---

59 BGH NJW 1978, 1206 (Zahnarztzange); StA Mainz NJW 1987, 2946 (Kanüle); diese teleologische Reduktion ist auf geprüfte und approbierte Heilkundige beschränkt, BGH NStZ 1987, 174.

60 Lilie, in: Leipziger Kommentar zum StGB, 11. Aufl., § 224 Rn. 11 einerseits; Fischer, 58. Aufl., § 224 Rn. 5 f. andererseits je m.w.N. zu beiden Ansichten.

61 Zutreffend Hardtung, in: Münchener Kommentar zum StGB, 1. Aufl., § 224 Rn. 34.

Norouzi

bb) Schwere Folgen nach §§ 226, 227 StGB

Bei den qualifizierten Delikten der §§ 227, 226 StGB reicht es aus, wenn der **72**
Erfolg fahrlässig verursacht worden ist (§ 18 StGB). Nur der nach herrschender Meinung erforderliche gefahrspezifische Zusammenhang zwischen der
Verwirklichung des Grundtatbestands (also des Heileingriffs) und der schweren Folge bietet begrenzt Raum, um normativ unangemessene Ergebnisse zu
vermeiden. Ansonsten unterscheidet sich die Verantwortlichkeit des Arztes
nicht weiter von der jedermanns. Anzumerken ist aber folgendes:

❗ Kennzeichnend für die schwere Körperverletzung nach § 226 StGB ist
die **Langwierigkeit der schweren Folge.**

Was sich – und sei es operativ – wieder beheben und rückgängig machen lässt **73**
(auch unter Zuhilfenahme technischer Hilfsmittel [Zahnersatz]), ist **nicht
langwierig.** Dabei kommt es aber darauf an, dass die Wiedergutmachung zum
Zeitpunkt der gerichtlichen Entscheidung zur Überzeugung des Gerichts
(§ 261 StPO) bereits eingetreten ist oder mit Sicherheit eintreten wird. Ist der
Patient dagegen nicht in der Lage, eine kostspielige Operation durchführen
zu lassen, so spricht das nicht zu Gunsten des Täters. Denn dann ist der »Ist«-
Zustand der des § 226 StGB. Für den Arzt als Angeklagten empfiehlt es sich
daher im Rahmen außergerichtlicher Schadenswiedergutmachungsbemühun-
gen auch darauf hinzuwirken, dass der Betroffene in die Lage versetzt wird,
solche Operationen durchzuführen. Wenn damit größere Geldopfer verbunden sind, so ist das in Anbetracht der qualifizierten Strafdrohung des § 226
StGB (Freiheitsstrafe von einem Jahr, in minder schweren Fällen von sechs
Monaten) das fraglos geringere Übel. Natürlich können **operative Maßnahmen** dem Opfer **nur** dann aufgebürdet werden, **wenn sie objektiv machbar
und dem Betroffenen subjektiv zumutbar** sind. Das ist eine Wertungsfrage.[62] So ist die Zumutbarkeit dann zu verneinen, wenn die mit der Operation verbundenen Risiken unverhältnismäßig erscheinen; ebenso können auch
subjektive Beweggründe und Motive des Opfers, wie religiöse Überzeugungen, der Zumutbarkeit der Operation entgegenstehen. Findet sich der Patient
jenseits dessen nicht zu einer Operation bereit, um den Arzt in die Strafbarkeit zu drängen, so stellt seine Haltung nicht selten eine rechtswidrige Schika-
ne (vgl. § 226 BGB) dar. Sein Verhalten steht dann einer Strafbarkeit des Arztes entgegen, da die schwere Folge diesem nicht zugerechnet werden kann.

❗ Nach § 18 StGB ist zwischen dem vorsätzlich verwirklichten Grunddelikt und der (zumindest) fahrlässig herbeigeführten schweren Folge
ein **spezifischer Gefahrverwirklichungszusammenhang** notwendig.[63]

---

62 BGH NJW 1967, 297 (298).
63 BGHSt 31, 96 (98) (Hochsitz); 33, 322 (323); 48, 34 (37) (Gubener Hetzjagd); 51,
18 (21) (Salzpudding).

74   Im Eintritt der Folge muss sich gerade das Risiko verwirklicht haben, welches durch die Tatbestandsverwirklichung (also den Heileingriff) geschaffen worden ist. Anknüpfungspunkt ist immer der spezifische Einzeleingriff. Nur wenn die **todesursächliche Heilmaßnahme** nicht durch eine wirksame Einwilligung gedeckt war, kann sie Grundlage der Zurechnung der schweren Folge sein. Ist etwa der Patient über eine bevorstehende Operation und die mit ihr verbundenen Risiken rechtmäßig und umfassend aufgeklärt worden und hat er wirksam hierin eingewilligt, so kann der Arzt nicht deshalb zu strafrechtlicher Verantwortung gezogen werden, weil sich später eines der Risiken dieser Operation im Tod verwirklicht hat.

3.   Strafbares Unterlassen

75

Echte Unterlassensdelikte	Unechte Unterlassensdelikte
Echte Unterlassensdelikte ergeben sich unmittelbar aus dem Gesetz und sind dort einzeln geregelt.	Diese Delikte sind nicht einzeln, sondern nur generell durch § 13 StGB im Gesetz geregelt. § 13 StGB stellt die Verwirklichung eines Deliktes durch Unterlassen dem Begehen unter bestimmten Voraussetzungen gleich.
Der Tatbestand der Straftat wird allein durch die Nichtvornahme einer gesetzlich geforderten Handlung erfüllt. Es kommt zumeist gerade nicht auf den Eintritt eines bestimmten Erfolges an.	Der Täter macht sich – spiegelbildlich zum Begehungsdelikt – nur strafbar, wenn aufgrund seines Unterlassens ein rechtlich missbilligter Erfolg eintritt.
Täter kann jedermann sein.	Täter kann nur sein, wer als Garant für den Nichteintritt des Erfolges einzustehen hat.
z.B. § 323c StGB Unterlassene Hilfeleistung	z.B. §§ 223, 13 StGB Körperverletzung durch Unterlassen

a)   Unechte Unterlassensdelikte

76   Nach § 13 StGB macht sich derjenige, der – obwohl er rechtlich dafür einzustehen hat, dass der Erfolg nicht eintritt – es unterlässt einen Erfolg abzuwenden, der zum Tatbestand eines Gesetzes gehört, strafbar, sofern sein Unterlassen der Verwirklichung des gesetzlichen Tatbestandes durch ein Tun entspricht. Ein Arzt kann sich insbesondere durch das Unterlassen oder den Abbruch einer Behandlung einer Körperverletzung durch Unterlassen

Norouzi

nach §§ 223, 13 StGB oder einer Tötung durch Unterlassen nach §§ 212, 13 StGB strafbar machen.

Für alle unechten Unterlassensdelikte ergibt sich ein einheitlicher Prüfungs-aufbau:

77

Unechtes Unterlassensdelikt

I. Tatbestand
  – Eintritt des tatbestandlichen Erfolges
  – Unterlassen der objektiv erforderlichen und rechtlich gebotenen Handlung trotz physisch-realer Handlungsmöglichkeit
  (P) Abgrenzung: Wann liegt ein aktives Tun, wann ein Unter-lassen vor?
  – Ursächlichkeit des Unterlassens für den Eintritt des Erfolges
  – objektive Zurechenbarkeit des Erfolges
  – **Gleichwertigkeit von Tun und Unterlassen: die Garantenpflicht**
  – Vorsatz
II. Rechtswidrigkeit
  (P) Bestand eine rechtfertigende Pflichtenkollision?
III. Schuld
  (P) persönliche Vorwerfbarkeit des Unterlassens: War die unterblie-bene Handlung unzumutbar?

Aus diesem Prüfungsschema werden nachfolgend nur die (oben hervorge-hobenen) Prüfungspunkte vertieft werden:

aa) Abgrenzung von Tun und Unterlassen

Wegen eines unechten Unterlassungsdeliktes macht sich also nur strafbar, wer eine erforderliche und gebotene Handlung unterlässt. Handelt der Tä-ter aktiv, so kann er nur aus dem Begehungsdelikt, nicht aber aus § 13 StGB bestraft werden. Im Einzelfall kann die **Abgrenzung von aktivem Tun und bloßem Untätigbleiben** erhebliche Probleme bereiten. Denn jeder, der eine bestimmte Handlung aktiv vornimmt, unterlässt zugleich auch andere Handlungsalternativen. Steckt beispielsweise ein – ohne sein Wissen – mit Hepatitis infizierter Chirurg seine Patienten bei einer Operation an,[64] kom-men eine gefährliche Körperverletzung durch Begehen, indem der Arzt die Patienten bei der Operation durch sein aktives Tun ansteckte, oder durch Unterlassen in Betracht, da der Operateur sich hier entsprechenden Kont-rolluntersuchungen nicht unterzogen hat.

78

> ● Die Rechtsprechung stellt zur **Abgrenzung von Tun und Unterlassen**
> ● allein darauf ab, **wo der Schwerpunkt des strafrechtlich relevanten**

---

64 BGH NStZ 2003, 657 m. Anm. Duttge JR 2004, 34.

Norouzi

> Verhaltens bzw. der Schwerpunkt der Vorwerfbarkeit liegt.[65] Dies läuft letztlich auf eine rein wertende Betrachtung hinaus, was in der Literatur vielfach abgelehnt wird.[66]

79 Im Hepatitis-Fall sah der BGH den Schwerpunkt des strafrechtlich relevanten Verhaltens in der Durchführung der Operation in infektiösem Zustand und damit in einem aktiven Tun des Arztes. Das Unterlassen der gebotenen Kontrolluntersuchungen begründe für sich nur einen Sorgfaltspflichtverstoß, der im Rahmen des Fahrlässigkeitsdeliktes zu berücksichtigen sei. Diese »Unterlassenskomponente« sei in diesem Fall wesensnotwendig mit dem fahrlässigen aktiven Tun verbunden und ändere nichts am aktiven Begehungscharakter des Verhaltens.

80 Weiterhin bereitet die Abgrenzung von Tun und Unterlassen Schwierigkeiten, wenn bereits begonnene Rettungsmaßnahmen abgebrochen werden.

> **❗** Abbruch von Rettungshandlungen:
> – Der Abbruch **eigener** Rettungshandlungen ist
>   Unterlassen, solange die eigene Rettungshandlung die gefährdete Person oder Sache noch nicht erreicht hat, dieser also noch keine realisierbare Rettungsmöglichkeit eröffnet wurde oder
>   Tun, sobald bereits eine realisierbare Rettungsmöglichkeit besteht, die der Täter durch den Abbruch vereitelt.
> – Das Eingreifen in **fremde** Rettungshandlungen ist (abgesehen vom Behandlungsabbruch [unten Rdn. 112 ff.]):
>   Tun nur durch aktives Eingreifen in fremde Rettungshandlungen oder
>   Unterlassen, wenn die erforderliche eigene Hilfe verweigert wird.

81 Besondere Probleme ergeben sich bei dem **Abbruch lebenserhaltender Maßnahmen** durch den behandelnden Arzt. Hier gilt es zur Abgrenzung zwischen positivem Tun und Unterlassen wiederum mit der Rechtsprechung danach zu fragen, wo der Schwerpunkt des dem Arzt vorwerfbaren Verhaltens liegt.

82 So wird angenommen, dass ein Arzt, der Rettungshandlungen wie die manuelle Herzmassage oder die Mund-zu-Mund-Beatmung abbricht, weil er einsieht, dass der Patient langfristig nicht mehr zu retten ist, sinnlose weitere Handlungen unterlässt. Daran kann sich im Ergebnis nichts ändern, sobald mechanische Hilfsmittel im Spiel sind. Schaltet ein Arzt also – durch ein aktives Tun, nämlich den Knopfdruck – ein Beatmungsgerät ab, ist darin rechtlich ein Unterlassen zu sehen. Dies beruht auf einer normativen

---

65 Vgl. BGHSt 6, 46 (59).
66 Statt vieler Fischer, 58. Aufl., § 13 Rn. 5 m.N.

Wertung des Geschehens, denn das strafrechtlich vorwerfbare Verhalten des Arztes ist nicht das Umlegen des Schalters, sondern das Unterlassen weiterer Rettungsbemühungen.[67] Gleiches gilt auch für die aktive Entfernung einer Magensonde bei einem Patienten, der daraufhin nur noch mit Tee ernährt wird.[68] Obwohl der Arzt hier offensichtlich aktiv handelt, ist sein Verhalten bei wertender Betrachtung als Unterlassen einer weiteren Behandlung einzuordnen. **Kritik:** Dogmatisch konsistent wirkt das freilich alles nicht und wirft die Frage auf, ob hier nicht mit juristischen Kunstgriffen ein »Sonderstrafrecht« für Ärzte geschaffen wird, um sie in die Rechtswohltat der Strafmilderung nach § 13 Abs. 2 StGB zu bringen.

bb) Verpflichtung zur Erfolgsabwendung: die Garantenstellung

Nach § 13 StGB ist das Unterlassen dem Tun strafrechtlich nur dann gleich- **83** zusetzen, wenn der Unterlassende dafür einzustehen hat, dass der Erfolg nicht eintritt. Diese **rechtliche Einstandspflicht** bezeichnet man auch als **Garantenstellung:** Nur der Garant kann tauglicher Täter eines unechten Unterlassensdelikt sein. Er zeichnet sich durch eine besondere Pflichtenstellung aus, die über die für jedermann in bestimmten Notlagen geltende Handlungspflicht (dazu § 323c StGB; unten Rdn. 90 ff.) hinausgeht.

Grob lässt sich zwischen Beschützer- und Überwachergaranten und die Be- **84** gründung der jeweiligen Garantenposition wie folgt unterscheiden:

Beschützergarant	Überwachergarant
Wer für den uneingeschränkten Bestand eines rechtlich geschützten Interesses einzustehen hat	Wer derart für eine Gefahrenquelle verantwortlich ist, dass er dafür einzustehen hat, dass Dritte daraus geschädigt oder gefährdet werden
Begründung – aus familiärer Verbundenheit – aus enger häuslicher Gemeinschaft – aus Gefahrengemeinschaft – aus tatsächlicher Übernahme – als Amtsträger oder Organ einer juristischen Person	Begründung durch – gefährliches pflichtwidriges Vorverhalten (Ingerenz) – Sachherrschaft über eine Gefahrenquelle – Haftung für fremdes Handeln

---

67 Kühl, Strafrecht Allgemeiner Teil, 6. Aufl., § 18 Rn. 17 w. Nachw. in Fn. 26-28.
68 BGHSt 40, 257 (265).

Norouzi

> Eine Garantenstellung kann sich somit
> - aus Gesetz
>   (z.B. Eltern für Kinder wegen §§ 1626, 1631 BGB),
> - aus Vertrag
>   (z.B. Arzt wegen Behandlungsvertrag),
> - aus vorangegangenem pflichtwidrigem, gefährdendem Verhalten = **Ingerenz**
>   (z.B. Fahrer nach Verletzung eines Dritten durch Autounfall),
> - aus einer engen Lebens- und Gefahrengemeinschaft
>   oder
> - aus der tatsächlichen freiwilligen Übernahme
> ergeben.

85 Ein **Arzt ist typischerweise ein Beschützergarant,** der für die Gesundheit und das Leben seines Patienten einzustehen hat. Diese Garantenstellung ergibt sich in der Regel aus dem zwischen Arzt und Patient geschlossenen **Behandlungsvertrag.** Besteht ausnahmsweise kein solcher Vertrag, kann eine Garantenstellung des Arztes aus der **tatsächlichen Übernahme der Behandlung** resultieren. Die Begründung einer Garantenstellung durch die Übernahme einer Schutzaufgabe wird immer dann angenommen, wenn der Übernehmende ein besonderes, berechtigtes Vertrauen für sich in Anspruch nimmt, er diese Aufgabe zugleich tatsächlich übernimmt und dies dem Willen aller Beteiligten entspricht. Dies kann bereits in der bloßen Zusage eines Arztes, die Behandlung des Patienten zu übernehmen, gesehen werden.[69]

86 Für den **Inhalt der Garantenpflicht** ist die jeweilige **Vereinbarung** zwischen den Beteiligten entscheidend. Die übernommene Aufgabe ist somit maßgeblich für das Verhalten, das dem Garanten später abverlangt werden kann. Üblicherweise hat ein Arzt daher für die Gesundheits- und Lebenserhaltung seines Patienten einzustehen. Etwas anders kann sich aber aus der zwischen Arzt und Patient bestehenden Vereinbarung ergeben – so etwa, wenn sich der Patient mit dem Wunsch nach Sterbehilfe an den Mediziner wendet. Im Falle eines freiverantwortlich handelnden Suizidenten kommt auch eine Entlassung des Arztes aus der Garantenstellung in Betracht[70] – anders hat der 3. Strafsenat indes in einem Fall entschieden, indem die Patientin vor ihrem eigenverantwortlichen Suizid ihrem Hausarzt gegenüber den ausdrücklichen Wunsch geäußert hat, nicht behandelt zu werden.[71]

87 Ein **Arzt im Bereitschaftsdienst** schließt in der Regel keinen Behandlungsvertrag mit dem Patienten ab, allerdings wird er in der Regel Garant durch die tatsächliche Übernahme von Schutzpflichten. Denn von einem Bereit-

---

69 Roxin, Allgemeiner Teil II, § 32 Rn. 70.
70 Vgl. OLG München NJW 1987, 2940 (2941 ff.) (Hackethal).
71 BGHSt 32, 367 (373).

schaftsarzt kann aufgrund seiner Übernahmenbereitschaftserklärung mehr verlangt werden als die allgemeine Hilfeleistungspflicht aus § 323c StGB.[72] Dies beruht vor allem darauf, dass die Pflichten anderer Ärzte gegenüber anderen Patienten für die Dauer des Bereitschaftsdienstes erheblich eingeschränkt ist.[73]

cc) Rechtswidrigkeit oder rechtfertigende Pflichtenkollision

Neben den allgemeinen Rechtfertigungsgründen – insbesondere der Einwilligung (dazu Rdn. 36 ff.) – kommt bei den unechten Unterlassensdelikten weiterhin die Rechtfertigung wegen einer **kollidierenden Pflichtenkollision** in Betracht.

88

Im Falle einer kollidierenden Pflichtenkollision befindet sich der Garant in einem Dilemma: Ihm obliegen zwei gleichwertige Handlungspflichten, von denen er nur eine erfüllen kann. Kommt der Garant der einen Pflicht nach, verletzt er zwangsläufig die andere. Schützt der Garant nun nur eines der bedrohten Rechtsgüter, so ist er gerechtfertigt, wenn es sich um das höherrangige Rechtsgut oder eines von zwei gleichwertigen Rechtsgütern handelt.

89

b) Unterlassene Hilfeleistung nach § 323c StGB – ein echtes Unterlassensdelikt

Nach § 323c StGB, einem **echten Unterlassensdelikt**, macht sich derjenige einer unterlassenen Hilfeleistung strafbar, der bei Unglücksfällen oder gemeiner Gefahr oder Not keine Hilfe leistet, obwohl dies erforderlich und ihm den Umständen nach zumutbar ist. Dem Täter droht dann Geldstrafe oder Freiheitsstrafe von bis zu einem Jahr. Diese Vorschrift stellt **kein Sonderdelikt** dar, dessen sich nur ein Arzt strafbar machen kann. Sinn und Zweck des § 323c StGB liegt vielmehr darin, gefährdete Individualrechtsgüter zu schützen, indem die Norm ganz im Sinne der sozialen Verantwortung des Einzelnen als Teil der Gesellschaft eine sog. »**Jedermannspflicht**« zur Hilfe statuiert.

90

Indes liegt der Schwerpunkt der Anwendung des § 323c StGB im Medizinstrafrecht. Das ist **keine »berufsspezifische Diskriminierung«** der Ärzteschaft, sondern liegt in der Natur der Sache: Ärzte – die durch ihre besonderen Qualifikationen meist am ehesten zur Hilfeleistung geeignet sind – werden durch diese Norm besonders in die Pflicht genommen[74].

91

---

72 Vgl. Kühl, Strafrecht Allgemeiner Teil, 6. Aufl, § 18 Rn. 73 f.
73 Vgl. BGHSt 7, 211 (212), dort starb eine Patientin infolge einer Eileiterschwangerschaft, nachdem der Bereitschaftsarzt einen erbetenen Hausbesuch abgelehnt hatte und auch ein weiterer Arzt unter Berufung auf den Bereitschaftsdienst nicht kam.
74 Geilen, in: Wenzel, Kap. 4 Rn. 552.

Norouzi

Unterlassene Hilfeleistung § 323c StGB

I.   Tatbestand
      – bei einem Unglücksfall, gemeiner Gefahr oder Not
      (P) Suizidversuch
      (P) räumlich-zeitliche Beziehung zum Geschehen
      – Unterlassen der Hilfeleistung
      (P) Besuchspflicht bei Bereitschaftsdienst
      (P) Scheinmaßnahmen
      – Erforderlichkeit der Hilfeleistung
      – Zumutbarkeit der Hilfeleistung
      (P) Güterabwägung
      – Vorsatz
II. Rechtswidrigkeit
      (P) Verzicht auf Hilfe
III. Schuld

aa) Tatsituation: Bei einem Unglücksfall, gemeiner Gefahr oder Not

92   Die Pflicht zu helfen kann nur durch einen Unglücksfall, eine gemeine Gefahr oder Not ausgelöst werden. **Irrelevant** ist dabei, ob bereits ein **Schaden an dem Rechtsgut** eingetreten ist. Die Gefährdung genügt.

> ❗ Ein Unglücksfall in diesem Sinne ist **jedes plötzlich eintretende Ereignis, das die unmittelbare Gefahr eines (weiteren) erheblichen Schadens für ein geschütztes Rechtsgut mit sich bringt.** Maßgeblich für das Vorliegen einer Gefahr ist die ex-post-Betrachtung eines vernünftigen objektiven Beobachters.
> Gemeine Gefahr oder Not stellen letztlich eine Vielzahl individueller Unglücksfälle etwa im Rahmen von Katastrophen dar.

93   Wie sich aus der vorstehenden Definition ergibt, ist das **plötzlich** eintretende Ereignis charakteristisch für einen Unglücksfall. Nicht jede Krankheit fällt unter diesen Begriff, da sie oftmals durch den sachkundigen Arzt im Vorhinein diagnostiziert werden kann. Sofern sich der Zustand des Patienten indes rapide verschlechtert, ist ein Unglücksfall anzunehmen.[75]

94   **Probleme** bereitet regelmäßig die Einordnung eines **Selbstmordversuches** als Unglücksfall. An sich ist dieses Ereignis für den Betroffenen selbst nicht plötzlich und unvorhergesehen eingetreten, zudem kann es Ausdruck seines selbstbestimmten Willens sein. Allerdings sind die Motive und Hintergründe eines Selbstmordes oftmals schwer einzuschätzen, darum sieht die Rechtsprechung jede Gefahrenlage, die durch einen Suizid verursacht

---

75   Ulsenheimer Rn. 253 m.N., kritisch hingegen Geilen, in: Wenzel, Kap. 4 Rn. 556 f.

wurde, grundsätzlich als Unglücksfall an.[76] Eine Ausnahme bildet der sog. Bilanzsuizid: Handelt der Suizident freiverantwortlich und ist sich der Arzt über dessen Todeswunsch im Klaren, so kann dieser nicht zum Hilfeleisten gezwungen werden.[77] Wobei der Begriff irritiert und von einem überkommenen Freitodverständnis ausgeht. Bilanzierende Elemente wohnen fast jedem Entschluss zum Suizid inne.

Aus der Formulierung »wer *bei* einem Unglücksfall…« lässt sich folgern, dass der Täter in einer gewissen räumlich-zeitlichen Nähebeziehung zu dem Geschehen stehen muss. Die Auslegung, dass der Hilfeleistende körperlich am Unglücksort anwesend sein muss, ginge jedoch zu weit und würde den heutigen Möglichkeiten moderner Kommunikations- und Fortbewegungsmöglichkeiten nicht gerecht. Das Tatbestandsmerkmal »bei einem Unglücksfall« ist daher als »**anlässlich oder bei Gelegenheit eines Unglücksfalles**« zu verstehen.[78] Täter kann also auch derjenige sein, der in beliebiger Entfernung zum Unfallort – etwa telefonisch – um Hilfe gebeten wird. **95**

bb) Unterlassen der Hilfspflicht

Tathandlung des § 323c StGB ist das Nicht-Leisten, also das Unterlassen der erforderlichen und zumutbaren Hilfe. **96**

Das Unterlassen kann im Einzelfall darin liegen, dass ein Arzt im **Bereitschaftsdienst** einen hilfesuchenden Patienten nicht besucht.[79] Zwar besteht **keine generelle Besuchspflicht** des Arztes, allerdings ist es seine Aufgabe, sich ein eigenes Bild von dem Zustand des Patienten zu machen. Der Arzt muss also im Einzelfall verschiedene Kriterien – z.B. ob er den Patienten bereits kennt, inwieweit eine zuverlässige Ferndiagnose möglich erscheint oder ob er nur über Angaben Dritter verfügt – abwägen und kann dann erbetene Besuche als überflüssig ablehnen.[80] Eine Strafbarkeit des Arztes nach § 323c StGB wird in solchen Fällen jedoch nicht selten an der Zumutbarkeit der unterbliebenen Handlung scheitern, etwa weil der Arzt noch weitere Patienten in kritischem Zustand versorgen muss und diese nicht zurücklassen kann. Ein Unterlassen ist ebenso gegeben, wenn der Arzt zwar tätig wird – etwa indem er dem Krankenhauspersonal bestimmte Weisungen hinsichtlich der Behandlung des Patienten erteilt – es sich dabei aber tatsächlich um sog. **Scheinmaßnahmen** eines tatsächlich zur Hilfe nicht Bereiten handelt. Solche Scheinmaßnahmen sind gegeben, wenn der Arzt seiner Unter- **97**

---

76 BGHSt 6, 147; 13, 162; 32, 375; anders nach BGHSt 2, 150 wonach ein Suizid nur bei Vorliegen besonderer Umstände (z.B. Geisteskrankheit) einen Unglücksfall darstellt.
77 BGHSt 32, 367 m. Anm. Gropp NStZ 1985, 97 und Herzberg JZ 1988, 184.
78 BGHSt 21, 50 (53); Ulsenheimer Rn. 254 f.
79 BGHSt 17, 166; 21, 50 (53).
80 BGHSt 7, 211 (213).

Norouzi

suchungspflicht nicht nachkommt und den Patienten trotz »Behandlung« seinem ungewissen Schicksal überlässt.[81]

cc) Erforderlichkeit der Hilfeleistung

98   Über § 323c StGB kann von dem Hilfeleistenden nur die jeweils erforderliche Hilfe verlangt werden. Die allgemeine Hilfspflicht entfällt daher, wenn anderweitige sofortige Hilfe sicher gewährleistet ist – z.B. weil bereits der diensthabende Notarzt eingetroffen ist – oder die Hilfe offensichtlich sinnlos ist, etwa weil der Verunglückte bereits verstorben ist.[82] Die Frage, in welchem Umfang Hilfe erforderlich ist, ist aus der Sicht eines objektiven Beobachters **ex ante** zu beurteilen.[83]

99   Der 1. Strafsenates des BGH hat im sog. **Eileiterruptur-Fall**[84] sogar angenommen, dass die erforderliche Hilfeleistung im Einzelfall auch darin bestehen kann, dass der Arzt entgegen dem Selbstbestimmungsrecht des Patienten und gegen dessen Willen einen Angehörigen von dessen Erkrankung informiert, um ihn zu einer erforderlichen Behandlung zu überreden. Diese Entscheidung ist zu Recht auf harsche Kritik in der Literatur gestoßen.[85] Im Ergebnis ist es wohl zutreffender, dass von dem Arzt nur verlangt werden kann, dem Patienten dessen Situation unmissverständlich und eindeutig zu erklären, ihm die notwendige medizinische Behandlung zu erläutern und die Risiken, die andernfalls drohen, nachdrücklich vor Augen zu führen.

dd) Zumutbarkeit der Erfüllung der Hilfspflicht

❗ Hilfe ist **unzumutbar,** wenn mit ihr **eine erhebliche eigene Gefährdung des Täters** einhergeht oder ihm die Hilfe ohne Verletzung anderer wichtiger Pflichten nicht möglich ist.

100   Bei diesem hergebrachten Rechtsgrundsatz handelt es sich um ein strafbegrenzendes Regulativ auf Tatbestandsebene. Im Ergebnis sollen an den Arzt keine Anforderungen gestellt werden, denen er nicht gerecht werden kann. Die Art und der Umfang der Hilfe richten sich **nach den individuellen Fähigkeiten und Möglichkeiten** des Arztes, er schuldet die bestmögliche, ihm zumutbare Hilfe.[86] Insofern gilt für den Arzt zwar kein genuin anderer, wohl aber wegen seiner besonderen Sachkompetenz verschärfter Maßstab.

---

81 Vgl. BGHSt 21, 50 (54); BGH NStZ 1985, 409.
82 Fischer, 58. Aufl., § 323c Rn. 4a.
83 RGSt 75, 68 (71); BGHSt 14, 213 (216); 17, 166 (169, 172); BGH NStZ 1985, 501, Cramer/Sternberg-Lieben, in: Schönke/Schröder, § 323c Rn. 2 sowie Spendel, in: Leipziger Kommentar zum StGB, 11. Aufl., § 323c Rn. 22 u. 81 m.w.N.
84 BGH NJW 1983, 350.
85 Vgl. etwa Ulsenheimer Rn. 260; Geilen, in: Wenzel, Kap. 4 Rn. 562.
86 Fischer, 58. Aufl., § 323c Rn. 5 u. 7.

Zur Beurteilung der Zumutbarkeit der geforderten Hilfe bedarf es stets einer umfassenden **Abwägung der miteinander kollidierenden Interessen** – eine komplexe Prüfung, die stark von den Umständen des Einzelfalles geprägt ist.[87] Konkret gilt es somit, die vom Täter aufzuopfernden Interessen den wegen der unterlassenen Hilfe drohenden Schäden und dem Grad der Gefahr gegenüberzustellen und zu fragen, ob diese in einem angemessenen Verhältnis zueinander stehen.[88]

101

ee) Vorsatz und Irrtümer

Die Strafbarkeit nach § 323c StGB setzt ein vorsätzliches Handeln voraus, wobei bedingter Vorsatz ausreicht. Der Täter muss folglich mit Wissen und Wollen hinsichtlich aller Tatbestandsmerkmale handeln. Insbesondere muss er um den Unglücksfall und die daraus resultierende Gefahr wissen, außerdem muss ihm bewusst sein, dass er in der Lage ist, die erforderliche und ihm zumutbare Hilfe zu leisten.

102

Irrt der Täter über das Vorliegen eines der Tatbestandsmerkmale des § 323c StGB so unterliegt er einem Tatbestandsirrtum nach § 16 StGB, welcher dessen Vorsatz entfallen lässt. Ein solcher Irrtum ist etwa dann gegeben, wenn der Arzt die gebotene Hilfe für unzulässig hält, den Unglücksfall nicht erkennt, weil er die Schwere der Erkrankung falsch abschätzt oder über die Erforderlichkeit oder die Zumutbarkeit der Hilfe irrt. Ein Irrtum hinsichtlich der Zumutbarkeit stellt, da die Zumutbarkeit ein (normatives) Tatbestandsmerkmal des § 323c StGB ist, einen vorsatzausschließenden Tatbestandsirrtum dar.[89]

103

ff) Rechtswidrigkeit

Die Rechtswidrigkeit kann aber ausnahmsweise entfallen, weil der durch den Unglücksfall Bedrohte wirksam auf Hilfe **verzichtet**,[90] wenn etwa ein Kranker freiverantwortlich erklärt, er wolle nicht medizinisch behandelt werden, denn grundsätzlich kann niemand gegen seinen Willen zu einer Heilbehandlung gezwungen werden.[91] Ein wirksamer Verzicht ist gerade nicht anzunehmen, wenn Eltern die Zustimmung zu einer Bluttransfusion bei ihrem Kind missbräuchlich verweigern (vgl. oben Rdn. 41). Sofern der Arzt sich darüber nicht hinwegsetzt, macht er sich also nach § 323c StBG strafbar.[92]

104

---

87 Insofern sind die Beispiele bei Ulsenheimer Rn. 263a ff. sehr anschaulich.
88 Geilen, in: Wenzel, Kap. 4 Rn. 563.
89 Umstritten, a.A. OLG Karlsruhe NJW 1979, 2360 f.; BGHSt 6, 57.
90 Fischer, 58. Aufl., § 323c Rn. 6 m.w.N.
91 Sternberg-Lieben/Hecker, in: Schönke/Schröder, 28. Aufl., § 323c Rn. 25 m.N.
92 Vgl. Fischer, 58. Aufl., § 323c Rn. 6 m.N.

gg) Subsidiär, aber kein Auffangtatbestand

105   Ist der Täter zugleich Garant für den Hilfsbedürftigen, so macht er sich nur aus dem unechten Unterlassensdelikt strafbar, da § 323c StGB hinter diesem zurücktritt (Subsidiarität).[93] Ein Arzt wird regelmäßig dann zum Garanten für die Rechtsgüter seines Patienten, wenn er mit diesem einen Behandlungsvertrag abschließt. Er kann sich dann also nur noch einer unterlassenen Hilfeleistung strafbar machen, wenn einer anderweitige Strafbarkeit aus einem unechten Unterlassensdelikt z.B. wegen Körperverletzung durch Unterlassen nach §§ 223, 13 StGB ausscheidet. Dennoch handelt es sich bei § 323c StGB nicht um einen Auffangtatbestand, der bestehende Strafbarkeitslücken gerade im Bereich fehlerhaften ärztlichen Verhaltens schließen soll.[94] Vielmehr stellt diese Norm mit ihren oben dargestellten Tatbestandsvoraussetzungen eine Strafbarkeit wegen unterlassener Hilfeleistung in enge Grenzen.

4. Sterbehilfe

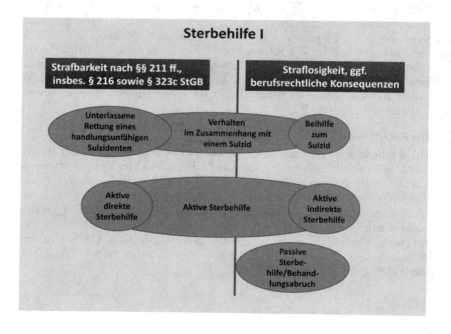

---

93 BGHSt 3, 65 (68); 14, 282 (285); BGH NJW 1993, 1871 (1872).
94 Vgl. Ulsenheimer Rn. 249; Erlinger, in: Widmaier, Münchener Anwaltshandbuch – Strafverteidigung, § 49 Rn. 91.

a) Ein vermintes Gelände?

Auf den ersten Blick gleicht die Beschäftigung mit den Grenzen der medizinischen Behandlung am Lebensende, insbesondere mit den Möglichkeiten des Arztes, Schwerstkranken in ihrem Wunsch nach einem Abbruch der medizinischen Versorgung und einem (für sie) würdevollen Sterben zu helfen, dem Betreten eines verminten Geländes. Unversöhnlich erscheinen die ethischen, religiösen und rechtspolitischen Standpunkte zu sein. Die Ärzte sehen sich durch den Gesetzgeber im Stich gelassen und die Patienten in ihrer Selbstbestimmung eingeschränkt. Die emotionale Aufladung der Diskussion des Themas, dem man sich hierzulande in Anbetracht eines durch die nationalsozialistischen Massentötungen »unwerten Lebens« pervertierten Euthanasie-Begriffs mit Vorsicht nähern muss, darf aber nicht darüber hinwegtäuschen, dass die Rechtsprechung Lösungsmodelle herausgearbeitet hat, über deren dogmatische Schlüssigkeit man im Detail streiten kann und die nicht frei von Abgrenzungsschwierigkeiten sind, die indes in einer Vielzahl von Fällen zu sachgemäßen Ergebnissen führen, mag auch die Typisierung und Abgrenzung an gesetzesfremden Begriffen erfolgen. Verunsicherungen der Betroffenen sind häufig der Rechtsunkenntnis geschuldet. Nichtsdestotrotz kann in Abrede gestellt werden, dass eine umfassende gesetzliche Regelung – die auch in Anbetracht von sich missverstehenden Urteilen der Zivil- und Strafsenate des Bundesgerichtshofes zur analogen Anwendbarkeit des § 1904 BGB wünschenswert gewesen wäre – lange Zeit auf sich warten ließ und zur Rechtsunsicherheit auf Seiten der Ärzteschaft, der Pflegeheime und ihrer Mitarbeiter und nicht zuletzt der Patienten und deren Angehörigen beigetragen hat. Mit dem zum 1. September 2009 in Kraft getretenen sog. Patientenverfügungsgesetz (BGBl. 2009 I, 2286) hat der Gesetzgeber indes den (lange fälligen) ersten Schritt unternommen, um für die ärztliche Praxis einen verlässlicheren rechtlichen Rahmen zu schaffen (unten Rdn. 121 ff.). Zugleich hat der 2. Strafsenat des Bundesgerichtshofs in seinem Urteil vom 25. Juni 2010 nicht einmal ein Jahr nach Inkrafttreten des Gesetzes Gelegenheit gehabt, in rechtsgrundsätzlicher Art und Weise die Rechtsprechung zu konsolidieren und fortzubilden (unten Rdn. 114 ff.).

106

b) Ausgangspunkte

Zur Erinnerung: Auch bei der Behandlung Todkranker gilt, dass jede ärztliche Maßnahme auf zwei Prämissen beruht: Sie muss erstens medizinisch indiziert sein und zweitens mit der Einwilligung des Patienten erfolgen. Fehlt die medizinische Indikation, so lässt sich schwerlich eine ärztliche Pflicht zur Vornahme der »Heil«behandlung annehmen, fehlt die Einwilligung, macht sich der Arzt wegen Körperverletzung strafbar, wenn er den Patienten zwangsweise weiterbehandelt. Bei der vorrechtlichen Bewertungsfrage, was **medizinisch indiziert** ist – »verstanden als das fachliche Urteil über den Wert oder Unwert einer medizinischen Behandlungsmethode in

107

ihrer Anwendung auf den konkreten Fall«[95] – muss bedacht werden, dass die kontinuierliche Weiterentwicklung der Apparatemedizin den Arzt in die Lage gebracht hat, Leben auch dort zu verlängern, wo es vom Betroffenen nicht mehr als lebenswert und lebenswürdig empfunden wird. Vor diesem Hintergrund muss die Zielrichtung des hippokratischen Eides, alles »zum Nutzen der Kranken« zu tun, überdacht werden. Auf der anderen Seite erfährt die **Selbstbestimmung des Patienten** dort eine Grenze, wo sie an die Einwilligungsschranke des § 216 StGB stößt: Er darf nicht in Fremdtötungshandlungen einwilligen. Sein Leben ist seiner Disposition insoweit entzogen und wer seinem Verlangen folgt, begeht das Tötungsdelikt, das mit Freiheitsstrafe (von sechs Monaten bis zu 5 Jahren bedroht) ist (dazu Rdn. 109).

c) Unterschiedliche Erscheinungsformen und ihre strafrechtliche Bewertung

108   Es hat sich bewährt, bei den einzelnen Maßnahmen zur Verkürzung danach zu differenzieren, ob sie auf einen Tötungserfolg direkt abzielen oder ob sie ihn als eine (zwangsläufige) Folge mit sich bringen, ob sie den Tod aktiv herbeiführen oder seinen Eintritt nur passiv zulassen. Zur Klarstellung: Passivität ist nicht gleichbedeutend mit einem Unterlassen des Arztes im Rechtssinne (§ 13 StGB); sie bezieht sich auf das Einstellen laufender bzw. das Unterbinden noch anstehender oder Fortsetzen unterbrochener lebensverlängernder Maßnahmen. Begonnen werden soll aber mit der klaren Grenze dessen, was die Rechtsordnung dem Arzt verbietet:

aa) Aktive Sterbehilfe

(1) Verboten: »direkte« Sterbehilfe

❗ Die gezielte – schmerzlose – Tötung oder Beschleunigung des Todeseintritts, mag sie auch nur zu einer geringen Lebenszeitverkürzung führen und dem ausdrücklichen Wunsch des Sterbenden entsprechen, ist – dies stellt § 216 StGB unmissverständlich klar – verboten und strafbar.[96]

109   Eine Rechtfertigung nach § 34 StGB scheidet aus, weil sich das menschliche Leben einer Güterabwägung entzieht. Das Selbstbestimmungsrecht des Einzelnen geht nicht so weit, »Dritte zu selbständigen Eingriffen in das Leben ohne Zusammenhang mit einer medizinischen Behandlung zu veranlassen«.[97] Mit anderen Worten: Der Arzt darf den Patienten so wenig ein tödliches Mittel auf dessen Wunsch hin injizieren wie er ihn mit Hilfe eines Kopfkissens ersticken dürfte. Die Eindeutigkeit dieses rechtlichen Befundes hat nicht dazu

---

95   BGH(Z) 154, 205 (224) (Patiententestament).
96   BGHSt 37, 376 (379); BGH NStZ 2003, 537 (Zivildienstleistender); Kutzer MedR 1994, 111; Laufs NJW 1992, 1528 (1532).
97   BGHSt 55, 191, 204.

geführt, dass in der rechtspolitischen Diskussion[98] der Ruf nach einer Auflockerung des Sterbehilfeverbotes verhallt.[99] Zu Recht wird bemängelt, dass es für den, der nicht mehr körperlich in der Lage ist, sich durch (etwa die Einnahme eines überdosierten Medikaments) das Leben zu nehmen, keine Aussicht gibt, seinen Zustand selbstbestimmt zu beenden (eine straflose Beihilfe zum Suizid [unten Rdn. 111] scheidet in diesen Fällen nämlich aus).[100] Auch wird – ebenso zutreffend – darauf hingewiesen, dass die schwer begründbare und ergebnisbezogene Anerkennung einer erlaubten »indirekten« Sterbehilfe (dazu gleich Rdn. 110) nicht frei von Wertungswidersprüchen sei.[101] All dies ist plausibel, ändert aber an der geltenden Rechtslage und dem (auch historisch erklärbaren) Festhalten hieran ebenso wenig wie die freizügigeren gesetzlichen Regelungen im benachbarten Ausland (Schweiz, Niederlande) zu einem Tätigwerden des Gesetzgebers drängen.

(2) Nicht strafbar: »indirekte« Sterbehilfe

❗ Nach allgemeiner Auffassung sind dagegen ärztliche Behandlungsmaßnahmen, die nicht bezwecken, den Tod des Patienten herbeizuführen, ihn aber als mögliche oder meist sogar unvermeidbare Folge bewirken, nicht strafbar.[102]

Hierbei handelt es sich in der Regel um solche Fälle, in denen einem Todkranken zur Vermeidung unnötiger Schmerzen bestimmte Schmerzmittel verabreicht werden. Über die **dogmatische Begründung** dieses allgemein als richtig und billig empfundenen Ergebnisses bestehen **unterschiedliche Meinungen**. Zum einen soll es am notwendigen voluntativen Vorsatzelement fehlen – was freilich einer sich aufdrängenden Strafbarkeit wegen Fahrlässigkeit nicht im Wege stünde –, zum anderen wird die Rechtswidrigkeit infrage gestellt, weil der Arzt hier in der Abwägung zweier Güter dem Streben nach möglicher Schmerzlinderung den Vorzug geben dürfe. Dem ist auch der Bundesgerichtshof beigetreten, ohne zu vertiefen, dass auch diese Abwägung nicht ohne Brüche zur Wertung des § 216 StGB verläuft.[103] Dass es an einem dogmatisch überzeugenden Erklärungsmodell für diese

110

---

98 Dazu s. den Tagungsband zum 66. DJT – Stuttgart 2006: Verrel Gutachten C – Patientenautonomie und Strafrecht bei der Sterbebegleitung; Referate von Kutzer Band II/1 N 9 ff.; Putz Band II/1 N 39 ff. und Borasio Band II/1 N 55 ff.; Diskussion, Band II/2, N 89 ff.; Beschlussfassung, Band II/2, N 199 ff.; Beschlüsse Band II/2 N 211 ff.
99 S. nur Kusch NStZ 2007, 436.
100 Vgl. BGH NStZ 2003, 537 f. (Zivildienstleistender).
101 Fischer, 58. Aufl., Vorbemerkungen zu den §§ 211-216 Rn. 17a; Merkel, in: FS F.C. Schroeder, S. 297 (299).
102 BGHSt 42, 301 (305); Fischer, 58. Aufl., Vorbemerkungen zu den §§ 211-216 Rn. 18; Ulsenheimer Rn. 286; jew. m.w.N.
103 BGHSt 37, 376 (379); 42, 301 (305).

Fallgruppe fehlt und die Abgrenzung zur verbotenen direkten Sterbehilfe im Grenzbereich zweifelhaft ist, ändert nichts an der **Ergebnisrichtigkeit** der herrschenden Meinung.[104] Deshalb mag eine gesetzliche Regelung zwar wünschenswert sein, die Relevanz dieser Fallgruppe (zumal in der gerichtlichen Praxis) sollte aber nicht überschätzt werden. So wird zu Recht darauf hingewiesen, dass die Praxisrelevanz in Anbetracht der sich fortwährend weiter entwickelnden und ausdifferenzierenden Möglichkeiten der ärztlichen Schmerztherapie noch weiter abnehmen dürfte.[105]

bb) Nicht strafbar: Beihilfe zum Suizid

❗ Da die deutsche Rechtsordnung nur den straflosen (versuchten) Suizid kennt, ist Teilnahme (Beihilfe oder Anstiftung) am Suizid nicht strafbar, weil es insoweit an der notwendigen strafbewehrten Haupttat fehlt.[106]

111   Straflos bleibt deshalb derjenige, der dem nicht mehr lebenswilligen Schwerstkranken ein tödliches Medikament überlässt, das dieser sich selbst verabreichen soll. Solange nämlich keine Täterschaft, die Tatherrschaft über die Einnahme des Mittels voraussetzt, bejaht werden kann, droht dem Gehilfen, dessen Beitrag sich auf das Vorbereitungsstadium beschränkt, keine strafbare Handlung.[107] Dreierlei ist dazu **kritisch** anzumerken: Einmal bleibt das Strafbarkeitsrisiko für den Arzt bestehen, wenn er – nachdem er die Möglichkeit zur Selbsttötung organisiert hat – sich nicht unmittelbar von seinem Patienten entfernt. Dann droht eine Strafbarkeit wegen Unterlassens, weil in der Regel eine entsprechende Garantenpflicht zur Abwendung des Todeserfolgs besteht;[108] im Bemühen um Einzelfallgerechtigkeit betont der Bundesgerichtshof zwar, dass nach den konkreten Tatumständen eine entsprechende ärztliche Gewissensentscheidung eine entsprechende Rechtspflicht zum Handeln ausschließen kann;[109] Rechtssicherheit schafft diese »weiche« Lösung dagegen nicht, zumal die Rechtsprechung auch den verantwortlichen Suizid als »Unglücksfall« im Sinne des § 323c StGB ansieht (dazu schon oben Rdn. 94). Mag die zwischenmenschliche und berufsethische Beistandspflicht vom Arzt (moralisch) verlangen, seinem Patienten Beistand zu leisten und ihn auf seinem letzten Weg nicht alleine zu lassen, so gebietet die kühl-rationale Kalkulation im Eigeninteresse zur Vermeidung von Strafverfolgungsrisiken, sich möglichst schleunigst von dannen zu machen. Zweitens ist die juristische Konstruktion zwar dogmatisch schlüssig,

---

104 Fischer, 58. Aufl., Vorbemerkungen zu den §§ 211-216 Rn. 18a.
105 Geilen, in: Wenzel, Kap. 4 Rn. 511.
106 BGHSt 6, 147 (154); 32, 367 (371) (»Wittig«); 46, 279 (284).
107 BGHSt 46, 279.
108 BGHSt 32, 369 (375) (»Wittig«); dagegen Roxin NStZ 1987, 345 (346 f.); zustimmend Kutzer NStZ 1994, 110 (112).
109 BGHSt 32, 369 (380) (»Wittig«); Nachw. zur Kritik an dieser Entscheidung bei Fischer, 58. Aufl., Vorbemerkungen zu den §§ 211–216 Rn. 12.

wertungsmäßig bleibt ein Unbehagen in Anbetracht der evidenten Strafbarkeit der wunschgemäßen Injektionsspritze (gerade bei demjenigen, der nicht in der Lage ist, selbständig aus dem Giftbecher zu trinken). Drittens hat sich hier ein kriminalpolitisch fragwürdiges Feld zur Betätigung professioneller Sterbebegleiter gebildet, über deren Motive sich mit Fug und Recht streiten lässt.

cc) Nicht strafbar: Passive Sterbehilfe
(1) Ausgangslage

Nicht strafbar ist nach der ganz herrschenden Meinung die so genannte »passive« Sterbehilfe (oder besser: **das Sterbenlassen**).[110]

112

> ❗ Wo eine medizinische Indikation zur Weiterbehandlung fehlt, wo es überdies dem ausdrücklichen Willen des Betroffenen entspricht, keine lebensverlängernden Maßnahmen zu erhalten, ist es nicht erlaubt, sondern rechtlich geboten, den Einzelnen an seiner Erkrankung sterben zu lassen.

Problematisch wird es dort, wo **kein aktueller Wille** des Patienten mehr geäußert werden kann und feststellbar ist. Gerade an Fällen des »apallischen Syndroms« (Wachkoma) hat sich die Diskussion maßgeblich entzündet. Im Ergebnis bestand und besteht Einigkeit, dass auch hier der Selbstbestimmung des Einzelnen und seinem Recht auf einen würdevollen Tod Platz eingeräumt werden muss. Nur war es umstritten, auf welche Art und Weise, in welchem Verfahren und nach welchen Maßstäben der mutmaßliche Wille festgestellt werden sollte, insbesondere welche Bindungswirkung Patientenverfügungen haben konnten, inwieweit die Schwere der Erkrankung, insbesondere die Todesnähe für die rechtliche Beurteilung ausschlaggebend war, und wer welche Maßnahmen treffen durfte. Der maßgebliche und für die entstandene Rechtsunsicherheit ursächliche **Schwachpunkt** der Rechtsprechung bestand darin, dass sie die Zulässigkeit der passiven Sterbehilfe in Fällen, in denen eine begonnene Behandlung (etwa durch ein Beatmungsgerät oder durch eine EG-Sonde) eingestellt werden sollte, vornehmlich danach maß, ob das Einstellen der Weiterbehandlung ein (verbotenes) aktives Tun oder ein (erlaubtes) Unterlassen war. Diese formale Abgrenzung erschien indes willkürlich und ungeeignet, wertungsmäßig richtige Lösungen zu gewährleisten. So wunderte es nicht, dass sich die Rechtsprechung mit normativen »Kunstgriffen« behelfen musste, um im Einzelfall unsachgemäße Ergebnisse (etwa wenn es um die aktive Abschaltung eines Beatmungsgerätes ging) zu vermeiden.[111]

113

---

110 Kritisch zum Begriff Schreiber NStZ 2006, 473 (474 f.).
111 Kritisch dazu Fischer, 58. Aufl., Vorbemerkungen zu den §§ 211–216 Rn. 20; nunmehr auch BGHSt 55, 191.

Norouzi

(2) BGHSt 55, 191

114   Der 2. Strafsenat des Bundesgerichtshofs hat mit seinem Urteil vom 25. Juni 2010 die Rechtslage auf der Grundlage des zum 1. September 2009 in Kraft getretenen sog. **Patientenverfügungsgesetzes** konsolidiert. Mit diesem Gesetz (näher unten Rdn. 121) hatte der Gesetzgeber auf der Grundlage eines längeren, durch außerparlamentarische Kommissionen begleiteten und über die einzelnen Parteigrenzen hinweg vollzogenen Willensbildungsprozesses entschieden, so der 2. Strafsenat in Hinblick auf den Regelungsgehalt des § 1901a Abs. 3 BGB,

115   «dass der **tatsächliche oder mutmaßliche**, etwa in konkreten Behandlungswünschen zum Ausdruck gekommene **Wille** eines aktuell einwilligungsunfähigen Patienten **unabhängig von Art und Stadium seiner Erkrankung verbindlich** sein und den Betreuer sowie den behandelnden Arzt binden soll».[112]

116   Der 2. Strafsenat geht dabei im Einklang mit der hier eingangs in Erinnerung gerufenen Prämisse davon aus, dass auch für die Fortsetzung der medizinischen Behandlung die allgemeinen Grundsätze der rechtlichen Bewertung des ärztlichen Heileingriffs gelten und demnach die Selbstbestimmung des Patienten auch das Recht beinhaltet, die Fortsetzung oder Aufnahme lebensverlängernder Maßnahmen zu verlangen. Die Konsequenz:

117   «[W]enn ein Patient das Unterlassen einer Behandlung verlangen kann, muss dies gleichermaßen auch für die Beendigung einer nicht (mehr) gewollten Behandlung gelten, gleich, ob dies durch Unterlassen weiterer Behandlungsmaßnahmen oder durch aktives Tun umzusetzen ist, wie es etwa das Abschalten eines Respirators oder die Entfernung einer Ernährungssonde darstellen.«

118   Mithin ist es »sinnvoll und erforderlich, alle Handlungen, die mit einer solchen Beendigung einer ärztlichen Behandlung im Zusammenhang stehen, in einem normativ-wertenden Oberbegriff des **Behandlungsabbruchs** zusammenzufassen, der **neben objektiven Handlungselementen auch die subjektive Zielsetzung des Handelnden umfasst**, eine bereits begonnene medizinische Behandlungsmaßnahme gemäß dem Willen des Patienten insgesamt zu beenden oder ihren Umfang entsprechend dem Willen des Betroffenen oder seines Betreuers nach Maßgabe jeweils indizierter Pflege- und Versorgungserfordernisse zu reduzieren«.[113]

119   Der 2. Strafsenat stellt damit maßgeblich auf den **Behandlungsbezug** ab. Sowohl der Wille des Patienten als auch das Handeln desjenigen, der die bereits begonnene Behandlung abbricht oder ihre Fortsetzung unterlässt

---

112 BGHSt 55, 191, 199; Hervorhebung hier.
113 BGHSt 55, 191, 203; Hervorhebungen hier.

Norouzi

(und der nicht notgedrungen ein Arzt sein muss) müssen auf eine bestimmte medizinische Behandlung (bzw. deren Abbruch) ausgerichtet sein. Vom Heilungsverlauf unabhängige lebensverkürzende Handlungen stellen dagegen keinen Behandlungsabbruch dar und bleiben nach § 216 StGB strafbar. Der Behandlungsbezug beinhaltet **auch drastische Maßnahmen**, wie das Durchschneiden eines Versorgungsschlauches, wenn sie dazu dienen, rechtswidrige Zwangsbehandlungen abzuwenden.

❗ Zusammenfassend lässt sich somit feststellen,
- dass ausschlaggebend der Patientenwille bleibt und eine betreuungsgerichtliche Entscheidung nur dann eingeholt werden muss, wenn über diesen Willen Unklarheit oder Streit herrscht,
- dass für die rechtliche Bewertung des Behandlungsabbruchs der Behandlungszeitpunkt und das Stadium der Erkrankung unerheblich sind, es insbesondere nicht darauf ankommen kann, ob der Sterbevorgang bereits begonnen hat,
- dass der rechtmäßige Behandlungsabbruch nicht naturalistisch, sondern normativ und unter Berücksichtigung der subjektiven Ziele zu bestimmen ist,
- dass auch auf ausdrücklichen Wunsch des Patienten behandlungsferne, weitergehende lebensverkürzende Maßnahmen strafbar bleiben (etwa die Verabreichung eines tödlichen Mittels, um die Ernährungseinstellung abzumildern).

120 Nicht ausdrücklich **geregelt** ist, wie zu verfahren ist, wenn **keine medizinische Indikation** für die Weiterbehandlung besteht, der erklärte Patientenwille indes auch medizinisch sinnlose Lebensverlängerung beinhaltet. Nach allgemeinen Grundsätzen (oben Rdn. 64 ff.) muss dann eine solche Heilbehandlung stattfinden, weil sie nicht gegen die **Schranke des § 228 StGB** verstößt. Wenn es die Autonomie des einzelnen zulässt, entgegen der »medizinischen Vernunft« auf Behandlungen zu verzichten, so muss sie ihm auch spiegelbildlich gestatten, auf eine Fortsetzung seiner Behandlung zu bestehen, wo diese medizinisch aussichtslos erscheint. Es verbietet sich hier, das, was die Angehörigen oder Dritte unter einem »würdevollen Tod« verstehen, zum Maßstab der Entscheidungsfindung zu machen, wenn es nicht dem erklärten oder mutmaßlichen Willen des Patienten entspricht. Ebensowenig können die der Krankenversicherung und damit der Allgemeinheit entstehenden Kosten dem erklärten Wunsch des Patienten entgegen gehalten werden.

Sterbehilfe II

	„reine Sterbehilfe"	„Beihilfe" zum Suizid	„indirekte Sterbehilfe"	„passive Sterbehilfe" und Behandlungsabbruch	„aktive Sterbehilfe"
Voraussetzungen	• keine Lebenszeitverkürzung • Basisversorgung und insbesondere Verabreichung schmerzlindernder Mittel • im (mutmaßlichen) Willen des Patienten	• Eigenverantwortlichkeit des Suizidenten • Tatherrschaft des Suizidenten	• medizinisch indizierte palliative Maßnahme am Sterbenden • Lebenszeitverkürzung als Nebenfolge in Kauf genommen, aber nicht beabsichtigt • im (mutmaßlichen) Willen des Patienten	• lebensbedrohliche Erkrankung • Unterlassung, (auch aktive) Begrenzung, Abbruch einer Maßnahme, die geeignet ist, das Leben zu erhalten oder zu verlängern • im Willen des Patienten; strenge Maßstäbe bzgl. dessen Feststellung, §§ 1901a ff. BGB	• mit oder ohne Patientenwille • gezielte Lebensverkürzung, z.B. Verabreichung eines tödlichen Wirkstoffs
Strafrechtliche Behandlung	• straflos und Rechtspflicht (§ 323c StGB, §§ 223, 13 StGB)	• grundsätzlich rechtswidrig aber straflos, BGHSt 46, 279 (285) • Aber BGHSt 32, 367: (verliert der Suizident seine Handlungsfähigkeit besteht Hilfspflicht (§ 323c, §§ 211 ff., 13 StGB)	• straflos, Begründung offen (vgl. BGHSt 42, 301, 305: nach dem sozialen Sinngehalt, rechtfertigender Notstand)	• straflos	• strafbar nach §§ 211 ff. StGB, bei Bestimmung durch ausdrückliches und ernsthaftes Verlangen des Patienten § 216 StGB
Arztrecht		• Ärztliche Suizidassistenz ist berufsrechtlich untersagt	• Grundsätze der Bundesärztekammer I. 3. Absatz		• Grundsätze der Bundesärztekammer I 3. Absatz

c) Exkurs: Patientenverfügung, Vorsorgevollmacht und Betreuungsverfügung

121   Wie ausgeführt, besteht das maßgebliche Problem der passiven Sterbehilfe (oder des Behandlungsabbruchs) in der Unmöglichkeit, den Patienten nach seinem Willen zu befragen. Mit dem sog. **Patientenverfügungsgesetz**[114] bestehen seit dem 1. September 2009 Verfahrensregeln zur Ermittlung des Patientenwillens und zur Wahrung und Verwirklichung seines Selbstbestimmungsrechts. Der nach diesen Maßstäben ermittelte Patientenwille ist auch für die strafrechtliche Beurteilung bedeutsam, allerdings bleibt die Frage, wo die Grenze zwischen einer rechtfertigenden Einwilligung und einer strafbaren Tötung auf Verlangen verläuft, eine strafrechtsspezifische Frage; der Gesetzgeber wollte diese Grenze nicht verschieben (BT-Drucks. 16/8442 S. 9).[115]

122   Das **wirksamste Instrument**, um seinem Willen in Hinblick auf medizinische Maßnahmen auch über die eigene Geschäfts- bzw. Einwilligungsfähigkeit hinaus Geltung zu verschaffen, ist die mit dem sog. Patientenverfügungsgesetz in §§ 1901a und b BGB nun auch gesetzlich anerkannte **Patientenverfügung**. Es besteht die Möglichkeit, Patientenverfügungen (wie auch Vorsorgevollmachten [unten Rdn. 126] und Betreuungsverfügun-

---

114 BGBl. 2009 I, S. 2286.
115 BGHSt, 55, 191, 200.

gen) beim **Zentralen Vorsorgeregister** (www.vorsorgeregister.de) registrieren zu lassen.

Nach § 1901a Abs. 1 Satz 1 BGB ist eine sog. Patientenverfügung eine **123** schriftliche **Erklärung** eines einwilligungsfähigen Volljährigen, der für den Fall seiner Einwilligungsunfähigkeit – auch unabhängig von Art und Stadium seiner Erkrankung (§ 1901a Abs. 3 BGB) – in bestimmte Untersuchungen seines Gesundheitszustands, Heilbehandlungen oder ärztliche Eingriffe einwilligen oder sie untersagen kann. Das **Bestimmtheitserfordernis** hinsichtlich der noch nicht unmittelbar bevorstehenden ärztlichen Maßnahmen kann sich in der Praxis in zweierlei Hinsicht **bedenklich** auswirken: Einmal kann es dazu kommen, dass die ärztlichen Maßnahmen nicht bestimmt genug bezeichnet wurden oder der Verfügende aus Angst vor der Unwirksamkeit seiner Verfügung dort in Extrementscheidungen ausweicht.[116] Eine der Erstellung der Patientenverfügung vorgehende **ärztliche Beratung** ist daher **sinnvoll** – wenn auch kein Wirksamkeitserfordernis.[117]

Falls der Zustand der Einwilligungsunfähigkeit eintritt, hat der Betreuer **124** oder (häufig durch eine sog. Vorsorgevollmacht) Bevollmächtigte zu prüfen, ob diese Willensbekundungen auf die aktuelle Lebens- und Behandlungssituation zutreffen (§ 1901a Abs. 1 Satz 1 a.E. BGB) und bejahendenfalls diesem Willen des Betroffenen Ausdruck und Geltung zu verschaffen (§ 1901a Abs. 1 Satz 2 BGB).

Existiert keine Patientenverfügung oder erfasst eine vorhandene Patien- **125** tenverfügung nicht die aktuelle Lebens- und Behandlungssituation, ist der **mutmaßliche** Wille des – einwilligungsunfähigen – Patienten entscheidend (§ 1901a Abs. 2 Satz 1 BGB). So bietet § 1901a Abs. 2 Satz 3 BGB eine – nicht abschließende – Aufzählung konkreter (§ 1901a Abs. 2 Satz 2 BGB) **Anhaltspunkte**, auf die bei der Ermittlung des mutmaßlichen Patientenwillens abzustellen ist (frühere mündliche und schriftliche Äußerungen, ethische, religiöse und sonstige Überzeugungen und Wertvorstellungen des Betroffenen). Nachdem der Arzt geprüft hat, welche medizinische Maßnahme indiziert ist, erörtert er gemeinsam mit dem Betreuer (oder Bevollmächtigten, § 1901b Abs. 3 BGB) diese Maßnahme unter Berücksichtigung des (ggf. mutmaßlichen) Patientenwillens. Bei der Feststellung des (ggf. mutmaßlichen) Patientenwillens oder seiner Behandlungswünsche soll – sofern dies nicht zu einer erheblichen Verzögerung führt – nahen Angehörigen und sonstigen Vertrauenspersonen des Betreuten Gelegenheit zur Äußerung gegeben werden (§ 1901b Abs. 2 BGB).

---

116 Diederichsen, in: Palandt, 70. Aufl., § 1901a Rn. 6.
117 Anders z.B. der Vorschlag für einen neuen § 1901b Abs. 2 BGB im Bosbach-Entwurf bzgl. des Behandlungsabbruchs ohne Begrenzung der Reichweite, d.h. auch in Fällen heilbarer Erkrankungen (BT-Drucks. 16/11360).

Norouzi

126   Die Grundlage für die **Vorsorgevollmacht** findet sich in § 1896 Abs. 2 BGB, wonach keine Betreuung erforderlich ist, wenn der aus den Gründen nach § 1896 Abs. 1 BGB zu Betreuende für den Fall, dass er seine Angelegenheiten nicht mehr besorgen kann, einen Bevollmächtigten eingesetzt hat, der diese ebenso besorgen kann wie ein Betreuer. Im Unterschied zur Patientenverfügung bevollmächtigt der Betroffene eine Person, die in seinem Namen und mit Wirkung für ihn Erklärungen abgeben kann, zu denen er selbst infolge des Verlusts der Geschäftsfähigkeit nicht mehr in der Lage ist. Bezüglich des hier interessierenden Bereiches der Einwilligung in medizinische Maßnahmen ist auf § 1904 Abs. 5 Satz 2 BGB hinzuweisen; soll die Vollmacht, diese Entscheidungen umfassen, muss dies ausdrücklich klargestellt sein.[118]

127   In einer **Betreuungsverfügung** (§ 1901c Satz 1 BGB) kann der Betroffene Wünsche zur Auswahl des Betreuers oder bzgl. der Durchführung der Betreuung machen.[119] Allerdings ist der Weg, die hier interessierende Einwilligung oder Verweigerung in zukünftige noch nicht bestimmte medizinische Maßnahmen über Betreuungsverfügungen zu regeln, verfahrensrechtlich kompliziert.[120] Eine betreuungsgerichtliche Genehmigung der Einwilligung oder Verweigerung medizinischer Maßnahmen nach § 1904 Abs. 1 und 2 BGB bedarf es nicht, wenn sich Betreuer und Arzt einig sind, dass die Erteilung, die Verweigerung oder der Widerruf der Einwilligung in diese, dem nach § 1901a BGB ermittelten Willen des Betreuten entspricht.[121]

5.   Schutz ungeborenen Lebens: Schwangerschaftsabbruch und Fortpflanzungsmedizin

a)   Wertungswidersprüche

128   Der Schutz der ungeborenen Leibesfrucht gilt wie der strafrechtliche Umgang mit dem ärztlichen Verhalten am Lebensende (Rdn. 106 ff.) als ein (medizin-)ethisches, verfassungsrechtliches, sozial- und kriminalpolitisches Streitfeld. Zwar fehlt es hier – anders als bei der strafrechtlichen Reglementierung der Sterbehilfe, für die allein die gerichtliche Praxis tragfähige Lösungsmodelle entwickelt hat – nicht an einer gesetzlichen Regelung. Im Gegenteil: Der Schutz des ungeborenen Lebens ist **überreglementiert, aber wertungswidersprüchlich.** Das beginnt mit der rhetorischen Behauptung der uneingeschränkten Strafbarkeit des Schwangerschaftsabbruchs in § 218 StGB Abs. 1 StGB, der sogleich im Folgeparagraphen des § 218a Abs. 1

---

118 Gleiches gilt nach § 1906 Abs. 5 Satz 1 BGB für Freiheitsentziehungsmaßnahmen.

119 Zum möglichen Inhalt von Betreuungsverfügungen Diederichsen, in: Palandt, 70. Aufl., Vorbemerkungen zu den §§ 1896 ff. Rn. 8.

120 Geilen, in: Wenzel, Kap. 4 Rn. 518.

121 Gleiches gilt nach § 1904 Abs. 5 Satz 1 BGB für den Bevollmächtigten.

StGB die Grundlage entzogen wird. Das damit verknüpfte Beratungsmodell in § 219 StGB erschöpft sich in Programmsätzen, die »das Bemühen des Gesetzgebers [dokumentieren], die faktisch geringe Schutzwirkung der Fristenregelung zu verbergen«.[122] Unbefriedigend erscheint ferner neben der völligen Schutzlosstellung des ungeborenen Lebens, soweit es um fahrlässiges Handeln des Arztes geht (hier kommt lediglich eine Körperverletzung zum Nachteil der Schwangeren in Betracht),[123] auch der völlige Verzicht auf eine Fristenregelung, soweit medizinisch indizierte Spätabtreibungen betroffen sind, deren Zulässigkeit sich allein nach einer (aus Sicht des Arztes zu bewertenden) Gefahr für den »seelischen Gesundheitszustand« bemisst. Schließlich werden ärztliche Pflichtverletzungen (in § 218c StGB) mit Kriminalstrafe bedroht, deren Nichteinhaltung bereits in der Regel zur Verwirklichung anderer Straftatbestände führt, und die nur eine symbolische Wirkung entfalten. Kurzum: Jeder Versuch die Strafvorschriften des Schwangerschaftsabbruchs in ein dogmatisch konsistentes System zu bringen, birgt die Gefahr des Scheiterns. Sie stellen das Ergebnis einer gesellschaftspolitischen Kompromisslösung nach jahrzehntelanger Diskussion mit dem Versuch dar, wenigstens rhetorisch, den Schranken zu genügen, die das Bundesverfassungsgericht der Entscheidungsfreiheit des Gesetzgebers zum Schutz des ungeborenen Lebens gesetzt hat,[124] und belegen, dass die spezifischen Konfliktsituationen der Schwangeren einer strafrechtlichen Regelung kaum zugänglich sind.[125]

Dieser Eindruck bestätigt sich, wenn man sich mit dem Embryonenschutz vor der Nidation beschäftigt, der aufgrund einer rapide fortschreitenden und sich fortentwickelnden Fortpflanzungsmedizin notwendig geworden ist. Die weit gehende Strafbewehrung, die das EschG vorsieht, lässt sich nur zum Teil durch eine tiefgreifende Forschungsskepsis erklären und steht in einem krassen Wertungswiderspruch zu der nach der Einnistung möglichen Durchbrechung dieses Schutzes zur Verwirklichung anderer Interessen. Auch wenn es sich bei der Materie um »Expertenstrafrecht« handelt, ist gewiss: Für den ärztlichen Praktiker, der in diesem Berufsfeld tätig wird, ist ein Handeln ohne Rechtsrat, existenzgefährdend. Betrachtet man beide Regelungsbereiche (der §§ 218 ff. StGB und des EschG) so kann man schwer der Einschätzung von Geilen widersprechen: »Man wird den Eindruck nicht los, dass es sich (auch!) um eine Art Überkompensation für die Konzessionen bei §§ 218 ff. StGB handelt.«[126]

129

---

122 Fischer, 58. Aufl., § 219 Rn. 1.
123 BGHSt 31, 353.
124 BVerfGE 39, 1; 88, 203
125 Dazu Fischer, 58. Aufl., Vorbemerkungen zu den §§ 218-219b Rn. 10 ff.
126 Geilen, in: Handbuch des FA Medizinrecht, Kap. 4 Rn. 641.

Norouzi

b) Schwangerschaftsabbruch
aa) Tatbestandslösung (§§ 218, 218a Abs. 1 StGB)

130 Das in § 218 StGB aufgestellte Verbot des Schwangerschaftsabbruchs, wird sogleich in der Folgevorschrift des § 218 a StGB nivelliert.

> ❗ Nach § 218a StGB ist der Tatbestand nicht verwirklicht, wenn
> – die Schwangere den Schwangerschaftsabbruch verlangt,
> – den Nachweis einer mindestens drei Tage (»Karenzfrist«) zuvor eingeholten Schwangerschaftsberatung vorzeigen kann,
> – der Schwangerschaftsabbruch durch einen (im Inland approbierten) Arzt vorgenommen wird und
> – noch innerhalb der 12-Wochen-Frist erfolgt.

131 Diese Lösung, mit der die normative Aussage des § 218 StGB außer Kraft gesetzt wird, lässt sich nur vor dem Hintergrund der jahrzehntelangen rechtspolitischen Diskussion und der beiden Leitentscheidungen des Bundesverfassungsgerichts verstehen.[127] Sie bringt schwierige Folgefragen mit sich, da die Tatbestandslösung nichts an der verfassungsrechtlichen Wertung der Rechtswidrigkeit des Schwangerschaftsabbruchs ändert, weshalb ein Nothilferecht zu Gunsten des Fötus nur mithilfe »sozialethischer Schranken« vermieden werden kann, von der Willkürlichkeit der 12-Wochen-Grenze und der Schwierigkeit ihrer medizinisch exakten Ermittlung ganz zu schweigen.

132 Zu den negativen Tatbestandsmerkmalen des § 218a StGB bleibt anzumerken: Der Tatbestandausschluss verlangt mehr als die Einwilligung, die sich nach allgemeinen Regeln, auch soweit es Handeln Minderjähriger[128] betrifft, richtet. Notwendig ist ein »**Verlangen**« der Schwangeren, in dem zum Ausdruck kommt, dass sie die letzte Entscheidung über den Schwangerschaftsabbruch trifft. Die Beratung, deren Nachweis § 218a StGB verlangt, ist in § 219 StGB geregelt. Dass es sich dabei um inhaltsleere Programmsätze handelt, wird nicht zuletzt an der Konkretisierung des Beratungsgesprächs durch das Schwangerschaftskonfliktgesetz (SchKG) deutlich: Es verträgt sich schlecht mit dem Ziel des Beratungsgespräches, das ungeborene Leben zu schützen (vgl. § 219 Satz 1 StGB), wenn es »ergebnisoffen« geführt werden soll (§ 5 Abs. 1 SchKG).

> ❗ Nach § 219 Abs. 2 Satz 3 StGB darf keine Personenidentität zwischen dem Arzt, der das Beratungsgespräch durchführt und jenem, der den Schwangerschaftsabbruch vornimmt, vorliegen.

---

127 Fischer, 58. Aufl., § 218a Rn. 3.
128 Dazu speziell Fischer, 58. Aufl., § 218a Rn. 16a.

Verstöße hiergegen sind nach § 218c Abs. 1 Nr. 4 StGB strafbewehrt **133** (Rdn. 142). Im Übrigen gelten für den Schwangerschaftsabbruch die allgemeinen ärztlichen Aufklärungs- und Beratungspflichten (vgl. § 218c StGB; unten Rdn. 140), die vom Arzt hinreichend zu dokumentieren sind. Die Vornahme des Abbruchs hat nach medizinischen Standards zu erfolgen und umfasst die notwendigen Nachbehandlungsmaßnahmen (vgl. § 13 Abs. 1 SchKG).[129]

> ❗ Es gibt keine Mitwirkungspflichten am Schwangerschaftsabbruch (§ 12 Abs. 1 SchKG), soweit kein spezifischer Notstandsfall für das Leben oder die Gesundheit der Schwangeren vorliegt (§ 12 Abs. 2 SchKG).

Als Ausdruck einer Gewissensentscheidung steht dieses **Weigerungsrecht** **134** naturgemäß nicht allein dem Arzt, sondern ebenso dem Assistenzpersonal zu. Auch wenn regelmäßig davon ausgegangen werden kann, dass dieses weiß, wo seine arbeitsrechtlichen Pflichten enden, sollte der Arzt aus Gründen der Fürsorge darauf achten, dass niemand entgegen seinem Gewissen irrtümlich von einer Mitwirkungspflicht ausgeht. Die Androhung arbeitsrechtlicher Konsequenzen wäre hier eine Nötigung nach § 240 StGB.

bb) Rechtfertigungslösung

Nicht rechtswidrig ist der Schwangerschaftsabbruch, wenn er medizinisch-**135** sozial (§ 218a Abs. 2 StGB) oder kriminologisch (§ 218a Abs. 3 StGB) indiziert ist. In beiden Fällen bedarf es keiner Beratung nach § 219 StGB, was einen Wertungswiderspruch zur Funktion des Beratungsgespräches mit sich birgt.

(1) Medizinisch-soziale Indikation

> ❗ Die medizinisch-soziale Indikation ist gegeben, wenn nach ärztlicher Erkenntnis
> – eine Einwilligung der Schwangeren vorliegt,
> – die Fortsetzung der Schwangerschaft eine Lebensgefahr oder die Gefahr schwerwiegender Beeinträchtigungen des körperlichen oder seelischen Gesundheitszustands der Schwangeren birgt,
> – und diese Gefahr nicht anders als durch einen Schwangerschaftsabbruch abwendbar ist.

Die **Lebensgefahr** betrifft nicht nur solche Risiken, die durch den Geburts-**136** vorgang bzw. die Fortsetzung der Schwangerschaft geschaffen werden können, sondern inzwischen in der Praxis **vordringlich die psychiatrischen Folgen**, wenn eine schwangerschaftsbedingte Depression ein konkretes Sui-

---

129 Vgl. BGHSt 14, 2.

zidrisiko beinhaltet. Daneben kommt die Beeinträchtigung der körperlichen oder seelischen Gesundheit der Schwangeren zur Legitimation der Spätabtreibungen in Betracht. Dass sich das Gesetz derart vager Begriffe bedient, deren Vorliegen nach »ärztlicher Erkenntnis« auf der Basis der gegenwärtigen und zukünftigen Lebensverhältnisse der Schwangeren zu bewerten ist, bleibt in Anbetracht des Ausmaßes der hierdurch bewirkten Rechtsgutsverletzung nur vor dem generellen Kompromisscharakter der Regelung verständlich. Jedenfalls versteht es sich von selbst, dass die »schwerwiegende Beeinträchtigung« der psycho-physischen Verfassung nicht vorschnell bejaht werden darf. Deshalb ist es eine Frage des Einzelfalls, wann bei einem dauerhaften Abbruch der Ausbildung, einem schwerwiegenden Zerwürfnis mit der Familie, dem Verlust der sozialen Stellung oder bei gänzlicher Überforderung (sei es durch die bereits gegebene familiäre Situation oder Drogenabhängigkeit) die medizinisch-soziale Indikation gegeben ist. Dabei ist stets zu berücksichtigen, dass die Abtreibung **letztes Mittel** bleiben muss, der Arzt sich also zu vergewissern hat, ob keine milderen Maßnahmen, die ein Überleben der Leibesfrucht ermöglichen und der Schwangeren zumutbar sind, den gleichen Erfolg versprechen, um die Gefahr abzuwenden.[130] Das können nach Lage der Dinge eine ambulante oder stationäre Psychotherapie zur Abwendung einer schwerwiegenden Depression, eine Einleitung der Frühgeburt zu einem gefahrlosen Zeitpunkt zur Abwendung eines medizinischen Risikos oder die Freigabe zur Adoption in Anbetracht der sozialen Situation sein, wenn sie der Schwangeren zumutbar sind. Schwierig ist in diesem Zusammenhang die Option einer »anonymen Geburt«, da sie ethischen und rechtlichen Bedenken, insbesondere im Hinblick auf das Grundrecht des Kindes auf Kenntnis seiner Herkunft begegnet (vgl. Art. 8 UN-Kinderrechtskonvention).

(2) Kriminologische Indikation

❗ Die kriminologische Indikation setzt voraus, dass nach ärztlicher Erkenntnis

- die Schwangere in den Schwangerschaftsabbruch einwilligt,
- sie Opfer einer Tat nach §§ 176-179 StGB war,
- hoch wahrscheinlich (»dringende Gründe«) ist, dass die Schwangerschaft Folge dieser Tat ist und
- seit der Empfängnis nicht mehr als 12 Wochen vergangen sind.

137   Liegen diese Voraussetzungen vor, so wird von Gesetzes wegen unwiderlegbar eine Notlage im Sinne des § 218a Abs. 2 StGB vermutet. Die »**ärztliche Erkenntnis**«, nach der sich der Verdacht einer Vergewaltigungstat, die ursächlich für die Schwangerschaft gewesen sein muss, richtet, kann

---

130 Fischer, 58. Aufl., § 218a Rn. 28.

naturgemäß nicht mit der Überzeugungsbildung und der Verdachtsprüfung eines Strafrichters verglichen werden. Inwieweit angesichts der identischen Fristenregelung vom Tatbestandsausschluss die kriminologische Indikation einen eigenen Anwendungsbereich hat, bleibt offen: Aus Sicht des Opfers einer Vergewaltigung hat sie den Vorzug, nicht nochmals im Beratungsgespräch die Beweggründe für den Schwangerschaftsabbruch offen legen zu müssen. Ob bei Überschreiten der 12-Wochen-Frist ein kriminogener Ursprung der Schwangerschaft bereits ausreicht, um § 218a Abs. 2 StGB zu bejahen, erscheint in Anbetracht des klaren Gesetzeswortlauts zweifelhaft. Erforderlich ist jedenfalls eine genaue Prüfung anhand der individuellen Umstände des Einzelfalls. Unbillige Ergebnisse bei Jugendlichen, die sich möglicherweise im Anschluss an die Tat nicht trauen, zum Arzt zu gehen, lassen sich wenigstens teilweise über § 218a Abs. 4 StGB vermeiden.

cc) Spezielle Strafbarkeitsrisiken für den Arzt

Auch dort, wo der Schwangerschaftsabbruch nicht tatbestandsmäßig oder rechtswidrig ist, kann sich der Arzt strafbar machen, wenn er gegen die ihm obliegenden ärztlichen Pflichten bei Vornahme eines Schwangerschaftsabbruchs verstößt. § 218c StGB normiert dieses Verstöße, deren Unrechtsgehalt ausweislich der Höchststrafe (ein Jahr Freiheitsstrafe) gering ist, die kriminalpolitisch besser als Ordnungswidrigkeiten eingestuft werden sollten und bei denen regelmäßig eine Verfahrenseinstellung nach §§ 153, 153 a StPO in Betracht zu ziehen ist. Zum Teil scheint es, als wolle die Strafdrohung den Arzt zur Einhaltung seiner beruflichen Pflichten ermahnen, was in Anbetracht der Wertungsdiskrepanzen ins Bild des Gesamtkomplexes passt.

Auch wenn sich § 218a Abs. 1 StGB damit zufrieden gibt, dass die Schwangere ihr Verlangen zum Schwangerschaftsabbruch zum Ausdruck bringt, verlangt § 218c **Nr.** 1 StGB, dass der Arzt ihr **Gelegenheit** gibt, die Gründe für ihr Verlangen darzutun. Da sie keine Pflicht trifft, ihre Motive offenzulegen, und der Beratungsschein einen reiflichen Willensbildungsprozess dokumentieren soll, erklärt sich der Regelungsgrund nur darin, Nachlässigkeiten beim Arzt, der sich nicht hinreichend über das Vorliegen des Tatbestandsausschlusses kundig macht (oder kundig machen will), zu pönalisieren.

Wenn der Arzt die Schwangere über die »Bedeutung des Eingriffs« **nicht hinreichend** (also auch nicht rechtzeitig) **aufgeklärt** hat, so begründet dies bereits nach allgemeinen Grundsätzen die Unwirksamkeit der stets erforderlichen Einwilligung (Rdn. 44 ff.) und führt zur vorrangigen Strafbarkeit nach § 218 StGB. Die Legitimation und praktische Relevanz der Strafdrohung in § 218c Abs. 1 **Nr.** 2 StGB darf daher bezweifelt werden.

138

139

140

Norouzi

141 Die fehlende Überprüfung der 12-Wochenfrist (§ 218c Abs. 1 **Nr. 3** StGB) greift nur dann ein, wenn diese Frist tatsächlich eingehalten worden ist. Ist die Frist aber überschritten, ist – vorrangig – § 218 StGB erfüllt.

142 Allein § 218c Abs. 1 **Nr. 4** StGB hat einen genuin eigenständigen Anwendungsbereich: Er **sanktioniert** die durch § 219 Abs. 2 Satz 3 StGB verbotene **Doppelrolle** des Arztes, der nicht zugleich beratender und dieselbe Schwangerschaft abbrechender Arzt sein darf. Da aber die Beratung nur in Fällen der Tatbestandslösung vorgeschrieben ist, ist der Anwendungsbereich der Norm von vornherein auf Schwangerschaftsabbrüche nach § 218a Abs. 1 StGB eingeschränkt.

143 Da das Gesetz dem Arzt im Rahmen der Feststellung der sozial-medizinischen bzw. kriminologischen Indikationen nach § 218 a Abs. 2 und 3 StGB entscheidende Bedeutung beimisst (auf seine »ärztliche Erkenntnis« kommt es an), wird auch die Überprüfung und das Zustandekommen dieser Feststellung durch § 218b Abs. 1 StGB strafrechtlich flankiert. Dabei handelt es sich um **Sonderdelikte**, die nur durch einen Arzt verwirklicht werden können.

144 So macht sich nach § 218b Abs. 1 StGB strafbar, wer als Arzt einen Schwangerschaftsabbruch vornimmt, ohne dass ihm Feststellungen zum Vorliegen der Indikation vorgelegen haben. Dies betrifft nicht die Einhaltung der 12-Wochenfrist nach § 218a Abs. 3 Strafgesetzbuch da diese vom vornehmenden Arzt selbstständig festgestellt werden muss. Er ist auch nicht an die Feststellungen des anderen Arztes gebunden. Erkennt er, dass eine nach § 218a Abs. 2 und 3 StGB gegebene negative Feststellung falsch ist, und tatsächlich eine Indikation vorliegt, so macht er sich nicht nach § 218 StGB strafbar. Umgekehrt gilt aber in Fällen einer falschen positiven Feststellung das gleiche. Die Norm sanktioniert allein den Verstoß gegen die ärztliche Kontrollpflicht.

145 Das Vertrauen in die Richtigkeit der ärztlichen Feststellung wird durch § 218b Abs. 1 Satz 2 StGB geschützt. Danach macht sich der Arzt, der die Indikationsvoraussetzungen wider besseres Wissen unrichtig feststellt, strafbar.

146 Keinen Straftatbestand, sondern ein spezifisches berufliches Betätigungsverbot normiert § 218b Abs. 2 StGB, der Ärzten die Feststellung der Indikation verbietet, denen seitens der zuständigen Landesstelle dies aufgrund ihrer früheren Verstöße gegen §§ 218, 219a, 219b StGB untersagt worden ist.[131]

---

131 Zu den rechtlichen Folgen Fischer, 58. Aufl., § 218b Rn. 13.

Norouzi

Schwangerschaftsabbruch

§ 218 StGB – Strafbarkeit des Schwangerschaftsabbruchs

§ 218a Abs. 1 StGB – Tatbestandsausschluss:
- Verlangen der Schwangeren
- Nachweis der Beratung
- Abbruch durch einen Arzt
- 12-Wochen-Frist

§ 218a Abs. 2 StGB – Rechtfertigung wg. medizinisch-sozialer Indikation:
- Einwilligung der Schwangeren
- Gefahr für das Leben oder Gefahr einer schwerwiegenden körperlichen oder seelischen Beeinträchtigung der Schwangeren
- Subsidiarität des Abbruchs

§ 218a Abs. 3 – Rechtfertigung wg. kriminologischer Indikation:
- Einwilligung der Schwangeren
- Tat nach §§ 176-179 StGB (nach ärztlicher Erkenntnis)
- dringende Gründe sprechen für Beruhen der Schwangerschaft auf der Tat
- 12-Wochen-Frist

§ 218a Abs. 4 Satz 1 – Straffreistellung der Schwangeren:
- vorgehende Beratung
- Abbruch durch einen Arzt
- 22-Wochen-Frist

§ 218a Abs. 4 Satz 2 – fakultativer Strafaufhebungsgrund des Arztes:
- Voraussetzungen des § 218a Abs. 4 Satz 1 StGB
- Schwangere in besonderer Bedrängnis

Norouzi

Schwangerschaftsabbruch

§ 218b Abs. 1 StGB – Verstoß gegen Feststellungspflichten bzgl. § 218a Abs. 2, 3 StGB:
- Vornahme eines Abbruchs ohne vorliegende ärztliche Feststellung nach § 218a Abs. 2 oder 3 StGB
- ärztliche Feststellung nach § 218a Abs. 2 oder 3 StGB wider besseres Wissen

§ 218c StGB – Strafbarkeit ärztlicher Pflichtverletzungen im Zusammenhang mit Schwangerschaftsabbrüchen:
- § 218c Abs. 1 Nr. 1 StGB: fehlende Einräumung einer Erklärungsmöglichkeit
- § 218c Abs. 1 Nr. 2 StGB: Abbruch trotz mangelhafter Aufklärung
- § 218c Abs. 1 Nr. 3 StGB: fehlende Vergewisserung hinsichtlich des Vorliegens der 12-Wochenfrist der § 218a Abs. 1 und 3 StGB
- § 218c Abs. 1 Nr. 4 StGB: Identität von Beratendem und den Abbruch Vornehmendem, vgl. § 219 Abs. 2 Satz 3 StGB

§ 219a Abs. 1 StGB – Strafbare Werbung für den Schwangerschaftsabbruch:
- anbieten, etc. von Diensten oder Mitteln, etc. für den Schwangerschaftsabbruch in grob anstößiger Weise oder in Bereicherungsabsicht
- Ausnahmen nach Abs. 2 und 3 für Informationen in Fachkreisen

§ 219b StGB – Strafbares Inverkehrbringen von Mitteln zum Schwangerschaftsabbruch:
- Straffreistellung der den Abbruch ihrer Schwangerschaft Vorbereitenden (Abs. 2)

c)   Moderne Fortpflanzungsmedizin, speziell: Verbot der PID

147   Der Strafrechtschutz der §§ 218 ff. StGB beginnt erst ab der Nidation des Embryos. Da aber die moderne Fortpflanzungsmedizin Möglichkeiten der extrakorporalen Befruchtung in vitro entwickelt hat, war der Gesetzgeber vor nunmehr 20 Jahren mit dem **Embryonenschutzgesetz** (ESchG) angetreten, mittels einer umfassenden strafrechtlichen Reglementierung der Forschung und Behandlung in diesem Bereich Grenzen zu setzen. Bei dem ESchG handelt es sich um ein reines **Strafgesetz**. Dass es sich nicht im Kernstrafrecht des StGB findet, lässt sich vielleicht mit der eingeschränkten praktischen Bedeutung der abseitigen Materie erklären. Deshalb können die einzelnen Verbotsnormen im Rahmen dieses Beitrags nicht im Einzelnen vorgestellt werden. Sie reichen vom Verbot der Leih- oder Ersatzmutterschaft (§ 1 Abs. 2 Nr. 1 und 7 ESchG), der postmortalen (also nach dem Tod des beteiligten Mannes vorgenommenen) Befruchtung (§ 4 ESchG) bis zum Verbot des Klonens (§ 6 ESchG) und der Erzeugung von Hybridwesen aus Mensch und Tier (§ 7 ESchG).[132]

---

132 Vertiefend etwa Schroth, in: Roxin/Schroth, Handbuch des Medizinstrafrechts, S. 530 ff.; Günter/Taupitz/Kaiser, ESchG, 2008.

❗ Was erlaubt ist, ergibt sich nur im Umkehrschluss aus dem, was das
ESchG nicht verbietet.

So lässt sich sagen, dass die künstliche Insemination und Befruchtungsme-   **148**
thoden der in-vitro-Fertilisation zum anschließendem Embryotransfer erlaubt sind; gleiches gilt für das Tieffrieren von Eizellen und Embryonen
(Kryokonservierung), soweit es ausschließlich zum Zwecke der Fortpflanzung, nicht der Forschung geschieht. Es liegt auf der Hand, dass der Mangel
einer positiv die Möglichkeiten der Forschung definierenden Gesetzgebung
nicht für Rechtsklarheit auf Seiten der Forschung und der Ärzte, die sich auf
die Behandlung von Kinderwünschen spezialisiert haben, sorgt.

Einer kurzen Vertiefung bedarf daher die für die künstliche Befruchtung   **149**
in der Praxis bedeutsame Rechtsfrage der Zulässigkeit der inzwischen wissenschaftlich möglichen **Präimplantationsdiagnostik (PID)**: der Untersuchung des in vitro erzeugten Embryos nach schweren genetischen Defekten.
Ihre Zulässigkeit war umstritten. Der 5. Strafsenat des Bundesgerichtshofs
hat sie mit seinem Urteil vom 6. Juli 2010 im Ergebnis überzeugend bejaht.[133] Dabei stellten sich zwei Rechtsfragen: Ob dieses Verfahren einen
Fall der missbräuchlichen Anwendung einer Fortpflanzungstechnik nach
§ 1 Abs. 1 Nr. 2 ESchG war, der das Unternehmen unter Strafe stellt, »eine
Eizelle zu einem anderen Zweck künstlich zu befruchten, als eine Schwangerschaft der Frau herbeizuführen.« Und: Ob die Entnahme von Zellen des
Embryos zum Zwecke der Untersuchung und das »Stehenlassen« des Embryos mit positivem Befund ein Verwenden zu einem »nicht seiner Erhaltung dienenden Zweck« nach § 2 Abs. 1 ESchG war. Der Bundesgerichtshof hat das verneint, weil erstens auch im Falle der PID die Herbeiführung
der Schwangerschaft das Primärziel bleibt. Dabei hat der Senat zutreffend
auf die Wertungsentscheidung des § 3 Satz 2 ESchG hingewiesen, der das
Verbot der Geschlechtswahl bei in vitro befruchteten Eizellen für den Fall
aufhebt, dass das Kind vor einer »schwerwiegenden geschlechtsgebunde-
nen Erbkrankheit« bewahrt werden soll. Und schließlich hat der Senat den
auch im Schrifttum bemängelten und ansonsten drohenden Wertungswiderspruch zum Umgang mit dem Embryo in vivo nach §§ 218 ff. StGB gesehen.
Nach der Einnistung ist nämlich bei einer durch Pränataldiagnostik (PND)
diagnostizierten Erkrankung ein Schwangerschaftsabbruch aufgrund medizinisch-sozialer Indikation unter den Voraussetzungen des § 218a Abs. 2
StGB möglich. Ebenso zutreffend stellt der 5. Strafsenat fest, dass die Aussonderung der defekten Eizellen keinen Verstoß gegen § 2 Abs. 1 ESchG
darstellt. Auch hierbei stellte er maßgeblich auf die Wertentscheidung in § 3
Satz 2 ESchG ab und gelangte so zu einer restriktiven Auslegung des Begriffs des Verwendens. Es soll kein Auffangtatbestand sein.

---

133 BGH NJW 2010, 2672 m. Anm. Schroth.

Norouzi

150 Doch ist der Richterspruch des Bundesgerichtshofs nicht das letzte Wort. Da die Frage nach der Rechtmäßigkeit der PID für viele eine grundsätzliche mit Symbolkraft überladene Wertungsentscheidung der Rechtsordnung darstellt, hat sich der Gesetzgeber am 7. Juli 2011 nach einer kontrovers geführten rechtspolitischen Diskussion für die begrenzte Zulassung der PID entschieden (BT-Drucks. 17/5451).

III. Verstöße gegen die ärztliche Lauterkeit

1. Verletzung der ärztlichen Schweigepflicht

a) Verletzung von Privatgeheimnissen nach § 203 Abs. 1 Nr. 1 StGB

151 Die Schweigepflicht des Arztes geht zurück auf den Corpus Hippocraticum und gilt als Kernstück dessen Berufsethik. Ohne die Diskretion des Arztes wäre ein unbelastetes Verhältnis zu seinem Patienten schlechthin nicht möglich. Darum wird die Verletzung dieser Schweigepflicht durch den Arzt nach § 203 Abs. 1 Nr. 1 StGB unter Strafe gestellt.

152 Diese Vorschrift soll zum einen das allgemeine Persönlichkeitsrecht des Patienten sowie sein Recht auf informationelle Selbstbestimmung schützen, wonach jeder selbst entscheiden kann, wann und innerhalb welcher Grenzen er persönliche Informationen offenbaren will. Zum anderen dient die Norm mittelbar dem Schutz des Interesses der Allgemeinheit an der Funktionsfähigkeit des Gesundheitswesens.

Verletzung von Privatgeheimnissen § 203 Abs. 1 Nr. 1 StGB

I.   Tatbestand
 – Fremdes Geheimnis
 – Täter i.S.d. § 203 Abs. 1 Nr. 1–7 StGB
     Heilberufe, insb. Ärzte nach § 203 Abs. 1 Nr. 1 StGB
 – Offenbaren des Geheimnisses
 – Vorsatz
 II. Rechtswidrigkeit
     (P) Einwilligung
     (P) Mutmaßliche Einwilligung
     (P) Notstand § 34 StGB
     (P) Wahrnehmung berechtigter eigener Interessen
     (P) Gesetzliche Offenbarungspflicht
 III. Schuld
 IV. Strafantrag nach § 205 Abs. 1 StGB
 IV. Qualifikation nach § 203 Abs. 5 StGB
     gegen Entgelt, mit Bereicherungs- oder Schädigungsabsicht

aa) Fremdes Geheimnis

Das Geheimnis zeichnet dreierlei aus: **153**
- Ein Geheimnis betrifft eine noch unbekannte Tatsache
- Der Betroffene will, dass diese Tatsache geheim bleibt (Geheimhaltungswille).
- Der Betroffene hat ein objektiv nachvollziehbares, sachlich begründetes und rechtlich schützenswertes Interesse an der Geheimhaltung (objektives Geheimhaltungsinteresse).[134]

> ❗ Ein Geheimnis ist jede noch unbekannte Tatsache, die nicht allgemein, sondern nur einem bestimmten begrenzten Personenkreis bekannt ist und an deren Geheimhaltung der Patient ein verständliches, das heißt begründetes und daher schützenswertes Interesse hat.

Darunter fallen sämtliche Angaben, die der Patient im Rahmen der Behandlung dem Arzt gegenüber macht, sowie der Name des Patienten und die Tatsache, dass er überhaupt in Behandlung ist. **154**

Eine Tatsache, die jeder beliebige Dritte – etwa im Rahmen einer öffentlichen Gerichtsverhandlung oder aus den Medien – hätte erfahren können, ist indes **kein Geheimnis.** **155**

> ❗ Fremd ist ein Geheimnis dann, wenn die Information im Zusammenhang mit der geschützten Geheimsphäre eines anderen steht. Die Indiskretion betrifft also gerade dessen Vertraulichkeitsinteresse und greift in seine informationelle Selbstbestimmung an.

Auch sog. **Drittgeheimnisse**, also Tatsachen, die einen Dritten betreffen, der nicht direkt mit den Arzt in Kontakt steht, werden durch § 203 StGB geschützt. Der Umfang dieses Schutzes ist indes umstritten, er bezieht sich jedenfalls auf Geheimnisse, die sich auch auf den Patienten selbst beziehen (z.B. die Beziehung des Patienten zu dem Dritten, dessen Geheimnis dem Arzt anvertraut wird).[135] **156**

Gemäß § 203 Abs. 4 StGB besteht die Schweigepflicht des Arztes auch **nach dem Tod** des Patienten fort. Dies korrespondiert mit dem Schutz des Persönlichkeitsrechtes, das ebenfalls über den Tod hinweg – allerdings in abgeschwächter Form – fortbesteht.[136] Diese Schweigepflicht bezieht sich daher vor allem auf Geheimnisse aus dem persönlichen Lebensbereich des verstorbenen Patienten.[137] **157**

---

134 RGSt 26, 5.
135 Fischer, 58. Aufl., § 203 Rn. 9 m.w.N.
136 BVerfGE 30, 173 (Mephisto).
137 Geilen, in: Handbuch des FA Medizinrecht, Kap. 4 Rn. 600.

bb) Arzt als Täter i.S.d. § 203 Abs. 1 Nr. 1 StGB

158 Bei § 203 StGB handelt es sich um ein **Sonderdelikt**, Täter kann daher nur ein Angehöriger der in § 203 Abs. 1 StGB aufgezählten Berufsgruppen sein. Nach § 203 Abs. 1 Nr. 1 StGB sind insbesondere Ärzte taugliche Täter. Das Geheimnis muss dem Berufsgeheimnisträger **als Angehörigem einer der Berufsgruppen** – also gerade in seiner Eigenschaft und Funktion als Arzt und nicht nur als Privatperson – bekannt geworden sein. Ob ihm das Geheimnis anvertraut – also gerade unter Umständen, aus denen sich seine Verschwiegenheit ergibt, wie z.B. in der Sprechstunde – oder auf sonstige Weise bekannt gemacht wurde, ist unerheblich, solange das Bekanntwerden in einem funktionellen Zusammenhang mit der Tätigkeit als Arzt steht.[138] So muss der Arzt auch die Geheimnisse der Patienten bewahren, die sich nicht freiwillig zu ihm in Behandlung begeben haben.[139]

cc) Offenbaren

> ❗ Offenbaren ist jede Äußerung, durch die ein anderer in den Kreis der bereits informierten Mitwisser einbezogen wird.

159 Das Geheimnis braucht durch das Offenbaren **nicht öffentlich** zu werden, für die Strafbarkeit des Arztes reicht es bereits aus, dass er die Information an einzelne Personen weitergibt. Ebenso reicht die Bestätigung einer bis dahin nur gerüchteweise in Umlauf befindlicher Vermutungen aus.[140]

160 Die **Form** ist **unerheblich**. Das Offenbaren kann durch mündliche oder schriftliche Mitteilung, durch eine Tätigkeit (z.B. die Weitergabe von Unterlagen) oder ein Unterlassen (z.B. gezieltes Liegenlassen von Unterlagen, in dem Wissen, dass sie ein Dritter finden wird) geschehen.

161 Kein Offenbaren als strafbare Handlung nach § 203 StGB ist indes gegeben, wenn der Arzt Geheimnisse an Dritte weitergibt, die damit sowieso bestimmungsgemäß in Berührung gekommen wären und ihrerseits der Schweigepflicht unterliegen (z.B. weitere behandelnde Kollegen, Pflegepersonal, Arzthelfer, Schreibkräfte).

dd) Subjektiver Tatbestand

162 Der Arzt muss mit Wissen und Wollen hinsichtlich aller Tatbestandsmerkmale handeln. Er muss billigend in Kauf nehmen, eine ihm als Arzt anvertraute geheime Information zu offenbaren. Irrt er darüber, dass es sich bei der Information um ein Geheimnis handelt – etwa weil er denkt, dieser schon längst Dritten bekannt oder der Berechtigte wolle sie gar nicht ge-

---

138 BGHSt 33, 150 m. Anm. Hanack JR 1986, 33.
139 Z.B. Amtsarzt, Sachverständiger oder Arzt im Strafvollzug, vgl. VG Berlin NJW 1960, 1410; Lenckner, in: Schönke/Schröder, 28. Aufl., § 203 Rn. 15.
140 RGSt 26, 7; 38, 65.

Norouzi

heim halten – so unterliegt er einem Tatbestandsirrtum, so dass sein Vorsatz nach § 16 Abs. 1 StGB entfällt.

ee) Rechtswidrigkeit

Das Offenbaren fremder Geheimnisse ist für den Arzt nach § 203 Abs. 1 StGB nur strafbar, wenn er »**unbefugt**«, also ohne Rechtfertigungsgrund handelt.

163

> ❗ Als Befugnis im Sinne des § 203 StGB kommen insbesondere folgende Rechtfertigungsgründe in Betracht:
> – Entbindung von der Schweigepflicht als Einwilligung
> – Mutmaßliche Einwilligung
> – Rechtfertigender Notstand nach § 34 StGB
> – Besondere gesetzliche Rechtfertigungsgründe

(1) Entbindung von der Schweigepflicht als Einwilligung

Eine ausdrückliche Erklärung des Patienten, den Arzt von seiner Schweigepflicht zu entbinden, stellt als Befugnis im Sinne des § 203 StGB eine evidente Einwilligung dar, die seine Tat rechtfertigt. Die Erteilung dieser Einwilligung ist – abgesehen von spezialgesetzlichen Regelungen (z.B. § 4a Abs. 1 Satz 3 BDSG), deren Verstoß allerdings noch kein strafwürdiges Unrecht begründet[141] – **grundsätzlich formlos** möglich. Sie kann daher schriftlich, mündlich, aber auch konkludent durch schlüssiges Verhalten erfolgen.

164

Eine solche **konkludente Einwilligung** ist gegeben, wenn der zustimmende Wille des Patienten an der Weitergabe seiner Geheimnisse hinreichend deutlich zum Ausdruck kommt. Dieses Verhalten muss über das bloße Dulden hinaus gehen. Das ist etwa der Fall, wenn der Patient einverständlich an Abläufen mitwirkt, die zwangsläufig die Offenbarung von Geheimnissen an bestimmte Personen mit sich bringen (z.B. Überweisung an einen anderen Arzt unter Angabe der Patientendaten sowie der Diagnose).[142] Gleiches gilt, wenn ein Patient sich in einem Mehrbettzimmer im Krankenhaus damit einverstanden erklärt, dass diese Behandlung und die Gespräche in diesem Rahmen gegenüber den anderen Patienten im Krankenzimmer offenbart werden.[143] Auf seinen Wunsch hin kann der Patient auch in einem abgeschiedenen Raum behandelt werden.

165

Anders ist es hingegen zu beurteilen, wenn dem Patienten die übliche **Weiterleitung der Daten** an eine privatärztliche oder gewerbliche Verrechnungs-

166

---

141 Vgl. Fischer, 58. Aufl., § 203 Rn. 33 m.w.N.
142 Vgl. auch OLG(Z) München MedR 1994, 245 zum einweisenden Arzt; umstritten hinsichtlich der Hinzuziehung eines Konsiliarius, vgl. Uhlsenheimer Rn. 373b m.w.N.
143 Taupitz MDR 1992, 421.

stelle bekannt ist und er sich dennoch behandeln lässt. In diesem passiven Verhalten ist keine konkludente Einwilligung zu sehen, da ihm die eindeutige und unmissverständliche Zustimmung des Patienten nicht ohne weiteres entnommen werden kann. Dann bleibt eine ausdrückliche Zustimmung erforderlich.[144] Gleiches gilt auch für die **Überlassung der Patientenkartei** nach Übernahmen einer Arztpraxis, hier reicht ein bloßes Schweigen als konkludente Einwilligung nicht aus.[145] Ebenso wenig ist eine konkludente Einwilligung in der Teilnahme an einer **betriebsärztlichen Vorsorgeuntersuchung** zu sehen. Lässt sich der Arbeitnehmer freiwillig untersuchen, begründet dies noch keine Befugnis zur Offenbarung der Ergebnisse an den Arbeitgeber. Anders ist der Fall indes zu beurteilen, soweit gesetzliche Meldepflichten greifen und gerade eine Pflicht des Beschäftigten zur Vorsorge besteht.[146]

167 Indes wird der Patient wegen § 60 SGB I durch die Aushändigung des Kranken- und Überweisungsscheines (Chipkarte) in der Regel konkludent seine Einwilligung zu der Übermittlung seiner Daten an die Krankenversicherung zur Prüfung der Leistungspflicht erklären.[147]

168 Die wirksame Einwilligung kann **nur durch den Verfügungsberechtigten** erfolgen. Bei eigenen Geheimnissen ist dies die Person, die sie dem Arzt anvertraut hat, also in aller Regel der Patient selbst.[148]

169 Im Falle der Offenbarung von Drittgeheimnissen ist **umstritten**, wer die Einwilligung wirksam erteilen kann. Nach einer Ansicht kann nur derjenige einwilligen, den das Geheimnis in eigener Person betrifft – dies ist allein der Dritte.[149] Nach anderer Ansicht kann auch derjenige, der das Geheimnis dem Arzt anvertraut hat, zumindest neben dem Dritten einwilligen.[150]

170 Die Geschäftsfähigkeit des Einwilligenden ist nur bei Betriebs- und Geschäftsgeheimnissen erforderlich[151], im Übrigen reicht insbesondere im Hinblick auf Minderjährige die Fähigkeit aus, die Bedeutung der Erklärung zu verstehen.[152]

(2) Mutmaßliche Einwilligung

171 Eine mutmaßliche Einwilligung kommt nur dann in Betracht, wenn keine Einwilligung des Berechtigten vorliegt und diese auch nicht mehr eingeholt

---

144 BGH(Z) NJW 1992, 2349 m. Anm. Reiling MedR 1992, 331; BGHZ 115, 128 m. Anm. Taupitz MedR 1991, 330.
145 BGHZ 116, 274.
146 Jung NJW 1985, 2729 (2733); Fischer, 58. Aufl., § 203 Rn. 33 m.w.N.
147 Uhlsenheimer Rn. 374a.
148 Lenckner, in: Schönke/Schröder, 28. Aufl., § 203 Rn. 23.
149 Vgl. OLG Hamburg NJW 1962, 689.
150 OLG Köln NStZ 1983, 412; Schünemann ZStW 90, 11 (58).
151 Lenckner, in: Schönke/Schröder, 28. Aufl., § 203 Rn. 24.
152 Siehe auch Rdn. 39 ff.; Fischer, 58. Aufl., § 203 Rn. 32.

werden kann, weil er – etwa infolge von Bewusstlosigkeit oder Tod – seinen Willen nicht mehr erklären kann, gleichzeitig aber ein offensichtliches Interesse des Berechtigten an der Offenbarung des Geheimnisses besteht.[153] Die Frage lautet dann, ob die Durchbrechung der Schweigepflicht den Interessen des Patienten nicht evident zuwiderlaufen oder in seinem Interesse sogar geboten ist.[154]

Voraussetzungen der mutmaßlichen Einwilligung:
– keine wirksame Einwilligung
– keine Erteilung der Einwilligung mehr möglich
– offensichtliches Interesse des Berechtigten an der Offenbarung des Geheimnisses

So kann grundsätzlich eine mutmaßliche Einwilligung eines bewusstlosen Patienten in die Verständigung seiner Angehörigen angenommen werden.[155] Gleiches gilt für die Information der Angehörigen nach dem Tod des Patienten.[156] **172**

Gemäß § 203 Abs. 4 StGB gilt die Schweigepflicht des Arztes auch über den **Tod des Patienten** hinaus. Da das Recht des Patienten, den Arzt von der Schweigepflicht zu entbinden höchstpersönlicher Natur ist, kann es im Regelfall **nicht** im Wege der Erbfolge auf die **Erben** übergehen.[157] Dies führt in den verschiedensten Fällen (z.B. Erbstreitigkeit, unnatürlicher Tod des Patienten) zu einem Dilemma, das oft nur über die mutmaßliche Einwilligung zu lösen ist. Es gilt somit stets zu fragen, ob der Patient ein offensichtliches Interesse an der Offenbarung des Geheimnisses gehabt hätte. **173**

Eine mutmaßliche Einwilligung wird im Übrigen angenommen, wenn einem bewusstlosen beschuldigten Patienten, dem zur Vorbereitung einer OP Blut abgenommen werden soll, zum Zwecke der Strafverfolgung nach ordnungsgemäßer Anordnung eine weitere Blutprobe entnommen wird, da erneute Blutabnahme nach Bewusstlosigkeit nicht in seinem Interesse liege.[158] **174**

Hingegen scheidet eine mutmaßliche Einwilligung im Falle der **Weitergabe von Patientendaten** im Rahmen der Übernahme einer Praxis aus. Die Zu- **175**

---

153 Vgl. BGH(Z) NJW 1991, 2955 (2956); BayObLG(Z) NJW 1987, 1492.
154 BGH(Z) NJW 1983, 2627 m. Anm. Gießen JZ 1984, 281.
155 Lackner/Kühl, 27. Aufl., § 203 Rn. 19 m.N.
156 BGH(Z) NJW 1983, 2627.
157 So bereits RGSt 71, 21; anders indes, soweit es um Geheimnisse geht, die einen wirtschaftlichen Wert verkörpern und daher als Teil des Vermögens anzusehen sind, das auf die Erben übergeht, vgl. Lenckner, in: Schönke/Schröder, 28. Aufl., § 203 Rn. 25 m.w.N.
158 Ulsenheimer Rn. 375.

stimmung jedes einzelnen Patienten kann nämlich ohne weiteres eingeholt werden, es ist nur mit einem hohen Aufwand verbunden.[159]

(3) Rechtfertigender Notstand nach § 34 StGB

176   Über § 34 StGB können Verletzungen der Schweigepflicht weiterhin gerechtfertigt sein, wenn eine gegenwärtige, nicht anders abwendbare Gefahr für ein höherrangiges Rechtsgut besteht und ein Abwägung ergibt, dass das durch die Offenbarung geschützte Interesse die hinter der Schweigepflicht stehenden Interessen wesentlich überwiegt.

Rechtfertigender Notstand § 34 StGB

– Notstandslage:
    – gegenwärtige Gefahr: Zustand, dessen Weiterentwicklung den Eintritt oder die Intensivierung eines Schadens ernstlich befürchten lässt, sofern nicht alsbald Abwehrmaßnahmen getroffen werden
    – für ein geschütztes Rechtsgut: Leib, Leben, Freiheit, Ehre, Eigentum oder anderes hochwertiges Rechtsgut, dass schutzbedürftig und schutzwürdig ist Inhaber dieses Rechtsgutes kann auch der Arzt selbst sein
 – Notstandshandlung: (hier die Offenbarung eines Geheimnisses)
    – objektiv erforderliche Handlung: Handlung muss zur Abwehr der Gefahr geeignet und gleichzeitig das relativ mildestes Mittel sein
    – Handlung subjektiv vom Rettungswillen getragen
 – Interessenabwägung: bei einem Vergleich der kollidierenden Interessen muss unter Berücksichtigung der betroffenen Rechtsgüter sowie dem Grad und dem Ursprung der drohenden Gefahr das geschützte Interesse das beeinträchtigte wesentlich überwiegen
 – Angemessenes Mittel

177   Sieht der Arzt ein **höherwertiges Rechtsgut** – etwa Leib oder Leben eines Menschen – durch sein Schweigen gefährdet, kann er nach einer umfassenden Abwägung der betroffenen Rechtsgüter sein Schweigen brechen, sofern dies zur Abwendung einer gegenwärtigen Gefahr erforderlich und auch als angemessenes Mittel anzusehen ist. Daher handelt ein Kinderarzt, der bei seinen Untersuchungen Hinweise auf den Missbrauch eines Kindes entdeckt und damit rechnen muss, dass es sich dabei um keinen Einzelfall handelt, also **Wiederholungsgefahr** besteht, und seine Schweigepflicht zum Schutz der Gesundheit des Kindes bricht, nach § 34 StGB gerechtfertigt.[160] Im **Einzelfall** kann hier sogar eine **Offenbarungspflicht** des Arztes beste-

---

159 Vgl. Rdn. 166 zur konkludenten Einwilligung sowie Lackner/Kühl, 27. Aufl., § 203 Rn. 19.
160 Zeigel ZMGR 2010, 31; Geilen, in: Wenzel, Kap. 4 Rn. 605.

hen, wenn er als Garant für die Gesundheit des Kindes einzustehen hat.[161] Anders sieht es bei einmaligen Vorgängen aus. Denn dann ginge es bei der Offenbarung durch den Arzt nicht um den Schutz der Gesundheit des Kindes, sondern allein um die Überführung des Täters. Der **Strafanspruch des Staates** ist jedoch gerade **kein höherrangiges Rechtsgut** im Sinne des § 34 StGB, wie das Strafprozessrecht belegt.[162]

178 Ebenso kann in folgenden Fällen die Rechtfertigung des offenbarenden Arztes über § 34 StGB angenommen werden:
- Information der Verwaltungsbehörden über körperliche oder geistige Mängel eines Patienten, die seine Fahruntüchtigkeit begründen, der Patient indes trotz nachdrücklicher Einwirkung seitens des Arztes weiterhin Auto fährt und damit die Allgemeinheit gefährdet.[163]
- Information der Mutter einer volljährigen Patientin, die die lebensrettende Behandlung einer Eileiterschwangerschaft ablehnt.[164]
- Information des Heimtherapeuten über sexuelle Übergriffe des Heimleiters auf eine Patientin, bei der Suizidgefahr besteht, durch den Psychotherapeuten.[165]

179 Ebenfalls nach § 34 StGB gerechtfertigt handelt ein Arzt, der den Ehepartner oder Lebensgefährten seines Patienten über dessen ansteckende Infektionskrankheit informiert.[166] Denn aufgrund der Ansteckungsmöglichkeit besteht eine gegenwärtige Gefahr für das Leben und die Gesundheit des jeweiligen Sexualpartners. Allerdings kann die Offenbarung nur dann nach § 34 StGB gerechtfertigt sein, wenn sie auch das erforderliche, das mildeste und das angemessene Mittel zur Beseitigung der Gefahr darstellt. Bevor der Arzt also massiv in die Persönlichkeitssphäre des Patienten eingreift, muss er zunächst versuchen, diesen selbst dazu zu veranlassen, seinen Partner über das Ansteckungsrisiko aufzuklären.

(4) Wahrnehmung berechtigter Interessen

180 In der Rechtsprechung wird in Analogie zu § 193 StGB die Wahrnehmung berechtigter eigener Interessen als weiterer Rechtfertigungsgrund aner-

---

161 Vgl. Fischer, 58. Aufl., § 203 Rn. 47 m.w.N.
162 Vgl. Ulsenheimer Rn. 376 m.w.N., vgl. auch BVerfG NJW 1972, 1123 zu der Rechtswidrigkeit der Beschlagnahme von der Krankenakte eines Patienten, gegen den die Staatsanwaltschaft als Beschuldigten ermittelt.
163 OLG München MDR 1956, 565; zur paranoiden Schizophrenie BGH(Z) NJW 1968, 2288 m. Anm. Händel NJW 1969, 555.
164 BGH NJW 1983, 350 m. Anm. Geiger JZ 1983, 153.
165 Vgl. BayObLG NJW 1995, 1623, das hier jedoch keine hinreichend konkrete Notstandsgefahr für Rechtsgüter der Patientin feststellen konnte.
166 Bereits RGSt 38, 664 zur Syphiliserkrankung; zur HIV-Infektion bzw. AIDS-Erkrankung siehe OLG(Z) Frankfurt JR 2000, 375 sowie Ulsenheimer, Rn. 376c m. zahlr. w. N.

Norouzi

kannt.[167] Danach soll z.B. ein Arzt gerechtfertigt sein, der die Daten seines Patienten zur gerichtlichen Geltendmachung einer Honorarforderung preisgibt. Eine solche Loslösung der Abwägung widerstreitender Pflichten und Interessen von § 34 StGB wird indes durch verschiedene Stimmen in der Literatur abgelehnt.[168] Im Ergebnis lassen sich diese Probleme aber ohne weiteres über § 34 StGB lösen. Muss sich der Arzt gegen unberechtigte Regressansprüche verteidigen, so ist der Schutz des eigenen Vermögens gegen die unberechtigten Ansprüche des – möglicherweise einen Betrug begehenden Patienten – als überwiegendes Rechtsgut zu werten.

(5) Besondere gesetzliche Rechtfertigungsgründe

181 Bei einem verbeamteten Arzt kann sich eine Befugnis zum Offenbaren von Geheimnissen nach § 203 Abs. 2 Satz 2 StGB auch aus dem **Dienstrecht** ergeben.[169] Weiterhin finden sich zahlreiche gesetzliche Offenbarungspflichten, die die Rechtswidrigkeit einer Tat nach § 203 StGB entfallen lassen.

182 Offenbart eine Arzt **als gerichtlich bestellter Sachverständiger** Geheimnisse des Untersuchten, verwirklicht er damit den Tatbestand des § 203 StGB,[170] handelt aber, sofern er sich im Rahmen des gerichtlichen Untersuchungsauftrages bewegt, wegen der Pflicht zur Gutachtenerstattung nach § 75 StPO bzw. § 407 ZPO gerechtfertigt.[171] Davon klar abzugrenzen sind Tatsachen, die der Mediziner vor seiner Gutachtertätigkeit – etwa als behandelnder Arzt oder aus einer früheren Tätigkeit als Sachverständiger[172] – in Erfahrung gebracht hat, diese darf er nicht unbefugt offenbaren.

183 Weiterhin gibt es auch zahlreiche spezialgesetzliche Offenbarungspflichten, die ein tatbestandsmäßiges Handeln rechtfertigen können,[173] z.B.:
- §§ 7, 11, 12, 49 IfSG bei von dem Patienten ausgehender konkreter Ansteckungsgefahr,
- § 11 Abs. 4 Transplantationsgesetz,
- §§ 294 ff. SGB V zur gesetzlichen Krankenversicherung,
- § 18 Schwangerschaftskonfliktgesetz (SchKG),
- Nichtanzeige geplanter Straftaten nach §§ 138, 139 Abs. 3 Satz 2 StGB sowie
- landesrechtliche Regelungen zum Bestattungs- und Leichenwesen.

---

167 Vgl. BGHSt 1, 368; BGH(Z) NJW 1993, 1560; 1996, 775.
168 Cierniak, in: Münchener Kommentar zum StGB, 1. Aufl. 2003, § 203 Rn. 84 m.w.N.
169 Lackner/Kühl, 27. Aufl., § 203 Rn. 20 f. m.w.N.
170 So die h.M. vgl. BGHSt 38, 369; Fischer, 58. Aufl., § 203 Rn. 40 m.w.N.; a.A. Lenckner, in: Schönke/Schröder, 28. Aufl., § 203 Rn. 16.
171 BGH NStZ 2002, 214; NStZ-RR 2009, 15.
172 BGHSt 38, 369 (371).
173 Vertiefend hierzu Lenckner, in: Schönke/Schröder, 28. Aufl., § 230 Rn. 29 f.

ff) Strafantrag

Bei § 203 StGB handelt es sich wegen § 205 StGB um ein **absolutes An-** **184**
tragsdelikt. Das bedeutet, dass eine Verfolgbarkeit des Täters immer
dann ausscheidet, wenn kein wirksamer Strafantrag im Sinne der §§ 77 ff.
StGB gestellt wurde.

Antragsberechtigt ist der Geheimnisberechtigte, also derjenige, den das je- **185**
weilige Geheimnis direkt betrifft, nicht etwa derjenige, der dem Arzt das
Geheimnis anvertraut hat.[174]

gg) Qualifikation des § 203 Abs. 5 StGB

Handelt der Arzt in Bereicherungs- oder Schädigungsabsicht, so erfüllt er **186**
die Qualifikation des § 203 Abs. 5 StGB und hat daher mit einer schweren
Strafe zu rechnen.

> ❗ Zur Vertiefung der Einzelprobleme hinsichtlich des ärztlichen Schwei-
> gerechtes siehe auch die umfangreiche Zusammenstellung von Fund-
> stellen bei Ulsenheimer, Rn. 381.

b) Geheimnisverwertung nach § 204 StGB

Im Wesentlichen gilt hinsichtlich der Geheimnisverwertung nach § 204 **187**
StGB das oben zur Verletzung von Privatgeheimnissen Gesagte. Die beiden
Delikte unterscheiden sich lediglich hinsichtlich der jeweiligen Tathandlung: offenbart der Arzt im Falle des § 203 StGB ein fremdes Geheimnis, so
muss er im Falle des § 204 StGB ein solches Geheimnis verwerten.

> ❗ Verwertung ist die **wirtschaftliche Verwertung des Geheimnisses zur**
> **Gewinnerzielung,** ohne es zugleich zu offenbaren.[175]

Maßgeblich ist dabei vor allem das Kriterium der wirtschaftlichen Ausnut- **188**
zung des Geheimnisses, es reicht also gerade nicht aus, dass der Arzt das
Geheimnis zu einer Erpressung missbraucht.[176] Vielmehr müssen durch die
Verwertung Vermögensinteressen des Rechtsgutinhabers berührt werden.

2. Strafbarkeit im Umgang mit schriftlichen ärztlichen Zeugnissen: Urkundendelikte

a) Urkundenfälschung (§ 267 StGB)

§ 267 StGB dient dem Schutz der Sicherheit und der Zuverlässigkeit des **189**
Rechtsverkehrs. Dabei handelt es sich um ein sog. **Jedermanns-Delikt,** des-

---

174 Wohl h.M., a.A. Lenckner, in: Schönke/Schröder, 28. Aufl., § 205 Rn. 5.
175 BayObLG NStZ 1984, 169.
176 Fischer, 58. Aufl., § 204 Rn. 3 m.w.N.

sen sich jeder strafbar machen kann. Ein Spannungsverhältnis mit der Tätigkeit eines Arztes kann sich typischerweise bei der Manipulation an Krankenakten oder anderen ärztlichen Zeugnissen.

Urkundenfälschung § 267 StGB

I.   Tatbestand
   – Urkunde
      (P) Krankenakte als Gesamturkunde
      (P) Röntgenbild oder Blutprobe als Augenscheinsobjekt
   – Tathandlung:
      – Herstellen einer unechten Urkunde
      – Verfälschen einer echten Urkunde
      – Gebrauchen einer unechten oder verfälschten Urkunde
   – Vorsatz
   – Täuschungsabsicht
II. Rechtswidrigkeit
III. Schuld

---

aa) Urkunde

❗ Eine Urkunde im Sinne des § 267 StGB ist **jede dauerhaft verkörperte menschliche Gedankenerklärung (»Perpetuierungsfunktion«), die zum Beweis im Rechtsverkehr geeignet und bestimmt ist (»Beweisfunktion«) und einen Aussteller erkennen lässt (»Garantiefunktion«).**[177]

190   Eine besondere Form der Urkunde ist die **Gesamturkunde.** Darunter versteht man eine auf Rechtssatz, Geschäftsgebrauch oder Vereinbarung beruhende feste und dauerhafte Verbindung mehrerer Einzelurkunden zu einem übergeordneten Ganzen, aus dem sich ein über den der einzelnen Urkunden hinausgehenden Gedankeninhalt beweisen lässt.[178] Eine solche Gesamturkunde stellt z.B. die **Krankenakte** eines Patienten dar,[179] die aus vielen einzelnen Urkunden besteht, die aber erst in ihrer Gesamtheit Aufschluss über die umfassende Krankengeschichte des Patienten geben kann.

191   Eine **Blutprobe** für sich stellt – selbst wenn die Ampulle mit dem Namen des Patienten beschriftet ist – keine Urkunde dar, da sie keinen bestimmten Aussteller erkennen lässt. Insofern handelt es sich lediglich um ein Augenscheinsobjekt. Ein solches Objekt kann nur durch die räumliche und feste Verbindung mit einer Urkunde zu einer **zusammengesetzten Urkunde**

---

177 BGHSt 3, 84; 4, 285; 13, 235, 16, 96.
178 BGHSt 4, 60.
179 OLG Koblenz NJW 1995, 1624.

werden, sofern sich deren Erklärungswert gerade auf das Bezugsobjekt bezieht.[180] Indes wurde das Vorliegen einer zusammengesetzten Urkunde abgelehnt im Falle einer nur lose dem ärztliche Befundbericht beigefügten beschrifteten Blutprobe,[181] bei einer hinreichend festen Verbindung wird man allerdings das Gegenteil annehmen dürfen.

Auch ein **Röntgenbild** allein ist keine Urkunde im Sinne des § 267 StGB, da es keine menschliche Gedankenerklärung verkörpert, sondern nur den Zustand des menschlichen Körpers abbildet bzw. darstellt. Es wird jedoch durch § 268 StGB als technische Aufzeichnung im Sinne des § 268 Abs. 2 StGB, die selbsttätig von einem technischen Gerät bewirkt wird, vor Manipulationen geschützt.[182] Zudem kann das Röntgenbild durch eine körperlich feste Verbindung mit einem entsprechenden Befundbericht zu einer zusammengesetzten Urkunde werden.

192

Weiterhin ist zu beachten, dass § 267 StGB nur **echte Urkunden** schützt.

193

> **!** Eine Urkunde ist echt, wenn sie in ihrer gegenwärtigen Gestalt vom dem angegebenen Hersteller herrührt oder von der Person, die dieser zur Leistung seiner Unterschrift ermächtigt hat.[183]

Wichtig ist dabei eine klare **Unterscheidung von Hersteller und Aussteller der Urkunde**, weil die Urkunde unecht ist, wenn Hersteller und Aussteller nicht übereinstimmen, bzw. der Hersteller ohne die Befugnis des Ausstellers gehandelt hat.

194

Hersteller	Aussteller
derjenige, der die Urkunde körperlich gefertigt und daher hergestellt hat	derjenige, von dem die Urkunde herrührt, der als geistiger Urheber hinter der beurkundeten Erklärung steht und für diese eintritt

Hersteller der verschiedenen Dokumente einer Krankenakte können Ärzte, aber auch das Pflegepersonal sein. Aussteller ist indes allein derjenige, der die in der Akte enthaltene Erklärung im Rechtsverkehr für und gegen sich gelten lassen will. Das ist typischerweise der behandelnde Arzt, den auch die Dokumentationspflicht trifft.[184]

195

---

180 Cramer/Heine, in Schönke/Schröder, 28. Aufl., § 267 Rn. 36a.
181 BGHSt 5, 75.
182 BGHSt 29, 204.
183 Fischer, 58. Aufl., § 267 Rn. 18.
184 OLG Koblenz NJW 1995, 1624.

bb) Tathandlungen

196   Da § 267 StGB allein die Sicherheit des Beweisverkehrs mit Urkunden schützt, pönalisiert diese Norm **nicht** die sog. **schriftliche Lüge.**

> ❗ Es kommt für die Strafbarkeit nach § 267 StGB nicht darauf an, ob der Inhalt der Urkunde richtig oder falsch ist, maßgeblich ist allein, ob über die Person des Herstellers der Urkunde getäuscht wird.[185]

197   Des **Herstellens** einer unechten Urkunde macht sich daher nur strafbar, wer eine Urkunde fertigt, sich in dieser aber nicht als Hersteller zu erkennen gibt, sondern über die Identität des Ausstellers der Urkunde täuscht. Eine unechte oder verfälschte Urkunde wird **gebraucht**, indem der Täter sie dem Rechtsverkehr etwa durch Vorlegen, Übergeben, Hinterlegen, Veröffentlichen oder Verlesen zur sinnlichen Wahrnehmung zugänglich macht.

198   Im Hinblick auf den Umgang mit Krankenakten kommt insbesondere die Tatbestandsvariante des **Verfälschens** einer echten Urkunde in Betracht. Darunter versteht man die nachträgliche Veränderung des gedanklichen Erklärungsinhaltes der Urkunde.[186] Es kommt auf die Änderung der Beweisrichtung der Urkunde an, das Verfälschen wird daher auch erfüllt, wenn der Inhalt der Urkunde durch die Änderung wahr wird! Eine solche Änderung kann durch die Beseitigung einzelner Seiten der Krankenakte, das Einfügen neuer Seiten oder das Ergänzen verschiedener Inhalte erfolgen, sofern dadurch der Gesamtinhalt verändert wird.

199   Bei **zusammengesetzten Urkunden** ist ein Verfälschen anzunehmen, wenn die feste Verbindung zwischen Urkunde und Bezugsobjekt verändert wird. Es reicht aus, dass der Inhalt der zusammengesetzten Urkunde ohne Manipulation an der Urkunde an sich (z.B. dem Befundbericht) durch den Austausch des Bezugsobjektes (z.B. der Blutproben) verändert wird.[187]

200   Zwar ist der **behandelnde Arzt typischerweise der Aussteller der Krankenakte.** Das bedeutet nicht, dass er diese nach seinem Gutdünken zeitlich unbegrenzt abändern kann. Ihm **fehlt** hierzu die **Befugnis, sobald die Urkunde dem Rechtsverkehr zugänglich gemacht wurde** oder er auf andere Weise die Verfügungsgewalt über die Urkunde verloren hat, weil ein Dritter nunmehr zu Beweiszwecken ein begründetes Interesse an der Unversehrtheit der Urkunde hat.[188] Gerade im Hinblick auf einen späteren Arzthaftungsprozess ist die Krankenakte für den Patienten von enormem Beweiswert.

---

185 Cramer/Heine, in: Schönke/Schröder, 28. Aufl., § 267 Rn. 48, 54.
186 Lackner/Kühl, 27. Aufl., § 267 Rn. 20.
187 Cramer/Heine, in: Schönke/Schröder, 28. Aufl., § 267 Rn. 65a m.w.N.
188 Fischer, 58. Aufl., § 267 Rn. 34.

● Im Falle einer Krankenakte erlischt die Änderungsbefugnis des Arztes in dem Moment, wenn die während der Behandlung erhobenen Befunde vollständig dokumentiert sind und in die Krankenakte geheftet werden,[189] denn ab diesem Zeitpunkt hat der Patient zur Therapie- und Beweissicherung einen Anspruch an deren unverändertem Bestand.

Beispiele: Ein Chefarzt, der kurz vor der Entlassung des Patienten die Blutzuckerwerte, welche die Pflegekräfte des Krankenhauses eingetragen haben, in der Akte verändert, verfälscht somit eine echte Urkunde.[190] Gleiches gilt für nachträglich vorgenommene Manipulationen an der Niederschrift eines Aufklärungsgespräches.[191] Ändert das Pflegepersonal, ein Arzt oder ein Dritter, der nicht als Aussteller der Urkunde anzusehen ist, ohne Befugnis des behandelnden Arztes eigenmächtig den Inhalt der Akte, so verfälscht er selbstverständlich ebenfalls eine echte Urkunde. **201**

cc) Subjektiver Tatbestand

In subjektiver Hinsicht muss der Arzt mindestens mit bedingtem Vorsatz handeln. Dieser Vorsatz muss sich neben der Tathandlung auch auf die Urkundeneigenschaft beziehen. Weiterhin muss der Täter mittels der Urkunde im Rechtsverkehr täuschen wollen (**Täuschungsabsicht**); dafür reicht es aus, dass der Täter allgemein den Gedanken verfolgt, mit der Urkunde auf den Rechtsverkehr so einzuwirken, dass irgendjemand irregeführt und zu einem rechtlich erheblichen Verhalten bewogen werden soll. **202**

b) Urkundenunterdrückung (§ 274 StGB)

Wichtigster Fall des § 274 StGB, der auch den Arzt betreffen kann, ist die Urkundenunterdrückung nach § 274 Abs. 1 Nr. 1 StGB. Danach macht sich strafbar, wer Urkunden, die ihm zumindest nicht ausschließlich gehören, in der Absicht, einem anderen Schaden zuzufügen, vernichtet, beschädigt oder unterdrückt. **203**

---

189 Ulsenheimer, Rn. 91b.
190 OLG Koblenz NJW 1995, 1625 m. Anm. Rigizahn MedR 1995, 32.
191 LG Nürnberg-Fürth, Urteil vom 22.07.1999, Az. 6 Ns 802 Js 11194/97.

> ### Urkundenunterdrückung § 274 Abs. 1 Nr. 1 StGB
>
> I. Tatbestand
> - Urkunde
>   (P) Krankenakte als Gesamturkunde
> - die dem Täter nicht oder nicht ausschließlich gehört
>   Ansprüche eines Dritten auf Beweisbenutzung oder Vorlage der Urkunde
> - Tathandlung:
>   - Vernichten: Aufheben der Gebrauchsfähigkeit der Urkunde
>   - Beschädigen: Veränderung der Urkunde, die ihren Wert als Beweismittel beeinträchtigt
>   - Unterdrücken: Urkunde wird der Benutzung durch den Berechtigten zu Beweiszwecken entzogen
> - Vorsatz
> - Absicht, einem anderen einen Nachteil zuzufügen
> II. Rechtswidrigkeit
> III. Schuld

204 Als Tatobjekt des § 274 Abs. 1 Nr. 1 StGB kommen **nur echte** Urkunden (oben Rdn. 193 ff.) in Betracht, die dem Täter nicht ausschließlich gehören. Da § 274 StGB die Sicherheit des Rechtsverkehrs mit Urkunden schützt, sind darunter alle Urkunden zu verstehen, über die der Täter nicht allein das ausschließliche Verfügungsrecht hat.[192] Täter kann daher auch der Aussteller oder der Eigentümer der Urkunde sein (s.o. Rdn. 200). Maßgeblich ist allein, dass ein Dritter einen Anspruch auf Beweisnutzung bzw. Vorlage der Urkunde hat. Nach Abschluss der Behandlung »gehört« die Krankenakte somit nicht mehr alleine dem behandelnden Arzt, sondern auch dem Patienten, der im Rahmen eines späteren Arzthaftungsprozesses zu Beweiszwecken einen Anspruch auf Vorlage der Akte hat. Vernichtet, beschädigt oder unterdrückt der Arzt nun die Krankenakte, um die Beweisführung des Patienten zu erschweren oder zu vereiteln, so macht er sich nach § 274 StGB strafbar.

c) Ausstellen unrichtiger Gesundheitszeugnisse (§ 278 StGB)

205 Durch § 278 StGB wird – im Gegensatz zu anderen Urkundendelikten – auch die schriftliche Lüge pönalisiert. Insofern schützt diese Regelung die **inhaltliche Richtigkeit** von Gesundheitszeugnissen, denen im Rechtsverkehr gerade im Hinblick auf den Umgang mit Behörden und Versicherungsgesellschaften ein erhöhter Beweiswert zukommt.

---

192 Cramer/Heine, in: Schönke/Schröder, 28. Aufl., § 274 Rn. 5.

Ausstellen unrichtiger Gesundheitszeugnisse § 278 StGB

I. Tatbestand
- Arzt oder approbierte Medizinalperson
- unrichtiges Gesundheitszeugnis
- Ausstellen zum Gebrauch bei Behörde oder Versicherungsgesellschaft
- wider besseres Wissen bzgl. der Unrichtigkeit des Zeugnisses
- Vorsatz bzgl. der Tathandlung und der Gebrauchsbestimmung

II. Rechtswidrigkeit

III. Schuld

aa) Ärzte und andere approbierte Medizinalpersonen

Bei § 278 StGB handelt es sich um ein **Sonderdelikt**, als Täter kommt nur **206** ein bestimmter Personenkreis in Frage, nämlich alle Ärzte und andere approbierte Medizinalpersonen, die durch ihre besondere Qualifikation eine besondere Gewähr für die Richtigkeit des Gesundheitszeugnisses ausstrahlen. Andere Personen außerhalb dieses Kreises können nur Teilnehmer der Tat nach § 278 StGB oder Täter nach § 277 StGB sein. **Maßgeblich** ist die **Approbation**, das heißt der erfolgreiche Abschluss einer gesetzlich geregelten Ausbildung und eines staatlichen Abschlussexamens. Als Täter kommen daher nicht nur Ärzte, sondern auch Hebammen, Krankenschwestern, Krankenpfleger, Masseure, Krankengymnasten, Logopäden etc. in Frage.

bb) Unrichtiges Gesundheitszeugnis

> ❗ Ein Gesundheitszeugnis ist ein **Zeugnis über den früheren, jetzigen oder zukünftigen Gesundheitszustand** eines Menschen, z.B. ein Attest, ein Krankenschein, eine Arbeitsunfähigkeitsbescheinigung, ein Blutalkoholuntersuchung.

Kein Gesundheitszeugnis in diesem Sinne ist ein **Totenschein**, denn er gibt **207** keinen Aufschluss über den Gesundheitszustand eines (lebenden) Menschen, sondern nur zu dessen Todesursache.[193] Ansonsten sind die Übergänge zwischen einer schriftlichen Erklärung über den Gesundheitszustand eines Menschen und den Augenscheinsobjekten, die dieser Erklärung zugrunde liegen (z.B. manipuliertes Röntgenbild[194], gefälschte Laborergebnisse oder sonstige Messwerte[195]), relativ unklar. Jedenfalls muss das Zeugnis einen **Beweiswert** besitzen, der mit der jeweiligen Qualifikation des Täters

---

193 RGSt 65, 78.
194 Offengelassen bei BGHSt 43, 346 (352 f.).
195 Dafür Fischer, 58. Aufl., § 278 Rn. 4, indes dagegen Geilen, in: Handbuch des FA Medizinrecht, Kap. 4 Rn. 583.

Norouzi

korrespondiert. Nicht geschützt wird daher z.B. ein Attest, das eine medizinisch-technische Assistentin ausgestellt hat.[196]

208   Ein Gesundheitszeugnis ist **unrichtig**, wenn seine wesentlichen inhaltlichen Feststellungen nicht im Einklang mit den Tatsachen oder dem allgemein anerkannten Stand der Wissenschaft stehen.[197] Maßgeblich ist also der Inhalt des Zeugnisses bzw. der zugrunde liegende Befund. Weiterhin ist ein Zeugnis unrichtig, wenn es ausgestellt wird, ohne dass eine Untersuchung durch den ausstellenden Arzt stattgefunden hat.[198] Denn dann enthält es gerade nicht den erhöhten Beweiswert, den § 278 StGB zu schützen sucht. Eine Ausnahme davon macht die Rechtsprechung indes, wenn der Arzt seinen Befund zwar nicht aufgrund eigener Untersuchungen trifft, sondern anhand von telefonischen Angaben vertrauenswürdiger Dritter, die im Einzelfall nach pflichtgemäßer Prüfung durch den Arzt – etwa auf Schlüssigkeit oder Widersprüche – eine ausreichende Beurteilungsgrundlage darstellen können.[199]

cc) Ausstellen zum Gebrauch bei Behörde oder Versicherungsgesellschaft

> ❗ Ausstellen ist die körperliche oder elektronische Herstellung eines Zeugnisses.

209   Dieser Vorgang muss **nicht unbedingt eigenhändig** durch den Arzt vorgenommen werden, er muss aber nach außen erkennbar für die Richtigkeit des Inhalts als Verantwortlicher einstehen wollen. Das Ausstellen muss zum Gebrauch des Zeugnisses bei einer Behörde oder einer Versicherungsgesellschaft erfolgen. Das Zeugnis soll also gerade in den Rechtsverkehr gelangen, um bei einer Behörde oder Versicherungsgesellschaft als Grundlage für die Beurteilung des Gesundheitszustandes eines Menschen zu dienen.

dd) Subjektiver Tatbestand

210   Der Arzt muss beim Ausstellen des Zeugnisses **wider besseres Wissen** handeln. Insofern reicht allein der **bedingte Vorsatz nicht** aus. Der Arzt muss vielmehr zweifelsfrei um die Unrichtigkeit des Inhalts des Zeugnisses wissen. Hinsichtlich der anderen Tatbestandsmerkmale – auch hinsichtlich des späteren Gebrauchs des Zeugnisses[200] – genügt indes der bedingte Vorsatz. Irrt der Arzt bei der Ausstellung des Zeugnisses in tatsächlicher Hinsicht,

---

196 OLG Bremen GA 1955, 277.
197 Ulsenheimer, Rn. 389a.
198 BGHSt 6, 90; NStZ-RR 2007, 343 f.; Fischer, 58. Aufl., § 278 Rn. 3 m.w.N.
199 OLG Frankfurt NJW 1977, 2128 (2129); OLG Düsseldorf MDR 1958, 372; OLG Zweibrücken NStZ 1982, 468.
200 BGHSt 43, 346.

so unterliegt er einem Tatbestandsirrtum nach § 16 Abs. 1 StGB, der den Vorsatz entfallen lässt.[201]

IV. Das erweiterte Arztstrafecht: Betrug, Untreue und Korruption

1. Abrechnungsbetrug nach § 263 StGB

Vorab zur **Begriffsklärung**: Der Abrechnungsbetrug nach § 263 StGB ist kein Sonderdelikt, dessen sich nur ein Arzt strafbar machen könnte, auch keine besondere Qualifikation des § 263 StGB als Grunddelikt, sondern es handelt sich dabei in systematischer Hinsicht um einen gewöhnlichen Betrug, der sich durch eine besondere Vorgehensweise – nämlich der betrügerischen Abrechnung ärztlicher Leistungen – abhebt.   **211**

Bei einem Betrug orientiert sich die Prüfung der Tatbestandsmerkmale – im Hinblick auf Art. 103 Abs. 2 GG unbedenklich da strafbarkeitsbegrenzend und Rechtsklarheit bewirkend – nur ungefähr am Wortlaut des § 263 Abs. 1 StGB: **212**

Betrug § 263 StGB
I. Tatbestand   – Täuschung über Tatsachen   – dadurch Irrtumserregung   – dadurch Vermögensverfügung   – dadurch Vermögensschaden   – Vorsatz   – Absicht der rechtswidrigen stoffgleichen Bereicherung   II. Rechtswidrigkeit   III. Schuld

Wegen der verschiedenen Abrechnungsmechanismen in einem komplexen Gesundheitssystem ergeben sich – je nachdem, ob eine Abrechnung durch den Vertragsarzt oder eine Liquidation nach der GOÄ erfolgt – im Hinblick auf § 263 StGB auch Unterschiede in der strafrechtlichen Beurteilung, da die an der Abrechnung beteiligten Personen nicht identisch sind.   **213**

---

201 Vgl. RGSt 74, 229 (231); OLG Frankfurt NJW 1977, 2128 (2129).

Liquidation nach der GOÄ	Vertragsarzt
Patient ist privat krankenversichert und/oder beihilfeberechtigt.	Patient ist bei einer gesetzlichen Krankenkasse versichert.
Patient schließt Behandlungsvertrag mit Arzt und steht diesem auch hinsichtlich des Entgeltes für die ärztliche Leistung als Schuldner gegenüber. Der Patient kann dann bei seiner Versicherung Regress nehmen.	Zwar besteht ein direkter Vertrag zwischen Arzt und Patient, aber Abrechnung erfolgt im Wege der Gesamtvergütung.
Abwicklung direkt zwischen Arzt und Patient ohne Beteiligung der Versicherung. Behandlungs- und Vergütungsweg sind gleich.	An der Abwicklung sind Arzt, Krankenkasse sowie Kassenärztliche Vereinigung beteiligt. Behandlungs- und Vergütungsweg weichen voneinander ab.

a)   Betrug durch den Vertragsarzt

214   Bei der Prüfung eines Betrugsvorwurfs gegen einen Kassenarzt sind die tatsächlichen und rechtlichen Besonderheiten des kassenärztlichen Abrechnungssystems zugrunde zu legen. Eine adäquate rechtliche Würdigung der Vorgänge ist somit nur möglich, wenn man sich die Leistungsbeziehungen innerhalb dieses Systems vor Augen hält.

aa) Das Abrechnungssystem der gesetzlichen Krankenkassen (GKV)

215   Obwohl direkt zwischen Patienten und Arzt ein Behandlungsvertrag geschlossen wird, kann der Patient selbst aus diesem nicht zu einer Zahlung für die empfangene ärztliche Behandlung verpflichtet werden. Der Vertragsarzt muss sich zur Abrechnung seiner Leistungen an die Kassenärztliche Vereinigung (KV) wenden. Die KV ist eine Körperschaft des öffentlichen Rechtes und besteht aus den einzelnen Vertragsärzten als Mitglieder. Nur ihr gegenüber besteht ein Honoraranspruch des Arztes, der indes nicht auf einen bestimmten Betrag, sondern auf einen bestimmten Anteil an der Gesamtvergütung gerichtet ist.

216   Zunächst muss also der Arzt selbst die von ihm erbrachten Leistungen bewerten und eigenverantwortlich unter Beachtung des Einheitlichen Bewertungsmaßstabes (EBM), des Bundesmantelvertrages für Ärzte (BMV-Ä) sowie der Richtlinien des § 92 Abs. 1 Satz 2 SGB V und des Gesamtvertrages eine Abrechnung erstellen. Diese Abrechnung leitet er gemeinsam mit einer sog. Sammelerklärung, in der er ausdrücklich versichert, dass alle Leistungen in den Abrechnungen richtig angegeben wurden, quartalsweise an die KV weiter.

Daraufhin überprüft die KV die Abrechnungen gemäß der §§ 75 Abs. 2 **217**
Satz 2, 83 Abs. 2 SGB V, §§ 45 f. BMV:
- In einem ersten Schritt werden sämtliche Abrechnungen auf die **sachliche und rechnerische Richtigkeit** der Angaben hin überprüft (§ 106a Abs. 2 SGB V).
- In einem zweiten Schritt erfolgt **in Einzelfällen** eine **Plausibilitätskontrolle** nach § 106a Abs. 1a u. 2 SGB V. Dabei werden die Abrechnungen einzelner stichprobenartig ausgewählter Ärzte anhand einer Prüfliste untersucht (§ 106 i.V.m. § 297 SGB V). Es wird beispielsweise anhand von Tagesprofilen getestet, ob Unstimmigkeiten hinsichtlich der Zeitvorgaben bestehen oder ob bestimmte fachfremde Leistungen oder Behandlungen außerhalb der Sprechstundenzeiten vermehrt abgerechnet wurde.

Weiterhin erfolgt in Einzelfällen, die entweder durch Stichproben oder bei **218**
konkretem Anlass durchgeführt werden, eine Prüfung der Wirtschaftlichkeit durch gemeinsame, paritätisch gebildete Ausschüsse aus Vertretern der Krankenkassen und der KV (§ 106 Abs. 4 SGB V). Dabei wird anhand von Durchschnittswerten und Richtgrößen untersucht, ob die abgerechneten ärztlichen Leistungen erforderlich und zweckmäßig waren.

Dann macht die KV ihren Gesamtvergütungsanspruch gegenüber den Kas- **219**
sen geltend. Diese Gesamtvergütung erhält die KV quartalsweise von den gesetzlichen Krankenkassen. Mit der Ausschüttung dieser Gesamtvergütung sind sämtliche Leistungen aus der vertragsärztlichen Versorgung für die Kasse mit befreiender Wirkung beglichen (§ 85 Abs. 1 SGB V). Gläubiger der Gesamtvergütung ist allein die KV und nicht etwa der einzelne Arzt. Die Bemessung der Gesamtvergütung richtet sich nach § 85 Abs. 2 SGB V.[202] Die Höhe der Gesamtvergütung als solche besagt nichts über den konkreten Anteil, den später der einzelne Arzt als Honorar erhält.

Anschließend verteilt die KV diese Gesamtvergütung auf ihre Mitglieder, **220**
also die einzelnen Vertragsärzte. Der genaue Anteil des jeweiligen Arztes richtet sich nach dem jeweils geltenden Honorarverteilungsvertrag (HVV, § 85 Abs. 4 SGB V). Die KV erlässt dazu einen Verwaltungsakt in Form eines Honorarbescheides gegenüber dem Vertragsarzt.

---

202 Vertiefend dazu Hellmann/Herffs, Der ärztliche Abrechnungsbetrug, 2006, Rn. 44 ff.

Norouzi

Kassenärztliches Abrechnungssystem

1. Erstbewertung der Leistungen durch den Arzt
2. Arzt leitet Abrechnungen gemeinsam mit Sammelerklärung weiter an KV
3. Prüfung der Abrechnungen durch KV
   a) sachliche und rechnerische Richtigkeit
   b) Plausibilitätskontrolle anhand von Stichproben
4. Weiterleitung der Abrechnungen an Kassen und Geltendmachung der Gesamtvergütung
5. Wirtschaftlichkeitsprüfung durch gemeinsames Gremium von KV und Kassen
6. Kasse schüttet an KV Gesamtvergütung aus
7. KV verteilt Gesamtvergütung anhand HVV an die einzelnen Vertragsärzte

---

221 Die **Schwachstelle** des kassenärztlichen Abrechnungssystems besteht in der **fehlenden** bzw. schlichtweg nicht durchführbaren **Kontrolle** des einzelnen Vertragsarztes bei der Erstbewertung seiner eigenen Leistungen. Der Anreiz Leistungen abzurechnen, die nach den Richtlinien des Bundesausschusses der Ärzte und Krankenkassen nicht oder zumindest nicht so in Rechnung gestellt werden dürfen, lässt sich nicht vermeiden. Wer ihm erliegt, begeht indes in der Regel einen strafbaren Betrug.

bb) Abrechenbare Leistungen

222 Zudem hängt der Strafvorwurf des Betruges maßgeblich davon ab, welche Leistungen der Arzt wie abrechnen kann. Denn rechnet er korrekt ab, kann kein betrugsrelevanter Irrtum entstehen.

223 Zunächst darf nur derjenige Arzt gegenüber der KV abrechnen, der als Vertragsarzt über eine **Zulassung** zur vertragsärztlichen Versorgung, die von der KV erteilt wird, verfügt. Eine solche Zulassung hängt maßgeblich von der selbständigen Tätigkeit des jeweiligen Arztes ab und kann daher grundsätzlich **nicht an Ärzte im Angestelltenverhältnis** erteilt werden. Wird eine solche Zulassung – etwa entgegen eines verdeckten Angestelltenverhältnisses oder durch die Einschaltung eines Strohmannes – erschlichen oder besteht sie überhaupt nicht, so gelten die erbrachten Leistungen – auch wenn die Behandlung den Regeln der ärztlichen Kunst entsprach – als nicht abrechenbar.[203]

224 Weiterhin muss eine abrechenbare Leistung wegen §§ 15 Abs. 1, 28 Abs. 1 SGB V, § 32 Ärzte-ZV, § 15 Abs. 1 BMV-Ä durch den **Vertragsarzt persön-**

---

203 BSGE 76, 153.

Norouzi

lich erbracht worden sein.[204] Eine solche persönliche Leistung kann auch bei einer wirksamen **Delegation** an Dritte gegeben sein. Dies ist im Falle der Behandlung durch Hilfspersonal des Arztes nach § 15 BMV-Ä anzunehmen, wenn die Leistung durch den Vertragsarzt im Einzelfall angeordnet wurde, von ihm überwacht wird und das Personal hinreichend qualifiziert ist. Eine Delegation von Tätigkeiten aus dem Kernbereich des ärztlichen Berufes scheidet indes aus. Die Abrechnung nicht persönlich erbrachter Leistungen spielt auch in den sog. Strohmann-Fällen eine Rolle (s.u. Rdn. 231).

Außerdem muss die vertragsärztliche Versorgung **wirtschaftlich, erforderlich und zweckmäßig** sein, sie darf das Maß des Notwendigen nicht überschreiten (§§ 12 Abs. 1, 70 Abs. 1 SGB V). Eine unwirtschaftliche Leistung des Arztes, die etwa nicht medizinisch indiziert oder sinnlos ist oder nachrangig hinter eine weniger aufwändige Behandlung hätte zurücktreten müssen, ist wegen § 12 Abs. 1 SGB V auch nicht erstattungsfähig.[205]   **225**

cc) Rechtliche Würdigung

❗ Die Manipulation einer Abrechnung wird erst zum Betrug, wenn der Arzt mit Bereicherungsabsicht durch eine Täuschung einen Irrtum erregt oder unterhält und infolgedessen das Vermögen eines Dritten durch eine Vermögensverfügung geschädigt wird.

Dabei lassen sich grob folgende Fallgruppen unterscheiden: **226**
1. Abrechnung nicht erbrachter Leistungen (sog. Luftleistungen)
2. Abrechnung nicht persönlich erbrachter Leistungen
3. Abrechnung unwirtschaftlicher Leistungen
4. Abrechnung nach Erschleichen der vertragsärztlichen Zulassung

Aufgrund des breiten Spektrums der Manipulationsmöglichkeiten im Rahmen der Abrechnung ärztlicher Leistungen ist diese Aufzählung jedoch keinesfalls abschließend.   **227**

❗ Vertiefend zu den verschiedenen Fallkonstellationen siehe die gelungene Übersicht bei Ulsenheimer, Rn. 14/17 sowie Hellmann/Herffs, Der ärztliche Abrechnungsbetrug, 2006, Rn. 148 ff.

(1) Täuschung

❗ Eine Täuschung kann in jedem Verhalten bestehen, das einen Erklärungswert hinsichtlich Tatsachen besitzt und durch Einwirken auf die

---

204 BSGE 74, 154; 76, 153; 80, 48.
205 Vgl. zur Unwirtschaftlichkeit einzelner Leistungen die Richtlinien des Gemeinsamen Bundesausschusses (GB-A), im Internet abrufbar unter http://www.g-ba.de/informationen/richtlinien/ (Stand: 11.07.2011).

> Vorstellung einer anderen natürlichen Person bei dieser zu einem Irrtum über diese Tatsachen führen kann.[206]

228 Dies kann durch Tun (Vorspiegeln falscher Tatsachen, Entstellen wahrer Tatsachen oder Unterdrücken wahrer Tatsachen), durch eine konkludente Erklärung oder durch das Unterlassen eines zur Aufklärung verpflichteten Garanten geschehen. Im Falle des Abrechnungsbetruges kann die Täuschung zum einen darin liegen, dass der Arzt eine Leistung als Abrechnungsposten angibt, die er so nicht abrechnen darf. Selbstverständlich ist die Angabe einer tatsächlich nicht erbrachten Leistung eine Täuschung. Dies trifft aber nicht auf alle Fallkonstellationen zu, denn die Abgabe einer Abrechnung enthält nicht zwangsläufig die Erklärung, die einzelnen Posten seien angemessen und üblich.[207]

229 **(a)** Unproblematisch ist die Täuschung bei einer sog. **Luftleistung** gegeben. Dort spiegelt der Arzt vor, eine Behandlung durchgeführt zu haben, die tatsächlich nie stattfand.

230 **(b)** Im Falle der Erbringung von Leistungen durch Hilfspersonal ohne wirksame Delegation durch den Vertragsarzt, täuscht dieser ausdrücklich durch das Einreichen der Sammelerklärung, die regelmäßig den Passus enthält, dass er die **Leistung persönlich** erbracht hat.

231 **(c)** Den sog. **Strohmann-Fällen**[208] liegt folgende Konstruktion zugrunde: Ein Arzt, der selbst keine vertragsärztliche Zulassung erhält, setzt in seiner Praxis einen weiteren Arzt mit Zulassung als Strohmann ein, dieser rechnet dann gegenüber der KV sämtliche Behandlungen ab, obwohl deren Großteil durch den zulassungslosen Kollegen erfolgte.

232 **(d)** Bei der Abrechnung **unwirtschaftlicher Leistungen** – seien diese medizinisch indiziert oder nicht – täuscht der Arzt zumindest konkludent durch die Abgabe der Sammelerklärung. Diese enthält zwar nicht immer eine ausdrückliche Klausel zu der Wirtschaftlichkeit der Leistung, allerdings kommt in ihr zum Ausdruck, dass die Abrechnung entsprechend der einschlägigen Regeln erstellt wurde und insofern auch der Grundsatz der Wirtschaftlichkeit aus § 12 Abs. 1 SGB V gleichsam als »Geschäftgrundlage« der Abrechnung gewahrt wurde.[209] Bei der Abrechnung unwirtschaftlicher Leistungen gilt es weiterhin zu berücksichtigen, dass sich eine Täuschung im Rahmen des § 263 StGB stets auf Tatsachen beziehen muss.

---

206 Fischer, 58. Aufl., § 263 Rn. 14.
207 Vgl. zur Angabe eines überhöhten Preises BGH NJW 1990, 2005; BayObLG NJW 1994, 1078, OLG Stuttgart NStZ 1985, 503; 2003, 554.
208 Vgl. BGH NJW 2003, 1198 m. Anm. Krack JR 2003, 384.
209 Dazu ausführlicher Hellmann/Herffs, Der ärztliche Abrechnungsbetrug, 2006, Rn. 280 ff. m.N.

❗ Tatsachen in diesem Sinne sind alle gegenwärtigen oder vergangenen
Verhältnisse, Zustände oder Geschehnisse, die dem Beweis zugänglich
sind.

Keine Tatsachen sind aber **Werturteile**, die auf ihre Richtigkeit hin nicht   **233**
überprüfbar sind, sowie Rechtsansichten, bei denen es sich um bloße Beurteilungen einer Rechtslage handelt. Die Wirtschaftlichkeit einer bestimmten Leistung lässt sich erst nach einem Vergleich zwischen den medizinisch
indizierten möglichen Behandlungsmöglichkeiten und deren Kosten beurteilen. Zwar liegen dieser Beurteilung auch wertende Gesichtspunkte zugrunde, dennoch sind die einzelnen Kriterien, die in diese Abwägung einfließen dem Beweis zugänglich und damit im Ergebnis Tatsachen, über die
getäuscht werden kann.[210]

(e) Eine für den Abrechnungsbetrug relevante Täuschung kann außerdem   **234**
darin bestehen, dass ein Arzt durch Vorlage von Scheinverträgen im Rahmen des Verfahrens zur Kassenzulassung vorspiegelt, die in seiner Praxis
angestellten Ärzte seien freiberuflich tätigt und erfüllten die Zulassungsvoraussetzungen (sog. **Scheinselbständigkeit**).[211]

Dabei stellt jede neue Einreichung von fehlerhaften Abrechnungen nach ei-   **235**
nem Quartal eine erneute Täuschung dar. Jede Quartalsabrechnung stellt
insofern eine strafbare Einzeltat dar.[212]

(2) Irrtum

❗ Ein Irrtum ist jeder Widerspruch zwischen der positiven subjektiven
Vorstellung eines Menschen und der Wirklichkeit.

Irren können per se nur Menschen.[213] Sofern die Prüfungsvorgänge bei der   **236**
KV vollkommen automatisiert sind und allein durch EDV-Programme be-
arbeitet werden, scheidet daher mangels Irrtums eine Strafbarkeit nach § 263
StGB aus, indes kann ein Computerbetrug nach § 263a StGB gegeben sein.

In aller Regel wird eine Prüfung jedoch nicht vollständig durch Computer   **237**
erfolgen. Zumeist wird ein **Sachbearbeiter** das entsprechende Programm
steuern und überwachen. Dessen Kenntnisse sind der KV als juristischer
Person grundsätzlich zurechenbar.[214] Der Sachbearbeiter irrt, wenn er ei-

---

210 Ebenso Hancok, Abrechnungsbetrug durch Vertragsärzte, 2006, S. 230 f.
211 Vgl. OLG Koblenz MedR 2001, 144; indes hat das LG Lübeck GesR 2006, 176
    (mit zustimmender Anmerkung Wessing/Dann GesR 2006, 150) angenommen,
    dass keine Täuschung durch den scheinselbständigen Arzt selbst erfolgt, wenn
    dieser die Abrechnungen bei der KV einreicht.
212 Vgl. zum Fortsetzungszusammenhang beim Betrug BGHSt 40, 138.
213 BGH NStZ 2005, 213.
214 Vgl. Fischer, 58. Aufl., § 263 Rn. 85 m.w.N.

Norouzi

ner subjektiven Fehlvorstellung unterliegt. Dabei kann er selbst dann irren, wenn er bereits Zweifel an der Richtigkeit der Angaben hat, die Wahrscheinlichkeit einer Manipulation aber jedenfalls für geringer hält.[215] Ausgeschlossen ist ein Irrtum erst, wenn sich der Sachbearbeiter wirklich keinerlei Gedanken zu der Richtigkeit der Angaben macht, ihm also jegliche Vorstellung dazu fehlt.[216] Dies ist aber im Hinblick auf die vom Arzt beigefügte **Sammelerklärung** beim Abrechnungsbetrug nicht der Fall, denn wegen dieser Erklärung vertraut der Sachbearbeiter ja gerade darauf, dass dessen Angaben stimmen. Für die Annahme eines Irrtums reicht es also aus, dass der Sachbearbeiter davon ausgeht, dass alles in Ordnung sei (sog. **sachgedankliches Mitbewusstsein**).[217]

238 Ein Irrtum scheidet des Weiteren aus, wenn – beispielsweise aufgrund von verwaltungsinternen Fehlern – keinerlei Überprüfung der Angaben des Arztes erfolgt. Ob der Prüfer indes schlampig gearbeitet hat und die Manipulation bei genauerem Hinsehen sofort hätte entdecken können, spielt keine Rolle.[218]

239 Wirken der Sachbearbeiter und der abrechnende Vertragsarzt **kollusiv** zusammen, weiß ersterer also positiv um die Fehlerhaftigkeit der Abrechnung und winkt diese durch die Prüfung, so handelt er nach § 25 Abs. 2 StGB als Mittäter des Arztes. Da er insoweit nicht länger als Hilfsperson der KV auftritt, kann sein Wissen dieser nicht zugerechnet werden. Auf Seiten der KV besteht also trotz seines Wissens ein Irrtum.[219]

(3) Vermögensverfügung

> ❗ Eine Vermögensverfügung ist jedes Tun, Dulden oder Unterlassen, das sich unmittelbar vermögensmindernd auswirkt.

240 Als solche Verfügung im Sinne des § 263 StGB kommen in der mehrgliedrigen Leistungskette des vertragsärztlichen Abrechnungssystem zum einen die Auszahlung der Gesamtvergütung durch die Kassen an die KV und zum anderen die Bezifferung und Auszahlung der Einzelvergütung durch die KV an den täuschenden Vertragsarzt in Betracht.

241 Entscheidend für die Tatbestandsverwirklichung des Betruges ist, dass die Verfügung, die auf einem Irrtum beruht, ihrerseits unmittelbar zu einem Vermögensschaden geführt hat. Daher ist im Falle des Abrechnungsbetru-

---

215 Vgl. BGH NJW 2003, 1198 m. Anm. Krack JR 2003, 384.
216 Lackner/Kühl, 27. Aufl., § 263 Rn. 18 m.w.N.
217 Erläuternd dazu Ulsenheimer, Rn. 14/31, ausführlicher Freitag, Ärztlicher und zahnärztlicher Abrechnungsbetrug im deutschen Gesundheitswesen, 2009, S. 95 ff.
218 BGH wistra 1992, 95 m.w.N.
219 BayObLG NStZ 2002, 91.

ges auf die Verfügung abzustellen, die durch den Irrtum des Sachbearbeiters der KV veranlasst wurde und daraufhin einen Schaden verursacht hat.

Beim Abrechnungsbetrug leitet die KV die fehlerhaften Angaben des Vertragsarztes weiter an die Krankenkassen und macht dort die Gesamtvergütung geltend, die daraufhin durch die Kassen an die KV ausbezahlt wird. In der Auszahlung der Gesamtvergütung kann indes nur dann eine für § 263 StGB relevante **Verfügung der Kasse** über deren Vermögen gesehen werden, wenn diese auf dem Irrtum der Sachbearbeiter der KV beruht. Das ist aber nur dann der Fall, wenn sich die Manipulation durch den Arzt tatsächlich auf die Höhe der Gesamtvergütung ausgewirkt hat, also gerade dann nicht, wenn die Gesamtvergütung – wie im Regelfall – pauschal vereinbart wurde.[220] Denn dann beruht die Auszahlung der Gesamtvergütung auf dieser Vereinbarung und eben nicht auf einem Irrtum. **242**

Indes ist eine Verfügung der Krankenkasse denkbar, wenn die Abrechnung Sonderleistungen bzw. ab dem 01.01.2009 Einzelleistungen im Sinne des § 87a Abs. 3 Satz 5 SGB V betrifft, die unabhängig von der pauschalen Gesamtvergütung gewährt werden, denn bei einer entsprechenden Auszahlung der Kasse an die KV wird das Vermögen der jeweiligen Kasse gemindert.[221] **243**

Im Regelfall scheidet indes wegen der pauschalierten Gesamtvergütung eine irrtumsbedingte Verfügung durch die Kasse selbst zu deren Lasten aus. Aber in der Bezifferung des Honoraranspruches des täuschenden Vertragsarztes kann eine **Verfügung seitens der KV** gesehen werden. **244**

Dabei wird nicht über das Vermögen der Krankenkassen verfügt, denn durch die Berechnung der Honoraransprüche der einzelnen Ärzte wird die Gesamtvergütung nicht erhöht, so dass aus deren Vermögen nichts abfließt. **245**

Auch über das Vermögen der KV wird durch die Festsetzung der Honoraransprüche nicht verfügt. Zwar ist der Begriff des Vermögens im Sinne des § 263 StGB heillos umstritten,[222] jedoch ist allen vertretenen Ansichten gemein, dass das, was einen gewissen wirtschaftlichen Wert für die betreffende Person besitzt, Vermögen sein kann. Indes ist die Gesamtvergütung, die ja durch die Aufteilung auf die Honoraransprüche der verschiedenen Vertragsärzte aufgezehrt wird, für die KV keinerlei wirtschaftlicher Wert. Denn diese erhält die Gesamtvergütung wegen § 85 Abs. 4 SGB V allein, um sie an die Vertragsärzte weiterzugeben, insoweit wird diese niemals Teil ihres Vermögens.[223] **246**

---

220 Ulsenheimer, Rn. 14/22 m.w.N.
221 Freitag, Ärztlicher und zahnärztlicher Abrechnungsbetrug im deutschen Gesundheitswesen, 2009, S. 113 f.
222 Vgl. zur Übersicht über den Streitstand Cramer/Perron, in: Schönke/Schröder, 28. Aufl., § 263 Rn. 78a ff.
223 Hellmann/Herffs, Der ärztliche Abrechnungsbetrug, 2006, Rn. 161.

247 Allerdings sind die einzelnen Honoraransprüche Bestandteil des Vermögens der verschiedenen Vertragsärzte. Durch den Irrtum des Sachbearbeiters der KV wird für den Arzt, der fehlerhafte Angaben macht, ein zu hoher Punktewert berechnet. Dadurch erhält dieser Arzt einen zu hohen Anteil an der Gesamtvergütung, während die anderen (redlichen) Ärzte in derselben KV einen zu niedrigen Teil erhalten.[224] Der Anspruch der übrigen Vertragsärzte auf ihren den Regeln des HVV entsprechend errechneten Anteil an der Gesamtvergütung entsteht bereits mit deren Einreichung ihrer vollständigen Abrechnungen bei der KV[225] und ist somit ab diesem Zeitpunkt Teil ihres Vermögens. Dieses Vermögen wird durch die Bezifferung des Honorars des täuschenden Arztes vermindert, da der eigene Anteil der übrigen redlichen Ärzte dadurch verkürzt wird. Daher ist die für § 263 StGB maßgebliche Verfügung im Regelfall die Bezifferung des Honoraranspruches des abrechnenden Arztes.

248 Da es sich bei dem Betrug um ein Selbstschädigungsdelikt handelt, wird der Tatbestand des § 263 StGB nur erfüllt, wenn die Verfügung durch diejenige Person erfolgt, die täuschungsbedingt irrt, und diese Verfügung zugleich dem Geschädigten zugerechnet werden kann.[226] Der Abrechnungsbetrug im Rahmen der vertragsärztlichen Abrechnung stellt also stets einen sog. **Dreiecksbetrug** dar, da regelmäßig eine Verfügung der KV als Getäuschte über das Vermögen der redlichen Vertragsärzte als Geschädigten erfolgt. Wann eine solche Zurechnung stattfinden kann, ist umstritten.[227] Im Ergebnis kann die Verfügung der KV hier jedoch nach allen vertretenen Ansichten zugerechnet werden, da diese jedenfalls nach § 85 Abs. 4 Satz 1 SGB V gesetzlich zur Verteilung der Gesamtvergütung ermächtigt ist und damit zur Verfügung über die Gesamtvergütung als Teil des Vermögens der einzelnen Vertragsärzte befugt ist.[228]

249 Im Falle der Zulassungserschleichung für sog. **Scheinselbständige**, die in einer Praxis als Ärzte angestellt sind und daher nicht die Voraussetzungen einer Vertragsarztzulassung erfüllen, da diese eine freiberufliche Tätigkeit voraussetzt, besteht die Verfügung zumindest in der Erteilung der Zulassung durch die KV. Denn durch die Zulassung wird den Scheinselbständi-

---

224 Freitag, Ärztlicher und zahnärztlicher Abrechnungsbetrug im deutschen Gesundheitswesen, 2009, S. 119 ff.
225 Hellmann/Herffs, Der ärztliche Abrechnungsbetrug, 2006, Rn. 162 m.N; Freitag, Ärztlicher und zahnärztlicher Abrechnungsbetrug im deutschen Gesundheitswesen, 2009, S. 122 f.
226 Fischer, 58. Aufl., § 263 Rn. 79.
227 Vgl. zur Übersicht über den Streitstand Cramer/Perron, in: Schönke/Schröder, 28. Aufl., § 263 Rn. 66 m.w.N.
228 Freitag, Ärztlicher und zahnärztlicher Abrechnungsbetrug im deutschen Gesundheitswesen, 2009, S. 123 f.; Hellmann/Herffs, Der ärztliche Abrechnungsbetrug, 2006, Rn. 165 ff.

Norouzi

gen die Befugnis zur Abrechnung der von ihnen erbrachten Leistungen eingeräumt, wodurch bereits eine Gefährdung der durch die KV verwalteten Gelder eintritt.[229]

(4) Schaden

> ❗ Ein Schaden ist nach dem Prinzip der Gesamtsaldierung dann gegeben, wenn der Wert des Gesamtvermögens vor und nach der Verfügung ein negatives Saldo aufweist.[230]

Ein Schaden kann im Falle eines Abrechnungsbetruges zum einen bei der **Krankenkasse** eintreten, falls aufgrund der Manipulation des Arztes tatsächlich eine zu hohe Gesamtvergütung ausgezahlt wird (s.o. Rdn. 242). Zum anderen – dies wird wohl regelmäßig der Fall sein, da die Gesamtvergütung in der Regel pauschal vereinbart wird – kommt aber auch ein Schaden der **anderen Ärzte**, die ebenfalls Mitglieder der Kassenärztlichen Vereinigung sind, in Betracht. Deren Anteil an der Gesamtvergütung wird durch die Manipulation geschmälert, da der falsch abrechnende Arzt sich selbst einen höheren Anteil zuschanzt (s. o. Rdn. 247).

250

Dieser Schaden tritt bereits ein, sobald die KV das einzelne Honorar des abrechnenden Arztes beziffert. In der späteren Festsetzung durch den Honorarbescheid und die entsprechende Auszahlung ist nur eine Schadensvertiefung zu sehen.[231] Ein Schaden ist im Falle einer sog. **Luftleistung** evident, da eine Kompensation der Vermögensminderung auf Seiten der übrigen Vertragsärzte nicht ersichtlich ist.

251

Weiterhin nimmt der BGH im Falle der **Abrechnung einer nichtärztlichen Leistung** unter Anwendung der im Sozialversicherungsrecht geltenden streng formalen Betrachtungsweise einen Schaden immer dann an, wenn die Krankenkassen Leistungen erstatten, die insgesamt nicht erstattungsfähig sind, weil sie in Teilbereichen nicht den gestellten Anforderungen genügen.[232]

252

Eine **Kompensation** kommt immer dann in Betracht, wenn dem Geschädigten unmittelbar durch die einzelne Verfügung auch ein Vermögensvorteil zufließt, der die jeweilige Vermögensminderung ausgleicht.[233] Im Falle einer Verfügung über das Vermögen der Krankenkassen – also bei der Erstattung von Leistungen, die die Gesamtvergütung insgesamt erhöhen, aber an sich nicht abrechenbar waren, weil sie der Arzt nicht persönlich

253

---

229 OLG Koblenz MedR 2001, 144.
230 Cramer/Perron, in: Schönke/Schröder, 28. Aufl., § 263 Rn. 99.
231 Hellmann/Herffs, Der ärztliche Abrechnungsbetrug, 2006, Rn. 162.
232 Vgl. BGH NStZ 1995, 85 m. Anm. Hellmann NStZ 1995, 232 sowie Lackner/ Kühl, 27. Aufl., § 263 Rn. 56 m.w.N.
233 Vgl. BGH NStZ 1999, 353.

Norouzi

erbracht hat oder der Arzt als Scheinselbständiger seine Zulassung erschlichen hat[234] – kommt eine Kompensation des Schadens auf Seiten der Versicherung grundsätzlich in Betracht. Denn die Krankenkasse wurde durch die Erbringung der sonst ordnungsgemäßen indizierten ärztlich Behandlung – anders als im Fall einer sog. Luftleistung – von dem Behandlungsanspruch des Versicherten aus §§ 2 Abs. 2, 11 Abs. 1 Nr. 4 i.V.m. § 28 Abs. 1 SGB V befreit und hat insofern Aufwendungen, die bei einer korrekt abgerechneten medizinischen Behandlung durch einen anderem Vertragsarzt angefallen wären, gespart.[235] Eine solche Kompensation wird jedoch vom BGH im Falle nicht persönlich erbrachter Leistungen unter Anwendung der für das Sozialversicherungsrecht geltenden **streng formalen Betrachtungsweise** strikt abgelehnt, nach der eine Leistung insgesamt nicht erstattungsfähig ist, wenn sie in Teilbereichen nicht den gestellten Anforderungen genügt.[236] Diese Rechtsprechung ist in der Literatur auf Kritik gestoßen, da die rein formale Betrachtungsweise des Sozialrechtes gerade nicht auf das Strafrecht übertragbar sei und letztlich eine Rückkehr zu dem juristischen Vermögensbegriff[237] bedeute.[238] Dem ist allerdings entgegenzuhalten, dass der Behandlungsanspruch des Patienten gegen seine Versicherung nicht bloß auf einen bestimmten Erfolg – nämlich seine Heilung – gerichtet ist, sondern vielmehr in der Erbringung einer sachgerechten ärztlichen Behandlung. Diese kann aber im Falle einer Behandlung durch eine Hilfsperson des Arztes ohne dessen zureichende Weisungen und Kontrollen nicht gewährleistet werden.[239]

254   Mit der gleichen Begründung wird eine Kompensation im Falle der Einschaltung eines Strohmannes von der Rechtsprechung abgelehnt.[240]

255   Auch im Rahmen der **Abrechnung unwirtschaftlicher Leistungen** kommt eine Kompensation der zuviel ausgezahlten Honorare auf Seiten der Krankenkassen nicht in Betracht. Zum einen wird die Krankenkasse im Falle einer medizinisch nicht indizierten Behandlung von keinerlei Pflicht gegenüber den Patienten frei, da sie diesen gegenüber nur die Behandlung von Krankheiten schuldet.

256   Zum anderen findet auch bei Leistungen, die zwar medizinisch indiziert, nach den vertragsärztliche Regeln indes unwirtschaftlich sind – etwa weil es eine kostenschonendere Behandlung gibt – keine Kompensation statt. Denn da der Patient nach § 12 Abs. 1 Satz 2 SGB V nur einen Anspruch auf die

---

234 OLG Koblenz MedR 2001, 144.
235 So auch Hellmann/Herffs, Der ärztliche Abrechnungsbetrug, 2006, Rn. 203 ff.
236 Vgl. etwa BGH wistra 1995, 29.
237 Vgl. zum juristischen Vermögensbegriff RGSt 3, 332; 11, 72.
238 Ulsenheimer, Rn. 14/32 ff. m.w.N.
239 Hellmann/Herffs, Der ärztliche Abrechnungsbetrug, 2006, Rn. 212 ff.
240 BGH NJW 2003, 1198.

notwendige, also günstigste Behandlung hat, kann die Krankenkasse im Gegenzug von keiner Verbindlichkeit befreit werden.

Dies ist umstritten, wenn eine günstigere **Behandlungsalternative** gerade **nicht existiert.** Dann verstößt der Vertragsarzt ausschließlich gegen die Richtlinien des gemeinsamen Bundesausschusses, die die Wirtschaftlichkeit ärztlicher Leistungen konkretisieren. Diese Regeln sind zwar nach § 91 Abs. 6 SGB V auch im Verhältnis zwischen den Patienten und den Kassen verbindlich, dennoch hat das BVerfG den Versicherten im Einzelfall gegen die Kassen einen Anspruch auf eine im Sinne der Richtlinien unwirtschaftliche Behandlung zugebilligt.[241] Insofern scheidet eine Kompensation des Schadens durch die Befreiung der Kassen von der Schuld nicht von vornherein aus.[242]

257

In den seltensten Fällen des Abrechnungsbetruges wird eine exakte **Schadensbemessung** möglich sein, da sich das Tatgeschehen oft über mehrere Quartale erstreckt und auf viele einzelne kleine Einzelleistungen bezieht. Dennoch ist die Höhe des Schadens wegen § 46 Abs. 2 StGB als Auswirkung der Tat im Rahmen der Strafzumessung zu berücksichtigen und muss daher von Amts wegen ermittelt werden. Die Rechtsprechung begnügt sich dabei mit einer groben Sachverhaltsklärung, indem sie die durchschnittliche Zuvielforderung je abgerechnetem Krankenschein für ein Quartal ausrechnet und dies auf die weiteren Quartale bzw. Krankenscheine überträgt, sofern feststeht, das den Taten ein regelmäßiges Verhaltensmuster zugrunde liegt.[243] Allerdings sind an die Feststellung eines solchen gleichmäßigen Verhaltens des Arztes hohe Anforderungen zu stellen.[244]

258

(5) Vorsatz und Bereicherungsabsicht

Einen Betrug begeht ist natürlich nur derjenige, der vorsätzlich Manipulationen an den Abrechnungen vornimmt. Vorsatz bedeutet dabei zumindest billigendes Inkaufnehmen einer unrichtigen Abrechnung. Der Arzt muss somit für möglich halten, dass seine Abrechnung falsch ist. Wer aufgrund von Irrtümern, Nachlässigkeit oder Verwechselungen eine fehlerhafte Abrechnung einreicht oder aber aufgrund einer abweichenden Rechtsauffassung seine Abrechnung für richtig hält, handelt nicht vorsätzlich und macht sich daher nicht nach § 263 StGB strafbar.

259

Zugleich muss der Täter mit der Absicht der rechtswidrigen Bereicherung handeln. Im Falle des Abrechnungsbetruges muss es ihm daher im Sinne

260

---

241 BVerfG NJW 2006, 891.
242 Vgl. vertiefend Hellmann/Herffs, Der ärztliche Abrechnungsbetrug, 2006, Rn. 287 ff., der hierzu zwischen unwirtschaftlicher Behandlungsart und unwirtschaftlichem Behandlungsmaß unterscheidet.
243 Feien MedR 1988, 287.
244 Vgl. vertiefend zur Ermittlung der Schadenshöhe Hancok, Abrechnungsbetrug durch Vertragsärzte, 2006, S. 186 ff. m.w.N.

Norouzi

eines zielgerichteten Willens gerade darauf ankommen, sich durch die Manipulation ein höheres Honorar zu verschaffen, auf das er an sich keinen Anspruch hat. Zugleich muss die beabsichtigte Bereicherung stoffgleich mit dem Schaden des Opfers sein, sich also gleichsam als dessen Kehrseite und unmittelbare Folge darstellen.[245]

261 Schwierig gestaltet sich in der Praxis zumeist der **Nachweis des Vorsatzes.** Fehlt eine geständige Einlassung des beschuldigten Arztes, so muss der Vorsatz auf tragfähige Indizien gestützt werden. Solche Indizien können etwa eine hohe Fehlerquote bei den Abrechnungen, die Häufung und regelmäßige Wiederkehr bestimmter Fehler sowie eine undurchsichtige Organisationsstruktur der Arztpraxis und zweifelhafte Weisungen an die Mitarbeiter sein.[246]

b) Betrug im Rahmen der Liquidation nach der GOÄ

262 Im Rahmen der Liquidation nach der GOÄ stellen sich die Beziehungen zwischen Arzt Patient und Krankenkasse anders dar. Der Patient ist hier Mitglied einer privaten Krankenversicherung und/oder bezieht Beihilfe.

aa) Das System der Privatliquidation

263 Hier haben Arzt und Patient einen Behandlungsvertrag nach § 611 BGB geschlossen, der wechselseitige Ansprüche begründet, zwischen **Arzt und Krankenkasse** besteht gerade **kein Vertragsverhältnis.** Daher zahlt der Patient das Honorar des Arztes direkt oder über eine Verrechnungsstelle an diesen und nimmt seinerseits später seine Versicherung in Regress. **Vergütungs- und Leistungsebene** sind dann nicht wie im System der gesetzlichen Krankenkassen voneinander entkoppelt, sondern laufen **gleichförmig.**

264 Daher stellt der Arzt dem Patienten direkt eine Rechnung für die erbrachten Leistungen, die den Anforderungen der **Gebührenordnung für Ärzte (GOÄ)** entsprechen muss. Die GOÄ stellt **zwingendes Recht für alle privat Krankenversicherten** und Beihilfeberechtigten dar. Unter Umständen kommt eine Liquidation nach GOÄ auch gegenüber gesetzlich versicherten Patienten in Betracht, sofern etwa eine private Zusatzversicherung besteht oder eine Behandlung auf eigene Kosten vereinbart wurde.[247]

265 In der Rechnung sind wegen § 12 GOÄ die einzelnen Leistungen unter Angabe der entsprechenden Gebühren-Ziffer mitsamt Multiplikator, ggf. auch Dauer, sowie Endbetrag zu nennen. Leistungen, die noch nicht in der GOÄ erfasst sind – diese befindet sich auf dem Stand des Jahres 1996, so dass neue Behandlungsmethoden meist nicht eingearbeitet sind – können gemäß § 6 Abs. 2 GOÄ über sog. Analogziffern abgerechnet werden.

---

245 Fischer, 58. Aufl., § 263 Rn. 187.
246 Geilen, in: Wenzel, Kap. 4 Rn. 680.
247 Vertiefend dazu Hellmann/Herffs, Der ärztliche Abrechnungsbetrug, 2006, Rn. 95 ff.

❗ Eine Privatliquidation kann nicht nur durch niedergelassene Ärzte, sondern auch durch Klinikärzte mit Liquidationsrecht durchgeführt werden.[248]

bb) Abrechenbare Leistungen

Auch im Rahmen der Privatliquidation kann der Arzt nach § 4 Abs. 2 GOÄ nur solche **Leistungen** abrechnen, die er entweder selbst **persönlich** erbracht hat oder die unter seiner Aufsicht nach fachlicher Aufsicht erbracht wurden (oben Rdn. 230). Eine Delegation von Aufgaben an Hilfspersonal ist hier ebenfalls nur unter bestimmten Voraussetzungen möglich.[249] Im privatärztlichen Bereich ist außerdem die Vereinbarung eines **Wahlvertrags** möglich. Sinn und Zweck einer solchen dienstvertraglichen Zusatzvereinbarung ist, dass der Patient einen Anspruch auf die höchstpersönliche Behandlung durch einen bestimmten Wahlarzt hat (z.B. Behandlung durch den Chefarzt). Dieser kann nach § 4 Abs. 2 Satz 3 GOÄ nur solche Leistungen abrechnen, die er selbst oder sein ständiger Vertreter erbracht hat. Allerdings ist auch hier eine Delegation an andere Ärzte statthaft, solange die Behandlung an sich noch durch den abrechnenden Arzt selbst geprägt ist, und dieser sich zumindest zu Beginn sowie zu Ende der Behandlung persönlich mit dem Patienten befasst hat.[250] Weiterhin können Arzt und Patient aufgrund ihrer Privatautonomie eine **besondere Vertreterregelung** treffen, so dass der Wahlarzt dann auch dessen Leistungen gegenüber dem Patienten abrechnen kann.[251] Eine solche Vertretungsregelung ist jedoch unwirksam, wenn der Stellvertreter nicht von vornherein eindeutig bestimmt ist.

266

Nach § 1 Abs. 2 GOÄ kann der Arzt dem Patienten **nur die notwendige und erforderliche ärztliche Versorgung** in Rechnung stellen. Darüber hinausgehende Leistungen sind gemäß §§ 1 Abs. 2, 2 Abs. 2 GOÄ nur abrechenbar, wenn der Patient deren Erbringung ausdrücklich verlangt hat oder eine entsprechende schriftliche Vereinbarung getroffen wurde.

267

cc) Rechtliche Würdigung

Im Wesentlichen – insbesondere im Hinblick auf sog. Luftleistungen – kann es im Rahmen der Privatliquidation zu ähnlichen Abrechnungsbetrugstaten kommen wie bereits oben Rdn. 226 ff. dargelegt. Hier werden nur die **Unterschiede** zur Abrechnung im vertragsärztlichen System dargestellt.

268

---

248 Ulsenheimer, Rn. 14/42.
249 Vgl. zur Delegation ärztlicher Leistungen Peikert MedR 200, 352.
250 Vgl. LG Hamburg MedR 2001, 314; vertiefend dazu Narr MedR 1989, 215 sowie Biermann/Ulsenheimer/Weissauer MedR 2000, 107.
251 A.A. Miebach/Pattl NJW 2000, 3377.

Norouzi

269   **Typische Fallkonstellationen** des Abrechnungsbetruges bei der Privatliquidation sind:

1. Abrechnung nicht erbrachter Leistungen
    – Leistung tatsächlich nicht erbracht
    – Anwendung eines überhöhten Steigerungsfaktors
    – Anwendung einer unrichtigen Gebührenziffer
2. Abrechnung **nicht persönlich** erbrachter Leistungen
3. Abrechnung **medizinisch nicht notwendiger** Leistungen

> ❗ Zu den weiteren Fallkonstellationen siehe die gelungene Übersicht bei Ulsenheimer, Rn. 14/18 sowie vertiefend: Hellmann/Herffs, Der ärztliche Abrechnungsbetrug, 2006, Rn. 348 ff.

(1) Täuschung

> ❗ Die Täuschungshandlung seitens des Arztes kann im Rahmen der Abrechnung nach der GOÄ nur in der Rechnungsstellung gegenüber dem Patienten gesehen werden.

270   **(a)** Durch diese Rechnung wird ausdrücklich getäuscht, soweit der Arzt Leistungen abrechnet, die tatsächlich nicht erbracht wurden.

271   **(b)** Meist handeln die Betroffenen indes subtiler und wenden bei der Abrechnung einen **überhöhten Steigerungsfaktor** zur Errechnung der konkreten Gebühr an, so dass im Ergebnis für die erbrachte Leistung eine zu hohe Gebühr von dem Patienten eingefordert wird. Insofern **täuscht** der abrechnende Arzt **ausdrücklich** durch die Angabe des jeweiligen Steigerungsfaktors in der Rechnung.

272   Die Bestimmung dieses Faktors liegt bei sog. **Schwellenwerten** nach § 5 Abs. 2 GOÄ im billigen Ermessen des abrechnenden Arztes und hat unter Berücksichtigung der Schwierigkeit und des Zeitaufwandes der einzelnen Leistung sowie der Umstände bei der Ausführung zu erfolgen. Dennoch ist die Bestimmung dieses Faktors eine **Tatsache im Sinne des § 263 StGB**, denn die ihr zugrunde liegenden Kriterien sind als konkrete vergangene Ereignisse dem Beweis zugänglich, so dass die Ermessensentscheidung des Arztes auf einem Tatsachenkern beruht.[252]

273   Weiterhin kommt eine Täuschung seitens des Arztes im Rahmen der sog. **Analogbewertung** in Betracht. Darunter versteht man die durch § 6 Abs. 2 GOÄ eingeräumte Möglichkeit, dass der Arzt selbständige Leistungen, die nicht in der Gebührenordnung aufgeführt sind (etwa weil sich der Stand der Technik mittlerweile weiterentwickelt hat), unter analoger Heranziehung eine anderen Gebührenziffer abrechnet, der eine nach Art, Kosten- und

---

252 Ebenso Hellmann/Herffs, Der ärztliche Abrechnungsbetrug, 2006, Rn. 351.

Zeitaufwand gleichwertige Leistung zugrunde liegt. Die Analogbewertung steht im **freien Ermessen** des abrechnenden Arztes und unterliegt im Einzelnen folgenden Voraussetzungen:

Analogbewertung nach § 6 Abs. 2 GOÄ

– selbständige ärztliche Leistung
   (-) wenn nur besondere Ausführung einer anderen Leistung
– Leistung nicht im Gebührenverzeichnis enthalten
   = Lücke in den Gebührentatbeständen
– Gleichwertigkeit der Leistung mit der Vergleichsleistung
   Maßnahme am gleichen Organ, ähnliche Behandlungstechnik, gleicher
   Zeitaufwand und Schwierigkeitsgrad
– ausdrückliche Kennzeichnung der Analogbewertung in der Abrechnung (§ 12 Abs. 4 GOÄ)

Hat der Arzt eine Analogbewertung vorgenommen und diese in der Rechnung auch hinreichend gekennzeichnet, scheidet eine Täuschung über Tatsachen aus.
274

❗ Da die Analogbewertung im freien Ermessen des Arztes steht, handelt es sich bei der Einordnung seiner Leistung zu einer analogen Gebührenziffer um eine rechtliche Bewertung, die dem Beweis nicht zugänglich ist.

Indes ist eine **Täuschung** über Tatsachen möglich, wenn der Arzt die **Analogbewertung** in der Rechnung überhaupt **nicht ausweist**. Denn dann täuscht der Arzt über das tatsächliche Vorliegen der Voraussetzungen einer korrekten Abrechnung. Außerdem wird die Honorarforderung wegen § 12 Abs. 1 GOÄ nicht fällig, solange sie nicht den Anforderungen des § 12 Abs. 2 GOÄ gerecht wird, insofern täuscht der Arzt auch über die Fälligkeit seiner Forderung.
275

Kritik: Eine Täuschung über Tatsachen liegt nach der Ansicht Ulsenheimers hingegen bei einer sog. »Gebührenakrobatik« erst dann vor, wenn die Einordnung einer Leistung in das System der GOÄ keinerlei Bezug mehr zu sachlichen Vorgängen aufweist, etwa weil die GOÄ absolut unvertretbar ausgelegt wird oder eindeutige und klare Vorschriften bewusst missachtet werden.[253]
276

(c) Typischer Fall der Abrechnung einer **nicht persönlich erbrachten Leistung** im privatärztlichen Bereich ist die unwirksame **Vertretung des Wahlarztes** durch den behandelnden Arzt. Da der Honorarrechnung des Arztes
277

---

253 Ulsenheimer, Rn. 13/43 ff.

Norouzi

wegen § 19 Abs. 1 MBO-Ä, § 613 BGB und § 4 Abs. 2 GOÄ regelmäßig das Gebot der persönlichen Leistungserbringung zugrunde liegt, täuscht der abrechnende Arzt durch die Rechnungsstellung im Falle nicht persönlich erbrachter Leistungen zumindest konkludent über die Geschäftsgrundlage. Diese Täuschung bezieht sich auch auf Tatsachen, da die Rechtmäßigkeit der Delegation bzw. der Vertretung des Arztes empirisch überprüfbar ist.[254]

278 (d) Gleiches gilt auch für den Fall der Abrechnung **medizinisch nicht indizierter Leistungen**. Zwar wird die medizinische Notwendigkeit der Behandlung wegen § 12 GOÄ nicht ausdrücklich in der Rechnung erklärt, sie ist aber wegen § 1 Abs. 2 GOÄ Geschäftsgrundlage der Honorarabrechnung. Die Abrechnung enthält daher zumindest konkludent die Erklärung, dass die erbrachten Leistungen auch medizinisch indiziert waren.[255] Zudem ist der abrechnende Arzt wegen § 12 Abs. 3 Satz 5 GOÄ dazu verpflichtet, Leistungen, die das Maß der notwendigen medizinischen Versorgung überschreiten, ausdrücklich in der Rechnung als solche zu bezeichnen. Tut er das nicht, so täuscht er über Tatsachen, da die Beurteilung der Notwendigkeit einer medizinischen Behandlung anhand objektiver Kriterien, wie dem Befund und den wissenschaftlichen Erkenntnissen zum Zeitpunkt der Behandlung, zu erfolgen hat.[256]

(2) Irrtum

❗ Grundsätzlich scheidet ein Irrtum immer dann aus, wenn der Patient sich keinerlei Vorstellungen von dem Inhalt der Rechnung macht.

279 Zahlt der Patient daher in Unkenntnis der relevanten Tatsachen und ohne vorherige Prüfung den Rechungsbetrag so irrt er an sich nicht, da § 263 StGB nach der h.M. eine positive Fehlvorstellung des Getäuschten erfordert, das bloße Fehlen der Vorstellung einer wahren Tatsache reicht gerade nicht.[257] Allerdings würde dies – gerade in **Massenverfahren**, in denen eine Einzelprüfung schlicht nicht durchführbar ist – zu **unsachgemäß**en Ergebnissen führen. Daher hat die Rechtsprechung es für einen Irrtum als ausreichend angesehen, dass das Opfer hinsichtlich des konkreten Geschäftes die Vorstellung hat, es sei alles in Ordnung (sog. **sachgedankliches Mitbewusstsein**).[258]

280 Insbesondere im Hinblick auf die besondere Vertrauensstellung des Arztes und der Sozialüblichkeit der ärztlichen Abrechnung wird der Patient in der

---

254 Vgl. vertiefend Freitag, Ärztlicher und zahnärztlicher Abrechnungsbetrug im deutschen Gesundheitswesen, 2009, S. 172 f.

255 Hellmann/Herffs, Der ärztliche Abrechnungsbetrug, 2006, Rn. 429.

256 Freitag, Ärztlicher und zahnärztlicher Abrechnungsbetrug im deutschen Gesundheitswesen, 2009, S. 177 f.

257 Vgl. Fischer, 58. Aufl., § 263 Rn. 57 m.N.

258 Vgl. Fischer, 58. Aufl., § 263 Rn. 62 m.N.

Regel von der Ordnungsmäßigkeit der Rechnung ausgehen und daher in Fällen der Geltendmachung einer nicht erbrachten Leistung irren.[259]

In den Fällen des Ansatzes eines **zu hohen Gebührensatzes**, der **fehlerhaften Analogbewertung**, sowie der Abrechnung **medizinisch nicht indizierter Leistungen** ist der Patient als Laie überhaupt nicht in der Lage, die sachliche Richtigkeit der Rechnung zu überprüfen, er vertraut daher regelmäßig auf die Richtigkeit der Angaben des Arztes. Im Zweifel weiß der Patient selbst zwar, wer ihn wann behandelt hat. Ob darin nach den jeweiligen Regeln der Delegation oder Vertretung eine **persönliche Leistung** des abrechnenden Arztes zu sehen ist, wird er aber regelmäßig nicht beurteilen können. In all diesen Fällen irrt der Patient daher nach den Regeln zum sachgedanklichen Mitbewusstsein.[260]   **281**

(3) Vermögensverfügung

Die Verfügung liegt in der Begleichung der Rechnung durch den Patienten selbst.   **282**

(4) Schaden

Hier gilt es wieder nach den einzelnen Fallgruppen zu **differenzieren**:   **283**

(a) Zahlt der Patient eine **Leistung**, die **nicht erbracht** wurde, ist ein **Schaden** seines Vermögens **evident** gegeben.   **284**

(b) Im Falle einer **fehlerhaften Analogbewertung** hat der Patient die in Rechnung gestellte Leistung und fachgerecht durchgeführte Behandlung tatsächlich erhalten. Insofern kommt hier im Einzelfall eine **Schadenskompensation** in Betracht, wenn Leistung und Gegenleistung einander wertmäßig entsprechen. Daran ändert sich auch nichts, weil die Forderung mangels ausdrücklicher Nennung der Analogbewertung in der Rechnung nicht fällig geworden ist. Denn auch nicht fällige Forderungen, wie man an der Praxis der ärztlichen Verrechnungsstellen sehen kann, können bereits den vollen Wert des späteren Honorars haben.[261]   **285**

(c) Auch im Falle der Abrechnung einer nicht persönlich erbrachten Leistung infolge der unwirksamen Vertretung eines **Wahlarzt**es durch einen ebenso qualifizierten Kollegen erhält der Patient eine fehlerfreie medizinische Behandlung. Insofern erscheint eine Kompensation des Schadens ebenfalls möglich. Dies wird teils unter Rückgriff auf die streng formale Betrachtungsweise des BGH in den Fällen des vertragsärztlichen Abrech-   **286**

---

259 So auch Dahn MedR 2003, 268.
260 A.A. hinsichtlich der Irrtums bei der Abrechnung einer Behandlung durch einen Arzt bei fehlerhafter Vertretung Ulsenheimer, Rn. 14/47 ff.; Hellmann/Herffs, Der ärztliche Abrechnungsbetrug, 2006, Rn. 375.
261 Freitag, Ärztlicher und zahnärztlicher Abrechnungsbetrug im deutschen Gesundheitswesen, 2009, S. 168 ff.

nungsbetruges (s.o. Rdn. 252 f.) abgelehnt, da eine Abrechnung solcher Leistungen wegen der eindeutigen Regelungen der GOÄ gerade nicht möglich sei.[262] Nach anderer Ansicht scheidet eine Kompensation schon daran, dass die erhaltene Gegenleistung – die Behandlung – gerade nicht unmittelbar mit der Verfügung als solcher verbunden ist und dem Patienten nicht von Seiten des Täters, sondern durch den behandelnden Arzt zufließt. Eine Vorteilserlangung durch Dritte sei aber für die Kompensation bedeutungslos.[263] Weiterhin könne eine Kompensation nicht angenommen werden, da dem Patienten bei der Leistung durch den Vertreter nicht die wertmäßig gleiche Leistung wie durch den Wahlarzt, der ja zumeist auch der Chefarzt ist, erbracht wird. Dieser Wert werde nicht nur subjektiv durch den Patienten selbst, sondern auch durch den Markt an sich höher eingeschätzt. Das werde u.A. durch das höhere Gehalt der Chefärzte sowie die erhöhten Tarife für wahlärztliche Leistungen deutlich.[264]

287   **(d)** Auch im Falle einer **medizinisch nicht indizierten Behandlung** erhält der Patient als Gegenleistung eine ärztliche Behandlung, die ihr Honorar wert ist. Der Patient hat lediglich mehr erhalten, als er brauchte. Bei der Gesamtsaldierung sind der Wert von Leistung und Gegenleistung grundsätzlich anhand eines objektiven Maßstabs zu ermitteln. Eine Ausnahme dazu erkennt der BGH aber in den Fällen des sog. **persönlichen Schadenseinschlages** an. So ist der Schaden dann, wenn das Opfer die Gegenleistung nicht oder nicht in vollem Umfang zu dem vertraglich vorausgesetzten Zweck oder in anderer zumutbarer Weise nutzen kann, anhand einer normativen Betrachtung zu ermitteln.[265]

> ❗ Soweit die medizinisch nicht indizierte Behandlung für den Patienten also sinnlos ist, scheidet eine Kompensation des Schadens aus.

288   Im Übrigen kann eine schadensverhindernde **Kompensation** auch **nicht** mit einer **späteren Erstattung des Arzthonorars** an den Patienten durch die private Krankenversicherung erfolgen. Denn diese Erstattung ist keine unmittelbare Folge der irrtumsbedingten Zahlung des Patienten an den Arzt, sondern beruht vielmehr auf der späteren Geltendmachung seiner Rechte gegenüber der Versicherung. Solche nachträglichen Vermögensänderungen sind indes für die Strafbarkeit nach § 263 StGB ohne Belang, der ent-

---

262 Peikert MedR 2000, 352.

263 Vgl. Hellmann/Herffs, Der ärztliche Abrechnungsbetrug, 2006, Rn. 383.

264 Vgl. Freitag, Ärztlicher und zahnärztlicher Abrechnungsbetrug im deutschen Gesundheitswesen, 2009, S. 174 ff.; a.A. indes Ulsenheimer, Rn. 14/50 ff. m.w.N., der darauf verweist, dass der erwartete Spezialistenstandard auch durch einen Vertreter gewahrt werden könne, so dass eine Kompensation nicht auszuschließen sei.

265 Insb. BGHSt 16, 321; 23, 300; zahlreiche weitere Nachweise in Fischer, 58. Aufl., § 263 Rn. 147.

standene Schaden wird dadurch nicht mehr aus der Welt geschafft.[266] Indes kann sich der Arzt dann auch eines weiteren Betruges zulasten der privaten Krankenversicherung strafbar machen. (s.u. Rdn. 290 ff.)

(5) Vorsatz und Bereicherungsabsicht

Zum Vorsatz und zur Bereicherungsabsicht gelten die gleichen Grundsätze wie im Rahmen der vertragsärztlichen Abrechnung. (s.o. Rdn. 259 ff.) **289**

dd) Betrug zulasten der privaten Krankenversicherung

Erstattet die private Krankenversicherung nach der Einreichung der Ab- **290** rechnungen durch den Patienten diesem gegenüber die Arzthonorare, so verfügt sie über ihr Vermögen und schädigt es dadurch, da sie zur Erstattung der unberechtigten Kosten nicht verpflichtet ist. Allerdings steht der Arzt selbst in keinerlei Kontakt zu der Versicherung, nicht er verursacht durch die in der Rechnung enthaltene Täuschung einen Irrtum ihrerseits, sondern der Patient, der die Rechnung an die Versicherung weiterleitet. Da der Patient selbst aber in aller Regel von der Richtigkeit der Rechnung ausgehen wird und seine Versicherung insoweit nicht täuschen will, kann er sich mangels Vorsatzes keines Betruges strafbar machen.

Der Arzt indes, der die Sachlage richtig erfasst hat, hält das Geschehen **291** planvoll lenkend in der Hand, denn ihm ist bewusst, dass der Patient bei seiner Versicherung Regress nehmen wird. Insofern lässt er den Patienten als menschliches Werkzeug für sich handeln und begeht seinerseits einen Betrug in **mittelbarer Täterschaft nach § 25 Abs. 1 Alt. 2 StGB**, sofern die Versicherung infolge der Täuschung irrtumsbedingt über ihr Vermögen verfügt und ihr dadurch ein Schaden entsteht.

Voraussetzungen der mittelbare Täterschaft nach § 25 Abs. 1 Alt. 2 StGB

– Kein eigenhändiges Delikt
– Strafbarkeit des Tatmittlers (menschliches Werkzeug, hier Patient) scheitert an Defizit
   – Werkzeug handelt tatbestandslos
   – Werkzeug handelt ohne Vorsatz
   – Werkzeug handelt rechtmäßig
   – Werkzeug handelt schuldlos
– Tatherrschaft des mittelbaren Täters
   Täter beherrscht Tatmittler kraft Handlungs- oder Willensherrschaft
– Mittelbarer Täter kennt alle maßgeblichen Umstände der Tat des Werkzeugs (insb. Defizit des Werkzeugs)

---

266 Vgl. Fischer, 58. Aufl., § 263 Rn. 155.

292   Hinsichtlich Irrtum, Verfügung und Schaden der Versicherung kann auf die Ausführungen zu dem Abrechnungsbetrug im vertragsärztlichen Verfahren Bezug genommen werden (s.o. Rdn. 236 ff.).

293   Weiterhin muss der Arzt auch hinsichtlich des Betruges zulasten der Versicherung vorsätzlich und mit Bereicherungsabsicht handeln. Zwar nimmt der Arzt die Schädigung der Versicherung zumindest billigend in Kauf, wenn er – dies wird in der Regel der Fall sein – davon ausgeht, dass der Patient eine Erstattung des Rechnungsbetrages von seiner Versicherung verlangen wird. Allerdings erstrebt der Arzt durch sein Tun keinen dem Schaden der Versicherung stoffgleichen Vermögensvorteil. Der **Schaden der Versicherung liegt in der Kostenerstattung** gegenüber dem Versicherten, während das Vermögen des Arztes bereits durch die vorangegangene Zahlung des Patienten gemehrt wurde; Vorteil und Schaden beruhen dann also gerade nicht auf ein und derselben Verfügung. Allerdings wird es dem Arzt in der Regel genau auf die Kostenerstattung durch die Versicherung ankommen; denn unterbleibt diese, muss der Arzt mit Regressforderungen seitens des Patienten rechnen. Insofern kann die Bereicherungsabsicht zulasten der Versicherung gegeben sein.[267]

c) Rechtsfolgen des Abrechnungsbetruges

294   Die rechtlichen Folgen einer Verurteilung wegen Abrechnungsbetruges können für einen Arzt verheerende Folgen haben. So drohen neben der eigentlichen Strafe als weitere Konsequenzen etwa ein Berufsverbot oder der Entzug der kassenärztlichen Zulassung, welche für den Arzt existenzgefährdend sein können.

aa) Strafrechtliche Rechtsfolgen (Strafe und Maßregeln)

295   § 263 StGB sieht für den Betrug einen Strafrahmen von einer einfachen Geldstrafe bis zu einer Freiheitsstrafe von bis zu fünf Jahren vor. In einem besonders schweren Fall des Betruges – etwa bei einem gewerbsmäßigen Handeln des Arztes – droht § 263 Abs. 3 StGB sogar eine Freiheitsstrafe von sechs Monaten bis zu zehn Jahren an.

296   Ausschlaggebend für die konkrete Strafzumessung innerhalb dieser Strafrahmen ist nach **§ 46 StGB** die Schuld des Täters. Die Kriterien anhand derer die Schuld des Täters beurteilt werden, ergeben sich aus § 46 Abs. 2 StGB. Im Hinblick auf den Abrechnungsbetrug sind vor allem entscheidend, welche kriminelle Energie aufgewendet wurde, wie hoch das Ausmaß des eingetretenen Schadens ist, über welchen Zeitraum hinweg sich die Taten ereigneten und wie hoch das Ausmaß des aus der Tat resultierenden Vertrauensbruches ist. So kommt im Falle der über mehrere Quartale **fort-**

---

267 Vgl. Freitag, Ärztlicher und zahnärztlicher Abrechnungsbetrug im deutschen Gesundheitswesen, 2009, S. 187 f.

gesetzten **Manipulation** der Abrechnungen nach der Rechtsprechung des BGH eine **Geldstrafe nur im Ausnahmefall** in Betracht, regelmäßig wird die Schuld des Arztes also als derart schwerwiegend angesehen, dass eine bewährungsfähige Freiheitsstrafe ausgeurteilt wird.[268]

Weiterhin kann als Rechtfolge der Tat neben der eigentlichen Strafe nach §§ 70 ff. StGB auch ein **Berufsverbot** von einem bis zu fünf Jahren als Maßregel zur Besserung und Sicherung angeordnet werden.   **297**

Voraussetzung eines Berufsverbotes § 70 StGB

– rechtswidrige Anlasstat
  – unter Missbrauch des Berufes begangen
    > berufstypischer, innerer Zusammenhang mit der Tätigkeit als Arzt erforderlich
    (-) bei bloßem Ausnutzen von Möglichkeiten die sich anlässlich der ärztlichen Tätigkeit ergeben oder
  – unter grober Verletzung der mit dem Beruf verbundenen Pflichten begangen
    > Verstoß in besonders schwerem Maße oder Verstoß gegen eine besonders wichtige Pflicht
– Verurteilung wegen der Anlasstat oder
  nur wegen fehlender Schuldfähigkeit (§ 20 StGB) kein Urteil
– Gefährlichkeitsprognose:
  unter Gesamtwürdigung von Tat und Täter ist die Gefahr erkennbar, dass bei weiterer Berufsausübung weitere erhebliche rechtswidrige Taten unter Missbrauch des Berufes oder unter grober Verletzung von Berufspflichten begangen werden
– Verhältnismäßigkeit des Berufsverbotes

> Verbot der Ausübung des Berufes für die Dauer von einem bis fünf Jahren

Das Berufsverbot hat zur **Folge,** dass der Arzt seinen Beruf weder für sich selbst noch für einen anderen ausüben darf, also weder in freiberuflicher Tätigkeit noch als Angestellter tätig werden kann. Nach § 70 Abs. 3 StGB darf die ärztliche Tätigkeit auch nicht durch eine von seinen Weisungen abhängige Person – etwa einen Assistenten – ausgeübt werden. **Erlaubt** ist indes, **die ärztliche Praxis durch einen weisungsunabhängigen Vertreter weiter führen zu lassen** und den Praxisgewinn weiterhin selbst einzustreichen.[269]   **298**

Obwohl § 70 StGB an die Verurteilung wegen einer rechtswidrigen Anlasstat anknüpft, kann ein **vorläufiges Berufsverbot** nach § 132a StPO auch schon   **299**

---

268 BGH wistra 1992, 296.
269 Vgl. AG Bochum MedR 1988, 162.

im Rahmen eines Ermittlungsverfahrens gerichtlich angeordnet werden, sofern ein dringender Tatverdacht hinsichtlich der Anlasstat und weiterhin eine hohe Wahrscheinlichkeit für das Vorliegen der übrigen Tatbestandsmerkmale des § 70 StGB bestehen.[270] Besonders hohe Anforderungen sind dabei im Hinblick auf das Grundrecht der Berufsfreiheit aus **Art. 12 Abs. 1 GG** an die Gefährlichkeitsprognose zu stellen. So muss sich der Verdacht weiterer Gefahren auf bestimmte Tatsachen stützen und ein Berufsverbot zum Schutz wichtiger Gemeinschaftsgüter unbedingt notwendig sein.[271]

300 Auf Beamte ist § 70 StGB grundsätzlich nicht anwendbar, hier ist die Regelung des § 45 StGB spezieller. Danach verliert ein verbeamteter Arzt, der zu einer Freiheitsstrafe von mindestens einem Jahr verurteilt wurde, für die Dauer von fünf Jahren seinen beamtenrechtlichen Status.

bb) Weitere Rechtsfolgen

301 Darüber hinaus hat ein Arzt – neben der strafrechtlichen Sanktion – aber auch mit versicherungs-, zivil- und berufsrechtlichen Folgen zu rechnen (dazu ausführlich in Kapitel 4).

302 So stehen der geschädigten Krankenkasse bzw. der kassenärztlichen Vereinigung regelmäßig aus §§ 45 Abs. 1, 50 Abs. 1 SGB X **Rückzahlungsansprüche** gegen den Arzt in Höhe des zu viel ausbezahlten Honorars zu, vorsorglich können dazu auch Honorare einbehalten werden.[272] Eine solche Rückzahlung als Wiedergutmachung des entstandenen Schadens kann positive Auswirkungen auf die Strafzumessung nach § 46 StGB haben.

303 Als standesrechtliche Folgen können im Rahmen eines **disziplinarrechtlichen Verfahrens**[273] nach Abschluss des strafrechtlichen Verfahrens und bei Vorliegen eines sog. berufsrechtlichen Überhanges Verstöße gegen die ärztlichen Berufspflichten mit Warnungen, Verweisen, Geldbußen und – je nach Landesrecht – der Feststellung der Berufsunwürdigkeit geahndet werden. Verstöße gegen Berufspflichten sind dabei berufsunwürdige Handlungen, die geeignet sind, das öffentliche Bild des Arztes in Misskredit zu bringen bzw. das Ansehen der Ärzteschaft zu schmälern. Dies setzt nicht unbedingt die Erfüllung eines strafrechtlichen Tatbestandes voraus, ist aber in aller Regel bei einem Abrechnungsbetrug der Fall.

> ❗ Ein berufsrechtlicher Überhang ist immer dann gegeben, wenn die strafrechtliche Sanktion nicht ausreicht, um den Arzt zur Erfüllung seiner Pflichten anzuhalten und das Ansehen der Ärzteschaft wiederherzustellen.

---

270 BGH wistra 2003, 423.
271 Ulsenheimer, Rn. 511 m.w.N.
272 Detailliert zu der Rückforderung Weber/Droste NJW 1990, 2281.
273 Vertiefend zum Disziplinarrecht siehe auch Ulsenheimer, Rn. 512 ff.

Dabei gilt es zu beachten, dass sich **Strafen** und Maßnahmen nach dem **Dis-** **304** **ziplinarrecht** gegenseitig **nicht ausschließen**, da beide Verfahren **unterschiedliche Zwecke** verfolgen; die in dem einen Verfahren verhängte Sanktion ist jedoch in dem jeweils anderen Verfahren zu berücksichtigen.[274]

Nach § 5 Abs. 2 i.V.m. § 3 Abs. 1 Satz 1 Nr. 2 BÄO kann die **Approbation** **305** des Arztes widerrufen werden, wenn sich dieser eines Verhaltens schuldig gemacht hat, aus dem sich seine Unwürdigkeit oder Unzuverlässigkeit zur Ausübung eines ärztlichen Berufes ergibt. Ob darunter auch eine Verurteilung wegen Abrechnungsbetruges zu fassen ist, wird in der Rechtsprechung nicht einheitlich beantwortet.[275] Das Ruhen der Approbation kann außerdem bereits bei Einleitung eines Strafverfahrens nach § 6 Abs. 1 Nr. 1 BÄO bei gravierenden Verdachtsmomenten hinsichtlich einer Straftat von einigem kriminellen Gewicht angeordnet werden.[276] Maßgeblicher Zeitpunkt für die Beurteilung der Unwürdig- bzw. Unzuverlässigkeit ist nicht die letzte mündliche Verhandlung vor dem Strafgericht, sondern der Abschluss des Verwaltungsverfahrens.[277]

Zuletzt droht dem Vertragsarzt das **Ruhen der vertragsärztlichen Zulas-** **306** **sung** für zwei Jahre oder deren vollständige **Entziehung** durch den Zulassungsausschuss der KV nach § 95 Abs. 6 SGB V i.V.m. § 27 Ärzte-ZV, wenn er seine vertragsärztlichen Pflichten gröblich verletzt hat und er nicht mehr dazu geeignet erscheint, an der vertragsärztlichen Versorgung teilzunehmen.[278] Dazu ist nicht zwingend eine Verurteilung oder auch ein schuldhaftes Handeln des Arztes erforderlich, da es allein auf die Eignung des Arztes und den Ausschluss einer Gefahr für das vertragsärztliche Versorgungssystem ankommt.[279] Wiederum muss in Hinblick auf die besondere Bedeutung der Berufsfreiheit des Art. 12 Abs. 1 GG der Grundsatz der Verhältnismäßigkeit beachtet werden.

2. Untreue nach § 266 StGB

Es entspricht der expansiven Strafrechtsentwicklung (oben Rdn. 1), dass **307** auch der Straftatbestand der Untreue im Arztstrafrecht Bedeutung erlangt hat. Denn aufgrund seiner weiten und im Hinblick auf Art. 103 Abs. 2 GG Fassung ist § 266 StGB generalpräventiv höchst effektiv und geeignet, je-

---

274 BVerfG NJW 1970, 507.
275 Unzuverlässigkeit nach VGH Mannheim DÖV 1982, 557 nur, wenn das Vertrauen der Allgemeinheit in die Heilkunst erschüttert ist; nach Hessischem VGH NJW 1986, 2390 Unzuverlässigkeit dagegen bereits durch wirtschaftlich inkorrektes Verhalten.
276 Vgl. VG Leipzig MedR 2000, 336.
277 BVerwG NJW 1999, 3425; MedR 1998, 142.
278 BVerfG NJW 1985, 2187.
279 Vgl. Ulsenheimer, Rn. 520.

Norouzi

des Verhalten, das moralisch anstößig und wirtschaftlich unvernünftig erscheint, strafrechtlich ahnden zu lassen. Für den Arzt als Rechtsunterworfenen gelten hier keine Ausnahmen, wenn er (wegen seiner besonderen Pflichtenstellung zwangsläufig) mit der Betreuung fremden Vermögens befasst ist. Im Gegensatz zum Betrug handelt es sich bei der Untreue jedoch um **kein Selbstschädigungsdelikt**, das Vermögen wird nicht durch eine eigene Verfügung des Opfers geschädigt, sondern durch die Verletzung einer Vermögensbetreuungspflicht seitens des Täters.

308   Dabei unterscheidet § 266 StGB **zwei Tatbestände**: den Missbrauchs- und den Treubruchstatbestand. Deren Verhältnis zueinander ist umstritten,[280] nach wohl h.M. und Ansicht der Rechtsprechung ist beiden Varianten zumindest die **Verletzung einer fremdnützigen Vermögensbetreuungspflicht** gemein, doch handele es sich bei dem Missbrauch um einen »ausgestanzten Spezialfall« des Treubruchstatbestandes, bei welchem die Vermögensbetreuungspflicht gerade zum Zwecke der Vermögensvorsorge erteilt wurde.[281]

309   Obwohl § 266 StGB – insbesondere im Hinblick auf die Merkmale der Pflichtwidrigkeit und des Vermögensnachteils – sehr weit formuliert ist, geht das BVerfG[282] davon aus, dass der Untreuetatbestand nicht gegen das verfassungsrechtliche Bestimmtheitsgebot aus **Art. 103 Abs. 2 GG** verstößt. Denn die verschiedenen Tatbestandsmerkmale seien jedenfalls durch die Rechtsprechung hinreichend konkretisiert worden. Da Täter der Untreue nur der Inhaber einer Vermögensbetreuungspflicht sein kann, handelt es sich bei § 266 StGB um ein sog. **Sonderdelikt**.

Untreue § 266 StGB
I. Tatbestand
– Missbrauchstatbestand:
– Vermögensbetreuungspflicht
– Befugnis
– Missbrauch
– Treubruchstatbestand:
– Vermögensbetreuungspflicht
– Verletzung der Vermögensbetreuungspflicht
– Pflichtwidrige Tathandlung
– Vermögensnachteil
– Vorsatz
II. Rechtswidrigkeit
III. Schuld

---

280 Vgl. Schünemann in Leipziger Kommentar zum StGB, 12. Aufl., § 266 Rn. 8 ff. m.N.
281 Vgl. BGHSt 24, 386; 33, 244; 35, 244; Lackner/Kühl, 27. Aufl., § 266 Rn. 4 u. 8.
282 BVerfG NJW 2010, 3209.

a) Vermögensbetreuungspflicht

Diese sog Treuepflicht, fremde Vermögensinteressen wahrzunehmen knüpft **310** die tatsächliche Einwirkungsmacht des Täters auf fremdes Vermögen an. Eine Ausuferung des Begriffes wird indes dadurch vermieden, dass es sich bei der Treuepflicht um eine besonders herausgehobene Pflicht des Täters, Vermögensinteressen eines Dritten zu betreuen und drohende Vermögensnachteile abzuwenden, handeln muss, es muss daher eine **Pflicht zur fremdnützigen Vermögensfürsorge** bestehen, an der ein **besonderes, schützenswertes Vertrauen des Vermögensinhabers** besteht. Außerdem muss der Täter in einem nicht ganz unbedeutenden Pflichtenkreis im Interesse des Vermögensinhabers tätig werden.[283]

Bei dieser Treuepflicht, die durch Gesetz, behördlichen Auftrag, Rechtsge- **311** schäft oder durch ein faktisches Treueverhältnis begründet werden kann, muss es sich um eine Hauptpflicht des Täters handeln. Im Innenverhältnis zwischen Täter und Geschäftsherrn muss sie als **wesentliche Pflicht** gerade als Instrument der Vermögenssorge dienen. Zugleich muss ihm bei der Wahrnehmung der fremden Vermögensinteressen ein gewisser Ermessensspielraum zu stehen, in dessen Rahmen er eigenverantwortlich entscheiden kann.[284]

So nimmt der **BGH** eine **Vermögensbetreuungspflicht des Vertragsarztes** **312** für das Vermögen der gesetzlichen Krankenkassen an. Gerade bei der Ausstellung einer Verordnung sei der Vertragsarzt nämlich **Vertreter der Krankenkassen** und könne mit Wirkung für und gegen diese Willenserklärungen abgeben und sie daher nach außen wirksam verpflichten.[285] Diese Rechtsprechung ist freilich auf **Kritik** von Seiten der Literatur gestoßen.[286] Der Arzt handele nicht als Vertreter der Kassen, sondern für seine eigene Praxis, zwischen ihm und der Kasse bestünden – wie sich aus den §§ 72 ff. SGB V ergebe – keinerlei Rechtsbeziehungen.[287] Hauptpflicht des Vertragsarztes sei gerade nicht die Betreuung der Vermögensinteressen der Krankenkassen, sondern vielmehr die medizinische Behandlung der Patienten. Wenn der Arzt Medikamente verschreibe, lege dieser in erster Linie die konkrete Behandlung fest, die Vermögensintereressen der Kassen würden dadurch nur mittelbar berührt. Außerdem verfüge der Arzt nicht über den für eine Vermögensbetreuungspflicht im Sinne des § 266 StGB erforderlichen Ent-

---

283 Fischer, 58. Aufl., § 266 Rn. 33, 35.
284 Zur Hauptpflicht vgl. BGHSt 1, 188; 4, 170; 13, 315; zum Ermessenspielraum vgl. BGHSt 13, 315; 18, 313; 41, 229
285 BGHSt 49, 17; ablehnend Schnapp in FS-Herzberg, 2008, S. 795 (818 ff.); BGH NStZ 2004, 568; kritisch dazu Brandts/Seier in FS-Herzberg, 2008, 811, (816 ff); OLG Hamm NStZ-RR 2006, 13, kritisch dazu Anmerkung Steinhilper MedR 2005, 238
286 Ulsenheimer, Rn. 15/18 ff. m.w.N.
287 Geis wistra 2005, 369.

scheidungsspielraum, da der Vertragsarzt bei den Abrechnungen an feste Regeln gebunden sei.[288] So richtig und dogmatisch überzeugend diese Einwände sind, sie ändern nichts daran, dass die Rechtsprechung sich auf eine bestimmte Position (wohl um als unbillig empfundene Strafbarkeitslücken zu schließen) festgelegt hat.

> ❗ Trotz gewichtiger Einwände seitens des Schrifttums bejaht die Rechtsprechung eine Vermögensbetreuungspflicht des Arztes gegenüber der Krankenkasse.

313 Inwieweit eine Vermögensbetreuungspflicht der in einem Krankenhaus beschäftigten **Ärzte gegenüber ihrem Dienstherrn** besteht, ist **umstritten**. Teils wurde dies mit der Begründung abgelehnt, Hauptpflicht des Vertrages zwischen angestelltem Arzt und Krankenhaus sei »die Erbringung ärztlicher Leistungen im Rahmen der Verwirklichung des gemeinsamen Werkes christlicher Nächstenliebe«, wohingegen die Wahrung der Vermögensinteressen des Dienstherrn allenfalls eine Nebenpflicht sei.[289] Andererseits sah der BGH[290] in einem ähnlichen Fall, in dem ein Professor, der zugleich Ärztlicher Direktor der Herzchirurgie war, umsatzabhängige Zuwendungen für den – nachweislich nicht überteuerten – Bezug von Herzklappen erhielt, eine Vermögensbetreuungspflicht als gegeben an. Denn die Aufgabe eines ärztlichen Direktors sei gerade auch die zugewiesenen Haushalts- und Betriebsmittel zu bewirtschaften sowie die sachlichen und personellen Mittel seiner Abteilung zweckentsprechend einzusetzen. Insoweit habe ihm auch die wesentliche Pflicht zur fremdnützigen Vermögensfürsorge für die Universität als Dienstherr oblegen, so dass eine Vermögensbetreuungspflicht bejaht wurde.

b) Befugnis im Falle des Missbrauchstatbestand

314 Den Missbrauchstatbestand des § 266 Abs. 1 Alt. 1 StGB kann verwirklichen, wer die ihm durch Gesetz, behördlichen Auftrag oder Rechtsgeschäft eingeräumte Befugnis, über fremdes Vermögen zu verfügen oder einen anderen zu verpflichten, missbraucht. Zusätzlich zu der eingeräumten Vermögensbetreuungspflicht muss dem Täter insoweit die **Befugnis** zustehen, über fremdes Vermögen zu verfügen. Darunter versteht man die Rechtsmacht, in wirksamer Weise über das Vermögen eines anderen durch Übertragung, Aufhebung, Belastung oder Änderung zu verfügen oder ihn gegenüber Dritten wirksam zu solchen Verfügungen zu verpflichten. Diese

---

288 So auch LG Halle wistra 2000, 279.

289 LG Mainz NJW 2001, 906; hier hatten angestellte Ärzte Herzschrittmacher-Implantate zu überhöhten Preisen bezogen und dafür Zahlungen erhalten, die sie zur Anschaffung eines EKG-Gerätes für das Krankenhaus verwendet hatten.

290 BGHSt 47, 295 (sog. Herzklappen-Fall) m. Anm. Michalke NJW 2002, 3381 und Kindhäuser NStZ 2003, 291.

Befugnis muss dem Täter gerade zur Erfüllung einer im Interesse des Berechtigten liegenden Aufgabe eingeräumt worden sein.[291]

c) Tathandlung: Verletzung der Vermögensbetreuungspflicht

aa) Missbrauchstatbestand

❗ Missbrauch ist das Überschreiten des Könnens im Rahmen des Dürfens. Der Täter überschreitet im Innenverhältnis die Grenzen des Erlaubten, bindet das Opfer aber nach außen dennoch wirksam, im Außenverhältnis wird auf das Betreiben des Täters hin ein wirksames Rechtsgeschäft abgeschlossen.[292]

Einen solchen Missbrauch der Vertretungsmacht hat die Rechtsprechung wiederholt in verschiedenem Fehlverhalten des Vertragsarztes gegenüber den Krankenkassen gesehen. **315**

▶ Beispiele:
Ausstellung von Rezepten ohne medizinische Indikation,[293]
Bezug von Medikamenten zu überhöhten Preisen gegen eine umsatzbezogene Rückvergütung[294],
Bezug von sog. Sprechstundenbedarf gegen Vergünstigungen in Form der Entsorgung von Sondermüll, ohne diese der Kasse gegenüber offen zu legen[295].

Begründung der Rechtsprechung: Ein Vertragsarzt handele – gerade bei der Verordnung von Sachleistungen in Form von Medikamenten – kraft der ihm durch die Kassen verliehenen Kompetenzen als deren Vertreter. Er gebe mit Wirkung für und gegen die Kassen Willenserklärungen zum Abschluss entsprechender Verträge über die verordneten Medikamente ab und binde diese damit wirksam. Gleichzeitig missbrauche er aber die ihm gesetzlich eingeräumten Befugnisse, sofern er nicht notwendige oder unwirtschaftliche Leistungen entgegen § 12 Abs. 1 SGB V verordne. **316**

Kritik der Literatur: Obgleich man diese Einordnung schon als gefestigte Rechtsprechung bezeichnen kann, ist diese Konstruktion in der Literatur – wie bereits erwähnt (s.o.Rdn. 312) – höchst umstritten. Insbesondere gegen die Annahme einer Untreue im Falle der Verordnung eines medizinisch nicht indizierten Übermaßes an Infusionslösungen und Katheterbedarf, die **317**

---

291 Vgl. Fischer, 58. Aufl., § 266 Rn. 21.
292 BGHSt 5, 61; BGH NStZ 2002, 262.
293 BGHSt 49, 17.
294 BGH NStZ 2004, 568.
295 OLG Hamm GesR 2005, 175.

der Patient dann mit Billigung des Vertragsarztes weiterverkauft,[296] spreche, dass der Arzt hier seine – unterstellt, es bestünde eine – Vertretungsmacht offensichtlich missbrauche. Im Zivilrecht könne der Vertretene indes im Falle des offensichtlichen Missbrauchs der Vertretungsmacht nicht in Anspruch genommen werden, er werde also gerade nicht wirksam verpflichtet.[297] Allerdings sei ein Missbrauch im Sinne des § 266 StGB nur dann gegeben, wenn das vom Täter veranlasste Rechtsgeschäft den Vermögensinhaber nach außen wirksam binde.[298] Insofern scheide hier eine Strafbarkeit zumindest aus dem Missbrauchstatbestand aus.

bb) Treubruchtatbestand

318   Tathandlung ist im Falle des Treubruchstatbestandes jede Verfügung, die nicht schon dem Missbrauchstatbestand unterfällt, sowie alle sonstigen Handlungen rechtsgeschäftlicher oder tatsächlicher Art, die pflichtwidrig ausgeführt wurden und dem Vermögen des jeweiligen Geschäftsherrn einen Nachteil zufügen können. Unter den Treubruchstatbestand fallen typischerweise sog. **Kick-Back-Geschäfte.** Dabei wird dem Vertreter des Geschäftsherrn durch den jeweiligen Geschäftspartner infolge eines Vertragschlusses ein wirtschaftlicher Vorteil (Provision oder Kick-back) gewährt, der aus den Leistungen bewirkt wird, die die vertretene Person oder Gesellschaft infolge des Vertragsschlusses an den Geschäftspartner erbracht hat. Diese Geschäfte können den Missbrauchstatbestand typischerweise nicht erfüllen, da die durch sie bewirkten Folgeverträge entweder wegen §§ 134, 138 BGB nichtig sind oder wegen eines Missbrauchs der Vertretungsmacht den Vertretenen nicht wirksam binden können.

319   Veranlasst nun ein Arzt eine Zahlungsverpflichtung seines Krankenhauses gegenüber dem Hersteller medizinischer Geräte oder Medikamente und erhält dafür im Gegenzug von diesem eine Zuwendung, kann er sich aber der Untreue in Form des Treubruchstatbestandes strafbar machen. Eine Vermögensbetreuungspflicht wird wohl regelmäßig zu bejahen sein, wenn der Arzt in einer derartigen Position ist, dass er selbständige Verträge mit Dritten aushandeln darf.[299] Diese Treupflicht wird dann dadurch verletzt, dass dem Geschäftsherrn die Vorteile aus der Provision vorenthalten werden.

c) Pflichtwidrigkeit

320   Da nicht jede nachteilige Geschäftsbesorgung bestraft werden kann, macht sich der Arzt nur dann nach § 266 StGB strafbar, wenn er dabei auch pflichtwidrig handelt.

---

296 BGHSt 49, 17.
297 Vgl. Ellenbergel, in: Palandt, BGB, 70. Aufl. 2011, § 164 Rn. 14 m.w.N.
298 Vgl. Fischer, 58. Aufl., § 266 Rn. 25.
299 So jedenfalls im Hinblick auf einen ärztlichen Direktor BGHSt 47, 295; a.A. LG Mainz NJW 2001, 906.

❗ Pflichtwidrig handelt, wer die Grenzen überschreitet, welche durch die
für ein ordnungsgemäßes Verwaltungshandeln geltenden Normen und
sonstigen Grundsätze gezogen werden.[300]

So ist der Abschluss eines Vergleiches durch den Vorsitzenden einer Kassen-   **321**
ärztlichen Vereinigung nur dann pflichtwidrig und als Untreue zu ahnden,
wenn er in seiner konkreten Ausgestaltung unter Berücksichtigung dieser
Maßstäbe bei der objektiven Sachlage aus **ex-ante-Sicht nicht mehr vertretbar** erscheint.[301] Nicht pflichtwidrig sind jedenfalls Verfügungen, in die
der Inhaber des zu betreuenden Vermögens eingewilligt hat.

d) Vermögensnachteil

Nach dem **Prinzip der Gesamtsaldierung** besteht ein Vermögensnachteil,   **322**
wenn das Gesamtvermögen vor der pflichtwidrigen Tathandlung höher ist
als danach. Dieser Nachteil muss sich gerade auf die vom Täter zu betreuenden Vermögensinteressen beziehen.[302]

Ein Schaden ist in den sog. **Kick-Back-Fällen** immer dann gegeben, wenn   **323**
zwar an sich ein marktgerechter Preis durch den Geschäftsherrn gezahlt
wurde, dieser aber ohne die treuwidrig an den Täter abgeführte Provision
niedriger ausgefallen wäre.[303] Ein Nachteil im Sinne des § 266 StGB ist nicht
gegeben, wenn dem Geschädigten durch die Tathandlung selbst zugleich ein
den Verlust aufwiegender Vorteil zufließt (**schadensausgleichende Kompensation**).

So hat das LG Mainz einen Schaden abgelehnt, weil die angeklagten Ärz-   **324**
te die Nachteile, die dem Krankenhaus infolge von überhöhten Preisen für
Herzschrittmacherimplantate entstanden waren, durch den Einsatz eines
EKG-Gerätes, das die Ärzte von den auch aus dem Geschäft erworbenen
Zuwendungen angeschafft hatten, in dem Krankenhaus wieder ausgeglichen
hatten.[304] Dies steht indes im Widerspruch zu der Rechtsprechung des BGH,
nach der es für eine Kompensation nicht ausreicht, wenn der Vermögensvorteil nicht durch die eigentliche Untreuehandlung, sondern erst durch
eine weitere rechtliche Handlung – hier der den Erwerb des EKG-Gerätes
– hervorgebracht wird.[305] Eine Ausnahme davon lässt die Rechtsprechung
nur zu, wenn die verlustbringende Handlung Teil eines einheitlichen wirtschaftlichen Vorgangs ist, in dem die Verluste nur das Durchgangsstadium
zu einem im Ergebnis erzielten Gewinn darstellen.[306]

---

300 Vgl. BGH StV 2004, 424.
301 OLG Karlsruhe NJW 2006, 1682.
302 Perron in Schönke/Schröder, 28. Aufl., § 266 Rn. 39 ff.
303 Vgl. BGHSt 47, 295.
304 LG Mainz NJW 2001, 906 mit ablehnender Anmerkung Tholl wistra 2001, 473.
305 BGH NStZ 1986, 455, wistra 2001, 219 m. Anm. Bosch wistra 2001, 257.
306 Vgl. Perron Schönke/Schröder, 28. Aufl., § 266 Rn. 41 m.w.N.

325 Eine weitere Ausnahme von dem Erfordernis der Gleichzeitigkeit von Nachteil du Vorteil hat der BGH im sog. **Herzklappen-Fall**[307] gebildet. Danach sei eine Kompensation möglich, wenn bei wirtschaftlicher Betrachtung zwar mehrere Verfügungen erforderlich sind, um einen entsprechenden ausgleichenden Vorteil herbeizuführen, dabei aber eine schadensgleiche Gefährdung des zu betreuenden Vermögens ausgeschlossen ist.

e) Vorsatz

326 Der Täter muss **zumindest bedingten Vorsatz** bezüglich aller Tatbestandsmerkmale haben, er muss also um seine besondere Pflichtenstellung und das Bestehen einer Vermögensbetreuungspflicht sowie die Pflichtwidrigkeit seines Handelns wissen und den Vermögensnachteil auf Seiten des Geschäftsherrn zumindest billigend in Kauf nehmen. Eine Bereicherungsabsicht des Täters ist nicht erforderlich. Unerheblich ist daher, ob ihm selbst oder der Allgemeinheit der beim Geschäftsherrn hervorgerufene Nachteil zugute kommt. Da es sich bei der Pflichtwidrigkeit der Tathandlung um ein sog. **normatives Tatbestandsmerkmal** handelt, dessen Beurteilung an sich eine komplexe juristische Einordnung erfordert, reicht es für den diesbezüglichen Vorsatz des Täters aus, dass dieser im Rahmen einer Parallelwertung in der Laiensphäre den zugrundeliegenden Sachverhalt richtig erfasst und sein Verhalten dem sozialen Sinngehalt nach zutreffenderweise als inkorrekt gegenüber dem Geschäftsherrn wertet. Tut er dies nicht, unterliegt er einem Tatbestandsirrtum nach § 16 Abs. 1 StGB, der den Vorsatz entfallen lässt.[308] Nach der Rechtsprechung macht es der weit gesteckte Rahmen des äußeren Tatbestandes des § 266 StGB erforderlich, an den Nachweis des Vorsatzes besonders **strenge Anforderungen** zu stellen. Das gilt vor allem, wenn lediglich bedingter Vorsatz in Betracht kommt und wenn der Täter **nicht eigensüchtig** gehandelt hat.[309]

3. Korruptionsdelikte (§§ 331, 332 und 299 Abs. 1 StGB)

327 Das Korruptionsstrafrecht zählt zu den Gebieten, auf denen in den letzten Jahren – bedingt durch eine veränderte öffentliche Wahrnehmung einerseits und eine geläuterte Rechtsauffassung im Wirtschaftsleben andererseits – die strafrechtliche Expansion nachhaltig »blüht«. Dies beruht teils auf der Aktivität des Gesetzgebers, teils auf einer kritischen Neubewertung überkommener Verhaltensweisen im Wirtschaftsleben. Für Ärzte gilt dies einmal, soweit sie in einem öffentlich-rechtlichen Beschäftigungsverhältnis stehen, weil sie dann automatisch in den Anwendungsbereich der klassi-

---

307 BGHSt 47, 295.
308 Fischer, 58. Aufl., § 16 Rn. 14; vertiefend zur Abgrenzung von Tatbestands- und Verbotsirrtum BGH NJW 2006, 522, wonach nur aufgrund von wertenden Kriterien und differenzierter Beurteilung entschieden werden könne.
309 Fischer, 58. Aufl., § 266 Rn. 176 m.N.

schen Korruptionsdelikte für Amtsträger (Vorteilsannahme [§ 331 StGB] und Bestechlichkeit [§ 332 StGB]) geraten; aber auch der ständig in Ausweitung befindliche allgemeine Korruptionstatbestand des § 299 StGB hat im Arztstrafrecht an Bedeutung gewonnen.

Überblick zu den Korruptionsdelikten im Amt **328**

	Vorteil für pflichtgemäße Dienstausübung	Vorteil für Verletzung Dienstpflicht
echtes Amtsdelikt	Vorteilsannahme § 331 StGB	Bestechlichkeit § 332 StGB
unechtes Amtsdelikt	Vorteilsgewährung § 333 StGB	Bestechung § 334 StGB

a) Vorteilsannahme nach § 331 StGB

Vorteilsannahme, § 331 StGB

I. Tatbestand
    – Täter als Amtsträger
        (P) angestellte Ärzte in staatlichen Krankenhäusern
        (P) Ärzte in kirchlichen Krankenhäusern
    – Vorteil
        (P) Geringwertigkeitsgrenze
        (P) Drittmittel
    – für Dienstausübung
    – Tathandlung: fordern, sich versprechen lassen oder annehmen
    – Unrechtsvereinbarung
    – Vorsatz
II. Rechtswidrigkeit
    (P) Genehmigung nach § 331 Abs. 3 StGB
III. Schuld

aa) Amtsträger

Die Vorteilsannahme ist ein **Sonderdelikt**, dessen sich nur ein (Arzt als) **329** Amtsträger im Sinne des § 11 Abs. 1 Nr. 2 StGB strafbar machen kann. Durch dieses Delikt soll die **Lauterkeit des und damit das Vertrauen der Allgemeinheit in den öffentlichen Dienst geschützt** werden. Durch die Strafandrohung soll bereits dem »bösen Anschein« der Käuflichkeit von Amtsträgern vorgebeugt werden.

Amtsträger ist nach § 11 Abs. 1 Nr. 2 StGB jeder Beamte nach deutschem **330** Recht, aber auch jeder der in einem sonstigen öffentlich-rechtlichen

> Amtsverhältnis steht oder sonst dazu bestellt ist, Aufgaben der öffentlichen Verwaltung wahrzunehmen.

331 Als Täter des § 331 StGB kommen daher vor allem verbeamtete Ärzte in Betracht. Auch angestellte Ärzte, die an sich einem freien Beruf nachgehen, aber in einem staatlichen Krankenhaus oder Klinikum angestellt sind, nehmen im Rahmen der Daseinsvorsorge staatliche Aufgaben wahr und sind somit Amtsträger im Sinne des § 11 Abs. 1 Nr. 2 lit. c StGB.[310] Da der Begriff des § 11 Abs. 1 Nr. 2 StGB **unabhängig** von der jeweiligen **Organisationsform** greift, gilt das gleiche für Ärzte, die in einem Krankenhaus beschäftigt sind, das privatrechtlich organisiert ist, aber funktional betrachtet noch als »verlängerter Arm des Staates« erscheint,[311] z.B. wenn eine Gemeinde ein Krankenhaus in Form einer GmbH betreibt, über welche sie als Gesellschafterin die Kontrolle hat. Anders liegt der Fall indessen, wenn der Staat die Wahrnehmung der Daseinsvorsorge völlig aus der Hand gibt, etwa indem er ein staatliches Krankenhaus vollends privatisiert.

332 **Umstritten** und noch[312] nicht durch die höchstrichterliche Rechtsprechung geklärt ist die Amtsträgereigenschaft der **Vertragsärzte**. Die wohl h.M.[313] lehnt dies zutreffend ab, da diese ihre Tätigkeit weiterhin freiverantwortlich und in eigener Entscheidungsgewalt ausüben und dabei keiner staatlichen Steuerung unterliegen. Die Gegenauffassung sieht die Vertragsärzte indes als Amtsträger, da sie im Auftrag der Krankenkassen den Anspruch der Versicherten auf Krankenbehandlung aus § 27 SGB V konkretisieren und damit eine staatliche Aufgabe wahrnehmen.[314]

333 **Keine Amtsträger** in diesem Sinne sind hingegen niedergelassene Ärzte, Belegärzte oder Angestellte in reinen **Privatkliniken**. Außerdem scheiden solche Ärzte aus dem Täterkreis aus, die in **kirchlichen Einrichtungen** tätig sind. Das hängt mit der verfassungsrechtlich überformten Staatsferne der Kirchen (Art. 140 GG i.V.m. Art. 137 WRV) zusammen. Die Kirchen sind zwar Körperschaften des öffentlichen Rechtes, aber dennoch nicht in die öffentliche Verwaltung eingegliedert. Zwar werden auch von den kirchlichen Krankenhäusern durch die Versorgung der Bevölkerung staatliche Aufgaben wahrgenommen, dabei stehen die Kirchen indes nicht

---

310 OLG Karlsruhe NJW 1983, 352 mit Besprechung Wagner NJW 1983, 596.
311 Vgl. BGHSt 43, 370 m. Anm. Ransiek NStZ 1998, 564; indes wurde die Amtsträgereigenschaft des Geschäftsführers des Blutspendedienstes des Bayrischen Roten Kreuzes durch BGHSt 46, 310 verneint.
312 S. nun aber den Vorlagebeschluss des 3. Strafsenats: 3 StR 458/10 Rn. 20 ff m.N. zu beiden Auffassungen.
313 Statt vieler Eser/Hecker in Schönke/Schröder, 28. Aufl., § 11 Rn. 26 m.w.N., ebenso Ulsenheimer, Rn. 13/6.
314 So etwa Neupert NJW 2006, 2811; ebenso Pragal/Apfel A&R 2007, 10.

unter der Aufsicht des Staates.[315] Weiterhin wird ein freiberuflicher Arzt auch dadurch nicht zum Amtsträger, dass er im Einzelfall bei Blutentnahmen und körperlichen Untersuchungen **im staatlichen Auftrag** der Polizei handelt.[316]

bb) Vorteil

> ❗ Ein Vorteil nach § 331 StGB ist jede Leistung, auf die kein Anspruch besteht und welche materiell oder immateriell die wirtschaftliche, rechtliche oder persönliche Lage des Amtsträgers oder eines Dritten verbessert.[317]

Dabei handelt es sich vor allem um materielle Zuwendungen wie z.B. Geldgeschenke, Rabatte, Einladungen zu Reisen oder Kongressen.[318] Aber auch immaterielle Vorteile (z.B. Erwerbsaussichten, sexuelle Zuwendungen oder soziale Besserstellung) sind von § 331 StGB erfasst, sofern sie einen objektiv messbaren Inhalt haben und den Amtsträger tatsächlich besser stellen.[319]   **334**

Streitig ist, ob ein solcher Vorteil auch in Zuwendungen an den Arzt liegen kann, auf die dieser – etwa aus einem Vertrag über eine Nebenbeschäftigung – einen Anspruch hat. Dies ist zwar an sich nicht vereinbar mit der oben genannten Definition des Vorteils, indes hat der BGH entscheiden, dass ein Vorteil nicht nur in der jeweiligen Zuwendung, sondern auch **in dem Vertragsschluss** liegen könne, auf der diese Zuwendung beruht.[320] Im Hinblick auf den Schutzzweck des § 331 StGB wird man in einem Vertragsschluss indes nur dann einen Vorteil in diesem Sinne erblicken können, wenn dieser sich außerhalb des angemessenen Rahmens bewegt[321] oder – etwa wegen bewusster Verschleierung oder Intransparenz – nach außen den Eindruck der Käuflichkeit des Amtsträgers vermittelt.[322]   **335**

Auch **Drittvorteile**, die nicht dem Amtsträger selbst, sondern einem Dritten zugute kommen sollen, sind von § 331 StGB uneingeschränkt umfasst. Dies ergibt sich aus dem Wortlaut des § 331 StGB, der im Zuge des Gesetzes zur Bekämpfung der Korruption[323] um die knappen Worte »...oder einem Dritten« erweitert wurde. Dritter in diesem Sinne kann jede natürliche oder juristische Person sein.   **336**

---

315 Vgl. BGHSt 37, 194; OLG Düsseldorf NJW 2001, 85.
316 OLG Dresden NJW 2001, 3643.
317 St. Rspr. vgl. BGHSt 31, 264, 279; 47, 295; BGH NStZ 2001, 425.
318 BGHSt 48, 44.
319 BGHSt 47, 295.
320 BGHSt 31, 264, 279 f.; Fischer, 58. Aufl., § 331 Rn. 12 m.w.N.
321 So Ulsenheimer, Rn. 13/14.
322 BGH MedR 2003, 688; OLG Hamburg StV 2001, 277
323 BGBl. I 1997, 688.

Norouzi

337 Einen solchen Drittvorteil stellen grundsätzlich auch **Drittmittel** dar, die zur Finanzierung der Forschung an Kliniken durch Ärzte von Dritten – etwa Pharmafirmen oder Herstellern von medizinischen Produkten – eingeworben werden.[324] Allerdings muss dabei auch beachtet werden, dass die Einwerbung von Drittmitteln einerseits unerlässlich für die Durchführung verschiedenster Forschungsvorhaben ist und andererseits oft sogar zu den hochschulrechtlichen Dienstpflichten von Ärzten an Universitätskliniken gehört. Insofern steht der Arzt im Dilemma zwischen der Strafbarkeit wegen Vorteilsannahme und der Erfüllung seiner Pflichten. Diesen Konflikt löst der BGH dadurch auf, dass er den Vorteil im Sinne des § 331 StGB dahingehend einschränkend auslegt, dass jedenfalls solche Drittmittel nicht erfasst sind, die unter Wahrung des vorgesehenen hochschulrechtlichen Verfahrens eingeworben wurden.[325] Denn sofern das gesetzlich vorgesehene Verfahren eingehalten werde, sei die Durchschaubarkeit und Transparenz der Zuwendung von Drittmitteln hinreichend gewahrt und es bestehe keine Gefahr für das Schutzgut des § 331 StGB, da der Verdacht der Käuflichkeit der Diensthandlung gar nicht erst aufkomme.

cc) Dienstausübung

338 Die Tat muss sich auf die Vornahme oder das Unterlassen einer Dienstausübung beziehen, also auf eine Handlung, durch die ein Amtsträger die ihm übertragene öffentliche Aufgabe wahrnimmt. Das umfasst jedenfalls solche Handlungen, die zu den dienstlichen Obliegenheiten gehören und in amtlicher Eigenschaft vorgenommen werden. Keine Dienstausübung sind reine Privathandlungen, die der Amtsträger völlig außerhalb seines dienstlichen Aufgabenbereiches tätigt. Aber auch Handlungen, in denen der Amtsträger seine im Amt erworbenen Fachkenntnisse nutzt, sind keine Dienstausübung, wenn der Amtswalter ausschließlich als Privatmann handelt.[326]

339 Zur Dienstausübung des Arztes gehören daher vor allem die medizinische Behandlung von Patienten, aber auch die damit verbundenen organisatorischen Tätigkeiten, sowie die Forschung.

dd) Tathandlung

340 **Fordern** ist das einseitige ausdrückliche oder konkludente Verlangen einer Leistung. Dabei reicht es, seinen Gegenüber erkennen zu lassen, dass man einen Vorteil begehrt.

Sich versprechen lassen ist die ausdrückliche oder schlüssige Annahme eines (evtl. auch nur bedingten) Angebotes auf eine zukünftige Zuwendung.

---

324 Dazu grundlegend BGHSt 47, 295.
325 So BGHSt 47, 295, zustimmend Fischer, 58. Aufl., § 331 Rn. 27 ff. sowie Ulsenheimer Rn. 13/15, 13/20 jeweils m.w.N.
326 BGH NStZ 2008, 217.

> **Annehmen** ist die tatsächliche Entgegennahme des Vorteils mit dem Willen der Ausnutzung im eigenen Interesse oder mit dem Willen den Vorteil einem Dritten zukommen zu lassen.

ee) Unrechtsvereinbarung

Die Unrechtsvereinbarung ist die **inhaltliche Verknüpfung von Dienstausübung und Vorteilszuwendung** in Form einer Übereinkunft zwischen Amtsträger und dem Versprechenden. Der Vorteil muss gerade als Gegenleistung **für** die Dienstausübung versprochen werden, dies muss beiden Seiten bewusst sein. Zwischen ihnen muss wenigstens eine stillschweigende Übereinkunft bestehen.

341

Der Tatbestand des § 331 StGB ist allerdings dort einzuschränken, wo dem Amtsträger aus reiner Höflichkeit eine **sozialadäquate Zuwendung** gemacht wird. Hier besteht gerade keine Unrechtsvereinbarung, da solche Zuwendungen nicht per se für die Dienstausübung, sondern vielmehr aus reiner Gefälligkeit gewährt werden (z.B. die Kaffeetasse für den Arzt). Eine klare wertmäßige Grenze gibt es dazu jedoch nicht. Belohnungen für eine besonders zufriedenstellende Dienstausübung (z.B. die Flasche Champagner von dem Patienten nach einer erfolgreichen Operation) sind dabei, soweit sie über einen geringfügigen Umfang hinaus gehen, nicht immer sozialüblich. Der Arzt ist insofern auf der sicheren Seite, wenn er eine Genehmigung von der zuständigen Stelle nach § 331 Abs. 3 StGB einholt.

342

ff) Vorsatz

Der Täter muss mindestens bedingt vorsätzlich hinsichtlich der Merkmale des objektiven Tatbestandes handeln. Ihm muss bewusst sein, dass ihm der Vorteil gerade für seine Dienstausübung versprochen wird und dass ihm dieser Vorteil nicht zusteht. Hat er indes den rechtlichen Rahmen der Sozialadäquanz falsch beurteilt, unterliegt er einem – in der Regel vermeidbaren – Verbotsirrtum im Sinne des § 17 StGB.[327]

343

gg) Genehmigung nach § 331 Abs. 3 StGB

Eine Vorteilsannahme in Form des Sich-versprechen-Lassens und des Annehmens – nicht jedoch bei dem Fordern eines Vorteils – kann nach § 331 Abs. 3 StGB **gerechtfertigt** sein, **wenn die Zuwendung generell oder für den konkreten Fall wirksam durch die zuständige Behörde genehmigt wurde.** Dies ist bei Beamten typischerweise die vorgesetzte Dienstbehörde, bei Angestellten im öffentlichen Dienst der Arbeitgeber. Im Krankenhaus wird dies typischerweise der an der Verwaltungsspitze stehende Geschäftsführer bzw. der Universitätspräsident sein. In der Regel wird die Genehmigungsbefugnis von dort auf die jeweilige Rechtsabteilung delegiert. Auch

344

---

327 Vertiefend dazu Ulsenheimer Rn. 13/25.

eine Genehmigung direkt nach der Annahme des Vorteils rechtfertigt die Tat in vollem Umfang. Die Anzeige bei der zuständigen Behörde muss dann aber unmittelbar, das heißt ohne schuldhaftes Zögern erfolgen. Für die Genehmigung ist erforderlich, dass die zuständige Behörde vollumfänglich informiert wird und über alle für ihre Entscheidung erheblichen Informationen verfügt. Wird die Genehmigung durch eine Täuschung erschlichen, ist sie unwirksam.

345 Geht der Täter davon aus, dass die Voraussetzungen einer wirksamen Genehmigung in tatsächlicher Hinsicht vorliegen, was aber nicht der Fall ist, unterliegt er einem Tatbestandsirrtum nach § 16 Abs. 1 StGB und handelt ohne Vorsatz. Irrt er indes über die rechtliche Wirksamkeit der Genehmigung, unterliegt er einem in der Regel vermeidbaren Verbotsirrtum nach § 17 StGB.[328]

b) Bestechlichkeit nach § 332 StGB

346 Die Bestechlichkeit nach § 332 StGB ist eine Qualifikation zu § 331 StGB, beide Normen schützen somit das gleiche Rechtsgut, die Lauterkeit des öffentlichen Dienstes.

347 Da der Amtsträger im Falle des § 332 StGB zu einer rechtswidrigen Diensthandlung verleitet werden soll, verwirklicht der Täter hier ein **schwereres Unrecht**, das der Gesetzgeber mit einer schwereren Strafe (Freiheitsstrafe von sechs Monaten bis zu fünf Jahren im Gegensatz zu § 331 StGB der eine Geldstrafe oder eine Freiheitsstrafe bis zu drei Jahren vorsieht) bedroht.

Bestechlichkeit, § 332 StGB

I. Tatbestand
   – Täter als Amtsträger
   – Vorteil
   – für pflichtwidrige Diensthandlung oder Ermessensentscheidung
   – Tathandlung: fordern, sich versprechen lassen oder annehmen, nach Abs. 3 auch sich bereit zeigen hins. zukünftiger Diensthandlung
   – Unrechtsvereinbarung
   – Vorsatz
II. Rechtswidrigkeit
   (P) Keine Rechtfertigung durch Genehmigung nach § 331 Abs. 3 StGB
III. Schuld

348 Der Tatbestand des § 332 StGB besteht weitgehend aus den gleichen Merkmalen wie der des § 331 StGB, insofern sei auf die obigen Ausführungen

---

328 Ulsenheimer Rn. 13/30 m.N.

verwiesen. Aber es zeigen sich **Unterschiede zu** § 331 StGB in drei wesentlichen Punkten:

- § 332 StGB bestraft die Vornahme einer **pflichtwidrigen Diensthandlung,**
- für die Strafbarkeit nach § 332 StGB reicht bereits, dass sich der Täter lediglich **bereit gezeigt** hat, bei künftigen Ermessensentscheidungen ermessensfehlerhaft zu handeln. Er ist selbst dann zu bestrafen, wenn er den Vorteilsgeber über seine wahren Absichten täuscht; und
- eine **Genehmigung** nach § 331 Abs. 3 StGB scheidet hinsichtlich § 332 StGB aus.

aa) Diensthandlung

Die Diensthandlung muss im Rahmen der Unrechtsvereinbarung nicht im Einzelnen bestimmt sein. Es reicht, dass die Diensthandlung ihrem sachlichen Gehalt nach zumindest in groben Zügen erkennbar und festgelegt ist. Der bloße Bezug auf die allgemeine Dienst**ausübung** des Amtsträgers **reicht nicht,** da nur konkrete Diensthandlungen pflichtwidrig sein können.

349

bb) Pflichtwidrigkeit

Die Diensthandlung, auf welche sich die Tat bezieht, ist pflichtwidrig, wenn die Handlung des Amtsträgers seine Dienstpflichten verletzt oder zukünftig verletzen soll. Dies kann sich nicht bereits aus der Verknüpfung mit dem versprochenen Vorteil ergeben, vielmehr muss die **Diensthandlung als solche pflichtwidrig** sein. Das ist immer der Fall, wenn der Täter von einer **gebundenen** Entscheidung abweicht und anders als gesetzlich vorgesehen entscheidet.[329] Im Falle einer **Ermessensentscheidung,** bei der dem Amtsträger mindestens zwei rechtmäßige Handlungsmöglichkeiten vom Gesetz eröffnet sind, handelt dieser schon dann pflichtwidrig, wenn er sich durch den Vorteil bei der Ermessensausübung beeinflussen lässt.[330] Die Unrechtsvereinbarung zwischen dem Täter und dem Versprechenden muss sich auf diese **konkrete** Diensthandlung beziehen.

350

Außerdem handelt der Amtsträger pflichtwidrig, wenn er seine Stellung missbraucht, um vorschriftswidrige Handlungen vorzunehmen oder seine Pflicht zur Dienstverschwiegenheit verletzt.

351

cc) Sich bereit zeigen zu zukünftigen Handlungen § 332 Abs. 3 StGB

Weiterhin verlagert § 332 Abs. 3 StGB die Strafbarkeit wegen Bestechlichkeit in zeitlicher Hinsicht vor. Danach macht sich bereits derjenige strafbar, der sich gegenüber dem Vorteilsgeber ausdrücklich oder schlüssig dazu bereit erklärt, in Zukunft eine pflichtwidrige Diensthandlung vorzunehmen

352

---

329 Fischer, 58. Aufl., § 331 Rn. 8.
330 Fischer, 58. Aufl., § 331 Rn. 9.

Norouzi

oder seine zukünftige Ermessensentscheidung durch den Vorteil beeinflussen zu lassen. Dabei kommt es allein auf die Einigung zwischen dem Täter und dem Versprechenden in Form der Unrechtsvereinbarung an. Dass der Amtsträger sich innerlich vorbehält, später doch nicht pflichtwidrig zu handeln, ist für seine Strafbarkeit unerheblich. Denn die durch § 332 StGB geschützte Lauterkeit des öffentlichen Dienstes wird bereits durch das Sich-bereit-Zeigen, das den Eindruck der Käuflichkeit eines Amtsträger vermittelt, tangiert.

353 Dabei sind nach der Rechtsprechung besondere Anforderungen an den **Nachweis des Sich-bereit-Zeigens** zu stellen. Für eine Verurteilung des Täters soll es danach nicht ausreichen, dass dieser in Kenntnis der von dem Zuwendenden beabsichtigten Beeinflussung den Vorteil annimmt.[331] Vielmehr muss sich zumindest anhand von Indizien ergeben, dass der Amtsträger auch verstanden hat, dass der Zuwendende erkannt hat, dass er seinerseits den Zweck der Zuwendung erkannt habe. Ein solches Indiz kann etwa darin liegen, dass der Vorteil gerade keinen Bezug zu der dienstlichen Tätigkeit des Täters hat.[332]

c) Bestechlichkeit im geschäftlichen Verkehr nach § 299 Abs. 1 StGB

354 Schutzgut des § 299 StGB ist der **freie Wettbewerb**, mittelbar geschützt dadurch sind aber auch die Vermögensinteressen der Mitbewerber sowie der Geschäftsherren. Die Norm wurde erst 1997 in das StGB aufgenommen,[333] Ziel des Gesetzgebers war dabei, die sog. Angestelltenbestechlichkeit zu pönalisieren und in der Bevölkerung ein verschärftes Bewusstsein für die Korruptionsdelikte an sich zu schaffen.[334]

355 Im Hinblick auf die Ärzteschaft interessiert dabei vor allem das Sonderdelikt des § 299 Abs. 1 StGB, dessen sich nur Angestellte oder Beauftragte eines geschäftlichen Betriebes strafbar machen können, während Täter des § 299 Abs. 2 StGB jedermann sein kann.

---

331 BGHSt 48, 44; hier hatte ein Chefarzt durch einen Hersteller von Medizinprodukten Kongressreisen erstattet bekommen.
332 BGHSt 48, 44.
333 BGBl. I 2038.
334 BT-Drucks. 13/5884 S. 15.

Bestechlichkeit im geschäftlichen Verkehr, § 299 Abs. 1 StGB

I. Tatbestand
   - Täter: Angestellter oder Beauftragter in einem geschäftlichen Betrieb
   - Vorteil für ein Handeln im geschäftlichen Verkehr
   - Unrechtsvereinbarung
   - Tathandlung: fordern, sich versprechen lassen oder annehmen
   - Vorsatz
II. Rechtswidrigkeit
    keine Rechtfertigung durch Genehmigung möglich
III. Schuld
IV. Strafantrag § 301 StGB

---

aa) Taugliche Täter

Täter einer Tat nach § 299 Abs. 1 StGB kann nur sein, wer Angestellter oder Beauftragter eines geschäftlichen Betriebes ist.

356

> ❗ **Ein geschäftlicher Betrieb** ist jede **auf gewisse Dauer betriebene Tätigkeit im Wirtschaftsleben,** die sich durch Austausch von Leistungen und Gegenleistungen vollzieht.[335]

Darunter fallen auch freiberufliche Betätigungen wie die eines Arztes, sofern sie auf Dauer angelegt sind. Ebenfalls erfasst sind soziale und wohltätige Einrichtungen, die zugleich aber auch wirtschaftlich betrieben werden (z.B. private Krankenhäuser und medizinische Einrichtungen).

357

> ❗ Ein **Angestellter** ist, wer in einem mindestens **faktischen Dienstverhältnis** zum Geschäftsherrn steht und dessen Weisungen unterworfen ist.

Eine **dauerhafte** oder **entgeltliche** Beschäftigung ist dabei **nicht erforderlich.** Indes reicht eine Stellung als untergeordnete Hilfskraft nicht aus, der Täter muss einen gewissen Einfluss auf die geschäftliche Betätigung des Betriebes besitzen. Der **Betriebsinhaber ist kein tauglicher Täter.**[336]

358

Bsp: angestellter Arzt in einem privaten Krankenhaus oder in einer Gemeinschaftspraxis

359

> ❗ **Beauftragter** ist wer – ohne Angestellter zu sein – befugtermaßen für einen Geschäftsbetrieb tätig wird und aufgrund seiner Stellung be-

---

335 Fischer, 58. Aufl., § 299 Rn. 4.
336 Fischer, 58. Aufl., § 299 Rn. 10c.

> rechtigt und verpflichtet ist, auf Entscheidungen, die den Waren- und Leistungsaustausch betreffen, **Einfluss zu nehmen.**

360 Dabei kommt es nicht unbedingt auf das formelle Bestehen vertraglicher Beziehungen zwischen dem Beauftragten und dem Betrieb an, maßgeblich ist vielmehr, ob ersterem eine Beauftragten-Stellung im materiellen Sinne zukommt. Dies wird immer dann angenommen, wenn der Beauftragte
– Einfluss auf den Waren- und Leistungsaustausch nehmen kann und
– an die Interessen des Betriebes gebunden ist.

361 **Umstritten** ist, ob ein niedergelassener **Vertragsarzt ein Beauftragter der Krankenkassen** im Sinne des § 299 StGB ist.[337] Nach einer bislang in der Minderheit gebliebenen, durch ein obiter dictum des OLG Braunschweig bestätigten und nunmehr dem großen Senat des Bundesgerichtshofs vorgelegten Ansicht[338] ist der Vertragsarzt – zumindest soweit er die Rahmenrechte der Patienten auf medizinische Behandlung aus §§ 27 Abs. 1 Satz 1 und 2 Nr. 3, 31 Abs. 1 SGB V durch die Verschreibung von Medikamenten konkretisiert – Beauftragter der Krankenkassen. Schließlich verfüge der Arzt gleichsam als Schlüsselfigur der Arzneimittelversorgung insoweit auch als Vertreter der Krankenkassen[339] – dazu sei er gesetzlich berechtigt und verpflichtet. Die (zutreffende) Gegenansicht[340] lehnt die Stellung des Vertragsarztes als Beauftragten der Krankenkassen ab. Sie stützt sich dabei insbesondere darauf, dass der Vertragsarzt seine eigene Praxis »als Betrieb« führe und insofern einen freien Beruf ausübe. Er handele daher in eigenem und nicht im Interesse der Kassen. Weiterhin stehe er gerade nicht in vertraglichen Beziehungen zu den Kassen. Zudem sei das Schutzgut des § 299 StGB nicht tangiert, da es zu keiner Bevorzugung im Wettbewerb komme.

bb) Vorteil für ein Handeln im geschäftlichen Verkehr

362 Der Täter muss sich einen Vorteil für ein Handeln im geschäftlichen Verkehr versprechen lassen. Unter einem **Vorteil** versteht man – insofern sei auf die Ausführungen zu § 331 StGB verwiesen (s.o. Rdn. 334 ff.) – alles, was die Lage des Empfängers verbessert und worauf er keinen Anspruch hat. Darunter fallen materielle sowie immaterielle Vorteile ebenso wie Drittvorteile. Dritter in diesem Sinne kann jede natürliche oder juristische Person – auch der Betrieb selbst – sein. Der Vorteil muss für ein Handeln im geschäftlichen Verkehr gewährt werden, darunter fasst man alle Kontakte, die sich auf den

---

337 Zur Übersicht über den Streitstand: Fischer, 58. Aufl., § 299 Rn. 10a sowie Klötzer NStZ 2008, 12.
338 Erstmals Pragal NStZ 2005, 133; nunmehr (mit bejahender Tendenz) der Vorlagebeschluss des 3. Strafsenats 3 StR 458/10, Rn. 55 ff. m.N. zu beiden Auffassungen (insbes. in Rn. 57); ferner OLG Braunschweig wistra 2010, 418 m. Anm. Brockhaus/Dann/Teubner/Tsambikakis wistra 2010, 418.
339 Vgl. BGHSt 49, 17.
340 Ulsenheimer Rn. 13/41 m.w.N.; Taschke StV 2005, 406; Geis wistra 2007, 361.

Norouzi

geschäftlichen Verkehr beziehen, nicht hingegen private Handlungen oder hoheitliche Tätigkeiten.

cc) Unrechtsvereinbarung

Wiederum in Parallele zu § 331 StGB muss zwischen Vorteilsversprechendem und Vorteilsempfänger eine Unrechtvereinbarung getroffen worden sein. Der Vorteil muss also gerade als Gegenleistung für eine zukünftige unlautere Bevorzugung versprochen werden. Eine Bevorzugung in diesem Sinne ist die Gewährung von Vorteilen im Wettbewerb gegenüber den Mitbewerbern, die sich auf den Bezug von Waren oder gewerblichen Leistungen bezieht. Der Begriff der gewerblichen Leistungen ist dabei weit zu verstehen und bezieht sich auch auf Leistungen der freien Berufe, wie die medizinische Behandlung durch einen Arzt.   **363**

Unlauter ist eine Bevorzugung, die geeignet ist, den Mitbewerber durch Umgehung der Regeln des Wettbewerbs und durch Ausschaltung der Konkurrenten zu schädigen. Da § 299 StGB den freien Wettbewerb schützt, kommt es hierbei also gerade nicht auf die Pflichtwidrigkeit der Bevorzugung gegenüber dem Geschäftsherrn an.   **364**

Eine solche Unrechtsvereinbarung wird man im Falle sozialüblicher Zuwendungen wohl ablehnen müssen, denn diese werden nicht als Gegenleistung für die Bevorzugung, sondern aus Anstand und Höflichkeit gewährt. So wird die Annahme der üblichen Werbegeschenke der Pharmavertreter wohl kaum den Tatbestand des § 299 StGB erfüllen.   **365**

Freilich werden dadurch Schmiergelder – mögen sie auch in einzelnen Branchen üblich sein – nicht berührt.   **366**

dd) Tathandlung

§ 299 StGB pönalisiert das Fordern, Sich-versprechen-lassen sowie das Annehmen eines Vorteils. Insoweit zeichnet sich die Norm durch die gleichen Tathandlungen wie § 331 StGB aus, daher sei auf die diesbezüglichen Ausführungen verwiesen (s.o. Rdn. 340 ff.).   **367**

ee) Vorsatz

Hinsichtlich des subjektiven Tatbestandes muss der Täter mindestens mit bedingtem Vorsatz handeln. Ist ihm die Unlauterkeit seines Vorgehens nicht bewusst, handelt er ohne Vorsatz und bleibt straflos.   **368**

ff) Rechtswidrigkeit und Strafantrag

Im Hinblick auf § 299 Abs. 1 StGB gilt es zu beachten, dass hier – im Gegensatz zu der Parallelnorm des § 331 StGB – eine Rechtfertigung durch die **Genehmigung** der zuständigen Stelle nach § 331 Abs. 3 StGB gerade **nicht vorgesehen** ist. Gemäß § 301 StGB wird eine Tat nach § 299 Abs. 1 StGB   **369**

Norouzi

nur auf Antrag verfolgt oder wenn die Staatsanwaltschaft ein besonderes öffentliches Interesse an der Strafverfolgung bejaht (sog. **relatives Antragsdelikt**).

B. Prozessuales Arztstrafrecht

I. Allgemeine Vorbemerkungen: der Arzt im Strafverfahren

370 Das Strafprozessrecht normiert ein **geordnetes Verfahren zur Durchsetzung des materiellen Strafrechts**. Es will Rechtsfrieden herstellen durch die Ermittlung des wahren Sachverhalts zur Durchsetzung des staatlichen Strafanspruchs. Aber es kennt keine Wahrheit »um jeden Preis«. Zur Wahrung der Freiheitsrechte der Bürger darf der Staat nur nach einem geordneten Verfahren bestrafen. Für die Effektivität des Regelungsinstruments des Strafrechts ist das Strafprozessrecht von entscheidender Bedeutung: Das Strafrecht entfaltet nur dann seine abschreckende Wirkung, wenn dessen praktische Durchsetzung von der Bevölkerung wahrgenommen wird. Aus staatlicher – und vor allem staatsanwaltlicher – Sicht dominiert daher in einem Strafverfahren das Ziel der **Durchsetzung des staatlichen Strafanspruchs**. Kontradiktorisch hierzu wirken der Beschuldigte und sein Verteidiger, die entweder Straflosigkeit anstreben oder aber eine möglichst geräuschlose, milde Verfahrenserledigung intendieren.[341]

371 Die **Besonderheit** des prozessualen Arztstrafrechts liegt dabei weniger in »arztspezifischen« Verfahrensnormen (wie etwa das [begrenzte] Beschlagnahmeverbot ärztlicher Untersuchungsbefunde in § 97 Abs. 1 Nr. 3 StPO). Vielmehr ist auf den **besonderen situativen und sozialen Kontext** eines Strafprozesses gegen einen Arzt[342] und auf die Möglichkeiten zu verweisen, die das allgemeine Verfahrensrecht bietet, um auf diese besondere Situation zu reagieren.

372 Jeder professionelle Akteur im Strafverfahren, gleich ob Richter, Staatsanwalt oder Verteidiger, tut gut daran, die »**déformation professionelle**« des Arztberufs zu verstehen: Ärzte neigen zu einem – durch den hippokratischen Eid verdeutlichten – Selbstverständnis, dass sie ausschließlich »zum Nutzen der Kranken« tätig sind. Der Ärzteschaft und der ärztlichen Kunst könne und solle daher auch generelles Vertrauen entgegengebracht werden. Daher sei Misstrauen von Seiten der Patienten, deren Angehörigen und gar

---

341 Bock, in: Münchener Anwaltshandbuch – Strafverteidigung, § 49 Rn. 157; Langen, in: Wenzel, Kap. 7 Rn. 888. Zu den Risiken einer Konfliktverteidigung siehe noch unten Rdn. 427; zu den vielfältigen »geräuschlosen« Erledigungsmethoden des Opportunitätsprinzips und des Strafbefehlsverfahrens siehe noch unten Rdn. 447 ff.

342 Bock, in: Münchener Anwaltshandbuch – Strafverteidigung, § 49 Rn. 163.

der Staatsanwaltschaft unangemessen, vor allem wenn dieses in der Kritik der von ihnen ausgeübten ärztlichen Kunst mündet und auf zweifelhaften Zweitmeinungen ihrer Kollegen gründet.[343] Und tatsächlich handelt es sich bei Ärzten um sozial angepasste Menschen in einer prestigeträchtigen gesellschaftlichen Position. Kriminalität erleben sie als eine Verhaltensweise »der anderen«. Wie in allen Fällen bürgerlicher Kriminalität bedeutet es eine zuvor unvorstellbare Erfahrung für sie, Beschuldigte eines Strafverfahrens zu sein. Es liegt auf der Hand, dass ein solches Selbstverständnis erhebliches **Konfliktpotential** mit den emotional höchstpersönlich betroffenen Patienten und deren Angehörigen, aber auch mit den Strafverfolgungsbehörden mit sich bringt, das den Blick für eine sachgemäße Lösung verstellt.[344] **Deeskalation** ist für jeden Akteur das Gebot der Stunde: für den Verteidiger, der im internen Verhältnis seinen Autoritätsanspruch einbringen muss, um den Arzt davon zu überzeugen, dass eine – fraglos Überwindung kostende – Entschuldigung richtig und notwendig ist, um eine gütliche, geräuschlose und milde Verfahrenserledigung zu erreichen; für die Staatsanwaltschaft, gerade wenn sie ihre Herrschaftsposition im Ermittlungsverfahren ausübt, die darauf achten muss, nicht mit überstürzten Durchsuchungen oder anderen Beweissicherungsmaßnahmen irreparablen Prestigeschaden anzurichten, der den betroffenen Arzt in eine defensive Position drängt.

❗ Auf Seiten des mutmaßlichen oder vermeintlichen Opfers bzw. dessen Angehörigen ist in aller Regel ein höchstpersönliches Schutzgut betroffen – Leib oder Leben. Auf Seiten des Arztes richtet sich das Strafverfahren gegen seine Ehre, seinen Berufsethos und die ärztliche Kunst als solche. Hier ist Deeskalation geboten!

Bevor eine Strafanzeige erstattet wird, bietet sich daher eine **offene Aussprache »auf Augenhöhe«** an, durch die oftmals straf- und auch zivilrechtliche Konflikte vermieden werden können.[345] Ein Angebot zu einem solchen Gespräch sollte dabei so rasch wie möglich erfolgen, sobald eine Konfliktsituation erkannt wird. Um das Gespräch selbst nicht durch eine unmittelbar vorangegangene Extremsituation zu belasten und um zudem Zeit für eine erste Aufarbeitung der Ereignisse zu gewinnen, sollte das eigentliche Gespräch zwar zeitnah, aber mit mindestens einem Tag Abstand erfolgen. In diesem Gespräch kann der Arzt ohne Furcht vor einem Verlust des Versicherungsschutzes auch eigene **Behandlungsfehler benennen**, jedenfalls

373

---

343 In diese Richtung auch Bock, in: Münchener Anwaltshandbuch – Strafverteidigung, § 49 Rn. 163 ff.
344 Bock, in: Münchener Anwaltshandbuch – Strafverteidigung, § 49 Rn. 170.
345 Eindrücklich die Beispiele bei Ulsenheimer Rn. 425; s. auch Langen, in: Wenzel, Kap. 7 Rn. 803; einschränkend Bock, in: Münchener Anwaltshandbuch – Strafverteidigung, § 49 Rn. 176 ff. Zum Verfahren vor Gutachterkommissionen und Schlichtungsstellen vgl. Langen, in: Wenzel, Kap. 7 Rn. 813 ff.

soweit diese sich auch aus der Dokumentation der Ereignisse oder zukünftig möglichen Folgeuntersuchungen ergeben und daher in einem Prozess ohnehin aufgedeckt würden. Lediglich ein **Schuldanerkenntnis** – das sich auf die Leistung von Schadensersatz und Schmerzensgeld bezieht – sollte er **unbedingt vermeiden.**[346]

> ❗ Ein offenes, ehrliches Gespräch »auf Augenhöhe« mit einem Patienten, der einen Behandlungsfehler vermutet oder sonst seine Unzufriedenheit äußert, kann Strafverfahren vermeiden.

374   Zunächst werden nun die verschiedenen Akteure im Strafprozess (sogleich II.) sowie die dem Strafverfahren zugrunde liegenden Prinzipien (III.) dargestellt, bevor die **vier Phasen des Strafverfahrens** – Ermittlungsverfahren, Zwischenverfahren, Hauptverhandlung und Vollstreckungsverfahren – näher beleuchtet werden (IV.).

II.   Akteure im Strafverfahren

Akteure im Strafverfahren

- Staatsanwaltschaft
- Beschuldigter und sein Verteidiger
- Gericht
- Opfer / Nebenkläger
- Zeugen / Sachverständige
- Öffentlichkeit / Medien

---

346 Bock, in: Münchener Anwaltshandbuch – Strafverteidigung, § 49 Rn. 182; Ulsenheimer Rn. 425.

1. Die zentralen Akteure des Strafverfahrens

Die (Letzt-)Entscheidung in Strafverfahren treffen – wenn die Staatsan- **375**
waltschaft das Verfahren nicht von sich aus einstellt – die Strafgerichte als
Teil der ordentlichen Gerichtsbarkeit. Je nach zur Last gelegter Tat und
der Strafdrohung sind in der Tatsacheninstanz die Amts- oder Landgerich-
te zuständig (die ausnahmsweise erstinstanzliche Zuständigkeit der Oberlandesgerichte spielt für den Arztstrafprozess keine Rolle; s. das Schaubild
Zuständigkeit der Strafgerichte). Im Revisionsverfahren (s. hierzu unten
Rdn. 492 f.) wird bei einer erstinstanzlichen Entscheidung des Landgerichts
der Bundesgerichtshof tätig, ansonsten entscheidet das zuständige Oberlandesgericht.

Zuständigkeit der Strafgerichte im Überblick

Angeklagte Tat?			
1. Tatsacheninstanz	Straferwartung Geldstrafe oder Freiheitsstrafe < 2 Jahre kein Verbrechen	Straferwartung Freiheitsstrafe zwischen 2 und 4 Jahren, auch bei Verbrechen	besonders Delikte schwerster Art, bestimmte Wirtschaftsdelikte, oder Straferwartung Freiheitsstrafe > 4 Jahre	Staatsschutzdelikte
	Amtsgericht / Strafrichter	Amtsgericht /Landgericht/ Schöffengericht	Oberlandesgericht/große Strafkammer/ Schwurgericht/Strafsenat/ Wirtschaftsstrafkammer	
2. Tatsacheninstanz	Landgericht / kleine Strafkammer			
Revisionsinstanz	Oberlandesgericht / Strafsenat		Bundesgerichtshof / Strafsenat	

Europäischer Gerichtshof für Menschenrechte	Bundesverfassungsgericht	Gerichtshof der Europäischen Union
Beschwerde	Verfassungsbeschwerde konkrete Normenkontrolle (Richtervorlage)	Vorabentscheidungsverfahren (Richtervorlage)

❗ Nur bei einer Anklage zum Amtsgericht (erwartete Strafe ist Geldstrafe
oder Freiheitsstrafe nicht über 4 Jahren) steht eine zweite Tatsacheninstanz zur Verfügung. Im Gegensatz zum Zivilprozess hat der Angeklagte daher gerade bei erheblichen Vorwürfen keine »zweite Chance«, um
auf die Sachverhaltsermittlung Einfluss zu nehmen!

Den **Staatsanwaltschaften** obliegt die Leitung des Ermittlungsverfahrens, **376**
die Anklageerhebung und auch die Vollstreckung einer von Gerichten aus-
gesprochenen Strafe. Dabei sind die Staatsanwaltschaften sowohl an Recht
und Gesetz (Art. 20 Abs. 3 GG) gebunden als auch zur Objektivität verpflichtet, d.h. sie müssen gleichermaßen entlastende Spuren weiterverfolgen
und auch offenlegen (§ 160 Abs. 2 StPO). In der Verfahrensrealität sind sie

indes der kontradiktorische Gegenspieler des Beschuldigten und seines Verteidigers und daher die treibende Kraft strafrechtlicher Ahndung.[347] Die **Ermittlungspersonen der Staatsanwaltschaft** (§ 152 GVG) und – sich damit teilweise deckend – die Behörden und Beamten des **Polizeidienstes** (§ 161 Abs. 1 StPO) unterstützen die Staatsanwaltschaft bei ihren Ermittlungen. Ferner arbeiten auch Fachbehörden, beispielsweise die Finanzverwaltungen (vgl. § 404 AO), den Staatsanwaltschaften zu.

377   Der **Beschuldigte** – je nach Verfahrensstadium auch Angeschuldigter oder Angeklagter genannt (vgl. § 157 StPO) – ist das Subjekt des Strafverfahrens. Weder die Tat noch ein bloßer Verdacht lässt jemanden zu einem Beschuldigten werden, sondern erst ein entsprechender, nach außen tretender Wille eines Strafverfolgungsakteurs.[348] Ab diesem Zeitpunkt bestehen Sonderrechte des Beschuldigten.[349] So ist er etwa umfassend zu belehren (s. hierzu unten Rdn. 424) und so kann er einen Anspruch auf einen Pflichtverteidiger haben, etwa in Fällen von Untersuchungshaft.

> ❗Jeder Beschuldigte darf sich bis zu drei Wahlverteidiger nehmen (§ 137 Abs. 1 Satz 2 StPO). U. a. in folgenden wichtigen Fallgruppen muss der Beschuldigte – spätestens ab Inhaftierung bzw. ab dem Zwischenverfahren – einen Verteidiger haben (vgl. § 140 StPO):
>
> – der Beschuldigte ist in Untersuchungshaft,
> – ihm wird ein Verbrechen zur Last gelegt,
> – das Strafverfahren kann zu einem Berufsverbot führen, oder
> – die 1. Tatsacheninstanz ist das OLG (selten und in Arztstrafsachen nie der Fall) oder das LG.
>
> Kann sich der Beschuldigte keinen Verteidiger leisten, so kommt die Staatskasse (vorläufig) für dessen Honorierung nach den gesetzlichen Bestimmungen auf.

378   Der **Verteidiger** ist zwar Interessenvertreter des Beschuldigten, aber zugleich ein Organ der Rechtspflege (§ 1 BRAO). Daher darf er gegenüber Gericht und Staatsanwaltschaft keine Beweismittel einsetzen, von denen er weiß, dass sie die Wahrheit verfälschen oder erschüttern. Allerdings darf der Verteidiger seinem Mandanten alles raten, was der Mandant selbst tun darf, also etwa schweigen oder lügen, soweit er nicht dadurch jemand anderen fälschlicherweise belastet (s. hierzu noch unten Rdn. 394).[350] Schließlich ist die Kommunikation zwischen Verteidiger und Mandant nahezu vollständig

---

347 Vertiefend Kühne, Strafprozessrecht, 8. Aufl., Rn. 172.
348 Vgl. Meyer-Goßner, 54. Aufl., Einl. Rn. 76 ff.
349 Kühne, Strafprozessrecht, 8. Aufl., Rn. 105.
350 S. die umfassende Darstellung bei Kühne, Strafprozessrecht, 8. Aufl., Rn. 199 ff. Missverständlich ist insoweit der Verweis von Langen, in: Wenzel, Kap. 7 Rn. 770 auf die »prozessuale Wahrheitspflicht« auch eines beschuldigten Arztes.

geschützt und darf im Regelfall von keiner staatlichen Stelle überwacht werden (vgl. § 148 StPO).

In Arztstrafsachen sollte sich der Verteidiger stets vor Augen halten, zu welchen erheblichen Konsequenzen ein Strafverfahren gegen einen Arzt führen kann. Untersuchungshaft oder eine Freiheitsstrafe stellt für einen sozial integrierten und zumindest der oberen Mittelschicht zugehörigen Arzt eine (zuvor unvorstellbar) harte Beeinträchtigung seines gewohnten Lebens dar. Bereits die Einleitung eines Ermittlungsverfahrens (der Unschuldsvermutung zum Trotz), jedenfalls aber eine öffentlichkeitswirksame Verurteilung führen in der Regel zu einem erheblichen Verlust sozialen und beruflichen Ansehens, selbst dann, wenn die wirtschaftliche Existenz nicht durch ein strafrechtliches Berufsverbot vernichtet wird. Daher ist in allen Stadien des Verfahrens eine **ergebnisorientierte Herangehensweise** geboten, für die Effekthascherei, Eskalation und übertriebenes Beharren auf den eigenen Standpunkt wenig dienlich sind. Eine deeskalierende und reflektierende Verteidigungsstrategie des Beschuldigten *und* seines Anwalts wird nicht nur von möglichen Opfern – s. hierzu bereits oben Rdn. 373) – sondern auch von Staatsanwaltschaft und Gerichten belohnt: Eine offene, sachliche und auch etwaiges Fehlverhalten eingestehende Beschäftigung mit dem bisherigen Verhalten erlaubt ein niedrigeres Strafmaß und kann in den meisten Fällen sogar den Weg zu einer Verfahrenseinstellung öffnen.

379

❗ Jedenfalls in Arztstrafsachen ist eine gütliche, geräuschlose und milde Verfahrenserledigung oberstes Gebot der Verteidigung, um die Zerstörung der sozialen und beruflichen Existenz des Mandanten zu vermeiden.[351]

Exkurs: Verteidigerhonorar

Die Frage der Honorierung des Verteidigers[352] ist **vorab umfassend zu klären,** um nicht im Laufe des Verfahrens Spannungen im Vertrauensverhältnis zwischen Mandant und Verteidiger entstehen zu lassen. Dabei sind erstens die Höhe der Vergütung, zweitens die vorläufige Kostentragung und drittens die endgültige Kostentragung getrennt zu betrachten: Ein vom Gericht bestellter (Pflicht-)Verteidiger kann nur die sich aus dem RVG ergebende gesetzliche Vergütung verlangen. Ein Wahlverteidiger kann nach dem RVG je nach Schwierigkeit und Bedeutung der Angelegenheit und unter Berücksichtigung der Einkommens- und Vermögensverhältnisse des Mandanten zwar in etwa doppelt so hohe Gebühren als ein Pflichtverteidiger abrechnen. Dennoch sind selbst diese Gebührensätze zumeist nicht ausreichend für die in Arztstrafsachen erforderliche zeitintensive, spezialisierte und

380

---

351 Bock, in: Münchener Anwaltshandbuch – Strafverteidigung, § 49 Rn. 157; Langen, in: Wenzel, Kap. 7 Rn. 888; Ulsenheimer Rn. 475 ff.
352 Langen, in: Wenzel, Kap. 7 Rn. 835 ff.

kompetente Verteidigung. Daher hat sich inzwischen durchgesetzt, in Arztstrafverfahren eine individuelle Vergütungsvereinbarung (§ 3 a RVG) abzuschließen, welche Pauschbeträge für jeden Verfahrensabschnitt oder aber
eine zeitabhängige Vergütung von bis zu 400 Euro pro Stunde vorsieht.[353]
Im Falle einer notwendigen Verteidigung – etwa bei Untersuchungshaft –
erstattet die Staatskasse vorläufig die gesetzliche Vergütung. Ebenso sehen
etliche Rechtschutzversicherungen nur eine vorläufige Deckung der Rechts-
anwaltsvergütung vor. Die Staatskasse hat nur bei manchen Freisprüchen
die »notwendige Auslagen« des Angeklagten – und d.h. nur die gesetzliche
Vergütung – endgültig zu tragen; andernfalls kann sie sich am Beschuldigten
schadlos halten. Die höheren Kosten nach einer individuellen Vergütungsvereinbarung hat stets der Mandant – oder dessen Rechtschutzversicherung
– zu tragen.

Honorierung

Wer trägt die Kosten ?		
	Vorläufig?	Endgültig?
Vergütungsvereinbarung	Mandant oder seine Rechtsschutzversicherung*	Mandant oder seine Rechtsschutzversicherung*
Gesetzliche Vergütung des Wahlverteidigers, sonst	Mandant	Staatskasse (bei Freisprüchen)
Gesetzliche Vergütung des Pflichtverteidigers	Staatskasse	Mandant oder seine Rechtsschutzversicherung* oder Staatskasse (bei Freisprüchen)

(*) je nach Versicherungsverhältnis

381 Nur in Ausnahmefällen sind von der Staatskasse **Kosten für eigene private
Ermittlungen** des Beschuldigten oder seines Verteidigers zu tragen, etwa
für ein Privatgutachten. Die Rechtsprechung erkennt eine Erstattung nach
Freispruch nur dann an, wenn eigene Ermittlungen zur Abwehr unbedingt
notwendig waren, weil eine andere Verteidigungsstrategie wenig erfolgversprechend gewesen wäre. Angesichts der in einem Strafverfahren drohenden, erheblichen Konsequenzen sollte die Frage nach den Kosten nicht die
Entscheidung dominieren, ob die Einholung eines Privatgutachtens sinnvoll
ist.[354]

---

353 Vgl. Langen, in: Wenzel, Kap. 7 Rn. 842 ff.
354 Zudem kann bei Verhandlungen über eine Einstellung des Verfahrens aus Opportunitätsgründen der freiwillige Verzicht auf eine Erstattung der notwendigen
Auslagen sinnvoll sein. Siehe hierzu noch unten Rdn. 439.

2. Die weiteren Akteure des Strafverfahrens

Jedenfalls im Bereich des klassischen Arztstrafrechts (oben Rdn. 6 ff.) werden Arztstrafverfahren vom mutmaßlichen **Opfer** oder dessen Angehörigen
initiiert. Teils liegt hierin auch eine Verfahrensvoraussetzung, wenn nämlich – wie bei der fahrlässigen oder einfachen Körperverletzung, § 230 StGB
– ein förmlicher Strafantrag erforderlich ist und die Staatsanwaltschaft ein
besonderes öffentliches Interesse an der Strafverfolgung verneint. In den
meisten Fällen beginnt eine Tätigkeit der Strafverfolgungsbehörden erst
durch eine Anzeige des Opfers. Damit ist das Opfer oftmals der Schlüssel
zum Strafverfahren und – zumindest bezogen auf Körperverletzungsdelikte
– auch der Schlüssel zur Vermeidung von Strafverfahren (s. oben Rdn. 373).

382

Die **Rolle des Opfers im Strafverfahren** ist zunächst eine informelle: Häufig wird die betreffende Person als Zeuge (mit Erscheinens-, Wahrheits- und
ggf. Eidespflicht) geladen. Auf Antrag ist sie zudem über den Ausgang des
Verfahrens zu informieren (§ 406d Abs. 1 StPO), sie darf ggf. im Hauptverfahren die ganze Zeit anwesend sein (§ 406g Abs. 1 S. 2 ZPO), und sie hat
ferner die Möglichkeit, über einen Rechtsanwalt Akteneinsicht zu nehmen
(§ 406e Abs. 1 StPO). Dies ist im Arztrecht allerdings von untergeordneter
Bedeutung, da nämlich ohnehin ein zivilrechtlicher Anspruch auf Einsichtnahme in die eigenen Krankenakten besteht.[355]

383

> ❗ Aus Sicht des Opfers ist – abgesehen von einer zweifelhaften Genug-
> tuung – ein Strafverfahren ein unnötiger Nebenkriegsschauplatz: Es ist
> ohne Präjudiz, es verhärtet die Fronten und verlängert schließlich die
> Verfahrensdauer von Zivilprozessen.[356]

Das Opfer kann einen formalisierten Status im Strafverfahren erlangen,
wenn es als **Nebenkläger** im Prozess auftritt.[357] Hierzu muss das Verfahren eines der in § 395 Abs. 1 StPO genannten Delikte betreffen, archetypi-
sches Beispiel ist die vorsätzliche Körperverletzung. Bei einer fahrlässigen
Körperverletzung hingegen ist die Nebenklage nur zulässig, »wenn dies aus
besonderen Gründen, insbesondere wegen der schweren Folgen der Tat«
geboten erscheint (§ 395 Abs. 3 StPO). Nach entsprechender Anschlusser-
klärung und Zulassungsbeschluss (§ 396 Abs. 1, Abs. 2 StPO) stehen dem
Nebenkläger – oder dessen anwaltlichen Beistand – dieselben Anhörungs-
rechte wie der Staatsanwaltschaft zu (§ 397 Abs. 1 Satz 4 StPO); zudem
kann er u.a. in der Hauptverhandlung Fragen an Zeugen und Sachverständige stellen und Beweisanträge stellen (§ 397 Abs. 1 Satz 3 StPO). Allerdings

384

---

355 Grundlegend BGHZ 72, 132, 137; s. hierzu aus arztstrafprozessualer Sicht Bock,
     in: Münchener Anwaltshandbuch – Strafverteidigung, § 49 Rn. 197 ff.; Ulsenhei-
     mer Rn. 436.
356 Ulsenheimer Rn. 438.
357 S. hierzu Langen, in: Wenzel, Kap. 7 Rn. 831 ff.; Ulsenheimer Rn. 442 ff.

Norouzi

kann er weder eine Einstellung des Verfahrens aus Opportunitätsgründen verhindern noch ein Rechtsmittel einlegen, um das ausgesprochene Strafmaß zu erhöhen. Eine Berufung oder Revision des Nebenklägers kommt daher nur bei Freispruch oder Verurteilung wegen eines anderen (im Unrechtsgehalt milderen) Straftatbestandes in Betracht (§ 400 Abs. 1 StPO). Im Falle einer Verurteilung hat der Verurteilte die notwendigen Kosten, d.h. die gesetzliche Vergütung des anwaltlichen Beistands des Nebenklägers und – unter engen Kriterien – auch weitere Auslagen wie etwa für Privatgutachten[358] zu erstatten; vorläufig übernimmt in manchen Situationen die Staatskasse diese notwendigen Kosten (§ 397a StPO).

385   Bei manchen leichteren Delikten – so bei einer vorsätzlichen oder fahrlässigen Körperverletzung – kann die Staatsanwaltschaft das Opfer auf das **Privatklageverfahren** verweisen, wenn sie das öffentliche Interesse an einer Strafverfolgung verneint. Diesem obliegt es dann, zumeist ohne Unterstützung der Staatsanwaltschaft (§ 377 Abs. 1 Satz 1 StPO), das Strafverfahren zu betreiben: Es muss etwa eine Sicherheit hinterlegen, zunächst ein vorgeschaltetes Sühneverfahren versuchen (§ 380 Abs. 1 StPO) und sogar tatenlos zusehen, wenn das Gericht das Verfahren bei geringer Schuld des Täters einstellt (§ 383 Abs. 2 StPO).

> ❗ Ist ein Strafverfahren gegen den Arzt notwendig oder unvermeidbar, so bietet es sich für das Opfer an, als Nebenkläger aufzutreten. Der Privatklageweg sollte allerdings in aller Regel vermieden werden.[359]

386   **Zeugen** sind zur wahrheitsgemäßen Aussage verpflichtet. Sie müssen bislang nur auf Ladung der Staatsanwaltschaft oder des Gerichts erscheinen, nicht aber auf bloße Ladung der Polizei,[360] und dürfen sich dabei eines anwaltlichen Beistands bedienen, § 68b StPO. Ein Zeuge muss dabei über eigene, persönliche Wahrnehmungen in der Vergangenheit berichten. Er hat dabei sein Gedächtnis anzustrengen – und hierzu auch naheliegende Hilfsmittel, wie etwa Aufzeichnungen – heranzuziehen, um seine Erinnerung korrekt wiederzugeben.[361] Eine Pflicht zu einer umfangreicheren Vorbereitung kann allein Amtsträger treffen. Keinesfalls trifft aber einen Zeugen eine Pflicht zu eigenen Recherchen, Nachforschungen oder Privatermittlungen.[362]

---

358 BVerfG NJW 2006, 136.
359 Grundsätzlich zum Privatklageverfahren vgl. Kühne, Strafprozessrecht, 8. Aufl., Rn. 251 ff.
360 Man beachte aber insoweit ein Gesetzgebungsvorhaben des Bundesrates (BR-Drucks. 120/10), demzufolge eine Pflicht für Zeugen eingeführt werden soll, auch vor der Polizei erscheinen zu müssen.
361 BGHSt 1, 5, 8; Meyer-Goßner, 54. Aufl., § 69 Rn. 8.
362 Eisenberg, Beweisrecht der StPO, 7. Aufl., Rn. 1199; Brodowski JR 2010, 546, 548; zur materiell-rechtlichen Seite vgl. Fischer, 58. Aufl., § 161 Rn. 6 m.w.N.

Ein **Recht zu Schweigen** haben Zeugen erstens dann, wenn sie sich selbst   **387**
oder einen Angehörigen durch die Beantwortung der konkreten Frage der
Gefahr aussetzen würden, wegen einer Straftat oder einer Ordnungswidrigkeit belangt zu werden (§ 55 Abs. 1 StPO). Zweitens haben Beamte und andere Personen des öffentlichen Dienstes sogar die Pflicht zur Verschwiegenheit über ihnen im Rahmen ihrer amtlichen Tätigkeit bekannt gewordene
dienstliche Angelegenheiten, wenn nicht eine entsprechende Aussagegeneh-
migung eingeholt wurde (§ 54 StPO). Drittens dürfen u.a. Ärzte, Zahnärzte,
Apotheker und Hebammen sowie deren Berufshelfer gänzlich zu denjenigen Umständen schweigen, die ihnen in dieser Eigenschaft – also beruflich
– bekannt geworden sind, es sei denn, sie wurden vom Patienten von ihrer
Verschwiegenheit entbunden (§§ 53 Abs. 1 Nr. 3, Abs. 2, 54 StPO). Dieses Zeugnisverweigerungsrecht schützt das besondere Vertrauensverhältnis
des Patienten zu seinem Arzt und erstreckt sich von der bloßen Tatsache,
ob überhaupt ein Behandlungsverhältnis vorlag, bis hin zu Untersuchungs-
und Heilbehandlungen und deren Befunde und Ergebnisse.[363]

Das Schweigerecht der Berufsgeheimnisträger wird flankiert durch eine ent-   **388**
sprechende **Schweigepflicht**, deren Verstoß mit Strafe geahndet wird (§ 203
Abs. 1 Nr. 1, Abs. 3 StGB). Auch diese entfällt bei einer Entbindung von
der Verschwiegenheit, ferner bei einer mutmaßlichen Einwilligung, wenn
das Interesse des Patienten an der Offenbarung offensichtlich sein sollte,
aber eine Einwilligung des Berechtigten nicht eingeholt werden kann.[364] Ein
Beispiel hierfür wäre die Information naher Angehöriger nach dem Tod eines Patienten.[365] Aus speziellen Auskunftspflichten im Versicherungsrecht
oder im Gesundheitswesen – etwa landesrechtlichen Regelungen des Be-
stattungs- und Leichenwesens,[366] aus rechtfertigendem Notstand und nach
von Teilen des Schrifttums bestrittener Auffassung auch zur Wahrnehmung gewichtiger, berechtigter Interessen – kann ebenfalls die Schweigepflicht durchbrochen werden (s. zur materiell-rechtlichen Seite bereits oben
Rdn. 151, 163).[367]

> ❗ Ein Arzt als Zeuge muss über alles, was er bei seiner beruflichen Tätig-
> keit erfahren hat, schweigen, es sei denn, er wurde von seiner Schweige-
> pflicht entbunden. Ausnahmen von dieser Schweigepflicht werden nur
> in engen Grenzen anerkannt.

---

363 Näher Langen, in: Wenzel, Kap. 7 Rn. 775
364 Fischer, 58. Aufl., § 203 Rn. 36.
365 BGH(Z) NJW 1983, 2627.
366 Vertiefend hierzu Lenckner/Eisele, in: Schönke/Schröder, 28. Aufl., § 230
   Rn. 29a.
367 So etwa bei der freiwilligen Herausgabe von Krankenakten zur Abwendung einer Durchsuchung und Beschlagnahme, vgl. Langen, in: Wenzel, Kap. 7 Rn. 863.

Norouzi

389 **Sachverständige** werden von den zentralen Akteuren des Strafverfahrens, in der Regel aber von der Staatsanwaltschaft und von Gericht bestellt, um einen bestimmten – ggf. noch zu erforschenden – Sachverhalt aus wissenschaftlicher Sicht mündlich oder schriftlich zu begutachten. Sie sind ebenfalls zur Wahrheit verpflichtet. Körperliche Untersuchungen des Beschuldigten (etwa durch die Entnahme und Analyse von Blutproben) oder auch anderer Personen – etwa des mutmaßlichen Opfers – sind gegen den Willen des oder der zu Untersuchenden nur unter engen Voraussetzungen zulässig; in aller Regel ist dann eine richterliche Anordnung erforderlich (s. hierzu noch unten Rdn. 419 ff.).

390 Ein in Arztstrafsachen schwieriges Feld ist der Umgang mit der **Öffentlichkeit**, insbesondere der **Medien**.[368] Dient die Öffentlichkeit des Strafprozesses – eines der grundlegenden Prinzipien des Rechtsstaats – theoretisch der Kontrolle der Justiz und dem Schutz vor Geheimprozessen, birgt sie zugleich – zumal in der nicht selten sensationsbezogenen Medienöffentlichkeit – die Gefahr von Schauprozessen und einer Vorverurteilung des Angeklagten.[369] Auch bereits im Ermittlungsverfahren bestehen entsprechende Risiken: Die Öffentlichkeit ist nicht an die Unschuldsvermutung gebunden und hält einen Beschuldigten oftmals bereits für einen tatsächlichen Täter, obwohl dessen Schuld normativ belastbar erst und nur durch ein Strafurteil festgestellt werden kann. Ein durch die Medien publik gewordener Tatverdacht birgt daher ein erhebliches wirtschaftliches und soziales Risiko für einen Arzt, der von dem Vertrauen in seine Tätigkeit und in seine Person lebt. Der Schaden, den sein Ruf erleidet, kann auch eine positive Verfahrensbeendigung nicht wiedergutmachen. Auch deshalb ist Diskretion, Deeskalation und die Vermeidung einer Anklageerhebung oberstes Gebot für den Beschuldigten und seinen Verteidiger in Arztstrafsachen.[370]

> ❗ In Arztstrafsachen sollte der Beschuldigte oder sein Verteidiger niemals von sich aus die Presse einschalten.[371]

391 Sind die Öffentlichkeit und die Medien nicht aus dem laufenden Strafprozess herauszuhalten (weil etwa die Staatsanwaltschaft eine »offensive Pressearbeit« pflegt[372]), so empfiehlt sich aus Sicht der Verteidigung folgende Strategie für den **Umgang mit der Presse**, um Vertuschungsvorwürfen vorzubeugen und wenigstens die Berichterstattung zu beeinflussen (Modewort:

---

368 S. hierzu Bock, in: Münchener Anwaltshandbuch – Strafverteidigung, § 49 Rn. 213 ff.; Langen, in: Wenzel, Kap. 7 Rn. 805; Ulsenheimer Rn. 425a ff.
369 Ulsenheimer Rn. 475.
370 Bock, in: Münchener Anwaltshandbuch – Strafverteidigung, § 49 Rn. 171; Ulsenheimer Rn. 475.
371 Bock, in: Münchener Anwaltshandbuch – Strafverteidigung, § 49 Rn. 215; Langen, in: Wenzel, Kap. 7 Rn. 805.
372 Vertiefend Kühne, Strafprozessrecht, 8. Aufl., Rn. 104.2, Rn. 130.1.

»Litigation-PR«) und dank eines offenen, reflektierten Umgangs mit den Geschehnissen die Gefahr einer skandalisierenden Presseberichterstattung zu reduzieren: Eine Anfrage seitens der Presse sollte dann nicht abgeblockt, sondern mit dem Hinweis auf notwendige interne Recherchen ein weiterer Gesprächstermin in naher Zukunft vereinbart werden. Sodann sollte zuerst das Gespräch mit dem betroffenen Patienten gesucht werden, auch um abzuklären, inwieweit dieser mit einer Preisgabe von höchstpersönlichen Informationen überhaupt einverstanden ist. Hat der Patient selbst allerdings die Presse eingeschaltet, so liegt in der sachlichen, zurückhaltenden Information der Presse durch den Arzt eine gerechtfertigte Reaktion und damit kein Verstoß gegen § 203 StGB.[373] Schließlich sollte im Gesprächstermin mit der Presse – idealerweise durch eine vorbereitete schriftliche Stellungnahme – einmalig und umfassend von einer neutralen, dritten Person (Pressesprecher, Anwalt) über das tatsächliche Geschehen berichtet werden,[374] jedenfalls soweit sich diese Tatsachen auch aus der Dokumentation der Ereignisse, möglichen Folgeuntersuchungen oder aus Aussagen unverdächtiger Mitarbeiter ergeben und daher in einem Prozess ohnehin aufgedeckt würden. Weitere Beteiligte und der Beschuldigte selbst sollten instruiert werden, bei Anfragen der Presse höflich auf diese dritte Person hinzuweisen, nicht jedoch selbst inhaltlich Auskunft zu geben.

> ❗ Ist ein strafrechtlich relevanter Vorwurf gegen einen Arzt in die Öffentlichkeit gelangt, empfiehlt sich eine zeitnahe, einmalige, umfassende, sachlich-zurückhaltende, schriftliche Information durch einen Pressesprecher oder einen Anwalt, nachdem das Gespräch mit dem mutmaßlichen Opfer gesucht wurde. Dabei ist die Schweigepflicht des Arztes zu beachten, diese also nur bei einer Einwilligung des mutmaßlichen Opfers oder bei vorheriger Information der Presse durch das Opfer zu durchbrechen. Die Äußerung von Bedauern bezüglich der Konsequenzen ohne Weiteres möglich, ein Schuldeingeständnis oder -anerkenntnis ist aber tunlichst zu vermeiden!

373 Zutr. Ulsenheimer Rn. 425 f.; Langen, in: Wenzel, Kap. 7 Rn. 863; einschränkend Fischer, 58. Aufl., § 203 StGB Rn. 47a.
374 Langen, in: Wenzel, Kap. 7 Rn. 805; Ulsenheimer Rn. 425d f.

Norouzi

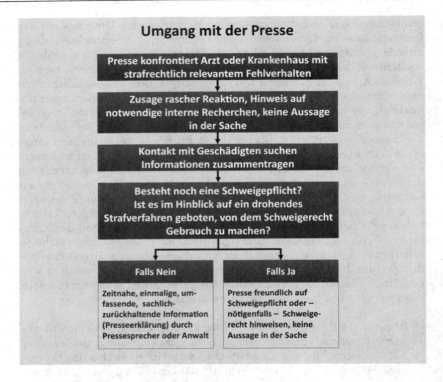

III. Prinzipien des Strafprozessrechts und deren Bedeutung im Arztstrafrecht

1. Wahrheitsfindung, Zweifelssatz (in dubio pro reo), Unschuldsvermutung

392　Grundlage des Strafurteils soll ein möglichst wahrheitsgetreues Abbild der tatsächlichen Umstände des zur Last gelegten Verhaltens sein. Dabei sind aber erstens rechtsstaatliche Grundsätze, wie etwa das Verbot von Folter oder auch die Selbstbelastungsfreiheit (s. unten Rdn. 394 f.), zu achten, weil das rechtsstaatliche Strafverfahren keine **Wahrheitsfindung** »um jeden Preis« kennt. Zweitens kann das Ziel keine wissenschaftliche Wahrheit sein, denn der Strafprozess ist nicht dazu geschaffen, sämtliche Wirkungsketten auf objektiver Seite bis ins letzte Detail zu durchleuchten. Bieten die vorgebrachten Beweismittel ein »nach der Lebenserfahrung ausreichendes Maß an Sicherheit«[375], sämtliche **vernünftige Zweifel** des Gerichts an der Schuld des Angeklagten zum Schweigen zu bringen, so ist die Sache zur

---

375　BGH StV 1999, 5.

Verurteilung reif. Verbleiben jedoch vernünftige Zweifel, ist der Angeklagte »**in dubio pro reo**« freizusprechen. Mit Hilfe des Zweifelssatzes lassen sich im Arztstrafrecht etliche Verurteilungen vermeiden:[376] Gelingt es, eine nicht nur theoretisch mögliche Alternativursache etwa für den Tod oder die Körperverletzung des Opfers darzulegen, so bestehen vernünftige Zweifel an der Kausalität des ärztlichen Verhaltens hierfür und damit an einem zur Verurteilung notwendigen Merkmal; kann eine ordnungsgemäße Aufklärung nicht ausgeschlossen werden, ist von einer wirksamen Einwilligung auszugehen.

> ❗ In einem Arztstrafverfahren sollten der Beschuldigte und sein Verteidiger stets auf der Suche sein nach möglichen Alternativursachen für die zur Last gelegte Tatfolge. Lässt sich eine solche Alternative aber nicht mit hinreichender Plausibilität präsentieren, birgt die Berufung auf eine solche Alternativursache das – stets zu vermeidende – Eskalationsrisiko.

Eng mit dem Zweifelssatz korreliert die **Unschuldsvermutung**: Der Angeklagte gilt (normativ) als unschuldig, bis er rechtskräftig verurteilt wurde. Dies schließt freilich rechtmäßige Ermittlungs- und Zwangsmaßnahmen ebensowenig aus wie vorläufige Sicherungen wie beispielsweise die Verhängung eines vorläufigen Berufsverbots. Der Umgang mit dem Beschuldigten – etwa in der Untersuchungshaft oder in Pressemitteilungen – muss allerdings von diesem Prinzip geleitet sein.   **393**

2. Selbstbelastungsfreiheit, Anzeige- und Offenbarungspflichten

Es besteht in Strafverfahren grundsätzlich keine Pflicht, sich als Beschuldigter selbst zu belasten (**nemo tenetur se ipsum accusare**; zum entsprechenden Recht des Zeugen siehe bereits oben Rdn. 387). Gestattet sind allerdings manch gesetzlich explizit geregelte Eingriffe wie körperliche Untersuchungen, Blutproben oder erkennungsdienstliche Maßnahmen (§§ 81a, 81b, 81e StPO). Sie hat der Beschuldigte zu erdulden, auch wenn sie zu seiner Überführung beitragen. Ferner ist der Einsatz heimlicher Ermittlungsmaßnahmen (etwa Telekommunikationsüberwachung, §§ 100a, 100b StPO) und kriminalistischer List[377] gestattet. Der Beschuldigte hat aber nicht nur das Recht zu Schweigen, sondern darf auch die Unwahrheit behaupten, also lügen, jedenfalls soweit er hierdurch nicht bewusst den Verdacht auf eine andere Person lenkt.[378] Über dieses Schweigerecht, aber auch über das Recht auf einen Verteidiger ist der Beschuldigte vor seiner ersten Vernehmung zu   **394**

---

376 In diese Richtung auch Bock, in: Münchener Anwaltshandbuch – Strafverteidigung, § 49 Rn. 160.
377 Meyer-Goßner, 54. Aufl., § 136a Rn. 15.
378 Andernfalls setzt er sich der Gefahr aus, wegen falscher Verdächtigung (§ 164 StGB) strafrechtlich belangt zu werden.

Norouzi

belehren. Unterbleibt eine solche **Belehrung**, so ist eine Aussage des Beschuldigten nur dann verwertbar, wenn er zu einem späteren Zeitpunkt qualifiziert belehrt wird – d.h. auf die Unverwertbarkeit der bisherigen Aussage hingewiesen wird – und diese Aussage daraufhin bestätigt, oder aber wenn er oder sein Verteidiger es unterlässt, der Verwertung in der Hauptverhandlung zu widersprechen.[379]

395 Im Arztstrafrecht sind mehrere rechtliche und faktische **Grenzen der Selbstbelastungsfreiheit** zu beachten:[380]

396 Erstens sind bei Anhaltspunkten für einen **nicht natürlichen Tod** nicht nur Polizei- und Gemeindebehörden zur sofortigen Anzeige verpflichtet (§ 159 Abs. 1 StPO), unter Umständen trifft diese Pflicht auch den die Leiche beschauenden Arzt.[381] Ein natürlicher Tod liegt nur dann vor, wenn sich im Tod eine Grunderkrankung oder ein erlaubtes Risiko einer Operation verwirklicht, über das der Patient zudem ordnungsgemäß aufgeklärt wurde.[382] Zur Vermeidung unnötiger Konflikte sollte bei jedem Zwischenfall im Rahmen einer Behandlung ein anderer als der behandelnde Arzt unvoreingenommen die Leichenschau durchführen.[383] Andernfalls könnte der Arzt der »Versuchung« unterliegen, einen natürlichen Tod zu bescheinigen und sich so dem Risiko einer Strafbarkeit wegen einer mittelbaren Falschbeurkundung (§ 348 StGB), einer Ordnungswidrigkeit und auch standesrechtlicher Konsequenzen auszusetzen.[384]

397 Zweitens ist die Selbstbelastungsfreiheit im Wechselspiel zum umfassenden **Recht des Patienten auf Einsichtnahme** in die eigenen Krankenakten zu sehen, in denen sämtliche wesentlichen Behandlungsmaßnahmen und -ergebnisse zu dokumentieren sind.[385] Da diese ohnehin in einem Strafverfahren gegen einen Arzt beschlagnahmt werden könnten (s. hierzu unten Rdn. 414 f.), das tatsächliche Geschehen sich ohnehin nur schwerlich verbergen ließe, in unzureichender Dokumentation ein Verstoß gegen die ärztlichen Berufspflichten liegt und zudem ein offener, ehrlicher und deeskalierender Umgang mit dem betroffenen Patienten und dessen Angehörigen geboten ist, sollte auch bei Furcht vor einer impliziten Selbstbelastung dem Patienten – nicht aber Dritten – die Möglichkeit eingeräumt werden, Ein-

---

379 BGHSt 42, 15, 22; s. zu alledem Ulsenheimer Rn. 419a; Meyer-Goßner, 54. Aufl., § 136 Rn. 25.

380 Langen, in: Wenzel, Kap. 7 Rn. 780 ff.; Ulsenheimer Rn. 423 ff., Rn. 431 ff.

381 Bock, in: Münchener Anwaltshandbuch – Strafverteidigung, § 49 Rn. 206 ff.; Langen, in: Wenzel, Kap. 7 Rn. 792 ff.

382 Vgl. Meyer-Goßner, 54. Aufl., § 159 Rn. 2.

383 Bock, in: Münchener Anwaltshandbuch – Strafverteidigung, § 49 Rn. 208; Langen, in: Wenzel, Kap. 7 Rn. 796; Ulsenheimer Rn. 423a.

384 S. hierzu Bock, in: Münchener Anwaltshandbuch – Strafverteidigung, § 49 Rn. 209; Langen, in: Wenzel, Kap. 7 Rn. 796; Ulsenheimer Rn. 423b.

385 S. auch Bock, in: Münchener Anwaltshandbuch – Strafverteidigung, § 49 Rn. 201.

blick in die Krankenakten zu erhalten.

Eine **Pflicht zur Aufklärung des Patienten** über einen Behandlungsfehler und damit eine dritte Schranke der Selbstbelastungsfreiheit besteht nur dann, wenn ein vorangegangenes Fehlverhalten zu weiteren Folgeschäden führen kann, insbesondere wenn eine Nachbehandlung, etwa durch eine weitere Operation, erforderlich ist, um die Auswirkungen des Schadens zu minimieren.[386]

398

Viertens sind Ärzte in aller Regel **arbeits- und versicherungsrechtlich** (§ 31 VVG) dazu verpflichtet, mögliche Behandlungsfehler und andere Zwischenfälle umfassend zu melden.[387] Andernfalls droht der Verlust des Versicherungsschutzes. Auch hiermit gelangt der Arzt in eine erhebliche Konfliktlage: Offenbart er Fehlverhalten gegenüber der Versicherung, so können dort vorliegende schriftliche Unterlagen durch die Staatsanwaltschaft ohne Weiteres beschlagnahmt werden; der Sachbearbeiter der Versicherung hat zudem kein Zeugnisverweigerungsrecht.[388]

399

Aus Sicht der Verteidigung empfiehlt es sich, diese Konfliktlagen durch eine aktive Verteidigungslinie zu lösen, bei der auf das Recht zu Schweigen verzichtet wird: Noch während des Ermittlungsverfahrens ist nach Einsicht in die Verfahrensakte eine schriftliche Stellungnahme abzugeben (s. unten Rdn. 429 f.). Eine frühzeitige und **freiwillige Offenbarung** der äußeren Tatsachen bildet nicht nur einen Strafmilderungsgrund, sie ist ein maßgeblicher Anreiz für eine »geräuschlose« Verfahrenserledigung nach dem Opportunitätsprinzip. Zudem lassen sich diese, hier allein maßgeblichen *äußeren* Tatsachen ohnehin aus der Dokumentation der Ereignisse, aus körperlichen Untersuchungen und aus einer Befragung der weiteren Beteiligten ermitteln. Die Tatsachen nicht für sich sprechen zu lassen, sondern sie zu erklären, ist das richtige Mittel, um den medizinischen Laien vor voreiligen Schlüssen – die sich im Laufe des Verfahrens verfestigen können – zu bewahren.

400

❗ Aus prozesstaktischen Erwägungen bietet es sich regelmäßig an, die äußeren Tatsachen frühzeitig darzustellen und zu erklären.

3. Prinzipien betreffend die Anklageerhebung

Mit Ausnahme des bereits angesprochenen, seltenen Privatklageverfahrens obliegt die Anklageerhebung allein der Staatsanwaltschaft (**Offizialprinzip**). Als Grundlage eines Urteils darf nur das dienen, was in der Anklage umschrieben wurde (**Akkusationsprinzip**).

401

---

386 Ulsenheimer Rn. 423e.
387 Bock, in: Münchener Anwaltshandbuch – Strafverteidigung, § 49 Rn. 202 ff.
388 Ulsenheimer Rn. 431b.

402 Im Grundsatz sind alle Straftaten, die dem Staat und seinen Behörden – insbesondere Polizeibehörden und Staatsanwaltschaften – bekannt geworden sind, zunächst umfassend zu ermitteln, dabei be- und entlastende Gesichtspunkte zusammenzutragen und zu verfolgen (**Legalitätsprinzip**). Von besonderer Bedeutung im Arztstrafrecht ist aber die den Ermittlungsbehörden und Gerichten eingeräumte Möglichkeit, von einer Strafverfolgung nach dem **Opportunitätsprinzip** abzusehen. Zunächst als Mittel zur effizienten Bewältigung der Kleinkriminalität gedacht, werden inzwischen die verschiedenen Einstellungsmöglichkeiten (s. hierzu detailliert unten Rdn. 449 ff.) aufgrund einer »notorische[n] Überlastung der Staatsanwaltschaften«[389] auch zur Bewältigung mittlerer Kriminalität herangezogen. Besonders bei aus staatsanwaltschaftlicher Sicht unangenehmen Fällen, bei denen eine schwierige Beweislage vorliegt, die umfangreiche Ermittlungen erforderlich macht, und bei denen zudem der Beschuldigte nicht nur eine günstige Sozialprognose aufweist, sondern auch eine Reflexion über vergangenes Fehlverhalten zeigt, ist die Bereitschaft zur Verfahrenseinstellung groß. Dies gilt es aus Sicht des Beschuldigten und seines Verteidigers zu nutzen.

4. Verfahrensgarantien

403 Das Hauptverfahren gegen erwachsene Angeklagte hat grundsätzlich öffentlich stattzufinden. Wie bereits aufgezeigt, ist diese **Öffentlichkeit** des Verfahrens gerade in Arztstrafsachen ein zweischneidiges Schwert. Hiermit ist auch das Prinzip der **Mündlichkeit** verknüpft – Urkunden müssen in der Hauptverhandlung in aller Regel verlesen werden – so dass sich auch die Öffentlichkeit über alle der späteren Entscheidung zugrunde liegenden Beweismittel informieren kann. Zudem hat sich, soweit möglich, das Gericht selbst ein Bild von der Situation zu machen und soll die Beweiserhebung – etwa Zeugenvernehmungen – nicht an andere delegieren. Des Weiteren soll es auch tatnähere vor tatferneren Beweismitteln heranziehen (**Unmittelbarkeitsprinzip**), wenn es auch in Deutschland kein Verbot des Zeugens vom Hörensagen gibt.

404 Allein schon aufgrund der Belastungssituation – und etwaiger öffentlicher Vorverurteilungen – ist ein Strafverfahren nicht zu verzögern (**Beschleunigungsgebot**[390]), vor allem, wenn der Beschuldigte in Untersuchungshaft genommen wurde. Diese Beschleunigung darf freilich nicht auf Kosten einer umfassenden und objektiven Sachverhaltsaufklärung gehen. Wie jedes staatliche Verhalten ist auch jedes einzelne Strafverfahren dem **Prinzip der**

---

389 Kühne, Strafprozessrecht, 8. Aufl., Rn. 309.
390 Zu den Konsequenzen eines Verstoßes gegen das Beschleunigungsgebot (Anrechnungslösung) s. BGHSt GrS 52, 124

Verhältnismäßigkeit verpflichtet. Daher haben etwa unverhältnismäßige Ermittlungsmaßnahmen zu unterbleiben.[391]

Aus dem **Grundsatz des fairen Verfahrens** (»fair trial«) resultiert etwa, dass staatliche Akteure nicht bewusst Rechtsverstöße begehen dürfen, um Beweismittel zu erlangen, dass kein Prozessbeteiligter unbillig benachteiligt werden darf und dass daher insbesondere im Hauptverfahren eine **Waffengleichheit** zwischen Verteidigung und Anklage herrschen muss.[392] Hieraus ergibt sich wiederum das Recht (und ggf. auch die Pflicht) zur Anwesenheit während des Hauptverfahrens, ein Konfrontationsrecht des Beschuldigten oder seines Verteidigers mit allen Belastungszeugen, das umfassende Recht auf Akteneinsicht, und das Recht, Beweisanträge zu stellen und Rechtsmittel einzulegen.

405

IV. Der Gang des Strafverfahrens

Ablauf eines Strafverfahrens im Überblick				
Anzeige	Strafantrag	Meldung des nicht natürlichen Todes	Herr des Verfahrens	Bezeichnung des Beschuldigten
	ggf. Vorermittlungen			
			Staatsanwaltschaft	
	Ermittlungsverfahren			Beschuldigter
	Anklageerhebung	Einstellung des Verfahrens		
	Zwischenverfahren			
	Anklageerhebung	Einstellung des Verfahrens		
	Hauptverfahren		Gericht	Angeklagter
	Verurteilung oder Freispruch	Einstellung des Verfahrens		
	ggf. Berufung / Revision			
	Vollstreckungsverfahren		Staatsanwaltschaft	Verurteilter

---

391 Meyer-Goßner, 54. Aufl., Einl. Rn. 20 ff.
392 Meyer-Goßner, 54. Aufl., Einl. Rn. 88.

1. Ermittlungsverfahren

a) Einleitung der Ermittlungen, Vorermittlungen

406   Sobald die Strafverfolgungsbehörden durch eine Anzeige, einen förmlichen Strafantrag, durch den Hinweis auf einen nicht natürlichen Todesfall oder auf andere Weise – etwa durch einen Bericht in der örtlichen Presse – Kenntnis von Tatsachen erlangt haben, aus denen sich die Möglichkeit ergibt, dass eine Straftat begangen wurde (**Anfangsverdacht**), haben sie dem Legalitätsprinzip zufolge ein Ermittlungsverfahren einzuleiten, sei es gegen Unbekannt, sei es gegen einen bereits bekannten Beschuldigten.

407   Bei komplexen Sachverhalten, bei einer unklaren Todesursache oder auch bei Verfahren gegen Personen des öffentlichen Lebens, für die bereits die Eröffnung eines Ermittlungsverfahrens eine erhebliche Beeinträchtigung ihres sozialen Status mit sich brächte, neigt die staatsanwaltschaftliche und polizeiliche Praxis dazu, zunächst **Vorermittlungen** durchzuführen.[393] Beispielsweise kann hierzu eine Leichenschau oder eine Leichenöffnung (§§ 87 ff. StPO; s. hierzu noch unten Rdn. 421) angeordnet werden, wenn ein nicht natürlicher Todesfall gemeldet wurde.[394] Weitergehende Zwangs- und Ermittlungsmaßnahmen sind allerdings im Stadium von Vorermittlungen unzulässig.

408   Üblicherweise erfolgt eine Anzeige oder der anderweitige Beginn eines Ermittlungsverfahrens bei der Polizei, die sodann im Rahmen des so genannten »ersten Zugriffs« eigenständig und umfassend ermittelt und erst nach Abschluss ihrer Ermittlungen die Akten der Staatsanwaltschaft übergibt. Anders stellt sich die Situation jedoch in Arztstrafsachen aufgrund deren rechtlicher und tatsächlicher Komplexität dar: Hier ist über die generelle Leitungsbefugnis der Staatsanwaltschaft eine enge Kooperation zwischen Polizei und Staatsanwaltschaft angezeigt.

409   Ehe eine **Strafanzeige gegen einen Arzt** bei der örtlich zuständigen Staatsanwaltschaft eingereicht wird, müssen die erheblichen Risiken und Nachteile im Rahmen der Rechtsberatung klar sein:[395] Ein Arztstrafverfahren erschwert eine gütliche Einigung, kann die Klärung zivilrechtlicher Schadensersatz- und Schmerzensgeldansprüche verzögern und stellt insbesondere kein Präjudiz für einen Zivilprozess dar.[396] Bei einer wissentlich unwahren Darstellung der Tatsachen besteht ein eigenes Strafbarkeitsrisiko (§ 164 Abs. 1 StGB) – auch für den Anwalt, der einen Mandanten bei einer

---

393   S. hierzu Ulsenheimer Rn. 420.

394   Vgl. BGHSt 49, 29: Anordnung der Leichenöffnung ist noch kein Ermittlungsverfahren.

395   Vgl. umfassend Bock, in: Münchener Anwaltshandbuch – Strafverteidigung, § 49 Rn. 271 ff.; Langen, in: Wenzel, Kap. 7 Rn. 820 ff.; Ulsenheimer Rn. 435.

396   Bock, in: Münchener Anwaltshandbuch – Strafverteidigung, § 49 Rn. 271; Langen, in: Wenzel, Kap. 7 Rn. 823; Ulsenheimer Rn. 438.

solchen Anzeige unterstützt.[397] Bereits bei einer leichtfertig erstatteten, unwahren Anzeige besteht zudem die Möglichkeit, dass der Mandant – oder der für ihn tätige Anwalt – die Kosten des Ermittlungsverfahren und die notwendigen Auslagen (u.a. Rechtsanwaltsgebühren) des Angeklagten zu tragen hat (§ 469 Abs. 1 Satz 1 StPO). An Chancen bestehen allein nur eine gewisse Genugtuungsfunktion, die Herbeiführung eines Schuldausgleichs, die in einem Strafverfahren unter Umständen mögliche umfassende Sachverhaltsaufklärung – freilich ohne erheblichen Gewinn für den Zivilprozess – und ein Druckmittel, wenn die Fronten zwischen einem Geschädigten und dem mutmaßlich dafür verantwortlichen Arzt bereits verhärtet sind.[398] In einer Strafanzeige sollten die tatsächlichen Anhaltspunkte genannt werden, aus denen sich ein Verdacht gegen den Arzt ergibt. Ferner ist es oftmals hilfreich, der Staatsanwaltschaft – trotz deren Pflicht zur umfassenden Ermittlung von Amts wegen (**Amtsermittlungsgrundsatz**)[399] – Zeugen und mögliche weitere Beweismittel zu benennen. Schließlich ist bei Antragsdelikten – etwa einfacher oder fahrlässiger Körperverletzung – ein förmlicher Strafantrag »unter allen rechtlichen Gesichtspunkten« zu stellen, und ggf. anzukündigen, dass man sich einer öffentlichen Klage als Nebenkläger (s. hierzu oben Rdn. 384) anschließen wird. Gegebenenfalls ist hierfür Prozesskostenhilfe zu beantragen (§ 397a Abs. 2 StPO).

Wenn auch dem Prinzip der Unmittelbarkeit zufolge die wesentliche »gerichtsfeste« Beweisaufnahme erst vor Gericht erfolgt, ist die **Bedeutung des Ermittlungsverfahrens** groß:[400] In diesem werden die wesentlichen Weichen gestellt, in diesem bieten sich erhebliche Möglichkeiten zu Einstellungen des Verfahrens aus Gründen der Opportunität und zur Mitgestaltung des Prozessstoffes.

410

> ❗ Ist ein Ermittlungsverfahren – oder auch bloß ein Vorermittlungsverfahren – eingeleitet, so ist keinesfalls passiv das Ergebnis der Ermittlungen und eine ggf. folgende Anklageerhebung abzuwarten, sondern proaktiv auf eine geräuschlose, milde Verfahrenserledigung hinzuwirken.

---

397 S. auch Langen, in: Wenzel, Kap. 7 Rn. 825.
398 Langen, in: Wenzel, Kap. 7 Rn. 821, 823.
399 Langen, in: Wenzel, Kap. 7 Rn. 850.
400 So auch Langen, in: Wenzel, Kap. 78 Rn. 849; Ulsenheimer Rn. 452.

Norouzi

b) Ermittlungsmaßnahmen

Ermittlungsmaßnahmen, wichtigste Angriffspunkte der Verteidigung		
	Einschränkungen	**Angriffspunkte**
Sachverständige	bei körperlichen Untersuchungen: präventiver Richtervorbehalt	• Tatsachengrundlage? • Fachliche Qualität?
Zeugen	Zeugnisverweigerungsrechte	• Glaubwürdigkeit
Insbesondere:	Aussageverweigerungsrechte	• Wahrnehmbarkeit der Abläufe für nicht medizinisch vorgebildeten Zeugen? • Betroffenheit / psychische Ausnahmesituation
Durchsuchung / Richtigkeit der Krankenakten	präventiver Richtervorbehalt	• Vollständigkeit / Richtigkeit der Krankenakten
Beschlagnahme	Beschlagnahmeverbote	

411   Zur umfassenden Aufklärung des Sachverhalts und zur Aufbereitung des Prozessstoffs für eine mögliche Anklageerhebung steht den Strafverfolgungsbehörden ein **bunter Strauß an Ermittlungsmaßnahmen** zur Verfügung.

412   aa) Die erheblich in die Rechte des Verdächtigen eingreifende und zudem eine öffentliche Prangerwirkung auslösende **Durchsuchung** kann im Ausgangspunkt bereits dann erfolgen, wenn »zu vermuten ist, dass die Durchsuchung zum Auffinden von Beweismitteln führen werde« (§ 102 StPO). Insbesondere brauchen sich die Strafverfolgungsbehörden nicht darauf zu verlassen, dass ein Verdächtiger von sich aus freiwillig belastende Dokumente preisgibt.[401] Zwar fordern Rechtswissenschaft und auch das Bundesverfassungsgericht eine besondere Berücksichtigung der Verhältnismäßigkeit bei einer Beeinträchtigung von Drittinteressen – etwa die zwangsläufige, zumindest teilweise und vorübergehende Erfassung von Krankenakten unbeteiligter Dritter,[402] und fordern, dass die Schwere des Eingriffs in einem angemessenen Verhältnis zur Schwere des konkreten Tatvorwurfs und des Verdachtsgrads stehen:[403] So hielt das Bundesverfassungsgericht eine Durchsuchung bei bloß vagem Verdacht eines Abrechnungsbetrugs mit geringer Schadenshöhe für rechtswidrig.[404] Die Praxis der Staatsanwaltschaften und der die

---

401 BVerfG, Beschl. vom 28.9.2008 – 2 BvR 1800/07; Meyer-Goßner, 54. Aufl., § 102 Rn. 15a.
402 BVerfG NJW 2008, 3629.
403 BVerfG ZfS 2007, 655; s. auch Meyer-Goßner, 54. Aufl., § 102 Rn. 15 ff.
404 BVerfG NJW 2008, 3629.

Norouzi

Durchsuchung anordnenden Amtsgerichte ist jedoch deutlich durchsuchungsfreudiger; auf eine spätere Genugtuung, falls das Beschwerdegericht eine Durchsuchung nachträglich für rechtswidrig erachten sollte, sollte man sich keinesfalls verlassen! Erhält daher ein Arzt bereits vorab Kenntnis von einem gegen ihn gerichteten Ermittlungsverfahren und nicht – wie durchaus üblich – erst bei Vollzug des Durchsuchungsbeschlusses, so kann es allein zur Vermeidung der öffentlichen Prangerwirkung dienlich sein, nicht nur Kooperationsbereitschaft zu signalisieren, sondern der Staatsanwaltschaft auch die Aushändigung sämtlicher relevanter Krankenakten anzubieten.[405]

Die Anordnung der Durchsuchung steht im Ausgangspunkt allein dem Ermittlungsrichter zu (**präventiver Richtervorbehalt**). Ist ein solcher aber nicht erreichbar oder aber würde es wertvolle Zeit kosten, diesen einzuschalten, so kann ausnahmsweise der Staatsanwalt oder höchst hilfsweise eine Ermittlungsperson der Staatsanwaltschaft eine Durchsuchung anordnen. Gegen eine richterliche Anordnung steht die Möglichkeit einer Beschwerde (§ 304 StPO) offen, gegen eine Anordnung der Staatsanwaltschaft oder deren Ermittlungspersonen eine nachträgliche richterliche Entscheidung (§ 98 Abs. 2 Satz 2 StPO entsprechend). Hierdurch wird ein – zumeist wenig hilfreicher – Nebenschauplatz mit einer überschaubaren Genugtuungsfunktion eröffnet.[406] Die Verwertbarkeit derjenigen Beweismittel, die durch Umgehung des Richtervorbehalts bei einer Durchsuchung erlangt wurden, ist aber ohnehin vom Tatgericht ohne Rücksicht auf die Einlegung einer Beschwerde zu prüfen.[407] **413**

Auch die **Beschlagnahme** von – etwa bei einer Durchsuchung aufgefundenen – potentiellen Beweismitteln untersteht einem präventiven Richtervorbehalt. Möglich bleibt eine Anordnung durch die Staatsanwaltschaft oder deren Ermittlungspersonen bei Gefahr im Verzug. Solche Anordnungen sind regelmäßig binnen drei Tagen zu bestätigen (§ 98 Abs. 2 Satz 1 StPO). Nur bei einer bewussten Umgehung des Richtervorbehalts bei einer Durchsuchung oder Beschlagnahme oder bei vergleichbar schweren Rechtsverstößen im Ermittlungsverfahren hält die restriktive Rechtsprechung ein Beweisverwertungsverbot für möglich.[408] **414**

Das **Beschlagnahmeverbot** des § 97 Abs. 1 StPO verweist zwar explizit auf »ärztliche Untersuchungsbefunde«. Der Schutzzweck dieser Norm richtet sich nach der Rechtsprechung allerdings allein auf Verfahren gegen den Pa- **415**

---

405 Bock, in: Münchener Anwaltshandbuch – Strafverteidigung, § 49 Rn. 220; Ulsenheimer Rn. 430 f.; einschränkend Langen, in: Wenzel, Kap. 7 Rn. 855, 863.
406 Zutr. Ulsenheimer Rn. 430b; s. aber Langen, in: Wenzel, Kap. 7 Rn. 865.
407 BGH NStZ 2009, 648.
408 BGHSt 51, 285, 295; näher Meyer-Goßner, 54. Aufl., § 95 Rn. 21. Zur entsprechenden Information des Mandanten vgl. Langen, in: Wenzel, Kap. 7 Rn. 778 ff.

Norouzi

tienten, nicht jedoch auf Verfahren gegen den Arzt.[409] Gleichwohl ist angesichts der in höchstpersönlichen Bereichen Drittbetroffenen die Verhältnismäßigkeit der Durchsuchung und der Beschlagnahme in besonderem Maße zu achten (s. bereits oben Rdn. 412).

> ❗ Kommt es zu einer Durchsuchung, so sei dem Verdächtigen angeraten, erstens einen Strafverteidiger zu kontaktieren. Zweitens sollte der Verdächtige auf »Schadensbegrenzung« hinwirken und hierzu anbieten, selbst die gesuchten Dokumente herauszusuchen und auszuhändigen oder Mitarbeiter hierfür abzustellen. Drittens sollte der Verdächtige von seinem Schweigerecht Gebrauch machen und auf eine spätere, schriftliche Stellungnahme verweisen.[410]

416 Als milderes Mittel zu einer Durchsuchung (s. insoweit § 103 Abs. 1 StPO) und Beschlagnahme bei einem Unverdächtigen kommt ein **Auskunftsersuchen** bzw. ein **Herausgabeverlangen** in Betracht (vgl. § 95 Abs. 1 StPO). Diesbezüglich ist umstritten, ob auch hier ein präventiver Richtervorbehalt entsprechend § 98 Abs. 1 Satz 1 StPO besteht.[411] Jedenfalls aber drohen keine strafrechtlichen Konsequenzen (§ 203 StGB), wenn ein Arzt oder Krankenhausbetreiber auf ein solches Verlangen der Staatsanwaltschaft reagiert und freiwillig Krankenakten usw. herausgibt.[412] Zwangsmittel dürfen einem Arzt und seinen Mitarbeitern gegenüber allerdings weder angedroht noch durchgesetzt werden (§ 95 Abs. 2 Satz 2 StPO).

417 **bb)** Im Ermittlungsverfahren werden zudem regelmäßig alle **Zeugen**, die durch Preisgabe ihrer eigenen Wahrnehmungen etwas zur Sachverhaltsaufklärung beitragen können, polizeilich vernommen. Auf deren Zeugnis- und Aussageverweigerungsrechte (oben Rdn. 387) sowie die (noch) fehlende Verpflichtung zum Erscheinen vor der Polizei (oben Rdn. 386) wurde bereits hingewiesen. Eine Zeugenaussage ist in einer späteren Hauptverhandlung zumeist erneut notwendig und kann dabei, aufgrund des Prinzips der Unmittelbarkeit, nur in engen Grenzen durch eine Verlesung des Protokolls früherer – insbesondere richterlicher – Vernehmungen[413] oder durch eine Vernehmung der Verhörspersonen ersetzt werden.[414] Allerdings haben die Ermittlungsbehörden bereits im Ermittlungsverfahren den Sachverhalt umfassend zu erforschen. Insbesondere bei **richterlichen Vernehmungen** ei-

---

409 BVerfG NJW 2000, 3357; BGHSt 38, 144, 146; Langen, in: Wenzel, Kap. 7 Rn. 860; Ulsenheimer Rn. 428.
410 Vgl. auch Langen, in: Wenzel, Kap. 7 Rn. 855 ff.; Ulsenheimer Rn. 430a f.
411 Bejahend LG Bonn BKR 2003, 914; Meyer-Goßner, 54. Aufl., § 94 Rn. 2; verneinend etwa KG NStZ 1989, 192.
412 Langen, in: Wenzel, Kap. 7 Rn. 863; Ulsenheimer Rn. 425f .; einschränkend Fischer, 58. Aufl., § 203 StGB Rn. 47a.
413 Vgl. Meyer-Goßner, 54. Aufl., § 251 Rn. 18 ff.
414 Umfassend Meyer-Goßner, 54. Aufl., § 250 Rn. 4 ff.

nes Zeugen sollte der Verteidiger des Beschuldigten sein Anwesenheitsrecht wahrnehmen, um einen Belastungszeugen auch effektiv konfrontieren zu können. Zudem wird in Arztstrafsachen in besonderem Maße zu berücksichtigen sein, dass Geschädigte, deren Angehörige oder weitere Zeugen über emotional belastende Situationen befragt werden und diese Personen zudem die medizinischen Zusammenhänge nur selten umfassend korrekt wahrnehmen und dann auch wiedergeben können.

cc) Besondere Bedeutung erlangen in Arztstrafsachen die **Sachverständigen**, da es den Staatsanwaltschaften und Gerichten an hinreichender eigener medizinischer Sachkunde mangelt und sie daher fachkundige Hilfe benötigen, Krankenakten, Befunde, angewendete oder unterlassene Therapieformen oder auch Abrechnungsposten zu bewerten.[415] Daher determinieren im Arztstrafrecht die Ergebnisse der fachkundigen Sachverhaltserforschung und -bewertung den weiteren Verfahrensablauf und müssen dementsprechend vom Beschuldigten und seinem Verteidiger einer besonders kritischen Prüfung unterzogen werden:[416] Treffen die dem Gutachten zugrunde gelegten Tatsachen und Befunde zu? Sind Untersuchungen methodisch zweifelhaft? Werden alternative Erklärungsursachen übersehen?   **418**

Ein Sonderfall der Tätigkeit eines Sachverständigen liegt in **körperlichen Untersuchungen des Beschuldigten** (§ 81a StPO). Gestattet sind dabei nur solche Untersuchungen – wie etwa die Entnahme von Blutproben, Röntgenaufnahmen, CT oder MRT – bei denen mit an Sicherheit grenzender Wahrscheinlichkeit gesundheitliche Nachteile ausgeschlossen sind.[417] Gegen den Willen des Beschuldigten sind körperliche Untersuchungen nur nach Anordnung eines Richters zulässig (präventiver Richtervorbehalt), es sei denn, ein Bereitschaftsrichter oder -staatsanwalt ist nicht erreichbar und ein längeres Zuwarten brächte die Gefahr einer Verfälschung des Untersuchungsergebnisses mit sich: Nur dann dürfen Staatsanwaltschaft und hilfsweise auch die Hilfsbeamten der Staatsanwaltschaft (d.h. die meisten Polizeibeamten) ersatzweise eine solche Anordnung treffen.   **419**

Ein Geschädigter wird weitaus eher bereit sein, sich einer Untersuchung zu unterziehen, um eine von ihm initiierte Strafverfolgung gegen einen Arzt mit weiteren Beweismitteln zu untermauern. **Körperliche Untersuchungen** gegen oder ohne Willen des **Geschädigten** oder **Zeugen** sind nur in den engen Grenzen des § 81c StPO zulässig, namentlich zur Untersuchung auf Tatfolgen (etwa Gesundheitsschäden) oder Tatspuren (etwa bei einer Operation hinterlassene Fremdobjekte). Dies darf nur *ohne* körperliche Eingriffe, also etwa durch Röntgenaufnahmen, CT oder MRT erfolgen.[418] Zeugnisver-   **420**

---

415 Bock, in: Münchener Anwaltshandbuch – Strafverteidigung, § 49 Rn. 237.
416 Bock, in: Münchener Anwaltshandbuch – Strafverteidigung, § 49 Rn. 239 f.
417 Meyer-Goßner, 54. Aufl., § 81a Rn. 20 f. m.w.N.
418 Meyer-Goßner, 54. Aufl., § 81c Rn. 16 m.w.N.

weigerungsberechtigte – etwa enge Angehörige – können solche Untersuchungen verweigern (§ 81c Abs. 3 Satz 1 StPO). Die Entnahme einer Blutprobe ist nur unter den weiteren Voraussetzungen des § 81c Abs. 2 StPO, also der Unerlässlichkeit der Maßnahme, gestattet. Begrenzt werden diese Eingriffsbefugnisse zudem durch die Zumutbarkeit der Maßnahme für den Betroffenen,[419] die Konsequenz des auch das Strafverfahren dominierenden Verhältnismäßigkeitsprinzips ist. Zusätzlich zu diesen materiellen Kriterien ist erneut formell eine Anordnung durch den Richter erforderlich, die wiederum nur bei Gefährdung des Untersuchungszwecks durch eine Anordnung der Staatsanwaltschaft oder – von Ausnahmefällen abgesehen – auch deren Ermittlungspersonen ersetzt werden kann.

421   In Arztstrafsachen nicht unüblich ist zudem eine **Leichenöffnung,** deren Procedere sich aus den § 87 ff. StPO ergibt. Diese wird durch zwei Ärzte durchgeführt, von denen einer besondere gerichtsmedizinische Sachkenntnis aufweisen muss. Der zuvor behandelnde Arzt soll nicht herangezogen werden, um möglichen Interessenkonflikten vorzubeugen. Die Anordnung ist dem Ermittlungsrichter vorbehalten; nur bei einer Gefährdung des Untersuchungszwecks kann dies durch eine Anordnung der Staatsanwaltschaft ersetzt werden.

422   **dd)** Wenig Bedeutung haben in Arztstrafsachen hingegen **verdeckte Ermittlungsmaßnahmen** wie die Überwachung der Telekommunikation, der Geschäftsräume oder der Wohnung (§§ 100a ff. StPO). Diese dürfen nur bei bestimmten so genannten »Katalogtaten« (§§ 100a Abs. 2, 100c Abs. 2 StPO) angeordnet werden, die in Arztstrafsachen in aller Regel nicht im Raume stehen.

c)   Der Beschuldigte und sein Verteidiger im Ermittlungsverfahren

423   Zum **Beschuldigten** wird ein Verdächtiger erst durch den in Erscheinung tretenden Willensakt der Strafverfolgungsbehörde, nunmehr ein Ermittlungsverfahren gegen diese Person zu führen.[420] Ein Strafverfahren aufgrund einer Anzeige richtet sich daher unmittelbar gegen einen solchen Beschuldigten; bei einem Strafverfahren, das zunächst »gegen Unbekannt« geführt wird, kann dieser Wechsel von einem bloßen Verdächtigen – oder gar unverdächtigen Zeugen – hin zu einem Beschuldigten auch innerhalb einer Vernehmungssituation erfolgen.[421]

❗ Besteht Anlass zur Befürchtung, ein zunächst als Zeuge geladener Arzt könnte innerhalb einer Vernehmung zum Beschuldigten werden, so

---

419 Vertiefend Meyer-Goßner, 54. Aufl., § 81c Rn. 17.
420 Vgl. Meyer-Goßner, 54. Aufl., Einl. Rn. 76 ff.
421 S. hierzu auch Ulsenheimer Rn. 420.

Norouzi

muss dieser unbedingt sein Recht nutzen, sich eines anwaltlichen Beistands zu bedienen (§ 68b StPO).[422]

Sobald der Beschuldigte vernommen werden soll oder vorläufig festgenommen wird, ist er umfassend **über seine Rechte zu belehren**,[423] namentlich über das Recht auf Selbstbelastungsfreiheit, über das Recht auf einen Verteidiger und – im Falle der Untersuchungshaft – u.a. auf das Recht auf Benachrichtigung einer Person seiner Wahl. Erfolgt dies nicht, können dennoch getätigte Äußerungen des Beschuldigten in einer späteren Hauptverhandlung unter Umständen unverwertbar sein.[424] In Arztstrafsachen sollte der Beschuldigte zunächst schweigen – es sei denn, er kann auf einen Blick seine Unschuld unwiderlegbar beweisen, etwa da er zur mutmaßlichen Tatzeit auf einer Fortbildungsveranstaltung weilte – und auf eine spätere, schriftliche Einlassung verweisen (s. hierzu unten Rdn. 429 f.).[425]

424

❗ Der Beschuldigte sollte zunächst schweigen und auf eine spätere, schriftliche Einlassung verweisen sowie zudem sein Recht nutzen, sich eines Verteidigers zu bedienen.

aa) In einem diffizilen Minenfeld wie dem Arztstrafrecht ist es einem Beschuldigten dringend angeraten, sich bereits frühzeitig des Beistands eines **Verteidigers** seiner Wahl zu bedienen[426] (vgl. zur Rolle des Verteidigers und zu Honorierungsfragen bereits oben Rdn. 380 ff.), idealerweise auch bereits bevor ein Geschädigter einen Strafantrag stellt, um eine mögliche alternative, gütliche Streitbeilegung zu versuchen, etwa durch Offenheit im Gespräch oder auch durch »unbürokratische« Zahlung von Schadensersatz und Schmerzensgeld.[427]

425

Wichtigste **Aufgabe eines Verteidigers** zu Beginn eines Ermittlungsverfahrens ist es, seinen Mandanten umfassend über die mit einem Strafverfahren – und dessen möglichen Folgen – verbundenen Risiken und Pflichten, etwa Aufklärungspflichten gegenüber einer Rechtsschutz- oder Haftpflichtver-

426

---

422 Vgl. die umfassende Darstellung bei Ulsenheimer Rn. 447 ff.; s. ferner Bock, in: Münchener Anwaltshandbuch – Strafverteidigung, § 49 Rn. 185; Langen, in: Wenzel, Kap. 7 Rn. 773, insb. Rn. 777 ff.

423 S. hierzu §§ 114b, 136 Abs. 1, 163a Abs. 3 S. 2, Abs. 4 StPO; Bock, in: Münchener Anwaltshandbuch – Strafverteidigung, § 49 Rn. 221 ff.

424 BGHSt 42, 15, 22.

425 Langen, in: Wenzel, Kap. 7 Rn. 802, 853; Ulsenheimer Rn. 420 f., Rn. 471 ff.; s. auch Bock, in: Münchener Anwaltshandbuch – Strafverteidigung, § 49 Rn. 167.

426 Bock, in: Münchener Anwaltshandbuch – Strafverteidigung, § 49 Rn. 161.

427 Zum Wechselspiel mit der Haftpflichtversicherung vgl. Bock, in: Münchener Anwaltshandbuch – Strafverteidigung, § 49 Rn. 210 ff.; Langen, in: Wenzel, Kap. 7 Rn. 808 ff; Ulsenheimer Rn. 431.

sicherung oder dem Arbeitgeber, aufzuklären.[428] Ferner sollte der Verteidiger zudem den Beschuldigten über dessen Rechte belehren, zuvörderst das Recht des beschuldigten Arztes, zu den Vorwürfen zu schweigen, und schließlich auf das gesetzlich besonders geschützte Vertrauensverhältnis zwischen Verteidiger und Beschuldigten hinweisen, um sodann hierauf aufbauend eine Verteidigungsstrategie zu entwickeln.

> ❗ Die Verteidigungsstrategie in Arztstrafsachen sollte, je nach Ergebnis des Gesprächs mit dem Mandanten, der Akteneinsicht und etwaiger eigener Ermittlungen, sich also abhängig von der Sach- und Beweislage
> – entweder auf Freispruch bzw. eine Verfahrenseinstellung wegen mangelndem Tatverdacht richten, so wenn eine Alternativursache aufgezeigt, die vorgeworfene Pflichtwidrigkeit widerlegt oder auf andere, allein Verantwortliche verwiesen werden kann,
> – oder auf eine Verfahrenserledigung nach dem Opportunitätsprinzip oder auf dem Strafbefehlswege richten, wenn Anlass zur Sorge besteht, dass ein Tatnachweis zu führen ist.

427   Eine **Konfliktverteidigung** hingegen erweist sich nur in bestimmten Fällen als erfolgreich.[429] Diese vermag erstens einen Verfolgungseifer bei Staatsanwaltschaften – und auch bei Gerichten – zu wecken, ist zweitens hinderlich im Hinblick auf geräuschlose Verfahrenseinstellungen und kann drittens je nach Geschicklichkeit des Beistandes die Vorverurteilungen in der Öffentlichkeit verstärken. Gleichwohl mag es sich als sinnvoll erweisen, dass der Strafverteidiger auf mögliche Konflikte in der Hauptverhandlung – etwa Beweisanträge, eigene (Gegen-)Gutachter usw. – hinweist, um so die Staatsanwaltschaft und ggf. auch das Gericht zu einer Einstellung nach dem Opportunitätsprinzip zu bewegen (s. hierzu noch unten Rdn. 449 ff., 460, 466).

428   bb) Bei alledem ist auf die zu Beginn des Ermittlungsverfahrens bestehende **Informationsasymmetrie**[430] hinzuweisen: Allein die Staatsanwaltschaft und deren Ermittlungspersonen führen das Ermittlungsverfahren und haben daher einen Überblick über die bereits gewonnenen Erkenntnisse, belastende und entlastende Umstände. Ausgeglichen wird diese Asymmetrie erst bei Gewährung umfassender **Akteneinsicht**.[431] Auch hierfür erscheint es in Arztstrafsachen zwingend erforderlich, einen Verteidiger einzuschalten, denn diesem wird Akteneinsicht weitaus umfangreicher gewährt als dem Beschuldigten selbst (vgl. § 147 Abs. 7 StPO). Zwar ist dem System

---

428 Langen, in: Wenzel, Kap. 7 Rn. 770; Ulsenheimer Rn. 418.
429 So auch Ulsenheimer Rn. 503.
430 Vgl. Bock, in: Münchener Anwaltshandbuch – Strafverteidigung, § 49 Rn. 228 ff.
431 S. umfassend Langen, in: Wenzel, Kap. 7 Rn. 866 ff., auch zur gerichtlichen Durchsetzung des Akteneinsichtsrechts.

der StPO zufolge vollständige Akteneinsicht erst nach dem Abschluss der Ermittlungen geboten (§ 147 Abs. 2 Satz 1 StPO). Es empfiehlt sich allerdings, unter ausdrücklichem Verweis auf eine noch folgende schriftliche Einlassung des Beschuldigten (Nr. 67 RiStBV) bereits zuvor ein Gesuch auf Einsicht der Akten und amtlich verwahrten Beweismittel einzureichen.[432] Jedenfalls Sachverständigengutachten sind auch schon vorab dem Verteidiger zugänglich zu machen (§ 147 Abs. 3 StPO). Kopien – keinesfalls die Originale – der Ermittlungsakten darf der Verteidiger in weitem Umfang mit seinem Mandanten besprechen und diesem auch aushändigen,[433] jedenfalls soweit hiermit kein Missbrauch betrieben wird und insbesondere die Ermittlungsakten und darin enthaltene Informationen weder an die Presse noch an Zeugen, andere Beschuldigte oder deren Verteidiger weitergegeben werden. Einem von der Verteidigung beauftragten Sachverständigen hingegen werden in aller Regel umfangreiche Kopien der Ermittlungsakten auszuhändigen sein, damit er sein Gutachten auf einer hinreichend sicher festgestellten Tatsachengrundlage entwerfen kann.[434]

cc) Vor Abschluss der Ermittlungen ist der **Beschuldigte** zu **vernehmen.** **429** Dabei darf und sollte sich der Beschuldigte keinesfalls allein zur Polizei oder zur Staatsanwaltschaft begeben, sondern stets durch seinen Verteidiger begleitet werden. Ferner empfiehlt es sich angesichts der Komplexität, aber auch Emotionalität von Arztstrafsachen, eine mündliche Einlassung zu verweigern (Schweigerecht) und statt dessen eine schriftliche Einlassung anzukündigen und dabei einen Zeitpunkt zu vereinbaren, zu dem diese – nach umfassender Akteneinsicht – zu den Akten gebracht werden soll.

In der **schriftlichen Einlassung** zur Sache empfiehlt es sich, die äußeren **430** Tatsachen, die sich ohnehin aus dem Ergebnis der bisherigen Ermittlungen ergeben und auch vor Gericht ohne Weiteres bewiesen werden könnten, vollumfänglich zu bestätigen. Nur bei objektiven Tatsachen, bei denen aus Sicht des Beschuldigten und der Verteidigung Anknüpfungspunkte für vernünftige (!) Zweifel verbleiben, sollte auf Alternativursachen usw. hingewiesen werden. Entlastende Umstände, die bislang nicht oder nicht ausreichend in den Ermittlungsakten dargestellt sind, müssen umfangreich und unter Angabe möglicher Beweismittel aufgezeigt werden. Schließlich ist auf bislang unterbliebene, aber von Amtsaufklärungspflicht gebotene (z.B. eine fehlende Leichenöffnung[435] oder eine unzureichende oder unterbliebene sachverständige Begutachtung) Ermittlungsmaßnahmen hinzuweisen. Auch

---

432 Langen, in: Wenzel, Kap. 7 Rn. 802; Ulsenheimer Rn. 421, 454 ff.; s. auch Bock, in: Münchener Anwaltshandbuch – Strafverteidigung, § 49 Rn. 231.
433 Bock, in: Münchener Anwaltshandbuch – Strafverteidigung, § 49 Rn. 228; Ulsenheimer Rn. 461 ff.
434 Ulsenheimer Rn. 468
435 Ulsenheimer Rn. 432; vgl. ferner Langen, in: Wenzel, Kap. 7 Rn. 811, auch zur Sektion aufgrund Einverständnisses des Patienten.

die Beifügung eines eigenen, entlastenden Sachverständigengutachtens kann dienlich sein, um bereits in dieser Stufe des Verfahrens – oder jedenfalls im Zwischenverfahren – eine gütliche Einigung zu erzielen.

431 An die schriftliche Einlassung zur Sache sollte sich eine **vorläufige rechtliche Bewertung** aus Sicht der Verteidigung anschließen. Sofern nicht mit gewisser Glaubhaftigkeit und Überzeugung auf fehlenden hinreichenden Tatverdacht hingewiesen werden kann, sollten die auch für die Staatsanwaltschaft bedeutsamen Gründe dargestellt werden, aus denen sich im vorliegenden Fall eine Erledigung nach dem Opportunitätsprinzip oder auf dem Strafklageweg anbieten, namentlich etwa die Reflexion des Mandanten über vorangegangenes Fehlverhalten, ein (zumindest versuchter) Ausgleich mit dem Opfer, das Fehlen von Vorstrafen und auch eine effektive Verfahrenserledigung ohne umfangreiche und mit gewissem Konfliktpotential behaftete Beweisführung vor Gericht.

> ❗ In der schriftlichen Einlassung nicht nur Gesprächsbereitschaft hinsichtlich Einstellungen nach dem Opportunitätsprinzip signalisieren, sondern proaktiv auf eine solche hinwirken!

432 dd) Die **Untersuchungshaft** ist nach dem Gesetzeswortlaut nur zulässig, wenn ein Haftgrund – Flucht-, Verdunkelungs- oder Wiederholungsgefahr – vorliegt, eine hohe Verurteilungswahrscheinlichkeit besteht (dringender Tatverdacht) und die Untersuchungshaft zudem verhältnismäßig ist. Anders die Praxis: Bei gut situierten Personen, die eventuell auch international vernetzt sind, wird trotz aller sozialer Integration und Verbundenheit vorschnell der Haftgrund der Fluchtgefahr angenommen, auch um den durch Untersuchungshaft verursachten Druck zu einer vorschnellen, vielleicht sogar unzutreffenden geständigen Einlassung zu nutzen.

433 Jeder Untersuchungshäftling hat **Anspruch auf einen Pflichtverteidiger** (s. oben Rdn. 377). Dieser – oder dessen zuvor bereits beauftragter Wahlverteidiger – sollte unverzüglich mit dem Beschuldigten Kontakt aufnehmen, ihn nochmals auf sein Schweigerecht hinweisen und sodann mit ihm eine Strategie entwickeln, um zumindest eine **Außervollzugsetzung des Haftbefehls** zu erreichen.[436] Neben der Leistung einer angemessenen Sicherheit (§ 116 Abs. 1 Satz 2 Nr. 4 StPO) mag es hierfür auch dienlich sein, kurz und prägnant Zweifel an der Verurteilungswahrscheinlichkeit und der Verhältnismäßigkeit der Untersuchungshaft zu schüren. Umfangreiche Einlassungen zur Sache kosten für den in Untersuchungshaft befindlichen Arzt zumeist zu viel Zeit. Daher sollte dieses Fernziel zunächst hinter das Nahziel – Entlassung aus der Untersuchungshaft – gestellt werden.[437]

---

436 Langen, in: Wenzel, Kap. 7 Rn. 882.
437 Langen, in: Wenzel, Kap. 7 Rn. 887.

Besteht der dringende Verdacht, dass gegen den Beschuldigten im Urteil ein **434** Berufsverbot (§ 70 StGB, s. hierzu noch unten Rdn. 485 f.) verhängt werden könnte, so kann das Gericht ein – strafbewehrtes (§ 145c StGB) – **vorläufiges Berufsverbot** verhängen (§ 132a StPO). Voraussetzung hierfür ist eine grobe Verletzung der ärztlichen Kunst oder ein Missbrauch der Tätigkeit als Arzt, etwa die Entwendung von Opiaten durch einen Anästhesisten und deren Konsum während der Dienstzeit.[438] Auch hier ist das Verhältnismäßigkeitsprinzip zu achten und zusätzlich zu berücksichtigen, dass die Reintegration eines Straftäters in die Gesellschaft eines der Strafziele ist. Daher kommt ein (vorläufiges) Berufsverbot in Arztstrafsachen nur in Ausnahmefällen in Betracht.

ee) Bezüglich **eigener Ermittlungstätigkeiten**[439] des Beschuldigten und sei- **435** nes Verteidigers ist zu differenzieren:

Dringend geboten ist es, dass der Beschuldigte selbst ein umfangreiches **436** **Gedächtnisprotokoll** anfertigt, mit dem Verteidiger bespricht und diesem überlässt.[440] Ebenso sollte er seiner ärztlichen Pflicht zur **Dokumentation** umfassend nachkommen,[441] insbesondere sofern dies angesichts einer außergewöhnlichen (Notfall-)Situation bei dem zur Last gelegten Sachverhalt bislang unterblieben war. Dabei sollte er auch weitere Beteiligte zur wahren (!) Vervollständigung der Dokumentation bitten.[442] Keinesfalls aber sollten kritische Bestandteile der Dokumentation verändert (dann jedenfalls Urkundenfälschung, § 267 StGB, dazu oben Rdn. 189 ff.) oder beiseite geschafft werden (dann u.U. Urkundenunterdrückung, § 274 Abs. 1 Nr. 1 StGB, dazu oben Rdn. 203 ff.).

Oftmals ist es angezeigt, ein eigenes **Sachverständigengutachten** einzu- **437** holen, sei es zur Entkräftung des von der Staatsanwaltschaft eingeholten Gutachtens oder sei es zur fundierteren Entscheidung für oder gegen eine auf Freispruch ausgerichtete Verteidigungsstrategie.[443] Einen Wert auch für Verhandlungen mit Staatsanwaltschaft und Gericht kann ein Gutachten der Verteidigung allerdings nur haben, wenn es über jeden Zweifel erhaben von einem renommierten, unbefangenen Experten angefertigt wird und daher kein »Gefälligkeitsgutachten« ist.[444] Diesem Gutachter sind die vollständigen Ermittlungsakten und sonstigen Beweismittel (in Kopie) mit dem Auf-

---

438 OLG Frankfurt NStZ-RR 2001, 16.
439 Grundsätzliches hierzu bei Ulsenheimer Rn. 463.
440 Bock, in: Münchener Anwaltshandbuch – Strafverteidigung, § 49 Rn. 192 f.
441 Bock, in: Münchener Anwaltshandbuch – Strafverteidigung, § 49 Rn. 194 ff.; Ulsenheimer Rn. 426.
442 Ulsenheimer Rn. 427 ff.
443 Bock, in: Münchener Anwaltshandbuch – Strafverteidigung, § 49 Rn. 244 ff.; Langen, in: Wenzel, Kap. 7 Rn. 873 ff.
444 Ulsenheimer Rn. 466 f.

Norouzi

trag zur Beantwortung konkreter Fragestellungen auszuhändigen.[445] Weitergehender Kontakt zwischen Gutachter und Mandant ist zu vermeiden, um den Eindruck der Unbefangenheit des Gutachters nicht zu erschüttern.

438 Liegt das Gutachten der Staatsanwaltschaft bereits vor, so kann sich der Auftrag an den eigenen Gutachter unter Umständen darauf beschränken, dieses sachverständig auf dessen Qualität und Güte – mithin dessen Fehlerfreiheit – untersuchen zu lassen. Durch ein solches, sogenanntes **Zweit-** oder **Obergutachten**[446] können sich wertvolle Anknüpfungspunkte für eine Entkräftung des Sachverständigengutachtens im Ermittlungs- oder Zwischenverfahren, spätestens aber in der Hauptverhandlung ergeben.

439 **ff)** Von jedweder **Beeinflussung von Zeugen** ist dringend Abstand zu nehmen.[447] Zulässig und geboten ist es allerdings, mit dem **Geschädigten** ein Gespräch zu suchen, insbesondere sofern eine offene Kommunikation zuvor unterblieben sein sollte (s. hierzu oben Rdn. 373).[448] Da ein sozialer oder finanzieller Ausgleich mit dem Verletzten einen Strafmilderungsgrund darstellt und daher auch die Chancen für eine Einstellung nach dem Opportunitätsprinzip erhöht, sollte ein Gespräch »auf Augenhöhe« gesucht werden, in dem dieselben Tatsachen – aber auch Bedenken – wie in der schriftlichen Einlassung des Angeklagten vorgetragen werden können. Hierbei bietet es sich an – je nach Sachlage und eventueller Deckungszusage der beteiligten Versicherungen –, auch eine freiwillige Zahlung von Schadensersatz und Schmerzensgeld anzubieten. Bei günstigem Gesprächsverlauf kann unter Umständen der Geschädigte zudem dazu gebracht werden, einen Strafantrag zurückzunehmen – die Kosten des Strafverfahrens, die an sich dem Geschädigten aufzuerlegen wären (§ 470 Satz 1 StPO), sollte sodann der Beschuldigte freiwillig übernehmen (§ 470 Satz 2 StPO). Selbst wenn die Staatsanwaltschaft ein besonderes öffentliches Interesse an der weiteren Verfolgung einer fahrlässigen oder einfachen Körperverletzung bejahen sollte, so stellt eine Rücknahme des Strafantrags nur ein weiteres Argument für eine Einstellung aus Opportunitätsgründen dar.

---

445 Bock, in: Münchener Anwaltshandbuch – Strafverteidigung, § 49 Rn. 245; Ulsenheimer Rn. 468.
446 Langen, in: Wenzel, Kap. 7 Rn. 875.
447 Zutr. Langen, in: Wenzel, Kap. 7 Rn. 878; Ulsenheimer Rn. 428.
448 Skeptisch Langen, in: Wenzel, Kap. 7 Rn. 804.

d) Der Abschluss des Ermittlungsverfahren

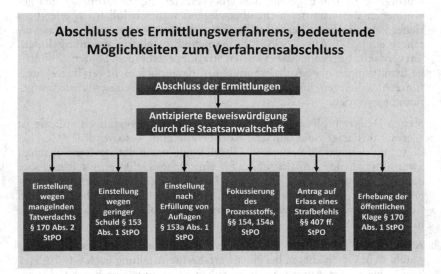

Abschluss des Ermittlungsverfahrens, bedeutende Möglichkeiten zum Verfahrensabschluss

Abschluss der Ermittlungen

Antizipierte Beweiswürdigung durch die Staatsanwaltschaft

| Einstellung wegen mangelnden Tatverdachts § 170 Abs. 2 StPO | Einstellung wegen geringer Schuld § 153 Abs. 1 StPO | Einstellung nach Erfüllung von Auflagen § 153a Abs. 1 StPO | Fokussierung des Prozessstoffs, §§ 154, 154a StPO | Antrag auf Erlass eines Strafbefehls §§ 407 ff. StPO | Erhebung der öffentlichen Klage § 170 Abs. 1 StPO |

Der **Abschluss der Ermittlungen** ist durch die Staatsanwaltschaft in den Akten zu vermerken. Spätestens zu diesem Zeitpunkt ist dem Verteidiger Akteneinsicht zu gewähren; in aller Regel wird es in Arztstrafsachen aber bereits früher zu einer solchen Akteneinsicht gekommen sein.   **440**

In jeder Lage des Verfahrens – und damit auch bereits im Ermittlungsverfahren – sind die **Verfahrenshindernisse**[449] zu beachten, in Arztstrafsachen dabei in besonderer Weise eine möglicherweise eingetretene Verjährung[450] sowie das inzwischen europaweit (Europäische Union sowie wenige zusätzliche Staaten des »Schengenraums«) geltende Verbot der Doppelbestrafung (*ne bis in idem*) in Art. 54 SDÜ und Art. 50 GRC.   **441**

Sodann nimmt die Staatsanwaltschaft – zumindest gedanklich – eine **antizipierte Beweiswürdigung** der verwertbaren Erkenntnisse des Ermittlungsverfahrens vor. Dabei wird unterstellt, dass sich vor Gericht die Zeugenaussagen identisch darstellen wie bei den im Ermittlungsverfahren vorgenommenen Vernehmungen. Dabei neigt die Staatsanwaltschaft dazu, auch aufgrund ihrer Stellung als Ankläger und kontradiktorischem Gegenspieler des Beschuldigten, tendenziell eine Beweiswürdigung zu Lasten des Beschuldigten vorzunehmen und sich eher über Zweifel an den (bislang) vorliegenden Beweisen hinwegzusetzen.   **442**

---

449 Umfassende Darstellung bei Meyer-Goßner, 54. Aufl., Einl. Rn. 141 ff.
450 S. hierzu Langen, in: Wenzel, Kap. 7 Rn. 812.

443   aa) Kommt die Staatsanwaltschaft im Rahmen dieser antizipierten Beweiswürdigung zu dem Ergebnis, dass eine Verurteilung auf Grundlage der gewonnenen Beweismittel nicht überwiegend wahrscheinlich ist, oder liegt sicher kein strafbares Verhalten des Beschuldigten vor, so stellt sie das Verfahren ein (§ 170 Abs. 2 StPO). Eine solche **Einstellung aus mangelndem Tatverdacht** begründet dabei keinen Strafklageverbrauch. Sollten zukünftige Ermittlungen neue Anhaltspunkte für (dann noch nicht verjährtes) Strafunrecht nahelegen, können die Ermittlungen ohne Weiteres wieder aufgenommen werden.

444   Stehen Delikte im Raum, bei denen das **Privatklageverfahren** zulässig ist – etwa fahrlässige oder einfache Körperverletzung – so wird der Geschädigte zugleich hierauf verwiesen. Gleiches gilt, wenn die Staatsanwaltschaft zwar hinreichende Anhaltspunkte für ein solches Delikt ermittelt hat, aber dennoch ein besonderes öffentliches Interesse an der Strafverfolgung verneinen sollte. Wie bereits ausgeführt, ist ein solches Privatklageverfahren für einen Geschädigten zumeist ein wenig sinnvoller Nebenschauplatz (s. hierzu Rdn. 385).

445   Andernfalls – also insbesondere bei dem Verdacht einer fahrlässigen Tötung – steht dem Geschädigten bei einer Verfahrenseinstellung nach § 170 Abs. 2 StPO über seinen Anwalt die Möglichkeit offen, zunächst Beschwerde bei der Generalstaatsanwaltschaft einzulegen. Ist auch diese ohne Erfolg, so kann er binnen eines Monats eine gerichtliche Entscheidung über die Anklageerhebung herbeiführen (**Klageerzwingungsverfahren**[451]). Aufgrund umfangreicher formeller Stolperfallen ist dieses in aller Regel ohne Erfolg, und in Arztstrafsachen zumeist auch wenig sinnvoll. Der Antrag auf gerichtliche Entscheidung muss aus sich heraus verständlich den Sachverhalt wiedergeben, die Beweismittel, aus denen sich der hinreichende Tatverdacht ergibt, ebenso aufzeigen wie das Vorliegen der Verletzteneigenschaft und eines form- und fristgerechten Strafantrags. Ferner muss er auf die ablehnenden Bescheide der Staatsanwaltschaft und der Generalanwaltschaft eingehen und von einem Rechtsanwalt eigenhändig unterschrieben werden.

446   bb) Die konträre Entscheidungsmöglichkeit der Staatsanwaltschaft ist die Erhebung der öffentlichen Klage, sofern hinreichender Tatverdacht gegeben ist (§ 170 Abs. 1 StPO). Diese Anklageerhebung richtet sie an das ihrer Auffassung nach zuständige Gericht. In der Anklageschrift werden der angeklagte Lebenssachverhalt umschrieben, die zur Last gelegte Tat genannt und die Beweismittel aufgelistet. Es folgt zudem eine Schilderung des wesentlichen Ergebnisses der Ermittlungen, die nur bei einer Anklage zum Amtsgericht – Strafrichter – entbehrlich ist. All dies dient einerseits der Eingrenzung des Prozessstoffes in persönlicher und sachlicher Hinsicht

---

451 S. hierzu aus arztstrafprozessualer Sicht Langen, in: Wenzel, Kap. 7 Rn. 828 ff.; Ulsenheimer Rn. 440 ff.

(Umgrenzungsfunktion), andererseits der Information des Angeklagten, um ihm so die Möglichkeit zur effektiven Verteidigung gegen die erhobenen Vorwürfe einzuräumen (Informationsfunktion). Nur im selten angewandten und in Arztstrafsachen praktisch nicht vorkommenden beschleunigten Verfahren (§ 417 ff. StPO), das nur bei einfachen Sachverhalten oder klarer Beweislage möglich ist, bedarf es dieses Schrittes nicht. Der Angeklagte und sein Verteidiger werden über die Anklageerhebung nicht unmittelbar informiert; sie erhalten die Anklageschrift erst im Zwischenverfahren (s. hierzu unten Rdn. 456 f.). Anders aber die Ärztekammer: Sie ist nach Nr. 26 MiStra über eine Anklageerhebung gegen einen Arzt regelmäßig zu informieren, wenn der Tatvorwurf auf eine Verletzung von Berufspflichten schließen lässt.[452]

> Zwischen diesen Extremfällen der Einstellung mangels Tatverdachts und Anklageerhebung bieten sich der Staatsanwaltschaft weitere Möglichkeiten einer effektiven und beschleunigten Verfahrenserledigung. Für den Beschuldigten bieten das Strafbefehlsverfahren und die Einstellung aus Opportunitätsgründen zudem die Chance, die Stigmatisierung durch eine öffentliche Hauptverhandlung zu vermeiden. Daher sollte die Verteidigung in jedem Stadium des Verfahrens – übrigens bis hin zur Revision – auf eine solche, anderweitige Verfahrenserledigung hinwirken.

cc) Alternativ zur Anklageerhebung kann die Staatsanwaltschaft bei einem Vergehen – d.h. auch und gerade bei dem Vorwurf einer fahrlässigen Tötung – bei Gericht den Erlass eines **Strafbefehls** beantragen (§§ 407 ff. StPO).[453] Dieser Strafbefehl entspricht weitgehend einer Anklageschrift, bei dem auf das wesentliche Ergebnis der Ermittlungen zumeist verzichtet wird. Er enthält allerdings zudem ein spezifisches Strafmaß, das bei einem verteidigten Beschuldigten maximal Freiheitsstrafe von einem Jahr bei Aussetzung zur Bewährung, Geldstrafe, Fahrverbot und Entziehung der Fahrerlaubnis betragen darf. Sofern das Gericht dem Strafbefehl zustimmt, wird dieser dem Beschuldigten zugestellt. Sodann hat er zwei Wochen Zeit, hiergegen Einspruch einzulegen. Legt er diesen ein, folgt eine öffentliche Hauptverhandlung nach üblichem Muster (s. hierzu unten Rdn. 461), unterlässt er dies aber, steht der Strafbefehl einem rechtskräftigen Urteil gleich.

447

Aus **Sicht des Beschuldigten** bietet das Strafbefehlsverfahren die Möglichkeit zur beschleunigten, kostengünstigeren und nichtöffentlichen Verfahrenserledigung mit begrenzten Rechtsfolgen. Aufgrund der Urteilswirkung eines Strafbefehls folgen allerdings eine Eintragung in das Bundeszentralregister (s. hierzu noch unten Rdn. 486) und, unter Umständen, Konsequen-

448

---

452 Langen, in: Wenzel, Kap. 7 Rn. 854.
453 Vgl. hierzu umfassend Langen, in: Wenzel, Kap. 7 Rn. 896 ff.

zen außerhalb des Strafrechts, auch wenn eine förmliche Präjudizwirkung fehlt (s. ebenfalls noch unten Rdn. 488). Diese Verfahrenserledigung kommt aus Sicht des Beschuldigten jedenfalls dann in Betracht, wenn die (zutreffenden) Vorwürfe so gewichtig sind, dass die Staatsanwaltschaft nicht zu einer Einstellung nach dem Opportunitätsprinzip bewogen werden kann und eine öffentlichkeitswirksame Hauptverhandlung vermieden werden soll.[454]

449 **dd)** Aus Sicht des Beschuldigten günstiger ist meist die **Einstellung aus Opportunitätsgesichtspunkten.**

450 **(1)** Begründet eine Prognose des weiteren Verfahrens zwar eine gewisse Wahrscheinlichkeit, dass ein strafbares Verhalten nachzuweisen ist, begründet das Fehlverhalten des Beschuldigten aber nur eine **geringe Schuld** und fehlt es an einem **öffentlichen Interesse** an einer Strafverfolgung, kann die Staatsanwaltschaft – z.T. mit Zustimmung des Gerichts – die Strafverfolgung einstellen, § 153 Abs. 1 StPO. Bei einer solchen Einstellung bleibt die Schuldfrage ausdrücklich offen, und eine Wiederaufnahme der Ermittlungen, insbesondere bei neuen Tatsachen oder Erkenntnissen, ist ohne Weiteres möglich (kein Strafklageverbrauch). Der Geschädigte kann dies jedoch nicht – auch nicht durch ein Klageerzwingungsverfahren – durchsetzen.[455] Auf den Willen des Beschuldigten kommt es im Übrigen bei einer solchen Einstellung nicht an; trotz fehlender (vollständiger) Rehabilitierung ist eine solche Verfahrenserledigung für einen Arzt in aller Regel günstig – auch im Vergleich zu § 153a Abs. 1 StPO –, da sie geräuschlos, kostengünstig und ohne Präjudizwirkung ist. Sie wird freilich von der Staatsanwaltschaft nur in ausgesprochen Ausnahmefällen erwogen; in aller Regel wird sie auf eine Erledigung nach § 153a Abs. 1 StPO drängen.

> ❗ Eine Einstellung nach § 153 Abs. 1 StPO bewirkt im Ermittlungsverfahren keinen Strafklageverbrauch, kostet dafür aber auch – mit Ausnahme der eigenen Auslagen des Angeklagten – nichts, und beendet das Verfahren in aller Regel endgültig.

451 **(2)** Eine **Einstellung nach Erfüllung von Auflagen** gemäß § 153a Abs. 1 StPO ist in vielen Fällen ein erfolgversprechendes Ziel der Verteidigertätigkeit in Arztstrafsachen. Entgegen des Wortlauts belässt auch eine Einstellung nach § 153a Abs. 1 StPO die Schuldfrage offen;[456] im Vergleich zu § 153 Abs. 1 StPO besteht ein (begrenzter) Strafklageverbrauch: Die Tat kann nach Erfüllung der Auflage nur dann (neu) verfolgt werden, wenn sie ein Verbrechen darstellt. Eine Einstellung nach § 153a Abs. 1 StPO ist

---

454 So auch Bock, in: Münchener Anwaltshandbuch – Strafverteidigung, § 49 Rn. 172; vgl. ferner Ulsenheimer Rn. 485 ff.
455 Vgl. § 172 Abs. 2 S. 3 StPO.
456 BVerfG MDR 1991, 891; NStZ-RR 1996, 168.

dem Gesetze nach dann möglich, wenn die prognostizierte »Schwere der Schuld« der Einstellung nicht entgegensteht und das »öffentliche Interesse an der Strafverfolgung« durch die Erfüllung einer Auflage aufgewogen werden kann. Die Praxis bedient sich allerdings dieses Einstellungsmittels auch bei Fällen bis zur mittleren Kriminalität, insbesondere wenn ein Strafverfahren erhebliche Ressourcen der Justiz binden würde, die in keinem Verhältnis zu der zu erwartenden Strafe stehen.[457]

> ❗ Besteht die Möglichkeit einer Verfahrenseinstellung nach § 153a Abs. 1 StPO, so wird selbst in Fällen, in denen der Verteidiger die Unschuld seines Mandanten für möglich hält, die Zustimmung zu einer solchen Einstellung zu diskutieren sein, schließlich droht andernfalls eine Hauptverhandlung mit ihrer stigmatisierenden Wirkung und einem – selbst bei Unschuld des Mandanten – bestehendem Verurteilungsrisiko.

In aller Regel kommen in Arztstrafsachen als **Auflagen** die Zahlung eines Geldbetrages an eine gemeinnützige Einrichtung oder an die Staatskasse (§ 153a Abs. 1 Satz 2 Nr. 2 StPO) sowie eines Ausgleichs mit dem Verletzten (§ 153a Abs. 1 Satz 2 Nr. 5 StPO) in Betracht. Der zu zahlende Geldbetrag orientiert sich dabei regelmäßig an einer andernfalls zu verhängenden Geldstrafe (s. hierzu unten Rdn. 484), also einerseits an den Tatfolgen, andererseits an den Einkommens- und Vermögensverhältnissen des Beschuldigten.   **452**

Aus **Sicht des Beschuldigten**[458] ist zu berücksichtigen, dass mit einer solchen Einstellung eine z.T. erhebliche Zahlung verbunden ist. Ferner hat er die eigenen Kosten und Auslagen zu tragen. Schließlich ist zu beachten, dass der Erfüllung der Auflage zwar keine Strafwirkung zukommt, da sie rechtlich betrachtet kein Schuldeingeständnis begründet. Jedoch wird die Zustimmung zu einer Verfahrenseinstellung nach § 153a Abs. 1 StPO von der Öffentlichkeit als Einräumung einer (gewissen) Schuld betrachtet. Sie sollte daher nicht zur Kenntnis der Öffentlichkeit gebracht werden.   **453**

(3) Als **Argumente**[459] für eine Einstellung nach § 153 Abs. 1 StPO oder § 153a Abs. 1 StPO können in Verhandlungen mit der Staatsanwaltschaft dienen, dass im Lichte der stress- und notwendigerweise risikogeneigten Tätigkeit des Arztes eine leichte, jedenfalls keine schwerwiegende Pflichtverletzung vorliegt, dass es sich um eine einmalige Ausnahmesituation gehandelt habe, dass sich der Arzt um einen Ausgleich mit dem Geschädigten bemüht habe, dass arbeits- und berufsrechtliche Konsequenzen drohen   **454**

---

457 Kühne, Strafprozessrecht, 8. Aufl., Rn. 309.
458 S. hierzu auch Bock, in: Münchener Anwaltshandbuch – Strafverteidigung, § 49 Rn. 172 ff.; Rn. 265 ff.; Langen, in: Wenzel, Kap. 7 Rn. 893 f.; Ulsenheimer Rn. 478 ff.
459 S. auch Bock, in: Münchener Anwaltshandbuch – Strafverteidigung, § 49 Rn. 267; Ulsenheimer Rn. 482 ff.

können oder bereits erfolgt sind, dass ein Strafverfahren umfangreiche Beweisaufnahmen erfordern würde und hierdurch Ressourcen der Justiz für ein geringes Fehlverhalten gebunden würden. Des weiteren lässt sich auf den sozialen Einsatz eines jeden Arztes für die Kranken, dessen sozialen Status und dessen soziale Integration, welche eine strafrechtliche Ahndung dieses milden Fehlverhaltens entbehrlich machen, und schließlich auch darauf verweisen, dass sich der gewissenhafte Arzt auch so bereits ernsthaft mit seinem (einmaligen) Fehlverhalten auseinandergesetzt habe. Schließlich kann in manchen Fällen auch auf eine (über)lange Verfahrensdauer hingewiesen werden, die zu kompensieren sei, und auch darauf, dass die mutmaßliche Tat schon länger zurückliege. All dies kann im Hinblick auf § 153a Abs. 1 StPO verbunden werden mit der erklärten Bereitschaft des Beschuldigten zu einer auch für ihn *spürbaren* Geldauflage als Zeichen seiner Einsicht in sein Fehlverhalten; vermieden werden sollte jedoch einerseits ein konkretes »Angebot«, andererseits aber die Nennung eines unrealistisch niedrigen Geldbetrags, da andernfalls die Ernsthaftigkeit der Verteidigungsstrategie anzuzweifeln wäre.

455 (4) Nur eine **Fokussierung des Prozessstoffs**, nicht jedoch eine merkliche Reduktion des drohenden Strafmaßes bedeuten vorläufige Einstellungen oder Beschränkungen der Strafverfolgung nach § 154 StPO (Fokussierung auf eine von mehreren Taten) oder § 154a StPO (Fokussierung auf den schwerwiegendsten Aspekt einer Tat). Nur am Rande erwähnt seien ferner Einstellungsmöglichkeiten bei Auslandskonstellationen (§§ 153c, 154b StPO) und die vorläufige Einstellung bei Prozesshindernissen wie der Abwesenheit oder der Verhandlungsunfähigkeit des Angeklagten (§ 154f StPO).[460]

---

460 S. hierzu auch Langen, in: Wenzel, Kap. 7 Rn. 895.

2. Zwischenverfahren

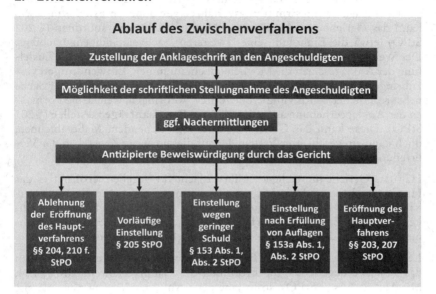

Ablauf des Zwischenverfahrens

Zustellung der Anklageschrift an den Angeschuldigten

Möglichkeit der schriftlichen Stellungnahme des Angeschuldigten

ggf. Nachermittlungen

Antizipierte Beweiswürdigung durch das Gericht

| Ablehnung der Eröffnung des Hauptverfahrens §§ 204, 210 f. StPO | Vorläufige Einstellung § 205 StPO | Einstellung wegen geringer Schuld § 153 Abs. 1, Abs. 2 StPO | Einstellung nach Erfüllung von Auflagen § 153a Abs. 1, Abs. 2 StPO | Eröffnung des Hauptverfahrens §§ 203, 207 StPO |

Im Zwischenverfahren prüft das für die spätere Hauptverhandlung zuständige Gericht vorab, ob es ebenfalls eine Verurteilung für überwiegend wahrscheinlich hält, also ob ein hinreichender Tatverdacht vorliegt. Es erfolgt demnach eine **erneute antizipierte Beweiswürdigung,** diesmal allerdings durch eine neutrale und unbefangene Kontrollinstanz.[461] Auf diesem Wege soll die Stigmatisierungswirkung der Hauptverhandlung vermieden werden, insbesondere in Fällen, in denen die Staatsanwaltschaft aufgrund zu einseitiger Sichtweise einen hinreichenden Tatverdacht bejaht hatte. Zudem führt das Zwischenverfahren dazu, dass sich das Gericht (genauer: die Berufsrichter) bereits vor der Hauptverhandlung mit dem Prozessstoff vertraut macht. Allerdings ist dies keineswegs unproblematisch, da zumindest eine psychologische Bindung des Gerichts an das antizipierte Ergebnis einer Verurteilung zu befürchten ist.[462]

456

❗ Das Zwischenverfahren sollten der Beschuldigte und sein Verteidiger keinesfalls verstreichen lassen, sondern diese letzte Möglichkeit vor einer öffentlichen Hauptverhandlung nutzen, um auf eine »geräuschlose« Verfahrenseinstellung nach dem Opportunitätsprinzip hinzuwirken.

---

461 Ulsenheimer Rn. 493 ff.
462 Vgl. Kühne, Strafprozessrecht, 8. Aufl., Rn. 621 ff.

Norouzi

457 Über die Eröffnung des Hauptverfahrens entscheidet das Gericht nicht nur auf Grundlage der im Ermittlungsverfahren gewonnenen Erkenntnisse. So kann das Gericht von Amts wegen **Nachermittlungen** anordnen (§ 202 StPO), etwa die Einholung eines (weiteren) Sachverständigengutachtens. Des Weiteren ist dem Beschuldigten bzw. seinem Verteidiger nach Zustellung der Anklageschrift die Möglichkeit einzuräumen, **Einwendungen** vorzubringen – etwa durch eine aktualisierte, erweiterte Einlassung zur Sache nebst rechtlicher Würdigung[463] oder durch Vorbringen, welche die Formalien der Anklageerhebung angreifen[464] – und **Beweisanträge** zu stellen (§ 201 StPO). Diese kann das Gericht zwar in weitreichendem Maße ablehnen, doch kann ein geschickter Verteidiger auf diesem Wege Zweifel an der Verurteilungswahrscheinlichkeit nähren.

458 Hält das Gericht hinreichenden Tatverdacht für gegeben, **eröffnet** es das **Hauptverfahren** und bestimmt zugleich einen Termin für die Hauptverhandlung. Dem Angeschuldigten bietet sich grundsätzlich keine Möglichkeit, gegen die Eröffnung des Hauptverfahrens vorzugehen; nur in Ausnahmefällen dürfte das Gericht einen Eröffnungsbeschluss wieder aufheben.

459 **Lehnt** das Gericht – und auf Beschwerde der Staatsanwaltschaft hin auch das Beschwerdegericht – die Eröffnung des Hauptverfahrens **ab** (§§ 204, 210 Abs. 2, Abs. 3 StPO), so ist eine neue Anklageerhebung nur zulässig, wenn neue Tatsachen oder Beweismittel vorliegen (§ 211 StPO).

460 Schließlich – und hierauf sollte der Verteidiger in einer Arztstrafsache hinwirken – kann das Gericht das Verfahren mit Zustimmung sowohl des Angeschuldigten als auch der Staatsanwaltschaft **aus Gründen der Opportunität einstellen** (§§ 153, 153a StPO). Die Argumente für eine solche Verfahrensweise entsprechen dabei den bereits im Ermittlungsverfahren genannten (s. oben Rdn. 454); hinzuweisen ist allerdings darauf, dass einer gerichtlichen Entscheidung nach § 153 Abs. 2 StPO ebenfalls ein (begrenzter) Strafklageverbrauch zukommen soll.[465]

3. Hauptverfahren

a) Die Hauptverhandlung im Überblick

461 Aus dem **Inbegriff der Hauptverhandlung** hat sich das Gericht von der Strafbarkeit und Schuld des Angeklagten zu überzeugen. Sie ist damit die zentrale Verfahrensstufe des Strafverfahrens, wenn auch die praktisch wichtigsten Weichenstellungen eines Arztstrafverfahrens bereits im Ermittlungs- und Zwischenverfahren getroffen werden.

---

463 Umfassend, auch zu den Erfolgsaussichten, Ulsenheimer Rn. 492 ff.
464 Vgl. Langen, in: Wenzel, Kap. 7 Rn. 904 ff.; Ulsenheimer Rn. 490d ff.
465 BGHSt 48, 331.

Die Leitung der Hauptverhandlung obliegt dem Vorsitzenden des Gerichts. **462**
Der **Ablauf der Hauptverhandlung** ist gesetzlich geregelt (§§ 243 ff.
StPO) und sei hier holzschnittartig geschildert: Nach Aufruf der Sache und Feststellung der Anwesenheit werden die Zeugen aus dem Sitzungssaal verwiesen, um deren Beeinflussung durch Aussagen anderer Zeugen oder
des Beschuldigten zu verhindern. Danach wird der Angeklagte über seine
persönlichen Verhältnisse vernommen, insoweit hat er auch kein Schweigerecht. Anschließend verliest der Sitzungsvertreter der Staatsanwaltschaft
die Anklage. Der Richter belehrt den Angeklagten sodann über seine Aus-
sagefreiheit und vernimmt ihn dann ggf. zur Sache. Alternativ kann hier
der Verteidiger eine (schriftliche) Einlassung vortragen. Nach der zum Teil
umfangreichen Beweisaufnahme – Inaugenscheinnahme, Verlesung von Urkunden, Befragung von Zeugen und Sachverständigen – folgt zunächst das
Plädoyer der Staatsanwaltschaft, dann ggf. das des Verteidigers, der dabei
das Gericht in sachlich-präziser, ruhiger und besonnener Art[466] auf entlastende respektive strafmildernde (s. unten Rdn. 482) Aspekte hinweisen sollte. Dem Angeklagten ist das »letzte Wort« zu erteilen.[467] Nach geheimer
Beratung, in dem die gewonnenen Erkenntnisse abgewogen werden, wird
der Urteilstenor (z.B. begangene Delikte und Strafmaß) schriftlich fixiert
und das Urteil sodann mündlich verkündet. Die schriftliche Abfassung des
Urteils – nebst Urteilsgründen – kann sodann noch einige Zeit in Anspruch
nehmen, idealerweise aber nicht länger als fünf Wochen.

Grundsätzlich müssen in einer Hauptverhandlung der Angeklagte und – in **463**
Fällen notwendiger Verteidigung – der Verteidiger **anwesend** sein. Erscheint
der ordnungsgemäß geladene und nicht ausreichend – etwa durch ein amtsärztliches (!) Attest – entschuldigte Angeklagte nicht, so kann er entweder
polizeilich vorgeführt oder inhaftiert werden; unter gewissen Umständen
(§§ 231 Abs. 2, 231a Abs. 1 StPO) kann die Hauptverhandlung auch in seiner Abwesenheit fortgesetzt werden. Gegen einen ordnungsgemäß geladenen und nicht ausreichend entschuldigten Zeugen oder Sachverständigen
kann ein Ordnungsgeld oder Ordnungshaft angeordnet werden; zudem
werden ihm die durch diese Verzögerung verursachten Kosten auferlegt.

Es muss der **Öffentlichkeit** grundsätzlich ermöglicht werden, als Zuhörer **464**
den Verlauf der Hauptverhandlung zu verfolgen. Allerdings können sich
tatsächliche (Größe des Gerichtssaals) wie auch rechtliche Hindernisse ergeben: So darf die Öffentlichkeit etwa bei höchstpersönlichen Aspekten,
zum Schutz von Leben, Leib oder Freiheit von Opfern oder zum Staats-
schutz zeitweise ausgeschlossen werden.

---

466 Vgl. Bock, in: Münchener Anwaltshandbuch – Strafverteidigung, § 49 Rn. 258;
    Langen, in: Wenzel, Kap. 7 Rn. 925, 929; Ulsenheimer Rn. 504.
467 S. hierzu Bock, in: Münchener Anwaltshandbuch – Strafverteidigung, § 49
    Rn. 259.

465   Allein der wesentliche Ablauf, die Wahrung der wesentlichen Förmlichkeiten und die wesentlichen Ergebnisse werden **protokolliert**; ein Wortprotokoll hingegen wird – im Gegensatz etwa zum US-amerikanischen Strafprozess – nicht geführt. Aufgrund der umfassenden Beweiskraft des Protokolls besteht daher eine nur unzureichende Dokumentation[468], ja unzureichende Dokumentationsmöglichkeiten, welche die erste und zumeist einzige Tatsacheninstanz missbrauchs- und risikoanfällig machen. Umso mehr gilt es angesichts der diffizilen tatsächlichen Grundlagen eines Arztstrafverfahrens, eine Hauptverhandlung durch großzügige Zustimmung zu Verfahrenseinstellungen nach § 153a StPO zu vermeiden, jedenfalls aber gründlich – unter Einbeziehung des Mandanten – vorzubereiten.

466   Auch während des Hauptverfahrens kann das Gericht das Verfahren mit Zustimmung des Angeschuldigten und der Staatsanwaltschaft **aus Gründen der Opportunität einstellen** (§§ 153, 153a StPO); erneut kommt einer solchen Entscheidung auch nach § 153 Abs. 2 StPO ebenfalls ein (begrenzter) Strafklageverbrauch zu. Sind alle Bemühungen des Verteidigers, eine solche Verfahrenserledigung bereits im Ermittlungs- und Zwischenverfahren zu erreichen, gescheitert, bedarf es eines erhöhten Argumentationsaufwands.[469] Die besondere öffentliche Prangerwirkung eines Strafverfahrens gegen einen Arzt, eine sich in der Hauptverhandlung zeigende Wirkung auf den Angeklagten, erst in der Hauptverhandlung dem Gericht nahezubringende Schwierigkeiten der Beweisführung und auch der Hinweis auf eine noch umfangreich gebotene Beweiserhebung können aber unter Umständen das Gericht dazu bewegen, einer solchen Einstellung auch noch während der Hauptverhandlung nachzugehen – auch um das Verfassen eines umfangreichen Urteils zu vermeiden.

> ❗ Für eine Verfahrenseinstellung nach § 153a Abs. 2 StPO ist es auch in der Hauptverhandlung nicht zu spät!

467   Einen anderen Weg zur Verkürzung des Hauptverfahrens bietet die **Verständigung**. Der gesetzlichen Intention in § 257c StPO zufolge lässt sich der Beschuldigte im Rahmen einer solchen Verständigung umfangreich und geständig zur Sache ein und verzichtet auf andernfalls umfangreiche Beweiserhebungen, wird hierfür aber mit der Aussicht auf eine Strafe innerhalb einer Strafobergrenze belohnt. Von diesem Strafrahmen darf das Gericht nur abweichen, wenn sich der Tatvorwurf sodann wesentlich anders darstellen sollte – in diesem Ausnahmefall ist allerdings dann das zwischenzeitlich abgelegte Geständnis unverwertbar.

---

468 S. hierzu auch Langen, in: Wenzel, Kap. 7 Rn. 926.
469 Vgl. auch Langen, in: Wenzel, Kap. 7 Rn. 928.

❗»Verhandlungsmasse« für eine Verständigung ist einerseits ein Geständnis, andererseits der Verzicht auf umfangreiche Beweisaufnahmen. Im Vergleich zu einer Verfahrenseinstellung nach § 153a StPO führt sie zu einer Verurteilung und damit auch zu weitaus schwerwiegendere Konsequenzen (nicht unbedingt finanzieller Natur) als eine Verfahrenseinstellung.

b) Einlassung des Angeklagten und Beweiserhebung

aa) Inhaltlich sollte sich die Einlassung des Angeklagten an dem orientieren, was auch für die Einlassung während des Ermittlungsverfahrens empfohlen wurde: Die wahren äußeren Tatsachen, die ohnehin ohne Weiteres bewiesen werden könnten, sind vollumfänglich zu bestätigen. Bei denjenigen objektiven Tatsachen, bei denen aus Sicht des Beschuldigten und der Verteidigung Anknüpfungspunkte für vernünftige (!) Zweifel verbleiben, ist der Fokus auf Alternativursachen usw. zu legen. Für die Folgen der angeklagten Tat empfiehlt es sich meist ohne Banalisierung der Dinge auf der einen und materielles Schuldeingeständnis auf der anderen Seite Bedauern und Mitgefühl seitens des Angeklagten auszusprechen; diesbezüglich kann auch auf Bemühungen zum Schadensausgleich hingewiesen werden.   **468**

Ob diese Einlassung vom Angeklagten **persönlich** vorgetragen wird – dann kann sie glaubwürdiger und ehrlicher wirken – oder, auch zur Vermeidung unbeabsichtigter darüber hinaus gehender Einlassungen, vom **Verteidiger**, ist je nach Einzelfall – abhängig von der persönlichen Erscheinung des Arztes – zu entscheiden.[470]   **469**

bb) Die Befragung der **Zeugen** und **Sachverständigen** ist im Ausgangspunkt Sache des Gerichts, auch wenn Staatsanwaltschaft und Verteidigung Gelegenheit zu Fragen gegeben wird. Personen, die zur Verweigerung des Zeugnisses berechtigt sind, (§ 52 StPO) können auch erst in der Hauptverhandlung von diesem Recht Gebrauch machen; sodann kann deren vorherige Aussage auch nicht über die Vernehmung von Verhörspersonen oder durch Protokollverlesung mittelbar eingeführt werden (§ 252 StPO), es sei denn, der Zeuge wurde im Ermittlungsverfahren richterlich vernommen. Im Umgang mit Zeugen und Sachverständigen sollten der Angeklagte und sein Verteidiger stets ruhig und besonnen auftreten, freilich auf Widersprüche und Unklarheiten in der Sache dezidiert hinweisen.[471]   **470**

Krankenakten und sonstige **Urkunden** können als Beweismittel **verlesen** werden. Für Protokolle von Vernehmungen und auch bei Sachverständi-   **471**

---

470 Langen, in: Wenzel, Kap. 7 Rn. 921. Zur Vorbereitung des Angeklagten vgl. Bock, in: Münchener Anwaltshandbuch – Strafverteidigung, § 49 Rn. 256; Ulsenheimer Rn. 502.
471 Bock, in: Münchener Anwaltshandbuch – Strafverteidigung, § 49 Rn. 254.

gengutachten gilt dies freilich nur eingeschränkt, damit die Konfrontationsrechte der Verteidigung gewahrt bleiben. Aus diesem Grund ist auch § 256 Abs. 1 Nr. 2 StPO kritisch zu betrachten, demzufolge die Verlesung von ärztlichen Attesten in Verfahren über einfache und fahrlässige Körperverletzungen stets zulässig ist. Steht eine solche Verlesung im Raume und ist der Inhalt des Attests nicht unstrittig, so sollte zunächst informell auf Bedenken und die Notwendigkeit einer Aussage des Sachverständigen hingewiesen werden; wenn dies nicht ausreicht, ist ein Widerspruch und eine darauf folgende Entscheidung des Gerichts zu protokollieren – worauf der Verteidiger auch achten, notfalls bestehen sollte.[472]

❗ Soll ein ungünstiges Sachverständigengutachten verlesen werden, ohne den Sachverständigen dazu auch anzuhören, so ist zu widersprechen und dieser Widerspruch und die Entscheidung des Gerichts auch ins Protokoll aufzunehmen.

472 Die **Inaugenscheinnahme** von Beweismitteln schließlich kann nicht etwa nur optisch – etwa durch das Betrachten von Lichtbildern von Verletzungsfolgen – sondern auch, freilich seltener, akustisch, olfaktorisch und haptisch geschehen.

473 cc) Die Auswahl der Beweismittel, die für eine Hauptverhandlung herangezogen werden, obliegt im Ausgangspunkt dem Gericht. Gleichwohl können die weiteren Verfahrensbeteiligten in der Hauptverhandlung Beweisanregungen sowie förmliche **Beweisanträge** stellen.[473]

❗ Auch der Nebenkläger kann Beweisanträge stellen.

---

472 S. BGH NStZ 1981, 95.
473 Bock, in: Münchener Anwaltshandbuch – Strafverteidigung, § 49 Rn. 257.

Beweisantragsrechte	
Beweisanregung	• „Appell an die Aufklärungspflicht des Gerichts"
Beweisantrag	• Bezeichnung eines Beweismittels und einer Beweistatsache, die sich durch dieses Beweismittel ergeben wird • Ablehnung nur in engen Grenzen möglich • Zeugen und Sachverständige sind nur dann „präsente Beweismittel", wenn sie über Gerichtsvollzieher geladen sind
Ablehnung eines Beweisantrags, der sich auf ein präsentes Beweismittel bezieht	• Beweiserhebung unzulässig • Beweistatsache offenkundig • Beweistatsache bereits erwiesen (nicht dessen Gegenteil!) • Beweismittel völlig ungeeignet • Fehlender Bezug zwischen Beweistatsache und Prozessgegenstand • Verschleppungsabsicht
Weitere Ablehnungsgründe bei Beweisanträgen auf nicht präsente Beweismittel	• Beweistatsache aus Sicht des Gerichts bedeutungslos • Beweismittel unerreichbar • Eigene Sachkunde des Gerichts • Weiterer Sachverständiger, wenn Gegenteil durch ersten Sachverständigen bereits erwiesen • Unterstellung der Beweistatsache als wahr

474 Durch eine **Beweisanregung** weist der Verfahrensbeteiligte implizit auf die Aufklärungspflicht des Gerichts hin und wirkt so auf die Hinzuziehung etwa eines Zeugen oder die Beauftragung eines (ersten) Sachverständigen – mit ungewissem Ergebnis seiner Begutachtung – hin. Bei offensichtlichen Lücken der Beweisführung sind Gerichte zumeist offen, auf solche Anregungen einzugehen, insbesondere wenn sich eine Hoffnung des Gerichts auf ein umfassendes Geständnis zerschlagen haben sollte. Sollte eine Beweisanregung durch den Vorsitzenden abgelehnt werden, so hat der Verteidiger auf die Protokollierung dieses Vorgangs und ggf. auf eine Entscheidung des Gerichts (§ 238 Abs. 2 StPO) hinzuwirken.

❗ Die Beauftragung eines (ersten) Sachverständigen kann man zumeist über eine bloße Beweisanregung bewirken.

475 Ein förmlicher **Beweisantrag** muss erstens ein bestimmtes Beweismittel bezeichnen und zweitens eine bestimmte Beweistatsache behaupten sowie drittens darlegen, dass sich aus dem Beweismittel auch diese Beweistatsache ergeben werde. Hierzu ein Beispiel: »Zum Beweis der Tatsache, dass der Tod des Geschädigten durch eine Vorerkrankung der Koronararterien verursacht wurde, ist der Sachverständige Herr Professor ..., zu laden über ..., zu vernehmen, der dies bestätigen wird.« Die Beweistatsache – nicht hingegen das Fernziel, etwa der Freispruch des Angeklagten, oder das Zwischenziel, warum die behauptete Tatsache für den Angeklagten günstig ist – und das Beweismittel sind dabei so bestimmt wie möglich und zweifelsfrei zu benennen; der Antragsteller hat die Beweistatsache als richtig zu behaupten.

> ❗ Es ist dringend zu raten, einen Beweisantrag auch schriftlich als Anlage zu Protokoll zu reichen. Ferner fördern früh in der Hauptverhandlung gestellte – oder zumindest angekündigte – Beweisanträge ein sachliches, ruhiges und ergebnisorientiertes Strafverfahren.

476 Ein Beweisantrag kann unter eine innerprozessuale Bedingung gestellt werden; ebenso zulässig sind Hilfs- und Eventualbeweisanträge. Über unbedingte Beweisanträge ist **vor Ende der Beweisaufnahme** zu entscheiden. Dies muss aber nicht sofort nach Antragstellung erfolgen. Die (negative) Entscheidung über Hilfs- und Eventualbeweisanträge kann auch erst zusammen mit dem Urteil erfolgen.

477 Die Ablehnung eines Beweisantrags muss durch einen begründeten Beschluss des Gerichts erfolgen (§ 244 Abs. 6 StPO) und darf sich nur auf einen *numerus clausus* von **Ablehnungsgründen** (§§ 244 Abs. 3–5; 245 Abs. 2 StPO) stützen. Diese seien hier in einem knappen Überblick skizziert.

– Ein Beweisantrag ist bereits als **unzulässig** abzulehnen, wenn er auf ein nicht zugelassenes Beweismittel oder ein Beweisthemenverbot (etwa: Zeugenaussage eines Verfahrensbeteiligten) zielt.

– Ein Beweisantrag ist wegen **Offenkundigkeit** abzulehnen, wenn die Beweistatsache für verständige und erfahrene Menschen (Allgemeinkundigkeit) oder aber für mindestens ein Mitglied des Gerichts (Gerichtskundigkeit) zuverlässig bekannt ist oder aber aus allgemein zugänglichen, zuverlässigen Quellen (etwa Landkarten oder Enzyklopädien) erschlossen werden kann.

– Das Gericht kann einen Beweisantrag als **bedeutungslos** ablehnen, wenn eine Verurteilung aus anderen Gründen – etwa Verfahrenshindernissen – ausgeschlossen ist oder wenn die Beweistatsache zwar ein Indiz für die Unschuld oder – bei Anträgen der Staatsanwaltschaft oder des Nebenklägers – für die Schuld des Täters darstellen könnte, das Gericht diesen Schluss aus dem bloßen Indiz aber nicht ziehen will.[474]

– Ist das Gericht ohnehin von der Richtigkeit der Beweistatsache überzeugt – nicht von deren Gegenteil (!) – so kann es den Beweisantrag wegen **Erwiesenseins** ablehnen. Ferner darf das Gericht eine entlastende Beweistatsache **als wahr unterstellen**. Das Gericht bindet sich hierdurch selbst; will es in den Urteilsgründen also von dieser Beweistatsache abweichen, muss es erneut über den Beweisantrag entscheiden.

– **Völlig ungeeignet** ist ein Beweismittel nur dann, wenn eine Beweiserhebung über die Beweistatsache durch das angegebene Beweismittel von vornherein für ausgeschlossen erscheint. So können etwa Sachverstän-

---

474 Vgl. nur BGH NJW 1988, 501.

digengutachten abgelehnt werden, die sich unausgereifter oder pseudo-
wissenschaftlicher Untersuchungsmethoden bedienen sollen, die durch
einen unqualifizierten Sachverständigen erstattet werden sollen oder für
die jegliche Tatsachengrundlage fehlt, die von einem Sachverständigen
begutachtet werden könnte.

– Ein Beweismittel ist nur dann **unerreichbar**, wenn alle zumutbaren und
verhältnismäßigen Anstrengungen des Gerichts auf dessen Beibringung
erfolglos geblieben sind oder, bei verständiger Prognose, erfolglos bleiben werden. Bei **Auslandszeugen** reicht es sogar aus, wenn deren Aussage »nach dem pflichtgemäßen Ermessen des Gerichts zur Erforschung
der Wahrheit nicht erforderlich ist« (§ 244 Abs. 5 StPO); im Lichte moderner technischer Möglichkeiten wie einer audiovisuellen Zeugenvernehmung ist dieser Ablehnungsgrund allerdings restriktiv auszulegen.

– (Schein-)Beweisanträge können wegen **Verschleppungsabsicht** abgelehnt werden. Hierfür ist erforderlich, dass objektiv eine nicht unerhebliche Verfahrensverzögerung vermutet und subjektiv dem Antragsteller
allein dieses verfahrensfremde Ziel unterstellt werden kann. Hiervon darf
das Gericht nur zurückhaltend Gebrauch machen und muss i.d.R. erst
den Beteiligten eine *Frist* setzen, bis zu deren Verstreichen Anträge ohne
Weiteres gestellt werden dürfen. Ferner muss eine Prognose des Gerichts
ergeben, dass das Beweismittel keinen Nutzen für den Angeklagten haben wird. Eine späte – auch verfristete – Antragstellung kann dennoch
erfolgversprechend sein, allerdings sollte der Antragsteller dann über den
eigentlichen Inhalt des Beweisantrags hinaus auch umfassend darlegen,
warum dieser Beweisantrag erst jetzt erfolgt bzw. erfolgen konnte.

> ❗ Um nicht in den Verdacht einer Verschleppungsabsicht zu geraten, soll-
> te das Gericht frühzeitig auf die Bedenken der Verteidigung und die
> hierfür notwendigen Beweismittel hingewiesen werden. Dies bietet zu-
> dem Argumentationsmaterial im Hinblick auf eine Verfahrenseinstel-
> lung nach dem Opportunitätsprinzip oder für eine Verfahrensverstän-
> digung.

– Anträge auf Sachverständigenbeweis können zudem abgelehnt werden, wenn das Gericht die **eigene Sachkunde** besitzt. Im Hinblick auf
die in Arztstrafsachen regelmäßig maßgeblichen hochkomplexen medizinischen Zusammenhänge wird in aller Regel kein Raum für diesen
Ablehnungsgrund verbleiben;[475] im Hinblick auf die Beurteilung der
Glaubwürdigkeit von Zeugen hingegen sind Anträge auf Sachverständigengutachten außer bei pathologischen Fällen meist ohne Aussicht auf
Erfolg.[476]

---

475 Vgl. BGH(Z) NJW 1994, 2419.
476 BVerfG NJW 2004, 209, 211; BGH NStZ 2010, 100.

Norouzi

– Ein **weiterer Sachverständiger** – d.h. ein anderer Sachverständiger wurde zu diesem Themenkomplex bereits gehört – kann abgelehnt werden, wenn durch das erste Sachverständigengutachten das Gegenteil bereits erwiesen wurde. Dies gilt freilich nur, wenn dieses erste Gutachten auf korrekter Tatsachengrundlage in widerspruchsfreier Weise von einem sachkundigen Experten erstellt wurde, dem zudem dieselben »Forschungsmittel« zur Verfügung standen.

> ❗ Ein erstes, ungünstiges Sachverständigengutachten anzugreifen erfordert eine umfassende – i.d.R. schriftliche – Auseinandersetzung mit fachlichen und qualitativen Mängeln und Zweifeln an den korrekten Tatsachengrundlagen. Daher empfiehlt es sich oftmals, selbst einen Gegengutachter zu laden. Dann handelt es sich um ein präsentes Beweismittel, das nur nach § 245 StPO abgelehnt werden darf.

478   Beweisanträge bezogen auf **präsente Beweismittel** dürfen nur unter engeren Grenzen abgelehnt werden. Präsent sind dabei erstens die von Gericht und von der Staatsanwaltschaft – auf welche Weise auch immer – hinzugezogenen Zeugen und Sachverständige, zweitens die von den weiteren Verfahrensbeteiligten (Verteidiger, Beschuldigter, Nebenkläger) über einen Gerichtsvollzieher geladenen Zeugen und Sachverständigen (§ 38 StPO).[477]

> ❗ Ein Zeuge oder Sachverständiger ist aus Sicht der Verteidigung nur dann präsent, wenn man ihn über einen Gerichtsvollzieher geladen hat. Die bloße Anwesenheit des Zeugen oder Sachverständigen reicht nicht aus!

479   Die Beweisaufnahme durch ein präsentes Beweismittel kann **abgelehnt** werden, wenn die Beweiserhebung unzulässig ist, wenn die Beweistatsache offenkundig oder schon erwiesen ist, wenn das Beweismittel völlig ungeeignet ist oder aber bei Verschleppungsabsicht (s. Rdn. 477). Schließlich darf das Beweismittel abgelehnt werden, wenn es jeglichen Bezugs zwischen Beweistatsache und Prozessgegenstand fehlt. Die Ablehnung darf daher **nicht** auf Unerreichbarkeit, Bedeutungslosigkeit, eigene Sachkunde oder das Vorliegen eines (gegenteiligen) Sachverständigengutachtens gestützt werden.

480   dd) Die **Beweiswürdigung** obliegt allein dem Gericht. Es ist bei der Entscheidung der Schuldfrage an die soeben genannten Beweismittel gebunden, bei der Bewertung der vorgebrachten Beweise aber frei, sofern diese nur eine tragfähige Beweisgrundlage für das gefundene Ergebnis liefern (vgl. § 261 StPO). Mit der Revision kann die richterliche Beweiswürdigung nur angegriffen werden, wenn sie rechtsfehlerhaft ist.

---

477 S. hierzu auch Langen, in: Wenzel, Kap. 7 Rn. 923.

Die **Unverwertbarkeit von Beweismitteln** ist – allem Bemühen der Rechts-   **481**
lehre zum Trotz – eine seltene Ausnahme. Gesetzlich vorgesehen sind diese
im Wesentlichen nur bei – in Arztstrafverfahren eher unwahrscheinlichen
– verbotenen Verhörmethoden, dem erst in der Hauptverhandlung wahrgenommenen Zeugnisverweigerungsrecht[478] sowie bei manchen »Zufalls-
funden« einer Telekommunikations- oder Wohnraumüberwachung (§ 477
Abs. 2 Satz 2 StPO). Bei allen anderen Rechtsverstößen im Ermittlungs-,
Zwischen- oder Hauptverfahren muss der Rechtsprechung zufolge erstens
der *Rechtskreis* des Beschuldigten und nicht etwa eines Dritten betroffen
sein. Wurde daher etwa ein Zeuge unzureichend belehrt und sagt er – trotz
seines Aussageverweigerungsrechts nach § 55 StPO – aus, so betreffe dies
nicht den Rechtskreis des Beschuldigten. Ist der Rechtskreis des Beschuldigten jedoch betroffen, so sei zweitens die Schwere des Verstoßes gegen
das im Raume stehende Delikt abzuwägen (*Abwägungslehre*). Drittes, prozessuales Erfordernis: Der Beschuldigte oder sein Verteidiger muss im Prozess einer Verwertung widersprochen haben (*Widerspruchslösung*). Wichtige Fallgruppen, in denen eine Unverwertbarkeit zumindest von Teilen der
Rechtsprechung angenommen werden, sind Aussagen, die der Beschuldigte
nach einer unzureichenden Belehrung Polizeibeamten gegenüber getätigt
hat, oder bei willkürlicher oder sonst schwerwiegender Umgehung eines
präventiven Richtervorbehalts.[479]

> ❗ Bei jeder nicht gänzlich unerheblichen, ungünstigen Unstimmigkeit der
> Beweiserhebung oder -verwertung, die möglicherweise an einem Ver-
> fahrensfehler leidet *sofort widersprechen*, dies ins *Protokoll* aufnehmen
> lassen und ggf. *Entscheidung des Gerichts* herbeiführen.

c) Das Urteil und seine Folgen

aa) Im Urteil wird der Angeklagte entweder **freigesprochen** oder aber ei-   **482**
ner oder mehreren Straftaten schuldig befunden. Bei der **Strafzumessung**
orientiert sich das Gericht an dem Katalog des § 46 Abs. 2 StGB und an den
»Wirkungen, die von der Strafe für das künftige Leben des Täters in der Gesellschaft« zu erwarten sind (§ 46 Abs. 1 Satz 2 StGB). Wichtige Faktoren
im Arztstrafrecht[480] – auf die der Verteidiger auch in seinem Schlussplädoyer
eingehen sollte – sind die heilende und wohlwollende Motivation des Arztes bei jeglichen Heileingriffen, das zumeist straflose und sozial integrierte
Vorleben des Täters und schließlich geständiges, reuiges und auf Wiedergutmachung und Ausgleich mit dem Opfer gerichtetes Verhalten nach der Tat
(s. auch § 46a StGB).

---

478 Meyer-Goßner, 54. Aufl., § 252 Rn. 12 ff.
479 Vgl. zu alledem Meyer-Goßner, 54. Aufl., Einl. Rn. 55. ff.
480 S. hierzu auch Langen, in: Wenzel, Kap. 7 Rn. 937 ff.

483   Eine **Freiheitsstrafe** kann bei im Arztstrafverfahren typischen Delikten innerhalb eines vom jeweiligen Straftatbestand definierten Zeitrahmens verhängt werden, wobei das Mindestmaß einen Monat, das Höchstmaß 15 Jahre beträgt. Eine Freiheitsstrafe unter 2 Jahren kann, eine Freiheitsstrafe unter 1 Jahr ist in aller Regel zur **Bewährung** auszusetzen. Als Bewährungsauflage kann dabei u.a. die Zahlung einer Geldsumme an das Opfer, an eine gemeinnützige Organisation oder an die Staatskasse festgesetzt werden.

484   Eine **Geldstrafe** wird nach dem Tagessatzsystem gebildet. Nach der Schuld des Täters wird die Anzahl von zu zahlenden Tagessätzen bestimmt. Die Tagessatzhöhe wiederum bestimmt sich – innerhalb einer Spanne von einem Euro und 30 000 Euro – nach dem durchschnittlichen täglichen (Netto-) Einkommen des Täters. Unterhaltsverpflichtungen werden nur zum Teil, Schulden und Tilgungszahlungen überhaupt nicht angerechnet. Zahlt der Täter eine Geldstrafe nicht oder nicht vollständig, so kann an Stelle eines Tagessatzes ein Tag Ersatzfreiheitsstrafe treten. Bei ausgesprochen milden Taten kann das Gericht die verhängte Geldstrafe zu einer Art »Bewährung« aussetzen (**Verwarnung mit Strafvorbehalt**). Auch hier hat der Täter zumeist gewisse Auflagen zu erfüllen, um die Zahlung der Geldstrafe zu vermeiden.

485   In Arztstrafsachen nahezu ausgeschlossen ist die Verhängung eines **Fahrverbots** als Nebenstrafe. Ebenso kommen in aller Regel keine **Maßregeln der Besserung und Sicherung** – Unterbringung in einem psychiatrischen Krankenhaus, in einer Entziehungsanstalt oder in der Sicherungsverwahrung, Entziehung des Fahrverbots oder Führungsaufsicht – in Betracht. Allein die – selten ausgesprochene – Folge eines **Berufsverbots** (§ 70 StGB) gilt es im Auge zu behalten, wenngleich eine solche eine grobe Verletzung der ärztlichen Kunst oder einen Missbrauch der Tätigkeit als Arzt verlangt (s. bereits oben Rdn. 434 und 297).[481]

486   bb) Jegliche Verurteilung wird im **Bundeszentralregister** vermerkt und kann daher bei einem späteren Strafverfahren strafschärfende Berücksichtigung finden.[482] In einem **Führungszeugnis**[483] für andere öffentliche Stellen und Private werden allerdings nicht alle Verurteilungen aufgeführt, u.a. in folgenden Fällen:
   – Es liegt nur **eine** Eintragung vor und der Strafausspruch ist dabei Verwarnung mit Strafvorbehalt, Geldstrafe bis einschließlich 90 Tagessätzen oder Freiheitsstrafe bis einschließlich 3 Monaten.
   – Fristablauf **sämtlicher** Eintragungen. Die Frist beträgt bei Verurteilungen zu Geldstrafen drei Jahre nach Verkündung des Urteils, ebenso bei

---

481   Langen, in: Wenzel, Kap. 7 Rn. 941 ff.; s. ferner Bock, in: Münchener Anwaltshandbuch – Strafverteidigung, § 49 Rn. 284 ff.
482   Näher Fischer, 58. Aufl., § 46 Rn. 37a ff.
483   S. hierzu auch Langen, in: Wenzel, Kap. 7 Rn. 935 f.

Norouzi

Verurteilungen zu Freiheitsstrafen bis zu einem Jahr, die zur Bewährung ausgesetzt wurden; andernfalls in der Regel fünf Jahre.

cc) Ist eine Verurteilung aus den genannten Gründen nicht in ein Führungs-
zeugnis aufzunehmen, so kann sich ein Verurteilter als »unbestraft« oder »nicht vorbestraft« bezeichnen. **487**

Das Strafurteil hat **keine formelle Präjudizwirkung für ein Zivilverfah-
ren.**[484] Dabei ist zwar nicht zu übersehen, dass die in einem Strafverfahren gewonnenen Erkenntnisse und insbesondere Sachverständigengutachten für einen Geschädigten unter Umständen erhebliches – und kostengünsti-
ges – Argumentationspotential bieten für eine zivilrechtliche Auseinander-
setzung um Schmerzensgeld und Schadenersatz. Gleichwohl ist nochmals auf die Risiken eines Strafverfahrens aus zivilrechtlicher Sicht hinzuweisen (s. hierzu oben Kap. 2), namentlich die Verfahrensverzögerung (§ 149 ZPO) und die Verhärtung der Fronten. **488**

Bereits aufgrund der Einleitung eines strafrechtlichen Ermittlungsverfahrens gegen einen Arzt, »aus der sich seine Unwürdigkeit oder Unzuverlässigkeit zur Ausübung des ärztlichen Berufs ergeben kann«, kann die **Approbation**[485] zum Ruhen gebracht werden (§ 6 Abs. 1 Nr. 1 BÄO), nach Rechtskraft des Strafurteils kann diese widerrufen werden (§ 5 Abs. 1 Satz 1 BÄO). Dabei ist freilich zu berücksichtigen, dass ein solcher Widerruf im Lichte des Dop-
pelbestrafungsverbots (Art. 103 Abs. 3 GG) nur möglich ist, wenn durch ein Strafurteil nicht alle Gesichtspunkte, die für eine standesrechtliche Ahndung zu berücksichtigen wären, bereits geprüft und etwa ein Berufsverbot verhängt oder von dessen Verhängung abgesehen wurden.[486] Ein **berufsrechtliches**[487] Verfahren mit weiteren Sanktionsmöglichkeiten ist ebenfalls nur dann nicht durch ein Strafurteil gesperrt, wenn berufsordnungsrechtliche Pflichten über das dem Strafurteil zugrundeliegende Maß hinaus verletzt wurden. Auch insoweit begründet das Strafurteil keine Präjudizwirkung. **489**

Kassenarztrechtlich[488] im Falle einer Verurteilung zu befürchten sind Dis-
ziplinarmaßnahmen bis hin zur Entziehung der Kassenzulassung sowie die Rückforderung von zu Unrecht ausgezahlten Honoraren. Bezüglich letzterer bietet sich eine freiwillige, frühzeitige Rückerstattung an, um dieses Argument für eine Verfahrenseinstellung etwa nach § 153a StPO heranziehen zu können. Das Strafurteil hat kassenarztrechtlich keine Sperrwirkung. **490**

---

484 Bock, in: Münchener Anwaltshandbuch – Strafverteidigung, § 49 Rn. 271.
485 Vgl. hierzu Bock, in: Münchener Anwaltshandbuch – Strafverteidigung, § 49 Rn. 282 f.; Langen, in: Wenzel, Kap. 7 Rn. 954 ff.
486 Grundlegend BVerwGE 15, 282.
487 Vgl. hierzu Bock, in: Münchener Anwaltshandbuch – Strafverteidigung, § 49 Rn. 280 f.; Langen, in: Wenzel, Kap. 7 Rn. 946 ff.
488 Bock, in: Münchener Anwaltshandbuch – Strafverteidigung, § 49 Rn. 287; um-
fassend Langen, in: Wenzel, Kap. 7 Rn. 960 ff.

491   Hat sich jemand des Führens des Doktorgrades nachträglich für unwürdig
erwiesen, etwa aufgrund einer Verurteilung wegen einer vorsätzlichen Straftat zu einer Freiheitsstrafe von mindestens einem Jahr oder bei Begehung
einer Straftat unter Missbrauch des akademischen Grades, so kann schließlich regelmäßig die **Promotion**[489] entzogen werden. Unter den gleichen Gesichtspunkten kommt auch ein Widerruf der Lehrbefugnis (**Habilitation**[490])
in Betracht.

d) Rechtsmittelverfahren

492   Ein erstinstanzliches Urteil kann binnen einer Woche durch Einlegung eines
Rechtsmittels angegriffen werden, so dass es zunächst nicht in Rechtskraft
erwächst. Gegen ein landgerichtliches Urteil steht dabei allein die Revision zur Verfügung; gegen ein amtsgerichtliches Urteil auch die Berufung (s.
hierzu auch das Schaubild oben Rdn. 375). Die Berufung kann, die Revision
muss begründet werden; die Frist zur Revisionsbegründung beträgt einen
Monat nach Zustellung der Urteilsgründe.

493   Während eine Berufungsverhandlung dazu führt, dass sämtliche Tatsachen
auf ein Neues zu ermitteln sind, hat eine Revision, die auf die reine Rechts-
kontrolle beschränkt ist, statistisch gesehen nur in ausgesprochen wenigen
Fällen Aussicht auf Erfolg. Zwar kann sich eine Revision einerseits auf die
Verletzung der materiellen Strafgesetze stützen (**Sachrüge**), andererseits
auf Verfahrensfehler (**Verfahrensrüge**). Letztere ist aber an umfangreiche
formelle Voraussetzungen gebunden (s. § 344 Abs. 2 S. 2 StPO); unter anderem sind hierzu sämtliche relevanten Angaben in der Revisionsbegrün-
dungsschrift selbst – und nicht etwa in Anlagen – aufzunehmen. Erstere
wiederum unterliegt dem Problem, dass die Tatsachenfeststellung und die
Beweiswürdigung als Domäne des Tatrichters angesehen werden und daher
einer revisionsrechtlichen Überprüfung weitestgehend entzogen sind.

4. Rechtskraft und Strafvollstreckung

494   Erwächst ein – verurteilendes – Strafurteil in **Rechtskraft**, so übernimmt
die Staatsanwaltschaft dessen Vollstreckung. Mit dieser gilt es daher etwa zu
verhandeln, ob eine Geldstrafe in Raten gezahlt werden kann oder ein Straf-
aufschub gewährt wird. Im Vollstreckungsverfahren einer Freiheitsstrafe
bleibt die Verteidigung dazu verpflichtet auf die Aussetzung der zweiten
Hälfte oder des letzten Drittels der ausgeurteilten Strafe hinzuwirken.

---

489 Langen, in: Wenzel, Kap. 7 Rn. 973.
490 Langen, in: Wenzel, Kap. 7 Rn. 975.

Kapitel 4
Berufs-, Vertragsarzt- und arbeitsrechtliche Folgen ärztlichen Fehlverhaltens

A. Einleitung

Ärztliches Fehlverhalten kann über die Arzthaftung hinausgehende rechtliche Weiterungen für den betroffenen Arzt haben. Der Bearbeiter eines Arzthaftpflichtmandates darf sich daher nicht auf die arzthaftungsrechtlichen Aspekte des Falls beschränken, sondern muss bereits bei Übernahme des Mandates weitere Rechtsgrundlagen in seine Überlegungen einbeziehen. Er muss sich bewusst machen, dass damit möglicherweise auch Handlungsnotwendigkeiten gegenüber anderen Institutionen als den Schlichtungsstellen bzw. den Zivilgerichten verbunden sind.

So kann z. B. ein in Hamburg begangener Behandlungsfehler sein
– Verstoß gegen § 1 Abs. 2 der Berufsordnung der Hamburger Ärztinnen und Ärzte, was die Zuständigkeit der Ärztekammer für die berufsrechtliche Verfolgung dieses Behandlungsfehlers begründet;
– Verstoß gegen § 3 Abs. 1 Nr. 3 BÄO, was die Zuständigkeit der Behörde für Gesundheit im Hinblick auf ein etwaiges Ruhen der Approbation nach § 6 BÄO oder den Widerruf der Approbation nach § 5 Abs. 2 S. 2 BÄO begründet;
– Verstoß gegen § 230 StGB, was die Zuständigkeit der Staatsanwaltschaft beim Landgericht Hamburg begründet;
– Verstoß gegen die Verpflichtung des Arztes zur ordnungsgemäßen Erfüllung seiner vertragsärztlichen Pflichten, § 64 Abs. 1 der Satzung der Kassenärztlichen Vereinigung Hamburg, was die Zuständigkeit der Kassenärztlichen Vereinigung Hamburg zur disziplinarrechtlichen Ahndung des Behandlungsfehlers begründet;
– Verstoß gegen Abrechnungsbestimmungen des Honorarverteilungsvertrages in Verbindung mit dem einheitlichen Bewertungsmaßstab, was die Zuständigkeit der Kassenärztlichen Vereinigung Hamburg zur sachlich-rechnerischen Berichtigung der Quartalsabrechnung des Vertragsarztes begründet;
– Verstoß gegen vertragsärztliche Pflichten, § 27 Ärztezulassungsverordnung, was die Zuständigkeit des Zulassungsausschusses für Ärzte in Hamburg begründet;
– Schlechterfüllung des Arbeitsvertrages gem. §§ 611, 280 BGB, was den Arbeitgeber zu einem Arbeitnehmerregress und/oder einer Abmahnung und/oder einer Beendigung des Arbeitsverhältnisses veranlassen kann.

Bonvie

3   Ein ärztliches Fehlverhalten kann auch mehrere der aufgezeigten Folgen gleichzeitig nach sich ziehen. So kann eine strafrechtliche Sanktion in Betracht kommen, aufgrund eines sogenannten berufsrechtlichen Überhanges zugleich eine berufsrechtliche Maßnahme drohen und vom Arbeitgeber eine arbeitsrechtliche Maßnahme, sei es in Gestalt eines Regresses oder der Beendigung des Arbeitsverhältnisses, erwogen werden.

4   Häufig stehen die sonstigen Folgen ärztlichen Fehlverhaltens bei Beginn der Bearbeitung des Arzthaftpflichtmandates nicht im Fokus. Die Bearbeitung konzentriert sich auf die Erstellung einer Klageerwiderung oder die Ausarbeitung einer Stellungnahme gegenüber der Schlichtungsstelle. Bei einer solchen Betrachtung werden möglicherweise wichtige Folgen ärztlichen Fehlverhaltens übersehen oder unzureichend bewertet. Ferner besteht die Gefahr, dass der Auftraggeber mit der anwaltlichen Beratung unzufrieden ist, wird er nach Erteilung des arzthaftungsrechtlichen Mandats mit Weiterungen konfrontiert, ohne dass er von seinem Anwalt bei Übernahme des Mandates über etwaige sonstige rechtliche Auswirkungen seines ärztlichen Fehlverhaltens unterrichtet worden ist. Eine Analyse der weiteren rechtlichen Folgen ärztlichen Fehlverhaltens ist daher bereits bei Übernahme des Mandats geboten. Aufgrund der vor der Schlichtungsstelle oder im Zivilprozess vorgetragenen oder durch Beweiserhebung ermittelten Sachverhalte kann sich die Bewertung der weiteren Rechtsfolgen des ärztlichen Fehlverhaltens ändern. So kann es im Laufe eines Arzthaftpflichtprozesses aufgrund einer neuen Bewertung sinnvoll sein, dem Mandanten eine Beendigung des Arzthaftungsprozesses im Rahmen eines Vergleichs nahe zu legen, zu der möglicherweise ohne Blick auf die sonstigen Rechtsfolgen ärztlichen Fehlverhaltens nicht geraten worden wäre.

▶ Beispiel:
Ein Arzt wird in einem Arzthaftpflichtverfahren wegen eines Behandlungsfehlers mit Todesfolge in Anspruch genommen. Die Erfolgsaussichten für den Arzt sind zunächst positiv, weil der Sachverständige die Kausalität des Verhaltens des Arztes für den Tod des Patienten nicht mit an Sicherheit grenzender Wahrscheinlichkeit feststellen kann. In diesem Stadium wird klägerseits die ordnungsgemäße Wartung des Gerätes bestritten, mit dessen Hilfe die Behandlung durchgeführt wurde. Daraufhin eröffnet der Mandant, das Gerät sei nicht ordnungsgemäß gewartet worden; die Bescheinigungen über die Wartung seien gefälscht; in Wirklichkeit habe keine Wartung stattgefunden.

Dieses Beispiel zeigt, wie aus einem zunächst auf Kausalitätsfragen konzentrierten Arzthaftpflichtprozess ein Verfahren wird, in dem es um über den Arzthaftpflichtprozess hinausgehende rechtliche Weiterungen für den Mandanten geht; hier drohen strafrechtliche , berufsrechtliche und vertragsarztrechtliche Folgen.

Bonvie

❗ 1. Bei Übernahme des Arzthaftungsmandates und in dessen Verlauf   **5**
sind die weiteren Rechtsfolgen ärztlichen Fehlverhaltens zu analysieren und mit dem Mandanten zu erörtern.

2. Die anwaltlichen Maßnahmen während eines Arzthaftpflichtmandates müssen sich (auch) an den sonstigen Rechtsfolgen ärztlichen
Fehlverhaltens ausrichten.

B. Berufsrechtliche Folgen im Fall arzthaftungsrechtlichen Fehlverhaltens

I. Das berufsrechtliche Normengefüge

Um das berufsrechtliche Risiko im Falle arzthaftungsrechtlichen Fehl-   **6**
verhaltens einschätzen zu können, sind Kenntnisse des berufsrechtlichen
Normengefüges unerlässlich. Aufgrund der grundgesetzlichen Kompetenzverteilung, Artikel 70 GG, ist das Berufsausübungsrecht der Landesgesetzgebung zugewiesen. Die Länder haben das Berufsausübungsrecht
für den örtlichen, zahn- und tierärztlichen Beruf in den Heilberufegesetzen geregelt. Diese Heilberufegesetze sind Rechtsgrundlage der von den
jeweils zuständigen Ärztekammern im Rahmen der ihnen verliehenen Sat-
zungskompetenz erlassenen Berufsordnungen. Die Durchsetzung des Berufsrechts erfolgt durch eine in der Regel bei den Verwaltungsgerichten
angesiedelte Berufsgerichtsbarkeit. Das Verfahrensrecht dieser Berufsgerichtsbarkeit ist in den Heilberufsgesetzen der Länder oder in speziellen
Heilberufsgerichtsgesetzen geregelt.

Der Bearbeiter darf sich bei Einschätzung des berufsrechtlichen Risikos   **7**
nicht mit einem Blick in die Musterberufsordnung der Bundesärztekammer
begnügen. Zum einen hat die Musterberufsordnung der Bundesärztekammer lediglich empfehlenden Charakter, zum anderen kann die Berufsordnung der jeweils zuständigen Ärztekammer abweichende Regelungen enthalten. Der Bearbeiter muss also zur Einschätzung des berufsrechtlichen
Risikos folgende Fragen beantworten:
– Welche Ärztekammer ist zuständig?
– Erfüllt das ärztliche Fehlverhalten einen in der Berufsordnung der zuständigen Ärztekammer geregelten Berufsrechtstatbestand?
– Welche Sanktion ergibt sich aus der Verwirklichung dieses Berufsrecht-
  statbestandes?
– In welchem Verfahren wird die Verwirklichung des Berufsrechtstatbe-
  standes festgestellt und die Sanktion festgelegt?

Bonvie

II.   Zuständigkeit der Ärztekammer

8   Zunächst ist die Frage zu klären, welche Ärztekammer für das arzthaftungsrechtliche Fehlverhalten zuständig ist. Bereits hier ergeben sich für den im
Berufsrecht ungeübten Bearbeiter Schwierigkeiten. Es muss unterschieden
werden zwischen Mitgliedschaft eines Arztes in einer Ärztekammer und
der Frage, ob diese Ärztekammer für die Verfolgung des berufsrechtlichen
Fehlverhaltens dieses Arztes zuständig ist.

9   Die Mitgliedschaft des Arztes ergibt sich aus dem jeweiligen Heilberufegesetz.[1]
Allerdings stellt sich hier bereits die Frage, welches Heilberufegesetz heran-
zuziehen ist. Für die Mitgliedschaft des Arztes ergeben sich nämlich unter-
schiedliche Anknüpfungspunkte:
– Der Ort der Ausübung der ärztlichen Tätigkeit,
– Der Ort der Begehung des Behandlungsfehlers,
– Der gewöhnliche Aufenthalt des Arztes.
Es empfiehlt sich daher, alle für diese Anknüpfungspunkte relevanten Heil-
berufegesetze heranzuziehen und daraufhin zu prüfen, ob sie die Zustän-
digkeit der Ärztekammer für das arzthaftungsrechtliche Fehlverhalten des
Mandanten begründen.

10   Wer Mitglied der Ärztekammer ist und für wen damit die Zuständigkeit der
Ärztekammer zur Überwachung der Berufsausübung begründet ist, regelt
z.B. § 2 Abs. 1 Heilberufsgesetz Nordrhein-Westfalen (HeilBerG NRW) so:
»Den Kammern gehören alle in § 1 S. 1 genannten Personen – mit Ausnahme
derjenigen, die bei der Aufsichtsbehörde beschäftigt sind – an, die im Land
Nordrhein-Westfalen ihren Beruf ausüben oder, falls sie ihren Beruf nicht
ausüben, ihren gewöhnlichen Aufenthalt haben (Kammerangehörige).«

1. Prüfungsschritt:

11   Zunächst muss also anhand der Regelungen der Bundesärzteordnung und
der Approbationsordnung festgestellt werden, ob es sich um einen Berufsangehörigen im Sinn des § 1 S. 1 Nr. 1 HeilBerG NRW handelt. Voraussetzung für die Feststellung der Berufsangehörigkeit ist die Approbation als
Arzt oder Ärztin. Erst die Rechtkraft des Widerrufs oder der Rücknahme
der Approbation lässt die Berufsangehörigkeit erlöschen mit der Folge, dass
eine Zuständigkeit der Ärztekammer für das arzthaftungsrechtliche Fehlverhalten nicht mehr besteht.[2] Das Ruhen der Approbation gemäß § 6 BÄO
führt nicht zur Beendigung der Berufsangehörigkeit.[3]

---

1   Eine Übersicht über die Heilberufegesetze der Bundesländer findet sich unter
www.Kammerrecht.de

2   Berufsgericht für Heilberufe beim OLG Nürnberg, Beschl. v. 11.7.1983 HeilBGE
B 2 Nr. 13; Willems Das Verfahren vor den Heilberufsgerichten, Rn. 93.

3   Landesberufsgericht für Heilberufe beim OVG des Landes NRW Beschl. v.
21.8.1963 – ZB 1/63 – und vom 20.2.1978 – ZB 2/77 – HeilBGE B 2 Nr. 5; Willems aaO, Rn. 95.

Bonvie

2. Prüfungsschritt:

Die Zuständigkeit der Kammer für die berufsrechtliche Verfolgung arzt-   **12**
haftungsrechtlichen Fehlverhaltens setzt neben der Berufszugehörigkeit
voraus, dass der Arzt in dem vorgenannten Beispiel im Land Nordrhein-
Westfalen seinen Beruf ausübt oder, falls er seinen Beruf nicht dort ausübt,
seinen gewöhnlichen Aufenthalt hat. Die Zuständigkeit der Ärztekammer
entfällt also zum einen dann, wenn die Berufszugehörigkeit des Arztes nicht
mehr gegeben ist, zum anderen dann, wenn er seine Berufstätigkeit im Land
Nordrhein-Westfalen aufgibt. Nach dem HeilBerG NRW kommt es also
für die Verfolgung arzthaftungsrechtlichen Fehlverhaltens in berufsrechtlicher Hinsicht darauf an, ob
– die Berufszugehörigkeit als Arzt gegeben ist und
– der Arzt im Lande Nordrhein-Westfalen seinen Beruf ausübt oder
– im Falle der Nichtausübung des Berufes der gewöhnliche Aufenthalt des
  Arztes im Lande Nordrhein-Westfalen besteht.

Auf den Ort der Begehung des arzthaftungsrechtlichen Fehlverhaltens   **13**
kommt es also nach dem Kammerrecht des Landes Nordrhein-Westfalen
nicht an. Hat z. B. der Arzt nach dem arzthaftungsrechtlichen Fehlverhalten
seine Berufstätigkeit im Kammerbezirk Nordrhein aufgegeben und praktiziert nun in Hessen, ist der Arzt nicht mehr Mitglied der Ärztekammer
Nordrhein. Diese ist für die Verfolgung des arzthaftungsrechtlichen Fehlverhaltens dieses Arztes nicht mehr zuständig und zwar auch dann nicht,
wenn das arzthaftungsrechtliche Fehlverhalten im Kammerbezirk der Ärztekammer Nordrhein begangen worden ist. Die Zuständigkeit richtet sich
jetzt nach § 2 Abs. 1 S. 1 des Heilberufsgesetzes Hessen.

3. Prüfungsschritt:

Allerdings ist damit die Zuständigkeitsfrage noch nicht abschließend ge-   **14**
klärt. Nach § 4 des Heilberufsgesetzes Hessen kann die Landesärztekam-
mer Hessen Untergliederungen errichten. Dies wirft die Frage auf, ob die
Bezirksärztekammern für die berufsrechtliche Verfolgung des arzthaftungsrechtlichen Fehlverhaltens zuständig sind oder die Landesärztekammer. Zur
Beantwortung dieser Frage muss der Bearbeiter auf die Hauptsatzung der
Landesärztekammer Hessen zurückgreifen. Dort ist in § 3 geregelt, dass die
Überwachung der Erfüllung der Berufspflichten der Kammerangehörigen
Aufgabe der Landesärztekammer Hessen ist und nach § 13 Abs. 1 die Be-
zirksärztekammern keine eigene Rechtsnatur besitzen. Dementsprechend
ist die Zuständigkeit der Landesärztekammer Hessen für das arzthaftungsrechtliche Fehlverhalten begründet.

Verzieht im Beispielsfall der Arzt nach Bayern, so ändert sich die Rechtslage,   **15**
was die Zuständigkeit für die berufsrechtliche Verfolgung ärztlichen Fehlverhaltens anbetrifft. Nach Artikel 2 des Heilberufe-Kammergesetzes Bayern
(HKaG) hat die Berufsvertretung die Aufgabe, im Rahmen der Gesetze die

Bonvie

Erfüllung der ärztlichen Berufspflichten zu überwachen. Die Berufsvertretung der Ärzte besteht nach Artikel 1 des HKaG Bayern aus den ärztlichen Kreisverbänden, den ärztlichen Bezirksverbänden und der Landesärztekammer. Ob nun der ärztliche Kreisverband, der ärztliche Bezirksverband oder die Landesärztekammer für die Verfolgung berufsrechtlichen Fehlverhaltens zuständig ist, ergibt sich aus Artikel 38 und Artikel 39 des HKaG Bayern. Danach kann der Vorstand des ärztlichen Bezirksverbandes ein Mitglied, das die ihm obliegenden Berufspflichten verletzt hat, rügen, wenn die Schuld gering ist und der Antrag auf Einleitung eines berufsgerichtlichen Verfahrens nicht erforderlich erscheint, Artikel 38 HKaG, oder – ist die Einleitung des berufsgerichtlichen Verfahrens nach Artikel 77 Abs. 1 Nr. 1 HKaG geboten – die Einleitung des berufsgerichtlichen Verfahrens nach Artikel 39 Abs. 1 HKaG Bayern beantragen. In Bayern ist damit nicht die Landesärztekammer für die Verfolgung sämtlicher berufsgerichtlicher Verfehlungen eines Mitglieds zuständig, sondern eine Untergliederung, der Bezirksverband, wenn die Einleitung eines berufsgerichtlichen Verfahrens entbehrlich ist.

4. Prüfungsschritt:

16 Dieser Systematik, wonach die Zuständigkeit zur berufsrechtlichen Ahndung arzthaftungsrechtlichen Fehlverhaltens an die Kammerangehörigkeit und damit neben der Berufzugehörigkeit an die Ausübung des ärztlichen Berufs im Kammerbezirk anknüpft, folgen die meisten Landesgesetze. Allerdings gibt es auch die Anknüpfung der Zuständigkeit an den Ort, an dem das arzthaftungsrechtliche Fehlverhalten begangen worden ist. Hat z. B. sich ein Arzt in Hamburg arzthaftungsrechtlich fehlverhalten, verzieht er dann nach Nordrhein-Westfalen und übt dort seine ärztliche Tätigkeit aus, so bleibt die Zuständigkeit der Ärztekammer Hamburg für die berufsrechtliche Ahndung des arzthaftungsrechtlichen Fehlverhaltens bestehen. Dies ergibt sich allerdings nicht aus dem Hamburgischen Kammergesetz für die Heilberufe (HmbKGH), sondern aus § 2 Abs. 1 Nr. 1, § 1 Abs. 1 des Gesetzes über die Berufsgerichtsbarkeit der Heilberufe, Hamburg.[4]

5. Prüfungsschritt:

17 Aber auch bei den Heilberufegesetzen, die die Zuständigkeit der Ärztekammer an den Ort der beruflichen Tätigkeit des Arztes anknüpfen, kann im Falle der Ausübung der ärztlichen Tätigkeit in einem anderen Bundesland die bislang zuständige Ärztekammer für die berufsrechtliche Ahndung die Zuständigkeit behalten. So sieht § 59 Abs. 3 HeilBerG NRW vor, dass ein berufsgerichtliches Verfahren im Zuständigkeitsbereich der Ärztekammer Nordrhein fortgesetzt werden kann, wenn die Kammerzugehörigkeit nach Eröffnung des berufsgerichtlichen Verfahrens endete, sofern die Berechtigung zur Ausübung des Berufes weiter besteht.[5]

---

4   Hierzu kritisch: Willems aaO, Rn. 114.
5   Kritisch hierzu: Willems aaO, Rn. 107 ff.

Bonvie

❗ Die Ermittlung der zuständigen Ärztekammer erfolgt im Rahmen mehrerer Prüfschritte:

Zunächst sind anhand der Kriterien

– Ort der Berufsausübung des Arztes,
– gewöhnlicher Aufenthalt des Arztes,
– Ort der Begehung des ärztlichen Fehlverhaltens,

die grundsätzlich in Betracht kommenden Heilberufsgesetze zu identifizieren.

18

Es ist das die Zuständigkeit der jeweiligen Ärztekammer begründende Heilberufegesetz zu ermitteln; wird die Zuständigkeit einer Ärztekammer durch den Ort der Berufsausübung des Arztes begründet, so geht diese Regelung der Begründung der Zuständigkeit durch den gewöhnlichen Aufenthalt des Arztes vor. Wird die Zuständigkeit einer Ärztekammer durch den Ort der Berufsausübung, aber auch durch den Ort der Begehung des arzthaftungsrechtlichen Fehlverhaltens begründet, so fehlt eine entsprechende kollisionsrechtliche Norm. In der Praxis wird häufig zwischen den Ärztekammern abgestimmt, welche Ärztekammer das arzthaftungsrechtliche Fehlverhalten verfolgt.

Es ist die Berufsangehörigkeit des Arztes festzustellen und es ist die Zuständigkeit nach dem jeweiligen Kammerrecht (Zuständigkeit der Landesärztekammer oder einer Untergliederung) festzustellen.

Die Klärung der Zuständigkeit der jeweiligen Kammer für die Verfolgung eines arzthaftungsrechtlich relevanten Fehlverhaltens ist nicht nur deshalb schwierig, weil die Regelungen über die Berufsgerichtsbarkeit der Heilberufe unterschiedliche Anknüpfungstatsachen kennen, sondern auch deshalb, weil zunehmend Ärzte an mehreren Orten tätig werden, zum Beispiel im Rahmen überörtlicher Berufsausübungsgemeinschaften oder in Nebenbetriebsstätten.

19

Die Ärztekammern erwägen derzeit, ob bei Tätigkeit eines Arztes an mehreren Orten am Prinzip der Kammerzugehörigkeit bei einer Kammer festgehalten werden soll oder ob das Prinzip der Doppelmitgliedschaft eingeführt wird. Um beim Prinzip der Mitgliedschaft in einer Ärztekammer zu bleiben, bedarf es der Prüfung, in welchem Kammerbezirk der Arzt überwiegend tätig wird. Die Feststellung, in welchem Kammerbezirk der Arzt überwiegend tätig wird, ist im Einzelfall schwierig und kann sich je nach dem Bedarf am jeweiligen Praxisstandort ändern, was für eine Doppelmitgliedschaft spricht. Die Einführung einer Doppelmitgliedschaft löst allerdings auch nicht die Frage der Zuständigkeit einer Ärztekammer für die berufsrechtliche Ahndung arzthaftungsrechtlichen Fehlverhaltens. Im Falle der Einführung einer Doppelmitgliedschaft bedarf es zur Konkretisierung der Zuständigkeit einer weiteren Anknüpfungstatsache, nämlich des jeweiligen Begehungsortes. Die Umsetzung des Prinzips der Doppelmit-

Bonvie

gliedschaft bedarf zudem einer Änderung der Heilberufegesetze. Solange dies nicht geschehen ist, ist als Anknüpfungstatsache für die Zuständigkeit der jeweiligen Ärztekammer zur berufsrechtlichen Verfolgung arzthaftungsrechtlichen Fehlverhaltens weiterhin die durch die überwiegende Berufsausübung begründete Mitgliedschaft des Arztes heranzuziehen, soweit nicht spezielle Regelungen auf den Ort der bisherigen Berufsausübung bzw. den Begehungsort abstellen.

20 Den Schwierigkeiten bei der Bestimmung der Zuständigkeit kann der Bearbeiter auch deshalb nicht entgehen, weil die für die berufsrechtliche Ahndung arzthaftungsrechtlichen Fehlverhaltens maßgeblichen Bestimmungen weitgehend identisch sind. Die Bestimmung der Zuständigkeit ist auch aus folgenden Gründen von Bedeutung:
- Ermittlung des zuständigen Sachbearbeiters, um gegebenenfalls frühzeitig eine Einstellung der berufsrechtlichen Ermittlungen zu erreichen,
- unterschiedliche Spruchpraxis des jeweiligen Kammervorstandes bzw. Berufsgerichts,
- divergierende Rechtsnormen zu den berufsrechtlichen Sanktionen.

III.   Berufsrechtliche Normen für die Ahndung arzthaftungsrechtlichen Fehlverhaltens

1.   Die Generalpflichtenklausel

21 Die Berufsordnungen aller Heilberufekammern enthalten so genannte Generalpflichtenklauseln, z. B. § 1 Abs. 2 Berufsordnung der Hamburger Ärztinnen und Ärzte. Diese Generalpflichtenklauseln bestimmen lediglich allgemein, was zum Berufsethos gehört. Ein Gebot oder Verbot zum Schutz der Patienten ist diesen Generalpflichtenklauseln nicht zu entnehmen. Daher sind die Generalpflichtenklauseln auch kein Schutzgesetz im Sinne des § 823 Abs. 2 BGB.[6]

22 Nach § 1 Abs. 2 Berufsordnung der Hamburger Ärztinnen und Ärzte ist Aufgabe der Ärztinnen und Ärzte, das Leben zu erhalten, die Gesundheit zu schützen und wiederherzustellen, Leiden zu lindern, Sterbenden Beistand zu leisten und an der Erhaltung der natürlichen Lebensgrundlagen im Hinblick auf ihre Bedeutung für die Gesundheit der Menschen mitzuwirken.

23 Diese auf die Lebenserhaltungspflicht abstellende Regelung findet ihre Ergänzung in § 2 Abs. 2 Berufsordnung der Hamburger Ärztinnen und Ärzte. Danach haben Ärztinnen und Ärzte ihren Beruf gewissenhaft auszuüben und dem ihnen bei ihrer Berufsausübung entgegengebrachten Vertrauen zu entsprechen.

---

6   OLG Düsseldorf VersR 1985, 370 371.

Bonvie

Unter beide Regelungen lässt sich zwanglos ein arzthaftungsrechtlich relevantes Fehlverhalten subsumieren. Der Wortlaut dieser berufsrechtlichen Bestimmungen könnte also den Schluss darauf zulassen, dass jedes
arzthaftungsrechtliche Fehlverhalten auch einen Verstoß gegen diese Generalpflichtenklausel zur Folge hat. Das Berufsrecht dient jedoch nicht –
anders als insoweit der Sanktionsmechanismus des Arzthaftpflichtrechts
– der Sanktion ärztlichen Fehlverhaltens im Verhältnis zum geschädigten
Patienten. Vielmehr zielt das ärztliche Berufsrecht – präventiv – auf Verhaltensänderung. Der Arzt schuldet dem Patienten nicht den Erfolg, sondern
Dienste lege artis. Auch bei dem größten Bemühen um kunstgerechtes ärztliches Handeln wird der Arzt Fehler nie vermeiden können. Gehören aber
Fehler – so belastend sie für den geschädigten Patienten und den Arzt im
Einzelfall auch sein können – zur Ausübung des Heilberufes, so kann die
berufsrechtliche Sanktion, die an ein arzthaftungsrechtlich relevantes Fehlverhalten anknüpft, nur dann zu einer Verhaltensänderung führen, wenn
das arzthaftungsrechtliche Fehlverhalten nicht über den typischen – dem
Arzt berufsrechtlich nicht vorwerfbaren – Arztfehler hinausgeht. In jedem
Einzelfall ist daher zu entscheiden, ob das arzthaftungsrechtlich relevante
Fehlverhalten die Typizität eines Fehlers aufweist, der jedem auch bei Anspannung aller Kräfte unterlaufen kann oder ob es sich um ein solches Fehlverhalten des Arztes handelt, das im Interesse des Patientenschutzes einer
besonderen berufsrechtlichen Pflichtenmahnung bedarf.
Insofern gibt es typische Fallgruppen:

24

Fallgruppe 1: Ferndiagnose   **25**
Berufsrechtliche Sanktionen drohen dem Arzt, wenn er sich auf die telefonische Schilderung von Erkrankungszeichen verlässt oder sich mit telefonischen Ratschlägen begnügt.
– Wird dem Arzt berichtet, ein morgens untersuchtes und wegen Grippe-
  verdacht behandeltes Mädchen habe abends fast 41 ° Fieber, sei zeitweilig
  bewusstlos, krampfe und habe erbrochen, so muss er es aufsuchen und
  erneut gründlich untersuchen.
  Berufsgericht für die Heilberufe beim Verwaltungsgericht Darmstadt,
  Urteil vom 10.09.1980 – BG 6/80, Sammlung berufsgerichtliche Entscheidungen der Heilberufsgerichte A. 1.1 Nr. 1.16, Sanktion: Verweis
  und Geldbuße.
– Wird dem Arzt berichtet, ein Junge habe 40,5 ° Fieber und rote Flecken
  auf der Haut, muss er ihn besuchen. Bestellt er stattdessen die Mutter in
  die Sprechstunde, so muss er sie persönlich anhören und darf sie nicht
  durch eine Helferin abfertigen lassen.
  Landesberufsgericht für Heilberufe beim Hessischen Verwaltungsgerichts-
  hof, Urteil vom 12. Januar 1981 – LBG 6/80 Sammlung A. 1.1 Nr. 1.7.
– Gibt der Arzt einer über Bauchschmerzen und Übelkeit klagenden jungen Frau nach unklarem Untersuchungsbefund nur ein Schmerzmittel,

Bonvie

so muss er sie nach einem Anruf wegen fortbestehender Bauchschmerzen erneut aufsuchen, weil diese Beschwerden Symptome vieler lebensbedrohender Erkrankungen sein können.

Berufsgericht für Heilberufe beim Verwaltungsgericht Kassel, Urteil vom 22.06.1989 – BG Nr. 7/88, Sammlung A. 1.1 Nr. 1.2.3, Sanktion: Verweis und Geldbuße.

26   Fallgruppe 2: Unterlassener Hausbesuch

Berufsrechtliche Risiken drohen dem Arzt auch, wenn er einen Hausbesuch unterlässt, obwohl objektiv Anhaltspunkte dafür bestehen, dass ein sofortiger Hausbesuch erforderlich ist.

– Brechdurchfall in Verbindung mit starken Bauchschmerzen erfordert einen sofortigen Hausbesuch, auch wenn andere Patienten erwartet werden.

   Berufsgericht für Heilberufe beim Verwaltungsgericht Kassel, Urteil vom 25.07.1990 – BG Nr. 5/90, Sanktion: Verweis und Geldbuße.

– Wird ein Arzt nachts angerufen und wird um einen Hausbesuch gebeten, weil ein 15-jähriger Junge von älteren Jugendlichen geschlagen und im Gesicht verletzt worden ist, ist eine ärztliche Untersuchung der Verletzungen geboten; mit dem Ratschlag, die Schwellungen zu kühlen, wird der ärztlichen Pflicht nicht genügt.

   Berufsgericht für Heilberufe beim Verwaltungsgericht Greifswald, Urteil vom 28.02.1995 – BG 17/95, Sanktion: Verweis.

– Verschlechtert sich der Zustand einer seit Jahren an Bronchitis leidenden älteren Patientin, muss der Arzt sie besuchen und körperlich untersuchen. Dies gilt erst recht bei beabsichtigter Therapieänderung; diese muss der Arzt auch überwachen. Das gilt auch, wenn er nicht ausdrücklich um seinen Besuch gebeten wird.

   Berufsgericht für Heilberufe beim Verwaltungsgericht Köln, Urteil vom 15.07.1982 – 2 T 15 (I)/81 Sanktion: Verweis.

– Die Anforderung eines Besuchs im Rahmen des zahnärztlichen Notdienstes bei einem 10-jährigen Kind, das über starke Zahnschmerzen klagt, mit der Empfehlung zu beantworten, die Behandlung auf den Folgetag zu verschieben, ist berufsrechtswidrig.

   Landesberufungsgericht für die Heilberufe Münster, Urteil vom 24.01.2007 – 13 A 2534/05, Sanktion: Verweis und Geldbuße in Höhe von 3.000,00 €.

– Verweigerung eines von einem Apotheker angeforderten Besuchs bei einem Patienten, der dem Apotheker gegenüber Beschwerden äußerte, die nach Auffassung des Apothekers auf einen Herzinfarkt hindeuteten; der Beschuldigte hatte dem Apotheker am Telefon erklärt, er lasse sich durch ihn nicht durch die Gegend schicken, er würde ihn auch nicht durch die Gegend schicken, und daraufhin den Telefonhörer aufgelegt.

Gerichtshof für die Heilberufe Bremen, Urteil vom 04.03.1992 – HB/BA 1/91 – juris-Datenbank; Sanktion: Verweis.

- Unterlassung eines Hausbesuches bei einem über lange Jahre drogenabhängigen Patienten, der sich in der Methadonsubstitionsbehandlung befand und bei dem der Beschuldigte die erste Methadongabe verabreicht hatte, obwohl die Ehefrau des Patienten den Arzt anrief und mitteilte, dass dieser am gleichen Tag Codeinsaft eingenommen und Valium konsumiert habe, der Patient bereits seit 16 Stunden schlafe und nicht wach zu bekommen sei.
Bezirksgericht für Ärzte in Stuttgart, Urteil vom 09.06.1999 – BBG 2/99 aus Lyken et. al, HeilBGE Band 1, Stand 10. Ergänzungslieferung 2001, S. 166.2.23 Sanktion: Geldbuße: 2.500,00 DM.

- Unterlassener Hausbesuch bei einer 79-jährigen Patientin, die drei Jahr zuvor einen Schlaganfall erlitten hatte und deren Tochter telefonisch dem Arzt angab, sie leide unter »wahnsinnigen Kopfschmerzen«, was der Beschuldigte damit kommentierte, sie solle ihr Mutter ein Schmerzmittel geben, allein wegen Kopfschmerzen komme er in der Nacht nicht.
Landesberufungsgericht für Heilberufe beim OVG Koblenz, Urteil vom 19.09.1990 – LBGH A 10001/89 – NJW 1991 S. 772, Sanktion: Geldbuße: 5.000,00 €.

Die Verletzung dieser ärztlichen Kernpflichten hat in der Regel berufsrechtliche Folgen und zwar unabhängig davon, ob der Patient geschädigt wurde oder nicht. Damit droht bei einem Arzthaftpflichtfall eine berufsrechtliche Sanktion, in dem der Behandlungsfehlervorwurf damit begründet wird, ein Arzt habe diese ärztlichen Kernpflichten verletzt. **27**

Fallgruppe 3: Grober Behandlungsfehler **28**
Nicht nur die Verletzung ärztlicher Kernpflichten kann berufsrechtliche Maßnahmen nach sich ziehen, sondern auch ein Behandlungsfehler, der einem Arzt schlechterdings nicht unterlaufen darf:

- Verabreichung von Paspertin im Rahmen des ärztlichen Notdienstes bei einer 10-jährigen Patientin, obwohl die Verabreichung von Paspertin vor dem 14. Lebensjahr kontraindiziert ist, da dieses vorwiegend bei Kindern ein diskinetisches Syndrom hervorrufen kann.
Landesberufsgericht für die Heilberufe Münster, Urteil vom 23.09.2009 – 6 tA 2159/08.T – juris-Rechtsprechung; Sanktion: Verweis und Geldbuße in Höhe von 5.500,00 € .

- Behandlung eines an einem Adenocarcinom des Pankreasschwanzes mit Lebermetastasierung erkrankten Patienten mit einer Frequenztherapie (Clark-Methode), ohne den Patienten darüber aufzuklären, dass es sich bei der Methode um eine von der medizinischen Wissenschaft nicht anerkannte Außenseitermethode handelt.
Berufsgericht für die Heilberufe Münster, Urteil vom 09. Januar 2008 – 14 K 1779/05. T-juris-Rechtsprechung; Sanktion: Geldbuße: 3.000,00 €.

Bonvie

– Verstoß gegen die in § 5 der Betäubungsmittelverschreibungsverordnung normierten Regeln der Substitutionstherapie und leichtfertiges Verursachen des Todes zweier Patienten durch diesen Verstoß.
Berufsgericht für die Heilberufe München I Urteil vom 22.09.2004, BG/Ä 11/04/DÄ 2005, A 1401.

– Fehldiagnose eines Arztes im Notfalldienst, der irrig bei einer Frau, welche über starke Schmerzen im Bauchbereich klagte und Blut verlor, die Verdachtsdiagnose eines Uterustumors stellte, statt an eine unmittelbar bevorstehende Geburt zu denken.
Berufsgericht für die Heilberufe beim Oberlandesgericht Nürnberg, Beschluss vom 23.02.1996 – BGA 1170/95 – Lyken et. al S. 166, 2.10., Sanktion: Geldbuße 3.000,00 DM.

– Verordnung eines Gichtmittels (Colchysat) bei einer 14-jährigen Patientin, die über starke Schmerzen im Bereich der rechten Ferse klagte, ohne vorherige labordiagnostische Abklärung mit der Folge, dass sich bei der Patientin bereits am ersten Tag der Einnahme Bauchschmerzen, Durchfall und Erbrechen einstellten.
Berufsgericht für die Heilberufe bei dem Verwaltungsgericht Potsdam, Urteil vom 30.04.1997 – 13 K 1160/95 T – Lyken et. al, S. 166.2.14., Sanktion: Ausspruch einer Warnung nach § 59 HeilberG.

2. Spezielle berufsrechtliche Normen

29 Die Berufsordnungen enthalten neben der sogenannten Generalpflichtenklausel weitere Bestimmungen, die zu berufsrechtlichen Sanktionen bei arzthaftpflichtrelevantem Fehlverhalten führen können, z. B. § 8 der Berufsordnung der Hamburger Ärztinnen und Ärzte und § 10 Berufsordnung der Hamburger Ärztinnen und Ärzte.
Nach § 8 Berufsordnung der Hamburger Ärztinnen und Ärzte bedürfen Ärztinnen und Ärzte zur Behandlung der Einwilligung der Patientin oder des Patienten. Der Einwilligung hat grundsätzlich die erforderliche Aufklärung im persönlichen Gespräch vorauszugehen.
Nach § 10 Berufsordnung der Hamburger Ärztinnen und Ärzte haben Ärztinnen und Ärzte über die in Ausübung ihres Berufes gemachten Feststellungen und getroffenen Maßnahmen die erforderlichen Aufzeichnungen zu machen. Diese sind nicht nur Gedächtnisstützen für die Ärztin oder den Arzt, sie dienen auch dem Interesse der Patientin oder des Patienten an einer ordnungsgemäßen Dokumentation.

30 Der typische Aufklärungs- oder Dokumentationsfehler führt jedoch nicht zu einer berufsrechtlichen Sanktion, weil es sich insofern um einen Fehler handelt, der jedem Arzt auch bei Anspannung aller Kräfte unterlaufen kann. Allerdings sind dann berufsrechtliche Sanktionen geboten, wenn der arzthaftungsrechtliche Fall darauf hindeutet, dass der Beschuldigte die Notwen-

digkeit ordnungsgemäßer Aufklärung oder Dokumentation grundsätzlich negiert.

❗ – Im Falle eines einfachen Behandlungs-, Diagnose-, Aufklärungs- oder Dokumentationsfehlers sind die Voraussetzungen für eine berufsrechtliche Ahndung nicht gegeben. Insofern handelt es sich um Fehler, die jedem Arzt auch bei Anspannung aller Kräfte unterlaufen können und sich dementsprechend für eine berufsrechtliche Sanktion nicht eignen.

   – Berufsrechtliche Sanktionen drohen im Fall des groben Behandlungsfehlers, wenn er mit der Nichterfüllung ärztlicher Kernpflichten einhergeht, zum Beispiel einer Ferndiagnose, einem unterlassenen Hausbesuch oder einer unterlassenen körperlichen Untersuchung.

   – Der grobe Behandlungsfehler indiziert die Prüfung eines etwaigen berufsrechtlichen Normverstoßes.

31

IV.   Sanktionen im Berufsrecht

1. Rügerecht und berufsgerichtliche Sanktionen

Die berufsrechtlichen Sanktionen sind – wie auch das Berufsrecht als solches – der Landesgesetzgebung vorbehalten. Das Berufsrecht kennt Sanktionen, die von den jeweiligen Ärztekammern verhängt werden können und Sanktionen, die eines berufsgerichtlichen Erkenntnisaktes bedürfen.

32

a) Rügerecht der Ärztekammern

Bei geringfügigem Berufsvergehen kann die Ärztekammer dem Kammermitglied, z. B. nach § 59 Abs. 1 S. 1 HmbKGH, eine Rüge erteilen. Nach § 59 Abs. 2 HmbKGH kann die Rüge mit der Auflage verbunden werden, einen Geldbetrag von bis zu 2.500,00 € an eine von der Ärztekammer zu bestimmende gemeinnützige Einrichtung zu zahlen.

Die Erteilung der Rüge erfolgt durch Bescheid. Die Rüge ist schriftlich zu begründen und mit einer Rechtsbehelfsbelehrung zu versehen. Die Rüge ist der Aufsichtsbehörde nachrichtlich zur Kenntnis zu bringen.

Gegen die Rüge ist nicht der Rechtsweg zu den Verwaltungsgerichten eröffnet, sondern nach § 59 Abs. 4 S. 1 HmbKGH innerhalb eines Monats nach Zustellung des Bescheides Beschwerde beim Berufsgericht. Ist wegen desselben Sachverhalts ein Antrag auf Eröffnung des berufsgerichtlichen Verfahrens gestellt worden, so erlischt das Rügerecht. Dies gilt nur dann nicht, wenn das Berufsgericht das Verfahren eingestellt hat, weil sich das Berufsvergehen als geringfügig erwiesen hat.

33

Auch andere Heilberufegesetze sehen das Rügerecht für Kammern vor, so zum Beispiel Artikel 38 des HKaG Bayern oder § 58a des HeilBerG NRW.

34

Bonvie

b) Verfahren und Sanktionen

aa) Vorverfahren und Antrag auf Eröffnung des Berufsgerichtsverfahrens

35 Die Durchführung eines berufsgerichtlichen Verfahrens bedarf eines Antrages. Antragsberechtigt sind die Ärztekammer, die Aufsichtsbehörde und der betroffene Kammerangehörige selbst. Damit steht dem durch einen Arztfehler verletzten Patienten kein Antragsrecht zu.[7]

36 In der Praxis hat ausschließlich das Antragsrecht der Ärztekammer Bedeutung. Bevor die Ärztekammer einen Antrag auf Eröffnung eines berufsgerichtlichen Verfahrens stellt, sind berufsgerichtliche Vorermittlungen durchzuführen, um Feststellungen dazu zu treffen, ob eine berufsgerichtliche Verurteilung mit überwiegender Wahrscheinlichkeit zu erwarten ist.

37 Für die Durchführung des berufsgerichtlichen Vorermittlungsverfahrens gibt es unterschiedliche gesetzliche Konzeptionen. So besteht z. B. nach § 74 HeilBerG NRW das Verfahren vor dem Berufsgericht aus zwei Teilen, dem Ermittlungsverfahren und der Hauptverhandlung. Das HeilBerG NRW begründet damit eine Zuständigkeit des Berufsgerichts für die Durchführung des Ermittlungsverfahrens. Demgegenüber sieht z. B. § 64 Heilberufegesetz Schleswig-Holstein vor, dass das Ermittlungsverfahren durch einen auf Vorschlag der Ärztekammer berufenen Untersuchungsführer betrieben wird, der für die Dauer von vier Jahren von der Aufsichtsbehörde bestellt wird und der die Befähigung zum Richteramt erworben haben muss. In Hamburg werden die Ermittlungen nach § 16 des Gesetzes über die Berufsgerichtsbarkeit der Heilberufe durch die Ärztekammer durchgeführt.[8]

38 Der Antrag auf Eröffnung eines Berufsgerichtsverfahrens erfolgt durch die Ärztekammer in Gestalt einer Anschuldigungsschrift an das Berufsgericht aufgrund eines Beschlusses des Kammervorstandes. Das Berufsgericht selbst kann von sich aus ein berufsgerichtliches Verfahren nicht einleiten noch kann es den Gegenstand eines einmal eingeleiteten Verfahrens verändern. Hieraus folgt, dass dem Antragsteller ein Entscheidungsspielraum zukommt, ob ein berufsgerichtliches Verfahren eingeleitet wird oder nicht. Umstritten ist, ob es – wie im Verwaltungsrecht – eine Ermessensfehlerkontrolle des Eröffnungsantrages gibt[9] oder ob es für die Eröffnung des berufsgerichtlichen Verfahrens lediglich darauf ankommt, ob und mit welcher Wahrscheinlichkeit eine Verurteilung des Beschuldigten erwartet werden kann.[10]

---

7 Willems a.a.O., Rn. 167.
8 Hierzu im Einzelnen: Willems a.a.O., Rn. 291 ff.
9 So Landesberufsgericht für Heilberufe beim OVG des Landes NRW Urt. v. 01.7.1992 – 2 ZA 7/88.
10 So zutreffend Willems aaO., Rn. 192.

Ist der Antrag auf Eröffnung des berufsgerichtlichen Verfahrens offensicht- **39**
lich unzulässig oder unbegründet, so ist dieser Antrag, so z. B. § 73 Abs. 1
S. 1 HeilBerG NRW, zurückzuweisen. Offensichtlich unzulässig oder unbegründet ist ein Antrag auf Eröffnung des berufsgerichtlichen Verfahrens, wenn bei vernünftiger Würdigung aller Umstände außer jedem Zweifel steht, dass der Antrag zu keiner Verurteilung des Beschuldigten führen
kann.[11]

Die Zurückweisung eines Eröffnungsantrages kann auch erfolgen, wenn die **40**
Durchführung eines Verfahrens wegen Geringfügigkeit der erhobenen Be-
schuldigung nicht erforderlich ist, so z. B. § 73 Abs. 1 S. 2 HeilBerG NRW.

Gegen die Zurückweisung des Antrages wegen offensichtlicher Unzuläs- **41**
sigkeit oder Unbegründetheit oder wegen Geringfügigkeit kann der Antragsteller die Beschlussfassung des Berufsgerichts für die Heilberufe innerhalb einer im Landesrecht vorgesehenen Frist, nach § 73 Abs. 3 HeilBerG
NRW z. B. zwei Wochen, beantragen. Das Berufsgericht entscheidet über
diesen Antrag durch Beschluss, gegen den die Beschwerde zum Heilberufsgerichtshof zulässig ist.

Wird der Antrag nicht zurückgewiesen, so stellt ihn der Vorsitzende des **42**
Berufsgerichts dem Beschuldigten zu mit der Aufforderung, sich innerhalb
einer durch den Vorsitzenden des Berufsgerichtes bestimmten Frist zu dem
Antrag zu äußern.

Die Verfahrensvarianten vor Entscheidung des Berufsgerichts über die **43**
Eröffnung des Verfahrens zeigt die nachstehende Übersicht an Hand des
Hamburgischen Landesrechts.

---

11 Willems aaO., Rn. 247.

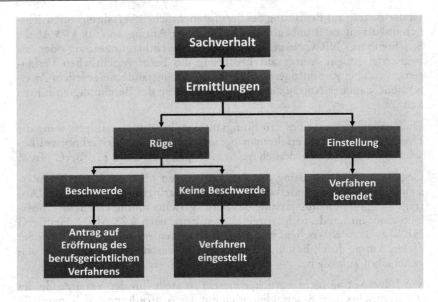

bb) Entscheidung über die Eröffnung des Berufsgerichtsverfahrens

44   Ergeben die Ermittlungen, seien sie durch die Kammer selbst, den Untersuchungsführer oder durch das Gericht durchgeführt worden, dass ein hinreichender Tatverdacht gegen den Beschuldigten besteht, so ist die Hauptverhandlung zu eröffnen. Das Gericht hat bei der Prüfung, ob die Hauptverhandlung zu eröffnen ist, zunächst eine Schlüssigkeitsprüfung durchzuführen. Entscheidend ist, ob die angeschuldigte Handlung – den Sachvortrag und die bisherigen Ermittlungen als zutreffend unterstellt – rechtlich als Berufspflichtverstoß bewertet werden kann. Ergeben die Ermittlungen, dass ein Berufspflichtverstoß nicht vorliegt, so ist die Eröffnung der Hauptverhandlung abzulehnen.

> ► Beispiel:
> Ein Patient wirft einem Arzt vor, er habe bei ihm einen Spritzenabszess verursacht. Es ist unstreitig, dass der Arzt zuvor die Einstichstelle desinfiziert hat. In diesem Fall stellt sich die Handlung des Arztes rechtlich betrachtet nicht als Berufsvergehen dar, weil die Entwicklung eines Spritzenabszesses im Fall einer ausreichenden Desinfizierung schicksalhaft bedingt ist. Die Schlüssigkeitsprüfung des Berufsgerichts muss daher dazu führen, dass die Eröffnung des Berufsgerichtsverfahrens abgelehnt wird.

45   Nach Durchführung der Schlüssigkeitsprüfung ist durch das Berufsgericht weiter zu prüfen, ob sich der Sachverhalt tatsächlich so ereignet hat, dass eine Verurteilung hinreichend wahrscheinlich ist. Steht nach den tatsächlichen Umständen des Einzelfalls von vornherein fest, dass eine berufswidrige Handlung sich im Hauptverfahren nicht wird beweisen lassen, so ist der Eröffnungsantrag abzulehnen.[12]

Wird jedoch die Möglichkeit einer berufswidrigen Handlung durch konkrete Tatsachen gestützt, so hat das Berufsgericht das berufsgerichtliche Verfahren zu eröffnen. Das Vorgehen des Berufsgerichts bei der Entscheidung über die Eröffnung des berufsgerichtlichen Verfahrens zeigt nachstehende Übersicht. **46**

cc) Anwaltliche Strategie vor Eröffnung des berufsgerichtlichen Verfahrens

Für den das Arzthaftpflichtmandat betreuenden Anwalt ist es für die Bearbeitung des Mandates nicht allein von Bedeutung, objektiv rechtlich die Risiken eines berufsrechtlichen Verfahrens einzuschätzen, sondern auch mit dem Mandanten festzulegen, ob und inwieweit verfahrensrechtlich Aktivitäten geboten sind. Zunächst stellt sich die Frage, ob dem Mandanten zu raten ist, selbst aktiv an die Kammer heranzutreten und das arzthaftungsrechtlich relevante Fehlverhalten zu offenbaren. Im Falle eines arzthaftungsrechtlichen Fehlverhaltens, das zugleich staatsanwaltschaftlich geprüft wird, ist aufgrund der Regelungen in den ministeriellen Anweisungen über **47**

---

12 Willems a.a.O. Rn. 279.

die Information der zuständigen Kammern ohnehin mit einer Information der jeweiligen Kammer zu rechnen. Nach Nummer 26 der Anordnung über Mitteilungen in Strafsachen vom 19. Mai 2008 MiStra v. 19.05.2008, Bundesanzeiger Nr. 1269, 1 ff., sind in Strafsachen gegen Angehörige der Heilberufe, wenn der Tatvorwurf auf eine Verletzung von Pflichten schließen lässt, die bei der Ausübung des Berufes zu beachten sind, oder wenn der Tatvorwurf in anderer Weise geeignet ist, Zweifel an der Eignung, Zuverlässigkeit oder Befähigung hervorzurufen, der Kammer
– der Erlass und der Vollzug eines Haft- oder Unterbringungsbefehls,
– die Entscheidung, durch die ein vorläufiges Berufsverbot angeordnet oder ein solches aufgehoben worden ist,
– die Erhebung der öffentlichen Klage sowie
– der Ausgang des Verfahrens, wenn eine dieser Mitteilung zu machen war,
bekanntzugeben.

48 In Privatklageverfahren, in Verfahren wegen fahrlässig begangener Straftaten und in sonstigen Verfahren bei Verurteilung zu einer anderen Maßnahme als einer Strafe oder einer Maßnahme im Sinne des § 11 Abs. 1 Nr. 8 StGB unterbleibt die Mitteilung, wenn nicht besondere Umstände des Einzelfalls sie erfordern. Die Mitteilung ist insbesondere dann erforderlich, wenn die Tat bereits ihrer Art nach geeignet ist, Zweifel an der Zuverlässigkeit oder Eignung für die gerade ausgeübte Tätigkeit hervorzurufen. Die Mitteilung ist an die zuständige Heilberufskammer zu richten, wenn eine solche als Körperschaft des öffentlichen Rechts besteht. Der Beschuldigte muss also damit rechnen, dass ein arzthaftungsrechtliches Fehlverhalten der Ärztekammer im Wege der Mitteilung nach Nr. 26 MiStra bekannt wird. Dennoch wird der Anwalt dem Beschuldigten in aller Regel nicht raten, im Wege des Vorgriffs auf die Mitteilung nach Nr. 26 MiStra die zuständige Heilberufekammer zu informieren. Gegen die Information der zuständigen Heilberufekammer durch den Beschuldigten selbst spricht, dass die Heilberufskammer während eines Strafverfahrens oder während staatsanwaltschaftlicher Ermittlungen gehindert ist, eine eigenständige berufsrechtliche Überprüfung durchzuführen, z. B. § 76 Abs. 1 HeilBerG NRW. Ist gegen den Beschuldigten wegen desselben Sachverhaltes die öffentliche Klage im strafrechtlichen Verfahren erhoben worden, so kann ein berufsgerichtliches Verfahren zwar eröffnet, muss aber bis zur Beendigung des strafgerichtlichen Verfahrens ausgesetzt werden. Zudem kann die Heilberufekammer, kommt es zur Verurteilung im strafrechtlichen Verfahren, z. B. in Gestalt einer Freiheitsstrafe auf Bewährung oder eines Strafbefehls, nur den sogenannten berufsgerichtlichen Überhang, näheres hierzu unter B IV 2), prüfen.

49 Schließlich besteht auch keine Mitteilungspflicht von Seiten des beschuldigten Arztes über arzthaftpflichtrechtliches Fehlverhalten. Der Anwalt wird seinem Mandanten daher in der Regel nicht raten, der jeweiligen Heilberufekammer Mitteilung über das arzthaftungsrechtliche Fehlverhalten zu machen, sondern sich zunächst auf die Vertretung des Mandanten im Arzthaftpflichtfall, ggf. im strafrechtlichen Verfahren, konzentrieren.

Allerdings ist bei der anwaltlichen Strategie zu berücksichtigen, dass der **50** Geschädigte möglicherweise selbst die Heilberufekammer über das arzthaftungsrechtliche Fehlverhalten unterrichtet. Dies geschieht zum einen deshalb, weil der Patient meint, hiermit – genauso wie bei einer Strafanzeige – den Druck auf den beschuldigten Arzt erhöhen zu können, um so ggf. einen für ihn – den Patienten – günstigen Vergleich im Arzthaftpflichtprozess zu erreichen. Eine Information der Heilberufekammer durch den Patienten erfolgt zum anderen dann, wenn der Patient zu der Erkenntnis gelangt, die ihm widerfahrene Schädigung sei nicht als bedauerlicher Einzelfall zu bewerten, sondern Ausdruck eines systematischen Fehlverhaltens des beschuldigten Arztes.

Zu einer Befassung mit dem arzthaftungsrechtlichen Fehlverhalten durch **51** die zuständige Heilberufekammer kann es ferner kommen, wenn über das arzthaftungsrechtliche Fehlverhalten des Beschuldigten in den Medien berichtet wird.

Erhält die zuständige Heilberufekammer von dem haftungsrechtlichen **52** Fehlverhalten Kenntnis, so wird der Anwalt seinem Mandanten raten, auf eine möglichst frühzeitige Erledigung des berufsrechtlichen Verfahrens hinzuwirken. Ein berufsrechtliches Verfahren wird von dem Beschuldigten – anders als Verfahren vor den Zivilgerichten, in denen in aller Regel Rechts- und Deckungsschutz durch die Haftpflichtversicherung besteht – als zusätzlich belastend empfunden. Hinzu kommt, dass der Vorgang dem Vorstand der Heilberufekammer bekannt wird und damit Berufskollegen. Der beschuldigte Heilberufsangehörige wird daher ein nicht unerhebliches Interesse daran haben, es nicht zu berufsrechtlichen Weiterungen kommen zu lassen. Andererseits kann auch eine hinhaltende Strategie sinnvoll sein, z. B. dann, wenn der beschuldigte Heilberufsangehörige kurz vor Beendigung seiner heilkundlichen Tätigkeit steht, da mit Beendigung der Kammerzugehörigkeit die berufsgerichtlichen Ermittlungen oder ein Berufsgerichtsverfahren einzustellen sind. Allerdings darf nicht verkannt werden, dass durch eine kooperative Begleitung eines berufsrechtlichen Ermittlungsverfahrens die Chance genutzt werden kann, die Einstellung des Verfahrens zu erreichen, ggf. auf der Grundlage einer Rüge durch die zuständige Heilberufekammer, wenn das Heilberufegesetz eine solche Erledigungsmöglichkeit vorsieht. Eine Einstellung des berufsrechtlichen Ermittlungsverfahrens lässt sich häufig auch mit dem Hinweis erreichen, der Beschuldigte sehe ein, dass er sich – berufsrechtlich gesehen – fehlerhaft verhalten habe und habe bestimmte – der Kammer gegenüber zu substantiierende – Maßnahmen zur Abhilfe ergriffen. Dabei wird der Anwalt die Kammer darauf hinzuweisen

Bonvie

haben, dass diese Erklärung des Mandanten ohne Präjudiz für die Sach- und Rechtslage im Haftpflichtprozess erfolgt, um nicht den Eindruck zu erwecken, die Einlassung gegenüber der Heilberufekammer sei als Anerkenntnis eines vom Patienten geltend gemachten Schadensersatzanspruches aus dem Gesichtspunkt der Arzthaftung zu verstehen.

▶ Beispiel:
   Ein Arzt wird wegen eines Behandlungsfehlers von einem Patienten in Anspruch genommen, der die zuständige Ärztekammer über das Verfahren vor dem Zivilgericht in Kenntnis setzt, weil nach Auffassung des Zivilgerichts Beweiserleichterungen zugunsten des Patienten wegen unzureichender Dokumentation des Arztes bestehen. In diesem Fall bestehen Chancen, eine Einstellung des berufsrechtlichen Verfahrens zu erreichen, wenn der beschuldigte Arzt glaubhaft darlegt, welche Maßnahmen er zur Beseitigung der Dokumentationsmängel unternimmt.

53   Ziel des berufsrechtlichen Verfahrens ist nicht die Sanktion berufsrechtlichen Fehlverhaltens in der Vergangenheit, sondern eine disziplinarische Ahndung dieses Fehlverhaltens, um eine Änderung des Verhaltens des Beschuldigten für die Zukunft zu erreichen. Insofern genügt es allerdings nicht, der Heilberufekammer gegenüber lediglich darzulegen, es sei beabsichtigt, das Verhalten anzupassen. Es muss konkret dargelegt werden, welche Maßnahmen der Beschuldigte ergreifen wird, um Abhilfe zu schaffen, also z. B. die Dokumentation zu verbessern oder Fortbildungsmaßnahmen zu absolvieren, um bestimmte im Arzthaftpflichtverfahren aufgedeckte Kenntnis- und Erfahrungsmängel zu beseitigen. Die Heilberufekammer wird es in aller Regel nicht mit einer derartigen Ankündigung des Beschuldigten bewenden lassen, sondern zum Nachweis, dass der Beschuldigte zur Verhaltensänderung bereit ist, einen Nachweis in Gestalt einer Spende an eine karitative Einrichtung fordern oder eine Rüge, ggf. mit einer Geldbuße, erteilen, soweit in den Heilberufegesetzen hierfür eine Rechtsgrundlage besteht.

dd) Verfahren nach Eröffnung des berufsgerichtlichen Verfahrens

54   Ist das Verfahren durch das Berufsgericht eröffnet, so kann das Berufsgericht ohne Hauptverhandlung durch Beschluss entscheiden, wenn das Heilberufegesetz oder das Gesetz über die Berufsgerichtsbarkeit über Heilberufe eine Entscheidung ohne Hauptverhandlung durch Beschluss zulässt, § 83 Abs. 1 des HeilBerG NRW. Eine solche Beendigung des berufsgerichtlichen Verfahrens ohne Hauptverhandlung durch Beschluss ist dem Berufsgericht z. B. nach § 83 Abs. 1 HeilBerG NRW in leichteren Fällen möglich. Der Sanktionskatalog ist bei einer Beendigung des berufsgerichtlichen Verfahrens ohne Hauptverhandlung durch Beschluss begrenzt, im Fall des

§ 83 Abs. 1 HeilBerG NRW auf Verwarnung, Verweis oder Geldbuße bis 10.000,00 €.

Ist das Verfahren durch das Berufsgericht eröffnet und entscheidet das Gericht nicht im Wege des Beschlusses ohne Hauptverhandlung, so bestimmt das Berufsgericht, wenn nicht weitere Ermittlungen erforderlich sind, Termin zur Hauptverhandlung. **55**

Die Hauptverhandlung beginnt mit der Eröffnung der Verhandlung und der Feststellung der Erschienenen. Es kann auch in Abwesenheit des Beschuldigten verhandelt und entschieden werden, wenn darauf in der Ladung hingewiesen worden ist.

Im Anschluss an diese Feststellungen hat das Gericht den wesentlichen Akteninhalt vorzutragen. Bei arzthaftungsrechtlich relevantem Fehlverhalten ist in der Regel die Akte des Zivilgerichts beizuziehen und zum Gegenstand der Hauptverhandlung zu machen.

An den Sachvortrag des Gerichts und die Einführung der Beiakten in die Hauptverhandlung schließt sich die Anhörung des Beschuldigten an. Dieser geht die Belehrung voraus, dass es ihm freistehe, sich zur Anschuldigung zu äußern oder nicht zur Sache auszusagen. Häufig wird bereits in diesem Verfahrensstadium der Beschuldigte nach seinen Einkommensverhältnissen befragt, um die Anknüpfungstatsache für eine ggf. erforderliche Festsetzung der Geldbuße zu gewinnen.

Je nach Prozesslage schließt sich das Rechtsgespräch mit den Parteien an, in dem das Gericht seine vorläufige Rechtsauffassung unter Würdigung der sich aus dem Akteninhalt ergebenden, tatsächlichen Anknüpfungsgesichtspunkte darlegt. Soweit erforderlich, folgt die Beweisaufnahme durch Urkundenbeweis, Vernehmung von Zeugen oder Sachverständigen. Nach der Beweisaufnahme sind die Beteiligten erneut anzuhören und zwar zunächst der Antragsteller und dann der Beschuldigte, dem das letzte Wort gebührt. Nach dem letzten Wort des Beschuldigten folgt die nichtöffentliche Beratung des Gerichts. Mit der Verkündung des Urteils wird die Hauptverhandlung geschlossen. Kommt es nicht zu einem Urteil, sondern zu einem Einstellungsbeschluss, so beendet dieser die Hauptverhandlung.[13]

Das Verfahren nach Eröffnung fasst folgende Übersicht zusammen. **56**

---

13 Im Einzelnen: Willems aaO., Rn. 350 ff.

Bonvie

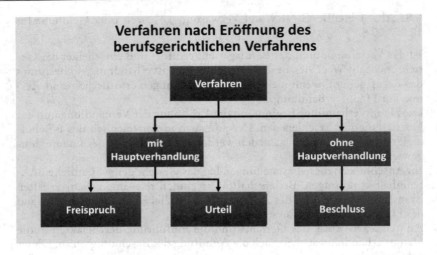

ee) Sanktionskatalog

57 Dem Berufsgericht stehen mehrere Sanktionen im Falle der Feststellung eines berufsrechtlichen Fehlverhaltens zur Verfügung.
- Verweis und/oder
- Geldbuße und/oder
- Entziehung des aktiven oder passiven Berufswahlrechts oder
- Feststellung der Berufsunwürdigkeit.

In besonderen Fällen kann auf eine Veröffentlichung der Entscheidung des Gerichts, z. B. nach § 60 Abs. 3 HeilBerG NRW, erkannt werden. Kann nicht festgestellt werden, dass Berufspflichten verletzt sind, so ist der Beschuldigte freizusprechen.

ff) Rechtsmittel

58 Der Beschluss, das berufsgerichtliche Verfahren zu eröffnen, ist unanfechtbar, z. B. § 19 Abs. 4 des Gesetzes über die Berufsgerichtsbarkeit der Heilberufe in Hamburg.

59 Gegen den Beschluss, durch den die Eröffnung des berufsgerichtlichen Verfahrens abgelehnt wird, können die Beteiligten innerhalb von zwei Wochen nach Zustellung eine erneute Entscheidung des Berufsgerichts unter Mitwirkung der ehrenamtlichen Richter beantragen, § 19 Abs. 5 S. 1 des Gesetzes über die Berufsgerichtsbarkeit der Heilberufe in Hamburg. Diese Entscheidung ist endgültig, § 19 Abs. 5 S. 2 des Gesetzes über die Berufsgerichtsbarkeit der Heilberufe, Hamburg.

60 In anderen Bundesländern, z. B. in Nordrhein-Westfalen, ist die Beschwerde gegen die Zurückweisung des Eröffnungsantrages nach § 105 Abs. 2 a

HeilBerG NRW gegeben. Hierüber entscheidet das Landesheilberufsgericht Nordrhein-Westfalen. Erweist sich die Beschwerde als begründet, so
eröffnet das Landesheilberufsgericht mittels Beschlusses das Verfahren vor
dem Berufsgericht, § 75 Abs. 1 S. 1 HeilBerG NRW.
Gegen den Beschluss, durch den das Verfahren z. B. wegen Geringfügigkeit
eingestellt wird, ist ebenfalls die Beschwerde zum Landesheilberufsgericht
eröffnet, § 105 Abs. 2 b HeilBerG NRW.

Gegen das Urteil des Berufsgerichts findet die Berufung zum Landesheilbe-   **61**
rufsgericht (auch als Heilberufsgerichtshof bezeichnet) statt. Diese ist innerhalb eines Monats nach Zustellung des erstinstanzlichen Urteils einzulegen.
Die Berufung kann schriftlich oder zur Niederschrift der Geschäftsstelle
eingelegt werden, § 98 Abs. 2 S. 1 HeilBerG NRW. Das kann bei dem Gericht erster Instanz, aber auch bei demjenigen zweiter Instanz geschehen,
§ 98 Abs. 2 Sätze 1 und 3 HeilBerG NRW. Die Berufung ist schriftlich zu
begründen, § 98 Abs. 3 S. 1 HeilBerG NRW. Fehlt die Begründung, ist die
Berufung unzulässig. Eine gesetzliche Frist für die Berufungsbegründung
besteht nicht; die Frist zur Berufungsbegründung wird in aller Regel von
dem Landesheilberufsgericht bestimmt, § 98 Abs. 3 S. 2 HeilBerG NRW.

Die Entscheidungen des Landesheilberufsgerichts sind nicht anfechtbar,   **62**
weil es sich ausschließlich um Landesrecht handelt. Damit ist gegen eine
Entscheidung des Landesheilberufsgerichts nur noch Verfassungsbeschwerde zum Bundesverfassungsgericht möglich. Welche Entscheidungen und
Rechtsmittel im berufsgerichtlichen Verfahren gegeben sind, zeigt nachstehende Übersicht.

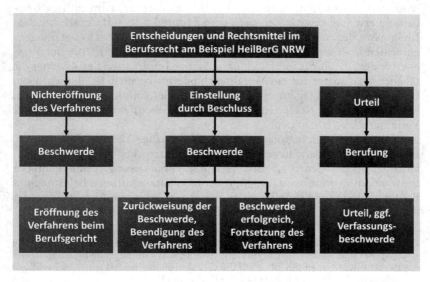

Bonvie

2. Verfahrenshindernisse und berufsrechtlicher Überhang

a) Verfahrenshindernisse

63   Verfahrenshindernisse können zu einer Beendigung des berufsrechtlichen Verfahrens führen. In Arzthaftpflichtfällen kann als Verfahrenshindernis eine Verjährung des Berufsrechtsverstoßes oder eine überlange Dauer des berufsrechtlichen Verfahrens in Betracht kommen. Berufsgerichtliche Maßnahmen sind unzulässig, wenn eine Berufspflichtverletzung verjährt ist, z.B. § 59 Abs. 4 S. 1 HeilBerG NRW. Die Verjährung steht also einer Sachentscheidung entgegen und führt zur Einstellung des Verfahrens, z. B. § 95 Abs. 1 HeilBerG NRW. Die Berufspflichtverletzung verjährt, wenn seit der Berufspflichtverletzung mehr als fünf Jahre verstrichen sind. Bei einer Berufspflichtverletzung beginnt die Verjährungsfrist mit der berufswidrigen Handlung bzw. mit der Unterlassung der an sich gebotenen Handlung. Wann die Pflichtverletzung der Heilberufskammer bekannt geworden ist, ist für den Beginn der Frist nicht von Bedeutung. Allerdings gilt diese Verjährungsfrist nur für die Verletzung der Berufspflichten, die höchstens eine Geldbuße gerechtfertigt hätten. Handelt es sich bei der dem Heilberufsangehörigen zur Last gelegten Tat um eine Verletzung von Berufspflichten, die die Feststellung der Berufsunwürdigkeit gerechtfertigt hätten, so kann das Berufsvergehen auch nach dem Ablauf von fünf Jahren verfolgt werden, ohne dass dem der Einwand der Verjährung entgegen gehalten werden könnte. Die Verjährung wird nur gehemmt, wenn vor Ablauf der Verjährungsfrist ein Antrag auf Eröffnung eines berufsgerichtlichen Verfahrens gestellt oder wegen desselben Sachverhalts ein Strafverfahren eingeleitet worden ist. Typisch für Arzthaftpflichtfälle ist, dass die zivilrechtliche Bearbeitung erst eine gewisse Zeit nach dem Zeitpunkt des schadensrechtlichen Ereignisses beginnt und aufgrund der ggf. notwendigen Sachverständigengutachten über einen längeren Zeitraum hinweg andauert. Aus der Perspektive des Schädigers nimmt eine frühzeitige Information der Kammer die Chance, sich später auf ein Verfahrenshindernis berufen zu können. Dem Geschädigten, der (auch) eine berufsrechtliche Sanktion gegenüber dem Schädiger anstrebt, ist eine Information der Heilberufekammer bei längerer Verfahrensdauer anzuraten.

Ein Verfahrenshindernis kann auch eine überlange Verfahrensdauer sein. Gerade für Berufsgerichtsverfahren, die ihren Ursprung in Arzthaftpflichtfällen haben und denen ggf. Strafverfahren vorausgegangen sind, kann der Einwand, die Verfahrensdauer führe zu einer unzumutbaren Belastung des Beschuldigten, zur Einstellung des Verfahrens oder zur Abmilderung der Rechtsfolge eines berufsgerichtlichen Verfahrens führen.[14]

---

14 Gerichtshof für die Heilberufe Niedersachsen MedR 2007, 454, 456, wonach die nach Art und Schwere des Berufsvergehens an sich nahe liegende Feststellung der Berufsunwürdigkeit mit Blick auf die verhältnismäßig lange Dauer des berufsgerichtlichen Verfahrens in eine Geldbuße abzumildern ist.

b) Berufsrechtlicher Überhang

Das berufsgerichtliche Verfahren ist gegenüber dem Strafverfahren nach- **64**
rangig. Dies gilt allerdings nur dann, wenn das Strafverfahren und das heil-
berufsgerichtliche Verfahren wegen desselben Sachverhaltes anhängig sind,
z. B. § 76 Abs. 1 S. 1 HeilBerG NRW. Ein berufsgerichtliches Verfahren
muss daher bis zur Beendigung des strafgerichtlichen Verfahrens ausgesetzt
werden, z. B. § 76 Abs. 1 S. 1 HeilBerG. Dies gilt auch dann, wenn das
berufsgerichtliche Verfahren im Zeitpunkt der Erhebung der Anklage im
Strafverfahren bereits anhängig war, z. B. § 76 Abs. 1 S. 2 HeilBerG NRW.
Ist das Strafverfahren beendet, so wird das Berufsgerichtsverfahren fortgesetzt; allerdings sind die tatsächlichen Feststellungen im Strafverfahren für
das Berufsgericht bindend, z. B. § 76 Abs. 3 HeilBerG NRW.
Das Berufsgericht kann allerdings die Nachprüfung des Urteils beschließen,
z. B. § 76 Abs. 3 HeilBerG; ein solcher Beschluss lässt die Bindung an die
tatsächlichen Feststellungen des Urteils im Strafverfahren entfallen. Nur ein
Urteil bewirkt die Bindung an die tatsächlichen Feststellungen, nicht z.B.
ein Strafbefehl.[15]
Diese Grundsätze gelten für Disziplinar- oder Bußgeldverfahren entsprechend.

Aufgrund dieser Bindungswirkung sind Einwendungen in berufsgerichtli- **65**
chen Verfahren gegen die Tatsachenfeststellungen des Strafgerichts in aller
Regel nicht mehr möglich. Dies zwingt dazu, bereits im Strafverfahren zu
berücksichtigen, welche tatsächlichen Feststellungen möglicherweise für
ein berufsgerichtliches Verfahren wesentlich sein können. Zivilgerichtlichen
Urteilen kommt eine derartige Bindungswirkung nicht zu.

Wegen des Grundsatzes »ne bis in idem« scheidet eine berufsgerichtliche **66**
Sanktion wegen desselben Sachverhaltes aus, wenn der besondere Grund
und Zweck des berufsgerichtlichen Verfahrens durch eine strafgerichtliche
Verurteilung bereits erfüllt ist. Nur wenn nach der strafgerichtlichen Verurteilung ein besonderer berufsrechtlicher, durch das Urteil im Strafverfahren
nicht erfasster »Überhang« besteht, ist eine zusätzliche berufsgerichtliche
Ahndung möglich. Ist ein Arzt wegen der Fehlbehandlung eines Patienten
bereits strafrechtlich zur Verantwortung gezogen und verurteilt worden, so
kann eine zusätzliche berufsgerichtliche Ahndung desselben Sachverhaltes
nur erfolgen, wenn nach der strafgerichtlichen Verurteilung ein besonderer
berufsrechtlicher Überhang erkennbar ist.[16]

Ein besonderer berufsrechtlicher Überhang besteht dann, wenn es sich **67**
nicht um denselben Sachverhalt handelt. Dies ist z. B. dann der Fall, wenn

---

15 Landesberufsgericht für Heilberufe beim OVG des Landes NRW Urt. v. 28.1.1998
– 12 A 1136/94 T.
16 Berufsgericht für Heilberufe beim VG Köln ArztR 1981, 324; BVerfGE 21,
378 ff., 384.

der Arzt wegen fahrlässiger Körperverletzung in Folge eines Behandlungsfehlers verurteilt worden ist, im Rahmen des Strafverfahrens erhebliche Dokumentationsfehler aufgedeckt wurden und die Ärztekammer wegen Verletzung der Verpflichtung des Arztes zu ordnungsgemäßer Dokumentation das berufsgerichtliche Verfahren betreibt. Zum anderen kommt ein besonderer berufsrechtlicher Überhang dann in Betracht, wenn das dem Berufsangehörigen zur Last gelegte Verhalten den Kernbereich seiner berufsgerichtlichen Pflichten betrifft und mit der Verurteilung des Arztes der Strafanspruch des Staates, nicht jedoch die Schädigung des Ansehens der Ärzteschaft in der Öffentlichkeit durch das Fehlverhalten des Beschuldigten geahndet wurde.[17]

68 Bei den Ärztekammern ist gelegentlich die Tendenz anzutreffen, im Falle eines – dem jeweiligen Kammervorstand geeignet erscheinenden – Fehlverhaltens eines Kammermitgliedes wegen des angeblich gefährdeten Ansehens der Ärzteschaft in der Öffentlichkeit einen berufsrechtlichen Überhang anzunehmen. Ein auf die bloße Annahme einer Schädigung des Ansehens der Ärzteschaft in der Öffentlichkeit gestützter Antrag auf Eröffnung eines berufsgerichtlichen Verfahrens ist jedoch abzulehnen. Vielmehr muss substantiiert durch den Kammervorstand in der Anschuldigungsschrift dargelegt werden, worin die Schädigung des Ansehens der Ärzteschaft in der Öffentlichkeit besteht.

C. Approbationsrechtliche Folgen

I. Auswirkungen arzthaftungsrechtlichen Fehlverhaltens auf den Bestand der Approbation

69 Approbationsrechtliche Folgen im Falle arzthaftpflichtrelevanten Fehlverhaltens sind selten. Wenn es zu berufsrechtlichen Folgen kommt, so beschränken sich diese zumeist auf ein Rügeverfahren vor der zuständigen Heilberufekammer oder ein berufsgerichtliches Verfahren. Auswirkungen auf den Bestand der Approbation hat damit nur schwerstes arzthaftungsrechtliches Fehlverhalten mit gravierenden Folgen.

▶ Beispiel:
Wird einem Arzt, der den Notfalldienst versieht, telefonisch geschildert, dass der Patient unter starken Schmerzen leide und fast bewegungsunfähig sei und bleibt der Arzt untätig, so verhält er sich berufsunwürdig.[18]

---

17 Narr Ärztliches Berufsrecht, Bnd. 2 Rn. B 79.
18 Landesberufsgerichts für Ärzte in Baden-Württemberg ArztR 1989, 325.

Bonvie

In einem solchem Fall kann es zur Einleitung eines Verfahrens auf Widerruf der Approbation durch die für die Erteilung der Approbation zuständige Behörde von Amts wegen kommen.

Allerdings kann auch die Feststellung der Berufsunwürdigkeit durch das **70** zuständige Heilberufegericht approbationsrechtliche Folgen nach sich ziehen. Nach § 5 Abs. 2 BÄO ist die Approbation zu widerrufen, wenn nachträglich die Voraussetzungen nach § 3 Abs. 1 S. 1 Nr. 2 BÄO weggefallen sind. Damit ist die Approbation zu widerrufen, wenn sich der Arzt eines Verhaltens schuldig gemacht hat, aus dem sich seine Unwürdigkeit oder Unzuverlässigkeit zur Ausübung des ärztlichen Berufes ergibt. Die Feststellung der Berufsunwürdigkeit durch das zuständige Heilberufsgericht ist regelmäßig Anlass für die für den Widerruf der Approbation zuständige Behörde, ein Verfahren nach § 5 Abs. 2 BÄO in Verbindung mit § 3 Abs. 1 Nr. 2 BÄO auf Widerruf der Approbation einzuleiten.

❗ Liegt ein arzthaftungsrechtliches Fehlverhalten von einem solchen Gewicht vor, dass mit einer Feststellung der Berufsunwürdigkeit oder – ohne vorhergehendes berufsrechtliches Verfahren – mit einem Verfahren auf Widerruf der Approbation zu rechnen ist, so ist der Mandant frühzeitig auf die sich hieraus ergebenden Risiken für den Bestand der Approbation hinzuweisen. **71**

II. Handlungsalternativen der zuständigen Behörde

Im Falle eines arzthaftungsrechtlichen Fehlverhaltens mit einem approbationsrechtlichen Bezug kommen folgende Handlungsalternativen der zuständigen Behörde in Betracht: **72**
– Ruhen der Approbation mit Sofortvollzug,
– Ruhen der Approbation ohne Sofortvollzug,
– Widerruf der Approbation mit Sofortvollzug,
– Widerruf der Approbation ohne Sofortvollzug.

Das Ruhen der Approbation kommt in Fällen in Betracht, in denen die zuständige Behörde noch nicht abschließend über den Widerruf der Approbation entscheiden kann, sondern z. B. zunächst noch Ermittlungen erforderlich sind, die zuständige Behörde aber der Auffassung ist, dass die Gefahren im Fall einer Fortsetzung der ärztlichen Tätigkeit höher zu bewerten sind, als das verfassungsrechtlich verbürgte Recht des Arztes, seinen Beruf auszuüben. Da der Grund für die Anordnung des Ruhens der Approbation die Einschätzung der zuständigen Behörde hinsichtlich der Gefahrenlage bei Fortführung der ärztlichen Tätigkeit ist, wird die Anordnung des Ruhens der Approbation in der Regel mit Sofortvollzug erfolgen. Dies bedeutet, dass der Arzt seine ärztliche Tätigkeit ab Zustellung des Bescheides nicht **73**

Bonvie

mehr ausüben kann und auch ein Widerspruch keine aufschiebende Wirkung hat.

III.   Aufschiebende Wirkung und Sofortvollzug

74   In den Fällen, in denen die Behörde nicht den Sofortvollzug anordnet, hat der Widerspruch gegen den Bescheid der Behörde aufschiebende Wirkung. Dies bedeutet, dass bis zur rechtskräftigen Entscheidung der Heilberufsangehörige seine heilkundliche Tätigkeit weiter ausüben kann.

75   Allerdings wird man bei einem arzthaftungsrechtlichen Fehlverhalten mit approbationsrechtlichem Bezug damit rechnen müssen, dass die Behörde den Sofortvollzug anordnet. Ist der Sofortvollzug angeordnet, so ist es dem Heilberufsangehörigen mit Zustellung des den Sofortvollzug anordnenden Bescheides untersagt, weiterhin heilkundliche Tätigkeiten im untersagten Umfange auszuüben. In einem solchem Fall bestehen – je nach der von der zuständigen Behörde ergriffenen approbationsrechtlichen Maßnahme – unterschiedliche Handlungsalternativen.

76   Hat die Behörde das Ruhen der Approbation mit Sofortvollzug angeordnet, so kann sich der betroffene Arzt nach § 6 Abs. 4 BÄO während der Dauer des Ruhens durch einen geeigneten anderen Arzt vertreten lassen. Eine solche Maßnahme kann jedoch nur der kurzfristigen Überbrückung dienen; eine langfristige Sicherung des Umfanges der Arztpraxis ist hiermit nicht zu erreichen. Da im Falle eines arzthaftungsrechtlichen Fehlverhaltens mit approbationsrechtlichem Bezug das Ruhen der Approbation lediglich eine vorbereitende Maßnahme für das folgende Widerrufsverfahren sein wird, kann sich die anwaltliche Beratung nicht ausschließlich auf den Hinweis auf § 6 Abs. 4 BÄO beschränken.

77   In aller Regel ist daher der Versuch zu unternehmen, mit Hilfe des verwaltungsgerichtlichen Eilverfahrens die Wiederherstellung der aufschiebenden Wirkung gemäß § 80 Abs. 5 VwGO zu erreichen.

78   Insofern kommt es für den beratenden Anwalt darauf an, die Fehlerhaftigkeit der Anordnung des Sofortvollzuges im einstweiligen Verfahren vor dem Verwaltungsgericht nach § 80 Abs. 5 VwGO darzulegen. Zunächst ist zu prüfen, ob die Behörde eine Gefahr für wichtige Gemeinschaftsgüter, die den Sofortvollzug zu rechtfertigen vermag, mit konkreten Tatsachen nachvollziehbar belegt hat und ob die Folgen für den betroffenen Heilberufsangehörigen, die mit der Anordnung des Sofortvollzuges verbunden sind, angemessen gegen die Folgen im Falle einer aufschiebenden Wirkung der approbationsrechtlichen Maßnahme abgewogen wurden. Lässt die Anordnung des Sofortvollzuges der Behörde entweder keine konkreten Tatsachen für den Sofortvollzug erkennen oder fehlt die sorgfältige Abwägung der für den betroffenen Heilberufsangehörigen zu erwartenden Folgen mit denen

Bonvie

im Falle einer aufschiebenden Wirkung, so ist die Anordnung des Sofortvollzuges schon wegen dieses Begründungsdefizits rechtswidrig und die
Wiederherstellung der aufschiebenden Wirkung geboten. Allerdings ist die
Behörde berechtigt, im Eilverfahren noch konkrete Tatsachen bzw. eine –
ggf. ergänzte – Abwägung nachzuschieben.

Instruktiv sind insofern die Ausführungen des Bundesverfassungsgerichts **79**
im Beschluss vom 29.12.2004.[19] In diesem Fall ging es um einen Zahnarzt
und Arzt, der seit 1989 eine Zahnarztpraxis betrieb und gegen den Ende
September 2003 ein staatsanwaltschaftliches Ermittlungsverfahren wegen
des Verdachts des Betruges eingeleitet wurde. Es bestand der Verdacht,
dass der Zahnarzt ihm eingeräumte Rabatte bei der Lieferung von Zahnersatz nicht weitergegeben hatte. Die zuständige Behörde hat das Ruhen
der zahnärztlichen und der ärztlichen Approbation und die sofortige Vollziehung der Verfügungen sowie der Herausgabe der Approbationsurkun-
den angeordnet. Das Verwaltungsgericht hatte die Wiederherstellung der
aufschiebenden Wirkung des Widerspruches abgelehnt, die hiergegen erhobene Beschwerde zum Oberverwaltungsgericht war erfolglos. In dem
Verfahren auf Erlass einer einstweiligen Anordnung hob das Bundesverfassungsgericht zunächst die Relevanz des behördlichen Eingriffs für die
verfassungsrechtlich geschützten Rechte des Betroffenen hervor. Mit der
Anordnung des Ruhens der Approbation, der Einziehung der Approba-
tionsurkunde und der Anordnung der sofortigen Vollziehung beider Verfügungen werde in die Berufsfreiheit des Beschwerdeführers eingegriffen.
Nach der Rechtsprechung des Bundesverfassungsgerichts seien solche
Eingriffe nur unter strengen Voraussetzungen zum Schutze wichtiger Gemeinschaftsgüter und unter strikter Beachtung des Grundsatzes der Verhältnismäßigkeit statthaft. Überwiegende öffentliche Belange könnten
es ausnahmsweise rechtfertigen, den Rechtsschutzanspruch des Grund-
rechtsträgers einstweilen zurückzustellen, um unaufschiebbare Maßnahmen im Interesse des allgemeinen Wohls rechtzeitig in die Wege zu leiten.
Wegen der gesteigerten Eingriffsintensität beim Sofortvollzug einer Ap-
probationsentziehung seien hierfür nur solche Gründe ausreichend, die
in angemessenem Verhältnis zu der Schwere des Eingriffs stünden und ein
Zuwarten bis zur Rechtskraft des Hauptverfahrens ausschließen würden.
Ob diese Voraussetzungen gegeben seien, hänge von einer Gesamtwürdigung der Umstände des Einzelfalls und insbesondere davon ab, ob eine
weitere Berufstätigkeit konkrete Gefahren für wichtige Gemeinschaftsgüter befürchten lasse.

Die Auswirkungen auf die behördliche Folgenabwägung und die anwaltli- **80**
chen Argumentationsansätze zeigen folgende Ausführungen des Bundesverfassungsgerichts:

---

19 BVerfG Beschl. v. 29.12.2004 – 1 BvR 2820/04.

Bonvie

»Erginge die einstweilige Anordnung nicht, erwiesen sich die Verfassungsbeschwerden später aber als begründet, so entstünden dem Beschwerdeführer durch den Vollzug der Ruhensanordnungen und der Urkundeneinziehungen schon jetzt schwere und kaum wieder gut zu machende wirtschaftliche Nachteile. Der Beschwerdeführer hätte nicht nur seine Praxis mit der Folge vorläufig zu schließen – spätestens jedoch mit dem Auslaufen der befristeten Vertretung in seiner Vertragszahnarztpraxis -, dass er den Verlust seines Rufes und damit seines Patientenstammes zu befürchten hätte. Er könnte nicht einmal mehr im Angestelltenverhältnis als Arzt oder Zahnarzt arbeiten. Erginge die einstweilige Anordnung, hätten die Verfassungsbeschwerden später aber keinen Erfolg, könnte der Beschwerdeführer seine Praxis allerdings weiter mit den von den Behörden und Gerichten prognostizierten Gefahren betreiben. Die Folgen einer solchen zeitlichen Verzögerung des Ruhens der Approbation sowie der Urkundeneinziehung fallen hier weniger ins Gewicht, weil keine konkreten Anhaltspunkte dafür ersichtlich sind, dass der Beschwerdeführer seine ärztlichen oder zahnärztlichen Berufspflichten in nächster Zeit verletzen wird. Es fehlt jedenfalls derzeit an konkreten Anhaltspunkten dafür, dass der Beschwerdeführer seine zahnärztliche Tätigkeit zu vermögensschädigenden Handlungen zu Lasten Dritter ausnutzt. Das Fehlverhalten, das Gegenstand des staatsanwaltschaftlichen Ermittlungsverfahrens ist, liegt in der Vergangenheit und ist seit Jahren abgeschlossen. Ob es nach der Beendigung des Zusammenwirkens mit der früheren Lieferantin zu weiteren Unregelmäßigkeiten in der Abrechnung kam, ist auch mit Blick auf die Erkenntnis aus dem weiteren staatsanwaltschaftlichen Ermittlungsverfahren noch ungeklärt...«

81 Mit der Frage, inwieweit sich diese Ausführungen des Bundesverfassungsgerichts auf arzthaftungsrechtliches Fehlverhalten mit approbationsrechtlichem Bezug übertragen lassen, hat sich das OVG NRW[20] unter ausdrücklicher Bezugnahme auf den vorstehend referierten Beschluss des Bundesverfassungsgerichtes auseinandergesetzt. In diesem Fall hatte die zuständige Behörde das Ruhen der Approbation als Arzt und deren sofortige Vollziehung wegen des Verdachts der Durchführung medizinisch nicht indizierter Dialysemaßnahmen bei mehreren Patienten angeordnet. Der Antrag auf Wiederherstellung der aufschiebenden Wirkung war in dem verwaltungsgerichtlichen Verfahren ohne Erfolg geblieben. Mit der Beschwerde zum Oberverwaltungsgericht machte der Beschwerdeführer geltend, das ihm vorgehaltene Vergehen beziehe sich nur auf seine Tätigkeit als Nephrologe, der Grundsatz der Verhältnismäßigkeit müsse daher dazu führen, dass er seine sonstige ärztliche Tätigkeit weiterhin ausüben könne, weil ihm insofern ein Fehlverhalten nicht zur Last gelegt werde. Ihm – dem Beschwerdeführer – entstünden schwere und kaum wieder gut zu machende wirtschaftliche Nachteile. Demgegenüber bestünden keine konkreten Anhaltspunkte

---

20 OVG NRW GesR 2007, 515.

dafür, dass er seine ärztlichen Berufspflichten in letzter Zeit verletzt habe, da er außerhalb der nephrologischen Patientenversorgung nicht auffällig geworden sei. Die Behörde rechtfertigt den Sofortvollzug damit, die medizinisch nicht indizierten Behandlungsmaßnahmen ließen erkennen, dass das ärztliche Handeln des Beschwerdeführers in der Vergangenheit nicht immer vorrangig am Wohl der Patienten orientiert gewesen sei. Angesichts der langen Dauer und der systematischen Durchführung medizinisch nicht gerechtfertigter Dialysemaßnahmen bei immerhin vier Patienten, die wegen der damit verbundenen suggerierten Nierenerkrankung den Patienten auch seelisch zugesetzt hätten, offenbare dies Charaktereigenschaften des Beschwerdeführers, die eine Wiederholung in gleicher oder ähnlicher Weise und dementsprechend weiterhin schwerwiegende Verstöße gegen ärztliche Berufspflichten befürchten ließen.

Das OVG NRW hat die Beschwerde mit der Begründung zurückgewiesen, für den Fall schweren arzthaftungsrechtlich relevanten Fehlverhaltens seien die Ausführungen des Bundesverfassungsgerichts im Beschluss vom 29.12.2004 nicht der geeignete Orientierungsmaßstab. In einem Fall, in dem es vorrangig um den unmittelbaren Schutz von Personen und nicht (nur) um Abrechnungsbetrügereien gehe, sei eine Aussetzung oder Aufhebung der sofortigen Vollziehung der Anordnung des Ruhens einer Approbation, die dem Betreffenden eine weitere Tätigkeit als Arzt ermögliche, nicht gerechtfertigt. **82**

IV. Exit-Strategie

Erkennt der Anwalt, dass aufgrund der Schwere der Verfehlungen seines Mandanten die Wiederherstellung der aufschiebenden Wirkung des Widerspruchs gegen die Anordnung des Ruhens oder den Widerruf der Approbation nicht zu erreichen sein wird oder bleiben die gegebenen verfahrensrechtlichen Möglichkeiten ohne Erfolg, so wird er mit dem Mandanten zu erörtern haben, ob dieser seine Praxis veräußert, auf seinen Vertragsarztsitz zum Zwecke der Nachbesetzung verzichtet und das Nachbesetzungsverfahren betreibt. Auf diese Art und Weise lässt sich zumindest der wirtschaftliche Wert der Praxis realisieren, der bei andauerndem Ruhen der Approbation im Rahmen einer Vertretertätigkeit oder bei Widerruf der Approbation kaum auf Dauer aufrechtzuerhalten sein wird. Allerdings ist in diesem Fall dem Mandanten zu verdeutlichen, dass er in einem Fachgebiet, für das im Planungsbezirk Zulassungsbeschränkungen angeordnet sind, möglicherweise erhebliche Schwierigkeiten haben wird, erneut – nach Wiedererlangung der Approbation – vertragsärztlich tätig zu werden.[21] **83**

---

21 OVG NRW GesR 2007, 515, 516.

Bonvie

D. Vertragsarztrechtliche Folgen arzthaftungsrechtlichen Fehlverhaltens

I. Honorarrechtliche Folgen

1. Das Prinzip der Abrechung vertragsärztlicher Leistungen

84 Nach §§ 72, 95 Abs. 1 SGB V rechnen die Leistungserbringer in der vertragsärztlichen Versorgung ihre Leistungen nicht unmittelbar mit dem Patienten oder dessen Krankenkasse ab, sondern über die Kassenärztlichen Vereinigungen, § 72 Abs. 5 SGB V. Der Patient hat einen Anspruch auf Sach- und Dienstleistung durch den Leistungserbringer in der vertragsärztlichen Versorgung nach § 2 Abs. 2 S. 1 SGB V. Zwischen dem Leistungserbringer und dem GKV-Patienten besteht ein Dienstvertrag gem. § 611 BGB, aufgrund dessen der Leistungserbringer in der Regel nicht den Eintritt eines Erfolges, sondern Dienste lege artis schuldet. Dieser – bürgerlich rechtliche – Dienstvertrag wird durch die öffentlich rechtlichen Rechtsbeziehungen zwischen dem Leistungserbringer in der vertragsärztlichen Versorgung, den Kassenärztlichen Vereinigungen und den Krankenkassen überlagert. Der GKV-Patient hat gegenüber dem Leistungserbringer einen Anspruch auf Dienstleistung; der Leistungserbringer hat gegenüber dem GKV-Patienten jedoch keinen Honoraranspruch, sondern einen öffentlich rechtlichen Anspruch auf Teilnahme an der Verteilung der von der Kassenärztlichen Vereinigung von den Krankenkassen vereinnahmten Gesamtvergütung. Da der GKV-Patient keine Honorarverpflichtungen gegenüber dem Leistungserbringer in der vertragsärztlichen Versorgung hat, kann aufgrund arzthaftungsrechtlichen Fehlverhaltens ein solcher Honoraranspruch auch nicht in Frage gestellt werden. Vielmehr ist es nach § 106 a SGB V Aufgabe der Kassenärztlichen Vereinigungen und der Krankenkassen, die Rechtmäßigkeit der Abrechnungen in der vertragsärztlichen Versorgung zu prüfen.

2. Die Prüfung der Abrechnung in der vertragsärztlichen Versorgung

85 Für die Prüfung der Abrechnung in der vertragsärztlichen Versorgung stehen im Wesentlichen zwei Instrumente zur Verfügung, nämlich die
- sachlich-rechnerische Berichtigung der Honorarabrechnung des Leistungserbringers und
- die Wirtschaftlichkeitsprüfung.

86 Die sachlich-rechnerische Berichtigung erfolgt auf der Grundlage des § 106 a Abs. 2 SGB V. Danach stellt die Kassenärztliche Vereinigung die sachliche und rechnerische Richtigkeit der Abrechnungen der Vertragsärzte fest. Allerdings sind auch die Krankenkassen berechtigt, die Abrechnungen der Vertragsärzte insbesondere hinsichtlich des Bestehens und des Umfangs ihrer Leistungspflicht nach § 106 a Abs. 3 SGB V zu prüfen.

Nach § 72 Abs. 2 SGB V ist die vertragsärztliche Versorgung so zu regeln, **87** dass eine ausreichende, zweckmäßige und wirtschaftliche Versorgung der Versicherten unter Berücksichtigung des allgemein anerkannten Standes der medizinischen Erkenntnisse gewährleistet ist. § 106 SGB V verpflichtet Kassen und Kassenärztliche Vereinigungen zur Überwachung der Wirtschaftlichkeit. Die Wirtschaftlichkeit der Versorgung wird nach § 106 Abs. 2 SGB V geprüft durch arztbezogene Prüfung ärztlich verordneter Leistungen bei Überschreitung der Richtgrößenvolumina nach § 84 SGB V (Auffälligkeitsprüfung) und arztbezogene Prüfung ärztlich und ärztlich verordneter Leistungen auf der Grundlage von arztbezogenen und versichertenbezogenen Stichproben (Zufälligkeitsprüfung). Nach § 106 Abs. 2 a SGB V sind Gegenstand der Beurteilung der Wirtschaftlichkeit unter anderem auch die medizinische Notwendigkeit der Leistung (Indikation) und die Eignung der Leistungen zur Erreichung des therapeutischen oder diagnostischen Ziels (Effektivität) sowie die Übereinstimmung der Leistungen mit den anerkannten Kriterien für ihre fachgerechte Erbringung (Qualität). Damit kann sich ein arzthaftungsrechtliches Fehlverhalten des Leistungserbringers sowohl im Rahmen der sachlich-rechnerischen Berichtigung seiner Quartalsabrechnung nach § 106 Abs. 2 a SGB V wie im Rahmen der Wirtschaftlichkeitsprüfung nach § 106 Abs. 2, 2a SGB V auswirken.

3. Sachlich-rechnerische Berichtigung

Die Kassenärztliche Vereinigung prüft die Honorarabrechnung des Arztes **88** nach § 45 Abs. 1 Bundesmantelvertrag-Ärzte nicht von Amts wegen dahingehend, ob dem Arzt im Rahmen der Leistungserbringung ein arzthaftungsrechtliches Fehlverhalten unterlaufen ist oder nicht. Vielmehr beschränkt sich die Prüfung der Kassenärztlichen Vereinigung von Amts wegen auf die Einhaltung der formalen Voraussetzungen für die Abrechnung der vertragsärztlichen Leistung, § 45 Abs. 1 S. 2 Bundesmantelvertrag-Ärzte. Dies hat seinen Grund darin, dass nicht jedes arzthaftungsrechtliche Fehlverhalten eines Leistungserbringers zum Entfallen seines Honoraranspruches führt.

Aufgrund der formalisierten Prüfung der Abrechnung des Leistungserbringers durch die Kassenärztlichen Vereinigungen sind sachlich-rechnerische **89** Berichtigungen aus Anlass arzthaftungsrechtlichen Fehlverhaltens im vertragsärztlichen Bereich selten, häufiger im vertragszahnärztlichen Bereich. Zur Beurteilung, ob eine sachlich-rechnerische Berichtigung im Falle arzt- und zahnarzthaftpflichtrechtlichen Fehlverhaltens droht, kann die Rechtsprechung herangezogen werden, die sich mit dem Entfallen des zivilrechtlichen Honoraranspruches des Leistungserbringers befasst.

Bonvie

90   Die Voraussetzungen für das Entfallen eines zivilrechtlichen Honoraranspruches des Leistungserbringers sind umstritten. Nach der herrschenden Meinung kommt es darauf an, ob die erbrachte Leistung für den Patienten insgesamt wertlos bzw. sein Interesse an der Behandlung entfallen ist.[22]

91   Nach einer abweichenden Auffassung kommt es nicht allein darauf an, ob die Leistung für den Patienten wertlos geworden oder sein Interesse an der Leistung entfallen ist. Vielmehr soll der Honoraranspruch nur bei besonders groben Pflichtverletzungen entfallen.

92   Dementsprechend ist die Honorarabrechnung eines Leistungserbringers in der vertragsärztlichen Versorgung z. B. dann sachlich-rechnerisch zu berichtigen, wenn der Leistungserbringer eine Operation am falschen Körperteil durchgeführt hat, also z. B. in der rechten statt in der linken Hüfte ein neues Hüftgelenk eingesetzt worden ist.

93   Umstritten ist auch, ob eine Verletzung der Aufklärungspflicht den Honoraranspruch des Leistungserbringers entfallen lässt. Stellt man darauf ab, ob die Leistung für den Patienten werthaltig war bzw. ob das Interesse des Patienten an der erbrachten Leistung aufgrund des arzthaftungsrechtlichen Fehlverhaltens weggefallen ist, so kann die Verletzung der Aufklärungspflicht nicht zu einem Entfallen des Honoraranspruches und zu einer sachlich-rechnerischen Berichtigung führen, wenn der Eingriff erfolgreich verlaufen ist.[23]
Nach einer abweichenden Auffassung soll es darauf ankommen, ob der Eingriff als solcher rechtmäßig war oder nicht. Ist der Patient nicht ordnungsgemäß aufgeklärt worden, so liege keine wirksame Einwilligung vor. Daraus folge, dass ein Honoraranspruch des Leistungserbringers nicht gegeben sei, so dass seine Honorarabrechnung entsprechend sachlich-rechnerisch zu berichtigen wäre.[24] Allerdings kann in diesem Fall der Leistungserbringer einwenden, der Patient hätte sich auch bei ordnungsgemäßer Aufklärung zur Durchführung des Eingriffes entschlossen.

94   Am häufigsten kommt es zu honorarrechtlichen Folgen arzthaftungsrechtlichen Fehlverhaltens im Zusammenhang mit einer fehlerhaften zahnprothetischen Versorgung. Nach § 4 der Vereinbarung über das Gutachterverfahren bei der Versorgung mit Zahnersatz, Anlage 12 zum BMV-Z, kann die Krankenkasse in begründeten Einzelfällen prothetische Leistungen bei vermuteten Planungs- und/oder Ausführungsmängeln überprüfen lassen. In diesem Fall benachrichtigt sie den behandelnden Zahnarzt über die anberaumte Begutachtung und übersendet den Heil- und Kostenplan, der der prothetischen Versorgung zugrunde gelegen hat, einem Gutachter, der im Einvernehmen mit den Landesverbänden der Krankenkassen/Verbänden der Ersatzkassen

---

22 Martis/Winkhart Arzthaftungsrecht, S. 680 ff.
23 OLG Frankfurt MedR 1995, 364, OLG Nürnberg OLG R 2008, 322, 323.
24 OLG Saarbrücken OLG R 2004, 401; OLG Düsseldorf GesR 2003, 326.

Bonvie

durch die jeweilige Kassenzahnärztliche Vereinigung zu bestellen ist. Mängelansprüche bei prothetischen Leistungen können innerhalb von 24 Monaten nach der definitiven Eingliederung bei einem Prothetikeinigungsausschuss geltend gemacht werden, § 5 der Vereinbarung über das Gutachterverfahren bei der Versorgung mit Zahnersatz, Anlage 12 zum BMV-Z. Die Anrufung des Gutachters hemmt diese Frist. Der Prothetikeinigungsausschuss entscheidet durch Beschluss. Über Widersprüche entscheidet die Beschwerdeinstanz. Von den Feststellungen des Gutachters oder des Obergutachters in der Beschwerdeinstanz hängt ab, ob es zu honorarrechtlichen Folgen aus Anlass der fehlerhaften zahnprothetischen Versorgung kommt.

Da die prothetische Versorgung des Patienten Werkvertragsrecht unterliegt, **95** ist der Leistungserbringer allerdings zur Nachbesserung berechtigt. Der Patient ist verpflichtet, den Leistungserbringer auf Druckstellen, Lockerungserscheinungen oder Beweglichkeiten hinzuweisen und durch eine Wiedervorstellung dem Leistungserbringer Gelegenheit zu geben, den Fehler zu beseitigen.[25] Das Nachbesserungsrecht des Leistungserbringers entfällt allerdings dann, wenn die Nachbesserung für den Patienten unzumutbar ist. Dies kann der Fall sein, wenn die Leistung von solch minderer Qualität ist, dass dem Patienten ein Nachbesserungsversuch des Leistungserbringers nicht zugemutet werden kann oder wenn das Behandlungsverhältnis bereits beendet ist.[26] Schließlich wird man von einer Unzumutbarkeit der Nachbesserung auch dann auszugehen haben, wenn zwei Nachbesserungsversuche des Leistungserbringers fehlgeschlagen sind.

4. Wirtschaftlichkeitsprüfung aus Anlass arzthaftungsrechtlichen Fehlverhaltens

Arzthaftungsrechtlich relevantes Fehlverhalten als solches wird kaum eine **96** Wirtschaftlichkeitsprüfung zur Folge haben. Allerdings kann arzthaftungsrechtlich relevantes Fehlverhalten in der Praxis des Arztes Sachverhalte aufdecken, die für den Arzt eine Wirtschaftlichkeitsprüfung und damit einen Regress zur Folge haben können. Dies ist insbesondere dann der Fall, wenn das arzthaftungsrechtlich relevante Fehlverhalten sich zugleich als Verstoß gegen das Wirtschaftlichkeitsverbot darstellt und einen Regress, z. B. einen Arzneimittelregress, zur Folge hat.

▶ Beispiel:
Ein Arzt verordnet einem Patienten abhängigkeitsfördernde Medikamente über einen längeren Zeitraum und führt so einen Schaden in Gestalt einer Abhängigkeit herbei. Durch die Verordnung überschreitet der Arzt die Verordnungsgrenzen nach den Arzneimittelrichtlinien.

---

25 OLG Nauenburg GesR 2008, 164; Schellenberg VersR 2007, 1343, 1344.
26 OLG Oldenburg GesR 2008, 252, 253.

Bonvie

5. Anwaltliche Strategie

a) Perspektive des Leistungserbringers

97 Aus Sicht des Anwalts, der den Leistungserbringer bei der Abwehr des von dem Patienten aus Anlass arzthaftungsrechtlichen Fehlverhaltens geltend gemachten Schadensersatzanspruches vertritt, hat die Frage, ob aus Anlass des arzthaftungsrechtlichen Fehlverhaltens der Honoraranspruch des Arztes entfällt oder nicht, für sich genommen untergeordnete Bedeutung. Eine solche Betrachtungsweise kann sich jedoch dann zu ungunsten des Mandanten auswirken, wenn im Rahmen der Bearbeitung des Mandates Anhaltspunkte zu Tage treten, die über den Einzelfall hinaus für den Mandanten honorarrechtlich erhebliche Nachteile haben können, es also nicht allein um das mögliche Entfallen des Honoraranspruches des Mandanten im Einzelfall geht. Dies kann z. B. der Fall sein, wenn das arzthaftungsrechtlich relevante Fehlverhalten des Arztes Teilstück einer umfassenden Fehlentwicklung in der Praxis des Arztes ist, z. B. erhebliche Dokumentationsmängel bestehen, die nicht nur zur Beweislastumkehr im Arzthaftpflichtprozess, sondern auch zu umfangreichen sachlich-rechnerischen Berichtigungen durch die zuständige Kassenärztliche Vereinigung wegen fehlenden Nachweises der Abrechnungsvoraussetzungen führen können. Zur Beratung im Rahmen des arzthaftungsrechtlichen Mandats gehört damit auch, bei entsprechendem Anlass den Mandanten zu befragen, ob sich das aus Anlass des arzthaftungsrechtlichen Fehlverhaltens zu Tage getretene Defizit nur im arzthaftungsrechtlich zu bearbeitenden Fall findet oder Ausdruck einer über diesen Einzelfall hinaus greifenden Fehlentwicklung ist.

98 Dem Anwalt, der den Leistungserbringer im Zusammenhang mit der Geltendmachung seines Honoraranspruches vertritt, muss bewusst sein, dass die Auseinandersetzung über das von dem Leistungserbringer geltend gemachte Honorar nicht selten Ausgangspunkt arzthaftpflichtrechtlicher Auseinandersetzungen ist. Glaubt der Patient, nicht ordnungsgemäß behandelt geworden zu sein, so bestreitet er in aller Regel zunächst den Honoraranspruch. So kommt es nicht selten vor, dass der Patienten den Leistungserbringer zunächst auf die aus seiner Sicht fehlerhafte Behandlung aufmerksam macht und von diesem verlangt, ganz oder teilweise auf sein Honorar zu verzichten. Der Anwalt des Leistungserbringers wird in diesem Fall nicht nur prüfen, ob tatsächlich die Voraussetzungen des Vergütungsanspruches entfallen sind, sondern auch mit dem Leistungserbringer klären, ob Risiken aufgrund einer möglicherweise fehlerhaften Behandlung aus arzthaftpflichtrechtlicher Sicht gegeben sind. Je nach dem, wie die Risiken einer arzthaftpflichtrechtlichen Auseinandersetzung in Folge einer solchen Prüfung einzuschätzen sind, kann es sich empfehlen, dem Leistungserbringer zu raten, ganz oder teilweise gegen Generalquittung auf seinen Honoraranspruch zu verzichten; dieser Ratschlag sollte allerdings nur mit der gebotenen Vorsicht gegeben werden, weil ein solches Vorgehen bei den

Bonvie

Patienten auch den Eindruck hervorrufen kann, der Arzt habe etwas zu verbergen. Zudem sollte dieser Ratschlag nur in enger Abstimmung mit der
Haftpflichtversicherung gegeben werden.

b) Perspektive des Geschädigten

Der den Patienten im Rahmen des Arzthaftpflichtverfahrens vertretende   **99**
Anwalt hat nicht nur zu prüfen, ob seinem Mandanten ein Anspruch aus
Arzthaftung zusteht, sondern auch zu klären, ob er berechtigt ist, ganz oder
teilweise die Zahlung des geltend gemachten Honorars zu verweigern. Für
den Klageantrag ist entscheidend, ob der Patient bereits Zahlung geleistet
hat oder nicht. Hat der Patient bereits Zahlung geleistet, so ist – liegen die
Voraussetzungen für ein Entfallen des Honoraranspruches vor – zu beantragen, den Leistungserbringer auf Rückzahlung des Honorars zu verur-
teilen. Ist noch keine Zahlung geleistet worden, so ist zu beantragen, festzustellen, dass der Honoraranspruch des Leistungserbringers nicht besteht
(negative Feststellungsklage).

II. Disziplinarrechtliche Folgen

1. Fallgestaltungen

Disziplinarrechtliche Folgen bei arzthaftungsrechtlichem Fehlverhalten   **100**
sind selten. Rechtsgrundlage für disziplinarrechtliche Sanktionen ist § 81
Abs. 5 S. 2 SGB V in Verbindung mit dem Satzungsrecht der jeweiligen
Kassenärztlichen Vereinigung. Ziel des vertragsarztrechtlichen Disziplinarrechts ist es, darauf hin zu wirken, dass der Vertragsarzt seine vertragsärztlichen Pflichten einhält. Insofern weist daher das vertragsärztliche Disziplinarrecht weitgehende Parallelen zum allgemeinen ärztlichen Berufsrecht
auf. Auch im vertragsärztlichen Disziplinarrecht gilt, dass ärztliches Fehlverhalten nur dann disziplinarrechtlich relevant ist, wenn es der Art und
der Schwere nach einen Schluss darauf zu lässt, dass der Vertragsarzt die
vertragsarztrechtlichen Pflichten ohne Pflichtenmahnung nicht hinreichend
beachtet. Die Behandlung eines GKV-Patienten lege artis gehört zwar auch
zu den Pflichten des Vertragsarztes; neben einer allgemein-berufsrechtli-
chen Sanktion wird jedoch wegen eines Arzthaftungsfehlers eine disziplinarrechtliche Ahndung durch die zuständige Kassenärztliche Vereinigung
in aller Regel nicht in Betracht kommen, weil die berufsrechtliche Sanktion
das Unrechtsverhalten des Beschuldigten – was die fehlerhafte Behandlung
des Patienten anbetrifft – in vollem Umfange erschöpft.

Dies gilt allerdings dann nicht, wenn weitere vertragsärztliche Verpflich-   **101**
tungen verletzt sind, die über die berufsrechtliche Generalpflicht, das Leben des Patienten zu schützen, die Gesundheit zu erhalten und Leiden zu
lindern, hinausgehen. So kann es zu einer an ein arzthaftungsrechtlich relevantes Fehlverhalten anknüpfenden Disziplinarmaßnahme der zuständigen

Kassenärztlichen Vereinigung kommen, wenn dem Arzt ein Organisationsverschulden anzulasten ist, z. B. der arzthaftungsrechtlich relevante Fehler
auf einer unzureichenden, den Bestimmungen des Bundesmantelvertrages-
Ärzte nicht entsprechenden Organisation seiner Praxis beruht. Eine Disziplinarmaßnahme darf zwar nur ergehen, wenn der betroffene Arzt eine
Pflichtverletzung begangen hat und ihn insofern auch ein Verschulden trifft.
Allerdings ist es nicht erforderlich, dass der Vertragsarzt den Verstoß gegen die vertragsärztlichen Pflichten eigenhändig begangen hat. Es reicht aus,
wenn ein pflichtverletzendes Verhalten seiner Praxisangestellten vorliegt,
ihm aber vorzuwerfen ist, dass er sie nicht sorgsam auswählte, anleitete oder
überwachte. Anders als im Haftungsrecht gibt es jedoch eine schematische
Zurechnung des schuldhaften Fehlverhaltens der Praxisangestellten gem.
§ 278 S. 1 BGB nicht. Diese Regelung gilt nicht für disziplinarrechtliche
Maßnahmen.[27]

▶ Beispiel:
Eine praktische Ärztin delegiert die Grippeimpfung auf eine Praxisangestellte. Bei einer Patientin kommt es nach der Grippeimpfung zu schweren Schulterbeschwerden. Die Patientin behauptet, die Impfung sei zu
hoch angesetzt worden. Hierdurch sei ein Kalkdepot in der Schulter gelöst und ein so genanntes Impeachment aktiviert worden. Aus Anlass der
arzthaftungsrechtlichen Überprüfung wird offenkundig, dass die Praxisangestellte bei mehreren Patienten die Namen anderer bei derselben
Krankenkasse versicherter Patienten eingetragen hatte, da die Patienten
trotz mehrfacher Mahnungen ihre Krankenscheine nicht vorgelegt hatten. Arzthaftungsrechtlich haftet die praktische Ärztin nach § 278 BGB,
sollte sich im Rahmen der haftungsrechtlichen Überprüfung herausstellen, dass die Praxisangestellte die Grippeimpfung nicht kunstgerecht verabreicht hat. Disziplinarrechtlich haftet die praktische Ärztin für die Praxisangestellte insoweit, als sie die Praxisangestellte im Hinblick auf die
vertragsärztliche Verpflichtung zur ordnungsgemäßen Bearbeitung von
Krankenscheinen nicht sorgsam ausgewählt, angeleitet oder überwacht
hat.

102 Zu disziplinarrechtlichen Folgen kann es kommen, wenn der beschuldigte
Arzt sich weigert, gegenüber der Kassenärztlichen Vereinigung Auskunft
zu erteilen und die zur Prüfung eines Sachverhaltes erforderlichen Unterlagen vorzulegen.

▶ Beispiel:
Im Rahmen eines Arzthaftpflichtverfahrens ergeben sich Anhaltspunkte,
dass ein Vertragsarzt gegen die Dokumentationspflichten einer für sein

---

27 LSG Baden-Württemberg MedR 1995, 39 ff.

Fachgebiet bestehenden Qualitätssicherungsrichtlinie gem. § 136 Abs. 1 SGB V verstoßen haben könnte. Die zuständige Kassenärztliche Vereinigung fordert den Vertragsarzt auf, den Nachweis der Einhaltung der Qualitätssicherungsrichtlinie durch Vorlage entsprechender Unterlagen zu führen. Die Kassenärztliche Vereinigung begründet dies mit § 136 Abs. 1 SGB V, wonach sie berechtigt sei, Stichprobenprüfungen zum Zwecke der Qualitätssicherung durchzuführen. Der Vertragsarzt lehnt die Vorlage der Unterlagen ab, was die Kassenärztliche Vereinigung veranlasst, ein Disziplinarverfahren gegen den Vertragsarzt zu eröffnen.[28]

! Sollte der Anwalt im Rahmen eines Arzthaftpflichtmandates Anhalts­punkte dafür haben, dass in der Praxis des Mandanten strukturelle Mängel bestehen, die in vertragsarztrechtlicher Hinsicht disziplinar­rechtliche Konsequenzen haben können, so muss dies dem Mandanten dargestellt und erwogen werden, Gegenstrategien zur Beseitigung der strukturellen Mängel zu entwickeln. Kommt es zu einem Disziplinar­verfahren, so lässt sich nur auf diese Weise argumentieren, der Man­dant habe den arzthaftungsrechtlichen Vorwurf genutzt, um aus eige­nem Antrieb Gegenstrategien zu entwickeln. So hat der Mandant die Chance, dass Disziplinarverfahren abzuwenden oder zumindest eine die Fortsetzung seiner vertragsärztlichen Tätigkeit ermöglichende Dis­ziplinarmaßnahme zu erreichen.   **103**

2. Verfahren

Das Disziplinarverfahren beginnt mit dem Beschluss des Vorstandes der Kassenärztlichen Vereinigung, ein Disziplinarverfahren einzuleiten. Zu­ständig innerhalb der Kassenärztlichen Vereinigung für die Durchführung des Disziplinarverfahrens ist der Disziplinarausschuss. Der Disziplinaraus­schuss ist nicht – wie der Zulassungsausschuss – eine Einrichtung des Sozi­alversicherungsrechts mit eigener körperschaftlicher Struktur, sondern eine Einrichtung der Kassenärztlichen Vereinigung selbst. Im Fall einer Diszipli­narmaßnahme wird also nicht der Disziplinarausschuss verklagt, sondern die zuständige Kassenärztliche Vereinigung, der das Handeln des Diszipli­narausschusses zugerechnet wird.   **104**

Der Disziplinarausschuss entscheidet über die Eröffnung des Disziplinar­verfahrens. Wird das Disziplinarverfahren eröffnet, so wird dem Beschul­digten die Antragsschrift der Kassenärztlichen Vereinigung zugestellt mit der Aufforderung, binnen einer vom Disziplinarausschuss zu bestimmen­den Frist Stellung zu nehmen. In der Regel führt der Disziplinarausschuss eine mündliche Verhandlung durch, in der ggf. auch Zeugen vernommen   **105**

---

28 LSG Saarland Urt. v. 01.4.1998 – L 3 Ka 19/96.

und Sachverständige gehört werden können. Das Disziplinarverfahren kann mit einem Freispruch des Beschuldigten, im Falle geringer Schuld mit einer Einstellung unter Auflagen, mit einer Verwarnung, einem Verweis, einer Geldbuße, oder mit der Anordnung des Ruhens der vertragsärztlichen Zulassung für die Dauer von 2 Jahren enden. Kommt es zu einer Disziplinarmaßnahme, so wird die Disziplinarmaßnahme durch Bescheid festgestellt. Gegen den Bescheid ist der Widerspruch zur Kassenärztlichen Vereinigung gegeben. Gegen den Widerspruchsbescheid ist das sozialgerichtliche Verfahren eröffnet.[29]

III.   Folgen für die Vertragsarztzulassung

106   Der im Arzthaftpflichtrecht tätige Anwalt muss schließlich berücksichtigen, dass im Falle eines arzthaftungsrechtlichen Fehlverhaltens auch die Entziehung der vertragsärztlichen Zulassung drohen kann. Während die Kassenärztliche Vereinigung mit Hilfe des Disziplinarverfahrens ein Ruhen der vertragsärztlichen Zulassung bis zur Dauer von 2 Jahren bewirken kann, ist die Entziehung der Zulassung einer Entscheidung des jeweiligen Zulassungsausschusses vorbehalten, § 27 Ärzte-ZV. Der Zulassungsausschuss kann von Amts wegen ein Verfahren zur Entziehung der Zulassung einleiten, denkbar ist aber auch, dass die zuständige Kassenärztliche Vereinigung aufgrund der Art oder der Schwere des Pflichtenverstoßes beim Zulassungsausschuss die Entziehung der Zulassung des betroffenen Vertragsarztes beantragt. Antragsberechtigt sind auch die Krankenkassen. Rechtsgrundlage für eine Entziehung der Zulassung ist § 95 Abs. 6 SGB V. Danach ist die Zulassung zu entziehen, wenn ihre Voraussetzungen nicht oder nicht mehr vorliegen, der Vertragsarzt die vertragsärztliche Tätigkeit nicht aufnimmt oder nicht mehr ausübt oder seine vertragsärztlichen Pflichten gröblich verletzt. Eine gröbliche Pflichtverletzung liegt vor, wenn durch sie das Vertrauen der KV und der Krankenkassen insbesondere in die ordnungsgemäße Behandlung der Versicherten und in die Rechtmäßigkeit der Abrechnung durch den Arzt so gestört ist, dass diesen eine weitere Zusammenarbeit mit dem Arzt nicht zugemutet werden kann.

▶ Beispiel:
Einem Gynäkologen wurde vorgeworfen, eine Eileiterschwangerschaft übersehen und die notwendigen Ultraschalluntersuchungen nicht durchgeführt oder veranlasst zu haben. Zudem habe er seiner ärztlichen Dokumentationspflicht nicht genügt. Des Weiteren wurde ihm vorgehalten, er führe eine Zusatzbezeichnung ohne Genehmigung der Ärztekammer. Schließlich seien seine Honorarabrechnungen wegen unwirtschaftlicher Behandlungsweise gekürzt worden. Zudem habe er Mitarbeiter der Kas-

---

29 Im Einzelnen: Ehlers, Praxis des Disziplinarrechts, München 2001

senärztlichen Vereinigung beleidigt. Aufgrund eines Disziplinarverfahrens war das Ruhen der Zulassung für 2 Jahre angeordnet worden. Der Beschuldigte praktizierte jedoch weiter. Daraufhin beschloss auf Antrag der Kassenärztlichen Vereinigung der Zulassungsausschuss die Entziehung der Zulassung nach § 95 Abs. 6 SGB V. Dem Landessozialgericht Baden-Württemberg reichten diese Gründe für eine Zulassungsentziehung (noch) nicht aus.[30]

Gegen eine Entziehung der Zulassung durch den Zulassungsausschuss ist der Widerspruch zum Berufungsausschuss gegeben. Im Falle einer Zurückweisung des Widerspruches ist das sozialgerichtliche Verfahren eröffnet. Der Widerspruch gegen die Zulassungsentziehung hat aufschiebende Wirkung, so dass der Beschuldigte zunächst weiter praktizieren kann. Ist Sofortvollzug angeordnet, so entfällt die aufschiebende Wirkung. Es bedarf in diesem Fall eines Antrages auf Wiederherstellung der aufschiebenden Wirkung an das zuständige Sozialgericht nach § 86 a Abs. 2 Nr. 5, 86 b Abs. 1 Nr. 3 SGG. Gegen die Entscheidung des Sozialgerichts ist die Beschwerde zum LSG eröffnet, § 72 Abs. 1 SGG.

107

E. Arbeitsrechtliche Folgen arzthaftungsrechtlichen Fehlverhaltens

I. Arbeitsrechtliche Folgen bei Begründung des Arbeitsverhältnisses

Jeden Arbeitgeber interessiert, ob der Bewerber, der möglicherweise für die zu besetzende Stelle in Betracht kommt, über eine entsprechende Qualifikation verfügt oder nicht. Arzthaftungsrechtlich relevantes Fehlverhalten eines Bewerbers könnte einen Arbeitgeber veranlassen, von der Einstellung abzusehen. Damit ist bei Begründung des Arbeitsverhältnisses arzthaftungsrechtliches Fehlverhalten in zweifacher Hinsicht relevant.

108

Für den Bewerber stellt sich die Frage, ob er verpflichtet ist, arzthaftungsrechtlich relevantes Fehlverhalten zu offenbaren. Für den Arbeitgeber stellt sich die Frage, ob er im Rahmen des Bewerbungsverfahrens nach arzthaftungsrechtlich relevantem Fehlverhalten des jeweiligen Bewerbers fragen darf.

109

Zunächst sind die Informationspflichten des Bewerbers von dessen Offenbarungspflichten zu unterscheiden. Die Informationspflicht eines Bewerbers begründet die Verpflichtung zur wahrheitsgemäßen Beantwortung bestimmter Fragen, während die Offenbarungspflicht den Bewerber zur ungefragten Aufklärung über bestimmte Umstände verpflichtet.

110

---

30 LSG Baden-Württemberg Urt. v. 11.9.2002 – L 5 KA 3536/01.

111 Eine Informationspflicht des Bewerbers kann also nur dann verletzt sein, wenn ein Informationsrecht des Arbeitgebers besteht und der Arbeitgeber eine entsprechende Information wünscht, d .h. den Bewerber befragt. Eine Informationspflicht besteht dann nicht, wenn die Frage des Arbeitgebers in keinem Zweckzusammenhang mit dem geplanten Arbeitsverhältnis steht und der Arbeitgeber daher kein berechtigtes, billigenswertes und schutzwürdiges Interesse an der Beantwortung der Frage hat.[31]

112 Der Bewerber hat dem Arbeitgeber auf dessen Frage die gewünschten Informationen zu erteilen, wenn die Beantwortung der Frage für den zu besetzenden Arbeitsplatz und die zu verrichtende Tätigkeit von Bedeutung ist. Es kommt auf eine Abwägung der beiderseitigen Interessen an.[32] Damit ist abzuwägen, ob das Interesse des Bewerbers, seine persönlichen Lebensumstände zum Schutz seines Persönlichkeitsrechts und zur Sicherung der Unverletzlichkeit seiner Privatsphäre geheim zu halten, das Interesse des Arbeitgebers an der Information überwiegt.[33]

113 Ein Informationsrecht des Arbeitgebers besteht dann nicht, wenn gegen den Bewerber ein arzthaftungsrechtlich relevanter Vorwurf erhoben worden ist, dieser aber noch nicht durch rechtskräftige Entscheidung festgestellt wurde. In diesem Fall besteht noch kein konkreter Anhaltspunkt dafür, dass das arzthaftungsrechtlich relevante Fehlverhalten des Arbeitsnehmers überhaupt besteht, geschweige denn, welche Auswirkungen sich aus dem möglichen arzthaftungsrechtlich relevanten Fehlverhalten des Arbeitnehmers auf seine Tätigkeit im Betrieb des potentiellen Arbeitgebers ergeben.

114 Ist das arzthaftungsrechtlich relevante Fehlverhalten des Bewerbers rechtskräftig festgestellt, so wird es für das Informationsrecht des Arbeitgebers darauf ankommen, ob das arzthaftungsrechtlich relevante Fehlverhalten des Bewerbers so geartet ist, dass er seine zukünftige Tätigkeit nicht ordnungsgemäß ausführen kann. Hier kommt es zum einen auf Art und Schwere des arzthaftungsrechtlich relevanten Fehlverhaltens, ferner auf die Art der zukünftigen Tätigkeit an. Handelt es sich z. B. bei der zukünftigen Tätigkeit um eine Tätigkeit in der Verwaltung des Krankenhausträgers mit medizinischem Hintergrund, so wird diese Tätigkeit des Arbeitnehmers in der Regel auch durch ein schwereres arzthaftungsrechtlich relevantes Fehlverhalten nicht nachteilig beeinflusst.

115 Umstritten ist, ob eigene Erkrankungen des Bewerbers, die ggf. bereits im Rahmen seiner bisherigen Tätigkeit zu Ansteckungen von Patienten geführt haben, eine Informationspflicht des Bewerbers begründen, z. B. bei einer HIV-Infizierung des Bewerbers oder bei einer Hepatitiserkrankung. In der

---

31 BAG NZA 1985, S. 57, Preis in ErfK § 611 Rn. 333.
32 BAG NZA 1996, 371.
33 BAG NZA 1996, S. 37.

Regel besteht eine Informationspflicht des Bewerbers, wenn tätigkeitsbedingt ein erhöhtes Ansteckungsrisiko für Dritte existiert.[34] Grund hierfür ist, dass der Arbeitgeber Maßnahmen ergreifen muss, um die Ansteckung des Patienten im Falle der Anstellung des Bewerbers zu verhindern.

Offenbarungspflichten verpflichten den Bewerber, den Arbeitgeber von sich aus über Umstände zu unterrichten, die dem Bewerber die Erfüllung der arbeitsvertraglichen Leistungspflicht unmöglich machen oder sonst für den in Betracht kommenden Arbeitsplatz von ausschlaggebender Bedeutung sind.[35] Ein Bewerber ist verpflichtet seinen Gesundheitszustand ohne Frage des Arbeitgebers zu offenbaren, wenn er in Folge einer bestehenden Krankheit nicht in der Lage ist, seine Tätigkeit aufzunehmen.[36]   **116**

Wird einem Bewerber im Rahmen eines Vorstellungsgespräches eine unzulässige Frage gestellt, so kann er sie unbeantwortet lassen, kann aber auch die Unwahrheit sagen, da das Schweigen auf bestimmte Fragen des Arbeitgebers dazu führen kann, dass der Arbeitgeber für den Bewerber benachteiligende Schlüsse aus dem Schweigen zieht. Die unwahre Erklärung des Bewerbers berechtigt den Arbeitgeber nicht zur Anfechtung nach § 123 BGB.[37] Wird der Bewerber aufgrund einer unzulässigen Frage nicht ausgewählt, so kann ihm ein Schadensersatzanspruch nach § 280 Abs. 1 S. 1 BGB zustehen. Der Bewerber kann verlangen, so gestellt zu werden, wie er ohne das schuldhafte Verhalten des Arbeitgebers stünde.   **117**

Hat der Bewerber eine zulässige Frage des Krankenhausträgers falsch beantwortet, so stehen dem Arbeitgeber Schadensersatzansprüche gemäß § 280 Abs. 1 BGB zu. Allerdings muss der Arbeitgeber abweichend von § 280 Abs. 1 BGB das Vertretenmüssen des Bewerbers darlegen und beweisen, § 619 a) BGB. Diese Regelung gilt aber nur dann, wenn der Schadensersatzanspruch des Arbeitgebers im Rahmen betrieblich veranlasster Tätigkeiten entstanden ist. Der Bewerber wird jedoch in der Anbahnung des Arbeitsverhältnisses noch nicht in das betriebliche Geschehen so integriert sein, dass § 619 a) BGB anwendbar ist.[38]   **118**

❗ Für den Anwalt eines Heilberufsangehörigen, der wegen arzthaftpflichtrechtlich relevanten Fehlverhaltens in Anspruch genommen wird bzw. in Anspruch genommen wurde, wird demnach Veranlassung bestehen, mit dem Mandanten die Frage zu erörtern, welche Konsequenzen sich aus diesem arzthaftungsrechtlich relevanten Fehlverhalten für einen zukünftigen Stellenwechsel des Mandanten ergeben. Dies   **119**

---

34 Preis in ErfK § 611 Rn. 344; Braun MDR 2004, 64, 67.
35 BAG NZA 1991, 719, Preis in ErfK § 611 Rn. 353.
36 BAG NJW 1964, 1197, a. A. Kramer in Müko § 123 Rn. 19.
37 BAG NZA 1996, 271; Preis in ErfK § 611 Rn. 334
38 Weth/Thomae/Reichold, Arbeitsrecht im Krankenhaus, Teil 3 B Rn. 58.

gilt, wenn Anhaltspunkte dafür bestehen, dass ein Wechsel des Arbeitsverhältnisses in absehbarer Zeit in Betracht kommt.

II. Haftungsrechtliche Risiken des Arbeitnehmers im Falle arzthaftungsrechtlich relevanten Fehlverhaltens

1. Anwaltstrategische Vorüberlegungen

120 Aufgrund der Anspruchsgrundlagenkonkurrenz zwischen dem Anspruch aus Vertragshaftung und unerlaubter Handlung kann der Patient Arzthaftungsansprüche sowohl gegenüber dem Vertragspartner des Behandlungsvertrages, sei es einem Krankenhausträger oder einem niedergelassenen Arzt, oder gegenüber demjenigen geltend machen, der nach Auffassung des Patienten die unerlaubte Handlung begangen hat. Häufig nimmt der Patient die am Schadensereignis beteiligten Ärzte auch deshalb in Anspruch, um sie als mögliche Zeugen im Rahmen eines Arzthaftpflichtprozesses auszuschließen.

121 Für den Anwalt, dem durch den Arbeitgeber oder den Haftpflichtversicherer die Übernahme des Mandates angetragen wird, stellt sich zunächst die Frage, ob er das Mandat sowohl für den Arbeitgeber als auch den/die Arbeitnehmer führen soll. Er muss hierbei bedenken, dass es im Rahmen der Mandatswahrnehmung zu widerstreitenden Interessen zwischen den Beteiligten kommen kann. Auf den ersten Blick erscheint dies unwahrscheinlich, weil Arbeitgeber und Arbeitnehmer gleichlaufende Interessen haben, nämlich den Anspruch abzuwehren. Gelingt dies, so ist in der Regel auch eine Interessenkollision nicht gegeben. Eine Interessenkollision kann aber auftreten, wenn sich im Arzthaftpflichtprozess z. B. das Fehlverhalten schwerer darstellt als zunächst angenommen oder wenn der Anspruch ganz oder teilweise nur dadurch abgewehrt werden kann, dass das Fehlverhalten eines anderen Arbeitnehmers desselben Arbeitgebers aufgedeckt wird. Im ersten Fall kommt es zur Interessenkollision, wenn der Arbeitgeber diese Entscheidung zum Anlass nehmen will, sich von dem Arbeitnehmer zu trennen. Im zweiten Fall kann es zu Problemen kommen, wenn der Arbeitgeber nicht wünscht, dass das mögliche Fehlverhalten des anderen Arbeitnehmers in den Arzthaftpflichtprozess eingeführt wird. Schließlich kann es auch dann zu Schwierigkeiten für den das Mandat führenden Anwalt kommen, wenn der Arbeitnehmer – vom Arbeitgeber in Regress genommen – ein Mitverschulden des Arbeitsgebers, z. B. aus dem Gesichtspunkt des Organisationsmangels geltend macht. Vor Übernahme des Mandats für Arbeitgeber und Arbeitnehmer hat daher der Anwalt kritisch zu prüfen, ob sich aus dem im Zusammenhang mit der Mandatsübertragung bekannt gewordenen Sachverhalt Anhaltspunkte für eine mögliche Interessenkollision ergeben können. Sollte eine Interessenkollision nicht von vornherein eindeutig ausgeschlossen sein, empfiehlt es sich, sich bei der anwaltlichen Interessenwahrnehmung auf den Arbeitgeber oder einen der Arbeitnehmer zu beschränken.

Wird der Arbeitnehmer durch den Arbeitgeber aufgrund des Eintritts eines **122** arzthaftungsrechtlichen Schadens in Anspruch genommen, so ergeben sich für den beratenden Anwalt über die Bearbeitung des arzthaftungsrechtlichen Sachverhalts hinausgehende Konsequenzen.

Für den Arbeitgeber – sei es nun ein Krankenhausträger oder ein nieder- **123** gelassener Arzt oder ein MVZ – hat der gegen einen Mitarbeiter erhobene arzthaftungsrechtlich relevante Vorwurf unterschiedliche Konsequenzen. Der arzthaftungsrechtlich relevante Vorwurf kann Ausdruck eines Systemfehlers sein, der den Arbeitgeber veranlassen muss, organisatorische Mängel zu beseitigen, z. B. im Aufklärungs- und Dokumentationsverhalten. Es kann um einen Medizinproduktemangel gehen, der den Arbeitgeber veranlasst, die vorgehaltenen Medizinprodukte auf ihre weitere Verwendbarkeit hin zu untersuchen, ggf. Nachbesserungen vorzunehmen oder einen Austausch durchzuführen.

Der Arbeitgeber wird im Fall eines arzthaftpflichtrechtlich relevanten Vor- **124** wurfes aber auch Aufschluss haben wollen, ob dieser Vorwurf individuelle Defizite einzelner Arbeitnehmer aufdeckt. Solche Defizite müssen den Arbeitgeber dazu veranlassen, Fortbildungsmaßnahmen durchzuführen. Sie können aber auch Anlass sein, den Arbeitnehmer abzumahnen oder den Versuch zu unternehmen, sich von ihm durch ordentliche Kündigung oder fristlose Kündigung zu trennen. Schließlich kann der Arbeitgeber erwägen, ob ein Rückgriff gegenüber dem Arbeitnehmer, sollte dieser arzthaftungsrechtlich verantwortlich sein, zulässig ist oder nicht. Hieraus ergeben sich für den Arbeitgeber dann auch prozessuale Fragen, z. B. ob dem Arbeitnehmer im Arzthaftpflichtprozess der Streit zu verkünden ist, sollte er nicht mitverklagt sein. Der den Arbeitgeber in einem Arzthaftpflichtprozess vertretende Anwalt darf sich also bei Aufnahme des Mandates nicht allein auf den arzthaftungsrechtlich relevanten Vorwurf und dessen Bearbeitung beschränken, sondern muss diese arbeitsrechtlichen Folgen mitbedenken. Will er sich auf den arzthaftungsrechtlich relevanten Vorwurf und dessen Bearbeitung beschränken, so muss er den Arbeitgeber über die denkbaren arbeitsrechtlichen Konsequenzen aufklären und ihm empfehlen, insofern arbeitsrechtlichen Sachverstand beizuziehen. Übernimmt der Anwalt zugleich auch die arbeitsrechtliche Beratung, so wird er bei Aufnahme des Mandates prüfen und mit dem Arbeitgeber erörtern, ob der arzthaftungsrechtlich relevante Vorwurf, unter Berücksichtigung der vom Arbeitgeber vorgehaltenen Betriebshaftpflichtversicherung, einen Rückgriff gegen den Arbeitnehmer erfordert. Ferner wird der beratende Anwalt prüfen, ob sich Anhaltpunkte ergeben, die weitere arbeitsrechtliche Maßnahmen gegenüber

dem Arbeitnehmer rechtfertigen, z. B. in Gestalt der Anordnung von Fortbildungsmaßnahmen, die auf der Grundlage des Direktionsrechts des Arbeitsgebers angeordnet werden können, oder in Gestalt einer Abmahnung
oder gar einer ordentlichen oder fristlosen Kündigung.

125   In gleicher Weise muss der den Arbeitnehmer vertretende Anwalt bei Aufnahme des Mandates entscheiden, ob er den Arbeitnehmer auch in arbeitsrechtlicher Hinsicht beraten will. Auf den ersten Blick werden – anders als
bei der Vertretung des Arbeitgebers – die arbeitsrechtlichen Folgewirkungen eines arzthaftungsrechtlich relevanten Vorwurfes bei Aufnahme des
Mandates nicht im Fokus stehen. Dies liegt daran, dass für den Arbeitnehmer in der Regel – wird nicht von Seiten des Arbeitgebers eine arbeitsrechtliche Maßnahme ergriffen – keine Veranlassung besteht, sich über arbeitsrechtliche Weiterungen Gedanken zu machen. Dies kann aber dann anders
sein, wenn das arzthaftungsrechtlich relevante Fehlverhalten des Arbeitnehmers auf Organisationsmängeln des Arbeitgebers, z. B. der mangelnden
personellen Ausstattung einer Abteilung, beruht und damit eine fortbestehende Fehlerquelle gegeben ist, die den Arbeitnehmer dem Risiko weiterer
arzthaftungsrechtlich relevanter Vorwürfe aussetzt. In diesem Fall muss der
Arbeitnehmer entscheiden, ob er arbeitsrechtliche Maßnahmen ergreifen
will, z. B. in Gestalt einer Überlastungsanzeige gegenüber dem Arbeitgeber
oder in Gestalt der Kündigung des Arbeitsverhältnisses. Letztlich wird für
den Arbeitnehmer auch von Bedeutung sein, ob er mit einem Rückgriffsanspruch des Arbeitgebers rechnen muss.

**2.   Der Arbeitgeberregress bei arzthaftungsrechtlichem Fehlverhal-
ten**

126   Inwieweit der Arbeitgeber gegenüber dem Arbeitnehmer in Falle arzthaftpflichtrechtlich relevanten Fehlverhaltens Rückgriff nehmen kann, hängt
davon ab, ob dem Arbeitnehmer die von der Rechtsprechung entwickelte Haftungsbeschränkung bei Schäden infolge Arbeitnehmerfehlverhaltens
zugute kommt.[39]

a)   Begünstigter Personenkreis

127   Der Arbeitnehmer muss zunächst zum begünstigten Personenkreis zählen.
Grund für die Haftungsprivilegierung ist, dass das mit dem Arbeitnehmer
vereinbarte Arbeitsentgelt in der Regel keine hinreichende Risikoprämie
enthält, die den Rückgriff rechtfertigen würde. Ferner wird der Arbeitnehmer in aller Regel keine derartigen Einflussmöglichkeiten auf das betriebliche Geschehen haben, die es ihm ermöglichen würden, das Schadensrisiko
selbstständig zu steuern.

---

39 Krause in Arbeitsrecht Kommentar § 619 a Rn. 20 ff.

Ob diese Grundsätze auch auf Chefärzte anzuwenden sind, ist differenziert   **128**
zu betrachten. Im Falle des arzthaftungsrechtlich relevanten Fehlverhaltens
von Chefärzten ist eine weitergehende Übertragung von Unternehmerrisi-
ken gegeben, soweit diesen im Rahmen selbstständiger Tätigkeit entsprechende Unternehmerchancen gegenüberstehen. Dies ist zum einen der Fall,
wenn der Chefarzt wie ein Unternehmer berechtigt ist, Verträge mit Patienten zu schließen, ihm also gegenüber Privatpatienten das Liquidationsrecht
zusteht. Haftet das Krankenhaus aus dem sogenannten totalen Krankenhausaufnahmevertrag gegenüber dem Patienten, so kann sich der Chefarzt
gegenüber dem Krankenhausträger nicht auf die Haftungsprivilegierung
für nachgeordnete, angestellte Ärzte berufen, weil das unternehmerische
Risiko bei Krankenhausaufnahmeverträgen mit chefärztlichem Liquidationsrecht letztlich den Chefarzt trifft, der insofern unternehmerisch tätig ist. Inwieweit der Chefarzt sich über diese Fallgestaltung hinaus nicht
auf die Haftungsprivilegierung für Arbeitnehmer berufen kann, hängt von
den Umständen des Einzelfalles ab. So kann es ein Indiz für eine unterneh-
merähnliche Stellung des Arztes sein, wenn dieser über die Anstellung der
ihm unterstellten Stationsärzte oder des ihm unterstellten Pflegepersonals
entscheidet. Indiz für eine Inanspruchnahme der Haftungsprivilegierung
für abhängige Beschäftigte wäre, wenn das Haftungsrisiko, z. B. bei einem
Chefarzt im Gebiet Frauenheilkunde und Geburtshilfe, deutlich höher zu
bewerten ist, als die in der Vergütung des Chefarztes zum Ausdruck kommenden unternehmerähnlichen Chancen.

Da die Frage, ob die Grundsätze der Arbeitnehmerhaftung auf den Chefarzt   **129**
übertragbar sind, häufig von einer Einzelfallbetrachtung abhängen, stellt
sich die Frage, ob der Arbeitgeber die Grundsätze der Arbeitnehmerhaftung vertraglich abdingen kann. Eine Abdingung der Grundsätze der Arbeitnehmerhaftung ist allerdings nur dann möglich, wenn der Arbeitgeber
transparente und differenzierende Regelungen mit dem Chefarzt vereinbart, die auch dessen Interessen mit berücksichtigen. Eine undifferenzierte
Abdingung der Grundsätze der Arbeitnehmerhaftung durch Formularver-
trag dürfte unangemessen benachteiligend sein.[40]

Die Haftungsprivilegierung gilt damit für alle nachgeordneten Ärzte im   **130**
Krankenhaus, MVZ und in der Arztpraxis.

b) Betriebliche Tätigkeit

Die Haftungsprivilegierung kommt dem Arbeitnehmer nur dann zugute,   **131**
wenn der Arbeitnehmer den Schaden im Vollzug einer betrieblichen Tätigkeit verursacht hat. Auf die Frage, ob es sich um eine sogenannte gefahrgeneigte Tätigkeit handelt, kommt es nicht mehr an.[41]

---

40 Sandmann 582; Lindemann 195.
41 BAG (GS) NZA 1994, 1083.

Bonvie

132   Betriebliche Tätigkeiten sind grundsätzlich alle Tätigkeiten, die dem Arbeitnehmer aufgrund eines Arbeitsvertrages übertragen sind oder die der Arbeitnehmer im Interesse des Arbeitgebers für den Betrieb ausführt.[42]

133   Zur betrieblichen Tätigkeit gehören alle Handlungen, die der Arbeitnehmer zur Erfüllung der geschuldeten Arbeitsleistung vornimmt, also z. B. der operative Eingriff durch einen Oberarzt bei einem Patienten des Krankenhausträgers. Um eine betriebliche Tätigkeit handelt es sich aber dann nicht, wenn der Arbeitnehmer nicht in der Lage ist, die geschuldete Tätigkeit tatsächlich im Sinne seiner arbeitsvertraglichen Verpflichtungen sinnvoll auszuüben. Ein solcher Fall kann vorliegen, wenn der angestellte Arzt aufgrund Alkoholisierung oder Medikamenteneinnahme nicht mehr in der Lage ist, die operative Tätigkeit verantwortlich auszuüben. In einem solchen Extremfall haftet der Arbeitnehmer mangels betrieblicher Tätigkeit dem Arbeitgeber in vollem Umfang, ohne sich auf die Grundsätze der Haftungsprivilegierung berufen zu können. In gleicher Weise kann der Arbeitnehmer sich dann nicht auf die Grundsätze der Haftungsprivilegierung berufen, wenn sich Schadensrisiken realisiert haben, die ausschließlich im Interesse des Arbeitnehmers liegen.[43] Dies kann z. B. dann der Fall sein, wenn der angestellte Arzt eines Krankenhauses in Überschätzung seiner fachlichen Möglichkeiten fachfremde Tätigkeiten ausübt und diese nicht mehr in einem Zusammenhang mit dem betrieblichen Geschehen stehen.

c)   Umfang der Haftungsprivilegierung

134   In welchem Umfang der Arbeitnehmer privilegiert wird, richtet sich nach dem Verschuldensgrad. In der Rechtsprechung hat sich ein dreistufiges Haftungsmodell herausgebildet, das zwischen Vorsatz/grober Fahrlässigkeit, mittlerer Fahrlässigkeit und geringer Fahrlässigkeit unterscheidet.[44]

135   Im Fall von Vorsatz und grober Fahrlässigkeit hat der Arbeitnehmer in der Regel den gesamten Schaden zu tragen.[45]

136   Vorsatz ist dann gegeben, wenn der Arbeitnehmer eine konkrete vertragliche oder gesetzliche Verhaltenspflicht wissentlich und willentlich verletzt. Grobe Fahrlässigkeit liegt dann vor, wenn der Arbeitnehmer die im Verkehr erforderliche Sorgfalt nach den gesamten Umständen in ungewöhnlich hohem Maße verletzt und unbeachtet lässt, was im gegebenen Fall jedem hätte einleuchten müssen.[46] Neben dem objektiv schwerwiegenden Pflichtverstoß muss auch ein subjektiv schlechthin unentschuldbares Verhalten

---

42 BAG NZA 2003, 37.
43 BAG NZA 1984, 83.
44 BAG (GS) NZA 1994, 1083.
45 BAG NZA 1998, 310.
46 BAG NZA 2002, 612.

vorliegen, wobei die individuellen Fähigkeiten des Schädigers zu berücksichtigen sind.[47]

Nach der Rechtsprechung kann es je nach den Gesamtumständen des Einzelfalls auch bei grober Fahrlässigkeit zu Haftungserleichterungen kommen.[48] Entscheidend ist, ob der Verdienst des Arbeitnehmers in einem deutlichen Missverhältnis zum Schadensrisiko der Tätigkeit steht.[49] Hierbei ist zu beachten, dass der Begriff des groben Behandlungsfehlers und der Begriff der groben Fahrlässigkeit nicht identisch sind. Während der Begriff des groben Behandlungsfehlers dazu dient, die Beweislast zugunsten des Patienten zu ändern, damit also an der Beweisnot des Patienten für den Ursachenzusammenhang zwischen Verhalten des Arztes und Gesundheitsverletzung anknüpft, grenzt der Begriff der groben Fahrlässigkeit das dem Arbeitgeber zuzuordnende betriebliche Risiko von den billigerweise dem Arbeitnehmer anzulastenden haftungsrechtlichen Folgen für grobes Fehlverhalten ab. Die Feststellung eines groben Behandlungsfehlers kann damit nur ein Indiz dafür sein, dass dem Arbeitnehmer grobe Fahrlässigkeit anzulasten ist; aus der Feststellung des groben Behandlungsfehlers folgt jedoch nicht unmittelbar und zwingend, dass und in welchem Umfange eine Arbeitnehmerhaftung anzunehmen ist.

137

In dem dem Urteil des BAG vom 25.09.1997[50] zugrunde liegenden Fall hatte eine Ärztin anlässlich einer Bluttransfusion den Tod der Patientin verursacht. Grund hierfür war, dass sie – ohne besondere Stresssituation – gleich mehrere Sicherheitsmaßnahmen missachtet hatte, die eine Verwechslung von Blutgruppen ausschließen sollten. In dem Urteil heißt es: »Wegen der akuten Lebensgefährdung, die bei der Übertragung von Blut einer falschen Blutgruppe entsteht, ist eine solche Häufung von Fehlern und Unterlassungen durch einen Arzt schlechterdings nicht hinnehmbar. Ein solches ärztliches Fehlverhalten ist als besonders grobe Fahrlässigkeit zu bewerten. Eine Haftungsmilderung nach den Grundsätzen der Arbeitnehmerhaftung ist im konkreten Fall auch nicht im Hinblick auf die Höhe des eingetretenen Schadens angezeigt.« Das Bundesarbeitsgericht schließt in diesem Fall die Haftungsprivilegierung mit dem Hinweis auf die Nichtbeachtung der Sicherheitsmaßnahmen, die akute Lebensgefährdung und den Schadensumfang aus.

138

Die Entscheidung des Bundesarbeitsgerichts vom 04.05.2006[51] wendet die Grundsätze der Haftungsprivilegierung bei einem groben Behandlungsfehler an.

139

---

47 BAG NZA 2007, 1230.
48 BAG NJW 1998, 1811.
49 BAGE 63, 127; NJW 1990, 468.
50 BAG NJW 1998, 1811.
51 BAG GesR 2007, 572.

Bonvie

Anlass war eine verspätet eingeleitete Kaiserschnittentbindung mit schwerwiegenden Hirnschäden für das Neugeborene. Im Rahmen des Haftungsprozesses wurde festgestellt, dass die Schäden des Neugeborenen auf das fehlerhafte Verhalten der verantwortlichen Ärzte zurückzuführen waren. Der Krankenhausträger nahm gegenüber den Arbeitnehmern Rückgriff mit der Begründung, im Arzthaftungsprozess sei ein grober Behandlungsfehler festgestellt worden, dieser schließe die Anwendung der Grundsätze der Haftungsprivilegierung für Arbeitnehmer aus.

Das Bundesarbeitsgericht stellt klar, dass von einem groben Behandlungsfehler nicht automatisch auf grobe Fahrlässigkeit des angestellten Arztes geschlossen werde könne. Vielmehr müsse jedem einzelnen der behandelnden Ärzte ein eigener Schuldanteil im Sinne eines grob fahrlässigen Fehlverhaltens nachgewiesen werden. Insofern komme dem Arbeitgeber im Regressprozess gegen die handelnden Ärzte die Beweiserleichterungen für Patienten nicht zugute. Der Arbeitgeber müsse im vollen Umfange darlegen und beweisen, welche individuellen Pflichtverletzungen und welcher Grad an Verschulden den einzelnen Ärzten vorzuwerfen seien. Insofern gehöre es zu den Obliegenheiten eines Klinikbetreibers, der sich einen späteren Rückgriff gegen seine Angestellten offen halten wolle, beizeiten die nötigen Beweissicherungsmaßnahmen zu treffen.

140 Bei mittlerer Fahrlässigkeit, die gemäß des § 276 Abs. 2 BGB im Fall des Außerachtlassens der im Verkehr erforderlichen Sorgfalt durch den Arbeitnehmer gegeben ist, kommt es zur Schadensteilung aufgrund einer Abwägung der Gesamtumstände, insbesondere von Schadensanlass und Schadensfolge nach Billigkeits- und Zumutbarkeitskriterien.[52], z. B. :
- Gefahrneigung der Tätigkeit,
- Ausmaß des Arbeitnehmerverschuldens,
- Überlastung des Arbeitnehmers,
- Arbeitsleistung in Konfliktsituationen,
- Fehlende berufliche Erfahrung des Arbeitnehmers,
- Verhältnis zwischen Arbeitsentgelt und eingetretenem Schaden,
- Stellung des Arbeitnehmers im Betrieb,
- Dauer der schadensfreien Tätigkeit des Arbeitnehmers,
- Dauer der Betriebszugehörigkeit,
- Lebensalter und
- Familienverhältnisse.

141 Bei leichtester Fahrlässigkeit entfällt die Haftung des Arbeitsnehmers vollständig.[53] Hierbei handelt es sich um die typischen Fälle des Versehens.

---

52 BAG NZA 2003, 37; BAG (GS) NZA 1994, 1083.
53 BAG (GS) NZA 1994, 1083.

Bonvie

d) Anwaltstrategische Überlegungen bei einem Arbeitgeber-regress

Regressansprüche eines Arbeitgebers gegen den Arbeitnehmer setzen eine gut geführte Dokumentation sämtlicher Behandlungsabschnitte voraus und müssen erkennen lassen, wer für welche ärztlichen Maßnahmen verantwortlich war bzw. die entsprechende fachliche Weisung gegeben hat. Vertritt der Anwalt den Arbeitgeber, so ist die sorgfältige Auswertung der Behandlungsunterlagen des Arbeitgebers durch den Anwalt im Arzthaftpflichtprozess nicht nur unter dem Gesichtpunkt der Abwehr des Arzthaftpflichtanspruches vorzunehmen, sondern auch unter Berücksichtigung eines möglichen Rückgriffsanspruches des Arbeitgebers. Werden hierbei Lücken in der Dokumentation deutlich, so ist frühzeitig durch den Berater darauf hinzuwirken, dass diese Lücken durch Befragung der beteiligten Arbeitnehmer geschlossen werden. Spätere Erinnerungslücken gehen aufgrund der vom Bundesarbeitsgericht vorgenommenen Beweislastverteilung ausschließlich zulasten des Arbeitgebers.

142

Wie komplex die Rechts- und Sachlage bei Regressansprüchen eines Arbeitgebers werden kann, zeigt folgender Sachverhalt:
Der Krankenhausträger nimmt einen Internisten im Wege des Arbeitnehmerregresses auf Schadensersatz in Anspruch, weil der Internist eine Komplikation nach einer Schilddrüsenoperation nicht richtig eingeordnet und die Patientin daraufhin einen toxischen Hirnschaden erlitten hat. In dem Arzthaftpflichtverfahren zwischen der Patientin und dem Krankenhausträger war festgestellt worden, dass der Internist nicht die erforderlichen Kenntnisse und Fähigkeiten hatte, um die Komplikation nach der Schilddrüsenoperation zu beherrschen.
In dem Regressverfahren zwischen dem Krankenhausträger und dem Internisten machte dieser geltend, die Grundsätze der Haftungsprivilegierung für Arbeitnehmer seien in seinem Fall deswegen anzuwenden, weil der Chefarzt angesichts der allgemein bekannten Risiken nach Schilddrüsenoperationen hätte wissen können und müssen, dass die Einteilung eines Assistenzarztes der inneren Abteilung im fachübergreifenden Bereitschaftsdienst ein nicht vertretbares Risiko für Patienten darstelle. Es sei daher Aufgabe des Chefarztes gewesen, einen gemeinsamen Bereitschaftsdienst mit der inneren Abteilung einzuführen. Der Chefarzt wiederum verwies darauf, die Geschäftsführung des Krankenhausträgers hätte ihm gegenüber erklärt, wirtschaftliche Überlegungen ließen die Bereitstellung zweier paralleler Bereitschaftsdienste rund um die Uhr nicht zu. Er könne daher als Chefarzt nicht dafür zur Verantwortung gezogen werden, dass er keinen fachübergreifenden Bereitschaftsdienst eingerichtet habe. Zudem habe eine allgemeine mündliche Dienstanweisung an die internistischen Bereitschaftsärzte bestanden, den chirurgischen Hintergrunddienst schon bei geringsten Anzeichen einer Komplikation einzuschalten.

143

Bonvie

Dieser Sachverhalt zeigt:

– Der internistische Assistenzarzt wird trotz Feststellung eines Behandlungsfehlers entlastet, weil das Fehlen eines fachübergreifenden Bereitschaftsdienstes sich als organisatorisches Fehlverhalten des Krankenhausträgers und damit als ein Mitverschulden des Arbeitgebers darstellt, welches das Verschulden des Arbeitnehmers im Innenverhältnis zu diesem mindert; damit kommen dem internistischen Assistenzarzt die Grundsätze der Haftungsprivilegierung trotz Feststellung des groben Behandlungsfehlers in vollem Umfange zugute.

– Die Verantwortlichkeit für die Gewährleistung des Facharztstandards im Krankenhaus obliegt dem Chefarzt als Leiter der jeweiligen Abteilung. Er darf sich nicht mit wirtschaftlichen Überlegungen der Geschäftsführung zufrieden geben, sondern muss das organisatorische Defizit gegenüber dem Krankenhausträger ansprechen und ggf. auf einer schriftlichen Anordnung des Krankenhausträgers bestehen.

– Mündliche Dienstanweisungen haben den Nachteil, dass sie in einem Streitfalle durch Zeugenaussagen bewiesen werden müssen; die beteiligten Chefärzte minimieren ihr Haftungsrisiko, wenn sie schriftliche Anweisungen für die jeweils diensthabenden Assistenzärzte geben, bei welchen Indikationen die Rufbereitschaft zu informieren ist und wie bei bestimmten Krankheitsbildern vorzugehen ist.

e) Arbeitnehmerregress und Haftpflichtversicherung

144 Das System der Arbeitnehmerhaftung wird dadurch überlagert, dass Arbeitgeber bzw. der Arbeitnehmer im Regelfall auf eine Haftpflichtversicherung zurückgreifen können. Wird der Schaden im Fall der Inanspruchnahme des Arbeitgebers durch den Haftpflichtversicherer gedeckt, so geht der Rückgriffsanspruch des Arbeitgebers auf den Versicherer gem. § 86 VVG über. Ist in den Versicherungsverträgen ein Regress des Versicherers gegen den angestellten Arzt des Arbeitgebers ausgeschlossen, so ist der Arbeitnehmer umfassend geschützt. Dies gilt jedenfalls dann, wenn der Rückgriffsanspruch des Versicherers auch für den Fall grober Fahrlässigkeit ausgeschlossen ist. Für den Arbeitnehmer ist es also bei Begründung des Arbeitsverhältnisses von Bedeutung, den Umfang der Haftpflichtversicherung des Arbeitgebers zu kennen.

145 Hat der Krankenhausträger im Einzelfall keine Haftpflichtversicherung abgeschlossen, sondern betreibt er eine Eigenversicherung, so wird der Arbeitnehmer darauf Wert legen, dass das Risiko des Regresses aus Arzthaftung im Arbeitsvertrag auf Vorsatz begrenzt wird.

146 Verfügt der Arzt selbst über eine Haftpflichtversicherung und tritt diese im Schadensfall ein, so stellt sich die Frage, ob der Freistellungsanspruch des Arztes gegenüber dem Arbeitgeber vom Versicherer des Arztes gegenüber dem Krankenhausträger bzw. dessen Haftpflichtversicherung geltend gemacht werden kann. Zu einer solchen Fallkonstellation kommt es dann, wenn der Geschädigte nicht den Arbeitgeber, sondern nur den Arbeitnehmer in Anspruch nimmt. Der Umstand, dass der angestellte Arzt selbst haftpflichtversichert ist, lässt den Freistellungsanspruch des Arbeitnehmers gegenüber dem Arbeitgeber nicht entfallen. Der Versicherer des Arztes kann also aufgrund übergegangenen Rechts nach § 86 VVG Freistellung von dem Arbeitgeber bzw. dessen Haftpflichtversicherung verlangen bzw. – hat er bereits geleistet – aufgrund des insofern in einen Zahlungsanspruch umgewandelten Anspruchs des Arbeitnehmers auf Freistellung gegen den Arbeitgeber bzw. dessen Haftpflichtversicherung vorgehen. Der Versicherer des Arbeitnehmers muss allerdings die Voraussetzungen des Freistellungsanspruches des Arbeitnehmers darlegen und beweisen. Das Urteil des Bundesarbeitsgerichts vom 24.04.1997[54] zeigt, dass der Versicherer des Arbeitnehmers seiner Darlegungslast nicht damit genügt, indem er anführt, es habe sich ein typisches Behandlungsrisiko realisiert. Vielmehr muss der Versicherer des Arbeitnehmers im Einzelnen darlegen und beweisen, dass sämtliche in Betracht kommende Aspekte eines ggf. dem Arbeitnehmer anzulastenden Fehlverhaltens nicht von einem solchem Gewicht sind, dass sie den Schluss auf grobe Fahrlässigkeit des Arbeitnehmers rechtfertigen.

III. Die Beendigung des Arbeitverhältnisses bei arzthaftungsrechtlichem Fehlverhalten

1. Maßnahmenkatalog

Im Falle eines arzthaftungsrechtlich relevanten Fehlverhaltens stellt sich sowohl aus der Sicht des Arbeitgebers als auch aus der Sicht des Angestellten nicht nur die Frage, ob ein Rückgriff gegen den Arbeitnehmer erfolgreich ist oder nicht, sondern auch, ob das Arbeitsverhältnis in seinem Bestand gefährdet ist. Im Falle eines arzthaftungsrechtlichen Fehlverhaltens kommen in der Regel drei den Bestand des Arbeitsverhältnisses berührende arbeitsrechtliche Maßnahmen in Betracht: **147**
– Abmahnung,
– Ordentliche Kündigung,
– Fristlose Kündigung aus wichtigem Grund.

2. Anwaltstaktische Vorüberlegungen

Während der den Arbeitgeber beratende Anwalt zusammen mit dem Mandanten aktiv überlegen muss, ob er eine derartige arbeitsrechtliche Maßnahme empfiehlt und umsetzt, reagiert der den Arbeitnehmer beratende Anwalt **148**

---

54 BAG Urt. v. 24.4.1997 – 8 AZR 898/94.

Bonvie

eher auf das Handeln des Arbeitgebers. Hierbei sind die unterschiedlichen Blickwinkel der Beteiligten zu berücksichtigen.

Blickwinkel des Arbeitgebers:

149 Aus der Sicht des Arbeitsgebers ist zunächst der Behandlungsfehler zu bewerten. Diese Bewertung hat bereits im Zeitpunkt der Übernahme des arzthaftungsrechtlichen Mandats zu erfolgen. Offenbart der Behandlungsfehler ein strukturelles Defizit in der Organisation des Arbeitgebers, so wird in der Regel eine arbeitsrechtliche Maßnahme gegenüber dem Arbeitnehmer nur in Betracht kommen, wenn das Fehlverhalten des Arbeitnehmers einen über das Strukturdefizit hinausreichenden selbstständigen arbeitsrechtlich relevanten Grad erreicht. In gleicher Weise ist eine arbeitsrechtliche Maßnahme aufgrund eines Behandlungsfehlers dann nicht erfolgreich, wenn es sich um einen auf Grund leichtester Fahrlässigkeit dem Arbeitnehmer unterlaufenen Behandlungsfehler handelt und der Arbeitnehmer ansonsten seine Tätigkeiten zuverlässig verrichtet. Ein solches »Versehen« kann jedem Arbeitnehmer im Rahmen seiner Berufstätigkeit unterlaufen.

Blickwinkel des Arbeitnehmers:

150 Auch aus Sicht des Arbeitnehmers ist zunächst der Behandlungsfehler zu bewerten, um frühzeitig erkennen zu können, ob der Bestand des Arbeitsverhältnisses gefährdet ist oder nicht. Zugleich wird aber der anwaltliche Vertreter des Arbeitnehmers nach entlastenden Sachverhaltsaspekten suchen, welche die Folgen eines arzthaftungsrechtlich relevanten Fehlverhaltens des Arbeitnehmers, was den Bestand des Arbeitsverhältnisses anbetrifft, mildern können. Dies ist z. B. dann der Fall, wenn der Arbeitnehmer geltend machen kann, sein Fehlverhalten sei Ausdruck eines Strukturdefizits in der Arbeitsorganisation des Arbeitgebers. In Betracht kommt auch der Einwand, dass das arzthaftungsrechtliche Fehlverhalten auf Fehlverhalten anderer Mitarbeiter des Arbeitgebers zurückzuführen sei. Insofern wird es für den Arbeitnehmervertreter auch darauf ankommen, rechtzeitig die Beweise zu sichern, die es ihm später in einem Streit um den Bestand des Arbeitsverhältnisses ermöglichen, die Interessen des Arbeitnehmers zielgerichtet zu vertreten.

3. Abmahnung

151 Entschließt sich der Arbeitgeber dazu, das arzthaftungsrechtliche relevante Fehlverhalten arbeitsrechtlich mit einer Abmahnung zu sanktionieren, sind die an die Wirksamkeit der Abmahnung gestellten Anforderungen der Rechtsprechung zu berücksichtigen.

- Konkrete Feststellung des beanstandeten Verhaltens,
- Aufforderung zu künftigem vertragsgetreuen Verhalten,
- Ankündigung arbeitsrechtlicher Konsequenzen für den Wiederholungsfall.[55]

---

55 BAG DB 1980, 1351.

Es muss für den Arbeitnehmer erkennbar sein, welcher konkrete Sachver- **152**
halt Gegenstand der Abmahnung ist, welches Fehlverhalten ihm abgeleitet
aus diesem Sachverhalt vorgeworfen wird, was er in Zukunft zu unternehmen hat, um sich vertragsgetreu zu verhalten und welche arbeitsrechtlichen
Konsequenzen sich ergeben, wenn dies nicht geschieht. Eine allgemeine
Formulierung
»der Behandlungsfehler bei Frau X hat gezeigt, dass Sie ihre Pflichten als
angestellter Facharzt nicht wahrnehmen«
reicht nicht; eine solche Abmahnung wäre unwirksam.

Werden dem Arbeitnehmer mehrere Verstöße gegen arbeitsrechtliche **153**
Pflichten im Wege der Abmahnung vorgehalten, so riskiert der Arbeitgeber
die Unwirksamkeit der Abmahnung, sollten nicht alle gerügten Pflichtverletzungen zutreffen.[56] Es empfiehlt sich daher, mehrere Vorwürfe gesondert
abzumahnen.

In der Regel muss einer ordentlichen Kündigung eine Abmahnung voraus- **154**
gehen. Ausnahmsweise entbehrlich ist die Abmahnung dann, wenn sie nicht
zu einer Verhaltensänderung des Mitarbeiters führen kann[57] und bei Pflichtverletzungen im Vertrauensbereich zwischen Arbeitnehmer und Arbeitgeber.[58] Beide Ausnahmetatbestände werden bei Behandlungsfehlern kaum relevant sein; denkbar wäre die Entbehrlichkeit der Abmahnung dann, wenn
der Arbeitnehmer gegenüber dem Arbeitgeber erklärt, eine Operationsmethode, die bereits zu einem Behandlungsfehler geführt hat, nicht ändern zu
wollen.

Eine Abmahnung kann auch mündlich erklärt werden, sollte jedoch aus Be- **155**
weissicherungsgründen schriftlich erfolgen. Die Abmahnung muss nicht innerhalb einer bestimmten Frist nach dem arzthaftungsrechtlich relevanten
Fehlverhalten erklärt werden, sollte aber zeitnah erfolgen, weil sie nur dann
die Warnfunktion erfüllen kann.

Im Fall des arzthaftungsrechtlich relevanten Fehlverhaltens ist nicht sel- **156**
ten problematisch, dass bei Beginn des Arzthaftungsprozesses das arzthaftungsrechtlich relevante Fehlverhalten noch nicht feststeht, weil erst eine
gutachterliche Stellungnahme eingeholt werden muss. Wird dann die Abmahnung auf der Grundlage des bekannten Sachverhaltes erklärt, so riskiert
der Arbeitgeber, dass die Abmahnung sich nachträglich – je nach Ausgang
des Arzthaftpflichtprozesses und der gutachterlichen Stellungnahme – als
unwirksam erweist. Andererseits riskiert der Arbeitgeber, dass zwischen der
gutachterlichen Stellungnahme im Arzthaftpflichtprozess und dem scha-
densbegründenden Ereignis ein längerer Zeitraum liegt, der den Bestand

---

56 Hörle/Steinmeister in Wenzel, Kap. 13 Rn. 294.
57 BAG DB 1994, 1477.
58 BAG DB 1989, 1427.

Bonvie

der Abmahnung wegen der fehlenden Warnfunktion gefährdet. In Fällen, in denen es noch gutachterlicher Stellungnahmen bedarf, stellt sich bereits die Frage, ob bei unklaren medizinischen Kausalverläufen eine Abmahnung überhaupt in Betracht kommt. Der Arbeitgeber sollte den medizinischen Kausalverlauf durch eine gutachterliche Stellungnahme klären, will er nicht riskieren, dass die Abmahnung wegen fehlenden Nachweises des medizinischen Kausalablaufs keinen Bestand hat.

157   Mahnt der Arbeitgeber den Arbeitnehmer wegen des arzthaftungsrechtlich relevanten Fehlverhaltens ab, so ist durch den Arbeitnehmervertreter zu prüfen, ob es sich überhaupt um einen einer Abmahnung zugänglichen Sachverhalt handelt und weiter, ob die Abmahnung in der Sache begründet ist oder nicht. Kommt der Arbeitnehmervertreter zu der Auffassung, dass der Sachverhalt einer Abmahnung nicht zugänglich ist (weil es sich z. B. um leichtestes Fehlverhalten des Arbeitnehmers handelt, was jedem Arbeitnehmer unterlaufen kann) oder dass der Sachverhalt, den der Arbeitgeber der Abmahnung zugrunde gelegt hat, nach der Rechtsprechung eine Abmahnung nicht rechtfertigt, so wird der Arbeitnehmervertreter dem Arbeitnehmer raten, Klage auf Feststellung der Rechtswidrigkeit der Abmahnung und Entfernung der Abmahnung aus der Personalakte zum Arbeitsgericht zu erheben. Zwar kann der Arbeitnehmer zu einem späteren Zeitpunkt, sollte eine Kündigung auch auf die erste Abmahnung gestützt werden, geltend machen, dass diese rechtswidrig ist. Allerdings kann aufgrund des zwischenzeitlichen Zeitablaufs möglicherweise der Sachverhalt nicht mehr exakt aufklärbar sein, Zeugen können sich möglicherweise nicht mehr so präzise erinnern, wie dies noch bei einer sofortigen Klage gegen die Abmahnung möglich gewesen wäre. Zudem riskiert der Arbeitnehmer, dass er im Falle einer auch auf die erste Abmahnung gestützten Kündigung freigestellt wird und daher zunächst nicht weiter arbeiten kann. Es empfiehlt sich daher in aller Regel gegen eine unbegründete Abmahnung gerichtliche Hilfe in Anspruch zu nehmen. Gerade in Fällen, in denen Kündigungen aufgrund von Freistellungen des Arbeitsnehmers auf arzthaftungsrechtlich relevantes Fehlverhalten gestützt werden, kann es einen gewissen Zeitraum dauern, bis der Sachverhalt so geklärt ist, dass die arbeitsrechtliche Beurteilung auf hinreichend sicherer Tatsachengrundlage erfolgen kann. Zwar hat der Arbeitnehmer – wenn er im arbeitsgerichtlichen Verfahren gegen die Kündigung erfolgreich ist – einen Anspruch auf Lohnzahlung, weil er dem Arbeitgeber im Zusammenhang mit der Freistellung durch den Arbeitgeber seine Arbeitskraft angeboten hat, was dem Arbeitgeber in jedem Falle schriftlich mitgeteilt werden sollte. Vielmehr riskiert der Arbeitnehmer jedoch, dass er z. B. als Operateur an Fertigkeiten verliert oder in einem Fachgebiet, das einem raschen wissenschaftlichen Fortschritt unterliegt, den Anschluss verliert. Dieses Risiko wird minimiert, wenn er gegen die Abmahnung gerichtliche Hilfe in Anspruch nimmt und obsiegt.

Bonvie

4. Ordentliche Kündigung

Erwägt der Arbeitgeber eine ordentliche Kündigung, so ist zunächst zu prü- **158**
fen, ob der allgemeine Kündigungsschutz gilt oder nicht. Ist der Arbeitgeber
ein Krankenhausträger, so wird in aller Regel das Kündigungsschutzgesetz
anwendbar sein, weil im Krankenhaus in der Regel mehr als zehn Beschäftigte
tätig sind. Bei ordentlichen Kündigungen in Arztpraxen kann jedoch die Anwendbarkeit des Kündigungsschutzgesetztes durchaus fraglich sein, da nach
§ 23 Abs. 1 S. 1 KSchG n.F. (gültig seit 01.01.2004) das Kündigungsschutzgesetz nur in Betrieben mit regelmäßig mehr als zehn Beschäftigen Anwendung
findet. Hierbei werden Auszubildende überhaupt nicht und Teilzeitkräfte
nur anteilig (mit einer regelmäßig wöchentlichen Arbeitszeit von nicht mehr
als 20 Stunden mit 0,5, bei nicht mehr als 30 Stunden pro Woche mit 0,75)
angerechnet. Allerdings ist zu berücksichtigen, dass Arbeitnehmer, die am
31.12.2003 in einem Betrieb mit mehr als fünf regelmäßig Beschäftigten tätig
waren, weiterhin in den Anwendungsbereich des Kündigungsschutzgesetztes fallen. Dies gilt allerdings nur dann, wenn nicht durch zwischenzeitliche
Veränderungen der Bestand der Arbeitnehmerschaft des Betriebes die Zahl
von fünf regelmäßig Beschäftigten im Zeitpunkt der Kündigungserklärung
unterschritten wird. Dann kommt es darauf an, ob im Betrieb regelmäßig
mehr als zehn Beschäftigte im Zeitpunkt der Kündigungserklärung tätig sind.
Der Arbeitnehmer, der am 31.12.2003 in den Anwendungsbereich des Kündigungsschutzgesetzes fiel, kann also den Kündigungsschutz verlieren, wenn
der Bestand der Arbeitnehmer sich verändert.

Eine ordentliche Kündigung ist ohne weiteres auch dann möglich, wenn **159**
das Arbeitsverhältnis noch nicht länger als sechs Monate bestanden hat, § 1
Abs. 1 KSchG. Allerdings unterliegt eine ordentliche Kündigung während
dieses Zeitraums einer Missbrauchskontrolle, sie darf also nicht auf willkür-
lichen oder sachfremden Motiven beruhen.[59]

Ist eine ordentliche Kündigung außerhalb des Anwendungsbereiches des **160**
Kündigungsschutzgesetztes nicht möglich, so ist zu prüfen, ob die Voraussetzungen des § 1 Abs. 2 KSchG erfüllt sind. Im Falle eines arzthaftungsrechtlich relevanten Fehlverhaltens kommt in der Regel lediglich eine
Kündigung aus verhaltensbedingten Gründen in Betracht. Eine verhaltensbedingte Kündigung, die auf ein arzthaftungsrechtlich relevantes Fehlverhalten gestützt ist, ist als Pflichtverletzung im Kernbereich der arbeitsvertraglich vereinbarten Leistung in der Regel nur dann gerechtfertigt, wenn
das beanstandete Verhalten vorher vergeblich abgemahnt worden ist.[60]

Eine verhaltensbedingte Kündigung ist gerechtfertigt, wenn Umstände im **161**
Verhalten des Arbeitnehmers vorliegen, die bei verständiger Würdigung

---

59 BVerfG ArztR 2007, 179 (Kündigung einer Chefärztin während der Probezeit).
60 BAG NZA 1994, 656.

– in Abwägung der Interessen von Arbeitnehmer und Arbeitgeber – die Kündigung als billigenswert und angemessen erscheinen lassen. Ob eine verhaltensbedingte Kündigung erfolgreich ist, hängt also wesentlich von der festgestellten Vertragsverletzung und der Interessenabwägung ab. Für die Abwägung sind die Intensität und Beharrlichkeit der Vertragsverletzung, frühere Pflichtwidrigkeiten des Arbeitnehmers sowie das Maß des Verschuldens von Bedeutung. Betriebliche Beeinträchtigungen, wie z. B. Betriebsablaufstörungen, Vermögensschäden des Arbeitgebers, Rufschädigung des Arbeitgebers, aber auch die Dauer der störungsfreien Zusammenarbeit mit dem Arbeitnehmer sind wichtige Abwägungsgesichtspunkte. Im Fall des arzthaftungsrechtlich relevanten Fehlverhaltens gewinnt noch ein weiterer Aspekt Bedeutung. Die verhaltensbedingte Kündigung knüpft zwar an eine in der Vergangenheit liegende Vertragsverletzung des Arbeitnehmers an, setzt aber auch voraus, dass aufgrund des Verhaltens des Arbeitnehmers dem Arbeitgeber eine Zusammenarbeit mit dem Arbeitgeber in Zukunft nicht mehr zuzumuten ist. Die verhaltensbedingte Kündigung ist damit zukunftsgerichtet und erfordert eine negative Zukunftsprognose. Sie kann dann erfolgreich sein, wenn auch in Zukunft aufgrund des Verhaltens des Arbeitnehmers mit weiteren Vertragsverletzungen zu rechnen ist. Dieses Tatbestandsmerkmal liegt im Fall einer erfolglosen Abmahnung in der Regel vor; liegt noch keine Abmahnung vor, so sind an die negative Zukunftsprognose besondere Anforderungen zu stellen.

162 Nachfolgend sind die wichtigsten zu berücksichtigenden Interessen aufgeführt:

Für den Arbeitgeber:
- Art und Umfang der betrieblichen Nachteile,
- Aufrechterhaltung der Funktionsfähigkeit des Betriebs,
- Durchsetzung der Arbeits- und Betriebsdisziplin,
- Betriebsablaufstörungen,
- Eintritt eines Vermögensschadens,
- Wiederholungsgefahr,
- Schädigung des Arbeitgeberansehens in der Öffentlichkeit,
- Schutz der übrigen Mitarbeiter.

Für den Arbeitnehmer:
- Art, Schwere und Häufigkeit der vorgeworfenen Pflichtverletzung,
- Grad des Verschuldens,
- Früheres Verhalten des Arbeitnehmers,
- Dauer der Betriebszugehörigkeit,
- Lebensalter,
- Lage auf dem Arbeitsmarkt,
- besondere soziale Schutzbedürftigkeit.

Bonvie

Um wirklich alle Interessen in den Abwägungsprozess aufzunehmen und nicht im Kündigungsschutzprozess mit Überraschungen rechnen zu müssen, empfiehlt es sich, den Arbeitnehmer vor der Kündigungserklärung anzuhören und ihm die bisherige Abwägung des Arbeitgebers offen zu legen. **163**

Soweit ein Betriebrat besteht, ist dieser vor einer verhaltensbedingten Kündigung anzuhören. Ausgenommen hiervon sind lediglich die leitenden Angestellten. Während das Landesarbeitsgericht Thüringen[61] bei Chefärzten die Eigenschaft als leitender Angestellter verneint hat, hat das LAG Hamm[62] den Chefarzt einer geriatrischen Abteilung eines Krankenhauses als leitenden Angestellten angesehen. Im Arbeitsvertrag war der Chefarzt als »leitender Angestellter« bezeichnet. Ferner enthielt der Chefarztvertrag eine Regelung, wonach der Chefarzt berechtigt war, nach Absprache mit den Fachkollegen sowie im Rahmen des Personalbudgets selbstständig ärztliche Mitarbeiter einzustellen sowie zu entlassen. Das LAG Hamm hat den Chefarzt als leitenden Angestellten angesehen, weil er zur Einstellung und Entlassung von ärztlichem Personal befugt und zudem seine Abteilung von hinreichender unternehmerischer Relevanz für den Krankenhausträger war. Hat der Chefarzt bei der Einstellung oder Entlassung der nachgeordneten Ärzte seine Abteilung lediglich das Recht, Vorschläge zu unterbreiten, so ist der Chefarzt nicht als leitender Angestellter anzusehen. **164**

Der Arbeitgeber muss den Betriebsrat umfassend unterrichten. Der Betriebsrat muss ohne eigene Nachforschungen die Stichhaltigkeit der Kündigungsgründe überprüfen können.[63] Damit hat der Arbeitgeber dem Betriebsrat gegenüber auch das arzthaftungsrechtlich relevante Fehlverhalten, das den Arbeitgeber zur verhaltensbedingten Kündigung veranlasst hat, offen zu legen. Eine Kündigung ohne Anhörung des Betriebsrates ist unwirksam, § 102 Abs. 1 BetrVG. **165**

Erwägt der Arbeitgeber eine verhaltensbedingte Kündigung des Arbeitnehmers, so wird sich dem Arbeitgeber zugleich die Frage stellen, ob er den Arbeitnehmer von seinen Arbeitspflichten bis zum Ablauf der Kündigungsfrist freistellt. Dies wird insbesondere dann sinnvoll sein, wenn das Verhalten des Arbeitnehmers öffentlich geworden ist und der Arbeitgeber Irritationen bei dem in seinem Krankenhaus zu versorgenden Patienten vermeiden möchte. Um im Fall eines Arbeitnehmerfehlverhaltens eine Freistellung unter Anrechnung von Urlaubsansprüchen auf klarer rechtlicher Grundlage vornehmen zu können, ist es aus Arbeitgeberperspektive sinnvoll, bereits im Arbeitsvertrag eine derartige Freistellungsvereinbarung zu treffen. Für den Arbeitnehmer kann dies problematisch sein, weil der Verlust des Sozialversicherungsschutzes und eine Sperrzeit beim Arbeitslosengeld drohen. **166**

---

61 LAG Thüringen Beschl. v. 06.7.2000 – 1 TaBV 16/99.
62 LAG Hamm Beschl. v. 07.7.2006 – 10 (13) TaBV 165/05.
63 BAG NZA 2003, 849.

Bonvie

5. Fristlose Kündigung

167   Über den Erfolg einer fristlosen Kündigung entscheidet, ob dem Arbeitgeber die Weiterbeschäftigung des Arbeitnehmers bis zum Ablauf der Kündigungsfrist aufgrund des arzthaftungsrechtlich relevanten Fehlverhaltens des Arbeitnehmers noch zumutbar ist oder nicht. Dies kann bei einer endgültigen Zerstörung des Vertrauensverhältnisses in Folge dieses Fehlverhaltens der Fall sein. Hierfür wird es jedoch in der Regel eines vorherigen gleich gearteten arzthaftungsrechtlich relevanten Fehlverhaltens dieses Arbeitnehmers bedürfen. Bei einem gehobenen Angestellten mit besonderer Verantwortung kann ggf. bereits ein einmaliges fahrlässiges Verhalten genügen, das geeignet war, einen größeren Schaden herbeizuführen, um das zur Fortsetzung des Arbeitsverhältnisses notwendige Vertrauen unheilbar zu zerstören.[64]

168   Ebenso kann eine drohende tief greifende Schädigung des Ansehens eines Krankenhauses durch Vertrauensverlust in der Öffentlichkeit wegen bekannt gewordener, schwerwiegender Anschuldigungen, die sich auf die Arbeitsweise eines dort tätigen Arztes beziehen, einen Grund zu einer außerordentlichen Kündigung darstellen, wenn sich diese Gefahr für die Funktionsfähigkeit des Krankenhauses nicht auf andere zumutbare Weise abwenden lässt.[65]

169   Auch insofern muss der Arbeitgeber eine Interessenabwägung durchführen, die im Wesentlichen der Interessenabwägung entspricht, die im Falle einer ordentlichen verhaltensbedingten Kündigung vorzunehmen ist. Der Unterschied besteht darin, dass sich die Interessenabwägung bei der fristlosen Kündigung aus wichtigem Grund auf den sofortigen Verlust des Arbeitsplatzes beziehen muss.

170   Das Landesarbeitsgericht Düsseldorf[66] hatte sich mit der fristlosen Kündigung aus wichtigem Grund eines Oberarztes zu befassen, der bei einer Risikopatientin an seinem Entschluss zu einer Vaginal-Entbindung festgehalten hatte, obwohl der Chefarzt der Abteilung zuvor bei einer Übergabebesprechung die Anweisung gegeben hatte, die Indikation zur Sektio großzügig zu stellen. Nach Auffassung des Landesarbeitsgerichtes Düsseldorf kann auch bei einem langjährig beschäftigen Krankenhausarzt ein grober Behandlungsfehler eine fristlose Kündigung rechtfertigen. Vorraussetzung ist, dass der Krankenhausarzt eindeutig gegen bewährte ärztliche Behandlungsregeln oder gegen gesicherte medizinische Erkenntnisse verstoßen und einen Fehler begangen hat, der aus objektiver Sicht nicht mehr verständlich erscheint, weil er einem Arzt schlechterdings nicht unterlaufen dürfte. Der

---

64   BAG Urt. v. 04.7.1991 – 2 AZR 79/91 – RzK I 6 a Nr. 73.
65   BAG Urt. v. 28.8.1987 – 7 AZR 68/86 – RzK I 6 a Nr. 33.
66   LAG Düsseldorf Urt. v. 17.3.1998 – 16 Sa 632/96.

Sachverständige hatte im Fall des Landesarbeitsgerichtes Düsseldorf das Verhalten des Krankenhausarztes, an der Vaginal-Entbindung festzuhalten als »unverständlich« bezeichnet, allerdings nicht ausdrücklich oder sinngemäß erklärt, der Krankenhausarzt habe eindeutig gegen gesicherte und bewährte medizinische Erkenntnisse und Behandlungsregeln verstoßen. Unter Berücksichtigung des Lebensalters des Krankenhausarztes und des langjährigen Arbeitsverhältnisses hielt das Landesarbeitsgericht Düsseldorf eine fristlose Kündigung aus wichtigem Grund für unzulässig.

In gleicher Weise hielt das Landesarbeitsgericht Düsseldorf[67] eine fristlose Kündigung aus wichtigem Grund einer Assistenzärztin für unzulässig, deren Versäumnis darin bestand, bei einem eingewiesenen Patienten den Arbeitsplatz zu verlassen, ohne dessen Laborwerte überprüft zu haben. Bei ärztlichen Dienstleistungen – so das Landesarbeitsgericht Düsseldorf – sei im Hinblick auf die dem Arzt anvertraute Gesundheit des Patienten jede Fehlleistung ein gravierender Vorgang. Der Patient dürfe keinen vermeidbaren Risiken ausgesetzt werden. Selbst ein einziger, auf Unachtsamkeit beruhender Fehler könne zu schwerwiegenden gesundheitlichen Beeinträchtigungen bis zum Tod des Patienten führen und – bei einer Krankenhausbehandlung – den Ruf des Krankenhauses schmälern. Deshalb könne auch eine fahrlässig begangene Fehlleistung eines Arztes eine fristlose Kündigung rechtfertigen. Allerdings war zu berücksichtigen, dass der Chefarzt der Abteilung bei seiner Visite nicht an die noch fehlenden Laborbefunde erinnert hatte. Dem Arbeitgeber sei die Weiterbeschäftigung der Assistenzärztin zuzumuten, wenn er nicht auch das Arbeitsverhältnis mit dem Chefarzt gekündigt oder diesem jedenfalls eine Abmahnung erteilt habe. Insofern sei zugunsten der Assistenzärztin auch zu berücksichtigen, dass diese am fraglichen Tag eine erheblich größere Patientenanzahl zu betreuen gehabt habe als an sonstigen Tagen.

171

Dass die Chancen des Arbeitgebers, mit einer fristlosen Kündigung arbeitsgerichtlich durchzudringen, eher zurückhaltend zu beurteilen sind, zeigt auch eine Entscheidung des Landesarbeitsgerichts Köln.[68]
In diesem Fall hatte ein Chefarzt eine Operation (Abzess-Tonsillektomie) auf einen Arzt delegiert, der die Operation dann auch erfolgreich durchführte. Der Chefarzt hatte zuvor von morgens bis ca. 13.00 Uhr operiert und dabei einige sehr anspruchsvolle Operationen durchgeführt. Während der Operation ließ der Kläger dreimal im Operationssaal nachfragen, ob seine Hilfe benötigt werde. Der Arzt trug im OP-Bericht hinter der vorgedruckten Angabe »Operateur« seinen Namen und den Namen des Chefarztes ein, wobei im Verfahren streitig blieb, ob der Chefarzt den Arzt hierzu angewiesen hatte. Der Arbeitgeber hat in diesem Fall die fristlose Kündi-

172

---

67 LAG Düsseldorf Urt. v. 04.11.2005 – 9 Sa 993/05.
68 LAG Köln Urt. v. 31.3.2000 – 4 Sa 1568/99.

gung aus wichtigem Grund darauf gestützt, der Chefarzt habe die Operation nicht auf den Arzt delegieren dürfen. Zum anderen habe er durch die Anweisung gegenüber dem Arzt, seinen Namen in den Operationsbericht zu schreiben, vertuscht, dass er an der Operation nicht teilgenommen habe. Der Arbeitgeber hatte keinen Erfolg. Der Arzt hatte – wie sich im Rechtsstreit herausstellte – ein Mehrfaches der für die Erlangung der Facharztbezeichnung notwendigen Anzahl von Tonsillektomien durchgeführt. Der Chefarzt – so das LAG Köln – habe daher davon ausgehen dürfen, dass der Arzt auch eine Abzess-Tonsillektomie würde beherrschen können.

Auch der – vom LAG Köln ebenfalls als schwer eingestufte – Dokumentationsfehler berechtige den Arbeitgeber nicht zur außerordentlichen Kündigung. Der Chefarzt konnte nachweisen, dass auch in anderen Fällen im OP-Buch der Operateur und – als gleichzeitig anwesend – der aufsichtführende Oberarzt vermerkt war, obwohl dieser an der Operation nicht teilgenommen hatte, weil er in einem anderen Operationssaal operierte, was dem Arbeitgeber bekannt war. Dulde der Arbeitgeber eine ständige Falschdokumentation, so sei dieser Missstand vom Arbeitgeber zu verantworten und könne nicht eine fristlose Kündigung aus wichtigem Grund rechtfertigen.

173

❗ – Der Arbeitgeber hat die Darlegungs- und Beweislast für die Gründe, die die fristlose Kündigung aus wichtigem Grund rechtfertigen.

– Der Arbeitgeber muss organisatorische Missstände, die ihm bekannt sind und die er zur Begründung der fristlosen Kündigung aus wichtigem Grund heranzieht, gegen sich gelten lassen. Hieraus folgt, dass Mängel insbesondere im Bereich der ärztlichen Arbeitsteilung, der Dokumentation und der Aufklärung dann nicht zur Begründung einer fristlosen Kündigung aus wichtigem Grund herangezogen werden können, wenn der Arbeitgeber die Fehlerquellen kannte und keine Maßnahmen ergriffen hat, diese abzustellen.

– Wird dem Arbeitnehmer gekündigt, so ist zunächst durch den Arbeitnehmervertreter zu klären, ob der Arbeitnehmer unter das Kündigungsschutzgesetz fällt oder nicht. Handelt es sich um eine ordentliche Kündigung außerhalb des Anwendungsbereiches des Kündigungsschutzgesetzes, so wird der Arbeitnehmer mit einer Kündigungsschutzklage in der Regel nicht erfolgreich sein, es sei denn, er könnte dem Arbeitgeber gegenüber erfolgreich nachweisen, dass die Kündigung missbräuchlich erfolgt ist. Ein solcher Nachweis wird dem Arbeitnehmer jedoch nur dann gelingen, wenn der Arbeitgeber zu erkennen gegeben hat, welche Gründe ihn zur Kündigung bewogen haben. Der Arbeitgeber wird es jedoch bei einer Kündigung außerhalb des Kündigungsschutzgesetzes in der Regel bei der Kündigung belassen, ohne seine Gründe aufzudecken. Wird dem Arbeitnehmer verhaltensbedingt gekündigt bzw. fristlos aus wichtigem Grund, so wird der Arbeitnehmervertreter dem Arbeitnehmer raten, Kündigungsschutzklage innerhalb der hierfür vorgesehenen Dreiwochenfrist zu erheben, um die Rechtmäßigkeit der Kündigung oder der fristlosen Kündigung aus wichtigem Grund zu klären. Allerdings kann es sich in Einzelfällen auch empfehlen, den Rat zu geben, auf die Kündigungsschutzklage zu verzichten. Dies kann dann geboten sein, wenn der Arbeitnehmer eine herausgehobene Stellung einnimmt, der arzthaftungsrechtlich relevante Vorwurf aus Sicht des Arbeitnehmers begründet und von solchem Gewicht ist, dass eine öffentliche Auseinandersetzung in einem arbeitsgerichtlichen Verfahren die Reputation des Arbeitnehmers nachteilig beeinflusst. In einem solchen Fall kann es sich empfehlen, eine rasche einvernehmliche Beendigung des Arbeitsverhältnisses mit dem Arbeitgeber zu vereinbaren, um so dem Arbeitnehmer die Möglichkeit zu eröffnen, an anderer Stelle eine neue berufliche Tätigkeit unbelastet von einer arbeitsrechtlichen, ggf. öffentlichkeitswirksamen Auseinandersetzung mit dem bisherigen Arbeitgeber zu beginnen.

6. Verdachtskündigung, Suspendierung

Bei der Kündigung eines Arbeitnehmers aufgrund eines arzthaftungsrechtlich relevanten Fehlverhaltens stellt sich das Problem, ob der Arbeitgeber auf der Grundlage eines bloßen Verdachtes eines arzthaftungsrechtlich relevanten Fehlverhaltens kündigen kann oder nicht. Eine Verdachtskündigung kann begründet sein, wenn der Verdacht einer im Zeitpunkt der Kündigungserklärung nicht beweisbaren schweren Pflichtverletzung besteht und aufgrund dieses Verdachtes das für die Fortsetzung des Arbeitsverhältnisses erforderliche Vertrauensverhältnis zerstört ist. Voraussetzung ist eine schwere Vertragsverletzung, die grundsätzlich geeignet ist, eine fristlose Kündigung aus wichtigem Grund zu rechtfertigen. Der Verdacht muss auf objektiven, nachweisbaren Tatsachen beruhen. Der Arbeitgeber muss vor Ausspruch einer Verdachtskündigung den Sachverhalt mit allen ihm zumutbaren Mitteln aufklären, hierzu zählt im Fall eines arzthaftungsrechtlichen Fehlverhaltens die Zusammenstellung der Dokumentation, die Befragung von anderen Mitarbeitern, die zu dem Sachverhalt Aufklärendes beitragen können und die Beauftragung eines Sachverständigen mit der Klärung zweifelhafter Kausalverläufe. Schließlich hat der Arbeitgeber den Arbeitnehmer zu den vorliegenden Verdachtsmomenten anzuhören. Eine ohne vorherige Anhörung ausgesprochene Kündigung ist schon aus formellen Gründen unwirksam. Dem Arbeitnehmer muss im Rahmen der Anhörung die Gelegenheit gegeben werden, zu den Verdachtsmomenten Stellung zu nehmen und den Vorwurf zu entkräften. Hierzu gehört auch, dass dem Arbeitnehmer die Möglichkeit gegeben wird, seinerseits entlastendes Material beizubringen, einschließlich einer sachverständigen Stellungnahme. Schließlich bedarf es einer hohen Wahrscheinlichkeit, dass der Arbeitnehmer die schwere

174

Vertragsverletzung tatsächlich begangen hat. Eine auf den bloßen Verdacht eines arzthaftungsrechtlich relevanten Fehlverhaltens gestützte Kündigung ist daher in der Regel nicht zu empfehlen.

175 In einem solchen Fall ist zu raten, den arzthaftungsrechtlich relevanten Ursachenzusammenhang schnell gutachterlich klären zu lassen, um darauf gestützt arbeitsrechtliche Maßnahmen zu ergreifen. Dies muss auch vor dem Hintergrund gesehen werden, dass arzthaftungsrechtlich relevantes Fehlverhalten – je nach Schwere und Art – auch öffentlichkeitswirksam werden kann. Insofern kann es zum Nachteil des Arbeitgebers reichen, wenn der Arbeitgeber vorschnell Maßnahmen ergreift, die im arbeitsrechtlichen Verfahren keinen Bestand haben, weil der Arbeitgeber seiner Substantiierungs- oder Beweislast nicht nachkommen kann. Auf der anderen Seite kann es aber auch zum Nachteil des Arbeitgebers gereichen, wenn der Arbeitgeber arbeitsrechtliche Maßnahmen unterlässt und es zu einem weiteren Schadensfall kommt mit der Folge, dass dem Arbeitgeber vorgeworfen wird, ein rasches Handeln hätte den zweiten Schadensfall vermieden. Aus diesen Gründen kann es sich empfehlen, während des Zeitraums, der zur Prüfung des Sachverhaltes und zur Festlegung der richtigen arbeitsrechtlichen Maßnahme benötigt wird, vorläufige arbeitsrechtliche Maßnahmen in Gestalt einer Suspendierung oder einer vorläufigen Versetzung zu ergreifen, um den Arbeitnehmer von der schadensträchtigen Tätigkeit fern zu halten.

7. Weiterbeschäftigungsanspruch des Arbeitnehmers

176 Für den Arbeitnehmer stellt sich im Fall der Kündigung die Frage, ob er vom Arbeitgeber verlangen kann, bis zur Entscheidung über die Rechtmäßigkeit der Kündigung im arbeitsgerichtlichen Verfahren von dem Arbeitgeber weiterbeschäftigt zu werden. Besteht ein Betriebsrat, so hat der Arbeitnehmer einen Weiterbeschäftigungsanspruch unter den Voraussetzungen des § 102 Abs. 2 BetrVG. Hat der Betriebsrat gegen eine beabsichtigte ordentliche Kündigung Einwände, so hat er diese unter Angabe der Gründe dem Arbeitgeber spätestens innerhalb einer Woche schriftlich mitzuteilen, § 102 Abs. 1 BetrVG. Innerhalb dieser Frist kann er einer in Aussicht genommenen ordentlichen Kündigung widersprechen, wenn die Gründe des § 102 Abs. 3 Ziffer 1-5 BetrVG gegeben sind. Im Falle eines arzthaftungsrechtlichen Fehlverhaltens kommen nur die Gründe nach § 102 Abs. 3 Ziffer 4 und 5 BetrVG in Betracht. Danach kann der Betriebsrat der ordentlichen Kündigung widersprechen, wenn die Weiterbeschäftigung des Arbeitnehmers trotz arzthaftungsrechtlichen Fehlverhaltens nach zumutbaren Umschulungs- und Fortbildungsmaßnahmen oder eine Weiterbeschäftigung des Arbeitnehmers unter geänderten Vertragsbedingungen möglich ist und der Arbeitnehmer sein Einverständnis hiermit erklärt hat.

Bonvie

Hat der Betriebsrat einer ordentlichen Kündigung frist- und ordnungs- **177**
gemäß widersprochen und hat der Arbeitnehmer nach dem Kündigungsschutzgesetz Klage auf Feststellung erhoben, dass das Arbeitsverhältnis
durch die Kündigung nicht aufgelöst ist, so muss der Arbeitgeber auf Verlangen des Arbeitnehmers diesen nach Ablauf der Kündigungsfrist bis zum
rechtskräftigen Abschluss des Rechtsstreits bei unveränderten Arbeitsbedingungen weiterbeschäftigen. Allerdings kann das Arbeitsgericht den Arbeitgeber auf dessen Antrag durch einstweilige Verfügung von der Verpflichtung zur Weiterbeschäftigung entbinden, wenn die Klage des Arbeitnehmers
keine hinreichende Aussicht auf Erfolg bietet bzw. mutwillig erscheint, die
Weiterbeschäftigung des Arbeitnehmers zu einer unzumutbaren wirtschaftlichen Belastung des Arbeitgebers führen würde oder der Widerspruch des
Betriebsrat offensichtlich unbegründet war.

Liegen die Voraussetzungen des § 102 Abs. 5 BetrVG nicht vor, so kann sich **178**
der Weiterbeschäftigungsanspruch des Arbeitnehmers aus der Entscheidung
des Bundesarbeitsgerichtes vom 27.02.1985 ergeben.[69] Der allgemeine Weiterbeschäftigungsanspruch greift nach der Entscheidung des Bundesarbeitsgerichts je nach Lage des Einzelfalles dann, wenn das Beschäftigungsinteresse
des Arbeitnehmers das Interesse des Arbeitgebers an der Nichtbeschäftigung
des Arbeitnehmers überwiegt. Danach überwiegt das Interesse des Arbeitgebers an der Nichtbeschäftigung, bis das Arbeitsgericht in erster Instanz die
Kündigung für unwirksam erklärt hat, es sei denn, die Kündigung war offensichtlich unwirksam. Hat das Arbeitsgericht der Kündigungsschutzklage
stattgegeben, so überwiegt in der Regel das Beschäftigungsinteresse des Arbeitnehmers. Häufig wird die Weiterbeschäftigung als solche für den Arbeitnehmer von nachgeordnetem Interesse sein, weil im Falle der Unwirksamkeit
der Kündigung der Arbeitgeber zur Lohnzahlung verpflichtet bleibt. Je spe-
zialisierter die Tätigkeit des Arbeitnehmers ist – dies ist bei ärztlicher Tätigkeit nicht selten der Fall –, umso mehr ist die Weiterbeschäftigung angesichts
der möglichen Dauer eines arbeitsrechtlichen Verfahrens deshalb für den Arbeitnehmer von Bedeutung, um die Reputation zu wahren und bestimmte
Kenntnisse und Fertigkeiten auf neuestem Stand zu halten.

IV. Offenlegung arzthaftungsrechtlichen Fehlverhaltens durch den Arbeitnehmer

Aufgrund des Arbeitsvertrages ist der Arbeitnehmer verpflichtet, dem Ar- **179**
beitgeber all diejenigen Informationen zu vermitteln, die der Arbeitgeber
zur Führung seines Unternehmens benötigt. Im Krankenhaus wie in der
Arztpraxis gehört hierzu auch, dass der Arbeitgeber über mögliche Behandlungsfehler unterrichtet wird. Es ist hierfür nicht erforderlich, dass

---

69 BAG (GS) Beschl. v. 27.2.1985 – GS 1/84.

Bonvie

ein Patient einen Arzthaftungsanspruch geltend macht. Vielmehr ist der Arbeitnehmer auch verpflichtet, den Arbeitgeber über mögliche Fehlerquellen in Kenntnis zu setzen, auch wenn sie noch nicht zu einem arzthaftungsrechtlich relevanten Fehlverhalten geführt haben. Daher ist es z. B. im Fall nicht ausreichender personeller oder sachlicher Ausstattung einer Krankenhausabteilung auch unter diesem Gesichtspunkt geboten, dem Arbeitgeber durch schriftliche Anzeige über den Ausstattungs- oder Personalmangel zu unterrichten. Hat ein Patient einen arzthaftungsrechtlich relevanten Fehler gerügt und macht er geltend, insofern Ansprüche zu haben, so hat der Arbeitnehmer den Arbeitgeber hiervon zu unterrichten, da der Arbeitgeber nur aufgrund der Unterrichtung durch den Arbeitnehmer seinen Obliegenheitspflichten gegenüber der Haftpflichtversicherung nachkommen kann.

V. Versetzung des Arbeitnehmers

180 Eine denkbare Reaktion des Arbeitgebers auf arzthaftungsrechtlich relevantes Fehlverhalten kann auch sein, dem Arbeitnehmer eine weniger schadensgeneigte Tätigkeit, ggf. an einem anderen Ort zuzuweisen, mithin ihn zu versetzen. Hier stellt sich die Frage, ob eine solche Maßnahme vom Direktionsrecht des Arbeitgebers erfasst ist und damit auch unabhängig von dem arzthaftungsrechtlich relevanten Fehlverhalten eine rechtmäßige Anweisung des Arbeitsgebers im Rahmen des Arbeitsverhältnisses ist, ohne dass der Arbeitnehmer insofern erfolgreich gerichtliche Hilfe in Anspruch nehmen könnte. Dies hängt letztlich davon ab, was der Arbeitsvertrag regelt. Ist dem Arbeitnehmer eine konkrete Tätigkeit im Arbeitsvertrag zugesichert, die er an einem bestimmten Ort auszuüben hat, so bedarf es einer Änderungskündigung durch den Arbeitgeber. Ist hingegen im Arbeitsvertrag ausdrücklich geregelt, dass dem Arbeitnehmer eine andere, seinem Fachgebiet noch zuzurechnende Tätigkeit zugewiesen werden kann (z. B. statt operativer Tätigkeit eine Tätigkeit innerhalb der Qualitätssicherungsabteilung des Krankenhauses), so dürfte eine auf diese vertragliche Bestimmung gestützte Versetzung durch den Arbeitgeber rechtmäßig sein. Gleiches gilt dann auch für die Versetzung des Arbeitnehmers an einen anderen Arbeitsort, wenn dies im Arbeitsvertrag vorgesehen ist.

VI. Arzthaftung und Outsourcing

181 Zunehmend werden Tätigkeiten, die bislang von angestellten Ärzten in Krankenhäusern erbracht worden sind, im Rahmen von Kooperations- oder Konsilverträgen auf niedergelassene Ärzte als Dienstleister übertragen. Zugrunde liegt zumeist ein Dienstvertrag, auf dessen Grundlage der niedergelassene Arzt bestimmte, im Dienstvertrag bezeichnete Leistungen gegenüber dem Krankenhaus erbringt. Hierbei handelt es sich häufig nicht um reine Konsilleistungen, also eine Beratung im Einzelfall, sondern um Hauptleistungen, also z. B. die Durchführung eines operativen Eingriffes oder gar die Leitung einer Abteilung. Kommt es im Rahmen solcher Dienstverträge zu arzthaftungsrechtlich relevantem Fehlverhalten des Kooperationsarztes, so ist auch in einem solchen Fall die Frage nach den Folgen eines solchen arzthaftungsrechtlich relevanten Fehlverhaltens zu stellen.

Hierbei ist zunächst zu berücksichtigen, dass diese Kooperationsverträge typischerweise befristet abgeschlossen werden und damit häufig einer ordentlichen fristgerechten Kündigung nicht zugänglich sind. Ferner ist zu berücksichtigen, dass der Dienstnehmer nicht dem Anwendungsbereich des Kündigungsschutzgesetzes unterfällt, so dass der Dienstgeber keine verhaltensbedingten Gründe darlegen und beweisen muss. Kündigt der Dienstgeber fristgemäß, so unterliegt diese Kündigung auch nicht der Missbrauchskontrolle, da der Dienstnehmer nicht in einem arbeitnehmerähnlichen Rechtsverhältnis zum Dienstgeber steht. Streitig wird das arzthaftungsrechtlich relevante Fehlverhalten im Rahmen derartiger Dienst- oder Belegarztverträge daher in der Regel nur, wenn diese Verträge befristet abgeschlossen worden sind und der Dienstgeber eine vorzeitige Beendigung dieser Verträge mittels fristloser Kündigung aus wichtigem Grund aus Anlass des arzthaftungsrechtlich relevanten Fehlverhaltens anstrebt. In diesen Fällen kommt es darauf an, ob Tatsachen vorliegen und bewiesen werden können, aufgrund derer dem Dienstgeber unter Berücksichtigung aller Umstände und unter Abwägung der Interessen beider Parteien die Fortsetzung des Dienst- bzw. Belegarztverhältnisses bis zu dessen vereinbarter Beendigung nicht zugemutet werden kann. Dies hat das OLG Frankfurt[70] bei einem Facharzt für Anästhesiologie bejaht, der sich wiederholt ohne betriebliche Notwendigkeit während laufender und von ihm anästhesiologisch zu betreuender Operation aus dem Krankenhaus entfernt hatte. **182**

Auch eine Privilegierung im Haftungsfalle – wie sie die arbeitsrechtliche Rechtsprechung für den Arbeitnehmer entwickelt hat – kommt im Fall des Kooperationsarztes nicht in Betracht. Der Kooperationsarzt begründet kein Rechtsverhältnis zum Patienten; das Rechtsverhältnis wird ausschließlich zwischen dem Patienten und dem Krankenhausträger begründet. Dementsprechend hat der Patient einen vertraglichen Haftungsanspruch nur gegenüber dem Krankenhausträger; der Anspruch des Patienten aus unerlaubter Handlung gegenüber dem Kooperationsarzt bleibt unberührt. Nimmt der Patient nur den Krankenhausträger in Anspruch, so wird der Krankenhausträger – setzt sich der Patient mit dem Arzthaftpflichtanspruch durch – den Kooperationsarzt in Anspruch nehmen wollen. Dies geschieht in der Regel **183**

---

70 OLG Frankfurt Urt. v. 04.10.1996 – 15 U 45/95.

auf der Grundlage gesonderter Regelungen im Dienstvertrag zwischen dem Krankenhausträger und dem Dienstnehmer. In diesen Verträgen ist geregelt, dass der Dienstnehmer den Dienstgeber von allen haftungsrechtlichen Risiken freizustellen hat, die in seinen – des Dienstnehmers – Verantwortungsbereich fallen. Dementsprechend muss der Dienstnehmer im Fall des Abschlusses eines solchen Dienstvertrages, seiner Haftpflichtversicherung Mitteilung über die durch den Abschluss des Dienstvertrages erfolgte Risikoerhöhung machen, damit diese Tätigkeit in den Haftpflichtversicherungsschutz einbezogen wird.

Kapitel 5
Regress des Sozialversicherungsträgers und anderer Drittleistungsträger

A. Regress des Sozialversicherungsträgers nach § 116 SGB X

I. Allgemeines

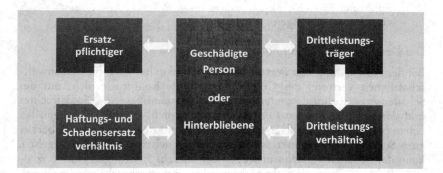

Wird eine Person durch einen Dritten verletzt oder gar getötet, hat sie bzw. **1** haben die Hinterbliebenen unter den gesetzlichen oder vertraglichen Voraussetzungen insbesondere aufgrund der schadensrechtlichen Anspruchsgrundlagen des BGB zivilrechtliche Ansprüche gegen den für den Schaden Verantwortlichen aber auch gegenüber **Drittleistungsträgern** wie Arbeitgebern, privaten Versicherern und insbesondere Sozialversicherungsträgern. Diese erbringen ihre Leistungen, sobald die gesetzlichen Voraussetzungen erfüllt sind und unabhängig davon, ob die eigentliche Ursache für die Eintrittspflicht des Sozialversicherungsträgers durch einen Dritten verursacht wurde. Zahlreiche Schadenspositionen, die der Geschädigte gegen den Ersatzpflichtigen geltend machen kann, werden durch Leistungen von dritter Seite insbesondere Sozialversicherungsträger ausgeglichen. Heilbehandlungskosten werden in erster Linie durch die gesetzlichen Krankenkassen oder bei einem Arbeitsunfall des Geschädigten durch die gesetzlichen Unfallversicherungsträger bzw. Berufsgenossenschaften übernommen. Der Rentenversicherungsträger erbringt Rentenleistungen, wenn der Verletzte vorzeitig aus dem Erwerbsleben scheiden muss. Pflegekosten trägt zu einem großen Teil die Pflegekasse. Erhält ein Geschädigter von diesen oder anderen Sozialversicherungsträgern Ersatzleistungen, so ist er regelmäßig nicht mehr aktivlegitimiert, Ansprüche in Höhe der erhaltenen Leistungen beim Schädiger selbst einzufordern. Das Gesetz sieht in diesen Fällen eine **Legalzession** vor, so dass der Geschädigte nicht mehr berechtigt ist, den Schaden in Höhe dieser Ersatzleistungen beim Ersatzpflichtigen geltend zu machen. Der Forderungsübergang bezweckt zum einen den Schutz des Schädigers vor einer Doppelzahlung bzw. Doppelentschädigung des Geschädigten, zum anderen soll den Ersatzpflichtigen jedoch die Zahlung von dritter Seite auch nicht entlasten. [1]

> **❗** Der Forderungsübergang auf den Sozialversicherungsträger bezweckt, dass der Ersatzpflichtige
> – durch die Zahlung des Sozialversicherungsträgers nicht entlastet wird und
> – vor Doppelzahlungen geschützt wird.

2   Der Geschädigte kann nur noch den Restschaden geltend machen.

3   Bei der Abwicklung von Personenschäden sind daher auch für den anwaltschaftlichen Vertreter des Geschädigten solide Kenntnisse nicht nur des Schadensersatzrechtes, sondern auch Grundkenntnisse des Sozialrechtes und der sozialrechtlichen Leistungen unerlässlich. Da die Leistungen bei einem bestehenden Sozialversicherungsverhältnis dem Grunde nach bereits zum Schädigungszeitpunkt auf den Sozialversicherungsträger übergehen, kann der Schadensersatzanspruch, soweit hierauf Leistungen eines Sozialversicherungsträgers erbracht wurden oder künftig erbracht werden, durch den Geschädigten nicht mehr geltend gemacht werden, da ihm die **Aktivlegitimation** fehlt. Dies muss sein Anwalt beachten. Es muss daher frühzeitig durch Einholung entsprechender Informationen und Anträge bei Drittleistungsträgern vor allem bei Sozialversicherungsträgern abgeklärt werden, ob und ggf. welche Leistungen sein Mandant von dritte Seite erhalten wird. **Darlegungs- und beweisbelastet** ist insoweit der Geschädigte. Bei der Schadenregulierung sind diese Leistungen gegenüber dem Ersatzpflichtigen bzw. dessen Haftpflichtversicherer auch anzugeben. Bei der Regulierung der Schadensersatzansprüche entstehen immer wieder Probleme dadurch, dass vom Geschädigtem bzw. dessen Anwalt nicht angegeben wird, welche Ersatzleistungen er erhält bzw. welche Anträge hier gestellt wurden. Der Ersatzpflichtige bzw. dessen Haftpflichtversicherer ist seinerseits auf die zeitnahe Angabe dieser Leistungen angewiesen, da der Regress dieser Ersatzleistungen durch die Sozialversicherungsträger oftmals erst Monate oder gar Jahre nach dem Schädigungszeitpunkt erfolgt. Angaben zu erhaltenen Leistungen durch den Geschädigten unterbleiben nicht selten, weil dieser annimmt, solche Ersatzleistungen würden zusätzlich und neben dem Schadensersatzanspruch gewährt. Zahlt der Haftpflichtige ohne Wissen sol-

---

1   BGH VersR 1981, 429; Weber DAR 1985, 164.

cher Ersatzleistungen erhöhte Beträge an den Geschädigten, wird regelmäßig die Rückforderung oder anderweitige Verrechnung die Folge sein, sobald er davon erfährt. Dies macht die Schadenabwicklung nicht einfacher
und führt zu unnötigen Verzögerungen.

Die Angabepflicht besteht nicht nur für erhaltene Sozialleistungen, sondern   **4**
insbesondere auch, wenn z.B. Rentenanträge gestellt wurden, da über diese
möglicherweise erst Monate später entschieden wird, die entsprechenden
Rentenzahlungen jedoch rückwirkend ab Antragstellung gewährt werden.

> **❗** Der Geschädigte muss klären, ob und welche Leistungen er von Dritt-
> leistungsträgern erhält und diese bei der Schadenregulierung auch an-
> geben.

In der Praxis ist es für den Ersatzpflichtigen bzw. dessen eintrittspflichti-   **5**
ge Haftpflichtversicherung und Geschädigten gerade im Fall einer vorgesehenen **Abfindung**[2] auch der künftigen Ansprüche besonders wichtig zu
wissen, auf welche Positionen der Geschädigte übergangsfähige Leistungen eines Sozialversicherungsträgers erhält oder einzuschätzen, welche
er künftig erhalten wird. Nicht selten wird übersehen, dass nicht nur die
Leistungen zum Zeitpunkt der Abfindung eine Rolle spielen, sondern dass
oftmals Jahre nach dem geschlossenen Abfindungsvergleich noch unfallbedingte Leistungen eines Sozialversicherungsträgers ausgelöst werden können. Insoweit muss auch der Ersatzpflichtige aufgrund der vorliegenden
Informationen abschätzen, ob und welche Sozialleistungen künftig noch
erbracht werden könnten. Dem Sozialversicherungsträger kann man im
Regelfall einen zwischen Ersatzpflichtigen und Geschädigtem geschlossenen Abfindungsvergleich nicht entgegenhalten, so dass der Ersatzpflichtige
möglicherweise nochmals zahlen muss, wenn er entsprechende Schadenspositionen beim Abfindungsvergleich mit dem Geschädigten zusätzlich
berücksichtigt hatte. Denn der Anspruchsübergang bei Leistungen an einen Sozialversicherten erfolgt grundsätzlich bereits zum Unfallzeitpunkt,
selbst wenn diese Leistungen erst Jahre später erbracht werden. Umgekehrt
kann der Ersatzpflichtige den Abfindungsvergleich regelmäßig auch gegenüber dem Geschädigten nicht anpassen, außer dieser hätte wesentliche Informationen zum Abfindungszeitpunkt oder nahen Zukunft nicht angegeben. Auch der Geschädigte seinerseits hat grundsätzlich keinen Anspruch
auf Anpassung eines Abfindungsvergleiches, wenn er sich über bestimmte
rechtliche Grundlagen oder Entwicklungen geirrt hat. Vor Abfindung der
künftigen Ansprüche muss also die Überlegung angestellt werden, ob auch
später noch ein Sozialversicherungsträger wegen weiterer Leistungen eintreten kann oder ob sich insoweit sonstige Veränderungen ergeben können.

---

2   Ausführlich hierzu Jahnke Abfindung von Personenschadenansprüchen 2.Aufl.
    AnwaltsPraxis DAV.

Stahl

So können es schädigungsbedingte Verletzungen einem Geschädigten zwar erlauben, weiterhin seiner Tätigkeit nachzugehen. Bei einer Verschlechterung der Verletzungen ist jedoch durchaus möglich, dass Jahre später die Berufstätigkeit aufgegeben werden muss und möglicherweise ein Anspruch auf Erwerbsminderungsrente besteht. Sobald der Rentenversicherungsträger diese Leistungen erbringt, wird er sie auch beim Ersatzpflichtigen regressieren. Hat dieser beim Abfindungsvergleich auch für das Risiko des vorzeitigen Ausscheidens aus dem Erwerbsleben einen erheblichen Betrag einkalkuliert und ausgezahlt, kann er dennoch den Regress des Sozialversicherungsträgers nicht verweigern. Er kann sich im Regelfall auch nicht auf die Gutglaubensvorschriften gemäß § 116 Abs. 7 SGB X i.V.m. §§ 412, 407 BGB berufen, wenn ihm bekannt war oder er aufgrund der Umstände davon ausgehen musste, dass der Geschädigte sozialversichert ist. Umgekehrt muss auch der Anwalt einschätzen können, welche Leistungen sein Mandant voraussichtlich erhalten wird, da er nur den durch Drittleistungsträger nicht abgedeckten Restschaden fordern kann.

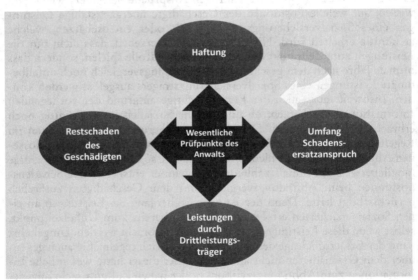

II.   Schadensersatzanspruch

6   Der Sozialversicherungsträger macht keinen eigenen, sondern einen übergegangenen Anspruch geltend. Hier werden in erster Linie Ansprüche aus Verschuldenshaftung nach den §§ 823 ff. BGB aber auch aufgrund Vertragsverletzung nach § 280 BGB zu prüfen sein. § 116 SGB X setzt einen Schadensersatzanspruch des Geschädigten voraus. Ein Ersatzanspruch kann also nur übergehen, wenn diesem ein Anspruch auf Schadensersatz gegen Dritte zusteht.

Auch beim Forderungsübergang auf den Sozialversicherungsträger ist Gegenstand der Ersatzpflicht nur der Schaden des Verletzten.[3]   **7**

Der Versicherungsträger kann den Ersatzpflichtigen nicht auf Ersatz des eigenen Schadens in Anspruch nehmen. Für die erbrachten oder noch zu erbringenden Leistungen, die durch den Versicherungsfall ausgelöst wurden, kann der Versicherungsträger Erstattung nur soweit verlangen, als die Leistungen auf einen Schaden des Versicherten zu erbringen sind. Die Höhe der sozialrechtlichen Leistungen kann aufgrund der im Sozialrecht oftmals abstrakt vorgenommenen Schadenermittlung durchaus oberhalb des zivilrechtlichen konkreten Schadens liegen. Die Höhe einiger Sozialleistungen, die z.B. für vermehrte Bedürfnisse oder für einen möglichen Erwerbsschaden gezahlt werden, ermittelt der Sozialversicherungsträger anhand der ärztlicherseits festgestellten Minderung der Erwerbsfähigkeit. Diese festgestellte Einschränkung muss jedoch im konkreten Einzelfall nicht zu einem konkreten und nachweisbaren Schaden des Geschädigten führen. Im Sozialrecht wird bereits die abstrakt bestehende Möglichkeit eines Schadens ausgeglichen. Die im Sozialrecht vorgenommene abstrakte Schadensberechnung kann daher nicht auf den für den Forderungsübergang nach § 116 SGB X maßgeblichen **zivilrechtlichen Schadensersatzanspruch** des Geschädigten übertragen werden. Es ist nach haftungsrechtlichen Grundsätzen auf den tatsächlich eingetretenen Schaden des Geschädigten abzustellen.   **8**

Nicht erforderlich für einen Regress des Sozialversicherungsträgers ist, dass der Schadensersatzberechtigte und der Leistungsempfänger identisch sind. Typische Beispiele hierzu sind Zahlung von Rentenversicherungsbeiträgen an die Pflegeperson als Leistungsempfänger durch die Pflegekasse, während der unmittelbar Anspruchsberechtigte der zu pflegende Geschädigte ist. Auch die Zahlung von Kinderkrankengeld an einen erwerbsfähigen Sozialversicherten während der Pflege eines geschädigten Kindes nach § 45 SGB V ist daher grundsätzlich von der Krankenkasse regressierbar.   **9**

---

3   BGH vom 23.02.2010-VI ZR 331/08, NJW 2010, 1532; VersR 2010, 550.

Stahl

III.   Forderungsübergang

1.   Grundsatz

10   Die **zentrale Überleitungsnorm** im Sozialversicherungsrecht ist § 116 Abs. 1 SGB X. Danach geht ein auf anderen gesetzlichen Vorschriften (d.h. außerhalb des SGB) beruhender Anspruch eines Versicherten auf Ersatz seines Schadens insoweit auf den Träger der Sozialversicherung über, als dieser nach sozialrechtlichen Vorschriften Leistungen zu gewähren hat. In § 116 Abs. 1 S. 2 SGB X wird klargestellt, dass hierzu auch die **Beiträge** gehören, die von Sozialleistungen zu zahlen sind und auch die Krankenversicherungsbeiträge für die Dauer des an sich beitragsfreien Krankengeldbezuges regressiert werden dürfen.

11   Auch in anderen Gesetzen finden sich weitere Legalzessionen, so im Beamtenrecht bei §§ 76 BBG, 81a BVG, die dem §116 SGB X stark angenähert sind.

12   Der Forderungsübergang ist zum einen **begrenzt** durch die Höhe der vom Sozialversicherungsträger erbrachten bzw. zu erbringenden Leistungen und zum anderen durch den Schadensersatzanspruch des Geschädigten. Dieser kann die restlichen Ansprüche, vermindert um die Leistungen der Sozialversicherungsträger beim Eratzpflichtigen geltend machen.

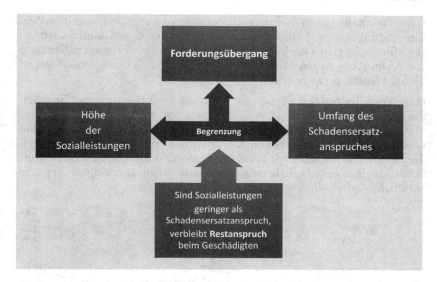

2. Einwendungen, Einreden

13   Dem Ersatzpflichtigen stehen auch beim Forderungsübergang dieselben Einwendungen bzw. Einreden zu, die er gegen den Geschädigten vorbringen könnte. Es gelten die §§ 412, 399 ff. BGB. Dies sind vor allem Kürzung des Anspruches wegen Mithaftung, Vorteilsausgleich oder Verstoß gegen die Schadenminderungspflicht.

14   Beim **Vorteilsausgleich** können die Vorteile angerechnet werden, die durch das Schadenereignis adäquat verursacht wurden, sofern dies dem Geschädigten gegenüber auch zumutbar ist. Freiwillige Zahlungen von dritter Seite werden daher nicht berücksichtigt. Die Vorteile müssen demselben Zweck der betreffenden Schadensposition entsprechen. Angerechnet werden können beispielhaft ersparte Fahrtkosten, ersparte Verpflegungskosten, ersparte berufliche Aufwendungen.

15   Ausnahme hiervon besteht bei einer möglichen **Einrede der Verjährung**. Erfolgt der Forderungsübergang bereits zum Unfallzeitpunkt, dies ist bei einem bestehenden Sozialversicherungsverhältnis des Geschädigten der Fall, ist für den Lauf der Verjährungsfrist auf die Kenntnis des Sozialversicherungsträgers abzustellen. In der Praxis werden nicht selten die Leistungen der Sozialversicherungsträger durch deren Regressabteilungen erst Jahre nach Leistungsgewährung vom Schädiger zurückgefordert. Maßgeblich ist nach der Rechtsprechung insoweit die Kenntnis des zuständigen Regressbearbeiters. Es gelten die allgemeinen gesetzlichen Verjährungsfristen.

16   Dies bedeutet, dass bei einer zeitlich verzögerten Weitergabe des Leistungsfalles durch die Leistungsabteilung an die Regressabteilung auch Verjährung wegen grob fahrlässiger Unkenntnis in Betracht kommt. Die Verjährung würde nach Jahresende bereits dann zu laufen beginnen, wenn der zuständige Regressbearbeiter die erforderliche Kenntnis hätte erlangen können.

Stahl

Dabei muss die grobe Fahrlässigkeit nicht bei diesem selbst gegeben sein. Es dürfte ausreichend sein, wenn infolge eines groben **Organisationsmangel** insbesondere aufgrund fehlender oder ungenügender Arbeitsanweisungen und fehlender nachhaltiger Kontrollen, nicht dafür gesorgt wird, dass die Regressabteilung zur Ermittlung von Regressmöglichkeiten bei einem Leistungsfall rechtzeitig eingeschaltet wird.[4]

❗ Trotz Forderungsübergang behält Ersatzpflichtiger Einwendungen und Einreden, die gegenüber Geschädigtem möglich wären, z.B.
- Mitverschulden
- Verstoß gegen Schadenminderungspflicht
- Vorteilsausgleich
- Überholende Kausalität

3. Zeitpunkt Forderungsübergang

Die Besonderheit ist, dass der Forderungsübergang nicht erst mit Leistungsgewährung erfolgt wie z.B. beim Regress des Arbeitgebers bei Entgeltfortzahlung. Bestand bereits zum Zeitpunkt der Schädigung ein Sozialversicherungsverhältnis, geht der Schadensersatzanspruch des Geschädigten bereits zu diesem Zeitpunkt auf den Sozialversicherungsträger über und zwar auch dann, wenn Leistungen erst wesentlich später erbracht werden oder nur die Möglichkeit besteht, dass der Sozialversicherungsträger in Zukunft eintreten wird, wobei die Leistung ihrer Art nach bereits im sozialrechtlichen Leistungsumfang vorgesehen sein muss. Erbringt der Schädiger trotz Forderungsübergang Leistungen an den Geschädigten, kann er diese nur dann befreiend dem Sozialversicherungsträger entgegenhalten nach §§ 407, 412 BGB, wenn ihm der Anspruchsübergang nicht bekannt war und er aufgrund der Umstände auch nicht davon ausgehen musste, dass ein Sozialversicherungsverhältnis besteht. Dies wird jedoch nur innerhalb sehr enger Grenzen möglich sein.

17

❗ Nach § 116 Abs.1 SGB X geht der Schadensersatzanspruch des Geschädigten auf den Sozialversicherungsträger dem Grunde nach bereits im Zeitpunkt des schädigenden Ereignisses über.

Wird aufgrund einer Gesetzesänderung eine neue Leistung geschaffen, auf die bisher kein sozialrechtlicher Anspruch bestand, liegt eine **Systemänderung** vor. In diesem Fall erfolgt der Anspruchsübergang nicht bereits zum Schädigungszeitpunkt, sondern erst mit Inkrafttreten des neuen Gesetzes. Der Regress kann jedoch ausgeschlossen sein, wenn der Anspruch auf diese

18

---

4 Lemcke r+s 2007, 124f.

Leistung bereits beim Geschädigten selbst verjährt ist oder dieser mit dem Ersatzpflichtigen einen Abfindungsvergleich geschlossen hatte. Die Einführung der Leistung Pflegegeld 1989 nach § 53a SGB V a.F., die von den Krankenkassen bei Schwerpflegebedürftigkeit gezahlt wurde, war beispielsweise eine Systemänderung, da es vorher vergleichbare Leistungen nicht gab. Die Ablösung dieser Leistung der Krankenkasse durch das Pflegeversicherungsgesetz und Einführung eines betragsmäßig deutlich höheren Pflegegeldes, welches durch die neu geschaffene Pflegekasse gewährt wird, ist dagegen nach BGH[5] keine Systemänderung, obwohl der Auszahlungsbetrag wesentlich höher ist als der frühere und auch ein neuer Sozialversicherungsträger geschaffen wurde.[6]

19 Bestand zum Schädigungszeitpunkt kein Sozialversicherungsverhältnis, bleibt der Geschädigte Anspruchsinhaber. Erst mit dessen Begründung z.B. durch Aufnahme einer versicherungspflichtigen Tätigkeit geht der Anspruch auf den Sozialversicherungsträger über. Dieser ist **Rechtsnachfolger**. Das bedeutet, dass der Schädiger vor Rechtsübergang Ansprüche des Geschädigten mit befreiender Wirkung regulieren kann oder beide Parteien einen Abfindungsvergleich schließen können.

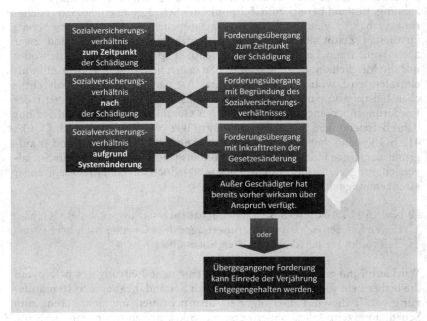

---

5   BGH VersR 2003, 267.
6   BGH VersR 1999, 382.

4. Beendigung des Sozialversicherungsverhältnisses

Besteht kein Sozialversicherungsverhältnis mehr, weil der Geschädig- **20**
te beispielsweise von der gesetzlichen in die private Krankenversicherung
wechselt, fällt der Anspruch wieder auf den Geschädigten zurück. Der Anspruchsübergang auf den Sozialversicherungsträger steht daher unter der
auflösenden Bedingung der Beendigung des Sozialversicherungsverhält-
nisses. Tritt diese Bedingung ein und der Geschädigte kann wieder über
seinen Anspruch verfügen, wird er somit auch nicht nur Rechtsnachfolger
des Sozialversicherungsträgers. §§ 412, 404 BGB finden dann keine Anwendung. [7] Abfindungsvergleiche zwischen Ersatzpflichtigem und Sozialversicherungsträger können dem Geschädigten nicht entgegengehalten werden.
Ausgeschlossen sein kann die Geltendmachung dieses Anspruches jedoch,
wenn auch bereits zwischen Ersatzpflichtigem und Geschädigtem ein Abfindungsvergleich geschlossen wurde.

IV. Kongruenz

Nach dem Wortlaut des § 116 SGB X müssen die Leistungen des Sozial- **21**
versicherungsträger der Behebung eines Schadens der gleichen Art dienen.
Sie müssen also denselben Zweck wie der Schadensersatz erfüllen und dem
Ausgleich derselben Einbuße dienen, d.h. es muss **sachliche und zeitliche
Kongruenz** mit den Schadenspositionen des Geschädigten bestehen. [8]

1. Zeitliche Kongruenz

Der Anspruch auf Schadensersatz und die entsprechenden Leistungen des **22**
Sozialversicherungsträgers müssen sich auf **denselben Zeitraum** beziehen.[9] Dabei ist es unschädlich, wenn die Leistungen nach unterschiedlichen
Zeitabschnitten berechnet werden. Erforderlichenfalls muss eine Leistung
umgerechnet werden, wenn sich Ansprüche und Leistungen nach verschiedenen Zeitabschnitten errechnen.Bei einem Geschädigten, der z.B. als Sai- **23**
sonarbeiter nur 9 Monate im Jahr arbeitet und damit sein Jahreseinkommen
erzielt, wird sich die zeitliche Kongruenz dann auf das gesamte Jahr erstrecken, so dass jeder Monat mit 1/12 berücksichtigt und der Krankengeldzahlung der Krankenkasse für ein Jahr gegenübergestellt wird. Diese kann
daher im Falle einer Schädigung ihres Versicherten ihre Zahlungen auch für
das gesamte Jahr abrechnen, wenn sie solange Krankengeld zahlen musste. Umgekehrt kann ein Sozialversicherungsträger zur Abrechnung seiner
Leistungen jedoch nicht auf Zeiträume zurückgreifen, für die er keine Leis-

---

7   BGH NZV 1999, 158; siehe auch Küppersbusch Ersatzansprüche bei Personen-
    schaden 10. Aufl. Rn. 595, 596 m.w.N.
8   BGH VersR 1981, 477, NJW 1981, 1846.
9   BGH NZV 1997, 302.

tungen erbringt, für die der Geschädigte einen nachweisbaren Schaden hätte. So kann z.B. die Berufsgenossenschaft für eine an den Geschädigten gezahlte Verletztenrente, die aufgrund der wieder aufgenommenen Tätigkeit des Geschädigten nicht übergangsfähig ist, nicht auf einen davor liegenden Zeitraum zurückgreifen, als der Versicherte noch einen Arbeitsausfall hatte.

2. Sachliche Kongruenz

24 Der **Leistungszweck** der vom Sozialversicherungsträger erbrachten Leistung muss dem gleichen Zweck des Schadensersatzanspruches des Geschädigten entsprechen. Um die Zuordnung der Leistungen zu ermöglichen, haben Gesetzgeber und Rechtsprechung Schadengruppen gebildet, in die die einzelnen Positionen des Schadensersatzes eingeteilt und denen die entsprechenden Sozialleistungen gegenüber gestellt werden. Die exakte Zuordnung der Leistungen zu einer bestimmten Schadengruppe spielt in der Praxis eine wichtige Rolle. Denn der Sozialversicherungsträger erbringt nicht selten nach dem SGB Leistungen, obwohl dem Sozialversicherten nach schadensersatzrechtlichen Grundsätzen beurteilt kein nachweisbarer Schaden entstanden ist.

25 Begründet ist dies in der unterschiedlichen Zielrichtung beider Rechtssysteme. Das Sozialgesetzbuch stellt beim Vorliegen bestimmter Voraussetzungen nicht auf einen konkret bezifferbaren Schaden ab. Die Leistungsberechnung wird abstrakt vorgenommen z.B. anhand des Grades der Erwerbsminderung unabhängig, ob tatsächlich ein konkreter Schaden eingetreten oder nachweisbar ist. Bestimmte sich rechnerisch ergebende Nachteile eines Versicherten werden durch teilweise pauschalierte Leistungen ausgeglichen. Im Schadensersatzrecht ist dagegen der konkret nachzuweisende Schaden relevant. Erhält ein Versicherter Sozialleistungen, die mit der Schadensgruppe des Erwerbsschaden kongruent sind, besteht jedoch kein nachweisbarer Schaden bei der Erwerbstätigkeit, kann der Sozialversicherungsträger seinen Regress nicht auf eine andere Schadensgruppe z.B. vermehrte Bedürfnisse stützen.

> **❗** Die übergegangene Forderung muss sachlich und zeitlich kongruent mit dem Schaden des Geschädigten sein.

▶ **Beispiel:**
Die Erwerbsfähigkeit einer Krankenschwester beträgt 100 %, aufgrund Schädigung anschließend nur noch 75%, da eine Minderung der Erwerbsfähigkeit von 25% eingetreten ist. Die Verletzte erhält eine Verletztenrente von der zuständigen Berufsgenossenschaft wegen ihrer ärztlicherseits festgestellten Minderung der Erwerbsfähigkeit, obwohl sie trotz ihrer Verletzung in ihrem Beruf weiterarbeiten kann, keine Ein-

Stahl

kommenseinbußen erleidet und insoweit also keinen Verdienstschaden hat.

Die Geschädigte hat zwar bei einem Arbeitsunfall somit einen Anspruch gegenüber der Berufsgenossenschaft, nicht aber gegenüber dem Ersatzpflichtigen. Auch kann die Berufsgenossenschaft die an ihre Versicherte bezahlte
Verletztenrente nicht beim Schädiger einfordern.   **26**

3. Schadensgruppen

Folgende **Schadensgruppen** werden unterschieden: **27**

Schadensgruppe	Inhalt z.B.	Anspruchs-grundlagen z.B.
Schmerzensgeld	Ausgleich des immateriellen Scha-dens	§ 253 BGB
Sachschaden	Ausgleich beschädigter oder zer-störter Sachen	§ 249 BGB
Heilungskosten	Krankenhauskosten, ambulante ärztliche Behandlung, Heilmittel, Hilfsmittel, Transportkosten, me-dizinische Rehabilitation	§ 249 BGB
Vermehrte Bedürfnisse	Schädigungsbedingte Mehrauf-wendungen, die Nachteile bei der allgemeinen Lebensführung aus-gleichen sollen z.B. Pflegekosten, Hausumbau-/ Fahrzeugumbaukosten	§ 843 BGB
Erwerbsschaden	Ausgleich von Einkommensver-lusten aufgrund schädigungs-bedingtem Ausfall oder Ver-ringerung der Arbeitsleistung, Rentenschaden, Haushaltsführung als Unterhaltsleistung für die Familie	§§ 842,843 BGB
Ersatzansprüche Dritter bei Tötung	Durch den Tod des Geschädigten entgangene Unterhaltsansprüche der Hinterbliebenen (Witwe/ Wit-wer, Waisen) einschließlich ent-gangener persönlicher Betreuung	§ 844 Abs.2 BGB

Beerdigungskosten	Erstattung der Kosten für eine standesgemäße Beerdigung	§ 844 Abs.1 BGB
Entgangene Dienste	Wertersatz für entgangene Dienstleistungen, zu denen der Verletzte oder Getötete aufgrund gesetzlicher insbesondere familienrechtlicher Bestimmungen verpflichtet ist.	§ 845 BGB

a) Schmerzensgeld

28 Ist Schadensersatz zu leisten, kann gemäß § 253 Abs. 2 BGB nach einer Körper- oder Gesundheitsverletzung wegen des immateriellen Schadens eine billige Entschädigung in Geld gefordert werden. Das Schmerzensgeld hat **Ausgleichs- und Genugtuungsfunktion.** Es soll zum einen als Ausgleich für den erlittenen Körper- und Gesundheitsschaden dienen, zum anderen eine Genugtuung für das darstellen, was der Schädiger dem Opfer angetan hat. Das Ausmaß der Körper- oder Gesundheitsverletzung und damit verbunden der Lebensbeeinträchtigung bestimmen Höhe und Art des zu zahlenden Schmerzensgeldes. Eine Mithaftung des Verletzten führt umgekehrt zu einer Reduzierung des Schmerzensgeldes[10]. Für die Ermittlung eines angemessenen Betrages orientiert sich die Praxis an gerichtlich zuerkannten Beträgen in vergleichbaren Fällen.[11]

b) Sachschaden

29 Ersatz beschädigter oder zerstörter Sachen durch Naturalrestitution oder Geldersatz nach § 249 BGB.

c) Heilbehandlungskosten

30 Kosten der Heilbehandlung werden weitgehend von Sozialversicherungsträgern übernommen. Bei gesetzlich Versicherten und deren mitversicherten Familienangehörigen übernehmen die gesetzlichen Krankenkassen die Kosten, bei privat Versicherten die privaten Krankenkassen. Bei Arbeitsunfällen tragen die Berufsgenossenschaften und Unfallkassen die Kosten. Der Geschädigte selbst kann nur die restlichen Kosten geltend machen, die von diesen Trägern nicht übernommen werden.

31 Bei Heilbehandlungsmaßnahmen sind die tatsächlich angefallenen Kosten erstattungsfähig, soweit sie erforderlich d.h. aus medizinischer Sicht zweck-

---

10 BGH VersR 1981, 1178.
11 Beispielhaft: Hacks/Ring/Böhm Schmerzensgeldbeträge; Slizyk Schmerzensgeldtabelle.

Stahl

mäßig und geboten waren.[12] Hierzu zählen insbesondere Kosten einer stationären und ambulanten Behandlung, Arznei- und Verbandmittel, Heil- und Hilfsmittel, Krankengymnastik, Massagen. Fiktive Kosten können nicht abgerechnet werden.[13] Wären Behandlungskosten zwar erforderlich, wurden diese jedoch nicht durchgeführt, sind sie auch nicht erstattungsfähig. Kassenpatienten können in der Regel Kosten einer privatärztlichen Behandlung nicht geltend machen, außer sie weisen nach, dass sie auch ohne Unfall die privatärztliche Behandlung in Anspruch genommen hätten.[14] Fahrtkosten und Besuchskosten naher Angehöriger sind erstattungsfähig, wenn sie durch die Behandlung veranlasst sind. Andererseits erspart sich ein Verletzter während eines stationären Aufenthalts eigene Verpflegungskosten, diese Ersparnis mindert daher den Schaden und wird als Vorteilsausgleich berücksichtigt.

Kosten der Heilbehandlung können sowohl den Sozialversicherungsträgern als auch dem Geschädigten, soweit diese Kosten nicht übergegangen sind, gegenüber abgefunden werden. Zuvor sollte jedoch anhand einer medizinischen Prognose eingeschätzt werden, wie lange und in welchem Umfang entsprechende Kosten anfallen werden. Auch muss berücksichtigt werden, dass ein zwischen dem Schädiger und Sozialversicherungsträger geschlossener Abfindungsvergleich hinsichtlich der Heilbehandlungskosten in bestimmten Fällen nicht zu Lasten des Geschädigten wirkt, wenn sich dieser als Kassenmitglied später entschließt, die Kassenmitgliedschaft zu kündigen, um sich ggf. privat zu versichern. Die auf die Krankenkasse auflösend bedingt übergegangenen Schadensersatzansprüche fallen bei Beendigung der Mitgliedschaft auf den Geschädigten zurück. Der Abfindungsvergleich ist dem Geschädigtem gegenüber unwirksam, soweit dessen Rechte dadurch vereitelt oder beeinträchtigt werden.[15] **32**

d) Vermehrte Bedürfnisse

Unter vermehrten Bedürfnissen nach § 843 Abs. 1 BGB versteht man **wiederkehrende Aufwendungen**, die diejenigen Nachteile ausgleichen sollen, die der Geschädigte infolge der Störung seines körperlichen Wohlbefindens hat. Hierzu zählen vor allem Pflegekosten, Unterbringungskosten im Pflegeheim, Umbaukosten für Haus, Wohnung oder Auto, Kleidermehrverschleiß. **33**

Da sich der Geschädigte z.B. mit Unterbringung in ein Pflegeheim meist eigene Kosten für eine Wohnung erspart, wird diese Ersparnis im Rahmen des **Vorteilsausgleichs** berücksichtigt. Vermehrte Bedürfnisse fallen bei schwer **34**

---

12 BGH VersR 1970, 129.
13 OLG Köln VersR 2000, 1021.
14 BGH VersR 1970, 129.
15 BGH VersR 1999, 382, NZV 1999, 158.

Verletzten regelmäßig lebenslang an, wobei hier zu berücksichtigen ist, dass auch ohne Schädigung ab einem gewissen Alter bestimmte Dinge im Alltagsleben und in der Eigenversorgung nicht mehr eigenständig verrichtet werden können. In der Praxis werden daher bei der Kapitalisierung gewisse Abzüge vorgenommen und die Position vermehrte Kosten regelmäßig nicht bis zum Lebensende abgerechnet oder kapitalisiert.

e) Erwerbsschaden

35　Zum Erwerbsschaden zählen Einkommensverluste, die nach den §§ 249 ff, 823 BGB zu ersetzen sind. Hierzu gehören vor allem Arbeitslohn oder Gehalt samt Sonderzahlungen von unselbständigen Erwerbstätigen sowie entgangene Gewinne eines Selbständigen[16]. Einkommensverluste bei einem sonst regelmäßig erzielten Einkommen lassen sich durch entsprechende Arbeits- und Gehaltsunterlagen belegen. Sofern entgangene tarifliche Lohn- und Gehaltserhöhungen oder Beförderungen geltend gemacht werden, kann der Nachweis durch Benennung einer Vergleichsperson geführt werden, die zum Schädigungszeitpunkt eine gleichartige und gleichbezahlte Tätigkeit ausübte. Weitere Ausführungen sind nötig, wenn ein Einkommensschaden wegen entgangener außertariflicher Gehaltserhöhungen oder Beförderungen geltend gemacht wird.

36　Beim Erwerbsschaden eines Selbständigen wird ermittelt, wie sich das Unternehmen und der Gewinn voraussichtlich entwickelt hätten[17]. Hierzu müssen konkrete Anhaltspunkte vorgebracht werden, die eine Einschätzung ermöglichen und die wegen Manipulationsmöglichkeiten strengen Anforderungen unterliegen. So kann der Nachweis z.B. durch Benennung eines konkret entgangenen Geschäftes geführt werden oder die Kosten einer schädigungsbedingt eingestellten Ersatzkraft werden angeführt. Insbesondere wird man eine Gewinnminderung auch durch einen Vergleich der Geschäftsunterlagen von einigen Jahren vor der Schädigung und danach ermitteln. Als Unterlagen dienen Bilanzen, Gewinn- und Verlustrechnungen, Einkommensteuerbescheide etc.

37　Besteht beim Geschädigten keine regelmäßige Einkommenssituation und kann man somit nicht auf entsprechende Werte aus der Vergangenheit zurückgreifen mangels entsprechender Kontinuität, muss eine Prognose über die berufliche Entwicklung erstellt werden. Der Geschädigte muss hierzu möglichst konkrete Anhaltspunkte liefern. Nach § 252 BGB genügt der Nachweis einer gewissen Wahrscheinlichkeit. Dies gilt vor allem auch, wenn ein Kind geschädigt wird und somit erst eingeschätzt werden muss, welche Schul- und Berufsausbildung ohne Schädigung absolviert worden wäre.

16　Ausführlich Jahnke Der Verdienstausfall im Schadenersatzrecht, DAV 2.Aufl.
17　BGH VersR 1992, 973; NZV 1998, 279.

Erfolgt eine so starke Schädigung, dass der Geschädigte nicht mehr arbei- **38**
ten kann oder vorzeitig aus dem Erwerbsleben scheiden muss, dann ist der
Erwerbsschaden bis zu dem Zeitpunkt zu ersetzen, in dem der Geschädigte normalerweise aus dem aktiven Erwerbsleben ausgeschieden wäre. Dies
liegt bei unselbständig Beschäftigten grundsätzlich[18] zwischen dem 65. und
67. Lebensjahr je nach Jahrgang, wobei Statistiken der Rentenversicherungsträger derzeit noch ein durchschnittliches Verrentungsalter deutlich
vor diesem Zeitpunkt belegen. Abzustellen ist auf den konkreten Einzelfall
und zu ermitteln, wann der Geschädigte schädigungsbedingt tatsächlich in
den Ruhestand getreten wäre. Umgekehrt kann der Schädiger den Beweis[19]
erbringen, dass der Erwerbsschaden nur zeitlich begrenzt[20], oder in geringerer Höhe zu erstatten ist, weil z.B. der Arbeitgeber in Konkurs gegangen ist
oder Vorerkrankungen zur Berufsaufgabe oder Verrentung geführt hätten.

In der Praxis werden unterschiedliche Methoden angewandt, um den Er- **39**
werbsschaden eines Arbeitnehmers zu berechnen. Nach der sog. **Brutto-**
lohntheorie werden vom Bruttoeinkommen die ersparten Steuern und Sozialversicherungsbeiträge abgezogen und im Wege des Vorteilsausgleichs
berücksichtigt.

Bei der sog. **modifizierten Nettolohntheorie** werden neben dem Netto- **40**
einkommen zusätzlich die tatsächlich angefallenen Steuern und Sozialabgaben erstattet. Beide Theorien führen bei richtiger Anwendung zum selben
Ergebnis. Da dem Schädiger diese Angaben regelmäßig nicht möglich sind,
muss der Geschädigte, da es sich um Angaben aus seiner Sphäre handelt, den
Wegfall von Steuern und Sozialabgaben darlegen und beweisen.[21]

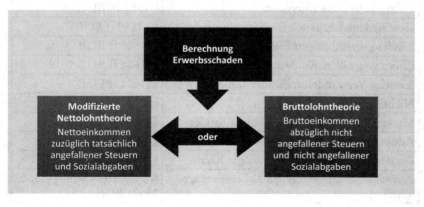

---

18 BGH VersR 1995, 1321, NZV 1995, 441.
19 Beweiserleichterung nach § 287 ZPO.
20 So auch Lemcke r+s 1995, 384; Jahnke Abfindung von Personenschadensansprü-
    chen 2.Aufl. AnwaltsPraxis DAV.
21 BGH NZV 1995,63, VersR 1995,104.

Stahl

41   Bei bestimmten Schadensgruppen wie Erwerbsschaden oder Unterhaltsschaden können gleichzeitig mehrere Sozialversicherungträger eintrittspflichtig werden. Bei einer Schädigung, die sich für den Geschädigten als Arbeitsunfall darstellt, kann der Anspruch auf mehrere **Rentenleistungen** verschiedener Sozialversicherungträger bestehen. So kann ein Geschädigter, der aufgrund seiner Verletzungen nicht mehr arbeiten kann, gleichzeitig sowohl vom Unfallversicherungträger eine Verletztenrente als auch vom Rentenversicherungträger Erwerbsminderungsrente erhalten. Die Summe beider Leistungen übersteigt oftmals die Höhe des kongruenten Schadens, so dass intern jeder Sozialversicherungträger nur Anspruch auf den Anteil des kongruenten Schadensersatzanspruches hat, der dem Verhältnis seiner Leistung zur Summe der von beiden erbrachten Leistungen entspricht.[22]

f) Ersatzansprüche Dritter bei Tötung

42   Nach §§ 844 Abs. 2 BGB u.a. kann ausnahmsweise ein **mittelbarer Schaden** geltend gemacht werden. Wird eine Person getötet, die anderen gegenüber gesetzlich zum Unterhalt verpflichtet ist und diesen auch erbracht hat bzw. erbringen konnte, haben die unterhaltsberechtigten Angehörigen einen Schadensersatzanspruch gegen den Schädiger wegen des entgangenen Unterhalts.[23] Die jeweiligen Hinterbliebenen sind Teil- und nicht Gesamtgläubiger.[24] Sie sind für den entgangenen Unterhalt darlegungs- und beweispflichtig.

Unterhaltsberechtigte	Gesetzliche Grundlage
Ehegatten	§ 1360 BGB
Getrennt lebende Ehegatten	§ 1361 BGB
Geschiedene Ehegatten	§§ 1569 ff BGB
Kinder gegenüber den Eltern	§§ 1601 ff BGB
Eltern gegenüber Kindern	§§ 1601 ff BGB
Sonstige Verwandte in gerader Linie	§§ 1601 ff BGB
Nichteheliche Kinder	§ 1615a BGB
Mutter/Vater eines nichtehelichen Kindes	§ 1615l BGB
Adoptierte Kinder	§ 1754 BGB
Ungeborene, aber bereits gezeugte Kinder	§ 844 Abs. 2 BGB
Partner einer eingetragenen Lebenspartnerschaft	§ 5 LPartG i.V.m. §§ 1360, 1360a BGB

---

22 Analoge Anwendung des § 117 S.1 SGB X, BGH VersR 2003,390, NZV 2003,172.
23 Ausführlich hierzu Küppersbusch, Ersatzansprüche bei Personenschaden 10.Aufl. Rdn. 319 ff
24 BGH NJW 72,1130, VersR 1973,84.

Stahl

Partner sonstiger Lebensgemeinschaften , sofern es sich nicht um eine ein-   **43**
getragene Lebenspartnerschaft handelt, haben keinen gesetzlichen Unterhaltsanspruch.[25] Der Anspruch entsteht dem Grunde nach bereits mit der
Körperverletzung. Für die Bestimmung der Unterhaltsberechtigten ist auf
den Zeitpunkt der Verletzung abzustellen[26], nicht auf den Zeitpunkt des
Versterbens. Hier können mehrere Monate dazwischen liegen. Daher besteht kein Schadensersatzanspruch wegen entgangenen Unterhalts[27], wenn
Unterhaltsberechtigte erst nach der schädigenden Verletzung dazugekom-
men sind, beispielsweise aufgrund Eheschließung oder bei Zeugung eines
Kindes erst nach der Schädigung.[28] Der Schadensersatzanspruch entsteht
bereits mit der Körperverletzung des Unterhaltsverpflichteten direkt bei
den Unterhaltsberechtigten. Daher ist ein zwischen Ersatzpflichtigen und
Verletztem abgeschlossener Abfindungsvergleich diesen gegenüber unwirksam und hat keinen Einfluss auf deren Ansprüche.

Maßgeblich ist der gesetzlich bestehende Unterhaltsanspruch[29], und nicht   **44**
ein tatsächlich ohne Verpflichtung geleisteter Unterhalt. Auch reicht eine
nur vertraglich vereinbarte Unterhaltspflicht für den Anspruch aus § 844
BGB nicht aus. Der gesetzlich geschuldete Unterhalt umfasst den **Bar- und
Naturalunterhalt.** Hierzu zählen auch die Haushaltsführung und persönliche Betreuung. Er richtet sich nach den §§ 1360a, 1602, 1610 BGB. Der angemessene Unterhalt der Familie umfasst alles, was nach den Verhältnissen
der Ehegatten erforderlich ist, um die Kosten des Haushalts zu bestreiten
und die persönlichen Bedürfnisse der Ehegatten und den Lebensbedarf der
gemeinsamen unterhaltsberechtigten Kinder zu befriedigen. Die Verpflichtung zum Familienunterhalt beizutragen, besteht für beide Ehepartner nach
§ 1360 BGB. Der haushaltsführende Ehegatte erfüllt seinen Anteil regelmäßig dadurch, dass er die anfallenden Arbeiten innerhalb des Haushaltes erledigt. Bei Doppelverdiener Ehen ist die Haushaltsführung auf beide verteilt,
wobei die jeweilige berufliche Belastung berücksichtigt werden muss.

Die Berechnungsmodalitäten und Unterhaltsquoten des Scheidungsrechts   **45**
insbesondere die sog. **Düsseldorfer Tabelle** sind auf das Schadensersatzrecht nicht übertragbar.[30] Im Scheidungsverfahren liegen gestörte Familienverhältnisse vor mit häufig doppelter Haushaltsführung. Die dadurch
entstehenden höheren finanziellen Belastungen werden durch einen vom
Unterhaltsverpflichteten zu zahlenden geringeren Unterhaltsbetrag ausgeglichen. Würde man dies auf das Schadensersatzrecht übertragen, so wäre
der Schadensersatz zu gering.

---

25 Becker VersR 1985, 201.
26 BGH NJW 1996, 1674.
27 OLG Hamm r+s 1997, 65.
28 OLG Hamm r+s 1997, 65.
29 BGH NJW 2004, 358; MDR 2004, 449.
30 BGH VersR 1985, 365.

46   Die **Unterhaltsquoten** richten sich nach der Anzahl der Unterhaltsberechtigten.[31] Dabei darf nicht übersehen werden, dass sich die Quoten der
Unterhaltsberechtigten verändern können. Sobald einer oder mehrere Unterhaltsberechtigte wegfallen, erhöhen sich die Quoten der verbleibenden
Unterhaltsberechtigten. Verstirbt der für den Barunterhalt in der Familie
Zuständige, wird bei der Ermittlung des Unterhaltsschadens dessen Nettoeinkommen zugrundegelegt. Überdurchschnittlich hohe Einkommen
werden nicht in voller Höhe berücksichtigt sondern gekürzt, da unterstellt
wird, dass nicht der gesamte Betrag für den Familienunterhalt zur Verfügung stand, sondern ein Teil zur langfristigen Vermögensbildung verwendet
wurde.[32]

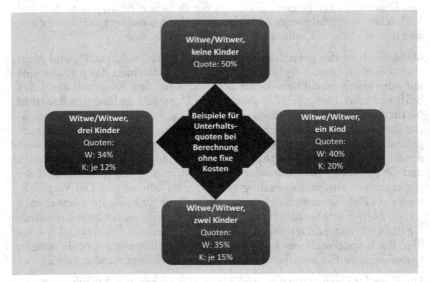

47   Im Wege des **Vorteilsausgleichs** wird ein erzieltes Einkommen des hinterbliebenen Ehegatten angerechnet. Ein tatsächlich nicht erzieltes, jedoch
erzielbares Einkommen kann nach den Grundsätzen der Schadenminderungspflicht dann angerechnet werden[33], wenn eine **Arbeitspflicht** des Hinterbliebenen zu bejahen ist. Dies hängt im wesentlichen vom Alter und der
Leistungsfähigkeit des Hinterbliebenen ab und der Existenz zu betreuender
minderjähriger Kinder. Auch ein von den Waisen erzieltes Einkommen wird
bei der Ermittlung des Unterhaltsbedarfs angerechnet.[34]

---

31 Übersicht Küppersbusch Ersatzansprüche bei Personenschaden 10.Aufl.
    Rn. 344 ff.
32 OLG Bamberg VersR 1982, 856; OLG Frankfurt SP 1999, 267.
33 BGH VersR 1976, 877; BGH VersR 1984, 936.
34 BGH VersR 1972, 948.

Wird der haushaltsführende Ehepartner getötet, so stellt der Wegfall der **48**
Haushaltsführung als Beitrag zum Familienunterhalt nach § 1360 BGB
eine entgangene Unterhaltsleistung dar. Der Schadensersatzanspruch für
den entgangenen sog. Naturalunterhalt beurteilt sich daher nach § 844
Abs. 2 BGB und nicht nach § 845 BGB. Auch hier ist der gesetzlich geschuldete Unterhalt maßgeblich, nicht die tatsächlich erbrachte häusliche
Arbeitsleistung.[35] Insbesondere bei Berufstätigkeit beider Ehegatten sind
auch beide je nach beruflicher Belastung zur Haushaltsführung verpflichtet. Die Absprachen der Ehegatten, wer welche Tätigkeiten im Rahmen der
häuslichen Pflichten wahrnimmt, bilden die Basis für die weiteren Unter-
haltsberechnungen. Eine gesetzlich bestehende Mithilfepflicht der Kinder
im Haushalt ist ebenfalls zu berücksichtigen.[36]

Wird der Schaden durch Einstellung einer Ersatzkraft ausgeglichen, sind die **49**
tatsächlich aufgewendeten Kosten, soweit erforderlich, Maßstab für die Regulierung. Wird keine **Ersatzkraft** eingestellt, sondern der Schaden durch
Mehrarbeit der Familienmitglieder ausgeglichen, kann der Schadensersatzanspruch dennoch geltend gemacht werden. Zugrundegelegt werden dann
die netto Kosten einer vergleichbaren Ersatzkraft. Als Basis für die Entloh-
nung können z.B. die regionalen Durchschnittssätze für eine entsprechende
Hilfskraft herangezogen werden.

Der Anspruch des hinterbliebenen Ehegatten besteht für die mutmaßliche **50**
Lebensdauer des Getöteten. Diese wird grundsätzlich anhand der **Sterbe-**
tafeln des Statistischen Bundesamtes ermittelt[37], bedarf jedoch im Einzelfall der Korrektur, wenn Anhaltspunkte aufgrund besonderer Lebensumstände oder Gesundheitsverhältnisse vorliegen, die für ein Abweichen von
den statistischen Normwerten sprechen. Eine verkürzte Lebensdauer ist
vor allem bei schweren Vorerkrankungen anzunehmen. In der Praxis wird
häufig nicht beachtet, dass für die Beurteilung der restlichen Lebensdauer
ohne Schädigung auf den **Todeszeitpunkt** abzustellen ist. Wird der Unterhaltsanspruch beispielsweise jahrelang vom Ersatzpflichtigen bzw. dessen
Haftpflichtversicherer ausgeglichen und soll erst Jahre nach der Schädigung
eine Abfindung dieses Anspruchs erfolgen, darf zur Berechnung der fiktiven restlichen Lebensdauer des Verstorbenen nicht auf den Abfindungszeitpunkt abgestellt werden. Maßgeblich für die Berechnung der verbleibenden
Lebensdauer ist der zurückliegende Todeszeitpunkt, da der Verstorbene
statistisch gesehen ohne die Schädigung bereits vor dem Kapitalisierungszeitpunkt hätte versterben können. Der Unterhaltsanspruch wird zum einen begrenzt durch den schädigungsunabhängigen mutmaßlichen Tod des
Verpflichteten, zum anderen durch den Tod des Berechtigten selbst. Auch

---

35 BGH VersR 1993, 56.
36 OLG Stuttgart VersR 1993, 1536; BGH VersR 1990, 907.
37 BGH VersR 2004, 653.

Stahl

dessen sog. **Sterbewahrscheinlichkeit** muss daher eingerechnet werden. In der Praxis werden bei Kapitalisierungen daher die Sterbetafeln der sog. verbundenen Leben verwendet, in denen die Sterbewahrscheinlichkeit beider Ehegatten einkalkuliert ist.

51   Da der Unterhaltsanspruch des hinterbliebenen Ehegatten im Falle der **Wiederheirat** nicht mehr oder nur mehr sehr eingeschränkt besteht, wird auch dies bei Kapitalisierungen berücksichtigt. Da nach erfolgter Abfindung des Unterhaltsanspruches eine spätere Heirat des Berechtigten vom Ersatzpflichtigen nicht mehr eingewandt werden kann, wird in der Praxis regelmäßig wegen der Möglichkeit einer Wiederheirat ein prozentualer Abschlag von dem errechneten Kapitalbetrag vorgenommen. Dabei bedient man sich statistischer Erhebungen über die prozentuale Wahrscheinlichkeit einer erneuten Heirat. Neben statistischen Erhebungen, die für durchschnittliche Betrachtungen herangezogen werden können, ist jedoch immer der konkrete Einzelfall mit seinen individuellen Faktoren wie soziale Stellung, Anzahl der Kinder, Vermögen etc zu betrachten.

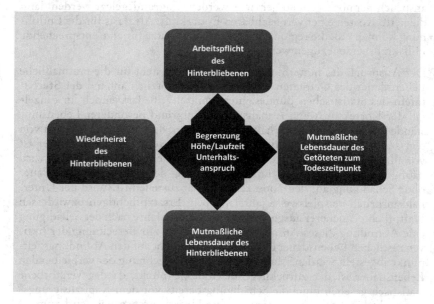

52   **Waisen** können Anspruch auf Barunterhalt grundsätzlich bis zum 18. Lebensjahr haben, aber auch darüber hinaus, wenn sie sich noch in Ausbildung befinden. Auch kann der Anspruch wegen eigenem Einkommen deutlich eingeschränkt sein, wenn der Waise bereits vor Erreichen der Volljährigkeit z.B. eine Lehre beginnt. Dagegen ist **Betreuungsunterhalt** nur für minderjährige Kinder zu erbringen. Ein Volljähriger hat hierauf keinen Anspruch, selbst wenn er weiterhin zuhause lebt und dort tatsächlich noch Betreuungsleistungen erhält.[38]

g) Beerdigungskosten

Nach § 844 Abs. 1 BGB sind die Kosten einer **standesgemäßen Beerdigung** erstattungsfähig. Dies beurteilt sich unter anderem nach den konkreten Lebensumständen, den wirtschaftlichen Verhältnissen und kulturellen oder religiösen Gebräuchen. Die Kostenübernahmeverpflichtung besteht regelmäßig gegenüber den Erben, die nach § 1968 BGB diese Kosten zu tragen haben. Darüber hinaus können auch sonstige Unterhaltspflichtige Kostenträger sein. Sofern ein Dritter diese Kosten übernimmt, hat er einen Ersatzanspruch gegen den bzw. die Erben aus Geschäftsführung ohne Auftrag oder unmittelbar gegen den Schädiger.[39]

53

h) Entgangene Dienste

Nach § 845 BGB besteht eine Schadensersatzpflicht wegen entgangener Dienstleistungen, zu denen der Verletzte oder Getötete aufgrund gesetzlicher insbesondere familienrechtlicher Bestimmungen verpflichtet ist. Die Erstattung entgangener Leistungen eines Ehepartners auch bezüglich Haushaltstätigkeiten richten sich im Verletzungsfall nach § 843 BGB und im Tötungsfall nach § 844 Abs. 2 BGB. In der Praxis spielen daher Ansprüche nach § 845 BGB eine nur untergeordnete Rolle. Solche Ansprüche können z.B. bei familienrechtlich geschuldeten Dienstleistungen nach § 1619 BGB möglich sein.

54

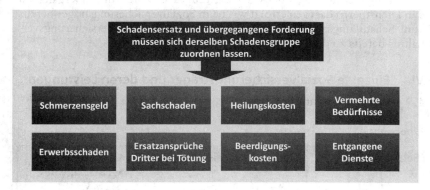

Schadensersatz und übergegangene Forderung müssen sich derselben Schadensgruppe zuordnen lassen.

| Schmerzensgeld | Sachschaden | Heilungskosten | Vermehrte Bedürfnisse |
| Erwerbsschaden | Ersatzansprüche Dritter bei Tötung | Beerdigungs-kosten | Entgangene Dienste |

---

38 OLG München vom 11.05.2005 AZ: 20 U 5275/04.
39 LG Mannheim NZV 2007, 367.

V. Sozialversicherungsträger

55 Sozialversicherungsträger i.S.d. § 116 SGB X sind:
– Gesetzliche Krankenversicherung
– Gesetzliche Pflegeversicherung
– Gesetzliche Unfallversicherung
– Gesetzliche Rentenversicherung
– Sozialhilfeträger
– Bundesagentur für Arbeit
– Träger der Grundsicherung für Arbeitssuchende nach dem SGB II

56 Nach § 116 Abs. 10 SGB X gelten auch die Bundesagentur für Arbeit und die Träger der Grundsicherung für Arbeitssuchende nach dem SGB II ebenfalls als Versicherungsträger. Damit finden die übrigen Regelungen des § 116 SGB X entsprechende Anwendung.

57 Keine Sozialversicherungsträger sind z.B.:
– Arbeitgeber
– Private Krankenversicherer
– Versorgungsanstalten des Bundes oder der Länder
– Berufsständische Versorgungswerke
– Bund und Länder als Dienstherrn der Beamten

Insbesondere beim Arbeitgeberregress oder Regress des privaten Krankenversicherers vollzieht sich der Forderungsübergang grundsätzlich nicht bereits zum Unfallzeitpunkt, sondern kraft Gesetz nach § 6 EFZG oder Abtretung erst im Augenblick der Leistung. Der Forderungsübergang auf den Dienstherrn dagegen erfolgt wie beim Sozialversicherungsträger bereits zum Schädigungszeitpunkt, sofern ein entsprechendes Versicherungsverhältnis bereits zu diesem Zeitpunkt bestand.

VI. Einzelne Sozialversicherungsträger und deren Leistungen[40]

1. Gesetzliche Krankenkasse

Übersicht

Schadensgruppe	Kongruente Leistungen	Gesetzliche Grundlage des SGB V
Schmerzensgeld	Keine kongruente Leistung	
Sachschaden	Ersatz beschädigter Hilfsmittel	§ 33

---

40 Darstellung einiger wesentlicher Leistungen, kein Anspruch auf Vollständigkeit.

Stahl

Heilbehandlungs-kosten	Ärztliche, zahnärztliche Behandlung	§§ 27 ff.
	Arznei- und Verbandsmittel	§ 31
	Heil- und Hilfsmittel	§§ 32-34
	Krankenhausbehandlung	§§ 27 Nr. 5, 39
	Medizinische Rehabilitation	§§ 27 Nr. 6, 40 ff.
	Erstattung von Fahrtkosten	§ 60
Vermehrte Bedürfnisse	Häusliche Krankenpflege	§§ 27 Nr. 4, 37
	Haushaltshilfe bei Krankenhausbehandlung	§§ 27 Nr. 4, 38
	Krankengeld bei Pflege eines Kindes	§ 45 ff.
Erwerbsschaden	Krankengeld	§ 44 ff.
	Belastungserprobung, Arbeitstherapie	§ 42
Ersatzansprüche Dritter bei Tötung	Keine kongruente Leistung	
Beerdigungskosten	Keine kongruente Leistung	
Entgangene Dienste	Keine kongruente Leistung	

Gesetzliche Regelungen finden sich in § 21 SGB I und dem SGB V. Für **58** Landwirte ergänzt das 2. Gesetz über die Krankenversicherung der Landwirte die Regelungen (KVLG). Die gesetzlichen Krankenkassen leisten an ihre Mitglieder, unabhängig ob pflicht- oder freiwillig versichert, und an deren Familienmitglieder nach § 10 SGB V. Der Leistungskatalog der Krankenkassen hat sich in den letzten Jahren verändert und einige Leistungen wurden herausgenommen. Andererseits ist auch nicht ausgeschlossen, dass künftig bestimmte Leistungen, die bislang nicht ersetzt wurden, in den Leistungsumfang aufgenommen werden. Weitere Änderungen sind nicht ausgeschlossen. Dies ist bei einer möglichen Abfindung der beim Geschädigten verbleibenden Ansprüche zu beachten, insbesondere wenn erst künftig anfallende Kosten abgefunden werden sollen.

a) Versicherungspflicht

Diese besteht, sobald faktisch die gesetzlichen Voraussetzungen erfüllt sind **59** unabhängig von einer Anmeldung bei der Krankenkasse. Unter bestimmten

Stahl

Voraussetzungen können Versicherte nach § 13 Abs. 2 und 3 SGB V anstelle der Sach- und Dienstleistungen **Kostenerstattung** von der Krankenkasse wählen.

60 **Pflichtversichert** sind nach § 5 SGB V insbesondere:
- Arbeiter, Angestellte, Auszubildende
- Studenten
- Leistungsempfänger nach dem SGB III
- Bezieher von Arbeitslosengeld II
- Landwirte, deren mitarbeitende Familienangehörige und Altenteiler nach dem KVLG 1989
- Künstler und Publizisten nach Bestimmungen des KSVG
- Teilnehmer einer beruflichen Rehabilitation
- Behinderte Menschen, die in Behinderten- oder Blindenwerkstätten i.S.d. § 143 SGB IX tätig sind.
- Rentner der gesetzlichen Rentenversicherung

b) Versicherungsfreiheit

61 Versicherungsfrei sind nach § 6 SGB V unter anderem
- Arbeiter und Angestellte bei Überschreiten der Versicherungspflicht-grenze (Jahresarbeitsentgeltgrenze),
- Beamte, Richter, Soldaten, Ordensangehörige
- Geringfügig Beschäftigte §§ 8, 8a SGB IV, § 7 SGB V

c) Mitglieder

62 Mitglieder sind Pflichtmitglieder und freiwillig Versicherte. Auch versiche-rungsfreie Personen nach § 6 SGB V können sich freiwillig versichern (§ 9 SGB V).

d) Mitversicherte

63 Mitversichert sind unter den in § 10 SGB V genannten Voraussetzungen Ehegatten, eingetragene Lebenspartner und Kinder.

e) Fremdversorgung

64 Die **Krankenbehandlung** von nicht versicherten Sozialhilfeempfängern und Asylbewerbern wird nach § 264 Abs. 2 SGB V von der Krankenkasse übernommen. Diese erbringen die gleichen Leistungen wie an die gesetzlich Krankenversicherten. Besteht keine Bedürftigkeit mehr, meldet der Sozial-hilfeträger den Sozialhilfeempfänger bei der Krankenkasse ab.

65 Aufwendungen der Krankenkasse werden vom **Sozialhilfeträger** erstattet (§ 264 Abs. 7 SGB V). Für ihren Personalaufwand erhält die Krankenkasse bis zu 5 % der abgerechneten Leistungsaufwendungen.

Stahl

Im Regressfall macht der Sozialhilfeträger und nicht die Krankenkasse die **66** Ersatzforderung nach § 116 SGB X geltend. Dies bezieht sich jedoch nur auf die Aufwendungen für den Krankheitsfall, die Verwaltungspauschale kann nicht regressiert werden. Insoweit handelt es sich um einen mittelbaren Schaden, dem kein kongruenter Schaden des Geschädigten gegenübersteht.

f) Praxisgebühr

Die **Praxisgebühr** nach §§ 28 Abs. 4, 61 SGB V, die volljährige Versicherte **67** seit 2004 pro Kalendervierteljahr bei einer ambulanten ärztlichen, zahnärztlichen oder psychotherapeutischen Behandlung zuzahlen müssen, können sie beim Schädiger geltend machen, wenn Behandlungen in diesem Zeitraum ausschließlich wegen der Schädigung erfolgten.

g) Krankengeld

Nach § 44 SGB V besteht bei Arbeitsunfähigkeit ab dem ersten Tag der **68** Erkrankung Anspruch auf **Krankengeld**. Der Anspruch ruht, solange Entgeltfortzahlung gewährt wird. Auch bei Erkrankung eines Arbeitslosen erfolgt kein Wechsel vom Arbeitslosen- auf Krankengeld, sondern dieses wird weitergezahlt nach § 126 SGB III. Wird für die Dauer einer Rehabilitation das betragsmäßig geringere Übergangsgeld gewährt, so wird nur der sog. Spitzbetrag (Differenzbetrag zwischen üblichem Krankengeld und Übergangsgeld) gezahlt. Krankengeld wird wegen derselben Erkrankung für bis zu 78 Wochen innerhalb von drei Jahren gezahlt (§ 48 SGB V). Die Höhe beträgt 70% des Regelentgeltes. Die Krankenkasse macht beim Schädiger das Bruttokrankengeld geltend. Es beinhaltet auch die Beiträge zur Arbeitslosen-, Pflege- und Rentenversicherung.

h) Beiträge zur Krankenversicherung

Während des Bezugs von Krankengeld ist der Kranke nach § 224 Abs. 1 **69** SGB V beitragsfrei krankenversichert. Soweit jedoch der Krankenkasse während der Krankengeldzahlung die **Beiträge zur Krankenversicherung** entgehen, kann sie diese nach § 224 Abs. 2 SGB V beim Schädiger einfordern, da insoweit ein Schaden fingiert wird. Als mittelbar Geschädigte hat die Krankenkasse aufgrund dieser gesetzlichen Regelung die Möglichkeit, entgangene Arbeitnehmer- und Arbeitgeberanteile zur Krankenversicherung beim Schadensersatzpflichtigen einzufordern. Strittig ist, wonach sich die Höhe der entgangenen Beiträge bemisst, ob Bemessungsgrundlage das Bruttokrankengeld oder das frühere Arbeitseinkommen ist. Nach neueren Instanzgerichten errechnet sich die Höhe der Beiträge aus dem höheren fiktiven Arbeitsentgelt und nicht aus dem geringeren Krankengeld.[41]

---

41 LG Deggendorf vom 10.02.2009, 1 S 67/08.

Stahl

70   Für **behinderte Menschen,** die in anerkannten Werkstätten für behinderte
Menschen oder in Blindenwerkstätten im Sinne des § 143 SGB IX oder für
diese Einrichtungen in Heimarbeit tätig sind, besteht nach § 5 Abs. 1 Nr. 7
SGB V Versicherungspflicht. Für diese sind die Beiträge, die der Träger der
Einrichtung für Kranken- und Pflegeversicherung zu tragen hat, von den
für die behinderten Menschen zuständigen Leistungsträgern zu erstatten
nach § 251 Abs. 2 S. 2 SGB V. Der im Regelfall zuständige Sozialhilfeträger kann seinerseits diese erstatteten Beträge nicht beim Schädiger geltend
machen, da es für diesen **mittelbaren Drittschaden** keine entsprechende
Überleitungsnorm gibt.[42]

i) Kinderkrankengeld

71   Erkrankt ein Kind unter 12 Jahren, kann der Versicherte nach § 45 Abs. 2
SGB V Krankengeld für bis zu 10 Tagen, Alleinerziehende bis zu 20 Tagen
in Anspruch nehmen, wenn dieses nicht durch einen anderen Haushaltsangehörigen betreut werden kann. Strittig ist die Kongruenz. Zwar ist Krankengeld grundsätzlich mit dem Erwerbsschaden kongruent. Teilweise wird
jedoch auch angenommen, dass Kongruenz zu den vermehrten Bedürfnissen besteht. Ist ein Kind geschädigt worden und bedarf der Betreuung, so
hat es insoweit Anspruch auf Erstattung seiner **vermehrten Bedürfnisse.**
Das Krankengeld erhält jedoch regelmäßig ein Elternteil. Geschädigter und
Leistungsempfänger fallen hier auseinander. Allerdings setzt der Regress
nach § 116 SGB X nicht voraus, dass beide Personen identisch sind, sondern, dass die Leistungen aufgrund der Schädigung gezahlt wurden. Dies
ist bei Kinderkrankengeld der Fall, so dass davon auszugehen ist, dass es
regressiert werden kann.

j) Zuzahlungen

72   Bei vielen Leistungen der Krankenassen sind Zuzahlungen durch den Versicherten erforderlich (§§ 61, 28 ff SGB V). Diese können zwar grundsätzlich beim Schädiger geltend gemacht werden, sind aber dann nicht erstattungsfähig, wenn gleichzeitig ein Vorteilsausgleich zu berücksichtigen ist,
der Geschädigte sich also zeitgleich bestimmte Kosten erspart hat. Die Belastungsgrenze nach § 62 SGB V liegt bei 2% des Bruttoeinkommens pro
Kalenderjahr, bei chronisch Kranken bei 1 % des Bruttoeinkommens. Die
Belastungsgrenze errechnet sich nicht nur aus dem Einkommen des Versicherten, sondern aus dem Familieneinkommen, wobei dieses um bestimmte
Beträge nach § 62 Abs. 2 SGB V gekürzt wird.

k) Fallpauschalengesetz

73   2003 ist das **DRG- Fallpauschalensystem** (Diagnosis Related Groups) in
Deutschland eingeführt worden. Es handelt sich um diagnoseorientierte

---

42 LG Münster vom 28.5.2009- 08 S 201/08, r+s 2009, 436.

Fallpauschalen, die das bisherige Vergütungssystem nach Pflegesätzen pro Krankenhaustag abgelöst haben. Hierbei werden zahlreiche unterschiedliche Diagnosen zu einer überschaubaren Anzahl von Abrechnungspositionen zusammengefasst, die zu einem vergleichbaren wirtschaftlichen Aufwand führen. Maßgeblich für die Zuordnung zu einer bestimmten Abrechnungsposition sind medizinische Diagnosen, Operations- und Prozedurenschlüssel.

Das Abrechnungssystem ist grundsätzlich auch bei der Erstattung der Krankenhausleistungen durch einen Ersatzpflichtigen maßgeblich. Dieser hat keine Einwendungsmöglichkeit gegen die Höhe der Zahlungspflicht aus den Vereinbarungen zwischen den am System der Krankenhausfinanzierung beteiligten Leistungsträgern. So kann er die Leistung nicht deshalb verweigern, weil der Betrag für die abgerechnete Krankenhausleistung unangemessen hoch und nicht sachgerecht sei.[43] Diese Vereinbarungen stellen keinen unzulässigen **Vertrag zulasten Dritter** dar[44], sondern sind lediglich unbeachtlicher Reflex, der sich durch den Forderungsübergang ergibt. Der Ersatzpflichtige kann jedoch einwenden, dass der zu erstattende Betrag im Verhältnis zwischen Krankenversicherer und Krankenhaus nach den insoweit geltenden Vereinbarungen nicht geschuldet war. Ein Krankenhaus kann seine Leistungen nicht nach dem allgemeinen DRG- Fallpauschalenkatalog abrechnen, wenn die mit dem Krankenhaus nach § 11 KHEntgG vereinbarten Fallpauschalen die dem Patienten gegenüber erbrachte Leistung vollständig erfasst und somit keine Regelungslücke vorliegt, die durch Anwendung des allgemeinen Fallpauschalenkatalogs geschlossen werden müsste. Im entschiedenen Fall hatte das Krankenhaus fälschlicherweise die allgemeine Fallpauschale W60Z des Fallpauschalenkatalogs 2006 nebst Zuschlägen in Höhe von 6.362,84 € abgerechnet anstelle der einschlägigen Fallpauschale W61Z. über 1.750,42 €.

74

2. Gesetzliche Pflegeversicherung

Übersicht

Schadensgruppe	Kongruente Leistungen	Gesetzliche Grundlage des SGB XI
Schmerzensgeld	Keine kongruente Leistung	
Sachschaden	Keine kongruente Leistung	

---

43 Siehe hierzu OLG Hamm vom 23.06.2009, VersR 2010, 91.
44 BGH vom 29.06.2004, VersR 2004, 1189.

Heilbehandlungs-kosten	Keine kongruente Leistung	
Vermehrte Bedürfnisse	Häusliche Pflege	§§ 36 ff.
	Pflegegeld	§§ 37, 38
	Technische Hilfsmittel	§ 40
	Teilstationäre Pflege	§ 41
	Kurzzeitpflege	§ 42
	Vollstationäre Pflege	§ 43
Erwerbsschaden	Keine kongruente Leistung	
Ersatzansprüche Dritter bei Tötung	Keine kongruente Leistung	
Beerdigungskosten	Keine kongruente Leistung	
Entgangene Dienste	Keine kongruente Leistung	

75 Leistungen der Pflegekasse werden aufgrund des Pflegeversicherungsgesetzes gewährt, das am 1.1.1995 in Kraft getreten ist.

a) Versicherungspflicht

76 Versicherungspflichtig in der sozialen Pflegeversicherung sind unter anderem:
- Versicherungspflichtige Mitglieder der gesetzlichen Krankenversicherung (§ 20 Abs. 1 SGB XI)
- freiwillig Krankenversicherte (§ 20 Abs. 3 SGB XI),
- sonstige Personen (§ 21 SGB XI).
- Familienangehörige unter bestimmten Voraussetzungen(§ 25 SGB XI)

77 Privat Versicherte und Beamten, die nicht freiwillig gesetzlich krankenversichert sind, müssen nach § 23 Abs. 1 bzw. § 23 Abs. 3 SGB XI die Pflegeversicherung bei einer privaten Krankenversicherung abschließen. Der Forderungsübergang richtet sich in diesen Fällen nicht nach § 116 SGB X, sondern nach § 76 VVG und erfolgt somit nicht bereits zum Schädigungszeitpunktt, sondern erst mit Leistungsgewährung.

78 Bei jeder gesetzlichen Krankenkasse sind Pflegekassen als **selbständige Körperschaften** eingerichtet. Deren Aufgaben werden von den Krankenkassen wahrgenommen. Leistungen für den Fall der Pflegebedürftigkeit wurden vor Schaffung dieses Sozialversicherungszweiges nicht gewährt. Allein bei schweren Pflegefällen bestand zuvor die Möglichkeit über § 53 a.F. SGB V Pflegegeld von den Krankenkassen zu erhalten, welches jedoch deutlich geringer war als die Beträge, die aufgrund der Pflegeversicherung nunmehr

Stahl

gewährt werden. Für Fälle der schweren Pflegebedürftigkeit nach der alten Rechtslage i.S.d. § 53 SGB V a.F. besteht nunmehr Anspruch auf Leistungen der Pflegestufe II.

Besteht die Pflegebedürftigkeit aufgrund einer durch einen Dritten beige-   **79**
fügten Schädigung kann die Pflegekasse deren Leistungen grundsätzlich beim Ersatzpflichtigen regressieren. Probleme können sich ergeben, wenn neben der schädigungsbedingten auch eine davon unabhängige Pflegebedürftigkeit oder Behinderung besteht. Dann wird es erforderlich sein, die jeweiligen Kosten nach §§ 252 BGB, 287 ZPO zu schätzen. Die Pflegekosten, die auch ohne die Schädigung angefallen wären, sind dann nicht regressierbar. Auch muss geprüft werden, ob ab einem bestimmten Alter nicht auch ohne Einwirkung von dritter Seite Pflegebedürftigkeit eingetreten wäre.[45] Dann läge ein Fall der **überholenden Kausalität** vor, so dass die Kosten für vermehrte Bedürfnisse nur bis zu diesem Zeitpunkt zu erstatten wären. Beweisbelastet ist der Schädiger, der den Beweis jedoch nach der erleichterten Beweisführung des § 287 ZPO erbringen kann.

Leistungen bei Pflegebedürftigkeit werden auch nach dem **Bundesversor-**   **80**
gungsgesetz und bei Arbeits- und Wegeunfällen aufgrund der gesetzlichen Unfallversicherung gewährt. Diese Leistungen haben gegenüber denen der Pflegeversicherung Vorrang nach § 13 SGB XI.

Hält sich der Pflegebedürftige im Ausland auf, ruhen während dieser Zeit   **81**
die Leistungen der Pflegekasse § 34 Abs. 1 SGB VI.

b) Häusliche Pflege §§ 36 ff. SGB XI

Die häusliche Pflege umfasst Sachleistungen in Form von häuslicher Pflege-   **82**
hilfe, Grundpflege und hauswirtschaftlicher Versorgung mittels Pflegekräften. Das Pflegegeld kann anstelle einer häuslichen Pflegehilfe beantragt werden. Möglich ist auch eine Kombination von Geld- und Sachleistung nach § 38 SGB XI. Fällt die Pflegeperson aus, so werden nach § 39 SGB XI für bis zu 4 Wochen Kosten einer Ersatzkraft übernommen. Pflegehilfsmittel und technische Hilfen werden nach § 40 SGB XI gewährt. Die Einstufung in eine der drei Pflegestufen erfolgt durch den medizinischen Dienst der Krankenversicherung.

Bei Pflegestufe I ist **erhebliche Pflegebedürftigkeit** erforderlich. Die be-   **83**
troffenen Personen bedürfen hier in einem gesetzlich vorgegebenen Mindestmaß der Unterstützung in den Bereichen Körperpflege, Ernährung oder Fortbewegung. **Schwer Pflegebedürftige** erhalten Leistungen der Pflegestufe II, wenn sie über den Tag verteilt mindestens dreimal Hilfe brauchen. Ist die Hilfe den ganzen Tag nötig, liegt **schwerste Pflegebedürftigkeit** und somit Anspruch auf Pflegestufe III vor. Hat der Geschädigte einen Pflege-

---

45 OLG Hamm SP 2000, 411.

bedarf, der nicht über die Leistungen der Pflegekasse gedeckt ist, steht ihm
der Ersatzanspruch in Höhe des Differenzschadens zu zwischen den von
ihm selbst getragenen Pflegeaufwendungen und den Leistungen der Pflegeversicherung.

Das Pflegegeld beträgt:

Pflegestufe	Zeitpunkt	Betragshöhe in Euro	Betragshöhe in Euro für selbst beschaffte Pflegehilfen nach § 37
I	ab 1.7.2008	420	215
I	ab 1.1.2010	440	225
I	ab 1.1.2012	450	235
II	ab 1.7.2008	980	420
II	ab 1.1.2010	1.040	430
II	ab 1.1.2012	1.100	440
III	ab 1.7.2008	1.470	675
III	ab 1.1.2010	1.510	685
III	ab 1.1.2012	1.550	700

c) Technische Hilfsmittel § 40 SGB XI

84   Pflegehilfsmittel werden zur Verfügung gestellt, um die Pflege zu erleichtern, die Beschwerden zu lindern oder eine selbständige Lebensführung zu
ermöglichen, soweit Hilfsmittel nicht wegen Krankheit oder Behinderung
durch andere Sozialversicherungsträger zu leisten sind. Sofern die Hilfsmittel wie beispielsweise Rollstühle leihweise überlassen werden, stellt die
Pflegekasse diese kostenfrei zur Verfügung, zu zahlen sind hier ggf. Instand-
haltungskosten. Wurden diese von der Pflegekasse gemietet, sind auch die
Mietkosten zu übernehmen. Geringer wertige Hilfsmittel werden regelmäßig an den Geschädigten übereignet, so dass die Pflegekasse bei Drittschädi-
gung die vollen Anschaffungskosten geltend machen kann.

d) Tages- und Nachtpflege § 41 SGB XI

85   Die **teilstationäre Pflege** ermöglicht die Unterbringung in einer Einrichtung der Tages- oder Nachtpflege, wenn häusliche Pflege nicht in ausreichendem Umfang sichergestellt werden kann oder wenn dies zur Ergänzung
und Stärkung der häuslichen Pflege erforderlich ist. Auch die Beförderung
des Pflegebedürftigen von der Wohnung zur Einrichtung der Tages- oder
Nachtpflege ist umfasst.

Die Pflegekasse übernimmt die Aufwendungen der teilstationären Pflege, **86**
der sozialen Betreuung und der notwendigen medizinischen Behandlungspflege in der Einrichtung in Höhe der in § 41 Abs. 2 SGB XI vorgesehenen
Beträge.

Pflegestufe	Zeitpunkt	Monatliche Betragshöhe in Euro
I	ab 1.7.2008	420
I	ab 1.1.2010	440
I	ab 1.1.2012	450
II	ab 1.7.2008	980
II	ab 1.1.2010	1.040
II	ab 1.1.2012	1.100
III	ab 1.7.2008	1.470
III	ab 1.1.2010	1.510
III	ab 1.1.2012	1.550

e) Kurzzeitpflege § 42 SGB XI

Ist häusliche Pflege nicht möglich und reicht auch teilstationäre Pflege nicht **87**
aus, kann für eine **Übergangszeit** die Kurzzeitpflege in einer vollstationären Einrichtung erfolgen. Der Anspruch ist auf 4 Wochen pro Kalenderjahr
beschränkt. Die Pflegekasse übernimmt hierfür einschließlich Aufwendungen für soziale Betreuung und medizinische Behandlungspflege Beträge bis
zu:

Zeitpunkt	Monatliche Betragshöhe in Euro
ab 1.7.2008	1.470
ab 1.1.2010	1.510
ab 1.1.2012	1.550

f) Vollstationäre Pflege § 43 SGB XI

Ist häusliche oder teilstationäre Pflege nicht möglich, besteht Anspruch auf **88**
Pflege in einer **vollstationären Einrichtung**. Bei vollstationärer Pflege werden die betragsmäßig begrenzten Pflegeleistungen einer Pflegeeinrichtung
übernommen, jedoch nicht die Kosten für Unterkunft und Verpflegung.
Diese Kosten sind vom Geschädigten selbst zu tragen und ggf. beim Schädiger zu regressieren. Der Vorteilsausgleich wegen ersparter Mietkosten ist

Stahl

gegenüber dem Geschädigten und nicht bei der Pflegekasse zu berücksichtigen.

Pflegestufe	Zeitpunkt	Monatliche Betragshöhe in Euro
I	derzeit	1.023
II	derzeit	1.279
III	ab 1.7.2008	1.470
III	ab 1.1.2010	1.510
III	ab 1.1.2012	1.550
Bei Härtefällen	ab 1.7.2008	1.750
Bei Härtefällen	ab 1.1.2010	1.825
Bei Härtefällen	ab 1.1.2012	1.918

g) Pflege in vollstationären Einrichtungen der Hilfe für behinderte Menschen § 43a SGB XI

89   Bei Unterbringung von Pflegebedürftigen in einer vollstationären Einrichtung der Behindertenhilfe, die nach § 71 Abs. 4 SGB XI nicht als Pflegeeinrichtung gilt, übernimmt die Pflegekasse zur Abgeltung der Pflegeaufwendungen nach § 43 Abs. 2 SGB XI unabhängig von der Pflegestufe 10 % des nach § 75 Abs. 3 SGB XII vereinbarten Heimentgelts, höchstens jedoch 256 €.

h) Pflegepersonen §§ 19, 44 SGB XI

90   Pflegepersonen nach § 19 SGB XI, die nicht erwerbsmäßig einen Pflegebedürftigen zuhause wöchentlich mindestens 14 Stunden pflegen, erhalten gemäß § 44 SGB XI eine soziale Sicherung, indem Beiträge zur gesetzlichen Rentenversicherung von der Pflegekasse gezahlt werden. Voraussetzung ist, dass die Pflegeperson nicht mehr als 30 Stunden wöchentlich erwerbstätig ist, noch nicht das 65. Lebensjahr vollendet hat und nicht Bezieher einer Altersrente ist. Die Pflegekasse kann diese **Rentenversicherungsbeiträge** beim Schädiger nach BGH[46] regressieren. Dieser bejaht Kongruenz zu den vermehrten Bedürfnissen des Geschädigten.

91   Pflegepersonen, die nach ihrer Pflegetätigkeit in die Erwerbstätigkeit zurückkehren wollen, können bei beruflicher Weiterbildung Leistungen nach dem SGB III erhalten. Diese Leistungen können jedoch nicht beim Schädiger geltend gemacht werden, da insoweit kein entsprechender Schaden des

---

46 BGH VersR 1999, 252.

Stahl

Geschädigten gegenübersteht. Hier steht vielmehr die Förderung der privaten Pflege durch eine verbesserte soziale Situation der Pflegeperson im Vordergrund.

Gleiches gilt auch für **Schulungskurse**, die Angehörigen und ehrenamtlichen Pflegepersonen nach § 45 SGB XI angeboten werden.   **92**

i) Vergleiche bezüglich vermehrter Bedürfnisse

Bei schwerer Schädigung des Geschädigten werden Aufwendungen für   **93**
Pflegekosten bei der Regulierung und einer möglichen Abfindung eine besondere Rolle spielen. **Abfindungsvergleiche** zwischen Schädiger und Geschädigtem über Pflegekosten vor dem 1.1.1989 können sowohl der Krankenkasse als auch der Pflegekasse entgegengehalten werden, da vor diesem Zeitpunkt keine Leistungen eines Sozialversicherungsträgers für Pflegefälle gezahlt wurden.[47] Da ab 1989 bei Schwerpflegebedürftigkeit Leistungen der Krankenkasse nach §§ 53 ff. SGB V a.F. gewährt wurden, konnte zumindest bei schwerer Pflegebedürftigkeit seitdem nicht mehr befreiend gegenüber Krankenkasse oder Pflegekasse abgefunden werden.[48] Nach einem aktuellen BGH Urteil aus 2011 gilt dies entsprechend für Leistungen erheblicher Pflegebedürftigkeit (Pflegestufe I). Sofern jedoch seit 1989 die Ansprüche der Krankenkasse gegenüber abgefunden wurden, war ein Forderungsübergang entsprechender Leistungen auf die Pflegekasse nicht mehr möglich. Seit Inkrafttreten des Pflegeversicherungsgesetzes zum 1.1.1995 müssen bei der Abfindung der vermehrten Bedürfnisse die Leistungen der Pflegeversicherung berücksichtigt werden, da insoweit keine der Pflegekasse gegenüber wirksame Abfindung möglich ist.

Wurden Pflegekosten nicht kapitalisiert, sondern zwischen den Parteien ein   **94**
Rentenvergleich geschlossen zu einem Zeitpunkt als noch keine entsprechenden Sozialleistungen gewährt wurden, erfolgt der Forderungsübergang auf die Pflegekasse mit Leistungsgewährung. Die vertraglich vereinbarte Rentenhöhe zwischen Schädiger bzw. Haftpflichtversicherung und Geschädigtem ist regelmäßig höher als die Leistungen der Pflegekasse und muss daher künftig um die Leistungen der Pflegekasse reduziert werden. Eine Anpassung gerichtlicher Vergleiche ist nach § 323 ZPO möglich[49], bei außergerichtlichen Vergleichen kann ebenfalls eine Änderung nach § 323 ZPO vertraglich vorgesehen werden oder nach § 242 BGB möglich sein, wenn wesentliche Änderungen der wirtschaftlichen Verhältnisse eingetreten sind, die eine Anpassung erforderlich machen, um den Vertragszweck erreichen zu können.

---

47 OLG Köln VersR 2006, 569; BGH vom 18.2.1997 NZV 1997, 264.
48 BGH vom 3.12.2002, VersR 2003, 267; BGH vom 12.4.2011 – VI ZR 158/10.
49 OLG Saarbrücken NZV 1997, 271.

Stahl

j)　Verjährung

95　Lag der Schadenfall vor 1995, erwirbt die Pflegekasse Ansprüche nur als **Rechtsnachfolger** entweder des Geschädigten oder der Krankenkasse, soweit diese zuvor Leistungen nach §§ 53 ff. SGB V a. F. erbracht hatte. Dies bedeutet, dass eine bereits gegenüber dem Rechtsvorgänger laufende Verjährungsfrist bei Rechtsübergang weiterlief und zwar unabhängig davon, ob die Pflegekasse überhaupt von dem Schadenfall Kenntnis nehmen konnte. Mit Rechtsübergang erfolgt kein Neubeginn der Verjährung, auch tritt keine Hemmung wegen fehlender Kenntnis der Pflegekasse ein.[50] War der Anspruch bereits gegenüber dem Rechtsvorgänger verjährt, so wirkt diese auch dem Rechtsnachfolger gegenüber.

3.　Gesetzliche Unfallversicherung

Übersicht

Schadensgruppe	Kongruente Leistungen	Gesetzliche Grundlage des SGB VII
Schmerzensgeld	Keine kongruente Leistung	
Sachschaden	Sachschadenersatz bei Hilfeleistungen	§ 13
	Ersatz beschädigter Hilfsmittel	§§ 8 Abs. 3, 31, 33
Heilbehandlungskosten	Ärztliche, zahnärztliche Behandlung	§§ 26-28
	Arznei- und Verbandmittel	§ 29
	Heilmittel	§ 30
	Hilfsmittel	§ 31
	Stationäre Behandlung	§ 33
	Medizinische Rehabilitation	§§ 26, 33
	Reisekosten	§ 43

50　BGH VersR 1984, 136; BGH vom 12.4.2011 – VI ZR 158/10.

Vermehrte Bedürfnisse	Kleidermehrverschleiß	§ 31
	Häusliche Krankenpflege	§ 32
	Kraftfahrzeughilfe	§ 40
	Haushaltshilfe	§§ 42, 54
	Pflege	§ 44
	Pflegegeld	§ 44 Abs. 2
Erwerbsschaden	Leistungen zur Teilhabe am Arbeitsleben	§ 35
	Verletztengeld	§§ 45 ff.
	Übergangsgeld	§§ 49 ff.
	Verletztenrenten	§§ 56 ff.
Ersatzansprüche Dritter bei Tötung	Sterbegeld	§§ 63, 64
	Überführungskosten	§ 64
	Witwen-/ Witwerrenten	§§ 65, 66
	Waisenrenten	§§ 67 ff.
	Sonstige Renten	§ 69
Beerdigungskosten	Sterbegeld	§§ 63, 64
	Überführungskosten	§ 64
Entgangene Dienste	Verletztenrente an den Dienstleistungsverpflichteten	§§ 56 ff.

Stellt sich die Schädigung für den Geschädigten als **Arbeitsunfall** dar, wird **96** anstelle der Krankenkasse die gesetzliche Unfallversicherung eintrittspflichtig. Dies ist für den Verletzten häufig günstiger, da der Leistungskatalog der gesetzlichen Unfallversicherungsträger umfangreicher ist als derjenige der Krankenkassen. Begründet ist dies durch den gesetzlichen Auftrag, beim Eintritt des Versicherungsfalles die Leistungsfähigkeit des Versicherten mit allen geeigneten Mitteln wieder herzustellen gemäß § 1 SGB VII. Einige Leistungen werden betragsmäßig höher gewährt und länger gezahlt als entsprechende Krankenkassenleistungen. Zahlreiche Leistungen werden aufgrund einer **abstrakten Schadensberechnung** gewährt. Sind medizinisch bestimmte körperliche oder gesundheitliche Beeinträchtigungen festgestellt und ergeben sich somit rein rechnerisch gewisse Nachteile z.B. aufgrund einer Minderung der Erwerbsfähigkeit, sieht die gesetzliche Unfallversiche-

Stahl

rung teilweise pauschalierte Leistungen vor, selbst wenn im Einzelfall kein konkreter Schaden ermittelbar ist. Im Schadensersatzrecht ist dagegen der konkrete Schaden maßgeblich, so dass hier besonders zu prüfen ist, ob der sozialversicherungsrechtlichen Leistung auch ein entsprechender konkreter Schaden gegenübersteht.

a) Versicherter Personenkreis

97   Gesetzlich unfallversichert sind u.a. nach § 2 Abs. 1 SGB VII:
- Beschäftigte aufgrund Arbeits- oder Dienstverhältnis
- Auszubildende
- Behinderte Menschen, die in anerkannten Werkstätten für Behinderte oder Blindenwerkstätten oder für diese in Heimarbeit tätig sind
- Kinder während des Besuches von Tageseinrichtungen, Schüler während des Schulbesuches, Studenten während der Hochschulausbildung
- Hilfeleistende bei Unglücksfällen
- Ehrenamtlich Tätige

b) Verletztengeld § 45 SGB VII

98   Das Verletztengeld entspricht 80% des Regelentgeltes und darf das nach § 47 Abs. 1 und 2 SGB V berechnete Nettoarbeitsentgelt nicht übersteigen. Es wird ab der ärztlicherseits festgestellten Arbeitsunfähigkeit gezahlt bzw. ab Beginn einer Heilbehandlungsmaßnahme, die den Versicherten an der Ausübung einer ganztägigen Erwerbstätigkeit hindert. Die Zahlung beginnt nach der Entgeltfortzahlung, da das Arbeitsentgelt angerechnet wird. Die Zahlung ist grundsätzlich unbefristet nach § 46 Abs. 3 SGB VII, sie endet mit Ende der Arbeitsunfähigkeit bzw. Heilbehandlungsmaßnahme oder wenn ein Anspruch auf Übergangsgeld gegeben ist. Ist mit Wiedereintritt der Arbeitsfähigkeit nicht zu rechnen, endet das Verletztengeld mit Gewährung der in § 50 SGB V aufgeführten Leistungen (z.B. Rente wegen voller Erwerbsminderung oder volle Altersrente) und spätestens nach der 78. Woche.

99   Das Verletztengeld für versicherte Selbständige oder Unternehmer wird zwar auch auf Grundlage des § 45 SGB VII gezahlt, bemisst sich jedoch nicht nach dem Regelentgelt wie bei Arbeitnehmern (§ 47 SGB VII). Der Jahresarbeitsverdienst wird per Satzung durch die Unfallversicherungsträger fiktiv festgelegt (§ 83 S. 1 SGB VII). Dies macht eine schwierige Ermittlung des tatsächlichen jährlichen Arbeitsverdienstes entbehrlich. Es wird somit ein bestimmter fester Betrag als Bemessungsgrundlage für die Zahlung von Verletztengeld festgesetzt.

100   Wird an einen Selbständigen oder Unternehmer aufgrund einer Schädigung Verletztengeld gezahlt, kann dieses nicht automatisch vom Unfallversicherungsträger in voller Höhe beim Ersatzpflichtigen regressiert werden. Zwar handelt es sich zweifellos um eine mit dem Erwerbsschaden kongruente Er-

Stahl

satzleistung. Da diese Sozialleistung jedoch nicht konkret, sondern abstrakt berechnet wird, sind für den Forderungsübergang nicht die Leistungen des Sozialversicherungsträgers maßgeblich, sondern der Erwerbsschaden des Geschädigten. Das gezahlte Verletztengeld ist trotz Kongruenz zum Erwerbsschaden mit diesem nicht gleichzusetzen. Nach BGH [51]kann die im Sozialrecht vorgenommene abstrakte Schadensberechnung daher nicht auf den für den Forderungsübergang nach § 116 SGB X maßgeblichen zivilrechtlichen Schadensersatzanspruch des Geschädigten übertragen werden. Es ist nach haftungsrechtlichen Grundsätzen auf den **tatsächlich eingetretenen Erwerbsschaden** abzustellen. Dieser ist nach §§ 287 Abs. 1 ZPO, 252 S. 2 BGB zu ermitteln. Beweisbelastet ist daher der regressierende Sozialversicherungsträger. Für die Schätzung müssen hinreichende Anknüpfungstatsachen vorhanden sein. Es müssen konkrete Anhaltspunkte für die Schadensermittlung dargelegt werden, um eine ausreichend Grundlage für eine Schadensschätzung zu haben, weil sich der Ausfall oder die Beeinträchtigung der Arbeitsfähigkeit sichtbar im Erwerbsergebnis konkret ausgewirkt haben muss.[52]

c) Verletztenrente § 56 SGB VII

Der verletzte Sozialversicherte hat Anspruch auf Verletztenrente nach § 56 SGB VII, wenn nach einem Arbeitsunfall ein Dauerschaden über die 26.Woche hinaus verbleibt, der die Erwerbsfähigkeit um mindestens 20% mindert. Grundlage für die Berechnung ist die volle Erwerbsfähigkeit. Die **Minderung der Erwerbsfähigkeit** beurteilt sich nach dem Umfang der geistigen und körperlichen Beeinträchtigungen, die auf dem gesamten Gebiet des Erwerbslebens zu einer verminderten Leistungsfähigkeit führt. Der Prozentsatz der geminderten Erwerbsfähigkeit wird multipliziert mit dem individuell errechneten Jahresarbeitsverdienst und ergibt die Höhe der Verletztenrente. Dabei ist unerheblich, ob die verletzungsbedingt erlittene Erwerbsminderung den Geschädigten in seinem konkret ausgeübten Beruf tatsächlich behindert. Wird die Verletztenrente aufgrund einer Schädigung durch einen Dritten gezahlt, steht damit noch nicht fest, dass auch ein zu erstattender Erwerbsschaden i.S.d. § 249 BGB vorliegt. So wird z.B. eine Knieschädigung, die zu einer Minderung der Erwerbsfähigkeit von 30% geführt hat, einen Fliesenleger bei der Arbeit wesentlich mehr behindern und eher zu einem Verdienstschaden führen als bei einem Verwaltungsangestellten mit reiner Schreibtischarbeit. Ist dieser trotz Beinverletzung in der Lage, seinen Beruf ohne Einschränkungen weiterhin auszuüben, kann die Verletztenrente beim Schädiger mangels Schaden nicht regressiert werden.

Da die Verletztenrente nicht einen tatsächlichen Minderverdienst ausgleicht, sondern sich nach dem **abstrakten Unterschied** der bestehenden Erwerbs-

101

102

---

51 BGH vom 23.02.2010-VI ZR 331/08, NJW 2010, 1532; VersR 2010, 550.
52 BGH vom 22.12.1987-VI ZR 6/87, VersR 1988, 466.

möglichkeiten vor und nach der Schädigung bemisst, unabhängig, ob und ggf. in welchem Umfang ein Einkommensverlust eingetreten ist, kann nach BGH[53] der Unfallversicherungsträger keinen Regress nehmen, wenn es an einem konkreten Erwerbsschaden fehlt.

103 Verletztenrenten werden lebenslänglich an den Verletzten gezahlt. Da diese Position mit dem Erwerbsschaden kongruent ist, kann sie jedoch nur solange beim Schädiger geltend gemacht werden, wie ein Erwerbsschaden besteht, wobei hierzu nicht nur das Einkommen aus Berufstätigkeit zählt, sondern auch der Wert der Haushaltsführung, soweit diese für die Familie i.S.d. § 1360 BGB erbracht wird.

104 Aufgrund einer Gesetzesänderung war vermehrt diskutiert worden, ob ein Teil der Verletztenrente keine Lohnersatzfunktion hat und somit nicht mit dem Erwerbsschaden sondern den vermehrten Bedürfnissen kongruent ist. Mit Urteil des BGH vom 03.12.2002[54] bestätigte dieser jedoch die volle Kongruenz mit dem Erwerbsschaden.

105 Möglich ist, dass ein Geschädigter neben der Verletztenrente auch **Entgeltfortzahlung** durch den Arbeitgeber erhält, wenn er aufgrund der Schädigung zeitweise arbeitsunfähig ist. Hier ist zu beachten, dass der Unfallversicherungsträger vor dem Arbeitgeber Regress bezüglich seiner Leistung nehmen kann. Grund ist, dass die sozialversicherungsrechtliche Leistung bereits zum Unfallzeitpunkt übergeht, auch wenn die konkrete Leistung erst später gewährt und gezahlt wird. Die Entgeltfortzahlung geht nach § 6 EFZG auf den Arbeitgeber erst zum Zeitpunkt der Zahlung über. Der Forderungsübergang auf den Sozialversicherungsträger erfolgt somit vor dem auf den Arbeitgeber. Dieser kann nur den Differenzbetrag zwischen Erwerbsschaden und Rentenzahlung geltend machen.

d) Hinterbliebenenrenten

106 Nach dem Tod des Versicherten aufgrund eines Arbeitsunfalles haben seine Hinterbliebenen Anspruch auf Hinterbliebenenrenten. Berechnungsgrundlage ist der Jahresarbeitsverdienst nach §§ 81 ff. SGB VII. In den ersten drei Monaten nach dem Tode (sog. Sterbevierteljahr) erhält der **hinterbliebene Ehegatte** ohne Berücksichtigung des eigenen Einkommens eine monatliche Rente in Höhe von 2/3 des Jahresarbeitsverdienstes nach § 65 Abs. 2 Nr. 1 SGB VII. Die Rente beträgt 30% des Jahresarbeitsverdienstes und erhöht sich nach § 65 Abs. 2 Nr. 3 SGB VII auf 40%, wenn der Hinterbliebene entweder das 47. Lebensjahr vollendet hat oder bereits vor diesem Zeitpunkt, wenn waisenrentenberechtigte Kinder versorgt werden müssen, auch bei Versorgung von Kindern, die wegen einer Behinderung Waisenrente erhalten bzw. diese deswegen nicht erhalten, weil bereits das 27. Lebensjahr

---

53 BGH vom 09.03.1982- VI ZR 317/80, VersR 1982, 552.
54 BGH NJW 2003, 1871, VersR 2003, 390

vollendet wurde. Ausreichend ist auch, wenn Witwer bzw. Witwe erwerbsgemindert, berufs- oder erwerbsunfähig sind. Eigenes Einkommen des hinterbliebenen Ehegatten wird entsprechend der Berechnung nach § 65 Abs. 3 SGB VII zu 40% angerechnet, soweit es bestimmte Freibeträge übersteigt.

Bei der 1. Wiederheirat der Berechtigten werden die Witwen-/Witwerrenten mit dem 24-fachen Monatsbetrag abgefunden nach § 80 SGB VII. Diese **Witwen-/Witwerabfindungen** stellen keine Rentenzahlung dar und sind nach der Rechtsprechung[55] keine übergangsfähige Schadenposition, so dass dieser Betrag dem Sozialversicherungsträger nicht zu erstatten ist. **107**

Waisen erhalten nach den Bestimmungen der §§ 67, 68 SGB VII Waisenrenten. Auch hier erfolgt unter den Voraussetzungen des § 68 Abs. 2 SGB VII eine Anrechnung des über dem Freibetrag liegenden eigenen Einkommens bei über 18 Jahre alten Waisen zu 40%. **108**

e) Persönliches Budget

Nach § 26 Abs. 1 S. 2 SGB VII können Versicherte bestimmte Leistungen zur Teilhabe und zur Pflege anstelle einer Geldleistung für einzelne Maßnahmen auch als Pauschale erhalten, die monatlich im Voraus gezahlt wird. Einzelheiten hierzu regelt §§ 17 Abs. 2 bis 4, 159 SGB IX, in Verbindung mit der Budgetverordnung. Die betroffenen Leistungsempfänger können somit von den zuständigen **Rehabilitationsträgern** anstelle von Dienst- oder Sachleistungen zur Teilhabe ein Budget wählen, aus dem sie die Aufwendungen für ihren persönlichen Hilfebedarf selbst bezahlen. Damit soll ihnen mehr Eigenverantwortung und Selbstbestimmung in ihrem Leben ermöglicht werden. **109**

Als Persönliches Budget können grundsätzlich alle **Leistungen zur Teilhabe** in Anspruch genommen werden, also: **110**
– Leistungen zur medizinischen Rehabilitation,
– Leistungen zur Teilhabe am Arbeitsleben,
– Leistungen zur Teilhabe am Leben in der Gemeinschaft
– und auch zusätzlich die Pflegeleistungen der Unfallversicherung.

Dabei kann sich ein Persönliches Budget auf eine einzelne Leistung beschränken oder aber mehrere umfassen. Es kommt für zahlreiche Leistungen in Betracht und kann auch trägerübergreifend (für Leistungen mehrerer Sozialversicherungsträger) gewährt werden. **111**

Das Budget soll den **individuell** festgestellten Bedarf decken. Es soll die Höhe der bisher individuell festgestellten Leistungen nicht übersteigen. Die Mittel sind entsprechend einer geschlossenen Zielvereinbarung zu verwenden. Der Versicherte ist jedoch nicht zum konkreten Nachweis über die einzelnen Aufwendungen verpflichtet. **112**

---

55 LG Kiel vom 31.05.1990- 11 O 411/89; BSG NJW 1970, 487.

113   Es handelt sich um eine Pauschalabgeltung gesetzlich vorgesehener Leistungen, so dass die Aufwendungen grundsätzlich regressierbar sein können nach § 116 SGB X.

114   Da der Leistungskatalog jedoch auch nicht regressierbare Leistungen umfasst , weil beispielsweise bestimmte Leistungen bereits vor der Schädigung durch einen Dritten gezahlt wurden, zudem Kongruenz zu Heilbehandlungskosten, vermehrten Bedürfnissen und Erwerbsschaden möglich ist, sollte bei Regressforderungen im Einzelfall nachgefragt werden, welche Leistungen mit dem Budget abgedeckt sind.

4.   Gesetzliche Rentenversicherung

Übersicht

Schadensgruppe	Kongruente Leistungen	Gesetzliche Grundlage des SGB VI
Schmerzensgeld	Keine kongruente Leistung	
Sachschaden	Keine kongruente Leistung	
Heilbehandlungs-kosten	Medizinische Rehabilitation	§ 15
	Ergänzende Leistungen	§ 28 i.V.m. § 44 SGB IX
Vermehrte Bedürfnisse	Keine kongruente Leistung	
Erwerbsschaden	Leistungen zur Teilhabe am Arbeitsleben	§§ 16, 33 ff.
	Übergangsgeld	§ 20
	Ergänzende Leistungen	§ 28 i.V.m. § 44 SGB IX
	Vorzeitige Altersrenten	§§ 36–40
	Rente wegen verminderter Erwerbsfähigkeit	§ 43
	Rente für Bergleute	§ 45
Ersatzansprüche Dritter bei Tötung	Witwen-/ Witwerrenten	§ 46
	Waisenrenten	§ 48

Stahl

Beerdigungskosten	Sterbegeld	§§ 63, 64
Entgangene Dienste	Erwerbsminderungsrente an den Dienstleistungsverpflichteten	

Zum Kreis der **Pflichtversicherten** gehören nach §§ 1 ff. SGB VI unter anderem:

115

- Arbeiter, Angestellte, Auszubildende
- Selbständig Tätige nach § 2
- Bezieher von Kranken-, Verletzten-, Übergangs- , Arbeitslosengeld, Arbeitslosenhilfe, wenn sie im letzten Jahr vor Leistungsbeginn versicherungspflichtig waren
- Behinderte Menschen bei Tätigkeiten in einer anerkannten Behindertenwerkstätte oder bei Heimarbeit für diese Einrichtungen

a) Rente wegen Erwerbsminderung

Zum 1.1.2001 trat das Gesetz zur Reform der Renten wegen verminderter Erwerbsfähigkeit in Kraft. Es enthält wesentliche Neuregelungen gegenüber der nach früherer Rechtslage gewährten Berufs- und Erwerbsunfähigkeitsrente. Nach der alten Regelung vor 2001 erhielten die Versicherten je nach Grad der Beeinträchtigung bei der Ausübung ihres Berufes Berufs- oder Erwerbsunfähigkeitsrente.

116

aa) Rechtslage vor 2001

Berufsunfähigkeitsrente wurde gewährt bei Berufsunfähigkeit; d. h. Erwerbsminderung in dem Beruf des Versicherten wegen Krankheit oder Behinderung um mehr als die Hälfte. Hierbei wurde die Arbeitsfähigkeit des Versicherten mit der von gesunden Versicherten ähnlicher Ausbildung und mit gleichwertigen Kenntnissen und Fähigkeiten verglichen. Im Rahmen der verbliebenen Erwerbsfähigkeit durfte der Rentenempfänger eine Beschäftigung oder eine selbständige Erwerbstätigkeit ausüben und somit hinzuverdienen. Die Höhe der Berufsunfähigkeitsrente entsprach ca. 26% des letzten Bruttoeinkommens maximal bis zur Beitragsbemessungsgrenze.

117

Für eine **Erwerbsunfähigkeitsrente** musste beim Versicherten Erwerbsunfähigkeit vorliegen; d. h. Erwerbsminderung in einem Ausmaß, dass Erwerbstätigkeit von gewisser Regelmäßigkeit nicht mehr ausgeübt werden konnte oder nur noch Einkünfte von höchstens 1/7 der monatlichen Bezugsgröße (Geringfügigkeitsgrenze) erzielt werden konnten. Für Einkünfte aus Beschäftigungen in geschützten Einrichtungen (z. B. anerkannte Werkstätten für Behinderte) galten diese Einkommensgrenzen nicht, wenn die Arbeitsleistung des Behinderten für eine Tätigkeit auf dem allgemeinen Arbeitsmarkt nicht ausreichte. Bei Ausübung einer selbständigen Erwerbs-

118

tätigkeit bestand kein Anspruch auf Erwerbsunfähigkeitsrente. Die Rentenhöhe betrug ca. 39% des letzten Bruttoeinkommens maximal bis zur Beitragsbemessungsgrenze.

bb) Erwerbsminderungsrenten § 43 SGB VI

119 Mit Rechtsänderung seit 2001wird für die Rentengewährung wegen **verminderter Erwerbsfähigkeit** nicht mehr auf die berufliche Qualifikation abgestellt, sondern ausschließlich auf die allgemeine Erwerbsfähigkeit. Die bisherigen Kriterien, wie berufliche Qualifikation, sozialer Status sowie subjektive Zumutbarkeit sind nach der aktuellen Rechtslage unbeachtlich. Die Leistungsprüfung orientiert sich ausschließlich danach, wie lange täglich eine Erwerbstätigkeit ausgeübt werden kann.

120 Der qualifizierte Beruf ist somit im Vergleich zur alten Rechtslage nicht mehr geschützt. Der Versicherte kann auf jede andere, auch geringwertige Tätigkeit verwiesen werden. Diese Verweisung ist zwar im Sozialversicherungsrecht zulässig, nicht jedoch im Schadensrecht. Auch wenn im Sozialrecht die Sicht auf die Einsatzfähigkeit im allgemeinen Arbeitsmarkt maßgeblich ist, gilt dieser Maßstab nicht bei der Schadenregulierung. Ein Geschädigter, der aufgrund einer Schädigung nicht mehr als Bauingenieur arbeiten könnte, dürfte nicht auf eine Tätigkeit als z.B. Pförtner verwiesen werden. Die Grenzen der Zumutbarkeit hinsichtlich der Verweisung auf eine andere Berufstätigkeit richten sich insoweit nach der schadensrechtlichen Rechtsprechung.

121 Nach § 10 Abs. 1 Nr. 2c SGB VI sind berufsfördernde Leistungen auch dann möglich, wenn zwar eine wesentliche Besserung der Erwerbsfähigkeit nicht erzielt werden kann, jedoch durch die berufsfördernden Leistungen der Arbeitsplatz erhalten werden kann. Versicherte, die die Voraussetzungen für den Bezug einer Rente wegen verminderter Erwerbsfähigkeit erfüllen und Leistungen zur Rehabilitation erhalten, haben neben dem Bezug von **Übergangsgeld** auch Anspruch auf Rente.

122 Voraussetzungen im Überblick

Tägliche Arbeitsfähigkeit	Erwerbsminderungsrente
unter 3 Stunden	volle Rente
3 bis unter 6 Stunden	halbe Rente
6 Stunden und mehr	keine Erwerbsminderungsrente

123 Rente wegen **voller Erwerbsminderung** erhalten Versicherte mit einem Leistungsvermögen unter 3 Stunden pro Tag und unter bestimmten Voraussetzungen Versicherte mit einem Leistungsvermögen zwischen 3 und 6

Stunden täglich, die keinen Teilzeitarbeitsplatz haben und somit arbeitslos sind.

Rente wegen **teilweiser Erwerbsminderung** erhalten Versicherte mit einem Leistungsvermögen zwischen 3 und 6 Stunden täglich, die einen Teilzeitarbeitsplatz haben. **124**

Voraussetzung für den Bezug einer Rente wegen teilweiser Erwerbsminderung § 43 Abs. 1 SGB VI ist, dass **125**
– teilweise Erwerbsminderung gegeben ist
– 3 Jahre Pflichtbeiträge innerhalb der letzten 5 Jahre vor Eintritt der Erwerbsminderung entrichtet wurden und
– die allgemeine Wartepflicht nach § 50 SGB VI erfüllt ist.

Teilweise Erwerbsminderung ist gegeben, wenn der Versicherte aufgrund von Krankheit oder Behinderung auf absehbare Zeit nicht in der Lage ist, auf dem allgemeinen Arbeitsmarkt mindestens sechs Stunden erwerbstätig zu sein. **126**

Rente wegen voller Erwerbsminderung nach § 43 Abs. 2 SGB VI wird gezahlt, wenn **127**
– volle Erwerbsminderung vorliegt
– 3 Jahre Pflichtbeiträge innerhalb der letzten 5 Jahre vor Eintritt der Erwerbsminderung entrichtet wurden und
– die allgemeine Wartepflicht nach § 50 SGB VI erfüllt ist.

Voll erwerbsgemindert ist, wer aufgrund von Krankheit oder Behinderung auf absehbare Zeit auf dem allgemeinen Arbeitsmarkt nicht mindestens drei Stunden erwerbstätig sein kann. **128**

Das Alter für die Inanspruchnahme einer abschlagsfreien Rente wegen verminderter Erwerbsfähigkeit wird ab 2012 von 63 auf 65 Jahre angehoben, für Bergleute mit Anspruch auf Rente wegen verminderter bergmännischer Berufsfähigkeit von 62 auf 64 Jahre. **129**

Für **langjährige, erwerbsgeminderte** Versicherte bleibt es beim Alter von 63 Jahren. Wer 35 Beitragsjahre hat und 63 Jahre alt ist, kann auch bis zum Jahr 2023 weiter abschlagsfrei Erwerbsminderungsrente beziehen. Versicherte, die erst ab dem Jahr 2024 oder später Anspruch auf eine Erwerbsminderungsrente haben, müssen 40 Beitragsjahre erreicht haben. Ein früherer Rentenbezug ist grundsätzlich nur mit Abschlägen möglich (max. 10,8). Bei den Beitragsjahren werden dieselben Zeiten berücksichtigt wie bei der Altersrente für besonders langjährig Versicherte mit 45 Pflichtbeitragszeiten. **130**

Wird die Erwerbsminderungsrente aufgrund Schädigung durch einen Dritten gezahlt, ergeben sich in der Praxis gelegentlich Diskussionen, wie lange diese beim Schädiger regressiert werden kann und wann schädigungsunab- **131** hängig die Altersrente bezogen worden wäre. Nach BGH[56] ist grundsätzlich davon auszugehen, dass der Geschädigte bis zur **Regelaltersgrenze** gearbeitet hätte. Tatsächlich liegen jedoch die Verrentungszeiten deutlich vor diesem Zeitpunkt, insbesondere wenn Versicherte zusätzlich Anspruch auf Betriebsrente oder sonstige Rentenleistungen haben und somit eine geringere Altersrente aufgrund vorzeitigem Bezug betragsmäßig ausgleichen können. So ist für einzelne Berufsgruppen der Bezug der Altersrente bereits ab dem 60. Lebensjahr oder sogar früher vorgesehen. Soweit grundsätzlich bei den meisten Berufsgruppen das Ruhestandsalter nunmehr gesetzlich auf das 67. Lebensjahr angehoben worden ist, muss dennoch der konkret betroffene Einzelfall betrachtet werden. Anhaltspunkte bzw. Faktoren, die für eine Begrenzung der Laufzeit vor der Regelaltersgrenze sprechen, können beispielsweise sein:

– Vorerkrankungen
– schlechte wirtschaftliche Verhältnisse des Arbeitgebers
– zusätzliche Gewährung einer Betriebsrente oder sonstiger Rentenansprüche
– Statistiken zum Verrentungsalter
– Auskünfte der Arbeitgeber über das übliche Verrentungsalter in seinem Betrieb

132 Die Statistiken der Rentenversicherungsträger selbst belegen, dass derzeit das durchschnittliche Verrentungsalter bezogen auf die Altersrente bei Anfang Sechzig liegt. Der Ersatzpflichtige kann sich hinsichtlich einer zeitlichen Regressbegrenzung vor der Regelaltersgrenze allerdings nicht auf eine allgemeine Statistik berufen. Er kann sich jedoch solcher statistischer Erhebungen bedienen, die eine Aussage über die spezielle Berufsgruppe des Arbeitnehmers zulassen, der auch er angehört[57]. Beweisbelastet ist insoweit der Schädiger, der den Gegenbeweis im Rahmen der erleichterten Beweisführung nach § 287 ZPO erbringen kann.

cc) Rentenleistungen an Unternehmer § 43 SGB VI

133 Selbständig Erwerbstätige, die allein wegen ihrer Selbständigkeit bereits Berufsunfähigkeitsrente bezogen haben, sind vom Anspruch auf Rente wegen voller Erwerbsminderung nicht mehr ausgeschlossen. Bezieher einer Rente wegen Berufsunfähigkeit, die nach der alten Rechtslage vor 2001 keinen Anspruch auf Erwerbsunfähigkeitsrente hatten, könnte ab 01.01.2001 beim Vorliegen der sonstigen Voraussetzungen eine Rente wegen voller Erwerbsminderung zustehen.

dd) Befristung § 102 SGB VI

134 Die Renten wegen verminderter Erwerbsfähigkeit werden grundsätzlich als **Zeitrenten** geleistet. Die Befristung erfolgt für längstens 3 Jahre ab Ren-

---

56 BGH VersR 1994, 186; BGH VersR 2004, 653.
57 Lemcke r+s 1995, 384.

tenbeginn. Eine Wiederholung ist möglich. Eine Rente auf Dauer wird nur dann gewährt, wenn eine Besserung der Erwerbsminderung unwahrscheinlich ist. Hiervon ist nach einer Gesamtdauer der Befristung von 9 Jahren auszugehen.

Wird die volle Erwerbsminderungsrente aufgrund eines derzeit verschlossenen Teilzeitarbeitsmarktes gezahlt, ist stets eine befristete Rente zu zahlen, damit Änderungen auf dem Arbeitsmarkt berücksichtigt werden können.   **135**

Zeitrenten werden erst ab dem 7. Kalendermonat nach dem Eintritt der geminderten Erwerbsfähigkeit gezahlt. Erfolgt die Antragstellung jedoch später als 7 Kalendermonate nach dem Leistungsfall, wird die Rente mit dem 1. des Antragsmonats ausbezahlt.   **136**

ee) Hinzuverdienst (§ 96a, § 313 SGB VI)

Neben einer Rente wegen verminderter Erwerbsfähigkeit darf nur begrenzt hinzuverdient werden. Renten wegen teilweiser oder voller Erwerbsminderung werden in Abhängigkeit von der Höhe eines Hinzuverdienstes geleistet. Überschreitet dieser zusätzliche Verdienst bestimmte Grenzwerte, wird die Rente nur anteilig gezahlt. Abhängig von der Höhe des Hinzuverdienstes wird die Rente wegen teilweiser Erwerbsminderung in voller Höhe oder zur Hälfte und die Rente wegen voller Erwerbsminderung in voller Höhe, zu ¾, zur Hälfte oder zu ¼ gezahlt. Ein Hinzuverdienst kann jedoch auch dazu führen, dass die Rente nicht mehr gezahlt wird.   **137**

Zum Hinzuverdienst zählen unter anderem: **138**
– Arbeitsentgelt aus einer Beschäftigung
– Arbeitseinkommen aus einer selbständigen Tätigkeit, mit Ausnahme der Einkünfte aus Land- und Forstwirtschaft
– Vorruhestandsgeld
– Krankengeld, Verletztengeld, Versorgungskrankengeld, Mutterschaftsgeld, Arbeitslosengeld, Kurzarbeitergeld, Insolvenzgeld, Gründungszuschuss und andere vergleichbare Sozialleistungen.

Die Hinzuverdienstgrenze für die ungeminderte volle Erwerbsminderungsrente beträgt derzeit in den neuen und alten Bundesländern gleichermaßen 400 Euro monatlich. Die 400 Euro Grenze darf in zwei Monaten pro Kalenderjahr bis zum doppelten Wert überschritten werden. Im Übrigen ist sie dynamisch ausgestaltet. Sie verändert sich jährlich im Zuge der Anpassung der Bezugsgröße. Die Hinzuverdienstgrenzen für eine Rente wegen voller Erwerbsminderung in anteiliger Höhe und diejenigen für eine Rente wegen teilweiser Erwerbsminderung richten sich nach dem Verdienst der letzten drei Kalenderjahre vor Eintritt der Erwerbsminderung. Sie sind individuell verschieden und somit im Einzelfall gesondert zu ermitteln. Unabhängig davon sind bestimmte Mindestbeträge festgelegt, die hinzuverdient werden können.   **139**

Stahl

140 Bestand am 31.12.2000 Anspruch auf eine Rente wegen Berufs- oder Erwerbsunfähigkeit, richtet sich der Hinzuverdienst nach § 313 SGB VI.
Übersicht: Mindesthinzuverdienstgrenzen ab 1.1.2010

Auszahlung Rente wegen voller Erwerbsminderung zu	Alte Bundesländer	Neue Bundesländer
100%	400,00 EUR	400,00 EUR
75%	651,53 EUR	577,99 EUR
50%	881,48 EUR	781,98 EUR
25%	1.073,10 EUR	951,98 EUR
Auszahlung Rente wegen teilweiser Erwerbsminderung zu		
100%	881,48 EUR	781,98 EUR
50%	1073,10 EUR	951,98 EUR

ff) Rente wegen teilweiser Erwerbsminderung bei Berufsunfähigkeit § 240 SGB VI

Für vor dem 02.01.1961 geborene Versicherte besteht bei Berufsunfähigkeit eine Sonderregelung. Berufsunfähigkeit liegt vor, wenn der bisherige versicherungspflichtige Beruf wegen Krankheit oder Behinderung im Vergleich zu einem ähnlich ausgebildeten Gesunden weniger als 6 Stunden täglich ausgeübt werden kann. Dann besteht Anspruch auf Rente wegen teilweiser Erwerbsminderung.

141 Hierbei wird geprüft, ob die gesundheitliche Leistungsfähigkeit sowie die fachlichen Kenntnisse und Fähigkeiten ausreichen, um eine zumutbare andere Tätigkeit mindestens 6 Stunden täglich zu verrichten. Als zumutbar gilt dann eine Tätigkeit, wenn sie gegenüber dem bisherigen versicherungspflichtigen Beruf nur geringfügig niedrigere berufliche Anforderungen stellt.

gg) Rente wegen Berufs- oder Erwerbsunfähigkeit nach der alten Rechtslage § 302b SGB VI

142 Versicherte, die am 31.12.2000 bereits Anspruch auf eine Rente wegen Berufs- oder Erwerbsunfähigkeit hatten, sind von den geänderten Regelungen bezüglich Erwerbsminderungsrenten nicht betroffen. Die jeweiligen Ansprüche bestehen bis zum Erreichen der Regelaltersgrenze, solange die Voraussetzungen weiterhin vorliegen, die für die seinerzeitige Rentenbewilligung maßgebend waren. Bei befristeten Renten gilt dies auch für einen Anspruch nach Ablauf der Frist.

b) Regelaltersrente § 35 SGB VI

Die Regelaltersrente erhalten Versicherte, wenn sie die Regelaltersgrenze **143** erreicht und die allgemeine Wartezeit erfüllt haben. Mit Inkrafttreten des **RV-Altersgrenzenanpassungsgesetzes**[58] zum 1.1.2008 wurde das Anheben der Altersgrenze für die abschlagsfreie Regelaltersrente mit 67 beschlossen. Damit soll eine Stabilisierung des Rentenniveaus erreicht werden.

Die Altersgrenze für die Regelaltersrente wurde schrittweise von 65 auf 67 **144** Jahre angehoben. Betroffen von der stufenweisen Anhebung sind die Jahrgänge ab 1947 bis 1963. Versicherte, die 1964 und später geboren wurden, können in der Regel erst mit 67 Jahren ohne Abzüge in Rente gehen. Die Regelung betrifft Versicherte nach dem SGB VI. Entsprechende Anhebungen um 2 Jahre sind auch im Beamtenrecht vorgesehen. Die vorzeitige Inanspruchnahme der Altersrente ist nach Vollendung des 63. Lebensjahr möglich.

Überblick

Geburtsjahr Versicherter	Anhebung um Monate	auf das Alter	
		Jahr	Monat
1947	1	65	1
1948	2	65	2
1949	3	65	3
1950	4	65	4
1951	5	65	5
1952	6	65	6
1953	7	65	7
1954	8	65	8
1955	9	65	9
1956	10	65	10
1957	11	65	11
1958	12	66	0
1959	14	66	2
1960	16	66	4
1961	18	66	6
1962	20	66	8
1963	22	66	10
1964	24	67	0

---

58 BGBl. I S. 554.

145 Von der Regelaltersrente mit 67 gibt es Ausnahmen für:

aa) Besonders langjährig Versicherte

146 Wer mindestens 45 Jahre Pflichtbeiträge nachweist aus Beschäftigung, selbstständiger Tätigkeit, Pflege sowie aus Zeiten der Kindererziehung bis zum 10. Lebensjahr kann wie bisher mit 65 Jahren abschlagsfrei in Rente gehen.

bb) Langjährig Versicherte § 36 SGB VI

147 Schrittweise wurde die Altersgrenze auch für langjährig Versicherte ab Jahrgang 1949 auf 67 Jahre angehoben. Wer 35 Versicherungsjahre nachweist, kann weiterhin die vorgezogene Altersrente ab 63 Jahre beziehen, für jeden Monat vor dem 67.Lebensjahr gibt es aber einen Abschlag von 0,3 Prozent pro Monat, höchstens somit 14,4.

148 Ausnahme: Wer nach 35 Pflichtbeitragsjahren (ab 2024: 40 Pflichtbeitragsjahren) erwerbsgemindert ist, für den bleibt es beim abschlagsfreien Renteneintritt mit 63 Jahren.

cc) Altersrente für schwerbehinderte Menschen § 37 SGB VI

149 Für den Bezug der Altersrente für Schwerbehinderte reicht das Vorliegen von Berufs- oder Erwerbsunfähigkeit als Anspruchsvoraussetzung seit 2001nicht mehr aus. Es muss die Schwerbehinderteneigenschaft (§ 2 Abs. 2 SGB IX) anerkannt sein und somit ein **Grad der Behinderung** von mindestens 50% vorliegen.

150 Versicherte, die vor dem 01.01.1951 geboren wurden, haben nach § 236a Abs. 3 SGB VI auch dann Anspruch auf Altersrente für Schwerbehinderte ab dem 63. Lebensjahr, wenn sie bei Beginn der Altersrente berufsunfähig oder erwerbsunfähig nach dem am 31.12.2000 geltenden Recht sind und 35 Jahre Wartezeit erfüllt haben.

151 Die Altersgrenze für eine abschlagsfreie Rente für schwerbehinderte Menschen mit 35 Versicherungsjahren erhöht sich ab Jahrgang 1952 stufenweise von 63 auf 65 Jahre, die vorzeitige Rente mit Abschlägen von 60 auf 62 Jahren. Schwerbehinderte können mit 62 vorzeitig in Rente gehen mit einem maximalen Abschlag in Höhe von 10,8 Prozent (0,3 Prozent pro Monat).

Geburtsjahr und Geburtsmonat Versicherter	Anhebung um Monate	auf Alter		Vorzeitige Inanspruchnahme möglich ab Alter	
		Jahr	Monat	Jahr	Monat
1952					
Januar	1	63	1	60	1
Februar	2	63	2	60	2
März	3	63	3	60	3
April	4	63	4	60	4
Mai	5	63	5	60	5
Juni-Dezember	6	63	6	60	6
1953	7	63	7	60	7
1954	8	63	8	60	8
1955	9	63	9	60	9
1956	10	63	10	60	10
1957	11	63	11	60	11
1958	12	64	0	60	0
1959	14	64	2	61	2
1960	16	64	4	61	4
1961	18	64	6	61	6
1962	20	64	8	61	8
1963	22	64	10	61	10

152 Ausnahmen gelten nach § 236a Abs. 2 SGB VI **auch für** Versicherte, die am 1.1.2007 als schwerbehinderte Menschen anerkannt waren und entweder vor dem 1.1.1955 geboren sind und vor dem 1.1.2007 **Altersteilzeit** vereinbart haben oder die **Anpassungsgeld** für entlassene Arbeitnehmer des Bergbaus bezogen haben. Hier besteht weiterhin ein Anspruch auf abschlagfreie Altersrente, wenn sie das 63. Lebensjahr vollendet haben. Auch eine vorzeitige Inanspruchnahme ist nach Vollendung des 60. Lebensjahres mit Abschlägen möglich.

153 Vertrauensschutz besteht nach § 236a Abs. 4 SGB VI für Versicherte, die vor dem 17.11.1950 geboren sind und spätestens am 16.11.2000 anerkannt schwerbehindert, berufsunfähig oder erwerbsunfähig nach dem vor 2001 geltenden Recht waren. Sie können weiterhin mit 60 Jahren ohne Abzüge in Rente gehen, wenn sie die Wartezeit von 35 Jahren erfüllt haben.

Stahl

dd) Altersrente wegen Arbeitslosigkeit und nach Altersteilzeitarbeit § 237 SGB VI

154 Besonderen Vertrauensschutz haben Angehörige älterer Geburtsjahrgänge für den Fall vorangegangener Arbeitslosigkeit oder nach Altersteilzeitarbeit. Einzelheiten zum Bezug der abschlagsfreien Altersente und der mit Abschlägen versehenen vorgezogenen Altersente regelt § 237 SGB VI.

ee) Altersrenten für Frauen und wegen Arbeitslosigkeit § 237a SGB VI

155 Für die Jahrgänge vor 1952 gibt es derzeit noch unter bestimmten Voraussetzungen die **Altersrente für Frauen.** Für die jüngeren Jahrgänge gibt es diese Renten nicht mehr. Frauen mit mindestens 15 Beitragsjahren, die nach dem 40. Geburtstag noch länger als zehn Jahre beitragspflichtig arbeiten und die vor 1952 geboren sind, können mit Abschlag frühestens mit 60 Jahren in Rente gehen. Details zur Anhebung der Altersgrenze sind § 237a SGB VI zu entnehmen.

ff) Altersrente für langjährig unter Tage beschäftigte Bergleute § 40 SGB VI

156 Versicherte haben Anspruch auf Altersrente für langjährig unter Tage beschäftigte **Bergleute,** wenn sie das 62. Lebensjahr vollendet und die Wartezeit von 25 Jahren erfüllt haben. Die Altersgrenze für langjährig (25 Jahre) unter Tage beschäftigte Bergleute wurde schrittweise von 60 auf 62 Jahre angehoben. Die Altersgrenze für die Inanspruchnahme der Rente wegen bergbaulicher Berufsunfähigkeit stieg von 62 auf 64 Jahre. Einzelheiten ergeben sich aus § 238 SGB VI.

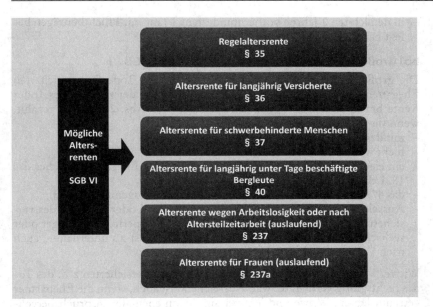

c) Hinterbliebenenrenten
aa) Kleine Witwen-/ Witwerrente § 46 Abs. 1 SGB VI

Anspruch auf die **kleine Witwen-/Witwerrente** haben nach § 46 Abs. 1 **157**
SGB VI Witwen oder Witwer, die nicht wieder geheiratet haben, nach dem
Tod des versicherten Ehegatten, wenn dieser die allgemeine Wartezeit erfüllt
hatte oder z.Z. des Todes Rente bezog. Der Anspruch besteht für maximal
2 Jahre. Nach § 242a Abs. 1 SGB VI gilt die Beschränkung nicht, wenn der
versicherte Ehegatte vor dem 1.1.2002 verstorben ist. Dies gilt auch, wenn
einer der beiden Ehegatten vor dem 2.1.1962 geboren ist und die Ehe vor
2002 geschlossen wurde.

Für die Hinterbliebenenrenten ist nach § 50 Abs. 1 SGB VI eine Wartezeit **158**
von 5 Jahren zu erfüllen. Jedoch gilt auch für diese Renten eine Fiktion der
Erfüllung der Wartezeit nach § 53 SGB VI. Die Wartezeit von 5 Jahren ist
beispielsweise vorzeitig erfüllt, wenn Versicherte wegen eines Arbeitsunfalls, einer Wehr-/oder Zivildienstbeschädigung, vermindert erwerbsfähig
geworden oder verstorben sind und bei Eintritt des Arbeitsunfalles renten-
versicherungspflichtig waren oder
– in den letzten 2 Jahren vorher mindestens 1 Jahr mit Pflichtbeiträgen hatten, oder
– wenn Versicherte vor Ablauf von 6 Jahren nach Beendigung einer Ausbildung – auch Schulausbildung – voll erwerbsgemindert geworden oder
  verstorben sind und

Stahl

– in den letzten 2 Jahren vorher mindestens 1 Jahr mit Pflichtbeiträgen belegt hatten.

bb) Große Witwen-/ Witwerrente § 46 Abs. 2 SGB VI

159   Die **große Witwen-/Witwerrente** wird nach dem Tode des versicherten Ehegatten, der die allgemeine Wartezeit erfüllt hat oder zur Zeit des Todes Rente bezog an Witwen oder Witwer nach § 46 Abs. 2 SGB VI gezahlt, wenn sie
– mindestens ein Jahr verheiratet waren,
– nicht wieder geheiratet haben,
– ein eigenes Kind oder ein Kind des versicherten Ehegatten, welches das 18. Lebensjahr noch nicht vollendet hat, erziehen,
– das 47. Lebensjahr[59] vollendet haben oder erwerbsgemindert sind.
– Ausreichend ist auch, wenn für ein eigenes Kind oder ein Kind des versicherten Ehegatten gesorgt wird , das wegen körperlicher, geistiger oder seelischer Behinderung außerstande ist, sich selbst zu unterhalten, auch nach Vollendung des 18. Lebensjahres.

160   Witwe/Witwer ist der Ehegatte, der mit dem/der Versicherten z.Z. des Todes rechtsgültig verheiratet war. Ausreichend ist auch, wenn die Ehepartner getrennt lebten. Witwe und Witwer sind dann ebenfalls anspruchsberechtigt. Die Ehe durfte beim Tod des/der Versicherten aber weder geschieden, für nichtig erklärt oder aus sonstigen Gründen aufgelöst sein.

161   Kein Anspruch besteht für Verlobte und Personen, die ohne Eheschließung zusammengelebt haben, selbst wenn gemeinsame Kinder vorhanden sind.[60]

162   Anspruch auf große Witwen- oder Witwerrente besteht bei Erfüllung der sonstigen Voraussetzungen auch, wenn die/der Witwe/r vor dem 02.01.1961 geboren und berufsunfähig (§ 240 Abs. 2 SGB VI) ist oder vor 2001 bereits berufsunfähig oder erwerbsunfähig war und dies ununterbrochen ist (§ 242a Abs. 2 SGB VI).

163   Ändern sich die persönlichen Verhältnisse des hinterbliebenen Ehegatten (Rentenempfängers), dann erfolgt eine Umwandlung der kleinen in die große Witwen-/Witwerrente oder umgekehrt. Dies ist z.B. der Fall, wenn die Witwe das 47. Lebensjahr vollendet hat (Umwandlung kleine in große Rente) oder wenn ein waisenrentenberechtigtes Kind wegen Volljährigkeit nicht mehr erzogen wird (Umwandlung der großen in die kleine Rente).

164   Für den Fall einer Wiederheirat können die Rentenzahlungen abgefunden werden. Diese **Witwen-/Witwerabfindungen** stellen keine Rentenzahlung

---

59   Sukzessive Anhebung der Altersgrenze von 45 auf 47, wenn der Versicherte nach dem 31.12.2011 verstorben ist (§ 242a Abs. 5 SGB VI).
60   BVerfG vom 9.11.2004, 1 BvR 684/98.

dar und sind nach der Rechtsprechung[61] keine übergangsfähige Schadenposition, so dass dieser Betrag dem Sozialversicherungsträger nicht zu erstatten ist.

cc) Lebenspartner nach dem LPartG § 46 Abs. 4 SGB VI

Anspruch auf Witwen-/Witwerrente hat nach § 46 Abs. 4 SGB VI auch der **165**
überlebende **Lebenspartner** nach dem LPartG[62]. Die Regelungen zur

Auflösung und Aufhebung einer Ehe gelten entsprechend. **166**

dd) Witwen- und Witwerrente nach dem vorletztem Ehegatten § 46 Abs. 3 SGB VI

Überlebende Ehegatten, die wieder geheiratet haben, haben unter den sons- **167**
tigen Voraussetzungen Anspruch auf eine kleine oder große Witwen-/Witwerrente, wenn die erneute Ehe aufgelöst oder für nichtig erklärt wurde.

Die (alte) Witwen-/Witwerrente wird auch dann gezahlt, wenn bei der Wie- **168**
derheirat eine Rentenabfindung in Anspruch genommen wurde. Jedoch wird für jeden Kalendermonat, der auf die Zeit nach Auflösung oder Nichtigerklärung der erneuten Ehe bis zum Ablauf des 24. Kalendermonats nach Ablauf des Monats der Wiederheirat entfällt, von dieser Rente 1/24 der Rentenabfindung in angemessenen Teilbeträgen einbehalten (§ 90 Abs. 2 SGB VI). Dies gilt analog auch für Lebenspartner nach dem LPartG.

ee) Waisenrente § 48 SGB VI

Verstirbt einer oder beide Elternteile, besteht Anspruch auf Waisenrente. **169**

Halbwaisenrente wird an Kinder gezahlt, wenn **170**
– noch ein unterhaltspflichtiger Elternteil vorhanden ist und
– der verstorbene Elternteil die allgemeine Wartezeit erfüllt hat.

Vollwaisenrente wird gewährt, wenn **171**
– kein unterhaltspflichtiger Elternteil mehr vorhanden ist und
– der verstorbene Elternteil die allgemeine Wartezeit erfüllt hat.

Als Kinder werden auch Stief- und Pflegekinder, die in den Haushalt des **172**
Verstorbenen aufgenommen waren, berücksichtigt sowie Enkel und Geschwister, die in den Haushalt des Verstorbenen aufgenommen waren oder von ihm überwiegend unterhalten wurden.

Die Waisenrente wird grundsätzlich bis zum 18. Lebensjahr gezahlt, längs- **173**
tens bis zum 27.Lebensjahr, sofern sich die Waise z.B. in einer Schul- oder

---

61 LG Kiel vom 31.05.1990- 11 O 411/89; BSG NJW 1970, 487.
62 Gesetz zur Überarbeitung des Lebenspartnerschaftsrechts vom 15.12.2004, BGBL I 2004, 3396.

Berufsausbildung befindet oder wegen körperlicher, geistiger oder seelischer Behinderung nicht in der Lage ist, sich selbst zu unterhalten.

ff) Erziehungsrente § 47 SGB VI

174   **Erziehungsrente** wird an Versicherte bis zum Erreichen der Regelaltersgrenze gezahlt, wenn
- die Scheidung der Ehe nach dem 30.06.1977 erfolgte,
- der geschiedene Ehegatte verstorben ist,
- ein eigenes Kind oder ein Kind des geschiedenen Ehegatten erzogen wird,
- keine neue Ehe geschlossen wurde und
- bis zum Tod des geschiedenen Ehegatten die allgemeine Wartezeit erfüllt wurde.

175   Die Nichtigerklärung oder Aufhebung einer Ehe steht der Scheidung gleich. Die Regelungen gelten nach § 47 Abs. 4 SGB VI für Lebenspartner nach dem LPartG entsprechend.

176   Ein Anspruch auf Erziehungsrente besteht nur bis zum Erreichen der Regelaltersgrenze. Danach ist von Amts wegen die Regelaltersrente zu zahlen. Bei der Erziehungsrente handelt es sich nicht um eine Hinterbliebenenrente, sondern um eine **Rente wegen Todes**, die nicht aus der Versicherung des schädigungsbedingt Verstorbenen gezahlt wird, sondern aus der eigenen Versicherung desjenigen, der die Erziehungsrente beansprucht. Insoweit kann zwar diskutiert werden, ob ein Regress nach § 116 SGB X zulässig ist. Andererseits setzt § 116 SGB X formal nicht die Personenidentität zwischen Geschädigtem und Leistungsempfänger voraus, so dass man grundsätzlich die Möglichkeit eines Regresses wegen schädigungsbedingt gewährter Erziehungsrente bejahen kann. In vielen Fällen wird jedoch kein Schaden des Leistungsempfängers vorliegen bzw. vom Sozialversicherungsträger nicht nachgewiesen werden können, so dass daran ein Regress nach § 116 SGB X scheitert.

177   Bei dem Leistungsempfänger einer Erziehungsrente handelt es sich um einen **mittelbar Geschädigten**. Ein mittelbarer Schaden ist hier nur im Rahmen des § 844 Abs. 2 BGB erstattungsfähig. Soweit man einen Forderungsübergang nach § 116 SGB X bejaht, Schadenkongruenz zum Unterhaltsschaden unterstellt, wäre Voraussetzung, dass tatsächlich ein entsprechender unterhaltsrechtlicher Schaden des Leistungsempfängers vorliegt und nachgewiesen wird. Die Leistungspflicht des Rentenversicherungsträgers dagegen besteht bereits dann, wenn die formalen Voraussetzungen für den Bezug erfüllt sind, unabhängig ob ein tatsächlicher Unterhaltsschaden besteht oder nicht. Lediglich die Tatsache, dass ein Rentenversicherungsträger aufgrund einer Schädigung von dritter Seite insoweit verpflichtet ist, eine Erziehungsrente zu gewähren, reicht für einen Regress nicht aus.

Stahl

Der Rentenversicherungsträger müsste daher nachweisen und darlegen, dass **178**
der Leistungsempfänger zu Lebzeiten einen entsprechenden Unterhaltsanspruch nach § 1570 BGB gegenüber dem schädigungsbedingt Verstorbenen
gehabt hatte und bejahendenfalls dieser seiner Unterhaltpflicht tatsächlich
auch nachgekommen ist. Zudem erlischt der Unterhaltsanspruch mit Tode
des Unterhaltsverpflichteten nicht, sondern geht als **Nachlassverbindlich-**
keit auf die Erben über. Der Unterhaltsberechtigte könnte demnach seinen
Unterhaltsanspruch gegen die Erben geltend machen, so dass insoweit kein
Unterhaltsschaden bestehen würde. Ist ein solcher Unterhaltsanspruch zu
bejahen, wäre der Rentenversicherungsträger dafür darlegungs- und beweispflichtig, dass der Anspruch zu Lebzeiten auch vom Unterhaltsverpflichteten erfüllt wurde und mit seinem Versterben durch die Erben nicht
mehr erfüllt werden kann. Weiterhin ist die zum 1.1.2008 in Kraft getretene
Änderung des Unterhaltsrechts[63] zu beachten, wonach der geschiedene Ehepartner im Rahmen des Zumutbaren für seinen Unterhalt selbst aufzukommen hat und eine entsprechende Erwerbstätigkeit aufnehmen muss. In der
Praxis ist daher ein entsprechender Unterhaltsschaden nur selten gegeben,
da der Unterhaltsanspruch mangels Masse bereits zu Lebzeiten vom (schädigungsbedingt verstorbenen) Unterhaltsverpflichteten nicht erfüllt wurde,
nach dessen Tod gegenüber den Erben geltend gemacht werden kann oder
eine Erwerbsobliegenheit des geschiedenen Ehepartners besteht, so dass ein
Regress ausscheidet.

gg) Anrechnung von Einkommen

Bei einem Todesfall vor 1986 erfolgte keine Anrechnung des eigenen Ein- **179**
kommens des **hinterbliebenen Ehegatten**. Bei Todesfällen danach erfolgt
keine Einkommensanrechnung, wenn bis zum 31.12.1988 das bis zum
31.12.1985 gültige Recht gewählt wurde.

Auch wird das eigene Einkommen nicht angerechnet, wenn es (der Netto- **180**
betrag wird pauschaliert ermittelt) den Freibetrag[64] von monatlich 718,08
Euro zuzüglich 152,32 Euro je waisenrentenberechtigtes Kind (bzw. für
neue Bundesländer:637,03 Euro zuzüglich 135,13 Euro je waisenrentenberechtigtes Kind) nicht übersteigt. Das den Freibetrag überschreitende Einkommen wird aber nur zu 40 Prozent angerechnet.

Bei **Waisenrenten** erfolgt bis zur Vollendung des 18. Lebensjahres keine **181**
Anrechnung des eigenen Einkommens. Auch danach wird es nicht angerechnet, wenn das eigene Einkommen (der Nettobetrag wird pauschaliert
ermittelt) den Freibetrag von monatlich 478,72 Euro West bzw. 424,69 Euro
Ost nicht übersteigt. Der Freibetrag erhöht sich für jedes Kind des Waisen-
rentenberechtigten um je 152,32 Euro in den alten und 135, 13 Euro in den

---

63 Gesetz zur Änderung des Unterhaltsrechts vom 21.12.2007, BGBl. I 2007, 3189.
64 Stand 1.1.2010.

Stahl

neuen Bundesländern. Das den Freibetrag übersteigende Einkommen wird dann zu 40 Prozent angerechnet.

182   Bei **Erziehungsrenten** wird das Einkommen nicht angerechnet, wenn es (der Nettobetrag wird pauschaliert ermittelt) den Freibetrag von monatlich 718,08 Euro West bzw. 637,03 Euro Ost zuzüglich 152,32 Euro West bzw.135,13 Euro Ost je waisenrentenberechtigtes Kind nicht übersteigt. Das den Freibetrag überschreitende Einkommen wird auch hier nur zu 40 Prozent angerechnet.

5. Bundesagentur für Arbeit

183   Besteht **Arbeitslosigkeit** aufgrund der Schädigung durch einen Dritten, kann ein Verletzter Ansprüche ggf. aus seiner Arbeitslosenversicherung geltend machen, wenn er zum Schädigungszeitpunkt erwerbstätig war und ein Arbeitslosenversicherungsverhältnis bestand. Die Arbeitslosenversicherung ist der Sozialversicherung gleichgestellt nach § 116 Abs. 10 SGB X. Die Bundesagentur für Arbeit ist Versicherungsträger im Sinne des § 116 SGB X und SGB IV. Der Anspruch geht bereits zum Schädigungszeitpunkt auf die Bundesagentur für Arbeit nach §116 SGB X über, wenn zu diesem Zeitpunkt auch bereits eine entsprechend versicherte Erwerbstätigkeit ausgeübt wurde.[65]

Übersicht

Schadensgruppe	Kongruente Leistungen	Gesetzliche Grundlage des SGB III u.a.
Schmerzensgeld	Keine kongruente Leistung	
Sachschaden	Keine kongruente Leistung	
Heilbehandlungs-kosten	Keine kongruente Leistung	
Vermehrte Bedürfnisse	Kfz- Hilfe	§§ 109 SGB III, 33 Abs. 8 Nr. 1 SGB IX

---

65 BGH NZV 1994, 476 = zfs 1994, 491.

Stahl

Erwerbsschaden	Arbeitslosengeld I	§§ 117 ff. SGB III
	Teilarbeitslosengeld	§ 150 SGB III
	Übergangsgeld	§§ 160 ff. SGB III
	Umschulung	§§ 3 Abs. 1, 77 ff. SGB III
Ersatzansprüche Dritter bei Tötung	Keine kongruente Leistung	
Beerdigungskosten	Keine kongruente Leistung	
Entgangene Dienste	Keine kongruente Leistung	

a) Arbeitslosengeld §§ 117 ff. SGB III

Anspruch auf Arbeitslosengeld hat, wer   **184**
– arbeitslos ist,
– eine versicherungspflichtige, mindestens 15 h/Woche umfassende Beschäftigung sucht,
– sich beim Arbeitsamt arbeitslos gemeldet und Arbeitslosengeld beantragt
  hat,
– der Arbeitsvermittlung zur Verfügung steht,
– die Anwartschaft erfüllt.

Der Arbeitslose muss **arbeitsfähig** sein, also seine Arbeitskraft dem Ar-   **185**
beitsmarkt anbieten nach § 119 SGB III. Die Anwartschaft ist erfüllt, wenn
der Versicherte innerhalb der Rahmenfrist von zwei Jahren nach § 124 SGB
III, die der Arbeitslosigkeit unmittelbar vorausgeht, 12 Monate in einem
Versicherungspflichtverhältnis gestanden hat nach § 123 SGB III. Ausreichend ist auch der Bezug von Kranken-, Verletzten- oder Übergangsgeld.

Die Dauer des Anspruchs auf Arbeitslosengeld richtet sich nach der Dauer   **186**
des Versicherungspflichtverhältnisses und dem Lebensalter des Versicherten, § 127 SGB III, Die Anspruchsdauer verlängert sich um die Restdau-
er des wegen Entstehung eines neuen Anspruchs erloschenen Anspruchs,
wenn nach der Entstehung des erloschenen Anspruchs noch nicht 5 Jahre
verstrichen sind. Sie verlängert sich höchstens bis zu der dem Lebensalter
des Arbeitslosen zugeordneten Höchstdauer, § 127 Abs. 4 SGB III. Eine
mögliche Minderung der Anspruchsdauer ergibt sich aus § 128 SGB III.

Arbeitslosengeld beträgt für Arbeitslose, die mindestens ein Kind im Sinne   **187**
des § 32 Abs. 1, 3-5 des Einkommensteuergesetzes haben, 67 des pauschalierten Nettoentgelt (Leistungsentgelt), das sich aus dem Bruttoentgelt ergibt,
das der Arbeitslose im Bemessungszeitraum erzielt hat (Bemessungsentgelt).
Dies gilt auch für Arbeitslose, deren Ehe- oder Lebenspartner mindestens

ein Kind hat, wenn beide unbeschränkt einkommenssteuerpflichtig sind und nicht dauernd getrennt leben. Die übrigen Arbeitslosen erhalten 60%. Bemessungszeitraum und- entgelt ergeben sich aus §§ 130 ff. SGB III.

188 Wer Arbeitslosengeld bezieht, ist für den **Krankheitsfall** versichert. Erkrankt ein zum Schädigungszeitpunkt bereits Arbeitsloser, erfolgt für die ersten sechs Wochen danach zur Vereinfachung der Verwaltung kein Wechsel auf die Krankenkasse, sondern das Arbeitslosengeld wird weitergezahlt nach § 126 SGB III. Dieses ist nach BGH[66] regressierbar, da ein normativer Schaden bejaht wird, wenn die Erkrankung von dritter Seite herbeigeführt wurde. Soweit der Geschädigte danach weiterhin krank ist, zahlt die Krankenkasse Krankengeld in Höhe des vorherigen Arbeitslosengeldes. Dieses kann auch beim Schädiger regressiert werden, da der Arbeitslose aufgrund seiner Erkrankung für eine Vermittlung auf dem Arbeitsmarkt nicht zur Verfügung steht.

b) Wegfall des Arbeitslosengeldes

189 Der Anspruch des Arbeitslosen auf Arbeitslosengeld entfällt, wenn er wegen des Schadenfalles arbeitsunfähig wird und der Arbeitsvermittlung nicht mehr zur Verfügung steht. Eine Ausnahme besteht nach § 126 SGB III, hier erfolgt auch Leistungsfortzahlung im Krankheitsfall.

190 Das Arbeitslosengeld I hat **Lohnersatzfunktion**. Der Verlust des Arbeitslosengeldes ist Erwerbsschaden im weiteren Sinne, so dass bei der Kongruenzprüfung die gleichen Regeln gelten und ein entsprechender Anspruch beim Ersatzpflichtigen geltend gemacht werden kann.[67]

c) Fortzahlung Arbeitslosengeld im Krankheitsfall

191 Bezieher von Arbeitslosengeld erhalten aufgrund einer schädigungsbedingten Arbeitsunfähigkeit bzw. Krankheit anschließend für die Dauer von bis zu 6 Wochen anstelle von Krankengeld weiterhin Arbeitslosengeld nach § 126 SGB III. Hierdurch soll ein Wechsel des Sozialversicherungsträgers bei kurzer Krankheit vermieden werden. Die Tage, für die das Arbeitslosengeld im Krankheitsfalle fortgezahlt wird, werden nicht auf die Dauer des Anspruchs auf Arbeitslosengeld angerechnet.

192 Dieses tritt somit lediglich an die Stelle des an sich zu zahlenden Krankengeldes.

193 Der Forderungsübergang war bisher strittig, da es zu keinem Wechsel der Leistung des Sozialversicherungsträgers kommt. Inzwischen ist jedoch durch den BGH[68] bestätigt, dass das für den Zeitraum von 6 Wochen fort-

---

66 BGH VersR 2008, 824.
67 BGH vom 20.03.1984, VI ZR 14/82, VersR 1984, 639.
68 BGH vom 08.04.2008, VI ZR 49/07, VersR 2008, 824.

gezahlte Arbeitslosenentgelt im Krankheitsfall von der Agentur für Arbeit regressiert werden kann, auch wenn keine konkrete Vermittlungsmöglichkeit nachgewiesen werden kann. Bei normativer Betrachtungsweise handelt es sich um einen Erwerbsschaden des Arbeitslosen. Der Leistungsbezug erfolgt nicht wegen Arbeitslosigkeit, sondern wegen Krankheit. Dem Geschädigten entsteht ein Vermögensschaden, wenn er Arbeitslosengeld erhält und diesen Anspruch an sich verliert. Soweit diese Sozialleistung weitergezahlt wird, um einen Wechsel des Sozialversicherungsträgers für nur kurze Zeit zu vermeiden, hat die Zahlung Krankengeldcharakter. Nur aus verwaltungstechnischen Gründen wird bei vorübergehender Arbeitsunfähigkeit das Arbeitslosengeld weitergezahlt.

6. Grundsicherung für Arbeitssuchende nach dem SGB II

Mit dem Vierten Gesetz für moderne Dienstleistungen am Arbeitsmarkt [69] wurden die bisherige **Arbeitslosenhilfe und Sozialhilfe für Erwerbsfähige** in einem neuen Leistungssystem im SGB II zusammengefasst, der sog. Grundsicherung für Arbeitsuchende. Diese soll die Eigenverantwortung der erwerbsfähigen Hilfebedürftigen stärken und dazu beitragen, dass sie ihren Lebensunterhalt aus eigenen Mitteln und Kräften bestreiten können. Erwerbsfähige Hilfebedürftige sollen bei der Aufnahme und Beibehaltung einer Erwerbstätigkeit unterstützt und der Lebensunterhalt bei Bedarf gesichert werden. Für die Bedarfsgemeinschaften sind in der Regel pauschalierte Leistungen vorgesehen.

194

Leistungen nach dem SGB II als Grundsicherung für Arbeitssuchende werden nur subsidiär gezahlt. Ist ein Dritter schadensersatzpflichtig, so müssen Ansprüche vorrangig gegen diesen gerichtet werden. Dies ist der wesentliche Unterschied zu den vorher dargestellten Sozialleistungen, die gewährt werden, unabhängig ob ein Dritter für den Schaden verantwortlich zeichnet. Werden Leistungen nach dem SGB II gezahlt, obwohl an sich gegen einen Dritten Ansprüche bestehen, können diese Leistungen beim Schädiger nach § 116 SGB X regressiert werden, wobei hier einige Besonderheiten gelten ähnlich wie bei der Sozialhilfe.

195

Zum 01.01.2005 traten die wesentlichen Teile des Vierten Gesetzes für moderne Dienstleistungen am Arbeitsmarkt in Kraft. Die Arbeitslosenhilfe wurde abgeschafft und statt dessen die sogenannte Grundsicherung für Arbeitssuchende eingeführt. Diese gewährt als wesentliche Geldleistungen das **Arbeitslosengeld II** und das **Sozialgeld**. Erwerbsfähige Hilfebedürftige erhalten künftig nicht mehr Sozialhilfe, sondern Arbeitslosengeld II, nicht erwerbsfähige Angehörige erhalten Sozialgeld. Sozialhilfe nach dem SGB XII

196

---

69 Viertes Gesetz für moderne Dienstleistungen am Arbeitsmarkt vom 24.12.2003, BGBl I 2003, 2954.

Stahl

werden daher nur noch Personen unter 65-67 Jahren (sukzessive Anhebung von 65 auf 67 Jahre ab Jahrgang 1947) beziehen, die zeitweise voll erwerbsgemindert sind. Personen ab 65-67 Jahren (sukzessive Anhebung von 65 auf 67 Jahre ab Jahrgang 1947) und dauernd erwerbsgeminderte Erwachsene erhalten Grundsicherung nach SGB XII.

a) Zuständigkeiten

197   Leistungsträger nach § 6 SGB II sind unter anderem die Bundesagentur für Arbeit, soweit keine Zuweisung zu einem kommunalen Träger vorgenommen ist, und kommunale Träger wie kreisfreie Städte, Kreise, Landschaftsverbände. Besteht die Möglichkeit gegen einen Dritten Regress zu nehmen, sind die Leistungsträger hierzu befügt.

b) Rechtsweg

198   Da die Grundsicherung für Arbeitssuchende keine Sozialversicherungsleistung, sondern staatliche Fürsorgeleistung ist, sind für Rechtsstreitigkeiten die Sozialgerichte zuständig (§§ 10 Abs. 1, 51 Abs. 1 Nr. 4 SGG).

c) Beitragsfreiheit

199   Für Leistungen nach diesem Gesetz werden keine Beiträge abgeführt. Die Grundsicherung für Arbeitssuchende wird nicht durch Beiträge, sondern aus Steuermitteln finanziert.

d) Anspruchsberechtigte
aa) Erwerbsfähige Hilfebedürftige

200   Leistungen erhalten gemäß § 7 Abs.1 SGB II Personen ab 15 Jahren bis zur Altersgrenze des § 7a SGB II (sukzessive Anhebung von 65 auf 67 Jahre ab Jahrgang 1947), die erwerbsfähig und hilfebedürftig sind, sowie in Deutschland leben.

201   Keine Anspruchsberechtigung besteht nach § 7 Abs. 4-6 SGB II bei einer Unterbringung in einer stationären Einrichtung für mehr als 6 Monate. Ferner erhalten Bezieher von Altersrenten und Auszubildende mit Anspruch auf Leistungen nach BAföG oder nach §§ 60 bis 62 SGB III keine Leistungen.

bb) Angehörige

202   Unter den Voraussetzungen des § 7 Abs. 2 SGB II sind neben den erwerbsfähigen Hilfebedürftigen auch die Angehörigen wie nicht dauernd getrennt lebender Ehegatte oder Lebenspartner, nichtehelicher Lebenspartner und minderjährige Kinder oder Stiefkinder anspruchsberechtigt, die mit dem erwerbsfähigem Hilfebedürftigen in einer Bedarfsgemeinschaft leben.

cc) Ausländer

Ausländer erhalten Leistungen unter den zusätzlichen Voraussetzungen, **203**
dass ihnen die Aufnahme einer Beschäftigung ohne Beschränkung erlaubt
ist oder erlaubt werden könnte. Leistungsberechtigte nach § 1 AsylbLG
sind vom Leistungsbezug ausgeschlossen.

e) Anspruchsvoraussetzungen
aa) Antrag

Für die Leistungsgewährung ist ein Antrag nach § 37 SGB II erforderlich, **204**
dieser hat konstitutive Wirkung.

bb) Nachrangigkeit der Leistungen

Leistungen nach dem SGB II werden nur erbracht, sofern die Hilfebedürf- **205**
tigkeit nicht anderweitig beseitigt werden kann. Die Leistungsverpflichtung
ist daher subsidiär. Verpflichtungen und Leistungen Dritter gehen grundsätzlich den Leistungen nach dem SGB II vor (§§ 3, 5, 9 SGB II). Soweit
eine Anspruchsberechtigung auf Leistungen von anderen Sozialversicherungsträgern besteht, sind diese vorrangig eintrittspflichtig. Gleiches gilt für
Schadensersatzansprüche, die gegenüber einem Dritten bzw. dessen Haftpflichtversicherer bestehen.

f) Selbstfürsorge

Erwerbsfähige Hilfebedürftige und deren bedürftige Angehörige müssen **206**
zumutbare Möglichkeiten ergreifen, um ihre Hilfebedürftigkeit zu besei-
tigen. Dazu gehört auch die aktive Mitwirkung bei der Eingliederung in
Arbeit, insbesondere der Abschluss einer Eingliederungsvereinbarung.
Grundsätzlich wird jede Arbeit als zumutbar erachtet § 10 Abs. 1 SGB II.
Unzumutbarkeitskriterien ergeben sich aus § 10 Abs. 1 Nr. 1 bis 5 SGB II.

Zumutbar sind hier im Sozialrecht insbesondere Tätigkeiten, die nicht der **207**
früheren beruflichen Tätigkeit oder Ausbildung entsprechen, die auch als
geringerwertig angesehen werden, bei denen der Arbeitsplatz weiter entfernt liegt als vorher oder deren Arbeitsbedingungen ungünstiger als bei der
früheren Beschäftigung sind. Zumutbar ist im Sozialrecht nach § 10 Abs. 1
SGB II grundsätzlich jede Arbeit, Ausnahmen ergeben sich ebenfalls aus
Abs. 1, insbesondere wenn der Hilfebedürftige zu der Arbeit geistig oder
körperlich nicht in der Lage ist. Dieser ist verpflichtet, die Belastung für die
Allgemeinheit so gering wie möglich zu halten.

208 Ist die Bedürftigkeit jedoch aufgrund Schädigung durch Dritte eingetreten, gelten für die **Schadenminderungspflicht** gemäß § 254 BGB zur Verwertung noch vorhandener Arbeitskraft nicht ganz so strenge Regeln. Hier muss beachtet werden, dass die Kriterien der Zumutbarkeit von Arbeit im Sozialrecht nicht komplett übertragbar sind auf die Zumutbarkeitserwägungen im Schadensersatzrecht d.h. bei einem Verlust des Arbeitsplatzes oder der teilweisen Arbeitsunfähigkeit aufgrund der Schädigung durch einen Dritten. Der Geschädigte hat vorrangig einen Anspruch gegen den Schädiger und nicht auf Sozialhilfeleistungen, er belastet also nicht die Allgemeinheit. Der Schädiger kann den Geschädigten daher nicht unbedingt auf solche Tätigkeiten verweisen, auf die dieser nach SGB II verwiesen werden könnte.

209 Die bislang bekannten Kriterien, welche Tätigkeiten einem Geschädigten aus schadensersatzrechtlicher Sicht zumutbar sind, haben sich durch das SGB II nicht geändert.[70]

---

70 BGH vom 5.12.1995, VI ZR 389/94.

g) Leistungen

aa) Leistungen zur Eingliederung in Arbeit §§ 14 ff SGB II

Die Aufnahme einer Tätigkeit soll durch **Eingliederungsleistungen** geför-   **210**
dert werden, die Ablehnung einer zumutbaren Erwerbstätigkeit oder Ein-
gliederungsmaßnahme sowie mangelnde Eigeninitiative wird sanktioniert
und führt zu Kürzungen der Barleistungen. Es wird ein persönlicher Ansprechpartner benannt, der mit dem erwerbsfähigen Hilfebedürftigen für 6
Monate eine Eingliederungsvereinbarung schließt. Diese wird gegebenenfalls verlängert (§§ 14, 15 SGB II). Zu den Leistungen zur Eingliederung
nach § 16 SGB II zählen unter anderem Beratung und Vermittlung, Maßnahmen der Aus- und Fortbildung oder die Förderung der Teilhabe Behin-
derter am Arbeitsleben.

Auch Arbeitslosen, die nach Ausschöpfen des Arbeitslosengeldzeitraums   **211**
keinen Anspruch mehr auf diese Leistung haben, stehen die Fördermöglich-
keiten des SGB III zur Eingliederung in eine Erwerbstätigkeit weiterhin zur
Verfügung gemäß § 16 SGB II.

bb) Arbeitslosengeld II §§ 19 ff SGB II

Das Arbeitslosengeld II als eine der Leistungen zur Sicherung des Lebens-   **212**
unterhaltes erhalten nur **erwerbsfähige Hilfebedürftige**, die Mitglieder ihrer Bedarfsgemeinschaft (Partner, Kinder) erhalten Sozialgeld. Beide Leis-
tungsarten sind **staatliche Fürsorgeleistungen**.

Der Begriff Arbeitslosengeld II beinhaltet die Zusammenführung von So-   **213**
zialhilfe und Arbeitslosenhilfe einschließlich Kinderzuschlag. Es ist eine
nachrangige und bedarfsorientierte Fürsorgeleistung. Es wird gegebenenfalls um zu berücksichtigendes Einkommen gekürzt. Nach vorangegangenem Arbeitslosengeldbezug wird ein befristeter Zuschlag nach § 24 SGB II
gewährt. Nach § 25 SGB II wird auch bei Erkrankung das Arbeitslosengeld
II für bis zu 6 Wochen weitergezahlt, wenn dem Grunde nach Anspruch auf
Krankengeld bestünde. Sanktionen wie Kürzung und Wegfall des Arbeitslosengeldes II oder Sozialgeldes ergeben sich aus §§ 31, 32 SGB II.

Während des Bezuges von Arbeitslosengeld II besteht grundsätzlich eine   **214**
Pflichtversicherung in der Krankenversicherung und Pflegeversicherung.
Ab 2011 besteht keine Pflichtversicherung mehr in der Rentenversiche-
rung. Soweit eine Befreiung von der Versicherungspflicht in der gesetzli-
chen Kranken- und Pflegeversicherung vorliegt, werden Zuschüsse zu den
Beiträgen einer privaten Versicherung gewährt.

Wird z.B. aufgrund des Einkommens des Lebenspartners kein Arbeitslo-   **215**
sengeld II gewährt, kann der Geschädigte trotzdem die übrigen Leistungen,
insbesondere die Maßnahmeleistungen zur Eingliederung in Arbeit beanspruchen, da diese Leistungen unabhängig von Barleistungen sind. Ein entsprechender Antrag kann daher gestellt werden.

216   Von erheblicher Praxisrelevanz ist die in der Literatur diskutierte Frage, ob das Arbeitslosengeld II (ALG II) kongruent ist zum Erwerbsschaden oder mit den vermehrten Bedürfnissen. Hierzu liegt nunmehr eine aktuelle obergerichtliche Entscheidung des OLG Köln[71] vor, wonach die Kongruenz mit den **vermehrten Bedürfnissen** bejaht wird und ausgeführt wird, dass das ALG II keine dem Erwerbsschaden kongruente Leistung darstellt. Zwar ist das ALG II ab 2005 anstelle von Arbeitslosenhilfe und Sozialhilfe getreten und die Arbeitslosenhilfe war unstreitig zu einem Erwerbsschaden kongruent. Die vormals gewährte Arbeitslosenhilfe hatte Lohnersatzfunktion, auch wenn neben der konkreten Vermittlungsfähigkeit Bedürftigkeit vorausgesetzt wurde. Diese Bedürftigkeit war jedoch keine i.S.d. Sozialhilfevorschriften, sondern wurde nach dem Arbeitsentgelt bemessen und knüpfte wie das Arbeitslosengeld an die Eingliederung in das Arbeitsleben an. Das ALG II ist dagegen bedarfsorientiert und folgt dem im Sozialhilferecht herrschenden Bedürftigkeitsprinzip. Das zu berücksichtigende Einkommen wird im Wesentlichen wie bei der Sozialhilfe berechnet.

217   ALG II erhält nicht dadurch Lohnersatzfunktion, dass Erwerbsfähigkeit nach § 7 Abs. 1 S. 1 SGB II vorausgesetzt wird. Dieses Merkmal stellt keine Zweckbestimmung dar, sondern dient vielmehr dazu, eine Trennung der Leistungen nach dem SGB II von denen des SGB XII zu ermöglichen und den geltenden Vorrang der Leistungen zur Eingliederung in Arbeit vor den Leistungen zur Sicherung des Lebensunterhalts zu rechtfertigen. Hilfe zum Lebensunterhalt nach dem SGB XII, mit der der Hilfebedürftige ggf. besser gestellt ist, wird für Erwerbsfähige nach § 5 Abs. 2 SGB II ausgeschlossen. Durch das inhaltlich anders gestaltete Leistungsspektrum des SGB II soll für den Erwerbsfähigen ein Anreiz zur Arbeitsaufnahme geschaffen werden.

218   Arbeitslosenhilfe setzte voraus, dass vor dessen Bezug eine beitragspflichtige Erwerbstätigkeit ausgeübt wurde. Das ALG II kennt diese Voraussetzung nicht. Auch Sozialhilfeempfänger, die vor dem 1.1.2005 nie einer entsprechenden Tätigkeit nachgingen, erhielten ab 2005 ALG II.

219   Zusammenfassend lässt sich daher sagen, dass SGB II und XII zu den sozialen Hilfssystemen zählen, weil sich deren Sozialleistungen am individuell zu ermittelnden Bedarf des Leistungsberechtigten orientieren. Es handelt sich daher um Auffangsicherungssysteme. Das SGB II mit seinen Leistungen stellt dabei einen **Spezialfall** der Sozialhilfe für erwerbsfähige Hilfebedürftige dar.[72]

cc) Sozialgeld § 19 SGB II

220   Nicht erwerbsfähige Angehörige, die mit erwerbsfähigen Hilfebedürftigen in einer Bedarfsgemeinschaft leben, erhalten Sozialgeld, soweit kein An-

---

71   OLG Köln vom 27.01.2009- 3 U 124/08, r+s 2009, 435.
72   Grube/ Wahrendorf SGB XII Einl. Rn.11, 33.

spruch auf Leistungen zur Grundsicherung im Alter und bei Erwerbsminderung nach dem SGB XII besteht. Die Leistungen können unter entsprechenden Voraussetzungen der §§ 31, 32 SGB II wie beim Arbeitslosengeld II verringert werden.

dd) Rehabilitationsleistungen §§ 217 ff. SGB III, §§ 236 ff. SGB III

Diese Leistungen sind grundsätzlich regressierbar, soweit sie aufgrund einer Schädigung durch einen Dritten verursacht sind. Der Forderungsübergang erfolgt dann, wenn z.b. aufgrund der schweren Verletzungen später mit entsprechenden Rehabilitationsleistungen zu rechnen ist.[73] Dabei ist es unerheblich, ob der Geschädigte bereits erwerbstätig war oder sich in Ausbildung befand.   **221**

h) Forderungsübergang
aa) § 116 SGB X

Die Vorschriften des SGB I und SGB X gelten gemäß § 37 SGB I grundsätzlich für alle Bücher des SGB, so dass sich der Forderungsübergang nach § 116 SGB X vollzieht. Nach § 116 Abs. 10 SGB X gilt die Bundesagentur als Versicherungsträger im Sinne des § 116 Abs. 1 SGB X. Da neben der Bundesagentur aufgrund interner Zuweisung auch andere Leistungsträger für die gleiche Leistung in Betracht kommen, ist davon auszugehen, dass diese genauso wie die Bundesagentur regressberechtigt sind. Ein Forderungsübergang dürfte analog § 116 SGB X gegeben sein. Ist ein Forderungsübergang nach § 116 SGB X nicht gegeben, weil z.B. das Familienprivileg gilt oder ein haftungsprivilegierter Arbeitsunfall vorliegt, besteht keine Möglichkeit über § 33 SGB II und einer entsprechenden Überleitungsanzeige einen anderweitigen Forderungsübergang zu konstruieren. § 116 SGB X ist gegenüber § 33 SGB II vorrangig und abschließend.   **222**

bb) § 119 SGB X

Die Fälle, in denen eine Rentenpflichtversicherung besteht, haben sich aufgrund des SGB II erweitert. Personen bereits ab dem 15. Lebensjahr, die bislang nicht pflichtversichert waren, sind mit dem Bezug von Arbeitslosengeld II nunmehr rentenpflichtversichert. Bezieher von Arbeitslosengeld II, die aufgrund Schädigung erwerbsunfähig werden und daher nicht mehr leistungsberechtigt sind, können nunmehr einen Rentenbeitragsschaden haben.   **223**

cc) Systemänderung

Das SGB II stellt lediglich eine Zusammenführung von Arbeitslosenhilfe und Sozialhilfe dar, so dass man insoweit nicht von einer Systemänderung sprechen kann. Soweit durch dieses Gesetz jedoch eine bis dahin nicht bekannte Rentenpflichtversicherung unter bestimmten Voraussetzungen geschaffen wurde, dürfte Systemänderung zu bejahen sein, mit der Folge, dass   **224**

---

73 BGH ZfS 1994, 491.

Abfindungsvergleiche mit den Geschädigten dem Träger der Sozialleistung entgegengehalten werden können.

7. Sozialhilfe SGB XII

a) Übersicht

225   Es gibt sieben Hilfearten, die gleichberechtigt nebeneinander stehen (§ 8 SGB XII):

Hilfen nach dem SGB XII	SGB XII
Hilfe zum Lebensunterhalt	§§ 27 bis 40
Grundsicherung im Alter und bei Erwerbsminderung	§§ 41 bis 46
Hilfen zur Gesundheit	§§ 47 bis 52
Eingliederungshilfen für behinderte Menschen	§§ 53 bis 60
Hilfe zur Pflege	§§ 61 bis 66
Hilfe zur Überwindung besonderer sozialer Schwierigkeiten	§§ 67 bis 69
Hilfe in anderen Lebenslagen	§§ 70 bis 74

b) Wesentliche Inhalte

226   Zur Absicherung Hilfebedürftiger, die sich außerhalb der eigentlichen Sozialversicherung befinden und von daher keine Leistungen zu erwarten haben, ist die Unterstützung durch die Sozialhilfe vorgesehen. Personen, die die Altersgrenze gemäß § 41 Abs. 2 SGB XII (sukzessive Anhebung der Altersgrenze von 65 auf 67 Jahre ab Jahrgang 1947) erreicht haben und Personen, die das 18. Lebensjahr vollendet haben und voll erwerbsgemindert sind, erhalten **Hilfen zur Grundsicherung** nach dem SGB XII[74]. Erwerbsfähige Hilfebedürftige ab 15 Jahre bis 65/67 (sukzessive Anhebung der Altersgrenze von 65 auf 67 Jahre ab Jahrgang 1947) erhalten das Arbeitslosengeld II nach dem SGB II. Ihre nicht erwerbsfähigen, zur Bedarfsgemeinschaft gehörenden hilfebedürftigen Angehörigen beziehen Sozialgeld gemäß § 19 SGB II. Bedürftige, die weder Arbeitslosengeld II noch Sozialgeld nach dem SGB II und keine Leistungen der Grundsicherung erhalten, bekommen Hilfe zum Lebensunterhalt gemäß § 27 ff. SGB XII. Sachlich zuständig sind die Kreise und kreisfreien Städte nach § 3 SGB XII, eine andere Zuweisung nach Landesrecht ist möglich.

---

74 Das Grundsicherungsgesetz wurde zum 1.1.2005 aufgehoben und in das SGB XII inhaltsgleich überführt.

Bei Hilfen in Einrichtungen wird der notwendige Lebensunterhalt in der **227** Einrichtung erbracht und umfasst neben der Kleidung auch einen angemessenen Barbetrag in Höhe von mindestens 27% des Eckregelsatzes (§ 35 Abs. 2 SGB XII). Der pauschalierte Barbetrag umfasst auch bisher einmalig gewährte Hilfen wie z.B. auch die Weihnachtsbeihilfe.

Hilfen zur Gesundheit, Eingliederungshilfe für behinderte Menschen, Hil- **228** fe zur Pflege, Hilfe zur Überwindung besonderer sozialer Schwierigkeiten und Hilfen in anderen Lebenslagen werden entsprechend dem Bedarf des einzelnen gewährt.

Leistungen der Eingliederungshilfe und der Hilfe zur Pflege können auf **229** Antrag als Teil eines trägerübergreifenden **persönlichen Budgets** bezogen werden. Das nähere regelt § 17 SGB IX. Es gelten einheitliche Einkommensgrenzen für die Hilfen in besonderen Lebenslagen. Der Grundbetrag entspricht dem Zweifachen des Eckregelsatzes. Bei Leistungen der Eingliederungshilfe für behinderte Menschen wird für die in § 92 Abs. 2 S. 1 SGB XII aufgeführten Hilfen auf den Vermögenseinsatz gänzlich verzichtet. Dies gilt sowohl im ambulanten als auch im stationären Bereich.

In Rechtsstreitigkeiten bei Angelegenheiten der Sozialhilfe entscheiden **230** nicht die Verwaltungsgerichte, sondern die Sozialgerichte.

c) Forderungsübergang

Werden Sozialhilfeleistungen aufgrund einer Schädigung durch Dritte er- **231** bracht, kann der Sozialhilfeträger beim Ersatzpflichtigen Regress nehmen. Dieser ist gemäß § 116 Abs. 1 S. 1 SGB X dem Sozialversicherungsträger gleichgestellt. Auch wenn die wesentlichen Grundsätze des Forderungsübergangs nach § 116 SGB X hier ebenfalls gelten, so gibt es doch ein paar Besonderheiten, die zu beachten sind.

Begründet ist dies zum einen durch die Tatsache, dass zwischen Sozialhilfeträ- **232** ger und Leistungsempfänger das verbindende Band aufgrund eines Versicherungsverhältnisses[75] gerade fehlt, zum anderen werden die Sozialhilfeleistungen nur nachrangig gewährt. Bei bestehendem Sozialversicherungsverhältnis gehen mögliche Leistungen auf den Sozialversicherungsträger bereits zum Unfallzeitpunkt über, selbst wenn die konkreten Leistungen noch nicht feststehen bzw. diese erst deutlich nach dem Unfall gewährt werden. Ein Forderungsübergang auf den Sozialhilfeträger erfolgt erst dann, wenn konkrete Anhaltspunkte wie z.B. schlechte Einkommens- und Vermögensverhältnisse vorhanden sind, die auf eine ernsthafte Eintrittspflicht schließen lassen.[76] Es genügt nicht die abstrakte Möglichkeit, dass der Geschädigte die vom Schädiger erhaltenen Zahlungen oder den Abfindungsbetrag nicht zielgerecht ver-

---

75 BGH VersR 1996, 1126.
76 BGH VersR 2006, 1383.

Stahl

wendet und daher später einmal der Sozialhilfe zur Last fallen kann. Auch nach Auffassung des BGH sollen Abfindungsvergleiche möglich bleiben. Vor Forderungsübergang bleibt der Geschädigte daher aktivlegitimiert und kann seine Ansprüche selbst geltend machen. Der Schädiger bzw. dessen Haftpflichtversicherer kann befreiend an den Geschädigten leisten, auch können beide Parteien Abfindungsvergleiche schließen, die einem später eintretenden Sozialhilfeträger gegenüber wirksam wären.

233 Ist der Schadensersatzanspruch bereits auf den Sozialhilfeträger übergegangen, da aufgrund der Umstände mit Sozialhilfebedürftigkeit zu rechnen war oder weil bereits Sozialhilfeleistungen erbracht wurden, läuft der Schädiger Gefahr, Doppelzahlungen zu erbringen.Zwar steht dem Geschädigten nach der Rechtsprechung des BGH eine Einziehungsermächtigung[77] zu. Aufgrund des Nachrangs der Sozialhilfe ist der Geschädigte gehalten, seinen Ansprüche vorrangig gegen den Schädiger geltend zu machen. Dieser muss auch an den Geschädigten leisten, sofern er noch keine Sozialhilfeleistungen erhalten hat. Hat der Geschädigte jedoch bereits Sozialhilfe erhalten, kann der Schädiger leistungsbefreiend nur noch an den Träger der Sozialhilfe zahlen. Vor Auszahlung an den Verletzten muss daher gegebenenfalls beim zuständigen Sozialhilfeträger geklärt werden, ob und bejahendenfalls welche Leistungen an den Geschädigten erbracht wurden.

234 Bei einer Überschreitung der Einziehungsermächtigung im Rahmen eines Abfindungsvergleichs können sich der Schädiger und ggf. sein Haftpflichtversicherer nur unter den Voraussetzungen der §§ 407, 412 BGB auf ein Erlöschen der Schadenersatzansprüche berufen. Dabei sind an die Kenntnis der Tatsachen, die einen Rechtsübergang begründen, nur maßvolle Anforderungen zu stellen. Trotz erfolgtem Übergang auf den Sozialhilfeträger kann der Schädiger befreiend an den Geschädigten zahlen, wenn er gutgläubig nach § 407 BGB war und ihm weder Tatsachen noch Umstände einer möglichen Bedürftigkeit bekannt waren.

d) Verjährung

235 Mit Forderungsübergang bereits zum Unfallzeitpunkt beginnt die Verjährung mit Kenntnis des zuständigen Regressbearbeiters bzw. mit grob fahrlässiger Unkenntnis zu laufen. Aufgrund des gesetzlichen Nachrangs der Sozialhilfe wirken verjährungshemmende Maßnahmen z.B. aufgrund einer Klage des Geschädigten oder ein von dem Geschädigten erwirktes Feststellungsurteil verjährungsrechtlich auch zugunsten des Sozialhilfeträgers.[78]

236 Bei Übergang der Forderung erst zu einem Zeitpunkt nach dem Unfall, ist für den Beginn und Ablauf der Verjährung auf den Geschädigten abzustellen, die bereits laufende Verjährungsfrist läuft mit Rechtsübergang weiter.

---

77 BGH VersR 2002, 869; VersR 2006, 1383.
78 BGH VersR 2002, 869.

Stahl

Eine bereits vor Forderungsübergang eingetretene Verjährung kann dann auch dem Sozialhilfeträger gegenüber eingewandt werden.

e) Inkrafttreten

Da SGB II und SGB XII aufeinander abgestimmt sind, trat auch SGB XII zum 01.01.2005 in Kraft. Es findet ebenso wie SGB II nicht nur für neue Fälle, sondern auch für laufende Fälle Anwendung.   **237**

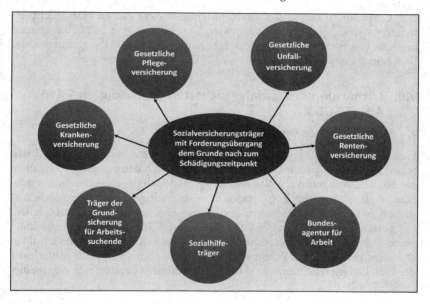

VII. Begrenzung auf Haftungshöchstbetrag § 116 Abs. 2 SGB X

Ist der Schadensersatzanspruch aufgrund gesetzlicher Regelungen der Höhe nach begrenzt, dies ist bei Gefährdungshaftungstatbeständen der Fall, geht der Anspruch auf den Sozialversicherungsträger nur insoweit über, als er nicht zum Ausgleich des Schadens des Geschädigten oder seiner Hinterbliebenen selbst erforderlich ist. Der Geschädigte erhält somit in diesen Fällen ein **Befriedigungsvorrecht** gegenüber dem Sozialversicherungsträger. Nicht erforderlich ist, dass die Ansprüche des Geschädigten mit den Leistungen des Sozialversicherungsträgers kongruent sind.[79] Ein Forderungsübergang kann daher nur dann erfolgen, wenn der gesamte Schaden des Geschädigten unterhalb des Haftungshöchstbetrages liegt.   **238**

---

79 BGH NZV 1997, 292.

> ▶ Beispiel:
> Der Schädiger haftet aufgrund gesetzlicher Haftungsbegrenzung nur auf
> einen Haftungshöchstbetrag (hier unterstellt 600.000 €). Der Geschädigte
> erleidet einen Schaden in Höhe von 700.000 €. Hierauf erhält er Sozial-
> versicherungsleistungen in Höhe von 500.000 €, es verbleibt ein Rest-
> schaden von 200.000 €.

Aufteilung:
Der Geschädigte kann beim Ersatzpflichtigen bzw. dessen Haftpflichtversicherer vorrangig den nicht gedeckten Restschaden von 200.000 € geltend
machen. Der Sozialversicherungsträger kann nur 400.000 € regressieren, der
Rest seiner Leistungen in Höhe von 100.000 wird nicht erstattet.

VIII. Mithaftung des sozialversicherten Geschädigten § 116 Abs. 3 SGB X

1. Mithaftung des Geschädigten § 116 Abs. 3 S. 1 SGB X

239 Hat der Geschädigte an der Entstehung des Schadens mitgewirkt, wird sein
Schadensersatzanspruch entsprechend seiner **Mithaftung** gekürzt. Reichen
die Sozialleistungen nicht aus, um den Schaden des Geschädigten abzudecken, verbleibt also ein Restschaden des Geschädigten, ist der quotierte Anspruch zwischen Geschädigtem und Sozialversicherungsträger aufzuteilen.
Die gesetzliche Vorschrift des § 116 Abs. 3 S. 1 SGB X regelt die Aufteilung,
wenn der Schadensersatzanspruch durch ein mitwirkendes Verschulden
oder eine mitwirkende Verantwortlichkeit und somit aufgrund Mithaftung
des Geschädigten begrenzt ist. Das Mitverschulden bemisst sich regelmäßig
nach § 254 BGB.

240 Nach der sog. **Relativen Theorie** geht der Teil der Schadensersatzforde-
rung auf den Sozialversicherungsträger über, welcher der Haftungsquote des Schädigers entspricht. Der Geschädigte erhält ebenfalls hinsichtlich des nicht durch Sozialleistungen gedeckten restlichen Schadens den
der Haftungsquote des Schädigers entsprechenden Teil. Dies gilt, soweit
sachliche und zeitliche Kongruenz der Leistungen im Hinblick auf den
Schadensersatzanspruch gegeben sind.
Aufteilung nach sog. Relativer Theorie:
Restschaden des Geschädigten und kongruente Sozialleistungen werden
gleichrangig entsprechend der Haftungsquote erstattet.

> ▶ **Beispiel:**
> Der Geschädigte erhält aufgrund Mitverschuldens von 30% nur 70% sei-
> nes Schadens vom Schädiger/Haftpflichtversicherer ersetzt.
>
> | | |
> |---|---:|
> | Erwerbsschaden | 2.000 € |
> | Schadensersatz des Haftpflichtversicherers 70% | 1.400 € |

Sozialleistung	1.200 €
Differenzschaden des Geschädigten	800 €

Aufteilung:

Sozialversicherungsträger erhält 70%	840 €
Geschädigter erhält 70% seines Differenzschadens	560 €

2. Mithaftung und Haftungshöchstbetrag § 116 Abs. 3 S. 2 SGB X

241 Die Grundsätze der gleichrangigen Aufteilung nach der relativen Theorie gelten nach § 116 Abs. 3 S. 2 SGB X ebenfalls, wenn der Schadensersatzanspruch nicht nur wegen Mitverschulden, sondern aufgrund gesetzlicher Bestimmungen auch der Höhe nach begrenzt ist. Dies ist regelmäßig gegeben, wenn keine Verschuldenshaftung vorliegt, sondern nur ein Gefährdungshaftungstatbestand erfüllt ist. Reduziert sich aufgrund der Mithaftung der zu ersetzende Schadensersatzanspruch so weit, dass er unterhalb der gesetzlichen Haftungshöchstsumme liegt, erhalten der Sozialversicherungsträger hinsichtlich seiner kongruenten Leistungen und der Geschädigte bezüglich seines Restschadens je den Anteil, der der Haftungsquote entspricht.

▶ **Beispiel:**

Gesamtschaden:	800.000 €
Mithaftung 50%	
Schadensersatzanspruch	400.000 €
unterstellter Haftungshöchstbetrag	600.000 €
kongruente Leistung des Sozialversicherungsträger	500.000 €
Restschaden Geschädigter	300.000 €

Aufteilung:

Sozialversicherungsträger erhält bei 50% Haftung	250.000 €
Geschädigter erhält bei 50% Haftung	150.000 €

242 Nicht ausdrücklich lässt sich dem gesetzlichen Wortlaut entnehmen, wie zu verfahren ist, wenn der Schadensersatzanspruch sowohl durch Mithaftung als auch aufgrund einer gesetzlichen Haftungshöchstsumme begrenzt ist und trotz Reduzierung wegen Mithaftung der sich dann rechnerisch ergebende Betrag oberhalb des gesetzlichen Haftungshöchstbetrages liegt. Nach BGH[80] werden in Mithaftungsfällen bei nicht ausreichender Haftungssumme die an Geschädigten und Sozialversicherungsträger zu erbringenden Leistungen nach der Relativen Theorie aufgeteilt.

243 Zunächst erfolgt eine Aufteilung der jeweiligen Ansprüche nach der Relativen Theorie ohne Berücksichtigung der Haftungshöchstgrenze. Überschreitet der um den Mitverschuldensanteil des Geschädigten gekürzte

---

80 BGH vom 21.11.2000, AZ: VI ZR 120/99; NJW 2001, 1214.

Gesamtschadensersatzanspruch die gesetzliche Haftungshöchstsumme, so wird anschließend das Ergebnis der Aufteilung zwischen Sozialversicherungsträger und Geschädigtem der Haftungshöchstgrenze anteilig angepasst, um so eine proportional gleichmäßige Verteilung des gekürzten Ersatzanspruchs zu ermöglichen.[81]

Einfacher ausgedrückt:
Sozialversicherungsträger und Geschädigter erhalten je den Anteil, der dem Verhältnis von Haftungshöchstsumme zum Gesamtschaden entspricht. Die Höhe des Mitverschuldens wirkt sich bei der Aufteilung nicht aus.

▶ **Beispiel:**

Gesamtschaden:	1.000.000 €
Mithaftung 30%	
»eigentlicher« Schadensersatzanspruch	700.000 €
unterstellter Haftungshöchstbetrag	600.000 €
kongruente Leistung des Sozialversicherungsträgers	800.000 €
Restschaden Geschädigter	200.000 €

Aufteilung:
Für Sozialversicherungsträger

$$\frac{800.000\ € \times 600.000\ €}{1.000.000}$$

Für Geschädigten

$$\frac{200.000\ € \times 600.000\ €}{1.000.000}$$

Sozialversicherungsträger erhält	480.000 €
Geschädigter erhält	120.000 €

Aufteilung:

$$\frac{\text{Leistung des betreffenden Regressgläubigers} \times \text{Haftungshöchstbetrag}}{\text{Gesamtschaden}}$$

3. Mithaftung und Sozialhilfebedürftigkeit § 116 Abs. 3 S. 3 SGB X

244   Ist der Schädiger wegen Mithaftung des Geschädigten diesem nur teilweise zum Schadensersatz verpflichtet und würde infolge dessen **Sozialhilfebedürftigkeit** eintreten, hat der Geschädigte nach § 116 Abs. 3 S. 3 SGB X ein **Quotenvorrecht** vor dem Sozialversicherungsträger. Der Schadenersatz

---

81 Anmerkungen Olshausen mit Berechnungsbeispielen VersR 2001, 936.

Stahl

steht zunächst dem Geschädigten zur Beseitigung der Sozialhilfebedürftigkeit zur Verfügung. Soweit Sozialhilfebedürftigkeit gleichwohl verbleibt, kann kein Anspruch mehr auf den Sozialversicherungsträger übergehen. Das Quotenvorrecht des Geschädigten greift insoweit ein, als Sozialhilfebedürftigkeit infolge des Übergangs nach der relativen Theorie entstehen würde. Ein Forderungsübergang auf den Sozialversicherungsträger ist dann ausgeschlossen, wenn hierdurch auf Seiten des Geschädigten Hilfebedürftigkeit eintreten würde. Damit soll der Sozialhilfeträger gegenüber den sonstigen zum Regress berechtigten Sozialversicherungsträgern entlastet werden. Der gesetzliche Forderungsübergang ist jedoch nur in den Fällen aufgehoben, in denen gerade durch diesen Übergang Sozialhilfebedürftigkeit entstehen würde. Der Übergang wäre dann nicht gesperrt, wenn bereits vor dem Anspruchsübergang Sozialhilfebedürftigkeit bestand.

▶ **Beispiel:**

Verdienstausfall	1.200 €
Leistung des Sozialversicherungsträger	500 €
Restschaden des Geschädigten	700 €
Haftung 50%	600 €
Grenze der Sozialhilfebedürftigkeit	
(je nach Fallgestaltung)	1.000 €

Aufteilung nach relativer Theorie nach § 116 Abs. 3 S. 1

Geschädigter würde erhalten:

Leistung des Sozialversicherungsträger	500 €
Schadenersatz	350 €
insgesamt	850 €

also würde Sozialhilfebedürftigkeit eintreten
Daher Quotenvorrecht des Geschädigten

Leistung des Sozialversicherungsträger	500 €
Schadenersatz vom Schädiger	500 €
insgesamt	1.000 €
Sozialversicherungsträger erhält:	100 €

IX. Vollstreckungsvorrecht des Geschädigten bei Zahlungsunfähigkeit des Schuldners § 116 Abs. 4 SGB X

Liegen **tatsächliche Hindernisse** vor, so dass die Schadensersatzansprüche nicht durchgesetzt werden können, dürfen Geschädigte oder deren Hinterbliebene vorrangig ihre Ansprüche durchsetzen, erst danach sind die übergegangenen Ansprüche zu befriedigen. Das **Vollstreckungsvorrecht** des Geschädigten bezieht sich allein auf tatsächliche Hindernisse bei Durchsetzung seines Anspruchs, nicht jedoch auf rechtliche Hindernisse, wie z.B. das Mitverschulden, welches zu einer Kürzung des Anspruches des Geschä-

245

Stahl

digten führt. Die rechtlichen Voraussetzungen des Anspruchs sind zuerst und unabhängig davon zu prüfen und richten sich nach den zuvor dargestellten Verteilungsgrundsätzen. Das Befriedigungsvorrecht des Geschädigten bezieht sich auf alle seine Forderungen. Er hat ein Vollstreckungsvorrecht gegenüber dem Sozialversicherungsträger auch hinsichtlich nicht kongruenter Leistungen.

246 Tatsächliche Hindernisse, den Anspruch beim Schuldner durchzusetzen, sind beispielsweise eine fehlende oder nicht ausreichende Haftpflichtversicherung, Pfändungsgrenzen gemäß § 850 ff. ZPO oder Konkurs des Schädigers.

247 Das Befriedigungsvorrecht des Geschädigten bezieht sich auf alle Fallvarianten des § 116 SGB X. Zwar verweist § 116 Abs. 4 nur auf § 116 Abs. 1. Da die übrigen Absätze jedoch nur Fallvarianten der Grundnorm des Abs. 1 sind, gilt das Vollstreckungsvorrecht generell für § 116 SGB X.

▶ Beispiel:
Einem Geschädigtem wird aufgrund eines ärztlichen Behandlungsfehlers gerichtlich ein Schmerzensgeld von 25.000 € zugesprochen. Es verbleibt neben dem Krankengeld von 1.500 € ein Differenzschaden von monatlich 500 €. Der Schädiger verfügt über ein monatlich pfändbares Einkommen von 800 € und Vermögen von 25.000 €.

Geschädigter erhält	
Schmerzensgeld	25.000 €
Restschaden monatlich	500 €
Sozialversicherungsträger monatlich	300 €

X. Befriedigungsvorrecht des Geschädigten bei fehlender Leistungserhöhung des Sozialversicherungsträger § 116 Abs. 5 SGB X

248 Besteht eine Mithaftung zulasten des Geschädigten und erbringt der Sozialversicherungsträger keine höheren Leistungen als vor dem Schadensereignis, normiert § 116 Abs. 5 SGB X ein absolutes **Quotenvorrecht** zu Gunsten des Geschädigten. In diesen Fällen kommt es insoweit nicht zu einem Forderungsübergang auf den Sozialversicherungsträger. Der Geschädigte bleibt weiterhin Anspruchsinhaber, soweit ihm neben der erlangten Sozialleistung noch ein Differenzschaden verbleibt. Auf den Sozialversicherungsträger geht dann nur die Restforderung über (Schadensersatzanspruch abzüglich Differenzschaden des Geschädigten).

249 Typischer Fall in der Praxis ist der sogenannte **Rentnertod**, bei dem der Rentenversicherungsträger bereits vor dem Schadensereignis eine Versichertenrente gezahlt hatte und aufgrund des Schadensereignisses nunmehr anstelle der Versichertenrente z.B. Altersrente oder Rente wegen verminderter Erwerbsfähigkeit eine **Hinterbliebenenrente** auszahlt. Trotz Mitverschuldens des Rentners geht die Forderung dann nicht auf den Sozialversicherungsträger über, wenn auf Seite des Geschädigten ein nicht gedeckter Restschaden verbleibt. Dieses besondere Verteilungsverfahren, welches von der relativen Aufteilung nach § 116 Abs. 3 S. 1 SGB X abweicht, wird in der Praxis häufig übersehen. Es begünstigt den Geschädigten, der trotz Mitverschuldens einen betragsmäßig höheren Betrag vom Schädiger fordern kann als ihm eigentlich unter Berücksichtigung einer Mithaftung zustehen würde.[82]

▶ Beispiel:
Aufgrund einer ärztlichen Fehlbehandlung verstirbt ein Rentner, der bereits eine Altersrente des Rentenversicherungsträger in Höhe von 1.200 € bezog. Da ihn ein Mitverschulden trifft, haftet der Haftpflichtversicherer lediglich zu 50 %. Die Witwe bezieht eine Hinterbliebenenrente in Höhe von 700 €. Der tatsächliche Unterhaltsschaden der Witwe beträgt wegen der hohen fixen Kosten 800 €.

Aufteilung:

Altersrente vor dem Unfall	1.200 €
Witwenrente	700 €
Unterhaltsschaden	800 €
Haftung 50	400 €

Es erhalten:

Witwe für den Restschaden (800 € – 700 €)	100 €
Sozialversicherungsträger	300 €

Hätte man den Schadenseratzanspruch fälschlicherweise nach der relativen Theorie zwischen Sozialversicherungsträger und Geschädigtem entsprechend der Haftungsquote aufgeteilt, würde der Sozialversicherungsträger 350 € (50% von 700 €) und die Witwe 50 € (50% von Restschaden 100 €) erhalten. Eine falsche Aufteilung des Schadenseratzanspruches würde somit zu einem Nachteil des Geschädigten führen.

250

---

82 Berechnungsbeispiele, wenn aufgrund eigenem Einkommens des Hinterbliebenem der ersparte Unterhalt zu berücksichtigen ist, siehe Küppersbusch Ersatzansprüche bei Personenschaden 10.Aufl. Rn. 446.

Stahl

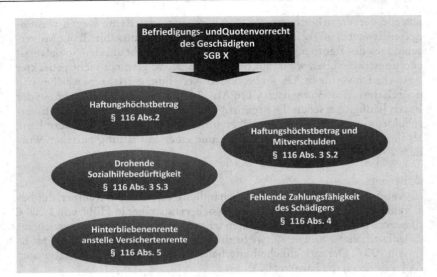

XI. Regressausschluss bei Schädigung durch Familienangehörige § 116 Abs. 6 SGB X

251 Wird der Geschädigte durch einen Familienangehörigen verletzt, ist der Forderungsübergang auf den Sozialversicherungsträger nach § 116 Abs. 6 S. 1 SGB X ausgeschlossen. Es gilt das sog. Familienprivileg.

1. Voraussetzungen

252 Der Ausschluss des Forderungsübergangs setzt voraus, dass der Schaden nicht vorsätzlich durch einen **Familienangehörigen** verursacht wurde und dass **häusliche Gemeinschaft** zwischen Schädiger und Geschädigtem besteht.

2. Familienangehörige

253 Familienangehörige sind
- Eheleute
- Kinder, Adoptiv- und Stiefkinder
- Pflegekinder, wenn Pflegschaft auf Dauer angelegt ist[83]
- Geschwister
- Verwandte auf- und absteigender Linie

---

83 OLG Stuttgart VersR 1993, 724.

– Verschwägerte[84]
– Eingetragener Lebenspartner nach § 11 LPartG.

Keine Familienangehörigen sind   **254**
– Verlobte
– Nichteheliche Lebensgemeinschaft
– Homophile Lebensgemeinschaft

Strittig ist, ob auch die nichteheliche Lebensgemeinschaft durch das Fami-   **255**
lienprivileg geschützt werden solle. Einige Untergerichte[85] haben in ihren
Entscheidungen das Familienprivileg dann analog auf nichteheliche Lebensgemeinschaften angewandt, wenn eine Verfestigung der Lebensgemeinschaft erkennbar ist. Indizien hierfür sind, wenn die Partnerschaft bereits
seit mehreren Jahren besteht, hieraus gemeinsame Kinder hervorgegangen
sind, eine gemeinsame Familienkasse existiert und somit der ganze Lebens-
zuschnitt dem einer Ehe entspricht.[86] Es müssen nicht alle Punkte kumulativ
erfüllt sein.

Im **Versicherungsvertragsrecht** wurde dies bereits umgesetzt. Mit Inkraft-   **256**
treten der Reform des Versicherungsvertragsgesetzes zum 1.1.2008 wurde
der Schutzbereich im neuen § 86 VVG entsprechend erweitert. Die auf den
Versicherer übergegangene Forderung kann nicht mehr gegen **Haushalts-**
angehörige des Versicherungsnehmers geltend gemacht werden. Das dortige »Familienprivileg« betrifft alle Personen, die mit dem Versicherten zum
Schadenzeitpunkt in häuslicher Gemeinschaft und in einer Wirtschaftsgemeinschaft leben. Die Begründung der häuslichen Gemeinschaft nach dem
Schadenzeitpunkt reicht jedoch nicht aus. Wegen der nun bestehenden unterschiedlichen Voraussetzungen des Familienprivilegs im Versicherungsvertragsgesetz und Sozialleistungsrecht hat der mit diesem Themenkomplex
befasste Arbeitskreis des Verkehrsgerichtstages 2007[87] den Gesetzgeber zu
einer Angleichung des § 116 SGB X aufgefordert.

In einer neueren Entscheidung des BGH[88], die zur Anwendung des Fami-   **257**
lienprivilegs bei Schädigung durch den nichtehelichen Lebenspartner noch
zum alten Versicherungsvertragsrecht vor 2008 ergangen ist, hat dieser ausgeführt, dass das Familienprivileg für Familienangehörige analog auch auf
die nichteheliche Lebensgemeinschaft anzuwenden sei. Zwar betrifft die
Entscheidung die Auslegung des Familienprivilegs nach altem Versicherungsvertragsgesetz (§ 67 Abs. 2 VVG a.F.) vor 2008 und ist nicht zum Familienprivileg nach § 116 Abs. 6 SGB X ergangen.

---

84 OLG Stuttgart NJW 1993, 3208.
85 LG Potsdam VersR 1997, 93.
86 OLG Brandenburg VersR 2002, 839.
87 AK I des 45. Deutschen Verkehrsgerichtstages.
88 BGH vom 22.4.2009, IV ZR 160/07, NZV 2009, 442, NJW 2009, 2062.

258 Doch lässt sich den Entscheidungsgründen selbst entnehmen, dass der BGH davon ausgeht, dass die Entscheidung entsprechend ausgefallen wäre, wenn der Fall zum SGB zu entscheiden gewesen wäre. Der für die Auslegung des § 116 Abs. 6 SGB X primär zuständige VI. Zivilsenat hat auf Anfrage erklärt, an der alten Rechtsprechung, wonach das Familienprivileg nur für Familienangehörige gilt, ebenfalls nicht mehr festzuhalten. Daher kann davon ausgegangen werden, dass die analoge Anwendung des Familienprivilegs bei nichtehelicher Lebensgemeinschaft auch im Sozialrecht gelten solle. Diese Auffassung findet sich auch in der Literatur wieder.[89] Wie im Versicherungsvertragsgesetz wird es für die Anwendung des Familienprivilegs jedoch nicht ausreichend sein, wenn die Lebenspartnerschaft zeitlich erst nach der Schädigung begründet wird.

3. Häusliche Gemeinschaft

259 Die Familienangehörigen müssen in einer häuslichen Gemeinschaft leben. Diese liegt vor, wenn in einer gemeinsamen Wohnung oder in einem gemeinsamen Haus gelebt und ein gemeinsamer Haushalt geführt wird. Eine vorübergehende Abwesenheit wegen Urlaubs oder einer auswärtigen Arbeitsstelle ist unschädlich. Die häusliche Gemeinschaft muss auf Dauer angelegt sein. Je ferner der Verwandtschaftsgrad ist, umso strenger ist zu prüfen, ob wirklich eine gemeinschaftliche Wirtschaftsführung gewollt und praktiziert wird.

4. Zeitpunkt der Familienangehörigkeit

260 Grundsätzlich müssen die Merkmale der Familien- bzw. Haushaltsangehörigkeit und eine häusliche Gemeinschaft im Zeitpunkt des Schadensereignisses erfüllt sein. Dann geht die Forderung, soweit ein Sozialversicherungsträger Leistungen erbringt, gar nicht auf diesen über. Gilt das Familienprivileg nicht, weil die Voraussetzungen des § 116 Abs. 1 S. 1 SGB X zum Schädigungszeitpunkt nicht vorliegen, kann der Schädiger auch danach vor Rückgriff des Sozialversicherungsträgers geschützt werden. Nach § 116 Abs. 6 S. 2 SGB X geht die Forderung zwar über, die Geltendmachung der Forderung des Sozialversicherungsträgers ist jedoch ausgeschlossen, wenn nach Eintritt des Schadensfalles Schädiger und Geschädigter heiraten und in häuslicher Gemeinschaft leben. Lediglich die Begründung einer Lebenspartnerschaft nach der Schädigung oder die Schaffung einer häuslichen Gemeinschaft unter Familienangehörigen reicht nicht aus. Der Schädiger und damit mittelbar auch seine Familie sind vor einer Regressforderung geschützt, wenn Ehe und häusliche Gemeinschaft zum Zeitpunkt der Bewir-

---

89 Dahm in NZV 2008, 280 ff, NZV 2008, 551ff.; Lang in NZV 2009, 425ff.

kung der Leistung[90] oder der Geltendmachung des Rückgriffes[91] vorhanden sind.

Bestand zum Zeitpunkt des Schadensereignisses ein Familienprivileg, so **261** bleibt dieses wirksam, selbst wenn zu einem späteren Zeitpunkt die Familienangehörigkeit oder häusliche Gemeinschaft aufgelöst wird. Auch bei **Aufhebung einer Ehe**, die erst nach dem Schadensereignis geschlossen wurde, ist der Sozialversicherungsträger weiterhin an der Geltendmachung seiner Forderung gehindert.

Wurde die Ehe erst nach dem Unfall geschlossen und war dies dem Schä- **262** diger bzw. seinem Haftpflichtversicherer nicht bekannt, kann er die an den Sozialversicherungsträger erbrachten Leistungen gemäß § 812 BGB zurückfordern, wenn die Eheschließung nach dem Unfall und vor der Zahlung des Haftpflichtversicherers erfolgte.[92] Maßgeblich ist somit, ob die Leistung des Ersatzpflichtigen vor oder nach dem Zeitpunkt der Heirat erfolgte. Es erfolgt keine Rückzahlung des vom Versicherer bereits geleisteten Schadensersatzes, wenn die Ehe erst nach der Regresszahlung geschlossen wurde.[93]

5. Gestörte Gesamtschuld

Haftet neben dem Familienangehörigen ein weiterer Schädiger (Zweitschä- **263** diger), ist ein Regress des Sozialversicherungsträgers nur nach den Grundsätzen der sogenannten **gestörten Gesamtschuld** möglich. Er kann dann beim Zweitschädiger nur den Anteil regressieren, für den der Zweitschädiger im Innenverhältnis zum Familienangehörigen (privilegierter Erstschädiger) haftet.[94] Daher müssen vor der Regressnahme die jeweiligen **Verursachungsbeiträge** der beiden Schädiger eingeschätzt werden.

---

90 BGH NJW 1972, 1372.
91 LG Kiel VersR 1999, 1105.
92 OLG Frankfurt VersR 1985, 936.
93 OLG Rostock vom 26.11.2007, SVR 2008, 69.
94 BGH NJW 1980, 2080.

Stahl

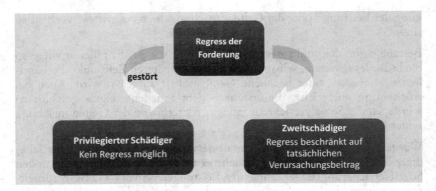

XII. Gutglaubensschutz des Schuldners § 116 Abs. 7 SGB X

264 Hat der Schädiger Leistungen mit befreiender Wirkung an den Geschädigten erbracht, muss der Sozialversicherungsträger gemäß § 116 Abs. 7 S. 1 SGB X seinen Regressanspruch beim Geschädigten geltend machen. Ob die Leistung des Ersatzpflichtigen an den Geschädigten gutgläubig erbracht wurde und somit mit befreiender Wirkung geleistet wurde, beurteilt sich nach den §§ 412, 407 BGB. Der Schädiger ist bereits dann bösgläubig, wenn ihm Tatsachen bekannt waren, aus denen sich ein Forderungsübergang ergeben könnte. Positive Kenntnis ist nicht erforderlich. Ein Regress nach § 116 Abs. 1 SGB X ist daher bereits dann möglich, wenn dem Ersatzpflichtigen bekannt ist, dass ein Beschäftigungsverhältnis oder sonstiges Sozialversicherungsverhältnis des Geschädigten besteht. Damit sind die Umstände bekannt, aus denen sich ergibt, dass Sozialleistungen erbracht werden könnten. Er bleibt dem zuständigen Sozialversicherungsträger weiterhin zur Zahlung verpflichtet. Nach § 116 Abs. 7 S. 2 SGB X kann dieser wahlweise seinen Anspruch gegenüber dem Geschädigten oder dem Schädiger geltend machen, da beide **Gesamtschuldner** im Sinne von § 421 BGB sind. Regelmäßig ist der Haftpflichtversicherer der Zahlungskräftigere, daher wird sich der Sozialversicherungsträger vorrangig an ihn wenden.

265 Sind Umstände einer möglichen Sozialversicherungspflicht nicht bekannt und musste der Ersatzpflichtige diese auch nicht kennen, kann er die Schadensersatzleistung an den Geschädigten mit befreiender Wirkung erbringen und gegenüber dem Sozialversicherungsträger die Einrede der Erfüllung nach § 362 BGB erheben. Der Sozialversicherungsträger hat in diesem Fall einen **Erstattungsanspruch** gegenüber dem Geschädigten. Aufgrund der gesetzlichen Spezialnorm des § 116 Abs. 7 S. 1 SGB X ist jener besser gestellt, als wenn er nach bereicherungsrechtlichen Vorschriften gemäß § 816 Abs. 2 BGB regressieren müsste. Bei einer Rückforderung nach bereicherungsrechtlichen Grundsätzen hätte der Geschädigte die Möglichkeit der

Einrede des Wegfalls der Bereicherung nach § 818 Abs. 3 BGB. Im Rahmen des § 116 Abs. 7 S. 1 SGB X ist dies nicht möglich.

XIII. Pauschalierung ambulanter Heilbehandlungskosten § 116 Abs. 8 SGB X

Bestimmte Heilbehandlungskosten kann der Sozialversicherungsträger ohne konkreten Kostennachweis im Einzelfall beim Schädiger geltend machen. Aus Vereinfachungsgründen hat er die Möglichkeit, ohne konkreten Nachweis ambulante ärztliche Behandlung, die Notfallbehandlung im Krankenhaus und Arznei- und Verbandsmittel mit einem Pauschalsatz abzurechnen. Diese Leistungen der Krankenkassen nach § 28 und 31 SGB V können pauschal mit 5 % der monatlichen Bezugsgröße nach § 18 SGB IV abgerechnet werden. Aufwendungen für Heil- und Hilfsmittel nach §§ 32, 33 SGB V sind von dieser Pauschale nicht umfasst. Die Pauschale kann pro Schadenfall nur einmal abgerechnet werden. Eine erneute Abrechnung im Fall der Wiedererkrankung ist nicht zulässig.

266

Der Sozialversicherungsträger kann **wahlweise** ohne Nachweis der konkreten Kosten die Pauschale abrechnen oder mit Nachweis höhere Kosten regressieren. Hat er beim Schädiger bereits einmal diese Kosten pauschal abgerechnet, ist damit die Forderung erloschen und kann nicht durch eine Nachforderung konkreter Kosten erneut abgerechnet werden.[95] Möglich ist eine Nachforderung nur dann, wenn sich der Sozialversicherungsträger bei der Abrechnung der Pauschale ausdrücklich eine konkrete Nachberechnung vorbehalten hat und der Ersatzpflichtige dies hinnimmt und nicht widerspricht. Dieser dürfte das Recht haben, die Forderung solange nicht auszugleichen, wie der Sozialversicherungsträger sein Wahlrecht nicht ausgeübt hat, da erst nach Ausübung des Wahlrechts der Ersatzanspruch fällig wird.[96]

267

Erfolgt ein Kassenwechsel, gilt die von der Vorgängerkasse getroffene Entscheidung auch für die Folgekasse, die **Rechtsnachfolger** ist. Diese kann daher von der Pauschale umfasste Heilbehandlungskosten nicht erneut abrechnen, wenn die vorherige Kasse bereits die Pauschale abgerechnet hat.

268

XIV. Pauschalierung von Ersatzansprüchen § 116 Abs. 9 SGB X

Nach § 116 Abs. 9 SGB X ist die **Pauschalierung von Ersatzansprüchen** generell zulässig. Damit ist klargestellt, dass der Abschluss von Teilungsabkommen zulässig ist und auch eine pauschale **Abfindung** durch Abfindungsvergleich möglich ist für Ansprüche nach § 116 SGB X.

269

---

95 LG München Zfs 1990, 45.
96 AG Wetzlar Zfs 1987, 44.

270 **Teilungsabkommen** sind verkehrstypische Verträge, die als gegenseitige Rahmenverträge künftige, aufgrund von Schadensfällen entstehende Rechtsverhältnisse vergleichsweise erledigen sollen. An die Stelle der deliktischen oder aufgrund Gefährdungshaftung bestehenden Ansprüche treten die vertraglichen Ansprüche aus dem Teilungsabkommen.

271 Gegenstand ist die Regulierung von gesetzlichen Schadensersatzansprüchen, die nach § 116 SGB X auf die Sozialversicherungsträger übergegangen sind. Im Bereich der allgemeinen Haftpflicht können auch mögliche Ansprüche nach § 110 SGB VII geregelt sein. Dagegen sind Fälle des Heilwesenbereichs also aus dem Bereich des Arzt- Haftpflichtrisikos oftmals ausgeschlossen und nicht Inhalt von Teilungsabkommen. Der Haftpflichtversicherer verpflichtet sich im eigenen Namen, die von seinem Versicherungsnehmer bzw. den Mitversicherten verursachten Schäden bzw. Schäden, die in ursächlichem Zusammenhang mit dem versicherten Haftpflichtrisiko stehen, in Höhe der Abkommensquote zu übernehmen. Der Sozialversicherungsträger verpflichtet sich, keine Ansprüche gegen die Versicherten des Haftpflichtversicherers geltend zu machen (pactum de non petendo zugunsten des Haftpflichtversicherten). Geregelt ist nur die Regulierung derjenigen Schadenfälle, in denen ein Sozialversicherungsträger Leistungen an einen Verletzten, oder an die Hinterbliebenen eines Getöteten erbringt und gleichzeitig ein Haftpflichtversicherer für die dem Geschädigten entstandenen Schäden seinem Versicherten gegenüber (im Innenverhältnis) zur Deckung dieser Schadenersatzansprüche verpflichtet ist. Durch den Abschluss des Teilungsabkommens wird ein Schuldverhältnis zwischen den Abkommenspartnern begründet. Nach § 241 BGB ist Kraft des Schuldverhältnisses der Gläubiger berechtigt, von dem Schuldner eine Leistung zu fordern.

272 Teilungsabkommen zwischen Haftpflichtversicherern und Sozialversicherungsträgern dienen dazu, die auf die Sozialversicherungsträger nach § 116 SGB X übergegangenen Ansprüche schnell und pragmatisch mit möglichst geringem Verwaltungsaufwand zu regulieren. Ein wesentlicher Bestandteil des Teilungsabkommens ist daher, dass die Prüfung der Haftung im konkreten Einzelfall unterbleibt und stattdessen zwischen den Vertragspartnern vereinbart wird, dass der Versicherer die übergangsfähigen Aufwendungen des Sozialversicherungsträgers zu einem bestimmten Prozentsatz erstattet.

273 Im Teilungsabkommen festgelegte Beteiligungsquoten, Pauschalierungen und sonstige vom tatsächlichen Einzelfall losgelöste Regelungsinhalte zur Erstattung der Ansprüche des Sozialversicherungsträgers, reduzieren auf beiden Seiten den Arbeits- und Verwaltungsaufwand und damit die Kosten, die sonst bei einer Bearbeitung nach Sach- und Rechtslage entstehen würden. Im konkreten Einzelfall kann natürlich die Abrechnung nach Teilungsabkommen erheblich von der nach Sach- und Rechtslage abweichen. Die Teilungsabkommensinhalte sind daher so gestaltet, dass nach dem Gesetz der großen Zahl die Abrechnung aller Teilungsabkommensfälle derjenigen nach Sach- und Rechtslage entsprechen würde.

Teilungsabkommen werden hauptsächlich geschlossen zwischen Haft-   **274**
pflichtversicherern und
– Krankenkassen,
– Pflegekassen,
– Unfallversicherungsträgern,
– Rentenversicherungsträgern.

Geschlossen werden Rahmen-Teilungsabkommen zwischen Verbänden, so   **275**
z.B. GDV und VDEK. Versicherer und Mitgliedskassen können dann, je
nach Vertragsformulierung, den Beitritt zum Abkommen oder den Rücktritt erklären.

Häufig werden bilaterale Teilungsabkommen zwischen einzelnen Versi-   **276**
cherern und einzelnen Sozialversicherungsträgern vereinbart. Möglich sind
auch Teilungsabkommen zwischen einzelnen Haftpflichtversicherern und
Sozialversicherungsverbänden.

XV. Schadensersatzansprüche mehrerer Leistungsträger § 117 SGB X

Sind mehrere Leistungsträger als Gesamtgläubiger in einem Schadenfall ein-   **277**
rittspflichtig, regelt § 117 SGB X die **interne Aufteilung** des Ersatzanspruches. In den Fällen des § 116 Abs. 2 und 3 SGB X ist der übergegangene
Schadensersatzanspruch begrenzt, so dass eine Aufteilung auf die eintretenden Sozialversicherungsträger vorzunehmen ist. Diese sind untereinander
im Verhältnis der von ihnen erbrachten Sozialleistungen ausgleichspflichtig.

▶ Beispiel:
Ein Geschädigter erleidet einen monatlichen Erwerbsschaden in Höhe
von 4.000 €. Aufgrund Mitverschuldens haftet der Ersatzpflichtige nur
zu 30% und ist zu einer Zahlung von 1.200 € verpflichtet. Der zuständige Rentenversicherungsträger zahlt eine Erwerbsminderungsrente von
monatlich 1.500 €, zudem erhält der Geschädigte eine Verletztenrente
von 1.500 €. Der Ersatzpflichtige kann 1.200 € wahlweise an einen der
beiden Sozialversicherungsträger mit befreiender Wirkung gemäß § 428
BGB zahlen. Wurde zuerst an den Rentenversicherungsträger geleistet,
so muss dieser im Innenverhältnis dem Unfallversicherungsträger 50 %,
somit 600 €, ausgleichen, da beide Leistungsträger gleich hohe Leistungen erbringen, und umgekehrt.

Nach dem Wortlaut ist § 117 SGB X nur anwendbar, wenn aufgrund einer   **278**
Haftungsbegrenzung nach § 116 Abs. 2 oder Abs. 3 SGB X mehrere Leis-

tungsträger ihre Leistungen nicht voll beim Schädiger regressieren können. In der Praxis, von der Rechtsprechung inzwischen auch bestätigt[97], wird die Regelung des § 117 SGB X analog angewendet, wenn bei bestehender Vollhaftung die Leistungen mehrerer Sozialversicherungsträger den Schadensersatzanspruch übersteigen. In der Praxis sind dies vor allem die Fälle, in denen die Schädigung des Verletzten im Rahmen eines **Arbeitsunfalles** erfolgte, und gleichzeitig ein Rentenversicherungsträger und Unfallversicherungsträger Leistungen erbringen. So kann im **Verletzungsfall** die Summe von Erwerbsminderungsrente und Verletztenrente über der Höhe des Schadensersatzanspruches liegen. Ebenso können beide Leistungsträger im **Todesfall** Hinterbliebenenrenten erbringen, die den eigentlichen Ersatzanspruch übersteigen.

279 In der Praxis ist es dann nicht üblich, dass der Ersatzpflichtige den gesamten Schadensersatzanspruch nur gegenüber einem Sozialversicherungsträger erbringt und dieser im Innenverhältnis eine Quotelung vornimmt und den auszugleichenden Anteil an die ebenfalls eintretenden weiteren Leistungsträger zahlt. Im Regelfall rechnet jeder Sozialversicherungsträger (SVT) seinen bereits quotierten übergangsfähigen Anspruch nach folgendem Berechnungsmodus ab:

> Aufteilung:
>
> $$\frac{\text{Höhe des Schadensersatzanspruches} \times \text{Leistung des betreffenden SVT}}{\text{Gesamtaufwendungen aller SVT}}$$

280 Voraussetzung für die Anwendung des § 117 SGB X ist, dass die eintretenden Sozialversicherungsträger kongruente Leistungen erbringen, die nach § 116 SGB X regressierbar sind. § 117 stellt auf § 116 als Voraussetzung ab, unter Leistungsträgern sind somit nur die Sozialversicherungs- und Sozialhilfeträger sowie die Bundesagentur für Arbeit und die Träger der Grundsicherung für Arbeitssuchende zu verstehen.

▶ Beispiel:
Ein Geschädigter wird nach einem Arbeitsunfall erwerbsunfähig. Er erhält vom Rentenversicherungsträger (RVT) eine Erwerbsminderungsrente von 700 € und dem Unfallversicherungsträger(UVT) eine Verletztenrente von 900 €. Beide Leistungen übersteigen den tatsächlichen Verdienstschaden von 1.500 €,

$$\frac{1.500\ \text{€} \times 900\ \text{€}}{1.600\ \text{€}} = 843,75\ \text{€ UVT-Anteil (Berechnung RVT-Anteil analog)}$$

---

97 BGH NJW 2003, 1871, VersR 2003, 390.

Bei gleichzeitiger Gewährung von Verletztenrente und Erwerbsminde-rungsrente war strittig, ob die Verletztenrente in voller Höhe bei der Be-rechnung des dem Unfallversicherungsträger zustehenden Anteils berück-sichtigt werden könne oder ob der Anteil herausgerechnet werden müsse, welcher der sogenannten Grundrente entspricht nach § 31 BVG. Dies ist nach § 93 Abs. 2 Nr. 2a SGB VI der Anteil der Verletztenrente, der bei der **Anrechnung auf die Erwerbsminderungsrente** unberücksichtigt bleibt. Da die Grundrente jedoch mit den vermehrten Bedürfnissen kongruent ist, dürfte damit dieser Anteil nicht in die Berechnung des auf den Unfallver-sicherungsträger übergangsfähigen Anteils berücksichtigt werden, so wurde vom Rentenversicherungsträger argumentiert. Der BGH[98] hat jedoch ent-schieden, dass es sich bei der Bezugnahme auf die Grundrente um eine reine Berechnungsmodalität handelt und damit keine Zweckbestimmung vorge-nommen werden sollte. Die Verletztenrente ist daher in voller Höhe kon-gruent zum Erwerbsschaden.

281

Aus § 117 S. 3 SGB X ergibt sich, dass der dargestellte Verteilungsmodus dann nicht gilt, wenn ein Sozialversicherungsträger Zahlungen allein er-bracht hat, für die ein anderer nicht gleichzeitig kongruente Leistungen erbringt. Die Beiträge zur Krankenversicherung der Rentner werden bei-spielsweise entsprechend § 117 S. 3 SGB X durch den Rentenversicherungs-träger allein abgerechnet. Diese Beiträge bzw. Zuschüsse trägt nur dieser, der Unfallversicherungsträger leistet insoweit nicht.

282

B. Regress des Rentenversicherungsträgers nach § 119 SGB X

I. Allgemeines

Umfasst der Schadenersatzanspruch eines sozialversicherten Geschädigten auch den Anspruch auf Ersatz von **Beiträgen zur Rentenversicherung**, geht dieser auf den Versicherungsträger über, wenn der Geschädigte im Zeitpunkt des Schadensereignisses bereits Pflichtbeitragszeiten nachweist oder danach pflichtversichert wird. Dies gilt nach § 119 Abs. 1 Ziffer 1 und 2 SGB X nicht, soweit der **Arbeitgeber** das Arbeitsentgelt fortzahlt oder sonstige der Beitragspflicht unterliegende Leistungen erbringt oder der An-spruch auf Ersatz von Beiträgen nach § 116 SGB X übergegangen ist z.B. bei Zahlung von Krankengeld durch die **Krankenkasse**. Im letzteren Fall kann dann nur noch ein sog. Spitzbetrag auf den Rentenversicherungsträger übergehen. Dies ist der Differenzbetrag aus den regulären ohne Schädigung abgeführten Beiträgen zur Rentenversicherung und den Beträgen, die aus den Lohnersatzleistungen abgeführt werden.

283

---

98 BGH NJW 2003, 1871, VersR 2003, 390.

284   Bei § 119 SGB X handelt es sich im Verhältnis zu § 116 SGB X um eine eigenständige Legalzession. Der Regress entgangener Rentenversicherungsbeiträge ist im Prinzip ein Direktanspruch des Geschädigten, der nicht von diesem selbst, sondern ausschließlich vom Rentenversicherungsträger in treuhändischer Funktion[99] geltend gemacht wird. Der Anspruch kann vom Geschädigten auch nicht im Rahmen einer Einzugsermächtigung wahrgenommen werden, sondern der Versicherungsträger ist allein aktivlegitimiert.[100] Der Rentenversicherungsträger kann daher auch mit dem Ersatzpflichtigen Abfindungsvergleiche bezüglich der Ansprüche nach § 119 SGB X schließen, die auch dem Geschädigtem gegenüber wirksam sind.[101] Werden die Beiträge vom Rentenversicherungsträger nicht ordnungsgemäß geltend gemacht und auf das Rentenkonto des Geschädigten verbucht, kann dieser insoweit fehlende Beiträge nicht gegenüber dem Ersatzpflichtigen einfordern, sondern hat möglicherweise einen Schadensersatzanspruch gegen seinen Versicherungsträger.[102]

285   Die eingenommenen Beiträge zur Rentenversicherung wirken nicht direkt zugunsten der allgemeinen Solidarversicherung, sondern werden dem Rentenkonto des konkret Geschädigten gutgeschrieben, so dass dieser auch unmittelbar die Vorteile erhält. Infolge dessen und wegen der treuhänderischen Ausgestaltung des Anspruchs nach § 119 SGB X kann ein Versicherer nach BGH auch nicht das **Familienprivileg** nach § 116 Abs. 6 SGB X einwenden.[103] Der Beitragsanspruch des Krankenversicherers nach § 116 Abs. 1 Ziffer 2 SGB X bei Familienprivileg bleibt jedoch gesperrt.

286   Für diesen Forderungsübergang ist nicht erforderlich, dass der Rentenversicherungsträger eine zeitlich und sachlich kongruente Ersatzleistung erbringt. Notwendig ist jedoch der Nachweis, dass der Geschädigte durch den Schadenfall einen Verlust seines sozialversicherungspflichtigen Erwerbseinkommens erlitten hat und deshalb Rentenversicherungsbeiträge ausgefallen sind. Es ist jedoch nicht der Nachweis erforderlich, dass dem Geschädigten in Folge des Ausfalles der Rentenversicherungsbeiträge ein Rentenschaden entstanden ist. Nach § 62 SGB VI wird ein Schaden des Verletzten durch den Ausfall an Beiträgen **fingiert**.

287   Der Rentenbeitragsregress nach § 119 SGB X trat für Schadenfälle ab 1.7.1983 in Kraft. Aufgrund dieser damaligen Neuregelung konnte der Rentenversicherungsträger erstmals anstelle des Geschädigten entsprechende **Beitragsausfälle** geltend machen. Dies setzte jedoch voraus, dass freiwillige Rentenversicherungsbeiträge sozialversicherungsrechtlich möglich und

---

99   BGH NZV 2008, 392.
100 BGH VersR 2004, 492.
101 LSG Baden- Württemberg vom 20.3.2007, L 9 R 917/05.
102 BGH VersR 2004, 492.
103 BGH VersR 1989, 462, NZV 1989, 225.

auch wirtschaftlich sinnvoll waren. Nach einer Änderung des § 119 SGB X i.V.m. § 62 SGB VI konnten Rentenbeitragsausfälle ab 1.1.1992[104] auch dann geltend gemacht werden, wenn ohne Zahlung von Beiträgen zur Rentenversicherung kein wesentlicher Rentenschaden eingetreten wäre. Vor 1992 musste erst ermittelt werden, ob bereits eine sogenannte **unfallfeste Position** erlangt war.

Um den Nachweis des Beitragsausfalles erbringen zu können, fordern die Rentenversicherungsträger regelmäßig **Arbeitgeberbescheinigungen** über das Hätte- Einkommen des Geschädigten ohne den erlittenen Schadenfall an. Bei unregelmäßigen Einkünften des Geschädigten muss man eine Schätzung nach § 252 Abs. 2 BGB, § 287 ZPO vornehmen. Nach der Rechtsprechung können dann auch Abzüge in Höhe von 40% vom Wert eines regelmäßigen Einkommens zulässig sein.[105]

288

Ein Anspruchsübergang auf den Rentenversicherungsträger erfolgt, wenn der Geschädigte im Zeitpunkt des Schadensereignisses bereits **Pflichtbeitragszeiten** nachweist oder danach pflichtversichert wird. Ein Pflichtversicherungsverhältnis muss also vor dem Unfall, zum Unfallzeitpunkt oder danach gegeben sein. Diese Erweiterung gilt aufgrund einer Gesetzesänderung durch das 4. Euro- Einführungsgesetz für Schadenfälle ab 01.01.2001, d.h. für Neufälle, aber auch für bereits laufende gemäß § 120 SGB X, soweit über diese noch nicht abschließend entschieden wurde. Eine **abschließende Entscheidung** ist insbesondere beim Vorliegen von Abfindungsvergleichen zu bejahen, kann sich jedoch auch aus dem Kontext der Schadenregulierung ergeben. Bei den gesetzlichen Neuregelungen dürfte eine Systemänderung anzunehmen sein. Vor dieser Gesetzesänderung musste der Geschädigte zum Zeitpunkt des Schadenereignisses aktuell pflichtversichert sein, damit es zu einem Forderungsübergang auf den Rentenversicherungsträger kam. Bestand dieses Pflichtversicherungsverhältnis nicht, konnte der Geschädigte den entsprechenden Schadensersatzanspruch weiterhin selbst geltend machen.

289

---

104 BGH VersR 1992, 367, jedoch ohne Rückwirkung für Beitragsausfälle vor 1992.
105 OLG Hamm r+s 2001, 507.

Vergleich § 116/ 119 SGB X	
Gemeinsamkeiten	Unterschiede
Legalzession eines Schadensersatzanspruches	Keine kongruente Ersatzleistung des Rentenversicherers
Forderungsübergang zum Unfallzeitpunkt, wenn zum Unfallzeitpunkt oder zuvor Pflichtbeiträge abgeführt wurden	Beschränkung bei § 119 auf ausgefallene Rentenversicherungsbeiträge
Nachweis eines Schadens, bei §119 Ausfall von RV-Beiträgen, wobei Schaden nach § 62 SGB VI fingiert wird	Kein Familienprivileg nach § 116 Abs. 6 SGB X
Mithaftung wird berücksichtigt nach relativer Theorie	Kein Teilungsabkommen zulässig
Einzelfallabfindung ist zulässig	

II. Betroffener Personenkreis

290 Pflichtversichert nach §§ 1 ff SGB VI sind insbesondere:
- Arbeiter, Angestellte
- Auszubildende
- Bezieher von Lohnersatzleistungen (z.B. Krankengeld, Verletztengeld, Übergangsgeld, Arbeitslosengeld)
- In der Handwerksrolle eingetragene Handwerker, sofern keine Befreiung nach § 6 Abs. 1 Nr. 4 SGB VI vorliegt
- Wehrpflichtige, Zivildienstleistende
- Behinderte bei Unterbringung in entsprechenden Werkstätten
- Pflegepersonen
- Landwirte sind nach § 1 ALG pflichtversichert mit den entsprechenden Sonderregelungen nach dem ALG

291 Nicht pflichtversichert sind u.a.:
- Bezieher von Altersrenten
- Beamte, Soldaten
- Schüler, Studenten
- Freiwillig Versicherte nach § 7 SGB VI

292 Mit Ausweitung der Voraussetzungen für einen Beitragsregress, insbesondere als ein Pflichtversicherungsverhältnis nach dem Schädigungszeitpunkt für den Regress ausreichend ist, wurde auch der betroffene Personenkreis entsprechend erweitert.

Stahl

Personen, die nach dem Schädigungszeitpunkt irgendwann der Versiche- **293**
rungspflicht unterliegen können, sind insbesondere:
– Kinder
– Schüler
– Studenten
– nachzuversichernde Personen nach § 8 Abs. 1 Nr. 1 SGB VI
– (z. B. Referendare, Beamte oder Soldaten auf Zeit),
– Selbständige außerhalb von § 2 SGB VI.
Beispiele:
Erleidet z.b. ein Kind aufgrund des Schadenfalles Verletzungen, die zu einer
verzögerten Beendigung der Schulausbildung und demzufolge auch der Berufsausbildung führen, so könnten als Schaden die entgangenen Pflichtbeiträge aufgrund der Verzögerung geltend gemacht werden.

Wird ein Arbeitnehmer aufgrund einer Schädigung erwerbsunfähig, regres- **294**
siert der zuständige Rentenversicherungsträger beim Ersatzpflichtigen sowohl nach § 116 SGB VI die Erwerbsminderungsrente als auch nach § 119
SGB X die entgangenen Beiträge zur Rentenversicherung, die der Geschädigte ohne Schädigung aus dem üblichen Arbeitsentgelt entrichtet hätte.

III. Rentenversicherungspflicht

Für den Beitragsregress reicht es neben einem aktuell bestehenden Renten- **295**
pflichtverhältnis aus, wenn der Geschädigte vor der Schädigung in der Vergangenheit pflichtversichert war oder künftig sein wird. Maßgeblich ist der
jeweilige Beitragssatz aus dem entgangenen Bruttoeinkommen bis zur Beitragsbemessungsgrenze. Besteht zum Schädigungspunkt keine Rentenversicherungspflicht, ist der Geschädigte bzw. dessen Rentenversicherungsträger dafür nachweispflichtig, dass, gegebenenfalls ab wann und hinsichtlich
welcher Höhe, der Geschädigte (wieder) eine sozialversicherungspflichtige
Tätigkeit aufgenommen hätte. Ein Anspruch besteht dann auf Erstattung
der ausgefallenen Beiträge, die ohne die Schädigung geleistet worden wären. Hinsichtlich der Beweis- und Nachweispflicht gelten die allgemeinen
Grundsätze nach § 287 ZPO.[106]

IV. Rechtsübergang

Ein Rentenbeitragsschaden kann dem Geschädigten entstehen, weil die- **296**
ser aufgrund einer Schädigung z.B. nur noch eingeschränkt arbeitsfähig
ist und somit weniger Rentenbeiträge abführen kann, eine Tätigkeit später
als ursprünglich vorgesehen aufnimmt oder eine Arbeit gar nicht aufnehmen kann. Der Rechtsübergang auf den Rentenversicherungsträger erfolgt

---

106 Küppersbusch Ersatzansprüche bei Personenschaden 10. Aufl. Rn. 779 m.w.N.

grundsätzlich mit der Abführung des ersten Rentenpflichtversicherungsbeitrages. War der Geschädigte zum Schädigungszeitpunkt bereits pflichtversichert, erfolgt der Anspruchsübergang dem Grunde nach ebenfalls zu diesem Zeitpunkt. Wird erst nach der Schädigung eine pflichtversicherte Tätigkeit aufgenommen, geht der Anspruch auf den Rentenversicherungsträger dann über, wenn durch Aufnahme einer entsprechenden Tätigkeit zum ersten Mal eine Versicherungspflicht begründet wird und Rentenversicherungsbeiträge auf das Rentenkonto des Geschädigten eingestellt werden. War der Geschädigte zwar vor der Schädigung nicht jedoch zum Schädigungszeitpunkt pflichtversichert, erfolgt auch hier an sich der Anspruchsübergang bereits mit Abführung des vormals ersten Rentenversicherungsbeitrages. Dann besteht jedoch eine Darlegungs- und Nachweispflicht zulasten des Rentenversicherungsträgers, ab wann ohne Schädigung wieder eine pflichtversicherte Tätigkeit aufgenommen werden sollte. Der Geschädigte ist daher nicht mehr aktivlegitimiert, einen entsprechenden Schaden beim Ersatzpflichtigen geltend zu machen. Schließt dieser oder sein Haftpflichtversicherer mit dem Geschädigten jedoch einen vorbehaltlosen Abfindungsvergleich, ohne dass er von der früheren Pflichtversicherung wusste oder aufgrund der Umstände wissen musste, ist er insoweit gutgläubig und kann den Vergleich mit befreiender Wirkung dem Rentenversicherungsträger entgegenhalten nach §§ 412, 407 BGB. Gutgläubigkeit ist jedoch nur innerhalb enger Grenzen anzunehmen.

297 In der Praxis immer wieder diskutiert wird, ob der Regress eines Rentenversicherers bestehen bleibt, wenn ein sozialversicherungspflichtiger Geschädigter nach der Schädigung seine bisherige berufliche Tätigkeit aufgibt, sich beispielsweise selbständig macht und somit nicht mehr zum Kreis der Pflichtversicherten gehört. Wechselt ein zum Schädigungszeitpunkt pflichtversicherter Geschädigter später in ein **versicherungsfreies Beschäftigungsverhältnis** (z.B. Beamtenverhältnis), so kann nach BGH[107] auch weiterhin ein Anspruch auf Ersatz von Beiträgen zur gesetzlichen Rentenversicherung gegeben sein. Wenn infolge des Verlustes der versicherungspflichtigen Beschäftigung die Beitragspflicht entfällt, sind grundsätzlich die Nachteile zu ersetzen nach §§ 842, 843 BGB, die dem Versicherten durch diese Störung des Versicherungsverhältnisses entstehen.

298 Als **Erwerbs- und Fortkommensschaden** sind auch die Nachteile auszugleichen, die durch die Unterbrechung in der Abführung der Sozialversicherungsbeiträge entstehen. Der Anspruch besteht grundsätzlich bereits mit Entstehung der Beitragslücken, wobei die Ersatzpflicht nicht voraus-

---

107 BGH vom 18.12.2007, VI ZR 278/06, Sachverhalt: Der zum Unfallzeitpunkt pflichtversicherte Geschädigte(Wirtschaftsingenieur) wechselt nach dem Unfall und aufgrund der Unfallverletzungen ins Beamtenverhältnis als Berufsschullehrer mit halbem Deputat. Der klagende RVT begehrt auch für den Zeitraum danach die RV-Beiträge nach § 119 SGB X.

setzt, dass ein Nachteil in der Rente bereits entsteht, vielmehr reicht die Möglichkeit einer Rentenverkürzung. Dieser Anspruch auf Rentenversicherungsbeiträge wird treuhänderisch durch den Rentenversicherungsträger nach § 119 SGB X wahrgenommen. Der Forderungsübergang vollzieht sich zum Unfallzeitpunkt, wenn die Möglichkeit einer schädigungsbedingten Erwerbsunfähigkeit in Betracht kommt. Ohne Bedeutung ist, ob die Aufnahme der versicherungsfreien Tätigkeit auf dem eigenen Entschluss des Geschädigten beruht. Die Ersatzpflicht besteht, unabhängig ob der Schaden unmittelbar durch das Verhalten des Schädigers oder durch das Hinzutreten anderer Umstände herbeigeführt wurde, solange der Geschädigte nicht den Zweck verfolgt, den Umfang des Schadens zu seinen Gunsten zu vergrößern.

Der Geschädigte hatte in dem entschiedenen Fall unfallbedingt eine versicherungsfreie Tätigkeit aufgenommen. Dadurch wurde er nach § 5 SGB VI in der gesetzlichen Rentenversicherung frei. Bei der neuen Tätigkeit verdiente er weniger als vor der Schädigung. Der Ersatz der ausgefallenen Pflichtbeiträge durch Zahlungen auf das Rentenkonto des Geschädigten ist nach sozialversicherungsrechtlichen Vorschriften möglich. Nach § 7 Abs. 2 SGB VI kann auch ein Beamter freiwillige Beiträge zur Rentenversicherung leisten. Gerade hierdurch soll es dem Geschädigten bei Unterbrechung der Pflichtversicherung ermöglicht werden, den entsprechenden Schaden auszugleichen. **299**

Dieser Anspruch ist nach § 119 SGB X auf den Rentenversicherungsträger übergegangen. Nach dem Wortlaut des § 119 SGB X ist gerade nicht erforderlich, dass das Pflichtversicherungsverhältnis nach dem Unfall fortbesteht. So erlischt z.B. bei **unfallbedingter Erwerbsunfähigkeit** ebenfalls das Pflichtversicherungsverhältnis in der Rentenversicherung, auch hier regressiert der Rentenversicherungsträger neben den Rentenleistungen zusätzlich die entgangenen Beiträge zur Rentenversicherung. Eine Versicherungspflicht zum Unfallzeitpunkt reicht, um die späteren Beiträge unabhängig von der Entwicklung der Versicherungspflicht nach dem Schadenereignis als Pflichtbeiträge zu werten (§ 119 Abs. 3 SGB X). Es bedarf daher auch keines separaten Antrages des Geschädigten zur freiwilligen Versicherung. Unabhängig davon begründet die tatsächliche Beitragszahlung das Versicherungsverhältnis, wenn eine Berechtigung zur freiwilligen Zahlung besteht. **300**

Die Vorteile, die der Geschädigte aufgrund der **Pensionsanwartschaften** erlangt, sind jedoch anzurechnen, da ein innerer Zusammenhang zwischen dem Nachteil der entgangenen Rentenanwartschaften und dem Vorteil der erlangten Pensionsanwartschaften besteht. Beide Versorgungssysteme sind grundsätzlich gleichwertig und führen zu volldynamischen Versorgungsrechten. Da § 119 SGB X nur ein übergegangener Anspruch ist, muss der **301**

Stahl

Rentenversicherungsträger die Vorteile des Geschädigten gegen sich gelten lassen. Es sind die Beiträge abzuziehen, die aus den Bruttobezügen des Geschädigten abgeführt würden, wenn er nicht wie beim Beamtenverhältnis versicherungsfrei wäre.

302 Die Beträge können wie bei der sog. **Nachversicherung** berechnet werden beim Ausscheiden eines Beamten aus dem Beamtenverhältnis (§ 8 Abs. 2 SGB VI).

303 Ziel der Nachversicherung ist es, dass der Betroffene grundsätzlich so steht, als ob er zu Beginn der Versicherungsfreiheit bis zu deren Ende in der gesetzlichen Rentenversicherung versicherungspflichtig gewesen wäre. Diese Situation ist mit der des Schadensrechts vergleichbar, so dass die Grundsätze zur Berechnung einer Nachversicherung entsprechend zugrundegelegt werden können.

304 Für den Vorteilsausgleich ist grundsätzlich der Schädiger darlegungs- und beweispflichtig. Soweit dieser jedoch Details nicht kennt, kann auch der Rentenversicherungsträger im Rahmen der **sekundären Darlegungslast** darlegungspflichtig sein.

V. Verjährung

305 Bestand bereits zum Schädigungszeitpunkt ein Pflichtversicherungsverhältnis, wird hinsichtlich der Verjährung auf die Kenntnis des Rentenversicherungsträgers abgestellt. Wird ein Pflichtversicherungsverhältnis erst später begründet, so ist für den Lauf der Verjährung auf die Kenntnis des Geschädigten selbst abzustellen. Der Rentenversicherungsträger übernimmt den Anspruch als Rechtsnachfolger erst später mit Abführung des ersten Pflichtbeitrages. Eine bereits laufende Verjährungsfrist gegenüber

Stahl

dem Rechtsvorgänger gilt auch gegenüber dem Rentenversicherungsträger als Rechtsnachfolger. Auf dessen Kenntnis vom Lauf der Verjährung kommt es nicht an.

Daher ist es Sache des Geschädigten, seinen Rechtsnachfolger über die Ansprüche bezüglich eines Beitragsschadens in Kenntnis zu setzen, wenn nicht zuvor ein entsprechender Schaden bereits abgefunden wurde. Dies gilt auch, wenn zwar vor, nicht jedoch im Schädigungszeitpunkt ein Rentenpflichtversicherungsverhältnis bestand. Hier sollte der Rentenversicherungsträger durch den Geschädigten informiert werden.   **306**

VI. Mithaftung des Geschädigten

Liegt Mithaftung des Geschädigten vor, wird der Rentenbeitragsregress   **307**
nach § 119 Abs. 1 S. 2 SGB X entsprechend der sog. relativen Theorie durchgeführt. In Mithaftungsfällen erhält der Rentenversicherungsträger die Rentenversicherungsbeiträge aus dem Differenzbetrag (sog. Spitzbetrag) zwischen 80 % des Bruttoentgelts, die aus Sozialleistungen abgeführt werden (z.B. Krankengeld, Verletztengeld), und dem vollen Bruttoentgelt entsprechend der Haftungsquote.

▶ **Beispiel:**

Fiktives Bruttoeinkommen	3.000,00 €
Beitragssatz 19,9%	
Haftung 70%	
Entgangener RV-Beitrag (3.000 € x 19,9%)	597,00 €
Abgeführter RV-Beitrag aus Lohnersatzleistung	
(2.400 € x 19,9%)	477,60 €
Restlicher RV-Beitrag (600 € x 19,9%)	119,40 €
Der Rentenversicherungsträger erhält vom Schädiger	
(119,40 € x 70%)	83,58 €

VII. Abfindungsmöglichkeit

Bestand zum Schädigungszeitpunkt kein Pflichtversicherungsverhältnis   **308**
und ein solches auch in der Vergangenheit nicht, ist der Geschädigte aktivlegitimiert, einen möglichen **Erwerbs- oder Rentenschaden** beim Schädiger geltend zu machen, solange er noch keine pflichtversicherte Tätigkeit aufgenommen hat. Er kann insoweit auch entsprechende abschließende **Vergleiche** schließen. Abfindungsvergleiche zwischen Schädiger und Geschädigtem können in unterschiedlicher Form erfolgen: Ein eventueller Verdienst- oder Rentenschaden kann bei einer vorbehaltlosen Abfindung mitberücksichtigt werden. Möglich ist auch eine Abfindung, bei der ein eventuell eintretender Verdienstschaden oder Beitragsschaden vorbehalten bleibt.

309   Wird erst nach der Schädigung eine pflichtversicherte Tätigkeit aufgenommen, übernimmt der Rentenversicherungsträger als Rechtsnachfolger den Anspruch in dem Zustand, in dem er sich im Zeitpunkt des Rechtsübergangs befindet. Ein vor Rechtsübergang geschlossener Abfindungsvergleich zwischen Schädiger und Geschädigtem wirkt auch ihm gegenüber. Bestand zum Zeitpunkt der schädigenden Handlung bereits eine Pflichtversicherung oder hatte der Geschädigte früher bereits einmal entsprechende Pflichtbeiträge abgeführt, so erfolgt der Anspruchsübergang auf den Rentenversicherungsträger bereits zum Schädigungszeitpunkt. Der Geschädigte ist nicht mehr aktivlegitimiert, die Beiträge für die Rentenversicherung geltend zu machen. War dem Ersatzpflichtigen jedoch die frühere Tätigkeit nicht bekannt und musste er aufgrund der Gesamtumstände auch nicht davon ausgehen, kann er an den Geschädigten gutgläubig befreiend leisten. Dies ist jedoch nur innerhalb enger Grenzen möglich.

1. Abfindung ohne Vorbehalt

310   Eine **vorbehaltlose Abfindung** der Ansprüche des aktivlegitimierten Geschädigten kann dem Rentenversicherungsträger (RVT) entgegengehalten werden und wirkt auch ihm gegenüber.

311   Erleidet z.B. ein Schüler durch die schädigende Handlung schwere Verletzungen, so dass er aufgrund langer stationärer Aufenthalte ein Schuljahr wiederholen muss und deshalb die geplante Lehre mit einem Jahr Verzögerung beginnt, kann er einen entsprechenden Erwerbsschaden selbst bzw. durch seine gesetzlichen Vertreter beim Ersatzpflichtigen geltend machen. Wurden die persönlichen Ansprüche bereits vor Begründung der Pflichtversicherung vorbehaltlos abgefunden, können demzufolge Ansprüche nicht mehr auf den Rentenversicherungsträger übergehen. Ein Regress ist nicht möglich.

2. Abfindung mit Vorbehalt

312   Bei einer **Abfindung mit Vorbehalt** für materielle Schäden, Verdienstschaden oder Rentenschaden, erfolgt der Rechtsübergang hinsichtlich des Rentenbeitragsregresses auf den Rentenversicherungsträger mit Begründung des Pflichtversicherungsverhältnisses und Abführung des ersten Rentenpflichtversicherungsbeitrages.

313   Wurden in dem vorherigen Beispiel die persönlichen Ansprüche noch nicht vorbehaltlos abgefunden, geht der Anspruch auf Ersatz der Rentenversicherungsbeiträge mit Begründung des Pflichtversicherungsverhältnisses auf den Rentenversicherungsträger über. Dieser regressiert dann ab Beginn der Lehre zum einen die Differenzbeträge der Beiträge, die sich aufgrund des späteren Beginns der Lehre ergeben, zum anderen fordert er den Beitragsausfall für ein Jahr, da die Lehre erst ein Jahr später begonnen wurde.

Stahl

3. Verjährung vorbehaltener Ansprüche

Abfindungsvorbehalte verjähren grundsätzlich nach der Rechtsprechung[108] in drei Jahren. Ist die Verjährung der vorbehalten Ansprüche bereits vor Rechtsübergang eingetreten, kann die Einrede der Verjährung auch dem Rentenversicherungsträger gegenüber eingewandt werden. Übernimmt dieser als Rechtsnachfolger den Anspruch während einer bereits laufenden Verjährungsfrist, so läuft die Verjährung weiter auch ohne seine Kenntnis. Die Rechtslage ist gerade nicht vergleichbar mit einem Rechtsübergang nach § 116 SGB X zum Unfallzeitpunkt, wonach beim Fristenlauf auf die Kenntnis des Sozialversicherungsträgers abgestellt wird. Daher liegt es im eigenen Interesse des Geschädigten, vorbehaltene Ansprüche verjährungsrechtlich abzusichern und erforderlichenfalls den Rentenversicherungsträger zu informieren, sofern dieser von einem schädigungsbedingten Rentenschaden noch keine Kenntnis hat.

314

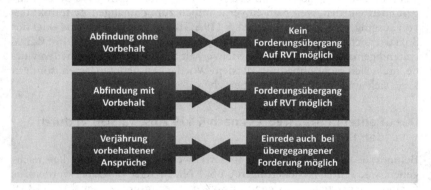

Abfindung ohne Vorbehalt	Kein Forderungsübergang Auf RVT möglich
Abfindung mit Vorbehalt	Forderungsübergang auf RVT möglich
Verjährung vorbehaltener Ansprüche	Einrede auch bei übergegangener Forderung möglich

Nach § 119 Abs. 4 S. 1 SGB X ist es zulässig, dass Ansprüche auf Ersatz von Beiträgen zur Rentenversicherung mit einem ihrem Kapitalwert entsprechenden Betrag im Einzelfall abgefunden werden. Ersatzpflichtiger und Rentenversicherungsträger haben daher im konkreten Einzelfall die Möglichkeit, hinsichtlich der Beiträge zur Rentenversicherung einen Abfindungsvergleich zu schließen. Aufgrund der treuhänderischen Funktion des Rentenversicherungsträgers dem Geschädigten gegenüber ist der Abschluss von Teilungsabkommen zur pauschalierten Abwicklung von Rentenbeitragsansprüchen nicht zulässig, da es hier um das Beitragskonto des einzelnen geht anders als bei Ansprüchen nach § 116 SGB X.

315

---

108 BGH VersR 2003, 452, zfs 2003, 281.

VIII. Rückwirkung der Neuregelung nach § 120 SGB X

316 Die §§ 116 bis 119 SGB X sind nur auf Schadensereignisse nach dem 30.6.1983 anzuwenden; für frühere Schadensereignisse gilt das bis 30.6.1983 geltende Recht weiter. Ist der Schadenfall ab 1.7.1983 eingetreten, sind § 116 Abs. 1 S. 2 und § 119 Abs. 1, 3 und 4 SGB X in der ab 1.1.2001 geltenden Fassung auf einen Sachverhalt auch dann anzuwenden, wenn der Sachverhalt bereits vor diesem Zeitpunkt bestanden hat und darüber noch nicht **abschließend entschieden** ist.

317 Über den Sachverhalt wurde abschließend entschieden, wenn die gegenständlichen Ansprüche bereits dem Geschädigten gegenüber **abgefunden** wurden. Wurden mögliche Ansprüche nach §§ 116, 119 SGB X durch Vergleich zwischen Sozialversicherungsträger und einem Haftpflichtversicherer erledigt, ist dieser Sachverhalt abschließend entschieden. Gleiches gilt, wenn in dem Vergleich nur ausdrücklich Ansprüche nach § 116 SGB X abgefunden wurden, weil man einvernehmlich zum damaligen Zeitpunkt davon ausging, dass Ansprüche nach § 119 SGB X nicht möglich sind oder der Sozialversicherungsträger von sich aus nur Ansprüche nach § 116 SGB X geltend gemacht hatte. Dass der Sachverhalt abschließend entschieden wurde, muss sich nicht unbedingt aus dem Wortlaut entnehmen lassen, sondern kann sich auch aus dem Kontext ergeben.

IX. Rentenbeitragsregress nach § 179 Abs. 1a SGB VI durch den Bund

318 Behinderte Menschen, die in Behindertenwerkstätten einer Tätigkeit nachgehen, sind rentenversichert nach § 1 S. 1 Nr. 2a SGB VI. Dabei werden aus Gründen der sozialen Absicherung 80% der Bezugsgröße nach § 18 SGB IV vom Träger der Behindertenwerkstatt gezahlt. Dieser Betrag ist regelmäßig deutlich höher als das erzielte Arbeitsentgelt. Der Bund erstattet dem Träger den Differenzbetrag zwischen Bezugsgröße und tatsächlichem Arbeitsentgelt nach § 179 Abs. 1 SGB VI. Ein Regress dieser Beiträge nach § 116 SGB X ist nicht möglich, da der Bund kein Sozialversicherungsträger ist. Deshalb wurde nachträglich die **Übergangsnorm** des § 179 Abs. 1a SGB VI ergänzt. Die Voraussetzungen für einen Regress entsprechen denjenigen des § 116 SGB X. Es muss somit ein Schadenseratzanspruch gegeben sein, der auch einen Erwerbsschaden bzw. entgangene Rentenversicherungsbeiträge umfasst. Vor Schaffung der neuen Überleitungsnorm konnte der Bund die von ihm an den Träger der Behinderteneinrichtung erstatteten Beiträge bei Dritten nicht geltend machen. Die §§ 116 ff. SGB X waren nicht anwendbar, da die Erstattungen des Bundes keine Sozialleistung i.S.d. § 11 SGB I darstellen und der Bund kein Sozialleistungsträger ist. Nachdem die fehlende Regressmöglichkeit vom Bundesrechnungshof beanstandet wurde, hat der Gesetzgeber mit § 179 Abs. 1a SGB VI die dafür erforderliche Überleitungsnorm geschaffen. Sie ist jedoch beschränkt auf Rentenversicherungsbeiträge und gilt nicht für sonstige Sozialversicherungsbeiträge.

In der Praxis war in den vergangenen Jahren umstritten, ob ein Regress nach dieser Norm von einem **kongruenten Schadensersatzanspruch des Geschädigten** abhängt oder ob der Bund seine Aufwendungen unabhängig davon in voller Höhe geltend machen kann. Die Instanzgerichte haben dabei überwiegend[109] das Vorliegen eines kongruenten Schadens für erforderlich gehalten. Bestätigt wurde dies inzwischen durch den BGH.[110] Der Regress nach § 179 Abs. 1a SGB VI setzt einen **sachlich und zeitlich kongruenten Schadensersatzanspruch des Verletzten** voraus, der zumindest auch die Zahlung von Beiträgen zur Rentenversicherung umfasst.

319

Die Überleitungsnorm des § 179 Abs. 1a SGB stellt zwar eine **Legalzession** dar, nicht aber einen originären und umfassenden Anspruch des Bundes auf Erstattung aller seiner Aufwendungen. Dabei kommt es nicht darauf an, dass der Bund seinerseits verpflichtet ist, der Behindertenwerkstätte höhere Beträge zu erstatten als er selbst im Regresswege bei Dritten einfordern kann. Begründet ist dies auch in der analogen Ausgestaltung dieser Regressvorschrift zu § 116 SGB X. Der Wortlaut des § 179 Abs. 1a SGB VI spricht maßgeblich für ein gleiches Verständnis wie bei § 116 SGB X. Beide Normen fordern einen »auf anderen gesetzlichen Vorschriften beruhenden Anspruch auf Ersatz des Schadens«. Unbeachtlich ist, dass in § 179 Abs. 1a SGB VI auf den in § 116 Abs. 1 SGB X enthaltenen Halbsatz verzichtet wurde, wonach die Leistungen der »Behebung eines Schadens der gleichen Art dienen müssen«. Dieser klarstellende Zusatz fehlt auch in anderen wesentlichen Legalzessionen wie z.B. § 119 SGB X, § 86 VVG, § 76 BBG. Bei ihnen ist das Erfordernis eines sachlich und zeitlich kongruenten Anspruches des Verletzten trotzdem unstreitig. Die gesetzlich vorgegebene Pflicht des Bundes, 80% der monatlichen Bezugsgröße zu erstatten, legt damit dessen Ersatzanspruch gegen einen Dritten nicht fest. Dabei handelt es sich um eine Regelung, die ausschließlich das Erstattungsverfahren des § 179 Abs. 1 SGB VI betrifft, nicht aber eine Überleitungsnorm für den Regress ersetzt. Der Bund muss für einen Regress einen konkreten **Beitragsschaden** darlegen und ausführen, wie der **berufliche Werdegang** des Geschädigten vor der Schädigung verlaufen ist und wie sich dieser voraussichtlich entwickelt hätte. Es müssen konkrete Anknüpfungstatsachen zu der voraussichtlichen weiteren beruflichen Entwicklung vortragen werden. Erst dann kann eine Schadensschätzung nach §§ 252 BGB, 287 ZPO vorgenommen werden.

320

Soweit die persönlich verbliebenen Ansprüche betroffen waren, wurde der Anspruch auf Erstattung von Beiträgen zur Rentenversicherung eines Ge-

321

109 OLG München vom 4.5.2006, 24 U 681/05, r+s 2006, 348; LG Traunstein vom 5.10.2005, 3 O 298/05; LG Augsburg vom 4.7.2005, 10 O 110/05, r+s 2005, 441.
110 BGH vom 10.7.2007- VI ZR 192/06, VersR 2007, 1536.

schädigten mit Urteil des LG Bayreuth [111] abgewiesen, der nach dem Unfall eine Reha- Maßnahme in einer Behindertenwerkstatt vollzog. Nach der Begründung des Gerichts entstand beim Geschädigten kein Rentenbeitragsschaden, da er ohne den Unfall bzw. ohne die Schädigung im Rahmen seiner beruflichen Tätigkeit mindestens in gleicher Höhe Beiträge hätte zahlen müssen. Verlangen kann der Geschädigte also nur die Erstattung der schädigungsbedingten Verringerung des **Nettoverdienstes.**

X. Konkurrenz zwischen § 119 SGB X und § 179 Abs. 1a SGB VI

322 Gerichtlich noch nicht geklärt ist, welcher der beiden Legalzessionen der **Vorrang** auf den Rückgriff wegen Rentenversicherungsbeiträge zu gewähren ist. Bei bestehendem Sozialversicherungsverhältnis geht der Schadensersatzanspruch unstreitig bereits zum Schädigungszeitpunkt über, was sich auch aus dem Wortlaut des § 116 SGB X entnehmen lässt und daher entsprechend für § 119 SGB X gilt: »Soweit dieser Sozialleistungen zu erbringen hat«. Der Wortlaut des § 179 Abs. 1a SGB VI »soweit dieser Erstattungsleistungen erbracht hat« spricht für einen Übergang erst mit Leistungserbringung. Daher ist davon auszugehen, dass der Rentenversicherungsträger auf den Anspruch auf Rentenversicherungsbeiträge zumindest dann bevorrechtigt zugreifen kann, solange noch keine Erstattung durch den Bund bei Unterbringung in einer Behindertenwerkstätte erfolgt ist. Auch müsste demnach ein zwischen Schädiger und Rentenversicherungsträger abgeschlossener Abfindungsvergleich dem später eintretenden Bund gegenüber wirksam sein, so dass dieser nicht nochmals einen entsprechenden Anspruch geltend machen könnte. Sofern Ansprüche nicht abgefunden wurden, stellt § 179 Abs. 1a SGB VI die speziellere Übergangsnorm für eine bestimmte Ausgangssituation dar, so dass hier angenommen werden könnte, dass der Bund dann vorrangig vor dem Rentenversicherungsträger Anspruch auf den übergegangenen Rentenbeitragsschaden hat. Zu dem bestehenden **Konkurrenzverhältnis** zwischen beiden Normen werden in der Praxis verschiedene Lösungsansätze vertreten. Zur Beendigung der Unsicherheit in der Regulierungspraxis wird daher eine höchstrichterliche Entscheidung notwendig sein.[112]

---

111 LG Bayreuth, 28.3.2007, 22 O 47/07.
112 Siehe auch Küppersbusch Eratzansprüche bei Personenschaden 10. Aufl. S. 233 m.w.N.

C. Regress des Dienstherrn

I. Forderungsübergang

Beamte, Soldaten, Versorgungsempfänger und deren Angehörige erhalten im Falle einer Schädigung umfangreiche Leistungen über ihren Dienstherrn. Dieser übernimmt nicht nur die Funktion eines Arbeitgebers für die Gehaltsfortzahlung, sondern erbringt auch Leistungen, die bei Sozialversicherten die Sozialversicherungsträger in Form von Krankenkasse, Unfallversicherungsträger, Pflegekasse und Rentenversicherungsträger übernehmen. **323**

Zentrale Überleitungsnorm bei Verletzung oder Tötung eines Beamten ist § 76 BBG, weitere inhaltlich ähnlich gestaltete Übergangsvorschriften finden sich z.B. in § 81 a BVG und § 30 Abs. 3 SoldatenG, der wiederum auf § 76 BBG verweist. Für Landesbeamte ist der Übergang in speziellen landesrechtlichen Überleitungsnormen geregelt. Danach gehen Schadensersatzansprüche eines aktiven Beamten, Ruhestandsbeamten, Versorgungsempfängers, Soldaten und ihrer jeweiligen Angehörigen und Hinterbliebenen auf den Dienstherrn über, wenn dieser aufgrund einer Körperverletzung oder Tötung durch einen Dritten zu Leistungen verpflichtet ist. **324**

Der Forderungsübergang auf den Dienstherrn und dessen Regressmöglichkeiten sind ähnlich ausgestaltet wie bei der sozialrechtlichen Übergangsnorm des SGB X. Die Voraussetzungen und der Inhalt der Legalzession decken sich weitgehend mit § 116 Abs. 1 SGB X. Der Forderungsübergang auf den Dienstherrn erfolgt grundsätzlich zum Unfallzeitpunkt. War der Geschädigte zum Unfallzeitpunkt noch nicht verbeamtet, geht die Forderung auf den Dienstherrn erst mit dem Erwerb der Beamtenstellung über. Soweit Leistungen zuvor von Sozialversicherungsträgern erbracht wurden, übernimmt der Dienstherr den Anspruch als Rechtsnachfolger. Sämtliche Einwendungen, die zuvor dem Rechtsvorgänger gegenüber möglich waren, können auch dem Dienstherrn gegenüber gemacht werden. Dies gilt insbesondere für eine bereits eingetretene Verjährung oder eine vor Rechtsübergang vorgenommene Abfindung der Ansprüche. Geltend gemacht werden kann nur der übergegangene Anspruch des Beamten, nicht jedoch ein eigener Schaden des Dienstherrn. Im Unterschied zu § 116 SGB X ist in § 76 S. 3 BBG ein **Quotenvorrecht** des Beamten bezüglich kongruenter Ansprüche normiert. Der Dienstherr kann den übergegangenen Anspruch nicht zum Nachteil des geschädigten Beamten oder seiner Hinterbliebenen geltend machen. **325**

Fungiert der Bund nicht als Dienstherr sondern **Kostenträger**, kann ein Regress nach § 81a BVG möglich sein. Anders als bei § 116 SGB muss dieser beim Regress nach § 81a BVG die Leistungen für den Beamten nicht selbst erbringen, sondern es ist ausreichend, wenn er als Kostenträger mit den Aufwendungen belastet wird (Auseinanderfallen von Leistungs- und **326**

Stahl

Kostenträger).[113] Der Forderungsübergang erfolgt bereits zum Zeitpunkt der Schädigung, wenn zumindest mit der Möglichkeit von Leistungen zu rechnen ist. Voraussetzung ist auch hier, dass ein sachlich und zeitlich kongruenter Schadensersatzanspruch besteht. Der Regress ist auch dann möglich, wenn die Auszahlung über die gesetzliche Krankenkasse als Zahlungsträger nach § 18 Abs. 1 S. 3 BVG erfolgt. Unerheblich ist, dass der Bund hierfür Pauschalbeträge erstattet.

Übersicht:

Vergleich § 76 BBG/ § 116 SGB X	
Gemeinsamkeiten	**Unterschiede**
Legalzession	Quotenvorrecht des Beamten z.B. bei Mithaftung und Verstoß gegen Schadenminderungspflicht
Forderungsübergang zum Schädigungspunkt, wenn Geschädigter bereits Beamter ist	Dienstherr erfüllt mehrere Funktionen in einem. Im Sozialversicherungsrecht aufgeteilt auf mehrere Leistungsträger
Sachliche und zeitliche Kongruenz erforderlich	
Familienprivileg	

II.   Zeitpunkt des Anspruchsübergangs

327   Der Forderungsübergang erfolgt wie bei § 116 Abs. 1 SGB X grundsätzlich im Zeitpunkt der Schädigung. Bestand zu diesem Zeitpunkt noch kein Beamtenverhältnis, sondern wird dieses erst später begründet, findet auch der Anspruchsübergang erst mit Begründung des Beamtenverhältnisses statt. Zuvor ist daher eine Abfindung mit dem zum Schädigungszeitpunkt zuständigen Anspruchsinhaber (Geschädigter oder Sozialversicherungsträger) möglich. Als Rechtsnachfolger können dem Diensther sämtliche Einwände gegenüber vorgebracht werden, die vorher auch beim Rechtsvorgänger möglich waren. Dies gilt insbesondere für Abfindungsvergleiche, die vor Rechtsübergang auf den Diensther geschlossen wurden. Auch kann die Einrede der Verjährung dem Diensther gegenüber eingewandt werden, wenn Ansprüche bereits vor Rechtsübergang verjährt sind.[114]

---

113 BGH VersR 2005, 1004.
114 BGH VersR 1983, 262.

III. Familienprivileg

Das sog. Familienprivileg, also die fehlende Regressmöglichkeit bei Schädigung durch einen Familienangehörigen, wird im Beamtenrecht nicht ausdrücklich im Gesetzestext genannt. Es gilt unabhängig davon gleichwohl
und ist Ausfluss der Fürsorgepflicht des Dienstherrn seinen Beamten gegenüber. [115] In älteren Gerichtsentscheidungen wurden meist § 116 Abs. 6 SGB
X sowie § 67 VVG a.F. gleichermaßen zitiert, da vor 2008 das Familienprivileg ähnlich formuliert war. [116] Aufgrund Änderung des Versicherungsvertragsgesetzes zum 1.1.2008 sind die Inhalte des Familienprivilegs in beiden
Gesetzen nun nicht mehr identisch. Während das Versicherungsvertragsgesetz auf den weiteren Begriff des Haushaltsangehörigen abstellt, bezieht
sich das SGB vom Wortlaut her noch auf den engeren Begriff des Familienangehörigen. [117] Da das Familienprivileg des Sozialgesetzbuches dem des
Versicherungsvertragsgesetzes nachgebildet wurde, bleibt abzuwarten, ob
es insoweit zu einer entsprechenden Gesetzesanpassung des § 116 Abs. 6
SGB X kommen wird. Das beamtenrechtliche Familienprivileg ist vom Versicherungsvertragsgesetz abgeleitet[118]., so dass nun § 86 VVG Anwendung
findet. Soweit es sich um ältere Fälle handelt, die nach der alten Regelung des
§ 67 VVG a.F. zu beurteilen wären, hat das OLG Nürnberg[119] entschieden,
dass auch hier im Vorgriff auf die später eingetretene Gesetzesänderung das
Familienprivileg bei **nichtehelichen Lebensgemeinschaften** ebenfalls gilt.

328

IV. Abfindungen

Bei Schädigung einer Person, die zum Schädigungszeitpunkt noch nicht Beamter war (z.B. Kind, Schüler), kann der Ersatzpflichtige sowohl mit dem
Geschädigten bzw. den gesetzlichen Vertretern als auch mit einem zu diesem Zeitpunkt eintrittspflichtigen Sozialversicherungsträger (z.B. gesetzliche Krankenkasse) einen Abfindungsvergleich schließen. So können mit der
gesetzlichen Krankenversicherung auch künftige Heilbehandlungsmaßnahmen abgefunden werden. Eine solche Abfindung bliebe auch einem später
eintrittspflichtigen Dienstherrn gegenüber wirksam. Die von der Beihilfe
aufgrund der früheren Schädigung noch zu erbringenden Beihilfeleistungen
können dann nicht mehr beim Schädiger oder seinem Haftpflichtversicherer
regressiert werden.

329

Wurden Ansprüche, auf die der Dienstherr aufgrund eines später begründeten Beamtenverhältnisses Leistungen erbringt, nicht abgefunden, gehen sie
mit Begründung des Beamtenstatus auf den Dienstherrn über. Die **Verjäh-**

330

---

115 BGH NJW 1965, 907, NJW 1989, 1217.
116 OLG Hamm NZV 1994, 441, NJW-RR 1994, 536; BGH NJW 1965, 907.
117 Siehe hierzu auch Ausführungen zu § 116 Abs. 6 SGB X.
118 BGH v. 8.1.1965 – VI ZR 234/63.
119 OLG Nürnberg vom 11.2.2009, 4 U 1624/08.

rung beginnt dann nicht neu zu laufen, auch ist nicht auf die Kenntnis des Dienstherrn abzustellen, sondern der Dienstherr übernimmt den Anspruch auch verjährungsrechtlich beurteilt als Rechtsnachfolger in dem Stand, in dem er sich bei Rechtsübergang befindet. Dies bedeutet, dass der übergegangene Anspruch bereits vor Übergang verjährt sein kann. Möglich ist auch, dass der Anspruch bei Rechtsübergang zwar noch nicht verjährt ist, die Verjährung jedoch dadurch eintritt, dass der Dienstherr mangels Kenntnis keine verjährungsunterbrechende Maßnahmen einleiten kann.

V.   Übersicht kongruenter Leistungen

Schadensgruppe	Kongruente Leistung	Gesetzliche Grundlagen
Heilbehandlungskosten	Leistungen der Beihilfe	Regelung in Beihilfeverordnungen
Vermehrte Bedürfnisse	Grundrente	§ 31 BeamtVG
	Kleidermehrverschleiß	§ 33 Abs. 4 BeamtVG
	Pflegekosten	§ 34 Abs. 1 BeamtVG
	Hilflosigkeitszuschlag	§ 34 Abs. 2 BeamtVG
	Unfallausgleich	§ 35 BeamtVG
Erwerbsschaden	Dienstbezüge	Verschiedene z.B. § 3 BBesG
	Ruhegehalt	§§ 4 ff BeamtVG
Ersatzansprüche Dritter bei Tötung	Witwen- und Witwergeld, Waisengeld	§§ 16 ff BeamtVG
	Hinterbliebenenunfallversorgung nach Dienstunfall	§§ 30 Abs. 2 Nr. 5, 39-42 BeamtVG
	Beihilfeleistungen an Hinterbliebene	Regelung in Beihilfeverordnungen
Beerdigungskosten	Sterbegeld	§§ 16 Nr. 2, 18 BeamtVG

VI.   Erwerbsschaden

331   Bei Fortzahlung der Dienstbezüge an den Beamten, der durch Schädigung dienstunfähig wurde, geht der Anspruch bezüglich des Erwerbsschadens auf den Dienstherrn über. Ist der Beamte dienstfähig und lediglich z.B. aufgrund eines Arztbesuches an der Dienstausübung gehindert, kann der Dienstherr keinen Regress wegen der Dienstbezüge nehmen.[120].Anders als die Gehaltsfortzahlung des Arbeitgebers, der nach dem Entgeltfortzahlungsgesetz regressiert, kann die Weiterzahlung von Dienstbezügen auch deutlich länger als sechs Wochen erfolgen. Der Regress umfasst das Bruttogehalt samt anteiligem Urlaubsentgelt und anteiliger Sonderzuwendungen (Weihnachtszuwendung etc.). Erhöhte Aufwendungen wegen Zusatzurlaub aufgrund Schwerbehinderung[121] sind nicht regressierbar, da hiermit kein konkreter unfallbedingter Schaden ausgeglichen werden soll, sondern allgemein gesellschaftliche Interessen im Vordergrund stehen.[122]

Der Abzug **ersparter Verpflegungskosten** während einer stationären Heilbehandlung ist grundsätzlich nicht beim Regressanspruch des Dienstherrn zu berücksichtigen. Bei Gehaltsfortzahlung an einen privat krankenversicherten Beamten kann der Abzug bei der privaten Krankenkasse vorgenommen werden, wenn die Kosten der Heilbehandlung durch deren Leistungen und die Beihilfe des Dienstherrn gedeckt werden. Der Dienstherr erwirbt hier zeitlich vorrangig den gesamten Anspruch auf Ersatz des Erwerbsschadens und den Anspruch auf Ersatz der Heilbehandlungskosten in Höhe der Beihilfeleistung.[123] Weggefallene Fahrtkosten[124] und Steuerersparnisse infolge des Freibetrages bei den Versorgungsbezügen[125] können dagegen im Wege des Vorteilsausgleichs den Anspruch des Dienstherrn mindern. **332**

Der Dienstherr eines verletzten Beamten hat gegen den Ersatzpflichtigen keinen Rückgriffsanspruch wegen der aus dem schädigenden Ereignis entstehenden besonderen Versorgungslasten. Er kann daher **Pensionsrückstellungen**[126] nicht beim Schädiger einfordern. Nach ständiger Rechtsprechung stehen dem Dienstherrn eines verletzten Beamten wegen seiner Leistungen Rückgriffsansprüche gegen den Ersatzpflichtigen nur zu, soweit ein Verletzungsschaden des Beamten auszugleichen ist. Die Belastung des Dienstherrn allein mit dem Umstand, dass Zeiten der Dienstunfähigkeit ruhegehaltsfähig sind, findet keine Entsprechung in einem ersatzpflichtigen Schaden des Beamten; dies ist allenfalls als eigener und damit mittelbarer Schaden des Dienstherrn zu werten. Insoweit sind diese Versorgungslasten nicht anders zu beurteilen als die Belastung des Trägers der gesetzlichen Rentenversicherung mit beitragsfreien Ausfallzeiten des sozialversicherten Arbeitnehmers. **333**

---

120 BGH NJW 1971, 240.
121 Die Regelungen des SchwbG wurden zum 1.7.2001 in das SGB IX aufgenommen.
122 OLG Düsseldorf VersR 1985, 69.
123 BGH VersR 1971, 127.
124 BGH VersR 1980, 455.
125 BGH NZV 1992, 313, VersR 1992, 886.
126 BGH VersR 1982, 1193.

VII. Beihilfe zu Heilbehandlungskosten

1. Beihilfe zu schädigungsbedingten Heilbehandlungskosten

334 Beamte erhalten Beihilfeleistungen zu bestimmten Prozentsätzen von ihren Dienstherrn für Heilbehandlungsmaßnahmen, für den restlichen Anteil muss der Beamte selbst aufkommen. Hierfür wird er regelmäßig eine private Krankenversicherung abschließen. Die Beihilfeleistungen des Dienstherrn sind mit dem Anspruch des Geschädigten auf Heilbehandlungskosten kongruent und können nach § 76 BBG beim Ersatzpflichtigen regressiert werden.

2. Beihilfe zu schädigungsunabhängigen Heilbehandlungskosten

335 Bei Dienstunfähigkeit, die durch einen Dritten verursacht wurde, können an den Beamten erbrachte Beihilfeleistungen für Heilbehandlungskosten nicht regressiert werden, wenn diese mit der Schädigung in keinem Zusammenhang stehen. Der Dienstherr kann hier nicht argumentieren, dass die von ihm zu gewährende Beihilfe quasi als Bestandteil der Bezüge zu werten ist und diese könnten für den Zeitraum der durch einen anderen verursachten Dienstunfähigkeit beim Schädiger geltend gemacht werden. Nach der Rechtsprechung des BGH[127] fehlt es jedoch an einem entsprechenden unmittelbaren Schaden des Beamten und somit an einem Ersatzanspruch, der auf den Dienstherrn übergehen könnte. Dies gilt entsprechend für Beihilfeleistungen an Familienangehörige eines Ruhestandsbeamten.

3. Beihilfeleistungen an Hinterbliebene

336 Bei **Tötung eines Beamten** sind Beihilfeleistungen, die der Dienstherr an Hinterbliebene des verstorbenen Beamten erbringt, kongruent mit deren Ersatzanspruch wegen entgangenen Unterhalts nach § 844 BGB. Dieser besteht für die Zeit, in der der getötete Beamte während der mutmaßlichen Dauer seines Lebens seinen Hinerbliebenen gegenüber unterhaltspflichtig gewesen wäre.[128] Der Anspruchsübergang auf den Dienstherrn umfasst die Krankheitskosten in Höhe der Beihilfeberechtigung des Getöteten. Verfügt der hinterbliebene Ehegatte über einen eigenen Krankenversicherungsschutz oder ist selbst Beamter mit eigenem Beihilfeanspruch, können insoweit Heilbehandlungskosten nicht regressiert werden.

337 Ist auch der hinterbliebene Ehegatte Beamter, kann der Dienstherr Beihilfeleistungen, die er für die Kinder erbringt, nur hinsichtlich des Anteils geltend machen, der auf den getöteten Beamten entfällt, da auch der hinterbliebene Ehegatte seinen Kindern gegenüber anteilig unterhaltsverpflichtet ist.[129]

---

127 BGH VersR 2003, 330, NZV 2003, 228.
128 BGH VersR 1986, 463.
129 BGH VersR 1989, 486.

Stahl

VIII. Vermehrte Bedürfnisse

Der Dienstherr erbringt eine Reihe von Leistungen, die mit der Schadens- **338**
gruppe der vermehrten Bedürfnisse kongruent sind. Es besteht sachliche
Kongruenz zwischen vermehrten Bedürfnissen und unter anderem
– Grundrente nach § 31 BVG
– Kleidermehrverschleiß nach § 33 Abs. 4 BeamtVG
– Pflegekosten und Hilflosigkeitszuschlag nach § 34 BeamtVG.
– Unfallausgleich nach § 35 BeamtVG

Die Zahlungen erbringt der Dienstherr in Form von **Pauschalbeträgen**. **339**
Für den Regress ist daher nicht ausreichend, dass dieser nachweist, dass diese Leistungen aufgrund einer Schädigung erbacht werden. Nachzuweisen
ist aufgrund der Pauschalierung auch, dass der Beamte hinsichtlich der gewährten Leistungen tatsächlich einen zumindest gleich hohen Schaden erlitten hat. Nur soweit die Leistungen des Dienstherrn den Schaden des Beamten nicht vollständig ausgleichen, kann dieser einen Restschaden selbst
beim Schädiger geltend machen. In der Praxis ist dem geschädigten Beamten
bzw. seinem anwaltschaftlichen Vertreter gelegentlich nicht bekannt, dass
die Leistungen des Dienstherrn nicht parallel zu den Leistungen des Schädigers bzw. seinem Haftpflichtversicherer gewährt werden, sondern dass diese aufgrund der Legalzession auf den Schadensersatzanspruch angerechnet
werden und daher auch anzugeben sind.

Auch **einmalige Aufwendungen** des Geschädigten können als vermehrte **340**
Bedürfnisse mit Leistungen des Dienstherrn kongruent sein, die dieser nicht
als Einmalbetrag, sondern monatlich erbringt. Hat der Geschädigte einmalige Anschaffungen getätigt, um z.B. so besser seine Behinderung über einen
längeren Zeitraum ausgleichen zu können, müssen diese einmaligen Kosten
auf laufende Kosten umgerechnet werden, damit festgestellt werden kann,
in welcher Höhe dem Geschädigten noch ein restlicher Anspruch verbleibt.
Dieser ist dann ihm gegenüber auszugleichen. Der BGH[130] hatte einen Fall
zu entscheiden, bei dem ein schwerstgeschädigter Beamter am Haus seiner
Eltern einen behindertengerechten Anbau hatte erstellen lassen. Beim Ersatzpflichtigen hatte er die Baukosten hierfür verlangt. Da er auch gleichzeitig Unfallausgleich vom Dienstherrn erhielt, musste berechnet werden,
welcher monatlichen Rente der aufgewendete Kapitalbetrag abzüglich Ver-
mögenszuwachs für das Haus entsprach. Nur soweit der monatliche Ren-
tenbetrag oberhalb des monatlich gewährten Unfallausgleichs lag, konnte
der Geschädigte direkt beim Haftpflichtversicherer abrechnen. In Höhe des
Unfallausgleichs war der Dienstherr regressberechtigt.

---

130 BGH VersR 1982, 238.

Stahl

341 In der Praxis hatte es in den letzten Jahren aufgrund einer Entscheidung des Kammergerichtes[131] Unsicherheiten in der Schadenregulierung gegeben zur Frage, ob der Unfallausgleich mit den vermehrten Bedürfnissen oder dem Erwerbsschaden kongruent ist. Nach der bisherigen Rechtsprechung insbesondere des BGH[132] ist der Unfallausgleich kongruent mit den vermehrten Bedürfnissen. Das Kammergericht bejaht jedoch in einer Entscheidung die Kongruenz des Unfallausgleichs mit dem Erwerbsschaden und nicht mit den vermehrten Bedürfnissen.

342 Der BGH hat nun in einer aktuellen Entscheidung[133] seine bisherige Rechtsprechung bestätigt, dass der Unfallausgleich kongruent mit den vermehrten Bedürfnissen ist.

343 Der pauschal gewährte Unfallausgleich bezweckt nicht den Ausgleich möglicher Erwerbsschäden, sondern dient der Deckung vermehrter Bedürfnisse. Soweit § 35 BeamtVG auf die Minderung der Erwerbsfähigkeit abstellt, ist dies nur als Berechnungsgröße zu sehen wie dies auch beim Unfallausgleich und der Grundrente der Fall ist, die unstreitig ebenfalls mit den vermehrten Bedürfnissen kongruent sind. Die Minderung der Erwerbsfähigkeit dient hier somit lediglich der Bemessung und stellt keine Zweckbestimmung der Versorgungsleistung dar.

IX. Ruhegehalt

344 Im Falle der dauernden Dienstunfähigkeit eines Beamten und der sich hieraus ergebenden **vorzeitigen Pensionierung** geht der Schadensersatzanspruch des Beamten wegen des entgangenen Gehalts bis zur Höhe der Bruttopension auf den Dienstherrn über. Der Dienstherr zahlt an den pensionierten Beamten eine um die Einkommensteuer verminderte Bruttopension aus, vom Ersatzpflichtigen wird der Bruttobetrag gefordert.

345 Selbst wenn die Pensionierung aufgrund der Schädigung objektiv nicht erforderlich war, reicht es aus, wenn sie jedenfalls durch diese verursacht wurde. Der Verwaltungsakt der Pensionierung kann im Zivilverfahren nicht gerichtlich überprüft werden.[134] Der Schädiger hat jedoch unter bestimmten Voraussetzungen die Möglichkeit, den Regress des Dienstherrn zu verweigern. Da es sich um **Einwände** handelt, die den grundsätzlich bestehenden Anspruch mindern sollen, ist der Ersatzpflichtige hierfür beweisbelastet. Da die Einwände die haftungsausfüllende Kausalität betreffen, ist Beweismaßstab § 287 ZPO.

---

131 KG vom 15.05.2000, VersR 2002, 1429.
132 BGH VersR 1970, 1034, VersR 1982, 238, KG vom 21.11.1991, NZV 1992, 236.
133 BGH vom 17.11.2009, VersR 2010, 270.
134 OLG Koblenz VersR 1997, 1289.

Erfolgte die Pensionierung aus sachfremden Erwägungen (Stellenabbau, fiskalische Gründe), kann gegen den Regress der Einwand der unzulässigen Rechtsausübung nach § 242 BGB erhoben werden. Besteht eine **Vorerkrankung** des Beamten, die ebenfalls mit großer Wahrscheinlichkeit zu einer vorzeitigen Pensionierung geführt hätte, könnte auch dies eingewandt werden.

346

Hat der Geschädigte nachweislich selbst darauf gedrängt, pensioniert zu werden oder hat er sich nicht genug dagegen gewehrt, kann ihm bei einer solchen Verhaltensweise ein Verstoß gegen die **Schadenminderungspflicht** nach § 254 BGB vorgeworfen werden, was dann auch dem Forderungsübergang entgegen gehalten werden kann.[135] Gleiches gilt, wenn der Beamte seine noch verbliebene Arbeitsfähigkeit nicht verwertet. Der Ersatzpflichtige kann dann den Schadensersatzanspruch um das mutmaßlich erzielbare Einkommen verringern. Zu beachten ist jedoch, dass auch in den Fällen des Verstoßes gegen die Schadenminderungspflicht dem Beamten das Quotenvorrecht des § 76 BBG weiterhin zusteht. Ein Verstoß gegen diese Obliegenheit führt somit nicht zu einer Minderung des persönlich verbleibenden Anspruchs des geschädigten Beamten, sondern verringert den übergegangenen Anspruch des Dienstherrn.

347

▶ **Beispiel:**

Entgangenes Einkommen	3.000 €
Erzielbares Einkommen	500 €
Schadensersatz	2.500 €
Pension	2.000 €
Schadensersatz Beamter	
(Entgangenes Einkommen abzüglich Pension)	1.000 €
Regress Dienstherr	1.500 €

Mit Erreichen des Ruhestandsalters, zu dem der Beamte ohne die Schädigung pensioniert worden wäre, besteht sein Schadensersatzanspruch in der Differenz zwischen dem schädigungsunabhängigen höheren Altersruhegeld und dem schädigungsbedingt geringeren Altersruhegeld.

348

X. Hinterbliebenenrenten

Verstirbt ein Beamter, zahlt der Dienstherr an die Hinterbliebenen unter anderem Hinterbliebenenrenten in Form von Witwen- oder Witwergeld und Waisengeld nach den §§ 16 ff BeamtVG. Bei Tod eines Beamten nach einem Dienstunfall richtet sich die Hinterbliebenenunfallversorgung nach den §§ 30 Abs. 2 Nr. 5, 39 – 42 BeamtVG. Diese mit dem Unterhaltsanspruch nach § 844 Abs.2 BGB kongruenten Leistungen können beim für

349

---

135 OLG München NZV 1997, 518

den Tod des Beamten verantwortlichen Schädiger ebenfalls nach § 76 BBG regressiert werden. Der Dienstherr wird insoweit wie ein Rentenversicherungsträger bzw. Unfallversicherungsträger tätig. Daneben wird als einmaliger Betrag das Sterbegeld nach § 18 BeamtVG gezahlt, das mit den Beerdigungskosten nach § 844 Abs. 1 BGB kongruent ist. [136]

XI.   Quotenvorrecht des Beamten

350   Erhält der Beamte insbesondere aufgrund von Mitverschulden oder Verstoß gegen die Schadenminderungspflicht nicht den gesamten Schaden erstattet, steht ihm ein Vorrecht zu, seinen Schaden vor den kongruenten Ersatzleistungen des Dienstherrn beim Schädiger geltend zu machen. Das Quotenvorrecht des Beamten kommt zum Tragen, wenn der zum Schadenersatz Verpflichtete aus rechtlichen Gründen nicht den gesamten Schadenseratzanspruch erstatten muss oder dies aus tatsächlichen Gründen nicht kann.

1.   Anspruchskonkurrenz zwischen Beamten und Dienstherrn

351   Nach den §§ 76 S. 3 BBG, 81 a Abs. 1 S. 3 BVG darf der Anspruchsübergang nicht zum Nachteil des Beamten geltend gemacht werden. Das Befriedigungsvorrecht des Beamten besteht, wenn er seinen Schadensersatzanspruch aus tatsächlichen Gründen beim Ersatzpflichtigen nicht voll durchsetzen kann, weil dieser beispielsweise über keine entsprechend hohen Geldmittel verfügt oder er keine oder nicht hinreichend hohe Haftpflichtversicherung abgeschlossen hat. Das Quotenvorrecht gilt auch, wenn der Schadensersatzanspruch aus rechtlichen Gründen, insbesondere bei Mitverschulden oder Verstoß gegen die Schadensminderungspflicht, beschränkt ist.

352   Der Übergang auf den Dienstherrn ist dann nur in Höhe der Differenz zwischen quotiertem Schadensersatzanspruch und Restschaden des Beamten möglich.

▶ **Beispiel:**

Entgangenes Einkommen	3.000 €
Pension	2.000 €
Restschaden des Beamten	1.000 €
Mithaftung 50%	
Schadensersatz	1.500 €
Anspruch des Beamten wegen Restschaden	1.000 €
Regress des Dienstherrn	500 €

353   Würde man das Quotenvorrecht des Beamten nicht beachten und eine relative Aufteilung vornehmen, wie man es bei der Aufteilung nach dem SGB

---

136 OLG Hamm VersR 1980, 390.

X zwischen Sozialversicherungsträger und Geschädigtem bei Mithaftungsfällen gewohnt ist, erhält der Dienstherr fälschlicherweise zuviel, nämlich
1.000 € (anstelle von 500 €) und der Geschädigte zu wenig, nämlich 500 €
(anstelle von 1.000 €).

2. Anspruchskonkurrenz zwischen Beamten, privaten Versicherer und Dienstherrn

Nach BGH[137] gilt das Quotenvorrecht des Beamten selbst dann, wenn die- **354**
ser Heilbehandlungskosten, die nicht von der Beihilfe getragen werden,
über eine private Krankenversicherung abgedeckt hat. Bei der Abrechnung
von Heilbehandlungskosten steht das Quotenvorrecht im Ergebnis dann
auch dem privaten Krankenversicherer zu. Vorrangig kann somit der Beamte hinsichtlich seines Restschadens zugreifen, anschließend der private
Krankenversicherer und zum Schluss die Beihilfe. Wird der Schadensersatzanspruch bereits durch die Zahlungen an den Beamten und ggf. die private
Krankenkasse aufgezehrt, kann der Dienstherr wegen seiner Beihilfeleistungen leer ausgehen.

Die seit 2009 bestehende Verpflichtung für Beamten, über die Beihilfe nicht **355**
erstattete Heilbehandlungskosten über eine ergänzende Krankenversicherung abzudecken, dürfte an der vorrangigen Befriedigung der privaten
Krankenkasse vor dem Dienstherrn nichts geändert haben. Zwar stellt das
maßgebliche Urteil unter anderem darauf ab, dass der Beamte freiwillig entscheiden kann, ob er über die Beihilfe nicht gedeckte Heilbehandlungskosten ergänzend versichert. Trotz nunmehr bestehender Versicherungspflicht
kann dieser Versicherungsschutz jedoch sehr unterschiedlich ausgestaltet
sein. Außerdem bleibt es im Schadenfall einem Geschädigten weiterhin un-
benommen, trotz bestehender ergänzender privaten Krankenversicherung
die von der Beihilfe nicht ersetzten Heilbehandlungskosten nicht bei der
privaten Krankenversicherung abzurechnen, sondern direkt beim Ersatzpflichtigen geltend zu machen. Vorsorglich könnte bei einem vorrangigen
Ausgleich der Regressforderung des privaten Krankenversicherers vor der
Ersatzforderung des Dienstherrn darauf hingewiesen werden, dass der Ausgleich unter dem Vorbehalt einer anderweitigen Verrechnung oder Rückforderung erfolgt für den Fall, dass gerichtlicherseits eine anderweitige Rangfolge festgelegt würde.

▶ **Beispiel:**
Aufgrund Schädigung eines Beamten durch einen Dritten fallen Heilbehandlungskosten in Höhe von 9.000 € an. Davon übernehmen Beihilfe
und private Krankenversicherung je 4.000 € und beim Geschädigten verbleiben 1.000 € als Eigenanteil.

---

137 BGH VersR 1997, 1537, r+s 1997, 506.

Es besteht eine Haftung von 2/3.

Schadensersatz	6.000 €
Es erhalten	
Beamter wegen Restschaden	1.000 €
Private Krankenversicherung	4.000 €
Beihilfe	1.000 €

3. Anspruchskonkurrenz zwischen Beamten, privaten Versicherer, Sozialversicherungsträger und Dienstherrn

356   Möglich ist auch, dass neben der Beihilfe ergänzender Versicherungsschutz über einen Sozialversicherungsträger und eine private Krankenversicherung besteht. So kann ein geschädigter Beamter nicht nur Leistungen des Dienstherrn, sondern aufgrund freiwilliger Versicherung auch von der gesetzlichen Krankenversicherung und einem privaten Krankenversicherer erhalten.

357   Es gelten folgende Grundsätze:
Die Ansprüche des Geschädigten und des Sozialversicherungsträgers sind gleichrangig zu behandeln. Es gilt die Aufteilung nach der relativen Theorie. Der Sozialversicherungsträger regressiert nach § 116 SGB X. Ist der Schadensersatzanspruch z.B. wegen Mithaftung begrenzt, gilt zwischen Geschädigtem und Leistungsträger ein gesetzlich normiertes gleichrangiges Befriedigungsrecht ihrer Ansprüche nach § 116 Abs. 3 SGB X. Der Sozialversicherungsträger kann den Teil geltend machen, der dem um den Mithaftungsteil des Geschädigten reduzierten Haftungsanteil entspricht. Der andere Teil des nach § 116 Abs. 3 S. 1 SGB X aufgeteilten Schadensersatzanspruches steht wegen des beamtenrechtlichen Quotenvorrechtes vorrangig dem Geschädigten und anschließend ggf. seiner privaten Krankenversicherung zu, nachrangig dem Dienstherrn. Hat der Ersatzpflichtige nicht vollen Schadenersatz zu leisten und werden daher nicht alle Leistungen Dritter befriedigt, darf der Sozialversicherungsträger gegenüber dem Dienstherrn bevorrechtigt zugreifen. Er erhält seine Leistungen vermindert um den Mithaftungsanteil des Geschädigten.[138]

▶ **Beispiel:**
Es fallen Heilbehandlungskosten für einen Beamten in Höhe von 14.000 € an. Je 6.000 € tragen Beihilfe und gesetzliche Krankenversicherung, 1.500 € werden von der privaten Krankenversicherung übernommen, 500 € hat der Beamte selbst zu tragen Dieser hat den Unfall zu 50% mitverschuldet.

Schadensersatz	7.000 €
Regress der gesetzlichen KV (50% entsprechend Haftung)	3.000 €
Anspruch des Beamten wegen Restschaden	500 €

---

138 BGH VersR 1989, 648.

Regress der privaten KV 1.500 €
Regress Beihilfe 2.000 €

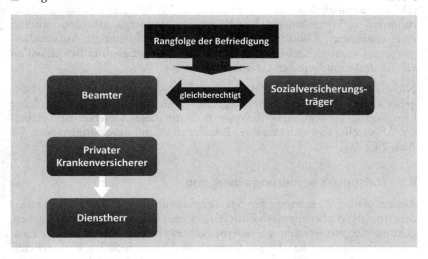

D. Regress des Arbeitgebers

I. Forderungsübergang aufgrund Entgeltfortzahlungsgesetz

Ein Arbeitnehmer erhält für die ersten 6 Wochen seiner mit Arbeitsunfä- **358**
higkeit verbundenen Krankheit einen Anspruch gegen den Arbeitgeber auf
Fortzahlung des vollen Arbeitsentgeltes. Das Entgeltfortzahlungsgesetz
(EFZG) gibt dem Arbeitgeber seinerseits die Möglichkeit, diese Zahlungen
beim Schädiger einzufordern, wenn er die Arbeitsunfähigkeit seines Arbeitnehmers verursacht bzw. zu verantworten hat. Einen eigenen und somit
mittelbaren Schaden kann der Arbeitgeber dagegen nicht geltend machen,
wenn er z.B. eine Ersatzkraft einstellt.

Den Forderungsübergang bei Dritthaftung regelt § 6 EFZG. Neben dem **359**
Arbeitsentgelt erstreckt sich der Übergang auf die vom Arbeitgeber zu
tragenden Beiträge zur Sozialversicherung wie Arbeitslosenversicherung,
Krankenversicherung, Pflegeversicherung und Rentenversicherung. Es handelt sich um eine Legalzession, auf die nach § 412 BGB die §§ 404 ff. BGB
anzuwenden sind. Wenn aufgrund arbeitsvertraglicher Regelung Anspruch
auf Entgeltfortzahlung über 6 Wochen hinaus besteht, muss wegen der Leistungen ab der 7. Woche eine Forderungsabtretung an den Arbeitgeber erfolgen. Die Krankenkassen sind daher von der Zahlung eines Krankengeldes
innerhalb der ersten 6 Wochen nach Eintritt der Arbeitsunfähigkeit in der
Regel entlastet.

Stahl

360   Als Rechtsnachfolger des Geschädigten können dem Arbeitgeber daher die gleichen Einwände gegenüber vorgebracht werden, die auch beim Geschädigtem möglich wären, wie Mithaftung, Verstoß gegen Schadenminderungspflicht, Vorteilsausgleich (z.B. ersparte Verpflegungskosten während eines stationären Klinikaufenthaltes, ersparte berufsbedingte Aufwendungen) etc. Den Arbeitgeber trifft die gleiche Darlegungs- und Beweislast zu Grund und Höhe wie den Geschädigten selbst.

361   Nicht erstattungsfähig sind Rechtsanwaltskosten, wenn sich der Arbeitgeber zur Durchsetzung seines Regresses eines Anwaltes bedient, so lange kein Verzug vorliegt. Arbeitnehmer im Sinne dieses Gesetzes sind Arbeiter, Angestellte sowie die zu ihrer Berufsausbildung Beschäftigten nach § 1 Abs. 2 EFZG.

II.   Zeitpunkt Forderungsübergang

362   Anders als bei Leistungen der Sozialersicherungsträger, die bei bestehendem Sozialversicherungsverhältnis bereits zum Unfallzeitpunkt übergehen, geht die Entgeltfortzahlung des Arbeitgebers erst zum Zeitpunkt der **Leistungserbringung** über. Dieser wesentliche Unterschied hat auch erhebliche Praxisrelevanz. Wird zwischen Schädiger und Geschädigtem ein Abfindungsvergleich geschlossen, so sind damit auch diejenigen Ansprüche abgefunden, die erst später auf den Drittleistungsträger übergehen wie z.B. den Arbeitgeber. Dies kann dem Geschädigten später entsprechende Probleme bereiten. Umso wichtiger ist eine klare Formulierung der Abfindungsvergleiche, insbesondere wenn mit weiteren Leistungen von Drittleistungsträgern zu rechnen ist, die nicht bereits zum Unfallzeitpunkt übergehen und die von der Abfindung nicht umfasst sein sollen. Sozialversicherungsträger sind auch bezüglich erst später zu erbringender Leistungen an einen sozialpflichtversicherten Geschädigten aufgrund des gesetzlichen Forderungsübergangs bereits zum Unfallzeitpunkt abgesichert.

363   Nicht selten erbringen Sozialversicherungsträger für den gleichen Zeitraum wie ein Arbeitgeber mit dem Erwerbsschaden kongruente Sozialleistungen, wie z.B. Verletztengeld oder Verletztenrente. Da diese Leistungen bereits zum Unfallzeitpunkt übergehen, kann der Arbeitgeber seine Entgeltfortzahlung nur in der um die Sozialleistung verminderten Höhe geltend machen.[139] Auch sind ersparte Verpflegungskosten während einer stationären Behandlung nicht bei der gesetzlichen Krankenkasse abzuziehen, sondern beim Arbeitgeber. Auch hier erwirbt die Krankenkasse ihren Regressanspruch bereits zum Unfallzeitpunkt.[140]

---

139 BGH VersR 2009, 230.
140 NJW 1984, 2628; OLG Hamm NJW-RR 2001, 456.

III. Familienprivileg

Das Familienprivileg des § 86 VVG ist entsprechend anzuwenden.[141] Der Regress gegen den Ersatzpflichtigen ist dann nicht möglich, wenn es sich um einen Haushaltsangehörigen des Geschädigten handelt, unabhängig, ob dieser über eine Haftpflichtversicherung abgesichert ist.

364

IV. Quotenvorrecht des Geschädigten

Trifft den Arbeitnehmer ein mitwirkendes Verschulden, so dass nicht der gesamte Schaden ersetzt wird, ist der verbleibende Anspruch des Geschädigten vorrangig zu behandeln vor demjenigen, der auf den Arbeitgeber übergegangen ist. Dem Arbeitgeber steht also wegen des auf ihn übergegangenen Anspruchs kein Quotenvorrecht zu. Der Forderungsübergang kann nicht zum Nachteil des Arbeitnehmers geltend gemacht werden. Nach § 6 Abs. 3 EFZG erhält der geschädigte Arbeitnehmer ein Quoten- und Befriedigungsvorrecht gegenüber dem Anspruch des Arbeitgebers. Dieser kann seinen Anspruch nur insoweit geltend machen, als dem Geschädigten nach Befriedigung durch den Ersatzpflichtigen kein Restschaden verbleibt.

365

▶ **Beispiel:**

Bruttoarbeitsentgelt inkl. Arbeitgeberanteile	5.000 €
Entgangene Überstundenvergütung netto	1.000 €
(diese wird nach 4 Abs.1a EFZG nicht ersetzt)	
gesamt	6.000 €
Entgeltfortzahlung	5.000 €
Restschaden des Arbeitnehmers	1.000 €
Haftung 50%	
Schadensersatzanspruch	3.000 €
Verteilung:	
Arbeitnehmer erhält zuerst den Restschaden	1.000 €
Arbeitgeber erhält	
Schadensersatzanspruch abzüglich Restschaden	2.000 €

V. Umfang Entgeltfortzahlung

Die Entgeltfortzahlung umfasst
- den Bruttolohn einschließlich Steuern
- Vermögenswirksame Leistungen
- Arbeitnehmer- und Arbeitgeberanteile zur Arbeitslosenversicherung, Krankenversicherung, Pflegeversicherung, Rentenversicherung
- Zahlungen wegen zusätzlicher Alters- und Hinterbliebenenversorgung

366

---

141 OLG Hamburg VersR 1992, 685.

- Rückstellungen für direkte Versorgungszusage
- Anteiliges brutto Urlaubsentgelt inkl. Arbeitgeberanteile
- Anteiliges brutto Urlaubs- und Weihnachtsgeld inkl. Arbeitgeberanteile

367   Aufwendungen, die ein Arbeitgeber aus eigenem Interesse tätigt oder zu denen er zum Zweck eines sozialen Ausgleichs gesetzlich verpflichtet ist, können nicht regressiert werden. Hierzu zählen unter anderem Beiträge zur Berufsgenossenschaft, Umlagebeiträge, Ausgaben für Weiterbildung oder Arbeitsschutz, Behindertenausgleichsabgabe, Winterbauumlage im Baugewerbe.

VI.   Erstattung durch gesetzliche Krankenkassen

368   Die gesetzliche Krankenkasse erstattet Arbeitgebern mit nicht mehr als 30 Arbeitnehmern 80% der Bruttolohnkosten für den Zeitraum der Entgeltfortzahlung nach § 1 AAG. Diese Aufwendungen gehen nicht nach § 116 SGB X auf die Kasse über, sondern müssen vom Arbeitgeber an die Kasse entsprechend § 5 AAG abgetreten werden. Die Krankenkassen sind hier Rechtsnachfolger der Arbeitgeber, so dass ihre Zahlungen auch nicht zum Schädigungszeitpunkt übergehen wie bei Sozialleistungen. Hier wird der Abzug für ersparte Verpflegungskosten daher anteilig zwischen Krankenkasse und Arbeitgeber vorgenommen.

E.   Regress der privaten Krankenversicherung

I.   Forderungsübergang

369   Der Forderungsübergang auf den privaten Krankenversicherer erfolgt ebenso wie beim Arbeitgeber für die Entgeltfortzahlung erst im Augenblick der Leistung. Der Geschädigte ist daher vor diesem Zeitpunkt noch aktivlegitimiert. Er ist nicht verpflichtet, seinen privaten Versicherer, z.B. seinen Krankenversicherer, in Anspruch zu nehmen, der Schädiger kann ihn auch nicht an diesen verweisen. Nimmt der Geschädigte seine private Krankenversicherung in Anspruch und entgeht ihm deshalb eine Prämienrückzahlung, so liegt darin zwar ein Vermögensschaden[142], der Schädiger kann dem Geschädigten dann jedoch einen Verstoß gegen die Schadenminderungspflicht vorwerfen. Damit es wegen dieses Punktes nicht zu unnötigen Diskussionen kommt, empfiehlt sich eine Abstimmung mit dem Ersatzpflichtigen bzw. seinem Haftpflichtversicherer, ob die Rechnungen bei diesem oder bei der privaten Krankenkasse eingereicht werden sollen. Leistet der Schädiger in Unkenntnis von der Zahlung des privaten Krankenversicherers, so wird er gleichwohl von seiner Leistungspflicht frei nach § 407 BGB, wenn er aufgrund der Umstände auch nicht erkennen konnte, dass der Geschädig-

---

142 OLG Köln NZV 1990, 465.

Stahl

te Rechnungen bereits bei seiner Krankenkasse eingereicht hatte. Wie auch beim Regress des Sozialversicherungsträgers müssen die übergegangenen Leistungen mit den Schadensersatzansprüchen sachlich und zeitlich kongruent sein.

Auch hier muss der Geschädigte im Fall der Abfindung seiner Ansprüche darauf achten, dass insbesondere künftige Kosten, die über die private Krankenversicherung abgewickelt werden sollen, vorbehalten bleiben. In der Praxis wird häufig übersehen, dass ein vorbehaltloser Abfindungsvergleich alle Ansprüche umfasst, über die der Geschädigte zum Zeitpunkt des Vergleiches auch verfügen konnte. Dies ist dann gegeben, wenn Ansprüche nicht bereits zum Zeitpunkt der Schädigung, sondern erst mit Leistungserbringung übergehen. Reicht der Geschädigte nach Vergleichsschluss seine Rechnungen dann bei seiner privaten Krankenkasse ein und kann diese umgekehrt aufgrund des Abfindungsvergleiches die erbrachten Zahlungen nicht bzw. nicht mehr beim Ersatzpflichtigen regressieren, kann dem Geschädigten von seiner privaten Krankenversicherung der Vorwurf einer Obliegenheitsverletzung nach § 86 Abs. 2 VVG gemacht werden mit der Folge möglicher Leistungskürzungen.

370

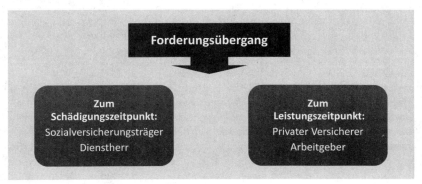

II.   Befriedigungs- und Quotenvorrecht

Dem Versicherten steht gegenüber dem privaten Krankenversicherer ein Befriedigungs- und Quotenvorrecht zu, Dieser darf einen übergegangenen Anspruch nach § 86 Abs. 1 VVG **nicht zum Nachteil** seines Versicherten gegenüber dem Ersatzpflichtigen geltend machen, wenn seinem Versicherten noch ein Restschaden verbleibt.

371

III.   Familienprivileg

Richtet sich der Ersatzanspruch des Versicherungsnehmers gegen eine Person, mit der er bei Eintritt des Schadens in häuslicher Gemeinschaft lebt,

372

kann der Übergang nach § 86 Abs. 1 VVG nicht geltend gemacht werden, außer diese Person hat den Schaden vorsätzlich verursacht. Der Forderungsübergang kann somit nicht gegenüber einem Haushaltsangehörigen geltend gemacht werden.

Medizinisches Fachwörterbuch Kompakt

Das nachfolgende kompakte Fachwörterbuch enthält – ohne Anspruch auf Vollständigkeit – schlagwortartige Erläuterungen zu wichtigen und in Arzthaftungsauseinandersetzungen[1] häufig vorkommenden medizinischen Begriffen und Abkürzungen. Das Wörterbuch ist unterteilt in eine Übersicht allgemeiner fachübergreifender und – zur rascheren Orientierung – mehrere fachgebietsbezogene Übersichten über Begriffe, die in den Fachgebieten

Anaesthesiologie,
Augenheilkunde,
Chirurgie,
Dermatologie,
Gynäkologie und Geburtshilfe,
Hals-Nasen-Ohren-Heilkunde,
Inneren und Allgemein-Medizin,
Kardiologie/Kardio- und Thoraxvaskularchirurgie,
Mund-Kiefer- und Gesichtschirurgie,
Neurochirurgie,
Neurologie,
Orthopädie/Unfallchirurgie,
Plastische Chirurgie,
Psychiatrie,
Radiologie und Urologie

von Bedeutung sind.

Allgemeine fachübergreifende Begriffe

Abdom	-en	Bauch, Unterleib
Abduktion		Bewegung von der Körpermitte weg
Absz	-ess	Eiteransammlung in einer nicht vorgebildeten Höhle
	perityphlitischer A.	Abszess am entzündeten Wurmfortsatz
Abusus		Missbrauch
Adipositas		Übergewicht, Fettsucht, Fettleibigkeit
	permagna	erhebliche Fettleibigkeit
Adduktion		Bewegung zur Körpermitte hin
Aden		Wortteil: Drüse

---

1 Der Katalog beruht auf einer Analyse des Datenmaterials der Gutachterkommission für ärztliche Behandlungsfehler bei der Ärztekammer Nordrhein

Hoppe/Smentkowski

	-okarzinom	von Drüsenepithel oder Schleimhaut ausgehender bösartiger Tumor
adjuvant		begleitend, unterstützend
Ätiologie		Lehre von den Krankheitsursachen
Agenesie		vollständiges Fehlen einer Organ-anlage
Aggravation		Übertreibung subjektiver Krank-heitserscheinungen
Akren		distale Körperteile (z. B. Finger, Ze-hen etc.)
Algesie		Schmerzempfinden
alkalisch		basisch
Allerg	**-en**	Allergie-auslösender Stoff
	-ie	Überempfindlichkeit auf ein Allergen
Allo-		Wortteil, anders, verschieden
	-plastik	operativer Ersatz körpereigenen Ge-webes durch körperfremdes Material
Analgetikum		schmerzstillendes Medikament
Anamnese		Krankheitsvorgeschichte
Anaphylaxie		Überempfindlichkeitsreaktion vom Soforttyp
Angiom		Gefäßgeschwulst
Aneurysma		Aussackung eines arteriellen Blut-gefäßes
	spurium	Pseudoaneurysma
Antekurvation		Verbiegung nach vorn
anteromedial		vorn zur Mitte hin
Anti	**-dot**	Gegenmittel
	-phlogistisch	entzündungshemmend
apikal		den Scheitel betreffend
Aponeurose		flächenartige Sehne
Arrosion		Gewebszerstörung durch »Anfres-sen« im Rahmen von entzündlichen Prozessen
	-sblutung	Blutung infolge Gefäßarrosion
Arteri	**-a**	Schlagader
	-a brachialis	Armschlagader
	-a carotis	Halsschlagader
	-a cerebri media	mittlere Hirnschlagader
	-a cystica	Gallenblasenschlagader
	-a facialis	Gesichtsschlagader
	-a femoralis	Beinschlagader

Hoppe/Smentkowski

	-a radialis	Speichenschlagader
	-a temporalis	Schläfenschlagader
	-a tibialis	Schienbeinschlagader
	-a ulnaris	Ellenschlagader
	-a vertebralis	Wirbelschlagader
	-osklerose	Schlagaderverkalkung
Asepsis		Keimfreiheit durch Desinfektion/ Sterilisation
aszendierend		aufsteigend
Atherosklerose		s. Arteriosklerose
Atrophie		Gewebeschwund
Autolyse		Selbstverdauung
Avitaminose		schwerer Vitaminmangel
axial		in Achsrichtung
Axilla		Achselhöhle
Azidose		Störung des Säure-Basen-Haushalts mit Abfall des arteriellen pH-Wertes
Bakteriämie		Vorhandensein von Bakterien im Blut
basal		an der Basis
benigne		gutartig
biliär		die Galle betreffend
Biopsie		operative Gewebeprobeentnahme
blande		reizlos, milde Verlaufsform
Bougierung		Aufweitung
brachial		den Arm betreffend
bulbär		den Augapfel betreffend
BWK		Brustwirbelkörper
BWS		Brustwirbelsäule
Caput		Kopf
caudal		abwärts
Cavum		Höhle
	uteri	Gebärmutterhöhle
Cephalgie		Kopfschmerzen
Chlamydien		Bakterienart
Chol		Wortteil: Galle
	-angitis	Gallengangentzündung
	-elithiasis	Gallensteinleiden
Chromosom		Genträger (Erbkörperchen)

	-enaberration	strukturelle oder zahlenmäßige Veränderung der Chromosomen
Claudicatio		Hinken
	intermittens	Einschränkung der Gehstrecke
Clavicula		Schlüsselbein
Collum		Hals
costalis		zu den Rippen gehörend
cranial		kopfwärts
C-reaktives Protein (CRP)		Entzündungsparameter
Defäkation		Stuhlentleerung
Degeneration		Abbau, Rückbildung
Dehiszenz		Auseinanderklaffen
Dekompensation		Entgleisung, Unausgeglichenheit
Dekubitus		Durchliegegeschwür
Desensibilisierung		Unempfindlichmachung
Deviaton		Abweichung
Dezeleration		Verlangsamung
Dia	-phragma	Zwerchfell
	-rrhoe	Durchfall
	-stole	Erschlaffung des Herzens zwischen Systolen
Differentialdiagnose		Unterscheidung ähnlicher Krankheitsbilder
Digestion		Verdauung
Digit	-al	mit dem Finger
	-us	Finger
Dilatation		Ausweitung
Dislokation		Verschiebung
Dissektion		Abspaltung
Dissemination		Ausbreitung eines Krankheitsprozesses
distal		fern vom Rumpf
Dopplersonographie		Verfahren der Ultraschalldiagnostik
dorsal		zum Rücken hin
Drainage		Ableitung
Ductus		Gang
	choledochus	Hauptgallengang
	cysticus	Gallenblasengang
Dys	-funktion	Funktionsstörung
	-plasie	Fehlbildung

Hoppe/Smentkowski

	-tonie	Störung der natürlichen Spannung
	-trophie	Ernährungsstörung
Ektasie		Erweiterung von Hohlorganen
Elongation		Verlängerung
Embol	-ie	Verlegung eines Gefäßlumens
	-us	eine Embolie verursachendes Gebilde in der Blutbahn
	-isation	operativer intraluminaler Verschluss eines Blutgefäßes
Empyem		Eiteransammlung in präformierter Höhle
Endo	-gen	im Körper entstanden
	-skopie	diagnostische oder therapeutische Spiegelung einer Körperhöhle
	-thel	innerste Auskleidung von Blut- und Lymphgefäßen
Epi	-gastrium	Magengrube
	-krise	zusammenfassender kritischer Krankheitsbericht
	-physe	1) Zirbeldrüse; 2) Gelenkende
	-physenfuge	Gewebsschicht zwischen Epi- und Metaphyse eines Röhrenknochens
Erosion		nässender, nicht blutender Substanzverlust von Haut oder Schleimhaut
Erythrozyten		rote Blutkörperchen
Ex	-azerbation	Verschlimmerung
	-kretion	Ausscheidung
	-ogen	außerhalb des Körpers entstanden
	-stirpation	operative Entfernung eines Organs oder Organteils
	-tension	Ausdehnung
	-travasat	aus einem Gefäß ausgetretene Flüssigkeit
	-zision	Ausschneidung
Faszi	-e	Hülle von Muskeln oder Muskelgruppen
	-itis	Faszienentzündung
	-otomie	operative Faszieneröffnung/ Spaltung
Fazialisparese		schlaffe Lähmung der vom Nervus facialis versorgten Muskulatur
febril		fiebrig

Femora	-l	den Oberschenkel betreffend
	-alarterie	Oberschenkelschlagader
Femur		Oberschenkel
Fibrin		bei der Blutgerinnung entstehender Bestandteil des Blutes
	-ös	durch Fibrinbeimischung gerinnend
	-olyse	medikamentöse Auflösung von Fibrin
Fibro	-m	Bindegewebsgeschwulst
	-sarkom	bindegewebsreiches Sarkom
Fistel		röhrenförmiger Gang zwischen Körperoberflächen (komplett oder inkomplett)
Flexion		Beugung
Foetor		übler Geruch
fok	-al	von einem Herd ausgehend
	-us	Herd
Foramen		Loch
Fossa		Grube
foudroyant		blitzartig, hochakut
Frontal		stirnseitig
	-sinus	Stirnhöhle
fronto	-basal	die vordere Schädelbasis betreffend
	-temporal	im Bereich von Stirn und Schläfe
fulminant		plötzlich beginnend
Ganglion		Überbein
Gangrän		Gewebsuntergang infolge Mangeldurchblutung
Genese		Ursprung, Entstehung, Entwicklung
glutaeal		das Gesäß betreffend
Gonorrhoe		Tripper
Granul	-ation	Körnchen-/ Fleischwärzchenbildung
	-om	geschwulstähnliche knötchenförmige Neubildung
Habitu	-ell	gewohnheitsmäßig
	-us	äußere Erscheinung
Häm		Wortteil: Blut
	-angiom	Blutschwamm
	-arthros	Gelenkbluterguss
	-atemesis	Bluterbrechen

	-atokrit (HK)	Anteil zellulärer Bestandteile am Blutvolumen
	-atom	Bluterguss
	-atopoese	Blutbildung
	-atothorax	Bluterguss im Pleuraraum
	-occult	Stuhlbluttest
	-odialyse	extrakorporale Blutwäsche
	-odilution	Blutverdünnung
	-ofiltration	s. Hämodialyse
	-oglobin (Hb)	roter Blutfarbstoff
	-olyse	Eryzthrozytenabbau
	-ophilie	Bluterkrankheit
	-orrhagie	(Zerreißungs-)Blutung
	-orrhagischer Schock	lebensbedrohliches Zustandsbild nach großem Butverlust
	-orrhoiden	arterio-venöse Gefäßpolster im Bereich der Enddarmschleimhaut
	-othorax	s. Hämatothorax
Heparin		Substanz zur Blutgerinnungshemmung
hereditär		erblich
Herpes (simplex)		Virusinfektion durch Herpesviren
heterolog		in Form oder Funktion nicht übereinstimmend, ungleichartig
homolog		gleichartig
Homöopathie		alternative Behandlungsmethode mit potenzierten (bis zur Nachweisbarkeitsgrenze verdünnten) Substanzen
Hydrops		Wassersucht
Hyper		Wortteil: über, oberhalb
	-hämozysteinämie	erhöhtes Vorkommen von Homocystein im Blut
	-lipoproteinämie	erhöhte Blutfettwerte
	-plasie	Vergrößerung eins Gewebes durch Zellzahlzunahme
	-tension	erhöhte Spannung (s. Hypertonie)
	-tonie	Bluthochdruck
	-trophie	Vergrößerung eines Gewebes durch Zellvolumenzunahme
	-ventilation	beschleunigte und vertiefte Atmung
Hypo		Wortteil: unter
	-plasie	Unterentwicklung eines Organs

	-thermie	Unterkühlung
	-tonie	Blutdruckerniedrigung
	-xie	Sauerstoffmangel
iatrogen		vom Arzt erzeugt
idiopathisch		ohne erkennbare Ursache entstanden
iliosakral		das Kreuzdarmbeingelenk betreffend
Immunsuppression		Abschwächung des Immunsystems
Indikation		Heilanzeige
Induration		Verhärtung
Infarkt		Gewebsuntergang nach Sauerstoff-unterversorgung durch unzureichen-den Blutzufluss
Infarzierung		Sauerstoffunterversorgung durch ve-nöses Abflusshindernis
Infektion		Ansteckung mit Krankheitserregern
Inflammation		Entzündung
Infusion		Einleitung flüssiger Substanzen
Inhibition		Hemmung
Injektion		Einspritzung von Substanzen
Inkarzeration		Einklemmung
Inklination		Neigung
Inkontinenz		Unvermögen, Harn oder Stuhl ein-zuhalten
Insertion		Einfügung
Insuffizienz		Unzulänglichkeit
intermittierend		zeitweise aussetzend
Intima		innerste Schicht einer Gefäßwand
Intoxikation		Vergiftung
intra		Wortteil: innerhalb
	-arteriell	in eine Arterie
	-artikulär	im Gelenkinnern
	-cerebral	im Gehirn
	-kapsulär	innerhalb der Gelenkkapsel
	-kraniell	im Schädel
	-spinal	im/ in den Wirbelsäulenkanal
	-thekal	im/ in den Liquorraum
	-venös	in eine Vene
Ischämie		Mangeldurchblutung
Isthmus		Verengung, schmale Stelle
Jugul	-aris	die Drosselgrube betreffend

	-um	Drosselgrube
Kachexie		Auszehrung
Kapillaren		kleinste Blutgefäße
Karzin	-om	vom Epithel ausgehender bösartiger Tumor
	-omatös	ein Karzinom betreffend, wie ein Karzinom aussehend
Katheter		röhrenförmiges Instrument zur Einführung in Hohlräume
Kavernom		Gefäßmissbildung
Kollagen		Bindegewebseiweiß
	-ose	Erkrankung des Bindegewebes
Kollaps		Zusammenbruch
Kollateralkreislauf		Umgehungskreislauf
Kompression		Quetschung
kongenital		angeboren
Kontraktur		dauerhafte Verkürzung von z. B. Muskeln und Sehnen
Kontusion		Prellung, Quetschung
Koprostase		Kotstauung im Dickdarm
Kortikosteroide		Nebennierenrindenhormone
Labium		Lippe
lakunär		Lücken bildend, höhlenartig, schwammig
lateral		seitlich
letal		tödlich
Leukoplakie		karzinomverdächtige Epithelveränderung
Ligament		Band
Linea dentata		Grenzlinie zwischen Analkanal und Rektum
Lipo		Wortteil: Fett
	-dystrophie	Fettgewebsschwund
	-matose	diffuse Zunahme des Fettgewebes
livid		blassbläulich
Lobus		Lappen
Lues		Syphilis
Luxation		Verrenkung
Lymphadenitis		Lymphknotenentzündung
Lymphom		Lymphknotenvergrößerung

Lysetherapie		medikamentöse Auflösung von Blutgerinnseln
Marcumar		blutgerinnungshemmende Substanz (Phenprocoumon)
medial		zur Körpermitte hin
Mediastinum		senkrecht verlaufender Gewebsraum in der Brusthöhle
Megakolon		Erweiterung des Dickdarms
Mesenchym		embryonales Bindegewebe
Metastase		Tochtergeschwulst
Morbus		Krankheit
moribund		sterbend
Mors		Tod
	subita	plötzlicher Tod
Mortalität		Sterblichkeit
MRSA (Methicillin-resistenter Staphylococcus aureus)		gegen verfügbare Antibiotika resistenter Keim
Muko	-id	schleimähnlich
	-sa	Schleimhaut
	-viszidose	Stoffwechselerkrankung (zystische Fibrose z. B. der Lunge)
Musculus (M.)		Muskel
	biceps brachii	zweiköpfiger Oberarmmuskel
	cremaster	Hodenheber
	extensor carpi radialis	speichenseitiger Handstrecker
	extensor pollicis longus	langer Daumenstrecker
	gastrocnemius	zweiköpfiger Wadenmuskel
	glutaeus maximus	größter Gesäßmuskel
	pectoralis	Brustmuskel
	trapezius	Kapuzenmuskel
Muskel	-atrophie	Muskelschwund
	-dystrophie	degenerative Muskelschwäche
Myalgie		Muskelschmerz
Myogelose		Muskelhärte
Nadelbiopsie		Gewebsprobeentnahme mittels Hohlnadel
Nates		Gesäß
nativ		natürlich, unverändert

Nekrose		örtlicher Gewebsuntergang, Zelltod durch äußere Einflüsse
Neoplasma		Neubildung von Gewebe
Nervus (N.)		Nerv
	accessorius	XI. Hirnnerv
	femoralis	Oberschenkelnerv
	facialis	Gesichtsnerv (VII. Hirnnerv)
	ischiadicus	Sitzbein-/ Hüftnerv
	trigeminus	Drillingsnerv (V. Hirnnerv)
	laryngeus reccurens	Rückläufiger Kehlkopf-/ Stimmnerv
	olfaktorius	Riechnerv (I. Hirnnerv)
	opticus	Sehnerv (II. Hirnnerv)
	peronaeus	Wadenbeinnerv
	radialis	Speichennerv
	sympathikus	Teil des vegetativen Nervensystems
Nodulus		Knoten
Noxe		Schadstoff
Nukleus		Zellkern
occipital		das Hinterhaupt betreffend
Occlusion		Verschluss
Oedem		Schwellung, Wassersucht
Orthese		Hilfsmittel zur Unterstützung eingeschränkt funktionsfähiger Körperteile
Oste	-itis (Ostitis)	Knochenentzündung
	-olyse	Auflösung von Knochengewebe
	-om	gutartige Neubildung des Knochengewebes
	-omyelitis	Knochenmarkentzündung
	-oporose	degenerativer Knochenschwund
palmar		handflächenseitig
Palpation		Untersuchung durch Betasten
Papillom		vom Oberflächenepithel ausgehender meist gutartiger Tumor
Para		Wortteil: neben, abweichend, teilweise
	-venös	neben eine Vene
parietal		seitlich, wandständig
passager		vorübergehend
pathologisch		krankhaft verändert

pAVK (periphere arterielle Verschluss- krankheit)		krankhafte Verengung der Arterien der Extremitäten
perakut		sehr schnell auftretend
Perforation		Durchbohrung, Durchbruch
Peristaltik		Muskeltätigkeit von Hohlorganen wie z. B. des Darms
Periton	-eum	Bauchfell
	-itis	Bauchfellentzündung
Perkussion		Beklopfen der Körperoberfläche
perkutan		durch die Haut
perseverierend		beharrend
Phalanx		Finger- bzw. Zehenglied
Phlebitis		Venenentzündung
Phlebothrombose		tiefe Venenthrombose
Phlegmone		flächenhaft fortschreitende eitrige Entzündung
phlogistisch		entzündlich
plantar		die Fußsohle betreffend
Plasmozyten		Blutplasmazellen
Pleura		Brustfell
	-drainage	Drainage der Pleurahöhle
	-empyem	eitriger Erguss in der Pleurahöhle
Pneumokokken		Bakterienart
Pneumoperitoneum		Gasansammlung im Peritonealraum
polymorph		vielgestaltig
Polyp		gutartige Schleimhautgeschwulst
	-osis	Vorkommen mehrer Polaypen in einem Hohlorgan
Processus		Fortsatz
Prodom		Vorläufer
	-alstadium	Vorläuferstadium
progredient		fortschreitend
Prolaps		Vorfall
Pronation		Einwärtsdrehung
Prophylaxe		Verhütung, Vorbeugung
Protrusion		Vortreibung
proximal		rumpfwärts gelegen
Pruritus		Hautjucken
Pus		Eiter

radial		die Speichenseite betreffend, daumenwärts
Redondrainage		Saugdrainage
Reflux		Rückfluss
Reklination		Rückwärtsbiegen
Rekonvaleszenz		Genesung
Rektozele		Aussackung der Enddarmwand nach vorn
Rektum		Mastdarm
Remission		Zurückgehen von Krankheitserscheinungen
Residuum		Zurückgebliebenes
Resorption		Stoffaufnahme durch Haut oder Schleimhaut, z. B. bei der Verdauung
Respiration		Atmung
Restitutio		Wiederherstellung
	ad integrum	völlige Heilung
Retardierung		Verzögerung, Verlangsamung
retrograd		zeitlich oder örtlich zurückliegend
reversibel		heilbar, umkehrbar,
Rezidiv		Rückfall, Wiederauftreten
Ruptur		Riss
sagittal		von vorn nach hinten verlaufend, pfeilwärts
sakral		das Kreuzbein betreffend
Sarkom		bösartiger, von mesenchymalem Gewebe ausgehender Tumor
Schlaf-Apnoe-Syndrom		Atemstillstände während des Schlafs
Segment		Abschnitt
Sekret		Absonderungsprodukt
Sep	-sis	Blutvergiftung
	-tikämie	s. Sepsis
	-tum	Scheidewand
Sequester		vom gesunden Gewebe abgesondertes abgestorbenes Gewebe
Ser	-om	Ansammlung von Blut- oder Lymphflüssigkeit
	-osa	Auskleidung innerer Organe
	-um	wässriger Blutbestandteil
sezernieren		absondern

Shunt		Kurzschlussverbindung zwischen Gefäßen oder Körperteilen
Singultus		Schluckauf
Sinus		Höhle, Vertiefung
SIRS (Systemisches inflammatorisches Reaktions-Syndrom)		systemische entzündliche Abwehr- reaktion
Sklerose		Verhärtung durch Bindegewebsver- mehrung
somatisch		körperlich
Somnolenz		Schläfrigkeit
Sopor		Bewusstseinsstörung (Erwecken kaum möglich)
Spasmus		Krampf
Sphinkter		Schließmuskel
	ani	innerer Afterschließmuskel
Spina		Dorn, Stachel
Spongi	-ös	schwammig
	-osa	Knochensubstanz
Sputum		Auswurf
Staphylokokken		Bakterienart
Stenose		Verengung
Stent		innere Gefäßstütze
Sternum		Brustbein
Stoma		Mündung, Öffnung
	-titis	Entzündung der Mundschleimhaut
Streptokokken		Bakterienart
Stridor		pfeifendes Atemgeräusch bei der Einatmung
Striktur		hochgradige Verengung eines Hohl- organs
Stupor		Starrezustand bei wachem Bewusst- sein
Subluxation		Unvollständige Verrenkung
Sulcus		Furche, Rinne
superfiziell		oberflächlich gelegen
supra	-claviculär	oberhalb des Schlüsselbeins
	-condylär	oberhalb der Kondyle
Symptom		Krankheitszeichen
Syndrom		Symptomenkomplex
Synkope		kurze Bewußtlosigkeit

Hoppe/Smentkowski

Systole		Zusammenziehen (z. B. des Herzmuskels)
Tamponade		Ausstopfen von z. B. Körperhöhlen
temporal		die Schläfe betreffend
Tend	-initis	Sehnenentzündung
	-ovaginitis	Sehnenscheidenentzündung
Teratom		Keimzelltumor, gut- oder bösartige Mischgeschwulst
Tetan	-ie	anfallsartige motorische oder sensible Störung , schmerzhafter Muskelkrampf
	-us	Wundstarrkrampf
Thenar		Daumenballen
Thrombo	-penie	Blutplättchenmangel
	-phlebitis	Entzündung der Venenwand
	-se	Blutpropfbildung
	-zyten	Blutplättchen
	-zytenaggregationshemmer	Medikament zur Hemmung der Aneinanderlagerung von Thrombozyten
	-zytopenie	s. Thrombopenie
Tonus		Muskelspannung
Torsion		Achsendrehung
Tourniquet-Anlage		Anlage einer Blutsperre/ -leere
transitorisch		vorübergehend
Transposition		Umstellung, Versetzung
transversal		querverlaufend
Tumor		Geschwulst
	-kachexie	Auszehrung, Abmagerung bei Krebserkrankung
Ulcus		Geschwür
	cruris venosum	Unterschenkelgeschwür
Ulzeration		Geschwürsbildung
Vari	-kosis	Krampfaderleiden
	-zen	Krampfadern
Vasospasmus		Gefäßkrampf
Vena		Vene
	poplitea	Kniebeugervene
	saphena	oberflächliche Vene der unteren Extremität
	subclavia	Schlüsselbeinvene
ventral		bauchwärts

Ventrikel		Hohlraum , Kammer
vesikulär		bläschenförmig
volar		die Hohlhand betreffend, auf der Hohlhandseite liegend (s. palmar)
Volumenmangel-schock		Schockzustand infolge starken Flüssigkeitsverlustes
Vomitus		Erbrechen
Zervi	**-x**	(Gebärmutter-)Hals
	-kal	den Hals betreffend
Zyanose		Blausucht
Zyste		abgekapselte flüssigkeitsgefüllte Geschwulst
Zytostatika		das Zellwachstum/ die Zellteilung hemmende Substanzen

Anaesthesiologie/ Intensivmedizin

Anaesthesie		Unempfindlichkeit
	Allgemein-A	Narkose
	Epidural-A.	Lokalanästhesie in den Epidural-/Periduralraum
	Leitungs-A.	Form der Lokal-A. mit Blockade von Nerven
	Lokal-A.	örtliche Betäubung
	Parabulbär-A.	Form der Lokal-A. neben das Auge
	Peridural-A.	Syn. Epiduralanästhesie
	Plexus-A.	Form der Lokal-A. an einen Nervenplexus
	Reginonal-A.	Synonym für Lokal-A.
	Retrobulbär-A.	Form der Lokal-A. hinter das Auge
	Spinal-A.	Form der Lokal-A. in den spinalen Subarachnoidalraum
apallisches Syndrom		Ausfall der gesamten oder von größeren Teilen der Großhirnfunktion
ARDS (acute respiratory distress syndrome)		akutes Lungenversagen
Aryknorpelluxation		Verrenkung der Kehlkopfstellknorpel
Aspiration		Eindringen von Fremdkörpern in die Atemwege beim Einatmen
	-spneumonie	Lungenentzündung nach Aspiration

Hoppe/Smentkowski

Cuff		aufblasbare Manschette eines Endotrachealtubus
Epiduralhämatom		Blutansammlung im Epi-/Periduralraum
Extubation		Entfernung des Endotrachealtubus nach Intubation
Hyperthermie		Erhöhung der Körpertemperatur
	maligne H.	Komplikation einer Narkose mit extremem Körpertemperaturanstieg
Hypothermie		Unterkühlung, Absinken der Körpertemperatur
Hypoxie		Sauerstoffmangel
Intubation		Einführen eines Tubus in die Luftröhre
	-snarkose (ITN)	Narkose mit endotrachealer Intubation
Koma		Bewusstlosigkeit
	künstliches K.	künstlicher Tiefschlaf
Laryn	-gospasmus	Stimmritzenkrampf
	-xmaske	Kehlkopfmaske zum Offenhalten der Atemwege bei Narkose, Sonderform der Intubationsnarkose
Liquorverlustsyndrom		Komplikation einer rückenmarksnahen Anästhesie durch Verlust von Rückenmarksflüssigkeit (Liquor)
Maskennarkose		Allgemeinanaesthesie über eine Gesichtsmaske
Muskelrelaxans		Curareähnlicher Stoff zur Muskelerschlaffung
Oxygenierung		Sauerstoffzufuhr
Prämedikation		medikamentöse Narkosevorbereitung
Pulsoxymetrie		Messung der Sauerstoffsättigung durch die Haut
Reanimation		Wiederbelebung
Regurgitation		Zurückströmen von Mageninhalt in die Mundhöhle
Sedativa		Beruhigungsmittel
Sedierung		Gabe von Beruhigungsmitteln
	Analgo-S.	medikamentöse Schmerzausschaltung bei gleichzeitiger Beruhigung
Trache	-alkanüle	Kanüle zum Einführen in die Luftröhre nach Tracheotomie
	-alruptur	Riß der Luftröhre

Hoppe/Smentkowski

	-ostoma	künstliche Luftröhrenöffnung
	-otomie	Luftröhrenschnitt
Tubus		Beatmungsrohr
Vitalparameter		lebenswichtige Herz-, Kreislauf- und Atemwerte
zentraler Venenkatheter (ZVK)		Einlage eines venösen Zugangs in die Hohlvene
Zyanose		Blausucht, Sauerstoffmangel

Augenheilkunde

Abduzensparese		Lähmung des VI. Hirnnerven (keine Außendrehung des Auges möglich)
Akkomodation		Anpassung, Scharfstellung des Auges auf die Nähe
Amaurosis		vollständige Erblindung
	fugax	reversible Erblindung
Amblyopie		Schwachsichtigkeit infolge Fehlentwicklung des Sehens in der Kindheit
Amotio retinae		Netzhautablösung
Anisokorie		seitenungleiche Pupillenweite
Anisometropie		ungleiche Brechkraft der Augen
Astigmatismus		Sehschwäche bei Hornhautverkrümmung (Stabsichtigkeit)
binokulär		beidäugig
Blephar		Wortteil: Augenlid
	-ochalasis	Schlupflider
	-oplastik	formgebende Operation am Augenlid
	-ospasmus	Lidkrampf
Bulbus oculi		Augapfel
Cataract		s. Katarakt
Conjunktiva		Bindehaut
Dioptrie		optische Einheit der Brechkraft
Diplopie		Doppelsehen
Ektropium		Umstülpung des Augenlids nach außen
Entropium		Umstülpung des Augenlids nach innen
Excimer-Laser-Therapie		Laserbehandlung der Hornhaut zur Korrektur bei Fehlsichtigkeit
Exophthlamus		Vordrängung des Augapfels

Fundus		Augenhintergrund
Glaskörper		Gewebe aus Flüssigkeit, Gel und Fasern im Raum zwischen Linse und Netzhaut
Glaukom		Grüner Star (Sammelbegriff für Erkrankungen mit Sehnervschwund)
Hemianopsie		Halbseitenblindheit
Horner-Syndrom		Augenlidlähmung
Hyposphagma		Blutung unter der Bindehaut des Auges
Hyperopie		Übersichtigkeit
intraocular		innerhalb des Auges
Iri	-dektomie	operative Teilentfernung der Iris (»Fensterung«)
	-itis	Regenbogenhautentzündung
	-s	Regenbogenhaut
Isokorie		beidseits gleiche Pupillenweite
Katarakt		Trübung der Augenlinse (Grauer Star)
Keratitis		Entzündung der Hornhaut des Auges
Konjunktiv	-en	Bindehäute
	-itis	Bindehautentzündung
Lasik-Therapie		s. Excimer-Laser-Therapie
Makula		gelber Fleck der Netzhaut
	-degeneration	Erkrankung der Makula mit fortschreitendem Sehkraftverlust
Miosis		Pupillenverengung
Monokelhämatom		Bluterguss im Bereich der Augenhöhle
monokulär		einäugig
Mydriasis		Pupillenerweiterung
Myopie		Kurzsichtigkeit
Nystagmus		Augenzittern
Okulomotoriusparese		Akkomodations-, Pupillen- und Augenmuskellähmung mit Ptosis (III. Hirnnerv)
Ophthalmo	-	Wortteil: das Auge betreffend
	-logie	Augenheilkunde
	-skopie	Augenspiegelung
Orbita		Augenhöhle

Hoppe/Smentkowski

Palpebra		Augenlid
Perimetrie		Gesichtsfeldmessung
Ptosis		Hängen des Oberlids infolge Lähmung
Refraktionsfehler		Myopie, Hyperopie, Astigmatismus
Retina		Netzhaut
Sklera		Lederhaut
Stauungspapille		Schwellung des Sehnervenkopfes bei Hirndruck
Strabismus		Schielen
Trabekulektomie		operative Bildung einer gedeckten Fistel zur Ableitung des Kammerwassers bei Glaukom
Trochlearisparese		Störung der Augenrotation und -senkung mit Kopfneigung zur gesunden Seite (IV. Hirnnerv)
Visus		Sehschärfe
Vitrektomie		Glaskörperentfernung
Xanthelasma		gelbliche Einlagerungen (Cholesterin) in die Haut der Lider oder ihrer Umgebung

Chirurgie

Adhäsio	-lyse	Operative Lösung von Verwachsungen
	-n	Verwachsung, Aneinanderhaften
Amputation		operative Absetzung einer Gliedmaße
An	-astomose	angelegte Verbindung von Hohlorganen
	-astomoseninsuffizienz	Undichtwerden einer Anastomose
	eurysma	Ausweitung eines arteriellen Gefäßes
	-us	After
	-us praeter (naturalis)	Kunstafter
Angiom		Gefäßgeschwulst
Append	-ektomie	operative Entfernung des Wurmfortsatzes
	-ix (vermiformis)	Wurmfortsatz
	-izitis	Entzündung des Wurmfortsatzes
Cholecyst	-ektomie	operative Entfernung der Gallenblase

Hoppe/Smentkowski

	-olithiasis	Gallenblasensteinleiden
Colostomie	s. Kolostomie	
Cross	-e	Einmündung der Vena saphena magna und weiterer kleiner Venen in die Vena femoralis
	-ektomie	operative Unterbindung der Vena saphena magna und sämtlicher weiterer einmündender Venen
Debridement		chirurgische Wundsäuberung
Dehiszenz		Auseinanderweichen, Klaffen
Dermoidzyste		von Epidermis ausgekleideter, als Fehlbildung der Embryonalentwicklung entstandener Hohlraum, der Haare, Zähne Knorpel- Knochen und Nervengewebe enthält
Divertik	-el	Ausstülpung eines Hohlorgans
	-ulitis	Divertikelentzündung
	-ulose	Befall eines Hohlorgans mit mehreren Divertikeln
Duodenopankreatek-tomie		operative (Teil-)Entfernung von Zwölffingerdarm mit unterem Magenanteil, unterem Gallengang sowie (Teil-)Entfernung der Bauchspeicheldrüse
Dupuytren'sche Kontraktur		Beugekontraktur der Finger
Exstirpation		operative Entfernung
Exzision		operative Ausschneidung
Faszi	-e	sehnige Hülle einzelner Organen oder von Muskeln
	-otomie	operative Spaltung von Muskellogen
Fist	-el	röhrenförmiger Gang zwischen Körperoberflächen (komplett oder inkomplett)
	-ulektomie	operative(r) Fistelentfernung/ -verschluss
Fixation		Befestigung
floride		blühend, stark entwickelt
Fundoplicatio		operative Anlage einer Magenmanschette um den Mageneingang
Gangrän		Sauerstoffmangel-bedingter Gewebsuntergang
Gastr	-ektomie	operative Magenentfernung
	-ic banding	operative Mageneinschnürung

Hämorrhoid	-ektomie	operative Abtragung vergrößerter Hämorrrhoiden
	-enverödung	Einspritzung von Verödungsmittel in Hämorrhoiden, das zu deren Schwund führt
Herni	-e	Bruch
	-otomie	operativer Verschluss eines Bruches
	Hiatushernie	Zwerchfellhernie
Ileus		Darmverschluss
	Briden-I.	Verwachsungsileus
Inzision		operativer Einschnitt
Ischämie		Minderdurchblutung
Kol	-ektomie	operative Dickdarmentfernung
	-itis	Dickdarmentzündung
	-on	Darm
	-on ascendens	aufsteigender Dickdarm
	-on descendens	absteigender Dickdarm
	-on irritabile	Reizkolon
	-on transversum	Querdickdarm
	-oproktektomie	Operative Entfernung des Dick- und Mastdarms
	-skopie	Darmspiegelung
	-ostomie	operative Anlage eines künstlichen Darmausgangs
Kompartmentsyndrom		krankhafte Druckerhöhung des Muskels in einer Faszienloge
Laparo	-skopie	Bauchspiegelung
	-tomie	operative Eröffnung der Bauchhöhle
	Konversions-Laparo-tomie	intraoperativer Umstieg vom laparoskopischen auf das offene Verfahren
Lavage		Verfahren zur Spülung von Körperhöhlen oder Wunden
	Etappen-L.	programmierte Relaparotomie, Reißverschlussverfahren oder offene Bauchbehandlung zur wiederholten Lavage der Bauchhöhle
Ligatur		operative Unterbindung von Gefäßen
Nekros	-e	Absterben von Zellen und Geweben
	-ektomie	operative Abtragung von Nekrosen
Neuromonitoring		Verfahren zur intraoperativen Überwachung der Nervenfunktion

Paronychie		Entzündung des Nagelwalls
Peri	-proktitischer Abszess	entzündliches eingeschmolzenes Gewebe in der Umgebung des Afters
	-proktitis	Entzündung des das Rektum umgebenden Gewebes
	-toneum	Bauchfell
	-tonitis	Bauchfellentzündung
	Vier-Quadranten-P.	ausgedehnte Bauchfellentzündung
Polyp		gutartige Schleimhautgeschwulst
	-ektomie	endoskopische Abtragung eines Polypen mittels Schlinge
Port	-Anlage	subkutane operative Anlage eines Portsystems
	-System	langfristig nutzbares Reservoir zur Gabe von Infusionen
Proktologie		Lehre von den Mastdarmkrankheiten
Rekt	-oskopie	Mastdarmspiegelung
	-um	Mastdarm
	-umamputation	operative Entfernung des Enddarms und Schließmuskels
	-umresektion	operative (Teil-)Entfernung des Mastdarms
	-usdiastase	Lücke zwischen den geraden Bauchmuskeln
Rekurrensparese		Lähmung eines Stimmbandnerven
Relaparotomie		erneute operative Eröffnung des Bauchraums
Resektion		operative (Teil-)Entfernung eines Organs
retroperitoneal		hinter der Bauchhöhle gelegen
Sigma		s-förmiger Dickdarmabschnitt
	-resektion	operative Entfernung des Sigma
Splen		Milz
	-ektomie	operative Entfernung der Milz
	-omegalie	Milzschwellung
Strum	-a	Vergrößerung der Schilddrüse (Kropf)
	-aresektion	operative Teilentfernung der Schilddrüse
	-ektomie	operative Entfernung der Schilddrüse

Ten(d)olyse	operative Lösung von Verwachsungen zwischen einer Sehne und dem sie umgebenden Gewebe
Thrombektomie	operative Entfernung eines Blutgerinnsels aus einem Gefäß
Thyreoidektomie	operative Entfernung der gesamten Schilddrüse (s. Strumektomie)
Trokar	röhrenförmiges Instrument zur Schaffung eines künstlichen Zugangs zum Körper
Tumorektomie	operative Geschwulstentfernung
Whipple-Operation	= Duodenopankreatektomie
Zökum	Blinddarm

Dermatologie

Akne		Hauterkrankung infolge verstärkter Talgproduktion mit Verhornungsstörug und Entwicklung von Mitessern
Alopezie		Glatze
Atherom		Grützbeutel
Basaliom		semimaligner (»halbbösartiger«) nicht metastasierender »weißer Hautkrebs«
Corium		Lederhaut
Cutis		Haut
Decollement		Hautabscherung
Derma-		Haut
	titis	entzündliche Hautreaktion
Effloreszenz		Hautblüte, krankhafte Hautveränderung
Effluvium		Haarausfall
Ekzem		flächenhafte chronische Hautentzündung
Epi	-dermis	Oberhaut
	-lation	Entfernung von Körperhaaren mit ihrer Wurzel
	-thel(gewebe)	ein- oder mehrschichtiger, innere oder äußere Körperoberflächen bedeckender Zellverband
	-theliom	gut- oder bösartiger Tumor aus Epithelzellen
Erysipel		Wundrose

Hoppe/Smentkowski

Erythem		entzündliche Hautrötung
	-a migrans	durch Zeckenstich verursachte sog. Wanderröte
Exanthem		akuter Hautausschlag
Fibrom		Bindegewebsgeschwulst
Fibrosarkom		bindegewebsreicher bösartiger Weichteiltumor
Fissur		Haut-Schleimhaut-Einriss
Follikulitis		Entzündung des Haarbalgs
Furunkel		Akute eitrige Entzündung des Haarbalgs
Granulom		knotenartige Gewebeneubildung
Herpes		Viruserkrankung, die zu Hautbläschen führt (»Fieberbläschen«)
	zoster	Gürtelrose
Hidrosis		Schweißabsonderung
	Hyper-H.	übermäßige Schweißabsonderung
Hypopigmentierung		verminderte Hautfärbung
Intertrigo		Nässende Entzündung der Haut durch Wundreiben
Keloid		Wulstnarbe
Keratose		Verhornung
	aktinische K.	durch Lichtschädigung verursachte Veränderung der verhornten Oberhaut
Komedonen		Mitesser
Kondylom		Feigwarze
Lentigo		Leberfleck
Lichen		Hautflechte
Lip	-atrophie	Schwund subkutanen Fettgewebes
	-odystrophie	Stoffwechselstörung mit atrophischen und hypertrophen Veränderungen des Fettgewebes
Lupus erythematodes		systemische generalisierte Autoimmunerkrankung (»Schmetterlingsflechte«)
Melanom		Hautkrebs pigmenttragender Zellen (»schwarzer Hautkrebs«)
Morbus Bowen		Vorstufe eines bösartigen Hauttumors (intraepidermales Carcinoma in situ)
Mykose		Pilzkrankheit
Naevus		Muttermal

Hoppe/Smentkowski

Neurodermitis		atopisches endogenes Ekzem
Nodus		Knoten
Peeling		Schälkur
photo	-dynamische The-rapie	Lichtbehandlung mit lichtempfindlicher Substanz
	-toxisch	unter Lichteinfluß vergiftend wirkend
Psoriasis		Schuppenflechte
Purpura		Schleimhautblutungen
PUVA		Bestrahlung mit UV-A-Licht und Psoralen
Quincke-Oedem		meist allergische Haut- und Schleimhautschwellung
Retentionszyste		durch Verschluss eines Ausführungsgangs verursachter flüssigkeitsgefüllter Hohlraum
Rhagade		Hautschrunde
Rosazea		fleckförmige Rötung des Gesichts mit Pusteln und Papeln
Sarkoidose		systemische Bindegewebserkrankung mit Granulombildung
Scabies		Krätze
Seborrhoe		krankhaft veränderte Absonderung der Talgdrüsen
Sinus pilonidalis		chronisch-entzündliche Erkrankung im Bereich des Steißbeins
Teleangiektasie		Erweiterung oberflächlicher Hautgefäße
Verruca		Warze
Vitiligo		Weißflecken-Krankheit

Gynäkologie und Geburtshilfe

Abort		Fehlgeburt
	-us imminens	drohende Fehlgeburt
	-us incompletus	unvollständiger Abort
Adnex	-e	Anhangsgebilde (Eierstock und Eileiter)
	-ektomie	operative Entfernung der Adnexe
	-itis	Entzündung der Adnexe
Amenorrhoe		Fehlen/ Ausbleiben der Regelblutung
Amnio	-n	Fruchtblase

	-ninfektions-Syndrom	Infektion der Eihöhle/ -häute und des Mutterkuchens
	-nruptur	Fruchtblasensprung
	-skopie	Fruchtwasserspiegelung
	-tomie	Fruchtblaseneröffnung
	-zentese	Punktion der Fruchtblase mit Gewinnung von Fruchtwasser zur Pränataldiagnostik
Antikörpersuchtest		Nachweis von Blutgruppenantikörpern im Serum der Schwangeren
APGAR-Werte		Punkteschema (0 – 2, Gesamtpunktzahl 10) zur Beurteilung von Herzfrequenz, Atmung, Muskeltonus, Reflexantwort beim Absaugen und Hautfarbe des Neugeborenen in Zeitabständen von 1, 5 und 10 min. nach der Geburt
Asphyxie		ungenügende Sauerstoffversorgung des Kindes unter der Geburt
Atonie		Kontraktionsschwäche der glatten Gebärmuttermuskulatur nach der Geburt
Azidose		Übersäuerung (Nabelarterienblut-pH-Wert unter 7,20)
Cardiotokogramm (CTG)		apparative Ableitung der fetalen Herzschlagfrequenz und der Wehentätigkeit
Cerclage		Nahtverschluss des Gebärmuttermunds
Cervixinsuffizienz		Verkürzung und Öffnung des Gebärmutterhalses (drohende Frühgeburt)
Chorio	-amnionitis	bakterielle Infektion von Chorion und Amnion
	-n	äußere Fruchthülle um den Embryo
congenital		angeboren
Dezeleration		Abfall der Herztonfrequenz im CTG
DCIS (ductales Carcinoma in situ)		krankhafte Veränderung in den Milchgängen der weiblichen Brust
Deszensus		Gebärmutter- oder Scheidensenkung
Douglas Raum		zwischen Gebärmutter und Mastdarm gelegener tiefster Punkt im kleinen Becken
Dysmenorrhoe		schmerzhafte Regelblutung
Eklampsie		mit Krämpfen einhergehende Erkrankung in der Spätschwangerschaft

Hoppe/Smentkowski

	Prä-E.	Erkrankung in der Schwangerschaft mit Bluthochdruck, Eiweiß im Urin und Ödemen
Endometri	-ose	chronische Erkrankung der Gebärmutterschleimhaut außerhalb der Gebärmutterhöhle
	-tis	Entzündung der Gebärmutterschleimhaut
	-um	Gebärmutterschleimhaut
Episiotomie		Scheidendammschnitt
Extrauteringravidität (EUG)		Eileiterschwangerschaft
Fet	-al	die Leibesfrucht betreffend
	-ale Retardierung	Entwicklungsrückstand des Feten
	-opathie	Vorgeburtliche Erkrankung der Leibesfrucht
	-oskopie	Endoskopische Betrachtung des Feten im Uterus
FIGO		Stadieneinteilung gynäkologischer Karzinome (I-IV)
Fluor		Scheidenausfluss
Galakto	-graphie	Röntgenkontrastuntersuchung der Milchgänge der weiblichen Brust
	-rrhoe	milchige Absonderung aus der Brustdrüse außerhalb der Laktationsperiode
Gestation		Schwangerschaft
	-sdiabetes	Zuckerkrankheit in der Schwangerschaft
Gravid	-a	Schwangere
	-ität	Schwangerschaft
	Gemini-Gravidität	Zwillingsschwangerschaft
HELLP-Syndrom (Hemolysis, elevated Liver enzyme, low platelets)		schweres Krankheitsbild mit Gerinnungsstörung bei hypertensiver Schwangerschaftserkrankung
Hormon		in Drüsen produzierter biochemischer Botenstoff, der den Stoffwechsel von Organen beeinflusst
	- rezeptoren	Zellen (Rezeptoren), die die Wirkung eines Hormons vermitteln
	-substitution	Hormonersatztherapie
HPV-Infektion		humane Papillomavirusinfektion

Hoppe/Smentkowski

Hysterektomie		operative Entfernung der Gebärmutter
Insemination		nicht durch Kopulation erfolgende Übertragung von Sperma in die Gebärmutter
Interruptio		Unterbrechung
	graviditatis	Schwangerschaftsabbruch
Intrauterin		im Uterus
	-pessar (IUP)	in der Gebärmutter liegende Spirale zur Schwangerschaftsverhütung
intrazervikal		im Gebärmutterhals
in-vitro-Fertilisation (IVF)		Behandlungsmethode zur Therapie der Sterilität
Kolposkopie		Lupenbetrachtung der Portio
Konisation		Entnahme von Gewebe aus der Portio
Kontrazeption		Empfängnisverhütung
Konzeption		Empfängnis
Kürettage		Gebärmutterausschabung
Labien		Schamlippen
Mamille		Brustwarze
	-nsekretion	blutiger Ausfluss als Hinweis auf krankhafte Veränderungen
Mamma		(weibliche) Brust
Mast	-ektomie	operative Entfernung der weiblichen Brust
	-itis	Entzündung des Drüsenkörpers
	-opathie	bindegewebiger Umbau des Drüsenkörpers
Mekonium		Kindspech
	-aspiration	Eindringen von Mekonium in die Lunge des Neugeborenen
Men	-arche	Einsetzen der ersten Regelblutung
	-opause	Sistieren der Regelblutung
Mikrokalzifikation		röntgenologisch erkennbare Mikrokalkablagerung im weiblichen Drüsenkörper
missed abortion		verhaltene Fehlgeburt
Morbus haemolyticus neonatorum		schwere Gesundheitsstörung des Neugeborenen bei Blutgruppenunverträglichkeit
Myom		gutartige Gebärmuttergeschwulst
Oligohydramnion		Fruchtwassermangel

Hoppe/Smentkowski

Ovar		Eierstock
Ovulation		Eisprung
Oxytocin		Wehenauslösendes Hormon
PAP-Abstrich		Bewertungsschema (1 – 5 nach Papanicolaou) des zytologischen Abstrichs vom Gebärmutterhals/ -mund
Para		Wortteil: Gebärende
	Nulli-P.	Erstgebärende
Pelvis		Becken
Perineum		Damm
Perzentile		Hundertstelwert
Plazenta		Mutterkuchen
	accreta	fest in der Gebärmutterhöhle anhaftender Mutterkuchen
	-insuffizienz	Störung der Plazentafunktion
	praevia	Fehllage des Mutterkuchens vor dem Muttermund
Portio		Scheidenanteil der Gebärmutter
Pyo	-metra	Eiteransammlung in der Gebärmutter
	-salpinx	Eiteransammlung im Eileiter
Salpin	-gitis	Eileiterentzündung
	-x	Eileiter
Sentinel	-Lymphknoten	erste Lymphknotenabflußstation eines Karzinoms
	-Biopsie	operative Entfernung des Sentinel-Lymphknotens
Spina bifida		angeborene Spaltbildung der Wirbelsäule
Symphyse		Schambeinfuge
Tokolyse		Wehenhemmung
Trisomie		numerische Chromosomenstörung (Morbus Down)
Tub	-argravidität	Eileiterschwangerschaft
	-en	Eileiter
	-ensterilisation	operative Unterbindung/-brechung der Eileiter
TVT (tension free vaginal tape)		zur Behandlung der Harninkontinenz eingelegtes Band
Uterus		Gebärmutter
	myomatosus	s. Myom

	-ruptur	Gebärmutterberstung in der Spätschwangerschaft bzw. unter der Geburt
Vagin	-a	Scheide
	-oskopie	Scheidenspiegelung
Vulva		äußerer Geschlechtsbereich
Zytologie		Lehr vom Bau und von den Funktionen der Zelle

Hals-Nasen-Ohren-Heilkunde

Ageusie		Verlust des Geschmackssinns
Anosmie		Verlust des Geruchssinns
Anthelix		Ohrmuschelwindung
Aphonie		Stimmlosigkeit
Atresie		Fehlen von Nasenlumen oder Gehörgang
Audiometrie		Hörprüfung
Barotrauma		Gehörschädigung durch Druck
Cholesteatom		sog. Perlgeschwulst des Mittelohres
Chorda tympani		Geschmacksnerv
Cochlea		Innenohr-Hörschnecke
	-Implantat	elektronische Hörprothese
Concha		Muschel
	auriculae	Ohrmuschel
	nasalis	Nasenmuschel
Conchotomie		operative Verkleinerung der Nasenmuschel
Dezibel		Maß für die Lautstärke
Dys	-lalie	Sprachstörung, Stammeln
	-phagie	Schluckstörung
	-phonie	Stimmstörung
Elektronystagmographie		Prüfung des Gleichgewichtsorgans
Epi	-glottis	Kehldeckel
	-glottitis	Kehldeckelentzündung
	-staxis	Nasenbluten
	-these	modelliertes Organersatzstück
Eustachische Röhre		Ohrtrompete
Glottis		Stimmritze
Gustometrie		Geschmacksprüfung

Hoppe/Smentkowski

Haarzellen		Zellen für die Sinneswahrnehmung
Helix		Ohrmuschelrand
Hörsturz		akute Innenohrstörung, Schallempfindungsschwerhörigkeit
Hyp	-akusis	Schwerhörigkeit
	-erakusis	Hörüberempfindlichkeit
	-ogeusie	Beeinträchtigung der Geschmacksempfindung
	-opharynx	Kehlkopfrachen, Schlund
	-osmie	verminderte Geruchswahrnehmung
Labyrinth		Innenohr
	-itis	Innenohrentzündung und -ausfall
Laryn	-gitis	Kehlkopfentzündung
	-goskopie	Kehlkopfspiegelung
	-gospasmus	Stimmritzenkrampf
	-x	Kehlkopf
	-xödem	Kehlkopfanschwellung
Lingua		Zunge
Makrotie		zu große, fehlgebildete Ohrmuschel
Mastoid (Processus mastoideus)		Warzenfortsatz des Felsenbeins
	-ektomie	Operation des Warzenfortsatzes
	-itis	Entzündung des Warzenfortsatzes
Menièr'sche Krankheit		Hör- und Gleichgewichtsorganstörung
Mikro	-laryngoskopie	s. Laryngoskopie
	-tie	zu kleine, fehlgebildete Ohrmuschel
Myring	-itis	Trommelfellentzündung
	-oplastik	operativer Trommelfellverschluss
Nasen	-septum	Nasenscheidewand
	-septumdeviation	Nasenscheidewandverbiegung
	-septumplastik	operative Begradigung der Nasenscheidewand
Nasopharynx		Nasenrachen
Neck dissection		operative Halsausräumung bei bösartigem Tumorleiden
NNH		Nasennebenhöhlen
Olfakto	-metrie	Riechprüfung
	-risch	den Geruchssinn betreffend
Oropharynx		Mundrachen
Ot	-algie	Ohrenschmerzen

Hoppe/Smentkowski

	-itis media	Mittelohrentzündung
	-opexie	operative Ohrmuschelkorrektur
	-osklerose	Schwerhörigkeit durch Steigbügelfixierung
	-otoxikose	vergiftende Innenohr- und Vestibularschädigung
Ozaena		Stinknase (s. Rhinitis atrophicans)
Pansinusitis		Entzündung aller Nasennebenhöhlen
Parazentese		Inzision des Trommelfells
Paroti	-dektomie	operative Entfernung der Ohrspeicheldrüse
	-s	Ohrspeicheldrüse
	-sadenom	Mischtumor der Ohrspeicheldrüse
	-tis	Ohrspeicheldrüsenentzündung
Rhinitis		Schnupfen
	allergica	Heuschnupfen
	atrophicans	trockene, zu weite Nase, Stinknase
	vasomotorica	nervös reflektorischer Schnupfen
Rhinoplastik		formgebender Eingriff an der Nase
Rhonchopathie		schnarchende Atmung
Sin	-us	Höhle
	-us ethmoidalis	Siebbeinzellsystem
	-us frontalis	Stirnhöhle
	-us maxillaris	Kieferhöhle
	-us sphenoidalis	Keilbeinhöhle
	-usitis	Nebenhöhlenentzündung
	-uskopie	Nasennebenhöhlenspiegelung
Stape	-dektomie	operative Entfernung des fixierten Steigbügels
	-s	Steigbügel
	-splastik	Operation zur Hörverbesserung bei Otosklerose
Stroboskopie		Untersuchung der Stimmbandfunktion
Thyreotomie		operative Spaltung des Schildknorpels
Tinnitus		Ohrgeräusche
Tonsill	-en	Mandeln
	-ektomie	operative Mandelentfernung
	-ilitis	Mandelentzündung

Tympan	-oplastik	gehörverbessernde Mittelohropera-tion
	-oskopie	Mittelohrspiegelung
	-um	Paukenhöhle
Vestibular	-apparat	Gleichgewichtsorgan (Vorhof des In-nerohres)
	-isausfall	akuter einseitiger Ausfall des Vesti-bularapparates
Zenker-Divertikel		Aussackung des Hypopharynx
Zoster oticus		virusbedingte Hirnnervenlähmungen

Innere Medizin/Allgemeinmedizin

Agranulozytose		krankhafter Schwund von Granulo-zyten
Alveolen		Lungenbläschen
Anämie		Blutarmut
Angiopathie		Gefäßkrankheit
	Mikro-A.	Verschluß kleiner und kleinster arte-rieller Gefäße
Aszites		Bauchwassersucht
Atelektase		nicht belüfteter Lungenabschnitt
Auskultation		Abhören von Organgeräuschen
Bilirubin		Gallenfarbstoff
Blutkörperchensen-kungs-Geschwindig-keit (BKS)		Bestimmung der Absenkungsge-schwindigkeit von roten Blutkörper-chen in ungerinnbarem Blut (Ent-zündungsparameter)
Bronch	-iektsasie	Ausweitung von Bronchien
	-ien	Luftröhrenäste in der Lunge
	-oskopie	Spiegelung des Bronchialsystems
Cholest	-ase	Gallenstauung
	-erin	Grundsubstanz von Steroidhormo-nen und Gallensäure
COPD (chronic ob-structive pulmonary disease)		Chronisch-obstruktive Lungener-krankung
Cushing-Syndrom		durch Nebennierenrindenhormon (Kortisol) verursachtes Krankheits-bild
Dehydratation		Austrocknung
Diabetes	insipidus	gesteigerte Harnausscheidung mit starkem Durst

	mellitus	Zuckerkrankheit
Dialyse		Blutwäsche durch künstliche Niere
Duodenum		Zwölffingerdarm
Dys	-pepsie	Verdauungsstörung
	-pnoe	Atemnot
Elektrolyte		in wässriger Lösung in Ionen zerfallende Verbindungen (Säuren, Basen, Salze)
Emesis		Erbrechen
Emphysem		Lungenblähung
Enteritis		Dünndarmentzündung
Exsikkose		Austrocknung
Gastr		Wortteil: Magen
	-itis	Magenschleimhautentzündung
	-oentereritis	Schleimhautentzündung von Magen und Dünndarm
Granulozyten		zu den Leukozyten gehörende kernhaltige Blutkörperchen mit spezifischen Granula
Helicobacter pylori		Magenerkrankungen verursachendes Bakterium
Hepa	-r	Leber
	-rin	gerinnungshemmender Wirkstoff
	-titis	Leberentzündung
Hyper	-cholesterinämie	erhöhte Konzentration con Cholesterin im Blut
	-glykämie	erhöhte Konzentration von Glukose im Blut
	-lipidämie	vermehrter Blutfettgehalt
	-lipoproteinämie	erhöhte Konzentration von Lipoproteinen im Blut
	-tension, arterielle	erhöhter Blutdruck
	-thyreose	Schilddrüsenüberfunktion
	-urikämie	Vermehrung der Harnsäure im Blut
Hypo	-glykämie	Verminderung des Blutzuckers
	-kaliämie	Elektrolytstörung mit erniedrigtem Kaliumspiegel im Blut
	-natriämie	verminderte Konzentration von Natrium im Blut
	-thyreose	Schilddrüsenunterfunktion
	-volämie	Verminderung der zirkulierenden Blutmenge

Hoppe/Smentkowski

Ikterus		Gelbsucht
Ileum		Krummdarm, unterer Dünndarm-anteil
Influenza		Grippeinfektion
Insulin		In den Langerhans-Inseln des Pank-reas gebildetes blutzuckersenkendes Hormon
	-om	Inselzelltumor
Jejunum		Leerdarm, oberer Dünndarmanteil
Koagulopathie		Gerinnungsstörung
Kurvatur		Krümmung des Magens
Leuk	-ämie	Blutkrebs
	-openie	Verminderung der Leukozytenzahl unter 5.000/µl
	-opoese	Bildung weißer Blutkörperchen
	-ozyten	weiße Blutkörperchen
	-ozytose	Vermehrung der Leukozytenzahl über 9.000/ µl
Lues		Syphilis
Lymph	-angitis	Entzündung der Lymphbahnen
	-ogranulomatose (Morbus Hodgkin)	Bösartige Geschwulst des Lymph-gewebes
	-om	Geschwulst des Lymphgewebes
Malabsorption		Störung der Nährstoffaufnahme im Darm
Mediastinum		Mittelfellraum
Mesenterium		Dünndarmgekröse
Metabolismus		Stoffwechsel
Miserere		Koterbrechen
Mononucleose		Pfeiffer'sches Drüsenfieber
Obstipation		Verstopfung
Oesoghagus		Speiseröhre
Pankreas		Bauchspeicheldrüse
Pleura		Brustfell, Rippenfell
Pneumo	-nie	Lungenentzündung
	-thorax	Luftansammlung zwischen Lungen- und Rippenfell
pTT (partielle Throm-boplastinzeit)		Wert für die Blutgerinnungsfunktion
Pulmo		Lunge
	-nal	die Lunge betreffend
Pylorus		Magenpförtner

Hoppe/Smentkowski

Quick	-Test	Verfahren zur Bestimmung der Blutgerinnungsfähigkeit
Refluxoesophagitis		Speiseröhrenentzündung durch Rückfluss von Mageninhalt
Salmonellose		Bakterieninfektion des Darms
Spirometrie		Lungenfunktionsprüfung
Stridor		durch Verengung der oberen Luftwege verursachtes pfeifendes Atemgeräusch
Synkope		anfallsartige Bewusstlosigkeit
Tuberkulose (Tbc)		bakterielle Infektionskrankheit vor allem der Atemorgane
Ulcus		Geschwür
	ventriculi	Magengeschwür
Zirrhose		bindegewebiger Umbau von Gewebe

Kardiologie/Thorax- und Kardiovaskularchirurgie

Angina pectoris		schmerzhafte, akute oder chronische retrosternale Brustenge, die in die Schulter-Arm- und die Hals-Unterkiefer-Region ausstrahlt
Aort	-a	Hauptschlagader
	-enisthmus	Hauptschlagader aus der linken Herzkammer (Aortenbogen)
	-enisthmusstenose	Einengung am Übergang von Aortenbogen/ absteigendem Teil der Aorta
	-enklappe	Herzklappe am Ursprung der Aorta aus der linken Herzkammer
	-enklappeninsuffizienz	Undichtigkeit der Aortenklappe
	-enstenose	angeborene oder erworbene Einengung der Aortenklappe oder Hauptschlagader
Arrhythmie		Störung der regelmäßigen Herzschlagfolge
Asystolie		Herzstillstand
AV-Block		Störung der Erregungsleitung von den Herzvorhöfen auf die -kammern
Bradykardie		langsamer Herzschlag
Bypass		Überbrückung eines verengten Gefäßabschnitts
Cor		Herz

	pulmonale	Druckbelastung des rechten Herzens
Defibrillat	-ion	elektrische oder medikamentöse Beendigung von Kammerflattern oder -flimmern
	-or	elektrisches Gerät zur Defibrillation
Elektro	-kardiogramm (EKG)	apparative Aufzeichnung der Herzstromkurve
	-kardiographie	s. EKG
	-kardioversion	EKG-gesteuerte elektrische Beendigung von tachycarden Herzrhythmusstörungen
Endo	-card	innerste Herzwandschicht
	-carditis	Entzündung der Herzinnenhaut
Extrasystolie		Herzschlag außerhalb des normalen Rhythmus
Hämodynamik		Blutfluss in den Gefäßen in Abhängigkeit von physiologischen Bedingungen oder krankhaften Veränderungen
Kammer	-flattern	schnelle Folge von Herzkammeraktionen (> 250/min.)
	-flimmern	schnelle elektrokardiographisch unkoordinierte Herzkammertätigkeit (>300/min.), die mit Pulslosigkeit und Bewusstseinsverlust einhergeht
kardiovaskulär		Herz und Gefäße betreffend
Katecholamin		körpereigener oder künstlicher hormoneller Botenstoff, der das Herz-Kreislaufsystem anregt
Koronar	-angiographie	Röntgenkontrastdarstellung der Koronararterien
	-ien	Herzkranzgefäße
	-sklerose	Koronararterienverkalkung
Lävokardiographie		Röntgenkontrastdarstellung der linken Herzkammer im Rahmen der Herzkatheteruntersuchung
Mitralklappe		Herzklappe zwischen linkem Herzvorhof und linker Herzkammer
	-ninsuffizienz	Undichtigkeit der Mitralklappe
	-nrekonstruktion	operative Korrektur der nativen Mitralklappe
Myocard		Herzmuskel
	-infarkt	Herzmuskelinfarkt
	-itis	Herzmuskelentzündung

Ostium		Öffnung, Mündung
paravalvulär		um die Herzklappe herum gelegen
Perikard		äußeres Blatt des Herzbeutels
	-erguss	Flüssigkeitsansammlung im Herzbeutel
	-ektomie	operative Entfernung des Perikards
	-itis	Herzbeutelentzündung
	Pneumo-P.	Luft-/Gasansammlung im Herzbeutel
Pulmonalklappe		Herzklappe zwischen rechter Herzkammer und Lungenarterienstamm
Ramus interventrikularis (RIVA)		absteigender Ast der linken Koronararterie
retrosternal		hinter dem Brustbein
Revaskularisation		operative oder kathetertechnische Verbesserung der Durchblutung minderversorgten Gewebes
Schenkelblock		inkomplette oder komplette Hemmung der elektrischen Erregungsausbreitung zu präformierten Leitungsbahnen des Herzens
Sinus	-knoten	physiologischer Schrittmacher des Herzens
	- rhythmus	vom Sinusknoten gesteuerter physiologischer Herzrhythmus
Stenokardie		Herzenge
Stent		Gefäßstütze
Stern	-um	Brustbein
	-otomie	operative Durchtrennung des Brustbeins
Systole		Kontraktion des Herzmuskels
Tachykardie		schnelle Herzschlagfolge
Thora	-kotomie	operative Eröffnung des Brustkorbs
	-x	Brustkorb
Trikuspidalklappe		Herzklappe zwischen rechtem Herzvorhof und rechter Herzkammer
	-ninsuffizienz	Undichtigkeit der Trikuspidalklappe
Troponin		in Muskeln vorkommender Proteinkomplex
Vitium (cordis)		Herz(klappen)fehler
Xiphoid		Schwertfortsatz des Brustbeins

Mund-Kiefer-Gesichtschirurgie

Alveol	-arfortsatz	am Kieferknochen sitzender Knochenbogen mit Alveolen
	-arkammatrophie	Schwund des Alveolarfortsatzes
	-arkammplastik	operativer Aufbau des Alveolarfortsatzes
	-e	knöchernes Zahnfach im Alveolarfortsatz
Amalgam		Quecksilberlegierung
Aphthen		Geschwüre der Mundschleimhaut
Choan	-alatresie	meist knöcherner, angeborener Verschluss der hinteren Nasenöffnung
	-e	Übergang der Nase zum Rachen
Dens		Zahn
Dysgnathie		ästhetisch und funktionell störende Fehlentwicklung des Gebisses
Genioplastik		Kinnplastik
Glandula		Drüse
	-submandibularis	Unterkieferspeicheldrüse
Glossektomie		operative (Teil-)Entfernung der Zunge
Inlay		Zahn-Einlagefüllung
Le-Fort-Fraktur (I-III)		Oberkieferfraktur
Mandibula		Unterkiefer
Maxilla		Oberkiefer
Mukozele		Schleimansammlung in einer (Nasenneben-)Höhle
Mund-Antrum-Verbindung (MAV)		offene Verbindung zwischen Mund- und Kieferhöhle
Myoarthropathie		schmerzhafte Erkrankung im Bereich der Kiefergelenke und -muskulatur
Orbitabodenfraktur		Bruch des Augenhöhlenbodens
Orthopantogramm (OPG)		Übersichtsröntgenaufnahme der Kieferregion
Parodont	-itis	Entzündung des Zahnhalteapparats
	-ium	Zahnhalteapparat
	-ose	(nicht entzündliche) Zahnbetterkrankung
perioral		um den Mund herum
retiniert		zurückgehalten, verlagert
Retrognathie		Kieferrückverlagerung

Hoppe/Smentkowski

	mandibuläre R	Unterkieferrückverlagerung
	maxilläre R.	Oberkieferverkürzung
Sialo	-adenitis	Speicheldrüsenentzündung
	-lithiasis	Speichelsteinleiden
Stomatitis		Mundschleimhautentzündung

Neurochirurgie

Akustikusneurinom		gutartiger Kleinhirnbrückenwinkeltumor
Anulus fibrosus		äußerer Ring einer Bandscheibe
Aquäductstenose		Einengung der Verbindung zwischen dem 3. und 4. Hirnventrikel
Arachnoidea		der harten Hirnhaut anliegende Spinnwebenhaut über dem Gehirn
Astrozytom		Hirntumor
Cauda		Schwanz
	equina	Pferdeschweif, unterer Abschnitt des Rückenmarks
	-Syndrom	schlaffe Lähmung der unteren Extremitäten mit Blasen- und Mastdarmstörung
Cereb	-ellum	Kleinhirn
	-ral	das Gehirn betreffend
	-rum	Gehirn
Contusio		Quetschung
	cerebri	Hirnquetschung
Cortex cerebri		Hirnrinde
Crani	-otomie	operative Schädeleröffnung
	-um	Schädel
Dura (mater)		harte Hirnhaut
Ependymom		meist gutartiger, langsam wachsender Hirntumor
Epidural		zwischen harter Hirnhaut und Knochen
	-hämatom	Intrakranielle Blutung im Epiduralraum
Flavektomie		operative Entfernung des jeweils zwei Wirbelbögen verbindenden »gelben Bandes«
Foramin	-alstenose	Verengung der Nervendurchtrittsstellen zwischen den Wirbeln

	-otomie	operatives Freifräsen der Nervenwurzel
Frontalhirnsyndrom		Krankheitsbild bei Schädigung des Stirnhirns
Glio	-blastom	bösartiger hirneigener Tumor
	-m	hirneigener Tumor
Hemisphäre		Hälfte des Groß- oder Kleinhirns
Hirn	-aneurysma	Erweiterung/ Aussackung eines Hirngefäßes
	-ödem	Gehirnschwellung
Hydrocephalus		Wasserkopf
Hypophyse		Hirnanhangsdrüse
	-nadenom	von Zellen der Hypophyse ausgehender gutartiger Tumor
Kalotte		Schädeldach
Kavernom		Gefäßmissbildung
Krani	-ektomie	operative Entfernung von Teilen des Schädeldachs
	-otomie	Schädeleröffnung mit Wiedereinsetzen des Knochendeckels
Kraniopharyngeom		gutartiger Tumor im Bereich der Hirnanhangdrüse
Laminektomie		operative Entfernung des Wirbelbogens und Dornfortsatzes
	Hemi-L.	hälftige Entfernung von Wirbelbogen und Dornfortsatz
Liquor		Hirn-/ Rückenmarkswasser
	-rhoe	unnatürlicher Hirnwasseraustritt
Medulla		Mark
	oblongata	verlängertes Mark, Nachhirn
	spinalis	Rückenmark
Medulloblastom		bösartiger Kleinhirntumor (des Kindesalters)
Mening	-en	Gehirn- und Rückenmarkshäute
	-eom	von den Meningen ausgehender gutartiger Tumor
	-itis	Hirnhautentzündung
	-okokken	Bakterien, die Hirnhautentzündungen auslösen
Mesencephalon		Mittelhirn
Myelo	-graphie	Röntgenkontrastdarstellung des spinalen Subarachnoidalraums

	-m	Rückenmarkstumor
	-pathie	Rückenmarkserkrankung
Neurinom		gutartiger Nerventumor
Nucleus pulposus		Bandscheibenkern
Nukleotomie		Bandscheibenoperation
Pia mater		weiche Hirnhaut
Pons		Brücke, Abschnitt des Hinterhirns
Postnukleotomie-Syndrom		Beschwerdebild nach Bandscheibenoperation
Pseudotumor cerebri		Hirndruckerhöhung unklarer Ursache
Seed-Implantation		stereotaktische Einpflanzung von Teflon-Kathetern, die radioaktive Strahlenquellen (Seeds) beinhalten
Sella (turcica)		Sitz der Hirnanhangsdrüse in einer Vertiefung der Schädelhöhlenbasis (Türkensattel)
Shunt		operative angelegte Kurzschlussverbindung zwischen getrennten Gefäßen oder Hohlräumen
Spinalkanalstenose		Verengung des Wirbelkanals
Stereotaxie		minimal-invasives Operationsverfahren mit computergestützter Instrumentenführung
Subdural	-hämatom	Einblutung in den Subduralraum des Schädels
	-raum	Raum zwischen harter Hirnhaut und Arachnoidea
Temporallappen		Schläfenlappen des Gehirns
Tentorium (cerebelli)		Kleinhirnzelt
Thalamus		im Zwischenhirn gelegener Sehhügel
Trepanation		operative Eröffnung der Schädeldecke
Wurzelkompressionssyndrom		mechanische Reizung einer Nervenwurzel im Wirbelkanal

Neurologie

Amnesie		Erinnerungslücke
	antegrade A.	- für die Zeit nach einer Bewusstlosigkeit
	retrograde A.	- für die Zeit vor einer Bewusstlosigkeit

amyotrope Lateral-sklerose (ALS)		Degenerative Erkrankung des motorischen Nervensystems
Anarthrie		Schwerste Sprechstörung
Antikonvulsiva		krampflösende Medikamente
Aphasie		Sprachverlust
Apoplex		Schlaganfall
Apraxie		Störung von Bewegungsabläufen
apallisches Syndrom		Ausfall von Funktionen der Großhirnrinde (Wachkoma)
Armplexusparese		Lähmung im Arm-/Schultergürtelbereich
Asomnie		Schlaflosigkeit
Ataxie		Störung des koordinierten Bewegungsablaufs
Athetose		Krankheitsbild mit langsamen, bizarren Bewegungen
Axon		Achsenzylinder eines Nerven
	-otmesis	Schädigung des Axons bei erhaltener Nervenhülle
Babinski-Reflex		krankhaft veränderter Fußsohlenreflex bei Pyramidenbahnschädigung
BNS-Leiden		epileptische (Blitz-Nick-Salaam-) Krämpfe
Cephalgie		Kopfschmerz
Chorea		Veitstanz
Commotio cerebri		Gehirnerschütterung
Denervierung		Zustand nach Durchtrennung von Nerven
Dermatom		Hautareal im Versorgungsgebiet einer Nervenwurzel
Durchgangssyndrom		vorübergehende psychische Störung nach einer Hirnfunktionsstörung
Dys	-arthrie	Sprechstörung
	-diadochokinese	Störung der Fähigkeit, gegenläufige Bewegungen in rascher Folge auszuführen
	-kinesie	fehlerhafter Bewegungsablauf
Elektroencephalo-gramm (EEG)		apparative Aufzeichnung der Hirnströme
Encephalopathie		Hirnschädigung
	Leuk-E.	krankhafte Veränderung der weißen Hirnsubstanz
Epilepsie		zerebrales Krampfleiden

Hoppe/Smentkowski

Fazialisparese		schlaffe Lähmung der vom Nervus facialis innervierten Gesichtsmuskeln
Guillain Barré-Syndrom		entzündliche Erkrankung von Nervenwurzeln und peripheren Nerven (Polyradikulitis)
Hemi	-ataxie	einseitige Ataxie
	-parese	unvollständige Halbseitenlähmung
	-plegie	vollständige Halbseitenlähmung
Hirn	-infarkt	Schlaganfall
	-insult	Schlaganfall
Horner-Syndrom		Schädigung der sympathischen Nervenversorgung des Auges mit Pupillenverengung, Herabhängen des Oberlids und scheinbar eingesunkenem Augapfel
Hyp	-ästhesie	verminderte Empfindung von Berührungsreizen
	-algesie	Herabsetzung der Schmerzempfindung
Hyper	-algesie	gesteigerte Schmerzempfindlichkeit
	-ästhesie	Überempfindlichkeit für Berührungsreize
	-kinesie	unwillkürliche Bewegungsabläufe
	-pathie	Überempfindlichkeit für sensible Reize
	-reflexie	gesteigert auslösbare Reflexe
Innervation		Nervenversorgung
Ischialgie		Schmerzen im Versorgungsgebiet des Nervus ischiadicus
Jackson-Anfall		Sonderform der Epilepsie mit isolierten motorischen Entäusserungen
Klonus		heftige rhythmische Bewegungsabläufe
Konvulsion		Anfall, Krampf
Mediainfarkt		Schlaganfall im Versorgungsbereich der mittleren Hirnschlagader
Morbus Parkinson		Schüttellähmung
Multiple Sklerose (MS)		chronisch-entzündliche Erkrankung des zentralen Nervensystems (Enzephalitis disseminata)
Myasthenia gravis		Autoimmunerkrankung mit Muskelschwäche
Myelitis		Rückenmarkentzündung

Nervenleitgeschwin-digkeit (NLG)		Geschwindigkeit der Übertragung elektrischer Impuls durch einen Nerv
Neur	-algie	Nervenschmerzen
	-asthenie	psychische Labilität
	-itis	Nervenentzündung
	-ogen	durch das Nervensystem bedingt
	-om	gutartige Nervengeschwulst
	-on	Nervenzelle
	-opraxie	reversibler Funktionsausfall eines Nerven
	-otmesis	komplette Durchtrennung von Nervenfaser und -hülle
Paraesthesie		Missempfindung von Berührungsreizen
Para	-lyse	Lähmung
	-parese	beidseitige unvollständige Lähmung von Gliedmaßen
	-plegie	beidseitige Lähmung der Beine
	-spastik	erhöhte Muskeltonussteigerung von zwei symmetrischen Gliedmaßen
Parese		unvollständige Lähmung
paroxysmal		vorübergehend
Plexus		Nervengeflecht
Poliomeyelitis		Kinderlähmung
Polyneuropathie		mehrere Nerven betreffende Erkrankung des peripheren Nervensystems
Pyramiden	-bahn	der Großhirnrinde entspringende absteigende Leitungsbahn des zentralen Nervensystems zum Rückenmark
	-bahnzeichen	krankhafter Reflex als Zeichen einer Pyramidenbahnschädigung
radikulär		eine Nervenwurzel betreffend
Spastik		Syndrom nach Schädigungen der Pyramidenbahn mit Lähmungen
TENS (transkutane elektrische Nervensti-mulation)		Reizstrombehandlung
Tetra	-parese	unvollständige Lähmung aller Gliedmaßen
	-plegie	vollständige Lähmung aller Gliedmaßen
	-spastik	krankhafte Muskeltonussteigerung aller Gliedmaßen

transitorische ischä-mische Attacke (TIA)		vorübergehende Mangeldurchblu-tung des Gehirns mit neurologischen Ausfallerscheinungen
Tremor		rhythmische, nicht unterdrückbare Bewegungsabläufe
Trigeminusneuralgie		Gesichtsschmerzen im Versorgungs-gebiet des Nervus trigeminus
vegetativ		die Funktion des vegetativen Ner-vensystems betreffend
Vertigo		Schwindel

Orthopädie/ Unfallchirurgie

Abrasionsarthro-plastik		die Knorpelneubildung anregender operativer Eingriff bei Kniegelenks-arthrose
Acetabulum		Hüftgelenkspfanne
Akromion		Schulterhöhe
Ankylose		Gelenkversteifung
Arthritis		Gelenkentzündung
Arthro	-dese	operative Gelenkversteifung
	-skopie	Gelenkspiegelung
Baker-Zyste		flüssigkeitsgefüllte Ausstülpung der hinteren Gelenkkapsel des Kniege-lenks
Burs	-a	Schleimbeutel
	-ektomie	operative Entfernung eines Schleim-beutels
	-itis	Schleimbeutelentzündung
Capsula articularis		Gelenkkapsel
Chondr	-al	den Knorpel betreffend
	-omalazie	systemische entzündliche Erkran-kung des Knorpelgewebes
	-opathie	degenerative Knorpelerkrankung
Condylus		Gelenkknorren
Cox	-a	Hüfte
	-a valga	abnorme Steilaufrichtung des Schen-kelhalses
	-a vara	Schenkelhalsverbiegung
	-arthrose	degenerativer Hüftgelenksverschleiß
Crepitatio		knisterndes Knochenreibegeräusch (Frakturzeichen)
Cubitus		Ellenbogen

Desault-Verband		Verband zur Ruhigstellung von Schultergelenk und Arm
Diaphyse		Mittelstück von Röhrenknochen
Diskus		Knorpelscheibe
	-hernie	Bandscheibenvorfall
Distorsion		Verrenkung
Duchennne-Hinken		Hüfthinken
Epiphys	-e	Wachstumsfuge
	-iodese	operative Blockierung einer Wachstumsfuge
	-iolyse	Ablösung einer Wachstumsfuge
Ex	-artikulation	operative Abtrennung im Gelenk
	-ostose	gutartiger Knochenvorsprung
Femur		Oberschenkelknochen
Fibula		Wadenbein
Fissur		Knochenriss
Fixateur		Festhaltesystem
	externe	äußeres F.
	interne	Inneres F.
Fraktur		Knochenbruch
Ganglion		Überbein
Genu		Knie
	valgum	X-Bein
	varum	O-Bein
Gilchrist-Verband		Schulterarmverband
Gonarthr	-itis	Kniegelenkentzündung
	-ose	degenerativer Kniegelenksverschleiß
Hallux		Großzehe
	rigidus	Teilversteifung des Großzehengrundgelenks
	valgus	Abknickung der Großzehe im Grundgelenk zur Kleinzehenseite
Ileosakralgelenk (ISG)		Kreuz-Darmbeingelenk
Impingement-Syndrom		Funktionsbeeinträchtigung mit verminderter Gelenkbeweglichkeit
Impressionsfraktur		eingedrückter Knochenbruch
Kallus		an einer Frakturstelle neu gebildeter Knochen
Karpal	-gelenk	Handgelenk
	-tunnel	Handwurzelkanal

	-tunnelsyndrom	Engpass im Handwurzelkanal mit Druckschädigung des Nervus medianus
Kompression		Druck, Quetschung, Stauchung
	-sfraktur	Stauchungsfraktur
Kontusion		Quetschung
Krepitation		Reibegeräusch gebrochener Knochen
Küntscher-Marknagel		Nagel zur inneren Schienung eines Röhrenknochenbruchs
Kypho	-se	abnorme konvexe Wirbelsäulenkrümmung
	-skoliose	Buckelbildung mit seitlicher Verkrümmung
Lasègue-Zeichen		Dehnungsschmerz des Nervus ischiadicus
Lordose		konvexe Wirbelsäulenverbiegung
Lumba	-go	Kreuzschmerzen
	-l	die Lendenregion betreffend
Luxation		Verrenkung
Malleolus		Fußknöchel
Meniskus		mondsichelförmige Knorpelscheibe im Kniegelenk
Meta	-karpal	die Mittelhand betreffend
	-physe	Abschnitt eines Röhrenknochens zwischen Dia- und Epiphyse
	-tarsal	den Mittelfuß betreffend
Morbus Sudeck (CRPS II)		Schmerzhafte Extremitätendystrophie
Olekranon		Ellenbogenspitze
Om	-arthritis	Schultergelenkentzündung
	-arthrose	degenerativer Schultergelenkverschleiß
Os		Knochen
	cuboideum	Würfelbein
	lunatum	Mondbein
	naviculare	Kahnbein am Fuß
	sacrum	Kreuzbein
	scaphoideum	Kahnbein der Hand
Ossifikation		Verknöcherung
Osteo	-arthropathie	Knochengelenkerkrankung
	-chondrose	Knochenknorpeldegeneration
	-phyt	Knochenneubildung

Hoppe/Smentkowski

Osteosynthese		operative Vereinigung gebrochener Knochenfragmente
	Kirschnerdraht-O.	Osteosynthese mit perkutanen Spickdrähten
	Platten-O.	Osteosynthese mit Anlagerung von Metallplatten
Osteotomie		Knochendurchtrennung
	Umstellungs-O.	operativer Eingriff zur Korrektur von Gelenkachsenveränderungen
Ostitis		Knochenentzündung
Patella		Kniescheibe
	-luxation	Kniescheibenverrenkung
Peri	-arthritis	Entzündung des Bindegewebes um Gelenke
	-ost	Knochenhaut
	-ostitis	Knochenhautentzündung
pertrochantär		durch das Trochantergebiet des Femurs
Phalanx		Finger- oder Zehenglied
Poly	-arthritis	Entzündung mehrerer Gelenke
	-trauma	Mehrfachverletzung
prä	-patellar	vor der Kniescheibe
	-tibial	vor dem Schienbein
Processus styloideus	radii	Griffelfortsatz der distalen Speiche
	ulnae	Griffelfortsatz an der distalen Elle
Pronation		Einwärtsdrehung mit Anhebung der Hand- oder Fußaußenkante
Pseudarthrose		Scheingelenk
Radius		Speiche
Reposition		Wiedereinrichtung
Retropatellararthrose		degenerativer Knorpelschaden hinter der Kniescheibe
Rhizarthrose		Arthrose des Daumensattelgelenks
Rotatorenmanschette		Muskelgruppe des Schultergelenks
Scaphoid		Kahnbein der Hand
	-fraktur	Kahnbeinbruch
scapholunäre Dissoziation		Bandverletzung im Handwurzelbereich zwischen Kahn- und Mondbein
Scapula		Schulterblatt
Schubladenphänomen		abnorme Verschieblichkeit des Unterschenkels- gegen den Oberschenkel (Zeichen für Kreuzbandriss)

Hoppe/Smentkowski

Skoliose		Seitliche Wirbelsäulenverkrümmung
Spondyl	-arthrose	Degenerative Veränderung der Wirbelgelenke
	-itis	Wirbelentzündung
	-odese	operative Wirbelsäulenversteifung
	-olisthesis	Wirbelgleiten
Sudeck-Atrophie		s. Morbus Sudeck
Supination		Auswärtsdrehung mit Anhebung der inneren Hand- oder Fußaußenkante
Synov	-ektomie	operative Entfernung der Synovialhaut
	-ia	Gelenkschmiere
	-ialitis	Entzündung der Synovialhaut
Tal	-onavikulargelenk	Mittelfußgelenk
	-us	Sprungbein
Tendomyopathie		chronische Schmerzen im Bereich von Muskulatur, Bindegewebe und Knochen
Tibia		Schienbein
	-kopffraktur	Schienbeinkopfbruch
Torsionsfraktur		Drehbruch
Tossy (I, II, III – auch Rockwood I – VI –)		Schweregrade der Schultereckgelenksverletzung
Totalendoprothese (TEP)		vollständiger Ersatz der Gelenkpartner mit Implantaten
Trauma		Verletzung
Trochanter		Rollhügel
	minor	einwärtsliegender R.
	major	außenliegender R.
Tuberositas		Knochenrauhigkeit
	tibiae	Schienbeinhöcker
Valgisierung		operative Herbeiführung einer Valgusstellung
Valgusfehlstellung		X-Fehlstellung
Varisierung		operative Herbeiführung einer Varusstellung
Varusfehlstellung		O-Fehlstellung
Weber-Fraktur (A, B, C)		Sprunggelenksbruch

Plastische Chirurgie

Hoppe/Smentkowski

Abdominoplastik		operative Bauchdeckenstraffung
Anisomastie		Größenungleichheit der weiblichen Brüste
Areola		Brustwarzenhof
Blepharoplastik		operative Lidstraffung
Cutis laxa		Hauterschlaffung
Elastose		Elastizitätsverlust der Haut infolge Lichteinwirkung
Face-Lifting		Gesichtsstraffende Operation
Feminisierungs-Operation		geschlechtsumwandelnde Operation Mann zu Frau
Gynäkomastie		Vergrößerung der männlichen Brustdrüse
Kapselfibrose		bindegewebige Verhärtung der Brust nach Einpflanzung einer Silikonprothese
Klitorispenoid		Penisaufbau aus der Klitoris bei Geschlechtsumwandlung Frau zu Mann
Latissimus dorsi-Lappenplastik		Operative Rekonstruktion der weiblichen Brust mittels Rückenmuskulatur
Liposuktion		Fettabsaugung
Makromastie		übermäßige Vergrößerung der weiblichen Brust
Mamma	-asymmetrie	Form- oder Volumenunterschied der weiblichen Brüste
	-augmentation	operative Brustvergrößerung
	-hypoplasie	veranlagungsbedingte Unterentwicklung der weiblichen Brust
	-reduktionsplastik	operative Brustverkleinerung
Mastopexie		operative Bruststraffung
Mikromastie		s. Mammahypoplasie
Nahtdehiszenz		Auseinanderklaffen durch Naht versorgter Wundränder
Ptosis		Herabhängen (z. B. des Augenlids bei Lähmung)
Serom		Ansammlung von Lymphe oder Blutflüssigkeit (Wundwasser)
Silikon	-om	Fremdkörperreaktion auf austretendes Silikongel in Prothesen
	-prothese	Mit Silikongel gefülltes Kissen zur Brustvergrößerung
subpectoral		unter dem Brustmuskel

Hoppe/Smentkowski

Virilisierungs-Operation	Geschlechtsumwandelnde Operation Frau zu Mann

Psychiatrie

Affektivität	von Gefühl/ Gemüt bestimmtes Verhalten oder Erleben
Benzodiazepine	angstlösende, zentral muskelrelaxierende, beruhigende und hypnotisch wirkende Arzneistoffe (Tranquilizer)
Borderline-Syndrom	emotional instabile Persönlichkeitsstörung
Chorea Huntington	Veitstanz, neurodegenerative Erkrankung mit motorischen und psychischen Symptomen (z. B. Enthemmung)
Debilität	leichteste Form geistiger Behinderung
Demenz	Minderung kognitiver, emotionaler und sozialer Fähigkeiten
Depression	psychische Niedergeschlagenheit und Antriebslosigkeit
Exploration	Erkundung, Untersuchung , Anamneseerhebung
Hebephrenie	Jugendirresein (Unterform der Schizophrenie)
Hypnotikum	Schlafmittel
Kognition	zusammenfassender Begriff für mentale Fähigkeiten zur Informationsverarbeitung
Konversionsneurose	seelisch bedingte motorische oder sensorische Funktionsstörungen ohne organische Krankheitszeichen
Korsakow-Syndrom	Syndrom mit Gedächtnisstörung
Manie	Störung der Affektivität mit erhöhtem Antrieb und z. T. leichtsinnigem Verhalten
mnestisch	das Gedächtnis betreffend
Neuro -leptika	Psychopharmaka mit antipsychotischer, sedierender und psychomotorisch dämpfender Wirkung
-se	psychische Störung
Oligophrenie	Schwachsinn
Paranoia	Wahnsinn, Verfolgungswahn

Hoppe/Smentkowski

paranoid-halluzinatorische Psychose		Form der Schizophrenie, bei der Wahn und Halluzinationen vorherrschen
Phobie		krankhafte Angst
Psychopharmak	-on	Heilmittel zur Behandlung psychischer Störungen und neurologischer Krankheiten
	-otherapie	Behandlung mit Psychopharmaka
Psychos	-e	Geisteskrankheit
	-omatik	Relation von Psyche und körperlichem Befinden
schizoaffektive Störung		psychisches Krankheitsbild mit Symptomen der Schizophrenie und der manisch-depressiven Störung
Schizophrenie		psychische Störung des Denkens, der Wahrnehmung und der Affektivität
Suizidalität		Gefährdung für Selbsttötung
Wernicke-Syndrom		degenerative Erkrankung des Gehirns (oft in Kombination mit Korsakow-Syndrom)

Radiologie

Angiographie	Röntgenkontrastdarstellung der Gefäße
Arthrographie	Röntgenkontrastdarstellung einer Gelenkhöhle
Computertomographie (CT)	computergestütztes bildgebendes Verfahren der Röntgendiagnostik
Digitale Subtraktionsangiographie (DSA)	Röntgenkontrastdarstellung der Gefäße mittels der digitalen Subtraktionsmethode
Diskographie	Röntgenkontrastdarstellung des Bandscheibenkerns
Kernspinresonanztomographie	computergestütztes bildgebendes Verfahren mittels starkem Magnetfeld und elektromagnetischen Wellen ohne ionisierende Strahlung
Magnetresonanztomographie (MRT, MNR)	s. Kernspinresonanztomographie
Mammographie	Röntgenuntersuchung der weiblichen Brust
Myelographie	Röntgenkontrastdarstellung des spinalen Subarachnoidalraums

Phlebographie		Röntgenkontrastdarstellung von Venen
Positronenemissionstomographie (PET)		bildgebendes Verfahren mit computertomographischer Aufzeichnung der Aktivitätsverteilung von Radiopharmaka, die Positronenstrahlung emittieren
Sonographie		Ultraschalldiagnostik
Szintigraphie		nuklearmedizinisches bildgebendes Verfahren mittels Radionukliden

Urologie

Adrenalektomie		operative Nebennierenentfernung
Albuminurie		Eiweißausscheidung im Harn
Anurie		Harnausscheidung unter 100 ml/24 h
Bakteriurie		Bakteriennachweis im Harn
Balanoposthitis		Entzündung der Glans penis und der Vorhaut
Blasen	-atonie	Harnblasenerschlaffung
	-ruptur	Harnblasenriss
Corpus		Körper
	cavernosum penis	Schwellkörper
Diurese		Harnausscheidung
Ductus deferens		Samenstrang
Ejakulation		Samenerguss
	retrograde E.	fehlender Samenerguss
Epididymitis		Nebenhodenentzündung
erektile Dysfunktion		gestörte Gliedversteifung
extrakorporale Stoßwellenlithotripsie (ESWL)		Nierensteinzertrümmerung mittels Stoßwellen
Glans penis		Eichel
Glykosurie		Zuckerausscheidung im Harn
Hämaturie		Ausscheidung von Erythrozyten im Urin
Harninkontinenz		unwillkürlicher Harnabgang
Hodentorsion		Verdrehung des Samenstranges mit Zirkulationsstörung
Hydro	-nephrose	Harnstauungsniere
	-zele	Wasserbruch
Impotentia	coeundi	Beischlafunfähigkeit

	generandi	Zeugungsunfähigkeit
Induratio penis plastica		Verhärtung der Penisschwellkörper (Peyronie´sche Erkrankung)
Meat	-otomie	operative Erweiterung der Harnröhrenmündung
	-us	Harnröhrenöffnung
Miktion		Blasenentleerung
Nephr	-ektomie	operative Nierenentfernung
	-itis	Nierenentzündung
Oligourie		verminderte Harnausscheidung unter 500 ml/24 h
Orchi	-s	Hoden
	-tis	Hodenentzündung
Phimose		Vorhautverengung
	Para-P.	Strangulation der Eichel durch zurückgestreifte enge Vorhaut
Pollakisurie		Häufiger Harndrang
Polyurie		vermehrte Harnausscheidung
Pouch		Beutel, Tasche
Präputium		Vorhaut
Priapismus		Dauererektion
Prostat	-a	Vorsteherdrüse
	-akarzinom	Krebs der Vorsteherdrüse
	-ektomie	operative Entfernung der Vorsteherdrüse
	-ahypertrophie	Vergrößerung der Vorsteherdrüse
	-ovesikulektomie	operative Entfernung von Vorsteherdrüse und Harnblase
Proteinurie		Einweißausscheidung im Urin
Pyelonephritis		Nierenbeckenentzündung
renal		die Niere betreffend
Seminom		bösartiger Hodentumor
Skrotum		Hodensack
suprapubisch		oberhalb des Schambeins
Testis		Hoden
transurethral		durch die Harnröhre
	-e Prostataresektion (TUR-P)	operative Entfernung der Vorsteherdrüse durch die Harnröhre
Ureter		Harnleiter
	-oneozystostomie	Harnleiterneueinpflanzung in die Blase

Hoppe/Smentkowski

Urethr	**-a**	Harnröhre
	-astriktur	Harnröhrenverengung
	-itis	Entzündung der Harnröhrenschleimhaut
	-ographie	Röntgenkontrastdarstellung der Harnröhre
	-oskopie	Harnröhrenspiegelung
Uro	**-lithiasis**	Harnsteinleiden
	-thelkarzinom	Krebs der harnableitenden Organe
Vas	**deferens**	Samenleiter
	-ektomie	operative Sterilisation durch Samenleiterunterbrechung
Wilms-Tumor		bösartiger Nierentumor bei Kindern
Zirkumzision		Vorhautbeschneidung
Zyst		Wortteil: (Harn-)Blase
	-ektomie	operative Harnblasenentfernung
	-itis	Harnblasenentzündung
	-oprostatektomie	operative Entfernung von Harnblase und Prostata
	-oskopie	Harnblasenspiegelung

Autorenportrait

Herausgeber:

Dr. Frank Wenzel

Rechtsanwalt, Seniorpartner in der Kanzlei Halm & Collegen in Köln; Lehrbeauftragter an der Hochschule Fresenius Köln. Spezialist für Arzthaftungs- und Versicherungsrecht; Beirat der BRAK Online-Fortbildung für den Bereich Medizinrecht; Herausgeber des Handbuch des Fachanwalts Medizinrecht; Autor in verschiedenen Fachzeitschriften und Handbüchern. dr.wenzel@halmcollegen.de

Autoren:

Dr. Horst Bonvie

Rechtsanwalt, seit 2005 Fachanwalt für Medizinrecht, Tätigkeitsschwerpunkte Krankenhausrecht, Gesellschaftsrecht der Heilberufe, Vertrags- und Berufsrecht. Mitglied der Arbeitsgemeinschaft Medizinrecht im DAV, Referent des Lehrgangs »Fachanwalt für Medizinrecht« (DAA). Zahlreiche Vorträge und Veröffentlichungen zu diesen Themen. Seniorpartner in der Kanzlei Bonvie Hennings Partner. h.bonvie@bhpartner.de

Dr. Ilse Dautert

Fachanwältin für Medizinrecht und Fachanwältin für Sozialrecht, Partnerin der Rechtsanwaltssozietät Dr. Dautert & Dr. Dieblich in Köln/Oldenburg, Mitglied im Fachausschuss Medizinrecht der Rechtsanwaltskammern Celle, Braunschweig und Oldenburg, seit 2005 Dozentin der Deutschen Anwalt Akademie für den Fachbereich Medizinrecht. MedR@dautert.de

Dr. Till Flachsbarth

Rechtsanwalt, seit 2008 in der Anwaltskanzlei Quaas & Partner in Stuttgart, Tätigkeitsschwerpunkt: stationäres und ambulantes Leistungserbringungsrecht. Zahlreiche Veröffentlichungen zu krankenhausrechtlichen Fragen. info@quaas-partner.de

info@quaas-partner.de

Wolfgang Frahm
Vorsitzender Richter am Schleswig-Holsteinischen Oberlandesgericht; ehemaliger wissenschaftlicher Mitarbeiter bei dem für Arzthaftungssachen zuständigen VI. Zivilsenat des BGH; Mitautor Frahm/Nixdorf/Walter, Arzthaftung; Dozent u.a. an der Deutschen Richterakademie, der DeutschenAnwaltAkademie, für Rechtsanwaltskammern und Ärztekammern.
BuWFrahm@t-online.de

Prof. Dr. med. Peter W. Gaidzik
Rechtsanwalt und Arzt, Fachanwalt für Medizinrecht in der Kanzlei Dr. med. Gaidzik, Rechtsanwälte, in Hamm. Leiter des Instituts für Medizinrecht an der Universität Witten/Herdecke, Fakultät für Gesundheit. Seit 2011 auch Honorarprofessor an dieser Universität. Ständiger Dozent der DAA, verschiedener Ärzte-/Rechtsanwaltskammern sowie wissenschaftlicher Fachgesellschaften insbesondere zu Fragen des medizinischen Sachverständigenbeweises. Zahlreiche weitere Vorträge und Publikationen zum Medizin- und Versicherungsrecht.
Info@gaidzik-rechtsanwaelte.de

Prof. Dr. Volker Großkopf
Rechtsanwalt und Professor an der Katholischen Hochschule NRW in Köln, Fachbereich Gesundheitswesen, für das Lehrgebiet Rechtswissenschaften. Leiter des eigenen Fortbildungsinstituts »PWGSeminare« mit jährlichen interdisziplinären gesundheitsrechtlichen Fachkongressen. Autor von mehreren Lehrbüchern und zahlreichen Fachartikeln sowie Herausgeber der Zeitschrift »Rechtsdepesche für das Gesundheitswesen«.
grosskopf@rechtsdepesche.de

Sven Hennings
Rechtsanwalt, seit 2005 Fachanwalt für Medizinrecht, Tätigkeitsschwerpunkte Gesellschaftsrecht der Heilberufe, Vertrags-, Berufs- und Haftungsrecht. Mitglied der Arbeitsgemeinschaft Medizinrecht im DAV. Vorsitzender des Landesausschusses der Ärzte und Krankenkassen in Hamburg.
Seniorpartner in der Kanzlei Bonvie Hennings Partner.

s.hennings@bhpartner.de

Dr. med. Christoph Hirgstetter

Arzt, Chirurg und Unfallchirurg. Bis 2001 Chirurgische Klinik und Poliklinik der Technischen Universität München, Klinikum rechts der Isar. Seit 2002 Gesellschaftsarzt der Allianz Deutschland AG (Sachversicherung) in Unterföhring b. München.

Eckart Hensen

Richter, bis 2007 Vorsitzender des Senates für Arzthaftungsrecht am Schleswig-Holsteinischen Oberlandesgericht, seitdem Mitarbeit in der Kanzlei Brock, Müller, Ziegenbein mit Schwerpunkt Medizinrecht, Vorträge zum Arzthaftungsrecht u.a. an der Deutschen Richterakademie Trier/Wustrau.
Eckart-hensen@online.de

Prof. Dr. med. Jörg-Dietrich Hoppe

Präsident der Bundesärztekammer a. D., 1982–2006 Chefarzt des Instituts für Pathologie in Düren. Seit 1993 Präsident der Ärztekammer Nordrhein sowie seit 1999 Präsident der Bundesärztekammer und des Deutschen Ärztetages. Seit 1994 Inhaber einer Honorarprofessur an der Medizinischen Fakultät der Universität zu Köln.

Dr. Christoph Hugemann, LL.M.

Rechtsanwalt, Fachanwalt für Versicherungsrecht und Master of Insurance Law.
Nach Tätigkeit bei der Kassenärztlichen Vereinigung Westfalen-Lippe 1999 Zulassung als Rechtsanwalt und seitdem schwerpunktmäßig in den Bereichen Arzthaftung und Personen-Versicherung tätig; seit 2007 zudem wissenschaftlicher Mitarbeiter einer BGH-Anwaltskanzlei; Veröffentlichungen und Vorträge zu verschiedenen versicherungs- und haftungsrechtlichen Fragen.
christoph.hugemann@dr-eick.de

Prof. Gertrud Hundenborn
Professorin für Pflegepädagogik und Pflegefachdidaktik an der Katholischen Hochschule Nordrhein-Westfalen, Fachbereich Gesundheitswesen, in Köln. Stellvertretende Vorsitzende des geschäftsführenden Vorstandes des Deutschen Instituts für angewandte Pflegeforschung e.V.
g.hundenborn@katho-nrw.de

Jürgen Jahnke
Rechtsanwalt, seit 1983 u.a. im Bereich der Personenschadenregulierung bei dem LVM in Münster tätig. Zahlreiche Veröffentlichungen zum Schaden- und Schadenersatzrecht, insbesondere zur Regulierung von Personenschäden.
J.Jahnke@lvm.de

Anita Köllner
Rechtsanwältin, seit 1996 im Heilwesenhaftpflichtbereich auf Versichererseite tätig, seit 2005 im Ressort Krankenhaus Haftpflicht Schaden bei der Versicherungskammer Bayern. Risk Management im Krankenhaus bei der MediRisk Bayern – Riskmanagement GmbH, Beratung von Krankenhäusern, Ärzten und Berufsverbänden in haftungsrechtlichen Belangen, zahlreiche Vortrags- und Fortbildungsveranstaltungen im Arzthaftungsrecht.
anita.koellner@vkb.de

Dr. Kyrill Makoski, LL.M.
Rechtsanwalt und Fachanwalt für Medizinrecht in der Kanzlei Möller und Partner, Kanzlei für Medizinrecht in Düsseldorf, Mitherausgeber der Zeitschrift »Gesundheit und Pflege« (GuP).
zentrale@m-u-p.info

Dr. Andrea Maß
Rechtsanwältin, Fachanwältin für Medizinrecht. Seit 2002 schwerpunktmäßig im Bereich Arzthaftungsrecht tätig, seit 2005 in der Kanzlei Maß & Maß in Bonn.
a.mass@rechtsanwaelte-mass.de

Dr. Siegfried Mennemeyer
Rechtsanwalt beim Bundesgerichtshof und Fachanwalt für Medizinrecht;
schwerpunktmäßig im Haftungs-, Schadensersatz- und Versicherungsrecht tätig; Autor verschiedener Fachbücher.
mennemeyer@bgh-anwalt.de; www.bgh-anwalt.de

Dr. Karl-Heinz Möller
Rechtsanwalt und Fachanwalt für Medizinrecht in der Kanzlei Möller und Partner, Kanzlei für Medizinrecht in Düsseldorf.
zentrale@m-u-p.info

Dr. Gerda Müller
Vizepräsidentin des BGH a.D., Mitglied des für die Arzthaftung zuständigen VI. Zivilsenats des BGH von 1991 - 2000, von 2000 bis 2009 als Vorsitzende Richterin. Zahlreiche Veröffentlichungen auf dem Gebiet des Arzthaftungsrechts.

Dr. Ali B. Norouzi
Rechtsanwalt und Strafverteidiger mit Schwerpunkt im strafrechtlichen Revisionsverfahren. Partner der Sozietät WidmaierNorouzi Rechtsanwälte in Karlsruhe.
revision@herrenstraße23.de

Prof. Dr. Hermann Plagemann
Rechtsanwalt, Fachanwalt für Medizinrecht und für Sozialrecht in Frankfurt/M. Seit 1996 auch Honorarprofessor an der Universität Mainz.
info@plagemann-rae.de

Prof. Dr. Michael Quaas, M.C.L.
Rechtsanwalt, Fachanwalt für Medizinrecht und Verwaltungsrecht. Richter am BGH im Senat für Anwaltssachen. Mitgründer der Anwaltskanzlei Quaas & Partner in Stuttgart; Leiter des Fachinstituts für Medizinrecht beim Deutschen Anwaltsinstitut (DAI); Lehrbeauftragter an der Universität Heidelberg und an der FH für öffentliche Verwaltung und Finanzen, Ludwigsburg. Umfangreiche Tätigkeit für Krankenhausträger.
info@quaas-partner.de

Dr. Rudolf Ratzel
Rechtsanwalt, Fachanwalt für Medizinrecht. Seit 2002 Partner Sozietät Dr. Rehborn, Leiter des Münchner Büros. Tätigkeitsschwerpunkte: Recht des Gesundheitswesens, Berufs- und Haftungsrecht. Vorsitzender des Medizinrechtsausschusses des Deutschen Anwaltvereins. Mitherausgeber der Zeitschrift Gesundheitsrecht (GesR). Vortrags- und Veröffentlichungsliste www.dr. rehborn.de.
ratzel01@t-online.de

Dr. Wolfgang Rehmann
Rechtsanwalt, Partner der Sozietät Taylor Wessing. Experte im Pharma- und Medizinprodukterecht. Er veröffentlicht regelmäßig Fachbeiträge und ist Autor des Kommentars zum Arzneimittelrecht sowie Mitautor des Kommentars zum Medizinprodukterecht.
w.rehmann@taylorwessing.com

Dr. Christiane Simmler
Richterin am Kammergericht. Beisitzerin im Arzthaftungssenat (20. ZS) des Kammergerichts. Zahlreiche Vorträge und Veröffentlichungen zum Thema zivile Arzthaftung, insbesondere zur Haftung des Zahnarztes. Langj. Vorsitzende des Landesschiedsamtes für Zahntechnische Leistungen der Zahntechniker im Land Brandenburg, derz. Vorsitzende des Landesschiedsamtes Berlin für die zahntechnischen Leistungen der Zahntechniker.
christiane.simmler@kg.berlin.de

Ulrich Smentkowski
Referent in der Geschäftsführung der Ärztekammer Nordrhein und Leiter der Geschäftsstelle der Gutachterkommission für ärztliche Behandlungsfehler bei der Ärztekammer Nordrhein.
ulrich.smentkowski@aekno.de

Kerstin Stahl
Rechtsanwältin, Leitende Justitiarin, Allianz Versicherungs- AG München. Mitglied in verschiedenen Arbeitsgruppen des GDV (Gesamtverband der Deutschen Versicherungswirtschaft). Seit 1994 im Allianz Konzern tätig, Tätigkeitsschwerpunkte bei der Hauptverwaltung im Fachbereich Schaden sind Personenschaden, Regress im Sozialversicherungsrecht, materiellrechtliche Grundsatzfragen.
Zahlreiche Vorträge und Veröffentlichungen zum Thema Versicherungs-, Schadens- und Sozialversicherungsrecht.

Prof. Dr. med. Dr. h.c. Alexander Tobias Teichmann
Chefarzt der Frauenklinik des Klinikum Aschaffenburg seit 1991. Autor verschiedener Fachbücher und 1. Vorsitzender der Arbeitsgemeinschaft leitender Ärzte (BLFG).
Alexander.Teichmann@klinikum-schaffenburg.de

Ute Ulsperger
Rechtsanwältin und AnwaltMediatorin, Leiterin Heilwesen-Haftpflicht Schaden bei HDI-Gerling Firmen und Privat Versicherung AG, Köln.

Patrick Weidinger
Rechtsanwalt, Abteilungsdirektor der Deutschen Ärzteversicherung in Köln. Zuvor Leiter Betrieb und Schaden der DBV-Winterthur-Versicherungen und Bereichsleiter Schaden der UAP International Versicherungen. Dozent der Deutschen Anwaltakademie für Arzthaftungs- und Arztstrafrecht, Dozent der Deutschen Versicherungsakademie, Lehrbeauftragter der Hochschule Fresenius. Autor des Buches »Die Praxis der Arzthaftung«.
Patrick.Weidinger@web.de

Karl-Hermann Zoll
Seit 2002 Richter am Bundesgerichtshof, Stellvertretender Vorsitzender des VI. Zivilsenats des Bundesgerichtshofs (Haftungssenat). Seit 2005 Dozent bei der DAA (Fachanwalt Verkehrsrecht). Seit 2009 Dozent bei MWV (Personenschaden). Vorträge und Aufsätze zum Arzthaftungsrecht und Verkehrsrecht. Mitherausgeber von AHRS. Mitautor bei Schuschke/Walker, Vollstreckung und vorläufiger Rechtsschutz.
khzoll@t-online.de

Paragraphenverzeichnis

Stichwortverzeichnis

Die Ziffer in Klammern verweist auf das Kapitel, die magere Zahl auf die jeweiligen Randnummern.